I0805456

מחזור קורן לשלוש רגלים • נוסח ספרד

קורן ירושלים

מחזור קורן
לשלוש רגלים

שלש
רגלים
תחג
לי
בשנה

ערוך ומוגה בידי
הרב דוד פוקס

•

הוצאת קורן ירושלים

מחזור קורן לשלוש רגלים
מהדורה רביעית © תשפ״ד (2024)
הוצאת קורן ירושלים
ת״ד 4044 ירושלים 9104001
www.korenpub.co.il

© כל הזכויות שמורות על גופן תנ״ך קורן, 1962. הוצאת קורן ירושלים בע״מ, 2024
© כל הזכויות שמורות על גופן סידור קורן, 1981. הוצאת קורן ירושלים בע״מ, 2024

אין לשכפל, להעתיק, לצלם, להקליט, לאחסן במאגר מידע, לשדר או לקלוט בכל דרך או בכל אמצעי אלקטרוני, אופטי, מכני או אחר כל חלק שהוא מן החומר שבספר זה. שימוש מסחרי מכל סוג שהוא בחומר הכלול בספר זה אסור בהחלט אלא ברשות מפורשת בכתב מהמו״ל.

ספרד, מהדורה אישית, כריכה קשה, מסת״ב: 978-965-301-846-4
ספרד, מהדורה אישית, עור בהיר, מסת״ב: 978-965-301-840-2
ספרד, מהדורה אישית, עור כהה, מסת״ב: 978-965-301-843-3
סט מחזורים ספרד, מהדורה אישית, עור חום, מסת״ב: 978-965-7812-35-8

6ברצס

תוכן

סוכות

שמחת תורה

שבת חול המועד

חול המועד

תפילות נוספות

מבוא למהדורה החדשה

רוּחַ ה׳ דִּבֶּר־בִּי וּמִלָּתוֹ עַל־לְשׁוֹנִי (שמואל ב׳ כג, ב)

אנשי ישראל – חקלאים, סוחרים, ובעלי מלאכה – הניחו עיסוקם, רחצו ידיהם, פשטו בגדי עבודתם ועטו לבוש חג. שלוש פעמים בשנה עזבו את מקום מושבם ואת חיי השגרה, ועלו, לעתים עם משפחותיהם, אל המקדש, נוכח פני ה׳. האדם הגיע לראות ולהיראות – לראות את עצמו, עם כל עם ישראל, כאילו הוא יצא ממצרים; לראות את התגלות ה׳, עם כל עם ישראל, כמו שראה העם את הקולות בהר סיני; ולראות, עם כל עם ישראל, את חיבת המקום ברוך הוא לעמו האהוב, במבט חטוף לתוך קודשי הקודשים (יומא נד ע״א). האדם הניצב אל מול הנסים הגלויים שהיו במקדש, היה יכול לראות את יד ה׳ פועלת במובהק בעולם ולהתוודע גם לכך שה׳ רואה אותו. במפגש זה הוא נחשף לנוכחות הסמויה של ה׳ גם בחיי היום־יום שלו, נוכחות המקרינה על עברו, מרוממת אותו וממלאת אותו בתחושת שליחות בשובו אל ביתו ואל מלאכתו.

בהיעדר המקדש המפגש הזה לכאורה אבד. וכל עתידנו תלוי על בלימה: איך אפשר למנוע מחיי האומה הכלליים והפרטיים להידרדר לרצף ממושך של חיי חול חסרי תכלית וריקים מתוכן? מה יעצור את החד־גוניות של השגרה מלחנוק את הרוח ואת הלב של עם ישראל? אלמלא התגלות ה׳ אלינו בעצם הפנייה שלנו אליו בתפילתנו, העם היה נידון לניוול צביונו הרוחני, חשוך מפגש עם ריבון העולם. אולם ה׳ מתגלה בקרבנו, והוא מעודד אותנו לפנות אליו, כדברי דוד המלך לה׳ (רש״י על תהלים כז, ח): ״לך אמר לבי בַּקְּשׁוּ פָנָי׳ – בשבילך, בשליחותך אומר לי לבי: ׳בקשו כולכם, ישראל, את פני!׳ ואני שומע לו – ׳את־פניך ה׳ אבקש״. מוקד המפגש עם ה׳ הוא בלבנו, בעידוד ה׳ לבקש אותו בתפילה.

הוצאת קורן קיבלה על עצמה את האחריות הכבדה להגיש את מילות התפילה בעלות הכוח הרוחני הכביר, למי שעומד לאומרן בִּרְגָלִים לפני בוראו. מלאכות רבות כרוכות בהכנת מחזור תפילה – בירור קפדני של נוסח התפילות, הגהה מדוקדקת, תכנון מבנה התפילה ועימוד מחושב. מטרתם של כל אלה לשרת את המתפלל. כמובן,

אין בזה כדי להחליף את כוונת הלב, אך בכלים שברשותנו עשינו כל שביכולתנו להעצים את המעמד הרם הזה.

על עיקר עריכת נוסח התפילות ותוכן ההערות שקד שעות רבות הרב דוד פוקס בכישרונו הייחודי, והרב חנן בניהו סייע וייעץ לו. את המחזור עימדה אסתר באר על פי העקרונות שקבע אליהו קורן ז״ל. על מלאכת ההגהה עמלה אפרת גרוס, ועל עיצוב הכריכה עמל אליהו משגב.

מן הראוי לציין כמה הבדלים בין המהדורה הקודמת של המחזור ובין מהדורה זו:

- שיפרנו את העריכה ואת העיצוב.
- הוספנו הנחיות רבות הפותחות את קטעי התפילה.
- הבאנו בסוף המחזור את הקריאות בתורה ואת הפיוטים הנאמרים בקהילות בחו״ל.

הוצאת קורן עשתה את מרב המאמצים כדי שישראל ׳לא ייכשלו בלשונם... ואל יאמר פיהם דבר שלא ברצונך׳. אנו תקווה שלא נפלה תקלה מתחת ידינו, ושסייענו למחלים פני ה׳, שאמרי פיהם יהיו לרצון.

׳יָהּ אֵלִי וְגוֹאֲלִי אֶתְיַצְּבָה לִקְרָאתֶךָ׳

יהושע מילר, עורך ראשי
ירושלים, א׳ לראש חודשים ה׳תשע״ו

ערב שבת ויום טוב

ערב שבת ויום טוב

ביעור חמץ

״אור לארבעה עשר בודקין את החמץ לאור הנר״ (פסחים ב ע״א).

נוהגים לבדוק את החמץ מיד לאחר צאת הכוכבים,
ואין להפסיק בין הברכה לביטול החמץ שבסוף הבדיקה.

בָּרוּךְ אַתָּה יהוה אֱלֹהֵינוּ מֶלֶךְ הָעוֹלָם
אֲשֶׁר קִדְּשָׁנוּ בְּמִצְוֹתָיו וְצִוָּנוּ עַל בִּעוּר חָמֵץ.

לאחר הבדיקה מבטל את החמץ ואומר:

כָּל חֲמִירָא וַחֲמִיעָא דְּאִכָּא בִרְשׁוּתִי, דְּלָא חֲמִתֵּהּ וּדְלָא בִעַרְתֵּהּ לִבְטִיל וְלֶהֱוֵי הֶפְקֵר כְּעַפְרָא דְאַרְעָא.

בערב פסח בבוקר לאחר שרפת החמץ (ואם ערב פסח חל בשבת, לאחר ביעורו)
מבטל את החמץ שוב ואומר:

כָּל חֲמִירָא וַחֲמִיעָא דְּאִכָּא בִרְשׁוּתִי, דַּחֲזִתֵּהּ וּדְלָא חֲזִתֵּהּ דַּחֲמִתֵּהּ וּדְלָא חֲמִתֵּהּ דְּבִעַרְתֵּהּ וּדְלָא בִעַרְתֵּהּ, לִבְטִיל וְלֶהֱוֵי הֶפְקֵר כְּעַפְרָא דְאַרְעָא.

עירוב תחומין

״וּמַדֹּתֶם מִחוּץ לָעִיר אֶת־פְּאַת־קֵדְמָה אַלְפַּיִם בָּאַמָּה... וְהָעִיר בַּתָּוֶךְ, זֶה יִהְיֶה לָהֶם מִגְרְשֵׁי הֶעָרִים״ (במדבר לה, ה). מכאן למדו חכמים (עירובין נא ע״א) שלכל מקום יישוב ישנו תחום של אלפיים אמה, ואין לצאת ממנו בשבת וביום טוב. אך אדם יכול להגדיר מקום אחר כמקום שביתתו, וכך לשנות את גבולות התחום שבו הוא רשאי ללכת (רמב״ם, עירובין פ״ו ה״א). פעולה זו נקראת ׳עירוב תחומין׳.

מניח מזון המספיק לשתי סעודות, במרחק פחות מאלפיים אמה מהמקום
שיקבל בו שבת או יום טוב ומהמקום שרוצה להגיע אליו בשבת, ומברך:

בָּרוּךְ אַתָּה יהוה אֱלֹהֵינוּ מֶלֶךְ הָעוֹלָם
אֲשֶׁר קִדְּשָׁנוּ בְּמִצְוֹתָיו וְצִוָּנוּ עַל מִצְוַת עֵרוּב.

ואומר:

בארמית: **בְּדֵין עֵרוּבָא יְהֵא שְׁרֵא לִי לְמֵיזַל מֵאַתְרָא הָדֵין תְּרֵין אַלְפִין אַמִּין לְכָל רוּחָא.**

או בעברית: **בְּעֵרוּב זֶה יְהֵא מֻתָּר לִי לָלֶכֶת מִמָּקוֹם זֶה אַלְפַּיִם אַמָּה לְכָל רוּחַ.**

עירוב חצרות (בשבת)

מדין תורה, בשבת אסור להוציא חפץ מרשות היחיד לרשות הרבים ולהפך או לטלטלו ארבע אמות בתחום רשות הרבים (שבת צו ע״ב). וחכמים אסרו לטלטל גם ברשות היחיד, המשותפת לכמה יהודים, אם לא השתתפו לפני שבת ב'עירוב חצרות' (רמב״ם, עירובין פ״א ה״ב–ה״ו).

במקומות רבים נוהגים שהרב המקומי מערב לכל תושבי השכונה או העיר, ויש שמערערים על המנהג.

במקום שאין בו עירוב תקין, אדם הבקי בהלכות עירובין מערב לכולם ומברך:

בָּרוּךְ אַתָּה יהוה אֱלֹהֵינוּ מֶלֶךְ הָעוֹלָם
אֲשֶׁר קִדְּשָׁנוּ בְּמִצְוֹתָיו וְצִוָּנוּ עַל מִצְוַת עֵרוּב.

ואומר:

בארמית: **בְּדֵין עֵרוּבָא יְהֵא שְׁרֵא לַנָא לְטַלְטוּלֵי וּלְאַפּוּקֵי וּלְעַיּוּלֵי מִן הַבָּתִּים לֶחָצֵר וּמִן הֶחָצֵר לַבָּתִּים וּמִבַּיִת לְבַיִת לְכָל הַבָּתִּים שֶׁבֶּחָצֵר.**

או בעברית: **בְּעֵרוּב זֶה יְהֵא מֻתָּר לָנוּ לְטַלְטֵל, לְהַכְנִיס וּלְהוֹצִיא מִן הַבָּתִּים לֶחָצֵר וּמִן הֶחָצֵר לַבָּתִּים וּמִבַּיִת לְבַיִת לְכָל הַבָּתִּים שֶׁבֶּחָצֵר.**

עירוב תבשילין

אם יום טוב חל בערב שבת, אסור להכין אוכל מיום טוב לשבת, אלא אם כן הניחו 'עירובי תבשילין' (שו״ע תקכז, א).

המערב לוקח בערב יום טוב פת ותבשיל שהוא מייעד לאוכלם בשבת, ומברך:

בָּרוּךְ אַתָּה יהוה אֱלֹהֵינוּ מֶלֶךְ הָעוֹלָם
אֲשֶׁר קִדְּשָׁנוּ בְּמִצְוֹתָיו וְצִוָּנוּ עַל מִצְוַת עֵרוּב.

ואומר:

בארמית: **בְּדֵין עֵרוּבָא יְהֵא שְׁרֵא לַנָא לְמֵיפָא וּלְבַשָּׁלָא וּלְאַטְמָנָא וּלְאַדְלָקָא שְׁרָגָא וּלְמֶעְבַּד כָּל צָרְכָּנָא מִיּוֹמָא טָבָא לְשַׁבְּתָא לָנוּ וּלְכָל יִשְׂרָאֵל הַדָּרִים בָּעִיר הַזֹּאת.**

או בעברית: **בְּעֵרוּב זֶה יְהֵא מֻתָּר לָנוּ לֶאֱפוֹת וּלְבַשֵּׁל וּלְהַטְמִין וּלְהַדְלִיק נֵר, וּלְהָכִין כָּל צְרָכֵינוּ מִיּוֹם טוֹב לְשַׁבָּת לָנוּ וּלְכָל יִשְׂרָאֵל הַדָּרִים בָּעִיר הַזֹּאת.**

הדלקת נרות

בערב יום טוב (בשבת יש להוסיף את המילים בסוגריים):

בָּרוּךְ אַתָּה יהוה אֱלֹהֵינוּ מֶלֶךְ הָעוֹלָם

אֲשֶׁר קִדְּשָׁנוּ בְּמִצְוֹתָיו

וְצִוָּנוּ לְהַדְלִיק נֵר שֶׁל (שַׁבָּת וְשֶׁל) יוֹם טוֹב.

ביום טוב (פרט לשביעי של פסח) מברכים 'שֶׁהֶחֱיָנוּ':

בָּרוּךְ אַתָּה יהוה אֱלֹהֵינוּ מֶלֶךְ הָעוֹלָם

שֶׁהֶחֱיָנוּ וְקִיְּמָנוּ, וְהִגִּיעָנוּ לַזְּמַן הַזֶּה.

בערב שבת:

בָּרוּךְ אַתָּה יהוה אֱלֹהֵינוּ מֶלֶךְ הָעוֹלָם

אֲשֶׁר קִדְּשָׁנוּ בְּמִצְוֹתָיו

וְצִוָּנוּ לְהַדְלִיק נֵר שֶׁל שַׁבָּת.

תפילה לאישה אחרי שהדליקה נרות:

יְהִי רָצוֹן מִלְּפָנֶיךָ יהוה אֱלֹהַי וֵאלֹהֵי אֲבוֹתַי, שֶׁתְּחוֹנֵן אוֹתִי (אישה נשואה מוסיפה: **וְאֶת אִישִׁי** / אם הוריה חיים: **וְאֶת אָבִי / וְאֶת אִמִּי** / אם יש לה ילדים: **וְאֶת בָּנַי וְאֶת בְּנוֹתַי) וְאֶת כָּל קְרוֹבַי, וְתִתֶּן לָנוּ וּלְכָל יִשְׂרָאֵל חַיִּים טוֹבִים וַאֲרוּכִים, וְתִזְכְּרֵנוּ בְּזִכְרוֹן טוֹבָה וּבְרָכָה, וְתִפְקְדֵנוּ בִּפְקֻדַּת יְשׁוּעָה וְרַחֲמִים, וּתְבָרְכֵנוּ בְּרָכוֹת גְּדוֹלוֹת, וְתַשְׁלִים בָּתֵּינוּ וְתַשְׁכֵּן שְׁכִינָתְךָ בֵּינֵינוּ. וְזַכֵּנִי לְגַדֵּל בָּנִים וּבְנֵי בָנִים חֲכָמִים וּנְבוֹנִים, אוֹהֲבֵי יהוה יִרְאֵי אֱלֹהִים, אַנְשֵׁי אֱמֶת זֶרַע קֹדֶשׁ, בַּיהוה דְּבֵקִים וּמְאִירִים אֶת הָעוֹלָם בַּתּוֹרָה וּבְמַעֲשִׂים טוֹבִים וּבְכָל מְלֶאכֶת עֲבוֹדַת הַבּוֹרֵא. אָנָּא שְׁמַע אֶת תְּחִנָּתִי בָּעֵת הַזֹּאת בִּזְכוּת שָׂרָה וְרִבְקָה וְרָחֵל וְלֵאָה אִמּוֹתֵינוּ, וְהָאֵר נֵרֵנוּ שֶׁלֹּא יִכְבֶּה לְעוֹלָם וָעֶד, וְהָאֵר פָּנֶיךָ וְנִוָּשֵׁעָה. אָמֵן.**

מנחה לימות החול

״וַיְהִי בַּעֲלוֹת הַמִּנְחָה וַיִּגַּשׁ אֵלִיָּהוּ הַנָּבִיא וַיֹּאמַר״ (מלכים א׳ יח, לו).

מנחה לערב שבת

אם יום טוב ראשון חל בשבת, יש נוהגים לומר את מזמור קז, המתאר את ההצלה מטרדות היום־יום, לפני קבלת שבת (׳מאור עיניים׳ לפרשת בשלח בשם הבעש״ט).
אם יום שישי הוא יום טוב או חול המועד, אין אומרים ׳הדו׳.
בערב פסח, גם אם אינו חל בשבת, יש הנוהגים לומר ׳הדו׳ (ליקוטי מהרי״ח).

תהלים קז

הֹדוּ לַיהוה כִּי־טוֹב, כִּי לְעוֹלָם חַסְדּוֹ: יֹאמְרוּ גְּאוּלֵי יהוה, אֲשֶׁר גְּאָלָם מִיַּד־צָר: וּמֵאֲרָצוֹת קִבְּצָם, מִמִּזְרָח וּמִמַּעֲרָב, מִצָּפוֹן וּמִיָּם: תָּעוּ בַמִּדְבָּר, בִּישִׁימוֹן דָּרֶךְ, עִיר מוֹשָׁב לֹא מָצָאוּ: רְעֵבִים גַּם־צְמֵאִים, נַפְשָׁם בָּהֶם תִּתְעַטָּף: וַיִּצְעֲקוּ אֶל־יהוה בַּצַּר לָהֶם, מִמְּצוּקוֹתֵיהֶם יַצִּילֵם: וַיַּדְרִיכֵם בְּדֶרֶךְ יְשָׁרָה, לָלֶכֶת אֶל־עִיר מוֹשָׁב: יוֹדוּ לַיהוה חַסְדּוֹ, וְנִפְלְאוֹתָיו לִבְנֵי אָדָם: כִּי־הִשְׂבִּיעַ נֶפֶשׁ שֹׁקֵקָה, וְנֶפֶשׁ רְעֵבָה מִלֵּא־טוֹב: יֹשְׁבֵי חֹשֶׁךְ וְצַלְמָוֶת, אֲסִירֵי עֳנִי וּבַרְזֶל: כִּי־הִמְרוּ אִמְרֵי־אֵל, וַעֲצַת עֶלְיוֹן נָאָצוּ: וַיַּכְנַע בֶּעָמָל לִבָּם, כָּשְׁלוּ וְאֵין עֹזֵר: וַיִּזְעֲקוּ אֶל־יהוה בַּצַּר לָהֶם, מִמְּצֻקוֹתֵיהֶם יוֹשִׁיעֵם: יוֹצִיאֵם מֵחֹשֶׁךְ וְצַלְמָוֶת, וּמוֹסְרוֹתֵיהֶם יְנַתֵּק: יוֹדוּ לַיהוה חַסְדּוֹ, וְנִפְלְאוֹתָיו לִבְנֵי אָדָם: כִּי־שִׁבַּר דַּלְתוֹת נְחֹשֶׁת, וּבְרִיחֵי בַרְזֶל גִּדֵּעַ: אֱוִלִים מִדֶּרֶךְ פִּשְׁעָם, וּמֵעֲוֹנֹתֵיהֶם יִתְעַנּוּ: כָּל־אֹכֶל תְּתַעֵב נַפְשָׁם, וַיַּגִּיעוּ עַד־שַׁעֲרֵי מָוֶת: וַיִּזְעֲקוּ אֶל־יהוה בַּצַּר לָהֶם, מִמְּצֻקוֹתֵיהֶם יוֹשִׁיעֵם: יִשְׁלַח דְּבָרוֹ וְיִרְפָּאֵם, וִימַלֵּט מִשְּׁחִיתוֹתָם: יוֹדוּ לַיהוה חַסְדּוֹ, וְנִפְלְאוֹתָיו לִבְנֵי אָדָם: וְיִזְבְּחוּ זִבְחֵי תוֹדָה וִיסַפְּרוּ מַעֲשָׂיו בְּרִנָּה: יוֹרְדֵי הַיָּם בָּאֳנִיּוֹת, עֹשֵׂי מְלָאכָה בְּמַיִם רַבִּים: הֵמָּה רָאוּ מַעֲשֵׂי יהוה, וְנִפְלְאוֹתָיו בִּמְצוּלָה: וַיֹּאמֶר, וַיַּעֲמֵד רוּחַ סְעָרָה, וַתְּרוֹמֵם גַּלָּיו: יַעֲלוּ שָׁמַיִם, יֵרְדוּ תְהוֹמוֹת, נַפְשָׁם בְּרָעָה תִתְמוֹגָג: יָחוֹגּוּ וְיָנוּעוּ כַּשִּׁכּוֹר, וְכָל־חָכְמָתָם תִּתְבַּלָּע: וַיִּצְעֲקוּ אֶל־יהוה בַּצַּר לָהֶם, וּמִמְּצוּקֹתֵיהֶם יוֹצִיאֵם: יָקֵם סְעָרָה לִדְמָמָה, וַיֶּחֱשׁוּ גַּלֵּיהֶם: וַיִּשְׂמְחוּ כִי־יִשְׁתֹּקוּ, וַיַּנְחֵם אֶל־מְחוֹז חֶפְצָם: יוֹדוּ לַיהוה חַסְדּוֹ, וְנִפְלְאוֹתָיו לִבְנֵי אָדָם: וִירֹמְמוּהוּ בִּקְהַל־עָם, וּבְמוֹשַׁב זְקֵנִים יְהַלְלוּהוּ: יָשֵׂם נְהָרוֹת לְמִדְבָּר, וּמֹצָאֵי מַיִם

לְצִמָּאוֹן: אֶרֶץ פְּרִי לִמְלֵחָה, מֵרָעַת יֽוֹשְׁבֵי בָהּ: יָשֵׂם מִדְבָּר לַאֲגַם־מַיִם,
וְאֶרֶץ צִיָּה לְמֹצָאֵי מָיִם: וַיּֽוֹשֶׁב שָׁם רְעֵבִים, וַיְכוֹנְנוּ עִיר מוֹשָׁב: וַיִּזְרְעוּ
שָׂדוֹת, וַיִּטְּעוּ כְרָמִים, וַיַּעֲשׂוּ פְּרִי תְבוּאָה: וַיְבָרְכֵם וַיִּרְבּוּ מְאֹד, וּבְהֶמְתָּם
לֹא יַמְעִיט: וַיִּמְעֲטוּ וַיָּשֹׁחוּ, מֵעֹצֶר רָעָה וְיָגוֹן: שֹׁפֵךְ בּוּז עַל־נְדִיבִים,
וַיַּתְעֵם בְּתֹהוּ לֹא־דָרֶךְ: ‹ וַיְשַׂגֵּב אֶבְיוֹן מֵעוֹנִי, וַיָּשֶׂם כַּצֹּאן מִשְׁפָּחוֹת:
יִרְאוּ יְשָׁרִים וְיִשְׂמָחוּ, וְכָל־עַוְלָה קָפְצָה פִּיהָ: מִי־חָכָם וְיִשְׁמָר־אֵלֶּה,
וְיִתְבּוֹנְנוּ חַסְדֵי יהוה:

בחול המועד ובערב יום טוב החל ביום חול, התפילה מתחילה כאן.
יש הממשיכים ׳יְדִיד נֶפֶשׁ׳ בעמ׳ 27.

ראוי לומר גם לפני תפילת מנחה את פרשת קרבן התמיד (איגרת התשובה לר׳ יונה, ע).
רבים נוהגים לומר את סדר הקרבנות שלפני תפילת שחרית (עמ׳ 98–101)
פרט לפרשת תרומת הדשן ולסדר המערכה.

״אמר רבי אלעזר אמר רבי אבינא: כל האומר ׳תְּהִלָּה לְדָוִד׳ בכל יום
שלש פעמים – מובטח לו שהוא בן העולם הבא״ (ברכות ד ע״ב).

אַשְׁרֵי יוֹשְׁבֵי בֵיתֶךָ, עוֹד יְהַלְלוּךָ סֶּלָה: תהלים פד
אַשְׁרֵי הָעָם שֶׁכָּכָה לּוֹ, אַשְׁרֵי הָעָם שֶׁיהוה אֱלֹהָיו: תהלים קמד
תְּהִלָּה לְדָוִד תהלים קמה
אֲרוֹמִמְךָ אֱלוֹהַי הַמֶּלֶךְ, וַאֲבָרְכָה שִׁמְךָ לְעוֹלָם וָעֶד:
בְּכָל־יוֹם אֲבָרְכֶךָּ, וַאֲהַלְלָה שִׁמְךָ לְעוֹלָם וָעֶד:
גָּדוֹל יהוה וּמְהֻלָּל מְאֹד, וְלִגְדֻלָּתוֹ אֵין חֵקֶר:
דּוֹר לְדוֹר יְשַׁבַּח מַעֲשֶׂיךָ, וּגְבוּרֹתֶיךָ יַגִּידוּ:
הֲדַר כְּבוֹד הוֹדֶךָ, וְדִבְרֵי נִפְלְאֹתֶיךָ אָשִׂיחָה:
וֶעֱזוּז נוֹרְאֹתֶיךָ יֹאמֵרוּ, וּגְדוּלָּתְךָ אֲסַפְּרֶנָּה:
זֵכֶר רַב־טוּבְךָ יַבִּיעוּ, וְצִדְקָתְךָ יְרַנֵּנוּ:
חַנּוּן וְרַחוּם יהוה, אֶרֶךְ אַפַּיִם וּגְדָל־חָסֶד:
טוֹב־יהוה לַכֹּל, וְרַחֲמָיו עַל־כָּל־מַעֲשָׂיו:
יוֹדוּךָ יהוה כָּל־מַעֲשֶׂיךָ, וַחֲסִידֶיךָ יְבָרְכוּכָה:
כְּבוֹד מַלְכוּתְךָ יֹאמֵרוּ, וּגְבוּרָתְךָ יְדַבֵּרוּ:

לְהוֹדִיעַ לִבְנֵי הָאָדָם גְּבוּרֹתָיו, וּכְבוֹד הֲדַר מַלְכוּתוֹ:
מַלְכוּתְךָ מַלְכוּת כָּל־עֹלָמִים, וּמֶמְשַׁלְתְּךָ בְּכָל־דּוֹר וָדֹר:
סוֹמֵךְ יהוה לְכָל־הַנֹּפְלִים, וְזוֹקֵף לְכָל־הַכְּפוּפִים:
עֵינֵי־כֹל אֵלֶיךָ יְשַׂבֵּרוּ, וְאַתָּה נוֹתֵן־לָהֶם אֶת־אָכְלָם בְּעִתּוֹ:
פּוֹתֵחַ אֶת־יָדֶךָ, וּמַשְׂבִּיעַ לְכָל־חַי רָצוֹן:
צַדִּיק יהוה בְּכָל־דְּרָכָיו, וְחָסִיד בְּכָל־מַעֲשָׂיו:
קָרוֹב יהוה לְכָל־קֹרְאָיו, לְכֹל אֲשֶׁר יִקְרָאֻהוּ בֶאֱמֶת:
רְצוֹן־יְרֵאָיו יַעֲשֶׂה, וְאֶת־שַׁוְעָתָם יִשְׁמַע, וְיוֹשִׁיעֵם:
שׁוֹמֵר יהוה אֶת־כָּל־אֹהֲבָיו, וְאֵת כָּל־הָרְשָׁעִים יַשְׁמִיד:
◂ תְּהִלַּת יהוה יְדַבֶּר פִּי, וִיבָרֵךְ כָּל־בָּשָׂר שֵׁם קָדְשׁוֹ לְעוֹלָם וָעֶד:
תהלים קטו וַאֲנַחְנוּ נְבָרֵךְ יָהּ מֵעַתָּה וְעַד־עוֹלָם, הַלְלוּיָהּ:

חצי קדיש

ש״ץ: יִתְגַּדַּל וְיִתְקַדַּשׁ שְׁמֵהּ רַבָּא (קהל: אָמֵן)
בְּעָלְמָא דִּי בְרָא כִרְעוּתֵהּ
וְיַמְלִיךְ מַלְכוּתֵהּ וְיַצְמַח פֻּרְקָנֵהּ וִיקָרֵב מְשִׁיחֵהּ (קהל: אָמֵן)
בְּחַיֵּיכוֹן וּבְיוֹמֵיכוֹן וּבְחַיֵּי דְכָל בֵּית יִשְׂרָאֵל
בַּעֲגָלָא וּבִזְמַן קָרִיב
וְאִמְרוּ אָמֵן. (קהל: אָמֵן)

קהל וש״ץ: יְהֵא שְׁמֵהּ רַבָּא מְבָרַךְ לְעָלַם וּלְעָלְמֵי עָלְמַיָּא.

ש״ץ: יִתְבָּרַךְ וְיִשְׁתַּבַּח וְיִתְפָּאַר וְיִתְרוֹמַם וְיִתְנַשֵּׂא
וְיִתְהַדָּר וְיִתְעַלֶּה וְיִתְהַלָּל
שְׁמֵהּ דְּקֻדְשָׁא בְּרִיךְ הוּא (קהל: אָמֵן)
לְעֵלָּא מִן כָּל בִּרְכָתָא
וְשִׁירָתָא תֻּשְׁבְּחָתָא וְנֶחֱמָתָא, דַּאֲמִירָן בְּעָלְמָא
וְאִמְרוּ אָמֵן. (קהל: אָמֵן)

עמידה

"המתפלל צריך שיכוין בלבו פירוש המלות שמוציא בשפתיו; ויחשוב כאלו שכינה כנגדו ויסיר כל המחשבות הטורדות אותו עד שתשאר מחשבתו וכוונתו זכה בתפלתו" (שו"ע צח, א).

פוסע שלוש פסיעות לפנים כמי שנכנס לפני המלך
עומד ומתפלל בלחש מכאן ועד 'וּכְשָׁנִים קַדְמֹנִיּוֹת' בעמ' 18.

כורע במקומות המסומנים ב׳, קד לפנים במילה הבאה וזוקף בשם.

כִּי שֵׁם יהוה אֶקְרָא, הָבוּ גֹדֶל לֵאלֹהֵינוּ: דברים לב

אֲדֹנָי, שְׂפָתַי תִּפְתָּח, וּפִי יַגִּיד תְּהִלָּתֶךָ: תהלים נא

אבות

׳בָּרוּךְ אַתָּה יהוה, אֱלֹהֵינוּ וֵאלֹהֵי אֲבוֹתֵינוּ
אֱלֹהֵי אַבְרָהָם, אֱלֹהֵי יִצְחָק, וֵאלֹהֵי יַעֲקֹב
הָאֵל הַגָּדוֹל הַגִּבּוֹר וְהַנּוֹרָא, אֵל עֶלְיוֹן
גּוֹמֵל חֲסָדִים טוֹבִים, קוֹנֵה הַכֹּל, וְזוֹכֵר חַסְדֵי אָבוֹת
וּמֵבִיא גוֹאֵל לִבְנֵי בְנֵיהֶם לְמַעַן שְׁמוֹ בְּאַהֲבָה.
מֶלֶךְ עוֹזֵר וּמוֹשִׁיעַ וּמָגֵן.
׳בָּרוּךְ אַתָּה יהוה, מָגֵן אַבְרָהָם.

גבורות

אַתָּה גִּבּוֹר לְעוֹלָם, אֲדֹנָי
מְחַיֵּה מֵתִים אַתָּה, רַב לְהוֹשִׁיעַ

בערב פסח אומר:

מַשִּׁיב הָרְוּחַ וּמוֹרִיד הַגֶּשֶׁם

בארץ ישראל, בשאר הימים אומר:

מוֹרִיד הַטָּל

מְכַלְכֵּל חַיִּים בְּחֶסֶד, מְחַיֵּה מֵתִים בְּרַחֲמִים רַבִּים
סוֹמֵךְ נוֹפְלִים, וְרוֹפֵא חוֹלִים, וּמַתִּיר אֲסוּרִים
וּמְקַיֵּם אֱמוּנָתוֹ לִישֵׁנֵי עָפָר.

מִי כָמְוֹךָ, בַּעַל גְּבוּרוֹת
וּמִי דְּוֹמֶה לָּךְ
מֶלֶךְ, מֵמִית וּמְחַיֶּה וּמַצְמִיחַ יְשׁוּעָה.
וְנֶאֱמָן אַתָּה לְהַחֲיוֹת מֵתִים.
בָּרוּךְ אַתָּה יהוה, מְחַיֵּה הַמֵּתִים.

בתפילת לחש ממשיך ׳אַתָּה קָדוֹשׁ׳ בעמוד הבא.

קדושה

בחזרת הש״ץ הקהל עומד ואומר קדושה.
במקומות המסומנים ב־׳, המתפלל מתרומם על קצות אצבעותיו
(מג״א קכה, א בשם השל״ה).

קהל ואחריו שליח הציבור:

נַקְדִּישָׁךְ וְנַעֲרִיצָךְ כְּנְעַם שִׂיחַ סוֹד שַׂרְפֵי קֹדֶשׁ, הַמְשַׁלְּשִׁים לְךָ קְדֻשָּׁה
ישעיה ו **כַּכָּתוּב עַל יַד נְבִיאֶךָ, וְקָרָא זֶה אֶל־זֶה וְאָמַר**

קהל ואחריו שליח הציבור:

׳קָדוֹשׁ, ׳קָדוֹשׁ, ׳קָדוֹשׁ, יהוה צְבָאוֹת, מְלֹא כָל־הָאָרֶץ כְּבוֹדוֹ:
לְעֻמָּתָם מְשַׁבְּחִים וְאוֹמְרִים

קהל ואחריו שליח הציבור:

יחזקאל ג **׳בָּרוּךְ כְּבוֹד־יהוה מִמְּקוֹמוֹ:**
וּבְדִבְרֵי קָדְשְׁךָ כָּתוּב לֵאמֹר

קהל ואחריו שליח הציבור:

תהלים קמו **׳יִמְלֹךְ יהוה לְעוֹלָם, אֱלֹהַיִךְ צִיּוֹן לְדֹר וָדֹר, הַלְלוּיָהּ:**

שליח הציבור ממשיך ׳אַתָּה קָדוֹשׁ׳ בעמוד הבא.

בבתי כנסת המתפללים בנוסח אשכנז, שליח הציבור אומר ׳לְדוֹר וָדוֹר׳:

לְדוֹר וָדוֹר נַגִּיד גָּדְלֶךָ, וּלְנֵצַח נְצָחִים קְדֻשָּׁתְךָ נַקְדִּישׁ, וְשִׁבְחֲךָ אֱלֹהֵינוּ מִפִּינוּ לֹא יָמוּשׁ לְעוֹלָם וָעֶד, כִּי אֵל מֶלֶךְ גָּדוֹל וְקָדוֹשׁ אָתָּה. בָּרוּךְ אַתָּה יהוה, הָאֵל הַקָּדוֹשׁ.

שליח הציבור ממשיך ׳אַתָּה חוֹנֵן׳ בעמוד הבא.

קדושת השם

אַתָּה קָדוֹשׁ וְשִׁמְךָ קָדוֹשׁ
וּקְדוֹשִׁים בְּכָל יוֹם יְהַלְלוּךָ סֶּלָה
כִּי אֵל מֶלֶךְ גָּדוֹל וְקָדוֹשׁ אָתָּה.
בָּרוּךְ אַתָּה יהוה, הָאֵל הַקָּדוֹשׁ.

דעת

אַתָּה חוֹנֵן לְאָדָם דַּעַת, וּמְלַמֵּד לֶאֱנוֹשׁ בִּינָה.
חָנֵּנוּ מֵאִתְּךָ חָכְמָה בִּינָה וָדָעַת.
בָּרוּךְ אַתָּה יהוה, חוֹנֵן הַדָּעַת.

תשובה

הֲשִׁיבֵנוּ אָבִינוּ לְתוֹרָתֶךָ, וְקָרְבֵנוּ מַלְכֵּנוּ לַעֲבוֹדָתֶךָ
וְהַחֲזִירֵנוּ בִּתְשׁוּבָה שְׁלֵמָה לְפָנֶיךָ.
בָּרוּךְ אַתָּה יהוה, הָרוֹצֶה בִּתְשׁוּבָה.

סליחה

נוהגים להכות כנגד הלב במקומות המסומנים ב° (סידור יעב"ץ).

סְלַח לָנוּ אָבִינוּ כִּי °חָטָאנוּ
מְחַל לָנוּ מַלְכֵּנוּ כִּי °פָשָׁעְנוּ
כִּי אֵל טוֹב וְסַלָּח אָתָּה.
בָּרוּךְ אַתָּה יהוה, חַנּוּן הַמַּרְבֶּה לִסְלֹחַ.

גאולה

רְאֵה נָא בְעָנְיֵנוּ, וְרִיבָה רִיבֵנוּ
וּגְאָלֵנוּ גְּאֻלָּה שְׁלֵמָה מְהֵרָה לְמַעַן שְׁמֶךָ
כִּי אֵל גּוֹאֵל חָזָק אָתָּה.
בָּרוּךְ אַתָּה יהוה, גּוֹאֵל יִשְׂרָאֵל.

רפואה

רְפָאֵנוּ יהוה וְנֵרָפֵא
הוֹשִׁיעֵנוּ וְנִוָּשֵׁעָה, כִּי תְהִלָּתֵנוּ אָתָּה
וְהַעֲלֵה אֲרוּכָה וּמַרְפֵּא לְכָל תַּחֲלוּאֵינוּ וּלְכָל מַכְאוֹבֵינוּ
וּרְפוּאָה שְׁלֵמָה לְכָל מַכּוֹתֵינוּ

המתפלל על חולה מוסיף:
יְהִי רָצוֹן מִלְּפָנֶיךָ יהוה אֱלֹהַי וֵאלֹהֵי אֲבוֹתַי, שֶׁתִּשְׁלַח מְהֵרָה רְפוּאָה שְׁלֵמָה מִן הַשָּׁמַיִם, רְפוּאַת הַנֶּפֶשׁ וּרְפוּאַת הַגּוּף, לַחוֹלֶה/לַחוֹלָה פלוני/ת בֶּן/בַּת פלונית בְּתוֹךְ שְׁאָר חוֹלֵי יִשְׂרָאֵל.

כִּי אֵל מֶלֶךְ רוֹפֵא נֶאֱמָן וְרַחֲמָן אָתָּה.
בָּרוּךְ אַתָּה יהוה, רוֹפֵא חוֹלֵי עַמּוֹ יִשְׂרָאֵל.

ברכת השנים

בָּרֵךְ עָלֵינוּ יהוה אֱלֹהֵינוּ אֶת הַשָּׁנָה הַזֹּאת
וְאֶת כָּל מִינֵי תְבוּאָתָהּ, לְטוֹבָה

בערב פסח: וְתֵן טַל וּמָטָר לִבְרָכָה

בשאר הימים: וְתֵן בְּרָכָה

עַל פְּנֵי הָאֲדָמָה, וְשַׂבְּעֵנוּ מִטּוּבָהּ
וּבָרֵךְ שְׁנָתֵנוּ כַּשָּׁנִים הַטּוֹבוֹת לִבְרָכָה
כִּי אֵל טוֹב וּמֵטִיב אַתָּה וּמְבָרֵךְ הַשָּׁנִים.
בָּרוּךְ אַתָּה יהוה, מְבָרֵךְ הַשָּׁנִים.

קיבוץ גלויות

תְּקַע בְּשׁוֹפָר גָּדוֹל לְחֵרוּתֵנוּ, וְשָׂא נֵס לְקַבֵּץ גָּלֻיּוֹתֵינוּ
וְקַבְּצֵנוּ יַחַד מְהֵרָה מֵאַרְבַּע כַּנְפוֹת הָאָרֶץ לְאַרְצֵנוּ.
בָּרוּךְ אַתָּה יהוה, מְקַבֵּץ נִדְחֵי עַמּוֹ יִשְׂרָאֵל.

השבת המשפט

הָשִׁיבָה שׁוֹפְטֵינוּ כְּבָרִאשׁוֹנָה, וְיוֹעֲצֵינוּ כְּבַתְּחִלָּה

וְהָסֵר מִמֶּנּוּ יָגוֹן וַאֲנָחָה

וּמְלֹךְ עָלֵינוּ מְהֵרָה אַתָּה יהוה לְבַדְּךָ

בְּחֶסֶד וּבְרַחֲמִים, בְּצֶדֶק וּבְמִשְׁפָּט.

בָּרוּךְ אַתָּה יהוה, מֶלֶךְ אוֹהֵב צְדָקָה וּמִשְׁפָּט.

ברכת המינים

וְלַמַּלְשִׁינִים אַל תְּהִי תִקְוָה

וְכָל הַמִּינִים כְּרֶגַע יֹאבֵדוּ, וְכָל אוֹיְבֵי עַמְּךָ מְהֵרָה יִכָּרֵתוּ

וְהַזֵּדִים מְהֵרָה תְעַקֵּר וּתְשַׁבֵּר וּתְמַגֵּר

וּתְכַלֵּם וְתַשְׁפִּילֵם וְתַכְנִיעֵם

בִּמְהֵרָה בְיָמֵינוּ.

בָּרוּךְ אַתָּה יהוה, שׁוֹבֵר אוֹיְבִים וּמַכְנִיעַ זֵדִים.

על הצדיקים

עַל הַצַּדִּיקִים וְעַל הַחֲסִידִים

וְעַל זִקְנֵי שְׁאֵרִית עַמְּךָ בֵּית יִשְׂרָאֵל

וְעַל פְּלֵיטַת בֵּית סוֹפְרֵיהֶם

וְעַל גֵּרֵי הַצֶּדֶק, וְעָלֵינוּ

יֶהֱמוּ נָא רַחֲמֶיךָ, יהוה אֱלֹהֵינוּ

וְתֵן שָׂכָר טוֹב לְכָל הַבּוֹטְחִים בְּשִׁמְךָ בֶּאֱמֶת

וְשִׂים חֶלְקֵנוּ עִמָּהֶם

וּלְעוֹלָם לֹא נֵבוֹשׁ, כִּי בְךָ בָטָחְנוּ

וְעַל חַסְדְּךָ הַגָּדוֹל בֶּאֱמֶת נִשְׁעָנְנוּ.

בָּרוּךְ אַתָּה יהוה, מִשְׁעָן וּמִבְטָח לַצַּדִּיקִים.

בניין ירושלים

וְלִירוּשָׁלַיִם עִירְךָ בְּרַחֲמִים תָּשׁוּב

וְתִשְׁכֹּן בְּתוֹכָהּ כַּאֲשֶׁר דִּבַּרְתָּ

וּבְנֵה אוֹתָהּ בְּקָרוֹב בְּיָמֵינוּ בִּנְיַן עוֹלָם

וְכִסֵּא דָוִד עַבְדְּךָ מְהֵרָה לְתוֹכָהּ תָּכִין.

בָּרוּךְ אַתָּה יהוה, בּוֹנֵה יְרוּשָׁלָיִם.

מלכות בית דוד

אֶת צֶמַח דָּוִד עַבְדְּךָ מְהֵרָה תַצְמִיחַ

וְקַרְנוֹ תָּרוּם בִּישׁוּעָתֶךָ

כִּי לִישׁוּעָתְךָ קִוִּינוּ כָּל הַיּוֹם.

בָּרוּךְ אַתָּה יהוה, מַצְמִיחַ קֶרֶן יְשׁוּעָה.

שומע תפילה

אָב הָרַחֲמָן

שְׁמַע קוֹלֵנוּ יהוה אֱלֹהֵינוּ

חוּס וְרַחֵם עָלֵינוּ, וְקַבֵּל בְּרַחֲמִים וּבְרָצוֹן אֶת תְּפִלָּתֵנוּ

כִּי אֵל שׁוֹמֵעַ תְּפִלּוֹת וְתַחֲנוּנִים אָתָּה

וּמִלְּפָנֶיךָ מַלְכֵּנוּ רֵיקָם אַל תְּשִׁיבֵנוּ

חָנֵּנוּ וַעֲנֵנוּ וּשְׁמַע תְּפִלָּתֵנוּ

כִּי אַתָּה שׁוֹמֵעַ תְּפִלַּת כָּל פֶּה.

בָּרוּךְ אַתָּה יהוה, שׁוֹמֵעַ תְּפִלָּה.

עבודה

רְצֵה יהוה אֱלֹהֵינוּ בְּעַמְּךָ יִשְׂרָאֵל, וְלִתְפִלָּתָם שְׁעֵה

וְהָשֵׁב אֶת הָעֲבוֹדָה לִדְבִיר בֵּיתֶךָ

וְאִשֵּׁי יִשְׂרָאֵל וּתְפִלָּתָם, מְהֵרָה בְּאַהֲבָה תְקַבֵּל בְּרָצוֹן
וּתְהִי לְרָצוֹן תָּמִיד עֲבוֹדַת יִשְׂרָאֵל עַמֶּךָ.

בערב פסח, שבועות וסוכות ממשיך ׳וְתֶחֱזֶינָה׳ למטה.

בחול המועד:

אֱלֹהֵינוּ וֵאלֹהֵי אֲבוֹתֵינוּ
יַעֲלֶה וְיָבוֹא וְיַגִּיעַ, וְיֵרָאֶה וְיֵרָצֶה וְיִשָּׁמַע
וְיִפָּקֵד וְיִזָּכֵר זִכְרוֹנֵנוּ וּפִקְדוֹנֵנוּ וְזִכְרוֹן אֲבוֹתֵינוּ
וְזִכְרוֹן מָשִׁיחַ בֶּן דָּוִד עַבְדֶּךָ
וְזִכְרוֹן יְרוּשָׁלַיִם עִיר קָדְשֶׁךָ
וְזִכְרוֹן כָּל עַמְּךָ בֵּית יִשְׂרָאֵל, לְפָנֶיךָ
לִפְלֵיטָה לְטוֹבָה, לְחֵן וּלְחֶסֶד וּלְרַחֲמִים
לְחַיִּים וּלְשָׁלוֹם בְּיוֹם

בפסח: חַג הַמַּצּוֹת הַזֶּה.

בסוכות: חַג הַסֻּכּוֹת הַזֶּה.

זָכְרֵנוּ יהוה אֱלֹהֵינוּ בּוֹ לְטוֹבָה
וּפָקְדֵנוּ בוֹ לִבְרָכָה
וְהוֹשִׁיעֵנוּ בוֹ לְחַיִּים טוֹבִים.
וּבִדְבַר יְשׁוּעָה וְרַחֲמִים
חוּס וְחָנֵּנוּ וְרַחֵם עָלֵינוּ וְהוֹשִׁיעֵנוּ
כִּי אֵלֶיךָ עֵינֵינוּ, כִּי אֵל מֶלֶךְ חַנּוּן וְרַחוּם אָתָּה.

וְתֶחֱזֶינָה עֵינֵינוּ בְּשׁוּבְךָ לְצִיּוֹן בְּרַחֲמִים.
בָּרוּךְ אַתָּה יהוה, הַמַּחֲזִיר שְׁכִינָתוֹ לְצִיּוֹן.

הודאה

כורע ב'מוֹדִים' ואינו זוקף עד אמירת השם (סידור השל"ה).

°מוֹדִים אֲנַחְנוּ לָךְ
שָׁאַתָּה הוּא יהוה אֱלֹהֵינוּ
וֵאלֹהֵי אֲבוֹתֵינוּ לְעוֹלָם וָעֶד.
צוּר חַיֵּינוּ, מָגֵן יִשְׁעֵנוּ
אַתָּה הוּא לְדוֹר וָדוֹר.
נוֹדֶה לְּךָ וּנְסַפֵּר תְּהִלָּתֶךָ
עַל חַיֵּינוּ הַמְּסוּרִים בְּיָדֶךָ
וְעַל נִשְׁמוֹתֵינוּ הַפְּקוּדוֹת לָךְ
וְעַל נִסֶּיךָ שֶׁבְּכָל יוֹם עִמָּנוּ
וְעַל נִפְלְאוֹתֶיךָ וְטוֹבוֹתֶיךָ
שֶׁבְּכָל עֵת
עֶרֶב וָבֹקֶר וְצָהֳרָיִם.
הַטּוֹב, כִּי לֹא כָלוּ רַחֲמֶיךָ
וְהַמְרַחֵם, כִּי לֹא תַמּוּ חֲסָדֶיךָ
כִּי מֵעוֹלָם קִוִּינוּ לָךְ.

כששליח הציבור אומר 'מוֹדִים', הקהל אומר בלחש (סוטה מ ע"א):

°מוֹדִים אֲנַחְנוּ לָךְ
שָׁאַתָּה הוּא יהוה אֱלֹהֵינוּ
וֵאלֹהֵי אֲבוֹתֵינוּ
אֱלֹהֵי כָל בָּשָׂר
יוֹצְרֵנוּ, יוֹצֵר בְּרֵאשִׁית.
בְּרָכוֹת וְהוֹדָאוֹת
לְשִׁמְךָ הַגָּדוֹל וְהַקָּדוֹשׁ
עַל שֶׁהֶחֱיִיתָנוּ וְקִיַּמְתָּנוּ.
כֵּן תְּחַיֵּנוּ וּתְקַיְּמֵנוּ
וְתֶאֱסֹף גָּלֻיּוֹתֵינוּ
לְחַצְרוֹת קָדְשֶׁךָ
לִשְׁמֹר חֻקֶּיךָ
וְלַעֲשׂוֹת רְצוֹנֶךָ וּלְעָבְדְךָ
בְּלֵבָב שָׁלֵם
עַל שֶׁאֲנַחְנוּ מוֹדִים לָךְ.
בָּרוּךְ אֵל הַהוֹדָאוֹת.

וְעַל כֻּלָּם
יִתְבָּרַךְ וְיִתְרוֹמַם וְיִתְנַשֵּׂא שִׁמְךָ מַלְכֵּנוּ תָּמִיד לְעוֹלָם וָעֶד.
וְכֹל הַחַיִּים יוֹדוּךָ סֶּלָה
וִיהַלְלוּ וִיבָרְכוּ אֶת שִׁמְךָ הַגָּדוֹל בֶּאֱמֶת לְעוֹלָם כִּי טוֹב
הָאֵל יְשׁוּעָתֵנוּ וְעֶזְרָתֵנוּ סֶלָה, הָאֵל הַטּוֹב.
°בָּרוּךְ אַתָּה יהוה, הַטּוֹב שִׁמְךָ וּלְךָ נָאֶה לְהוֹדוֹת.

שלום

שִׂים שָׁלוֹם טוֹבָה וּבְרָכָה
חַיִּים חֵן וָחֶסֶד וְרַחֲמִים, עָלֵינוּ וְעַל כָּל יִשְׂרָאֵל עַמֶּךָ.
בָּרְכֵנוּ אָבִינוּ כֻּלָּנוּ כְּאֶחָד בְּאוֹר פָּנֶיךָ
כִּי בְאוֹר פָּנֶיךָ נָתַתָּ לָּנוּ יהוה אֱלֹהֵינוּ
תּוֹרַת חַיִּים וְאַהֲבַת חֶסֶד, וּצְדָקָה וּבְרָכָה וְרַחֲמִים וְחַיִּים וְשָׁלוֹם.
וְטוֹב יִהְיֶה בְעֵינֶיךָ לְבָרְכֵנוּ וּלְבָרֵךְ אֶת כָּל עַמְּךָ יִשְׂרָאֵל
בְּכָל עֵת וּבְכָל שָׁעָה בִּשְׁלוֹמֶךָ.
בָּרוּךְ אַתָּה יהוה, הַמְבָרֵךְ אֶת עַמּוֹ יִשְׂרָאֵל בַּשָּׁלוֹם.

שליח הציבור מסיים באמירת הפסוק הבא בלחש,
ויש הנוהגים לאומרו גם בסוף תפילת לחש של יחיד.

יִהְיוּ לְרָצוֹן אִמְרֵי פִי וְהֶגְיוֹן לִבִּי לְפָנֶיךָ, יהוה צוּרִי וְגֹאֲלִי: תהלים יט

אֱלֹהַי ברכות יז.
נְצֹר לְשׁוֹנִי מֵרָע וּשְׂפָתַי מִדַּבֵּר מִרְמָה
וְלִמְקַלְלַי נַפְשִׁי תִדֹּם, וְנַפְשִׁי כֶּעָפָר לַכֹּל תִּהְיֶה.
פְּתַח לִבִּי בְּתוֹרָתֶךָ, וְאַחֲרֵי מִצְוֹתֶיךָ תִּרְדֹּף נַפְשִׁי.
וְכָל הַקָּמִים וְהַחוֹשְׁבִים עָלַי רָעָה
מְהֵרָה הָפֵר עֲצָתָם וְקַלְקֵל מַחֲשַׁבְתָּם.

יש המוסיפים תחינה זו (קיצור של״ה, ׳אור הישר׳):

יְהִי רָצוֹן מִלְּפָנֶיךָ, יהוה אֱלֹהַי וֵאלֹהֵי אֲבוֹתַי
שֶׁלֹּא תַעֲלֶה קִנְאַת אָדָם עָלַי, וְלֹא קִנְאָתִי עַל אֲחֵרִים
וְשֶׁלֹּא אֶכְעֹס הַיּוֹם, וְשֶׁלֹּא אַכְעִיסֶךָ
וְתַצִּילֵנִי מִיֵּצֶר הָרָע, וְתֵן בְּלִבִּי הַכְנָעָה וַעֲנָוָה.
מַלְכֵּנוּ וֵאלֹהֵינוּ, יַחֵד שִׁמְךָ בְּעוֹלָמֶךָ
בְּנֵה עִירָךְ, יַסֵּד בֵּיתָךְ וְשַׁכְלֵל הֵיכָלָךְ
וְקַבֵּץ קִבּוּץ גָּלֻיּוֹת, וּפְדֵה צֹאנְךָ וְשַׂמַּח עֲדָתֶךָ.

עֲשֵׂה לְמַעַן שְׁמֶךָ, עֲשֵׂה לְמַעַן יְמִינֶךָ
עֲשֵׂה לְמַעַן תּוֹרָתֶךָ, עֲשֵׂה לְמַעַן קְדֻשָּׁתֶךָ.
תהלים ס לְמַעַן יֵחָלְצוּן יְדִידֶיךָ, הוֹשִׁיעָה יְמִינְךָ וַעֲנֵנִי:
תהלים יט יִהְיוּ לְרָצוֹן אִמְרֵי פִי וְהֶגְיוֹן לִבִּי לְפָנֶיךָ, יהוה צוּרִי וְגֹאֲלִי:

כורע ופוסע שלוש פסיעות לאחור. קד לשמאל, לימין ולפנים באמירת:

עֹשֶׂה שָׁלוֹם בִּמְרוֹמָיו
הוּא יַעֲשֶׂה שָׁלוֹם, עָלֵינוּ וְעַל כָּל יִשְׂרָאֵל, וְאִמְרוּ אָמֵן.

יְהִי רָצוֹן מִלְּפָנֶיךָ יהוה אֱלֹהֵינוּ וֵאלֹהֵי אֲבוֹתֵינוּ
שֶׁיִּבָּנֶה בֵּית הַמִּקְדָּשׁ בִּמְהֵרָה בְיָמֵינוּ, וְתֵן חֶלְקֵנוּ בְּתוֹרָתֶךָ
וְשָׁם נַעֲבָדְךָ בְּיִרְאָה כִּימֵי עוֹלָם וּכְשָׁנִים קַדְמֹנִיּוֹת.
מלאכי ג וְעָרְבָה לַיהוה מִנְחַת יְהוּדָה וִירוּשָׁלָםִ כִּימֵי עוֹלָם וּכְשָׁנִים קַדְמֹנִיּוֹת:

שליח הציבור חוזר על העמידה בקול רם.

קדיש שלם

ש״ץ: יִתְגַּדַּל וְיִתְקַדַּשׁ שְׁמֵהּ רַבָּא (קהל: אָמֵן)
בְּעָלְמָא דִּי בְרָא כִרְעוּתֵהּ
וְיַמְלִיךְ מַלְכוּתֵהּ
וְיַצְמַח פֻּרְקָנֵהּ וִיקָרֵב מְשִׁיחֵהּ (קהל: אָמֵן)
בְּחַיֵּיכוֹן וּבְיוֹמֵיכוֹן וּבְחַיֵּי דְכָל בֵּית יִשְׂרָאֵל
בַּעֲגָלָא וּבִזְמַן קָרִיב, וְאִמְרוּ אָמֵן. (קהל: אָמֵן)

קהל וש״ץ: יְהֵא שְׁמֵהּ רַבָּא מְבָרַךְ לְעָלַם וּלְעָלְמֵי עָלְמַיָּא.

ש״ץ: יִתְבָּרַךְ וְיִשְׁתַּבַּח וְיִתְפָּאַר וְיִתְרוֹמַם וְיִתְנַשֵּׂא
וְיִתְהַדָּר וְיִתְעַלֶּה וְיִתְהַלָּל
שְׁמֵהּ דְּקֻדְשָׁא בְּרִיךְ הוּא (קהל: אָמֵן)
לְעֵלָּא מִן כָּל בִּרְכָתָא וְשִׁירָתָא, תֻּשְׁבְּחָתָא וְנֶחֱמָתָא
דַּאֲמִירָן בְּעָלְמָא, וְאִמְרוּ אָמֵן. (קהל: אָמֵן)

תִּתְקַבַּל צְלוֹתְהוֹן וּבָעוּתְהוֹן דְּכָל בֵּית יִשְׂרָאֵל
קֳדָם אֲבוּהוֹן דִּי בִשְׁמַיָּא, וְאִמְרוּ אָמֵן. (קהל: אָמֵן)

יְהֵא שְׁלָמָא רַבָּא מִן שְׁמַיָּא
וְחַיִּים טוֹבִים עָלֵינוּ וְעַל כָּל יִשְׂרָאֵל, וְאִמְרוּ אָמֵן. (קהל: אָמֵן)

כורע ופוסע שלוש פסיעות לאחור. קד לשמאל, לימין ולפנים באמירת:

עֹשֶׂה שָׁלוֹם בִּמְרוֹמָיו
הוּא יַעֲשֶׂה שָׁלוֹם
עָלֵינוּ וְעַל כָּל יִשְׂרָאֵל, וְאִמְרוּ אָמֵן. (קהל: אָמֵן)

אומרים 'עָלֵינוּ' בעמידה ומשתחווים במקום המסומן ב*.

עָלֵינוּ לְשַׁבֵּחַ לַאֲדוֹן הַכֹּל, לָתֵת גְּדֻלָּה לְיוֹצֵר בְּרֵאשִׁית
שֶׁלֹּא עָשָׂנוּ כְּגוֹיֵי הָאֲרָצוֹת
וְלֹא שָׂמָנוּ כְּמִשְׁפְּחוֹת הָאֲדָמָה
שֶׁלֹּא שָׂם חֶלְקֵנוּ כָּהֶם וְגוֹרָלֵנוּ כְּכָל הֲמוֹנָם.
שֶׁהֵם מִשְׁתַּחֲוִים לְהֶבֶל וָרִיק וּמִתְפַּלְּלִים אֶל אֵל לֹא יוֹשִׁיעַ.
*וַאֲנַחְנוּ כּוֹרְעִים וּמִשְׁתַּחֲוִים וּמוֹדִים
לִפְנֵי מֶלֶךְ מַלְכֵי הַמְּלָכִים, הַקָּדוֹשׁ בָּרוּךְ הוּא
שֶׁהוּא נוֹטֶה שָׁמַיִם וְיוֹסֵד אָרֶץ,
וּמוֹשַׁב יְקָרוֹ בַּשָּׁמַיִם מִמַּעַל
וּשְׁכִינַת עֻזּוֹ בְּגָבְהֵי מְרוֹמִים.
הוּא אֱלֹהֵינוּ, אֵין עוֹד.
אֱמֶת מַלְכֵּנוּ, אֶפֶס זוּלָתוֹ
כַּכָּתוּב בְּתוֹרָתוֹ, וְיָדַעְתָּ הַיּוֹם וַהֲשֵׁבֹתָ אֶל־לְבָבֶךָ דברים ד
כִּי יהוה הוּא הָאֱלֹהִים בַּשָּׁמַיִם מִמַּעַל וְעַל־הָאָרֶץ מִתָּחַת
אֵין עוֹד:

וְעַל כֵּן נְקַוֶּה לְּךָ יהוה אֱלֹהֵינוּ לִרְאוֹת מְהֵרָה בְּתִפְאֶרֶת עֻזֶּךָ
לְהַעֲבִיר גִּלּוּלִים מִן הָאָרֶץ, וְהָאֱלִילִים כָּרוֹת יִכָּרֵתוּן
לְתַקֵּן עוֹלָם בְּמַלְכוּת שַׁדַּי.
וְכָל בְּנֵי בָשָׂר יִקְרְאוּ בִשְׁמֶךָ, לְהַפְנוֹת אֵלֶיךָ כָּל רִשְׁעֵי אָרֶץ.
יַכִּירוּ וְיֵדְעוּ כָּל יוֹשְׁבֵי תֵבֵל כִּי לְךָ תִּכְרַע כָּל בֶּרֶךְ, תִּשָּׁבַע כָּל לָשׁוֹן.
לְפָנֶיךָ יהוה אֱלֹהֵינוּ יִכְרְעוּ וְיִפֹּלוּ, וְלִכְבוֹד שִׁמְךָ יְקָר יִתֵּנוּ
וִיקַבְּלוּ כֻלָּם אֶת עֹל מַלְכוּתֶךָ, וְתִמְלֹךְ עֲלֵיהֶם מְהֵרָה לְעוֹלָם וָעֶד.
כִּי הַמַּלְכוּת שֶׁלְּךָ הִיא וּלְעוֹלְמֵי עַד תִּמְלֹךְ בְּכָבוֹד
כַּכָּתוּב בְּתוֹרָתֶךָ, יהוה יִמְלֹךְ לְעֹלָם וָעֶד: שמות טו
◄ וְנֶאֱמַר, וְהָיָה יהוה לְמֶלֶךְ עַל־כָּל־הָאָרֶץ זכריה יד
בַּיּוֹם הַהוּא יִהְיֶה יהוה אֶחָד וּשְׁמוֹ אֶחָד:

יש מוסיפים:

אַל־תִּירָא מִפַּחַד פִּתְאֹם וּמִשֹּׁאַת רְשָׁעִים כִּי תָבֹא: משלי ג
עֻצוּ עֵצָה וְתֻפָר, דַּבְּרוּ דָבָר וְלֹא יָקוּם, כִּי עִמָּנוּ אֵל: ישעיה ח
וְעַד־זִקְנָה אֲנִי הוּא, וְעַד־שֵׂיבָה אֲנִי אֶסְבֹּל אֲנִי עָשִׂיתִי וַאֲנִי אֶשָּׂא וַאֲנִי אֶסְבֹּל וַאֲמַלֵּט: ישעיה מו

קדיש יתום

אבל: יִתְגַּדַּל וְיִתְקַדַּשׁ שְׁמֵהּ רַבָּא (קהל: אָמֵן)
בְּעָלְמָא דִּי בְרָא כִרְעוּתֵהּ
וְיַמְלִיךְ מַלְכוּתֵהּ וְיַצְמַח פֻּרְקָנֵהּ וִיקָרֵב מְשִׁיחֵהּ (קהל: אָמֵן)
בְּחַיֵּיכוֹן וּבְיוֹמֵיכוֹן וּבְחַיֵּי דְכָל בֵּית יִשְׂרָאֵל
בַּעֲגָלָא וּבִזְמַן קָרִיב, וְאִמְרוּ אָמֵן. (קהל: אָמֵן)

קהל ואבל: יְהֵא שְׁמֵהּ רַבָּא מְבָרַךְ לְעָלַם וּלְעָלְמֵי עָלְמַיָּא.

אבל: יִתְבָּרַךְ וְיִשְׁתַּבַּח וְיִתְפָּאַר וְיִתְרוֹמַם וְיִתְנַשֵּׂא
וְיִתְהַדָּר וְיִתְעַלֶּה וְיִתְהַלָּל שְׁמֵהּ דְּקֻדְשָׁא בְּרִיךְ הוּא (קהל: אָמֵן)
לְעֵלָּא מִן כָּל בִּרְכָתָא וְשִׁירָתָא, תֻּשְׁבְּחָתָא וְנֶחֱמָתָא
דַּאֲמִירָן בְּעָלְמָא, וְאִמְרוּ אָמֵן. (קהל: אָמֵן)

יְהֵא שְׁלָמָא רַבָּא מִן שְׁמַיָּא
וְחַיִּים טוֹבִים עָלֵינוּ וְעַל כָּל יִשְׂרָאֵל, וְאִמְרוּ אָמֵן. (קהל: אָמֵן)

כורע ופוסע שלוש פסיעות לאחור. קד לשמאל, לימין ולפנים באמירת:

עֹשֶׂה שָׁלוֹם בִּמְרוֹמָיו
הוּא יַעֲשֶׂה שָׁלוֹם
עָלֵינוּ וְעַל כָּל יִשְׂרָאֵל, וְאִמְרוּ אָמֵן. (קהל: אָמֵן)

נוהגים להוסיף את המזמור ׳לְדָוִד, ה׳ אוֹרִי וְיִשְׁעִי׳ מראש חודש אלול ועד הושענא רבה.
יש האומרים ׳לְדָוִד, ה׳ אוֹרִי וְיִשְׁעִי׳ בערבית ולא במנחה, כנוסח אשכנז.

תהלים כז
לְדָוִד, יהוה אוֹרִי וְיִשְׁעִי, מִמִּי אִירָא, יהוה מָעוֹז־חַיַּי, מִמִּי אֶפְחָד: בִּקְרֹב עָלַי מְרֵעִים לֶאֱכֹל אֶת־בְּשָׂרִי, צָרַי וְאֹיְבַי לִי, הֵמָּה כָשְׁלוּ וְנָפָלוּ: אִם־תַּחֲנֶה עָלַי מַחֲנֶה, לֹא־יִירָא לִבִּי, אִם־תָּקוּם עָלַי מִלְחָמָה, בְּזֹאת אֲנִי בוֹטֵחַ: אַחַת שָׁאַלְתִּי מֵאֵת־יהוה, אוֹתָהּ אֲבַקֵּשׁ, שִׁבְתִּי בְּבֵית־יהוה כָּל־יְמֵי חַיַּי, לַחֲזוֹת בְּנֹעַם־יהוה, וּלְבַקֵּר בְּהֵיכָלוֹ: כִּי יִצְפְּנֵנִי בְּסֻכֹּה בְּיוֹם רָעָה, יַסְתִּרֵנִי בְּסֵתֶר אָהֳלוֹ, בְּצוּר יְרוֹמְמֵנִי: וְעַתָּה יָרוּם רֹאשִׁי עַל אֹיְבַי סְבִיבוֹתַי, וְאֶזְבְּחָה בְאָהֳלוֹ זִבְחֵי תְרוּעָה, אָשִׁירָה וַאֲזַמְּרָה לַיהוה: שְׁמַע־יהוה קוֹלִי אֶקְרָא, וְחָנֵּנִי וַעֲנֵנִי: לְךָ אָמַר לִבִּי בַּקְּשׁוּ פָנָי, אֶת־פָּנֶיךָ יהוה אֲבַקֵּשׁ: אַל־תַּסְתֵּר פָּנֶיךָ מִמֶּנִּי, אַל תַּט־בְּאַף עַבְדֶּךָ, עֶזְרָתִי הָיִיתָ, אַל־תִּטְּשֵׁנִי וְאַל־תַּעַזְבֵנִי, אֱלֹהֵי יִשְׁעִי: כִּי־אָבִי וְאִמִּי עֲזָבוּנִי, וַיהוה יַאַסְפֵנִי: הוֹרֵנִי יהוה דַּרְכֶּךָ, וּנְחֵנִי בְּאֹרַח מִישׁוֹר, לְמַעַן שׁוֹרְרָי: אַל־תִּתְּנֵנִי בְּנֶפֶשׁ צָרָי, כִּי קָמוּ־בִי עֵדֵי־שֶׁקֶר, וִיפֵחַ חָמָס: ◂ לוּלֵא הֶאֱמַנְתִּי לִרְאוֹת בְּטוּב־יהוה בְּאֶרֶץ חַיִּים: קַוֵּה אֶל־יהוה, חֲזַק וְיַאֲמֵץ לִבֶּךָ, וְקַוֵּה אֶל־יהוה:

קדיש יתום (בעמוד הקודם)

בערב פסח יש הנוהגים לומר את סדר קרבן פסח בעמ׳ 479.

מעריב לחול המועד בעמ׳ 447.

בשבת שחל בה יום טוב, מוצאי יום טוב או חול המועד, מתחילים ׳מִזְמוֹר לְדָוִד׳ (עמ׳ 28), ובבתי כנסת המתפללים בנוסח אשכנז, מתחילים ׳מִזְמוֹר שִׁיר לְיוֹם הַשַּׁבָּת׳ (עמ׳ 30).

ביום טוב שאינו חל בשבת, מתחילים ׳בָּרְכוּ׳ בעמ׳ 32.

שָׁלֹשׁ רְגָלִים
תָּחֹג לִי
בַּשָּׁנָה

אֶת־חַג הַמַּצּוֹת
תִּשְׁמֹר
שִׁבְעַת יָמִים

וְחַג הַקָּצִיר
בִּכּוּרֵי מַעֲשֶׂיךָ

וְחַג הָאָסִף
בְּצֵאת הַשָּׁנָה
בְּאָסְפְּךָ אֶת־מַעֲשֶׂיךָ

שמות כג, יד-טז

ערבית ליום טוב ולשבת חול המועד

ערב יום טוב

קבלת שבת

אם יום טוב ראשון חל בשבת, יש אומרים שיר השירים (עמ׳ 169).

יש קהילות שבהן אומרים ׳יְדִיד נֶפֶשׁ׳ לפני קבלת שבת.

אבל אם יום שישי הוא יום טוב או חול המועד, אין אומרים ׳יְדִיד נֶפֶשׁ׳ ומתחילים בעמוד הבא.

ביום חול מתחילים ׳בָּרְכוּ׳ בעמ׳ 32.

יְדִיד נֶפֶשׁ, אָב הָרַחֲמָן, מְשֹׁךְ עַבְדְּךָ אֶל רְצוֹנֶךָ
יָרוּץ עַבְדְּךָ כְּמוֹ אַיָּל, יִשְׁתַּחֲוֶה מוּל הֲדָרֶךָ
כִּי יֶעֱרַב לוֹ יְדִידוּתָךְ, מִנֹּפֶת צוּף וְכָל טָעַם.

הָדוּר, נָאֶה, זִיו הָעוֹלָם, נַפְשִׁי חוֹלַת אַהֲבָתֶךָ
אָנָּא, אֵל נָא, רְפָא נָא לָהּ, בְּהַרְאוֹת לָהּ נֹעַם זִיוֶךָ
אָז תִּתְחַזֵּק וְתִתְרַפֵּא, וְהָיְתָה לָךְ שִׁפְחַת עוֹלָם.

וָתִיק, יֶהֱמוּ רַחֲמֶיךָ, וְחוּס נָא עַל בֵּן אוֹהֲבָךְ
כִּי זֶה כַּמָּה נִכְסֹף נִכְסַף לִרְאוֹת בְּתִפְאֶרֶת עֻזָּךְ
אָנָּא, אֵלִי, מַחְמַד לִבִּי, חוּשָׁה נָּא, וְאַל תִּתְעַלָּם.

הִגָּלֵה נָא וּפְרֹשׂ, חָבִיב, עָלַי אֶת סֻכַּת שְׁלוֹמָךְ
תָּאִיר אֶרֶץ מִכְּבוֹדָךְ, נָגִילָה וְנִשְׂמְחָה בָךְ.
מַהֵר, אָהוּב, כִּי בָא מוֹעֵד, וְחָנֵּנִי כִּימֵי עוֹלָם.

בבתי כנסת המתפללים בנוסח אשכנז, מתחילים ׳מִזְמוֹר שִׁיר לְיוֹם הַשַּׁבָּת׳ (עמ׳ 30).

בבתי כנסת המתפללים בנוסח ספרד, אומרים מזמור זה.
אמירתו בערב שבת נזכרת בהנהגות האר״י. לאחריו אומרים נוסח
מקוצר של ׳לְכָה דוֹדִי׳: שני הבתים הראשונים ושני האחרונים.

תהלים כט
מִזְמוֹר לְדָוִד, הָבוּ לַיהוה בְּנֵי אֵלִים, הָבוּ לַיהוה כָּבוֹד וָעֹז:
הָבוּ לַיהוה כְּבוֹד שְׁמוֹ, הִשְׁתַּחֲווּ לַיהוה בְּהַדְרַת־קֹדֶשׁ:
קוֹל יהוה עַל־הַמָּיִם
אֵל־הַכָּבוֹד הִרְעִים, יהוה עַל־מַיִם רַבִּים:
קוֹל־יהוה בַּכֹּחַ, קוֹל יהוה בֶּהָדָר:
קוֹל יהוה שֹׁבֵר אֲרָזִים, וַיְשַׁבֵּר יהוה אֶת־אַרְזֵי הַלְּבָנוֹן:
וַיַּרְקִידֵם כְּמוֹ־עֵגֶל, לְבָנוֹן וְשִׂרְיוֹן כְּמוֹ בֶן־רְאֵמִים:
קוֹל־יהוה חֹצֵב לַהֲבוֹת אֵשׁ:
קוֹל יהוה יָחִיל מִדְבָּר, יָחִיל יהוה מִדְבַּר קָדֵשׁ:
◂ קוֹל יהוה יְחוֹלֵל אַיָּלוֹת וַיֶּחֱשֹׂף יְעָרוֹת
וּבְהֵיכָלוֹ, כֻּלּוֹ אֹמֵר כָּבוֹד:
יהוה לַמַּבּוּל יָשָׁב, וַיֵּשֶׁב יהוה מֶלֶךְ לְעוֹלָם:
יהוה עֹז לְעַמּוֹ יִתֵּן, יהוה יְבָרֵךְ אֶת־עַמּוֹ בַשָּׁלוֹם:

המקובלים הנהיגו לומר פיוט זה, מכיוון ששבע השורות שבו מקבילות
לשבע הפעמים ש׳קול ה׳׳ נזכר במזמור שלמעלה (פרי עץ חיים).

אָנָּא, בְּכֹחַ גְּדֻלַּת יְמִינְךָ, תַּתִּיר צְרוּרָה.
קַבֵּל רִנַּת עַמְּךָ, שַׂגְּבֵנוּ, טַהֲרֵנוּ, נוֹרָא.
נָא גִבּוֹר, דּוֹרְשֵׁי יִחוּדְךָ כְּבָבַת שָׁמְרֵם.
בָּרְכֵם, טַהֲרֵם, רַחֲמֵי צִדְקָתְךָ תָּמִיד גָּמְלֵם.
חֲסִין קָדוֹשׁ, בְּרֹב טוּבְךָ נַהֵל עֲדָתֶךָ.
יָחִיד גֵּאֶה, לְעַמְּךָ פְּנֵה, זוֹכְרֵי קְדֻשָּׁתֶךָ.
שַׁוְעָתֵנוּ קַבֵּל וּשְׁמַע צַעֲקָתֵנוּ, יוֹדֵעַ תַּעֲלוּמוֹת.
בָּרוּךְ שֵׁם כְּבוֹד מַלְכוּתוֹ לְעוֹלָם וָעֶד.

לְכָה דוֹדִי לִקְרַאת כַּלָּה, פְּנֵי שַׁבָּת נְקַבְּלָה.

לְכָה דוֹדִי לִקְרַאת כַּלָּה, פְּנֵי שַׁבָּת נְקַבְּלָה.

שָׁמוֹר וְזָכוֹר בְּדִבּוּר אֶחָד
הִשְׁמִיעָנוּ אֵל הַמְיֻחָד
יהוה אֶחָד וּשְׁמוֹ אֶחָד
לְשֵׁם וּלְתִפְאֶרֶת וְלִתְהִלָּה.

לְכָה דוֹדִי לִקְרַאת כַּלָּה, פְּנֵי שַׁבָּת נְקַבְּלָה.

לִקְרַאת שַׁבָּת לְכוּ וְנֵלְכָה
כִּי הִיא מְקוֹר הַבְּרָכָה
מֵרֹאשׁ מִקֶּדֶם נְסוּכָה
סוֹף מַעֲשֶׂה בְּמַחֲשָׁבָה תְּחִלָּה.

לְכָה דוֹדִי לִקְרַאת כַּלָּה, פְּנֵי שַׁבָּת נְקַבְּלָה.

יָמִין וּשְׂמֹאל תִּפְרֹצִי
וְאֶת יהוה תַּעֲרִיצִי
עַל יַד אִישׁ בֶּן פַּרְצִי
וְנִשְׂמְחָה וְנָגִילָה.

לְכָה דוֹדִי לִקְרַאת כַּלָּה, פְּנֵי שַׁבָּת נְקַבְּלָה.

הקהל עומד ופונה אל פתח בית הכנסת כדי לקבל את פני הכלה (משנ״ב רסב, י).
באמירת ׳בּוֹאִי כַלָּה׳ הראשון קד לשמאל ובשני לימין (סידור יעב״ץ בשם אביו).

בּוֹאִי בְשָׁלוֹם עֲטֶרֶת בַּעְלָהּ
גַּם ביום טוב: בְּשִׂמְחָה / בשבת חול המועד: בְּרִנָּה/ וּבְצָהֳלָה
תּוֹךְ אֱמוּנֵי עַם סְגֻלָּה
בּוֹאִי כַלָּה, בּוֹאִי כַלָּה
בּוֹאִי כַלָּה, שַׁבָּת מַלְכְּתָא.

לְכָה דוֹדִי לִקְרַאת כַּלָּה, פְּנֵי שַׁבָּת נְקַבְּלָה.

נוהגים לומר 'מִזְמוֹר שִׁיר לְיוֹם הַשַּׁבָּת' לפני תפילת ערבית (ספר המנהיג).

תהלים צב
מִזְמוֹר שִׁיר לְיוֹם הַשַּׁבָּת:
טוֹב לְהֹדוֹת לַיהוה, וּלְזַמֵּר לְשִׁמְךָ עֶלְיוֹן:
לְהַגִּיד בַּבֹּקֶר חַסְדֶּךָ, וֶאֱמוּנָתְךָ בַּלֵּילוֹת:
עֲלֵי־עָשׂוֹר וַעֲלֵי־נָבֶל, עֲלֵי הִגָּיוֹן בְּכִנּוֹר:
כִּי שִׂמַּחְתַּנִי יהוה בְּפָעֳלֶךָ, בְּמַעֲשֵׂי יָדֶיךָ אֲרַנֵּן:
מַה־גָּדְלוּ מַעֲשֶׂיךָ יהוה, מְאֹד עָמְקוּ מַחְשְׁבֹתֶיךָ:
אִישׁ־בַּעַר לֹא יֵדָע, וּכְסִיל לֹא־יָבִין אֶת־זֹאת:
בִּפְרֹחַ רְשָׁעִים כְּמוֹ עֵשֶׂב, וַיָּצִיצוּ כָּל־פֹּעֲלֵי אָוֶן
לְהִשָּׁמְדָם עֲדֵי־עַד:
וְאַתָּה מָרוֹם לְעֹלָם יהוה:
כִּי הִנֵּה אֹיְבֶיךָ יהוה, כִּי־הִנֵּה אֹיְבֶיךָ יֹאבֵדוּ
יִתְפָּרְדוּ כָּל־פֹּעֲלֵי אָוֶן:
וַתָּרֶם כִּרְאֵים קַרְנִי, בַּלֹּתִי בְּשֶׁמֶן רַעֲנָן:
וַתַּבֵּט עֵינִי בְּשׁוּרָי, בַּקָּמִים עָלַי מְרֵעִים תִּשְׁמַעְנָה אָזְנָי:
▸ צַדִּיק כַּתָּמָר יִפְרָח, כְּאֶרֶז בַּלְּבָנוֹן יִשְׂגֶּה:
שְׁתוּלִים בְּבֵית יהוה, בְּחַצְרוֹת אֱלֹהֵינוּ יַפְרִיחוּ:
עוֹד יְנוּבוּן בְּשֵׂיבָה, דְּשֵׁנִים וְרַעֲנַנִּים יִהְיוּ:
לְהַגִּיד כִּי־יָשָׁר יהוה, צוּרִי, וְלֹא־עַוְלָתָה בּוֹ:

תהלים צג
יהוה מָלָךְ, גֵּאוּת לָבֵשׁ
לָבֵשׁ יהוה עֹז הִתְאַזָּר, אַף־תִּכּוֹן תֵּבֵל בַּל־תִּמּוֹט:
נָכוֹן כִּסְאֲךָ מֵאָז, מֵעוֹלָם אָתָּה:
נָשְׂאוּ נְהָרוֹת יהוה, נָשְׂאוּ נְהָרוֹת קוֹלָם, יִשְׂאוּ נְהָרוֹת דָּכְיָם:

› מִקֹּלוֹת מַיִם רַבִּים, אַדִּירִים מִשְׁבְּרֵי־יָם, אַדִּיר בַּמָּרוֹם יהוה:
עֵדֹתֶיךָ נֶאֶמְנוּ מְאֹד, לְבֵיתְךָ נַאֲוָה־קֹדֶשׁ, יהוה לְאֹרֶךְ יָמִים:

קדיש יתום

אבל: יִתְגַּדַּל וְיִתְקַדַּשׁ שְׁמֵהּ רַבָּא (קהל: אָמֵן)
בְּעָלְמָא דִּי בְרָא כִרְעוּתֵהּ
וְיַמְלִיךְ מַלְכוּתֵהּ וְיַצְמַח פֻּרְקָנֵהּ וִיקָרֵב מְשִׁיחֵהּ (קהל: אָמֵן)
בְּחַיֵּיכוֹן וּבְיוֹמֵיכוֹן וּבְחַיֵּי דְכָל בֵּית יִשְׂרָאֵל
בַּעֲגָלָא וּבִזְמַן קָרִיב
וְאִמְרוּ אָמֵן. (קהל: אָמֵן)

קהל ואבל: יְהֵא שְׁמֵהּ רַבָּא מְבָרַךְ לְעָלַם וּלְעָלְמֵי עָלְמַיָּא.

אבל: יִתְבָּרַךְ וְיִשְׁתַּבַּח וְיִתְפָּאַר וְיִתְרוֹמַם וְיִתְנַשֵּׂא
וְיִתְהַדָּר וְיִתְעַלֶּה וְיִתְהַלָּל
שְׁמֵהּ דְּקֻדְשָׁא בְּרִיךְ הוּא (קהל: אָמֵן)
לְעֵלָּא מִן כָּל בִּרְכָתָא וְשִׁירָתָא, תֻּשְׁבְּחָתָא וְנֶחֱמָתָא
דַּאֲמִירָן בְּעָלְמָא
וְאִמְרוּ אָמֵן. (קהל: אָמֵן)
יְהֵא שְׁלָמָא רַבָּא מִן שְׁמַיָּא
וְחַיִּים טוֹבִים עָלֵינוּ וְעַל כָּל יִשְׂרָאֵל
וְאִמְרוּ אָמֵן. (קהל: אָמֵן)

כורע ופוסע שלוש פסיעות לאחור. קד לשמאל, לימין ולפנים באמירת:
עֹשֶׂה שָׁלוֹם בִּמְרוֹמָיו
הוּא יַעֲשֶׂה שָׁלוֹם, עָלֵינוּ וְעַל כָּל יִשְׂרָאֵל
וְאִמְרוּ אָמֵן. (קהל: אָמֵן)

ערבית לשבת וליום טוב

״מֵעֶרֶב עַד־עֶרֶב תִּשְׁבְּתוּ שַׁבַּתְּכֶם״ (ויקרא כג, לב).

קריאת שמע וברכותיה

שליח הציבור כורע בתיבת ׳בָּרְכוּ׳ וזוקף בשם.
הקהל כורע בתיבת ׳בָּרוּךְ׳ וזוקף בשם, ושליח הציבור כורע שוב כאשר הוא חוזר אחריהם.

ש״ץ: **בָּרְכוּ**
אֶת יהוה הַמְבֹרָךְ.

קהל: בָּרוּךְ יהוה הַמְבֹרָךְ לְעוֹלָם וָעֶד.

ש״ץ: בָּרוּךְ יהוה הַמְבֹרָךְ לְעוֹלָם וָעֶד.

׳בְּחָכְמָה פּוֹתֵחַ שְׁעָרִים׳ – כמו שכתוב (ישעיה כו, ב):
״פִּתְחוּ שְׁעָרִים וְיָבֹא גוֹי־צַדִּיק״ (אבודרהם).

בָּרוּךְ אַתָּה יהוה אֱלֹהֵינוּ מֶלֶךְ הָעוֹלָם
אֲשֶׁר בִּדְבָרוֹ מַעֲרִיב עֲרָבִים, בְּחָכְמָה פּוֹתֵחַ שְׁעָרִים
וּבִתְבוּנָה מְשַׁנֶּה עִתִּים וּמַחֲלִיף אֶת הַזְּמַנִּים
וּמְסַדֵּר אֶת הַכּוֹכָבִים בְּמִשְׁמְרוֹתֵיהֶם בָּרָקִיעַ כִּרְצוֹנוֹ.
בּוֹרֵא יוֹם וָלָיְלָה, גּוֹלֵל אוֹר מִפְּנֵי חֹשֶׁךְ וְחֹשֶׁךְ מִפְּנֵי אוֹר
◄ וּמַעֲבִיר יוֹם וּמֵבִיא לָיְלָה, וּמַבְדִּיל בֵּין יוֹם וּבֵין לָיְלָה
יהוה צְבָאוֹת שְׁמוֹ.
אֵל חַי וְקַיָּם תָּמִיד, יִמְלֹךְ עָלֵינוּ לְעוֹלָם וָעֶד.
בָּרוּךְ אַתָּה יהוה, הַמַּעֲרִיב עֲרָבִים.

אַהֲבַת עוֹלָם בֵּית יִשְׂרָאֵל עַמְּךָ אָהָבְתָּ
תּוֹרָה וּמִצְוֹת, חֻקִּים וּמִשְׁפָּטִים, אוֹתָנוּ לִמַּדְתָּ
עַל כֵּן יהוה אֱלֹהֵינוּ בְּשָׁכְבֵנוּ וּבְקוּמֵנוּ נָשִׂיחַ בְּחֻקֶּיךָ
וְנִשְׂמַח בְּדִבְרֵי תַלְמוּד תּוֹרָתֶךָ וּבְמִצְוֹתֶיךָ לְעוֹלָם וָעֶד
◂ כִּי הֵם חַיֵּינוּ וְאֹרֶךְ יָמֵינוּ, וּבָהֶם נֶהְגֶּה יוֹמָם וָלָיְלָה.
וְאַהֲבָתְךָ אַל תָּסִיר מִמֶּנּוּ לְעוֹלָמִים.
בָּרוּךְ אַתָּה יהוה, אוֹהֵב עַמּוֹ יִשְׂרָאֵל.

"יקרא קריאת שמע בכוונה – באימה, ביראה, ברתת וזיע" (שו״ע סא, א).

קריאת שמע צריכה כוונה מיוחדת בכל שלוש פרשיותיה. מי שאינו יכול לכוון בכולן חייב לכוון בפסוק הראשון, ואם לא התכוון צריך לחזור ולקרוא שוב.

בקריאת שמע שלוש פרשיות: 'שְׁמַע', שעניינה קבלת עול מלכות שמים; 'וְהָיָה אִם־שָׁמֹעַ', שעניינה קבלת עול מצוות; 'ציצית', שיש בה הזכרת יציאת מצרים ובחירת ה׳ בעם ישראל (משנה, ברכות יג ע״א).

המתפלל ביחידות אומר:

אֵל מֶלֶךְ נֶאֱמָן

מכסה את עיניו בידו ואומר בכוונה ובקול רם:

שְׁמַע יִשְׂרָאֵל, יהוה אֱלֹהֵינוּ, יהוה | אֶחָד: דברים ו

בלחש: בָּרוּךְ שֵׁם כְּבוֹד מַלְכוּתוֹ לְעוֹלָם וָעֶד.

וְאָהַבְתָּ אֵת יהוה אֱלֹהֶיךָ, בְּכָל־לְבָבְךָ וּבְכָל־נַפְשְׁךָ וּבְכָל־ דברים ו
מְאֹדֶךָ: וְהָיוּ הַדְּבָרִים הָאֵלֶּה, אֲשֶׁר אָנֹכִי מְצַוְּךָ הַיּוֹם, עַל־לְבָבֶךָ:
וְשִׁנַּנְתָּם לְבָנֶיךָ וְדִבַּרְתָּ בָּם, בְּשִׁבְתְּךָ בְּבֵיתֶךָ וּבְלֶכְתְּךָ בַדֶּרֶךְ,
וּבְשָׁכְבְּךָ וּבְקוּמֶךָ: וּקְשַׁרְתָּם לְאוֹת עַל־יָדֶךָ וְהָיוּ לְטֹטָפֹת בֵּין
עֵינֶיךָ: וּכְתַבְתָּם עַל־מְזֻזוֹת בֵּיתֶךָ וּבִשְׁעָרֶיךָ:

וְהָיָה אִם־שָׁמֹעַ תִּשְׁמְעוּ אֶל־מִצְוֹתַי אֲשֶׁר אָנֹכִי מְצַוֶּה אֶתְכֶם דברים יא
הַיּוֹם, לְאַהֲבָה אֶת־יהוה אֱלֹהֵיכֶם וּלְעָבְדוֹ, בְּכָל־לְבַבְכֶם

וּבְכָל־נַפְשְׁכֶם: וְנָתַתִּי מְטַר־אַרְצְכֶם בְּעִתּוֹ, יוֹרֶה וּמַלְקוֹשׁ,
וְאָסַפְתָּ דְגָנֶךָ וְתִירֹשְׁךָ וְיִצְהָרֶךָ: וְנָתַתִּי עֵשֶׂב בְּשָׂדְךָ לִבְהֶמְתֶּךָ,
וְאָכַלְתָּ וְשָׂבָעְתָּ: הִשָּׁמְרוּ לָכֶם פֶּן־יִפְתֶּה לְבַבְכֶם, וְסַרְתֶּם
וַעֲבַדְתֶּם אֱלֹהִים אֲחֵרִים וְהִשְׁתַּחֲוִיתֶם לָהֶם: וְחָרָה אַף־
יהוה בָּכֶם, וְעָצַר אֶת־הַשָּׁמַיִם וְלֹא־יִהְיֶה מָטָר, וְהָאֲדָמָה לֹא
תִתֵּן אֶת־יְבוּלָהּ, וַאֲבַדְתֶּם מְהֵרָה מֵעַל הָאָרֶץ הַטֹּבָה אֲשֶׁר
יהוה נֹתֵן לָכֶם: וְשַׂמְתֶּם אֶת־דְּבָרַי אֵלֶּה עַל־לְבַבְכֶם וְעַל־
נַפְשְׁכֶם, וּקְשַׁרְתֶּם אֹתָם לְאוֹת עַל־יֶדְכֶם, וְהָיוּ לְטוֹטָפֹת
בֵּין עֵינֵיכֶם: וְלִמַּדְתֶּם אֹתָם אֶת־בְּנֵיכֶם לְדַבֵּר בָּם, בְּשִׁבְתְּךָ
בְּבֵיתֶךָ וּבְלֶכְתְּךָ בַדֶּרֶךְ, וּבְשָׁכְבְּךָ וּבְקוּמֶךָ: וּכְתַבְתָּם עַל־
מְזוּזוֹת בֵּיתֶךָ וּבִשְׁעָרֶיךָ: לְמַעַן יִרְבּוּ יְמֵיכֶם וִימֵי בְנֵיכֶם עַל
הָאֲדָמָה אֲשֶׁר נִשְׁבַּע יהוה לַאֲבֹתֵיכֶם לָתֵת לָהֶם, כִּימֵי הַשָּׁמַיִם
עַל־הָאָרֶץ:

במדבר טו וַיֹּאמֶר יהוה אֶל־מֹשֶׁה לֵּאמֹר: דַּבֵּר אֶל־בְּנֵי יִשְׂרָאֵל וְאָמַרְתָּ
אֲלֵהֶם, וְעָשׂוּ לָהֶם צִיצִת עַל־כַּנְפֵי בִגְדֵיהֶם לְדֹרֹתָם, וְנָתְנוּ
עַל־צִיצִת הַכָּנָף פְּתִיל תְּכֵלֶת: וְהָיָה לָכֶם לְצִיצִת, וּרְאִיתֶם אֹתוֹ
וּזְכַרְתֶּם אֶת־כָּל־מִצְוֺת יהוה וַעֲשִׂיתֶם אֹתָם, וְלֹא תָתֻרוּ אַחֲרֵי
לְבַבְכֶם וְאַחֲרֵי עֵינֵיכֶם, אֲשֶׁר־אַתֶּם זֹנִים אַחֲרֵיהֶם: לְמַעַן תִּזְכְּרוּ
וַעֲשִׂיתֶם אֶת־כָּל־מִצְוֺתָי, וִהְיִיתֶם קְדֹשִׁים לֵאלֹהֵיכֶם: אֲנִי יהוה
אֱלֹהֵיכֶם, אֲשֶׁר הוֹצֵאתִי אֶתְכֶם מֵאֶרֶץ מִצְרַיִם, לִהְיוֹת לָכֶם
לֵאלֹהִים, אֲנִי יהוה אֱלֹהֵיכֶם:

אֱמֶת

שליח הציבור חוזר ואומר:

◂ **יהוה אֱלֹהֵיכֶם אֱמֶת**

"כל שלא אמר אמת ויציב שחרית ואמת ואמונה ערבית – לא יצא ידי חובתו,
שנאמר (תהלים צב, ג): 'לְהַגִּיד בַּבֹּקֶר חַסְדֶּךָ וֶאֱמוּנָתְךָ בַּלֵּילוֹת'" (ברכות יב ע"א).

"ברכת אמת ויציב כולה על חסד שעשה עם אבותינו היא,
שהוציאם ממצרים ובקע להם הים והעבירם, וברכת אמת ואמונה מדבר בה אף על העתידות,
שאנו מצפים שיקיים לנו הבטחתו ואמונתו לגאלנו מיד מלכים ומיד עריצים ולשום נפשנו בחיים,
ולהדריכנו על במות אויבינו, כל אלה הנסים התדירים תמיד" (רש"י שם).

וֶאֱמוּנָה כָּל זֹאת וְקַיָּם עָלֵינוּ

כִּי הוּא יהוה אֱלֹהֵינוּ וְאֵין זוּלָתוֹ, וַאֲנַחְנוּ יִשְׂרָאֵל עַמּוֹ.
הַפּוֹדֵנוּ מִיַּד מְלָכִים, מַלְכֵּנוּ הַגּוֹאֲלֵנוּ מִכַּף כָּל הֶעָרִיצִים.
הָאֵל הַנִּפְרָע לָנוּ מִצָּרֵינוּ
הַמְשַׁלֵּם גְּמוּל לְכָל אוֹיְבֵי נַפְשֵׁנוּ.
הָעוֹשֶׂה גְדוֹלוֹת עַד אֵין חֵקֶר
נִסִּים וְנִפְלָאוֹת עַד אֵין מִסְפָּר.
הַשָּׂם נַפְשֵׁנוּ בַּחַיִּים, וְלֹא־נָתַן לַמּוֹט רַגְלֵנוּ: תהלים סו
הַמַּדְרִיכֵנוּ עַל בָּמוֹת אוֹיְבֵינוּ, וַיָּרֶם קַרְנֵנוּ עַל כָּל שׂוֹנְאֵינוּ.
הָעוֹשֶׂה לָּנוּ נִסִּים וּנְקָמָה בְּפַרְעֹה
אוֹתוֹת וּמוֹפְתִים בְּאַדְמַת בְּנֵי חָם.
הַמַּכֶּה בְעֶבְרָתוֹ כָּל בְּכוֹרֵי מִצְרָיִם
וַיּוֹצֵא אֶת עַמּוֹ יִשְׂרָאֵל מִתּוֹכָם לְחֵרוּת עוֹלָם.
הַמַּעֲבִיר בָּנָיו בֵּין גִּזְרֵי יַם סוּף
אֶת רוֹדְפֵיהֶם וְאֶת שׂוֹנְאֵיהֶם בִּתְהוֹמוֹת טִבַּע
וְרָאוּ בָנָיו גְּבוּרָתוֹ, שִׁבְּחוּ וְהוֹדוּ לִשְׁמוֹ
◄ וּמַלְכוּתוֹ בְּרָצוֹן קִבְּלוּ עֲלֵיהֶם.
מֹשֶׁה וּבְנֵי יִשְׂרָאֵל, לְךָ עָנוּ שִׁירָה בְּשִׂמְחָה רַבָּה
וְאָמְרוּ כֻלָּם

מִי־כָמֹכָה בָּאֵלִם יהוה שמות טו
מִי כָּמֹכָה נֶאְדָּר בַּקֹּדֶשׁ
נוֹרָא תְהִלֹּת עֹשֵׂה פֶלֶא:

◂ מַלְכוּתְךָ רָאוּ בָנֶיךָ, בּוֹקֵעַ יָם לִפְנֵי מֹשֶׁה
זֶה אֵלִי עָנוּ, וְאָמְרוּ
יהוה יִמְלֹךְ לְעֹלָם וָעֶד: שמות טו

◂ וְנֶאֱמַר
כִּי־פָדָה יהוה אֶת־יַעֲקֹב ירמיה לא
וּגְאָלוֹ מִיַּד חָזָק מִמֶּנּוּ:
בָּרוּךְ אַתָּה יהוה, גָּאַל יִשְׂרָאֵל.

בשבתות ובימים טובים אומרים ברכות קריאת שמע כביום חול
בשינוי החתימה של ברכת ׳הַשְׁכִּיבֵנוּ׳ (רב עמרם גאון), מפני שהשבת שומרת ומגנה,
ואין צורך בשמירה נוספת מלבדה (טור, רסז).

הַשְׁכִּיבֵנוּ יהוה אֱלֹהֵינוּ לְשָׁלוֹם
וְהַעֲמִידֵנוּ מַלְכֵּנוּ לְחַיִּים טוֹבִים וּלְשָׁלוֹם
וּפְרֹשׂ עָלֵינוּ סֻכַּת שְׁלוֹמֶךָ
וְתַקְּנֵנוּ בְּעֵצָה טוֹבָה מִלְּפָנֶיךָ
וְהוֹשִׁיעֵנוּ מְהֵרָה לְמַעַן שְׁמֶךָ.
וְהָגֵן בַּעֲדֵנוּ
וְהָסֵר מֵעָלֵינוּ אוֹיֵב, דֶּבֶר וְחֶרֶב וְרָעָב וְיָגוֹן
וְהָסֵר שָׂטָן מִלְּפָנֵינוּ וּמֵאַחֲרֵינוּ
וּבְצֵל כְּנָפֶיךָ תַּסְתִּירֵנוּ
כִּי אֵל שׁוֹמְרֵנוּ וּמַצִּילֵנוּ אָתָּה
כִּי אֵל מֶלֶךְ חַנּוּן וְרַחוּם אָתָּה.
◂ וּשְׁמֹר צֵאתֵנוּ וּבוֹאֵנוּ לְחַיִּים וּלְשָׁלוֹם
מֵעַתָּה וְעַד עוֹלָם.
וּפְרֹשׂ עָלֵינוּ סֻכַּת רַחֲמִים וְחַיִּים וְשָׁלוֹם.
בָּרוּךְ אַתָּה יהוה
הַפּוֹרֵשׂ סֻכַּת שָׁלוֹם עָלֵינוּ וְעַל כָּל עַמּוֹ יִשְׂרָאֵל וְעַל יְרוּשָׁלָיִם.

נוהגים שהקהל עומד ואומר פסוקים אלה (אך הגר״א נהג שלא לאומרם כדי לא להפסיק בין גאולה לתפילה).

וְשָׁמְרוּ בְנֵי־יִשְׂרָאֵל אֶת־הַשַּׁבָּת שמות לא
לַעֲשׂוֹת אֶת־הַשַּׁבָּת לְדֹרֹתָם בְּרִית עוֹלָם:
בֵּינִי וּבֵין בְּנֵי יִשְׂרָאֵל, אוֹת הִוא לְעֹלָם
כִּי־שֵׁשֶׁת יָמִים עָשָׂה יהוה אֶת־הַשָּׁמַיִם וְאֶת־הָאָרֶץ
וּבַיּוֹם הַשְּׁבִיעִי שָׁבַת וַיִּנָּפַשׁ:

הקהל ואחריו שליח הציבור:

וַיְדַבֵּר מֹשֶׁה אֶת־מֹעֲדֵי יהוה אֶל־בְּנֵי יִשְׂרָאֵל: ויקרא כג

חצי קדיש

ש״ץ: יִתְגַּדַּל וְיִתְקַדַּשׁ שְׁמֵהּ רַבָּא (קהל: אָמֵן)
בְּעָלְמָא דִּי בְרָא כִרְעוּתֵהּ
וְיַמְלִיךְ מַלְכוּתֵהּ
וְיַצְמַח פֻּרְקָנֵהּ וִיקָרֵב מְשִׁיחֵהּ (קהל: אָמֵן)
בְּחַיֵּיכוֹן וּבְיוֹמֵיכוֹן וּבְחַיֵּי דְכָל בֵּית יִשְׂרָאֵל
בַּעֲגָלָא וּבִזְמַן קָרִיב
וְאִמְרוּ אָמֵן. (קהל: אָמֵן)

קהל וש״ץ: יְהֵא שְׁמֵהּ רַבָּא מְבָרַךְ לְעָלַם וּלְעָלְמֵי עָלְמַיָּא.

ש״ץ: יִתְבָּרַךְ וְיִשְׁתַּבַּח וְיִתְפָּאַר וְיִתְרוֹמַם וְיִתְנַשֵּׂא
וְיִתְהַדָּר וְיִתְעַלֶּה וְיִתְהַלָּל
שְׁמֵהּ דְּקֻדְשָׁא בְּרִיךְ הוּא (קהל: אָמֵן)
לְעֵלָּא מִן כָּל בִּרְכָתָא וְשִׁירָתָא, תֻּשְׁבְּחָתָא וְנֶחֱמָתָא
דַּאֲמִירָן בְּעָלְמָא
וְאִמְרוּ אָמֵן. (קהל: אָמֵן)

עמידה

"המתפלל צריך שיכוין בלבו פירוש המלות שמוציא בשפתיו; ויחשוב כאלו שכינה כנגדו ויסיר כל המחשבות הטורדות אותו עד שתשאר מחשבתו וכוונתו זכה בתפלתו" (שו"ע צח, א).

פוסע שלוש פסיעות לפנים כמי שנכנס לפני המלך.

עומד ומתפלל בלחש מכאן ועד 'וּכְשָׁנִים קַדְמֹנִיּוֹת' בעמ' 46.

כורע במקומות המסומנים ב־ קד לפנים במילה הבאה, וזוקף בשם.

אֲדֹנָי, שְׂפָתַי תִּפְתָּח, וּפִי יַגִּיד תְּהִלָּתֶךָ: תהלים נא

אבות

בָּרוּךְ אַתָּה יהוה, אֱלֹהֵינוּ וֵאלֹהֵי אֲבוֹתֵינוּ
אֱלֹהֵי אַבְרָהָם, אֱלֹהֵי יִצְחָק, וֵאלֹהֵי יַעֲקֹב
הָאֵל הַגָּדוֹל הַגִּבּוֹר וְהַנּוֹרָא, אֵל עֶלְיוֹן
גּוֹמֵל חֲסָדִים טוֹבִים, קוֹנֵה הַכֹּל, וְזוֹכֵר חַסְדֵי אָבוֹת
וּמֵבִיא גוֹאֵל לִבְנֵי בְנֵיהֶם לְמַעַן שְׁמוֹ בְּאַהֲבָה.
מֶלֶךְ עוֹזֵר וּמוֹשִׁיעַ וּמָגֵן.
בָּרוּךְ אַתָּה יהוה, מָגֵן אַבְרָהָם.

גבורות

אַתָּה גִּבּוֹר לְעוֹלָם, אֲדֹנָי
מְחַיֵּה מֵתִים אַתָּה, רַב לְהוֹשִׁיעַ

ביום א' של פסח (ובחו"ל גם בשמחת תורה) אומר:

מַשִּׁיב הָרְוּחַ וּמוֹרִיד הַגֶּשֶׁם

בשאר המועדים אומר:

מוֹרִיד הַטָּל

מְכַלְכֵּל חַיִּים בְּחֶסֶד, מְחַיֵּה מֵתִים בְּרַחֲמִים רַבִּים
סוֹמֵךְ נוֹפְלִים, וְרוֹפֵא חוֹלִים, וּמַתִּיר אֲסוּרִים
וּמְקַיֵּם אֱמוּנָתוֹ לִישֵׁנֵי עָפָר.

מִי כָמוֹךָ, בַּעַל גְּבוּרוֹת, וּמִי דּוֹמֶה לָּךְ
מֶלֶךְ, מֵמִית וּמְחַיֶּה וּמַצְמִיחַ יְשׁוּעָה.
וְנֶאֱמָן אַתָּה לְהַחֲיוֹת מֵתִים.
בָּרוּךְ אַתָּה יהוה, מְחַיֵּה הַמֵּתִים.

קדושת השם

אַתָּה קָדוֹשׁ וְשִׁמְךָ קָדוֹשׁ
וּקְדוֹשִׁים בְּכָל יוֹם יְהַלְלוּךָ סֶּלָה.
כִּי אֵל מֶלֶךְ גָּדוֹל וְקָדוֹשׁ אָתָּה.
בָּרוּךְ אַתָּה יהוה, הָאֵל הַקָּדוֹשׁ.

ביום טוב (גם אם חל בשבת) ממשיכים כאן.
בשבת חול המועד ממשיכים מתחת לקו.

קדושת היום – יום טוב

בניגוד לשבת שהתקדשה בששת ימי בראשית, קדושת הרגלים תלויה בקידוש החודשים על ידי ישראל. לכן תפילות החגים פותחות בבחירת ישראל, וחותמות 'מְקַדֵּשׁ יִשְׂרָאֵל וְהַזְּמַנִּים' (רש"י, ביצה יז ע"א).

אַתָּה בְחַרְתָּנוּ מִכָּל הָעַמִּים
אָהַבְתָּ אוֹתָנוּ וְרָצִיתָ בָּנוּ

ממשיכים 'וְרוֹמַמְתָּנוּ' בעמוד הבא.

קדושת היום – שבת חול המועד

אַתָּה קִדַּשְׁתָּ אֶת יוֹם הַשְּׁבִיעִי לִשְׁמֶךָ
תַּכְלִית מַעֲשֵׂה שָׁמַיִם וָאָרֶץ
וּבֵרַכְתּוֹ מִכָּל הַיָּמִים, וְקִדַּשְׁתּוֹ מִכָּל הַזְּמַנִּים
וְכֵן כָּתוּב בְּתוֹרָתֶךָ

ממשיכים 'וַיְכֻלּוּ' מתחת לקו בעמוד הבא.

וְרוֹמַמְתָּנוּ מִכָּל הַלְּשׁוֹנוֹת
וְקִדַּשְׁתָּנוּ בְּמִצְוֹתֶיךָ
וְקֵרַבְתָּנוּ מַלְכֵּנוּ לַעֲבוֹדָתֶךָ
וְשִׁמְךָ הַגָּדוֹל וְהַקָּדוֹשׁ עָלֵינוּ קָרָאתָ.

במוצאי שבת מוסיפים (על פי ברכות לג ע״ב):

וַתּוֹדִיעֵנוּ יהוה אֱלֹהֵינוּ אֶת מִשְׁפְּטֵי צִדְקֶךָ, וַתְּלַמְּדֵנוּ לַעֲשׂוֹת חֻקֵּי רְצוֹנֶךָ, וַתִּתֶּן לָנוּ יהוה אֱלֹהֵינוּ מִשְׁפָּטִים יְשָׁרִים וְתוֹרוֹת אֱמֶת, חֻקִּים וּמִצְוֹת טוֹבִים, וַתַּנְחִילֵנוּ זְמַנֵּי שָׂשׂוֹן וּמוֹעֲדֵי קֹדֶשׁ וְחַגֵּי נְדָבָה, וַתּוֹרִישֵׁנוּ קְדֻשַּׁת שַׁבָּת וּכְבוֹד מוֹעֵד וַחֲגִיגַת הָרֶגֶל. וַתַּבְדֵּל יהוה אֱלֹהֵינוּ בֵּין קֹדֶשׁ לְחֹל, בֵּין אוֹר לְחֹשֶׁךְ, בֵּין יִשְׂרָאֵל לָעַמִּים, בֵּין יוֹם הַשְּׁבִיעִי לְשֵׁשֶׁת יְמֵי הַמַּעֲשֶׂה. בֵּין קְדֻשַּׁת שַׁבָּת לִקְדֻשַּׁת יוֹם טוֹב הִבְדַּלְתָּ, וְאֶת יוֹם הַשְּׁבִיעִי מִשֵּׁשֶׁת יְמֵי הַמַּעֲשֶׂה קִדַּשְׁתָּ, הִבְדַּלְתָּ וְקִדַּשְׁתָּ אֶת עַמְּךָ יִשְׂרָאֵל בִּקְדֻשָּׁתֶךָ.

בשבת מוסיפים את המילים שבסוגריים.

וַתִּתֶּן לָנוּ יהוה אֱלֹהֵינוּ בְּאַהֲבָה
(שַׁבָּתוֹת לִמְנוּחָה וּ) מוֹעֲדִים לְשִׂמְחָה
חַגִּים וּזְמַנִּים לְשָׂשׂוֹן

ממשיכים ׳אֶת יוֹם׳ בעמוד הבא.

בראשית ב וַיְכֻלּוּ הַשָּׁמַיִם וְהָאָרֶץ וְכָל־צְבָאָם:
וַיְכַל אֱלֹהִים בַּיּוֹם הַשְּׁבִיעִי מְלַאכְתּוֹ אֲשֶׁר עָשָׂה
וַיִּשְׁבֹּת בַּיּוֹם הַשְּׁבִיעִי מִכָּל־מְלַאכְתּוֹ אֲשֶׁר עָשָׂה:
וַיְבָרֶךְ אֱלֹהִים אֶת־יוֹם הַשְּׁבִיעִי, וַיְקַדֵּשׁ אֹתוֹ
כִּי בוֹ שָׁבַת מִכָּל־מְלַאכְתּוֹ, אֲשֶׁר־בָּרָא אֱלֹהִים לַעֲשׂוֹת:

ממשיכים ׳יִשְׂמְחוּ בְמַלְכוּתְךָ׳ מתחת לקו בעמוד הבא.

אֶת יוֹם (הַשַּׁבָּת הַזֶּה וְאֶת יוֹם)

בפסח: חַג הַמַּצּוֹת הַזֶּה, זְמַן חֵרוּתֵנוּ

בשבועות: חַג הַשָּׁבוּעוֹת הַזֶּה, זְמַן מַתַּן תּוֹרָתֵנוּ

בסוכות: חַג הַסֻּכּוֹת הַזֶּה, זְמַן שִׂמְחָתֵנוּ

בשמיני עצרת: שְׁמִינִי עֲצֶרֶת הַחַג הַזֶּה, זְמַן שִׂמְחָתֵנוּ

(בְּאַהֲבָה) מִקְרָא קֹדֶשׁ, זֵכֶר לִיצִיאַת מִצְרָיִם.

אֱלֹהֵינוּ וֵאלֹהֵי אֲבוֹתֵינוּ
יַעֲלֶה וְיָבוֹא וְיַגִּיעַ, וְיֵרָאֶה וְיֵרָצֶה וְיִשָּׁמַע
וְיִפָּקֵד וְיִזָּכֵר זִכְרוֹנֵנוּ וּפִקְדּוֹנֵנוּ וְזִכְרוֹן אֲבוֹתֵינוּ
וְזִכְרוֹן מָשִׁיחַ בֶּן דָּוִד עַבְדֶּךָ, וְזִכְרוֹן יְרוּשָׁלַיִם עִיר קָדְשֶׁךָ
וְזִכְרוֹן כָּל עַמְּךָ בֵּית יִשְׂרָאֵל, לְפָנֶיךָ
לִפְלֵיטָה לְטוֹבָה, לְחֵן וּלְחֶסֶד וּלְרַחֲמִים, לְחַיִּים וּלְשָׁלוֹם בְּיוֹם

בפסח: חַג הַמַּצּוֹת הַזֶּה.

בשבועות: חַג הַשָּׁבוּעוֹת הַזֶּה.

בסוכות: חַג הַסֻּכּוֹת הַזֶּה.

בשמיני עצרת: שְׁמִינִי עֲצֶרֶת הַחַג הַזֶּה.

ממשיכים 'זָכְרֵנוּ' בעמוד הבא.

יִשְׂמְחוּ בְמַלְכוּתְךָ שׁוֹמְרֵי שַׁבָּת וְקוֹרְאֵי עֹנֶג.
עַם מְקַדְּשֵׁי שְׁבִיעִי, כֻּלָּם יִשְׂבְּעוּ וְיִתְעַנְּגוּ מִטּוּבֶךָ
וּבַשְּׁבִיעִי רָצִיתָ בּוֹ וְקִדַּשְׁתּוֹ
חֶמְדַּת יָמִים אוֹתוֹ קָרָאתָ
זֵכֶר לְמַעֲשֵׂה בְרֵאשִׁית.

ממשיכים 'אֱלֹהֵינוּ וֵאלֹהֵי אֲבוֹתֵינוּ, רְצֵה נָא בִמְנוּחָתֵנוּ' מתחת לקו בעמוד הבא.

זָכְרֵנוּ יהוה אֱלֹהֵינוּ בּוֹ לְטוֹבָה, וּפָקְדֵנוּ בוֹ לִבְרָכָה
וְהוֹשִׁיעֵנוּ בוֹ לְחַיִּים טוֹבִים.
וּבִדְבַר יְשׁוּעָה וְרַחֲמִים, חוּס וְחָנֵּנוּ, וְרַחֵם עָלֵינוּ וְהוֹשִׁיעֵנוּ
כִּי אֵלֶיךָ עֵינֵינוּ, כִּי אֵל מֶלֶךְ חַנּוּן וְרַחוּם אָתָּה.

בשבת מוסיפים את המילים שבסוגריים.

וְהַשִּׂיאֵנוּ יהוה אֱלֹהֵינוּ אֶת בִּרְכַּת מוֹעֲדֶיךָ
לְחַיִּים וּלְשָׁלוֹם, לְשִׂמְחָה וּלְשָׂשׂוֹן
כַּאֲשֶׁר רָצִיתָ וְאָמַרְתָּ לְבָרְכֵנוּ.

ממשיכים 'אֱלֹהֵינוּ וֵאלֹהֵי אֲבוֹתֵינוּ, רְצֵה נָא בִמְנוּחָתֵנוּ' בעמוד הבא.

אֱלֹהֵינוּ וֵאלֹהֵי אֲבוֹתֵינוּ, רְצֵה נָא בִמְנוּחָתֵנוּ.
קַדְּשֵׁנוּ בְּמִצְוֹתֶיךָ וְתֵן חֶלְקֵנוּ בְּתוֹרָתֶךָ
שַׂבְּעֵנוּ מִטּוּבֶךָ וְשַׂמַּח נַפְשֵׁנוּ בִּישׁוּעָתֶךָ
וְטַהֵר לִבֵּנוּ לְעָבְדְּךָ בֶּאֱמֶת.
וְהַנְחִילֵנוּ יהוה אֱלֹהֵינוּ בְּאַהֲבָה וּבְרָצוֹן שַׁבַּת קָדְשֶׁךָ
וְיָנוּחוּ בָהּ כָּל יִשְׂרָאֵל מְקַדְּשֵׁי שְׁמֶךָ.
בָּרוּךְ אַתָּה יהוה, מְקַדֵּשׁ הַשַּׁבָּת.

עבודה

רְצֵה יהוה אֱלֹהֵינוּ בְּעַמְּךָ יִשְׂרָאֵל, וְלִתְפִלָּתָם שְׁעֵה
וְהָשֵׁב אֶת הָעֲבוֹדָה לִדְבִיר בֵּיתֶךָ
וְאִשֵּׁי יִשְׂרָאֵל וּתְפִלָּתָם, מְהֵרָה בְּאַהֲבָה תְקַבֵּל בְּרָצוֹן
וּתְהִי לְרָצוֹן תָּמִיד עֲבוֹדַת יִשְׂרָאֵל עַמֶּךָ.

אֱלֹהֵינוּ וֵאלֹהֵי אֲבוֹתֵינוּ
יַעֲלֶה וְיָבוֹא וְיַגִּיעַ, וְיֵרָאֶה וְיֵרָצֶה וְיִשָּׁמַע
וְיִפָּקֵד וְיִזָּכֵר זִכְרוֹנֵנוּ וּפִקְדוֹנֵנוּ וְזִכְרוֹן אֲבוֹתֵינוּ

ממשיכים 'וְזִכְרוֹן מָשִׁיחַ' מתחת לקו בעמוד הבא.

(אֱלֹהֵינוּ וֵאלֹהֵי אֲבוֹתֵינוּ, רְצֵה נָא בִמְנוּחָתֵנוּ)
קַדְּשֵׁנוּ בְּמִצְוֹתֶיךָ וְתֵן חֶלְקֵנוּ בְּתוֹרָתֶךָ
שַׂבְּעֵנוּ מִטּוּבֶךָ, וְשַׂמַּח נַפְשֵׁנוּ בִּישׁוּעָתֶךָ
וְטַהֵר לִבֵּנוּ לְעָבְדְּךָ בֶּאֱמֶת.
וְהַנְחִילֵנוּ יהוה אֱלֹהֵינוּ (בְּאַהֲבָה וּבְרָצוֹן)
בְּשִׂמְחָה וּבְשָׂשׂוֹן (שַׁבָּת וּ) מוֹעֲדֵי קָדְשֶׁךָ
וְיִשְׂמְחוּ בְךָ כָּל יִשְׂרָאֵל מְקַדְּשֵׁי שְׁמֶךָ.
בָּרוּךְ אַתָּה יהוה, מְקַדֵּשׁ (הַשַּׁבָּת וְ) יִשְׂרָאֵל וְהַזְּמַנִּים.

עבודה
רְצֵה יהוה אֱלֹהֵינוּ בְּעַמְּךָ יִשְׂרָאֵל, וְלִתְפִלָּתָם שְׁעֵה
וְהָשֵׁב אֶת הָעֲבוֹדָה לִדְבִיר בֵּיתֶךָ
וְאִשֵּׁי יִשְׂרָאֵל וּתְפִלָּתָם, מְהֵרָה בְּאַהֲבָה תְקַבֵּל בְּרָצוֹן
וּתְהִי לְרָצוֹן תָּמִיד עֲבוֹדַת יִשְׂרָאֵל עַמֶּךָ.

ממשיכים ׳וְתֶחֱזֶינָה׳ בעמוד הבא.

וְזִכְרוֹן מָשִׁיחַ בֶּן דָּוִד עַבְדֶּךָ, וְזִכְרוֹן יְרוּשָׁלַיִם עִיר קָדְשֶׁךָ
וְזִכְרוֹן כָּל עַמְּךָ בֵּית יִשְׂרָאֵל, לְפָנֶיךָ
לִפְלֵיטָה לְטוֹבָה, לְחֵן וּלְחֶסֶד וּלְרַחֲמִים
לְחַיִּים וּלְשָׁלוֹם בְּיוֹם

בפסח: חַג הַמַּצּוֹת הַזֶּה.

בסוכות: חַג הַסֻּכּוֹת הַזֶּה.

זָכְרֵנוּ יהוה אֱלֹהֵינוּ בּוֹ לְטוֹבָה, וּפָקְדֵנוּ בוֹ לִבְרָכָה
וְהוֹשִׁיעֵנוּ בוֹ לְחַיִּים טוֹבִים.
וּבִדְבַר יְשׁוּעָה וְרַחֲמִים, חוּס וְחָנֵּנוּ וְרַחֵם עָלֵינוּ וְהוֹשִׁיעֵנוּ
כִּי אֵלֶיךָ עֵינֵינוּ, כִּי אֵל מֶלֶךְ חַנּוּן וְרַחוּם אָתָּה.

ממשיכים ׳וְתֶחֱזֶינָה׳ בעמוד הבא.

וְתֶחֱזֶינָה עֵינֵינוּ בְּשׁוּבְךָ לְצִיּוֹן בְּרַחֲמִים.
בָּרוּךְ אַתָּה יהוה
הַמַּחֲזִיר שְׁכִינָתוֹ לְצִיּוֹן.

הודאה

כורע ב'מודים', ואינו זוקף עד אמירת השם (סידור השל"ה).

מוֹדִים אֲנַחְנוּ לָךְ
שָׁאַתָּה הוּא יהוה אֱלֹהֵינוּ וֵאלֹהֵי אֲבוֹתֵינוּ לְעוֹלָם וָעֶד.
צוּר חַיֵּינוּ, מָגֵן יִשְׁעֵנוּ אַתָּה הוּא לְדוֹר וָדוֹר.
נוֹדֶה לְּךָ וּנְסַפֵּר תְּהִלָּתֶךָ
עַל חַיֵּינוּ הַמְּסוּרִים בְּיָדֶךָ
וְעַל נִשְׁמוֹתֵינוּ הַפְּקוּדוֹת לָךְ
וְעַל נִסֶּיךָ שֶׁבְּכָל יוֹם עִמָּנוּ
וְעַל נִפְלְאוֹתֶיךָ וְטוֹבוֹתֶיךָ
שֶׁבְּכָל עֵת, עֶרֶב וָבֹקֶר וְצָהֳרָיִם.
הַטּוֹב, כִּי לֹא כָלוּ רַחֲמֶיךָ
וְהַמְרַחֵם, כִּי לֹא תַמּוּ חֲסָדֶיךָ
כִּי מֵעוֹלָם קִוִּינוּ לָךְ.
וְעַל כֻּלָּם
יִתְבָּרַךְ וְיִתְרוֹמֵם וְיִתְנַשֵּׂא שִׁמְךָ מַלְכֵּנוּ תָּמִיד לְעוֹלָם וָעֶד.
וְכֹל הַחַיִּים יוֹדוּךָ סֶּלָה
וִיהַלְלוּ וִיבָרְכוּ אֶת שִׁמְךָ הַגָּדוֹל בֶּאֱמֶת לְעוֹלָם כִּי טוֹב
הָאֵל יְשׁוּעָתֵנוּ וְעֶזְרָתֵנוּ סֶלָה, הָאֵל הַטּוֹב.
בָּרוּךְ אַתָּה יהוה
הַטּוֹב שִׁמְךָ וּלְךָ נָאֶה לְהוֹדוֹת.

שלום

יש הנוהגים לומר גם בערבית 'שִׂים שָׁלוֹם' בעמ' 17 (סידור בעל התניא, וכן מנהג הספרדים), ורבים נוהגים לומר 'שָׁלוֹם רָב' (ליקוטי מהרי"ח).

שָׁלוֹם רָב עַל יִשְׂרָאֵל עַמְּךָ תָּשִׂים לְעוֹלָם
כִּי אַתָּה הוּא מֶלֶךְ אָדוֹן לְכָל הַשָּׁלוֹם.
וְטוֹב יִהְיֶה בְעֵינֶיךָ לְבָרְכֵנוּ, וּלְבָרֵךְ אֶת כָּל עַמְּךָ יִשְׂרָאֵל
בְּכָל עֵת וּבְכָל שָׁעָה בִּשְׁלוֹמֶךָ.
בָּרוּךְ אַתָּה יהוה, הַמְבָרֵךְ אֶת עַמּוֹ יִשְׂרָאֵל בַּשָּׁלוֹם.

יש מוסיפים:

יִהְיוּ לְרָצוֹן אִמְרֵי־פִי וְהֶגְיוֹן לִבִּי לְפָנֶיךָ, יהוה צוּרִי וְגֹאֲלִי: תהלים יט

אֱלֹהַי ברכות יז.
נְצֹר לְשׁוֹנִי מֵרָע וּשְׂפָתַי מִדַּבֵּר מִרְמָה
וְלִמְקַלְלַי נַפְשִׁי תִדֹּם, וְנַפְשִׁי כֶּעָפָר לַכֹּל תִּהְיֶה.
פְּתַח לִבִּי בְּתוֹרָתֶךָ
וְאַחֲרֵי מִצְוֹתֶיךָ תִּרְדֹּף נַפְשִׁי.
וְכָל הַקָּמִים וְהַחוֹשְׁבִים עָלַי רָעָה
מְהֵרָה הָפֵר עֲצָתָם וְקַלְקֵל מַחֲשַׁבְתָּם.

יש המוסיפים תחינה זו:

יְהִי רָצוֹן מִלְּפָנֶיךָ
יהוה אֱלֹהַי וֵאלֹהֵי אֲבוֹתַי
שֶׁלֹּא תַעֲלֶה קִנְאַת אָדָם עָלַי, וְלֹא קִנְאָתִי עַל אֲחֵרִים
וְשֶׁלֹּא אֶכְעֹס הַיּוֹם, וְשֶׁלֹּא אַכְעִיסֶךָ
וְתַצִּילֵנִי מִיֵּצֶר הָרָע, וְתֵן בְּלִבִּי הַכְנָעָה וַעֲנָוָה.
מַלְכֵּנוּ וֵאלֹהֵינוּ, יַחֵד שִׁמְךָ בְּעוֹלָמֶךָ
בְּנֵה עִירָךְ, יַסֵּד בֵּיתָךְ וְשַׁכְלֵל הֵיכָלָךְ
וְקַבֵּץ קִבּוּץ גָּלֻיּוֹת, וּפְדֵה צֹאנָךְ וְשַׂמַּח עֲדָתָךְ.

עֲשֵׂה לְמַעַן שְׁמֶךָ, עֲשֵׂה לְמַעַן יְמִינֶךָ
עֲשֵׂה לְמַעַן תּוֹרָתֶךָ, עֲשֵׂה לְמַעַן קְדֻשָּׁתֶךָ.
לְמַעַן יֵחָלְצוּן יְדִידֶיךָ, הוֹשִׁיעָה יְמִינְךָ וַעֲנֵנִי: תהלים ס
יִהְיוּ לְרָצוֹן אִמְרֵי פִי וְהֶגְיוֹן לִבִּי לְפָנֶיךָ, יהוה צוּרִי וְגֹאֲלִי: תהלים יט

כורע ופוסע שלוש פסיעות לאחור. קד לשמאל, לימין ולפנים באמירת:

עֹשֶׂה שָׁלוֹם בִּמְרוֹמָיו
הוּא יַעֲשֶׂה שָׁלוֹם, עָלֵינוּ וְעַל כָּל יִשְׂרָאֵל
וְאִמְרוּ אָמֵן.

יְהִי רָצוֹן מִלְּפָנֶיךָ יהוה אֱלֹהֵינוּ וֵאלֹהֵי אֲבוֹתֵינוּ
שֶׁיִּבָּנֶה בֵּית הַמִּקְדָּשׁ בִּמְהֵרָה בְיָמֵינוּ
וְתֵן חֶלְקֵנוּ בְּתוֹרָתֶךָ
וְשָׁם נַעֲבָדְךָ בְּיִרְאָה כִּימֵי עוֹלָם וּכְשָׁנִים קַדְמוֹנִיּוֹת.
וְעָרְבָה לַיהוה מִנְחַת יְהוּדָה וִירוּשָׁלָםִ כִּימֵי עוֹלָם וּכְשָׁנִים קַדְמֹנִיּוֹת: מלאכי ג

אם יום טוב חל בשבת אומרים ׳וַיְכֻלּוּ׳ וברכה מעין שבע בעמוד הבא.
בליל א׳ של פסח (ובחו״ל גם בליל ב׳), נוהגים לומר הלל בעמ׳ 156
(ואם חל בשבת, אחרי ׳וַיְכֻלּוּ׳).
בשאר הימים ממשיכים בקדיש שלם בעמ׳ 48.

הקהל עומד ואומר:

וַיְכֻלּוּ הַשָּׁמַיִם וְהָאָרֶץ וְכָל־צְבָאָם: בראשית ב
וַיְכַל אֱלֹהִים בַּיּוֹם הַשְּׁבִיעִי מְלַאכְתּוֹ אֲשֶׁר עָשָׂה
וַיִּשְׁבֹּת בַּיּוֹם הַשְּׁבִיעִי מִכָּל־מְלַאכְתּוֹ אֲשֶׁר עָשָׂה:
וַיְבָרֶךְ אֱלֹהִים אֶת־יוֹם הַשְּׁבִיעִי, וַיְקַדֵּשׁ אֹתוֹ
כִּי בוֹ שָׁבַת מִכָּל־מְלַאכְתּוֹ, אֲשֶׁר־בָּרָא אֱלֹהִים, לַעֲשׂוֹת:

שליח הציבור ממשיך בעמוד הבא, פרט למקום שמתפללים בו במניין שאינו קבוע,
ופרט ליום טוב של פסח, אפילו כשחל בשבת (שו״ע, תפז, א).
בליל א׳ של פסח נוהגים לומר כאן הלל שלם (עמ׳ 156).

ברכה מעין שבע

שליח הציבור:

בָּרוּךְ אַתָּה יהוה, אֱלֹהֵינוּ וֵאלֹהֵי אֲבוֹתֵינוּ
אֱלֹהֵי אַבְרָהָם, אֱלֹהֵי יִצְחָק, וֵאלֹהֵי יַעֲקֹב
הָאֵל הַגָּדוֹל הַגִּבּוֹר וְהַנּוֹרָא, אֵל עֶלְיוֹן, קֹנֵה שָׁמַיִם וָאָרֶץ.

הקהל ואחריו שליח הציבור:

מָגֵן אָבוֹת בִּדְבָרוֹ
מְחַיֵּה מֵתִים בְּמַאֲמָרוֹ
הָאֵל הַקָּדוֹשׁ שֶׁאֵין כָּמוֹהוּ
הַמֵּנִיחַ לְעַמּוֹ בְּיוֹם שַׁבַּת קָדְשׁוֹ
כִּי בָם רָצָה לְהָנִיחַ לָהֶם
לְפָנָיו נַעֲבֹד בְּיִרְאָה וָפַחַד
וְנוֹדֶה לִשְׁמוֹ בְּכָל יוֹם תָּמִיד, מֵעֵין הַבְּרָכוֹת
אֵל הַהוֹדָאוֹת, אֲדוֹן הַשָּׁלוֹם
מְקַדֵּשׁ הַשַּׁבָּת וּמְבָרֵךְ שְׁבִיעִי
וּמֵנִיחַ בִּקְדֻשָּׁה לְעַם מְדֻשְּׁנֵי עֹנֶג
זֵכֶר לְמַעֲשֵׂה בְרֵאשִׁית.

שליח הציבור ממשיך:

אֱלֹהֵינוּ וֵאלֹהֵי אֲבוֹתֵינוּ, רְצֵה נָא בִמְנוּחָתֵנוּ.
קַדְּשֵׁנוּ בְּמִצְוֹתֶיךָ, וְתֵן חֶלְקֵנוּ בְּתוֹרָתֶךָ
שַׂבְּעֵנוּ מִטּוּבֶךָ וְשַׂמַּח נַפְשֵׁנוּ בִּישׁוּעָתֶךָ
וְטַהֵר לִבֵּנוּ לְעָבְדְּךָ בֶּאֱמֶת.
וְהַנְחִילֵנוּ יהוה אֱלֹהֵינוּ בְּאַהֲבָה וּבְרָצוֹן שַׁבַּת קָדְשֶׁךָ
וְיָנוּחוּ בָהּ כָּל יִשְׂרָאֵל מְקַדְּשֵׁי שְׁמֶךָ.
בָּרוּךְ אַתָּה יהוה, מְקַדֵּשׁ הַשַּׁבָּת.

קדיש שלם

ש״ץ: יִתְגַּדַּל וְיִתְקַדַּשׁ שְׁמֵהּ רַבָּא (קהל: אָמֵן)
בְּעָלְמָא דִּי בְרָא כִרְעוּתֵהּ
וְיַמְלִיךְ מַלְכוּתֵהּ וְיַצְמַח פֻּרְקָנֵהּ וִיקָרֵב מְשִׁיחֵהּ (קהל: אָמֵן)
בְּחַיֵּיכוֹן וּבְיוֹמֵיכוֹן וּבְחַיֵּי דְכָל בֵּית יִשְׂרָאֵל
בַּעֲגָלָא וּבִזְמַן קָרִיב
וְאִמְרוּ אָמֵן. (קהל: אָמֵן)

קהל וש״ץ: יְהֵא שְׁמֵהּ רַבָּא מְבָרַךְ לְעָלַם וּלְעָלְמֵי עָלְמַיָּא.

ש״ץ: יִתְבָּרַךְ וְיִשְׁתַּבַּח וְיִתְפָּאַר וְיִתְרוֹמַם וְיִתְנַשֵּׂא
וְיִתְהַדָּר וְיִתְעַלֶּה וְיִתְהַלָּל
שְׁמֵהּ דְּקֻדְשָׁא בְּרִיךְ הוּא (קהל: אָמֵן)
לְעֵלָּא מִן כָּל בִּרְכָתָא וְשִׁירָתָא, תֻּשְׁבְּחָתָא וְנֶחֱמָתָא
דַּאֲמִירָן בְּעָלְמָא
וְאִמְרוּ אָמֵן. (קהל: אָמֵן)

תִּתְקַבַּל צְלוֹתְהוֹן וּבָעוּתְהוֹן דְּכָל בֵּית יִשְׂרָאֵל
קֳדָם אֲבוּהוֹן דִּי בִשְׁמַיָּא
וְאִמְרוּ אָמֵן. (קהל: אָמֵן)

יְהֵא שְׁלָמָא רַבָּא מִן שְׁמַיָּא
וְחַיִּים טוֹבִים עָלֵינוּ וְעַל כָּל יִשְׂרָאֵל
וְאִמְרוּ אָמֵן. (קהל: אָמֵן)

כורע ופוסע שלוש פסיעות לאחור. קד לשמאל, לימין ולפנים באמירת:

עֹשֶׂה שָׁלוֹם בִּמְרוֹמָיו
הוּא יַעֲשֶׂה שָׁלוֹם, עָלֵינוּ וְעַל כָּל יִשְׂרָאֵל
וְאִמְרוּ אָמֵן. (קהל: אָמֵן)

בשבת, מוסיפים ׳מִזְמוֹר לְדָוִד׳, ואחריו חצי קדיש ו׳בָּרְכוּ׳.
בבתי כנסת המתפללים בנוסח אשכנז, אין אומרים ׳מִזְמוֹר לְדָוִד׳, וממשיכים ׳עָלֵינוּ׳ בעמוד הבא.

מִזְמוֹר לְדָוִד, יהוה רֹעִי לֹא אֶחְסָר: בִּנְאוֹת דֶּשֶׁא יַרְבִּיצֵנִי, עַל־מֵי מְנֻחוֹת יְנַהֲלֵנִי: נַפְשִׁי יְשׁוֹבֵב, יַנְחֵנִי בְמַעְגְּלֵי־צֶדֶק לְמַעַן שְׁמוֹ: גַּם כִּי־אֵלֵךְ בְּגֵיא צַלְמָוֶת לֹא־אִירָא רָע, כִּי־אַתָּה עִמָּדִי, שִׁבְטְךָ וּמִשְׁעַנְתֶּךָ הֵמָּה יְנַחֲמֻנִי: תַּעֲרֹךְ לְפָנַי שֻׁלְחָן נֶגֶד צֹרְרָי, דִּשַּׁנְתָּ בַשֶּׁמֶן רֹאשִׁי, כּוֹסִי רְוָיָה: אַךְ טוֹב וָחֶסֶד יִרְדְּפוּנִי כָּל־יְמֵי חַיָּי, וְשַׁבְתִּי בְּבֵית־יהוה לְאֹרֶךְ יָמִים: תהלים כג

חצי קדיש

ש״ץ: יִתְגַּדַּל וְיִתְקַדַּשׁ שְׁמֵהּ רַבָּא (קהל: אָמֵן)
בְּעָלְמָא דִּי בְרָא כִרְעוּתֵהּ
וְיַמְלִיךְ מַלְכוּתֵהּ וְיַצְמַח פֻּרְקָנֵהּ וִיקָרֵב מְשִׁיחֵהּ (קהל: אָמֵן)
בְּחַיֵּיכוֹן וּבְיוֹמֵיכוֹן וּבְחַיֵּי דְכָל בֵּית יִשְׂרָאֵל
בַּעֲגָלָא וּבִזְמַן קָרִיב, וְאִמְרוּ אָמֵן. (קהל: אָמֵן)

קהל וש״ץ: יְהֵא שְׁמֵהּ רַבָּא מְבָרַךְ לְעָלַם וּלְעָלְמֵי עָלְמַיָּא.

ש״ץ: יִתְבָּרַךְ וְיִשְׁתַּבַּח וְיִתְפָּאַר וְיִתְרוֹמַם וְיִתְנַשֵּׂא
וְיִתְהַדָּר וְיִתְעַלֶּה וְיִתְהַלָּל
שְׁמֵהּ דְּקֻדְשָׁא בְּרִיךְ הוּא (קהל: אָמֵן)
לְעֵלָּא מִן כָּל בִּרְכָתָא וְשִׁירָתָא, תֻּשְׁבְּחָתָא וְנֶחֱמָתָא
דַּאֲמִירָן בְּעָלְמָא, וְאִמְרוּ אָמֵן. (קהל: אָמֵן)

שליח הציבור אומר: בָּרְכוּ אֶת יהוה הַמְבֹרָךְ.

הקהל עונה: בָּרוּךְ יהוה הַמְבֹרָךְ לְעוֹלָם וָעֶד.

ושליח הציבור חוזר: בָּרוּךְ יהוה הַמְבֹרָךְ לְעוֹלָם וָעֶד.

בשמחת תורה ממשיכים בהקפות (עמ׳ 55).
יש בתי כנסת שבהם נוהגים לקדש (עמ׳ 68) קודם ׳עָלֵינוּ׳.
ממוצאי יום טוב ראשון של פסח ועד ערב שבועות סופרים את העומר (עמ׳ 53).
בשאר הימים ממשיכים ׳עָלֵינוּ׳ בעמוד הבא.

אומרים ׳עָלֵינוּ׳ בעמידה ומשתחווים במקום המסומן ב*.

עָלֵינוּ לְשַׁבֵּחַ לַאֲדוֹן הַכֹּל, לָתֵת גְּדֻלָּה לְיוֹצֵר בְּרֵאשִׁית

שֶׁלֹּא עָשָׂנוּ כְּגוֹיֵי הָאֲרָצוֹת, וְלֹא שָׂמָנוּ כְּמִשְׁפְּחוֹת הָאֲדָמָה

שֶׁלֹּא שָׂם חֶלְקֵנוּ כָּהֶם וְגוֹרָלֵנוּ כְּכָל הֲמוֹנָם.

שֶׁהֵם מִשְׁתַּחֲוִים לְהֶבֶל וָרִיק וּמִתְפַּלְּלִים אֶל אֵל לֹא יוֹשִׁיעַ.

*וַאֲנַחְנוּ כּוֹרְעִים וּמִשְׁתַּחֲוִים וּמוֹדִים

לִפְנֵי מֶלֶךְ מַלְכֵי הַמְּלָכִים, הַקָּדוֹשׁ בָּרוּךְ הוּא

שֶׁהוּא נוֹטֶה שָׁמַיִם וְיוֹסֵד אָרֶץ, וּמוֹשַׁב יְקָרוֹ בַּשָּׁמַיִם מִמַּעַל

וּשְׁכִינַת עֻזּוֹ בְּגָבְהֵי מְרוֹמִים.

הוּא אֱלֹהֵינוּ, אֵין עוֹד.

אֱמֶת מַלְכֵּנוּ, אֶפֶס זוּלָתוֹ

דברים ד כַּכָּתוּב בְּתוֹרָתוֹ, וְיָדַעְתָּ הַיּוֹם וַהֲשֵׁבֹתָ אֶל־לְבָבֶךָ

כִּי יהוה הוּא הָאֱלֹהִים בַּשָּׁמַיִם מִמַּעַל וְעַל־הָאָרֶץ מִתָּחַת, אֵין עוֹד:

וְעַל כֵּן נְקַוֶּה לְּךָ יהוה אֱלֹהֵינוּ לִרְאוֹת מְהֵרָה בְּתִפְאֶרֶת עֻזֶּךָ

לְהַעֲבִיר גִּלּוּלִים מִן הָאָרֶץ, וְהָאֱלִילִים כָּרוֹת יִכָּרֵתוּן

לְתַקֵּן עוֹלָם בְּמַלְכוּת שַׁדַּי.

וְכָל בְּנֵי בָשָׂר יִקְרְאוּ בִשְׁמֶךָ, לְהַפְנוֹת אֵלֶיךָ כָּל רִשְׁעֵי אָרֶץ.

יַכִּירוּ וְיֵדְעוּ כָּל יוֹשְׁבֵי תֵבֵל

כִּי לְךָ תִּכְרַע כָּל בֶּרֶךְ, תִּשָּׁבַע כָּל לָשׁוֹן.

לְפָנֶיךָ יהוה אֱלֹהֵינוּ יִכְרְעוּ וְיִפֹּלוּ

וְלִכְבוֹד שִׁמְךָ יְקָר יִתֵּנוּ

וִיקַבְּלוּ כֻלָּם אֶת עֹל מַלְכוּתֶךָ, וְתִמְלֹךְ עֲלֵיהֶם מְהֵרָה לְעוֹלָם וָעֶד.

כִּי הַמַּלְכוּת שֶׁלְּךָ הִיא וּלְעוֹלְמֵי עַד תִּמְלֹךְ בְּכָבוֹד

שמות טו כַּכָּתוּב בְּתוֹרָתֶךָ, יהוה יִמְלֹךְ לְעֹלָם וָעֶד:

זכריה יד ◄ וְנֶאֱמַר, וְהָיָה יהוה לְמֶלֶךְ עַל־כָּל־הָאָרֶץ

בַּיּוֹם הַהוּא יִהְיֶה יהוה אֶחָד וּשְׁמוֹ אֶחָד:

יש מוסיפים:

אַל־תִּירָא מִפַּחַד פִּתְאֹם וּמִשֹּׁאַת רְשָׁעִים כִּי תָבֹא: משלי ג

עֻצוּ עֵצָה וְתֻפָר, דַּבְּרוּ דָבָר וְלֹא יָקוּם, כִּי עִמָּנוּ אֵל: ישעיה ח

וְעַד־זִקְנָה אֲנִי הוּא, וְעַד־שֵׂיבָה אֲנִי אֶסְבֹּל ישעיה מו

אֲנִי עָשִׂיתִי וַאֲנִי אֶשָּׂא וַאֲנִי אֶסְבֹּל וַאֲמַלֵּט:

קדיש יתום

אבל: יִתְגַּדַּל וְיִתְקַדַּשׁ שְׁמֵהּ רַבָּא (קהל: אָמֵן)

בְּעָלְמָא דִּי בְרָא כִרְעוּתֵהּ

וְיַמְלִיךְ מַלְכוּתֵהּ וְיַצְמַח פֻּרְקָנֵהּ וִיקָרֵב מְשִׁיחֵהּ (קהל: אָמֵן)

בְּחַיֵּיכוֹן וּבְיוֹמֵיכוֹן וּבְחַיֵּי דְכָל בֵּית יִשְׂרָאֵל

בַּעֲגָלָא וּבִזְמַן קָרִיב, וְאִמְרוּ אָמֵן. (קהל: אָמֵן)

קהל ואבל: יְהֵא שְׁמֵהּ רַבָּא מְבָרַךְ לְעָלַם וּלְעָלְמֵי עָלְמַיָּא.

אבל: יִתְבָּרַךְ וְיִשְׁתַּבַּח וְיִתְפָּאַר וְיִתְרוֹמַם וְיִתְנַשֵּׂא

וְיִתְהַדָּר וְיִתְעַלֶּה וְיִתְהַלָּל

שְׁמֵהּ דְּקֻדְשָׁא בְּרִיךְ הוּא (קהל: אָמֵן)

לְעֵלָּא מִן כָּל בִּרְכָתָא וְשִׁירָתָא, תֻּשְׁבְּחָתָא וְנֶחֱמָתָא

דַּאֲמִירָן בְּעָלְמָא, וְאִמְרוּ אָמֵן. (קהל: אָמֵן)

יְהֵא שְׁלָמָא רַבָּא מִן שְׁמַיָּא

וְחַיִּים טוֹבִים עָלֵינוּ וְעַל כָּל יִשְׂרָאֵל, וְאִמְרוּ אָמֵן. (קהל: אָמֵן)

כורע ופוסע שלוש פסיעות לאחור. קד לשמאל, לימין ולפנים באמירת:

עֹשֶׂה שָׁלוֹם בִּמְרוֹמָיו

הוּא יַעֲשֶׂה שָׁלוֹם

עָלֵינוּ וְעַל כָּל יִשְׂרָאֵל, וְאִמְרוּ אָמֵן. (קהל: אָמֵן)

בבתי כנסת המתפללים בנוסח אשכנז, נוהגים להוסיף כאן את המזמור 'לְדָוִד, ה' אוֹרִי וְיִשְׁעִי' (עמ' 21) מר"ח אלול ועד הושענא רבה ולומר אחריו קדיש יתום.

בקהילות רבות נוהגים לשיר כאן ׳אֲדוֹן עוֹלָם׳, ויש ששרים ׳יִגְדַּל׳ (עמ׳ 89).
ויש שנוהגים לשיר ׳יִגְדַּל׳ בליל יום טוב ו׳אֲדוֹן עוֹלָם׳ בליל שבת.

אֲדוֹן עוֹלָם

אֲשֶׁר מָלַךְ בְּטֶרֶם כָּל־יְצִיר נִבְרָא.
לְעֵת נַעֲשָׂה בְחֶפְצוֹ כֹּל אֲזַי מֶלֶךְ שְׁמוֹ נִקְרָא.
וְאַחֲרֵי כִּכְלוֹת הַכֹּל לְבַדּוֹ יִמְלֹךְ נוֹרָא.
וְהוּא הָיָה וְהוּא הֹוֶה וְהוּא יִהְיֶה בְּתִפְאָרָה.
וְהוּא אֶחָד וְאֵין שֵׁנִי לְהַמְשִׁיל לוֹ לְהַחְבִּירָה.
בְּלִי רֵאשִׁית בְּלִי תַכְלִית וְלוֹ הָעֹז וְהַמִּשְׂרָה.
וְהוּא אֵלִי וְחַי גּוֹאֲלִי וְצוּר חֶבְלִי בְּעֵת צָרָה.
וְהוּא נִסִּי וּמָנוֹס לִי מְנָת כּוֹסִי בְּיוֹם אֶקְרָא.
בְּיָדוֹ אַפְקִיד רוּחִי בְּעֵת אִישַׁן וְאָעִירָה.
וְעִם רוּחִי גְּוִיָּתִי יהוה לִי וְלֹא אִירָא.

סדר ספירת העומר

לפני ספירת העומר יש אומרים (יסוד ושורש העבודה):

לְשֵׁם יִחוּד קֻדְשָׁא בְּרִיךְ הוּא וּשְׁכִינְתֵּהּ בִּדְחִילוּ וּרְחִימוּ לְיַחֵד שֵׁם י״ה בו״ה בְּיִחוּדָא שְׁלִים בְּשֵׁם כָּל יִשְׂרָאֵל.

הִנְנִי מוּכָן וּמְזֻמָּן לְקַיֵּם מִצְוַת עֲשֵׂה שֶׁל סְפִירַת הָעֹמֶר. כְּמוֹ שֶׁכָּתוּב בַּתּוֹרָה,
וּסְפַרְתֶּם לָכֶם מִמָּחֳרַת הַשַּׁבָּת, מִיּוֹם הֲבִיאֲכֶם אֶת־עֹמֶר הַתְּנוּפָה, שֶׁבַע ויקרא כג
שַׁבָּתוֹת תְּמִימֹת תִּהְיֶינָה: עַד מִמָּחֳרַת הַשַּׁבָּת הַשְּׁבִיעִת תִּסְפְּרוּ חֲמִשִּׁים
יוֹם, וְהִקְרַבְתֶּם מִנְחָה חֲדָשָׁה לַיהוה: וִיהִי נֹעַם אֲדֹנָי אֱלֹהֵינוּ עָלֵינוּ, וּמַעֲשֵׂה תהלים צ
יָדֵינוּ כּוֹנְנָה עָלֵינוּ, וּמַעֲשֵׂה יָדֵינוּ כּוֹנְנֵהוּ:

בָּרוּךְ אַתָּה יהוה אֱלֹהֵינוּ מֶלֶךְ הָעוֹלָם אֲשֶׁר קִדְּשָׁנוּ בְּמִצְוֹתָיו וְצִוָּנוּ עַל סְפִירַת הָעֹמֶר.

טז בניסן

הַיּוֹם יוֹם אֶחָד לָעֹמֶר. חסד שבחסד

יז בניסן

הַיּוֹם שְׁנֵי יָמִים לָעֹמֶר. גבורה שבחסד

יט בניסן

הַיּוֹם אַרְבָּעָה יָמִים לָעֹמֶר. נצח שבחסד

כא בניסן

הַיּוֹם שִׁשָּׁה יָמִים לָעֹמֶר. יסוד שבחסד

כב בניסן

הַיּוֹם שִׁבְעָה יָמִים, שֶׁהֵם שָׁבוּעַ אֶחָד לָעֹמֶר. מלכות שבחסד

הָרַחֲמָן הוּא יַחֲזִיר לָנוּ עֲבוֹדַת בֵּית הַמִּקְדָּשׁ לִמְקוֹמָהּ בִּמְהֵרָה בְיָמֵינוּ, אָמֵן סֶלָה.

נוהגים לומר את מזמור סז, שיש בו מ״ט מילים, ואת 'אָנָּא בְּכֹחַ' (סידור בעל ה'תניא').

לַמְנַצֵּחַ בִּנְגִינֹת, מִזְמוֹר שִׁיר: תהלים סז

אֱלֹהִים יְחָנֵּנוּ וִיבָרְכֵנוּ, יָאֵר פָּנָיו אִתָּנוּ סֶלָה:

לָדַעַת בָּאָרֶץ דַּרְכֶּךָ, בְּכָל־גּוֹיִם יְשׁוּעָתֶךָ:

יוֹדוּךָ עַמִּים אֱלֹהִים, יוֹדוּךָ עַמִּים כֻּלָּם:

יִשְׂמְחוּ וִירַנְּנוּ לְאֻמִּים, כִּי־תִשְׁפֹּט עַמִּים מִישֹׁר, וּלְאֻמִּים בָּאָרֶץ תַּנְחֵם סֶלָה:

יוֹדוּךָ עַמִּים אֱלֹהִים, יוֹדוּךָ עַמִּים כֻּלָּם:

אֶרֶץ נָתְנָה יְבוּלָהּ, יְבָרְכֵנוּ אֱלֹהִים אֱלֹהֵינוּ:

יְבָרְכֵנוּ אֱלֹהִים, וְיִירְאוּ אוֹתוֹ כָּל־אַפְסֵי־אָרֶץ:

אָנָּא, בְּכֹחַ גְּדֻלַּת יְמִינְךָ, תַּתִּיר צְרוּרָה.
קַבֵּל רִנַּת עַמְּךָ, שַׂגְּבֵנוּ, טַהֲרֵנוּ, נוֹרָא.
נָא גִבּוֹר, דּוֹרְשֵׁי יִחוּדְךָ כְּבָבַת שָׁמְרֵם.
בָּרְכֵם, טַהֲרֵם, רַחֲמֵי צִדְקָתְךָ תָּמִיד גָּמְלֵם.
חֲסִין קָדוֹשׁ, בְּרֹב טוּבְךָ נַהֵל עֲדָתֶךָ.
יָחִיד גֵּאֶה, לְעַמְּךָ פְּנֵה, זוֹכְרֵי קְדֻשָּׁתֶךָ.
שַׁוְעָתֵנוּ קַבֵּל וּשְׁמַע צַעֲקָתֵנוּ, יוֹדֵעַ תַּעֲלוּמוֹת.
בָּרוּךְ שֵׁם כְּבוֹד מַלְכוּתוֹ לְעוֹלָם וָעֶד.

רִבּוֹנוֹ שֶׁל עוֹלָם, אַתָּה צִוִּיתָנוּ עַל יְדֵי מֹשֶׁה עַבְדְּךָ לִסְפֹּר סְפִירַת הָעֹמֶר,
כְּדֵי לְטַהֲרֵנוּ מִקְּלִפּוֹתֵינוּ וּמִטֻּמְאוֹתֵינוּ. כְּמוֹ שֶׁכָּתַבְתָּ בְּתוֹרָתֶךָ: וּסְפַרְתֶּם ויקרא כג
לָכֶם מִמָּחֳרַת הַשַּׁבָּת, מִיּוֹם הֲבִיאֲכֶם אֶת־עֹמֶר הַתְּנוּפָה, שֶׁבַע שַׁבָּתוֹת
תְּמִימֹת תִּהְיֶינָה: עַד מִמָּחֳרַת הַשַּׁבָּת הַשְּׁבִיעִת תִּסְפְּרוּ חֲמִשִּׁים יוֹם:
כְּדֵי שֶׁיִּטָּהֲרוּ נַפְשׁוֹת עַמְּךָ יִשְׂרָאֵל מִזֻּהֲמָתָם. וּבְכֵן יְהִי רָצוֹן מִלְּפָנֶיךָ
יהוה אֱלֹהֵינוּ וֵאלֹהֵי אֲבוֹתֵינוּ, שֶׁבִּזְכוּת סְפִירַת הָעֹמֶר שֶׁסָּפַרְתִּי הַיּוֹם,
יְתֻקַּן מַה שֶּׁפָּגַמְתִּי בִּסְפִירָה (פלונית השייכת לאותו היום) וְאֶטָּהֵר וְאֶתְקַדֵּשׁ
בִּקְדֻשָּׁה שֶׁל מַעְלָה, וְעַל יְדֵי זֶה יֻשְׁפַּע שֶׁפַע רַב בְּכָל הָעוֹלָמוֹת, לְתַקֵּן
אֶת נַפְשׁוֹתֵינוּ וְרוּחוֹתֵינוּ וְנִשְׁמוֹתֵינוּ מִכָּל סִיג וּפְגָם, וּלְטַהֲרֵנוּ וּלְקַדְּשֵׁנוּ
בִּקְדֻשָּׁתְךָ הָעֶלְיוֹנָה, אָמֵן סֶלָה.

ממשיכים 'עָלֵינוּ' בעמ' 50.

סדר הקפות

בערבית של שמיני עצרת אומרים סדר זה לפני ההקפות (רמ"א, תרסט, א).

שליח הציבור אומר פסוק פסוק והקהל אחריו:

אַתָּה הָרְאֵתָ לָדַעַת, כִּי יהוה הוּא הָאֱלֹהִים, אֵין עוֹד מִלְבַדּוֹ׃ דברים ד

לְעֹשֵׂה נִפְלָאוֹת גְּדֹלוֹת לְבַדּוֹ, כִּי לְעוֹלָם חַסְדּוֹ׃ תהלים קלו

אֵין־כָּמְוֹךָ בָאֱלֹהִים, אֲדֹנָי, וְאֵין כְּמַעֲשֶׂיךָ׃ תהלים פו

יְהִי כְבוֹד יהוה לְעוֹלָם, יִשְׂמַח יהוה בְּמַעֲשָׂיו׃ תהלים קד

יְהִי שֵׁם יהוה מְבֹרָךְ, מֵעַתָּה וְעַד־עוֹלָם׃ תהלים קיג

יְהִי יהוה אֱלֹהֵינוּ עִמָּנוּ, כַּאֲשֶׁר הָיָה עִם־אֲבֹתֵינוּ מלכים א׳ ח

אַל־יַעַזְבֵנוּ וְאַל־יִטְּשֵׁנוּ׃

וְאִמְרוּ, הוֹשִׁיעֵנוּ אֱלֹהֵי יִשְׁעֵנוּ, וְקַבְּצֵנוּ וְהַצִּילֵנוּ מִן־הַגּוֹיִם דברי הימים א׳ טז

לְהֹדוֹת לְשֵׁם קָדְשֶׁךָ, לְהִשְׁתַּבֵּחַ בִּתְהִלָּתֶךָ׃

יהוה מֶלֶךְ, יהוה מָלָךְ, יהוה יִמְלֹךְ לְעֹלָם וָעֶד.

יהוה עֹז לְעַמּוֹ יִתֵּן, יהוה יְבָרֵךְ אֶת־עַמּוֹ בַשָּׁלוֹם׃ תהלים כט

וְיִהְיוּ נָא אֲמָרֵינוּ לְרָצוֹן, לִפְנֵי אֲדוֹן כֹּל.

פותחים את ארון הקודש.

וַיְהִי בִּנְסֹעַ הָאָרֹן וַיֹּאמֶר מֹשֶׁה במדבר י

קוּמָה יהוה וְיָפֻצוּ אֹיְבֶיךָ, וְיָנֻסוּ מְשַׂנְאֶיךָ מִפָּנֶיךָ׃

קוּמָה יהוה לִמְנוּחָתֶךָ, אַתָּה וַאֲרוֹן עֻזֶּךָ׃ תהלים קלב

כֹּהֲנֶיךָ יִלְבְּשׁוּ־צֶדֶק, וַחֲסִידֶיךָ יְרַנֵּנוּ׃

בַּעֲבוּר דָּוִד עַבְדֶּךָ, אַל־תָּשֵׁב פְּנֵי מְשִׁיחֶךָ׃

וְאָמַר בַּיּוֹם הַהוּא, הִנֵּה אֱלֹהֵינוּ זֶה קִוִּינוּ לוֹ, וְיוֹשִׁיעֵנוּ ישעיה כה

זֶה יהוה קִוִּינוּ לוֹ, נָגִילָה וְנִשְׂמְחָה בִּישׁוּעָתוֹ׃

מַלְכוּתְךָ מַלְכוּת כָּל־עֹלָמִים, וּמֶמְשַׁלְתְּךָ בְּכָל־דּוֹר וָדֹר׃ תהלים קמה

כִּי מִצִּיּוֹן תֵּצֵא תוֹרָה, וּדְבַר־יהוה מִירוּשָׁלָםִ׃ ישעיה ב

אַב הָרַחֲמִים, הֵיטִיבָה בִרְצוֹנְךָ אֶת־צִיּוֹן, תִּבְנֶה חוֹמוֹת יְרוּשָׁלָםִ׃ תהלים נא

כִּי בְךָ לְבַד בָּטָחְנוּ, מֶלֶךְ אֵל רָם וְנִשָּׂא, אֲדוֹן עוֹלָמִים.

מוציאים את כל ספרי התורה ומקיפים את הבימה שבע פעמים.
יש קהילות שבהן אומרים נוסח מורחב לפני כל הקפה. ראה עמ׳ 306.

הקפה ראשונה:

אָנָּא יהוה הוֹשִׁיעָה נָּא, אָנָּא יהוה הַצְלִיחָה נָא: תהלים קיח

אָנָּא יהוה עֲנֵנוּ בְיוֹם קָרְאֵנוּ.

אֱלֹהֵי הָרוּחוֹת הוֹשִׁיעָה נָּא, בּוֹחֵן לְבָבוֹת הַצְלִיחָה נָא

גּוֹאֵל חָזָק עֲנֵנוּ בְיוֹם קָרְאֵנוּ.

הקפה שנייה:

דּוֹבֵר צְדָקוֹת הוֹשִׁיעָה נָּא, הָדוּר בִּלְבוּשׁוֹ הַצְלִיחָה נָא

וָתִיק וְחָסִיד עֲנֵנוּ בְיוֹם קָרְאֵנוּ.

הקפה שלישית:

זַךְ וְיָשָׁר הוֹשִׁיעָה נָּא, חַנּוּן וְרַחוּם הַצְלִיחָה נָא

טוֹב וּמֵטִיב עֲנֵנוּ בְיוֹם קָרְאֵנוּ.

הקפה רביעית:

יוֹדֵעַ מַחֲשָׁבוֹת הוֹשִׁיעָה נָּא, כַּבִּיר כֹּחַ הַצְלִיחָה נָא

לוֹבֵשׁ צְדָקוֹת עֲנֵנוּ בְיוֹם קָרְאֵנוּ.

הקפה חמישית:

מֶלֶךְ עוֹלָמִים הוֹשִׁיעָה נָּא, נָאוֹר וְאַדִּיר הַצְלִיחָה נָא

סוֹמֵךְ וְסוֹעֵד עֲנֵנוּ בְיוֹם קָרְאֵנוּ.

הקפה שישית:

עוֹזֵר דַּלִּים הוֹשִׁיעָה נָּא, פּוֹדֶה וּמַצִּיל הַצְלִיחָה נָא

צוּר עוֹלָמִים עֲנֵנוּ בְיוֹם קָרְאֵנוּ.

הקפה שביעית:

קָדוֹשׁ וְנוֹרָא הוֹשִׁיעָה נָּא, רַחוּם וְחַנּוּן הַצְלִיחָה נָא

שׁוֹכֵן שְׁחָקִים עֲנֵנוּ בְיוֹם קָרְאֵנוּ.

תּוֹמֵךְ תְּמִימִים הוֹשִׁיעָה נָּא, תַּקִּיף לָעַד הַצְלִיחָה נָא

תָּמִים בְּמַעֲשָׂיו עֲנֵנוּ בְיוֹם קָרְאֵנוּ.

מחזירים את ספרי התורה לארון פרט לאחד.

שליח הציבור מקבל את ספר התורה בימינו, פונה לקהל
ואומר ׳שְׁמַע יִשְׂרָאֵל׳ (מסכת סופרים פי״ד), ואחריו הקהל:

שְׁמַע יִשְׂרָאֵל, יהוה אֱלֹהֵינוּ, יהוה אֶחָד: דברים ו

שליח ציבור ואחריו הקהל:

אֶחָד אֱלֹהֵינוּ, גָּדוֹל אֲדוֹנֵינוּ, קָדוֹשׁ שְׁמוֹ.

שליח הציבור פונה לעבר ארון הקודש, קד, מגביה את ספר התורה ואומר
(משנ״ב קלד, יג על פי מסכת סופרים):

גַּדְּלוּ לַיהוה אִתִּי וּנְרוֹמְמָה שְׁמוֹ יַחְדָּו: תהלים לד

סוגרים את ארון הקודש. שליח הציבור נושא את ספר התורה אל הבימה, והקהל אומר:

לְךָ יהוה הַגְּדֻלָּה וְהַגְּבוּרָה וְהַתִּפְאֶרֶת וְהַנֵּצַח וְהַהוֹד, כִּי־כֹל דברי הימים א׳ כט
בַּשָּׁמַיִם וּבָאָרֶץ, לְךָ יהוה הַמַּמְלָכָה וְהַמִּתְנַשֵּׂא לְכֹל לְרֹאשׁ:
רוֹמְמוּ יהוה אֱלֹהֵינוּ וְהִשְׁתַּחֲווּ לַהֲדֹם רַגְלָיו, קָדוֹשׁ הוּא: רוֹמְמוּ תהלים צט
יהוה אֱלֹהֵינוּ וְהִשְׁתַּחֲווּ לְהַר קָדְשׁוֹ, כִּי־קָדוֹשׁ יהוה אֱלֹהֵינוּ:

הקהל אומר בלחש (מחזור ויטרי, קסה):

עַל הַכֹּל יִתְגַּדַּל וְיִתְקַדַּשׁ וְיִשְׁתַּבַּח וְיִתְפָּאַר וְיִתְרוֹמַם וְיִתְנַשֵּׂא שְׁמוֹ
שֶׁל מֶלֶךְ מַלְכֵי הַמְּלָכִים הַקָּדוֹשׁ בָּרוּךְ הוּא בָּעוֹלָמוֹת שֶׁבָּרָא, הָעוֹלָם
הַזֶּה וְהָעוֹלָם הַבָּא, כִּרְצוֹנוֹ וְכִרְצוֹן יְרֵאָיו וְכִרְצוֹן כָּל בֵּית יִשְׂרָאֵל. צוּר
הָעוֹלָמִים, אֲדוֹן כָּל הַבְּרִיּוֹת, אֱלוֹהַּ כָּל הַנְּפָשׁוֹת, הַיּוֹשֵׁב בְּמֶרְחֲבֵי
מָרוֹם, הַשּׁוֹכֵן בִּשְׁמֵי שְׁמֵי קֶדֶם, קְדֻשָּׁתוֹ עַל הַחַיּוֹת, וּקְדֻשָּׁתוֹ עַל כִּסֵּא
הַכָּבוֹד. וּבְכֵן יִתְקַדַּשׁ שִׁמְךָ בָּנוּ יהוה אֱלֹהֵינוּ לְעֵינֵי כָּל חָי, וְנֹאמַר לְפָנָיו
שִׁיר חָדָשׁ, כַּכָּתוּב: שִׁירוּ לֵאלֹהִים זַמְּרוּ שְׁמוֹ, סֹלּוּ לָרֹכֵב בָּעֲרָבוֹת, בְּיָהּ תהלים סח
שְׁמוֹ, וְעִלְזוּ לְפָנָיו: וְנִרְאֵהוּ עַיִן בְּעַיִן בְּשׁוּבוֹ אֶל נָוֵהוּ, כַּכָּתוּב: כִּי עַיִן ישעיה נב
בְּעַיִן יִרְאוּ בְּשׁוּב יהוה צִיּוֹן: וְנֶאֱמַר: וְנִגְלָה כְּבוֹד יהוה, וְרָאוּ כָל־בָּשָׂר ישעיה מ
יַחְדָּו כִּי פִּי יהוה דִּבֵּר:

אַב הָרַחֲמִים הוּא יְרַחֵם עַם עֲמוּסִים, וְיִזְכֹּר בְּרִית אֵיתָנִים, וְיַצִּיל נַפְשׁוֹתֵינוּ מִן הַשָּׁעוֹת הָרָעוֹת, וְיִגְעַר בְּיֵצֶר הָרָע מִן הַנְּשׂוּאִים, וְיָחֹן אוֹתָנוּ לִפְלֵיטַת עוֹלָמִים, וִימַלֵּא מִשְׁאֲלוֹתֵינוּ בְּמִדָּה טוֹבָה יְשׁוּעָה וְרַחֲמִים.

מניח את ספר התורה על הבימה, והגבאי מכריז (מחזור ויטרי):

וְיַעֲזֹר וְיָגֵן וְיוֹשִׁיעַ לְכֹל הַחוֹסִים בּוֹ, וְנֹאמַר אָמֵן. הַכֹּל הָבוּ גֹדֶל לֵאלֹהֵינוּ וּתְנוּ כָבוֹד לַתּוֹרָה. *כֹּהֵן קְרַב, יַעֲמֹד (פלוני בֶּן פלוני) **הַכֹּהֵן.**

*אם אין כוהן, הגבאי קורא ללוי או לישראל ואומר:

/אֵין כָּאן כֹּהֵן, יַעֲמֹד (פלוני בֶּן פלוני) בִּמְקוֹם כֹּהֵן./

בָּרוּךְ שֶׁנָּתַן תּוֹרָה לְעַמּוֹ יִשְׂרָאֵל בִּקְדֻשָּׁתוֹ.

הקהל ואחריו הגבאי:

דברים ד **וְאַתֶּם הַדְּבֵקִים בַּיהוה אֱלֹהֵיכֶם חַיִּים כֻּלְּכֶם הַיּוֹם:**

קודם הברכה על העולה לראות היכן קוראים ולנשק את ספר התורה.
בשעת הברכה אוחז בעמודי הספר.

עולה: **בָּרְכוּ אֶת יהוה הַמְבֹרָךְ.**

קהל: **בָּרוּךְ יהוה הַמְבֹרָךְ לְעוֹלָם וָעֶד.**

עולה: **בָּרוּךְ יהוה הַמְבֹרָךְ לְעוֹלָם וָעֶד.**
בָּרוּךְ אַתָּה יהוה, אֱלֹהֵינוּ מֶלֶךְ הָעוֹלָם
אֲשֶׁר בָּחַר בָּנוּ מִכָּל הָעַמִּים וְנָתַן לָנוּ אֶת תּוֹרָתוֹ.
בָּרוּךְ אַתָּה יהוה, נוֹתֵן הַתּוֹרָה.

לאחר הקריאה, העולה מנשק את ספר התורה ומברך:

עולה: **בָּרוּךְ אַתָּה יהוה אֱלֹהֵינוּ מֶלֶךְ הָעוֹלָם**
אֲשֶׁר נָתַן לָנוּ תּוֹרַת אֱמֶת וְחַיֵּי עוֹלָם נָטַע בְּתוֹכֵנוּ.
בָּרוּךְ אַתָּה יהוה, נוֹתֵן הַתּוֹרָה.

קריאה לליל שמחת תורה

מנהג מקובל הוא להעלות שלושה קוראים בפרשת 'וְזֹאת הַבְּרָכָה', ויש המעלים חמישה קוראים. יש קהילות המסיימות את העלייה השלישית בתיבות 'אַלְפֵי מְנַשֶּׁה', ויש מהן המסיימות בתיבות 'וּבְגַאֲוָתוֹ שְׁחָקִים'.

דברים לג, א–כו **וְזֹאת הַבְּרָכָה אֲשֶׁר בֵּרַךְ מֹשֶׁה אִישׁ הָאֱלֹהִים אֶת־בְּנֵי יִשְׂרָאֵל**
לִפְנֵי מוֹתוֹ: וַיֹּאמַר יהוה מִסִּינַי בָּא וְזָרַח מִשֵּׂעִיר לָמוֹ הוֹפִיעַ
אֵשׁ דָּת **מֵהַר פָּארָן וְאָתָה מֵרִבְבֹת קֹדֶשׁ מִימִינוֹ אשדת לָמוֹ: אַף**

חבב עמים כל־קדשיו בידך והם תכו לרגלך ישא מדברתיך:
תורה צוה־לנו משה מורשה קהלת יעקב: ויהי בישרון מלך
בהתאסף ראשי עם יחד שבטי ישראל: יחי ראובן ואל־
ימת ויהי מתיו מספר: וזאת ליהודה ויאמר שמע
יהוה קול יהודה ואל־עמו תביאנו ידיו רב לו ועזר מצריו
תהיה:
וללוי אמר תמיך ואוריך לאיש חסידך אשר נסיתו במסה לוי
תריבהו על־מי מריבה: האמר לאביו ולאמו לא ראיתיו ואת־
אחיו לא הכיר ואת־בנו לא ידע כי שמרו אמרתך ובריתך
ינצרו: יורו משפטיך ליעקב ותורתך לישראל ישימו קטורה
באפך וכליל על־מזבחך: ברך יהוה חילו ופעל ידיו תרצה
מחץ מתנים קמיו ומשנאיו מן־יקומון: לבנימן
אמר ידיד יהוה ישכן לבטח עליו חפף עליו כל־היום ובין
כתפיו שכן: וליוסף אמר מברכת יהוה ארצו שלישי
ממגד שמים מטל ומתהום רבצת תחת: וממגד תבואת
שמש וממגד גרש ירחים: ומראש הררי־קדם וממגד גבעות
עולם: וממגד ארץ ומלאה ורצון שכני סנה תבואתה לראש
יוסף ולקדקד נזיר אחיו: בכור שורו הדר לו וקרני ראם קרניו
בהם עמים ינגח יחדו אפסי־ארץ והם רבבות אפרים והם
אלפי מנשה: ולזבולן אמר שמח זבולן בצאתך רביעי
ויששכר באהליך: עמים הר־יקראו שם יזבחו זבחי־צדק כי
שפע ימים יינקו ושפני טמוני חול: ולגד אמר ברוך
מרחיב גד כלביא שכן וטרף זרוע אף־קדקד: וירא ראשית לו
כי־שם חלקת מחקק ספון ויתא ראשי עם צדקת יהוה עשה
ומשפטיו עם־ישראל: ולדן אמר דן גור אריה חמישי

יְזַנֵּק מִן־הַבָּשָׁן: וּלְנַפְתָּלִי אָמַר נַפְתָּלִי שְׂבַע רָצוֹן וּמָלֵא בִּרְכַּת
יהוה יָם וְדָרוֹם יְרָשָׁה: וּלְאָשֵׁר אָמַר בָּרוּךְ מִבָּנִים
אָשֵׁר יְהִי רְצוּי אֶחָיו וְטֹבֵל בַּשֶּׁמֶן רַגְלוֹ: בַּרְזֶל וּנְחֹשֶׁת מִנְעָלֶךָ
וּכְיָמֶיךָ דָּבְאֶךָ: אֵין כָּאֵל יְשֻׁרוּן רֹכֵב שָׁמַיִם בְּעֶזְרֶךָ וּבְגַאֲוָתוֹ
שְׁחָקִים:

חצי קדיש

לפני שקוראים למפטיר, בעל הקורא אומר חצי קדיש
(רמב"ם, תפילה פי"ב ה"כ):

קורא: יִתְגַּדַּל וְיִתְקַדַּשׁ שְׁמֵהּ רַבָּא (קהל: אָמֵן)
בְּעָלְמָא דִּי בְרָא כִרְעוּתֵהּ
וְיַמְלִיךְ מַלְכוּתֵהּ וְיַצְמַח פֻּרְקָנֵהּ וִיקָרֵב מְשִׁיחֵהּ (קהל: אָמֵן)
בְּחַיֵּיכוֹן וּבְיוֹמֵיכוֹן וּבְחַיֵּי דְכָל בֵּית יִשְׂרָאֵל
בַּעֲגָלָא וּבִזְמַן קָרִיב, וְאִמְרוּ אָמֵן. (קהל: אָמֵן)

קהל וקורא: יְהֵא שְׁמֵהּ רַבָּא מְבָרַךְ לְעָלַם וּלְעָלְמֵי עָלְמַיָּא.

קורא: יִתְבָּרַךְ וְיִשְׁתַּבַּח וְיִתְפָּאַר וְיִתְרוֹמַם וְיִתְנַשֵּׂא
וְיִתְהַדָּר וְיִתְעַלֶּה וְיִתְהַלָּל
שְׁמֵהּ דְּקֻדְשָׁא בְּרִיךְ הוּא (קהל: אָמֵן)
לְעֵלָּא מִן כָּל בִּרְכָתָא וְשִׁירָתָא, תֻּשְׁבְּחָתָא וְנֶחֱמָתָא
דַּאֲמִירָן בְּעָלְמָא, וְאִמְרוּ אָמֵן. (קהל: אָמֵן)

הגבהה וגלילה

כאשר מגביהים את ספר התורה, הקהל אומר:

דברים ד וְזֹאת הַתּוֹרָה אֲשֶׁר־שָׂם מֹשֶׁה לִפְנֵי בְּנֵי יִשְׂרָאֵל:
במדבר ט עַל־פִּי יהוה בְּיַד מֹשֶׁה:

משלי ג ויש מוסיפים: עֵץ־חַיִּים הִיא לַמַּחֲזִיקִים בָּהּ וְתֹמְכֶיהָ מְאֻשָּׁר: דְּרָכֶיהָ דַרְכֵי־נֹעַם
וְכָל־נְתִיבוֹתֶיהָ שָׁלוֹם: אֹרֶךְ יָמִים בִּימִינָהּ, בִּשְׂמֹאולָהּ עֹשֶׁר וְכָבוֹד:
ישעיה מב יהוה חָפֵץ לְמַעַן צִדְקוֹ יַגְדִּיל תּוֹרָה וְיַאְדִּיר:

הכנסת ספר תורה

פותחים את ארון הקודש, והקהל עומד על רגליו. שליח הציבור נוטל את ספר התורה ואומר:

תהלים קמח
יְהַלְלוּ אֶת־שֵׁם יהוה, כִּי־נִשְׂגָּב שְׁמוֹ, לְבַדּוֹ

הקהל אומר:

הוֹדוֹ עַל־אֶרֶץ וְשָׁמָיִם:
וַיָּרֶם קֶרֶן לְעַמּוֹ, תְּהִלָּה לְכָל־חֲסִידָיו
לִבְנֵי יִשְׂרָאֵל עַם קְרֹבוֹ, הַלְלוּיָהּ:

מלווים את ספר התורה לארון הקודש באמירת מזמור זה על מתן תורה (טור, רפד):

תהלים כט
מִזְמוֹר לְדָוִד, הָבוּ לַיהוה בְּנֵי אֵלִים, הָבוּ לַיהוה כָּבוֹד וָעֹז: הָבוּ לַיהוה כְּבוֹד שְׁמוֹ, הִשְׁתַּחֲווּ לַיהוה בְּהַדְרַת־קֹדֶשׁ: קוֹל יהוה עַל־הַמָּיִם, אֵל־הַכָּבוֹד הִרְעִים, יהוה עַל־מַיִם רַבִּים: קוֹל־יהוה בַּכֹּחַ, קוֹל יהוה בֶּהָדָר: קוֹל יהוה שֹׁבֵר אֲרָזִים, וַיְשַׁבֵּר יהוה אֶת־אַרְזֵי הַלְּבָנוֹן: וַיַּרְקִידֵם כְּמוֹ־עֵגֶל, לְבָנוֹן וְשִׂרְיוֹן כְּמוֹ בֶן־רְאֵמִים: קוֹל־יהוה חֹצֵב לַהֲבוֹת אֵשׁ: קוֹל יהוה יָחִיל מִדְבָּר, יָחִיל יהוה מִדְבַּר קָדֵשׁ: קוֹל יהוה יְחוֹלֵל אַיָּלוֹת וַיֶּחֱשֹׂף יְעָרוֹת, וּבְהֵיכָלוֹ, כֻּלּוֹ אֹמֵר כָּבוֹד: יהוה לַמַּבּוּל יָשָׁב, וַיֵּשֶׁב יהוה מֶלֶךְ לְעוֹלָם: יהוה עֹז לְעַמּוֹ יִתֵּן, יהוה יְבָרֵךְ אֶת־עַמּוֹ בַשָּׁלוֹם:

מכניסים את ספר התורה לארון הקודש ואומרים
(ספר המחכים, סידור 'מלאה הארץ דעה'):

במדבר י
תהלים קלב
וּבְנֻחֹה יֹאמַר, שׁוּבָה יהוה רִבְבוֹת אַלְפֵי יִשְׂרָאֵל: קוּמָה יהוה לִמְנוּחָתֶךָ, אַתָּה וַאֲרוֹן עֻזֶּךָ: כֹּהֲנֶיךָ יִלְבְּשׁוּ־צֶדֶק, וַחֲסִידֶיךָ יְרַנֵּנוּ: בַּעֲבוּר דָּוִד עַבְדֶּךָ אַל־תָּשֵׁב פְּנֵי מְשִׁיחֶךָ: כִּי לֶקַח טוֹב
משלי ד
נָתַתִּי לָכֶם, תּוֹרָתִי אַל־תַּעֲזֹבוּ: ◂ עֵץ־חַיִּים הִיא לַמַּחֲזִיקִים
משלי ג
בָּהּ, וְתֹמְכֶיהָ מְאֻשָּׁר: דְּרָכֶיהָ דַרְכֵי־נֹעַם וְכָל־נְתִיבוֹתֶיהָ שָׁלוֹם:
איכה ה
הֲשִׁיבֵנוּ יהוה אֵלֶיךָ וְנָשׁוּבָה, חַדֵּשׁ יָמֵינוּ כְּקֶדֶם:

סוגרים את ארון הקודש וממשיכים 'עָלֵינוּ' בעמ' 50.

קידוש וזמירות לליל שבת

ברכת הבנים

בשובם מבית הכנסת בליל שבת או בליל יום טוב, רבים נוהגים לברך את ילדיהם (ויש מברכים אחר ׳שָׁלוֹם עֲלֵיכֶם׳).

לזכר:	לנקבה:
יְשִׂמְךָ אֱלֹהִים	**יְשִׂימֵךְ אֱלֹהִים**
כְּאֶפְרַיִם וְכִמְנַשֶּׁה:	**כְּשָׂרָה רִבְקָה רָחֵל וְלֵאָה.**

בראשית מח

במדבר ו
יְבָרֶכְךָ יהוה וְיִשְׁמְרֶךָ:
יָאֵר יהוה פָּנָיו אֵלֶיךָ וִיחֻנֶּךָּ:
יִשָּׂא יהוה פָּנָיו אֵלֶיךָ וְיָשֵׂם לְךָ שָׁלוֹם:

הגמרא מתארת כיצד שני מלאכי שרת מלווים את האדם מבית הכנסת לביתו, וכשרואים את הבית מוכן לשבת, הם מברכים אותו (שבת קיט ע״ב). ועל זה ייסדו המקובלים את הפיוט הבא.

רבים נוהגים לשיר כל בית שלוש פעמים.

שָׁלוֹם עֲלֵיכֶם, מַלְאֲכֵי הַשָּׁרֵת, מַלְאֲכֵי עֶלְיוֹן
מִמֶּלֶךְ מַלְכֵי הַמְּלָכִים, הַקָּדוֹשׁ בָּרוּךְ הוּא.

בּוֹאֲכֶם לְשָׁלוֹם, מַלְאֲכֵי הַשָּׁלוֹם, מַלְאֲכֵי עֶלְיוֹן
מִמֶּלֶךְ מַלְכֵי הַמְּלָכִים, הַקָּדוֹשׁ בָּרוּךְ הוּא.

בָּרְכוּנִי לְשָׁלוֹם, מַלְאֲכֵי הַשָּׁלוֹם, מַלְאֲכֵי עֶלְיוֹן
מִמֶּלֶךְ מַלְכֵי הַמְּלָכִים, הַקָּדוֹשׁ בָּרוּךְ הוּא.

צֵאתְכֶם לְשָׁלוֹם, מַלְאֲכֵי הַשָּׁלוֹם, מַלְאֲכֵי עֶלְיוֹן
מִמֶּלֶךְ מַלְכֵי הַמְּלָכִים, הַקָּדוֹשׁ בָּרוּךְ הוּא.

תהלים צא **כִּי מַלְאָכָיו יְצַוֶּה־לָּךְ, לִשְׁמָרְךָ בְּכָל־דְּרָכֶיךָ:**
תהלים קכא **יהוה יִשְׁמָר־צֵאתְךָ וּבוֹאֶךָ, מֵעַתָּה וְעַד־עוֹלָם:**

בדורות הקודמים נהגו לומר תחינה זו בליל שבת, קודם שיוצא מבית הכנסת לביתו. כיום מקובל לאומרה בבית אחרי ׳שָׁלוֹם עֲלֵיכֶם׳.

רִבּוֹן כָּל הָעוֹלָמִים, אֲדוֹן כָּל הַנְּשָׁמוֹת, אֲדוֹן הַשָּׁלוֹם. מֶלֶךְ אַבִּיר, מֶלֶךְ בָּרוּךְ, מֶלֶךְ גָּדוֹל, מֶלֶךְ דּוֹבֵר שָׁלוֹם, מֶלֶךְ הָדוּר, מֶלֶךְ וָתִיק, מֶלֶךְ זַךְ, מֶלֶךְ חֵי הָעוֹלָמִים, מֶלֶךְ טוֹב וּמֵטִיב, מֶלֶךְ יָחִיד וּמְיֻחָד, מֶלֶךְ כַּבִּיר, מֶלֶךְ לוֹבֵשׁ רַחֲמִים, מֶלֶךְ מַלְכֵי הַמְּלָכִים, מֶלֶךְ נִשְׂגָּב, מֶלֶךְ סוֹמֵךְ נוֹפְלִים, מֶלֶךְ עֹשֶׂה מַעֲשֵׂה בְרֵאשִׁית, מֶלֶךְ פּוֹדֶה וּמַצִּיל, מֶלֶךְ צַח וְאָדֹם, מֶלֶךְ קָדוֹשׁ, מֶלֶךְ רָם וְנִשָּׂא, מֶלֶךְ שׁוֹמֵעַ תְּפִלָּה, מֶלֶךְ תָּמִים דַּרְכּוֹ. מוֹדֶה אֲנִי לְפָנֶיךָ, יהוה אֱלֹהַי וֵאלֹהֵי אֲבוֹתַי, עַל כָּל הַחֶסֶד אֲשֶׁר עָשִׂיתָ עִמָּדִי וַאֲשֶׁר אַתָּה עָתִיד לַעֲשׂוֹת עִמִּי וְעִם כָּל בְּנֵי בֵיתִי וְעִם כָּל בְּרִיּוֹתֶיךָ, בְּנֵי בְרִיתִי. וּבְרוּכִים הֵם מַלְאָכֶיךָ הַקְּדוֹשִׁים וְהַטְּהוֹרִים שֶׁעוֹשִׂים רְצוֹנֶךָ. אֲדוֹן הַשָּׁלוֹם, מֶלֶךְ שֶׁהַשָּׁלוֹם שֶׁלּוֹ, בָּרְכֵנִי בַשָּׁלוֹם, וְתִפְקֹד אוֹתִי וְאֶת כָּל בְּנֵי בֵיתִי וְכָל עַמְּךָ בֵּית יִשְׂרָאֵל לְחַיִּים טוֹבִים וּלְשָׁלוֹם. מֶלֶךְ עֶלְיוֹן עַל כָּל צְבָא מָרוֹם, יוֹצְרֵנוּ, יוֹצֵר בְּרֵאשִׁית, אֲחַלֶּה פָנֶיךָ הַמְּאִירִים, שֶׁתְּזַכֶּה אוֹתִי וְאֶת כָּל בְּנֵי בֵיתִי לִמְצֹא חֵן וְשֵׂכֶל טוֹב בְּעֵינֶיךָ וּבְעֵינֵי כָל בְּנֵי אָדָם וּבְעֵינֵי כָל רוֹאֵינוּ לַעֲבוֹדָתֶךָ. וְזַכֵּנוּ לְקַבֵּל שַׁבָּתוֹת מִתּוֹךְ רֹב שִׂמְחָה וּמִתּוֹךְ עֹשֶׁר וְכָבוֹד וּמִתּוֹךְ מִעוּט עֲוֹנוֹת. וְהָסֵר מִמֶּנִּי וּמִכָּל בְּנֵי בֵיתִי וּמִכָּל עַמְּךָ בֵּית יִשְׂרָאֵל כָּל מִינֵי חֹלִי וְכָל מִינֵי מַדְוֶה וְכָל מִינֵי דַלּוּת וַעֲנִיּוּת וְאֶבְיוֹנוּת. וְתֵן בָּנוּ יֵצֶר טוֹב לְעָבְדְּךָ בֶּאֱמֶת וּבְיִרְאָה וּבְאַהֲבָה. וְנִהְיֶה מְכֻבָּדִים בְּעֵינֶיךָ וּבְעֵינֵי כָל רוֹאֵינוּ, כִּי אַתָּה הוּא מֶלֶךְ הַכָּבוֹד, כִּי לְךָ נָאֶה, כִּי לְךָ יָאֶה. אָנָּא, מֶלֶךְ מַלְכֵי הַמְּלָכִים, צַוֵּה לְמַלְאָכֶיךָ, מַלְאֲכֵי הַשָּׁרֵת, מְשָׁרְתֵי עֶלְיוֹן, שֶׁיִּפְקְדוּנִי בְּרַחֲמִים וִיבָרְכוּנִי בְּבוֹאָם לְבֵיתִי בְּיוֹם קָדְשֵׁנוּ, כִּי הִדְלַקְתִּי נֵרוֹתַי וְהִצַּעְתִּי מִטָּתִי וְהֶחֱלַפְתִּי שִׂמְלוֹתַי לִכְבוֹד יוֹם הַשַּׁבָּת וּבָאתִי לְבֵיתְךָ לְהַפִּיל תְּחִנָּתִי לְפָנֶיךָ, שֶׁתַּעֲבִיר אַנְחָתִי, וָאָעִיד אֲשֶׁר בָּרָאתָ בְשִׁשָּׁה יָמִים כָּל הַיְצוּר, וָאֶשְׁנֶה, וַאֲשַׁלֵּשׁ עוֹד לְהָעִיד עַל כּוֹסִי בְּתוֹךְ שִׂמְחָתִי, כַּאֲשֶׁר צִוִּיתַנִי לְזָכְרוֹ וּלְהִתְעַנֵּג בְּיֶתֶר נִשְׁמָתִי, אֲשֶׁר נָתַתָּ בִּי. בּוֹ אֶשְׁבֹּת כַּאֲשֶׁר צִוִּיתַנִי לְשָׁרְתֶךָ, וְכֵן אַגִּיד גְּדֻלָּתְךָ בְּרִנָּה, וְשִׁוִּיתִי יהוה לִקְרָאתִי שֶׁתְּרַחֲמֵנִי עוֹד בְּגָלוּתִי לְגָאֳלֵנִי לְעוֹרֵר לִבִּי לְאַהֲבָתֶךָ. וְאָז אֶשְׁמֹר פִּקּוּדֶיךָ וְחֻקֶּיךָ בְּלִי עֶצֶב, וְאֶתְפַּלֵּל כַּדָּת כָּרָאוּי וְכַנָּכוֹן. מַלְאֲכֵי הַשָּׁלוֹם, בּוֹאֲכֶם לְשָׁלוֹם, בָּרְכוּנִי לְשָׁלוֹם, וְאִמְרוּ בָּרוּךְ לְשֻׁלְחָנִי הֶעָרוּךְ, וְצֵאתְכֶם לְשָׁלוֹם מֵעַתָּה וְעַד עוֹלָם, אָמֵן סֶלָה.

׳אֵשֶׁת־חַיִל׳ חותם את ספר משלי ומשבח את האישה האידאלית.

המקובלים ראו במזמור זה רמז לתורה (הגר״א) או לשכינה (סידור השל״ה) או לשבת עצמה (שיבולי הלקט). עם זאת מזמור זה הוא על פי פשוטו שיר הלל לאישה שטרחה והכינה את ביתה לקראת השבת (הרב זקס).

משלי לא

אֵשֶׁת־חַיִל מִי יִמְצָא, וְרָחֹק מִפְּנִינִים מִכְרָהּ:
בָּטַח בָּהּ לֵב בַּעְלָהּ, וְשָׁלָל לֹא יֶחְסָר:
גְּמָלַתְהוּ טוֹב וְלֹא־רָע, כֹּל יְמֵי חַיֶּיהָ:
דָּרְשָׁה צֶמֶר וּפִשְׁתִּים, וַתַּעַשׂ בְּחֵפֶץ כַּפֶּיהָ:
הָיְתָה כָּאֳנִיּוֹת סוֹחֵר, מִמֶּרְחָק תָּבִיא לַחְמָהּ:
וַתָּקָם בְּעוֹד לַיְלָה, וַתִּתֵּן טֶרֶף לְבֵיתָהּ, וְחֹק לְנַעֲרֹתֶיהָ:
זָמְמָה שָׂדֶה וַתִּקָּחֵהוּ, מִפְּרִי כַפֶּיהָ נָטְעָה כָּרֶם:
חָגְרָה בְעוֹז מָתְנֶיהָ, וַתְּאַמֵּץ זְרוֹעֹתֶיהָ:
טָעֲמָה כִּי־טוֹב סַחְרָהּ, לֹא־יִכְבֶּה בַלַּיְלָה נֵרָהּ:
יָדֶיהָ שִׁלְּחָה בַכִּישׁוֹר, וְכַפֶּיהָ תָּמְכוּ פָלֶךְ:
כַּפָּהּ פָּרְשָׂה לֶעָנִי, וְיָדֶיהָ שִׁלְּחָה לָאֶבְיוֹן:
לֹא־תִירָא לְבֵיתָהּ מִשָּׁלֶג, כִּי כָל־בֵּיתָהּ לָבֻשׁ שָׁנִים:
מַרְבַדִּים עָשְׂתָה־לָּהּ, שֵׁשׁ וְאַרְגָּמָן לְבוּשָׁהּ:
נוֹדָע בַּשְּׁעָרִים בַּעְלָהּ, בְּשִׁבְתּוֹ עִם־זִקְנֵי־אָרֶץ:
סָדִין עָשְׂתָה וַתִּמְכֹּר, וַחֲגוֹר נָתְנָה לַכְּנַעֲנִי:
עוֹז־וְהָדָר לְבוּשָׁהּ, וַתִּשְׂחַק לְיוֹם אַחֲרוֹן:
פִּיהָ פָּתְחָה בְחָכְמָה, וְתוֹרַת־חֶסֶד עַל־לְשׁוֹנָהּ:
צוֹפִיָּה הֲלִיכוֹת בֵּיתָהּ, וְלֶחֶם עַצְלוּת לֹא תֹאכֵל:
קָמוּ בָנֶיהָ וַיְאַשְּׁרוּהָ, בַּעְלָהּ וַיְהַלְלָהּ:
רַבּוֹת בָּנוֹת עָשׂוּ חָיִל, וְאַתְּ עָלִית עַל־כֻּלָּנָה:
שֶׁקֶר הַחֵן וְהֶבֶל הַיֹּפִי, אִשָּׁה יִרְאַת־יהוה הִיא תִתְהַלָּל:
תְּנוּ־לָהּ מִפְּרִי יָדֶיהָ, וִיהַלְלוּהָ בַשְּׁעָרִים מַעֲשֶׂיהָ:

יש אומרים (על פי הזוהר, יתרו):

אַתְקִינוּ סְעוּדָתָא דִמְהֵימְנוּתָא שְׁלִימְתָא

חֶדְוָתָא דְמַלְכָּא קַדִּישָׁא.

אַתְקִינוּ סְעוּדָתָא דְמַלְכָּא.

דָּא הִיא סְעוּדָתָא דַחֲקַל תַּפּוּחִין קַדִּישִׁין

וּזְעֵיר אַנְפִּין וְעַתִּיקָא קַדִּישָׁא אָתְיָן לְסַעֲדָה בַּהֲדָהּ.

זמר שחיבר האר"י לסעודת ליל שבת

אֲזַמֵּר בִּשְׁבָחִין / לְמֵעַל גּוֹ פִתְחִין / דִּבַחֲקַל תַּפּוּחִין / דְּאִנּוּן קַדִּישִׁין.

נְזַמֵּן לַהּ הַשְׁתָּא / בְּפָתוֹרָא חַדְתָּא / וּבִמְנָרְתָא טַבְתָּא / דְּנָהֲרָה עַל רֵישִׁין.

יְמִינָא וּשְׂמָאלָא / וּבֵינַיְהוּ כַלָּה / בְּקִשּׁוּטִין אָזְלָא / וּמָנִין וּלְבוּשִׁין.

יְחַבֵּק לַהּ בַּעְלָהּ / וּבִיסוֹדָא דִי לַהּ / דְּעָבֵד נְיָחָא לַהּ / יְהֵא כָתִשׁ כְּתִישִׁין.

צְוָחִין אוּף עָקְתִין / בְּטִילִין וּשְׁבִיתִין / בְּרַם אַנְפִּין חַדְתִּין / וְרוּחִין עִם נַפְשִׁין.

חֲדוּ סַגִּי יֵיתֵי / וְעַל חֲדָה תַרְתֵּי / נְהוֹרָא לַהּ יַמְטֵי / וּבִרְכָן דִּנְפִישִׁין.

קְרִיבוּ שׁוֹשְׁבִינִין / עֲבִידוּ תִקּוּנִין / לְאַפָּשָׁה זֵינִין / וְנוּנִין עִם רַחְשִׁין.

לְמֶעְבַּד נִשְׁמָתִין / וְרוּחִין חַדְתִּין / בְּתַרְתֵּי וּתְלָתִין / וּבִתְלָתָא שִׁבְשִׁין.

וְעִטְרִין שַׁבְעִין לַהּ / וּמַלְכָּא דִלְעֵלָּא / דְּיִתְעַטַּר כֹּלָּא / בְּקַדִּישׁ קַדִּישִׁין.

רְשִׁימִין וּסְתִימִין / בְּגַוָּהּ כָּל עָלְמִין / בְּרַם עַתִּיק יוֹמִין / הֲלָא בָטֵשׁ בְּטִישִׁין.

יְהֵא רַעֲוָה קַמֵּהּ / דְּתִשְׁרֵי עַל עַמֵּהּ / דְּיִתְעַנַּג לִשְׁמֵהּ / בְּמִתְקִין וְדֻבְשִׁין.

אֲסַדֵּר לִדְרוֹמָא / מְנָרְתָא דִסְתִימָא / וְשֻׁלְחָן עִם נַהֲמָא / בִּצְפוּנָא אַדְשִׁין.

בְּחַמְרָא גוֹ כָסָא / וּמַדָּנֵי אָסָא / לְאָרוּס וַאֲרוּסָה / לְאַתְקָפָא חַלָּשִׁין.

נְעַבֵּד לוֹן כִּתְרִין / בְּמִלִּין יַקִּירִין / בְּשַׁבְעִין עִטּוּרִין / דְּעַל גַּבֵּי חַמְשִׁין.

שְׁכִינְתָּא תִתְעַטַּר / בְּשִׁית נַהֲמֵי לִסְטַר / בְּוָוִין תִּתְקַטַּר / וְזֵינִין דִּכְנִישִׁין.

(שְׁבִיתִין וּשְׁבִיקִין / מְסָאְבִין דִּדְחִקִין / חֲבִילִין דִּמְעִיקִין / וְכָל זֵינֵי חַרְשִׁין.)

לְמִבְצַע עַל רִיפְתָּא / כְּזֵיתָא וּכְבֵיעְתָא / תְּרֵין יוּדִין נָקְטָא / סְתִימִין וּפְרִישִׁין.

מְשַׁח זֵיתָא דָּכְיָא / דְּטָחֲנִין רֵיחַיָּא / וְנָגְדִין נַחֲלַיָּא / בְּגַוָּהּ בִּלְחִישִׁין.

הֲלָא נֵימָא רָזִין / וּמִלִּין דִּגְנִיזִין / דְּלֵיתֵיהוֹן מִתְחֲזִין / טְמִירִין וּכְבִישִׁין.

לְאַעְטָרָה כַלָּה / בְּרָזִין דִּלְעֵלָּא / בְּגוֹ הַאי הִלּוּלָה / דְּעִירִין קַדִּישִׁין.

תפילה כשנכנסים לסוכה

בספר הזוהר (אמור, קג ע״ב) מובא שרב המנונא היה נוהג להזמין את האבות
ועוד צדיקים לישב עמו בסוכה באמירת ׳תִּיבוּ תִּיבוּ׳.
התפילה שלפני הזמנתם וה׳יְהִי רָצוֹן׳ שאחריה, לקוחים מסידור השל״ה.

הֲרֵינִי מוּכָן וּמְזֻמָּן לְקַיֵּם מִצְוַת סֻכָּה, כַּאֲשֶׁר צִוַּנִי הַבּוֹרֵא יִתְבָּרַךְ שְׁמוֹ:
ויקרא כג בַּסֻּכֹּת תֵּשְׁבוּ שִׁבְעַת יָמִים, כָּל־הָאֶזְרָח בְּיִשְׂרָאֵל יֵשְׁבוּ בַּסֻּכֹּת: לְמַעַן
יֵדְעוּ דֹרֹתֵיכֶם, כִּי בַסֻּכּוֹת הוֹשַׁבְתִּי אֶת־בְּנֵי יִשְׂרָאֵל, בְּהוֹצִיאִי אוֹתָם
מֵאֶרֶץ מִצְרָיִם:

תִּיבוּ תִּיבוּ אֻשְׁפִּיזִין עִלָּאִין
תִּיבוּ תִּיבוּ אֻשְׁפִּיזִין קַדִּישִׁין
תִּיבוּ תִּיבוּ אֻשְׁפִּיזִין דִּמְהֵימְנוּתָא.
זַכָּאָה חֻלְקְהוֹן דְּיִשְׂרָאֵל
דברים לב דִּכְתִיב: כִּי חֵלֶק יהוה עַמּוֹ, יַעֲקֹב חֶבֶל נַחֲלָתוֹ:

יְהִי רָצוֹן מִלְּפָנֶיךָ יהוה אֱלֹהַי וֵאלֹהֵי אֲבוֹתַי, שֶׁתַּשְׁרֶה שְׁכִינָתְךָ בֵּינֵינוּ, וְתִפְרֹס עָלֵינוּ סֻכַּת שְׁלוֹמֶךָ, בִּזְכוּת מִצְוַת סֻכָּה שֶׁאֲנַחְנוּ מְקַיְּמִין לְיַחֲדָא שְׁמָא דְקֻדְשָׁא בְּרִיךְ הוּא וּשְׁכִינְתֵהּ בִּדְחִילוּ וּרְחִימוּ, לְיַחֲדָא שֵׁם י״ה בו״ה בְּיִחוּדָא שְׁלִים בְּשֵׁם כָּל יִשְׂרָאֵל, וּלְהַקִּיף אוֹתָהּ מִזִּיו כְּבוֹדְךָ הַקָּדוֹשׁ וְהַטָּהוֹר, נָטוּי עַל רָאשֵׁיהֶם מִלְמַעְלָה כְּנֶשֶׁר יָעִיר קִנּוֹ, וּמִשָּׁם יַשְׁפִּיעַ שֶׁפַע הַחַיִּים לְעַבְדְּךָ (פלוני בֶּן פלונית אֲמָתֶךָ). וּבִזְכוּת צֵאתִי מִבֵּיתִי הַחוּצָה וְדֶרֶךְ מִצְוֹתֶיךָ אָרוּצָה, יֵחָשֵׁב לִי זֹאת כְּאִלּוּ הִרְחַקְתִּי נְדוֹד, וְהֶרֶב כַּבְּסֵנִי מֵעֲוֹנִי וּמֵחַטָּאתִי טַהֲרֵנִי, וּמֵאֻשְׁפִּיזִין עִלָּאִין אֻשְׁפִּיזִין דִּמְהֵימְנוּתָא תִּהְיֶינָה אָזְנֶיךָ קַשֻּׁבוֹת רַב בְּרָכוֹת, וְלָרְעֵבִים גַּם צְמֵאִים תֶּן לַחְמָם וּמֵימָם הַנֶּאֱמָנִים, וְתִתֶּן לִי זְכוּת לָשֶׁבֶת וְלַחֲסוֹת בְּסֵתֶר צֵל כְּנָפֶיךָ בְּעֵת פְּטִירָתִי מִן הָעוֹלָם, וְלַחֲסוֹת מִזֶּרֶם וּמִמָּטָר, כִּי תַמְטִיר עַל רְשָׁעִים פַּחִים. וּתְהֵא חֲשׁוּבָה מִצְוַת סֻכָּה זוֹ שֶׁאֲנִי מְקַיֵּם, כְּאִלּוּ קִיַּמְתִּיהָ בְּכָל פְּרָטֶיהָ וְדִקְדּוּקֶיהָ וּתְנָאֶיהָ וְכָל מִצְוֹת הַתְּלוּיוֹת בָּהּ. וְתֵיטִיב לָנוּ הַחֲתִימָה, וּתְזַכֵּנוּ לֵישֵׁב יָמִים
תהלים פט רַבִּים עַל הָאֲדָמָה אַדְמַת קֹדֶשׁ, בַּעֲבוֹדָתְךָ וּבְיִרְאָתֶךָ. בָּרוּךְ יהוה לְעוֹלָם אָמֵן וְאָמֵן:

בכל לילה נוהגים להזמין לפני הסעודה צדיק אחד המיוחד לאותו היום, ואתו את הצדיקים האחרים.

סדר האושפיזין המובא כאן הוא לפי דעת האר״י,
ויש המזמינים את האושפיזין לפי סדר הדורות, כדעת השל״ה.

אֲזַמִּין לִסְעוּדָתִי אֻשְׁפִּיזִין עִלָּאִין
אַבְרָהָם יִצְחָק יַעֲקֹב מֹשֶׁה אַהֲרֹן יוֹסֵף וְדָוִד.

ביום הראשון אומר:

בְּמָטוּ מִנָּךְ אַבְרָהָם אֻשְׁפִּיזִי עִלָּאִי דְּתֵיתֵב עִמִּי
וְעִמָּךְ כָּל אֻשְׁפִּיזֵי עִלָּאֵי: יִצְחָק יַעֲקֹב מֹשֶׁה אַהֲרֹן יוֹסֵף וְדָוִד.

ביום השני אומר:

בְּמָטוּ מִנָּךְ יִצְחָק אֻשְׁפִּיזִי עִלָּאִי דְּתֵיתֵב עִמִּי
וְעִמָּךְ כָּל אֻשְׁפִּיזֵי עִלָּאֵי: אַבְרָהָם יַעֲקֹב מֹשֶׁה אַהֲרֹן יוֹסֵף וְדָוִד.

ביום השלישי אומר:

בְּמָטוּ מִנָּךְ יַעֲקֹב אֻשְׁפִּיזִי עִלָּאִי דְּתֵיתֵב עִמִּי
וְעִמָּךְ כָּל אֻשְׁפִּיזֵי עִלָּאֵי: אַבְרָהָם יִצְחָק מֹשֶׁה אַהֲרֹן יוֹסֵף וְדָוִד.

ביום הרביעי אומר:

בְּמָטוּ מִנָּךְ מֹשֶׁה אֻשְׁפִּיזִי עִלָּאִי דְּתֵיתֵב עִמִּי
וְעִמָּךְ כָּל אֻשְׁפִּיזֵי עִלָּאֵי: אַבְרָהָם יִצְחָק יַעֲקֹב אַהֲרֹן יוֹסֵף וְדָוִד.

ביום החמישי אומר:

בְּמָטוּ מִנָּךְ אַהֲרֹן אֻשְׁפִּיזִי עִלָּאִי דְּתֵיתֵב עִמִּי
וְעִמָּךְ כָּל אֻשְׁפִּיזֵי עִלָּאֵי: אַבְרָהָם יִצְחָק יַעֲקֹב מֹשֶׁה יוֹסֵף וְדָוִד.

ביום השישי אומר:

בְּמָטוּ מִנָּךְ יוֹסֵף אֻשְׁפִּיזִי עִלָּאִי דְּתֵיתֵב עִמִּי
וְעִמָּךְ כָּל אֻשְׁפִּיזֵי עִלָּאֵי: אַבְרָהָם יִצְחָק יַעֲקֹב מֹשֶׁה אַהֲרֹן וְדָוִד.

בהושענא רבה אומר:

בְּמָטוּ מִנָּךְ דָּוִד אֻשְׁפִּיזִי עִלָּאִי דְּתֵיתֵב עִמִּי
וְעִמָּךְ כָּל אֻשְׁפִּיזֵי עִלָּאֵי: אַבְרָהָם יִצְחָק יַעֲקֹב מֹשֶׁה אַהֲרֹן וְיוֹסֵף.

פרידה מן הסוכה

כשיוצא מן הסוכה בערב שמיני עצרת (בחו״ל, בערב שמחת תורה),
אומר (׳כלבו׳ ע בשם מהר״ם):

יְהִי רָצוֹן מִלְּפָנֶיךָ יהוה אֱלֹהֵינוּ וֵאלֹהֵי אֲבוֹתֵינוּ
כְּשֵׁם שֶׁקִּיַּמְתִּי וְיָשַׁבְתִּי בְּסֻכָּה זוֹ
כֵּן אֶזְכֶּה לַשָּׁנָה הַבָּאָה לֵישֵׁב בְּסֻכַּת עוֹרוֹ שֶׁל לִוְיָתָן.

קידוש לליל יום טוב

קידוש לשבת חול המועד בעמ׳ 70.

נוהגים לעמוד בזמן הקידוש.

כשיום טוב חל בשבת, מוסיפים:

בראשית א בלחש: וַיְהִי־עֶרֶב וַיְהִי־בֹקֶר

יוֹם הַשִּׁשִּׁי:

בראשית ב **וַיְכֻלּוּ הַשָּׁמַיִם וְהָאָרֶץ וְכָל־צְבָאָם:**

וַיְכַל אֱלֹהִים בַּיּוֹם הַשְּׁבִיעִי מְלַאכְתּוֹ אֲשֶׁר עָשָׂה

וַיִּשְׁבֹּת בַּיּוֹם הַשְּׁבִיעִי מִכָּל־מְלַאכְתּוֹ אֲשֶׁר עָשָׂה:

וַיְבָרֶךְ אֱלֹהִים אֶת־יוֹם הַשְּׁבִיעִי, וַיְקַדֵּשׁ אֹתוֹ

כִּי בוֹ שָׁבַת מִכָּל־מְלַאכְתּוֹ, אֲשֶׁר־בָּרָא אֱלֹהִים, לַעֲשׂוֹת:

המקדש לאחרים, מוסיף:

סַבְרִי מָרָנָן

בָּרוּךְ אַתָּה יהוה אֱלֹהֵינוּ מֶלֶךְ הָעוֹלָם, בּוֹרֵא פְּרִי הַגָּפֶן.

כשיום טוב חל בשבת, מוסיפים את המילים שבסוגריים.

בָּרוּךְ אַתָּה יהוה אֱלֹהֵינוּ מֶלֶךְ הָעוֹלָם

אֲשֶׁר בָּחַר בָּנוּ מִכָּל עָם

וְרוֹמְמָנוּ מִכָּל לָשׁוֹן, וְקִדְּשָׁנוּ בְּמִצְוֹתָיו

וַתִּתֶּן לָנוּ יהוה אֱלֹהֵינוּ בְּאַהֲבָה

(שַׁבָּתוֹת לִמְנוּחָה וּ) מוֹעֲדִים לְשִׂמְחָה

חַגִּים וּזְמַנִּים לְשָׂשׂוֹן, אֶת יוֹם (הַשַּׁבָּת הַזֶּה וְאֶת יוֹם)

בפסח: **חַג הַמַּצּוֹת הַזֶּה, זְמַן חֵרוּתֵנוּ**

בשבועות: **חַג הַשָּׁבוּעוֹת הַזֶּה, זְמַן מַתַּן תּוֹרָתֵנוּ**

בסוכות: **חַג הַסֻּכּוֹת הַזֶּה, זְמַן שִׂמְחָתֵנוּ**

בשמיני עצרת: **שְׁמִינִי עֲצֶרֶת הַחַג הַזֶּה, זְמַן שִׂמְחָתֵנוּ**

(בְּאַהֲבָה) מִקְרָא קֹדֶשׁ, זֵכֶר לִיצִיאַת מִצְרָיִם
כִּי בָנוּ בָחַרְתָּ וְאוֹתָנוּ קִדַּשְׁתָּ מִכָּל הָעַמִּים
(וְשַׁבָּת) וּמוֹעֲדֵי קָדְשֶׁךָ
(בְּאַהֲבָה וּבְרָצוֹן) בְּשִׂמְחָה וּבְשָׂשׂוֹן הִנְחַלְתָּנוּ.
בָּרוּךְ אַתָּה יהוה, מְקַדֵּשׁ (הַשַּׁבָּת וְ) יִשְׂרָאֵל וְהַזְּמַנִּים.

כשיום טוב חל במוצאי שבת, מבדילים על הנר:

בָּרוּךְ אַתָּה יהוה אֱלֹהֵינוּ מֶלֶךְ הָעוֹלָם
בּוֹרֵא מְאוֹרֵי הָאֵשׁ.
בָּרוּךְ אַתָּה יהוה אֱלֹהֵינוּ מֶלֶךְ הָעוֹלָם
הַמַּבְדִּיל בֵּין קֹדֶשׁ לְחֹל
בֵּין אוֹר לְחֹשֶׁךְ
בֵּין יִשְׂרָאֵל לָעַמִּים
בֵּין יוֹם הַשְּׁבִיעִי לְשֵׁשֶׁת יְמֵי הַמַּעֲשֶׂה.
בֵּין קְדֻשַּׁת שַׁבָּת לִקְדֻשַּׁת יוֹם טוֹב הִבְדַּלְתָּ
וְאֶת יוֹם הַשְּׁבִיעִי מִשֵּׁשֶׁת יְמֵי הַמַּעֲשֶׂה קִדַּשְׁתָּ
הִבְדַּלְתָּ וְקִדַּשְׁתָּ אֶת עַמְּךָ יִשְׂרָאֵל בִּקְדֻשָּׁתֶךָ.
בָּרוּךְ אַתָּה יהוה, הַמַּבְדִּיל בֵּין קֹדֶשׁ לְקֹדֶשׁ.

בסוכות מוסיף:

בָּרוּךְ אַתָּה יהוה אֱלֹהֵינוּ מֶלֶךְ הָעוֹלָם
אֲשֶׁר קִדְּשָׁנוּ בְּמִצְוֹתָיו וְצִוָּנוּ לֵישֵׁב בַּסֻּכָּה.

בשביעי של פסח אין אומרים 'שֶׁהֶחֱיָנוּ' (סוכה מז ע"א).

בָּרוּךְ אַתָּה יהוה אֱלֹהֵינוּ מֶלֶךְ הָעוֹלָם
שֶׁהֶחֱיָנוּ וְקִיְּמָנוּ וְהִגִּיעָנוּ לַזְּמַן הַזֶּה.

קידוש לליל שבת

קידוש לליל יום טוב בעמ׳ 68.

בראשית א בלחש: וַיְהִי־עֶרֶב וַיְהִי־בֹקֶר

יוֹם הַשִּׁשִּׁי:

בראשית ב וַיְכֻלּוּ הַשָּׁמַיִם וְהָאָרֶץ וְכָל־צְבָאָם:

וַיְכַל אֱלֹהִים בַּיּוֹם הַשְּׁבִיעִי מְלַאכְתּוֹ אֲשֶׁר עָשָׂה

וַיִּשְׁבֹּת בַּיּוֹם הַשְּׁבִיעִי מִכָּל־מְלַאכְתּוֹ אֲשֶׁר עָשָׂה:

וַיְבָרֶךְ אֱלֹהִים אֶת־יוֹם הַשְּׁבִיעִי, וַיְקַדֵּשׁ אֹתוֹ

כִּי בוֹ שָׁבַת מִכָּל־מְלַאכְתּוֹ, אֲשֶׁר־בָּרָא אֱלֹהִים, לַעֲשׂוֹת:

המקדש לאחרים, מוסיף:

סַבְרִי מָרָנָן

בָּרוּךְ אַתָּה יהוה אֱלֹהֵינוּ מֶלֶךְ הָעוֹלָם, בּוֹרֵא פְּרִי הַגָּפֶן.

בָּרוּךְ אַתָּה יהוה אֱלֹהֵינוּ מֶלֶךְ הָעוֹלָם

אֲשֶׁר קִדְּשָׁנוּ בְּמִצְוֹתָיו, וְרָצָה בָנוּ

וְשַׁבַּת קָדְשׁוֹ בְּאַהֲבָה וּבְרָצוֹן הִנְחִילָנוּ

זִכָּרוֹן לְמַעֲשֵׂה בְרֵאשִׁית

תְּחִלָּה לְמִקְרָאֵי קֹדֶשׁ

זֵכֶר לִיצִיאַת מִצְרָיִם

וְשַׁבַּת קָדְשְׁךָ בְּאַהֲבָה וּבְרָצוֹן הִנְחַלְתָּנוּ.

בָּרוּךְ אַתָּה יהוה, מְקַדֵּשׁ הַשַּׁבָּת.

בשבת חול המועד סוכות מברך:

בָּרוּךְ אַתָּה יהוה אֱלֹהֵינוּ מֶלֶךְ הָעוֹלָם

אֲשֶׁר קִדְּשָׁנוּ בְּמִצְוֹתָיו וְצִוָּנוּ לֵישֵׁב בַּסֻּכָּה.

סדר סעודה וברכותיה

לפני נטילת ידיים לסעודה יש אומרים (כף החיים):

שְׂאוּ־יְדֵכֶם קֹדֶשׁ, וּבָרְכוּ אֶת־יהוה: תהלים קלד

כשנוטל את ידיו לפני הסעודה, מברך:

בָּרוּךְ אַתָּה יהוה אֱלֹהֵינוּ מֶלֶךְ הָעוֹלָם
אֲשֶׁר קִדְּשָׁנוּ בְּמִצְוֹתָיו וְצִוָּנוּ עַל נְטִילַת יָדַיִם.

על אכילת לחם מברך:

בָּרוּךְ אַתָּה יהוה אֱלֹהֵינוּ מֶלֶךְ הָעוֹלָם
הַמּוֹצִיא לֶחֶם מִן הָאָרֶץ.

ברכת המזון

בשבתות ובימים טובים, שאין מתאבלים בהם על החורבן, נוהגים לומר מזמור זה (שם):

שִׁיר הַמַּעֲלוֹת, בְּשׁוּב יהוה אֶת־שִׁיבַת צִיּוֹן, הָיִינוּ כְּחֹלְמִים: תהלים קכו
אָז יִמָּלֵא שְׂחוֹק פִּינוּ וּלְשׁוֹנֵנוּ רִנָּה
אָז יֹאמְרוּ בַגּוֹיִם הִגְדִּיל יהוה לַעֲשׂוֹת עִם־אֵלֶּה:
הִגְדִּיל יהוה לַעֲשׂוֹת עִמָּנוּ, הָיִינוּ שְׂמֵחִים:
שׁוּבָה יהוה אֶת־שְׁבִיתֵנוּ, כַּאֲפִיקִים בַּנֶּגֶב:
הַזֹּרְעִים בְּדִמְעָה בְּרִנָּה יִקְצֹרוּ:
הָלוֹךְ יֵלֵךְ וּבָכֹה נֹשֵׂא מֶשֶׁךְ־הַזָּרַע, בֹּא־יָבֹא בְרִנָּה נֹשֵׂא אֲלֻמֹּתָיו:

יש נוהגים להוסיף פסוקים אלה, שלדעת האר״י הם פתיחה לברכת המזון:

תְּהִלַּת יהוה יְדַבֶּר פִּי, וִיבָרֵךְ כָּל־בָּשָׂר שֵׁם קָדְשׁוֹ לְעוֹלָם וָעֶד: תהלים קמה
וַאֲנַחְנוּ נְבָרֵךְ יָהּ מֵעַתָּה וְעַד־עוֹלָם, הַלְלוּיָהּ: תהלים קטו
הוֹדוּ לַיהוה כִּי־טוֹב, כִּי לְעוֹלָם חַסְדּוֹ: תהלים קלו
מִי יְמַלֵּל גְּבוּרוֹת יהוה, יַשְׁמִיעַ כָּל־תְּהִלָּתוֹ: תהלים קו

סדר הזימון

שלושה שאכלו כאחד חייבים לזמן (משנה, ברכות מה ע״א).
אם עשרה אכלו יחד, מזכירים את השם בזימון.

המזמן אומר: רַבּוֹתַי, נְבָרֵךְ.

תהלים קיג המסובין: יְהִי שֵׁם יהוה מְבֹרָךְ מֵעַתָּה וְעַד־עוֹלָם:

המזמן חוזר: יְהִי שֵׁם יהוה מְבֹרָךְ מֵעַתָּה וְעַד־עוֹלָם:
בִּרְשׁוּת (אָבִי מוֹרִי / אִמִּי מוֹרָתִי / כֹּהֲנִים / מוֹרֵנוּ הָרַב / בַּעַל הַבַּיִת הַזֶּה / בַּעֲלַת הַבַּיִת הַזֶּה)
מָרָנָן וְרַבָּנָן וְרַבּוֹתַי
נְבָרֵךְ (במניין: אֱלֹהֵינוּ) שֶׁאָכַלְנוּ מִשֶּׁלוֹ.

המסובין: בָּרוּךְ (במניין: אֱלֹהֵינוּ) שֶׁאָכַלְנוּ מִשֶּׁלוֹ וּבְטוּבוֹ חָיִינוּ.

מי שלא אכל, אומר:
בָּרוּךְ וּמְבֹרָךְ שְׁמוֹ תָּמִיד לְעוֹלָם וָעֶד.

המזמן חוזר: בָּרוּךְ (במניין: אֱלֹהֵינוּ) שֶׁאָכַלְנוּ מִשֶּׁלוֹ וּבְטוּבוֹ חָיִינוּ.
בָּרוּךְ הוּא וּבָרוּךְ שְׁמוֹ.

ברכת הזן

בָּרוּךְ אַתָּה יהוה אֱלֹהֵינוּ מֶלֶךְ הָעוֹלָם
הַזָּן אֶת הָעוֹלָם כֻּלּוֹ בְּטוּבוֹ
בְּחֵן בְּחֶסֶד וּבְרַחֲמִים
הוּא נוֹתֵן לֶחֶם לְכָל בָּשָׂר
כִּי לְעוֹלָם חַסְדּוֹ.
וּבְטוּבוֹ הַגָּדוֹל, תָּמִיד לֹא חָסַר לָנוּ

וְאַל יֶחְסַר לָנוּ מָזוֹן לְעוֹלָם וָעֶד
בַּעֲבוּר שְׁמוֹ הַגָּדוֹל.
כִּי הוּא אֵל זָן וּמְפַרְנֵס לַכֹּל וּמֵטִיב לַכֹּל
וּמֵכִין מָזוֹן לְכָל בְּרִיּוֹתָיו אֲשֶׁר בָּרָא.
כָּאָמוּר, פּוֹתֵחַ אֶת־יָדֶךָ וּמַשְׂבִּיעַ לְכָל־חַי רָצוֹן: תהלים קמה
בָּרוּךְ אַתָּה יהוה, הַזָּן אֶת הַכֹּל.

ברכת הארץ

נוֹדֶה לְךָ, יהוה אֱלֹהֵינוּ
עַל שֶׁהִנְחַלְתָּ לַאֲבוֹתֵינוּ אֶרֶץ חֶמְדָּה טוֹבָה וּרְחָבָה
וְעַל שֶׁהוֹצֵאתָנוּ יהוה אֱלֹהֵינוּ מֵאֶרֶץ מִצְרַיִם
וּפְדִיתָנוּ מִבֵּית עֲבָדִים
וְעַל בְּרִיתְךָ שֶׁחָתַמְתָּ בִּבְשָׂרֵנוּ
וְעַל תּוֹרָתְךָ שֶׁלִּמַּדְתָּנוּ
וְעַל חֻקֶּיךָ שֶׁהוֹדַעְתָּנוּ
וְעַל חַיִּים חֵן וָחֶסֶד שֶׁחוֹנַנְתָּנוּ
וְעַל אֲכִילַת מָזוֹן שָׁאַתָּה זָן וּמְפַרְנֵס אוֹתָנוּ תָּמִיד
בְּכָל יוֹם וּבְכָל עֵת וּבְכָל שָׁעָה.

וְעַל הַכֹּל, יהוה אֱלֹהֵינוּ
אֲנַחְנוּ מוֹדִים לָךְ וּמְבָרְכִים אוֹתָךְ
יִתְבָּרַךְ שִׁמְךָ בְּפִי כָּל חַי תָּמִיד לְעוֹלָם וָעֶד
כַּכָּתוּב: וְאָכַלְתָּ וְשָׂבָעְתָּ, וּבֵרַכְתָּ אֶת־יהוה אֱלֹהֶיךָ דברים ח
עַל־הָאָרֶץ הַטֹּבָה אֲשֶׁר נָתַן־לָךְ:
בָּרוּךְ אַתָּה יהוה, עַל הָאָרֶץ וְעַל הַמָּזוֹן.

ברכת ירושלים

רַחֵם נָא, יהוה אֱלֹהֵינוּ
עַל יִשְׂרָאֵל עַמֶּךָ
וְעַל יְרוּשָׁלַיִם עִירֶךָ
וְעַל צִיּוֹן מִשְׁכַּן כְּבוֹדֶךָ
וְעַל מַלְכוּת בֵּית דָּוִד מְשִׁיחֶךָ
וְעַל הַבַּיִת הַגָּדוֹל וְהַקָּדוֹשׁ שֶׁנִּקְרָא שִׁמְךָ עָלָיו.
אֱלֹהֵינוּ, אָבִינוּ
רְעֵנוּ, זוּנֵנוּ, פַּרְנְסֵנוּ וְכַלְכְּלֵנוּ
וְהַרְוִיחֵנוּ, וְהַרְוַח לָנוּ יהוה אֱלֹהֵינוּ מְהֵרָה מִכָּל צָרוֹתֵינוּ.
וְנָא אַל תַּצְרִיכֵנוּ, יהוה אֱלֹהֵינוּ
לֹא לִידֵי מַתְּנַת בָּשָׂר וָדָם, וְלֹא לִידֵי הַלְוָאָתָם
כִּי אִם לְיָדְךָ הַמְּלֵאָה, הַפְּתוּחָה, הַקְּדוֹשָׁה וְהָרְחָבָה
שֶׁלֹּא נֵבוֹשׁ וְלֹא נִכָּלֵם לְעוֹלָם וָעֶד.

בשבת:

רְצֵה וְהַחֲלִיצֵנוּ, יהוה אֱלֹהֵינוּ, בְּמִצְוֹתֶיךָ
וּבְמִצְוַת יוֹם הַשְּׁבִיעִי הַשַּׁבָּת הַגָּדוֹל וְהַקָּדוֹשׁ הַזֶּה
כִּי יוֹם זֶה גָּדוֹל וְקָדוֹשׁ הוּא לְפָנֶיךָ
לִשְׁבָּת בּוֹ, וְלָנוּחַ בּוֹ בְּאַהֲבָה כְּמִצְוַת רְצוֹנֶךָ
וּבִרְצוֹנְךָ הָנִיחַ לָנוּ, יהוה אֱלֹהֵינוּ
שֶׁלֹּא תְהֵא צָרָה וְיָגוֹן וַאֲנָחָה בְּיוֹם מְנוּחָתֵנוּ
וְהַרְאֵנוּ, יהוה אֱלֹהֵינוּ, בְּנֶחָמַת צִיּוֹן עִירֶךָ
וּבְבִנְיַן יְרוּשָׁלַיִם עִיר קָדְשֶׁךָ
כִּי אַתָּה הוּא בַּעַל הַיְשׁוּעוֹת וּבַעַל הַנֶּחָמוֹת.

אֱלֹהֵינוּ וֵאלֹהֵי אֲבוֹתֵינוּ
יַעֲלֶה וְיָבוֹא וְיַגִּיעַ
וְיֵרָאֶה וְיֵרָצֶה וְיִשָּׁמַע
וְיִפָּקֵד וְיִזָּכֵר זִכְרוֹנֵנוּ וּפִקְדוֹנֵנוּ
וְזִכְרוֹן אֲבוֹתֵינוּ
וְזִכְרוֹן מָשִׁיחַ בֶּן דָּוִד עַבְדֶּךָ
וְזִכְרוֹן יְרוּשָׁלַיִם עִיר קָדְשֶׁךָ
וְזִכְרוֹן כָּל עַמְּךָ בֵּית יִשְׂרָאֵל
לְפָנֶיךָ, לִפְלֵיטָה לְטוֹבָה, לְחֵן וּלְחֶסֶד וּלְרַחֲמִים
לְחַיִּים וּלְשָׁלוֹם בְּיוֹם

בפסח: חַג הַמַּצּוֹת הַזֶּה.

בשבועות: חַג הַשָּׁבוּעוֹת הַזֶּה.

בסוכות: חַג הַסֻּכּוֹת הַזֶּה.

בשמיני עצרת: שְׁמִינִי עֲצֶרֶת הַחַג הַזֶּה.

זָכְרֵנוּ יהוה אֱלֹהֵינוּ בּוֹ לְטוֹבָה
וּפָקְדֵנוּ בוֹ לִבְרָכָה
וְהוֹשִׁיעֵנוּ בוֹ לְחַיִּים טוֹבִים.
וּבִדְבַר יְשׁוּעָה וְרַחֲמִים
חוּס וְחָנֵּנוּ וְרַחֵם עָלֵינוּ, וְהוֹשִׁיעֵנוּ
כִּי אֵלֶיךָ עֵינֵינוּ, כִּי אֵל מֶלֶךְ חַנּוּן וְרַחוּם אָתָּה.

וּבְנֵה יְרוּשָׁלַיִם עִיר הַקֹּדֶשׁ בִּמְהֵרָה בְיָמֵינוּ.
בָּרוּךְ אַתָּה יהוה
בּוֹנֵה בְרַחֲמָיו יְרוּשָׁלָיִם, אָמֵן.

ברכת הטוב והמטיב

בָּרוּךְ אַתָּה יהוה אֱלֹהֵינוּ מֶלֶךְ הָעוֹלָם
הָאֵל אָבִינוּ, מַלְכֵּנוּ, אַדִּירֵנוּ
בּוֹרְאֵנוּ, גּוֹאֲלֵנוּ, יוֹצְרֵנוּ, קְדוֹשֵׁנוּ, קְדוֹשׁ יַעֲקֹב
רוֹעֵנוּ, רוֹעֵה יִשְׂרָאֵל, הַמֶּלֶךְ הַטּוֹב וְהַמֵּטִיב לַכֹּל, שֶׁבְּכָל יוֹם וָיוֹם
הוּא הֵיטִיב, הוּא מֵטִיב, הוּא יֵיטִיב לָנוּ
הוּא גְמָלָנוּ, הוּא גוֹמְלֵנוּ, הוּא יִגְמְלֵנוּ לָעַד
לְחֵן וּלְחֶסֶד וּלְרַחֲמִים, וּלְרֶוַח, הַצָּלָה וְהַצְלָחָה
בְּרָכָה וִישׁוּעָה, נֶחָמָה, פַּרְנָסָה וְכַלְכָּלָה
וְרַחֲמִים וְחַיִּים וְשָׁלוֹם וְכָל טוֹב
וּמִכָּל טוּב לְעוֹלָם אַל יְחַסְּרֵנוּ.

בקשות נוספות

הָרַחֲמָן הוּא יִמְלֹךְ עָלֵינוּ לְעוֹלָם וָעֶד.

הָרַחֲמָן הוּא יִתְבָּרַךְ בַּשָּׁמַיִם וּבָאָרֶץ.

הָרַחֲמָן הוּא יִשְׁתַּבַּח לְדוֹר דּוֹרִים
וְיִתְפָּאַר בָּנוּ לָעַד וּלְנֵצַח נְצָחִים
וְיִתְהַדַּר בָּנוּ לָעַד וּלְעוֹלְמֵי עוֹלָמִים.

הָרַחֲמָן הוּא יְפַרְנְסֵנוּ בְּכָבוֹד.

הָרַחֲמָן הוּא יִשְׁבֹּר עֻלֵּנוּ מֵעַל צַוָּארֵנוּ
וְהוּא יוֹלִיכֵנוּ קוֹמְמִיּוּת לְאַרְצֵנוּ.

הָרַחֲמָן הוּא יִשְׁלַח לָנוּ בְּרָכָה מְרֻבָּה בַּבַּיִת הַזֶּה
וְעַל שֻׁלְחָן זֶה שֶׁאָכַלְנוּ עָלָיו.

הָרַחֲמָן הוּא יִשְׁלַח לָנוּ אֶת אֵלִיָּהוּ הַנָּבִיא זָכוּר לַטּוֹב
וִיבַשֶּׂר לָנוּ בְּשׂוֹרוֹת טוֹבוֹת יְשׁוּעוֹת וְנֶחָמוֹת.

הָרַחֲמָן הוּא יְבָרֵךְ אֶת מְדִינַת יִשְׂרָאֵל
רֵאשִׁית צְמִיחַת גְּאֻלָּתֵנוּ.

הָרַחֲמָן הוּא יְבָרֵךְ אֶת חַיָּלֵי צְבָא הַהֲגָנָּה לְיִשְׂרָאֵל
הָעוֹמְדִים עַל מִשְׁמַר אַרְצֵנוּ.

ברכת האורח:

יְהִי רָצוֹן שֶׁלֹּא יֵבוֹשׁ בַּעַל הַבַּיִת בָּעוֹלָם הַזֶּה, וְלֹא יִכָּלֵם לָעוֹלָם הַבָּא, וְיַצְלִיחַ מְאֹד בְּכָל נְכָסָיו, וְיִהְיוּ נְכָסָיו וּנְכָסֵינוּ מֻצְלָחִים וּקְרוֹבִים לָעִיר, וְאַל יִשְׁלוֹט שָׂטָן לֹא בְּמַעֲשֵׂה יָדָיו וְלֹא בְּמַעֲשֵׂה יָדֵינוּ. וְאַל יִזְדַּקֵּק לֹא לְפָנָיו וְלֹא לְפָנֵינוּ שׁוּם דְּבַר הִרְהוּר חֵטְא, עֲבֵרָה וְעָוֹן, מֵעַתָּה וְעַד עוֹלָם.

הָרַחֲמָן הוּא יְבָרֵךְ

אם סמוך על שולחן עצמו, אומר:

אוֹתִי (וְאֶת אִשְׁתִּי / וְאֶת בַּעֲלִי / וְאֶת אָבִי מוֹרִי /
וְאֶת אִמִּי מוֹרָתִי / וְאֶת זַרְעִי) וְאֶת כָּל אֲשֶׁר לִי.

אורח אומר:

אֶת בַּעַל הַבַּיִת הַזֶּה, אוֹתוֹ (וְאֶת אִשְׁתּוֹ בַּעֲלַת הַבַּיִת הַזֶּה /
וְאֶת זַרְעוֹ) וְאֶת כָּל אֲשֶׁר לוֹ.

אם אכל על שולחן הוריו, אומר:

אֶת אָבִי מוֹרִי (בַּעַל הַבַּיִת הַזֶּה), וְאֶת אִמִּי מוֹרָתִי (בַּעֲלַת הַבַּיִת
הַזֶּה), אוֹתָם וְאֶת בֵּיתָם וְאֶת זַרְעָם וְאֶת כָּל אֲשֶׁר לָהֶם

אם יש אורחים נוספים, מוסיף:

וְאֶת כָּל הַמְּסֻבִּין כָּאן

אוֹתָנוּ וְאֶת כָּל אֲשֶׁר לָנוּ, כְּמוֹ שֶׁנִּתְבָּרְכוּ אֲבוֹתֵינוּ
אַבְרָהָם יִצְחָק וְיַעֲקֹב, בַּכֹּל, מִכֹּל, כֹּל
כֵּן יְבָרֵךְ אוֹתָנוּ כֻּלָּנוּ יַחַד בִּבְרָכָה שְׁלֵמָה, וְנֹאמַר אָמֵן.

בַּמָּרוֹם יְלַמְּדוּ עֲלֵיהֶם וְעָלֵינוּ זְכוּת שֶׁתְּהֵא לְמִשְׁמֶרֶת שָׁלוֹם
וְנִשָּׂא בְרָכָה מֵאֵת יהוה וּצְדָקָה מֵאֱלֹהֵי יִשְׁעֵנוּ
וְנִמְצָא חֵן וְשֵׂכֶל טוֹב בְּעֵינֵי אֱלֹהִים וְאָדָם.

בשבת: הָרַחֲמָן הוּא יַנְחִילֵנוּ
יוֹם שֶׁכֻּלּוֹ שַׁבָּת וּמְנוּחָה לְחַיֵּי הָעוֹלָמִים.

ביום טוב: הָרַחֲמָן הוּא יַנְחִילֵנוּ יוֹם שֶׁכֻּלּוֹ טוֹב.

בסוכות: הָרַחֲמָן הוּא יָקִים לָנוּ אֶת סֻכַּת דָּוִד הַנּוֹפֶלֶת.

הָרַחֲמָן הוּא יְזַכֵּנוּ לִימוֹת הַמָּשִׁיחַ וּלְחַיֵּי הָעוֹלָם הַבָּא
שמואל ב׳ כב מִגְדּוֹל יְשׁוּעוֹת מַלְכּוֹ
וְעֹשֶׂה־חֶסֶד לִמְשִׁיחוֹ, לְדָוִד וּלְזַרְעוֹ עַד־עוֹלָם:
עֹשֶׂה שָׁלוֹם בִּמְרוֹמָיו
הוּא יַעֲשֶׂה שָׁלוֹם, עָלֵינוּ וְעַל כָּל יִשְׂרָאֵל, וְאִמְרוּ אָמֵן.

תהלים לד יְראוּ אֶת־יהוה קְדֹשָׁיו, כִּי־אֵין מַחְסוֹר לִירֵאָיו:
כְּפִירִים רָשׁוּ וְרָעֵבוּ, וְדֹרְשֵׁי יהוה לֹא־יַחְסְרוּ כָל־טוֹב:
תהלים קלו הוֹדוּ לַיהוה כִּי־טוֹב, כִּי לְעוֹלָם חַסְדּוֹ:
תהלים קמה פּוֹתֵחַ אֶת־יָדֶךָ, וּמַשְׂבִּיעַ לְכָל־חַי רָצוֹן:
ירמיה יז בָּרוּךְ הַגֶּבֶר אֲשֶׁר יִבְטַח בַּיהוה, וְהָיָה יהוה מִבְטַחוֹ:
תהלים לז נַעַר הָיִיתִי גַּם־זָקַנְתִּי, וְלֹא־רָאִיתִי צַדִּיק נֶעֱזָב וְזַרְעוֹ מְבַקֶּשׁ־לָחֶם:
תהלים כט יהוה עֹז לְעַמּוֹ יִתֵּן, יהוה יְבָרֵךְ אֶת־עַמּוֹ בַשָּׁלוֹם:

אם בירך ברכת המזון על כוס יין, מברך אחריה ׳בּוֹרֵא פְּרִי הַגָּפֶן׳,
שותה רביעית ומברך ברכה מעין שלוש בעמוד הבא.

ברכה מעין שלוש

אחרי אכילת מזונות מחמשת מיני דגן, שתיית יין
או אכילת פירות משבעת המינים מברך:

בָּרוּךְ אַתָּה יהוה אֱלֹהֵינוּ מֶלֶךְ הָעוֹלָם

על מזונות: עַל הַמִּחְיָה וְעַל הַכַּלְכָּלָה

על יין: עַל הַגֶּפֶן וְעַל פְּרִי הַגֶּפֶן

על פירות משבעת המינים: עַל הָעֵץ וְעַל פְּרִי הָעֵץ

על יין ומזונות יחד: עַל הַמִּחְיָה וְעַל הַכַּלְכָּלָה וְעַל הַגֶּפֶן וְעַל פְּרִי הַגֶּפֶן

וְעַל תְּנוּבַת הַשָּׂדֶה וְעַל אֶרֶץ חֶמְדָּה טוֹבָה וּרְחָבָה
שֶׁרָצִיתָ וְהִנְחַלְתָּ לַאֲבוֹתֵינוּ לֶאֱכֹל מִפִּרְיָהּ וְלִשְׂבֹּעַ מִטּוּבָהּ.
רַחֵם נָא יהוה אֱלֹהֵינוּ
עַל יִשְׂרָאֵל עַמֶּךָ וְעַל יְרוּשָׁלַיִם עִירֶךָ
וְעַל צִיּוֹן מִשְׁכַּן כְּבוֹדֶךָ וְעַל מִזְבְּחֶךָ וְעַל הֵיכָלֶךָ.
וּבְנֵה יְרוּשָׁלַיִם עִיר הַקֹּדֶשׁ בִּמְהֵרָה בְיָמֵינוּ
וְהַעֲלֵנוּ לְתוֹכָהּ וְשַׂמְּחֵנוּ בְּבִנְיָנָהּ
וְנֹאכַל מִפִּרְיָהּ וְנִשְׂבַּע מִטּוּבָהּ
וּנְבָרֶכְךָ עָלֶיהָ בִּקְדֻשָּׁה וּבְטָהֳרָה.

בשבת: וּרְצֵה וְהַחֲלִיצֵנוּ בְּיוֹם הַשַּׁבָּת הַזֶּה

בפסח: וְשַׂמְּחֵנוּ בְּיוֹם חַג הַמַּצּוֹת הַזֶּה

בשבועות: וְשַׂמְּחֵנוּ בְּיוֹם חַג הַשָּׁבוּעוֹת הַזֶּה

בסוכות: וְשַׂמְּחֵנוּ בְּיוֹם חַג הַסֻּכּוֹת הַזֶּה

בשמיני עצרת: וְשַׂמְּחֵנוּ בְּיוֹם שְׁמִינִי עֲצֶרֶת הַחַג הַזֶּה

כִּי אַתָּה יהוה טוֹב וּמֵטִיב לַכֹּל, וְנוֹדֶה לְּךָ עַל הָאָרֶץ

על מזונות: וְעַל הַמִּחְיָה.

בָּרוּךְ אַתָּה יהוה, עַל הָאָרֶץ וְעַל הַמִּחְיָה.

על יין: וְעַל פְּרִי גַפְנָהּ.*

בָּרוּךְ אַתָּה יהוה, עַל הָאָרֶץ וְעַל פְּרִי גַפְנָהּ.*

על פירות משבעת המינים: וְעַל פֵּרוֹתֶיהָ.**

בָּרוּךְ אַתָּה יהוה, עַל הָאָרֶץ וְעַל פֵּרוֹתֶיהָ.**

על יין ומזונות יחד: וְעַל הַמִּחְיָה וְעַל פְּרִי גַפְנָהּ.*

בָּרוּךְ אַתָּה יהוה, עַל הָאָרֶץ וְעַל הַמִּחְיָה וְעַל פְּרִי גַפְנָהּ.*

*על יין מחו״ל אומרים: הַגָּפֶן.

**על פירות מחו״ל אומרים: הַפֵּרוֹת.

בורא נפשות

אחרי אכילת פירות האדמה, פירות העץ
שאינם משבעת המינים או מזון שאינו מן הצומח,
וכן אחרי שתיית משקה חוץ מיין מברך:

בָּרוּךְ אַתָּה יהוה אֱלֹהֵינוּ מֶלֶךְ הָעוֹלָם
בּוֹרֵא נְפָשׁוֹת רַבּוֹת וְחֶסְרוֹנָן
עַל כָּל מַה שֶּׁבָּרָאתָ
לְהַחֲיוֹת בָּהֶם נֶפֶשׁ כָּל חָי.
בָּרוּךְ חֵי הָעוֹלָמִים.

תפילת שחרית

שחרית

"ה' בֹּקֶר תִּשְׁמַע קוֹלִי, בֹּקֶר אֶעֱרָךְ־לְךָ וַאֲצַפֶּה" (תהלים ה, ד).

השכמת הבוקר

"יתגבר כארי לעמוד בבוקר לעבודת בוראו" (שו"ע א, א).

מיד כשמתעורר אדם משנתו, עוד בטרם נטל את ידיו,
כשעדיין אינו יכול לברך או לומר פסוקים, אומר:

מוֹדֶה/ נשים אומרות: מוֹדָה/ אֲנִי לְפָנֶיךָ מֶלֶךְ חַי וְקַיָּם
שֶׁהֶחֱזַרְתָּ בִּי נִשְׁמָתִי בְּחֶמְלָה
רַבָּה אֱמוּנָתֶךָ.

אחרי שנטל את ידיו, מברך:

בָּרוּךְ אַתָּה יהוה אֱלֹהֵינוּ מֶלֶךְ הָעוֹלָם
אֲשֶׁר קִדְּשָׁנוּ בְּמִצְוֹתָיו וְצִוָּנוּ עַל נְטִילַת יָדָיִם.

בָּרוּךְ אַתָּה יהוה אֱלֹהֵינוּ מֶלֶךְ הָעוֹלָם
אֲשֶׁר יָצַר אֶת הָאָדָם בְּחָכְמָה
וּבָרָא בוֹ נְקָבִים נְקָבִים, חֲלוּלִים חֲלוּלִים.
גָּלוּי וְיָדוּעַ לִפְנֵי כִסֵּא כְבוֹדֶךָ
שֶׁאִם יִפָּתֵחַ אֶחָד מֵהֶם אוֹ יִסָּתֵם אֶחָד מֵהֶם
אִי אֶפְשַׁר לְהִתְקַיֵּם וְלַעֲמֹד לְפָנֶיךָ אֲפִלּוּ שָׁעָה אֶחָת.
בָּרוּךְ אַתָּה יהוה, רוֹפֵא כָל בָּשָׂר וּמַפְלִיא לַעֲשׂוֹת.

הגמרא בברכות ס ע״ב מזכירה ברכה זו שצריך לאומרה מיד כשמתעורר.
הגאונים תיקנו לאומרה אחרי ברכת ׳אֲשֶׁר יָצַר׳,
כיוון שאינה פותחת בתיבות ׳בָּרוּךְ אַתָּה ה׳׳ (רב נטרונאי גאון).

אֱלֹהַי
נְשָׁמָה שֶׁנָּתַתָּ בִּי טְהוֹרָה הִיא.
אַתָּה בְרָאתָהּ, אַתָּה יְצַרְתָּהּ, אַתָּה נְפַחְתָּהּ בִּי
וְאַתָּה מְשַׁמְּרָהּ בְּקִרְבִּי
וְאַתָּה עָתִיד לִטְּלָהּ מִמֶּנִּי, וּלְהַחֲזִירָהּ בִּי לֶעָתִיד לָבוֹא.
כָּל זְמַן שֶׁהַנְּשָׁמָה בְקִרְבִּי, מוֹדֶה/ נשים אומרות: מוֹדָה/ אֲנִי לְפָנֶיךָ
יהוה אֱלֹהַי וֵאלֹהֵי אֲבוֹתַי, רִבּוֹן כָּל הַמַּעֲשִׂים, אֲדוֹן כָּל הַנְּשָׁמוֹת.
בָּרוּךְ אַתָּה יהוה, הַמַּחֲזִיר נְשָׁמוֹת לִפְגָרִים מֵתִים.

לבישת ציצית

לפני שלובש טלית קטן, מברך ׳עַל מִצְוַת צִיצִית׳.
ואם תיכף יתעטף בטלית, לא יברך.

בָּרוּךְ אַתָּה יהוה אֱלֹהֵינוּ מֶלֶךְ הָעוֹלָם
אֲשֶׁר קִדְּשָׁנוּ בְּמִצְוֹתָיו וְצִוָּנוּ עַל מִצְוַת צִיצִית.

אחרי שלבש, אומר:

יְהִי רָצוֹן מִלְּפָנֶיךָ, יהוה אֱלֹהַי וֵאלֹהֵי אֲבוֹתַי, שֶׁתְּהֵא חֲשׁוּבָה מִצְוַת צִיצִית לְפָנֶיךָ, כְּאִלּוּ קִיַּמְתִּיהָ בְּכָל פְּרָטֶיהָ וְדִקְדּוּקֶיהָ וְכַוָּנוֹתֶיהָ, וְתַרְיַ״ג מִצְוֹת הַתְּלוּיוֹת בָּהּ, אָמֵן סֶלָה.

ברכות התורה

״ברכת התורה צריך להזהר בה מאד״ (שו״ע מז, א).

בָּרוּךְ אַתָּה יהוה אֱלֹהֵינוּ מֶלֶךְ הָעוֹלָם
אֲשֶׁר קִדְּשָׁנוּ בְּמִצְוֹתָיו וְצִוָּנוּ לַעֲסֹק בְּדִבְרֵי תוֹרָה.
וְהַעֲרֶב נָא יהוה אֱלֹהֵינוּ אֶת דִּבְרֵי תוֹרָתְךָ
בְּפִינוּ וּבְפִיּוֹת עַמְּךָ בֵּית יִשְׂרָאֵל

וְנִהְיֶה אֲנַחְנוּ וְצֶאֱצָאֵינוּ וְצֶאֱצָאֵי צֶאֱצָאֵינוּ
וְצֶאֱצָאֵי עַמְּךָ בֵּית יִשְׂרָאֵל
כֻּלָּנוּ יוֹדְעֵי שְׁמֶךָ וְלוֹמְדֵי תוֹרָתְךָ לִשְׁמָהּ.
בָּרוּךְ אַתָּה יהוה, הַמְלַמֵּד תּוֹרָה לְעַמּוֹ יִשְׂרָאֵל.

בָּרוּךְ אַתָּה יהוה אֱלֹהֵינוּ מֶלֶךְ הָעוֹלָם
אֲשֶׁר בָּחַר בָּנוּ מִכָּל הָעַמִּים וְנָתַן לָנוּ אֶת תּוֹרָתוֹ.
בָּרוּךְ אַתָּה יהוה, נוֹתֵן הַתּוֹרָה.

וַיְדַבֵּר יהוה אֶל־מֹשֶׁה לֵּאמֹר: במדבר ו
דַּבֵּר אֶל־אַהֲרֹן וְאֶל־בָּנָיו לֵאמֹר
כֹּה תְבָרְכוּ אֶת־בְּנֵי יִשְׂרָאֵל, אָמוֹר לָהֶם:
יְבָרֶכְךָ יהוה וְיִשְׁמְרֶךָ:
יָאֵר יהוה פָּנָיו אֵלֶיךָ וִיחֻנֶּךָּ:
יִשָּׂא יהוה פָּנָיו אֵלֶיךָ וְיָשֵׂם לְךָ שָׁלוֹם:
וְשָׂמוּ אֶת־שְׁמִי עַל־בְּנֵי יִשְׂרָאֵל, וַאֲנִי אֲבָרְכֵם:

אֵלּוּ דְבָרִים שֶׁאֵין לָהֶם שִׁעוּר משנה, פאה א, א
הַפֵּאָה וְהַבִּכּוּרִים וְהָרְאָיוֹן, וּגְמִילוּת חֲסָדִים וְתַלְמוּד תּוֹרָה.

אֵלּוּ דְבָרִים שֶׁאָדָם אוֹכֵל פֵּרוֹתֵיהֶם בָּעוֹלָם הַזֶּה שבת קכז.
וְהַקֶּרֶן קַיֶּמֶת לוֹ לָעוֹלָם הַבָּא
וְאֵלּוּ הֵן
כִּבּוּד אָב וָאֵם, וּגְמִילוּת חֲסָדִים
וְהַשְׁכָּמַת בֵּית הַמִּדְרָשׁ שַׁחֲרִית וְעַרְבִית,
וְהַכְנָסַת אוֹרְחִים, וּבִקּוּר חוֹלִים, וְהַכְנָסַת כַּלָּה
וּלְוָיַת הַמֵּת, וְעִיּוּן תְּפִלָּה
וַהֲבָאַת שָׁלוֹם בֵּין אָדָם לַחֲבֵרוֹ, וּבֵין אִישׁ לְאִשְׁתּוֹ
וְתַלְמוּד תּוֹרָה כְּנֶגֶד כֻּלָּם.

עטיפת טלית

לפני עטיפה בטלית גדול נוהגים לומר:

תהלים קד
בָּרְכִי נַפְשִׁי אֶת־יהוה, יהוה אֱלֹהַי גָּדַלְתָּ מְּאֹד, הוֹד וְהָדָר לָבָשְׁתָּ: עֹטֶה־אוֹר כַּשַּׂלְמָה, נוֹטֶה שָׁמַיִם כַּיְרִיעָה:

יש אומרים:

לְשֵׁם יִחוּד קֻדְשָׁא בְּרִיךְ הוּא וּשְׁכִינְתֵּהּ בִּדְחִילוּ וּרְחִימוּ, לְיַחֵד שֵׁם י״ה בו״ה בְּיִחוּדָא שְׁלִים בְּשֵׁם כָּל יִשְׂרָאֵל.

הֲרֵינִי מִתְעַטֵּף בַּצִּיצִית. כֵּן תִּתְעַטֵּף נִשְׁמָתִי וּרְמַ״ח אֵבָרַי וּשְׁסָ״ה גִידַי בְּאוֹר הַצִּיצִית הָעוֹלֶה תַּרְיַ״ג. וּכְשֵׁם שֶׁאֲנִי מִתְכַּסֶּה בְּטַלִּית בָּעוֹלָם הַזֶּה, כָּךְ אֶזְכֶּה לַחֲלוּקָא דְרַבָּנָן וּלְטַלִּית נָאָה לָעוֹלָם הַבָּא בְּגַן עֵדֶן. וְעַל יְדֵי מִצְוַת צִיצִית תִּנָּצֵל נַפְשִׁי רוּחִי וְנִשְׁמָתִי וּתְפִלָּתִי מִן הַחִיצוֹנִים. וְהַטַּלִּית תִּפְרֹשׂ כְּנָפֶיהָ עֲלֵיהֶם וְתַצִּילֵם, כְּנֶשֶׁר יָעִיר קִנּוֹ עַל־גּוֹזָלָיו יְרַחֵף: (דברים לב) וּתְהֵא חֲשׁוּבָה מִצְוַת צִיצִית לִפְנֵי הַקָּדוֹשׁ בָּרוּךְ הוּא, כְּאִלּוּ קִיַּמְתִּיהָ בְּכָל פְּרָטֶיהָ וְדִקְדּוּקֶיהָ וְכַוָּנוֹתֶיהָ וְתַרְיַ״ג מִצְוֹת הַתְּלוּיוֹת בָּהּ, אָמֵן סֶלָה.

עומד ומברך:

בָּרוּךְ אַתָּה יהוה אֱלֹהֵינוּ מֶלֶךְ הָעוֹלָם
אֲשֶׁר קִדְּשָׁנוּ בְּמִצְוֹתָיו וְצִוָּנוּ לְהִתְעַטֵּף בַּצִּיצִית.

נוהגים להתעטף בטלית אחר הברכה.

מתעטף ואומר (סידור השל״ה):

תהלים לו
מַה־יָּקָר חַסְדְּךָ אֱלֹהִים, וּבְנֵי אָדָם בְּצֵל כְּנָפֶיךָ יֶחֱסָיוּן:
יִרְוְיֻן מִדֶּשֶׁן בֵּיתֶךָ, וְנַחַל עֲדָנֶיךָ תַשְׁקֵם:
כִּי־עִמְּךָ מְקוֹר חַיִּים, בְּאוֹרְךָ נִרְאֶה־אוֹר:
מְשֹׁךְ חַסְדְּךָ לְיֹדְעֶיךָ, וְצִדְקָתְךָ לְיִשְׁרֵי־לֵב:

המנהג המקובל היום הוא שלא להניח תפילין בחול המועד. ויש קהילות בחו״ל שבהן מניחים תפילין, כמנהג אשכנז המקורי (במרביתן, נוהגים להניח בלא ברכה).

הכנה לתפילה

"יכנס שיעור שני פתחים ואחר כך יתפלל" (שו"ע צ, כ).

כאשר נכנס לבית הכנסת, אומר:

במדבר כד

מַה־טֹּבוּ

אֹהָלֶיךָ יַעֲקֹב, מִשְׁכְּנֹתֶיךָ יִשְׂרָאֵל:

תהלים ה

וַאֲנִי בְּרֹב חַסְדְּךָ אָבוֹא בֵיתֶךָ

אֶשְׁתַּחֲוֶה אֶל־הֵיכַל־קָדְשְׁךָ

בְּיִרְאָתֶךָ:

תהלים כו

יהוה אָהַבְתִּי מְעוֹן בֵּיתֶךָ

וּמְקוֹם מִשְׁכַּן כְּבוֹדֶךָ:

וַאֲנִי אֶשְׁתַּחֲוֶה

וְאֶכְרָעָה

אֶבְרְכָה לִפְנֵי יהוה עֹשִׂי.

תהלים סט

וַאֲנִי תְפִלָּתִי־לְךָ יהוה

עֵת רָצוֹן

אֱלֹהִים בְּרָב־חַסְדֶּךָ

עֲנֵנִי בֶּאֱמֶת יִשְׁעֶךָ:

"לְהַגִּיד בַּבֹּקֶר חַסְדֶּךָ וֶאֱמוּנָתְךָ בַּלֵּילוֹת" (תהלים צב, ג).
פיוט עתיק זה מיוחס לר' שלמה אבן גבירול (ויש המקדימים את זמנו לתקופת הגאונים).
רבים נוהגים לאומרו פעמיים ביום: לפני תפילת שחרית ובקריאת שמע שעל המיטה.

אֲדוֹן עוֹלָם

אֲשֶׁר מָלַךְ בְּטֶרֶם כָּל־יְצִיר נִבְרָא.
לְעֵת נַעֲשָׂה בְחֶפְצוֹ כֹּל אֲזַי מֶלֶךְ שְׁמוֹ נִקְרָא.
וְאַחֲרֵי כִּכְלוֹת הַכֹּל לְבַדּוֹ יִמְלֹךְ נוֹרָא.
וְהוּא הָיָה וְהוּא הֹוֶה וְהוּא יִהְיֶה בְּתִפְאָרָה.
וְהוּא אֶחָד וְאֵין שֵׁנִי לְהַמְשִׁיל לוֹ לְהַחְבִּירָה.
בְּלִי רֵאשִׁית בְּלִי תַכְלִית וְלוֹ הָעֹז וְהַמִּשְׂרָה.
וְהוּא אֵלִי וְחַי גּוֹאֲלִי וְצוּר חֶבְלִי בְּעֵת צָרָה.
וְהוּא נִסִּי וּמָנוֹס לִי מְנָת כּוֹסִי בְּיוֹם אֶקְרָא.
בְּיָדוֹ אַפְקִיד רוּחִי בְּעֵת אִישַׁן וְאָעִירָה.
וְעִם רוּחִי גְּוִיָּתִי יהוה לִי וְלֹא אִירָא.

׳יִגְדַּל׳ מיוסד על שלושה עשר עיקרי האמונה שמָנה הרמב״ם.

יִגְדַּל

אֱלֹהִים חַי וְיִשְׁתַּבַּח, נִמְצָא וְאֵין עֵת אֶל מְצִיאוּתוֹ.

אֶחָד וְאֵין יָחִיד כְּיִחוּדוֹ, נֶעְלָם וְגַם אֵין סוֹף לְאַחְדוּתוֹ.

אֵין לוֹ דְּמוּת הַגּוּף וְאֵינוֹ גוּף, לֹא נַעֲרֹךְ אֵלָיו קְדֻשָּׁתוֹ.

קַדְמוֹן לְכָל דָּבָר אֲשֶׁר נִבְרָא, רִאשׁוֹן וְאֵין רֵאשִׁית לְרֵאשִׁיתוֹ.

הִנּוֹ אֲדוֹן עוֹלָם, וְכָל נוֹצָר יוֹרֶה גְדֻלָּתוֹ וּמַלְכוּתוֹ.

שֶׁפַע נְבוּאָתוֹ נְתָנוֹ אֶל־אַנְשֵׁי סְגֻלָּתוֹ וְתִפְאַרְתּוֹ.

לֹא קָם בְּיִשְׂרָאֵל כְּמֹשֶׁה עוֹד נָבִיא וּמַבִּיט אֶת תְּמוּנָתוֹ.

תּוֹרַת אֱמֶת נָתַן לְעַמּוֹ אֵל עַל יַד נְבִיאוֹ נֶאֱמַן בֵּיתוֹ.

לֹא יַחֲלִיף הָאֵל וְלֹא יָמִיר דָּתוֹ לְעוֹלָמִים לְזוּלָתוֹ.

צוֹפֶה וְיוֹדֵעַ סְתָרֵינוּ, מַבִּיט לְסוֹף דָּבָר בְּקַדְמָתוֹ.

גּוֹמֵל לְאִישׁ חֶסֶד כְּמִפְעָלוֹ, נוֹתֵן לְרָשָׁע רָע כְּרִשְׁעָתוֹ.

יִשְׁלַח לְקֵץ יָמִין מְשִׁיחֵנוּ לִפְדּוֹת מְחַכֵּי קֵץ יְשׁוּעָתוֹ.

מֵתִים יְחַיֶּה אֵל בְּרֹב חַסְדּוֹ, בָּרוּךְ עֲדֵי עַד שֵׁם תְּהִלָּתוֹ.

ברכות השחר

ברכות השחר נתקנו כדי שהאדם יאמרן במקביל למעשיו הראשונים כשמתעורר בבוקר (ברכות ס ע״ב). אך כבר בימי הראשונים נהגו שהציבור כולו אומרן יחד בבית הכנסת (פתיחה לסידור רב עמרם גאון).

בבתי כנסת רבים שליח הציבור מתחיל כאן. יש מקומות שבהם נוהגים ששליח הציבור מתחיל בברייתא דרבי ישמעאל (עמ׳ 104) או ב׳הודו לַה׳ קִרְאוּ בִשְׁמוֹ׳ (עמ׳ 107).

בָּרוּךְ אַתָּה יהוה אֱלֹהֵינוּ מֶלֶךְ הָעוֹלָם
אֲשֶׁר נָתַן לַשֶּׂכְוִי בִינָה
לְהַבְחִין בֵּין יוֹם וּבֵין לָיְלָה.

בָּרוּךְ אַתָּה יהוה אֱלֹהֵינוּ מֶלֶךְ הָעוֹלָם
שֶׁלֹּא עָשַׂנִי גּוֹי.

בָּרוּךְ אַתָּה יהוה אֱלֹהֵינוּ מֶלֶךְ הָעוֹלָם
שֶׁלֹּא עָשַׂנִי עָבֶד.

בָּרוּךְ אַתָּה יהוה אֱלֹהֵינוּ מֶלֶךְ הָעוֹלָם
גברים: **שֶׁלֹּא עָשַׂנִי אִשָּׁה.** / נשים: **שֶׁעָשַׂנִי כִּרְצוֹנוֹ.**

בָּרוּךְ אַתָּה יהוה אֱלֹהֵינוּ מֶלֶךְ הָעוֹלָם
פּוֹקֵחַ עִוְרִים.

בָּרוּךְ אַתָּה יהוה אֱלֹהֵינוּ מֶלֶךְ הָעוֹלָם
מַלְבִּישׁ עֲרֻמִּים.

בָּרוּךְ אַתָּה יהוה אֱלֹהֵינוּ מֶלֶךְ הָעוֹלָם
מַתִּיר אֲסוּרִים.

בָּרוּךְ אַתָּה יהוה אֱלֹהֵינוּ מֶלֶךְ הָעוֹלָם
זוֹקֵף כְּפוּפִים.

בָּרוּךְ אַתָּה יהוה אֱלֹהֵינוּ מֶלֶךְ הָעוֹלָם
רוֹקַע הָאָרֶץ עַל הַמָּיִם.

בָּרוּךְ אַתָּה יהוה אֱלֹהֵינוּ מֶלֶךְ הָעוֹלָם
הַמֵּכִין מִצְעֲדֵי גָבֶר.
בָּרוּךְ אַתָּה יהוה אֱלֹהֵינוּ מֶלֶךְ הָעוֹלָם
שֶׁעָשָׂה לִי כָּל צָרְכִּי.
בָּרוּךְ אַתָּה יהוה אֱלֹהֵינוּ מֶלֶךְ הָעוֹלָם
אוֹזֵר יִשְׂרָאֵל בִּגְבוּרָה.
בָּרוּךְ אַתָּה יהוה אֱלֹהֵינוּ מֶלֶךְ הָעוֹלָם
עוֹטֵר יִשְׂרָאֵל בְּתִפְאָרָה.
בָּרוּךְ אַתָּה יהוה אֱלֹהֵינוּ מֶלֶךְ הָעוֹלָם
הַנּוֹתֵן לַיָּעֵף כֹּחַ.

בָּרוּךְ אַתָּה יהוה אֱלֹהֵינוּ מֶלֶךְ הָעוֹלָם, הַמַּעֲבִיר שֵׁנָה מֵעֵינַי וּתְנוּמָה מֵעַפְעַפָּי. וִיהִי רָצוֹן מִלְּפָנֶיךָ יהוה אֱלֹהֵינוּ וֵאלֹהֵי אֲבוֹתֵינוּ, שֶׁתַּרְגִּילֵנוּ בְּתוֹרָתֶךָ, וְדַבְּקֵנוּ בְּמִצְוֹתֶיךָ, וְאַל תְּבִיאֵנוּ לֹא לִידֵי חֵטְא, וְלֹא לִידֵי עֲבֵרָה וְעָוֹן, וְלֹא לִידֵי נִסָּיוֹן וְלֹא לִידֵי בִזָּיוֹן, וְאַל תַּשְׁלֶט בָּנוּ יֵצֶר הָרָע, וְהַרְחִיקֵנוּ מֵאָדָם רָע וּמֵחָבֵר רָע, וְדַבְּקֵנוּ בְּיֵצֶר הַטּוֹב וּבְמַעֲשִׂים טוֹבִים, וְכֹף אֶת יִצְרֵנוּ לְהִשְׁתַּעְבֶּד לָךְ, וּתְנֵנוּ הַיּוֹם וּבְכָל יוֹם לְחֵן וּלְחֶסֶד וּלְרַחֲמִים, בְּעֵינֶיךָ, וּבְעֵינֵי כָל רוֹאֵינוּ, ׳ וְתִגְמְלֵנוּ חֲסָדִים טוֹבִים. בָּרוּךְ אַתָּה יהוה, גּוֹמֵל חֲסָדִים טוֹבִים לְעַמּוֹ יִשְׂרָאֵל.

יְהִי רָצוֹן מִלְּפָנֶיךָ יהוה אֱלֹהַי וֵאלֹהֵי אֲבוֹתַי, שֶׁתַּצִּילֵנִי הַיּוֹם וּבְכָל יוֹם מֵעַזֵּי פָנִים וּמֵעַזּוּת פָּנִים, מֵאָדָם רָע, מִיֵּצֶר רָע, וּמֵחָבֵר רָע, וּמִשָּׁכֵן רָע, וּמִפֶּגַע רָע, מֵעַיִן הָרָע, מִלָּשׁוֹן הָרָע, מִמַּלְשִׁינוּת, מֵעֵדוּת שֶׁקֶר, מִשִּׂנְאַת הַבְּרִיּוֹת, מֵעֲלִילָה, מִמִּיתָה מְשֻׁנָּה, מֵחֳלָיִים רָעִים, מִמִּקְרִים רָעִים, וּמִשָּׂטָן הַמַּשְׁחִית, מִדִּין קָשֶׁה, וּמִבַּעַל דִּין קָשֶׁה בֵּין שֶׁהוּא בֶן בְּרִית וּבֵין שֶׁאֵינוֹ בֶן בְּרִית, וּמִדִּינָהּ שֶׁל גֵּיהִנֹּם. ברכות טז:

פרשת העקדה

עקדת יצחק הייתה הניסיון העיקרי שעמדו בו אבותינו.

רבים נוהגים לקרוא בכל בוקר את פרשת העקדה,
כדי לזכור את מסירות הנפש של האבות ולהזכיר את זכותם.

לפני פרשת העקדה ואחריה נוהגים לומר תחינה המבוססת על ברכת 'זיכרונות'
שבתפילת מוסף לראש השנה. לדעת רוב הפוסקים, אין אומרים אותה בשבת וביום טוב.

אֱלֹהֵינוּ וֵאלֹהֵי אֲבוֹתֵינוּ, זָכְרֵנוּ בְּזִכְרוֹן טוֹב לְפָנֶיךָ, וּפָקְדֵנוּ בִּפְקֻדַּת יְשׁוּעָה וְרַחֲמִים מִשְּׁמֵי שְׁמֵי קֶדֶם, וּזְכָר לָנוּ יהוה אֱלֹהֵינוּ, אַהֲבַת הַקַּדְמוֹנִים אַבְרָהָם יִצְחָק וְיִשְׂרָאֵל עֲבָדֶיךָ, אֶת הַבְּרִית וְאֶת הַחֶסֶד וְאֶת הַשְּׁבוּעָה שֶׁנִּשְׁבַּעְתָּ לְאַבְרָהָם אָבִינוּ בְּהַר הַמּוֹרִיָּה, וְאֶת הָעֲקֵדָה שֶׁעָקַד אֶת יִצְחָק בְּנוֹ עַל גַּבֵּי הַמִּזְבֵּחַ, כַּכָּתוּב בְּתוֹרָתֶךָ:

בראשית כב וַיְהִי אַחַר הַדְּבָרִים הָאֵלֶּה, וְהָאֱלֹהִים נִסָּה אֶת־אַבְרָהָם, וַיֹּאמֶר אֵלָיו אַבְרָהָם, וַיֹּאמֶר הִנֵּנִי: וַיֹּאמֶר קַח־נָא אֶת־בִּנְךָ אֶת־יְחִידְךָ אֲשֶׁר־אָהַבְתָּ, אֶת־יִצְחָק, וְלֶךְ־לְךָ אֶל־אֶרֶץ הַמֹּרִיָּה, וְהַעֲלֵהוּ שָׁם לְעֹלָה עַל אַחַד הֶהָרִים אֲשֶׁר אֹמַר אֵלֶיךָ: וַיַּשְׁכֵּם אַבְרָהָם בַּבֹּקֶר, וַיַּחֲבֹשׁ אֶת־חֲמֹרוֹ, וַיִּקַּח אֶת־שְׁנֵי נְעָרָיו אִתּוֹ וְאֵת יִצְחָק בְּנוֹ, וַיְבַקַּע עֲצֵי עֹלָה, וַיָּקָם וַיֵּלֶךְ אֶל־הַמָּקוֹם אֲשֶׁר־אָמַר־לוֹ הָאֱלֹהִים: בַּיּוֹם הַשְּׁלִישִׁי וַיִּשָּׂא אַבְרָהָם אֶת־עֵינָיו וַיַּרְא אֶת־הַמָּקוֹם מֵרָחֹק: וַיֹּאמֶר אַבְרָהָם אֶל־נְעָרָיו, שְׁבוּ־לָכֶם פֹּה עִם־הַחֲמוֹר, וַאֲנִי וְהַנַּעַר נֵלְכָה עַד־כֹּה, וְנִשְׁתַּחֲוֶה וְנָשׁוּבָה אֲלֵיכֶם: וַיִּקַּח אַבְרָהָם אֶת־עֲצֵי הָעֹלָה וַיָּשֶׂם עַל־יִצְחָק בְּנוֹ, וַיִּקַּח בְּיָדוֹ אֶת־הָאֵשׁ וְאֶת־הַמַּאֲכֶלֶת, וַיֵּלְכוּ שְׁנֵיהֶם יַחְדָּו: וַיֹּאמֶר יִצְחָק אֶל־אַבְרָהָם אָבִיו, וַיֹּאמֶר אָבִי, וַיֹּאמֶר הִנֶּנִּי בְנִי, וַיֹּאמֶר, הִנֵּה הָאֵשׁ וְהָעֵצִים, וְאַיֵּה הַשֶּׂה לְעֹלָה: וַיֹּאמֶר אַבְרָהָם, אֱלֹהִים יִרְאֶה־לּוֹ הַשֶּׂה לְעֹלָה, בְּנִי, וַיֵּלְכוּ שְׁנֵיהֶם יַחְדָּו: וַיָּבֹאוּ אֶל־הַמָּקוֹם אֲשֶׁר אָמַר־לוֹ הָאֱלֹהִים, וַיִּבֶן שָׁם אַבְרָהָם אֶת־הַמִּזְבֵּחַ וַיַּעֲרֹךְ אֶת־הָעֵצִים, וַיַּעֲקֹד אֶת־יִצְחָק בְּנוֹ, וַיָּשֶׂם אֹתוֹ

עַל־הַמִּזְבֵּחַ מִמַּעַל לָעֵצִים: וַיִּשְׁלַח אַבְרָהָם אֶת־יָדוֹ, וַיִּקַּח אֶת־הַמַּאֲכֶלֶת, לִשְׁחֹט אֶת־בְּנוֹ: וַיִּקְרָא אֵלָיו מַלְאַךְ יהוה מִן־הַשָּׁמַיִם, וַיֹּאמֶר אַבְרָהָם אַבְרָהָם, וַיֹּאמֶר הִנֵּנִי: וַיֹּאמֶר אַל־תִּשְׁלַח יָדְךָ אֶל־הַנַּעַר, וְאַל־תַּעַשׂ לוֹ מְאוּמָה, כִּי עַתָּה יָדַעְתִּי כִּי־יְרֵא אֱלֹהִים אַתָּה, וְלֹא חָשַׂכְתָּ אֶת־בִּנְךָ אֶת־יְחִידְךָ מִמֶּנִּי: וַיִּשָּׂא אַבְרָהָם אֶת־עֵינָיו, וַיַּרְא וְהִנֵּה־אַיִל, אַחַר נֶאֱחַז בַּסְּבַךְ בְּקַרְנָיו, וַיֵּלֶךְ אַבְרָהָם וַיִּקַּח אֶת־הָאַיִל, וַיַּעֲלֵהוּ לְעֹלָה תַּחַת בְּנוֹ: וַיִּקְרָא אַבְרָהָם שֵׁם־הַמָּקוֹם הַהוּא יהוה יִרְאֶה, אֲשֶׁר יֵאָמֵר הַיּוֹם בְּהַר יהוה יֵרָאֶה: וַיִּקְרָא מַלְאַךְ יהוה אֶל־אַבְרָהָם שֵׁנִית מִן־הַשָּׁמָיִם: וַיֹּאמֶר, בִּי נִשְׁבַּעְתִּי נְאֻם־יהוה, כִּי יַעַן אֲשֶׁר עָשִׂיתָ אֶת־הַדָּבָר הַזֶּה, וְלֹא חָשַׂכְתָּ אֶת־בִּנְךָ אֶת־יְחִידֶךָ: כִּי־בָרֵךְ אֲבָרֶכְךָ, וְהַרְבָּה אַרְבֶּה אֶת־זַרְעֲךָ כְּכוֹכְבֵי הַשָּׁמַיִם, וְכַחוֹל אֲשֶׁר עַל־שְׂפַת הַיָּם, וְיִרַשׁ זַרְעֲךָ אֵת שַׁעַר אֹיְבָיו: וְהִתְבָּרְכוּ בְזַרְעֲךָ כֹּל גּוֹיֵי הָאָרֶץ, עֵקֶב אֲשֶׁר שָׁמַעְתָּ בְּקֹלִי: וַיָּשָׁב אַבְרָהָם אֶל־נְעָרָיו, וַיָּקֻמוּ וַיֵּלְכוּ יַחְדָּו אֶל־בְּאֵר שָׁבַע, וַיֵּשֶׁב אַבְרָהָם בִּבְאֵר שָׁבַע:

יש מדלגים.

רִבּוֹנוֹ שֶׁל עוֹלָם, כְּמוֹ שֶׁכָּבַשׁ אַבְרָהָם אָבִינוּ אֶת רַחֲמָיו לַעֲשׂוֹת רְצוֹנְךָ בְּלֵבָב
שָׁלֵם, כֵּן יִכְבְּשׁוּ רַחֲמֶיךָ אֶת כַּעַסְךָ מֵעָלֵינוּ וְיָגֹלּוּ רַחֲמֶיךָ עַל מִדּוֹתֶיךָ. וְתִתְנַהֵג
עִמָּנוּ יהוה אֱלֹהֵינוּ בְּמִדַּת הַחֶסֶד וּבְמִדַּת הָרַחֲמִים, וּבְטוּבְךָ הַגָּדוֹל יָשׁוּב
חֲרוֹן אַפְּךָ מֵעַמְּךָ וּמֵעִירְךָ וּמֵאַרְצְךָ וּמִנַּחֲלָתֶךָ. וְקַיֶּם לָנוּ יהוה אֱלֹהֵינוּ אֶת
ויקרא כו הַדָּבָר שֶׁהִבְטַחְתָּנוּ בְּתוֹרָתֶךָ עַל יְדֵי מֹשֶׁה עַבְדֶּךָ, כָּאָמוּר: וְזָכַרְתִּי אֶת־בְּרִיתִי
יַעֲקוֹב וְאַף אֶת־בְּרִיתִי יִצְחָק, וְאַף אֶת־בְּרִיתִי אַבְרָהָם אֶזְכֹּר, וְהָאָרֶץ אֶזְכֹּר:
ויקרא כו וְנֶאֱמַר: וְאַף גַּם־זֹאת בִּהְיוֹתָם בְּאֶרֶץ אֹיְבֵיהֶם, לֹא־מְאַסְתִּים וְלֹא־גְעַלְתִּים
לְכַלֹּתָם, לְהָפֵר בְּרִיתִי אִתָּם, כִּי אֲנִי יהוה אֱלֹהֵיהֶם: וְנֶאֱמַר: וְזָכַרְתִּי לָהֶם
בְּרִית רִאשֹׁנִים, אֲשֶׁר הוֹצֵאתִי־אֹתָם מֵאֶרֶץ מִצְרַיִם לְעֵינֵי הַגּוֹיִם, לִהְיוֹת
דברים ל לָהֶם לֵאלֹהִים, אֲנִי יהוה: וְנֶאֱמַר: וְשָׁב יהוה אֱלֹהֶיךָ אֶת־שְׁבוּתְךָ וְרִחֲמֶךָ,

וְשָׁב וְקִבֶּצְךָ מִכָּל־הָעַמִּים, אֲשֶׁר הֱפִיצְךָ יהוה אֱלֹהֶיךָ שָׁמָּה: אִם־יִהְיֶה נִדַּחֲךָ
בִּקְצֵה הַשָּׁמָיִם, מִשָּׁם יְקַבֶּצְךָ יהוה אֱלֹהֶיךָ, וּמִשָּׁם יִקָּחֶךָ: וְנֶאֱמַר: וֶהֱבִיאֲךָ
יהוה אֱלֹהֶיךָ אֶל־הָאָרֶץ אֲשֶׁר־יָרְשׁוּ אֲבֹתֶיךָ וִירִשְׁתָּהּ, וְהֵיטִבְךָ וְהִרְבְּךָ
מֵאֲבֹתֶיךָ: וְנֶאֱמַר עַל יְדֵי נְבִיאֶךָ: יהוה חָנֵּנוּ, לְךָ קִוִּינוּ, הֱיֵה זְרֹעָם לַבְּקָרִים ישעיה לג
אַף־יְשׁוּעָתֵנוּ בְּעֵת צָרָה: וְנֶאֱמַר: וְעֵת־צָרָה הִיא לְיַעֲקֹב וּמִמֶּנָּה יִוָּשֵׁעַ: וְנֶאֱמַר: ירמיה ל
בְּכָל־צָרָתָם לוֹ צָר, וּמַלְאַךְ פָּנָיו הוֹשִׁיעָם, בְּאַהֲבָתוֹ וּבְחֶמְלָתוֹ הוּא גְאָלָם, ישעיה סג
וַיְנַטְּלֵם וַיְנַשְּׂאֵם כָּל־יְמֵי עוֹלָם: וְנֶאֱמַר: מִי־אֵל כָּמוֹךָ נֹשֵׂא עָוֹן וְעֹבֵר עַל־פֶּשַׁע מיכה ז
לִשְׁאֵרִית נַחֲלָתוֹ, לֹא־הֶחֱזִיק לָעַד אַפּוֹ, כִּי־חָפֵץ חֶסֶד הוּא: יָשׁוּב יְרַחֲמֵנוּ
יִכְבֹּשׁ עֲוֺנֹתֵינוּ, וְתַשְׁלִיךְ בִּמְצֻלוֹת יָם כָּל־חַטֹּאתָם: תִּתֵּן אֱמֶת לְיַעֲקֹב, חֶסֶד
לְאַבְרָהָם, אֲשֶׁר־נִשְׁבַּעְתָּ לַאֲבֹתֵינוּ מִימֵי קֶדֶם: וְנֶאֱמַר: וַהֲבִיאוֹתִים אֶל־הַר ישעיה נו
קָדְשִׁי, וְשִׂמַּחְתִּים בְּבֵית תְּפִלָּתִי, עוֹלֹתֵיהֶם וְזִבְחֵיהֶם לְרָצוֹן עַל־מִזְבְּחִי, כִּי
בֵיתִי בֵּית־תְּפִלָּה יִקָּרֵא לְכָל־הָעַמִּים:

קבלת עול מלכות שמים

תפילה לאומית, הפותחת בחולשת ההווה, ממשיכה בקריאת שמע
ומסיימת בתפילה לגאולה ובהכרה כלל עולמית במלכות ה׳ (רש״ר הירש).

תפילה זו נזכרה כבר ב׳תנא דבי אליהו׳ יט, ו. ככל הנראה נקבעה בתקופת הרדיפות,
כאשר היה אסור לקרוא קריאת שמע בציבור (ספר הפרדס, ׳שיבולי הלקט׳).

לְעוֹלָם יְהֵא אָדָם יְרֵא שָׁמַיִם בְּסֵתֶר וּבַגָּלוּי
וּמוֹדֶה עַל הָאֱמֶת, וְדוֹבֵר אֱמֶת בִּלְבָבוֹ
וְיַשְׁכֵּם וְיֹאמַר

רִבּוֹן כָּל הָעוֹלָמִים וַאֲדוֹנֵי הָאֲדוֹנִים
לֹא עַל־צִדְקֹתֵינוּ אֲנַחְנוּ מַפִּילִים תַּחֲנוּנֵינוּ לְפָנֶיךָ דניאל ט
כִּי עַל־רַחֲמֶיךָ הָרַבִּים:

מָה אָנוּ, מֶה חַיֵּינוּ, מֶה חַסְדֵּנוּ, מַה צִּדְקוֹתֵינוּ
מַה יְּשׁוּעָתֵנוּ, מַה כֹּחֵנוּ, מַה גְּבוּרָתֵנוּ
מַה נֹּאמַר לְפָנֶיךָ יהוה אֱלֹהֵינוּ וֵאלֹהֵי אֲבוֹתֵינוּ

הֲלֹא כָּל הַגִּבּוֹרִים כְּאַיִן לְפָנֶיךָ, וְאַנְשֵׁי הַשֵּׁם כְּלֹא הָיוּ
וַחֲכָמִים כִּבְלִי מַדָּע, וּנְבוֹנִים כִּבְלִי הַשְׂכֵּל
כִּי רֹב מַעֲשֵׂיהֶם תֹּהוּ
וִימֵי חַיֵּיהֶם הֶבֶל לְפָנֶיךָ
וּמוֹתַר הָאָדָם מִן־הַבְּהֵמָה אָיִן קהלת ג
כִּי הַכֹּל הָבֶל:
לְבַד הַנְּשָׁמָה הַטְּהוֹרָה
שֶׁהִיא עֲתִידָה לִתֵּן דִּין וְחֶשְׁבּוֹן לִפְנֵי כִסֵּא כְבוֹדֶךָ.
וְכָל הַגּוֹיִם כְּאַיִן נֶגְדֶּךָ
שֶׁנֶּאֱמַר
הֵן גּוֹיִם כְּמַר מִדְּלִי, וּכְשַׁחַק מֹאזְנַיִם נֶחְשָׁבוּ ישעיה מ
הֵן אִיִּים כַּדַּק יִטּוֹל:

אֲבָל אֲנַחְנוּ עַמְּךָ בְּנֵי בְרִיתֶךָ
בְּנֵי אַבְרָהָם אֹהַבְךָ שֶׁנִּשְׁבַּעְתָּ לּוֹ בְּהַר הַמּוֹרִיָּה
זֶרַע יִצְחָק יְחִידוֹ שֶׁנֶּעֱקַד עַל גַּבֵּי הַמִּזְבֵּחַ
עֲדַת יַעֲקֹב בִּנְךָ בְּכוֹרֶךָ
שֶׁמֵּאַהֲבָתְךָ שֶׁאָהַבְתָּ אוֹתוֹ, וּמִשִּׂמְחָתְךָ שֶׁשָּׂמַחְתָּ בּוֹ
קָרָאתָ אֶת שְׁמוֹ יִשְׂרָאֵל וִישֻׁרוּן.

לְפִיכָךְ אֲנַחְנוּ חַיָּבִים
לְהוֹדוֹת לְךָ וּלְשַׁבֵּחֲךָ וּלְפָאֶרְךָ
וּלְבָרֵךְ וּלְקַדֵּשׁ וְלָתֵת שֶׁבַח וְהוֹדָיָה לִשְׁמֶךָ.
אַשְׁרֵינוּ, מַה טּוֹב חֶלְקֵנוּ
וּמַה נָּעִים גּוֹרָלֵנוּ, וּמַה יָּפָה יְרֻשָּׁתֵנוּ.

אַשְׁרֵינוּ, שֶׁאָנוּ מַשְׁכִּימִים וּמַעֲרִיבִים
בְּבָתֵּי כְנֵסִיּוֹת וּבְבָתֵּי מִדְרָשׁוֹת
וּמְיַחֲדִים שִׁמְךָ בְּכָל יוֹם תָּמִיד
וְאוֹמְרִים פַּעֲמַיִם בְּאַהֲבָה

דברים ו **שְׁמַע יִשְׂרָאֵל, יהוה אֱלֹהֵינוּ, יהוה אֶחָד:**

בלחש: בָּרוּךְ שֵׁם כְּבוֹד מַלְכוּתוֹ לְעוֹלָם וָעֶד.

יש הקוראים כאן את הפרשה הראשונה בקריאת שמע (מהרש״ל),
והמנהג הנפוץ הוא להמשיך בתיבות ׳אַתָּה הוּא עַד שֶׁלֹּא נִבְרָא הָעוֹלָם׳.

אם חושש שיעבור זמן קריאת שמע, קורא את כל שלוש הפרשות (עמ׳ 137).

דברים ו וְאָהַבְתָּ אֵת יהוה אֱלֹהֶיךָ, בְּכָל־לְבָבְךָ, וּבְכָל־נַפְשְׁךָ, וּבְכָל־
מְאֹדֶךָ: וְהָיוּ הַדְּבָרִים הָאֵלֶּה, אֲשֶׁר אָנֹכִי מְצַוְּךָ הַיּוֹם, עַל־לְבָבֶךָ:
וְשִׁנַּנְתָּם לְבָנֶיךָ, וְדִבַּרְתָּ בָּם, בְּשִׁבְתְּךָ בְּבֵיתֶךָ וּבְלֶכְתְּךָ בַדֶּרֶךְ,
וּבְשָׁכְבְּךָ וּבְקוּמֶךָ: וּקְשַׁרְתָּם לְאוֹת עַל־יָדֶךָ, וְהָיוּ לְטֹטָפֹת בֵּין
עֵינֶיךָ: וּכְתַבְתָּם עַל־מְזֻזוֹת בֵּיתֶךָ וּבִשְׁעָרֶיךָ:

אַתָּה הוּא עַד שֶׁלֹּא נִבְרָא הָעוֹלָם
אַתָּה הוּא מִשֶּׁנִּבְרָא הָעוֹלָם.
אַתָּה הוּא בָּעוֹלָם הַזֶּה
וְאַתָּה הוּא לָעוֹלָם הַבָּא.
קַדֵּשׁ אֶת שִׁמְךָ עַל מַקְדִּישֵׁי שְׁמֶךָ
וְקַדֵּשׁ אֶת שִׁמְךָ בְּעוֹלָמֶךָ
וּבִישׁוּעָתְךָ תָּרוּם וְתַגְבִּיהַּ קַרְנֵנוּ לְמַעְלָה
וְהוֹשִׁיעֵנוּ בְּקָרוֹב לְמַעַן שְׁמֶךָ.
בָּרוּךְ הַמְקַדֵּשׁ שְׁמוֹ בָּרַבִּים.

אַתָּה הוּא יהוה אֱלֹהֵינוּ בַּשָּׁמַיִם וּבָאָרֶץ
וּבִשְׁמֵי הַשָּׁמַיִם הָעֶלְיוֹנִים.
אֱמֶת, אַתָּה הוּא רִאשׁוֹן
וְאַתָּה הוּא אַחֲרוֹן
וּמִבַּלְעָדֶיךָ אֵין אֱלֹהִים.
קַבֵּץ נְפוּצוֹת קֹוֶיךָ מֵאַרְבַּע כַּנְפוֹת הָאָרֶץ.
יַכִּירוּ וְיֵדְעוּ כָּל בָּאֵי עוֹלָם
כִּי אַתָּה־הוּא הָאֱלֹהִים לְבַדְּךָ, עֶלְיוֹן לְכֹל מַמְלְכוֹת הָאָרֶץ — מלכים ב׳ יט
אַתָּה עָשִׂיתָ אֶת־הַשָּׁמַיִם וְאֶת־הָאָרֶץ:
אֶת־הַיָּם וְאֶת־כָּל־אֲשֶׁר־בָּם: — שמות כ
וּמִי בְּכָל מַעֲשֵׂי יָדֶיךָ בָּעֶלְיוֹנִים וּבַתַּחְתּוֹנִים
שֶׁיֹּאמַר לְךָ מַה תַּעֲשֶׂה וּמַה תִּפְעָל.

אָבִינוּ שֶׁבַּשָּׁמַיִם, חַי וְקַיָּם
עֲשֵׂה עִמָּנוּ צְדָקָה וָחֶסֶד
בַּעֲבוּר שִׁמְךָ הַגָּדוֹל הַגִּבּוֹר וְהַנּוֹרָא שֶׁנִּקְרָא עָלֵינוּ
וְקַיֶּם לָנוּ יהוה אֱלֹהֵינוּ אֶת הַדָּבָר
שֶׁהִבְטַחְתָּנוּ עַל יְדֵי צְפַנְיָה חוֹזָךְ
כָּאָמוּר
בָּעֵת הַהִיא אָבִיא אֶתְכֶם — צפניה ג
וּבָעֵת קַבְּצִי אֶתְכֶם
כִּי־אֶתֵּן אֶתְכֶם לְשֵׁם וְלִתְהִלָּה בְּכֹל עַמֵּי הָאָרֶץ
בְּשׁוּבִי אֶת־שְׁבוּתֵיכֶם לְעֵינֵיכֶם
אָמַר יהוה:

סדר הקרבנות

"אמר אברהם: רבונו של עולם! שמא ישראל חוטאין לפניך... בזמן שאין בית המקדש קיים, מה תהא עליהם? – אמר לו: כבר תקנתי להם סדר קרבנות, בזמן שקוראין בהן לפני – מעלה אני עליהם כאילו הקריבום לפני, ואני מוחל להם על כל עונותיהם" (תענית כז ע"ב).

יש לומר את פרשת קרבן התמיד (בעמוד הבא) בכל יום.

ונוהגים לומר לפניה את פרשות הכיור ותרומת הדשן,
ולאחריה את פרשת הקטורת (שו"ע א, ט).

פרשת הכיור

שמות ל

וַיְדַבֵּר יהוה אֶל־מֹשֶׁה לֵּאמֹר: וְעָשִׂיתָ כִּיּוֹר נְחֹשֶׁת וְכַנּוֹ נְחֹשֶׁת לְרָחְצָה, וְנָתַתָּ אֹתוֹ בֵּין־אֹהֶל מוֹעֵד וּבֵין הַמִּזְבֵּחַ, וְנָתַתָּ שָׁמָּה מָיִם: וְרָחֲצוּ אַהֲרֹן וּבָנָיו מִמֶּנּוּ אֶת־יְדֵיהֶם וְאֶת־רַגְלֵיהֶם: בְּבֹאָם אֶל־אֹהֶל מוֹעֵד יִרְחֲצוּ־מַיִם, וְלֹא יָמֻתוּ, אוֹ בְגִשְׁתָּם אֶל־הַמִּזְבֵּחַ לְשָׁרֵת, לְהַקְטִיר אִשֶּׁה לַיהוה: וְרָחֲצוּ יְדֵיהֶם וְרַגְלֵיהֶם וְלֹא יָמֻתוּ, וְהָיְתָה לָהֶם חָק־עוֹלָם, לוֹ וּלְזַרְעוֹ לְדֹרֹתָם:

פרשת תרומת הדשן

ויקרא ו

וַיְדַבֵּר יהוה אֶל־מֹשֶׁה לֵּאמֹר: צַו אֶת־אַהֲרֹן וְאֶת־בָּנָיו לֵאמֹר, זֹאת תּוֹרַת הָעֹלָה, הִוא הָעֹלָה עַל מוֹקְדָה עַל־הַמִּזְבֵּחַ כָּל־הַלַּיְלָה עַד־הַבֹּקֶר, וְאֵשׁ הַמִּזְבֵּחַ תּוּקַד בּוֹ: וְלָבַשׁ הַכֹּהֵן מִדּוֹ בַד, וּמִכְנְסֵי־בַד יִלְבַּשׁ עַל־בְּשָׂרוֹ, וְהֵרִים אֶת־הַדֶּשֶׁן אֲשֶׁר תֹּאכַל הָאֵשׁ אֶת־הָעֹלָה, עַל־הַמִּזְבֵּחַ, וְשָׂמוֹ אֵצֶל הַמִּזְבֵּחַ: וּפָשַׁט אֶת־בְּגָדָיו, וְלָבַשׁ בְּגָדִים אֲחֵרִים, וְהוֹצִיא אֶת־הַדֶּשֶׁן אֶל־מִחוּץ לַמַּחֲנֶה, אֶל־מָקוֹם טָהוֹר: וְהָאֵשׁ עַל־הַמִּזְבֵּחַ תּוּקַד־בּוֹ, לֹא תִכְבֶּה, וּבִעֵר עָלֶיהָ הַכֹּהֵן עֵצִים בַּבֹּקֶר בַּבֹּקֶר, וְעָרַךְ עָלֶיהָ הָעֹלָה, וְהִקְטִיר עָלֶיהָ חֶלְבֵי הַשְּׁלָמִים: אֵשׁ, תָּמִיד תּוּקַד עַל־הַמִּזְבֵּחַ, לֹא תִכְבֶּה:

בשבת וביום טוב רבים מדלגים על הפסקה הבאה.

יְהִי רָצוֹן מִלְּפָנֶיךָ יהוה אֱלֹהֵינוּ וֵאלֹהֵי אֲבוֹתֵינוּ, שֶׁתְּרַחֵם עָלֵינוּ, וְתִמְחֹל לָנוּ עַל כָּל חַטֹּאתֵינוּ וּתְכַפֵּר לָנוּ עַל כָּל עֲוֹנוֹתֵינוּ וְתִסְלַח לָנוּ עַל כָּל פְּשָׁעֵינוּ, וְשֶׁיִּבָּנֶה בֵּית הַמִּקְדָּשׁ בִּמְהֵרָה בְיָמֵינוּ, וְנַקְרִיב לְפָנֶיךָ קָרְבַּן הַתָּמִיד שֶׁיְּכַפֵּר בַּעֲדֵנוּ, כְּמוֹ שֶׁכָּתַבְתָּ עָלֵינוּ בְּתוֹרָתֶךָ עַל יְדֵי מֹשֶׁה עַבְדֶּךָ מִפִּי כְבוֹדֶךָ, כָּאָמוּר

פרשת קרבן התמיד

במדבר כח וַיְדַבֵּר יהוה אֶל־מֹשֶׁה לֵּאמֹר: צַו אֶת־בְּנֵי יִשְׂרָאֵל וְאָמַרְתָּ אֲלֵהֶם, אֶת־קָרְבָּנִי לַחְמִי לְאִשַּׁי, רֵיחַ נִיחֹחִי, תִּשְׁמְרוּ לְהַקְרִיב לִי בְּמוֹעֲדוֹ: וְאָמַרְתָּ לָהֶם, זֶה הָאִשֶּׁה אֲשֶׁר תַּקְרִיבוּ לַיהוה, כְּבָשִׂים בְּנֵי־שָׁנָה תְמִימִם שְׁנַיִם לַיּוֹם, עֹלָה תָמִיד: אֶת־הַכֶּבֶשׂ אֶחָד תַּעֲשֶׂה בַבֹּקֶר, וְאֵת הַכֶּבֶשׂ הַשֵּׁנִי תַּעֲשֶׂה בֵּין הָעַרְבָּיִם: וַעֲשִׂירִית הָאֵיפָה סֹלֶת לְמִנְחָה, בְּלוּלָה בְּשֶׁמֶן כָּתִית רְבִיעִת הַהִין: עֹלַת תָּמִיד, הָעֲשֻׂיָה בְּהַר סִינַי, לְרֵיחַ נִיחֹחַ אִשֶּׁה לַיהוה: וְנִסְכּוֹ רְבִיעִת הַהִין לַכֶּבֶשׂ הָאֶחָד, בַּקֹּדֶשׁ הַסֵּךְ נֶסֶךְ שֵׁכָר לַיהוה: וְאֵת הַכֶּבֶשׂ הַשֵּׁנִי תַּעֲשֶׂה בֵּין הָעַרְבָּיִם, כְּמִנְחַת הַבֹּקֶר וּכְנִסְכּוֹ תַּעֲשֶׂה, אִשֵּׁה רֵיחַ נִיחֹחַ לַיהוה:

ויקרא א וְשָׁחַט אֹתוֹ עַל יֶרֶךְ הַמִּזְבֵּחַ צָפֹנָה לִפְנֵי יהוה, וְזָרְקוּ בְּנֵי אַהֲרֹן הַכֹּהֲנִים אֶת־דָּמוֹ עַל־הַמִּזְבֵּחַ, סָבִיב:

יְהִי רָצוֹן מִלְּפָנֶיךָ, יהוה אֱלֹהֵינוּ וֵאלֹהֵי אֲבוֹתֵינוּ, שֶׁתְּהֵא אֲמִירָה זוּ חֲשׁוּבָה וּמְקֻבֶּלֶת וּמְרֻצָּה לְפָנֶיךָ, כְּאִלּוּ הִקְרַבְנוּ קָרְבַּן הַתָּמִיד בְּמוֹעֲדוֹ וּבִמְקוֹמוֹ וּכְהִלְכָתוֹ.

אַתָּה הוּא יהוה אֱלֹהֵינוּ שֶׁהִקְטִירוּ אֲבוֹתֵינוּ לְפָנֶיךָ אֶת קְטֹרֶת הַסַּמִּים בִּזְמַן שֶׁבֵּית הַמִּקְדָּשׁ הָיָה קַיָּם, כַּאֲשֶׁר צִוִּיתָ אוֹתָם עַל יְדֵי מֹשֶׁה נְבִיאֶךָ, כַּכָּתוּב בְּתוֹרָתֶךָ:

פרשת הקטורת

שמות ל וַיֹּאמֶר יהוה אֶל־מֹשֶׁה, קַח־לְךָ סַמִּים נָטָף וּשְׁחֵלֶת וְחֶלְבְּנָה, סַמִּים וּלְבֹנָה זַכָּה, בַּד בְּבַד יִהְיֶה: וְעָשִׂיתָ אֹתָהּ קְטֹרֶת, רֹקַח מַעֲשֵׂה רוֹקֵחַ, מְמֻלָּח, טָהוֹר קֹדֶשׁ: וְשָׁחַקְתָּ מִמֶּנָּה הָדֵק, וְנָתַתָּה מִמֶּנָּה לִפְנֵי הָעֵדֻת בְּאֹהֶל מוֹעֵד אֲשֶׁר אִוָּעֵד לְךָ שָׁמָּה, קֹדֶשׁ קָדָשִׁים תִּהְיֶה לָכֶם:

וְנֶאֱמַר

וְהִקְטִיר עָלָיו אַהֲרֹן קְטֹרֶת סַמִּים, בַּבֹּקֶר בַּבֹּקֶר בְּהֵיטִיבוֹ אֶת־הַנֵּרֹת יַקְטִירֶנָּה: וּבְהַעֲלֹת אַהֲרֹן אֶת־הַנֵּרֹת בֵּין הָעַרְבַּיִם יַקְטִירֶנָּה, קְטֹרֶת תָּמִיד לִפְנֵי יהוה לְדֹרֹתֵיכֶם:

כריתות ו. תָּנוּ רַבָּנָן: פִּטּוּם הַקְּטֹרֶת כֵּיצַד, שְׁלֹשׁ מֵאוֹת וְשִׁשִּׁים וּשְׁמוֹנָה מָנִים הָיוּ בָהּ. שְׁלֹשׁ מֵאוֹת וְשִׁשִּׁים וַחֲמִשָּׁה כְּמִנְיַן יְמוֹת הַחַמָּה, מָנֶה לְכָל יוֹם, פְּרַס בְּשַׁחֲרִית וּפְרַס בֵּין הָעַרְבַּיִם, וּשְׁלֹשָׁה מָנִים יְתֵרִים שֶׁמֵּהֶם מַכְנִיס כֹּהֵן גָּדוֹל מְלֹא חָפְנָיו בְּיוֹם הַכִּפּוּרִים, וּמַחֲזִירָן לְמַכְתֶּשֶׁת בְּעֶרֶב יוֹם הַכִּפּוּרִים וְשׁוֹחֲקָן יָפֶה יָפֶה, כְּדֵי שֶׁתְּהֵא דַקָּה מִן הַדַּקָּה. וְאַחַד עָשָׂר סַמָּנִים הָיוּ בָהּ, וְאֵלּוּ הֵן: הַצֳּרִי, וְהַצִּפֹּרֶן, וְהַחֶלְבְּנָה, וְהַלְּבוֹנָה מִשְׁקַל שִׁבְעִים שִׁבְעִים מָנֶה, מֹר, וּקְצִיעָה, שִׁבֹּלֶת נֵרְדְּ, וְכַרְכֹּם מִשְׁקַל שִׁשָּׁה עָשָׂר שִׁשָּׁה עָשָׂר מָנֶה, הַקֹּשְׁטְ שְׁנֵים עָשָׂר, קִלּוּפָה שְׁלֹשָׁה, וְקִנָּמוֹן תִּשְׁעָה, בּוֹרִית כַּרְשִׁינָה תִּשְׁעָה קַבִּין, יֵין קַפְרִיסִין סְאִין תְּלָת וְקַבִּין תְּלָתָא, וְאִם אֵין לוֹ יֵין קַפְרִיסִין, מֵבִיא חֲמַר חִוַּרְיָן עַתִּיק. מֶלַח סְדוֹמִית רֹבַע, מַעֲלֶה עָשָׁן כָּל שֶׁהוּא. רַבִּי נָתָן הַבַּבְלִי אוֹמֵר: אַף כִּפַּת הַיַּרְדֵּן כָּל שֶׁהוּא, וְאִם נָתַן בָּהּ דְּבַשׁ פְּסָלָהּ, וְאִם חִסַּר אֶחָד מִכָּל סַמָּנֶיהָ, חַיָּב מִיתָה.

רַבָּן שִׁמְעוֹן בֶּן גַּמְלִיאֵל אוֹמֵר: הַצֳּרִי אֵינוֹ אֶלָּא שְׂרָף הַנּוֹטֵף מֵעֲצֵי הַקְּטָף. בּוֹרִית כַּרְשִׁינָה שֶׁשָּׁפִין בָּהּ אֶת הַצִּפֹּרֶן כְּדֵי שֶׁתְּהֵא נָאָה, יֵין קַפְרִיסִין שֶׁשּׁוֹרִין בּוֹ אֶת הַצִּפֹּרֶן כְּדֵי שֶׁתְּהֵא עַזָּה, וַהֲלֹא מֵי רַגְלַיִם יָפִין לָהּ, אֶלָּא שֶׁאֵין מַכְנִיסִין מֵי רַגְלַיִם בַּמִּקְדָּשׁ מִפְּנֵי הַכָּבוֹד.

תַּנְיָא, רַבִּי נָתָן אוֹמֵר: כְּשֶׁהוּא שׁוֹחֵק אוֹמֵר, הָדֵק הֵיטֵב הֵיטֵב הָדֵק, מִפְּנֵי שֶׁהַקּוֹל יָפֶה לַבְּשָׂמִים. פִּטְּמָהּ לַחֲצָאִין כְּשֵׁרָה, לְשָׁלִישׁ וְלִרְבִיעַ לֹא שָׁמַעְנוּ. אָמַר רַבִּי יְהוּדָה: זֶה הַכְּלָל, אִם כְּמִדָּתָהּ כְּשֵׁרָה לַחֲצָאִין, וְאִם חִסַּר אֶחָד מִכָּל סַמָּנֶיהָ חַיָּב מִיתָה.

ירושלמי יומא ד, הלכה ה תַּנְיָא, בַּר קַפָּרָא אוֹמֵר: אַחַת לְשִׁשִּׁים אוֹ לְשִׁבְעִים שָׁנָה הָיְתָה בָאָה שֶׁל שִׁירַיִם לַחֲצָאִין. וְעוֹד תָּנֵי בַּר קַפָּרָא: אִלּוּ הָיָה נוֹתֵן בָּהּ קוֹרְטוֹב שֶׁל דְּבַשׁ אֵין אָדָם יָכוֹל לַעֲמֹד מִפְּנֵי רֵיחָהּ, וְלָמָּה אֵין מְעָרְבִין בָּהּ דְּבַשׁ, מִפְּנֵי שֶׁהַתּוֹרָה אָמְרָה:
ויקרא ב כִּי כָל־שְׂאֹר וְכָל־דְּבַשׁ לֹא־תַקְטִירוּ מִמֶּנּוּ אִשֶּׁה לַיהוה:

נוהגים לומר שלושה פסוקים אלה אחרי פרשת הקטורת (שער הכוונות, על פי הירושלמי במסכת ברכות). והשל״ה כתב לומר כל פסוק שלוש פעמים.

יהוה צְבָאוֹת עִמָּנוּ, מִשְׂגָּב לָנוּ אֱלֹהֵי יַעֲקֹב סֶלָה: תהלים מו

יהוה צְבָאוֹת, אַשְׁרֵי אָדָם בֹּטֵחַ בָּךְ: תהלים פד

יהוה הוֹשִׁיעָה, הַמֶּלֶךְ יַעֲנֵנוּ בְיוֹם־קָרְאֵנוּ: תהלים כ

אַתָּה סֵתֶר לִי, מִצַּר תִּצְּרֵנִי, רָנֵּי פַלֵּט תְּסוֹבְבֵנִי סֶלָה: תהלים לב

וְעָרְבָה לַיהוה מִנְחַת יְהוּדָה וִירוּשָׁלָםִ מלאכי ג

כִּימֵי עוֹלָם וּכְשָׁנִים קַדְמֹנִיּוֹת:

סדר המערכה

אַבַּיֵי הֲוָה מְסַדֵּר סֵדֶר הַמַּעֲרָכָה מִשְּׁמָא דִגְמָרָא, וְאַלִּבָּא דְאַבָּא שָׁאוּל: יומא לג.
מַעֲרָכָה גְדוֹלָה קוֹדֶמֶת לְמַעֲרָכָה שְׁנִיָּה שֶׁל קְטֹרֶת, וּמַעֲרָכָה שְׁנִיָּה שֶׁל
קְטֹרֶת קוֹדֶמֶת לְסִדּוּר שְׁנֵי גִזְרֵי עֵצִים, וְסִדּוּר שְׁנֵי גִזְרֵי עֵצִים קוֹדֵם לְדִשּׁוּן
מִזְבֵּחַ הַפְּנִימִי, וְדִשּׁוּן מִזְבֵּחַ הַפְּנִימִי קוֹדֵם לַהֲטָבַת חָמֵשׁ נֵרוֹת, וַהֲטָבַת
חָמֵשׁ נֵרוֹת קוֹדֶמֶת לְדַם הַתָּמִיד, וְדַם הַתָּמִיד קוֹדֵם לַהֲטָבַת שְׁתֵּי נֵרוֹת,
וַהֲטָבַת שְׁתֵּי נֵרוֹת קוֹדֶמֶת לִקְטֹרֶת, וּקְטֹרֶת קוֹדֶמֶת לְאֵבָרִים, וְאֵבָרִים
לְמִנְחָה, וּמִנְחָה לַחֲבִתִּין, וַחֲבִתִּין לִנְסָכִין, וּנְסָכִין לְמוּסָפִין, וּמוּסָפִין לְבָזִיכִין,
וּבָזִיכִין קוֹדְמִין לְתָמִיד שֶׁל בֵּין הָעַרְבָּיִם. שֶׁנֶּאֱמַר: וְעָרַךְ עָלֶיהָ הָעֹלָה, ויקרא ו
וְהִקְטִיר עָלֶיהָ חֶלְבֵי הַשְּׁלָמִים: עָלֶיהָ הַשְׁלֵם כָּל הַקָּרְבָּנוֹת כֻּלָּם.

האר״י והמקובלים הנהיגו לומר פיוט עתיק זה המיוחס לתנא ר׳ נחוניה בן הקנה, כהכנה לתפילה (שער הכוונות).

אָנָּא, בְּכֹחַ גְּדֻלַּת יְמִינְךָ, תַּתִּיר צְרוּרָה.
קַבֵּל רִנַּת עַמְּךָ, שַׂגְּבֵנוּ, טַהֲרֵנוּ, נוֹרָא.
נָא גִבּוֹר, דּוֹרְשֵׁי יִחוּדְךָ כְּבָבַת שָׁמְרֵם.
בָּרְכֵם, טַהֲרֵם, רַחֲמֵי צִדְקָתְךָ תָּמִיד גָּמְלֵם.
חֲסִין קָדוֹשׁ, בְּרֹב טוּבְךָ נַהֵל עֲדָתֶךָ.
יָחִיד גֵּאֶה, לְעַמְּךָ פְּנֵה, זוֹכְרֵי קְדֻשָּׁתֶךָ.
שַׁוְעָתֵנוּ קַבֵּל וּשְׁמַע צַעֲקָתֵנוּ, יוֹדֵעַ תַּעֲלוּמוֹת.
בָּרוּךְ שֵׁם כְּבוֹד מַלְכוּתוֹ לְעוֹלָם וָעֶד.

בשבת וביום טוב יש המדלגים על התחינה הבאה.

רִבּוֹן הָעוֹלָמִים, אַתָּה צִוִּיתָנוּ לְהַקְרִיב קָרְבַּן הַתָּמִיד בְּמוֹעֲדוֹ וְלִהְיוֹת כֹּהֲנִים בַּעֲבוֹדָתָם וּלְוִיִּם בְּדוּכָנָם וְיִשְׂרָאֵל בְּמַעֲמָדָם. וְעַתָּה בַּעֲוֹנוֹתֵינוּ חָרַב בֵּית הַמִּקְדָּשׁ וּבָטַל הַתָּמִיד וְאֵין לָנוּ לֹא כֹהֵן בַּעֲבוֹדָתוֹ וְלֹא לֵוִי בְּדוּכָנוֹ וְלֹא יִשְׂרָאֵל בְּמַעֲמָדוֹ. וְאַתָּה אָמַרְתָּ: וּנְשַׁלְּמָה פָרִים שְׂפָתֵינוּ: הושע יד

לָכֵן יְהִי רָצוֹן מִלְּפָנֶיךָ יהוה אֱלֹהֵינוּ וֵאלֹהֵי אֲבוֹתֵינוּ, שֶׁיְּהֵא שִׂיחַ שִׂפְתוֹתֵינוּ חָשׁוּב וּמְקֻבָּל וּמְרֻצֶּה לְפָנֶיךָ כְּאִלּוּ הִקְרַבְנוּ קָרְבַּן הַתָּמִיד בְּמוֹעֲדוֹ וְעָמַדְנוּ עַל מַעֲמָדוֹ.

וְנֶאֱמַר: זֹאת הַתּוֹרָה לָעֹלָה לַמִּנְחָה וְלַחַטָּאת וְלָאָשָׁם וְלַמִּלּוּאִים וּלְזֶבַח הַשְּׁלָמִים: ויקרא ז

בשבת מוסיפים את פסוקי מוסף היום כהשלמה לפסוקי התמיד
(אך לא ביום טוב – שו״ע ורמ״א מח, א).

בשבת: וּבְיוֹם הַשַּׁבָּת שְׁנֵי־כְבָשִׂים בְּנֵי־שָׁנָה תְּמִימִם במדבר כח
וּשְׁנֵי עֶשְׂרֹנִים סֹלֶת מִנְחָה בְּלוּלָה בַשֶּׁמֶן, וְנִסְכּוֹ:
עֹלַת שַׁבַּת בְּשַׁבַּתּוֹ, עַל־עֹלַת הַתָּמִיד וְנִסְכָּהּ:

לאחר פסוקי הקרבנות אומרים פרק משנה ואת הברייתא הפותחת את מדרש תורת כוהנים כדי ללמוד בכל יום מקרא, משנה וגמרא (תוספות, קידושין ל ע״א).

חכמים בחרו את פרק ה במסכת זבחים, כיוון שכולו הלכה פסוקה בלי מחלוקת (משנ״ב נ, ב).

דיני זבחים

אֵיזֶהוּ מְקוֹמָן שֶׁל זְבָחִים. קָדְשֵׁי קָדָשִׁים שְׁחִיטָתָן בַּצָּפוֹן. פַּר וְשָׂעִיר שֶׁל יוֹם הַכִּפּוּרִים, שְׁחִיטָתָן בַּצָּפוֹן, וְקִבּוּל דָּמָן בִּכְלֵי שָׁרֵת בַּצָּפוֹן, וְדָמָן טָעוּן הַזָּיָה עַל בֵּין הַבַּדִּים, וְעַל הַפָּרֹכֶת, וְעַל מִזְבַּח הַזָּהָב. מַתָּנָה אַחַת מֵהֶן מְעַכָּבֶת. שְׁיָרֵי הַדָּם הָיָה שׁוֹפֵךְ עַל יְסוֹד מַעֲרָבִי שֶׁל מִזְבֵּחַ הַחִיצוֹן, אִם לֹא נָתַן לֹא עִכֵּב. זבחים פרק ה

פָּרִים הַנִּשְׂרָפִים וּשְׂעִירִים הַנִּשְׂרָפִים, שְׁחִיטָתָן בַּצָּפוֹן, וְקִבּוּל דָּמָן בִּכְלֵי שָׁרֵת בַּצָּפוֹן, וְדָמָן טָעוּן הַזָּיָה עַל הַפָּרֹכֶת וְעַל מִזְבַּח הַזָּהָב. מַתָּנָה אַחַת מֵהֶן מְעַכָּבֶת. שְׁיָרֵי הַדָּם הָיָה שׁוֹפֵךְ עַל יְסוֹד מַעֲרָבִי שֶׁל מִזְבֵּחַ הַחִיצוֹן, אִם לֹא נָתַן לֹא עִכֵּב. אֵלּוּ וָאֵלּוּ נִשְׂרָפִין בְּבֵית הַדֶּשֶׁן.

חַטֹּאת הַצִּבּוּר וְהַיָּחִיד. אֵלּוּ הֵן חַטֹּאת הַצִּבּוּר: שְׂעִירֵי רָאשֵׁי חֳדָשִׁים וְשֶׁל מוֹעֲדוֹת. שְׁחִיטָתָן בַּצָּפוֹן, וְקִבּוּל דָּמָן בִּכְלֵי שָׁרֵת בַּצָּפוֹן, וְדָמָן טָעוּן

אַרְבַּע מַתָּנוֹת עַל אַרְבַּע קְרָנוֹת. כֵּיצַד, עָלָה בַכֶּבֶשׁ, וּפָנָה לַסּוֹבֵב, וּבָא לוֹ לְקֶרֶן דְּרוֹמִית מִזְרָחִית, מִזְרָחִית צְפוֹנִית, צְפוֹנִית מַעֲרָבִית, מַעֲרָבִית דְּרוֹמִית. שְׁיָרֵי הַדָּם הָיָה שׁוֹפֵךְ עַל יְסוֹד דְּרוֹמִי. וְנֶאֱכָלִין לִפְנִים מִן הַקְּלָעִים, לְזִכְרֵי כְהֻנָּה, בְּכָל מַאֲכָל, לְיוֹם וָלַיְלָה עַד חֲצוֹת.

הָעוֹלָה קֹדֶשׁ קָדָשִׁים. שְׁחִיטָתָהּ בַּצָּפוֹן, וְקִבּוּל דָּמָהּ בִּכְלִי שָׁרֵת בַּצָּפוֹן, וְדָמָהּ טָעוּן שְׁתֵּי מַתָּנוֹת שֶׁהֵן אַרְבַּע, וּטְעוּנָה הֶפְשֵׁט וְנִתּוּחַ, וְכָלִיל לָאִשִּׁים.

זִבְחֵי שַׁלְמֵי צִבּוּר וַאֲשָׁמוֹת. אֵלּוּ הֵן אֲשָׁמוֹת: אֲשַׁם גְּזֵלוֹת, אֲשַׁם מְעִילוֹת, אֲשַׁם שִׁפְחָה חֲרוּפָה, אֲשַׁם נָזִיר, אֲשַׁם מְצֹרָע, אָשָׁם תָּלוּי. שְׁחִיטָתָן בַּצָּפוֹן, וְקִבּוּל דָּמָן בִּכְלִי שָׁרֵת בַּצָּפוֹן, וְדָמָן טָעוּן שְׁתֵּי מַתָּנוֹת שֶׁהֵן אַרְבַּע. וְנֶאֱכָלִין לִפְנִים מִן הַקְּלָעִים, לְזִכְרֵי כְהֻנָּה, בְּכָל מַאֲכָל, לְיוֹם וָלַיְלָה עַד חֲצוֹת.

הַתּוֹדָה וְאֵיל נָזִיר קָדָשִׁים קַלִּים. שְׁחִיטָתָן בְּכָל מָקוֹם בָּעֲזָרָה, וְדָמָן טָעוּן שְׁתֵּי מַתָּנוֹת שֶׁהֵן אַרְבַּע, וְנֶאֱכָלִין בְּכָל הָעִיר, לְכָל אָדָם, בְּכָל מַאֲכָל, לְיוֹם וָלַיְלָה עַד חֲצוֹת. הַמּוּרָם מֵהֶם כַּיּוֹצֵא בָהֶם, אֶלָּא שֶׁהַמּוּרָם נֶאֱכָל לַכֹּהֲנִים, לִנְשֵׁיהֶם, וְלִבְנֵיהֶם וּלְעַבְדֵיהֶם.

שְׁלָמִים קָדָשִׁים קַלִּים. שְׁחִיטָתָן בְּכָל מָקוֹם בָּעֲזָרָה, וְדָמָן טָעוּן שְׁתֵּי מַתָּנוֹת שֶׁהֵן אַרְבַּע, וְנֶאֱכָלִין בְּכָל הָעִיר, לְכָל אָדָם, בְּכָל מַאֲכָל, לִשְׁנֵי יָמִים וְלַיְלָה אֶחָד. הַמּוּרָם מֵהֶם כַּיּוֹצֵא בָהֶם, אֶלָּא שֶׁהַמּוּרָם נֶאֱכָל לַכֹּהֲנִים, לִנְשֵׁיהֶם, וְלִבְנֵיהֶם וּלְעַבְדֵיהֶם.

הַבְּכוֹר וְהַמַּעֲשֵׂר וְהַפֶּסַח קָדָשִׁים קַלִּים. שְׁחִיטָתָן בְּכָל מָקוֹם בָּעֲזָרָה, וְדָמָן טָעוּן מַתָּנָה אֶחָת, וּבִלְבָד שֶׁיִּתֵּן כְּנֶגֶד הַיְסוֹד. שִׁנָּה בַאֲכִילָתָן, הַבְּכוֹר נֶאֱכָל לַכֹּהֲנִים וְהַמַּעֲשֵׂר לְכָל אָדָם, וְנֶאֱכָלִין בְּכָל הָעִיר, בְּכָל מַאֲכָל, לִשְׁנֵי יָמִים וְלַיְלָה אֶחָד. הַפֶּסַח אֵינוֹ נֶאֱכָל אֶלָּא בַלַּיְלָה, וְאֵינוֹ נֶאֱכָל אֶלָּא עַד חֲצוֹת, וְאֵינוֹ נֶאֱכָל אֶלָּא לִמְנוּיָו, וְאֵינוֹ נֶאֱכָל אֶלָּא צָלִי.

יש בתי כנסת המתחילים את התפילה בציבור כאן.

ברייתא דרבי ישמעאל

רַבִּי יִשְׁמָעֵאל אוֹמֵר: בִּשְׁלֹשׁ עֶשְׂרֵה מִדּוֹת הַתּוֹרָה נִדְרֶשֶׁת

א מִקַּל וָחֹמֶר

ב וּמִגְּזֵרָה שָׁוָה

ג מִבִּנְיַן אָב מִכָּתוּב אֶחָד, וּמִבִּנְיַן אָב מִשְּׁנֵי כְתוּבִים

ד מִכְּלָל וּפְרָט

ה מִפְּרָט וּכְלָל

ו כְּלָל וּפְרָט וּכְלָל, אִי אַתָּה דָן אֶלָּא כְּעֵין הַפְּרָט

ז מִכְּלָל שֶׁהוּא צָרִיךְ לִפְרָט, וּמִפְּרָט שֶׁהוּא צָרִיךְ לִכְלָל

ח כָּל דָּבָר שֶׁהָיָה בִּכְלָל, וְיָצָא מִן הַכְּלָל לְלַמֵּד
לֹא לְלַמֵּד עַל עַצְמוֹ יָצָא
אֶלָּא לְלַמֵּד עַל הַכְּלָל כֻּלּוֹ יָצָא

ט כָּל דָּבָר שֶׁהָיָה בִּכְלָל, וְיָצָא לִטְעֹן טֹעַן אֶחָד שֶׁהוּא כְעִנְיָנוֹ
יָצָא לְהָקֵל וְלֹא לְהַחֲמִיר

י כָּל דָּבָר שֶׁהָיָה בִּכְלָל, וְיָצָא לִטְעֹן טֹעַן אַחֵר שֶׁלֹּא כְעִנְיָנוֹ
יָצָא לְהָקֵל וּלְהַחֲמִיר

יא כָּל דָּבָר שֶׁהָיָה בִּכְלָל, וְיָצָא לִדּוֹן בַּדָּבָר הֶחָדָשׁ
אִי אַתָּה יָכוֹל לְהַחֲזִירוֹ לִכְלָלוֹ
עַד שֶׁיַּחֲזִירֶנּוּ הַכָּתוּב לִכְלָלוֹ בְּפֵרוּשׁ

◂ יב דָּבָר הַלָּמֵד מֵעִנְיָנוֹ, וְדָבָר הַלָּמֵד מִסּוֹפוֹ

יג וְכֵן שְׁנֵי כְתוּבִים הַמַּכְחִישִׁים זֶה אֶת זֶה
עַד שֶׁיָּבוֹא הַכָּתוּב הַשְּׁלִישִׁי וְיַכְרִיעַ בֵּינֵיהֶם.

יְהִי רָצוֹן מִלְּפָנֶיךָ, יהוה אֱלֹהֵינוּ וֵאלֹהֵי אֲבוֹתֵינוּ, שֶׁיִּבָּנֶה בֵּית הַמִּקְדָּשׁ בִּמְהֵרָה בְיָמֵינוּ, וְתֵן חֶלְקֵנוּ בְּתוֹרָתֶךָ, וְשָׁם נַעֲבָדְךָ בְּיִרְאָה כִּימֵי עוֹלָם וּכְשָׁנִים קַדְמוֹנִיּוֹת.

קדיש דרבנן

אם יש מניין, האבלים עומדים ואומרים קדיש דרבנן.

אבל:

יתגדל ויתקדש שמו הגדול	יִתְגַּדַּל וְיִתְקַדַּשׁ שְׁמֵהּ רַבָּא (קהל: אָמֵן)
בעולם אשר ברא כרצונו	בְּעָלְמָא דִּי בְרָא כִרְעוּתֵהּ
וימליך מלכותו	וְיַמְלִיךְ מַלְכוּתֵהּ
ויצמיח ישועתו	וְיַצְמַח פֻּרְקָנֵהּ
ויקרב משיחו	וִיקָרֵב מְשִׁיחֵהּ (קהל: אָמֵן)
בחייכם ובימיכם	בְּחַיֵּיכוֹן וּבְיוֹמֵיכוֹן
ובחיי כל בית ישראל	וּבְחַיֵּי דְכָל בֵּית יִשְׂרָאֵל
במהרה ובזמן קרוב	בַּעֲגָלָא וּבִזְמַן קָרִיב
ואמרו אמן.	וְאִמְרוּ אָמֵן. (קהל: אָמֵן)

קהל ואבל:

יהא שמו הגדול מבורך	יְהֵא שְׁמֵהּ רַבָּא מְבָרַךְ
לעולם ולעולמי עולמים	לְעָלַם וּלְעָלְמֵי עָלְמַיָּא.

אבל:

יתברך וישתבח ויתפאר	יִתְבָּרַךְ וְיִשְׁתַּבַּח וְיִתְפָּאַר
ויתרומם ויתנשא	וְיִתְרוֹמַם וְיִתְנַשֵּׂא
ויתהדר ויתעלה ויתהלל	וְיִתְהַדָּר וְיִתְעַלֶּה וְיִתְהַלָּל
שמו של הקדוש ברוך הוא	שְׁמֵהּ דְּקֻדְשָׁא בְּרִיךְ הוּא (קהל: אָמֵן)
למעלה מכל הברכות והשירות,	לְעֵלָּא מִן כָּל בִּרְכָתָא וְשִׁירָתָא
התשבחות והנחמות	תֻּשְׁבְּחָתָא וְנֶחֱמָתָא
האמורות בעולם	דַּאֲמִירָן בְּעָלְמָא
ואמרו אמן.	וְאִמְרוּ אָמֵן. (קהל: אָמֵן)

עַל יִשְׂרָאֵל וְעַל רַבָּנָן	על ישראל ועל רבותינו
וְעַל תַּלְמִידֵיהוֹן	ועל תלמידיהם
וְעַל כָּל תַּלְמִידֵי תַלְמִידֵיהוֹן	ועל כל תלמידי תלמידיהם
וְעַל כָּל מָאן דְּעָסְקִין בְּאוֹרַיְתָא	ועל כל מי שעוסקים בתורה
דִּי בְּאַתְרָא קַדִּישָׁא הָדֵין	שבמקום הקדוש הזה
וְדִי בְּכָל אֲתַר וַאֲתַר	ושבכל מקום ומקום
יְהֵא לְהוֹן וּלְכוֹן שְׁלָמָא רַבָּא	יהא להם ולכם שלום רב
חִנָּא וְחִסְדָּא, וְרַחֲמֵי	חן וחסד, ורחמים
וְחַיֵּי אֲרִיכֵי, וּמְזוֹנֵי רְוִיחֵי	וחיים ארוכים, ומזונות רווחים
וּפֻרְקָנָא מִן קֳדָם אֲבוּהוֹן	וישועה מלפני אביהם
דִּי בִשְׁמַיָּא וְאַרְעָא	שבשמים ובארץ
וְאִמְרוּ אָמֵן. (קהל: אָמֵן)	ואמרו אמן.

יְהֵא שְׁלָמָא רַבָּא מִן שְׁמַיָּא	יהא שלום רב מן השמים
וְחַיִּים טוֹבִים עָלֵינוּ	וחיים טובים עלינו
וְעַל כָּל יִשְׂרָאֵל	ועל כל ישראל
וְאִמְרוּ אָמֵן. (קהל: אָמֵן)	ואמרו אמן.

כורע ופוסע שלוש פסיעות לאחור.
קד לשמאל, לימין ולפנים באמירת:

עֹשֶׂה שָׁלוֹם בִּמְרוֹמָיו
הוּא בְּרַחֲמָיו יַעֲשֶׂה שָׁלוֹם
עָלֵינוּ וְעַל כָּל יִשְׂרָאֵל
וְאִמְרוּ אָמֵן. (קהל: אָמֵן)

בבתי כנסת המתפללים בנוסח אשכנז, הסדר הוא:
׳מִזְמוֹר שִׁיר־חֲנֻכַּת הַבַּיִת לְדָוִד׳ (עמ׳ 109), קדיש יתום (עמ׳ 165), ׳בָּרוּךְ שֶׁאָמַר׳ (עמ׳ 118),
׳הוֹדוּ לַה׳ קִרְאוּ בִשְׁמוֹ׳ (למטה), וממשיכים במזמורי שבת (עמ׳ 110).

תפילות השחר

בשעה שהעלו את ארון ה׳ לירושלים, אמרו הלוויים מזמור זה.
לאחריו מוסיפים לקט פסוקים המזכירים את חסדי ה׳.

הוֹדוּ לַיהוה קִרְאוּ בִשְׁמוֹ, הוֹדִיעוּ בָעַמִּים עֲלִילֹתָיו: שִׁירוּ לוֹ, דברי הימים א׳ טז
זַמְּרוּ־לוֹ, שִׂיחוּ בְּכָל־נִפְלְאֹתָיו: הִתְהַלְלוּ בְּשֵׁם קָדְשׁוֹ, יִשְׂמַח לֵב
מְבַקְשֵׁי יהוה: דִּרְשׁוּ יהוה וְעֻזּוֹ, בַּקְּשׁוּ פָנָיו תָּמִיד: זִכְרוּ נִפְלְאֹתָיו
אֲשֶׁר עָשָׂה, מֹפְתָיו וּמִשְׁפְּטֵי־פִיהוּ: זֶרַע יִשְׂרָאֵל עַבְדּוֹ, בְּנֵי יַעֲקֹב
בְּחִירָיו: הוּא יהוה אֱלֹהֵינוּ בְּכָל־הָאָרֶץ מִשְׁפָּטָיו: זִכְרוּ לְעוֹלָם
בְּרִיתוֹ, דָּבָר צִוָּה לְאֶלֶף דּוֹר: אֲשֶׁר כָּרַת אֶת־אַבְרָהָם, וּשְׁבוּעָתוֹ
לְיִצְחָק: וַיַּעֲמִידֶהָ לְיַעֲקֹב לְחֹק, לְיִשְׂרָאֵל בְּרִית עוֹלָם: לֵאמֹר, לְךָ
אֶתֵּן אֶרֶץ־כְּנָעַן, חֶבֶל נַחֲלַתְכֶם: בִּהְיוֹתְכֶם מְתֵי מִסְפָּר, כִּמְעַט
וְגָרִים בָּהּ: וַיִּתְהַלְּכוּ מִגּוֹי אֶל־גּוֹי, וּמִמַּמְלָכָה אֶל־עַם אַחֵר: לֹא־
הִנִּיחַ לְאִישׁ לְעָשְׁקָם, וַיּוֹכַח עֲלֵיהֶם מְלָכִים: אַל־תִּגְּעוּ בִּמְשִׁיחָי,
וּבִנְבִיאַי אַל־תָּרֵעוּ: שִׁירוּ לַיהוה כָּל־הָאָרֶץ, בַּשְּׂרוּ מִיּוֹם־אֶל־יוֹם
יְשׁוּעָתוֹ: סַפְּרוּ בַגּוֹיִם אֶת־כְּבוֹדוֹ, בְּכָל־הָעַמִּים נִפְלְאֹתָיו: כִּי גָדוֹל
יהוה וּמְהֻלָּל מְאֹד, וְנוֹרָא הוּא עַל־כָּל־אֱלֹהִים: ◂ כִּי כָּל־אֱלֹהֵי
הָעַמִּים אֱלִילִים, וַיהוה שָׁמַיִם עָשָׂה:

הוֹד וְהָדָר לְפָנָיו, עֹז וְחֶדְוָה בִּמְקֹמוֹ: הָבוּ לַיהוה מִשְׁפְּחוֹת
עַמִּים, הָבוּ לַיהוה כָּבוֹד וָעֹז: הָבוּ לַיהוה כְּבוֹד שְׁמוֹ, שְׂאוּ מִנְחָה
וּבֹאוּ לְפָנָיו, הִשְׁתַּחֲווּ לַיהוה בְּהַדְרַת־קֹדֶשׁ: חִילוּ מִלְּפָנָיו כָּל־
הָאָרֶץ, אַף־תִּכּוֹן תֵּבֵל בַּל־תִּמּוֹט: יִשְׂמְחוּ הַשָּׁמַיִם וְתָגֵל הָאָרֶץ,
וְיֹאמְרוּ בַגּוֹיִם יהוה מָלָךְ: יִרְעַם הַיָּם וּמְלוֹאוֹ, יַעֲלֹץ הַשָּׂדֶה וְכָל־

אֲשֶׁר־בּוֹ: אָז יְרַנְּנוּ עֲצֵי הַיָּעַר, מִלִּפְנֵי יהוה, כִּי־בָא לִשְׁפּוֹט אֶת־
הָאָרֶץ: הוֹדוּ לַיהוה כִּי טוֹב, כִּי לְעוֹלָם חַסְדּוֹ: וְאִמְרוּ, הוֹשִׁיעֵנוּ
אֱלֹהֵי יִשְׁעֵנוּ, וְקַבְּצֵנוּ וְהַצִּילֵנוּ מִן־הַגּוֹיִם, לְהֹדוֹת לְשֵׁם קָדְשֶׁךָ,
לְהִשְׁתַּבֵּחַ בִּתְהִלָּתֶךָ: בָּרוּךְ יהוה אֱלֹהֵי יִשְׂרָאֵל מִן־הָעוֹלָם וְעַד־
הָעֹלָם, וַיֹּאמְרוּ כָל־הָעָם אָמֵן, וְהַלֵּל לַיהוה:

תהלים צט רוֹמְמוּ יהוה אֱלֹהֵינוּ וְהִשְׁתַּחֲווּ לַהֲדֹם רַגְלָיו, קָדוֹשׁ הוּא:
רוֹמְמוּ יהוה אֱלֹהֵינוּ וְהִשְׁתַּחֲווּ לְהַר קָדְשׁוֹ, כִּי־קָדוֹשׁ יהוה אֱלֹהֵינוּ:

תהלים עח וְהוּא רַחוּם, יְכַפֵּר עָוֹן וְלֹא־יַשְׁחִית, וְהִרְבָּה לְהָשִׁיב אַפּוֹ,
תהלים מ וְלֹא־יָעִיר כָּל־חֲמָתוֹ: אַתָּה יהוה לֹא־תִכְלָא רַחֲמֶיךָ מִמֶּנִּי, חַסְדְּךָ
תהלים כה וַאֲמִתְּךָ תָּמִיד יִצְּרוּנִי: זְכֹר־רַחֲמֶיךָ יהוה וַחֲסָדֶיךָ, כִּי מֵעוֹלָם
תהלים סח הֵמָּה: תְּנוּ עֹז לֵאלֹהִים, עַל־יִשְׂרָאֵל גַּאֲוָתוֹ, וְעֻזּוֹ בַּשְּׁחָקִים: נוֹרָא
אֱלֹהִים מִמִּקְדָּשֶׁיךָ, אֵל יִשְׂרָאֵל הוּא נֹתֵן עֹז וְתַעֲצֻמוֹת לָעָם,
תהלים צד בָּרוּךְ אֱלֹהִים: אֵל־נְקָמוֹת יהוה, אֵל נְקָמוֹת הוֹפִיעַ: הִנָּשֵׂא שֹׁפֵט
תהלים ג הָאָרֶץ, הָשֵׁב גְּמוּל עַל־גֵּאִים: לַיהוה הַיְשׁוּעָה, עַל־עַמְּךָ בִרְכָתֶךָ
תהלים מו תהלים פד סֶּלָה: ◂ יהוה צְבָאוֹת עִמָּנוּ, מִשְׂגָּב לָנוּ אֱלֹהֵי יַעֲקֹב סֶלָה: יהוה
תהלים כ צְבָאוֹת, אַשְׁרֵי אָדָם בֹּטֵחַ בָּךְ: יהוה הוֹשִׁיעָה, הַמֶּלֶךְ יַעֲנֵנוּ
בְיוֹם־קָרְאֵנוּ:

תהלים כח הוֹשִׁיעָה אֶת־עַמֶּךָ, וּבָרֵךְ אֶת־נַחֲלָתֶךָ, וּרְעֵם וְנַשְּׂאֵם עַד־
תהלים לג הָעוֹלָם: נַפְשֵׁנוּ חִכְּתָה לַיהוה, עֶזְרֵנוּ וּמָגִנֵּנוּ הוּא: כִּי־בוֹ יִשְׂמַח
לִבֵּנוּ, כִּי בְשֵׁם קָדְשׁוֹ בָטָחְנוּ: יְהִי־חַסְדְּךָ יהוה עָלֵינוּ, כַּאֲשֶׁר
תהלים פה תהלים מד יִחַלְנוּ לָךְ: הַרְאֵנוּ יהוה חַסְדֶּךָ, וְיֶשְׁעֲךָ תִּתֶּן־לָנוּ: קוּמָה עֶזְרָתָה
תהלים פא לָּנוּ, וּפְדֵנוּ לְמַעַן חַסְדֶּךָ: אָנֹכִי יהוה אֱלֹהֶיךָ הַמַּעַלְךָ מֵאֶרֶץ
תהלים קמד מִצְרָיִם, הַרְחֶב־פִּיךָ וַאֲמַלְאֵהוּ: ◂ אַשְׁרֵי הָעָם שֶׁכָּכָה לּוֹ, אַשְׁרֵי
תהלים יג הָעָם שֶׁיהוה אֱלֹהָיו: וַאֲנִי בְּחַסְדְּךָ בָטַחְתִּי, יָגֵל לִבִּי בִּישׁוּעָתֶךָ,
אָשִׁירָה לַיהוה, כִּי גָמַל עָלָי:

דוד לא זכה לבנות את בית המקדש, אך מכיוון שנתן את נפשו על המקדש,
נקרא על שמו (במדבר רבה יב, ט).
בסידורי ספרד הישנים פרק זה נאמר כהמשך לפסוקי ההודיה שבסוף ׳הודו׳.

תהלים ל מִזְמוֹר שִׁיר־חֲנֻכַּת הַבַּיִת לְדָוִד: אֲרוֹמִמְךָ יהוה כִּי דִלִּיתָנִי, וְלֹא־שִׂמַּחְתָּ אֹיְבַי לִי: יהוה אֱלֹהָי, שִׁוַּעְתִּי אֵלֶיךָ וַתִּרְפָּאֵנִי: יהוה, הֶעֱלִיתָ מִן־שְׁאוֹל נַפְשִׁי, חִיִּיתַנִי מִיָּרְדִי־בוֹר: זַמְּרוּ לַיהוה חֲסִידָיו, וְהוֹדוּ לְזֵכֶר קָדְשׁוֹ: כִּי רֶגַע בְּאַפּוֹ, חַיִּים בִּרְצוֹנוֹ, בָּעֶרֶב יָלִין בֶּכִי וְלַבֹּקֶר רִנָּה: וַאֲנִי אָמַרְתִּי בְשַׁלְוִי, בַּל־אֶמּוֹט לְעוֹלָם: יהוה, בִּרְצוֹנְךָ הֶעֱמַדְתָּה לְהַרְרִי עֹז, הִסְתַּרְתָּ פָנֶיךָ הָיִיתִי נִבְהָל: אֵלֶיךָ יהוה אֶקְרָא, וְאֶל־אֲדֹנָי אֶתְחַנָּן: מַה־בֶּצַע בְּדָמִי, בְּרִדְתִּי אֶל שָׁחַת, הֲיוֹדְךָ עָפָר, הֲיַגִּיד אֲמִתֶּךָ: שְׁמַע־יהוה וְחָנֵּנִי, יהוה הֱיֵה־עֹזֵר לִי: › הָפַכְתָּ מִסְפְּדִי לְמָחוֹל לִי, פִּתַּחְתָּ שַׂקִּי, וַתְּאַזְּרֵנִי שִׂמְחָה: לְמַעַן יְזַמֶּרְךָ כָבוֹד וְלֹא יִדֹּם, יהוה אֱלֹהַי, לְעוֹלָם אוֹדֶךָּ:

עומדים ואומרים:

יהוה מֶלֶךְ, יהוה מָלָךְ, יהוה יִמְלֹךְ לְעֹלָם וָעֶד.
יהוה מֶלֶךְ, יהוה מָלָךְ, יהוה יִמְלֹךְ לְעֹלָם וָעֶד.

זכריה יד וְהָיָה יהוה לְמֶלֶךְ עַל־כָּל־הָאָרֶץ
בַּיּוֹם הַהוּא יִהְיֶה יהוה אֶחָד וּשְׁמוֹ אֶחָד:

תהלים קו הוֹשִׁיעֵנוּ יהוה אֱלֹהֵינוּ, וְקַבְּצֵנוּ מִן־הַגּוֹיִם, לְהוֹדוֹת לְשֵׁם קָדְשֶׁךָ, לְהִשְׁתַּבֵּחַ בִּתְהִלָּתֶךָ: בָּרוּךְ יהוה אֱלֹהֵי יִשְׂרָאֵל מִן־הָעוֹלָם וְעַד הָעוֹלָם, וְאָמַר כָּל־
תהלים קנ הָעָם אָמֵן, הַלְלוּיָהּ: כֹּל הַנְּשָׁמָה תְּהַלֵּל יָהּ, הַלְלוּיָהּ:

בחול המועד ממשיכים:

תהלים סז לַמְנַצֵּחַ בִּנְגִינֹת, מִזְמוֹר שִׁיר: אֱלֹהִים יְחָנֵּנוּ וִיבָרְכֵנוּ, יָאֵר פָּנָיו אִתָּנוּ סֶלָה: לָדַעַת בָּאָרֶץ דַּרְכֶּךָ, בְּכָל־גּוֹיִם יְשׁוּעָתֶךָ: יוֹדוּךָ עַמִּים אֱלֹהִים, יוֹדוּךָ עַמִּים כֻּלָּם: יִשְׂמְחוּ וִירַנְּנוּ לְאֻמִּים, כִּי־תִשְׁפֹּט עַמִּים מִישֹׁר,

וּלְאֻמִּים בָּאָרֶץ תַּנְחֵם סֶלָה: יוֹדוּךָ עַמִּים אֱלֹהִים, יוֹדוּךָ עַמִּים כֻּלָּם: ◂ אֶרֶץ נָתְנָה יְבוּלָהּ, יְבָרְכֵנוּ אֱלֹהִים אֱלֹהֵינוּ: יְבָרְכֵנוּ אֱלֹהִים, וְיִירְאוּ אוֹתוֹ כָּל־אַפְסֵי־אָרֶץ:

בחול המועד, חוץ מבהושענא רבה, ממשיכים 'בָּרוּךְ שֶׁאָמַר' (עמ' 118).

בבתי כנסת המתפללים בנוסח אשכנז, בחול המועד סוכות (לרבות בהושענא רבה), אומרים כאן 'מִזְמוֹר לְתוֹדָה' (עמ' 119).

נוהגים להאריך בפסוקי דזמרה לכבוד השבת ('אור זרוע' ח"ב מב).

תהלים יט לַמְנַצֵּחַ מִזְמוֹר לְדָוִד: הַשָּׁמַיִם מְסַפְּרִים כְּבוֹד־אֵל, וּמַעֲשֵׂה יָדָיו מַגִּיד הָרָקִיעַ: יוֹם לְיוֹם יַבִּיעַ אֹמֶר, וְלַיְלָה לְּלַיְלָה יְחַוֶּה־דָּעַת: אֵין־אֹמֶר וְאֵין דְּבָרִים, בְּלִי נִשְׁמָע קוֹלָם: בְּכָל־הָאָרֶץ יָצָא קַוָּם, וּבִקְצֵה תֵבֵל מִלֵּיהֶם, לַשֶּׁמֶשׁ שָׂם־אֹהֶל בָּהֶם: וְהוּא כְּחָתָן יֹצֵא מֵחֻפָּתוֹ, יָשִׂישׂ כְּגִבּוֹר לָרוּץ אֹרַח: מִקְצֵה הַשָּׁמַיִם מוֹצָאוֹ, וּתְקוּפָתוֹ עַל־קְצוֹתָם, וְאֵין נִסְתָּר מֵחַמָּתוֹ: תּוֹרַת יהוה תְּמִימָה, מְשִׁיבַת נָפֶשׁ, עֵדוּת יהוה נֶאֱמָנָה, מַחְכִּימַת פֶּתִי: פִּקּוּדֵי יהוה יְשָׁרִים, מְשַׂמְּחֵי־לֵב, מִצְוַת יהוה בָּרָה, מְאִירַת עֵינָיִם: יִרְאַת יהוה טְהוֹרָה, עוֹמֶדֶת לָעַד, מִשְׁפְּטֵי־יהוה אֱמֶת, צָדְקוּ יַחְדָּו: הַנֶּחֱמָדִים מִזָּהָב וּמִפַּז רָב, וּמְתוּקִים מִדְּבַשׁ וְנֹפֶת צוּפִים: גַּם־עַבְדְּךָ נִזְהָר בָּהֶם, בְּשָׁמְרָם עֵקֶב רָב: ◂ שְׁגִיאוֹת מִי־יָבִין, מִנִּסְתָּרוֹת נַקֵּנִי: גַּם מִזֵּדִים חֲשֹׂךְ עַבְדֶּךָ, אַל־יִמְשְׁלוּ־בִי אָז אֵיתָם, וְנִקֵּיתִי מִפֶּשַׁע רָב: יִהְיוּ לְרָצוֹן אִמְרֵי־פִי וְהֶגְיוֹן לִבִּי לְפָנֶיךָ, יהוה, צוּרִי וְגֹאֲלִי:

בבתי כנסת המתפללים בנוסח אשכנז, הסדר הוא:
מזמורים לד, צ, צא (עמ' 111–113), שני מזמורי הלל הגדול (עמ' 115–116),
'רַנְּנוּ צַדִּיקִים' (למטה) וממשיכים 'מִזְמוֹר שִׁיר לְיוֹם הַשַּׁבָּת' (עמ' 119).

תהלים לג רַנְּנוּ צַדִּיקִים בַּיהוה, לַיְשָׁרִים נָאוָה תְהִלָּה: הוֹדוּ לַיהוה בְּכִנּוֹר, בְּנֵבֶל עָשׂוֹר זַמְּרוּ־לוֹ: שִׁירוּ־לוֹ שִׁיר חָדָשׁ, הֵיטִיבוּ נַגֵּן בִּתְרוּעָה:

כִּי־יָשָׁר דְּבַר־יהוה, וְכָל־מַעֲשֵׂהוּ בֶּאֱמוּנָה: אֹהֵב צְדָקָה וּמִשְׁפָּט, חֶסֶד יהוה מָלְאָה הָאָרֶץ: בִּדְבַר יהוה שָׁמַיִם נַעֲשׂוּ, וּבְרוּחַ פִּיו כָּל־צְבָאָם: כֹּנֵס כַּנֵּד מֵי הַיָּם, נֹתֵן בְּאוֹצָרוֹת תְּהוֹמוֹת: יִירְאוּ מֵיהוה כָּל־הָאָרֶץ, מִמֶּנּוּ יָגוּרוּ כָּל־יֹשְׁבֵי תֵבֵל: כִּי הוּא אָמַר וַיֶּהִי, הוּא־צִוָּה וַיַּעֲמֹד: יהוה הֵפִיר עֲצַת־גּוֹיִם, הֵנִיא מַחְשְׁבוֹת עַמִּים: עֲצַת יהוה לְעוֹלָם תַּעֲמֹד, מַחְשְׁבוֹת לִבּוֹ לְדֹר וָדֹר: אַשְׁרֵי הַגּוֹי אֲשֶׁר־יהוה אֱלֹהָיו, הָעָם בָּחַר לְנַחֲלָה לוֹ: מִשָּׁמַיִם הִבִּיט יהוה, רָאָה אֶת־כָּל־בְּנֵי הָאָדָם: מִמְּכוֹן־שִׁבְתּוֹ הִשְׁגִּיחַ, אֶל כָּל־יֹשְׁבֵי הָאָרֶץ: הַיֹּצֵר יַחַד לִבָּם, הַמֵּבִין אֶל־כָּל־מַעֲשֵׂיהֶם: אֵין־הַמֶּלֶךְ נוֹשָׁע בְּרָב־חָיִל, גִּבּוֹר לֹא־יִנָּצֵל בְּרָב־כֹּחַ: שֶׁקֶר הַסּוּס לִתְשׁוּעָה, וּבְרֹב חֵילוֹ לֹא יְמַלֵּט: הִנֵּה עֵין יהוה אֶל־יְרֵאָיו, לַמְיַחֲלִים לְחַסְדּוֹ: לְהַצִּיל מִמָּוֶת נַפְשָׁם, וּלְחַיּוֹתָם בָּרָעָב: › נַפְשֵׁנוּ חִכְּתָה לַיהוה, עֶזְרֵנוּ וּמָגִנֵּנוּ הוּא: כִּי־בוֹ יִשְׂמַח לִבֵּנוּ, כִּי בְשֵׁם קָדְשׁוֹ בָטָחְנוּ: יְהִי־חַסְדְּךָ יהוה עָלֵינוּ, כַּאֲשֶׁר יִחַלְנוּ לָךְ:

מזמור זה, שנאמר בו 'אֲבָרְכָה אֶת־ה' בְּכָל־עֵת', היה ראוי להיאמר בכל יום, אך משום שחכמים חששו לטורח הציבור, תיקנו לומר אותו רק בשבתות ובימים טובים (סידור ר"ש מגרמייזא).

תהלים לד

לְדָוִד, בְּשַׁנּוֹתוֹ אֶת־טַעְמוֹ לִפְנֵי אֲבִימֶלֶךְ, וַיְגָרְשֵׁהוּ וַיֵּלַךְ: אֲבָרְכָה אֶת־יהוה בְּכָל־עֵת, תָּמִיד תְּהִלָּתוֹ בְּפִי: בַּיהוה תִּתְהַלֵּל נַפְשִׁי, יִשְׁמְעוּ עֲנָוִים וְיִשְׂמָחוּ: גַּדְּלוּ לַיהוה אִתִּי, וּנְרוֹמְמָה שְׁמוֹ יַחְדָּו: דָּרַשְׁתִּי אֶת־יהוה וְעָנָנִי, וּמִכָּל־מְגוּרוֹתַי הִצִּילָנִי: הִבִּיטוּ אֵלָיו וְנָהָרוּ, וּפְנֵיהֶם אַל־יֶחְפָּרוּ: זֶה עָנִי קָרָא, וַיהוה שָׁמֵעַ, וּמִכָּל־צָרוֹתָיו הוֹשִׁיעוֹ: חֹנֶה מַלְאַךְ־יהוה סָבִיב לִירֵאָיו, וַיְחַלְּצֵם: טַעֲמוּ וּרְאוּ כִּי־טוֹב יהוה, אַשְׁרֵי הַגֶּבֶר יֶחֱסֶה־בּוֹ: יְראוּ אֶת־יהוה קְדֹשָׁיו, כִּי־אֵין מַחְסוֹר לִירֵאָיו: כְּפִירִים רָשׁוּ וְרָעֵבוּ, וְדֹרְשֵׁי יהוה לֹא־יַחְסְרוּ כָל־טוֹב: לְכוּ־בָנִים שִׁמְעוּ־לִי, יִרְאַת יהוה אֲלַמֶּדְכֶם: מִי־הָאִישׁ

הֶחָפֵץ חַיִּים, אֹהֵב יָמִים לִרְאוֹת טוֹב: נְצֹר לְשׁוֹנְךָ מֵרָע, וּשְׂפָתֶיךָ מִדַּבֵּר מִרְמָה: סוּר מֵרָע וַעֲשֵׂה־טוֹב, בַּקֵּשׁ שָׁלוֹם וְרָדְפֵהוּ: עֵינֵי יהוה אֶל־צַדִּיקִים, וְאָזְנָיו אֶל־שַׁוְעָתָם: פְּנֵי יהוה בְּעֹשֵׂי רָע, לְהַכְרִית מֵאֶרֶץ זִכְרָם: צָעֲקוּ וַיהוה שָׁמֵעַ, וּמִכָּל־צָרוֹתָם הִצִּילָם: קָרוֹב יהוה לְנִשְׁבְּרֵי־לֵב, וְאֶת־דַּכְּאֵי־רוּחַ יוֹשִׁיעַ: רַבּוֹת רָעוֹת צַדִּיק, וּמִכֻּלָּם יַצִּילֶנּוּ יהוה: שֹׁמֵר כָּל־עַצְמוֹתָיו, אַחַת מֵהֵנָּה לֹא נִשְׁבָּרָה: ◂ תְּמוֹתֵת רָשָׁע רָעָה, וְשֹׂנְאֵי צַדִּיק יֶאְשָׁמוּ: פּוֹדֶה יהוה נֶפֶשׁ עֲבָדָיו, וְלֹא יֶאְשְׁמוּ כָּל־הַחֹסִים בּוֹ:

אחד עשר מזמורים בספר תהלים, צ–ק, מיוחסים למשה (רש״י בתהלים), תשעה מהם נאמרים בתפילות השבת: מזמורים צ–צא כאן, צב–צג שהם שיר של יום לשבת ולערב שבת, וצה–צט בקבלת שבת.

תהלים צ
תְּפִלָּה לְמֹשֶׁה אִישׁ־הָאֱלֹהִים, אֲדֹנָי, מָעוֹן אַתָּה הָיִיתָ לָּנוּ בְּדֹר וָדֹר: בְּטֶרֶם הָרִים יֻלָּדוּ, וַתְּחוֹלֵל אֶרֶץ וְתֵבֵל, וּמֵעוֹלָם עַד־עוֹלָם אַתָּה אֵל: תָּשֵׁב אֱנוֹשׁ עַד־דַּכָּא, וַתֹּאמֶר שׁוּבוּ בְנֵי־אָדָם: כִּי אֶלֶף שָׁנִים בְּעֵינֶיךָ, כְּיוֹם אֶתְמוֹל כִּי יַעֲבֹר, וְאַשְׁמוּרָה בַלָּיְלָה: זְרַמְתָּם, שֵׁנָה יִהְיוּ, בַּבֹּקֶר כֶּחָצִיר יַחֲלֹף: בַּבֹּקֶר יָצִיץ וְחָלָף, לָעֶרֶב יְמוֹלֵל וְיָבֵשׁ: כִּי־כָלִינוּ בְאַפֶּךָ, וּבַחֲמָתְךָ נִבְהָלְנוּ: שַׁתָּ עֲוֹנֹתֵינוּ לְנֶגְדֶּךָ, עֲלֻמֵנוּ לִמְאוֹר פָּנֶיךָ: כִּי כָל־יָמֵינוּ פָּנוּ בְעֶבְרָתֶךָ, כִּלִּינוּ שָׁנֵינוּ כְמוֹ־הֶגֶה: יְמֵי־שְׁנוֹתֵינוּ בָהֶם שִׁבְעִים שָׁנָה, וְאִם בִּגְבוּרֹת שְׁמוֹנִים שָׁנָה, וְרָהְבָּם עָמָל וָאָוֶן, כִּי־גָז חִישׁ וַנָּעֻפָה: מִי־יוֹדֵעַ עֹז אַפֶּךָ, וּכְיִרְאָתְךָ עֶבְרָתֶךָ: לִמְנוֹת יָמֵינוּ כֵּן הוֹדַע, וְנָבִא לְבַב חָכְמָה: שׁוּבָה יהוה עַד־מָתָי, וְהִנָּחֵם עַל־עֲבָדֶיךָ: שַׂבְּעֵנוּ בַבֹּקֶר חַסְדֶּךָ, וּנְרַנְּנָה וְנִשְׂמְחָה בְּכָל־יָמֵינוּ: שַׂמְּחֵנוּ כִּימוֹת עִנִּיתָנוּ, שְׁנוֹת רָאִינוּ רָעָה: יֵרָאֶה אֶל־עֲבָדֶיךָ פָעֳלֶךָ, וַהֲדָרְךָ עַל־בְּנֵיהֶם: ◂ וִיהִי נֹעַם אֲדֹנָי אֱלֹהֵינוּ עָלֵינוּ, וּמַעֲשֵׂה יָדֵינוּ כּוֹנְנָה עָלֵינוּ, וּמַעֲשֵׂה יָדֵינוּ כּוֹנְנֵהוּ:

מזמור זה מכונה ׳שיר של פגעים׳, מפני שהוא עוסק בשמירה של הקב״ה על האדם ובמידת הביטחון (שבועות טו ע״ב).

יֹשֵׁב בְּסֵתֶר עֶלְיוֹן, בְּצֵל שַׁדַּי יִתְלוֹנָן: אֹמַר לַיהוה מַחְסִי וּמְצוּדָתִי, תהלים צא
אֱלֹהַי אֶבְטַח־בּוֹ: כִּי הוּא יַצִּילְךָ מִפַּח יָקוּשׁ, מִדֶּבֶר הַוּוֹת: בְּאֶבְרָתוֹ
יָסֶךְ לָךְ, וְתַחַת־כְּנָפָיו תֶּחְסֶה, צִנָּה וְסֹחֵרָה אֲמִתּוֹ: לֹא־תִירָא
מִפַּחַד לָיְלָה, מֵחֵץ יָעוּף יוֹמָם: מִדֶּבֶר בָּאֹפֶל יַהֲלֹךְ, מִקֶּטֶב יָשׁוּד
צָהֳרָיִם: יִפֹּל מִצִּדְּךָ אֶלֶף, וּרְבָבָה מִימִינֶךָ, אֵלֶיךָ לֹא יִגָּשׁ: רַק בְּעֵינֶיךָ
תַבִּיט, וְשִׁלֻּמַת רְשָׁעִים תִּרְאֶה: כִּי־אַתָּה יהוה מַחְסִי, עֶלְיוֹן שַׂמְתָּ
מְעוֹנֶךָ: לֹא־תְאֻנֶּה אֵלֶיךָ רָעָה, וְנֶגַע לֹא־יִקְרַב בְּאָהֳלֶךָ: כִּי מַלְאָכָיו
יְצַוֶּה־לָּךְ, לִשְׁמָרְךָ בְּכָל־דְּרָכֶיךָ: עַל־כַּפַּיִם יִשָּׂאוּנְךָ, פֶּן־תִּגֹּף בָּאֶבֶן
רַגְלֶךָ: עַל־שַׁחַל וָפֶתֶן תִּדְרֹךְ, תִּרְמֹס כְּפִיר וְתַנִּין: כִּי בִי חָשַׁק
וַאֲפַלְּטֵהוּ, אֲשַׂגְּבֵהוּ כִּי־יָדַע שְׁמִי: יִקְרָאֵנִי וְאֶעֱנֵהוּ, עִמּוֹ אָנֹכִי בְצָרָה,
אֲחַלְּצֵהוּ וַאֲכַבְּדֵהוּ: ◂ אֹרֶךְ יָמִים אַשְׂבִּיעֵהוּ, וְאַרְאֵהוּ בִּישׁוּעָתִי:
אֹרֶךְ יָמִים אַשְׂבִּיעֵהוּ, וְאַרְאֵהוּ בִּישׁוּעָתִי:

״וַיִּשַּׁרְנָה הַפָּרוֹת בַּדֶּרֶךְ עַל־דֶּרֶךְ בֵּית שֶׁמֶשׁ״ (שמ״א ו, יב) - ״א״ר יוחנן בשם ר׳ מאיר: שאמרו שירה״ (עבודה זרה כד ע״ב). בזוהר (חיי שרה, קכג ע״א) מבואר שהפרות שהעלו את הארון מידי הפלישתים אמרו את מזמור צח, ולכן נהגו לאומרו בשבת בבוקר (סידור ר׳ חיים ויטל).

בבתי כנסת המתפללים בנוסח אשכנז, אין אומרים מזמור זה, ולא את שירי המעלות שאחריו, אלא ממשיכים ׳הַלְלוּיָהּ, הַלְלוּ אֶת־שֵׁם ה׳׳ (עמ׳ 115).

מִזְמוֹר, שִׁירוּ לַיהוה שִׁיר חָדָשׁ כִּי־נִפְלָאוֹת עָשָׂה, הוֹשִׁיעָה־ תהלים צח
לּוֹ יְמִינוֹ וּזְרוֹעַ קָדְשׁוֹ: הוֹדִיעַ יהוה יְשׁוּעָתוֹ, לְעֵינֵי הַגּוֹיִם גִּלָּה
צִדְקָתוֹ: זָכַר חַסְדּוֹ וֶאֱמוּנָתוֹ לְבֵית יִשְׂרָאֵל, רָאוּ כָל־אַפְסֵי־אָרֶץ
אֵת יְשׁוּעַת אֱלֹהֵינוּ: הָרִיעוּ לַיהוה כָּל־הָאָרֶץ, פִּצְחוּ וְרַנְּנוּ וְזַמֵּרוּ:
זַמְּרוּ לַיהוה בְּכִנּוֹר, בְּכִנּוֹר וְקוֹל זִמְרָה: בַּחֲצֹצְרוֹת וְקוֹל שׁוֹפָר,
הָרִיעוּ לִפְנֵי הַמֶּלֶךְ יהוה: יִרְעַם הַיָּם וּמְלֹאוֹ, תֵּבֵל וְיֹשְׁבֵי בָהּ:
◂ נְהָרוֹת יִמְחֲאוּ־כָף, יַחַד הָרִים יְרַנֵּנוּ: לִפְנֵי יהוה כִּי בָא לִשְׁפֹּט
הָאָרֶץ, יִשְׁפֹּט־תֵּבֵל בְּצֶדֶק, וְעַמִּים בְּמֵישָׁרִים:

באבודרהם מובא שבשבת מוסיפים לפני פסוקי דזמרה עשרה מזמורים כנגד עשרה מאמרות שבהם נברא העולם; והוא מונה את מזמור קכא ומזמור קכד. ובסידורים שאחריו הוסיפו את מזמורים קכב וקכג, כדי ליצור רצף פרקים (סידור הרמ״ק).

תהלים קכא

שִׁיר לַמַּעֲלוֹת, אֶשָּׂא עֵינַי אֶל־הֶהָרִים, מֵאַיִן יָבֹא עֶזְרִי: עֶזְרִי מֵעִם יהוה, עֹשֵׂה שָׁמַיִם וָאָרֶץ: אַל־יִתֵּן לַמּוֹט רַגְלֶךָ, אַל־יָנוּם שֹׁמְרֶךָ: הִנֵּה לֹא־יָנוּם וְלֹא יִישָׁן שׁוֹמֵר יִשְׂרָאֵל: יהוה שֹׁמְרֶךָ, יהוה צִלְּךָ עַל־יַד יְמִינֶךָ: יוֹמָם הַשֶּׁמֶשׁ לֹא־יַכֶּכָּה, וְיָרֵחַ בַּלָּיְלָה: ◂ יהוה יִשְׁמָרְךָ מִכָּל־רָע, יִשְׁמֹר אֶת־נַפְשֶׁךָ: יהוה יִשְׁמָר־צֵאתְךָ וּבוֹאֶךָ, מֵעַתָּה וְעַד־עוֹלָם:

תהלים קכב

שִׁיר הַמַּעֲלוֹת לְדָוִד, שָׂמַחְתִּי בְּאֹמְרִים לִי בֵּית יהוה נֵלֵךְ: עֹמְדוֹת הָיוּ רַגְלֵינוּ, בִּשְׁעָרַיִךְ יְרוּשָׁלָםִ: יְרוּשָׁלַםִ הַבְּנוּיָה, כְּעִיר שֶׁחֻבְּרָה־לָּהּ יַחְדָּו: שֶׁשָּׁם עָלוּ שְׁבָטִים שִׁבְטֵי־יָהּ, עֵדוּת לְיִשְׂרָאֵל, לְהֹדוֹת לְשֵׁם יהוה: כִּי שָׁמָּה יָשְׁבוּ כִסְאוֹת לְמִשְׁפָּט, כִּסְאוֹת לְבֵית דָּוִד: שַׁאֲלוּ שְׁלוֹם יְרוּשָׁלָםִ, יִשְׁלָיוּ אֹהֲבָיִךְ: יְהִי־שָׁלוֹם בְּחֵילֵךְ, שַׁלְוָה בְּאַרְמְנוֹתָיִךְ: ◂ לְמַעַן אַחַי וְרֵעָי, אֲדַבְּרָה־נָּא שָׁלוֹם בָּךְ: לְמַעַן בֵּית־יהוה אֱלֹהֵינוּ, אֲבַקְשָׁה טוֹב לָךְ:

תהלים קכג

שִׁיר הַמַּעֲלוֹת, אֵלֶיךָ נָשָׂאתִי אֶת־עֵינַי, הַיֹּשְׁבִי בַּשָּׁמָיִם: הִנֵּה כְעֵינֵי עֲבָדִים אֶל־יַד אֲדוֹנֵיהֶם, כְּעֵינֵי שִׁפְחָה אֶל־יַד גְּבִרְתָּהּ, כֵּן עֵינֵינוּ אֶל־יהוה אֱלֹהֵינוּ, עַד שֶׁיְּחָנֵּנוּ: ◂ חָנֵּנוּ יהוה חָנֵּנוּ, כִּי־רַב שָׂבַעְנוּ בוּז: רַבַּת שָׂבְעָה־לָּהּ נַפְשֵׁנוּ, הַלַּעַג הַשַּׁאֲנַנִּים, הַבּוּז לִגְאֵי יוֹנִים:

תהלים קכד

שִׁיר הַמַּעֲלוֹת לְדָוִד, לוּלֵי יהוה שֶׁהָיָה לָנוּ, יֹאמַר־נָא יִשְׂרָאֵל: לוּלֵי יהוה שֶׁהָיָה לָנוּ, בְּקוּם עָלֵינוּ אָדָם: אֲזַי חַיִּים בְּלָעוּנוּ, בַּחֲרוֹת אַפָּם בָּנוּ: אֲזַי הַמַּיִם שְׁטָפוּנוּ, נַחְלָה עָבַר עַל־נַפְשֵׁנוּ: אֲזַי עָבַר עַל־נַפְשֵׁנוּ, הַמַּיִם הַזֵּידוֹנִים: בָּרוּךְ יהוה, שֶׁלֹּא נְתָנָנוּ טֶרֶף לְשִׁנֵּיהֶם: ◂ נַפְשֵׁנוּ כְּצִפּוֹר נִמְלְטָה מִפַּח יוֹקְשִׁים, הַפַּח נִשְׁבָּר וַאֲנַחְנוּ נִמְלָטְנוּ: עֶזְרֵנוּ בְּשֵׁם יהוה, עֹשֵׂה שָׁמַיִם וָאָרֶץ:

במזמור זה המשורר פונה לכוהנים וללוויים שיהללו את ה׳,
ובמזמור הבא, המקביל לו, הוא פונה לישראל שיעשו כן אף הם (ראב״ע).

הַלְלוּיָהּ, הַלְלוּ אֶת־שֵׁם יהוה, הַלְלוּ עַבְדֵי יהוה: תהלים קלה
שֶׁעֹמְדִים בְּבֵית יהוה, בְּחַצְרוֹת בֵּית אֱלֹהֵינוּ:
הַלְלוּיָהּ כִּי־טוֹב יהוה, זַמְּרוּ לִשְׁמוֹ כִּי נָעִים:
כִּי־יַעֲקֹב בָּחַר לוֹ יָהּ, יִשְׂרָאֵל לִסְגֻלָּתוֹ:
כִּי אֲנִי יָדַעְתִּי כִּי־גָדוֹל יהוה, וַאֲדֹנֵינוּ מִכָּל־אֱלֹהִים:
כֹּל אֲשֶׁר־חָפֵץ יהוה עָשָׂה, בַּשָּׁמַיִם וּבָאָרֶץ, בַּיַּמִּים וְכָל־תְּהוֹמוֹת:
מַעֲלֶה נְשִׂאִים מִקְצֵה הָאָרֶץ
בְּרָקִים לַמָּטָר עָשָׂה, מוֹצֵא־רוּחַ מֵאֹצְרוֹתָיו:
שֶׁהִכָּה בְּכוֹרֵי מִצְרָיִם, מֵאָדָם עַד־בְּהֵמָה:
שָׁלַח אוֹתֹת וּמֹפְתִים בְּתוֹכֵכִי מִצְרָיִם, בְּפַרְעֹה וּבְכָל־עֲבָדָיו:
שֶׁהִכָּה גּוֹיִם רַבִּים, וְהָרַג מְלָכִים עֲצוּמִים:
לְסִיחוֹן מֶלֶךְ הָאֱמֹרִי, וּלְעוֹג מֶלֶךְ הַבָּשָׁן, וּלְכֹל מַמְלְכוֹת כְּנָעַן:
וְנָתַן אַרְצָם נַחֲלָה, נַחֲלָה לְיִשְׂרָאֵל עַמּוֹ:
יהוה שִׁמְךָ לְעוֹלָם, יהוה זִכְרְךָ לְדֹר־וָדֹר:
כִּי־יָדִין יהוה עַמּוֹ, וְעַל־עֲבָדָיו יִתְנֶחָם:
עֲצַבֵּי הַגּוֹיִם כֶּסֶף וְזָהָב, מַעֲשֵׂה יְדֵי אָדָם:
פֶּה־לָהֶם וְלֹא יְדַבֵּרוּ, עֵינַיִם לָהֶם וְלֹא יִרְאוּ:
אָזְנַיִם לָהֶם וְלֹא יַאֲזִינוּ, אַף אֵין־יֶשׁ־רוּחַ בְּפִיהֶם:
כְּמוֹהֶם יִהְיוּ עֹשֵׂיהֶם, כֹּל אֲשֶׁר־בֹּטֵחַ בָּהֶם:
בֵּית יִשְׂרָאֵל בָּרְכוּ אֶת־יהוה
בֵּית אַהֲרֹן בָּרְכוּ אֶת־יהוה:
◂ בֵּית הַלֵּוִי בָּרְכוּ אֶת־יהוה
יִרְאֵי יהוה בָּרְכוּ אֶת־יהוה:
בָּרוּךְ יהוה מִצִּיּוֹן, שֹׁכֵן יְרוּשָׁלָםִ, הַלְלוּיָהּ:

מזמור זה מכונה בגמרא 'הלל הגדול' (פסחים קיח ע"א), מפני שהוא משבח את ה' על הבריאה, על הנסים שעשה לישראל ועל הפרנסה היום־יומית (סידור חסידי אשכנז).

תהלים קלו הוֹדוּ לַיהוה כִּי־טוֹב כִּי לְעוֹלָם חַסְדּוֹ:
הוֹדוּ לֵאלֹהֵי הָאֱלֹהִים כִּי לְעוֹלָם חַסְדּוֹ:
הוֹדוּ לַאֲדֹנֵי הָאֲדֹנִים כִּי לְעוֹלָם חַסְדּוֹ:
לְעֹשֵׂה נִפְלָאוֹת גְּדֹלוֹת לְבַדּוֹ כִּי לְעוֹלָם חַסְדּוֹ:
לְעֹשֵׂה הַשָּׁמַיִם בִּתְבוּנָה כִּי לְעוֹלָם חַסְדּוֹ:
לְרֹקַע הָאָרֶץ עַל־הַמָּיִם כִּי לְעוֹלָם חַסְדּוֹ:
לְעֹשֵׂה אוֹרִים גְּדֹלִים כִּי לְעוֹלָם חַסְדּוֹ:
אֶת־הַשֶּׁמֶשׁ לְמֶמְשֶׁלֶת בַּיּוֹם כִּי לְעוֹלָם חַסְדּוֹ:
אֶת־הַיָּרֵחַ וְכוֹכָבִים לְמֶמְשְׁלוֹת בַּלָּיְלָה כִּי לְעוֹלָם חַסְדּוֹ:
לְמַכֵּה מִצְרַיִם בִּבְכוֹרֵיהֶם כִּי לְעוֹלָם חַסְדּוֹ:
וַיּוֹצֵא יִשְׂרָאֵל מִתּוֹכָם כִּי לְעוֹלָם חַסְדּוֹ:
בְּיָד חֲזָקָה וּבִזְרוֹעַ נְטוּיָה כִּי לְעוֹלָם חַסְדּוֹ:
לְגֹזֵר יַם־סוּף לִגְזָרִים כִּי לְעוֹלָם חַסְדּוֹ:
וְהֶעֱבִיר יִשְׂרָאֵל בְּתוֹכוֹ כִּי לְעוֹלָם חַסְדּוֹ:
וְנִעֵר פַּרְעֹה וְחֵילוֹ בְיַם־סוּף כִּי לְעוֹלָם חַסְדּוֹ:
לְמוֹלִיךְ עַמּוֹ בַּמִּדְבָּר כִּי לְעוֹלָם חַסְדּוֹ:
לְמַכֵּה מְלָכִים גְּדֹלִים כִּי לְעוֹלָם חַסְדּוֹ:
וַיַּהֲרֹג מְלָכִים אַדִּירִים כִּי לְעוֹלָם חַסְדּוֹ:
לְסִיחוֹן מֶלֶךְ הָאֱמֹרִי כִּי לְעוֹלָם חַסְדּוֹ:
וּלְעוֹג מֶלֶךְ הַבָּשָׁן כִּי לְעוֹלָם חַסְדּוֹ:
וְנָתַן אַרְצָם לְנַחֲלָה כִּי לְעוֹלָם חַסְדּוֹ:
נַחֲלָה לְיִשְׂרָאֵל עַבְדּוֹ כִּי לְעוֹלָם חַסְדּוֹ:
שֶׁבְּשִׁפְלֵנוּ זָכַר לָנוּ כִּי לְעוֹלָם חַסְדּוֹ:
וַיִּפְרְקֵנוּ מִצָּרֵינוּ כִּי לְעוֹלָם חַסְדּוֹ:

◂ נֹתֵן לֶחֶם לְכָל־בָּשָׂר כִּי לְעוֹלָם חַסְדּוֹ:
הוֹדוּ לְאֵל הַשָּׁמָיִם כִּי לְעוֹלָם חַסְדּוֹ:

פיוט זה – מקורו בספר היכלות, והוא נחשב מאוד בעיני חסידי אשכנז. בנוסח אשכנז אין אומרים אותו, משום דברי מהרי"ל שאין לאומרו אלא ביום כיפור. אך החסידים הנהיגו לאומרו בכל שבת, והסתפקו באמירתו בלחש (אשל אברהם), ויש שנהגו לאומרו לפני התפילה (יד אהרן).

הָאַדֶּרֶת וְהָאֱמוּנָה לְחַי עוֹלָמִים
הַבִּינָה וְהַבְּרָכָה לְחַי עוֹלָמִים
הַגַּאֲוָה וְהַגְּדֻלָּה לְחַי עוֹלָמִים
הַדֵּעָה וְהַדִּבּוּר לְחַי עוֹלָמִים
הַהוֹד וְהֶהָדָר לְחַי עוֹלָמִים
הַוַּעַד וְהַוָּתִיקוּת לְחַי עוֹלָמִים
הַזִּךְ וְהַזֹּהַר לְחַי עוֹלָמִים
הַחַיִל וְהַחֹסֶן לְחַי עוֹלָמִים
הַטֶּכֶס וְהַטֹּהַר לְחַי עוֹלָמִים
הַיִּחוּד וְהַיִּרְאָה לְחַי עוֹלָמִים
הַכֶּתֶר וְהַכָּבוֹד לְחַי עוֹלָמִים
הַלֶּקַח וְהַלִּבּוּב לְחַי עוֹלָמִים
הַמְּלוּכָה וְהַמֶּמְשָׁלָה לְחַי עוֹלָמִים
הַנּוֹי וְהַנֵּצַח לְחַי עוֹלָמִים
הַסִּגּוּי וְהַשֶּׂגֶב לְחַי עוֹלָמִים
הָעֹז וְהָעֲנָוָה לְחַי עוֹלָמִים
הַפְּדוּת וְהַפְּאֵר לְחַי עוֹלָמִים
הַצְּבִי וְהַצֶּדֶק לְחַי עוֹלָמִים
הַקְּרִיאָה וְהַקְּדֻשָּׁה לְחַי עוֹלָמִים
הָרֹן וְהָרוֹמֵמוּת לְחַי עוֹלָמִים
◂ הַשִּׁיר וְהַשֶּׁבַח לְחַי עוֹלָמִים
הַתְּהִלָּה וְהַתִּפְאֶרֶת לְחַי עוֹלָמִים

פסוקי דזמרה

מ׳בָּרוּךְ שֶׁאָמַר׳ ואילך אסור לדבר בדברי חול עד סוף התפילה.
נהוג לומר ׳בָּרוּךְ שֶׁאָמַר׳ בעמידה, והמתפלל אוחז שתי ציציות לפניו.

הֲרֵינִי מְזַמֵּן אֶת פִּי לְהוֹדוֹת וּלְהַלֵּל וּלְשַׁבֵּחַ אֶת בּוֹרְאִי, לְשֵׁם יִחוּד קֻדְשָׁא בְּרִיךְ הוּא וּשְׁכִינְתֵּהּ עַל יְדֵי הַהוּא טָמִיר וְנֶעְלָם בְּשֵׁם כָּל יִשְׂרָאֵל.

בָּרוּךְ שֶׁאָמַר וְהָיָה הָעוֹלָם, בָּרוּךְ הוּא.

בָּרוּךְ אוֹמֵר וְעוֹשֶׂה
בָּרוּךְ גּוֹזֵר וּמְקַיֵּם
בָּרוּךְ עוֹשֶׂה בְרֵאשִׁית
בָּרוּךְ מְרַחֵם עַל הָאָרֶץ
בָּרוּךְ מְרַחֵם עַל הַבְּרִיּוֹת
בָּרוּךְ מְשַׁלֵּם שָׂכָר טוֹב לִירֵאָיו
בָּרוּךְ חַי לָעַד וְקַיָּם לָנֶצַח
בָּרוּךְ פּוֹדֶה וּמַצִּיל
בָּרוּךְ שְׁמוֹ

בָּרוּךְ אַתָּה יהוה אֱלֹהֵינוּ מֶלֶךְ הָעוֹלָם, הָאֵל הָאָב הָרַחֲמָן הַמְהֻלָּל בְּפֶה עַמּוֹ, מְשֻׁבָּח וּמְפֹאָר בִּלְשׁוֹן חֲסִידָיו וַעֲבָדָיו וּבְשִׁירֵי דָוִד עַבְדֶּךָ, נְהַלֶּלְךָ יהוה אֱלֹהֵינוּ.
בִּשְׁבָחוֹת וּבִזְמִירוֹת נְגַדֶּלְךָ וּנְשַׁבֵּחֲךָ וּנְפָאֶרְךָ וְנַמְלִיכְךָ וְנַזְכִּיר שִׁמְךָ מַלְכֵּנוּ אֱלֹהֵינוּ. ◂ יָחִיד חֵי הָעוֹלָמִים מֶלֶךְ, מְשֻׁבָּח וּמְפֹאָר עֲדֵי עַד שְׁמוֹ הַגָּדוֹל
בָּרוּךְ אַתָּה יהוה, מֶלֶךְ מְהֻלָּל בַּתִּשְׁבָּחוֹת.

בחול המועד סוכות (לרבות הושענא רבה) אומרים 'מִזְמוֹר לְתוֹדָה'.

נחלקו המקובלים אם מוטב לאומרו בישיבה או בעמידה, והמנהג הנפוץ לאומרו בעמידה.

תהלים ק
מִזְמוֹר לְתוֹדָה, הָרִיעוּ לַיהוה כָּל־הָאָרֶץ: עִבְדוּ אֶת־יהוה בְּשִׂמְחָה, בֹּאוּ לְפָנָיו בִּרְנָנָה: דְּעוּ כִּי־יהוה הוּא אֱלֹהִים, הוּא עָשָׂנוּ וְלוֹ אֲנַחְנוּ, עַמּוֹ וְצֹאן מַרְעִיתוֹ: בֹּאוּ שְׁעָרָיו בְּתוֹדָה, חֲצֵרֹתָיו בִּתְהִלָּה, הוֹדוּ לוֹ, בָּרְכוּ שְׁמוֹ: ‹ כִּי־טוֹב יהוה, לְעוֹלָם חַסְדּוֹ, וְעַד־דֹּר וָדֹר אֱמוּנָתוֹ:

בחול המועד (לרבות הושענא רבה) ממשיכים 'יְהִי כְבוֹד' (בעמוד הבא).

תהלים צב
מִזְמוֹר שִׁיר לְיוֹם הַשַּׁבָּת: טוֹב לְהֹדוֹת לַיהוה, וּלְזַמֵּר לְשִׁמְךָ עֶלְיוֹן: לְהַגִּיד בַּבֹּקֶר חַסְדֶּךָ, וֶאֱמוּנָתְךָ בַּלֵּילוֹת: עֲלֵי־עָשׂוֹר וַעֲלֵי־נָבֶל, עֲלֵי הִגָּיוֹן בְּכִנּוֹר: כִּי שִׂמַּחְתַּנִי יהוה בְּפָעֳלֶךָ, בְּמַעֲשֵׂי יָדֶיךָ אֲרַנֵּן: מַה־גָּדְלוּ מַעֲשֶׂיךָ יהוה, מְאֹד עָמְקוּ מַחְשְׁבֹתֶיךָ: אִישׁ־בַּעַר לֹא יֵדָע, וּכְסִיל לֹא־יָבִין אֶת־זֹאת: בִּפְרֹחַ רְשָׁעִים כְּמוֹ עֵשֶׂב, וַיָּצִיצוּ כָּל־פֹּעֲלֵי אָוֶן, לְהִשָּׁמְדָם עֲדֵי־עַד: וְאַתָּה מָרוֹם לְעֹלָם יהוה: כִּי הִנֵּה אֹיְבֶיךָ יהוה, כִּי־הִנֵּה אֹיְבֶיךָ יֹאבֵדוּ, יִתְפָּרְדוּ כָּל־פֹּעֲלֵי אָוֶן: וַתָּרֶם כִּרְאֵים קַרְנִי, בַּלֹּתִי בְּשֶׁמֶן רַעֲנָן: וַתַּבֵּט עֵינִי בְּשׁוּרָי, בַּקָּמִים עָלַי מְרֵעִים תִּשְׁמַעְנָה אָזְנָי: ‹ צַדִּיק כַּתָּמָר יִפְרָח, כְּאֶרֶז בַּלְּבָנוֹן יִשְׂגֶּה: שְׁתוּלִים בְּבֵית יהוה, בְּחַצְרוֹת אֱלֹהֵינוּ יַפְרִיחוּ: עוֹד יְנוּבוּן בְּשֵׂיבָה, דְּשֵׁנִים וְרַעֲנַנִּים יִהְיוּ: לְהַגִּיד כִּי־יָשָׁר יהוה, צוּרִי, וְלֹא־עַוְלָתָה בּוֹ:

תהלים צג
יהוה מָלָךְ, גֵּאוּת לָבֵשׁ, לָבֵשׁ יהוה עֹז הִתְאַזָּר, אַף־תִּכּוֹן תֵּבֵל בַּל־תִּמּוֹט: נָכוֹן כִּסְאֲךָ מֵאָז, מֵעוֹלָם אָתָּה: נָשְׂאוּ נְהָרוֹת יהוה, נָשְׂאוּ נְהָרוֹת קוֹלָם, יִשְׂאוּ נְהָרוֹת דָּכְיָם: ‹ מִקֹּלוֹת מַיִם רַבִּים, אַדִּירִים מִשְׁבְּרֵי־יָם, אַדִּיר בַּמָּרוֹם יהוה: עֵדֹתֶיךָ נֶאֶמְנוּ מְאֹד לְבֵיתְךָ נַאֲוָה־קֹדֶשׁ, יהוה לְאֹרֶךְ יָמִים:

הגמרא בחולין ס ע״א מייחסת את הפסוק ׳יְהִי כְבוֹד ה׳ לְעוֹלָם׳ לשר העולם, שאמרו לאחר הבריאה. לאחר אמירת שני המזמורים הקודמים על השלמת הבריאה ממשיכים באמירת פסוקי דזמרה שבכל יום.

תהלים קד / תהלים קיג יְהִי כְבוֹד יהוה לְעוֹלָם, יִשְׂמַח יהוה בְּמַעֲשָׂיו: יְהִי שֵׁם יהוה מְבֹרָךְ,
מֵעַתָּה וְעַד־עוֹלָם: מִמִּזְרַח־שֶׁמֶשׁ עַד־מְבוֹאוֹ, מְהֻלָּל שֵׁם יהוה:
תהלים קלה רָם עַל־כָּל־גּוֹיִם יהוה, עַל הַשָּׁמַיִם כְּבוֹדוֹ: יהוה שִׁמְךָ לְעוֹלָם,
תהלים קג יהוה זִכְרְךָ לְדֹר־וָדֹר: יהוה בַּשָּׁמַיִם הֵכִין כִּסְאוֹ, וּמַלְכוּתוֹ בַּכֹּל
דברי הימים א׳ טז מָשָׁלָה: יִשְׂמְחוּ הַשָּׁמַיִם וְתָגֵל הָאָרֶץ, וְיֹאמְרוּ בַגּוֹיִם יהוה מָלָךְ:
תהלים י יהוה מֶלֶךְ, יהוה מָלָךְ, יהוה יִמְלֹךְ לְעֹלָם וָעֶד. יהוה מֶלֶךְ עוֹלָם
תהלים לג וָעֶד, אָבְדוּ גוֹיִם מֵאַרְצוֹ: יהוה הֵפִיר עֲצַת־גּוֹיִם, הֵנִיא מַחְשְׁבוֹת
משלי יט / תהלים לג עַמִּים: רַבּוֹת מַחֲשָׁבוֹת בְּלֶב־אִישׁ, וַעֲצַת יהוה הִיא תָקוּם: עֲצַת
יהוה לְעוֹלָם תַּעֲמֹד, מַחְשְׁבוֹת לִבּוֹ לְדֹר וָדֹר: כִּי הוּא אָמַר וַיֶּהִי,
תהלים קלב / תהלים קלה הוּא־צִוָּה וַיַּעֲמֹד: כִּי־בָחַר יהוה בְּצִיּוֹן, אִוָּהּ לְמוֹשָׁב לוֹ: כִּי־יַעֲקֹב
תהלים צד בָּחַר לוֹ יָהּ, יִשְׂרָאֵל לִסְגֻלָּתוֹ: כִּי לֹא־יִטֹּשׁ יהוה עַמּוֹ, וְנַחֲלָתוֹ
תהלים עח לֹא יַעֲזֹב: ◂ וְהוּא רַחוּם, יְכַפֵּר עָוֹן וְלֹא־יַשְׁחִית, וְהִרְבָּה לְהָשִׁיב
תהלים כ אַפּוֹ, וְלֹא־יָעִיר כָּל־חֲמָתוֹ: יהוה הוֹשִׁיעָה, הַמֶּלֶךְ יַעֲנֵנוּ בְיוֹם־
קָרְאֵנוּ:

״כל האומר תהלה לדוד בכל יום שלש פעמים – מובטח לו שהוא בן העולם הבא... משום דאית ביה ׳פּוֹתֵחַ אֶת־יָדֶךָ׳״ (ברכות ד ע״ב), ויש לכוון במיוחד בפסוק זה, ואם לא התכוון צריך לחזור ולאומרו שנית.

תהלים פד אַשְׁרֵי יוֹשְׁבֵי בֵיתֶךָ, עוֹד יְהַלְלוּךָ סֶּלָה:
תהלים קמד אַשְׁרֵי הָעָם שֶׁכָּכָה לּוֹ, אַשְׁרֵי הָעָם שֶׁיהוה אֱלֹהָיו:
תהלים קמה תְּהִלָּה לְדָוִד

אֲרוֹמִמְךָ אֱלוֹהַי הַמֶּלֶךְ, וַאֲבָרְכָה שִׁמְךָ לְעוֹלָם וָעֶד:
בְּכָל־יוֹם אֲבָרְכֶךָּ, וַאֲהַלְלָה שִׁמְךָ לְעוֹלָם וָעֶד:
גָּדוֹל יהוה וּמְהֻלָּל מְאֹד, וְלִגְדֻלָּתוֹ אֵין חֵקֶר:
דּוֹר לְדוֹר יְשַׁבַּח מַעֲשֶׂיךָ, וּגְבוּרֹתֶיךָ יַגִּידוּ:

הֲדַר כְּבוֹד הוֹדֶךָ, וְדִבְרֵי נִפְלְאֹתֶיךָ אָשִֽׂיחָה:
וֶעֱזוּז נוֹרְאֹתֶיךָ יֹאמֵרוּ, וּגְדוּלָּתְךָ אֲסַפְּרֶֽנָּה:
זֵכֶר רַב־טוּבְךָ יַבִּֽיעוּ, וְצִדְקָתְךָ יְרַנֵּֽנוּ:
חַנּוּן וְרַחוּם יהוה, אֶֽרֶךְ אַפַּֽיִם וּגְדׇל־חָֽסֶד:
טוֹב־יהוה לַכֹּל, וְרַחֲמָיו עַל־כׇּל־מַעֲשָׂיו:
יוֹדֽוּךָ יהוה כׇּל־מַעֲשֶֽׂיךָ, וַחֲסִידֶֽיךָ יְבָרְכֽוּכָה:
כְּבוֹד מַלְכוּתְךָ יֹאמֵֽרוּ, וּגְבוּרָתְךָ יְדַבֵּֽרוּ:
לְהוֹדִֽיעַ לִבְנֵי הָאָדָם גְּבוּרֹתָיו, וּכְבוֹד הֲדַר מַלְכוּתוֹ:
מַלְכוּתְךָ מַלְכוּת כׇּל־עֹלָמִים, וּמֶמְשַׁלְתְּךָ בְּכׇל־דּוֹר וָדֹר:
סוֹמֵךְ יהוה לְכׇל־הַנֹּפְלִים, וְזוֹקֵף לְכׇל־הַכְּפוּפִים:
עֵינֵי־כֹל אֵלֶֽיךָ יְשַׂבֵּֽרוּ, וְאַתָּה נוֹתֵן־לָהֶם אֶת־אׇכְלָם בְּעִתּוֹ:
פּוֹתֵֽחַ אֶת־יָדֶֽךָ, וּמַשְׂבִּֽיעַ לְכׇל־חַי רָצוֹן:
צַדִּיק יהוה בְּכׇל־דְּרָכָיו, וְחָסִיד בְּכׇל־מַעֲשָׂיו:
קָרוֹב יהוה לְכׇל־קֹרְאָיו, לְכֹל אֲשֶׁר יִקְרָאֻֽהוּ בֶאֱמֶת:
רְצוֹן־יְרֵאָיו יַעֲשֶׂה, וְאֶת־שַׁוְעָתָם יִשְׁמַע, וְיוֹשִׁיעֵם:
שׁוֹמֵר יהוה אֶת־כׇּל־אֹהֲבָיו, וְאֵת כׇּל־הָרְשָׁעִים יַשְׁמִיד:
◂ תְּהִלַּת יהוה יְדַבֶּר פִּי, וִיבָרֵךְ כׇּל־בָּשָׂר שֵׁם קׇדְשׁוֹ לְעוֹלָם וָעֶד:
וַאֲנַֽחְנוּ נְבָרֵךְ יָהּ מֵעַתָּה וְעַד־עוֹלָם, הַלְלוּיָהּ: תהלים קטו

מזמור המשבח את ה׳ על עצם החיים

״הללויה הללי נפשי״ – הנפש שהיא העיקר הללי את ה׳ אשר בראך... הנה אנחנו ברחנו בעיר מינצברק בתתקמ״ח באדר השני מפני הגוים אשר רצו לטבוח אותנו כצאן טבחה, והנחנו כל אשר לנו בין הגוים את ספרי התורה וספרים וערבונות, והשם ישמרנו מכף כל אויבינו, וכל בני העיירות ברחו בעיר מצור, ועל כל זאת אנחנו מהללים שמו״ (סידור הרוקח).

תהלים קמו הַלְלוּיָהּ, הַלְלִי נַפְשִׁי אֶת־יהוה: אֲהַלְלָה יהוה בְּחַיָּי, אֲזַמְּרָה
לֵאלֹהַי בְּעוֹדִי: אַל־תִּבְטְחוּ בִנְדִיבִים, בְּבֶן־אָדָם שֶׁאֵין לוֹ תְשׁוּעָה:
תֵּצֵא רוּחוֹ, יָשֻׁב לְאַדְמָתוֹ, בַּיּוֹם הַהוּא אָבְדוּ עֶשְׁתֹּנֹתָיו: אַשְׁרֵי

שֶׁאֵל יַעֲקֹב בְּעֶזְרוֹ, שִׂבְרוֹ עַל־יהוה אֱלֹהָיו: עֹשֶׂה שָׁמַיִם וָאָרֶץ,
אֶת־הַיָּם וְאֶת־כׇּל־אֲשֶׁר־בָּם, הַשֹּׁמֵר אֱמֶת לְעוֹלָם: עֹשֶׂה מִשְׁפָּט
לַעֲשׁוּקִים, נֹתֵן לֶחֶם לָרְעֵבִים, יהוה מַתִּיר אֲסוּרִים: יהוה פֹּקֵחַ
עִוְרִים, יהוה זֹקֵף כְּפוּפִים, יהוה אֹהֵב צַדִּיקִים: יהוה שֹׁמֵר אֶת־
גֵּרִים, יָתוֹם וְאַלְמָנָה יְעוֹדֵד, וְדֶרֶךְ רְשָׁעִים יְעַוֵּת: ◂ יִמְלֹךְ יהוה
לְעוֹלָם, אֱלֹהַיִךְ צִיּוֹן לְדֹר וָדֹר, הַלְלוּיָהּ:

המשורר מהלל את ה׳ על הטובה העתידית, גאולת ישראל (רד״ק).

תהלים קמז הַלְלוּיָהּ, כִּי־טוֹב זַמְּרָה אֱלֹהֵינוּ, כִּי־נָעִים נָאוָה תְהִלָּה: בּוֹנֵה
יְרוּשָׁלַםִ יהוה, נִדְחֵי יִשְׂרָאֵל יְכַנֵּס: הָרֹפֵא לִשְׁבוּרֵי לֵב, וּמְחַבֵּשׁ
לְעַצְּבוֹתָם: מוֹנֶה מִסְפָּר לַכּוֹכָבִים, לְכֻלָּם שֵׁמוֹת יִקְרָא: גָּדוֹל
אֲדוֹנֵינוּ וְרַב־כֹּחַ, לִתְבוּנָתוֹ אֵין מִסְפָּר: מְעוֹדֵד עֲנָוִים יהוה,
מַשְׁפִּיל רְשָׁעִים עֲדֵי־אָרֶץ: עֱנוּ לַיהוה בְּתוֹדָה, זַמְּרוּ לֵאלֹהֵינוּ
בְכִנּוֹר: הַמְכַסֶּה שָׁמַיִם בְּעָבִים, הַמֵּכִין לָאָרֶץ מָטָר, הַמַּצְמִיחַ הָרִים
חָצִיר: נוֹתֵן לִבְהֵמָה לַחְמָהּ, לִבְנֵי עֹרֵב אֲשֶׁר יִקְרָאוּ: לֹא בִגְבוּרַת
הַסּוּס יֶחְפָּץ, לֹא־בְשׁוֹקֵי הָאִישׁ יִרְצֶה: רוֹצֶה יהוה אֶת־יְרֵאָיו, אֶת־
הַמְיַחֲלִים לְחַסְדּוֹ: שַׁבְּחִי יְרוּשָׁלַםִ אֶת־יהוה, הַלְלִי אֱלֹהַיִךְ צִיּוֹן:
כִּי־חִזַּק בְּרִיחֵי שְׁעָרָיִךְ, בֵּרַךְ בָּנַיִךְ בְּקִרְבֵּךְ: הַשָּׂם־גְּבוּלֵךְ שָׁלוֹם,
חֵלֶב חִטִּים יַשְׂבִּיעֵךְ: הַשֹּׁלֵחַ אִמְרָתוֹ אָרֶץ, עַד־מְהֵרָה יָרוּץ דְּבָרוֹ:
הַנֹּתֵן שֶׁלֶג כַּצָּמֶר, כְּפוֹר כָּאֵפֶר יְפַזֵּר: מַשְׁלִיךְ קַרְחוֹ כְפִתִּים, לִפְנֵי
קָרָתוֹ מִי יַעֲמֹד: יִשְׁלַח דְּבָרוֹ וְיַמְסֵם, יַשֵּׁב רוּחוֹ יִזְּלוּ־מָיִם: ◂ מַגִּיד
דְּבָרָו לְיַעֲקֹב, חֻקָּיו וּמִשְׁפָּטָיו לְיִשְׂרָאֵל: לֹא עָשָׂה כֵן לְכׇל־גּוֹי,
וּמִשְׁפָּטִים בַּל־יְדָעוּם, הַלְלוּיָהּ:

מזמור המתאר את גדולת ה׳ כפי שהיא בעולם הנברא (ראב״ע).

תהלים קמח הַלְלוּיָהּ, הַלְלוּ אֶת־יהוה מִן־הַשָּׁמַיִם, הַלְלוּהוּ בַּמְּרוֹמִים:
הַלְלוּהוּ כׇל־מַלְאָכָיו, הַלְלוּהוּ כׇּל־צְבָאָו: הַלְלוּהוּ שֶׁמֶשׁ וְיָרֵחַ,

הַלְלוּהוּ כָּל־כּוֹכְבֵי אוֹר: הַלְלוּהוּ שְׁמֵי הַשָּׁמָיִם, וְהַמַּיִם אֲשֶׁר מֵעַל הַשָּׁמָיִם: יְהַלְלוּ אֶת־שֵׁם יהוה, כִּי הוּא צִוָּה וְנִבְרָאוּ: וַיַּעֲמִידֵם לָעַד לְעוֹלָם, חָק־נָתַן וְלֹא יַעֲבוֹר: הַלְלוּ אֶת־יהוה מִן־הָאָרֶץ, תַּנִּינִים וְכָל־תְּהֹמוֹת: אֵשׁ וּבָרָד שֶׁלֶג וְקִיטוֹר, רוּחַ סְעָרָה עֹשָׂה דְבָרוֹ: הֶהָרִים וְכָל־גְּבָעוֹת, עֵץ פְּרִי וְכָל־אֲרָזִים: הַחַיָּה וְכָל־בְּהֵמָה, רֶמֶשׂ וְצִפּוֹר כָּנָף: מַלְכֵי־אֶרֶץ וְכָל־לְאֻמִּים, שָׂרִים וְכָל־שֹׁפְטֵי אָרֶץ: בַּחוּרִים וְגַם־בְּתוּלוֹת, זְקֵנִים עִם־נְעָרִים: ‹ יְהַלְלוּ אֶת־שֵׁם יהוה, כִּי־נִשְׂגָּב שְׁמוֹ לְבַדּוֹ, הוֹדוֹ עַל־אֶרֶץ וְשָׁמָיִם: וַיָּרֶם קֶרֶן לְעַמּוֹ, תְּהִלָּה לְכָל־חֲסִידָיו, לִבְנֵי יִשְׂרָאֵל עַם קְרֹבוֹ, הַלְלוּיָהּ:

לקראת סוף ספר תהלים המשורר קורא שלא להסתפק במזמורים אלו,
אלא להמשיך ולחדש שירות לה׳ על כל גאולה וגאולה (רד״ק).

הַלְלוּיָהּ, שִׁירוּ לַיהוה שִׁיר חָדָשׁ, תְּהִלָּתוֹ בִּקְהַל חֲסִידִים: יִשְׂמַח יִשְׂרָאֵל בְּעֹשָׂיו, בְּנֵי־צִיּוֹן יָגִילוּ בְמַלְכָּם: יְהַלְלוּ שְׁמוֹ בְמָחוֹל, בְּתֹף וְכִנּוֹר יְזַמְּרוּ־לוֹ: כִּי־רוֹצֶה יהוה בְּעַמּוֹ, יְפָאֵר עֲנָוִים בִּישׁוּעָה: יַעְלְזוּ חֲסִידִים בְּכָבוֹד, יְרַנְּנוּ עַל־מִשְׁכְּבוֹתָם: רוֹמְמוֹת אֵל בִּגְרוֹנָם, וְחֶרֶב פִּיפִיּוֹת בְּיָדָם: לַעֲשׂוֹת נְקָמָה בַּגּוֹיִם, תּוֹכֵחוֹת בַּלְאֻמִּים: ‹ לֶאְסֹר מַלְכֵיהֶם בְּזִקִּים, וְנִכְבְּדֵיהֶם בְּכַבְלֵי בַרְזֶל: לַעֲשׂוֹת בָּהֶם מִשְׁפָּט כָּתוּב, הָדָר הוּא לְכָל־חֲסִידָיו, הַלְלוּיָהּ: תהלים קמט

״אמר ר׳ מאיר: על כל נשימה ונשימה שאדם מעלה, חייב לקלס את יוצרו...
שנאמר ׳כֹּל הַנְּשָׁמָה תְּהַלֵּל יָהּ, הַלְלוּיָהּ׳״ (דברים רבה ב, לז).

הַלְלוּיָהּ, הַלְלוּ־אֵל בְּקָדְשׁוֹ, הַלְלוּהוּ בִּרְקִיעַ עֻזּוֹ: הַלְלוּהוּ בִגְבוּרֹתָיו, הַלְלוּהוּ כְּרֹב גֻּדְלוֹ: הַלְלוּהוּ בְּתֵקַע שׁוֹפָר, הַלְלוּהוּ בְּנֵבֶל וְכִנּוֹר: הַלְלוּהוּ בְתֹף וּמָחוֹל, הַלְלוּהוּ בְּמִנִּים וְעוּגָב: ‹ הַלְלוּהוּ בְצִלְצְלֵי־שָׁמַע, הַלְלוּהוּ בְּצִלְצְלֵי תְרוּעָה: כֹּל הַנְּשָׁמָה תְּהַלֵּל יָהּ, הַלְלוּיָהּ: כֹּל הַנְּשָׁמָה תְּהַלֵּל יָהּ, הַלְלוּיָהּ: תהלים קנ

פסוקי הסיום של ספרי תהלים:

תהלים פט **בָּרוּךְ יהוה לְעוֹלָם, אָמֵן וְאָמֵן:**

תהלים קלה **בָּרוּךְ יהוה מִצִּיּוֹן, שֹׁכֵן יְרוּשָׁלָםִ, הַלְלוּיָהּ:**

תהלים עב **בָּרוּךְ יהוה אֱלֹהִים אֱלֹהֵי יִשְׂרָאֵל, עֹשֵׂה נִפְלָאוֹת לְבַדּוֹ:**

◂ **וּבָרוּךְ שֵׁם כְּבוֹדוֹ לְעוֹלָם**
וְיִמָּלֵא כְבוֹדוֹ אֶת־כָּל־הָאָרֶץ, אָמֵן וְאָמֵן:

נוהגים לעמוד מכאן ועד 'נִשְׁמַת' (עמ' 127).

דברי הימים א' כט
וַיְבָרֶךְ דָּוִיד אֶת־יהוה לְעֵינֵי כָּל־הַקָּהָל, וַיֹּאמֶר דָּוִיד, בָּרוּךְ אַתָּה
יהוה, אֱלֹהֵי יִשְׂרָאֵל אָבִינוּ, מֵעוֹלָם וְעַד־עוֹלָם: לְךָ יהוה הַגְּדֻלָּה
וְהַגְּבוּרָה וְהַתִּפְאֶרֶת וְהַנֵּצַח וְהַהוֹד, כִּי־כֹל בַּשָּׁמַיִם וּבָאָרֶץ,
לְךָ יהוה הַמַּמְלָכָה וְהַמִּתְנַשֵּׂא לְכֹל לְרֹאשׁ: וְהָעֹשֶׁר וְהַכָּבוֹד
מִלְּפָנֶיךָ, וְאַתָּה מוֹשֵׁל בַּכֹּל, וּבְיָדְךָ כֹּחַ וּגְבוּרָה, וּבְיָדְךָ לְגַדֵּל
וּלְחַזֵּק לַכֹּל: וְעַתָּה אֱלֹהֵינוּ מוֹדִים אֲנַחְנוּ לָךְ, וּמְהַלְלִים לְשֵׁם
נחמיה ט
תִּפְאַרְתֶּךָ: וִיבָרְכוּ שֵׁם כְּבֹדֶךָ, וּמְרוֹמַם עַל־כָּל־בְּרָכָה
וּתְהִלָּה: אַתָּה־הוּא יהוה לְבַדֶּךָ, אַתָּ עָשִׂיתָ אֶת־הַשָּׁמַיִם, שְׁמֵי
הַשָּׁמַיִם וְכָל־צְבָאָם, הָאָרֶץ וְכָל־אֲשֶׁר עָלֶיהָ, הַיַּמִּים וְכָל־אֲשֶׁר
בָּהֶם, וְאַתָּה מְחַיֶּה אֶת־כֻּלָּם, וּצְבָא הַשָּׁמַיִם לְךָ מִשְׁתַּחֲוִים:
◂ **אַתָּה הוּא יהוה הָאֱלֹהִים אֲשֶׁר בָּחַרְתָּ בְּאַבְרָם, וְהוֹצֵאתוֹ**
מֵאוּר כַּשְׂדִּים, וְשַׂמְתָּ שְּׁמוֹ אַבְרָהָם: וּמָצָאתָ אֶת־לְבָבוֹ נֶאֱמָן
לְפָנֶיךָ, ◂ וְכָרוֹת עִמּוֹ הַבְּרִית לָתֵת אֶת־אֶרֶץ הַכְּנַעֲנִי הַחִתִּי
הָאֱמֹרִי וְהַפְּרִזִּי וְהַיְבוּסִי וְהַגִּרְגָּשִׁי, לָתֵת לְזַרְעוֹ, וַתָּקֶם אֶת־
דְּבָרֶיךָ, כִּי צַדִּיק אָתָּה: וַתֵּרֶא אֶת־עֳנִי אֲבֹתֵינוּ בְּמִצְרָיִם, וְאֶת־
זַעֲקָתָם שָׁמַעְתָּ עַל־יַם־סוּף: וַתִּתֵּן אֹתֹת וּמֹפְתִים בְּפַרְעֹה וּבְכָל־
עֲבָדָיו וּבְכָל־עַם אַרְצוֹ, כִּי יָדַעְתָּ כִּי הֵזִידוּ עֲלֵיהֶם, וַתַּעַשׂ־לְךָ

שָׁם כְּהַיּוֹם הַזֶּה: ‏› וְהַיָּם בָּקַעְתָּ לִפְנֵיהֶם, וַיַּעַבְרוּ בְתוֹךְ־הַיָּם
בַּיַּבָּשָׁה, וְאֶת־רֹדְפֵיהֶם הִשְׁלַכְתָּ בִמְצוֹלֹת כְּמוֹ־אֶבֶן, בְּמַיִם עַזִּים:

וַיּוֹשַׁע יהוה בַּיּוֹם הַהוּא אֶת־יִשְׂרָאֵל מִיַּד מִצְרָיִם וַיַּרְא יִשְׂרָאֵל שמות יד
אֶת־מִצְרַיִם מֵת עַל־שְׂפַת הַיָּם: ‏› וַיַּרְא יִשְׂרָאֵל אֶת־הַיָּד הַגְּדֹלָה
אֲשֶׁר עָשָׂה יהוה בְּמִצְרַיִם וַיִּירְאוּ הָעָם אֶת־יהוה וַיַּאֲמִינוּ בַּיהוה
וּבְמֹשֶׁה עַבְדּוֹ:

בשביעי של פסח נוהגים לומר את שירת הים פסוק פסוק.
ויש האומרים אותה בטעמי המקרא.

אָז יָשִׁיר־מֹשֶׁה וּבְנֵי יִשְׂרָאֵל אֶת־הַשִּׁירָה הַזֹּאת לַיהוה, וַיֹּאמְרוּ שמות טו
לֵאמֹר, אָשִׁירָה לַיהוה כִּי־גָאֹה גָּאָה, סוּס
וְרֹכְבוֹ רָמָה בַיָּם: עָזִּי וְזִמְרָת יָהּ וַיְהִי־לִי
לִישׁוּעָה, זֶה אֵלִי וְאַנְוֵהוּ, אֱלֹהֵי
אָבִי וַאֲרֹמְמֶנְהוּ: יהוה אִישׁ מִלְחָמָה, יהוה
שְׁמוֹ: מַרְכְּבֹת פַּרְעֹה וְחֵילוֹ יָרָה בַיָּם, וּמִבְחַר
שָׁלִשָׁיו טֻבְּעוּ בְיַם־סוּף: תְּהֹמֹת יְכַסְיֻמוּ, יָרְדוּ בִמְצוֹלֹת כְּמוֹ־
אָבֶן: יְמִינְךָ יהוה נֶאְדָּרִי בַּכֹּחַ, יְמִינְךָ
יהוה תִּרְעַץ אוֹיֵב: וּבְרֹב גְּאוֹנְךָ תַּהֲרֹס
קָמֶיךָ, תְּשַׁלַּח חֲרֹנְךָ יֹאכְלֵמוֹ כַּקַּשׁ: וּבְרוּחַ
אַפֶּיךָ נֶעֶרְמוּ מַיִם, נִצְּבוּ כְמוֹ־נֵד
נֹזְלִים, קָפְאוּ תְהֹמֹת בְּלֶב־יָם: אָמַר
אוֹיֵב אֶרְדֹּף, אַשִּׂיג, אֲחַלֵּק שָׁלָל, תִּמְלָאֵמוֹ
נַפְשִׁי, אָרִיק חַרְבִּי תּוֹרִישֵׁמוֹ יָדִי: נָשַׁפְתָּ
בְרוּחֲךָ כִּסָּמוֹ יָם, צָלְלוּ כַּעוֹפֶרֶת בְּמַיִם
אַדִּירִים: מִי־כָמֹכָה בָּאֵלִם יהוה, מִי

כָּמֹכָה נֶאְדָּר בַּקֹּדֶשׁ, נוֹרָא תְהִלֹּת עֹשֵׂה
פֶלֶא: נָטִיתָ יְמִינְךָ תִּבְלָעֵמוֹ אָרֶץ: נָחִיתָ
בְחַסְדְּךָ עַם־זוּ גָּאָלְתָּ, נֵהַלְתָּ בְעָזְּךָ אֶל־נְוֵה
קָדְשֶׁךָ: שָׁמְעוּ עַמִּים יִרְגָּזוּן, חִיל
אָחַז יֹשְׁבֵי פְּלָשֶׁת: אָז נִבְהֲלוּ אַלּוּפֵי
אֱדוֹם, אֵילֵי מוֹאָב יֹאחֲזֵמוֹ רָעַד, נָמֹגוּ
כֹּל יֹשְׁבֵי כְנָעַן: תִּפֹּל עֲלֵיהֶם אֵימָתָה
וָפַחַד, בִּגְדֹל זְרוֹעֲךָ יִדְּמוּ כָּאָבֶן, עַד־
יַעֲבֹר עַמְּךָ יהוה, עַד־יַעֲבֹר עַם־זוּ
קָנִיתָ: תְּבִאֵמוֹ וְתִטָּעֵמוֹ בְּהַר נַחֲלָתְךָ, מָכוֹן
לְשִׁבְתְּךָ פָּעַלְתָּ יהוה, מִקְּדָשׁ אֲדֹנָי כּוֹנְנוּ
יָדֶיךָ: יהוה ׀ יִמְלֹךְ לְעֹלָם וָעֶד:

יהוה יִמְלֹךְ לְעֹלָם וָעֶד.
יהוה מַלְכוּתֵהּ קָאֵם לְעָלַם וּלְעָלְמֵי עָלְמַיָּא.

כִּי
בָא סוּס פַּרְעֹה בְּרִכְבּוֹ וּבְפָרָשָׁיו בַּיָּם, וַיָּשֶׁב יהוה עֲלֵהֶם אֶת־מֵי
הַיָּם, וּבְנֵי יִשְׂרָאֵל הָלְכוּ בַיַּבָּשָׁה בְּתוֹךְ הַיָּם:

תהלים כב ◂ כִּי לַיהוה הַמְּלוּכָה וּמֹשֵׁל בַּגּוֹיִם:
עובדיה א וְעָלוּ מוֹשִׁעִים בְּהַר צִיּוֹן לִשְׁפֹּט אֶת־הַר עֵשָׂו
וְהָיְתָה לַיהוה הַמְּלוּכָה:
זכריה יד וְהָיָה יהוה לְמֶלֶךְ עַל־כָּל־הָאָרֶץ
בַּיּוֹם הַהוּא יִהְיֶה יהוה אֶחָד וּשְׁמוֹ אֶחָד:

בחול המועד (לרבות הושענא רבה) ממשיכים 'יִשְׁתַּבַּח', בלי להתחיל 'וּבְכֵן' (עמ' 130).

'נשמת' הוא פיוט עתיק, ור' יוחנן כינהו 'ברכת השיר' (פסחים קיח ע"א).
בתשובות הגאונים הוא מיוחס לחכמי התלמוד, ויש שהקדימו את זמן
חיבורו וייחסו אותו לאנשי הכנסת הגדולה (מרדכי, פסחים תריא).

נִשְׁמַת

כָּל חַי תְּבָרֵךְ אֶת שִׁמְךָ, יהוה אֱלֹהֵינוּ
וְרוּחַ כָּל בָּשָׂר תְּפָאֵר וּתְרוֹמֵם זִכְרְךָ מַלְכֵּנוּ תָּמִיד
מִן הָעוֹלָם וְעַד הָעוֹלָם אַתָּה אֵל.
וּמִבַּלְעָדֶיךָ אֵין לָנוּ מֶלֶךְ גּוֹאֵל וּמוֹשִׁיעַ
פּוֹדֶה וּמַצִּיל וּמְפַרְנֵס וְעוֹנֶה וּמְרַחֵם
בְּכָל עֵת צָרָה וְצוּקָה אֵין לָנוּ מֶלֶךְ עוֹזֵר וְסוֹמֵךְ אֶלָּא אָתָּה.
אֱלֹהֵי הָרִאשׁוֹנִים וְהָאַחֲרוֹנִים, אֱלוֹהַּ כָּל בְּרִיּוֹת
אֲדוֹן כָּל תּוֹלָדוֹת, הַמְהֻלָּל בְּרֹב הַתִּשְׁבָּחוֹת
הַמְנַהֵג עוֹלָמוֹ בְּחֶסֶד וּבְרִיּוֹתָיו בְּרַחֲמִים.
וַיהוה עֵר, הִנֵּה לֹא־יָנוּם וְלֹא יִישָׁן: תהלים קכא
הַמְעוֹרֵר יְשֵׁנִים וְהַמֵּקִיץ נִרְדָּמִים
וְהַמֵּשִׂיחַ אִלְּמִים וְהַמַּתִּיר אֲסוּרִים
וְהַסּוֹמֵךְ נוֹפְלִים וְהַזּוֹקֵף כְּפוּפִים וְהַמְפַעְנֵחַ נֶעְלָמִים
וּלְךָ לְבַדְּךָ אֲנַחְנוּ מוֹדִים
וְאִלּוּ פִינוּ מָלֵא שִׁירָה כַּיָּם
וּלְשׁוֹנֵנוּ רִנָּה כַּהֲמוֹן גַּלָּיו
וְשִׂפְתוֹתֵינוּ שֶׁבַח כְּמֶרְחֲבֵי רָקִיעַ
וְעֵינֵינוּ מְאִירוֹת כַּשֶּׁמֶשׁ וְכַיָּרֵחַ
וְיָדֵינוּ פְרוּשׂוֹת כְּנִשְׁרֵי שָׁמָיִם, וְרַגְלֵינוּ קַלּוֹת כָּאַיָּלוֹת
אֵין אֲנַחְנוּ מַסְפִּיקִים לְהוֹדוֹת לְךָ, יהוה אֱלֹהֵינוּ וֵאלֹהֵי אֲבוֹתֵינוּ
וּלְבָרֵךְ אֶת שִׁמְךָ, מַלְכֵּנוּ

עַל אַחַת מֵאֶלֶף אֶלֶף אַלְפֵי אֲלָפִים וְרִבֵּי רְבָבוֹת פְּעָמִים
הַטּוֹבוֹת, נִסִּים וְנִפְלָאוֹת שֶׁעָשִׂיתָ עִם אֲבוֹתֵינוּ וְעִמָּנוּ
מִלְּפָנִים מִמִּצְרַיִם גְּאַלְתָּנוּ, יהוה אֱלֹהֵינוּ, וּמִבֵּית עֲבָדִים פְּדִיתָנוּ
בְּרָעָב זַנְתָּנוּ וּבְשָׂבָע כִּלְכַּלְתָּנוּ
מֵחֶרֶב הִצַּלְתָּנוּ וּמִדֶּבֶר מִלַּטְתָּנוּ
וּמֵחֳלָיִים רָעִים וְרַבִּים וְנֶאֱמָנִים דִּלִּיתָנוּ.
עַד הֵנָּה עֲזָרוּנוּ רַחֲמֶיךָ וְלֹא עֲזָבוּנוּ חֲסָדֶיךָ, יהוה אֱלֹהֵינוּ
וְאַל תִּטְּשֵׁנוּ, יהוה אֱלֹהֵינוּ, לָנֶצַח.
עַל כֵּן אֵבָרִים שֶׁפִּלַּגְתָּ בָּנוּ
וְרוּחַ וּנְשָׁמָה שֶׁנָּפַחְתָּ בְּאַפֵּינוּ, וְלָשׁוֹן אֲשֶׁר שַׂמְתָּ בְּפִינוּ
הֵן הֵם יוֹדוּ וִיבָרְכוּ וִישַׁבְּחוּ וִיפָאֲרוּ וִישׁוֹרְרוּ
וִירוֹמְמוּ וְיַעֲרִיצוּ וְיַקְדִּישׁוּ וְיַמְלִיכוּ אֶת שִׁמְךָ מַלְכֵּנוּ תָּמִיד
כִּי כָל פֶּה לְךָ יוֹדֶה וְכָל לָשׁוֹן לְךָ תִשָּׁבַע וְכָל עַיִן לְךָ תְצַפֶּה
וְכָל בֶּרֶךְ לְךָ תִכְרַע וְכָל קוֹמָה לְפָנֶיךָ תִשְׁתַּחֲוֶה
וְכָל הַלְּבָבוֹת יִירָאוּךָ וְכָל קֶרֶב וּכְלָיוֹת יְזַמְּרוּ לִשְׁמֶךָ
כַּדָּבָר שֶׁכָּתוּב
תהלים לה כָּל עַצְמֹתַי תֹּאמַרְנָה יהוה מִי כָמוֹךָ
מַצִּיל עָנִי מֵחָזָק מִמֶּנּוּ, וְעָנִי וְאֶבְיוֹן מִגֹּזְלוֹ:

שַׁוְעַת עֲנִיִּים אַתָּה תִשְׁמַע, צַעֲקַת הַדַּל תַּקְשִׁיב וְתוֹשִׁיעַ.
מִי יִדְמֶה לָּךְ וּמִי יִשְׁוֶה לָּךְ וּמִי יַעֲרָךְ לָךְ
הָאֵל הַגָּדוֹל, הַגִּבּוֹר וְהַנּוֹרָא, אֵל עֶלְיוֹן, קוֹנֵה שָׁמַיִם וָאָרֶץ.
◂ נְהַלֶּלְךָ וּנְשַׁבֵּחֲךָ וּנְפָאֶרְךָ וּנְבָרֵךְ אֶת שֵׁם קָדְשֶׁךָ
כָּאָמוּר
תהלים קג לְדָוִד, בָּרְכִי נַפְשִׁי אֶת־יהוה
וְכָל־קְרָבַי אֶת־שֵׁם קָדְשׁוֹ:

ביום טוב שליח הציבור מתחיל כאן:

הָאֵל

בְּתַעֲצוּמוֹת עֻזֶּךָ

הַגָּדוֹל בִּכְבוֹד שְׁמֶךָ

הַגִּבּוֹר לָנֶצַח וְהַנּוֹרָא בְּנוֹרְאוֹתֶיךָ

הַמֶּלֶךְ הַיּוֹשֵׁב עַל כִּסֵּא

רָם וְנִשָּׂא

בשבת חול המועד שליח הציבור מתחיל כאן:

שׁוֹכֵן עַד

מָרוֹם וְקָדוֹשׁ שְׁמוֹ

וְכָתוּב

רַנְּנוּ צַדִּיקִים בַּיהוה, לַיְשָׁרִים נָאוָה תְהִלָּה: תהלים לג

◂ בְּפִי יְשָׁרִים תִּתְרוֹמָם

וּבְשִׂפְתֵי צַדִּיקִים תִּתְבָּרַךְ

וּבִלְשׁוֹן חֲסִידִים תִּתְקַדָּשׁ

וּבְקֶרֶב קְדוֹשִׁים תִּתְהַלָּל

וּבְמַקְהֲלוֹת רִבְבוֹת עַמְּךָ בֵּית יִשְׂרָאֵל

בְּרִנָּה יִתְפָּאַר שִׁמְךָ מַלְכֵּנוּ בְּכָל דּוֹר וָדוֹר

◂ שֶׁכֵּן חוֹבַת כָּל הַיְצוּרִים

לְפָנֶיךָ יהוה אֱלֹהֵינוּ וֵאלֹהֵי אֲבוֹתֵינוּ

לְהוֹדוֹת, לְהַלֵּל, לְשַׁבֵּחַ, לְפָאֵר, לְרוֹמֵם

לְהַדֵּר וּלְנַצֵּחַ, לְבָרֵךְ לְעַלֵּה וּלְקַלֵּס

עַל כָּל דִּבְרֵי שִׁירוֹת וְתִשְׁבְּחוֹת

דָּוִד בֶּן יִשַׁי עַבְדְּךָ מְשִׁיחֶךָ.

נוהגים לעמוד מכאן עד ׳בָּרְכוּ׳ (עמוד הבא).

וּבְכֵן יִשְׁתַּבַּח שִׁמְךָ לָעַד מַלְכֵּנוּ
הָאֵל, הַמֶּלֶךְ, הַגָּדוֹל וְהַקָּדוֹשׁ בַּשָּׁמַיִם וּבָאָרֶץ
כִּי לְךָ נָאֶה, יהוה אֱלֹהֵינוּ וֵאלֹהֵי אֲבוֹתֵינוּ
שִׁיר וּשְׁבָחָה, הַלֵּל וְזִמְרָה
עֹז וּמֶמְשָׁלָה, נֶצַח, גְּדֻלָּה וּגְבוּרָה
תְּהִלָּה וְתִפְאֶרֶת, קְדֻשָּׁה וּמַלְכוּת
◂ בְּרָכוֹת וְהוֹדָאוֹת לְשִׁמְךָ הַגָּדוֹל וְהַקָּדוֹשׁ
וּמֵעוֹלָם וְעַד עוֹלָם אַתָּה אֵל.
בָּרוּךְ אַתָּה יהוה, אֵל מֶלֶךְ גָּדוֹל וּמְהֻלָּל בַּתִּשְׁבָּחוֹת
אֵל הַהוֹדָאוֹת
אֲדוֹן הַנִּפְלָאוֹת
בּוֹרֵא כָּל הַנְּשָׁמוֹת, רִבּוֹן כָּל הַמַּעֲשִׂים
הַבּוֹחֵר בְּשִׁירֵי זִמְרָה
מֶלֶךְ, יָחִיד, אֵל, חֵי הָעוֹלָמִים.

בהושענא רבה יש אומרים:

שִׁיר הַמַּעֲלוֹת, מִמַּעֲמַקִּים קְרָאתִיךָ יהוה: תהלים קל
אֲדֹנָי שִׁמְעָה בְקוֹלִי, תִּהְיֶינָה אָזְנֶיךָ קַשֻּׁבוֹת לְקוֹל תַּחֲנוּנָי:
אִם־עֲוֹנוֹת תִּשְׁמָר־יָהּ, אֲדֹנָי מִי יַעֲמֹד:
כִּי־עִמְּךָ הַסְּלִיחָה, לְמַעַן תִּוָּרֵא:
קִוִּיתִי יהוה קִוְּתָה נַפְשִׁי, וְלִדְבָרוֹ הוֹחָלְתִּי:
נַפְשִׁי לַאדֹנָי, מִשֹּׁמְרִים לַבֹּקֶר, שֹׁמְרִים לַבֹּקֶר:
יַחֵל יִשְׂרָאֵל אֶל־יהוה, כִּי־עִם־יהוה הַחֶסֶד
וְהַרְבֵּה עִמּוֹ פְדוּת:
וְהוּא יִפְדֶּה אֶת־יִשְׂרָאֵל, מִכֹּל עֲוֹנוֹתָיו:

חצי קדיש

ש״ץ: יִתְגַּדַּל וְיִתְקַדַּשׁ שְׁמֵהּ רַבָּא (קהל: אָמֵן)
בְּעָלְמָא דִּי בְרָא כִרְעוּתֵהּ
וְיַמְלִיךְ מַלְכוּתֵהּ וְיַצְמַח פֻּרְקָנֵהּ וִיקָרֵב מְשִׁיחֵהּ (קהל: אָמֵן)
בְּחַיֵּיכוֹן וּבְיוֹמֵיכוֹן וּבְחַיֵּי דְכָל בֵּית יִשְׂרָאֵל
בַּעֲגָלָא וּבִזְמַן קָרִיב, וְאִמְרוּ אָמֵן. (קהל: אָמֵן)

קהל וש״ץ: יְהֵא שְׁמֵהּ רַבָּא מְבָרַךְ לְעָלַם וּלְעָלְמֵי עָלְמַיָּא.

ש״ץ: יִתְבָּרַךְ וְיִשְׁתַּבַּח וְיִתְפָּאַר וְיִתְרוֹמַם וְיִתְנַשֵּׂא
וְיִתְהַדָּר וְיִתְעַלֶּה וְיִתְהַלָּל שְׁמֵהּ דְּקֻדְשָׁא בְּרִיךְ הוּא (קהל: אָמֵן)
לְעֵלָּא מִן כָּל בִּרְכָתָא וְשִׁירָתָא, תֻּשְׁבְּחָתָא וְנֶחֱמָתָא
דַּאֲמִירָן בְּעָלְמָא, וְאִמְרוּ אָמֵן. (קהל: אָמֵן)

קריאת שמע וברכותיה

שליח הציבור כורע בתיבת ׳בָּרְכוּ׳ וזוקף בשם.
הקהל כורע בתיבת ׳בָּרוּךְ׳ וזוקף בשם, ושליח הציבור כורע שוב כאשר הוא חוזר אחריהם.

ש״ץ: **בָּרְכוּ**
אֶת יהוה הַמְבֹרָךְ.

קהל: **בָּרוּךְ יהוה הַמְבֹרָךְ לְעוֹלָם וָעֶד.**

ש״ץ: **בָּרוּךְ יהוה הַמְבֹרָךְ לְעוֹלָם וָעֶד.**

״בשחר מברך שתים לפניה ואחת לאחריה״ (משנה, ברכות יא ע״א).
הברכה הראשונה היא על האור, שהוא תחילת הבריאה, עם זאת מזכירים גם את בריאת החושך להודיע שבורא אחד ברא הכול (תלמידי רבינו יונה, ברכות יא ע״ב) ומטיל שלום ביניהם, שכן ״אם אין שלום אין כלום״ (רש״י, ויקרא כו, ו).

נוהגים לשבת בקריאת שמע וברכותיה (זוהר חדש, תרומה ח״א, סט ע״ב).
אין להפסיק בדיבור מתחילת הברכה ועד סוף תפילת העמידה פרט לדברים שבקדושה.

בָּרוּךְ אַתָּה יהוה אֱלֹהֵינוּ מֶלֶךְ הָעוֹלָם
יוֹצֵר אוֹר וּבוֹרֵא חֹשֶׁךְ, עֹשֶׂה שָׁלוֹם וּבוֹרֵא אֶת הַכֹּל.

בשבת אומרים ׳הַכֹּל יוֹדוּךָ׳ בעמוד הבא.
בחול אומרים ׳הַמֵּאִיר לָאָרֶץ׳ (סידור הרוקח).

הַמֵּאִיר לָאָרֶץ וְלַדָּרִים עָלֶיהָ בְּרַחֲמִים
וּבְטוּבוֹ מְחַדֵּשׁ בְּכָל יוֹם תָּמִיד מַעֲשֵׂה בְרֵאשִׁית.
מָה־רַבּוּ מַעֲשֶׂיךָ יהוה תהלים קד
כֻּלָּם בְּחָכְמָה עָשִׂיתָ
מָלְאָה הָאָרֶץ קִנְיָנֶךָ:
הַמֶּלֶךְ הַמְרוֹמָם לְבַדּוֹ מֵאָז
הַמְשֻׁבָּח וְהַמְפֹאָר וְהַמִּתְנַשֵּׂא מִימוֹת עוֹלָם.
אֱלֹהֵי עוֹלָם
בְּרַחֲמֶיךָ הָרַבִּים רַחֵם עָלֵינוּ
אֲדוֹן עֻזֵּנוּ, צוּר מִשְׂגַּבֵּנוּ
מָגֵן יִשְׁעֵנוּ, מִשְׂגָּב בַּעֲדֵנוּ.
אֵל בָּרוּךְ גְּדוֹל דֵּעָה
הֵכִין וּפָעַל זָהֳרֵי חַמָּה
טוֹב יָצַר כָּבוֹד לִשְׁמוֹ
מְאוֹרוֹת נָתַן סְבִיבוֹת עֻזּוֹ
פִּנּוֹת צְבָאָיו קְדוֹשִׁים
רוֹמְמֵי שַׁדַּי
תָּמִיד מְסַפְּרִים כְּבוֹד אֵל וּקְדֻשָּׁתוֹ.
תִּתְבָּרַךְ יהוה אֱלֹהֵינוּ בַּשָּׁמַיִם מִמַּעַל וְעַל הָאָרֶץ מִתָּחַת
עַל כָּל שֶׁבַח מַעֲשֵׂה יָדֶיךָ
וְעַל מְאוֹרֵי אוֹר שֶׁיָּצַרְתָּ
הֵמָּה יְפָאֲרוּךָ סֶּלָה.

וממשיכים ׳תִּתְבָּרַךְ לָנֶצַח׳ בעמ׳ 135.

בשבת אומרים 'הַכֹּל יוֹדוּךָ' (מחזור ויטרי, קסא).

הַכֹּל יוֹדְוּךָ וְהַכֹּל יְשַׁבְּחְוּךָ
וְהַכֹּל יֹאמְרוּ אֵין קָדוֹשׁ כַּיהוה
הַכֹּל יְרוֹמְמְוּךָ סֶּלָה, יוֹצֵר הַכֹּל.
הָאֵל הַפּוֹתֵחַ בְּכָל יוֹם דַּלְתוֹת שַׁעֲרֵי מִזְרָח, וּבוֹקֵעַ חַלּוֹנֵי רָקִיעַ
מוֹצִיא חַמָּה מִמְּקוֹמָהּ וּלְבָנָה מִמְּכוֹן שִׁבְתָּהּ
וּמֵאִיר לָעוֹלָם כֻּלּוֹ וּלְיוֹשְׁבָיו, שֶׁבָּרָא בְּמִדַּת הָרַחֲמִים.
הַמֵּאִיר לָאָרֶץ וְלַדָּרִים עָלֶיהָ בְּרַחֲמִים
וּבְטוּבוֹ מְחַדֵּשׁ בְּכָל יוֹם תָּמִיד מַעֲשֵׂה בְרֵאשִׁית.

מָה־רַבּוּ מַעֲשֶׂיךָ יהוה, כֻּלָּם בְּחָכְמָה עָשִׂיתָ תהלים קד
מָלְאָה הָאָרֶץ קִנְיָנֶךָ:
הַמֶּלֶךְ הַמְרוֹמָם לְבַדּוֹ מֵאָז
הַמְשֻׁבָּח וְהַמְפֹאָר וְהַמִּתְנַשֵּׂא מִימוֹת עוֹלָם.
אֱלֹהֵי עוֹלָם, בְּרַחֲמֶיךָ הָרַבִּים רַחֵם עָלֵינוּ
אֲדוֹן עֻזֵּנוּ, צוּר מִשְׂגַּבֵּנוּ, מָגֵן יִשְׁעֵנוּ, מִשְׂגָּב בַּעֲדֵנוּ.

אֵין עֲרוֹךְ לְךָ
וְאֵין זוּלָתֶךָ
אֶפֶס בִּלְתְּךָ
וּמִי דּוֹמֶה לָּךְ.
‹ אֵין עֲרוֹךְ לְךָ, יהוה אֱלֹהֵינוּ, בָּעוֹלָם הַזֶּה
וְאֵין זוּלָתְךָ, מַלְכֵּנוּ, לְחַיֵּי הָעוֹלָם הַבָּא
אֶפֶס בִּלְתְּךָ, גּוֹאֲלֵנוּ, לִימוֹת הַמָּשִׁיחַ
וְאֵין דּוֹמֶה לְּךָ, מוֹשִׁיעֵנוּ, לִתְחִיַּת הַמֵּתִים.

אֵל אָדוֹן עַל כָּל הַמַּעֲשִׂים
בָּרוּךְ וּמְבֹרָךְ בְּפִי כָּל הַנְּשָׁמָה
גָּדְלוֹ וְטוּבוֹ מָלֵא עוֹלָם
דַּעַת וּתְבוּנָה סוֹבְבִים הוֹדוֹ.

הַמִּתְגָּאֶה עַל חַיּוֹת הַקֹּדֶשׁ
וְנֶהְדָּר בְּכָבוֹד עַל הַמֶּרְכָּבָה
זְכוּת וּמִישׁוֹר לִפְנֵי כִסְאוֹ
חֶסֶד וְרַחֲמִים מָלֵא כְבוֹדוֹ.

טוֹבִים מְאוֹרוֹת שֶׁבָּרָא אֱלֹהֵינוּ
יְצָרָם בְּדַעַת בְּבִינָה וּבְהַשְׂכֵּל
כֹּחַ וּגְבוּרָה נָתַן בָּהֶם
לִהְיוֹת מוֹשְׁלִים בְּקֶרֶב תֵּבֵל.

מְלֵאִים זִיו וּמְפִיקִים נֹגַהּ
נָאֶה זִיוָם בְּכָל הָעוֹלָם
שְׂמֵחִים בְּצֵאתָם וְשָׂשִׂים בְּבוֹאָם
עוֹשִׂים בְּאֵימָה רְצוֹן קוֹנָם.

פְּאֵר וְכָבוֹד נוֹתְנִים לִשְׁמוֹ
צָהֳלָה וְרִנָּה לְזֵכֶר מַלְכוּתוֹ
קָרָא לַשֶּׁמֶשׁ וַיִּזְרַח אוֹר
רָאָה וְהִתְקִין צוּרַת הַלְּבָנָה.

שֶׁבַח נוֹתְנִים לוֹ כָּל צְבָא מָרוֹם
תִּפְאֶרֶת וּגְדֻלָּה, שְׂרָפִים וְחַיּוֹת וְאוֹפַנֵּי הַקֹּדֶשׁ.

לָאֵל אֲשֶׁר שָׁבַת מִכָּל הַמַּעֲשִׂים
בַּיּוֹם הַשְּׁבִיעִי נִתְעַלָּה וְיָשַׁב עַל כִּסֵּא כְבוֹדוֹ.
תִּפְאֶרֶת עָטָה לְיוֹם הַמְּנוּחָה
עֹנֶג קָרָא לְיוֹם הַשַּׁבָּת.
זֶה שִׁיר שֶׁבַח שֶׁל יוֹם הַשְּׁבִיעִי
שֶׁבּוֹ שָׁבַת אֵל מִכָּל מְלַאכְתּוֹ
וְיוֹם הַשְּׁבִיעִי מְשַׁבֵּחַ וְאוֹמֵר
מִזְמוֹר שִׁיר לְיוֹם הַשַּׁבָּת, טוֹב לְהֹדוֹת לַיהוה: תהלים צב
לְפִיכָךְ יְפָאֲרוּ וִיבָרְכוּ לָאֵל כָּל יְצוּרָיו
שֶׁבַח יְקָר וּגְדֻלָּה וְכָבוֹד יִתְּנוּ לָאֵל מֶלֶךְ יוֹצֵר כֹּל
הַמַּנְחִיל מְנוּחָה לְעַמּוֹ יִשְׂרָאֵל בִּקְדֻשָּׁתוֹ בְּיוֹם שַׁבַּת קֹדֶשׁ.
שִׁמְךָ יהוה אֱלֹהֵינוּ יִתְקַדַּשׁ, וְזִכְרְךָ מַלְכֵּנוּ יִתְפָּאַר
בַּשָּׁמַיִם מִמַּעַל וְעַל הָאָרֶץ מִתָּחַת.
תִּתְבָּרַךְ מוֹשִׁיעֵנוּ עַל כָּל שֶׁבַח מַעֲשֵׂה יָדֶיךָ
וְעַל מְאוֹרֵי אוֹר שֶׁיָּצַרְתָּ
הֵמָּה יְפָאֲרוּךָ סֶּלָה.

בכל הימים ממשיכים כאן.

תִּתְבָּרַךְ לָנֶצַח
צוּרֵנוּ מַלְכֵּנוּ וְגוֹאֲלֵנוּ, בּוֹרֵא קְדוֹשִׁים
יִשְׁתַּבַּח שִׁמְךָ לָעַד
מַלְכֵּנוּ, יוֹצֵר מְשָׁרְתִים
וַאֲשֶׁר מְשָׁרְתָיו כֻּלָּם עוֹמְדִים בְּרוּם עוֹלָם
וּמַשְׁמִיעִים בְּיִרְאָה יַחַד בְּקוֹל
דִּבְרֵי אֱלֹהִים חַיִּים וּמֶלֶךְ עוֹלָם.

◂ כֻּלָּם אֲהוּבִים כֻּלָּם בְּרוּרִים
כֻּלָּם גִּבּוֹרִים כֻּלָּם קְדוֹשִׁים
וְכֻלָּם עוֹשִׂים בְּאֵימָה וּבְיִרְאָה רְצוֹן קוֹנָם
וְכֻלָּם פּוֹתְחִים אֶת פִּיהֶם בִּקְדֻשָּׁה וּבְטָהֳרָה
בְּשִׁירָה וּבְזִמְרָה
וּמְבָרְכִין וּמְשַׁבְּחִין וּמְפָאֲרִין
וּמַעֲרִיצִין וּמַקְדִּישִׁין וּמַמְלִיכִין ◂
אֶת שֵׁם הָאֵל הַמֶּלֶךְ הַגָּדוֹל הַגִּבּוֹר וְהַנּוֹרָא
קָדוֹשׁ הוּא.

◂ וְכֻלָּם מְקַבְּלִים עֲלֵיהֶם עֹל מַלְכוּת שָׁמַיִם זֶה מִזֶּה
וְנוֹתְנִים בְּאַהֲבָה רְשׁוּת זֶה לָזֶה
לְהַקְדִּישׁ לְיוֹצְרָם בְּנַחַת רוּחַ, בְּשָׂפָה בְרוּרָה וּבִנְעִימָה.
קְדֻשָּׁה כֻּלָּם כְּאֶחָד
עוֹנִים בְּאֵימָה וְאוֹמְרִים בְּיִרְאָה

יש פוסקים הסבורים שיחיד אינו אומר את הפסוקים ׳קָדוֹשׁ׳ ו׳בָּרוּךְ׳ אלא רק ציבור (רס״ג), ולכן ראוי שיחיד יאמר אותם בטעמים (שו״ע נט, ג; משנ״ב שם, יא).

הקהל עונה בקול רם (אליה רבה):

ישעיה ו
קָדוֹשׁ ׀ קָדוֹשׁ, קָדוֹשׁ יהוה צְבָאוֹת
מְלֹא כָל־הָאָרֶץ כְּבוֹדוֹ:

◂ וְהָאוֹפַנִּים וְחַיּוֹת הַקֹּדֶשׁ
בְּרַעַשׁ גָּדוֹל מִתְנַשְּׂאִים לְעֻמַּת שְׂרָפִים
לְעֻמָּתָם מְשַׁבְּחִים וְאוֹמְרִים

הקהל עונה בקול רם (אליה רבה):

יחזקאל ג
בָּרוּךְ כְּבוֹד־יהוה מִמְּקוֹמוֹ:

לָאֵל בָּרוּךְ נְעִימוֹת יִתֵּנוּ
לַמֶּלֶךְ אֵל חַי וְקַיָּם
זְמִירוֹת יֹאמֵרוּ וְתִשְׁבָּחוֹת יַשְׁמִיעוּ
כִּי הוּא לְבַדּוֹ מָרוֹם וְקָדוֹשׁ
פּוֹעֵל גְּבוּרוֹת, עוֹשֶׂה חֲדָשׁוֹת
בַּעַל מִלְחָמוֹת, זוֹרֵעַ צְדָקוֹת
מַצְמִיחַ יְשׁוּעוֹת, בּוֹרֵא רְפוּאוֹת
נוֹרָא תְהִלּוֹת, אֲדוֹן הַנִּפְלָאוֹת
הַמְחַדֵּשׁ בְּטוּבוֹ בְּכָל יוֹם תָּמִיד מַעֲשֵׂה בְרֵאשִׁית
כָּאָמוּר
לְעֹשֵׂה אוֹרִים גְּדֹלִים תהלים קלו
כִּי לְעוֹלָם חַסְדּוֹ:
◂ אוֹר חָדָשׁ עַל צִיּוֹן תָּאִיר
וְנִזְכֶּה כֻלָּנוּ בִמְהֵרָה לְאוֹרוֹ.
בָּרוּךְ אַתָּה יהוה, יוֹצֵר הַמְּאוֹרוֹת.

בברכות יא ע״ב נחלקו התנאים אם נוסח הברכה השנייה לפני קריאת שמע הוא ׳אַהֲבָה רַבָּה׳ או ׳אַהֲבַת עוֹלָם׳, וראשוני ספרד פסקו שיש לומר ׳אַהֲבַת עוֹלָם׳ כהכרעת הרי״ף (ברכות ה ע״ב).

אַהֲבַת עוֹלָם אֲהַבְתָּנוּ, יהוה אֱלֹהֵינוּ
חֶמְלָה גְדוֹלָה וִיתֵרָה חָמַלְתָּ עָלֵינוּ.
אָבִינוּ מַלְכֵּנוּ
בַּעֲבוּר שִׁמְךָ הַגָּדוֹל
וּבַעֲבוּר אֲבוֹתֵינוּ שֶׁבָּטְחוּ בְךָ
וַתְּלַמְּדֵם חֻקֵּי חַיִּים
לַעֲשׂוֹת רְצוֹנְךָ בְּלֵבָב שָׁלֵם
כֵּן תְּחָנֵּנוּ וּתְלַמְּדֵנוּ.

אָבִינוּ, אָב הָרַחֲמָן, הַמְרַחֵם
רַחֵם נָא עָלֵינוּ
וְתֵן בְּלִבֵּנוּ בִּינָה לְהָבִין וּלְהַשְׂכִּיל
לִשְׁמֹעַ, לִלְמֹד וּלְלַמֵּד, לִשְׁמֹר וְלַעֲשׂוֹת
וּלְקַיֵּם אֶת כָּל דִּבְרֵי תַלְמוּד תּוֹרָתֶךָ בְּאַהֲבָה.
וְהָאֵר עֵינֵינוּ בְּתוֹרָתֶךָ, וְדַבֵּק לִבֵּנוּ בְּמִצְוֹתֶיךָ
וְיַחֵד לְבָבֵנוּ לְאַהֲבָה וּלְיִרְאָה אֶת שְׁמֶךָ
לְמַעַן לֹא נֵבוֹשׁ וְלֹא נִכָּלֵם וְלֹא נִכָּשֵׁל לְעוֹלָם וָעֶד.
כִּי בְשֵׁם קָדְשְׁךָ הַגָּדוֹל הַגִּבּוֹר וְהַנּוֹרָא בָּטָחְנוּ
נָגִילָה וְנִשְׂמְחָה בִּישׁוּעָתֶךָ.
וְרַחֲמֶיךָ יהוה אֱלֹהֵינוּ וַחֲסָדֶיךָ הָרַבִּים
אַל יַעַזְבוּנוּ נֶצַח סֶלָה וָעֶד.

"מצוה לאחוז הציצית ביד שמאלית כנגד לבו בשעת קריאת שמע"
(שו"ע כד, ב על פי ר' יונה וה'מרדכי').
נוהגים לקבץ כאן את ארבע הציציות ולאוחזן ביד שמאל עד פרשת ציצית (שער הכוונות).

מַהֵר וְהָבֵא עָלֵינוּ בְּרָכָה וְשָׁלוֹם
מְהֵרָה מֵאַרְבַּע כַּנְפוֹת כָּל הָאָרֶץ
וּשְׁבֹר עֹל הַגּוֹיִם מֵעַל צַוָּארֵנוּ
וְתוֹלִיכֵנוּ מְהֵרָה קוֹמְמִיּוּת לְאַרְצֵנוּ.
◂ כִּי אֵל פּוֹעֵל יְשׁוּעוֹת אָתָּה
וּבָנוּ בָחַרְתָּ מִכָּל עַם וְלָשׁוֹן
וְקֵרַבְתָּנוּ מַלְכֵּנוּ לְשִׁמְךָ הַגָּדוֹל סֶלָה בֶּאֱמֶת בְּאַהֲבָה
לְהוֹדוֹת לְךָ וּלְיַחֶדְךָ בְּאַהֲבָה, וּלְאַהֲבָה אֶת שְׁמֶךָ.
בָּרוּךְ אַתָּה יהוה, הַבּוֹחֵר בְּעַמּוֹ יִשְׂרָאֵל בְּאַהֲבָה.

"יקרא קריאת שמע בכוונה – באימה, ביראה, ברתת וזיע" (שו"ע סא, א).

קריאת שמע צריכה כוונה מיוחדת בכל שלוש פרשיותיה. מי שאינו יכול לכוון בכולן חייב לכוון בפסוק הראשון, ואם לא התכוון צריך לחזור ולקרוא שוב.

בקריאת שמע שלוש פרשיות: 'שְׁמַע', שענינה קבלת עול מלכות שמים; 'וְהָיָה אִם־שָׁמֹעַ', שענינה קבלת עול מצוות; 'ציצית', שיש בה הזכרת יציאת מצרים ובחירת ה' בעם ישראל (משנה, ברכות יג ע"א).

המתפלל ביחידות אומר (רמ"א סא, ג על פי ספר חסידים):

אֵל מֶלֶךְ נֶאֱמָן

מכסה את עיניו בידו ואומר בכוונה ובקול רם:

שְׁמַע יִשְׂרָאֵל, יהוה אֱלֹהֵינוּ, יהוה | אֶחָד: דברים ו

בלחש: בָּרוּךְ שֵׁם כְּבוֹד מַלְכוּתוֹ לְעוֹלָם וָעֶד.

וְאָהַבְתָּ אֵת יהוה אֱלֹהֶיךָ, בְּכָל־לְבָבְךָ וּבְכָל־נַפְשְׁךָ וּבְכָל־ דברים ו
מְאֹדֶךָ: וְהָיוּ הַדְּבָרִים הָאֵלֶּה, אֲשֶׁר אָנֹכִי מְצַוְּךָ הַיּוֹם, עַל־לְבָבֶךָ:
וְשִׁנַּנְתָּם לְבָנֶיךָ וְדִבַּרְתָּ בָּם, בְּשִׁבְתְּךָ בְּבֵיתֶךָ וּבְלֶכְתְּךָ בַדֶּרֶךְ,
וּבְשָׁכְבְּךָ וּבְקוּמֶךָ: וּקְשַׁרְתָּם לְאוֹת עַל־יָדֶךָ וְהָיוּ לְטֹטָפֹת בֵּין
עֵינֶיךָ: וּכְתַבְתָּם עַל־מְזֻזוֹת בֵּיתֶךָ וּבִשְׁעָרֶיךָ:

וְהָיָה אִם־שָׁמֹעַ תִּשְׁמְעוּ אֶל־מִצְוֹתַי אֲשֶׁר אָנֹכִי מְצַוֶּה אֶתְכֶם דברים יא
הַיּוֹם, לְאַהֲבָה אֶת־יהוה אֱלֹהֵיכֶם וּלְעָבְדוֹ, בְּכָל־לְבַבְכֶם וּבְכָל־
נַפְשְׁכֶם: וְנָתַתִּי מְטַר־אַרְצְכֶם בְּעִתּוֹ, יוֹרֶה וּמַלְקוֹשׁ, וְאָסַפְתָּ
דְגָנֶךָ וְתִירֹשְׁךָ וְיִצְהָרֶךָ: וְנָתַתִּי עֵשֶׂב בְּשָׂדְךָ לִבְהֶמְתֶּךָ, וְאָכַלְתָּ
וְשָׂבָעְתָּ: הִשָּׁמְרוּ לָכֶם פֶּן־יִפְתֶּה לְבַבְכֶם, וְסַרְתֶּם וַעֲבַדְתֶּם
אֱלֹהִים אֲחֵרִים וְהִשְׁתַּחֲוִיתֶם לָהֶם: וְחָרָה אַף־יהוה בָּכֶם, וְעָצַר
אֶת־הַשָּׁמַיִם וְלֹא־יִהְיֶה מָטָר, וְהָאֲדָמָה לֹא תִתֵּן אֶת־יְבוּלָהּ,
וַאֲבַדְתֶּם מְהֵרָה מֵעַל הָאָרֶץ הַטֹּבָה אֲשֶׁר יהוה נֹתֵן לָכֶם:

וְשַׂמְתֶּם אֶת־דְּבָרַי אֵלֶּה עַל־לְבַבְכֶם וְעַל־נַפְשְׁכֶם, וּקְשַׁרְתֶּם אֹתָם לְאוֹת עַל־יֶדְכֶם, וְהָיוּ לְטוֹטָפֹת בֵּין עֵינֵיכֶם: וְלִמַּדְתֶּם אֹתָם אֶת־בְּנֵיכֶם לְדַבֵּר בָּם, בְּשִׁבְתְּךָ בְּבֵיתֶךָ וּבְלֶכְתְּךָ בַדֶּרֶךְ, וּבְשָׁכְבְּךָ וּבְקוּמֶךָ: וּכְתַבְתָּם עַל־מְזוּזוֹת בֵּיתֶךָ וּבִשְׁעָרֶיךָ: לְמַעַן יִרְבּוּ יְמֵיכֶם וִימֵי בְנֵיכֶם עַל הָאֲדָמָה אֲשֶׁר נִשְׁבַּע יְהוָה לַאֲבֹתֵיכֶם לָתֵת לָהֶם, כִּימֵי הַשָּׁמַיִם עַל־הָאָרֶץ:

נוהגים להעביר את הציציות ליד ימין ולנשקן במקומות המסומנים ב°.

במדבר טו וַיֹּאמֶר יְהוָה אֶל־מֹשֶׁה לֵּאמֹר: דַּבֵּר אֶל־בְּנֵי יִשְׂרָאֵל וְאָמַרְתָּ אֲלֵהֶם, וְעָשׂוּ לָהֶם °צִיצִת עַל־כַּנְפֵי בִגְדֵיהֶם לְדֹרֹתָם, וְנָתְנוּ °עַל־צִיצִת הַכָּנָף פְּתִיל תְּכֵלֶת: וְהָיָה לָכֶם °לְצִיצִת, וּרְאִיתֶם אֹתוֹ וּזְכַרְתֶּם אֶת־כָּל־מִצְוֹת יְהוָה וַעֲשִׂיתֶם אֹתָם, וְלֹא תָתֻרוּ אַחֲרֵי לְבַבְכֶם וְאַחֲרֵי עֵינֵיכֶם, אֲשֶׁר־אַתֶּם זֹנִים אַחֲרֵיהֶם: לְמַעַן תִּזְכְּרוּ וַעֲשִׂיתֶם אֶת־כָּל־מִצְוֹתָי, וִהְיִיתֶם קְדֹשִׁים לֵאלֹהֵיכֶם: אֲנִי יְהוָה אֱלֹהֵיכֶם, אֲשֶׁר הוֹצֵאתִי אֶתְכֶם מֵאֶרֶץ מִצְרַיִם, לִהְיוֹת לָכֶם לֵאלֹהִים, אֲנִי יְהוָה אֱלֹהֵיכֶם:

°אֱמֶת

שליח הציבור חוזר ואומר (שו״ע סא, ג על פי הזוהר):

◂ יְהוָה אֱלֹהֵיכֶם אֱמֶת

וְיַצִּיב, וְנָכוֹן וְקַיָּם, וְיָשָׁר וְנֶאֱמָן
וְאָהוּב וְחָבִיב, וְנֶחְמָד וְנָעִים
וְנוֹרָא וְאַדִּיר, וּמְתֻקָּן וּמְקֻבָּל
וְטוֹב וְיָפֶה
הַדָּבָר הַזֶּה עָלֵינוּ לְעוֹלָם וָעֶד.

אֱמֶת אֱלֹהֵי עוֹלָם מַלְכֵּנוּ
צוּר יַעֲקֹב מָגֵן יִשְׁעֵנוּ
לְדוֹר וָדוֹר הוּא קַיָּם וּשְׁמוֹ קַיָּם
וְכִסְאוֹ נָכוֹן
וּמַלְכוּתוֹ וֶאֱמוּנָתוֹ לָעַד קַיֶּמֶת.

במקום המסומן ב°, מנשק את הציציות ומניחן (שער הכוונות).

וּדְבָרָיו חָיִים וְקַיָּמִים
נֶאֱמָנִים וְנֶחֱמָדִים
°לָעַד וּלְעוֹלְמֵי עוֹלָמִים
◂ עַל אֲבוֹתֵינוּ וְעָלֵינוּ
עַל בָּנֵינוּ וְעַל דּוֹרוֹתֵינוּ
וְעַל כָּל דּוֹרוֹת זֶרַע יִשְׂרָאֵל עֲבָדֶיךָ. ◂

עַל הָרִאשׁוֹנִים וְעַל הָאַחֲרוֹנִים
דָּבָר טוֹב וְקַיָּם לְעוֹלָם וָעֶד

אֱמֶת וֶאֱמוּנָה, חֹק וְלֹא יַעֲבֹר

אֱמֶת שָׁאַתָּה הוּא יהוה
אֱלֹהֵינוּ וֵאלֹהֵי אֲבוֹתֵינוּ
מַלְכֵּנוּ מֶלֶךְ אֲבוֹתֵינוּ
גּוֹאֲלֵנוּ גּוֹאֵל אֲבוֹתֵינוּ
יוֹצְרֵנוּ צוּר יְשׁוּעָתֵנוּ
◂ פּוֹדֵנוּ וּמַצִּילֵנוּ מֵעוֹלָם הוּא שְׁמֶךָ
וְאֵין לָנוּ עוֹד אֱלֹהִים זוּלָתְךָ סֶלָה.

עֶזְרַת אֲבוֹתֵינוּ אַתָּה הוּא מֵעוֹלָם
מָגֵן וּמוֹשִׁיעַ לָהֶם וְלִבְנֵיהֶם אַחֲרֵיהֶם בְּכָל דּוֹר וָדוֹר.
בְּרוּם עוֹלָם מוֹשָׁבֶךָ
וּמִשְׁפָּטֶיךָ וְצִדְקָתְךָ עַד אַפְסֵי אָרֶץ.

אֱמֶת אַשְׁרֵי אִישׁ שֶׁיִּשְׁמַע לְמִצְוֹתֶיךָ
וְתוֹרָתְךָ וּדְבָרְךָ יָשִׂים עַל לִבּוֹ.

אֱמֶת אַתָּה הוּא אָדוֹן לְעַמֶּךָ
וּמֶלֶךְ גִּבּוֹר לָרִיב רִיבָם לְאָבוֹת וּבָנִים.

אֱמֶת אַתָּה הוּא רִאשׁוֹן וְאַתָּה הוּא אַחֲרוֹן
וּמִבַּלְעָדֶיךָ אֵין לָנוּ מֶלֶךְ גּוֹאֵל וּמוֹשִׁיעַ.

אֱמֶת מִמִּצְרַיִם גְּאַלְתָּנוּ, יהוה אֱלֹהֵינוּ
וּמִבֵּית עֲבָדִים פְּדִיתָנוּ
כָּל בְּכוֹרֵיהֶם הָרָגְתָּ, וּבְכוֹרְךָ יִשְׂרָאֵל גָּאָלְתָּ
וְיַם סוּף לָהֶם בָּקַעְתָּ
וְזֵדִים טִבַּעְתָּ, וִידִידִים הֶעֱבַרְתָּ
וַיְכַסּוּ־מַיִם צָרֵיהֶם, אֶחָד מֵהֶם לֹא נוֹתָר: תהלים קו

עַל זֹאת שִׁבְּחוּ אֲהוּבִים, וְרוֹמְמוּ לָאֵל
וְנָתְנוּ יְדִידִים זְמִירוֹת, שִׁירוֹת וְתִשְׁבָּחוֹת
בְּרָכוֹת וְהוֹדָאוֹת לַמֶּלֶךְ אֵל חַי וְקַיָּם
רָם וְנִשָּׂא, גָּדוֹל וְנוֹרָא
מַשְׁפִּיל גֵּאִים עֲדֵי אָרֶץ, וּמַגְבִּיהַּ שְׁפָלִים עֲדֵי מָרוֹם
מוֹצִיא אֲסִירִים, וּפוֹדֶה עֲנָוִים וְעוֹזֵר דַּלִּים
וְעוֹנֶה לְעַמּוֹ יִשְׂרָאֵל בְּעֵת שַׁוְּעָם אֵלָיו.

כאן נוהגים לעמוד כהכנה לתפילת העמידה (שער הכוונות).
ולפסוע שלוש פסיעות לאחור (׳אליה רבה׳ סו, ט).

◂ תְּהִלּוֹת לְאֵל עֶלְיוֹן גּוֹאֲלָם
בָּרוּךְ הוּא וּמְבֹרָךְ
מֹשֶׁה וּבְנֵי יִשְׂרָאֵל
לְךָ עָנוּ שִׁירָה בְּשִׂמְחָה רַבָּה
וְאָמְרוּ כֻלָּם

שמות טו מִי־כָמֹכָה בָּאֵלִם, יהוה
מִי כָּמֹכָה נֶאְדָּר בַּקֹּדֶשׁ
נוֹרָא תְהִלֹּת, עֹשֵׂה פֶלֶא:

◂ שִׁירָה חֲדָשָׁה שִׁבְּחוּ גְאוּלִים
לְשִׁמְךָ הַגָּדוֹל עַל שְׂפַת הַיָּם
יַחַד כֻּלָּם הוֹדוּ וְהִמְלִיכוּ
וְאָמְרוּ

שמות טו יהוה יִמְלֹךְ לְעֹלָם וָעֶד:

רבים נוהגים לסיים את ברכת ׳גָּאַל יִשְׂרָאֵל׳ עם שליח הציבור
כדי לצאת מהמחלוקת אם לענות אמן אחר ברכתו (מג״א סו, יא).

◂ צוּר יִשְׂרָאֵל, קוּמָה בְּעֶזְרַת יִשְׂרָאֵל
וּפְדֵה כִנְאֻמֶךָ יְהוּדָה וְיִשְׂרָאֵל
וְנֶאֱמַר

ישעיה מז גֹּאֲלֵנוּ יהוה צְבָאוֹת שְׁמוֹ, קְדוֹשׁ יִשְׂרָאֵל:

בחו״ל יש קהילות האומרות כאן בפסח את פיוט ׳בְּרַח דּוֹדִי׳ (עמ׳ 488–491).
באחרון של פסח אין אומרים פיוט, אלא אם חל בשבת,
ואז אומרים את הפיוט ׳בְּרַח דּוֹדִי אֶל שֶׁאֲנָן נָוֶה׳ בעמ׳ 490.

בָּרוּךְ אַתָּה יהוה, גָּאַל יִשְׂרָאֵל.

בחול המועד מתפללים תפילת עמידה בעמ׳ 403.

עמידה ליום טוב ולשבת חול המועד

"המתפלל צריך שיכוין בלבו פירוש המלות שמוציא בשפתיו; ויחשוב כאלו שכינה כנגדו ויסיר כל המחשבות הטורדות אותו עד שתשאר מחשבתו וכוונתו זכה בתפלתו" (שו"ע צח, א).

פוסע שלוש פסיעות לפנים כמי שנכנס לפני המלך.
עומד ומתפלל בלחש מכאן ועד 'וּכְשָׁנִים קַדְמֹנִיּוֹת' בעמ' 154.

כורע במקומות המסומנים ב°, קד לפנים במילה הבאה וזוקף בשם.

תהלים נא אֲדֹנָי, שְׂפָתַי תִּפְתָּח, וּפִי יַגִּיד תְּהִלָּתֶךָ:

אבות

°בָּרוּךְ אַתָּה יהוה, אֱלֹהֵינוּ וֵאלֹהֵי אֲבוֹתֵינוּ
אֱלֹהֵי אַבְרָהָם, אֱלֹהֵי יִצְחָק, וֵאלֹהֵי יַעֲקֹב
הָאֵל הַגָּדוֹל הַגִּבּוֹר וְהַנּוֹרָא, אֵל עֶלְיוֹן
גּוֹמֵל חֲסָדִים טוֹבִים, קוֹנֵה הַכֹּל, וְזוֹכֵר חַסְדֵי אָבוֹת
וּמֵבִיא גוֹאֵל לִבְנֵי בְנֵיהֶם לְמַעַן שְׁמוֹ בְּאַהֲבָה.
מֶלֶךְ עוֹזֵר וּמוֹשִׁיעַ וּמָגֵן.
°בָּרוּךְ אַתָּה יהוה, מָגֵן אַבְרָהָם.

גבורות

אַתָּה גִּבּוֹר לְעוֹלָם, אֲדֹנָי
מְחַיֵּה מֵתִים אַתָּה, רַב לְהוֹשִׁיעַ

ביום א' של פסח (ובחו"ל גם בשמחת תורה) אומר:

מַשִּׁיב הָרְוּחַ וּמוֹרִיד הַגֶּשֶׁם

בשאר המועדים אומר:

מוֹרִיד הַטָּל

מְכַלְכֵּל חַיִּים בְּחֶסֶד, מְחַיֵּה מֵתִים בְּרַחֲמִים רַבִּים
סוֹמֵךְ נוֹפְלִים, וְרוֹפֵא חוֹלִים, וּמַתִּיר אֲסוּרִים
וּמְקַיֵּם אֱמוּנָתוֹ לִישֵׁנֵי עָפָר.
מִי כָמְוֹךָ, בַּעַל גְּבוּרוֹת, וּמִי דְּוֹמֶה לָּךְ
מֶלֶךְ, מֵמִית וּמְחַיֶּה וּמַצְמִיחַ יְשׁוּעָה.

וְנֶאֱמָן אַתָּה לְהַחֲיוֹת מֵתִים.

בָּרוּךְ אַתָּה יהוה, מְחַיֵּה הַמֵּתִים.

בתפילת לחש ממשיך 'אַתָּה קָדוֹשׁ' בעמוד הבא.

קדושה

בחזרת הש"ץ הקהל עומד ואומר קדושה.

במקומות המסומנים ב־ ֜, המתפלל מתרומם על קצות אצבעותיו.

קהל ואחריו שליח הציבור:

נְקַדֵּשׁךָ וְנַעֲרִיצְךָ כְּנֹעַם שִׂיחַ סוֹד שַׂרְפֵי קֹדֶשׁ, הַמְשַׁלְּשִׁים לְךָ קְדֻשָּׁה

כַּכָּתוּב עַל יַד נְבִיאֶךָ, וְקָרָא זֶה אֶל־זֶה וְאָמַר ישעיה ו

קהל ואחריו שליח הציבור:

֜קָדוֹשׁ, ֜קָדוֹשׁ, ֜קָדוֹשׁ, יהוה צְבָאוֹת, מְלֹא כָל־הָאָרֶץ כְּבוֹדוֹ:

אָז בְּקוֹל רַעַשׁ גָּדוֹל אַדִּיר וְחָזָק מַשְׁמִיעִים קוֹל

מִתְנַשְּׂאִים לְעֻמַּת שְׂרָפִים

לְעֻמָּתָם מְשַׁבְּחִים וְאוֹמְרִים

קהל ואחריו שליח הציבור:

֜בָּרוּךְ כְּבוֹד־יהוה מִמְּקוֹמוֹ: יחזקאל ג

מִמְּקוֹמְךָ מַלְכֵּנוּ תוֹפִיעַ וְתִמְלֹךְ עָלֵינוּ, כִּי מְחַכִּים אֲנַחְנוּ לָךְ.

מָתַי תִּמְלֹךְ בְּצִיּוֹן, בְּקָרוֹב בְּיָמֵינוּ לְעוֹלָם וָעֶד תִּשְׁכֹּן.

תִּתְגַּדַּל וְתִתְקַדַּשׁ בְּתוֹךְ יְרוּשָׁלַיִם עִירְךָ לְדוֹר וָדוֹר וּלְנֵצַח נְצָחִים.

וְעֵינֵינוּ תִרְאֶינָה מַלְכוּתֶךָ, כַּדָּבָר הָאָמוּר בְּשִׁירֵי עֻזֶּךָ

עַל יְדֵי דָוִד מְשִׁיחַ צִדְקֶךָ.

קהל ואחריו שליח הציבור:

יִמְלֹךְ יהוה לְעוֹלָם, אֱלֹהַיִךְ צִיּוֹן לְדֹר וָדֹר, הַלְלוּיָהּ: תהלים קמו

שליח הציבור ממשיך 'אַתָּה קָדוֹשׁ' בעמוד הבא.

בבתי כנסת המתפללים בנוסח אשכנז, שליח הציבור אומר:

לְדוֹר וָדוֹר נַגִּיד גָּדְלֶךָ, וּלְנֵצַח נְצָחִים קְדֻשָּׁתְךָ נַקְדִּישׁ, וְשִׁבְחֲךָ אֱלֹהֵינוּ מִפִּינוּ לֹא יָמוּשׁ לְעוֹלָם וָעֶד, כִּי אֵל מֶלֶךְ גָּדוֹל וְקָדוֹשׁ אָתָּה. בָּרוּךְ אַתָּה יהוה הָאֵל הַקָּדוֹשׁ.

שליח הציבור ממשיך ביום טוב 'אַתָּה בְחַרְתָּנוּ' בעמוד הבא, ובשבת 'יִשְׂמַח מֹשֶׁה' גם כן בעמוד הבא מתחת לקו.

קדושת השם

אַתָּה קָדוֹשׁ וְשִׁמְךָ קָדוֹשׁ
וּקְדוֹשִׁים בְּכָל יוֹם יְהַלְלוּךָ סֶּלָה
כִּי אֵל מֶלֶךְ גָּדוֹל וְקָדוֹשׁ אָתָּה.
בָּרוּךְ אַתָּה יהוה, הָאֵל הַקָּדוֹשׁ.

בשבת חול המועד ממשיכים ׳יִשְׂמַח מֹשֶׁה׳ מתחת לקו.
ביום טוב ממשיכים כאן.

קדושת היום– ליום טוב

אַתָּה בְחַרְתָּנוּ מִכָּל הָעַמִּים
אָהַבְתָּ אוֹתָנוּ וְרָצִיתָ בָּנוּ
וְרוֹמַמְתָּנוּ מִכָּל הַלְּשׁוֹנוֹת
וְקִדַּשְׁתָּנוּ בְּמִצְוֹתֶיךָ
וְקֵרַבְתָּנוּ מַלְכֵּנוּ לַעֲבוֹדָתֶךָ
וְשִׁמְךָ הַגָּדוֹל וְהַקָּדוֹשׁ עָלֵינוּ קָרָאתָ.

ממשיכים ׳וַתִּתֶּן לָנוּ׳ בעמוד הבא.

קדושת היום – לשבת חול המועד

בשבת ניתנה תורה לישראל (שבת פו ע״ב), ולכן תיקנו לומר בשחרית לשבת ׳יִשְׂמַח מֹשֶׁה׳, העוסק במתן תורה (ר׳ יהודה ב״ר יקר).

יִשְׂמַח מֹשֶׁה בְּמַתְּנַת חֶלְקוֹ
כִּי עֶבֶד נֶאֱמָן קָרָאתָ לּוֹ
כְּלִיל תִּפְאֶרֶת בְּרֹאשׁוֹ נָתַתָּ לוֹ
בְּעָמְדוֹ לְפָנֶיךָ עַל הַר סִינַי
וּשְׁנֵי לוּחוֹת אֲבָנִים הוֹרִיד בְּיָדוֹ, וְכָתוּב בָּהֶם שְׁמִירַת שַׁבָּת
וְכֵן כָּתוּב בְּתוֹרָתֶךָ

ממשיכים ׳וְשָׁמְרוּ בְנֵי־יִשְׂרָאֵל׳ מתחת לקו בעמוד הבא.

בשבת מוסיפים את המילים שבסוגריים.

וַתִּתֶּן לָנוּ יהוה אֱלֹהֵינוּ בְּאַהֲבָה
(שַׁבָּתוֹת לִמְנוּחָה וּ) מוֹעֲדִים לְשִׂמְחָה
חַגִּים וּזְמַנִּים לְשָׂשׂוֹן
אֶת יוֹם (הַשַּׁבָּת הַזֶּה וְאֶת יוֹם)

בפסח: חַג הַמַּצּוֹת הַזֶּה, זְמַן חֵרוּתֵנוּ
בשבועות: חַג הַשָּׁבוּעוֹת הַזֶּה, זְמַן מַתַּן תּוֹרָתֵנוּ
בסוכות: חַג הַסֻּכּוֹת הַזֶּה, זְמַן שִׂמְחָתֵנוּ
בשמיני עצרת: שְׁמִינִי עֲצֶרֶת הַחַג הַזֶּה, זְמַן שִׂמְחָתֵנוּ

(בְּאַהֲבָה) מִקְרָא קֹדֶשׁ, זֵכֶר לִיצִיאַת מִצְרָיִם.

ממשיכים ׳אֱלֹהֵינוּ וֵאלֹהֵי אֲבוֹתֵינוּ, יַעֲלֶה וְיָבוֹא וְיַגִּיעַ׳, בעמוד הבא.

וְשָׁמְרוּ בְנֵי־יִשְׂרָאֵל אֶת־הַשַּׁבָּת שמות לא
לַעֲשׂוֹת אֶת־הַשַּׁבָּת לְדֹרֹתָם בְּרִית עוֹלָם:
בֵּינִי וּבֵין בְּנֵי יִשְׂרָאֵל אוֹת הִוא לְעֹלָם
כִּי־שֵׁשֶׁת יָמִים עָשָׂה יהוה אֶת־הַשָּׁמַיִם וְאֶת־הָאָרֶץ
וּבַיּוֹם הַשְּׁבִיעִי שָׁבַת וַיִּנָּפַשׁ:

וְלֹא נְתַתּוֹ, יהוה אֱלֹהֵינוּ, לְגוֹיֵי הָאֲרָצוֹת
וְלֹא הִנְחַלְתּוֹ, מַלְכֵּנוּ, לְעוֹבְדֵי פְסִילִים
וְגַם בִּמְנוּחָתוֹ לֹא יִשְׁכְּנוּ עֲרֵלִים
כִּי לְיִשְׂרָאֵל עַמְּךָ נְתַתּוֹ בְּאַהֲבָה
לְזֶרַע יַעֲקֹב אֲשֶׁר בָּם בָּחָרְתָּ.

ממשיכים ׳יִשְׂמְחוּ בְמַלְכוּתְךָ׳ מתחת לקו בעמוד הבא.

אֱלֹהֵינוּ וֵאלֹהֵי אֲבוֹתֵינוּ
יַעֲלֶה וְיָבוֹא וְיַגִּיעַ
וְיֵרָאֶה וְיֵרָצֶה וְיִשָּׁמַע
וְיִפָּקֵד וְיִזָּכֵר זִכְרוֹנֵנוּ וּפִקְדוֹנֵנוּ
וְזִכְרוֹן אֲבוֹתֵינוּ
וְזִכְרוֹן מָשִׁיחַ בֶּן דָּוִד עַבְדֶּךָ
וְזִכְרוֹן יְרוּשָׁלַיִם עִיר קָדְשֶׁךָ
וְזִכְרוֹן כָּל עַמְּךָ בֵּית יִשְׂרָאֵל, לְפָנֶיךָ
לִפְלֵיטָה לְטוֹבָה, לְחֵן וּלְחֶסֶד וּלְרַחֲמִים

ממשיכים 'לְחַיִּים וּלְשָׁלוֹם' בעמוד הבא.

יִשְׂמְחוּ בְמַלְכוּתְךָ שׁוֹמְרֵי שַׁבָּת וְקוֹרְאֵי עֹנֶג.
עַם מְקַדְּשֵׁי שְׁבִיעִי
כֻּלָּם יִשְׂבְּעוּ וְיִתְעַנְּגוּ מִטּוּבֶךָ
וּבַשְּׁבִיעִי רָצִיתָ בּוֹ וְקִדַּשְׁתּוֹ
חֶמְדַּת יָמִים אוֹתוֹ קָרָאתָ
זֵכֶר לְמַעֲשֵׂה בְרֵאשִׁית.

אֱלֹהֵינוּ וֵאלֹהֵי אֲבוֹתֵינוּ
רְצֵה נָא בִמְנוּחָתֵנוּ
קַדְּשֵׁנוּ בְּמִצְוֹתֶיךָ וְתֵן חֶלְקֵנוּ בְּתוֹרָתֶךָ
שַׂבְּעֵנוּ מִטּוּבֶךָ וְשַׂמַּח נַפְשֵׁנוּ בִּישׁוּעָתֶךָ
וְטַהֵר לִבֵּנוּ לְעָבְדְּךָ בֶּאֱמֶת
וְהַנְחִילֵנוּ, יהוה אֱלֹהֵינוּ, בְּאַהֲבָה וּבְרָצוֹן שַׁבַּת קָדְשֶׁךָ
וְיָנוּחוּ בוֹ כָּל יִשְׂרָאֵל מְקַדְּשֵׁי שְׁמֶךָ.
בָּרוּךְ אַתָּה יהוה, מְקַדֵּשׁ הַשַּׁבָּת.

ממשיכים 'רְצֵה' מתחת לקו בעמוד הבא.

לְחַיִּים וּלְשָׁלוֹם, בְּיוֹם

בפסח: חַג הַמַּצּוֹת הַזֶּה.

בשבועות: חַג הַשָּׁבוּעוֹת הַזֶּה.

בסוכות: חַג הַסֻּכּוֹת הַזֶּה.

בשמיני עצרת: שְׁמִינִי עֲצֶרֶת הַחַג הַזֶּה.

זָכְרֵנוּ יהוה אֱלֹהֵינוּ בּוֹ לְטוֹבָה, וּפָקְדֵנוּ בוֹ לִבְרָכָה
וְהוֹשִׁיעֵנוּ בוֹ לְחַיִּים טוֹבִים.

וּבִדְבַר יְשׁוּעָה וְרַחֲמִים, חוּס וְחָנֵּנוּ, וְרַחֵם עָלֵינוּ וְהוֹשִׁיעֵנוּ
כִּי אֵלֶיךָ עֵינֵינוּ, כִּי אֵל מֶלֶךְ חַנּוּן וְרַחוּם אָתָּה.

ממשיכים ׳וְהַשִּׂיאֵנוּ׳ בעמוד הבא.

עבודה

רְצֵה יהוה אֱלֹהֵינוּ בְּעַמְּךָ יִשְׂרָאֵל, וְלִתְפִלָּתָם שְׁעֵה
וְהָשֵׁב אֶת הָעֲבוֹדָה לִדְבִיר בֵּיתֶךָ
וְאִשֵּׁי יִשְׂרָאֵל וּתְפִלָּתָם, מְהֵרָה בְּאַהֲבָה תְקַבֵּל בְּרָצוֹן
וּתְהִי לְרָצוֹן תָּמִיד עֲבוֹדַת יִשְׂרָאֵל עַמֶּךָ.

אֱלֹהֵינוּ וֵאלֹהֵי אֲבוֹתֵינוּ
יַעֲלֶה וְיָבוֹא וְיַגִּיעַ, וְיֵרָאֶה וְיֵרָצֶה וְיִשָּׁמַע
וְיִפָּקֵד וְיִזָּכֵר זִכְרוֹנֵנוּ וּפִקְדוֹנֵנוּ וְזִכְרוֹן אֲבוֹתֵינוּ
וְזִכְרוֹן מָשִׁיחַ בֶּן דָּוִד עַבְדֶּךָ, וְזִכְרוֹן יְרוּשָׁלַיִם עִיר קָדְשֶׁךָ
וְזִכְרוֹן כָּל עַמְּךָ בֵּית יִשְׂרָאֵל, לְפָנֶיךָ
לִפְלֵיטָה לְטוֹבָה, לְחֵן וּלְחֶסֶד וּלְרַחֲמִים
לְחַיִּים וּלְשָׁלוֹם בְּיוֹם

בפסח: חַג הַמַּצּוֹת הַזֶּה.

בסוכות: חַג הַסֻּכּוֹת הַזֶּה.

ממשיכים ׳זָכְרֵנוּ׳ מתחת לקו בעמוד הבא.

בשבת מוסיפים את המילים שבסוגריים.

וְהַשִּׂיאֵנוּ יהוה אֱלֹהֵינוּ אֶת בִּרְכַּת מוֹעֲדֶיךָ
לְחַיִּים וּלְשָׁלוֹם, לְשִׂמְחָה וּלְשָׂשׂוֹן
כַּאֲשֶׁר רָצִיתָ וְאָמַרְתָּ לְבָרְכֵנוּ.
(אֱלֹהֵינוּ וֵאלֹהֵי אֲבוֹתֵינוּ, רְצֵה נָא בִמְנוּחָתֵנוּ)
קַדְּשֵׁנוּ בְּמִצְוֹתֶיךָ וְתֵן חֶלְקֵנוּ בְּתוֹרָתֶךָ
שַׂבְּעֵנוּ מִטּוּבֶךָ, וְשַׂמַּח נַפְשֵׁנוּ בִּישׁוּעָתֶךָ
וְטַהֵר לִבֵּנוּ לְעָבְדְּךָ בֶּאֱמֶת.
וְהַנְחִילֵנוּ יהוה אֱלֹהֵינוּ (בְּאַהֲבָה וּבְרָצוֹן)
בְּשִׂמְחָה וּבְשָׂשׂוֹן (שַׁבָּת וּ) מוֹעֲדֵי קָדְשֶׁךָ
וְיִשְׂמְחוּ בְךָ כָּל יִשְׂרָאֵל מְקַדְּשֵׁי שְׁמֶךָ.
בָּרוּךְ אַתָּה יהוה, מְקַדֵּשׁ (הַשַּׁבָּת וְ) יִשְׂרָאֵל וְהַזְּמַנִּים.

עבודה

רְצֵה יהוה אֱלֹהֵינוּ בְּעַמְּךָ יִשְׂרָאֵל, וְלִתְפִלָּתָם שְׁעֵה
וְהָשֵׁב אֶת הָעֲבוֹדָה לִדְבִיר בֵּיתֶךָ
וְאִשֵּׁי יִשְׂרָאֵל וּתְפִלָּתָם, מְהֵרָה בְּאַהֲבָה תְקַבֵּל בְּרָצוֹן
וּתְהִי לְרָצוֹן תָּמִיד עֲבוֹדַת יִשְׂרָאֵל עַמֶּךָ.

ממשיכים ׳וְתֶחֱזֶינָה׳ בעמוד הבא.

זָכְרֵנוּ יהוה אֱלֹהֵינוּ בּוֹ לְטוֹבָה
וּפָקְדֵנוּ בוֹ לִבְרָכָה
וְהוֹשִׁיעֵנוּ בוֹ לְחַיִּים טוֹבִים.
וּבִדְבַר יְשׁוּעָה וְרַחֲמִים
חוּס וְחָנֵּנוּ וְרַחֵם עָלֵינוּ וְהוֹשִׁיעֵנוּ
כִּי אֵלֶיךָ עֵינֵינוּ, כִּי אֵל מֶלֶךְ חַנּוּן וְרַחוּם אָתָּה.

ממשיכים ׳וְתֶחֱזֶינָה׳ בעמוד הבא.

וְתֶחֱזֶינָה עֵינֵינוּ בְּשׁוּבְךָ לְצִיּוֹן בְּרַחֲמִים.
בָּרוּךְ אַתָּה יהוה, הַמַּחֲזִיר שְׁכִינָתוֹ לְצִיּוֹן.

הודאה

כורע ב׳מודים׳, ואינו זוקף עד אמירת השם.

׳מוֹדִים אֲנַחְנוּ לָךְ
שָׁאַתָּה הוּא יהוה אֱלֹהֵינוּ
וֵאלֹהֵי אֲבוֹתֵינוּ לְעוֹלָם וָעֶד.
צוּר חַיֵּינוּ, מָגֵן יִשְׁעֵנוּ
אַתָּה הוּא לְדוֹר וָדוֹר.
נוֹדֶה לְּךָ וּנְסַפֵּר תְּהִלָּתֶךָ
עַל חַיֵּינוּ הַמְּסוּרִים בְּיָדֶךָ
וְעַל נִשְׁמוֹתֵינוּ הַפְּקוּדוֹת לָךְ
וְעַל נִסֶּיךָ שֶׁבְּכָל יוֹם עִמָּנוּ
וְעַל נִפְלְאוֹתֶיךָ וְטוֹבוֹתֶיךָ
שֶׁבְּכָל עֵת, עֶרֶב וָבֹקֶר וְצָהֳרָיִם.
הַטּוֹב, כִּי לֹא כָלוּ רַחֲמֶיךָ
וְהַמְרַחֵם, כִּי לֹא תַמּוּ חֲסָדֶיךָ
כִּי מֵעוֹלָם קִוִּינוּ לָךְ.

כששליח הציבור אומר ׳מוֹדִים׳,
הקהל אומר בלחש (סוטה מ ע״א):

׳מוֹדִים אֲנַחְנוּ לָךְ
שָׁאַתָּה הוּא יהוה אֱלֹהֵינוּ
וֵאלֹהֵי אֲבוֹתֵינוּ
אֱלֹהֵי כָל בָּשָׂר
יוֹצְרֵנוּ, יוֹצֵר בְּרֵאשִׁית.
בְּרָכוֹת וְהוֹדָאוֹת
לְשִׁמְךָ הַגָּדוֹל וְהַקָּדוֹשׁ
עַל שֶׁהֶחֱיִיתָנוּ וְקִיַּמְתָּנוּ.
כֵּן תְּחַיֵּנוּ וּתְקַיְּמֵנוּ
וְתֶאֱסֹף גָּלֻיּוֹתֵינוּ
לְחַצְרוֹת קָדְשֶׁךָ
לִשְׁמֹר חֻקֶּיךָ וְלַעֲשׂוֹת רְצוֹנֶךָ
וּלְעָבְדְּךָ בְּלֵבָב שָׁלֵם
עַל שֶׁאֲנוּ מוֹדִים לָךְ
בָּרוּךְ אֵל הַהוֹדָאוֹת.

וְעַל כֻּלָּם
יִתְבָּרַךְ וְיִתְרוֹמַם וְיִתְנַשֵּׂא שִׁמְךָ מַלְכֵּנוּ תָּמִיד לְעוֹלָם וָעֶד.
וְכֹל הַחַיִּים יוֹדְוּךָ סֶּלָה
וִיהַלְלוּ וִיבָרְכוּ אֶת שִׁמְךָ הַגָּדוֹל בֶּאֱמֶת לְעוֹלָם כִּי טוֹב
הָאֵל יְשׁוּעָתֵנוּ וְעֶזְרָתֵנוּ סֶלָה, הָאֵל הַטּוֹב.
׳בָּרוּךְ אַתָּה יהוה, הַטּוֹב שִׁמְךָ וּלְךָ נָאֶה לְהוֹדוֹת.

אם יותר מכוהן אחד עולה לדוכן, הגבאי קורא:

כֹּהֲנִים

הכוהנים מברכים:

בָּרוּךְ אַתָּה יהוה אֱלֹהֵינוּ מֶלֶךְ הָעוֹלָם, אֲשֶׁר קִדְּשָׁנוּ בִּקְדֻשָּׁתוֹ שֶׁל אַהֲרֹן, וְצִוָּנוּ לְבָרֵךְ אֶת עַמּוֹ יִשְׂרָאֵל בְּאַהֲבָה.

הש״ץ מקריא מילה במילה, והכוהנים אחריו:

יְבָרֶכְךָ יהוה וְיִשְׁמְרֶךָ: קהל: אָמֵן במדבר ו

יָאֵר יהוה פָּנָיו אֵלֶיךָ וִיחֻנֶּךָּ: קהל: אָמֵן

יִשָּׂא יהוה פָּנָיו אֵלֶיךָ וְיָשֵׂם לְךָ שָׁלוֹם: קהל: אָמֵן

שליח הציבור ממשיך ׳שִׂים שָׁלוֹם׳.

הכוהנים אומרים:

רִבּוֹנוֹ שֶׁל עוֹלָם, עָשִׂינוּ מַה שֶּׁגָּזַרְתָּ עָלֵינוּ, אַף אַתָּה עֲשֵׂה עִמָּנוּ כְּמוֹ שֶׁהִבְטַחְתָּנוּ. הַשְׁקִיפָה מִמְּעוֹן קָדְשְׁךָ מִן־הַשָּׁמַיִם, וּבָרֵךְ אֶת־עַמְּךָ אֶת־יִשְׂרָאֵל, וְאֵת הָאֲדָמָה אֲשֶׁר נָתַתָּה לָנוּ, כַּאֲשֶׁר נִשְׁבַּעְתָּ לַאֲבֹתֵינוּ, אֶרֶץ זָבַת חָלָב וּדְבָשׁ: דברים כו

הקהל אומר:

אַדִּיר בַּמָּרוֹם שׁוֹכֵן בִּגְבוּרָה, אַתָּה שָׁלוֹם וְשִׁמְךָ שָׁלוֹם. יְהִי רָצוֹן שֶׁתָּשִׂים עָלֵינוּ וְעַל כָּל עַמְּךָ בֵּית יִשְׂרָאֵל חַיִּים וּבְרָכָה לְמִשְׁמֶרֶת שָׁלוֹם.

אם אין כוהנים העולים לדוכן, שליח הציבור אומר:

אֱלֹהֵינוּ וֵאלֹהֵי אֲבוֹתֵינוּ, בָּרְכֵנוּ בַּבְּרָכָה הַמְשֻׁלֶּשֶׁת בַּתּוֹרָה, הַכְּתוּבָה עַל יְדֵי מֹשֶׁה עַבְדֶּךָ, הָאֲמוּרָה מִפִּי אַהֲרֹן וּבָנָיו כֹּהֲנִים עַם קְדוֹשֶׁיךָ, כָּאָמוּר

יְבָרֶכְךָ יהוה וְיִשְׁמְרֶךָ: קהל: כֵּן יְהִי רָצוֹן במדבר ו

יָאֵר יהוה פָּנָיו אֵלֶיךָ וִיחֻנֶּךָּ: קהל: כֵּן יְהִי רָצוֹן

יִשָּׂא יהוה פָּנָיו אֵלֶיךָ וְיָשֵׂם לְךָ שָׁלוֹם: קהל: כֵּן יְהִי רָצוֹן

שלום

שִׂים שָׁלוֹם טוֹבָה וּבְרָכָה

חַיִּים חֵן וָחֶסֶד וְרַחֲמִים

עָלֵינוּ וְעַל כָּל יִשְׂרָאֵל עַמֶּךָ.

בָּרְכֵנוּ אָבִינוּ כֻּלָּנוּ כְּאֶחָד בְּאוֹר פָּנֶיךָ
כִּי בְאוֹר פָּנֶיךָ נָתַתָּ לָּנוּ יהוה אֱלֹהֵינוּ
תּוֹרַת חַיִּים וְאַהֲבַת חֶסֶד
וּצְדָקָה וּבְרָכָה וְרַחֲמִים וְחַיִּים וְשָׁלוֹם.
וְטוֹב יִהְיֶה בְּעֵינֶיךָ לְבָרְכֵנוּ
וּלְבָרֵךְ אֶת כָּל עַמְּךָ יִשְׂרָאֵל
בְּכָל עֵת וּבְכָל שָׁעָה בִּשְׁלוֹמֶךָ.
בָּרוּךְ אַתָּה יהוה, הַמְבָרֵךְ אֶת עַמּוֹ יִשְׂרָאֵל בַּשָּׁלוֹם.

שליח הציבור מסיים באמירת הפסוק הבא בלחש,
ויש הנוהגים לאומרו גם בסוף תפילת לחש של יחיד.

יִהְיוּ לְרָצוֹן אִמְרֵי פִי וְהֶגְיוֹן לִבִּי לְפָנֶיךָ, יהוה צוּרִי וְגֹאֲלִי: תהלים יט

אֱלֹהַי ברכות יז.
נְצֹר לְשׁוֹנִי מֵרָע וּשְׂפָתַי מִדַּבֵּר מִרְמָה
וְלִמְקַלְלַי נַפְשִׁי תִדֹּם, וְנַפְשִׁי כֶּעָפָר לַכֹּל תִּהְיֶה.
פְּתַח לִבִּי בְּתוֹרָתֶךָ, וְאַחֲרֵי מִצְוֹתֶיךָ תִּרְדֹּף נַפְשִׁי.
וְכָל הַקָּמִים וְהַחוֹשְׁבִים עָלַי רָעָה
מְהֵרָה הָפֵר עֲצָתָם וְקַלְקֵל מַחֲשַׁבְתָּם.

יש המוסיפים:
יְהִי רָצוֹן מִלְּפָנֶיךָ, יהוה אֱלֹהַי וֵאלֹהֵי אֲבוֹתַי
שֶׁלֹּא תַעֲלֶה קִנְאַת אָדָם עָלַי, וְלֹא קִנְאָתִי עַל אֲחֵרִים
וְשֶׁלֹּא אֶכְעֹס הַיּוֹם, וְשֶׁלֹּא אַכְעִיסֶךָ
וְתַצִּילֵנִי מִיֵּצֶר הָרָע, וְתֵן בְּלִבִּי הַכְנָעָה וַעֲנָוָה.
מַלְכֵּנוּ וֵאלֹהֵינוּ, יַחֵד שִׁמְךָ בְּעוֹלָמֶךָ
בְּנֵה עִירָךְ, יַסֵּד בֵּיתָךְ וְשַׁכְלֵל הֵיכָלָךְ
וְקַבֵּץ קִבּוּץ גָּלֻיּוֹת, וּפְדֵה צֹאנְךָ וְשַׂמַּח עֲדָתֶךָ.

עֲשֵׂה לְמַעַן שְׁמֶךָ, עֲשֵׂה לְמַעַן יְמִינֶךָ
עֲשֵׂה לְמַעַן תּוֹרָתֶךָ, עֲשֵׂה לְמַעַן קְדֻשָּׁתֶךָ.
לְמַעַן יֵחָלְצוּן יְדִידֶיךָ, הוֹשִׁיעָה יְמִינְךָ וַעֲנֵנִי: תהלים ס
יִהְיוּ לְרָצוֹן אִמְרֵי פִי וְהֶגְיוֹן לִבִּי לְפָנֶיךָ, יהוה צוּרִי וְגֹאֲלִי: תהלים יט

כורע ופוסע שלוש פסיעות לאחור.
קד לשמאל, לימין ולפנים באמירת:

עֹשֶׂה שָׁלוֹם בִּמְרוֹמָיו
הוּא יַעֲשֶׂה שָׁלוֹם, עָלֵינוּ וְעַל כָּל יִשְׂרָאֵל
וְאִמְרוּ אָמֵן.

יְהִי רָצוֹן מִלְּפָנֶיךָ יהוה אֱלֹהֵינוּ וֵאלֹהֵי אֲבוֹתֵינוּ
שֶׁיִּבָּנֶה בֵּית הַמִּקְדָּשׁ בִּמְהֵרָה בְיָמֵינוּ
וְתֵן חֶלְקֵנוּ בְּתוֹרָתֶךָ
וְשָׁם נַעֲבָדְךָ בְּיִרְאָה כִּימֵי עוֹלָם וּכְשָׁנִים קַדְמֹנִיּוֹת.
וְעָרְבָה לַיהוה מִנְחַת יְהוּדָה וִירוּשָׁלָםִ כִּימֵי עוֹלָם וּכְשָׁנִים קַדְמֹנִיּוֹת: מלאכי ג

שליח הציבור חוזר על העמידה בקול רם (עמ׳ 144).

בסוכות נוטלים לולב (בעמוד הבא),
ובשאר הימים ממשיכים באמירת הלל בעמ׳ 156.

סדר נטילת לולב

בכל ימי הסוכות (פרט לשבת) נוטלים את הלולב.
נוהגים ליטול את ארבעת המינים קודם ההלל,
ולאחוז אותם עד הקדיש שאחרי ההלל.

יש אומרים תחינה זו (מספר 'שערי ציון'):

יְהִי רָצוֹן מִלְּפָנֶיךָ יהוה אֱלֹהַי וֵאלֹהֵי אֲבוֹתַי, בִּפְרִי עֵץ הָדָר וְכַפֹּת תְּמָרִים וַעֲנַף עֵץ עָבוֹת וְעַרְבֵי נַחַל, אוֹתִיּוֹת שִׁמְךָ הַמְיֻחָד תְּקָרֵב אֶחָד אֶל אֶחָד וְהָיוּ לַאֲחָדִים בְּיָדִי, וְלֵידַע אֵיךְ שִׁמְךָ נִקְרָא עָלַי וְיִירְאוּ מִגֶּשֶׁת אֵלַי. וּבְנַעֲנוּעִי אוֹתָם תַּשְׁפִּיעַ שֶׁפַע בְּרָכוֹת מִדַּעַת עֶלְיוֹן לִנְוֵה אַפִּרְיוֹן לִמְכוֹן בֵּית אֱלֹהֵינוּ, וּתְהֵא חֲשׁוּבָה לְפָנֶיךָ מִצְוַת אַרְבָּעָה מִינִים אֵלּוּ כְּאִלּוּ קִיַּמְתִּיהָ בְּכָל פְּרָטוֹתֶיהָ וְשָׁרָשֶׁיהָ וְתַרְיַ"ג מִצְוֹת הַתְּלוּיוֹת בָּהּ, כִּי כַוָּנָתִי לְיַחֲדָא שְׁמָא דְקֻדְשָׁא בְּרִיךְ הוּא וּשְׁכִינְתֵּהּ בִּדְחִילוּ וּרְחִימוּ, לְיַחֵד שֵׁם י"ה בו"ה בְּיִחוּדָא שְׁלִים בְּשֵׁם כָּל יִשְׂרָאֵל, אָמֵן. בָּרוּךְ יהוה לְעוֹלָם, אָמֵן וְאָמֵן: תהלים פט

נוטל שלושה מינים ביד ימינו – הלולב באמצע, ההדסים מימינו והערבות משמאלו.
נוטל את האתרוג בשמאלו כשפיטמתו כלפי מטה, ומברך:

**בָּרוּךְ אַתָּה יהוה אֱלֹהֵינוּ מֶלֶךְ הָעוֹלָם
אֲשֶׁר קִדְּשָׁנוּ בְּמִצְוֹתָיו וְצִוָּנוּ עַל נְטִילַת לוּלָב.**

בפעם הראשונה שנוטל לולב, מברך:

**בָּרוּךְ אַתָּה יהוה אֱלֹהֵינוּ מֶלֶךְ הָעוֹלָם
שֶׁהֶחֱיָנוּ וְקִיְּמָנוּ וְהִגִּיעָנוּ לַזְּמַן הַזֶּה.**

הופך את האתרוג כך שפיטמתו למעלה, ומנענע את ארבעת המינים לארבע רוחות השמים (סוכה לז ע"ב). מנענע שלוש פעמים לכל כיוון (ר"ח שם): דרום (ברוב בתי הכנסת לצד ימין), צפון, מזרח, מעלה, מטה ומסיים במערב (שער הכוונות). ויש המתחילים מן המזרח, ומקיפים דרך ימין, ואחר כך מנענעים מעלה ומטה (שו"ע תרנא, י).

סדר הלל

"שמונה עשר יום בשנה יחיד גומר בהם את ההלל..." (תענית כח ע"ב).

ביום ראשון של פסח (בחו"ל גם ביום השני), בשבועות,
בכל ימי סוכות ובשמיני עצרת גומרים את ההלל.

בנוסח ספרד נתקבל המנהג לומר הלל בציבור גם בליל פסח (שו"ע תפז, ד).
בחול המועד פסח ובשביעי של פסח קוראים הלל בדילוג.

אין להפסיק בדיבור באמצע הלל פרט לדברים שבקדושה.

בָּרוּךְ אַתָּה יהוה אֱלֹהֵינוּ מֶלֶךְ הָעוֹלָם
אֲשֶׁר קִדְּשָׁנוּ בְּמִצְוֹתָיו וְצִוָּנוּ לִקְרֹא אֶת הַהַלֵּל.

תהלים קיג הַלְלוּיָהּ, הַלְלוּ עַבְדֵי יהוה, הַלְלוּ אֶת־שֵׁם יהוה: יְהִי שֵׁם יהוה מְבֹרָךְ, מֵעַתָּה וְעַד־עוֹלָם: מִמִּזְרַח־שֶׁמֶשׁ עַד־מְבוֹאוֹ, מְהֻלָּל שֵׁם יהוה: רָם עַל־כָּל־גּוֹיִם יהוה, עַל הַשָּׁמַיִם כְּבוֹדוֹ: מִי כַּיהוה אֱלֹהֵינוּ, הַמַּגְבִּיהִי לָשָׁבֶת: הַמַּשְׁפִּילִי לִרְאוֹת, בַּשָּׁמַיִם וּבָאָרֶץ: ◂ מְקִימִי מֵעָפָר דָּל, מֵאַשְׁפֹּת יָרִים אֶבְיוֹן: לְהוֹשִׁיבִי עִם־נְדִיבִים, עִם נְדִיבֵי עַמּוֹ: מוֹשִׁיבִי עֲקֶרֶת הַבַּיִת, אֵם־הַבָּנִים שְׂמֵחָה, הַלְלוּיָהּ:

תהלים קיד בְּצֵאת יִשְׂרָאֵל מִמִּצְרָיִם, בֵּית יַעֲקֹב מֵעַם לֹעֵז: הָיְתָה יְהוּדָה לְקָדְשׁוֹ, יִשְׂרָאֵל מַמְשְׁלוֹתָיו: הַיָּם רָאָה וַיָּנֹס, הַיַּרְדֵּן יִסֹּב לְאָחוֹר: הֶהָרִים רָקְדוּ כְאֵילִים, גְּבָעוֹת כִּבְנֵי־צֹאן: ◂ מַה־לְּךָ הַיָּם כִּי תָנוּס, הַיַּרְדֵּן תִּסֹּב לְאָחוֹר: הֶהָרִים תִּרְקְדוּ כְאֵילִים, גְּבָעוֹת כִּבְנֵי־צֹאן: מִלִּפְנֵי אָדוֹן חוּלִי אָרֶץ, מִלִּפְנֵי אֱלוֹהַּ יַעֲקֹב: הַהֹפְכִי הַצּוּר אֲגַם־מָיִם, חַלָּמִישׁ לְמַעְיְנוֹ־מָיִם:

בחול המועד פסח ובשביעי של פסח ממשיכים ׳ה׳ זְכָרָנוּ יְבָרֵךְ׳.

לֹא לָנוּ יהוה לֹא לָנוּ, כִּי־לְשִׁמְךָ תֵּן כָּבוֹד, עַל־חַסְדְּךָ עַל־אֲמִתֶּךָ: לָמָּה יֹאמְרוּ הַגּוֹיִם אַיֵּה־נָא אֱלֹהֵיהֶם: וֵאלֹהֵינוּ בַשָּׁמָיִם, כֹּל אֲשֶׁר־חָפֵץ עָשָׂה: עֲצַבֵּיהֶם כֶּסֶף וְזָהָב, מַעֲשֵׂה יְדֵי אָדָם: פֶּה־לָהֶם וְלֹא יְדַבֵּרוּ, עֵינַיִם לָהֶם וְלֹא יִרְאוּ: אָזְנַיִם לָהֶם וְלֹא יִשְׁמָעוּ, אַף לָהֶם וְלֹא יְרִיחוּן: יְדֵיהֶם וְלֹא יְמִישׁוּן, רַגְלֵיהֶם וְלֹא יְהַלֵּכוּ, לֹא־יֶהְגּוּ בִּגְרוֹנָם: כְּמוֹהֶם יִהְיוּ עֹשֵׂיהֶם, כֹּל אֲשֶׁר־בֹּטֵחַ בָּהֶם: ◂ יִשְׂרָאֵל בְּטַח בַּיהוה, עֶזְרָם וּמָגִנָּם הוּא: בֵּית אַהֲרֹן בִּטְחוּ בַיהוה, עֶזְרָם וּמָגִנָּם הוּא: יִרְאֵי יהוה בִּטְחוּ בַיהוה, עֶזְרָם וּמָגִנָּם הוּא: תהלים קטו

יהוה זְכָרָנוּ יְבָרֵךְ, יְבָרֵךְ אֶת־בֵּית יִשְׂרָאֵל, יְבָרֵךְ אֶת־בֵּית אַהֲרֹן: יְבָרֵךְ יִרְאֵי יהוה, הַקְּטַנִּים עִם־הַגְּדֹלִים: יֹסֵף יהוה עֲלֵיכֶם, עֲלֵיכֶם וְעַל־בְּנֵיכֶם: בְּרוּכִים אַתֶּם לַיהוה, עֹשֵׂה שָׁמַיִם וָאָרֶץ: ◂ הַשָּׁמַיִם שָׁמַיִם לַיהוה, וְהָאָרֶץ נָתַן לִבְנֵי־אָדָם: לֹא הַמֵּתִים יְהַלְלוּ־יָהּ, וְלֹא כָּל־יֹרְדֵי דוּמָה: וַאֲנַחְנוּ נְבָרֵךְ יָהּ, מֵעַתָּה וְעַד־עוֹלָם, הַלְלוּיָהּ:

בחול המועד פסח ובשביעי של פסח ממשיכים ׳מָה־אָשִׁיב לַה׳׳ בעמוד הבא.

אָהַבְתִּי, כִּי־יִשְׁמַע יהוה, אֶת־קוֹלִי תַּחֲנוּנָי: כִּי־הִטָּה אָזְנוֹ לִי, וּבְיָמַי אֶקְרָא: אֲפָפוּנִי חֶבְלֵי־מָוֶת, וּמְצָרֵי שְׁאוֹל מְצָאוּנִי, צָרָה וְיָגוֹן אֶמְצָא: וּבְשֵׁם־יהוה אֶקְרָא, אָנָּה יהוה מַלְּטָה נַפְשִׁי: חַנּוּן יהוה וְצַדִּיק, וֵאלֹהֵינוּ מְרַחֵם: שֹׁמֵר פְּתָאיִם יהוה, דַּלּוֹתִי וְלִי יְהוֹשִׁיעַ: שׁוּבִי נַפְשִׁי לִמְנוּחָיְכִי, כִּי־יהוה גָּמַל עָלָיְכִי: כִּי חִלַּצְתָּ נַפְשִׁי מִמָּוֶת, אֶת־עֵינִי מִן־דִּמְעָה, אֶת־רַגְלִי מִדֶּחִי: ◂ אֶתְהַלֵּךְ לִפְנֵי יהוה, בְּאַרְצוֹת הַחַיִּים: הֶאֱמַנְתִּי כִּי אֲדַבֵּר, אֲנִי עָנִיתִי מְאֹד: אֲנִי אָמַרְתִּי בְחָפְזִי, כָּל־הָאָדָם כֹּזֵב: תהלים קטז

תהלים קטז מָה־אָשִׁיב לַיהוה, כָּל־תַּגְמוּלוֹהִי עָלָי: כּוֹס־יְשׁוּעוֹת אֶשָּׂא, וּבְשֵׁם יהוה אֶקְרָא: נְדָרַי לַיהוה אֲשַׁלֵּם, נֶגְדָה־נָּא לְכָל־עַמּוֹ: יָקָר בְּעֵינֵי יהוה, הַמָּוְתָה לַחֲסִידָיו: אָנָּה יהוה כִּי־אֲנִי עַבְדֶּךָ, אֲנִי־עַבְדְּךָ בֶּן־אֲמָתֶךָ, פִּתַּחְתָּ לְמוֹסֵרָי: ◂ לְךָ־אֶזְבַּח זֶבַח תּוֹדָה, וּבְשֵׁם יהוה אֶקְרָא: נְדָרַי לַיהוה אֲשַׁלֵּם, נֶגְדָה־נָּא לְכָל־עַמּוֹ: בְּחַצְרוֹת בֵּית יהוה, בְּתוֹכֵכִי יְרוּשָׁלָם, הַלְלוּיָהּ:

תהלים קיז הַלְלוּ אֶת־יהוה כָּל־גּוֹיִם, שַׁבְּחוּהוּ כָּל־הָאֻמִּים:
כִּי גָבַר עָלֵינוּ חַסְדּוֹ, וֶאֱמֶת־יהוה לְעוֹלָם
הַלְלוּיָהּ:

שליח הציבור אומר את ארבעת הפסוקים הבאים בקול, והקהל עונה אחריו 'הוֹדוּ לַה' כִּי־טוֹב כִּי לְעוֹלָם חַסְדּוֹ' (טור, תכב).

בסוכות נוהגים לנענע כאן את ארבעת המינים, כסדר שנענעו בשעת הברכה (עמ' 155) – שליח הציבור בשני הפסוקים הראשונים, והקהל בכל פעם שאומר 'הודו' (תוספות, סוכה לז ע"ב).

תהלים קיח
הוֹדוּ לַיהוה כִּי־טוֹב כִּי לְעוֹלָם חַסְדּוֹ:
יֹאמַר־נָא יִשְׂרָאֵל כִּי לְעוֹלָם חַסְדּוֹ:
יֹאמְרוּ־נָא בֵית־אַהֲרֹן כִּי לְעוֹלָם חַסְדּוֹ:
יֹאמְרוּ־נָא יִרְאֵי יהוה כִּי לְעוֹלָם חַסְדּוֹ:

מִן־הַמֵּצַר קָרָאתִי יָּהּ, עָנָנִי בַמֶּרְחָב יָהּ: יהוה לִי לֹא אִירָא, מַה־יַּעֲשֶׂה לִי אָדָם: יהוה לִי בְּעֹזְרָי, וַאֲנִי אֶרְאֶה בְשֹׂנְאָי: טוֹב לַחֲסוֹת בַּיהוה, מִבְּטֹחַ בָּאָדָם: טוֹב לַחֲסוֹת בַּיהוה, מִבְּטֹחַ בִּנְדִיבִים: כָּל־גּוֹיִם סְבָבוּנִי, בְּשֵׁם יהוה כִּי אֲמִילַם: סַבּוּנִי גַם־סְבָבוּנִי, בְּשֵׁם יהוה כִּי אֲמִילַם: סַבּוּנִי כִדְבֹרִים, דֹּעֲכוּ כְּאֵשׁ קוֹצִים, בְּשֵׁם יהוה כִּי אֲמִילַם: דָּחֹה דְחִיתַנִי לִנְפֹּל, וַיהוה עֲזָרָנִי: עָזִּי

וְזִמְרָת יָהּ, וַיְהִי־לִי לִישׁוּעָה: קוֹל רִנָּה וִישׁוּעָה בְּאָהֳלֵי צַדִּיקִים, יְמִין יהוה עֹשָׂה חָיִל: יְמִין יהוה רוֹמֵמָה, יְמִין יהוה עֹשָׂה חָיִל: לֹא־אָמוּת כִּי־אֶחְיֶה, וַאֲסַפֵּר מַעֲשֵׂי יָהּ: יַסֹּר יִסְּרַנִּי יָּהּ, וְלַמָּוֶת לֹא נְתָנָנִי: • פִּתְחוּ־לִי שַׁעֲרֵי־צֶדֶק, אָבֹא־בָם אוֹדֶה יָהּ: זֶה־הַשַּׁעַר לַיהוה, צַדִּיקִים יָבֹאוּ בוֹ:

בפסחים קיט ע״א מובא שהפסוקים מ׳אוֹדְךָ׳ ועד סוף הפרק נאמרו כנבואה על מלכות דוד, ומשום כך נוהגים לכפול אותם (אבודרהם בשם רי״ץ גיאת).

אוֹדְךָ כִּי עֲנִיתָנִי, וַתְּהִי־לִי לִישׁוּעָה:

אוֹדְךָ כִּי עֲנִיתָנִי, וַתְּהִי־לִי לִישׁוּעָה:

אֶבֶן מָאֲסוּ הַבּוֹנִים, הָיְתָה לְרֹאשׁ פִּנָּה:

אֶבֶן מָאֲסוּ הַבּוֹנִים, הָיְתָה לְרֹאשׁ פִּנָּה:

מֵאֵת יהוה הָיְתָה זֹּאת, הִיא נִפְלָאת בְּעֵינֵינוּ:

מֵאֵת יהוה הָיְתָה זֹּאת, הִיא נִפְלָאת בְּעֵינֵינוּ:

זֶה־הַיּוֹם עָשָׂה יהוה, נָגִילָה וְנִשְׂמְחָה בוֹ:

זֶה־הַיּוֹם עָשָׂה יהוה, נָגִילָה וְנִשְׂמְחָה בוֹ:

הפסוק ׳אָנָּא ה׳ הוֹשִׁיעָה נָּא, אָנָּא ה׳ הַצְלִיחָה נָא׳ מחולק לשניים כמו בגמרא בפסחים (אבודרהם). ונוהגים ששליח הציבור אומרו ואחריו הקהל.

בסוכות מנענעים בלולב כסדר שנענעו בשעת הברכה, רק בתיבות ׳אָנָּא ה׳ הוֹשִׁיעָה נָּא׳ (משנה, סוכה לז ע״ב).

אָנָּא יהוה הוֹשִׁיעָה נָּא:

אָנָּא יהוה הוֹשִׁיעָה נָּא:

אָנָּא יהוה הַצְלִיחָה נָא:

אָנָּא יהוה הַצְלִיחָה נָא:

בסוכות נוהגים לנענע בלולב כסדר שנענעו בשעת הברכה,
בתיבות ׳הודו לַה׳ כִּי־טוֹב, כִּי לְעוֹלָם חַסְדּוֹ׳.

בָּרוּךְ הַבָּא בְּשֵׁם יהוה, בֵּרַכְנוּכֶם מִבֵּית יהוה:
בָּרוּךְ הַבָּא בְּשֵׁם יהוה, בֵּרַכְנוּכֶם מִבֵּית יהוה:

אֵל יהוה וַיָּאֶר לָנוּ, אִסְרוּ־חַג בַּעֲבֹתִים עַד־קַרְנוֹת הַמִּזְבֵּחַ:
אֵל יהוה וַיָּאֶר לָנוּ, אִסְרוּ־חַג בַּעֲבֹתִים עַד־קַרְנוֹת הַמִּזְבֵּחַ:

אֵלִי אַתָּה וְאוֹדֶךָּ, אֱלֹהַי אֲרוֹמְמֶךָּ:
אֵלִי אַתָּה וְאוֹדֶךָּ, אֱלֹהַי אֲרוֹמְמֶךָּ:

הוֹדוּ לַיהוה כִּי־טוֹב, כִּי לְעוֹלָם חַסְדּוֹ:
הוֹדוּ לַיהוה כִּי־טוֹב, כִּי לְעוֹלָם חַסְדּוֹ:

יְהַלְלוּךָ יהוה אֱלֹהֵינוּ כָּל מַעֲשֶׂיךָ
וַחֲסִידֶיךָ צַדִּיקִים עוֹשֵׂי רְצוֹנֶךָ
וְכָל עַמְּךָ בֵּית יִשְׂרָאֵל בְּרִנָּה
יוֹדוּ וִיבָרְכוּ וִישַׁבְּחוּ וִיפָאֲרוּ
וִירוֹמְמוּ וְיַעֲרִיצוּ וְיַקְדִּישׁוּ
וְיַמְלִיכוּ אֶת שִׁמְךָ מַלְכֵּנוּ
◂ כִּי לְךָ טוֹב לְהוֹדוֹת וּלְשִׁמְךָ נָאֶה לְזַמֵּר
כִּי מֵעוֹלָם וְעַד עוֹלָם אַתָּה אֵל.
בָּרוּךְ אַתָּה יהוה, מֶלֶךְ מְהֻלָּל בַּתִּשְׁבָּחוֹת.

בלילה הראשון של פסח אומרים קדיש שלם בעמ׳ 48
וממשיכים בסוף תפילת ערבית ליום טוב.

בסוכות ממשיכים הושענות בעמ׳ 235, בשבת בעמ׳ 241 ובהושענא רבה בעמ׳ 244
(ויש גם מקהילות אשכנז שאימצו מנהג זה).

בשאר הימים ממשיכים בקדיש שלם בעמוד הבא,
וכן ברוב בתי כנסת המתפללים בנוסח אשכנז.

קדיש שלם

ש״ץ: יִתְגַּדַּל וְיִתְקַדַּשׁ שְׁמֵהּ רַבָּא (קהל: אָמֵן)

בְּעָלְמָא דִּי בְרָא כִרְעוּתֵהּ

וְיַמְלִיךְ מַלְכוּתֵהּ וְיַצְמַח פֻּרְקָנֵהּ וִיקָרֵב מְשִׁיחֵהּ (קהל: אָמֵן)

בְּחַיֵּיכוֹן וּבְיוֹמֵיכוֹן וּבְחַיֵּי דְכָל בֵּית יִשְׂרָאֵל

בַּעֲגָלָא וּבִזְמַן קָרִיב

וְאִמְרוּ אָמֵן. (קהל: אָמֵן)

קהל וש״ץ: יְהֵא שְׁמֵהּ רַבָּא מְבָרַךְ לְעָלַם וּלְעָלְמֵי עָלְמַיָּא.

יִתְבָּרַךְ וְיִשְׁתַּבַּח וְיִתְפָּאַר וְיִתְרוֹמַם וְיִתְנַשֵּׂא

וְיִתְהַדָּר וְיִתְעַלֶּה וְיִתְהַלָּל

שְׁמֵהּ דְּקֻדְשָׁא בְּרִיךְ הוּא (קהל: אָמֵן)

לְעֵלָּא מִן כָּל בִּרְכָתָא וְשִׁירָתָא, תֻּשְׁבְּחָתָא וְנֶחֱמָתָא

דַּאֲמִירָן בְּעָלְמָא

וְאִמְרוּ אָמֵן. (קהל: אָמֵן)

תִּתְקַבַּל צְלוֹתְהוֹן וּבָעוּתְהוֹן דְּכָל בֵּית יִשְׂרָאֵל

קֳדָם אֲבוּהוֹן דִּי בִשְׁמַיָּא

וְאִמְרוּ אָמֵן. (קהל: אָמֵן)

יְהֵא שְׁלָמָא רַבָּא מִן שְׁמַיָּא

וְחַיִּים טוֹבִים עָלֵינוּ וְעַל כָּל יִשְׂרָאֵל

וְאִמְרוּ אָמֵן. (קהל: אָמֵן)

כורע ופוסע שלוש פסיעות לאחור. קד לשמאל, לימין ולפנים באמירת:

עֹשֶׂה שָׁלוֹם בִּמְרוֹמָיו

הוּא יַעֲשֶׂה שָׁלוֹם עָלֵינוּ וְעַל כָּל יִשְׂרָאֵל

וְאִמְרוּ אָמֵן. (קהל: אָמֵן)

בבתי כנסת המתפללים בנוסח אשכנז, אין אומרים כאן שיר של יום
וממשיכים בהתאם להנחיה המופיעה בסוף עמ׳ 165.

שיר של יום

יש אומרים שיר של יום לפי סדר ימות השבוע,
ויש אומרים מזמור מיוחד לכל יום (עמ׳ 492).
אך בשבת תמיד אומרים ׳מִזְמוֹר שִׁיר לְיוֹם הַשַּׁבָּת׳ בעמ׳ 164.

ליום א׳ הַיּוֹם יוֹם רִאשׁוֹן בְּשַׁבָּת, שֶׁבּוֹ הָיוּ הַלְוִיִּם אוֹמְרִים בְּבֵית הַמִּקְדָּשׁ:

תהלים כד
לְדָוִד מִזְמוֹר, לַיהוה הָאָרֶץ וּמְלוֹאָהּ, תֵּבֵל וְיֹשְׁבֵי בָהּ: כִּי־הוּא עַל־יַמִּים יְסָדָהּ, וְעַל־נְהָרוֹת יְכוֹנְנֶהָ: מִי־יַעֲלֶה בְהַר־יהוה, וּמִי־יָקוּם בִּמְקוֹם קָדְשׁוֹ: נְקִי כַפַּיִם וּבַר־לֵבָב, אֲשֶׁר לֹא־נָשָׂא לַשָּׁוְא נַפְשִׁי, וְלֹא נִשְׁבַּע לְמִרְמָה: יִשָּׂא בְרָכָה מֵאֵת יהוה, וּצְדָקָה מֵאֱלֹהֵי יִשְׁעוֹ: זֶה דּוֹר דֹּרְשָׁו, מְבַקְשֵׁי פָנֶיךָ יַעֲקֹב סֶלָה: שְׂאוּ שְׁעָרִים רָאשֵׁיכֶם, וְהִנָּשְׂאוּ פִּתְחֵי עוֹלָם, וְיָבוֹא מֶלֶךְ הַכָּבוֹד: מִי זֶה מֶלֶךְ הַכָּבוֹד, יהוה עִזּוּז וְגִבּוֹר, יהוה גִּבּוֹר מִלְחָמָה: שְׂאוּ שְׁעָרִים רָאשֵׁיכֶם, וּשְׂאוּ פִּתְחֵי עוֹלָם, וְיָבֹא מֶלֶךְ הַכָּבוֹד: ◂ מִי הוּא זֶה מֶלֶךְ הַכָּבוֹד, יהוה צְבָאוֹת הוּא מֶלֶךְ הַכָּבוֹד סֶלָה:

קדיש יתום (בעמ׳ 165)

ליום ב׳ הַיּוֹם יוֹם שֵׁנִי בְּשַׁבָּת, שֶׁבּוֹ הָיוּ הַלְוִיִּם אוֹמְרִים בְּבֵית הַמִּקְדָּשׁ:

תהלים מח
שִׁיר מִזְמוֹר לִבְנֵי־קֹרַח: גָּדוֹל יהוה וּמְהֻלָּל מְאֹד, בְּעִיר אֱלֹהֵינוּ, הַר־קָדְשׁוֹ: יְפֵה נוֹף מְשׂוֹשׂ כָּל־הָאָרֶץ, הַר־צִיּוֹן יַרְכְּתֵי צָפוֹן, קִרְיַת מֶלֶךְ רָב: אֱלֹהִים בְּאַרְמְנוֹתֶיהָ נוֹדַע לְמִשְׂגָּב: כִּי־הִנֵּה הַמְּלָכִים נוֹעֲדוּ, עָבְרוּ יַחְדָּו: הֵמָּה רָאוּ כֵּן תָּמָהוּ, נִבְהֲלוּ נֶחְפָּזוּ: רְעָדָה אֲחָזָתַם שָׁם, חִיל כַּיּוֹלֵדָה: בְּרוּחַ קָדִים תְּשַׁבֵּר אֳנִיּוֹת תַּרְשִׁישׁ: כַּאֲשֶׁר שָׁמַעְנוּ כֵּן רָאִינוּ, בְּעִיר־יהוה צְבָאוֹת, בְּעִיר אֱלֹהֵינוּ, אֱלֹהִים יְכוֹנְנֶהָ עַד־עוֹלָם סֶלָה: דִּמִּינוּ אֱלֹהִים חַסְדֶּךָ, בְּקֶרֶב הֵיכָלֶךָ: כְּשִׁמְךָ אֱלֹהִים כֵּן תְּהִלָּתְךָ עַל־קַצְוֵי־אֶרֶץ, צֶדֶק מָלְאָה יְמִינֶךָ: יִשְׂמַח הַר־צִיּוֹן, תָּגֵלְנָה בְּנוֹת יְהוּדָה, לְמַעַן מִשְׁפָּטֶיךָ: סֹבּוּ צִיּוֹן וְהַקִּיפוּהָ, סִפְרוּ מִגְדָּלֶיהָ: שִׁיתוּ לִבְּכֶם לְחֵילָה, פַּסְּגוּ אַרְמְנוֹתֶיהָ, לְמַעַן תְּסַפְּרוּ לְדוֹר אַחֲרוֹן: ◂ כִּי זֶה אֱלֹהִים אֱלֹהֵינוּ עוֹלָם וָעֶד, הוּא יְנַהֲגֵנוּ עַל־מוּת:

קדיש יתום (בעמ׳ 165)

ליום ג׳ הַיּוֹם יוֹם שְׁלִישִׁי בְּשַׁבָּת, שֶׁבּוֹ הָיוּ הַלְוִיִּם אוֹמְרִים בְּבֵית הַמִּקְדָּשׁ:

תהלים פב מִזְמוֹר לְאָסָף, אֱלֹהִים נִצָּב בַּעֲדַת־אֵל, בְּקֶרֶב אֱלֹהִים יִשְׁפֹּט: עַד־מָתַי תִּשְׁפְּטוּ־עָוֶל, וּפְנֵי רְשָׁעִים תִּשְׂאוּ־סֶלָה: שִׁפְטוּ־דַל וְיָתוֹם, עָנִי וָרָשׁ הַצְדִּיקוּ: פַּלְּטוּ־דַל וְאֶבְיוֹן, מִיַּד רְשָׁעִים הַצִּילוּ: לֹא יָדְעוּ וְלֹא יָבִינוּ, בַּחֲשֵׁכָה יִתְהַלָּכוּ, יִמּוֹטוּ כָּל־מוֹסְדֵי אָרֶץ: אֲנִי־אָמַרְתִּי אֱלֹהִים אַתֶּם, וּבְנֵי עֶלְיוֹן כֻּלְּכֶם: אָכֵן כְּאָדָם תְּמוּתוּן, וּכְאַחַד הַשָּׂרִים תִּפֹּלוּ: ‹ קוּמָה אֱלֹהִים שָׁפְטָה הָאָרֶץ, כִּי־אַתָּה תִנְחַל בְּכָל־הַגּוֹיִם:

קדיש יתום (בעמ׳ 165)

ליום ד׳ הַיּוֹם יוֹם רְבִיעִי בְּשַׁבָּת, שֶׁבּוֹ הָיוּ הַלְוִיִּם אוֹמְרִים בְּבֵית הַמִּקְדָּשׁ:

תהלים צד אֵל־נְקָמוֹת יהוה, אֵל נְקָמוֹת הוֹפִיעַ: הִנָּשֵׂא שֹׁפֵט הָאָרֶץ, הָשֵׁב גְּמוּל עַל־גֵּאִים: עַד־מָתַי רְשָׁעִים, יהוה, עַד־מָתַי רְשָׁעִים יַעֲלֹזוּ: יַבִּיעוּ יְדַבְּרוּ עָתָק, יִתְאַמְּרוּ כָּל־פֹּעֲלֵי אָוֶן: עַמְּךָ יהוה יְדַכְּאוּ, וְנַחֲלָתְךָ יְעַנּוּ: אַלְמָנָה וְגֵר יַהֲרֹגוּ, וִיתוֹמִים יְרַצֵּחוּ: וַיֹּאמְרוּ לֹא יִרְאֶה־יָּהּ, וְלֹא־יָבִין אֱלֹהֵי יַעֲקֹב: בִּינוּ בֹּעֲרִים בָּעָם, וּכְסִילִים מָתַי תַּשְׂכִּילוּ: הֲנֹטַע אֹזֶן הֲלֹא יִשְׁמָע, אִם־יֹצֵר עַיִן הֲלֹא יַבִּיט: הֲיֹסֵר גּוֹיִם הֲלֹא יוֹכִיחַ, הַמְלַמֵּד אָדָם דָּעַת: יהוה יֹדֵעַ מַחְשְׁבוֹת אָדָם, כִּי־הֵמָּה הָבֶל: אַשְׁרֵי הַגֶּבֶר אֲשֶׁר־תְּיַסְּרֶנּוּ יָּהּ, וּמִתּוֹרָתְךָ תְלַמְּדֶנּוּ: לְהַשְׁקִיט לוֹ מִימֵי רָע, עַד יִכָּרֶה לָרָשָׁע שָׁחַת: כִּי לֹא־יִטֹּשׁ יהוה עַמּוֹ, וְנַחֲלָתוֹ לֹא יַעֲזֹב: כִּי־עַד־צֶדֶק יָשׁוּב מִשְׁפָּט, וְאַחֲרָיו כָּל־יִשְׁרֵי־לֵב: מִי־יָקוּם לִי עִם־מְרֵעִים, מִי־יִתְיַצֵּב לִי עִם־פֹּעֲלֵי אָוֶן: לוּלֵי יהוה עֶזְרָתָה לִּי, כִּמְעַט שָׁכְנָה דוּמָה נַפְשִׁי: אִם־אָמַרְתִּי מָטָה רַגְלִי, חַסְדְּךָ יהוה יִסְעָדֵנִי: בְּרֹב שַׂרְעַפַּי בְּקִרְבִּי, תַּנְחוּמֶיךָ יְשַׁעַשְׁעוּ נַפְשִׁי: הַיְחָבְרְךָ כִּסֵּא הַוּוֹת, יֹצֵר עָמָל עֲלֵי־חֹק: יָגוֹדּוּ עַל־נֶפֶשׁ צַדִּיק, וְדָם נָקִי יַרְשִׁיעוּ: וַיְהִי יהוה לִי לְמִשְׂגָּב, וֵאלֹהַי לְצוּר מַחְסִי: וַיָּשֶׁב עֲלֵיהֶם אֶת־אוֹנָם, וּבְרָעָתָם יַצְמִיתֵם, יַצְמִיתֵם יהוה אֱלֹהֵינוּ:

תהלים צה ‹ לְכוּ נְרַנְּנָה לַיהוה, נָרִיעָה לְצוּר יִשְׁעֵנוּ: נְקַדְּמָה פָנָיו בְּתוֹדָה, בִּזְמִרוֹת נָרִיעַ לוֹ: כִּי אֵל גָּדוֹל יהוה, וּמֶלֶךְ גָּדוֹל עַל־כָּל־אֱלֹהִים:

קדיש יתום (בעמ׳ 165)

ליום ה׳ הַיּוֹם יוֹם חֲמִישִׁי בְּשַׁבָּת, שֶׁבּוֹ הָיוּ הַלְוִיִּם אוֹמְרִים בְּבֵית הַמִּקְדָּשׁ:

תהלים פא לַמְנַצֵּחַ עַל־הַגִּתִּית לְאָסָף: הַרְנִינוּ לֵאלֹהִים עוּזֵּנוּ, הָרִיעוּ לֵאלֹהֵי
יַעֲקֹב: שְׂאוּ־זִמְרָה וּתְנוּ־תֹף, כִּנּוֹר נָעִים עִם־נָבֶל: תִּקְעוּ בַחֹדֶשׁ שׁוֹפָר,
בַּכֶּסֶה לְיוֹם חַגֵּנוּ: כִּי חֹק לְיִשְׂרָאֵל הוּא, מִשְׁפָּט לֵאלֹהֵי יַעֲקֹב: עֵדוּת
בִּיהוֹסֵף שָׂמוֹ, בְּצֵאתוֹ עַל־אֶרֶץ מִצְרָיִם, שְׂפַת לֹא־יָדַעְתִּי אֶשְׁמָע:
הֲסִירוֹתִי מִסֵּבֶל שִׁכְמוֹ, כַּפָּיו מִדּוּד תַּעֲבֹרְנָה: בַּצָּרָה קָרָאתָ וָאֲחַלְּצֶךָּ,
אֶעֶנְךָ בְּסֵתֶר רַעַם, אֶבְחָנְךָ עַל־מֵי מְרִיבָה סֶלָה: שְׁמַע עַמִּי וְאָעִידָה
בָּךְ, יִשְׂרָאֵל אִם־תִּשְׁמַע־לִי: לֹא־יִהְיֶה בְךָ אֵל זָר, וְלֹא תִשְׁתַּחֲוֶה לְאֵל
נֵכָר: אָנֹכִי יהוה אֱלֹהֶיךָ, הַמַּעַלְךָ מֵאֶרֶץ מִצְרָיִם, הַרְחֶב־פִּיךָ וַאֲמַלְאֵהוּ:
וְלֹא־שָׁמַע עַמִּי לְקוֹלִי, וְיִשְׂרָאֵל לֹא־אָבָה לִי: וָאֲשַׁלְּחֵהוּ בִּשְׁרִירוּת לִבָּם,
יֵלְכוּ בְּמוֹעֲצוֹתֵיהֶם: לוּ עַמִּי שֹׁמֵעַ לִי, יִשְׂרָאֵל בִּדְרָכַי יְהַלֵּכוּ: כִּמְעַט
אוֹיְבֵיהֶם אַכְנִיעַ, וְעַל־צָרֵיהֶם אָשִׁיב יָדִי: מְשַׂנְאֵי יהוה יְכַחֲשׁוּ־לוֹ, וִיהִי
עִתָּם לְעוֹלָם: ‹ וַיַּאֲכִילֵהוּ מֵחֵלֶב חִטָּה, וּמִצּוּר, דְּבַשׁ אַשְׂבִּיעֶךָ:

קדיש יתום (בעמוד הבא)

ליום ו׳ הַיּוֹם יוֹם שִׁשִּׁי בְּשַׁבָּת, שֶׁבּוֹ הָיוּ הַלְוִיִּם אוֹמְרִים בְּבֵית הַמִּקְדָּשׁ:

תהלים צג יהוה מָלָךְ, גֵּאוּת לָבֵשׁ, לָבֵשׁ יהוה עֹז הִתְאַזָּר, אַף־תִּכּוֹן תֵּבֵל בַּל־
תִּמּוֹט: נָכוֹן כִּסְאֲךָ מֵאָז, מֵעוֹלָם אָתָּה: נָשְׂאוּ נְהָרוֹת יהוה, נָשְׂאוּ נְהָרוֹת
קוֹלָם, יִשְׂאוּ נְהָרוֹת דָּכְיָם: מִקֹּלוֹת מַיִם רַבִּים, אַדִּירִים מִשְׁבְּרֵי־יָם,
אַדִּיר בַּמָּרוֹם יהוה: ‹ עֵדֹתֶיךָ נֶאֶמְנוּ מְאֹד, לְבֵיתְךָ נַאֲוָה־קֹדֶשׁ, יהוה
לְאֹרֶךְ יָמִים:

קדיש יתום (בעמוד הבא)

לשבת הַיּוֹם יוֹם שַׁבַּת קֹדֶשׁ, שֶׁבּוֹ הָיוּ הַלְוִיִּם אוֹמְרִים בְּבֵית הַמִּקְדָּשׁ:

תהלים צב מִזְמוֹר שִׁיר לְיוֹם הַשַּׁבָּת: טוֹב לְהֹדוֹת לַיהוה, וּלְזַמֵּר לְשִׁמְךָ עֶלְיוֹן:
לְהַגִּיד בַּבֹּקֶר חַסְדֶּךָ, וֶאֱמוּנָתְךָ בַּלֵּילוֹת: עֲלֵי־עָשׂוֹר וַעֲלֵי־נָבֶל, עֲלֵי
הִגָּיוֹן בְּכִנּוֹר: כִּי שִׂמַּחְתַּנִי יהוה בְּפָעֳלֶךָ, בְּמַעֲשֵׂי יָדֶיךָ אֲרַנֵּן: מַה־גָּדְלוּ
מַעֲשֶׂיךָ יהוה, מְאֹד עָמְקוּ מַחְשְׁבֹתֶיךָ: אִישׁ־בַּעַר לֹא יֵדָע, וּכְסִיל
לֹא־יָבִין אֶת־זֹאת: בִּפְרֹחַ רְשָׁעִים כְּמוֹ־עֵשֶׂב, וַיָּצִיצוּ כָּל־פֹּעֲלֵי אָוֶן,
לְהִשָּׁמְדָם עֲדֵי־עַד: וְאַתָּה מָרוֹם לְעֹלָם יהוה: כִּי הִנֵּה אֹיְבֶיךָ יהוה,

כִּי־הִנֵּה אֹיְבֶיךָ יֹאבֵדוּ, יִתְפָּרְדוּ כָּל־פֹּעֲלֵי אָוֶן: וַתָּרֶם כִּרְאֵים קַרְנִי, בַּלֹּתִי בְּשֶׁמֶן רַעֲנָן: וַתַּבֵּט עֵינִי בְּשׁוּרָי, בַּקָּמִים עָלַי מְרֵעִים תִּשְׁמַעְנָה אָזְנָי: צַדִּיק כַּתָּמָר יִפְרָח, כְּאֶרֶז בַּלְּבָנוֹן יִשְׂגֶּה: שְׁתוּלִים בְּבֵית יהוה, בְּחַצְרוֹת אֱלֹהֵינוּ יַפְרִיחוּ: ‹ עוֹד יְנוּבוּן בְּשֵׂיבָה, דְּשֵׁנִים וְרַעֲנַנִּים יִהְיוּ: לְהַגִּיד כִּי־יָשָׁר יהוה, צוּרִי, וְלֹא־עַוְלָתָה בּוֹ:

קדיש יתום

אבל: יִתְגַּדַּל וְיִתְקַדַּשׁ שְׁמֵהּ רַבָּא (קהל: אָמֵן)
בְּעָלְמָא דִּי בְרָא כִרְעוּתֵהּ
וְיַמְלִיךְ מַלְכוּתֵהּ וְיַצְמַח פֻּרְקָנֵהּ וִיקָרֵב מְשִׁיחֵהּ (קהל: אָמֵן)
בְּחַיֵּיכוֹן וּבְיוֹמֵיכוֹן וּבְחַיֵּי דְכָל בֵּית יִשְׂרָאֵל
בַּעֲגָלָא וּבִזְמַן קָרִיב, וְאִמְרוּ אָמֵן. (קהל: אָמֵן)

קהל ואבל: יְהֵא שְׁמֵהּ רַבָּא מְבָרַךְ לְעָלַם וּלְעָלְמֵי עָלְמַיָּא.

אבל: יִתְבָּרַךְ וְיִשְׁתַּבַּח וְיִתְפָּאַר וְיִתְרוֹמַם וְיִתְנַשֵּׂא
וְיִתְהַדָּר וְיִתְעַלֶּה וְיִתְהַלָּל שְׁמֵהּ דְּקֻדְשָׁא בְּרִיךְ הוּא (קהל: אָמֵן)
לְעֵלָּא מִן כָּל בִּרְכָתָא וְשִׁירָתָא, תֻּשְׁבְּחָתָא וְנֶחֱמָתָא
דַּאֲמִירָן בְּעָלְמָא, וְאִמְרוּ אָמֵן. (קהל: אָמֵן)

יְהֵא שְׁלָמָא רַבָּא מִן שְׁמַיָּא
וְחַיִּים טוֹבִים עָלֵינוּ וְעַל כָּל יִשְׂרָאֵל, וְאִמְרוּ אָמֵן. (קהל: אָמֵן)

כורע ופוסע שלוש פסיעות לאחור. קד לשמאל, לימין ולפנים באמירת:
עֹשֶׂה שָׁלוֹם בִּמְרוֹמָיו
הוּא יַעֲשֶׂה שָׁלוֹם עָלֵינוּ וְעַל כָּל יִשְׂרָאֵל, וְאִמְרוּ אָמֵן. (קהל: אָמֵן)

יש קהילות שבהן אומרים כאן את שיר הכבוד (עמ׳ 368) ואחריו קדיש יתום.

בפסח, כשיום טוב ראשון חל בשבת (בחו״ל ביום השמיני) או בשבת חול המועד, קוראים את מגילת שיר השירים (עמ׳ 169). בשאר הימים ממשיכים בהוצאת ספר תורה בעמ׳ 176.

בשבועות קוראים את מגילת רות (עמ׳ 207), ובחו״ל קוראים אותה ביום טוב שני.

בשמחת תורה עורכים הקפות (עמ׳ 305).

בשמיני עצרת בחו״ל ממשיכים בהוצאת ספר תורה בעמ׳ 280 (ואם חל בשבת, קוראים את מגילת קהלת בעמ׳ 266 לפני הוצאת ספר תורה).

אֶת־חַג הַמַּצּוֹת תִּשְׁמֹר שִׁבְעַת יָמִים

שמות לד, יח

בַּחֹדֶשׁ הָרִאשׁוֹן

בְּאַרְבָּעָה עָשָׂר לַחֹדֶשׁ

בֵּין הָעַרְבָּיִם

פֶּסַח לַה׳

וּבַחֲמִשָּׁה עָשָׂר יוֹם

לַחֹדֶשׁ הַזֶּה

חַג הַמַּצּוֹת לַה׳

שִׁבְעַת יָמִים

מַצּוֹת תֹּאכֵלוּ

ויקרא כג, ה-ו

שיר השירים

יש הקוראים מתוך מגילה הכתובה על קלף, ומברכים לפני הקריאה:

בָּרוּךְ אַתָּה יהוה אֱלֹהֵינוּ מֶלֶךְ הָעוֹלָם
אֲשֶׁר קִדְּשָׁנוּ בְּמִצְוֹתָיו וְצִוָּנוּ עַל מִקְרָא מְגִלָּה.

בָּרוּךְ אַתָּה יהוה אֱלֹהֵינוּ מֶלֶךְ הָעוֹלָם
שֶׁהֶחֱיָנוּ וְקִיְּמָנוּ וְהִגִּיעָנוּ לַזְּמַן הַזֶּה.

א שִׁיר הַשִּׁירִים אֲשֶׁר לִשְׁלֹמֹה׃ יִשָּׁקֵנִי מִנְּשִׁיקוֹת פִּיהוּ כִּי־
טוֹבִים דֹּדֶיךָ מִיָּיִן׃ לְרֵיחַ שְׁמָנֶיךָ טוֹבִים שֶׁמֶן תּוּרַק שְׁמֶךָ עַל־
כֵּן עֲלָמוֹת אֲהֵבוּךָ׃ מָשְׁכֵנִי אַחֲרֶיךָ נָּרוּצָה הֱבִיאַנִי הַמֶּלֶךְ
חֲדָרָיו נָגִילָה וְנִשְׂמְחָה בָּךְ נַזְכִּירָה דֹדֶיךָ מִיַּיִן מֵישָׁרִים
אֲהֵבוּךָ׃ שְׁחוֹרָה אֲנִי וְנָאוָה בְּנוֹת יְרוּשָׁלִָם כְּאָהֳלֵי
קֵדָר כִּירִיעוֹת שְׁלֹמֹה׃ אַל־תִּרְאוּנִי שֶׁאֲנִי שְׁחַרְחֹרֶת שֶׁשְּׁזָפַתְנִי
הַשָּׁמֶשׁ בְּנֵי אִמִּי נִחֲרוּ־בִי שָׂמֻנִי נֹטֵרָה אֶת־הַכְּרָמִים כַּרְמִי
שֶׁלִּי לֹא נָטָרְתִּי׃ הַגִּידָה לִּי שֶׁאָהֲבָה נַפְשִׁי אֵיכָה תִרְעֶה אֵיכָה
תַּרְבִּיץ בַּצָּהֳרָיִם שַׁלָּמָה אֶהְיֶה כְּעֹטְיָה עַל עֶדְרֵי חֲבֵרֶיךָ׃ אִם־
לֹא תֵדְעִי לָךְ הַיָּפָה בַּנָּשִׁים צְאִי־לָךְ בְּעִקְבֵי הַצֹּאן וּרְעִי אֶת־
גְּדִיֹּתַיִךְ עַל מִשְׁכְּנוֹת הָרֹעִים׃ לְסֻסָתִי בְּרִכְבֵי פַרְעֹה
דִּמִּיתִיךְ רַעְיָתִי׃ נָאווּ לְחָיַיִךְ בַּתֹּרִים צַוָּארֵךְ בַּחֲרוּזִים׃ תּוֹרֵי
זָהָב נַעֲשֶׂה־לָּךְ עִם נְקֻדּוֹת הַכָּסֶף׃ עַד־שֶׁהַמֶּלֶךְ בִּמְסִבּוֹ נִרְדִּי
נָתַן רֵיחוֹ׃ צְרוֹר הַמֹּר ׀ דּוֹדִי לִי בֵּין שָׁדַי יָלִין׃ אֶשְׁכֹּל הַכֹּפֶר ׀
דּוֹדִי לִי בְּכַרְמֵי עֵין גֶּדִי׃ הִנָּךְ יָפָה רַעְיָתִי הִנָּךְ יָפָה
עֵינַיִךְ יוֹנִים׃ הִנְּךָ יָפֶה דוֹדִי אַף נָעִים אַף־עַרְשֵׂנוּ רַעֲנָנָה׃ קֹרוֹת
ב בָּתֵּינוּ אֲרָזִים רחיטנו בְּרוֹתִים׃ אֲנִי חֲבַצֶּלֶת הַשָּׁרוֹן שׁוֹשַׁנַּת רַהִיטֵנוּ

הָעֲמָקִים׃ כְּשׁוֹשַׁנָּה בֵּין הַחוֹחִים כֵּן רַעְיָתִי בֵּין הַבָּנוֹת׃ כְּתַפּוּחַ
בַּעֲצֵי הַיַּעַר כֵּן דּוֹדִי בֵּין הַבָּנִים בְּצִלּוֹ חִמַּדְתִּי וְיָשַׁבְתִּי וּפִרְיוֹ
מָתוֹק לְחִכִּי׃ הֱבִיאַנִי אֶל־בֵּית הַיָּיִן וְדִגְלוֹ עָלַי אַהֲבָה׃ סַמְּכוּנִי
בָּאֲשִׁישׁוֹת רַפְּדוּנִי בַּתַּפּוּחִים כִּי־חוֹלַת אַהֲבָה אָנִי׃ שְׂמֹאלוֹ
תַּחַת לְרֹאשִׁי וִימִינוֹ תְּחַבְּקֵנִי׃ הִשְׁבַּעְתִּי אֶתְכֶם בְּנוֹת יְרוּשָׁלַםִ
בִּצְבָאוֹת אוֹ בְּאַיְלוֹת הַשָּׂדֶה אִם־תָּעִירוּ ׀ וְאִם־תְּעוֹרְרוּ אֶת־
הָאַהֲבָה עַד שֶׁתֶּחְפָּץ׃ קוֹל דּוֹדִי הִנֵּה־זֶה בָּא מְדַלֵּג
עַל־הֶהָרִים מְקַפֵּץ עַל־הַגְּבָעוֹת׃ דּוֹמֶה דוֹדִי לִצְבִי אוֹ לְעֹפֶר
הָאַיָּלִים הִנֵּה־זֶה עוֹמֵד אַחַר כָּתְלֵנוּ מַשְׁגִּיחַ מִן־הַחַלֹּנוֹת
מֵצִיץ מִן־הַחֲרַכִּים׃ עָנָה דוֹדִי וְאָמַר לִי קוּמִי לָךְ רַעְיָתִי יָפָתִי
וּלְכִי־לָךְ׃ כִּי־הִנֵּה הַסְּתָו עָבָר הַגֶּשֶׁם חָלַף הָלַךְ לוֹ׃ הַנִּצָּנִים
נִרְאוּ בָאָרֶץ עֵת הַזָּמִיר הִגִּיעַ וְקוֹל הַתּוֹר נִשְׁמַע בְּאַרְצֵנוּ׃
לָךְ הַתְּאֵנָה חָנְטָה פַגֶּיהָ וְהַגְּפָנִים ׀ סְמָדַר נָתְנוּ רֵיחַ קוּמִי לכי רַעְיָתִי
יָפָתִי וּלְכִי־לָךְ׃ יוֹנָתִי בְּחַגְוֵי הַסֶּלַע בְּסֵתֶר הַמַּדְרֵגָה
הַרְאִינִי אֶת־מַרְאַיִךְ הַשְׁמִיעִינִי אֶת־קוֹלֵךְ כִּי־קוֹלֵךְ עָרֵב וּמַרְאֵיךְ
נָאוֶה׃ אֶחֱזוּ־לָנוּ שׁוּעָלִים שׁוּעָלִים קְטַנִּים מְחַבְּלִים
כְּרָמִים וּכְרָמֵינוּ סְמָדַר׃ דּוֹדִי לִי וַאֲנִי לוֹ הָרֹעֶה בַּשּׁוֹשַׁנִּים׃ עַד
שֶׁיָּפוּחַ הַיּוֹם וְנָסוּ הַצְּלָלִים סֹב דְּמֵה־לְךָ דוֹדִי לִצְבִי אוֹ לְעֹפֶר
הָאַיָּלִים עַל־הָרֵי בָתֶר׃ עַל־מִשְׁכָּבִי בַּלֵּילוֹת בִּקַּשְׁתִּי ג
אֵת שֶׁאָהֲבָה נַפְשִׁי בִּקַּשְׁתִּיו וְלֹא מְצָאתִיו׃ אָקוּמָה נָּא וַאֲסוֹבְבָה
בָעִיר בַּשְּׁוָקִים וּבָרְחֹבוֹת אֲבַקְשָׁה אֵת שֶׁאָהֲבָה נַפְשִׁי בִּקַּשְׁתִּיו
וְלֹא מְצָאתִיו׃ מְצָאוּנִי הַשֹּׁמְרִים הַסֹּבְבִים בָּעִיר אֵת שֶׁאָהֲבָה
נַפְשִׁי רְאִיתֶם׃ כִּמְעַט שֶׁעָבַרְתִּי מֵהֶם עַד שֶׁמָּצָאתִי אֵת שֶׁאָהֲבָה
נַפְשִׁי אֲחַזְתִּיו וְלֹא אַרְפֶּנּוּ עַד־שֶׁהֲבֵיאתִיו אֶל־בֵּית אִמִּי וְאֶל־

חֶדֶר הוֹרָתִי׃ הִשְׁבַּעְתִּי אֶתְכֶם בְּנוֹת יְרוּשָׁלִַם בִּצְבָאוֹת אוֹ
בְּאַיְלוֹת הַשָּׂדֶה אִם־תָּעִירוּ ׀ וְאִם־תְּעוֹרְרוּ אֶת־הָאַהֲבָה עַד
שֶׁתֶּחְפָּץ׃ מִי זֹאת עֹלָה מִן־הַמִּדְבָּר כְּתִימְרוֹת עָשָׁן
מְקֻטֶּרֶת מֹר וּלְבוֹנָה מִכֹּל אַבְקַת רוֹכֵל׃ הִנֵּה מִטָּתוֹ שֶׁלִּשְׁלֹמֹה
שִׁשִּׁים גִּבֹּרִים סָבִיב לָהּ מִגִּבֹּרֵי יִשְׂרָאֵל׃ כֻּלָּם אֲחֻזֵי חֶרֶב מְלֻמְּדֵי
מִלְחָמָה אִישׁ חַרְבּוֹ עַל־יְרֵכוֹ מִפַּחַד בַּלֵּילוֹת׃ אַפִּרְיוֹן
עָשָׂה לוֹ הַמֶּלֶךְ שְׁלֹמֹה מֵעֲצֵי הַלְּבָנוֹן׃ עַמּוּדָיו עָשָׂה כֶסֶף
רְפִידָתוֹ זָהָב מֶרְכָּבוֹ אַרְגָּמָן תּוֹכוֹ רָצוּף אַהֲבָה מִבְּנוֹת יְרוּשָׁלִָם׃
צְאֶינָה ׀ וּרְאֶינָה בְּנוֹת צִיּוֹן בַּמֶּלֶךְ שְׁלֹמֹה בָּעֲטָרָה שֶׁעִטְּרָה־לּוֹ
ד אִמּוֹ בְּיוֹם חֲתֻנָּתוֹ וּבְיוֹם שִׂמְחַת לִבּוֹ׃ הִנָּךְ יָפָה רַעְיָתִי
הִנָּךְ יָפָה עֵינַיִךְ יוֹנִים מִבַּעַד לְצַמָּתֵךְ שַׂעְרֵךְ כְּעֵדֶר הָעִזִּים שֶׁגָּלְשׁוּ
מֵהַר גִּלְעָד׃ שִׁנַּיִךְ כְּעֵדֶר הַקְּצוּבוֹת שֶׁעָלוּ מִן־הָרַחְצָה שֶׁכֻּלָּם
מַתְאִימוֹת וְשַׁכֻּלָה אֵין בָּהֶם׃ כְּחוּט הַשָּׁנִי שִׂפְתוֹתַיִךְ וּמִדְבָּרֵיךְ
נָאוֶה כְּפֶלַח הָרִמּוֹן רַקָּתֵךְ מִבַּעַד לְצַמָּתֵךְ׃ כְּמִגְדַּל דָּוִיד צַוָּארֵךְ
בָּנוּי לְתַלְפִּיּוֹת אֶלֶף הַמָּגֵן תָּלוּי עָלָיו כֹּל שִׁלְטֵי הַגִּבֹּרִים׃ שְׁנֵי
שָׁדַיִךְ כִּשְׁנֵי עֳפָרִים תְּאוֹמֵי צְבִיָּה הָרוֹעִים בַּשּׁוֹשַׁנִּים׃ עַד שֶׁיָּפוּחַ
הַיּוֹם וְנָסוּ הַצְּלָלִים אֵלֶךְ לִי אֶל־הַר הַמּוֹר וְאֶל־גִּבְעַת הַלְּבוֹנָה׃
כֻּלָּךְ יָפָה רַעְיָתִי וּמוּם אֵין בָּךְ׃ אִתִּי מִלְּבָנוֹן כַּלָּה אִתִּי
מִלְּבָנוֹן תָּבוֹאִי תָּשׁוּרִי ׀ מֵרֹאשׁ אֲמָנָה מֵרֹאשׁ שְׂנִיר וְחֶרְמוֹן
מִמְּעֹנוֹת אֲרָיוֹת מֵהַרְרֵי נְמֵרִים׃ לִבַּבְתִּנִי אֲחֹתִי כַלָּה לִבַּבְתִּינִי
באחד מֵעֵינַיִךְ בְּאַחַד עֲנָק מִצַּוְּרֹנָיִךְ׃ מַה־יָּפוּ דֹדַיִךְ אֲחֹתִי כַלָּה בְּאַחַת
מַה־טֹּבוּ דֹדַיִךְ מִיַּיִן וְרֵיחַ שְׁמָנַיִךְ מִכָּל־בְּשָׂמִים׃ נֹפֶת תִּטֹּפְנָה
שִׂפְתוֹתַיִךְ כַּלָּה דְּבַשׁ וְחָלָב תַּחַת לְשׁוֹנֵךְ וְרֵיחַ שַׂלְמֹתַיִךְ כְּרֵיחַ
לְבָנוֹן׃ גַּן ׀ נָעוּל אֲחֹתִי כַלָּה גַּל נָעוּל מַעְיָן חָתוּם׃

שְׁלָחַיִךְ פַּרְדֵּס רִמּוֹנִים עִם פְּרִי מְגָדִים כְּפָרִים עִם־נְרָדִים׃ נֵרְדְּ ׀
וְכַרְכֹּם קָנֶה וְקִנָּמוֹן עִם כָּל־עֲצֵי לְבוֹנָה מֹר וַאֲהָלוֹת עִם כָּל־
רָאשֵׁי בְשָׂמִים׃ מַעְיַן גַּנִּים בְּאֵר מַיִם חַיִּים וְנֹזְלִים מִן־לְבָנוֹן׃
עוּרִי צָפוֹן וּבוֹאִי תֵימָן הָפִיחִי גַנִּי יִזְּלוּ בְשָׂמָיו יָבֹא דוֹדִי לְגַנּוֹ
וְיֹאכַל פְּרִי מְגָדָיו׃ בָּאתִי לְגַנִּי אֲחֹתִי כַלָּה אָרִיתִי מוֹרִי עִם־בְּשָׂמִי ה
אָכַלְתִּי יַעְרִי עִם־דִּבְשִׁי שָׁתִיתִי יֵינִי עִם־חֲלָבִי אִכְלוּ רֵעִים שְׁתוּ
וְשִׁכְרוּ דּוֹדִים׃ אֲנִי יְשֵׁנָה וְלִבִּי עֵר קוֹל ׀ דּוֹדִי דוֹפֵק
פִּתְחִי־לִי אֲחֹתִי רַעְיָתִי יוֹנָתִי תַמָּתִי שֶׁרֹּאשִׁי נִמְלָא־טָל קְוֻצּוֹתַי
רְסִיסֵי לָיְלָה׃ פָּשַׁטְתִּי אֶת־כֻּתָּנְתִּי אֵיכָכָה אֶלְבָּשֶׁנָּה רָחַצְתִּי
אֶת־רַגְלַי אֵיכָכָה אֲטַנְּפֵם׃ דּוֹדִי שָׁלַח יָדוֹ מִן־הַחֹר וּמֵעַי הָמוּ
עָלָיו׃ קַמְתִּי אֲנִי לִפְתֹּחַ לְדוֹדִי וְיָדַי נָטְפוּ־מוֹר וְאֶצְבְּעֹתַי מוֹר
עֹבֵר עַל כַּפּוֹת הַמַּנְעוּל׃ פָּתַחְתִּי אֲנִי לְדוֹדִי וְדוֹדִי חָמַק עָבָר
נַפְשִׁי יָצְאָה בְדַבְּרוֹ בִּקַּשְׁתִּיהוּ וְלֹא מְצָאתִיהוּ קְרָאתִיו וְלֹא עָנָנִי׃
מְצָאֻנִי הַשֹּׁמְרִים הַסֹּבְבִים בָּעִיר הִכּוּנִי פְצָעוּנִי נָשְׂאוּ אֶת־רְדִידִי
מֵעָלַי שֹׁמְרֵי הַחֹמוֹת׃ הִשְׁבַּעְתִּי אֶתְכֶם בְּנוֹת יְרוּשָׁלָ͏ִם אִם־
תִּמְצְאוּ אֶת־דּוֹדִי מַה־תַּגִּידוּ לוֹ שֶׁחוֹלַת אַהֲבָה אָנִי׃ מַה־דּוֹדֵךְ
מִדּוֹד הַיָּפָה בַּנָּשִׁים מַה־דּוֹדֵךְ מִדּוֹד שֶׁכָּכָה הִשְׁבַּעְתָּנוּ׃ דּוֹדִי
צַח וְאָדוֹם דָּגוּל מֵרְבָבָה׃ רֹאשׁוֹ כֶּתֶם פָּז קְוֻצּוֹתָיו תַּלְתַּלִּים
שְׁחֹרוֹת כָּעוֹרֵב׃ עֵינָיו כְּיוֹנִים עַל־אֲפִיקֵי מָיִם רֹחֲצוֹת בֶּחָלָב
יֹשְׁבוֹת עַל־מִלֵּאת׃ לְחָיָו כַּעֲרוּגַת הַבֹּשֶׂם מִגְדְּלוֹת מֶרְקָחִים
שִׂפְתוֹתָיו שׁוֹשַׁנִּים נֹטְפוֹת מוֹר עֹבֵר׃ יָדָיו גְּלִילֵי זָהָב מְמֻלָּאִים
בַּתַּרְשִׁישׁ מֵעָיו עֶשֶׁת שֵׁן מְעֻלֶּפֶת סַפִּירִים׃ שׁוֹקָיו עַמּוּדֵי שֵׁשׁ
מְיֻסָּדִים עַל־אַדְנֵי־פָז מַרְאֵהוּ כַּלְּבָנוֹן בָּחוּר כָּאֲרָזִים׃ חִכּוֹ
מַמְתַקִּים וְכֻלּוֹ מַחֲמַדִּים זֶה דוֹדִי וְזֶה רֵעִי בְּנוֹת יְרוּשָׁלָ͏ִם׃ אָנָה ו

הָלַךְ דּוֹדֵךְ הַיָּפָה בַּנָּשִׁים אָנָה פָּנָה דוֹדֵךְ וּנְבַקְשֶׁנּוּ עִמָּךְ: דּוֹדִי
יָרַד לְגַנּוֹ לַעֲרוּגוֹת הַבֹּשֶׂם לִרְעוֹת בַּגַּנִּים וְלִלְקֹט שׁוֹשַׁנִּים: אֲנִי
לְדוֹדִי וְדוֹדִי לִי הָרֹעֶה בַּשּׁוֹשַׁנִּים:
יָפָה אַתְּ רַעְיָתִי כְּתִרְצָה נָאוָה כִּירוּשָׁלָםִ אֲיֻמָּה כַּנִּדְגָּלוֹת:
הָסֵבִּי עֵינַיִךְ מִנֶּגְדִּי שֶׁהֵם הִרְהִיבֻנִי שַׂעְרֵךְ כְּעֵדֶר הָעִזִּים
שֶׁגָּלְשׁוּ מִן־הַגִּלְעָד: שִׁנַּיִךְ כְּעֵדֶר הָרְחֵלִים שֶׁעָלוּ מִן־הָרַחְצָה
שֶׁכֻּלָּם מַתְאִימוֹת וְשַׁכֻּלָה אֵין בָּהֶם: כְּפֶלַח הָרִמּוֹן רַקָּתֵךְ
מִבַּעַד לְצַמָּתֵךְ: שִׁשִּׁים הֵמָּה מְלָכוֹת וּשְׁמֹנִים פִּילַגְשִׁים
וַעֲלָמוֹת אֵין מִסְפָּר: אַחַת הִיא יוֹנָתִי תַמָּתִי אַחַת הִיא לְאִמָּהּ
בָּרָה הִיא לְיוֹלַדְתָּהּ רָאוּהָ בָנוֹת וַיְאַשְּׁרוּהָ מְלָכוֹת וּפִילַגְשִׁים
וַיְהַלְלוּהָ: מִי־זֹאת הַנִּשְׁקָפָה כְּמוֹ־שָׁחַר יָפָה כַלְּבָנָה
בָּרָה כַּחַמָּה אֲיֻמָּה כַּנִּדְגָּלוֹת: אֶל־גִּנַּת אֱגוֹז יָרַדְתִּי לִרְאוֹת בְּאִבֵּי
הַנָּחַל לִרְאוֹת הֲפָרְחָה הַגֶּפֶן הֵנֵצוּ הָרִמֹּנִים: לֹא יָדַעְתִּי נַפְשִׁי
ז שָׂמַתְנִי מַרְכְּבוֹת עַמִּי נָדִיב: שׁוּבִי שׁוּבִי הַשּׁוּלַמִּית שׁוּבִי שׁוּבִי
וְנֶחֱזֶה־בָּךְ מַה־תֶּחֱזוּ בַּשּׁוּלַמִּית כִּמְחֹלַת הַמַּחֲנָיִם: מַה־יָּפוּ
פְעָמַיִךְ בַּנְּעָלִים בַּת־נָדִיב חַמּוּקֵי יְרֵכַיִךְ כְּמוֹ חֲלָאִים מַעֲשֵׂה
יְדֵי אָמָּן: שָׁרְרֵךְ אַגַּן הַסַּהַר אַל־יֶחְסַר הַמָּזֶג בִּטְנֵךְ עֲרֵמַת
חִטִּים סוּגָה בַּשּׁוֹשַׁנִּים: שְׁנֵי שָׁדַיִךְ כִּשְׁנֵי עֳפָרִים תָּאֳמֵי צְבִיָּה:
צַוָּארֵךְ כְּמִגְדַּל הַשֵּׁן עֵינַיִךְ בְּרֵכוֹת בְּחֶשְׁבּוֹן עַל־שַׁעַר בַּת־רַבִּים
אַפֵּךְ כְּמִגְדַּל הַלְּבָנוֹן צוֹפֶה פְּנֵי דַמָּשֶׂק: רֹאשֵׁךְ עָלַיִךְ כַּכַּרְמֶל
וְדַלַּת רֹאשֵׁךְ כָּאַרְגָּמָן מֶלֶךְ אָסוּר בָּרְהָטִים: מַה־יָּפִית וּמַה־
נָּעַמְתְּ אַהֲבָה בַּתַּעֲנוּגִים: זֹאת קוֹמָתֵךְ דָּמְתָה לְתָמָר וְשָׁדַיִךְ
לְאַשְׁכֹּלוֹת: אָמַרְתִּי אֶעֱלֶה בְתָמָר אֹחֲזָה בְּסַנְסִנָּיו וְיִהְיוּ־נָא
שָׁדַיִךְ כְּאֶשְׁכְּלוֹת הַגֶּפֶן וְרֵיחַ אַפֵּךְ כַּתַּפּוּחִים: וְחִכֵּךְ כְּיֵין הַטּוֹב

הוֹלֵךְ לְדוֹדִי לְמֵישָׁרִים דּוֹבֵב שִׂפְתֵי יְשֵׁנִים׃ אֲנִי לְדוֹדִי וְעָלַי
תְּשׁוּקָתוֹ׃ לְכָה דוֹדִי נֵצֵא הַשָּׂדֶה נָלִינָה בַּכְּפָרִים׃ נַשְׁכִּימָה
לַכְּרָמִים נִרְאֶה אִם־פָּרְחָה הַגֶּפֶן פִּתַּח הַסְּמָדַר הֵנֵצוּ הָרִמּוֹנִים
שָׁם אֶתֵּן אֶת־דֹּדַי לָךְ׃ הַדּוּדָאִים נָתְנוּ־רֵיחַ וְעַל־פְּתָחֵינוּ כָּל־
מְגָדִים חֲדָשִׁים גַּם־יְשָׁנִים דּוֹדִי צָפַנְתִּי לָךְ׃ מִי יִתֶּנְךָ כְּאָח לִי ח
יוֹנֵק שְׁדֵי אִמִּי אֶמְצָאֲךָ בַחוּץ אֶשָּׁקְךָ גַּם לֹא־יָבוּזוּ לִי׃ אֶנְהָגֲךָ
אֲבִיאֲךָ אֶל־בֵּית אִמִּי תְּלַמְּדֵנִי אַשְׁקְךָ מִיַּיִן הָרֶקַח מֵעֲסִיס
רִמֹּנִי׃ שְׂמֹאלוֹ תַּחַת רֹאשִׁי וִימִינוֹ תְּחַבְּקֵנִי׃ הִשְׁבַּעְתִּי אֶתְכֶם
בְּנוֹת יְרוּשָׁלָםִ מַה־תָּעִירוּ ׀ וּמַה־תְּעֹרְרוּ אֶת־הָאַהֲבָה עַד
שֶׁתֶּחְפָּץ׃ מִי זֹאת עֹלָה מִן־הַמִּדְבָּר מִתְרַפֶּקֶת
עַל־דּוֹדָהּ תַּחַת הַתַּפּוּחַ עוֹרַרְתִּיךָ שָׁמָּה חִבְּלַתְךָ אִמֶּךָ שָׁמָּה
חִבְּלָה יְלָדַתְךָ׃ שִׂימֵנִי כַחוֹתָם עַל־לִבֶּךָ כַּחוֹתָם עַל־זְרוֹעֶךָ
כִּי־עַזָּה כַמָּוֶת אַהֲבָה קָשָׁה כִשְׁאוֹל קִנְאָה רְשָׁפֶיהָ רִשְׁפֵּי אֵשׁ
שַׁלְהֶבֶתְיָה׃ מַיִם רַבִּים לֹא יוּכְלוּ לְכַבּוֹת אֶת־הָאַהֲבָה וּנְהָרוֹת
לֹא יִשְׁטְפוּהָ אִם־יִתֵּן אִישׁ אֶת־כָּל־הוֹן בֵּיתוֹ בָּאַהֲבָה בּוֹז
יָבוּזוּ לוֹ׃ אָחוֹת לָנוּ קְטַנָּה וְשָׁדַיִם אֵין לָהּ מַה־
נַּעֲשֶׂה לַאֲחֹתֵנוּ בַּיּוֹם שֶׁיְּדֻבַּר־בָּהּ׃ אִם־חוֹמָה הִיא נִבְנֶה
עָלֶיהָ טִירַת כָּסֶף וְאִם־דֶּלֶת הִיא נָצוּר עָלֶיהָ לוּחַ אָרֶז׃ אֲנִי
חוֹמָה וְשָׁדַי כַּמִּגְדָּלוֹת אָז הָיִיתִי בְעֵינָיו כְּמוֹצְאֵת שָׁלוֹם׃ כֶּרֶם
הָיָה לִשְׁלֹמֹה בְּבַעַל הָמוֹן נָתַן אֶת־הַכֶּרֶם לַנֹּטְרִים אִישׁ יָבִא
בְּפִרְיוֹ אֶלֶף כָּסֶף׃ כַּרְמִי שֶׁלִּי לְפָנָי הָאֶלֶף לְךָ שְׁלֹמֹה וּמָאתַיִם
לְנֹטְרִים אֶת־פִּרְיוֹ׃ הַיּוֹשֶׁבֶת בַּגַּנִּים חֲבֵרִים מַקְשִׁיבִים לְקוֹלֵךְ
הַשְׁמִיעִנִי׃ בְּרַח ׀ דּוֹדִי וּדְמֵה־לְךָ לִצְבִי אוֹ לְעֹפֶר הָאַיָּלִים עַל
הָרֵי בְשָׂמִים׃

קדיש יתום

אבל: יִתְגַּדַּל וְיִתְקַדַּשׁ שְׁמֵהּ רַבָּא (קהל: אָמֵן)
בְּעָלְמָא דִּי בְרָא כִרְעוּתֵהּ
וְיַמְלִיךְ מַלְכוּתֵהּ
וְיַצְמַח פֻּרְקָנֵהּ וִיקָרֵב מְשִׁיחֵהּ (קהל: אָמֵן)
בְּחַיֵּיכוֹן וּבְיוֹמֵיכוֹן וּבְחַיֵּי דְכָל בֵּית יִשְׂרָאֵל
בַּעֲגָלָא וּבִזְמַן קָרִיב
וְאִמְרוּ אָמֵן. (קהל: אָמֵן)

קהל ואבל: יְהֵא שְׁמֵהּ רַבָּא מְבָרַךְ לְעָלַם וּלְעָלְמֵי עָלְמַיָּא.

אבל: יִתְבָּרַךְ וְיִשְׁתַּבַּח וְיִתְפָּאַר וְיִתְרוֹמַם וְיִתְנַשֵּׂא
וְיִתְהַדָּר וְיִתְעַלֶּה וְיִתְהַלָּל
שְׁמֵהּ דְּקֻדְשָׁא בְּרִיךְ הוּא (קהל: אָמֵן)
לְעֵלָּא מִן כָּל בִּרְכָתָא וְשִׁירָתָא
תֻּשְׁבְּחָתָא וְנֶחֱמָתָא
דַּאֲמִירָן בְּעָלְמָא
וְאִמְרוּ אָמֵן. (קהל: אָמֵן)

יְהֵא שְׁלָמָא רַבָּא מִן שְׁמַיָּא
וְחַיִּים טוֹבִים עָלֵינוּ וְעַל כָּל יִשְׂרָאֵל
וְאִמְרוּ אָמֵן. (קהל: אָמֵן)

כורע ופוסע שלוש פסיעות לאחור. קד לשמאל, לימין ולפנים באמירת:

עֹשֶׂה שָׁלוֹם בִּמְרוֹמָיו
הוּא יַעֲשֶׂה שָׁלוֹם, עָלֵינוּ וְעַל כָּל יִשְׂרָאֵל
וְאִמְרוּ אָמֵן. (קהל: אָמֵן)

הוצאת ספר תורה

לפני קריאת התורה אומרים ('אור זרוע' ח״ב, מב):

דברים ד **אַתָּה הָרְאֵתָ לָדַעַת, כִּי יהוה הוּא הָאֱלֹהִים, אֵין עוֹד מִלְּבַדּוֹ:**

תהלים פו **אֵין־כָּמוֹךָ בָאֱלֹהִים, אֲדֹנָי, וְאֵין כְּמַעֲשֶׂיךָ:**

תהלים קמה **מַלְכוּתְךָ מַלְכוּת כָּל־עֹלָמִים, וּמֶמְשַׁלְתְּךָ בְּכָל־דּוֹר וָדֹר:**

יהוה מֶלֶךְ, יהוה מָלָךְ, יהוה יִמְלֹךְ לְעֹלָם וָעֶד.

תהלים כט **יהוה עֹז לְעַמּוֹ יִתֵּן, יהוה יְבָרֵךְ אֶת־עַמּוֹ בַשָּׁלוֹם:**

תהלים נא **אַב הָרַחֲמִים, הֵיטִיבָה בִרְצוֹנְךָ אֶת־צִיּוֹן תִּבְנֶה חוֹמוֹת יְרוּשָׁלָםִ:**
כִּי בְךָ לְבַד בָּטָחְנוּ, מֶלֶךְ אֵל רָם וְנִשָּׂא, אֲדוֹן עוֹלָמִים.

פותחים את ארון הקודש. הקהל עומד על רגליו.

במדבר י **וַיְהִי בִּנְסֹעַ הָאָרֹן וַיֹּאמֶר מֹשֶׁה**
קוּמָה יהוה וְיָפֻצוּ אֹיְבֶיךָ וְיָנֻסוּ מְשַׂנְאֶיךָ מִפָּנֶיךָ:

ישעיה ב **כִּי מִצִּיּוֹן תֵּצֵא תוֹרָה וּדְבַר־יהוה מִירוּשָׁלָםִ:**
בָּרוּךְ שֶׁנָּתַן תּוֹרָה לְעַמּוֹ יִשְׂרָאֵל בִּקְדֻשָּׁתוֹ.

בשבת ממשיך 'בְּרִיךְ שְׁמֵהּ' בעמוד הבא.

ביום טוב נוהגים לומר שלוש עשרה מידות (פרי עץ חיים), אחריהן תפילות אלו (שערי ציון) ואחר כך 'בְּרִיךְ שְׁמֵהּ'. ואין אומרים אותן בשבת (שערי אפרים).

אומרים שלוש פעמים:

שמות לד **יהוה, יהוה, אֵל רַחוּם וְחַנּוּן, אֶרֶךְ אַפַּיִם וְרַב־חֶסֶד וֶאֱמֶת:**
נֹצֵר חֶסֶד לָאֲלָפִים, נֹשֵׂא עָוֹן וָפֶשַׁע וְחַטָּאָה, וְנַקֵּה:

רִבּוֹנוֹ שֶׁל עוֹלָם, מַלֵּא מִשְׁאֲלוֹת לִבִּי לְטוֹבָה, וְהָפֵק רְצוֹנִי וְתֵן שְׁאֵלָתִי, וְזַכֵּה לִי (פלוני(ת) בֶּן/בַּת פלוני) (וְאִשְׁתִּי/בַּעְלִי וּבָנַי וּבְנוֹתַי) וְכָל בְּנֵי בֵיתִי, לַעֲשׂוֹת רְצוֹנְךָ בְּלֵבָב שָׁלֵם, וּמַלְּטֵנוּ מִיֵּצֶר הָרָע, וְתֵן חֶלְקֵנוּ בְּתוֹרָתֶךָ, וְזַכֵּנוּ שֶׁתִּשְׁרֶה שְׁכִינָתְךָ
ישעיה יא עָלֵינוּ, וְהוֹפַע עָלֵינוּ רוּחַ חָכְמָה וּבִינָה. וְיִתְקַיֵּם בָּנוּ מִקְרָא שֶׁכָּתוּב: וְנָחָה עָלָיו רוּחַ יהוה, רוּחַ חָכְמָה וּבִינָה, רוּחַ עֵצָה וּגְבוּרָה, רוּחַ דַּעַת וְיִרְאַת יהוה: וּבְכֵן יְהִי רָצוֹן מִלְּפָנֶיךָ יהוה אֱלֹהֵינוּ וֵאלֹהֵי אֲבוֹתֵינוּ, שֶׁתְּזַכֵּנוּ לַעֲשׂוֹת מַעֲשִׂים טוֹבִים בְּעֵינֶיךָ וְלָלֶכֶת בְּדַרְכֵי יְשָׁרִים לְפָנֶיךָ, וְקַדְּשֵׁנוּ בִּקְדֻשָּׁתֶךָ כְּדֵי שֶׁנִּזְכֶּה לְחַיִּים

טוֹבִים וַאֲרוּכִים וּלְחַיֵּי הָעוֹלָם הַבָּא, וְתִשְׁמְרֵנוּ מִמַּעֲשִׂים רָעִים וּמִשָּׁעוֹת רָעוֹת הַמִּתְרַגְּשׁוֹת לָבוֹא לָעוֹלָם, וְהַבּוֹטֵחַ בַּיהוה חֶסֶד יְסוֹבְבֶנּוּ: אָמֵן. תהלים לב

יִהְיוּ לְרָצוֹן אִמְרֵי־פִי וְהֶגְיוֹן לִבִּי לְפָנֶיךָ, יהוה צוּרִי וְגֹאֲלִי: תהלים יט

אומרים שלוש פעמים:

וַאֲנִי תְפִלָּתִי־לְךָ יהוה, עֵת רָצוֹן, אֱלֹהִים בְּרָב־חַסְדֶּךָ עֲנֵנִי בֶּאֱמֶת יִשְׁעֶךָ: תהלים סט

כתוב בספר הזוהר שבזמן הוצאת ספר התורה לקריאה בציבור, נפתחים שערי השמים וראוי לומר תחינה זו.

בְּרִיךְ שְׁמֵהּ דְּמָרֵא עָלְמָא, בְּרִיךְ כִּתְרָךְ וְאַתְרָךְ. יְהֵא רְעוּתָךְ עִם עַמָּךְ יִשְׂרָאֵל לְעָלַם, וּפֻרְקַן יְמִינָךְ אַחֲזֵי לְעַמָּךְ בְּבֵית מַקְדְּשָׁךְ, וּלְאַמְטוּיֵי לָנָא מִטּוּב נְהוֹרָךְ, וּלְקַבֵּל צְלוֹתָנָא בְּרַחֲמִין. יְהֵא רַעֲוָא קֳדָמָךְ דְּתוֹרִיךְ לַן חַיִּין בְּטִיבוּ, וְלֶהֱוֵי אֲנָא פְקִידָא בְּגוֹ צַדִּיקַיָּא, לְמִרְחַם עָלַי וּלְמִנְטַר יָתִי וְיַת כָּל דִּי לִי וְדִי לְעַמָּךְ יִשְׂרָאֵל. אַנְתְּ הוּא זָן לְכֹלָּא וּמְפַרְנֵס לְכֹלָּא, אַנְתְּ הוּא שַׁלִּיט עַל כֹּלָּא, אַנְתְּ הוּא דְּשַׁלִּיט עַל מַלְכַיָּא, וּמַלְכוּתָא דִּילָךְ הִיא. אֲנָא עַבְדָּא דְקֻדְשָׁא בְּרִיךְ הוּא, דְּסָגֵדְנָא קַמֵּהּ וּמִקַּמֵּי דִּיקַר אוֹרַיְתֵהּ בְּכָל עִדָּן וְעִדָּן. לָא עַל אֱנָשׁ רָחִיצְנָא וְלָא עַל בַּר אֱלָהִין סָמִיכְנָא, אֶלָּא בֶּאֱלָהָא דִשְׁמַיָּא, דְּהוּא אֱלָהָא קְשׁוֹט, וְאוֹרַיְתֵהּ קְשׁוֹט, וּנְבִיאוֹהִי קְשׁוֹט, וּמַסְגֵּא לְמֶעְבַּד טַבְוָן וּקְשׁוֹט. ◂ בֵּהּ אֲנָא רָחִיץ, וְלִשְׁמֵהּ קַדִּישָׁא יַקִּירָא אֲנָא אֵמַר תֻּשְׁבְּחָן. יְהֵא רַעֲוָא קֳדָמָךְ דְּתִפְתַּח לִבַּאי בְּאוֹרַיְתָא, וְתַשְׁלִים מִשְׁאֲלִין דְּלִבַּאי וְלִבָּא דְכָל עַמָּךְ יִשְׂרָאֵל לְטָב וּלְחַיִּין וְלִשְׁלָם. זוהר ויקהל

תרגום

ברוך שמו של אדון העולם, ברוך כתרך ומקומך. יהי רצונך עם עמך ישראל לעולם, וישועת ימינך הראה לעמך בבית מקדשך, ולהביא לנו מטוב אורך, ולקבל תפילותינו ברחמים. יהי רצון מלפניך שתאריך לנו חיים בטוב, ואהיה אני נמנה בתוך הצדיקים, לרחם עלי ולשמור אותי ואת כל אשר לי ואשר לעמך ישראל. אתה הוא זן לכול ומפרנס לכול, אתה הוא שליט על הכול, אתה הוא השליט על המלכים, והמלכות שלך היא. אני עבדו של הקדוש ברוך הוא, משתחוה לפניו ולפני כבוד תורתו בכל עת ועת. לא על אדם אני בטוח ולא על מלאך אני סמוך, אלא באלהי השמים, שהוא אלהים אמת, ותורתו אמת, ונביאיו אמת, ומרבה לעשות חסד ואמת. בו אני בטוח, ולשמו הקדוש הנכבד אני אומר תשבחות. יהי רצון מלפניך שתפתח לבי בתורה, ותמלא משאלות לבי ולב כל עמך ישראל לטובה ולחיים ולשלום.

שליח הציבור מקבל את ספר התורה בימינו, פונה לקהל ואומר ׳שְׁמַע יִשְׂרָאֵל׳ (מסכת סופרים פי״ד), ואחריו הקהל.

דברים ו **שְׁמַע יִשְׂרָאֵל, יהוה אֱלֹהֵינוּ, יהוה אֶחָד:**

שליח ציבור ואחריו הקהל:

אֶחָד אֱלֹהֵינוּ, גָּדוֹל אֲדוֹנֵינוּ, קָדוֹשׁ שְׁמוֹ.

שליח הציבור פונה לעבר ארון הקודש, קד, מגביה את ספר התורה ואומר (משנ״ב קלד, יג על פי מסכת סופרים):

תהלים לד **גַּדְּלוּ לַיהוה אִתִּי וּנְרוֹמְמָה שְׁמוֹ יַחְדָּו:**

סוגרים את ארון הקודש. שליח הציבור נושא את ספר התורה אל הבימה, והקהל אומר:

דברי הימים א׳ כט **לְךָ יהוה הַגְּדֻלָּה וְהַגְּבוּרָה וְהַתִּפְאֶרֶת וְהַנֵּצַח וְהַהוֹד, כִּי־כֹל בַּשָּׁמַיִם וּבָאָרֶץ, לְךָ יהוה הַמַּמְלָכָה וְהַמִּתְנַשֵּׂא לְכֹל לְרֹאשׁ:**
תהלים צט **רוֹמְמוּ יהוה אֱלֹהֵינוּ וְהִשְׁתַּחֲווּ לַהֲדֹם רַגְלָיו, קָדוֹשׁ הוּא: רוֹמְמוּ יהוה אֱלֹהֵינוּ וְהִשְׁתַּחֲווּ לְהַר קָדְשׁוֹ, כִּי־קָדוֹשׁ יהוה אֱלֹהֵינוּ:**

הקהל אומר בלחש (מחזור ויטרי, קסה):

עַל הַכֹּל יִתְגַּדַּל וְיִתְקַדַּשׁ וְיִשְׁתַּבַּח וְיִתְפָּאַר וְיִתְרוֹמַם וְיִתְנַשֵּׂא שְׁמוֹ שֶׁל מֶלֶךְ מַלְכֵי הַמְּלָכִים הַקָּדוֹשׁ בָּרוּךְ הוּא בָּעוֹלָמוֹת שֶׁבָּרָא, הָעוֹלָם הַזֶּה וְהָעוֹלָם הַבָּא, כִּרְצוֹנוֹ וְכִרְצוֹן יְרֵאָיו וְכִרְצוֹן כָּל בֵּית יִשְׂרָאֵל. צוּר הָעוֹלָמִים, אֲדוֹן כָּל הַבְּרִיּוֹת, אֱלֽוֹהַּ כָּל הַנְּפָשׁוֹת, הַיּוֹשֵׁב בְּמֶרְחֲבֵי מָרוֹם, הַשּׁוֹכֵן בִּשְׁמֵי שְׁמֵי קֶדֶם, קְדֻשָּׁתוֹ עַל הַחַיּוֹת, וּקְדֻשָּׁתוֹ עַל כִּסֵּא הַכָּבוֹד. וּבְכֵן יִתְקַדַּשׁ
תהלים סח שִׁמְךָ בָּנוּ יהוה אֱלֹהֵינוּ לְעֵינֵי כָּל חָי, וְנֹאמַר לְפָנָיו שִׁיר חָדָשׁ, כַּכָּתוּב: שִׁירוּ לֵאלֹהִים זַמְּרוּ שְׁמוֹ, סֹלּוּ לָרֹכֵב בָּעֲרָבוֹת, בְּיָהּ שְׁמוֹ, וְעִלְזוּ לְפָנָיו: וְנִרְאֵהוּ
ישעיה נב עַיִן בְּעַיִן בְּשׁוּבוֹ אֶל נָוֵהוּ, כַּכָּתוּב: כִּי עַיִן בְּעַיִן יִרְאוּ בְּשׁוּב יהוה צִיּוֹן:
ישעיה מ וְנֶאֱמַר: וְנִגְלָה כְּבוֹד יהוה, וְרָאוּ כָל־בָּשָׂר יַחְדָּו כִּי פִּי יהוה דִּבֵּר:

אַב הָרַחֲמִים הוּא יְרַחֵם עַם עֲמוּסִים, וְיִזְכֹּר בְּרִית אֵיתָנִים, וְיַצִּיל נַפְשׁוֹתֵינוּ מִן הַשָּׁעוֹת הָרָעוֹת, וְיִגְעַר בְּיֵצֶר הָרָע מִן הַנְּשׂוּאִים, וְיָחֹן אוֹתָנוּ לִפְלֵיטַת עוֹלָמִים, וִימַלֵּא מִשְׁאֲלוֹתֵינוּ בְּמִדָּה טוֹבָה יְשׁוּעָה וְרַחֲמִים.

מניח את ספר התורה על הבימה, והגבאי מכריז (מחזור ויטרי):

וְיַעֲזֹר וְיָגֵן וְיוֹשִׁיעַ לְכָל הַחוֹסִים בּוֹ, וְנֹאמַר אָמֵן. הַכֹּל הָבוּ גֹדֶל לֵאלֹהֵינוּ וּתְנוּ כָבוֹד לַתּוֹרָה. *כֹּהֵן קְרַב, יַעֲמֹד (פלוני בֶּן פלוני) הַכֹּהֵן.

*אם אין כוהן, הגבאי קורא ללוי או לישראל ואומר:

/אֵין כָּאן כֹּהֵן, יַעֲמֹד (פלוני בֶּן פלוני) בִּמְקוֹם כֹּהֵן./

בָּרוּךְ שֶׁנָּתַן תּוֹרָה לְעַמּוֹ יִשְׂרָאֵל בִּקְדֻשָּׁתוֹ.

הקהל ואחריו הגבאי:

וְאַתֶּם הַדְּבֵקִים בַּיהוה אֱלֹהֵיכֶם חַיִּים כֻּלְּכֶם הַיּוֹם: דברים ד

לקריאת התורה – ראה טבלה בעמ' 182.

קודם הברכה על העולה לראות היכן קוראים (מגילה לב ע"א) ולנשק את ספר התורה ('ערוך השולחן' קלט, טו). בשעת הברכה אוחז בעמודי הספר (שו"ע קלט, יא על פי הראבי"ה והמנהיג).

עולה: בָּרְכוּ אֶת יהוה הַמְבֹרָךְ.

קהל: בָּרוּךְ יהוה הַמְבֹרָךְ לְעוֹלָם וָעֶד.

עולה: בָּרוּךְ יהוה הַמְבֹרָךְ לְעוֹלָם וָעֶד.

בָּרוּךְ אַתָּה יהוה, אֱלֹהֵינוּ מֶלֶךְ הָעוֹלָם
אֲשֶׁר בָּחַר בָּנוּ מִכָּל הָעַמִּים
וְנָתַן לָנוּ אֶת תּוֹרָתוֹ.
בָּרוּךְ אַתָּה יהוה, נוֹתֵן הַתּוֹרָה.

לאחר הקריאה, העולה מנשק את ספר התורה ומברך:

עולה: בָּרוּךְ אַתָּה יהוה אֱלֹהֵינוּ מֶלֶךְ הָעוֹלָם
אֲשֶׁר נָתַן לָנוּ תּוֹרַת אֱמֶת וְחַיֵּי עוֹלָם נָטַע בְּתוֹכֵנוּ.
בָּרוּךְ אַתָּה יהוה, נוֹתֵן הַתּוֹרָה.

מי שהיה בסכנה וניצל ממנה, מברך 'הַגּוֹמֵל':

בָּרוּךְ אַתָּה יהוה אֱלֹהֵינוּ מֶלֶךְ הָעוֹלָם הַגּוֹמֵל לְחַיָּבִים טוֹבוֹת שֶׁגְּמָלַנִי כָּל טוֹב.

הקהל עונה: **אָמֵן. מִי שֶׁגְּמָלְךָ כָּל טוֹב הוּא יִגְמָלְךָ כָּל טוֹב, סֶלָה.**

כאשר נער עולה לתורה בפעם הראשונה במלאות לו שלוש עשרה שנה, אביו מברך:

בָּרוּךְ שֶׁפְּטָרַנִי מֵעָנְשׁוֹ שֶׁלָּזֶה.

מי שבירך לעולה לתורה

מִי שֶׁבֵּרַךְ אֲבוֹתֵינוּ אַבְרָהָם יִצְחָק וְיַעֲקֹב, הוּא יְבָרֵךְ אֶת (פלוני בֶּן פלוני), **בַּעֲבוּר שֶׁעָלָה לִכְבוֹד הַמָּקוֹם וְלִכְבוֹד הַתּוֹרָה** (בשבת: **וְלִכְבוֹד הַשַּׁבָּת** / ביום טוב: **וְלִכְבוֹד הָרֶגֶל**). **בִּשְׂכַר זֶה הַקָּדוֹשׁ בָּרוּךְ הוּא יִשְׁמְרֵהוּ וְיַצִּילֵהוּ מִכָּל צָרָה וְצוּקָה וּמִכָּל נֶגַע וּמַחֲלָה, וְיִשְׁלַח בְּרָכָה וְהַצְלָחָה בְּכָל מַעֲשֵׂה יָדָיו** (ביום טוב: **וְיִזְכֶּה לַעֲלוֹת לָרֶגֶל**) **עִם כָּל יִשְׂרָאֵל אֶחָיו, וְנֹאמַר אָמֵן.**

מי שבירך לחולה

מִי שֶׁבֵּרַךְ אֲבוֹתֵינוּ אַבְרָהָם יִצְחָק וְיַעֲקֹב, מֹשֶׁה וְאַהֲרֹן דָּוִד וּשְׁלֹמֹה הוּא יְבָרֵךְ וִירַפֵּא אֶת הַחוֹלֶה (פלוני בֶּן פלונית) **בַּעֲבוּר שֶׁ**(פלוני בֶּן פלוני) **נוֹדֵר צְדָקָה בַּעֲבוּרוֹ. בִּשְׂכַר זֶה הַקָּדוֹשׁ בָּרוּךְ הוּא יִמָּלֵא רַחֲמִים עָלָיו לְהַחֲלִימוֹ וּלְרַפְּאתוֹ וּלְהַחֲזִיקוֹ וּלְהַחֲיוֹתוֹ וְיִשְׁלַח לוֹ מְהֵרָה רְפוּאָה שְׁלֵמָה מִן הַשָּׁמַיִם לִרְמַ״ח אֵבָרָיו וּשְׁסָ״ה גִּידָיו בְּתוֹךְ שְׁאָר חוֹלֵי יִשְׂרָאֵל, רְפוּאַת הַנֶּפֶשׁ וּרְפוּאַת הַגּוּף.** ביום טוב: **יוֹם טוֹב הוּא מִלִּזְעֹק** / בשבת: **שַׁבָּת וְיוֹם טוֹב הֵם מִלִּזְעֹק/ וּרְפוּאָה קְרוֹבָה לָבוֹא, הַשְׁתָּא בַּעֲגָלָא וּבִזְמַן קָרִיב, וְנֹאמַר אָמֵן.**

מי שבירך לחולָה

מִי שֶׁבֵּרַךְ אֲבוֹתֵינוּ אַבְרָהָם יִצְחָק וְיַעֲקֹב, מֹשֶׁה וְאַהֲרֹן דָּוִד וּשְׁלֹמֹה הוּא יְבָרֵךְ וִירַפֵּא אֶת הַחוֹלָה (פלונית בַּת פלונית) **בַּעֲבוּר שֶׁ**(פלוני בֶּן פלוני) **נוֹדֵר צְדָקָה בַּעֲבוּרָהּ. בִּשְׂכַר זֶה הַקָּדוֹשׁ בָּרוּךְ הוּא יִמָּלֵא רַחֲמִים עָלֶיהָ לְהַחֲלִימָהּ וּלְרַפְּאתָהּ וּלְהַחֲזִיקָהּ וּלְהַחֲיוֹתָהּ וְיִשְׁלַח לָהּ מְהֵרָה רְפוּאָה שְׁלֵמָה מִן הַשָּׁמַיִם לְכָל אֵבָרֶיהָ וּלְכָל גִּידֶיהָ בְּתוֹךְ שְׁאָר חוֹלֵי יִשְׂרָאֵל, רְפוּאַת הַנֶּפֶשׁ**

וּרְפוּאַת הַגּוּף. ביום טוב: יוֹם טוֹב הוּא מִלִּזְעֹק / בשבת: שַׁבָּת וְיוֹם טוֹב הֵם מִלִּזְעֹק/ וּרְפוּאָה קְרוֹבָה לָבוֹא, הַשְׁתָּא בַּעֲגָלָא וּבִזְמַן קָרִיב, וְנֹאמַר אָמֵן.

מי שבירך ליולדת בן

מִי שֶׁבֵּרַךְ אֲבוֹתֵינוּ אַבְרָהָם יִצְחָק וְיַעֲקֹב, מֹשֶׁה וְאַהֲרֹן דָּוִד וּשְׁלֹמֹה, שָׂרָה רִבְקָה רָחֵל וְלֵאָה הוּא יְבָרֵךְ אֶת הָאִשָּׁה הַיּוֹלֶדֶת (פלונית בַּת פלוני) וְאֶת בְּנָהּ שֶׁנּוֹלַד לָהּ לְמַזָּל טוֹב בַּעֲבוּר שֶׁבַּעְלָהּ וְאָבִיו נוֹדֵר צְדָקָה בַּעֲדָם. בִּשְׂכַר זֶה יִזְכּוּ אָבִיו וְאִמּוֹ לְהַכְנִיסוֹ בִּבְרִיתוֹ שֶׁל אַבְרָהָם אָבִינוּ וּלְגַדְּלוֹ לְתוֹרָה וּלְחֻפָּה וּלְמַעֲשִׂים טוֹבִים, וְנֹאמַר אָמֵן.

מי שבירך ליולדת בת

מִי שֶׁבֵּרַךְ אֲבוֹתֵינוּ אַבְרָהָם יִצְחָק וְיַעֲקֹב, מֹשֶׁה וְאַהֲרֹן דָּוִד וּשְׁלֹמֹה, שָׂרָה רִבְקָה רָחֵל וְלֵאָה הוּא יְבָרֵךְ אֶת הָאִשָּׁה הַיּוֹלֶדֶת (פלונית בַּת פלוני) וְאֶת בִּתָּהּ שֶׁנּוֹלְדָה לָהּ לְמַזָּל טוֹב וְיִקָּרֵא שְׁמָהּ בְּיִשְׂרָאֵל (פלונית בַּת פלוני), בַּעֲבוּר שֶׁבַּעְלָהּ וְאָבִיהָ נוֹדֵר צְדָקָה בַּעֲדָן. בִּשְׂכַר זֶה יִזְכּוּ אָבִיהָ וְאִמָּהּ לְגַדְּלָהּ לְתוֹרָה וּלְחֻפָּה וּלְמַעֲשִׂים טוֹבִים, וְנֹאמַר אָמֵן.

מי שבירך לבר מצווה

מִי שֶׁבֵּרַךְ אֲבוֹתֵינוּ אַבְרָהָם יִצְחָק וְיַעֲקֹב הוּא יְבָרֵךְ אֶת (פלוני בֶּן פלוני) שֶׁמָּלְאוּ לוֹ שְׁלֹשׁ עֶשְׂרֵה שָׁנָה וְהִגִּיעַ לְמִצְוֹת, וְעָלָה לַתּוֹרָה, לָתֵת שֶׁבַח וְהוֹדָיָה לְהַשֵּׁם יִתְבָּרַךְ עַל כָּל הַטּוֹבָה שֶׁגָּמַל אִתּוֹ. יִשְׁמְרֵהוּ הַקָּדוֹשׁ בָּרוּךְ הוּא וִיחַיֵּהוּ, וִיכוֹנֵן אֶת לִבּוֹ לִהְיוֹת שָׁלֵם עִם יהוה וְלָלֶכֶת בִּדְרָכָיו וְלִשְׁמֹר מִצְוֹתָיו כָּל הַיָּמִים, וְנֹאמַר אָמֵן.

מי שבירך לבת מצווה

מִי שֶׁבֵּרַךְ אֲבוֹתֵינוּ אַבְרָהָם יִצְחָק וְיַעֲקֹב, שָׂרָה רִבְקָה רָחֵל וְלֵאָה, הוּא יְבָרֵךְ אֶת (פלונית בַּת פלוני) שֶׁמָּלְאוּ לָהּ שְׁתֵּים עֶשְׂרֵה שָׁנָה וְהִגִּיעָה לְמִצְוֹת, וְנוֹתֶנֶת שֶׁבַח וְהוֹדָיָה לְהַשֵּׁם יִתְבָּרַךְ עַל כָּל הַטּוֹבָה שֶׁגָּמַל אִתָּהּ. יִשְׁמְרֶהָ הַקָּדוֹשׁ בָּרוּךְ הוּא וִיחַיֶּהָ, וִיכוֹנֵן אֶת לִבָּהּ לִהְיוֹת שָׁלֵם עִם יהוה וְלָלֶכֶת בִּדְרָכָיו וְלִשְׁמֹר מִצְוֹתָיו כָּל הַיָּמִים, וְנֹאמַר אָמֵן.

קריאת התורה, מפטיר והפטרה ליום טוב ולשבת חול המועד פסח

יום	קריאת התורה	מפטיר	הפטרה
יום טוב ראשון של פסח	182	192	193
יום טוב שני של פסח בחו״ל	428	192	512
שבת חול המועד פסח	184	192	195
שביעי של פסח	186	192	196
אחרון של פסח בחו״ל	506	510	513

קריאת התורה ליום הראשון של פסח

שמות יב, כא-נא וַיִּקְרָא מֹשֶׁה לְכָל־זִקְנֵי יִשְׂרָאֵל וַיֹּאמֶר אֲלֵהֶם מִשְׁכוּ וּקְחוּ
לָכֶם צֹאן לְמִשְׁפְּחֹתֵיכֶם וְשַׁחֲטוּ הַפָּסַח: וּלְקַחְתֶּם אֲגֻדַּת אֵזוֹב
וּטְבַלְתֶּם בַּדָּם אֲשֶׁר־בַּסַּף וְהִגַּעְתֶּם אֶל־הַמַּשְׁקוֹף וְאֶל־שְׁתֵּי
הַמְּזוּזֹת מִן־הַדָּם אֲשֶׁר בַּסָּף וְאַתֶּם לֹא תֵצְאוּ אִישׁ מִפֶּתַח־
בֵּיתוֹ עַד־בֹּקֶר: וְעָבַר יהוה לִנְגֹּף אֶת־מִצְרַיִם וְרָאָה אֶת־הַדָּם
עַל־הַמַּשְׁקוֹף וְעַל שְׁתֵּי הַמְּזוּזֹת וּפָסַח יהוה עַל־הַפֶּתַח וְלֹא יִתֵּן
הַמַּשְׁחִית לָבֹא אֶל־בָּתֵּיכֶם לִנְגֹּף: וּשְׁמַרְתֶּם אֶת־הַדָּבָר הַזֶּה
לוי לְחָק־לְךָ וּלְבָנֶיךָ עַד־עוֹלָם: וְהָיָה כִּי־תָבֹאוּ אֶל־הָאָרֶץ אֲשֶׁר
יִתֵּן יהוה לָכֶם כַּאֲשֶׁר דִּבֵּר וּשְׁמַרְתֶּם אֶת־הָעֲבֹדָה הַזֹּאת: וְהָיָה
כִּי־יֹאמְרוּ אֲלֵיכֶם בְּנֵיכֶם מָה הָעֲבֹדָה הַזֹּאת לָכֶם: וַאֲמַרְתֶּם
זֶבַח־פֶּסַח הוּא לַיהוה אֲשֶׁר פָּסַח עַל־בָּתֵּי בְנֵי־יִשְׂרָאֵל בְּמִצְרַיִם
בְּנָגְפּוֹ אֶת־מִצְרַיִם וְאֶת־בָּתֵּינוּ הִצִּיל וַיִּקֹּד הָעָם וַיִּשְׁתַּחֲווּ:
וַיֵּלְכוּ וַיַּעֲשׂוּ בְּנֵי יִשְׂרָאֵל כַּאֲשֶׁר צִוָּה יהוה אֶת־מֹשֶׁה וְאַהֲרֹן
שלישי כֵּן עָשׂוּ: וַיְהִי ׀ בַּחֲצִי הַלַּיְלָה וַיהוה הִכָּה כָל־בְּכוֹר
בְּאֶרֶץ מִצְרַיִם מִבְּכֹר פַּרְעֹה הַיֹּשֵׁב עַל־כִּסְאוֹ עַד בְּכוֹר הַשְּׁבִי
אֲשֶׁר בְּבֵית הַבּוֹר וְכֹל בְּכוֹר בְּהֵמָה: וַיָּקָם פַּרְעֹה לַיְלָה הוּא

וְכָל־עֲבָדָיו וְכָל־מִצְרַיִם וַתְּהִי צְעָקָה גְדֹלָה בְּמִצְרָיִם כִּי־אֵין בַּיִת אֲשֶׁר אֵין־שָׁם מֵת: וַיִּקְרָא לְמֹשֶׁה וּלְאַהֲרֹן לַיְלָה וַיֹּאמֶר קוּמוּ צְּאוּ מִתּוֹךְ עַמִּי גַּם־אַתֶּם גַּם־בְּנֵי יִשְׂרָאֵל וּלְכוּ עִבְדוּ אֶת־יְהוָה כְּדַבֶּרְכֶם: גַּם־צֹאנְכֶם גַּם־בְּקַרְכֶם קְחוּ כַּאֲשֶׁר דִּבַּרְתֶּם וָלֵכוּ

(בשבת רביעי) וּבֵרַכְתֶּם גַּם־אֹתִי: וַתֶּחֱזַק מִצְרַיִם עַל־הָעָם לְמַהֵר לְשַׁלְּחָם מִן־הָאָרֶץ כִּי אָמְרוּ כֻּלָּנוּ מֵתִים: וַיִּשָּׂא הָעָם אֶת־בְּצֵקוֹ טֶרֶם יֶחְמָץ מִשְׁאֲרֹתָם צְרֻרֹת בְּשִׂמְלֹתָם עַל־שִׁכְמָם: וּבְנֵי־יִשְׂרָאֵל עָשׂוּ כִּדְבַר מֹשֶׁה וַיִּשְׁאֲלוּ מִמִּצְרַיִם כְּלֵי־כֶסֶף וּכְלֵי זָהָב וּשְׂמָלֹת: וַיהוָה נָתַן אֶת־חֵן הָעָם בְּעֵינֵי מִצְרַיִם וַיַּשְׁאִלוּם וַיְנַצְּלוּ אֶת־מִצְרָיִם:

רביעי (בשבת חמישי) וַיִּסְעוּ בְנֵי־יִשְׂרָאֵל מֵרַעְמְסֵס סֻכֹּתָה כְּשֵׁשׁ־מֵאוֹת אֶלֶף רַגְלִי הַגְּבָרִים לְבַד מִטָּף: וְגַם־עֵרֶב רַב עָלָה אִתָּם וְצֹאן וּבָקָר מִקְנֶה כָּבֵד מְאֹד: וַיֹּאפוּ אֶת־הַבָּצֵק אֲשֶׁר הוֹצִיאוּ מִמִּצְרַיִם עֻגֹת מַצּוֹת כִּי לֹא חָמֵץ כִּי־גֹרְשׁוּ מִמִּצְרַיִם וְלֹא יָכְלוּ לְהִתְמַהְמֵהַּ וְגַם־צֵדָה לֹא־עָשׂוּ לָהֶם: וּמוֹשַׁב בְּנֵי יִשְׂרָאֵל אֲשֶׁר יָשְׁבוּ בְּמִצְרָיִם שְׁלֹשִׁים שָׁנָה וְאַרְבַּע מֵאוֹת שָׁנָה: וַיְהִי מִקֵּץ שְׁלֹשִׁים שָׁנָה וְאַרְבַּע מֵאוֹת שָׁנָה וַיְהִי בְּעֶצֶם הַיּוֹם הַזֶּה יָצְאוּ כָּל־צִבְאוֹת יְהוָה מֵאֶרֶץ מִצְרָיִם: לֵיל שִׁמֻּרִים הוּא לַיהוָה לְהוֹצִיאָם מֵאֶרֶץ מִצְרָיִם הוּא־הַלַּיְלָה הַזֶּה לַיהוָה שִׁמֻּרִים לְכָל־בְּנֵי יִשְׂרָאֵל לְדֹרֹתָם:

חמישי (בשבת שישי) וַיֹּאמֶר יְהוָה אֶל־מֹשֶׁה וְאַהֲרֹן זֹאת חֻקַּת הַפָּסַח כָּל־בֶּן־נֵכָר לֹא־יֹאכַל בּוֹ: וְכָל־עֶבֶד אִישׁ מִקְנַת־כָּסֶף וּמַלְתָּה אֹתוֹ אָז יֹאכַל בּוֹ: תּוֹשָׁב וְשָׂכִיר לֹא־יֹאכַל בּוֹ: בְּבַיִת אֶחָד יֵאָכֵל לֹא־תוֹצִיא מִן־הַבַּיִת מִן־הַבָּשָׂר חוּצָה וְעֶצֶם לֹא תִשְׁבְּרוּ־בוֹ: כָּל־עֲדַת

(בשבת שביעי) יִשְׂרָאֵל יַעֲשׂוּ אֹתוֹ׃ וְכִי־יָגוּר אִתְּךָ גֵּר וְעָשָׂה פֶסַח לַיהוָה הִמּוֹל לוֹ כָל־זָכָר וְאָז יִקְרַב לַעֲשֹׂתוֹ וְהָיָה כְּאֶזְרַח הָאָרֶץ וְכָל־עָרֵל לֹא־יֹאכַל בּוֹ׃ תּוֹרָה אַחַת יִהְיֶה לָאֶזְרָח וְלַגֵּר הַגָּר בְּתוֹכְכֶם׃ וַיַּעֲשׂוּ כָּל־בְּנֵי יִשְׂרָאֵל כַּאֲשֶׁר צִוָּה יְהוָה אֶת־מֹשֶׁה וְאֶת־אַהֲרֹן כֵּן עָשׂוּ׃ וַיְהִי בְּעֶצֶם הַיּוֹם הַזֶּה הוֹצִיא יְהוָה אֶת־בְּנֵי יִשְׂרָאֵל מֵאֶרֶץ מִצְרַיִם עַל־צִבְאֹתָם׃

אומרים חצי קדיש ומגביהים את ספר התורה (עמ׳ 191).

קריאת התורה לשבת חול המועד פסח

(שמות לג, יב – לד, כו) וַיֹּאמֶר מֹשֶׁה אֶל־יְהוָה רְאֵה אַתָּה אֹמֵר אֵלַי הַעַל אֶת־הָעָם הַזֶּה וְאַתָּה לֹא הוֹדַעְתַּנִי אֵת אֲשֶׁר־תִּשְׁלַח עִמִּי וְאַתָּה אָמַרְתָּ יְדַעְתִּיךָ בְשֵׁם וְגַם־מָצָאתָ חֵן בְּעֵינָי׃ וְעַתָּה אִם־נָא מָצָאתִי חֵן בְּעֵינֶיךָ הוֹדִעֵנִי נָא אֶת־דְּרָכֶךָ וְאֵדָעֲךָ לְמַעַן אֶמְצָא־חֵן בְּעֵינֶיךָ וּרְאֵה כִּי עַמְּךָ הַגּוֹי הַזֶּה׃ וַיֹּאמַר פָּנַי יֵלֵכוּ וַהֲנִחֹתִי לָךְ׃ וַיֹּאמֶר אֵלָיו אִם־אֵין פָּנֶיךָ הֹלְכִים אַל־תַּעֲלֵנוּ מִזֶּה׃ וּבַמֶּה ׀ יִוָּדַע אֵפוֹא כִּי־מָצָאתִי חֵן בְּעֵינֶיךָ אֲנִי וְעַמֶּךָ הֲלוֹא בְּלֶכְתְּךָ עִמָּנוּ וְנִפְלֵינוּ אֲנִי וְעַמְּךָ מִכָּל־הָעָם אֲשֶׁר עַל־פְּנֵי הָאֲדָמָה׃

(לוי) וַיֹּאמֶר יְהוָה אֶל־מֹשֶׁה גַּם אֶת־הַדָּבָר הַזֶּה אֲשֶׁר דִּבַּרְתָּ אֶעֱשֶׂה כִּי־מָצָאתָ חֵן בְּעֵינַי וָאֵדָעֲךָ בְּשֵׁם׃ וַיֹּאמַר הַרְאֵנִי נָא אֶת־כְּבֹדֶךָ׃ וַיֹּאמֶר אֲנִי אַעֲבִיר כָּל־טוּבִי עַל־פָּנֶיךָ וְקָרָאתִי בְשֵׁם יְהוָה לְפָנֶיךָ

(שלישי) וְחַנֹּתִי אֶת־אֲשֶׁר אָחֹן וְרִחַמְתִּי אֶת־אֲשֶׁר אֲרַחֵם׃ וַיֹּאמֶר לֹא תוּכַל לִרְאֹת אֶת־פָּנָי כִּי לֹא־יִרְאַנִי הָאָדָם וָחָי׃ וַיֹּאמֶר יְהוָה הִנֵּה מָקוֹם אִתִּי וְנִצַּבְתָּ עַל־הַצּוּר׃ וְהָיָה בַּעֲבֹר כְּבֹדִי וְשַׂמְתִּיךָ בְּנִקְרַת הַצּוּר וְשַׂכֹּתִי כַפִּי עָלֶיךָ עַד־עָבְרִי׃ וַהֲסִרֹתִי אֶת־כַּפִּי וְרָאִיתָ אֶת־אֲחֹרָי וּפָנַי לֹא יֵרָאוּ׃

וַיֹּ֤אמֶר יְהוָה֙ אֶל־מֹשֶׁ֔ה פְּסָל־לְךָ֛ שְׁנֵֽי־לֻחֹ֥ת אֲבָנִ֖ים כָּרִאשֹׁנִ֑ים רביעי
וְכָתַבְתִּי֙ עַל־הַלֻּחֹ֔ת אֶת־הַדְּבָרִ֔ים אֲשֶׁ֥ר הָי֛וּ עַל־הַלֻּחֹ֥ת הָרִאשֹׁנִ֖ים
אֲשֶׁ֥ר שִׁבַּֽרְתָּ׃ וֶהְיֵ֥ה נָכ֖וֹן לַבֹּ֑קֶר וְעָלִ֤יתָ בַבֹּ֙קֶר֙ אֶל־הַ֣ר סִינַ֔י
וְנִצַּבְתָּ֥ לִ֛י שָׁ֖ם עַל־רֹ֥אשׁ הָהָֽר׃ וְאִישׁ֙ לֹא־יַעֲלֶ֣ה עִמָּ֔ךְ וְגַם־אִ֥ישׁ
אַל־יֵרָ֖א בְּכָל־הָהָ֑ר גַּם־הַצֹּ֤אן וְהַבָּקָר֙ אַל־יִרְע֔וּ אֶל־מ֖וּל הָהָ֥ר
הַהֽוּא׃ וַיִּפְסֹ֡ל שְׁנֵֽי־לֻחֹ֨ת אֲבָנִ֜ים כָּרִאשֹׁנִ֗ים וַיַּשְׁכֵּ֨ם מֹשֶׁ֤ה בַבֹּ֙קֶר֙ חמישי
וַיַּ֙עַל֙ אֶל־הַ֣ר סִינַ֔י כַּאֲשֶׁ֛ר צִוָּ֥ה יְהוָ֖ה אֹת֑וֹ וַיִּקַּ֣ח בְּיָד֔וֹ שְׁנֵ֖י לֻחֹ֥ת
אֲבָנִֽים׃ וַיֵּ֤רֶד יְהוָה֙ בֶּֽעָנָ֔ן וַיִּתְיַצֵּ֥ב עִמּ֖וֹ שָׁ֑ם וַיִּקְרָ֥א בְשֵׁ֖ם יְהוָֽה׃
וַיַּעֲבֹ֨ר יְהוָ֥ה ׀ עַל־פָּנָיו֮ וַיִּקְרָא֒ יְהוָ֣ה ׀ יְהוָ֔ה אֵ֥ל רַח֖וּם וְחַנּ֑וּן אֶ֥רֶךְ
אַפַּ֖יִם וְרַב־חֶ֥סֶד וֶאֱמֶֽת׃ נֹצֵ֥ר חֶ֙סֶד֙ לָאֲלָפִ֔ים נֹשֵׂ֥א עָוֺ֛ן וָפֶ֖שַׁע
וְחַטָּאָ֑ה וְנַקֵּה֙ לֹ֣א יְנַקֶּ֔ה פֹּקֵ֣ד ׀ עֲוֺ֣ן אָב֗וֹת עַל־בָּנִים֙ וְעַל־בְּנֵ֣י בָנִ֔ים
עַל־שִׁלֵּשִׁ֖ים וְעַל־רִבֵּעִֽים׃ וַיְמַהֵ֖ר מֹשֶׁ֑ה וַיִּקֹּ֥ד אַ֖רְצָה וַיִּשְׁתָּֽחוּ׃
וַיֹּ֡אמֶר אִם־נָא֩ מָצָ֨אתִי חֵ֤ן בְּעֵינֶ֙יךָ֙ אֲדֹנָ֔י יֵֽלֶךְ־נָ֥א אֲדֹנָ֖י בְּקִרְבֵּ֑נוּ
כִּ֤י עַם־קְשֵׁה־עֹ֙רֶף֙ ה֔וּא וְסָלַחְתָּ֛ לַעֲוֺנֵ֥נוּ וּלְחַטָּאתֵ֖נוּ וּנְחַלְתָּֽנוּ׃
וַיֹּ֗אמֶר הִנֵּ֣ה אָנֹכִי֮ כֹּרֵ֣ת בְּרִית֒ נֶ֤גֶד כָּל־עַמְּךָ֙ אֶעֱשֶׂ֣ה נִפְלָאֹ֔ת אֲשֶׁ֛ר
לֹא־נִבְרְא֥וּ בְכָל־הָאָ֖רֶץ וּבְכָל־הַגּוֹיִ֑ם וְרָאָ֣ה כָל־הָ֠עָם אֲשֶׁר־
אַתָּ֨ה בְקִרְבּ֜וֹ אֶת־מַעֲשֵׂ֤ה יְהוָה֙ כִּֽי־נוֹרָ֣א ה֔וּא אֲשֶׁ֥ר אֲנִ֖י עֹשֶׂ֥ה
עִמָּֽךְ׃ שְׁמָ֨ר־לְךָ֔ אֵ֛ת אֲשֶׁ֥ר אָנֹכִ֖י מְצַוְּךָ֣ הַיּ֑וֹם הִנְנִ֧י גֹרֵ֣שׁ מִפָּנֶ֗יךָ שישי
אֶת־הָאֱמֹרִי֙ וְהַֽכְּנַעֲנִ֔י וְהַחִתִּי֙ וְהַפְּרִזִּ֔י וְהַחִוִּ֖י וְהַיְבוּסִֽי׃ הִשָּׁ֣מֶר
לְךָ֗ פֶּן־תִּכְרֹ֤ת בְּרִית֙ לְיוֹשֵׁ֣ב הָאָ֔רֶץ אֲשֶׁ֥ר אַתָּ֖ה בָּ֣א עָלֶ֑יהָ פֶּן־
יִהְיֶ֥ה לְמוֹקֵ֖שׁ בְּקִרְבֶּֽךָ׃ כִּ֤י אֶת־מִזְבְּחֹתָם֙ תִּתֹּצ֔וּן וְאֶת־מַצֵּבֹתָ֖ם
תְּשַׁבֵּר֑וּן וְאֶת־אֲשֵׁרָ֖יו תִּכְרֹתֽוּן׃ כִּ֛י לֹ֥א תִֽשְׁתַּחֲוֶ֖ה לְאֵ֣ל אַחֵ֑ר
כִּ֤י יְהוָה֙ קַנָּ֣א שְׁמ֔וֹ אֵ֥ל קַנָּ֖א הֽוּא׃ פֶּן־תִּכְרֹ֥ת בְּרִ֖ית לְיוֹשֵׁ֣ב
הָאָ֑רֶץ וְזָנ֣וּ ׀ אַחֲרֵ֣י אֱלֹהֵיהֶ֗ם וְזָבְחוּ֙ לֵאלֹ֣הֵיהֶ֔ם וְקָרָ֣א לְךָ֔ וְאָכַלְתָּ֖

מִזִּבְחוֹ: וְלָקַחְתָּ מִבְּנֹתָיו לְבָנֶיךָ וְזָנוּ בְנֹתָיו אַחֲרֵי אֱלֹהֵיהֶן וְהִזְנוּ
שביעי אֶת־בָּנֶיךָ אַחֲרֵי אֱלֹהֵיהֶן: אֱלֹהֵי מַסֵּכָה לֹא תַעֲשֶׂה־לָּךְ: *אֶת־
חַג הַמַּצּוֹת תִּשְׁמֹר שִׁבְעַת יָמִים תֹּאכַל מַצּוֹת אֲשֶׁר צִוִּיתִךָ
לְמוֹעֵד חֹדֶשׁ הָאָבִיב כִּי בְּחֹדֶשׁ הָאָבִיב יָצָאתָ מִמִּצְרָיִם: כָּל־
פֶּטֶר רֶחֶם לִי וְכָל־מִקְנְךָ תִּזָּכָר פֶּטֶר שׁוֹר וָשֶׂה: וּפֶטֶר חֲמוֹר
תִּפְדֶּה בְשֶׂה וְאִם־לֹא תִפְדֶּה וַעֲרַפְתּוֹ כֹּל בְּכוֹר בָּנֶיךָ תִּפְדֶּה
וְלֹא־יֵרָאוּ פָנַי רֵיקָם: שֵׁשֶׁת יָמִים תַּעֲבֹד וּבַיּוֹם הַשְּׁבִיעִי תִּשְׁבֹּת
בֶּחָרִישׁ וּבַקָּצִיר תִּשְׁבֹּת: וְחַג שָׁבֻעֹת תַּעֲשֶׂה לְךָ בִּכּוּרֵי קְצִיר
חִטִּים וְחַג הָאָסִיף תְּקוּפַת הַשָּׁנָה: שָׁלֹשׁ פְּעָמִים בַּשָּׁנָה יֵרָאֶה
כָּל־זְכוּרְךָ אֶת־פְּנֵי הָאָדֹן ׀ יְהוָה אֱלֹהֵי יִשְׂרָאֵל: כִּי־אוֹרִישׁ
גּוֹיִם מִפָּנֶיךָ וְהִרְחַבְתִּי אֶת־גְּבֻלֶךָ וְלֹא־יַחְמֹד אִישׁ אֶת־אַרְצְךָ
בַּעֲלֹתְךָ לֵרָאוֹת אֶת־פְּנֵי יְהוָה אֱלֹהֶיךָ שָׁלֹשׁ פְּעָמִים בַּשָּׁנָה:
לֹא־תִשְׁחַט עַל־חָמֵץ דַּם־זִבְחִי וְלֹא־יָלִין לַבֹּקֶר זֶבַח חַג הַפָּסַח:
רֵאשִׁית בִּכּוּרֵי אַדְמָתְךָ תָּבִיא בֵּית יְהוָה אֱלֹהֶיךָ לֹא־תְבַשֵּׁל גְּדִי
בַּחֲלֵב אִמּוֹ:

אומרים חצי קדיש ומגביהים את ספר התורה (עמ׳ 191).

קריאת התורה ליום השביעי של פסח

שמות יג,יז – טו,כו וַיְהִי בְּשַׁלַּח פַּרְעֹה אֶת־הָעָם וְלֹא־נָחָם אֱלֹהִים דֶּרֶךְ אֶרֶץ
פְּלִשְׁתִּים כִּי קָרוֹב הוּא כִּי ׀ אָמַר אֱלֹהִים פֶּן־יִנָּחֵם הָעָם בִּרְאֹתָם
מִלְחָמָה וְשָׁבוּ מִצְרָיְמָה: וַיַּסֵּב אֱלֹהִים ׀ אֶת־הָעָם דֶּרֶךְ הַמִּדְבָּר
יַם־סוּף וַחֲמֻשִׁים עָלוּ בְנֵי־יִשְׂרָאֵל מֵאֶרֶץ מִצְרָיִם: וַיִּקַּח מֹשֶׁה
אֶת־עַצְמוֹת יוֹסֵף עִמּוֹ כִּי הַשְׁבֵּעַ הִשְׁבִּיעַ אֶת־בְּנֵי יִשְׂרָאֵל לֵאמֹר
פָּקֹד יִפְקֹד אֱלֹהִים אֶתְכֶם וְהַעֲלִיתֶם אֶת־עַצְמֹתַי מִזֶּה אִתְּכֶם:

*ויסעו מסכת ויחנו באתם בקצה המדבר: ויהוה הלך לפניהם (בשבת לוי)
יומם בעמוד ענן לנחתם הדרך ולילה בעמוד אש להאיר להם
ללכת יומם ולילה: לא־ימיש עמוד הענן יומם ועמוד האש
לילה לפני העם:

וידבר יהוה אל־משה לאמר: דבר אל־בני ישראל וישבו ויחנו לוי (בשבת שלישי)
לפני פי החירת בין מגדל ובין הים לפני בעל צפן נכחו תחנו
על־הים: ואמר פרעה לבני ישראל נבכים הם בארץ סגר
עליהם המדבר: וחזקתי את־לב־פרעה ורדף אחריהם ואכבדה
בפרעה ובכל־חילו וידעו מצרים כי־אני יהוה ויעשו־כן: ויגד (בשבת רביעי)
למלך מצרים כי ברח העם ויהפך לבב פרעה ועבדיו אל־
העם ויאמרו מה־זאת עשינו כי־שלחנו את־ישראל מעבדנו:
ויאסר את־רכבו ואת־עמו לקח עמו: ויקח שש־מאות רכב
בחור וכל רכב מצרים ושלשם על־כלו: ויחזק יהוה את־לב
פרעה מלך מצרים וירדף אחרי בני ישראל ובני ישראל יצאים
ביד רמה: וירדפו מצרים אחריהם וישיגו אותם חנים על־ שלישי (בשבת חמישי)
הים כל־סוס רכב פרעה ופרשיו וחילו על־פי החירת לפני
בעל צפן: ופרעה הקריב וישאו בני־ישראל את־עיניהם והנה
מצרים | נסע אחריהם וייראו מאד ויצעקו בני־ישראל אל־
יהוה: ויאמרו אל־משה המבלי אין־קברים במצרים לקחתנו
למות במדבר מה־זאת עשית לנו להוציאנו ממצרים: הלא־
זה הדבר אשר דברנו אליך במצרים לאמר חדל ממנו ונעבדה
את־מצרים כי טוב לנו עבד את־מצרים ממתנו במדבר:
ויאמר משה אל־העם אל־תיראו התיצבו וראו את־ישועת
יהוה אשר־יעשה לכם היום כי אשר ראיתם את־מצרים היום

לֹא תֹסִפוּ לִרְאֹתָם עוֹד עַד־עוֹלָם׃ יְהוָה יִלָּחֵם לָכֶם וְאַתֶּם
תַּחֲרִשׁוּן׃

רביעי (בשבת ששי) וַיֹּאמֶר יְהוָה אֶל־מֹשֶׁה מַה־תִּצְעַק אֵלָי דַּבֵּר אֶל־בְּנֵי־יִשְׂרָאֵל
וְיִסָּעוּ׃ וְאַתָּה הָרֵם אֶת־מַטְּךָ וּנְטֵה אֶת־יָדְךָ עַל־הַיָּם וּבְקָעֵהוּ
וְיָבֹאוּ בְנֵי־יִשְׂרָאֵל בְּתוֹךְ הַיָּם בַּיַּבָּשָׁה׃ וַאֲנִי הִנְנִי מְחַזֵּק אֶת־
לֵב מִצְרַיִם וְיָבֹאוּ אַחֲרֵיהֶם וְאִכָּבְדָה בְּפַרְעֹה וּבְכָל־חֵילוֹ בְּרִכְבּוֹ
וּבְפָרָשָׁיו׃ וְיָדְעוּ מִצְרַיִם כִּי־אֲנִי יְהוָה בְּהִכָּבְדִי בְּפַרְעֹה בְּרִכְבּוֹ
וּבְפָרָשָׁיו׃ וַיִּסַּע מַלְאַךְ הָאֱלֹהִים הַהֹלֵךְ לִפְנֵי מַחֲנֵה יִשְׂרָאֵל
וַיֵּלֶךְ מֵאַחֲרֵיהֶם וַיִּסַּע עַמּוּד הֶעָנָן מִפְּנֵיהֶם וַיַּעֲמֹד מֵאַחֲרֵיהֶם׃
וַיָּבֹא בֵּין ׀ מַחֲנֵה מִצְרַיִם וּבֵין מַחֲנֵה יִשְׂרָאֵל וַיְהִי הֶעָנָן וְהַחֹשֶׁךְ
וַיָּאֶר אֶת־הַלָּיְלָה וְלֹא־קָרַב זֶה אֶל־זֶה כָּל־הַלָּיְלָה׃ וַיֵּט מֹשֶׁה
אֶת־יָדוֹ עַל־הַיָּם וַיּוֹלֶךְ יְהוָה ׀ אֶת־הַיָּם בְּרוּחַ קָדִים עַזָּה כָּל־
הַלַּיְלָה וַיָּשֶׂם אֶת־הַיָּם לֶחָרָבָה וַיִּבָּקְעוּ הַמָּיִם׃ וַיָּבֹאוּ בְנֵי־יִשְׂרָאֵל
בְּתוֹךְ הַיָּם בַּיַּבָּשָׁה וְהַמַּיִם לָהֶם חוֹמָה מִימִינָם וּמִשְּׂמֹאלָם׃
וַיִּרְדְּפוּ מִצְרַיִם וַיָּבֹאוּ אַחֲרֵיהֶם כֹּל סוּס פַּרְעֹה רִכְבּוֹ וּפָרָשָׁיו
אֶל־תּוֹךְ הַיָּם׃ וַיְהִי בְּאַשְׁמֹרֶת הַבֹּקֶר וַיַּשְׁקֵף יְהוָה אֶל־מַחֲנֵה
מִצְרַיִם בְּעַמּוּד אֵשׁ וְעָנָן וַיָּהָם אֵת מַחֲנֵה מִצְרָיִם׃ וַיָּסַר אֵת
אֹפַן מַרְכְּבֹתָיו וַיְנַהֲגֵהוּ בִּכְבֵדֻת וַיֹּאמֶר מִצְרַיִם אָנוּסָה מִפְּנֵי
יִשְׂרָאֵל כִּי יְהוָה נִלְחָם לָהֶם בְּמִצְרָיִם׃

חמישי (בשבת שביעי) וַיֹּאמֶר יְהוָה אֶל־מֹשֶׁה נְטֵה אֶת־יָדְךָ עַל־הַיָּם וְיָשֻׁבוּ הַמַּיִם
עַל־מִצְרַיִם עַל־רִכְבּוֹ וְעַל־פָּרָשָׁיו׃ וַיֵּט מֹשֶׁה אֶת־יָדוֹ עַל־הַיָּם
וַיָּשָׁב הַיָּם לִפְנוֹת בֹּקֶר לְאֵיתָנוֹ וּמִצְרַיִם נָסִים לִקְרָאתוֹ וַיְנַעֵר
יְהוָה אֶת־מִצְרַיִם בְּתוֹךְ הַיָּם׃ וַיָּשֻׁבוּ הַמַּיִם וַיְכַסּוּ אֶת־הָרֶכֶב

וְאֶת־הַפָּרָשִׁים לְכֹל חֵיל פַּרְעֹה הַבָּאִים אַחֲרֵיהֶם בַּיָּם לֹא־
נִשְׁאַר בָּהֶם עַד־אֶחָד׃ וּבְנֵי יִשְׂרָאֵל הָלְכוּ בַיַּבָּשָׁה בְּתוֹךְ הַיָּם
וְהַמַּיִם לָהֶם חֹמָה מִימִינָם וּמִשְּׂמֹאלָם׃ וַיּוֹשַׁע יהוה בַּיּוֹם
הַהוּא אֶת־יִשְׂרָאֵל מִיַּד מִצְרָיִם וַיַּרְא יִשְׂרָאֵל אֶת־מִצְרַיִם מֵת
עַל־שְׂפַת הַיָּם׃ וַיַּרְא יִשְׂרָאֵל אֶת־הַיָּד הַגְּדֹלָה אֲשֶׁר עָשָׂה
יהוה בְּמִצְרַיִם וַיִּירְאוּ הָעָם אֶת־יהוה וַיַּאֲמִינוּ בַּיהוה וּבְמֹשֶׁה
עַבְדּוֹ׃

אָז יָשִׁיר־מֹשֶׁה וּבְנֵי יִשְׂרָאֵל אֶת־הַשִּׁירָה הַזֹּאת לַיהוה וַיֹּאמְרוּ
לֵאמֹר   אָשִׁירָה לַיהוה כִּי־גָאֹה גָּאָה   סוּס
וְרֹכְבוֹ רָמָה בַיָּם׃   עָזִּי וְזִמְרָת יָהּ וַיְהִי־לִי
לִישׁוּעָה   זֶה אֵלִי וְאַנְוֵהוּ   אֱלֹהֵי
אָבִי וַאֲרֹמְמֶנְהוּ׃   יהוה אִישׁ מִלְחָמָה יהוה
שְׁמוֹ׃   מַרְכְּבֹת פַּרְעֹה וְחֵילוֹ יָרָה בַיָּם   וּמִבְחַר
שָׁלִשָׁיו טֻבְּעוּ בְיַם־סוּף׃   תְּהֹמֹת יְכַסְיֻמוּ יָרְדוּ בִמְצוֹלֹת כְּמוֹ־
אָבֶן׃   יְמִינְךָ יהוה נֶאְדָּרִי בַּכֹּחַ   יְמִינְךָ
יהוה תִּרְעַץ אוֹיֵב׃   וּבְרֹב גְּאוֹנְךָ תַּהֲרֹס
קָמֶיךָ   תְּשַׁלַּח חֲרֹנְךָ יֹאכְלֵמוֹ כַּקַּשׁ׃   וּבְרוּחַ
אַפֶּיךָ נֶעֶרְמוּ מַיִם   נִצְּבוּ כְמוֹ־נֵד
נֹזְלִים   קָפְאוּ תְהֹמֹת בְּלֶב־יָם׃   אָמַר
אוֹיֵב אֶרְדֹּף אַשִּׂיג   אֲחַלֵּק שָׁלָל תִּמְלָאֵמוֹ
נַפְשִׁי   אָרִיק חַרְבִּי תּוֹרִישֵׁמוֹ יָדִי׃   נָשַׁפְתָּ
בְרוּחֲךָ כִּסָּמוֹ יָם   צָלֲלוּ כַּעוֹפֶרֶת בְּמַיִם
אַדִּירִים׃   מִי־כָמֹכָה בָּאֵלִם יהוה   מִי

כָּמֹכָה נֶאְדָּר בַּקֹּדֶשׁ   נוֹרָא תְהִלֹּת עֹשֵׂה
פֶלֶא׃   נָטִיתָ יְמִינְךָ תִּבְלָעֵמוֹ אָרֶץ׃   נָחִיתָ
בְחַסְדְּךָ עַם־זוּ גָּאָלְתָּ   נֵהַלְתָּ בְעָזְּךָ אֶל־נְוֵה
קָדְשֶׁךָ׃   שָׁמְעוּ עַמִּים יִרְגָּזוּן   חִיל
אָחַז יֹשְׁבֵי פְּלָשֶׁת׃   אָז נִבְהֲלוּ אַלּוּפֵי
אֱדוֹם   אֵילֵי מוֹאָב יֹאחֲזֵמוֹ רָעַד   נָמֹגוּ
כֹּל יֹשְׁבֵי כְנָעַן׃   תִּפֹּל עֲלֵיהֶם אֵימָתָה
וָפַחַד   בִּגְדֹל זְרוֹעֲךָ יִדְּמוּ כָּאָבֶן   עַד־
יַעֲבֹר עַמְּךָ יְהוָה   עַד־יַעֲבֹר עַם־זוּ
קָנִיתָ׃   תְּבִאֵמוֹ וְתִטָּעֵמוֹ בְּהַר נַחֲלָתְךָ   מָכוֹן
לְשִׁבְתְּךָ פָּעַלְתָּ יְהוָה   מִקְּדָשׁ אֲדֹנָי כּוֹנְנוּ
יָדֶיךָ׃   יְהוָה ׀ יִמְלֹךְ לְעֹלָם וָעֶד׃   כִּי
בָא סוּס פַּרְעֹה בְּרִכְבּוֹ וּבְפָרָשָׁיו בַּיָּם וַיָּשֶׁב יְהוָה עֲלֵהֶם אֶת־מֵי
הַיָּם   וּבְנֵי יִשְׂרָאֵל הָלְכוּ בַיַּבָּשָׁה בְּתוֹךְ   הַיָּם׃

וַתִּקַּח מִרְיָם הַנְּבִיאָה אֲחוֹת אַהֲרֹן אֶת־הַתֹּף בְּיָדָהּ וַתֵּצֶאןָ
כָל־הַנָּשִׁים אַחֲרֶיהָ בְּתֻפִּים וּבִמְחֹלֹת׃ וַתַּעַן לָהֶם מִרְיָם שִׁירוּ
לַיהוָה כִּי־גָאֹה גָּאָה סוּס וְרֹכְבוֹ רָמָה בַיָּם׃ וַיַּסַּע מֹשֶׁה
אֶת־יִשְׂרָאֵל מִיַּם־סוּף וַיֵּצְאוּ אֶל־מִדְבַּר־שׁוּר וַיֵּלְכוּ שְׁלֹשֶׁת־
יָמִים בַּמִּדְבָּר וְלֹא־מָצְאוּ מָיִם׃ וַיָּבֹאוּ מָרָתָה וְלֹא יָכְלוּ לִשְׁתֹּת
מַיִם מִמָּרָה כִּי מָרִים הֵם עַל־כֵּן קָרָא־שְׁמָהּ מָרָה׃ וַיִּלֹּנוּ הָעָם
עַל־מֹשֶׁה לֵּאמֹר מַה־נִּשְׁתֶּה׃ וַיִּצְעַק אֶל־יְהוָה וַיּוֹרֵהוּ יְהוָה
עֵץ וַיַּשְׁלֵךְ אֶל־הַמַּיִם וַיִּמְתְּקוּ הַמָּיִם שָׁם שָׂם לוֹ חֹק וּמִשְׁפָּט
וְשָׁם נִסָּהוּ׃ וַיֹּאמֶר אִם־שָׁמוֹעַ תִּשְׁמַע לְקוֹל ׀ יְהוָה אֱלֹהֶיךָ

וְהַיָּשָׁר בְּעֵינָיו תַּעֲשֶׂה וְהַאֲזַנְתָּ לְמִצְוֹתָיו וְשָׁמַרְתָּ כָּל־חֻקָּיו כָּל־הַמַּחֲלָה אֲשֶׁר־שַׂמְתִּי בְמִצְרַיִם לֹא־אָשִׂים עָלֶיךָ כִּי אֲנִי יהוה רֹפְאֶךָ:

חצי קדיש

לפני שקוראים למפטיר, בעל הקורא אומר חצי קדיש (רמב״ם, תפילה פי״ב ה״כ):

קורא: יִתְגַּדַּל וְיִתְקַדַּשׁ שְׁמֵהּ רַבָּא (קהל: אָמֵן)
בְּעָלְמָא דִּי בְרָא כִרְעוּתֵהּ
וְיַמְלִיךְ מַלְכוּתֵהּ וְיַצְמַח פֻּרְקָנֵהּ וִיקָרֵב מְשִׁיחֵהּ (קהל: אָמֵן)
בְּחַיֵּיכוֹן וּבְיוֹמֵיכוֹן וּבְחַיֵּי דְכָל בֵּית יִשְׂרָאֵל
בַּעֲגָלָא וּבִזְמַן קָרִיב, וְאִמְרוּ אָמֵן. (קהל: אָמֵן)

קהל וקורא: יְהֵא שְׁמֵהּ רַבָּא מְבָרַךְ לְעָלַם וּלְעָלְמֵי עָלְמַיָּא.

קורא: יִתְבָּרַךְ וְיִשְׁתַּבַּח וְיִתְפָּאַר וְיִתְרוֹמַם וְיִתְנַשֵּׂא
וְיִתְהַדָּר וְיִתְעַלֶּה וְיִתְהַלָּל
שְׁמֵהּ דְּקֻדְשָׁא בְּרִיךְ הוּא (קהל: אָמֵן)
לְעֵלָּא מִן כָּל בִּרְכָתָא וְשִׁירָתָא, תֻּשְׁבְּחָתָא וְנֶחֱמָתָא
דַּאֲמִירָן בְּעָלְמָא, וְאִמְרוּ אָמֵן. (קהל: אָמֵן)

הגבהה וגלילה

כאשר מגביהים את ספר התורה, הקהל אומר:

וְזֹאת הַתּוֹרָה אֲשֶׁר־שָׂם מֹשֶׁה לִפְנֵי בְּנֵי יִשְׂרָאֵל: דברים ד
עַל־פִּי יהוה בְּיַד מֹשֶׁה: במדבר ט

ויש מוסיפים: עֵץ־חַיִּים הִיא לַמַּחֲזִיקִים בָּהּ וְתֹמְכֶיהָ מְאֻשָּׁר: משלי ג
דְּרָכֶיהָ דַרְכֵי־נֹעַם וְכָל־נְתִיבוֹתֶיהָ שָׁלוֹם:
אֹרֶךְ יָמִים בִּימִינָהּ, בִּשְׂמֹאולָהּ עֹשֶׁר וְכָבוֹד:
יהוה חָפֵץ לְמַעַן צִדְקוֹ יַגְדִּיל תּוֹרָה וְיַאְדִּיר: ישעיה מב

מפטיר

ביום טוב ראשון של פסח (וביום טוב שני בחו״ל) מתחילים כאן:

במדבר כח, טז–יח
וּבַחֹ֣דֶשׁ הָרִאשׁ֗וֹן בְּאַרְבָּעָ֥ה עָשָׂ֛ר י֖וֹם לַחֹ֑דֶשׁ פֶּ֖סַח לַיהוָֽה׃
וּבַחֲמִשָּׁ֨ה עָשָׂ֥ר י֛וֹם לַחֹ֥דֶשׁ הַזֶּ֖ה חָ֑ג שִׁבְעַ֣ת יָמִ֔ים מַצּ֖וֹת יֵאָכֵֽל׃
בַּיּ֥וֹם הָרִאשׁ֖וֹן מִקְרָא־קֹ֑דֶשׁ כָּל־מְלֶ֥אכֶת עֲבֹדָ֖ה לֹ֥א תַעֲשֽׂוּ׃

בשבת חול המועד ובשביעי של פסח (גם באחרון בחו״ל) מתחילים כאן:

במדבר כח, יט–כה
וְהִקְרַבְתֶּ֨ם אִשֶּׁ֤ה עֹלָה֙ לַיהוָ֔ה פָּרִ֧ים בְּנֵי־בָקָ֛ר שְׁנַ֖יִם וְאַ֣יִל אֶחָ֑ד
וְשִׁבְעָ֤ה כְבָשִׂים֙ בְּנֵ֣י שָׁנָ֔ה תְּמִימִ֖ם יִהְי֥וּ לָכֶֽם׃ וּמִ֨נְחָתָ֔ם סֹ֖לֶת
בְּלוּלָ֣ה בַשָּׁ֑מֶן שְׁלֹשָׁ֨ה עֶשְׂרֹנִ֜ים לַפָּ֗ר וּשְׁנֵ֧י עֶשְׂרֹנִ֛ים לָאַ֖יִל תַּעֲשֽׂוּ׃
עִשָּׂר֣וֹן עִשָּׂר֔וֹן תַּעֲשֶׂ֖ה לַכֶּ֣בֶשׂ הָאֶחָ֑ד לְשִׁבְעַ֖ת הַכְּבָשִֽׂים׃ וּשְׂעִ֥יר
חַטָּ֖את אֶחָ֑ד לְכַפֵּ֖ר עֲלֵיכֶֽם׃ מִלְּבַד֙ עֹלַ֣ת הַבֹּ֔קֶר אֲשֶׁ֖ר לְעֹלַ֣ת
הַתָּמִ֑יד תַּעֲשׂ֖וּ אֶת־אֵֽלֶּה׃ כָּאֵ֜לֶּה תַּעֲשׂ֤וּ לַיּוֹם֙ שִׁבְעַ֣ת יָמִ֔ים
לֶ֛חֶם אִשֵּׁ֥ה רֵֽיחַ־נִיחֹ֖חַ לַיהוָ֑ה עַל־עוֹלַ֧ת הַתָּמִ֛יד יֵעָשֶׂ֖ה וְנִסְכּֽוֹ׃
וּבַיּוֹם֙ הַשְּׁבִיעִ֔י מִקְרָא־קֹ֖דֶשׁ יִהְיֶ֣ה לָכֶ֑ם כָּל־מְלֶ֥אכֶת עֲבֹדָ֖ה
לֹ֥א תַעֲשֽׂוּ׃

הגבהה וגלילה

כאשר מגביהים את ספר התורה, הקהל אומר:

דברים ד
וְזֹ֥את הַתּוֹרָ֖ה אֲשֶׁר־שָׂ֣ם מֹשֶׁ֑ה לִפְנֵ֖י בְּנֵ֥י יִשְׂרָאֵֽל׃

במדבר ט
עַל־פִּ֥י יהוה בְּיַד־מֹשֶֽׁה׃

משלי ג
ויש מוסיפים: עֵץ־חַיִּ֣ים הִ֭יא לַמַּחֲזִיקִ֣ים בָּ֑הּ וְֽתֹמְכֶ֥יהָ מְאֻשָּֽׁר׃
דְּרָכֶ֥יהָ דַרְכֵי־נֹ֑עַם וְֽכָל־נְתִיבוֹתֶ֥יהָ שָׁלֽוֹם׃
אֹ֣רֶךְ יָ֭מִים בִּֽימִינָ֑הּ, בִּ֝שְׂמֹאולָ֗הּ עֹ֣שֶׁר וְכָבֽוֹד׃

ישעיה מב
יהוה חָפֵ֖ץ לְמַ֣עַן צִדְק֑וֹ יַגְדִּ֥יל תּוֹרָ֖ה וְיַאְדִּֽיר׃

ברכות ההפטרה

לפני קריאת ההפטרה בנביא, המפטיר מברך:

בָּרוּךְ אַתָּה יהוה אֱלֹהֵינוּ מֶלֶךְ הָעוֹלָם אֲשֶׁר בָּחַר בִּנְבִיאִים טוֹבִים, וְרָצָה בְדִבְרֵיהֶם הַנֶּאֱמָרִים בֶּאֱמֶת. בָּרוּךְ אַתָּה יהוה, הַבּוֹחֵר בַּתּוֹרָה וּבְמֹשֶׁה עַבְדּוֹ וּבְיִשְׂרָאֵל עַמּוֹ וּבִנְבִיאֵי הָאֱמֶת וָצֶדֶק.

ההפטרה ליום טוב שני של פסח בחו״ל בעמ׳ 512.
ההפטרה לשבת חול המועד בעמ׳ 195.
ההפטרה לשביעי של פסח בעמ׳ 196.
ההפטרה לאחרון של פסח בחו״ל בעמ׳ 513.

הפטרה ליום טוב ראשון של פסח

יש מתחילים (סדר רב עמרם גאון):

וַיֹּאמֶר יְהוֹשֻׁעַ אֶל־הָעָם הִתְקַדָּשׁוּ כִּי מָחָר יַעֲשֶׂה יהוה בְּקִרְבְּכֶם יהושע ג,ה–ז
נִפְלָאוֹת: וַיֹּאמֶר יְהוֹשֻׁעַ אֶל־הַכֹּהֲנִים לֵאמֹר שְׂאוּ אֶת־אֲרוֹן
הַבְּרִית וְעִבְרוּ לִפְנֵי הָעָם וַיִּשְׂאוּ אֶת־אֲרוֹן הַבְּרִית וַיֵּלְכוּ לִפְנֵי
הָעָם: וַיֹּאמֶר יהוה אֶל־יְהוֹשֻׁעַ הַיּוֹם הַזֶּה אָחֵל
גַּדֶּלְךָ בְּעֵינֵי כָּל־יִשְׂרָאֵל אֲשֶׁר יֵדְעוּן כִּי כַּאֲשֶׁר הָיִיתִי עִם־מֹשֶׁה
אֶהְיֶה עִמָּךְ:

ברוב הקהילות מתחילים (רב האי גאון):

בָּעֵת הַהִיא אָמַר יהוה אֶל־יְהוֹשֻׁעַ עֲשֵׂה לְךָ חַרְבוֹת צֻרִים יהושע ה,ב–ו,א
וְשׁוּב מֹל אֶת־בְּנֵי־יִשְׂרָאֵל שֵׁנִית: וַיַּעַשׂ־לוֹ יְהוֹשֻׁעַ חַרְבוֹת
צֻרִים וַיָּמָל אֶת־בְּנֵי יִשְׂרָאֵל אֶל־גִּבְעַת הָעֲרָלוֹת: וְזֶה הַדָּבָר
אֲשֶׁר־מָל יְהוֹשֻׁעַ כָּל־הָעָם הַיֹּצֵא מִמִּצְרַיִם הַזְּכָרִים כֹּל | אַנְשֵׁי
הַמִּלְחָמָה מֵתוּ בַמִּדְבָּר בַּדֶּרֶךְ בְּצֵאתָם מִמִּצְרָיִם: כִּי־מֻלִים הָיוּ
כָּל־הָעָם הַיֹּצְאִים וְכָל־הָעָם הַיִּלֹּדִים בַּמִּדְבָּר בַּדֶּרֶךְ בְּצֵאתָם

מִמִּצְרָ֑יִם לֹא־מָֽלוּ׃ כִּ֣י ׀ אַרְבָּעִ֣ים שָׁנָ֗ה הָלְכ֣וּ בְנֵֽי־יִשְׂרָאֵל֮ בַּמִּדְבָּר֒ עַד־תֹּ֨ם כָּל־הַגּ֜וֹי אַנְשֵׁ֤י הַמִּלְחָמָה֙ הַיֹּצְאִ֣ים מִמִּצְרַ֔יִם אֲשֶׁ֥ר לֹא־שָׁמְע֖וּ בְּק֣וֹל יְהוָ֑ה אֲשֶׁ֨ר נִשְׁבַּ֤ע יְהוָה֙ לָהֶ֔ם לְבִלְתִּ֞י הַרְאוֹתָ֣ם אֶת־הָאָ֗רֶץ אֲשֶׁר֩ נִשְׁבַּ֨ע יְהוָ֤ה לַאֲבוֹתָם֙ לָ֣תֶת לָ֔נוּ אֶ֛רֶץ זָבַ֥ת חָלָ֖ב וּדְבָֽשׁ׃ וְאֶת־בְּנֵיהֶם֙ הֵקִ֣ים תַּחְתָּ֔ם אֹתָ֖ם מָ֣ל יְהוֹשֻׁ֑עַ כִּֽי־עֲרֵלִ֣ים הָי֔וּ כִּ֛י לֹא־מָ֥לוּ אוֹתָ֖ם בַּדָּֽרֶךְ׃ וַיְהִ֛י כַּאֲשֶׁר־תַּ֥מּוּ כָל־הַגּ֖וֹי לְהִמּ֑וֹל וַיֵּשְׁב֥וּ תַחְתָּ֛ם בַּֽמַּחֲנֶ֖ה עַ֥ד חֲיוֹתָֽם׃ וַיֹּ֤אמֶר יְהוָה֙ אֶל־יְהוֹשֻׁ֔עַ הַיּ֗וֹם גַּלּ֛וֹתִי אֶת־חֶרְפַּ֥ת מִצְרַ֖יִם מֵעֲלֵיכֶ֑ם וַיִּקְרָ֞א שֵׁ֣ם הַמָּק֤וֹם הַהוּא֙ גִּלְגָּ֔ל עַ֖ד הַיּ֥וֹם הַזֶּֽה׃ וַיַּחֲנ֥וּ בְנֵֽי־יִשְׂרָאֵ֖ל בַּגִּלְגָּ֑ל וַיַּעֲשׂ֣וּ אֶת־הַפֶּ֡סַח בְּאַרְבָּעָה֩ עָשָׂ֨ר י֥וֹם לַחֹ֛דֶשׁ בָּעֶ֖רֶב בְּעַֽרְב֥וֹת יְרִיחֽוֹ׃ וַ֠יֹּאכְלוּ מֵעֲב֥וּר הָאָ֛רֶץ מִמָּחֳרַ֥ת הַפֶּ֖סַח מַצּ֣וֹת וְקָל֑וּי בְּעֶ֖צֶם הַיּ֥וֹם הַזֶּֽה׃ וַיִּשְׁבֹּ֨ת הַמָּ֜ן מִֽמָּחֳרָ֗ת בְּאָכְלָם֙ מֵעֲב֣וּר הָאָ֔רֶץ וְלֹא־הָ֥יָה ע֛וֹד לִבְנֵ֥י יִשְׂרָאֵ֖ל מָ֑ן וַיֹּֽאכְלוּ מִתְּבוּאַת֙ אֶ֣רֶץ כְּנַ֔עַן בַּשָּׁנָ֖ה הַהִֽיא׃ וַיְהִ֗י בִּֽהְי֣וֹת יְהוֹשֻׁעַ֮ בִּירִיחוֹ֒ וַיִּשָּׂ֤א עֵינָיו֙ וַיַּ֔רְא וְהִנֵּה־אִישׁ֙ עֹמֵ֣ד לְנֶגְדּ֔וֹ וְחַרְבּ֥וֹ שְׁלוּפָ֖ה בְּיָד֑וֹ וַיֵּ֨לֶךְ יְהוֹשֻׁ֤עַ אֵלָיו֙ וַיֹּ֣אמֶר ל֔וֹ הֲלָ֥נוּ אַתָּ֖ה אִם־לְצָרֵֽינוּ׃ וַיֹּ֣אמֶר ׀ לֹ֗א כִּ֛י אֲנִ֥י שַׂר־צְבָֽא־יְהוָ֖ה עַתָּ֣ה בָ֑אתִי וַיִּפֹּל֩ יְהוֹשֻׁ֨עַ אֶל־פָּנָ֥יו אַ֙רְצָה֙ וַיִּשְׁתָּ֔חוּ וַיֹּ֣אמֶר ל֔וֹ מָ֥ה אֲדֹנִ֖י מְדַבֵּ֥ר אֶל־עַבְדּֽוֹ׃ וַיֹּאמֶר֩ שַׂר־צְבָ֨א יְהוָ֜ה אֶל־יְהוֹשֻׁ֗עַ שַׁל־נַֽעַלְךָ֙ מֵעַ֣ל רַגְלֶ֔ךָ כִּ֣י הַמָּק֔וֹם אֲשֶׁ֥ר אַתָּ֛ה עֹמֵ֥ד עָלָ֖יו קֹ֣דֶשׁ ה֑וּא וַיַּ֥עַשׂ יְהוֹשֻׁ֖עַ כֵּֽן׃ וִירִיחוֹ֙ סֹגֶ֣רֶת וּמְסֻגֶּ֔רֶת מִפְּנֵ֖י בְּנֵ֣י יִשְׂרָאֵ֑ל אֵ֥ין יוֹצֵ֖א וְאֵ֥ין בָּֽא׃

יש מוסיפים (רי"ץ גיאת):

וַיְהִ֥י יְהוָ֖ה אֶת־יְהוֹשֻׁ֑עַ וַיְהִ֥י שָׁמְע֖וֹ בְּכָל־הָאָֽרֶץ׃ יהושע ו, כז

ממשיכים בברכות שלאחר ההפטרה בעמ' 199.

הפטרה לשבת חול המועד פסח

יחזקאל לז,א-יד

היתה עלי יד־יהוה ויוצאני ברוח יהוה ויניחני בתוך הבקעה והיא מלאה עצמות: והעבירני עליהם סביב ׀ סביב והנה רבות מאד על־פני הבקעה והנה יבשות מאד: ויאמר אלי בן־אדם התחיינה העצמות האלה ואמר אדני יהוה אתה ידעת: ויאמר אלי הנבא על־העצמות האלה ואמרת אליהם העצמות היבשות שמעו דבר־יהוה: כה אמר אדני יהוה לעצמות האלה הנה אני מביא בכם רוח וחייתם: ונתתי עליכם גידים והעלתי עליכם בשר וקרמתי עליכם עור ונתתי בכם רוח וחייתם וידעתם כי־אני יהוה: ונבאתי כאשר צויתי ויהי־קול כהנבאי והנה־רעש ותקרבו עצמות עצם אל־עצמו: וראיתי והנה־עליהם גדים ובשר עלה ויקרם עליהם עור מלמעלה ורוח אין בהם: ויאמר אלי הנבא אל־הרוח הנבא בן־אדם ואמרת אל־הרוח כה־אמר ׀ אדני יהוה מארבע רוחות באי הרוח ופחי בהרוגים האלה ויחיו: והנבאתי כאשר צוני ותבוא בהם הרוח ויחיו ויעמדו על־רגליהם חיל גדול מאד מאד: ויאמר אלי בן־אדם העצמות האלה כל־בית ישראל המה הנה אמרים יבשו עצמותינו ואבדה תקותנו נגזרנו לנו: לכן הנבא ואמרת אליהם כה־אמר אדני יהוה הנה אני פתח את־קברותיכם והעליתי אתכם מקברותיכם עמי והבאתי אתכם אל־אדמת ישראל: וידעתם כי־אני יהוה בפתחי את־קברותיכם ובהעלותי אתכם מקברותיכם עמי: ונתתי רוחי בכם וחייתם והנחתי אתכם על־אדמתכם וידעתם כי אני יהוה דברתי ועשיתי נאם־יהוה:

ממשיכים בברכות שלאחר ההפטרה בעמ׳ 199.

הפטרה לשביעי של פסח

שמואל ב׳ כב, א–נא

וַיְדַבֵּר דָּוִד לַיהוָה אֶת־דִּבְרֵי הַשִּׁירָה הַזֹּאת בְּיוֹם
הִצִּיל יְהוָה אֹתוֹ מִכַּף כָּל־אֹיְבָיו וּמִכַּף שָׁאוּל׃
וַיֹּאמַר יְהוָה סַלְעִי וּמְצֻדָתִי וּמְפַלְטִי־לִי׃ אֱלֹהֵי
צוּרִי אֶחֱסֶה־בּוֹ מָגִנִּי וְקֶרֶן יִשְׁעִי מִשְׂגַּבִּי
וּמְנוּסִי מֹשִׁעִי מֵחָמָס תֹּשִׁעֵנִי׃ מְהֻלָּל
אֶקְרָא יְהוָה וּמֵאֹיְבַי אִוָּשֵׁעַ׃ כִּי אֲפָפֻנִי מִשְׁבְּרֵי־
מָוֶת נַחֲלֵי בְלִיַּעַל יְבַעֲתֻנִי׃ חֶבְלֵי
שְׁאוֹל סַבֻּנִי קִדְּמֻנִי מֹקְשֵׁי־
מָוֶת׃ בַּצַּר־לִי אֶקְרָא יְהוָה וְאֶל־
אֱלֹהַי אֶקְרָא וַיִּשְׁמַע מֵהֵיכָלוֹ
קוֹלִי וְשַׁוְעָתִי בְּאָזְנָיו׃ ותגעש (וַיִּתְגָּעַשׁ)
וַתִּרְעַשׁ הָאָרֶץ מוֹסְדוֹת הַשָּׁמַיִם
יִרְגָּזוּ וַיִּתְגָּעֲשׁוּ כִּי־חָרָה לוֹ׃ עָלָה
עָשָׁן בְּאַפּוֹ וְאֵשׁ מִפִּיו
תֹּאכֵל גֶּחָלִים בָּעֲרוּ מִמֶּנּוּ׃ וַיֵּט
שָׁמַיִם וַיֵּרַד וַעֲרָפֶל תַּחַת
רַגְלָיו׃ וַיִּרְכַּב עַל־כְּרוּב וַיָּעֹף וַיֵּרָא
עַל־כַּנְפֵי־רוּחַ׃ וַיָּשֶׁת חֹשֶׁךְ סְבִיבֹתָיו
סֻכּוֹת חַשְׁרַת־מַיִם עָבֵי שְׁחָקִים׃ מִנֹּגַהּ
נֶגְדּוֹ בָּעֲרוּ גַּחֲלֵי־אֵשׁ׃ יַרְעֵם מִן־שָׁמַיִם
יְהוָה וְעֶלְיוֹן יִתֵּן קוֹלוֹ׃ וַיִּשְׁלַח
חִצִּים וַיְפִיצֵם בָּרָק ויהמם׃ (וַיָּהֹם) וַיֵּרָאוּ אֲפִקֵי
יָם יִגָּלוּ מֹסְדוֹת תֵּבֵל בְּגַעֲרַת

יְהוָה מִנִּשְׁמַת רוּחַ אַפּוֹ׃ יִשְׁלַח מִמָּרוֹם

יִקָּחֵנִי יַמְשֵׁנִי מִמַּיִם רַבִּים׃ יַצִּילֵנִי

מֵאֹיְבִי עָז מִשֹּׂנְאַי כִּי אָמְצוּ

מִמֶּנִּי׃ יְקַדְּמֻנִי בְּיוֹם אֵידִי וַיְהִי

יְהוָה מִשְׁעָן לִי׃ וַיֹּצֵא לַמֶּרְחָב

אֹתִי יְחַלְּצֵנִי כִּי־חָפֵץ בִּי׃ יִגְמְלֵנִי

יְהוָה כְּצִדְקָתִי כְּבֹר יָדַי יָשִׁיב

לִי׃ כִּי שָׁמַרְתִּי דַּרְכֵי יְהוָה וְלֹא

רָשַׁעְתִּי מֵאֱלֹהָי׃ כִּי כָל־מִשְׁפָּטָו

לְנֶגְדִּי וְחֻקֹּתָיו לֹא־אָסוּר מִמֶּנָּה׃ וָאֶהְיֶה

תָמִים לוֹ וָאֶשְׁתַּמְּרָה מֵעֲוֹנִי׃ וַיָּשֶׁב יְהוָה לִי

כְּצִדְקָתִי כְּבֹרִי לְנֶגֶד עֵינָיו׃ עִם־

חָסִיד תִּתְחַסָּד עִם־גְּבוֹר תָּמִים

תִּתַּמָּם׃ עִם־נָבָר תִּתָּבָר וְעִם־

עִקֵּשׁ תִּתַּפָּל׃ וְאֶת־עַם עָנִי

תּוֹשִׁיעַ וְעֵינֶיךָ עַל־רָמִים תַּשְׁפִּיל׃ כִּי־

אַתָּה נֵירִי יְהוָה וַיהוָה יַגִּיהַּ

חָשְׁכִּי׃ כִּי בְכָה אָרוּץ גְּדוּד בֵּאלֹהַי

אֲדַלֶּג־שׁוּר׃ הָאֵל תָּמִים

דַּרְכּוֹ אִמְרַת יְהוָה צְרוּפָה מָגֵן

הוּא לְכֹל הַחֹסִים בּוֹ׃ כִּי מִי־אֵל מִבַּלְעֲדֵי

יְהוָה וּמִי צוּר מִבַּלְעֲדֵי אֱלֹהֵינוּ׃ הָאֵל

מָעוּזִּי חָיִל וַיַּתֵּר תָּמִים

דרכוֹ׃ מְשַׁוֶּה רגליו כָּאַיָּלוֹת וְעַל־ דַּרְכִּי | רַגְלַי

בָּמוֹתַי יַעֲמִדֵנִי׃ מְלַמֵּד יָדַי
לַמִּלְחָמָה וְנִחַת קֶשֶׁת־נְחוּשָׁה זְרֹעֹתָי׃ וַתִּתֶּן־
לִי מָגֵן יִשְׁעֶךָ וַעֲנֹתְךָ תַּרְבֵּנִי׃ תַּרְחִיב צַעֲדִי
תַּחְתֵּנִי וְלֹא מָעֲדוּ קַרְסֻלָּי׃ אֶרְדְּפָה
אֹיְבַי וָאַשְׁמִידֵם וְלֹא אָשׁוּב עַד־
כַּלּוֹתָם׃ וָאֲכַלֵּם וָאֶמְחָצֵם וְלֹא יְקוּמוּן וַיִּפְּלוּ
תַּחַת רַגְלָי׃ וַתַּזְרֵנִי חַיִל
לַמִּלְחָמָה תַּכְרִיעַ קָמַי תַּחְתֵּנִי׃ וְאֹיְבַי
תַּתָּה לִּי עֹרֶף מְשַׂנְאַי וָאַצְמִיתֵם׃ יִשְׁעוּ וְאֵין
מֹשִׁיעַ אֶל־יְהוָה וְלֹא עָנָם׃ וְאֶשְׁחָקֵם
כַּעֲפַר־אָרֶץ כְּטִיט־חוּצוֹת אֲדִקֵּם
אֶרְקָעֵם׃ וַתְּפַלְּטֵנִי מֵרִיבֵי עַמִּי תִּשְׁמְרֵנִי
לְרֹאשׁ גּוֹיִם עַם לֹא־יָדַעְתִּי
יַעַבְדֻנִי׃ בְּנֵי נֵכָר יִתְכַּחֲשׁוּ־לִי לִשְׁמוֹעַ
אֹזֶן יִשָּׁמְעוּ לִי׃ בְּנֵי נֵכָר יִבֹּלוּ וְיַחְגְּרוּ
מִמִּסְגְּרוֹתָם׃ חַי־יְהוָה וּבָרוּךְ צוּרִי וְיָרֻם
אֱלֹהֵי צוּר יִשְׁעִי׃ הָאֵל הַנֹּתֵן נְקָמֹת
לִי וּמוֹרִיד עַמִּים תַּחְתֵּנִי׃ וּמוֹצִיאִי
מֵאֹיְבָי וּמִקָּמַי תְּרוֹמְמֵנִי מֵאִישׁ חֲמָסִים
תַּצִּילֵנִי׃ עַל־כֵּן אוֹדְךָ יְהוָה בַּגּוֹיִם וּלְשִׁמְךָ
אֲזַמֵּר׃ מגדיל יְשׁוּעוֹת (מִגְדּוֹל)
מַלְכּוֹ וְעֹשֶׂה־חֶסֶד לִמְשִׁיחוֹ
לְדָוִד וּלְזַרְעוֹ עַד־עוֹלָם׃

ברכות לאחר ההפטרה

אחר קריאת ההפטרה המפטיר מברך:

בָּרוּךְ אַתָּה יהוה אֱלֹהֵינוּ מֶלֶךְ הָעוֹלָם, צוּר כָּל הָעוֹלָמִים, צַדִּיק בְּכָל הַדּוֹרוֹת, הָאֵל הַנֶּאֱמָן, הָאוֹמֵר וְעוֹשֶׂה, הַמְדַבֵּר וּמְקַיֵּם, שֶׁכָּל דְּבָרָיו אֱמֶת וָצֶדֶק. נֶאֱמָן אַתָּה הוּא יהוה אֱלֹהֵינוּ וְנֶאֱמָנִים דְּבָרֶיךָ, וְדָבָר אֶחָד מִדְּבָרֶיךָ אָחוֹר לֹא יָשׁוּב רֵיקָם, כִּי אֵל מֶלֶךְ נֶאֱמָן וְרַחֲמָן אָתָּה. בָּרוּךְ אַתָּה יהוה, הָאֵל הַנֶּאֱמָן בְּכָל דְּבָרָיו.

רַחֵם עַל צִיּוֹן כִּי הִיא בֵּית חַיֵּינוּ, וְלַעֲלוּבַת נֶפֶשׁ תּוֹשִׁיעַ בִּמְהֵרָה בְיָמֵינוּ. בָּרוּךְ אַתָּה יהוה, מְשַׂמֵּחַ צִיּוֹן בְּבָנֶיהָ.

שַׂמְּחֵנוּ יהוה אֱלֹהֵינוּ בְּאֵלִיָּהוּ הַנָּבִיא עַבְדֶּךָ, וּבְמַלְכוּת בֵּית דָּוִד מְשִׁיחֶךָ, בִּמְהֵרָה יָבוֹא וְיָגֵל לִבֵּנוּ. עַל כִּסְאוֹ לֹא יֵשֶׁב זָר, וְלֹא יִנְחֲלוּ עוֹד אֲחֵרִים אֶת כְּבוֹדוֹ, כִּי בְשֵׁם קָדְשְׁךָ נִשְׁבַּעְתָּ לּוֹ שֶׁלֹּא יִכְבֶּה נֵרוֹ לְעוֹלָם וָעֶד. בָּרוּךְ אַתָּה יהוה, מָגֵן דָּוִד.

ביום טוב (גם אם חל בשבת) מסיימים כאן (בשבת חול המועד מסיימים בעמוד הבא).

עַל הַתּוֹרָה וְעַל הָעֲבוֹדָה וְעַל הַנְּבִיאִים (בשבת: וְעַל יוֹם הַשַּׁבָּת הַזֶּה), וְעַל יוֹם חַג הַמַּצּוֹת הַזֶּה שֶׁנָּתַתָּ לָּנוּ, יהוה אֱלֹהֵינוּ (בשבת: לִקְדֻשָּׁה וְלִמְנוּחָה) לְשָׂשׂוֹן וּלְשִׂמְחָה, לְכָבוֹד וּלְתִפְאָרֶת. עַל הַכֹּל יהוה אֱלֹהֵינוּ אֲנַחְנוּ מוֹדִים לָךְ וּמְבָרְכִים אוֹתָךְ. יִתְבָּרַךְ שִׁמְךָ בְּפִי כָּל חַי תָּמִיד לְעוֹלָם וָעֶד. בָּרוּךְ אַתָּה יהוה, מְקַדֵּשׁ (בשבת: הַשַּׁבָּת וְ)יִשְׂרָאֵל וְהַזְּמַנִּים.

בשבת חול המועד מסיימים:

עַל הַתּוֹרָה וְעַל הָעֲבוֹדָה וְעַל הַנְּבִיאִים וְעַל יוֹם הַשַּׁבָּת הַזֶּה, שֶׁנָּתַתָּ לָּנוּ יהוה אֱלֹהֵינוּ לִקְדֻשָּׁה וְלִמְנוּחָה, לְכָבוֹד וּלְתִפְאָרֶת. עַל הַכֹּל יהוה אֱלֹהֵינוּ אֲנַחְנוּ מוֹדִים לָךְ וּמְבָרְכִים אוֹתָךְ, יִתְבָּרַךְ שִׁמְךָ בְּפִי כָּל חַי תָּמִיד לְעוֹלָם וָעֶד. בָּרוּךְ אַתָּה יהוה, מְקַדֵּשׁ הַשַּׁבָּת.

בשבת ממשיכים ׳יְקוּם פֻּרְקָן׳,
וביום חול, תפילה לשלום המדינה (עמ׳ 202).

במקום שיש בו מניין השכינה שורה, ולכן אומרים ברכה לקהל. ואין אומרים אותה ביחידות (׳אור זרוע׳ ח״ב, נ), ויש שנוהגים לומר גם את הפסקה הראשונה ביחידות (שערי אפרים).

יְקוּם פֻּרְקָן מִן שְׁמַיָּא, חִנָּא וְחִסְדָּא וְרַחֲמֵי וְחַיֵּי אֲרִיכֵי וּמְזוֹנֵי רְוִיחֵי, וְסִיַּעְתָּא דִשְׁמַיָּא, וּבַרְיוּת גּוּפָא וּנְהוֹרָא מְעַלְיָא, זַרְעָא חַיָּא וְקַיָּמָא, זַרְעָא דִּי לָא יִפְסֻק וְדִי לָא יִבְטֻל מִפִּתְגָּמֵי אוֹרַיְתָא, לְמָרָנָן וְרַבָּנָן חֲבוּרָתָא קַדִּישָׁתָא דִּי בְּאַרְעָא דְיִשְׂרָאֵל וְדִי בְּבָבֶל, לְרֵישֵׁי כַלָּה, וּלְרֵישֵׁי גַלְוָתָא, וּלְרֵישֵׁי מְתִיבָתָא, וּלְדַיָּנֵי דְבָבָא, לְכָל תַּלְמִידֵיהוֹן, וּלְכָל תַּלְמִידֵי תַלְמִידֵיהוֹן, וּלְכָל מָאן דְּעָסְקִין בְּאוֹרַיְתָא. מַלְכָּא דְעָלְמָא יְבָרֵךְ יָתְהוֹן, יַפֵּשׁ חַיֵּיהוֹן וְיַסְגֵּא יוֹמֵיהוֹן, וְיִתֵּן אַרְכָא לִשְׁנֵיהוֹן, וְיִתְפָּרְקוּן וְיִשְׁתֵּיזְבוּן מִן כָּל עָקָא וּמִן כָּל מַרְעִין בִּישִׁין. מָרַן דִּי בִשְׁמַיָּא יְהֵא בְסַעְדְּהוֹן כָּל זְמַן וְעִדָּן, וְנֹאמַר אָמֵן.

תרגום

יקום פורקן מן השמים, חן וחסד ורחמים וחיים ארוכים ומזונות רווחים וסיוע מן השמים, ובריאות הגוף ואור מעולה, זרע חי וקיים, זרע שלא יפסוק ושלא יבטל מדברי תורה, למורינו ורבותינו החבורות הקדושות אשר בארץ ישראל ואשר בבבל, לראשי כלה ולראשי גלויות ולראשי הישיבות ולדייני השער, לכל תלמידיהם, ולכל תלמידי תלמידיהם, ולכל מי שעוסקים בתורה. מלך העולם יברך אותם, ירבה חייהם ויגדיל ימיהם ויתן

יְקוּם פֻּרְקָן מִן שְׁמַיָּא, חִנָּא וְחִסְדָּא וְרַחֲמֵי וְחַיֵּי אֲרִיכֵי וּמְזוֹנֵי רְוִיחֵי, וְסִיַּעְתָּא דִשְׁמַיָּא, וּבַרְיוּת גּוּפָא וּנְהוֹרָא מְעַלְּיָא, זַרְעָא חַיָּא וְקַיָּמָא, זַרְעָא דִּי לָא יִפְסֻק וְדִי לָא יִבְטֻל מִפִּתְגָּמֵי אוֹרַיְתָא, לְכָל קְהָלָא קַדִּישָׁא הָדֵין, רַבְרְבַיָּא עִם זְעֵרַיָּא, טַפְלָא וּנְשַׁיָּא. מַלְכָּא דְעָלְמָא יְבָרֵךְ יָתְכוֹן, יַפֵּשׁ חַיֵּיכוֹן וְיַסְגֵּא יוֹמֵיכוֹן, וְיִתֵּן אַרְכָא לִשְׁנֵיכוֹן, וְתִתְפָּרְקוּן וְתִשְׁתֵּיזְבוּן מִן כָּל עָקָא וּמִן כָּל מַרְעִין בִּישִׁין. מָרַן דִּי בִשְׁמַיָּא יְהֵא בְסַעְדְּכוֹן כָּל זְמַן וְעִדָּן, וְנֹאמַר אָמֵן.

מִי שֶׁבֵּרַךְ אֲבוֹתֵינוּ אַבְרָהָם יִצְחָק וְיַעֲקֹב, הוּא יְבָרֵךְ אֶת כָּל הַקָּהָל הַקָּדוֹשׁ הַזֶּה עִם כָּל קְהִלּוֹת הַקֹּדֶשׁ, הֵם וּנְשֵׁיהֶם וּבְנֵיהֶם וּבְנוֹתֵיהֶם וְכֹל אֲשֶׁר לָהֶם, וּמִי שֶׁמְּיַחֲדִים בָּתֵּי כְנֵסִיּוֹת לִתְפִלָּה, וּמִי שֶׁבָּאִים בְּתוֹכָם לְהִתְפַּלֵּל, וּמִי שֶׁנּוֹתְנִים נֵר לַמָּאוֹר וְיַיִן לְקִדּוּשׁ וּלְהַבְדָּלָה וּפַת לָאוֹרְחִים וּצְדָקָה לָעֲנִיִּים, וְכָל מִי שֶׁעוֹסְקִים בְּצָרְכֵי צִבּוּר בֶּאֱמוּנָה. הַקָּדוֹשׁ בָּרוּךְ הוּא יְשַׁלֵּם שְׂכָרָם, וְיָסִיר מֵהֶם כָּל מַחֲלָה, וְיִרְפָּא לְכָל גּוּפָם, וְיִסְלַח לְכָל עֲוֹנָם, וְיִשְׁלַח בְּרָכָה וְהַצְלָחָה בְּכָל מַעֲשֵׂי יְדֵיהֶם עִם כָּל יִשְׂרָאֵל אֲחֵיהֶם, וְנֹאמַר אָמֵן.

אריכות לשנותיהם. ויִוָשעו ויינצלו מכל צרה ומכל חוליים רעים. אדוננו שבשמים יהיה בעזרתם בכל זמן ועת, ונאמר אמן.

יקום פורקן מן השמים, חן וחסד ורחמים וחיים ארוכים ומזונות רווחים וסיוע מן השמים, ובריאות הגוף ואור מעולה, זרע חי וקיים, זרע שלא יפסוק ושלא יבטל מדברי תורה, לכל הקהל הקדוש הזה, הגדולים עם הקטנים, הטף והנשים. מלך העולם יברך אתכם, ירבה חייכם ויגדיל ימיכם ויתן אריכות לשנותיכם. ותִוָשעו ותינצלו מכל צרה ומכל חוליים רעים. אדוננו שבשמים יהיה בעזרתכם בכל זמן ועת, ונאמר אמן.

תפילה לשלום מדינת ישראל

אָבִינוּ שֶׁבַּשָּׁמַיִם, צוּר יִשְׂרָאֵל וְגוֹאֲלוֹ, בָּרֵךְ אֶת מְדִינַת יִשְׂרָאֵל, רֵאשִׁית צְמִיחַת גְּאֻלָּתֵנוּ. הָגֵן עָלֶיהָ בְּאֶבְרַת חַסְדֶּךָ וּפְרֹשׂ עָלֶיהָ סֻכַּת שְׁלוֹמֶךָ, וּשְׁלַח אוֹרְךָ וַאֲמִתְּךָ לְרָאשֶׁיהָ, שָׂרֶיהָ וְיוֹעֲצֶיהָ, וְתַקְּנֵם בְּעֵצָה טוֹבָה מִלְּפָנֶיךָ.

חַזֵּק אֶת יְדֵי מְגִנֵּי אֶרֶץ קָדְשֵׁנוּ, וְהַנְחִילֵם אֱלֹהֵינוּ יְשׁוּעָה וַעֲטֶרֶת נִצָּחוֹן תְּעַטְּרֵם, וְנָתַתָּ שָׁלוֹם בָּאָרֶץ וְשִׂמְחַת עוֹלָם לְיוֹשְׁבֶיהָ.

וְאֶת אַחֵינוּ כָּל בֵּית יִשְׂרָאֵל, פְּקָד נָא בְּכָל אַרְצוֹת פְּזוּרֵיהֶם,
וְתוֹלִיכֵם מְהֵרָה קוֹמְמִיּוּת לְצִיּוֹן עִירֶךָ וְלִירוּשָׁלַיִם מִשְׁכַּן
שְׁמֶךָ, כַּכָּתוּב בְּתוֹרַת מֹשֶׁה עַבְדֶּךָ: אִם־יִהְיֶה נִדַּחֲךָ בִּקְצֵה דברים ל
הַשָּׁמָיִם, מִשָּׁם יְקַבֶּצְךָ יהוה אֱלֹהֶיךָ וּמִשָּׁם יִקָּחֶךָ: וֶהֱבִיאֲךָ
יהוה אֱלֹהֶיךָ אֶל־הָאָרֶץ אֲשֶׁר־יָרְשׁוּ אֲבֹתֶיךָ וִירִשְׁתָּהּ, וְהֵיטִבְךָ
וְהִרְבְּךָ מֵאֲבֹתֶיךָ: וּמָל יהוה אֱלֹהֶיךָ אֶת־לְבָבְךָ וְאֶת־לְבַב
זַרְעֶךָ, לְאַהֲבָה אֶת־יהוה אֱלֹהֶיךָ בְּכָל־לְבָבְךָ וּבְכָל־נַפְשְׁךָ,
לְמַעַן חַיֶּיךָ:

וְיַחֵד לְבָבֵנוּ לְאַהֲבָה וּלְיִרְאָה אֶת שְׁמֶךָ, וְלִשְׁמֹר אֶת כָּל דִּבְרֵי תּוֹרָתֶךָ, וּשְׁלַח לָנוּ מְהֵרָה בֶּן דָּוִד מְשִׁיחַ צִדְקֶךָ, לִפְדּוֹת מְחַכֵּי קֵץ יְשׁוּעָתֶךָ.

וְהוֹפַע בַּהֲדַר גְּאוֹן עֻזֶּךָ עַל כָּל יוֹשְׁבֵי תֵּבֵל אַרְצֶךָ וְיֹאמַר כֹּל אֲשֶׁר נְשָׁמָה בְאַפּוֹ, יהוה אֱלֹהֵי יִשְׂרָאֵל מֶלֶךְ וּמַלְכוּתוֹ בַּכֹּל מָשָׁלָה, אָמֵן סֶלָה.

מי שבירך לחיילי צה״ל

מִי שֶׁבֵּרַךְ אֲבוֹתֵינוּ אַבְרָהָם יִצְחָק וְיַעֲקֹב הוּא יְבָרֵךְ אֶת חַיָּלֵי צְבָא הַהֲגָנָה לְיִשְׂרָאֵל וְאַנְשֵׁי כֹּחוֹת הַבִּטָּחוֹן, הָעוֹמְדִים עַל מִשְׁמַר אַרְצֵנוּ וְעָרֵי אֱלֹהֵינוּ, מִגְּבוּל הַלְּבָנוֹן וְעַד מִדְבַּר מִצְרַיִם וּמִן הַיָּם הַגָּדוֹל עַד לְבוֹא הָעֲרָבָה וּבְכָל מָקוֹם שֶׁהֵם, בַּיַּבָּשָׁה, בָּאֲוִיר וּבַיָּם. יִתֵּן יהוה אֶת אוֹיְבֵינוּ הַקָּמִים עָלֵינוּ נִגָּפִים לִפְנֵיהֶם. הַקָּדוֹשׁ בָּרוּךְ הוּא יִשְׁמֹר וְיַצִּיל אֶת חַיָּלֵינוּ מִכָּל צָרָה וְצוּקָה וּמִכָּל נֶגַע וּמַחֲלָה, וְיִשְׁלַח בְּרָכָה וְהַצְלָחָה בְּכָל מַעֲשֵׂי יְדֵיהֶם. יַדְבֵּר שׂוֹנְאֵינוּ תַּחְתֵּיהֶם וִיעַטְּרֵם בְּכֶתֶר יְשׁוּעָה וּבַעֲטֶרֶת נִצָּחוֹן. וִיקֻיַּם בָּהֶם הַכָּתוּב: כִּי יהוה אֱלֹהֵיכֶם הַהֹלֵךְ עִמָּכֶם לְהִלָּחֵם לָכֶם עִם־ דברים כ
אֹיְבֵיכֶם לְהוֹשִׁיעַ אֶתְכֶם: וְנֹאמַר אָמֵן.

מי שבירך לשבויים

מִי שֶׁבֵּרַךְ אֲבוֹתֵינוּ אַבְרָהָם יִצְחָק וְיַעֲקֹב, יוֹסֵף מֹשֶׁה וְאַהֲרֹן, דָּוִד וּשְׁלֹמֹה, הוּא יְבָרֵךְ וְיִשְׁמֹר וְיִנְצֹר אֶת נֶעְדְּרֵי צְבָא הַהֲגָנָה לְיִשְׂרָאֵל וּשְׁבוּיָו, וְאֶת כָּל אַחֵינוּ הַנְּתוּנִים בְּצָרָה וּבְשִׁבְיָה, בַּעֲבוּר שֶׁכָּל הַקָּהָל הַקָּדוֹשׁ הַזֶּה מִתְפַּלֵּל בַּעֲבוּרָם. הַקָּדוֹשׁ בָּרוּךְ הוּא יִמָּלֵא רַחֲמִים עֲלֵיהֶם, וְיוֹצִיאֵם מֵחֹשֶׁךְ וְצַלְמָוֶת, וּמוֹסְרוֹתֵיהֶם יְנַתֵּק, וּמִמְּצוּקוֹתֵיהֶם יוֹשִׁיעֵם, וִישִׁיבֵם מְהֵרָה לְחֵיק מִשְׁפְּחוֹתֵיהֶם.
יוֹדוּ לַיהוה חַסְדּוֹ וְנִפְלְאוֹתָיו לִבְנֵי אָדָם: וִיקֻיַּם בָּהֶם מִקְרָא תהלים קז
שֶׁכָּתוּב: וּפְדוּיֵי יהוה יְשֻׁבוּן, וּבָאוּ צִיּוֹן בְּרִנָּה, וְשִׂמְחַת עוֹלָם ישעיה לה
עַל־רֹאשָׁם, שָׂשׂוֹן וְשִׂמְחָה יַשִּׂיגוּ, וְנָסוּ יָגוֹן וַאֲנָחָה: וְנֹאמַר אָמֵן.

ביום האחרון של פסח אומרים יזכור בעמ׳ 332.
ביום טוב שאינו חל בשבת ושאין אומרים בו יזכור, יש אומרים ״יָהּ אֵלִי״ בעמ׳ 336.
בשאר הימים ממשיכים ״אַשְׁרֵי״ בעמ׳ 336.

וְחַג הַקָּצִיר בִּכּוּרֵי מַעֲשֶׂיךָ

שמות כג, טז

שִׁבְעָה שָׁבֻעֹת

תִּסְפָּר-לָךְ

מֵהָחֵל חֶרְמֵשׁ בַּקָּמָה

תָּחֵל לִסְפֹּר

שִׁבְעָה שָׁבֻעוֹת

וְעָשִׂיתָ

חַג שָׁבֻעוֹת

לַה' אֱלֹהֶיךָ

וְשָׂמַחְתָּ לִפְנֵי ׀ ה' אֱלֹהֶיךָ

דברים טז, ט-יא

רות

יש הקוראים מתוך מגילה הכתובה על קלף, ומברכים לפני הקריאה:

בָּרוּךְ אַתָּה יהוה אֱלֹהֵינוּ מֶלֶךְ הָעוֹלָם
אֲשֶׁר קִדְּשָׁנוּ בְּמִצְוֹתָיו וְצִוָּנוּ עַל מִקְרָא מְגִלָּה.

בָּרוּךְ אַתָּה יהוה אֱלֹהֵינוּ מֶלֶךְ הָעוֹלָם
שֶׁהֶחֱיָנוּ וְקִיְּמָנוּ וְהִגִּיעָנוּ לַזְּמַן הַזֶּה.

א וַיְהִי בִּימֵי שְׁפֹט הַשֹּׁפְטִים וַיְהִי רָעָב בָּאָרֶץ וַיֵּלֶךְ אִישׁ מִבֵּית
לֶחֶם יְהוּדָה לָגוּר בִּשְׂדֵי מוֹאָב הוּא וְאִשְׁתּוֹ וּשְׁנֵי בָנָיו: וְשֵׁם
הָאִישׁ אֱלִימֶלֶךְ וְשֵׁם אִשְׁתּוֹ נָעֳמִי וְשֵׁם שְׁנֵי־בָנָיו ׀ מַחְלוֹן וְכִלְיוֹן
אֶפְרָתִים מִבֵּית לֶחֶם יְהוּדָה וַיָּבֹאוּ שְׂדֵי־מוֹאָב וַיִּהְיוּ־שָׁם: וַיָּמָת
אֱלִימֶלֶךְ אִישׁ נָעֳמִי וַתִּשָּׁאֵר הִיא וּשְׁנֵי בָנֶיהָ: וַיִּשְׂאוּ לָהֶם נָשִׁים
מֹאֲבִיּוֹת שֵׁם הָאַחַת עָרְפָּה וְשֵׁם הַשֵּׁנִית רוּת וַיֵּשְׁבוּ שָׁם כְּעֶשֶׂר
שָׁנִים: וַיָּמֻתוּ גַם־שְׁנֵיהֶם מַחְלוֹן וְכִלְיוֹן וַתִּשָּׁאֵר הָאִשָּׁה מִשְּׁנֵי
יְלָדֶיהָ וּמֵאִישָׁהּ: וַתָּקָם הִיא וְכַלֹּתֶיהָ וַתָּשָׁב מִשְּׂדֵי מוֹאָב כִּי
שָׁמְעָה בִּשְׂדֵה מוֹאָב כִּי־פָקַד יהוה אֶת־עַמּוֹ לָתֵת לָהֶם לָחֶם:
וַתֵּצֵא מִן־הַמָּקוֹם אֲשֶׁר הָיְתָה־שָׁמָּה וּשְׁתֵּי כַלֹּתֶיהָ עִמָּהּ וַתֵּלַכְנָה
בַדֶּרֶךְ לָשׁוּב אֶל־אֶרֶץ יְהוּדָה: וַתֹּאמֶר נָעֳמִי לִשְׁתֵּי כַלֹּתֶיהָ לֵכְנָה
שֹּׁבְנָה אִשָּׁה לְבֵית אִמָּהּ יַעֲשֶׂה יהוה עִמָּכֶם חֶסֶד כַּאֲשֶׁר עֲשִׂיתֶם יעש
עִם־הַמֵּתִים וְעִמָּדִי: יִתֵּן יהוה לָכֶם וּמְצֶאןָ מְנוּחָה אִשָּׁה בֵּית
אִישָׁהּ וַתִּשַּׁק לָהֶן וַתִּשֶּׂאנָה קוֹלָן וַתִּבְכֶּינָה: וַתֹּאמַרְנָה־לָּהּ כִּי־
אִתָּךְ נָשׁוּב לְעַמֵּךְ: וַתֹּאמֶר נָעֳמִי שֹׁבְנָה בְנֹתַי לָמָּה תֵלַכְנָה
עִמִּי הַעוֹד־לִי בָנִים בְּמֵעַי וְהָיוּ לָכֶם לַאֲנָשִׁים: שֹׁבְנָה בְנֹתַי

לָכֵן כִּי זָקַנְתִּי מִהְיוֹת לְאִישׁ כִּי אָמַרְתִּי יֶשׁ־לִי תִקְוָה גַּם הָיִיתִי
הַלַּיְלָה לְאִישׁ וְגַם יָלַדְתִּי בָנִים׃ הֲלָהֵן ׀ תְּשַׂבֵּרְנָה עַד אֲשֶׁר יִגְדָּלוּ
הֲלָהֵן תֵּעָגֵנָה לְבִלְתִּי הֱיוֹת לְאִישׁ אַל בְּנֹתַי כִּי־מַר־לִי מְאֹד מִכֶּם
כִּי־יָצְאָה בִי יַד־יְהוָה׃ וַתִּשֶּׂנָה קוֹלָן וַתִּבְכֶּינָה עוֹד וַתִּשַּׁק עָרְפָּה
לַחֲמוֹתָהּ וְרוּת דָּבְקָה בָּהּ׃ וַתֹּאמֶר הִנֵּה שָׁבָה יְבִמְתֵּךְ אֶל־עַמָּהּ
וְאֶל־אֱלֹהֶיהָ שׁוּבִי אַחֲרֵי יְבִמְתֵּךְ׃ וַתֹּאמֶר רוּת אַל־תִּפְגְּעִי־בִי
לְעָזְבֵךְ לָשׁוּב מֵאַחֲרָיִךְ כִּי אֶל־אֲשֶׁר תֵּלְכִי אֵלֵךְ וּבַאֲשֶׁר תָּלִינִי
אָלִין עַמֵּךְ עַמִּי וֵאלֹהַיִךְ אֱלֹהָי׃ בַּאֲשֶׁר תָּמוּתִי אָמוּת וְשָׁם
אֶקָּבֵר כֹּה יַעֲשֶׂה יְהוָה לִי וְכֹה יֹסִיף כִּי הַמָּוֶת יַפְרִיד בֵּינִי וּבֵינֵךְ׃
וַתֵּרֶא כִּי־מִתְאַמֶּצֶת הִיא לָלֶכֶת אִתָּהּ וַתֶּחְדַּל לְדַבֵּר אֵלֶיהָ׃
וַתֵּלַכְנָה שְׁתֵּיהֶם עַד־בּוֹאָנָה בֵּית לָחֶם וַיְהִי כְּבוֹאָנָה בֵּית לֶחֶם
וַתֵּהֹם כָּל־הָעִיר עֲלֵיהֶן וַתֹּאמַרְנָה הֲזֹאת נָעֳמִי׃ וַתֹּאמֶר אֲלֵיהֶן
אַל־תִּקְרֶאנָה לִי נָעֳמִי קְרֶאןָ לִי מָרָא כִּי־הֵמַר שַׁדַּי לִי מְאֹד׃
אֲנִי מְלֵאָה הָלַכְתִּי וְרֵיקָם הֱשִׁיבַנִי יְהוָה לָמָּה תִקְרֶאנָה לִי נָעֳמִי
וַיהוָה עָנָה בִי וְשַׁדַּי הֵרַע לִי׃ וַתָּשָׁב נָעֳמִי וְרוּת הַמּוֹאֲבִיָּה כַלָּתָהּ
עִמָּהּ הַשָּׁבָה מִשְּׂדֵי מוֹאָב וְהֵמָּה בָּאוּ בֵּית לֶחֶם בִּתְחִלַּת קְצִיר
מוֹדַע שְׂעֹרִים׃ וּלְנָעֳמִי מידע לְאִישָׁהּ אִישׁ גִּבּוֹר חַיִל מִמִּשְׁפַּחַת ב
אֱלִימֶלֶךְ וּשְׁמוֹ בֹּעַז׃ וַתֹּאמֶר רוּת הַמּוֹאֲבִיָּה אֶל־נָעֳמִי אֵלְכָה־
נָּא הַשָּׂדֶה וַאֲלַקֳטָה בַשִּׁבֳּלִים אַחַר אֲשֶׁר אֶמְצָא־חֵן בְּעֵינָיו
וַתֹּאמֶר לָהּ לְכִי בִתִּי׃ וַתֵּלֶךְ וַתָּבוֹא וַתְּלַקֵּט בַּשָּׂדֶה אַחֲרֵי
הַקֹּצְרִים וַיִּקֶר מִקְרֶהָ חֶלְקַת הַשָּׂדֶה לְבֹעַז אֲשֶׁר מִמִּשְׁפַּחַת
אֱלִימֶלֶךְ׃ וְהִנֵּה־בֹעַז בָּא מִבֵּית לֶחֶם וַיֹּאמֶר לַקּוֹצְרִים יְהוָה
עִמָּכֶם וַיֹּאמְרוּ לוֹ יְבָרֶכְךָ יְהוָה׃ וַיֹּאמֶר בֹּעַז לְנַעֲרוֹ הַנִּצָּב עַל־

הַקּוֹצְרִים לְמִי הַנַּעֲרָה הַזֹּאת: וַיַּעַן הַנַּעַר הַנִּצָּב עַל־הַקּוֹצְרִים
וַיֹּאמַר נַעֲרָה מוֹאֲבִיָּה הִיא הַשָּׁבָה עִם־נָעֳמִי מִשְּׂדֵי מוֹאָב:
וַתֹּאמֶר אֲלַקֳטָה־נָּא וְאָסַפְתִּי בָעֳמָרִים אַחֲרֵי הַקּוֹצְרִים וַתָּבוֹא
וַתַּעֲמוֹד מֵאָז הַבֹּקֶר וְעַד־עַתָּה זֶה שִׁבְתָּהּ הַבַּיִת מְעָט: וַיֹּאמֶר
בֹּעַז אֶל־רוּת הֲלֹא שָׁמַעַתְּ בִּתִּי אַל־תֵּלְכִי לִלְקֹט בְּשָׂדֶה אַחֵר
וְגַם לֹא תַעֲבוּרִי מִזֶּה וְכֹה תִדְבָּקִין עִם־נַעֲרֹתָי: עֵינַיִךְ בַּשָּׂדֶה
אֲשֶׁר־יִקְצֹרוּן וְהָלַכְתְּ אַחֲרֵיהֶן הֲלוֹא צִוִּיתִי אֶת־הַנְּעָרִים לְבִלְתִּי
נָגְעֵךְ וְצָמִת וְהָלַכְתְּ אֶל־הַכֵּלִים וְשָׁתִית מֵאֲשֶׁר יִשְׁאֲבוּן הַנְּעָרִים:
וַתִּפֹּל עַל־פָּנֶיהָ וַתִּשְׁתַּחוּ אָרְצָה וַתֹּאמֶר אֵלָיו מַדּוּעַ מָצָאתִי חֵן
בְּעֵינֶיךָ לְהַכִּירֵנִי וְאָנֹכִי נָכְרִיָּה: וַיַּעַן בֹּעַז וַיֹּאמֶר לָהּ הֻגֵּד הֻגַּד
לִי כֹּל אֲשֶׁר־עָשִׂית אֶת־חֲמוֹתֵךְ אַחֲרֵי מוֹת אִישֵׁךְ וַתַּעַזְבִי אָבִיךְ
וְאִמֵּךְ וְאֶרֶץ מוֹלַדְתֵּךְ וַתֵּלְכִי אֶל־עַם אֲשֶׁר לֹא־יָדַעַתְּ תְּמוֹל
שִׁלְשׁוֹם: יְשַׁלֵּם יהוה פָּעֳלֵךְ וּתְהִי מַשְׂכֻּרְתֵּךְ שְׁלֵמָה מֵעִם
יהוה אֱלֹהֵי יִשְׂרָאֵל אֲשֶׁר־בָּאת לַחֲסוֹת תַּחַת־כְּנָפָיו: וַתֹּאמֶר
אֶמְצָא־חֵן בְּעֵינֶיךָ אֲדֹנִי כִּי נִחַמְתָּנִי וְכִי דִבַּרְתָּ עַל־לֵב שִׁפְחָתֶךָ
וְאָנֹכִי לֹא אֶהְיֶה כְּאַחַת שִׁפְחֹתֶךָ: וַיֹּאמֶר לָה בֹעַז לְעֵת הָאֹכֶל
גֹּשִׁי הֲלֹם וְאָכַלְתְּ מִן־הַלֶּחֶם וְטָבַלְתְּ פִּתֵּךְ בַּחֹמֶץ וַתֵּשֶׁב מִצַּד
הַקֹּצְרִים וַיִּצְבָּט־לָהּ קָלִי וַתֹּאכַל וַתִּשְׂבַּע וַתֹּתַר: וַתָּקָם לְלַקֵּט
וַיְצַו בֹּעַז אֶת־נְעָרָיו לֵאמֹר גַּם בֵּין הָעֳמָרִים תְּלַקֵּט וְלֹא תַכְלִימוּהָ:
וְגַם שֹׁל־תָּשֹׁלּוּ לָהּ מִן־הַצְּבָתִים וַעֲזַבְתֶּם וְלִקְּטָה וְלֹא תִגְעֲרוּ־
בָהּ: וַתְּלַקֵּט בַּשָּׂדֶה עַד־הָעָרֶב וַתַּחְבֹּט אֵת אֲשֶׁר־לִקֵּטָה וַיְהִי
כְּאֵיפָה שְׂעֹרִים: וַתִּשָּׂא וַתָּבוֹא הָעִיר וַתֵּרֶא חֲמוֹתָהּ אֵת אֲשֶׁר־
לִקֵּטָה וַתּוֹצֵא וַתִּתֶּן־לָהּ אֵת אֲשֶׁר־הוֹתִרָה מִשָּׂבְעָהּ: וַתֹּאמֶר

לה חמותה איפה לקטת היום ואנה עשית יהי מכירך ברוך
ותגד לחמותה את אשר־עשתה עמו ותאמר שם האיש
אשר עשיתי עמו היום בעז: ותאמר נעמי לכלתה ברוך הוא
ליהוה אשר לא־עזב חסדו את־החיים ואת־המתים ותאמר
לה נעמי קרוב לנו האיש מגאלנו הוא: ותאמר רות המואביה
גם | כי־אמר אלי עם־הנערים אשר־לי תדבקין עד אם־כלו
את כל־הקציר אשר־לי: ותאמר נעמי אל־רות כלתה טוב
בתי כי תצאי עם־נערותיו ולא יפגעו־בך בשדה אחר: ותדבק
בנערות בעז ללקט עד־כלות קציר־השערים וקציר החטים
ג ותשב את־חמותה: ותאמר לה נעמי חמותה בתי הלא
אבקש־לך מנוח אשר ייטב־לך: ועתה הלא בעז מדעתנו
אשר היית את־נערותיו הנה־הוא זרה את־גרן השערים
הלילה: ורחצת | וסכת ושמת שמלתך עליך וירדתי הגרן (שמלתיך וירדת)
אל־תודעי לאיש עד כלתו לאכל ולשתות: ויהי בשכבו וידעת
את־המקום אשר ישכב־שם ובאת וגלית מרגלתיו ושכבתי (ושכבת)
והוא יגיד לך את אשר תעשין: ותאמר אליה כל אשר־
תאמרי ( ) אעשה: ותרד הגרן ותעש ככל אשר־צותה חמותה: (אלי)
ויאכל בעז וישת וייטב לבו ויבא לשכב בקצה הערמה ותבא
בלט ותגל מרגלתיו ותשכב: ויהי בחצי הלילה ויחרד האיש
וילפת והנה אשה שכבת מרגלתיו: ויאמר מי־את ותאמר
אנכי רות אמתך ופרשת כנפך על־אמתך כי גאל אתה: ויאמר
ברוכה את ליהוה בתי היטבת חסדך האחרון מן־הראשון
לבלתי־לכת אחרי הבחורים אם־דל ואם־עשיר: ועתה בתי

אַל־תִּ֣ירְאִ֔י כֹּ֥ל אֲשֶׁר־תֹּאמְרִ֖י אֶֽעֱשֶׂה־לָּ֑ךְ כִּ֤י יוֹדֵ֙עַ֙ כׇּל־שַׁ֣עַר עַמִּ֔י
כִּ֛י אֵ֥שֶׁת חַ֖יִל אָֽתְּ׃ וְעַתָּה֙ כִּ֣י אׇמְנָ֔ם כִּ֥י אם גֹאֵ֖ל אָנֹ֑כִי וְגַ֛ם יֵ֥שׁ גֹּאֵ֖ל
קָר֥וֹב מִמֶּֽנִּי׃ לִ֣ינִי ׀ הַלַּ֗יְלָה וְהָיָ֤ה בַבֹּ֙קֶר֙ אִם־יִגְאָלֵ֥ךְ טוֹב֙ יִגְאָ֔ל
וְאִם־לֹ֨א יַחְפֹּ֧ץ לְגׇֽאֳלֵ֛ךְ וּגְאַלְתִּ֥יךְ אָנֹ֖כִי חַי־יְהֹוָ֑ה שִׁכְבִ֖י עַד־
הַבֹּֽקֶר׃ וַתִּשְׁכַּ֤ב מַרְגְּלוֹתָו֙ עַד־הַבֹּ֔קֶר וַתָּ֕קׇם בטרום יַכִּ֥יר אִ֖ישׁ בְּטֶ֥רֶם
אֶת־רֵעֵ֑הוּ וַיֹּ֙אמֶר֙ אַל־יִוָּדַ֔ע כִּי־בָ֥אָה הָאִשָּׁ֖ה הַגֹּֽרֶן׃ וַיֹּ֗אמֶר הָ֠בִי
הַמִּטְפַּ֨חַת אֲשֶׁר־עָלַ֧יִךְ וְאֶֽחֳזִי־בָ֖הּ וַתֹּ֣אחֶז בָּ֑הּ וַיָּ֤מׇד שֵׁשׁ־שְׂעֹרִים֙
וַיָּ֣שֶׁת עָלֶ֔יהָ וַיָּבֹ֖א הָעִֽיר׃ וַתָּבוֹא֙ אֶל־חֲמוֹתָ֔הּ וַתֹּ֖אמֶר מִי־אַ֣תְּ
בִּתִּ֑י וַתַּ֨גֶּד־לָ֔הּ אֵ֛ת כׇּל־אֲשֶׁ֥ר עָֽשָׂה־לָ֖הּ הָאִֽישׁ׃ וַתֹּ֕אמֶר שֵׁשׁ־
הַשְּׂעֹרִ֥ים הָאֵ֖לֶּה נָ֣תַן לִ֑י כִּ֚י אָמַ֣ר אַל־תָּב֥וֹאִי רֵיקָ֖ם אֶל־ אֵלַ֔י
חֲמוֹתֵֽךְ׃ וַתֹּ֙אמֶר֙ שְׁבִ֣י בִתִּ֔י עַ֚ד אֲשֶׁ֣ר תֵּֽדְעִ֔ין אֵ֖יךְ יִפֹּ֣ל דָּבָ֑ר כִּ֣י
ד לֹ֤א יִשְׁקֹט֙ הָאִ֔ישׁ כִּֽי־אִם־כִּלָּ֥ה הַדָּבָ֖ר הַיּֽוֹם׃ וּבֹ֨עַז עָלָ֣ה הַשַּׁעַר֮
וַיֵּ֣שֶׁב שָׁם֒ וְהִנֵּ֨ה הַגֹּאֵ֤ל עֹבֵר֙ אֲשֶׁ֣ר דִּבֶּר־בֹּ֔עַז וַיֹּ֛אמֶר ס֥וּרָה שְׁבָה־
פֹּ֖ה פְּלֹנִ֣י אַלְמֹנִ֑י וַיָּ֖סַר וַיֵּשֵֽׁב׃ וַיִּקַּ֞ח עֲשָׂרָ֧ה אֲנָשִׁ֛ים מִזִּקְנֵ֥י הָעִ֖יר
וַיֹּ֣אמֶר שְׁבוּ־פֹ֑ה וַיֵּשֵֽׁבוּ׃ וַיֹּ֙אמֶר֙ לַגֹּאֵ֔ל חֶלְקַת֙ הַשָּׂדֶ֔ה אֲשֶׁ֥ר
לְאָחִ֖ינוּ לֶאֱלִימֶ֑לֶךְ מָכְרָ֣ה נׇעֳמִ֔י הַשָּׁ֖בָה מִשְּׂדֵ֥ה מוֹאָֽב׃ וַאֲנִ֨י
אָמַ֜רְתִּי אֶגְלֶ֧ה אׇזְנְךָ֣ לֵאמֹ֗ר קְ֠נֵה נֶ֣גֶד הַיֹּשְׁבִ֣ים וְנֶ֣גֶד זִקְנֵ֣י עַמִּ֔י
אִם־תִּגְאַל֙ גְּאָ֔ל וְאִם־לֹ֨א יִגְאַ֜ל הַגִּ֣ידָה לִּ֗י וְאֵדְעָ֙ כִּ֣י אֵ֤ין זוּלָֽתְךָ֙
לִגְא֔וֹל וְאָנֹכִ֖י אַחֲרֶ֑יךָ וַיֹּ֖אמֶר אָנֹכִ֥י אֶגְאָֽל׃ וַיֹּ֣אמֶר בֹּ֔עַז בְּיוֹם־
קְנוֹתְךָ֥ הַשָּׂדֶ֖ה מִיַּ֣ד נׇעֳמִ֑י וּ֠מֵאֵת ר֙וּת הַמּוֹאֲבִיָּ֤ה אֵֽשֶׁת־הַמֵּת֙
קניתי לְהָקִ֥ים שֵׁם־הַמֵּ֖ת עַל־נַחֲלָתֽוֹ׃ וַיֹּ֣אמֶר הַגֹּאֵ֗ל לֹ֤א אוּכַל֙ קָנִ֔יתָ
לגאול־לִ֔י פֶּן־אַשְׁחִ֖ית אֶת־נַחֲלָתִ֑י גְּאַל־לְךָ֤ אַתָּה֙ אֶת־גְּאֻלָּתִ֔י לִגְאׇל־
כִּ֥י לֹא־אוּכַ֖ל לִגְאֹֽל׃ וְזֹאת֩ לְפָנִ֨ים בְּיִשְׂרָאֵ֜ל עַל־הַגְּאוּלָּ֣ה וְעַל־

הַתְּמוּרָה֙ לְקַיֵּ֣ם כָּל־דָּבָ֔ר שָׁלַ֥ף אִ֛ישׁ נַעֲל֖וֹ וְנָתַ֣ן לְרֵעֵ֑הוּ וְזֹ֥את הַתְּעוּדָ֖ה בְּיִשְׂרָאֵֽל׃ וַיֹּ֧אמֶר הַגֹּאֵ֛ל לְבֹ֖עַז קְנֵה־לָ֑ךְ וַיִּשְׁלֹ֖ף נַעֲלֽוֹ׃ וַיֹּאמֶר֩ בֹּ֨עַז לַזְּקֵנִ֜ים וְכָל־הָעָ֗ם עֵדִ֤ים אַתֶּם֙ הַיּ֔וֹם כִּ֤י קָנִ֙יתִי֙ אֶת־כָּל־אֲשֶׁ֣ר לֶֽאֱלִימֶ֔לֶךְ וְאֵ֛ת כָּל־אֲשֶׁ֥ר לְכִלְי֖וֹן וּמַחְל֑וֹן מִיַּ֖ד נָעֳמִֽי׃ וְגַ֣ם אֶת־ר֣וּת הַמֹּאֲבִיָּה֩ אֵ֨שֶׁת מַחְל֜וֹן קָנִ֧יתִי לִ֣י לְאִשָּׁ֗ה לְהָקִ֤ים שֵׁם־הַמֵּת֙ עַל־נַחֲלָת֔וֹ וְלֹֽא־יִכָּרֵ֧ת שֵׁם־הַמֵּ֛ת מֵעִ֥ם אֶחָ֖יו וּמִשַּׁ֣עַר מְקוֹמ֑וֹ עֵדִ֥ים אַתֶּ֖ם הַיּֽוֹם׃ וַיֹּ֨אמְר֜וּ כָּל־הָעָ֧ם אֲשֶׁר־בַּשַּׁ֛עַר וְהַזְּקֵנִ֖ים עֵדִ֑ים יִתֵּן֩ יְהוָ֨ה אֶת־הָאִשָּׁ֜ה הַבָּאָ֣ה אֶל־בֵּיתֶ֗ךָ כְּרָחֵ֤ל ׀ וּכְלֵאָה֙ אֲשֶׁ֨ר בָּנ֤וּ שְׁתֵּיהֶם֙ אֶת־בֵּ֣ית יִשְׂרָאֵ֔ל וַעֲשֵׂה־חַ֣יִל בְּאֶפְרָ֔תָה וּקְרָא־שֵׁ֖ם בְּבֵ֥ית לָֽחֶם׃ וִיהִ֤י בֵֽיתְךָ֙ כְּבֵ֣ית פֶּ֔רֶץ אֲשֶׁר־יָלְדָ֥ה תָמָ֖ר לִיהוּדָ֑ה מִן־הַזֶּ֗רַע אֲשֶׁ֨ר יִתֵּ֤ן יְהוָה֙ לְךָ֔ מִן־הַנַּעֲרָ֖ה הַזֹּֽאת׃ וַיִּקַּ֨ח בֹּ֤עַז אֶת־רוּת֙ וַתְּהִי־ל֣וֹ לְאִשָּׁ֔ה וַיָּבֹ֖א אֵלֶ֑יהָ וַיִּתֵּ֨ן יְהוָ֥ה לָ֛הּ הֵרָי֖וֹן וַתֵּ֥לֶד בֵּֽן׃ וַתֹּאמַ֤רְנָה הַנָּשִׁים֙ אֶֽל־נָעֳמִ֔י בָּר֣וּךְ יְהוָ֔ה אֲשֶׁ֨ר לֹ֣א הִשְׁבִּ֥ית לָ֛ךְ גֹּאֵ֖ל הַיּ֑וֹם וְיִקָּרֵ֥א שְׁמ֖וֹ בְּיִשְׂרָאֵֽל׃ וְהָ֤יָה לָךְ֙ לְמֵשִׁ֣יב נֶ֔פֶשׁ וּלְכַלְכֵּ֖ל אֶת־שֵׂיבָתֵ֑ךְ כִּ֣י כַלָּתֵ֤ךְ אֲשֶׁר־אֲהֵבַ֙תֶךְ֙ יְלָדַ֔תּוּ אֲשֶׁר־הִיא֙ ט֣וֹבָה לָ֔ךְ מִשִּׁבְעָ֖ה בָּנִֽים׃ וַתִּקַּ֨ח נָעֳמִ֤י אֶת־הַיֶּ֙לֶד֙ וַתְּשִׁתֵ֣הוּ בְחֵיקָ֔הּ וַתְּהִי־ל֖וֹ לְאֹמֶֽנֶת׃ וַתִּקְרֶאנָה֩ ל֨וֹ הַשְּׁכֵנ֥וֹת שֵׁם֙ לֵאמֹ֔ר יֻלַּד־בֵּ֖ן לְנָעֳמִ֑י וַתִּקְרֶ֤אנָֽה שְׁמוֹ֙ עוֹבֵ֔ד ה֥וּא אֲבִי־יִשַׁ֖י אֲבִ֥י דָוִֽד׃

וְאֵ֙לֶּה֙ תּוֹלְד֣וֹת פָּ֔רֶץ פֶּ֖רֶץ הוֹלִ֥יד אֶת־חֶצְרֽוֹן׃ וְחֶצְרוֹן֙ הוֹלִ֣יד אֶת־רָ֔ם וְרָ֖ם הוֹלִ֥יד אֶת־עַמִּינָדָֽב׃ וְעַמִּֽינָדָב֙ הוֹלִ֣יד אֶת־נַחְשׁ֔וֹן וְנַחְשׁ֖וֹן הוֹלִ֥יד אֶת־שַׂלְמָֽה׃ וְשַׂלְמוֹן֙ הוֹלִ֣יד אֶת־בֹּ֔עַז וּבֹ֖עַז הוֹלִ֥יד אֶת־עוֹבֵֽד׃ וְעֹבֵד֙ הוֹלִ֣יד אֶת־יִשָׁ֔י וְיִשַׁ֖י הוֹלִ֥יד אֶת־דָּוִֽד׃

קדיש יתום

אבל: יִתְגַּדַּל וְיִתְקַדַּשׁ שְׁמֵהּ רַבָּא (קהל: אָמֵן)
בְּעָלְמָא דִּי בְרָא כִרְעוּתֵהּ
וְיַמְלִיךְ מַלְכוּתֵהּ
וְיַצְמַח פֻּרְקָנֵהּ וִיקָרֵב מְשִׁיחֵהּ (קהל: אָמֵן)
בְּחַיֵּיכוֹן וּבְיוֹמֵיכוֹן וּבְחַיֵּי דְכָל בֵּית יִשְׂרָאֵל
בַּעֲגָלָא וּבִזְמַן קָרִיב
וְאִמְרוּ אָמֵן. (קהל: אָמֵן)

קהל ואבל: יְהֵא שְׁמֵהּ רַבָּא מְבָרַךְ לְעָלַם וּלְעָלְמֵי עָלְמַיָּא.

אבל: יִתְבָּרַךְ וְיִשְׁתַּבַּח וְיִתְפָּאַר וְיִתְרוֹמַם וְיִתְנַשֵּׂא
וְיִתְהַדָּר וְיִתְעַלֶּה וְיִתְהַלָּל
שְׁמֵהּ דְּקֻדְשָׁא בְּרִיךְ הוּא (קהל: אָמֵן)
לְעֵלָּא מִן כָּל בִּרְכָתָא וְשִׁירָתָא, תֻּשְׁבְּחָתָא וְנֶחֱמָתָא
דַּאֲמִירָן בְּעָלְמָא
וְאִמְרוּ אָמֵן. (קהל: אָמֵן)

יְהֵא שְׁלָמָא רַבָּא מִן שְׁמַיָּא
וְחַיִּים טוֹבִים עָלֵינוּ וְעַל כָּל יִשְׂרָאֵל
וְאִמְרוּ אָמֵן. (קהל: אָמֵן)

כורע ופוסע שלוש פסיעות לאחור. קד לשמאל, לימין ולפנים באמירת:

עֹשֶׂה שָׁלוֹם בִּמְרוֹמָיו
הוּא יַעֲשֶׂה שָׁלוֹם, עָלֵינוּ וְעַל כָּל יִשְׂרָאֵל
וְאִמְרוּ אָמֵן. (קהל: אָמֵן)

הוצאת ספר תורה

לפני קריאת התורה אומרים (׳אור זרוע׳ ח״ב, מב):

דברים ד אַתָּה הָרְאֵתָ לָדַעַת, כִּי יהוה הוּא הָאֱלֹהִים, אֵין עוֹד מִלְּבַדּוֹ:

תהלים פו אֵין־כָּמְוֹךָ בָאֱלֹהִים, אֲדֹנָי, וְאֵין כְּמַעֲשֶׂיךָ:

תהלים קמה מַלְכוּתְךָ מַלְכוּת כָּל־עֹלָמִים, וּמֶמְשַׁלְתְּךָ בְּכָל־דּוֹר וָדֹר:

יהוה מֶלֶךְ, יהוה מָלָךְ, יהוה יִמְלֹךְ לְעֹלָם וָעֶד.

תהלים כט יהוה עֹז לְעַמּוֹ יִתֵּן, יהוה יְבָרֵךְ אֶת־עַמּוֹ בַשָּׁלוֹם:

תהלים נא אַב הָרַחֲמִים, הֵיטִיבָה בִרְצוֹנְךָ אֶת־צִיּוֹן תִּבְנֶה חוֹמוֹת יְרוּשָׁלָםִ:
כִּי בְךָ לְבַד בָּטָחְנוּ, מֶלֶךְ אֵל רָם וְנִשָּׂא, אֲדוֹן עוֹלָמִים.

פותחים את ארון הקודש. הקהל עומד על רגליו.

במדבר י וַיְהִי בִּנְסֹעַ הָאָרֹן וַיֹּאמֶר מֹשֶׁה
קוּמָה יהוה וְיָפֻצוּ אֹיְבֶיךָ וְיָנֻסוּ מְשַׂנְאֶיךָ מִפָּנֶיךָ:

ישעיה ב כִּי מִצִּיּוֹן תֵּצֵא תוֹרָה וּדְבַר־יהוה מִירוּשָׁלָםִ:
בָּרוּךְ שֶׁנָּתַן תּוֹרָה לְעַמּוֹ יִשְׂרָאֵל בִּקְדֻשָּׁתוֹ.

ביום טוב נוהגים לומר שלוש עשרה מידות (פרי עץ חיים), אחריהן תפילות אלו (שערי ציון) ואחר כך ׳בְּרִיךְ שְׁמֵהּ׳. ואין אומרים אותן בשבת (שערי אפרים).

אומרים שלוש פעמים:

שמות לד יהוה, יהוה, אֵל רַחוּם וְחַנּוּן, אֶרֶךְ אַפַּיִם וְרַב־חֶסֶד וֶאֱמֶת:
נֹצֵר חֶסֶד לָאֲלָפִים, נֹשֵׂא עָוֹן וָפֶשַׁע וְחַטָּאָה, וְנַקֵּה:

רִבּוֹנוֹ שֶׁל עוֹלָם, מַלֵּא מִשְׁאֲלוֹת לִבִּי לְטוֹבָה, וְהָפֵק רְצוֹנִי וְתֵן שְׁאֵלָתִי, וְזַכֵּה לִי
(פלוני(ת) בֶּן/בַּת פלוני) (וְאִשְׁתִּי/בַּעְלִי וּבָנַי וּבְנוֹתַי) וְכָל בְּנֵי בֵיתִי, לַעֲשׂוֹת רְצוֹנְךָ
בְּלֵבָב שָׁלֵם, וּמַלְּטֵנוּ מִיֵּצֶר הָרָע, וְתֵן חֶלְקֵנוּ בְּתוֹרָתֶךָ, וְזַכֵּנוּ שֶׁתַּשְׁרֶה שְׁכִינָתְךָ
ישעיה יא עָלֵינוּ, וְהוֹפַע עָלֵינוּ רוּחַ חָכְמָה וּבִינָה. וְיִתְקַיֵּם בָּנוּ מִקְרָא שֶׁכָּתוּב: וְנָחָה עָלָיו
רוּחַ יהוה, רוּחַ חָכְמָה וּבִינָה, רוּחַ עֵצָה וּגְבוּרָה, רוּחַ דַּעַת וְיִרְאַת יהוה: וּבְכֵן יְהִי
רָצוֹן מִלְּפָנֶיךָ יהוה אֱלֹהֵינוּ וֵאלֹהֵי אֲבוֹתֵינוּ, שֶׁתְּזַכֵּנוּ לַעֲשׂוֹת מַעֲשִׂים טוֹבִים
בְּעֵינֶיךָ וְלָלֶכֶת בְּדַרְכֵי יְשָׁרִים לְפָנֶיךָ, וְקַדְּשֵׁנוּ בִּקְדֻשָּׁתֶךָ כְּדֵי שֶׁנִּזְכֶּה לְחַיִּים

טוֹבִים וַאֲרוּכִים וּלְחַיֵּי הָעוֹלָם הַבָּא, וְתִשְׁמְרֵנוּ מִמַּעֲשִׂים רָעִים וּמִשָּׁעוֹת רָעוֹת הַמִּתְרַגְּשׁוֹת לָבוֹא לָעוֹלָם, וְהַבּוֹטֵחַ בַּיהוה חֶסֶד יְסוֹבְבֶנּוּ: אָמֵן. תהלים לב

יִהְיוּ לְרָצוֹן אִמְרֵי־פִי וְהֶגְיוֹן לִבִּי לְפָנֶיךָ, יהוה צוּרִי וְגֹאֲלִי: תהלים יט

אומרים שלוש פעמים:

וַאֲנִי תְפִלָּתִי־לְךָ יהוה, עֵת רָצוֹן, אֱלֹהִים בְּרָב־חַסְדֶּךָ עֲנֵנִי בֶּאֱמֶת יִשְׁעֶךָ: תהלים סט

בְּרִיךְ שְׁמֵהּ דְּמָרֵא עָלְמָא, בְּרִיךְ כִּתְרָךְ וְאַתְרָךְ. יְהֵא רְעוּתָךְ עִם עַמָּךְ יִשְׂרָאֵל לְעָלַם, וּפֻרְקַן יְמִינָךְ אַחֲזֵי לְעַמָּךְ בְּבֵית מַקְדְּשָׁךְ, וּלְאַמְטוּיֵי לַנָא מִטּוּב נְהוֹרָךְ, וּלְקַבֵּל צְלוֹתַנָא בְּרַחֲמִין. יְהֵא רַעֲוָא קֳדָמָךְ דְּתוֹרִיךְ לַן חַיִּין בְּטִיבוּ, וְלֶהֱוֵי אֲנָא פְקִידָא בְּגוֹ צַדִּיקַיָּא, לְמִרְחַם עֲלַי וּלְמִנְטַר יָתִי וְיַת כָּל דִּי לִי וְדִי לְעַמָּךְ יִשְׂרָאֵל. אַנְתְּ הוּא זָן לְכֹלָּא וּמְפַרְנֵס לְכֹלָּא, אַנְתְּ הוּא שַׁלִּיט עַל כֹּלָּא, אַנְתְּ הוּא דְּשַׁלִּיט עַל מַלְכַיָּא, וּמַלְכוּתָא דִּילָךְ הִיא. אֲנָא עַבְדָּא דְקֻדְשָׁא בְּרִיךְ הוּא, דְּסָגִידְנָא קַמֵּהּ וּמִקַּמֵּי דִּיקַר אוֹרַיְתֵהּ בְּכָל עִדָּן וְעִדָּן. לָא עַל אֱנָשׁ רָחִיצְנָא וְלָא עַל בַּר אֱלָהִין סָמִיכְנָא, אֶלָּא בֶּאֱלָהָא דִשְׁמַיָּא, דְּהוּא אֱלָהָא קְשׁוֹט, וְאוֹרַיְתֵהּ קְשׁוֹט, וּנְבִיאוֹהִי קְשׁוֹט, וּמַסְגֵּא לְמֶעְבַּד טַבְוָן וּקְשׁוֹט. ‹ בֵּהּ אֲנָא רָחִיץ, וְלִשְׁמֵהּ קַדִּישָׁא יַקִּירָא אֲנָא אֵמַר תֻּשְׁבְּחָן. יְהֵא רַעֲוָא קֳדָמָךְ דְּתִפְתַּח לִבָּאִי בְּאוֹרַיְתָא, וְתַשְׁלִים מִשְׁאֲלִין דְּלִבָּאִי וְלִבָּא דְכָל עַמָּךְ יִשְׂרָאֵל לְטַב וּלְחַיִּין וְלִשְׁלָם. זוהר ויקהל

תרגום

ברוך שמו של אדון העולם, ברוך כתרך ומקומך. יהי רצונך עם עמך ישראל לעולם, וישועת ימינך הראה לעמך בבית מקדשך, ולהביא לנו מטוב אורך, ולקבל תפילותינו ברחמים. יהי רצון מלפניך שתאריך לנו חיים בטוב, ואהיה אני נמנה בתוך הצדיקים, לרחם עלי ולשמור אותי ואת כל אשר לי ואשר לעמך ישראל. אתה הוא זן לכול ומפרנס לכול, אתה הוא שליט על הכול, אתה הוא השליט על המלכים, והמלכות שלך היא. אני עבדו של הקדוש ברוך הוא, משתחוה לפניו ולפני כבוד תורתו בכל עת ועת. לא על אדם אני בטוח ולא על מלאך אני סמוך, אלא באלהי השמים, שהוא אלהים אמת, ותורתו אמת, ונביאיו אמת, ומרבה לעשות חסד ואמת. בו אני בטוח, ולשמו הקדוש הנכבד אני אומר תשבחות. יהי רצון מלפניך שתפתח לבי בתורה, ותמלא משאלות לבי ולב כל עמך ישראל לטובה ולחיים ולשלום.

שליח הציבור מקבל את ספר התורה בימינו, פונה לקהל ואומר ׳שְׁמַע יִשְׂרָאֵל׳ (מסכת סופרים פי״ד), ואחריו הקהל.

שְׁמַע יִשְׂרָאֵל, יהוה אֱלֹהֵינוּ, יהוה אֶחָד: דברים ו

שליח ציבור ואחריו הקהל:

אֶחָד אֱלֹהֵינוּ, גָּדוֹל אֲדוֹנֵינוּ, קָדוֹשׁ שְׁמוֹ.

שליח הציבור פונה לעבר ארון הקודש, קד, מגביה את ספר התורה ואומר (משנ״ב קלד, יג על פי מסכת סופרים):

גַּדְּלוּ לַיהוה אִתִּי וּנְרוֹמְמָה שְׁמוֹ יַחְדָּו: תהלים לד

סוגרים את ארון הקודש. שליח הציבור נושא את ספר התורה אל הבימה, והקהל אומר:

לְךָ יהוה הַגְּדֻלָּה וְהַגְּבוּרָה וְהַתִּפְאֶרֶת וְהַנֵּצַח וְהַהוֹד, כִּי־כֹל דברי הימים א׳ כט
בַּשָּׁמַיִם וּבָאָרֶץ, לְךָ יהוה הַמַּמְלָכָה וְהַמִּתְנַשֵּׂא לְכֹל לְרֹאשׁ:
רוֹמְמוּ יהוה אֱלֹהֵינוּ וְהִשְׁתַּחֲווּ לַהֲדֹם רַגְלָיו, קָדוֹשׁ הוּא: רוֹמְמוּ תהלים צט
יהוה אֱלֹהֵינוּ וְהִשְׁתַּחֲווּ לְהַר קָדְשׁוֹ, כִּי־קָדוֹשׁ יהוה אֱלֹהֵינוּ:

הקהל אומר בלחש (מחזור ויטרי, קסה):

עַל הַכֹּל יִתְגַּדַּל וְיִתְקַדַּשׁ וְיִשְׁתַּבַּח וְיִתְפָּאַר וְיִתְרוֹמַם וְיִתְנַשֵּׂא שְׁמוֹ שֶׁל מֶלֶךְ מַלְכֵי הַמְּלָכִים הַקָּדוֹשׁ בָּרוּךְ הוּא בָּעוֹלָמוֹת שֶׁבָּרָא, הָעוֹלָם הַזֶּה וְהָעוֹלָם הַבָּא, כִּרְצוֹנוֹ וְכִרְצוֹן יְרֵאָיו וְכִרְצוֹן כָּל בֵּית יִשְׂרָאֵל. צוּר הָעוֹלָמִים, אֲדוֹן כָּל הַבְּרִיּוֹת, אֱלוֹהַּ כָּל הַנְּפָשׁוֹת, הַיּוֹשֵׁב בְּמֶרְחֲבֵי מָרוֹם, הַשּׁוֹכֵן בִּשְׁמֵי
שְׁמֵי קֶדֶם, קְדֻשָּׁתוֹ עַל הַחַיּוֹת, וּקְדֻשָּׁתוֹ עַל כִּסֵּא הַכָּבוֹד. וּבְכֵן יִתְקַדַּשׁ
שִׁמְךָ בָּנוּ יהוה אֱלֹהֵינוּ לְעֵינֵי כָּל חָי, וְנֹאמַר לְפָנָיו שִׁיר חָדָשׁ, כַּכָּתוּב: שִׁירוּ תהלים סח
לֵאלֹהִים זַמְּרוּ שְׁמוֹ, סֹלּוּ לָרֹכֵב בָּעֲרָבוֹת, בְּיָהּ שְׁמוֹ, וְעִלְזוּ לְפָנָיו: וְנִרְאֵהוּ
עַיִן בְּעַיִן בְּשׁוּבוֹ אֶל נָוֵהוּ, כַּכָּתוּב: כִּי עַיִן בְּעַיִן יִרְאוּ בְּשׁוּב יהוה צִיּוֹן: ישעיה נב
וְנֶאֱמַר: וְנִגְלָה כְּבוֹד יהוה, וְרָאוּ כָל־בָּשָׂר יַחְדָּו כִּי פִּי יהוה דִּבֵּר: ישעיה מ

אַב הָרַחֲמִים הוּא יְרַחֵם עַם עֲמוּסִים, וְיִזְכֹּר בְּרִית אֵיתָנִים, וְיַצִּיל נַפְשׁוֹתֵינוּ מִן הַשָּׁעוֹת הָרָעוֹת, וְיִגְעַר בְּיֵצֶר הָרָע מִן הַנְּשׂוּאִים, וְיָחֹן אוֹתָנוּ לִפְלֵיטַת עוֹלָמִים, וִימַלֵּא מִשְׁאֲלוֹתֵינוּ בְּמִדָּה טוֹבָה יְשׁוּעָה וְרַחֲמִים.

מניח את ספר התורה על הבימה, והגבאי מכריז (מחזור ויטרי):

וְיַעֲזֹר וְיָגֵן וְיוֹשִׁיעַ לְכָל הַחוֹסִים בּוֹ, וְנֹאמַר אָמֵן. הַכֹּל הָבוּ גֹדֶל לֵאלֹהֵינוּ וּתְנוּ כָבוֹד לַתּוֹרָה. *כֹּהֵן קְרַב, יַעֲמֹד (פלוני בֶּן פלוני) **הַכֹּהֵן.**

*אם אין כוהן, הגבאי קורא ללוי או לישראל ואומר:

/אֵין כָּאן כֹּהֵן, יַעֲמֹד (פלוני בֶּן פלוני) **בִּמְקוֹם כֹּהֵן./**

בָּרוּךְ שֶׁנָּתַן תּוֹרָה לְעַמּוֹ יִשְׂרָאֵל בִּקְדֻשָּׁתוֹ.

הקהל ואחריו הגבאי:

וְאַתֶּם הַדְּבֵקִים בַּיהוה אֱלֹהֵיכֶם חַיִּים כֻּלְּכֶם הַיּוֹם: דברים ד

אקדמות לפני קריאת התורה בעמ׳ 220.
יום טוב שני של שבועות החל בשבת, קוראים ׳עַשֵּׂר תְּעַשֵּׂר׳ בעמ׳ 506,
ואם חל ביום חול, מתחילים ׳כָּל־הַבְּכוֹר׳ בעמ׳ 508.

קודם הברכה על העולה לראות היכן קוראים (מגילה לב ע״א)
ולנשק את ספר התורה (׳ערוך השולחן׳ קלט, טו). בשעת הברכה
אוחז בעמודי הספר (שו״ע קלט, יא על פי הראבי״ה והמנהיג).

עולה: **בָּרְכוּ אֶת יהוה הַמְבֹרָךְ.**

קהל: **בָּרוּךְ יהוה הַמְבֹרָךְ לְעוֹלָם וָעֶד.**

עולה: **בָּרוּךְ יהוה הַמְבֹרָךְ לְעוֹלָם וָעֶד.**
בָּרוּךְ אַתָּה יהוה, אֱלֹהֵינוּ מֶלֶךְ הָעוֹלָם
אֲשֶׁר בָּחַר בָּנוּ מִכָּל הָעַמִּים, וְנָתַן לָנוּ אֶת תּוֹרָתוֹ.
בָּרוּךְ אַתָּה יהוה, נוֹתֵן הַתּוֹרָה.

לאחר הקריאה, העולה מנשק את ספר התורה ומברך:

עולה: **בָּרוּךְ אַתָּה יהוה אֱלֹהֵינוּ מֶלֶךְ הָעוֹלָם**
אֲשֶׁר נָתַן לָנוּ תּוֹרַת אֱמֶת וְחַיֵּי עוֹלָם נָטַע בְּתוֹכֵנוּ.
בָּרוּךְ אַתָּה יהוה, נוֹתֵן הַתּוֹרָה.

מי שהיה בסכנה וניצל ממנה, מברך 'הַגּוֹמֵל':

בָּרוּךְ אַתָּה יהוה אֱלֹהֵינוּ מֶלֶךְ הָעוֹלָם הַגּוֹמֵל לְחַיָּבִים טוֹבוֹת שֶׁגְּמָלַנִי כָּל טוֹב.

הקהל עונה: **אָמֵן. מִי שֶׁגְּמָלְךָ כָּל טוֹב הוּא יִגְמָלְךָ כָּל טוֹב, סֶלָה.**

כאשר נער עולה לתורה בפעם הראשונה במלאות לו שלוש עשרה שנה, אביו מברך:

בָּרוּךְ שֶׁפְּטָרַנִי מֵעָנְשׁוֹ שֶׁלָּזֶה.

מי שבירך לעולה לתורה

מִי שֶׁבֵּרַךְ אֲבוֹתֵינוּ אַבְרָהָם יִצְחָק וְיַעֲקֹב, הוּא יְבָרֵךְ אֶת (פלוני בֶּן פלוני), **בַּעֲבוּר שֶׁעָלָה לִכְבוֹד הַמָּקוֹם וְלִכְבוֹד הַתּוֹרָה וְלִכְבוֹד הָרֶגֶל. בִּשְׂכַר זֶה הַקָּדוֹשׁ בָּרוּךְ הוּא יִשְׁמְרֵהוּ וְיַצִּילֵהוּ מִכָּל צָרָה וְצוּקָה וּמִכָּל נֶגַע וּמַחֲלָה, וְיִשְׁלַח בְּרָכָה וְהַצְלָחָה בְּכָל מַעֲשֵׂה יָדָיו וְיִזְכֶּה לַעֲלוֹת לָרֶגֶל עִם כָּל יִשְׂרָאֵל אֶחָיו, וְנֹאמַר אָמֵן.**

מי שבירך לחולֶה

מִי שֶׁבֵּרַךְ אֲבוֹתֵינוּ אַבְרָהָם יִצְחָק וְיַעֲקֹב, מֹשֶׁה וְאַהֲרֹן דָּוִד וּשְׁלֹמֹה הוּא יְבָרֵךְ וִירַפֵּא אֶת הַחוֹלֶה (פלוני בֶּן פלונית) **בַּעֲבוּר שֶׁ**(פלוני בֶּן פלוני) **נוֹדֵר צְדָקָה בַּעֲבוּרוֹ. בִּשְׂכַר זֶה הַקָּדוֹשׁ בָּרוּךְ הוּא יִמָּלֵא רַחֲמִים עָלָיו לְהַחֲלִימוֹ וּלְרַפְּאתוֹ וּלְהַחֲזִיקוֹ וּלְהַחֲיוֹתוֹ וְיִשְׁלַח לוֹ מְהֵרָה רְפוּאָה שְׁלֵמָה מִן הַשָּׁמַיִם לִרְמַ״ח אֵבָרָיו וּשְׁסָ״ה גִּידָיו בְּתוֹךְ שְׁאָר חוֹלֵי יִשְׂרָאֵל, רְפוּאַת הַנֶּפֶשׁ וּרְפוּאַת הַגּוּף. יוֹם טוֹב הוּא מִלִּזְעֹק וּרְפוּאָה קְרוֹבָה לָבוֹא, הַשְׁתָּא בַּעֲגָלָא וּבִזְמַן קָרִיב, וְנֹאמַר אָמֵן.**

מי שבירך לחולָה

מִי שֶׁבֵּרַךְ אֲבוֹתֵינוּ אַבְרָהָם יִצְחָק וְיַעֲקֹב, מֹשֶׁה וְאַהֲרֹן דָּוִד וּשְׁלֹמֹה הוּא יְבָרֵךְ וִירַפֵּא אֶת הַחוֹלָה (פלונית בַּת פלונית) **בַּעֲבוּר שֶׁ**(פלוני בֶּן פלוני) **נוֹדֵר צְדָקָה בַּעֲבוּרָהּ. בִּשְׂכַר זֶה הַקָּדוֹשׁ בָּרוּךְ הוּא יִמָּלֵא רַחֲמִים עָלֶיהָ לְהַחֲלִימָהּ וּלְרַפְּאתָהּ וּלְהַחֲזִיקָהּ וּלְהַחֲיוֹתָהּ וְיִשְׁלַח לָהּ מְהֵרָה רְפוּאָה שְׁלֵמָה מִן הַשָּׁמַיִם לְכָל אֵבָרֶיהָ וּלְכָל גִּידֶיהָ בְּתוֹךְ שְׁאָר חוֹלֵי יִשְׂרָאֵל, רְפוּאַת הַנֶּפֶשׁ**

וּרְפוּאַת הַגּוּף. יוֹם טוֹב הוּא מִלִּזְעֹק וּרְפוּאָה קְרוֹבָה לָבוֹא, הַשְׁתָּא בַּעֲגָלָא וּבִזְמַן קָרִיב, וְנֹאמַר אָמֵן.

מי שבירך ליולדת בן

מִי שֶׁבֵּרַךְ אֲבוֹתֵינוּ אַבְרָהָם יִצְחָק וְיַעֲקֹב, מֹשֶׁה וְאַהֲרֹן דָּוִד וּשְׁלֹמֹה, שָׂרָה רִבְקָה רָחֵל וְלֵאָה הוּא יְבָרֵךְ אֶת הָאִשָּׁה הַיּוֹלֶדֶת (פלונית בַּת פלוני) וְאֶת בְּנָהּ שֶׁנּוֹלַד לָהּ לְמַזָּל טוֹב בַּעֲבוּר שֶׁבַּעְלָהּ וְאָבִיו נוֹדֵר צְדָקָה בַּעֲדָם. בִּשְׂכַר זֶה יִזְכּוּ אָבִיו וְאִמּוֹ לְהַכְנִיסוֹ בִּבְרִיתוֹ שֶׁל אַבְרָהָם אָבִינוּ וּלְגַדְּלוֹ לְתוֹרָה וּלְחֻפָּה וּלְמַעֲשִׂים טוֹבִים, וְנֹאמַר אָמֵן.

מי שבירך ליולדת בת

מִי שֶׁבֵּרַךְ אֲבוֹתֵינוּ אַבְרָהָם יִצְחָק וְיַעֲקֹב, מֹשֶׁה וְאַהֲרֹן דָּוִד וּשְׁלֹמֹה, שָׂרָה רִבְקָה רָחֵל וְלֵאָה הוּא יְבָרֵךְ אֶת הָאִשָּׁה הַיּוֹלֶדֶת (פלונית בַּת פלוני) וְאֶת בִּתָּהּ שֶׁנּוֹלְדָה לָהּ לְמַזָּל טוֹב וְיִקָּרֵא שְׁמָהּ בְּיִשְׂרָאֵל (פלונית בַּת פלוני), בַּעֲבוּר שֶׁבַּעְלָהּ וְאָבִיהָ נוֹדֵר צְדָקָה בַּעֲדָן. בִּשְׂכַר זֶה יִזְכּוּ אָבִיהָ וְאִמָּהּ לְגַדְּלָהּ לְתוֹרָה וּלְחֻפָּה וּלְמַעֲשִׂים טוֹבִים, וְנֹאמַר אָמֵן.

מי שבירך לבר מצווה

מִי שֶׁבֵּרַךְ אֲבוֹתֵינוּ אַבְרָהָם יִצְחָק וְיַעֲקֹב הוּא יְבָרֵךְ אֶת (פלוני בֶּן פלוני) שֶׁמָּלְאוּ לוֹ שְׁלֹשׁ עֶשְׂרֵה שָׁנָה וְהִגִּיעַ לְמִצְוֹת, וְעָלָה לַתּוֹרָה, לָתֵת שֶׁבַח וְהוֹדָיָה לְהַשֵּׁם יִתְבָּרַךְ עַל כָּל הַטּוֹבָה שֶׁגָּמַל אִתּוֹ. יִשְׁמְרֵהוּ הַקָּדוֹשׁ בָּרוּךְ הוּא וִיחַיֵּהוּ, וִיכוֹנֵן אֶת לִבּוֹ לִהְיוֹת שָׁלֵם עִם יהוה וְלָלֶכֶת בִּדְרָכָיו וְלִשְׁמֹר מִצְוֹתָיו כָּל הַיָּמִים, וְנֹאמַר אָמֵן.

מי שבירך לבת מצווה

מִי שֶׁבֵּרַךְ אֲבוֹתֵינוּ אַבְרָהָם יִצְחָק וְיַעֲקֹב, שָׂרָה רִבְקָה רָחֵל וְלֵאָה, הוּא יְבָרֵךְ אֶת (פלונית בַּת פלוני) שֶׁמָּלְאוּ לָהּ שְׁתֵּים עֶשְׂרֵה שָׁנָה וְהִגִּיעָה לְמִצְוֹת, וְנוֹתֶנֶת שֶׁבַח וְהוֹדָיָה לְהַשֵּׁם יִתְבָּרַךְ עַל כָּל הַטּוֹבָה שֶׁגָּמַל אִתָּהּ. יִשְׁמְרֶהָ הַקָּדוֹשׁ בָּרוּךְ הוּא וִיחַיֶּהָ, וִיכוֹנֵן אֶת לִבָּהּ לִהְיוֹת שָׁלֵם עִם יהוה וְלָלֶכֶת בִּדְרָכָיו וְלִשְׁמֹר מִצְוֹתָיו כָּל הַיָּמִים, וְנֹאמַר אָמֵן.

אקדמות

אחרי שקראו לעולה הראשון וקודם שהתחיל את ברכת התורה (ט״ז, תצד, א), אומרים:

ש״ץ: אַקְדָּמוּת מִלִּין וְשָׁרָיוּת שׁוּתָא
אוֹלָא שָׁקֵלְנָא הַרְמָן וּרְשׁוּתָא.

קהל: בְּבָבֵי תְּרֵי וּתְלָת דְּאֶפְתַּח בְּנַקְשׁוּתָא
בְּבָרֵי דְּבָרֵי וְטָרֵי עֲדֵי לְקַשִּׁישׁוּתָא.

ש״ץ: גְּבוּרָן עָלְמִין לֵהּ, וְלָא סָפֵק פְּרִישׁוּתָא
גְּוִיל אִלּוּ רְקִיעֵי, קְנֵי כָּל חֻרְשָׁתָא.

קהל: דְּיוֹ אִלּוּ יַמֵּי וְכָל מֵי כְנִישׁוּתָא
דָּיְרֵי אַרְעָא סָפְרֵי וְרָשְׁמֵי רַשְׁוָתָא.

ש״ץ: הֲדַר מָרֵי שְׁמַיָּא וְשַׁלִּיט בְּיַבֶּשְׁתָּא
הֲקֵים עָלְמָא יְחִידָאי, וְכַבְּשֵׁהּ בְּכַבְּשׁוּתָא.

קהל: וּבְלָא לֵאוּ שַׁכְלְלֵהּ, וּבְלָא תְשָׁשׁוּתָא
וּבְאָתָא קַלִּילָא דְּלֵית בַּהּ מְשָׁשׁוּתָא.

ש״ץ: זַמֵּן כָּל עֲבִידְתֵּהּ בְּהַךְ יוֹמֵי שִׁתָּא
זֵהוֹר יְקָרֵהּ עִלִּי, עֲלֵי כָּרְסְיֵהּ דְּאֶשָּׁתָא.

קהל: חֲיַל אֶלֶף אַלְפִין וְרִבּוֹא לְשַׁמָּשׁוּתָא
חַדְתִּין נְבוֹט לְצַפְרִין, סַגִּיאָה טְרָשׁוּתָא.

ש״ץ: טְפֵי יְקִידִין שְׂרָפִין, כְּלוּל גַּפֵּי שִׁתָּא
טְעֵם עַד יִתְיְהֵב לְהוֹן, שְׁתִיקִין בְּאַדִּישְׁתָּא.

קהל: יְקַבְּלוּן דֵּין מִן דֵּין שָׁוֵי דְּלָא בְשַׁשְׁתָּא
יְקָר מְלֵי כָל אַרְעָא לְתַלּוֹתֵי קְדֻשְׁתָּא.

ש״ץ: כְּקָל מִן קֳדָם שַׁדַּי, כְּקָל מֵי נְפִישׁוּתָא
כְּרוּבִין קֳבֵל גַּלְגִּלִּין מְרוֹמְמִין בְּאַוְשָׁתָא.

קהל: לְמֶחֱזֵי בְּאַנְפָּא עֵין כְּוַת גִּירֵי קַשְׁתָּא
לְכָל אֲתַר דְּמִשְׁתַּלְּחִין, זְרִיזִין בְּאַשְׁוָתָא.

ש״ץ: מְבָרְכִין בְּרִיךְ יְקָרֵהּ בְּכָל לִשַּׁן לְחִישׁוּתָא
מֵאֲתַר בֵּית שְׁכִינְתֵהּ, דְּלָא צְרִיךְ בְּחִישׁוּתָא.

קהל: נְהֵם כָּל חֵיל מְרוֹמָא, מְקַלְּסִין בַּחֲשַׁשְׁתָּא
נְהִירָא מַלְכוּתֵהּ לְדָר וְדָר לְאַפְרַשְׁתָּא.

ש״ץ: סְדִירָא בְהוֹן קְדֻשְׁתָּא, וְכַד חָלְפָא שַׁעְתָּא
סִיּוּמָא דִלְעָלַם, וְאוֹף לָא לִשְׁבוּעֲתָא.

קהל: עֲדַב יְקַר אַחְסַנְתֵּהּ חֲבִיבִין, דִּבְקַבְּעְתָּא
עֲבִידִין לֵהּ חֲטִיבָא בִּדְנַח וּשְׁקַעְתָּא.

ש״ץ: פְּרִישָׁן לְמָנָתֵהּ לְמֶעְבַּד לֵהּ רְעוּתָא
פְּרִישָׁתֵי שְׁבָחֵהּ יְחַוּוֹן בְּשָׁעוּתָא.

קהל: צְבֵי וְחַמֵּד וְרָגֵג דְּיִלְאוֹן בְּלָעוּתָא
צְלוֹתְהוֹן בְּכֵן מְקַבֵּל, וְהָנְיָא בָעוּתָא.

ש״ץ: קְטִירָא לְחַי עָלְמָא בְּתָגָא בִּשְׁבוּעֲתָא
קֳבֵל יְקַר טוֹטֶפְתָּא יְתִיבָא בִּקְבִיעֲתָא.

קהל: רְשִׁימָא הִיא גוּפָא בְּחָכְמְתָא וּבְדַעְתָּא
רְבוּתְהוֹן דְּיִשְׂרָאֵל, קָרְאֵי בִשְׁמַעְתָּא.

ש״ץ: שְׁבַח רִבּוֹן עָלְמָא, אֲמִירָא דַכְוָתָא
שְׁפַר עֲלַי לְחַוּוֹיֵהּ בְּאַפֵּי מַלְכְוָתָא.

קהל: תָּאִין וּמִתְכַּנְּשִׁין כְּחֵזוּ אַדְוָתָא
תְּמֵהִין וְשָׁיְלִין לֵהּ בְּעֵסֶק אָתְוָתָא.

ש״ץ: מְנָן וּמַאן הוּא רְחִימָךְ, שַׁפִּירָא בְּרֵוָתָא
אֲרוּם בְּגִינֵהּ סְפֵית מְדוֹר אַרְיָוָתָא.

קהל: יְקָרָא וְיָאֶה אַתְּ, אִין תְּעָרְבִי לְמָרְוָתָא
רְעוּתֵךְ נַעֲבֵד לִיךְ בְּכָל אַתְרְוָתָא.

ש״ץ: בְּחָכְמְתָא מְתִיבְתָא לְהוֹן, קְצָת לְהוֹדָעוּתָא
יְדַעְתּוּן חַכְּמִין לֵהּ בְּאִשְׁתְּמוֹדָעוּתָא.

קהל: רְבוּתְכוֹן מָה חֲשִׁיבָא קֳבֵל הַהִיא שְׁבַחְתָּא
רְבוּתָא דְיַעֲבֵד לִי, כַּד מָטְיָא יְשׁוּעֲתָא.

ש״ץ: בְּמֵיתֵי לִי נְהוֹרָא, וְתַחֲפֵי לְכוֹן בַּהֲתָא
יְקָרֵהּ כַּד אִתְגְּלֵי בְּתָקְפָא וּבְגֵיוְתָא.

קהל: יְשַׁלֵּם גְּמָלְיָא לְסָנְאֵי וְנַגְוָתָא
צִדְקָתָא לְעַם חָבִיב וְסַגִּי זַכְוָתָא.

ש״ץ: חֲדוּ שְׁלֵמָא בְּמֵיתֵי, וּמָנָא דַכְוָתָא
קִרְיְתָא דִירוּשְׁלֵם כַּד יְכַנֵּשׁ גָּלְוָתָא.

קהל: יְקָרֵהּ מַטֵּל עֲלֵהּ בְּיוֹמֵי וְלֵילְוָתָא
גְּנוּנֵהּ לְמֶעְבַּד בַּהּ בְּתֻשְׁבְּחָן כְּלִילָתָא.

ש״ץ: דְּזֵהוֹר עֲנָנַיָּא לְמִשְׁפַּר כִּילָתָא
לְפָמֵהּ דַעֲבִידְתָא עֲבִידָן מְטַלַּלְתָּא.

קהל: בְּתַכְתְּקֵי דְהַב פִּזָא, וּשְׁבַע מַעֲלָתָא
תְּחִימִין צַדִּיקֵי קֳדָם רַב פָּעֳלָתָא.

ש״ץ: וְרֵוֵיהוֹן דָּמֵי לְשָׂבְעָא חֶדְוָתָא
רְקִיעָא בְּזֵהוֹרֵהּ וְכוֹכְבֵי זִיוָתָא.

קהל: הֲדָרָא דְּלָא אֶפְשַׁר לְמִפְרַט שִׂפְוָתָא
וְלָא אִשְׁתְּמַע וַחֲמֵי נְבִיאָן חֶזְוָתָא.

ש״ץ: בְּלָא שָׁלְטָא בֵהּ עֵין, בְּגוֹ עֵדֶן גִּנְּתָא
מְטַיְּלֵי בֵהּ חִנְגָּא לְבַהֲדֵי דִשְׁכִינְתָּא.

קהל: עֲלֵהּ רְמָזֵי דִין הוּא, בְּרַם בְּאֵימְתָנוּתָא
שְׁבַרְנָא לֵהּ בְּשִׁבְחִין, תְּקוֹף הֵמָנוּתָא.

ש״ץ: יְדַבַּר לָן עָלְמִין, עָלְמִין מְדַמּוּתָא
מְנָת דִּילָן דְּמִלְּקַדְמִין פָּרֵשׁ בְּאֲרָמוּתָא.

קהל: טְלוּלָא דְלִוְיָתָן וְתוֹר טוּר רָמוּתָא
וְחַד בְּחַד כִּי סָבִיךְ וְעָבֵד קְרָבוּתָא.

ש״ץ: בְּקַרְנוֹהִי מְנַגַּח בְּהֵמוֹת בְּרַבְרְבוּתָא
יְקַרְטַע נוּן לְקִבְלֵהּ בְּצִיצוֹי בִּגְבוּרְתָא.

קהל: מְקָרֵב לֵהּ בָּרְיֵהּ בְּחַרְבֵּהּ בְּרַבְרְבוּתָא
אֲרִסְטוֹן לְצַדִּיקֵי יְתַקֵּן, וְשֵׁרוּתָא.

ש״ץ: מְסַחֲרִין עֲלֵי תַכֵּי דְּכַדְכֹּד וְגוּמַרְתָּא
נְגִידִין קָמֵיהוֹן אֲפַרְסְמוֹן נַהֲרָתָא.

קהל: וּמִתְפַּנְּקִין וְרָווּ בְּכַסֵּי רְוָיָתָא
חֲמַר מְרַת דְּמִבְּרֵאשִׁית נְטִיר בֵּי נַעֲוָתָא.

ש״ץ: זַכָּאִין, כַּד שְׁמַעְתּוּן שְׁבַח דָּא שִׁירָתָא
קְבִיעִין כֵּן תֶּהֱוּוּן בְּהַנְהוּ חֲבוּרָתָא.

קהל: וְתִזְכּוּן דִּי תֵיתְבוּן בְּעֵלָּא דָרָתָא
אֲרֵי תְצִיתוּן לְמִלּוֹי, דְּנָפְקִין בְּהַדְרָתָא.

ש״ץ: מְרוֹמָם הוּא אֱלָהִין בְּקַדְמָתָא וּבָתְרַיְתָא
צְבִי וְאִתְרְעִי בַן, וּמְסַר לָן אוֹרַיְתָא.

קריאת התורה לשבועות

בַּחֹ֙דֶשׁ֙ הַשְּׁלִישִׁ֔י לְצֵ֥את בְּנֵֽי־יִשְׂרָאֵ֖ל מֵאֶ֣רֶץ מִצְרָ֑יִם בַּיּ֣וֹם הַזֶּ֔ה שמות יט,א–כ,כג
בָּ֖אוּ מִדְבַּ֥ר סִינָֽי׃ וַיִּסְע֣וּ מֵרְפִידִ֗ים וַיָּבֹ֙אוּ֙ מִדְבַּ֣ר סִינַ֔י וַֽיַּחֲנ֖וּ בַּמִּדְבָּ֑ר
וַיִּֽחַן־שָׁ֥ם יִשְׂרָאֵ֖ל נֶ֥גֶד הָהָֽר׃ וּמֹשֶׁ֥ה עָלָ֖ה אֶל־הָאֱלֹהִ֑ים וַיִּקְרָ֨א

אֵלָיו יְהוָה מִן־הָהָר לֵאמֹר כֹּה תֹאמַר לְבֵית יַעֲקֹב וְתַגֵּיד לִבְנֵי
יִשְׂרָאֵל: אַתֶּם רְאִיתֶם אֲשֶׁר עָשִׂיתִי לְמִצְרָיִם וָאֶשָּׂא אֶתְכֶם עַל־
כַּנְפֵי נְשָׁרִים וָאָבִא אֶתְכֶם אֵלָי: וְעַתָּה אִם־שָׁמוֹעַ תִּשְׁמְעוּ בְּקֹלִי
וּשְׁמַרְתֶּם אֶת־בְּרִיתִי וִהְיִיתֶם לִי סְגֻלָּה מִכָּל־הָעַמִּים כִּי־לִי כָּל־
הָאָרֶץ: וְאַתֶּם תִּהְיוּ־לִי מַמְלֶכֶת כֹּהֲנִים וְגוֹי קָדוֹשׁ אֵלֶּה הַדְּבָרִים
לוי אֲשֶׁר תְּדַבֵּר אֶל־בְּנֵי יִשְׂרָאֵל: וַיָּבֹא מֹשֶׁה וַיִּקְרָא לְזִקְנֵי הָעָם
וַיָּשֶׂם לִפְנֵיהֶם אֵת כָּל־הַדְּבָרִים הָאֵלֶּה אֲשֶׁר צִוָּהוּ יְהוָה: וַיַּעֲנוּ
כָל־הָעָם יַחְדָּו וַיֹּאמְרוּ כֹּל אֲשֶׁר־דִּבֶּר יְהוָה נַעֲשֶׂה וַיָּשֶׁב מֹשֶׁה
אֶת־דִּבְרֵי הָעָם אֶל־יְהוָה: וַיֹּאמֶר יְהוָה אֶל־מֹשֶׁה הִנֵּה אָנֹכִי
בָּא אֵלֶיךָ בְּעַב הֶעָנָן בַּעֲבוּר יִשְׁמַע הָעָם בְּדַבְּרִי עִמָּךְ וְגַם־בְּךָ
יַאֲמִינוּ לְעוֹלָם וַיַּגֵּד מֹשֶׁה אֶת־דִּבְרֵי הָעָם אֶל־יְהוָה: וַיֹּאמֶר יְהוָה
אֶל־מֹשֶׁה לֵךְ אֶל־הָעָם וְקִדַּשְׁתָּם הַיּוֹם וּמָחָר וְכִבְּסוּ שִׂמְלֹתָם:
וְהָיוּ נְכֹנִים לַיּוֹם הַשְּׁלִישִׁי כִּי | בַּיּוֹם הַשְּׁלִשִׁי יֵרֵד יְהוָה לְעֵינֵי כָל־
הָעָם עַל־הַר סִינָי: וְהִגְבַּלְתָּ אֶת־הָעָם סָבִיב לֵאמֹר הִשָּׁמְרוּ לָכֶם
עֲלוֹת בָּהָר וּנְגֹעַ בְּקָצֵהוּ כָּל־הַנֹּגֵעַ בָּהָר מוֹת יוּמָת: לֹא־תִגַּע בּוֹ
יָד כִּי־סָקוֹל יִסָּקֵל אוֹ־יָרֹה יִיָּרֶה אִם־בְּהֵמָה אִם־אִישׁ לֹא יִחְיֶה
שלישי בִּמְשֹׁךְ הַיֹּבֵל הֵמָּה יַעֲלוּ בָהָר: וַיֵּרֶד מֹשֶׁה מִן־הָהָר אֶל־הָעָם
וַיְקַדֵּשׁ אֶת־הָעָם וַיְכַבְּסוּ שִׂמְלֹתָם: וַיֹּאמֶר אֶל־הָעָם הֱיוּ נְכֹנִים
לִשְׁלֹשֶׁת יָמִים אַל־תִּגְּשׁוּ אֶל־אִשָּׁה: וַיְהִי בַיּוֹם הַשְּׁלִישִׁי בִּהְיֹת
הַבֹּקֶר וַיְהִי קֹלֹת וּבְרָקִים וְעָנָן כָּבֵד עַל־הָהָר וְקֹל שֹׁפָר חָזָק
מְאֹד וַיֶּחֱרַד כָּל־הָעָם אֲשֶׁר בַּמַּחֲנֶה: וַיּוֹצֵא מֹשֶׁה אֶת־הָעָם
לִקְרַאת הָאֱלֹהִים מִן־הַמַּחֲנֶה וַיִּתְיַצְּבוּ בְּתַחְתִּית הָהָר: וְהַר
סִינַי עָשַׁן כֻּלּוֹ מִפְּנֵי אֲשֶׁר יָרַד עָלָיו יְהוָה בָּאֵשׁ וַיַּעַל עֲשָׁנוֹ כְּעֶשֶׁן

הַכִּבְשָׁן וַיֶּחֱרַד כָּל־הָהָר מְאֹד: וַיְהִי קוֹל הַשֹּׁפָר הוֹלֵךְ וְחָזֵק
מְאֹד מֹשֶׁה יְדַבֵּר וְהָאֱלֹהִים יַעֲנֶנּוּ בְקוֹל: וַיֵּרֶד יְהוָה עַל־הַר רביעי
סִינַי אֶל־רֹאשׁ הָהָר וַיִּקְרָא יְהוָה לְמֹשֶׁה אֶל־רֹאשׁ הָהָר וַיַּעַל
מֹשֶׁה: וַיֹּאמֶר יְהוָה אֶל־מֹשֶׁה רֵד הָעֵד בָּעָם פֶּן־יֶהֶרְסוּ אֶל־יְהוָה
לִרְאוֹת וְנָפַל מִמֶּנּוּ רָב: וְגַם הַכֹּהֲנִים הַנִּגָּשִׁים אֶל־יְהוָה יִתְקַדָּשׁוּ
פֶּן־יִפְרֹץ בָּהֶם יְהוָה: וַיֹּאמֶר מֹשֶׁה אֶל־יְהוָה לֹא־יוּכַל הָעָם
לַעֲלֹת אֶל־הַר סִינָי כִּי־אַתָּה הַעֵדֹתָה בָּנוּ לֵאמֹר הַגְבֵּל אֶת־הָהָר
וְקִדַּשְׁתּוֹ: וַיֹּאמֶר אֵלָיו יְהוָה לֶךְ־רֵד וְעָלִיתָ אַתָּה וְאַהֲרֹן עִמָּךְ
וְהַכֹּהֲנִים וְהָעָם אַל־יֶהֶרְסוּ לַעֲלֹת אֶל־יְהוָה פֶּן־יִפְרָץ־בָּם: וַיֵּרֶד
מֹשֶׁה אֶל־הָעָם וַיֹּאמֶר אֲלֵהֶם: וַיְדַבֵּר אֱלֹהִים אֵת
כָּל־הַדְּבָרִים הָאֵלֶּה לֵאמֹר: אָנֹכִי יְהוָה אֱלֹהֶיךָ אֲשֶׁר
הוֹצֵאתִיךָ מֵאֶרֶץ מִצְרַיִם מִבֵּית עֲבָדִים לֹא יִהְיֶה לְךָ אֱלֹהִים
אֲחֵרִים עַל־פָּנַי לֹא תַעֲשֶׂה־לְךָ פֶסֶל ׀ וְכָל־תְּמוּנָה אֲשֶׁר בַּשָּׁמַיִם ׀
מִמַּעַל וַאֲשֶׁר בָּאָרֶץ מִתָּחַת וַאֲשֶׁר בַּמַּיִם ׀ מִתַּחַת לָאָרֶץ לֹא־
תִשְׁתַּחְוֶה לָהֶם וְלֹא תָעָבְדֵם כִּי אָנֹכִי יְהוָה אֱלֹהֶיךָ אֵל קַנָּא
פֹּקֵד עֲוֹן אָבֹת עַל־בָּנִים עַל־שִׁלֵּשִׁים וְעַל־רִבֵּעִים לְשֹׂנְאָי וְעֹשֶׂה
חֶסֶד לַאֲלָפִים לְאֹהֲבַי וּלְשֹׁמְרֵי מִצְוֹתָי: לֹא תִשָּׂא
אֶת־שֵׁם־יְהוָה אֱלֹהֶיךָ לַשָּׁוְא כִּי לֹא יְנַקֶּה יְהוָה אֵת אֲשֶׁר־יִשָּׂא
אֶת־שְׁמוֹ לַשָּׁוְא:

זָכוֹר אֶת־יוֹם הַשַּׁבָּת לְקַדְּשׁוֹ שֵׁשֶׁת יָמִים תַּעֲבֹד וְעָשִׂיתָ כָּל־
מְלַאכְתֶּךָ וְיוֹם הַשְּׁבִיעִי שַׁבָּת ׀ לַיְהוָה אֱלֹהֶיךָ לֹא תַעֲשֶׂה כָל־
מְלָאכָה אַתָּה וּבִנְךָ וּבִתֶּךָ עַבְדְּךָ וַאֲמָתְךָ וּבְהֶמְתֶּךָ וְגֵרְךָ אֲשֶׁר
בִּשְׁעָרֶיךָ כִּי שֵׁשֶׁת־יָמִים עָשָׂה יְהוָה אֶת־הַשָּׁמַיִם וְאֶת־הָאָרֶץ

אֶת־הַיָּם֙ וְאֶת־כָּל־אֲשֶׁר־בָּ֔ם וַיָּ֖נַח בַּיּ֣וֹם הַשְּׁבִיעִ֑י עַל־כֵּ֗ן בֵּרַ֧ךְ
יְהוָ֛ה אֶת־י֥וֹם הַשַּׁבָּ֖ת וַֽיְקַדְּשֵֽׁהוּ׃ כַּבֵּ֥ד אֶת־אָבִ֖יךָ
וְאֶת־אִמֶּ֑ךָ לְמַ֙עַן֙ יַאֲרִכ֣וּן יָמֶ֔יךָ עַ֚ל הָֽאֲדָמָ֔ה אֲשֶׁר־יְהוָ֥ה אֱלֹהֶ֖יךָ
נֹתֵ֥ן לָֽךְ׃ לֹ֥א תִּרְצָֽח׃ לֹ֥א
תִּנְאָֽף׃ לֹ֥א תִּגְנֹֽב׃ לֹֽא־
תַעֲנֶ֥ה בְרֵֽעֲךָ֖ עֵ֥ד שָֽׁקֶר׃ לֹ֥א
תַחְמֹ֖ד בֵּ֣ית רֵעֶ֑ךָ לֹֽא־
תַחְמֹ֞ד אֵ֣שֶׁת רֵעֶ֗ךָ וְעַבְדּ֤וֹ וַאֲמָתוֹ֙ וְשׁוֹר֣וֹ וַחֲמֹר֔וֹ וְכֹ֖ל אֲשֶׁ֥ר
לְרֵעֶֽךָ׃
חמישי וְכָל־הָעָם֩ רֹאִ֨ים אֶת־הַקּוֹלֹ֜ת וְאֶת־הַלַּפִּידִ֗ם וְאֵת֙ ק֣וֹל הַשֹּׁפָ֔ר
וְאֶת־הָהָ֖ר עָשֵׁ֑ן וַיַּ֤רְא הָעָם֙ וַיָּנֻ֔עוּ וַיַּֽעַמְד֖וּ מֵֽרָחֹֽק׃ וַיֹּֽאמְרוּ֙ אֶל־
מֹשֶׁ֔ה דַּבֵּר־אַתָּ֥ה עִמָּ֖נוּ וְנִשְׁמָ֑עָה וְאַל־יְדַבֵּ֥ר עִמָּ֛נוּ אֱלֹהִ֖ים פֶּן־
נָמֽוּת׃ וַיֹּ֨אמֶר מֹשֶׁ֣ה אֶל־הָעָם֮ אַל־תִּירָאוּ֒ כִּ֗י לְבַֽעֲבוּר֙ נַסּ֣וֹת
אֶתְכֶ֔ם בָּ֖א הָאֱלֹהִ֑ים וּבַעֲב֗וּר תִּהְיֶ֧ה יִרְאָת֛וֹ עַל־פְּנֵיכֶ֖ם לְבִלְתִּ֥י
תֶחֱטָֽאוּ׃ וַיַּעֲמֹ֥ד הָעָ֖ם מֵֽרָחֹ֑ק וּמֹשֶׁה֙ נִגַּ֣שׁ אֶל־הָֽעֲרָפֶ֔ל אֲשֶׁר־
שָׁ֖ם הָאֱלֹהִֽים׃ וַיֹּ֤אמֶר יְהוָה֙ אֶל־מֹשֶׁ֔ה כֹּ֥ה תֹאמַ֖ר
אֶל־בְּנֵ֣י יִשְׂרָאֵ֑ל אַתֶּ֣ם רְאִיתֶ֔ם כִּ֚י מִן־הַשָּׁמַ֔יִם דִּבַּ֖רְתִּי עִמָּכֶֽם׃
לֹ֥א תַעֲשׂ֖וּן אִתִּ֑י אֱלֹ֤הֵי כֶ֙סֶף֙ וֵֽאלֹהֵ֣י זָהָ֔ב לֹ֥א תַעֲשׂ֖וּ לָכֶֽם׃ מִזְבַּ֣ח
אֲדָמָה֮ תַּעֲשֶׂה־לִּי֒ וְזָבַחְתָּ֣ עָלָ֗יו אֶת־עֹלֹתֶ֙יךָ֙ וְאֶת־שְׁלָמֶ֔יךָ אֶת־
צֹֽאנְךָ֖ וְאֶת־בְּקָרֶ֑ךָ בְּכָל־הַמָּקוֹם֙ אֲשֶׁ֣ר אַזְכִּ֣יר אֶת־שְׁמִ֔י אָב֥וֹא
אֵלֶ֖יךָ וּבֵרַכְתִּֽיךָ׃ וְאִם־מִזְבַּ֤ח אֲבָנִים֙ תַּעֲשֶׂה־לִּ֔י לֹֽא־תִבְנֶ֥ה אֶתְהֶ֖ן
גָּזִ֑ית כִּ֧י חַרְבְּךָ֛ הֵנַ֥פְתָּ עָלֶ֖יהָ וַתְּחַֽלְלֶֽהָ׃ וְלֹֽא־תַעֲלֶ֥ה בְמַעֲלֹ֖ת עַל־
מִזְבְּחִ֑י אֲשֶׁ֛ר לֹֽא־תִגָּלֶ֥ה עֶרְוָתְךָ֖ עָלָֽיו׃

חצי קדיש

לפני שקוראים למפטיר, בעל הקורא אומר חצי קדיש (רמב״ם, תפילה פי״ב ה״כ).

קורא: יִתְגַּדַּל וְיִתְקַדַּשׁ שְׁמֵהּ רַבָּא (קהל: אָמֵן)
בְּעָלְמָא דִּי בְרָא כִרְעוּתֵהּ
וְיַמְלִיךְ מַלְכוּתֵהּ וְיַצְמַח פֻּרְקָנֵהּ וִיקָרֵב מְשִׁיחֵהּ (קהל: אָמֵן)
בְּחַיֵּיכוֹן וּבְיוֹמֵיכוֹן וּבְחַיֵּי דְכָל בֵּית יִשְׂרָאֵל
בַּעֲגָלָא וּבִזְמַן קָרִיב, וְאִמְרוּ אָמֵן. (קהל: אָמֵן)

קהל וקורא: יְהֵא שְׁמֵהּ רַבָּא מְבָרַךְ לְעָלַם וּלְעָלְמֵי עָלְמַיָּא.

קורא: יִתְבָּרַךְ וְיִשְׁתַּבַּח וְיִתְפָּאַר וְיִתְרוֹמַם וְיִתְנַשֵּׂא
וְיִתְהַדָּר וְיִתְעַלֶּה וְיִתְהַלָּל
שְׁמֵהּ דְּקֻדְשָׁא בְּרִיךְ הוּא (קהל: אָמֵן)
לְעֵלָּא מִן כָּל בִּרְכָתָא וְשִׁירָתָא, תֻּשְׁבְּחָתָא וְנֶחֱמָתָא
דַּאֲמִירָן בְּעָלְמָא, וְאִמְרוּ אָמֵן. (קהל: אָמֵן)

הגבהה וגלילה

כאשר מגביהים את ספר התורה, הקהל אומר:

וְזֹאת הַתּוֹרָה אֲשֶׁר־שָׂם מֹשֶׁה לִפְנֵי בְּנֵי יִשְׂרָאֵל: דברים ד
עַל־פִּי יהוה בְּיַד מֹשֶׁה: במדבר ט

ויש מוסיפים: עֵץ־חַיִּים הִיא לַמַּחֲזִיקִים בָּהּ וְתֹמְכֶיהָ מְאֻשָּׁר: משלי ג
דְּרָכֶיהָ דַרְכֵי־נֹעַם וְכָל־נְתִיבוֹתֶיהָ שָׁלוֹם:
אֹרֶךְ יָמִים בִּימִינָהּ, בִּשְׂמֹאולָהּ עֹשֶׁר וְכָבוֹד:
יהוה חָפֵץ לְמַעַן צִדְקוֹ יַגְדִּיל תּוֹרָה וְיַאְדִּיר: ישעיה מב

מפטיר

וּבְיוֹם הַבִּכּוּרִים בְּהַקְרִיבְכֶם מִנְחָה חֲדָשָׁה לַיהוה בְּשָׁבֻעֹתֵיכֶם במדבר כח, כו–לא
מִקְרָא־קֹדֶשׁ יִהְיֶה לָכֶם כָּל־מְלֶאכֶת עֲבֹדָה לֹא תַעֲשׂוּ:
וְהִקְרַבְתֶּם עוֹלָה לְרֵיחַ נִיחֹחַ לַיהוה פָּרִים בְּנֵי־בָקָר שְׁנַיִם אַיִל

אֶחָד שִׁבְעָה כְבָשִׂים בְּנֵי שָׁנָה: וּמִנְחָתָם סֹלֶת בְּלוּלָה בַשָּׁמֶן שְׁלֹשָׁה עֶשְׂרֹנִים לַפָּר הָאֶחָד שְׁנֵי עֶשְׂרֹנִים לָאַיִל הָאֶחָד: עִשָּׂרוֹן עִשָּׂרוֹן לַכֶּבֶשׂ הָאֶחָד לְשִׁבְעַת הַכְּבָשִׂים: שְׂעִיר עִזִּים אֶחָד לְכַפֵּר עֲלֵיכֶם: מִלְּבַד עֹלַת הַתָּמִיד וּמִנְחָתוֹ תַּעֲשׂוּ תְּמִימִם יִהְיוּ־לָכֶם וְנִסְכֵּיהֶם:

מגביהים את ספר התורה השני (בעמוד הקודם).

ברכות ההפטרה

לפני קריאת ההפטרה בנביא, המפטיר מברך:

בָּרוּךְ אַתָּה יהוה אֱלֹהֵינוּ מֶלֶךְ הָעוֹלָם אֲשֶׁר בָּחַר בִּנְבִיאִים טוֹבִים, וְרָצָה בְדִבְרֵיהֶם הַנֶּאֱמָרִים בֶּאֱמֶת. בָּרוּךְ אַתָּה יהוה, הַבּוֹחֵר בַּתּוֹרָה וּבְמֹשֶׁה עַבְדּוֹ וּבְיִשְׂרָאֵל עַמּוֹ וּבִנְבִיאֵי הָאֱמֶת וָצֶדֶק.

הפטרה ליום טוב ראשון של שבועות

יחזקאל א,א–כח וַיְהִי ׀ בִּשְׁלֹשִׁים שָׁנָה בָּרְבִיעִי בַּחֲמִשָּׁה לַחֹדֶשׁ וַאֲנִי בְתוֹךְ־
הַגּוֹלָה עַל־נְהַר־כְּבָר נִפְתְּחוּ הַשָּׁמַיִם וָאֶרְאֶה מַרְאוֹת אֱלֹהִים:
בַּחֲמִשָּׁה לַחֹדֶשׁ הִיא הַשָּׁנָה הַחֲמִישִׁית לְגָלוּת הַמֶּלֶךְ יוֹיָכִין:
הָיֹה הָיָה דְבַר־יְהוָֹה אֶל־יְחֶזְקֵאל בֶּן־בּוּזִי הַכֹּהֵן בְּאֶרֶץ כַּשְׂדִּים
עַל־נְהַר־כְּבָר וַתְּהִי עָלָיו שָׁם יַד־יְהוָה: וָאֵרֶא וְהִנֵּה רוּחַ סְעָרָה
בָּאָה מִן־הַצָּפוֹן עָנָן גָּדוֹל וְאֵשׁ מִתְלַקַּחַת וְנֹגַהּ לוֹ סָבִיב וּמִתּוֹכָהּ
כְּעֵין הַחַשְׁמַל מִתּוֹךְ הָאֵשׁ: וּמִתּוֹכָהּ דְּמוּת אַרְבַּע חַיּוֹת וְזֶה
מַרְאֵיהֶן דְּמוּת אָדָם לָהֵנָּה: וְאַרְבָּעָה פָנִים לְאֶחָת וְאַרְבַּע
כְּנָפַיִם לְאַחַת לָהֶם: וְרַגְלֵיהֶם רֶגֶל יְשָׁרָה וְכַף רַגְלֵיהֶם כְּכַף
וִידֵי רֶגֶל עֵגֶל וְנֹצְצִים כְּעֵין נְחֹשֶׁת קָלָל: וִידוּ אָדָם מִתַּחַת כַּנְפֵיהֶם
עַל אַרְבַּעַת רִבְעֵיהֶם וּפְנֵיהֶם וְכַנְפֵיהֶם לְאַרְבַּעְתָּם: חֹבְרֹת
אִשָּׁה אֶל־אֲחוֹתָהּ כַּנְפֵיהֶם לֹא־יִסַּבּוּ בְלֶכְתָּן אִישׁ אֶל־עֵבֶר פָּנָיו

יֵלֵכוּ: וּדְמוּת פְּנֵיהֶם פְּנֵי אָדָם וּפְנֵי אַרְיֵה אֶל־הַיָּמִין לְאַרְבַּעְתָּם
וּפְנֵי־שׁוֹר מֵהַשְּׂמֹאול לְאַרְבַּעְתָּן וּפְנֵי־נֶשֶׁר לְאַרְבַּעְתָּן: וּפְנֵיהֶם
וְכַנְפֵיהֶם פְּרֻדוֹת מִלְמָעְלָה לְאִישׁ שְׁתַּיִם חֹבְרוֹת אִישׁ וּשְׁתַּיִם
מְכַסּוֹת אֵת גְּוִיֹּתֵיהֶנָה: וְאִישׁ אֶל־עֵבֶר פָּנָיו יֵלֵכוּ אֶל אֲשֶׁר
יִהְיֶה־שָּׁמָּה הָרוּחַ לָלֶכֶת יֵלֵכוּ לֹא יִסַּבּוּ בְּלֶכְתָּן: וּדְמוּת הַחַיּוֹת
מַרְאֵיהֶם כְּגַחֲלֵי־אֵשׁ בֹּעֲרוֹת כְּמַרְאֵה הַלַּפִּדִים הִיא מִתְהַלֶּכֶת
בֵּין הַחַיּוֹת וְנֹגַהּ לָאֵשׁ וּמִן־הָאֵשׁ יוֹצֵא בָרָק: וְהַחַיּוֹת רָצוֹא
וָשׁוֹב כְּמַרְאֵה הַבָּזָק: וָאֵרֶא הַחַיּוֹת וְהִנֵּה אוֹפַן אֶחָד בָּאָרֶץ
אֵצֶל הַחַיּוֹת לְאַרְבַּעַת פָּנָיו: מַרְאֵה הָאוֹפַנִּים וּמַעֲשֵׂיהֶם כְּעֵין
תַּרְשִׁישׁ וּדְמוּת אֶחָד לְאַרְבַּעְתָּן וּמַרְאֵיהֶם וּמַעֲשֵׂיהֶם כַּאֲשֶׁר
יִהְיֶה הָאוֹפַן בְּתוֹךְ הָאוֹפָן: עַל־אַרְבַּעַת רִבְעֵיהֶן בְּלֶכְתָּם יֵלֵכוּ
לֹא יִסַּבּוּ בְּלֶכְתָּן: וְגַבֵּיהֶן וְגֹבַהּ לָהֶם וְיִרְאָה לָהֶם וְגַבֹּתָם מְלֵאֹת
עֵינַיִם סָבִיב לְאַרְבַּעְתָּן: וּבְלֶכֶת הַחַיּוֹת יֵלְכוּ הָאוֹפַנִּים אֶצְלָם
וּבְהִנָּשֵׂא הַחַיּוֹת מֵעַל הָאָרֶץ יִנָּשְׂאוּ הָאוֹפַנִּים: עַל אֲשֶׁר יִהְיֶה־
שָּׁם הָרוּחַ לָלֶכֶת יֵלֵכוּ שָׁמָּה הָרוּחַ לָלֶכֶת וְהָאוֹפַנִּים יִנָּשְׂאוּ
לְעֻמָּתָם כִּי רוּחַ הַחַיָּה בָּאוֹפַנִּים: בְּלֶכְתָּם יֵלֵכוּ וּבְעָמְדָם יַעֲמֹדוּ
וּבְהִנָּשְׂאָם מֵעַל הָאָרֶץ יִנָּשְׂאוּ הָאוֹפַנִּים לְעֻמָּתָם כִּי רוּחַ הַחַיָּה
בָּאוֹפַנִּים: וּדְמוּת עַל־רָאשֵׁי הַחַיָּה רָקִיעַ כְּעֵין הַקֶּרַח הַנּוֹרָא
נָטוּי עַל־רָאשֵׁיהֶם מִלְמָעְלָה: וְתַחַת הָרָקִיעַ כַּנְפֵיהֶם יְשָׁרוֹת
אִשָּׁה אֶל־אֲחוֹתָהּ לְאִישׁ שְׁתַּיִם מְכַסּוֹת לָהֵנָּה וּלְאִישׁ שְׁתַּיִם
מְכַסּוֹת לָהֵנָּה אֵת גְּוִיֹּתֵיהֶם: וָאֶשְׁמַע אֶת־קוֹל כַּנְפֵיהֶם כְּקוֹל
מַיִם רַבִּים כְּקוֹל־שַׁדַּי בְּלֶכְתָּם קוֹל הֲמֻלָּה כְּקוֹל מַחֲנֶה בְּעָמְדָם
תְּרַפֶּינָה כַנְפֵיהֶן: וַיְהִי־קוֹל מֵעַל לָרָקִיעַ אֲשֶׁר עַל־רֹאשָׁם
בְּעָמְדָם תְּרַפֶּינָה כַנְפֵיהֶן: וּמִמַּעַל לָרָקִיעַ אֲשֶׁר עַל־רֹאשָׁם

כְּמַרְאֵה אֶבֶן־סַפִּיר דְּמוּת כִּסֵּא וְעַל דְּמוּת הַכִּסֵּא דְּמוּת כְּמַרְאֵה
אָדָם עָלָיו מִלְמָעְלָה: וָאֵרֶא ׀ כְּעֵין חַשְׁמַל כְּמַרְאֵה־אֵשׁ בֵּית־
לָהּ סָבִיב מִמַּרְאֵה מָתְנָיו וּלְמָעְלָה וּמִמַּרְאֵה מָתְנָיו וּלְמַטָּה
רָאִיתִי כְּמַרְאֵה־אֵשׁ וְנֹגַהּ לוֹ סָבִיב: כְּמַרְאֵה הַקֶּשֶׁת אֲשֶׁר יִהְיֶה
בֶעָנָן בְּיוֹם הַגֶּשֶׁם כֵּן מַרְאֵה הַנֹּגַהּ סָבִיב הוּא מַרְאֵה דְּמוּת
כְּבוֹד־יהוה וָאֶרְאֶה וָאֶפֹּל עַל־פָּנַי וָאֶשְׁמַע קוֹל מְדַבֵּר:

וַתִּשָּׂאֵנִי רוּחַ וָאֶשְׁמַע אַחֲרַי קוֹל רַעַשׁ גָּדוֹל בָּרוּךְ כְּבוֹד־יהוה יחזקאל ג,יב
מִמְּקוֹמוֹ:

ברכות לאחר ההפטרה

אחר קריאת ההפטרה המפטיר מברך:

בָּרוּךְ אַתָּה יהוה אֱלֹהֵינוּ מֶלֶךְ הָעוֹלָם, צוּר כָּל הָעוֹלָמִים, צַדִּיק בְּכָל הַדּוֹרוֹת, הָאֵל הַנֶּאֱמָן, הָאוֹמֵר וְעוֹשֶׂה, הַמְדַבֵּר וּמְקַיֵּם, שֶׁכָּל דְּבָרָיו אֱמֶת וָצֶדֶק. נֶאֱמָן אַתָּה הוּא יהוה אֱלֹהֵינוּ וְנֶאֱמָנִים דְּבָרֶיךָ, וְדָבָר אֶחָד מִדְּבָרֶיךָ אָחוֹר לֹא יָשׁוּב רֵיקָם, כִּי אֵל מֶלֶךְ נֶאֱמָן וְרַחֲמָן אָתָּה. בָּרוּךְ אַתָּה יהוה, הָאֵל הַנֶּאֱמָן בְּכָל דְּבָרָיו.

רַחֵם עַל צִיּוֹן כִּי הִיא בֵּית חַיֵּינוּ, וְלַעֲלוּבַת נֶפֶשׁ תּוֹשִׁיעַ בִּמְהֵרָה בְיָמֵינוּ. בָּרוּךְ אַתָּה יהוה, מְשַׂמֵּחַ צִיּוֹן בְּבָנֶיהָ.

שַׂמְּחֵנוּ יהוה אֱלֹהֵינוּ בְּאֵלִיָּהוּ הַנָּבִיא עַבְדֶּךָ, וּבְמַלְכוּת בֵּית דָּוִד מְשִׁיחֶךָ, בִּמְהֵרָה יָבוֹא וְיָגֵל לִבֵּנוּ. עַל כִּסְאוֹ לֹא יֵשֵׁב זָר, וְלֹא יִנְחֲלוּ עוֹד אֲחֵרִים אֶת כְּבוֹדוֹ, כִּי בְשֵׁם קָדְשְׁךָ נִשְׁבַּעְתָּ לוֹ שֶׁלֹּא יִכְבֶּה נֵרוֹ לְעוֹלָם וָעֶד. בָּרוּךְ אַתָּה יהוה, מָגֵן דָּוִד.

עַל הַתּוֹרָה וְעַל הָעֲבוֹדָה וְעַל הַנְּבִיאִים, וְעַל יוֹם חַג הַשָּׁבוּעוֹת הַזֶּה שֶׁנָּתַתָּ לָּנוּ, יהוה אֱלֹהֵינוּ לְשָׂשׂוֹן וּלְשִׂמְחָה, לְכָבוֹד וּלְתִפְאָרֶת. עַל הַכֹּל יהוה אֱלֹהֵינוּ אֲנַחְנוּ מוֹדִים לָךְ וּמְבָרְכִים אוֹתָךְ. יִתְבָּרַךְ

שִׁמְךָ בְּפִי כָּל חַי תָּמִיד לְעוֹלָם וָעֶד. בָּרוּךְ אַתָּה יהוה, מְקַדֵּשׁ יִשְׂרָאֵל וְהַזְּמַנִּים.

אם יום טוב שני של שבועות חל בשבת ממשיכים ׳יְקוּם פֻּרְקָן׳ בעמ׳ 200.

תפילה לשלום מדינת ישראל

אָבִינוּ שֶׁבַּשָּׁמַיִם, צוּר יִשְׂרָאֵל וְגוֹאֲלוֹ, בָּרֵךְ אֶת מְדִינַת יִשְׂרָאֵל, רֵאשִׁית צְמִיחַת גְּאֻלָּתֵנוּ. הָגֵן עָלֶיהָ בְּאֶבְרַת חַסְדֶּךָ וּפְרֹשׂ עָלֶיהָ סֻכַּת שְׁלוֹמֶךָ, וּשְׁלַח אוֹרְךָ וַאֲמִתְּךָ לְרָאשֶׁיהָ, שָׂרֶיהָ וְיוֹעֲצֶיהָ, וְתַקְּנֵם בְּעֵצָה טוֹבָה מִלְּפָנֶיךָ.

חַזֵּק אֶת יְדֵי מְגִנֵּי אֶרֶץ קָדְשֵׁנוּ, וְהַנְחִילֵם אֱלֹהֵינוּ יְשׁוּעָה וַעֲטֶרֶת נִצָּחוֹן תְּעַטְּרֵם, וְנָתַתָּ שָׁלוֹם בָּאָרֶץ וְשִׂמְחַת עוֹלָם לְיוֹשְׁבֶיהָ.

וְאֶת אַחֵינוּ כָּל בֵּית יִשְׂרָאֵל, פְּקָד נָא בְּכָל אַרְצוֹת פְּזוּרֵיהֶם,
וְתוֹלִיכֵם מְהֵרָה קוֹמְמִיּוּת לְצִיּוֹן עִירֶךָ וְלִירוּשָׁלַיִם מִשְׁכַּן
שְׁמֶךָ, כַּכָּתוּב בְּתוֹרַת מֹשֶׁה עַבְדֶּךָ: אִם־יִהְיֶה נִדַּחֲךָ בִּקְצֵה דברים ל
הַשָּׁמָיִם, מִשָּׁם יְקַבֶּצְךָ יהוה אֱלֹהֶיךָ וּמִשָּׁם יִקָּחֶךָ: וֶהֱבִיאֲךָ
יהוה אֱלֹהֶיךָ אֶל־הָאָרֶץ אֲשֶׁר־יָרְשׁוּ אֲבֹתֶיךָ וִירִשְׁתָּהּ, וְהֵיטִבְךָ
וְהִרְבְּךָ מֵאֲבֹתֶיךָ: וּמָל יהוה אֱלֹהֶיךָ אֶת־לְבָבְךָ וְאֶת־לְבַב זַרְעֶךָ,
לְאַהֲבָה אֶת־יהוה אֱלֹהֶיךָ בְּכָל־לְבָבְךָ וּבְכָל־נַפְשְׁךָ, לְמַעַן חַיֶּיךָ:

וְיַחֵד לְבָבֵנוּ לְאַהֲבָה וּלְיִרְאָה אֶת שְׁמֶךָ, וְלִשְׁמֹר אֶת כָּל דִּבְרֵי תּוֹרָתֶךָ, וּשְׁלַח לָנוּ מְהֵרָה בֶּן דָּוִד מְשִׁיחַ צִדְקֶךָ, לִפְדּוֹת מְחַכֵּי קֵץ יְשׁוּעָתֶךָ.

וְהוֹפַע בַּהֲדַר גְּאוֹן עֻזֶּךָ עַל כָּל יוֹשְׁבֵי תֵּבֵל אַרְצֶךָ וְיֹאמַר כֹּל אֲשֶׁר נְשָׁמָה בְאַפּוֹ, יהוה אֱלֹהֵי יִשְׂרָאֵל מֶלֶךְ וּמַלְכוּתוֹ בַּכֹּל מָשָׁלָה, אָמֵן סֶלָה.

מי שבירך לחיילי צה״ל

מִי שֶׁבֵּרַךְ אֲבוֹתֵינוּ אַבְרָהָם יִצְחָק וְיַעֲקֹב הוּא יְבָרֵךְ אֶת חַיָּלֵי
צְבָא הַהֲגָנָה לְיִשְׂרָאֵל וְאַנְשֵׁי כֹּחוֹת הַבִּטָּחוֹן, הָעוֹמְדִים עַל
מִשְׁמַר אַרְצֵנוּ וְעָרֵי אֱלֹהֵינוּ, מִגְּבוּל הַלְּבָנוֹן וְעַד מִדְבַּר מִצְרַיִם
וּמִן הַיָּם הַגָּדוֹל עַד לְבוֹא הָעֲרָבָה וּבְכָל מָקוֹם שֶׁהֵם, בַּיַּבָּשָׁה,
בָּאֲוִיר וּבַיָּם. יִתֵּן יהוה אֶת אוֹיְבֵינוּ הַקָּמִים עָלֵינוּ נִגָּפִים לִפְנֵיהֶם.
הַקָּדוֹשׁ בָּרוּךְ הוּא יִשְׁמֹר וְיַצִּיל אֶת חַיָּלֵינוּ מִכָּל צָרָה וְצוּקָה
וּמִכָּל נֶגַע וּמַחֲלָה, וְיִשְׁלַח בְּרָכָה וְהַצְלָחָה בְּכָל מַעֲשֵׂי יְדֵיהֶם.
יַדְבֵּר שׂוֹנְאֵינוּ תַּחְתֵּיהֶם וִיעַטְּרֵם בְּכֶתֶר יְשׁוּעָה וּבַעֲטֶרֶת נִצָּחוֹן.
וִיקֻיַּם בָּהֶם הַכָּתוּב: כִּי יהוה אֱלֹהֵיכֶם הַהֹלֵךְ עִמָּכֶם לְהִלָּחֵם דברים כ
לָכֶם עִם־אֹיְבֵיכֶם לְהוֹשִׁיעַ אֶתְכֶם: וְנֹאמַר אָמֵן.

מי שבירך לשבויים

מִי שֶׁבֵּרַךְ אֲבוֹתֵינוּ אַבְרָהָם יִצְחָק וְיַעֲקֹב, יוֹסֵף מֹשֶׁה וְאַהֲרֹן,
דָּוִד וּשְׁלֹמֹה, הוּא יְבָרֵךְ וְיִשְׁמֹר וְיִנְצֹר אֶת נֶעְדְּרֵי צְבָא הַהֲגָנָה
לְיִשְׂרָאֵל וּשְׁבוּיָו, וְאֶת כָּל אַחֵינוּ הַנְּתוּנִים בְּצָרָה וּבְשִׁבְיָה,
בַּעֲבוּר שֶׁכָּל הַקָּהָל הַקָּדוֹשׁ הַזֶּה מִתְפַּלֵּל בַּעֲבוּרָם. הַקָּדוֹשׁ
בָּרוּךְ הוּא יִמָּלֵא רַחֲמִים עֲלֵיהֶם, וְיוֹצִיאֵם מֵחֹשֶׁךְ וְצַלְמָוֶת,
וּמוֹסְרוֹתֵיהֶם יְנַתֵּק, וּמִמְּצוּקוֹתֵיהֶם יוֹשִׁיעֵם, וִישִׁיבֵם מְהֵרָה
לְחֵיק מִשְׁפְּחוֹתֵיהֶם. יוֹדוּ לַיהוה חַסְדּוֹ וְנִפְלְאוֹתָיו לִבְנֵי אָדָם: תהלים קז
וִיקֻיַּם בָּהֶם מִקְרָא שֶׁכָּתוּב: וּפְדוּיֵי יהוה יְשֻׁבוּן, וּבָאוּ צִיּוֹן ישעיה לה
בְּרִנָּה, וְשִׂמְחַת עוֹלָם עַל־רֹאשָׁם, שָׂשׂוֹן וְשִׂמְחָה יַשִּׂיגוּ, וְנָסוּ
יָגוֹן וַאֲנָחָה: וְנֹאמַר אָמֵן.

ממשיכים יזכור בעמ׳ 332.
בחו״ל ביום הראשון ממשיכים ׳יָהּ אֵלִי׳ בעמ׳ 336, וביום השני אומרים יזכור בעמ׳ 332.

וְחַג הָאָסִף בְּצֵאת הַשָּׁנָה בְּאָסְפְּךָ אֶת־מַעֲשֶׂיךָ

שמות כג, טז

בַּחֲמִשָּׁה עָשָׂר יוֹם
לַחֹדֶשׁ הַשְּׁבִיעִי הַזֶּה

חַג הַסֻּכּוֹת

שִׁבְעַת יָמִים לַיהוָה
בַּסֻּכֹּת תֵּשְׁבוּ שִׁבְעַת יָמִים

ויקרא כג, לד; מב

הושענות

בשבעת ימי סוכות אומרים הושענות לאחר קריאת ההלל.

בימות החול (פרט להושענא רבה) מוציאים ספר תורה אל הבימה,
והקהל מקיף את הבימה עם ארבעת המינים (ספר הרוקח, רכא).

מי שאין לו ארבעת המינים אינו מקיף את הבימה (רמ״א תרס, ב בשם רש״י),
וכן מי שהוא אבל (שם בשם ה׳כלבו׳).

הושענות לשבת חול המועד בעמ׳ 241.
הושענות להושענא רבה, בעמ׳ 244.

כשחל	אומרים הושענות בסדר זה:					
א׳ דסוכות	א׳ דסוכות	א׳ דחוה״מ	ב׳ דחוה״מ	ג׳ דחוה״מ	ד׳ דחוה״מ	ה׳ דחוה״מ
ביום ב׳	למען אמתך	אבן שתיה	אערוך שועי	אום אני חומה	אל למושעות	אום נצורה
ביום ג׳	למען אמתך	אבן שתיה	אערוך שועי	אל למושעות	אום נצורה	אדון המושיע
ביום ה׳	למען אמתך	אבן שתיה	אום נצורה	אערוך שועי	אל למושעות	אדון המושיע
בשבת	אום נצורה	למען אמתך	אערוך שועי	אבן שתיה	אל למושעות	אדון המושיע

שליח הציבור ואחריו הקהל:

הוֹשַׁע נָא לְמַעַנְךָ אֱלֹהֵינוּ הוֹשַׁע נָא.

שליח הציבור ואחריו הקהל:

הוֹשַׁע נָא לְמַעַנְךָ בּוֹרְאֵנוּ הוֹשַׁע נָא.

שליח הציבור ואחריו הקהל:

הוֹשַׁע נָא לְמַעַנְךָ גּוֹאֲלֵנוּ הוֹשַׁע נָא.

שליח הציבור ואחריו הקהל:

הוֹשַׁע נָא לְמַעַנְךָ דּוֹרְשֵׁנוּ הוֹשַׁע נָא.

הוֹשַׁע נָא

לְמַעַן אֲמִתָּךְ. לְמַעַן בְּרִיתָךְ.
לְמַעַן גָּדְלָךְ וְתִפְאַרְתָּךְ. לְמַעַן דָּתָךְ.
לְמַעַן הוֹדָךְ. לְמַעַן וִעוּדָךְ.
לְמַעַן זִכְרָךְ. לְמַעַן חַסְדָּךְ.
לְמַעַן טוּבָךְ. לְמַעַן יִחוּדָךְ.
לְמַעַן כְּבוֹדָךְ. לְמַעַן לִמּוּדָךְ.
לְמַעַן מַלְכוּתָךְ. לְמַעַן נִצְחָךְ.
לְמַעַן סוֹדָךְ. לְמַעַן עֻזָּךְ.
לְמַעַן פְּאֵרָךְ. לְמַעַן צִדְקָתָךְ.
לְמַעַן קְדֻשָּׁתָךְ. לְמַעַן רַחֲמֶיךָ הָרַבִּים.
לְמַעַן שְׁכִינָתָךְ. לְמַעַן תְּהִלָּתָךְ. הוֹשַׁע נָא.

וממשיך 'אֲנִי וָהוֹ הוֹשִׁיעָה נָּא' בעמ' 239.

הוֹשַׁע נָא

אֶבֶן שְׁתִיָּה. בֵּית הַבְּחִירָה.
גֹּרֶן אָרְנָן. דְּבִיר הַמֻּצְנָע.
הַר הַמּוֹרִיָּה. וְהַר יֵרָאֶה.
זְבוּל תִּפְאַרְתֶּךָ. חָנָה דָוִד.
טוֹב הַלְּבָנוֹן. יְפֵה נוֹף מְשׂוֹשׂ כָּל הָאָרֶץ.
כְּלִילַת יֹפִי. לִינַת הַצֶּדֶק.
מָכוֹן לְשִׁבְתֶּךָ. נָוֶה שַׁאֲנָן.
סֻכַּת שָׁלֵם. עֲלִיַּת שְׁבָטִים.
פִּנַּת יִקְרַת. צִיּוֹן הַמְצֻיֶּנֶת.
קֹדֶשׁ הַקֳּדָשִׁים. רָצוּף אַהֲבָה.
שְׁכִינַת כְּבוֹדֶךָ. תֵּל תַּלְפִּיּוֹת. הוֹשַׁע נָא.

וממשיך 'אֲנִי וָהוֹ הוֹשִׁיעָה נָּא' בעמ' 239.

הוֹשַׁע נָא

אֶעֱרֹךְ שׁוּעִי. בְּבֵית שַׁוְעִי.
גָּלִיתִי בַצּוֹם פִּשְׁעִי. דְּרַשְׁתִּיךָ בּוֹ לְהוֹשִׁיעִי.
הַקְשִׁיבָה לְקוֹל שַׁוְעִי. וְקוּמָה וְהוֹשִׁיעִי.
זְכֹר וְרַחֵם מוֹשִׁיעִי. חַי כֵּן תְּשַׁעְשְׁעִי.
טוֹב בְּאֶנֶק שְׁעִי. יוּחַשׁ מוֹשִׁיעִי.
כַּלֵּה מַרְשִׁיעִי. לְבַל עוֹד יַרְשִׁיעִי.
מַהֵר אֱלֹהֵי יִשְׁעִי. נֶצַח לְהוֹשִׁיעִי.
שָׂא נָא עֲוֹן רִשְׁעִי. עֲבֹר עַל פִּשְׁעִי.
פְּנֵה נָא לְהוֹשִׁיעִי. צוּר צַדִּיק מוֹשִׁיעִי.
קַבֵּל נָא שַׁוְעִי. רוֹמֵם קֶרֶן יִשְׁעִי.
שַׁדַּי מוֹשִׁיעִי. תּוֹפִיעַ וְתוֹשִׁיעִי. הוֹשַׁע נָא.

וממשיך 'אֲנִי וָהוֹ הוֹשִׁיעָה נָּא' בעמ' 239.

הוֹשַׁע נָא

אֹם אֲנִי חוֹמָה. בָּרָה כַּחַמָּה.
גּוֹלָה וְסוּרָה. דָּמְתָה לְתָמָר.
הַהֲרוּגָה עָלֶיךָ. וְנֶחְשֶׁבֶת כְּצֹאן טִבְחָה.
זְרוּיָה בֵּין מַכְעִיסֶיהָ. חֲבוּקָה וּדְבוּקָה בָּךְ.
טוֹעֶנֶת עֻלָּךְ. יְחִידָה לְיַחֲדָךְ.
כְּבוּשָׁה בַּגּוֹלָה. לוֹמֶדֶת יִרְאָתָךְ.
מְרוּטַת לֶחִי. נְתוּנָה לְמַכִּים.
סוֹבֶלֶת סִבְלָךְ. עֲנִיָּה סוֹעֲרָה.
פְּדוּיַת טוֹבִיָּה. צֹאן קָדָשִׁים.
קְהִלּוֹת יַעֲקֹב. רְשׁוּמִים בִּשְׁמֶךָ.
שׁוֹאֲגִים הוֹשַׁע נָא. תְּמוּכִים עָלֶיךָ. הוֹשַׁע נָא.

וממשיך 'אֲנִי וָהוֹ הוֹשִׁיעָה נָּא' בעמ' 239.

הוֹשַׁע נָא

אֵל לְמוֹשָׁעוֹת. בְּאַרְבַּע שְׁבוּעוֹת.
גָּשִׁים בְּשַׁוְעוֹת. דּוֹפְקֵי עֶרֶךְ שׁוּעוֹת.
הוֹגֵי שַׁעֲשׁוּעוֹת. וְחִידוֹת מִשְׁתַּעְשְׁעוֹת.
זוֹעֲקִים לְהַשְׁעוֹת. חוֹכֵי יְשׁוּעוֹת.
טְפוּלִים בְּךָ שְׁעוֹת. יוֹדְעֵי בִּין שָׁעוֹת.
כּוֹרְעֶיךָ בְּשַׁוְעוֹת. לְהָבִין שְׁמוּעוֹת.
מִפִּיךָ נִשְׁמָעוֹת. נוֹתֵן תְּשׁוּעוֹת.
סְפוּרוֹת מַשְׁמָעוֹת. עֵדוֹת מַשְׁמִיעוֹת.
פּוֹעֵל יְשׁוּעוֹת. צַדִּיק נוֹשָׁעוֹת.
קִרְיַת תְּשׁוּעוֹת. רֶגֶשׁ תְּשׁוּאוֹת.
שָׁלֹשׁ שָׁעוֹת. תָּחִישׁ לִתְשׁוּעוֹת. הוֹשַׁע נָא.

וממשיך 'אֲנִי וָהוּ הוֹשִׁיעָה נָּא' בעמוד הבא.

הוֹשַׁע נָא

אָדוֹן הַמּוֹשִׁיעַ. בִּלְתְּךָ אֵין לְהוֹשִׁיעַ.
גִּבּוֹר וְרַב לְהוֹשִׁיעַ. דַּלּוֹתִי וְלִי יְהוֹשִׁיעַ.
הָאֵל הַמּוֹשִׁיעַ. וּמַצִּיל וּמוֹשִׁיעַ.
זוֹעֲקֶיךָ תּוֹשִׁיעַ. חוֹכֶיךָ הוֹשִׁיעַ.
טְלָאֶיךָ תַּשְׂבִּיעַ. יְבוּל לְהַשְׁפִּיעַ.
כָּל שִׂיחַ תַּדְשֵׁא וְתוֹשִׁיעַ. לְגֵיא בַּל תַּרְשִׁיעַ.
מְגָדִים תַּמְתִּיק וְתוֹשִׁיעַ. נְשִׂיאִים לְהַסִּיעַ.
שְׂעִירִים לְהָנִיעַ. עֲנָנִים מִלְּהַמְנִיעַ.
פּוֹתֵחַ יָד וּמַשְׂבִּיעַ. צְמֵאֶיךָ תַּשְׂבִּיעַ.
קוֹרְאֶיךָ תּוֹשִׁיעַ. רְחוּמֶיךָ תּוֹשִׁיעַ.
שׁוֹחֲרֶיךָ הוֹשִׁיעַ. תְּמִימֶיךָ תּוֹשִׁיעַ. הוֹשַׁע נָא.

אֲנִי וָהוּ הוֹשִׁיעָה נָּא.

כְּהוֹשַׁעְתָּ אֵלִים בְּלוּד עִמָּךְ.
בְּצֵאתְךָ לְיֵשַׁע עַמָּךְ. כֵּן הוֹשַׁע נָא.

כְּהוֹשַׁעְתָּ גּוֹי וֵאלֹהִים.
דְּרוּשִׁים לְיֵשַׁע אֱלֹהִים. כֵּן הוֹשַׁע נָא.

כְּהוֹשַׁעְתָּ הֲמוֹן צְבָאוֹת.
וְעִמָּם מַלְאֲכֵי צְבָאוֹת. כֵּן הוֹשַׁע נָא.

כְּהוֹשַׁעְתָּ זַכִּים מִבֵּית עֲבָדִים.
חַנּוּן בְּיָדָם מַעֲבִידִים. כֵּן הוֹשַׁע נָא.

כְּהוֹשַׁעְתָּ טְבוּעִים בְּצוּל גְּזָרִים.
יְקָרְךָ עִמָּם מַעֲבִירִים. כֵּן הוֹשַׁע נָא.

כְּהוֹשַׁעְתָּ כַּנָּה מְשׁוֹרֶרֶת וַיּוֹשַׁע.
לְגוֹחָהּ מְצֻיֶּנֶת וַיִּוָּשַׁע. כֵּן הוֹשַׁע נָא.

כְּהוֹשַׁעְתָּ מַאֲמַר וְהוֹצֵאתִי אֶתְכֶם.
נָקוּב וְהוּצֵאתִי אִתְּכֶם. כֵּן הוֹשַׁע נָא.

כְּהוֹשַׁעְתָּ סוֹבְבֵי מִזְבֵּחַ.
עוֹמְסֵי עֲרָבָה לְהַקִּיף מִזְבֵּחַ. כֵּן הוֹשַׁע נָא.

כְּהוֹשַׁעְתָּ פִּלְאֵי אָרוֹן כְּהֻפְשַׁע.
צִעֵר פְּלֶשֶׁת בַּחֲרוֹן אַף, וְנוֹשַׁע. כֵּן הוֹשַׁע נָא.

כְּהוֹשַׁעְתָּ קְהִלּוֹת בָּבֶלָה שִׁלַּחְתָּ.
רַחוּם לְמַעֲנָם שֻׁלַּחְתָּ. כֵּן הוֹשַׁע נָא.

כְּהוֹשַׁעְתָּ שְׁבוּת שִׁבְטֵי יַעֲקֹב.
תָּשׁוּב וְתָשִׁיב שְׁבוּת אָהֳלֵי יַעֲקֹב. וְהוֹשִׁיעָה נָּא.

כְּהוֹשַׁעְתָּ שׁוֹמְרֵי מִצְוֹת וְחוֹכֵי יְשׁוּעוֹת.
אֵל לְמוֹשָׁעוֹת. וְהוֹשִׁיעָה נָּא.

אֲנִי וָהוֹ הוֹשִׁיעָה נָּא.

מחזירים את ספר התורה לארון הקודש ואומרים
(על פי מנהג קדום המופיע במחזור וורמייזא):

תהלים כח
הוֹשִׁיעָה אֶת־עַמֶּךָ, וּבָרֵךְ אֶת־נַחֲלָתֶךָ
וּרְעֵם וְנַשְּׂאֵם עַד־הָעוֹלָם:
מלכים א׳ ח
וְיִהְיוּ דְבָרַי אֵלֶּה, אֲשֶׁר הִתְחַנַּנְתִּי לִפְנֵי יהוה
קְרֹבִים אֶל־יהוה אֱלֹהֵינוּ יוֹמָם וָלָיְלָה
לַעֲשׂוֹת מִשְׁפַּט עַבְדּוֹ וּמִשְׁפַּט עַמּוֹ יִשְׂרָאֵל, דְּבַר־יוֹם בְּיוֹמוֹ:
לְמַעַן דַּעַת כָּל־עַמֵּי הָאָרֶץ כִּי יהוה הוּא הָאֱלֹהִים, אֵין עוֹד:

סוגרים את ארון הקודש.

ביום טוב שליח הציבור אומר קדיש שלם בעמ׳ 260.
בבתי כנסת שבהם אמרו הושענות אחרי מוסף, ממשיכים בקדיש שלם בעמ׳ 361.

בחול המועד אומר קדיש שלם בעמ׳ 418.
בבתי כנסת שבהם אמרו הושענות אחרי מוסף, ממשיכים בקדיש שלם בעמ׳ 361.

הושענות לשבת

בשבת אומרים הושענות, אך אין מוציאים את ספר התורה
ואין מקיפים את הבימה (הכרעת הטור בסימן תרס).

פותחים את ארון הקודש.

שליח הציבור ואחריו הקהל:

הוֹשַׁע נָא לְמַעַנְךָ אֱלֹהֵינוּ הוֹשַׁע נָא.

שליח הציבור ואחריו הקהל:

הוֹשַׁע נָא לְמַעַנְךָ בּוֹרְאֵנוּ הוֹשַׁע נָא.

שליח הציבור ואחריו הקהל:

הוֹשַׁע נָא לְמַעַנְךָ גּוֹאֲלֵנוּ הוֹשַׁע נָא.

שליח הציבור ואחריו הקהל:

הוֹשַׁע נָא לְמַעַנְךָ דּוֹרְשֵׁנוּ הוֹשַׁע נָא.

הוֹשַׁע נָא

אֹם נְצוּרָה כְּבָבַת. בּוֹנֶנֶת בְּדַת נֶפֶשׁ מְשִׁיבַת.
גּוֹמֶרֶת הִלְכוֹת שַׁבָּת. דּוֹרֶשֶׁת מַשְׂאַת שַׁבָּת.
הַקּוֹבַעַת אַלְפַּיִם תְּחוּם שַׁבָּת. וּמְשִׁיבַת רֶגֶל מִשַּׁבָּת.
זָכוֹר וְשָׁמוֹר מְקַיֶּמֶת בַּשַּׁבָּת. חָשָׁה לְמַהֵר בִּיאַת שַׁבָּת.
טוֹרַחַת כֹּל מִשִּׁשָּׁה לַשַּׁבָּת. יוֹשֶׁבֶת וּמְמַתֶּנֶת עַד כְּלוֹת שַׁבָּת.
כָּבוֹד וְעֹנֶג קוֹרְאָה לַשַּׁבָּת. לְבוּשׁ וּכְסוּת מְחַלֶּפֶת בַּשַּׁבָּת.
מַאֲכָל וּמִשְׁתֶּה מְכִינָה לַשַּׁבָּת. נֹעַם מִגָּדִים מַנְעֶמֶת לַשַּׁבָּת.
סְעוּדוֹת שָׁלֹשׁ מְקַיֶּמֶת בַּשַּׁבָּת. עַל שְׁתֵּי כִכָּרוֹת בּוֹצַעַת בַּשַּׁבָּת.
פּוֹרֶטֶת אַרְבַּע רְשֻׁיּוֹת שַׁבָּת. צִוּוּי הַדְלָקַת נֵר מַדְלֶקֶת בַּשַּׁבָּת.
קִדּוּשׁ הַיּוֹם מְקַדֶּשֶׁת בַּשַּׁבָּת. רֶנֶן שֶׁבַע מְפַלֶּלֶת בַּשַּׁבָּת.
שִׁבְעָה בַּדָּת קוֹרְאָה בַּשַּׁבָּת. תַּנְחִילֶנָּה לְיוֹם שֶׁכֻּלּוֹ שַׁבָּת.

הוֹשַׁע נָא.

אֲנִי וָהוּ הוֹשִׁיעָה נָּא.

כְּהוֹשַׁעְתָּ אָדָם יְצִיר כַּפֶּיךָ לְגוֹנְנָה.
בְּשַׁבַּת קֹדֶשׁ הִמְצֵאתוֹ כֹּפֶר וַחֲנִינָה. כֵּן הוֹשַׁע נָא.

כְּהוֹשַׁעְתָּ גּוֹי מְצֻיָּן מְקַוִּים חֹפֶשׁ.
דֵּעָה כִּוְּנוּ לָבֹר שְׁבִיעִי לְנֹפֶשׁ. כֵּן הוֹשַׁע נָא.

כְּהוֹשַׁעְתָּ הָעָם נִהַגְתָּ כַּצֹּאן לְהַנְחוֹת.
וְחֹק שַׂמְתָּ בְּמָרָה עַל מֵי מְנוּחוֹת. כֵּן הוֹשַׁע נָא.

כְּהוֹשַׁעְתָּ זְבוּדֶיךָ בְּמִדְבַּר סִין בַּמַּחֲנֶה.
חָכְמוּ וְלָקְטוּ בַּשִּׁשִּׁי לֶחֶם מִשְׁנֶה. כֵּן הוֹשַׁע נָא.

כְּהוֹשַׁעְתָּ טְפוּלֶיךָ הוֹרוּ הֲכָנָה בְּמַדָּעָם.
יִשַּׁר כֹּחָם, וְהוֹדָה לָמוֹ רוֹעָם. כֵּן הוֹשַׁע נָא.

כְּהוֹשַׁעְתָּ כִּלְכַּלְתּוֹ בְּעֹנֶג מָן הַמְּשֻׁמָּר.
לֹא הָפַךְ עֵינוֹ וְרֵיחוֹ לֹא נָמָר. כֵּן הוֹשַׁע נָא.

כְּהוֹשַׁעְתָּ מִשְׁפְּטֵי מַשְׂאוֹת שַׁבָּת גָּמָרוּ.
נָחוּ וְשָׁבָתוּ, רְשֻׁיּוֹת וּתְחוּמִים שָׁמָרוּ. כֵּן הוֹשַׁע נָא.

כְּהוֹשַׁעְתָּ סִינַי הָשְׁמְעוּ בְּדִבּוּר רְבִיעִי.
עִנְיַן זָכוֹר וְשָׁמוֹר לְקַדֵּשׁ שְׁבִיעִי. כֵּן הוֹשַׁע נָא.

כְּהוֹשַׁעְתָּ פְּקֻדוּ יְרִיחוֹ שֶׁבַע לְהַקֵּף.
צָרוּ עַד רִדְתָּהּ בַּשַּׁבָּת לְתַקֵּף. כֵּן הוֹשַׁע נָא.

כְּהוֹשַׁעְתָּ קֹהֶלֶת וְעַמּוֹ בְּבֵית עוֹלָמִים.
רִצּוּךָ בְּחָגְגָם שִׁבְעָה וְשִׁבְעָה יָמִים. כֵּן הוֹשַׁע נָא.

כְּהוֹשַׁעְתָּ שָׁבִים עוֹלֵי גוֹלָה לְפִדְיוֹם.
תּוֹרָתְךָ בְּקָרְאָם בֶּחָג יוֹם יוֹם. כֵּן הוֹשַׁע נָא.

כְּהוֹשַׁעְתָּ מְשַׂמְּחֶיךָ בְּבִנְיַן שֵׁנִי הַמְּחֻדָּשׁ.
נוֹטְלִין לוּלָב כָּל שִׁבְעָה בַּמִּקְדָּשׁ. כֵּן הוֹשַׁע נָא.

כְּהוֹשַׁעְתָּ חִבּוּט עֲרָבָה שַׁבָּת מַדְחִים.
מְרַבִּיּוֹת מוֹצָא לִיסוֹד מִזְבֵּחַ מְנִיחִים. כֵּן הוֹשַׁע נָא.

כְּהוֹשַׁעְתָּ בְּרֵכוֹת וַאֲרֻכּוֹת וּגְבוֹהוֹת מְעֻלָּסִים.
בִּפְטִירָתָן יֹפִי לְךָ מִזְבֵּחַ מְקַלְּסִים. כֵּן הוֹשַׁע נָא.

כְּהוֹשַׁעְתָּ מוֹדִים וּמְיַחֲלִים וְלֹא מְשַׁנִּים.
כֻּלָּנוּ אָנוּ לְיָהּ וְעֵינֵינוּ לְיָהּ שׁוֹנִים. כֵּן הוֹשַׁע נָא.

כְּהוֹשַׁעְתָּ יֶקֶב מֵחֲצֵבֶיךָ סוֹבְבִים בִּרְנָנָה.
רוֹנְנִים אֲנִי וָהוֹ הוֹשִׁיעָה נָּא. כֵּן הוֹשַׁע נָא.

כְּהוֹשַׁעְתָּ חֵיל זְרִיזִים מְשָׁרְתִים בִּמְנוּחָה.
קָרְבַּן שַׁבָּת כָּפוּל, עוֹלָה וּמִנְחָה. כֵּן הוֹשַׁע נָא.

כְּהוֹשַׁעְתָּ לְוִיֶּיךָ עַל דּוּכָנָם לְהַרְבָּת.
אוֹמְרִים מִזְמוֹר שִׁיר לְיוֹם הַשַּׁבָּת. כֵּן הוֹשַׁע נָא.

כְּהוֹשַׁעְתָּ נְחוּמֶיךָ בְּמִצְוֹתֶיךָ תָּמִיד יִשְׁתַּעַשְׁעוּן.
וּרְצֵם וְהַחֲלִיצֵם בְּשׁוּבָה וָנַחַת יִוָּשֵׁעוּן. כֵּן הוֹשַׁע נָא.

כְּהוֹשַׁעְתָּ שְׁבוּת שִׁבְטֵי יַעֲקֹב.
תָּשׁוּב וְתָשִׁיב שְׁבוּת אָהֳלֵי יַעֲקֹב. וְהוֹשִׁיעָה נָּא.

כְּהוֹשַׁעְתָּ שׁוֹמְרֵי מִצְוֹת וְחוֹכֵי יְשׁוּעוֹת.
אֵל לְמוֹשָׁעוֹת. וְהוֹשִׁיעָה נָּא.

אֲנִי וָהוֹ הוֹשִׁיעָה נָּא.

הוֹשִׁיעָה אֶת־עַמֶּךָ, וּבָרֵךְ אֶת־נַחֲלָתֶךָ, וּרְעֵם וְנַשְּׂאֵם עַד־הָעוֹלָם: וְיִהְיוּ תהלים כח
דְבָרַי אֵלֶּה, אֲשֶׁר הִתְחַנַּנְתִּי לִפְנֵי יהוה, קְרֹבִים אֶל־יהוה אֱלֹהֵינוּ יוֹמָם מלכים א׳ ח
וָלָיְלָה, לַעֲשׂוֹת מִשְׁפַּט עַבְדּוֹ וּמִשְׁפַּט עַמּוֹ יִשְׂרָאֵל, דְּבַר־יוֹם בְּיוֹמוֹ:
לְמַעַן דַּעַת כָּל־עַמֵּי הָאָרֶץ כִּי יהוה הוּא הָאֱלֹהִים, אֵין עוֹד:

סוגרים את ארון הקודש.

שליח הציבור אומר קדיש שלם (עמ׳ 260).

בבתי כנסת שבהם אמרו הושענות אחרי מוסף, ממשיכים בקדיש שלם בעמ׳ 361.

הושענות להושענא רבה

פותחים את ארון הקודש ומוציאים את כל ספרי התורה אל הבימה (רמ״א תרס, א בשם מהר״י טירנא).

מקיפים את הבימה שבע פעמים, ואחרי כל הקפה מסיימים בפסוק המתייחס לאחת משבע הספירות (סידור השל״ה).

שליח הציבור ואחריו הקהל:

הוֹשַׁע נָא לְמַעַנְךָ אֱלֹהֵינוּ הוֹשַׁע נָא.

שליח הציבור ואחריו הקהל:

הוֹשַׁע נָא לְמַעַנְךָ בּוֹרְאֵנוּ הוֹשַׁע נָא.

שליח הציבור ואחריו הקהל:

הוֹשַׁע נָא לְמַעַנְךָ גּוֹאֲלֵנוּ הוֹשַׁע נָא.

שליח הציבור ואחריו הקהל:

הוֹשַׁע נָא לְמַעַנְךָ דּוֹרְשֵׁנוּ הוֹשַׁע נָא.

הוֹשַׁע נָא

הקפה ראשונה:

לְמַעַן אֲמִתָּךְ. לְמַעַן בְּרִיתָךְ.
לְמַעַן גָּדְלָךְ וְתִפְאַרְתָּךְ. לְמַעַן דָּתָךְ.
לְמַעַן הוֹדָךְ. לְמַעַן וִעוּדָךְ.
לְמַעַן זִכְרָךְ. לְמַעַן חַסְדָּךְ.
לְמַעַן טוּבָךְ. לְמַעַן יִחוּדָךְ.
לְמַעַן כְּבוֹדָךְ. לְמַעַן לִמּוּדָךְ.
לְמַעַן מַלְכוּתָךְ. לְמַעַן נִצְחָךְ.
לְמַעַן סוֹדָךְ. לְמַעַן עֻזָּךְ.
לְמַעַן פְּאֵרָךְ. לְמַעַן צִדְקָתָךְ.
לְמַעַן קְדֻשָּׁתָךְ. לְמַעַן רַחֲמֶיךָ הָרַבִּים.
לְמַעַן שְׁכִינָתָךְ. לְמַעַן תְּהִלָּתָךְ. הוֹשַׁע נָא.

תהלים פט **כִּי־אָמַרְתִּי עוֹלָם חֶסֶד יִבָּנֶה:**

הקפה שנייה:

הוֹשַׁע נָא

אֶבֶן שְׁתִיָּה. בֵּית הַבְּחִירָה.
גֹּרֶן אָרְנָן. דְּבִיר הַמֻּצְנָע.
הַר הַמּוֹרִיָּה. וְהַר יֵרָאֶה.
זְבוּל תִּפְאַרְתֶּךָ. חָנָה דָוִד.
טוֹב הַלְּבָנוֹן. יְפֵה נוֹף מְשׂוֹשׂ כָּל הָאָרֶץ.
כְּלִילַת יֹפִי. לִינַת הַצֶּדֶק.
מָכוֹן לְשִׁבְתֶּךָ. נָוֶה שַׁאֲנָן.
סֻכַּת שָׁלֵם. עֲלִיַּת שְׁבָטִים.
פִּנַּת יִקְרַת. צִיּוֹן הַמְצֻיֶּנֶת.
קֹדֶשׁ הַקֳּדָשִׁים. רָצוּף אַהֲבָה.
שְׁכִינַת כְּבוֹדֶךָ. תֵּל תַּלְפִּיּוֹת. הוֹשַׁע נָא.

לְךָ זְרוֹעַ עִם־גְּבוּרָה, תָּעֹז יָדְךָ תָּרוּם יְמִינֶךָ: תהלים פט

הקפה שלישית:

הוֹשַׁע נָא

אוֹם אֲנִי חוֹמָה. בָּרָה כַּחַמָּה.
גּוֹלָה וְסוּרָה. דָּמְתָה לְתָמָר.
הַהֲרוּגָה עָלֶיךָ. וְנֶחְשֶׁבֶת כְּצֹאן טִבְחָה.
זְרוּיָה בֵּין מַכְעִיסֶיהָ. חֲבוּקָה וּדְבוּקָה בָךְ.
טוֹעֶנֶת עֻלָּךְ. יְחִידָה לְיַחֲדָךְ.
כְּבוּשָׁה בַּגּוֹלָה. לוֹמֶדֶת יִרְאָתָךְ.
מְרוּטַת לֶחִי. נְתוּנָה לְמַכִּים.
סוֹבֶלֶת סִבְלָךְ. עֲנִיָּה סוֹעֲרָה.
פְּדוּיַת טוֹבִיָּה. צֹאן קֳדָשִׁים.
קְהִלּוֹת יַעֲקֹב. רְשׁוּמִים בִּשְׁמֶךָ.
שׁוֹאֲגִים הוֹשַׁע נָא. תְּמוּכִים עָלֶיךָ. הוֹשַׁע נָא.

תִּתֵּן אֱמֶת לְיַעֲקֹב, חֶסֶד לְאַבְרָהָם: מיכה ז

הוֹשַׁע נָא

הקפה רביעית:

אָדוֹן הַמּוֹשִׁיעַ. בִּלְתְּךָ אֵין לְהוֹשִׁיעַ.
גִּבּוֹר וְרַב לְהוֹשִׁיעַ. דַּלּוֹתִי וְלִי יְהוֹשִׁיעַ.
הָאֵל הַמּוֹשִׁיעַ. וּמַצִּיל וּמוֹשִׁיעַ.
זוֹעֲקֶיךָ תּוֹשִׁיעַ. חוֹכֶיךָ הוֹשִׁיעַ.
טְלָאֶיךָ תַּשְׂבִּיעַ. יְבוּל לְהַשְׁפִּיעַ.
כָּל שִׂיחַ תַּדְשֵׁא וְתוֹשִׁיעַ. לְגֵיא בַּל תַּרְשִׁיעַ.
מְגָדִים תַּמְתִּיק וְתוֹשִׁיעַ. נְשִׂיאִים לְהַסִּיעַ.
שְׂעִירִים לְהָנִיעַ. עֲנָנִים מִלְּהַמְנִיעַ.
פּוֹתֵחַ יָד וּמַשְׂבִּיעַ. צְמֵאֶיךָ תַּשְׂבִּיעַ.
קוֹרְאֶיךָ תּוֹשִׁיעַ. רְחוּמֶיךָ תּוֹשִׁיעַ.
שׁוֹחֲרֶיךָ הוֹשִׁיעַ. תְּמִימֶיךָ תּוֹשִׁיעַ. הוֹשַׁע נָא.

נְעִמוֹת בִּימִינְךָ נֶצַח: תהלים טז

הוֹשַׁע נָא

הקפה חמישית:

אָדָם וּבְהֵמָה. בָּשָׂר וְרוּחַ וּנְשָׁמָה.
גִּיד וְעֶצֶם וְקָרְמָה. דְּמוּת וְצֶלֶם וְרִקְמָה.
הוֹד לַהֶבֶל דָּמָה. וְנִמְשַׁל כַּבְּהֵמוֹת נִדְמָה.
זִיו וְתֹאַר וְקוֹמָה. חִדּוּשׁ פְּנֵי אֲדָמָה.
טִיעַת עֲצֵי נְשַׁמָּה. יְקָבִים וְקָמָה.
כְּרָמִים וְשִׁקְמָה. לְתֵבֵל הַמְסֻיָּמָה.
מִטְרוֹת עֹז לְסַמְּמָה. נְשִׁיָּה לְקַיְּמָה.
שִׂיחִים לְקוֹמְמָה. עֲדָנִים לְעָצְמָה.
פְּרָחִים לְהַעֲצִימָה. צְמָחִים לְגָשְׁמָה.

קָרִים לְזָרְמָה. רְבִיבִים לְשַׁלְּמָה.
שְׁתִיָּה לְרוֹמְמָה. תְּלוּיָה עַל בְּלִימָה. הוֹשַׁע נָא.

יהוה אֲדֹנֵינוּ מָה־אַדִּיר שִׁמְךָ בְּכָל־הָאָרֶץ תהלים ח
אֲשֶׁר־תְּנָה הוֹדְךָ עַל־הַשָּׁמָיִם:

הוֹשַׁע נָא

הקפה שישית:

אֲדָמָה מֵאֶרֶר. בְּהֵמָה מִמְּשַׁכֶּלֶת.
גֹּרֶן מִגָּזָם. דָּגָן מִדַּלֶּקֶת.
הוֹן מִמְּאֵרָה. וְאֹכֶל מִמְּהוּמָה.
זַיִת מִנֶּשֶׁל. חִטָּה מֵחָגָב.
טֶרֶף מִגּוֹבַי. יֶקֶב מִיֶּלֶק.
כֶּרֶם מִתּוֹלַעַת. לֶקֶשׁ מֵאַרְבֶּה.
מֶגֶד מִצְּלָצַל. נֶפֶשׁ מִבֶּהָלָה.
שֹׂבַע מִסָּלְעָם. עֲדָרִים מִדַּלּוּת.
פֵּרוֹת מִשִּׁדָּפוֹן. צֹאן מִצְּמִיתוּת.
קָצִיר מִקְּלָלָה. רֹב מֵרָזוֹן.
שִׁבֹּלֶת מִצִּנָּמוֹן. תְּבוּאָה מֵחָסִיל. הוֹשַׁע נָא.

צַדִּיק יהוה בְּכָל־דְּרָכָיו, וְחָסִיד בְּכָל־מַעֲשָׂיו: תהלים קמה

הוֹשַׁע נָא

הקפה שביעית:

לְמַעַן אֵיתָן הַנִּזְרָק בְּלַהַב אֵשׁ.
לְמַעַן בֵּן הַנֶּעֱקַד עַל עֵצִים וָאֵשׁ.
לְמַעַן גִּבּוֹר הַנֶּאֱבַק עִם שַׂר אֵשׁ.
לְמַעַן דְּגָלִים נָחִיתָ בְּאוֹר וַעֲנַן אֵשׁ.

לְמַעַן הֶעֱלָה לַמָּרוֹם, וְנִתְעַלָּה כְּמַלְאֲכֵי אֵשׁ.
לְמַעַן וְהוּא לְךָ כְּסֶגֶן בְּאֶרְאֶלֵּי אֵשׁ.
לְמַעַן זֶבֶד דִּבְּרוֹת הַנְּתוּנוֹת מֵאֵשׁ.
לְמַעַן חִפּוּי יְרִיעוֹת וַעֲנַן אֵשׁ.
לְמַעַן טֶכֶס הַר יָרַדְתָּ עָלָיו בָּאֵשׁ.
לְמַעַן יְדִידוּת בַּיִת אֲשֶׁר אָהַבְתָּ מִשְּׁמֵי אֵשׁ.
לְמַעַן כָּמַהּ עַד שָׁקְעָה הָאֵשׁ.
לְמַעַן לָקַח מַחְתַּת אֵשׁ וְהֵסִיר חֲרוֹן אֵשׁ.
לְמַעַן מְקַנֵּא קִנְאָה גְדוֹלָה בָּאֵשׁ.
לְמַעַן נָף יָדוֹ וְיָרְדוּ אַבְנֵי אֵשׁ.
לְמַעַן שָׂם טְלֵה חָלָב כְּלִיל אֵשׁ.
לְמַעַן עָמַד בַּגֹּרֶן וְנִתְרַצָּה בָּאֵשׁ.
לְמַעַן פִּלֵּל בָּעֲזָרָה וְיָרְדָה הָאֵשׁ.
לְמַעַן צִיר עָלָה וְנִתְעַלָּה בְּרֶכֶב וְסוּסֵי אֵשׁ.
לְמַעַן קְדוֹשִׁים מֻשְׁלָכִים בָּאֵשׁ.
לְמַעַן רִבּוֹ רִבְבָן חָז וְנַהֲרֵי אֵשׁ.
לְמַעַן שִׁמְמוֹת עִירְךָ הַשְּׂרוּפָה בָּאֵשׁ.
לְמַעַן תּוֹלְדוֹת אַלּוּפֵי יְהוּדָה, תָּשִׂים כְּכִיּוֹר אֵשׁ. הוֹשַׁע נָא.

דברי הימים א׳ כט
לְךָ יהוה הַגְּדֻלָּה וְהַגְּבוּרָה וְהַתִּפְאֶרֶת וְהַנֵּצַח וְהַהוֹד
כִּי־כֹל בַּשָּׁמַיִם וּבָאָרֶץ
לְךָ יהוה הַמַּמְלָכָה וְהַמִּתְנַשֵּׂא לְכֹל לְרֹאשׁ:

זכריה יד
וְהָיָה יהוה לְמֶלֶךְ עַל־כָּל־הָאָרֶץ
בַּיּוֹם הַהוּא יִהְיֶה יהוה אֶחָד וּשְׁמוֹ אֶחָד:

דברים ו
וּבְתוֹרָתְךָ כָּתוּב לֵאמֹר:
שְׁמַע יִשְׂרָאֵל, יהוה אֱלֹהֵינוּ, יהוה אֶחָד:
בָּרוּךְ שֵׁם כְּבוֹד מַלְכוּתוֹ לְעוֹלָם וָעֶד.

הקהל חוזר למקומו, וממשיכים:

אֲנִי וָהוּ הוֹשִׁיעָה נָּא.

כְּהוֹשַׁעְתָּ אֵלִים בְּלוּד עִמָּךְ.
בְּצֵאתְךָ לְיֵשַׁע עַמָּךְ. **כֵּן הוֹשַׁע נָא.**
כְּהוֹשַׁעְתָּ גּוֹי וֵאלֹהִים.
דְּרוּשִׁים לְיֵשַׁע אֱלֹהִים. **כֵּן הוֹשַׁע נָא.**
כְּהוֹשַׁעְתָּ הֲמוֹן צְבָאוֹת.
וְעִמָּם מַלְאֲכֵי צְבָאוֹת. **כֵּן הוֹשַׁע נָא.**
כְּהוֹשַׁעְתָּ זַכִּים מִבֵּית עֲבָדִים.
חַנּוּן בְּיָדָם מַעֲבִידִים. **כֵּן הוֹשַׁע נָא.**
כְּהוֹשַׁעְתָּ טְבוּעִים בְּצוּל גְּזָרִים.
יְקָרְךָ עִמָּם מַעֲבִירִים. **כֵּן הוֹשַׁע נָא.**
כְּהוֹשַׁעְתָּ כַּנָּה מְשׁוֹרֶרֶת וַיּוֹשַׁע.
לְגוֹחָהּ מְצֻיֶּנֶת וַיִּוָּשַׁע. **כֵּן הוֹשַׁע נָא.**
כְּהוֹשַׁעְתָּ מַאֲמַר וְהוֹצֵאתִי אֶתְכֶם.
נָקוּב וְהוּצֵאתִי אִתְּכֶם. **כֵּן הוֹשַׁע נָא.**
כְּהוֹשַׁעְתָּ סוֹבְבֵי מִזְבֵּחַ.
עוֹמְסֵי עֲרָבָה לְהַקִּיף מִזְבֵּחַ. **כֵּן הוֹשַׁע נָא.**
כְּהוֹשַׁעְתָּ פִּלְאֵי אָרוֹן כְּהֻפְשַׁע.
צִעֵר פְּלֶשֶׁת בַּחֲרוֹן אַף, וְנוֹשַׁע. **כֵּן הוֹשַׁע נָא.**
כְּהוֹשַׁעְתָּ קְהִלּוֹת בָּבֶלָה שִׁלַּחְתָּ.
רַחוּם לְמַעֲנָם שֻׁלַּחְתָּ. **כֵּן הוֹשַׁע נָא.**
כְּהוֹשַׁעְתָּ שְׁבוּת שִׁבְטֵי יַעֲקֹב.
תָּשׁוּב וְתָשִׁיב שְׁבוּת אָהֳלֵי יַעֲקֹב. **וְהוֹשִׁיעָה נָּא.**
כְּהוֹשַׁעְתָּ שׁוֹמְרֵי מִצְוֹת וְחוֹכֵי יְשׁוּעוֹת.
אֵל לְמוֹשָׁעוֹת. **וְהוֹשִׁיעָה נָּא.**

אֲנִי וָהוּ הוֹשִׁיעָה נָּא.

תִּתְּנֵנוּ לְשֵׁם וְלִתְהִלָּה.
תְּשִׁיבֵנוּ אֶל הַחֶבֶל וְאֶל הַנַּחֲלָה.
תְּרוֹמְמֵנוּ לְמַעְלָה לְמָעְלָה.
תְּקַבְּצֵנוּ לְבֵית הַתְּפִלָּה.
תַּצִּיבֵנוּ כְּעֵץ עַל פַּלְגֵי מַיִם שְׁתוּלָה.
תִּפְדֵּנוּ מִכָּל נֶגַע וּמַחֲלָה.
תְּעַטְּרֵנוּ בְּאַהֲבָה כְּלוּלָה.
תְּשַׂמְּחֵנוּ בְּבֵית הַתְּפִלָּה.
תְּנַהֲלֵנוּ עַל מֵי מְנוּחוֹת סֶלָה.
תְּמַלְּאֵנוּ חָכְמָה וְשִׂכְלָה.
תַּלְבִּישֵׁנוּ עֹז וּגְדֻלָּה.
תַּכְתִּירֵנוּ בְּכֶתֶר כְּלוּלָה.
תְּיַשְּׁרֵנוּ בְּאֹרַח סְלוּלָה.
תִּטָּעֵנוּ בְּיֹשֶׁר מְסִלָּה.

תְּחָנֵּנוּ בְּרַחֲמִים וּבְחֶמְלָה.
תַּזְכִּירֵנוּ בְּמִי זֹאת עוֹלָה.
תּוֹשִׁיעֵנוּ לְקֵץ הַגְּאֻלָּה.
תְּהַדְּרֵנוּ בְּזִיו הֲמֻלָּה.
תַּדְבִּיקֵנוּ כְּאֵזוֹר חֲתוּלָה.
תְּגַדְּלֵנוּ בְּיָד הַגְּדוֹלָה.
תְּבִיאֵנוּ לְבֵיתְךָ בְּרִנָּה וְצָהֳלָה.
תְּאַדְּרֵנוּ בְּיֶשַׁע וְגִילָה.
תְּאַמְּצֵנוּ בְּרֶוַח וְהַצָּלָה.
תְּלַבְּבֵנוּ בְּבִנְיַן עִירְךָ כְּבַתְּחִלָּה.
תְּעוֹרְרֵנוּ לְצִיּוֹן בְּשִׁכְלוּלָה.
תְּזַכֵּנוּ בְּנִבְנֵתָה הָעִיר עַל תִּלָּהּ.
תַּרְבִּיצֵנוּ בְּשָׂשׂוֹן וְגִילָה.
תְּחַזְּקֵנוּ אֱלֹהֵי יַעֲקֹב סֶלָה.

הוֹשַׁע נָא.

אָנָּא, הוֹשִׁיעָה נָּא.

אָנָּא אֱזוֹן חִין תָּאֲבֵי יִשְׁעָךְ.
בְּעַרְבֵי נַחַל לְשַׁעְשְׁעָךְ. וְהוֹשִׁיעָה נָּא.

אָנָּא גְּאַל כַּנַּת נִטְעָךְ.
דּוּמָה בְּטַאטְאָךְ. וְהוֹשִׁיעָה נָּא.

אָנָּא הַבֵּט לַבְּרִית טִבְעָךְ.
וּמַחֲשַׁכֵּי אֶרֶץ בְּהַטְבִּיעָךְ. וְהוֹשִׁיעָה נָּא.

אָנָּא זְכָר לָנוּ אָב יְדָעָךְ.
חַסְדְּךָ לָמוֹ בְּהוֹדִיעָךְ. וְהוֹשִׁיעָה נָּא.

אָנָּא טְהוֹרֵי לֵב בְּהַפְלִיאָךְ.
יוֹדֵעַ כִּי הוּא פִּלְאָךְ. וְהוֹשִׁיעָה נָּא.

אָנָּא כַּבִּיר כֹּחַ תֵּן לָנוּ יִשְׁעָךְ.
לַאֲבוֹתֵינוּ כְּהִשָּׁבְעָךְ. וְהוֹשִׁיעָה נָּא.

אָנָּא מַלֵּא מִשְׁאֲלוֹת עַם מְשַׁוְּעָךְ.
נֶעֱקַד בְּהַר מוֹר כְּמוֹ שׁוְֹעָךְ. וְהוֹשִׁיעָה נָּא.

אָנָּא סַגֵּב אֶשְׁלֵי נִטְעָךְ.
עָרִיצִים בְּהַנִיעָךְ. וְהוֹשִׁיעָה נָּא.

אָנָּא פְּתַח לָנוּ אוֹצְרוֹת רִבְעָךְ.
צִיָּה מֵהֶם בְּהַרְבִּיעָךְ. וְהוֹשִׁיעָה נָּא.

אָנָּא קוֹרְאֶיךָ אֶרֶץ בְּרוֹעֲעָךְ.
רְעֵם בְּטוּב מִרְעָךְ. וְהוֹשִׁיעָה נָּא.

אָנָּא שְׁעָרֶיךָ תַּעַל מִמַּשּׂוֹאָךְ.
תֵּל תַּלְפִּיּוֹת בְּהַשִּׂיאָךְ. וְהוֹשִׁיעָה נָּא.

אָנָּא, אֵל נָא, הוֹשַׁע נָא וְהוֹשִׁיעָה נָּא.

אֵל נָא תָּעִינוּ כְּשֶׂה אוֹבֵד
שְׁמֵנוּ מִסִּפְרְךָ אַל תְּאַבֵּד הוֹשַׁע נָא וְהוֹשִׁיעָה נָּא.

אֵל נָא רְעֵה אֶת צֹאן הַהֲרֵגָה
קְצוּפָה, וְעָלֶיךָ הֲרוּגָה הוֹשַׁע נָא וְהוֹשִׁיעָה נָּא.

אֵל נָא צֹאנְךָ וְצֹאן מַרְעִיתֶךָ
פְּעֻלָּתְךָ וְרַעְיָתֶךָ הוֹשַׁע נָא וְהוֹשִׁיעָה נָּא.

אֵל נָא עֲנִיֵּי הַצֹּאן
שִׂיחָם עֲנֵה בְּעֵת רָצוֹן הוֹשַׁע נָא וְהוֹשִׁיעָה נָּא.

אֵל נָא נוֹשְׂאֵי לְךָ עַיִן
מִתְקוֹמְמֶיךָ יִהְיוּ כְּאַיִן הוֹשַׁע נָא וְהוֹשִׁיעָה נָּא.

אֵל נָא לִמְנַסְּכֵי לְךָ מַיִם
כְּמִמַּעַיְנֵי הַיְשׁוּעָה
יִשְׁאֲבוּן מַיִם הוֹשַׁע נָא וְהוֹשִׁיעָה נָּא.

אֵל נָא יַעֲלוּ לְצִיּוֹן מוֹשִׁיעִים
טְפוּלִים בְּךָ וּבְשִׁמְךָ נוֹשָׁעִים הוֹשַׁע נָא וְהוֹשִׁיעָה נָּא.

אֵל נָא חֲמוּץ בְּגָדִים
זְעֹם לְנַעֵר כָּל בּוֹגְדִים הוֹשַׁע נָא וְהוֹשִׁיעָה נָּא.

אֵל נָא וְזָכוֹר תִּזְכֹּר
הַנְּכוּרִים בְּלֶתֶךְ וָכֹר הוֹשַׁע נָא וְהוֹשִׁיעָה נָּא.

אֵל נָא דּוֹרְשֶׁיךָ בְּעַנְפֵי עֲרָבוֹת
גַּעְיָם שְׁעֵה מֵעֲרָבוֹת הוֹשַׁע נָא וְהוֹשִׁיעָה נָּא.

אֵל נָא בָּרֵךְ בְּעִטּוּר שָׁנָה
אֲמָרֵי רְצֵה בְּפִלּוּלִי
בְּיוֹם הוֹשַׁעְנָא הוֹשַׁע נָא וְהוֹשִׁיעָה נָּא.

אָנָּא, אֵל נָא, הוֹשַׁע נָא וְהוֹשִׁיעָה נָּא, אָבִינוּ אָתָּה.

לְמַעַן תָּמִים בְּדוֹרוֹתָיו, הַנִּמְלָט בְּרֹב צִדְקוֹתָיו
מֻצָּל מִשֶּׁטֶף בְּבוֹא מַבּוּל מַיִם.
לְאֹם אֲנִי חוֹמָה הוֹשַׁע נָא וְהוֹשִׁיעָה נָּא, אָבִינוּ אָתָּה.

לְמַעַן שָׁלֵם בְּכָל מַעֲשִׂים, הַמְנֻסֶּה בַּעֲשָׂרָה נִסִּים
כְּשֶׂר מַלְאָכִים, נָם יֻקַּח נָא מְעַט מַיִם.
לְבָרָה כַּחַמָּה הוֹשַׁע נָא וְהוֹשִׁיעָה נָּא, אָבִינוּ אָתָּה.

לְמַעַן רַךְ וְיָחִיד נֶחֱנַט פְּרִי לְמֵאָה, זָעַק אַיֵּה הַשֶּׂה לְעֹלָה
בִּשְּׂרוּהוּ עֲבָדָיו מָצָאנוּ מַיִם.
לְגוֹלָה וְסוּרָה הוֹשַׁע נָא וְהוֹשִׁיעָה נָּא, אָבִינוּ אָתָּה.

לְמַעַן קִדֵּם שְׂאֵת בְּרָכָה, הַנִּשְׂטָם וּלְשִׁמְךָ חִכָּה
מְיַחֵם בְּמַקְלוֹת בְּשִׁקְתוֹת הַמָּיִם.
לְדָמְתָה לְתָמָר הוֹשַׁע נָא וְהוֹשִׁיעָה נָּא, אָבִינוּ אָתָּה.

לְמַעַן צֶדֶק הֱיוֹת לְךָ לְכַהֵן, כֶּחָתָן פְּאֵר יְכַהֵן
מְנֻסֶּה בְּמַסָּה בְּמֵי מְרִיבַת מָיִם.
לְהָהָר הַטּוֹב הוֹשַׁע נָא וְהוֹשִׁיעָה נָּא, אָבִינוּ אָתָּה.

לְמַעַן פְּאֵר הֱיוֹת גְּבִיר לְאֶחָיו, יְהוּדָה אֲשֶׁר גָּבַר בְּאֶחָיו
מִסְפַּר רֹבַע מִדָּלְיָו יִזַּל מַיִם.
לֹא לָנוּ כִּי אִם לְמַעַנְךָ הוֹשַׁע נָא וְהוֹשִׁיעָה נָּא, אָבִינוּ אָתָּה.

לְמַעַן עָנָו מִכֹּל וְנֶאֱמָן, אֲשֶׁר בְּצִדְקוֹ כִּלְכֵּל הַמָּן
מָשׁוּךְ לְגוֹאֵל וּמָשׁוּי מִמַּיִם.
לְזֹאת הַנִּשְׁקָפָה הוֹשַׁע נָא וְהוֹשִׁיעָה נָּא, אָבִינוּ אָתָּה.

לְמַעַן שַׂמְתּוֹ כְּמַלְאֲכֵי מְרוֹמִים, הַלּוֹבֵשׁ אוּרִים וְתֻמִּים
מְצֻוֶּה לָבוֹא בַּמִּקְדָּשׁ בְּקִדּוּשׁ יָדַיִם וְרַגְלַיִם וּרְחִיצַת מָיִם.
לְחוֹלַת אַהֲבָה הוֹשַׁע נָא וְהוֹשִׁיעָה נָּא, אָבִינוּ אָתָּה.

לְמַעַן נְבִיאָה מְחוֹלַת מַחֲנַיִם, לִכְמֵהֵי לֵב הוּשְׂמָה עֵינַיִם
לְרַגְלָהּ רָצָה עֲלוֹת וָרֶדֶת בְּאֵר מָיִם.
לְטוֹבוּ אֹהָלָיו הוֹשַׁע נָא וְהוֹשִׁיעָה נָּא, אָבִינוּ אָתָּה.

לְמַעַן מְשָׁרֵת לֹא מָשׁ מֵאֹהֶל, וְרוּחַ הַקֹּדֶשׁ עָלָיו אֹהֵל
בְּעָבְרוֹ בַּיַּרְדֵּן נִכְרְתוּ הַמַּיִם.
לְיָפָה וּבָרָה הוֹשַׁע נָא וְהוֹשִׁיעָה נָּא, אָבִינוּ אָתָּה.

לְמַעַן לָמַד רְאוֹת לְטוֹבָה אוֹת, זָעַק אַיֵּה נִפְלָאוֹת
מִצָּה טַל מִגִּזָּה מְלֹא הַסֵּפֶל מָיִם.
לְכַלַּת לְבָנוֹן הוֹשַׁע נָא וְהוֹשִׁיעָה נָּא, אָבִינוּ אָתָּה.

לְמַעַן כְּלוּלֵי עֲשׂוֹת מִלְחַמְתֶּךָ, אֲשֶׁר בְּיָדָם תַּתָּה יְשׁוּעָתֶךָ
צְרוּפֵי מִגּוֹי בְּלָקְקָם בְּיָדָם מָיִם.
לְלֹא בָגְדוּ בָךְ הוֹשַׁע נָא וְהוֹשִׁיעָה נָּא, אָבִינוּ אָתָּה.

לְמַעַן יְחִיד צוֹרְרִים דָּשׁ, אֲשֶׁר מֵרֶחֶם לְנָזִיר הֻקְדָּשׁ
מִמַּכְתֵּשׁ לֶחִי הִבְקַעְתָּ לוֹ מָיִם.
לְמַעַן שֵׁם קָדְשֶׁךָ הוֹשַׁע נָא וְהוֹשִׁיעָה נָּא, אָבִינוּ אָתָּה.

לְמַעַן טוֹב הוֹלֵךְ וְגָדֵל, אֲשֶׁר מֵעֹשֶׁק עֵדָה חִדֵּל
בְּשׁוּב עָם מֵחֵטְא צִוָּה שְׁאֹב מָיִם.
לְנָאוָה כִּירוּשָׁלָיִם הוֹשַׁע נָא וְהוֹשִׁיעָה נָּא, אָבִינוּ אָתָּה.

לְמַעַן חִיךְ מְכַרְכֵּר בְּשִׁיר, הַמְלַמֵּד תּוֹרָה בְּכָל כְּלֵי שִׁיר
מְנַסֵּךְ לְפָנֶיךָ כְּתָאֵב שְׁתוֹת מָיִם.
לְשָׂמוּ בְךָ סִבְרָם הוֹשַׁע נָא וְהוֹשִׁיעָה נָּא, אָבִינוּ אָתָּה.

לְמַעַן זָךְ עָלָה בַּסְּעָרָה, הַמְקַנֵּא וּמֵשִׁיב עֶבְרָה
לִפְלוּלוֹ יָרְדָה אֵשׁ וְלִחֲכָה עָפָר וּמָיִם.
לְעֵינֶיהָ בְּרֵכוֹת הוֹשַׁע נָא וְהוֹשִׁיעָה נָּא, אָבִינוּ אָתָּה.

לְמַעַן וְשֵׁרֵת בֶּאֱמֶת לְרַבּוֹ, פִּי שְׁנַיִם בְּרוּחוֹ נֶאֱצַל בּוֹ
בְּקַחְתּוֹ מְנַגֵּן נִתְמַלְּאוּ גֵבִים מָיִם.
לְפָצוּ מִי כָמֹכָה הוֹשַׁע נָא וְהוֹשִׁיעָה נָּא, אָבִינוּ אָתָּה.

לְמַעַן הִרְהֵר עֲשׂוֹת רְצוֹנֶךָ, הַמַּכְרִיז תְּשׁוּבָה לְצֹאנֶךָ
אָז בְּבוֹא מְחָרֵף סָתַם עֵינוֹת מָיִם.
לְצִיּוֹן מִכְלַל יֹפִי הוֹשַׁע נָא וְהוֹשִׁיעָה נָּא, אָבִינוּ אָתָּה.

לְמַעַן דְּרָשׁוּךָ בְּתוֹךְ הַגּוֹלָה, וְסוֹדְךָ לָמוֹ נִגְלָה
בְּלִי לְהִתְגָּאֵל דָּרְשׁוּ זֵרְעוֹנִים וּמָיִם.
לְקוֹרְאֶיךָ בַּצָּר הוֹשַׁע נָא וְהוֹשִׁיעָה נָּא, אָבִינוּ אָתָּה.

לְמַעַן גְּמַר חָכְמָה וּבִינָה, סוֹפֵר מָהִיר מְפַלֵּשׁ אֲמָנָה
מַחְכִּימֵנוּ אֲמָרִים הַמְשׁוּלִים בְּרַחֲבֵי מָיִם.
לְרַבָּתִי עָם הוֹשַׁע נָא וְהוֹשִׁיעָה נָּא, אָבִינוּ אָתָּה.

לְמַעַן בָּאֵי לְךָ הַיּוֹם בְּכָל לֵב, שׁוֹפְכִים לְךָ שִׂיחַ בְּלֹא לֵב וָלֵב
שׁוֹאֲלִים מִמְּךָ עֹז מִטְרוֹת מָיִם.
לְשׁוֹרְרוּ בַיָּם הוֹשַׁע נָא וְהוֹשִׁיעָה נָּא, אָבִינוּ אָתָּה.

לְמַעַן אוֹמְרֵי יִגְדַּל שְׁמֶךָ, וְהֵם נַחֲלָתְךָ וְעַמֶּךָ
צְמֵאִים לְיֶשְׁעֲךָ כְּאֶרֶץ עֲיֵפָה לַמָּיִם.
לְתַרְתָּ לָמוֹ מְנוּחָה הוֹשַׁע נָא וְהוֹשִׁיעָה נָּא, אָבִינוּ אָתָּה.

שליח הציבור ואחריו הקהל:

הוֹשַׁע נָא, אֵל נָא
אָנָּא הוֹשִׁיעָה נָּא.
הוֹשַׁע נָא, סְלַח נָא
וְהַצְלִיחָה נָא
וְהוֹשִׁיעֵנוּ אֵל מָעֻזֵּנוּ.

מניחים את הלולב ואת האתרוג ונוטלים את הערבות (רמ"א, תרסד, ז).

תַּעֲנֶה אֱמוּנִים שׁוֹפְכִים לְךָ לֵב כַּמַּיִם וְהוֹשִׁיעָה נָּא.
לְמַעַן בָּא בָאֵשׁ וּבַמַּיִם וְהַצְלִיחָה נָא.
גָּזַר וְנָם יֻקַּח נָא מְעַט מַיִם וְהוֹשִׁיעֵנוּ אֵל מָעֻזֵּנוּ.

תַּעֲנֶה דְגָלִים גָּזוּ גִּזְרֵי מַיִם וְהוֹשִׁיעָה נָּא.
לְמַעַן הַנֶּעֱקַד בְּשַׁעַר הַשָּׁמַיִם וְהַצְלִיחָה נָא.
וְשָׁב וְחָפַר בְּאֵרוֹת מַיִם וְהוֹשִׁיעֵנוּ אֵל מָעֻזֵּנוּ.

תַּעֲנֶה זַכִּים חוֹנִים עֲלֵי מַיִם וְהוֹשִׁיעָה נָּא.
לְמַעַן חָלָק מְפַצֵּל מַקְלוֹת בְּשִׁקְתוֹת הַמַּיִם וְהַצְלִיחָה נָא.
טָעַן וְגָל אֶבֶן מִבְּאֵר מַיִם וְהוֹשִׁיעֵנוּ אֵל מָעֻזֵּנוּ.

תַּעֲנֶה יְדִידִים נוֹחֲלֵי דָת מְשׁוּלַת מַיִם וְהוֹשִׁיעָה נָּא.
לְמַעַן כָּרוּ בְּמִשְׁעֲנוֹתָם מַיִם וְהַצְלִיחָה נָא.
לְהָכִין לָמוֹ וּלְצֶאֱצָאֵימוֹ מַיִם וְהוֹשִׁיעֵנוּ אֵל מָעֻזֵּנוּ.

תַּעֲנֶה מִתְחַנְּנִים כְּבִישִׁימוֹן עֲלֵי מַיִם וְהוֹשִׁיעָה נָּא.
לְמַעַן נֶאֱמַן בַּיִת מַסְפִּיק לָעָם מַיִם וְהַצְלִיחָה נָא.
סֶלַע הָךְ וַיָּזוּבוּ מַיִם וְהוֹשִׁיעֵנוּ אֵל מָעֻזֵּנוּ.

תַּעֲנֶה עוֹנִים עֲלִי בְאֵר מַיִם וְהוֹשִׁיעָה נָּא.
לְמַעַן פָּקַד בְּמֵי מְרִיבַת מַיִם וְהַצְלִיחָה נָא.
צְמֵאִים לְהַשְׁקוֹת מַיִם וְהוֹשִׁיעֵנוּ אֵל מָעֻזֵּנוּ.

תַּעֲנֶה קְדוֹשִׁים מְנַסְּכִים לְךָ מַיִם וְהוֹשִׁיעָה נָּא.
לְמַעַן רֹאשׁ מְשׁוֹרְרִים כְּתָאֵב שְׁתוֹת מַיִם וְהַצְלִיחָה נָא.
שָׁב וְנָסַךְ לְךָ מַיִם וְהוֹשִׁיעֵנוּ אֵל מָעֻזֵּנוּ.

תַּעֲנֶה שׁוֹאֲלִים בְּרִבּוּעַ אֶשְׁלֵי מַיִם וְהוֹשִׁיעָה נָּא.
לְמַעַן תֵּל תַּלְפִּיּוֹת מוֹצָא מַיִם וְהַצְלִיחָה נָא.
תִּפְתַּח אֶרֶץ וְתַרְעִיף שָׁמַיִם וְהוֹשִׁיעֵנוּ אֵל מָעֻזֵּנוּ.

רַחֵם נָא קְהַל עֲדַת יְשׁוּרוּן, סְלַח וּמְחַל עֲוֹנָם
וְהוֹשִׁיעֵנוּ אֱלֹהֵי יִשְׁעֵנוּ.

אָז כְּעֵינֵי עֲבָדִים אֶל יַד אֲדוֹנִים
בָּאנוּ לְפָנֶיךָ נְדוֹנִים. וְהוֹשִׁיעֵנוּ אֱלֹהֵי יִשְׁעֵנוּ.

גָּאָה אֲדוֹנֵי הָאֲדוֹנִים, נִתְגָּרוּ בָנוּ מְדָנִים
דְּשׁוּנוּ וּבְעָלוּנוּ זוּלָתְךָ אֲדוֹנִים. וְהוֹשִׁיעֵנוּ אֱלֹהֵי יִשְׁעֵנוּ.

הֵן גַּשְׁנוּ הַיּוֹם בְּתַחֲנוּן, עָדֶיךָ רַחוּם וְחַנּוּן
וְסִפַּרְנוּ נִפְלְאוֹתֶיךָ בְּשִׁנּוּן. וְהוֹשִׁיעֵנוּ אֱלֹהֵי יִשְׁעֵנוּ.

זָבַת חָלָב וּדְבָשׁ, נָא אַל תִּיבָשׁ
חַשְׁרַת מַיִם כְּאֵבֶה תֶּחְבָּשׁ. וְהוֹשִׁיעֵנוּ אֱלֹהֵי יִשְׁעֵנוּ.

טָעֲנוּ בִּשְׁמֹנָה, בְּיַד שִׁבְעָה וּשְׁמוֹנָה
יָשָׁר צַדִּיק אֵל אֱמוּנָה. וְהוֹשִׁיעֵנוּ אֱלֹהֵי יִשְׁעֵנוּ.

כָּרַתָּ בְּרִית לָאָרֶץ, עוֹד כָּל יְמֵי הָאָרֶץ
לְבִלְתִּי פְרָץ בָּהּ פֶּרֶץ. וְהוֹשִׁיעֵנוּ אֱלֹהֵי יִשְׁעֵנוּ.

מִתְחַנְּנִים עֲלֵי מַיִם, כַּעֲרָבִים עַל יִבְלֵי מַיִם
נָא זְכָר לָמוֹ נִסּוּךְ הַמַּיִם. וְהוֹשִׁיעֵנוּ אֱלֹהֵי יִשְׁעֵנוּ.

שִׂיחִים בְּדֶרֶךְ מַטָּעָתָם, עוֹמְסִים בְּשַׁוְעָתָם
עֲנֵם בְּקוֹל פְּגִיעָתָם. וְהוֹשִׁיעֵנוּ אֱלֹהֵי יִשְׁעֵנוּ.

פּוֹעֵל יְשׁוּעוֹת, פְּנֵה לְפִלּוּלָם שְׁעוֹת
צַדְּקֵם אֵל לְמוֹשָׁעוֹת. וְהוֹשִׁיעֵנוּ אֱלֹהֵי יִשְׁעֵנוּ.

קוֹל רִגְשָׁם תִּשַׁע, תִּפְתַּח אֶרֶץ וְיִפְרוּ יֶשַׁע
רַב לְהוֹשִׁיעַ וְלֹא חָפֵץ רֶשַׁע. וְהוֹשִׁיעֵנוּ אֱלֹהֵי יִשְׁעֵנוּ.

שליח הציבור ואחריו הקהל:

שַׁעֲרֵי שָׁמַיִם פְּתַח, וְאוֹצָרְךָ הַטּוֹב לָנוּ תִפְתַּח.
תּוֹשִׁיעֵנוּ וְרִיב אַל תִּמְתַּח. וְהוֹשִׁיעֵנוּ אֱלֹהֵי יִשְׁעֵנוּ.

שליח הציבור ואחריו הקהל:

קוֹל מְבַשֵּׂר מְבַשֵּׂר וְאוֹמֵר.

אֹמֶן יֶשְׁעֲךָ בָּא, קוֹל דּוֹדִי הִנֵּה זֶה בָּא. מְבַשֵּׂר וְאוֹמֵר.
בָּא בְּרִבְבוֹת כִּתִּים, לַעֲמֹד עַל הַר הַזֵּיתִים. מְבַשֵּׂר וְאוֹמֵר.
גִּשְׁתּוֹ בַּשּׁוֹפָר לִתְקֹעַ, תַּחְתָּיו הַר יִבָּקֵעַ. מְבַשֵּׂר וְאוֹמֵר.
דָּפַק וְהֵצִיץ וְזָרַח, וּמָשׁ חֲצִי הָהָר מִמִּזְרָח. מְבַשֵּׂר וְאוֹמֵר.
הֵקִים מִלּוּל נְאֻמוֹ, וּבָא הוּא וְכָל קְדוֹשָׁיו עִמּוֹ. מְבַשֵּׂר וְאוֹמֵר.
וּלְכָל בָּאֵי הָעוֹלָם, בַּת קוֹל יִשָּׁמַע בָּעוֹלָם. מְבַשֵּׂר וְאוֹמֵר.
זֶרַע עֲמוּסֵי רַחְמוֹ, נוֹלְדוּ כְּיֶלֶד מִמְּעֵי אִמּוֹ. מְבַשֵּׂר וְאוֹמֵר.
חָלָה וְיָלְדָה מִי זֹאת, מִי־שָׁמַע כָּזֹאת. מְבַשֵּׂר וְאוֹמֵר. ישעיה סו
טָהוֹר פָּעַל כָּל אֵלֶּה, מִי רָאָה כָּאֵלֶּה. מְבַשֵּׂר וְאוֹמֵר. ישעיה סו
יֶשַׁע וּזְמַן הוּחַד, הֲיוּחַל אֶרֶץ בְּיוֹם אֶחָד. מְבַשֵּׂר וְאוֹמֵר. ישעיה סו
כַּבִּיר רוּם וָתַחַת, אִם־יִוָּלֵד גּוֹי פַּעַם אֶחָת. מְבַשֵּׂר וְאוֹמֵר. ישעיה סו
לְעֵת יִגְאַל עַמּוֹ נָאוֹר, וְהָיָה לְעֵת־עֶרֶב יִהְיֶה־אוֹר. מְבַשֵּׂר וְאוֹמֵר. זכריה יד
מוֹשִׁיעִים יַעֲלוּ לְהַר צִיּוֹן, כִּי־חָלָה גַּם־יָלְדָה צִיּוֹן. מְבַשֵּׂר וְאוֹמֵר. ישעיה סו
נִשְׁמַע בְּכָל גְּבוּלֵךְ, הַרְחִיבִי מְקוֹם אָהֳלֵךְ. מְבַשֵּׂר וְאוֹמֵר. ישעיה נד
שִׂימִי עַד דַּמֶּשֶׂק מִשְׁכְּנוֹתַיִךְ, קַבְּלִי בָנַיִךְ וּבְנוֹתַיִךְ. מְבַשֵּׂר וְאוֹמֵר.
עִלְזִי חֲבַצֶּלֶת הַשָּׁרוֹן, כִּי קָמוּ יְשֵׁנֵי חֶבְרוֹן. מְבַשֵּׂר וְאוֹמֵר.
פְּנוּ אֵלַי וְהִוָּשְׁעוּ, הַיּוֹם אִם בְּקוֹלִי תִשְׁמָעוּ. מְבַשֵּׂר וְאוֹמֵר.
צֶמַח אִישׁ צֶמַח שְׁמוֹ, הוּא דָוִד בְּעַצְמוֹ. מְבַשֵּׂר וְאוֹמֵר.
קוּמוּ כְּפוּשֵׁי עָפָר, הָקִיצוּ וְרַנְּנוּ שֹׁכְנֵי עָפָר. מְבַשֵּׂר וְאוֹמֵר. ישעיה כו
רַבָּתִי עָם בְּהַמְלִיכוֹ, מִגְדּוֹל יְשׁוּעוֹת מַלְכּוֹ. מְבַשֵּׂר וְאוֹמֵר. שמואל ב׳ כב
שֵׁם רְשָׁעִים לְהַאֲבִיד, עֹשֶׂה־חֶסֶד לִמְשִׁיחוֹ לְדָוִד. מְבַשֵּׂר וְאוֹמֵר. שמואל ב׳ כב
תְּנָה יְשׁוּעוֹת לְעַם עוֹלָם, לְדָוִד וּלְזַרְעוֹ עַד־עוֹלָם. מְבַשֵּׂר וְאוֹמֵר. שמואל ב׳ כב

שליח הציבור אומר שלוש פעמים ואחריו הקהל:

קוֹל מְבַשֵּׂר מְבַשֵּׂר וְאוֹמֵר.

חובטים את הערבות חמש פעמים ואומרים:

הוֹשִׁיעָה אֶת־עַמֶּךָ, וּבָרֵךְ אֶת־נַחֲלָתֶךָ תהלים כח
וּרְעֵם וְנַשְּׂאֵם עַד־הָעוֹלָם:
וְיִהְיוּ דְבָרַי אֵלֶּה, אֲשֶׁר הִתְחַנַּנְתִּי לִפְנֵי יהוה מלכים א׳ ח
קְרֹבִים אֶל־יהוה אֱלֹהֵינוּ יוֹמָם וָלָיְלָה
לַעֲשׂוֹת מִשְׁפַּט עַבְדּוֹ וּמִשְׁפַּט עַמּוֹ יִשְׂרָאֵל
דְּבַר־יוֹם בְּיוֹמוֹ:
לְמַעַן דַּעַת כָּל־עַמֵּי הָאָרֶץ כִּי יהוה הוּא הָאֱלֹהִים
אֵין עוֹד:

מחזירים את ספרי התורה לארון הקודש ואומרים תחינה זו.
ויש האומרים אותה אחר הקדיש.

יְהִי רָצוֹן מִלְּפָנֶיךָ יהוה אֱלֹהֵינוּ וֵאלֹהֵי אֲבוֹתֵינוּ, הַבּוֹחֵר בִּנְבִיאִים טוֹבִים וּבְמִנְהֲגֵיהֶם הַטּוֹבִים, שֶׁתְּקַבֵּל בְּרַחֲמִים וּבְרָצוֹן אֶת תְּפִלָּתֵנוּ וְהַקָּפוֹתֵינוּ. וּזְכָר לָנוּ זְכוּת שִׁבְעַת תְּמִימֶיךָ, וְתָסִיר מְחִצַּת הַבַּרְזֶל הַמַּפְסֶקֶת בֵּינֵינוּ וּבֵינֶךָ, וְתַאֲזִין שַׁוְעָתֵנוּ, וְתֵיטִיב לָנוּ הַחֲתִימָה, תּוֹלֶה אֶרֶץ עַל בְּלִימָה, וְחָתְמֵנוּ בְּסֵפֶר חַיִּים טוֹבִים.

וְהַיּוֹם הַזֶּה תִּתֵּן בִּשְׁכִינַת עֻזֶּךָ חָמֵשׁ גְּבוּרוֹת מְמֻתָּקוֹת, עַל יְדֵי חֲבִיטַת עֲרָבָה מִנְהַג נְבִיאֶיךָ הַקְּדוֹשִׁים, וְתִתְעוֹרֵר הָאַהֲבָה בֵּינֵיהֶם. וּתְנַשְּׁקֶנּוּ מִנְּשִׁיקוֹת פִּיךָ, מְמַתֶּקֶת כָּל הַגְּבוּרוֹת וְכָל הַדִּינִין. וְתָאִיר לִשְׁכִינַת עֻזֶּךָ בְּשֵׁם יו״ד הֵ״א וָא״ו שֶׁהוּא טַל אוֹרוֹת טַלֶּךָ, וּמִשָּׁם תַּשְׁפִּיעַ שֶׁפַע לְעַבְדְּךָ הַמִּתְפַּלֵּל לְפָנֶיךָ, שֶׁתַּאֲרִיךְ יָמָיו וְתִמְחַל לוֹ חֲטָאָיו וַעֲוֹנוֹתָיו וּפְשָׁעָיו. וְתִפְשֹׁט יְמִינְךָ וְיָדְךָ לְקַבְּלוֹ בִּתְשׁוּבָה שְׁלֵמָה לְפָנֶיךָ. וְאוֹצָרְךָ הַטּוֹב תִּפְתַּח לְהַשְׂבִּיעַ מַיִם נֶפֶשׁ שׁוֹקֵקָה, כְּמוֹ שֶׁכָּתוּב: יִפְתַּח יהוה דברים כח
לְךָ אֶת־אוֹצָרוֹ הַטּוֹב אֶת־הַשָּׁמַיִם לָתֵת מְטַר־אַרְצְךָ בְּעִתּוֹ, וּלְבָרֵךְ אֵת כָּל־מַעֲשֵׂה יָדֶךָ: אָמֵן.

קדיש שלם

ש״ץ: **יִתְגַּדַּל וְיִתְקַדַּשׁ שְׁמֵהּ רַבָּא** (קהל: **אָמֵן**)

בְּעָלְמָא דִּי בְרָא כִרְעוּתֵהּ

וְיַמְלִיךְ מַלְכוּתֵהּ וְיַצְמַח פֻּרְקָנֵהּ וִיקָרֵב מְשִׁיחֵהּ (קהל: **אָמֵן**)

בְּחַיֵּיכוֹן וּבְיוֹמֵיכוֹן וּבְחַיֵּי דְכָל בֵּית יִשְׂרָאֵל

בַּעֲגָלָא וּבִזְמַן קָרִיב

וְאִמְרוּ אָמֵן. (קהל: **אָמֵן**)

קהל וש״ץ: **יְהֵא שְׁמֵהּ רַבָּא מְבָרַךְ לְעָלַם וּלְעָלְמֵי עָלְמַיָּא.**

יִתְבָּרַךְ וְיִשְׁתַּבַּח וְיִתְפָּאַר וְיִתְרוֹמַם וְיִתְנַשֵּׂא

וְיִתְהַדָּר וְיִתְעַלֶּה וְיִתְהַלָּל

שְׁמֵהּ דְּקֻדְשָׁא בְּרִיךְ הוּא (קהל: **אָמֵן**)

לְעֵלָּא מִן כָּל בִּרְכָתָא וְשִׁירָתָא, תֻּשְׁבְּחָתָא וְנֶחֱמָתָא

דַּאֲמִירָן בְּעָלְמָא

וְאִמְרוּ אָמֵן. (קהל: **אָמֵן**)

תִּתְקַבַּל צְלוֹתְהוֹן וּבָעוּתְהוֹן דְּכָל בֵּית יִשְׂרָאֵל

קֳדָם אֲבוּהוֹן דִּי בִשְׁמַיָּא

וְאִמְרוּ אָמֵן. (קהל: **אָמֵן**)

יְהֵא שְׁלָמָא רַבָּא מִן שְׁמַיָּא

וְחַיִּים טוֹבִים עָלֵינוּ וְעַל כָּל יִשְׂרָאֵל

וְאִמְרוּ אָמֵן. (קהל: **אָמֵן**)

כורע ופוסע שלוש פסיעות לאחור. קד לשמאל, לימין ולפנים באמירת:

עֹשֶׂה שָׁלוֹם בִּמְרוֹמָיו

הוּא יַעֲשֶׂה שָׁלוֹם עָלֵינוּ וְעַל כָּל יִשְׂרָאֵל

וְאִמְרוּ אָמֵן. (קהל: **אָמֵן**)

בבתי כנסת שבהם אמרו הושענות אחרי מוסף, ממשיכים בעמ׳ 362.

שיר של יום

יש האומרים שיר של יום לפי סדר ימות השבוע, ויש האומרים מזמור מיוחד לחג (עמ׳ 492). אך בשבת תמיד אומרים ׳מִזְמוֹר שִׁיר לְיוֹם הַשַּׁבָּת׳ בעמ׳ 264.

ליום א׳ הַיּוֹם יוֹם רִאשׁוֹן בְּשַׁבָּת, שֶׁבּוֹ הָיוּ הַלְוִיִּם אוֹמְרִים בְּבֵית הַמִּקְדָּשׁ:

תהלים כד
לְדָוִד מִזְמוֹר, לַיהוה הָאָרֶץ וּמְלוֹאָהּ, תֵּבֵל וְיֹשְׁבֵי בָהּ: כִּי־הוּא עַל־
יַמִּים יְסָדָהּ, וְעַל־נְהָרוֹת יְכוֹנְנֶהָ: מִי־יַעֲלֶה בְהַר־יהוה, וּמִי־יָקוּם
בִּמְקוֹם קָדְשׁוֹ: נְקִי כַפַּיִם וּבַר־לֵבָב, אֲשֶׁר לֹא־נָשָׂא לַשָּׁוְא נַפְשִׁי,
וְלֹא נִשְׁבַּע לְמִרְמָה: יִשָּׂא בְרָכָה מֵאֵת יהוה, וּצְדָקָה מֵאֱלֹהֵי יִשְׁעוֹ:
זֶה דּוֹר דֹּרְשָׁו, מְבַקְשֵׁי פָנֶיךָ יַעֲקֹב סֶלָה: שְׂאוּ שְׁעָרִים רָאשֵׁיכֶם,
וְהִנָּשְׂאוּ פִּתְחֵי עוֹלָם, וְיָבוֹא מֶלֶךְ הַכָּבוֹד: מִי זֶה מֶלֶךְ הַכָּבוֹד, יהוה
עִזּוּז וְגִבּוֹר, יהוה גִּבּוֹר מִלְחָמָה: שְׂאוּ שְׁעָרִים רָאשֵׁיכֶם, וּשְׂאוּ פִּתְחֵי
עוֹלָם, וְיָבֹא מֶלֶךְ הַכָּבוֹד: ◂ מִי הוּא זֶה מֶלֶךְ הַכָּבוֹד, יהוה צְבָאוֹת
הוּא מֶלֶךְ הַכָּבוֹד סֶלָה:

קדיש יתום (בעמ׳ 264)

ליום ב׳ הַיּוֹם יוֹם שֵׁנִי בְּשַׁבָּת, שֶׁבּוֹ הָיוּ הַלְוִיִּם אוֹמְרִים בְּבֵית הַמִּקְדָּשׁ:

תהלים מח
שִׁיר מִזְמוֹר לִבְנֵי־קֹרַח: גָּדוֹל יהוה וּמְהֻלָּל מְאֹד, בְּעִיר אֱלֹהֵינוּ, הַר־
קָדְשׁוֹ: יְפֵה נוֹף מְשׂוֹשׂ כָּל־הָאָרֶץ, הַר־צִיּוֹן יַרְכְּתֵי צָפוֹן, קִרְיַת מֶלֶךְ
רָב: אֱלֹהִים בְּאַרְמְנוֹתֶיהָ נוֹדַע לְמִשְׂגָּב: כִּי־הִנֵּה הַמְּלָכִים נוֹעֲדוּ,
עָבְרוּ יַחְדָּו: הֵמָּה רָאוּ כֵּן תָּמָהוּ, נִבְהֲלוּ נֶחְפָּזוּ: רְעָדָה אֲחָזָתַם שָׁם,
חִיל כַּיּוֹלֵדָה: בְּרוּחַ קָדִים תְּשַׁבֵּר אֳנִיּוֹת תַּרְשִׁישׁ: כַּאֲשֶׁר שָׁמַעְנוּ כֵּן
רָאִינוּ, בְּעִיר־יהוה צְבָאוֹת, בְּעִיר אֱלֹהֵינוּ, אֱלֹהִים יְכוֹנְנֶהָ עַד־עוֹלָם
סֶלָה: דִּמִּינוּ אֱלֹהִים חַסְדֶּךָ, בְּקֶרֶב הֵיכָלֶךָ: כְּשִׁמְךָ אֱלֹהִים כֵּן תְּהִלָּתְךָ
עַל־קַצְוֵי־אֶרֶץ, צֶדֶק מָלְאָה יְמִינֶךָ: יִשְׂמַח הַר־צִיּוֹן, תָּגֵלְנָה בְּנוֹת
יְהוּדָה, לְמַעַן מִשְׁפָּטֶיךָ: סֹבּוּ צִיּוֹן וְהַקִּיפוּהָ, סִפְרוּ מִגְדָּלֶיהָ: שִׁיתוּ
לִבְּכֶם לְחֵילָה, פַּסְּגוּ אַרְמְנוֹתֶיהָ, לְמַעַן תְּסַפְּרוּ לְדוֹר אַחֲרוֹן: ◂ כִּי זֶה
אֱלֹהִים אֱלֹהֵינוּ עוֹלָם וָעֶד, הוּא יְנַהֲגֵנוּ עַל־מוּת:

קדיש יתום (בעמ׳ 264)

ליום ג׳ הַיּוֹם יוֹם שְׁלִישִׁי בְּשַׁבָּת, שֶׁבּוֹ הָיוּ הַלְוִיִּם אוֹמְרִים בְּבֵית הַמִּקְדָּשׁ:

תהלים פב מִזְמוֹר לְאָסָף, אֱלֹהִים נִצָּב בַּעֲדַת־אֵל, בְּקֶרֶב אֱלֹהִים יִשְׁפֹּט: עַד־
מָתַי תִּשְׁפְּטוּ־עָוֶל, וּפְנֵי רְשָׁעִים תִּשְׂאוּ־סֶלָה: שִׁפְטוּ־דַל וְיָתוֹם, עָנִי
וָרָשׁ הַצְדִּיקוּ: פַּלְּטוּ־דַל וְאֶבְיוֹן, מִיַּד רְשָׁעִים הַצִּילוּ: לֹא יָדְעוּ וְלֹא
יָבִינוּ, בַּחֲשֵׁכָה יִתְהַלָּכוּ, יִמּוֹטוּ כָּל־מוֹסְדֵי אָרֶץ: אֲנִי־אָמַרְתִּי אֱלֹהִים
אַתֶּם, וּבְנֵי עֶלְיוֹן כֻּלְּכֶם: אָכֵן כְּאָדָם תְּמוּתוּן, וּכְאַחַד הַשָּׂרִים תִּפֹּלוּ:
› קוּמָה אֱלֹהִים שָׁפְטָה הָאָרֶץ, כִּי־אַתָּה תִנְחַל בְּכָל־הַגּוֹיִם:

קדיש יתום (בעמ׳ 264)

ליום ד׳ הַיּוֹם יוֹם רְבִיעִי בְּשַׁבָּת, שֶׁבּוֹ הָיוּ הַלְוִיִּם אוֹמְרִים בְּבֵית הַמִּקְדָּשׁ:

תהלים צד אֵל־נְקָמוֹת יהוה, אֵל נְקָמוֹת הוֹפִיעַ: הִנָּשֵׂא שֹׁפֵט הָאָרֶץ, הָשֵׁב גְּמוּל
עַל־גֵּאִים: עַד־מָתַי רְשָׁעִים, יהוה, עַד־מָתַי רְשָׁעִים יַעֲלֹזוּ: יַבִּיעוּ
יְדַבְּרוּ עָתָק, יִתְאַמְּרוּ כָּל־פֹּעֲלֵי אָוֶן: עַמְּךָ יהוה יְדַכְּאוּ, וְנַחֲלָתְךָ
יְעַנּוּ: אַלְמָנָה וְגֵר יַהֲרֹגוּ, וִיתוֹמִים יְרַצֵּחוּ: וַיֹּאמְרוּ לֹא יִרְאֶה־יָּהּ, וְלֹא־
יָבִין אֱלֹהֵי יַעֲקֹב: בִּינוּ בֹּעֲרִים בָּעָם, וּכְסִילִים מָתַי תַּשְׂכִּילוּ: הֲנֹטַע
אֹזֶן הֲלֹא יִשְׁמָע, אִם־יֹצֵר עַיִן הֲלֹא יַבִּיט: הֲיֹסֵר גּוֹיִם הֲלֹא יוֹכִיחַ,
הַמְלַמֵּד אָדָם דָּעַת: יהוה יֹדֵעַ מַחְשְׁבוֹת אָדָם, כִּי־הֵמָּה הָבֶל: אַשְׁרֵי
הַגֶּבֶר אֲשֶׁר־תְּיַסְּרֶנּוּ יָּהּ, וּמִתּוֹרָתְךָ תְלַמְּדֶנּוּ: לְהַשְׁקִיט לוֹ מִימֵי רָע,
עַד יִכָּרֶה לָרָשָׁע שָׁחַת: כִּי לֹא־יִטֹּשׁ יהוה עַמּוֹ, וְנַחֲלָתוֹ לֹא יַעֲזֹב:
כִּי־עַד־צֶדֶק יָשׁוּב מִשְׁפָּט, וְאַחֲרָיו כָּל־יִשְׁרֵי־לֵב: מִי־יָקוּם לִי עִם־
מְרֵעִים, מִי־יִתְיַצֵּב לִי עִם־פֹּעֲלֵי אָוֶן: לוּלֵי יהוה עֶזְרָתָה לִּי, כִּמְעַט
שָׁכְנָה דוּמָה נַפְשִׁי: אִם־אָמַרְתִּי מָטָה רַגְלִי, חַסְדְּךָ יהוה יִסְעָדֵנִי:
בְּרֹב שַׂרְעַפַּי בְּקִרְבִּי, תַּנְחוּמֶיךָ יְשַׁעַשְׁעוּ נַפְשִׁי: הַיְחָבְרְךָ כִּסֵּא הַוּוֹת,
יֹצֵר עָמָל עֲלֵי־חֹק: יָגוֹדּוּ עַל־נֶפֶשׁ צַדִּיק, וְדָם נָקִי יַרְשִׁיעוּ: וַיְהִי יהוה
לִי לְמִשְׂגָּב, וֵאלֹהַי לְצוּר מַחְסִי: וַיָּשֶׁב עֲלֵיהֶם אֶת־אוֹנָם, וּבְרָעָתָם
יַצְמִיתֵם, יַצְמִיתֵם יהוה אֱלֹהֵינוּ:

תהלים צה ‹ לְכוּ נְרַנְּנָה לַיהוה, נָרִיעָה לְצוּר יִשְׁעֵנוּ: נְקַדְּמָה פָנָיו בְּתוֹדָה, בִּזְמִרוֹת נָרִיעַ לוֹ: כִּי אֵל גָּדוֹל יהוה, וּמֶלֶךְ גָּדוֹל עַל־כָּל־אֱלֹהִים:

קדיש יתום (בעמוד הבא)

ליום ה׳ הַיּוֹם יוֹם חֲמִישִׁי בְּשַׁבָּת, שֶׁבּוֹ הָיוּ הַלְוִיִּם אוֹמְרִים בְּבֵית הַמִּקְדָּשׁ:

תהלים פא לַמְנַצֵּחַ עַל־הַגִּתִּית לְאָסָף: הַרְנִינוּ לֵאלֹהִים עוּזֵּנוּ, הָרִיעוּ לֵאלֹהֵי יַעֲקֹב: שְׂאוּ־זִמְרָה וּתְנוּ־תֹף, כִּנּוֹר נָעִים עִם־נָבֶל: תִּקְעוּ בַחֹדֶשׁ שׁוֹפָר, בַּכֶּסֶה לְיוֹם חַגֵּנוּ: כִּי חֹק לְיִשְׂרָאֵל הוּא, מִשְׁפָּט לֵאלֹהֵי יַעֲקֹב: עֵדוּת בִּיהוֹסֵף שָׂמוֹ, בְּצֵאתוֹ עַל־אֶרֶץ מִצְרָיִם, שְׂפַת לֹא־יָדַעְתִּי אֶשְׁמָע: הֲסִירוֹתִי מִסֵּבֶל שִׁכְמוֹ, כַּפָּיו מִדּוּד תַּעֲבֹרְנָה: בַּצָּרָה קָרָאתָ וָאֲחַלְּצֶךָּ, אֶעֶנְךָ בְּסֵתֶר רַעַם, אֶבְחָנְךָ עַל־מֵי מְרִיבָה סֶלָה: שְׁמַע עַמִּי וְאָעִידָה בָּךְ, יִשְׂרָאֵל אִם־תִּשְׁמַע־לִי: לֹא־יִהְיֶה בְךָ אֵל זָר, וְלֹא תִשְׁתַּחֲוֶה לְאֵל נֵכָר: אָנֹכִי יהוה אֱלֹהֶיךָ, הַמַּעַלְךָ מֵאֶרֶץ מִצְרָיִם, הַרְחֶב־פִּיךָ וַאֲמַלְאֵהוּ: וְלֹא־שָׁמַע עַמִּי לְקוֹלִי, וְיִשְׂרָאֵל לֹא־אָבָה לִי: וָאֲשַׁלְּחֵהוּ בִּשְׁרִירוּת לִבָּם, יֵלְכוּ בְּמוֹעֲצוֹתֵיהֶם: לוּ עַמִּי שֹׁמֵעַ לִי, יִשְׂרָאֵל בִּדְרָכַי יְהַלֵּכוּ: כִּמְעַט אוֹיְבֵיהֶם אַכְנִיעַ, וְעַל־צָרֵיהֶם אָשִׁיב יָדִי: מְשַׂנְאֵי יהוה יְכַחֲשׁוּ־לוֹ, וִיהִי עִתָּם לְעוֹלָם: ‹ וַיַּאֲכִילֵהוּ מֵחֵלֶב חִטָּה, וּמִצּוּר, דְּבַשׁ אַשְׂבִּיעֶךָ:

קדיש יתום (בעמוד הבא)

ליום ו׳ הַיּוֹם יוֹם שִׁשִּׁי בְּשַׁבָּת, שֶׁבּוֹ הָיוּ הַלְוִיִּם אוֹמְרִים בְּבֵית הַמִּקְדָּשׁ:

תהלים צג יהוה מָלָךְ, גֵּאוּת לָבֵשׁ, לָבֵשׁ יהוה עֹז הִתְאַזָּר, אַף־תִּכּוֹן תֵּבֵל בַּל־תִּמּוֹט: נָכוֹן כִּסְאֲךָ מֵאָז, מֵעוֹלָם אָתָּה: נָשְׂאוּ נְהָרוֹת יהוה, נָשְׂאוּ נְהָרוֹת קוֹלָם, יִשְׂאוּ נְהָרוֹת דָּכְיָם: מִקֹּלוֹת מַיִם רַבִּים, אַדִּירִים מִשְׁבְּרֵי־יָם, אַדִּיר בַּמָּרוֹם יהוה: ‹ עֵדֹתֶיךָ נֶאֶמְנוּ מְאֹד, לְבֵיתְךָ נַאֲוָה־קֹדֶשׁ, יהוה לְאֹרֶךְ יָמִים:

קדיש יתום (בעמוד הבא)

לשבת הַיּוֹם יוֹם שַׁבַּת קֹדֶשׁ, שֶׁבּוֹ הָיוּ הַלְוִיִּם אוֹמְרִים בְּבֵית הַמִּקְדָּשׁ:

תהלים צב מִזְמוֹר שִׁיר לְיוֹם הַשַּׁבָּת: טוֹב לְהֹדוֹת לַיהוה, וּלְזַמֵּר לְשִׁמְךָ עֶלְיוֹן:
לְהַגִּיד בַּבֹּקֶר חַסְדֶּךָ, וֶאֱמוּנָתְךָ בַּלֵּילוֹת: עֲלֵי־עָשׂוֹר וַעֲלֵי־נָבֶל, עֲלֵי
הִגָּיוֹן בְּכִנּוֹר: כִּי שִׂמַּחְתַּנִי יהוה בְּפָעֳלֶךָ, בְּמַעֲשֵׂי יָדֶיךָ אֲרַנֵּן: מַה־גָּדְלוּ
מַעֲשֶׂיךָ יהוה, מְאֹד עָמְקוּ מַחְשְׁבֹתֶיךָ: אִישׁ־בַּעַר לֹא יֵדָע, וּכְסִיל
לֹא־יָבִין אֶת־זֹאת: בִּפְרֹחַ רְשָׁעִים כְּמוֹ־עֵשֶׂב, וַיָּצִיצוּ כָּל־פֹּעֲלֵי אָוֶן,
לְהִשָּׁמְדָם עֲדֵי־עַד: וְאַתָּה מָרוֹם לְעֹלָם יהוה: כִּי הִנֵּה אֹיְבֶיךָ יהוה,
כִּי־הִנֵּה אֹיְבֶיךָ יֹאבֵדוּ, יִתְפָּרְדוּ כָּל־פֹּעֲלֵי אָוֶן: וַתָּרֶם כִּרְאֵים קַרְנִי,
בַּלֹּתִי בְּשֶׁמֶן רַעֲנָן: וַתַּבֵּט עֵינִי בְּשׁוּרָי, בַּקָּמִים עָלַי מְרֵעִים תִּשְׁמַעְנָה
אָזְנָי: צַדִּיק כַּתָּמָר יִפְרָח, כְּאֶרֶז בַּלְּבָנוֹן יִשְׂגֶּה: שְׁתוּלִים בְּבֵית יהוה,
בְּחַצְרוֹת אֱלֹהֵינוּ יַפְרִיחוּ: › עוֹד יְנוּבוּן בְּשֵׂיבָה, דְּשֵׁנִים וְרַעֲנַנִּים יִהְיוּ:
לְהַגִּיד כִּי־יָשָׁר יהוה, צוּרִי, וְלֹא־עַוְלָתָה בּוֹ:

קדיש יתום

אבל: יִתְגַּדַּל וְיִתְקַדַּשׁ שְׁמֵהּ רַבָּא (קהל: אָמֵן)
בְּעָלְמָא דִּי בְרָא כִרְעוּתֵהּ
וְיַמְלִיךְ מַלְכוּתֵהּ וְיַצְמַח פֻּרְקָנֵהּ וִיקָרֵב מְשִׁיחֵהּ (קהל: אָמֵן)
בְּחַיֵּיכוֹן וּבְיוֹמֵיכוֹן וּבְחַיֵּי דְכָל בֵּית יִשְׂרָאֵל
בַּעֲגָלָא וּבִזְמַן קָרִיב, וְאִמְרוּ אָמֵן. (קהל: אָמֵן)

קהל ואבל: יְהֵא שְׁמֵהּ רַבָּא מְבָרַךְ לְעָלַם וּלְעָלְמֵי עָלְמַיָּא.

אבל: יִתְבָּרַךְ וְיִשְׁתַּבַּח וְיִתְפָּאַר וְיִתְרוֹמַם וְיִתְנַשֵּׂא
וְיִתְהַדָּר וְיִתְעַלֶּה וְיִתְהַלָּל
שְׁמֵהּ דְּקֻדְשָׁא בְּרִיךְ הוּא (קהל: אָמֵן)
לְעֵלָּא מִן כָּל בִּרְכָתָא וְשִׁירָתָא, תֻּשְׁבְּחָתָא וְנֶחֱמָתָא
דַּאֲמִירָן בְּעָלְמָא, וְאִמְרוּ אָמֵן. (קהל: אָמֵן)

יְהֵא שְׁלָמָא רַבָּא מִן שְׁמַיָּא
וְחַיִּים טוֹבִים עָלֵינוּ וְעַל כָּל יִשְׂרָאֵל, וְאִמְרוּ אָמֵן. (קהל: **אָמֵן**)

כורע ופוסע שלוש פסיעות לאחור. קד לשמאל, לימין ולפנים באמירת:

עֹשֶׂה שָׁלוֹם בִּמְרוֹמָיו
הוּא יַעֲשֶׂה שָׁלוֹם
עָלֵינוּ וְעַל כָּל יִשְׂרָאֵל, וְאִמְרוּ אָמֵן. (קהל: **אָמֵן**)

נוהגים להוסיף את המזמור ׳לְדָוִד ה׳ אוֹרִי וְיִשְׁעִי׳ (׳מטה אפרים׳ תקפא, ו).

לְדָוִד, יהוה אוֹרִי וְיִשְׁעִי, מִמִּי אִירָא, יהוה מָעוֹז־חַיַּי, מִמִּי אֶפְחָד: בִּקְרֹב עָלַי מְרֵעִים לֶאֱכֹל אֶת־בְּשָׂרִי, צָרַי וְאֹיְבַי לִי, הֵמָּה כָשְׁלוּ וְנָפָלוּ: אִם־תַּחֲנֶה עָלַי מַחֲנֶה, לֹא־יִירָא לִבִּי, אִם־תָּקוּם עָלַי מִלְחָמָה, בְּזֹאת אֲנִי בוֹטֵחַ: אַחַת שָׁאַלְתִּי מֵאֵת־יהוה, אוֹתָהּ אֲבַקֵּשׁ, שִׁבְתִּי בְּבֵית־יהוה כָּל־יְמֵי חַיַּי, לַחֲזוֹת בְּנֹעַם־יהוה, וּלְבַקֵּר בְּהֵיכָלוֹ: כִּי יִצְפְּנֵנִי בְּסֻכֹּה בְּיוֹם רָעָה, יַסְתִּרֵנִי בְּסֵתֶר אָהֳלוֹ, בְּצוּר יְרוֹמְמֵנִי: וְעַתָּה יָרוּם רֹאשִׁי עַל אֹיְבַי סְבִיבוֹתַי, וְאֶזְבְּחָה בְאָהֳלוֹ זִבְחֵי תְרוּעָה, אָשִׁירָה וַאֲזַמְּרָה לַיהוה: שְׁמַע־יהוה קוֹלִי אֶקְרָא, וְחָנֵּנִי וַעֲנֵנִי: לְךָ אָמַר לִבִּי בַּקְּשׁוּ פָנָי, אֶת־פָּנֶיךָ יהוה אֲבַקֵּשׁ: אַל־תַּסְתֵּר פָּנֶיךָ מִמֶּנִּי, אַל תַּט־בְּאַף עַבְדֶּךָ, עֶזְרָתִי הָיִיתָ, אַל־תִּטְּשֵׁנִי וְאַל־תַּעַזְבֵנִי, אֱלֹהֵי יִשְׁעִי: כִּי־אָבִי וְאִמִּי עֲזָבוּנִי, וַיהוה יַאַסְפֵנִי: הוֹרֵנִי יהוה דַּרְכֶּךָ, וּנְחֵנִי בְּאֹרַח מִישׁוֹר, לְמַעַן שׁוֹרְרָי: אַל־תִּתְּנֵנִי בְּנֶפֶשׁ צָרָי, כִּי קָמוּ־בִי עֵדֵי־שֶׁקֶר, וִיפֵחַ חָמָס: ◂ לוּלֵא הֶאֱמַנְתִּי לִרְאוֹת בְּטוּב־יהוה בְּאֶרֶץ חַיִּים: קַוֵּה אֶל־יהוה, חֲזַק וְיַאֲמֵץ לִבֶּךָ, וְקַוֵּה אֶל־יהוה: תהלים כז

קדיש יתום (בעמוד הקודם)

יש קהילות שבהן אומרים כאן את שיר הכבוד (עמ׳ 368) ואחריו קדיש יתום.

כשחל יום טוב ראשון בשבת (בארץ ישראל) או בשבת חול המועד,
קוראים את מגילת קהלת בעמוד הבא. בשאר הימים
ממשיכים בהוצאת ספר תורה בעמ׳ 280.

בחול המועד ממשיכים בקריאת התורה בעמ׳ 424.

קהלת

יש הקוראים מתוך מגילה הכתובה על קלף, ומברכים לפני הקריאה:

בָּרוּךְ אַתָּה יהוה אֱלֹהֵינוּ מֶלֶךְ הָעוֹלָם
אֲשֶׁר קִדְּשָׁנוּ בְּמִצְוֹתָיו וְצִוָּנוּ עַל מִקְרָא מְגִלָּה.

בָּרוּךְ אַתָּה יהוה אֱלֹהֵינוּ מֶלֶךְ הָעוֹלָם
שֶׁהֶחֱיָנוּ וְקִיְּמָנוּ וְהִגִּיעָנוּ לַזְּמַן הַזֶּה.

א דִּבְרֵי קֹהֶלֶת בֶּן־דָּוִד מֶלֶךְ בִּירוּשָׁלָֽם׃ הֲבֵל הֲבָלִים אָמַר קֹהֶלֶת
הֲבֵל הֲבָלִים הַכֹּל הָֽבֶל׃ מַה־יִּתְרוֹן לָֽאָדָם בְּכׇל־עֲמָלוֹ שֶׁיַּעֲמֹל
תַּחַת הַשָּֽׁמֶשׁ׃ דּוֹר הֹלֵךְ וְדוֹר בָּא וְהָאָרֶץ לְעוֹלָם עֹמָֽדֶת׃
וְזָרַח הַשֶּׁמֶשׁ וּבָא הַשָּׁמֶשׁ וְאֶל־מְקוֹמוֹ שׁוֹאֵף זוֹרֵחַ הוּא שָֽׁם׃
הוֹלֵךְ אֶל־דָּרוֹם וְסוֹבֵב אֶל־צָפוֹן סוֹבֵב ׀ סֹבֵב הוֹלֵךְ הָרוּחַ וְעַל־
סְבִיבֹתָיו שָׁב הָרֽוּחַ׃ כׇּל־הַנְּחָלִים הֹלְכִים אֶל־הַיָּם וְהַיָּם אֵינֶנּוּ
מָלֵא אֶל־מְקוֹם שֶׁהַנְּחָלִים הֹלְכִים שָׁם הֵם שָׁבִים לָלָֽכֶת׃ כׇּל־
הַדְּבָרִים יְגֵעִים לֹא־יוּכַל אִישׁ לְדַבֵּר לֹא־תִשְׂבַּע עַיִן לִרְאוֹת
וְלֹא־תִמָּלֵא אֹזֶן מִשְּׁמֹֽעַ׃ מַה־שֶּֽׁהָיָה הוּא שֶׁיִּהְיֶה וּמַה־שֶּׁנַּעֲשָׂה
הוּא שֶׁיֵּעָשֶׂה וְאֵין כׇּל־חָדָשׁ תַּחַת הַשָּֽׁמֶשׁ׃ יֵשׁ דָּבָר שֶׁיֹּאמַר
רְאֵה־זֶה חָדָשׁ הוּא כְּבָר הָיָה לְעֹלָמִים אֲשֶׁר הָיָה מִלְּפָנֵֽנוּ׃ אֵין
זִכְרוֹן לָרִאשֹׁנִים וְגַם לָאַחֲרֹנִים שֶׁיִּהְיוּ לֹא־יִהְיֶה לָהֶם זִכָּרוֹן עִם
שֶׁיִּהְיוּ לָאַחֲרֹנָֽה׃
אֲנִי קֹהֶלֶת הָיִיתִי מֶלֶךְ עַל־יִשְׂרָאֵל בִּירוּשָׁלָֽם׃ וְנָתַתִּי אֶת־
לִבִּי לִדְרוֹשׁ וְלָתוּר בַּחׇכְמָה עַל כׇּל־אֲשֶׁר נַעֲשָׂה תַּחַת הַשָּׁמָיִם
הוּא ׀ עִנְיַן רָע נָתַן אֱלֹהִים לִבְנֵי הָאָדָם לַעֲנוֹת בּֽוֹ׃ רָאִיתִי אֶת־

כָּל־הַמַּעֲשִׂים שֶׁנַּעֲשׂוּ תַּחַת הַשָּׁמֶשׁ וְהִנֵּה הַכֹּל הֶבֶל וּרְעוּת
רוּחַ: מְעֻוָּת לֹא־יוּכַל לִתְקֹן וְחֶסְרוֹן לֹא־יוּכַל לְהִמָּנוֹת: דִּבַּרְתִּי
אֲנִי עִם־לִבִּי לֵאמֹר אֲנִי הִנֵּה הִגְדַּלְתִּי וְהוֹסַפְתִּי חָכְמָה עַל כָּל־
אֲשֶׁר־הָיָה לְפָנַי עַל־יְרוּשָׁלָםִ וְלִבִּי רָאָה הַרְבֵּה חָכְמָה וָדָעַת:
וָאֶתְּנָה לִבִּי לָדַעַת חָכְמָה וְדַעַת הֹלֵלוֹת וְשִׂכְלוּת יָדַעְתִּי שֶׁגַּם־
זֶה הוּא רַעְיוֹן רוּחַ: כִּי בְּרֹב חָכְמָה רָב־כָּעַס וְיוֹסִיף דַּעַת יוֹסִיף
ב מַכְאוֹב: אָמַרְתִּי אֲנִי בְּלִבִּי לְכָה־נָּא אֲנַסְּכָה בְשִׂמְחָה וּרְאֵה בְטוֹב
וְהִנֵּה גַם־הוּא הָבֶל: לִשְׂחוֹק אָמַרְתִּי מְהוֹלָל וּלְשִׂמְחָה מַה־זֹּה
עֹשָׂה: תַּרְתִּי בְלִבִּי לִמְשׁוֹךְ בַּיַּיִן אֶת־בְּשָׂרִי וְלִבִּי נֹהֵג בַּחָכְמָה
וְלֶאֱחֹז בְּסִכְלוּת עַד אֲשֶׁר־אֶרְאֶה אֵי־זֶה טוֹב לִבְנֵי הָאָדָם אֲשֶׁר
יַעֲשׂוּ תַּחַת הַשָּׁמַיִם מִסְפַּר יְמֵי חַיֵּיהֶם: הִגְדַּלְתִּי מַעֲשָׂי בָּנִיתִי
לִי בָּתִּים נָטַעְתִּי לִי כְּרָמִים: עָשִׂיתִי לִי גַּנּוֹת וּפַרְדֵּסִים וְנָטַעְתִּי
בָהֶם עֵץ כָּל־פֶּרִי: עָשִׂיתִי לִי בְּרֵכוֹת מָיִם לְהַשְׁקוֹת מֵהֶם יַעַר
צוֹמֵחַ עֵצִים: קָנִיתִי עֲבָדִים וּשְׁפָחוֹת וּבְנֵי־בַיִת הָיָה לִי גַּם מִקְנֶה
בָקָר וָצֹאן הַרְבֵּה הָיָה לִי מִכֹּל שֶׁהָיוּ לְפָנַי בִּירוּשָׁלָםִ: כָּנַסְתִּי
לִי גַּם־כֶּסֶף וְזָהָב וּסְגֻלַּת מְלָכִים וְהַמְּדִינוֹת עָשִׂיתִי לִי שָׁרִים
וְשָׁרוֹת וְתַעֲנוּגֹת בְּנֵי הָאָדָם שִׁדָּה וְשִׁדּוֹת: וְגָדַלְתִּי וְהוֹסַפְתִּי
מִכֹּל שֶׁהָיָה לְפָנַי בִּירוּשָׁלָםִ אַף חָכְמָתִי עָמְדָה לִּי: וְכֹל אֲשֶׁר
שָׁאֲלוּ עֵינַי לֹא אָצַלְתִּי מֵהֶם לֹא־מָנַעְתִּי אֶת־לִבִּי מִכָּל־שִׂמְחָה
כִּי־לִבִּי שָׂמֵחַ מִכָּל־עֲמָלִי וְזֶה־הָיָה חֶלְקִי מִכָּל־עֲמָלִי: וּפָנִיתִי
אֲנִי בְּכָל־מַעֲשַׂי שֶׁעָשׂוּ יָדַי וּבֶעָמָל שֶׁעָמַלְתִּי לַעֲשׂוֹת וְהִנֵּה
הַכֹּל הֶבֶל וּרְעוּת רוּחַ וְאֵין יִתְרוֹן תַּחַת הַשָּׁמֶשׁ: וּפָנִיתִי אֲנִי
לִרְאוֹת חָכְמָה וְהוֹלֵלוֹת וְסִכְלוּת כִּי | מֶה הָאָדָם שֶׁיָּבוֹא אַחֲרֵי
הַמֶּלֶךְ אֵת אֲשֶׁר־כְּבָר עָשׂוּהוּ: וְרָאִיתִי אָנִי שֶׁיֵּשׁ יִתְרוֹן לַחָכְמָה

מן־הסכלות כיתרון האור מן־החשך: החכם עיניו בראשו
והכסיל בחשך הולך וידעתי גם־אני שמקרה אחד יקרה את־
כלם: ואמרתי אני בלבי כמקרה הכסיל גם־אני יקרני ולמה
חכמתי אני אז יתר ודברתי בלבי שגם־זה הבל: כי אין זכרון
לחכם עם־הכסיל לעולם בשכבר הימים הבאים הכל נשכח
ואיך ימות החכם עם־הכסיל: ושנאתי את־החיים כי רע עלי
המעשה שנעשה תחת השמש כי־הכל הבל ורעות רוח:
ושנאתי אני את־כל־עמלי שאני עמל תחת השמש שאניחנו
לאדם שיהיה אחרי: ומי יודע החכם יהיה או סכל וישלט בכל־
עמלי שעמלתי ושחכמתי תחת השמש גם־זה הבל: וסבותי
אני ליאש את־לבי על כל־העמל שעמלתי תחת השמש:
כי־יש אדם שעמלו בחכמה ובדעת ובכשרון ולאדם שלא
עמל־בו יתננו חלקו גם־זה הבל ורעה רבה: כי מה־הוה לאדם
בכל־עמלו וברעיון לבו שהוא עמל תחת השמש: כי כל־ימיו
מכאבים וכעס ענינו גם־בלילה לא־שכב לבו גם־זה הבל הוא:
אין־טוב באדם שיאכל ושתה והראה את־נפשו טוב בעמלו
גם־זה ראיתי אני כי מיד האלהים היא: כי מי יאכל ומי יחוש
חוץ ממני: כי לאדם שטוב לפניו נתן חכמה ודעת ושמחה
ולחוטא נתן ענין לאסוף ולכנוס לתת לטוב לפני האלהים גם־
זה הבל ורעות רוח: לכל זמן ועת לכל־חפץ תחת השמים: ג

עת ללדת ועת למות
עת לטעת ועת לעקור נטוע:
עת להרוג ועת לרפוא
עת לפרוץ ועת לבנות:

עֵת לִבְכּוֹת וְעֵת לִשְׂחוֹק
עֵת סְפוֹד וְעֵת רְקוֹד:
עֵת לְהַשְׁלִיךְ אֲבָנִים וְעֵת כְּנוֹס אֲבָנִים
עֵת לַחֲבוֹק וְעֵת לִרְחֹק מֵחַבֵּק:
עֵת לְבַקֵּשׁ וְעֵת לְאַבֵּד
עֵת לִשְׁמוֹר וְעֵת לְהַשְׁלִיךְ:
עֵת לִקְרוֹעַ וְעֵת לִתְפּוֹר
עֵת לַחֲשׁוֹת וְעֵת לְדַבֵּר:
עֵת לֶאֱהֹב וְעֵת לִשְׂנֹא
עֵת מִלְחָמָה וְעֵת שָׁלוֹם:

מַה־יִּתְרוֹן הָעוֹשֶׂה בַּאֲשֶׁר הוּא עָמֵל: רָאִיתִי אֶת־הָעִנְיָן אֲשֶׁר
נָתַן אֱלֹהִים לִבְנֵי הָאָדָם לַעֲנוֹת בּוֹ: אֶת־הַכֹּל עָשָׂה יָפֶה בְעִתּוֹ
גַּם אֶת־הָעֹלָם נָתַן בְּלִבָּם מִבְּלִי אֲשֶׁר לֹא־יִמְצָא הָאָדָם אֶת־
הַמַּעֲשֶׂה אֲשֶׁר־עָשָׂה הָאֱלֹהִים מֵרֹאשׁ וְעַד־סוֹף: יָדַעְתִּי כִּי
אֵין טוֹב בָּם כִּי אִם־לִשְׂמוֹחַ וְלַעֲשׂוֹת טוֹב בְּחַיָּיו: וְגַם כָּל־
הָאָדָם שֶׁיֹּאכַל וְשָׁתָה וְרָאָה טוֹב בְּכָל־עֲמָלוֹ מַתַּת אֱלֹהִים
הִיא: יָדַעְתִּי כִּי כָּל־אֲשֶׁר יַעֲשֶׂה הָאֱלֹהִים הוּא יִהְיֶה לְעוֹלָם
עָלָיו אֵין לְהוֹסִיף וּמִמֶּנּוּ אֵין לִגְרוֹעַ וְהָאֱלֹהִים עָשָׂה שֶׁיִּרְאוּ
מִלְּפָנָיו: מַה־שֶּׁהָיָה כְּבָר הוּא וַאֲשֶׁר לִהְיוֹת כְּבָר הָיָה וְהָאֱלֹהִים
יְבַקֵּשׁ אֶת־נִרְדָּף: וְעוֹד רָאִיתִי תַּחַת הַשָּׁמֶשׁ מְקוֹם הַמִּשְׁפָּט
שָׁמָּה הָרֶשַׁע וּמְקוֹם הַצֶּדֶק שָׁמָּה הָרָשַׁע: אָמַרְתִּי אֲנִי בְּלִבִּי
אֶת־הַצַּדִּיק וְאֶת־הָרָשָׁע יִשְׁפֹּט הָאֱלֹהִים כִּי־עֵת לְכָל־חֵפֶץ וְעַל
כָּל־הַמַּעֲשֶׂה שָׁם: אָמַרְתִּי אֲנִי בְּלִבִּי עַל־דִּבְרַת בְּנֵי הָאָדָם לְבָרָם
הָאֱלֹהִים וְלִרְאוֹת שֶׁהֶם־בְּהֵמָה הֵמָּה לָהֶם: כִּי מִקְרֶה בְנֵי־הָאָדָם

וּמִקְרֶה֩ הַבְּהֵמָ֨ה וּמִקְרֶ֜ה אֶחָ֣ד לָהֶ֗ם כְּמ֥וֹת זֶה֙ כֵּ֣ן מ֣וֹת זֶ֔ה וְר֥וּחַ
אֶחָ֖ד לַכֹּ֑ל וּמוֹתַ֨ר הָאָדָ֤ם מִן־הַבְּהֵמָה֙ אָ֔יִן כִּ֥י הַכֹּ֖ל הָֽבֶל׃ הַכֹּ֥ל
הוֹלֵ֖ךְ אֶל־מָק֣וֹם אֶחָ֑ד הַכֹּל֙ הָיָ֣ה מִן־הֶֽעָפָ֔ר וְהַכֹּ֖ל שָׁ֥ב אֶל־הֶעָפָֽר׃
מִ֣י יוֹדֵ֗עַ ר֚וּחַ בְּנֵ֣י הָֽאָדָ֔ם הָעֹלָ֥ה הִ֖יא לְמָ֑עְלָה וְר֙וּחַ֙ הַבְּהֵמָ֔ה
הַיֹּרֶ֥דֶת הִ֖יא לְמַ֥טָּה לָאָֽרֶץ׃ וְרָאִ֗יתִי כִּ֣י אֵ֥ין טוֹב֙ מֵֽאֲשֶׁ֨ר יִשְׂמַ֤ח
הָאָדָם֙ בְּמַעֲשָׂ֔יו כִּי־ה֖וּא חֶלְק֑וֹ כִּ֣י מִ֤י יְבִיאֶ֙נּוּ֙ לִרְא֔וֹת בְּמֶ֖ה שֶׁיִּהְיֶ֥ה
אַחֲרָֽיו׃ וְשַׁ֣בְתִּֽי אֲנִ֗י וָאֶרְאֶה֙ אֶת־כָּל־הָ֣עֲשֻׁקִ֔ים אֲשֶׁ֥ר נַעֲשִׂ֖ים ד
תַּ֣חַת הַשָּׁ֑מֶשׁ וְהִנֵּ֣ה ׀ דִּמְעַ֣ת הָעֲשֻׁקִ֗ים וְאֵ֤ין לָהֶם֙ מְנַחֵ֔ם וּמִיַּ֤ד
עֹֽשְׁקֵיהֶם֙ כֹּ֔חַ וְאֵ֥ין לָהֶ֖ם מְנַחֵֽם׃ וְשַׁבֵּ֧חַ אֲנִ֛י אֶת־הַמֵּתִ֖ים שֶׁכְּבָ֣ר
מֵ֑תוּ מִן־הַ֣חַיִּ֔ים אֲשֶׁ֛ר הֵ֥מָּה חַיִּ֖ים עֲדֶֽנָה׃ וְטוֹב֙ מִשְּׁנֵיהֶ֔ם אֵ֥ת
אֲשֶׁר־עֲדֶ֖ן לֹ֣א הָיָ֑ה אֲשֶׁ֤ר לֹֽא־רָאָה֙ אֶת־הַֽמַּעֲשֶׂ֣ה הָרָ֔ע אֲשֶׁ֥ר
נַעֲשָׂ֖ה תַּ֥חַת הַשָּֽׁמֶשׁ׃ וְרָאִ֨יתִי אֲנִ֜י אֶת־כָּל־עָמָ֗ל וְאֵת֙ כָּל־כִּשְׁר֣וֹן
הַֽמַּעֲשֶׂ֔ה כִּ֛י הִ֥יא קִנְאַת־אִ֖ישׁ מֵרֵעֵ֑הוּ גַּם־זֶ֥ה הֶ֖בֶל וּרְע֥וּת רֽוּחַ׃
הַכְּסִיל֙ חֹבֵ֣ק אֶת־יָדָ֔יו וְאֹכֵ֖ל אֶת־בְּשָׂרֽוֹ׃ ט֕וֹב מְלֹ֥א כַ֖ף נָ֑חַת
מִמְּלֹ֥א חָפְנַ֛יִם עָמָ֖ל וּרְע֥וּת רֽוּחַ׃ וְשַׁ֧בְתִּֽי אֲנִ֛י וָאֶרְאֶ֥ה הֶ֖בֶל תַּ֥חַת
הַשָּֽׁמֶשׁ׃ יֵ֣שׁ אֶחָד֩ וְאֵ֨ין שֵׁנִ֜י גַּ֣ם בֵּ֤ן וָאָח֙ אֵֽין־ל֔וֹ וְאֵ֥ין קֵץ֙ לְכָל־
עֲמָל֔וֹ גַּם־עֵינָ֖יו לֹא־תִשְׂבַּ֣ע עֹ֑שֶׁר וּלְמִ֣י ׀ אֲנִ֣י עָמֵ֗ל וּמְחַסֵּ֤ר אֶת־ עֵינ֑וֹ
נַפְשִׁי֙ מִטּוֹבָ֔ה גַּם־זֶ֥ה הֶ֛בֶל וְעִנְיַ֥ן רָ֖ע הֽוּא׃ טוֹבִ֥ים הַשְּׁנַ֖יִם מִן־
הָאֶחָ֑ד אֲשֶׁ֧ר יֵשׁ־לָהֶ֛ם שָׂכָ֥ר ט֖וֹב בַּעֲמָלָֽם׃ כִּ֣י אִם־יִפֹּ֔לוּ הָאֶחָ֖ד
יָקִ֣ים אֶת־חֲבֵר֑וֹ וְאִ֣ילוֹ הָֽאֶחָד֙ שֶׁיִּפֹּ֔ל וְאֵ֥ין שֵׁנִ֖י לַהֲקִימֽוֹ׃ גַּ֛ם
אִם־יִשְׁכְּב֥וּ שְׁנַ֖יִם וְחַ֣ם לָהֶ֑ם וּלְאֶחָ֖ד אֵ֥יךְ יֵחָֽם׃ וְאִֽם־יִתְקְפוֹ֙
הָאֶחָ֔ד הַשְּׁנַ֖יִם יַעַמְד֣וּ נֶגְדּ֑וֹ וְהַחוּט֙ הַֽמְשֻׁלָּ֔שׁ לֹ֥א בִמְהֵרָ֖ה יִנָּתֵֽק׃
ט֛וֹב יֶ֥לֶד מִסְכֵּ֖ן וְחָכָ֑ם מִמֶּ֤לֶךְ זָקֵן֙ וּכְסִ֔יל אֲשֶׁ֛ר לֹא־יָדַ֥ע לְהִזָּהֵ֖ר
עֽוֹד׃ כִּֽי־מִבֵּ֥ית הָסוּרִ֖ים יָצָ֣א לִמְלֹ֑ךְ כִּ֛י גַּ֥ם בְּמַלְכוּת֖וֹ נוֹלַ֥ד רָֽשׁ׃

רָאִיתִי אֶת־כָּל־הַחַיִּים הַמְהַלְּכִים תַּחַת הַשָּׁמֶשׁ עִם הַיֶּלֶד הַשֵּׁנִי
אֲשֶׁר יַעֲמֹד תַּחְתָּיו׃ אֵין־קֵץ לְכָל־הָעָם לְכֹל אֲשֶׁר־הָיָה לִפְנֵיהֶם
גַּם הָאַחֲרוֹנִים לֹא יִשְׂמְחוּ־בוֹ כִּי־גַם־זֶה הֶבֶל וְרַעְיוֹן רוּחַ׃ שְׁמוֹר
רגליך כַּאֲשֶׁר תֵּלֵךְ אֶל־בֵּית הָאֱלֹהִים וְקָרוֹב לִשְׁמֹעַ מִתֵּת רַגְלְךָ
הַכְּסִילִים זָבַח כִּי־אֵינָם יוֹדְעִים לַעֲשׂוֹת רָע׃ אַל־תְּבַהֵל עַל־ ה
פִּיךָ וְלִבְּךָ אַל־יְמַהֵר לְהוֹצִיא דָבָר לִפְנֵי הָאֱלֹהִים כִּי הָאֱלֹהִים
בַּשָּׁמַיִם וְאַתָּה עַל־הָאָרֶץ עַל־כֵּן יִהְיוּ דְבָרֶיךָ מְעַטִּים׃ כִּי בָּא
הַחֲלוֹם בְּרֹב עִנְיָן וְקוֹל כְּסִיל בְּרֹב דְּבָרִים׃ כַּאֲשֶׁר תִּדֹּר נֶדֶר
לֵאלֹהִים אַל־תְּאַחֵר לְשַׁלְּמוֹ כִּי אֵין חֵפֶץ בַּכְּסִילִים אֵת אֲשֶׁר־
תִּדֹּר שַׁלֵּם׃ טוֹב אֲשֶׁר לֹא־תִדֹּר מִשֶּׁתִּדּוֹר וְלֹא תְשַׁלֵּם׃ אַל־תִּתֵּן
אֶת־פִּיךָ לַחֲטִיא אֶת־בְּשָׂרֶךָ וְאַל־תֹּאמַר לִפְנֵי הַמַּלְאָךְ כִּי שְׁגָגָה
הִיא לָמָּה יִקְצֹף הָאֱלֹהִים עַל־קוֹלֶךָ וְחִבֵּל אֶת־מַעֲשֵׂה יָדֶיךָ׃
כִּי בְרֹב חֲלֹמוֹת וַהֲבָלִים וּדְבָרִים הַרְבֵּה כִּי אֶת־הָאֱלֹהִים יְרָא׃
אִם־עֹשֶׁק רָשׁ וְגֵזֶל מִשְׁפָּט וָצֶדֶק תִּרְאֶה בַמְּדִינָה אַל־תִּתְמַהּ
עַל־הַחֵפֶץ כִּי גָבֹהַּ מֵעַל גָּבֹהַּ שֹׁמֵר וּגְבֹהִים עֲלֵיהֶם׃ וְיִתְרוֹן אֶרֶץ
בַּכֹּל הִיא מֶלֶךְ לְשָׂדֶה נֶעֱבָד׃ אֹהֵב כֶּסֶף לֹא־יִשְׂבַּע כֶּסֶף וּמִי־ הוּא
אֹהֵב בֶּהָמוֹן לֹא תְבוּאָה גַּם־זֶה הָבֶל׃ בִּרְבוֹת הַטּוֹבָה רַבּוּ
אוֹכְלֶיהָ וּמַה־כִּשְׁרוֹן לִבְעָלֶיהָ כִּי אִם־ראית עֵינָיו׃ מְתוּקָה שְׁנַת רְאוּת
הָעֹבֵד אִם־מְעַט וְאִם־הַרְבֵּה יֹאכֵל וְהַשָּׂבָע לֶעָשִׁיר אֵינֶנּוּ מַנִּיחַ
לוֹ לִישׁוֹן׃ יֵשׁ רָעָה חוֹלָה רָאִיתִי תַּחַת הַשָּׁמֶשׁ עֹשֶׁר שָׁמוּר
לִבְעָלָיו לְרָעָתוֹ׃ וְאָבַד הָעֹשֶׁר הַהוּא בְּעִנְיַן רָע וְהוֹלִיד בֵּן וְאֵין
בְּיָדוֹ מְאוּמָה׃ כַּאֲשֶׁר יָצָא מִבֶּטֶן אִמּוֹ עָרוֹם יָשׁוּב לָלֶכֶת כְּשֶׁבָּא
וּמְאוּמָה לֹא־יִשָּׂא בַעֲמָלוֹ שֶׁיֹּלֵךְ בְּיָדוֹ׃ וְגַם־זֹה רָעָה חוֹלָה כָּל־
עֻמַּת שֶׁבָּא כֵּן יֵלֵךְ וּמַה־יִּתְרוֹן לוֹ שֶׁיַּעֲמֹל לָרוּחַ׃ גַּם כָּל־יָמָיו

בחשך יאכל וכעס הרבה וחליו וקצף: הנה אשר־ראיתי אני
טוב אשר־יפה לאכול ולשתות ולראות טובה בכל־עמלו ׀
שיעמל תחת־השמש מספר ימי־חיו אשר־נתן־לו האלהים
כי־הוא חלקו: גם כל־האדם אשר נתן־לו האלהים עשר
ונכסים והשליטו לאכל ממנו ולשאת את־חלקו ולשמח
בעמלו זה מתת אלהים היא: כי לא הרבה יזכר את־ימי חייו
כי האלהים מענה בשמחת לבו: יש רעה אשר ראיתי תחת ו
השמש ורבה היא על־האדם: איש אשר יתן־לו האלהים עשר
ונכסים וכבוד ואיננו חסר לנפשו ׀ מכל אשר־יתאוה ולא־
ישליטנו האלהים לאכל ממנו כי איש נכרי יאכלנו זה הבל
וחלי רע הוא: אם־יוליד איש מאה ושנים רבות יחיה ורב ׀
שיהיו ימי־שניו ונפשו לא־תשבע מן־הטובה וגם־קבורה לא־
היתה לו אמרתי טוב ממנו הנפל: כי־בהבל בא ובחשך ילך
ובחשך שמו יכסה: גם־שמש לא־ראה ולא ידע נחת לזה מזה:
ואלו חיה אלף שנים פעמים וטובה לא ראה הלא אל־מקום
אחד הכל הולך: כל־עמל האדם לפיהו וגם־הנפש לא תמלא:
כי מה־יותר לחכם מן־הכסיל מה־לעני יודע להלך נגד החיים:
טוב מראה עינים מהלך־נפש גם־זה הבל ורעות רוח: מה־
שהיה כבר נקרא שמו ונודע אשר־הוא אדם ולא־יוכל לדין
שֶׁתַּקִּיף עם שהתקיף ממנו: כי יש־דברים הרבה מרבים הבל מה־
יתר לאדם: כי מי־יודע מה־טוב לאדם בחיים מספר ימי־
חיי הבלו ויעשם כצל אשר מי־יגיד לאדם מה־יהיה אחריו
תחת השמש: טוב שם משמן טוב ויום המות ז
מיום הולדו: טוב ללכת אל־בית־אבל מלכת אל־בית משתה

בַּאֲשֶׁר הוּא סוֹף כׇּל־הָאָדָם וְהַחַי יִתֵּן אֶל־לִבּוֹ: טוֹב כַּעַס מִשְּׂחוֹק
כִּי־בְרֹעַ פָּנִים יִיטַב לֵב: לֵב חֲכָמִים בְּבֵית אֵבֶל וְלֵב כְּסִילִים
בְּבֵית שִׂמְחָה: טוֹב לִשְׁמוֹעַ גַּעֲרַת חָכָם מֵאִישׁ שֹׁמֵעַ שִׁיר
כְּסִילִים: כִּי כְקוֹל הַסִּירִים תַּחַת הַסִּיר כֵּן שְׂחֹק הַכְּסִיל וְגַם־
זֶה הָבֶל: כִּי הָעֹשֶׁק יְהוֹלֵל חָכָם וִיאַבֵּד אֶת־לֵב מַתָּנָה: טוֹב
אַחֲרִית דָּבָר מֵרֵאשִׁיתוֹ טוֹב אֶרֶךְ־רוּחַ מִגְּבַהּ רוּחַ: אַל־תְּבַהֵל
בְּרוּחֲךָ לִכְעוֹס כִּי כַעַס בְּחֵיק כְּסִילִים יָנוּחַ: אַל־תֹּאמַר מֶה הָיָה
שֶׁהַיָּמִים הָרִאשֹׁנִים הָיוּ טוֹבִים מֵאֵלֶּה כִּי לֹא מֵחׇכְמָה שָׁאַלְתָּ
עַל־זֶה: טוֹבָה חׇכְמָה עִם־נַחֲלָה וְיֹתֵר לְרֹאֵי הַשָּׁמֶשׁ: כִּי בְּצֵל
הַחׇכְמָה בְּצֵל הַכָּסֶף וְיִתְרוֹן דַּעַת הַחׇכְמָה תְּחַיֶּה בְעָלֶיהָ: רְאֵה
אֶת־מַעֲשֵׂה הָאֱלֹהִים כִּי מִי יוּכַל לְתַקֵּן אֵת אֲשֶׁר עִוְּתוֹ: בְּיוֹם
טוֹבָה הֱיֵה בְטוֹב וּבְיוֹם רָעָה רְאֵה גַּם אֶת־זֶה לְעֻמַּת־זֶה עָשָׂה
הָאֱלֹהִים עַל־דִּבְרַת שֶׁלֹּא יִמְצָא הָאָדָם אַחֲרָיו מְאוּמָה: אֶת־
הַכֹּל רָאִיתִי בִּימֵי הֶבְלִי יֵשׁ צַדִּיק אֹבֵד בְּצִדְקוֹ וְיֵשׁ רָשָׁע מַאֲרִיךְ
בְּרָעָתוֹ: אַל־תְּהִי צַדִּיק הַרְבֵּה וְאַל־תִּתְחַכַּם יוֹתֵר לָמָּה תִּשּׁוֹמֵם:
אַל־תִּרְשַׁע הַרְבֵּה וְאַל־תְּהִי סָכָל לָמָּה תָמוּת בְּלֹא עִתֶּךָ: טוֹב
אֲשֶׁר תֶּאֱחֹז בָּזֶה וְגַם־מִזֶּה אַל־תַּנַּח אֶת־יָדֶךָ כִּי־יְרֵא אֱלֹהִים
יֵצֵא אֶת־כֻּלָּם: הַחׇכְמָה תָּעֹז לֶחָכָם מֵעֲשָׂרָה שַׁלִּיטִים אֲשֶׁר הָיוּ
בָּעִיר: כִּי אָדָם אֵין צַדִּיק בָּאָרֶץ אֲשֶׁר יַעֲשֶׂה־טּוֹב וְלֹא יֶחֱטָא:
גַּם לְכׇל־הַדְּבָרִים אֲשֶׁר יְדַבֵּרוּ אַל־תִּתֵּן לִבֶּךָ אֲשֶׁר לֹא־תִשְׁמַע
אֶת־עַבְדְּךָ מְקַלְלֶךָ: כִּי גַּם־פְּעָמִים רַבּוֹת יָדַע לִבֶּךָ אֲשֶׁר גַּם־אַתָּ
קִלַּלְתָּ אֲחֵרִים: כׇּל־זֹה נִסִּיתִי בַחׇכְמָה אָמַרְתִּי אֶחְכָּמָה וְהִיא
רְחוֹקָה מִמֶּנִּי: רָחוֹק מַה־שֶּׁהָיָה וְעָמֹק ׀ עָמֹק מִי יִמְצָאֶנּוּ: סַבּוֹתִי
אֲנִי וְלִבִּי לָדַעַת וְלָתוּר וּבַקֵּשׁ חׇכְמָה וְחֶשְׁבּוֹן וְלָדַעַת רֶשַׁע כֶּסֶל

וְהַסִּכְלוּת הוֹלֵלוֹת׃ וּמוֹצֶא אֲנִי מַר מִמָּוֶת אֶת־הָאִשָּׁה אֲשֶׁר־הִיא
מְצוֹדִים וַחֲרָמִים לִבָּהּ אֲסוּרִים יָדֶיהָ טוֹב לִפְנֵי הָאֱלֹהִים יִמָּלֵט
מִמֶּנָּה וְחוֹטֵא יִלָּכֶד בָּהּ׃ רְאֵה זֶה מָצָאתִי אָמְרָה קֹהֶלֶת אַחַת
לְאַחַת לִמְצֹא חֶשְׁבּוֹן׃ אֲשֶׁר עוֹד־בִּקְשָׁה נַפְשִׁי וְלֹא מָצָאתִי
אָדָם אֶחָד מֵאֶלֶף מָצָאתִי וְאִשָּׁה בְכָל־אֵלֶּה לֹא מָצָאתִי׃ לְבַד
רְאֵה־זֶה מָצָאתִי אֲשֶׁר עָשָׂה הָאֱלֹהִים אֶת־הָאָדָם יָשָׁר וְהֵמָּה
ח בִקְשׁוּ חִשְּׁבֹנוֹת רַבִּים׃ מִי כְּהֶחָכָם וּמִי יוֹדֵעַ פֵּשֶׁר דָּבָר חָכְמַת
אָדָם תָּאִיר פָּנָיו וְעֹז פָּנָיו יְשֻׁנֶּא׃ אֲנִי פִּי־מֶלֶךְ שְׁמֹר וְעַל דִּבְרַת
שְׁבוּעַת אֱלֹהִים׃ אַל־תִּבָּהֵל מִפָּנָיו תֵּלֵךְ אַל־תַּעֲמֹד בְּדָבָר רָע
כִּי כָּל־אֲשֶׁר יַחְפֹּץ יַעֲשֶׂה׃ בַּאֲשֶׁר דְּבַר־מֶלֶךְ שִׁלְטוֹן וּמִי יֹאמַר־
לוֹ מַה־תַּעֲשֶׂה׃ שׁוֹמֵר מִצְוָה לֹא יֵדַע דָּבָר רָע וְעֵת וּמִשְׁפָּט יֵדַע
לֵב חָכָם׃ כִּי לְכָל־חֵפֶץ יֵשׁ עֵת וּמִשְׁפָּט כִּי־רָעַת הָאָדָם רַבָּה
עָלָיו׃ כִּי־אֵינֶנּוּ יֹדֵעַ מַה־שֶּׁיִּהְיֶה כִּי כַּאֲשֶׁר יִהְיֶה מִי יַגִּיד לוֹ׃
אֵין אָדָם שַׁלִּיט בָּרוּחַ לִכְלוֹא אֶת־הָרוּחַ וְאֵין שִׁלְטוֹן בְּיוֹם הַמָּוֶת
וְאֵין מִשְׁלַחַת בַּמִּלְחָמָה וְלֹא־יְמַלֵּט רֶשַׁע אֶת־בְּעָלָיו׃ אֶת־כָּל־
זֶה רָאִיתִי וְנָתוֹן אֶת־לִבִּי לְכָל־מַעֲשֶׂה אֲשֶׁר נַעֲשָׂה תַּחַת הַשָּׁמֶשׁ
עֵת אֲשֶׁר שָׁלַט הָאָדָם בְּאָדָם לְרַע לוֹ׃ וּבְכֵן רָאִיתִי רְשָׁעִים
קְבֻרִים וָבָאוּ וּמִמְּקוֹם קָדוֹשׁ יְהַלֵּכוּ וְיִשְׁתַּכְּחוּ בָעִיר אֲשֶׁר כֵּן־
עָשׂוּ גַּם־זֶה הָבֶל׃ אֲשֶׁר אֵין־נַעֲשָׂה פִתְגָם מַעֲשֵׂה הָרָעָה מְהֵרָה
עַל־כֵּן מָלֵא לֵב בְּנֵי־הָאָדָם בָּהֶם לַעֲשׂוֹת רָע׃ אֲשֶׁר חֹטֶא עֹשֶׂה
רָע מְאַת וּמַאֲרִיךְ לוֹ כִּי גַּם־יוֹדֵעַ אָנִי אֲשֶׁר יִהְיֶה־טּוֹב לְיִרְאֵי
הָאֱלֹהִים אֲשֶׁר יִירְאוּ מִלְּפָנָיו׃ וְטוֹב לֹא־יִהְיֶה לָרָשָׁע וְלֹא־יַאֲרִיךְ
יָמִים כַּצֵּל אֲשֶׁר אֵינֶנּוּ יָרֵא מִלִּפְנֵי אֱלֹהִים׃ יֶשׁ־הֶבֶל אֲשֶׁר נַעֲשָׂה
עַל־הָאָרֶץ אֲשֶׁר ׀ יֵשׁ צַדִּיקִים אֲשֶׁר מַגִּיעַ אֲלֵהֶם כְּמַעֲשֵׂה

הָרְשָׁעִים וְיֵשׁ רְשָׁעִים שֶׁמַּגִּיעַ אֲלֵהֶם כְּמַעֲשֵׂה הַצַּדִּיקִים אָמַרְתִּי
שֶׁגַּם־זֶה הָבֶל: וְשִׁבַּחְתִּי אֲנִי אֶת־הַשִּׂמְחָה אֲשֶׁר אֵין־טוֹב
לָאָדָם תַּחַת הַשֶּׁמֶשׁ כִּי אִם־לֶאֱכֹל וְלִשְׁתּוֹת וְלִשְׂמוֹחַ וְהוּא
יִלְוֶנּוּ בַעֲמָלוֹ יְמֵי חַיָּיו אֲשֶׁר־נָתַן־לוֹ הָאֱלֹהִים תַּחַת הַשָּׁמֶשׁ:
כַּאֲשֶׁר נָתַתִּי אֶת־לִבִּי לָדַעַת חָכְמָה וְלִרְאוֹת אֶת־הָעִנְיָן אֲשֶׁר
נַעֲשָׂה עַל־הָאָרֶץ כִּי גַם בַּיּוֹם וּבַלַּיְלָה שֵׁנָה בְּעֵינָיו אֵינֶנּוּ רֹאֶה:
וְרָאִיתִי אֶת־כָּל־מַעֲשֵׂה הָאֱלֹהִים כִּי לֹא יוּכַל הָאָדָם לִמְצוֹא
אֶת־הַמַּעֲשֶׂה אֲשֶׁר נַעֲשָׂה תַחַת־הַשֶּׁמֶשׁ בְּשֶׁל אֲשֶׁר יַעֲמֹל
הָאָדָם לְבַקֵּשׁ וְלֹא יִמְצָא וְגַם אִם־יֹאמַר הֶחָכָם לָדַעַת לֹא יוּכַל
ט לִמְצֹא: כִּי אֶת־כָּל־זֶה נָתַתִּי אֶל־לִבִּי וְלָבוּר אֶת־כָּל־זֶה אֲשֶׁר
הַצַּדִּיקִים וְהַחֲכָמִים וַעֲבָדֵיהֶם בְּיַד הָאֱלֹהִים גַּם־אַהֲבָה גַם־
שִׂנְאָה אֵין יוֹדֵעַ הָאָדָם הַכֹּל לִפְנֵיהֶם: הַכֹּל כַּאֲשֶׁר לַכֹּל מִקְרֶה
אֶחָד לַצַּדִּיק וְלָרָשָׁע לַטּוֹב וְלַטָּהוֹר וְלַטָּמֵא וְלַזֹּבֵחַ וְלַאֲשֶׁר
אֵינֶנּוּ זֹבֵחַ כַּטּוֹב כַּחֹטֶא הַנִּשְׁבָּע כַּאֲשֶׁר שְׁבוּעָה יָרֵא: זֶה ו
רָע בְּכֹל אֲשֶׁר־נַעֲשָׂה תַּחַת הַשֶּׁמֶשׁ כִּי־מִקְרֶה אֶחָד לַכֹּל וְגַם
לֵב בְּנֵי־הָאָדָם מָלֵא־רָע וְהוֹלֵלוֹת בִּלְבָבָם בְּחַיֵּיהֶם וְאַחֲרָיו
אֶל־הַמֵּתִים: כִּי־מִי אֲשֶׁר יבחר אֶל כָּל־הַחַיִּים יֵשׁ בִּטָּחוֹן כִּי־ יְחֻבַּר
לְכֶלֶב חַי הוּא טוֹב מִן־הָאַרְיֵה הַמֵּת: כִּי הַחַיִּים יוֹדְעִים שֶׁיָּמֻתוּ
וְהַמֵּתִים אֵינָם יוֹדְעִים מְאוּמָה וְאֵין־עוֹד לָהֶם שָׂכָר כִּי נִשְׁכַּח
זִכְרָם: גַּם אַהֲבָתָם גַּם־שִׂנְאָתָם גַּם־קִנְאָתָם כְּבָר אָבָדָה וְחֵלֶק
אֵין־לָהֶם עוֹד לְעוֹלָם בְּכֹל אֲשֶׁר־נַעֲשָׂה תַּחַת הַשָּׁמֶשׁ: לֵךְ אֱכֹל
בְּשִׂמְחָה לַחְמֶךָ וּשְׁתֵה בְלֶב־טוֹב יֵינֶךָ כִּי כְבָר רָצָה הָאֱלֹהִים
אֶת־מַעֲשֶׂיךָ: בְּכָל־עֵת יִהְיוּ בְגָדֶיךָ לְבָנִים וְשֶׁמֶן עַל־רֹאשְׁךָ
אַל־יֶחְסָר: רְאֵה חַיִּים עִם־אִשָּׁה אֲשֶׁר־אָהַבְתָּ כָּל־יְמֵי חַיֵּי הֶבְלֶךָ

אֲשֶׁר נָתַן־לְךָ תַּחַת הַשֶּׁמֶשׁ כֹּל יְמֵי הֶבְלֶךָ כִּי הוּא חֶלְקְךָ בַּחַיִּים
וּבַעֲמָלְךָ אֲשֶׁר־אַתָּה עָמֵל תַּחַת הַשָּׁמֶשׁ: כֹּל אֲשֶׁר תִּמְצָא
יָדְךָ לַעֲשׂוֹת בְּכֹחֲךָ עֲשֵׂה כִּי אֵין מַעֲשֶׂה וְחֶשְׁבּוֹן וְדַעַת וְחָכְמָה
בִּשְׁאוֹל אֲשֶׁר אַתָּה הֹלֵךְ שָׁמָּה: שַׁבְתִּי וְרָאֹה תַחַת־הַשֶּׁמֶשׁ כִּי
לֹא לַקַּלִּים הַמֵּרוֹץ וְלֹא לַגִּבּוֹרִים הַמִּלְחָמָה וְגַם לֹא לַחֲכָמִים
לֶחֶם וְגַם לֹא לַנְּבֹנִים עֹשֶׁר וְגַם לֹא לַיֹּדְעִים חֵן כִּי־עֵת וָפֶגַע יִקְרֶה
אֶת־כֻּלָּם: כִּי גַּם לֹא־יֵדַע הָאָדָם אֶת־עִתּוֹ כַּדָּגִים שֶׁנֶּאֱחָזִים
בִּמְצוֹדָה רָעָה וְכַצִּפֳּרִים הָאֲחֻזוֹת בַּפָּח כָּהֵם יוּקָשִׁים בְּנֵי הָאָדָם
לְעֵת רָעָה כְּשֶׁתִּפּוֹל עֲלֵיהֶם פִּתְאֹם: גַּם־זֹה רָאִיתִי חָכְמָה תַּחַת
הַשָּׁמֶשׁ וּגְדוֹלָה הִיא אֵלָי: עִיר קְטַנָּה וַאֲנָשִׁים בָּהּ מְעָט וּבָא־
אֵלֶיהָ מֶלֶךְ גָּדוֹל וְסָבַב אֹתָהּ וּבָנָה עָלֶיהָ מְצוֹדִים גְּדֹלִים: וּמָצָא
בָהּ אִישׁ מִסְכֵּן חָכָם וּמִלַּט־הוּא אֶת־הָעִיר בְּחָכְמָתוֹ וְאָדָם לֹא
זָכַר אֶת־הָאִישׁ הַמִּסְכֵּן הַהוּא: וְאָמַרְתִּי אָנִי טוֹבָה חָכְמָה
מִגְּבוּרָה וְחָכְמַת הַמִּסְכֵּן בְּזוּיָה וּדְבָרָיו אֵינָם נִשְׁמָעִים: דִּבְרֵי
חֲכָמִים בְּנַחַת נִשְׁמָעִים מִזַּעֲקַת מוֹשֵׁל בַּכְּסִילִים: טוֹבָה חָכְמָה
מִכְּלֵי קְרָב וְחוֹטֶא אֶחָד יְאַבֵּד טוֹבָה הַרְבֵּה: זְבוּבֵי מָוֶת יַבְאִישׁ י
יַבִּיעַ שֶׁמֶן רוֹקֵחַ יָקָר מֵחָכְמָה מִכָּבוֹד סִכְלוּת מְעָט: לֵב חָכָם
(כְּשֶׁסָּכָל) לִימִינוֹ וְלֵב כְּסִיל לִשְׂמֹאלוֹ: וְגַם־בַּדֶּרֶךְ כשהסכל הֹלֵךְ לִבּוֹ חָסֵר
וְאָמַר לַכֹּל סָכָל הוּא: אִם־רוּחַ הַמּוֹשֵׁל תַּעֲלֶה עָלֶיךָ מְקוֹמְךָ
אַל־תַּנַּח כִּי מַרְפֵּא יַנִּיחַ חֲטָאִים גְּדוֹלִים: יֵשׁ רָעָה רָאִיתִי תַּחַת
הַשָּׁמֶשׁ כִּשְׁגָגָה שֶׁיֹּצָא מִלִּפְנֵי הַשַּׁלִּיט: נִתַּן הַסֶּכֶל בַּמְּרוֹמִים
רַבִּים וַעֲשִׁירִים בַּשֵּׁפֶל יֵשֵׁבוּ: רָאִיתִי עֲבָדִים עַל־סוּסִים וְשָׂרִים
הֹלְכִים כַּעֲבָדִים עַל־הָאָרֶץ: חֹפֵר גּוּמָּץ בּוֹ יִפּוֹל וּפֹרֵץ גָּדֵר יִשְּׁכֶנּוּ
נָחָשׁ: מַסִּיעַ אֲבָנִים יֵעָצֵב בָּהֶם בּוֹקֵעַ עֵצִים יִסָּכֶן בָּם: אִם־

קֵהָה הַבַּרְזֶל וְהוּא לֹא־פָנִים קִלְקַל וַחֲיָלִים יְגַבֵּר וְיִתְרוֹן הַכְשֵׁיר
חָכְמָה: אִם־יִשֹּׁךְ הַנָּחָשׁ בְּלוֹא־לָחַשׁ וְאֵין יִתְרוֹן לְבַעַל הַלָּשׁוֹן:
דִּבְרֵי פִי־חָכָם חֵן וְשִׂפְתוֹת כְּסִיל תְּבַלְּעֶנּוּ: תְּחִלַּת דִּבְרֵי־פִיהוּ
סִכְלוּת וְאַחֲרִית פִּיהוּ הוֹלֵלוּת רָעָה: וְהַסָּכָל יַרְבֶּה דְבָרִים לֹא־
יֵדַע הָאָדָם מַה־שֶּׁיִּהְיֶה וַאֲשֶׁר יִהְיֶה מֵאַחֲרָיו מִי יַגִּיד לוֹ: עֲמַל
הַכְּסִילִים תְּיַגְּעֶנּוּ אֲשֶׁר לֹא־יָדַע לָלֶכֶת אֶל־עִיר: אִי־לָךְ אֶרֶץ
שֶׁמַּלְכֵּךְ נָעַר וְשָׂרַיִךְ בַּבֹּקֶר יֹאכֵלוּ: אַשְׁרֵיךְ אֶרֶץ שֶׁמַּלְכֵּךְ בֶּן־
חוֹרִים וְשָׂרַיִךְ בָּעֵת יֹאכֵלוּ בִּגְבוּרָה וְלֹא בַשְּׁתִי: בַּעֲצַלְתַּיִם יִמַּךְ
הַמְּקָרֶה וּבְשִׁפְלוּת יָדַיִם יִדְלֹף הַבָּיִת: לִשְׂחוֹק עֹשִׂים לֶחֶם וְיַיִן
יְשַׂמַּח חַיִּים וְהַכֶּסֶף יַעֲנֶה אֶת־הַכֹּל: גַּם בְּמַדָּעֲךָ מֶלֶךְ אַל־תְּקַלֵּל
וּבְחַדְרֵי מִשְׁכָּבְךָ אַל־תְּקַלֵּל עָשִׁיר כִּי עוֹף הַשָּׁמַיִם יוֹלִיךְ אֶת־
יא הַקּוֹל וּבַעַל הכנפים יַגֵּיד דָּבָר: שַׁלַּח לַחְמְךָ עַל־פְּנֵי הַמָּיִם כְּנָפַיִם
כִּי־בְרֹב הַיָּמִים תִּמְצָאֶנּוּ: תֶּן־חֵלֶק לְשִׁבְעָה וְגַם לִשְׁמוֹנָה כִּי
לֹא תֵדַע מַה־יִּהְיֶה רָעָה עַל־הָאָרֶץ: אִם־יִמָּלְאוּ הֶעָבִים גֶּשֶׁם
עַל־הָאָרֶץ יָרִיקוּ וְאִם־יִפּוֹל עֵץ בַּדָּרוֹם וְאִם בַּצָּפוֹן מְקוֹם שֶׁיִּפּוֹל
הָעֵץ שָׁם יְהוּא: שֹׁמֵר רוּחַ לֹא יִזְרָע וְרֹאֶה בֶעָבִים לֹא יִקְצוֹר:
כַּאֲשֶׁר אֵינְךָ יוֹדֵעַ מַה־דֶּרֶךְ הָרוּחַ כַּעֲצָמִים בְּבֶטֶן הַמְּלֵאָה
כָּכָה לֹא תֵדַע אֶת־מַעֲשֵׂה הָאֱלֹהִים אֲשֶׁר יַעֲשֶׂה אֶת־הַכֹּל:
בַּבֹּקֶר זְרַע אֶת־זַרְעֶךָ וְלָעֶרֶב אַל־תַּנַּח יָדֶךָ כִּי אֵינְךָ יוֹדֵעַ אֵי
זֶה יִכְשַׁר הֲזֶה אוֹ־זֶה וְאִם־שְׁנֵיהֶם כְּאֶחָד טוֹבִים: וּמָתוֹק הָאוֹר
וְטוֹב לַעֵינַיִם לִרְאוֹת אֶת־הַשָּׁמֶשׁ: כִּי אִם־שָׁנִים הַרְבֵּה יִחְיֶה
הָאָדָם בְּכֻלָּם יִשְׂמָח וְיִזְכֹּר אֶת־יְמֵי הַחֹשֶׁךְ כִּי־הַרְבֵּה יִהְיוּ כָּל־
שֶׁבָּא הָבֶל: שְׂמַח בָּחוּר בְּיַלְדוּתֶךָ וִיטִיבְךָ לִבְּךָ בִּימֵי בְחוּרוֹתֶךָ
וְהַלֵּךְ בְּדַרְכֵי לִבְּךָ ובמראי עֵינֶיךָ וְדָע כִּי עַל־כָּל־אֵלֶּה יְבִיאֲךָ וּבְמַרְאֵה

הָאֱלֹהִים בַּמִּשְׁפָּט: וְהָסֵר כַּעַס מִלִּבֶּךָ וְהַעֲבֵר רָעָה מִבְּשָׂרֶךָ
כִּי־הַיַּלְדוּת וְהַשַּׁחֲרוּת הָבֶל: וּזְכֹר אֶת־בּוֹרְאֶיךָ בִּימֵי בְּחוּרֹתֶיךָ יב
עַד אֲשֶׁר לֹא־יָבֹאוּ יְמֵי הָרָעָה וְהִגִּיעוּ שָׁנִים אֲשֶׁר תֹּאמַר אֵין־
לִי בָהֶם חֵפֶץ: עַד אֲשֶׁר לֹא־תֶחְשַׁךְ הַשֶּׁמֶשׁ וְהָאוֹר וְהַיָּרֵחַ
וְהַכּוֹכָבִים וְשָׁבוּ הֶעָבִים אַחַר הַגָּשֶׁם: בַּיּוֹם שֶׁיָּזֻעוּ שֹׁמְרֵי הַבַּיִת
וְהִתְעַוְּתוּ אַנְשֵׁי הֶחָיִל וּבָטְלוּ הַטֹּחֲנוֹת כִּי מִעֵטוּ וְחָשְׁכוּ הָרֹאוֹת
בָּאֲרֻבּוֹת: וְסֻגְּרוּ דְלָתַיִם בַּשּׁוּק בִּשְׁפַל קוֹל הַטַּחֲנָה וְיָקוּם לְקוֹל
הַצִּפּוֹר וְיִשַּׁחוּ כָּל־בְּנוֹת הַשִּׁיר: גַּם מִגָּבֹהַּ יִרָאוּ וְחַתְחַתִּים
בַּדֶּרֶךְ וְיָנֵאץ הַשָּׁקֵד וְיִסְתַּבֵּל הֶחָגָב וְתָפֵר הָאֲבִיּוֹנָה כִּי־הֹלֵךְ
הָאָדָם אֶל־בֵּית עוֹלָמוֹ וְסָבְבוּ בַשּׁוּק הַסֹּפְדִים: עַד אֲשֶׁר לֹא־
יֵרָתֵק ירחק חֶבֶל הַכֶּסֶף וְתָרֻץ גֻּלַּת הַזָּהָב וְתִשָּׁבֶר כַּד עַל־הַמַּבּוּעַ
וְנָרֹץ הַגַּלְגַּל אֶל־הַבּוֹר: וְיָשֹׁב הֶעָפָר עַל־הָאָרֶץ כְּשֶׁהָיָה וְהָרוּחַ
תָּשׁוּב אֶל־הָאֱלֹהִים אֲשֶׁר נְתָנָהּ: הֲבֵל הֲבָלִים אָמַר הַקּוֹהֶלֶת
הַכֹּל הָבֶל: וְיֹתֵר שֶׁהָיָה קֹהֶלֶת חָכָם עוֹד לִמַּד־דַּעַת אֶת־הָעָם
וְאִזֵּן וְחִקֵּר תִּקֵּן מְשָׁלִים הַרְבֵּה: בִּקֵּשׁ קֹהֶלֶת לִמְצֹא דִּבְרֵי־חֵפֶץ
וְכָתוּב יֹשֶׁר דִּבְרֵי אֱמֶת: דִּבְרֵי חֲכָמִים כַּדָּרְבֹנוֹת וּכְמַשְׂמְרוֹת
נְטוּעִים בַּעֲלֵי אֲסֻפּוֹת נִתְּנוּ מֵרֹעֶה אֶחָד: וְיֹתֵר מֵהֵמָּה בְּנִי הִזָּהֵר
עֲשׂוֹת סְפָרִים הַרְבֵּה אֵין קֵץ וְלַהַג הַרְבֵּה יְגִעַת בָּשָׂר: סוֹף
דָּבָר הַכֹּל נִשְׁמָע אֶת־הָאֱלֹהִים יְרָא וְאֶת־מִצְוֺתָיו שְׁמוֹר כִּי־
זֶה כָּל־הָאָדָם: כִּי אֶת־כָּל־מַעֲשֶׂה הָאֱלֹהִים יָבִא בְמִשְׁפָּט עַל
כָּל־נֶעְלָם אִם־טוֹב וְאִם־רָע:

סוף דבר הכל נשמע
את האלהים ירא ואת מצותיו שמור
כי זה כל האדם

קדיש יתום

אבל: יִתְגַּדַּל וְיִתְקַדַּשׁ שְׁמֵהּ רַבָּא (קהל: אָמֵן)
בְּעָלְמָא דִּי בְרָא כִרְעוּתֵהּ
וְיַמְלִיךְ מַלְכוּתֵהּ
וְיַצְמַח פֻּרְקָנֵהּ וִיקָרֵב מְשִׁיחֵהּ (קהל: אָמֵן)
בְּחַיֵּיכוֹן וּבְיוֹמֵיכוֹן וּבְחַיֵּי דְכָל בֵּית יִשְׂרָאֵל
בַּעֲגָלָא וּבִזְמַן קָרִיב
וְאִמְרוּ אָמֵן. (קהל: אָמֵן)

קהל ואבל: יְהֵא שְׁמֵהּ רַבָּא מְבָרַךְ לְעָלַם וּלְעָלְמֵי עָלְמַיָּא.

אבל: יִתְבָּרַךְ וְיִשְׁתַּבַּח וְיִתְפָּאַר וְיִתְרוֹמַם וְיִתְנַשֵּׂא
וְיִתְהַדָּר וְיִתְעַלֶּה וְיִתְהַלָּל
שְׁמֵהּ דְּקֻדְשָׁא בְּרִיךְ הוּא (קהל: אָמֵן)
לְעֵלָּא מִן כָּל בִּרְכָתָא וְשִׁירָתָא
תֻּשְׁבְּחָתָא וְנֶחֱמָתָא
דַּאֲמִירָן בְּעָלְמָא
וְאִמְרוּ אָמֵן. (קהל: אָמֵן)

יְהֵא שְׁלָמָא רַבָּא מִן שְׁמַיָּא
וְחַיִּים טוֹבִים עָלֵינוּ וְעַל כָּל יִשְׂרָאֵל
וְאִמְרוּ אָמֵן. (קהל: אָמֵן)

כורע ופוסע שלוש פסיעות לאחור. קד לשמאל, לימין ולפנים באמירת:

עֹשֶׂה שָׁלוֹם בִּמְרוֹמָיו
הוּא יַעֲשֶׂה שָׁלוֹם, עָלֵינוּ וְעַל כָּל יִשְׂרָאֵל
וְאִמְרוּ אָמֵן. (קהל: אָמֵן)

הוצאת ספר תורה

לפני קריאת התורה אומרים (׳אור זרוע׳ ח״ב, מב):

דברים ד אַתָּה הָרְאֵתָ לָדַעַת, כִּי יהוה הוּא הָאֱלֹהִים, אֵין עוֹד מִלְּבַדּוֹ:

תהלים פו אֵין־כָּמְוֹךָ בָאֱלֹהִים, אֲדֹנָי, וְאֵין כְּמַעֲשֶׂיךָ:

תהלים קמה מַלְכוּתְךָ מַלְכוּת כָּל־עֹלָמִים, וּמֶמְשַׁלְתְּךָ בְּכָל־דּוֹר וָדֹר:

יהוה מֶלֶךְ, יהוה מָלָךְ, יהוה יִמְלֹךְ לְעֹלָם וָעֶד.

תהלים כט יהוה עֹז לְעַמּוֹ יִתֵּן, יהוה יְבָרֵךְ אֶת־עַמּוֹ בַשָּׁלוֹם:

תהלים נא אַב הָרַחֲמִים, הֵיטִיבָה בִרְצוֹנְךָ אֶת־צִיּוֹן תִּבְנֶה חוֹמוֹת יְרוּשָׁלָיִם:
כִּי בְךָ לְבַד בָּטָחְנוּ, מֶלֶךְ אֵל רָם וְנִשָּׂא, אֲדוֹן עוֹלָמִים.

פותחים את ארון הקודש. הקהל עומד על רגליו.

במדבר י וַיְהִי בִּנְסֹעַ הָאָרֹן וַיֹּאמֶר מֹשֶׁה
קוּמָה יהוה וְיָפֻצוּ אֹיְבֶיךָ וְיָנֻסוּ מְשַׂנְאֶיךָ מִפָּנֶיךָ:

ישעיה ב כִּי מִצִּיּוֹן תֵּצֵא תוֹרָה וּדְבַר־יהוה מִירוּשָׁלָיִם:
בָּרוּךְ שֶׁנָּתַן תּוֹרָה לְעַמּוֹ יִשְׂרָאֵל בִּקְדֻשָּׁתוֹ.

בשבת ממשיך ׳בְּרִיךְ שְׁמֵהּ׳ בעמוד הבא.

ביום טוב נוהגים לומר שלוש עשרה מידות (פרי עץ חיים), אחריהן תפילות אלו (שערי ציון) ואחר כך ׳בְּרִיךְ שְׁמֵהּ׳. ואין אומרים אותן בשבת (שערי אפרים).

אומרים שלוש פעמים:

שמות לד יהוה, יהוה, אֵל רַחוּם וְחַנּוּן, אֶרֶךְ אַפַּיִם וְרַב־חֶסֶד וֶאֱמֶת:
נֹצֵר חֶסֶד לָאֲלָפִים, נֹשֵׂא עָוֹן וָפֶשַׁע וְחַטָּאָה, וְנַקֵּה:

רִבּוֹנוֹ שֶׁל עוֹלָם, מַלֵּא מִשְׁאֲלוֹת לִבִּי לְטוֹבָה, וְהָפֵק רְצוֹנִי וְתֵן שְׁאֵלָתִי, וְזַכֵּה לִי
(פלוני/ת בן/בת פלוני) (וְאִשְׁתִּי/בַּעְלִי וּבָנַי וּבְנוֹתַי) וְכָל בְּנֵי בֵיתִי, לַעֲשׂוֹת רְצוֹנְךָ
בְּלֵבָב שָׁלֵם, וּמַלְּטֵנוּ מִיֵּצֶר הָרָע, וְתֵן חֶלְקֵנוּ בְּתוֹרָתֶךָ, וְזַכֵּנוּ שֶׁתִּשְׁרֶה שְׁכִינָתְךָ
ישעיה יא עָלֵינוּ, וְהוֹפַע עָלֵינוּ רוּחַ חָכְמָה וּבִינָה. וְיִתְקַיֵּם בָּנוּ מִקְרָא שֶׁכָּתוּב: וְנָחָה עָלָיו
רוּחַ יהוה, רוּחַ חָכְמָה וּבִינָה, רוּחַ עֵצָה וּגְבוּרָה, רוּחַ דַּעַת וְיִרְאַת יהוה: וּבְכֵן יְהִי
רָצוֹן מִלְּפָנֶיךָ יהוה אֱלֹהֵינוּ וֵאלֹהֵי אֲבוֹתֵינוּ, שֶׁתְּזַכֵּנוּ לַעֲשׂוֹת מַעֲשִׂים טוֹבִים
בְּעֵינֶיךָ וְלָלֶכֶת בְּדַרְכֵי יְשָׁרִים לְפָנֶיךָ, וְקַדְּשֵׁנוּ בִּקְדֻשָּׁתֶךָ כְּדֵי שֶׁנִּזְכֶּה לְחַיִּים

טוֹבִים וַאֲרוּכִים וּלְחַיֵּי הָעוֹלָם הַבָּא, וְתִשְׁמְרֵנוּ מִמַּעֲשִׂים רָעִים וּמִשָּׁעוֹת רָעוֹת הַמִּתְרַגְּשׁוֹת לָבוֹא לָעוֹלָם, וְהַבּוֹטֵחַ בַּיהוה חֶסֶד יְסוֹבְבֶנְהוּ: אָמֵן. תהלים לב

יִהְיוּ לְרָצוֹן אִמְרֵי־פִי וְהֶגְיוֹן לִבִּי לְפָנֶיךָ, יהוה צוּרִי וְגֹאֲלִי: תהלים יט

אומרים שלוש פעמים:

וַאֲנִי תְפִלָּתִי־לְךָ יהוה, עֵת רָצוֹן, אֱלֹהִים בְּרָב־חַסְדֶּךָ תהלים סט
עֲנֵנִי בֶּאֱמֶת יִשְׁעֶךָ:

כתוב בספר הזוהר שבזמן הוצאת ספר התורה לקריאה בציבור,
נפתחים שערי השמים וראוי לומר תחינה זו.

בְּרִיךְ שְׁמֵהּ דְּמָרֵא עָלְמָא, בְּרִיךְ כִּתְרָךְ וְאַתְרָךְ. יְהֵא רְעוּתָךְ עִם עַמָּךְ יִשְׂרָאֵל לְעָלַם, וּפֻרְקַן יְמִינָךְ אַחֲזֵי לְעַמָּךְ בְּבֵית מַקְדְּשָׁךְ, וּלְאַמְטוּיֵי לָנָא מִטּוּב נְהוֹרָךְ, וּלְקַבֵּל צְלוֹתַנָא בְּרַחֲמִין. יְהֵא רַעֲוָא קֳדָמָךְ דְּתוֹרִיךְ לַן חַיִּין בְּטִיבוּ, וְלֶהֱוֵי אֲנָא פְקִידָא בְּגוֹ צַדִּיקַיָּא, לְמִרְחַם עָלַי וּלְמִנְטַר יָתִי וְיַת כָּל דִּי לִי וְדִי לְעַמָּךְ יִשְׂרָאֵל. אַנְתְּ הוּא זָן לְכֹלָּא וּמְפַרְנֵס לְכֹלָּא, אַנְתְּ הוּא שַׁלִּיט עַל כֹּלָּא, אַנְתְּ הוּא דְשַׁלִּיט עַל מַלְכַיָּא, וּמַלְכוּתָא דִּילָךְ הִיא. אֲנָא עַבְדָּא דְקֻדְשָׁא בְּרִיךְ הוּא, דְּסָגֵדְנָא קַמֵּהּ וּמִקַּמֵּי דִּיקַר אוֹרַיְתֵהּ בְּכָל עִדָּן וְעִדָּן. לָא עַל אֱנָשׁ רָחִיצְנָא וְלָא עַל בַּר אֱלָהִין סָמִיכְנָא, אֶלָּא בֶּאֱלָהָא דִשְׁמַיָּא, דְּהוּא אֱלָהָא קְשׁוֹט, וְאוֹרַיְתֵהּ קְשׁוֹט, וּנְבִיאוֹהִי קְשׁוֹט, וּמַסְגֵּא לְמֶעְבַּד טַבְוָן וּקְשׁוֹט. ◂ בֵּהּ אֲנָא רָחִיץ, וְלִשְׁמֵהּ קַדִּישָׁא יַקִּירָא אֲנָא אֵמַר תֻּשְׁבְּחָן. יְהֵא רַעֲוָא קֳדָמָךְ דְּתִפְתַּח לִבַּאי בְּאוֹרַיְתָא, וְתַשְׁלִים מִשְׁאֲלִין דְּלִבַּאי וְלִבָּא דְכָל עַמָּךְ יִשְׂרָאֵל לְטָב וּלְחַיִּין וְלִשְׁלָם. זוהר ויקהל

תרגום

ברוך שמו של אדון העולם, ברוך כתרך ומקומך. יהי רצונך עם עמך ישראל לעולם, וישועת ימינך הראה לעמך בבית מקדשך, ולהביא לנו מטוב אורך, ולקבל תפילותינו ברחמים. יהי רצון מלפניך שתאריך לנו חיים בטוב, ואהיה אני נמנה בתוך הצדיקים, לרחם עלי ולשמור אותי ואת כל אשר לי ואשר לעמך ישראל. אתה הוא זן לכול ומפרנס לכול, אתה הוא שליט על הכול, אתה הוא השליט על המלכים, והמלכות שלך היא. אני עבדו של הקדוש ברוך הוא, משתחוה לפניו ולפני כבוד תורתו בכל עת ועת. לא על אדם אני בטוח ולא על מלאך אני סמוך, אלא באלהי השמים, שהוא אלהים אמת, ותורתו אמת, ונביאיו אמת, ומרבה לעשות חסד ואמת. בו אני בטוח, ולשמו הקדוש הנכבד אני אומר תשבחות. יהי רצון מלפניך שתפתח לבי בתורה, ותמלא משאלות לבי ולב כל עמך ישראל לטובה ולחיים ולשלום.

שליח הציבור מקבל את ספר התורה בימינו, פונה לקהל ואומר ׳שְׁמַע יִשְׂרָאֵל׳ (מסכת סופרים פי״ד), ואחריו הקהל.

דברים ו
שְׁמַע יִשְׂרָאֵל, יהוה אֱלֹהֵינוּ, יהוה אֶחָד:

שליח ציבור ואחריו הקהל:

אֶחָד אֱלֹהֵינוּ, גָּדוֹל אֲדוֹנֵינוּ, קָדוֹשׁ שְׁמוֹ.

שליח הציבור פונה לעבר ארון הקודש, קד, מגביה את ספר התורה ואומר (משנ״ב קלד, יג על פי מסכת סופרים):

תהלים לד
גַּדְּלוּ לַיהוה אִתִּי וּנְרוֹמְמָה שְׁמוֹ יַחְדָּו:

סוגרים את ארון הקודש. שליח הציבור נושא את ספר התורה אל הבימה, והקהל אומר:

דברי הימים א׳ כט
לְךָ יהוה הַגְּדֻלָּה וְהַגְּבוּרָה וְהַתִּפְאֶרֶת וְהַנֵּצַח וְהַהוֹד, כִּי־כֹל בַּשָּׁמַיִם וּבָאָרֶץ, לְךָ יהוה הַמַּמְלָכָה וְהַמִּתְנַשֵּׂא לְכֹל לְרֹאשׁ:

תהלים צט
רוֹמְמוּ יהוה אֱלֹהֵינוּ וְהִשְׁתַּחֲווּ לַהֲדֹם רַגְלָיו, קָדוֹשׁ הוּא: רוֹמְמוּ יהוה אֱלֹהֵינוּ וְהִשְׁתַּחֲווּ לְהַר קָדְשׁוֹ, כִּי־קָדוֹשׁ יהוה אֱלֹהֵינוּ:

הקהל אומר בלחש (מחזור ויטרי, קסה):

עַל הַכֹּל יִתְגַּדַּל וְיִתְקַדַּשׁ וְיִשְׁתַּבַּח וְיִתְפָּאַר וְיִתְרוֹמַם וְיִתְנַשֵּׂא שְׁמוֹ שֶׁל מֶלֶךְ מַלְכֵי הַמְּלָכִים הַקָּדוֹשׁ בָּרוּךְ הוּא בָּעוֹלָמוֹת שֶׁבָּרָא, הָעוֹלָם הַזֶּה וְהָעוֹלָם הַבָּא, כִּרְצוֹנוֹ וְכִרְצוֹן יְרֵאָיו וְכִרְצוֹן כָּל בֵּית יִשְׂרָאֵל. צוּר הָעוֹלָמִים, אֲדוֹן כָּל הַבְּרִיּוֹת, אֱלוֹהַּ כָּל הַנְּפָשׁוֹת, הַיּוֹשֵׁב בְּמֶרְחֲבֵי מָרוֹם, הַשּׁוֹכֵן בִּשְׁמֵי שְׁמֵי קֶדֶם, קְדֻשָּׁתוֹ עַל הַחַיּוֹת, וּקְדֻשָּׁתוֹ עַל כִּסֵּא הַכָּבוֹד. וּבְכֵן יִתְקַדַּשׁ
תהלים סח
שִׁמְךָ בָּנוּ יהוה אֱלֹהֵינוּ לְעֵינֵי כָּל חָי, וְנֹאמַר לְפָנָיו שִׁיר חָדָשׁ, כַּכָּתוּב: שִׁירוּ לֵאלֹהִים זַמְּרוּ שְׁמוֹ, סֹלּוּ לָרֹכֵב בָּעֲרָבוֹת, בְּיָהּ שְׁמוֹ, וְעִלְזוּ לְפָנָיו: וְנִרְאֵהוּ
ישעיה נב
עַיִן בְּעַיִן בְּשׁוּבוֹ אֶל נָוֵהוּ, כַּכָּתוּב: כִּי עַיִן בְּעַיִן יִרְאוּ בְּשׁוּב יהוה צִיּוֹן:
ישעיה מ
וְנֶאֱמַר: וְנִגְלָה כְּבוֹד יהוה, וְרָאוּ כָל־בָּשָׂר יַחְדָּו כִּי פִּי יהוה דִּבֵּר:

אַב הָרַחֲמִים הוּא יְרַחֵם עַם עֲמוּסִים, וְיִזְכֹּר בְּרִית אֵיתָנִים, וְיַצִּיל נַפְשׁוֹתֵינוּ מִן הַשָּׁעוֹת הָרָעוֹת, וְיִגְעַר בְּיֵצֶר הָרָע מִן הַנְּשׂוּאִים, וְיָחֹן אוֹתָנוּ לִפְלֵיטַת עוֹלָמִים, וִימַלֵּא מִשְׁאֲלוֹתֵינוּ בְּמִדָּה טוֹבָה יְשׁוּעָה וְרַחֲמִים.

מניח את ספר התורה על הבימה, והגבאי מכריז (מחזור ויטרי):

וְיַעֲזֹר וְיָגֵן וְיוֹשִׁיעַ לְכָל הַחוֹסִים בּוֹ, וְנֹאמַר אָמֵן. הַכֹּל הָבוּ גֹדֶל לֵאלֹהֵינוּ וּתְנוּ כָבוֹד לַתּוֹרָה. *כֹּהֵן קְרַב, יַעֲמֹד (פלוני בֶּן פלוני) הַכֹּהֵן.

*אם אין כוהן, הגבאי קורא ללוי או לישראל ואומר:

/אֵין כָּאן כֹּהֵן, יַעֲמֹד (פלוני בֶּן פלוני) בִּמְקוֹם כֹּהֵן./

בָּרוּךְ שֶׁנָּתַן תּוֹרָה לְעַמּוֹ יִשְׂרָאֵל בִּקְדֻשָּׁתוֹ.

הקהל ואחריו הגבאי:

וְאַתֶּם הַדְּבֵקִים בַּיהוה אֱלֹהֵיכֶם חַיִּים כֻּלְּכֶם הַיּוֹם: דברים ד

קודם הברכה על העולה לראות היכן קוראים ולנשק את ספר התורה.
בשעת הברכה אוחז בעמודי הספר.

עולה: בָּרְכוּ אֶת יהוה הַמְבֹרָךְ.

קהל: בָּרוּךְ יהוה הַמְבֹרָךְ לְעוֹלָם וָעֶד.

עולה: בָּרוּךְ יהוה הַמְבֹרָךְ לְעוֹלָם וָעֶד.
בָּרוּךְ אַתָּה יהוה, אֱלֹהֵינוּ מֶלֶךְ הָעוֹלָם
אֲשֶׁר בָּחַר בָּנוּ מִכָּל הָעַמִּים
וְנָתַן לָנוּ אֶת תּוֹרָתוֹ.
בָּרוּךְ אַתָּה יהוה, נוֹתֵן הַתּוֹרָה.

לאחר הקריאה, העולה מנשק את ספר התורה ומברך:

עולה: בָּרוּךְ אַתָּה יהוה אֱלֹהֵינוּ מֶלֶךְ הָעוֹלָם
אֲשֶׁר נָתַן לָנוּ תּוֹרַת אֱמֶת
וְחַיֵּי עוֹלָם נָטַע בְּתוֹכֵנוּ.
בָּרוּךְ אַתָּה יהוה, נוֹתֵן הַתּוֹרָה.

מי שהיה בסכנה וניצל ממנה, מברך 'הַגּוֹמֵל':

בָּרוּךְ אַתָּה יהוה אֱלֹהֵינוּ מֶלֶךְ הָעוֹלָם הַגּוֹמֵל לְחַיָּבִים טוֹבוֹת שֶׁגְּמָלַנִי כָּל טוֹב.

הקהל עונה: **אָמֵן. מִי שֶׁגְּמָלְךָ כָּל טוֹב הוּא יִגְמָלְךָ כָּל טוֹב, סֶלָה.**

כאשר נער עולה לתורה בפעם הראשונה במלאות לו שלוש עשרה שנה, אביו מברך:

בָּרוּךְ שֶׁפְּטָרַנִי מֵעָנְשׁוֹ שֶׁלָּזֶה.

מי שבירך לעולה לתורה

מִי שֶׁבֵּרַךְ אֲבוֹתֵינוּ אַבְרָהָם יִצְחָק וְיַעֲקֹב, הוּא יְבָרֵךְ אֶת (פלוני בֶּן פלוני), **בַּעֲבוּר שֶׁעָלָה לִכְבוֹד הַמָּקוֹם וְלִכְבוֹד הַתּוֹרָה** (בשבת: **וְלִכְבוֹד הַשַּׁבָּת** / ביום טוב: **וְלִכְבוֹד הָרֶגֶל**). **בִּשְׂכַר זֶה הַקָּדוֹשׁ בָּרוּךְ הוּא יִשְׁמְרֵהוּ וְיַצִּילֵהוּ מִכָּל צָרָה וְצוּקָה וּמִכָּל נֶגַע וּמַחֲלָה, וְיִשְׁלַח בְּרָכָה וְהַצְלָחָה בְּכָל מַעֲשֵׂה יָדָיו** (ביום טוב: **וְיִזְכֶּה לַעֲלוֹת לָרֶגֶל**) **עִם כָּל יִשְׂרָאֵל אֶחָיו, וְנֹאמַר אָמֵן.**

מי שבירך לחולה

מִי שֶׁבֵּרַךְ אֲבוֹתֵינוּ אַבְרָהָם יִצְחָק וְיַעֲקֹב, מֹשֶׁה וְאַהֲרֹן דָּוִד וּשְׁלֹמֹה הוּא יְבָרֵךְ וִירַפֵּא אֶת הַחוֹלֶה (פלוני בֶּן פלונית) **בַּעֲבוּר שֶׁ**(פלוני בֶּן פלוני) **נוֹדֵר צְדָקָה בַּעֲבוּרוֹ. בִּשְׂכַר זֶה הַקָּדוֹשׁ בָּרוּךְ הוּא יִמָּלֵא רַחֲמִים עָלָיו לְהַחֲלִימוֹ וּלְרַפְּאתוֹ וּלְהַחֲזִיקוֹ וּלְהַחֲיוֹתוֹ וְיִשְׁלַח לוֹ מְהֵרָה רְפוּאָה שְׁלֵמָה מִן הַשָּׁמַיִם לְרמ״ח אֵבָרָיו וּשְׁס״ה גִּידָיו בְּתוֹךְ שְׁאָר חוֹלֵי יִשְׂרָאֵל, רְפוּאַת הַנֶּפֶשׁ וּרְפוּאַת הַגּוּף.** ביום טוב: **יוֹם טוֹב הוּא מִלִּזְעֹק** / בשבת: **שַׁבָּת וְיוֹם טוֹב הֵם מִלִּזְעֹק** / **וּרְפוּאָה קְרוֹבָה לָבוֹא, הַשְׁתָּא בַּעֲגָלָא וּבִזְמַן קָרִיב, וְנֹאמַר אָמֵן.**

מי שבירך לחולָה

מִי שֶׁבֵּרַךְ אֲבוֹתֵינוּ אַבְרָהָם יִצְחָק וְיַעֲקֹב, מֹשֶׁה וְאַהֲרֹן דָּוִד וּשְׁלֹמֹה הוּא יְבָרֵךְ וִירַפֵּא אֶת הַחוֹלָה (פלונית בַּת פלונית) **בַּעֲבוּר שֶׁ**(פלוני בֶּן פלוני) **נוֹדֵר צְדָקָה בַּעֲבוּרָהּ. בִּשְׂכַר זֶה הַקָּדוֹשׁ בָּרוּךְ הוּא יִמָּלֵא רַחֲמִים עָלֶיהָ לְהַחֲלִימָהּ וּלְרַפְּאתָהּ וּלְהַחֲזִיקָהּ וּלְהַחֲיוֹתָהּ וְיִשְׁלַח לָהּ מְהֵרָה רְפוּאָה שְׁלֵמָה מִן הַשָּׁמַיִם לְכָל אֵבָרֶיהָ וּלְכָל גִּידֶיהָ בְּתוֹךְ שְׁאָר חוֹלֵי יִשְׂרָאֵל, רְפוּאַת הַנֶּפֶשׁ**

וּרְפוּאַת הַגּוּף. ביום טוב: יוֹם טוֹב הוּא מִלִּזְעֹק / בשבת: שַׁבָּת וְיוֹם טוֹב הֵם מִלִּזְעֹק/ וּרְפוּאָה קְרוֹבָה לָבוֹא, הַשְׁתָּא בַּעֲגָלָא וּבִזְמַן קָרִיב, וְנֹאמַר אָמֵן.

מי שבירך ליולדת בן

מִי שֶׁבֵּרַךְ אֲבוֹתֵינוּ אַבְרָהָם יִצְחָק וְיַעֲקֹב, מֹשֶׁה וְאַהֲרֹן דָּוִד וּשְׁלֹמֹה, שָׂרָה רִבְקָה רָחֵל וְלֵאָה הוּא יְבָרֵךְ אֶת הָאִשָּׁה הַיּוֹלֶדֶת (פלונית בַּת פלוני) וְאֶת בְּנָהּ שֶׁנּוֹלַד לָהּ לְמַזָּל טוֹב בַּעֲבוּר שֶׁבַּעְלָהּ וְאָבִיו נוֹדֵר צְדָקָה בַּעֲדָם. בִּשְׂכַר זֶה יִזְכּוּ אָבִיו וְאִמּוֹ לְהַכְנִיסוֹ בִּבְרִיתוֹ שֶׁל אַבְרָהָם אָבִינוּ וּלְגַדְּלוֹ לְתוֹרָה וּלְחֻפָּה וּלְמַעֲשִׂים טוֹבִים, וְנֹאמַר אָמֵן.

מי שבירך ליולדת בת

מִי שֶׁבֵּרַךְ אֲבוֹתֵינוּ אַבְרָהָם יִצְחָק וְיַעֲקֹב, מֹשֶׁה וְאַהֲרֹן דָּוִד וּשְׁלֹמֹה, שָׂרָה רִבְקָה רָחֵל וְלֵאָה הוּא יְבָרֵךְ אֶת הָאִשָּׁה הַיּוֹלֶדֶת (פלונית בַּת פלוני) וְאֶת בִּתָּהּ שֶׁנּוֹלְדָה לָהּ לְמַזָּל טוֹב וְיִקָּרֵא שְׁמָהּ בְּיִשְׂרָאֵל (פלונית בַּת פלוני), בַּעֲבוּר שֶׁבַּעְלָהּ וְאָבִיהָ נוֹדֵר צְדָקָה בַּעֲדָן. בִּשְׂכַר זֶה יִזְכּוּ אָבִיהָ וְאִמָּהּ לְגַדְּלָהּ לְתוֹרָה וּלְחֻפָּה וּלְמַעֲשִׂים טוֹבִים, וְנֹאמַר אָמֵן.

מי שבירך לבר מצווה

מִי שֶׁבֵּרַךְ אֲבוֹתֵינוּ אַבְרָהָם יִצְחָק וְיַעֲקֹב הוּא יְבָרֵךְ אֶת (פלוני בֶּן פלוני) שֶׁמָּלְאוּ לוֹ שְׁלֹשׁ עֶשְׂרֵה שָׁנָה וְהִגִּיעַ לְמִצְוֹת, וְעָלָה לַתּוֹרָה, לָתֵת שֶׁבַח וְהוֹדָיָה לְהַשֵּׁם יִתְבָּרַךְ עַל כָּל הַטּוֹבָה שֶׁגָּמַל אִתּוֹ. יִשְׁמְרֵהוּ הַקָּדוֹשׁ בָּרוּךְ הוּא וִיחַיֵּהוּ, וִיכוֹנֵן אֶת לִבּוֹ לִהְיוֹת שָׁלֵם עִם יהוה וְלָלֶכֶת בִּדְרָכָיו וְלִשְׁמֹר מִצְוֹתָיו כָּל הַיָּמִים, וְנֹאמַר אָמֵן.

מי שבירך לבת מצווה

מִי שֶׁבֵּרַךְ אֲבוֹתֵינוּ אַבְרָהָם יִצְחָק וְיַעֲקֹב, שָׂרָה רִבְקָה רָחֵל וְלֵאָה, הוּא יְבָרֵךְ אֶת (פלונית בַּת פלוני) שֶׁמָּלְאוּ לָהּ שְׁתֵּים עֶשְׂרֵה שָׁנָה וְהִגִּיעָה לְמִצְוֹת, וְנוֹתֶנֶת שֶׁבַח וְהוֹדָיָה לְהַשֵּׁם יִתְבָּרַךְ עַל כָּל הַטּוֹבָה שֶׁגָּמַל אִתָּהּ. יִשְׁמְרֶהָ הַקָּדוֹשׁ בָּרוּךְ הוּא וִיחַיֶּהָ, וִיכוֹנֵן אֶת לִבָּהּ לִהְיוֹת שָׁלֵם עִם יהוה וְלָלֶכֶת בִּדְרָכָיו וְלִשְׁמֹר מִצְוֹתָיו כָּל הַיָּמִים, וְנֹאמַר אָמֵן.

קריאת התורה, מפטיר והפטרה ליום טוב של סוכות ושמיני עצרת ולשבת חול המועד

יום	קריאת התורה	מפטיר	הפטרה
יום טוב ראשון של סוכות	286	293	295
יום טוב שני בחו״ל	286	293	517
שבת חול המועד סוכות	289	294–293	297
שמיני עצרת בחו״ל	506	511	518

קריאה ליום טוב ראשון (ושני בחו״ל) של סוכות

ויקרא כב,כו – כג,מד וַיְדַבֵּר יְהוָה אֶל־מֹשֶׁה לֵּאמֹר: שׁוֹר אוֹ־כֶשֶׂב אוֹ־עֵז כִּי יִוָּלֵד וְהָיָה
שִׁבְעַת יָמִים תַּחַת אִמּוֹ וּמִיּוֹם הַשְּׁמִינִי וָהָלְאָה יֵרָצֶה לְקָרְבַּן
אִשֶּׁה לַיהוָה: וְשׁוֹר אוֹ־שֶׂה אֹתוֹ וְאֶת־בְּנוֹ לֹא תִשְׁחֲטוּ בְּיוֹם
אֶחָד: וְכִי־תִזְבְּחוּ זֶבַח־תּוֹדָה לַיהוָה לִרְצֹנְכֶם תִּזְבָּחוּ: בַּיּוֹם
הַהוּא יֵאָכֵל לֹא־תוֹתִירוּ מִמֶּנּוּ עַד־בֹּקֶר אֲנִי יְהוָה: וּשְׁמַרְתֶּם
מִצְוֹתַי וַעֲשִׂיתֶם אֹתָם אֲנִי יְהוָה: וְלֹא תְחַלְּלוּ אֶת־שֵׁם קָדְשִׁי
וְנִקְדַּשְׁתִּי בְּתוֹךְ בְּנֵי יִשְׂרָאֵל אֲנִי יְהוָה מְקַדִּשְׁכֶם: הַמּוֹצִיא
אֶתְכֶם מֵאֶרֶץ מִצְרַיִם לִהְיוֹת לָכֶם לֵאלֹהִים אֲנִי יְהוָה:

(בשבת לוי) וַיְדַבֵּר יְהוָה אֶל־מֹשֶׁה לֵּאמֹר: דַּבֵּר אֶל־בְּנֵי יִשְׂרָאֵל וְאָמַרְתָּ
אֲלֵהֶם מוֹעֲדֵי יְהוָה אֲשֶׁר־תִּקְרְאוּ אֹתָם מִקְרָאֵי קֹדֶשׁ אֵלֶּה
הֵם מוֹעֲדָי: שֵׁשֶׁת יָמִים תֵּעָשֶׂה מְלָאכָה וּבַיּוֹם הַשְּׁבִיעִי שַׁבַּת
שַׁבָּתוֹן מִקְרָא־קֹדֶשׁ כָּל־מְלָאכָה לֹא תַעֲשׂוּ שַׁבָּת הִוא לַיהוָה
בְּכֹל מוֹשְׁבֹתֵיכֶם:

לוי (בשבת שלישי) אֵלֶּה מוֹעֲדֵי יְהוָה מִקְרָאֵי קֹדֶשׁ אֲשֶׁר־תִּקְרְאוּ אֹתָם בְּמוֹעֲדָם:
בַּחֹדֶשׁ הָרִאשׁוֹן בְּאַרְבָּעָה עָשָׂר לַחֹדֶשׁ בֵּין הָעַרְבָּיִם פֶּסַח
לַיהוָה: וּבַחֲמִשָּׁה עָשָׂר יוֹם לַחֹדֶשׁ הַזֶּה חַג הַמַּצּוֹת לַיהוָה

שִׁבְעַת יָמִים מַצּוֹת תֹּאכֵלוּ׃ בַּיּוֹם הָרִאשׁוֹן מִקְרָא־קֹדֶשׁ יִהְיֶה
לָכֶם כָּל־מְלֶאכֶת עֲבֹדָה לֹא תַעֲשׂוּ׃ וְהִקְרַבְתֶּם אִשֶּׁה לַיהוָה
שִׁבְעַת יָמִים בַּיּוֹם הַשְּׁבִיעִי מִקְרָא־קֹדֶשׁ כָּל־מְלֶאכֶת עֲבֹדָה
לֹא תַעֲשׂוּ׃

(בשבת רביעי) וַיְדַבֵּר יְהוָה אֶל־מֹשֶׁה לֵּאמֹר׃ דַּבֵּר אֶל־בְּנֵי יִשְׂרָאֵל וְאָמַרְתָּ
אֲלֵהֶם כִּי־תָבֹאוּ אֶל־הָאָרֶץ אֲשֶׁר אֲנִי נֹתֵן לָכֶם וּקְצַרְתֶּם אֶת־
קְצִירָהּ וַהֲבֵאתֶם אֶת־עֹמֶר רֵאשִׁית קְצִירְכֶם אֶל־הַכֹּהֵן׃ וְהֵנִיף
אֶת־הָעֹמֶר לִפְנֵי יְהוָה לִרְצֹנְכֶם מִמָּחֳרַת הַשַּׁבָּת יְנִיפֶנּוּ הַכֹּהֵן׃
וַעֲשִׂיתֶם בְּיוֹם הֲנִיפְכֶם אֶת־הָעֹמֶר כֶּבֶשׂ תָּמִים בֶּן־שְׁנָתוֹ לְעֹלָה
לַיהוָה׃ וּמִנְחָתוֹ שְׁנֵי עֶשְׂרֹנִים סֹלֶת בְּלוּלָה בַשֶּׁמֶן אִשֶּׁה לַיהוָה
רֵיחַ נִיחֹחַ וְנִסְכֹּה יַיִן רְבִיעִת הַהִין׃ וְלֶחֶם וְקָלִי וְכַרְמֶל לֹא
תֹאכְלוּ עַד־עֶצֶם הַיּוֹם הַזֶּה עַד הֲבִיאֲכֶם אֶת־קָרְבַּן אֱלֹהֵיכֶם
שלישי (בשבת חמישי) חֻקַּת עוֹלָם לְדֹרֹתֵיכֶם בְּכֹל מֹשְׁבֹתֵיכֶם׃ וּסְפַרְתֶּם
לָכֶם מִמָּחֳרַת הַשַּׁבָּת מִיּוֹם הֲבִיאֲכֶם אֶת־עֹמֶר הַתְּנוּפָה שֶׁבַע
שַׁבָּתוֹת תְּמִימֹת תִּהְיֶינָה׃ עַד מִמָּחֳרַת הַשַּׁבָּת הַשְּׁבִיעִת תִּסְפְּרוּ
חֲמִשִּׁים יוֹם וְהִקְרַבְתֶּם מִנְחָה חֲדָשָׁה לַיהוָה׃ מִמּוֹשְׁבֹתֵיכֶם
תָּבִיאוּ ׀ לֶחֶם תְּנוּפָה שְׁתַּיִם שְׁנֵי עֶשְׂרֹנִים סֹלֶת תִּהְיֶינָה חָמֵץ
תֵּאָפֶינָה בִּכּוּרִים לַיהוָה׃ וְהִקְרַבְתֶּם עַל־הַלֶּחֶם שִׁבְעַת כְּבָשִׂים
תְּמִימִם בְּנֵי שָׁנָה וּפַר בֶּן־בָּקָר אֶחָד וְאֵילִם שְׁנָיִם יִהְיוּ עֹלָה
לַיהוָה וּמִנְחָתָם וְנִסְכֵּיהֶם אִשֵּׁה רֵיחַ־נִיחֹחַ לַיהוָה׃ וַעֲשִׂיתֶם
שְׂעִיר־עִזִּים אֶחָד לְחַטָּאת וּשְׁנֵי כְבָשִׂים בְּנֵי שָׁנָה לְזֶבַח שְׁלָמִים׃
וְהֵנִיף הַכֹּהֵן ׀ אֹתָם עַל לֶחֶם הַבִּכֻּרִים תְּנוּפָה לִפְנֵי יְהוָה עַל־שְׁנֵי
כְּבָשִׂים קֹדֶשׁ יִהְיוּ לַיהוָה לַכֹּהֵן׃ וּקְרָאתֶם בְּעֶצֶם ׀ הַיּוֹם הַזֶּה
מִקְרָא־קֹדֶשׁ יִהְיֶה לָכֶם כָּל־מְלֶאכֶת עֲבֹדָה לֹא תַעֲשׂוּ חֻקַּת

עוֹלָם בְּכָל־מוֹשְׁבֹתֵיכֶם לְדֹרֹתֵיכֶם׃ וּבְקֻצְרְכֶם אֶת־קְצִיר אַרְצְכֶם
לֹא־תְכַלֶּה פְּאַת שָׂדְךָ בְּקֻצְרֶךָ וְלֶקֶט קְצִירְךָ לֹא תְלַקֵּט לֶעָנִי
וְלַגֵּר תַּעֲזֹב אֹתָם אֲנִי יְהוָה אֱלֹהֵיכֶם׃

רביעי (בשבת שישי) וַיְדַבֵּר יְהוָה אֶל־מֹשֶׁה לֵּאמֹר׃ דַּבֵּר אֶל־בְּנֵי יִשְׂרָאֵל לֵאמֹר
בַּחֹדֶשׁ הַשְּׁבִיעִי בְּאֶחָד לַחֹדֶשׁ יִהְיֶה לָכֶם שַׁבָּתוֹן זִכְרוֹן תְּרוּעָה
מִקְרָא־קֹדֶשׁ׃ כָּל־מְלֶאכֶת עֲבֹדָה לֹא תַעֲשׂוּ וְהִקְרַבְתֶּם אִשֶּׁה
לַיהוָה׃ וַיְדַבֵּר יְהוָה אֶל־מֹשֶׁה לֵּאמֹר׃ אַךְ בֶּעָשׂוֹר
לַחֹדֶשׁ הַשְּׁבִיעִי הַזֶּה יוֹם הַכִּפֻּרִים הוּא מִקְרָא־קֹדֶשׁ יִהְיֶה לָכֶם
וְעִנִּיתֶם אֶת־נַפְשֹׁתֵיכֶם וְהִקְרַבְתֶּם אִשֶּׁה לַיהוָה׃ וְכָל־מְלָאכָה
לֹא תַעֲשׂוּ בְּעֶצֶם הַיּוֹם הַזֶּה כִּי יוֹם כִּפֻּרִים הוּא לְכַפֵּר עֲלֵיכֶם לִפְנֵי
יְהוָה אֱלֹהֵיכֶם׃ כִּי כָל־הַנֶּפֶשׁ אֲשֶׁר לֹא־תְעֻנֶּה בְּעֶצֶם הַיּוֹם הַזֶּה
וְנִכְרְתָה מֵעַמֶּיהָ׃ וְכָל־הַנֶּפֶשׁ אֲשֶׁר תַּעֲשֶׂה כָּל־מְלָאכָה בְּעֶצֶם
הַיּוֹם הַזֶּה וְהַאֲבַדְתִּי אֶת־הַנֶּפֶשׁ הַהִוא מִקֶּרֶב עַמָּהּ׃ כָּל־מְלָאכָה
לֹא תַעֲשׂוּ חֻקַּת עוֹלָם לְדֹרֹתֵיכֶם בְּכֹל מֹשְׁבֹתֵיכֶם׃ שַׁבַּת שַׁבָּתוֹן
הוּא לָכֶם וְעִנִּיתֶם אֶת־נַפְשֹׁתֵיכֶם בְּתִשְׁעָה לַחֹדֶשׁ בָּעֶרֶב מֵעֶרֶב
עַד־עֶרֶב תִּשְׁבְּתוּ שַׁבַּתְּכֶם׃

חמישי (בשבת שביעי) וַיְדַבֵּר יְהוָה אֶל־מֹשֶׁה לֵּאמֹר׃ דַּבֵּר אֶל־בְּנֵי יִשְׂרָאֵל לֵאמֹר
בַּחֲמִשָּׁה עָשָׂר יוֹם לַחֹדֶשׁ הַשְּׁבִיעִי הַזֶּה חַג הַסֻּכּוֹת שִׁבְעַת
יָמִים לַיהוָה׃ בַּיּוֹם הָרִאשׁוֹן מִקְרָא־קֹדֶשׁ כָּל־מְלֶאכֶת עֲבֹדָה
לֹא תַעֲשׂוּ׃ שִׁבְעַת יָמִים תַּקְרִיבוּ אִשֶּׁה לַיהוָה בַּיּוֹם הַשְּׁמִינִי
מִקְרָא־קֹדֶשׁ יִהְיֶה לָכֶם וְהִקְרַבְתֶּם אִשֶּׁה לַיהוָה עֲצֶרֶת הִוא
כָּל־מְלֶאכֶת עֲבֹדָה לֹא תַעֲשׂוּ׃ אֵלֶּה מוֹעֲדֵי יְהוָה אֲשֶׁר־תִּקְרְאוּ
אֹתָם מִקְרָאֵי קֹדֶשׁ לְהַקְרִיב אִשֶּׁה לַיהוָה עֹלָה וּמִנְחָה זֶבַח

וּנְסָכִים דְּבַר־יוֹם בְּיוֹמוֹ: מִלְּבַד שַׁבְּתֹת יְהוָה וּמִלְּבַד מַתְּנוֹתֵיכֶם
וּמִלְּבַד כָּל־נִדְרֵיכֶם וּמִלְּבַד כָּל־נִדְבֹתֵיכֶם אֲשֶׁר תִּתְּנוּ לַיהוָה:
אַךְ בַּחֲמִשָּׁה עָשָׂר יוֹם לַחֹדֶשׁ הַשְּׁבִיעִי בְּאָסְפְּכֶם אֶת־תְּבוּאַת
הָאָרֶץ תָּחֹגּוּ אֶת־חַג־יְהוָה שִׁבְעַת יָמִים בַּיּוֹם הָרִאשׁוֹן שַׁבָּתוֹן
וּבַיּוֹם הַשְּׁמִינִי שַׁבָּתוֹן: וּלְקַחְתֶּם לָכֶם בַּיּוֹם הָרִאשׁוֹן פְּרִי עֵץ
הָדָר כַּפֹּת תְּמָרִים וַעֲנַף עֵץ־עָבֹת וְעַרְבֵי־נָחַל וּשְׂמַחְתֶּם לִפְנֵי
יְהוָה אֱלֹהֵיכֶם שִׁבְעַת יָמִים: וְחַגֹּתֶם אֹתוֹ חַג לַיהוָה שִׁבְעַת יָמִים
בַּשָּׁנָה חֻקַּת עוֹלָם לְדֹרֹתֵיכֶם בַּחֹדֶשׁ הַשְּׁבִיעִי תָּחֹגּוּ אֹתוֹ: בַּסֻּכֹּת
תֵּשְׁבוּ שִׁבְעַת יָמִים כָּל־הָאֶזְרָח בְּיִשְׂרָאֵל יֵשְׁבוּ בַּסֻּכֹּת: לְמַעַן
יֵדְעוּ דֹרֹתֵיכֶם כִּי בַסֻּכּוֹת הוֹשַׁבְתִּי אֶת־בְּנֵי יִשְׂרָאֵל בְּהוֹצִיאִי
אוֹתָם מֵאֶרֶץ מִצְרָיִם אֲנִי יְהוָה אֱלֹהֵיכֶם: וַיְדַבֵּר מֹשֶׁה אֶת־
מֹעֲדֵי יְהוָה אֶל־בְּנֵי יִשְׂרָאֵל:

אומרים חצי קדיש ומגביהים את ספר התורה (עמ׳ 292).

קריאה לשבת חול המועד סוכות

וַיֹּאמֶר מֹשֶׁה אֶל־יְהוָה רְאֵה אַתָּה אֹמֵר אֵלַי הַעַל אֶת־הָעָם שמות לג,יב – לד,כו
הַזֶּה וְאַתָּה לֹא הוֹדַעְתַּנִי אֵת אֲשֶׁר־תִּשְׁלַח עִמִּי וְאַתָּה אָמַרְתָּ
יְדַעְתִּיךָ בְשֵׁם וְגַם־מָצָאתָ חֵן בְּעֵינָי: וְעַתָּה אִם־נָא מָצָאתִי חֵן
בְּעֵינֶיךָ הוֹדִעֵנִי נָא אֶת־דְּרָכֶךָ וְאֵדָעֲךָ לְמַעַן אֶמְצָא־חֵן בְּעֵינֶיךָ
וּרְאֵה כִּי עַמְּךָ הַגּוֹי הַזֶּה: וַיֹּאמַר פָּנַי יֵלֵכוּ וַהֲנִחֹתִי לָךְ: וַיֹּאמֶר
אֵלָיו אִם־אֵין פָּנֶיךָ הֹלְכִים אַל־תַּעֲלֵנוּ מִזֶּה: וּבַמֶּה ׀ יִוָּדַע אֵפוֹא
כִּי־מָצָאתִי חֵן בְּעֵינֶיךָ אֲנִי וְעַמֶּךָ הֲלוֹא בְּלֶכְתְּךָ עִמָּנוּ וְנִפְלֵינוּ
אֲנִי וְעַמְּךָ מִכָּל־הָעָם אֲשֶׁר עַל־פְּנֵי הָאֲדָמָה:

לוי וַיֹּאמֶר יְהוָה אֶל־מֹשֶׁה גַּם אֶת־הַדָּבָר הַזֶּה אֲשֶׁר דִּבַּרְתָּ אֶעֱשֶׂה
כִּי־מָצָאתָ חֵן בְּעֵינַי וָאֵדָעֲךָ בְּשֵׁם: וַיֹּאמַר הַרְאֵנִי נָא אֶת־כְּבֹדֶךָ:
וַיֹּאמֶר אֲנִי אַעֲבִיר כָּל־טוּבִי עַל־פָּנֶיךָ וְקָרָאתִי בְשֵׁם יְהוָה לְפָנֶיךָ
שלישי וְחַנֹּתִי אֶת־אֲשֶׁר אָחֹן וְרִחַמְתִּי אֶת־אֲשֶׁר אֲרַחֵם: וַיֹּאמֶר לֹא
תוּכַל לִרְאֹת אֶת־פָּנָי כִּי לֹא־יִרְאַנִי הָאָדָם וָחָי: וַיֹּאמֶר יְהוָה
הִנֵּה מָקוֹם אִתִּי וְנִצַּבְתָּ עַל־הַצּוּר: וְהָיָה בַּעֲבֹר כְּבֹדִי וְשַׂמְתִּיךָ
בְּנִקְרַת הַצּוּר וְשַׂכֹּתִי כַפִּי עָלֶיךָ עַד־עָבְרִי: וַהֲסִרֹתִי אֶת־כַּפִּי
וְרָאִיתָ אֶת־אֲחֹרָי וּפָנַי לֹא יֵרָאוּ:
רביעי וַיֹּאמֶר יְהוָה אֶל־מֹשֶׁה פְּסָל־לְךָ שְׁנֵי־לֻחֹת אֲבָנִים כָּרִאשֹׁנִים
וְכָתַבְתִּי עַל־הַלֻּחֹת אֶת־הַדְּבָרִים אֲשֶׁר הָיוּ עַל־הַלֻּחֹת הָרִאשֹׁנִים
אֲשֶׁר שִׁבַּרְתָּ: וֶהְיֵה נָכוֹן לַבֹּקֶר וְעָלִיתָ בַבֹּקֶר אֶל־הַר סִינַי וְנִצַּבְתָּ
לִי שָׁם עַל־רֹאשׁ הָהָר: וְאִישׁ לֹא־יַעֲלֶה עִמָּךְ וְגַם־אִישׁ אַל־
יֵרָא בְּכָל־הָהָר גַּם־הַצֹּאן וְהַבָּקָר אַל־יִרְעוּ אֶל־מוּל הָהָר הַהוּא:
חמישי וַיִּפְסֹל שְׁנֵי־לֻחֹת אֲבָנִים כָּרִאשֹׁנִים וַיַּשְׁכֵּם מֹשֶׁה בַבֹּקֶר וַיַּעַל אֶל־
הַר סִינַי כַּאֲשֶׁר צִוָּה יְהוָה אֹתוֹ וַיִּקַּח בְּיָדוֹ שְׁנֵי לֻחֹת אֲבָנִים: וַיֵּרֶד
יְהוָה בֶּעָנָן וַיִּתְיַצֵּב עִמּוֹ שָׁם וַיִּקְרָא בְשֵׁם יְהוָה: וַיַּעֲבֹר יְהוָה ׀
עַל־פָּנָיו וַיִּקְרָא יְהוָה ׀ יְהוָה אֵל רַחוּם וְחַנּוּן אֶרֶךְ אַפַּיִם וְרַב־
חֶסֶד וֶאֱמֶת: נֹצֵר חֶסֶד לָאֲלָפִים נֹשֵׂא עָוֺן וָפֶשַׁע וְחַטָּאָה וְנַקֵּה
לֹא יְנַקֶּה פֹּקֵד ׀ עֲוֺן אָבוֹת עַל־בָּנִים וְעַל־בְּנֵי בָנִים עַל־שִׁלֵּשִׁים
וְעַל־רִבֵּעִים: וַיְמַהֵר מֹשֶׁה וַיִּקֹּד אַרְצָה וַיִּשְׁתָּחוּ: וַיֹּאמֶר אִם־נָא
מָצָאתִי חֵן בְּעֵינֶיךָ אֲדֹנָי יֵלֶךְ־נָא אֲדֹנָי בְּקִרְבֵּנוּ כִּי עַם־קְשֵׁה־
עֹרֶף הוּא וְסָלַחְתָּ לַעֲוֺנֵנוּ וּלְחַטָּאתֵנוּ וּנְחַלְתָּנוּ: וַיֹּאמֶר הִנֵּה
אָנֹכִי כֹּרֵת בְּרִית נֶגֶד כָּל־עַמְּךָ אֶעֱשֶׂה נִפְלָאֹת אֲשֶׁר לֹא־נִבְרְאוּ

בְּכָל־הָאָרֶץ וּבְכָל־הַגּוֹיִם וְרָאָה כָל־הָעָם אֲשֶׁר־אַתָּה בְקִרְבּוֹ
שישי
אֶת־מַעֲשֵׂה יהוה כִּי־נוֹרָא הוּא אֲשֶׁר אֲנִי עֹשֶׂה עִמָּךְ: שְׁמָר־
לְךָ אֵת אֲשֶׁר אָנֹכִי מְצַוְּךָ הַיּוֹם הִנְנִי גֹרֵשׁ מִפָּנֶיךָ אֶת־הָאֱמֹרִי
וְהַכְּנַעֲנִי וְהַחִתִּי וְהַפְּרִזִּי וְהַחִוִּי וְהַיְבוּסִי: הִשָּׁמֶר לְךָ פֶּן־תִּכְרֹת
בְּרִית לְיוֹשֵׁב הָאָרֶץ אֲשֶׁר אַתָּה בָּא עָלֶיהָ פֶּן־יִהְיֶה לְמוֹקֵשׁ
בְּקִרְבֶּךָ: כִּי אֶת־מִזְבְּחֹתָם תִּתֹּצוּן וְאֶת־מַצֵּבֹתָם תְּשַׁבֵּרוּן וְאֶת־
אֲשֵׁרָיו תִּכְרֹתוּן: כִּי לֹא תִשְׁתַּחֲוֶה לְאֵל אַחֵר כִּי יהוה קַנָּא
שְׁמוֹ אֵל קַנָּא הוּא: פֶּן־תִּכְרֹת בְּרִית לְיוֹשֵׁב הָאָרֶץ וְזָנוּ ׀ אַחֲרֵי
אֱלֹהֵיהֶם וְזָבְחוּ לֵאלֹהֵיהֶם וְקָרָא לְךָ וְאָכַלְתָּ מִזִּבְחוֹ: וְלָקַחְתָּ
מִבְּנֹתָיו לְבָנֶיךָ וְזָנוּ בְנֹתָיו אַחֲרֵי אֱלֹהֵיהֶן וְהִזְנוּ אֶת־בָּנֶיךָ אַחֲרֵי
שביעי
אֱלֹהֵיהֶן: אֱלֹהֵי מַסֵּכָה לֹא תַעֲשֶׂה־לָּךְ: *אֶת־חַג הַמַּצּוֹת תִּשְׁמֹר
שִׁבְעַת יָמִים תֹּאכַל מַצּוֹת אֲשֶׁר צִוִּיתִךָ לְמוֹעֵד חֹדֶשׁ הָאָבִיב
כִּי בְּחֹדֶשׁ הָאָבִיב יָצָאתָ מִמִּצְרָיִם: כָּל־פֶּטֶר רֶחֶם לִי וְכָל־מִקְנְךָ
תִּזָּכָר פֶּטֶר שׁוֹר וָשֶׂה: וּפֶטֶר חֲמוֹר תִּפְדֶּה בְשֶׂה וְאִם־לֹא תִפְדֶּה
וַעֲרַפְתּוֹ כֹּל בְּכוֹר בָּנֶיךָ תִּפְדֶּה וְלֹא־יֵרָאוּ פָנַי רֵיקָם: שֵׁשֶׁת
יָמִים תַּעֲבֹד וּבַיּוֹם הַשְּׁבִיעִי תִּשְׁבֹּת בֶּחָרִישׁ וּבַקָּצִיר תִּשְׁבֹּת:
וְחַג שָׁבֻעֹת תַּעֲשֶׂה לְךָ בִּכּוּרֵי קְצִיר חִטִּים וְחַג הָאָסִיף תְּקוּפַת
הַשָּׁנָה: שָׁלֹשׁ פְּעָמִים בַּשָּׁנָה יֵרָאֶה כָּל־זְכוּרְךָ אֶת־פְּנֵי הָאָדֹן ׀
יהוה אֱלֹהֵי יִשְׂרָאֵל: כִּי־אוֹרִישׁ גּוֹיִם מִפָּנֶיךָ וְהִרְחַבְתִּי אֶת־גְּבֻלֶךָ
וְלֹא־יַחְמֹד אִישׁ אֶת־אַרְצְךָ בַּעֲלֹתְךָ לֵרָאוֹת אֶת־פְּנֵי יהוה
אֱלֹהֶיךָ שָׁלֹשׁ פְּעָמִים בַּשָּׁנָה: לֹא־תִשְׁחַט עַל־חָמֵץ דַּם־זִבְחִי
וְלֹא־יָלִין לַבֹּקֶר זֶבַח חַג הַפָּסַח: רֵאשִׁית בִּכּוּרֵי אַדְמָתְךָ תָּבִיא
בֵּית יהוה אֱלֹהֶיךָ לֹא־תְבַשֵּׁל גְּדִי בַּחֲלֵב אִמּוֹ:

חצי קדיש

לפני שקוראים למפטיר, בעל הקורא אומר חצי קדיש
(רמב״ם, תפילה פי״ב ה״כ):

קורא: **יִתְגַּדַּל וְיִתְקַדַּשׁ שְׁמֵהּ רַבָּא** (קהל: אָמֵן)
בְּעָלְמָא דִּי בְרָא כִרְעוּתֵהּ
וְיַמְלִיךְ מַלְכוּתֵהּ
וְיַצְמַח פֻּרְקָנֵהּ וִיקָרֵב מְשִׁיחֵהּ (קהל: אָמֵן)
בְּחַיֵּיכוֹן וּבְיוֹמֵיכוֹן וּבְחַיֵּי דְכָל בֵּית יִשְׂרָאֵל
בַּעֲגָלָא וּבִזְמַן קָרִיב
וְאִמְרוּ אָמֵן. (קהל: אָמֵן)

קהל וקורא: **יְהֵא שְׁמֵהּ רַבָּא מְבָרַךְ לְעָלַם וּלְעָלְמֵי עָלְמַיָּא.**

קורא: **יִתְבָּרַךְ וְיִשְׁתַּבַּח וְיִתְפָּאַר וְיִתְרוֹמַם וְיִתְנַשֵּׂא**
וְיִתְהַדָּר וְיִתְעַלֶּה וְיִתְהַלָּל
שְׁמֵהּ דְּקֻדְשָׁא בְּרִיךְ הוּא (קהל: אָמֵן)
לְעֵלָּא מִן כָּל בִּרְכָתָא וְשִׁירָתָא, תֻּשְׁבְּחָתָא וְנֶחֱמָתָא
דַּאֲמִירָן בְּעָלְמָא
וְאִמְרוּ אָמֵן. (קהל: אָמֵן)

הגבהה וגלילה

כאשר מגביהים את ספר התורה, הקהל אומר:

דברים ד **וְזֹאת הַתּוֹרָה אֲשֶׁר־שָׂם מֹשֶׁה לִפְנֵי בְּנֵי יִשְׂרָאֵל:**
במדבר ט **עַל־פִּי יהוה בְּיַד מֹשֶׁה:**

משלי ג ויש מוסיפים: **עֵץ־חַיִּים הִיא לַמַּחֲזִיקִים בָּהּ וְתֹמְכֶיהָ מְאֻשָּׁר:**
דְּרָכֶיהָ דַרְכֵי־נֹעַם וְכָל־נְתִיבוֹתֶיהָ שָׁלוֹם:
אֹרֶךְ יָמִים בִּימִינָהּ, בִּשְׂמֹאולָהּ עֹשֶׁר וְכָבוֹד:
ישעיה מב **יהוה חָפֵץ לְמַעַן צִדְקוֹ יַגְדִּיל תּוֹרָה וְיַאְדִּיר:**

מפטיר ליום הראשון של סוכות וליום טוב שני בחו״ל

וּבַחֲמִשָּׁה עָשָׂר יוֹם לַחֹדֶשׁ הַשְּׁבִיעִי מִקְרָא־קֹדֶשׁ יִהְיֶה לָכֶם במדבר כט,יב–טז
כָּל־מְלֶאכֶת עֲבֹדָה לֹא תַעֲשׂוּ וְחַגֹּתֶם חַג לַיהֹוָה שִׁבְעַת יָמִים׃ וְהִקְרַבְתֶּם עֹלָה אִשֵּׁה רֵיחַ נִיחֹחַ לַיהֹוָה פָּרִים בְּנֵי־בָקָר שְׁלֹשָׁה עָשָׂר אֵילִם שְׁנָיִם כְּבָשִׂים בְּנֵי־שָׁנָה אַרְבָּעָה עָשָׂר תְּמִימִם יִהְיוּ׃ וּמִנְחָתָם סֹלֶת בְּלוּלָה בַשָּׁמֶן שְׁלֹשָׁה עֶשְׂרֹנִים לַפָּר הָאֶחָד לִשְׁלֹשָׁה עָשָׂר פָּרִים שְׁנֵי עֶשְׂרֹנִים לָאַיִל הָאֶחָד לִשְׁנֵי הָאֵילִם׃ וְעִשָּׂרוֹן עִשָּׂרוֹן לַכֶּבֶשׂ הָאֶחָד לְאַרְבָּעָה עָשָׂר כְּבָשִׂים׃ וּשְׂעִיר־עִזִּים אֶחָד חַטָּאת מִלְּבַד עֹלַת הַתָּמִיד מִנְחָתָהּ וְנִסְכָּהּ׃

מגביהים את ספר התורה השני (בעמ׳ 295).

מפטיר לשבת חול המועד סוכות כשנופל ביום ב׳ דחול המועד

קוראים למפטיר את קרבן היום – ׳וּבַיּוֹם הַשְּׁלִישִׁי׳

בחו״ל קוראים את קרבן היום – ׳וּבַיּוֹם הַשְּׁלִישִׁי׳ ואת קורבן היום הבא – ׳וּבַיּוֹם הָרְבִיעִי׳.

וּבַיּוֹם הַשְּׁלִישִׁי פָּרִים עַשְׁתֵּי־עָשָׂר אֵילִם שְׁנָיִם כְּבָשִׂים בְּנֵי־ במדבר כט,כ–כב
שָׁנָה אַרְבָּעָה עָשָׂר תְּמִימִם׃ וּמִנְחָתָם וְנִסְכֵּיהֶם לַפָּרִים לָאֵילִם וְלַכְּבָשִׂים בְּמִסְפָּרָם כַּמִּשְׁפָּט׃ וּשְׂעִיר חַטָּאת אֶחָד מִלְּבַד עֹלַת הַתָּמִיד וּמִנְחָתָהּ וְנִסְכָּהּ׃

בחו״ל מוסיפים:

וּבַיּוֹם הָרְבִיעִי פָּרִים עֲשָׂרָה אֵילִם שְׁנָיִם כְּבָשִׂים בְּנֵי־שָׁנָה אַרְבָּעָה במדבר כט,כג–כה
עָשָׂר תְּמִימִם׃ מִנְחָתָם וְנִסְכֵּיהֶם לַפָּרִים לָאֵילִם וְלַכְּבָשִׂים בְּמִסְפָּרָם כַּמִּשְׁפָּט׃ וּשְׂעִיר־עִזִּים אֶחָד חַטָּאת מִלְּבַד עֹלַת הַתָּמִיד מִנְחָתָהּ וְנִסְכָּהּ׃

מגביהים את ספר התורה השני (בעמ׳ 295).

מפטיר לשבת חול המועד סוכות כשנופל ביום ד׳ דחול המועד

קוראים למפטיר את קרבן היום – ׳וּבַיּוֹם הַחֲמִישִׁי׳.

בחו״ל קוראים את קרבן היום – ׳וּבַיּוֹם הַחֲמִישִׁי׳ ואת קרבן היום הבא – ׳וּבַיּוֹם הַשִּׁשִּׁי׳.

במדבר כט, כו–כח וּבַיּוֹם הַחֲמִישִׁי פָּרִים תִּשְׁעָה אֵילִם שְׁנָיִם כְּבָשִׂים בְּנֵי־שָׁנָה אַרְבָּעָה עָשָׂר תְּמִימִם׃ וּמִנְחָתָם וְנִסְכֵּיהֶם לַפָּרִים לָאֵילִם וְלַכְּבָשִׂים בְּמִסְפָּרָם כַּמִּשְׁפָּט׃ וּשְׂעִיר חַטָּאת אֶחָד מִלְּבַד עֹלַת הַתָּמִיד וּמִנְחָתָהּ וְנִסְכָּהּ׃

בחו״ל מוסיפים:

במדבר כט, כט–לא וּבַיּוֹם הַשִּׁשִּׁי פָּרִים שְׁמֹנָה אֵילִם שְׁנָיִם כְּבָשִׂים בְּנֵי־שָׁנָה אַרְבָּעָה עָשָׂר תְּמִימִם׃ וּמִנְחָתָם וְנִסְכֵּיהֶם לַפָּרִים לָאֵילִם וְלַכְּבָשִׂים בְּמִסְפָּרָם כַּמִּשְׁפָּט׃ וּשְׂעִיר חַטָּאת אֶחָד מִלְּבַד עֹלַת הַתָּמִיד מִנְחָתָהּ וּנְסָכֶיהָ׃

מגביהים את ספר התורה השני (בעמוד הבא).

מפטיר לשבת חול המועד סוכות כשנופל ביום ה׳ דחול המועד

קוראים למפטיר את קרבן היום – ׳וּבַיּוֹם הַשִּׁשִּׁי׳.

בחו״ל קוראים את קרבן היום – ׳וּבַיּוֹם הַשִּׁשִּׁי׳ ואת קרבן היום הבא – ׳וּבַיּוֹם הַשְּׁבִיעִי׳.

במדבר כט, כט–לא וּבַיּוֹם הַשִּׁשִּׁי פָּרִים שְׁמֹנָה אֵילִם שְׁנָיִם כְּבָשִׂים בְּנֵי־שָׁנָה אַרְבָּעָה עָשָׂר תְּמִימִם׃ וּמִנְחָתָם וְנִסְכֵּיהֶם לַפָּרִים לָאֵילִם וְלַכְּבָשִׂים בְּמִסְפָּרָם כַּמִּשְׁפָּט׃ וּשְׂעִיר חַטָּאת אֶחָד מִלְּבַד עֹלַת הַתָּמִיד מִנְחָתָהּ וּנְסָכֶיהָ׃

בחו״ל מוסיפים:

במדבר כט, לב–לד וּבַיּוֹם הַשְּׁבִיעִי פָּרִים שִׁבְעָה אֵילִם שְׁנָיִם כְּבָשִׂים בְּנֵי־שָׁנָה אַרְבָּעָה עָשָׂר תְּמִימִם׃ וּמִנְחָתָם וְנִסְכֵּהֶם לַפָּרִים לָאֵילִם וְלַכְּבָשִׂים בְּמִסְפָּרָם כְּמִשְׁפָּטָם׃ וּשְׂעִיר חַטָּאת אֶחָד מִלְּבַד עֹלַת הַתָּמִיד מִנְחָתָהּ וְנִסְכָּהּ׃

מגביהים את ספר התורה השני (בעמוד הבא).

הגבהה וגלילה

כאשר מגביהים את ספר התורה, הקהל אומר:

וְזֹאת הַתּוֹרָה אֲשֶׁר־שָׂם מֹשֶׁה לִפְנֵי בְּנֵי יִשְׂרָאֵל: דברים ד
עַל־פִּי יהוה בְּיַד מֹשֶׁה: במדבר ט

ויש מוסיפים: עֵץ־חַיִּים הִיא לַמַּחֲזִיקִים בָּהּ וְתֹמְכֶיהָ מְאֻשָּׁר: משלי ג
דְּרָכֶיהָ דַרְכֵי־נֹעַם וְכָל־נְתִיבוֹתֶיהָ שָׁלוֹם:
אֹרֶךְ יָמִים בִּימִינָהּ, בִּשְׂמֹאולָהּ עֹשֶׁר וְכָבוֹד:
יהוה חָפֵץ לְמַעַן צִדְקוֹ יַגְדִּיל תּוֹרָה וְיַאְדִּיר: ישעיה מב

ברכות ההפטרה

לפני קריאת ההפטרה בנביא, המפטיר מברך:

בָּרוּךְ אַתָּה יהוה אֱלֹהֵינוּ מֶלֶךְ הָעוֹלָם אֲשֶׁר בָּחַר בִּנְבִיאִים טוֹבִים, וְרָצָה בְדִבְרֵיהֶם הַנֶּאֱמָרִים בֶּאֱמֶת. בָּרוּךְ אַתָּה יהוה, הַבּוֹחֵר בַּתּוֹרָה וּבְמֹשֶׁה עַבְדּוֹ וּבְיִשְׂרָאֵל עַמּוֹ וּבִנְבִיאֵי הָאֱמֶת וָצֶדֶק.

הפטרה לשבת חול המועד בעמ' 297.

הפטרה ליום הראשון של סוכות

הִנֵּה יוֹם־בָּא לַיהוה וְחֻלַּק שְׁלָלֵךְ בְּקִרְבֵּךְ: וְאָסַפְתִּי אֶת־כָּל־ זכריה יד,א–כא
הַגּוֹיִם ׀ אֶל־יְרוּשָׁלִַם לַמִּלְחָמָה וְנִלְכְּדָה הָעִיר וְנָשַׁסּוּ הַבָּתִּים
וְהַנָּשִׁים תשגלנה וְיָצָא חֲצִי הָעִיר בַּגּוֹלָה וְיֶתֶר הָעָם לֹא יִכָּרֵת תִּשָּׁכַבְנָה
מִן־הָעִיר: וְיָצָא יהוה וְנִלְחַם בַּגּוֹיִם הָהֵם כְּיוֹם הִלָּחֲמוֹ בְּיוֹם
קְרָב: וְעָמְדוּ רַגְלָיו בַּיּוֹם־הַהוּא עַל־הַר הַזֵּיתִים אֲשֶׁר עַל־
פְּנֵי יְרוּשָׁלִַם מִקֶּדֶם וְנִבְקַע הַר הַזֵּיתִים מֵחֶצְיוֹ מִזְרָחָה וָיָמָּה
גֵּיא גְּדוֹלָה מְאֹד וּמָשׁ חֲצִי הָהָר צָפוֹנָה וְחֶצְיוֹ נֶגְבָּה: וְנַסְתֶּם
גֵּיא־הָרַי כִּי־יַגִּיעַ גֵּי־הָרִים אֶל־אָצַל וְנַסְתֶּם כַּאֲשֶׁר נַסְתֶּם מִפְּנֵי
הָרַעַשׁ בִּימֵי עֻזִּיָּה מֶלֶךְ־יְהוּדָה וּבָא יהוה אֱלֹהַי כָּל־קְדֹשִׁים
עִמָּךְ: וְהָיָה בַּיּוֹם הַהוּא לֹא־יִהְיֶה אוֹר יְקָרוֹת יקפאון: וְהָיָה וְקִפָּאוֹן

יוֹם־אֶחָד הוּא יִוָּדַע לַיהוָה לֹא־יוֹם וְלֹא־לָיְלָה וְהָיָה לְעֵת־עֶרֶב
יִהְיֶה־אוֹר: וְהָיָה ׀ בַּיּוֹם הַהוּא יֵצְאוּ מַיִם־חַיִּים מִירוּשָׁלַםִ חֶצְיָם
אֶל־הַיָּם הַקַּדְמוֹנִי וְחֶצְיָם אֶל־הַיָּם הָאַחֲרוֹן בַּקַּיִץ וּבָחֹרֶף יִהְיֶה:
וְהָיָה יהוה לְמֶלֶךְ עַל־כָּל־הָאָרֶץ בַּיּוֹם הַהוּא יִהְיֶה יהוה אֶחָד
וּשְׁמוֹ אֶחָד: יִסּוֹב כָּל־הָאָרֶץ כָּעֲרָבָה מִגֶּבַע לְרִמּוֹן נֶגֶב יְרוּשָׁלָםִ
וְרָאֲמָה וְיָשְׁבָה תַחְתֶּיהָ לְמִשַּׁעַר בִּנְיָמִן עַד־מְקוֹם שַׁעַר הָרִאשׁוֹן
עַד־שַׁעַר הַפִּנִּים וּמִגְדַּל חֲנַנְאֵל עַד יִקְבֵי הַמֶּלֶךְ: וְיָשְׁבוּ בָהּ
וְחֵרֶם לֹא יִהְיֶה־עוֹד וְיָשְׁבָה יְרוּשָׁלַםִ לָבֶטַח: וְזֹאת ׀
תִּהְיֶה הַמַּגֵּפָה אֲשֶׁר יִגֹּף יהוה אֶת־כָּל־הָעַמִּים אֲשֶׁר צָבְאוּ עַל־
יְרוּשָׁלָםִ הָמֵק ׀ בְּשָׂרוֹ וְהוּא עֹמֵד עַל־רַגְלָיו וְעֵינָיו תִּמַּקְנָה
בְחֹרֵיהֶן וּלְשׁוֹנוֹ תִּמַּק בְּפִיהֶם: וְהָיָה בַּיּוֹם הַהוּא תִּהְיֶה מְהוּמַת־
יהוה רַבָּה בָּהֶם וְהֶחֱזִיקוּ אִישׁ יַד רֵעֵהוּ וְעָלְתָה יָדוֹ עַל־יַד רֵעֵהוּ:
וְגַם־יְהוּדָה תִּלָּחֵם בִּירוּשָׁלָםִ וְאֻסַּף חֵיל כָּל־הַגּוֹיִם סָבִיב זָהָב
וָכֶסֶף וּבְגָדִים לָרֹב מְאֹד: וְכֵן תִּהְיֶה מַגֵּפַת הַסּוּס הַפֶּרֶד הַגָּמָל
וְהַחֲמוֹר וְכָל־הַבְּהֵמָה אֲשֶׁר יִהְיֶה בַּמַּחֲנוֹת הָהֵמָּה כַּמַּגֵּפָה
הַזֹּאת: וְהָיָה כָּל־הַנּוֹתָר מִכָּל־הַגּוֹיִם הַבָּאִים עַל־יְרוּשָׁלָםִ וְעָלוּ
מִדֵּי שָׁנָה בְשָׁנָה לְהִשְׁתַּחֲוֹת לְמֶלֶךְ יהוה צְבָאוֹת וְלָחֹג אֶת־חַג
הַסֻּכּוֹת: וְהָיָה אֲשֶׁר לֹא־יַעֲלֶה מֵאֵת מִשְׁפְּחוֹת הָאָרֶץ אֶל־
יְרוּשָׁלַםִ לְהִשְׁתַּחֲוֹת לְמֶלֶךְ יהוה צְבָאוֹת וְלֹא עֲלֵיהֶם יִהְיֶה
הַגָּשֶׁם: וְאִם־מִשְׁפַּחַת מִצְרַיִם לֹא־תַעֲלֶה וְלֹא בָאָה וְלֹא עֲלֵיהֶם
תִּהְיֶה הַמַּגֵּפָה אֲשֶׁר יִגֹּף יהוה אֶת־הַגּוֹיִם אֲשֶׁר לֹא יַעֲלוּ לָחֹג
אֶת־חַג הַסֻּכּוֹת: זֹאת תִּהְיֶה חַטַּאת מִצְרָיִם וְחַטַּאת כָּל־הַגּוֹיִם
אֲשֶׁר לֹא יַעֲלוּ לָחֹג אֶת־חַג הַסֻּכּוֹת: בַּיּוֹם הַהוּא יִהְיֶה עַל־
מְצִלּוֹת הַסּוּס קֹדֶשׁ לַיהוָה וְהָיָה הַסִּירוֹת בְּבֵית יהוה כַּמִּזְרָקִים

לִפְנֵי הַמִּזְבֵּחַ׃ וְהָיָה כָּל־סִיר בִּירוּשָׁלַםִ וּבִיהוּדָה קֹדֶשׁ לַיהוָה
צְבָאוֹת וּבָאוּ כָּל־הַזֹּבְחִים וְלָקְחוּ מֵהֶם וּבִשְּׁלוּ בָהֶם וְלֹא־יִהְיֶה
כְנַעֲנִי עוֹד בְּבֵית־יְהוָה צְבָאוֹת בַּיּוֹם הַהוּא׃

ממשיכים בברכות שלאחר ההפטרה בעמוד הבא.

הפטרה לשבת חול המועד סוכות

יחזקאל
לח,יח – לט,טז

וְהָיָה ׀ בַּיּוֹם הַהוּא בְּיוֹם בּוֹא גוֹג עַל־אַדְמַת יִשְׂרָאֵל נְאֻם אֲדֹנָי
יֱהֹוִה תַּעֲלֶה חֲמָתִי בְּאַפִּי׃ וּבְקִנְאָתִי בְאֵשׁ־עֶבְרָתִי דִּבַּרְתִּי אִם־
לֹא ׀ בַּיּוֹם הַהוּא יִהְיֶה רַעַשׁ גָּדוֹל עַל אַדְמַת יִשְׂרָאֵל׃ וְרָעֲשׁוּ
מִפָּנַי דְּגֵי הַיָּם וְעוֹף הַשָּׁמַיִם וְחַיַּת הַשָּׂדֶה וְכָל־הָרֶמֶשׂ הָרֹמֵשׂ עַל־
הָאֲדָמָה וְכֹל הָאָדָם אֲשֶׁר עַל־פְּנֵי הָאֲדָמָה וְנֶהֶרְסוּ הֶהָרִים וְנָפְלוּ
הַמַּדְרֵגוֹת וְכָל־חוֹמָה לָאָרֶץ תִּפּוֹל׃ וְקָרָאתִי עָלָיו לְכָל־הָרַי חֶרֶב
נְאֻם אֲדֹנָי יֱהֹוִה חֶרֶב אִישׁ בְּאָחִיו תִּהְיֶה׃ וְנִשְׁפַּטְתִּי אִתּוֹ בְּדֶבֶר
וּבְדָם וְגֶשֶׁם שׁוֹטֵף וְאַבְנֵי אֶלְגָּבִישׁ אֵשׁ וְגָפְרִית אַמְטִיר עָלָיו
וְעַל־אֲגַפָּיו וְעַל־עַמִּים רַבִּים אֲשֶׁר אִתּוֹ׃ וְהִתְגַּדִּלְתִּי וְהִתְקַדִּשְׁתִּי
וְנוֹדַעְתִּי לְעֵינֵי גּוֹיִם רַבִּים וְיָדְעוּ כִּי־אֲנִי יְהוָה׃ וְאַתָּה
בֶן־אָדָם הִנָּבֵא עַל־גּוֹג וְאָמַרְתָּ כֹּה אָמַר אֲדֹנָי יֱהֹוִה הִנְנִי אֵלֶיךָ
גּוֹג נְשִׂיא רֹאשׁ מֶשֶׁךְ וְתֻבָל׃ וְשֹׁבַבְתִּיךָ וְשִׁשֵּׁאתִיךָ וְהַעֲלִיתִיךָ
מִיַּרְכְּתֵי צָפוֹן וַהֲבִאוֹתִךָ עַל־הָרֵי יִשְׂרָאֵל׃ וְהִכֵּיתִי קַשְׁתְּךָ מִיַּד
שְׂמֹאולֶךָ וְחִצֶּיךָ מִיַּד יְמִינְךָ אַפִּיל׃ עַל־הָרֵי יִשְׂרָאֵל תִּפּוֹל אַתָּה
וְכָל־אֲגַפֶּיךָ וְעַמִּים אֲשֶׁר אִתָּךְ לְעֵיט צִפּוֹר כָּל־כָּנָף וְחַיַּת הַשָּׂדֶה
נְתַתִּיךָ לְאָכְלָה׃ עַל־פְּנֵי הַשָּׂדֶה תִּפּוֹל כִּי אֲנִי דִבַּרְתִּי נְאֻם אֲדֹנָי
יֱהֹוִה׃ וְשִׁלַּחְתִּי־אֵשׁ בְּמָגוֹג וּבְיֹשְׁבֵי הָאִיִּים לָבֶטַח וְיָדְעוּ כִּי־אֲנִי
יְהוָה׃ וְאֶת־שֵׁם קָדְשִׁי אוֹדִיעַ בְּתוֹךְ עַמִּי יִשְׂרָאֵל וְלֹא־אַחֵל
אֶת־שֵׁם־קָדְשִׁי עוֹד וְיָדְעוּ הַגּוֹיִם כִּי־אֲנִי יְהוָה קָדוֹשׁ בְּיִשְׂרָאֵל׃

הִנֵּה בָאָה וְנִהְיָתָה נְאֻם אֲדֹנָי יֱהֹוִה הוּא הַיּוֹם אֲשֶׁר דִּבַּרְתִּי׃
וְיָצְאוּ יֹשְׁבֵי עָרֵי יִשְׂרָאֵל וּבִעֲרוּ וְהִשִּׂיקוּ בְּנֶשֶׁק וּמָגֵן וְצִנָּה
בְּקֶשֶׁת וּבְחִצִּים וּבְמַקֵּל יָד וּבְרֹמַח וּבִעֲרוּ בָהֶם אֵשׁ שֶׁבַע שָׁנִים׃
וְלֹא־יִשְׂאוּ עֵצִים מִן־הַשָּׂדֶה וְלֹא יַחְטְבוּ מִן־הַיְּעָרִים כִּי בַנֶּשֶׁק
יְבַעֲרוּ־אֵשׁ וְשָׁלְלוּ אֶת־שֹׁלְלֵיהֶם וּבָזְזוּ אֶת־בֹּזְזֵיהֶם נְאֻם אֲדֹנָי
יֱהֹוִה׃ וְהָיָה בַיּוֹם הַהוּא אֶתֵּן לְגוֹג מְקוֹם־שָׁם קֶבֶר
בְּיִשְׂרָאֵל גֵּי הָעֹבְרִים קִדְמַת הַיָּם וְחֹסֶמֶת הִיא אֶת־הָעֹבְרִים
וְקָבְרוּ שָׁם אֶת־גּוֹג וְאֶת־כָּל־הֲמוֹנֹה וְקָרְאוּ גֵּיא הֲמוֹן גּוֹג׃ וּקְבָרוּם
בֵּית יִשְׂרָאֵל לְמַעַן טַהֵר אֶת־הָאָרֶץ שִׁבְעָה חֳדָשִׁים׃ וְקָבְרוּ
כָּל־עַם הָאָרֶץ וְהָיָה לָהֶם לְשֵׁם יוֹם הִכָּבְדִי נְאֻם אֲדֹנָי יֱהֹוִה׃
וְאַנְשֵׁי תָמִיד יַבְדִּילוּ עֹבְרִים בָּאָרֶץ מְקַבְּרִים אֶת־הָעֹבְרִים
אֶת־הַנּוֹתָרִים עַל־פְּנֵי הָאָרֶץ לְטַהֲרָהּ מִקְצֵה שִׁבְעָה־חֳדָשִׁים
יַחְקֹרוּ׃ וְעָבְרוּ הָעֹבְרִים בָּאָרֶץ וְרָאָה עֶצֶם אָדָם וּבָנָה אֶצְלוֹ
צִיּוּן עַד קָבְרוּ אֹתוֹ הַמְקַבְּרִים אֶל־גֵּיא הֲמוֹן גּוֹג׃ וְגַם שֶׁם־עִיר
הֲמוֹנָה וְטִהֲרוּ הָאָרֶץ׃

ברכות לאחר ההפטרה

אחר קריאת ההפטרה המפטיר מברך:

בָּרוּךְ אַתָּה יהוה אֱלֹהֵינוּ מֶלֶךְ הָעוֹלָם, צוּר כָּל הָעוֹלָמִים, צַדִּיק בְּכָל הַדּוֹרוֹת, הָאֵל הַנֶּאֱמָן, הָאוֹמֵר וְעוֹשֶׂה, הַמְדַבֵּר וּמְקַיֵּם, שֶׁכָּל דְּבָרָיו אֱמֶת וָצֶדֶק. נֶאֱמָן אַתָּה הוּא יהוה אֱלֹהֵינוּ וְנֶאֱמָנִים דְּבָרֶיךָ, וְדָבָר אֶחָד מִדְּבָרֶיךָ אָחוֹר לֹא יָשׁוּב רֵיקָם, כִּי אֵל מֶלֶךְ נֶאֱמָן וְרַחֲמָן אָתָּה. בָּרוּךְ אַתָּה יהוה, הָאֵל הַנֶּאֱמָן בְּכָל דְּבָרָיו.

רַחֵם עַל צִיּוֹן כִּי הִיא בֵּית חַיֵּינוּ, וְלַעֲלוּבַת נֶפֶשׁ תּוֹשִׁיעַ בִּמְהֵרָה בְיָמֵינוּ. בָּרוּךְ אַתָּה יהוה, מְשַׂמֵּחַ צִיּוֹן בְּבָנֶיהָ.

שַׂמְּחֵנוּ יהוה אֱלֹהֵינוּ בְּאֵלִיָּהוּ הַנָּבִיא עַבְדֶּךָ, וּבְמַלְכוּת בֵּית דָּוִד מְשִׁיחֶךָ, בִּמְהֵרָה יָבוֹא וְיָגֵל לִבֵּנוּ. עַל כִּסְאוֹ לֹא יֵשֵׁב זָר, וְלֹא יִנְחֲלוּ עוֹד אֲחֵרִים אֶת כְּבוֹדוֹ, כִּי בְשֵׁם קָדְשְׁךָ נִשְׁבַּעְתָּ לּוֹ שֶׁלֹּא יִכְבֶּה נֵרוֹ לְעוֹלָם וָעֶד. בָּרוּךְ אַתָּה יהוה, מָגֵן דָּוִד.

עַל הַתּוֹרָה וְעַל הָעֲבוֹדָה וְעַל הַנְּבִיאִים (בשבת: וְעַל יוֹם הַשַּׁבָּת הַזֶּה), וְעַל יוֹם

בסוכות: חַג הַסֻּכּוֹת הַזֶּה

בשמיני עצרת: שְׁמִינִי עֲצֶרֶת הַחַג הַזֶּה

שֶׁנָּתַתָּ לָּנוּ, יהוה אֱלֹהֵינוּ (בשבת: לִקְדֻשָּׁה וְלִמְנוּחָה) לְשָׂשׂוֹן וּלְשִׂמְחָה, לְכָבוֹד וּלְתִפְאָרֶת. עַל הַכֹּל יהוה אֱלֹהֵינוּ אֲנַחְנוּ מוֹדִים לָךְ, וּמְבָרְכִים אוֹתָךְ. יִתְבָּרַךְ שִׁמְךָ בְּפִי כָּל חַי תָּמִיד לְעוֹלָם וָעֶד. בָּרוּךְ אַתָּה יהוה, מְקַדֵּשׁ (בשבת: הַשַּׁבָּת וְ)יִשְׂרָאֵל וְהַזְּמַנִּים.

בשבת ממשיכים ׳יְקוּם פֻּרְקָן׳,
וביום חול, תפילה לשלום המדינה (עמ׳ 301).

במקום שיש בו מניין השכינה שורה, ולכן אומרים ברכה לקהל. ואין אומרים אותה ביחידות (׳אור זרוע׳ ח״ב, נ), ויש שנוהגים לומר גם את הפסקה הראשונה ביחידות (שערי אפרים).

יְקוּם פֻּרְקָן מִן שְׁמַיָּא, חִנָּא וְחִסְדָּא וְרַחֲמֵי וְחַיֵּי אֲרִיכֵי וּמְזוֹנֵי רְוִיחֵי, וְסִיַּעְתָּא דִשְׁמַיָּא, וּבַרְיוּת גּוּפָא וּנְהוֹרָא מְעַלְּיָא, זַרְעָא חַיָּא וְקַיָּמָא, זַרְעָא דִּי לָא יִפְסֻק וְדִי לָא יִבְטֻל מִפִּתְגָּמֵי אוֹרַיְתָא, לְמָרָנָן וְרַבָּנָן חֲבוּרָתָא קַדִּישָׁתָא דִּי בְאַרְעָא דְיִשְׂרָאֵל וְדִי בְבָבֶל, לְרֵישֵׁי כַלָּה, וּלְרֵישֵׁי גַלְוָתָא, וּלְרֵישֵׁי מְתִיבָתָא, וּלְדַיָּנֵי דְבָבָא, לְכָל תַּלְמִידֵיהוֹן, וּלְכָל תַּלְמִידֵי תַלְמִידֵיהוֹן, וּלְכָל מָאן דְּעָסְקִין בְּאוֹרַיְתָא. מַלְכָּא

תרגום

יקום פורקן מן השמים, חן וחסד ורחמים וחיים ארוכים ומזונות רווחים וסיוע מן השמים, ובריאות הגוף ואור מעולה, זרע חי וקיים, זרע שלא יפסוק ושלא יבטל מדברי תורה, למורינו ורבותינו החבורות הקדושות אשר בארץ ישראל ואשר בבבל, לראשי כלה ולראשי גלויות ולראשי הישיבות ולדייני השער, לכל תלמידיהם, ולכל תלמידי תלמידיהם, ולכל מי שעוסקים

דְעָלְמָא יְבָרֵךְ יָתְהוֹן, יַפֵּשׁ חַיֵּיהוֹן וְיַסְגֵּא יוֹמֵיהוֹן, וְיִתֵּן אַרְכָא לִשְׁנֵיהוֹן, וְיִתְפָּרְקוּן וְיִשְׁתֵּיזְבוּן מִן כָּל עָקָא וּמִן כָּל מַרְעִין בִּישִׁין. מָרָן דִּי בִשְׁמַיָּא יְהֵא בְסַעְדְּהוֹן כָּל זְמַן וְעִדָּן, וְנֹאמַר אָמֵן.

יְקוּם פֻּרְקָן מִן שְׁמַיָּא, חִנָּא וְחִסְדָּא וְרַחֲמֵי וְחַיֵּי אֲרִיכֵי וּמְזוֹנֵי רְוִיחֵי, וְסִיַּעְתָּא דִשְׁמַיָּא, וּבַרְיוּת גּוּפָא וּנְהוֹרָא מְעַלְיָא, זַרְעָא חַיָּא וְקַיָּמָא, זַרְעָא דִּי לָא יִפְסֻק וְדִי לָא יִבְטֻל מִפִּתְגָּמֵי אוֹרַיְתָא, לְכָל קְהָלָא קַדִּישָׁא הָדֵין, רַבְרְבַיָּא עִם זְעֵרַיָּא, טַפְלָא וּנְשַׁיָּא. מַלְכָּא דְעָלְמָא יְבָרֵךְ יָתְכוֹן, יַפֵּשׁ חַיֵּיכוֹן וְיַסְגֵּא יוֹמֵיכוֹן, וְיִתֵּן אַרְכָא לִשְׁנֵיכוֹן, וְתִתְפָּרְקוּן וְתִשְׁתֵּיזְבוּן מִן כָּל עָקָא וּמִן כָּל מַרְעִין בִּישִׁין. מָרָן דִּי בִשְׁמַיָּא יְהֵא בְסַעְדְּכוֹן כָּל זְמַן וְעִדָּן, וְנֹאמַר אָמֵן.

מִי שֶׁבֵּרַךְ אֲבוֹתֵינוּ אַבְרָהָם יִצְחָק וְיַעֲקֹב, הוּא יְבָרֵךְ אֶת כָּל הַקָּהָל הַקָּדוֹשׁ הַזֶּה עִם כָּל קְהִלּוֹת הַקֹּדֶשׁ, הֵם וּנְשֵׁיהֶם וּבְנֵיהֶם וּבְנוֹתֵיהֶם וְכֹל אֲשֶׁר לָהֶם, וּמִי שֶׁמְּיַחֲדִים בָּתֵּי כְנֵסִיּוֹת לִתְפִלָּה, וּמִי שֶׁבָּאִים בְּתוֹכָם לְהִתְפַּלֵּל, וּמִי שֶׁנּוֹתְנִים נֵר לַמָּאוֹר וְיַיִן לְקִדּוּשׁ וּלְהַבְדָּלָה וּפַת לָאוֹרְחִים וּצְדָקָה לָעֲנִיִּים, וְכָל מִי שֶׁעוֹסְקִים בְּצָרְכֵי צִבּוּר בֶּאֱמוּנָה. הַקָּדוֹשׁ בָּרוּךְ הוּא יְשַׁלֵּם שְׂכָרָם, וְיָסִיר מֵהֶם כָּל מַחֲלָה, וְיִרְפָּא לְכָל גּוּפָם, וְיִסְלַח לְכָל עֲוֹנָם, וְיִשְׁלַח בְּרָכָה וְהַצְלָחָה בְּכָל מַעֲשֵׂי יְדֵיהֶם עִם כָּל יִשְׂרָאֵל אֲחֵיהֶם, וְנֹאמַר אָמֵן.

בתורה. מלך העולם יברך אותם, ירבה חייהם ויגדיל ימיהם ויתן אריכות לשנותיהם. ויִוָּשעו ויינצלו מכל צרה ומכל חוליים רעים. אדוננו שבשמים יהיה בעזרתם בכל זמן ועת, ונאמר אמן.

יקום פורקן מן השמים, חן וחסד ורחמים וחיים ארוכים ומזונות רווחים וסיוע מן השמים, ובריאות הגוף ואור מעולה, זרע חי וקיים, זרע שלא יפסוק ושלא יבטל מדברי תורה, לכל הקהל הקדוש הזה, הגדולים עם הקטנים, הטף והנשים. מלך העולם יברך אתכם, ירבה חייכם ויגדיל ימיכם ויתן אריכות לשנותיכם. ותִוָּשעו ותינצלו מכל צרה ומכל חוליים רעים. אדוננו שבשמים יהיה בעזרתכם בכל זמן ועת, ונאמר אמן.

תפילה לשלום מדינת ישראל

אָבִינוּ שֶׁבַּשָּׁמַיִם, צוּר יִשְׂרָאֵל וְגוֹאֲלוֹ, בָּרֵךְ אֶת מְדִינַת יִשְׂרָאֵל, רֵאשִׁית צְמִיחַת גְּאֻלָּתֵנוּ. הָגֵן עָלֶיהָ בְּאֶבְרַת חַסְדֶּךָ וּפְרשׂ עָלֶיהָ סֻכַּת שְׁלוֹמֶךָ, וּשְׁלַח אוֹרְךָ וַאֲמִתְּךָ לְרָאשֶׁיהָ, שָׂרֶיהָ וְיוֹעֲצֶיהָ, וְתַקְּנֵם בְּעֵצָה טוֹבָה מִלְּפָנֶיךָ.

חַזֵּק אֶת יְדֵי מְגִנֵּי אֶרֶץ קָדְשֵׁנוּ, וְהַנְחִילֵם אֱלֹהֵינוּ יְשׁוּעָה וַעֲטֶרֶת נִצָּחוֹן תְּעַטְּרֵם, וְנָתַתָּ שָׁלוֹם בָּאָרֶץ וְשִׂמְחַת עוֹלָם לְיוֹשְׁבֶיהָ.

וְאֶת אַחֵינוּ כָּל בֵּית יִשְׂרָאֵל, פְּקָד נָא בְּכָל אַרְצוֹת פְּזוּרֵיהֶם, וְתוֹלִיכֵם מְהֵרָה קוֹמְמִיּוּת לְצִיּוֹן עִירֶךָ וְלִירוּשָׁלַיִם מִשְׁכַּן
שְׁמֶךָ, כַּכָּתוּב בְּתוֹרַת מֹשֶׁה עַבְדֶּךָ: אִם־יִהְיֶה נִדַּחֲךָ בִּקְצֵה דברים ל
הַשָּׁמָיִם, מִשָּׁם יְקַבֶּצְךָ יהוה אֱלֹהֶיךָ וּמִשָּׁם יִקָּחֶךָ: וֶהֱבִיאֲךָ יהוה אֱלֹהֶיךָ אֶל־הָאָרֶץ אֲשֶׁר־יָרְשׁוּ אֲבֹתֶיךָ וִירִשְׁתָּהּ, וְהֵיטִבְךָ וְהִרְבְּךָ מֵאֲבֹתֶיךָ: וּמָל יהוה אֱלֹהֶיךָ אֶת־לְבָבְךָ וְאֶת־לְבַב זַרְעֶךָ, לְאַהֲבָה אֶת־יהוה אֱלֹהֶיךָ בְּכָל־לְבָבְךָ וּבְכָל־נַפְשְׁךָ, לְמַעַן חַיֶּיךָ:

וְיַחֵד לְבָבֵנוּ לְאַהֲבָה וּלְיִרְאָה אֶת שְׁמֶךָ, וְלִשְׁמֹר אֶת כָּל דִּבְרֵי תוֹרָתֶךָ, וּשְׁלַח לָנוּ מְהֵרָה בֶּן דָּוִד מְשִׁיחַ צִדְקֶךָ, לִפְדּוֹת מְחַכֵּי קֵץ יְשׁוּעָתֶךָ.

וְהוֹפַע בַּהֲדַר גְּאוֹן עֻזֶּךָ עַל כָּל יוֹשְׁבֵי תֵבֵל אַרְצֶךָ וְיֹאמַר כֹּל אֲשֶׁר נְשָׁמָה בְאַפּוֹ, יהוה אֱלֹהֵי יִשְׂרָאֵל מֶלֶךְ וּמַלְכוּתוֹ בַּכֹּל מָשָׁלָה, אָמֵן סֶלָה.

מי שבירך לחיילי צה״ל

מִי שֶׁבֵּרַךְ אֲבוֹתֵינוּ אַבְרָהָם יִצְחָק וְיַעֲקֹב הוּא יְבָרֵךְ אֶת חַיָּלֵי צְבָא הַהֲגָנָה לְיִשְׂרָאֵל וְאַנְשֵׁי כֹּחוֹת הַבִּטָּחוֹן, הָעוֹמְדִים עַל מִשְׁמַר אַרְצֵנוּ וְעָרֵי אֱלֹהֵינוּ, מִגְּבוּל הַלְּבָנוֹן וְעַד מִדְבַּר מִצְרַיִם וּמִן הַיָּם הַגָּדוֹל עַד לְבוֹא הָעֲרָבָה וּבְכָל מָקוֹם שֶׁהֵם, בַּיַּבָּשָׁה, בָּאֲוִיר וּבַיָּם. יִתֵּן יהוה אֶת אוֹיְבֵינוּ הַקָּמִים עָלֵינוּ נִגָּפִים לִפְנֵיהֶם. הַקָּדוֹשׁ בָּרוּךְ הוּא יִשְׁמֹר וְיַצִּיל אֶת חַיָּלֵינוּ מִכָּל צָרָה וְצוּקָה וּמִכָּל נֶגַע וּמַחֲלָה, וְיִשְׁלַח בְּרָכָה וְהַצְלָחָה בְּכָל מַעֲשֵׂי יְדֵיהֶם. יַדְבֵּר שׂוֹנְאֵינוּ תַּחְתֵּיהֶם וִיעַטְּרֵם בְּכֶתֶר יְשׁוּעָה וּבַעֲטֶרֶת נִצָּחוֹן.
דברים כ וִיקֻיַּם בָּהֶם הַכָּתוּב: כִּי יהוה אֱלֹהֵיכֶם הַהֹלֵךְ עִמָּכֶם לְהִלָּחֵם לָכֶם עִם־אֹיְבֵיכֶם לְהוֹשִׁיעַ אֶתְכֶם: וְנֹאמַר אָמֵן.

מי שבירך לשבויים

מִי שֶׁבֵּרַךְ אֲבוֹתֵינוּ אַבְרָהָם יִצְחָק וְיַעֲקֹב, יוֹסֵף מֹשֶׁה וְאַהֲרֹן, דָּוִד וּשְׁלֹמֹה, הוּא יְבָרֵךְ וְיִשְׁמֹר וְיִנְצֹר אֶת נֶעְדְּרֵי צְבָא הַהֲגָנָה לְיִשְׂרָאֵל וּשְׁבוּיָו, וְאֶת כָּל אַחֵינוּ הַנְּתוּנִים בְּצָרָה וּבְשִׁבְיָה, בַּעֲבוּר שֶׁכָּל הַקָּהָל הַקָּדוֹשׁ הַזֶּה מִתְפַּלֵּל בַּעֲבוּרָם. הַקָּדוֹשׁ בָּרוּךְ הוּא יִמָּלֵא רַחֲמִים עֲלֵיהֶם, וְיוֹצִיאֵם מֵחֹשֶׁךְ וְצַלְמָוֶת, וּמוֹסְרוֹתֵיהֶם יְנַתֵּק, וּמִמְּצוּקוֹתֵיהֶם יוֹשִׁיעֵם, וִישִׁיבֵם מְהֵרָה
תהלים קז לְחֵיק מִשְׁפְּחוֹתֵיהֶם. יוֹדוּ לַיהוה חַסְדּוֹ וְנִפְלְאוֹתָיו לִבְנֵי אָדָם:
ישעיה לה וִיקֻיַּם בָּהֶם מִקְרָא שֶׁכָּתוּב: וּפְדוּיֵי יהוה יְשֻׁבוּן, וּבָאוּ צִיּוֹן בְּרִנָּה, וְשִׂמְחַת עוֹלָם עַל־רֹאשָׁם, שָׂשׂוֹן וְשִׂמְחָה יַשִּׂיגוּ, וְנָסוּ יָגוֹן וַאֲנָחָה: וְנֹאמַר אָמֵן.

בשבת ממשיכים ׳אַשְׁרֵי׳ בעמ׳ 336. ביום טוב שאינו חל בשבת, יש האומרים ׳יָהּ אֵלִי׳ בעמ׳ 336. בשמיני עצרת בחו״ל אומרים יזכור (עמ׳ 332).

בַּיּוֹם֙ הַשְּׁמִינִ֔י

עֲצֶ֖רֶת

תִּהְיֶ֣ה לָכֶ֑ם

כָּל־מְלֶ֥אכֶת עֲבֹדָ֖ה לֹ֥א תַעֲשֽׂוּ

במדבר כט, לה

סדר הקפות

נוהגים לומר סדר זה לפני ההקפות (רמ״א, תרסט, א).
שליח הציבור אומר פסוק פסוק והקהל אחריו:

אַתָּה הָרְאֵתָ לָדַעַת, כִּי יהוה הוּא הָאֱלֹהִים, אֵין עוֹד מִלְבַדּוֹ: דברים ד

לְעֹשֵׂה נִפְלָאוֹת גְּדֹלוֹת לְבַדּוֹ, כִּי לְעוֹלָם חַסְדּוֹ: תהלים קלו

אֵין־כָּמְוֹךָ בָאֱלֹהִים, אֲדֹנָי, וְאֵין כְּמַעֲשֶׂיךָ: תהלים פו

יְהִי כְבוֹד יהוה לְעוֹלָם, יִשְׂמַח יהוה בְּמַעֲשָׂיו: תהלים קד

יְהִי שֵׁם יהוה מְבֹרָךְ, מֵעַתָּה וְעַד־עוֹלָם: תהלים קיג

יְהִי יהוה אֱלֹהֵינוּ עִמָּנוּ, כַּאֲשֶׁר הָיָה עִם־אֲבֹתֵינוּ מלכים א׳ ח
אַל־יַעַזְבֵנוּ וְאַל־יִטְּשֵׁנוּ:

וְאִמְרוּ, הוֹשִׁיעֵנוּ אֱלֹהֵי יִשְׁעֵנוּ, וְקַבְּצֵנוּ וְהַצִּילֵנוּ מִן־הַגּוֹיִם דברי הימים א׳ טז
לְהֹדוֹת לְשֵׁם קָדְשֶׁךָ, לְהִשְׁתַּבֵּחַ בִּתְהִלָּתֶךָ:

יהוה מֶלֶךְ, יהוה מָלָךְ, יהוה יִמְלֹךְ לְעֹלָם וָעֶד.

יהוה עֹז לְעַמּוֹ יִתֵּן, יהוה יְבָרֵךְ אֶת־עַמּוֹ בַשָּׁלוֹם: תהלים כט

וְיִהְיוּ נָא אֲמָרֵינוּ לְרָצוֹן, לִפְנֵי אֲדוֹן כֹּל.

פותחים את ארון הקודש.

וַיְהִי בִּנְסֹעַ הָאָרֹן וַיֹּאמֶר מֹשֶׁה במדבר י
קוּמָה יהוה וְיָפֻצוּ אֹיְבֶיךָ, וְיָנֻסוּ מְשַׂנְאֶיךָ מִפָּנֶיךָ:

קוּמָה יהוה לִמְנוּחָתֶךָ, אַתָּה וַאֲרוֹן עֻזֶּךָ: תהלים קלב
כֹּהֲנֶיךָ יִלְבְּשׁוּ־צֶדֶק, וַחֲסִידֶיךָ יְרַנֵּנוּ:
בַּעֲבוּר דָּוִד עַבְדֶּךָ, אַל־תָּשֵׁב פְּנֵי מְשִׁיחֶךָ:

וְאָמַר בַּיּוֹם הַהוּא, הִנֵּה אֱלֹהֵינוּ זֶה קִוִּינוּ לוֹ, וְיוֹשִׁיעֵנוּ ישעיה כה
זֶה יהוה קִוִּינוּ לוֹ, נָגִילָה וְנִשְׂמְחָה בִּישׁוּעָתוֹ:

מַלְכוּתְךָ מַלְכוּת כָּל־עֹלָמִים, וּמֶמְשַׁלְתְּךָ בְּכָל־דּוֹר וָדֹר: תהלים קמה

כִּי מִצִּיּוֹן תֵּצֵא תוֹרָה, וּדְבַר־יהוה מִירוּשָׁלָםִ: ישעיה ב

תהלים נא אַב הָרַחֲמִים, הֵיטִיבָה בִרְצוֹנְךָ אֶת־צִיּוֹן, תִּבְנֶה חוֹמוֹת יְרוּשָׁלָםִ:
כִּי בְךָ לְבַד בָּטָחְנוּ, מֶלֶךְ אֵל רָם וְנִשָּׂא, אֲדוֹן עוֹלָמִים.

מוציאים את כל ספרי התורה ומקיפים את הבימה שבע פעמים.

הקפה ראשונה:

תהלים קיח **אָנָּא יהוה הוֹשִׁיעָה נָּא, אָנָּא יהוה הַצְלִיחָה נָא:**
אָנָּא יהוה עֲנֵנוּ בְיוֹם קָרְאֵנוּ.
אֱלֹהֵי הָרוּחוֹת הוֹשִׁיעָה נָּא, בּוֹחֵן לְבָבוֹת הַצְלִיחָה נָא
גּוֹאֵל חָזָק עֲנֵנוּ בְיוֹם קָרְאֵנוּ.

יש מוסיפים:

תהלים יט תּוֹרַת יהוה תְּמִימָה, מְשִׁיבַת נָפֶשׁ:
תהלים כט מִזְמוֹר לְדָוִד
הָבוּ לַיהוה בְּנֵי אֵלִים, הָבוּ לַיהוה כָּבוֹד וָעֹז:
הָבוּ לַיהוה כְּבוֹד שְׁמוֹ, הִשְׁתַּחֲווּ לַיהוה בְּהַדְרַת־קֹדֶשׁ:
קוֹל יהוה עַל־הַמָּיִם, אֵל־הַכָּבוֹד הִרְעִים, יהוה עַל־מַיִם רַבִּים:
תהלים סז לַמְנַצֵּחַ בִּנְגִינֹת, מִזְמוֹר שִׁיר:
אֱלֹהִים יְחָנֵּנוּ וִיבָרְכֵנוּ, יָאֵר פָּנָיו אִתָּנוּ סֶלָה:
אָנָּא, בְּכֹחַ גְּדֻלַּת יְמִינְךָ, תַּתִּיר צְרוּרָה.
תהלים פט כִּי־אָמַרְתִּי עוֹלָם חֶסֶד יִבָּנֶה:

הקפה שנייה:

דּוֹבֵר צְדָקוֹת הוֹשִׁיעָה נָּא, הָדוּר בִּלְבוּשׁוֹ הַצְלִיחָה נָא
וָתִיק וְחָסִיד עֲנֵנוּ בְיוֹם קָרְאֵנוּ.

יש מוסיפים:

תהלים יט עֵדוּת יהוה נֶאֱמָנָה, מַחְכִּימַת פֶּתִי:
תהלים כט קוֹל־יהוה בַּכֹּחַ
תהלים סז לָדַעַת בָּאָרֶץ דַּרְכֶּךָ, בְּכָל־גּוֹיִם יְשׁוּעָתֶךָ:
קַבֵּל רִנַּת עַמְּךָ, שַׂגְּבֵנוּ, טַהֲרֵנוּ, נוֹרָא.
תהלים פט לְךָ זְרוֹעַ עִם־גְּבוּרָה, תָּעֹז יָדְךָ תָּרוּם יְמִינֶךָ:

הקפה שלישית:

זַךְ וְיָשָׁר הוֹשִׁיעָה נָּא, חַנּוּן וְרַחוּם הַצְלִיחָה נָא
טוֹב וּמֵטִיב עֲנֵנוּ בְיוֹם קָרְאֵנוּ.

יש מוסיפים:

פִּקּוּדֵי יהוה יְשָׁרִים, מְשַׂמְּחֵי־לֵב: תהלים יט
קוֹל יהוה בֶּהָדָר: תהלים כט
יוֹדְוּךָ עַמִּים אֱלֹהִים, יוֹדְוּךָ עַמִּים כֻּלָּם: תהלים סז
נָא גִבּוֹר, דּוֹרְשֵׁי יִחוּדְךָ כְּבָבַת שָׁמְרֵם.
תִּתֵּן אֱמֶת לְיַעֲקֹב, חֶסֶד לְאַבְרָהָם: מיכה ז

הקפה רביעית:

יוֹדֵעַ מַחֲשָׁבוֹת הוֹשִׁיעָה נָּא, כַּבִּיר כֹּחַ הַצְלִיחָה נָא
לוֹבֵשׁ צְדָקוֹת עֲנֵנוּ בְיוֹם קָרְאֵנוּ.

יש מוסיפים:

מִצְוַת יהוה בָּרָה, מְאִירַת עֵינָיִם: תהלים יט
קוֹל יהוה שֹׁבֵר אֲרָזִים, וַיְשַׁבֵּר יהוה אֶת־אַרְזֵי הַלְּבָנוֹן: תהלים כט
וַיַּרְקִידֵם כְּמוֹ־עֵגֶל, לְבָנוֹן וְשִׂרְיוֹן כְּמוֹ בֶן־רְאֵמִים:
יִשְׂמְחוּ וִירַנְּנוּ לְאֻמִּים, כִּי־תִשְׁפֹּט עַמִּים מִישֹׁר תהלים סז
וּלְאֻמִּים בָּאָרֶץ תַּנְחֵם סֶלָה:
בָּרְכֵם, טַהֲרֵם, רַחֲמֵי צִדְקָתְךָ תָּמִיד גָּמְלֵם.
נְעִמוֹת בִּימִינְךָ נֶצַח: תהלים טז

אֵין אַדִּיר כַּיהוה וְאֵין בָּרוּךְ כְּבֶן עַמְרָם
אֵין גְּדוֹלָה כַּתּוֹרָה וְאֵין דּוֹרְשֶׁהָ כְּיִשְׂרָאֵל
מִפִּי אֵל מִפִּי אֵל, יְתְבָּרַךְ יִשְׂרָאֵל

אֵין הָדוּר כַּיהוה וְאֵין וָתִיק כְּבֶן עַמְרָם
אֵין זַכָּאָה כַּתּוֹרָה וְאֵין חוֹמְדָהּ כְּיִשְׂרָאֵל
מִפִּי אֵל מִפִּי אֵל, יְתְבָּרַךְ יִשְׂרָאֵל

אֵין טָהוֹר כַּיהוה וְאֵין יָשָׁר כְּבֶן עַמְרָם
אֵין כְּבוּדָה כַּתּוֹרָה וְאֵין לוֹמְדָהּ כְּיִשְׂרָאֵל
מִפִּי אֵל מִפִּי אֵל, יִתְבָּרַךְ יִשְׂרָאֵל

אֵין מֶלֶךְ כַּיהוה וְאֵין נָבִיא כְּבֶן עַמְרָם
אֵין סְמוּכָה כַּתּוֹרָה וְאֵין עוֹזְרָהּ כְּיִשְׂרָאֵל
מִפִּי אֵל מִפִּי אֵל, יִתְבָּרַךְ יִשְׂרָאֵל

אֵין פּוֹדֶה כַּיהוה וְאֵין צַדִּיק כְּבֶן עַמְרָם
אֵין קְדוֹשָׁה כַּתּוֹרָה וְאֵין רוֹחֲשָׁהּ כְּיִשְׂרָאֵל
מִפִּי אֵל מִפִּי אֵל, יִתְבָּרַךְ יִשְׂרָאֵל

אֵין שׁוֹמֵר כַּיהוה וְאֵין שָׁלֵם כְּבֶן עַמְרָם
אֵין תְּמִימָה כַּתּוֹרָה וְאֵין תּוֹמְכָהּ כְּיִשְׂרָאֵל
מִפִּי אֵל מִפִּי אֵל, יִתְבָּרַךְ יִשְׂרָאֵל

הקפה חמישית:

מֶלֶךְ עוֹלָמִים הוֹשִׁיעָה נָּא, נָאוֹר וְאַדִּיר הַצְלִיחָה נָא
סוֹמֵךְ וְסוֹעֵד עֲנֵנוּ בְּיוֹם קָרְאֵנוּ.

יש מוסיפים:

יִרְאַת יהוה טְהוֹרָה, עוֹמֶדֶת לָעַד: תהלים יט
קוֹל־יהוה חֹצֵב לַהֲבוֹת אֵשׁ: תהלים כט
יוֹדְוּךָ עַמִּים אֱלֹהִים, יוֹדְוּךָ עַמִּים כֻּלָּם: תהלים סז
חֲסִין קָדוֹשׁ, בְּרֹב טוּבְךָ נַהֵל עֲדָתֶךָ.
יהוה אֲדֹנֵינוּ מָה־אַדִּיר שִׁמְךָ בְּכָל־הָאָרֶץ תהלים ח
אֲשֶׁר־תְּנָה הוֹדְךָ עַל־הַשָּׁמָיִם:

הקפה שישית:

עוֹזֵר דַּלִּים הוֹשִׁיעָה נָּא, פּוֹדֶה וּמַצִּיל הַצְלִיחָה נָא
צוּר עוֹלָמִים עֲנֵנוּ בְּיוֹם קָרְאֵנוּ.

יש מוסיפים:

מִשְׁפְּטֵי־יהוה אֱמֶת, צָדְקוּ יַחְדָּו: תהלים יט

קוֹל יהוה יָחִיל מִדְבָּר, יָחִיל יהוה מִדְבַּר קָדֵשׁ: תהלים כט

אֶרֶץ נָתְנָה יְבוּלָהּ, יְבָרְכֵנוּ אֱלֹהִים אֱלֹהֵינוּ: תהלים סז

יָחִיד גֵּאֶה, לְעַמְּךָ פְּנֵה, זוֹכְרֵי קְדֻשָּׁתֶךָ.

צַדִּיק יהוה בְּכָל־דְּרָכָיו, וְחָסִיד בְּכָל־מַעֲשָׂיו: תהלים קמה

הקפה שביעית:

קָדוֹשׁ וְנוֹרָא הוֹשִׁיעָה נָּא, רַחוּם וְחַנּוּן הַצְלִיחָה נָא
שׁוֹכֵן שְׁחָקִים עֲנֵנוּ בְיוֹם קָרְאֵנוּ.

תּוֹמֵךְ תְּמִימִים הוֹשִׁיעָה נָּא, תַּקִּיף לָעַד הַצְלִיחָה נָא
תָּמִים בְּמַעֲשָׂיו עֲנֵנוּ בְיוֹם קָרְאֵנוּ.

יש מוסיפים:

הַנֶּחֱמָדִים מִזָּהָב וּמִפַּז רָב תהלים יט
וּמְתוּקִים מִדְּבַשׁ וְנֹפֶת צוּפִים:

קוֹל יהוה יְחוֹלֵל אַיָּלוֹת וַיֶּחֱשֹׂף יְעָרוֹת תהלים כט
וּבְהֵיכָלוֹ, כֻּלּוֹ אֹמֵר כָּבוֹד:

יהוה לַמַּבּוּל יָשָׁב, וַיֵּשֶׁב יהוה מֶלֶךְ לְעוֹלָם:

יהוה עֹז לְעַמּוֹ יִתֵּן, יהוה יְבָרֵךְ אֶת־עַמּוֹ בַשָּׁלוֹם:

יְבָרְכֵנוּ אֱלֹהִים, וְיִירְאוּ אוֹתוֹ כָּל־אַפְסֵי־אָרֶץ: תהלים סז

שַׁוְעָתֵנוּ קַבֵּל וּשְׁמַע צַעֲקָתֵנוּ, יוֹדֵעַ תַּעֲלוּמוֹת.

לְךָ יהוה הַגְּדֻלָּה וְהַגְּבוּרָה וְהַתִּפְאֶרֶת וְהַנֵּצַח וְהַהוֹד דברי הימים א׳ כט
כִּי־כֹל בַּשָּׁמַיִם וּבָאָרֶץ
לְךָ יהוה הַמַּמְלָכָה וְהַמִּתְנַשֵּׂא לְכֹל לְרֹאשׁ:

וְהָיָה יהוה לְמֶלֶךְ עַל־כָּל־הָאָרֶץ זכריה יד
בַּיּוֹם הַהוּא יִהְיֶה יהוה אֶחָד וּשְׁמוֹ אֶחָד:

וּבְתוֹרָתְךָ כָּתוּב לֵאמֹר

שְׁמַע יִשְׂרָאֵל, יהוה אֱלֹהֵינוּ יהוה אֶחָד: דברים ו

בָּרוּךְ שֵׁם כְּבוֹד מַלְכוּתוֹ לְעוֹלָם וָעֶד.

יָבוֹא אַדִּיר בִּמְהֵרָה יָבוֹא בָּחוּר בְּיָמֵינוּ
יָבוֹא אֵלִיָּהוּ לְבַשְּׂרֵנוּ יָבוֹא מְשִׁיחַ צִדְקֵנוּ, בֶּן דָּוִד גּוֹאֲלֵנוּ
יוֹם גִּילָה, יוֹם רִנָּה, יוֹם דִּיצָה, יוֹם חֶדְוָה, יָבוֹא אֵלֵינוּ.

יָבוֹא גָּדוֹל בִּמְהֵרָה יָבוֹא דָּגוּל בְּיָמֵינוּ
יָבוֹא אֵלִיָּהוּ לְבַשְּׂרֵנוּ יָבוֹא מְשִׁיחַ צִדְקֵנוּ, בֶּן דָּוִד גּוֹאֲלֵנוּ
יוֹם גִּילָה, יוֹם רִנָּה, יוֹם דִּיצָה, יוֹם חֶדְוָה, יָבוֹא אֵלֵינוּ.

יָבוֹא הָדוּר בִּמְהֵרָה יָבוֹא וָתִיק בְּיָמֵינוּ
יָבוֹא אֵלִיָּהוּ לְבַשְּׂרֵנוּ יָבוֹא מְשִׁיחַ צִדְקֵנוּ, בֶּן דָּוִד גּוֹאֲלֵנוּ
יוֹם גִּילָה, יוֹם רִנָּה, יוֹם דִּיצָה, יוֹם חֶדְוָה, יָבוֹא אֵלֵינוּ.

יָבוֹא זַכַּאי בִּמְהֵרָה יָבוֹא חָסִיד בְּיָמֵינוּ
יָבוֹא אֵלִיָּהוּ לְבַשְּׂרֵנוּ יָבוֹא מְשִׁיחַ צִדְקֵנוּ, בֶּן דָּוִד גּוֹאֲלֵנוּ
יוֹם גִּילָה, יוֹם רִנָּה, יוֹם דִּיצָה, יוֹם חֶדְוָה, יָבוֹא אֵלֵינוּ.

יָבוֹא טָהוֹר בִּמְהֵרָה יָבוֹא יָשָׁר בְּיָמֵינוּ
יָבוֹא אֵלִיָּהוּ לְבַשְּׂרֵנוּ יָבוֹא מְשִׁיחַ צִדְקֵנוּ, בֶּן דָּוִד גּוֹאֲלֵנוּ
יוֹם גִּילָה, יוֹם רִנָּה, יוֹם דִּיצָה, יוֹם חֶדְוָה, יָבוֹא אֵלֵינוּ.

יָבוֹא כַּבִּיר בִּמְהֵרָה יָבוֹא לָמוּד בְּיָמֵינוּ
יָבוֹא אֵלִיָּהוּ לְבַשְּׂרֵנוּ יָבוֹא מְשִׁיחַ צִדְקֵנוּ, בֶּן דָּוִד גּוֹאֲלֵנוּ
יוֹם גִּילָה, יוֹם רִנָּה, יוֹם דִּיצָה, יוֹם חֶדְוָה, יָבוֹא אֵלֵינוּ.

יָבוֹא מוֹשִׁיעַ בִּמְהֵרָה יָבוֹא נוֹרָא בְּיָמֵינוּ
יָבוֹא אֵלִיָּהוּ לְבַשְּׂרֵנוּ יָבוֹא מְשִׁיחַ צִדְקֵנוּ, בֶּן דָּוִד גּוֹאֲלֵנוּ
יוֹם גִּילָה, יוֹם רִנָּה, יוֹם דִּיצָה, יוֹם חֶדְוָה, יָבוֹא אֵלֵינוּ.

יָבוֹא סַגִּיב בִּמְהֵרָה יָבוֹא עִזּוּז בְּיָמֵינוּ
יָבוֹא אֵלִיָּהוּ לְבַשְּׂרֵנוּ יָבוֹא מְשִׁיחַ צִדְקֵנוּ, בֶּן דָּוִד גּוֹאֲלֵנוּ
יוֹם גִּילָה, יוֹם רִנָּה, יוֹם דִּיצָה, יוֹם חֶדְוָה, יָבוֹא אֵלֵינוּ.

יָבוֹא פּוֹדֶה בִּמְהֵרָה יָבוֹא צַדִּיק בְּיָמֵינוּ
יָבוֹא אֵלִיָּהוּ לְבַשְּׂרֵנוּ יָבוֹא מְשִׁיחַ צִדְקֵנוּ, בֶּן דָּוִד גּוֹאֲלֵנוּ
יוֹם גִּילָה, יוֹם רִנָּה, יוֹם דִּיצָה, יוֹם חֶדְוָה, יָבוֹא אֵלֵינוּ.

יָבוֹא קָדוֹשׁ בִּמְהֵרָה יָבוֹא רַחוּם בְּיָמֵינוּ
יָבוֹא אֵלִיָּהוּ לְבַשְּׂרֵנוּ יָבוֹא מְשִׁיחַ צִדְקֵנוּ, בֶּן דָּוִד גּוֹאֲלֵנוּ
יוֹם גִּילָה, יוֹם רִנָּה, יוֹם דִּיצָה, יוֹם חֶדְוָה, יָבוֹא אֵלֵינוּ.

יָבוֹא שַׁדַּי בִּמְהֵרָה יָבוֹא תַּקִּיף בְּיָמֵינוּ
יָבוֹא אֵלִיָּהוּ לְבַשְּׂרֵנוּ יָבוֹא מְשִׁיחַ צִדְקֵנוּ, בֶּן דָּוִד גּוֹאֲלֵנוּ
יוֹם גִּילָה, יוֹם רִנָּה, יוֹם דִּיצָה, יוֹם חֶדְוָה, יָבוֹא אֵלֵינוּ.

בסיום ההקפות מחזירים את כל ספרי התורה לארון הקודש
פרט לשלושה שעתידים לקרוא בהם.

בשבת ממשיך ׳בְּרִיךְ שְׁמֵהּ׳ בעמוד הבא.

ביום טוב נוהגים לומר שלוש עשרה מידות (פרי עץ חיים), אחריהן תפילות אלו
(שערי ציון) ואחר כך ׳בְּרִיךְ שְׁמֵהּ׳. ואין אומרים אותן בשבת (שערי אפרים).

אומרים שלוש פעמים:

שמות לד יהוה, יהוה, אֵל רַחוּם וְחַנּוּן, אֶרֶךְ אַפַּיִם וְרַב־חֶסֶד וֶאֱמֶת:
נֹצֵר חֶסֶד לָאֲלָפִים, נֹשֵׂא עָוֹן וָפֶשַׁע וְחַטָּאָה, וְנַקֵּה:

רִבּוֹנוֹ שֶׁל עוֹלָם, מַלֵּא מִשְׁאֲלוֹת לִבִּי לְטוֹבָה, וְהָפֵק רְצוֹנִי וְתֵן שְׁאֵלָתִי, וְזַכֵּה לִי
(פלוני/ת) בֶּן/בַּת פלוני) (וְאִשְׁתִּי/בַּעְלִי וּבָנַי וּבְנוֹתַי) וְכָל בְּנֵי בֵיתִי, לַעֲשׂוֹת רְצוֹנְךָ
בְּלֵבָב שָׁלֵם, וּמַלְּטֵנוּ מִיֵּצֶר הָרָע, וְתֵן חֶלְקֵנוּ בְּתוֹרָתֶךָ, וְזַכֵּנוּ שֶׁתַּשְׁרֶה שְׁכִינָתְךָ
ישעיה יא עָלֵינוּ, וְהוֹפַע עָלֵינוּ רוּחַ חָכְמָה וּבִינָה. וְיִתְקַיֵּם בָּנוּ מִקְרָא שֶׁכָּתוּב: וְנָחָה עָלָיו
רוּחַ יהוה, רוּחַ חָכְמָה וּבִינָה, רוּחַ עֵצָה וּגְבוּרָה, רוּחַ דַּעַת וְיִרְאַת יהוה: וּבְכֵן יְהִי
רָצוֹן מִלְּפָנֶיךָ יהוה אֱלֹהֵינוּ וֵאלֹהֵי אֲבוֹתֵינוּ, שֶׁתְּזַכֵּנוּ לַעֲשׂוֹת מַעֲשִׂים טוֹבִים
בְּעֵינֶיךָ וְלָלֶכֶת בְּדַרְכֵי יְשָׁרִים לְפָנֶיךָ, וְקַדְּשֵׁנוּ בִּקְדֻשָּׁתֶךָ כְּדֵי שֶׁנִּזְכֶּה לְחַיִּים
טוֹבִים וַאֲרוּכִים וּלְחַיֵּי הָעוֹלָם הַבָּא, וְתִשְׁמְרֵנוּ מִמַּעֲשִׂים רָעִים וּמִשָּׁעוֹת רָעוֹת
תהלים לב הַמִּתְרַגְּשׁוֹת לָבוֹא לָעוֹלָם, וְהַבּוֹטֵחַ בַּיהוה חֶסֶד יְסוֹבְבֶנּוּ: אָמֵן.

תהלים יט יִהְיוּ לְרָצוֹן אִמְרֵי־פִי וְהֶגְיוֹן לִבִּי לְפָנֶיךָ, יהוה צוּרִי וְגֹאֲלִי:

אומרים שלוש פעמים:

תהלים סט וַאֲנִי תְפִלָּתִי־לְךָ יהוה, עֵת רָצוֹן, אֱלֹהִים בְּרָב־חַסְדֶּךָ
עֲנֵנִי בֶּאֱמֶת יִשְׁעֶךָ:

זוהר ויקהל בְּרִיךְ שְׁמֵהּ דְּמָרֵא עָלְמָא, בְּרִיךְ כִּתְרָךְ וְאַתְרָךְ. יְהֵא רְעוּתָךְ עִם עַמָּךְ יִשְׂרָאֵל לְעָלַם, וּפֻרְקַן יְמִינָךְ אַחֲזֵי לְעַמָּךְ בְּבֵית מַקְדְּשָׁךְ, וּלְאַמְטוֹיֵי לַנָא מִטּוּב נְהוֹרָךְ, וּלְקַבֵּל צְלוֹתַנָא בְּרַחֲמִין. יְהֵא רַעֲוָא קֳדָמָךְ דְּתוֹרִיךְ לַן חַיִּין בְּטִיבוּ, וְלֶהֱוֵי אֲנָא פְקִידָא בְּגוֹ צַדִּיקַיָּא, לְמִרְחַם עֲלַי וּלְמִנְטַר יָתִי וְיַת כָּל דִּי לִי וְדִי לְעַמָּךְ יִשְׂרָאֵל. אַנְתְּ הוּא זָן לְכֹלָּא וּמְפַרְנֵס לְכֹלָּא, אַנְתְּ הוּא שַׁלִּיט עַל כֹּלָּא, אַנְתְּ הוּא דְשַׁלִּיט עַל מַלְכַיָּא, וּמַלְכוּתָא דִּילָךְ הִיא. אֲנָא עַבְדָּא דְקֻדְשָׁא בְּרִיךְ הוּא, דְּסָגִדְנָא קַמֵּהּ וּמִקַּמֵּי דִּיקַר אוֹרַיְתֵהּ בְּכָל עִדָּן וְעִדָּן. לָא עַל אֱנָשׁ רָחִיצְנָא וְלָא עַל בַּר אֱלָהִין סָמִיכְנָא, אֶלָּא בֶּאֱלָהָא דִשְׁמַיָּא, דְּהוּא אֱלָהָא קְשׁוֹט, וְאוֹרַיְתֵהּ קְשׁוֹט, וּנְבִיאוֹהִי קְשׁוֹט, וּמַסְגֵּא לְמֶעְבַּד טַבְוָן וּקְשׁוֹט. ◂ בֵּהּ אֲנָא רָחִיץ, וְלִשְׁמֵהּ קַדִּישָׁא יַקִּירָא אֲנָא אֵמַר תֻּשְׁבְּחָן. יְהֵא רַעֲוָא קֳדָמָךְ דְּתִפְתַּח לִבַּאי בְּאוֹרַיְתָא, וְתַשְׁלִים מִשְׁאֲלִין דְּלִבַּאי וְלִבָּא דְכָל עַמָּךְ יִשְׂרָאֵל לְטָב וּלְחַיִּין וְלִשְׁלָם.

שליח הציבור מקבל את ספר התורה בימינו, פונה לקהל ואומר 'שְׁמַע יִשְׂרָאֵל' (מסכת סופרים פי"ד), ואחריו הקהל.

דברים ו **שְׁמַע יִשְׂרָאֵל, יהוה אֱלֹהֵינוּ, יהוה אֶחָד:**

שליח ציבור ואחריו הקהל:

אֶחָד אֱלֹהֵינוּ, גָּדוֹל אֲדוֹנֵינוּ, קָדוֹשׁ שְׁמוֹ.

שליח הציבור פונה לעבר ארון הקודש, קד, מגביה את ספר התורה ואומר (משנ"ב קלד, יג על פי מסכת סופרים):

תהלים לד **גַּדְּלוּ לַיהוה אִתִּי וּנְרוֹמְמָה שְׁמוֹ יַחְדָּו:**

תרגום

ברוך שמו של אדון העולם, ברוך כתרך ומקומך. יהי רצונך עם עמך ישראל לעולם, וישועת ימינך הראה לעמך בבית מקדשך, ולהביא לנו מטוב אורך, ולקבל תפילותינו ברחמים. יהי רצון מלפניך שתאריך לנו חיים בטוב, ואהיה אני נמנה בתוך הצדיקים, לרחם עלי ולשמור אותי ואת כל אשר לי ואשר לעמך ישראל. אתה הוא זן לכול ומפרנס לכול, אתה הוא שליט על הכול, אתה הוא השליט על המלכים, והמלכות שלך היא. אני עבדו של הקדוש ברוך הוא, משתחוה לפניו ולפני כבוד תורתו בכל עת ועת. לא על אדם אני בטוח ולא על מלאך אני סמוך, אלא באלהי השמים, שהוא אלהים אמת, ותורתו אמת, ונביאיו אמת, ומרבה לעשות חסד ואמת. בו אני בטוח, ולשמו הקדוש הנכבד אני אומר תשבחות. יהי רצון מלפניך שתפתח לבי בתורה, ותמלא משאלות לבי ולב כל עמך ישראל לטובה ולחיים ולשלום.

סוגרים את ארון הקודש. שליח הציבור נושא את ספר התורה אל הבימה, והקהל אומר:

לְךָ יהוה הַגְּדֻלָּה וְהַגְּבוּרָה וְהַתִּפְאֶרֶת וְהַנֵּצַח וְהַהוֹד, כִּי־כֹל דברי הימים א׳ כט
בַּשָּׁמַיִם וּבָאָרֶץ, לְךָ יהוה הַמַּמְלָכָה וְהַמִּתְנַשֵּׂא לְכֹל לְרֹאשׁ:

רוֹמְמוּ יהוה אֱלֹהֵינוּ וְהִשְׁתַּחֲווּ לַהֲדֹם רַגְלָיו, קָדוֹשׁ הוּא: רוֹמְמוּ תהלים צט
יהוה אֱלֹהֵינוּ וְהִשְׁתַּחֲווּ לְהַר קָדְשׁוֹ, כִּי־קָדוֹשׁ יהוה אֱלֹהֵינוּ:

הקהל אומר בלחש (מחזור ויטרי, קסה):

עַל הַכֹּל יִתְגַּדַּל וְיִתְקַדַּשׁ וְיִשְׁתַּבַּח וְיִתְפָּאַר וְיִתְרוֹמַם וְיִתְנַשֵּׂא שְׁמוֹ שֶׁל מֶלֶךְ
מַלְכֵי הַמְּלָכִים הַקָּדוֹשׁ בָּרוּךְ הוּא בָּעוֹלָמוֹת שֶׁבָּרָא, הָעוֹלָם הַזֶּה וְהָעוֹלָם
הַבָּא, כִּרְצוֹנוֹ וְכִרְצוֹן יְרֵאָיו וְכִרְצוֹן כָּל בֵּית יִשְׂרָאֵל. צוּר הָעוֹלָמִים, אֲדוֹן
כָּל הַבְּרִיּוֹת, אֱלוֹהַּ כָּל הַנְּפָשׁוֹת, הַיּוֹשֵׁב בְּמֶרְחֲבֵי מָרוֹם, הַשּׁוֹכֵן בִּשְׁמֵי
שְׁמֵי קֶדֶם, קְדֻשָּׁתוֹ עַל הַחַיּוֹת, וּקְדֻשָּׁתוֹ עַל כִּסֵּא הַכָּבוֹד. וּבְכֵן יִתְקַדַּשׁ
שִׁמְךָ בָּנוּ יהוה אֱלֹהֵינוּ לְעֵינֵי כָּל חָי, וְנֹאמַר לְפָנָיו שִׁיר חָדָשׁ, כַּכָּתוּב: שִׁירוּ תהלים סח
לֵאלֹהִים זַמְּרוּ שְׁמוֹ, סֹלּוּ לָרֹכֵב בָּעֲרָבוֹת, בְּיָהּ שְׁמוֹ, וְעִלְזוּ לְפָנָיו: וְנִרְאֵהוּ
עַיִן בְּעַיִן בְּשׁוּבוֹ אֶל נָוֵהוּ, כַּכָּתוּב: כִּי עַיִן בְּעַיִן יִרְאוּ בְּשׁוּב יהוה צִיּוֹן: ישעיה נב
וְנֶאֱמַר: וְנִגְלָה כְּבוֹד יהוה, וְרָאוּ כָל־בָּשָׂר יַחְדָּו כִּי פִּי יהוה דִּבֵּר: ישעיה מ

אַב הָרַחֲמִים הוּא יְרַחֵם עַם עֲמוּסִים, וְיִזְכֹּר בְּרִית אֵיתָנִים, וְיַצִּיל נַפְשׁוֹתֵינוּ
מִן הַשָּׁעוֹת הָרָעוֹת, וְיִגְעַר בְּיֵצֶר הָרָע מִן הַנְּשׂוּאִים, וְיָחֹן אוֹתָנוּ לִפְלֵיטַת
עוֹלָמִים, וִימַלֵּא מִשְׁאֲלוֹתֵינוּ בְּמִדָּה טוֹבָה יְשׁוּעָה וְרַחֲמִים.

מניח את ספר התורה על הבימה, והגבאי מכריז (מחזור ויטרי):

וְיַעֲזֹר וְיָגֵן וְיוֹשִׁיעַ לְכָל הַחוֹסִים בּוֹ, וְנֹאמַר אָמֵן. הַכֹּל הָבוּ גֹדֶל לֵאלֹהֵינוּ
וּתְנוּ כָבוֹד לַתּוֹרָה. *כֹּהֵן קְרָב, יַעֲמֹד (פלוני בֶּן פלוני) הַכֹּהֵן.

*אם אין כוהן, הגבאי קורא ללוי או לישראל ואומר:
/אֵין כָּאן כֹּהֵן, יַעֲמֹד (פלוני בֶּן פלוני) בִּמְקוֹם כֹּהֵן./

בָּרוּךְ שֶׁנָּתַן תּוֹרָה לְעַמּוֹ יִשְׂרָאֵל בִּקְדֻשָּׁתוֹ.

הקהל ואחריו הגבאי:

וְאַתֶּם הַדְּבֵקִים בַּיהוה אֱלֹהֵיכֶם חַיִּים כֻּלְּכֶם הַיּוֹם: דברים ד

קודם הברכה על העולה לראות היכן קוראים ולנשק את ספר התורה.
בשעת הברכה אוחז בעמודי הספר.

עולה: **בָּרְכוּ אֶת יהוה הַמְבֹרָךְ.**

קהל: **בָּרוּךְ יהוה הַמְבֹרָךְ לְעוֹלָם וָעֶד.**

עולה: **בָּרוּךְ יהוה הַמְבֹרָךְ לְעוֹלָם וָעֶד.**

**בָּרוּךְ אַתָּה יהוה, אֱלֹהֵינוּ מֶלֶךְ הָעוֹלָם
אֲשֶׁר בָּחַר בָּנוּ מִכָּל הָעַמִּים וְנָתַן לָנוּ אֶת תּוֹרָתוֹ.
בָּרוּךְ אַתָּה יהוה, נוֹתֵן הַתּוֹרָה.**

לאחר הקריאה, העולה מנשק את ספר התורה ומברך:

עולה: **בָּרוּךְ אַתָּה יהוה אֱלֹהֵינוּ מֶלֶךְ הָעוֹלָם
אֲשֶׁר נָתַן לָנוּ תּוֹרַת אֱמֶת וְחַיֵּי עוֹלָם נָטַע בְּתוֹכֵנוּ.
בָּרוּךְ אַתָּה יהוה, נוֹתֵן הַתּוֹרָה.**

מי שהיה בסכנה וניצל ממנה, מברך ׳הַגּוֹמֵל׳:

בָּרוּךְ אַתָּה יהוה אֱלֹהֵינוּ מֶלֶךְ הָעוֹלָם הַגּוֹמֵל לְחַיָּבִים טוֹבוֹת שֶׁגְּמָלַנִי כָּל טוֹב.

הקהל עונה: **אָמֵן. מִי שֶׁגְּמָלְךָ כָּל טוֹב הוּא יִגְמָלְךָ כָּל טוֹב, סֶלָה.**

כאשר נער עולה לתורה בפעם הראשונה במלאות לו שלוש עשרה שנה, אביו מברך:

בָּרוּךְ שֶׁפְּטָרַנִי מֵעָנְשׁוֹ שֶׁלָּזֶה.

מי שבירך לעולה לתורה

מִי שֶׁבֵּרַךְ אֲבוֹתֵינוּ אַבְרָהָם יִצְחָק וְיַעֲקֹב, הוּא יְבָרֵךְ אֶת (פלוני בֶּן פלוני), **בַּעֲבוּר שֶׁעָלָה לִכְבוֹד הַמָּקוֹם וְלִכְבוֹד הַתּוֹרָה** (בשבת: וְלִכְבוֹד הַשַּׁבָּת) **וְלִכְבוֹד הָרֶגֶל. בִּשְׂכַר זֶה הַקָּדוֹשׁ בָּרוּךְ הוּא יִשְׁמְרֵהוּ וְיַצִּילֵהוּ מִכָּל צָרָה וְצוּקָה וּמִכָּל נֶגַע וּמַחֲלָה, וְיִשְׁלַח בְּרָכָה וְהַצְלָחָה בְּכָל מַעֲשֵׂה יָדָיו וְיִזְכֶּה לַעֲלוֹת לְרֶגֶל עִם כָּל יִשְׂרָאֵל אֶחָיו, וְנֹאמַר אָמֵן.**

כאן לפי הצורך אומרים ׳מִי שֶׁבֵּרַךְ׳ (עמ׳ 284).

ברוב הקהילות נוהגים להעלות לתורה את כל המתפללים,
ומברכים כל עולה בברכה מקוצרת:

מִי שֶׁבֵּרַךְ אֶת הָאָבוֹת, הוּא יְבָרֵךְ אֶת הַבָּנִים, וְנֹאמַר אָמֵן.

קריאה לשמחת תורה

אם שמחת תורה חל בשבת, קוראים לשישי מהעלייה של
חתן התורה, ׳מְּעֹנָה אֱלֹהֵי קֶדֶם׳ עד ׳וְאַתָּה עַל־בָּמוֹתֵימוֹ תִדְרֹךְ׳ (עמ׳ 318).
בשמחת תורה המנהג הוא להעלות לתורה את כל הגברים
שמעל לגיל בר מצווה ולסיים בעליית כל הנערים.

וְזֹאת הַבְּרָכָה אֲשֶׁר בֵּרַךְ מֹשֶׁה אִישׁ הָאֱלֹהִים אֶת־בְּנֵי יִשְׂרָאֵל דברים לג,א-כו
לִפְנֵי מוֹתוֹ: וַיֹּאמַר יהוה מִסִּינַי בָּא וְזָרַח מִשֵּׂעִיר לָמוֹ הוֹפִיעַ
מֵהַר פָּארָן וְאָתָה מֵרִבְבֹת קֹדֶשׁ מִימִינוֹ אשדת לָמוֹ: אַף אֵשׁ דָּת
חֹבֵב עַמִּים כָּל־קְדֹשָׁיו בְּיָדֶךָ וְהֵם תֻּכּוּ לְרַגְלֶךָ יִשָּׂא מִדַּבְּרֹתֶיךָ:
תּוֹרָה צִוָּה־לָנוּ מֹשֶׁה מוֹרָשָׁה קְהִלַּת יַעֲקֹב: וַיְהִי בִישֻׁרוּן מֶלֶךְ
בְּהִתְאַסֵּף רָאשֵׁי עָם יַחַד שִׁבְטֵי יִשְׂרָאֵל: יְחִי רְאוּבֵן וְאַל־
יָמֹת וִיהִי מְתָיו מִסְפָּר: וְזֹאת לִיהוּדָה וַיֹּאמַר שְׁמַע
יהוה קוֹל יְהוּדָה וְאֶל־עַמּוֹ תְּבִיאֶנּוּ יָדָיו רָב לוֹ וְעֵזֶר מִצָּרָיו
תִּהְיֶה:
וּלְלֵוִי אָמַר תֻּמֶּיךָ וְאוּרֶיךָ לְאִישׁ חֲסִידֶךָ אֲשֶׁר נִסִּיתוֹ בְּמַסָּה לוי
תְּרִיבֵהוּ עַל־מֵי מְרִיבָה: הָאֹמֵר לְאָבִיו וּלְאִמּוֹ לֹא רְאִיתִיו וְאֶת־
אֶחָיו לֹא הִכִּיר וְאֶת־בָּנָו לֹא יָדָע כִּי שָׁמְרוּ אִמְרָתֶךָ וּבְרִיתְךָ
יִנְצֹרוּ: יוֹרוּ מִשְׁפָּטֶיךָ לְיַעֲקֹב וְתוֹרָתְךָ לְיִשְׂרָאֵל יָשִׂימוּ קְטוֹרָה
בְּאַפֶּךָ וְכָלִיל עַל־מִזְבְּחֶךָ: בָּרֵךְ יהוה חֵילוֹ וּפֹעַל יָדָיו תִּרְצֶה
מְחַץ מָתְנַיִם קָמָיו וּמְשַׂנְאָיו מִן־יְקוּמוּן: לְבִנְיָמִן
אָמַר יְדִיד יהוה יִשְׁכֹּן לָבֶטַח עָלָיו חֹפֵף עָלָיו כָּל־הַיּוֹם וּבֵין
כְּתֵפָיו שָׁכֵן: וּלְיוֹסֵף אָמַר מְבֹרֶכֶת יהוה אַרְצוֹ שלישי
מִמֶּגֶד שָׁמַיִם מִטָּל וּמִתְּהוֹם רֹבֶצֶת תָּחַת: וּמִמֶּגֶד תְּבוּאֹת

שֶׁמֶשׁ וּמִמֶּגֶד גֶּרֶשׁ יְרָחִים: וּמֵרֹאשׁ הַרְרֵי־קֶדֶם וּמִמֶּגֶד גִּבְעוֹת
עוֹלָם: וּמִמֶּגֶד אֶרֶץ וּמְלֹאָהּ וּרְצוֹן שֹׁכְנִי סְנֶה תָּבוֹאתָה לְרֹאשׁ
יוֹסֵף וּלְקָדְקֹד נְזִיר אֶחָיו: בְּכוֹר שׁוֹרוֹ הָדָר לוֹ וְקַרְנֵי רְאֵם קַרְנָיו
בָּהֶם עַמִּים יְנַגַּח יַחְדָּו אַפְסֵי־אָרֶץ וְהֵם רִבְבוֹת אֶפְרַיִם וְהֵם
רביעי אַלְפֵי מְנַשֶּׁה: וְלִזְבוּלֻן אָמַר שְׂמַח זְבוּלֻן בְּצֵאתֶךָ
וְיִשָּׂשכָר בְּאֹהָלֶיךָ: עַמִּים הַר־יִקְרָאוּ שָׁם יִזְבְּחוּ זִבְחֵי־צֶדֶק
כִּי שֶׁפַע יַמִּים יִינָקוּ וּשְׂפֻנֵי טְמוּנֵי חוֹל: וּלְגָד אָמַר
בָּרוּךְ מַרְחִיב גָּד כְּלָבִיא שָׁכֵן וְטָרַף זְרוֹעַ אַף־קָדְקֹד: וַיַּרְא
רֵאשִׁית לוֹ כִּי־שָׁם חֶלְקַת מְחֹקֵק סָפוּן וַיֵּתֵא רָאשֵׁי עָם צִדְקַת
*חמישי יהוה עָשָׂה וּמִשְׁפָּטָיו עִם־יִשְׂרָאֵל: וּלְדָן אָמַר דָּן
גּוּר אַרְיֵה יְזַנֵּק מִן־הַבָּשָׁן: וּלְנַפְתָּלִי אָמַר נַפְתָּלִי שְׂבַע רָצוֹן
וּמָלֵא בִּרְכַּת יהוה יָם וְדָרוֹם יְרָשָׁה: וּלְאָשֵׁר אָמַר
בָּרוּךְ מִבָּנִים אָשֵׁר יְהִי רְצוּי אֶחָיו וְטֹבֵל בַּשֶּׁמֶן רַגְלוֹ: בַּרְזֶל
וּנְחֹשֶׁת מִנְעָלֶךָ וּכְיָמֶיךָ דָּבְאֶךָ: אֵין כָּאֵל יְשֻׁרוּן רֹכֵב שָׁמַיִם
בְּעֶזְרֶךָ וּבְגַאֲוָתוֹ שְׁחָקִים:

*עליית כל הנערים

בעלייה האחרונה אוספים את כל הילדים לבימה,
פורסים עליהם טלית, והם אומרים את ברכות התורה עם העולה.
לאחר הברכה שאחרי הקריאה, נוהגים לשיר פסוקים אלה:

בראשית מח הַמַּלְאָךְ הַגֹּאֵל אֹתִי מִכָּל־רָע יְבָרֵךְ אֶת־הַנְּעָרִים, וְיִקָּרֵא בָהֶם שְׁמִי וְשֵׁם
אֲבֹתַי אַבְרָהָם וְיִצְחָק, וְיִדְגּוּ לָרֹב בְּקֶרֶב הָאָרֶץ:

יש המוסיפים:

במדבר ו יְבָרֶכְךָ יהוה וְיִשְׁמְרֶךָ:
יָאֵר יהוה פָּנָיו אֵלֶיךָ וִיחֻנֶּךָּ:
יִשָּׂא יהוה פָּנָיו אֵלֶיךָ וְיָשֵׂם לְךָ שָׁלוֹם:

רשות לחתן תורה

מֵרְשׁוּת הָאֵל הַגָּדוֹל הַגִּבּוֹר וְהַנּוֹרָא
וּמֵרְשׁוּת מִפָּז וּמִפְּנִינִים יְקָרָה
וּמֵרְשׁוּת סַנְהֶדְרִין הַקְּדוֹשָׁה וְהַבְּחוּרָה
וּמֵרְשׁוּת רָאשֵׁי יְשִׁיבוֹת וְאַלּוּפֵי תוֹרָה
וּמֵרְשׁוּת זְקֵנִים וּנְעָרִים יוֹשְׁבֵי שׁוּרָה
אֶפְתַּח פִּי בְּשִׁיר וּבְזִמְרָה
לְהוֹדוֹת לְהַלֵּל לְדָר בִּנְהוֹרָא
שֶׁהֶחֱיָנוּ וְקִיְּמָנוּ בְּיִרְאָתוֹ הַטְּהוֹרָה
וְהִגִּיעָנוּ לִשְׂמֹחַ בְּשִׂמְחַת הַתּוֹרָה
הַמְשַׂמַּחַת לֵב וְעֵינַיִם מְאִירָה
הַנּוֹתֶנֶת חַיִּים וָעֹשֶׁר וְכָבוֹד וְתִפְאָרָה
הַמְאַשֶּׁרֶת הוֹלְכִים בְּדֶרֶךְ הַטּוֹבָה וְהַיְשָׁרָה
הַמַּאֲרֶכֶת יָמִים וּמוֹסֶפֶת גְּבוּרָה
לְאוֹהֲבֶיהָ וּלְשׁוֹמְרֶיהָ בְּצִוּוּי וְאַזְהָרָה
לְעוֹסְקֶיהָ וּלְנוֹצְרֶיהָ בְּאַהַב וּבְמוֹרָא.
וּבְכֵן יְהִי רָצוֹן מִלִּפְנֵי הַגְּבוּרָה
לָתֵת חֵן וָחֶסֶד וְחַיִּים וָנֵזֶר וַעֲטָרָה
לְרַבִּי (פלוני בֶּן רַבִּי פלוני) הַנִּבְחָר לְהַשְׁלִים הַתּוֹרָה
לְאַמְּצוֹ לְבָרְכוֹ לְגַדְּלוֹ בְּתַלְמוּד תּוֹרָה
לְדָרְשׁוֹ לְהַדְּרוֹ לְוַעֲדוֹ בַּחֲבוּרָה
לְזַכּוֹתוֹ לְחַיּוֹתוֹ לְטַכְּסוֹ בְּטֶכֶס אוֹרָה
לְיַשְּׁרוֹ לְכַלְּלוֹ לְלַמְּדוֹ לֶקַח וּסְבָרָה
לְמַלְּטוֹ לְנַשְּׂאוֹ לְסַעֲדוֹ בְּסַעַד בְּרוּרָה
לְעַדְּנוֹ לְפַרְנְסוֹ לְצַדְּקוֹ בְּעַם נִבְרָא
לְקָרְבוֹ לְרַחֲמוֹ לְשָׁמְרוֹ מִכָּל צוּקָה וְצָרָה

לְתַקְּפוֹ לְתָמְכוֹ לְתוֹמְמוֹ בְּרְוּחַ נִשְׁבָּרָה.
עֲמֹד עֲמֹד עֲמֹד רַבִּי (פלוני בֶּן רַבִּי פלוני) חֲתַן הַתּוֹרָה
וְתֵן כָּבוֹד לָאֵל גָּדוֹל וְנוֹרָא
וּבִשְׂכַר זֶה תִּזְכֶּה מֵאֵל נוֹרָא
לִרְאוֹת בָּנִים וּבְנֵי בָנִים עוֹסְקִים בַּתּוֹרָה
וּמְקַיְּמֵי מִצְוֹת בְּתוֹךְ עַם יָפָה וּבָרָה
וְתִזְכֶּה לִשְׂמְחַ בְּשִׂמְחַת בֵּית הַבְּחִירָה
וּפָנֶיךָ לְהָאִיר בִּצְדָקָה כְּאִסְפַּקְלַרְיָא הַמְּאִירָה
כִּנְבָא יְשַׁעְיָהוּ מָלֵא רְוּחַ עֵצָה וּגְבוּרָה
שִׂמְחוּ אֶת יְרוּשָׁלַיִם וְגִילוּ בָהּ מְהֵרָה
שִׂישׂוּ אִתָּהּ מָשׂוֹשׂ כָּל הַמִּתְאַבְּלִים בְּאֶבְלָהּ וְצָרָה
עֲמֹד עֲמֹד עֲמֹד רַבִּי (פלוני בֶּן רַבִּי פלוני) חֲתַן הַתּוֹרָה
מֵרְשׁוּת כָּל הַקָּהָל הַקָּדוֹשׁ הַזֶּה וְהַשְׁלֵם הַתּוֹרָה.

יַעֲמֹד רַבִּי (פלוני בֶּן רַבִּי פלוני) חֲתַן הַתּוֹרָה.

דברים לג,כו – לד,יב
בשבת שישי

מְעֹנָה אֱלֹהֵי קֶדֶם וּמִתַּחַת זְרֹעֹת עוֹלָם וַיְגָרֶשׁ מִפָּנֶיךָ אוֹיֵב
וַיֹּאמֶר הַשְׁמֵד: וַיִּשְׁכֹּן יִשְׂרָאֵל בֶּטַח בָּדָד עֵין יַעֲקֹב אֶל־אֶרֶץ
דָּגָן וְתִירוֹשׁ אַף־שָׁמָיו יַעַרְפוּ־טָל: אַשְׁרֶיךָ יִשְׂרָאֵל מִי כָמוֹךָ
עַם נוֹשַׁע בַּיהוָה מָגֵן עֶזְרֶךָ וַאֲשֶׁר־חֶרֶב גַּאֲוָתֶךָ וְיִכָּחֲשׁוּ אֹיְבֶיךָ
לָךְ וְאַתָּה עַל־בָּמוֹתֵימוֹ תִדְרֹךְ:* וַיַּעַל מֹשֶׁה מֵעַרְבֹת

בשבת עד כאן שישי

מוֹאָב אֶל־הַר נְבוֹ רֹאשׁ הַפִּסְגָּה אֲשֶׁר עַל־פְּנֵי יְרֵחוֹ וַיַּרְאֵהוּ
יהוה אֶת־כָּל־הָאָרֶץ אֶת־הַגִּלְעָד עַד־דָּן: וְאֵת כָּל־נַפְתָּלִי וְאֶת־
אֶרֶץ אֶפְרַיִם וּמְנַשֶּׁה וְאֵת כָּל־אֶרֶץ יְהוּדָה עַד הַיָּם הָאַחֲרוֹן:
וְאֶת־הַנֶּגֶב וְאֶת־הַכִּכָּר בִּקְעַת יְרֵחוֹ עִיר הַתְּמָרִים עַד־צֹעַר:

וַיֹּאמֶר יְהוָה אֵלָיו זֹאת הָאָרֶץ אֲשֶׁר נִשְׁבַּעְתִּי לְאַבְרָהָם לְיִצְחָק וּלְיַעֲקֹב לֵאמֹר לְזַרְעֲךָ אֶתְּנֶנָּה הֶרְאִיתִיךָ בְעֵינֶיךָ וְשָׁמָּה לֹא תַעֲבֹר׃ וַיָּמָת שָׁם מֹשֶׁה עֶבֶד־יְהוָה בְּאֶרֶץ מוֹאָב עַל־פִּי יְהוָה׃ וַיִּקְבֹּר אֹתוֹ בַגַּי בְּאֶרֶץ מוֹאָב מוּל בֵּית פְּעוֹר וְלֹא־יָדַע אִישׁ אֶת־קְבֻרָתוֹ עַד הַיּוֹם הַזֶּה׃ וּמֹשֶׁה בֶּן־מֵאָה וְעֶשְׂרִים שָׁנָה בְּמֹתוֹ לֹא־כָהֲתָה עֵינוֹ וְלֹא־נָס לֵחֹה׃ וַיִּבְכּוּ בְנֵי יִשְׂרָאֵל אֶת־מֹשֶׁה בְּעַרְבֹת מוֹאָב שְׁלֹשִׁים יוֹם וַיִּתְּמוּ יְמֵי בְכִי אֵבֶל מֹשֶׁה׃ וִיהוֹשֻׁעַ בִּן־נוּן מָלֵא רוּחַ חָכְמָה כִּי־סָמַךְ מֹשֶׁה אֶת־יָדָיו עָלָיו וַיִּשְׁמְעוּ אֵלָיו בְּנֵי־יִשְׂרָאֵל וַיַּעֲשׂוּ כַּאֲשֶׁר צִוָּה יְהוָה אֶת־מֹשֶׁה׃ וְלֹא־קָם נָבִיא עוֹד בְּיִשְׂרָאֵל כְּמֹשֶׁה אֲשֶׁר יְדָעוֹ יְהוָה פָּנִים אֶל־פָּנִים׃ לְכָל־הָאֹתֹת וְהַמּוֹפְתִים אֲשֶׁר שְׁלָחוֹ יְהוָה לַעֲשׂוֹת בְּאֶרֶץ מִצְרָיִם לְפַרְעֹה וּלְכָל־עֲבָדָיו וּלְכָל־אַרְצוֹ׃ וּלְכֹל הַיָּד הַחֲזָקָה וּלְכֹל הַמּוֹרָא הַגָּדוֹל אֲשֶׁר עָשָׂה מֹשֶׁה לְעֵינֵי כָּל־יִשְׂרָאֵל׃

חֲזַק חֲזַק וְנִתְחַזֵּק.

הגבהה וגלילה

כאשר מגביהים את ספר התורה הראשון, הקהל אומר:

וְזֹאת הַתּוֹרָה אֲשֶׁר־שָׂם מֹשֶׁה לִפְנֵי בְּנֵי יִשְׂרָאֵל׃ דברים ד

עַל־פִּי יְהוָה בְּיַד מֹשֶׁה׃ במדבר ט

ויש מוסיפים: עֵץ־חַיִּים הִיא לַמַּחֲזִיקִים בָּהּ וְתֹמְכֶיהָ מְאֻשָּׁר׃ משלי ג

דְּרָכֶיהָ דַרְכֵי־נֹעַם וְכָל־נְתִיבוֹתֶיהָ שָׁלוֹם׃

אֹרֶךְ יָמִים בִּימִינָהּ, בִּשְׂמֹאולָהּ עֹשֶׁר וְכָבוֹד׃

יְהוָה חָפֵץ לְמַעַן צִדְקוֹ יַגְדִּיל תּוֹרָה וְיַאְדִּיר׃ ישעיה מב

רשות לחתן בראשית

מֵרְשׁוּת מְרוֹמָם עַל כָּל בְּרָכָה וְשִׁירָה
נוֹרָא עַל כָּל תְּהִלָּה וְזִמְרָה
חֲכַם לֵבָב וְאַמִּיץ כֹּחַ וּגְבוּרָה
מוֹשֵׁל עוֹלָם אֲדוֹן כָּל יְצִירָה
וּמֵרְשׁוּת כְּבוּדָּה בַּת מֶלֶךְ פְּנִימָה וַעֲצוּרָה
רֵאשִׁית קִנְיָנָהּ אַלְפַּיִם אֲצוּרָה
בָּרָה תְּמִימָה מְשִׁיבַת נֶפֶשׁ וּמַחֲזִירָה
יְשֻׁרוּן נִתְּנָה מוֹרָשָׁה לְעָבְדָהּ וּלְשָׁמְרָהּ
מְלַמְּדֶיהָ גְּאוֹנֵי יַעֲקֹב לְפָתְחָהּ וּלְסָגְרָהּ
כְּלִיל הוֹד נְשִׂיא מַרְבֵּה הַמִּשְׂרָה
יוֹשְׁבֵי מִדִּין מְשִׁיבֵי מִלְחָמָה שָׁעְרָה
רָאשֵׁי יְשִׁיבוֹת רָאשֵׁי גּוֹלָה פְּזוּרָה
וּמֵרְשׁוּת חֲבוּרַת צֶדֶק עֵדָה זוֹ הַמְאֻשָּׁרָה
זְקֵנִים וּנְעָרִים יַחַד בְּכָל שׁוּרָה
קְבוּצִים פֹּה הַיּוֹם לְשִׂמְחַת תּוֹרָה
וְנֶעֱצָרִים לְסַיֵּם וּלְהָחֵל בְּגִיל וּבְמוֹרָא
אוֹתָהּ מְחַבְּבִים כְּיוֹם נְתִינָתָהּ בַּהֲדָרָהּ
מְסַלְסְלִים בָּהּ כַּחֲדָשָׁה וְלֹא כִּישָׁנָה שֶׁעָבְרָה
צְמֵאִים לָמֹץ וּלְהִתְעַנֵּג מִזִּיו יְקָרָהּ
בְּיַעַן מְשַׂמַּחַת לֵב וְעֶצֶב מְסִירָה
תַּנְחוּמֶיהָ יְשַׁעַשְׁעוּ נַפְשָׁם בָּהּ לְהִתְפָּאֲרָה
וְהוֹגִים בְּמִקְרָא וְהַגָּדָה בְּמִשְׁנָה וּגְמָרָא
רָצִים וּמְבִיאִים טַפָּם לְבֵית הָעֲתִירָה
הוֹלְכִים וְעוֹשִׂים לְהַזְהִירָה
לָכֵן גָּדוֹל שְׂכָרָם מֵאֵת הַגְּבוּרָה
עַל רֹאשָׁם שִׂמְחַת עוֹלָם קְשׁוּרָה

דָּאִים לִרְאוֹת בְּבֵית הַבְּחִירָה
וּבְכֵן נִסְמַכְתִּי דַּעַת כֻּלָּם לְבָרְרָה
בָּחוּר הֲרִימוֹתִי מֵעַם תּוֹךְ הַחֲבוּרָה
מְצָאתִיו לֵב נָבוֹן לְהַסְבִּירָה
צֶדֶק וָחֶסֶד רוֹדֵף בְּאֹרַח יְשָׁרָה
וּנְשָׂאוֹ לִבּוֹ וְנָדְבָה רוּחוֹ לְהִתְעוֹרְרָה
תְּחִלָּה וְרִאשׁוֹן הֱיוֹת לְהַתְחִיל הַתּוֹרָה.
וְעַתָּה קוּם רַבִּי (פלוני בֶּן רַבִּי פלוני) עֲמֹד לְהִתְאַזְּרָה
בֹּא וְהִתְיַצֵּב וַעֲמֹד לִימִינִי וּקְרָא
מַעֲשֵׂה בְרֵאשִׁית לִכְבוֹדוֹ צוּר בָּרָא
עַל זֹאת מַתְכִּיפִין הַתְחָלָה לְהַשְׁלָמָה בִּתְדִירָה
שָׂטָן שֶׁלֹּא יְרַגֵּל בְּעַם זוּ לְשַׁקְּרָה
יַעַן נַעֲשֵׂיתָ רִאשׁוֹן לְמִצְוָה גְּמוּרָה
מָה רַב טוּבְךָ וּמַשְׂכֻּרְתְּךָ יְתֵרָה
טוֹב עַיִן תְּבֹרַךְ בְּנִדְבָתְךָ מִלַּעְצָרָה
וּמְבָרְכַת בּוֹרַאֲךָ תְּדוֹר יָדְךָ מִלְּקַצְּרָה
בַּעֲבוּר שֶׁכָּל הַמְכַבֵּד תּוֹרָה בְּצְפִירָה
יְהֵא גּוּפוֹ מְכֻבָּד לְהִתְאַשְּׁרָה.
מַהֵר עֲמֹד עֲמֹד רַבִּי (פלוני בֶּן רַבִּי פלוני) חֲתַן בְּרֵאשִׁית בָּרָא
מֵרְשׁוּת הַקָּהָל הַקָּדוֹשׁ הַזֶּה וּבָרֵךְ אֵל גָּדוֹל וְנוֹרָא
אָמֵן יַעֲנוּ אַחֲרֶיךָ הַכֹּל מְהֵרָה.

יַעֲמֹד רַבִּי (פלוני בֶּן רַבִּי פלוני) חֲתַן בְּרֵאשִׁית.

נוהגים שהקהל קורא בקול רם את חלקי הפסוקים המציינים את יום הבריאה,
ושליח הציבור חוזר אחריו. פסוקים אלה מסומנים ב· לפניהם וב· בסופם.

בְּרֵאשִׁית בָּרָא אֱלֹהִים אֵת הַשָּׁמַיִם וְאֵת הָאָרֶץ: וְהָאָרֶץ הָיְתָה בראשית א,א-ב,ג
תֹהוּ וָבֹהוּ וְחֹשֶׁךְ עַל־פְּנֵי תְהוֹם וְרוּחַ אֱלֹהִים מְרַחֶפֶת עַל־פְּנֵי

הַמָּֽיִם: וַיֹּ֥אמֶר אֱלֹהִ֖ים יְהִ֣י א֑וֹר וַֽיְהִי־אֽוֹר: וַיַּ֧רְא אֱלֹהִ֛ים אֶת־הָא֖וֹר כִּי־ט֑וֹב וַיַּבְדֵּ֣ל אֱלֹהִ֔ים בֵּ֥ין הָא֖וֹר וּבֵ֥ין הַחֹֽשֶׁךְ: וַיִּקְרָ֨א אֱלֹהִ֤ים ׀ לָאוֹר֙ י֔וֹם וְלַחֹ֖שֶׁךְ קָ֣רָא לָ֑יְלָה · וַֽיְהִי־עֶ֥רֶב וַֽיְהִי־בֹ֖קֶר י֥וֹם אֶחָֽד: ·

וַיֹּ֣אמֶר אֱלֹהִ֔ים יְהִ֥י רָקִ֖יעַ בְּת֣וֹךְ הַמָּ֑יִם וִיהִ֣י מַבְדִּ֔יל בֵּ֥ין מַ֖יִם לָמָֽיִם: וַיַּ֣עַשׂ אֱלֹהִים֮ אֶת־הָרָקִיעַ֒ וַיַּבְדֵּ֗ל בֵּ֤ין הַמַּ֙יִם֙ אֲשֶׁר֙ מִתַּ֣חַת לָרָקִ֔יעַ וּבֵ֣ין הַמַּ֔יִם אֲשֶׁ֖ר מֵעַ֣ל לָרָקִ֑יעַ וַֽיְהִי־כֵֽן: וַיִּקְרָ֧א אֱלֹהִ֛ים לָֽרָקִ֖יעַ שָׁמָ֑יִם · וַֽיְהִי־עֶ֥רֶב וַֽיְהִי־בֹ֖קֶר י֥וֹם שֵׁנִֽי: ·

וַיֹּ֣אמֶר אֱלֹהִ֗ים יִקָּו֨וּ הַמַּ֜יִם מִתַּ֤חַת הַשָּׁמַ֙יִם֙ אֶל־מָק֣וֹם אֶחָ֔ד וְתֵרָאֶ֖ה הַיַּבָּשָׁ֑ה וַֽיְהִי־כֵֽן: וַיִּקְרָ֨א אֱלֹהִ֤ים ׀ לַיַּבָּשָׁה֙ אֶ֔רֶץ וּלְמִקְוֵ֥ה הַמַּ֖יִם קָרָ֣א יַמִּ֑ים וַיַּ֥רְא אֱלֹהִ֖ים כִּי־טֽוֹב: וַיֹּ֣אמֶר אֱלֹהִ֗ים תַּֽדְשֵׁ֤א הָאָ֙רֶץ֙ דֶּ֔שֶׁא עֵ֚שֶׂב מַזְרִ֣יעַ זֶ֔רַע עֵ֣ץ פְּרִ֞י עֹ֤שֶׂה פְּרִי֙ לְמִינ֔וֹ אֲשֶׁ֥ר זַרְעוֹ־ב֖וֹ עַל־הָאָ֑רֶץ וַֽיְהִי־כֵֽן: וַתּוֹצֵ֨א הָאָ֜רֶץ דֶּ֠שֶׁא עֵ֣שֶׂב מַזְרִ֤יעַ זֶ֙רַע֙ לְמִינֵ֔הוּ וְעֵ֥ץ עֹֽשֶׂה־פְּרִ֛י אֲשֶׁ֥ר זַרְעוֹ־ב֖וֹ לְמִינֵ֑הוּ וַיַּ֥רְא אֱלֹהִ֖ים כִּי־טֽוֹב: · וַֽיְהִי־עֶ֥רֶב וַֽיְהִי־בֹ֖קֶר י֥וֹם שְׁלִישִֽׁי: ·

וַיֹּ֣אמֶר אֱלֹהִ֗ים יְהִ֤י מְאֹרֹת֙ בִּרְקִ֣יעַ הַשָּׁמַ֔יִם לְהַבְדִּ֕יל בֵּ֥ין הַיּ֖וֹם וּבֵ֣ין הַלָּ֑יְלָה וְהָי֤וּ לְאֹתֹת֙ וּלְמ֣וֹעֲדִ֔ים וּלְיָמִ֖ים וְשָׁנִֽים: וְהָי֤וּ לִמְאוֹרֹת֙ בִּרְקִ֣יעַ הַשָּׁמַ֔יִם לְהָאִ֖יר עַל־הָאָ֑רֶץ וַֽיְהִי־כֵֽן: וַיַּ֣עַשׂ אֱלֹהִ֔ים אֶת־שְׁנֵ֥י הַמְּאֹרֹ֖ת הַגְּדֹלִ֑ים אֶת־הַמָּא֤וֹר הַגָּדֹל֙ לְמֶמְשֶׁ֣לֶת הַיּ֔וֹם וְאֶת־הַמָּא֤וֹר הַקָּטֹן֙ לְמֶמְשֶׁ֣לֶת הַלַּ֔יְלָה וְאֵ֖ת הַכּוֹכָבִֽים: וַיִּתֵּ֥ן אֹתָ֛ם אֱלֹהִ֖ים בִּרְקִ֣יעַ הַשָּׁמָ֑יִם לְהָאִ֖יר עַל־הָאָֽרֶץ: וְלִמְשֹׁל֙ בַּיּ֣וֹם וּבַלַּ֔יְלָה וּֽלֲהַבְדִּ֔יל בֵּ֥ין הָא֖וֹר וּבֵ֣ין הַחֹ֑שֶׁךְ וַיַּ֥רְא אֱלֹהִ֖ים כִּי־טֽוֹב: · וַֽיְהִי־עֶ֥רֶב וַֽיְהִי־בֹ֖קֶר י֥וֹם רְבִיעִֽי: ·

וַיֹּ֣אמֶר אֱלֹהִ֔ים יִשְׁרְצ֣וּ הַמַּ֔יִם שֶׁ֖רֶץ נֶ֣פֶשׁ חַיָּ֑ה וְעוֹף֙ יְעוֹפֵ֣ף עַל־

הָאָ֔רֶץ עַל־פְּנֵ֖י רְקִ֥יעַ הַשָּׁמָֽיִם׃ וַיִּבְרָ֣א אֱלֹהִ֔ים אֶת־הַתַּנִּינִ֖ם
הַגְּדֹלִ֑ים וְאֵ֣ת כָּל־נֶ֣פֶשׁ הַֽחַיָּ֣ה ׀ הָֽרֹמֶ֡שֶׂת אֲשֶׁר֩ שָׁרְצ֨וּ הַמַּ֜יִם
לְמִֽינֵהֶ֗ם וְאֵ֨ת כָּל־ע֤וֹף כָּנָף֙ לְמִינֵ֔הוּ וַיַּ֥רְא אֱלֹהִ֖ים כִּי־טֽוֹב׃ וַיְבָ֧רֶךְ
אֹתָ֛ם אֱלֹהִ֖ים לֵאמֹ֑ר פְּר֣וּ וּרְב֗וּ וּמִלְא֤וּ אֶת־הַמַּ֙יִם֙ בַּיַּמִּ֔ים וְהָע֖וֹף
יִ֥רֶב בָּאָֽרֶץ׃ ◂ וַֽיְהִי־עֶ֥רֶב וַֽיְהִי־בֹ֖קֶר י֥וֹם חֲמִישִֽׁי׃ ◂
וַיֹּ֣אמֶר אֱלֹהִ֗ים תּוֹצֵ֨א הָאָ֜רֶץ נֶ֤פֶשׁ חַיָּה֙ לְמִינָ֔הּ בְּהֵמָ֥ה וָרֶ֛מֶשׂ
וְחַֽיְתוֹ־אֶ֖רֶץ לְמִינָ֑הּ וַֽיְהִי־כֵֽן׃ וַיַּ֣עַשׂ אֱלֹהִים֩ אֶת־חַיַּ֨ת הָאָ֜רֶץ
לְמִינָ֗הּ וְאֶת־הַבְּהֵמָה֙ לְמִינָ֔הּ וְאֵ֛ת כָּל־רֶ֥מֶשׂ הָֽאֲדָמָ֖ה לְמִינֵ֑הוּ
וַיַּ֥רְא אֱלֹהִ֖ים כִּי־טֽוֹב׃ וַיֹּ֣אמֶר אֱלֹהִ֔ים נַֽעֲשֶׂ֥ה אָדָ֛ם בְּצַלְמֵ֖נוּ
כִּדְמוּתֵ֑נוּ וְיִרְדּוּ֩ בִדְגַ֨ת הַיָּ֜ם וּבְע֣וֹף הַשָּׁמַ֗יִם וּבַבְּהֵמָה֙ וּבְכָל־הָאָ֔רֶץ
וּבְכָל־הָרֶ֖מֶשׂ הָֽרֹמֵ֥שׂ עַל־הָאָֽרֶץ׃ וַיִּבְרָ֨א אֱלֹהִ֤ים ׀ אֶת־הָֽאָדָם֙
בְּצַלְמ֔וֹ בְּצֶ֥לֶם אֱלֹהִ֖ים בָּרָ֣א אֹת֑וֹ זָכָ֥ר וּנְקֵבָ֖ה בָּרָ֥א אֹתָֽם׃ וַיְבָ֣רֶךְ
אֹתָם֮ אֱלֹהִים֒ וַיֹּ֨אמֶר לָהֶ֜ם אֱלֹהִ֗ים פְּר֥וּ וּרְב֛וּ וּמִלְא֥וּ אֶת־הָאָ֖רֶץ
וְכִבְשֻׁ֑הָ וּרְד֞וּ בִּדְגַ֤ת הַיָּם֙ וּבְע֣וֹף הַשָּׁמַ֔יִם וּבְכָל־חַיָּ֖ה הָֽרֹמֶ֥שֶׂת עַל־
הָאָֽרֶץ׃ וַיֹּ֣אמֶר אֱלֹהִ֗ים הִנֵּה֩ נָתַ֨תִּי לָכֶ֜ם אֶת־כָּל־עֵ֣שֶׂב ׀ זֹרֵ֣עַ זֶ֗רַע
אֲשֶׁר֙ עַל־פְּנֵ֣י כָל־הָאָ֔רֶץ וְאֶת־כָּל־הָעֵ֛ץ אֲשֶׁר־בּ֥וֹ פְרִי־עֵ֖ץ זֹרֵ֣עַ
זָ֑רַע לָכֶ֥ם יִֽהְיֶ֖ה לְאָכְלָֽה׃ וּֽלְכָל־חַיַּ֣ת הָ֠אָרֶץ וּלְכָל־ע֨וֹף הַשָּׁמַ֜יִם
וּלְכֹ֣ל ׀ רוֹמֵ֣שׂ עַל־הָאָ֗רֶץ אֲשֶׁר־בּוֹ֙ נֶ֣פֶשׁ חַיָּ֔ה אֶת־כָּל־יֶ֥רֶק עֵ֖שֶׂב
לְאָכְלָ֑ה וַֽיְהִי־כֵֽן׃ וַיַּ֤רְא אֱלֹהִים֙ אֶת־כָּל־אֲשֶׁ֣ר עָשָׂ֔ה וְהִנֵּה־ט֖וֹב
מְאֹ֑ד ◂ וַֽיְהִי־עֶ֥רֶב וַֽיְהִי־בֹ֖קֶר י֥וֹם הַשִּׁשִּֽׁי׃ ◂
◂ וַיְכֻלּ֛וּ הַשָּׁמַ֥יִם וְהָאָ֖רֶץ וְכָל־צְבָאָֽם׃ וַיְכַ֤ל אֱלֹהִים֙ בַּיּ֣וֹם הַשְּׁבִיעִ֔י
מְלַאכְתּ֖וֹ אֲשֶׁ֣ר עָשָׂ֑ה וַיִּשְׁבֹּת֙ בַּיּ֣וֹם הַשְּׁבִיעִ֔י מִכָּל־מְלַאכְתּ֖וֹ אֲשֶׁ֥ר
עָשָֽׂה׃ וַיְבָ֤רֶךְ אֱלֹהִים֙ אֶת־י֣וֹם הַשְּׁבִיעִ֔י וַיְקַדֵּ֖שׁ אֹת֑וֹ כִּ֣י ב֤וֹ שָׁבַת֙
מִכָּל־מְלַאכְתּ֔וֹ אֲשֶׁר־בָּרָ֥א אֱלֹהִ֖ים לַעֲשֽׂוֹת׃ ◂

מניחים את ספר התורה השלישי על יד השני.

חצי קדיש

לפני שקוראים למפטיר, בעל הקורא אומר חצי קדיש
(רמב״ם, תפילה פי״ב ה״כ):

קורא: יִתְגַּדַּל וְיִתְקַדַּשׁ שְׁמֵהּ רַבָּא (קהל: אָמֵן)
בְּעָלְמָא דִּי בְרָא כִרְעוּתֵהּ
וְיַמְלִיךְ מַלְכוּתֵהּ וְיַצְמַח פֻּרְקָנֵהּ וִיקָרֵב מְשִׁיחֵהּ (קהל: אָמֵן)
בְּחַיֵּיכוֹן וּבְיוֹמֵיכוֹן וּבְחַיֵּי דְכָל בֵּית יִשְׂרָאֵל
בַּעֲגָלָא וּבִזְמַן קָרִיב
וְאִמְרוּ אָמֵן. (קהל: אָמֵן)

קהל וקורא: יְהֵא שְׁמֵהּ רַבָּא מְבָרַךְ לְעָלַם וּלְעָלְמֵי עָלְמַיָּא.

קורא: יִתְבָּרַךְ וְיִשְׁתַּבַּח וְיִתְפָּאַר וְיִתְרוֹמַם וְיִתְנַשֵּׂא
וְיִתְהַדָּר וְיִתְעַלֶּה וְיִתְהַלָּל
שְׁמֵהּ דְּקֻדְשָׁא בְּרִיךְ הוּא (קהל: אָמֵן)
לְעֵלָּא מִן כָּל בִּרְכָתָא וְשִׁירָתָא, תֻּשְׁבְּחָתָא וְנֶחֱמָתָא
דַּאֲמִירָן בְּעָלְמָא
וְאִמְרוּ אָמֵן. (קהל: אָמֵן)

הגבהה וגלילה

כאשר מגביהים את ספר התורה, הקהל אומר:

דברים ד וְזֹאת הַתּוֹרָה אֲשֶׁר־שָׂם מֹשֶׁה לִפְנֵי בְּנֵי יִשְׂרָאֵל:
במדבר ט עַל־פִּי יהוה בְּיַד מֹשֶׁה:

משלי ג ויש מוסיפים: עֵץ־חַיִּים הִיא לַמַּחֲזִיקִים בָּהּ וְתֹמְכֶיהָ מְאֻשָּׁר:
דְּרָכֶיהָ דַרְכֵי־נֹעַם וְכָל־נְתִיבֹתֶיהָ שָׁלוֹם:
אֹרֶךְ יָמִים בִּימִינָהּ, בִּשְׂמֹאולָהּ עֹשֶׁר וְכָבוֹד:
ישעיה מב יהוה חָפֵץ לְמַעַן צִדְקוֹ יַגְדִּיל תּוֹרָה וְיַאְדִּיר:

מפטיר

בַּיּוֹם הַשְּׁמִינִי עֲצֶרֶת תִּהְיֶה לָכֶם כָּל־מְלֶאכֶת עֲבֹדָה לֹא תַעֲשׂוּ׃ במדבר כט, לה – ל, א
וְהִקְרַבְתֶּם עֹלָה אִשֵּׁה רֵיחַ נִיחֹחַ לַיהוה פַּר אֶחָד אַיִל אֶחָד
כְּבָשִׂים בְּנֵי־שָׁנָה שִׁבְעָה תְּמִימִם׃ מִנְחָתָם וְנִסְכֵּיהֶם לַפָּר
לָאַיִל וְלַכְּבָשִׂים בְּמִסְפָּרָם כַּמִּשְׁפָּט׃ וּשְׂעִיר חַטָּאת אֶחָד מִלְּבַד
עֹלַת הַתָּמִיד וּמִנְחָתָהּ וְנִסְכָּהּ׃ אֵלֶּה תַּעֲשׂוּ לַיהוה בְּמוֹעֲדֵיכֶם
לְבַד מִנִּדְרֵיכֶם וְנִדְבֹתֵיכֶם לְעֹלֹתֵיכֶם וּלְמִנְחֹתֵיכֶם וּלְנִסְכֵּיכֶם
וּלְשַׁלְמֵיכֶם׃ וַיֹּאמֶר מֹשֶׁה אֶל־בְּנֵי יִשְׂרָאֵל כְּכֹל אֲשֶׁר־צִוָּה
יהוה אֶת־מֹשֶׁה׃

הגבהה וגלילה

כאשר מגביהים את ספר התורה, הקהל אומר:

וְזֹאת הַתּוֹרָה אֲשֶׁר־שָׂם מֹשֶׁה לִפְנֵי בְּנֵי יִשְׂרָאֵל׃ דברים ד
עַל־פִּי יהוה בְּיַד מֹשֶׁה׃ במדבר ט

ויש מוסיפים: עֵץ־חַיִּים הִיא לַמַּחֲזִיקִים בָּהּ וְתֹמְכֶיהָ מְאֻשָּׁר׃ משלי ג
דְּרָכֶיהָ דַרְכֵי־נֹעַם וְכָל־נְתִיבוֹתֶיהָ שָׁלוֹם׃
אֹרֶךְ יָמִים בִּימִינָהּ, בִּשְׂמֹאולָהּ עֹשֶׁר וְכָבוֹד׃
יהוה חָפֵץ לְמַעַן צִדְקוֹ יַגְדִּיל תּוֹרָה וְיַאְדִּיר׃ ישעיה מב

ברכות ההפטרה

לפני קריאת ההפטרה בנביא, המפטיר מברך:

בָּרוּךְ אַתָּה יהוה אֱלֹהֵינוּ מֶלֶךְ הָעוֹלָם אֲשֶׁר בָּחַר בִּנְבִיאִים טוֹבִים,
וְרָצָה בְדִבְרֵיהֶם הַנֶּאֱמָרִים בֶּאֱמֶת. בָּרוּךְ אַתָּה יהוה, הַבּוֹחֵר
בַּתּוֹרָה וּבְמֹשֶׁה עַבְדּוֹ וּבְיִשְׂרָאֵל עַמּוֹ וּבִנְבִיאֵי הָאֱמֶת וָצֶדֶק.

הפטרה לשמחת תורה

יהושע א,א–יח

ויהי אחרי מות משה עבד יהוה ויאמר יהוה אל־יהושע
בן־נון משרת משה לאמר: משה עבדי מת ועתה קום עבר
את־הירדן הזה אתה וכל־העם הזה אל־הארץ אשר אנכי
נתן להם לבני ישראל: כל־מקום אשר תדרך כף־רגלכם
בו לכם נתתיו כאשר דברתי אל־משה: מהמדבר והלבנון
הזה ועד־הנהר הגדול נהר־פרת כל ארץ החתים ועד־הים
הגדול מבוא השמש יהיה גבולכם: לא־יתיצב איש לפניך
כל ימי חייך כאשר הייתי עם־משה אהיה עמך לא ארפך
ולא אעזבך: חזק ואמץ כי אתה תנחיל את־העם הזה את־
הארץ אשר־נשבעתי לאבותם לתת להם: רק חזק ואמץ מאד
לשמר לעשות ככל־התורה אשר צוך משה עבדי אל־תסור
ממנו ימין ושמאול למען תשכיל בכל אשר תלך: לא־ימוש
ספר התורה הזה מפיך והגית בו יומם ולילה למען תשמר
לעשות ככל־הכתוב בו כי־אז תצליח את־דרכך ואז תשכיל:
הלוא צויתיך חזק ואמץ אל־תערץ ואל־תחת כי עמך יהוה
אלהיך בכל אשר תלך: ויצו יהושע את־שטרי
העם לאמר: עברו | בקרב המחנה וצוו את־העם לאמר הכינו
לכם צדה כי בעוד | שלשת ימים אתם עברים את־הירדן
הזה לבוא לרשת את־הארץ אשר יהוה אלהיכם נתן לכם
לרשתה: ולראובני ולגדי ולחצי שבט המנשה
אמר יהושע לאמר: זכור את־הדבר אשר צוה אתכם משה
עבד־יהוה לאמר יהוה אלהיכם מניח לכם ונתן לכם את־
הארץ הזאת: נשיכם טפכם ומקניכם ישבו בארץ אשר נתן

לָכֶם מֹשֶׁה בְּעֵבֶר הַיַּרְדֵּן וְאַתֶּם תַּעַבְרוּ חֲמֻשִׁים לִפְנֵי אֲחֵיכֶם כֹּל גִּבּוֹרֵי הַחַיִל וַעֲזַרְתֶּם אוֹתָם׃ עַד אֲשֶׁר־יָנִיחַ יְהוָה ׀ לַאֲחֵיכֶם כָּכֶם וְיָרְשׁוּ גַם־הֵמָּה אֶת־הָאָרֶץ אֲשֶׁר־יְהוָה אֱלֹהֵיכֶם נֹתֵן לָהֶם וְשַׁבְתֶּם לְאֶרֶץ יְרֻשַּׁתְכֶם וִירִשְׁתֶּם אוֹתָהּ אֲשֶׁר ׀ נָתַן לָכֶם מֹשֶׁה עֶבֶד יְהוָה בְּעֵבֶר הַיַּרְדֵּן מִזְרַח הַשָּׁמֶשׁ׃ וַיַּעֲנוּ אֶת־יְהוֹשֻׁעַ לֵאמֹר כֹּל אֲשֶׁר־צִוִּיתָנוּ נַעֲשֶׂה וְאֶל־כָּל־אֲשֶׁר תִּשְׁלָחֵנוּ נֵלֵךְ׃ כְּכֹל אֲשֶׁר־שָׁמַעְנוּ אֶל־מֹשֶׁה כֵּן נִשְׁמַע אֵלֶיךָ רַק יִהְיֶה יְהוָה אֱלֹהֶיךָ עִמָּךְ כַּאֲשֶׁר הָיָה עִם־מֹשֶׁה׃ כָּל־אִישׁ אֲשֶׁר־יַמְרֶה אֶת־פִּיךָ וְלֹא־יִשְׁמַע אֶת־דְּבָרֶיךָ לְכֹל אֲשֶׁר־תְּצַוֶּנּוּ יוּמָת רַק חֲזַק וֶאֱמָץ׃

ברכות לאחר ההפטרה

אחר קריאת ההפטרה המפטיר מברך:

בָּרוּךְ אַתָּה יהוה אֱלֹהֵינוּ מֶלֶךְ הָעוֹלָם, צוּר כָּל הָעוֹלָמִים, צַדִּיק בְּכָל הַדּוֹרוֹת, הָאֵל הַנֶּאֱמָן, הָאוֹמֵר וְעוֹשֶׂה, הַמְדַבֵּר וּמְקַיֵּם, שֶׁכָּל דְּבָרָיו אֱמֶת וָצֶדֶק. נֶאֱמָן אַתָּה הוּא יהוה אֱלֹהֵינוּ וְנֶאֱמָנִים דְּבָרֶיךָ, וְדָבָר אֶחָד מִדְּבָרֶיךָ אָחוֹר לֹא יָשׁוּב רֵיקָם, כִּי אֵל מֶלֶךְ נֶאֱמָן וְרַחֲמָן אָתָּה. בָּרוּךְ אַתָּה יהוה, הָאֵל הַנֶּאֱמָן בְּכָל דְּבָרָיו.

רַחֵם עַל צִיּוֹן כִּי הִיא בֵּית חַיֵּינוּ, וְלַעֲלוּבַת נֶפֶשׁ תּוֹשִׁיעַ בִּמְהֵרָה בְיָמֵינוּ. בָּרוּךְ אַתָּה יהוה, מְשַׂמֵּחַ צִיּוֹן בְּבָנֶיהָ.

שַׂמְּחֵנוּ יהוה אֱלֹהֵינוּ בְּאֵלִיָּהוּ הַנָּבִיא עַבְדֶּךָ, וּבְמַלְכוּת בֵּית דָּוִד מְשִׁיחֶךָ, בִּמְהֵרָה יָבֹא וְיָגֵל לִבֵּנוּ. עַל כִּסְאוֹ לֹא יֵשֵׁב זָר, וְלֹא יִנְחֲלוּ עוֹד אֲחֵרִים אֶת כְּבוֹדוֹ, כִּי בְשֵׁם קָדְשְׁךָ נִשְׁבַּעְתָּ לּוֹ שֶׁלֹּא יִכְבֶּה נֵרוֹ לְעוֹלָם וָעֶד. בָּרוּךְ אַתָּה יהוה, מָגֵן דָּוִד.

עַל הַתּוֹרָה וְעַל הָעֲבוֹדָה וְעַל הַנְּבִיאִים (בשבת: וְעַל יוֹם הַשַּׁבָּת הַזֶּה), וְעַל יוֹם שְׁמִינִי עֲצֶרֶת הַחַג הַזֶּה, שֶׁנָּתַתָּ לָּנוּ, יהוה אֱלֹהֵינוּ (בשבת: לִקְדֻשָּׁה וְלִמְנוּחָה) לְשָׂשׂוֹן וּלְשִׂמְחָה, לְכָבוֹד וּלְתִפְאָרֶת. עַל הַכֹּל יהוה אֱלֹהֵינוּ אֲנַחְנוּ מוֹדִים לָךְ וּמְבָרְכִים אוֹתָךְ. יִתְבָּרַךְ שִׁמְךָ בְּפִי כָּל חַי תָּמִיד לְעוֹלָם וָעֶד. בָּרוּךְ אַתָּה יהוה, מְקַדֵּשׁ (בשבת: הַשַּׁבָּת וְ)יִשְׂרָאֵל וְהַזְּמַנִּים.

בשבת ממשיכים ׳יְקוּם פֻּרְקָן׳,
וביום חול, תפילה לשלום המדינה (עמ׳ 330).

במקום שיש בו מניין השכינה שורה, ולכן אומרים ברכה לקהל. ואין אומרים אותה ביחידות (׳אור זרוע׳ ח״ב, נ), ויש שנוהגים לומר גם את הפסקה הראשונה ביחידות (שערי אפרים).

יְקוּם פֻּרְקָן מִן שְׁמַיָּא, חִנָּא וְחִסְדָּא וְרַחֲמֵי וְחַיֵּי אֲרִיכֵי וּמְזוֹנֵי רְוִיחֵי, וְסִיַּעְתָּא דִשְׁמַיָּא, וּבַרְיוּת גּוּפָא וּנְהוֹרָא מְעַלְיָא, זַרְעָא חַיָּא וְקַיָּמָא, זַרְעָא דִּי לָא יִפְסֻק וְדִי לָא יִבְטֻל מִפִּתְגָּמֵי אוֹרַיְתָא, לְמָרָנָן וְרַבָּנָן חֲבוּרָתָא קַדִּישָׁתָא דִּי בְּאַרְעָא דְיִשְׂרָאֵל וְדִי בְּבָבֶל, לְרֵישֵׁי כַלָּה, וּלְרֵישֵׁי גַלְוָתָא, וּלְרֵישֵׁי מְתִיבָתָא, וּלְדַיָּנֵי דְבָבָא, לְכָל תַּלְמִידֵיהוֹן, וּלְכָל תַּלְמִידֵי תַלְמִידֵיהוֹן, וּלְכָל מָאן דְּעָסְקִין בְּאוֹרַיְתָא. מַלְכָּא דְעָלְמָא יְבָרֵךְ יָתְהוֹן, יַפֵּשׁ חַיֵּיהוֹן וְיַסְגֵּא יוֹמֵיהוֹן, וְיִתֵּן אַרְכָא לִשְׁנֵיהוֹן, וְיִתְפָּרְקוּן וְיִשְׁתֵּיזְבוּן מִן כָּל עָקָא

תרגום

יקום פורקן מן השמים, חן וחסד ורחמים וחיים ארוכים ומזונות רווחים וסיוע מן השמים, ובריאות הגוף ואור מעולה, זרע חי וקיים, זרע שלא יפסוק ושלא יבטל מדברי תורה, למורינו ורבותינו החבורות הקדושות אשר בארץ ישראל ואשר בבבל, לראשי כלה ולראשי גלויות ולראשי הישיבות ולדייני השער, לכל תלמידיהם, ולכל תלמידי תלמידיהם, ולכל מי שעוסקים בתורה. מלך העולם יברך אותם, ירבה חייהם ויגדיל ימיהם ויתן אריכות לשנותיהם. ויִוָּשעו ויינצלו מכל צרה ומכל חוליים רעים. אדוננו שבשמים יהיה בעזרתם בכל זמן ועת, ונאמר אמן.

וּמִן כָּל מַרְעִין בִּישִׁין. מָרַן דִּי בִשְׁמַיָּא יְהֵא בְסַעְדְּהוֹן כָּל זְמַן וְעִדָּן, וְנֹאמַר אָמֵן.

יְקוּם פֻּרְקָן מִן שְׁמַיָּא, חִנָּא וְחִסְדָּא וְרַחֲמֵי וְחַיֵּי אֲרִיכֵי וּמְזוֹנֵי רְוִיחֵי, וְסִיַּעְתָּא דִשְׁמַיָּא, וּבַרְיוּת גּוּפָא וּנְהוֹרָא מְעַלְּיָא, זַרְעָא חַיָּא וְקַיָּמָא, זַרְעָא דִּי לָא יִפְסֻק וְדִי לָא יִבְטֻל מִפִּתְגָּמֵי אוֹרַיְתָא, לְכָל קְהָלָא קַדִּישָׁא הָדֵין, רַבְרְבַיָּא עִם זְעֵרַיָּא, טַפְלָא וּנְשַׁיָּא. מַלְכָּא דְעָלְמָא יְבָרֵךְ יָתְכוֹן, יַפֵּשׁ חַיֵּיכוֹן וְיַסְגֵּא יוֹמֵיכוֹן, וְיִתֵּן אַרְכָא לִשְׁנֵיכוֹן, וְתִתְפָּרְקוּן וְתִשְׁתֵּיזְבוּן מִן כָּל עָקָא וּמִן כָּל מַרְעִין בִּישִׁין. מָרַן דִּי בִשְׁמַיָּא יְהֵא בְסַעְדְּכוֹן כָּל זְמַן וְעִדָּן, וְנֹאמַר אָמֵן.

מִי שֶׁבֵּרַךְ אֲבוֹתֵינוּ אַבְרָהָם יִצְחָק וְיַעֲקֹב, הוּא יְבָרֵךְ אֶת כָּל הַקָּהָל הַקָּדוֹשׁ הַזֶּה עִם כָּל קְהִלּוֹת הַקֹּדֶשׁ, הֵם וּנְשֵׁיהֶם וּבְנֵיהֶם וּבְנוֹתֵיהֶם וְכָל אֲשֶׁר לָהֶם, וּמִי שֶׁמְּיַחֲדִים בָּתֵּי כְנֵסִיּוֹת לִתְפִלָּה, וּמִי שֶׁבָּאִים בְּתוֹכָם לְהִתְפַּלֵּל, וּמִי שֶׁנּוֹתְנִים נֵר לַמָּאוֹר וְיַיִן לְקִדּוּשׁ וּלְהַבְדָּלָה וּפַת לָאוֹרְחִים וּצְדָקָה לָעֲנִיִּים, וְכָל מִי שֶׁעוֹסְקִים בְּצָרְכֵי צִבּוּר בֶּאֱמוּנָה. הַקָּדוֹשׁ בָּרוּךְ הוּא יְשַׁלֵּם שְׂכָרָם, וְיָסִיר מֵהֶם כָּל מַחֲלָה, וְיִרְפָּא לְכָל גּוּפָם, וְיִסְלַח לְכָל עֲוֹנָם, וְיִשְׁלַח בְּרָכָה וְהַצְלָחָה בְּכָל מַעֲשֵׂי יְדֵיהֶם עִם כָּל יִשְׂרָאֵל אֲחֵיהֶם, וְנֹאמַר אָמֵן.

יקום פורקן מן השמים, חן וחסד ורחמים וחיים ארוכים ומזונות רווחים וסיוע מן השמים, ובריאות הגוף ואור מעולה, זרע חי וקיים, זרע שלא יפסוק ושלא יבטל מדברי תורה, לכל הקהל הקדוש הזה, הגדולים עם הקטנים, הטף והנשים. מלך העולם יברך אתכם, ירבה חייכם ויגדיל ימיכם ויתן אריכות לשנותיכם. ותִּוָּשעו ותינצלו מכל צרה ומכל חוליים רעים. אדוננו שבשמים יהיה בעזרתכם בכל זמן ועת, ונאמר אמן.

תפילה לשלום מדינת ישראל

אָבִינוּ שֶׁבַּשָּׁמַיִם, צוּר יִשְׂרָאֵל וְגוֹאֲלוֹ, בָּרֵךְ אֶת מְדִינַת יִשְׂרָאֵל, רֵאשִׁית צְמִיחַת גְּאֻלָּתֵנוּ. הָגֵן עָלֶיהָ בְּאֶבְרַת חַסְדֶּךָ וּפְרֹשׂ עָלֶיהָ סֻכַּת שְׁלוֹמֶךָ, וּשְׁלַח אוֹרְךָ וַאֲמִתְּךָ לְרָאשֶׁיהָ, שָׂרֶיהָ וְיוֹעֲצֶיהָ, וְתַקְּנֵם בְּעֵצָה טוֹבָה מִלְּפָנֶיךָ.

חַזֵּק אֶת יְדֵי מְגִנֵּי אֶרֶץ קָדְשֵׁנוּ, וְהַנְחִילֵם אֱלֹהֵינוּ יְשׁוּעָה וַעֲטֶרֶת נִצָּחוֹן תְּעַטְּרֵם, וְנָתַתָּ שָׁלוֹם בָּאָרֶץ וְשִׂמְחַת עוֹלָם לְיוֹשְׁבֶיהָ.

וְאֶת אַחֵינוּ כָּל בֵּית יִשְׂרָאֵל, פְּקָד נָא בְּכָל אַרְצוֹת פְּזוּרֵיהֶם, וְתוֹלִיכֵם מְהֵרָה קוֹמְמִיּוּת לְצִיּוֹן עִירֶךָ וְלִירוּשָׁלַיִם מִשְׁכַּן
שְׁמֶךָ, כַּכָּתוּב בְּתוֹרַת מֹשֶׁה עַבְדֶּךָ: אִם־יִהְיֶה נִדַּחֲךָ בִּקְצֵה דברים ל
הַשָּׁמָיִם, מִשָּׁם יְקַבֶּצְךָ יהוה אֱלֹהֶיךָ וּמִשָּׁם יִקָּחֶךָ: וֶהֱבִיאֲךָ יהוה אֱלֹהֶיךָ אֶל־הָאָרֶץ אֲשֶׁר־יָרְשׁוּ אֲבֹתֶיךָ וִירִשְׁתָּהּ, וְהֵיטִבְךָ וְהִרְבְּךָ מֵאֲבֹתֶיךָ: וּמָל יהוה אֱלֹהֶיךָ אֶת־לְבָבְךָ וְאֶת־לְבַב זַרְעֶךָ, לְאַהֲבָה אֶת־יהוה אֱלֹהֶיךָ בְּכָל־לְבָבְךָ וּבְכָל־נַפְשְׁךָ, לְמַעַן חַיֶּיךָ:

וְיַחֵד לְבָבֵנוּ לְאַהֲבָה וּלְיִרְאָה אֶת שְׁמֶךָ, וְלִשְׁמֹר אֶת כָּל דִּבְרֵי תוֹרָתֶךָ, וּשְׁלַח לָנוּ מְהֵרָה בֶּן דָּוִד מְשִׁיחַ צִדְקֶךָ, לִפְדּוֹת מְחַכֵּי קֵץ יְשׁוּעָתֶךָ.

וְהוֹפַע בַּהֲדַר גְּאוֹן עֻזֶּךָ עַל כָּל יוֹשְׁבֵי תֵבֵל אַרְצֶךָ וְיֹאמַר כֹּל אֲשֶׁר נְשָׁמָה בְאַפּוֹ, יהוה אֱלֹהֵי יִשְׂרָאֵל מֶלֶךְ וּמַלְכוּתוֹ בַּכֹּל מָשָׁלָה, אָמֵן סֶלָה.

מי שבירך לחיילי צה״ל

מִי שֶׁבֵּרַךְ אֲבוֹתֵינוּ אַבְרָהָם יִצְחָק וְיַעֲקֹב הוּא יְבָרֵךְ אֶת חַיָּלֵי צְבָא הַהֲגָנָה לְיִשְׂרָאֵל וְאַנְשֵׁי כֹּחוֹת הַבִּטָּחוֹן, הָעוֹמְדִים עַל מִשְׁמַר אַרְצֵנוּ וְעָרֵי אֱלֹהֵינוּ, מִגְּבוּל הַלְּבָנוֹן וְעַד מִדְבַּר מִצְרַיִם וּמִן הַיָּם הַגָּדוֹל עַד לְבוֹא הָעֲרָבָה וּבְכָל מָקוֹם שֶׁהֵם, בַּיַּבָּשָׁה, בָּאֲוִיר וּבַיָּם. יִתֵּן יהוה אֶת אוֹיְבֵינוּ הַקָּמִים עָלֵינוּ נִגָּפִים לִפְנֵיהֶם. הַקָּדוֹשׁ בָּרוּךְ הוּא יִשְׁמֹר וְיַצִּיל אֶת חַיָּלֵינוּ מִכָּל צָרָה וְצוּקָה וּמִכָּל נֶגַע וּמַחֲלָה, וְיִשְׁלַח בְּרָכָה וְהַצְלָחָה בְּכָל מַעֲשֵׂי יְדֵיהֶם. יַדְבֵּר שׂוֹנְאֵינוּ תַּחְתֵּיהֶם וִיעַטְּרֵם בְּכֶתֶר יְשׁוּעָה וּבַעֲטֶרֶת נִצָּחוֹן. וִיקֻיַּם
בָּהֶם הַכָּתוּב: כִּי יהוה אֱלֹהֵיכֶם הַהֹלֵךְ עִמָּכֶם לְהִלָּחֵם לָכֶם דברים כ
עִם־אֹיְבֵיכֶם לְהוֹשִׁיעַ אֶתְכֶם: וְנֹאמַר אָמֵן.

מי שבירך לשבויים

מִי שֶׁבֵּרַךְ אֲבוֹתֵינוּ אַבְרָהָם יִצְחָק וְיַעֲקֹב, יוֹסֵף מֹשֶׁה וְאַהֲרֹן, דָּוִד וּשְׁלֹמֹה, הוּא יְבָרֵךְ וְיִשְׁמֹר וְיִנְצֹר אֶת נֶעְדְּרֵי צְבָא הַהֲגָנָה לְיִשְׂרָאֵל וּשְׁבוּיָו, וְאֶת כָּל אַחֵינוּ הַנְּתוּנִים בְּצָרָה וּבְשִׁבְיָה, בַּעֲבוּר שֶׁכָּל הַקָּהָל הַקָּדוֹשׁ הַזֶּה מִתְפַּלֵּל בַּעֲבוּרָם. הַקָּדוֹשׁ בָּרוּךְ הוּא יִמָּלֵא רַחֲמִים עֲלֵיהֶם, וְיוֹצִיאֵם מֵחֹשֶׁךְ וְצַלְמָוֶת, וּמוֹסְרוֹתֵיהֶם יְנַתֵּק, וּמִמְּצוּקוֹתֵיהֶם יוֹשִׁיעֵם, וִישִׁיבֵם מְהֵרָה
לְחֵיק מִשְׁפְּחוֹתֵיהֶם. יוֹדוּ לַיהוה חַסְדּוֹ וְנִפְלְאוֹתָיו לִבְנֵי אָדָם: תהלים קז
וִיקֻיַּם בָּהֶם מִקְרָא שֶׁכָּתוּב: וּפְדוּיֵי יהוה יְשֻׁבוּן, וּבָאוּ צִיּוֹן ישעיה לה
בְּרִנָּה, וְשִׂמְחַת עוֹלָם עַל־רֹאשָׁם, שָׂשׂוֹן וְשִׂמְחָה יַשִּׂיגוּ, וְנָסוּ יָגוֹן וַאֲנָחָה: וְנֹאמַר אָמֵן.

בשמחת תורה ממשיכים יזכור בעמוד הבא.

בשמחת תורה בחו״ל אין אומרים יזכור וממשיכים ׳יָהּ אֵלִי׳ בעמ׳ 336.

סדר הזכרת נשמות

נהגו באשכנז להזכיר את נשמות המתים ביום טוב אחרון (מחזור ויטרי, שיב). בארץ ישראל קיבלו מנהג זה, ומזכירים נשמות בשביעי של פסח, בשבועות, ביום הכיפורים ובשמיני עצרת אחרי קריאת התורה. בחו״ל מזכירים נשמות באחרון של פסח, ביום טוב שני של שבועות, ביום הכיפורים ובשמיני עצרת.

במקומות רבים נוהגים שמי שהוריו בחיים יוצא מבית הכנסת בשעת הזכרת נשמות (שערי אפרים).

תהלים קמד יהוה מָה־אָדָם וַתֵּדָעֵהוּ, בֶּן־אֱנוֹשׁ וַתְּחַשְּׁבֵהוּ:
אָדָם לַהֶבֶל דָּמָה, יָמָיו כְּצֵל עוֹבֵר:
תהלים צ בַּבֹּקֶר יָצִיץ וְחָלָף, לָעֶרֶב יְמוֹלֵל וְיָבֵשׁ:
לִמְנוֹת יָמֵינוּ כֵּן הוֹדַע, וְנָבִא לְבַב חָכְמָה:
תהלים לז שְׁמָר־תָּם וּרְאֵה יָשָׁר, כִּי־אַחֲרִית לְאִישׁ שָׁלוֹם:
תהלים מט אַךְ־אֱלֹהִים יִפְדֶּה נַפְשִׁי מִיַּד שְׁאוֹל, כִּי יִקָּחֵנִי סֶלָה:
תהלים עג כָּלָה שְׁאֵרִי וּלְבָבִי, צוּר־לְבָבִי וְחֶלְקִי אֱלֹהִים לְעוֹלָם:
קהלת יב וְיָשֹׁב הֶעָפָר עַל־הָאָרֶץ כְּשֶׁהָיָה
וְהָרוּחַ תָּשׁוּב אֶל־הָאֱלֹהִים אֲשֶׁר נְתָנָהּ:

תהלים צא יֹשֵׁב בְּסֵתֶר עֶלְיוֹן, בְּצֵל שַׁדַּי יִתְלוֹנָן: אֹמַר לַיהוה מַחְסִי וּמְצוּדָתִי, אֱלֹהַי
אֶבְטַח־בּוֹ: כִּי הוּא יַצִּילְךָ מִפַּח יָקוּשׁ, מִדֶּבֶר הַוּוֹת: בְּאֶבְרָתוֹ יָסֶךְ לָךְ,
וְתַחַת־כְּנָפָיו תֶּחְסֶה, צִנָּה וְסֹחֵרָה אֲמִתּוֹ: לֹא־תִירָא מִפַּחַד לָיְלָה, מֵחֵץ
יָעוּף יוֹמָם: מִדֶּבֶר בָּאֹפֶל יַהֲלֹךְ, מִקֶּטֶב יָשׁוּד צָהֳרָיִם: יִפֹּל מִצִּדְּךָ אֶלֶף,
וּרְבָבָה מִימִינֶךָ, אֵלֶיךָ לֹא יִגָּשׁ: רַק בְּעֵינֶיךָ תַבִּיט, וְשִׁלֻּמַת רְשָׁעִים תִּרְאֶה:
כִּי־אַתָּה יהוה מַחְסִי, עֶלְיוֹן שַׂמְתָּ מְעוֹנֶךָ: לֹא־תְאֻנֶּה אֵלֶיךָ רָעָה, וְנֶגַע
לֹא־יִקְרַב בְּאָהֳלֶךָ: כִּי מַלְאָכָיו יְצַוֶּה־לָּךְ, לִשְׁמָרְךָ בְּכָל־דְּרָכֶיךָ: עַל־כַּפַּיִם
יִשָּׂאוּנְךָ, פֶּן־תִּגֹּף בָּאֶבֶן רַגְלֶךָ: עַל־שַׁחַל וָפֶתֶן תִּדְרֹךְ, תִּרְמֹס כְּפִיר וְתַנִּין:
כִּי בִי חָשַׁק וַאֲפַלְּטֵהוּ, אֲשַׂגְּבֵהוּ כִּי־יָדַע שְׁמִי: יִקְרָאֵנִי וְאֶעֱנֵהוּ, עִמּוֹ־אָנֹכִי
בְצָרָה, אֲחַלְּצֵהוּ וַאֲכַבְּדֵהוּ: אֹרֶךְ יָמִים אַשְׂבִּיעֵהוּ, וְאַרְאֵהוּ בִּישׁוּעָתִי:
אֹרֶךְ יָמִים אַשְׂבִּיעֵהוּ, וְאַרְאֵהוּ בִּישׁוּעָתִי:

לזכרון אב:

יִזְכֹּר אֱלֹהִים נִשְׁמַת אָבִי מוֹרִי (פלוני בֶּן פלוני) שֶׁהָלַךְ לְעוֹלָמוֹ, בַּעֲבוּר שֶׁבְּלִי נֶדֶר אֶתֵּן צְדָקָה בַּעֲדוֹ. בִּשְׂכַר זֶה תְּהֵא נַפְשׁוֹ צְרוּרָה בִּצְרוֹר הַחַיִּים עִם נִשְׁמוֹת אַבְרָהָם יִצְחָק וְיַעֲקֹב, שָׂרָה רִבְקָה רָחֵל וְלֵאָה, וְעִם שְׁאָר צַדִּיקִים וְצִדְקָנִיּוֹת שֶׁבְּגַן עֵדֶן, וְנֹאמַר אָמֵן.

לזכרון אם:

יִזְכֹּר אֱלֹהִים נִשְׁמַת אִמִּי מוֹרָתִי (פלונית בַּת פלוני) שֶׁהָלְכָה לְעוֹלָמָהּ, בַּעֲבוּר שֶׁבְּלִי נֶדֶר אֶתֵּן צְדָקָה בַּעֲדָהּ. בִּשְׂכַר זֶה תְּהֵא נַפְשָׁהּ צְרוּרָה בִּצְרוֹר הַחַיִּים עִם נִשְׁמוֹת אַבְרָהָם יִצְחָק וְיַעֲקֹב, שָׂרָה רִבְקָה רָחֵל וְלֵאָה, וְעִם שְׁאָר צַדִּיקִים וְצִדְקָנִיּוֹת שֶׁבְּגַן עֵדֶן, וְנֹאמַר אָמֵן.

לזכרון קדושים:

יִזְכֹּר אֱלֹהִים נִשְׁמַת (לזכר: פלוני בֶּן פלוני / לנקבה: פלונית בַּת פלוני) וְנִשְׁמוֹת כָּל קְרוֹבַי וּקְרוֹבוֹתַי, הֵן מִצַּד אָבִי הֵן מִצַּד אִמִּי, שֶׁהוּמְתוּ וְשֶׁנֶּהֶרְגוּ וְשֶׁנִּשְׁחֲטוּ וְשֶׁנִּשְׂרְפוּ וְשֶׁנִּטְבְּעוּ וְשֶׁנֶּחְנְקוּ עַל קִדּוּשׁ הַשֵּׁם, בַּעֲבוּר שֶׁבְּלִי נֶדֶר אֶתֵּן צְדָקָה בְּעַד הַזְכָּרַת נִשְׁמוֹתֵיהֶם. בִּשְׂכַר זֶה תִּהְיֶינָה נַפְשׁוֹתֵיהֶם צְרוּרוֹת בִּצְרוֹר הַחַיִּים עִם נִשְׁמוֹת אַבְרָהָם יִצְחָק וְיַעֲקֹב, שָׂרָה רִבְקָה רָחֵל וְלֵאָה, וְעִם שְׁאָר צַדִּיקִים וְצִדְקָנִיּוֹת שֶׁבְּגַן עֵדֶן, וְנֹאמַר אָמֵן.

לזכרון קרוב:

אֵל מָלֵא רַחֲמִים, שׁוֹכֵן בַּמְּרוֹמִים, הַמְצֵא מְנוּחָה נְכוֹנָה עַל כַּנְפֵי הַשְּׁכִינָה, בְּמַעֲלוֹת קְדוֹשִׁים וּטְהוֹרִים, כְּזֹהַר הָרָקִיעַ מַזְהִירִים, לְנִשְׁמַת (פלוני בֶּן פלוני) שֶׁהָלַךְ לְעוֹלָמוֹ, בַּעֲבוּר שֶׁבְּלִי נֶדֶר אֶתֵּן צְדָקָה בְּעַד הַזְכָּרַת נִשְׁמָתוֹ, בְּגַן עֵדֶן תְּהֵא מְנוּחָתוֹ. לָכֵן, בַּעַל הָרַחֲמִים

יַסְתִּירֵהוּ בְּסֵתֶר כְּנָפָיו לְעוֹלָמִים, וְיִצְרֹר בִּצְרוֹר הַחַיִּים אֶת נִשְׁמָתוֹ, יהוה הוּא נַחֲלָתוֹ, וְיָנוּחַ בְּשָׁלוֹם עַל מִשְׁכָּבוֹ, וְנֹאמַר אָמֵן.

לזכרון קרובה:

אֵל מָלֵא רַחֲמִים, שׁוֹכֵן בַּמְּרוֹמִים, הַמְצֵא מְנוּחָה נְכוֹנָה עַל כַּנְפֵי הַשְּׁכִינָה, בְּמַעֲלוֹת קְדוֹשִׁים וּטְהוֹרִים, כְּזֹהַר הָרָקִיעַ מַזְהִירִים, לְנִשְׁמַת (פלונית בַּת פלוני) שֶׁהָלְכָה לְעוֹלָמָהּ, בַּעֲבוּר שֶׁבְּלִי נֶדֶר אֶתֵּן צְדָקָה בְּעַד הַזְכָּרַת נִשְׁמָתָהּ, בְּגַן עֵדֶן תְּהֵא מְנוּחָתָהּ. לָכֵן, בַּעַל הָרַחֲמִים יַסְתִּירֶהָ בְּסֵתֶר כְּנָפָיו לְעוֹלָמִים, וְיִצְרֹר בִּצְרוֹר הַחַיִּים אֶת נִשְׁמָתָהּ, יהוה הוּא נַחֲלָתָהּ, וְתָנוּחַ בְּשָׁלוֹם עַל מִשְׁכָּבָהּ, וְנֹאמַר אָמֵן.

אזכרה לחיילי צה״ל:

אֵל מָלֵא רַחֲמִים, שׁוֹכֵן בַּמְּרוֹמִים, הַמְצֵא מְנוּחָה נְכוֹנָה עַל כַּנְפֵי הַשְּׁכִינָה, בְּמַעֲלוֹת קְדוֹשִׁים טְהוֹרִים וְגִבּוֹרִים, כְּזֹהַר הָרָקִיעַ מַזְהִירִים, לְנִשְׁמוֹת הַקְּדוֹשִׁים שֶׁנִּלְחֲמוּ בְּכָל מַעַרְכוֹת יִשְׂרָאֵל, בַּמַּחְתֶּרֶת וּבִצְבָא הַהֲגָנָה לְיִשְׂרָאֵל, וְשֶׁנָּפְלוּ בְּמִלְחַמְתָּם וּמָסְרוּ נַפְשָׁם עַל קְדֻשַּׁת הַשֵּׁם, הָעָם וְהָאָרֶץ, בַּעֲבוּר שֶׁאָנוּ מִתְפַּלְּלִים לְעִלּוּי נִשְׁמוֹתֵיהֶם. לָכֵן, בַּעַל הָרַחֲמִים יַסְתִּירֵם בְּסֵתֶר כְּנָפָיו לְעוֹלָמִים, וְיִצְרֹר בִּצְרוֹר הַחַיִּים אֶת נִשְׁמוֹתֵיהֶם, יהוה הוּא נַחֲלָתָם, בְּגַן עֵדֶן תְּהֵא מְנוּחָתָם, וְיָנוּחוּ בְּשָׁלוֹם עַל מִשְׁכְּבוֹתֵיהֶם וְתַעֲמֹד לְכָל יִשְׂרָאֵל זְכוּתָם, וְיַעַמְדוּ לְגוֹרָלָם לְקֵץ הַיָּמִין, וְנֹאמַר אָמֵן.

אזכרה לקדושי השואה:

אֵל מָלֵא רַחֲמִים, דַּיַּן אַלְמָנוֹת וַאֲבִי יְתוֹמִים, אַל נָא תֶחֱשֶׁה וְתִתְאַפַּק לְדַם יִשְׂרָאֵל שֶׁנִּשְׁפַּךְ כַּמָּיִם. הַמְצֵא מְנוּחָה נְכוֹנָה עַל

כַּנְפֵי הַשְּׁכִינָה, בְּמַעֲלוֹת קְדוֹשִׁים וּטְהוֹרִים, כְּזֹהַר הָרָקִיעַ מְאִירִים וּמַזְהִירִים, לְנִשְׁמוֹתֵיהֶם שֶׁל רִבְבוֹת אַלְפֵי יִשְׂרָאֵל, אֲנָשִׁים וְנָשִׁים, יְלָדִים וִילָדוֹת, שֶׁנֶּהֶרְגוּ וְנִשְׁחֲטוּ וְנִשְׂרְפוּ וְנֶחְנְקוּ וְנִקְבְּרוּ חַיִּים, בָּאֲרָצוֹת אֲשֶׁר נָגְעָה בָהֶן יַד הַצּוֹרֵר הַגֶּרְמָנִי וְגוֹרוּרָיו. כֻּלָּם קְדוֹשִׁים וּטְהוֹרִים, וּבָהֶם גְּאוֹנִים וְצַדִּיקִים, אַרְזֵי הַלְּבָנוֹן אַדִּירֵי הַתּוֹרָה. בְּגַן עֵדֶן תְּהֵא מְנוּחָתָם. לָכֵן, בַּעַל הָרַחֲמִים יַסְתִּירֵם בְּסֵתֶר כְּנָפָיו לְעוֹלָמִים, וְיִצְרֹר בִּצְרוֹר הַחַיִּים אֶת נִשְׁמָתָם, יהוה הוּא נַחֲלָתָם, וְיָנְוּחוּ בְשָׁלוֹם עַל מִשְׁכְּבָם, וְנֹאמַר אָמֵן.

והקהל אומר:

אַב הָרַחֲמִים שׁוֹכֵן מְרוֹמִים, בְּרַחֲמָיו הָעֲצוּמִים הוּא יִפְקֹד בְּרַחֲמִים הַחֲסִידִים וְהַיְשָׁרִים וְהַתְּמִימִים, קְהִלּוֹת הַקֹּדֶשׁ שֶׁמָּסְרוּ נַפְשָׁם עַל קְדֻשַּׁת הַשֵּׁם, הַנֶּאֱהָבִים וְהַנְּעִימִים בְּחַיֵּיהֶם, וּבְמוֹתָם לֹא נִפְרָדוּ, מִנְּשָׁרִים קַלּוּ וּמֵאֲרָיוֹת גָּבֵרוּ לַעֲשׂוֹת רְצוֹן קוֹנָם וְחֵפֶץ צוּרָם. יִזְכְּרֵם אֱלֹהֵינוּ לְטוֹבָה עִם שְׁאָר צַדִּיקֵי עוֹלָם, וְיִנְקֹם לְעֵינֵינוּ נִקְמַת דַּם
עֲבָדָיו הַשָּׁפוּךְ, כַּכָּתוּב בְּתוֹרַת מֹשֶׁה אִישׁ הָאֱלֹהִים, הַרְנִינוּ גוֹיִם דברים לב
עַמּוֹ, כִּי דַם־עֲבָדָיו יִקּוֹם, וְנָקָם יָשִׁיב לְצָרָיו, וְכִפֶּר אַדְמָתוֹ עַמּוֹ:
וְעַל יְדֵי עֲבָדֶיךָ הַנְּבִיאִים כָּתוּב לֵאמֹר, וְנִקֵּיתִי, דָּמָם לֹא־נִקֵּיתִי, יואל ד
וַיהוה שֹׁכֵן בְּצִיּוֹן: וּבְכִתְבֵי הַקֹּדֶשׁ נֶאֱמַר, לָמָּה יֹאמְרוּ הַגּוֹיִם תהלים עט
אַיֵּה אֱלֹהֵיהֶם, יִוָּדַע בַּגּוֹיִם לְעֵינֵינוּ נִקְמַת דַּם־עֲבָדֶיךָ הַשָּׁפוּךְ:
וְאוֹמֵר, כִּי־דֹרֵשׁ דָּמִים אוֹתָם זָכָר, לֹא־שָׁכַח צַעֲקַת עֲנָוִים: וְאוֹמֵר, תהלים ט
יָדִין בַּגּוֹיִם מָלֵא גְוִיּוֹת, מָחַץ רֹאשׁ עַל־אֶרֶץ רַבָּה: מִנַּחַל בַּדֶּרֶךְ תהלים קי
יִשְׁתֶּה, עַל־כֵּן יָרִים רֹאשׁ:

ממשיכים ׳אַשְׁרֵי׳ (בעמוד הבא) ומחזירים את ספרי התורה לארון הקודש.

פתיחה לתפילת מוסף לשלוש רגלים שהביא השל״ה

ברוב הקהילות אין אומרים פיוט זה בימים שמזכירים בהם נשמות,
ויש שאינם אומרים אותו בשבת.

יָהּ אֵלִי וְגוֹאֲלִי, אֶתְיַצְּבָה לִקְרָאתֶךָ
הָיָה וְיִהְיֶה, הָיָה וְהֹוֶה, כָּל גּוֹי אַדְמָתֶךָ.

וְתוֹדָה וְלָעוֹלָה וְלַמִּנְחָה וְלַחַטָּאת וְלָאָשָׁם
וְלַשְּׁלָמִים וְלַמִּלּוּאִים כָּל קָרְבָּנֶךָ.
זְכֹר נִלְאָה אֲשֶׁר נָשְׂאָה וְהָשִׁיבָה לְאַדְמָתֶךָ
סֶלָה אֲהַלְלֶךָּ בְּאַשְׁרֵי יוֹשְׁבֵי בֵיתֶךָ.

דַּק עַל דַּק, עַד אֵין נִבְדַּק, וְלִתְבוּנָתוֹ אֵין חֵקֶר
הָאֵל נוֹרָא, בְּאַחַת סְקִירָה, בֵּין טוֹב לְרַע יְבַקֵּר.

וְתוֹדָה וְלָעוֹלָה וְלַמִּנְחָה וְלַחַטָּאת וְלָאָשָׁם
וְלַשְּׁלָמִים וְלַמִּלּוּאִים כָּל קָרְבָּנֶךָ.
זְכֹר נִלְאָה אֲשֶׁר נָשְׂאָה וְהָשִׁיבָה לְאַדְמָתֶךָ
סֶלָה אֲהַלְלֶךָּ בְּאַשְׁרֵי יוֹשְׁבֵי בֵיתֶךָ.

אֲדוֹן צְבָאוֹת, בְּרֹב פְּלָאוֹת, חִבֵּר כָּל אֳהָלוֹ
בִּנְתִיבוֹת לֵב לִבְלֵב, הַצּוּר תָּמִים פָּעֳלוֹ.

וְתוֹדָה וְלָעוֹלָה וְלַמִּנְחָה וְלַחַטָּאת וְלָאָשָׁם
וְלַשְּׁלָמִים וְלַמִּלּוּאִים כָּל קָרְבָּנֶךָ.
זְכֹר נִלְאָה אֲשֶׁר נָשְׂאָה וְהָשִׁיבָה לְאַדְמָתֶךָ
סֶלָה אֲהַלְלֶךָּ בְּאַשְׁרֵי יוֹשְׁבֵי בֵיתֶךָ.

בשמחת תורה יש אומרים כאן את הפיוטים בעמ׳ 521–524.

״אמר רבי אלעזר אמר רבי אבינא: כל האומר ׳תהלה לדוד׳ בכל יום שלש פעמים – מובטח לו שהוא בן העולם הבא״ (ברכות ד ע״ב).

אַשְׁרֵי יוֹשְׁבֵי בֵיתֶךָ, עוֹד יְהַלְלוּךָ סֶּלָה: תהלים פד
אַשְׁרֵי הָעָם שֶׁכָּכָה לּוֹ, אַשְׁרֵי הָעָם שֶׁיהוה אֱלֹהָיו: תהלים קמד

תְּהִלָּה לְדָוִד תהלים קמה

אֲרוֹמִמְךָ אֱלוֹהַי הַמֶּלֶךְ, וַאֲבָרְכָה שִׁמְךָ לְעוֹלָם וָעֶד:
בְּכָל־יוֹם אֲבָרְכֶךָּ, וַאֲהַלְלָה שִׁמְךָ לְעוֹלָם וָעֶד:
גָּדוֹל יהוה וּמְהֻלָּל מְאֹד, וְלִגְדֻלָּתוֹ אֵין חֵקֶר:
דּוֹר לְדוֹר יְשַׁבַּח מַעֲשֶׂיךָ, וּגְבוּרֹתֶיךָ יַגִּידוּ:
הֲדַר כְּבוֹד הוֹדֶךָ, וְדִבְרֵי נִפְלְאֹתֶיךָ אָשִׂיחָה:
וֶעֱזוּז נוֹרְאֹתֶיךָ יֹאמֵרוּ, וּגְדוּלָּתְךָ אֲסַפְּרֶנָּה:
זֵכֶר רַב־טוּבְךָ יַבִּיעוּ, וְצִדְקָתְךָ יְרַנֵּנוּ:
חַנּוּן וְרַחוּם יהוה, אֶרֶךְ אַפַּיִם וּגְדָל־חָסֶד:
טוֹב־יהוה לַכֹּל, וְרַחֲמָיו עַל־כָּל־מַעֲשָׂיו:
יוֹדוּךָ יהוה כָּל־מַעֲשֶׂיךָ, וַחֲסִידֶיךָ יְבָרְכוּכָה:
כְּבוֹד מַלְכוּתְךָ יֹאמֵרוּ, וּגְבוּרָתְךָ יְדַבֵּרוּ:
לְהוֹדִיעַ לִבְנֵי הָאָדָם גְּבוּרֹתָיו, וּכְבוֹד הֲדַר מַלְכוּתוֹ:
מַלְכוּתְךָ מַלְכוּת כָּל־עֹלָמִים, וּמֶמְשַׁלְתְּךָ בְּכָל־דּוֹר וָדֹר:
סוֹמֵךְ יהוה לְכָל־הַנֹּפְלִים, וְזוֹקֵף לְכָל־הַכְּפוּפִים:
עֵינֵי־כֹל אֵלֶיךָ יְשַׂבֵּרוּ, וְאַתָּה נוֹתֵן־לָהֶם אֶת־אָכְלָם בְּעִתּוֹ:
פּוֹתֵחַ אֶת־יָדֶךָ, וּמַשְׂבִּיעַ לְכָל־חַי רָצוֹן:
צַדִּיק יהוה בְּכָל־דְּרָכָיו, וְחָסִיד בְּכָל־מַעֲשָׂיו:
קָרוֹב יהוה לְכָל־קֹרְאָיו, לְכֹל אֲשֶׁר יִקְרָאֻהוּ בֶאֱמֶת:
רְצוֹן־יְרֵאָיו יַעֲשֶׂה, וְאֶת־שַׁוְעָתָם יִשְׁמַע, וְיוֹשִׁיעֵם:
שׁוֹמֵר יהוה אֶת־כָּל־אֹהֲבָיו, וְאֵת כָּל־הָרְשָׁעִים יַשְׁמִיד:
› תְּהִלַּת יהוה יְדַבֶּר פִּי, וִיבָרֵךְ כָּל־בָּשָׂר שֵׁם קָדְשׁוֹ לְעוֹלָם וָעֶד:
וַאֲנַחְנוּ נְבָרֵךְ יָהּ מֵעַתָּה וְעַד־עוֹלָם, הַלְלוּיָהּ: תהלים קטו

הכנסת ספר תורה

פותחים את ארון הקודש, והקהל עומד על רגליו.
שליח הציבור נוטל את ספר התורה ואומר:

תהלים קמח
יְהַלְלוּ אֶת־שֵׁם יהוה, כִּי־נִשְׂגָּב שְׁמוֹ, לְבַדּוֹ

הקהל אומר:

הוֹדוֹ עַל־אֶרֶץ וְשָׁמָיִם:
וַיָּרֶם קֶרֶן לְעַמּוֹ
תְּהִלָּה לְכָל־חֲסִידָיו
לִבְנֵי יִשְׂרָאֵל עַם קְרֹבוֹ
הַלְלוּיָהּ:

ביום טוב שחל בשבת, אומרים:

תהלים כט
מִזְמוֹר לְדָוִד, הָבוּ לַיהוה בְּנֵי אֵלִים, הָבוּ לַיהוה כָּבוֹד וָעֹז: הָבוּ
לַיהוה כְּבוֹד שְׁמוֹ, הִשְׁתַּחֲווּ לַיהוה בְּהַדְרַת־קֹדֶשׁ: קוֹל יהוה
עַל־הַמָּיִם, אֵל־הַכָּבוֹד הִרְעִים, יהוה עַל־מַיִם רַבִּים: קוֹל־יהוה
בַּכֹּחַ, קוֹל יהוה בֶּהָדָר: קוֹל יהוה שֹׁבֵר אֲרָזִים, וַיְשַׁבֵּר יהוה אֶת־
אַרְזֵי הַלְּבָנוֹן: וַיַּרְקִידֵם כְּמוֹ־עֵגֶל, לְבָנוֹן וְשִׂרְיוֹן כְּמוֹ בֶן־רְאֵמִים:
קוֹל־יהוה חֹצֵב לַהֲבוֹת אֵשׁ: קוֹל יהוה יָחִיל מִדְבָּר, יָחִיל יהוה
מִדְבַּר קָדֵשׁ: קוֹל יהוה יְחוֹלֵל אַיָּלוֹת וַיֶּחֱשֹׂף יְעָרוֹת, וּבְהֵיכָלוֹ,
כֻּלּוֹ אֹמֵר כָּבוֹד: יהוה לַמַּבּוּל יָשָׁב, וַיֵּשֶׁב יהוה מֶלֶךְ לְעוֹלָם:
יהוה עֹז לְעַמּוֹ יִתֵּן, יהוה יְבָרֵךְ אֶת־עַמּוֹ בַשָּׁלוֹם:

ביום טוב שאינו חל בשבת, אומרים (סידור השל״ה):

תהלים כד
לְדָוִד מִזְמוֹר, לַיהוה הָאָרֶץ וּמְלוֹאָהּ, תֵּבֵל וְיֹשְׁבֵי בָהּ: כִּי־הוּא
עַל־יַמִּים יְסָדָהּ, וְעַל־נְהָרוֹת יְכוֹנְנֶהָ: מִי־יַעֲלֶה בְהַר־יהוה,

וּמִי־יָקוּם בִּמְקוֹם קָדְשׁוֹ: נְקִי כַפַּיִם וּבַר־לֵבָב, אֲשֶׁר לֹא־נָשָׂא לַשָּׁוְא נַפְשִׁי וְלֹא נִשְׁבַּע לְמִרְמָה: יִשָּׂא בְרָכָה מֵאֵת יהוה, וּצְדָקָה מֵאֱלֹהֵי יִשְׁעוֹ: זֶה דּוֹר דֹּרְשָׁו, מְבַקְשֵׁי פָנֶיךָ, יַעֲקֹב, סֶלָה: שְׂאוּ שְׁעָרִים רָאשֵׁיכֶם, וְהִנָּשְׂאוּ פִּתְחֵי עוֹלָם, וְיָבוֹא מֶלֶךְ הַכָּבוֹד: מִי זֶה מֶלֶךְ הַכָּבוֹד, יהוה עִזּוּז וְגִבּוֹר, יהוה גִּבּוֹר מִלְחָמָה: שְׂאוּ שְׁעָרִים רָאשֵׁיכֶם, וּשְׂאוּ פִּתְחֵי עוֹלָם, וְיָבֹא מֶלֶךְ הַכָּבוֹד: מִי הוּא זֶה מֶלֶךְ הַכָּבוֹד, יהוה צְבָאוֹת הוּא מֶלֶךְ הַכָּבוֹד, סֶלָה:

מכניסים את ספר התורה לארון הקודש ואומרים
(ספר המחכים, סידור 'מלאה הארץ דעה'):

וּבְנֻחֹה יֹאמַר, שׁוּבָה יהוה רִבְבוֹת אַלְפֵי יִשְׂרָאֵל: במדבר י

קוּמָה יהוה לִמְנוּחָתֶךָ, אַתָּה וַאֲרוֹן עֻזֶּךָ: תהלים קלב

כֹּהֲנֶיךָ יִלְבְּשׁוּ־צֶדֶק, וַחֲסִידֶיךָ יְרַנֵּנוּ:

בַּעֲבוּר דָּוִד עַבְדֶּךָ אַל־תָּשֵׁב פְּנֵי מְשִׁיחֶךָ:

כִּי לֶקַח טוֹב נָתַתִּי לָכֶם, תּוֹרָתִי אַל־תַּעֲזֹבוּ: משלי ד

◂ עֵץ־חַיִּים הִיא לַמַּחֲזִיקִים בָּהּ, וְתֹמְכֶיהָ מְאֻשָּׁר: משלי ג

דְּרָכֶיהָ דַרְכֵי־נֹעַם וְכָל־נְתִיבוֹתֶיהָ שָׁלוֹם:

הֲשִׁיבֵנוּ יהוה אֵלֶיךָ וְנָשׁוּבָה, חַדֵּשׁ יָמֵינוּ כְּקֶדֶם: איכה ה

סוגרים את ארון הקודש, וממשיכים בחצי קדיש ובמוסף ליום טוב בעמ' 347.

יש קהילות שבהן נוהגים לומר את תפילות טל וגשם לפני מוסף,
ובהן ביום טוב ראשון של פסח אין סוגרים את ארון הקודש.
מתחילים 'אֱלֹהֵינוּ וֵאלֹהֵי אֲבוֹתֵינוּ' בעמ' 341, ובשמחת תורה בעמ' 343.

תפילת טל

נוהגים לומר תפילת טל בחזרת הש״ץ של יום טוב ראשון של פסח.
יש האומרים תפילת טל לפני תפילת מוסף, ורק את הפיוט שבעמוד הבא.

פותחים את ארון הקודש.

דברים לב כִּי שֵׁם יהוה אֶקְרָא, הָבוּ גֹדֶל לֵאלֹהֵינוּ:
תהלים נא אֲדֹנָי, שְׂפָתַי תִּפְתָּח, וּפִי יַגִּיד תְּהִלָּתֶךָ:

אבות

בָּרוּךְ אַתָּה יהוה, אֱלֹהֵינוּ וֵאלֹהֵי אֲבוֹתֵינוּ, אֱלֹהֵי אַבְרָהָם, אֱלֹהֵי יִצְחָק, וֵאלֹהֵי יַעֲקֹב, הָאֵל הַגָּדוֹל הַגִּבּוֹר וְהַנּוֹרָא, אֵל עֶלְיוֹן, גּוֹמֵל חֲסָדִים טוֹבִים, קוֹנֵה הַכֹּל, וְזוֹכֵר חַסְדֵי אָבוֹת, וּמֵבִיא גוֹאֵל לִבְנֵי בְנֵיהֶם לְמַעַן שְׁמוֹ בְּאַהֲבָה. מֶלֶךְ עוֹזֵר וּמוֹשִׁיעַ וּמָגֵן.

בְּדַעְתּוֹ אַבִּיעָה חִידוֹת
בְּעַם זוּ בְּזוּ בְּטַל לְהַחֲדוֹת.
טַל גֵּיא וּדְשָׁאֶיהָ לַחֲדוֹת
דָּצִים בְּצִלּוֹ לְהֵחָדוֹת.
אוֹת יַלְדוּת טַל, לְהָגֵן לְתוֹלָדוֹת

בָּרוּךְ אַתָּה יהוה, מָגֵן אַבְרָהָם.

גבורות

אַתָּה גִּבּוֹר לְעוֹלָם אֲדֹנָי
מְחַיֵּה מֵתִים אַתָּה, רַב לְהוֹשִׁיעַ

תְּהוֹמוֹת הֲדוֹם לִרְסִיסוֹ כְסוּפִים
וְכָל נְאוֹת דֶּשֶׁא לוֹ נִכְסָפִים.
טַל זִכְרוֹ גְּבוּרוֹת מוֹסִיפִים
חָקוּק בְּגִישַׁת מוּסָפִים
טַל, לְהַחֲיוֹת בּוֹ נְקוּקֵי סְעִיפִים.

אֱלֹהֵינוּ וֵאלֹהֵי אֲבוֹתֵינוּ

טַל תֵּן לִרְצוֹת אַרְצָךְ שִׁיתֵנוּ בְרָכָה בְּדִיצָךְ
רֹב דָּגָן וְתִירוֹשׁ בְּהַפְרִיצָךְ קוֹמֵם עִיר בָּהּ חֶפְצָךְ בְּטָל.

טַל צַוֵּה שָׁנָה טוֹבָה וּמְעֻטֶּרֶת פְּרִי הָאָרֶץ לְגָאוֹן וּלְתִפְאֶרֶת
עִיר כַּסֻּכָּה נוֹתֶרֶת שִׂימָהּ בְּיָדְךָ עֲטֶרֶת בְּטָל.

טַל נוֹפֵף עֲלֵי אֶרֶץ בְּרוּכָה מִמֶּגֶד שָׁמַיִם שַׂבְּעֵנוּ בְרָכָה
לְהָאִיר מִתּוֹךְ חֲשֵׁכָה כַּנָּה אַחֲרֶיךָ מְשׁוּכָה בְּטָל.

טַל יַעֲסִיס צוּף הָרִים טְעֵם בִּמְאוֹדֶיךָ מֻבְחָרִים
חֲנוּנֶיךָ חַלֵּץ מִמַּסְגְּרִים זִמְרָה נַנְעִים וְקוֹל נָרִים בְּטָל.

טַל וָשֹׂבַע מַלֵּא אֲסָמֵינוּ הֲכָעֵת תְּחַדֵּשׁ יָמֵינוּ
דּוֹד, כְּעֶרְכְּךָ הַעֲמֵד שְׁמֵנוּ גַּן רָוֶה שִׂימֵנוּ בְּטָל.

טַל בּוֹ תְּבָרֵךְ מָזוֹן בְּמַשְׁמַנֵּינוּ אַל יְהִי רָזוֹן
אֲיֻמָּה אֲשֶׁר הִסַּעְתָּ כַּצֹּאן אָנָּא תָּפֵק לָהּ רָצוֹן בְּטָל.

שליח הציבור:

שָׁאַתָּה הוּא יהוה אֱלֹהֵינוּ
מַשִּׁיב הָרוּחַ וּמוֹרִיד הַטָּל

קהל ואחריו שליח הציבור:

לִבְרָכָה וְלֹא לִקְלָלָה קהל: אָמֵן
לְחַיִּים וְלֹא לְמָוֶת קהל: אָמֵן
לְשֹׂבַע וְלֹא לְרָזוֹן קהל: אָמֵן

שליח הציבור ממשיך ׳מְכַלְכֵּל חַיִּים בְּחֶסֶד׳ (עמ׳ 348).

תפילת גשם

נוהגים לומר תפילת גשם בחזרת הש״ץ של מוסף לשמיני עצרת.
ויש האומרים תפילת גשם לפני תפילת מוסף, ורק את הפיוט שבעמוד הבא.

פותחים את ארון הקודש.

כִּי שֵׁם יהוה אֶקְרָא, הָבוּ גֹדֶל לֵאלֹהֵינוּ: דברים לב

אֲדֹנָי, שְׂפָתַי תִּפְתָּח, וּפִי יַגִּיד תְּהִלָּתֶךָ: תהלים נא

אבות

בָּרוּךְ אַתָּה יהוה, אֱלֹהֵינוּ וֵאלֹהֵי אֲבוֹתֵינוּ, אֱלֹהֵי אַבְרָהָם, אֱלֹהֵי יִצְחָק, וֵאלֹהֵי יַעֲקֹב, הָאֵל הַגָּדוֹל הַגִּבּוֹר וְהַנּוֹרָא, אֵל עֶלְיוֹן, גּוֹמֵל חֲסָדִים טוֹבִים, קוֹנֵה הַכֹּל, וְזוֹכֵר חַסְדֵי אָבוֹת, וּמֵבִיא גוֹאֵל לִבְנֵי בְנֵיהֶם לְמַעַן שְׁמוֹ בְּאַהֲבָה. מֶלֶךְ עוֹזֵר וּמוֹשִׁיעַ וּמָגֵן.

אַף־בְּרִי אֻתַּת שֵׁם שַׂר מָטָר
לְהַעֲבִיב וּלְהַעֲנִין לְהָרִיק וּלְהַמְטַר
מַיִם אִבִּים בָּם גַּיְא לַעֲטַר
לְבַל יֻעֲצָרוּ בְּנִשְׁיוֹן שְׁטָר
אֱמוּנִים גְּנוֹן בָּם, שׁוֹאֲלֵי מָטָר.

בָּרוּךְ אַתָּה יהוה, מָגֵן אַבְרָהָם.

גבורות

אַתָּה גִּבּוֹר לְעוֹלָם אֲדֹנָי
מְחַיֵּה מֵתִים אַתָּה, רַב לְהוֹשִׁיעַ

יַטְרִיחַ לְפַלֵּג מִפֶּלֶג גֶּשֶׁם
לְמוֹגֵג פְּנֵי נֶשִׁי בְּצַחוּת לֶשֶׁם
מַיִם לְאַדְּרָךְ כִּנִּיתָ בְּרֶשֶׁם
לְהַרְגִּיעַ בְּרַעֲפָם לִנְפוּחֵי נֶשֶׁם
לְהַחֲיוֹת מַזְכִּירִים גְּבוּרוֹת הַגֶּשֶׁם.

אֱלֹהֵינוּ וֵאלֹהֵי אֲבוֹתֵינוּ

זְכוֹר אָב נִמְשַׁךְ אַחֲרֶיךָ כַּמַּיִם
בֵּרַכְתּוֹ כְּעֵץ שָׁתוּל עַל פַּלְגֵי מַיִם
גְּנַנְתּוֹ, הִצַּלְתּוֹ מֵאֵשׁ וּמִמַּיִם
דְּרַשְׁתּוֹ בְּזָרְעוֹ עַל כָּל מָיִם.

קהל: בַּעֲבוּרוֹ אַל תִּמְנַע מָיִם.

זְכוֹר הַנּוֹלָד בִּבְשׂוֹרַת יֻקַּח־נָא מְעַט־מַיִם בראשית יח
וְשַׂחְתָּ לְהוֹרוֹ לְשָׁחֲטוֹ לִשְׁפֹּךְ דָּמוֹ כַּמַּיִם
זֵהֵר גַּם הוּא לִשְׁפֹּךְ לֵב כַּמַּיִם
חָפַר וּמָצָא בְּאֵרוֹת מָיִם.

קהל: בְּצִדְקוֹ חֹן חַשְׁרַת מָיִם.

זְכוֹר טָעַן מַקְלוֹ וְעָבַר יַרְדֵּן מַיִם
יִחַד לֵב וְגָל אֶבֶן מִפִּי בְּאֵר מַיִם
כְּנֶאֱבַק לוֹ שַׂר בָּלוּל מֵאֵשׁ וּמִמַּיִם
לָכֵן הִבְטַחְתּוֹ הֱיוֹת עִמּוֹ בָּאֵשׁ וּבַמָּיִם.

קהל: בַּעֲבוּרוֹ אַל תִּמְנַע מָיִם.

זְכוֹר מָשׁוּי בְּתֵבַת גֹּמֶא מִן הַמַּיִם
נָמוּ דָּלֹה דָלָה וְהִשְׁקָה צֹאן מַיִם
סְגוּלֶיךָ עֵת צָמְאוּ לַמַּיִם
עַל הַסֶּלַע הָךְ, וַיֵּצְאוּ מָיִם.

קהל: בְּצִדְקוֹ חֹן חַשְׁרַת מָיִם.

זְכֹר פְּקִיד שָׁתוֹת, טוֹבֵל חָמֵשׁ טְבִילוֹת בַּמַּֽיִם
צוֹעֶה וּמַרְחִיץ כַּפָּיו בְּקִדּוּשׁ מַֽיִם
קוֹרֵא וּמַזֶּה טָהֳרַת מַֽיִם
רֻחַק מֵעַם פַּֽחַז כַּמָּֽיִם.

קהל: בַּעֲבוּרוֹ אַל תִּמְנַע מָֽיִם.

זְכֹר שְׁנֵים עָשָׂר שְׁבָטִים, שֶׁהֶעֱבַֽרְתָּ בְּגִזְרַת מַֽיִם
שֶׁהִמְתַּֽקְתָּ לָֽמוֹ מְרִירוּת מַֽיִם
תּוֹלְדוֹתָם נִשְׁפַּךְ דָּמָם עָלֶֽיךָ כַּמַּֽיִם
תֵּֽפֶן, כִּי נַפְשֵֽׁנוּ אָפְפוּ מָֽיִם.

קהל: בְּצִדְקָם חֹן חַשְׁרַת מָֽיִם.

שליח הציבור:

שָׁאַתָּה הוּא יהוה אֱלֹהֵֽינוּ
מַשִּׁיב הָֽרוּחַ וּמוֹרִיד הַגָּֽשֶׁם

קהל ואחריו שליח הציבור:

לִבְרָכָה וְלֹא לִקְלָלָה קהל: אָמֵן
לְחַיִּים וְלֹא לְמָֽוֶת קהל: אָמֵן
לְשֹֽׂבַע וְלֹא לְרָזוֹן קהל: אָמֵן

שליח הציבור ממשיך 'מְכַלְכֵּל חַיִּים בְּחֶֽסֶד' בעמ' 348.

מוסף

חצי קדיש

ש״ץ: יִתְגַּדַּל וְיִתְקַדַּשׁ שְׁמֵהּ רַבָּא (קהל: אָמֵן)
בְּעָלְמָא דִּי בְרָא כִרְעוּתֵהּ
וְיַמְלִיךְ מַלְכוּתֵהּ וְיַצְמַח פֻּרְקָנֵהּ וִיקָרֵב מְשִׁיחֵהּ (קהל: אָמֵן)
בְּחַיֵּיכוֹן וּבְיוֹמֵיכוֹן וּבְחַיֵּי דְכָל בֵּית יִשְׂרָאֵל
בַּעֲגָלָא וּבִזְמַן קָרִיב, וְאִמְרוּ אָמֵן. (קהל: אָמֵן)

קהל וש״ץ: יְהֵא שְׁמֵהּ רַבָּא מְבָרַךְ לְעָלַם וּלְעָלְמֵי עָלְמַיָּא.

ש״ץ: יִתְבָּרַךְ וְיִשְׁתַּבַּח וְיִתְפָּאַר וְיִתְרוֹמַם וְיִתְנַשֵּׂא
וְיִתְהַדָּר וְיִתְעַלֶּה וְיִתְהַלָּל
שְׁמֵהּ דְּקֻדְשָׁא בְּרִיךְ הוּא (קהל: אָמֵן)
לְעֵלָּא מִן כָּל בִּרְכָתָא וְשִׁירָתָא, תֻּשְׁבְּחָתָא וְנֶחֱמָתָא
דַּאֲמִירָן בְּעָלְמָא, וְאִמְרוּ אָמֵן. (קהל: אָמֵן)

מוסף לשלוש רגלים

ליום טוב, לחול המועד ולשבת חול המועד

״המתפלל צריך שיכוין בלבו פירוש המלות שמוציא בשפתיו; ויחשוב כאלו שכינה כנגדו ויסיר כל המחשבות הטורדות אותו עד שתשאר מחשבתו וכוונתו זכה בתפלתו״ (שו״ע צח, א).

פוסע שלוש פסיעות לפנים כמי שנכנס לפני המלך.
עומד ומתפלל בלחש מכאן ועד ׳וּכְשָׁנִים קַדְמֹנִיּוֹת׳ בעמ׳ 361.

כורע במקומות המסומנים ב׳, קד לפנים במילה הבאה וזוקף בשם.

דברים לב: כִּי שֵׁם יהוה אֶקְרָא, הָבוּ גֹדֶל לֵאלֹהֵינוּ:
תהלים נא: אֲדֹנָי, שְׂפָתַי תִּפְתָּח, וּפִי יַגִּיד תְּהִלָּתֶךָ:

אבות

׳בָּרוּךְ אַתָּה יהוה, אֱלֹהֵינוּ וֵאלֹהֵי אֲבוֹתֵינוּ
אֱלֹהֵי אַבְרָהָם, אֱלֹהֵי יִצְחָק, וֵאלֹהֵי יַעֲקֹב
הָאֵל הַגָּדוֹל הַגִּבּוֹר וְהַנּוֹרָא, אֵל עֶלְיוֹן

גּוֹמֵל חֲסָדִים טוֹבִים, קוֹנֵה הַכֹּל
וְזוֹכֵר חַסְדֵי אָבוֹת
וּמֵבִיא גוֹאֵל לִבְנֵי בְנֵיהֶם לְמַעַן שְׁמוֹ בְּאַהֲבָה.
מֶלֶךְ עוֹזֵר וּמוֹשִׁיעַ וּמָגֵן.
ׄבָּרוּךְ אַתָּה יהוה, מָגֵן אַבְרָהָם.

גבורות

אַתָּה גִּבּוֹר לְעוֹלָם, אֲדֹנָי
מְחַיֵּה מֵתִים אַתָּה, רַב לְהוֹשִׁיעַ

בשמיני עצרת: מַשִּׁיב הָרוּחַ וּמוֹרִיד הַגֶּשֶׁם
בשאר ימים טובים: מוֹרִיד הַטָּל

מְכַלְכֵּל חַיִּים בְּחֶסֶד, מְחַיֵּה מֵתִים בְּרַחֲמִים רַבִּים
סוֹמֵךְ נוֹפְלִים, וְרוֹפֵא חוֹלִים, וּמַתִּיר אֲסוּרִים
וּמְקַיֵּם אֱמוּנָתוֹ לִישֵׁנֵי עָפָר.
מִי כָמוֹךָ, בַּעַל גְּבוּרוֹת, וּמִי דּוֹמֶה לָּךְ
מֶלֶךְ, מֵמִית וּמְחַיֶּה וּמַצְמִיחַ יְשׁוּעָה.
וְנֶאֱמָן אַתָּה לְהַחֲיוֹת מֵתִים.
בָּרוּךְ אַתָּה יהוה, מְחַיֵּה הַמֵּתִים.

בתפילת לחש ממשיך 'אַתָּה קָדוֹשׁ' בעמ' 351.

קדושה לימים טובים, לשבת חול המועד ולהושענא רבה
(קדושה לחול המועד בעמ' 350)

בבתי כנסת המתפללים בנוסח אשכנז, אומרים כאן:
נַעֲרִיצְךָ וְנַקְדִּישְׁךָ כְּסוֹד שִׂיחַ שַׂרְפֵי קֹדֶשׁ, הַמַּקְדִּישִׁים שִׁמְךָ בַּקֹּדֶשׁ, כַּכָּתוּב
עַל יַד נְבִיאֶךָ: וְקָרָא זֶה אֶל־זֶה וְאָמַר ישעיה ו
ממשיכים 'קָדוֹשׁ, קָדוֹשׁ, קָדוֹשׁ' בעמוד הבא.

במקומות המסומנים ב-°, המתפלל מתרומם על קצות אצבעותיו.

קהל ואחריו שליח הציבור:

כֶּתֶר יִתְּנוּ לְךָ, יהוה אֱלֹהֵינוּ, מַלְאָכִים הֲמוֹנֵי מַעְלָה, עִם עַמְּךָ יִשְׂרָאֵל קְבוּצֵי מַטָּה, יַחַד כֻּלָּם קְדֻשָּׁה לְךָ יְשַׁלֵּשׁוּ כַּדָּבָר הָאָמוּר עַל יַד נְבִיאֶךָ, וְקָרָא זֶה אֶל־זֶה וְאָמַר ישעיה ו

קהל ואחריו שליח הציבור:

°קָדוֹשׁ, °קָדוֹשׁ, °קָדוֹשׁ, יהוה צְבָאוֹת, מְלֹא כָל הָאָרֶץ כְּבוֹדוֹ:

כְּבוֹדוֹ מָלֵא עוֹלָם, מְשָׁרְתָיו שׁוֹאֲלִים זֶה לָזֶה, אַיֵּה מְקוֹם כְּבוֹדוֹ לְהַעֲרִיצוֹ, לְעֻמָּתָם מְשַׁבְּחִים וְאוֹמְרִים

קהל ואחריו שליח הציבור:

°בָּרוּךְ כְּבוֹד־יהוה מִמְּקוֹמוֹ: יחזקאל ג

מִמְּקוֹמוֹ הוּא יִפֶן בְּרַחֲמָיו לְעַמּוֹ, וְיָחֹן עַם הַמְיַחֲדִים שְׁמוֹ עֶרֶב וָבֹקֶר בְּכָל יוֹם תָּמִיד, פַּעֲמַיִם בְּאַהֲבָה שְׁמַע אוֹמְרִים

קהל ואחריו שליח הציבור:

שְׁמַע יִשְׂרָאֵל, יהוה אֱלֹהֵינוּ, יהוה אֶחָד: דברים ו

הוּא אֱלֹהֵינוּ, הוּא אָבִינוּ, הוּא מַלְכֵּנוּ, הוּא מוֹשִׁיעֵנוּ, וְהוּא יוֹשִׁיעֵנוּ וְיִגְאָלֵנוּ שֵׁנִית, וְיַשְׁמִיעֵנוּ בְּרַחֲמָיו לְעֵינֵי כָּל חַי לֵאמֹר, הֵן גָּאַלְתִּי אֶתְכֶם אַחֲרִית כְּבְרֵאשִׁית, לִהְיוֹת לָכֶם לֵאלֹהִים, אֲנִי יהוה אֱלֹהֵיכֶם: במדבר טו

בשבת חול המועד אין אומרים ׳אַדִּיר אַדִּירֵנוּ׳.

קהל ואחריו ש״ץ: **אַדִּיר אַדִּירֵנוּ, יהוה אֲדֹנֵינוּ, מָה־אַדִּיר שִׁמְךָ בְּכָל־הָאָרֶץ: וְהָיָה יהוה לְמֶלֶךְ עַל־כָּל־הָאָרֶץ, בַּיּוֹם הַהוּא יִהְיֶה יהוה אֶחָד וּשְׁמוֹ אֶחָד:** תהלים ח, זכריה יד

שליח הציבור:

וּבְדִבְרֵי קָדְשְׁךָ כָּתוּב לֵאמֹר

קהל ואחריו שליח הציבור:

°יִמְלֹךְ יהוה לְעוֹלָם, אֱלֹהַיִךְ צִיּוֹן לְדֹר וָדֹר, הַלְלוּיָהּ: תהלים קמו

שליח הציבור:

לְדוֹר וָדוֹר נַגִּיד גָּדְלֶךָ, וּלְנֵצַח נְצָחִים קְדֻשָּׁתְךָ נַקְדִּישׁ, וְשִׁבְחֲךָ אֱלֹהֵינוּ מִפִּינוּ לֹא יָמוּשׁ לְעוֹלָם וָעֶד, כִּי אֵל מֶלֶךְ גָּדוֹל וְקָדוֹשׁ אָתָּה. בָּרוּךְ אַתָּה יהוה, הָאֵל הַקָּדוֹשׁ.

שליח הציבור ממשיך ׳אַתָּה בְחַרְתָּנוּ׳ בעמ׳ 351.

קדושה לחול המועד

בבתי כנסת המתפללים בנוסח אשכנז, אומרים כאן:

נְקַדֵּשׁ אֶת שִׁמְךָ בָּעוֹלָם, כְּשֵׁם שֶׁמַּקְדִּישִׁים אוֹתוֹ בִּשְׁמֵי מָרוֹם, כַּכָּתוּב עַל
ישעיה ו **יַד נְבִיאֶךָ: וְקָרָא זֶה אֶל־זֶה וְאָמַר** ממשיכים ׳קָדוֹשׁ, קָדוֹשׁ, קָדוֹשׁ׳ למטה.

במקומות המסומנים ב־ˆ, המתפלל מתרומם על קצות אצבעותיו.

קהל ואחריו שליח הציבור:

כֶּתֶר יִתְּנוּ לְךָ, יהוה אֱלֹהֵינוּ, מַלְאָכִים הֲמוֹנֵי מַעְלָה
עִם עַמְּךָ יִשְׂרָאֵל קְבוּצֵי מַטָּה
יַחַד כֻּלָּם קְדֻשָּׁה לְךָ יְשַׁלֵּשׁוּ כַּדָּבָר הָאָמוּר עַל יַד נְבִיאֶךָ
ישעיה ו **וְקָרָא זֶה אֶל־זֶה וְאָמַר**

קהל ואחריו שליח הציבור:

ˆקָדוֹשׁ, ˆקָדוֹשׁ, ˆקָדוֹשׁ, יהוה צְבָאוֹת, מְלֹא כָל־הָאָרֶץ כְּבוֹדוֹ:
לְעֻמָּתָם מְשַׁבְּחִים וְאוֹמְרִים

קהל ואחריו שליח הציבור:

יחזקאל ג **ˆבָּרוּךְ כְּבוֹד־יהוה מִמְּקוֹמוֹ:**
וּבְדִבְרֵי קָדְשְׁךָ כָּתוּב לֵאמֹר

קהל ואחריו שליח הציבור:

תהלים קמו **ˆיִמְלֹךְ יהוה לְעוֹלָם, אֱלֹהַיִךְ צִיּוֹן לְדֹר וָדֹר, הַלְלוּיָהּ:**

שליח הציבור ממשיך ׳אַתָּה קָדוֹשׁ׳ בעמוד הבא.

בבתי כנסת המתפללים בנוסח אשכנז, שליח הציבור אומר:

לְדוֹר וָדוֹר נַגִּיד גָּדְלֶךָ, וּלְנֵצַח נְצָחִים קְדֻשָּׁתְךָ נַקְדִּישׁ, וְשִׁבְחֲךָ אֱלֹהֵינוּ מִפִּינוּ לֹא יָמוּשׁ לְעוֹלָם וָעֶד, כִּי אֵל מֶלֶךְ גָּדוֹל וְקָדוֹשׁ אָתָּה. בָּרוּךְ אַתָּה יהוה, הָאֵל הַקָּדוֹשׁ. וממשיך ׳אַתָּה בְחַרְתָּנוּ׳ בעמוד הבא.

קדושת השם

אַתָּה קָדוֹשׁ וְשִׁמְךָ קָדוֹשׁ
וּקְדוֹשִׁים בְּכָל יוֹם יְהַלְלוּךָ סֶּלָה.
כִּי אֵל מֶלֶךְ גָּדוֹל וְקָדוֹשׁ אָתָּה.
בָּרוּךְ אַתָּה יהוה, הָאֵל הַקָּדוֹשׁ.

קדושת היום

אַתָּה בְחַרְתָּנוּ מִכָּל הָעַמִּים
אָהַבְתָּ אוֹתָנוּ וְרָצִיתָ בָּנוּ
וְרוֹמַמְתָּנוּ מִכָּל הַלְּשׁוֹנוֹת
וְקִדַּשְׁתָּנוּ בְּמִצְוֹתֶיךָ
וְקֵרַבְתָּנוּ מַלְכֵּנוּ לַעֲבוֹדָתֶךָ
וְשִׁמְךָ הַגָּדוֹל וְהַקָּדוֹשׁ עָלֵינוּ קָרָאתָ.

בשבת מוסיפים את המילים שבסוגריים.

וַתִּתֶּן לָנוּ יהוה אֱלֹהֵינוּ בְּאַהֲבָה
(שַׁבָּתוֹת לִמְנוּחָה וּ) מוֹעֲדִים לְשִׂמְחָה
חַגִּים וּזְמַנִּים לְשָׂשׂוֹן
אֶת יוֹם (הַשַּׁבָּת הַזֶּה וְאֶת יוֹם)

בפסח: חַג הַמַּצּוֹת הַזֶּה, זְמַן חֵרוּתֵנוּ
בשבועות: חַג הַשָּׁבוּעוֹת הַזֶּה, זְמַן מַתַּן תּוֹרָתֵנוּ
בסוכות: חַג הַסֻּכּוֹת הַזֶּה, זְמַן שִׂמְחָתֵנוּ
בשמיני עצרת: שְׁמִינִי עֲצֶרֶת הַחַג הַזֶּה, זְמַן שִׂמְחָתֵנוּ

(בְּאַהֲבָה) מִקְרָא קֹדֶשׁ, זֵכֶר לִיצִיאַת מִצְרָיִם.

וּמִפְּנֵי חֲטָאֵינוּ גָּלִינוּ מֵאַרְצֵנוּ, וְנִתְרַחַקְנוּ מֵעַל אַדְמָתֵנוּ
וְאֵין אֲנוּ יְכוֹלִים לַעֲלוֹת וְלֵרָאוֹת וּלְהִשְׁתַּחֲווֹת לְפָנֶיךָ
וְלַעֲשׂוֹת חוֹבוֹתֵינוּ בְּבֵית בְּחִירָתֶךָ
בַּבַּיִת הַגָּדוֹל וְהַקָּדוֹשׁ שֶׁנִּקְרָא שִׁמְךָ עָלָיו
מִפְּנֵי הַיָּד שֶׁנִּשְׁתַּלְּחָה בְּמִקְדָּשֶׁךָ.
יְהִי רָצוֹן מִלְּפָנֶיךָ יהוה אֱלֹהֵינוּ וֵאלֹהֵי אֲבוֹתֵינוּ, מֶלֶךְ רַחֲמָן
שֶׁתָּשׁוּב וּתְרַחֵם עָלֵינוּ וְעַל מִקְדָּשְׁךָ בְּרַחֲמֶיךָ הָרַבִּים
וְתִבְנֵהוּ מְהֵרָה וּתְגַדֵּל כְּבוֹדוֹ.
אָבִינוּ מַלְכֵּנוּ, גַּלֵּה כְּבוֹד מַלְכוּתְךָ עָלֵינוּ מְהֵרָה
וְהוֹפַע וְהִנָּשֵׂא עָלֵינוּ לְעֵינֵי כָּל חָי
וְקָרֵב פְּזוּרֵינוּ מִבֵּין הַגּוֹיִם, וּנְפוּצוֹתֵינוּ כַּנֵּס מִיַּרְכְּתֵי אָרֶץ.

וַהֲבִיאֵנוּ לְצִיּוֹן עִירְךָ בְּרִנָּה
וְלִירוּשָׁלַיִם בֵּית מִקְדָּשְׁךָ בְּשִׂמְחַת עוֹלָם
וְשָׁם נַעֲשֶׂה לְפָנֶיךָ אֶת קָרְבְּנוֹת חוֹבוֹתֵינוּ
תְּמִידִים כְּסִדְרָם וּמוּסָפִים כְּהִלְכָתָם
וְאֶת מוּסַף יוֹם / שבת: וְאֶת מוּסְפֵי יוֹם הַשַּׁבָּת הַזֶּה וְיוֹם/

בפסח: חַג הַמַּצּוֹת הַזֶּה

בשבועות: חַג הַשָּׁבוּעוֹת הַזֶּה

בסוכות: חַג הַסֻּכּוֹת הַזֶּה

בשמיני עצרת: שְׁמִינִי עֲצֶרֶת הַחַג הַזֶּה

נַעֲשֶׂה וְנַקְרִיב לְפָנֶיךָ בְּאַהֲבָה כְּמִצְוַת רְצוֹנֶךָ
כְּמוֹ שֶׁכָּתַבְתָּ עָלֵינוּ בְּתוֹרָתֶךָ
עַל יְדֵי מֹשֶׁה עַבְדֶּךָ מִפִּי כְבוֹדֶךָ, כָּאָמוּר

בשבת:

וּבְיוֹם הַשַּׁבָּת, שְׁנֵי־כְבָשִׂים בְּנֵי־שָׁנָה תְּמִימִם, וּשְׁנֵי עֶשְׂרֹנִים סֹלֶת מִנְחָה בְּלוּלָה בַשֶּׁמֶן וְנִסְכּוֹ: עֹלַת שַׁבַּת בְּשַׁבַּתּוֹ, עַל־עֹלַת הַתָּמִיד וְנִסְכָּהּ: זֶה קָרְבַּן שַׁבָּת וְקָרְבַּן הַיּוֹם כָּאָמוּר במדבר כח

ביום טוב ראשון של פסח:

וּבַחֹדֶשׁ הָרִאשׁוֹן בְּאַרְבָּעָה עָשָׂר יוֹם לַחֹדֶשׁ, פֶּסַח לַיהוה: וּבַחֲמִשָּׁה עָשָׂר יוֹם לַחֹדֶשׁ הַזֶּה חָג, שִׁבְעַת יָמִים מַצּוֹת יֵאָכֵל: בַּיּוֹם הָרִאשׁוֹן מִקְרָא־קֹדֶשׁ, כָּל־מְלֶאכֶת עֲבֹדָה לֹא תַעֲשׂוּ: וְהִקְרַבְתֶּם אִשֶּׁה עֹלָה לַיהוה, פָּרִים בְּנֵי־בָקָר שְׁנַיִם וְאַיִל אֶחָד, וְשִׁבְעָה כְבָשִׂים בְּנֵי שָׁנָה תְּמִימִם יִהְיוּ לָכֶם: וּמִנְחָתָם וְנִסְכֵּיהֶם כִּמְדֻבָּר, שְׁלֹשָׁה עֶשְׂרֹנִים לַפָּר וּשְׁנֵי עֶשְׂרֹנִים לָאַיִל, וְעִשָּׂרוֹן לַכֶּבֶשׂ, וְיַיִן כְּנִסְכּוֹ, וְשָׂעִיר לְכַפֵּר, וּשְׁנֵי תְמִידִים כְּהִלְכָתָם. במדבר כח

בשבת ממשיכים ׳יִשְׂמְחוּ בְמַלְכוּתְךָ׳ (עמ׳ 355),
וביום חול ממשיכים ׳אֱלֹהֵינוּ וֵאלֹהֵי אֲבוֹתֵינוּ׳ (עמ׳ 356).

בשאר ימי הפסח:

וְהִקְרַבְתֶּם אִשֶּׁה עֹלָה לַיהוה, פָּרִים בְּנֵי־בָקָר שְׁנַיִם וְאַיִל אֶחָד, וְשִׁבְעָה כְבָשִׂים בְּנֵי שָׁנָה, תְּמִימִם יִהְיוּ לָכֶם: וּמִנְחָתָם וְנִסְכֵּיהֶם כִּמְדֻבָּר, שְׁלֹשָׁה עֶשְׂרֹנִים לַפָּר וּשְׁנֵי עֶשְׂרֹנִים לָאַיִל, וְעִשָּׂרוֹן לַכֶּבֶשׂ, וְיַיִן כְּנִסְכּוֹ, וְשָׂעִיר לְכַפֵּר, וּשְׁנֵי תְמִידִים כְּהִלְכָתָם. במדבר כח

בשבת ממשיכים ׳יִשְׂמְחוּ בְמַלְכוּתְךָ׳ (עמ׳ 355),
וביום חול ממשיכים ׳אֱלֹהֵינוּ וֵאלֹהֵי אֲבוֹתֵינוּ׳ (עמ׳ 356).

בשבועות:

וּבְיוֹם הַבִּכּוּרִים, בְּהַקְרִיבְכֶם מִנְחָה חֲדָשָׁה לַיהוה בְּשָׁבֻעֹתֵיכֶם, מִקְרָא־קֹדֶשׁ יִהְיֶה לָכֶם, כָּל־מְלֶאכֶת עֲבֹדָה לֹא תַעֲשׂוּ: וְהִקְרַבְתֶּם עוֹלָה לְרֵיחַ נִיחֹחַ לַיהוה, פָּרִים בְּנֵי־בָקָר שְׁנַיִם, אַיִל אֶחָד, שִׁבְעָה כְבָשִׂים בְּנֵי שָׁנָה: וּמִנְחָתָם וְנִסְכֵּיהֶם כִּמְדֻבָּר, שְׁלֹשָׁה עֶשְׂרֹנִים לַפָּר וּשְׁנֵי עֶשְׂרֹנִים לָאַיִל, וְעִשָּׂרוֹן לַכֶּבֶשׂ, וְיַיִן כְּנִסְכּוֹ, וְשָׂעִיר לְכַפֵּר, וּשְׁנֵי תְמִידִים כְּהִלְכָתָם. במדבר כח

ממשיכים ׳אֱלֹהֵינוּ וֵאלֹהֵי אֲבוֹתֵינוּ׳ (עמ׳ 356).

ביום טוב ראשון של סוכות:

במדבר כט וּבַחֲמִשָּׁה עָשָׂר יוֹם לַחֹדֶשׁ הַשְּׁבִיעִי, מִקְרָא־קֹדֶשׁ יִהְיֶה לָכֶם, כָּל־מְלֶאכֶת עֲבֹדָה לֹא תַעֲשׂוּ, וְחַגֹּתֶם חַג לַיהוה שִׁבְעַת יָמִים: וְהִקְרַבְתֶּם עֹלָה אִשֵּׁה רֵיחַ נִיחֹחַ לַיהוה, פָּרִים בְּנֵי־בָקָר שְׁלֹשָׁה עָשָׂר, אֵילִם שְׁנָיִם, כְּבָשִׂים בְּנֵי־שָׁנָה אַרְבָּעָה עָשָׂר, תְּמִימִם יִהְיוּ: וּמִנְחָתָם וְנִסְכֵּיהֶם כִּמְדֻבָּר, שְׁלֹשָׁה עֶשְׂרֹנִים לַפָּר וּשְׁנֵי עֶשְׂרֹנִים לָאָיִל, וְעִשָּׂרוֹן לַכֶּבֶשׂ, וְיַיִן כְּנִסְכּוֹ, וְשָׂעִיר לְכַפֵּר, וּשְׁנֵי תְמִידִים כְּהִלְכָתָם.

בשבת ממשיכים ׳יִשְׂמְחוּ בְמַלְכוּתְךָ׳ (בעמוד הבא),
וביום חול ממשיכים ׳אֱלֹהֵינוּ וֵאלֹהֵי אֲבוֹתֵינוּ׳ (עמ׳ 356).

ביום הראשון של חול המועד סוכות:

במדבר כט וּבַיּוֹם הַשֵּׁנִי, פָּרִים בְּנֵי־בָקָר שְׁנֵים עָשָׂר, אֵילִם שְׁנָיִם, כְּבָשִׂים בְּנֵי־שָׁנָה אַרְבָּעָה עָשָׂר, תְּמִימִם: וּמִנְחָתָם וְנִסְכֵּיהֶם כִּמְדֻבָּר, שְׁלֹשָׁה עֶשְׂרֹנִים לַפָּר, וּשְׁנֵי עֶשְׂרֹנִים לָאָיִל, וְעִשָּׂרוֹן לַכֶּבֶשׂ, וְיַיִן כְּנִסְכּוֹ, וְשָׂעִיר לְכַפֵּר, וּשְׁנֵי תְמִידִים כְּהִלְכָתָם.

ממשיכים ׳אֱלֹהֵינוּ וֵאלֹהֵי אֲבוֹתֵינוּ׳ (עמ׳ 356).

ביום השני של חול המועד סוכות:

במדבר כט וּבַיּוֹם הַשְּׁלִישִׁי, פָּרִים עַשְׁתֵּי־עָשָׂר, אֵילִם שְׁנָיִם, כְּבָשִׂים בְּנֵי־שָׁנָה אַרְבָּעָה עָשָׂר, תְּמִימִם: וּמִנְחָתָם וְנִסְכֵּיהֶם כִּמְדֻבָּר, שְׁלֹשָׁה עֶשְׂרֹנִים לַפָּר, וּשְׁנֵי עֶשְׂרֹנִים לָאָיִל, וְעִשָּׂרוֹן לַכֶּבֶשׂ, וְיַיִן כְּנִסְכּוֹ, וְשָׂעִיר לְכַפֵּר, וּשְׁנֵי תְמִידִים כְּהִלְכָתָם.

בשבת ממשיכים ׳יִשְׂמְחוּ בְמַלְכוּתְךָ׳ (בעמוד הבא),
וביום חול ממשיכים ׳אֱלֹהֵינוּ וֵאלֹהֵי אֲבוֹתֵינוּ׳ (עמ׳ 356).

ביום השלישי של חול המועד סוכות:

במדבר כט וּבַיּוֹם הָרְבִיעִי, פָּרִים עֲשָׂרָה, אֵילִם שְׁנָיִם, כְּבָשִׂים בְּנֵי־שָׁנָה אַרְבָּעָה עָשָׂר, תְּמִימִם: וּמִנְחָתָם וְנִסְכֵּיהֶם כִּמְדֻבָּר, שְׁלֹשָׁה עֶשְׂרֹנִים לַפָּר, וּשְׁנֵי עֶשְׂרֹנִים לָאָיִל, וְעִשָּׂרוֹן לַכֶּבֶשׂ, וְיַיִן כְּנִסְכּוֹ, וְשָׂעִיר לְכַפֵּר, וּשְׁנֵי תְמִידִים כְּהִלְכָתָם.

ממשיכים ׳אֱלֹהֵינוּ וֵאלֹהֵי אֲבוֹתֵינוּ׳ (עמ׳ 356).

ביום הרביעי של חול המועד סוכות:

וּבַיּוֹם הַחֲמִישִׁי, פָּרִים תִּשְׁעָה, אֵילִם שְׁנָיִם, כְּבָשִׂים בְּנֵי־שָׁנָה אַרְבָּעָה עָשָׂר, תְּמִימִם: וּמִנְחָתָם וְנִסְכֵּיהֶם כִּמְדֻבָּר, שְׁלֹשָׁה עֶשְׂרֹנִים לַפָּר, וּשְׁנֵי עֶשְׂרֹנִים לָאָיִל, וְעִשָּׂרוֹן לַכֶּבֶשׂ, וְיַיִן כְּנִסְכּוֹ, וְשָׂעִיר לְכַפֵּר, וּשְׁנֵי תְמִידִים כְּהִלְכָתָם. במדבר כט

בשבת ממשיכים ׳יִשְׂמְחוּ בְמַלְכוּתְךָ׳ למטה,
וביום חול ממשיכים ׳אֱלֹהֵינוּ וֵאלֹהֵי אֲבוֹתֵינוּ׳ בעמוד הבא.

ביום החמישי של חול המועד סוכות:

וּבַיּוֹם הַשִּׁשִּׁי, פָּרִים שְׁמֹנָה, אֵילִם שְׁנָיִם, כְּבָשִׂים בְּנֵי־שָׁנָה אַרְבָּעָה עָשָׂר, תְּמִימִם: וּמִנְחָתָם וְנִסְכֵּיהֶם כִּמְדֻבָּר, שְׁלֹשָׁה עֶשְׂרֹנִים לַפָּר, וּשְׁנֵי עֶשְׂרֹנִים לָאָיִל, וְעִשָּׂרוֹן לַכֶּבֶשׂ, וְיַיִן כְּנִסְכּוֹ, וְשָׂעִיר לְכַפֵּר, וּשְׁנֵי תְמִידִים כְּהִלְכָתָם. במדבר כט

בשבת ממשיכים ׳יִשְׂמְחוּ בְמַלְכוּתְךָ׳ למטה,
וביום חול ממשיכים ׳אֱלֹהֵינוּ וֵאלֹהֵי אֲבוֹתֵינוּ׳ בעמוד הבא.

בהושענא רבה:

וּבַיּוֹם הַשְּׁבִיעִי, פָּרִים שִׁבְעָה, אֵילִם שְׁנָיִם, כְּבָשִׂים בְּנֵי־שָׁנָה אַרְבָּעָה עָשָׂר, תְּמִימִם: וּמִנְחָתָם וְנִסְכֵּיהֶם כִּמְדֻבָּר, שְׁלֹשָׁה עֶשְׂרֹנִים לַפָּר, וּשְׁנֵי עֶשְׂרֹנִים לָאָיִל, וְעִשָּׂרוֹן לַכֶּבֶשׂ, וְיַיִן כְּנִסְכּוֹ, וְשָׂעִיר לְכַפֵּר, וּשְׁנֵי תְמִידִים כְּהִלְכָתָם. במדבר כט

ממשיכים ׳אֱלֹהֵינוּ וֵאלֹהֵי אֲבוֹתֵינוּ׳ בעמוד הבא.

בשמיני עצרת:

בַּיּוֹם הַשְּׁמִינִי, עֲצֶרֶת תִּהְיֶה לָכֶם, כָּל־מְלֶאכֶת עֲבֹדָה לֹא תַעֲשׂוּ: וְהִקְרַבְתֶּם עֹלָה אִשֵּׁה רֵיחַ נִיחֹחַ לַיהוה, פַּר אֶחָד, אַיִל אֶחָד, כְּבָשִׂים בְּנֵי־שָׁנָה שִׁבְעָה, תְּמִימִם: וּמִנְחָתָם וְנִסְכֵּיהֶם כִּמְדֻבָּר, שְׁלֹשָׁה עֶשְׂרֹנִים לַפָּר וּשְׁנֵי עֶשְׂרֹנִים לָאָיִל, וְעִשָּׂרוֹן לַכֶּבֶשׂ, וְיַיִן כְּנִסְכּוֹ, וְשָׂעִיר לְכַפֵּר, וּשְׁנֵי תְמִידִים כְּהִלְכָתָם. במדבר כט

בשבת ממשיכים ׳יִשְׂמְחוּ בְמַלְכוּתְךָ׳ למטה,
וביום חול ממשיכים ׳אֱלֹהֵינוּ וֵאלֹהֵי אֲבוֹתֵינוּ׳ בעמוד הבא.

בשבת:

יִשְׂמְחוּ בְמַלְכוּתְךָ שׁוֹמְרֵי שַׁבָּת וְקוֹרְאֵי עֹנֶג. עַם מְקַדְּשֵׁי שְׁבִיעִי כֻּלָּם יִשְׂבְּעוּ וְיִתְעַנְּגוּ מִטּוּבֶךָ, וּבַשְּׁבִיעִי רָצִיתָ בּוֹ וְקִדַּשְׁתּוֹ, חֶמְדַּת יָמִים אוֹתוֹ קָרָאתָ, זֵכֶר לְמַעֲשֵׂה בְרֵאשִׁית.

אֱלֹהֵינוּ וֵאלֹהֵי אֲבוֹתֵינוּ
מֶלֶךְ רַחֲמָן רַחֵם עָלֵינוּ
טוֹב וּמֵטִיב הִדָּרֶשׁ לָנוּ
שׁוּבָה אֵלֵינוּ בַּהֲמוֹן רַחֲמֶיךָ, בִּגְלַל אָבוֹת שֶׁעָשׂוּ רְצוֹנֶךָ.
בְּנֵה בֵיתְךָ כְּבַתְּחִלָּה
וְכוֹנֵן מִקְדָּשְׁךָ עַל מְכוֹנוֹ
וְהַרְאֵנוּ בְּבִנְיָנוֹ, וְשַׂמְּחֵנוּ בְּתִקּוּנוֹ
וְהָשֵׁב כֹּהֲנִים לַעֲבוֹדָתָם
וּלְוִיִּם לְשִׁירָם וּלְזִמְרָם
וְהָשֵׁב יִשְׂרָאֵל לִנְוֵיהֶם.

וְשָׁם נַעֲלֶה וְנֵרָאֶה וְנִשְׁתַּחֲוֶה לְפָנֶיךָ בְּשָׁלֹשׁ פַּעֲמֵי רְגָלֵינוּ
כַּכָּתוּב בְּתוֹרָתֶךָ
שָׁלוֹשׁ פְּעָמִים בַּשָּׁנָה יֵרָאֶה כָל־זְכוּרְךָ דברים טז
אֶת־פְּנֵי יהוה אֱלֹהֶיךָ
בַּמָּקוֹם אֲשֶׁר יִבְחָר
בְּחַג הַמַּצּוֹת, וּבְחַג הַשָּׁבֻעוֹת, וּבְחַג הַסֻּכּוֹת
וְלֹא יֵרָאֶה אֶת־פְּנֵי יהוה רֵיקָם:
אִישׁ כְּמַתְּנַת יָדוֹ
כְּבִרְכַּת יהוה אֱלֹהֶיךָ אֲשֶׁר נָתַן־לָךְ:

בשבת מוסיפים את המילים שבסוגריים.

וְהַשִּׂיאֵנוּ יהוה אֱלֹהֵינוּ אֶת בִּרְכַּת מוֹעֲדֶיךָ
לְחַיִּים וּלְשָׁלוֹם, לְשִׂמְחָה וּלְשָׂשׂוֹן
כַּאֲשֶׁר רָצִיתָ וְאָמַרְתָּ לְבָרְכֵנוּ.

(אֱלֹהֵינוּ וֵאלֹהֵי אֲבוֹתֵינוּ, רְצֵה נָא בִמְנוּחָתֵנוּ)
קַדְּשֵׁנוּ בְּמִצְוֹתֶיךָ, וְתֵן חֶלְקֵנוּ בְּתוֹרָתֶךָ
שַׂבְּעֵנוּ מִטּוּבֶךָ, וְשַׂמַּח נַפְשֵׁנוּ בִּישׁוּעָתֶךָ
וְטַהֵר לִבֵּנוּ לְעָבְדְּךָ בֶּאֱמֶת
וְהַנְחִילֵנוּ יהוה אֱלֹהֵינוּ (בְּאַהֲבָה וּבְרָצוֹן)
בְּשִׂמְחָה וּבְשָׂשׂוֹן (שַׁבָּת וּ) מוֹעֲדֵי קָדְשֶׁךָ
וְיִשְׂמְחוּ בְךָ כָּל יִשְׂרָאֵל מְקַדְּשֵׁי שְׁמֶךָ.
בָּרוּךְ אַתָּה יהוה, מְקַדֵּשׁ (הַשַּׁבָּת וְ) יִשְׂרָאֵל וְהַזְּמַנִּים.

עבודה
רְצֵה יהוה אֱלֹהֵינוּ בְּעַמְּךָ יִשְׂרָאֵל, וְלִתְפִלָּתָם שְׁעֵה
וְהָשֵׁב אֶת הָעֲבוֹדָה לִדְבִיר בֵּיתֶךָ
וְאִשֵּׁי יִשְׂרָאֵל וּתְפִלָּתָם, מְהֵרָה בְּאַהֲבָה תְקַבֵּל בְּרָצוֹן
וּתְהִי לְרָצוֹן תָּמִיד עֲבוֹדַת יִשְׂרָאֵל עַמֶּךָ.

אם כוהנים עולים לברך, אומרים כאן בחזרת הש״ץ 'וְתֶעֱרַב',
ואין אומרים 'וְתֶעֱרַב' בחול המועד ובשבת חול המועד.

יש המקדימים 'וְשָׁם נַעֲבָדְךָ' לתיבת 'וְתֶחֱזֶינָה',
וחותמים בברכה 'הַמַּחֲזִיר שְׁכִינָתוֹ לְצִיּוֹן', כבכל השנה.

קהל וש״ץ: וְתֶעֱרַב עָלֶיךָ עֲתִירָתֵנוּ כְּעוֹלָה וּכְקָרְבָּן. אָנָּא רַחוּם, בְּרַחֲמֶיךָ הָרַבִּים הָשֵׁב שְׁכִינָתְךָ לְצִיּוֹן עִירְךָ, וְסֵדֶר הָעֲבוֹדָה לִירוּשָׁלָיִם. וְתֶחֱזֶינָה עֵינֵינוּ בְּשׁוּבְךָ לְצִיּוֹן בְּרַחֲמִים. וְשָׁם נַעֲבָדְךָ בְּיִרְאָה כִּימֵי עוֹלָם וּכְשָׁנִים קַדְמוֹנִיּוֹת.

הש״ץ מסיים: בָּרוּךְ אַתָּה יהוה שֶׁאוֹתְךָ לְבַדְּךָ בְּיִרְאָה נַעֲבוֹד.

וממשיך 'מוֹדִים' בעמוד הבא.

וְתֶחֱזֶינָה עֵינֵינוּ בְּשׁוּבְךָ לְצִיּוֹן בְּרַחֲמִים.
בָּרוּךְ אַתָּה יהוה, הַמַּחֲזִיר שְׁכִינָתוֹ לְצִיּוֹן.

הודאה

כורע ב׳מודים׳, ואינו זוקף עד אמירת השם (סידור השל״ה).

ימוֹדִים אֲנַחְנוּ לָךְ
שָׁאַתָּה הוּא יהוה אֱלֹהֵינוּ
וֵאלֹהֵי אֲבוֹתֵינוּ לְעוֹלָם וָעֶד.
צוּר חַיֵּינוּ, מָגֵן יִשְׁעֵנוּ
אַתָּה הוּא לְדוֹר וָדוֹר.
נוֹדֶה לְּךָ וּנְסַפֵּר תְּהִלָּתֶךָ
עַל חַיֵּינוּ הַמְּסוּרִים בְּיָדֶךָ
וְעַל נִשְׁמוֹתֵינוּ הַפְּקוּדוֹת לָךְ
וְעַל נִסֶּיךָ שֶׁבְּכָל יוֹם עִמָּנוּ
וְעַל נִפְלְאוֹתֶיךָ וְטוֹבוֹתֶיךָ
שֶׁבְּכָל עֵת
עֶרֶב וָבֹקֶר וְצָהֳרָיִם.
הַטּוֹב, כִּי לֹא כָלוּ רַחֲמֶיךָ
וְהַמְרַחֵם, כִּי לֹא תַמּוּ חֲסָדֶיךָ
כִּי מֵעוֹלָם קִוִּינוּ לָךְ.

כששליח הציבור אומר ׳מודים׳, הקהל אומר בלחש (סוטה מ ע״א):

ימוֹדִים אֲנַחְנוּ לָךְ
שָׁאַתָּה הוּא יהוה אֱלֹהֵינוּ
וֵאלֹהֵי אֲבוֹתֵינוּ
אֱלֹהֵי כָל בָּשָׂר
יוֹצְרֵנוּ, יוֹצֵר בְּרֵאשִׁית.
בְּרָכוֹת וְהוֹדָאוֹת
לְשִׁמְךָ הַגָּדוֹל וְהַקָּדוֹשׁ
עַל שֶׁהֶחֱיִיתָנוּ וְקִיַּמְתָּנוּ.
כֵּן תְּחַיֵּנוּ וּתְקַיְּמֵנוּ
וְתֶאֱסֹף גָּלֻיּוֹתֵינוּ
לְחַצְרוֹת קָדְשֶׁךָ
לִשְׁמֹר חֻקֶּיךָ
וְלַעֲשׂוֹת רְצוֹנֶךָ וּלְעָבְדְּךָ
בְּלֵבָב שָׁלֵם
עַל שֶׁאֲנוּ מוֹדִים לָךְ
בָּרוּךְ אֵל הַהוֹדָאוֹת.

וְעַל כֻּלָּם
יִתְבָּרַךְ וְיִתְרוֹמַם וְיִתְנַשֵּׂא שִׁמְךָ מַלְכֵּנוּ תָּמִיד לְעוֹלָם וָעֶד.
וְכֹל הַחַיִּים יוֹדוּךָ סֶּלָה
וִיהַלְלוּ וִיבָרְכוּ אֶת שִׁמְךָ הַגָּדוֹל בֶּאֱמֶת לְעוֹלָם כִּי טוֹב
הָאֵל יְשׁוּעָתֵנוּ וְעֶזְרָתֵנוּ סֶלָה, הָאֵל הַטּוֹב.
יבָּרוּךְ אַתָּה יהוה, הַטּוֹב שִׁמְךָ וּלְךָ נָאֶה לְהוֹדוֹת.

אם יותר מכוהן אחד עולה לדוכן, הגבאי קורא:

כֹּהֲנִים

הכוהנים מברכים:

בָּרוּךְ אַתָּה יהוה אֱלֹהֵינוּ מֶלֶךְ הָעוֹלָם, אֲשֶׁר קִדְּשָׁנוּ בִּקְדֻשָּׁתוֹ שֶׁל אַהֲרֹן, וְצִוָּנוּ לְבָרֵךְ אֶת עַמּוֹ יִשְׂרָאֵל בְּאַהֲבָה.

הש״ץ מקריא מילה במילה, והכוהנים אחריו:

יְבָרֶכְךָ יהוה וְיִשְׁמְרֶךָ: קהל: אָמֵן במדבר ו

יָאֵר יהוה פָּנָיו אֵלֶיךָ וִיחֻנֶּךָּ: קהל: אָמֵן

יִשָּׂא יהוה פָּנָיו אֵלֶיךָ וְיָשֵׂם לְךָ שָׁלוֹם: קהל: אָמֵן

שליח הציבור ממשיך ׳שִׂים שָׁלוֹם׳.

הקהל אומר:

אַדִּיר בַּמָּרוֹם שׁוֹכֵן בִּגְבוּרָה, אַתָּה שָׁלוֹם וְשִׁמְךָ שָׁלוֹם. יְהִי רָצוֹן שֶׁתָּשִׂים עָלֵינוּ וְעַל כָּל עַמְּךָ בֵּית יִשְׂרָאֵל חַיִּים וּבְרָכָה לְמִשְׁמֶרֶת שָׁלוֹם.

הכוהנים אומרים:

רִבּוֹנוֹ שֶׁל עוֹלָם, עָשִׂינוּ מַה שֶּׁגָּזַרְתָּ עָלֵינוּ, אַף אַתָּה עֲשֵׂה עִמָּנוּ כְּמוֹ שֶׁהִבְטַחְתָּנוּ. הַשְׁקִיפָה מִמְּעוֹן קָדְשְׁךָ מִן־הַשָּׁמַיִם, וּבָרֵךְ אֶת־עַמְּךָ אֶת־יִשְׂרָאֵל, וְאֵת הָאֲדָמָה אֲשֶׁר נָתַתָּה לָנוּ, כַּאֲשֶׁר נִשְׁבַּעְתָּ לַאֲבֹתֵינוּ, אֶרֶץ זָבַת חָלָב וּדְבָשׁ: דברים כו

אם אין כוהנים העולים לדוכן, שליח הציבור אומר:

אֱלֹהֵינוּ וֵאלֹהֵי אֲבוֹתֵינוּ, בָּרְכֵנוּ בַּבְּרָכָה הַמְשֻׁלֶּשֶׁת בַּתּוֹרָה, הַכְּתוּבָה עַל יְדֵי מֹשֶׁה עַבְדֶּךָ, הָאֲמוּרָה מִפִּי אַהֲרֹן וּבָנָיו כֹּהֲנִים עַם קְדוֹשֶׁיךָ, כָּאָמוּר

יְבָרֶכְךָ יהוה וְיִשְׁמְרֶךָ: קהל: כֵּן יְהִי רָצוֹן במדבר ו

יָאֵר יהוה פָּנָיו אֵלֶיךָ וִיחֻנֶּךָּ: קהל: כֵּן יְהִי רָצוֹן

יִשָּׂא יהוה פָּנָיו אֵלֶיךָ וְיָשֵׂם לְךָ שָׁלוֹם: קהל: כֵּן יְהִי רָצוֹן

שלום

שִׂים שָׁלוֹם טוֹבָה וּבְרָכָה, חַיִּים חֵן וָחֶסֶד וְרַחֲמִים\
עָלֵינוּ וְעַל כָּל יִשְׂרָאֵל עַמֶּךָ.\
בָּרְכֵנוּ אָבִינוּ כֻּלָּנוּ כְּאֶחָד בְּאוֹר פָּנֶיךָ\
כִּי בְאוֹר פָּנֶיךָ נָתַתָּ לָּנוּ יהוה אֱלֹהֵינוּ\
תּוֹרַת חַיִּים וְאַהֲבַת חֶסֶד\
וּצְדָקָה וּבְרָכָה וְרַחֲמִים וְחַיִּים וְשָׁלוֹם.

וְטוֹב יִהְיֶה בְּעֵינֶיךָ לְבָרְכֵנוּ וּלְבָרֵךְ אֶת כָּל עַמְּךָ יִשְׂרָאֵל
בְּכָל עֵת וּבְכָל שָׁעָה בִּשְׁלוֹמֶךָ.
בָּרוּךְ אַתָּה יהוה, הַמְבָרֵךְ אֶת עַמּוֹ יִשְׂרָאֵל בַּשָּׁלוֹם.

שליח הציבור מסיים באמירת הפסוק הבא בלחש (מג״א קכג, יד),
ויש הנוהגים לאומרו גם בסוף תפילת לחש של יחיד.

תהלים יט יִהְיוּ לְרָצוֹן אִמְרֵי פִי וְהֶגְיוֹן לִבִּי לְפָנֶיךָ, יהוה צוּרִי וְגֹאֲלִי:

ברכות יז. אֱלֹהַי
נְצֹר לְשׁוֹנִי מֵרָע וּשְׂפָתַי מִדַּבֵּר מִרְמָה
וְלִמְקַלְלַי נַפְשִׁי תִדֹּם, וְנַפְשִׁי כֶּעָפָר לַכֹּל תִּהְיֶה.
פְּתַח לִבִּי בְּתוֹרָתֶךָ, וְאַחֲרֵי מִצְוֹתֶיךָ תִּרְדֹּף נַפְשִׁי.
וְכָל הַקָּמִים וְהַחוֹשְׁבִים עָלַי רָעָה
מְהֵרָה הָפֵר עֲצָתָם וְקַלְקֵל מַחֲשַׁבְתָּם.

יש המוסיפים:

יְהִי רָצוֹן מִלְּפָנֶיךָ, יהוה אֱלֹהַי וֵאלֹהֵי אֲבוֹתַי
שֶׁלֹּא תַעֲלֶה קִנְאַת אָדָם עָלַי, וְלֹא קִנְאָתִי עַל אֲחֵרִים
וְשֶׁלֹּא אֶכְעֹס הַיּוֹם, וְשֶׁלֹּא אַכְעִיסֶךָ
וְתַצִּילֵנִי מִיֵּצֶר הָרָע, וְתֵן בְּלִבִּי הַכְנָעָה וַעֲנָוָה.
מַלְכֵּנוּ וֵאלֹהֵינוּ, יַחֵד שִׁמְךָ בְּעוֹלָמֶךָ
בְּנֵה עִירָךְ, יַסֵּד בֵּיתָךְ וְשַׁכְלֵל הֵיכָלָךְ
וְקַבֵּץ קִבּוּץ גָּלֻיּוֹת, וּפְדֵה צֹאנָךְ וְשַׂמַּח עֲדָתָךְ.

עֲשֵׂה לְמַעַן שְׁמֶךָ, עֲשֵׂה לְמַעַן יְמִינֶךָ
עֲשֵׂה לְמַעַן תּוֹרָתֶךָ, עֲשֵׂה לְמַעַן קְדֻשָּׁתֶךָ.
תהלים ס לְמַעַן יֵחָלְצוּן יְדִידֶיךָ, הוֹשִׁיעָה יְמִינְךָ וַעֲנֵנִי:
תהלים יט יִהְיוּ לְרָצוֹן אִמְרֵי פִי וְהֶגְיוֹן לִבִּי לְפָנֶיךָ, יהוה צוּרִי וְגֹאֲלִי:

כורע ופוסע שלוש פסיעות לאחור. קד לשמאל, לימין ולפנים באמירת:

עֹשֶׂה שָׁלוֹם בִּמְרוֹמָיו
הוּא יַעֲשֶׂה שָׁלוֹם, עָלֵינוּ וְעַל כָּל יִשְׂרָאֵל, וְאִמְרוּ אָמֵן.

יְהִי רָצוֹן מִלְּפָנֶיךָ יהוה אֱלֹהֵינוּ וֵאלֹהֵי אֲבוֹתֵינוּ
שֶׁיִּבָּנֶה בֵּית הַמִּקְדָּשׁ בִּמְהֵרָה בְיָמֵינוּ, וְתֵן חֶלְקֵנוּ בְּתוֹרָתֶךָ
וְשָׁם נַעֲבָדְךָ בְּיִרְאָה כִּימֵי עוֹלָם וּכְשָׁנִים קַדְמֹנִיּוֹת.
וְעָרְבָה לַיהוה מִנְחַת יְהוּדָה וִירוּשָׁלָםִ כִּימֵי עוֹלָם וּכְשָׁנִים קַדְמֹנִיּוֹת: מלאכי ג

שליח הציבור חוזר על העמידה בקול רם (עמ׳ 347), וממשיך בקדיש שלם.
נוהגים לומר לפני חזרת הש״ץ תפילת טל ביום טוב ראשון של פסח (עמ׳ 340),
ותפילת גשם בשמיני עצרת (עמ׳ 342).

בבתי כנסת המתפללים בנוסח אשכנז, יש נוהגים לומר כאן הושענות (עמ׳ 235).

קדיש שלם

ש״ץ: יִתְגַּדַּל וְיִתְקַדַּשׁ שְׁמֵהּ רַבָּא (קהל: אָמֵן)
בְּעָלְמָא דִּי בְרָא כִרְעוּתֵהּ
וְיַמְלִיךְ מַלְכוּתֵהּ וְיַצְמַח פֻּרְקָנֵהּ וִיקָרֵב מְשִׁיחֵהּ (קהל: אָמֵן)
בְּחַיֵּיכוֹן וּבְיוֹמֵיכוֹן וּבְחַיֵּי דְכָל בֵּית יִשְׂרָאֵל
בַּעֲגָלָא וּבִזְמַן קָרִיב, וְאִמְרוּ אָמֵן. (קהל: אָמֵן)

קהל וש״ץ: יְהֵא שְׁמֵהּ רַבָּא מְבָרַךְ לְעָלַם וּלְעָלְמֵי עָלְמַיָּא.

ש״ץ: יִתְבָּרַךְ וְיִשְׁתַּבַּח וְיִתְפָּאַר וְיִתְרוֹמַם וְיִתְנַשֵּׂא
וְיִתְהַדָּר וְיִתְעַלֶּה וְיִתְהַלָּל שְׁמֵהּ דְּקֻדְשָׁא בְּרִיךְ הוּא (קהל: אָמֵן)
לְעֵלָּא מִן כָּל בִּרְכָתָא וְשִׁירָתָא, תֻּשְׁבְּחָתָא וְנֶחֱמָתָא
דַּאֲמִירָן בְּעָלְמָא, וְאִמְרוּ אָמֵן. (קהל: אָמֵן)

תִּתְקַבַּל צְלוֹתְהוֹן וּבָעוּתְהוֹן דְּכָל בֵּית יִשְׂרָאֵל
קֳדָם אֲבוּהוֹן דִּי בִשְׁמַיָּא, וְאִמְרוּ אָמֵן. (קהל: אָמֵן)

יְהֵא שְׁלָמָא רַבָּא מִן שְׁמַיָּא
וְחַיִּים טוֹבִים עָלֵינוּ וְעַל כָּל יִשְׂרָאֵל, וְאִמְרוּ אָמֵן. (קהל: אָמֵן)

כורע ופוסע שלוש פסיעות לאחור. קד לשמאל, לימין ולפנים באמירת:
עֹשֶׂה שָׁלוֹם בִּמְרוֹמָיו, הוּא יַעֲשֶׂה שָׁלוֹם
עָלֵינוּ וְעַל כָּל יִשְׂרָאֵל, וְאִמְרוּ אָמֵן. (קהל: אָמֵן)

בבתי כנסת המתפללים בנוסח אשכנז, בחול המועד, ממשיכים ׳עָלֵינוּ׳ (עמ׳ 365) ושיר של יום (עמ׳ 162–165), ואחריהם אומרים ׳אֵין כֵּאלֹהֵינוּ׳.

קַוֵּה אֶל־יהוה, חֲזַק וְיַאֲמֵץ לִבֶּךָ, וְקַוֵּה אֶל־יהוה: תהלים כז
אֵין־קָדוֹשׁ כַּיהוה, כִּי־אֵין בִּלְתֶּךָ, וְאֵין צוּר כֵּאלֹהֵינוּ: שמואל א׳ ב
כִּי מִי אֱלְוֹהַּ מִבַּלְעֲדֵי יהוה, וּמִי צוּר זוּלָתִי אֱלֹהֵינוּ: תהלים יח

פתיחה לסדר הקטורת מסדר רב עמרם גאון

אֵין כֵּאלֹהֵינוּ, אֵין כַּאדוֹנֵינוּ, אֵין כְּמַלְכֵּנוּ, אֵין כְּמוֹשִׁיעֵנוּ.
מִי כֵאלֹהֵינוּ, מִי כַאדוֹנֵינוּ, מִי כְמַלְכֵּנוּ, מִי כְמוֹשִׁיעֵנוּ.
נוֹדֶה לֵאלֹהֵינוּ, נוֹדֶה לַאדוֹנֵינוּ, נוֹדֶה לְמַלְכֵּנוּ, נוֹדֶה לְמוֹשִׁיעֵנוּ.
בָּרוּךְ אֱלֹהֵינוּ, בָּרוּךְ אֲדוֹנֵינוּ, בָּרוּךְ מַלְכֵּנוּ, בָּרוּךְ מוֹשִׁיעֵנוּ.
אַתָּה הוּא אֱלֹהֵינוּ, אַתָּה הוּא אֲדוֹנֵינוּ,
אַתָּה הוּא מַלְכֵּנוּ, אַתָּה הוּא מוֹשִׁיעֵנוּ.
אַתָּה הוּא שֶׁהִקְטִירוּ אֲבוֹתֵינוּ לְפָנֶיךָ אֶת קְטֹרֶת הַסַּמִּים.

כריתות ו. פִּטּוּם הַקְּטֹרֶת. הַצְּרִי, וְהַצִּפֹּרֶן, וְהַחֶלְבְּנָה, וְהַלְּבוֹנָה מִשְׁקַל שִׁבְעִים שִׁבְעִים מָנֶה, מֹר, וּקְצִיעָה, שִׁבֹּלֶת נֵרְדְּ, וְכַרְכֹּם מִשְׁקַל שִׁשָּׁה עָשָׂר שִׁשָּׁה עָשָׂר מָנֶה, הַקֹּשְׁטְ שְׁנֵים עָשָׂר, קִלּוּפָה שְׁלֹשָׁה, וְקִנָּמוֹן תִּשְׁעָה, בֹּרִית כַּרְשִׁינָה תִּשְׁעָה קַבִּין, יֵין קַפְרִיסִין סְאִין תְּלָת וְקַבִּין תְּלָתָא, וְאִם אֵין לוֹ יֵין קַפְרִיסִין, מֵבִיא חֲמַר חִוַּרְיָן עַתִּיק. מֶלַח סְדוֹמִית רֹבַע, מַעֲלֶה עָשָׁן כָּל שֶׁהוּא. רַבִּי נָתָן הַבַּבְלִי אוֹמֵר: אַף כִּפַּת הַיַּרְדֵּן כָּל שֶׁהוּא, וְאִם נָתַן בָּהּ דְּבַשׁ פְּסָלָהּ, וְאִם חִסַּר אֶחָד מִכָּל סַמָּנֶיהָ, חַיָּב מִיתָה.

רַבָּן שִׁמְעוֹן בֶּן גַּמְלִיאֵל אוֹמֵר: הַצְּרִי אֵינוֹ אֶלָּא שְׂרָף הַנּוֹטֵף מֵעֲצֵי הַקְּטָף. בֹּרִית כַּרְשִׁינָה שֶׁשָּׁפִין בָּהּ אֶת הַצִּפֹּרֶן כְּדֵי שֶׁתְּהֵא נָאָה, יֵין קַפְרִיסִין שֶׁשּׁוֹרִין בּוֹ אֶת הַצִּפֹּרֶן כְּדֵי שֶׁתְּהֵא עַזָּה, וַהֲלֹא מֵי רַגְלַיִם יָפִין לָהּ, אֶלָּא שֶׁאֵין מַכְנִיסִין מֵי רַגְלַיִם בַּמִּקְדָּשׁ מִפְּנֵי הַכָּבוֹד.

בחול המועד ממשיכים ׳תַּנְיָא, רַבִּי נָתָן׳ למטה.
בהושענא רבה יש האומרים כבשאר חול המועד; ובקהילות רבות נוהגים לומר כביום טוב.

הַשִּׁיר שֶׁהַלְוִיִּם הָיוּ אוֹמְרִים בְּבֵית הַמִּקְדָּשׁ: משנה תמיד ז

בַּיּוֹם הָרִאשׁוֹן הָיוּ אוֹמְרִים, לַיהוה הָאָרֶץ וּמְלוֹאָהּ, תֵּבֵל וְיִשְׁבֵי בָהּ: תהלים כד

בַּשֵּׁנִי הָיוּ אוֹמְרִים, גָּדוֹל יהוה וּמְהֻלָּל מְאֹד, בְּעִיר אֱלֹהֵינוּ הַר־קָדְשׁוֹ: תהלים מח

בַּשְּׁלִישִׁי הָיוּ אוֹמְרִים, אֱלֹהִים נִצָּב בַּעֲדַת־אֵל, בְּקֶרֶב אֱלֹהִים יִשְׁפֹּט: תהלים פב

בָּרְבִיעִי הָיוּ אוֹמְרִים, אֵל־נְקָמוֹת יהוה, אֵל נְקָמוֹת הוֹפִיעַ: תהלים צד

בַּחֲמִישִׁי הָיוּ אוֹמְרִים, הַרְנִינוּ לֵאלֹהִים עוּזֵּנוּ, הָרִיעוּ לֵאלֹהֵי יַעֲקֹב: תהלים פא

בַּשִּׁשִּׁי הָיוּ אוֹמְרִים, יהוה מָלָךְ גֵּאוּת לָבֵשׁ, לָבֵשׁ יהוה עֹז הִתְאַזָּר אַף־תִּכּוֹן תֵּבֵל בַּל־תִּמּוֹט: תהלים צג

בַּשַּׁבָּת הָיוּ אוֹמְרִים, מִזְמוֹר שִׁיר לְיוֹם הַשַּׁבָּת: תהלים צב
מִזְמוֹר שִׁיר לֶעָתִיד לָבוֹא, לְיוֹם שֶׁכֻּלּוֹ שַׁבָּת וּמְנוּחָה לְחַיֵּי הָעוֹלָמִים.

וממשיך ׳תָּנָא דְבֵי אֵלִיָּהוּ׳ בעמוד הבא.

בחול המועד מוסיפים:

תַּנְיָא, רַבִּי נָתָן אוֹמֵר: כְּשֶׁהוּא שׁוֹחֵק אוֹמֵר, הָדֵק הֵיטֵב הֵיטֵב הָדֵק, מִפְּנֵי שֶׁהַקּוֹל יָפֶה לַבְּשָׂמִים. פִּטְּמָהּ לַחֲצָאִין כְּשֵׁרָה, לִשְׁלִישׁ וְלִרְבִיעַ לֹא שָׁמַעְנוּ. אָמַר רַבִּי יְהוּדָה: זֶה הַכְּלָל, אִם כְּמִדָּתָהּ כְּשֵׁרָה לַחֲצָאִין, וְאִם חִסַּר אֶחָד מִכָּל סַמָּנֶיהָ חַיָּב מִיתָה.

תַּנְיָא, בַּר קַפָּרָא אוֹמֵר: אַחַת לְשִׁשִּׁים אוֹ לְשִׁבְעִים שָׁנָה הָיְתָה בָאָה ירושלמי
שֶׁל שִׁירַיִם לַחֲצָאִין. וְעוֹד תָּנֵי בַּר קַפָּרָא: אִלּוּ הָיָה נוֹתֵן בָּהּ קָרְטוֹב יומא ד, הלכה ה
שֶׁל דְּבַשׁ אֵין אָדָם יָכוֹל לַעֲמֹד מִפְּנֵי רֵיחָהּ, וְלָמָּה אֵין מְעָרְבִין בָּהּ
דְּבַשׁ, מִפְּנֵי שֶׁהַתּוֹרָה אָמְרָה: כִּי כָל־שְׂאֹר וְכָל־דְּבַשׁ לֹא־תַקְטִירוּ ויקרא ב
מִמֶּנּוּ אִשֶּׁה לַיהוה:

אומרים כל פסוק שלוש פעמים (האר״י, על פי הירושלמי במסכת ברכות):

יהוה צְבָאוֹת עִמָּנוּ, מִשְׂגָּב לָנוּ אֱלֹהֵי יַעֲקֹב סֶלָה: תהלים מו

יהוה צְבָאוֹת, אַשְׁרֵי אָדָם בֹּטֵחַ בָּךְ: תהלים פד

יהוה הוֹשִׁיעָה, הַמֶּלֶךְ יַעֲנֵנוּ בְיוֹם־קָרְאֵנוּ: תהלים כ

תהלים לב אַתָּה סֵתֶר לִי, מִצַּר תִּצְּרֵנִי, רָנֵּי פַלֵּט תְּסוֹבְבֵנִי סֶלָה:
מלאכי ג וְעָרְבָה לַיהוה מִנְחַת יְהוּדָה וִירוּשָׁלָםִ, כִּימֵי עוֹלָם וּכְשָׁנִים קַדְמֹנִיּוֹת:

מגילה כח. תָּנָא דְבֵי אֵלִיָּהוּ: כָּל הַשּׁוֹנֶה הֲלָכוֹת בְּכָל יוֹם, מֻבְטָח לוֹ שֶׁהוּא בֶּן עוֹלָם
חבקוק ג הַבָּא, שֶׁנֶּאֱמַר, הֲלִיכוֹת עוֹלָם לוֹ: אַל תִּקְרֵי הֲלִיכוֹת אֶלָּא הֲלָכוֹת.

ברכות סד. אָמַר רַבִּי אֶלְעָזָר, אָמַר רַבִּי חֲנִינָא: תַּלְמִידֵי חֲכָמִים מַרְבִּים שָׁלוֹם בָּעוֹלָם,
ישעיה נד שֶׁנֶּאֱמַר, וְכָל־בָּנַיִךְ לִמּוּדֵי יהוה, וְרַב שְׁלוֹם בָּנָיִךְ: אַל תִּקְרֵי בָּנָיִךְ, אֶלָּא
תהלים קיט בּוֹנָיִךְ. שָׁלוֹם רָב לְאֹהֲבֵי תוֹרָתֶךָ, וְאֵין־לָמוֹ מִכְשׁוֹל: יְהִי־שָׁלוֹם בְּחֵילֵךְ,
תהלים קכב שַׁלְוָה בְּאַרְמְנוֹתָיִךְ: › לְמַעַן אַחַי וְרֵעָי אֲדַבְּרָה־נָּא שָׁלוֹם בָּךְ: לְמַעַן
תהלים כט בֵּית־יהוה אֱלֹהֵינוּ אֲבַקְשָׁה טוֹב לָךְ: יהוה עֹז לְעַמּוֹ יִתֵּן, יהוה יְבָרֵךְ
אֶת־עַמּוֹ בַשָּׁלוֹם:

קדיש דרבנן

אבל: יִתְגַּדַּל וְיִתְקַדַּשׁ שְׁמֵהּ רַבָּא (קהל: אָמֵן)
בְּעָלְמָא דִּי בְרָא כִרְעוּתֵהּ
וְיַמְלִיךְ מַלְכוּתֵהּ וְיַצְמַח פֻּרְקָנֵהּ וִיקָרֵב מְשִׁיחֵהּ (קהל: אָמֵן)
בְּחַיֵּיכוֹן וּבְיוֹמֵיכוֹן וּבְחַיֵּי דְכָל בֵּית יִשְׂרָאֵל
בַּעֲגָלָא וּבִזְמַן קָרִיב
וְאִמְרוּ אָמֵן. (קהל: אָמֵן)

קהל ואבל: יְהֵא שְׁמֵהּ רַבָּא מְבָרַךְ לְעָלַם וּלְעָלְמֵי עָלְמַיָּא.

אבל: יִתְבָּרַךְ וְיִשְׁתַּבַּח וְיִתְפָּאַר וְיִתְרוֹמַם וְיִתְנַשֵּׂא
וְיִתְהַדַּר וְיִתְעַלֶּה וְיִתְהַלָּל
שְׁמֵהּ דְּקֻדְשָׁא בְּרִיךְ הוּא (קהל: אָמֵן)
לְעֵלָּא מִן כָּל בִּרְכָתָא וְשִׁירָתָא, תֻּשְׁבְּחָתָא וְנֶחֱמָתָא
דַּאֲמִירָן בְּעָלְמָא
וְאִמְרוּ אָמֵן. (קהל: אָמֵן)

עַל יִשְׂרָאֵל וְעַל רַבָּנָן
וְעַל תַּלְמִידֵיהוֹן וְעַל כָּל תַּלְמִידֵי תַלְמִידֵיהוֹן
וְעַל כָּל מָאן דְּעָסְקִין בְּאוֹרַיְתָא
דִּי בְּאַתְרָא קַדִּישָׁא הָדֵין וְדִי בְּכָל אֲתַר וַאֲתַר
יְהֵא לְהוֹן וּלְכוֹן שְׁלָמָא רַבָּא
חִנָּא וְחִסְדָּא, וְרַחֲמֵי, וְחַיֵּי אֲרִיכֵי, וּמְזוֹנֵי רְוִיחֵי
וּפֻרְקָנָא מִן קֳדָם אֲבוּהוֹן דִּי בִשְׁמַיָּא וְאַרְעָא
וְאִמְרוּ אָמֵן. (קהל: אָמֵן)

יְהֵא שְׁלָמָא רַבָּא מִן שְׁמַיָּא
וְחַיִּים טוֹבִים עָלֵינוּ וְעַל כָּל יִשְׂרָאֵל
וְאִמְרוּ אָמֵן. (קהל: אָמֵן)

כורע ופוסע שלוש פסיעות לאחור. קד לשמאל, לימין ולפנים באמירת:

עֹשֶׂה שָׁלוֹם בִּמְרוֹמָיו
הוּא בְּרַחֲמָיו יַעֲשֶׂה שָׁלוֹם, עָלֵינוּ וְעַל כָּל יִשְׂרָאֵל
וְאִמְרוּ אָמֵן. (קהל: אָמֵן)

אומרים ׳עָלֵינוּ׳ בעמידה ומשתחווים במקום המסומן ב׳.

עָלֵינוּ לְשַׁבֵּחַ לַאֲדוֹן הַכֹּל, לָתֵת גְּדֻלָּה לְיוֹצֵר בְּרֵאשִׁית
שֶׁלֹּא עָשָׂנוּ כְּגוֹיֵי הָאֲרָצוֹת, וְלֹא שָׂמָנוּ כְּמִשְׁפְּחוֹת הָאֲדָמָה
שֶׁלֹּא שָׂם חֶלְקֵנוּ כָּהֶם וְגוֹרָלֵנוּ כְּכָל הֲמוֹנָם.
שֶׁהֵם מִשְׁתַּחֲוִים לְהֶבֶל וָרִיק וּמִתְפַּלְלִים אֶל אֵל לֹא יוֹשִׁיעַ.
׳וַאֲנַחְנוּ כּוֹרְעִים וּמִשְׁתַּחֲוִים וּמוֹדִים
לִפְנֵי מֶלֶךְ מַלְכֵי הַמְּלָכִים, הַקָּדוֹשׁ בָּרוּךְ הוּא
שֶׁהוּא נוֹטֶה שָׁמַיִם וְיוֹסֵד אָרֶץ, וּמוֹשַׁב יְקָרוֹ בַּשָּׁמַיִם מִמַּעַל
וּשְׁכִינַת עֻזּוֹ בְּגָבְהֵי מְרוֹמִים.

הוּא אֱלֹהֵינוּ, אֵין עוֹד.
אֱמֶת מַלְכֵּנוּ, אֶפֶס זוּלָתוֹ
כַּכָּתוּב בְּתוֹרָתוֹ
דברים ד וְיָדַעְתָּ הַיּוֹם וַהֲשֵׁבֹתָ אֶל־לְבָבֶךָ
כִּי יהוה הוּא הָאֱלֹהִים בַּשָּׁמַיִם מִמַּעַל וְעַל־הָאָרֶץ מִתָּחַת
אֵין עוֹד:

וְעַל כֵּן נְקַוֶּה לְּךָ יהוה אֱלֹהֵינוּ לִרְאוֹת מְהֵרָה בְּתִפְאֶרֶת עֻזֶּךָ
לְהַעֲבִיר גִּלּוּלִים מִן הָאָרֶץ
וְהָאֱלִילִים כָּרוֹת יִכָּרֵתוּן
לְתַקֵּן עוֹלָם בְּמַלְכוּת שַׁדַּי.
וְכָל בְּנֵי בָשָׂר יִקְרְאוּ בִשְׁמֶךָ
לְהַפְנוֹת אֵלֶיךָ כָּל רִשְׁעֵי אָרֶץ.
יַכִּירוּ וְיֵדְעוּ כָּל יוֹשְׁבֵי תֵבֵל כִּי לְךָ תִּכְרַע כָּל בֶּרֶךְ, תִּשָּׁבַע כָּל לָשׁוֹן.
לְפָנֶיךָ יהוה אֱלֹהֵינוּ יִכְרְעוּ וְיִפֹּלוּ, וְלִכְבוֹד שִׁמְךָ יְקָר יִתֵּנוּ
וִיקַבְּלוּ כֻלָּם אֶת עֹל מַלְכוּתֶךָ
וְתִמְלֹךְ עֲלֵיהֶם מְהֵרָה לְעוֹלָם וָעֶד.
כִּי הַמַּלְכוּת שֶׁלְּךָ הִיא וּלְעוֹלְמֵי עַד תִּמְלֹךְ בְּכָבוֹד
כַּכָּתוּב בְּתוֹרָתֶךָ
שמות טו יהוה יִמְלֹךְ לְעֹלָם וָעֶד:
זכריה יד ◄ וְנֶאֱמַר, וְהָיָה יהוה לְמֶלֶךְ עַל־כָּל־הָאָרֶץ
בַּיּוֹם הַהוּא יִהְיֶה יהוה אֶחָד וּשְׁמוֹ אֶחָד:

יש מוסיפים:

משלי ג אַל־תִּירָא מִפַּחַד פִּתְאֹם וּמִשֹּׁאַת רְשָׁעִים כִּי תָבֹא:
ישעיה ח עֻצוּ עֵצָה וְתֻפָר, דַּבְּרוּ דָבָר וְלֹא יָקוּם, כִּי עִמָּנוּ אֵל:
ישעיה מו וְעַד־זִקְנָה אֲנִי הוּא, וְעַד־שֵׂיבָה אֲנִי אֶסְבֹּל
אֲנִי עָשִׂיתִי וַאֲנִי אֶשָּׂא וַאֲנִי אֶסְבֹּל וַאֲמַלֵּט:

קדיש יתום

אבל: יִתְגַּדַּל וְיִתְקַדַּשׁ שְׁמֵהּ רַבָּא (קהל: אָמֵן)
בְּעָלְמָא דִּי בְרָא כִרְעוּתֵהּ
וְיַמְלִיךְ מַלְכוּתֵהּ וְיַצְמַח פֻּרְקָנֵהּ וִיקָרֵב מְשִׁיחֵהּ (קהל: אָמֵן)
בְּחַיֵּיכוֹן וּבְיוֹמֵיכוֹן וּבְחַיֵּי דְכָל בֵּית יִשְׂרָאֵל
בַּעֲגָלָא וּבִזְמַן קָרִיב
וְאִמְרוּ אָמֵן. (קהל: אָמֵן)

קהל ואבל: יְהֵא שְׁמֵהּ רַבָּא מְבָרַךְ לְעָלַם וּלְעָלְמֵי עָלְמַיָּא.

אבל: יִתְבָּרַךְ וְיִשְׁתַּבַּח וְיִתְפָּאַר וְיִתְרוֹמַם וְיִתְנַשֵּׂא
וְיִתְהַדָּר וְיִתְעַלֶּה וְיִתְהַלָּל
שְׁמֵהּ דְּקֻדְשָׁא בְּרִיךְ הוּא (קהל: אָמֵן)
לְעֵלָּא מִן כָּל בִּרְכָתָא
וְשִׁירָתָא, תֻּשְׁבְּחָתָא וְנֶחֱמָתָא
דַּאֲמִירָן בְּעָלְמָא
וְאִמְרוּ אָמֵן. (קהל: אָמֵן)

יְהֵא שְׁלָמָא רַבָּא מִן שְׁמַיָּא
וְחַיִּים טוֹבִים עָלֵינוּ וְעַל כָּל יִשְׂרָאֵל
וְאִמְרוּ אָמֵן. (קהל: אָמֵן)

כורע ופוסע שלוש פסיעות לאחור. קד לשמאל, לימין ולפנים באמירת:
עֹשֶׂה שָׁלוֹם בִּמְרוֹמָיו
הוּא יַעֲשֶׂה שָׁלוֹם, עָלֵינוּ וְעַל כָּל יִשְׂרָאֵל
וְאִמְרוּ אָמֵן. (קהל: אָמֵן)

בבתי כנסת המתפללים בנוסח אשכנז, אומרים כאן שיר של יום
(לשבת, בעמ' 164; ליום טוב החל בחול, בעמ' 162–164).

שיר הכבוד

פותחים את ארון הקודש, והקהל עומד.

ש״ץ: אַנְעִים זְמִירוֹת וְשִׁירִים אֶאֱרֹג, כִּי אֵלֶיךָ נַפְשִׁי תַעֲרֹג.
קהל: נַפְשִׁי חִמְּדָה בְּצֵל יָדֶךָ, לָדַעַת כָּל רָז סוֹדֶךָ.

ש״ץ: מִדֵּי דַבְּרִי בִּכְבוֹדֶךָ, הוֹמֶה לִבִּי אֶל דּוֹדֶיךָ.
קהל: עַל כֵּן אֲדַבֵּר בְּךָ נִכְבָּדוֹת, וְשִׁמְךָ אֲכַבֵּד בְּשִׁירֵי יְדִידוֹת.

ש״ץ: אֲסַפְּרָה כְבוֹדְךָ וְלֹא רְאִיתִיךָ, אֲדַמְּךָ אֲכַנְּךָ וְלֹא יְדַעְתִּיךָ.
קהל: בְּיַד נְבִיאֶיךָ בְּסוֹד עֲבָדֶיךָ, דִּמִּיתָ הֲדַר כְּבוֹד הוֹדֶךָ.

ש״ץ: גְּדֻלָּתְךָ וּגְבוּרָתֶךָ, כִּנּוּ לְתֹקֶף פְּעֻלָּתֶךָ.
קהל: דִּמּוּ אוֹתְךָ וְלֹא כְּפִי יֶשְׁךָ, וַיְשַׁוּוּךָ לְפִי מַעֲשֶׂיךָ.

ש״ץ: הִמְשִׁילוּךָ בְּרֹב חֶזְיוֹנוֹת, הִנְּךָ אֶחָד בְּכָל דִּמְיוֹנוֹת.
קהל: וַיֶּחֱזוּ בְךָ זִקְנָה וּבַחֲרוּת, וּשְׂעַר רֹאשְׁךָ בְּשֵׂיבָה וְשַׁחֲרוּת.

ש״ץ: זִקְנָה בְּיוֹם דִּין וּבַחֲרוּת בְּיוֹם קְרָב, כְּאִישׁ מִלְחָמוֹת יָדָיו לוֹ רָב.
קהל: חָבַשׁ כּוֹבַע יְשׁוּעָה בְּרֹאשׁוֹ, הוֹשִׁיעָה לּוֹ יְמִינוֹ וּזְרוֹעַ קָדְשׁוֹ.

ש״ץ: טַלְלֵי אוֹרוֹת רֹאשׁוֹ נִמְלָא, קְוֻצּוֹתָיו רְסִיסֵי לָיְלָה.
קהל: יִתְפָּאֵר בִּי כִּי חָפֵץ בִּי, וְהוּא יִהְיֶה לִּי לַעֲטֶרֶת צְבִי.

ש״ץ: כֶּתֶם טָהוֹר פָּז דְּמוּת רֹאשׁוֹ, וְחַק עַל מֵצַח כְּבוֹד שֵׁם קָדְשׁוֹ.
קהל: לְחֵן וּלְכָבוֹד צְבִי תִפְאָרָה, אֻמָּתוֹ לוֹ עִטְּרָה עֲטָרָה.

ש״ץ: מַחְלְפוֹת רֹאשׁוֹ כְּבִימֵי בְחוּרוֹת, קְוֻצּוֹתָיו תַּלְתַּלִּים שְׁחוֹרוֹת.
קהל: נְוֵה הַצֶּדֶק צְבִי תִפְאַרְתּוֹ, יַעֲלֶה נָּא עַל רֹאשׁ שִׂמְחָתוֹ.

ש״ץ: סְגֻלָּתוֹ תְּהִי בְיָדוֹ עֲטֶרֶת, וּצְנִיף מְלוּכָה צְבִי תִפְאָרֶת.

קהל: עֲמוּסִים נְשָׂאָם, עֲטֶרֶת עִנְּדָם, מֵאֲשֶׁר יָקְרוּ בְעֵינָיו כִּבְּדָם.

ש״ץ: פְּאֵרוֹ עָלַי וּפְאֵרִי עָלָיו, וְקָרוֹב אֵלַי בְּקָרְאִי אֵלָיו.

קהל: צַח וְאָדֹם לִלְבוּשׁוֹ אָדֹם, פּוּרָה בְדָרְכוֹ בְּבוֹאוֹ מֵאֱדוֹם.

ש״ץ: קֶשֶׁר תְּפִלִּין הֶרְאָה לֶעָנָו, תְּמוּנַת יהוה לְנֶגֶד עֵינָיו.

קהל: רוֹצֶה בְעַמּוֹ עֲנָוִים יְפָאֵר, יוֹשֵׁב תְּהִלּוֹת בָּם לְהִתְפָּאֵר.

ש״ץ: רֹאשׁ דְּבָרְךָ אֱמֶת קוֹרֵא מֵרֹאשׁ דּוֹר וָדוֹר, עַם דּוֹרֶשְׁךָ דְּרֹשׁ.

קהל: שִׁית הֲמוֹן שִׁירַי נָא עָלֶיךָ, וְרִנָּתִי תִּקְרַב אֵלֶיךָ.

ש״ץ: תְּהִלָּתִי תְּהִי לְרֹאשְׁךָ עֲטֶרֶת, וּתְפִלָּתִי תִּכּוֹן קְטֹרֶת.

קהל: תִּיקַר שִׁירַת רָשׁ בְּעֵינֶיךָ, כַּשִּׁיר יוּשַׁר עַל קָרְבָּנֶיךָ.

ש״ץ: בִּרְכָתִי תַעֲלֶה לְרֹאשׁ מַשְׁבִּיר, מְחוֹלֵל וּמוֹלִיד, צַדִּיק כַּבִּיר.

קהל: וּבְבִרְכָתִי תְנַעֲנַע לִי רֹאשׁ, וְאוֹתָהּ קַח לְךָ כִּבְשָׂמִים רֹאשׁ.

ש״ץ: יֶעֱרַב נָא שִׂיחִי עָלֶיךָ, כִּי נַפְשִׁי תַעֲרֹג אֵלֶיךָ.

סוגרים את ארון הקודש.

לְךָ יהוה הַגְּדֻלָּה וְהַגְּבוּרָה וְהַתִּפְאֶרֶת וְהַנֵּצַח וְהַהוֹד דברי הימים א׳ כט
כִּי־כֹל בַּשָּׁמַיִם וּבָאָרֶץ
לְךָ יהוה הַמַּמְלָכָה וְהַמִּתְנַשֵּׂא לְכֹל לְרֹאשׁ:

◂ מִי יְמַלֵּל גְּבוּרוֹת יהוה תהלים קו
יַשְׁמִיעַ כָּל־תְּהִלָּתוֹ:

קדיש יתום (בעמ׳ 367)

קידושא רבה לשלוש רגלים

ביום טוב החל בשבת מתחילים כאן (ויש המתחילים מ׳עַל־כֵּן בֵּרַךְ׳).
בשבת חול המועד אומרים את הקידוש לשבת (בעמוד הבא).

שמות לא
וְשָׁמְרוּ בְנֵי־יִשְׂרָאֵל אֶת־הַשַּׁבָּת, לַעֲשׂוֹת אֶת־הַשַּׁבָּת לְדֹרֹתָם בְּרִית עוֹלָם: בֵּינִי וּבֵין בְּנֵי יִשְׂרָאֵל אוֹת הִוא לְעֹלָם, כִּי־שֵׁשֶׁת יָמִים עָשָׂה יהוה אֶת־הַשָּׁמַיִם וְאֶת־הָאָרֶץ וּבַיּוֹם הַשְּׁבִיעִי שָׁבַת וַיִּנָּפַשׁ:

שמות כ
זָכוֹר אֶת־יוֹם הַשַּׁבָּת לְקַדְּשׁוֹ: שֵׁשֶׁת יָמִים תַּעֲבֹד, וְעָשִׂיתָ כָּל־מְלַאכְתֶּךָ: וְיוֹם הַשְּׁבִיעִי שַׁבָּת לַיהוה אֱלֹהֶיךָ, לֹא־תַעֲשֶׂה כָל־מְלָאכָה אַתָּה וּבִנְךָ וּבִתֶּךָ, עַבְדְּךָ וַאֲמָתְךָ וּבְהֶמְתֶּךָ, וְגֵרְךָ אֲשֶׁר בִּשְׁעָרֶיךָ: כִּי שֵׁשֶׁת־יָמִים עָשָׂה יהוה אֶת־הַשָּׁמַיִם וְאֶת־הָאָרֶץ אֶת־הַיָּם וְאֶת־כָּל־אֲשֶׁר־בָּם, וַיָּנַח בַּיּוֹם הַשְּׁבִיעִי

ביום טוב החל בשבת, יש המתחילים כאן:

עַל־כֵּן בֵּרַךְ יהוה אֶת־יוֹם הַשַּׁבָּת וַיְקַדְּשֵׁהוּ:

ביום טוב החל בחול, מתחילים כאן:

ויקרא כג
אֵלֶּה מוֹעֲדֵי יהוה מִקְרָאֵי קֹדֶשׁ
אֲשֶׁר־תִּקְרְאוּ אֹתָם בְּמוֹעֲדָם:
וַיְדַבֵּר מֹשֶׁה אֶת־מֹעֲדֵי יהוה אֶל־בְּנֵי יִשְׂרָאֵל:

המקדש לאחרים, מוסיף:

סַבְרִי מָרָנָן

בָּרוּךְ אַתָּה יהוה אֱלֹהֵינוּ מֶלֶךְ הָעוֹלָם
בּוֹרֵא פְּרִי הַגָּפֶן.

בסוכות מוסיף:

בָּרוּךְ אַתָּה יהוה אֱלֹהֵינוּ מֶלֶךְ הָעוֹלָם
אֲשֶׁר קִדְּשָׁנוּ בְּמִצְוֹתָיו וְצִוָּנוּ לֵישֵׁב בַּסֻּכָּה.

קידושא רבה

רבים מתחילים כאן:

ישעיה נח
אִם־תָּשִׁיב מִשַּׁבָּת רַגְלֶךָ עֲשׂוֹת חֲפָצֶךָ בְּיוֹם קָדְשִׁי, וְקָרָאתָ לַשַּׁבָּת
עֹנֶג לִקְדוֹשׁ יהוה מְכֻבָּד, וְכִבַּדְתּוֹ מֵעֲשׂוֹת דְּרָכֶיךָ מִמְּצוֹא חֶפְצְךָ
וְדַבֵּר דָּבָר: אָז תִּתְעַנַּג עַל־יהוה, וְהִרְכַּבְתִּיךָ עַל־בָּמֳתֵי אָרֶץ,
וְהַאֲכַלְתִּיךָ נַחֲלַת יַעֲקֹב אָבִיךָ, כִּי פִּי יהוה דִּבֵּר:

אם יום טוב חל בשבת אומרים את הקידוש ליום טוב 'קידושא רבה לשלוש רגלים' (בעמוד הקודם).

שמות לא
וְשָׁמְרוּ בְנֵי־יִשְׂרָאֵל אֶת־הַשַּׁבָּת
לַעֲשׂוֹת אֶת־הַשַּׁבָּת לְדֹרֹתָם בְּרִית עוֹלָם:
בֵּינִי וּבֵין בְּנֵי יִשְׂרָאֵל אוֹת הִוא לְעֹלָם
כִּי־שֵׁשֶׁת יָמִים עָשָׂה יהוה אֶת־הַשָּׁמַיִם וְאֶת־הָאָרֶץ
וּבַיּוֹם הַשְּׁבִיעִי שָׁבַת וַיִּנָּפַשׁ:

שמות כ
זָכוֹר אֶת־יוֹם הַשַּׁבָּת לְקַדְּשׁוֹ:
שֵׁשֶׁת יָמִים תַּעֲבֹד, וְעָשִׂיתָ כָּל־מְלַאכְתֶּךָ:
וְיוֹם הַשְּׁבִיעִי שַׁבָּת לַיהוה אֱלֹהֶיךָ
לֹא־תַעֲשֶׂה כָל־מְלָאכָה אַתָּה וּבִנְךָ וּבִתֶּךָ
עַבְדְּךָ וַאֲמָתְךָ וּבְהֶמְתֶּךָ, וְגֵרְךָ אֲשֶׁר בִּשְׁעָרֶיךָ:
כִּי שֵׁשֶׁת־יָמִים עָשָׂה יהוה אֶת־הַשָּׁמַיִם וְאֶת־הָאָרֶץ
אֶת־הַיָּם וְאֶת־כָּל־אֲשֶׁר־בָּם, וַיָּנַח בַּיּוֹם הַשְּׁבִיעִי
עַל־כֵּן בֵּרַךְ יהוה אֶת־יוֹם הַשַּׁבָּת וַיְקַדְּשֵׁהוּ:

המקדש לאחרים, מוסיף: סַבְרִי מָרָנָן

בָּרוּךְ אַתָּה יהוה אֱלֹהֵינוּ מֶלֶךְ הָעוֹלָם, בּוֹרֵא פְּרִי הַגָּפֶן.

בסוכות מוסיף:

בָּרוּךְ אַתָּה יהוה אֱלֹהֵינוּ מֶלֶךְ הָעוֹלָם
אֲשֶׁר קִדְּשָׁנוּ בְּמִצְוֹתָיו וְצִוָּנוּ לֵישֵׁב בַּסֻּכָּה.

מנחה ליום טוב ולשבת חול המועד

מנחה לשבת וליום טוב

"וְעָרְבָה לַה׳ מִנְחַת יְהוּדָה וִירוּשָׁלָם כִּימֵי עוֹלָם וּכְשָׁנִים קַדְמֹנִיּוֹת" (מלאכי ג, ד).

ראוי לומר גם לפני תפילת מנחה את פרשת קרבן התמיד. רבים נוהגים לומר את סדר הקרבנות שלפני תפילת שחרית (עמ׳ 98–101) פרט לפרשת תרומת הדשן ולסדר המערכה.

אַשְׁרֵי יוֹשְׁבֵי בֵיתֶךָ, עוֹד יְהַלְלוּךָ סֶּלָה: תהלים פד

אַשְׁרֵי הָעָם שֶׁכָּכָה לּוֹ, אַשְׁרֵי הָעָם שֶׁיהוה אֱלֹהָיו: תהלים קמד

תְּהִלָּה לְדָוִד, אֲרוֹמִמְךָ אֱלוֹהַי הַמֶּלֶךְ, וַאֲבָרְכָה שִׁמְךָ לְעוֹלָם וָעֶד: תהלים קמה

בְּכָל־יוֹם אֲבָרְכֶךָּ, וַאֲהַלְלָה שִׁמְךָ לְעוֹלָם וָעֶד:

גָּדוֹל יהוה וּמְהֻלָּל מְאֹד, וְלִגְדֻלָּתוֹ אֵין חֵקֶר:

דּוֹר לְדוֹר יְשַׁבַּח מַעֲשֶׂיךָ, וּגְבוּרֹתֶיךָ יַגִּידוּ:

הֲדַר כְּבוֹד הוֹדֶךָ, וְדִבְרֵי נִפְלְאֹתֶיךָ אָשִׂיחָה:

וֶעֱזוּז נוֹרְאֹתֶיךָ יֹאמֵרוּ, וּגְדוּלָּתְךָ אֲסַפְּרֶנָּה:

זֵכֶר רַב־טוּבְךָ יַבִּיעוּ, וְצִדְקָתְךָ יְרַנֵּנוּ:

חַנּוּן וְרַחוּם יהוה, אֶרֶךְ אַפַּיִם וּגְדָל־חָסֶד:

טוֹב־יהוה לַכֹּל, וְרַחֲמָיו עַל־כָּל־מַעֲשָׂיו:

יוֹדוּךָ יהוה כָּל־מַעֲשֶׂיךָ, וַחֲסִידֶיךָ יְבָרְכוּכָה:

כְּבוֹד מַלְכוּתְךָ יֹאמֵרוּ, וּגְבוּרָתְךָ יְדַבֵּרוּ:

לְהוֹדִיעַ לִבְנֵי הָאָדָם גְּבוּרֹתָיו, וּכְבוֹד הֲדַר מַלְכוּתוֹ:

מַלְכוּתְךָ מַלְכוּת כָּל־עֹלָמִים, וּמֶמְשַׁלְתְּךָ בְּכָל־דּוֹר וָדֹר:

סוֹמֵךְ יהוה לְכָל־הַנֹּפְלִים, וְזוֹקֵף לְכָל־הַכְּפוּפִים:

עֵינֵי־כֹל אֵלֶיךָ יְשַׂבֵּרוּ, וְאַתָּה נוֹתֵן־לָהֶם אֶת־אָכְלָם בְּעִתּוֹ:

פּוֹתֵחַ אֶת־יָדֶךָ, וּמַשְׂבִּיעַ לְכָל־חַי רָצוֹן:

צַדִּיק יהוה בְּכָל־דְּרָכָיו, וְחָסִיד בְּכָל־מַעֲשָׂיו:

קָרוֹב יהוה לְכָל־קֹרְאָיו, לְכֹל אֲשֶׁר יִקְרָאֻהוּ בֶאֱמֶת:

רְצוֹן־יְרֵאָיו יַעֲשֶׂה, וְאֶת־שַׁוְעָתָם יִשְׁמַע, וְיוֹשִׁיעֵם:

שׁוֹמֵר יהוה אֶת־כָּל־אֹהֲבָיו, וְאֵת כָּל־הָרְשָׁעִים יַשְׁמִיד:

◂ תְּהִלַּת יהוה יְדַבֶּר פִּי, וִיבָרֵךְ כָּל־בָּשָׂר שֵׁם קָדְשׁוֹ לְעוֹלָם וָעֶד:

וַאֲנַחְנוּ נְבָרֵךְ יָהּ מֵעַתָּה וְעַד־עוֹלָם, הַלְלוּיָהּ: תהלים קטו

בשבת וביום טוב אומרים את קדושת 'וּבָא לְצִיּוֹן' במנחה.

יש הסבורים שקדושה זו נאמרת כדי להזכיר דברי נביאים בכל יום, ובשבתות וימים טובים, שבהם מפטירים בנביא, היא נדחית למנחה ('שיבולי הלקט' מד בשם רש"י). לעומתם יש הסבורים שקדושה זו נתקנה להיאמר בשחרית, אך בשבתות וימים טובים היא נדחית למנחה, כדי שלא להאריך בתפילת שחרית ולהטריח את הציבור (סידור הרוקח).

ישעיה נט וּבָא לְצִיּוֹן גּוֹאֵל, וּלְשָׁבֵי פֶשַׁע בְּיַעֲקֹב, נְאֻם יהוה:
וַאֲנִי זֹאת בְּרִיתִי אוֹתָם, אָמַר יהוה
רוּחִי אֲשֶׁר עָלֶיךָ וּדְבָרַי אֲשֶׁר־שַׂמְתִּי בְּפִיךָ
לֹא־יָמְוּשׁוּ מִפִּיךָ וּמִפִּי זַרְעֲךָ וּמִפִּי זֶרַע זַרְעֲךָ
אָמַר יהוה, מֵעַתָּה וְעַד־עוֹלָם:

תהלים כב ישעיה ו ◂ וְאַתָּה קָדוֹשׁ יוֹשֵׁב תְּהִלּוֹת יִשְׂרָאֵל: וְקָרָא זֶה אֶל־זֶה וְאָמַר ▸
קָדוֹשׁ, קָדוֹשׁ, קָדוֹשׁ, יהוה צְבָאוֹת, מְלֹא כָל־הָאָרֶץ כְּבוֹדוֹ:

תרגום יונתן ישעיה ו וּמְקַבְּלִין דֵּין מִן דֵּין וְאָמְרִין, קַדִּישׁ בִּשְׁמֵי מְרוֹמָא עִלָּאָה בֵּית שְׁכִינְתֵּהּ
קַדִּישׁ עַל אַרְעָא עוֹבַד גְּבוּרְתֵּהּ, קַדִּישׁ לְעָלַם וּלְעָלְמֵי עָלְמַיָּא
יהוה צְבָאוֹת, מַלְיָא כָל אַרְעָא זִיו יְקָרֵהּ.

יחזקאל ג ◂ וַתִּשָּׂאֵנִי רְוּחַ, וָאֶשְׁמַע אַחֲרַי קוֹל רַעַשׁ גָּדוֹל ▸
בָּרוּךְ כְּבוֹד־יהוה מִמְּקוֹמוֹ:

תרגום יונתן יחזקאל ג וּנְטָלַתְנִי רוּחָא, וּשְׁמָעִית בַּתְרַי קָל זִיעַ סַגִּיא, דִּמְשַׁבְּחִין וְאָמְרִין
בְּרִיךְ יְקָרָא דַיהוה מֵאֲתַר בֵּית שְׁכִינְתֵּהּ.

שמות טו יהוה יִמְלֹךְ לְעֹלָם וָעֶד:

תרגום אונקלוס שמות טו יהוה מַלְכוּתֵהּ קָאֵם לְעָלַם וּלְעָלְמֵי עָלְמַיָּא.

דברי הימים א' כט יהוה אֱלֹהֵי אַבְרָהָם יִצְחָק וְיִשְׂרָאֵל אֲבֹתֵינוּ, שָׁמְרָה־זֹּאת לְעוֹלָם
תהלים עח לְיֵצֶר מַחְשְׁבוֹת לְבַב עַמֶּךָ, וְהָכֵן לְבָבָם אֵלֶיךָ: וְהוּא רַחוּם יְכַפֵּר עָוֹן
תהלים פו וְלֹא־יַשְׁחִית, וְהִרְבָּה לְהָשִׁיב אַפּוֹ, וְלֹא־יָעִיר כָּל־חֲמָתוֹ: כִּי־אַתָּה
תהלים קיט אֲדֹנָי טוֹב וְסַלָּח, וְרַב־חֶסֶד לְכָל־קֹרְאֶיךָ: צִדְקָתְךָ צֶדֶק לְעוֹלָם
מיכה ז וְתוֹרָתְךָ אֱמֶת: תִּתֵּן אֱמֶת לְיַעֲקֹב, חֶסֶד לְאַבְרָהָם, אֲשֶׁר־נִשְׁבַּעְתָּ
תהלים סח לַאֲבֹתֵינוּ מִימֵי קֶדֶם: בָּרוּךְ אֲדֹנָי יוֹם יוֹם יַעֲמָס־לָנוּ, הָאֵל יְשׁוּעָתֵנוּ

סֶלָה: יהוה צְבָאוֹת עִמָּנוּ, מִשְׂגָּב לָנוּ אֱלֹהֵי יַעֲקֹב סֶלָה: יהוה צְבָאוֹת, תהלים מו תהלים פד
אַשְׁרֵי אָדָם בֹּטֵחַ בָּךְ: יהוה הוֹשִׁיעָה, הַמֶּלֶךְ יַעֲנֵנוּ בְיוֹם־קָרְאֵנוּ: תהלים כ

בָּרוּךְ הוּא אֱלֹהֵינוּ שֶׁבְּרָאָנוּ לִכְבוֹדוֹ, וְהִבְדִּילָנוּ מִן הַתּוֹעִים, וְנָתַן לָנוּ תּוֹרַת אֱמֶת, וְחַיֵּי עוֹלָם נָטַע בְּתוֹכֵנוּ. הוּא יִפְתַּח לִבֵּנוּ בְּתוֹרָתוֹ, וְיָשֵׂם בְּלִבֵּנוּ אַהֲבָתוֹ וְיִרְאָתוֹ וְלַעֲשׂוֹת רְצוֹנוֹ וּלְעָבְדוֹ בְּלֵבָב שָׁלֵם, לְמַעַן לֹא נִיגַע לָרִיק וְלֹא נֵלֵד לַבֶּהָלָה.

יְהִי רָצוֹן מִלְּפָנֶיךָ יהוה אֱלֹהֵינוּ וֵאלֹהֵי אֲבוֹתֵינוּ, שֶׁנִּשְׁמֹר חֻקֶּיךָ בָּעוֹלָם
הַזֶּה, וְנִזְכֶּה וְנִחְיֶה וְנִרְאֶה וְנִירַשׁ טוֹבָה וּבְרָכָה, לִשְׁנֵי יְמוֹת הַמָּשִׁיחַ
וּלְחַיֵּי הָעוֹלָם הַבָּא. לְמַעַן יְזַמֶּרְךָ כָבוֹד וְלֹא יִדֹּם, יהוה אֱלֹהַי, לְעוֹלָם תהלים ל
אוֹדֶךָּ: בָּרוּךְ הַגֶּבֶר אֲשֶׁר יִבְטַח בַּיהוה, וְהָיָה יהוה מִבְטַחוֹ: בִּטְחוּ ירמיה יז ישעיה כו
בַיהוה עֲדֵי־עַד, כִּי בְּיָהּ יהוה צוּר עוֹלָמִים: ◂ וְיִבְטְחוּ בְךָ יוֹדְעֵי שְׁמֶךָ, כִּי תהלים ט
לֹא־עָזַבְתָּ דֹרְשֶׁיךָ, יהוה: יהוה חָפֵץ לְמַעַן צִדְקוֹ, יַגְדִּיל תּוֹרָה וְיַאְדִּיר: ישעיה מב

חצי קדיש

ש״ץ: יִתְגַּדַּל וְיִתְקַדַּשׁ שְׁמֵהּ רַבָּא (קהל: אָמֵן)
בְּעָלְמָא דִּי בְרָא כִרְעוּתֵהּ
וְיַמְלִיךְ מַלְכוּתֵהּ וְיַצְמַח פֻּרְקָנֵהּ וִיקָרֵב מְשִׁיחֵהּ (קהל: אָמֵן)
בְּחַיֵּיכוֹן וּבְיוֹמֵיכוֹן וּבְחַיֵּי דְכָל בֵּית יִשְׂרָאֵל
בַּעֲגָלָא וּבִזְמַן קָרִיב, וְאִמְרוּ אָמֵן. (קהל: אָמֵן)

קהל וש״ץ: יְהֵא שְׁמֵהּ רַבָּא מְבָרַךְ לְעָלַם וּלְעָלְמֵי עָלְמַיָּא.

ש״ץ: יִתְבָּרַךְ וְיִשְׁתַּבַּח וְיִתְפָּאַר וְיִתְרוֹמַם וְיִתְנַשֵּׂא
וְיִתְהַדָּר וְיִתְעַלֶּה וְיִתְהַלָּל
שְׁמֵהּ דְּקֻדְשָׁא בְּרִיךְ הוּא (קהל: אָמֵן)
לְעֵלָּא מִן כָּל בִּרְכָתָא וְשִׁירָתָא, תֻּשְׁבְּחָתָא וְנֶחֱמָתָא
דַּאֲמִירָן בְּעָלְמָא, וְאִמְרוּ אָמֵן. (קהל: אָמֵן)

ביום טוב שאינו שבת, ממשיכים בתפילת עמידה (עמ׳ 388).

אומרים פסוק זה לפני קריאת התורה.
וכתוב בפסוק שלפניו ״יָשִׂיחוּ בִי יֹשְׁבֵי שָׁעַר וּנְגִינוֹת שׁוֹתֵי שֵׁכָר״ – ״אמר דוד לפני הקב״ה: ריבונו של עולם, אין אומה זו כשאר אומות העולם, אומות העולם כששותין ומשתכרין הולכין ופוחזין; ואנו לא כן, אלא אף על פי ששתינו ׳ואני תפילתי לך ה׳״. (טור, רצב בשם המדרש).

תהלים סט וַאֲנִי תְפִלָּתִי־לְךָ יהוה, עֵת רָצוֹן, אֱלֹהִים בְּרָב־חַסְדֶּךָ עֲנֵנִי בֶּאֱמֶת יִשְׁעֶךָ:

עזרא תיקן שיקראו בתורה במנחה של שבת משום יושבי קרנות (בבא קמא פב ע״א), ופירש רש״י שאינם יכולים לשמוע את קריאת התורה בימי שני וחמישי.

פותחים את ארון הקודש. הקהל עומד על רגליו.

במדבר י וַיְהִי בִּנְסֹעַ הָאָרֹן וַיֹּאמֶר מֹשֶׁה, קוּמָה יהוה וְיָפֻצוּ אֹיְבֶיךָ וְיָנֻסוּ
ישעיה ב מְשַׂנְאֶיךָ מִפָּנֶיךָ: כִּי מִצִּיּוֹן תֵּצֵא תוֹרָה וּדְבַר־יהוה מִירוּשָׁלָםִ:
בָּרוּךְ שֶׁנָּתַן תּוֹרָה לְעַמּוֹ יִשְׂרָאֵל בִּקְדֻשָּׁתוֹ.

זוהר ויקהל בְּרִיךְ שְׁמֵהּ דְּמָרֵא עָלְמָא, בְּרִיךְ כִּתְרָךְ וְאַתְרָךְ. יְהֵא רְעוּתָךְ עִם עַמָּךְ יִשְׂרָאֵל לְעָלַם, וּפֻרְקַן יְמִינָךְ אַחֲזֵי לְעַמָּךְ בְּבֵית מַקְדְּשָׁךְ, וּלְאַמְטוּיֵי לָנָא מִטּוּב נְהוֹרָךְ, וּלְקַבֵּל צְלוֹתָנָא בְּרַחֲמִין. יְהֵא רַעֲוָא קֳדָמָךְ דְּתוֹרִיךְ לַן חַיִּין בְּטִיבוּ, וְלֶהֱוֵי אֲנָא פְקִידָא בְּגוֹ צַדִּיקַיָּא, לְמִרְחַם עָלַי וּלְמִנְטַר יָתִי וְיַת כָּל דִּי לִי וְדִי לְעַמָּךְ יִשְׂרָאֵל. אַנְתְּ הוּא זָן לְכֹלָּא וּמְפַרְנֵס לְכֹלָּא, אַנְתְּ הוּא שַׁלִּיט עַל כֹּלָּא, אַנְתְּ הוּא דְּשַׁלִּיט עַל מַלְכַיָּא, וּמַלְכוּתָא דִּילָךְ הִיא. אֲנָא עַבְדָּא דְקֻדְשָׁא בְּרִיךְ הוּא, דְּסָגִדְנָא קַמֵּהּ וּמִקַּמֵּי דִּיקַר אוֹרַיְתֵהּ בְּכָל עִדָּן וְעִדָּן. לָא עַל אֱנָשׁ רָחִיצְנָא וְלָא עַל בַּר אֱלָהִין סָמִיכְנָא, אֶלָּא בֶּאֱלָהָא דִשְׁמַיָּא, דְּהוּא אֱלָהָא קְשׁוֹט, וְאוֹרַיְתֵהּ קְשׁוֹט, וּנְבִיאוֹהִי קְשׁוֹט, וּמַסְגֵּא לְמֶעְבַּד טַבְוָן וּקְשׁוֹט. • בֵּהּ אֲנָא רָחִיץ, וְלִשְׁמֵהּ קַדִּישָׁא יַקִּירָא אֲנָא אֵמַר תֻּשְׁבְּחָן. יְהֵא רַעֲוָא קֳדָמָךְ דְּתִפְתַּח לִבָּאִי בְּאוֹרַיְתָא, וְתַשְׁלִים מִשְׁאֲלִין דְּלִבָּאִי וְלִבָּא דְכָל עַמָּךְ יִשְׂרָאֵל לְטָב וּלְחַיִּין וְלִשְׁלָם.

תרגום

ברוך שמו של אדון העולם, ברוך כתרך ומקומך. יהי רצונך עם עמך ישראל לעולם, וישועת ימינך הראה לעמך בבית מקדשך, ולהביא לנו מטוב אורך, ולקבל תפילותינו ברחמים. יהי רצון מלפניך שתאריך לנו חיים בטוב, ואהיה אני נמנה בתוך הצדיקים, לרחם עלי ולשמור אותי ואת כל אשר לי ואשר לעמך ישראל. אתה הוא זן לכול ומפרנס לכול, אתה הוא שליט על הכול, אתה הוא השליט על המלכים, והמלכות שלך היא. אני עבדו של הקדוש ברוך הוא, משתחווה לפניו ולפני כבוד תורתו בכל עת ועת. לא על אדם אני בטוח ולא על מלאך אני סמוך, אלא באלהי השמים, שהוא אלהים אמת, ותורתו אמת, ונביאיו אמת, ומרבה לעשות חסד ואמת. בו אני בטוח, ולשמו הקדוש הנכבד אני אומר תשבחות. יהי רצון מלפניך שתפתח לבי בתורה, ותמלא משאלות לבי ולב כל עמך ישראל לטובה ולחיים ולשלום.

שליח הציבור מקבל את ספר התורה בימינו, קד לעבר ארון הקודש, פונה לקהל ואומר:

גַּדְּלוּ לַיהוה אִתִּי וּנְרוֹמְמָה שְׁמוֹ יַחְדָּו׃ תהלים לד

סוגרים את ארון הקודש. שליח הציבור נושא את ספר התורה אל הבימה, והקהל אומר:

לְךָ יהוה הַגְּדֻלָּה וְהַגְּבוּרָה וְהַתִּפְאֶרֶת וְהַנֵּצַח וְהַהוֹד, כִּי־כֹל בַּשָּׁמַיִם וּבָאָרֶץ: לְךָ יהוה הַמַּמְלָכָה וְהַמִּתְנַשֵּׂא לְכֹל לְרֹאשׁ: רוֹמְמוּ יהוה אֱלֹהֵינוּ וְהִשְׁתַּחֲווּ לַהֲדֹם רַגְלָיו, קָדוֹשׁ הוּא: רוֹמְמוּ יהוה אֱלֹהֵינוּ וְהִשְׁתַּחֲווּ לְהַר קָדְשׁוֹ, כִּי־קָדוֹשׁ יהוה אֱלֹהֵינוּ: דברי הימים א׳ כט תהלים צט

אַב הָרַחֲמִים הוּא יְרַחֵם עַם עֲמוּסִים, וְיִזְכֹּר בְּרִית אֵיתָנִים, וְיַצִּיל נַפְשׁוֹתֵינוּ מִן הַשָּׁעוֹת הָרָעוֹת, וְיִגְעַר בְּיֵצֶר הָרָע מִן הַנְּשׂוּאִים, וְיָחֹן אוֹתָנוּ לִפְלֵיטַת עוֹלָמִים, וִימַלֵּא מִשְׁאֲלוֹתֵינוּ בְּמִדָּה טוֹבָה יְשׁוּעָה וְרַחֲמִים.

מניח את ספר התורה על הבימה, והגבאי מכריז:

וְתִגָּלֶה וְתֵרָאֶה מַלְכוּתוֹ עָלֵינוּ בִּזְמַן קָרוֹב, וְיָחֹן פְּלֵיטָתֵנוּ וּפְלֵיטַת עַמּוֹ בֵּית יִשְׂרָאֵל לְחֵן וּלְחֶסֶד וּלְרַחֲמִים וּלְרָצוֹן וְנֹאמַר אָמֵן. הַכֹּל הָבוּ גֹדֶל לֵאלֹהֵינוּ וּתְנוּ כָבוֹד לַתּוֹרָה.
*כֹּהֵן קְרַב, יַעֲמֹד (פלוני בֶּן פלוני) הַכֹּהֵן.

*אם אין כוהן, הגבאי קורא ללוי או לישראל ואומר:

/אֵין כָּאן כֹּהֵן, יַעֲמֹד (פלוני בֶּן פלוני) בִּמְקוֹם כֹּהֵן./

בָּרוּךְ שֶׁנָּתַן תּוֹרָה לְעַמּוֹ יִשְׂרָאֵל בִּקְדֻשָּׁתוֹ.

הקהל ואחריו הגבאי:

וְאַתֶּם הַדְּבֵקִים בַּיהוה אֱלֹהֵיכֶם חַיִּים כֻּלְּכֶם הַיּוֹם: דברים ד

קריאת התורה בעמוד הבא.

קודם הברכה על העולה לראות היכן קוראים ולנשק את ספר התורה.
בשעת הברכה אוחז בעמודי הספר.

עולה: בָּרְכוּ אֶת יהוה הַמְבֹרָךְ.

קהל: בָּרוּךְ יהוה הַמְבֹרָךְ לְעוֹלָם וָעֶד.

עולה: בָּרוּךְ יהוה הַמְבֹרָךְ לְעוֹלָם וָעֶד.

בָּרוּךְ אַתָּה יהוה, אֱלֹהֵינוּ מֶלֶךְ הָעוֹלָם אֲשֶׁר בָּחַר בָּנוּ מִכָּל הָעַמִּים וְנָתַן לָנוּ אֶת תּוֹרָתוֹ. בָּרוּךְ אַתָּה יהוה, נוֹתֵן הַתּוֹרָה.

לאחר הקריאה, העולה מנשק את ספר התורה ומברך:

עולה: בָּרוּךְ אַתָּה יהוה אֱלֹהֵינוּ מֶלֶךְ הָעוֹלָם אֲשֶׁר נָתַן לָנוּ תּוֹרַת אֱמֶת וְחַיֵּי עוֹלָם נָטַע בְּתוֹכֵנוּ. בָּרוּךְ אַתָּה יהוה, נוֹתֵן הַתּוֹרָה.

בפסח, כשיום טוב ראשון חל בשבת, בשבת חול המועד ובשביעי של
פסח שחל להיות בשבת, קוראים את פרשת השבוע הבאה.

שמיני

ויקרא ט, א–טז ויהי ביום השמיני קרא משה לאהרן ולבניו ולזקני ישראל: ויאמר אל-
אהרן קח-לך עגל בן-בקר לחטאת ואיל לעלה תמימם והקרב לפני
יהוה: ואל-בני ישראל תדבר לאמר קחו שעיר-עזים לחטאת ועגל
וכבש בני-שנה תמימם לעלה: ושור ואיל לשלמים לזבח לפני יהוה
ומנחה בלולה בשמן כי היום יהוה נראה אליכם: ויקחו את אשר צוה
משה אל-פני אהל מועד ויקרבו כל-העדה ויעמדו לפני יהוה: ויאמר
לוי משה זה הדבר אשר-צוה יהוה תעשו וירא אליכם כבוד יהוה: ויאמר
משה אל-אהרן קרב אל-המזבח ועשה את-חטאתך ואת-עלתך וכפר
בעדך ובעד העם ועשה את-קרבן העם וכפר בעדם כאשר צוה יהוה:
ויקרב אהרן אל-המזבח וישחט את-עגל החטאת אשר-לו: ויקרבו
בני אהרן את-הדם אליו ויטבל אצבעו בדם ויתן על-קרנות המזבח
ואת-הדם יצק אל-יסוד המזבח: ואת-החלב ואת-הכלית ואת-היתרת
מן-הכבד מן-החטאת הקטיר המזבחה כאשר צוה יהוה את-משה:
ישראל *ואת-הבשר ואת-העור שרף באש מחוץ למחנה: וישחט את-העלה
וימצאו בני אהרן אליו את-הדם ויזרקהו על-המזבח סביב: ואת-
העלה המציאו אליו לנתחיה ואת-הראש ויקטר על-המזבח: וירחץ
את-הקרב ואת-הכרעים ויקטר על-העלה המזבחה: ויקרב את קרבן
העם ויקח את-שעיר החטאת אשר לעם וישחטהו ויחטאהו כראשון:
ויקרבה את-העלה ויעשה כמשפט:

ממשיכים בהגבהת ספר התורה בעמ' 385.

אחרי מות

ויקרא טז, א–יז וידבר יהוה אל-משה אחרי מות שני בני אהרן בקרבתם לפני-יהוה
וימתו: ויאמר יהוה אל-משה דבר אל-אהרן אחיך ואל-יבא בכל-
עת אל-הקדש מבית לפרכת אל-פני הכפרת אשר על-הארן ולא
ימות כי בענן אראה על-הכפרת: בזאת יבא אהרן אל-הקדש בפר

בֶּן־בָּקָר לְחַטָּאת וְאַיִל לְעֹלָה: כְּתֹנֶת־בַּד קֹדֶשׁ יִלְבָּשׁ וּמִכְנְסֵי־בַד יִהְיוּ
עַל־בְּשָׂרוֹ וּבְאַבְנֵט בַּד יַחְגֹּר וּבְמִצְנֶפֶת בַּד יִצְנֹף בִּגְדֵי־קֹדֶשׁ הֵם וְרָחַץ
בַּמַּיִם אֶת־בְּשָׂרוֹ וּלְבֵשָׁם: וּמֵאֵת עֲדַת בְּנֵי יִשְׂרָאֵל יִקַּח שְׁנֵי־שְׂעִירֵי עִזִּים
לְחַטָּאת וְאַיִל אֶחָד לְעֹלָה: וְהִקְרִיב אַהֲרֹן אֶת־פַּר הַחַטָּאת אֲשֶׁר־לוֹ
וְכִפֶּר בַּעֲדוֹ וּבְעַד בֵּיתוֹ: וְלָקַח אֶת־שְׁנֵי הַשְּׂעִירִם וְהֶעֱמִיד אֹתָם לִפְנֵי לוי
יהוה פֶּתַח אֹהֶל מוֹעֵד: וְנָתַן אַהֲרֹן עַל־שְׁנֵי הַשְּׂעִירִם גֹּרָלוֹת גּוֹרָל אֶחָד
לַיהוה וְגוֹרָל אֶחָד לַעֲזָאזֵל: וְהִקְרִיב אַהֲרֹן אֶת־הַשָּׂעִיר אֲשֶׁר עָלָה עָלָיו
הַגּוֹרָל לַיהוה וְעָשָׂהוּ חַטָּאת: וְהַשָּׂעִיר אֲשֶׁר עָלָה עָלָיו הַגּוֹרָל לַעֲזָאזֵל
יָעֳמַד־חַי לִפְנֵי יהוה לְכַפֵּר עָלָיו לְשַׁלַּח אֹתוֹ לַעֲזָאזֵל הַמִּדְבָּרָה: וְהִקְרִיב
אַהֲרֹן אֶת־פַּר הַחַטָּאת אֲשֶׁר־לוֹ וְכִפֶּר בַּעֲדוֹ וּבְעַד בֵּיתוֹ וְשָׁחַט אֶת־פַּר
הַחַטָּאת אֲשֶׁר־לוֹ: וְלָקַח מְלֹא־הַמַּחְתָּה גַּחֲלֵי־אֵשׁ מֵעַל הַמִּזְבֵּחַ מִלִּפְנֵי ישראל
יהוה וּמְלֹא חָפְנָיו קְטֹרֶת סַמִּים דַּקָּה וְהֵבִיא מִבֵּית לַפָּרֹכֶת: וְנָתַן אֶת־
הַקְּטֹרֶת עַל־הָאֵשׁ לִפְנֵי יהוה וְכִסָּה ׀ עֲנַן הַקְּטֹרֶת אֶת־הַכַּפֹּרֶת אֲשֶׁר
עַל־הָעֵדוּת וְלֹא יָמוּת: וְלָקַח מִדַּם הַפָּר וְהִזָּה בְאֶצְבָּעוֹ עַל־פְּנֵי הַכַּפֹּרֶת
קֵדְמָה וְלִפְנֵי הַכַּפֹּרֶת יַזֶּה שֶׁבַע־פְּעָמִים מִן־הַדָּם בְּאֶצְבָּעוֹ: וְשָׁחַט אֶת־
שְׂעִיר הַחַטָּאת אֲשֶׁר לָעָם וְהֵבִיא אֶת־דָּמוֹ אֶל־מִבֵּית לַפָּרֹכֶת וְעָשָׂה
אֶת־דָּמוֹ כַּאֲשֶׁר עָשָׂה לְדַם הַפָּר וְהִזָּה אֹתוֹ עַל־הַכַּפֹּרֶת וְלִפְנֵי הַכַּפֹּרֶת:
וְכִפֶּר עַל־הַקֹּדֶשׁ מִטֻּמְאֹת בְּנֵי יִשְׂרָאֵל וּמִפִּשְׁעֵיהֶם לְכָל־חַטֹּאתָם וְכֵן
יַעֲשֶׂה לְאֹהֶל מוֹעֵד הַשֹּׁכֵן אִתָּם בְּתוֹךְ טֻמְאֹתָם: וְכָל־אָדָם לֹא־יִהְיֶה ׀
בְּאֹהֶל מוֹעֵד בְּבֹאוֹ לְכַפֵּר בַּקֹּדֶשׁ עַד־צֵאתוֹ וְכִפֶּר בַּעֲדוֹ וּבְעַד בֵּיתוֹ וּבְעַד
כָּל־קְהַל יִשְׂרָאֵל:

ממשיכים בהגבהת ספר התורה בעמ׳ 385.

קדושים

וַיְדַבֵּר יהוה אֶל־מֹשֶׁה לֵּאמֹר: דַּבֵּר אֶל־כָּל־עֲדַת בְּנֵי־יִשְׂרָאֵל וְאָמַרְתָּ ויקרא יט, א–יד
אֲלֵהֶם קְדֹשִׁים תִּהְיוּ כִּי קָדוֹשׁ אֲנִי יהוה אֱלֹהֵיכֶם: אִישׁ אִמּוֹ וְאָבִיו תִּירָאוּ
וְאֶת־שַׁבְּתֹתַי תִּשְׁמֹרוּ אֲנִי יהוה אֱלֹהֵיכֶם: אַל־תִּפְנוּ אֶל־הָאֱלִילִם וֵאלֹהֵי
מַסֵּכָה לֹא תַעֲשׂוּ לָכֶם אֲנִי יהוה אֱלֹהֵיכֶם: וְכִי תִזְבְּחוּ זֶבַח שְׁלָמִים לַיהוה לוי

לִרְצֹנְכֶם תִּזְבָּחֻהוּ׃ בְּיוֹם זִבְחֲכֶם יֵאָכֵל וּמִמָּחֳרָת וְהַנּוֹתָר עַד־יוֹם הַשְּׁלִישִׁי
בָּאֵשׁ יִשָּׂרֵף׃ וְאִם הֵאָכֹל יֵאָכֵל בַּיּוֹם הַשְּׁלִישִׁי פִּגּוּל הוּא לֹא יֵרָצֶה׃
וְאֹכְלָיו עֲוֺנוֹ יִשָּׂא כִּי־אֶת־קֹדֶשׁ יהוה חִלֵּל וְנִכְרְתָה הַנֶּפֶשׁ הַהִוא מֵעַמֶּיהָ׃
וּבְקֻצְרְכֶם אֶת־קְצִיר אַרְצְכֶם לֹא תְכַלֶּה פְּאַת שָׂדְךָ לִקְצֹר וְלֶקֶט קְצִירְךָ
לֹא תְלַקֵּט׃ וְכַרְמְךָ לֹא תְעוֹלֵל וּפֶרֶט כַּרְמְךָ לֹא תְלַקֵּט לֶעָנִי וְלַגֵּר תַּעֲזֹב
ישראל אֹתָם אֲנִי יהוה אֱלֹהֵיכֶם׃ לֹא תִּגְנֹבוּ וְלֹא־תְכַחֲשׁוּ וְלֹא־תְשַׁקְּרוּ אִישׁ
בַּעֲמִיתוֹ׃ וְלֹא־תִשָּׁבְעוּ בִשְׁמִי לַשָּׁקֶר וְחִלַּלְתָּ אֶת־שֵׁם אֱלֹהֶיךָ אֲנִי יהוה׃
לֹא־תַעֲשֹׁק אֶת־רֵעֲךָ וְלֹא תִגְזֹל לֹא־תָלִין פְּעֻלַּת שָׂכִיר אִתְּךָ עַד־בֹּקֶר׃
לֹא־תְקַלֵּל חֵרֵשׁ וְלִפְנֵי עִוֵּר לֹא תִתֵּן מִכְשֹׁל וְיָרֵאתָ מֵּאֱלֹהֶיךָ אֲנִי יהוה׃

ממשיכים בהגבהת ספר התורה בעמ׳ 385.

בשבועות, כשיום טוב שני חל בשבת, קוראים את פרשת השבוע הבאה.

נשא

במדבר ד, כא-לז וַיְדַבֵּר יהוה אֶל־מֹשֶׁה לֵּאמֹר׃ נָשֹׂא אֶת־רֹאשׁ בְּנֵי גֵרְשׁוֹן גַּם־הֵם לְבֵית
אֲבֹתָם לְמִשְׁפְּחֹתָם׃ מִבֶּן שְׁלֹשִׁים שָׁנָה וָמַעְלָה עַד בֶּן־חֲמִשִּׁים שָׁנָה
תִּפְקֹד אוֹתָם כָּל־הַבָּא לִצְבֹא צָבָא לַעֲבֹד עֲבֹדָה בְּאֹהֶל מוֹעֵד׃ זֹאת
לוי עֲבֹדַת מִשְׁפְּחֹת הַגֵּרְשֻׁנִּי לַעֲבֹד וּלְמַשָּׂא׃ וְנָשְׂאוּ אֶת־יְרִיעֹת הַמִּשְׁכָּן
וְאֶת־אֹהֶל מוֹעֵד מִכְסֵהוּ וּמִכְסֵה הַתַּחַשׁ אֲשֶׁר־עָלָיו מִלְמָעְלָה וְאֶת־
מָסַךְ פֶּתַח אֹהֶל מוֹעֵד׃ וְאֵת קַלְעֵי הֶחָצֵר וְאֶת־מָסַךְ ׀ פֶּתַח ׀ שַׁעַר
הֶחָצֵר אֲשֶׁר עַל־הַמִּשְׁכָּן וְעַל־הַמִּזְבֵּחַ סָבִיב וְאֵת מֵיתְרֵיהֶם וְאֶת־כָּל־
כְּלֵי עֲבֹדָתָם וְאֵת כָּל־אֲשֶׁר יֵעָשֶׂה לָהֶם וְעָבָדוּ׃ עַל־פִּי אַהֲרֹן וּבָנָיו תִּהְיֶה
כָּל־עֲבֹדַת בְּנֵי הַגֵּרְשֻׁנִּי לְכָל־מַשָּׂאָם וּלְכֹל עֲבֹדָתָם וּפְקַדְתֶּם עֲלֵהֶם
בְּמִשְׁמֶרֶת אֵת כָּל־מַשָּׂאָם׃ זֹאת עֲבֹדַת מִשְׁפְּחֹת בְּנֵי הַגֵּרְשֻׁנִּי בְּאֹהֶל
ישראל מוֹעֵד וּמִשְׁמַרְתָּם בְּיַד אִיתָמָר בֶּן־אַהֲרֹן הַכֹּהֵן׃ בְּנֵי מְרָרִי
לְמִשְׁפְּחֹתָם לְבֵית־אֲבֹתָם תִּפְקֹד אֹתָם׃ מִבֶּן שְׁלֹשִׁים שָׁנָה וָמַעְלָה וְעַד
בֶּן־חֲמִשִּׁים שָׁנָה תִּפְקְדֵם כָּל־הַבָּא לַצָּבָא לַעֲבֹד אֶת־עֲבֹדַת אֹהֶל מוֹעֵד׃
וְזֹאת מִשְׁמֶרֶת מַשָּׂאָם לְכָל־עֲבֹדָתָם בְּאֹהֶל מוֹעֵד קַרְשֵׁי הַמִּשְׁכָּן וּבְרִיחָיו
וְעַמּוּדָיו וַאֲדָנָיו׃ וְעַמּוּדֵי הֶחָצֵר סָבִיב וְאַדְנֵיהֶם וִיתֵדֹתָם וּמֵיתְרֵיהֶם
לְכָל־כְּלֵיהֶם וּלְכֹל עֲבֹדָתָם וּבְשֵׁמֹת תִּפְקְדוּ אֶת־כְּלֵי מִשְׁמֶרֶת מַשָּׂאָם׃

זֹאת עֲבֹדַת מִשְׁפְּחֹת בְּנֵי מְרָרִי לְכָל־עֲבֹדָתָם בְּאֹהֶל מוֹעֵד בְּיַד אִיתָמָר בֶּן־אַהֲרֹן הַכֹּהֵן׃

יש המאריכים את הקריאה לשלישי, כדי לסיים בסוף פרשייה (סידור יעב״ץ).

וַיִּפְקֹד מֹשֶׁה וְאַהֲרֹן וּנְשִׂיאֵי הָעֵדָה אֶת־בְּנֵי הַקְּהָתִי לְמִשְׁפְּחֹתָם וּלְבֵית אֲבֹתָם׃ מִבֶּן שְׁלֹשִׁים שָׁנָה וָמַעְלָה וְעַד בֶּן־חֲמִשִּׁים שָׁנָה כָּל־הַבָּא לַצָּבָא לַעֲבֹדָה בְּאֹהֶל מוֹעֵד׃ וַיִּהְיוּ פְקֻדֵיהֶם לְמִשְׁפְּחֹתָם אַלְפַּיִם שְׁבַע מֵאוֹת וַחֲמִשִּׁים׃ אֵלֶּה פְקוּדֵי מִשְׁפְּחֹת הַקְּהָתִי כָּל־הָעֹבֵד בְּאֹהֶל מוֹעֵד אֲשֶׁר פָּקַד מֹשֶׁה וְאַהֲרֹן עַל־פִּי יְהוָה בְּיַד־מֹשֶׁה׃

ממשיכים בהגבהת ספר התורה בעמ' 385.

בהעלותך

במדבר ח, א–יד

וַיְדַבֵּר יְהוָה אֶל־מֹשֶׁה לֵּאמֹר׃ דַּבֵּר אֶל־אַהֲרֹן וְאָמַרְתָּ אֵלָיו בְּהַעֲלֹתְךָ אֶת־הַנֵּרֹת אֶל־מוּל פְּנֵי הַמְּנוֹרָה יָאִירוּ שִׁבְעַת הַנֵּרוֹת׃ וַיַּעַשׂ כֵּן אַהֲרֹן אֶל־מוּל פְּנֵי הַמְּנוֹרָה הֶעֱלָה נֵרֹתֶיהָ כַּאֲשֶׁר צִוָּה יְהוָה אֶת־מֹשֶׁה׃ וְזֶה מַעֲשֵׂה הַמְּנֹרָה מִקְשָׁה זָהָב עַד־יְרֵכָהּ עַד־פִּרְחָהּ מִקְשָׁה הִוא כַּמַּרְאֶה אֲשֶׁר הֶרְאָה יְהוָה אֶת־מֹשֶׁה כֵּן עָשָׂה אֶת־הַמְּנֹרָה׃

לוי וַיְדַבֵּר יְהוָה אֶל־מֹשֶׁה לֵּאמֹר׃ קַח אֶת־הַלְוִיִּם מִתּוֹךְ בְּנֵי יִשְׂרָאֵל וְטִהַרְתָּ אֹתָם׃ וְכֹה־תַעֲשֶׂה לָהֶם לְטַהֲרָם הַזֵּה עֲלֵיהֶם מֵי חַטָּאת וְהֶעֱבִירוּ תַעַר עַל־כָּל־בְּשָׂרָם וְכִבְּסוּ בִגְדֵיהֶם וְהִטֶּהָרוּ׃ וְלָקְחוּ פַּר בֶּן־בָּקָר וּמִנְחָתוֹ סֹלֶת בְּלוּלָה בַשָּׁמֶן וּפַר־שֵׁנִי בֶן־בָּקָר תִּקַּח לְחַטָּאת׃ וְהִקְרַבְתָּ אֶת־הַלְוִיִּם לִפְנֵי

ישראל אֹהֶל מוֹעֵד וְהִקְהַלְתָּ אֶת־כָּל־עֲדַת בְּנֵי יִשְׂרָאֵל׃ וְהִקְרַבְתָּ אֶת־הַלְוִיִּם לִפְנֵי יְהוָה וְסָמְכוּ בְנֵי־יִשְׂרָאֵל אֶת־יְדֵיהֶם עַל־הַלְוִיִּם׃ וְהֵנִיף אַהֲרֹן אֶת־הַלְוִיִּם תְּנוּפָה לִפְנֵי יְהוָה מֵאֵת בְּנֵי יִשְׂרָאֵל וְהָיוּ לַעֲבֹד אֶת־עֲבֹדַת יְהוָה׃ וְהַלְוִיִּם יִסְמְכוּ אֶת־יְדֵיהֶם עַל רֹאשׁ הַפָּרִים וַעֲשֵׂה אֶת־הָאֶחָד חַטָּאת וְאֶת־הָאֶחָד עֹלָה לַיהוָה לְכַפֵּר עַל־הַלְוִיִּם׃ וְהַעֲמַדְתָּ אֶת־הַלְוִיִּם לִפְנֵי אַהֲרֹן וְלִפְנֵי בָנָיו וְהֵנַפְתָּ אֹתָם תְּנוּפָה לַיהוָה׃ וְהִבְדַּלְתָּ אֶת־הַלְוִיִּם מִתּוֹךְ בְּנֵי יִשְׂרָאֵל וְהָיוּ לִי הַלְוִיִּם׃

ממשיכים בהגבהת ספר התורה בעמ' 385.

בסוכות, כשיום טוב ראשון חל בשבת, בשבת חול המועד
(ובחו״ל כששמיני עצרת חל בשבת) קוראים:

וזאת הברכה

דברים לג, א–יז וְזֹאת הַבְּרָכָה אֲשֶׁר בֵּרַךְ מֹשֶׁה אִישׁ הָאֱלֹהִים אֶת־בְּנֵי יִשְׂרָאֵל לִפְנֵי מוֹתוֹ׃
וַיֹּאמַר יְהוָה מִסִּינַי בָּא וְזָרַח מִשֵּׂעִיר לָמוֹ הוֹפִיעַ מֵהַר פָּארָן וְאָתָה מֵרִבְבֹת
אֵשׁ דָּת קֹדֶשׁ מִימִינוֹ אֵשְׁדָּת לָמוֹ׃ אַף חֹבֵב עַמִּים כָּל־קְדֹשָׁיו בְּיָדֶךָ וְהֵם תֻּכּוּ
לְרַגְלֶךָ יִשָּׂא מִדַּבְּרֹתֶיךָ׃ תּוֹרָה צִוָּה־לָנוּ מֹשֶׁה מוֹרָשָׁה קְהִלַּת יַעֲקֹב׃ וַיְהִי
בִישֻׁרוּן מֶלֶךְ בְּהִתְאַסֵּף רָאשֵׁי עָם יַחַד שִׁבְטֵי יִשְׂרָאֵל׃ יְחִי רְאוּבֵן וְאַל־
יָמֹת וִיהִי מְתָיו מִסְפָּר׃ וְזֹאת לִיהוּדָה וַיֹּאמַר שְׁמַע יְהוָה קוֹל
יְהוּדָה וְאֶל־עַמּוֹ תְּבִיאֶנּוּ יָדָיו רָב לוֹ וְעֵזֶר מִצָּרָיו תִּהְיֶה׃
לוי וּלְלֵוִי אָמַר תֻּמֶּיךָ וְאוּרֶיךָ לְאִישׁ חֲסִידֶךָ אֲשֶׁר נִסִּיתוֹ בְּמַסָּה תְּרִיבֵהוּ עַל־
מֵי מְרִיבָה׃ הָאֹמֵר לְאָבִיו וּלְאִמּוֹ לֹא רְאִיתִיו וְאֶת־אֶחָיו לֹא הִכִּיר וְאֶת־בָּנָו
לֹא יָדָע כִּי שָׁמְרוּ אִמְרָתֶךָ וּבְרִיתְךָ יִנְצֹרוּ׃ יוֹרוּ מִשְׁפָּטֶיךָ לְיַעֲקֹב וְתוֹרָתְךָ
לְיִשְׂרָאֵל יָשִׂימוּ קְטוֹרָה בְּאַפֶּךָ וְכָלִיל עַל־מִזְבְּחֶךָ׃ בָּרֵךְ יְהוָה חֵילוֹ וּפֹעַל
יָדָיו תִּרְצֶה מְחַץ מָתְנַיִם קָמָיו וּמְשַׂנְאָיו מִן־יְקוּמוּן׃ לְבִנְיָמִן
אָמַר יְדִיד יְהוָה יִשְׁכֹּן לָבֶטַח עָלָיו חֹפֵף עָלָיו כָּל־הַיּוֹם וּבֵין כְּתֵפָיו
ישראל שָׁכֵן׃ וּלְיוֹסֵף אָמַר מְבֹרֶכֶת יְהוָה אַרְצוֹ מִמֶּגֶד שָׁמַיִם מִטָּל
וּמִתְּהוֹם רֹבֶצֶת תָּחַת׃ וּמִמֶּגֶד תְּבוּאֹת שָׁמֶשׁ וּמִמֶּגֶד גֶּרֶשׁ יְרָחִים׃ וּמֵרֹאשׁ
הַרְרֵי־קֶדֶם וּמִמֶּגֶד גִּבְעוֹת עוֹלָם׃ וּמִמֶּגֶד אֶרֶץ וּמְלֹאָהּ וּרְצוֹן שֹׁכְנִי סְנֶה
תָּבוֹאתָה לְרֹאשׁ יוֹסֵף וּלְקָדְקֹד נְזִיר אֶחָיו׃ בְּכוֹר שׁוֹרוֹ הָדָר לוֹ וְקַרְנֵי
רְאֵם קַרְנָיו בָּהֶם עַמִּים יְנַגַּח יַחְדָּו אַפְסֵי־אָרֶץ וְהֵם רִבְבוֹת אֶפְרַיִם וְהֵם
אַלְפֵי מְנַשֶּׁה׃

ממשיכים בהגבהת ספר התורה בעמוד הבא.

בארץ ישראל בשמיני עצרת (שמחת תורה) כשחל בשבת קוראים:

בראשית

בראשית א, א–כג בְּרֵאשִׁית בָּרָא אֱלֹהִים אֵת הַשָּׁמַיִם וְאֵת הָאָרֶץ׃ וְהָאָרֶץ הָיְתָה תֹהוּ
וָבֹהוּ וְחֹשֶׁךְ עַל־פְּנֵי תְהוֹם וְרוּחַ אֱלֹהִים מְרַחֶפֶת עַל־פְּנֵי הַמָּיִם׃ וַיֹּאמֶר
אֱלֹהִים יְהִי־אוֹר וַיְהִי־אוֹר׃ וַיַּרְא אֱלֹהִים אֶת־הָאוֹר כִּי־טוֹב וַיַּבְדֵּל אֱלֹהִים
בֵּין הָאוֹר וּבֵין הַחֹשֶׁךְ׃ וַיִּקְרָא אֱלֹהִים ׀ לָאוֹר יוֹם וְלַחֹשֶׁךְ קָרָא לָיְלָה
וַיְהִי־עֶרֶב וַיְהִי־בֹקֶר יוֹם אֶחָד׃

לוי וַיֹּאמֶר אֱלֹהִים יְהִי רָקִיעַ בְּתוֹךְ הַמָּיִם וִיהִי מַבְדִּיל בֵּין מַיִם לָמָיִם: וַיַּעַשׂ אֱלֹהִים אֶת־הָרָקִיעַ וַיַּבְדֵּל בֵּין הַמַּיִם אֲשֶׁר מִתַּחַת לָרָקִיעַ וּבֵין הַמַּיִם אֲשֶׁר מֵעַל לָרָקִיעַ וַיְהִי־כֵן: וַיִּקְרָא אֱלֹהִים לָרָקִיעַ שָׁמָיִם וַיְהִי־עֶרֶב וַיְהִי־בֹקֶר יוֹם שֵׁנִי:

ישראל וַיֹּאמֶר אֱלֹהִים יִקָּווּ הַמַּיִם מִתַּחַת הַשָּׁמַיִם אֶל־מָקוֹם אֶחָד וְתֵרָאֶה הַיַּבָּשָׁה וַיְהִי־כֵן: וַיִּקְרָא אֱלֹהִים ׀ לַיַּבָּשָׁה אֶרֶץ וּלְמִקְוֵה הַמַּיִם קָרָא יַמִּים וַיַּרְא אֱלֹהִים כִּי־טוֹב: וַיֹּאמֶר אֱלֹהִים תַּדְשֵׁא הָאָרֶץ דֶּשֶׁא עֵשֶׂב מַזְרִיעַ זֶרַע עֵץ פְּרִי עֹשֶׂה פְּרִי לְמִינוֹ אֲשֶׁר זַרְעוֹ־בוֹ עַל־הָאָרֶץ וַיְהִי־כֵן: וַתּוֹצֵא הָאָרֶץ דֶּשֶׁא עֵשֶׂב מַזְרִיעַ זֶרַע לְמִינֵהוּ וְעֵץ עֹשֶׂה־פְּרִי אֲשֶׁר זַרְעוֹ־בוֹ לְמִינֵהוּ וַיַּרְא אֱלֹהִים כִּי־טוֹב: וַיְהִי־עֶרֶב וַיְהִי־בֹקֶר יוֹם שְׁלִישִׁי:

במנחה של שבת אין הפסק בין קריאת התורה לקדיש שלפני התפילה,
ולכן אין אומרים קדיש אחרי הקריאה (סידור הרוקח).

הגבהה וגלילה

כאשר מגביהים את ספר התורה, הקהל אומר:

דברים ד וְזֹאת הַתּוֹרָה אֲשֶׁר־שָׂם מֹשֶׁה לִפְנֵי בְּנֵי יִשְׂרָאֵל:

במדבר ט עַל־פִּי יהוה בְּיַד מֹשֶׁה:

משלי ג יש מוסיפים: עֵץ־חַיִּים הִיא לַמַּחֲזִיקִים בָּהּ וְתֹמְכֶיהָ מְאֻשָּׁר:
דְּרָכֶיהָ דַרְכֵי־נֹעַם וְכָל־נְתִיבֹתֶיהָ שָׁלוֹם:
אֹרֶךְ יָמִים בִּימִינָהּ, בִּשְׂמֹאולָהּ עֹשֶׁר וְכָבוֹד:
ישעיה מב יהוה חָפֵץ לְמַעַן צִדְקוֹ יַגְדִּיל תּוֹרָה וְיַאְדִּיר:

כאן לפי הצורך אומרים 'מִי שֶׁבֵּרַךְ' (עמ' 284–285).
יש נוהגים לומר את מזמור צב (עמ' 264) בזמן גלילת התורה.

בזמן גלילת התורה אומרים:

תהלים קיא הַלְלוּיָהּ, אוֹדֶה יהוה בְּכָל־לֵבָב, בְּסוֹד יְשָׁרִים וְעֵדָה: גְּדֹלִים מַעֲשֵׂי יהוה, דְּרוּשִׁים לְכָל־חֶפְצֵיהֶם: הוֹד־וְהָדָר פָּעֳלוֹ, וְצִדְקָתוֹ עֹמֶדֶת לָעַד: זֵכֶר עָשָׂה לְנִפְלְאֹתָיו, חַנּוּן וְרַחוּם יהוה: טֶרֶף נָתַן לִירֵאָיו, יִזְכֹּר לְעוֹלָם בְּרִיתוֹ: כֹּחַ מַעֲשָׂיו הִגִּיד לְעַמּוֹ, לָתֵת לָהֶם נַחֲלַת גּוֹיִם: מַעֲשֵׂי יָדָיו אֱמֶת וּמִשְׁפָּט, נֶאֱמָנִים כָּל־פִּקּוּדָיו: סְמוּכִים

לָעַד לְעוֹלָם, עֲשׂוּיִם בֶּאֱמֶת וְיָשָׁר: פְּדוּת שָׁלַח לְעַמּוֹ, צִוָּה־לְעוֹלָם בְּרִיתוֹ, קָדוֹשׁ וְנוֹרָא שְׁמוֹ: רֵאשִׁית חָכְמָה יִרְאַת יהוה, שֵׂכֶל טוֹב לְכָל־עֹשֵׂיהֶם, תְּהִלָּתוֹ עֹמֶדֶת לָעַד:

תהלים קיב הַלְלוּיָהּ, אַשְׁרֵי־אִישׁ יָרֵא אֶת־יהוה, בְּמִצְוֹתָיו חָפֵץ מְאֹד: גִּבּוֹר בָּאָרֶץ יִהְיֶה זַרְעוֹ, דּוֹר יְשָׁרִים יְבֹרָךְ: הוֹן־וָעֹשֶׁר בְּבֵיתוֹ, וְצִדְקָתוֹ עֹמֶדֶת לָעַד: זָרַח בַּחֹשֶׁךְ אוֹר לַיְשָׁרִים, חַנּוּן וְרַחוּם וְצַדִּיק: טוֹב־אִישׁ חוֹנֵן וּמַלְוֶה, יְכַלְכֵּל דְּבָרָיו בְּמִשְׁפָּט: כִּי־לְעוֹלָם לֹא־יִמּוֹט, לְזֵכֶר עוֹלָם יִהְיֶה צַדִּיק: מִשְּׁמוּעָה רָעָה לֹא יִירָא, נָכוֹן לִבּוֹ בָּטֻחַ בַּיהוה: סָמוּךְ לִבּוֹ לֹא יִירָא, עַד אֲשֶׁר־יִרְאֶה בְצָרָיו: פִּזַּר, נָתַן לָאֶבְיוֹנִים, צִדְקָתוֹ עֹמֶדֶת לָעַד, קַרְנוֹ תָּרוּם בְּכָבוֹד: רָשָׁע יִרְאֶה וְכָעָס, שִׁנָּיו יַחֲרֹק וְנָמָס, תַּאֲוַת רְשָׁעִים תֹּאבֵד:

הכנסת ספר תורה

פותחים את ארון הקודש. שליח הציבור לוקח את ספר התורה בימינו ואומר:

תהלים קמח יְהַלְלוּ אֶת־שֵׁם יהוה, כִּי־נִשְׂגָּב שְׁמוֹ, לְבַדּוֹ

הקהל אומר:

הוֹדוֹ עַל־אֶרֶץ וְשָׁמָיִם:
וַיָּרֶם קֶרֶן לְעַמּוֹ תְּהִלָּה לְכָל־חֲסִידָיו
לִבְנֵי יִשְׂרָאֵל עַם קְרֹבוֹ, הַלְלוּיָהּ:

כאשר מלווים את ספר התורה לארון הקודש, אומרים:

תהלים כד לְדָוִד מִזְמוֹר, לַיהוה הָאָרֶץ וּמְלוֹאָהּ, תֵּבֵל וְיֹשְׁבֵי בָהּ: כִּי־הוּא עַל־יַמִּים יְסָדָהּ, וְעַל־נְהָרוֹת יְכוֹנְנֶהָ: מִי־יַעֲלֶה בְהַר־יהוה, וּמִי־יָקוּם בִּמְקוֹם קָדְשׁוֹ: נְקִי כַפַּיִם וּבַר־לֵבָב, אֲשֶׁר לֹא־נָשָׂא לַשָּׁוְא נַפְשִׁי וְלֹא נִשְׁבַּע לְמִרְמָה: יִשָּׂא בְרָכָה מֵאֵת יהוה, וּצְדָקָה מֵאֱלֹהֵי יִשְׁעוֹ: זֶה דּוֹר דֹּרְשָׁו, מְבַקְשֵׁי פָנֶיךָ, יַעֲקֹב, סֶלָה: שְׂאוּ שְׁעָרִים רָאשֵׁיכֶם,

וְהִנָּשְׂאוּ פִּתְחֵי עוֹלָם, וְיָבוֹא מֶלֶךְ הַכָּבוֹד: מִי זֶה מֶלֶךְ הַכָּבוֹד, יהוה עִזּוּז וְגִבּוֹר, יהוה גִּבּוֹר מִלְחָמָה: שְׂאוּ שְׁעָרִים רָאשֵׁיכֶם, וּשְׂאוּ פִּתְחֵי עוֹלָם, וְיָבֹא מֶלֶךְ הַכָּבוֹד: מִי הוּא זֶה מֶלֶךְ הַכָּבוֹד, יהוה צְבָאוֹת הוּא מֶלֶךְ הַכָּבוֹד, סֶלָה:

מכניסים את ספר התורה לארון הקודש ואומרים:

וּבְנֻחֹה יֹאמַר, שׁוּבָה יהוה רִבְבוֹת אַלְפֵי יִשְׂרָאֵל: במדבר י
קוּמָה יהוה לִמְנוּחָתֶךָ, אַתָּה וַאֲרוֹן עֻזֶּךָ: תהלים קלב
כֹּהֲנֶיךָ יִלְבְּשׁוּ־צֶדֶק, וַחֲסִידֶיךָ יְרַנֵּנוּ:
בַּעֲבוּר דָּוִד עַבְדֶּךָ אַל־תָּשֵׁב פְּנֵי מְשִׁיחֶךָ:
כִּי לֶקַח טוֹב נָתַתִּי לָכֶם, תּוֹרָתִי אַל־תַּעֲזֹבוּ: משלי ד
עֵץ־חַיִּים הִיא לַמַּחֲזִיקִים בָּהּ, וְתֹמְכֶיהָ מְאֻשָּׁר: משלי ג
דְּרָכֶיהָ דַרְכֵי־נֹעַם וְכָל־נְתִיבֹתֶיהָ שָׁלוֹם:
◄ הֲשִׁיבֵנוּ יהוה אֵלֶיךָ וְנָשׁוּבָה, חַדֵּשׁ יָמֵינוּ כְּקֶדֶם: איכה ה

סוגרים את ארון הקודש.

חצי קדיש

ש״ץ: יִתְגַּדַּל וְיִתְקַדַּשׁ שְׁמֵהּ רַבָּא (קהל: אָמֵן)
בְּעָלְמָא דִּי בְרָא כִרְעוּתֵהּ
וְיַמְלִיךְ מַלְכוּתֵהּ וְיַצְמַח פֻּרְקָנֵהּ וִיקָרֵב מְשִׁיחֵהּ (קהל: אָמֵן)
בְּחַיֵּיכוֹן וּבְיוֹמֵיכוֹן וּבְחַיֵּי דְכָל בֵּית יִשְׂרָאֵל
בַּעֲגָלָא וּבִזְמַן קָרִיב, וְאִמְרוּ אָמֵן. (קהל: אָמֵן)

קהל וש״ץ: יְהֵא שְׁמֵהּ רַבָּא מְבָרַךְ לְעָלַם וּלְעָלְמֵי עָלְמַיָּא.

ש״ץ: יִתְבָּרַךְ וְיִשְׁתַּבַּח וְיִתְפָּאַר וְיִתְרוֹמַם וְיִתְנַשֵּׂא
וְיִתְהַדָּר וְיִתְעַלֶּה וְיִתְהַלָּל
שְׁמֵהּ דְּקֻדְשָׁא בְּרִיךְ הוּא (קהל: אָמֵן)
לְעֵלָּא מִן כָּל בִּרְכָתָא וְשִׁירָתָא, תֻּשְׁבְּחָתָא וְנֶחֱמָתָא
דַּאֲמִירָן בְּעָלְמָא, וְאִמְרוּ אָמֵן. (קהל: אָמֵן)

עמידה

"המתפלל צריך שיכוין בלבו פירוש המלות שמוציא בשפתיו; ויחשוב כאלו שכינה כנגדו ויסיר כל המחשבות הטורדות אותו עד שתשאר מחשבתו וכוונתו זכה בתפלתו" (שו"ע צח, א).

פוסע שלוש פסיעות לפנים כמי שנכנס לפני המלך.
עומד ומתפלל בלחש מכאן ועד 'וּכְשָׁנִים קַדְמֹנִיּוֹת' בעמ' 396.

כורע במקומות המסומנים ב', קד לפנים במילה הבאה וזוקף בשם.

כִּי שֵׁם יהוה אֶקְרָא, הָבוּ גֹדֶל לֵאלֹהֵינוּ: דברים לב
אֲדֹנָי, שְׂפָתַי תִּפְתָּח, וּפִי יַגִּיד תְּהִלָּתֶךָ: תהלים נא

אבות

'בָּרוּךְ אַתָּה יהוה, אֱלֹהֵינוּ וֵאלֹהֵי אֲבוֹתֵינוּ
אֱלֹהֵי אַבְרָהָם, אֱלֹהֵי יִצְחָק, וֵאלֹהֵי יַעֲקֹב
הָאֵל הַגָּדוֹל הַגִּבּוֹר וְהַנּוֹרָא, אֵל עֶלְיוֹן
גּוֹמֵל חֲסָדִים טוֹבִים, קוֹנֵה הַכֹּל, וְזוֹכֵר חַסְדֵי אָבוֹת
וּמֵבִיא גוֹאֵל לִבְנֵי בְנֵיהֶם לְמַעַן שְׁמוֹ בְּאַהֲבָה.
מֶלֶךְ עוֹזֵר וּמוֹשִׁיעַ וּמָגֵן.
'בָּרוּךְ אַתָּה יהוה, מָגֵן אַבְרָהָם.

גבורות

אַתָּה גִּבּוֹר לְעוֹלָם, אֲדֹנָי
מְחַיֵּה מֵתִים אַתָּה, רַב לְהוֹשִׁיעַ

במנחה של שמיני עצרת:

מַשִּׁיב הָרְוּחַ וּמוֹרִיד הַגֶּשֶׁם

בשאר המועדים:

מוֹרִיד הַטָּל

מְכַלְכֵּל חַיִּים בְּחֶסֶד, מְחַיֵּה מֵתִים בְּרַחֲמִים רַבִּים
סוֹמֵךְ נוֹפְלִים, וְרוֹפֵא חוֹלִים, וּמַתִּיר אֲסוּרִים
וּמְקַיֵּם אֱמוּנָתוֹ לִישֵׁנֵי עָפָר.

מִי כָמוֹךָ, בַּעַל גְּבוּרוֹת
וּמִי דּוֹמֶה לָּךְ
מֶלֶךְ, מֵמִית וּמְחַיֶּה וּמַצְמִיחַ יְשׁוּעָה.
וְנֶאֱמָן אַתָּה לְהַחֲיוֹת מֵתִים.
בָּרוּךְ אַתָּה יהוה, מְחַיֵּה הַמֵּתִים.

בתפילת לחש ממשיך ׳אַתָּה קָדוֹשׁ׳ בעמוד הבא.

קדושה

בחזרת הש״ץ הקהל עומד ואומר קדושה.
במקומות המסומנים ב־˚, המתפלל מתרומם על קצות אצבעותיו.

קהל ואחריו שליח הציבור:

נַקְדִּישְׁךָ וְנַעֲרִיצְךָ כְּנְעַם שִׂיחַ סוֹד שַׂרְפֵי קֹדֶשׁ, הַמְשַׁלְּשִׁים לְךָ קְדֻשָּׁה,
כַּכָּתוּב עַל יַד נְבִיאֶךָ, וְקָרָא זֶה אֶל־זֶה וְאָמַר ישעיה ו

קהל ואחריו שליח הציבור:

˚קָדוֹשׁ, ˚קָדוֹשׁ, ˚קָדוֹשׁ, יהוה צְבָאוֹת, מְלֹא כָל־הָאָרֶץ כְּבוֹדוֹ:
לְעֻמָּתָם מְשַׁבְּחִים וְאוֹמְרִים

קהל ואחריו שליח הציבור:

˚בָּרוּךְ כְּבוֹד־יהוה מִמְּקוֹמוֹ: יחזקאל ג
וּבְדִבְרֵי קָדְשְׁךָ כָּתוּב לֵאמֹר

קהל ואחריו שליח הציבור:

˚יִמְלֹךְ יהוה לְעוֹלָם, אֱלֹהַיִךְ צִיּוֹן לְדֹר וָדֹר, הַלְלוּיָהּ: תהלים קמו

שליח הציבור ממשיך ׳אַתָּה קָדוֹשׁ׳ בעמוד הבא.

בבתי כנסת המתפללים בנוסח אשכנז, שליח הציבור אומר:

לְדוֹר וָדוֹר נַגִּיד גָּדְלֶךָ, וּלְנֵצַח נְצָחִים קְדֻשָּׁתְךָ נַקְדִּישׁ, וְשִׁבְחֲךָ אֱלֹהֵינוּ מִפִּינוּ לֹא יָמוּשׁ לְעוֹלָם וָעֶד, כִּי אֵל מֶלֶךְ גָּדוֹל וְקָדוֹשׁ אָתָּה. בָּרוּךְ אַתָּה יהוה, הָאֵל הַקָּדוֹשׁ.

וממשיך ׳אַתָּה בְחַרְתָּנוּ׳ ביום טוב גם אם חל בשבת (בעמוד הבא)
ובשבת חול המועד ממשיך ׳אַתָּה אֶחָד׳ (מתחת לקו בעמוד הבא).

קדושת השם

אַתָּה קָדוֹשׁ וְשִׁמְךָ קָדוֹשׁ
וּקְדוֹשִׁים בְּכָל יוֹם יְהַלְלוּךָ סֶּלָה
כִּי אֵל מֶלֶךְ גָּדוֹל וְקָדוֹשׁ אָתָּה.
בָּרוּךְ אַתָּה יהוה, הָאֵל הַקָּדוֹשׁ.

בשבת חול המועד ממשיכים ׳אַתָּה אֶחָד׳ מתחת לקו.
ביום טוב ממשיכים כאן.

קדושת היום – יום טוב

אַתָּה בְחַרְתָּנוּ מִכָּל הָעַמִּים
אָהַבְתָּ אוֹתָנוּ וְרָצִיתָ בָּנוּ, וְרוֹמַמְתָּנוּ מִכָּל הַלְּשׁוֹנוֹת
וְקִדַּשְׁתָּנוּ בְּמִצְוֹתֶיךָ, וְקֵרַבְתָּנוּ מַלְכֵּנוּ לַעֲבוֹדָתֶךָ
וְשִׁמְךָ הַגָּדוֹל וְהַקָּדוֹשׁ עָלֵינוּ קָרָאתָ.

ממשיכים ׳וַתִּתֶּן לָנוּ׳ בעמוד הבא.

קדושת היום – שבת חול המועד

תיקנו לומר במנחה של שבת ׳אַתָּה אֶחָד׳ כנגד השבת שלעתיד לבוא (טור, רצב).

אַתָּה אֶחָד וְשִׁמְךָ אֶחָד
וּמִי כְּעַמְּךָ יִשְׂרָאֵל גּוֹי אֶחָד בָּאָרֶץ.
תִּפְאֶרֶת גְּדֻלָּה וַעֲטֶרֶת יְשׁוּעָה
יוֹם מְנוּחָה וּקְדֻשָּׁה לְעַמְּךָ נָתָתָּ.
אַבְרָהָם יָגֵל, יִצְחָק יְרַנֵּן, יַעֲקֹב וּבָנָיו יָנוּחוּ בוֹ
מְנוּחַת אַהֲבָה וּנְדָבָה, מְנוּחַת אֱמֶת וֶאֱמוּנָה
מְנוּחַת שָׁלוֹם וְשַׁלְוָה וְהַשְׁקֵט וָבֶטַח
מְנוּחָה שְׁלֵמָה שֶׁאַתָּה רוֹצֶה בָּהּ.
יַכִּירוּ בָנֶיךָ וְיֵדְעוּ, כִּי מֵאִתְּךָ הִיא מְנוּחָתָם
וְעַל מְנוּחָתָם יַקְדִּישׁוּ אֶת שְׁמֶךָ.

ממשיכים ׳אֱלֹהֵינוּ וֵאלֹהֵי אֲבוֹתֵינוּ, רְצֵה נָא בִמְנוּחָתֵנוּ׳ מתחת לקו בעמוד הבא.

בשבת מוסיפים את המילים שבסוגריים.

וַתִּתֶּן לָנוּ יהוה אֱלֹהֵינוּ בְּאַהֲבָה
(שַׁבָּתוֹת לִמְנוּחָה וּ) מוֹעֲדִים לְשִׂמְחָה, חַגִּים וּזְמַנִּים לְשָׂשׂוֹן
אֶת יוֹם (הַשַּׁבָּת הַזֶּה וְאֶת יוֹם)

בפסח: חַג הַמַּצּוֹת הַזֶּה, זְמַן חֵרוּתֵנוּ

בשבועות: חַג הַשָּׁבוּעוֹת הַזֶּה, זְמַן מַתַּן תּוֹרָתֵנוּ

בסוכות: חַג הַסֻּכּוֹת הַזֶּה, זְמַן שִׂמְחָתֵנוּ

בשמיני עצרת: שְׁמִינִי עֲצֶרֶת הַחַג הַזֶּה, זְמַן שִׂמְחָתֵנוּ

(בְּאַהֲבָה) מִקְרָא קֹדֶשׁ, זֵכֶר לִיצִיאַת מִצְרָיִם.

אֱלֹהֵינוּ וֵאלֹהֵי אֲבוֹתֵינוּ
יַעֲלֶה וְיָבוֹא וְיַגִּיעַ, וְיֵרָאֶה וְיֵרָצֶה וְיִשָּׁמַע
וְיִפָּקֵד וְיִזָּכֵר זִכְרוֹנֵנוּ וּפִקְדוֹנֵנוּ וְזִכְרוֹן אֲבוֹתֵינוּ
וְזִכְרוֹן מָשִׁיחַ בֶּן דָּוִד עַבְדֶּךָ, וְזִכְרוֹן יְרוּשָׁלַיִם עִיר קָדְשֶׁךָ
וְזִכְרוֹן כָּל עַמְּךָ בֵּית יִשְׂרָאֵל, לְפָנֶיךָ
לִפְלֵיטָה לְטוֹבָה, לְחֵן וּלְחֶסֶד וּלְרַחֲמִים, לְחַיִּים וּלְשָׁלוֹם

ממשיכים 'בְּיוֹם' בעמוד הבא.

אֱלֹהֵינוּ וֵאלֹהֵי אֲבוֹתֵינוּ, רְצֵה נָא בִמְנוּחָתֵנוּ
קַדְּשֵׁנוּ בְּמִצְוֹתֶיךָ וְתֵן חֶלְקֵנוּ בְּתוֹרָתֶךָ
שַׂבְּעֵנוּ מִטּוּבֶךָ וְשַׂמַּח נַפְשֵׁנוּ בִּישׁוּעָתֶךָ
וְטַהֵר לִבֵּנוּ לְעָבְדְּךָ בֶּאֱמֶת.
וְהַנְחִילֵנוּ יהוה אֱלֹהֵינוּ בְּאַהֲבָה וּבְרָצוֹן שַׁבְּתוֹת קָדְשֶׁךָ
וְיָנוּחוּ בָם כָּל יִשְׂרָאֵל מְקַדְּשֵׁי שְׁמֶךָ.
בָּרוּךְ אַתָּה יהוה, מְקַדֵּשׁ הַשַּׁבָּת.

ממשיכים 'רְצֵה' מתחת לקו בעמוד הבא.

בְּיוֹם

בפסח: חַג הַמַּצּוֹת הַזֶּה.

בשבועות: חַג הַשָּׁבוּעוֹת הַזֶּה.

בסוכות: חַג הַסֻּכּוֹת הַזֶּה.

בשמיני עצרת: שְׁמִינִי עֲצֶרֶת הַחַג הַזֶּה.

זָכְרֵנוּ יהוה אֱלֹהֵינוּ בּוֹ לְטוֹבָה, וּפָקְדֵנוּ בוֹ לִבְרָכָה
וְהוֹשִׁיעֵנוּ בוֹ לְחַיִּים טוֹבִים.
וּבִדְבַר יְשׁוּעָה וְרַחֲמִים, חוּס וְחָנֵּנוּ, וְרַחֵם עָלֵינוּ וְהוֹשִׁיעֵנוּ
כִּי אֵלֶיךָ עֵינֵינוּ, כִּי אֵל מֶלֶךְ חַנּוּן וְרַחוּם אָתָּה.

בשבת מוסיפים את המילים שבסוגריים.

וְהַשִּׂיאֵנוּ יהוה אֱלֹהֵינוּ אֶת בִּרְכַּת מוֹעֲדֶיךָ
לְחַיִּים וּלְשָׁלוֹם, לְשִׂמְחָה וּלְשָׂשׂוֹן
כַּאֲשֶׁר רָצִיתָ וְאָמַרְתָּ לְבָרְכֵנוּ.

ממשיכים ׳אֱלֹהֵינוּ וֵאלֹהֵי אֲבוֹתֵינוּ, רְצֵה נָא בִמְנוּחָתֵנוּ׳ בעמוד הבא.

עבודה

רְצֵה יהוה אֱלֹהֵינוּ בְּעַמְּךָ יִשְׂרָאֵל, וְלִתְפִלָּתָם שְׁעֵה
וְהָשֵׁב אֶת הָעֲבוֹדָה לִדְבִיר בֵּיתֶךָ
וְאִשֵּׁי יִשְׂרָאֵל וּתְפִלָּתָם, מְהֵרָה בְּאַהֲבָה תְקַבֵּל בְּרָצוֹן
וּתְהִי לְרָצוֹן תָּמִיד עֲבוֹדַת יִשְׂרָאֵל עַמֶּךָ.

אֱלֹהֵינוּ וֵאלֹהֵי אֲבוֹתֵינוּ
יַעֲלֶה וְיָבוֹא וְיַגִּיעַ, וְיֵרָאֶה וְיֵרָצֶה וְיִשָּׁמַע
וְיִפָּקֵד וְיִזָּכֵר זִכְרוֹנֵנוּ וּפִקְדוֹנֵנוּ וְזִכְרוֹן אֲבוֹתֵינוּ
וְזִכְרוֹן מָשִׁיחַ בֶּן דָּוִד עַבְדֶּךָ

ממשיכים ׳וְזִכְרוֹן יְרוּשָׁלַיִם׳ מתחת לקו בעמוד הבא.

(אֱלֹהֵינוּ וֵאלֹהֵי אֲבוֹתֵינוּ, רְצֵה נָא בִמְנוּחָתֵנוּ)
קַדְּשֵׁנוּ בְּמִצְוֹתֶיךָ וְתֵן חֶלְקֵנוּ בְּתוֹרָתֶךָ
שַׂבְּעֵנוּ מִטּוּבֶךָ, וְשַׂמַּח נַפְשֵׁנוּ בִּישׁוּעָתֶךָ
וְטַהֵר לִבֵּנוּ לְעָבְדְּךָ בֶּאֱמֶת.
וְהַנְחִילֵנוּ יהוה אֱלֹהֵינוּ (בְּאַהֲבָה וּבְרָצוֹן)
בְּשִׂמְחָה וּבְשָׂשׂוֹן (שַׁבָּת וּ) מוֹעֲדֵי קָדְשֶׁךָ
וְיִשְׂמְחוּ בְךָ כָּל יִשְׂרָאֵל מְקַדְּשֵׁי שְׁמֶךָ.
בָּרוּךְ אַתָּה יהוה, מְקַדֵּשׁ (הַשַּׁבָּת וְ) יִשְׂרָאֵל וְהַזְּמַנִּים.

עבודה
רְצֵה יהוה אֱלֹהֵינוּ בְּעַמְּךָ יִשְׂרָאֵל, וְלִתְפִלָּתָם שְׁעֵה
וְהָשֵׁב אֶת הָעֲבוֹדָה לִדְבִיר בֵּיתֶךָ
וְאִשֵּׁי יִשְׂרָאֵל וּתְפִלָּתָם, מְהֵרָה בְּאַהֲבָה תְקַבֵּל בְּרָצוֹן
וּתְהִי לְרָצוֹן תָּמִיד עֲבוֹדַת יִשְׂרָאֵל עַמֶּךָ.

ממשיכים 'וְתֶחֱזֶינָה' בעמוד הבא.

וְזִכְרוֹן יְרוּשָׁלַיִם עִיר קָדְשֶׁךָ
וְזִכְרוֹן כָּל עַמְּךָ בֵּית יִשְׂרָאֵל, לְפָנֶיךָ
לִפְלֵיטָה לְטוֹבָה, לְחֵן וּלְחֶסֶד וּלְרַחֲמִים, לְחַיִּים וּלְשָׁלוֹם
בְּיוֹם
בפסח: חַג הַמַּצּוֹת הַזֶּה. / בסוכות: חַג הַסֻּכּוֹת הַזֶּה.
זָכְרֵנוּ יהוה אֱלֹהֵינוּ בּוֹ לְטוֹבָה, וּפָקְדֵנוּ בוֹ לִבְרָכָה
וְהוֹשִׁיעֵנוּ בוֹ לְחַיִּים טוֹבִים.
וּבִדְבַר יְשׁוּעָה וְרַחֲמִים חוּס וְחָנֵּנוּ וְרַחֵם עָלֵינוּ וְהוֹשִׁיעֵנוּ
כִּי אֵלֶיךָ עֵינֵינוּ, כִּי אֵל מֶלֶךְ חַנּוּן וְרַחוּם אָתָּה.

ממשיכים 'וְתֶחֱזֶינָה' בעמוד הבא.

וְתֶחֱזֶינָה עֵינֵינוּ בְּשׁוּבְךָ לְצִיּוֹן בְּרַחֲמִים.
בָּרוּךְ אַתָּה יהוה, הַמַּחֲזִיר שְׁכִינָתוֹ לְצִיּוֹן.

הודאה

כורע ב׳מוֹדִים׳ ואינו זוקף עד אמירת השם.

ˈמוֹדִים אֲנַחְנוּ לָךְ
שָׁאַתָּה הוּא יהוה אֱלֹהֵינוּ
וֵאלֹהֵי אֲבוֹתֵינוּ לְעוֹלָם וָעֶד.
צוּר חַיֵּינוּ, מָגֵן יִשְׁעֵנוּ
אַתָּה הוּא לְדוֹר וָדוֹר.
נוֹדֶה לְּךָ וּנְסַפֵּר תְּהִלָּתֶךָ
עַל חַיֵּינוּ הַמְּסוּרִים בְּיָדֶךָ
וְעַל נִשְׁמוֹתֵינוּ הַפְּקוּדוֹת לָךְ
וְעַל נִסֶּיךָ שֶׁבְּכָל יוֹם עִמָּנוּ
וְעַל נִפְלְאוֹתֶיךָ וְטוֹבוֹתֶיךָ
שֶׁבְּכָל עֵת, עֶרֶב וָבֹקֶר וְצָהֳרָיִם.
הַטּוֹב, כִּי לֹא כָלוּ רַחֲמֶיךָ
וְהַמְרַחֵם, כִּי לֹא תַמּוּ חֲסָדֶיךָ
כִּי מֵעוֹלָם קִוִּינוּ לָךְ.

כששליח הציבור אומר ׳מוֹדִים׳, הקהל אומר בלחש:

ˈמוֹדִים אֲנַחְנוּ לָךְ
שָׁאַתָּה הוּא יהוה אֱלֹהֵינוּ
וֵאלֹהֵי אֲבוֹתֵינוּ
אֱלֹהֵי כָל בָּשָׂר
יוֹצְרֵנוּ, יוֹצֵר בְּרֵאשִׁית.
בְּרָכוֹת וְהוֹדָאוֹת
לְשִׁמְךָ הַגָּדוֹל וְהַקָּדוֹשׁ
עַל שֶׁהֶחֱיִיתָנוּ וְקִיַּמְתָּנוּ.
כֵּן תְּחַיֵּנוּ וּתְקַיְּמֵנוּ
וְתֶאֱסֹף גָּלֻיּוֹתֵינוּ
לְחַצְרוֹת קָדְשֶׁךָ
לִשְׁמֹר חֻקֶּיךָ וְלַעֲשׂוֹת רְצוֹנֶךָ
וּלְעָבְדְּךָ בְּלֵבָב שָׁלֵם
עַל שֶׁאֲנוּ מוֹדִים לָךְ.
בָּרוּךְ אֵל הַהוֹדָאוֹת.

וְעַל כֻּלָּם
יִתְבָּרַךְ וְיִתְרוֹמַם וְיִתְנַשֵּׂא שִׁמְךָ מַלְכֵּנוּ תָּמִיד לְעוֹלָם וָעֶד.
וְכָל הַחַיִּים יוֹדוּךָ סֶּלָה
וִיהַלְלוּ וִיבָרְכוּ אֶת שִׁמְךָ הַגָּדוֹל בֶּאֱמֶת לְעוֹלָם כִּי טוֹב
הָאֵל יְשׁוּעָתֵנוּ וְעֶזְרָתֵנוּ סֶלָה, הָאֵל הַטּוֹב.
ˈבָּרוּךְ אַתָּה יהוה, הַטּוֹב שִׁמְךָ וּלְךָ נָאֶה לְהוֹדוֹת.

שלום

שִׂים שָׁלוֹם טוֹבָה וּבְרָכָה, חַיִּים חֵן וָחֶסֶד וְרַחֲמִים
עָלֵינוּ וְעַל כָּל יִשְׂרָאֵל עַמֶּךָ.
בָּרְכֵנוּ אָבִינוּ כֻּלָּנוּ כְּאֶחָד בְּאוֹר פָּנֶיךָ
כִּי בְאוֹר פָּנֶיךָ נָתַתָּ לָּנוּ יהוה אֱלֹהֵינוּ
תּוֹרַת חַיִּים וְאַהֲבַת חֶסֶד
וּצְדָקָה וּבְרָכָה וְרַחֲמִים וְחַיִּים וְשָׁלוֹם.
וְטוֹב יִהְיֶה בְעֵינֶיךָ לְבָרְכֵנוּ, וּלְבָרֵךְ אֶת כָּל עַמְּךָ יִשְׂרָאֵל
בְּכָל עֵת וּבְכָל שָׁעָה בִּשְׁלוֹמֶךָ.
בָּרוּךְ אַתָּה יהוה, הַמְבָרֵךְ אֶת עַמּוֹ יִשְׂרָאֵל בַּשָּׁלוֹם.

שליח הציבור מסיים באמירת הפסוק הבא בלחש,
ויש הנוהגים לאומרו גם בסוף תפילת לחש של יחיד.

יִהְיוּ לְרָצוֹן אִמְרֵי פִי וְהֶגְיוֹן לִבִּי לְפָנֶיךָ, יהוה צוּרִי וְגֹאֲלִי: תהלים יט

אֱלֹהַי ברכות יז.
נְצֹר לְשׁוֹנִי מֵרָע וּשְׂפָתַי מִדַּבֵּר מִרְמָה
וְלִמְקַלְלַי נַפְשִׁי תִדֹּם, וְנַפְשִׁי כֶּעָפָר לַכֹּל תִּהְיֶה.
פְּתַח לִבִּי בְּתוֹרָתֶךָ, וְאַחֲרֵי מִצְוֹתֶיךָ תִּרְדֹּף נַפְשִׁי.
וְכָל הַקָּמִים וְהַחוֹשְׁבִים עָלַי רָעָה
מְהֵרָה הָפֵר עֲצָתָם וְקַלְקֵל מַחֲשַׁבְתָּם.

יש המוסיפים:

יְהִי רָצוֹן מִלְּפָנֶיךָ, יהוה אֱלֹהַי וֵאלֹהֵי אֲבוֹתַי
שֶׁלֹּא תַעֲלֶה קִנְאַת אָדָם עָלַי, וְלֹא קִנְאָתִי עַל אֲחֵרִים
וְשֶׁלֹּא אֶכְעֹס הַיּוֹם, וְשֶׁלֹּא אַכְעִיסֶךָ
וְתַצִּילֵנִי מִיֵּצֶר הָרָע, וְתֵן בְּלִבִּי הַכְנָעָה וַעֲנָוָה.
מַלְכֵּנוּ וֵאלֹהֵינוּ, יַחֵד שִׁמְךָ בְּעוֹלָמֶךָ
בְּנֵה עִירָךְ, יַסֵּד בֵּיתְךָ וְשַׁכְלֵל הֵיכָלֶךָ
וְקַבֵּץ קִבּוּץ גָּלֻיּוֹת, וּפְדֵה צֹאנֶךָ וְשַׂמַּח עֲדָתֶךָ.

עֲשֵׂה לְמַעַן שְׁמֶךָ, עֲשֵׂה לְמַעַן יְמִינֶךָ
עֲשֵׂה לְמַעַן תּוֹרָתֶךָ, עֲשֵׂה לְמַעַן קְדֻשָּׁתֶךָ.
תהלים ס לְמַעַן יֵחָלְצוּן יְדִידֶיךָ, הוֹשִׁיעָה יְמִינְךָ וַעֲנֵנִי:
תהלים יט יִהְיוּ לְרָצוֹן אִמְרֵי פִי וְהֶגְיוֹן לִבִּי לְפָנֶיךָ, יהוה צוּרִי וְגֹאֲלִי:

כורע ופוסע שלוש פסיעות לאחור. קד לשמאל, לימין ולפנים באמירת:

עֹשֶׂה שָׁלוֹם בִּמְרוֹמָיו
הוּא יַעֲשֶׂה שָׁלוֹם, עָלֵינוּ וְעַל כָּל יִשְׂרָאֵל, וְאִמְרוּ אָמֵן.

יְהִי רָצוֹן מִלְּפָנֶיךָ יהוה אֱלֹהֵינוּ וֵאלֹהֵי אֲבוֹתֵינוּ
שֶׁיִּבָּנֶה בֵּית הַמִּקְדָּשׁ בִּמְהֵרָה בְיָמֵינוּ, וְתֵן חֶלְקֵנוּ בְּתוֹרָתֶךָ
וְשָׁם נַעֲבָדְךָ בְּיִרְאָה כִּימֵי עוֹלָם וּכְשָׁנִים קַדְמֹנִיּוֹת.
מלאכי ג וְעָרְבָה לַיהוה מִנְחַת יְהוּדָה וִירוּשָׁלָםִ כִּימֵי עוֹלָם וּכְשָׁנִים קַדְמֹנִיּוֹת:

שליח הציבור חוזר על העמידה בקול רם.

קדיש שלם

ש״ץ: יִתְגַּדַּל וְיִתְקַדַּשׁ שְׁמֵהּ רַבָּא (קהל: אָמֵן)
בְּעָלְמָא דִּי בְרָא כִרְעוּתֵהּ
וְיַמְלִיךְ מַלְכוּתֵהּ וְיַצְמַח פֻּרְקָנֵהּ וִיקָרֵב מְשִׁיחֵהּ (קהל: אָמֵן)
בְּחַיֵּיכוֹן וּבְיוֹמֵיכוֹן וּבְחַיֵּי דְכָל בֵּית יִשְׂרָאֵל
בַּעֲגָלָא וּבִזְמַן קָרִיב, וְאִמְרוּ אָמֵן. (קהל: אָמֵן)

קהל וש״ץ: יְהֵא שְׁמֵהּ רַבָּא מְבָרַךְ לְעָלַם וּלְעָלְמֵי עָלְמַיָּא.

יִתְבָּרַךְ וְיִשְׁתַּבַּח וְיִתְפָּאַר וְיִתְרוֹמַם וְיִתְנַשֵּׂא
וְיִתְהַדָּר וְיִתְעַלֶּה וְיִתְהַלָּל
שְׁמֵהּ דְּקֻדְשָׁא בְּרִיךְ הוּא (קהל: אָמֵן)
לְעֵלָּא מִן כָּל בִּרְכָתָא וְשִׁירָתָא, תֻּשְׁבְּחָתָא וְנֶחֱמָתָא
דַּאֲמִירָן בְּעָלְמָא, וְאִמְרוּ אָמֵן. (קהל: אָמֵן)

תִּתְקַבַּל צְלוֹתְהוֹן וּבָעוּתְהוֹן דְּכָל בֵּית יִשְׂרָאֵל
קֳדָם אֲבוּהוֹן דִּי בִשְׁמַיָּא, וְאִמְרוּ אָמֵן. (קהל: אָמֵן)

יְהֵא שְׁלָמָא רַבָּא מִן שְׁמַיָּא
וְחַיִּים טוֹבִים עָלֵינוּ וְעַל כָּל יִשְׂרָאֵל, וְאִמְרוּ אָמֵן. (קהל: אָמֵן)

כורע ופוסע שלוש פסיעות לאחור. קד לשמאל, לימין ולפנים באמירת:

עֹשֶׂה שָׁלוֹם בִּמְרוֹמָיו
הוּא יַעֲשֶׂה שָׁלוֹם, עָלֵינוּ וְעַל כָּל יִשְׂרָאֵל
וְאִמְרוּ אָמֵן. (קהל: אָמֵן)

אומרים 'עָלֵינוּ' בעמידה ומשתחווים במקום המסומן ב*.

עָלֵינוּ לְשַׁבֵּחַ לַאֲדוֹן הַכֹּל, לָתֵת גְּדֻלָּה לְיוֹצֵר בְּרֵאשִׁית
שֶׁלֹּא עָשָׂנוּ כְּגוֹיֵי הָאֲרָצוֹת, וְלֹא שָׂמָנוּ כְּמִשְׁפְּחוֹת הָאֲדָמָה
שֶׁלֹּא שָׂם חֶלְקֵנוּ כָּהֶם וְגוֹרָלֵנוּ כְּכָל הֲמוֹנָם.
שֶׁהֵם מִשְׁתַּחֲוִים לְהֶבֶל וָרִיק וּמִתְפַּלְלִים אֶל אֵל לֹא יוֹשִׁיעַ.
*וַאֲנַחְנוּ כּוֹרְעִים וּמִשְׁתַּחֲוִים וּמוֹדִים
לִפְנֵי מֶלֶךְ מַלְכֵי הַמְּלָכִים, הַקָּדוֹשׁ בָּרוּךְ הוּא
שֶׁהוּא נוֹטֶה שָׁמַיִם וְיוֹסֵד אָרֶץ, וּמוֹשַׁב יְקָרוֹ בַּשָּׁמַיִם מִמַּעַל
וּשְׁכִינַת עֻזּוֹ בְּגָבְהֵי מְרוֹמִים.
הוּא אֱלֹהֵינוּ, אֵין עוֹד.
אֱמֶת מַלְכֵּנוּ, אֶפֶס זוּלָתוֹ
כַּכָּתוּב בְּתוֹרָתוֹ
וְיָדַעְתָּ הַיּוֹם וַהֲשֵׁבֹתָ אֶל־לְבָבֶךָ דברים ד
כִּי יהוה הוּא הָאֱלֹהִים בַּשָּׁמַיִם מִמַּעַל וְעַל־הָאָרֶץ מִתָּחַת
אֵין עוֹד:

וְעַל כֵּן נְקַוֶּה לְּךָ יהוה אֱלֹהֵינוּ לִרְאוֹת מְהֵרָה בְּתִפְאֶרֶת עֻזֶּךָ
לְהַעֲבִיר גִּלּוּלִים מִן הָאָרֶץ, וְהָאֱלִילִים כָּרוֹת יִכָּרֵתוּן
לְתַקֵּן עוֹלָם בְּמַלְכוּת שַׁדַּי.
וְכָל בְּנֵי בָשָׂר יִקְרְאוּ בִשְׁמֶךָ, לְהַפְנוֹת אֵלֶיךָ כָּל רִשְׁעֵי אָרֶץ.
יַכִּירוּ וְיֵדְעוּ כָּל יוֹשְׁבֵי תֵבֵל כִּי לְךָ תִּכְרַע כָּל בֶּרֶךְ, תִּשָּׁבַע כָּל לָשׁוֹן.
לְפָנֶיךָ יהוה אֱלֹהֵינוּ יִכְרְעוּ וְיִפֹּלוּ, וְלִכְבוֹד שִׁמְךָ יְקָר יִתֵּנוּ
וִיקַבְּלוּ כֻלָּם אֶת עֹל מַלְכוּתֶךָ, וְתִמְלֹךְ עֲלֵיהֶם מְהֵרָה לְעוֹלָם וָעֶד.
כִּי הַמַּלְכוּת שֶׁלְּךָ הִיא וּלְעוֹלְמֵי עַד תִּמְלֹךְ בְּכָבוֹד
שמות טו כַּכָּתוּב בְּתוֹרָתֶךָ, יהוה יִמְלֹךְ לְעֹלָם וָעֶד:
זכריה יד ◄ וְנֶאֱמַר, וְהָיָה יהוה לְמֶלֶךְ עַל־כָּל־הָאָרֶץ
בַּיּוֹם הַהוּא יִהְיֶה יהוה אֶחָד וּשְׁמוֹ אֶחָד:

יש מוסיפים:

משלי ג אַל־תִּירָא מִפַּחַד פִּתְאֹם וּמִשֹּׁאַת רְשָׁעִים כִּי תָבֹא:
ישעיה ח עֻצוּ עֵצָה וְתֻפָר, דַּבְּרוּ דָבָר וְלֹא יָקוּם, כִּי עִמָּנוּ אֵל:
ישעיה מו וְעַד־זִקְנָה אֲנִי הוּא, וְעַד־שֵׂיבָה אֲנִי אֶסְבֹּל, אֲנִי עָשִׂיתִי וַאֲנִי אֶשָּׂא וַאֲנִי אֶסְבֹּל וַאֲמַלֵּט:

קדיש יתום

אבל: יִתְגַּדַּל וְיִתְקַדַּשׁ שְׁמֵהּ רַבָּא (קהל: אָמֵן)
בְּעָלְמָא דִּי בְרָא כִרְעוּתֵהּ
וְיַמְלִיךְ מַלְכוּתֵהּ וְיַצְמַח פֻּרְקָנֵהּ וִיקָרֵב מְשִׁיחֵהּ (קהל: אָמֵן)
בְּחַיֵּיכוֹן וּבְיוֹמֵיכוֹן וּבְחַיֵּי דְכָל בֵּית יִשְׂרָאֵל
בַּעֲגָלָא וּבִזְמַן קָרִיב, וְאִמְרוּ אָמֵן. (קהל: אָמֵן)

קהל ואבל: יְהֵא שְׁמֵהּ רַבָּא מְבָרַךְ לְעָלַם וּלְעָלְמֵי עָלְמַיָּא.

אבל: יִתְבָּרַךְ וְיִשְׁתַּבַּח וְיִתְפָּאַר וְיִתְרוֹמַם וְיִתְנַשֵּׂא
וְיִתְהַדָּר וְיִתְעַלֶּה וְיִתְהַלָּל
שְׁמֵהּ דְּקֻדְשָׁא בְּרִיךְ הוּא (קהל: אָמֵן)

לְעֵלָּא מִן כָּל בִּרְכָתָא וְשִׁירָתָא, תֻּשְׁבְּחָתָא וְנֶחֱמָתָא
דַּאֲמִירָן בְּעָלְמָא, וְאִמְרוּ אָמֵן. (קהל: אָמֵן)

יְהֵא שְׁלָמָא רַבָּא מִן שְׁמַיָּא
וְחַיִּים טוֹבִים עָלֵינוּ וְעַל כָּל יִשְׂרָאֵל, וְאִמְרוּ אָמֵן. (קהל: אָמֵן)

כורע ופוסע שלוש פסיעות לאחור. קד לשמאל, לימין ולפנים באמירת:

עֹשֶׂה שָׁלוֹם בִּמְרוֹמָיו
הוּא יַעֲשֶׂה שָׁלוֹם
עָלֵינוּ וְעַל כָּל יִשְׂרָאֵל, וְאִמְרוּ אָמֵן. (קהל: אָמֵן)

נוהגים להוסיף את המזמור ׳לְדָוִד, ה׳ אוֹרִי וְיִשְׁעִי׳ מראש חודש אלול ועד הושענא רבה.
יש האומרים ׳לְדָוִד, ה׳ אוֹרִי וְיִשְׁעִי׳ בערבית ולא במנחה, כנוסח אשכנז.

תהלים כז
לְדָוִד, יהוה אוֹרִי וְיִשְׁעִי, מִמִּי אִירָא, יהוה מָעוֹז־חַיַּי, מִמִּי אֶפְחָד:
בִּקְרֹב עָלַי מְרֵעִים לֶאֱכֹל אֶת־בְּשָׂרִי, צָרַי וְאֹיְבַי לִי, הֵמָּה כָשְׁלוּ
וְנָפָלוּ: אִם־תַּחֲנֶה עָלַי מַחֲנֶה, לֹא־יִירָא לִבִּי, אִם־תָּקוּם עָלַי מִלְחָמָה,
בְּזֹאת אֲנִי בוֹטֵחַ: אַחַת שָׁאַלְתִּי מֵאֵת־יהוה, אוֹתָהּ אֲבַקֵּשׁ, שִׁבְתִּי
בְּבֵית־יהוה כָּל־יְמֵי חַיַּי, לַחֲזוֹת בְּנֹעַם־יהוה, וּלְבַקֵּר בְּהֵיכָלוֹ: כִּי
יִצְפְּנֵנִי בְּסֻכֹּה בְּיוֹם רָעָה, יַסְתִּרֵנִי בְּסֵתֶר אָהֳלוֹ, בְּצוּר יְרוֹמְמֵנִי:
וְעַתָּה יָרוּם רֹאשִׁי עַל אֹיְבַי סְבִיבוֹתַי, וְאֶזְבְּחָה בְאָהֳלוֹ זִבְחֵי תְרוּעָה,
אָשִׁירָה וַאֲזַמְּרָה לַיהוה: שְׁמַע־יהוה קוֹלִי אֶקְרָא, וְחָנֵּנִי וַעֲנֵנִי: לְךָ
אָמַר לִבִּי בַּקְּשׁוּ פָנָי, אֶת־פָּנֶיךָ יהוה אֲבַקֵּשׁ: אַל־תַּסְתֵּר פָּנֶיךָ מִמֶּנִּי,
אַל תַּט־בְּאַף עַבְדֶּךָ, עֶזְרָתִי הָיִיתָ, אַל־תִּטְּשֵׁנִי וְאַל־תַּעַזְבֵנִי, אֱלֹהֵי
יִשְׁעִי: כִּי־אָבִי וְאִמִּי עֲזָבוּנִי, וַיהוה יַאַסְפֵנִי: הוֹרֵנִי יהוה דַּרְכֶּךָ, וּנְחֵנִי
בְּאֹרַח מִישׁוֹר, לְמַעַן שׁוֹרְרָי: אַל־תִּתְּנֵנִי בְּנֶפֶשׁ צָרָי, כִּי קָמוּ־בִי
עֵדֵי־שֶׁקֶר, וִיפֵחַ חָמָס: ◄ לוּלֵא הֶאֱמַנְתִּי לִרְאוֹת בְּטוּב־יהוה בְּאֶרֶץ
חַיִּים: קַוֵּה אֶל־יהוה, חֲזַק וְיַאֲמֵץ לִבֶּךָ, וְקַוֵּה אֶל־יהוה:

קדיש יתום (בעמוד הקודם)

חול המועד

עמידה

"המתפלל צריך שיכוין בלבו פירוש המלות שמוציא בשפתיו; ויחשוב כאלו שכינה כנגדו ויסיר כל המחשבות הטורדות אותו עד שתשאר מחשבתו וכוונתו זכה בתפלתו" (שו"ע צח, א).

פוסע שלוש פסיעות לפנים כמי שנכנס לפני המלך (רמ"א צה, א בשם הרוקח).
עומד ומתפלל בלחש מכאן ועד 'וּכְשָׁנִים קַדְמֹנִיּוֹת' בעמ' 412.

כורע במקומות המסומנים ב' קד לפנים במילה הבאה וזוקף בשם (סידור השל"ה).

אֲדֹנָי, שְׂפָתַי תִּפְתָּח, וּפִי יַגִּיד תְּהִלָּתֶךָ: תהלים נא

אבות

'בָּרוּךְ אַתָּה יהוה, אֱלֹהֵינוּ וֵאלֹהֵי אֲבוֹתֵינוּ
אֱלֹהֵי אַבְרָהָם, אֱלֹהֵי יִצְחָק, וֵאלֹהֵי יַעֲקֹב
הָאֵל הַגָּדוֹל הַגִּבּוֹר וְהַנּוֹרָא, אֵל עֶלְיוֹן
גּוֹמֵל חֲסָדִים טוֹבִים, קוֹנֵה הַכֹּל
וְזוֹכֵר חַסְדֵי אָבוֹת
וּמֵבִיא גוֹאֵל לִבְנֵי בְנֵיהֶם לְמַעַן שְׁמוֹ בְּאַהֲבָה.
מֶלֶךְ עוֹזֵר וּמוֹשִׁיעַ וּמָגֵן.
'בָּרוּךְ אַתָּה יהוה, מָגֵן אַבְרָהָם.

גבורות

אַתָּה גִּבּוֹר לְעוֹלָם, אֲדֹנָי
מְחַיֵּה מֵתִים אַתָּה, רַב לְהוֹשִׁיעַ
בארץ ישראל: מוֹרִיד הַטָּל

מְכַלְכֵּל חַיִּים בְּחֶסֶד, מְחַיֵּה מֵתִים בְּרַחֲמִים רַבִּים
סוֹמֵךְ נוֹפְלִים, וְרוֹפֵא חוֹלִים, וּמַתִּיר אֲסוּרִים
וּמְקַיֵּם אֱמוּנָתוֹ לִישֵׁנֵי עָפָר.
מִי כָמוֹךָ, בַּעַל גְּבוּרוֹת, וּמִי דּוֹמֶה לָּךְ
מֶלֶךְ, מֵמִית וּמְחַיֶּה וּמַצְמִיחַ יְשׁוּעָה.

וְנֶאֱמָן אַתָּה לְהַחֲיוֹת מֵתִים.

בָּרוּךְ אַתָּה יהוה, מְחַיֵּה הַמֵּתִים.

בתפילת לחש ממשיך 'אַתָּה קָדוֹשׁ' למטה.

קדושה

בחזרת הש"ץ הקהל עומד ואומר קדושה.

במקומות המסומנים ב', המתפלל מתרומם על קצות אצבעותיו (מג"א קכה, א בשם השל"ה).

קהל ואחריו שליח הציבור:

נְקַדֵּשְׁךָ וְנַעֲרִיצְךָ כְּנֹעַם שִׂיחַ סוֹד שַׂרְפֵי קֹדֶשׁ, הַמְשַׁלְּשִׁים לְךָ קְדֻשָּׁה

ישעיה ו **כַּכָּתוּב עַל יַד נְבִיאֶךָ, וְקָרָא זֶה אֶל־זֶה וְאָמַר**

קהל ואחריו שליח הציבור:

'קָדוֹשׁ, 'קָדוֹשׁ, 'קָדוֹשׁ, יהוה צְבָאוֹת, מְלֹא כָל־הָאָרֶץ כְּבוֹדוֹ:

לְעֻמָּתָם מְשַׁבְּחִים וְאוֹמְרִים

קהל ואחריו שליח הציבור:

יחזקאל ג **'בָּרוּךְ כְּבוֹד־יהוה מִמְּקוֹמוֹ:**

וּבְדִבְרֵי קָדְשְׁךָ כָּתוּב לֵאמֹר

קהל ואחריו שליח הציבור:

תהלים קמו **'יִמְלֹךְ יהוה לְעוֹלָם, אֱלֹהַיִךְ צִיּוֹן לְדֹר וָדֹר, הַלְלוּיָהּ:**

שליח הציבור ממשיך 'אַתָּה קָדוֹשׁ' למטה.

בבתי כנסת המתפללים בנוסח אשכנז, שליח הציבור אומר:

לְדוֹר וָדוֹר נַגִּיד גָּדְלֶךָ, וּלְנֵצַח נְצָחִים קְדֻשָּׁתְךָ נַקְדִּישׁ, וְשִׁבְחֲךָ אֱלֹהֵינוּ מִפִּינוּ לֹא יָמוּשׁ לְעוֹלָם וָעֶד, כִּי אֵל מֶלֶךְ גָּדוֹל וְקָדוֹשׁ אָתָּה. בָּרוּךְ אַתָּה יהוה, הָאֵל הַקָּדוֹשׁ.

וממשיך 'אַתָּה חוֹנֵן' בעמוד הבא.

קדושת השם

אַתָּה קָדוֹשׁ וְשִׁמְךָ קָדוֹשׁ

וּקְדוֹשִׁים בְּכָל יוֹם יְהַלְלוּךָ סֶּלָה

כִּי אֵל מֶלֶךְ גָּדוֹל וְקָדוֹשׁ אָתָּה.

בָּרוּךְ אַתָּה יהוה, הָאֵל הַקָּדוֹשׁ.

דעת

אַתָּה חוֹנֵן לְאָדָם דַּעַת, וּמְלַמֵּד לֶאֱנוֹשׁ בִּינָה.
חָנֵּנוּ מֵאִתְּךָ חָכְמָה בִּינָה וָדָעַת.
בָּרוּךְ אַתָּה יהוה, חוֹנֵן הַדָּעַת.

תשובה

הֲשִׁיבֵנוּ אָבִינוּ לְתוֹרָתֶךָ
וְקָרְבֵנוּ מַלְכֵּנוּ לַעֲבוֹדָתֶךָ
וְהַחֲזִירֵנוּ בִּתְשׁוּבָה שְׁלֵמָה לְפָנֶיךָ.
בָּרוּךְ אַתָּה יהוה, הָרוֹצֶה בִּתְשׁוּבָה.

סליחה

נוהגים להכות כנגד הלב במקומות המסומנים ב° (סידור יעב״ץ).

סְלַח לָנוּ אָבִינוּ כִּי °חָטָאנוּ
מְחַל לָנוּ מַלְכֵּנוּ כִּי °פָשָׁעְנוּ
כִּי אֵל טוֹב וְסַלָּח אָתָּה.
בָּרוּךְ אַתָּה יהוה, חַנּוּן הַמַּרְבֶּה לִסְלֹחַ.

גאולה

רְאֵה נָא בְעָנְיֵנוּ, וְרִיבָה רִיבֵנוּ
וּגְאָלֵנוּ גְּאֻלָּה שְׁלֵמָה מְהֵרָה לְמַעַן שְׁמֶךָ
כִּי אֵל גּוֹאֵל חָזָק אָתָּה.
בָּרוּךְ אַתָּה יהוה, גּוֹאֵל יִשְׂרָאֵל.

רפואה

רְפָאֵנוּ יהוה וְנֵרָפֵא
הוֹשִׁיעֵנוּ וְנִוָּשֵׁעָה, כִּי תְהִלָּתֵנוּ אָתָּה
וְהַעֲלֵה אֲרוּכָה וּמַרְפֵּא לְכָל תַּחֲלוּאֵינוּ וּלְכָל מַכְאוֹבֵינוּ
רְפוּאָה שְׁלֵמָה לְכָל מַכּוֹתֵינוּ

המתפלל על חולה מוסיף:

יְהִי רָצוֹן מִלְּפָנֶיךָ יהוה אֱלֹהַי וֵאלֹהֵי אֲבוֹתַי, שֶׁתִּשְׁלַח מְהֵרָה רְפוּאָה שְׁלֵמָה מִן הַשָּׁמַיִם, רְפוּאַת הַנֶּפֶשׁ וּרְפוּאַת הַגּוּף, לַחוֹלֶה/לַחוֹלָה פלוני/ת בֶּן/בַּת פלונית בְּתוֹךְ שְׁאָר חוֹלֵי יִשְׂרָאֵל.

כִּי אֵל מֶלֶךְ רוֹפֵא נֶאֱמָן וְרַחֲמָן אָתָּה.
בָּרוּךְ אַתָּה יהוה, רוֹפֵא חוֹלֵי עַמּוֹ יִשְׂרָאֵל.

ברכת השנים

בָּרֵךְ עָלֵינוּ יהוה אֱלֹהֵינוּ אֶת הַשָּׁנָה הַזֹּאת
וְאֶת כָּל מִינֵי תְבוּאָתָהּ, לְטוֹבָה
וְתֵן בְּרָכָה עַל פְּנֵי הָאֲדָמָה, וְשַׂבְּעֵנוּ מִטּוּבָהּ
וּבָרֵךְ שְׁנָתֵנוּ כַּשָּׁנִים הַטּוֹבוֹת לִבְרָכָה
כִּי אֵל טוֹב וּמֵטִיב אַתָּה
וּמְבָרֵךְ הַשָּׁנִים.
בָּרוּךְ אַתָּה יהוה, מְבָרֵךְ הַשָּׁנִים.

קיבוץ גלויות

תְּקַע בְּשׁוֹפָר גָּדוֹל לְחֵרוּתֵנוּ, וְשָׂא נֵס לְקַבֵּץ גָּלֻיּוֹתֵינוּ
וְקַבְּצֵנוּ יַחַד מְהֵרָה מֵאַרְבַּע כַּנְפוֹת הָאָרֶץ לְאַרְצֵנוּ.
בָּרוּךְ אַתָּה יהוה, מְקַבֵּץ נִדְחֵי עַמּוֹ יִשְׂרָאֵל.

השבת המשפט

הָשִׁיבָה שׁוֹפְטֵינוּ כְּבָרִאשׁוֹנָה וְיוֹעֲצֵינוּ כְּבַתְּחִלָּה
וְהָסֵר מִמֶּנּוּ יָגוֹן וַאֲנָחָה
וּמְלֹךְ עָלֵינוּ מְהֵרָה אַתָּה יהוה לְבַדְּךָ
בְּחֶסֶד וּבְרַחֲמִים, בְּצֶדֶק וּבְמִשְׁפָּט.
בָּרוּךְ אַתָּה יהוה, מֶלֶךְ אוֹהֵב צְדָקָה וּמִשְׁפָּט.

ברכת המינים

וְלַמַּלְשִׁינִים אַל תְּהִי תִקְוָה, וְכָל הַמִּינִים כְּרֶגַע יֹאבֵדוּ
וְכָל אוֹיְבֵי עַמְּךָ מְהֵרָה יִכָּרֵתוּ
וְהַזֵּדִים מְהֵרָה תְעַקֵּר וּתְשַׁבֵּר וּתְמַגֵּר
וּתְכַלֵּם וְתַשְׁפִּילֵם וְתַכְנִיעֵם בִּמְהֵרָה בְיָמֵינוּ.
בָּרוּךְ אַתָּה יהוה, שׁוֹבֵר אוֹיְבִים וּמַכְנִיעַ זֵדִים.

על הצדיקים

עַל הַצַּדִּיקִים וְעַל הַחֲסִידִים
וְעַל זִקְנֵי שְׁאֵרִית עַמְּךָ בֵּית יִשְׂרָאֵל
וְעַל פְּלֵיטַת בֵּית סוֹפְרֵיהֶם וְעַל גֵּרֵי הַצֶּדֶק, וְעָלֵינוּ
יֶהֱמוּ נָא רַחֲמֶיךָ, יהוה אֱלֹהֵינוּ
וְתֵן שָׂכָר טוֹב לְכָל הַבּוֹטְחִים בְּשִׁמְךָ בֶּאֱמֶת
וְשִׂים חֶלְקֵנוּ עִמָּהֶם
וּלְעוֹלָם לֹא נֵבוֹשׁ, כִּי בְךָ בָּטָחְנוּ
וְעַל חַסְדְּךָ הַגָּדוֹל בֶּאֱמֶת נִשְׁעָנְנוּ.
בָּרוּךְ אַתָּה יהוה, מִשְׁעָן וּמִבְטָח לַצַּדִּיקִים.

בניין ירושלים

וְלִירוּשָׁלַיִם עִירְךָ בְּרַחֲמִים תָּשׁוּב, וְתִשְׁכֹּן בְּתוֹכָהּ כַּאֲשֶׁר דִּבַּרְתָּ
וּבְנֵה אוֹתָהּ בְּקָרוֹב בְּיָמֵינוּ בִּנְיַן עוֹלָם
וְכִסֵּא דָוִד עַבְדְּךָ מְהֵרָה לְתוֹכָהּ תָּכִין.
בָּרוּךְ אַתָּה יהוה, בּוֹנֵה יְרוּשָׁלָיִם.

מלכות בית דוד

אֶת צֶמַח דָּוִד עַבְדְּךָ מְהֵרָה תַצְמִיחַ, וְקַרְנוֹ תָּרוּם בִּישׁוּעָתֶךָ
כִּי לִישׁוּעָתְךָ קִוִּינוּ כָּל הַיּוֹם.
בָּרוּךְ אַתָּה יהוה, מַצְמִיחַ קֶרֶן יְשׁוּעָה.

שומע תפילה

אָב הָרַחֲמָן
שְׁמַע קוֹלֵנוּ יהוה אֱלֹהֵינוּ
חוּס וְרַחֵם עָלֵינוּ
וְקַבֵּל בְּרַחֲמִים וּבְרָצוֹן אֶת תְּפִלָּתֵנוּ
כִּי אֵל שׁוֹמֵעַ תְּפִלּוֹת וְתַחֲנוּנִים אָתָּה
וּמִלְּפָנֶיךָ מַלְכֵּנוּ רֵיקָם אַל תְּשִׁיבֵנוּ
חָנֵּנוּ וַעֲנֵנוּ וּשְׁמַע תְּפִלָּתֵנוּ
כִּי אַתָּה שׁוֹמֵעַ תְּפִלַּת כָּל פֶּה.
בָּרוּךְ אַתָּה יהוה, שׁוֹמֵעַ תְּפִלָּה.

עבודה

רְצֵה יהוה אֱלֹהֵינוּ בְּעַמְּךָ יִשְׂרָאֵל, וְלִתְפִלָּתָם שְׁעֵה
וְהָשֵׁב אֶת הָעֲבוֹדָה לִדְבִיר בֵּיתֶךָ
וְאִשֵּׁי יִשְׂרָאֵל וּתְפִלָּתָם, מְהֵרָה בְּאַהֲבָה תְקַבֵּל בְּרָצוֹן
וּתְהִי לְרָצוֹן תָּמִיד עֲבוֹדַת יִשְׂרָאֵל עַמֶּךָ.

אֱלֹהֵינוּ וֵאלֹהֵי אֲבוֹתֵינוּ
יַעֲלֶה וְיָבוֹא וְיַגִּיעַ, וְיֵרָאֶה וְיֵרָצֶה וְיִשָּׁמַע
וְיִפָּקֵד וְיִזָּכֵר זִכְרוֹנֵנוּ וּפִקְדוֹנֵנוּ וְזִכְרוֹן אֲבוֹתֵינוּ
וְזִכְרוֹן מָשִׁיחַ בֶּן דָּוִד עַבְדֶּךָ, וְזִכְרוֹן יְרוּשָׁלַיִם עִיר קָדְשֶׁךָ
וְזִכְרוֹן כָּל עַמְּךָ בֵּית יִשְׂרָאֵל, לְפָנֶיךָ
לִפְלֵיטָה לְטוֹבָה, לְחֵן וּלְחֶסֶד וּלְרַחֲמִים
לְחַיִּים וּלְשָׁלוֹם, בְּיוֹם

בפסח: חַג הַמַּצּוֹת הַזֶּה.

בסוכות: חַג הַסֻּכּוֹת הַזֶּה.

זָכְרֵנוּ יהוה אֱלֹהֵינוּ בּוֹ לְטוֹבָה
וּפָקְדֵנוּ בוֹ לִבְרָכָה, וְהוֹשִׁיעֵנוּ בוֹ לְחַיִּים טוֹבִים.
וּבִדְבַר יְשׁוּעָה וְרַחֲמִים
חוּס וְחָנֵּנוּ וְרַחֵם עָלֵינוּ וְהוֹשִׁיעֵנוּ
כִּי אֵלֶיךָ עֵינֵינוּ, כִּי אֵל מֶלֶךְ חַנּוּן וְרַחוּם אָתָּה.

וְתֶחֱזֶינָה עֵינֵינוּ בְּשׁוּבְךָ לְצִיּוֹן בְּרַחֲמִים.
בָּרוּךְ אַתָּה יהוה, הַמַּחֲזִיר שְׁכִינָתוֹ לְצִיּוֹן.

הודאה
כורע ב׳מודים׳ ואינו זוקף עד אמירת השם (סידור השל״ה).

מוֹדִים אֲנַחְנוּ לָךְ
שָׁאַתָּה הוּא יהוה אֱלֹהֵינוּ
וֵאלֹהֵי אֲבוֹתֵינוּ לְעוֹלָם וָעֶד.
צוּר חַיֵּינוּ, מָגֵן יִשְׁעֵנוּ
אַתָּה הוּא לְדוֹר וָדוֹר.
נוֹדֶה לְּךָ וּנְסַפֵּר תְּהִלָּתֶךָ
עַל חַיֵּינוּ הַמְּסוּרִים בְּיָדֶךָ
וְעַל נִשְׁמוֹתֵינוּ הַפְּקוּדוֹת לָךְ
וְעַל נִסֶּיךָ שֶׁבְּכָל יוֹם עִמָּנוּ
וְעַל נִפְלְאוֹתֶיךָ וְטוֹבוֹתֶיךָ
שֶׁבְּכָל עֵת
עֶרֶב וָבֹקֶר וְצָהֳרָיִם.
הַטּוֹב, כִּי לֹא כָלוּ רַחֲמֶיךָ
וְהַמְרַחֵם, כִּי לֹא תַמּוּ חֲסָדֶיךָ
כִּי מֵעוֹלָם קִוִּינוּ לָךְ.

כששליח הציבור אומר ׳מודים׳, הקהל אומר בלחש (סוטה מ ע״א):

מוֹדִים אֲנַחְנוּ לָךְ
שָׁאַתָּה הוּא יהוה אֱלֹהֵינוּ
וֵאלֹהֵי אֲבוֹתֵינוּ
אֱלֹהֵי כָל בָּשָׂר
יוֹצְרֵנוּ, יוֹצֵר בְּרֵאשִׁית.
בְּרָכוֹת וְהוֹדָאוֹת
לְשִׁמְךָ הַגָּדוֹל וְהַקָּדוֹשׁ
עַל שֶׁהֶחֱיִיתָנוּ וְקִיַּמְתָּנוּ.
כֵּן תְּחַיֵּנוּ וּתְקַיְּמֵנוּ
וְתֶאֱסֹף גָּלֻיּוֹתֵינוּ
לְחַצְרוֹת קָדְשֶׁךָ
לִשְׁמֹר חֻקֶּיךָ
וְלַעֲשׂוֹת רְצוֹנֶךָ וּלְעָבְדְּךָ
בְּלֵבָב שָׁלֵם
עַל שֶׁאֲנַחְנוּ מוֹדִים לָךְ.
בָּרוּךְ אֵל הַהוֹדָאוֹת.

וְעַל כֻּלָּם
יִתְבָּרַךְ וְיִתְרוֹמַם וְיִתְנַשֵּׂא שִׁמְךָ מַלְכֵּנוּ תָּמִיד לְעוֹלָם וָעֶד.
וְכֹל הַחַיִּים יוֹדְוּךָ סֶּלָה
וִיהַלְלוּ וִיבָרְכוּ אֶת שִׁמְךָ הַגָּדוֹל בֶּאֱמֶת לְעוֹלָם כִּי טוֹב
הָאֵל יְשׁוּעָתֵנוּ וְעֶזְרָתֵנוּ סֶלָה, הָאֵל הַטּוֹב.
˅בָּרוּךְ אַתָּה יהוה, הַטּוֹב שִׁמְךָ וּלְךָ נָאֶה לְהוֹדוֹת.

אם יותר מכוהן אחד עולה לדוכן, הגבאי קורא:

כֹּהֲנִים

הכוהנים מברכים:

בָּרוּךְ אַתָּה יהוה אֱלֹהֵינוּ מֶלֶךְ הָעוֹלָם, אֲשֶׁר קִדְּשָׁנוּ בִּקְדֻשָּׁתוֹ שֶׁל אַהֲרֹן, וְצִוָּנוּ לְבָרֵךְ אֶת עַמּוֹ יִשְׂרָאֵל בְּאַהֲבָה.

במדבר ו השׁ״ץ מקריא מילה במילה, והכוהנים אחריו:

יְבָרֶכְךָ יהוה וְיִשְׁמְרֶךָ: קהל: אָמֵן
יָאֵר יהוה פָּנָיו אֵלֶיךָ וִיחֻנֶּךָּ: קהל: אָמֵן
יִשָּׂא יהוה פָּנָיו אֵלֶיךָ וְיָשֵׂם לְךָ שָׁלוֹם: קהל: אָמֵן

שליח הציבור ממשיך ׳שִׂים שָׁלוֹם׳ בעמוד הבא.

הכוהנים אומרים:

דברים כו רִבּוֹנוֹ שֶׁל עוֹלָם, עָשִׂינוּ מַה שֶּׁגָּזַרְתָּ עָלֵינוּ, אַף אַתָּה עֲשֵׂה עִמָּנוּ כְּמוֹ שֶׁהִבְטַחְתָּנוּ. הַשְׁקִיפָה מִמְּעוֹן קָדְשְׁךָ מִן־הַשָּׁמַיִם, וּבָרֵךְ אֶת־עַמְּךָ אֶת־יִשְׂרָאֵל, וְאֵת הָאֲדָמָה אֲשֶׁר נָתַתָּה לָנוּ, כַּאֲשֶׁר נִשְׁבַּעְתָּ לַאֲבֹתֵינוּ, אֶרֶץ זָבַת חָלָב וּדְבָשׁ:

הקהל אומר:

אַדִּיר בַּמָּרוֹם שׁוֹכֵן בִּגְבוּרָה, אַתָּה שָׁלוֹם וְשִׁמְךָ שָׁלוֹם. יְהִי רָצוֹן שֶׁתָּשִׂים עָלֵינוּ וְעַל כָּל עַמְּךָ בֵּית יִשְׂרָאֵל חַיִּים וּבְרָכָה לְמִשְׁמֶרֶת שָׁלוֹם.

אם אין כוהנים העולים לדוכן, שליח הציבור אומר:

אֱלֹהֵינוּ וֵאלֹהֵי אֲבוֹתֵינוּ, בָּרְכֵנוּ בַּבְּרָכָה הַמְשֻׁלֶּשֶׁת בַּתּוֹרָה, הַכְּתוּבָה עַל יְדֵי מֹשֶׁה עַבְדֶּךָ, הָאֲמוּרָה מִפִּי אַהֲרֹן וּבָנָיו כֹּהֲנִים עַם קְדוֹשֶׁיךָ, כָּאָמוּר

במדבר ו יְבָרֶכְךָ יהוה וְיִשְׁמְרֶךָ: קהל: כֵּן יְהִי רָצוֹן
יָאֵר יהוה פָּנָיו אֵלֶיךָ וִיחֻנֶּךָּ: קהל: כֵּן יְהִי רָצוֹן
יִשָּׂא יהוה פָּנָיו אֵלֶיךָ וְיָשֵׂם לְךָ שָׁלוֹם: קהל: כֵּן יְהִי רָצוֹן

שלום

שִׂים שָׁלוֹם טוֹבָה וּבְרָכָה
חַיִּים חֵן וָחֶסֶד וְרַחֲמִים
עָלֵינוּ וְעַל כָּל יִשְׂרָאֵל עַמֶּךָ.
בָּרְכֵנוּ אָבִינוּ כֻּלָּנוּ כְּאֶחָד בְּאוֹר פָּנֶיךָ
כִּי בְאוֹר פָּנֶיךָ נָתַתָּ לָּנוּ יהוה אֱלֹהֵינוּ
תּוֹרַת חַיִּים וְאַהֲבַת חֶסֶד
וּצְדָקָה וּבְרָכָה וְרַחֲמִים וְחַיִּים וְשָׁלוֹם.
וְטוֹב יִהְיֶה בְעֵינֶיךָ לְבָרְכֵנוּ
וּלְבָרֵךְ אֶת כָּל עַמְּךָ יִשְׂרָאֵל
בְּכָל עֵת וּבְכָל שָׁעָה בִּשְׁלוֹמֶךָ.
בָּרוּךְ אַתָּה יהוה, הַמְבָרֵךְ אֶת עַמּוֹ יִשְׂרָאֵל בַּשָּׁלוֹם.

שליח הציבור מסיים באמירת הפסוק הבא בלחש (מג״א קכג, יד),
ויש הנוהגים לאומרו גם בסוף תפילת לחש של יחיד.

יִהְיוּ לְרָצוֹן אִמְרֵי פִי וְהֶגְיוֹן לִבִּי לְפָנֶיךָ, יהוה צוּרִי וְגֹאֲלִי: תהלים יט

אֱלֹהַי ברכות יז.
נְצֹר לְשׁוֹנִי מֵרָע וּשְׂפָתַי מִדַּבֵּר מִרְמָה
וְלִמְקַלְלַי נַפְשִׁי תִדֹּם
וְנַפְשִׁי כֶּעָפָר לַכֹּל תִּהְיֶה.
פְּתַח לִבִּי בְּתוֹרָתֶךָ
וְאַחֲרֵי מִצְוֹתֶיךָ תִּרְדֹּף נַפְשִׁי.
וְכָל הַקָּמִים וְהַחוֹשְׁבִים עָלַי רָעָה
מְהֵרָה הָפֵר עֲצָתָם וְקַלְקֵל מַחֲשַׁבְתָּם.

יש המוסיפים תחינה זו (קיצור של״ה, ׳אור הישר׳):

יְהִי רָצוֹן מִלְּפָנֶיךָ
יהוה אֱלֹהַי וֵאלֹהֵי אֲבוֹתַי
שֶׁלֹּא תַעֲלֶה קִנְאַת אָדָם עָלַי, וְלֹא קִנְאָתִי עַל אֲחֵרִים
וְשֶׁלֹּא אֶכְעֹס הַיּוֹם, וְשֶׁלֹּא אַכְעִיסֶךָ
וְתַצִּילֵנִי מִיֵּצֶר הָרָע, וְתֵן בְּלִבִּי הַכְנָעָה וַעֲנָוָה.
מַלְכֵּנוּ וֵאלֹהֵינוּ, יַחֵד שִׁמְךָ בְּעוֹלָמֶךָ
בְּנֵה עִירְךָ, יַסֵּד בֵּיתְךָ וְשַׁכְלֵל הֵיכָלֶךָ
וְקַבֵּץ קִבּוּץ גָּלֻיּוֹת, וּפְדֵה צֹאנְךָ וְשַׂמַּח עֲדָתֶךָ.

עֲשֵׂה לְמַעַן שְׁמֶךָ, עֲשֵׂה לְמַעַן יְמִינֶךָ
עֲשֵׂה לְמַעַן תּוֹרָתֶךָ, עֲשֵׂה לְמַעַן קְדֻשָּׁתֶךָ.
לְמַעַן יֵחָלְצוּן יְדִידֶיךָ, הוֹשִׁיעָה יְמִינְךָ וַעֲנֵנִי: תהלים ס
יִהְיוּ לְרָצוֹן אִמְרֵי פִי וְהֶגְיוֹן לִבִּי לְפָנֶיךָ, יהוה צוּרִי וְגוֹאֲלִי: תהלים יט

כורע ופוסע שלוש פסיעות לאחור. קד לשמאל, לימין ולפנים באמירת:

עֹשֶׂה שָׁלוֹם בִּמְרוֹמָיו
הוּא יַעֲשֶׂה שָׁלוֹם, עָלֵינוּ וְעַל כָּל יִשְׂרָאֵל, וְאִמְרוּ אָמֵן.

יְהִי רָצוֹן מִלְּפָנֶיךָ יהוה אֱלֹהֵינוּ וֵאלֹהֵי אֲבוֹתֵינוּ
שֶׁיִּבָּנֶה בֵּית הַמִּקְדָּשׁ בִּמְהֵרָה בְיָמֵינוּ
וְתֵן חֶלְקֵנוּ בְּתוֹרָתֶךָ
וְשָׁם נַעֲבָדְךָ בְּיִרְאָה כִּימֵי עוֹלָם וּכְשָׁנִים קַדְמֹנִיּוֹת.
וְעָרְבָה לַיהוה מִנְחַת יְהוּדָה וִירוּשָׁלָםִ כִּימֵי עוֹלָם וּכְשָׁנִים קַדְמֹנִיּוֹת: מלאכי ג

שליח הציבור חוזר על העמידה בקול רם.

בפסח ממשיכים באמירת הלל בעמ׳ 414. בסוכות ממשיכים בעמוד הבא.

בקהילות שבהן מניחים תפילין בחול המועד, נוהגים שהקהל חולץ תפילין כאן (אך לא שליח הציבור), פרט ליום השלישי של פסח (א׳ של חול המועד בחו״ל).

סדר נטילת לולב

בכל ימי הסוכות (פרט לשבת) נוטלים את הלולב.
נוהגים ליטול את ארבעת המינים קודם ההלל,
ולאחוז אותם עד הקדיש שאחרי ההלל.

יש אומרים תחינה זו (מספר ׳שערי ציון׳):

יְהִי רָצוֹן מִלְּפָנֶיךָ יהוה אֱלֹהַי וֵאלֹהֵי אֲבוֹתַי, בִּפְרִי עֵץ הָדָר וְכַפֹּת
תְּמָרִים וַעֲנַף עֵץ עָבוֹת וְעַרְבֵי נַחַל, אוֹתִיּוֹת שִׁמְךָ הַמְיֻחָד תְּקָרֵב אֶחָד
אֶל אֶחָד וְהָיוּ לַאֲחָדִים בְּיָדִי, וְלֵידַע אֵיךְ שִׁמְךָ נִקְרָא עָלַי, וְיִירְאוּ מִגֶּשֶׁת
אֵלָי. וּבְנַעֲנוּעִי אוֹתָם תַּשְׁפִּיעַ שֶׁפַע בְּרָכוֹת מִדַּעַת עֶלְיוֹן לִנְוֵה אַפִּרְיוֹן
לִמְכוֹן בֵּית אֱלֹהֵינוּ. וּתְהֵא חֲשׁוּבָה לְפָנֶיךָ מִצְוַת אַרְבָּעָה מִינִים אֵלּוּ
כְּאִלּוּ קִיַּמְתִּיהָ בְּכָל פְּרָטוֹתֶיהָ וְשָׁרָשֶׁיהָ וְתַרְיַ״ג מִצְוֹת הַתְּלוּיוֹת בָּהּ, כִּי
כַוָּנָתִי לְיַחֲדָא שְׁמָא דְקֻדְשָׁא בְּרִיךְ הוּא וּשְׁכִינְתֵּהּ בִּדְחִילוּ וּרְחִימוּ,
לְיַחֵד שֵׁם י״ה בו״ה בְּיִחוּדָא שְׁלִים בְּשֵׁם כָּל יִשְׂרָאֵל, אָמֵן. בָּרוּךְ יהוה תהלים פט
לְעוֹלָם, אָמֵן וְאָמֵן:

נוטל שלושה מינים ביד ימינו – הלולב באמצע, ההדסים מימינו והערבות משמאלו.
נוטל את האתרוג בשמאלו כשפיטמתו כלפי מטה, ומברך:

בָּרוּךְ אַתָּה יהוה אֱלֹהֵינוּ מֶלֶךְ הָעוֹלָם
אֲשֶׁר קִדְּשָׁנוּ בְּמִצְוֹתָיו וְצִוָּנוּ עַל נְטִילַת לוּלָב.

בפעם הראשונה שנוטל לולב, מברך:

בָּרוּךְ אַתָּה יהוה אֱלֹהֵינוּ מֶלֶךְ הָעוֹלָם
שֶׁהֶחֱיָנוּ וְקִיְּמָנוּ וְהִגִּיעָנוּ לַזְּמַן הַזֶּה.

הופך את האתרוג כך שפיטמתו למעלה, ומנענע את ארבעת המינים לארבע רוחות השמים
(סוכה לז ע״ב). מנענע שלוש פעמים לכל כיוון (ר״ח שם): דרום (ברוב בתי הכנסת לצד ימין),
צפון, מזרח, מעלה, מטה ומסיים במערב (שער הכוונות). ויש המתחילים מן המזרח,
ומקיפים דרך ימין, ואחר כך מנענעים מעלה ומטה (שו״ע תרנא, י).

סדר הלל

"שמונה עשר יום בשנה יחיד גומר בהם את ההלל..." (תענית כח ע"ב).

בחול המועד סוכות גומרים את ההלל, ובחול המועד פסח אומרים הלל בדילוג.
אין להפסיק בדיבור באמצע הלל פרט לדברים שבקדושה.

**בָּרוּךְ אַתָּה יהוה אֱלֹהֵינוּ מֶלֶךְ הָעוֹלָם
אֲשֶׁר קִדְּשָׁנוּ בְּמִצְוֹתָיו וְצִוָּנוּ לִקְרֹא אֶת הַהַלֵּל.**

תהלים קיג
הַלְלוּיָהּ, הַלְלוּ עַבְדֵי יהוה, הַלְלוּ אֶת־שֵׁם יהוה: יְהִי שֵׁם יהוה מְבֹרָךְ, מֵעַתָּה וְעַד־עוֹלָם: מִמִּזְרַח־שֶׁמֶשׁ עַד־מְבוֹאוֹ, מְהֻלָּל שֵׁם יהוה: רָם עַל־כָּל־גּוֹיִם יהוה, עַל הַשָּׁמַיִם כְּבוֹדוֹ: מִי כַּיהוה אֱלֹהֵינוּ, הַמַּגְבִּיהִי לָשָׁבֶת: הַמַּשְׁפִּילִי לִרְאוֹת, בַּשָּׁמַיִם וּבָאָרֶץ: ◂ מְקִימִי מֵעָפָר דָּל, מֵאַשְׁפֹּת יָרִים אֶבְיוֹן: לְהוֹשִׁיבִי עִם־נְדִיבִים, עִם נְדִיבֵי עַמּוֹ: מוֹשִׁיבִי עֲקֶרֶת הַבַּיִת, אֵם־הַבָּנִים שְׂמֵחָה, הַלְלוּיָהּ:

תהלים קיד
בְּצֵאת יִשְׂרָאֵל מִמִּצְרָיִם, בֵּית יַעֲקֹב מֵעַם לֹעֵז: הָיְתָה יְהוּדָה לְקָדְשׁוֹ, יִשְׂרָאֵל מַמְשְׁלוֹתָיו: הַיָּם רָאָה וַיָּנֹס, הַיַּרְדֵּן יִסֹּב לְאָחוֹר: הֶהָרִים רָקְדוּ כְאֵילִים, גְּבָעוֹת כִּבְנֵי־צֹאן: ◂ מַה־לְּךָ הַיָּם כִּי תָנוּס, הַיַּרְדֵּן תִּסֹּב לְאָחוֹר: הֶהָרִים תִּרְקְדוּ כְאֵילִים, גְּבָעוֹת כִּבְנֵי־צֹאן: מִלִּפְנֵי אָדוֹן חוּלִי אָרֶץ, מִלִּפְנֵי אֱלוֹהַ יַעֲקֹב: הַהֹפְכִי הַצּוּר אֲגַם־מָיִם, חַלָּמִישׁ לְמַעְיְנוֹ־מָיִם:

בחול המועד פסח ממשיכים 'ה' זְכָרָנוּ יְבָרֵךְ' בעמוד הבא.

תהלים קטו
לֹא לָנוּ יהוה לֹא לָנוּ, כִּי־לְשִׁמְךָ תֵּן כָּבוֹד, עַל־חַסְדְּךָ עַל־אֲמִתֶּךָ: לָמָּה יֹאמְרוּ הַגּוֹיִם אַיֵּה־נָא אֱלֹהֵיהֶם: וֵאלֹהֵינוּ בַשָּׁמָיִם, כֹּל אֲשֶׁר־חָפֵץ עָשָׂה: עֲצַבֵּיהֶם כֶּסֶף וְזָהָב, מַעֲשֵׂה יְדֵי אָדָם: פֶּה־לָהֶם וְלֹא יְדַבֵּרוּ, עֵינַיִם לָהֶם וְלֹא יִרְאוּ: אָזְנַיִם לָהֶם וְלֹא יִשְׁמָעוּ, אַף לָהֶם וְלֹא יְרִיחוּן: יְדֵיהֶם וְלֹא יְמִישׁוּן, רַגְלֵיהֶם וְלֹא יְהַלֵּכוּ, לֹא־יֶהְגּוּ בִּגְרוֹנָם:

כְּמוֹהֶם יִהְיוּ עֹשֵׂיהֶם, כֹּל אֲשֶׁר־בֹּטֵחַ בָּהֶם: › יִשְׂרָאֵל בְּטַח בַּיהוה, עֶזְרָם וּמָגִנָּם הוּא: בֵּית אַהֲרֹן בִּטְחוּ בַיהוה, עֶזְרָם וּמָגִנָּם הוּא: יִרְאֵי יהוה בִּטְחוּ בַיהוה, עֶזְרָם וּמָגִנָּם הוּא:

יהוה זְכָרָנוּ יְבָרֵךְ, יְבָרֵךְ אֶת־בֵּית יִשְׂרָאֵל, יְבָרֵךְ אֶת־בֵּית אַהֲרֹן: יְבָרֵךְ יִרְאֵי יהוה, הַקְּטַנִּים עִם־הַגְּדֹלִים: יֹסֵף יהוה עֲלֵיכֶם, עֲלֵיכֶם וְעַל־בְּנֵיכֶם: בְּרוּכִים אַתֶּם לַיהוה, עֹשֵׂה שָׁמַיִם וָאָרֶץ: › הַשָּׁמַיִם שָׁמַיִם לַיהוה, וְהָאָרֶץ נָתַן לִבְנֵי־אָדָם: לֹא הַמֵּתִים יְהַלְלוּ־יָהּ, וְלֹא כָּל־יֹרְדֵי דוּמָה: וַאֲנַחְנוּ נְבָרֵךְ יָהּ, מֵעַתָּה וְעַד־עוֹלָם, הַלְלוּיָהּ:

בחול המועד פסח ממשיכים ׳מָה־אָשִׁיב לַה׳׳.

אָהַבְתִּי, כִּי־יִשְׁמַע יהוה, אֶת־קוֹלִי תַּחֲנוּנָי: כִּי־הִטָּה אָזְנוֹ לִי, וּבְיָמַי אֶקְרָא: אֲפָפוּנִי חֶבְלֵי־מָוֶת, וּמְצָרֵי שְׁאוֹל מְצָאוּנִי, צָרָה וְיָגוֹן אֶמְצָא: וּבְשֵׁם־יהוה אֶקְרָא, אָנָּה יהוה מַלְּטָה נַפְשִׁי: חַנּוּן יהוה וְצַדִּיק, וֵאלֹהֵינוּ מְרַחֵם: שֹׁמֵר פְּתָאיִם יהוה, דַּלּוֹתִי וְלִי יְהוֹשִׁיעַ: שׁוּבִי נַפְשִׁי לִמְנוּחָיְכִי, כִּי־יהוה גָּמַל עָלָיְכִי: כִּי חִלַּצְתָּ נַפְשִׁי מִמָּוֶת, אֶת־עֵינִי מִן־דִּמְעָה, אֶת־רַגְלִי מִדֶּחִי: › אֶתְהַלֵּךְ לִפְנֵי יהוה, בְּאַרְצוֹת הַחַיִּים: הֶאֱמַנְתִּי כִּי אֲדַבֵּר, אֲנִי עָנִיתִי מְאֹד: אֲנִי אָמַרְתִּי בְחָפְזִי, כָּל־הָאָדָם כֹּזֵב: תהלים קטז

מָה־אָשִׁיב לַיהוה, כָּל־תַּגְמוּלוֹהִי עָלָי: כּוֹס־יְשׁוּעוֹת אֶשָּׂא, וּבְשֵׁם יהוה אֶקְרָא: נְדָרַי לַיהוה אֲשַׁלֵּם, נֶגְדָה־נָּא לְכָל־עַמּוֹ: יָקָר בְּעֵינֵי יהוה, הַמָּוְתָה לַחֲסִידָיו: אָנָּה יהוה כִּי־אֲנִי עַבְדֶּךָ, אֲנִי־עַבְדְּךָ בֶּן־אֲמָתֶךָ, פִּתַּחְתָּ לְמוֹסֵרָי: › לְךָ־אֶזְבַּח זֶבַח תּוֹדָה, וּבְשֵׁם יהוה אֶקְרָא: נְדָרַי לַיהוה אֲשַׁלֵּם, נֶגְדָה־נָּא לְכָל־עַמּוֹ: בְּחַצְרוֹת בֵּית יהוה, בְּתוֹכֵכִי יְרוּשָׁלָםִ, הַלְלוּיָהּ:

הַלְלוּ אֶת־יהוה כָּל־גּוֹיִם, שַׁבְּחוּהוּ כָּל־הָאֻמִּים: תהלים קיז
כִּי גָבַר עָלֵינוּ חַסְדּוֹ, וֶאֱמֶת־יהוה לְעוֹלָם, הַלְלוּיָהּ:

שליח הציבור אומר את ארבעת הפסוקים הבאים בקול, והקהל עונה אחריו ׳הוֹדוּ לַה׳ כִּי־טוֹב כִּי לְעוֹלָם חַסְדּוֹ׳ (טור, תכב).

בסוכות נוהגים לנענע כאן את ארבעת המינים, כסדר שנענעו בשעת הברכה (עמ׳ 413) – שליח הציבור בשני הפסוקים הראשונים, והקהל בכל פעם שאומר ׳הודו׳ (תוספות, סוכה לז ע״ב).

הוֹדוּ לַיהוה כִּי־טוֹב כִּי לְעוֹלָם חַסְדּוֹ: תהלים קיח

יֹאמַר־נָא יִשְׂרָאֵל כִּי לְעוֹלָם חַסְדּוֹ:

יֹאמְרוּ־נָא בֵית־אַהֲרֹן כִּי לְעוֹלָם חַסְדּוֹ:

יֹאמְרוּ־נָא יִרְאֵי יהוה כִּי לְעוֹלָם חַסְדּוֹ:

מִן־הַמֵּצַר קָרָאתִי יָּהּ, עָנָנִי בַמֶּרְחָב יָהּ: יהוה לִי לֹא אִירָא, מַה־יַּעֲשֶׂה לִי אָדָם: יהוה לִי בְּעֹזְרָי, וַאֲנִי אֶרְאֶה בְשֹׂנְאָי: טוֹב לַחֲסוֹת בַּיהוה, מִבְּטֹחַ בָּאָדָם: טוֹב לַחֲסוֹת בַּיהוה, מִבְּטֹחַ בִּנְדִיבִים: כָּל־גּוֹיִם סְבָבוּנִי, בְּשֵׁם יהוה כִּי אֲמִילַם: סַבּוּנִי גַם־סְבָבוּנִי, בְּשֵׁם יהוה כִּי אֲמִילַם: סַבּוּנִי כִדְבֹרִים, דֹּעֲכוּ כְּאֵשׁ קוֹצִים, בְּשֵׁם יהוה כִּי אֲמִילַם: דָּחֹה דְחִיתַנִי לִנְפֹּל, וַיהוה עֲזָרָנִי: עָזִּי וְזִמְרָת יָהּ, וַיְהִי־לִי לִישׁוּעָה: קוֹל רִנָּה וִישׁוּעָה בְּאָהֳלֵי צַדִּיקִים, יְמִין יהוה עֹשָׂה חָיִל: יְמִין יהוה רוֹמֵמָה, יְמִין יהוה עֹשָׂה חָיִל: לֹא־אָמוּת כִּי־אֶחְיֶה, וַאֲסַפֵּר מַעֲשֵׂי יָהּ: יַסֹּר יִסְּרַנִּי יָּהּ, וְלַמָּוֶת לֹא נְתָנָנִי: • פִּתְחוּ־לִי שַׁעֲרֵי־צֶדֶק, אָבֹא־בָם אוֹדֶה יָהּ: זֶה־הַשַּׁעַר לַיהוה, צַדִּיקִים יָבֹאוּ בוֹ:

בפסחים קיט ע״א מובא שהפסוקים מ׳אוֹדְךָ׳ ועד סוף הפרק נאמרו כנבואה על מלכות דוד, ומשום כך נוהגים לכפול אותם (אבודרהם בשם רי״ץ גיאת).

אוֹדְךָ כִּי עֲנִיתָנִי, וַתְּהִי־לִי לִישׁוּעָה:

אוֹדְךָ כִּי עֲנִיתָנִי, וַתְּהִי־לִי לִישׁוּעָה:

אֶבֶן מָאֲסוּ הַבּוֹנִים, הָיְתָה לְרֹאשׁ פִּנָּה:

אֶבֶן מָאֲסוּ הַבּוֹנִים, הָיְתָה לְרֹאשׁ פִּנָּה:

מֵאֵת יהוה הָיְתָה זֹּאת, הִיא נִפְלָאת בְּעֵינֵינוּ:

מֵאֵת יהוה הָיְתָה זֹּאת, הִיא נִפְלָאת בְּעֵינֵינוּ:

זֶה־הַיּוֹם עָשָׂה יהוה, נָגִילָה וְנִשְׂמְחָה בוֹ:

זֶה־הַיּוֹם עָשָׂה יהוה, נָגִילָה וְנִשְׂמְחָה בוֹ:

הפסוק ׳אָנָּא ה׳ הוֹשִׁיעָה נָּא, אָנָּא ה׳ הַצְלִיחָה נָא׳ מחולק לשניים כמו בגמרא בפסחים (אבודרהם). ונוהגים ששליח הציבור אומרו ואחריו הקהל.
בסוכות מנענעים בלולב כסדר שנענעו בשעת הברכה,
רק בתיבות ׳אָנָּא ה׳ הוֹשִׁיעָה נָּא׳ (משנה, סוכה לז ע״ב).

אָנָּא יהוה הוֹשִׁיעָה נָּא:

אָנָּא יהוה הוֹשִׁיעָה נָּא:

אָנָּא יהוה הַצְלִיחָה נָא:

אָנָּא יהוה הַצְלִיחָה נָא:

בסוכות נוהגים לנענע בלולב כסדר שנענעו בשעת הברכה,
בתיבות ׳הוֹדוּ לַה׳ כִּי־טוֹב, כִּי לְעוֹלָם חַסְדּוֹ׳.

בָּרוּךְ הַבָּא בְּשֵׁם יהוה, בֵּרַכְנוּכֶם מִבֵּית יהוה:
בָּרוּךְ הַבָּא בְּשֵׁם יהוה, בֵּרַכְנוּכֶם מִבֵּית יהוה:

אֵל יהוה וַיָּאֶר לָנוּ, אִסְרוּ־חַג בַּעֲבֹתִים עַד־קַרְנוֹת הַמִּזְבֵּחַ:
אֵל יהוה וַיָּאֶר לָנוּ, אִסְרוּ־חַג בַּעֲבֹתִים עַד־קַרְנוֹת הַמִּזְבֵּחַ:

אֵלִי אַתָּה וְאוֹדֶךָּ, אֱלֹהַי אֲרוֹמְמֶךָּ:
אֵלִי אַתָּה וְאוֹדֶךָּ, אֱלֹהַי אֲרוֹמְמֶךָּ:

הוֹדוּ לַיהוה כִּי־טוֹב, כִּי לְעוֹלָם חַסְדּוֹ:
הוֹדוּ לַיהוה כִּי־טוֹב, כִּי לְעוֹלָם חַסְדּוֹ:

יְהַלְלוּךָ יהוה אֱלֹהֵינוּ כָּל מַעֲשֶׂיךָ, וַחֲסִידֶיךָ צַדִּיקִים עוֹשֵׂי רְצוֹנֶךָ, וְכָל עַמְּךָ בֵּית יִשְׂרָאֵל בְּרִנָּה יוֹדוּ וִיבָרְכוּ וִישַׁבְּחוּ וִיפָאֲרוּ וִירוֹמְמוּ וְיַעֲרִיצוּ וְיַקְדִּישׁוּ וְיַמְלִיכוּ אֶת שִׁמְךָ מַלְכֵּנוּ, ◂ כִּי לְךָ טוֹב לְהוֹדוֹת וּלְשִׁמְךָ נָאֶה לְזַמֵּר, כִּי מֵעוֹלָם וְעַד עוֹלָם אַתָּה אֵל. בָּרוּךְ אַתָּה יהוה, מֶלֶךְ מְהֻלָּל בַּתִּשְׁבָּחוֹת.

בסוכות אומרים כאן הושענות בעמ׳ 235, ובהושענא רבה בעמ׳ 244,
ובבתי כנסת המתפללים בנוסח אשכנז, יש האומרים הושענות אחרי תפילת מוסף.
בקהילות שבהן מניחים תפילין בחול המועד, נוהגים ששליח הציבור חולץ
את תפיליו כאן, פרט ליום השלישי של פסח (א׳ של חול המועד בחו״ל).

בשאר הימים ממשיכים קדיש שלם בעמוד הבא.

קדיש שלם

ש״ץ: יִתְגַּדַּל וְיִתְקַדַּשׁ שְׁמֵהּ רַבָּא (קהל: אָמֵן)
בְּעָלְמָא דִּי בְרָא כִרְעוּתֵהּ
וְיַמְלִיךְ מַלְכוּתֵהּ וְיַצְמַח פֻּרְקָנֵהּ וִיקָרֵב מְשִׁיחֵהּ (קהל: אָמֵן)
בְּחַיֵּיכוֹן וּבְיוֹמֵיכוֹן וּבְחַיֵּי דְכָל בֵּית יִשְׂרָאֵל
בַּעֲגָלָא וּבִזְמַן קָרִיב
וְאִמְרוּ אָמֵן. (קהל: אָמֵן)

קהל וש״ץ: יְהֵא שְׁמֵהּ רַבָּא מְבָרַךְ לְעָלַם וּלְעָלְמֵי עָלְמַיָּא.

יִתְבָּרַךְ וְיִשְׁתַּבַּח וְיִתְפָּאַר וְיִתְרוֹמַם וְיִתְנַשֵּׂא
וְיִתְהַדַּר וְיִתְעַלֶּה וְיִתְהַלָּל שְׁמֵהּ דְּקֻדְשָׁא בְּרִיךְ הוּא (קהל: אָמֵן)
לְעֵלָּא מִן כָּל בִּרְכָתָא וְשִׁירָתָא, תֻּשְׁבְּחָתָא וְנֶחֱמָתָא
דַּאֲמִירָן בְּעָלְמָא
וְאִמְרוּ אָמֵן. (קהל: אָמֵן)

תִּתְקַבַּל צְלוֹתְהוֹן וּבָעוּתְהוֹן דְּכָל בֵּית יִשְׂרָאֵל
קֳדָם אֲבוּהוֹן דִּי בִשְׁמַיָּא
וְאִמְרוּ אָמֵן. (קהל: אָמֵן)

יְהֵא שְׁלָמָא רַבָּא מִן שְׁמַיָּא
וְחַיִּים טוֹבִים עָלֵינוּ וְעַל כָּל יִשְׂרָאֵל
וְאִמְרוּ אָמֵן. (קהל: אָמֵן)

כורע ופוסע שלוש פסיעות לאחור. קד לשמאל, לימין ולפנים באמירת:

עֹשֶׂה שָׁלוֹם בִּמְרוֹמָיו
הוּא יַעֲשֶׂה שָׁלוֹם עָלֵינוּ וְעַל כָּל יִשְׂרָאֵל
וְאִמְרוּ אָמֵן. (קהל: אָמֵן)

בבתי כנסת המתפללים בנוסח אשכנז, ממשיכים בהוצאת ספר תורה בעמ׳ 424.

שיר של יום

יש האומרים שיר של יום לפי סדר ימות השבוע,
ויש האומרים מזמור מיוחד לכל יום (עמ׳ 492–505).

ליום א׳ הַיּוֹם יוֹם רִאשׁוֹן בְּשַׁבָּת, שֶׁבּוֹ הָיוּ הַלְוִיִּם אוֹמְרִים בְּבֵית הַמִּקְדָּשׁ:

תהלים כד

לְדָוִד מִזְמוֹר, לַיהוה הָאָרֶץ וּמְלוֹאָהּ, תֵּבֵל וְיֹשְׁבֵי בָהּ: כִּי־הוּא עַל־יַמִּים יְסָדָהּ, וְעַל־נְהָרוֹת יְכוֹנְנֶהָ: מִי־יַעֲלֶה בְהַר־יהוה, וּמִי־יָקוּם בִּמְקוֹם קָדְשׁוֹ: נְקִי כַפַּיִם וּבַר־לֵבָב, אֲשֶׁר לֹא־נָשָׂא לַשָּׁוְא נַפְשִׁי, וְלֹא נִשְׁבַּע לְמִרְמָה: יִשָּׂא בְרָכָה מֵאֵת יהוה, וּצְדָקָה מֵאֱלֹהֵי יִשְׁעוֹ: זֶה דּוֹר דֹּרְשָׁו, מְבַקְשֵׁי פָנֶיךָ יַעֲקֹב סֶלָה: שְׂאוּ שְׁעָרִים רָאשֵׁיכֶם, וְהִנָּשְׂאוּ פִּתְחֵי עוֹלָם, וְיָבוֹא מֶלֶךְ הַכָּבוֹד: מִי זֶה מֶלֶךְ הַכָּבוֹד, יהוה עִזּוּז וְגִבּוֹר, יהוה גִּבּוֹר מִלְחָמָה: שְׂאוּ שְׁעָרִים רָאשֵׁיכֶם, וּשְׂאוּ פִּתְחֵי עוֹלָם, וְיָבֹא מֶלֶךְ הַכָּבוֹד: ◂ מִי הוּא זֶה מֶלֶךְ הַכָּבוֹד, יהוה צְבָאוֹת הוּא מֶלֶךְ הַכָּבוֹד סֶלָה:

קדיש יתום (בעמ׳ 422)

ליום ב׳ הַיּוֹם יוֹם שֵׁנִי בְּשַׁבָּת, שֶׁבּוֹ הָיוּ הַלְוִיִּם אוֹמְרִים בְּבֵית הַמִּקְדָּשׁ:

תהלים מח

שִׁיר מִזְמוֹר לִבְנֵי־קֹרַח: גָּדוֹל יהוה וּמְהֻלָּל מְאֹד, בְּעִיר אֱלֹהֵינוּ, הַר־קָדְשׁוֹ: יְפֵה נוֹף מְשׂוֹשׂ כָּל־הָאָרֶץ, הַר־צִיּוֹן יַרְכְּתֵי צָפוֹן, קִרְיַת מֶלֶךְ רָב: אֱלֹהִים בְּאַרְמְנוֹתֶיהָ נוֹדַע לְמִשְׂגָּב: כִּי־הִנֵּה הַמְּלָכִים נוֹעֲדוּ, עָבְרוּ יַחְדָּו: הֵמָּה רָאוּ כֵּן תָּמָהוּ, נִבְהֲלוּ נֶחְפָּזוּ: רְעָדָה אֲחָזָתַם שָׁם, חִיל כַּיּוֹלֵדָה: בְּרוּחַ קָדִים תְּשַׁבֵּר אֳנִיּוֹת תַּרְשִׁישׁ: כַּאֲשֶׁר שָׁמַעְנוּ כֵּן רָאִינוּ, בְּעִיר־יהוה צְבָאוֹת, בְּעִיר אֱלֹהֵינוּ, אֱלֹהִים יְכוֹנְנֶהָ עַד־עוֹלָם סֶלָה: דִּמִּינוּ אֱלֹהִים חַסְדֶּךָ, בְּקֶרֶב הֵיכָלֶךָ: כְּשִׁמְךָ אֱלֹהִים כֵּן תְּהִלָּתְךָ עַל־קַצְוֵי־אֶרֶץ, צֶדֶק מָלְאָה יְמִינֶךָ: יִשְׂמַח הַר־צִיּוֹן, תָּגֵלְנָה בְּנוֹת יְהוּדָה, לְמַעַן מִשְׁפָּטֶיךָ: סֹבּוּ צִיּוֹן וְהַקִּיפוּהָ, סִפְרוּ מִגְדָּלֶיהָ: שִׁיתוּ לִבְּכֶם לְחֵילָה, פַּסְּגוּ

אַרְמְנוֹתֶיהָ, לְמַעַן תְּסַפְּרוּ לְדוֹר אַחֲרוֹן: · כִּי זֶה אֱלֹהִים אֱלֹהֵינוּ
עוֹלָם וָעֶד, הוּא יְנַהֲגֵנוּ עַל־מוּת: קדיש יתום (בעמ׳ 422)

ליום ג׳ הַיּוֹם יוֹם שְׁלִישִׁי בְּשַׁבָּת, שֶׁבּוֹ הָיוּ הַלְוִיִּם אוֹמְרִים בְּבֵית הַמִּקְדָּשׁ:

מִזְמוֹר לְאָסָף, אֱלֹהִים נִצָּב בַּעֲדַת־אֵל, בְּקֶרֶב אֱלֹהִים יִשְׁפֹּט: עַד־ תהלים פב
מָתַי תִּשְׁפְּטוּ־עָוֶל, וּפְנֵי רְשָׁעִים תִּשְׂאוּ־סֶלָה: שִׁפְטוּ־דָל וְיָתוֹם,
עָנִי וָרָשׁ הַצְדִּיקוּ: פַּלְּטוּ־דַל וְאֶבְיוֹן, מִיַּד רְשָׁעִים הַצִּילוּ: לֹא יָדְעוּ
וְלֹא יָבִינוּ, בַּחֲשֵׁכָה יִתְהַלָּכוּ, יִמּוֹטוּ כָּל־מוֹסְדֵי אָרֶץ: אֲנִי־אָמַרְתִּי
אֱלֹהִים אַתֶּם, וּבְנֵי עֶלְיוֹן כֻּלְּכֶם: אָכֵן כְּאָדָם תְּמוּתוּן, וּכְאַחַד
הַשָּׂרִים תִּפֹּלוּ: · קוּמָה אֱלֹהִים שָׁפְטָה הָאָרֶץ, כִּי־אַתָּה תִנְחַל
בְּכָל־הַגּוֹיִם: קדיש יתום (בעמ׳ 422)

ליום ד׳ הַיּוֹם יוֹם רְבִיעִי בְּשַׁבָּת, שֶׁבּוֹ הָיוּ הַלְוִיִּם אוֹמְרִים בְּבֵית הַמִּקְדָּשׁ:

אֵל־נְקָמוֹת יהוה, אֵל נְקָמוֹת הוֹפִיעַ: הִנָּשֵׂא שֹׁפֵט הָאָרֶץ, הָשֵׁב תהלים צד
גְּמוּל עַל־גֵּאִים: עַד־מָתַי רְשָׁעִים, יהוה, עַד־מָתַי רְשָׁעִים יַעֲלֹזוּ:
יַבִּיעוּ יְדַבְּרוּ עָתָק, יִתְאַמְּרוּ כָּל־פֹּעֲלֵי אָוֶן: עַמְּךָ יהוה יְדַכְּאוּ,
וְנַחֲלָתְךָ יְעַנּוּ: אַלְמָנָה וְגֵר יַהֲרֹגוּ, וִיתוֹמִים יְרַצֵּחוּ: וַיֹּאמְרוּ לֹא
יִרְאֶה־יָּהּ, וְלֹא־יָבִין אֱלֹהֵי יַעֲקֹב: בִּינוּ בֹּעֲרִים בָּעָם, וּכְסִילִים
מָתַי תַּשְׂכִּילוּ: הֲנֹטַע אֹזֶן הֲלֹא יִשְׁמָע, אִם־יֹצֵר עַיִן הֲלֹא יַבִּיט:
הֲיֹסֵר גּוֹיִם הֲלֹא יוֹכִיחַ, הַמְלַמֵּד אָדָם דָּעַת: יהוה יֹדֵעַ מַחְשְׁבוֹת
אָדָם, כִּי־הֵמָּה הָבֶל: אַשְׁרֵי הַגֶּבֶר אֲשֶׁר־תְּיַסְּרֶנּוּ יָּהּ, וּמִתּוֹרָתְךָ
תְלַמְּדֶנּוּ: לְהַשְׁקִיט לוֹ מִימֵי רָע, עַד יִכָּרֶה לָרָשָׁע שָׁחַת: כִּי לֹא־
יִטֹּשׁ יהוה עַמּוֹ, וְנַחֲלָתוֹ לֹא יַעֲזֹב: כִּי־עַד־צֶדֶק יָשׁוּב מִשְׁפָּט,
וְאַחֲרָיו כָּל־יִשְׁרֵי־לֵב: מִי־יָקוּם לִי עִם־מְרֵעִים, מִי־יִתְיַצֵּב לִי

עִם־פֹּעֲלֵי אָוֶן: לוּלֵי יהוה עֶזְרָתָה לִּי, כִּמְעַט שָׁכְנָה דוּמָה נַפְשִׁי:
אִם־אָמַרְתִּי מָטָה רַגְלִי, חַסְדְּךָ יהוה יִסְעָדֵנִי: בְּרֹב שַׂרְעַפַּי בְּקִרְבִּי,
תַּנְחוּמֶיךָ יְשַׁעַשְׁעוּ נַפְשִׁי: הַיְחָבְרְךָ כִּסֵּא הַוּוֹת, יֹצֵר עָמָל עֲלֵי־
חֹק: יָגוֹדּוּ עַל־נֶפֶשׁ צַדִּיק, וְדָם נָקִי יַרְשִׁיעוּ: וַיְהִי יהוה לִי לְמִשְׂגָּב,
וֵאלֹהַי לְצוּר מַחְסִי: וַיָּשֶׁב עֲלֵיהֶם אֶת־אוֹנָם, וּבְרָעָתָם יַצְמִיתֵם,
יַצְמִיתֵם יהוה אֱלֹהֵינוּ:

‹ לְכוּ נְרַנְּנָה לַיהוה, נָרִיעָה לְצוּר יִשְׁעֵנוּ: נְקַדְּמָה פָנָיו בְּתוֹדָה, תהלים צה
בִּזְמִרוֹת נָרִיעַ לוֹ: כִּי אֵל גָּדוֹל יהוה, וּמֶלֶךְ גָּדוֹל עַל־כָּל־אֱלֹהִים:

קדיש יתום (בעמוד הבא)

ליום ה׳ הַיּוֹם יוֹם חֲמִישִׁי בְּשַׁבָּת, שֶׁבּוֹ הָיוּ הַלְוִיִּם אוֹמְרִים בְּבֵית הַמִּקְדָּשׁ:

לַמְנַצֵּחַ עַל־הַגִּתִּית לְאָסָף: הַרְנִינוּ לֵאלֹהִים עוּזֵּנוּ, הָרִיעוּ לֵאלֹהֵי תהלים פא
יַעֲקֹב: שְׂאוּ־זִמְרָה וּתְנוּ־תֹף, כִּנּוֹר נָעִים עִם־נָבֶל: תִּקְעוּ בַחֹדֶשׁ
שׁוֹפָר, בַּכֶּסֶה לְיוֹם חַגֵּנוּ: כִּי חֹק לְיִשְׂרָאֵל הוּא, מִשְׁפָּט לֵאלֹהֵי
יַעֲקֹב: עֵדוּת בִּיהוֹסֵף שָׂמוֹ, בְּצֵאתוֹ עַל־אֶרֶץ מִצְרָיִם, שְׂפַת לֹא־
יָדַעְתִּי אֶשְׁמָע: הֲסִירוֹתִי מִסֵּבֶל שִׁכְמוֹ, כַּפָּיו מִדּוּד תַּעֲבֹרְנָה:
בַּצָּרָה קָרָאתָ וָאֲחַלְּצֶךָּ, אֶעֶנְךָ בְּסֵתֶר רַעַם, אֶבְחָנְךָ עַל־מֵי מְרִיבָה
סֶלָה: שְׁמַע עַמִּי וְאָעִידָה בָּךְ, יִשְׂרָאֵל אִם־תִּשְׁמַע־לִי: לֹא־יִהְיֶה בְךָ
אֵל זָר, וְלֹא תִשְׁתַּחֲוֶה לְאֵל נֵכָר: אָנֹכִי יהוה אֱלֹהֶיךָ, הַמַּעַלְךָ מֵאֶרֶץ
מִצְרָיִם, הַרְחֶב־פִּיךָ וַאֲמַלְאֵהוּ: וְלֹא־שָׁמַע עַמִּי לְקוֹלִי, וְיִשְׂרָאֵל
לֹא־אָבָה לִי: וָאֲשַׁלְּחֵהוּ בִּשְׁרִירוּת לִבָּם, יֵלְכוּ בְּמוֹעֲצוֹתֵיהֶם: לוּ
עַמִּי שֹׁמֵעַ לִי, יִשְׂרָאֵל בִּדְרָכַי יְהַלֵּכוּ: כִּמְעַט אוֹיְבֵיהֶם אַכְנִיעַ,
וְעַל־צָרֵיהֶם אָשִׁיב יָדִי: מְשַׂנְאֵי יהוה יְכַחֲשׁוּ־לוֹ, וִיהִי עִתָּם לְעוֹלָם:
‹ וַיַּאֲכִילֵהוּ מֵחֵלֶב חִטָּה, וּמִצּוּר, דְּבַשׁ אַשְׂבִּיעֶךָ:

קדיש יתום (בעמוד הבא)

ליום ו׳ הַיּוֹם יוֹם שִׁשִּׁי בְּשַׁבָּת, שֶׁבּוֹ הָיוּ הַלְוִיִּם אוֹמְרִים בְּבֵית הַמִּקְדָּשׁ:

תהלים צג **יהוה מָלָךְ, גֵּאוּת לָבֵשׁ, לָבֵשׁ יהוה עֹז הִתְאַזָּר, אַף־תִּכּוֹן תֵּבֵל בַּל־תִּמּוֹט: נָכוֹן כִּסְאֲךָ מֵאָז, מֵעוֹלָם אָתָּה: נָשְׂאוּ נְהָרוֹת יהוה, נָשְׂאוּ נְהָרוֹת קוֹלָם, יִשְׂאוּ נְהָרוֹת דָּכְיָם: מִקֹּלוֹת מַיִם רַבִּים, אַדִּירִים מִשְׁבְּרֵי־יָם, אַדִּיר בַּמָּרוֹם יהוה: ‹ עֵדֹתֶיךָ נֶאֶמְנוּ מְאֹד, לְבֵיתְךָ נַאֲוָה־קֹדֶשׁ, יהוה לְאֹרֶךְ יָמִים:**

קדיש יתום

אבל: **יִתְגַּדַּל וְיִתְקַדַּשׁ שְׁמֵהּ רַבָּא** (קהל: **אָמֵן**)
בְּעָלְמָא דִּי בְרָא כִרְעוּתֵהּ
וְיַמְלִיךְ מַלְכוּתֵהּ
וְיַצְמַח פֻּרְקָנֵהּ וִיקָרֵב מְשִׁיחֵהּ (קהל: **אָמֵן**)
בְּחַיֵּיכוֹן וּבְיוֹמֵיכוֹן וּבְחַיֵּי דְכָל בֵּית יִשְׂרָאֵל
בַּעֲגָלָא וּבִזְמַן קָרִיב
וְאִמְרוּ אָמֵן. (קהל: **אָמֵן**)

קהל ואבל: **יְהֵא שְׁמֵהּ רַבָּא מְבָרַךְ לְעָלַם וּלְעָלְמֵי עָלְמַיָּא.**

אבל: **יִתְבָּרַךְ וְיִשְׁתַּבַּח וְיִתְפָּאַר וְיִתְרוֹמַם וְיִתְנַשֵּׂא**
וְיִתְהַדָּר וְיִתְעַלֶּה וְיִתְהַלָּל
שְׁמֵהּ דְּקֻדְשָׁא בְּרִיךְ הוּא (קהל: **אָמֵן**)
לְעֵלָּא מִן כָּל בִּרְכָתָא וְשִׁירָתָא
תֻּשְׁבְּחָתָא וְנֶחֱמָתָא
דַּאֲמִירָן בְּעָלְמָא
וְאִמְרוּ אָמֵן. (קהל: **אָמֵן**)

יְהֵא שְׁלָמָא רַבָּא מִן שְׁמַיָּא
וְחַיִּים טוֹבִים עָלֵינוּ וְעַל כָּל יִשְׂרָאֵל
וְאִמְרוּ אָמֵן. (קהל: **אָמֵן**)

כורע ופוסע שלוש פסיעות לאחור. קד לשמאל, לימין ולפנים באמירת:

עֹשֶׂה שָׁלוֹם בִּמְרוֹמָיו
הוּא יַעֲשֶׂה שָׁלוֹם עָלֵינוּ וְעַל כָּל יִשְׂרָאֵל
וְאִמְרוּ אָמֵן. (קהל: **אָמֵן**)

נוהגים להוסיף את המזמור ׳לְדָוִד, ה׳ אוֹרִי וְיִשְׁעִי׳ מראש חודש אלול ועד הושענא רבה.
יש האומרים ׳לְדָוִד, ה׳ אוֹרִי וְיִשְׁעִי׳ בערבית ולא במנחה, כנוסח אשכנז.

לְדָוִד, יהוה אוֹרִי וְיִשְׁעִי, מִמִּי אִירָא, יהוה מָעוֹז־חַיַּי, מִמִּי אֶפְחָד: תהלים כז
בִּקְרֹב עָלַי מְרֵעִים לֶאֱכֹל אֶת־בְּשָׂרִי, צָרַי וְאֹיְבַי לִי, הֵמָּה כָשְׁלוּ
וְנָפָלוּ: אִם־תַּחֲנֶה עָלַי מַחֲנֶה, לֹא־יִירָא לִבִּי, אִם־תָּקוּם עָלַי
מִלְחָמָה, בְּזֹאת אֲנִי בוֹטֵחַ: אַחַת שָׁאַלְתִּי מֵאֵת־יהוה, אוֹתָהּ
אֲבַקֵּשׁ, שִׁבְתִּי בְּבֵית־יהוה כָּל־יְמֵי חַיַּי, לַחֲזוֹת בְּנֹעַם־יהוה, וּלְבַקֵּר
בְּהֵיכָלוֹ: כִּי יִצְפְּנֵנִי בְּסֻכֹּה בְּיוֹם רָעָה, יַסְתִּרֵנִי בְּסֵתֶר אָהֳלוֹ, בְּצוּר
יְרוֹמְמֵנִי: וְעַתָּה יָרוּם רֹאשִׁי עַל אֹיְבַי סְבִיבוֹתַי, וְאֶזְבְּחָה בְאָהֳלוֹ
זִבְחֵי תְרוּעָה, אָשִׁירָה וַאֲזַמְּרָה לַיהוה: שְׁמַע־יהוה קוֹלִי אֶקְרָא,
וְחָנֵּנִי וַעֲנֵנִי: לְךָ אָמַר לִבִּי בַּקְּשׁוּ פָנָי, אֶת־פָּנֶיךָ יהוה אֲבַקֵּשׁ:
אַל־תַּסְתֵּר פָּנֶיךָ מִמֶּנִּי, אַל תַּט־בְּאַף עַבְדֶּךָ, עֶזְרָתִי הָיִיתָ, אַל־
תִּטְּשֵׁנִי וְאַל־תַּעַזְבֵנִי, אֱלֹהֵי יִשְׁעִי: כִּי־אָבִי וְאִמִּי עֲזָבוּנִי, וַיהוה
יַאַסְפֵנִי: הוֹרֵנִי יהוה דַּרְכֶּךָ, וּנְחֵנִי בְּאֹרַח מִישׁוֹר, לְמַעַן שׁוֹרְרָי:
אַל־תִּתְּנֵנִי בְּנֶפֶשׁ צָרָי, כִּי קָמוּ־בִי עֵדֵי־שֶׁקֶר, וִיפֵחַ חָמָס: ◂ לוּלֵא
הֶאֱמַנְתִּי לִרְאוֹת בְּטוּב־יהוה בְּאֶרֶץ חַיִּים: קַוֵּה אֶל־יהוה, חֲזַק
וְיַאֲמֵץ לִבֶּךָ, וְקַוֵּה אֶל־יהוה:

קדיש יתום (בעמוד הקודם)

הוצאת ספר תורה

בהושענא רבה אומרים את סדר הוצאת ספר תורה לימים נוראים (בעמוד הבא).

פותחים את ארון הקודש. הקהל עומד על רגליו.

במדבר י
וַיְהִי בִּנְסֹעַ הָאָרֹן וַיֹּאמֶר מֹשֶׁה
קוּמָה יהוה וְיָפֻצוּ אֹיְבֶיךָ וְיָנֻסוּ מְשַׂנְאֶיךָ מִפָּנֶיךָ:

ישעיה ב
כִּי מִצִּיּוֹן תֵּצֵא תוֹרָה וּדְבַר־יהוה מִירוּשָׁלָםִ:
בָּרוּךְ שֶׁנָּתַן תּוֹרָה לְעַמּוֹ יִשְׂרָאֵל בִּקְדֻשָּׁתוֹ.

זוהר ויקהל
בְּרִיךְ שְׁמֵהּ דְּמָרֵא עָלְמָא, בְּרִיךְ כִּתְרָךְ וְאַתְרָךְ. יְהֵא רְעוּתָךְ עִם עַמָּךְ יִשְׂרָאֵל לְעָלַם, וּפֻרְקַן יְמִינָךְ אַחֲזִי לְעַמָּךְ בְּבֵית מַקְדְּשָׁךְ, וּלְאַמְטוּיֵי לַנָא מִטּוּב נְהוֹרָךְ, וּלְקַבֵּל צְלוֹתַנָא בְּרַחֲמִין. יְהֵא רַעֲוָא קֳדָמָךְ דְּתוֹרִיךְ לַן חַיִּין בְּטִיבוּ, וְלֶהֱוֵי אֲנָא פְקִידָא בְּגוֹ צַדִּיקַיָּא, לְמִרְחַם עֲלַי וּלְמִנְטַר יָתִי וְיַת כָּל דִּי לִי וְדִי לְעַמָּךְ יִשְׂרָאֵל. אַנְתְּ הוּא זָן לְכְלָּא וּמְפַרְנֵס לְכְלָּא, אַנְתְּ הוּא שַׁלִּיט עַל כְּלָּא, אַנְתְּ הוּא דְשַׁלִּיט עַל מַלְכַיָּא, וּמַלְכוּתָא דִּילָךְ הִיא. אֲנָא עַבְדָּא דְקֻדְשָׁא בְּרִיךְ הוּא, דְּסָגִדְנָא קַמֵּהּ וּמִקַּמֵּי דִּיקַר אוֹרַיְתֵהּ בְּכָל עִדָּן וְעִדָּן. לָא עַל אֱנָשׁ רָחִיצְנָא וְלָא עַל בַּר אֱלָהִין סָמִיכְנָא, אֶלָּא בֶּאֱלָהָא דִשְׁמַיָּא, דְּהוּא אֱלָהָא קְשׁוֹט, וְאוֹרַיְתֵהּ קְשׁוֹט, וּנְבִיאוֹהִי קְשׁוֹט, וּמַסְגֵּא לְמֶעְבַּד טַבְוָן וּקְשׁוֹט. • בֵּהּ אֲנָא רָחִיץ, וְלִשְׁמֵהּ קַדִּישָׁא יַקִּירָא אֲנָא אֵמַר תֻּשְׁבְּחָן. יְהֵא רַעֲוָא קֳדָמָךְ דְּתִפְתַּח לִבַּאי בְּאוֹרַיְתָא, וְתַשְׁלִים מִשְׁאֲלִין דְּלִבַּאי וְלִבָּא דְכָל עַמָּךְ יִשְׂרָאֵל לְטָב וּלְחַיִּין וְלִשְׁלָם.

שליח הציבור מקבל את ספר התורה בימינו (רמ״א קלד, ב בשם מהרי״ל), פונה לקהל ואומר:

תהלים לד
גַּדְּלוּ לַיהוה אִתִּי וּנְרוֹמְמָה שְׁמוֹ יַחְדָּו:

ממשיכים ׳לְךָ יהוה הַגְּדֻלָּה׳ בעמ׳ 427.

תרגום

ברוך שמו של אדון העולם, ברוך כתרך ומקומך. יהי רצונך עם עמך ישראל לעולם, וישועת ימינך הראה לעמך בבית מקדשך, ולהביא לנו מטוב אורך, ולקבל תפילותינו ברחמים. יהי רצון מלפניך שתאריך לנו חיים בטוב, ואהיה אני נמנה בתוך הצדיקים, לרחם עלי ולשמור אותי ואת כל אשר לי ואשר לעמך ישראל. אתה הוא זן לכול ומפרנס לכול, אתה הוא שליט על הכול, אתה הוא השליט על המלכים, והמלכות שלך היא. אני עבדו של הקדוש ברוך הוא, משתחוה לפניו ולפני כבוד תורתו בכל עת ועת. לא על אדם אני בטוח ולא על מלאך אני סמוך, אלא באלהי השמים, שהוא אלהים אמת, ותורתו אמת, ונביאיו אמת, ומרבה לעשות חסד ואמת. בו אני בטוח, ולשמו הקדוש הנכבד אני אומר תשבחות. יהי רצון מלפניך שתפתח לבי בתורה, ותמלא משאלות לבי ולב כל עמך ישראל לטובה ולחיים ולשלום.

בהושענא רבה מתחילים כאן:

אַתָּה הָרְאֵתָ לָדַעַת, כִּי יהוה הוּא הָאֱלֹהִים, אֵין עוֹד מִלְּבַדּוֹ: דברים ד
אֵין־כָּמוֹךָ בָאֱלֹהִים, אֲדֹנָי, וְאֵין כְּמַעֲשֶׂיךָ: תהלים פו
מַלְכוּתְךָ מַלְכוּת כָּל־עֹלָמִים, וּמֶמְשַׁלְתְּךָ בְּכָל־דּוֹר וָדֹר: תהלים קמה

יהוה מֶלֶךְ, יהוה מָלָךְ, יהוה יִמְלֹךְ לְעֹלָם וָעֶד.
יהוה עֹז לְעַמּוֹ יִתֵּן, יהוה יְבָרֵךְ אֶת־עַמּוֹ בַשָּׁלוֹם: תהלים כט
אַב הָרַחֲמִים, הֵיטִיבָה בִרְצוֹנְךָ אֶת־צִיּוֹן תִּבְנֶה חוֹמוֹת יְרוּשָׁלָםִ: תהלים נא
כִּי בְךָ לְבַד בָּטָחְנוּ, מֶלֶךְ אֵל רָם וְנִשָּׂא, אֲדוֹן עוֹלָמִים.

פותחים את ארון הקודש. הקהל עומד על רגליו.

וַיְהִי בִּנְסֹעַ הָאָרֹן וַיֹּאמֶר מֹשֶׁה במדבר י
קוּמָה יהוה וְיָפֻצוּ אֹיְבֶיךָ וְיָנֻסוּ מְשַׂנְאֶיךָ מִפָּנֶיךָ:
כִּי מִצִּיּוֹן תֵּצֵא תוֹרָה וּדְבַר־יהוה מִירוּשָׁלָםִ: ישעיה ב
בָּרוּךְ שֶׁנָּתַן תּוֹרָה לְעַמּוֹ יִשְׂרָאֵל בִּקְדֻשָּׁתוֹ.

אומרים שלוש פעמים:

יהוה, יהוה, אֵל רַחוּם וְחַנּוּן, אֶרֶךְ אַפַּיִם וְרַב־חֶסֶד וֶאֱמֶת: שמות לד
נֹצֵר חֶסֶד לָאֲלָפִים, נֹשֵׂא עָוֹן וָפֶשַׁע וְחַטָּאָה, וְנַקֵּה:

רִבּוֹנוֹ שֶׁל עוֹלָם, מַלֵּא מִשְׁאֲלוֹתַי לְטוֹבָה, וְהָפֵק רְצוֹנִי וְתֵן שְׁאֵלָתִי, וּמְחֹל לִי עַל כָּל עֲוֹנוֹתַי וְעַל כָּל עֲוֹנוֹת אַנְשֵׁי בֵיתִי, מְחִילָה בְּחֶסֶד מְחִילָה בְּרַחֲמִים, וְטַהֲרֵנוּ מֵחֲטָאֵינוּ וּמֵעֲוֹנוֹתֵינוּ וּמִפְּשָׁעֵינוּ, וְזָכְרֵנוּ בְּזִכָּרוֹן טוֹב לְפָנֶיךָ, וּפָקְדֵנוּ בִּפְקֻדַּת יְשׁוּעָה וְרַחֲמִים. וְזָכְרֵנוּ לְחַיִּים טוֹבִים וּלְשָׁלוֹם, וּפַרְנָסָה וְכַלְכָּלָה, וְלֶחֶם לֶאֱכֹל וּבֶגֶד לִלְבֹּשׁ, וְעֹשֶׁר וְכָבוֹד, וְאֹרֶךְ יָמִים לַהֲגוֹת בְּתוֹרָתֶךָ וּלְקַיֵּם מִצְוֹתֶיהָ, וְשֵׂכֶל וּבִינָה לְהָבִין וּלְהַשְׂכִּיל עִמְקֵי סוֹדוֹתֶיהָ. וְהָפֵק רְפוּאָה לְכָל מַכְאוֹבֵינוּ, וּבָרֵךְ כָּל מַעֲשֵׂה יָדֵינוּ, וּגְזֹר עָלֵינוּ גְּזֵרוֹת טוֹבוֹת יְשׁוּעוֹת וְנֶחָמוֹת, וּבַטֵּל מֵעָלֵינוּ כָּל גְּזֵרוֹת קָשׁוֹת וְרָעוֹת, וְתֵן בְּלֵב שָׂרֵינוּ וְיוֹעֲצֵיהֶם עָלֵינוּ לְטוֹבָה. אָמֵן וְכֵן יְהִי רָצוֹן.

ממשיכים ׳יִהְיוּ לְרָצוֹן׳ בעמוד הבא.

תהלים יט יִהְיוּ לְרָצוֹן אִמְרֵי־פִי וְהֶגְיוֹן לִבִּי לְפָנֶיךָ, יהוה צוּרִי וְגֹאֲלִי:

אומרים שלוש פעמים:

תהלים סט וַאֲנִי תְפִלָּתִי־לְךָ יהוה, עֵת רָצוֹן, אֱלֹהִים בְּרָב־חַסְדֶּךָ עֲנֵנִי בֶּאֱמֶת יִשְׁעֶךָ:

זוהר ויקהל בְּרִיךְ שְׁמֵהּ דְּמָרֵא עָלְמָא, בְּרִיךְ כִּתְרָךְ וְאַתְרָךְ. יְהֵא רְעוּתָךְ עִם עַמָּךְ יִשְׂרָאֵל לְעָלַם, וּפֻרְקַן יְמִינָךְ אַחֲזִי לְעַמָּךְ בְּבֵית מַקְדְּשָׁךְ, וּלְאַמְטוּיֵי לַנָא מִטּוּב נְהוֹרָךְ, וּלְקַבֵּל צְלוֹתַנָא בְּרַחֲמִין. יְהֵא רַעֲוָא קֳדָמָךְ דְּתוֹרִיךְ לַן חַיִּין בְּטִיבוּ, וְלֶהֱוֵי אֲנָא פְקִידָא בְּגוֹ צַדִּיקַיָּא, לְמִרְחַם עֲלַי וּלְמִנְטַר יָתִי וְיַת כָּל דִּי לִי וְדִי לְעַמָּךְ יִשְׂרָאֵל. אַנְתְּ הוּא זָן לְכֹלָּא וּמְפַרְנֵס לְכֹלָּא, אַנְתְּ הוּא שַׁלִּיט עַל כֹּלָּא, אַנְתְּ הוּא דְּשַׁלִּיט עַל מַלְכַיָּא, וּמַלְכוּתָא דִּילָךְ הִיא. אֲנָא עַבְדָּא דְקֻדְשָׁא בְּרִיךְ הוּא, דְּסָגִדְנָא קַמֵּהּ וּמִקַּמֵּי דִּיקַר אוֹרַיְתֵהּ בְּכָל עִדָּן וְעִדָּן. לָא עַל אֱנָשׁ רְחִיצְנָא וְלָא עַל בַּר אֱלָהִין סְמִיכְנָא, אֶלָּא בֶּאֱלָהָא דִשְׁמַיָּא, דְּהוּא אֱלָהָא קְשׁוֹט, וְאוֹרַיְתֵהּ קְשׁוֹט, וּנְבִיאוֹהִי קְשׁוֹט, וּמַסְגֵּא לְמֶעְבַּד טַבְוָן וּקְשׁוֹט. • בֵּהּ אֲנָא רָחִיץ, וְלִשְׁמֵהּ קַדִּישָׁא יַקִּירָא אֲנָא אֵמַר תֻּשְׁבְּחָן. יְהֵא רַעֲוָא קֳדָמָךְ דְּתִפְתַּח לִבַּאי בְּאוֹרַיְתָא, וְתַשְׁלִים מִשְׁאֲלִין דְּלִבַּאי וְלִבָּא דְכָל עַמָּךְ יִשְׂרָאֵל לְטָב וּלְחַיִּין וְלִשְׁלָם. (תרגום בעמ׳ 424)

שליח הציבור מקבל את ספר התורה בימינו, פונה לקהל ואומר ׳שְׁמַע יִשְׂרָאֵל׳ (מסכת סופרים פי״ד), ואחריו הקהל.

דברים ו שְׁמַע יִשְׂרָאֵל, יהוה אֱלֹהֵינוּ, יהוה אֶחָד:

שליח ציבור ואחריו הקהל:

אֶחָד אֱלֹהֵינוּ, גָּדוֹל אֲדוֹנֵינוּ, קָדוֹשׁ וְנוֹרָא שְׁמוֹ.

שליח הציבור פונה לעבר ארון הקודש, קד, מגביה את ספר התורה ואומר (משנ״ב קלד, יג על פי מסכת סופרים):

תהלים לד גַּדְּלוּ לַיהוה אִתִּי וּנְרוֹמְמָה שְׁמוֹ יַחְדָּו:

ממשיכים ׳לְךָ יהוה הַגְּדֻלָּה׳ בעמוד הבא.

סוגרים את ארון הקודש. שליח הציבור נושא את ספר התורה אל הבימה,
והקהל אומר (סדר הפסוקים לקוח מסדר רב עמרם גאון, ו׳אב הָרַחֲמִים׳ ממחזור ויטרי):

לְךָ יהוה הַגְּדֻלָּה וְהַגְּבוּרָה וְהַתִּפְאֶרֶת וְהַנֵּצַח וְהַהוֹד, כִּי־כֹל בַּשָּׁמַיִם וּבָאָרֶץ, לְךָ יהוה הַמַּמְלָכָה וְהַמִּתְנַשֵּׂא לְכֹל לְרֹאשׁ: דברי הימים א׳ כט

רוֹמְמוּ יהוה אֱלֹהֵינוּ וְהִשְׁתַּחֲווּ לַהֲדֹם רַגְלָיו, קָדוֹשׁ הוּא: רוֹמְמוּ יהוה אֱלֹהֵינוּ וְהִשְׁתַּחֲווּ לְהַר קָדְשׁוֹ, כִּי־קָדוֹשׁ יהוה אֱלֹהֵינוּ: תהלים צט

אַב הָרַחֲמִים הוּא יְרַחֵם עַם עֲמוּסִים, וְיִזְכֹּר בְּרִית אֵיתָנִים, וְיַצִּיל נַפְשׁוֹתֵינוּ מִן הַשָּׁעוֹת הָרָעוֹת, וְיִגְעַר בְּיֵצֶר הָרָע מִן הַנְּשׂוּאִים, וְיָחֹן אוֹתָנוּ לִפְלֵיטַת עוֹלָמִים, וִימַלֵּא מִשְׁאֲלוֹתֵינוּ בְּמִדָּה טוֹבָה יְשׁוּעָה וְרַחֲמִים.

מניח את ספר התורה על הבימה, והגבאי מכריז (מחזור ויטרי):

וְתִגָּלֶה וְתֵרָאֶה מַלְכוּתוֹ עָלֵינוּ בִּזְמַן קָרוֹב, וְיָחֹן פְּלֵיטָתֵנוּ וּפְלֵיטַת עַמּוֹ בֵּית יִשְׂרָאֵל לְחֵן וּלְחֶסֶד וּלְרַחֲמִים וּלְרָצוֹן וְנֹאמַר אָמֵן. הַכֹּל הָבוּ גֹדֶל לֵאלֹהֵינוּ וּתְנוּ כָבוֹד לַתּוֹרָה. *כֹּהֵן קְרַב, יַעֲמֹד (פלוני בֶּן פלוני) הַכֹּהֵן.

*אם אין כוהן, הגבאי קורא ללוי או לישראל ואומר:

/אֵין כָּאן כֹּהֵן, יַעֲמֹד (פלוני בֶּן פלוני) בִּמְקוֹם כֹּהֵן./

בָּרוּךְ שֶׁנָּתַן תּוֹרָה לְעַמּוֹ יִשְׂרָאֵל בִּקְדֻשָּׁתוֹ.

הקהל ואחריו הגבאי (סידור השל״ה, סידור יעב״ץ):

וְאַתֶּם הַדְּבֵקִים בַּיהוה אֱלֹהֵיכֶם חַיִּים כֻּלְּכֶם הַיּוֹם: דברים ד

קודם הברכה על העולה לראות היכן קוראים (מגילה לב ע״א)
ולנשק את ספר התורה (ערוה״ש קלט, טו). בשעת הברכה
אוחז בעמודי הספר (שו״ע קלט, יא על פי הראבי״ה וספר המנהיג).

עולה: בָּרְכוּ אֶת יהוה הַמְבֹרָךְ.

קהל: בָּרוּךְ יהוה הַמְבֹרָךְ לְעוֹלָם וָעֶד.

עולה: בָּרוּךְ יהוה הַמְבֹרָךְ לְעוֹלָם וָעֶד.

בָּרוּךְ אַתָּה יהוה, אֱלֹהֵינוּ מֶלֶךְ הָעוֹלָם
אֲשֶׁר בָּחַר בָּנוּ מִכָּל הָעַמִּים וְנָתַן לָנוּ אֶת תּוֹרָתוֹ.
בָּרוּךְ אַתָּה יהוה, נוֹתֵן הַתּוֹרָה.

לאחר הקריאה, העולה מנשק את ספר התורה (מג״א קלט, יד בשם ספר חסידים) ומברך:

עולה: **בָּרוּךְ אַתָּה יהוה אֱלֹהֵינוּ מֶלֶךְ הָעוֹלָם**
אֲשֶׁר נָתַן לָנוּ תּוֹרַת אֱמֶת וְחַיֵּי עוֹלָם נָטַע בְּתוֹכֵנוּ.
בָּרוּךְ אַתָּה יהוה, נוֹתֵן הַתּוֹרָה.

מי שהיה בסכנה וניצל ממנה, מברך ׳הַגּוֹמֵל׳:

בָּרוּךְ אַתָּה יהוה אֱלֹהֵינוּ מֶלֶךְ הָעוֹלָם הַגּוֹמֵל לְחַיָּבִים טוֹבוֹת שֶׁגְּמָלַנִי כָּל טוֹב.

והקהל עונה:

אָמֵן. מִי שֶׁגְּמָלְךָ כָּל טוֹב הוּא יִגְמָלְךָ כָּל טוֹב, סֶלָה.

כאן לפי הצורך אומרים ׳מִי שֶׁבֵּרַךְ׳ (עמ׳ 284–285) ומזכירים נשמות (עמ׳ 333–334).

כאשר נער עולה לתורה בפעם הראשונה במלאות לו שלוש עשרה שנה,
אביו מברך (רמ״א רכה, ב על פי בראשית רבה סג, י):

בָּרוּךְ שֶׁפְּטָרַנִי מֵעָנְשׁוֹ שֶׁלָּזֶה.

קריאת התורה לחול המועד פסח וסוכות

יום	עמוד
יום א׳ דחול המועד פסח	428
יום ב׳ דחול המועד פסח	432
יום ג׳ דחול המועד פסח	433

יום	עמוד
יום ד׳ דחול המועד פסח	435
יום ה׳ דחול המועד פסח	436
קריאה לחול המועד סוכות	438

קריאה לא׳ דחול המועד פסח בארץ ישראל (וליום טוב שני בחו״ל)

בחו״ל קוראים את אותה פרשה שקוראים בארץ, אך מחלקים אותה לחמישה עולים: עליית הלוי מתחילה חמישה פסוקים לפני עליית הלוי שבארץ, והעלייה השלישית מתחלקת בין שלושה קרואים. המפטיר הוא כביום הראשון (עמ׳ 182), ומפטירים ׳וַיִּשְׁלַח הַמֶּלֶךְ׳ בעמ׳ 482.

ויקרא כב, כו – כג, מד **וַיְדַבֵּר יהוה אֶל־מֹשֶׁה לֵּאמֹר: שׁוֹר אוֹ־כֶשֶׂב אוֹ־עֵז כִּי יִוָּלֵד**
וְהָיָה שִׁבְעַת יָמִים תַּחַת אִמּוֹ וּמִיּוֹם הַשְּׁמִינִי וָהָלְאָה יֵרָצֶה

לקרבן אשה ליהוה: ושור או־שה אתו ואת־בנו לא תשחטו
ביום אחד: וכי־תזבחו זבח־תודה ליהוה לרצנכם תזבחו:
ביום ההוא יאכל לא־תותירו ממנו עד־בקר אני יהוה:
ושמרתם מצותי ועשיתם אתם אני יהוה: ולא תחללו את־
שם קדשי ונקדשתי בתוך בני ישראל אני יהוה מקדשכם:
המוציא אתכם מארץ מצרים להיות לכם לאלהים אני
יהוה:

וידבר יהוה אל־משה לאמר: דבר אל־בני ישראל ואמרת
אלהם מועדי יהוה אשר־תקראו אתם מקראי קדש אלה
הם מועדי: ששת ימים תעשה מלאכה וביום השביעי שבת
שבתון מקרא־קדש כל־מלאכה לא תעשו שבת הוא ליהוה
בכל מושבתיכם:

(לוי בחו״ל) אלה מועדי יהוה מקראי קדש אשר־תקראו אתם במועדם:
בחדש הראשון בארבעה עשר לחדש בין הערבים פסח
ליהוה: ובחמשה עשר יום לחדש הזה חג המצות ליהוה
שבעת ימים מצות תאכלו: ביום הראשון מקרא־קדש יהיה
לכם כל־מלאכת עבדה לא תעשו: והקרבתם אשה ליהוה
שבעת ימים ביום השביעי מקרא־קדש כל־מלאכת עבדה
לא תעשו:

לוי (בארץ) וידבר יהוה אל־משה לאמר: דבר אל־בני ישראל ואמרת
אלהם כי־תבאו אל־הארץ אשר אני נתן לכם וקצרתם את־
קצירה והבאתם את־עמר ראשית קצירכם אל־הכהן: והניף
את־העמר לפני יהוה לרצנכם ממחרת השבת יניפנו הכהן:
ועשיתם ביום הניפכם את־העמר כבש תמים בן־שנתו לעלה

לַיהוָה: וּמִנְחָתוֹ שְׁנֵי עֶשְׂרֹנִים סֹלֶת בְּלוּלָה בַשֶּׁמֶן אִשֶּׁה לַיהוָה
רֵיחַ נִיחֹחַ וְנִסְכֹּה יַיִן רְבִיעִת הַהִין: וְלֶחֶם וְקָלִי וְכַרְמֶל לֹא
תֹאכְלוּ עַד־עֶצֶם הַיּוֹם הַזֶּה עַד הֲבִיאֲכֶם אֶת־קָרְבַּן אֱלֹהֵיכֶם
חֻקַּת עוֹלָם לְדֹרֹתֵיכֶם בְּכֹל מֹשְׁבֹתֵיכֶם: וּסְפַרְתֶּם שלישי
לָכֶם מִמָּחֳרַת הַשַּׁבָּת מִיּוֹם הֲבִיאֲכֶם אֶת־עֹמֶר הַתְּנוּפָה שֶׁבַע
שַׁבָּתוֹת תְּמִימֹת תִּהְיֶינָה: עַד מִמָּחֳרַת הַשַּׁבָּת הַשְּׁבִיעִת תִּסְפְּרוּ
חֲמִשִּׁים יוֹם וְהִקְרַבְתֶּם מִנְחָה חֲדָשָׁה לַיהוָה: מִמּוֹשְׁבֹתֵיכֶם
תָּבִיאוּ ׀ לֶחֶם תְּנוּפָה שְׁתַּיִם שְׁנֵי עֶשְׂרֹנִים סֹלֶת תִּהְיֶינָה חָמֵץ
תֵּאָפֶינָה בִּכּוּרִים לַיהוָה: וְהִקְרַבְתֶּם עַל־הַלֶּחֶם שִׁבְעַת כְּבָשִׂים
תְּמִימִם בְּנֵי שָׁנָה וּפַר בֶּן־בָּקָר אֶחָד וְאֵילִם שְׁנָיִם יִהְיוּ עֹלָה
לַיהוָה וּמִנְחָתָם וְנִסְכֵּיהֶם אִשֵּׁה רֵיחַ־נִיחֹחַ לַיהוָה: וְעֲשִׂיתֶם
שְׂעִיר־עִזִּים אֶחָד לְחַטָּאת וּשְׁנֵי כְבָשִׂים בְּנֵי שָׁנָה לְזֶבַח שְׁלָמִים:
וְהֵנִיף הַכֹּהֵן ׀ אֹתָם עַל לֶחֶם הַבִּכֻּרִים תְּנוּפָה לִפְנֵי יְהוָה עַל־שְׁנֵי
כְּבָשִׂים קֹדֶשׁ יִהְיוּ לַיהוָה לַכֹּהֵן: וּקְרָאתֶם בְּעֶצֶם ׀ הַיּוֹם הַזֶּה
מִקְרָא־קֹדֶשׁ יִהְיֶה לָכֶם כָּל־מְלֶאכֶת עֲבֹדָה לֹא תַעֲשׂוּ חֻקַּת
עוֹלָם בְּכָל־מוֹשְׁבֹתֵיכֶם לְדֹרֹתֵיכֶם: וּבְקֻצְרְכֶם אֶת־קְצִיר אַרְצְכֶם
לֹא־תְכַלֶּה פְּאַת שָׂדְךָ בְּקֻצְרֶךָ וְלֶקֶט קְצִירְךָ לֹא תְלַקֵּט לֶעָנִי
וְלַגֵּר תַּעֲזֹב אֹתָם אֲנִי יְהוָה אֱלֹהֵיכֶם:
וַיְדַבֵּר יְהוָה אֶל־מֹשֶׁה לֵּאמֹר: דַּבֵּר אֶל־בְּנֵי יִשְׂרָאֵל לֵאמֹר (רביעי בחו״ל)
בַּחֹדֶשׁ הַשְּׁבִיעִי בְּאֶחָד לַחֹדֶשׁ יִהְיֶה לָכֶם שַׁבָּתוֹן זִכְרוֹן תְּרוּעָה
מִקְרָא־קֹדֶשׁ: כָּל־מְלֶאכֶת עֲבֹדָה לֹא תַעֲשׂוּ וְהִקְרַבְתֶּם אִשֶּׁה
לַיהוָה: וַיְדַבֵּר יְהוָה אֶל־מֹשֶׁה לֵּאמֹר: אַךְ בֶּעָשׂוֹר
לַחֹדֶשׁ הַשְּׁבִיעִי הַזֶּה יוֹם הַכִּפֻּרִים הוּא מִקְרָא־קֹדֶשׁ יִהְיֶה לָכֶם

וְעִנִּיתֶם אֶת־נַפְשֹׁתֵיכֶם וְהִקְרַבְתֶּם אִשֶּׁה לַיהוָה: וְכָל־מְלָאכָה לֹא תַעֲשׂוּ בְּעֶצֶם הַיּוֹם הַזֶּה כִּי יוֹם כִּפֻּרִים הוּא לְכַפֵּר עֲלֵיכֶם לִפְנֵי יְהוָה אֱלֹהֵיכֶם: כִּי כָל־הַנֶּפֶשׁ אֲשֶׁר לֹא־תְעֻנֶּה בְּעֶצֶם הַיּוֹם הַזֶּה וְנִכְרְתָה מֵעַמֶּיהָ: וְכָל־הַנֶּפֶשׁ אֲשֶׁר תַּעֲשֶׂה כָּל־מְלָאכָה בְּעֶצֶם הַיּוֹם הַזֶּה וְהַאֲבַדְתִּי אֶת־הַנֶּפֶשׁ הַהִוא מִקֶּרֶב עַמָּהּ: כָּל־מְלָאכָה לֹא תַעֲשׂוּ חֻקַּת עוֹלָם לְדֹרֹתֵיכֶם בְּכֹל מֹשְׁבֹתֵיכֶם: שַׁבַּת שַׁבָּתוֹן הוּא לָכֶם וְעִנִּיתֶם אֶת־נַפְשֹׁתֵיכֶם בְּתִשְׁעָה לַחֹדֶשׁ בָּעֶרֶב מֵעֶרֶב עַד־עֶרֶב תִּשְׁבְּתוּ שַׁבַּתְּכֶם:

(חמישי בחו״ל) וַיְדַבֵּר יְהוָה אֶל־מֹשֶׁה לֵּאמֹר: דַּבֵּר אֶל־בְּנֵי יִשְׂרָאֵל לֵאמֹר בַּחֲמִשָּׁה עָשָׂר יוֹם לַחֹדֶשׁ הַשְּׁבִיעִי הַזֶּה חַג הַסֻּכּוֹת שִׁבְעַת יָמִים לַיהוָה: בַּיּוֹם הָרִאשׁוֹן מִקְרָא־קֹדֶשׁ כָּל־מְלֶאכֶת עֲבֹדָה לֹא תַעֲשׂוּ: שִׁבְעַת יָמִים תַּקְרִיבוּ אִשֶּׁה לַיהוָה בַּיּוֹם הַשְּׁמִינִי מִקְרָא־קֹדֶשׁ יִהְיֶה לָכֶם וְהִקְרַבְתֶּם אִשֶּׁה לַיהוָה עֲצֶרֶת הִוא כָּל־מְלֶאכֶת עֲבֹדָה לֹא תַעֲשׂוּ: אֵלֶּה מוֹעֲדֵי יְהוָה אֲשֶׁר־תִּקְרְאוּ אֹתָם מִקְרָאֵי קֹדֶשׁ לְהַקְרִיב אִשֶּׁה לַיהוָה עֹלָה וּמִנְחָה זֶבַח וּנְסָכִים דְּבַר־יוֹם בְּיוֹמוֹ: מִלְּבַד שַׁבְּתֹת יְהוָה וּמִלְּבַד מַתְּנוֹתֵיכֶם וּמִלְּבַד כָּל־נִדְרֵיכֶם וּמִלְּבַד כָּל־נִדְבֹתֵיכֶם אֲשֶׁר תִּתְּנוּ לַיהוָה: אַךְ בַּחֲמִשָּׁה עָשָׂר יוֹם לַחֹדֶשׁ הַשְּׁבִיעִי בְּאָסְפְּכֶם אֶת־תְּבוּאַת הָאָרֶץ תָּחֹגּוּ אֶת־חַג־יְהוָה שִׁבְעַת יָמִים בַּיּוֹם הָרִאשׁוֹן שַׁבָּתוֹן וּבַיּוֹם הַשְּׁמִינִי שַׁבָּתוֹן: וּלְקַחְתֶּם לָכֶם בַּיּוֹם הָרִאשׁוֹן פְּרִי עֵץ הָדָר כַּפֹּת תְּמָרִים וַעֲנַף עֵץ־עָבֹת וְעַרְבֵי־נָחַל וּשְׂמַחְתֶּם לִפְנֵי יְהוָה אֱלֹהֵיכֶם שִׁבְעַת יָמִים: וְחַגֹּתֶם אֹתוֹ חַג לַיהוָה שִׁבְעַת יָמִים בַּשָּׁנָה חֻקַּת עוֹלָם לְדֹרֹתֵיכֶם בַּחֹדֶשׁ הַשְּׁבִיעִי תָּחֹגּוּ אֹתוֹ: בַּסֻּכֹּת

תֵּשְׁבוּ שִׁבְעַת יָמִים כָּל־הָאֶזְרָח בְּיִשְׂרָאֵל יֵשְׁבוּ בַּסֻּכֹּת: לְמַעַן
יֵדְעוּ דֹרֹתֵיכֶם כִּי בַסֻּכּוֹת הוֹשַׁבְתִּי אֶת־בְּנֵי יִשְׂרָאֵל בְּהוֹצִיאִי
אוֹתָם מֵאֶרֶץ מִצְרָיִם אֲנִי יהוה אֱלֹהֵיכֶם: וַיְדַבֵּר מֹשֶׁה אֶת־מֹעֲדֵי
יהוה אֶל־בְּנֵי יִשְׂרָאֵל:

מגביהים את ספר התורה (עמ׳ 437), וקוראים לרביעי בספר השני ׳וְהִקְרַבְתֶּם׳.

בחו״ל אומרים חצי קדיש לפני ההגבהה,
וקוראים למפטיר ׳וּבַחֹדֶשׁ הָרִאשׁוֹן׳ (עמ׳ 192) כמו ביום הראשון.

קריאה לב׳ דחול המועד פסח (א׳ דחול המועד בחו״ל)

אם יום ב׳ דחול המועד פסח חל בשבת, קוראים את הקריאה של שבת חול המועד (עמ׳ 184).

וַיְדַבֵּר יהוה אֶל־מֹשֶׁה לֵּאמֹר: קַדֶּשׁ־לִי כָל־בְּכוֹר פֶּטֶר כָּל־רֶחֶם שמות יג,א–טז
בִּבְנֵי יִשְׂרָאֵל בָּאָדָם וּבַבְּהֵמָה לִי הוּא: וַיֹּאמֶר מֹשֶׁה אֶל־הָעָם
זָכוֹר אֶת־הַיּוֹם הַזֶּה אֲשֶׁר יְצָאתֶם מִמִּצְרַיִם מִבֵּית עֲבָדִים כִּי
בְּחֹזֶק יָד הוֹצִיא יהוה אֶתְכֶם מִזֶּה וְלֹא יֵאָכֵל חָמֵץ: הַיּוֹם אַתֶּם
יֹצְאִים בְּחֹדֶשׁ הָאָבִיב: וְהָיָה כִי־יְבִיאֲךָ יהוה אֶל־אֶרֶץ הַכְּנַעֲנִי לוי
וְהַחִתִּי וְהָאֱמֹרִי וְהַחִוִּי וְהַיְבוּסִי אֲשֶׁר נִשְׁבַּע לַאֲבֹתֶיךָ לָתֶת לָךְ
אֶרֶץ זָבַת חָלָב וּדְבָשׁ וְעָבַדְתָּ אֶת־הָעֲבֹדָה הַזֹּאת בַּחֹדֶשׁ הַזֶּה:
שִׁבְעַת יָמִים תֹּאכַל מַצֹּת וּבַיּוֹם הַשְּׁבִיעִי חַג לַיהוה: מַצּוֹת
יֵאָכֵל אֵת שִׁבְעַת הַיָּמִים וְלֹא־יֵרָאֶה לְךָ חָמֵץ וְלֹא־יֵרָאֶה לְךָ
שְׂאֹר בְּכָל־גְּבֻלֶךָ: וְהִגַּדְתָּ לְבִנְךָ בַּיּוֹם הַהוּא לֵאמֹר בַּעֲבוּר
זֶה עָשָׂה יהוה לִי בְּצֵאתִי מִמִּצְרָיִם: וְהָיָה לְךָ לְאוֹת עַל־יָדְךָ
וּלְזִכָּרוֹן בֵּין עֵינֶיךָ לְמַעַן תִּהְיֶה תּוֹרַת יהוה בְּפִיךָ כִּי בְּיָד חֲזָקָה
הוֹצִאֲךָ יהוה מִמִּצְרָיִם: וְשָׁמַרְתָּ אֶת־הַחֻקָּה הַזֹּאת לְמוֹעֲדָהּ
מִיָּמִים יָמִימָה:

שלישי וְהָיָה כִּי־יְבִאֲךָ יהוה אֶל־אֶרֶץ הַכְּנַעֲנִי כַּאֲשֶׁר נִשְׁבַּע לְךָ וְלַאֲבֹתֶיךָ
וּנְתָנָהּ לָךְ: וְהַעֲבַרְתָּ כָל־פֶּטֶר־רֶחֶם לַיהוה וְכָל־פֶּטֶר ׀ שֶׁגֶר
בְּהֵמָה אֲשֶׁר יִהְיֶה לְךָ הַזְּכָרִים לַיהוה: וְכָל־פֶּטֶר חֲמֹר תִּפְדֶּה
בְשֶׂה וְאִם־לֹא תִפְדֶּה וַעֲרַפְתּוֹ וְכֹל בְּכוֹר אָדָם בְּבָנֶיךָ תִּפְדֶּה:
וְהָיָה כִּי־יִשְׁאָלְךָ בִנְךָ מָחָר לֵאמֹר מַה־זֹּאת וְאָמַרְתָּ אֵלָיו בְּחֹזֶק
יָד הוֹצִיאָנוּ יהוה מִמִּצְרַיִם מִבֵּית עֲבָדִים: וַיְהִי כִּי־הִקְשָׁה פַרְעֹה
לְשַׁלְּחֵנוּ וַיַּהֲרֹג יהוה כָּל־בְּכוֹר בְּאֶרֶץ מִצְרַיִם מִבְּכֹר אָדָם וְעַד־
בְּכוֹר בְּהֵמָה עַל־כֵּן אֲנִי זֹבֵחַ לַיהוה כָּל־פֶּטֶר רֶחֶם הַזְּכָרִים
וְכָל־בְּכוֹר בָּנַי אֶפְדֶּה: וְהָיָה לְאוֹת עַל־יָדְכָה וּלְטוֹטָפֹת בֵּין עֵינֶיךָ
כִּי בְּחֹזֶק יָד הוֹצִיאָנוּ יהוה מִמִּצְרָיִם:

מגביהים את ספר התורה (עמ׳ 437), וקוראים לרביעי בספר השני ׳וְהִקְרַבְתֶּם׳.
בקהילות שבהן נוהגים להניח תפילין בחול המועד, חולצים אותן כאן.

קריאה לג׳ דחול המועד פסח (ב׳ דחול המועד בחו״ל)

אם ג׳ דחול המועד חל ביום ראשון, קוראים ׳וַיְדַבֵּר ה׳׳ בעמוד הקודם.

שמות כב,כד – כג,יט אִם־כֶּסֶף ׀ תַּלְוֶה אֶת־עַמִּי אֶת־הֶעָנִי עִמָּךְ לֹא־תִהְיֶה לוֹ כְּנֹשֶׁה
לֹא־תְשִׂימוּן עָלָיו נֶשֶׁךְ: אִם־חָבֹל תַּחְבֹּל שַׂלְמַת רֵעֶךָ עַד־
בֹּא הַשֶּׁמֶשׁ תְּשִׁיבֶנּוּ לוֹ: כִּי הִוא כְסוּתֹה לְבַדָּהּ הִוא שִׂמְלָתוֹ
לְעֹרוֹ בַּמֶּה יִשְׁכָּב וְהָיָה כִּי־יִצְעַק אֵלַי וְשָׁמַעְתִּי כִּי־חַנּוּן
לוי אָנִי: אֱלֹהִים לֹא תְקַלֵּל וְנָשִׂיא בְעַמְּךָ לֹא תָאֹר:
מְלֵאָתְךָ וְדִמְעֲךָ לֹא תְאַחֵר בְּכוֹר בָּנֶיךָ תִּתֶּן־לִי: כֵּן־תַּעֲשֶׂה
לְשֹׁרְךָ לְצֹאנֶךָ שִׁבְעַת יָמִים יִהְיֶה עִם־אִמּוֹ בַּיּוֹם הַשְּׁמִינִי תִּתְּנוֹ־
לִי: וְאַנְשֵׁי־קֹדֶשׁ תִּהְיוּן לִי וּבָשָׂר בַּשָּׂדֶה טְרֵפָה לֹא תֹאכֵלוּ

לַכֶּ֖לֶב תַּשְׁלִכ֥וּן אֹתֽוֹ׃ לֹ֥א תִשָּׂ֖א שֵׁ֣מַע שָׁ֑וְא אַל־תָּ֤שֶׁת
יָֽדְךָ֙ עִם־רָשָׁ֔ע לִהְיֹ֖ת עֵ֥ד חָמָֽס׃ לֹא־תִהְיֶ֥ה אַחֲרֵֽי־רַבִּ֖ים לְרָעֹ֑ת
וְלֹא־תַעֲנֶ֣ה עַל־רִ֗ב לִנְטֹ֛ת אַחֲרֵ֥י רַבִּ֖ים לְהַטֹּֽת׃ וְדָ֕ל לֹ֥א תֶהְדַּ֖ר
בְּרִיבֽוֹ׃ כִּ֣י תִפְגַּ֞ע שׁ֧וֹר אֹֽיִבְךָ֛ א֥וֹ חֲמֹר֖וֹ תֹּעֶ֑ה הָשֵׁ֥ב
תְּשִׁיבֶ֖נּוּ לֽוֹ׃ כִּֽי־תִרְאֶ֞ה חֲמ֣וֹר שֹׂנַאֲךָ֗ רֹבֵץ֙ תַּ֣חַת
שלישי מַשָּׂא֔וֹ וְחָדַלְתָּ֖ מֵעֲזֹ֣ב ל֑וֹ עָזֹ֥ב תַּעֲזֹ֖ב עִמּֽוֹ׃ לֹ֥א תַטֶּ֛ה
מִשְׁפַּ֥ט אֶבְיֹנְךָ֖ בְּרִיבֽוֹ׃ מִדְּבַר־שֶׁ֖קֶר תִּרְחָ֑ק וְנָקִ֤י וְצַדִּיק֙ אַֽל־
תַּהֲרֹ֔ג כִּ֥י לֹא־אַצְדִּ֖יק רָשָֽׁע׃ וְשֹׁ֖חַד לֹ֣א תִקָּ֑ח כִּ֤י הַשֹּׁ֙חַד֙ יְעַוֵּ֣ר
פִּקְחִ֔ים וִיסַלֵּ֖ף דִּבְרֵ֥י צַדִּיקִֽים׃ וְגֵ֖ר לֹ֣א תִלְחָ֑ץ וְאַתֶּ֗ם יְדַעְתֶּם֙ אֶת־
נֶ֣פֶשׁ הַגֵּ֔ר כִּֽי־גֵרִ֥ים הֱיִיתֶ֖ם בְּאֶ֥רֶץ מִצְרָֽיִם׃ וְשֵׁ֥שׁ שָׁנִ֖ים תִּזְרַ֣ע אֶת־
אַרְצֶ֑ךָ וְאָסַפְתָּ֖ אֶת־תְּבוּאָתָֽהּ׃ וְהַשְּׁבִיעִ֞ת תִּשְׁמְטֶ֣נָּה וּנְטַשְׁתָּ֗הּ
וְאָֽכְלוּ֙ אֶבְיֹנֵ֣י עַמֶּ֔ךָ וְיִתְרָ֕ם תֹּאכַ֖ל חַיַּ֣ת הַשָּׂדֶ֑ה כֵּֽן־תַּעֲשֶׂ֥ה לְכַרְמְךָ֖
לְזֵיתֶֽךָ׃ שֵׁ֤שֶׁת יָמִים֙ תַּעֲשֶׂ֣ה מַעֲשֶׂ֔יךָ וּבַיּ֥וֹם הַשְּׁבִיעִ֖י תִּשְׁבֹּ֑ת לְמַ֣עַן
יָנ֗וּחַ שֽׁוֹרְךָ֙ וַחֲמֹרֶ֔ךָ וְיִנָּפֵ֥שׁ בֶּן־אֲמָתְךָ֖ וְהַגֵּֽר׃ וּבְכֹ֛ל אֲשֶׁר־אָמַ֥רְתִּי
אֲלֵיכֶ֖ם תִּשָּׁמֵ֑רוּ וְשֵׁ֨ם אֱלֹהִ֤ים אֲחֵרִים֙ לֹ֣א תַזְכִּ֔ירוּ לֹ֥א יִשָּׁמַ֖ע
עַל־פִּֽיךָ׃ שָׁ֣לֹשׁ רְגָלִ֔ים תָּחֹ֥ג לִ֖י בַּשָּׁנָֽה׃ אֶת־חַ֣ג הַמַּצּוֹת֮ תִּשְׁמֹר֒
שִׁבְעַ֣ת יָמִים֩ תֹּאכַ֨ל מַצּ֜וֹת כַּאֲשֶׁ֣ר צִוִּיתִ֗ךָ לְמוֹעֵד֙ חֹ֣דֶשׁ הָֽאָבִ֔יב
כִּי־ב֖וֹ יָצָ֣אתָ מִמִּצְרָ֑יִם וְלֹא־יֵרָא֥וּ פָנַ֖י רֵיקָֽם׃ וְחַ֤ג הַקָּצִיר֙ בִּכּוּרֵ֣י
מַעֲשֶׂ֔יךָ אֲשֶׁ֥ר תִּזְרַ֖ע בַּשָּׂדֶ֑ה וְחַ֤ג הָֽאָסִף֙ בְּצֵ֣את הַשָּׁנָ֔ה בְּאָסְפְּךָ֥
אֶֽת־מַעֲשֶׂ֖יךָ מִן־הַשָּׂדֶֽה׃ שָׁלֹ֥שׁ פְּעָמִ֖ים בַּשָּׁנָ֑ה יֵרָאֶה֙ כָּל־זְכ֣וּרְךָ֔
אֶל־פְּנֵ֖י הָֽאָדֹ֥ן ׀ יְהוָֽה׃ לֹֽא־תִזְבַּ֥ח עַל־חָמֵ֖ץ דַּם־זִבְחִ֑י וְלֹֽא־יָלִ֥ין
חֵֽלֶב־חַגִּ֖י עַד־בֹּֽקֶר׃ רֵאשִׁ֗ית בִּכּוּרֵי֙ אַדְמָ֣תְךָ֔ תָּבִ֕יא בֵּ֖ית יְהוָ֣ה
אֱלֹהֶ֑יךָ לֹֽא־תְבַשֵּׁ֥ל גְּדִ֖י בַּחֲלֵ֥ב אִמּֽוֹ׃

מגביהים את ספר התורה (עמ׳ 437), וקוראים לרביעי בספר השני ׳וְהִקְרַבְתֶּם׳.

קריאה לד׳ דחול המועד פסח (ג׳ דחול המועד בחו״ל)

אם ד׳ דחול המועד חל בשבת קוראים את הקריאה לשבת חול המועד (עמ׳ 184).
ואם חל ביום שני קוראים ׳אִם־כֶּסֶף׳ בעמ׳ 433.

שמות לד,א-כו וַיֹּאמֶר יְהוָה אֶל־מֹשֶׁה פְּסָל־לְךָ שְׁנֵי־לֻחֹת אֲבָנִים כָּרִאשֹׁנִים
וְכָתַבְתִּי עַל־הַלֻּחֹת אֶת־הַדְּבָרִים אֲשֶׁר הָיוּ עַל־הַלֻּחֹת
הָרִאשֹׁנִים אֲשֶׁר שִׁבַּרְתָּ: וֶהְיֵה נָכוֹן לַבֹּקֶר וְעָלִיתָ בַבֹּקֶר אֶל־הַר
סִינַי וְנִצַּבְתָּ לִי שָׁם עַל־רֹאשׁ הָהָר: וְאִישׁ לֹא־יַעֲלֶה עִמָּךְ וְגַם־
אִישׁ אַל־יֵרָא בְּכָל־הָהָר גַּם־הַצֹּאן וְהַבָּקָר אַל־יִרְעוּ אֶל־מוּל
לוי הָהָר הַהוּא: וַיִּפְסֹל שְׁנֵי־לֻחֹת אֲבָנִים כָּרִאשֹׁנִים וַיַּשְׁכֵּם מֹשֶׁה
בַבֹּקֶר וַיַּעַל אֶל־הַר סִינַי כַּאֲשֶׁר צִוָּה יְהוָה אֹתוֹ וַיִּקַּח בְּיָדוֹ שְׁנֵי
לֻחֹת אֲבָנִים: וַיֵּרֶד יְהוָה בֶּעָנָן וַיִּתְיַצֵּב עִמּוֹ שָׁם וַיִּקְרָא בְשֵׁם
יְהוָה: וַיַּעֲבֹר יְהוָה ׀ עַל־פָּנָיו וַיִּקְרָא יְהוָה ׀ יְהוָה אֵל רַחוּם וְחַנּוּן
אֶרֶךְ אַפַּיִם וְרַב־חֶסֶד וֶאֱמֶת: נֹצֵר חֶסֶד לָאֲלָפִים נֹשֵׂא עָוֺן וָפֶשַׁע
וְחַטָּאָה וְנַקֵּה לֹא יְנַקֶּה פֹּקֵד ׀ עֲוֺן אָבוֹת עַל־בָּנִים וְעַל־בְּנֵי בָנִים
עַל־שִׁלֵּשִׁים וְעַל־רִבֵּעִים: וַיְמַהֵר מֹשֶׁה וַיִּקֹּד אַרְצָה וַיִּשְׁתָּחוּ:
וַיֹּאמֶר אִם־נָא מָצָאתִי חֵן בְּעֵינֶיךָ אֲדֹנָי יֵלֶךְ־נָא אֲדֹנָי בְּקִרְבֵּנוּ
כִּי עַם־קְשֵׁה־עֹרֶף הוּא וְסָלַחְתָּ לַעֲוֺנֵנוּ וּלְחַטָּאתֵנוּ וּנְחַלְתָּנוּ:
וַיֹּאמֶר הִנֵּה אָנֹכִי כֹּרֵת בְּרִית נֶגֶד כָּל־עַמְּךָ אֶעֱשֶׂה נִפְלָאֹת אֲשֶׁר
לֹא־נִבְרְאוּ בְכָל־הָאָרֶץ וּבְכָל־הַגּוֹיִם וְרָאָה כָל־הָעָם אֲשֶׁר־
אַתָּה בְקִרְבּוֹ אֶת־מַעֲשֵׂה יְהוָה כִּי־נוֹרָא הוּא אֲשֶׁר אֲנִי עֹשֶׂה
שלישי עִמָּךְ: שְׁמָר־לְךָ אֵת אֲשֶׁר אָנֹכִי מְצַוְּךָ הַיּוֹם הִנְנִי גֹרֵשׁ מִפָּנֶיךָ
אֶת־הָאֱמֹרִי וְהַכְּנַעֲנִי וְהַחִתִּי וְהַפְּרִזִּי וְהַחִוִּי וְהַיְבוּסִי: הִשָּׁמֶר לְךָ
פֶּן־תִּכְרֹת בְּרִית לְיוֹשֵׁב הָאָרֶץ אֲשֶׁר אַתָּה בָּא עָלֶיהָ פֶּן־יִהְיֶה
לְמוֹקֵשׁ בְּקִרְבֶּךָ: כִּי אֶת־מִזְבְּחֹתָם תִּתֹּצוּן וְאֶת־מַצֵּבֹתָם תְּשַׁבֵּרוּן
וְאֶת־אֲשֵׁרָיו תִּכְרֹתוּן: כִּי לֹא תִשְׁתַּחֲוֶה לְאֵל אַחֵר כִּי יְהוָה קַנָּא

שמו אל קנא הוא: פן־תכרת ברית ליושב הארץ וזנו | אחרי
אלהיהם וזבחו לאלהיהם וקרא לך ואכלת מזבחו: ולקחת
מבנתיו לבניך וזנו בנתיו אחרי אלהיהן והזנו את־בניך אחרי
אלהיהן: אלהי מסכה לא תעשה־לך: את־חג המצות תשמר
שבעת ימים תאכל מצות אשר צויתך למועד חדש האביב
כי בחדש האביב יצאת ממצרים: כל־פטר רחם לי וכל־מקנך
תזכר פטר שור ושה: ופטר חמור תפדה בשה ואם־לא תפדה
וערפתו כל בכור בניך תפדה ולא־יראו פני ריקם: ששת
ימים תעבד וביום השביעי תשבת בחריש ובקציר תשבת:
וחג שבעת תעשה לך בכורי קציר חטים וחג האסיף תקופת
השנה: שלש פעמים בשנה יראה כל־זכורך את־פני האדן |
יהוה אלהי ישראל: כי־אוריש גוים מפניך והרחבתי את־גבלך
ולא־יחמד איש את־ארצך בעלתך לראות את־פני יהוה
אלהיך שלש פעמים בשנה: לא־תשחט על־חמץ דם־זבחי
ולא־ילין לבקר זבח חג הפסח: ראשית בכורי אדמתך תביא
בית יהוה אלהיך לא־תבשל גדי בחלב אמו:

מגביהים את ספר התורה (עמ' 437), וקוראים לרביעי בספר השני 'והקרבתם'.

קריאה לה' דחול המועד פסח (ד' דחול המועד בחו"ל)

במדבר ט, א-יד

וידבר יהוה אל־משה במדבר־סיני בשנה השנית לצאתם
מארץ מצרים בחדש הראשון לאמר: ויעשו בני־ישראל את־
הפסח במועדו: בארבעה עשר־יום בחדש הזה בין הערבים
תעשו אתו במעדו ככל־חקתיו וככל־משפטיו תעשו אתו:
וידבר משה אל־בני ישראל לעשת הפסח: ויעשו את־הפסח
בראשון בארבעה עשר יום לחדש בין הערבים במדבר

סִינָי כְּכֹל אֲשֶׁר צִוָּה יהוה אֶת־מֹשֶׁה כֵּן עָשׂוּ בְּנֵי יִשְׂרָאֵל:
לוי וַיְהִי אֲנָשִׁים אֲשֶׁר הָיוּ טְמֵאִים לְנֶפֶשׁ אָדָם וְלֹא־יָכְלוּ לַעֲשֹׂת־
הַפֶּסַח בַּיּוֹם הַהוּא וַיִּקְרְבוּ לִפְנֵי מֹשֶׁה וְלִפְנֵי אַהֲרֹן בַּיּוֹם
הַהוּא: וַיֹּאמְרוּ הָאֲנָשִׁים הָהֵמָּה אֵלָיו אֲנַחְנוּ טְמֵאִים לְנֶפֶשׁ
אָדָם לָמָּה נִגָּרַע לְבִלְתִּי הַקְרִב אֶת־קָרְבַּן יהוה בְּמֹעֲדוֹ בְּתוֹךְ
בְּנֵי יִשְׂרָאֵל: וַיֹּאמֶר אֲלֵהֶם מֹשֶׁה עִמְדוּ וְאֶשְׁמְעָה מַה־יְצַוֶּה
יהוה לָכֶם:

שלישי וַיְדַבֵּר יהוה אֶל־מֹשֶׁה לֵּאמֹר: דַּבֵּר אֶל־בְּנֵי יִשְׂרָאֵל לֵאמֹר
אִישׁ אִישׁ כִּי־יִהְיֶה טָמֵא ׀ לָנֶפֶשׁ אוֹ בְדֶרֶךְ רְחֹקָה לָכֶם אוֹ
לְדֹרֹתֵיכֶם וְעָשָׂה פֶסַח לַיהוה: בַּחֹדֶשׁ הַשֵּׁנִי בְּאַרְבָּעָה עָשָׂר
יוֹם בֵּין הָעַרְבַּיִם יַעֲשׂוּ אֹתוֹ עַל־מַצּוֹת וּמְרֹרִים יֹאכְלֻהוּ: לֹא־
יַשְׁאִירוּ מִמֶּנּוּ עַד־בֹּקֶר וְעֶצֶם לֹא יִשְׁבְּרוּ־בוֹ כְּכָל־חֻקַּת הַפֶּסַח
יַעֲשׂוּ אֹתוֹ: וְהָאִישׁ אֲשֶׁר־הוּא טָהוֹר וּבְדֶרֶךְ לֹא־הָיָה וְחָדַל
לַעֲשׂוֹת הַפֶּסַח וְנִכְרְתָה הַנֶּפֶשׁ הַהִוא מֵעַמֶּיהָ כִּי ׀ קָרְבַּן יהוה
לֹא הִקְרִיב בְּמֹעֲדוֹ חֶטְאוֹ יִשָּׂא הָאִישׁ הַהוּא: וְכִי־יָגוּר אִתְּכֶם
גֵּר וְעָשָׂה פֶסַח לַיהוה כְּחֻקַּת הַפֶּסַח וּכְמִשְׁפָּטוֹ כֵּן יַעֲשֶׂה חֻקָּה
אַחַת יִהְיֶה לָכֶם וְלַגֵּר וּלְאֶזְרַח הָאָרֶץ:

הגבהה וגלילה

כאשר מגביהים את ספר התורה הראשון, הקהל אומר:

דברים ד וְזֹאת הַתּוֹרָה אֲשֶׁר־שָׂם מֹשֶׁה לִפְנֵי בְּנֵי יִשְׂרָאֵל:
במדבר ט עַל־פִּי יהוה בְּיַד מֹשֶׁה:

דברים לג ויש מוסיפים: תּוֹרָה צִוָּה־לָנוּ מֹשֶׁה, מוֹרָשָׁה קְהִלַּת יַעֲקֹב: עֵץ־חַיִּים הִיא לַמַּחֲזִיקִים
משלי ג בָּהּ וְתֹמְכֶיהָ מְאֻשָּׁר: דְּרָכֶיהָ דַרְכֵי־נֹעַם וְכָל־נְתִיבֹתֶיהָ שָׁלוֹם: אֹרֶךְ
ישעיה מב יָמִים בִּימִינָהּ, בִּשְׂמֹאולָהּ עֹשֶׁר וְכָבוֹד: יהוה חָפֵץ לְמַעַן צִדְקוֹ יַגְדִּיל
תּוֹרָה וְיַאְדִּיר:

לרביעי קוראים מספר התורה השני.

במדבר כח, יט–כה
וְהִקְרַבְתֶּ֨ם אִשֶּׁ֤ה עֹלָה֙ לַֽיהוָ֔ה פָּרִ֧ים בְּנֵֽי־בָקָ֛ר שְׁנַ֖יִם וְאַ֣יִל אֶחָ֑ד
וְשִׁבְעָ֤ה כְבָשִׂים֙ בְּנֵ֣י שָׁנָ֔ה תְּמִימִ֖ם יִהְי֥וּ לָכֶֽם׃ וּמִ֨נְחָתָ֔ם סֹ֖לֶת בְּלוּלָ֣ה
בַשָּׁ֑מֶן שְׁלֹשָׁ֨ה עֶשְׂרֹנִ֜ים לַפָּ֗ר וּשְׁנֵ֧י עֶשְׂרֹנִ֛ים לָאַ֖יִל תַּעֲשֽׂוּ׃ עִשָּׂר֣וֹן
עִשָּׂר֔וֹן תַּעֲשֶׂ֖ה לַכֶּ֣בֶשׂ הָאֶחָ֑ד לְשִׁבְעַ֖ת הַכְּבָשִֽׂים׃ וּשְׂעִ֥יר חַטָּ֖את
אֶחָ֑ד לְכַפֵּ֖ר עֲלֵיכֶֽם׃ מִלְּבַד֙ עֹלַ֣ת הַבֹּ֔קֶר אֲשֶׁ֖ר לְעֹלַ֣ת הַתָּמִ֑יד תַּעֲשׂ֖וּ
אֶת־אֵֽלֶּה׃ כָּאֵ֜לֶּה תַּעֲשׂ֤וּ לַיּוֹם֙ שִׁבְעַ֣ת יָמִ֔ים לֶ֛חֶם אִשֵּׁ֥ה רֵֽיחַ־נִיחֹ֖חַ
לַֽיהוָ֑ה עַל־עוֹלַ֧ת הַתָּמִ֛יד יֵעָשֶׂ֖ה וְנִסְכּֽוֹ׃ וּבַיּוֹם֙ הַשְּׁבִיעִ֔י מִקְרָא־
קֹ֖דֶשׁ יִהְיֶ֣ה לָכֶ֑ם כָּל־מְלֶ֥אכֶת עֲבֹדָ֖ה לֹ֥א תַעֲשֽׂוּ׃

אומרים חצי קדיש, ומגביהים את ספר התורה (עמ׳ 440).

סדר הקריאה לחול המועד סוכות בחו״ל

ביום א׳ דחול המועד: כהן – ׳וּבַיּוֹם הַשֵּׁנִי׳; לוי – ׳וּבַיּוֹם הַשְּׁלִישִׁי׳; ישראל – ׳וּבַיּוֹם הָרְבִיעִי׳;
רביעי – ׳וּבַיּוֹם הַשֵּׁנִי׳ ׳וּבַיּוֹם הַשְּׁלִישִׁי׳.

ביום ב׳ דחול המועד: כהן – ׳וּבַיּוֹם הַשְּׁלִישִׁי׳; לוי – ׳וּבַיּוֹם הָרְבִיעִי׳; ישראל – ׳וּבַיּוֹם הַחֲמִישִׁי׳;
רביעי – ׳וּבַיּוֹם הַשְּׁלִישִׁי׳ ׳וּבַיּוֹם הָרְבִיעִי׳.

ביום ג׳ דחול המועד: כהן – ׳וּבַיּוֹם הָרְבִיעִי׳; לוי – ׳וּבַיּוֹם הַחֲמִישִׁי׳; ישראל – ׳וּבַיּוֹם הַשִּׁשִּׁי׳;
רביעי – ׳וּבַיּוֹם הָרְבִיעִי׳ ׳וּבַיּוֹם הַחֲמִישִׁי׳.

ביום ד׳ דחול המועד: כהן – ׳וּבַיּוֹם הַחֲמִישִׁי׳; לוי – ׳וּבַיּוֹם הַשִּׁשִּׁי׳; ישראל – ׳וּבַיּוֹם הַשְּׁבִיעִי׳;
רביעי – ׳וּבַיּוֹם הַחֲמִישִׁי׳ ׳וּבַיּוֹם הַשִּׁשִּׁי׳.

ביום ה׳ דחול המועד (הושענא רבה): כהן – ׳וּבַיּוֹם הַחֲמִישִׁי׳; לוי – ׳וּבַיּוֹם הַשִּׁשִּׁי׳;
ישראל – ׳וּבַיּוֹם הַשְּׁבִיעִי׳; רביעי – ׳וּבַיּוֹם הַשִּׁשִּׁי׳ ׳וּבַיּוֹם הַשְּׁבִיעִי׳.

קריאה לחול המועד סוכות

בחול המועד סוכות מעלים לתורה ארבעה קרואים,
וקוראים לכל אחד מהם את המוסף לאותו היום.

ביום ראשון דחול המועד קוראים:

במדבר כט, יז–יט
וּבַיּ֣וֹם הַשֵּׁנִ֗י פָּרִ֧ים בְּנֵי־בָקָ֛ר שְׁנֵ֥ים עָשָׂ֖ר אֵילִ֣ם שְׁנָ֑יִם כְּבָשִׂ֧ים בְּנֵי־
שָׁנָ֛ה אַרְבָּעָ֥ה עָשָׂ֖ר תְּמִימִֽם׃ וּמִנְחָתָ֣ם וְנִסְכֵּיהֶ֡ם לַ֠פָּרִים לָאֵילִ֧ם
וְלַכְּבָשִׂ֛ים בְּמִסְפָּרָ֖ם כַּמִּשְׁפָּֽט׃ וּשְׂעִיר־עִזִּ֥ים אֶחָ֖ד חַטָּ֑את מִלְּבַד֙
עֹלַ֣ת הַתָּמִ֔יד וּמִנְחָתָ֖הּ וְנִסְכֵּיהֶֽם׃

חצי קדיש (עמ׳ 440)

ביום שני דחול המועד קוראים:

וּבַיּוֹם הַשְּׁלִישִׁי פָּרִים עַשְׁתֵּי־עָשָׂר אֵילִם שְׁנָיִם כְּבָשִׂים בְּנֵי־שָׁנָה במדבר כט, כ–כב
אַרְבָּעָה עָשָׂר תְּמִימִם: וּמִנְחָתָם וְנִסְכֵּיהֶם לַפָּרִים לָאֵילִם וְלַכְּבָשִׂים
בְּמִסְפָּרָם כַּמִּשְׁפָּט: וּשְׂעִיר חַטָּאת אֶחָד מִלְּבַד עֹלַת הַתָּמִיד
וּמִנְחָתָהּ וְנִסְכָּהּ: חצי קדיש (בעמוד הבא)

ביום שלישי דחול המועד קוראים:

וּבַיּוֹם הָרְבִיעִי פָּרִים עֲשָׂרָה אֵילִם שְׁנָיִם כְּבָשִׂים בְּנֵי־שָׁנָה אַרְבָּעָה במדבר כט, כג–כה
עָשָׂר תְּמִימִם: מִנְחָתָם וְנִסְכֵּיהֶם לַפָּרִים לָאֵילִם וְלַכְּבָשִׂים בְּמִסְפָּרָם
כַּמִּשְׁפָּט: וּשְׂעִיר־עִזִּים אֶחָד חַטָּאת מִלְּבַד עֹלַת הַתָּמִיד מִנְחָתָהּ
וְנִסְכָּהּ: חצי קדיש (בעמוד הבא)

ביום רביעי דחול המועד קוראים:

וּבַיּוֹם הַחֲמִישִׁי פָּרִים תִּשְׁעָה אֵילִם שְׁנָיִם כְּבָשִׂים בְּנֵי־שָׁנָה במדבר כט, כו–כח
אַרְבָּעָה עָשָׂר תְּמִימִם: וּמִנְחָתָם וְנִסְכֵּיהֶם לַפָּרִים לָאֵילִם וְלַכְּבָשִׂים
בְּמִסְפָּרָם כַּמִּשְׁפָּט: וּשְׂעִיר חַטָּאת אֶחָד מִלְּבַד עֹלַת הַתָּמִיד
וּמִנְחָתָהּ וְנִסְכָּהּ: חצי קדיש (בעמוד הבא)

ביום חמישי דחול המועד קוראים:

וּבַיּוֹם הַשִּׁשִּׁי פָּרִים שְׁמֹנָה אֵילִם שְׁנָיִם כְּבָשִׂים בְּנֵי־שָׁנָה אַרְבָּעָה במדבר כט, כט–לא
עָשָׂר תְּמִימִם: וּמִנְחָתָם וְנִסְכֵּיהֶם לַפָּרִים לָאֵילִם וְלַכְּבָשִׂים
בְּמִסְפָּרָם כַּמִּשְׁפָּט: וּשְׂעִיר חַטָּאת אֶחָד מִלְּבַד עֹלַת הַתָּמִיד
מִנְחָתָהּ וּנְסָכֶיהָ: חצי קדיש (בעמוד הבא)

בהושענא רבה קוראים:

וּבַיּוֹם הַשְּׁבִיעִי פָּרִים שִׁבְעָה אֵילִם שְׁנָיִם כְּבָשִׂים בְּנֵי־שָׁנָה אַרְבָּעָה במדבר כט, לב–לד
עָשָׂר תְּמִימִם: וּמִנְחָתָם וְנִסְכֵּהֶם לַפָּרִים לָאֵילִם וְלַכְּבָשִׂים בְּמִסְפָּרָם
כְּמִשְׁפָּטָם: וּשְׂעִיר חַטָּאת אֶחָד מִלְּבַד עֹלַת הַתָּמִיד מִנְחָתָהּ
וְנִסְכָּהּ:

חצי קדיש

לאחר קריאת התורה בעל הקורא אומר חצי קדיש (סדר רב עמרם גאון):

קורא: **יִתְגַּדַּל וְיִתְקַדַּשׁ שְׁמֵהּ רַבָּא** (קהל: אָמֵן)
בְּעָלְמָא דִּי בְרָא כִרְעוּתֵהּ
וְיַמְלִיךְ מַלְכוּתֵהּ וְיַצְמַח פֻּרְקָנֵהּ וִיקָרֵב מְשִׁיחֵהּ (קהל: אָמֵן)
בְּחַיֵּיכוֹן וּבְיוֹמֵיכוֹן וּבְחַיֵּי דְכָל בֵּית יִשְׂרָאֵל
בַּעֲגָלָא וּבִזְמַן קָרִיב
וְאִמְרוּ אָמֵן. (קהל: אָמֵן)

קורא וקהל: **יְהֵא שְׁמֵהּ רַבָּא מְבָרַךְ לְעָלַם וּלְעָלְמֵי עָלְמַיָּא.**

קורא: **יִתְבָּרַךְ וְיִשְׁתַּבַּח וְיִתְפָּאַר וְיִתְרוֹמַם וְיִתְנַשֵּׂא**
וְיִתְהַדָּר וְיִתְעַלֶּה וְיִתְהַלָּל
שְׁמֵהּ דְּקֻדְשָׁא בְּרִיךְ הוּא (קהל: אָמֵן)
לְעֵלָּא מִן כָּל בִּרְכָתָא
וְשִׁירָתָא, תֻּשְׁבְּחָתָא וְנֶחֱמָתָא
דַּאֲמִירָן בְּעָלְמָא
וְאִמְרוּ אָמֵן. (קהל: אָמֵן)

הגבהה וגלילה

כאשר מגביהים את ספר התורה (רמב״ן, דברים כז, כו), הקהל אומר:

דברים ד **וְזֹאת הַתּוֹרָה אֲשֶׁר־שָׂם מֹשֶׁה לִפְנֵי בְּנֵי יִשְׂרָאֵל:**
במדבר ט **(עַל־פִּי יהוה בְּיַד־מֹשֶׁה:)**

ויש מוסיפים (סידור השל״ה):

דברים לג **תּוֹרָה צִוָּה־לָנוּ מֹשֶׁה, מוֹרָשָׁה קְהִלַּת יַעֲקֹב:**
משלי ג **עֵץ־חַיִּים הִיא לַמַּחֲזִיקִים בָּהּ וְתֹמְכֶיהָ מְאֻשָּׁר:**
דְּרָכֶיהָ דַרְכֵי־נֹעַם וְכָל־נְתִיבוֹתֶיהָ שָׁלוֹם:
אֹרֶךְ יָמִים בִּימִינָהּ, בִּשְׂמֹאולָהּ עֹשֶׁר וְכָבוֹד:
ישעיה מב **יהוה חָפֵץ לְמַעַן צִדְקוֹ יַגְדִּיל תּוֹרָה וְיַאְדִּיר:**

בבתי כנסת המתפללים בנוסח אשכנז, מחזירים את ספר התורה לארון הקודש (עמ' 443) לפני אמירת 'אַשְׁרֵי'.

אַשְׁרֵי יוֹשְׁבֵי בֵיתֶךָ, עוֹד יְהַלְלוּךָ סֶּלָה: תהלים פד

אַשְׁרֵי הָעָם שֶׁכָּכָה לּוֹ, אַשְׁרֵי הָעָם שֶׁיהוה אֱלֹהָיו: תהלים קמד

תְּהִלָּה לְדָוִד תהלים קמה

אֲרוֹמִמְךָ אֱלוֹהַי הַמֶּלֶךְ, וַאֲבָרְכָה שִׁמְךָ לְעוֹלָם וָעֶד:

בְּכָל־יוֹם אֲבָרְכֶךָּ, וַאֲהַלְלָה שִׁמְךָ לְעוֹלָם וָעֶד:

גָּדוֹל יהוה וּמְהֻלָּל מְאֹד, וְלִגְדֻלָּתוֹ אֵין חֵקֶר:

דּוֹר לְדוֹר יְשַׁבַּח מַעֲשֶׂיךָ, וּגְבוּרֹתֶיךָ יַגִּידוּ:

הֲדַר כְּבוֹד הוֹדֶךָ, וְדִבְרֵי נִפְלְאֹתֶיךָ אָשִׂיחָה:

וֶעֱזוּז נוֹרְאֹתֶיךָ יֹאמֵרוּ, וּגְדוּלָּתְךָ אֲסַפְּרֶנָּה:

זֵכֶר רַב־טוּבְךָ יַבִּיעוּ, וְצִדְקָתְךָ יְרַנֵּנוּ:

חַנּוּן וְרַחוּם יהוה, אֶרֶךְ אַפַּיִם וּגְדָל־חָסֶד:

טוֹב־יהוה לַכֹּל, וְרַחֲמָיו עַל־כָּל־מַעֲשָׂיו:

יוֹדוּךָ יהוה כָּל־מַעֲשֶׂיךָ, וַחֲסִידֶיךָ יְבָרְכוּכָה:

כְּבוֹד מַלְכוּתְךָ יֹאמֵרוּ, וּגְבוּרָתְךָ יְדַבֵּרוּ:

לְהוֹדִיעַ לִבְנֵי הָאָדָם גְּבוּרֹתָיו, וּכְבוֹד הֲדַר מַלְכוּתוֹ:

מַלְכוּתְךָ מַלְכוּת כָּל־עֹלָמִים, וּמֶמְשַׁלְתְּךָ בְּכָל־דּוֹר וָדֹר:

סוֹמֵךְ יהוה לְכָל־הַנֹּפְלִים, וְזוֹקֵף לְכָל־הַכְּפוּפִים:

עֵינֵי־כֹל אֵלֶיךָ יְשַׂבֵּרוּ, וְאַתָּה נוֹתֵן־לָהֶם אֶת־אָכְלָם בְּעִתּוֹ:

פּוֹתֵחַ אֶת־יָדֶךָ, וּמַשְׂבִּיעַ לְכָל־חַי רָצוֹן:

צַדִּיק יהוה בְּכָל־דְּרָכָיו, וְחָסִיד בְּכָל־מַעֲשָׂיו:

קָרוֹב יהוה לְכָל־קֹרְאָיו, לְכֹל אֲשֶׁר יִקְרָאֻהוּ בֶאֱמֶת:

רְצוֹן־יְרֵאָיו יַעֲשֶׂה, וְאֶת־שַׁוְעָתָם יִשְׁמַע, וְיוֹשִׁיעֵם:

שׁוֹמֵר יהוה אֶת־כָּל־אֹהֲבָיו, וְאֵת כָּל־הָרְשָׁעִים יַשְׁמִיד:

◂ תְּהִלַּת יהוה יְדַבֶּר פִּי, וִיבָרֵךְ כָּל־בָּשָׂר שֵׁם קָדְשׁוֹ לְעוֹלָם וָעֶד:

וַאֲנַחְנוּ נְבָרֵךְ יָהּ מֵעַתָּה וְעַד־עוֹלָם, הַלְלוּיָהּ: תהלים קטו

״רשב״ג אומר, העיד ר׳ יהושע: מיום שחרב בהמ״ק – אין יום שאין בו קללה...״ (משנה, סוטה מח ע״א). ״...ואלא עלמא אמאי קא מקיים? אקדושה דסידרא ואיהא שמיה רבא דאגדתא״. (גמרא שם, מט ע״א). ומתרגמים את הקדושה, כדי שיבינו אותה הכל (רש״י שם).

ישעיה נט **וּבָא לְצִיּוֹן גּוֹאֵל, וּלְשָׁבֵי פֶשַׁע בְּיַעֲקֹב, נְאֻם יהוה: וַאֲנִי זֹאת בְּרִיתִי אוֹתָם, אָמַר יהוה, רוּחִי אֲשֶׁר עָלֶיךָ וּדְבָרַי אֲשֶׁר־שַׂמְתִּי בְּפִיךָ, לֹא־יָמוּשׁוּ מִפִּיךָ וּמִפִּי זַרְעֲךָ וּמִפִּי זֶרַע זַרְעֲךָ, אָמַר יהוה, מֵעַתָּה וְעַד־עוֹלָם:**

תהלים כב ◄ **וְאַתָּה קָדוֹשׁ יוֹשֵׁב תְּהִלּוֹת יִשְׂרָאֵל:**
ישעיה ו **וְקָרָא זֶה אֶל־זֶה וְאָמַר קָדוֹשׁ, קָדוֹשׁ, קָדוֹשׁ, יהוה צְבָאוֹת, מְלֹא כָל־הָאָרֶץ כְּבוֹדוֹ:**

תרגום יונתן ישעיה ו וּמְקַבְּלִין דֵּין מִן דֵּין וְאָמְרִין, קַדִּישׁ בִּשְׁמֵי מְרוֹמָא עִלָּאָה בֵּית שְׁכִינְתֵהּ, קַדִּישׁ עַל אַרְעָא עוֹבַד גְּבוּרְתֵהּ, קַדִּישׁ לְעָלַם וּלְעָלְמֵי עָלְמַיָּא, יהוה צְבָאוֹת, מַלְיָא כָל אַרְעָא זִיו יְקָרֵהּ.

יחזקאל ג ◄ **וַתִּשָּׂאֵנִי רוּחַ, וָאֶשְׁמַע אַחֲרַי קוֹל רַעַשׁ גָּדוֹל בָּרוּךְ כְּבוֹד־יהוה מִמְּקוֹמוֹ:**

תרגום יונתן יחזקאל ג וּנְטָלַתְנִי רוּחָא, וּשְׁמָעִית בַּתְרַי קָל זִיעַ סַגִּיא, דִּמְשַׁבְּחִין וְאָמְרִין, בְּרִיךְ יְקָרָא דַיהוה מֵאֲתַר בֵּית שְׁכִינְתֵהּ.

שמות טו **יהוה יִמְלֹךְ לְעֹלָם וָעֶד:**

תרגום אונקלוס שמות טו יהוה מַלְכוּתֵהּ קָאֵם לְעָלַם וּלְעָלְמֵי עָלְמַיָּא.

דברי הימים א׳ כט **יהוה אֱלֹהֵי אַבְרָהָם יִצְחָק וְיִשְׂרָאֵל אֲבֹתֵינוּ, שָׁמְרָה־זֹּאת לְעוֹלָם**
תהלים עח **לְיֵצֶר מַחְשְׁבוֹת לְבַב עַמֶּךָ, וְהָכֵן לְבָבָם אֵלֶיךָ: וְהוּא רַחוּם יְכַפֵּר**
תהלים פו **עָוֹן וְלֹא־יַשְׁחִית, וְהִרְבָּה לְהָשִׁיב אַפּוֹ, וְלֹא־יָעִיר כָּל־חֲמָתוֹ: כִּי־**
תהלים קיט **אַתָּה אֲדֹנָי טוֹב וְסַלָּח, וְרַב־חֶסֶד לְכָל־קֹרְאֶיךָ: צִדְקָתְךָ צֶדֶק**
מיכה ז **לְעוֹלָם וְתוֹרָתְךָ אֱמֶת: תִּתֵּן אֱמֶת לְיַעֲקֹב, חֶסֶד לְאַבְרָהָם, אֲשֶׁר־**
תהלים סח **נִשְׁבַּעְתָּ לַאֲבֹתֵינוּ מִימֵי קֶדֶם: בָּרוּךְ אֲדֹנָי יוֹם יוֹם יַעֲמָס־לָנוּ, הָאֵל**
תהלים מו **יְשׁוּעָתֵנוּ סֶלָה: יהוה צְבָאוֹת עִמָּנוּ, מִשְׂגָּב לָנוּ אֱלֹהֵי יַעֲקֹב סֶלָה:**

תהלים פד / תהלים כ
יהוה צְבָאוֹת, אַשְׁרֵי אָדָם בֹּטֵחַ בָּךְ: יהוה הוֹשִׁיעָה, הַמֶּלֶךְ יַעֲנֵנוּ בְיוֹם־קָרְאֵנוּ:

בָּרוּךְ הוּא אֱלֹהֵינוּ שֶׁבְּרָאָנוּ לִכְבוֹדוֹ, וְהִבְדִּילָנוּ מִן הַתּוֹעִים, וְנָתַן לָנוּ תּוֹרַת אֱמֶת, וְחַיֵּי עוֹלָם נָטַע בְּתוֹכֵנוּ. הוּא יִפְתַּח לִבֵּנוּ בְּתוֹרָתוֹ, וְיָשֵׂם בְּלִבֵּנוּ אַהֲבָתוֹ וְיִרְאָתוֹ וְלַעֲשׂוֹת רְצוֹנוֹ וּלְעָבְדוֹ בְּלֵבָב שָׁלֵם, לְמַעַן לֹא נִיגַע לָרִיק וְלֹא נֵלֵד לַבֶּהָלָה.

יְהִי רָצוֹן מִלְּפָנֶיךָ יהוה אֱלֹהֵינוּ וֵאלֹהֵי אֲבוֹתֵינוּ, שֶׁנִּשְׁמֹר חֻקֶּיךָ בָּעוֹלָם הַזֶּה, וְנִזְכֶּה וְנִחְיֶה וְנִרְאֶה וְנִירַשׁ טוֹבָה וּבְרָכָה, לִשְׁנֵי

תהלים ל
יְמוֹת הַמָּשִׁיחַ וּלְחַיֵּי הָעוֹלָם הַבָּא. לְמַעַן יְזַמֶּרְךָ כָבוֹד וְלֹא יִדֹּם,

ירמיה יז
יהוה אֱלֹהַי, לְעוֹלָם אוֹדֶךָּ: בָּרוּךְ הַגֶּבֶר אֲשֶׁר יִבְטַח בַּיהוה, וְהָיָה

ישעיה כו
יהוה מִבְטַחוֹ: בִּטְחוּ בַיהוה עֲדֵי־עַד, כִּי בְּיָהּ יהוה צוּר עוֹלָמִים:

תהלים ט / ישעיה מב
‹ וְיִבְטְחוּ בְךָ יוֹדְעֵי שְׁמֶךָ, כִּי לֹא־עָזַבְתָּ דֹרְשֶׁיךָ, יהוה: יהוה חָפֵץ לְמַעַן צִדְקוֹ, יַגְדִּיל תּוֹרָה וְיַאְדִּיר:

בבתי כנסת המתפללים בנוסח אשכנז,
אומרים חצי קדיש ועומדים להתפלל מוסף (עמ׳ 347).

הכנסת ספר תורה

פותחים את ארון הקודש. שליח הציבור לוקח את ספר התורה בימינו ואומר (סידור הרוקח):

תהלים קמח
יְהַלְלוּ אֶת־שֵׁם יהוה, כִּי־נִשְׂגָּב שְׁמוֹ, לְבַדּוֹ

הקהל עונה:

הוֹדוֹ עַל־אֶרֶץ וְשָׁמָיִם:
וַיָּרֶם קֶרֶן לְעַמּוֹ
תְּהִלָּה לְכָל־חֲסִידָיו
לִבְנֵי יִשְׂרָאֵל עַם קְרֹבוֹ, הַלְלוּיָהּ:

מלווים את ספר התורה לארון הקודש באמירת (סידור השל״ה):

תהלים כד לְדָוִד מִזְמוֹר, לַיהוה הָאָרֶץ וּמְלוֹאָהּ, תֵּבֵל וְיֹשְׁבֵי בָהּ: כִּי־הוּא עַל־
יַמִּים יְסָדָהּ, וְעַל־נְהָרוֹת יְכוֹנְנֶהָ: מִי־יַעֲלֶה בְהַר־יהוה, וּמִי־יָקוּם
בִּמְקוֹם קָדְשׁוֹ: נְקִי כַפַּיִם וּבַר־לֵבָב, אֲשֶׁר לֹא־נָשָׂא לַשָּׁוְא נַפְשִׁי
וְלֹא נִשְׁבַּע לְמִרְמָה: יִשָּׂא בְרָכָה מֵאֵת יהוה, וּצְדָקָה מֵאֱלֹהֵי יִשְׁעוֹ:
זֶה דּוֹר דֹּרְשָׁו, מְבַקְשֵׁי פָנֶיךָ, יַעֲקֹב, סֶלָה: שְׂאוּ שְׁעָרִים רָאשֵׁיכֶם,
וְהִנָּשְׂאוּ פִּתְחֵי עוֹלָם, וְיָבוֹא מֶלֶךְ הַכָּבוֹד: מִי זֶה מֶלֶךְ הַכָּבוֹד,
יהוה עִזּוּז וְגִבּוֹר, יהוה גִּבּוֹר מִלְחָמָה: שְׂאוּ שְׁעָרִים רָאשֵׁיכֶם,
וּשְׂאוּ פִּתְחֵי עוֹלָם, וְיָבֹא מֶלֶךְ הַכָּבוֹד: מִי הוּא זֶה מֶלֶךְ הַכָּבוֹד,
יהוה צְבָאוֹת הוּא מֶלֶךְ הַכָּבוֹד, סֶלָה:

מכניסים את ספר התורה לארון הקודש ואומרים
(ספר המחכים, סידור ׳מלאה הארץ דעה׳):

במדבר י וּבְנֻחֹה יֹאמַר, שׁוּבָה יהוה רִבְבוֹת אַלְפֵי יִשְׂרָאֵל:

תהלים קלב קוּמָה יהוה לִמְנוּחָתֶךָ, אַתָּה וַאֲרוֹן עֻזֶּךָ:

כֹּהֲנֶיךָ יִלְבְּשׁוּ־צֶדֶק, וַחֲסִידֶיךָ יְרַנֵּנוּ:

בַּעֲבוּר דָּוִד עַבְדֶּךָ אַל־תָּשֵׁב פְּנֵי מְשִׁיחֶךָ:

משלי ד כִּי לֶקַח טוֹב נָתַתִּי לָכֶם, תּוֹרָתִי אַל־תַּעֲזֹבוּ:

משלי ג עֵץ־חַיִּים הִיא לַמַּחֲזִיקִים בָּהּ, וְתֹמְכֶיהָ מְאֻשָּׁר:

דְּרָכֶיהָ דַרְכֵי־נֹעַם וְכָל־נְתִיבוֹתֶיהָ שָׁלוֹם:

איכה ה ◄ הֲשִׁיבֵנוּ יהוה אֵלֶיךָ וְנָשׁוּבָ, חַדֵּשׁ יָמֵינוּ כְּקֶדֶם:

סוגרים את ארון הקודש.

אומרים חצי קדיש ועומדים להתפלל מוסף בעמ׳ 347.

בבתי כנסת המתפללים בנוסח אשכנז, ממשיכים כאן ׳אַשְׁרֵי׳ (עמ׳ 441) ׳וּבָא לְצִיּוֹן׳
לפני חצי קדיש בעמ׳ 347.

ערבית לימות החול

ערבית לימות החול

״זָכַרְתִּי בַלַּיְלָה שִׁמְךָ ה׳ וָאֶשְׁמְרָה תּוֹרָתֶךָ״ (תהלים קיט, נה).

נוהגים לומר מזמור קלד ופסוקים אחריו כדי להגיע לקריאת שמע מתוך דברי תורה (פסקי ריא״ז ריש ברכות). בבתי כנסת המתפללים בנוסח אשכנז, מתחילים ׳וְהוּא רַחוּם׳ בעמוד הבא, וגם בקרב מתפללי נוסח ספרד יש המדלגים על ׳שִׁיר הַמַּעֲלוֹת׳ ומתחילים ׳וְהוּא רַחוּם׳ במוצאי שבת (ליקוטי מהרי״ח).

שִׁיר הַמַּעֲלוֹת, הִנֵּה בָּרְכוּ אֶת־יהוה כָּל־עַבְדֵי יהוה, הָעֹמְדִים בְּבֵית־יהוה תהלים קלד
בַּלֵּילוֹת: שְׂאוּ־יְדֵכֶם קֹדֶשׁ, וּבָרְכוּ אֶת־יהוה: יְבָרֶכְךָ יהוה מִצִּיּוֹן, עֹשֵׂה שָׁמַיִם
וָאָרֶץ:

אומרים כל פסוק שלוש פעמים:

יהוה צְבָאוֹת עִמָּנוּ, מִשְׂגָּב לָנוּ אֱלֹהֵי יַעֲקֹב סֶלָה: תהלים מו
יהוה צְבָאוֹת, אַשְׁרֵי אָדָם בֹּטֵחַ בָּךְ: תהלים פד
יהוה הוֹשִׁיעָה, הַמֶּלֶךְ יַעֲנֵנוּ בְיוֹם־קָרְאֵנוּ: תהלים כ

הוֹשִׁיעָה אֶת־עַמֶּךָ וּבָרֵךְ אֶת־נַחֲלָתֶךָ, וּרְעֵם וְנַשְּׂאֵם עַד־הָעוֹלָם: מִי יִתֵּן מִצִּיּוֹן תהלים כח תהלים יד
יְשׁוּעַת יִשְׂרָאֵל, בְּשׁוּב יהוה שְׁבוּת עַמּוֹ, יָגֵל יַעֲקֹב, יִשְׂמַח יִשְׂרָאֵל: בְּשָׁלוֹם תהלים ד
יַחְדָּו אֶשְׁכְּבָה וְאִישָׁן, כִּי־אַתָּה יהוה לְבָדָד, לָבֶטַח תּוֹשִׁיבֵנִי: יוֹמָם יְצַוֶּה יהוה תהלים מב
חַסְדּוֹ, וּבַלַּיְלָה שִׁירֹה עִמִּי, תְּפִלָּה לְאֵל חַיָּי: וּתְשׁוּעַת צַדִּיקִים מֵיהוה, מָעוּזָּם תהלים לז
בְּעֵת צָרָה: וַיַּעְזְרֵם יהוה וַיְפַלְּטֵם, יְפַלְּטֵם מֵרְשָׁעִים וְיוֹשִׁיעֵם כִּי־חָסוּ בוֹ:

האר״י הנהיג לומר חצי קדיש לפני תפילת ערבית. יש שכתבו לומר אותו אחרי ׳וְהוּא רַחוּם׳ (סידור בעל התניא, ׳אשל אברהם׳), ובסידורים של תלמידי האר״י הוא מובא לפני ׳וְהוּא רַחוּם׳.

חצי קדיש

ש״ץ: יִתְגַּדַּל וְיִתְקַדַּשׁ שְׁמֵהּ רַבָּא (קהל: אָמֵן)
בְּעָלְמָא דִּי בְרָא כִרְעוּתֵהּ
וְיַמְלִיךְ מַלְכוּתֵהּ וְיַצְמַח פֻּרְקָנֵהּ וִיקָרֵב מְשִׁיחֵהּ (קהל: אָמֵן)
בְּחַיֵּיכוֹן וּבְיוֹמֵיכוֹן וּבְחַיֵּי דְכָל בֵּית יִשְׂרָאֵל
בַּעֲגָלָא וּבִזְמַן קָרִיב, וְאִמְרוּ אָמֵן. (קהל: אָמֵן)

קהל וש״ץ: יְהֵא שְׁמֵהּ רַבָּא מְבָרַךְ לְעָלַם וּלְעָלְמֵי עָלְמַיָּא.

ש״ץ: יִתְבָּרַךְ וְיִשְׁתַּבַּח וְיִתְפָּאַר וְיִתְרוֹמַם וְיִתְנַשֵּׂא
וְיִתְהַדָּר וְיִתְעַלֶּה וְיִתְהַלָּל, שְׁמֵהּ דְּקֻדְשָׁא בְּרִיךְ הוּא (קהל: אָמֵן)
לְעֵלָּא מִן כָּל בִּרְכָתָא וְשִׁירָתָא, תֻּשְׁבְּחָתָא וְנֶחֱמָתָא
דַּאֲמִירָן בְּעָלְמָא, וְאִמְרוּ אָמֵן. (קהל: אָמֵן)

שליח הציבור אומר 'וְהוּא רַחוּם' (סדר רב עמרם גאון)
מכיוון שבערבית אין קרבנות ציבור שיכפרו עלינו, כבשחרית ובמנחה (מחזור ויטרי).

וְהוּא רַחוּם, יְכַפֵּר עָוֹן וְלֹא־יַשְׁחִית תהלים עח
וְהִרְבָּה לְהָשִׁיב אַפּוֹ, וְלֹא־יָעִיר כָּל־חֲמָתוֹ:
יהוה הוֹשִׁיעָה, הַמֶּלֶךְ יַעֲנֵנוּ בְיוֹם־קָרְאֵנוּ: תהלים כ

קריאת שמע וברכותיה

שליח הציבור כורע בתיבת 'בָּרְכוּ' וזוקף בשם.
הקהל כורע בתיבת 'בָּרוּךְ' וזוקף בשם. ושליח הציבור כורע שוב כאשר הוא חוזר אחריהם.

ש״ץ: **בָּרְכוּ**
אֶת יהוה הַמְבֹרָךְ.

קהל: בָּרוּךְ יהוה הַמְבֹרָךְ לְעוֹלָם וָעֶד.
ש״ץ: בָּרוּךְ יהוה הַמְבֹרָךְ לְעוֹלָם וָעֶד.

מזכירים את היום בלילה ואת הלילה ביום (ברכות יא ע״ב), והאבחנה בין היום ללילה היא עדות על נאמנות הקב״ה בדבריו ועל קיום בריתו עם ישראל (סידור הרוקח על פי ירמיה לא, לד).

בָּרוּךְ אַתָּה יהוה אֱלֹהֵינוּ מֶלֶךְ הָעוֹלָם
אֲשֶׁר בִּדְבָרוֹ מַעֲרִיב עֲרָבִים, בְּחָכְמָה פּוֹתֵחַ שְׁעָרִים
וּבִתְבוּנָה מְשַׁנֶּה עִתִּים וּמַחֲלִיף אֶת הַזְּמַנִּים
וּמְסַדֵּר אֶת הַכּוֹכָבִים בְּמִשְׁמְרוֹתֵיהֶם בָּרָקִיעַ כִּרְצוֹנוֹ.
בּוֹרֵא יוֹם וָלַיְלָה, גּוֹלֵל אוֹר מִפְּנֵי חֹשֶׁךְ וְחֹשֶׁךְ מִפְּנֵי אוֹר
◂ וּמַעֲבִיר יוֹם וּמֵבִיא לָיְלָה, וּמַבְדִּיל בֵּין יוֹם וּבֵין לָיְלָה
יהוה צְבָאוֹת שְׁמוֹ.
אֵל חַי וְקַיָּם תָּמִיד, יִמְלֹךְ עָלֵינוּ לְעוֹלָם וָעֶד.
בָּרוּךְ אַתָּה יהוה, הַמַּעֲרִיב עֲרָבִים.

אַהֲבַת עוֹלָם בֵּית יִשְׂרָאֵל עַמְּךָ אָהָבְתָּ
תּוֹרָה וּמִצְוֹת, חֻקִּים וּמִשְׁפָּטִים, אוֹתָנוּ לִמַּדְתָּ
עַל כֵּן יהוה אֱלֹהֵינוּ
בְּשָׁכְבֵנוּ וּבְקוּמֵנוּ נָשִׂיחַ בְּחֻקֶּיךָ
וְנִשְׂמַח בְּדִבְרֵי תַלְמוּד תּוֹרָתֶךָ וּבְמִצְוֹתֶיךָ לְעוֹלָם וָעֶד
◂ כִּי הֵם חַיֵּינוּ וְאֹרֶךְ יָמֵינוּ
וּבָהֶם נֶהְגֶּה יוֹמָם וָלָיְלָה.
וְאַהֲבָתְךָ אַל תָּסִיר מִמֶּנּוּ לְעוֹלָמִים.
בָּרוּךְ אַתָּה יהוה, אוֹהֵב עַמּוֹ יִשְׂרָאֵל.

"יקרא קריאת שמע בכוונה – באימה, ביראה, ברתת וזיע" (שו"ע סא, א).

המתפלל ביחידות אומר:

אֵל מֶלֶךְ נֶאֱמָן

מכסה את עיניו בידו ואומר בכוונה ובקול רם:

שְׁמַע יִשְׂרָאֵל, יהוה אֱלֹהֵינוּ, יהוה ׀ אֶחָד: דברים ו

בלחש: בָּרוּךְ שֵׁם כְּבוֹד מַלְכוּתוֹ לְעוֹלָם וָעֶד.

וְאָהַבְתָּ אֵת יהוה אֱלֹהֶיךָ, בְּכָל־לְבָבְךָ וּבְכָל־נַפְשְׁךָ וּבְכָל־ דברים ו
מְאֹדֶךָ: וְהָיוּ הַדְּבָרִים הָאֵלֶּה, אֲשֶׁר אָנֹכִי מְצַוְּךָ הַיּוֹם, עַל־לְבָבֶךָ:
וְשִׁנַּנְתָּם לְבָנֶיךָ וְדִבַּרְתָּ בָּם, בְּשִׁבְתְּךָ בְּבֵיתֶךָ וּבְלֶכְתְּךָ בַדֶּרֶךְ,
וּבְשָׁכְבְּךָ וּבְקוּמֶךָ: וּקְשַׁרְתָּם לְאוֹת עַל־יָדֶךָ, וְהָיוּ לְטֹטָפֹת בֵּין
עֵינֶיךָ: וּכְתַבְתָּם עַל־מְזֻזוֹת בֵּיתֶךָ וּבִשְׁעָרֶיךָ:

וְהָיָה אִם־שָׁמֹעַ תִּשְׁמְעוּ אֶל־מִצְוֹתַי אֲשֶׁר אָנֹכִי מְצַוֶּה אֶתְכֶם דברים יא
הַיּוֹם, לְאַהֲבָה אֶת־יהוה אֱלֹהֵיכֶם וּלְעָבְדוֹ, בְּכָל־לְבַבְכֶם

וּבְכָל־נַפְשְׁכֶם: וְנָתַתִּי מְטַר־אַרְצְכֶם בְּעִתּוֹ, יוֹרֶה וּמַלְקוֹשׁ,
וְאָסַפְתָּ דְגָנֶךָ וְתִירֹשְׁךָ וְיִצְהָרֶךָ: וְנָתַתִּי עֵשֶׂב בְּשָׂדְךָ לִבְהֶמְתֶּךָ,
וְאָכַלְתָּ וְשָׂבָעְתָּ: הִשָּׁמְרוּ לָכֶם פֶּן־יִפְתֶּה לְבַבְכֶם, וְסַרְתֶּם
וַעֲבַדְתֶּם אֱלֹהִים אֲחֵרִים וְהִשְׁתַּחֲוִיתֶם לָהֶם: וְחָרָה אַף־יהוה
בָּכֶם, וְעָצַר אֶת־הַשָּׁמַיִם וְלֹא־יִהְיֶה מָטָר, וְהָאֲדָמָה לֹא תִתֵּן
אֶת־יְבוּלָהּ, וַאֲבַדְתֶּם מְהֵרָה מֵעַל הָאָרֶץ הַטֹּבָה אֲשֶׁר יהוה
נֹתֵן לָכֶם: וְשַׂמְתֶּם אֶת־דְּבָרַי אֵלֶּה עַל־לְבַבְכֶם וְעַל־נַפְשְׁכֶם,
וּקְשַׁרְתֶּם אֹתָם לְאוֹת עַל־יֶדְכֶם, וְהָיוּ לְטוֹטָפֹת בֵּין עֵינֵיכֶם:
וְלִמַּדְתֶּם אֹתָם אֶת־בְּנֵיכֶם לְדַבֵּר בָּם, בְּשִׁבְתְּךָ בְּבֵיתֶךָ וּבְלֶכְתְּךָ
בַדֶּרֶךְ, וּבְשָׁכְבְּךָ וּבְקוּמֶךָ: וּכְתַבְתָּם עַל־מְזוּזוֹת בֵּיתֶךָ וּבִשְׁעָרֶיךָ:
לְמַעַן יִרְבּוּ יְמֵיכֶם וִימֵי בְנֵיכֶם עַל הָאֲדָמָה אֲשֶׁר נִשְׁבַּע יהוה
לַאֲבֹתֵיכֶם לָתֵת לָהֶם, כִּימֵי הַשָּׁמַיִם עַל־הָאָרֶץ:

וַיֹּאמֶר יהוה אֶל־מֹשֶׁה לֵּאמֹר: דַּבֵּר אֶל־בְּנֵי יִשְׂרָאֵל וְאָמַרְתָּ במדבר טו
אֲלֵהֶם, וְעָשׂוּ לָהֶם צִיצִת עַל־כַּנְפֵי בִגְדֵיהֶם לְדֹרֹתָם, וְנָתְנוּ
עַל־צִיצִת הַכָּנָף פְּתִיל תְּכֵלֶת: וְהָיָה לָכֶם לְצִיצִת, וּרְאִיתֶם אֹתוֹ
וּזְכַרְתֶּם אֶת־כָּל־מִצְוֹת יהוה וַעֲשִׂיתֶם אֹתָם, וְלֹא תָתֻרוּ אַחֲרֵי
לְבַבְכֶם וְאַחֲרֵי עֵינֵיכֶם, אֲשֶׁר־אַתֶּם זֹנִים אַחֲרֵיהֶם: לְמַעַן תִּזְכְּרוּ
וַעֲשִׂיתֶם אֶת־כָּל־מִצְוֹתָי, וִהְיִיתֶם קְדֹשִׁים לֵאלֹהֵיכֶם: אֲנִי יהוה
אֱלֹהֵיכֶם, אֲשֶׁר הוֹצֵאתִי אֶתְכֶם מֵאֶרֶץ מִצְרַיִם, לִהְיוֹת לָכֶם
לֵאלֹהִים, אֲנִי יהוה אֱלֹהֵיכֶם:

אֱמֶת

שליח הציבור חוזר ואומר:

◂ יהוה אֱלֹהֵיכֶם אֱמֶת

בבוקר האדם מתפנה לעניניו החברתיים, והוא מתפלל על היציבות לבל ייסחף הרחק מעבודת ה׳.
ובערב, כשהוא נח בצל קורת ביתו, הוא מבקש אמונה כדי שיהיה לו כוח
לקדש את חייו הפרטיים (עולת ראי״ה).

וֶאֱמוּנָה כׇּל זֹאת וְקַיָּם עָלֵינוּ
כִּי הוּא יהוה אֱלֹהֵינוּ וְאֵין זוּלָתוֹ, וַאֲנַחְנוּ יִשְׂרָאֵל עַמּוֹ.
הַפּוֹדֵנוּ מִיַּד מְלָכִים, מַלְכֵּנוּ הַגּוֹאֲלֵנוּ מִכַּף כׇּל הֶעָרִיצִים.
הָאֵל הַנִּפְרָע לָנוּ מִצָּרֵינוּ
הַמְשַׁלֵּם גְּמוּל לְכׇל אוֹיְבֵי נַפְשֵׁנוּ.
הָעוֹשֶׂה גְדוֹלוֹת עַד אֵין חֵקֶר
נִסִּים וְנִפְלָאוֹת עַד אֵין מִסְפָּר.
הַשָּׂם נַפְשֵׁנוּ בַּחַיִּים, וְלֹא־נָתַן לַמּוֹט רַגְלֵנוּ: תהלים סו
הַמַּדְרִיכֵנוּ עַל בָּמוֹת אוֹיְבֵינוּ
וַיָּרֶם קַרְנֵנוּ עַל כׇּל שׂוֹנְאֵינוּ.
הָעוֹשֶׂה לָּנוּ נִסִּים וּנְקָמָה בְּפַרְעֹה
אוֹתוֹת וּמוֹפְתִים בְּאַדְמַת בְּנֵי חָם.
הַמַּכֶּה בְעֶבְרָתוֹ כׇּל בְּכוֹרֵי מִצְרָיִם
וַיּוֹצֵא אֶת עַמּוֹ יִשְׂרָאֵל מִתּוֹכָם לְחֵרוּת עוֹלָם.
הַמַּעֲבִיר בָּנָיו בֵּין גִּזְרֵי יַם סוּף
אֶת רוֹדְפֵיהֶם וְאֶת שׂוֹנְאֵיהֶם בִּתְהוֹמוֹת טִבַּע
וְרָאוּ בָנָיו גְּבוּרָתוֹ, שִׁבְּחוּ וְהוֹדוּ לִשְׁמוֹ
◄ וּמַלְכוּתוֹ בְּרָצוֹן קִבְּלוּ עֲלֵיהֶם.
מֹשֶׁה וּבְנֵי יִשְׂרָאֵל, לְךָ עָנוּ שִׁירָה בְּשִׂמְחָה רַבָּה
וְאָמְרוּ כֻלָּם
מִי־כָמֹכָה בָּאֵלִם יהוה שמות טו
מִי כָּמֹכָה נֶאְדָּר בַּקֹּדֶשׁ
נוֹרָא תְהִלֹּת עֹשֵׂה פֶלֶא:

◂ מַלְכוּתְךָ רָאוּ בָנֶיךָ, בּוֹקֵעַ יָם לִפְנֵי מֹשֶׁה
זֶה אֵלִי עָנוּ, וְאָמְרוּ
יהוה יִמְלֹךְ לְעֹלָם וָעֶד: שמות טו

◂ וְנֶאֱמַר
כִּי־פָדָה יהוה אֶת־יַעֲקֹב ירמיה לא
וּגְאָלוֹ מִיַּד חָזָק מִמֶּנּוּ:
בָּרוּךְ אַתָּה יהוה, גָּאַל יִשְׂרָאֵל.

״כיון דתקינו רבנן השכיבנו, כגאולתא אריכתא דמיא״ (ברכות ד ע״ב).
ופירש ר׳ יצחק בן מרואן הלוי שהביטחון בשמירתו של הקב״ה הוא יסוד האמונה בגאולה,
כפי שבליל יציאת מצרים בני ישראל הקריבו פסח ואכלו מצות,
כשהם מוכנים לרגע שבו ייגאלו (שיבולי הלקט).

הַשְׁכִּיבֵנוּ יהוה אֱלֹהֵינוּ לְשָׁלוֹם
וְהַעֲמִידֵנוּ מַלְכֵּנוּ לְחַיִּים טוֹבִים וּלְשָׁלוֹם
וּפְרֹשׂ עָלֵינוּ סֻכַּת שְׁלוֹמֶךָ
וְתַקְּנֵנוּ בְּעֵצָה טוֹבָה מִלְּפָנֶיךָ
וְהוֹשִׁיעֵנוּ מְהֵרָה לְמַעַן שְׁמֶךָ.
וְהָגֵן בַּעֲדֵנוּ
וְהָסֵר מֵעָלֵינוּ אוֹיֵב, דֶּבֶר וְחֶרֶב וְרָעָב וְיָגוֹן
וְהָסֵר שָׂטָן מִלְּפָנֵינוּ וּמֵאַחֲרֵינוּ
וּבְצֵל כְּנָפֶיךָ תַּסְתִּירֵנוּ.
כִּי אֵל שׁוֹמְרֵנוּ וּמַצִּילֵנוּ אָתָּה
כִּי אֵל מֶלֶךְ חַנּוּן וְרַחוּם אָתָּה.
◂ וּשְׁמֹר צֵאתֵנוּ וּבוֹאֵנוּ לְחַיִּים וּלְשָׁלוֹם מֵעַתָּה וְעַד עוֹלָם.
בָּרוּךְ אַתָּה יהוה, שׁוֹמֵר עַמּוֹ יִשְׂרָאֵל לָעַד.

בחו״ל, לאחר ברכת ׳הַשְׁכִּיבֵנוּ׳, נוהגים להוסיף את הפסוקים
׳בָּרוּךְ ה׳ לְעוֹלָם׳ ואת ברכת ׳יִרְאוּ עֵינֵינוּ׳, שניהם בעמ׳ 525;
וברוב הקהילות אין מוסיפים אותם במוצאי שבת.

חצי קדיש

ש״ץ: יִתְגַּדַּל וְיִתְקַדַּשׁ שְׁמֵהּ רַבָּא (קהל: אָמֵן)
בְּעָלְמָא דִּי בְרָא כִרְעוּתֵהּ
וְיַמְלִיךְ מַלְכוּתֵהּ וְיַצְמַח פֻּרְקָנֵהּ וִיקָרֵב מְשִׁיחֵהּ (קהל: אָמֵן)
בְּחַיֵּיכוֹן וּבְיוֹמֵיכוֹן וּבְחַיֵּי דְכָל בֵּית יִשְׂרָאֵל
בַּעֲגָלָא וּבִזְמַן קָרִיב, וְאִמְרוּ אָמֵן. (קהל: אָמֵן)

קהל וש״ץ: יְהֵא שְׁמֵהּ רַבָּא מְבָרַךְ לְעָלַם וּלְעָלְמֵי עָלְמַיָּא.

ש״ץ: יִתְבָּרַךְ וְיִשְׁתַּבַּח וְיִתְפָּאַר וְיִתְרוֹמַם וְיִתְנַשֵּׂא
וְיִתְהַדָּר וְיִתְעַלֶּה וְיִתְהַלָּל
שְׁמֵהּ דְקֻדְשָׁא בְּרִיךְ הוּא (קהל: אָמֵן)
לְעֵלָּא מִן כָּל בִּרְכָתָא וְשִׁירָתָא, תֻּשְׁבְּחָתָא וְנֶחֱמָתָא
דַּאֲמִירָן בְּעָלְמָא, וְאִמְרוּ אָמֵן. (קהל: אָמֵן)

עמידה

״המתפלל צריך שיכוין בלבו פירוש המלות שמוציא בשפתיו; ויחשוב כאלו שכינה כנגדו ויסיר כל המחשבות הטורדות אותו עד שתשאר מחשבתו וכוונתו זכה בתפלתו״ (שו״ע צח, א).

פוסע שלוש פסיעות לפנים כמי שנכנס לפני המלך.
עומד ומתפלל בלחש מכאן ועד ׳וּכְשָׁנִים קַדְמֹנִיּוֹת׳ בעמ׳ 461.

כורע במקומות המסומנים ב׳, קד לפנים במילה הבאה וזוקף בשם.

אֲדֹנָי, שְׂפָתַי תִּפְתָּח, וּפִי יַגִּיד תְּהִלָּתֶךָ: תהלים נא

אבות

׳בָּרוּךְ אַתָּה יהוה, אֱלֹהֵינוּ וֵאלֹהֵי אֲבוֹתֵינוּ
אֱלֹהֵי אַבְרָהָם, אֱלֹהֵי יִצְחָק, וֵאלֹהֵי יַעֲקֹב
הָאֵל הַגָּדוֹל הַגִּבּוֹר וְהַנּוֹרָא, אֵל עֶלְיוֹן
גּוֹמֵל חֲסָדִים טוֹבִים, קוֹנֵה הַכֹּל
וְזוֹכֵר חַסְדֵי אָבוֹת
וּמֵבִיא גוֹאֵל לִבְנֵי בְנֵיהֶם לְמַעַן שְׁמוֹ בְּאַהֲבָה.

מֶלֶךְ עוֹזֵר וּמוֹשִׁיעַ וּמָגֵן.
ˇבָּרוּךְ אַתָּה יהוה, מָגֵן אַבְרָהָם.

גבורות

אַתָּה גִּבּוֹר לְעוֹלָם, אֲדֹנָי
מְחַיֵּה מֵתִים אַתָּה, רַב לְהוֹשִׁיעַ

במוצאי שמיני עצרת ושמחת תורה:

מַשִּׁיב הָרְוּחַ וּמוֹרִיד הַגֶּשֶׁם

בארץ ישראל בשאר המועדים:

מוֹרִיד הַטָּל

מְכַלְכֵּל חַיִּים בְּחֶסֶד, מְחַיֵּה מֵתִים בְּרַחֲמִים רַבִּים
סוֹמֵךְ נוֹפְלִים, וְרוֹפֵא חוֹלִים, וּמַתִּיר אֲסוּרִים
וּמְקַיֵּם אֱמוּנָתוֹ לִישֵׁנֵי עָפָר.
מִי כָמְוֹךָ, בַּעַל גְּבוּרוֹת, וּמִי דְּוֹמֶה לָּךְ
מֶלֶךְ, מֵמִית וּמְחַיֶּה וּמַצְמִיחַ יְשׁוּעָה.
וְנֶאֱמָן אַתָּה לְהַחֲיוֹת מֵתִים.
בָּרוּךְ אַתָּה יהוה, מְחַיֵּה הַמֵּתִים.

קדושת השם

אַתָּה קָדוֹשׁ וְשִׁמְךָ קָדוֹשׁ
וּקְדוֹשִׁים בְּכָל יוֹם יְהַלְלְוּךָ סֶּלָה
כִּי אֵל מֶלֶךְ גָּדוֹל וְקָדוֹשׁ אָתָּה.
בָּרוּךְ אַתָּה יהוה, הָאֵל הַקָּדוֹשׁ.

דעת

אַתָּה חוֹנֵן לְאָדָם דַּעַת
וּמְלַמֵּד לֶאֱנוֹשׁ בִּינָה.

במוצאי שבת ובמוצאי יום טוב:

אַתָּה חוֹנַנְתָּנוּ לְמַדַּע תּוֹרָתֶךָ, וַתְּלַמְּדֵנוּ לַעֲשׂוֹת חֻקֵּי רְצוֹנֶךָ, וַתַּבְדֵּל יהוה אֱלֹהֵינוּ בֵּין קֹדֶשׁ לְחוֹל, בֵּין אוֹר לְחֹשֶׁךְ, בֵּין יִשְׂרָאֵל לָעַמִּים, בֵּין יוֹם הַשְּׁבִיעִי לְשֵׁשֶׁת יְמֵי הַמַּעֲשֶׂה. אָבִינוּ מַלְכֵּנוּ, הָחֵל עָלֵינוּ הַיָּמִים הַבָּאִים לִקְרָאתֵנוּ לְשָׁלוֹם, חֲשׂוּכִים מִכָּל חֵטְא וּמְנֻקִּים מִכָּל עָוֹן וּמְדֻבָּקִים בְּיִרְאָתֶךָ. וְ

חָנֵּנוּ מֵאִתְּךָ חָכְמָה בִּינָה וָדָעַת.
בָּרוּךְ אַתָּה יהוה, חוֹנֵן הַדָּעַת.

תשובה

הֲשִׁיבֵנוּ אָבִינוּ לְתוֹרָתֶךָ
וְקָרְבֵנוּ מַלְכֵּנוּ לַעֲבוֹדָתֶךָ
וְהַחֲזִירֵנוּ בִּתְשׁוּבָה שְׁלֵמָה לְפָנֶיךָ.
בָּרוּךְ אַתָּה יהוה, הָרוֹצֶה בִּתְשׁוּבָה.

סליחה

נוהגים להכות כנגד הלב במקומות המסומנים ב°.

סְלַח לָנוּ אָבִינוּ כִּי °חָטָאנוּ
מְחַל לָנוּ מַלְכֵּנוּ כִּי °פָשָׁעְנוּ
כִּי אֵל טוֹב וְסַלָּח אָתָּה.
בָּרוּךְ אַתָּה יהוה, חַנּוּן הַמַּרְבֶּה לִסְלֹחַ.

גאולה

רְאֵה נָא בְעָנְיֵנוּ, וְרִיבָה רִיבֵנוּ
וּגְאָלֵנוּ גְּאֻלָּה שְׁלֵמָה מְהֵרָה לְמַעַן שְׁמֶךָ
כִּי אֵל גּוֹאֵל חָזָק אָתָּה.
בָּרוּךְ אַתָּה יהוה, גּוֹאֵל יִשְׂרָאֵל.

רפואה

רְפָאֵנוּ יהוה וְנֵרָפֵא
הוֹשִׁיעֵנוּ וְנִוָּשֵׁעָה, כִּי תְהִלָּתֵנוּ אָתָּה
וְהַעֲלֵה אֲרוּכָה וּמַרְפֵּא לְכָל תַּחֲלוּאֵינוּ וּלְכָל מַכְאוֹבֵינוּ
רְפוּאָה שְׁלֵמָה לְכָל מַכּוֹתֵינוּ

המתפלל על חולה מוסיף:

יְהִי רָצוֹן מִלְּפָנֶיךָ יהוה אֱלֹהַי וֵאלֹהֵי אֲבוֹתַי, שֶׁתִּשְׁלַח מְהֵרָה רְפוּאָה שְׁלֵמָה מִן הַשָּׁמַיִם, רְפוּאַת הַנֶּפֶשׁ וּרְפוּאַת הַגּוּף, לַחוֹלֶה/לַחוֹלָה פלוני/ת בֶּן/בַּת פלונית בְּתוֹךְ שְׁאָר חוֹלֵי יִשְׂרָאֵל.

כִּי אֵל מֶלֶךְ רוֹפֵא נֶאֱמָן וְרַחֲמָן אָתָּה.
בָּרוּךְ אַתָּה יהוה, רוֹפֵא חוֹלֵי עַמּוֹ יִשְׂרָאֵל.

ברכת השנים

בָּרֵךְ עָלֵינוּ יהוה אֱלֹהֵינוּ אֶת הַשָּׁנָה הַזֹּאת
וְאֶת כָּל מִינֵי תְבוּאָתָהּ, לְטוֹבָה
וְתֵן בְּרָכָה עַל פְּנֵי הָאֲדָמָה, וְשַׂבְּעֵנוּ מִטּוּבָהּ
וּבָרֵךְ שְׁנָתֵנוּ כַּשָּׁנִים הַטּוֹבוֹת לִבְרָכָה
כִּי אֵל טוֹב וּמֵטִיב אַתָּה, וּמְבָרֵךְ הַשָּׁנִים.
בָּרוּךְ אַתָּה יהוה, מְבָרֵךְ הַשָּׁנִים.

קיבוץ גלויות

תְּקַע בְּשׁוֹפָר גָּדוֹל לְחֵרוּתֵנוּ
וְשָׂא נֵס לְקַבֵּץ גָּלֻיּוֹתֵינוּ
וְקַבְּצֵנוּ יַחַד מְהֵרָה מֵאַרְבַּע כַּנְפוֹת הָאָרֶץ לְאַרְצֵנוּ.
בָּרוּךְ אַתָּה יהוה, מְקַבֵּץ נִדְחֵי עַמּוֹ יִשְׂרָאֵל.

השבת המשפט

הָשִׁיבָה שׁוֹפְטֵינוּ כְּבָרִאשׁוֹנָה
וְיוֹעֲצֵינוּ כְּבַתְּחִלָּה
וְהָסֵר מִמֶּנּוּ יָגוֹן וַאֲנָחָה
וּמְלֹךְ עָלֵינוּ מְהֵרָה אַתָּה יהוה לְבַדְּךָ
בְּחֶסֶד וּבְרַחֲמִים
בְּצֶדֶק וּבְמִשְׁפָּט.
בָּרוּךְ אַתָּה יהוה, מֶלֶךְ אוֹהֵב צְדָקָה וּמִשְׁפָּט.

ברכת המינים

וְלַמַּלְשִׁינִים אַל תְּהִי תִקְוָה
וְכָל הַמִּינִים כְּרֶגַע יֹאבֵדוּ
וְכָל אוֹיְבֵי עַמְּךָ מְהֵרָה יִכָּרֵתוּ
וְהַזֵּדִים מְהֵרָה תְעַקֵּר וּתְשַׁבֵּר וּתְמַגֵּר
וּתְכַלֵּם וְתַשְׁפִּילֵם וְתַכְנִיעֵם בִּמְהֵרָה בְיָמֵינוּ.
בָּרוּךְ אַתָּה יהוה, שׁוֹבֵר אוֹיְבִים וּמַכְנִיעַ זֵדִים.

על הצדיקים

עַל הַצַּדִּיקִים וְעַל הַחֲסִידִים
וְעַל זִקְנֵי שְׁאֵרִית עַמְּךָ בֵּית יִשְׂרָאֵל
וְעַל פְּלֵיטַת בֵּית סוֹפְרֵיהֶם
וְעַל גֵּרֵי הַצֶּדֶק, וְעָלֵינוּ
יֶהֱמוּ נָא רַחֲמֶיךָ, יהוה אֱלֹהֵינוּ
וְתֵן שָׂכָר טוֹב לְכָל הַבּוֹטְחִים בְּשִׁמְךָ בֶּאֱמֶת
וְשִׂים חֶלְקֵנוּ עִמָּהֶם

וּלְעוֹלָם לֹא נֵבוֹשׁ, כִּי בְךָ בָטָחְנוּ
וְעַל חַסְדְּךָ הַגָּדוֹל בֶּאֱמֶת נִשְׁעָנְנוּ.
בָּרוּךְ אַתָּה יהוה, מִשְׁעָן וּמִבְטָח לַצַּדִּיקִים.

בניין ירושלים

וְלִירוּשָׁלַיִם עִירְךָ בְּרַחֲמִים תָּשׁוּב
וְתִשְׁכֹּן בְּתוֹכָהּ כַּאֲשֶׁר דִּבַּרְתָּ
וּבְנֵה אוֹתָהּ בְּקָרוֹב בְּיָמֵינוּ בִּנְיַן עוֹלָם
וְכִסֵּא דָוִד עַבְדְּךָ מְהֵרָה לְתוֹכָהּ תָּכִין.
בָּרוּךְ אַתָּה יהוה, בּוֹנֵה יְרוּשָׁלָיִם.

מלכות בית דוד

אֶת צֶמַח דָּוִד עַבְדְּךָ מְהֵרָה תַצְמִיחַ
וְקַרְנוֹ תָּרוּם בִּישׁוּעָתֶךָ
כִּי לִישׁוּעָתְךָ קִוִּינוּ כָּל הַיּוֹם.
בָּרוּךְ אַתָּה יהוה, מַצְמִיחַ קֶרֶן יְשׁוּעָה.

שומע תפילה

אָב הָרַחֲמָן
שְׁמַע קוֹלֵנוּ יהוה אֱלֹהֵינוּ
חוּס וְרַחֵם עָלֵינוּ, וְקַבֵּל בְּרַחֲמִים וּבְרָצוֹן אֶת תְּפִלָּתֵנוּ
כִּי אֵל שׁוֹמֵעַ תְּפִלּוֹת וְתַחֲנוּנִים אָתָּה
וּמִלְּפָנֶיךָ מַלְכֵּנוּ רֵיקָם אַל תְּשִׁיבֵנוּ
חָנֵּנוּ וַעֲנֵנוּ וּשְׁמַע תְּפִלָּתֵנוּ
כִּי אַתָּה שׁוֹמֵעַ תְּפִלַּת כָּל פֶּה.
בָּרוּךְ אַתָּה יהוה, שׁוֹמֵעַ תְּפִלָּה.

עבודה

רְצֵה יהוה אֱלֹהֵינוּ בְּעַמְּךָ יִשְׂרָאֵל, וְלִתְפִלָּתָם שְׁעֵה
וְהָשֵׁב אֶת הָעֲבוֹדָה לִדְבִיר בֵּיתֶךָ
וְאִשֵּׁי יִשְׂרָאֵל וּתְפִלָּתָם, מְהֵרָה בְּאַהֲבָה תְקַבֵּל בְּרָצוֹן
וּתְהִי לְרָצוֹן תָּמִיד עֲבוֹדַת יִשְׂרָאֵל עַמֶּךָ.

במוצאי פסח, במוצאי שבועות ובמוצאי שמחת תורה ממשיך ׳וְתֶחֱזֶינָה׳ למטה.

בחול המועד:

אֱלֹהֵינוּ וֵאלֹהֵי אֲבוֹתֵינוּ
יַעֲלֶה וְיָבוֹא וְיַגִּיעַ, וְיֵרָאֶה וְיֵרָצֶה וְיִשָּׁמַע
וְיִפָּקֵד וְיִזָּכֵר זִכְרוֹנֵנוּ וּפִקְדוֹנֵנוּ וְזִכְרוֹן אֲבוֹתֵינוּ
וְזִכְרוֹן מָשִׁיחַ בֶּן דָּוִד עַבְדֶּךָ
וְזִכְרוֹן יְרוּשָׁלַיִם עִיר קָדְשֶׁךָ
וְזִכְרוֹן כָּל עַמְּךָ בֵּית יִשְׂרָאֵל, לְפָנֶיךָ
לִפְלֵיטָה לְטוֹבָה, לְחֵן וּלְחֶסֶד וּלְרַחֲמִים
לְחַיִּים וּלְשָׁלוֹם בְּיוֹם

בפסח: חַג הַמַּצּוֹת הַזֶּה.

בסוכות: חַג הַסֻּכּוֹת הַזֶּה.

זָכְרֵנוּ יהוה אֱלֹהֵינוּ בּוֹ לְטוֹבָה
וּפָקְדֵנוּ בוֹ לִבְרָכָה, וְהוֹשִׁיעֵנוּ בוֹ לְחַיִּים טוֹבִים.
וּבִדְבַר יְשׁוּעָה וְרַחֲמִים חוּס וְחָנֵּנוּ וְרַחֵם עָלֵינוּ וְהוֹשִׁיעֵנוּ
כִּי אֵלֶיךָ עֵינֵינוּ, כִּי אֵל מֶלֶךְ חַנּוּן וְרַחוּם אָתָּה.

וְתֶחֱזֶינָה עֵינֵינוּ בְּשׁוּבְךָ לְצִיּוֹן בְּרַחֲמִים.
בָּרוּךְ אַתָּה יהוה, הַמַּחֲזִיר שְׁכִינָתוֹ לְצִיּוֹן.

הודאה

כורע ב׳מוֹדִים׳ ואינו זוקף עד אמירת השם (סידור השל״ה).

מוֹדִים אֲנַחְנוּ לָךְ
שָׁאַתָּה הוּא יהוה אֱלֹהֵינוּ וֵאלֹהֵי אֲבוֹתֵינוּ לְעוֹלָם וָעֶד.
צוּר חַיֵּינוּ, מָגֵן יִשְׁעֵנוּ אַתָּה הוּא לְדוֹר וָדוֹר.
נוֹדֶה לְּךָ וּנְסַפֵּר תְּהִלָּתֶךָ, עַל חַיֵּינוּ הַמְּסוּרִים בְּיָדֶךָ
וְעַל נִשְׁמוֹתֵינוּ הַפְּקוּדוֹת לָךְ, וְעַל נִסֶּיךָ שֶׁבְּכָל יוֹם עִמָּנוּ
וְעַל נִפְלְאוֹתֶיךָ וְטוֹבוֹתֶיךָ שֶׁבְּכָל עֵת, עֶרֶב וָבֹקֶר וְצָהֳרָיִם.
הַטּוֹב, כִּי לֹא כָלוּ רַחֲמֶיךָ
וְהַמְרַחֵם, כִּי לֹא תַמּוּ חֲסָדֶיךָ, כִּי מֵעוֹלָם קִוִּינוּ לָךְ.
וְעַל כֻּלָּם
יִתְבָּרַךְ וְיִתְרוֹמַם וְיִתְנַשֵּׂא שִׁמְךָ מַלְכֵּנוּ תָּמִיד לְעוֹלָם וָעֶד.
וְכֹל הַחַיִּים יוֹדְוּךָ סֶּלָה
וִיהַלְלוּ וִיבָרְכוּ אֶת שִׁמְךָ הַגָּדוֹל בֶּאֱמֶת לְעוֹלָם כִּי טוֹב
הָאֵל יְשׁוּעָתֵנוּ וְעֶזְרָתֵנוּ סֶלָה, הָאֵל הַטּוֹב.
בָּרוּךְ אַתָּה יהוה, הַטּוֹב שִׁמְךָ וּלְךָ נָאֶה לְהוֹדוֹת.

שלום

יש אומרים ׳שִׂים שָׁלוֹם׳ (עמ׳ 411).

(עמ׳ 411)

שָׁלוֹם רָב עַל יִשְׂרָאֵל עַמְּךָ תָּשִׂים לְעוֹלָם
כִּי אַתָּה הוּא מֶלֶךְ אָדוֹן לְכָל הַשָּׁלוֹם.
וְטוֹב יִהְיֶה בְּעֵינֶיךָ לְבָרְכֵנוּ, וּלְבָרֵךְ אֶת כָּל עַמְּךָ יִשְׂרָאֵל
בְּכָל עֵת וּבְכָל שָׁעָה בִּשְׁלוֹמֶךָ.
בָּרוּךְ אַתָּה יהוה, הַמְבָרֵךְ אֶת עַמּוֹ יִשְׂרָאֵל בַּשָּׁלוֹם.

יש הנוהגים לומר את הפסוק הבא בלחש בסוף תפילת לחש של יחיד.

יִהְיוּ לְרָצוֹן אִמְרֵי פִי וְהֶגְיוֹן לִבִּי לְפָנֶיךָ, יהוה צוּרִי וְגֹאֲלִי: תהלים יט

אֱלֹהַי ברכות יז.

נְצֹר לְשׁוֹנִי מֵרָע וּשְׂפָתַי מִדַּבֵּר מִרְמָה
וְלִמְקַלְלַי נַפְשִׁי תִדֹּם, וְנַפְשִׁי כֶּעָפָר לַכֹּל תִּהְיֶה.
פְּתַח לִבִּי בְּתוֹרָתֶךָ וְאַחֲרֵי מִצְוֹתֶיךָ תִּרְדֹּף נַפְשִׁי.
וְכָל הַקָּמִים וְהַחוֹשְׁבִים עָלַי רָעָה
מְהֵרָה הָפֵר עֲצָתָם וְקַלְקֵל מַחֲשַׁבְתָּם.

יש המוסיפים תחינה זו (קיצור של״ה, ׳אור הישר׳):

יְהִי רָצוֹן מִלְּפָנֶיךָ, יהוה אֱלֹהַי וֵאלֹהֵי אֲבוֹתַי
שֶׁלֹּא תַעֲלֶה קִנְאַת אָדָם עָלַי, וְלֹא קִנְאָתִי עַל אֲחֵרִים
וְשֶׁלֹּא אֶכְעֹס הַיּוֹם, וְשֶׁלֹּא אַכְעִיסֶךָ
וְתַצִּילֵנִי מִיֵּצֶר הָרָע, וְתֵן בְּלִבִּי הַכְנָעָה וַעֲנָוָה.
מַלְכֵּנוּ וֵאלֹהֵינוּ, יַחֵד שִׁמְךָ בְּעוֹלָמֶךָ
בְּנֵה עִירְךָ, יַסֵּד בֵּיתְךָ וְשַׁכְלֵל הֵיכָלֶךָ
וְקַבֵּץ קִבּוּץ גָּלֻיּוֹת, וּפְדֵה צֹאנְךָ וְשַׂמַּח עֲדָתֶךָ.

עֲשֵׂה לְמַעַן שְׁמֶךָ, עֲשֵׂה לְמַעַן יְמִינֶךָ
עֲשֵׂה לְמַעַן תּוֹרָתֶךָ, עֲשֵׂה לְמַעַן קְדֻשָּׁתֶךָ.
לְמַעַן יֵחָלְצוּן יְדִידֶיךָ, הוֹשִׁיעָה יְמִינְךָ וַעֲנֵנִי: תהלים ס
יִהְיוּ לְרָצוֹן אִמְרֵי פִי וְהֶגְיוֹן לִבִּי לְפָנֶיךָ, יהוה צוּרִי וְגֹאֲלִי: תהלים יט

כורע ופוסע שלוש פסיעות לאחור. קד לשמאל, לימין ולפנים באמירת:

עֹשֶׂה שָׁלוֹם בִּמְרוֹמָיו
הוּא יַעֲשֶׂה שָׁלוֹם, עָלֵינוּ וְעַל כָּל יִשְׂרָאֵל, וְאִמְרוּ אָמֵן.

יְהִי רָצוֹן מִלְּפָנֶיךָ יהוה אֱלֹהֵינוּ וֵאלֹהֵי אֲבוֹתֵינוּ
שֶׁיִּבָּנֶה בֵּית הַמִּקְדָּשׁ בִּמְהֵרָה בְיָמֵינוּ
וְתֵן חֶלְקֵנוּ בְּתוֹרָתֶךָ
וְשָׁם נַעֲבָדְךָ בְּיִרְאָה כִּימֵי עוֹלָם וּכְשָׁנִים קַדְמֹנִיּוֹת.
וְעָרְבָה לַיהוה מִנְחַת יְהוּדָה וִירוּשָׁלָםִ כִּימֵי עוֹלָם וּכְשָׁנִים קַדְמֹנִיּוֹת: מלאכי ג

במוצאי שבת שליח הציבור אומר חצי קדיש בעמוד הבא
ואחר כך אומרים ׳וִיהִי נֹעַם׳, ׳וְאַתָּה קָדוֹשׁ׳;
בשאר הימים ממשיך בקדיש שלם (עמ׳ 464).

חצי קדיש

ש״ץ: יִתְגַּדַּל וְיִתְקַדַּשׁ שְׁמֵהּ רַבָּא (קהל: אָמֵן)
בְּעָלְמָא דִּי בְרָא כִרְעוּתֵהּ
וְיַמְלִיךְ מַלְכוּתֵהּ וְיַצְמַח פֻּרְקָנֵהּ וִיקָרֵב מְשִׁיחֵהּ (קהל: אָמֵן)
בְּחַיֵּיכוֹן וּבְיוֹמֵיכוֹן וּבְחַיֵּי דְכָל בֵּית יִשְׂרָאֵל
בַּעֲגָלָא וּבִזְמַן קָרִיב
וְאִמְרוּ אָמֵן. (קהל: אָמֵן)

קהל וש״ץ: יְהֵא שְׁמֵהּ רַבָּא מְבָרַךְ לְעָלַם וּלְעָלְמֵי עָלְמַיָּא.

ש״ץ: יִתְבָּרַךְ וְיִשְׁתַּבַּח וְיִתְפָּאַר וְיִתְרוֹמַם וְיִתְנַשֵּׂא
וְיִתְהַדָּר וְיִתְעַלֶּה וְיִתְהַלָּל
שְׁמֵהּ דְּקֻדְשָׁא בְּרִיךְ הוּא (קהל: אָמֵן)
לְעֵלָּא מִן כָּל בִּרְכָתָא וְשִׁירָתָא, תֻּשְׁבְּחָתָא וְנֶחֱמָתָא
דַּאֲמִירָן בְּעָלְמָא
וְאִמְרוּ אָמֵן. (קהל: אָמֵן)

במוצאי שבת אומרים את מזמור צא, המכונה ׳מזמור של ברכה׳ (מחזור ויטרי, קמה), מקדימים לו את הפסוק ׳וִיהִי נֹעַם׳ שהוא תחילת הברכה (רש״י, שבועות טו), ולבסוף כופלים את הפסוק ׳אֹרֶךְ יָמִים אַשְׂבִּיעֵהוּ, וְאַרְאֵהוּ בִּישׁוּעָתִי׳ (טור, רצה).

׳וִיהִי נֹעַם׳ אומרים בעמידה, ו׳וְאַתָּה קָדוֹשׁ׳ בישיבה (שע״ת רצה א בשם ר׳ חיים ויטל).

תהלים צ: וִיהִי נֹעַם אֲדֹנָי אֱלֹהֵינוּ עָלֵינוּ וּמַעֲשֵׂה יָדֵינוּ כּוֹנְנָה עָלֵינוּ וּמַעֲשֵׂה יָדֵינוּ כּוֹנְנֵהוּ:

תהלים צא: יֹשֵׁב בְּסֵתֶר עֶלְיוֹן, בְּצֵל שַׁדַּי יִתְלוֹנָן: אֹמַר לַיהוה מַחְסִי וּמְצוּדָתִי, אֱלֹהַי אֶבְטַח־בּוֹ: כִּי הוּא יַצִּילְךָ מִפַּח יָקוּשׁ, מִדֶּבֶר הַוּוֹת: בְּאֶבְרָתוֹ יָסֶךְ לָךְ, וְתַחַת־כְּנָפָיו תֶּחְסֶה, צִנָּה וְסֹחֵרָה אֲמִתּוֹ: לֹא־תִירָא מִפַּחַד לָיְלָה, מֵחֵץ יָעוּף יוֹמָם: מִדֶּבֶר בָּאֹפֶל יַהֲלֹךְ, מִקֶּטֶב יָשׁוּד צָהֳרָיִם: יִפֹּל מִצִּדְּךָ אֶלֶף, וּרְבָבָה מִימִינֶךָ, אֵלֶיךָ

לֹא יִגָּשׁ: רַק בְּעֵינֶיךָ תַבִּיט, וְשִׁלֻּמַת רְשָׁעִים תִּרְאֶה: כִּי־אַתָּה
יהוה מַחְסִי, עֶלְיוֹן שַׂמְתָּ מְעוֹנֶךָ: לֹא־תְאֻנֶּה אֵלֶיךָ רָעָה, וְנֶגַע
לֹא־יִקְרַב בְּאָהֳלֶךָ: כִּי מַלְאָכָיו יְצַוֶּה־לָּךְ, לִשְׁמָרְךָ בְּכָל־דְּרָכֶיךָ:
עַל־כַּפַּיִם יִשָּׂאוּנְךָ, פֶּן־תִּגֹּף בָּאֶבֶן רַגְלֶךָ: עַל־שַׁחַל וָפֶתֶן תִּדְרֹךְ,
תִּרְמֹס כְּפִיר וְתַנִּין: כִּי בִי חָשַׁק וַאֲפַלְּטֵהוּ, אֲשַׂגְּבֵהוּ כִּי־יָדַע
שְׁמִי: יִקְרָאֵנִי וְאֶעֱנֵהוּ, עִמּוֹ אָנֹכִי בְצָרָה, אֲחַלְּצֵהוּ וַאֲכַבְּדֵהוּ:
◂ אֹרֶךְ יָמִים אַשְׂבִּיעֵהוּ, וְאַרְאֵהוּ בִּישׁוּעָתִי:
אֹרֶךְ יָמִים אַשְׂבִּיעֵהוּ, וְאַרְאֵהוּ בִּישׁוּעָתִי:

◂ וְאַתָּה קָדוֹשׁ יוֹשֵׁב תְּהִלּוֹת יִשְׂרָאֵל: וְקָרָא זֶה אֶל־זֶה וְאָמַר תהלים כב / ישעיה ו
קָדוֹשׁ, קָדוֹשׁ, קָדוֹשׁ, יהוה צְבָאוֹת, מְלֹא כָל־הָאָרֶץ כְּבוֹדוֹ:
וּמְקַבְּלִין דֵּין מִן דֵּין וְאָמְרִין, קַדִּישׁ בִּשְׁמֵי מְרוֹמָא עִלָּאָה בֵּית שְׁכִינְתֵהּ תרגום יונתן / ישעיה ו
קַדִּישׁ עַל אַרְעָא עוֹבַד גְּבוּרְתֵהּ, קַדִּישׁ לְעָלַם וּלְעָלְמֵי עָלְמַיָּא יהוה
צְבָאוֹת, מַלְיָא כָל אַרְעָא זִיו יְקָרֵהּ.
◂ וַתִּשָּׂאֵנִי רוּחַ, וָאֶשְׁמַע אַחֲרַי קוֹל רַעַשׁ גָּדוֹל יחזקאל ג
בָּרוּךְ כְּבוֹד־יהוה מִמְּקוֹמוֹ:
וּנְטָלַתְנִי רוּחָא, וּשְׁמָעִית בַּתְרַי קָל זִיעַ סַגִּיא, דִּמְשַׁבְּחִין וְאָמְרִין תרגום יונתן / יחזקאל ג
בְּרִיךְ יְקָרָא דַיהוה מֵאֲתַר בֵּית שְׁכִינְתֵהּ.

יהוה יִמְלֹךְ לְעֹלָם וָעֶד: שמות טו
יהוה מַלְכוּתֵהּ קָאֵם לְעָלַם וּלְעָלְמֵי עָלְמַיָּא. תרגום אונקלוס / שמות טו

יהוה אֱלֹהֵי אַבְרָהָם יִצְחָק וְיִשְׂרָאֵל אֲבֹתֵינוּ, שָׁמְרָה־זֹּאת לְעוֹלָם דברי הימים א׳ כט
לְיֵצֶר מַחְשְׁבוֹת לְבַב עַמֶּךָ, וְהָכֵן לְבָבָם אֵלֶיךָ: וְהוּא רַחוּם יְכַפֵּר תהלים עח
עָוֹן וְלֹא־יַשְׁחִית, וְהִרְבָּה לְהָשִׁיב אַפּוֹ, וְלֹא־יָעִיר כָּל־חֲמָתוֹ: כִּי־ תהלים פו
אַתָּה אֲדֹנָי טוֹב וְסַלָּח, וְרַב־חֶסֶד לְכָל־קֹרְאֶיךָ: צִדְקָתְךָ צֶדֶק תהלים קיט
לְעוֹלָם וְתוֹרָתְךָ אֱמֶת: תִּתֵּן אֱמֶת לְיַעֲקֹב, חֶסֶד לְאַבְרָהָם, אֲשֶׁר־ מיכה ז

תהלים סח נִשְׁבַּעְתָּ לַאֲבֹתֵינוּ מִימֵי קֶדֶם: בָּרוּךְ אֲדֹנָי יוֹם יוֹם יַעֲמָס־לָנוּ, הָאֵל
תהלים מו יְשׁוּעָתֵנוּ סֶלָה: יהוה צְבָאוֹת עִמָּנוּ, מִשְׂגָּב לָנוּ אֱלֹהֵי יַעֲקֹב סֶלָה:
תהלים פד תהלים כ יהוה צְבָאוֹת, אַשְׁרֵי אָדָם בֹּטֵחַ בָּךְ: יהוה הוֹשִׁיעָה, הַמֶּלֶךְ יַעֲנֵנוּ
בְיוֹם־קָרְאֵנוּ:

בָּרוּךְ הוּא אֱלֹהֵינוּ שֶׁבְּרָאָנוּ לִכְבוֹדוֹ, וְהִבְדִּילָנוּ מִן הַתּוֹעִים, וְנָתַן לָנוּ תּוֹרַת אֱמֶת, וְחַיֵּי עוֹלָם נָטַע בְּתוֹכֵנוּ. הוּא יִפְתַּח לִבֵּנוּ בְּתוֹרָתוֹ, וְיָשֵׂם בְּלִבֵּנוּ אַהֲבָתוֹ וְיִרְאָתוֹ וְלַעֲשׂוֹת רְצוֹנוֹ וּלְעָבְדוֹ בְּלֵבָב שָׁלֵם, לְמַעַן לֹא נִיגַע לָרִיק וְלֹא נֵלֵד לַבֶּהָלָה.

יְהִי רָצוֹן מִלְּפָנֶיךָ יהוה אֱלֹהֵינוּ וֵאלֹהֵי אֲבוֹתֵינוּ, שֶׁנִּשְׁמֹר חֻקֶּיךָ
בָּעוֹלָם הַזֶּה, וְנִזְכֶּה וְנִחְיֶה וְנִרְאֶה וְנִירַשׁ טוֹבָה וּבְרָכָה, לִשְׁנֵי יְמוֹת
תהלים ל הַמָּשִׁיחַ וּלְחַיֵּי הָעוֹלָם הַבָּא. לְמַעַן יְזַמֶּרְךָ כָבוֹד וְלֹא יִדֹּם, יהוה
ירמיה יז אֱלֹהַי, לְעוֹלָם אוֹדֶךָּ: בָּרוּךְ הַגֶּבֶר אֲשֶׁר יִבְטַח בַּיהוה, וְהָיָה יהוה
ישעיה כו תהלים ט מִבְטַחוֹ: בִּטְחוּ בַיהוה עֲדֵי־עַד, כִּי בְּיָהּ יהוה צוּר עוֹלָמִים: ◂ וְיִבְטְחוּ
ישעיה מב בְךָ יוֹדְעֵי שְׁמֶךָ, כִּי לֹא־עָזַבְתָּ דֹרְשֶׁיךָ, יהוה: יהוה חָפֵץ לְמַעַן
צִדְקוֹ, יַגְדִּיל תּוֹרָה וְיַאְדִּיר:

קדיש שלם

ש״ץ: יִתְגַּדַּל וְיִתְקַדַּשׁ שְׁמֵהּ רַבָּא (קהל: אָמֵן)
בְּעָלְמָא דִּי בְרָא כִרְעוּתֵהּ
וְיַמְלִיךְ מַלְכוּתֵהּ וְיַצְמַח פֻּרְקָנֵהּ וִיקָרֵב מְשִׁיחֵהּ (קהל: אָמֵן)
בְּחַיֵּיכוֹן וּבְיוֹמֵיכוֹן וּבְחַיֵּי דְכָל בֵּית יִשְׂרָאֵל
בַּעֲגָלָא וּבִזְמַן קָרִיב,
וְאִמְרוּ אָמֵן. (קהל: אָמֵן)

קהל וש״ץ: יְהֵא שְׁמֵהּ רַבָּא מְבָרַךְ לְעָלַם וּלְעָלְמֵי עָלְמַיָּא.

ש״ץ: יִתְבָּרַךְ וְיִשְׁתַּבַּח וְיִתְפָּאַר וְיִתְרוֹמַם וְיִתְנַשֵּׂא
וְיִתְהַדָּר וְיִתְעַלֶּה וְיִתְהַלָּל
שְׁמֵהּ דְּקֻדְשָׁא בְּרִיךְ הוּא (קהל: אָמֵן)
לְעֵלָּא מִן כָּל בִּרְכָתָא וְשִׁירָתָא, תֻּשְׁבְּחָתָא וְנֶחֱמָתָא
דַּאֲמִירָן בְּעָלְמָא
וְאִמְרוּ אָמֵן. (קהל: אָמֵן)

תִּתְקַבַּל צְלוֹתְהוֹן וּבָעוּתְהוֹן דְּכָל בֵּית יִשְׂרָאֵל
קֳדָם אֲבוּהוֹן דִּי בִשְׁמַיָּא
וְאִמְרוּ אָמֵן. (קהל: אָמֵן)

יְהֵא שְׁלָמָא רַבָּא מִן שְׁמַיָּא
וְחַיִּים טוֹבִים עָלֵינוּ וְעַל כָּל יִשְׂרָאֵל
וְאִמְרוּ אָמֵן. (קהל: אָמֵן)

כורע ופוסע שלוש פסיעות לאחור. קד לשמאל, לימין ולפנים באמירת:
עֹשֶׂה שָׁלוֹם בִּמְרוֹמָיו
הוּא יַעֲשֶׂה שָׁלוֹם, עָלֵינוּ וְעַל כָּל יִשְׂרָאֵל
וְאִמְרוּ אָמֵן. (קהל: אָמֵן)

בבתי כנסת המתפללים בנוסח אשכנז,
אין אומרים ׳שִׁיר לַמַּעֲלוֹת׳ ולא את הקדיש שאחריו.

שִׁיר לַמַּעֲלוֹת, אֶשָּׂא עֵינַי אֶל־הֶהָרִים, מֵאַיִן יָבֹא עֶזְרִי: עֶזְרִי מֵעִם תהלים קכא
יהוה, עֹשֵׂה שָׁמַיִם וָאָרֶץ: אַל־יִתֵּן לַמּוֹט רַגְלֶךָ, אַל־יָנוּם שֹׁמְרֶךָ:
הִנֵּה לֹא־יָנוּם וְלֹא יִישָׁן שׁוֹמֵר יִשְׂרָאֵל: יהוה שֹׁמְרֶךָ, יהוה צִלְּךָ
עַל־יַד יְמִינֶךָ: יוֹמָם הַשֶּׁמֶשׁ לֹא־יַכֶּכָּה, וְיָרֵחַ בַּלָּיְלָה: יהוה יִשְׁמָרְךָ
מִכָּל־רָע, יִשְׁמֹר אֶת־נַפְשֶׁךָ: יהוה יִשְׁמָר־צֵאתְךָ וּבוֹאֶךָ, מֵעַתָּה
וְעַד־עוֹלָם:

קדיש יתום

אבל: יִתְגַּדַּל וְיִתְקַדַּשׁ שְׁמֵהּ רַבָּא (קהל: אָמֵן)
בְּעָלְמָא דִּי בְרָא כִרְעוּתֵהּ
וְיַמְלִיךְ מַלְכוּתֵהּ וְיַצְמַח פֻּרְקָנֵהּ וִיקָרֵב מְשִׁיחֵהּ (קהל: אָמֵן)
בְּחַיֵּיכוֹן וּבְיוֹמֵיכוֹן וּבְחַיֵּי דְכָל בֵּית יִשְׂרָאֵל
בַּעֲגָלָא וּבִזְמַן קָרִיב, וְאִמְרוּ אָמֵן. (קהל: אָמֵן)

קהל ואבל: יְהֵא שְׁמֵהּ רַבָּא מְבָרַךְ לְעָלַם וּלְעָלְמֵי עָלְמַיָּא.

אבל: יִתְבָּרַךְ וְיִשְׁתַּבַּח וְיִתְפָּאַר וְיִתְרוֹמַם וְיִתְנַשֵּׂא
וְיִתְהַדָּר וְיִתְעַלֶּה וְיִתְהַלָּל
שְׁמֵהּ דְּקֻדְשָׁא בְּרִיךְ הוּא (קהל: אָמֵן)
לְעֵלָּא מִן כָּל בִּרְכָתָא וְשִׁירָתָא, תֻּשְׁבְּחָתָא וְנֶחֱמָתָא
דַּאֲמִירָן בְּעָלְמָא, וְאִמְרוּ אָמֵן. (קהל: אָמֵן)

יְהֵא שְׁלָמָא רַבָּא מִן שְׁמַיָּא
וְחַיִּים טוֹבִים עָלֵינוּ וְעַל כָּל יִשְׂרָאֵל, וְאִמְרוּ אָמֵן. (קהל: אָמֵן)

כורע ופוסע שלוש פסיעות לאחור. קד לשמאל, לימין ולפנים באמירת:

עֹשֶׂה שָׁלוֹם בִּמְרוֹמָיו
הוּא יַעֲשֶׂה שָׁלוֹם, עָלֵינוּ וְעַל כָּל יִשְׂרָאֵל
וְאִמְרוּ אָמֵן. (קהל: אָמֵן)

האומר קדיש, מוסיף (׳ברכי יוסף׳ בשם האר״י):

בָּרְכוּ אֶת יהוה הַמְבֹרָךְ.

הקהל עונה: בָּרוּךְ יהוה הַמְבֹרָךְ לְעוֹלָם וָעֶד.

והאומר קדיש חוזר: בָּרוּךְ יהוה הַמְבֹרָךְ לְעוֹלָם וָעֶד.

בחול המועד ובמוצאי פסח, סופרים כאן את העומר בעמוד הבא.
בשאר הימים ממשיכים ׳עָלֵינוּ׳ בעמ׳ 469.

סדר ספירת העומר

ממוצאי יום טוב ראשון של פסח ועד ערב שבועות סופרים את העומר.

לפני ספירת העומר יש אומרים (יסוד ושורש העבודה):

לְשֵׁם יִחוּד קֻדְשָׁא בְּרִיךְ הוּא וּשְׁכִינְתֵּהּ בִּדְחִילוּ וּרְחִימוּ
לְיַחֵד שֵׁם י״ה בו״ה בְּיִחוּדָא שְׁלִים בְּשֵׁם כָּל יִשְׂרָאֵל.

הִנְנִי מוּכָן וּמְזֻמָּן לְקַיֵּם מִצְוַת עֲשֵׂה שֶׁל סְפִירַת הָעֹמֶר. כְּמוֹ שֶׁכָּתוּב בַּתּוֹרָה,
וּסְפַרְתֶּם לָכֶם מִמָּחֳרַת הַשַּׁבָּת, מִיּוֹם הֲבִיאֲכֶם אֶת־עֹמֶר הַתְּנוּפָה, שֶׁבַע ויקרא כג
שַׁבָּתוֹת תְּמִימֹת תִּהְיֶינָה: עַד מִמָּחֳרַת הַשַּׁבָּת הַשְּׁבִיעִת תִּסְפְּרוּ חֲמִשִּׁים יוֹם,
וְהִקְרַבְתֶּם מִנְחָה חֲדָשָׁה לַיהוה: וִיהִי נֹעַם אֲדֹנָי אֱלֹהֵינוּ עָלֵינוּ, וּמַעֲשֵׂה יָדֵינוּ תהלים צ
כּוֹנְנָה עָלֵינוּ, וּמַעֲשֵׂה יָדֵינוּ כּוֹנְנֵהוּ:

בָּרוּךְ אַתָּה יהוה אֱלֹהֵינוּ מֶלֶךְ הָעוֹלָם
אֲשֶׁר קִדְּשָׁנוּ בְּמִצְוֹתָיו וְצִוָּנוּ עַל סְפִירַת הָעֹמֶר.

טז בניסן

הַיּוֹם יוֹם אֶחָד לָעֹמֶר. חסד שבחסד

יז בניסן

הַיּוֹם שְׁנֵי יָמִים לָעֹמֶר. גבורה שבחסד

יח בניסן

הַיּוֹם שְׁלֹשָׁה יָמִים לָעֹמֶר. תפארת שבחסד

יט בניסן

הַיּוֹם אַרְבָּעָה יָמִים לָעֹמֶר. נצח שבחסד

כ בניסן

הַיּוֹם חֲמִשָּׁה יָמִים לָעֹמֶר. הוד שבחסד

כא בניסן

הַיּוֹם שִׁבְעָה יָמִים
שֶׁהֵם שָׁבוּעַ אֶחָד לָעֹמֶר. מלכות שבחסד

כג בניסן

הַיּוֹם שְׁמוֹנָה יָמִים
שֶׁהֵם שָׁבוּעַ אֶחָד וְיוֹם אֶחָד לָעֹמֶר. חסד שבגבורה

הָרַחֲמָן הוּא יַחֲזִיר לָנוּ עֲבוֹדַת בֵּית הַמִּקְדָּשׁ לִמְקוֹמָהּ
בִּמְהֵרָה בְיָמֵינוּ, אָמֵן סֶלָה.

נוהגים לומר את מזמור סז, שיש בו מ״ט מילים, ואת ׳אָנָּא בְּכֹחַ׳ (סידור בעל ה׳תניא׳).

תהלים סז לַמְנַצֵּחַ בִּנְגִינֹת, מִזְמוֹר שִׁיר:
אֱלֹהִים יְחָנֵּנוּ וִיבָרְכֵנוּ, יָאֵר פָּנָיו אִתָּנוּ סֶלָה:
לָדַעַת בָּאָרֶץ דַּרְכֶּךָ, בְּכָל־גּוֹיִם יְשׁוּעָתֶךָ:
יוֹדוּךָ עַמִּים אֱלֹהִים, יוֹדוּךָ עַמִּים כֻּלָּם:
יִשְׂמְחוּ וִירַנְּנוּ לְאֻמִּים, כִּי־תִשְׁפֹּט עַמִּים מִישֹׁר, וּלְאֻמִּים בָּאָרֶץ תַּנְחֵם סֶלָה:
יוֹדוּךָ עַמִּים אֱלֹהִים, יוֹדוּךָ עַמִּים כֻּלָּם:
אֶרֶץ נָתְנָה יְבוּלָהּ, יְבָרְכֵנוּ אֱלֹהִים אֱלֹהֵינוּ:
יְבָרְכֵנוּ אֱלֹהִים, וְיִירְאוּ אוֹתוֹ כָּל־אַפְסֵי־אָרֶץ:

אָנָּא, בְּכֹחַ גְּדֻלַּת יְמִינְךָ, תַּתִּיר צְרוּרָה.
קַבֵּל רִנַּת עַמְּךָ, שַׂגְּבֵנוּ, טַהֲרֵנוּ, נוֹרָא.
נָא גִבּוֹר, דּוֹרְשֵׁי יִחוּדְךָ כְּבָבַת שָׁמְרֵם.
בָּרְכֵם, טַהֲרֵם, רַחֲמֵי צִדְקָתְךָ תָּמִיד גָּמְלֵם.
חֲסִין קָדוֹשׁ, בְּרֹב טוּבְךָ נַהֵל עֲדָתֶךָ.
יָחִיד גֵּאֶה, לְעַמְּךָ פְּנֵה, זוֹכְרֵי קְדֻשָּׁתֶךָ.
שַׁוְעָתֵנוּ קַבֵּל וּשְׁמַע צַעֲקָתֵנוּ, יוֹדֵעַ תַּעֲלוּמוֹת.
בָּרוּךְ שֵׁם כְּבוֹד מַלְכוּתוֹ לְעוֹלָם וָעֶד.

רִבּוֹנוֹ שֶׁל עוֹלָם, אַתָּה צִוִּיתָנוּ עַל יְדֵי מֹשֶׁה עַבְדֶּךָ לִסְפֹּר סְפִירַת הָעֹמֶר,
ויקרא כג כְּדֵי לְטַהֲרֵנוּ מִקְּלִפּוֹתֵינוּ וּמִטֻּמְאוֹתֵינוּ. כְּמוֹ שֶׁכָּתַבְתָּ בְּתוֹרָתֶךָ: וּסְפַרְתֶּם
לָכֶם מִמָּחֳרַת הַשַּׁבָּת, מִיּוֹם הֲבִיאֲכֶם אֶת־עֹמֶר הַתְּנוּפָה, שֶׁבַע שַׁבָּתוֹת
תְּמִימֹת תִּהְיֶינָה: עַד מִמָּחֳרַת הַשַּׁבָּת הַשְּׁבִיעִת תִּסְפְּרוּ חֲמִשִּׁים יוֹם: כְּדֵי
שֶׁיִּטָּהֲרוּ נַפְשׁוֹת עַמְּךָ יִשְׂרָאֵל מִזֻּהֲמָתָם. וּבְכֵן יְהִי רָצוֹן מִלְּפָנֶיךָ יהוה אֱלֹהֵינוּ
וֵאלֹהֵי אֲבוֹתֵינוּ, שֶׁבִּזְכוּת סְפִירַת הָעֹמֶר שֶׁסָּפַרְתִּי הַיּוֹם, יְתֻקַּן מַה שֶּׁפָּגַמְתִּי
בִּסְפִירָה (פלונית השייכת לאותו היום) וְאֶטָּהֵר וְאֶתְקַדֵּשׁ בִּקְדֻשָּׁה שֶׁל מַעְלָה,
וְעַל יְדֵי זֶה יֻשְׁפַּע שֶׁפַע רַב בְּכָל הָעוֹלָמוֹת, לְתַקֵּן אֶת נַפְשׁוֹתֵינוּ וְרוּחוֹתֵינוּ
וְנִשְׁמוֹתֵינוּ מִכָּל סִיג וּפְגַם, וּלְטַהֲרֵנוּ וּלְקַדְּשֵׁנוּ בִּקְדֻשָּׁתְךָ הָעֶלְיוֹנָה, אָמֵן סֶלָה.

בבתי כנסת המתפללים בנוסח אשכנז, יש אומרים כאן ׳וְיִתֶּן־לְךָ׳ (עמ׳ 473) במוצאי שבת.

אומרים ׳עָלֵינוּ׳ בעמידה (טור, קלג) ומשתחווים במקום המסומן ב־׳.

עָלֵינוּ לְשַׁבֵּחַ לַאֲדוֹן הַכֹּל, לָתֵת גְּדֻלָּה לְיוֹצֵר בְּרֵאשִׁית
שֶׁלֹּא עָשָׂנוּ כְּגוֹיֵי הָאֲרָצוֹת, וְלֹא שָׂמָנוּ כְּמִשְׁפְּחוֹת הָאֲדָמָה
שֶׁלֹּא שָׂם חֶלְקֵנוּ כָּהֶם וְגוֹרָלֵנוּ כְּכָל הֲמוֹנָם.
שֶׁהֵם מִשְׁתַּחֲוִים לְהֶבֶל וָרִיק וּמִתְפַּלְלִים אֶל אֵל לֹא יוֹשִׁיעַ.
׳וַאֲנַחְנוּ כּוֹרְעִים וּמִשְׁתַּחֲוִים וּמוֹדִים
לִפְנֵי מֶלֶךְ מַלְכֵי הַמְּלָכִים, הַקָּדוֹשׁ בָּרוּךְ הוּא
שֶׁהוּא נוֹטֶה שָׁמַיִם וְיוֹסֵד אָרֶץ
וּמוֹשַׁב יְקָרוֹ בַּשָּׁמַיִם מִמַּעַל, וּשְׁכִינַת עֻזּוֹ בְּגָבְהֵי מְרוֹמִים.
הוּא אֱלֹהֵינוּ, אֵין עוֹד.
אֱמֶת מַלְכֵּנוּ, אֶפֶס זוּלָתוֹ
כַּכָּתוּב בְּתוֹרָתוֹ, וְיָדַעְתָּ הַיּוֹם וַהֲשֵׁבֹתָ אֶל־לְבָבֶךָ דברים ד
כִּי יהוה הוּא הָאֱלֹהִים בַּשָּׁמַיִם מִמַּעַל וְעַל־הָאָרֶץ מִתָּחַת
אֵין עוֹד:

וְעַל כֵּן נְקַוֶּה לְּךָ יהוה אֱלֹהֵינוּ לִרְאוֹת מְהֵרָה בְּתִפְאֶרֶת עֻזֶּךָ
לְהַעֲבִיר גִּלּוּלִים מִן הָאָרֶץ, וְהָאֱלִילִים כָּרוֹת יִכָּרֵתוּן
לְתַקֵּן עוֹלָם בְּמַלְכוּת שַׁדַּי.
וְכָל בְּנֵי בָשָׂר יִקְרְאוּ בִשְׁמֶךָ, לְהַפְנוֹת אֵלֶיךָ כָּל רִשְׁעֵי אָרֶץ.
יַכִּירוּ וְיֵדְעוּ כָּל יוֹשְׁבֵי תֵבֵל
כִּי לְךָ תִּכְרַע כָּל בֶּרֶךְ, תִּשָּׁבַע כָּל לָשׁוֹן.
לְפָנֶיךָ יהוה אֱלֹהֵינוּ יִכְרְעוּ וְיִפֹּלוּ, וְלִכְבוֹד שִׁמְךָ יְקָר יִתֵּנוּ
וִיקַבְּלוּ כֻלָּם אֶת עֹל מַלְכוּתֶךָ
וְתִמְלֹךְ עֲלֵיהֶם מְהֵרָה לְעוֹלָם וָעֶד.
כִּי הַמַּלְכוּת שֶׁלְּךָ הִיא וּלְעוֹלְמֵי עַד תִּמְלֹךְ בְּכָבוֹד
כַּכָּתוּב בְּתוֹרָתֶךָ, יהוה יִמְלֹךְ לְעֹלָם וָעֶד: שמות טו

זכריה יד ◂ וְנֶאֱמַר, וְהָיָה יהוה לְמֶלֶךְ עַל־כָּל־הָאָרֶץ
בַּיּוֹם הַהוּא יִהְיֶה יהוה אֶחָד וּשְׁמוֹ אֶחָד:

יש מוסיפים:

משלי ג אַל־תִּירָא מִפַּחַד פִּתְאֹם וּמִשֹּׁאַת רְשָׁעִים כִּי תָבֹא:

ישעיה ח עֻצוּ עֵצָה וְתֻפָר, דַּבְּרוּ דָבָר וְלֹא יָקוּם, כִּי עִמָּנוּ אֵל:

ישעיה מו וְעַד־זִקְנָה אֲנִי הוּא, וְעַד־שֵׂיבָה אֲנִי אֶסְבֹּל, אֲנִי עָשִׂיתִי וַאֲנִי אֶשָּׂא וַאֲנִי אֶסְבֹּל וַאֲמַלֵּט:

קדיש יתום

אבל: יִתְגַּדַּל וְיִתְקַדַּשׁ שְׁמֵהּ רַבָּא (קהל: אָמֵן)
בְּעָלְמָא דִּי בְרָא כִרְעוּתֵהּ
וְיַמְלִיךְ מַלְכוּתֵהּ וְיַצְמַח פֻּרְקָנֵהּ וִיקָרֵב מְשִׁיחֵהּ (קהל: אָמֵן)
בְּחַיֵּיכוֹן וּבְיוֹמֵיכוֹן וּבְחַיֵּי דְכָל בֵּית יִשְׂרָאֵל
בַּעֲגָלָא וּבִזְמַן קָרִיב, וְאִמְרוּ אָמֵן. (קהל: אָמֵן)

קהל ואבל: יְהֵא שְׁמֵהּ רַבָּא מְבָרַךְ לְעָלַם וּלְעָלְמֵי עָלְמַיָּא.

אבל: יִתְבָּרַךְ וְיִשְׁתַּבַּח וְיִתְפָּאַר וְיִתְרוֹמַם וְיִתְנַשֵּׂא
וְיִתְהַדָּר וְיִתְעַלֶּה וְיִתְהַלָּל שְׁמֵהּ דְּקֻדְשָׁא בְּרִיךְ הוּא (קהל: אָמֵן)
לְעֵלָּא מִן כָּל בִּרְכָתָא וְשִׁירָתָא, תֻּשְׁבְּחָתָא וְנֶחֱמָתָא
דַּאֲמִירָן בְּעָלְמָא, וְאִמְרוּ אָמֵן. (קהל: אָמֵן)

יְהֵא שְׁלָמָא רַבָּא מִן שְׁמַיָּא
וְחַיִּים טוֹבִים עָלֵינוּ וְעַל כָּל יִשְׂרָאֵל, וְאִמְרוּ אָמֵן. (קהל: אָמֵן)

כורע ופוסע שלוש פסיעות לאחור. קד לשמאל, לימין ולפנים באמירת:

עֹשֶׂה שָׁלוֹם בִּמְרוֹמָיו
הוּא יַעֲשֶׂה שָׁלוֹם, עָלֵינוּ
וְעַל כָּל יִשְׂרָאֵל, וְאִמְרוּ אָמֵן. (קהל: אָמֵן)

יש בתי כנסת שבהם שליח הציבור מבדיל (בעמוד הבא).
מי שעומד להבדיל בביתו, מוטב שיתכוון שלא לצאת ידי חובתו.

בבתי כנסת המתפללים בנוסח אשכנז, נוהגים להוסיף כאן את המזמור ׳לְדָוִד, ה׳ אוֹרִי וְיִשְׁעִי׳ (עמ׳ 399) מר״ח אלול ועד הושענא רבה ולומר אחריו קדיש יתום.

סדר הבדלה

במוצאי שבת אומרים פסוקי ברכה לפני ההבדלה.

במוצאי יום טוב שאינו מוצאי שבת, אין אומרים פסוקים אלה
ואין מברכים על הנר או על הבשמים.

המבדיל לוקח בידו כוס יין ואומר:

הִנֵּה אֵל יְשׁוּעָתִי אֶבְטַח, וְלֹא אֶפְחָד, כִּי־עָזִּי וְזִמְרָת יָהּ יהוה, ישעיה יב
וַיְהִי־לִי לִישׁוּעָה: וּשְׁאַבְתֶּם־מַיִם בְּשָׂשׂוֹן, מִמַּעַיְנֵי הַיְשׁוּעָה: לַיהוה תהלים ג
הַיְשׁוּעָה, עַל־עַמְּךָ בִרְכָתֶךָ סֶּלָה: יהוה צְבָאוֹת עִמָּנוּ, מִשְׂגָּב לָנוּ תהלים מו
אֱלֹהֵי יַעֲקֹב סֶלָה: יהוה צְבָאוֹת, אַשְׁרֵי אָדָם בֹּטֵחַ בָּךְ: יהוה תהלים פד תהלים כ
הוֹשִׁיעָה, הַמֶּלֶךְ יַעֲנֵנוּ בְיוֹם־קָרְאֵנוּ: לַיְּהוּדִים הָיְתָה אוֹרָה וְשִׂמְחָה אסתר ח
וְשָׂשֹׂן וִיקָר: כֵּן תִּהְיֶה לָּנוּ. כּוֹס־יְשׁוּעוֹת אֶשָּׂא, וּבְשֵׁם יהוה אֶקְרָא: תהלים קטז

המבדיל לאחרים, אומר:

סַבְרִי מָרָנָן

בָּרוּךְ אַתָּה יהוה אֱלֹהֵינוּ מֶלֶךְ הָעוֹלָם, בּוֹרֵא פְּרִי הַגָּפֶן.

לוקח בידו את הבשמים ומברך:

בָּרוּךְ אַתָּה יהוה אֱלֹהֵינוּ מֶלֶךְ הָעוֹלָם, בּוֹרֵא מִינֵי בְשָׂמִים.

לאחר שהריח את הבשמים, מברך:

בָּרוּךְ אַתָּה יהוה אֱלֹהֵינוּ מֶלֶךְ הָעוֹלָם, בּוֹרֵא מְאוֹרֵי הָאֵשׁ.

המבדיל מסתכל באצבעותיו לאור האבוקה כדי ליהנות מהאור.

חוזר ולוקח את הכוס בידו ומברך:

בָּרוּךְ אַתָּה יהוה אֱלֹהֵינוּ מֶלֶךְ הָעוֹלָם, הַמַּבְדִּיל בֵּין קֹדֶשׁ לְחֹל, בֵּין אוֹר לְחֹשֶׁךְ, בֵּין יִשְׂרָאֵל לָעַמִּים, בֵּין יוֹם הַשְּׁבִיעִי לְשֵׁשֶׁת יְמֵי הַמַּעֲשֶׂה. בָּרוּךְ אַתָּה יהוה, הַמַּבְדִּיל בֵּין קֹדֶשׁ לְחֹל.

במוצאי שבת חול המועד סוכות מברך:

בָּרוּךְ אַתָּה יהוה אֱלֹהֵינוּ מֶלֶךְ הָעוֹלָם
אֲשֶׁר קִדְּשָׁנוּ בְּמִצְוֹתָיו וְצִוָּנוּ לֵישֵׁב בַּסֻּכָּה.

פיוט עתיק הנאמר לאחר הבדלה

יש הסבורים שנכתב במקורו למוצאי יום הכיפורים דווקא (׳מרדכי׳ יומא, תשכז), אך כבר במחזור ויטרי מופיע כזמר לכל מוצאי שבת.

הַמַּבְדִּיל בֵּין קֹדֶשׁ לְחֹל, חַטֹּאתֵינוּ הוּא יִמְחֹל
זַרְעֵנוּ וְכַסְפֵּנוּ יַרְבֶּה כַחוֹל וְכַכּוֹכָבִים בַּלָּיְלָה.

יוֹם פָּנָה כְּצֵל תֹּמֶר, אֶקְרָא לָאֵל עָלַי גּוֹמֵר
(ישעיה כא) אָמַר שֹׁמֵר, אָתָא בֹקֶר וְגַם־לָיְלָה:

צִדְקָתְךָ כְּהַר תָּבוֹר, עַל חֲטָאַי עָבוֹר תַּעֲבֹר
(תהלים צ) כְּיוֹם אֶתְמוֹל כִּי יַעֲבֹר, וְאַשְׁמוּרָה בַלָּיְלָה:

חָלְפָה עוֹנַת מִנְחָתִי, מִי יִתֵּן מְנוּחָתִי
(תהלים ו) יָגַעְתִּי בְאַנְחָתִי, אַשְׂחֶה בְכָל־לַיְלָה:

קוֹלִי בַּל יֻנְטַל, פְּתַח לִי שַׁעַר הַמְנֻטָּל
(שיר השירים ה) שֶׁרֹּאשִׁי נִמְלָא טָל, קְוֻצּוֹתַי רְסִיסֵי לָיְלָה:

הֵעָתֵר נוֹרָא וְאָיֹם, אֲשַׁוֵּעַ, תְּנָה פִדְיוֹם
(משלי ז) בְּנֶשֶׁף־בְּעֶרֶב יוֹם, בְּאִישׁוֹן לָיְלָה:

קְרָאתִיךָ יָהּ, הוֹשִׁיעֵנִי, אֹרַח חַיִּים תּוֹדִיעֵנִי
(ישעיה לח) מִדַּלָּה תְבַצְּעֵנִי, מִיּוֹם עַד־לָיְלָה:

טַהֵר טִנּוּף מַעֲשַׂי, פֶּן יֹאמְרוּ מַכְעִיסַי
(איוב לה) אַיֵּה אֱלוֹהַּ עֹשָׂי, נֹתֵן זְמִרוֹת בַּלָּיְלָה:

נַחְנוּ בְיָדְךָ כַּחֹמֶר, סְלַח נָא עַל קַל וָחֹמֶר
(תהלים יט) יוֹם לְיוֹם יַבִּיעַ אֹמֶר, וְלַיְלָה לְּלָיְלָה:

פסוקי ברכה

פסוקי ברכה לקראת השבוע שיבוא.
המנהג לאומרם נזכר כבר במחזור ויטרי, ושם הנוסח שונה.

יש המדלגים על חלק מהפסקאות –
אלו הכתובות באות קטנה (סידור בעל ה'תניא').
מנהג אשכנז המקורי היה לומר 'וְיִתֶּן־לְךָ' בבית הכנסת לפני 'עָלֵינוּ',
והאר"י נהג לאומרו אחר הבדלה, ויש שאומרים אותו בסעודת מלווה מלכה.

וְיִתֶּן־לְךָ הָאֱלֹהִים מִטַּל הַשָּׁמַיִם וּמִשְׁמַנֵּי הָאָרֶץ, וְרֹב דָּגָן וְתִירֹשׁ: בראשית כז
יַעַבְדוּךָ עַמִּים וְיִשְׁתַּחֲוֻ לְךָ לְאֻמִּים, הֱוֵה גְבִיר לְאַחֶיךָ וְיִשְׁתַּחֲווּ
לְךָ בְּנֵי אִמֶּךָ, אֹרְרֶיךָ אָרוּר וּמְבָרְכֶיךָ בָּרוּךְ:

וְאֵל שַׁדַּי יְבָרֵךְ אֹתְךָ וְיַפְרְךָ וְיַרְבֶּךָ, וְהָיִיתָ לִקְהַל עַמִּים: וְיִתֶּן־ בראשית כח
לְךָ אֶת־בִּרְכַּת אַבְרָהָם, לְךָ וּלְזַרְעֲךָ אִתָּךְ, לְרִשְׁתְּךָ אֶת־אֶרֶץ
מְגֻרֶיךָ אֲשֶׁר־נָתַן אֱלֹהִים לְאַבְרָהָם: מֵאֵל אָבִיךָ וְיַעְזְרֶךָּ וְאֵת בראשית מט
שַׁדַּי וִיבָרְכֶךָּ, בִּרְכֹת שָׁמַיִם מֵעָל בִּרְכֹת תְּהוֹם רֹבֶצֶת תָּחַת, בִּרְכֹת
שָׁדַיִם וָרָחַם: בִּרְכֹת אָבִיךָ גָּבְרוּ עַל־בִּרְכֹת הוֹרַי עַד־תַּאֲוַת גִּבְעֹת
עוֹלָם, תִּהְיֶיןָ לְרֹאשׁ יוֹסֵף וּלְקָדְקֹד נְזִיר אֶחָיו: וַאֲהֵבְךָ וּבֵרַכְךָ דברים ז
וְהִרְבֶּךָ, וּבֵרַךְ פְּרִי־בִטְנְךָ וּפְרִי־אַדְמָתֶךָ, דְּגָנְךָ וְתִירֹשְׁךָ וְיִצְהָרֶךָ,
שְׁגַר־אֲלָפֶיךָ וְעַשְׁתְּרֹת צֹאנֶךָ, עַל הָאֲדָמָה אֲשֶׁר־נִשְׁבַּע לַאֲבֹתֶיךָ
לָתֶת לָךְ: בָּרוּךְ תִּהְיֶה מִכָּל־הָעַמִּים, לֹא־יִהְיֶה בְךָ עָקָר וַעֲקָרָה
וּבִבְהֶמְתֶּךָ: וְהֵסִיר יהוה מִמְּךָ כָּל־חֹלִי, וְכָל־מַדְוֵי מִצְרַיִם הָרָעִים
אֲשֶׁר יָדַעְתָּ, לֹא יְשִׂימָם בָּךְ, וּנְתָנָם בְּכָל־שֹׂנְאֶיךָ:

הַמַּלְאָךְ הַגֹּאֵל אֹתִי מִכָּל־רָע יְבָרֵךְ אֶת־הַנְּעָרִים, וְיִקָּרֵא בָהֶם שְׁמִי וְשֵׁם בראשית מח
אֲבֹתַי אַבְרָהָם וְיִצְחָק, וְיִדְגּוּ לָרֹב בְּקֶרֶב הָאָרֶץ: יהוה אֱלֹהֵיכֶם הִרְבָּה דברים א
אֶתְכֶם, וְהִנְּכֶם הַיּוֹם כְּכוֹכְבֵי הַשָּׁמַיִם לָרֹב: יהוה אֱלֹהֵי אֲבוֹתֵכֶם יֹסֵף
עֲלֵיכֶם כָּכֶם אֶלֶף פְּעָמִים, וִיבָרֵךְ אֶתְכֶם כַּאֲשֶׁר דִּבֶּר לָכֶם:

דברים כח בָּרוּךְ אַתָּה בָּעִיר, וּבָרוּךְ אַתָּה בַּשָּׂדֶה: בָּרוּךְ אַתָּה בְּבֹאֶךָ, וּבָרוּךְ
אַתָּה בְּצֵאתֶךָ: בָּרוּךְ טַנְאֲךָ וּמִשְׁאַרְתֶּךָ: בָּרוּךְ פְּרִי־בִטְנְךָ וּפְרִי
אַדְמָתְךָ וּפְרִי בְהֶמְתֶּךָ, שְׁגַר אֲלָפֶיךָ וְעַשְׁתְּרוֹת צֹאנֶךָ: יְצַו יהוה
אִתְּךָ אֶת־הַבְּרָכָה בַּאֲסָמֶיךָ וּבְכֹל מִשְׁלַח יָדֶךָ, וּבֵרַכְךָ בָּאָרֶץ
אֲשֶׁר־יהוה אֱלֹהֶיךָ נֹתֵן לָךְ: יִפְתַּח יהוה לְךָ אֶת־אוֹצָרוֹ הַטּוֹב
אֶת־הַשָּׁמַיִם, לָתֵת מְטַר־אַרְצְךָ בְּעִתּוֹ, וּלְבָרֵךְ אֵת כָּל־מַעֲשֵׂה
דברים טו יָדֶךָ, וְהִלְוִיתָ גּוֹיִם רַבִּים וְאַתָּה לֹא תִלְוֶה: כִּי־יהוה אֱלֹהֶיךָ בֵּרַכְךָ
כַּאֲשֶׁר דִּבֶּר־לָךְ, וְהַעֲבַטְתָּ גּוֹיִם רַבִּים וְאַתָּה לֹא תַעֲבֹט, וּמָשַׁלְתָּ
דברים לג בְּגוֹיִם רַבִּים וּבְךָ לֹא יִמְשֹׁלוּ: אַשְׁרֶיךָ יִשְׂרָאֵל, מִי כָמוֹךָ, עַם נוֹשַׁע
בַּיהוה, מָגֵן עֶזְרֶךָ וַאֲשֶׁר־חֶרֶב גַּאֲוָתֶךָ, וְיִכָּחֲשׁוּ אֹיְבֶיךָ לָךְ, וְאַתָּה
עַל־בָּמוֹתֵימוֹ תִדְרֹךְ:

ישעיה מד מָחִיתִי כָעָב פְּשָׁעֶיךָ וְכֶעָנָן חַטֹּאותֶיךָ, שׁוּבָה אֵלַי כִּי גְאַלְתִּיךָ: רָנּוּ שָׁמַיִם
כִּי־עָשָׂה יהוה, הָרִיעוּ תַּחְתִּיּוֹת אָרֶץ, פִּצְחוּ הָרִים רִנָּה, יַעַר וְכָל־עֵץ בּוֹ,
ישעיה מז כִּי־גָאַל יהוה יַעֲקֹב וּבְיִשְׂרָאֵל יִתְפָּאָר: גֹּאֲלֵנוּ, יהוה צְבָאוֹת שְׁמוֹ, קְדוֹשׁ
יִשְׂרָאֵל:

ישעיה מה יִשְׂרָאֵל נוֹשַׁע בַּיהוה תְּשׁוּעַת עוֹלָמִים, לֹא־תֵבֹשׁוּ וְלֹא־תִכָּלְמוּ
יואל ב עַד־עוֹלְמֵי עַד: וַאֲכַלְתֶּם אָכוֹל וְשָׂבוֹעַ, וְהִלַּלְתֶּם אֶת־שֵׁם יהוה
אֱלֹהֵיכֶם אֲשֶׁר־עָשָׂה עִמָּכֶם לְהַפְלִיא, וְלֹא־יֵבֹשׁוּ עַמִּי לְעוֹלָם:
וִידַעְתֶּם כִּי בְקֶרֶב יִשְׂרָאֵל אָנִי, וַאֲנִי יהוה אֱלֹהֵיכֶם וְאֵין עוֹד, וְלֹא־
ישעיה נה יֵבֹשׁוּ עַמִּי לְעוֹלָם: כִּי־בְשִׂמְחָה תֵצֵאוּ וּבְשָׁלוֹם תּוּבָלוּן, הֶהָרִים
ישעיה יב וְהַגְּבָעוֹת יִפְצְחוּ לִפְנֵיכֶם רִנָּה, וְכָל־עֲצֵי הַשָּׂדֶה יִמְחֲאוּ־כָף: הִנֵּה
אֵל יְשׁוּעָתִי אֶבְטַח, וְלֹא אֶפְחָד, כִּי־עָזִּי וְזִמְרָת יָהּ יהוה, וַיְהִי־לִי
לִישׁוּעָה: וּשְׁאַבְתֶּם־מַיִם בְּשָׂשׂוֹן, מִמַּעַיְנֵי הַיְשׁוּעָה: וַאֲמַרְתֶּם
בַּיּוֹם הַהוּא, הוֹדוּ לַיהוה קִרְאוּ בִשְׁמוֹ, הוֹדִיעוּ בָעַמִּים עֲלִילֹתָיו,

הַזְכִּירוּ כִּי נִשְׂגָּב שְׁמוֹ: זַמְּרוּ יהוה כִּי גֵאוּת עָשָׂה, מוּדַעַת זֹאת בְּכָל־
הָאָרֶץ: צַהֲלִי וָרֹנִּי יוֹשֶׁבֶת צִיּוֹן, כִּי־גָדוֹל בְּקִרְבֵּךְ קְדוֹשׁ יִשְׂרָאֵל:
וְאָמַר בַּיּוֹם הַהוּא, הִנֵּה אֱלֹהֵינוּ זֶה קִוִּינוּ לוֹ וְיוֹשִׁיעֵנוּ, זֶה יהוה ישעיה כה
קִוִּינוּ לוֹ, נָגִילָה וְנִשְׂמְחָה בִּישׁוּעָתוֹ:

בֵּית יַעֲקֹב לְכוּ וְנֵלְכָה בְּאוֹר יהוה: וְהָיָה אֱמוּנַת עִתֶּיךָ, חֹסֶן יְשׁוּעֹת ישעיה ב ישעיה לב
חָכְמַת וָדָעַת, יִרְאַת יהוה הִיא אוֹצָרוֹ: וַיְהִי דָוִד לְכָל־דְּרָכָו מַשְׂכִּיל, שמואל א׳ יח
וַיהוה עִמּוֹ:

פָּדָה בְשָׁלוֹם נַפְשִׁי מִקְּרָב־לִי, כִּי־בְרַבִּים הָיוּ עִמָּדִי: וַיֹּאמֶר הָעָם אֶל־שָׁאוּל, תהלים נה שמואל א׳ יד
הֲיוֹנָתָן יָמוּת אֲשֶׁר עָשָׂה הַיְשׁוּעָה הַגְּדוֹלָה הַזֹּאת בְּיִשְׂרָאֵל, חָלִילָה, חַי־
יהוה אִם־יִפֹּל מִשַּׂעֲרַת רֹאשׁוֹ אַרְצָה, כִּי־עִם־אֱלֹהִים עָשָׂה הַיּוֹם הַזֶּה,
וַיִּפְדּוּ הָעָם אֶת־יוֹנָתָן וְלֹא־מֵת: וּפְדוּיֵי יהוה יְשֻׁבוּן וּבָאוּ צִיּוֹן בְּרִנָּה, ישעיה לה
וְשִׂמְחַת עוֹלָם עַל־רֹאשָׁם, שָׂשׂוֹן וְשִׂמְחָה יַשִּׂיגוּ, וְנָסוּ יָגוֹן וַאֲנָחָה:

הָפַכְתָּ מִסְפְּדִי לְמָחוֹל לִי, פִּתַּחְתָּ שַׂקִּי, וַתְּאַזְּרֵנִי שִׂמְחָה: וְלֹא־אָבָה יהוה תהלים ל דברים כג
אֱלֹהֶיךָ לִשְׁמֹעַ אֶל־בִּלְעָם, וַיַּהֲפֹךְ יהוה אֱלֹהֶיךָ לְּךָ אֶת־הַקְּלָלָה לִבְרָכָה,
כִּי אֲהֵבְךָ יהוה אֱלֹהֶיךָ: אָז תִּשְׂמַח בְּתוּלָה בְּמָחוֹל, וּבַחֻרִים וּזְקֵנִים יַחְדָּו, ירמיה לא
וְהָפַכְתִּי אֶבְלָם לְשָׂשׂוֹן, וְנִחַמְתִּים, וְשִׂמַּחְתִּים מִיגוֹנָם:

בּוֹרֵא נִיב שְׂפָתָיִם, שָׁלוֹם שָׁלוֹם לָרָחוֹק וְלַקָּרוֹב אָמַר יהוה, ישעיה נז
וּרְפָאתִיו: וְרוּחַ לָבְשָׁה אֶת־עֲמָשַׂי רֹאשׁ הַשָּׁלִישִׁים, לְךָ דָוִיד דברי הימים א׳ יב
וְעִמְּךָ בֶן־יִשַׁי, שָׁלוֹם שָׁלוֹם לְךָ וְשָׁלוֹם לְעֹזְרֶךָ, כִּי עֲזָרְךָ אֱלֹהֶיךָ,
וַיְקַבְּלֵם דָּוִיד וַיִּתְּנֵם בְּרָאשֵׁי הַגְּדוּד: וַאֲמַרְתֶּם כֹּה לֶחָי, וְאַתָּה שמואל א׳ כה
שָׁלוֹם וּבֵיתְךָ שָׁלוֹם וְכֹל אֲשֶׁר־לְךָ שָׁלוֹם: יהוה עֹז לְעַמּוֹ יִתֵּן, יהוה תהלים כט
יְבָרֵךְ אֶת־עַמּוֹ בַשָּׁלוֹם:

אָמַר רַבִּי יוֹחָנָן: בְּכָל מָקוֹם שֶׁאַתָּה מוֹצֵא גְּדֻלָּתוֹ שֶׁל הַקָּדוֹשׁ בָּרוּךְ מגילה לא.
הוּא, שָׁם אַתָּה מוֹצֵא עַנְוְתָנוּתוֹ. דָּבָר זֶה כָּתוּב בַּתּוֹרָה, וְשָׁנוּי בַּנְּבִיאִים,

דברים י וּמְשֻׁלָּשׁ בַּכְּתוּבִים. כָּתוּב בַּתּוֹרָה: כִּי יהוה אֱלֹהֵיכֶם הוּא אֱלֹהֵי הָאֱלֹהִים וַאֲדֹנֵי הָאֲדֹנִים, הָאֵל הַגָּדֹל הַגִּבֹּר וְהַנּוֹרָא, אֲשֶׁר לֹא־יִשָּׂא פָנִים וְלֹא יִקַּח שֹׁחַד: וּכְתִיב בָּתְרֵהּ: עֹשֶׂה מִשְׁפַּט יָתוֹם וְאַלְמָנָה, וְאֹהֵב גֵּר לָתֶת לוֹ לֶחֶם
ישעיה נז וְשִׂמְלָה: שָׁנוּי בַּנְּבִיאִים, דִּכְתִיב: כִּי כֹה אָמַר רָם וְנִשָּׂא שֹׁכֵן עַד וְקָדוֹשׁ שְׁמוֹ, מָרוֹם וְקָדוֹשׁ אֶשְׁכּוֹן, וְאֶת־דַּכָּא וּשְׁפַל־רוּחַ, לְהַחֲיוֹת רוּחַ שְׁפָלִים
תהלים סח וּלְהַחֲיוֹת לֵב נִדְכָּאִים: מְשֻׁלָּשׁ בַּכְּתוּבִים, דִּכְתִיב: שִׁירוּ לֵאלֹהִים, זַמְּרוּ שְׁמוֹ, סֹלּוּ לָרֹכֵב בָּעֲרָבוֹת בְּיָהּ שְׁמוֹ, וְעִלְזוּ לְפָנָיו: וּכְתִיב בָּתְרֵהּ: אֲבִי יְתוֹמִים וְדַיַּן אַלְמָנוֹת, אֱלֹהִים בִּמְעוֹן קָדְשׁוֹ:

מלכים א׳ ח יְהִי יהוה אֱלֹהֵינוּ עִמָּנוּ כַּאֲשֶׁר הָיָה עִם־אֲבֹתֵינוּ, אַל־יַעַזְבֵנוּ וְאַל־
דברים ד יִטְּשֵׁנוּ: וְאַתֶּם הַדְּבֵקִים בַּיהוה אֱלֹהֵיכֶם, חַיִּים כֻּלְּכֶם הַיּוֹם: כִּי־נִחַם
ישעיה נא יהוה צִיּוֹן, נִחַם כָּל־חָרְבֹתֶיהָ, וַיָּשֶׂם מִדְבָּרָהּ כְּעֵדֶן וְעַרְבָתָהּ כְּגַן־יהוה,
ישעיה מב שָׂשׂוֹן וְשִׂמְחָה יִמָּצֵא בָהּ, תּוֹדָה וְקוֹל זִמְרָה: יהוה חָפֵץ לְמַעַן צִדְקוֹ, יַגְדִּיל תּוֹרָה וְיַאְדִּיר:

תהלים קכח שִׁיר הַמַּעֲלוֹת, אַשְׁרֵי כָּל־יְרֵא יהוה, הַהֹלֵךְ בִּדְרָכָיו: יְגִיעַ כַּפֶּיךָ כִּי תֹאכֵל, אַשְׁרֶיךָ וְטוֹב לָךְ: אֶשְׁתְּךָ כְּגֶפֶן פֹּרִיָּה בְּיַרְכְּתֵי בֵיתֶךָ, בָּנֶיךָ כִּשְׁתִלֵי זֵיתִים, סָבִיב לְשֻׁלְחָנֶךָ: הִנֵּה כִי־כֵן יְבֹרַךְ גָּבֶר יְרֵא יהוה: יְבָרֶכְךָ יהוה מִצִּיּוֹן, וּרְאֵה בְּטוּב יְרוּשָׁלָםִ, כֹּל יְמֵי חַיֶּיךָ: וּרְאֵה־בָנִים לְבָנֶיךָ, שָׁלוֹם עַל־יִשְׂרָאֵל:

תפילות נוספות

סדר קרבן פסח

אחרי תפילת מנחה בערב פסח יש נוהגים לומר את סדר קרבן פסח, זכר למקדש. היום רבים נוהגים לומר את הנוסח שבסידור יעב״ץ: תחינה קצרה, פרשה שבה התורה מצווה על הקרבן, תיאור קצר של דיני ההקרבה ותפילה לחידוש המקדש. ולדעת הגר״א, יש אומרים את כל הפרשות בתנ״ך העוסקות בהקרבת הפסח: מתחילים ׳וַיֹּאמֶר ה׳ אֶל־מֹשֶׁה וְאֶל־אַהֲרֹן׳ למטה, וממשיכים בעמ׳ 483. ויש המשלבים את אותן הפרשות בתוך הסדר שכתב יעב״ץ.

רִבּוֹן הָעוֹלָמִים, אַתָּה צִוִּיתָנוּ לְהַקְרִיב קָרְבַּן הַפֶּסַח בְּמוֹעֲדוֹ בְּאַרְבָּעָה
עָשָׂר יוֹם לַחֹדֶשׁ הָרִאשׁוֹן, וְלִהְיוֹת כֹּהֲנִים בַּעֲבוֹדָתָם וּלְוִיִּם בְּדוּכָנָם
וְיִשְׂרָאֵל בְּמַעֲמָדָם קוֹרְאִים אֶת הַהַלֵּל. וְעַתָּה בַּעֲוֹנוֹתֵינוּ חָרַב בֵּית
הַמִּקְדָּשׁ וּבָטֵל קָרְבַּן הַפֶּסַח, וְאֵין לָנוּ לֹא כֹהֵן בַּעֲבוֹדָתוֹ וְלֹא לֵוִי
בְּדוּכָנוֹ וְלֹא יִשְׂרָאֵל בְּמַעֲמָדוֹ, וְלֹא נוּכַל לְהַקְרִיב הַיּוֹם קָרְבַּן פֶּסַח.
אֲבָל אַתָּה אָמַרְתָּ: וּנְשַׁלְּמָה פָרִים שְׂפָתֵינוּ: לָכֵן יְהִי רָצוֹן מִלְּפָנֶיךָ, הושע יד
יהוה אֱלֹהֵינוּ וֵאלֹהֵי אֲבוֹתֵינוּ, שֶׁיִּהְיֶה שִׂיחַ שִׂפְתוֹתֵינוּ חָשׁוּב לְפָנֶיךָ
כְּאִלּוּ הִקְרַבְנוּ אֶת הַפֶּסַח בְּמוֹעֲדוֹ וְעָמַדְנוּ עַל מַעֲמָדוֹ, וְדִבְּרוּ הַלְוִיִּם
בְּשִׁיר וְהַלֵּל לְהוֹדוֹת לַיהוה. וְאַתָּה תְּכוֹנֵן מִקְדָּשְׁךָ עַל מְכוֹנוֹ, וְנַעֲשֶׂה
וְנַקְרִיב לְפָנֶיךָ אֶת הַפֶּסַח בְּמוֹעֲדוֹ, כְּמוֹ שֶׁכָּתַבְתָּ עָלֵינוּ בְּתוֹרָתְךָ עַל
יְדֵי מֹשֶׁה עַבְדֶּךָ, כָּאָמוּר.

וַיֹּאמֶר יהוה אֶל־מֹשֶׁה וְאֶל־אַהֲרֹן בְּאֶרֶץ מִצְרַיִם לֵאמֹר: הַחֹדֶשׁ שמות יב, א-יא
הַזֶּה לָכֶם רֹאשׁ חֳדָשִׁים רִאשׁוֹן הוּא לָכֶם לְחָדְשֵׁי הַשָּׁנָה: דַּבְּרוּ אֶל־
כָּל־עֲדַת יִשְׂרָאֵל לֵאמֹר בֶּעָשֹׂר לַחֹדֶשׁ הַזֶּה וְיִקְחוּ לָהֶם אִישׁ שֶׂה
לְבֵית־אָבֹת שֶׂה לַבָּיִת: וְאִם־יִמְעַט הַבַּיִת מִהְיוֹת מִשֶּׂה וְלָקַח הוּא
וּשְׁכֵנוֹ הַקָּרֹב אֶל־בֵּיתוֹ בְּמִכְסַת נְפָשֹׁת אִישׁ לְפִי אָכְלוֹ תָּכֹסּוּ עַל־
הַשֶּׂה: שֶׂה תָמִים זָכָר בֶּן־שָׁנָה יִהְיֶה לָכֶם מִן־הַכְּבָשִׂים וּמִן־הָעִזִּים
תִּקָּחוּ: וְהָיָה לָכֶם לְמִשְׁמֶרֶת עַד אַרְבָּעָה עָשָׂר יוֹם לַחֹדֶשׁ הַזֶּה
וְשָׁחֲטוּ אֹתוֹ כֹּל קְהַל עֲדַת־יִשְׂרָאֵל בֵּין הָעַרְבָּיִם: וְלָקְחוּ מִן־הַדָּם
וְנָתְנוּ עַל־שְׁתֵּי הַמְּזוּזֹת וְעַל־הַמַּשְׁקוֹף עַל הַבָּתִּים אֲשֶׁר־יֹאכְלוּ

אֹתוֹ בָּהֶם: וְאָכְלוּ אֶת־הַבָּשָׂר בַּלַּיְלָה הַזֶּה צְלִי־אֵשׁ וּמַצּוֹת עַל־מְרֹרִים יֹאכְלֻהוּ: אַל־תֹּאכְלוּ מִמֶּנּוּ נָא וּבָשֵׁל מְבֻשָּׁל בַּמָּיִם כִּי אִם־צְלִי־אֵשׁ רֹאשׁוֹ עַל־כְּרָעָיו וְעַל־קִרְבּוֹ: וְלֹא־תוֹתִירוּ מִמֶּנּוּ עַד־בֹּקֶר וְהַנֹּתָר מִמֶּנּוּ עַד־בֹּקֶר בָּאֵשׁ תִּשְׂרֹפוּ: וְכָכָה תֹּאכְלוּ אֹתוֹ מָתְנֵיכֶם חֲגֻרִים נַעֲלֵיכֶם בְּרַגְלֵיכֶם וּמַקֶּלְכֶם בְּיֶדְכֶם וַאֲכַלְתֶּם אֹתוֹ בְּחִפָּזוֹן פֶּסַח הוּא לַיהוָה:

למנהג הגר״א, ממשיכים ׳וַיִּקְרָא מֹשֶׁה לְכָל־זִקְנֵי יִשְׂרָאֵל׳ בעמ׳ 483.

כָּךְ הָיְתָה עֲבוֹדַת קָרְבַּן הַפֶּסַח בְּבֵית אֱלֹהֵינוּ בְּיוֹם אַרְבָּעָה עָשָׂר בְּנִיסָן.

אֵין שׁוֹחֲטִין אוֹתוֹ אֶלָּא אַחַר תָּמִיד שֶׁל בֵּין הָעַרְבַּיִם. עֶרֶב פֶּסַח, בֵּין בְּחֹל בֵּין בְּשַׁבָּת, הָיָה הַתָּמִיד נִשְׁחָט בְּשֶׁבַע וּמֶחֱצָה וְקָרֵב בִּשְׁמוֹנֶה וּמֶחֱצָה. וְאִם חָל עֶרֶב פֶּסַח לִהְיוֹת עֶרֶב שַׁבָּת, הָיוּ שׁוֹחֲטִין אוֹתוֹ בְּשֵׁשׁ וּמֶחֱצָה וְקָרֵב בְּשֶׁבַע וּמֶחֱצָה, וְהַפֶּסַח אַחֲרָיו.

כָּל אָדָם מִיִּשְׂרָאֵל, אֶחָד הָאִישׁ וְאֶחָד הָאִשָּׁה, כָּל שֶׁיָּכוֹל לְהַגִּיעַ לִירוּשָׁלַיִם בִּשְׁעַת שְׁחִיטַת הַפֶּסַח, חַיָּב בְּקָרְבַּן פֶּסַח.

מְבִיאוֹ מִן הַכְּבָשִׂים אוֹ מִן הָעִזִּים, זָכָר תָּמִים בֶּן שָׁנָה, וְשׁוֹחֲטוֹ בְּכָל מָקוֹם בָּעֲזָרָה, אַחַר גְּמַר עֲבוֹדַת תְּמִיד הָעֶרֶב וְאַחַר הֲטָבַת הַנֵּרוֹת. וְאֵין שׁוֹחֲטִין הַפֶּסַח, וְלֹא זוֹרְקִין הַדָּם, וְלֹא מַקְטִירִין הַחֵלֶב עַל הֶחָמֵץ.

שָׁחַט הַשּׁוֹחֵט, וְקִבֵּל דָּמוֹ הַכֹּהֵן שֶׁבְּרֹאשׁ הַשּׁוּרָה בִּכְלִי שָׁרֵת, וְנוֹתֵן לַחֲבֵרוֹ, וַחֲבֵרוֹ לַחֲבֵרוֹ. כֹּהֵן הַקָּרוֹב אֵצֶל הַמִּזְבֵּחַ זוֹרְקוֹ זְרִיקָה אַחַת כְּנֶגֶד הַיְסוֹד, וְחוֹזֵר הַכְּלִי רֵיקָן לַחֲבֵרוֹ, וַחֲבֵרוֹ לַחֲבֵרוֹ. מְקַבֵּל אֶת הַמָּלֵא וּמַחֲזִיר אֶת הָרֵיקָן. וְהָיוּ הַכֹּהֲנִים עוֹמְדִים שׁוּרוֹת וּבִידֵיהֶם

בָּזִיכִין שֶׁכֻּלָּן כֶּסֶף אוֹ כֻלָּן זָהָב, וְלֹא הָיוּ מְעֹרָבִים. וְלֹא הָיוּ לַבָּזִיכִין שׁוּלַיִם, שֶׁלֹּא יַנִּיחוּם וְיִקָּרֵשׁ הַדָּם.

אַחַר כָּךְ תּוֹלִין אֶת הַפֶּסַח בְּאֻנְקְלָיוֹת, וּמַפְשִׁיט אוֹתוֹ כֻּלּוֹ, וְקוֹרְעִין בִּטְנוֹ וּמוֹצִיאִין אֵמוּרָיו – הַחֵלֶב שֶׁעַל הַקֶּרֶב, וְיוֹתֶרֶת הַכָּבֵד, וּשְׁתֵּי הַכְּלָיוֹת וְהַחֵלֶב שֶׁעֲלֵיהֶן, וְהָאַלְיָה לְעֻמַּת הֶעָצֶה. נוֹתְנָן בִּכְלִי שָׁרֵת וּמוֹלְחָן, וּמַקְטִירָן הַכֹּהֵן עַל הַמַּעֲרָכָה, חֶלְבֵי כָּל זֶבַח וָזֶבַח לְבַדּוֹ. בַּחֹל, בַּיּוֹם וְלֹא בַלַּיְלָה, שֶׁהוּא יוֹם טוֹב. אֲבָל אִם חָל עֶרֶב פֶּסַח בַּשַּׁבָּת, מַקְטִירִין וְהוֹלְכִין כָּל הַלַּיְלָה. וּמוֹצִיא קְרָבָיו וּמְמַחֶה אוֹתָן עַד שֶׁמֵּסִיר מֵהֶן הַפֶּרֶשׁ. שְׁחִיטָתוֹ וּזְרִיקַת דָּמוֹ וּמִחוּי קְרָבָיו וְהֶקְטֵר חֲלָבָיו דּוֹחִין אֶת הַשַּׁבָּת, וּשְׁאָר עִנְיָנָיו אֵין דּוֹחִין.

בְּשָׁלֹשׁ כִּתּוֹת הַפֶּסַח נִשְׁחָט, וְאֵין כַּת פְּחוּתָה מִשְּׁלֹשִׁים אֲנָשִׁים. נִכְנְסָה כַּת אַחַת, נִתְמַלְּאָה הָעֲזָרָה, נוֹעֲלִין אוֹתָהּ. וּבְעוֹד שֶׁהֵם שׁוֹחֲטִין וּמַקְרִיבִין, הַכֹּהֲנִים תּוֹקְעִין, הֶחָלִיל מַכֶּה לִפְנֵי הַמִּזְבֵּחַ, וְהַלְוִיִּם קוֹרְאִין אֶת הַהַלֵּל. אִם גָּמְרוּ קֹדֶם שֶׁיַּקְרִיבוּ כֻּלָּם, שָׁנוּ. אִם שָׁנוּ, שִׁלֵּשׁוּ. עַל כָּל קְרִיאָה תָּקְעוּ הֵרִיעוּ וְתָקְעוּ. גָּמְרָה כַּת אַחַת לְהַקְרִיב, פּוֹתְחִין הָעֲזָרָה, יָצְאָה כַּת רִאשׁוֹנָה, נִכְנְסָה כַּת שְׁנִיָּה, נָעֲלוּ דַּלְתוֹת הָעֲזָרָה. גָּמְרָה, יָצְאָה שְׁנִיָּה וְנִכְנְסָה שְׁלִישִׁית. כְּמַעֲשֵׂה הָרִאשׁוֹנָה כָּךְ מַעֲשֵׂה הַשְּׁנִיָּה וְהַשְּׁלִישִׁית.

אַחַר שֶׁיָּצְאוּ כֻּלָּן, רוֹחֲצִין הָעֲזָרָה מִלִּכְלוּכֵי הַדָּם, וַאֲפִלּוּ בַּשַּׁבָּת. אַמַּת הַמַּיִם הָיְתָה עוֹבֶרֶת בָּעֲזָרָה, שֶׁכְּשֶׁרוֹצִין לְהָדִיחַ הָרִצְפָּה סוֹתְמִין מְקוֹם יְצִיאַת הַמַּיִם וְהִיא מִתְמַלֵּאת עַל כָּל גְּדוֹתֶיהָ, עַד שֶׁהַמַּיִם עוֹלִין וְצָפִין וּמְקַבְּצִין אֲלֵיהֶם כָּל דָּם וְלִכְלוּךְ שֶׁבָּעֲזָרָה. אַחַר כָּךְ פּוֹתְחִין הַסְּתִימָה וְיוֹצְאִין הַמַּיִם עִם הַלִּכְלוּךְ, נִמְצֵאת הָרִצְפָּה מְנֻקָּה. זֶהוּ כְּבוֹד הַבַּיִת.

יָצְאוּ כָּל אֶחָד עִם פִּסְחוֹ וְצָלוּ אוֹתָם. כֵּיצַד צוֹלִין אוֹתוֹ? מְבִיאִין שַׁפּוּד שֶׁל רִמּוֹן, תּוֹחֲבוֹ מִתּוֹךְ פִּיו עַד בֵּית נְקוּבָתוֹ, וְתוֹלֵהוּ לְתוֹךְ הַתַּנּוּר וְהָאֵשׁ לְמַטָּה, וְתוֹלֶה כְּרָעָיו וּבְנֵי מֵעָיו חוּצָה לוֹ. וְאֵין מְנַקְּרִין אֶת הַפֶּסַח כִּשְׁאָר בָּשָׂר.

בְּשַׁבָּת אֵינָן מוֹלִיכִין אֶת הַפֶּסַח לְבֵיתָם, אֶלָּא כַּת הָרִאשׁוֹנָה יוֹצְאִין בְּפִסְחֵיהֶן וְיוֹשְׁבִין בְּהַר הַבַּיִת, הַשְּׁנִיָּה יוֹצְאִין עִם פִּסְחֵיהֶן וְיוֹשְׁבִין בַּחֵיל, וְהַשְּׁלִישִׁית בִּמְקוֹמָהּ עוֹמֶדֶת. חָשֵׁכָה, יָצְאוּ וְצָלוּ אֶת פִּסְחֵיהֶן.

כְּשֶׁמַּקְרִיבִין אֶת הַפֶּסַח בָּרִאשׁוֹן, מַקְרִיבִין עִמּוֹ בְּיוֹם אַרְבָּעָה עָשָׂר זֶבַח שְׁלָמִים – מִן הַבָּקָר אוֹ מִן הַצֹּאן, גְּדוֹלִים אוֹ קְטַנִּים, זְכָרִים אוֹ נְקֵבוֹת, וְהִיא נִקְרֵאת חֲגִיגַת אַרְבָּעָה עָשָׂר, עַל זֶה נֶאֱמַר בַּתּוֹרָה:
דברים טז וְזָבַחְתָּ פֶּסַח לַיהוה אֱלֹהֶיךָ צֹאן וּבָקָר: וְלֹא קְבָעָהּ הַכָּתוּב חוֹבָה אֶלָּא רְשׁוּת בִּלְבַד, מִכָּל מָקוֹם הִיא כְחוֹבָה מִדִּבְרֵי סוֹפְרִים, כְּדֵי שֶׁיְּהֵא הַפֶּסַח נֶאֱכָל עַל הַשֹּׂבַע. אֵימָתַי מְבִיאִין עִמּוֹ חֲגִיגָה? בִּזְמַן שֶׁהוּא בָּא בְּחֹל, בְּטָהֳרָה וּבְמוּעָט. וְנֶאֱכֶלֶת לִשְׁנֵי יָמִים וְלַיְלָה אֶחָד, וְדִינָהּ כְּכָל תּוֹרַת זִבְחֵי שְׁלָמִים, טְעוּנָה סְמִיכָה וּנְסָכִים, וּמַתַּן דָּמִים שְׁתַּיִם שֶׁהֵן אַרְבַּע, וּשְׁפִיכַת שִׁירַיִם לַיְסוֹד.

זֶהוּ סֵדֶר עֲבוֹדַת קָרְבַּן פֶּסַח וַחֲגִיגָה שֶׁעִמּוֹ בְּבֵית אֱלֹהֵינוּ, שֶׁיִּבָּנֶה
תהלים קמד בִּמְהֵרָה בְיָמֵינוּ, אָמֵן. אַשְׁרֵי הָעָם שֶׁכָּכָה לּוֹ, אַשְׁרֵי הָעָם שֶׁיהוה אֱלֹהָיו:

אֱלֹהֵינוּ וֵאלֹהֵי אֲבוֹתֵינוּ, מֶלֶךְ רַחֲמָן רַחֵם עָלֵינוּ, טוֹב וּמֵטִיב הִדָּרֶשׁ לָנוּ. שׁוּבָה אֵלֵינוּ בַּהֲמוֹן רַחֲמֶיךָ בִּגְלַל אָבוֹת שֶׁעָשׂוּ רְצוֹנֶךָ. בְּנֵה בֵיתְךָ כְּבַתְּחִלָּה וְכוֹנֵן מִקְדָּשְׁךָ עַל מְכוֹנוֹ. וְהַרְאֵנוּ בְּבִנְיָנוֹ וְשַׂמְּחֵנוּ בְּתִקּוּנוֹ. וְהָשֵׁב שְׁכִינָתְךָ לְתוֹכוֹ, וְהָשֵׁב כֹּהֲנִים לַעֲבוֹדָתָם וּלְוִיִּם

לְשִׁירִים וּלְזִמְרָם, וְהָשֵׁב יִשְׂרָאֵל לִנְוֵיהֶם. וְשָׁם נַעֲלֶה וְנֵרָאֶה וְנִשְׁתַּחֲוֶה לְפָנֶיךָ, וְנֹאכַל שָׁם מִן הַזְּבָחִים וּמִן הַפְּסָחִים אֲשֶׁר יַגִּיעַ דָּמָם עַל קִיר מִזְבַּחֲךָ לְרָצוֹן. יִהְיוּ לְרָצוֹן אִמְרֵי־פִי וְהֶגְיוֹן לִבִּי לְפָנֶיךָ, יהוה צוּרִי וְגֹאֲלִי: (תהלים יט)

סדר הקרבת קרבן פסח כמנהג הגר"א

קוראים את הציווי בפרשת בא

(המתחיל 'וַיֹּאמֶר ה' אֶל־מֹשֶׁה וְאֶל־אַהֲרֹן' בעמ' 479), וממשיכים:

(שמות יב, כא–כח) וַיִּקְרָא מֹשֶׁה לְכָל־זִקְנֵי יִשְׂרָאֵל וַיֹּאמֶר אֲלֵהֶם מִשְׁכוּ וּקְחוּ לָכֶם צֹאן לְמִשְׁפְּחֹתֵיכֶם וְשַׁחֲטוּ הַפָּסַח: וּלְקַחְתֶּם אֲגֻדַּת אֵזוֹב וּטְבַלְתֶּם בַּדָּם אֲשֶׁר־בַּסַּף וְהִגַּעְתֶּם אֶל־הַמַּשְׁקוֹף וְאֶל־שְׁתֵּי הַמְּזוּזֹת מִן־הַדָּם אֲשֶׁר בַּסָּף וְאַתֶּם לֹא תֵצְאוּ אִישׁ מִפֶּתַח־בֵּיתוֹ עַד־בֹּקֶר: וְעָבַר יהוה לִנְגֹּף אֶת־מִצְרַיִם וְרָאָה אֶת־הַדָּם עַל־הַמַּשְׁקוֹף וְעַל שְׁתֵּי הַמְּזוּזֹת וּפָסַח יהוה עַל־הַפֶּתַח וְלֹא יִתֵּן הַמַּשְׁחִית לָבֹא אֶל־בָּתֵּיכֶם לִנְגֹּף: וּשְׁמַרְתֶּם אֶת־הַדָּבָר הַזֶּה לְחָק־לְךָ וּלְבָנֶיךָ עַד־עוֹלָם: וְהָיָה כִּי־תָבֹאוּ אֶל־הָאָרֶץ אֲשֶׁר יִתֵּן יהוה לָכֶם כַּאֲשֶׁר דִּבֵּר וּשְׁמַרְתֶּם אֶת־הָעֲבֹדָה הַזֹּאת: וְהָיָה כִּי־יֹאמְרוּ אֲלֵיכֶם בְּנֵיכֶם מָה הָעֲבֹדָה הַזֹּאת לָכֶם: וַאֲמַרְתֶּם זֶבַח־פֶּסַח הוּא לַיהוה אֲשֶׁר פָּסַח עַל־בָּתֵּי בְנֵי־יִשְׂרָאֵל בְּמִצְרַיִם בְּנָגְפּוֹ אֶת־מִצְרַיִם וְאֶת־בָּתֵּינוּ הִצִּיל וַיִּקֹּד הָעָם וַיִּשְׁתַּחֲווּ: וַיֵּלְכוּ וַיַּעֲשׂוּ בְּנֵי יִשְׂרָאֵל כַּאֲשֶׁר צִוָּה יהוה אֶת־מֹשֶׁה וְאַהֲרֹן כֵּן עָשׂוּ:

(שמות יב, מג–נ) וַיֹּאמֶר יהוה אֶל־מֹשֶׁה וְאַהֲרֹן זֹאת חֻקַּת הַפָּסַח כָּל־בֶּן־נֵכָר לֹא־יֹאכַל בּוֹ: וְכָל־עֶבֶד אִישׁ מִקְנַת־כָּסֶף וּמַלְתָּה אֹתוֹ אָז יֹאכַל בּוֹ: תּוֹשָׁב וְשָׂכִיר לֹא־יֹאכַל בּוֹ: בְּבַיִת אֶחָד יֵאָכֵל לֹא־תוֹצִיא מִן־הַבַּיִת מִן־הַבָּשָׂר חוּצָה וְעֶצֶם לֹא תִשְׁבְּרוּ־בוֹ: כָּל־עֲדַת יִשְׂרָאֵל יַעֲשׂוּ אֹתוֹ: וְכִי־יָגוּר אִתְּךָ גֵּר וְעָשָׂה פֶסַח לַיהוה הִמּוֹל לוֹ כָל־זָכָר וְאָז יִקְרַב לַעֲשֹׂתוֹ וְהָיָה כְּאֶזְרַח הָאָרֶץ וְכָל־עָרֵל לֹא־יֹאכַל בּוֹ: תּוֹרָה אַחַת יִהְיֶה לָאֶזְרָח וְלַגֵּר הַגָּר בְּתוֹכְכֶם: וַיַּעֲשׂוּ כָּל־בְּנֵי יִשְׂרָאֵל כַּאֲשֶׁר צִוָּה יהוה אֶת־מֹשֶׁה וְאֶת־אַהֲרֹן כֵּן עָשׂוּ:

ויקרא כג, ד–ה אֵלֶּה מוֹעֲדֵי יְהוָה מִקְרָאֵי קֹדֶשׁ אֲשֶׁר־תִּקְרְאוּ אֹתָם בְּמוֹעֲדָם: בַּחֹדֶשׁ
הָרִאשׁוֹן בְּאַרְבָּעָה עָשָׂר לַחֹדֶשׁ בֵּין הָעַרְבָּיִם פֶּסַח לַיהוָה:

במדבר ט, א–יד וַיְדַבֵּר יְהוָה אֶל־מֹשֶׁה בְמִדְבַּר־סִינַי בַּשָּׁנָה הַשֵּׁנִית לְצֵאתָם מֵאֶרֶץ מִצְרַיִם
בַּחֹדֶשׁ הָרִאשׁוֹן לֵאמֹר: וְיַעֲשׂוּ בְנֵי־יִשְׂרָאֵל אֶת־הַפָּסַח בְּמוֹעֲדוֹ: בְּאַרְבָּעָה
עָשָׂר־יוֹם בַּחֹדֶשׁ הַזֶּה בֵּין הָעַרְבַּיִם תַּעֲשׂוּ אֹתוֹ בְּמֹעֲדוֹ כְּכָל־חֻקֹּתָיו וּכְכָל־
מִשְׁפָּטָיו תַּעֲשׂוּ אֹתוֹ: וַיְדַבֵּר מֹשֶׁה אֶל־בְּנֵי יִשְׂרָאֵל לַעֲשֹׂת הַפָּסַח: וַיַּעֲשׂוּ
אֶת־הַפֶּסַח בָּרִאשׁוֹן בְּאַרְבָּעָה עָשָׂר יוֹם לַחֹדֶשׁ בֵּין הָעַרְבַּיִם בְּמִדְבַּר סִינָי
כְּכֹל אֲשֶׁר צִוָּה יְהוָה אֶת־מֹשֶׁה כֵּן עָשׂוּ בְּנֵי יִשְׂרָאֵל: וַיְהִי אֲנָשִׁים אֲשֶׁר
הָיוּ טְמֵאִים לְנֶפֶשׁ אָדָם וְלֹא־יָכְלוּ לַעֲשֹׂת־הַפֶּסַח בַּיּוֹם הַהוּא וַיִּקְרְבוּ
לִפְנֵי מֹשֶׁה וְלִפְנֵי אַהֲרֹן בַּיּוֹם הַהוּא: וַיֹּאמְרוּ הָאֲנָשִׁים הָהֵמָּה אֵלָיו אֲנַחְנוּ
טְמֵאִים לְנֶפֶשׁ אָדָם לָמָּה נִגָּרַע לְבִלְתִּי הַקְרִיב אֶת־קָרְבַּן יְהוָה בְּמֹעֲדוֹ
בְּתוֹךְ בְּנֵי יִשְׂרָאֵל: וַיֹּאמֶר אֲלֵהֶם מֹשֶׁה עִמְדוּ וְאֶשְׁמְעָה מַה־יְצַוֶּה יְהוָה
לָכֶם:

וַיְדַבֵּר יְהוָה אֶל־מֹשֶׁה לֵּאמֹר: דַּבֵּר אֶל־בְּנֵי יִשְׂרָאֵל לֵאמֹר אִישׁ אִישׁ
כִּי־יִהְיֶה טָמֵא ׀ לָנֶפֶשׁ אוֹ בְדֶרֶךְ רְחֹקָה לָכֶם אוֹ לְדֹרֹתֵיכֶם וְעָשָׂה פֶסַח
לַיהוָה: בַּחֹדֶשׁ הַשֵּׁנִי בְּאַרְבָּעָה עָשָׂר יוֹם בֵּין הָעַרְבַּיִם יַעֲשׂוּ אֹתוֹ עַל־
מַצּוֹת וּמְרֹרִים יֹאכְלֻהוּ: לֹא־יַשְׁאִירוּ מִמֶּנּוּ עַד־בֹּקֶר וְעֶצֶם לֹא יִשְׁבְּרוּ־בוֹ
כְּכָל־חֻקַּת הַפֶּסַח יַעֲשׂוּ אֹתוֹ: וְהָאִישׁ אֲשֶׁר־הוּא טָהוֹר וּבְדֶרֶךְ לֹא־הָיָה
וְחָדַל לַעֲשׂוֹת הַפֶּסַח וְנִכְרְתָה הַנֶּפֶשׁ הַהִוא מֵעַמֶּיהָ כִּי ׀ קָרְבַּן יְהוָה לֹא
הִקְרִיב בְּמֹעֲדוֹ חֶטְאוֹ יִשָּׂא הָאִישׁ הַהוּא: וְכִי־יָגוּר אִתְּכֶם גֵּר וְעָשָׂה פֶסַח
לַיהוָה כְּחֻקַּת הַפֶּסַח וּכְמִשְׁפָּטוֹ כֵּן יַעֲשֶׂה חֻקָּה אַחַת יִהְיֶה לָכֶם וְלַגֵּר
וּלְאֶזְרַח הָאָרֶץ:

במדבר כח, טז וּבַחֹדֶשׁ הָרִאשׁוֹן בְּאַרְבָּעָה עָשָׂר יוֹם לַחֹדֶשׁ פֶּסַח לַיהוָה:

דברים טז, א–ח שָׁמוֹר אֶת־חֹדֶשׁ הָאָבִיב וְעָשִׂיתָ פֶּסַח לַיהוָה אֱלֹהֶיךָ כִּי בְּחֹדֶשׁ הָאָבִיב
הוֹצִיאֲךָ יְהוָה אֱלֹהֶיךָ מִמִּצְרַיִם לָיְלָה: וְזָבַחְתָּ פֶּסַח לַיהוָה אֱלֹהֶיךָ צֹאן
וּבָקָר בַּמָּקוֹם אֲשֶׁר יִבְחַר יְהוָה לְשַׁכֵּן שְׁמוֹ שָׁם: לֹא־תֹאכַל עָלָיו חָמֵץ

שִׁבְעַת יָמִים תֹּאכַל־עָלָיו מַצּוֹת לֶחֶם עֹנִי כִּי בְחִפָּזוֹן יָצָאתָ מֵאֶרֶץ מִצְרַיִם לְמַעַן תִּזְכֹּר אֶת־יוֹם צֵאתְךָ מֵאֶרֶץ מִצְרַיִם כֹּל יְמֵי חַיֶּיךָ׃ וְלֹא־יֵרָאֶה לְךָ שְׂאֹר בְּכָל־גְּבֻלְךָ שִׁבְעַת יָמִים וְלֹא־יָלִין מִן־הַבָּשָׂר אֲשֶׁר תִּזְבַּח בָּעֶרֶב בַּיּוֹם הָרִאשׁוֹן לַבֹּקֶר׃ לֹא תוּכַל לִזְבֹּחַ אֶת־הַפָּסַח בְּאַחַד שְׁעָרֶיךָ אֲשֶׁר־יְהוָה אֱלֹהֶיךָ נֹתֵן לָךְ׃ כִּי אִם־אֶל־הַמָּקוֹם אֲשֶׁר־יִבְחַר יְהוָה אֱלֹהֶיךָ לְשַׁכֵּן שְׁמוֹ שָׁם תִּזְבַּח אֶת־הַפֶּסַח בָּעָרֶב כְּבוֹא הַשֶּׁמֶשׁ מוֹעֵד צֵאתְךָ מִמִּצְרָיִם׃ וּבִשַּׁלְתָּ וְאָכַלְתָּ בַּמָּקוֹם אֲשֶׁר יִבְחַר יְהוָה אֱלֹהֶיךָ בּוֹ וּפָנִיתָ בַבֹּקֶר וְהָלַכְתָּ לְאֹהָלֶיךָ׃ שֵׁשֶׁת יָמִים תֹּאכַל מַצּוֹת וּבַיּוֹם הַשְּׁבִיעִי עֲצֶרֶת לַיהוָה אֱלֹהֶיךָ לֹא תַעֲשֶׂה מְלָאכָה׃

יהושע ה, י–יא
וַיַּחֲנוּ בְנֵי־יִשְׂרָאֵל בַּגִּלְגָּל וַיַּעֲשׂוּ אֶת־הַפֶּסַח בְּאַרְבָּעָה עָשָׂר יוֹם לַחֹדֶשׁ בָּעֶרֶב בְּעַרְבוֹת יְרִיחוֹ׃ וַיֹּאכְלוּ מֵעֲבוּר הָאָרֶץ מִמָּחֳרַת הַפֶּסַח מַצּוֹת וְקָלוּי בְּעֶצֶם הַיּוֹם הַזֶּה׃

מלכים ב׳ כג, כא–כב
וַיְצַו הַמֶּלֶךְ אֶת־כָּל־הָעָם לֵאמֹר עֲשׂוּ פֶסַח לַיהוָה אֱלֹהֵיכֶם כַּכָּתוּב עַל סֵפֶר הַבְּרִית הַזֶּה׃ כִּי לֹא נַעֲשָׂה כַּפֶּסַח הַזֶּה מִימֵי הַשֹּׁפְטִים אֲשֶׁר שָׁפְטוּ אֶת־יִשְׂרָאֵל וְכֹל יְמֵי מַלְכֵי יִשְׂרָאֵל וּמַלְכֵי יְהוּדָה׃

דברי הימים ב׳ ל, א–כ
וַיִּשְׁלַח יְחִזְקִיָּהוּ עַל־כָּל־יִשְׂרָאֵל וִיהוּדָה וְגַם־אִגְּרוֹת כָּתַב עַל־אֶפְרַיִם וּמְנַשֶּׁה לָבוֹא לְבֵית־יְהוָה בִּירוּשָׁלִָם לַעֲשׂוֹת פֶּסַח לַיהוָה אֱלֹהֵי יִשְׂרָאֵל׃ וַיִּוָּעַץ הַמֶּלֶךְ וְשָׂרָיו וְכָל־הַקָּהָל בִּירוּשָׁלִָם לַעֲשׂוֹת הַפֶּסַח בַּחֹדֶשׁ הַשֵּׁנִי׃ כִּי לֹא יָכְלוּ לַעֲשֹׂתוֹ בָּעֵת הַהִיא כִּי הַכֹּהֲנִים לֹא־הִתְקַדְּשׁוּ לְמַדַּי וְהָעָם לֹא־נֶאֶסְפוּ לִירוּשָׁלִָם׃ וַיִּישַׁר הַדָּבָר בְּעֵינֵי הַמֶּלֶךְ וּבְעֵינֵי כָּל־הַקָּהָל׃ וַיַּעֲמִידוּ דָבָר לְהַעֲבִיר קוֹל בְּכָל־יִשְׂרָאֵל מִבְּאֵר־שֶׁבַע וְעַד־דָּן לָבוֹא לַעֲשׂוֹת פֶּסַח לַיהוָה אֱלֹהֵי־יִשְׂרָאֵל בִּירוּשָׁלִָם כִּי לֹא לָרֹב עָשׂוּ כַּכָּתוּב׃ וַיֵּלְכוּ הָרָצִים בָּאִגְּרוֹת מִיַּד הַמֶּלֶךְ וְשָׂרָיו בְּכָל־יִשְׂרָאֵל וִיהוּדָה וּכְמִצְוַת הַמֶּלֶךְ לֵאמֹר בְּנֵי יִשְׂרָאֵל שׁוּבוּ אֶל־יְהוָה אֱלֹהֵי אַבְרָהָם יִצְחָק וְיִשְׂרָאֵל וְיָשֹׁב אֶל־הַפְּלֵיטָה הַנִּשְׁאֶרֶת לָכֶם מִכַּף מַלְכֵי אַשּׁוּר׃ וְאַל־תִּהְיוּ כַּאֲבוֹתֵיכֶם וְכַאֲחֵיכֶם אֲשֶׁר מָעֲלוּ בַּיהוָה אֱלֹהֵי אֲבוֹתֵיהֶם וַיִּתְּנֵם לְשַׁמָּה כַּאֲשֶׁר אַתֶּם

רָאשִׁים: עַתָּה אַל־תַּקְשׁוּ עָרְפְּכֶם כַּאֲבוֹתֵיכֶם תְּנוּ־יָד לַיהוָה וּבֹאוּ לְמִקְדָּשׁוֹ
אֲשֶׁר הִקְדִּישׁ לְעוֹלָם וְעִבְדוּ אֶת־יְהוָה אֱלֹהֵיכֶם וְיָשֹׁב מִכֶּם חֲרוֹן אַפּוֹ:
כִּי בְשׁוּבְכֶם עַל־יְהוָה אֲחֵיכֶם וּבְנֵיכֶם לְרַחֲמִים לִפְנֵי שׁוֹבֵיהֶם וְלָשׁוּב
לָאָרֶץ הַזֹּאת כִּי־חַנּוּן וְרַחוּם יְהוָה אֱלֹהֵיכֶם וְלֹא־יָסִיר פָּנִים מִכֶּם אִם־
תָּשׁוּבוּ אֵלָיו: וַיִּהְיוּ הָרָצִים עֹבְרִים מֵעִיר ׀ לָעִיר בְּאֶרֶץ־אֶפְרַיִם
וּמְנַשֶּׁה וְעַד־זְבֻלוּן וַיִּהְיוּ מַשְׂחִיקִים עֲלֵיהֶם וּמַלְעִגִים בָּם: אַךְ אֲנָשִׁים
מֵאָשֵׁר וּמְנַשֶּׁה וּמִזְּבֻלוּן נִכְנְעוּ וַיָּבֹאוּ לִירוּשָׁלִָם: גַּם בִּיהוּדָה הָיְתָה יַד
הָאֱלֹהִים לָתֵת לָהֶם לֵב אֶחָד לַעֲשׂוֹת מִצְוַת הַמֶּלֶךְ וְהַשָּׂרִים בִּדְבַר
יְהוָה: וַיֵּאָסְפוּ יְרוּשָׁלִַם עַם־רָב לַעֲשׂוֹת אֶת־חַג הַמַּצּוֹת בַּחֹדֶשׁ הַשֵּׁנִי
קָהָל לָרֹב מְאֹד: וַיָּקֻמוּ וַיָּסִירוּ אֶת־הַמִּזְבְּחוֹת אֲשֶׁר בִּירוּשָׁלִָם וְאֵת כָּל־
הַמְקַטְּרוֹת הֵסִירוּ וַיַּשְׁלִיכוּ לְנַחַל קִדְרוֹן: וַיִּשְׁחֲטוּ הַפֶּסַח בְּאַרְבָּעָה עָשָׂר
לַחֹדֶשׁ הַשֵּׁנִי וְהַכֹּהֲנִים וְהַלְוִיִּם נִכְלְמוּ וַיִּתְקַדְּשׁוּ וַיָּבִיאוּ עֹלוֹת בֵּית יְהוָה:
וַיַּעַמְדוּ עַל־עָמְדָם כְּמִשְׁפָּטָם כְּתוֹרַת מֹשֶׁה אִישׁ־הָאֱלֹהִים הַכֹּהֲנִים
זֹרְקִים אֶת־הַדָּם מִיַּד הַלְוִיִּם: כִּי־רַבַּת בַּקָּהָל אֲשֶׁר לֹא־הִתְקַדָּשׁוּ וְהַלְוִיִּם
עַל־שְׁחִיטַת הַפְּסָחִים לְכֹל לֹא טָהוֹר לְהַקְדִּישׁ לַיהוָה: כִּי מַרְבִּית הָעָם
רַבַּת מֵאֶפְרַיִם וּמְנַשֶּׁה יִשָּׂשכָר וּזְבֻלוּן לֹא הִטֶּהָרוּ כִּי־אָכְלוּ אֶת־הַפֶּסַח
בְּלֹא כַכָּתוּב כִּי הִתְפַּלֵּל יְחִזְקִיָּהוּ עֲלֵיהֶם לֵאמֹר יְהוָה הַטּוֹב יְכַפֵּר בְּעַד:
כָּל־לְבָבוֹ הֵכִין לִדְרוֹשׁ הָאֱלֹהִים ׀ יְהוָה אֱלֹהֵי אֲבוֹתָיו וְלֹא כְּטָהֳרַת
הַקֹּדֶשׁ: וַיִּשְׁמַע יְהוָה אֶל־יְחִזְקִיָּהוּ וַיִּרְפָּא אֶת־הָעָם:

דברי הימים ב' לה, א–יט וַיַּעַשׂ יֹאשִׁיָּהוּ בִירוּשָׁלִַם פֶּסַח לַיהוָה וַיִּשְׁחֲטוּ הַפֶּסַח בְּאַרְבָּעָה עָשָׂר
לַחֹדֶשׁ הָרִאשׁוֹן: וַיַּעֲמֵד הַכֹּהֲנִים עַל־מִשְׁמְרוֹתָם וַיְחַזְּקֵם לַעֲבוֹדַת בֵּית
הַמְּבִינִים יְהוָה: וַיֹּאמֶר לַלְוִיִּם המבונים לְכָל־יִשְׂרָאֵל הַקְּדוֹשִׁים לַיהוָה תְּנוּ אֶת־
אֲרוֹן־הַקֹּדֶשׁ בַּבַּיִת אֲשֶׁר בָּנָה שְׁלֹמֹה בֶן־דָּוִיד מֶלֶךְ יִשְׂרָאֵל אֵין־לָכֶם
וְהָכִינוּ מַשָּׂא בַּכָּתֵף עַתָּה עִבְדוּ אֶת־יְהוָה אֱלֹהֵיכֶם וְאֵת עַמּוֹ יִשְׂרָאֵל: והכונו
לְבֵית־אֲבוֹתֵיכֶם כְּמַחְלְקוֹתֵיכֶם בִּכְתָב דָּוִיד מֶלֶךְ יִשְׂרָאֵל וּבְמִכְתַּב שְׁלֹמֹה
בְנוֹ: וְעִמְדוּ בַקֹּדֶשׁ לִפְלֻגּוֹת בֵּית הָאָבוֹת לַאֲחֵיכֶם בְּנֵי הָעָם וַחֲלֻקַּת בֵּית־
אָב לַלְוִיִּם: וְשַׁחֲטוּ הַפָּסַח וְהִתְקַדְּשׁוּ וְהָכִינוּ לַאֲחֵיכֶם לַעֲשׂוֹת כִּדְבַר־

יְהוָה בְּיַד־מֹשֶׁה׃ וַיָּרֶם יֹאשִׁיָּהוּ לִבְנֵי הָעָם צֹאן כְּבָשִׂים וּבְנֵי־
עִזִּים הַכֹּל לַפְּסָחִים לְכָל־הַנִּמְצָא לְמִסְפַּר שְׁלֹשִׁים אֶלֶף וּבָקָר שְׁלֹשֶׁת
אֲלָפִים אֵלֶּה מֵרְכוּשׁ הַמֶּלֶךְ׃ וְשָׂרָיו לִנְדָבָה לָעָם לַכֹּהֲנִים וְלַלְוִיִּם
הֵרִימוּ חִלְקִיָּה וּזְכַרְיָהוּ וִיחִיאֵל נְגִידֵי בֵּית הָאֱלֹהִים לַכֹּהֲנִים נָתְנוּ לַפְּסָחִים
אַלְפַּיִם וְשֵׁשׁ מֵאוֹת וּבָקָר שְׁלֹשׁ מֵאוֹת׃ וכונניהו וּשְׁמַעְיָהוּ וּנְתַנְאֵל אֶחָיו וְכָנַנְיָהוּ
וַחֲשַׁבְיָהוּ וִיעִיאֵל וְיוֹזָבָד שָׂרֵי הַלְוִיִּם הֵרִימוּ לַלְוִיִּם לַפְּסָחִים חֲמֵשֶׁת אֲלָפִים
וּבָקָר חֲמֵשׁ מֵאוֹת׃ וַתִּכּוֹן הָעֲבוֹדָה וַיַּעַמְדוּ הַכֹּהֲנִים עַל־עָמְדָם וְהַלְוִיִּם
עַל־מַחְלְקוֹתָם כְּמִצְוַת הַמֶּלֶךְ׃ וַיִּשְׁחֲטוּ הַפָּסַח וַיִּזְרְקוּ הַכֹּהֲנִים מִיָּדָם
וְהַלְוִיִּם מַפְשִׁיטִים׃ וַיָּסִירוּ הָעֹלָה לְתִתָּם לְמִפְלַגּוֹת לְבֵית־אָבוֹת לִבְנֵי
הָעָם לְהַקְרִיב לַיהוָה כַּכָּתוּב בְּסֵפֶר מֹשֶׁה וְכֵן לַבָּקָר׃ וַיְבַשְּׁלוּ הַפֶּסַח
בָּאֵשׁ כַּמִּשְׁפָּט וְהַקֳּדָשִׁים בִּשְּׁלוּ בַּסִּירוֹת וּבַדְּוָדִים וּבַצֵּלָחוֹת וַיָּרִיצוּ לְכָל־
בְּנֵי הָעָם׃ וְאַחַר הֵכִינוּ לָהֶם וְלַכֹּהֲנִים כִּי הַכֹּהֲנִים בְּנֵי אַהֲרֹן בְּהַעֲלוֹת
הָעוֹלָה וְהַחֲלָבִים עַד־לָיְלָה וְהַלְוִיִּם הֵכִינוּ לָהֶם וְלַכֹּהֲנִים בְּנֵי אַהֲרֹן׃
וְהַמְשֹׁרְרִים בְּנֵי־אָסָף עַל־מַעֲמָדָם כְּמִצְוַת דָּוִיד וְאָסָף וְהֵימָן וִידִתוּן
חוֹזֵה הַמֶּלֶךְ וְהַשֹּׁעֲרִים לְשַׁעַר וָשָׁעַר אֵין לָהֶם לָסוּר מֵעַל עֲבֹדָתָם כִּי־
אֲחֵיהֶם הַלְוִיִּם הֵכִינוּ לָהֶם׃ וַתִּכּוֹן כָּל־עֲבוֹדַת יְהוָה בַּיּוֹם הַהוּא לַעֲשׂוֹת
הַפֶּסַח וְהַעֲלוֹת עֹלוֹת עַל מִזְבַּח יְהוָה כְּמִצְוַת הַמֶּלֶךְ יֹאשִׁיָּהוּ׃ וַיַּעֲשׂוּ
בְנֵי־יִשְׂרָאֵל הַנִּמְצְאִים אֶת־הַפֶּסַח בָּעֵת הַהִיא וְאֶת־חַג הַמַּצּוֹת שִׁבְעַת
יָמִים׃ וְלֹא־נַעֲשָׂה פֶסַח כָּמֹהוּ בְּיִשְׂרָאֵל מִימֵי שְׁמוּאֵל הַנָּבִיא וְכָל־מַלְכֵי
יִשְׂרָאֵל ׀ לֹא־עָשׂוּ כַּפֶּסַח אֲשֶׁר־עָשָׂה יֹאשִׁיָּהוּ וְהַכֹּהֲנִים וְהַלְוִיִּם וְכָל־
יְהוּדָה וְיִשְׂרָאֵל הַנִּמְצָא וְיוֹשְׁבֵי יְרוּשָׁלָםִ׃ בִּשְׁמוֹנֶה עֶשְׂרֵה שָׁנָה
לְמַלְכוּת יֹאשִׁיָּהוּ נַעֲשָׂה הַפֶּסַח הַזֶּה׃

יש ממשיכים ׳כָּךְ הָיְתָה עֲבוֹדַת קָרְבַּן הַפֶּסַח׳ בעמ׳ 480.

פיוטי גאולה – ברח דודי

במחזורי אשכנז הישנים משולבות בתוך ברכות קריאת שמע לחגים מערכות פיוטים המכונות 'יוצרות'. בדורות האחרונים ברוב הקהילות נהגו לדלג על ה'יוצרות', אך בקהילות רבות בחו"ל עדיין נוהגים לומר בפסח את הפיוט האחרון במערכת, שהוא תפילה לגאולה.

גאולה ליום טוב ראשון של פסח

בְּרַח דּוֹדִי עַד שֶׁתֶּחְפָּץ אַהֲבַת כְּלוּלֵינוּ
שׁוּב לְרַחֵם, כִּי כָלִינוּ
מַלְכֵי אֱדוֹם הָרְשָׁעָה, שׁוֹבֵינוּ, תּוֹלָלֵינוּ
הֲרֹס וְקַעְקַע בִּצָּתָם מִתִּלֵּנוּ
הָקֵם טוּרְךָ, נַגֵּן שְׁתִילֵינוּ הִנֵּה־זֶה עוֹמֵד אַחַר כָּתְלֵנוּ: שיר השירים ב

בְּרַח דּוֹדִי עַד שֶׁיָּפְוּחַ קֵץ מַחֲזֶה
חִישׁ וְנָסוּ הַצְּלָלִים מִזֶּה
יָרוּם וְנִשָּׂא, וְגָבְוֹהַּ נִבְזֶה
יַשְׂכִּיל וְיוֹכִיחַ, וְגוֹיִם רַבִּים יַזֶּה
חֲשׂף זְרוֹעֲךָ, קְרָא כָזֶה קוֹל דּוֹדִי הִנֵּה־זֶה: שיר השירים ב

בְּרַח דּוֹדִי וּדְמֵה־לְךָ לִצְבִי: / יָגֵל, יָגֵשׁ, קֵץ קִצְבִי שיר השירים ח
דַּלּוֹתִי מִשְּׁבִי / לַעֲטֶרֶת צְבִי
תְּעוּבִים, תְּאֵבִים הַר צְבִי / וְאֵין מֵבִיא וְנָבִיא
וְלֹא תִשְׁבִּי / מְשַׁוִּי, מְשִׁיבִי
רִיבָה רִיבִי / הָסֵר חוֹבִי וּכְאֵבִי
וְיֵרָא וְיֵבוֹשׁ אוֹיְבִי / וְאָשִׁיבָה חוֹרְפִי בְּנִיבִי
זֶה דּוֹדִי, גּוֹאֲלִי, קְרוֹבִי / רֵעִי וַאֲהוּבִי / אֵל אֱלֹהֵי אָבִי.

בִּגְלַל אָבוֹת תּוֹשִׁיעַ בָּנִים, וְתָבִיא גְאֻלָּה לִבְנֵי בְנֵיהֶם
בָּרוּךְ אַתָּה יהוה, גָּאַל יִשְׂרָאֵל.

ממשיכים בעמידה בעמ' 144.

גאולה ליום טוב שני של פסח

בְּרַח דוֹדִי אֶל מָכוֹן לְשִׁבְתָּךְ
וְאִם עָבַרְנוּ אֶת בְּרִיתָךְ
אָנָּא זְכֹר אִוּוּי חֻפָּתָךְ
הָקֵם קֶשֶׁט מִלָּתָךְ / כּוֹנֵן מְשׂוֹשׂ קִרְיָתָךְ
הַעֲלוֹתָהּ עַל רֹאשׁ שִׂמְחָתָךְ.

בְּרַח דוֹדִי אֶל שָׁלֵם סֻכָּךְ
וְאִם תָּעִינוּ מִדַּרְכָּךְ
אָנָּא הָצֵץ מֵחֲרַכָּךְ
וְתוֹשִׁיעַ עַם עָנִי וּמְתֻכָּךְ / חֲמָתְךָ מֵהֶם לְשַׁכָּךְ
וּבְאֶבְרָתְךָ סֶלָה לְהִסְתּוֹכָךְ

בְּרַח דוֹדִי אֶל לִבָּךְ וְעֵינֶיךָ שָׁם
וְאִם זָנַחְנוּ טוֹב מֵרֹשֶׁם
אָנָּא שְׁמַע שַׁאֲגַת קוֹל צוֹרְרֶיךָ וְרִגְשָׁם
רַוֵּה מִדָּם גּוּשָׁם / וַעֲפָרָם מֵחֵלֶב יְדֻשָּׁם
וּפִגְרֵיהֶם, יַעֲלֶה בָאְשָׁם

בְּרַח דוֹדִי אֶל מָרוֹם מֵרִאשׁוֹן
וְאִם בָּגַדְנוּ בְּכַחֲשׁוֹן
אָנָּא סְכוֹת צָקוּן לַחֲשׁוֹן
דְּלוּתִי מִטְּבוֹעַ רִפְשׁוֹן / גְּאַל נְצוּרֵי כְּאִישׁוֹן
כְּאָז בַּחֹדֶשׁ הָרִאשׁוֹן.

בִּגְלַל אָבוֹת תּוֹשִׁיעַ בָּנִים, וְתָבִיא גְאֻלָּה לִבְנֵי בְנֵיהֶם
בָּרוּךְ אַתָּה יהוה, גָּאַל יִשְׂרָאֵל.

ממשיכים בעמידה בעמ׳ 144.

גאולה לשבת חול המועד פסח

בשנים שבהן יום ראשון ואחרון של פסח חלים בשבת,
אומרים פיוט זה באחרון של פסח.

בְּרַח דּוֹדִי אֶל שַׁאֲנַן נָוֶה אִם הֶלְאֵינוּ דֶּרֶךְ הָעֲוֵה
הִנֵּה לָקִינוּ בְּכָל מַדְוֶה וְאַתָּה יהוה מָעוֹז וּמִקְוֶה
עָלֶיךָ כָּל הַיּוֹם נְקַוֶּה לְגָאֳלֵנוּ וּלְשִׁיתֵנוּ כְּגַן רָוֶה.

בְּרַח דּוֹדִי אֶל מְקוֹם מִקְדָּשֵׁנוּ אִם עֲוֹנוֹת עָבְרוּ רֹאשֵׁנוּ
הִנֵּה בַּרְזֶל בָּאָה נַפְשֵׁנוּ וְאַתָּה יהוה אוֹרֵנוּ, קְדוֹשֵׁנוּ
עָלֶיךָ נִשְׁפֹּךְ שִׂיחַ רַחֲשֵׁנוּ לְגָאֳלֵנוּ מִמְּעוֹן קָדְשְׁךָ לְהַחְפִּישֵׁנוּ.

בְּרַח דּוֹדִי אֶל עִיר צִדְקֵנוּ אִם לֹא שָׁמַעְנוּ לְקוֹל מַצְדִּיקֵנוּ
הִנֵּה אֲכָלוּנוּ בְּכָל פֶּה מְדִקֵּינוּ וְאַתָּה יהוה שׁוֹפְטֵנוּ, מְחוֹקְקֵנוּ
עָלֶיךָ נַשְׁלִיךְ יְהַב חֶלְקֵנוּ לְגָאֳלֵנוּ בְּהַשְׁקֵט וּבְבִטְחָה לְהַחֲזִיקֵנוּ.

בְּרַח דּוֹדִי אֶל וַעַד הַזְּבוּל אִם עָלְךָ סָבַלְנוּ בְּלִי סָבוּל
הִנֵּה שִׁחֲתוּנוּ בְּכָל מִינֵי חִבּוּל וְאַתָּה יהוה מְשַׂמֵּחַ אָבוּל
עָלֶיךָ נַסְבִּיר לְהַתִּיר כָּבוּל לְגָאֳלֵנוּ לְהִתְגַּדֵּל מֵעַל גְּבוּל.

בְּרַח דּוֹדִי אֶל נִשָּׂא מִגְּבָעוֹת אִם זַדְנוּ בִּפְרֹעַ פְּרָעוֹת
הִנֵּה הִשִּׂיגוּנוּ צָרוֹת רַבּוֹת וְרָעוֹת וְאַתָּה יהוה אֵל לְמוֹשָׁעוֹת
עָלֶיךָ נִתְחַנֵּן שִׂיחַ שְׁוָעוֹת לְגָאֳלֵנוּ וּלְעַטְּרֵנוּ נֹעַם יְשׁוּעוֹת.

בִּגְלַל אָבוֹת תּוֹשִׁיעַ בָּנִים
וְתָבִיא גְאֻלָּה לִבְנֵי בְנֵיהֶם
בָּרוּךְ אַתָּה יהוה, גָּאַל יִשְׂרָאֵל.

ממשיכים בעמידה בעמ' 144.

גאולה לשביעי של פסח

בשביעי של פסח אומרים את הפיוט 'יוֹם לְיַבָּשָׁה' שכתב ר' יהודה הלוי, המתאר את קריעת ים סוף. יש האומרים אותו גם בסעודות ברית מילה בגלל הבית המתחיל 'הַבָּאִים עִמְּךָ'.

יוֹם לְיַבָּשָׁה נֶהֶפְכוּ מְצוּלִים
שִׁירָה חֲדָשָׁה שִׁבְּחוּ גְאוּלִים.

יוֹם בְּצַר נִכְבַּדְתָּ / וְאֵלַי נֶחְמַדְתָּ / וְלָךְ עֹז יִסַּדְתָּ
מִפִּי עוֹלָלִים.
הַטְבַּעְתָּ בְּתַרְמִית / רַגְלֵי בַּת עֲנָמִית / וּפַעֲמֵי שׁוּלַמִּית
יָפוּ בַּנְּעָלִים.
וְכָל רוֹאַי יְשׁוּרוּן / בְּעֵת הוֹדְךָ יְשׁוֹרְרוּן / אֵין כָּאֵל יְשֻׁרוּן
וְאוֹיְבֵינוּ פְּלִילִים.
דְּגָלַי כֵּן תָּרִים / עַל הַנִּשְׁאָרִים / וּתְלַקֵּט נְפוּזָרִים
כִּמְלַקֵּט שִׁבֳּלִים.
הַבָּאִים עִמְּךָ / בִּבְרִית חוֹתָמְךָ / וּמִבֶּטֶן לִשְׁמֶךָ
הֵמָּה נִמּוֹלִים.
הַרְאוּ אוֹתוֹתָם / לְכָל רוֹאֶה אוֹתָם / וְעַל כַּנְפֵי כְסוּתָם
עֲשׂוּ גְדִילִים.
לְמִי זֹאת נִרְשֶׁמֶת / הַכֶּר נָא דְּבַר אֱמֶת / לְמִי הַחוֹתֶמֶת
וּלְמִי הַפְּתִילִים.
וְשׁוּב שֵׁנִית לְקַדְּשָׁהּ / וְאַל תּוֹסֵף לְגָרְשָׁהּ / וְהַעֲלֵה אוֹר שִׁמְשָׁהּ
וְנָסוּ הַצְּלָלִים.
יְדִידִים רוֹמְמוּךָ / בְּשִׁירָה קִדְּמוּךָ / מִי כָמֹכָה
יהוה בָּאֵלִים.

בִּגְלַל אָבוֹת תּוֹשִׁיעַ בָּנִים
וְתָבִיא גְאֻלָּה לִבְנֵי בְנֵיהֶם
בָּרוּךְ אַתָּה יהוה גָּאַל יִשְׂרָאֵל.

ממשיכים בעמידה בעמ' 144.

שיר של יום למועדים

במסכת סופרים (פרק יח) מובאת רשימת שירים שהלוויים היו אומרים במקדש במועדים. יש נוהגים לומר במועדים מזמורים אלה במקום שיר של יום, וכן נהג הגר״א.

אין אומרים אלא מזמור אחד.
כל המזמורים נדחים מפני מזמור של שבת (׳מעשה רב׳, קנח).

שיר של יום טוב ראשון של פסח

תהלים קיד

בְּצֵאת יִשְׂרָאֵל מִמִּצְרָיִם, בֵּית יַעֲקֹב מֵעַם לֹעֵז: הָיְתָה יְהוּדָה לְקָדְשׁוֹ, יִשְׂרָאֵל מַמְשְׁלוֹתָיו: הַיָּם רָאָה וַיָּנֹס, הַיַּרְדֵּן יִסֹּב לְאָחוֹר: הֶהָרִים רָקְדוּ כְאֵילִים, גְּבָעוֹת כִּבְנֵי־צֹאן: מַה־לְּךָ הַיָּם כִּי תָנוּס, הַיַּרְדֵּן תִּסֹּב לְאָחוֹר: הֶהָרִים תִּרְקְדוּ כְאֵילִים, גְּבָעוֹת כִּבְנֵי־צֹאן: מִלִּפְנֵי אָדוֹן חוּלִי אָרֶץ, מִלִּפְנֵי אֱלוֹהַּ יַעֲקֹב: הַהֹפְכִי הַצּוּר אֲגַם־מָיִם, חַלָּמִישׁ לְמַעְיְנוֹ־מָיִם:

קדיש יתום (בעמ׳ 165)

שיר של יום ב׳ של פסח

אם חל ביום ראשון אומרים את מזמור קיד (למעלה).

תהלים עח

מַשְׂכִּיל לְאָסָף, הַאֲזִינָה עַמִּי תּוֹרָתִי, הַטּוּ אָזְנְכֶם לְאִמְרֵי־פִי: אֶפְתְּחָה בְמָשָׁל פִּי, אַבִּיעָה חִידוֹת מִנִּי־קֶדֶם: אֲשֶׁר שָׁמַעְנוּ וַנֵּדָעֵם, וַאֲבוֹתֵינוּ סִפְּרוּ־לָנוּ: לֹא נְכַחֵד מִבְּנֵיהֶם, לְדוֹר אַחֲרוֹן מְסַפְּרִים תְּהִלּוֹת יהוה, וֶעֱזוּזוֹ וְנִפְלְאוֹתָיו אֲשֶׁר עָשָׂה: וַיָּקֶם עֵדוּת בְּיַעֲקֹב, וְתוֹרָה שָׂם בְּיִשְׂרָאֵל, אֲשֶׁר צִוָּה אֶת־אֲבוֹתֵינוּ לְהוֹדִיעָם לִבְנֵיהֶם: לְמַעַן יֵדְעוּ דּוֹר אַחֲרוֹן בָּנִים יִוָּלֵדוּ, יָקֻמוּ וִיסַפְּרוּ לִבְנֵיהֶם: וְיָשִׂימוּ בֵאלֹהִים כִּסְלָם, וְלֹא יִשְׁכְּחוּ מַעַלְלֵי־אֵל, וּמִצְוֹתָיו יִנְצֹרוּ: וְלֹא יִהְיוּ כַּאֲבוֹתָם, דּוֹר סוֹרֵר וּמֹרֶה, דּוֹר לֹא־הֵכִין לִבּוֹ, וְלֹא־נֶאֶמְנָה אֶת־אֵל רוּחוֹ: בְּנֵי־אֶפְרַיִם נוֹשְׁקֵי רוֹמֵי־קֶשֶׁת, הָפְכוּ בְּיוֹם קְרָב: לֹא שָׁמְרוּ בְּרִית אֱלֹהִים, וּבְתוֹרָתוֹ מֵאֲנוּ לָלֶכֶת: וַיִּשְׁכְּחוּ עֲלִילוֹתָיו, וְנִפְלְאוֹתָיו אֲשֶׁר הֶרְאָם: נֶגֶד אֲבוֹתָם עָשָׂה פֶלֶא, בְּאֶרֶץ מִצְרַיִם שְׂדֵה־צֹעַן: בָּקַע יָם וַיַּעֲבִירֵם, וַיַּצֶּב־מַיִם כְּמוֹ־נֵד: וַיַּנְחֵם בֶּעָנָן יוֹמָם, וְכָל־הַלַּיְלָה בְּאוֹר אֵשׁ: יְבַקַּע צֻרִים בַּמִּדְבָּר, וַיַּשְׁקְ כִּתְהֹמוֹת רַבָּה: וַיּוֹצִא נוֹזְלִים מִסָּלַע, וַיּוֹרֶד כַּנְּהָרוֹת מָיִם: וַיּוֹסִיפוּ

עוֹד לַחֲטֹא־לוֹ, לַמְרוֹת עֶלְיוֹן בַּצִּיָּה: וַיְנַסּוּ־אֵל בִּלְבָבָם, לִשְׁאָל־אֹכֶל לְנַפְשָׁם: וַיְדַבְּרוּ בֵּאלֹהִים, אָמְרוּ הֲיוּכַל אֵל לַעֲרֹךְ שֻׁלְחָן בַּמִּדְבָּר: הֵן הִכָּה־צוּר וַיָּזוּבוּ מַיִם וּנְחָלִים יִשְׁטֹפוּ, הֲגַם־לֶחֶם יוּכַל תֵּת, אִם־יָכִין שְׁאֵר לְעַמּוֹ: לָכֵן שָׁמַע יהוה וַיִּתְעַבָּר, וְאֵשׁ נִשְּׂקָה בְיַעֲקֹב, וְגַם־אַף עָלָה בְיִשְׂרָאֵל: כִּי לֹא הֶאֱמִינוּ בֵּאלֹהִים, וְלֹא בָטְחוּ בִּישׁוּעָתוֹ: וַיְצַו שְׁחָקִים מִמָּעַל, וְדַלְתֵי שָׁמַיִם פָּתָח: וַיַּמְטֵר עֲלֵיהֶם מָן לֶאֱכֹל, וּדְגַן־שָׁמַיִם נָתַן לָמוֹ: לֶחֶם אַבִּירִים אָכַל אִישׁ, צֵידָה שָׁלַח לָהֶם לָשֹׂבַע: יַסַּע קָדִים בַּשָּׁמָיִם, וַיְנַהֵג בְּעֻזּוֹ תֵימָן: וַיַּמְטֵר עֲלֵיהֶם כֶּעָפָר שְׁאֵר, וּכְחוֹל יַמִּים עוֹף כָּנָף: וַיַּפֵּל בְּקֶרֶב מַחֲנֵהוּ, סָבִיב לְמִשְׁכְּנֹתָיו: וַיֹּאכְלוּ וַיִּשְׂבְּעוּ מְאֹד, וְתַאֲוָתָם יָבִא לָהֶם: לֹא־זָרוּ מִתַּאֲוָתָם, עוֹד אָכְלָם בְּפִיהֶם: וְאַף אֱלֹהִים עָלָה בָהֶם, וַיַּהֲרֹג בְּמִשְׁמַנֵּיהֶם, וּבַחוּרֵי יִשְׂרָאֵל הִכְרִיעַ: בְּכָל־זֹאת חָטְאוּ־עוֹד, וְלֹא הֶאֱמִינוּ בְּנִפְלְאוֹתָיו: וַיְכַל־בַּהֶבֶל יְמֵיהֶם, וּשְׁנוֹתָם בַּבֶּהָלָה: אִם־הֲרָגָם וּדְרָשׁוּהוּ, וְשָׁבוּ וְשִׁחֲרוּ־אֵל: וַיִּזְכְּרוּ כִּי־אֱלֹהִים צוּרָם, וְאֵל עֶלְיוֹן גֹּאֲלָם: וַיְפַתּוּהוּ בְּפִיהֶם, וּבִלְשׁוֹנָם יְכַזְּבוּ־לוֹ: וְלִבָּם לֹא־נָכוֹן עִמּוֹ, וְלֹא נֶאֶמְנוּ בִּבְרִיתוֹ: וְהוּא רַחוּם, יְכַפֵּר עָוֹן וְלֹא־יַשְׁחִית, וְהִרְבָּה לְהָשִׁיב אַפּוֹ, וְלֹא־יָעִיר כָּל־חֲמָתוֹ: וַיִּזְכֹּר כִּי־בָשָׂר הֵמָּה, רוּחַ הוֹלֵךְ וְלֹא יָשׁוּב: כַּמָּה יַמְרוּהוּ בַמִּדְבָּר, יַעֲצִיבוּהוּ בִּישִׁימוֹן: וַיָּשׁוּבוּ וַיְנַסּוּ אֵל, וּקְדוֹשׁ יִשְׂרָאֵל הִתְווּ: לֹא־זָכְרוּ אֶת־יָדוֹ, יוֹם אֲשֶׁר־פָּדָם מִנִּי־צָר: אֲשֶׁר־שָׂם בְּמִצְרַיִם אֹתוֹתָיו, וּמוֹפְתָיו בִּשְׂדֵה־צֹעַן: וַיַּהֲפֹךְ לְדָם יְאֹרֵיהֶם, וְנֹזְלֵיהֶם בַּל־יִשְׁתָּיוּן: יְשַׁלַּח בָּהֶם עָרֹב וַיֹּאכְלֵם, וּצְפַרְדֵּעַ וַתַּשְׁחִיתֵם: וַיִּתֵּן לֶחָסִיל יְבוּלָם, וִיגִיעָם לָאַרְבֶּה: יַהֲרֹג בַּבָּרָד גַּפְנָם, וְשִׁקְמוֹתָם בַּחֲנָמַל: וַיַּסְגֵּר לַבָּרָד בְּעִירָם, וּמִקְנֵיהֶם לָרְשָׁפִים: יְשַׁלַּח־בָּם חֲרוֹן אַפּוֹ, עֶבְרָה וָזַעַם וְצָרָה, מִשְׁלַחַת מַלְאֲכֵי רָעִים: יְפַלֵּס נָתִיב לְאַפּוֹ, לֹא־חָשַׂךְ מִמָּוֶת נַפְשָׁם, וְחַיָּתָם לַדֶּבֶר הִסְגִּיר: וַיַּךְ כָּל־בְּכוֹר בְּמִצְרָיִם, רֵאשִׁית אוֹנִים בְּאָהֳלֵי־חָם: וַיַּסַּע כַּצֹּאן עַמּוֹ, וַיְנַהֲגֵם כַּעֵדֶר בַּמִּדְבָּר: וַיַּנְחֵם לָבֶטַח וְלֹא פָחָדוּ, וְאֶת־אוֹיְבֵיהֶם כִּסָּה הַיָּם: וַיְבִיאֵם אֶל־גְּבוּל קָדְשׁוֹ, הַר־זֶה קָנְתָה יְמִינוֹ: וַיְגָרֶשׁ מִפְּנֵיהֶם גּוֹיִם, וַיַּפִּילֵם

בְּחֶבֶל נַחֲלָה, וַיַּשְׁכֵּן בְּאׇהֳלֵיהֶם שִׁבְטֵי יִשְׂרָאֵל: וַיְנַסּוּ וַיַּמְרוּ אֶת־אֱלֹהִים
עֶלְיוֹן, וְעֵדוֹתָיו לֹא שָׁמָרוּ: וַיִּסֹּגוּ וַיִּבְגְּדוּ כַּאֲבוֹתָם, נֶהְפְּכוּ כְּקֶשֶׁת רְמִיָּה:
וַיַּכְעִיסוּהוּ בְּבָמוֹתָם, וּבִפְסִילֵיהֶם יַקְנִיאוּהוּ: שָׁמַע אֱלֹהִים וַיִּתְעַבָּר,
וַיִּמְאַס מְאֹד בְּיִשְׂרָאֵל: וַיִּטֹּשׁ מִשְׁכַּן שִׁלוֹ, אֹהֶל שִׁכֵּן בָּאָדָם: וַיִּתֵּן לַשְּׁבִי
עֻזּוֹ, וְתִפְאַרְתּוֹ בְיַד־צָר: וַיַּסְגֵּר לַחֶרֶב עַמּוֹ, וּבְנַחֲלָתוֹ הִתְעַבָּר: בַּחוּרָיו
אָכְלָה־אֵשׁ, וּבְתוּלֹתָיו לֹא הוּלָּלוּ: כֹּהֲנָיו בַּחֶרֶב נָפָלוּ, וְאַלְמְנֹתָיו לֹא
תִבְכֶּינָה: וַיִּקַץ כְּיָשֵׁן אֲדֹנָי, כְּגִבּוֹר מִתְרוֹנֵן מִיָּיִן: וַיַּךְ־צָרָיו אָחוֹר, חֶרְפַּת
עוֹלָם נָתַן לָמוֹ: וַיִּמְאַס בְּאֹהֶל יוֹסֵף, וּבְשֵׁבֶט אֶפְרַיִם לֹא בָחָר: וַיִּבְחַר
אֶת־שֵׁבֶט יְהוּדָה, אֶת־הַר צִיּוֹן אֲשֶׁר אָהֵב: וַיִּבֶן כְּמוֹ־רָמִים מִקְדָּשׁוֹ,
כְּאֶרֶץ יְסָדָהּ לְעוֹלָם: וַיִּבְחַר בְּדָוִד עַבְדּוֹ, וַיִּקָּחֵהוּ מִמִּכְלְאֹת צֹאן:
מֵאַחַר עָלוֹת הֱבִיאוֹ, לִרְעוֹת בְּיַעֲקֹב עַמּוֹ וּבְיִשְׂרָאֵל נַחֲלָתוֹ: וַיִּרְעֵם
כְּתֹם לְבָבוֹ, וּבִתְבוּנוֹת כַּפָּיו יַנְחֵם:

אומרים קדיש יתום בעמ׳ 422, ובחו״ל, שהוא יום טוב, בעמ׳ 165.

שיר של יום ג׳ של פסח

אם חל ביום שני אומרים את מזמור עח (עמ׳ 492).

לַמְנַצֵּחַ אֶל־שֹׁשַׁנִּים, עֵדוּת לְאָסָף מִזְמוֹר: רֹעֵה יִשְׂרָאֵל הַאֲזִינָה, נֹהֵג תהלים פ
כַּצֹּאן יוֹסֵף, יֹשֵׁב הַכְּרוּבִים הוֹפִיעָה: לִפְנֵי אֶפְרַיִם וּבִנְיָמִן וּמְנַשֶּׁה עוֹרְרָה
אֶת־גְּבוּרָתֶךָ, וּלְכָה לִישֻׁעָתָה לָּנוּ: אֱלֹהִים הֲשִׁיבֵנוּ, וְהָאֵר פָּנֶיךָ וְנִוָּשֵׁעָה:
יהוה אֱלֹהִים צְבָאוֹת, עַד־מָתַי עָשַׁנְתָּ בִּתְפִלַּת עַמֶּךָ: הֶאֱכַלְתָּם לֶחֶם
דִּמְעָה, וַתַּשְׁקֵמוֹ בִּדְמָעוֹת שָׁלִישׁ: תְּשִׂימֵנוּ מָדוֹן לִשְׁכֵנֵינוּ, וְאֹיְבֵינוּ
יִלְעֲגוּ־לָמוֹ: אֱלֹהִים צְבָאוֹת הֲשִׁיבֵנוּ, וְהָאֵר פָּנֶיךָ וְנִוָּשֵׁעָה: גֶּפֶן מִמִּצְרַיִם
תַּסִּיעַ, תְּגָרֵשׁ גּוֹיִם וַתִּטָּעֶהָ: פִּנִּיתָ לְפָנֶיהָ, וַתַּשְׁרֵשׁ שָׁרָשֶׁיהָ וַתְּמַלֵּא־
אָרֶץ: כָּסּוּ הָרִים צִלָּהּ, וַעֲנָפֶיהָ אַרְזֵי־אֵל: תְּשַׁלַּח קְצִירֶהָ עַד־יָם, וְאֶל־
נָהָר יוֹנְקוֹתֶיהָ: לָמָּה פָּרַצְתָּ גְדֵרֶיהָ, וְאָרוּהָ כָּל־עֹבְרֵי דָרֶךְ: יְכַרְסְמֶנָּה
חֲזִיר מִיָּעַר, וְזִיז שָׂדַי יִרְעֶנָּה: אֱלֹהִים צְבָאוֹת שׁוּב נָא, הַבֵּט מִשָּׁמַיִם

וּרְאֵה, וּפְקֹד גֶּפֶן זֹאת: וְכַנָּה אֲשֶׁר־נָטְעָה יְמִינֶךָ, וְעַל־בֵּן אִמַּצְתָּה לָּךְ: שְׂרֻפָה בָאֵשׁ כְּסוּחָה, מִגַּעֲרַת פָּנֶיךָ יֹאבֵדוּ: תְּהִי־יָדְךָ עַל־אִישׁ יְמִינֶךָ, עַל־בֶּן־אָדָם אִמַּצְתָּ לָּךְ: וְלֹא־נָסוֹג מִמֶּךָּ, תְּחַיֵּנוּ וּבְשִׁמְךָ נִקְרָא: יהוה אֱלֹהִים צְבָאוֹת הֲשִׁיבֵנוּ, הָאֵר פָּנֶיךָ וְנִוָּשֵׁעָה:

קדיש יתום (בעמ׳ 422)

שיר של יום ד׳ של פסח

אם חל ביום ראשון או שלישי אומרים את מזמור פ (בעמוד הקודם).

תהלים קה

הוֹדוּ לַיהוה קִרְאוּ בִּשְׁמוֹ, הוֹדִיעוּ בָעַמִּים עֲלִילוֹתָיו: שִׁירוּ־לוֹ זַמְּרוּ־לוֹ, שִׂיחוּ בְּכָל־נִפְלְאוֹתָיו: הִתְהַלְלוּ בְּשֵׁם קָדְשׁוֹ, יִשְׂמַח לֵב מְבַקְשֵׁי יהוה: דִּרְשׁוּ יהוה וְעֻזּוֹ, בַּקְּשׁוּ פָנָיו תָּמִיד: זִכְרוּ נִפְלְאוֹתָיו אֲשֶׁר־עָשָׂה, מֹפְתָיו וּמִשְׁפְּטֵי־פִיו: זֶרַע אַבְרָהָם עַבְדּוֹ, בְּנֵי יַעֲקֹב בְּחִירָיו: הוּא יהוה אֱלֹהֵינוּ, בְּכָל־הָאָרֶץ מִשְׁפָּטָיו: זָכַר לְעוֹלָם בְּרִיתוֹ, דָּבָר צִוָּה לְאֶלֶף דּוֹר: אֲשֶׁר כָּרַת אֶת־אַבְרָהָם, וּשְׁבוּעָתוֹ לְיִשְׂחָק: וַיַּעֲמִידֶהָ לְיַעֲקֹב לְחֹק, לְיִשְׂרָאֵל בְּרִית עוֹלָם: לֵאמֹר, לְךָ אֶתֵּן אֶת־אֶרֶץ־כְּנָעַן, חֶבֶל נַחֲלַתְכֶם: בִּהְיוֹתָם מְתֵי מִסְפָּר, כִּמְעַט וְגָרִים בָּהּ: וַיִּתְהַלְּכוּ מִגּוֹי אֶל־גּוֹי, מִמַּמְלָכָה אֶל־עַם אַחֵר: לֹא־הִנִּיחַ אָדָם לְעָשְׁקָם, וַיּוֹכַח עֲלֵיהֶם מְלָכִים: אַל־תִּגְּעוּ בִמְשִׁיחָי, וְלִנְבִיאַי אַל־תָּרֵעוּ: וַיִּקְרָא רָעָב עַל־הָאָרֶץ, כָּל־מַטֵּה־לֶחֶם שָׁבָר: שָׁלַח לִפְנֵיהֶם אִישׁ, לְעֶבֶד נִמְכַּר יוֹסֵף: עִנּוּ בַכֶּבֶל רַגְלוֹ, בַּרְזֶל בָּאָה נַפְשׁוֹ: עַד־עֵת בֹּא־דְבָרוֹ, אִמְרַת יהוה צְרָפָתְהוּ: שָׁלַח מֶלֶךְ וַיַּתִּירֵהוּ, מֹשֵׁל עַמִּים וַיְפַתְּחֵהוּ: שָׂמוֹ אָדוֹן לְבֵיתוֹ, וּמֹשֵׁל בְּכָל־קִנְיָנוֹ: לֶאְסֹר שָׂרָיו בְּנַפְשׁוֹ, וּזְקֵנָיו יְחַכֵּם: וַיָּבֹא יִשְׂרָאֵל מִצְרָיִם, וְיַעֲקֹב גָּר בְּאֶרֶץ־חָם: וַיֶּפֶר אֶת־עַמּוֹ מְאֹד, וַיַּעֲצִמֵהוּ מִצָּרָיו: הָפַךְ לִבָּם לִשְׂנֹא עַמּוֹ, לְהִתְנַכֵּל בַּעֲבָדָיו: שָׁלַח מֹשֶׁה עַבְדּוֹ, אַהֲרֹן אֲשֶׁר בָּחַר־בּוֹ: שָׂמוּ־בָם דִּבְרֵי אֹתוֹתָיו, וּמֹפְתִים בְּאֶרֶץ חָם: שָׁלַח חֹשֶׁךְ וַיַּחְשִׁךְ, וְלֹא־מָרוּ אֶת־דְּבָרוֹ: הָפַךְ אֶת־מֵימֵיהֶם לְדָם, וַיָּמֶת אֶת־דְּגָתָם: שָׁרַץ אַרְצָם צְפַרְדְּעִים בְּחַדְרֵי מַלְכֵיהֶם: אָמַר וַיָּבֹא עָרֹב,

כִּנִּים בְּכָל־גְּבוּלָם: נָתַן גִּשְׁמֵיהֶם בָּרָד, אֵשׁ לֶהָבוֹת בְּאַרְצָם: וַיַּךְ גַּפְנָם
וּתְאֵנָתָם, וַיְשַׁבֵּר עֵץ גְּבוּלָם: אָמַר וַיָּבֹא אַרְבֶּה, וְיֶלֶק וְאֵין מִסְפָּר:
וַיֹּאכַל כָּל־עֵשֶׂב בְּאַרְצָם, וַיֹּאכַל פְּרִי אַדְמָתָם: וַיַּךְ כָּל־בְּכוֹר בְּאַרְצָם,
רֵאשִׁית לְכָל־אוֹנָם: וַיּוֹצִיאֵם בְּכֶסֶף וְזָהָב, וְאֵין בִּשְׁבָטָיו כּוֹשֵׁל: שָׂמַח
מִצְרַיִם בְּצֵאתָם, כִּי־נָפַל פַּחְדָּם עֲלֵיהֶם: פָּרַשׂ עָנָן לְמָסָךְ, וְאֵשׁ לְהָאִיר
לָיְלָה: שָׁאַל וַיָּבֵא שְׂלָו, וְלֶחֶם שָׁמַיִם יַשְׂבִּיעֵם: פָּתַח צוּר, וַיָּזוּבוּ מָיִם,
הָלְכוּ בַּצִּיּוֹת נָהָר: כִּי־זָכַר אֶת־דְּבַר קָדְשׁוֹ, אֶת־אַבְרָהָם עַבְדּוֹ: וַיּוֹצִא
עַמּוֹ בְשָׂשׂוֹן, בְּרִנָּה אֶת־בְּחִירָיו: וַיִּתֵּן לָהֶם אַרְצוֹת גּוֹיִם, וַעֲמַל לְאֻמִּים
יִירָשׁוּ: בַּעֲבוּר יִשְׁמְרוּ חֻקָּיו וְתוֹרֹתָיו יִנְצֹרוּ, הַלְלוּיָהּ:

קדיש יתום (בעמ׳ 422)

שיר של יום ה׳ של פסח

אם חל ביום שני או רביעי אומרים את מזמור קה (בעמוד הקודם).

תהלים קלה

הַלְלוּיָהּ, הַלְלוּ אֶת־שֵׁם יהוה, הַלְלוּ עַבְדֵי יהוה: שֶׁעֹמְדִים בְּבֵית יהוה,
בְּחַצְרוֹת בֵּית אֱלֹהֵינוּ: הַלְלוּיָהּ כִּי־טוֹב יהוה, זַמְּרוּ לִשְׁמוֹ כִּי נָעִים: כִּי־
יַעֲקֹב בָּחַר לוֹ יָהּ, יִשְׂרָאֵל לִסְגֻלָּתוֹ: כִּי אֲנִי יָדַעְתִּי כִּי־גָדוֹל יהוה, וַאֲדֹנֵינוּ
מִכָּל־אֱלֹהִים: כֹּל אֲשֶׁר־חָפֵץ יהוה עָשָׂה, בַּשָּׁמַיִם וּבָאָרֶץ, בַּיַּמִּים וְכָל־
תְּהֹמוֹת: מַעֲלֶה נְשִׂאִים מִקְצֵה הָאָרֶץ, בְּרָקִים לַמָּטָר עָשָׂה, מוֹצֵא־רוּחַ
מֵאוֹצְרוֹתָיו: שֶׁהִכָּה בְּכוֹרֵי מִצְרָיִם, מֵאָדָם עַד־בְּהֵמָה: שָׁלַח אוֹתֹת
וּמֹפְתִים בְּתוֹכֵכִי מִצְרָיִם, בְּפַרְעֹה וּבְכָל־עֲבָדָיו: שֶׁהִכָּה גּוֹיִם רַבִּים, וְהָרַג
מְלָכִים עֲצוּמִים: לְסִיחוֹן מֶלֶךְ הָאֱמֹרִי, וּלְעוֹג מֶלֶךְ הַבָּשָׁן, וּלְכֹל מַמְלְכוֹת
כְּנָעַן: וְנָתַן אַרְצָם נַחֲלָה, נַחֲלָה לְיִשְׂרָאֵל עַמּוֹ: יהוה שִׁמְךָ לְעוֹלָם,
יהוה זִכְרְךָ לְדֹר־וָדֹר: כִּי־יָדִין יהוה עַמּוֹ, וְעַל־עֲבָדָיו יִתְנֶחָם: עֲצַבֵּי
הַגּוֹיִם כֶּסֶף וְזָהָב, מַעֲשֵׂה יְדֵי אָדָם: פֶּה־לָהֶם וְלֹא יְדַבֵּרוּ, עֵינַיִם לָהֶם
וְלֹא יִרְאוּ: אָזְנַיִם לָהֶם וְלֹא יַאֲזִינוּ, אַף אֵין־יֶשׁ־רוּחַ בְּפִיהֶם: כְּמוֹהֶם
יִהְיוּ עֹשֵׂיהֶם, כֹּל אֲשֶׁר־בֹּטֵחַ בָּהֶם: בֵּית יִשְׂרָאֵל בָּרְכוּ אֶת־יהוה, בֵּית
אַהֲרֹן בָּרְכוּ אֶת־יהוה: בֵּית הַלֵּוִי בָּרְכוּ אֶת־יהוה, יִרְאֵי יהוה בָּרְכוּ
אֶת־יהוה: בָּרוּךְ יהוה מִצִּיּוֹן, שֹׁכֵן יְרוּשָׁלָיִם, הַלְלוּיָהּ:

קדיש יתום (בעמ׳ 422)

שיר של יום ו׳ של פסח

ואם חל ביום ראשון, שלישי או חמישי אומרים את מזמור קלה (בעמוד הקודם).

לַמְנַצֵּחַ שִׁיר מִזְמוֹר, הָרִיעוּ לֵאלֹהִים כָּל־הָאָרֶץ: זַמְּרוּ כְבוֹד־שְׁמוֹ, תהלים סו
שִׂימוּ כָבוֹד תְּהִלָּתוֹ: אִמְרוּ לֵאלֹהִים מַה־נּוֹרָא מַעֲשֶׂיךָ, בְּרֹב עֻזְּךָ
יְכַחֲשׁוּ־לְךָ אֹיְבֶיךָ: כָּל־הָאָרֶץ יִשְׁתַּחֲווּ לְךָ וִיזַמְּרוּ־לָךְ, יְזַמְּרוּ שִׁמְךָ
סֶלָה: לְכוּ וּרְאוּ מִפְעֲלוֹת אֱלֹהִים, נוֹרָא עֲלִילָה עַל־בְּנֵי אָדָם: הָפַךְ יָם
לְיַבָּשָׁה, בַּנָּהָר יַעַבְרוּ בְרָגֶל, שָׁם נִשְׂמְחָה־בּוֹ: מֹשֵׁל בִּגְבוּרָתוֹ עוֹלָם,
עֵינָיו בַּגּוֹיִם תִּצְפֶּינָה, הַסּוֹרְרִים אַל־יָרוּמוּ לָמוֹ סֶלָה: בָּרְכוּ עַמִּים
אֱלֹהֵינוּ, וְהַשְׁמִיעוּ קוֹל תְּהִלָּתוֹ: הַשָּׂם נַפְשֵׁנוּ בַּחַיִּים, וְלֹא־נָתַן לַמּוֹט
רַגְלֵנוּ: כִּי־בְחַנְתָּנוּ אֱלֹהִים, צְרַפְתָּנוּ כִּצְרָף־כָּסֶף: הֲבֵאתָנוּ בַמְּצוּדָה,
שַׂמְתָּ מוּעָקָה בְמָתְנֵינוּ: הִרְכַּבְתָּ אֱנוֹשׁ לְרֹאשֵׁנוּ, בָּאנוּ־בָאֵשׁ וּבַמַּיִם,
וַתּוֹצִיאֵנוּ לָרְוָיָה: אָבוֹא בֵיתְךָ בְעוֹלוֹת, אֲשַׁלֵּם לְךָ נְדָרָי: אֲשֶׁר־פָּצוּ
שְׂפָתָי וְדִבֶּר־פִּי בַּצַּר־לִי: עֹלוֹת מֵחִים אַעֲלֶה־לָּךְ עִם־קְטֹרֶת אֵילִים,
אֶעֱשֶׂה בָקָר עִם־עַתּוּדִים סֶלָה: לְכוּ־שִׁמְעוּ וַאֲסַפְּרָה כָּל־יִרְאֵי אֱלֹהִים,
אֲשֶׁר עָשָׂה לְנַפְשִׁי: אֵלָיו פִּי־קָרָאתִי, וְרוֹמַם תַּחַת לְשׁוֹנִי: אָוֶן אִם־
רָאִיתִי בְלִבִּי, לֹא יִשְׁמַע אֲדֹנָי: אָכֵן שָׁמַע אֱלֹהִים, הִקְשִׁיב בְּקוֹל תְּפִלָּתִי:
בָּרוּךְ אֱלֹהִים, אֲשֶׁר לֹא־הֵסִיר תְּפִלָּתִי וְחַסְדּוֹ מֵאִתִּי:

קדיש יתום (בעמ׳ 422)

שיר של יום ז׳ של פסח

לַמְנַצֵּחַ לְעֶבֶד יהוה לְדָוִד, אֲשֶׁר דִּבֶּר לַיהוה אֶת־דִּבְרֵי הַשִּׁירָה הַזֹּאת, תהלים יח
בְּיוֹם הִצִּיל־יהוה אוֹתוֹ מִכַּף כָּל־אֹיְבָיו וּמִיַּד שָׁאוּל: וַיֹּאמַר אֶרְחָמְךָ
יהוה חִזְקִי: יהוה סַלְעִי וּמְצוּדָתִי וּמְפַלְטִי, אֵלִי צוּרִי אֶחֱסֶה־בּוֹ, מָגִנִּי
וְקֶרֶן־יִשְׁעִי מִשְׂגַּבִּי: מְהֻלָּל אֶקְרָא יהוה, וּמִן־אֹיְבַי אִוָּשֵׁעַ: אֲפָפוּנִי
חֶבְלֵי־מָוֶת, וְנַחֲלֵי בְלִיַּעַל יְבַעֲתוּנִי: חֶבְלֵי שְׁאוֹל סְבָבוּנִי, קִדְּמוּנִי מוֹקְשֵׁי
מָוֶת: בַּצַּר־לִי אֶקְרָא יהוה וְאֶל־אֱלֹהַי אֲשַׁוֵּעַ, יִשְׁמַע מֵהֵיכָלוֹ קוֹלִי,
וְשַׁוְעָתִי לְפָנָיו תָּבוֹא בְאָזְנָיו: וַתִּגְעַשׁ וַתִּרְעַשׁ הָאָרֶץ, וּמוֹסְדֵי הָרִים
יִרְגָּזוּ, וַיִּתְגָּעֲשׁוּ כִּי־חָרָה לוֹ: עָלָה עָשָׁן בְּאַפּוֹ וְאֵשׁ־מִפִּיו תֹּאכֵל, גֶּחָלִים
בָּעֲרוּ מִמֶּנּוּ: וַיֵּט שָׁמַיִם וַיֵּרַד, וַעֲרָפֶל תַּחַת רַגְלָיו: וַיִּרְכַּב עַל־כְּרוּב וַיָּעֹף,

וַיֵּדֶא עַל־כַּנְפֵי־רוּחַ: יָשֶׁת חֹשֶׁךְ סִתְרוֹ סְבִיבוֹתָיו סֻכָּתוֹ, חֶשְׁכַת־מַיִם עָבֵי שְׁחָקִים: מִנֹּגַהּ נֶגְדּוֹ, עָבָיו עָבְרוּ בָּרָד וְגַחֲלֵי־אֵשׁ: וַיַּרְעֵם בַּשָּׁמַיִם יהוה, וְעֶלְיוֹן יִתֵּן קֹלוֹ, בָּרָד וְגַחֲלֵי־אֵשׁ: וַיִּשְׁלַח חִצָּיו וַיְפִיצֵם, וּבְרָקִים רָב וַיְהֻמֵּם: וַיֵּרָאוּ אֲפִיקֵי מַיִם, וַיִּגָּלוּ מוֹסְדוֹת תֵּבֵל, מִגַּעֲרָתְךָ יהוה, מִנִּשְׁמַת רוּחַ אַפֶּךָ: יִשְׁלַח מִמָּרוֹם יִקָּחֵנִי, יַמְשֵׁנִי מִמַּיִם רַבִּים: יַצִּילֵנִי מֵאֹיְבִי עָז, וּמִשֹּׂנְאַי כִּי־אָמְצוּ מִמֶּנִּי: יְקַדְּמוּנִי בְיוֹם־אֵידִי, וַיְהִי־יהוה לְמִשְׁעָן לִי: וַיּוֹצִיאֵנִי לַמֶּרְחָב, יְחַלְּצֵנִי כִּי חָפֵץ בִּי: יִגְמְלֵנִי יהוה כְּצִדְקִי, כְּבֹר יָדַי יָשִׁיב לִי: כִּי־שָׁמַרְתִּי דַּרְכֵי יהוה, וְלֹא־רָשַׁעְתִּי מֵאֱלֹהָי: כִּי כָל־מִשְׁפָּטָיו לְנֶגְדִּי, וְחֻקֹּתָיו לֹא־אָסִיר מֶנִּי: וָאֱהִי תָמִים עִמּוֹ, וָאֶשְׁתַּמֵּר מֵעֲוֹנִי: וַיָּשֶׁב־יהוה לִי כְצִדְקִי, כְּבֹר יָדַי לְנֶגֶד עֵינָיו: עִם־חָסִיד תִּתְחַסָּד, עִם־גְּבַר תָּמִים תִּתַּמָּם: עִם־נָבָר תִּתְבָּרָר, וְעִם־עִקֵּשׁ תִּתְפַּתָּל: כִּי־אַתָּה עַם־עָנִי תוֹשִׁיעַ, וְעֵינַיִם רָמוֹת תַּשְׁפִּיל: כִּי־אַתָּה תָּאִיר נֵרִי, יהוה אֱלֹהַי יַגִּיהַּ חָשְׁכִּי: כִּי־בְךָ אָרֻץ גְּדוּד, וּבֵאלֹהַי אֲדַלֶּג־שׁוּר: הָאֵל תָּמִים דַּרְכּוֹ, אִמְרַת־יהוה צְרוּפָה, מָגֵן הוּא לְכֹל הַחֹסִים בּוֹ: כִּי מִי אֱלוֹהַּ מִבַּלְעֲדֵי יהוה, וּמִי צוּר זוּלָתִי אֱלֹהֵינוּ: הָאֵל הַמְאַזְּרֵנִי חָיִל, וַיִּתֵּן תָּמִים דַּרְכִּי: מְשַׁוֶּה רַגְלַי כָּאַיָּלוֹת, וְעַל בָּמֹתַי יַעֲמִידֵנִי: מְלַמֵּד יָדַי לַמִּלְחָמָה, וְנִחֲתָה קֶשֶׁת־נְחוּשָׁה זְרוֹעֹתָי: וַתִּתֶּן־לִי מָגֵן יִשְׁעֶךָ, וִימִינְךָ תִסְעָדֵנִי, וְעַנְוַתְךָ תַרְבֵּנִי: תַּרְחִיב צַעֲדִי תַחְתָּי, וְלֹא מָעֲדוּ קַרְסֻלָּי: אֶרְדּוֹף אוֹיְבַי וְאַשִּׂיגֵם, וְלֹא־אָשׁוּב עַד־כַּלּוֹתָם: אֶמְחָצֵם וְלֹא־יֻכְלוּ קוּם, יִפְּלוּ תַּחַת רַגְלָי: וַתְּאַזְּרֵנִי חַיִל לַמִּלְחָמָה, תַּכְרִיעַ קָמַי תַּחְתָּי: וְאֹיְבַי נָתַתָּה לִּי עֹרֶף, וּמְשַׂנְאַי אַצְמִיתֵם: יְשַׁוְּעוּ וְאֵין־מוֹשִׁיעַ, עַל־יהוה וְלֹא עָנָם: וְאֶשְׁחָקֵם כְּעָפָר עַל־פְּנֵי־רוּחַ, כְּטִיט חוּצוֹת אֲרִיקֵם: תְּפַלְּטֵנִי מֵרִיבֵי עָם, תְּשִׂימֵנִי לְרֹאשׁ גּוֹיִם, עַם לֹא־יָדַעְתִּי יַעַבְדוּנִי: לְשֵׁמַע אֹזֶן יִשָּׁמְעוּ לִי, בְּנֵי־נֵכָר יְכַחֲשׁוּ־לִי: בְּנֵי־נֵכָר יִבֹּלוּ וְיַחְרְגוּ מִמִּסְגְּרוֹתֵיהֶם: חַי־יהוה וּבָרוּךְ צוּרִי, וְיָרוּם אֱלוֹהֵי יִשְׁעִי: הָאֵל הַנּוֹתֵן נְקָמוֹת לִי, וַיַּדְבֵּר עַמִּים תַּחְתָּי: מְפַלְּטִי מֵאֹיְבָי, אַף מִן־קָמַי תְּרוֹמְמֵנִי, מֵאִישׁ חָמָס תַּצִּילֵנִי: עַל־כֵּן אוֹדְךָ בַגּוֹיִם יהוה, וּלְשִׁמְךָ אֲזַמֵּרָה: מַגְדִּל יְשׁוּעוֹת מַלְכּוֹ, וְעֹשֶׂה חֶסֶד לִמְשִׁיחוֹ, לְדָוִד וּלְזַרְעוֹ עַד־עוֹלָם:

קדיש יתום (בעמ' 165)

שיר של יום ח' של פסח (בחו"ל)

הוֹדוּ לַיהוה כִּי־טוֹב, כִּי לְעוֹלָם חַסְדּוֹ: הוֹדוּ לֵאלֹהֵי הָאֱלֹהִים, כִּי לְעוֹלָם חַסְדּוֹ: הוֹדוּ לַאֲדֹנֵי הָאֲדֹנִים, כִּי לְעוֹלָם חַסְדּוֹ: לְעֹשֵׂה נִפְלָאוֹת גְּדֹלוֹת לְבַדּוֹ, כִּי לְעוֹלָם חַסְדּוֹ: לְעֹשֵׂה הַשָּׁמַיִם בִּתְבוּנָה, כִּי לְעוֹלָם חַסְדּוֹ: לְרֹקַע הָאָרֶץ עַל־הַמָּיִם, כִּי לְעוֹלָם חַסְדּוֹ: לְעֹשֵׂה אוֹרִים גְּדֹלִים, כִּי לְעוֹלָם חַסְדּוֹ: אֶת־הַשֶּׁמֶשׁ לְמֶמְשֶׁלֶת בַּיּוֹם, כִּי לְעוֹלָם חַסְדּוֹ: אֶת־הַיָּרֵחַ וְכוֹכָבִים לְמֶמְשְׁלוֹת בַּלָּיְלָה, כִּי לְעוֹלָם חַסְדּוֹ: לְמַכֵּה מִצְרַיִם בִּבְכוֹרֵיהֶם, כִּי לְעוֹלָם חַסְדּוֹ: וַיּוֹצֵא יִשְׂרָאֵל מִתּוֹכָם, כִּי לְעוֹלָם חַסְדּוֹ: בְּיָד חֲזָקָה וּבִזְרוֹעַ נְטוּיָה, כִּי לְעוֹלָם חַסְדּוֹ: לְגֹזֵר יַם־סוּף לִגְזָרִים, כִּי לְעוֹלָם חַסְדּוֹ: וְהֶעֱבִיר יִשְׂרָאֵל בְּתוֹכוֹ, כִּי לְעוֹלָם חַסְדּוֹ: וְנִעֵר פַּרְעֹה וְחֵילוֹ בְיַם־סוּף, כִּי לְעוֹלָם חַסְדּוֹ: לְמוֹלִיךְ עַמּוֹ בַּמִּדְבָּר, כִּי לְעוֹלָם חַסְדּוֹ: לְמַכֵּה מְלָכִים גְּדֹלִים, כִּי לְעוֹלָם חַסְדּוֹ: וַיַּהֲרֹג מְלָכִים אַדִּירִים, כִּי לְעוֹלָם חַסְדּוֹ: לְסִיחוֹן מֶלֶךְ הָאֱמֹרִי, כִּי לְעוֹלָם חַסְדּוֹ: וּלְעוֹג מֶלֶךְ הַבָּשָׁן, כִּי לְעוֹלָם חַסְדּוֹ: וְנָתַן אַרְצָם לְנַחֲלָה, כִּי לְעוֹלָם חַסְדּוֹ: נַחֲלָה לְיִשְׂרָאֵל עַבְדּוֹ, כִּי לְעוֹלָם חַסְדּוֹ: שֶׁבְּשִׁפְלֵנוּ זָכַר לָנוּ, כִּי לְעוֹלָם חַסְדּוֹ: וַיִּפְרְקֵנוּ מִצָּרֵינוּ, כִּי לְעוֹלָם חַסְדּוֹ: נֹתֵן לֶחֶם לְכָל־בָּשָׂר, כִּי לְעוֹלָם חַסְדּוֹ: הוֹדוּ לְאֵל הַשָּׁמָיִם, כִּי לְעוֹלָם חַסְדּוֹ: תהלים קלו

קדיש יתום (בעמ' 165)

שיר של יום טוב ראשון של שבועות

לַמְנַצֵּחַ מִזְמוֹר לְדָוִד: הַשָּׁמַיִם מְסַפְּרִים כְּבוֹד־אֵל, וּמַעֲשֵׂה יָדָיו מַגִּיד הָרָקִיעַ: יוֹם לְיוֹם יַבִּיעַ אֹמֶר, וְלַיְלָה לְּלַיְלָה יְחַוֶּה־דָּעַת: אֵין־אֹמֶר וְאֵין דְּבָרִים, בְּלִי נִשְׁמָע קוֹלָם: בְּכָל־הָאָרֶץ יָצָא קַוָּם, וּבִקְצֵה תֵבֵל מִלֵּיהֶם, לַשֶּׁמֶשׁ שָׂם־אֹהֶל בָּהֶם: וְהוּא כְּחָתָן יֹצֵא מֵחֻפָּתוֹ, יָשִׂישׂ כְּגִבּוֹר לָרוּץ אֹרַח: מִקְצֵה הַשָּׁמַיִם מוֹצָאוֹ, וּתְקוּפָתוֹ עַל־קְצוֹתָם, וְאֵין נִסְתָּר מֵחַמָּתוֹ: תּוֹרַת יהוה תְּמִימָה, מְשִׁיבַת נָפֶשׁ, עֵדוּת יהוה נֶאֱמָנָה, מַחְכִּימַת פֶּתִי: פִּקּוּדֵי יהוה יְשָׁרִים, מְשַׂמְּחֵי־לֵב, מִצְוַת יהוה בָּרָה, מְאִירַת עֵינָיִם: יִרְאַת יהוה טְהוֹרָה, עוֹמֶדֶת לָעַד, מִשְׁפְּטֵי־יהוה אֱמֶת, צָדְקוּ יַחְדָּו: הַנֶּחֱמָדִים מִזָּהָב וּמִפַּז רָב, וּמְתוּקִים מִדְּבַשׁ וְנֹפֶת צוּפִים: תהלים יט

גַּם־עַבְדְּךָ נִזְהָר בָּהֶם, בְּשָׁמְרָם עֵקֶב רָב: שְׁגִיאוֹת מִי־יָבִין, מִנִּסְתָּרוֹת נַקֵּנִי: גַּם מִזֵּדִים חֲשֹׂךְ עַבְדֶּךָ, אַל־יִמְשְׁלוּ־בִי אָז אֵיתָם, וְנִקֵּיתִי מִפֶּשַׁע רָב: יִהְיוּ לְרָצוֹן אִמְרֵי־פִי וְהֶגְיוֹן לִבִּי לְפָנֶיךָ, יהוה, צוּרִי וְגֹאֲלִי:

קדיש יתום (בעמ׳ 165)

שיר של יום טוב שני של שבועות (בחו״ל)

אם חל ביום ראשון אומרים את מזמור יט (בעמוד הקודם).

תהלים סח

לַמְנַצֵּחַ לְדָוִד מִזְמוֹר שִׁיר: יָקוּם אֱלֹהִים, יָפוּצוּ אוֹיְבָיו, וְיָנוּסוּ מְשַׂנְאָיו מִפָּנָיו: כְּהִנְדֹּף עָשָׁן תִּנְדֹּף, כְּהִמֵּס דּוֹנַג מִפְּנֵי־אֵשׁ יֹאבְדוּ רְשָׁעִים מִפְּנֵי אֱלֹהִים: וְצַדִּיקִים יִשְׂמְחוּ יַעַלְצוּ לִפְנֵי אֱלֹהִים, וְיָשִׂישׂוּ בְשִׂמְחָה: שִׁירוּ לֵאלֹהִים זַמְּרוּ שְׁמוֹ, סֹלּוּ לָרֹכֵב בָּעֲרָבוֹת בְּיָהּ שְׁמוֹ, וְעִלְזוּ לְפָנָיו: אֲבִי יְתוֹמִים וְדַיַּן אַלְמָנוֹת, אֱלֹהִים בִּמְעוֹן קָדְשׁוֹ: אֱלֹהִים מוֹשִׁיב יְחִידִים בַּיְתָה, מוֹצִיא אֲסִירִים בַּכּוֹשָׁרוֹת, אַךְ סוֹרְרִים שָׁכְנוּ צְחִיחָה: אֱלֹהִים בְּצֵאתְךָ לִפְנֵי עַמֶּךָ, בְּצַעְדְּךָ בִישִׁימוֹן סֶלָה: אֶרֶץ רָעָשָׁה אַף־שָׁמַיִם נָטְפוּ מִפְּנֵי אֱלֹהִים, זֶה סִינַי מִפְּנֵי אֱלֹהִים אֱלֹהֵי יִשְׂרָאֵל: גֶּשֶׁם נְדָבוֹת תָּנִיף אֱלֹהִים, נַחֲלָתְךָ וְנִלְאָה אַתָּה כוֹנַנְתָּהּ: חַיָּתְךָ יָשְׁבוּ־בָהּ, תָּכִין בְּטוֹבָתְךָ לֶעָנִי אֱלֹהִים: אֲדֹנָי יִתֶּן־אֹמֶר, הַמְבַשְּׂרוֹת צָבָא רָב: מַלְכֵי צְבָאוֹת יִדֹּדוּן יִדֹּדוּן, וּנְוַת־בַּיִת תְּחַלֵּק שָׁלָל: אִם־תִּשְׁכְּבוּן בֵּין שְׁפַתָּיִם, כַּנְפֵי יוֹנָה נֶחְפָּה בַכֶּסֶף, וְאֶבְרוֹתֶיהָ בִּירַקְרַק חָרוּץ: בְּפָרֵשׂ שַׁדַּי מְלָכִים בָּהּ, תַּשְׁלֵג בְּצַלְמוֹן: הַר־אֱלֹהִים הַר־בָּשָׁן, הַר גַּבְנֻנִּים הַר־בָּשָׁן: לָמָּה תְּרַצְּדוּן הָרִים גַּבְנֻנִּים, הָהָר חָמַד אֱלֹהִים לְשִׁבְתּוֹ, אַף־יהוה יִשְׁכֹּן לָנֶצַח: רֶכֶב אֱלֹהִים רִבֹּתַיִם אַלְפֵי שִׁנְאָן, אֲדֹנָי בָם סִינַי בַּקֹּדֶשׁ: עָלִיתָ לַמָּרוֹם, שָׁבִיתָ שֶּׁבִי, לָקַחְתָּ מַתָּנוֹת בָּאָדָם, וְאַף סוֹרְרִים לִשְׁכֹּן יָהּ אֱלֹהִים: בָּרוּךְ אֲדֹנָי יוֹם יוֹם יַעֲמָס־לָנוּ, הָאֵל יְשׁוּעָתֵנוּ סֶלָה: הָאֵל לָנוּ אֵל לְמוֹשָׁעוֹת, וְלֵיהוִה אֲדֹנָי לַמָּוֶת תּוֹצָאוֹת: אַךְ־אֱלֹהִים יִמְחַץ רֹאשׁ אֹיְבָיו, קָדְקֹד שֵׂעָר מִתְהַלֵּךְ בַּאֲשָׁמָיו: אָמַר אֲדֹנָי, מִבָּשָׁן אָשִׁיב, אָשִׁיב מִמְּצֻלוֹת יָם: לְמַעַן תִּמְחַץ רַגְלְךָ בְּדָם, לְשׁוֹן כְּלָבֶיךָ מֵאֹיְבִים מִנֵּהוּ: רָאוּ הֲלִיכוֹתֶיךָ אֱלֹהִים, הֲלִיכוֹת אֵלִי מַלְכִּי בַקֹּדֶשׁ: קִדְּמוּ שָׁרִים אַחַר נֹגְנִים, בְּתוֹךְ עֲלָמוֹת תּוֹפֵפוֹת: בְּמַקְהֵלוֹת בָּרְכוּ אֱלֹהִים, אֲדֹנָי מִמְּקוֹר

יִשְׂרָאֵל: שָׁם בִּנְיָמִן צָעִיר רֹדֵם, שָׂרֵי יְהוּדָה רִגְמָתָם, שָׂרֵי זְבֻלוּן שָׂרֵי נַפְתָּלִי: צִוָּה אֱלֹהֶיךָ עֻזֶּךָ, עוּזָּה אֱלֹהִים זוּ פָּעַלְתָּ לָּנוּ: מֵהֵיכָלֶךָ עַל־יְרוּשָׁלָםִ, לְךָ יוֹבִילוּ מְלָכִים שָׁי: גְּעַר חַיַּת קָנֶה עֲדַת אַבִּירִים בְּעֶגְלֵי עַמִּים, מִתְרַפֵּס בְּרַצֵּי־כָסֶף, בִּזַּר עַמִּים קְרָבוֹת יֶחְפָּצוּ: יֶאֱתָיוּ חַשְׁמַנִּים מִנִּי מִצְרָיִם, כּוּשׁ תָּרִיץ יָדָיו לֵאלֹהִים: מַמְלְכוֹת הָאָרֶץ שִׁירוּ לֵאלֹהִים, זַמְּרוּ אֲדֹנָי סֶלָה: לָרֹכֵב בִּשְׁמֵי שְׁמֵי־קֶדֶם, הֵן יִתֵּן בְּקוֹלוֹ קוֹל עֹז: תְּנוּ עֹז לֵאלֹהִים, עַל־יִשְׂרָאֵל גַּאֲוָתוֹ, וְעֻזּוֹ בַּשְּׁחָקִים: נוֹרָא אֱלֹהִים מִמִּקְדָּשֶׁיךָ, אֵל יִשְׂרָאֵל הוּא נֹתֵן עֹז וְתַעֲצֻמוֹת לָעָם, בָּרוּךְ אֱלֹהִים:

קדיש יתום (בעמ׳ 165)

שיר של יום טוב ראשון של סוכות

לַמְנַצֵּחַ בִּנְגִינֹת מִזְמוֹר לְאָסָף שִׁיר: נוֹדָע בִּיהוּדָה אֱלֹהִים, בְּיִשְׂרָאֵל גָּדוֹל שְׁמוֹ: וַיְהִי בְשָׁלֵם סֻכּוֹ, וּמְעוֹנָתוֹ בְצִיּוֹן: שָׁמָּה שִׁבַּר רִשְׁפֵי־קָשֶׁת, מָגֵן וְחֶרֶב וּמִלְחָמָה סֶלָה: נָאוֹר אַתָּה, אַדִּיר מֵהַרְרֵי־טָרֶף: אֶשְׁתּוֹלְלוּ אַבִּירֵי לֵב נָמוּ שְׁנָתָם, וְלֹא־מָצְאוּ כָל־אַנְשֵׁי־חַיִל יְדֵיהֶם: מִגַּעֲרָתְךָ אֱלֹהֵי יַעֲקֹב, נִרְדָּם וְרֶכֶב וָסוּס: אַתָּה נוֹרָא אַתָּה, וּמִי־יַעֲמֹד לְפָנֶיךָ מֵאָז אַפֶּךָ: מִשָּׁמַיִם הִשְׁמַעְתָּ דִּין, אֶרֶץ יָרְאָה וְשָׁקָטָה: בְּקוּם־לַמִּשְׁפָּט אֱלֹהִים, לְהוֹשִׁיעַ כָּל־עַנְוֵי־אֶרֶץ סֶלָה: כִּי־חֲמַת אָדָם תּוֹדֶךָּ, שְׁאֵרִית חֵמֹת תַּחְגֹּר: נִדְרוּ וְשַׁלְּמוּ לַיהוה אֱלֹהֵיכֶם, כָּל־סְבִיבָיו יֹבִילוּ שַׁי לַמּוֹרָא: יִבְצֹר רוּחַ נְגִידִים, נוֹרָא לְמַלְכֵי־אָרֶץ: תהלים עו

קדיש יתום (בעמ׳ 279)

שיר של יום טוב שני של סוכות בחו״ל

אם חל ביום ראשון אומרים את מזמור עו (למעלה).

לַמְנַצֵּחַ מַשְׂכִּיל לִבְנֵי־קֹרַח: כְּאַיָּל תַּעֲרֹג עַל־אֲפִיקֵי־מָיִם, כֵּן נַפְשִׁי תַעֲרֹג אֵלֶיךָ אֱלֹהִים: צָמְאָה נַפְשִׁי לֵאלֹהִים לְאֵל חָי, מָתַי אָבוֹא וְאֵרָאֶה פְּנֵי אֱלֹהִים: הָיְתָה־לִּי דִמְעָתִי לֶחֶם יוֹמָם וָלָיְלָה, בֶּאֱמֹר אֵלַי כָּל־הַיּוֹם, אַיֵּה אֱלֹהֶיךָ: אֵלֶּה אֶזְכְּרָה וְאֶשְׁפְּכָה עָלַי נַפְשִׁי, כִּי אֶעֱבֹר בַּסָּךְ, אֶדַּדֵּם עַד־בֵּית אֱלֹהִים, בְּקוֹל־רִנָּה וְתוֹדָה הָמוֹן חוֹגֵג: מַה־תִּשְׁתּוֹחֲחִי נַפְשִׁי וַתֶּהֱמִי עָלָי, הוֹחִילִי לֵאלֹהִים כִּי־עוֹד אוֹדֶנּוּ יְשׁוּעוֹת פָּנָיו: אֱלֹהַי, תהלים מב

עָלַי נַפְשִׁי תִשְׁתּוֹחָח, עַל־כֵּן אֶזְכָּרְךָ מֵאֶרֶץ יַרְדֵּן, וְחֶרְמוֹנִים מֵהַר מִצְעָר: תְּהוֹם־אֶל־תְּהוֹם קוֹרֵא לְקוֹל צִנּוֹרֶיךָ, כָּל־מִשְׁבָּרֶיךָ וְגַלֶּיךָ עָלַי עָבָרוּ: יוֹמָם יְצַוֶּה יהוה חַסְדּוֹ, וּבַלַּיְלָה שִׁירֹה עִמִּי, תְּפִלָּה לְאֵל חַיָּי: אוֹמְרָה לְאֵל סַלְעִי, לָמָה שְׁכַחְתָּנִי, לָמָּה־קֹדֵר אֵלֵךְ בְּלַחַץ אוֹיֵב: בְּרֶצַח בְּעַצְמוֹתַי חֵרְפוּנִי צוֹרְרָי, בְּאָמְרָם אֵלַי כָּל־הַיּוֹם, אַיֵּה אֱלֹהֶיךָ: מַה־תִּשְׁתּוֹחֲחִי נַפְשִׁי וּמַה־תֶּהֱמִי עָלָי, הוֹחִילִי לֵאלֹהִים כִּי־עוֹד אוֹדֶנּוּ, יְשׁוּעֹת פָּנַי וֵאלֹהָי:

קדיש יתום (בעמ׳ 279)

שיר של יום ב׳ של סוכות

תהלים כט מִזְמוֹר לְדָוִד, הָבוּ לַיהוה בְּנֵי אֵלִים, הָבוּ לַיהוה כָּבוֹד וָעֹז: הָבוּ לַיהוה כְּבוֹד שְׁמוֹ, הִשְׁתַּחֲווּ לַיהוה בְּהַדְרַת־קֹדֶשׁ: קוֹל יהוה עַל־הַמָּיִם, אֵל־הַכָּבוֹד הִרְעִים, יהוה עַל־מַיִם רַבִּים: קוֹל־יהוה בַּכֹּחַ, קוֹל יהוה בֶּהָדָר: קוֹל יהוה שֹׁבֵר אֲרָזִים, וַיְשַׁבֵּר יהוה אֶת־אַרְזֵי הַלְּבָנוֹן: וַיַּרְקִידֵם כְּמוֹ־עֵגֶל, לְבָנוֹן וְשִׂרְיוֹן כְּמוֹ בֶן־רְאֵמִים: קוֹל־יהוה חֹצֵב לַהֲבוֹת אֵשׁ: קוֹל יהוה יָחִיל מִדְבָּר, יָחִיל יהוה מִדְבַּר קָדֵשׁ: קוֹל יהוה יְחוֹלֵל אַיָּלוֹת וַיֶּחֱשֹׂף יְעָרוֹת, וּבְהֵיכָלוֹ, כֻּלּוֹ אֹמֵר כָּבוֹד: יהוה לַמַּבּוּל יָשָׁב, וַיֵּשֶׁב יהוה מֶלֶךְ לְעוֹלָם: יהוה עֹז לְעַמּוֹ יִתֵּן, יהוה יְבָרֵךְ אֶת־עַמּוֹ בַשָּׁלוֹם:

קדיש יתום (בעמ׳ 422)

שיר של יום ג׳ של סוכות

בחו״ל, שהוא היום הראשון בחול המועד, אומרים את מזמור כט (למעלה).

תהלים נ מִזְמוֹר לְאָסָף, אֵל אֱלֹהִים יהוה דִּבֶּר וַיִּקְרָא־אָרֶץ, מִמִּזְרַח־שֶׁמֶשׁ עַד־מְבֹאוֹ: מִצִּיּוֹן מִכְלַל־יֹפִי אֱלֹהִים הוֹפִיעַ: יָבֹא אֱלֹהֵינוּ וְאַל־יֶחֱרַשׁ, אֵשׁ־לְפָנָיו תֹּאכֵל, וּסְבִיבָיו נִשְׂעֲרָה מְאֹד: יִקְרָא אֶל־הַשָּׁמַיִם מֵעָל, וְאֶל־הָאָרֶץ לָדִין עַמּוֹ: אִסְפוּ־לִי חֲסִידָי, כֹּרְתֵי בְרִיתִי עֲלֵי־זָבַח: וַיַּגִּידוּ שָׁמַיִם צִדְקוֹ, כִּי־אֱלֹהִים שֹׁפֵט הוּא סֶלָה: שִׁמְעָה עַמִּי וַאֲדַבֵּרָה, יִשְׂרָאֵל וְאָעִידָה בָּךְ, אֱלֹהִים אֱלֹהֶיךָ אָנֹכִי: לֹא עַל־זְבָחֶיךָ אוֹכִיחֶךָ, וְעוֹלֹתֶיךָ לְנֶגְדִּי תָמִיד: לֹא־אֶקַּח מִבֵּיתְךָ פָר, מִמִּכְלְאֹתֶיךָ עַתּוּדִים: כִּי־לִי כָל־

חַיְתוֹ־יָעַר, בְּהֵמוֹת בְּהַרְרֵי־אָלֶף: יָדַעְתִּי כָּל־עוֹף הָרִים, וְזִיז שָׂדַי עִמָּדִי: אִם־אֶרְעַב לֹא־אֹמַר לָךְ, כִּי־לִי תֵבֵל וּמְלֹאָהּ: הַאוֹכַל בְּשַׂר אַבִּירִים, וְדַם עַתּוּדִים אֶשְׁתֶּה: זְבַח לֵאלֹהִים תּוֹדָה, וְשַׁלֵּם לְעֶלְיוֹן נְדָרֶיךָ: וּקְרָאֵנִי בְּיוֹם צָרָה, אֲחַלֶּצְךָ וּתְכַבְּדֵנִי: וְלָרָשָׁע אָמַר אֱלֹהִים, מַה־לְּךָ לְסַפֵּר חֻקָּי, וַתִּשָּׂא בְרִיתִי עֲלֵי־פִיךָ: וְאַתָּה שָׂנֵאתָ מוּסָר, וַתַּשְׁלֵךְ דְּבָרַי אַחֲרֶיךָ: אִם־רָאִיתָ גַנָּב, וַתִּרֶץ עִמּוֹ, וְעִם מְנָאֲפִים חֶלְקֶךָ: פִּיךָ שָׁלַחְתָּ בְרָעָה, וּלְשׁוֹנְךָ תַּצְמִיד מִרְמָה: תֵּשֵׁב, בְּאָחִיךָ תְדַבֵּר, בְּבֶן־אִמְּךָ תִּתֶּן־דֹּפִי: אֵלֶּה עָשִׂיתָ וְהֶחֱרַשְׁתִּי, דִּמִּיתָ הֱיוֹת־אֶהְיֶה כָמוֹךָ, אוֹכִיחֲךָ וְאֶעֶרְכָה לְעֵינֶיךָ: בִּינוּ־נָא זֹאת, שֹׁכְחֵי אֱלוֹהַּ, פֶּן־אֶטְרֹף וְאֵין מַצִּיל: זֹבֵחַ תּוֹדָה יְכַבְּדָנְנִי, וְשָׂם דֶּרֶךְ, אַרְאֶנּוּ בְּיֵשַׁע אֱלֹהִים:

קדיש יתום (בעמ׳ 422)

שיר של יום ד׳ של סוכות

אם חל ביום ראשון, אומרים את מזמור נ (בעמוד הקודם).

בחו״ל, שהוא היום השני בחול המועד, אומרים את מזמור נ (בעמוד הקודם), ואם חל ביום ראשון אומרים את מזמור כט (בעמוד הקודם).

מִי־יָקוּם לִי עִם־מְרֵעִים, מִי־יִתְיַצֵּב לִי עִם־פֹּעֲלֵי אָוֶן: לוּלֵי יהוה עֶזְרָתָה לִּי, כִּמְעַט שָׁכְנָה דוּמָה נַפְשִׁי: אִם־אָמַרְתִּי מָטָה רַגְלִי, חַסְדְּךָ יהוה יִסְעָדֵנִי: בְּרֹב שַׂרְעַפַּי בְּקִרְבִּי, תַּנְחוּמֶיךָ יְשַׁעַשְׁעוּ נַפְשִׁי: הַיְחָבְרְךָ כִּסֵּא הַוּוֹת, יֹצֵר עָמָל עֲלֵי־חֹק: יָגוֹדּוּ עַל־נֶפֶשׁ צַדִּיק, וְדָם נָקִי יַרְשִׁיעוּ: וַיְהִי יהוה לִי לְמִשְׂגָּב, וֵאלֹהַי לְצוּר מַחְסִי: וַיָּשֶׁב עֲלֵיהֶם אֶת־אוֹנָם, וּבְרָעָתָם יַצְמִיתֵם, יַצְמִיתֵם יהוה אֱלֹהֵינוּ: תהלים צד

קדיש יתום (בעמ׳ 422)

שיר של יום ה׳ של סוכות

אם חל ביום שני, אומרים את חלקו השני של המזמור (למעלה).

בחו״ל, שהוא היום השלישי בחול המועד, אומרים את המזמור כסדרו (מתחיל ׳אֵל־נְקָמוֹת ה׳׳, וממשיך ׳מִי־יָקוּם לִי׳ למעלה), ואם חל ביום שני אומרים את מזמור נ (בעמוד הקודם).

אֵל־נְקָמוֹת יהוה, אֵל נְקָמוֹת הוֹפִיַע: הִנָּשֵׂא שֹׁפֵט הָאָרֶץ, הָשֵׁב גְּמוּל עַל־גֵּאִים: עַד־מָתַי רְשָׁעִים, יהוה, עַד־מָתַי רְשָׁעִים יַעֲלֹזוּ: יַבִּיעוּ יְדַבְּרוּ עָתָק, יִתְאַמְּרוּ כָּל־פֹּעֲלֵי אָוֶן: עַמְּךָ יהוה יְדַכְּאוּ, וְנַחֲלָתְךָ יְעַנּוּ: אַלְמָנָה תהלים צד

וְגֵר יַהֲרֹגוּ, וִיתוֹמִים יְרַצֵּחוּ: וַיֹּאמְרוּ לֹא יִרְאֶה־יָּהּ, וְלֹא־יָבִין אֱלֹהֵי יַעֲקֹב: בִּינוּ בֹּעֲרִים בָּעָם, וּכְסִילִים מָתַי תַּשְׂכִּילוּ: הֲנֹטַע אֹזֶן הֲלֹא יִשְׁמָע, אִם־יֹצֵר עַיִן הֲלֹא יַבִּיט: הֲיֹסֵר גּוֹיִם הֲלֹא יוֹכִיחַ, הַמְלַמֵּד אָדָם דָּעַת: יהוה יֹדֵעַ מַחְשְׁבוֹת אָדָם, כִּי־הֵמָּה הָבֶל: אַשְׁרֵי הַגֶּבֶר אֲשֶׁר־תְּיַסְּרֶנּוּ יָּהּ, וּמִתּוֹרָתְךָ תְלַמְּדֶנּוּ: לְהַשְׁקִיט לוֹ מִימֵי רָע, עַד יִכָּרֶה לָרָשָׁע שָׁחַת: כִּי לֹא־יִטֹּשׁ יהוה עַמּוֹ, וְנַחֲלָתוֹ לֹא יַעֲזֹב: כִּי־עַד־צֶדֶק יָשׁוּב מִשְׁפָּט, וְאַחֲרָיו כָּל־יִשְׁרֵי־לֵב:

קדיש יתום (בעמ׳ 422)

שיר של יום ו׳ של סוכות

אם חל ביום שלישי, אומרים את חלקו הראשון של מזמור צד (בעמוד הקודם), ובחו״ל אומרים את מזמור צד כסדרו (בעמוד הקודם, ראה בהנחיה למזמור הקודם).

תהלים פא לַמְנַצֵּחַ עַל־הַגִּתִּית לְאָסָף: הַרְנִינוּ לֵאלֹהִים עוּזֵּנוּ, הָרִיעוּ לֵאלֹהֵי
יַעֲקֹב: שְׂאוּ־זִמְרָה וּתְנוּ־תֹף, כִּנּוֹר נָעִים עִם־נָבֶל: תִּקְעוּ בַחֹדֶשׁ שׁוֹפָר,
בַּכֶּסֶה לְיוֹם חַגֵּנוּ: כִּי חֹק לְיִשְׂרָאֵל הוּא, מִשְׁפָּט לֵאלֹהֵי יַעֲקֹב: עֵדוּת
בִּיהוֹסֵף שָׂמוֹ, בְּצֵאתוֹ עַל־אֶרֶץ מִצְרָיִם, שְׂפַת לֹא־יָדַעְתִּי אֶשְׁמָע:
הֲסִירוֹתִי מִסֵּבֶל שִׁכְמוֹ, כַּפָּיו מִדּוּד תַּעֲבֹרְנָה: בַּצָּרָה קָרָאתָ וָאֲחַלְּצֶךָּ,
אֶעֶנְךָ בְּסֵתֶר רַעַם, אֶבְחָנְךָ עַל־מֵי מְרִיבָה סֶלָה: שְׁמַע עַמִּי וְאָעִידָה
בָּךְ, יִשְׂרָאֵל אִם־תִּשְׁמַע־לִי: לֹא־יִהְיֶה בְךָ אֵל זָר, וְלֹא תִשְׁתַּחֲוֶה לְאֵל
נֵכָר: אָנֹכִי יהוה אֱלֹהֶיךָ, הַמַּעַלְךָ מֵאֶרֶץ מִצְרָיִם, הַרְחֶב־פִּיךָ וַאֲמַלְאֵהוּ:
וְלֹא־שָׁמַע עַמִּי לְקוֹלִי, וְיִשְׂרָאֵל לֹא־אָבָה לִי: וָאֲשַׁלְּחֵהוּ בִּשְׁרִירוּת לִבָּם,
יֵלְכוּ בְּמוֹעֲצוֹתֵיהֶם: לוּ עַמִּי שֹׁמֵעַ לִי, יִשְׂרָאֵל בִּדְרָכַי יְהַלֵּכוּ: כִּמְעַט
אוֹיְבֵיהֶם אַכְנִיעַ, וְעַל־צָרֵיהֶם אָשִׁיב יָדִי: מְשַׂנְאֵי יהוה יְכַחֲשׁוּ־לוֹ, וִיהִי
עִתָּם לְעוֹלָם: וַיַּאֲכִילֵהוּ מֵחֵלֶב חִטָּה, וּמִצּוּר, דְּבַשׁ אַשְׂבִּיעֶךָ:

קדיש יתום (בעמ׳ 422)

שיר של הושענא רבה

אם חל ביום ראשון, שני או רביעי אומרים את מזמור פא (למעלה).

תהלים פב מִזְמוֹר לְאָסָף, אֱלֹהִים נִצָּב בַּעֲדַת־אֵל, בְּקֶרֶב אֱלֹהִים יִשְׁפֹּט: עַד־מָתַי
תִּשְׁפְּטוּ־עָוֶל, וּפְנֵי רְשָׁעִים תִּשְׂאוּ־סֶלָה: שִׁפְטוּ־דַל וְיָתוֹם, עָנִי וָרָשׁ

הַצְדִּיקוּ: פַּלְּטוּ־דַל וְאֶבְיוֹן, מִיַּד רְשָׁעִים הַצִּילוּ: לֹא יָדְעוּ וְלֹא יָבִינוּ, בַּחֲשֵׁכָה יִתְהַלָּכוּ, יִמּוֹטוּ כָּל־מוֹסְדֵי אָרֶץ: אֲנִי־אָמַרְתִּי אֱלֹהִים אַתֶּם, וּבְנֵי עֶלְיוֹן כֻּלְּכֶם: אָכֵן כְּאָדָם תְּמוּתוּן, וּכְאַחַד הַשָּׂרִים תִּפֹּלוּ: קוּמָה אֱלֹהִים שָׁפְטָה הָאָרֶץ, כִּי־אַתָּה תִנְחַל בְּכָל־הַגּוֹיִם:

קדיש יתום (בעמ׳ 422)

שיר של שמיני עצרת

תהלים יב לַמְנַצֵּחַ עַל־הַשְּׁמִינִית מִזְמוֹר לְדָוִד: הוֹשִׁיעָה יהוה כִּי־גָמַר חָסִיד, כִּי־פַסּוּ אֱמוּנִים מִבְּנֵי אָדָם: שָׁוְא יְדַבְּרוּ אִישׁ אֶת־רֵעֵהוּ, שְׂפַת חֲלָקוֹת בְּלֵב וָלֵב יְדַבֵּרוּ: יַכְרֵת יהוה כָּל־שִׂפְתֵי חֲלָקוֹת, לָשׁוֹן מְדַבֶּרֶת גְּדֹלוֹת: אֲשֶׁר אָמְרוּ, לִלְשֹׁנֵנוּ נַגְבִּיר שְׂפָתֵינוּ אִתָּנוּ, מִי אָדוֹן לָנוּ: מִשֹּׁד עֲנִיִּים מֵאַנְקַת אֶבְיוֹנִים, עַתָּה אָקוּם, יֹאמַר יהוה, אָשִׁית בְּיֵשַׁע יָפִיחַ לוֹ: אִמֲרוֹת יהוה אֲמָרוֹת טְהֹרוֹת, כֶּסֶף צָרוּף בַּעֲלִיל לָאָרֶץ, מְזֻקָּק שִׁבְעָתָיִם: אַתָּה־יהוה תִּשְׁמְרֵם, תִּצְּרֶנּוּ מִן־הַדּוֹר זוּ לְעוֹלָם: סָבִיב רְשָׁעִים יִתְהַלָּכוּן, כְּרֻם זֻלּוּת לִבְנֵי אָדָם:

אומרים קדיש יתום (בעמ׳ 530), וממשיכים בהקפות בעמ׳ 305.
בחו״ל אומרים את הקדיש בעמ׳ 279, וממשיכים בהוצאת ספר תורה.

שיר של שמחת תורה בחו״ל

אם חל ביום ראשון אומרים את מזמור יב (למעלה).

תהלים ח לַמְנַצֵּחַ עַל־הַגִּתִּית מִזְמוֹר לְדָוִד: יהוה אֲדֹנֵינוּ, מָה־אַדִּיר שִׁמְךָ בְּכָל־הָאָרֶץ, אֲשֶׁר־תְּנָה הוֹדְךָ עַל־הַשָּׁמָיִם: מִפִּי עוֹלְלִים וְיֹנְקִים יִסַּדְתָּ עֹז, לְמַעַן צוֹרְרֶיךָ, לְהַשְׁבִּית אוֹיֵב וּמִתְנַקֵּם: כִּי־אֶרְאֶה שָׁמֶיךָ מַעֲשֵׂה אֶצְבְּעֹתֶיךָ, יָרֵחַ וְכוֹכָבִים אֲשֶׁר כּוֹנָנְתָּה: מָה־אֱנוֹשׁ כִּי־תִזְכְּרֶנּוּ, וּבֶן־אָדָם כִּי תִפְקְדֶנּוּ: וַתְּחַסְּרֵהוּ מְּעַט מֵאֱלֹהִים, וְכָבוֹד וְהָדָר תְּעַטְּרֵהוּ: תַּמְשִׁילֵהוּ בְּמַעֲשֵׂי יָדֶיךָ, כֹּל שַׁתָּה תַחַת־רַגְלָיו: צֹנֶה וַאֲלָפִים כֻּלָּם, וְגַם בַּהֲמוֹת שָׂדָי: צִפּוֹר שָׁמַיִם וּדְגֵי הַיָּם, עֹבֵר אָרְחוֹת יַמִּים: יהוה אֲדֹנֵינוּ, מָה־אַדִּיר שִׁמְךָ בְּכָל־הָאָרֶץ:

אומרים קדיש יתום (בעמ׳ 530), וממשיכים בהקפות בעמ׳ 305.

קריאת התורה ליום טוב שני בחו״ל

ביום טוב שני של פסח קוראים ׳שׁוֹר אוֹ־כֶשֶׂב׳ בעמ׳ 286.

קריאה ליום אחרון של פסח, ליום טוב שני של שבועות ולשמיני עצרת

באחרון של פסח וביום טוב שני של שבועות החלים בשבת, ובשמיני עצרת (אפילו ביום חול) מתחילים כאן.

אם היום האחרון של פסח או יום טוב שני של שבועות חל ביום חול, מתחילים ׳כׇּל־הַבְּכוֹר׳ בעמ׳ 508.

דברים יד,כב – טו,ז עַשֵּׂר תְּעַשֵּׂר אֵת כׇּל־תְּבוּאַת זַרְעֶךָ הַיֹּצֵא הַשָּׂדֶה שָׁנָה שָׁנָה׃
וְאָכַלְתָּ לִפְנֵי ׀ יְהוָה אֱלֹהֶיךָ בַּמָּקוֹם אֲשֶׁר־יִבְחַר לְשַׁכֵּן שְׁמוֹ
שָׁם מַעְשַׂר דְּגָנְךָ תִּירֹשְׁךָ וְיִצְהָרֶךָ וּבְכֹרֹת בְּקָרְךָ וְצֹאנֶךָ לְמַעַן
תִּלְמַד לְיִרְאָה אֶת־יְהוָה אֱלֹהֶיךָ כׇּל־הַיָּמִים׃ וְכִי־יִרְבֶּה מִמְּךָ
הַדֶּרֶךְ כִּי לֹא תוּכַל שְׂאֵתוֹ כִּי־יִרְחַק מִמְּךָ הַמָּקוֹם אֲשֶׁר יִבְחַר
יְהוָה אֱלֹהֶיךָ לָשׂוּם שְׁמוֹ שָׁם כִּי יְבָרֶכְךָ יְהוָה אֱלֹהֶיךָ׃ וְנָתַתָּה
בַּכָּסֶף וְצַרְתָּ הַכֶּסֶף בְּיָדְךָ וְהָלַכְתָּ אֶל־הַמָּקוֹם אֲשֶׁר יִבְחַר יְהוָה
אֱלֹהֶיךָ בּוֹ׃ וְנָתַתָּה הַכֶּסֶף בְּכֹל אֲשֶׁר־תְּאַוֶּה נַפְשְׁךָ בַּבָּקָר
וּבַצֹּאן וּבַיַּיִן וּבַשֵּׁכָר וּבְכֹל אֲשֶׁר תִּשְׁאָלְךָ נַפְשֶׁךָ וְאָכַלְתָּ שָׁם
לִפְנֵי יְהוָה אֱלֹהֶיךָ וְשָׂמַחְתָּ אַתָּה וּבֵיתֶךָ׃ וְהַלֵּוִי אֲשֶׁר־בִּשְׁעָרֶיךָ
לֹא תַעַזְבֶנּוּ כִּי אֵין לוֹ חֵלֶק וְנַחֲלָה עִמָּךְ׃ מִקְצֵה ׀
שָׁלֹשׁ שָׁנִים תּוֹצִיא אֶת־כׇּל־מַעְשַׂר תְּבוּאָתְךָ בַּשָּׁנָה הַהִוא
וְהִנַּחְתָּ בִּשְׁעָרֶיךָ׃ וּבָא הַלֵּוִי כִּי אֵין־לוֹ חֵלֶק וְנַחֲלָה עִמָּךְ וְהַגֵּר
וְהַיָּתוֹם וְהָאַלְמָנָה אֲשֶׁר בִּשְׁעָרֶיךָ וְאָכְלוּ וְשָׂבֵעוּ לְמַעַן יְבָרֶכְךָ
(בשבת לוי) יְהוָה אֱלֹהֶיךָ בְּכׇל־מַעֲשֵׂה יָדְךָ אֲשֶׁר תַּעֲשֶׂה׃ מִקֵּץ
שֶׁבַע־שָׁנִים תַּעֲשֶׂה שְׁמִטָּה׃ וְזֶה דְּבַר הַשְּׁמִטָּה שָׁמוֹט כׇּל־בַּעַל
מַשֵּׁה יָדוֹ אֲשֶׁר יַשֶּׁה בְּרֵעֵהוּ לֹא־יִגֹּשׂ אֶת־רֵעֵהוּ וְאֶת־אָחִיו
כִּי־קָרָא שְׁמִטָּה לַיהוָה׃ אֶת־הַנׇּכְרִי תִּגֹּשׂ וַאֲשֶׁר יִהְיֶה לְךָ אֶת־

אָחִ֖יךָ תַּשְׁמֵ֥ט יָדֶֽךָ׃ אֶ֕פֶס כִּ֛י לֹ֥א יִֽהְיֶה־בְּךָ֖ אֶבְי֑וֹן כִּֽי־בָרֵ֤ךְ יְבָרֶכְךָ֙
יְהֹוָ֔ה בָּאָ֕רֶץ אֲשֶׁר֙ יְהֹוָ֣ה אֱלֹהֶ֔יךָ נֹתֵֽן־לְךָ֥ נַחֲלָ֖ה לְרִשְׁתָּֽהּ׃ רַ֚ק
אִם־שָׁמ֣וֹעַ תִּשְׁמַ֔ע בְּק֖וֹל יְהֹוָ֣ה אֱלֹהֶ֑יךָ לִשְׁמֹ֤ר לַעֲשׂוֹת֙ אֶת־
כָּל־הַמִּצְוָ֣ה הַזֹּ֔את אֲשֶׁ֛ר אָנֹכִ֥י מְצַוְּךָ֖ הַיּֽוֹם׃ כִּֽי־יְהֹוָ֤ה אֱלֹהֶ֙יךָ֙
בֵּֽרַכְךָ֔ כַּאֲשֶׁ֖ר דִּבֶּר־לָ֑ךְ וְהַעֲבַטְתָּ֞ גּוֹיִ֣ם רַבִּ֗ים וְאַתָּה֙ לֹ֣א תַעֲבֹ֔ט
וּמָֽשַׁלְתָּ֙ בְּגוֹיִ֣ם רַבִּ֔ים וּבְךָ֖ לֹ֥א יִמְשֹֽׁלוּ׃ כִּֽי־יִהְיֶ֨ה
בְךָ֜ אֶבְי֗וֹן מֵאַחַ֤ד אַחֶ֙יךָ֙ בְּאַחַ֣ד שְׁעָרֶ֔יךָ בְּאַ֨רְצְךָ֔ אֲשֶׁר־יְהֹוָ֥ה
אֱלֹהֶ֖יךָ נֹתֵ֣ן לָ֑ךְ לֹ֧א תְאַמֵּ֣ץ אֶת־לְבָבְךָ֗ וְלֹ֤א תִקְפֹּץ֙ אֶת־יָ֣דְךָ֔
מֵאָחִ֖יךָ הָאֶבְיֽוֹן׃ כִּֽי־פָתֹ֧חַ תִּפְתַּ֛ח אֶת־יָדְךָ֖ ל֑וֹ וְהַעֲבֵט֙ תַּעֲבִיטֶ֔נּוּ
דֵּ֚י מַחְסֹר֔וֹ אֲשֶׁ֥ר יֶחְסַ֖ר לֽוֹ׃ הִשָּׁ֣מֶר לְךָ֡ פֶּן־יִהְיֶ֣ה דָבָר֩ עִם־
לְבָבְךָ֨ בְלִיַּ֜עַל לֵאמֹ֗ר קָֽרְבָ֣ה שְׁנַֽת־הַשֶּׁבַע֮ שְׁנַ֣ת הַשְּׁמִטָּה֒
וְרָעָ֣ה עֵֽינְךָ֗ בְּאָחִ֙יךָ֙ הָֽאֶבְי֔וֹן וְלֹ֥א תִתֵּ֖ן ל֑וֹ וְקָרָ֤א עָלֶ֙יךָ֙ אֶל־יְהֹוָ֔ה
וְהָיָ֥ה בְךָ֖ חֵֽטְא׃ נָת֤וֹן תִּתֵּן֙ ל֔וֹ וְלֹא־יֵרַ֥ע לְבָבְךָ֖ בְּתִתְּךָ֣ ל֑וֹ כִּ֞י
בִּגְלַ֣ל ׀ הַדָּבָ֣ר הַזֶּ֗ה יְבָרֶכְךָ֙ יְהֹוָ֣ה אֱלֹהֶ֔יךָ בְּכָֽל־מַעֲשֶׂ֔ךָ וּבְכֹ֖ל
מִשְׁלַ֥ח יָדֶֽךָ׃ כִּ֛י לֹא־יֶחְדַּ֥ל אֶבְי֖וֹן מִקֶּ֣רֶב הָאָ֑רֶץ עַל־כֵּ֞ן אָנֹכִ֣י
מְצַוְּךָ֮ לֵאמֹר֒ פָּ֠תֹחַ תִּפְתַּ֨ח אֶת־יָדְךָ֜ לְאָחִ֧יךָ לַעֲנִיֶּ֛ךָ וּלְאֶבְיֹנְךָ֖
בְּאַרְצֶֽךָ׃ כִּֽי־יִמָּכֵ֨ר לְךָ֜ אָחִ֣יךָ הָֽעִבְרִ֗י א֚וֹ הָעִבְרִיָּ֔ה
וַעֲבָֽדְךָ֖ שֵׁ֣שׁ שָׁנִ֑ים וּבַשָּׁנָה֙ הַשְּׁבִיעִ֔ת תְּשַׁלְּחֶ֥נּוּ חָפְשִׁ֖י מֵעִמָּֽךְ׃
וְכִֽי־תְשַׁלְּחֶ֥נּוּ חָפְשִׁ֖י מֵעִמָּ֑ךְ לֹ֥א תְשַׁלְּחֶ֖נּוּ רֵיקָֽם׃ הַעֲנֵ֤יק תַּעֲנִיק֙
ל֔וֹ מִצֹּ֣אנְךָ֔ וּמִגָּרְנְךָ֖ וּמִיִּקְבֶ֑ךָ אֲשֶׁ֧ר בֵּֽרַכְךָ֛ יְהֹוָ֥ה אֱלֹהֶ֖יךָ תִּתֶּן־לֽוֹ׃
וְזָכַרְתָּ֗ כִּ֣י עֶ֤בֶד הָיִ֙יתָ֙ בְּאֶ֣רֶץ מִצְרַ֔יִם וַֽיִּפְדְּךָ֖ יְהֹוָ֣ה אֱלֹהֶ֑יךָ עַל־כֵּ֞ן
אָנֹכִ֧י מְצַוְּךָ֛ אֶת־הַדָּבָ֥ר הַזֶּ֖ה הַיּֽוֹם׃ וְהָיָה֙ כִּֽי־יֹאמַ֣ר אֵלֶ֔יךָ לֹ֥א
אֵצֵ֖א מֵעִמָּ֑ךְ כִּ֤י אֲהֵֽבְךָ֙ וְאֶת־בֵּיתֶ֔ךָ כִּי־ט֥וֹב ל֖וֹ עִמָּֽךְ׃ וְלָקַחְתָּ֣
אֶת־הַמַּרְצֵ֗עַ וְנָתַתָּ֤ה בְאָזְנוֹ֙ וּבַדֶּ֔לֶת וְהָיָ֥ה לְךָ֖ עֶ֣בֶד עוֹלָ֑ם וְאַ֥ף

לַאֲמָתְךָ֖ תַּעֲשֶׂה־כֵּֽן׃ לֹא־יִקְשֶׁ֣ה בְעֵינֶ֗ךָ בְּשַׁלֵּֽחֲךָ֨ אֹת֤וֹ חָפְשִׁי֙
מֵֽעִמָּ֔ךְ כִּ֚י מִשְׁנֶה֙ שְׂכַ֣ר שָׂכִ֔יר עֲבָֽדְךָ֖ שֵׁ֣שׁ שָׁנִ֑ים וּבֵֽרַכְךָ֙ יְהוָ֣ה
אֱלֹהֶ֔יךָ בְּכֹ֖ל אֲשֶׁ֥ר תַּעֲשֶֽׂה׃

באחרון של פסח וביום טוב שני של שבועות החלים ביום חול, מתחילים כאן:

(בשבת שלישי) כָּֽל־הַבְּכ֡וֹר אֲשֶׁר֩ יִוָּלֵ֨ד בִּבְקָרְךָ֤ וּבְצֹֽאנְךָ֙ הַזָּכָ֔ר תַּקְדִּ֖ישׁ לַיהוָ֣ה
אֱלֹהֶ֑יךָ לֹ֤א תַֽעֲבֹד֙ בִּבְכֹ֣ר שׁוֹרֶ֔ךָ וְלֹ֥א תָגֹ֖ז בְּכ֥וֹר צֹאנֶֽךָ׃ לִפְנֵי֩
יְהוָ֨ה אֱלֹהֶ֤יךָ תֹֽאכֲלֶ֙נּוּ֙ שָׁנָ֣ה בְשָׁנָ֔ה בַּמָּק֖וֹם אֲשֶׁר־יִבְחַ֣ר יְהוָ֑ה
אַתָּ֖ה וּבֵיתֶֽךָ׃ וְכִֽי־יִהְיֶ֨ה ב֜וֹ מ֗וּם פִּסֵּ֨חַ֙ א֣וֹ עִוֵּ֔ר כֹּ֖ל מ֣וּם רָ֑ע לֹ֣א
תִזְבָּחֶ֔נּוּ לַיהוָ֖ה אֱלֹהֶֽיךָ׃ בִּשְׁעָרֶ֖יךָ תֹּאכֲלֶ֑נּוּ הַטָּמֵ֤א וְהַטָּהוֹר֙
יַחְדָּ֔ו כַּצְּבִ֖י וְכָאַיָּֽל׃ רַ֥ק אֶת־דָּמ֖וֹ לֹ֣א תֹאכֵ֑ל עַל־הָאָ֥רֶץ תִּשְׁפְּכֶ֖נּוּ
כַּמָּֽיִם׃

לוי (בשבת רביעי) שָׁמוֹר֙ אֶת־חֹ֣דֶשׁ הָאָבִ֔יב וְעָשִׂ֣יתָ פֶּ֔סַח לַיהוָ֖ה אֱלֹהֶ֑יךָ כִּ֞י בְּחֹ֣דֶשׁ
הָאָבִ֗יב הוֹצִ֨יאֲךָ֜ יְהוָ֧ה אֱלֹהֶ֛יךָ מִמִּצְרַ֖יִם לָֽיְלָה׃ וְזָבַ֥חְתָּ פֶּ֛סַח
לַיהוָ֥ה אֱלֹהֶ֖יךָ צֹ֣אן וּבָקָ֑ר בַּמָּקוֹם֙ אֲשֶׁר־יִבְחַ֣ר יְהוָ֔ה לְשַׁכֵּ֥ן שְׁמ֖וֹ
שָֽׁם׃ לֹא־תֹאכַ֤ל עָלָיו֙ חָמֵ֔ץ שִׁבְעַ֥ת יָמִ֛ים תֹּֽאכַל־עָלָ֥יו מַצּ֖וֹת
לֶ֣חֶם עֹ֑נִי כִּ֣י בְחִפָּז֗וֹן יָצָ֨אתָ֙ מֵאֶ֣רֶץ מִצְרַ֔יִם לְמַ֣עַן תִּזְכֹּ֗ר אֶת־י֤וֹם
שלישי (בשבת חמישי) צֵֽאתְךָ֙ מֵאֶ֣רֶץ מִצְרַ֔יִם כֹּ֖ל יְמֵ֥י חַיֶּֽיךָ׃ וְלֹא־יֵרָאֶ֨ה לְךָ֥ שְׂאֹ֛ר בְּכָל־
גְּבֻלְךָ֖ שִׁבְעַ֣ת יָמִ֑ים וְלֹא־יָלִ֣ין מִן־הַבָּשָׂ֗ר אֲשֶׁ֨ר תִּזְבַּ֥ח בָּעֶ֛רֶב בַּיּ֥וֹם
הָרִאשׁ֖וֹן לַבֹּֽקֶר׃ לֹ֥א תוּכַ֖ל לִזְבֹּ֣חַ אֶת־הַפָּ֑סַח בְּאַחַ֣ד שְׁעָרֶ֔יךָ
אֲשֶׁר־יְהוָ֥ה אֱלֹהֶ֖יךָ נֹתֵ֥ן לָֽךְ׃ כִּ֠י אִֽם־אֶל־הַמָּק֞וֹם אֲשֶׁר־יִבְחַ֨ר
יְהוָ֤ה אֱלֹהֶ֙יךָ֙ לְשַׁכֵּ֣ן שְׁמ֔וֹ שָׁ֛ם תִּזְבַּ֥ח אֶת־הַפֶּ֖סַח בָּעָ֑רֶב כְּב֣וֹא
הַשֶּׁ֔מֶשׁ מוֹעֵ֖ד צֵאתְךָ֥ מִמִּצְרָֽיִם׃ וּבִשַּׁלְתָּ֙ וְאָ֣כַלְתָּ֔ בַּמָּק֕וֹם אֲשֶׁ֥ר
יִבְחַ֛ר יְהוָ֥ה אֱלֹהֶ֖יךָ בּ֑וֹ וּפָנִ֣יתָ בַבֹּ֔קֶר וְהָלַכְתָּ֖ לְאֹהָלֶֽיךָ׃ שֵׁ֣שֶׁת
יָמִ֖ים תֹּאכַ֣ל מַצּ֑וֹת וּבַיּ֣וֹם הַשְּׁבִיעִ֗י עֲצֶ֙רֶת֙ לַיהוָ֣ה אֱלֹהֶ֔יךָ לֹ֥א

רביעי (בשבת ששי) תַּעֲשֶׂה מְלָאכָה׃ שִׁבְעָה שָׁבֻעֹת תִּסְפָּר־לָךְ מֵהָחֵל
חֶרְמֵשׁ בַּקָּמָה תָּחֵל לִסְפֹּר שִׁבְעָה שָׁבֻעוֹת׃ וְעָשִׂיתָ חַג שָׁבֻעוֹת
לַיהוָה אֱלֹהֶיךָ מִסַּת נִדְבַת יָדְךָ אֲשֶׁר תִּתֵּן כַּאֲשֶׁר יְבָרֶכְךָ יְהוָה
אֱלֹהֶיךָ׃ וְשָׂמַחְתָּ לִפְנֵי ׀ יְהוָה אֱלֹהֶיךָ אַתָּה וּבִנְךָ וּבִתֶּךָ וְעַבְדְּךָ
וַאֲמָתֶךָ וְהַלֵּוִי אֲשֶׁר בִּשְׁעָרֶיךָ וְהַגֵּר וְהַיָּתוֹם וְהָאַלְמָנָה אֲשֶׁר
בְּקִרְבֶּךָ בַּמָּקוֹם אֲשֶׁר יִבְחַר יְהוָה אֱלֹהֶיךָ לְשַׁכֵּן שְׁמוֹ שָׁם׃
וְזָכַרְתָּ כִּי־עֶבֶד הָיִיתָ בְּמִצְרָיִם וְשָׁמַרְתָּ וְעָשִׂיתָ אֶת־הַחֻקִּים
הָאֵלֶּה׃

חמישי (בשבת שביעי) חַג הַסֻּכֹּת תַּעֲשֶׂה לְךָ שִׁבְעַת יָמִים בְּאָסְפְּךָ מִגָּרְנְךָ וּמִיִּקְבֶךָ׃
וְשָׂמַחְתָּ בְּחַגֶּךָ אַתָּה וּבִנְךָ וּבִתֶּךָ וְעַבְדְּךָ וַאֲמָתֶךָ וְהַלֵּוִי וְהַגֵּר
וְהַיָּתוֹם וְהָאַלְמָנָה אֲשֶׁר בִּשְׁעָרֶיךָ׃ שִׁבְעַת יָמִים תָּחֹג לַיהוָה
אֱלֹהֶיךָ בַּמָּקוֹם אֲשֶׁר־יִבְחַר יְהוָה כִּי יְבָרֶכְךָ יְהוָה אֱלֹהֶיךָ
בְּכֹל־תְּבוּאָתְךָ וּבְכֹל מַעֲשֵׂה יָדֶיךָ וְהָיִיתָ אַךְ שָׂמֵחַ׃ שָׁלוֹשׁ
פְּעָמִים ׀ בַּשָּׁנָה יֵרָאֶה כָל־זְכוּרְךָ אֶת־פְּנֵי ׀ יְהוָה אֱלֹהֶיךָ בַּמָּקוֹם
אֲשֶׁר יִבְחָר בְּחַג הַמַּצּוֹת וּבְחַג הַשָּׁבֻעוֹת וּבְחַג הַסֻּכּוֹת וְלֹא
יֵרָאֶה אֶת־פְּנֵי יְהוָה רֵיקָם׃ אִישׁ כְּמַתְּנַת יָדוֹ כְּבִרְכַּת יְהוָה
אֱלֹהֶיךָ אֲשֶׁר נָתַן־לָךְ׃

חצי קדיש

לפני שקוראים למפטיר, בעל הקורא אומר חצי קדיש:

קורא: יִתְגַּדַּל וְיִתְקַדַּשׁ שְׁמֵהּ רַבָּא (קהל: אָמֵן)
בְּעָלְמָא דִּי בְרָא כִרְעוּתֵהּ
וְיַמְלִיךְ מַלְכוּתֵהּ וְיַצְמַח פֻּרְקָנֵהּ וִיקָרֵב מְשִׁיחֵהּ (קהל: אָמֵן)
בְּחַיֵּיכוֹן וּבְיוֹמֵיכוֹן וּבְחַיֵּי דְכָל בֵּית יִשְׂרָאֵל
בַּעֲגָלָא וּבִזְמַן קָרִיב, וְאִמְרוּ אָמֵן. (קהל: אָמֵן)

קהל וקורא: יְהֵא שְׁמֵהּ רַבָּא מְבָרַךְ לְעָלַם וּלְעָלְמֵי עָלְמַיָּא.

קורא: יִתְבָּרַךְ וְיִשְׁתַּבַּח וְיִתְפָּאַר וְיִתְרוֹמַם וְיִתְנַשֵּׂא
וְיִתְהַדָּר וְיִתְעַלֶּה וְיִתְהַלָּל
שְׁמֵהּ דְּקֻדְשָׁא בְּרִיךְ הוּא (קהל: אָמֵן)
לְעֵלָּא מִן כָּל בִּרְכָתָא וְשִׁירָתָא, תֻּשְׁבְּחָתָא וְנֶחֱמָתָא
דַּאֲמִירָן בְּעָלְמָא
וְאִמְרוּ אָמֵן. (קהל: אָמֵן)

הגבהה וגלילה

כאשר מגביהים את ספר התורה (רמב״ן, דברים כז, כו), הקהל אומר:

דברים ד וְזֹאת הַתּוֹרָה אֲשֶׁר־שָׂם מֹשֶׁה לִפְנֵי בְּנֵי יִשְׂרָאֵל:

במדבר ט עַל־פִּי יהוה בְּיַד מֹשֶׁה:

משלי ג ויש מוסיפים: עֵץ־חַיִּים הִיא לַמַּחֲזִיקִים בָּהּ וְתֹמְכֶיהָ מְאֻשָּׁר:
דְּרָכֶיהָ דַרְכֵי־נֹעַם וְכָל־נְתִיבוֹתֶיהָ שָׁלוֹם:
אֹרֶךְ יָמִים בִּימִינָהּ, בִּשְׂמֹאולָהּ עֹשֶׁר וְכָבוֹד:
ישעיה מב יהוה חָפֵץ לְמַעַן צִדְקוֹ יַגְדִּיל תּוֹרָה וְיַאְדִּיר:

מפטיר לאחרון של פסח

וְהִקְרַבְתֶּם אִשֶּׁה עֹלָה לַיהוָה פָּרִים בְּנֵי־בָקָר שְׁנַיִם וְאַיִל אֶחָד
וְשִׁבְעָה כְבָשִׂים בְּנֵי שָׁנָה תְּמִימִם יִהְיוּ לָכֶם: וּמִנְחָתָם סֹלֶת
בְּלוּלָה בַשָּׁמֶן שְׁלֹשָׁה עֶשְׂרֹנִים לַפָּר וּשְׁנֵי עֶשְׂרֹנִים לָאַיִל תַּעֲשׂוּ:
עִשָּׂרוֹן עִשָּׂרוֹן תַּעֲשֶׂה לַכֶּבֶשׂ הָאֶחָד לְשִׁבְעַת הַכְּבָשִׂים: וּשְׂעִיר
חַטָּאת אֶחָד לְכַפֵּר עֲלֵיכֶם: מִלְּבַד עֹלַת הַבֹּקֶר אֲשֶׁר לְעֹלַת
הַתָּמִיד תַּעֲשׂוּ אֶת־אֵלֶּה: כָּאֵלֶּה תַּעֲשׂוּ לַיּוֹם שִׁבְעַת יָמִים
לֶחֶם אִשֵּׁה רֵיחַ־נִיחֹחַ לַיהוָה עַל־עוֹלַת הַתָּמִיד יֵעָשֶׂה וְנִסְכּוֹ:

וּבַיּוֹם הַשְּׁבִיעִי מִקְרָא־קֹדֶשׁ יִהְיֶה לָכֶם כָּל־מְלֶאכֶת עֲבֹדָה לֹא תַעֲשׂוּ׃

מגביהים את ספר התורה השני (בעמוד הקודם).

מפטיר לשבועות

במדבר כח, כו–לא

וּבְיוֹם הַבִּכּוּרִים בְּהַקְרִיבְכֶם מִנְחָה חֲדָשָׁה לַיהוֹה בְּשָׁבֻעֹתֵיכֶם מִקְרָא־קֹדֶשׁ יִהְיֶה לָכֶם כָּל־מְלֶאכֶת עֲבֹדָה לֹא תַעֲשׂוּ׃ וְהִקְרַבְתֶּם עוֹלָה לְרֵיחַ נִיחֹחַ לַיהוֹה פָּרִים בְּנֵי־בָקָר שְׁנַיִם אַיִל אֶחָד שִׁבְעָה כְבָשִׂים בְּנֵי שָׁנָה׃ וּמִנְחָתָם סֹלֶת בְּלוּלָה בַשָּׁמֶן שְׁלֹשָׁה עֶשְׂרֹנִים לַפָּר הָאֶחָד שְׁנֵי עֶשְׂרֹנִים לָאַיִל הָאֶחָד׃ עִשָּׂרוֹן עִשָּׂרוֹן לַכֶּבֶשׂ הָאֶחָד לְשִׁבְעַת הַכְּבָשִׂים׃ שְׂעִיר עִזִּים אֶחָד לְכַפֵּר עֲלֵיכֶם׃ מִלְּבַד עֹלַת הַתָּמִיד וּמִנְחָתוֹ תַּעֲשׂוּ תְּמִימִם יִהְיוּ־לָכֶם וְנִסְכֵּיהֶם׃

מגביהים את ספר התורה השני (בעמוד הקודם).

מפטיר לשמיני עצרת בחוץ לארץ

במדבר כט, לה – ל, א

בַּיּוֹם הַשְּׁמִינִי עֲצֶרֶת תִּהְיֶה לָכֶם כָּל־מְלֶאכֶת עֲבֹדָה לֹא תַעֲשׂוּ׃ וְהִקְרַבְתֶּם עֹלָה אִשֵּׁה רֵיחַ נִיחֹחַ לַיהוֹה פַּר אֶחָד אַיִל אֶחָד כְּבָשִׂים בְּנֵי־שָׁנָה שִׁבְעָה תְּמִימִם׃ מִנְחָתָם וְנִסְכֵּיהֶם לַפָּר לָאַיִל וְלַכְּבָשִׂים בְּמִסְפָּרָם כַּמִּשְׁפָּט׃ וּשְׂעִיר חַטָּאת אֶחָד מִלְּבַד עֹלַת הַתָּמִיד וּמִנְחָתָהּ וְנִסְכָּהּ׃ אֵלֶּה תַּעֲשׂוּ לַיהוֹה בְּמוֹעֲדֵיכֶם לְבַד מִנִּדְרֵיכֶם וְנִדְבֹתֵיכֶם לְעֹלֹתֵיכֶם וּלְמִנְחֹתֵיכֶם וּלְנִסְכֵּיכֶם וּלְשַׁלְמֵיכֶם׃ וַיֹּאמֶר מֹשֶׁה אֶל־בְּנֵי יִשְׂרָאֵל כְּכֹל אֲשֶׁר־צִוָּה יְהוֹה אֶת־מֹשֶׁה׃

מגביהים את ספר התורה השני (בעמוד הקודם).

ברכות ההפטרה

לפני קריאת ההפטרה בנביא המפטיר מברך:

בָּרוּךְ אַתָּה יהוה אֱלֹהֵינוּ מֶלֶךְ הָעוֹלָם אֲשֶׁר בָּחַר בִּנְבִיאִים טוֹבִים, וְרָצָה בְדִבְרֵיהֶם הַנֶּאֱמָרִים בֶּאֱמֶת. בָּרוּךְ אַתָּה יהוה, הַבּוֹחֵר בַּתּוֹרָה וּבְמֹשֶׁה עַבְדּוֹ וּבְיִשְׂרָאֵל עַמּוֹ וּבִנְבִיאֵי הָאֱמֶת וָצֶדֶק.

ההפטרה לאחרון של פסח בעמוד הבא; ליום טוב שני של שבועות בעמ׳ 515; ליום טוב שני של סוכות בעמ׳ 517; לשמיני עצרת בחו״ל בעמ׳ 518.

הפטרה ליום טוב שני של פסח

יש המתחילים ׳וַיְצַו הַמֶּלֶךְ׳ למטה (*).

מלכים ב׳ כג, א–ט

וַיִּשְׁלַח הַמֶּלֶךְ וַיַּאַסְפוּ אֵלָיו כָּל־זִקְנֵי יְהוּדָה וִירוּשָׁלִָם: וַיַּעַל הַמֶּלֶךְ בֵּית־יהוה וְכָל־אִישׁ יְהוּדָה וְכָל־יֹשְׁבֵי יְרוּשָׁלִַם אִתּוֹ וְהַכֹּהֲנִים וְהַנְּבִיאִים וְכָל־הָעָם לְמִקָּטֹן וְעַד־גָּדוֹל וַיִּקְרָא בְאָזְנֵיהֶם אֶת־כָּל־דִּבְרֵי סֵפֶר הַבְּרִית הַנִּמְצָא בְּבֵית יהוה: וַיַּעֲמֹד הַמֶּלֶךְ עַל־הָעַמּוּד וַיִּכְרֹת אֶת־הַבְּרִית ׀ לִפְנֵי יהוה לָלֶכֶת אַחַר יהוה וְלִשְׁמֹר מִצְוֺתָיו וְאֶת־עֵדְוֺתָיו וְאֶת־חֻקֹּתָיו בְּכָל־לֵב וּבְכָל־נֶפֶשׁ לְהָקִים אֶת־דִּבְרֵי הַבְּרִית הַזֹּאת הַכְּתֻבִים עַל־הַסֵּפֶר הַזֶּה וַיַּעֲמֹד כָּל־הָעָם בַּבְּרִית: *וַיְצַו הַמֶּלֶךְ אֶת־חִלְקִיָּהוּ הַכֹּהֵן הַגָּדוֹל וְאֶת־כֹּהֲנֵי הַמִּשְׁנֶה וְאֶת־שֹׁמְרֵי הַסַּף לְהוֹצִיא מֵהֵיכַל יהוה אֵת כָּל־הַכֵּלִים הָעֲשׂוּיִם לַבַּעַל וְלָאֲשֵׁרָה וּלְכֹל צְבָא הַשָּׁמָיִם וַיִּשְׂרְפֵם מִחוּץ לִירוּשָׁלִַם בְּשַׁדְמוֹת קִדְרוֹן וְנָשָׂא אֶת־עֲפָרָם בֵּית־אֵל: וְהִשְׁבִּית אֶת־הַכְּמָרִים אֲשֶׁר נָתְנוּ מַלְכֵי יְהוּדָה וַיְקַטֵּר בַּבָּמוֹת בְּעָרֵי יְהוּדָה וּמְסִבֵּי יְרוּשָׁלִָם וְאֶת־הַמְקַטְּרִים לַבַּעַל לַשֶּׁמֶשׁ וְלַיָּרֵחַ וְלַמַּזָּלוֹת וּלְכֹל צְבָא הַשָּׁמָיִם: וַיֹּצֵא אֶת־הָאֲשֵׁרָה מִבֵּית יהוה מִחוּץ לִירוּשָׁלִַם אֶל־נַחַל קִדְרוֹן וַיִּשְׂרֹף אֹתָהּ בְּנַחַל קִדְרוֹן וַיָּדֶק לְעָפָר וַיַּשְׁלֵךְ אֶת־עֲפָרָהּ עַל־קֶבֶר בְּנֵי

הָעָם: וַיִּתֹּץ אֶת־בָּתֵּי הַקְּדֵשִׁים אֲשֶׁר בְּבֵית יְהוָה אֲשֶׁר הַנָּשִׁים
אֹרְגוֹת שָׁם בָּתִּים לָאֲשֵׁרָה: וַיָּבֵא אֶת־כָּל־הַכֹּהֲנִים מֵעָרֵי יְהוּדָה
וַיְטַמֵּא אֶת־הַבָּמוֹת אֲשֶׁר קִטְּרוּ־שָׁמָּה הַכֹּהֲנִים מִגֶּבַע עַד־
בְּאֵר שָׁבַע וְנָתַץ אֶת־בָּמוֹת הַשְּׁעָרִים אֲשֶׁר־פֶּתַח שַׁעַר יְהוֹשֻׁעַ
שַׂר־הָעִיר אֲשֶׁר־עַל־שְׂמֹאול אִישׁ בְּשַׁעַר הָעִיר: אַךְ לֹא יַעֲלוּ
כֹּהֲנֵי הַבָּמוֹת אֶל־מִזְבַּח יְהוָה בִּירוּשָׁלָםִ כִּי אִם־אָכְלוּ מַצּוֹת
בְּתוֹךְ אֲחֵיהֶם:

וַיְצַו הַמֶּלֶךְ אֶת־כָּל־הָעָם לֵאמֹר עֲשׂוּ פֶסַח לַיהוָה אֱלֹהֵיכֶם מלכים ב׳ כג,כא–כה
כַּכָּתוּב עַל סֵפֶר הַבְּרִית הַזֶּה: כִּי לֹא נַעֲשָׂה כַּפֶּסַח הַזֶּה מִימֵי
הַשֹּׁפְטִים אֲשֶׁר שָׁפְטוּ אֶת־יִשְׂרָאֵל וְכֹל יְמֵי מַלְכֵי יִשְׂרָאֵל וּמַלְכֵי
יְהוּדָה: כִּי אִם־בִּשְׁמֹנֶה עֶשְׂרֵה שָׁנָה לַמֶּלֶךְ יֹאשִׁיָּהוּ נַעֲשָׂה
הַפֶּסַח הַזֶּה לַיהוָה בִּירוּשָׁלָםִ: וְגַם אֶת־הָאֹבוֹת וְאֶת־הַיִּדְּעֹנִים
וְאֶת־הַתְּרָפִים וְאֶת־הַגִּלֻּלִים וְאֵת כָּל־הַשִּׁקֻּצִים אֲשֶׁר נִרְאוּ
בְּאֶרֶץ יְהוּדָה וּבִירוּשָׁלַםִ בִּעֵר יֹאשִׁיָּהוּ לְמַעַן הָקִים אֶת־דִּבְרֵי
הַתּוֹרָה הַכְּתֻבִים עַל־הַסֵּפֶר אֲשֶׁר מָצָא חִלְקִיָּהוּ הַכֹּהֵן בֵּית
יְהוָה: וְכָמֹהוּ לֹא־הָיָה לְפָנָיו מֶלֶךְ אֲשֶׁר־שָׁב אֶל־יְהוָה בְּכָל־
לְבָבוֹ וּבְכָל־נַפְשׁוֹ וּבְכָל־מְאֹדוֹ כְּכֹל תּוֹרַת מֹשֶׁה וְאַחֲרָיו לֹא־
קָם כָּמֹהוּ:

ממשיכים בברכות שלאחר ההפטרה בעמ׳ 519.

הפטרה ליום האחרון של פסח בחוץ לארץ

ישעיהו י,לב – יב,ו

עוֹד הַיּוֹם בְּנֹב לַעֲמֹד יְנֹפֵף יָדוֹ הַר בֵּית־צִיּוֹן גִּבְעַת בַּת־
יְרוּשָׁלָםִ: הִנֵּה הָאָדוֹן יְהוָה צְבָאוֹת מְסָעֵף
פֻּארָה בְּמַעֲרָצָה וְרָמֵי הַקּוֹמָה גְּדֻעִים וְהַגְּבֹהִים יִשְׁפָּלוּ: וְנִקַּף
סִבְכֵי הַיַּעַר בַּבַּרְזֶל וְהַלְּבָנוֹן בְּאַדִּיר יִפּוֹל: וְיָצָא

חֹטֶר מִגֵּזַע יִשָׁי וְנֵצֶר מִשָּׁרָשָׁיו יִפְרֶה: וְנָחָה עָלָיו רוּחַ יְהוָה
רוּחַ חָכְמָה וּבִינָה רוּחַ עֵצָה וּגְבוּרָה רוּחַ דַּעַת וְיִרְאַת יְהוָה:
וַהֲרִיחוֹ בְּיִרְאַת יְהוָה וְלֹא־לְמַרְאֵה עֵינָיו יִשְׁפּוֹט וְלֹא־לְמִשְׁמַע
אָזְנָיו יוֹכִיחַ: וְשָׁפַט בְּצֶדֶק דַּלִּים וְהוֹכִיחַ בְּמִישׁוֹר לְעַנְוֵי־אָרֶץ
וְהִכָּה־אֶרֶץ בְּשֵׁבֶט פִּיו וּבְרוּחַ שְׂפָתָיו יָמִית רָשָׁע: וְהָיָה צֶדֶק
אֵזוֹר מָתְנָיו וְהָאֱמוּנָה אֵזוֹר חֲלָצָיו: וְגָר זְאֵב עִם־כֶּבֶשׂ וְנָמֵר
עִם־גְּדִי יִרְבָּץ וְעֵגֶל וּכְפִיר וּמְרִיא יַחְדָּו וְנַעַר קָטֹן נֹהֵג בָּם: וּפָרָה
וָדֹב תִּרְעֶינָה יַחְדָּו יִרְבְּצוּ יַלְדֵיהֶן וְאַרְיֵה כַּבָּקָר יֹאכַל־תֶּבֶן:
וְשִׁעֲשַׁע יוֹנֵק עַל־חֻר פָּתֶן וְעַל מְאוּרַת צִפְעוֹנִי גָּמוּל יָדוֹ הָדָה:
לֹא־יָרֵעוּ וְלֹא־יַשְׁחִיתוּ בְּכָל־הַר קָדְשִׁי כִּי־מָלְאָה הָאָרֶץ דֵּעָה
אֶת־יְהוָה כַּמַּיִם לַיָּם מְכַסִּים: וְהָיָה בַּיּוֹם הַהוּא
שֹׁרֶשׁ יִשַׁי אֲשֶׁר עֹמֵד לְנֵס עַמִּים אֵלָיו גּוֹיִם יִדְרֹשׁוּ וְהָיְתָה מְנֻחָתוֹ
כָּבוֹד: וְהָיָה ׀ בַּיּוֹם הַהוּא יוֹסִיף אֲדֹנָי ׀ שֵׁנִית יָדוֹ
לִקְנוֹת אֶת־שְׁאָר עַמּוֹ אֲשֶׁר יִשָּׁאֵר מֵאַשּׁוּר וּמִמִּצְרַיִם וּמִפַּתְרוֹס
וּמִכּוּשׁ וּמֵעֵילָם וּמִשִּׁנְעָר וּמֵחֲמָת וּמֵאִיֵּי הַיָּם: וְנָשָׂא נֵס לַגּוֹיִם
וְאָסַף נִדְחֵי יִשְׂרָאֵל וּנְפֻצוֹת יְהוּדָה יְקַבֵּץ מֵאַרְבַּע כַּנְפוֹת הָאָרֶץ:
וְסָרָה קִנְאַת אֶפְרַיִם וְצֹרְרֵי יְהוּדָה יִכָּרֵתוּ אֶפְרַיִם לֹא־יְקַנֵּא
אֶת־יְהוּדָה וִיהוּדָה לֹא־יָצֹר אֶת־אֶפְרָיִם: וְעָפוּ בְכָתֵף פְּלִשְׁתִּים
יָמָּה יַחְדָּו יָבֹזּוּ אֶת־בְּנֵי־קֶדֶם אֱדוֹם וּמוֹאָב מִשְׁלוֹחַ יָדָם וּבְנֵי
עַמּוֹן מִשְׁמַעְתָּם: וְהֶחֱרִים יְהוָה אֵת לְשׁוֹן יָם־מִצְרַיִם וְהֵנִיף יָדוֹ
עַל־הַנָּהָר בַּעְיָם רוּחוֹ וְהִכָּהוּ לְשִׁבְעָה נְחָלִים וְהִדְרִיךְ בַּנְּעָלִים:
וְהָיְתָה מְסִלָּה לִשְׁאָר עַמּוֹ אֲשֶׁר יִשָּׁאֵר מֵאַשּׁוּר כַּאֲשֶׁר הָיְתָה
לְיִשְׂרָאֵל בְּיוֹם עֲלֹתוֹ מֵאֶרֶץ מִצְרָיִם: וְאָמַרְתָּ בַּיּוֹם הַהוּא אוֹדְךָ
יְהוָה כִּי אָנַפְתָּ בִּי יָשֹׁב אַפְּךָ וּתְנַחֲמֵנִי: הִנֵּה אֵל יְשׁוּעָתִי אֶבְטַח

וְלֹא אֶפְחָד כִּי־עָזִּי וְזִמְרָת יָהּ יְהוָה וַיְהִי־לִי לִישׁוּעָה: וּשְׁאַבְתֶּם־
מַיִם בְּשָׂשׂוֹן מִמַּעַיְנֵי הַיְשׁוּעָה: וַאֲמַרְתֶּם בַּיּוֹם הַהוּא הוֹדוּ לַיהוָה
קִרְאוּ בִשְׁמוֹ הוֹדִיעוּ בָעַמִּים עֲלִילֹתָיו הַזְכִּירוּ כִּי נִשְׂגָּב שְׁמוֹ:
זַמְּרוּ יְהוָה כִּי גֵאוּת עָשָׂה מידעת זֹאת בְּכָל־הָאָרֶץ: צַהֲלִי וָרֹנִּי מוּדַעַת
יוֹשֶׁבֶת צִיּוֹן כִּי־גָדוֹל בְּקִרְבֵּךְ קְדוֹשׁ יִשְׂרָאֵל:

ממשיכים בברכות שלאחר ההפטרה בעמ׳ 519.

הפטרה ליום טוב שני של שבועות בחוץ לארץ

וַיהוָה בְּהֵיכַל קָדְשׁוֹ הַס מִפָּנָיו כָּל־הָאָרֶץ: חבקוק ב,כ–ג,יט
תְּפִלָּה לַחֲבַקּוּק הַנָּבִיא עַל שִׁגְיֹנוֹת:

יש המוסיפים כאן פיוט זה בתוך ההפטרה.

יַצִּיב פִּתְגָם, לְאָת וּדְגַם, בְּרִבּוֹ וְרִבְבָן עִירִין.
עָנֵה אֲנָא, בְּמִנְיָנָא, דְּפַסְלִין אַרְבְּעָה טוּרִין.
קַדְמוֹהִי, לְגוֹ מוֹהִי, נְגִיד וּנְפִיק נְהַר דִּי נוּרִין.
בְּטוּר תַּלְגָּא, נְהוֹר שְׁרַגָּא, וְזִיקִין דִּי נוּר וּבְעוֹרִין.
בְּרָא וְסַכָּא, מָה בַּחֲשׁוֹכָא, וְעִמֵּהּ שָׁרְיָין נְהוֹרִין.
רְחִיקִין צְפָא, בְּלָא שְׁטָפָא, וּגְלַיִן לֵהּ דְּמִטַּמְּרִין.
בְּעֵית מִנֵּהּ, יַת הַרְמָנֵהּ, וּבָתְרוֹהִי עֲדֵי גַבְרִין.
יְדָעֵי הִלְכְּתָא, וּמַתְנִיתָא, וְתוֹסֶפְתָּא סִפְרָא וְסִפְרִין.
מֶלֶךְ חַיָּא, לְעָלְמַיָּא, יְמַגַּר עַם לְהוֹן מְשַׁחְרִין.
אֲמִיר עֲלֵיהוֹן, כְּחַלָּא יְהוֹן, וְלָא יִתְמְנוּן הֵיךְ עַפְרִין.
יְחַוְּרוּן כְּעַן, לְהוֹן בְּקַעַן, יְטוּפוּן נַעֲוֵי חַמְרִין.
רְעוּתְהוֹן הַב, וְאַפֵּיהוֹן צְהַב, יְנַהֲרוּן כִּנְהוֹר צַפְרִין.
לִי הַב תְּקוֹף, וְעֵינָךְ זְקוֹף, חֲזִי עֲרָךְ דְּבָךְ כָּפְרִין.
יְהוֹן כְּתַבְנָא, בְּגוֹ לִבְנָא, כְּאַבְנָא יִשְׁתְּקוּן חָפְרִין.
כְּקָאֵמְנָא, וְתַרְגֵּמְנָא, בְּמִלּוֹי דִּבְחִיר סָפְרִין.
יְהוֹנָתָן, גְּבַר עִנְוְתָן, בְּכֵן נִמְטִין אַפְרִין.

יְהֹוָה שָׁמַעְתִּי שִׁמְעֲךָ יָרֵאתִי יְהֹוָה פָּעָלְךָ בְּקֶרֶב שָׁנִים חַיֵּיהוּ
בְּקֶרֶב שָׁנִים תּוֹדִיעַ בְּרֹגֶז רַחֵם תִּזְכּוֹר: אֱלוֹהַּ מִתֵּימָן יָבוֹא וְקָדוֹשׁ
מֵהַר־פָּארָן סֶלָה כִּסָּה שָׁמַיִם הוֹדוֹ וּתְהִלָּתוֹ מָלְאָה הָאָרֶץ: וְנֹגַהּ
כָּאוֹר תִּהְיֶה קַרְנַיִם מִיָּדוֹ לוֹ וְשָׁם חֶבְיוֹן עֻזֹּה: לְפָנָיו יֵלֶךְ דָּבֶר
וְיֵצֵא רֶשֶׁף לְרַגְלָיו: עָמַד ׀ וַיְמֹדֶד אֶרֶץ רָאָה וַיַּתֵּר גּוֹיִם וַיִּתְפֹּצְצוּ
הַרְרֵי־עַד שַׁחוּ גִּבְעוֹת עוֹלָם הֲלִיכוֹת עוֹלָם לוֹ: תַּחַת אָוֶן רָאִיתִי
אָהֳלֵי כוּשָׁן יִרְגְּזוּן יְרִיעוֹת אֶרֶץ מִדְיָן: הֲבִנְהָרִים
חָרָה יְהֹוָה אִם בַּנְּהָרִים אַפֶּךָ אִם־בַּיָּם עֶבְרָתֶךָ כִּי תִרְכַּב עַל־
סוּסֶיךָ מַרְכְּבֹתֶיךָ יְשׁוּעָה: עֶרְיָה תֵעוֹר קַשְׁתֶּךָ שְׁבֻעוֹת מַטּוֹת
אֹמֶר סֶלָה נְהָרוֹת תְּבַקַּע־אָרֶץ: רָאוּךָ יָחִילוּ הָרִים זֶרֶם מַיִם
עָבָר נָתַן תְּהוֹם קוֹלוֹ רוֹם יָדֵיהוּ נָשָׂא: שֶׁמֶשׁ יָרֵחַ עָמַד זְבֻלָה
לְאוֹר חִצֶּיךָ יְהַלֵּכוּ לְנֹגַהּ בְּרַק חֲנִיתֶךָ: בְּזַעַם תִּצְעַד־אָרֶץ בְּאַף
תָּדוּשׁ גּוֹיִם: יָצָאתָ לְיֵשַׁע עַמֶּךָ לְיֵשַׁע אֶת־מְשִׁיחֶךָ מָחַצְתָּ רֹּאשׁ
מִבֵּית רָשָׁע עָרוֹת יְסוֹד עַד־צַוָּאר סֶלָה: נָקַבְתָּ
בְמַטָּיו רֹאשׁ פְּרָזָו יִסְעֲרוּ לַהֲפִיצֵנִי עֲלִיצֻתָם כְּמוֹ־לֶאֱכֹל עָנִי
בַּמִּסְתָּר: דָּרַכְתָּ בַיָּם סוּסֶיךָ חֹמֶר מַיִם רַבִּים: שָׁמַעְתִּי ׀ וַתִּרְגַּז
בִּטְנִי לְקוֹל צָלְלוּ שְׂפָתַי יָבוֹא רָקָב בַּעֲצָמַי וְתַחְתַּי אֶרְגָּז אֲשֶׁר
אָנוּחַ לְיוֹם צָרָה לַעֲלוֹת לְעַם יְגוּדֶנּוּ: כִּי־תְאֵנָה לֹא־תִפְרָח וְאֵין
יְבוּל בַּגְּפָנִים כִּחֵשׁ מַעֲשֵׂה־זַיִת וּשְׁדֵמוֹת לֹא־עָשָׂה אֹכֶל גָּזַר
מִמִּכְלָה צֹאן וְאֵין בָּקָר בָּרְפָתִים: וַאֲנִי בַּיהֹוָה אֶעְלוֹזָה אָגִילָה
בֵּאלֹהֵי יִשְׁעִי: יְהֹוִה אֲדֹנָי חֵילִי וַיָּשֶׂם רַגְלַי כָּאַיָּלוֹת וְעַל־בָּמוֹתַי
יַדְרִכֵנִי לַמְנַצֵּחַ בִּנְגִינוֹתָי:

ממשיכים בברכות שלאחר ההפטרה בעמ׳ 519.

הפטרה ליום טוב שני של סוכות בחוץ לארץ

ויקהלו אל־המלך שלמה כל־איש ישראל בירח האתנים בחג מלכים א׳ ח,ב–כא
הוא החדש השביעי: ויבאו כל זקני ישראל וישאו הכהנים
את־הארון: ויעלו את־ארון יהוה ואת־אהל מועד ואת־כל־כלי
הקדש אשר באהל ויעלו אתם הכהנים והלוים: והמלך שלמה
וכל־עדת ישראל הנועדים עליו אתו לפני הארון מזבחים צאן
ובקר אשר לא־יספרו ולא ימנו מרב: ויבאו הכהנים את־ארון
ברית־יהוה אל־מקומו אל־דביר הבית אל־קדש הקדשים
אל־תחת כנפי הכרובים: כי הכרובים פרשים כנפים אל־מקום
הארון ויסכו הכרבים על־הארון ועל־בדיו מלמעלה: ויארכו
הבדים ויראו ראשי הבדים מן־הקדש על־פני הדביר ולא
יראו החוצה ויהיו שם עד היום הזה: אין בארון רק שני לחות
האבנים אשר הנח שם משה בחרב אשר כרת יהוה עם־בני
ישראל בצאתם מארץ מצרים: ויהי בצאת הכהנים מן־הקדש
והענן מלא את־בית יהוה: ולא־יכלו הכהנים לעמד לשרת
מפני הענן כי־מלא כבוד־יהוה את־בית יהוה: אז
אמר שלמה יהוה אמר לשכן בערפל: בנה בניתי בית זבל
לך מכון לשבתך עולמים: ויסב המלך את־פניו ויברך את
כל־קהל ישראל וכל־קהל ישראל עמד: ויאמר ברוך יהוה
אלהי ישראל אשר דבר בפיו את דוד אבי ובידו מלא לאמר:
מן־היום אשר הוצאתי את־עמי את־ישראל ממצרים לא־
בחרתי בעיר מכל שבטי ישראל לבנות בית להיות שמי שם
ואבחר בדוד להיות על־עמי ישראל: ויהי עם־לבב דוד אבי

לִבְנוֹת בַּיִת לְשֵׁם יהוה אֱלֹהֵי יִשְׂרָאֵל: וַיֹּאמֶר יהוה אֶל־דָּוִד
אָבִי יַעַן אֲשֶׁר הָיָה עִם־לְבָבְךָ לִבְנוֹת בַּיִת לִשְׁמִי הֱטִיבֹתָ כִּי
הָיָה עִם־לְבָבֶךָ: רַק אַתָּה לֹא תִבְנֶה הַבָּיִת כִּי אִם־בִּנְךָ הַיֹּצֵא
מֵחֲלָצֶיךָ הוּא־יִבְנֶה הַבַּיִת לִשְׁמִי: וַיָּקֶם יהוה אֶת־דְּבָרוֹ אֲשֶׁר
דִּבֵּר וָאָקֻם תַּחַת דָּוִד אָבִי וָאֵשֵׁב ׀ עַל־כִּסֵּא יִשְׂרָאֵל כַּאֲשֶׁר דִּבֶּר
יהוה וָאֶבְנֶה הַבַּיִת לְשֵׁם יהוה אֱלֹהֵי יִשְׂרָאֵל: וָאָשִׂם שָׁם מָקוֹם
לָאָרוֹן אֲשֶׁר־שָׁם בְּרִית יהוה אֲשֶׁר כָּרַת עִם־אֲבֹתֵינוּ בְּהוֹצִיאוֹ
אֹתָם מֵאֶרֶץ מִצְרָיִם:

ממשיכים בברכות שלאחר ההפטרה בעמוד הבא.

הפטרה לשמיני עצרת בחוץ לארץ

מלכים א׳ ח,נד – ט,א

וַיְהִי ׀ כְּכַלּוֹת שְׁלֹמֹה לְהִתְפַּלֵּל אֶל־יהוה אֵת כָּל־הַתְּפִלָּה
וְהַתְּחִנָּה הַזֹּאת קָם מִלִּפְנֵי מִזְבַּח יהוה מִכְּרֹעַ עַל־בִּרְכָּיו
וְכַפָּיו פְּרֻשׂוֹת הַשָּׁמָיִם: וַיַּעֲמֹד וַיְבָרֶךְ אֵת כָּל־קְהַל יִשְׂרָאֵל קוֹל
גָּדוֹל לֵאמֹר: בָּרוּךְ יהוה אֲשֶׁר נָתַן מְנוּחָה לְעַמּוֹ יִשְׂרָאֵל כְּכֹל
אֲשֶׁר דִּבֵּר לֹא־נָפַל דָּבָר אֶחָד מִכֹּל דְּבָרוֹ הַטּוֹב אֲשֶׁר דִּבֶּר בְּיַד
מֹשֶׁה עַבְדּוֹ: יְהִי יהוה אֱלֹהֵינוּ עִמָּנוּ כַּאֲשֶׁר הָיָה עִם־אֲבֹתֵינוּ
אַל־יַעַזְבֵנוּ וְאַל־יִטְּשֵׁנוּ: לְהַטּוֹת לְבָבֵנוּ אֵלָיו לָלֶכֶת בְּכָל־דְּרָכָיו
וְלִשְׁמֹר מִצְוֹתָיו וְחֻקָּיו וּמִשְׁפָּטָיו אֲשֶׁר צִוָּה אֶת־אֲבֹתֵינוּ: וְיִהְיוּ
דְבָרַי אֵלֶּה אֲשֶׁר הִתְחַנַּנְתִּי לִפְנֵי יהוה קְרֹבִים אֶל־יהוה אֱלֹהֵינוּ
יוֹמָם וָלָיְלָה לַעֲשׂוֹת ׀ מִשְׁפַּט עַבְדּוֹ וּמִשְׁפַּט עַמּוֹ יִשְׂרָאֵל דְּבַר־
יוֹם בְּיוֹמוֹ: לְמַעַן דַּעַת כָּל־עַמֵּי הָאָרֶץ כִּי יהוה הוּא הָאֱלֹהִים
אֵין עוֹד: וְהָיָה לְבַבְכֶם שָׁלֵם עִם יהוה אֱלֹהֵינוּ לָלֶכֶת בְּחֻקָּיו
וְלִשְׁמֹר מִצְוֹתָיו כַּיּוֹם הַזֶּה: וְהַמֶּלֶךְ וְכָל־יִשְׂרָאֵל עִמּוֹ זֹבְחִים זֶבַח

לִפְנֵי יְהוָה: וַיִּזְבַּח שְׁלֹמֹה אֵת זֶבַח הַשְּׁלָמִים אֲשֶׁר זָבַח לַיהוָה בָּקָר עֶשְׂרִים וּשְׁנַיִם אֶלֶף וְצֹאן מֵאָה וְעֶשְׂרִים אָלֶף וַיַּחְנְכוּ אֶת־בֵּית יהוה הַמֶּלֶךְ וְכָל־בְּנֵי יִשְׂרָאֵל: בַּיּוֹם הַהוּא קִדַּשׁ הַמֶּלֶךְ אֶת־תּוֹךְ הֶחָצֵר אֲשֶׁר לִפְנֵי בֵית־יהוה כִּי־עָשָׂה שָׁם אֶת־הָעֹלָה וְאֶת־הַמִּנְחָה וְאֵת חֶלְבֵי הַשְּׁלָמִים כִּי־מִזְבַּח הַנְּחֹשֶׁת אֲשֶׁר לִפְנֵי יהוה קָטֹן מֵהָכִיל אֶת־הָעֹלָה וְאֶת־הַמִּנְחָה וְאֵת חֶלְבֵי הַשְּׁלָמִים: וַיַּעַשׂ שְׁלֹמֹה בָעֵת־הַהִיא ׀ אֶת־הֶחָג וְכָל־יִשְׂרָאֵל עִמּוֹ קָהָל גָּדוֹל מִלְּבוֹא חֲמָת ׀ עַד־נַחַל מִצְרַיִם לִפְנֵי יהוה אֱלֹהֵינוּ שִׁבְעַת יָמִים וְשִׁבְעַת יָמִים אַרְבָּעָה עָשָׂר יוֹם: בַּיּוֹם הַשְּׁמִינִי שִׁלַּח אֶת־הָעָם וַיְבָרְכוּ אֶת־הַמֶּלֶךְ וַיֵּלְכוּ לְאָהֳלֵיהֶם שְׂמֵחִים וְטוֹבֵי לֵב עַל כָּל־הַטּוֹבָה אֲשֶׁר עָשָׂה יהוה לְדָוִד עַבְדּוֹ וּלְיִשְׂרָאֵל עַמּוֹ: וַיְהִי כְּכַלּוֹת שְׁלֹמֹה לִבְנוֹת אֶת־בֵּית־יהוה וְאֶת־בֵּית הַמֶּלֶךְ וְאֵת כָּל־חֵשֶׁק שְׁלֹמֹה אֲשֶׁר חָפֵץ לַעֲשׂוֹת:

ברכות לאחר ההפטרה

אחר קריאת ההפטרה המפטיר מברך:

בָּרוּךְ אַתָּה יהוה אֱלֹהֵינוּ מֶלֶךְ הָעוֹלָם, צוּר כָּל הָעוֹלָמִים, צַדִּיק בְּכָל הַדּוֹרוֹת, הָאֵל הַנֶּאֱמָן, הָאוֹמֵר וְעוֹשֶׂה, הַמְדַבֵּר וּמְקַיֵּם, שֶׁכָּל דְּבָרָיו אֱמֶת וָצֶדֶק. נֶאֱמָן אַתָּה הוּא יהוה אֱלֹהֵינוּ וְנֶאֱמָנִים דְּבָרֶיךָ, וְדָבָר אֶחָד מִדְּבָרֶיךָ אָחוֹר לֹא יָשׁוּב רֵיקָם, כִּי אֵל מֶלֶךְ נֶאֱמָן וְרַחֲמָן אָתָּה. בָּרוּךְ אַתָּה יהוה, הָאֵל הַנֶּאֱמָן בְּכָל דְּבָרָיו.

רַחֵם עַל צִיּוֹן כִּי הִיא בֵּית חַיֵּינוּ, וְלַעֲלוּבַת נֶפֶשׁ תּוֹשִׁיעַ בִּמְהֵרָה בְיָמֵינוּ. בָּרוּךְ אַתָּה יהוה, מְשַׂמֵּחַ צִיּוֹן בְּבָנֶיהָ.

שַׂמְּחֵנוּ יהוה אֱלֹהֵינוּ בְּאֵלִיָּהוּ הַנָּבִיא עַבְדֶּךָ, וּבְמַלְכוּת בֵּית דָּוִד מְשִׁיחֶךָ, בִּמְהֵרָה יָבוֹא וְיָגֵל לִבֵּנוּ. עַל כִּסְאוֹ לֹא יֵשֶׁב זָר, וְלֹא יִנְחֲלוּ עוֹד אֲחֵרִים אֶת כְּבוֹדוֹ, כִּי בְשֵׁם קָדְשְׁךָ נִשְׁבַּעְתָּ לּוֹ שֶׁלֹּא יִכְבֶּה נֵרוֹ לְעוֹלָם וָעֶד. בָּרוּךְ אַתָּה יהוה, מָגֵן דָּוִד.

עַל הַתּוֹרָה וְעַל הָעֲבוֹדָה וְעַל הַנְּבִיאִים (בשבת: וְעַל יוֹם הַשַּׁבָּת הַזֶּה), וְעַל יוֹם

בפסח: חַג הַמַּצּוֹת הַזֶּה

בשבועות: חַג הַשָּׁבוּעוֹת הַזֶּה

בסוכות: חַג הַסֻּכּוֹת הַזֶּה

בשמיני עצרת: שְׁמִינִי עֲצֶרֶת הַחַג הַזֶּה

שֶׁנָּתַתָּ לָּנוּ, יהוה אֱלֹהֵינוּ (בשבת: לִקְדֻשָּׁה וְלִמְנוּחָה) לְשָׂשׂוֹן וּלְשִׂמְחָה, לְכָבוֹד וּלְתִפְאָרֶת. עַל הַכֹּל יהוה אֱלֹהֵינוּ אֲנַחְנוּ מוֹדִים לָךְ וּמְבָרְכִים אוֹתָךְ. יִתְבָּרַךְ שִׁמְךָ בְּפִי כָּל חַי תָּמִיד לְעוֹלָם וָעֶד. בָּרוּךְ אַתָּה יהוה, מְקַדֵּשׁ (בשבת: הַשַּׁבָּת וְ)יִשְׂרָאֵל וְהַזְּמַנִּים.

בשבת ממשיכים ׳יְקוּם פֻּרְקָן׳ בעמ׳ 299,
ובשאר הימים, תפילה לשלום המדינה (עמ׳ 301).

פיוטים לשמחת תורה

יש הנוהגים להוסיף פיוטים אלה לפני הכנסת ספר תורה.

אֲשֶׁר בִּגְלַל אָבוֹת בָּנִים גִּדֵּל / וּבַעֲבוּרָם תּוֹרָה נָתַן
בְּגַלְגַּלֵּי רוּחַ יהוה נִגְלָה / בְּמַלְאֲכֵי צְבָאוֹת, אַלְפֵי שִׁנְאָן
גִּבּוֹר עַל גֵּאִים, אֱלוֹהַּ אַדִּיר / קָרָא לְמשֶׁה לְקַבֵּל לוּחוֹת
דִּבְרֵי אֵל חַי שָׁמְעָה הָאָרֶץ / וְעַמּוּדֶיהָ יִתְפַּלָּצוּן
הִטָּה שָׁמַיִם וַיֵּרֶד וַיִּרְכַּב עַל כְּרוּב / וַיֵּדֶא עַל כַּנְפֵי רוּחַ
וַיֵּצְאוּ דְּבָרִים מִתּוֹךְ הָאֵשׁ / וַיִּתְחוֹקְקוּ עַל לוּחוֹת הָאָבֶן.

זְמִירוֹת אָמְרוּ כָּל בְּנֵי אֱלֹהִים / שׁוֹפָר תָּקַע מִשְּׁמֵי מָרוֹם
חֲרָדָה לָבְשׁוּ כָּל בְּנֵי עֵשָׂו / כִּי מִשֵּׂעִיר יהוה זָרַח
טָפְחוּ כֻּלָּם בְּנֵי יִשְׁמָעֵאל / כִּי מִפָּארָן יהוה הוֹפִיעַ.

יְמִין יהוה טְפָחַיִם בַּלּוּחוֹת / וִימִין משֶׁה טְפָחַיִם בַּלּוּחוֹת
כִּי אֹרֶךְ הַלּוּחוֹת שִׁשָּׁה טְפָחִים / טְפָחַיִם מְפֹרָשׁ בֵּין יָד לְיָד.

לְךָ משֶׁה שְׂמַח בִּגְדֻלָּתֶךָ / כִּי אֵין כָּמוֹךָ בְּכָל הַנְּבִיאִים
מִי עָלָה שָׁמַיִם לְתוֹךְ הֶעָנָן / וּמִי רָאָה תְּמוּנַת אֱלֹהֵינוּ
(נ״א: משֶׁה עָלָה בְּתוֹךְ הֶעָנָן / כִּי הוּא רָאָה תְּמוּנַת אֱלֹהֵינוּ)
נְשִׂיא נְשִׂיאִים הָיָה משֶׁה רַבֵּנוּ / אָב לַחֲכָמִים וְרֹאשׁ לַנְּבִיאִים
סָגַר הַיָּם בִּתְפִלָּתוֹ / וְעַל יַד שְׁלוּחוֹ, חֲרוֹן אַף הֵשִׁיב.

עָנָה יהוה וְאָמַר לְעַמּוֹ /
אָנֹכִי יהוה אֱלֹהֶיךָ, אֲשֶׁר הוֹצֵאתִיךָ מֵאֶרֶץ מִצְרַיִם: שמות כ
וּמִבֵּית עֲבָדִים פְּדִיתִיךָ
פָּתְחוּ כֻּלָּם פִּיהֶם וְאָמְרוּ / יהוה יִמְלֹךְ לְעוֹלָם וָעֶד: שמות טו

צָעַק משֶׁה צְעָקָה גְּדוֹלָה וּמָרָה
בְּשָׁעָה שֶׁאָמַר לוֹ הַקָּדוֹשׁ בָּרוּךְ הוּא, עֲלֵה וּמוּת בָּהָר
קָרַע בְּגָדָיו וְהֵרִים קוֹלוֹ / יְהוֹשֻׁעַ בִּן נוּן, שְׁמֹר נָא צֹאנִי
רָאָה משֶׁה מֵרֹאשׁ הַפִּסְגָּה / נַחֲלַת שְׁבָטִים עוֹמְדִים לְפָנָיו
שָׁם מֵת משֶׁה עֶבֶד יהוה / מוּל בֵּית פְּעוֹר אֲסָפוֹ אֱלֹהֵינוּ.

תְּפִלַּת מֹשֶׁה קָרַע רָקִיעַ / עָנָה צוּר לְעַמּוֹ בְּעֵת צָרָתָם
תְּפִלָּתוֹ לְעוֹלָם לֹא תָשׁוּב רֵיקָם / כִּי רוֹעֶה נֶאֱמָן הָיָה מֹשֶׁה לְיִשְׂרָאֵל
מֹשֶׁה מֵת, מִי לֹא יָמוּת / עַל פִּי יהוה מֵת מֹשֶׁה רַבֵּנוּ.

יְהוֹשֻׁעַ בִּן נוּן קָם אַחֲרֵי מֹשֶׁה / גַּם הוּא לִמֵּד תּוֹרָה לְיִשְׂרָאֵל
בָּרוּךְ אַתָּה יהוה, הַבּוֹחֵר בַּצַּדִּיקִים
וְנָתַן תּוֹרָה לְעַמּוֹ יִשְׂרָאֵל עַל יְדֵי מֹשֶׁה רַבֵּנוּ.

* * *

שִׂישׂוּ וְגִילוּ בְּשִׂמְחַת תּוֹרָה / וּתְנוּ כָבוֹד לַתּוֹרָה
כִּי טוֹב סַחְרָהּ מִכָּל סְחוֹרָה / מִפָּז וּמִפְּנִינִים יְקָרָה.
נָגִיל וְנָשִׂישׂ בְּזֹאת הַתּוֹרָה / כִּי הִיא לָנוּ עֹז וְאוֹרָה.

אֲהַלֵּל אֱלֹהַי וְאֶשְׂמְחָה בוֹ / וְאָשִׂימָה תִּקְוָתִי בּוֹ
אֲהוֹדֶנּוּ בְּסוֹד עַם קְרוֹבוֹ / אֱלֹהֵי צוּרִי, אֶחֱסֶה בּוֹ.
נָגִיל וְנָשִׂישׂ בְּזֹאת הַתּוֹרָה / כִּי הִיא לָנוּ עֹז וְאוֹרָה.

בְּכָל עֵת אֲרַנֵּן גְּבוּרוֹתֶיךָ / וַאֲסַפֵּר תְּהִלָּתֶךָ
בְּשָׂשׂוֹן הֲשִׁיבֵנוּ לְבֵיתֶךָ / עַל חַסְדְּךָ וְעַל אֲמִתֶּךָ.
נָגִיל וְנָשִׂישׂ בְּזֹאת הַתּוֹרָה / כִּי הִיא לָנוּ עֹז וְאוֹרָה.

גּוֹאֵל הָחִישׁ מְבַשֵּׂר טוֹב / כִּי אַתָּה מִגְדַּל עֹז וָטוֹב
גְּאוּלִים יְשַׁבְּחוּךָ בְּלֵב טוֹב / הוֹדוּ לַיהוה כִּי טוֹב. תהלים קלו
נָגִיל וְנָשִׂישׂ בְּזֹאת הַתּוֹרָה / כִּי הִיא לָנוּ עֹז וְאוֹרָה.

דָּגוּל גְּאַל נָא אֶת הֲמוֹנַי / כִּי אֵין קָדוֹשׁ כַּיהוה
דּוֹרְשֶׁיךָ יוֹדוּךָ יהוה / מִי יְמַלֵּל גְּבוּרוֹת יהוה. תהלים קו
נָגִיל וְנָשִׂישׂ בְּזֹאת הַתּוֹרָה / כִּי הִיא לָנוּ עֹז וְאוֹרָה.

הֲלֹא בְּאַהֲבָתוֹ בָּחַר בָּנוּ / כִּי בְכוֹרִי קְרָאָנוּ
הוֹד וְהָדָר הֶחְכִּימָנוּ / כִּי לְעוֹלָם חַסְדּוֹ עִמָּנוּ.
נָגִיל וְנָשִׂישׂ בְּזֹאת הַתּוֹרָה / כִּי הִיא לָנוּ עֹז וְאוֹרָה.

* * *

הִתְקַבְּצוּ מַלְאָכִים זֶה אֶל זֶה / זֶה לְקַבֵּל זֶה
וְאָמַר זֶה לָזֶה / מִי הוּא זֶה וְאֵיזֶה הוּא
מְאַחֵז פְּנֵי־כִסֵּה, פַּרְשֵׁז עָלָיו עֲנָנוֹ: איוב כו

מִי עָלָה לַמָּרוֹם / מִי עָלָה לַמָּרוֹם / מִי עָלָה לַמָּרוֹם
וּמִי הוֹרִיד עֹז מִבְטֶחָה

מֹשֶׁה עָלָה לַמָּרוֹם וְהוֹרִיד עֹז מִבְטֶחָה
נְתַנְאֵל עָלָה לַמָּרוֹם וְהוֹרִיד עֹז מִבְטֶחָה
חֶבֶר עָלָה לַמָּרוֹם וְהוֹרִיד עֹז מִבְטֶחָה
אֲבִי גְדוֹר עָלָה לַמָּרוֹם וְהוֹרִיד עֹז מִבְטֶחָה
אֲבִי סוֹכוֹ עָלָה לַמָּרוֹם וְהוֹרִיד עֹז מִבְטֶחָה
יֶרֶד עָלָה לַמָּרוֹם וְהוֹרִיד עֹז מִבְטֶחָה
יְקוּתִיאֵל עָלָה לַמָּרוֹם וְהוֹרִיד עֹז מִבְטֶחָה
אֲבִי זָנוֹחַ עָלָה לַמָּרוֹם וְהוֹרִיד עֹז מִבְטֶחָה
טוֹבִיָּה עָלָה לַמָּרוֹם וְהוֹרִיד עֹז מִבְטֶחָה
שְׁמַעְיָה עָלָה לַמָּרוֹם וְהוֹרִיד עֹז מִבְטֶחָה

* * *

אָגִיל וְאֶשְׂמַח בְּשִׂמְחַת תּוֹרָה / בּוֹא יָבוֹא צֶמַח בְּשִׂמְחַת תּוֹרָה.

* * *

תּוֹרָה הִיא עֵץ חַיִּים / לְכֻלָּם חַיִּים / כִּי עִמְּךָ מְקוֹר חַיִּים:

* * *

אַבְרָהָם שָׂמַח בְּשִׂמְחַת תּוֹרָה / יִצְחָק שָׂמַח בְּשִׂמְחַת תּוֹרָה
יַעֲקֹב שָׂמַח בְּשִׂמְחַת תּוֹרָה / מֹשֶׁה שָׂמַח בְּשִׂמְחַת תּוֹרָה
אַהֲרֹן שָׂמַח בְּשִׂמְחַת תּוֹרָה / דָּוִד שָׂמַח בְּשִׂמְחַת תּוֹרָה
שְׁלֹמֹה שָׂמַח בְּשִׂמְחַת תּוֹרָה / בּוֹא יָבוֹא צֶמַח בְּשִׂמְחַת תּוֹרָה.

* * *

אַשְׁרֵיכֶם יִשְׂרָאֵל / אֲשֶׁר בָּחַר בָּכֶם אֵל
וְהִנְחִילְכֶם הַתּוֹרָה / מִסִּינַי מַתָּנָה.

אַשְׁרֵיכֶם אַדִּירֵי אֵל / אַשְׁרֵיכֶם יִשְׂרָאֵל
אַשְׁרֵיכֶם בְּרוּכֵי אֵל / אַשְׁרֵיכֶם יִשְׂרָאֵל / כִּי בָחַר בָּכֶם אֵל

אַשְׁרֵיכֶם גְּאוּלֵי אֵל / אַשְׁרֵיכֶם יִשְׂרָאֵל
אַשְׁרֵיכֶם דְּרוּשֵׁי אֵל / אַשְׁרֵיכֶם יִשְׂרָאֵל / כִּי בָחַר בָּכֶם אֵל

אַשְׁרֵיכֶם הֲדוּרֵי אֵל / אַשְׁרֵיכֶם יִשְׂרָאֵל
אַשְׁרֵיכֶם וָתִיקֵי אֵל / אַשְׁרֵיכֶם יִשְׂרָאֵל / כִּי בָחַר בָּכֶם אֵל

אַשְׁרֵיכֶם זְכוּרֵי אֵל / אַשְׁרֵיכֶם יִשְׂרָאֵל
אַשְׁרֵיכֶם חֲסִידֵי אֵל / אַשְׁרֵיכֶם יִשְׂרָאֵל / כִּי בָחַר בָּכֶם אֵל

אַשְׁרֵיכֶם טְהוֹרֵי אֵל / אַשְׁרֵיכֶם יִשְׂרָאֵל
אַשְׁרֵיכֶם יִשְׁרֵי אֵל / אַשְׁרֵיכֶם יִשְׂרָאֵל / כִּי בָחַר בָּכֶם אֵל

אַשְׁרֵיכֶם כַּבִּירֵי אֵל / אַשְׁרֵיכֶם יִשְׂרָאֵל
אַשְׁרֵיכֶם לִמּוּדֵי אֵל / אַשְׁרֵיכֶם יִשְׂרָאֵל / כִּי בָחַר בָּכֶם אֵל

אַשְׁרֵיכֶם מְהַלְלֵי אֵל / אַשְׁרֵיכֶם יִשְׂרָאֵל
אַשְׁרֵיכֶם נְקִיֵּי אֵל / אַשְׁרֵיכֶם יִשְׂרָאֵל / כִּי בָחַר בָּכֶם אֵל

אַשְׁרֵיכֶם סְגוּלֵי אֵל / אַשְׁרֵיכֶם יִשְׂרָאֵל
אַשְׁרֵיכֶם עֲמוּסֵי אֵל / אַשְׁרֵיכֶם יִשְׂרָאֵל / כִּי בָחַר בָּכֶם אֵל

אַשְׁרֵיכֶם פְּדוּיֵי אֵל / אַשְׁרֵיכֶם יִשְׂרָאֵל
אַשְׁרֵיכֶם צַדִּיקֵי אֵל / אַשְׁרֵיכֶם יִשְׂרָאֵל / כִּי בָחַר בָּכֶם אֵל

אַשְׁרֵיכֶם קְדוֹשֵׁי אֵל / אַשְׁרֵיכֶם יִשְׂרָאֵל
אַשְׁרֵיכֶם רְחוּמֵי אֵל / אַשְׁרֵיכֶם יִשְׂרָאֵל / כִּי בָחַר בָּכֶם אֵל

אַשְׁרֵיכֶם שְׁלוּמֵי אֵל / אַשְׁרֵיכֶם יִשְׂרָאֵל
אַשְׁרֵיכֶם תְּמִימֵי אֵל / אַשְׁרֵיכֶם יִשְׂרָאֵל / כִּי בָחַר בָּכֶם אֵל

וממשיכים 'אַשְׁרֵי' בעמ' 336.

ערבית של חול בחוץ לארץ

בחו״ל לאחר ברכת ׳הַשְׁכִּיבֵנוּ׳ נוהגים להוסיף את הפסוקים ׳בָּרוּךְ ה׳ לְעוֹלָם׳
ואת ברכת ׳יִרְאוּ עֵינֵינוּ׳, וברוב הקהילות אין מוסיפים אותם במוצאי שבת.

בָּרוּךְ יהוה לְעוֹלָם, אָמֵן וְאָמֵן: בָּרוּךְ יהוה מִצִּיּוֹן, שֹׁכֵן יְרוּשָׁלָםִ, הַלְלוּיָהּ: תהלים קלה
בָּרוּךְ יהוה אֱלֹהִים אֱלֹהֵי יִשְׂרָאֵל, עֹשֵׂה נִפְלָאוֹת לְבַדּוֹ: וּבָרוּךְ שֵׁם תהלים עב
כְּבוֹדוֹ לְעוֹלָם, וְיִמָּלֵא כְבוֹדוֹ אֶת־כָּל־הָאָרֶץ, אָמֵן וְאָמֵן: יְהִי כְבוֹד יהוה תהלים קד
לְעוֹלָם, יִשְׂמַח יהוה בְּמַעֲשָׂיו: יְהִי שֵׁם יהוה מְבֹרָךְ מֵעַתָּה וְעַד־עוֹלָם: תהלים קיג
כִּי לֹא־יִטֹּשׁ יהוה אֶת־עַמּוֹ בַּעֲבוּר שְׁמוֹ הַגָּדוֹל, כִּי הוֹאִיל יהוה לַעֲשׂוֹת שמואל א, יב
אֶתְכֶם לוֹ לְעָם: וַיַּרְא כָּל־הָעָם וַיִּפְּלוּ עַל־פְּנֵיהֶם, וַיֹּאמְרוּ, יהוה הוּא מלכים א, יח
הָאֱלֹהִים, יהוה הוּא הָאֱלֹהִים: וְהָיָה יהוה לְמֶלֶךְ עַל־כָּל־הָאָרֶץ, בַּיּוֹם זכריה יד
הַהוּא יִהְיֶה יהוה אֶחָד וּשְׁמוֹ אֶחָד: יְהִי־חַסְדְּךָ יהוה עָלֵינוּ, כַּאֲשֶׁר יִחַלְנוּ תהלים לג
לָךְ: הוֹשִׁיעֵנוּ יהוה אֱלֹהֵינוּ, וְקַבְּצֵנוּ מִן־הַגּוֹיִם, לְהוֹדוֹת לְשֵׁם קָדְשֶׁךָ, תהלים קו
לְהִשְׁתַּבֵּחַ בִּתְהִלָּתֶךָ: כָּל־גּוֹיִם אֲשֶׁר עָשִׂיתָ, יָבוֹאוּ וְיִשְׁתַּחֲווּ לְפָנֶיךָ, תהלים פו
אֲדֹנָי, וִיכַבְּדוּ לִשְׁמֶךָ: כִּי־גָדוֹל אַתָּה וְעֹשֵׂה נִפְלָאוֹת, אַתָּה אֱלֹהִים
לְבַדֶּךָ: וַאֲנַחְנוּ עַמְּךָ וְצֹאן מַרְעִיתֶךָ, נוֹדֶה לְּךָ לְעוֹלָם, לְדֹר וָדֹר נְסַפֵּר תהלים עט
תְּהִלָּתֶךָ:

בָּרוּךְ יהוה בַּיּוֹם, בָּרוּךְ יהוה בַּלָּיְלָה, בָּרוּךְ יהוה בְּשָׁכְבֵנוּ, בָּרוּךְ יהוה
בְּקוּמֵנוּ. כִּי בְיָדְךָ נַפְשׁוֹת הַחַיִּים וְהַמֵּתִים. אֲשֶׁר בְּיָדוֹ נֶפֶשׁ כָּל־חָי, איוב יב
וְרוּחַ כָּל־בְּשַׂר־אִישׁ: בְּיָדְךָ אַפְקִיד רוּחִי, פָּדִיתָה אוֹתִי יהוה אֵל אֱמֶת: תהלים לא
אֱלֹהֵינוּ שֶׁבַּשָּׁמַיִם, יַחֵד שִׁמְךָ וְקַיֵּם מַלְכוּתְךָ תָּמִיד, וּמְלֹךְ עָלֵינוּ לְעוֹלָם
וָעֶד.

יִרְאוּ עֵינֵינוּ וְיִשְׂמַח לִבֵּנוּ, וְתָגֵל נַפְשֵׁנוּ בִּישׁוּעָתְךָ בֶּאֱמֶת, בֶּאֱמֹר לְצִיּוֹן מָלַךְ אֱלֹהָיִךְ. יהוה מֶלֶךְ, יהוה מָלָךְ, יהוה יִמְלֹךְ לְעֹלָם וָעֶד. ◂ כִּי הַמַּלְכוּת שֶׁלְּךָ הִיא, וּלְעוֹלְמֵי עַד תִּמְלֹךְ בְּכָבוֹד, כִּי אֵין לָנוּ מֶלֶךְ אֶלָּא אָתָּה. בָּרוּךְ אַתָּה יהוה, הַמֶּלֶךְ בִּכְבוֹדוֹ תָּמִיד, יִמְלֹךְ עָלֵינוּ לְעוֹלָם וָעֶד, וְעַל כָּל מַעֲשָׂיו.

ממשיכים בחצי קדיש בעמ׳ 453.

קידוש לבנה

במוצאי שבת אומרים קידוש לבנה תחת כיפת השמים בזמן שהלבנה נראית, משלושה ימים לאחר המולד (ויש הממתינים שבוע מזמן המולד). אם לא אמרו קידוש לבנה בתחילת חודש סיון, אומרים במוצאי שבועות.

תהלים קמח הַלְלוּיָהּ, הַלְלוּ אֶת־יהוה מִן־הַשָּׁמַיִם, הַלְלוּהוּ בַּמְּרוֹמִים:
הַלְלוּהוּ כָל־מַלְאָכָיו, הַלְלוּהוּ כָּל־צְבָאָו:
הַלְלוּהוּ שֶׁמֶשׁ וְיָרֵחַ, הַלְלוּהוּ כָּל־כּוֹכְבֵי אוֹר:
הַלְלוּהוּ שְׁמֵי הַשָּׁמָיִם, וְהַמַּיִם אֲשֶׁר מֵעַל הַשָּׁמָיִם:
יְהַלְלוּ אֶת־שֵׁם יהוה, כִּי הוּא צִוָּה וְנִבְרָאוּ:
וַיַּעֲמִידֵם לָעַד לְעוֹלָם, חָק־נָתַן וְלֹא יַעֲבוֹר:

יש הנוהגים להוסיף:

תהלים ח כִּי־אֶרְאֶה שָׁמֶיךָ מַעֲשֵׂה אֶצְבְּעֹתֶיךָ, יָרֵחַ וְכוֹכָבִים אֲשֶׁר כּוֹנָנְתָּה:
מָה־אֱנוֹשׁ כִּי־תִזְכְּרֶנּוּ, וּבֶן־אָדָם כִּי תִפְקְדֶנּוּ:

הֲרֵינִי מוּכָן וּמְזֻמָּן לְקַיֵּם הַמִּצְוָה לְקַדֵּשׁ הַלְּבָנָה, לְשֵׁם יִחוּד קֻדְשָׁא בְּרִיךְ הוּא וּשְׁכִינְתֵּהּ, עַל יְדֵי הַהוּא טָמִיר וְנֶעְלָם בְּשֵׁם כָּל יִשְׂרָאֵל.

מסתכל בלבנה ומברך:

בָּרוּךְ אַתָּה יהוה אֱלֹהֵינוּ מֶלֶךְ הָעוֹלָם
אֲשֶׁר בְּמַאֲמָרוֹ בָּרָא שְׁחָקִים, וּבְרוּחַ פִּיו כָּל צְבָאָם
חֹק וּזְמַן נָתַן לָהֶם שֶׁלֹּא יְשַׁנּוּ אֶת תַּפְקִידָם.
שָׂשִׂים וּשְׂמֵחִים לַעֲשׂוֹת רְצוֹן קוֹנָם
פּוֹעֵל אֱמֶת שֶׁפְּעֻלָּתוֹ אֱמֶת.
וְלַלְּבָנָה אָמַר שֶׁתִּתְחַדֵּשׁ
עֲטֶרֶת תִּפְאֶרֶת לַעֲמוּסֵי בָטֶן
שֶׁהֵם עֲתִידִים לְהִתְחַדֵּשׁ כְּמוֹתָהּ
וּלְפָאֵר לְיוֹצְרָם עַל שֵׁם כְּבוֹד מַלְכוּתוֹ.
בָּרוּךְ אַתָּה יהוה, מְחַדֵּשׁ חֳדָשִׁים.

אומר שלוש פעמים כל פסוק מן הפסוקים הבאים (מסכת סופרים):

בָּרוּךְ יוֹצְרֵךְ, בָּרוּךְ עוֹשֵׂךְ
בָּרוּךְ קוֹנֵךְ, בָּרוּךְ בּוֹרְאֵךְ.

מרקד כנגד הלבנה שלוש פעמים, ובכל פעם אומר:

כְּשֵׁם שֶׁאֲנִי רוֹקֵד כְּנֶגְדֵּךְ
וְאֵינִי יָכוֹל לִנְגֹּעַ בָּךְ
כָּךְ לֹא יוּכְלוּ כָּל אוֹיְבַי לִנְגֹּעַ בִּי לְרָעָה.

תִּפֹּל עֲלֵיהֶם אֵימָתָה וָפַחַד, בִּגְדֹל זְרוֹעֲךָ יִדְּמוּ כָּאָבֶן: שמות טו

אומר את הפסוק הקודם גם בסדר הפוך (סידור הרוקח):

כָּאָבֶן יִדְּמוּ זְרוֹעֲךָ בִּגְדֹל, וָפַחַד אֵימָתָה עֲלֵיהֶם תִּפֹּל.

ומזכיר את מלכות דוד, שנמשלה ללבנה (רמ"א תקכו, א, על פי רבינו בחיי לבראשית לח, ל):

דָּוִד מֶלֶךְ יִשְׂרָאֵל חַי וְקַיָּם.

מברך שלוש פעמים את חברו או שלושה אנשים שונים (מסכת סופרים):

שָׁלוֹם עֲלֵיכֶם.

ועונים לו:

עֲלֵיכֶם שָׁלוֹם.

ואומר שלוש פעמים:

סִימָן טוֹב וּמַזָּל טוֹב יְהֵא לָנוּ וּלְכָל יִשְׂרָאֵל, אָמֵן.

נהגו להוסיף פסוקים אלה, על פי מנהג ר' יהודה החסיד (מובא במג"א, תכו, י).

קוֹל דּוֹדִי הִנֵּה־זֶה בָּא שיר השירים ב
מְדַלֵּג עַל־הֶהָרִים, מְקַפֵּץ עַל־הַגְּבָעוֹת:
דּוֹמֶה דוֹדִי לִצְבִי אוֹ לְעֹפֶר הָאַיָּלִים
הִנֵּה־זֶה עוֹמֵד אַחַר כָּתְלֵנוּ
מַשְׁגִּיחַ מִן־הַחַלֹּנוֹת, מֵצִיץ מִן־הַחֲרַכִּים:

נוהגים להוסיף שני מזמורים אלה (מג״א שם בשם השל״ה):

תהלים קכא
שִׁיר לַמַּעֲלוֹת, אֶשָּׂא עֵינַי אֶל־הֶהָרִים, מֵאַיִן יָבֹא עֶזְרִי: עֶזְרִי מֵעִם יהוה, עֹשֵׂה שָׁמַיִם וָאָרֶץ: אַל־יִתֵּן לַמּוֹט רַגְלֶךָ, אַל־יָנוּם שֹׁמְרֶךָ: הִנֵּה לֹא־יָנוּם וְלֹא יִישָׁן שׁוֹמֵר יִשְׂרָאֵל: יהוה שֹׁמְרֶךָ, יהוה צִלְּךָ עַל־יַד יְמִינֶךָ: יוֹמָם הַשֶּׁמֶשׁ לֹא־יַכֶּכָּה, וְיָרֵחַ בַּלָּיְלָה: יהוה יִשְׁמָרְךָ מִכָּל־רָע, יִשְׁמֹר אֶת־נַפְשֶׁךָ: יהוה יִשְׁמָר־צֵאתְךָ וּבוֹאֶךָ, מֵעַתָּה וְעַד־עוֹלָם:

תהלים קנ
הַלְלוּיָהּ, הַלְלוּ־אֵל בְּקָדְשׁוֹ, הַלְלְוּהוּ בִּרְקִיעַ עֻזּוֹ: הַלְלְוּהוּ בִגְבוּרֹתָיו, הַלְלְוּהוּ כְּרֹב גֻּדְלוֹ: הַלְלְוּהוּ בְּתֵקַע שׁוֹפָר, הַלְלְוּהוּ בְּנֵבֶל וְכִנּוֹר: הַלְלְוּהוּ בְּתֹף וּמָחוֹל, הַלְלְוּהוּ בְּמִנִּים וְעוּגָב: הַלְלְוּהוּ בְצִלְצְלֵי־שָׁמַע, הַלְלְוּהוּ בְּצִלְצְלֵי תְרוּעָה: כֹּל הַנְּשָׁמָה תְּהַלֵּל יָהּ, הַלְלוּיָהּ:

סנהדרין מב.
תָּנָא דְבֵי רַבִּי יִשְׁמָעֵאל: אִלְמָלֵי לֹא זָכוּ יִשְׂרָאֵל אֶלָּא לְהַקְבִּיל פְּנֵי אֲבִיהֶם שֶׁבַּשָּׁמַיִם פַּעַם אַחַת בַּחֹדֶשׁ, דַּיָּם. אָמַר אַבַּיֵי:
שיר השירים ח
הִלְכָּךְ צָרִיךְ לְמֵימְרָא מְעֻמָּד. מִי זֹאת עֹלָה מִן־הַמִּדְבָּר, מִתְרַפֶּקֶת עַל־דּוֹדָהּ:

וִיהִי רָצוֹן מִלְּפָנֶיךָ יהוה אֱלֹהַי וֵאלֹהֵי אֲבוֹתַי, לְמַלֹּאת פְּגִימַת הַלְּבָנָה וְלֹא יִהְיֶה בָּהּ שׁוּם מִעוּט. וִיהִי אוֹר הַלְּבָנָה כְּאוֹר הַחַמָּה וּכְאוֹר שִׁבְעַת יְמֵי בְרֵאשִׁית, כְּמוֹ שֶׁהָיְתָה קֹדֶם מִעוּטָהּ,
בראשית א
שֶׁנֶּאֱמַר: אֶת־שְׁנֵי הַמְּאֹרֹת הַגְּדֹלִים: וְיִתְקַיֵּם בָּנוּ מִקְרָא שֶׁכָּתוּב:
הושע ג
וּבִקְשׁוּ אֶת־יהוה אֱלֹהֵיהֶם וְאֵת דָּוִיד מַלְכָּם: אָמֵן.

תהלים סז
לַמְנַצֵּחַ בִּנְגִינֹת, מִזְמוֹר שִׁיר: אֱלֹהִים יְחָנֵּנוּ וִיבָרְכֵנוּ, יָאֵר פָּנָיו אִתָּנוּ סֶלָה: לָדַעַת בָּאָרֶץ דַּרְכֶּךָ, בְּכָל־גּוֹיִם יְשׁוּעָתֶךָ: יוֹדוּךָ עַמִּים אֱלֹהִים, יוֹדוּךָ עַמִּים כֻּלָּם: יִשְׂמְחוּ וִירַנְּנוּ לְאֻמִּים, כִּי־תִשְׁפֹּט עַמִּים מִישֹׁר, וּלְאֻמִּים בָּאָרֶץ תַּנְחֵם סֶלָה: יוֹדוּךָ עַמִּים אֱלֹהִים, יוֹדוּךָ עַמִּים כֻּלָּם: אֶרֶץ נָתְנָה יְבוּלָהּ, יְבָרְכֵנוּ אֱלֹהִים אֱלֹהֵינוּ: יְבָרְכֵנוּ אֱלֹהִים, וְיִירְאוּ אוֹתוֹ כָּל־אַפְסֵי־אָרֶץ:

אומרים 'עָלֵינוּ' בעמידה (טור, קלג) ומשתחווים במקום המסומן ב°.

עָלֵינוּ לְשַׁבֵּחַ לַאֲדוֹן הַכֹּל, לָתֵת גְּדֻלָּה לְיוֹצֵר בְּרֵאשִׁית
שֶׁלֹּא עָשָׂנוּ כְּגוֹיֵי הָאֲרָצוֹת, וְלֹא שָׂמָנוּ כְּמִשְׁפְּחוֹת הָאֲדָמָה
שֶׁלֹּא שָׂם חֶלְקֵנוּ כָּהֶם וְגוֹרָלֵנוּ כְּכָל הֲמוֹנָם.
שֶׁהֵם מִשְׁתַּחֲוִים לְהֶבֶל וָרִיק וּמִתְפַּלְלִים אֶל אֵל לֹא יוֹשִׁיעַ.
°וַאֲנַחְנוּ כּוֹרְעִים וּמִשְׁתַּחֲוִים וּמוֹדִים
לִפְנֵי מֶלֶךְ מַלְכֵי הַמְּלָכִים, הַקָּדוֹשׁ בָּרוּךְ הוּא
שֶׁהוּא נוֹטֶה שָׁמַיִם וְיוֹסֵד אָרֶץ, וּמוֹשַׁב יְקָרוֹ בַּשָּׁמַיִם מִמַּעַל
וּשְׁכִינַת עֻזּוֹ בְּגָבְהֵי מְרוֹמִים.
הוּא אֱלֹהֵינוּ, אֵין עוֹד.
אֱמֶת מַלְכֵּנוּ, אֶפֶס זוּלָתוֹ
דברים ד כַּכָּתוּב בְּתוֹרָתוֹ, וְיָדַעְתָּ הַיּוֹם וַהֲשֵׁבֹתָ אֶל־לְבָבֶךָ
כִּי יהוה הוּא הָאֱלֹהִים בַּשָּׁמַיִם מִמַּעַל וְעַל־הָאָרֶץ מִתָּחַת, אֵין עוֹד:

וְעַל כֵּן נְקַוֶּה לְּךָ יהוה אֱלֹהֵינוּ לִרְאוֹת מְהֵרָה בְּתִפְאֶרֶת עֻזֶּךָ
לְהַעֲבִיר גִּלּוּלִים מִן הָאָרֶץ, וְהָאֱלִילִים כָּרוֹת יִכָּרֵתוּן
לְתַקֵּן עוֹלָם בְּמַלְכוּת שַׁדַּי.
וְכָל בְּנֵי בָשָׂר יִקְרְאוּ בִשְׁמֶךָ, לְהַפְנוֹת אֵלֶיךָ כָּל רִשְׁעֵי אָרֶץ.
יַכִּירוּ וְיֵדְעוּ כָּל יוֹשְׁבֵי תֵבֵל כִּי לְךָ תִּכְרַע כָּל בֶּרֶךְ, תִּשָּׁבַע כָּל לָשׁוֹן.
לְפָנֶיךָ יהוה אֱלֹהֵינוּ יִכְרְעוּ וְיִפֹּלוּ, וְלִכְבוֹד שִׁמְךָ יְקָר יִתֵּנוּ
וִיקַבְּלוּ כֻלָּם אֶת עֹל מַלְכוּתֶךָ, וְתִמְלֹךְ עֲלֵיהֶם מְהֵרָה לְעוֹלָם וָעֶד.
כִּי הַמַּלְכוּת שֶׁלְּךָ הִיא וּלְעוֹלְמֵי עַד תִּמְלֹךְ בְּכָבוֹד
שמות טו כַּכָּתוּב בְּתוֹרָתֶךָ, יהוה יִמְלֹךְ לְעֹלָם וָעֶד:
זכריה יד ◄ וְנֶאֱמַר, וְהָיָה יהוה לְמֶלֶךְ עַל־כָּל־הָאָרֶץ
בַּיּוֹם הַהוּא יִהְיֶה יהוה אֶחָד וּשְׁמוֹ אֶחָד:

יש מוסיפים:

משלי ג אַל־תִּירָא מִפַּחַד פִּתְאֹם וּמִשֹּׁאַת רְשָׁעִים כִּי תָבֹא:
ישעיה ח עֻצוּ עֵצָה וְתֻפָר, דַּבְּרוּ דָבָר וְלֹא יָקוּם, כִּי עִמָּנוּ אֵל:
ישעיה מו וְעַד־זִקְנָה אֲנִי הוּא, וְעַד־שֵׂיבָה אֲנִי אֶסְבֹּל אֲנִי עָשִׂיתִי וַאֲנִי אֶשָּׂא וַאֲנִי אֶסְבֹּל וַאֲמַלֵּט:

קדיש יתום

אם יש מניין, האבלים אומרים קדיש.

אבל: יִתְגַּדַּל וְיִתְקַדַּשׁ שְׁמֵהּ רַבָּא (קהל: אָמֵן)
בְּעָלְמָא דִּי בְרָא כִרְעוּתֵהּ
וְיַמְלִיךְ מַלְכוּתֵהּ וְיַצְמַח פֻּרְקָנֵהּ וִיקָרֵב מְשִׁיחֵהּ (קהל: אָמֵן)
בְּחַיֵּיכוֹן וּבְיוֹמֵיכוֹן וּבְחַיֵּי דְכָל בֵּית יִשְׂרָאֵל
בַּעֲגָלָא וּבִזְמַן קָרִיב, וְאִמְרוּ אָמֵן. (קהל: אָמֵן)

קהל ואבל: יְהֵא שְׁמֵהּ רַבָּא מְבָרַךְ לְעָלַם וּלְעָלְמֵי עָלְמַיָּא.

אבל: יִתְבָּרַךְ וְיִשְׁתַּבַּח וְיִתְפָּאַר וְיִתְרוֹמַם וְיִתְנַשֵּׂא
וְיִתְהַדָּר וְיִתְעַלֶּה וְיִתְהַלָּל
שְׁמֵהּ דְּקֻדְשָׁא בְּרִיךְ הוּא (קהל: אָמֵן)
לְעֵלָּא מִן כָּל בִּרְכָתָא וְשִׁירָתָא, תֻּשְׁבְּחָתָא וְנֶחֱמָתָא
דַּאֲמִירָן בְּעָלְמָא, וְאִמְרוּ אָמֵן. (קהל: אָמֵן)

יְהֵא שְׁלָמָא רַבָּא מִן שְׁמַיָּא
וְחַיִּים טוֹבִים עָלֵינוּ וְעַל כָּל יִשְׂרָאֵל, וְאִמְרוּ אָמֵן. (קהל: אָמֵן)

כורע ופוסע שלוש פסיעות לאחור. קד לשמאל, לימין ולפנים באמירת:

עֹשֶׂה שָׁלוֹם בִּמְרוֹמָיו
הוּא יַעֲשֶׂה שָׁלוֹם, עָלֵינוּ וְעַל כָּל יִשְׂרָאֵל, וְאִמְרוּ אָמֵן. (קהל: אָמֵן)

נוהגים לשיר:

טוֹבִים מְאוֹרוֹת שֶׁבָּרָא אֱלֹהֵינוּ, יְצָרָם בְּדַעַת בְּבִינָה וּבְהַשְׂכֵּל
כֹּחַ וּגְבוּרָה נָתַן בָּהֶם, לִהְיוֹת מוֹשְׁלִים בְּקֶרֶב תֵּבֵל.

מְלֵאִים זִיו וּמְפִיקִים נֹגַהּ, נָאֶה זִיוָם בְּכָל הָעוֹלָם
שְׂמֵחִים בְּצֵאתָם וְשָׂשִׂים בְּבוֹאָם, עוֹשִׂים בְּאֵימָה רְצוֹן קוֹנָם.

פְּאֵר וְכָבוֹד נוֹתְנִים לִשְׁמוֹ, צָהֳלָה וְרִנָּה לְזֵכֶר מַלְכוּתוֹ
קָרָא לַשֶּׁמֶשׁ וַיִּזְרַח אוֹר, רָאָה וְהִתְקִין צוּרַת הַלְּבָנָה.

סדר ברית מילה

כשמביאים את הילד,
הקהל עומד על רגליו ואומר (ספר המנהיג):

בָּרוּךְ הַבָּא.

פסוק זה נדרש בזוהר (לך לך, צו ע״ב) על הבחירה בישראל
הבאה לידי ביטוי בברית המילה.

המוהל: **אַשְׁרֵי תִּבְחַר וּתְקָרֵב, יִשְׁכֹּן חֲצֵרֶיךָ** תהלים סה

הקהל: **נִשְׂבְּעָה בְּטוּב בֵּיתֶךָ, קְדֹשׁ הֵיכָלֶךָ:**

האב לוקח את בנו ואומר בלחש:

אִם־אֶשְׁכָּחֵךְ יְרוּשָׁלָםִ, תִּשְׁכַּח יְמִינִי: תהלים קלז
תִּדְבַּק לְשׁוֹנִי לְחִכִּי אִם־לֹא אֶזְכְּרֵכִי
אִם־לֹא אַעֲלֶה אֶת־יְרוּשָׁלַםִ עַל רֹאשׁ שִׂמְחָתִי:

מנהג ארץ ישראל הוא שהאב אומר את הפסוקים הבאים בקול רם,
והקהל אחריו:

שְׁמַע יִשְׂרָאֵל, יהוה אֱלֹהֵינוּ, יהוה אֶחָד: דברים ו

פעמיים: **יהוה מֶלֶךְ, יהוה מָלָךְ, יהוה יִמְלֹךְ לְעוֹלָם וָעֶד.**

פעמיים: **אָנָּא יהוה הוֹשִׁיעָה נָּא** תהלים קיח

פעמיים: **אָנָּא יהוה הַצְלִיחָה נָא:**

לאחר שאליהו הנביא קינא לקיום ברית המילה,
שנאמר ״קַנֹּא קִנֵּאתִי לַה׳ אֱלֹהֵי צְבָאוֹת, כִּי־עָזְבוּ בְרִיתְךָ בְּנֵי יִשְׂרָאֵל״ (מל״א יט, יד),
הקב״ה ציווה עליו שיהא נוכח בכל טקס מילה (שיבולי הלקט).

מניחים את הילד על כיסא אליהו, והמוהל אומר:

זֶה הַכִּסֵּא שֶׁל אֵלִיָּהוּ הַנָּבִיא זָכוּר לַטּוֹב.

בראשית מט לִישׁוּעָתְךָ קִוִּיתִי יהוה:

תהלים קיט שִׂבַּרְתִּי לִישׁוּעָתְךָ יהוה, וּמִצְוֹתֶיךָ עָשִׂיתִי:

אֵלִיָּהוּ מַלְאַךְ הַבְּרִית, הִנֵּה שֶׁלְּךָ לְפָנֶיךָ, עֲמֹד עַל יְמִינִי וְסָמְכֵנִי.

תהלים קיט שִׂבַּרְתִּי לִישׁוּעָתְךָ יהוה:

שָׂשׂ אָנֹכִי עַל־אִמְרָתֶךָ, כְּמוֹצֵא שָׁלָל רָב:

שָׁלוֹם רָב לְאֹהֲבֵי תוֹרָתֶךָ, וְאֵין־לָמוֹ מִכְשׁוֹל:

תהלים סה אַשְׁרֵי תִּבְחַר וּתְקָרֵב, יִשְׁכֹּן חֲצֵרֶיךָ

והקהל עונה:

נִשְׂבְּעָה בְּטוּב בֵּיתֶךָ, קְדֹשׁ הֵיכָלֶךָ:

הסנדק מקבל את הילד על ברכיו, והמוהל מברך:

בָּרוּךְ אַתָּה יהוה אֱלֹהֵינוּ מֶלֶךְ הָעוֹלָם
אֲשֶׁר קִדְּשָׁנוּ בְּמִצְוֹתָיו וְצִוָּנוּ עַל הַמִּילָה.

ומיד אבי הבן מברך:

בָּרוּךְ אַתָּה יהוה אֱלֹהֵינוּ מֶלֶךְ הָעוֹלָם
אֲשֶׁר קִדְּשָׁנוּ בְּמִצְוֹתָיו
וְצִוָּנוּ לְהַכְנִיסוֹ בִּבְרִיתוֹ שֶׁל אַבְרָהָם אָבִינוּ.

בארץ ישראל נוהגים שהאב מברך 'שֶׁהֶחֱיָנוּ' (רמב"ם):

בָּרוּךְ אַתָּה יהוה אֱלֹהֵינוּ מֶלֶךְ הָעוֹלָם
שֶׁהֶחֱיָנוּ וְקִיְּמָנוּ וְהִגִּיעָנוּ לַזְּמַן הַזֶּה.

הקהל עונה:

אָמֵן. כְּשֵׁם שֶׁנִּכְנַס לַבְּרִית
כֵּן יִכָּנֵס לְתוֹרָה וּלְחֻפָּה וּלְמַעֲשִׂים טוֹבִים.

אחר המילה מברך (שבת קלז ע״ב):

בָּרוּךְ אַתָּה יהוה אֱלֹהֵינוּ מֶלֶךְ הָעוֹלָם, בּוֹרֵא פְּרִי הַגָּפֶן.

בָּרוּךְ אַתָּה יהוה אֱלֹהֵינוּ מֶלֶךְ הָעוֹלָם, אֲשֶׁר קִדֵּשׁ יְדִיד מִבֶּטֶן, וְחֹק בִּשְׁאֵרוֹ שָׂם, וְצֶאֱצָאָיו חָתַם בְּאוֹת בְּרִית קֹדֶשׁ. עַל כֵּן בִּשְׂכַר זֹאת, אֵל חַי חֶלְקֵנוּ צוּרֵנוּ צַוֵּה לְהַצִּיל יְדִידוּת שְׁאֵרֵנוּ מִשַּׁחַת, לְמַעַן בְּרִיתוֹ אֲשֶׁר שָׂם בִּבְשָׂרֵנוּ. בָּרוּךְ אַתָּה יהוה, כּוֹרֵת הַבְּרִית.

המברך אומר:

אֱלֹהֵינוּ וֵאלֹהֵי אֲבוֹתֵינוּ, קַיֵּם אֶת הַיֶּלֶד הַזֶּה לְאָבִיו וּלְאִמּוֹ, וְיִקָּרֵא שְׁמוֹ בְּיִשְׂרָאֵל (פלוני בֶּן פלוני). יִשְׂמַח הָאָב בְּיוֹצֵא חֲלָצָיו
וְתָגֵל אִמּוֹ בִּפְרִי בִטְנָהּ, כַּכָּתוּב: יִשְׂמַח־אָבִיךָ וְאִמֶּךָ, וְתָגֵל משלי כג
יוֹלַדְתֶּךָ: וְנֶאֱמַר: וָאֶעֱבֹר עָלַיִךְ וָאֶרְאֵךְ מִתְבּוֹסֶסֶת בְּדָמָיִךְ, יחזקאל טז
וָאֹמַר לָךְ בְּדָמַיִךְ חֲיִי, וָאֹמַר לָךְ בְּדָמַיִךְ חֲיִי: וְנֶאֱמַר: זָכַר לְעוֹלָם תהלים קה
בְּרִיתוֹ, דָּבָר צִוָּה לְאֶלֶף דּוֹר: אֲשֶׁר כָּרַת אֶת־אַבְרָהָם, וּשְׁבוּעָתוֹ לְיִשְׂחָק: וַיַּעֲמִידֶהָ לְיַעֲקֹב לְחֹק, לְיִשְׂרָאֵל בְּרִית עוֹלָם: וְנֶאֱמַר:
וַיָּמָל אַבְרָהָם אֶת־יִצְחָק בְּנוֹ בֶּן־שְׁמֹנַת יָמִים, כַּאֲשֶׁר צִוָּה אֹתוֹ בראשית כא
אֱלֹהִים: הוֹדוּ לַיהוה כִּי־טוֹב, כִּי לְעוֹלָם חַסְדּוֹ: תהלים קיח

הקהל עונה:

הוֹדוּ לַיהוה כִּי־טוֹב, כִּי לְעוֹלָם חַסְדּוֹ:

המברך ממשיך:

(פלוני בֶּן פלוני) זֶה הַקָּטָן גָּדוֹל יִהְיֶה, כְּשֵׁם שֶׁנִּכְנַס לַבְּרִית, כֵּן יִכָּנֵס לְתוֹרָה וּלְחֻפָּה וּלְמַעֲשִׂים טוֹבִים.

נותנים מעט מהיין לתינוק, לסנדק ולאם.

אומרים ׳עָלֵינוּ׳ (עמ׳ 529), ואחריו קדיש יתום.

קורן ירושלים

מחזור קורן ליום הכיפורים • נוסח ספרד

קוֹרֵן ירושלים

מחזור קורן

מהדורת לובל

מוקדשת להמונים המתפללים ממחזור זה.
יהי רצון שתפילותיכם חיש יעלו וייענו לרצון
ויהיו מקור ברכה לכל אחד מכם
למשפחותיכם ולכלל ישראל

יהודית ודוד לובל ומשפחתם

ניו יורק

מהדורת לובל

מחזור קורן
ליום הכיפורים

ויאמר
ה
סלחתי
כדברך

ערוך ומוגה בידי
הרב דוד פוקס

•

הוצאת קורן ירושלים

מחזור קורן ליום הכיפורים
מהדורה רביעית © תשפ״ד (2024)
הוצאת קורן ירושלים
ת״ד 4044 ירושלים 9104001
www.korenpub.co.il

© כל הזכויות שמורות על גופן תנ״ך קורן, 1962. הוצאת קורן ירושלים בע״מ, 2024
© כל הזכויות שמורות על גופן סידור קורן, 1981. הוצאת קורן ירושלים בע״מ, 2024

אין לשכפל, להעתיק, לצלם, להקליט, לאחסן במאגר מידע, לשדר או לקלוט בכל דרך או בכל אמצעי אלקטרוני, אופטי, מכני או אחר כל חלק שהוא מן החומר שבספר זה. שימוש מסחרי מכל סוג שהוא בחומר הכלול בספר זה אסור בהחלט אלא ברשות מפורשת בכתב מהמו״ל.

ספרד, מהדורה אישית, כריכה קשה, מסת״ב: 978-965-301-781-8.
ספרד, מהדורה אישית, כריכת עור בהיר, מסת״ב: 978-965-301-790-0
ספרד, מהדורה אישית, כריכת עור כהה, מסת״ב: 978-965-301-796-2
סט מחזורים ספרד, מהדורה אישית, עור חום, מסת״ב: 978-965-7812-35-8

Printed in PRC

יכצא6

תוכן

מבוא למהדורה הראשונה

במהדורה זאת של המחזור לימים הנוראים השתדלנו לחדש כמה דברים שהמתפלל צריך להם מאוד:

נוסח תפילות הקבע הוא כנוסח התפילות בסידור התפילה "דע לפני מי אתה עומד" שבהוצאתנו. נוסח זה סודר מתוך יחס מיוחד לתפילה ולתכניה בעזרתו ובהדרכתו של ר' מאיר מדן הי"ו. ידיעותיו המרובות בענייני תפילה ולשונותיה עשו את הנוסח למושלם, עד כמה שהיד מגעת.

הפיוטים ופירושם במחזור זה סודרו מחדש בהתאם למחזור המדעי שיצא לאור בהוצאתנו עבור מכון ליאו בק בניו־יורק בעריכת ד' גולדשמידט ז"ל. נוסח זה נקבע, כידוע, לאחר בדיקה בעשרות כתבי יד ודפוסים עתיקים. ד' גולדשמידט ז"ל פירש פירוש ממצה את כל פיוטי הימים הנוראים במהדורתו הנ"ל ואנו הבאנו פירוש זה לפיוטים שבמהדורתנו.

ניקוד הפיוטים עבר הגהה נוספת בידי ש' בהט. אברהם פרנקל בדק את הפירוש כדי להתאימו למהדורה זאת. בעריכת המחזור לפי הנהוג היום בקהילות ישראל השתתף יונה פרנקל. תודתנו נתונה להם על עבודתם הרבה.

המחזור סודר באות קוֹרֶן, הידועה במקוריותה, אשר בה נדפס התנ"ך והסידור במהדורת קוֹרֶן.

עניין מיוחד הראוי להדגשה הוא דרך הדפסתם של הפיוטים:

יש פיוטים, אשר יש בהם שני חלקים בכל בית. פיוטים כאלה מתאימים להיאמר על ידי החזן והציבור בחילופין – החזן פותח בטור הראשון והקהל עונה בטור השני, כגון: החזן פותח "אתה הוא אלהינו" והקהל עונה את סוף המשפט "בשמים ובארץ", וכן צריך להיות בכל שאר בתי הפיוט.

בגלל ענייני ניגון וסיבות אחרות נשתבשה צורת אמירה זאת ונהגו היום, כמעט בכל בתי הכנסת, שהקהל אומר את סופו של הבית עם תחילתו של הבית הבא (כגון "בשמים ובארץ גיבור ונערץ"), דבר שמנוגד להיגיון, כי כך מצרפים את הטעון הפרדה ומפרידים את הטעון צירוף (וכן קרה, לדאבוננו, גם בפיוטים אחרים כגון, "לאל עורך דין" או "האוחז ביד מדת משפט"). כדי לתקן

פגמים אלה ערכנו את הפיוטים כשסדר הדפסתם יבהיר כיצד על הציבור והחזן לאומרם.

פיוטים רבים אינם נאמרים היום בשלמותם. יש פיוטים שפגעה בהם הצנזורה הנוצרית (או שפחד מפני מלשינים גרם לקהילות להשמיט קטעים המדברים על הגויים) ויש פיוטים שקוצרו מטעמים אחרים. במהדורה זאת הבאנו פיוטים אלה בשלמותם (על פי מהדורת גולדשמידט, כאמור לעיל). כדי לא לבלבל את המתפלל, הדפסנו על רקע אפור את הקטעים שנהגו להשמיטם, וכך יוכל המתפלל לדלג ולמצוא בקלות את הנאמר על פי המנהג המקובל בבתי הכנסת בימינו.

אליהו קוֹרֵן
ירושלים, ה׳תשכ״ב

מבוא למהדורה החדשה

אֲשֶׁר הִרְאִיתַנִי צָרוֹת רַבּוֹת וְרָעוֹת
תָּשׁוּב תְּחַיֵּינִי וּמִתְּהוֹמוֹת הָאָרֶץ תָּשׁוּב תַּעֲלֵנִי (תהלים עא, כ)
מָחִיתִי כָעָב פְּשָׁעֶיךָ וְכֶעָנָן חַטֹּאותֶיךָ
שׁוּבָה אֵלַי כִּי גְאַלְתִּיךָ (ישעיה מד, כב)

ביום זה כל קהילות ישראל ניצבות נוכח פני ה׳ כמלאכים, וגם מייחלות לרחמיו. יום זה הוא גם היום שבו משה ירד בפעם האחרונה מהר סיני ובישר לעם ישראל, שנתכפר עוונם ושהם רצויים ואהובים לפני המקום ברוך הוא. אם גם אנו נזכה לרחמים אלו, נוכל להתחיל שנה חדשה מלאים בתקווה ושמחים בקשר המחוזק עם ה׳.

הכפרה אינה באה מאליה ועיצומו של יום אינו מכפר בלי תשובה. בזמן שבית המקדש עמד על תִלו, היו שנים שבהן חוט השני שהיה תלוי ביום הכיפורים מעל ההיכל, נשאר אדום. האם ביכולתו של בשר ודם לחזור ולהתקרב לה׳ אחרי שהתרחק ממנו? אם אדם התמקד שנה שלמה בצרכיו האישיים ולא ברצון האלוהי, האם בכוחו לשוב ולהיות שליח ה׳ עלי אדמות? אלמלא הפתח שפתח לנו ה׳ אחרי שהאדם חטא, לא הייתה לו רשות להמשיך ולהתקיים. אך לאדם ישנו כוח התפילה שניתן לו מאת ה׳, כדברי ה׳ לעמו במדרש (שמות רבה לח, ד): ״דברים אני מבקש! שנאמר ׳קחו עמכם דברים ושובו אל ה׳׳, ואני מוחל על כל עונותיכם!״ מילים פשוטות שאומרים מכל הלב עשויות לחולל מהפכות בעולם ובאדם. עלינו אפוא להיות ערים לכוח שבפינו, נחושים להפוך את חוט השני ללבן, ומסוגלים להשיג חנינה לעצמנו ולעמנו.

הוצאת קורן קיבלה על עצמה את האחריות הכבדה לערוך את מילות התפילה בעלות הכוח הרוחני הכביר, למי שעומד לאומרן ביום הכיפורים לפני בוראו. מלאכות רבות כרוכות בהכנת מחזור תפילה – בירור קפדני של נוסח התפילות, הגהה מדוקדקת, תכנון המבנה ועימוד מחושב. מטרתם של כל אלה לשרת את המתפלל. כמובן, אין בזה כדי להחליף את כוונת הלב, אך בהחלט עשינו את מרב המאמצים בכלים שברשותנו, להעצים את המעמד הרם הזה.

על עיקר עריכת נוסח התפילות ותוכן ההערות שקד שעות רבות הרב דוד פוקס בכישרונו הייחודי, והרב חנן בניהו סייע וייעץ לו. את המחזור עימדה אסתר באר על פי העקרונות שקבע אליהו קורן ז״ל. למלאכת ההגהה נרתמו הרב ברוך ברנר, הרב ישראל אליצור ואפרת גרוס, ועל עיצוב הכריכה עמל אליהו משגב.

מן הראוי לציין כמה הבדלים בין המהדורה הקודמת של המחזור ובין מהדורה זו:

- שיפרנו את העריכה ואת העיצוב, והוספנו הנחיות רבות הפותחות את קטעי התפילה.
- אין פירוש או ביאור לפיוטים.
- את כל הפיוטים וחלקי הפיוטים שאומרים בקצת קהילות והופיעו בעבר באפור, העברנו לסוף המחזור.
- במקומות שיש בהם הבדלים בין נוסח אשכנז ונוסח ספרד, הוספנו הנחיות והשלמנו את חלקי התפילה, כדי לסייע למתפלל להתמצא בתפילה גם כששליח הציבור מתפלל בנוסח שאינו שלו. לדוגמה, בנוסח אשכנז הוספנו בפסוקי דזמרה מזמורים שאומרים רק בנוסח ספרד.

הוצאת קורן עשתה את מרב המאמצים כדי שישראל ׳לא ייכשלו בלשונם... ואל יאמר פיהם דבר שלא ברצונך׳. אנו תקווה שלא נפלה תקלה מתחת ידינו, ושסייענו למחלים פני ה׳, שאמרי פיהם יהיו לרצון.

׳אֶת לַחֲשִׁי עֲנֵה נָא. זַעֲקִי רְצֵה נָא. הָאֵל קָדוֹשׁ׳
׳קָרְבֵנוּ לְתוֹרָתֶךָ, לַמְּדֵנוּ מִצְוֹתֶיךָ, הוֹרֵנוּ דְּרָכֶיךָ,
הַט לִבֵּנוּ לְיִרְאָה אֶת שְׁמֶךָ, וּמוֹל אֶת לְבָבֵנוּ לְאַהֲבָתֶךָ
וְנָשׁוּב אֵלֶיךָ בֶּאֱמֶת וּבְלֵב שָׁלֵם׳

יהושע מילר, עורך ראשי
ירושלים, ר״ח אלול ה׳תשע״ה

ערב יום הכיפורים

סדר כפרות

בערב יום הכיפורים רבים נוהגים לקיים סדר כפרות (תשובות הגאונים).
יש הלוקחים תרנגול לזכר ותרנגולת לנקבה,
ויש הנוהגים לקיים את סדר הכפרות במעות ולתתם לצדקה (׳חיי אדם׳ קמד, ד).

אומרים (מהרי״ל):

בְּנֵי אָדָם יֹשְׁבֵי חֹשֶׁךְ וְצַלְמָוֶת, אֲסִירֵי עֳנִי וּבַרְזֶל: תהלים קז
יוֹצִיאֵם מֵחֹשֶׁךְ וְצַלְמָוֶת, וּמוֹסְרוֹתֵיהֶם יְנַתֵּק:
אֱוִלִים מִדֶּרֶךְ פִּשְׁעָם, וּמֵעֲוֹנֹתֵיהֶם יִתְעַנּוּ:
כָּל־אֹכֶל תְּתַעֵב נַפְשָׁם, וַיַּגִּיעוּ עַד־שַׁעֲרֵי מָוֶת:
וַיִּזְעֲקוּ אֶל־יהוה בַּצַּר לָהֶם, מִמְּצֻקוֹתֵיהֶם יוֹשִׁיעֵם:
יִשְׁלַח דְּבָרוֹ וְיִרְפָּאֵם, וִימַלֵּט מִשְּׁחִיתוֹתָם:
יוֹדוּ לַיהוה חַסְדּוֹ, וְנִפְלְאוֹתָיו לִבְנֵי אָדָם:
אִם־יֵשׁ עָלָיו מַלְאָךְ מֵלִיץ אֶחָד מִנִּי־אָלֶף, לְהַגִּיד לְאָדָם יָשְׁרוֹ: איוב לג
וַיְחֻנֶּנּוּ, וַיֹּאמֶר פְּדָעֵהוּ מֵרֶדֶת שַׁחַת, מָצָאתִי כֹפֶר:

מסובב את התרנגול סביב ראשו ואומר:

זֶה חֲלִיפָתִי, זֶה תְּמוּרָתִי, זֶה כַּפָּרָתִי.
זֶה הַתַּרְנְגוֹל יֵלֵךְ לְמִיתָה
וַאֲנִי אֵלֵךְ וְאֶכָּנֵס לְחַיִּים טוֹבִים אֲרֻכִּים וּלְשָׁלוֹם.

מסובבת את התרנגולת סביב ראשה ואומרת:

זֹאת חֲלִיפָתִי, זֹאת תְּמוּרָתִי, זֹאת כַּפָּרָתִי.
זֹאת הַתַּרְנְגֹלֶת תֵּלֵךְ לְמִיתָה
וַאֲנִי אֵלֵךְ וְאֶכָּנֵס לְחַיִּים טוֹבִים אֲרֻכִּים וּלְשָׁלוֹם.

הנוהגים לקיים את סדר הכפרות במעות ולתתם לצדקה,
מסובבים את הכסף סביב הראש ואומרים:

אֵלּוּ חֲלִיפָתִי, אֵלּוּ תְּמוּרָתִי, אֵלּוּ כַּפָּרָתִי.
אֵלּוּ הַמָּעוֹת יֵלְכוּ לִצְדָקָה
וַאֲנִי אֵלֵךְ וְאֶכָּנֵס לְחַיִּים טוֹבִים אֲרֻכִּים וּלְשָׁלוֹם.

התרת נדרים

נוהגים להתיר נדרים בערב ראש השנה. מי שלא עלה בידו, יתיר בערב יום הכיפורים. המבקש התרה, עומד לפני שלושה אנשים (ויש הנוהגים לפני עשרה) ואומר "שִׁמְעוּ נָא רַבּוֹתַי", ויש המשמיטים את המופיע בסוגריים.

נשים יאמרו תפילה זו בלשון נקבה.

שִׁמְעוּ נָא רַבּוֹתַי (דַּיָּנִים מֻמְחִים), כָּל נֶדֶר אוֹ שְׁבוּעָה אוֹ אִסָּר אוֹ קוֹנָם אוֹ חֵרֶם שֶׁנָּדַרְתִּי אוֹ נִשְׁבַּעְתִּי בְּהָקִיץ אוֹ בַחֲלוֹם, אוֹ נִשְׁבַּעְתִּי בְּשֵׁמוֹת הַקְּדוֹשִׁים שֶׁאֵינָם נִמְחָקִים וּבְשֵׁם הוי"ה בָּרוּךְ הוּא, וְכָל מִינֵי נְזִירוּת שֶׁקִּבַּלְתִּי עָלַי (וַאֲפִלּוּ נְזִירוּת שִׁמְשׁוֹן), וְכָל שׁוּם אִסּוּר וַאֲפִלּוּ אִסּוּר הֲנָאָה שֶׁאָסַרְתִּי עָלַי אוֹ עַל אֲחֵרִים בְּכָל לָשׁוֹן שֶׁל אִסּוּר בֵּין בִּלְשׁוֹן אִסּוּר אוֹ חֵרֶם אוֹ קוֹנָם, וְכָל שׁוּם קַבָּלָה אֲפִלּוּ שֶׁל מִצְוָה שֶׁקִּבַּלְתִּי עָלַי בֵּין בִּלְשׁוֹן נֶדֶר בֵּין בִּלְשׁוֹן נְדָבָה בֵּין בִּלְשׁוֹן שְׁבוּעָה בֵּין בִּלְשׁוֹן נְזִירוּת בֵּין בְּכָל לָשׁוֹן, וְגַם הַנַּעֲשֶׂה בִּתְקִיעַת כָּף. בֵּין כָּל נֶדֶר וּבֵין כָּל נְדָבָה וּבֵין שׁוּם מִנְהָג שֶׁל מִצְוָה שֶׁנָּהַגְתִּי אֶת עַצְמִי, וְכָל מוֹצָא שְׂפָתַי שֶׁיָּצָא מִפִּי אוֹ שֶׁנָּדַרְתִּי וְגָמַרְתִּי בְלִבִּי לַעֲשׂוֹת שׁוּם מִצְוָה מֵהַמִּצְוֹת אוֹ אֵיזוֹ הַנְהָגָה טוֹבָה אוֹ אֵיזֶה דָבָר טוֹב שֶׁנָּהַגְתִּי שָׁלֹשׁ פְּעָמִים, וְלֹא הִתְנֵיתִי שֶׁיְּהֵא בְּלִי נֶדֶר. הֵן דָּבָר שֶׁעָשִׂיתִי, הֵן עַל עַצְמִי הֵן עַל אֲחֵרִים, הֵן אוֹתָן הַיְדוּעִים לִי הֵן אוֹתָן שֶׁכְּבָר שָׁכַחְתִּי. בְּכֻלְּהוֹן אִתְחֲרַטְנָא בְהוֹן מֵעִקָּרָא, וְשׁוֹאֵל וּמְבַקֵּשׁ אֲנִי מִמַּעֲלַתְכֶם הַתָּרָה עֲלֵיהֶם, כִּי יָרֵאתִי פֶּן אֶכָּשֵׁל וְנִלְכַּדְתִּי, חַס וְשָׁלוֹם, בַּעֲוֹן נְדָרִים וּשְׁבוּעוֹת וּנְזִירוֹת וַחֲרָמוֹת וְאִסּוּרִין וְקוֹנָמוֹת וְהַסְכָּמוֹת. וְאֵין אֲנִי תוֹהֵא, חַס וְשָׁלוֹם, עַל קִיּוּם הַמַּעֲשִׂים הַטּוֹבִים הָהֵם שֶׁעָשִׂיתִי, רַק אֲנִי מִתְחָרֵט עַל קַבָּלַת הָעִנְיָנִים בִּלְשׁוֹן נֶדֶר אוֹ שְׁבוּעָה אוֹ נְזִירוּת אוֹ אִסּוּר אוֹ חֵרֶם אוֹ קוֹנָם אוֹ הַסְכָּמָה אוֹ קַבָּלָה בְלֵב, וּמִתְחָרֵט אֲנִי עַל זֶה שֶׁלֹּא אָמַרְתִּי הִנְנִי עוֹשֶׂה דָבָר זֶה בְּלִי נֶדֶר וּשְׁבוּעָה וּנְזִירוּת וְחֵרֶם וְאִסּוּר וְקוֹנָם וְקַבָּלָה בְלֵב.

לָכֵן אֲנִי שׁוֹאֵל הַתָּרָה בְּכֻלְּהוֹן.

אֲנִי מִתְחָרֵט עַל כָּל הַנִּזְכָּר, בֵּין אִם הָיוּ הַמַּעֲשִׂים מִדְּבָרִים הַנּוֹגְעִים בְּמָמוֹן, בֵּין מֵהַדְּבָרִים הַנּוֹגְעִים בְּגוּף, בֵּין מֵהַדְּבָרִים הַנּוֹגְעִים אֶל הַנְּשָׁמָה.

בְּכֻלְּהוֹן אֲנִי מִתְחָרֵט עַל לְשׁוֹן נֶדֶר וּשְׁבוּעָה וּנְזִירוּת וְאִסּוּר וְחֵרֶם וְקוֹנָם וְקַבָּלָה בְּלֵב.

וְהִנֵּה מִצַּד הַדִּין הַמִּתְחָרֵט וְהַמְבַקֵּשׁ הַתָּרָה צָרִיךְ לִפְרֹט הַנֶּדֶר, אַךְ דְּעוּ נָא רַבּוֹתַי, כִּי אִי אֶפְשָׁר לְפָרְטָם, כִּי רַבִּים הֵם. וְאֵין אֲנִי מְבַקֵּשׁ הַתָּרָה עַל אוֹתָם הַנְּדָרִים שֶׁאֵין לְהַתִּיר אוֹתָם, עַל כֵּן יִהְיוּ נָא בְעֵינֵיכֶם כְּאִלּוּ הָיִיתִי פוֹרְטָם.

הדיינים אומרים שלוש פעמים:

הַכֹּל יִהְיוּ מֻתָּרִים לָךְ, הַכֹּל מְחוּלִים לָךְ, הַכֹּל שְׁרוּיִים לָךְ. אֵין כָּאן לֹא נֶדֶר וְלֹא שְׁבוּעָה וְלֹא נְזִירוּת וְלֹא חֵרֶם וְלֹא אִסּוּר וְלֹא קוֹנָם וְלֹא נִדּוּי וְלֹא שַׁמְתָּא וְלֹא אָרוּר. אֲבָל יֵשׁ כָּאן מְחִילָה וּסְלִיחָה וְכַפָּרָה. וּכְשֵׁם שֶׁמַּתִּירִים בְּבֵית דִּין שֶׁל מַטָּה, כָּךְ יִהְיוּ מֻתָּרִים מִבֵּית דִּין שֶׁל מַעְלָה.

המבקש התרה, אומר:

הֲרֵי אֲנִי מוֹסֵר מוֹדָעָה לִפְנֵיכֶם, וַאֲנִי מְבַטֵּל מִכָּאן וּלְהַבָּא כָּל הַנְּדָרִים וְכָל שְׁבוּעוֹת וּנְזִירוֹת וְאִסּוּרִין וְקוֹנָמוֹת וַחֲרָמוֹת וְהַסְכָּמוֹת וְקַבָּלָה בְּלֵב שֶׁאֲקַבֵּל עָלַי בְּעַצְמִי, הֵן בְּהָקִיץ הֵן בַּחֲלוֹם, חוּץ מִנִּדְרֵי תַעֲנִית בִּשְׁעַת מִנְחָה. וּבְאִם אֶשְׁכַּח לִתְנַאי מוֹדָעָה הַזֹּאת וְאֶדֹּר מֵהַיּוֹם עוֹד, מֵעַתָּה אֲנִי מִתְחָרֵט עֲלֵיהֶם וּמַתְנֶה עֲלֵיהֶם שֶׁיִּהְיוּ כֻּלָּן בְּטֵלִין וּמְבֻטָּלִין, לָא שְׁרִירִין וְלָא קַיָּמִין, וְלָא יְהוֹן חָלִין כְּלָל וּכְלָל. בְּכֻלְּהוֹן אִתְחֲרַטְנָא בְּהוֹן מֵעַתָּה וְעַד עוֹלָם.

עירוב תחומין

"וּמַדֹּתֶם מִחוּץ לָעִיר אֶת־פְּאַת־קֵדְמָה אַלְפַּיִם בָּאַמָּה... וְהָעִיר בַּתָּוֶךְ, זֶה יִהְיֶה לָהֶם מִגְרְשֵׁי הֶעָרִים" (במדבר לה, ה). מכאן למדו חכמים (עירובין נא ע"א) שלכל מקום יישוב ישנו תחום של אלפיים אמה, ואין לצאת ממנו בשבת וביום טוב. אך אדם יכול להגדיר מקום אחר כמקום שביתתו, וכך לשנות את גבולות התחום שבו הוא רשאי ללכת (רמב"ם, עירובין פ"ו ה"א). פעולה זו נקראת 'עירוב תחומין'.

מניח מזון המספיק לשתי סעודות, במרחק פחות מאלפיים אמה מהמקום שיקבל בו שבת או יום טוב ומהמקום שרוצה להגיע אליו, ומברך:

בָּרוּךְ אַתָּה יהוה אֱלֹהֵינוּ מֶלֶךְ הָעוֹלָם
אֲשֶׁר קִדְּשָׁנוּ בְּמִצְוֹתָיו וְצִוָּנוּ עַל מִצְוַת עֵרוּב.

ואומר:

בארמית: **בְּדֵין עֵרוּבָא יְהֵא שְׁרֵא לִי לְמֵיזַל מֵאַתְרָא הָדֵין תְּרֵין אַלְפִין אַמִּין לְכָל רוּחָא.**

או בעברית: **בְּעֵרוּב זֶה יְהֵא מֻתָּר לִי לָלֶכֶת מִמָּקוֹם זֶה אַלְפַּיִם אַמָּה לְכָל רוּחַ.**

עירוב חצרות

מדין תורה, בשבת אסור להוציא חפץ מרשות היחיד לרשות הרבים ולהפך או לטלטלו ארבע אמות בתחום רשות הרבים (שבת צו ע"ב). וחכמים אסרו לטלטל גם ברשות היחיד, המשותפת לכמה יהודים, אם לא השתתפו לפני שבת ב'עירוב חצרות' (רמב"ם, עירובין פ"א ה"ב–ה"ו). ודין יום הכיפורים כשבת (כריתות יד ע"א; תוספות, שבת קב ע"א).

במקומות רבים נוהגים שהרב המקומי מערב לכל תושבי השכונה או העיר, ויש שמעֲרִים על המנהג.

במקום שאין בו עירוב תקין, אדם הבקי בהלכות עירובין מערב לכולם ומברך:

בָּרוּךְ אַתָּה יהוה אֱלֹהֵינוּ מֶלֶךְ הָעוֹלָם
אֲשֶׁר קִדְּשָׁנוּ בְּמִצְוֹתָיו וְצִוָּנוּ עַל מִצְוַת עֵרוּב.

ואומר:

בארמית: **בְּדֵין עֵרוּבָא יְהֵא שְׁרֵא לַנָא לְטַלְטוּלֵי וּלְאַפּוּקֵי וּלְעַיּוּלֵי מִן הַבָּתִּים לֶחָצֵר וּמִן הֶחָצֵר לַבָּתִּים וּמִבַּיִת לְבַיִת לְכָל הַבָּתִּים שֶׁבֶּחָצֵר.**

או בעברית: **בְּעֵרוּב זֶה יְהֵא מֻתָּר לָנוּ לְטַלְטֵל לְהַכְנִיס וּלְהוֹצִיא מִן הַבָּתִּים לֶחָצֵר וּמִן הֶחָצֵר לַבָּתִּים וּמִבַּיִת לְבַיִת לְכָל הַבָּתִּים שֶׁבֶּחָצֵר.**

מנחה לערב יום הכיפורים

"וַיְהִי בַּעֲלוֹת הַמִּנְחָה וַיִּגַּשׁ אֵלִיָּהוּ הַנָּבִיא וַיֹּאמַר" (מלכים א' יח, לו).

מתפללים תפילת מנחה לפני הסעודה המפסקת.

ראוי לומר גם לפני תפילת מנחה את פרשת קרבן התמיד (איגרת התשובה לר' יונה, ע).
רבים נוהגים לומר את סדר הקרבנות שלפני תפילת שחרית (עמ' 142-145),
פרט לפרשת תרומת הדשן ולסדר המערכה.

אַשְׁרֵי יוֹשְׁבֵי בֵיתֶךָ, עוֹד יְהַלְלוּךָ סֶּלָה: תהלים פד
אַשְׁרֵי הָעָם שֶׁכָּכָה לּוֹ, אַשְׁרֵי הָעָם שֶׁיהוה אֱלֹהָיו: תהלים קמד
תְּהִלָּה לְדָוִד תהלים קמה
אֲרוֹמִמְךָ אֱלוֹהַי הַמֶּלֶךְ, וַאֲבָרְכָה שִׁמְךָ לְעוֹלָם וָעֶד:
בְּכָל־יוֹם אֲבָרְכֶךָּ, וַאֲהַלְלָה שִׁמְךָ לְעוֹלָם וָעֶד:
גָּדוֹל יהוה וּמְהֻלָּל מְאֹד, וְלִגְדֻלָּתוֹ אֵין חֵקֶר:
דּוֹר לְדוֹר יְשַׁבַּח מַעֲשֶׂיךָ, וּגְבוּרֹתֶיךָ יַגִּידוּ:
הֲדַר כְּבוֹד הוֹדֶךָ, וְדִבְרֵי נִפְלְאֹתֶיךָ אָשִׂיחָה:
וֶעֱזוּז נוֹרְאֹתֶיךָ יֹאמֵרוּ, וּגְדוּלָּתְךָ אֲסַפְּרֶנָּה:
זֵכֶר רַב־טוּבְךָ יַבִּיעוּ, וְצִדְקָתְךָ יְרַנֵּנוּ:
חַנּוּן וְרַחוּם יהוה, אֶרֶךְ אַפַּיִם וּגְדָל־חָסֶד:
טוֹב־יהוה לַכֹּל, וְרַחֲמָיו עַל־כָּל־מַעֲשָׂיו:
יוֹדוּךָ יהוה כָּל־מַעֲשֶׂיךָ, וַחֲסִידֶיךָ יְבָרְכוּכָה:
כְּבוֹד מַלְכוּתְךָ יֹאמֵרוּ, וּגְבוּרָתְךָ יְדַבֵּרוּ:
לְהוֹדִיעַ לִבְנֵי הָאָדָם גְּבוּרֹתָיו, וּכְבוֹד הֲדַר מַלְכוּתוֹ:
מַלְכוּתְךָ מַלְכוּת כָּל־עֹלָמִים, וּמֶמְשַׁלְתְּךָ בְּכָל־דּוֹר וָדֹר:
סוֹמֵךְ יהוה לְכָל־הַנֹּפְלִים, וְזוֹקֵף לְכָל־הַכְּפוּפִים:
עֵינֵי־כֹל אֵלֶיךָ יְשַׂבֵּרוּ, וְאַתָּה נוֹתֵן־לָהֶם אֶת־אָכְלָם בְּעִתּוֹ:

פּוֹתֵחַ אֶת־יָדֶךָ, וּמַשְׂבִּיעַ לְכָל־חַי רָצוֹן:
צַדִּיק יהוה בְּכָל־דְּרָכָיו, וְחָסִיד בְּכָל־מַעֲשָׂיו:
קָרוֹב יהוה לְכָל־קֹרְאָיו, לְכֹל אֲשֶׁר יִקְרָאֻהוּ בֶאֱמֶת:
רְצוֹן־יְרֵאָיו יַעֲשֶׂה, וְאֶת־שַׁוְעָתָם יִשְׁמַע, וְיוֹשִׁיעֵם:
שׁוֹמֵר יהוה אֶת־כָּל־אֹהֲבָיו, וְאֵת כָּל־הָרְשָׁעִים יַשְׁמִיד:
‹ תְּהִלַּת יהוה יְדַבֶּר פִּי, וִיבָרֵךְ כָּל־בָּשָׂר שֵׁם קָדְשׁוֹ לְעוֹלָם וָעֶד:
תהלים קטו וַאֲנַחְנוּ נְבָרֵךְ יָהּ מֵעַתָּה וְעַד־עוֹלָם, הַלְלוּיָהּ:

חצי קדיש

ש״ץ: יִתְגַּדַּל וְיִתְקַדַּשׁ שְׁמֵהּ רַבָּא (קהל: אָמֵן)
בְּעָלְמָא דִּי בְרָא כִרְעוּתֵהּ
וְיַמְלִיךְ מַלְכוּתֵהּ
וְיַצְמַח פֻּרְקָנֵהּ וִיקָרֵב מְשִׁיחֵהּ (קהל: אָמֵן)
בְּחַיֵּיכוֹן וּבְיוֹמֵיכוֹן וּבְחַיֵּי דְכָל בֵּית יִשְׂרָאֵל
בַּעֲגָלָא וּבִזְמַן קָרִיב
וְאִמְרוּ אָמֵן. (קהל: אָמֵן)

קהל וש״ץ: יְהֵא שְׁמֵהּ רַבָּא מְבָרַךְ לְעָלַם וּלְעָלְמֵי עָלְמַיָּא.

ש״ץ: יִתְבָּרַךְ וְיִשְׁתַּבַּח וְיִתְפָּאַר וְיִתְרוֹמַם וְיִתְנַשֵּׂא
וְיִתְהַדָּר וְיִתְעַלֶּה וְיִתְהַלָּל
שְׁמֵהּ דְּקֻדְשָׁא בְּרִיךְ הוּא (קהל: אָמֵן)
לְעֵלָּא לְעֵלָּא מִכָּל בִּרְכָתָא
וְשִׁירָתָא תֻּשְׁבְּחָתָא וְנֶחֱמָתָא
דַּאֲמִירָן בְּעָלְמָא
וְאִמְרוּ אָמֵן. (קהל: אָמֵן)

עמידה

"המתפלל צריך שיכוין בלבו פירוש המלות שמוציא בשפתיו; ויחשוב כאלו שכינה כנגדו ויסיר כל המחשבות הטורדות אותו עד שתשאר מחשבתו וכוונתו זכה בתפלתו" (שו"ע צח, א).

פוסע שלוש פסיעות לפנים כמי שנכנס לפני המלך. עומד ומתפלל בלחש מכאן ועד 'וְשָׁנִים קַדְמֹנִיּוֹת' בעמ' 22. בסוף תפילת לחש, לאחר 'הַמְבָרֵךְ אֶת עַמּוֹ יִשְׂרָאֵל בַּשָּׁלוֹם', כל יחיד אומר וידוי. אך שליח הציבור אינו אומר וידוי, ומסיים כבכל השנה.

כורע במקומות המסומנים ב', קד לפנים במילה הבאה וזוקף בשם (סידור השל"ה).

כִּי שֵׁם יהוה אֶקְרָא, הָבוּ גֹדֶל לֵאלֹהֵינוּ: דברים לב

אֲדֹנָי, שְׂפָתַי תִּפְתָּח, וּפִי יַגִּיד תְּהִלָּתֶךָ: תהלים נא

אבות

'בָּרוּךְ אַתָּה יהוה, אֱלֹהֵינוּ וֵאלֹהֵי אֲבוֹתֵינוּ
אֱלֹהֵי אַבְרָהָם, אֱלֹהֵי יִצְחָק, וֵאלֹהֵי יַעֲקֹב
הָאֵל הַגָּדוֹל הַגִּבּוֹר וְהַנּוֹרָא, אֵל עֶלְיוֹן
גּוֹמֵל חֲסָדִים טוֹבִים, קוֹנֵה הַכֹּל, וְזוֹכֵר חַסְדֵי אָבוֹת
וּמֵבִיא גוֹאֵל לִבְנֵי בְנֵיהֶם, לְמַעַן שְׁמוֹ בְּאַהֲבָה.

זָכְרֵנוּ לְחַיִּים, מֶלֶךְ חָפֵץ בַּחַיִּים
וְכָתְבֵנוּ בְּסֵפֶר הַחַיִּים, לְמַעַנְךָ אֱלֹהִים חַיִּים.

מֶלֶךְ עוֹזֵר וּמוֹשִׁיעַ וּמָגֵן.
'בָּרוּךְ אַתָּה יהוה, מָגֵן אַבְרָהָם.

אם שכח לומר 'זָכְרֵנוּ לְחַיִּים', אינו חוזר.

גבורות

אַתָּה גִּבּוֹר לְעוֹלָם, אֲדֹנָי
מְחַיֵּה מֵתִים אַתָּה, רַב לְהוֹשִׁיעַ
מוֹרִיד הַטָּל
מְכַלְכֵּל חַיִּים בְּחֶסֶד, מְחַיֵּה מֵתִים בְּרַחֲמִים רַבִּים
סוֹמֵךְ נוֹפְלִים, וְרוֹפֵא חוֹלִים, וּמַתִּיר אֲסוּרִים
וּמְקַיֵּם אֱמוּנָתוֹ לִישֵׁנֵי עָפָר.

מִי כָמוֹךָ, בַּעַל גְּבוּרוֹת, וּמִי דּוֹמֶה לָּךְ
מֶלֶךְ, מֵמִית וּמְחַיֶּה וּמַצְמִיחַ יְשׁוּעָה.

מִי כָמוֹךָ אָב הָרַחֲמָן, זוֹכֵר יְצוּרָיו לְחַיִּים בְּרַחֲמִים.

וְנֶאֱמָן אַתָּה לְהַחֲיוֹת מֵתִים.
בָּרוּךְ אַתָּה יהוה, מְחַיֵּה הַמֵּתִים.

אם שכח לומר ׳מִי כָמוֹךָ אָב הָרַחֲמָן׳, אינו חוזר.

בתפילת לחש ממשיך ׳אַתָּה קָדוֹשׁ׳ בעמוד הבא.

קדושה

בחזרת הש״ץ הקהל עומד ואומר קדושה.
במקומות המסומנים ב־', המתפלל מתרומם על קצות אצבעותיו.

קהל ואחריו שליח הציבור:

נַקְדִּישָׁךְ וְנַעֲרִיצָךְ כְּנְעַם שִׂיחַ סוֹד שַׂרְפֵי קֹדֶשׁ
הַמְשַׁלְּשִׁים לְךָ קְדֻשָּׁה

ישעיה ו **כַּכָּתוּב עַל יַד נְבִיאֶךָ, וְקָרָא זֶה אֶל־זֶה וְאָמַר**

קהל ואחריו שליח הציבור:

'קָדוֹשׁ, 'קָדוֹשׁ, 'קָדוֹשׁ, יהוה צְבָאוֹת, מְלֹא כָל־הָאָרֶץ כְּבוֹדוֹ:
לְעֻמָּתָם מְשַׁבְּחִים וְאוֹמְרִים

קהל ואחריו שליח הציבור:

יחזקאל ג **'בָּרוּךְ כְּבוֹד־יהוה מִמְּקוֹמוֹ:**
וּבְדִבְרֵי קָדְשְׁךָ כָּתוּב לֵאמֹר

קהל ואחריו שליח הציבור:

תהלים קמו **'יִמְלֹךְ יהוה לְעוֹלָם, אֱלֹהַיִךְ צִיּוֹן לְדֹר וָדֹר, הַלְלוּיָהּ:**

שליח הציבור ממשיך ׳אַתָּה קָדוֹשׁ׳ בעמוד הבא.

בבתי כנסת המתפללים בנוסח אשכנז, שליח הציבור אומר ׳לְדוֹר וָדוֹר׳.

לְדוֹר וָדוֹר נַגִּיד גָּדְלֶךָ, וּלְנֵצַח נְצָחִים קְדֻשָּׁתְךָ נַקְדִּישׁ
וְשִׁבְחֲךָ אֱלֹהֵינוּ מִפִּינוּ לֹא יָמוּשׁ לְעוֹלָם וָעֶד
כִּי אֵל מֶלֶךְ גָּדוֹל וְקָדוֹשׁ אָתָּה.
בָּרוּךְ אַתָּה יהוה, הַמֶּלֶךְ הַקָּדוֹשׁ.

בנוסח אשכנז שליח הציבור ממשיך ׳אַתָּה חוֹנֵן׳ בעמוד הבא.

קדושת השם

אַתָּה קָדוֹשׁ וְשִׁמְךָ קָדוֹשׁ, וּקְדוֹשִׁים בְּכָל יוֹם יְהַלְלוּךָ סֶּלָה
כִּי אֵל מֶלֶךְ גָּדוֹל וְקָדוֹשׁ אָתָּה.
בָּרוּךְ אַתָּה יהוה, הַמֶּלֶךְ הַקָּדוֹשׁ.

אם חתם 'הָאֵל הַקָּדוֹשׁ', כברוב ימות השנה, חוזר לראש.

דעת

אַתָּה חוֹנֵן לְאָדָם דַּעַת, וּמְלַמֵּד לֶאֱנוֹשׁ בִּינָה.
חָנֵּנוּ מֵאִתְּךָ חָכְמָה בִּינָה וָדָעַת.
בָּרוּךְ אַתָּה יהוה, חוֹנֵן הַדָּעַת.

תשובה

הֲשִׁיבֵנוּ אָבִינוּ לְתוֹרָתֶךָ
וְקָרְבֵנוּ מַלְכֵּנוּ לַעֲבוֹדָתֶךָ
וְהַחֲזִירֵנוּ בִּתְשׁוּבָה שְׁלֵמָה לְפָנֶיךָ.
בָּרוּךְ אַתָּה יהוה, הָרוֹצֶה בִּתְשׁוּבָה.

סליחה

נוהגים להכות כנגד הלב במקומות המסומנים ב° (סידור יעב"ץ).

סְלַח לָנוּ אָבִינוּ כִּי °חָטָאנוּ
מְחַל לָנוּ מַלְכֵּנוּ כִּי °פָשָׁעְנוּ
כִּי אֵל טוֹב וְסַלָּח אָתָּה.
בָּרוּךְ אַתָּה יהוה, חַנּוּן הַמַּרְבֶּה לִסְלֹחַ.

גאולה

רְאֵה נָא בְעָנְיֵנוּ, וְרִיבָה רִיבֵנוּ
וּגְאָלֵנוּ גְּאֻלָּה שְׁלֵמָה מְהֵרָה לְמַעַן שְׁמֶךָ
כִּי אֵל גּוֹאֵל חָזָק אָתָּה.
בָּרוּךְ אַתָּה יהוה, גּוֹאֵל יִשְׂרָאֵל.

רפואה

רְפָאֵנוּ יהוה וְנֵרָפֵא
הוֹשִׁיעֵנוּ וְנִוָּשֵׁעָה, כִּי תְהִלָּתֵנוּ אָתָּה
וְהַעֲלֵה אֲרוּכָה וּמַרְפֵּא לְכָל תַּחֲלוּאֵינוּ וּלְכָל מַכְאוֹבֵינוּ
וּרְפוּאָה שְׁלֵמָה לְכָל מַכּוֹתֵינוּ

המתפלל על חולה מוסיף:

יְהִי רָצוֹן מִלְּפָנֶיךָ יהוה אֱלֹהַי וֵאלֹהֵי אֲבוֹתַי, שֶׁתִּשְׁלַח מְהֵרָה רְפוּאָה שְׁלֵמָה מִן הַשָּׁמַיִם רְפוּאַת הַנֶּפֶשׁ וּרְפוּאַת הַגּוּף לַחוֹלֶה פלוני בֶּן פלונית/ לַחוֹלָה פלונית בַּת פלונית בְּתוֹךְ שְׁאָר חוֹלֵי יִשְׂרָאֵל

כִּי אֵל מֶלֶךְ רוֹפֵא נֶאֱמָן וְרַחֲמָן אָתָּה.
בָּרוּךְ אַתָּה יהוה, רוֹפֵא חוֹלֵי עַמּוֹ יִשְׂרָאֵל.

ברכת השנים

בָּרֵךְ עָלֵינוּ יהוה אֱלֹהֵינוּ אֶת הַשָּׁנָה הַזֹּאת
וְאֶת כָּל מִינֵי תְבוּאָתָהּ, לְטוֹבָה
וְתֵן בְּרָכָה עַל פְּנֵי הָאֲדָמָה
וְשַׂבְּעֵנוּ מִטּוּבָהּ
וּבָרֵךְ שְׁנָתֵנוּ כַּשָּׁנִים הַטּוֹבוֹת לִבְרָכָה
כִּי אֵל טוֹב וּמֵטִיב אַתָּה וּמְבָרֵךְ הַשָּׁנִים.
בָּרוּךְ אַתָּה יהוה, מְבָרֵךְ הַשָּׁנִים.

קיבוץ גלויות

תְּקַע בְּשׁוֹפָר גָּדוֹל לְחֵרוּתֵנוּ, וְשָׂא נֵס לְקַבֵּץ גָּלֻיּוֹתֵינוּ
וְקַבְּצֵנוּ יַחַד מְהֵרָה מֵאַרְבַּע כַּנְפוֹת הָאָרֶץ לְאַרְצֵנוּ.
בָּרוּךְ אַתָּה יהוה, מְקַבֵּץ נִדְחֵי עַמּוֹ יִשְׂרָאֵל.

השבת המשפט

הָשִׁיבָה שׁוֹפְטֵינוּ כְּבָרִאשׁוֹנָה, וְיוֹעֲצֵינוּ כְּבַתְּחִלָּה
וְהָסֵר מִמֶּנּוּ יָגוֹן וַאֲנָחָה
וּמְלֹךְ עָלֵינוּ מְהֵרָה אַתָּה יהוה לְבַדְּךָ
בְּחֶסֶד וּבְרַחֲמִים, בְּצֶדֶק וּבְמִשְׁפָּט.
בָּרוּךְ אַתָּה יהוה, הַמֶּלֶךְ הַמִּשְׁפָּט.

אם חתם 'מֶלֶךְ אוֹהֵב צְדָקָה וּמִשְׁפָּט', כברוב ימות השנה, אינו חוזר.

ברכת המינים

וְלַמַּלְשִׁינִים אַל תְּהִי תִקְוָה
וְכָל הַמִּינִים כְּרֶגַע יֹאבֵדוּ, וְכָל אוֹיְבֵי עַמְּךָ מְהֵרָה יִכָּרֵתוּ
וְהַזֵּדִים מְהֵרָה תְעַקֵּר וּתְשַׁבֵּר וּתְמַגֵּר
וּתְכַלֵּם וְתַשְׁפִּילֵם וְתַכְנִיעֵם בִּמְהֵרָה בְיָמֵינוּ.
בָּרוּךְ אַתָּה יהוה, שׁוֹבֵר אוֹיְבִים וּמַכְנִיעַ זֵדִים.

על הצדיקים

עַל הַצַּדִּיקִים וְעַל הַחֲסִידִים
וְעַל זִקְנֵי שְׁאֵרִית עַמְּךָ בֵּית יִשְׂרָאֵל
וְעַל פְּלֵיטַת בֵּית סוֹפְרֵיהֶם
וְעַל גֵּרֵי הַצֶּדֶק, וְעָלֵינוּ
יֶהֱמוּ נָא רַחֲמֶיךָ, יהוה אֱלֹהֵינוּ
וְתֵן שָׂכָר טוֹב לְכָל הַבּוֹטְחִים בְּשִׁמְךָ בֶּאֱמֶת
וְשִׂים חֶלְקֵנוּ עִמָּהֶם
וּלְעוֹלָם לֹא נֵבוֹשׁ, כִּי בְךָ בָטָחְנוּ
וְעַל חַסְדְּךָ הַגָּדוֹל בֶּאֱמֶת נִשְׁעָנְנוּ.
בָּרוּךְ אַתָּה יהוה, מִשְׁעָן וּמִבְטָח לַצַּדִּיקִים.

בניין ירושלים

וְלִירוּשָׁלַיִם עִירְךָ בְּרַחֲמִים תָּשׁוּב, וְתִשְׁכֹּן בְּתוֹכָהּ כַּאֲשֶׁר דִּבַּרְתָּ
וּבְנֵה אוֹתָהּ בְּקָרוֹב בְּיָמֵינוּ בִּנְיַן עוֹלָם
וְכִסֵּא דָוִד עַבְדְּךָ מְהֵרָה לְתוֹכָהּ תָּכִין.
בָּרוּךְ אַתָּה יהוה, בּוֹנֵה יְרוּשָׁלָיִם.

מלכות בית דוד

אֶת צֶמַח דָּוִד עַבְדְּךָ מְהֵרָה תַצְמִיחַ, וְקַרְנוֹ תָּרוּם בִּישׁוּעָתֶךָ
כִּי לִישׁוּעָתְךָ קִוִּינוּ כָּל הַיּוֹם.
בָּרוּךְ אַתָּה יהוה, מַצְמִיחַ קֶרֶן יְשׁוּעָה.

שומע תפילה

אָב הָרַחֲמָן
שְׁמַע קוֹלֵנוּ יהוה אֱלֹהֵינוּ
חוּס וְרַחֵם עָלֵינוּ, וְקַבֵּל בְּרַחֲמִים וּבְרָצוֹן אֶת תְּפִלָּתֵנוּ
כִּי אֵל שׁוֹמֵעַ תְּפִלּוֹת וְתַחֲנוּנִים אָתָּה
וּמִלְּפָנֶיךָ מַלְכֵּנוּ רֵיקָם אַל תְּשִׁיבֵנוּ
חָנֵּנוּ וַעֲנֵנוּ וּשְׁמַע תְּפִלָּתֵנוּ, כִּי אַתָּה שׁוֹמֵעַ תְּפִלַּת כָּל פֶּה.
בָּרוּךְ אַתָּה יהוה, שׁוֹמֵעַ תְּפִלָּה.

עבודה

רְצֵה יהוה אֱלֹהֵינוּ בְּעַמְּךָ יִשְׂרָאֵל, וְלִתְפִלָּתָם שְׁעֵה
וְהָשֵׁב אֶת הָעֲבוֹדָה לִדְבִיר בֵּיתֶךָ
וְאִשֵּׁי יִשְׂרָאֵל וּתְפִלָּתָם, מְהֵרָה בְּאַהֲבָה תְקַבֵּל בְּרָצוֹן
וּתְהִי לְרָצוֹן תָּמִיד עֲבוֹדַת יִשְׂרָאֵל עַמֶּךָ.
וְתֶחֱזֶינָה עֵינֵינוּ בְּשׁוּבְךָ לְצִיּוֹן בְּרַחֲמִים.
בָּרוּךְ אַתָּה יהוה, הַמַּחֲזִיר שְׁכִינָתוֹ לְצִיּוֹן.

הודאה

כורע ב'מוֹדִים' ואינו זוקף עד אמירת השם (סידור השל"ה).

'מוֹדִים אֲנַחְנוּ לָךְ
שָׁאַתָּה הוּא יהוה אֱלֹהֵינוּ
וֵאלֹהֵי אֲבוֹתֵינוּ לְעוֹלָם וָעֶד.
צוּר חַיֵּינוּ, מָגֵן יִשְׁעֵנוּ
אַתָּה הוּא לְדוֹר וָדוֹר.
נוֹדֶה לְּךָ וּנְסַפֵּר תְּהִלָּתֶךָ
עַל חַיֵּינוּ הַמְּסוּרִים בְּיָדֶךָ
וְעַל נִשְׁמוֹתֵינוּ הַפְּקוּדוֹת לָךְ
וְעַל נִסֶּיךָ שֶׁבְּכָל יוֹם עִמָּנוּ
וְעַל נִפְלְאוֹתֶיךָ וְטוֹבוֹתֶיךָ
שֶׁבְּכָל עֵת, עֶרֶב וָבֹקֶר וְצָהֳרָיִם.
הַטּוֹב, כִּי לֹא כָלוּ רַחֲמֶיךָ
וְהַמְרַחֵם, כִּי לֹא תַמּוּ חֲסָדֶיךָ
כִּי מֵעוֹלָם קִוִּינוּ לָךְ.

כששליח הציבור אומר 'מוֹדִים',
הקהל אומר בלחש (סוטה מ ע"א):

'מוֹדִים אֲנַחְנוּ לָךְ
שָׁאַתָּה הוּא יהוה אֱלֹהֵינוּ
וֵאלֹהֵי אֲבוֹתֵינוּ
אֱלֹהֵי כָל בָּשָׂר
יוֹצְרֵנוּ, יוֹצֵר בְּרֵאשִׁית.
בְּרָכוֹת וְהוֹדָאוֹת
לְשִׁמְךָ הַגָּדוֹל וְהַקָּדוֹשׁ
עַל שֶׁהֶחֱיִיתָנוּ וְקִיַּמְתָּנוּ.
כֵּן תְּחַיֵּנוּ וּתְקַיְּמֵנוּ
וְתֶאֱסֹף גָּלֻיּוֹתֵינוּ
לְחַצְרוֹת קָדְשֶׁךָ
לִשְׁמֹר חֻקֶּיךָ וְלַעֲשׂוֹת רְצוֹנֶךָ
וּלְעָבְדְּךָ בְּלֵבָב שָׁלֵם
עַל שֶׁאָנוּ מוֹדִים לָךְ.
בָּרוּךְ אֵל הַהוֹדָאוֹת.

וְעַל כֻּלָּם יִתְבָּרַךְ וְיִתְרוֹמַם וְיִתְנַשֵּׂא שִׁמְךָ מַלְכֵּנוּ
תָּמִיד לְעוֹלָם וָעֶד.

וּכְתֹב לְחַיִּים טוֹבִים כָּל בְּנֵי בְרִיתֶךָ.

וְכֹל הַחַיִּים יוֹדְוּךָ סֶּלָה
וִיהַלְלוּ וִיבָרְכוּ אֶת שִׁמְךָ הַגָּדוֹל בֶּאֱמֶת לְעוֹלָם כִּי טוֹב
הָאֵל יְשׁוּעָתֵנוּ וְעֶזְרָתֵנוּ סֶלָה, הָאֵל הַטּוֹב.
'בָּרוּךְ אַתָּה יהוה, הַטּוֹב שִׁמְךָ וּלְךָ נָאֶה לְהוֹדוֹת.

אם שכח לומר 'וּכְתֹב לְחַיִּים טוֹבִים', אינו חוזר.

שלום

שִׂים שָׁלוֹם טוֹבָה וּבְרָכָה
חַיִּים חֵן וָחֶסֶד וְרַחֲמִים עָלֵינוּ וְעַל כָּל יִשְׂרָאֵל עַמֶּךָ.
בָּרְכֵנוּ אָבִינוּ כֻּלָּנוּ כְּאֶחָד בְּאוֹר פָּנֶיךָ
כִּי בְאוֹר פָּנֶיךָ נָתַתָּ לָּנוּ יהוה אֱלֹהֵינוּ תּוֹרַת חַיִּים וְאַהֲבַת חֶסֶד
וּצְדָקָה וּבְרָכָה וְרַחֲמִים וְחַיִּים וְשָׁלוֹם.
וְטוֹב יִהְיֶה בְּעֵינֶיךָ לְבָרְכֵנוּ וּלְבָרֵךְ אֶת כָּל עַמְּךָ יִשְׂרָאֵל
בְּכָל עֵת וּבְכָל שָׁעָה בִּשְׁלוֹמֶךָ.

בְּסֵפֶר חַיִּים, בְּרָכָה וְשָׁלוֹם, וּפַרְנָסָה טוֹבָה
וּגְזֵרוֹת טוֹבוֹת, יְשׁוּעוֹת וְנֶחָמוֹת
נִזָּכֵר וְנִכָּתֵב לְפָנֶיךָ אֲנַחְנוּ וְכָל עַמְּךָ בֵּית יִשְׂרָאֵל
לְחַיִּים טוֹבִים וּלְשָׁלוֹם.

בָּרוּךְ אַתָּה יהוה, הַמְבָרֵךְ אֶת עַמּוֹ יִשְׂרָאֵל בַּשָּׁלוֹם.

אם שכח לומר 'בְּסֵפֶר חַיִּים', אינו חוזר.

שליח הציבור מסיים באמירת הפסוק הבא בלחש, ויש הנוהגים שגם יחיד אומרו כאן:

יִהְיוּ לְרָצוֹן אִמְרֵי־פִי וְהֶגְיוֹן לִבִּי לְפָנֶיךָ, יהוה צוּרִי וְגֹאֲלִי: תהלים יט

היחיד בתפילת לחש ממשיך למטה.

וידוי

אֱלֹהֵינוּ וֵאלֹהֵי אֲבוֹתֵינוּ
תָּבוֹא לְפָנֶיךָ תְּפִלָּתֵנוּ, וְאַל תִּתְעַלַּם מִתְּחִנָּתֵנוּ.
שֶׁאֵין אָנוּ עַזֵּי פָנִים וּקְשֵׁי עֹרֶף לוֹמַר לְפָנֶיךָ
יהוה אֱלֹהֵינוּ וֵאלֹהֵי אֲבוֹתֵינוּ
צַדִּיקִים אֲנַחְנוּ וְלֹא חָטָאנוּ.
אֲבָל אֲנַחְנוּ וַאֲבוֹתֵינוּ חָטָאנוּ.

כשמתוודה, מכה באגרופו על החזה כנגד הלב (מג״א תרז, ג, בשם מדרש קהלת).

אָשַׁמְנוּ, בָּגַדְנוּ, גָּזַלְנוּ, דִּבַּרְנוּ דֹפִי
הֶעֱוִינוּ, וְהִרְשַׁעְנוּ, זַדְנוּ, חָמַסְנוּ, טָפַלְנוּ שֶׁקֶר
יָעַצְנוּ רָע, כִּזַּבְנוּ, לַצְנוּ, מָרַדְנוּ, נִאַצְנוּ, סָרַרְנוּ
עָוִינוּ, פָּשַׁעְנוּ, צָרַרְנוּ, קִשִּׁינוּ עֹרֶף
רָשַׁעְנוּ, שִׁחַתְנוּ, תִּעַבְנוּ, תָּעִינוּ, תִּעְתָּעְנוּ.

סַרְנוּ מִמִּצְוֹתֶיךָ וּמִמִּשְׁפָּטֶיךָ הַטּוֹבִים, וְלֹא שָׁוָה לָנוּ.
וְאַתָּה צַדִּיק עַל כָּל־הַבָּא עָלֵינוּ, כִּי־אֱמֶת עָשִׂיתָ, וַאֲנַחְנוּ הִרְשָׁעְנוּ: נחמיה ט

מַה נֹּאמַר לְפָנֶיךָ יוֹשֵׁב מָרוֹם, וּמַה נְּסַפֵּר לְפָנֶיךָ שׁוֹכֵן שְׁחָקִים
הֲלֹא כָּל הַנִּסְתָּרוֹת וְהַנִּגְלוֹת אַתָּה יוֹדֵעַ.

אַתָּה יוֹדֵעַ רָזֵי עוֹלָם וְתַעֲלוּמוֹת סִתְרֵי כָּל חָי.
אַתָּה חוֹפֵשׂ כָּל חַדְרֵי בָטֶן וּבוֹחֵן כְּלָיוֹת וָלֵב.
אֵין דָּבָר נֶעְלָם מִמֶּךָּ וְאֵין נִסְתָּר מִנֶּגֶד עֵינֶיךָ.
וּבְכֵן, יְהִי רָצוֹן מִלְּפָנֶיךָ, יהוה אֱלֹהֵינוּ וֵאלֹהֵי אֲבוֹתֵינוּ
שֶׁתְּכַפֵּר לָנוּ עַל כָּל חַטֹּאתֵינוּ
וְתִסְלַח לָנוּ עַל כָּל עֲוֹנוֹתֵינוּ
וְתִמְחַל לָנוּ עַל כָּל פְּשָׁעֵינוּ.

על כל חטא שמונה, מכה באגרופו על החזה כנגד הלב.

עַל חֵטְא שֶׁחָטָאנוּ לְפָנֶיךָ בְּאֹנֶס וּבְרָצוֹן
וְעַל חֵטְא שֶׁחָטָאנוּ לְפָנֶיךָ בְּאִמּוּץ הַלֵּב

עַל חֵטְא שֶׁחָטָאנוּ לְפָנֶיךָ בִּבְלִי דָעַת
וְעַל חֵטְא שֶׁחָטָאנוּ לְפָנֶיךָ בְּבִטּוּי שְׂפָתָיִם

עַל חֵטְא שֶׁחָטָאנוּ לְפָנֶיךָ בְּגִלּוּי עֲרָיוֹת
וְעַל חֵטְא שֶׁחָטָאנוּ לְפָנֶיךָ בְּגָלוּי וּבַסָּתֶר

עַל חֵטְא שֶׁחָטָאנוּ לְפָנֶיךָ בְּדַעַת וּבְמִרְמָה
וְעַל חֵטְא שֶׁחָטָאנוּ לְפָנֶיךָ בְּדִבּוּר פֶּה

עַל חֵטְא שֶׁחָטָאנוּ לְפָנֶיךָ בְּהוֹנָאַת רֵעַ
וְעַל חֵטְא שֶׁחָטָאנוּ לְפָנֶיךָ בְּהַרְהוּר הַלֵּב

עַל חֵטְא שֶׁחָטָאנוּ לְפָנֶיךָ בִּוְעִידַת זְנוּת
וְעַל חֵטְא שֶׁחָטָאנוּ לְפָנֶיךָ בְּוִדּוּי פֶּה

עַל חֵטְא שֶׁחָטָאנוּ לְפָנֶיךָ בְּזִלְזוּל הוֹרִים וּמוֹרִים
וְעַל חֵטְא שֶׁחָטָאנוּ לְפָנֶיךָ בְּזָדוֹן וּבִשְׁגָגָה

עַל חֵטְא שֶׁחָטָאנוּ לְפָנֶיךָ בְּחֹזֶק יָד
וְעַל חֵטְא שֶׁחָטָאנוּ לְפָנֶיךָ בְּחִלּוּל הַשֵּׁם

עַל חֵטְא שֶׁחָטָאנוּ לְפָנֶיךָ בְּטֻמְאַת שְׂפָתָיִם
וְעַל חֵטְא שֶׁחָטָאנוּ לְפָנֶיךָ בְּטִפְשׁוּת פֶּה

עַל חֵטְא שֶׁחָטָאנוּ לְפָנֶיךָ בְּיֵצֶר הָרָע
וְעַל חֵטְא שֶׁחָטָאנוּ לְפָנֶיךָ בְּיוֹדְעִים וּבְלֹא יוֹדְעִים

וְעַל כֻּלָּם אֱלוֹהַּ סְלִיחוֹת סְלַח לָנוּ, מְחַל לָנוּ, כַּפֶּר לָנוּ.

עַל חֵטְא שֶׁחָטָאנוּ לְפָנֶיךָ בְּכַחַשׁ וּבְכָזָב
וְעַל חֵטְא שֶׁחָטָאנוּ לְפָנֶיךָ בְּכַפַּת שֹׁחַד

עַל חֵטְא שֶׁחָטָאנוּ לְפָנֶיךָ בְּלָצוֹן
וְעַל חֵטְא שֶׁחָטָאנוּ לְפָנֶיךָ בְּלָשׁוֹן הָרָע

עַל חֵטְא שֶׁחָטָאנוּ לְפָנֶיךָ בְּמַשָּׂא וּבְמַתָּן
וְעַל חֵטְא שֶׁחָטָאנוּ לְפָנֶיךָ בְּמַאֲכָל וּבְמִשְׁתֶּה

עַל חֵטְא שֶׁחָטָאנוּ לְפָנֶיךָ בְּנֶשֶׁךְ וּבְמַרְבִּית
וְעַל חֵטְא שֶׁחָטָאנוּ לְפָנֶיךָ בִּנְטִיַּת גָּרוֹן

עַל חֵטְא שֶׁחָטָאנוּ לְפָנֶיךָ בְּשִׂיחַ שִׂפְתוֹתֵינוּ
וְעַל חֵטְא שֶׁחָטָאנוּ לְפָנֶיךָ בְּשִׂקּוּר עָיִן

עַל חֵטְא שֶׁחָטָאנוּ לְפָנֶיךָ בְּעֵינַיִם רָמוֹת
וְעַל חֵטְא שֶׁחָטָאנוּ לְפָנֶיךָ בְּעַזּוּת מֵצַח

וְעַל כֻּלָּם אֱלוֹהַּ סְלִיחוֹת סְלַח לָנוּ, מְחַל לָנוּ, כַּפֶּר לָנוּ.

עַל חֵטְא שֶׁחָטָאנוּ לְפָנֶיךָ בִּפְרִיקַת עֹל
וְעַל חֵטְא שֶׁחָטָאנוּ לְפָנֶיךָ בִּפְלִילוּת

עַל חֵטְא שֶׁחָטָאנוּ לְפָנֶיךָ בִּצְדִיַּת רֵעַ
וְעַל חֵטְא שֶׁחָטָאנוּ לְפָנֶיךָ בְּצָרוּת עָיִן

עַל חֵטְא שֶׁחָטָאנוּ לְפָנֶיךָ בְּקַלּוּת רֹאשׁ
וְעַל חֵטְא שֶׁחָטָאנוּ לְפָנֶיךָ בְּקַשְׁיוּת עֹרֶף

עַל חֵטְא שֶׁחָטָאנוּ לְפָנֶיךָ בְּרִיצַת רַגְלַיִם לְהָרַע
וְעַל חֵטְא שֶׁחָטָאנוּ לְפָנֶיךָ בִּרְכִילוּת

עַל חֵטְא שֶׁחָטָאנוּ לְפָנֶיךָ בִּשְׁבוּעַת שָׁוְא
וְעַל חֵטְא שֶׁחָטָאנוּ לְפָנֶיךָ בְּשִׂנְאַת חִנָּם

עַל חֵטְא שֶׁחָטָאנוּ לְפָנֶיךָ בִּתְשׂוּמֶת יָד
וְעַל חֵטְא שֶׁחָטָאנוּ לְפָנֶיךָ בְּתִמְהוֹן לֵבָב

וְעַל כֻּלָּם אֱלוֹהַּ סְלִיחוֹת סְלַח לָנוּ, מְחַל לָנוּ, כַּפֶּר לָנוּ.

וְעַל חֲטָאִים שֶׁאָנוּ חַיָּבִים עֲלֵיהֶם עוֹלָה
וְעַל חֲטָאִים שֶׁאָנוּ חַיָּבִים עֲלֵיהֶם חַטָּאת
וְעַל חֲטָאִים שֶׁאָנוּ חַיָּבִים עֲלֵיהֶם קָרְבָּן עוֹלֶה וְיוֹרֵד
וְעַל חֲטָאִים שֶׁאָנוּ חַיָּבִים עֲלֵיהֶם אָשָׁם וַדַּאי וְתָלוּי
וְעַל חֲטָאִים שֶׁאָנוּ חַיָּבִים עֲלֵיהֶם מַכַּת מַרְדּוּת
וְעַל חֲטָאִים שֶׁאָנוּ חַיָּבִים עֲלֵיהֶם מַלְקוּת אַרְבָּעִים
וְעַל חֲטָאִים שֶׁאָנוּ חַיָּבִים עֲלֵיהֶם מִיתָה בִּידֵי שָׁמַיִם
וְעַל חֲטָאִים שֶׁאָנוּ חַיָּבִים עֲלֵיהֶם כָּרֵת וַעֲרִירִי
וְעַל חֲטָאִים שֶׁאָנוּ חַיָּבִים עֲלֵיהֶם אַרְבַּע מִיתוֹת בֵּית דִּין
סְקִילָה, שְׂרֵפָה, הֶרֶג, וְחֶנֶק.
עַל מִצְוַת עֲשֵׂה
וְעַל מִצְוַת לֹא תַעֲשֶׂה.
בֵּין שֶׁיֵּשׁ בָּהּ קוּם עֲשֵׂה
וּבֵין שֶׁאֵין בָּהּ קוּם עֲשֵׂה.
אֶת הַגְּלוּיִים לָנוּ וְאֶת שֶׁאֵינָם גְּלוּיִים לָנוּ
אֶת הַגְּלוּיִים לָנוּ,
כְּבָר אֲמַרְנוּם לְפָנֶיךָ, וְהוֹדִינוּ לְךָ עֲלֵיהֶם
וְאֶת שֶׁאֵינָם גְּלוּיִים לָנוּ
לְפָנֶיךָ הֵם גְּלוּיִים וִידוּעִים
כַּדָּבָר שֶׁנֶּאֱמַר
הַנִּסְתָּרֹת לַיהוה אֱלֹהֵינוּ דברים כט
וְהַנִּגְלֹת לָנוּ וּלְבָנֵינוּ עַד־עוֹלָם
לַעֲשׂוֹת אֶת־כָּל־דִּבְרֵי הַתּוֹרָה הַזֹּאת:
כִּי אַתָּה סָלְחָן לְיִשְׂרָאֵל וּמָחֳלָן לְשִׁבְטֵי יְשֻׁרוּן בְּכָל דּוֹר וָדוֹר
וּמִבַּלְעָדֶיךָ אֵין לָנוּ מֶלֶךְ מוֹחֵל וְסוֹלֵחַ אֶלָּא אָתָּה.

אֱלֹהַי
עַד שֶׁלֹּא נוֹצַרְתִּי אֵינִי כְדַאי
וְעַכְשָׁיו שֶׁנּוֹצַרְתִּי, כְּאִלּוּ לֹא נוֹצַרְתִּי
עָפָר אֲנִי בְּחַיָּי, קַל וָחֹמֶר בְּמִיתָתִי.
הֲרֵי אֲנִי לְפָנֶיךָ כִּכְלִי מָלֵא בוּשָׁה וּכְלִמָּה.
יְהִי רָצוֹן מִלְּפָנֶיךָ, יהוה אֱלֹהַי וֵאלֹהֵי אֲבוֹתַי
שֶׁלֹּא אֶחֱטָא עוֹד.
וּמַה שֶּׁחָטָאתִי לְפָנֶיךָ, מְחֹק בְּרַחֲמֶיךָ הָרַבִּים
אֲבָל לֹא עַל יְדֵי יִסּוּרִים וָחֳלָיִם רָעִים.

אֱלֹהַי ברכות יז.
נְצֹר לְשׁוֹנִי מֵרָע וּשְׂפָתַי מִדַּבֵּר מִרְמָה
וְלִמְקַלְלַי נַפְשִׁי תִדֹּם, וְנַפְשִׁי כֶּעָפָר לַכֹּל תִּהְיֶה.
פְּתַח לִבִּי בְּתוֹרָתֶךָ
וְאַחֲרֵי מִצְוֹתֶיךָ תִּרְדֹּף נַפְשִׁי.
וְכָל הַקָּמִים וְהַחוֹשְׁבִים עָלַי רָעָה
מְהֵרָה הָפֵר עֲצָתָם וְקַלְקֵל מַחֲשַׁבְתָּם.

יש המוסיפים תחינה זו (קיצור של״ה, ׳אור הישר׳):
יְהִי רָצוֹן מִלְּפָנֶיךָ, יהוה אֱלֹהַי וֵאלֹהֵי אֲבוֹתַי
שֶׁלֹּא תַעֲלֶה קִנְאַת אָדָם עָלַי, וְלֹא קִנְאָתִי עַל אֲחֵרִים
וְשֶׁלֹּא אֶכְעֹס הַיּוֹם, וְשֶׁלֹּא אַכְעִיסֶךָ
וְתַצִּילֵנִי מִיֵּצֶר הָרָע
וְתֵן בְּלִבִּי הַכְנָעָה וַעֲנָוָה.
מַלְכֵּנוּ וֵאלֹהֵינוּ, יַחֵד שִׁמְךָ בְּעוֹלָמֶךָ
בְּנֵה עִירָךְ, יַסֵּד בֵּיתָךְ וְשַׁכְלֵל הֵיכָלָךְ
וְקַבֵּץ קִבּוּץ גָּלֻיּוֹת, וּפְדֵה צֹאנְךָ וְשַׂמַּח עֲדָתֶךָ.

עֲשֵׂה לְמַעַן שְׁמֶךָ, עֲשֵׂה לְמַעַן יְמִינֶךָ
עֲשֵׂה לְמַעַן תּוֹרָתֶךָ, עֲשֵׂה לְמַעַן קְדֻשָּׁתֶךָ.
לְמַעַן יֵחָלְצוּן יְדִידֶיךָ, הוֹשִׁיעָה יְמִינְךָ וַעֲנֵנִי: תהלים ס
יִהְיוּ לְרָצוֹן אִמְרֵי פִי וְהֶגְיוֹן לִבִּי לְפָנֶיךָ, יהוה צוּרִי וְגֹאֲלִי: תהלים יט

כורע ופוסע שלוש פסיעות לאחור. קד לשמאל, לימין ולפנים באמירת:

עֹשֶׂה הַשָּׁלוֹם בִּמְרוֹמָיו
הוּא יַעֲשֶׂה שָׁלוֹם, עָלֵינוּ וְעַל כָּל יִשְׂרָאֵל, וְאִמְרוּ אָמֵן.

יְהִי רָצוֹן מִלְּפָנֶיךָ יהוה אֱלֹהֵינוּ וֵאלֹהֵי אֲבוֹתֵינוּ
שֶׁיִּבָּנֶה בֵּית הַמִּקְדָּשׁ בִּמְהֵרָה בְיָמֵינוּ, וְתֵן חֶלְקֵנוּ בְּתוֹרָתֶךָ
וְשָׁם נַעֲבָדְךָ בְּיִרְאָה כִּימֵי עוֹלָם וּכְשָׁנִים קַדְמוֹנִיּוֹת.
וְעָרְבָה לַיהוה מִנְחַת יְהוּדָה וִירוּשָׁלָיִם כִּימֵי עוֹלָם וּכְשָׁנִים קַדְמֹנִיּוֹת: מלאכי ג

שליח הציבור חוזר על התפילה עד ׳יִהְיוּ לְרָצוֹן אִמְרֵי־פִי׳ בעמ׳ 16.

קדיש שלם

ש״ץ: יִתְגַּדַּל וְיִתְקַדַּשׁ שְׁמֵהּ רַבָּא (קהל: אָמֵן)
בְּעָלְמָא דִּי בְרָא כִרְעוּתֵהּ
וְיַמְלִיךְ מַלְכוּתֵהּ וְיַצְמַח פֻּרְקָנֵהּ וִיקָרֵב מְשִׁיחֵהּ (קהל: אָמֵן)
בְּחַיֵּיכוֹן וּבְיוֹמֵיכוֹן וּבְחַיֵּי דְכָל בֵּית יִשְׂרָאֵל
בַּעֲגָלָא וּבִזְמַן קָרִיב
וְאִמְרוּ אָמֵן. (קהל: אָמֵן)

קהל וש״ץ: יְהֵא שְׁמֵהּ רַבָּא מְבָרַךְ לְעָלַם וּלְעָלְמֵי עָלְמַיָּא.

ש״ץ: יִתְבָּרַךְ וְיִשְׁתַּבַּח וְיִתְפָּאַר וְיִתְרוֹמַם וְיִתְנַשֵּׂא
וְיִתְהַדָּר וְיִתְעַלֶּה וְיִתְהַלָּל
שְׁמֵהּ דְּקֻדְשָׁא בְּרִיךְ הוּא (קהל: אָמֵן)
לְעֵלָּא לְעֵלָּא מִכָּל בִּרְכָתָא וְשִׁירָתָא, תֻּשְׁבְּחָתָא וְנֶחֱמָתָא
דַּאֲמִירָן בְּעָלְמָא
וְאִמְרוּ אָמֵן. (קהל: אָמֵן)

תִּתְקַבַּל צְלוֹתְהוֹן וּבָעוּתְהוֹן דְּכָל בֵּית יִשְׂרָאֵל
קֳדָם אֲבוּהוֹן דִּי בִשְׁמַיָּא
וְאִמְרוּ אָמֵן. (קהל: אָמֵן)

יְהֵא שְׁלָמָא רַבָּא מִן שְׁמַיָּא
וְחַיִּים טוֹבִים עָלֵינוּ וְעַל כָּל יִשְׂרָאֵל
וְאִמְרוּ אָמֵן. (קהל: אָמֵן)

כורע ופוסע שלוש פסיעות לאחור. קד לשמאל, לימין ולפנים באמירת:

עֹשֶׂה הַשָּׁלוֹם בִּמְרוֹמָיו
הוּא יַעֲשֶׂה שָׁלוֹם, עָלֵינוּ וְעַל כָּל יִשְׂרָאֵל
וְאִמְרוּ אָמֵן. (קהל: אָמֵן)

אומרים 'עָלֵינוּ' בעמידה ומשתחווים במקום המסומן ב°.

עָלֵינוּ לְשַׁבֵּחַ לַאֲדוֹן הַכֹּל, לָתֵת גְּדֻלָּה לְיוֹצֵר בְּרֵאשִׁית
שֶׁלֹּא עָשָׂנוּ כְּגוֹיֵי הָאֲרָצוֹת, וְלֹא שָׂמָנוּ כְּמִשְׁפְּחוֹת הָאֲדָמָה
שֶׁלֹּא שָׂם חֶלְקֵנוּ כָּהֶם וְגוֹרָלֵנוּ כְּכָל הֲמוֹנָם.
שֶׁהֵם מִשְׁתַּחֲוִים לְהֶבֶל וָרִיק וּמִתְפַּלְלִים אֶל אֵל לֹא יוֹשִׁיעַ.
°וַאֲנַחְנוּ כּוֹרְעִים וּמִשְׁתַּחֲוִים וּמוֹדִים
לִפְנֵי מֶלֶךְ מַלְכֵי הַמְּלָכִים, הַקָּדוֹשׁ בָּרוּךְ הוּא
שֶׁהוּא נוֹטֶה שָׁמַיִם וְיוֹסֵד אָרֶץ
וּמוֹשַׁב יְקָרוֹ בַּשָּׁמַיִם מִמַּעַל
וּשְׁכִינַת עֻזּוֹ בְּגָבְהֵי מְרוֹמִים.
הוּא אֱלֹהֵינוּ, אֵין עוֹד.
אֱמֶת מַלְכֵּנוּ, אֶפֶס זוּלָתוֹ
כַּכָּתוּב בְּתוֹרָתוֹ, וְיָדַעְתָּ הַיּוֹם וַהֲשֵׁבֹתָ אֶל־לְבָבֶךָ דברים ד
כִּי יהוה הוּא הָאֱלֹהִים בַּשָּׁמַיִם מִמַּעַל וְעַל־הָאָרֶץ מִתָּחַת
אֵין עוֹד:

וְעַל כֵּן נְקַוֶּה לְּךָ יהוה אֱלֹהֵינוּ, לִרְאוֹת מְהֵרָה בְּתִפְאֶרֶת עֻזֶּךָ
לְהַעֲבִיר גִּלּוּלִים מִן הָאָרֶץ, וְהָאֱלִילִים כָּרוֹת יִכָּרֵתוּן
לְתַקֵּן עוֹלָם בְּמַלְכוּת שַׁדַּי.
וְכָל בְּנֵי בָשָׂר יִקְרְאוּ בִשְׁמֶךָ, לְהַפְנוֹת אֵלֶיךָ כָּל רִשְׁעֵי אָרֶץ.
יַכִּירוּ וְיֵדְעוּ כָּל יוֹשְׁבֵי תֵבֵל
כִּי לְךָ תִּכְרַע כָּל בֶּרֶךְ, תִּשָּׁבַע כָּל לָשׁוֹן.
לְפָנֶיךָ יהוה אֱלֹהֵינוּ יִכְרְעוּ וְיִפֹּלוּ, וְלִכְבוֹד שִׁמְךָ יְקָר יִתֵּנוּ
וִיקַבְּלוּ כֻלָּם אֶת עֹל מַלְכוּתֶךָ, וְתִמְלֹךְ עֲלֵיהֶם מְהֵרָה לְעוֹלָם וָעֶד.
כִּי הַמַּלְכוּת שֶׁלְּךָ הִיא וּלְעוֹלְמֵי עַד תִּמְלֹךְ בְּכָבוֹד
שמות טו כַּכָּתוּב בְּתוֹרָתֶךָ, יהוה יִמְלֹךְ לְעֹלָם וָעֶד:
זכריה יד ◄ וְנֶאֱמַר, וְהָיָה יהוה לְמֶלֶךְ עַל־כָּל־הָאָרֶץ
בַּיּוֹם הַהוּא יִהְיֶה יהוה אֶחָד וּשְׁמוֹ אֶחָד:

יש מוסיפים:

משלי ג אַל־תִּירָא מִפַּחַד פִּתְאֹם וּמִשֹּׁאַת רְשָׁעִים כִּי תָבֹא:
ישעיה ח עֻצוּ עֵצָה וְתֻפָר, דַּבְּרוּ דָבָר וְלֹא יָקוּם, כִּי עִמָּנוּ אֵל:
ישעיה מו וְעַד־זִקְנָה אֲנִי הוּא, וְעַד־שֵׂיבָה אֲנִי אֶסְבֹּל אֲנִי עָשִׂיתִי וַאֲנִי אֶשָּׂא וַאֲנִי אֶסְבֹּל וַאֲמַלֵּט:

קדיש יתום

אבל: יִתְגַּדַּל וְיִתְקַדַּשׁ שְׁמֵהּ רַבָּא (קהל: אָמֵן)
בְּעָלְמָא דִּי בְרָא כִרְעוּתֵהּ
וְיַמְלִיךְ מַלְכוּתֵהּ וְיַצְמַח פֻּרְקָנֵהּ וִיקָרֵב מְשִׁיחֵהּ (קהל: אָמֵן)
בְּחַיֵּיכוֹן וּבְיוֹמֵיכוֹן וּבְחַיֵּי דְכָל בֵּית יִשְׂרָאֵל
בַּעֲגָלָא וּבִזְמַן קָרִיב, וְאִמְרוּ אָמֵן. (קהל: אָמֵן)

קהל ואבל: יְהֵא שְׁמֵהּ רַבָּא מְבָרַךְ לְעָלַם וּלְעָלְמֵי עָלְמַיָּא.

אבל: יִתְבָּרַךְ וְיִשְׁתַּבַּח וְיִתְפָּאַר וְיִתְרוֹמַם וְיִתְנַשֵּׂא
וְיִתְהַדָּר וְיִתְעַלֶּה וְיִתְהַלָּל
שְׁמֵהּ דְּקֻדְשָׁא בְּרִיךְ הוּא (קהל: אָמֵן)

לְעֵלָּא לְעֵלָּא מִכָּל בִּרְכָתָא
וְשִׁירָתָא תֻּשְׁבְּחָתָא וְנֶחֱמָתָא
דַּאֲמִירָן בְּעָלְמָא, וְאִמְרוּ אָמֵן. (קהל: אָמֵן)

יְהֵא שְׁלָמָא רַבָּא מִן שְׁמַיָּא
וְחַיִּים טוֹבִים עָלֵינוּ וְעַל כָּל יִשְׂרָאֵל, וְאִמְרוּ אָמֵן. (קהל: אָמֵן)

כורע ופוסע שלוש פסיעות לאחור. קד לשמאל, לימין ולפנים באמירת:

עֹשֶׂה הַשָּׁלוֹם בִּמְרוֹמָיו
הוּא יַעֲשֶׂה שָׁלוֹם עָלֵינוּ
וְעַל כָּל יִשְׂרָאֵל, וְאִמְרוּ אָמֵן. (קהל: אָמֵן)

יש האומרים ׳לְדָוִד, ה׳ אוֹרִי וְיִשְׁעִי׳ בערבית ולא במנחה, כנוסח אשכנז.

לְדָוִד, יהוה אוֹרִי וְיִשְׁעִי, מִמִּי אִירָא, יהוה מָעוֹז־חַיַּי, מִמִּי אֶפְחָד: תהלים כז
בִּקְרֹב עָלַי מְרֵעִים לֶאֱכֹל אֶת־בְּשָׂרִי, צָרַי וְאֹיְבַי לִי, הֵמָּה כָשְׁלוּ
וְנָפָלוּ: אִם־תַּחֲנֶה עָלַי מַחֲנֶה, לֹא־יִירָא לִבִּי, אִם־תָּקוּם עָלַי מִלְחָמָה,
בְּזֹאת אֲנִי בוֹטֵחַ: אַחַת שָׁאַלְתִּי מֵאֵת־יהוה, אוֹתָהּ אֲבַקֵּשׁ, שִׁבְתִּי
בְּבֵית־יהוה כָּל־יְמֵי חַיַּי, לַחֲזוֹת בְּנֹעַם־יהוה, וּלְבַקֵּר בְּהֵיכָלוֹ: כִּי
יִצְפְּנֵנִי בְּסֻכֹּה בְּיוֹם רָעָה, יַסְתִּרֵנִי בְּסֵתֶר אָהֳלוֹ, בְּצוּר יְרוֹמְמֵנִי:
וְעַתָּה יָרוּם רֹאשִׁי עַל אֹיְבַי סְבִיבוֹתַי, וְאֶזְבְּחָה בְאָהֳלוֹ זִבְחֵי תְרוּעָה,
אָשִׁירָה וַאֲזַמְּרָה לַיהוה: שְׁמַע־יהוה קוֹלִי אֶקְרָא, וְחָנֵּנִי וַעֲנֵנִי:
לְךָ אָמַר לִבִּי בַּקְּשׁוּ פָנָי, אֶת־פָּנֶיךָ יהוה אֲבַקֵּשׁ: אַל־תַּסְתֵּר פָּנֶיךָ
מִמֶּנִּי, אַל תַּט־בְּאַף עַבְדֶּךָ, עֶזְרָתִי הָיִיתָ, אַל־תִּטְּשֵׁנִי וְאַל־תַּעַזְבֵנִי,
אֱלֹהֵי יִשְׁעִי: כִּי־אָבִי וְאִמִּי עֲזָבוּנִי, וַיהוה יַאַסְפֵנִי: הוֹרֵנִי יהוה דַּרְכֶּךָ,
וּנְחֵנִי בְּאֹרַח מִישׁוֹר, לְמַעַן שׁוֹרְרָי: אַל־תִּתְּנֵנִי בְּנֶפֶשׁ צָרָי, כִּי קָמוּ־
בִי עֵדֵי־שֶׁקֶר, וִיפֵחַ חָמָס: ◂ לוּלֵא הֶאֱמַנְתִּי לִרְאוֹת בְּטוּב־יהוה
בְּאֶרֶץ חַיִּים: קַוֵּה אֶל־יהוה, חֲזַק וְיַאֲמֵץ לִבֶּךָ, וְקַוֵּה אֶל־יהוה:

קדיש יתום (בעמוד הקודם)

ערב יום הכיפורים

הדלקת נרות

לפני הדלקת הנרות ראוי להדליק נר נשמה,
כדי שיהיה 'נר ששבת' להבדלה במוצאי יום הכיפורים (שו"ע תרכד, ד).

בשבת יש להוסיף את המילים בסוגריים.

בָּרוּךְ אַתָּה יהוה אֱלֹהֵינוּ מֶלֶךְ הָעוֹלָם
אֲשֶׁר קִדְּשָׁנוּ בְּמִצְוֹתָיו
וְצִוָּנוּ לְהַדְלִיק נֵר שֶׁל (שַׁבָּת וְשֶׁל) יוֹם הַכִּפּוּרִים.

בָּרוּךְ אַתָּה יהוה אֱלֹהֵינוּ מֶלֶךְ הָעוֹלָם
שֶׁהֶחֱיָנוּ וְקִיְּמָנוּ, וְהִגִּיעָנוּ לַזְּמַן הַזֶּה.

תפילה לאישה אחרי שהדליקה נרות:

יְהִי רָצוֹן מִלְּפָנֶיךָ יהוה אֱלֹהַי וֵאלֹהֵי אֲבוֹתַי, שֶׁתְּחוֹנֵן אוֹתִי (אישה נשואה מוסיפה: **וְאֶת אִישִׁי** / אם הוריה חיים: **וְאֶת אָבִי** / **וְאֶת אִמִּי** / אם יש לה ילדים: **וְאֶת בָּנַי וְאֶת בְּנוֹתַי**) **וְאֶת כָּל קְרוֹבַי, וְתִתֶּן לָנוּ וּלְכָל יִשְׂרָאֵל חַיִּים טוֹבִים וַאֲרֻכִּים, וְתִזְכְּרֵנוּ בְּזִכְרוֹן טוֹבָה וּבְרָכָה, וְתִפְקְדֵנוּ בִּפְקֻדַּת יְשׁוּעָה וְרַחֲמִים, וּתְבָרְכֵנוּ בְּרָכוֹת גְּדוֹלוֹת, וְתַשְׁלִים בָּתֵּינוּ וְתַשְׁכֵּן שְׁכִינָתְךָ בֵּינֵינוּ. וְזַכֵּנִי לְגַדֵּל בָּנִים וּבְנֵי בָנִים חֲכָמִים וּנְבוֹנִים, אוֹהֲבֵי יהוה יִרְאֵי אֱלֹהִים, אַנְשֵׁי אֱמֶת זֶרַע קֹדֶשׁ, בַּיהוה דְּבֵקִים וּמְאִירִים אֶת הָעוֹלָם בְּתוֹרָה וּבְמַעֲשִׂים טוֹבִים וּבְכָל מְלֶאכֶת עֲבוֹדַת הַבּוֹרֵא. אָנָּא שְׁמַע אֶת תְּחִנָּתִי בָּעֵת הַזֹּאת בִּזְכוּת שָׂרָה וְרִבְקָה וְרָחֵל וְלֵאָה אִמּוֹתֵינוּ, וְהָאֵר נֵרֵנוּ שֶׁלֹּא יִכְבֶּה לְעוֹלָם וָעֶד, וְהָאֵר פָּנֶיךָ וְנִוָּשֵׁעָה. אָמֵן.**

ברכת הבנים

מנהג יפה הוא לברך את הילדים לפני ההליכה לבית הכנסת בערב יום הכיפורים (׳מטה אפרים׳ תריט, ב). ויש מוסיפים את התפילה ׳וִיהִי רָצוֹן׳ (׳חיי אדם׳ קמד, יט).

לזכר:	לנקבה:
יְשִׂמְךָ אֱלֹהִים	יְשִׂימֵךְ אֱלֹהִים
כְּאֶפְרַיִם וְכִמְנַשֶּׁה:	כְּשָׂרָה רִבְקָה רָחֵל וְלֵאָה.

בראשית מח

יְבָרֶכְךָ יהוה וְיִשְׁמְרֶךָ: במדבר ו
יָאֵר יהוה פָּנָיו אֵלֶיךָ וִיחֻנֶּךָּ:
יִשָּׂא יהוה פָּנָיו אֵלֶיךָ וְיָשֵׂם לְךָ שָׁלוֹם:

יש מוסיפים לזכר:

וִיהִי רָצוֹן מִלִּפְנֵי אָבִינוּ שֶׁבַּשָּׁמַיִם, שֶׁיִּתֵּן בְּלִבְּךָ אַהֲבָתוֹ וְיִרְאָתוֹ, וְתִהְיֶה יִרְאַת הַשֵּׁם עַל פָּנֶיךָ כָּל יָמֶיךָ שֶׁלֹּא תֶחֱטָא, וּתְהִי חֶשְׁקְךָ בַּתּוֹרָה וּבַמִּצְוֹת, עֵינֶיךָ לְנֹכַח יַבִּיטוּ, פִּיךָ יְדַבֵּר חָכְמוֹת וְלִבְּךָ יֶהְגֶּה אֵימוֹת, יָדֶיךָ יַעַסְקוּ בְּמִצְוֹת, רַגְלֶיךָ יָרוּצוּ לַעֲשׂוֹת רְצוֹן אָבִיךָ שֶׁבַּשָּׁמַיִם. יִתֵּן לְךָ בָּנִים וּבָנוֹת צַדִּיקִים וְצִדְקָנִיּוֹת, עוֹסְקִים בַּתּוֹרָה וּבַמִּצְוֹת כָּל יְמֵיהֶם, וִיהִי מְקוֹרְךָ בָּרוּךְ, וְיַזְמִין לְךָ פַּרְנָסָתְךָ בְּהֶתֵּר בְּנַחַת וּבְרֶוַח מִתַּחַת יָדוֹ הָרְחָבָה וְלֹא עַל יְדֵי מַתְּנַת בָּשָׂר וָדָם כְּדֵי שֶׁתִּהְיֶה פָּנוּי לַעֲבוֹדַת הַשֵּׁם, וְתִכָּתֵב וְתֵחָתֵם לְחַיִּים טוֹבִים וַאֲרֻכִּים בְּתוֹךְ כָּל צַדִּיקֵי יִשְׂרָאֵל, אָמֵן.

יש מוסיפים לנקבה:

וִיהִי רָצוֹן מִלִּפְנֵי אָבִינוּ שֶׁבַּשָּׁמַיִם, שֶׁיִּתֵּן בְּלִבֵּךְ אַהֲבָתוֹ וְיִרְאָתוֹ, וְתִהְיֶה יִרְאַת הַשֵּׁם עַל פָּנַיִךְ כָּל יָמַיִךְ שֶׁלֹּא תֶחֶטְאִי, וּתְהִי חֶשְׁקֵךְ בַּתּוֹרָה וּבַמִּצְוֹת, עֵינַיִךְ לְנֹכַח יַבִּיטוּ, פִּיךְ יְדַבֵּר חָכְמוֹת וְלִבֵּךְ יֶהְגֶּה אֵימוֹת, יָדַיִךְ יַעַסְקוּ בְּמִצְוֹת, רַגְלַיִךְ יָרוּצוּ לַעֲשׂוֹת רְצוֹן אָבִיךְ שֶׁבַּשָּׁמַיִם. יִתֵּן לָךְ בָּנִים וּבָנוֹת צַדִּיקִים וְצִדְקָנִיּוֹת, עוֹסְקִים בַּתּוֹרָה וּבַמִּצְוֹת כָּל יְמֵיהֶם, וִיהִי מְקוֹרֵךְ בָּרוּךְ, וְיַזְמִין לָךְ פַּרְנָסָתֵךְ בְּהֶתֵּר, בְּנַחַת וּבְרֶוַח מִתַּחַת יָדוֹ הָרְחָבָה וְלֹא עַל יְדֵי מַתְּנַת בָּשָׂר וָדָם כְּדֵי שֶׁתִּהְיִי פְּנוּיָה לַעֲבוֹדַת הַשֵּׁם, וְתִכָּתְבִי וְתֵחָתְמִי לְחַיִּים טוֹבִים וַאֲרֻכִּים בְּתוֹךְ כָּל צַדִּיקֵי יִשְׂרָאֵל, אָמֵן.

עטיפת טלית

לפני עטיפה בטלית גדול נוהגים לומר:

תהלים קד

בָּרְכִי נַפְשִׁי אֶת־יהוה
יהוה אֱלֹהַי גָּדַלְתָּ מְּאֹד, הוֹד וְהָדָר לָבָשְׁתָּ:
עֹטֶה־אוֹר כַּשַּׂלְמָה
נוֹטֶה שָׁמַיִם כַּיְרִיעָה:

יש אומרים:

לְשֵׁם יִחוּד קֻדְשָׁא בְּרִיךְ הוּא וּשְׁכִינְתֵּהּ בִּדְחִילוּ וּרְחִימוּ, לְיַחֵד שֵׁם י״ה בו״ה בְּיִחוּדָא שְׁלִים בְּשֵׁם כָּל יִשְׂרָאֵל.

הֲרֵינִי מִתְעַטֵּף בַּצִּיצִית. כֵּן תִּתְעַטֵּף נִשְׁמָתִי וּרְמַ״ח אֵבָרַי וּשְׁסָ״ה גִידַי בְּאוֹר הַצִּיצִית הָעוֹלָה תַּרְיַ״ג. וּכְשֵׁם שֶׁאֲנִי מִתְכַּסֶּה בְּטַלִּית בָּעוֹלָם הַזֶּה, כָּךְ אֶזְכֶּה לַחֲלוּקָא דְרַבָּנָן וּלְטַלִּית נָאָה לָעוֹלָם הַבָּא בְּגַן עֵדֶן. וְעַל יְדֵי מִצְוַת צִיצִית תִּנָּצֵל נַפְשִׁי רוּחִי וְנִשְׁמָתִי וּתְפִלָּתִי מִן הַחִיצוֹנִים. וְהַטַּלִּית תִּפְרֹשׂ כְּנָפֶיהָ עֲלֵיהֶם וְתַצִּילֵם, כְּנֶשֶׁר יָעִיר קִנּוֹ עַל־גּוֹזָלָיו יְרַחֵף: וּתְהֵא חֲשׁוּבָה מִצְוַת צִיצִית לִפְנֵי הַקָּדוֹשׁ בָּרוּךְ הוּא, כְּאִלּוּ קִיַּמְתִּיהָ בְּכָל פְּרָטֶיהָ וְדִקְדּוּקֶיהָ וְכַוָּנוֹתֶיהָ וְתַרְיַ״ג מִצְוֹת הַתְּלוּיוֹת בָּהּ, אָמֵן סֶלָה. דברים לב

עומד ומברך:

בָּרוּךְ אַתָּה יהוה אֱלֹהֵינוּ מֶלֶךְ הָעוֹלָם
אֲשֶׁר קִדְּשָׁנוּ בְּמִצְוֹתָיו וְצִוָּנוּ לְהִתְעַטֵּף בַּצִּיצִית.

נוהגים להתעטף בטלית אחר הברכה.

מתעטף ואומר (סידור השל״ה):

תהלים לו

מַה־יָּקָר חַסְדְּךָ אֱלֹהִים, וּבְנֵי אָדָם בְּצֵל כְּנָפֶיךָ יֶחֱסָיוּן:
יִרְוְיֻן מִדֶּשֶׁן בֵּיתֶךָ, וְנַחַל עֲדָנֶיךָ תַשְׁקֵם:
כִּי־עִמְּךָ מְקוֹר חַיִּים, בְּאוֹרְךָ נִרְאֶה־אוֹר:
מְשֹׁךְ חַסְדְּךָ לְיֹדְעֶיךָ, וְצִדְקָתְךָ לְיִשְׁרֵי־לֵב:

וּבֶעָשׂוֹר לַחֹדֶשׁ הַשְּׁבִיעִי הַזֶּה

מִקְרָא־קֹדֶשׁ יִהְיֶה לָכֶם

במדבר כט, ז

כִּי

יוֹם כִּפֻּרִים

הוּא

לְכַפֵּר עֲלֵיכֶם

לִפְנֵי יְהוָה אֱלֹהֵיכֶם

ויקרא כג, כח

ליל יום הכיפורים

תפילה זכה

"מצות וידוי של ערב יום הכיפורים, שצריך להתוודות כדי שיכנס ליום בתשובה, הוא עם חשיכה סמוך ליום עצמו... ואף על פי שהתוודה קודם אכילה, חוזר ומתוודה בזמנו עם חשיכה" (רמב"ן, יומא פו ע"ב). אף ששיטת הרמב"ן לא נפסקה להלכה, רבים מקפידים לומר 'תפילה זכה' שבה וידוי לפני חשכה. מקורו של הנוסח המקובל ב'חיי אדם' קמד, כ.

נשים אומרות תפילה זו בלשון נקבה, ומשמיטות את המילים שבסוגריים.

רִבּוֹן כָּל הָעוֹלָמִים, אַב הָרַחֲמִים וְהַסְּלִיחוֹת, אֲשֶׁר יְמִינְךָ פְּשׁוּטָה לְקַבֵּל שָׁבִים, וְאַתָּה בָּרֵאתָ אֶת הָאָדָם לְהֵיטִיב לוֹ בְּאַחֲרִיתוֹ, וּבָרֵאתָ לוֹ שְׁנֵי יְצָרִים, יֵצֶר טוֹב וְיֵצֶר רָע, כְּדֵי שֶׁתִּהְיֶה הַבְּחִירָה בְּיָדוֹ לִבְחֹר בַּטּוֹב אוֹ בָּרָע וּכְדֵי לִתֵּן לוֹ שָׂכָר טוֹב עַל טוֹב בְּחִירָתוֹ, כִּי כֵן גָּזְרָה חָכְמָתֶךָ, כְּמוֹ שֶׁכָּתוּב: רְאֵה נָתַתִּי לְפָנֶיךָ הַיּוֹם אֶת־הַחַיִּים וְאֶת־הַטּוֹב, וְאֶת־הַמָּוֶת וְאֶת־הָרָע: וּבָחַרְתָּ בַּחַיִּים: דברים ל

וְעַתָּה, אֱלֹהַי, לֹא שָׁמַעְתִּי לְקוֹלֶךָ, וְהָלַכְתִּי בַּעֲצַת יֵצֶר הָרָע וּבְדַרְכֵי לִבִּי, וּמָאַסְתִּי בַּטּוֹב וּבָחַרְתִּי בָּרָע, וְלֹא דַי לִי שֶׁלֹּא קִדַּשְׁתִּי אֶת אֵבָרַי אֶלָּא טִמֵּאתִי אוֹתָם.

בָּרָאתָ בִּי מֹחַ וָלֵב וּבָהֶם חוּשׁ הַמַּחֲשָׁבָה לַחְשֹׁב מַחֲשָׁבוֹת טוֹבוֹת וְהִרְהוּרִים טוֹבִים, וְלֵב לְהָבִין דִּבְרֵי קָדְשֶׁךָ, וּלְהִתְפַּלֵּל וּלְבָרֵךְ כָּל הַבְּרָכוֹת בְּמַחֲשָׁבָה טְהוֹרָה, וַאֲנִי טִמֵּאתִי אוֹתָם בְּהִרְהוּרִים רָעִים וּמַחֲשָׁבוֹת זָרוֹת. (וְלֹא דַי בָּזֶה, אֶלָּא שֶׁעַל יְדֵי הִרְהוּרִים רָעִים בָּאתִי לִידֵי הוֹצָאוֹת זֶרַע לְבַטָּלָה, פַּעַם בְּרָצוֹן וּפַעַם בְּאֹנֶס, בְּטֻמְאַת קֶרִי הַמְטַמֵּא אֶת כָּל הַגּוּף, וּמֵהֶם בָּרָאתִי מַשְׁחִיתִים וּמְחַבְּלִים הַנִּקְרָאִים נִגְעֵי בְּנֵי אָדָם. אוֹי לִי כִּי תַּחַת מַחֲשָׁבוֹת טוֹבוֹת שֶׁיָּכֹלְתִּי לִבְרֹא עַל יְדֵיהֶן מַלְאָכִים קְדוֹשִׁים, שֶׁיִּהְיוּ סַנֵּגוֹרִים וּפְרַקְלִיטִים טוֹבִים עָלַי, תַּחְתֵּיהֶם בָּרָאתִי מַשְׁחִיתִים לְחַבֵּל בְּעַצְמִי, כְּמוֹ שֶׁכָּתוּב: וְהֹכַחְתִּיו שמואל ב׳ ז
בְּשֵׁבֶט אֲנָשִׁים וּבְנִגְעֵי בְּנֵי אָדָם:)

בָּרָאתָ בִּי עֵינַיִם וּבָהֶן חוּשׁ הָרְאוּת לִרְאוֹת בָּהֶן מַה שֶּׁכָּתוּב בַּתּוֹרָה, וּלְקַדֵּשׁ אוֹתָן בִּרְאִיַּת כָּל דָּבָר שֶׁבִּקְדֻשָּׁה. הִזְהַרְתָּ בְּתוֹרָתֶךָ: וְלֹא במדבר טו

תָּתוּרוּ אַחֲרֵי לְבַבְכֶם וְאַחֲרֵי עֵינֵיכֶם: אוֹי לִי כִּי הָלַכְתִּי אַחֲרֵי עֵינַי וְטִמֵּאתִי אוֹתָן לְהִסְתַּכֵּל בְּכָל דְּבַר טֻמְאָה.

בָּרָאתָ בִּי אָזְנַיִם לִשְׁמֹעַ דִּבְרֵי קְדֻשָּׁה וְדִבְרֵי תּוֹרָה, אוֹי לִי כִּי טִמֵּאתִי אוֹתָן לִשְׁמֹעַ דִּבְרֵי נְבָלָה וְלָשׁוֹן הָרָע וּדְבָרִים אֲסוּרִים. אוֹי לְאָזְנַיִם שֶׁכָּךְ שׁוֹמְעוֹת.

בָּרָאתָ בִּי פֶּה וְלָשׁוֹן וְשִׁנַּיִם וְחֵיךְ וְגָרוֹן, וְנָתַתָּ בָּהֶם כֹּחַ לְדַבֵּר בָּהֶם חָמֵשׁ מוֹצְאוֹת הָאוֹתִיּוֹת הַקְּדוֹשׁוֹת שֶׁל אָלֶף בֵּית, אֲשֶׁר בָּהֶן בָּרָאתָ שָׁמַיִם וָאָרֶץ וּמְלוֹאָם, וּבָהֶן אָרַגְתָּ תּוֹרָתְךָ הַקְּדוֹשָׁה, וּבְכֹחַ הַדִּבּוּר הִבְדַּלְתָּ אֶת הָאָדָם מִן הַבְּהֵמָה, וַאֲפִלּוּ כִּבְהֵמָה לֹא הָיִיתִי, כִּי טִמֵּאתִי פִּי בְּדִבְרֵי נְבָלָה, בְּלָשׁוֹן הָרָע, בִּשְׁקָרִים, לֵיצָנוּת, רְכִילוּת, מַחֲלֹקֶת, מַלְבִּין פְּנֵי חֲבֵרוֹ, מְקַלֵּל אֶת חֲבֵרוֹ, מִתְכַּבֵּד בִּקְלוֹן חֲבֵרוֹ, דִּבְרֵי מַשָּׂא וּמַתָּן בְּשַׁבָּת וְיוֹם טוֹב, בִּשְׁבוּעוֹת וּנְדָרִים.

בָּרָאתָ בִּי יָדַיִם וְחוּשׁ הַמִּשּׁוּשׁ לַעֲסֹק בָּהֶן בְּמִצְוֹת, וַאֲנִי טִמֵּאתִי אוֹתָן בְּמִשְׁמוּשִׁין שֶׁל אִסּוּר, לְהַכּוֹת בְּאֶגְרוֹף רֶשַׁע וּלְהָרִים יָד לְהַכּוֹת בֶּן אָדָם וּלְטַלְטֵל דְּבָרִים הַמֻּקְצִים בְּשַׁבָּת וְיוֹם טוֹב.

בָּרָאתָ בִּי רַגְלַיִם לַהֲלֹךְ לְכָל דְּבַר מִצְוָה, וַאֲנִי טִמֵּאתִי אוֹתָן בְּרַגְלַיִם מְמַהֲרוֹת לָרוּץ לָרָעָה.

מִשַּׁשְׁתִּי אֶת כָּל אֵבָרַי וּמָצָאתִי אוֹתָם בַּעֲלֵי מוּמִין, מִכַּף רַגְלִי וְעַד רֹאשִׁי אֵין בִּי מְתֹם. בֹּשְׁתִּי וְנִכְלַמְתִּי לְהָרִים אֱלֹהַי פָּנַי אֵלֶיךָ, כִּי בְּאֵלֶּה הָאֵבָרִים וְהַחוּשִׁים שֶׁחֲנַנְתַּנִי בָּהֶם, וּבְכֹחַ הַחַיִּים שֶׁהִשְׁפַּעְתָּ עֲלֵיהֶם תָּמִיד, בָּהֶם נִשְׁתַּמַּשְׁתִּי לַעֲשׂוֹת הָרַע בְּעֵינֶיךָ וְלַעֲבֹר עַל רְצוֹנֶךָ. אוֹי לִי וְאוֹי לְנַפְשִׁי.

וּלְהְיוֹת שֶׁיָּדַעְתִּי שֶׁכִּמְעַט אֵין צַדִּיק בָּאָרֶץ אֲשֶׁר לֹא יֶחֱטָא בֵּין אָדָם לַחֲבֵרוֹ בְּמָמוֹן אוֹ בְּגוּפוֹ, בְּמַעֲשֶׂה אוֹ בְּדִבּוּר פֶּה, וְעַל זֶה דָּוֶה לִבִּי בְּקִרְבִּי, כִּי עַל חֵטְא שֶׁבֵּין אָדָם לַחֲבֵרוֹ אֵין יוֹם הַכִּפּוּרִים מְכַפֵּר עַד

שֶׁיְּרַצֶּה אֶת חֲבֵרוֹ, וְעַל זֶה נִשְׁבַּר לִבִּי בְּקִרְבִּי וְרָחֲפוּ עַצְמוֹתַי, כִּי אֲפִלּוּ יוֹם הַמִּיתָה אֵינוֹ מְכַפֵּר. לָכֵן אֲנִי מַפִּיל תְּחִנָּתִי לְפָנֶיךָ שֶׁתְּרַחֵם עָלַי, וְתִתְּנֵנִי לְחֵן וּלְחֶסֶד וּלְרַחֲמִים בְּעֵינֶיךָ וּבְעֵינֵי כָל בְּנֵי אָדָם. וְהִנְנִי מוֹחֵל בִּמְחִילָה גְמוּרָה לְכָל מִי שֶׁחָטָא נֶגְדִּי, בֵּין בְּגוּפוֹ וּבֵין בְּמָמוֹנוֹ אוֹ שֶׁדִּבֵּר עָלַי לָשׁוֹן הָרָע, וַאֲפִלּוּ הוֹצָאַת שֵׁם רָע, וְכֵן לְכָל מִי שֶׁהִזִּיק לִי בְּגוּפִי אוֹ בְּמָמוֹנִי, וּלְכָל חַטֹּאת הָאָדָם אֲשֶׁר בֵּין אָדָם לַחֲבֵרוֹ, חוּץ מִמָּמוֹן אֲשֶׁר אוּכַל לְהוֹצִיא עַל פִּי דִין, וְחוּץ מִמִּי שֶׁחָטָא כְּנֶגְדִּי וְאָמַר: אֶחֱטָא לוֹ וְהוּא יִמְחַל לִי. חוּץ מֵאֵלּוּ, אֲנִי מוֹחֵל בִּמְחִילָה גְמוּרָה, וְלֹא יֵעָנֵשׁ שׁוּם אָדָם בְּסִבָּתִי. וּכְשֵׁם שֶׁאֲנִי מוֹחֵל לְכָל אָדָם, כֵּן תִּתֵּן אֶת חִנִּי בְּעֵינֵי כָל אָדָם, שֶׁיִּמְחֲלוּ לִי בִּמְחִילָה גְמוּרָה.

וְעַתָּה יהוה אֱלֹהַי, גָּלוּי וְיָדוּעַ לְפָנֶיךָ, שֶׁלֹּא נִתְכַּוַּנְתִּי בְּכָל הַחֲטָאִים וְהָעֲוֹנוֹת לְהַכְעִיסְךָ וְלִמְרֹד כְּנֶגְדְּךָ, אַךְ הָלַכְתִּי בַּעֲצַת יֵצֶר הָרָע, אֲשֶׁר תָּמִיד בְּכָל יוֹם פּוֹרֵשׁ רֶשֶׁת לְרַגְלַי לְלָכְדֵנִי. וַאֲנִי עָנִי וְאֶבְיוֹן תּוֹלַעַת וְלֹא אִישׁ, כָּשַׁל כֹּחִי לַעֲמֹד כְּנֶגְדּוֹ, וַעֲמַל הַפַּרְנָסָה לְפַרְנֵס אֶת בְּנֵי בֵיתִי וְטִרְדַּת הַזְּמַן וּמִקְרָיו הֵם הָיוּ בְּעוֹכְרַי. וּלְפִי שֶׁכָּל זֶה גָּלוּי וְיָדוּעַ לְפָנֶיךָ,
כִּי אָדָם אֵין צַדִּיק בָּאָרֶץ, אֲשֶׁר יַעֲשֶׂה־טּוֹב וְלֹא יֶחֱטָא: לָכֵן בְּרַחֲמֶיךָ קהלת ז
הָרַבִּים נָתַתָּ לָנוּ יוֹם אֶחָד בַּשָּׁנָה, יוֹם אַדִּיר וְקָדוֹשׁ, יוֹם הַכִּפּוּרִים הַזֶּה
הַבָּא עָלֵינוּ לְטוֹבָה, לָשׁוּב לְפָנֶיךָ וּלְכַפֵּר אֶת כָּל עֲוֹנוֹתֵינוּ וּלְטַהֵר אוֹתָנוּ
מִטֻּמְאוֹתֵינוּ, כְּמוֹ שֶׁכָּתוּב: כִּי־בַיּוֹם הַזֶּה יְכַפֵּר עֲלֵיכֶם לְטַהֵר אֶתְכֶם, ויקרא טז
מִכֹּל חַטֹּאתֵיכֶם לִפְנֵי יהוה תִּטְהָרוּ:

וְעַתָּה רְאֵה עַמְּךָ יִשְׂרָאֵל אֲשֶׁר לָקַחְתָּ אוֹתָם לְךָ לְעָם, מִי כְּעַמְּךָ יִשְׂרָאֵל טְהוֹרִים וּקְדוֹשִׁים הַמְיַחֲלִים וּמְצַפִּים לִמְחִילָתֶךָ. בָּאנוּ בְּלֵב נִשְׁבָּר וְנִדְכֶּה, כַּעֲנִיִּים וְדַלִּים וְרָשִׁים, לְבַקֵּשׁ מִמְּךָ מְחִילָה וּסְלִיחָה וְכַפָּרָה עַל כָּל מַה שֶּׁחָטָאנוּ וְעָוִינוּ וּפָשַׁעְנוּ לְפָנֶיךָ. יָדַעְנוּ יהוה רִשְׁעֵנוּ וַעֲוֹן
אֲבוֹתֵינוּ. בֹּשְׁנוּ וְנִכְלַמְנוּ לְהָרִים פָּנֵינוּ אֵלֶיךָ, כְּבֹשֶׁת גַּנָּב כִּי יִמָּצֵא: ירמיה ב
וְאֵיךְ נִפְתַּח פֶּה וְנָרִים רֹאשׁ, כִּי בְּרֹב עֲוֹנֵינוּ הֶעֱבַרְנוּ מֵעָלֵינוּ הַצֶּלֶם

הַקָּדוֹשׁ אֲשֶׁר הוּא מַלְבִּישׁ אוֹתָנוּ, אֲשֶׁר כָּל הַמַּזִּיקִים וְהַמְקַטְרְגִים
דברים כח אֵינָם יְכוֹלִים לְהַבִּיט בְּפָנָיו, כְּמָה שֶׁכָּתוּב: וְרָאוּ כָּל־עַמֵּי הָאָרֶץ, כִּי שֵׁם
יהוה נִקְרָא עָלֶיךָ, וְיָרְאוּ מִמֶּךָּ: וְהֶחֱלַפְנוּ אוֹתוֹ בְּצֶלֶם טָמֵא, וְלָבַשְׁנוּ
בְּגָדִים צוֹאִים, וְאֵיךְ נָבוֹא בְּשַׁעַר הַמֶּלֶךְ בִּלְבוּשׁ שַׂק מְלֻכְלָךְ בְּצוֹאָה.
מִתְמִיהִים אֲנַחְנוּ עַל נַפְשֵׁנוּ אֵיךְ נַעֲשְׂתָה הַתּוֹעֵבָה הַזֹּאת, כִּי הוֹצֵאנוּ
נַפְשֵׁנוּ וְרוּחֵנוּ מֵהָעוֹלָם הַקָּדוֹשׁ וּבָרַחְנוּ לִמְקוֹם מִדְבַּר צִיָּה וְצַלְמָוֶת,
לִמְקוֹם טֻמְאַת הַקְּלִפּוֹת.

יחזקאל לג וְאַתָּה יהוה אֱלֹהֵינוּ, הָרוֹצֶה בִּתְשׁוּבַת רְשָׁעִים, כְּמָה שֶׁכָּתוּב: שׁוּבוּ
יחזקאל יח שׁוּבוּ מִדַּרְכֵיכֶם הָרָעִים, וְלָמָּה תָמוּתוּ בֵּית יִשְׂרָאֵל: וְנֶאֱמַר: הֶחָפֹץ
אֶחְפֹּץ מוֹת רָשָׁע, נְאֻם אֲדֹנָי יֱהוִֹה, הֲלוֹא בְּשׁוּבוֹ מִדְּרָכָיו וְחָיָה: עַתָּה
שַׂמְנוּ אֶל לִבֵּנוּ לָשׁוּב, וְלָבוֹא לְפָנֶיךָ בְּבֹשֶׁת פָּנִים. אָבִינוּ מַלְכֵּנוּ, רַחֵם
עָלֵינוּ כְּרַחֵם אָב עַל בְּנוֹ שֶׁמָּרַד בְּאָבִיו וְיָצָא מִבֵּיתוֹ, וּבְשׁוּבוֹ אֶל אָבִיו
בְּבֹשֶׁת פָּנִים וּבְכִי וּצְעָקָה וּמִתְנַפֵּל לְפָנָיו, מִדֶּרֶךְ הָאָב לְרַחֵם עַל בְּנוֹ.
וְאִם עֲבָדִים אֲנַחְנוּ, הַמַּכֶּה אֶת עַבְדּוֹ בְּיִסּוּרִים כְּשֶׁמָּרַד בּוֹ, הִנֵּה כְּבָר
לָקִינוּ בְּשִׁעְבּוּד מַלְכֻיּוֹת וְיִסּוּרִין שֶׁבַּגּוּף, אוֹ עֲנִיּוּת וְצַעַר גִּדּוּל בָּנִים
וּשְׁאָר מַכְאוֹבִים. יַסְּרֵנוּ יהוה אַךְ בְּמִשְׁפָּט, אַל בְּאַפְּךָ פֶּן תַּמְעִטֵנוּ.
רַחֵם עָלֵינוּ וְצַוֵּה לְמַלְאָכֶיךָ הַקְּדוֹשִׁים הַמְמֻנִּים עַל הַטָּהֳרָה, לְהַפְשִׁיט
אֶת הַבְּגָדִים הַצּוֹאִים מֵעָלֵינוּ וּלְטַהֲרֵנוּ מִכָּל חַטֹּאתֵינוּ, כְּמָה שֶׁכָּתוּב:
זכריה ג הָסִירוּ הַבְּגָדִים הַצֹּאִים מֵעָלָיו: וְהַלְבֵּשׁ אוֹתָנוּ מַחֲלָצוֹת. וְכִתְפִלַּת דָּוִד
תהלים נא הַמֶּלֶךְ עָלָיו הַשָּׁלוֹם: הָשִׁיבָה לִּי שְׂשׂוֹן יִשְׁעֶךָ, וְרוּחַ נְדִיבָה תִסְמְכֵנִי:
לֵב טָהוֹר בְּרָא לָנוּ אֱלֹהִים, וְרוּחַ חֲדָשָׁה תִּתֵּן בְּקִרְבֵּנוּ. וְאִם פָּשַׁעְנוּ
וּמָרַדְנוּ כְּמִדַּת בָּשָׂר וָדָם, אַתָּה עֲשֵׂה כְּמִדָּתְךָ לִמְחֹל וְלִסְלֹחַ. וְאַל
יְעַכְּבוּ עֲוֹנוֹתֵינוּ מִלָּשׁוּב לְפָנֶיךָ, כְּמִדָּתְךָ לְקַבֵּל שָׁבִים. וְחַזֵּק לִבֵּנוּ
בְּתוֹרָתְךָ וּבְיִרְאָתֶךָ, שֶׁתִּהְיֶה יִרְאָתְךָ תָּמִיד קְבוּעָה בְּלִבֵּנוּ. וְטַהֵר
רַעְיוֹנֵינוּ וּמַחְשְׁבוֹתֵינוּ לַעֲבוֹדָתֶךָ. וּרְאֵה בְּשִׁבְרוֹן לִבִּי, כִּי מִתְנַחֵם אֲנִי
עַל מַעֲשַׂי הָרָעִים שֶׁעָשִׂיתִי עַד הַיּוֹם הַזֶּה, וּבוֹכֶה וּמִתְאוֹנֵן וּמִתְוַדֶּה

עֲלֵיהֶם, וְאוֹמֵר: חָטָאתִי עָוִיתִי פָּשַׁעְתִּי לְפָנֶיךָ. וְקַבֵּל תְּשׁוּבָתִי בְּתוֹךְ תְּשׁוּבַת כָּל עַמְּךָ יִשְׂרָאֵל הַשָּׁבִים לְפָנֶיךָ בְּכָל לִבָּם, כִּי גַם אֲנִי מִבְּנֵי אַבְרָהָם יִצְחָק וְיַעֲקֹב. וְאַל יְעַכְּבוּ עֲוֹנוֹתַי הָרַבִּים מִלָּשׁוּב לְפָנֶיךָ בְּכָל לֵב. וְזַכֵּנִי שֶׁאָשׁוּב לְפָנֶיךָ בְּלֵב שָׁלֵם וּלְהִתְחָרֵט עַל עֲוֹנוֹתַי חֲרָטָה גְּמוּרָה, וְלַעֲזֹב מַעֲשֵׂי הָרָעִים עֲזִיבָה עוֹלָמִית. וְרַחֵם עָלַי וְהַצִּילֵנִי עַד עוֹלָם מִכָּל חֵטְא וְעָוֹן, כִּי לוּלֵא רַחֲמֶיךָ וַחֲסָדֶיךָ אִי אֶפְשָׁר לַעֲמֹד נֶגֶד הַיֵּצֶר הָרָע, אֲשֶׁר הוּא בּוֹעֵר כָּאֵשׁ בְּעַצְמוֹתַי, וְלָכֵן רַחֵם עָלַי וְתֵן בִּי כֹּחַ לַעֲמֹד כְּנֶגְדּוֹ. כְּמוֹ שֶׁאָמְרוּ הַחֲכָמִים וְהַצַּדִּיקִים בְּדִבְרֵי קָדְשָׁם, הַבָּא לִטַּהֵר מְסַיְּעִין אוֹתוֹ.

וְהִנֵּה אֲנִי מְקַבֵּל עָלַי קְדֻשַּׁת יוֹם הַכִּפּוּרִים, וּלְהִתְעַנּוֹת בּוֹ בַּחֲמִשָּׁה עִנּוּיִים שֶׁצִּוִּיתָ לָנוּ עַל יְדֵי מֹשֶׁה עַבְדְּךָ בְּתוֹרָתְךָ הַקְּדוֹשָׁה: אֲכִילָה וּשְׁתִיָּה, רְחִיצָה, סִיכָה, נְעִילַת הַסַּנְדָּל, תַּשְׁמִישׁ הַמִּטָּה, וְלִשְׁבֹּת בַּיּוֹם הַקָּדוֹשׁ הַזֶּה מִכָּל מְלָאכָה. וְעַל יְדֵי עִנּוּי מֵאֲכִילָה וּשְׁתִיָּה, תְּכַפֵּר לָנוּ מַה שֶּׁחָטָאנוּ בַּאֲכִילוֹת וּשְׁתִיּוֹת אֲסוּרוֹת. וְעַל יְדֵי עִנּוּי מֵרְחִיצָה וְסִיכָה, תְּכַפֵּר לָנוּ מַה שֶּׁחָטָאנוּ בְּתַעֲנוּגִים בִּימֵי הַחֹל, וּבִפְרָט תַּעֲנוּגִים הָאֲסוּרִים. וְעַל יְדֵי עִנּוּי מִנְּעִילַת הַסַּנְדָּל, תְּכַפֵּר לָנוּ מַה שֶּׁחָטָאנוּ בְּרַגְלַיִם הַמְמַהֲרוֹת לָרוּץ לָרָע, וְאֵת אֲשֶׁר עָבַרְנוּ עַל עֶשְׂרִים וְאַרְבָּעָה דְּבָרִים שֶׁבֵּית דִּין מְנַדִּין עֲלֵיהֶם, וְנִתְחַיַּבְנוּ לִהְיוֹת יְחֵפֵי רַגְלַיִם כִּמְנֻדִּים. וְעַל יְדֵי עִנּוּי מִתַּשְׁמִישׁ הַמִּטָּה, תְּכַפֵּר לָנוּ מַה שֶּׁחָטָאנוּ (וּפָגַמְנוּ בִּבְרִית קֹדֶשׁ בְּטֻמְאַת קֶרִי וּבְהוֹצָאַת זֶרַע לְבַטָּלָה, וּמַה שֶּׁבָּעַלְנוּ בְּעִילוֹת אֲסוּרוֹת). וְעַל יְדֵי חָמֵשׁ תְּפִלּוֹת וְתַחֲנוּנוֹת וּבַקָּשׁוֹת, יְתֻקַּן מַה שֶּׁפָּגַמְנוּ בְּחָמֵשׁ מוֹצָאוֹת הַפֶּה: הַחֵיךְ, וְהַגָּרוֹן, וְהַלָּשׁוֹן, וְהַשִּׁנַּיִם, וְהַשְּׂפָתַיִם, שֶׁמֵּהֶם יוֹצֵא הַדִּבּוּר, וְטִמֵּאתִי אוֹתָם בְּכָל הַדְּבָרִים הָאֲסוּרִים וּנְדָרִים וּשְׁבוּעוֹת. וְעַל יְדֵי חִבּוּק וְנִשּׁוּק סֵפֶר הַתּוֹרָה, וְעַל יְדֵי זְכוּת הַתְּפִלּוֹת שֶׁנִּתְפַּלֵּל בַּיּוֹם הַקָּדוֹשׁ הַזֶּה, יַעֲלוּ וְיָבוֹאוּ וְיַגִּיעוּ וְיִצְטָרְפוּ עִמָּהֶן כָּל הַתְּפִלּוֹת שֶׁהִתְפַּלַּלְנוּ בְּכָל הַשָּׁנָה בְּלֹא כַוָּנָה, וְיִהְיוּ כֻּלָּן נִכְלָלוֹת

בִּתְפִלּוֹת הַיּוֹם הַזֶּה, וְיַגִּיעוּ לְרֹאשְׁךָ לִהְיוֹת עֲטָרָה לְרֹאשְׁךָ בִּכְלַל תְּפִלּוֹת יִשְׂרָאֵל. וְעַל יְדֵי דִּמְעוֹת עֵינַי, יְתֻקַּן מַה שֶּׁפָּגַמְנוּ בִּרְאִיַּת עֵינַיִם בְּכָל דָּבָר טָמֵא. וְעַל יְדֵי רְתִיחַת גּוּפֵנוּ עַל יְדֵי הַתַּעֲנִית וְהַתְּפִלּוֹת, יְתֻקַּן מַה שֶּׁהִרְתַּחְנוּ רְמַ"ח אֵבָרֵינוּ וּשְׁסָ"ה גִּידֵינוּ בָּאֵשׁ שֶׁל יֵצֶר הָרָע. וּבְמִעוּט חֶלְבֵּנוּ וְדָמֵנוּ עַל יְדֵי הַתַּעֲנִית, יְכֻפַּר כָּל מַה שֶּׁחָטָאנוּ וְשֶׁעָוִינוּ וְשֶׁפָּשַׁעְנוּ לְפָנֶיךָ, וּתְהִיֶה נֶחְשֶׁבֶת לְפָנֶיךָ הַתַּעֲנִית כְּאִלּוּ הִקְרַבְנוּ אֶת גּוּפֵנוּ עַל גַּבֵּי הַמִּזְבֵּחַ, וּתְקַבֵּל לְפָנֶיךָ לְרֵיחַ נִיחוֹחַ כְּקָרְבָּן וּכְעוֹלָה.

וְהִנֵּה יָדַעְנוּ כִּי אֲנַחְנוּ מְחֻיָּבִים לְהִתְעַנּוֹת עַל פִּי תִּקּוּנֵי הַתְּשׁוּבָה עַל כָּל חֵטְא, וּלְסַגֵּף אֶת גּוּפֵנוּ בִּתְשׁוּבַת הַמִּשְׁקָל נֶגֶד מַה שֶּׁהִתְעַנַּגְנוּ בַּעֲבֵרוֹת. אַךְ גָּלוּי וְיָדוּעַ לְפָנֶיךָ, שֶׁאֵין בָּנוּ כֹּחַ לְהִתְעַנּוֹת אֲפִלּוּ עַל חֵטְא אֶחָד וּמִכָּל שֶׁכֵּן עַל כָּל עָוֹן וְעָוֹן, כִּי רַבּוּ עֲוֹנוֹתֵינוּ מִלִּסְפֹּר וְכָשַׁל כֹּחֵנוּ. וְלָכֵן יְהִי רָצוֹן מִלְּפָנֶיךָ יהוה אֱלֹהֵינוּ, שֶׁיִּהְיֶה צוֹם הַתַּעֲנִית בַּיּוֹם הַקָּדוֹשׁ הַזֶּה, יוֹם הַכִּפּוּרִים הַבָּא עָלֵינוּ לְטוֹבָה, כַּפָּרָה עַל כָּל עֲוֹנוֹתֵינוּ.

יְהִי רָצוֹן מִלְּפָנֶיךָ, אֵל מֶלֶךְ יוֹשֵׁב עַל כִּסֵּא רַחֲמִים, הָרוֹצֶה בִּתְשׁוּבַת רְשָׁעִים, שֶׁתִּתֵּן בְּלִבֵּנוּ וּבְלֵב כָּל עַמְּךָ בֵּית יִשְׂרָאֵל אַהֲבָתְךָ וְיִרְאָתְךָ לְיִרְאָה אוֹתְךָ כָּל הַיָּמִים. וּבְתוֹכָם תְּרַחֵם עַל פּוֹשְׁעֵי עַמְּךָ בֵּית יִשְׂרָאֵל, וְתֵן בְּלִבָּם פַּחַד הֲדַר גְּאוֹנֶךָ, וְהַכְנַע לִבָּם הָאֶבֶן וְיָשׁוּבוּ לְפָנֶיךָ בְּלֵב שָׁלֵם, כְּמוֹ שֶׁהִבְטַחְתָּ עַל יְדֵי נְבִיאֶיךָ, לְבַל יִדַּח מִמֶּנּוּ נִדָּח. גַּם כִּי הִרְבּוּ אַשְׁמָה לְפָנֶיךָ עַד שֶׁנִּנְעֲלוּ בִּפְנֵיהֶם דַּרְכֵי תְּשׁוּבָה, אַתָּה בְּרַחֲמֶיךָ הָרַבִּים חֲתֹר לָהֶם חֲתִירָה מִתַּחַת כִּסֵּא כְבוֹדֶךָ וְקַבְּלֵם בִּתְשׁוּבָה. וְרַחֵם עָלֵינוּ וְתֵן בָּנוּ כֹּחַ לַעֲבֹד אוֹתְךָ כָּל הַיָּמִים, וְהָסֵר מִמֶּנּוּ כָּל הַמְּנִיעוֹת וְהַסִּבּוֹת הַמּוֹנְעוֹת אוֹתָנוּ מִלַּעֲבֹד אוֹתְךָ, כִּי אַתָּה יְצַרְתָּנוּ וְתֵדַע כָּל מַחְסוֹרֵי בְּנֵי אָדָם וְטִבְעָם הַמְבַלְבְּלִים אוֹתָם מֵעֲבוֹדָתֶךָ, וּבְיָדְךָ לַהֲסִירָם וּלְמָנְעָם. וְלֹא תִטְרֹף עָלֵינוּ אֶת הַשָּׁעָה עַד שֶׁנָּשׁוּב לְפָנֶיךָ בְּלֵב שָׁלֵם, וְנִהְיֶה כָּל יָמֵינוּ בִּתְשׁוּבָה וּמַעֲשִׂים טוֹבִים, עַד סוֹף הָרֶגַע

הָאַחֲרוֹן, אֲשֶׁר יִהְיֶה לְרָצוֹן לְפָנֶיךָ לֶאֱסֹף אֶת נִשְׁמוֹתֵינוּ אֵלֶיךָ, אָז יִהְיוּ כָּל מַחְשְׁבוֹתֵינוּ דְּבוּקוֹת בַּשֵּׁם, וְאָז תֵּצֵא נִשְׁמָתֵנוּ בִּקְדֻשָּׁה וּבְטָהֳרָה, וְאָז נִזְכֶּה לַעֲלוֹת מִמַּטָּה לְמַעְלָה וּלְהַשְׁפִּיעַ שֶׁפַע בְּכָל הָעוֹלָמוֹת מִמַּעְלָה לְמַטָּה. וְתֵן בָּנוּ כֹּחַ לְהִתְעַנּוֹת בַּיּוֹם הַקָּדוֹשׁ הַזֶּה, וּלְהַשְׁלִים הַתַּעֲנִית בְּכָל חֲמֵשֶׁת הָעִנּוּיִים, וְשֶׁלֹּא יִגְרְמוּ מַעֲשֵׂינוּ לִהְיוֹת נִכְשָׁלִים חַס וְשָׁלוֹם בְּשׁוּם אֶחָד מִן חֲמֵשֶׁת הָעִנּוּיִים, כִּי כֻּלָּנוּ בְּנֵי אַבְרָהָם יִצְחָק וְיַעֲקֹב יְדִידֶיךָ. וְזַכֵּנוּ לְגַדֵּל בָּנֵינוּ לַתּוֹרָה וּלְמַעֲשִׂים טוֹבִים, וְלֹא יִתָּפְסוּ חַס וְשָׁלוֹם בַּעֲוֹנוֹתֵינוּ. וְחָתְמֵנוּ בְּסֵפֶר חַיִּים טוֹבִים שֶׁל יִרְאֵי שְׁמֶךָ, חַיִּים שֶׁנַּעֲבֹד אוֹתְךָ בְּלֵב שָׁלֵם, חַיִּים שֶׁלֹּא נִכָּשֵׁל חַס וְשָׁלוֹם בְּשׁוּם חֵטְא וְעָוֹן וְאַשְׁמָה, חַיִּים שֶׁל פַּרְנָסָה בְּנַחַת וּבְכָבוֹד וּבְהֶתֵּר, וְלֹא תַטְרִידֵנוּ הַפַּרְנָסָה בְּטִרְדַּת הַזְּמַן, וְתֵן לָנוּ פַּרְנָסָה בְּהַשְׁקֵט וְשַׁלְוָה, כְּדֵי שֶׁיִּהְיֶה לִבֵּנוּ פָּנוּי לַעֲבוֹדָתֶךָ. וְטַהֵר רַעְיוֹנֵינוּ וּמַחְשְׁבוֹתֵינוּ כְּדֵי שֶׁנִּהְיֶה דְּבוּקִים בְּךָ תָּמִיד.

וּבְכֵן יַעֲלוּ וְיָבוֹאוּ וְיַגִּיעוּ וְיֵרָאוּ וְיֵרָצוּ וְיִשָּׁמְעוּ תְּפִלּוֹתֵינוּ. קַבֵּל רִנַּת עַמְּךָ,
שַׂגְּבֵנוּ טַהֲרֵנוּ נוֹרָא. וְתוֹצִיא כָּל הַנִּיצוֹצוֹת הַקְּדוֹשִׁים שֶׁנָּפְלוּ לַקְּלִפָּה
עַל יְדֵי חַטֹּאתֵינוּ. וְעַל יְדֵי קְדֻשַּׁת יוֹם הַכִּפּוּרִים יִתְעוֹרְרוּ מִדּוֹתֶיךָ,
הַגְּדֻלָּה וְהַגְּבוּרָה וְהַתִּפְאֶרֶת וְהַנֵּצַח וְהַהוֹד כִּי־כֹל בַּשָּׁמַיִם וּבָאָרֶץ, לְךָ (דברי הימים א׳ כט)
יהוה הַמַּמְלָכָה: אוֹר זָרֻעַ לַצַּדִּיק וּלְיִשְׁרֵי־לֵב שִׂמְחָה: וְתִתְפַּשֵּׁט עֲלֵיהֶם (תהלים צז)
קְדֻשַּׁת יוֹם הַכִּפּוּרִים לְכַפֵּר עָלֵינוּ, כְּמָה שֶׁכָּתוּב בְּתוֹרַת מֹשֶׁה עַבְדֶּךָ:
כִּי־בַיּוֹם הַזֶּה יְכַפֵּר עֲלֵיכֶם לְטַהֵר אֶתְכֶם, מִכֹּל חַטֹּאתֵיכֶם לִפְנֵי יהוה (ויקרא טז)
תִּטְהָרוּ: וִיהִי נֹעַם אֲדֹנָי אֱלֹהֵינוּ עָלֵינוּ, וּמַעֲשֵׂה יָדֵינוּ כּוֹנְנָה עָלֵינוּ, (תהלים צ)
וּמַעֲשֵׂה יָדֵינוּ כּוֹנְנֵהוּ: וְתַעֲבִיר מֶמְשֶׁלֶת זָדוֹן מִן הָאָרֶץ, וּמְלֹךְ עַל כָּל
הָעוֹלָם כֻּלּוֹ בִּכְבוֹדֶךָ וְהִנָּשֵׂא עַל כָּל הָאָרֶץ בִּיקָרֶךָ, וְתֵן שִׂמְחָה לְאַרְצֶךָ
וְשָׂשׂוֹן לְעִירֶךָ וּצְמִיחַת קֶרֶן לְדָוִד עַבְדֶּךָ.

יִהְיוּ לְרָצוֹן אִמְרֵי־פִי וְהֶגְיוֹן לִבִּי לְפָנֶיךָ, יהוה צוּרִי וְגֹאֲלִי: (תהלים יט)

אָמֵן, כֵּן יְהִי רָצוֹן.

יש המוסיפים גם את 'סדר וידוי הגדול' לרבי נסי אלנהרואני מתקופת הגאונים (הנוסח על פי מחזור 'אהלי יעקב').

רִבּוֹנוֹ שֶׁל עוֹלָם, קֹדֶם כָּל דָּבָר, אֵין לִי פֶּה לְהָשִׁיב וְלֹא מֵצַח לְהָרִים רֹאשׁ. כִּי מִפְּנֵי שֶׁעֲוֹנוֹתַי רַבּוּ מִלִּמְנוֹת, וְחַטֹּאתַי עָצְמוּ מִסַּפֵּר, וּכְמַשָּׂא כָבֵד יִכְבְּדוּ מִמֶּנִּי, מִתְוַדֶּה אֲנִי לְפָנֶיךָ יהוה אֱלֹהַי בִּכְפִיפַת רֹאשׁ, בִּכְפִיפַת קוֹמָה, בִּכְנִיעַת חַיִל, בַּחֲלִישׁוּת כֹּחַ, בִּשְׁבִירוּת לֵב, בִּנְמִיכוּת רוּחַ, בְּקִדָּה, בִּכְרִיעָה, בְּהִשְׁתַּחֲוָיָה, בְּאֵימָה, בִּבְעָתָה, בְּרֶתֶת, בְּזִיעַ, בְּחַלְחוּל, בְּיִרְאָה, בְּמוֹרָא. אוֹמֵר אֲנִי לְפָנֶיךָ יהוה אֱלֹהַי מִקְצָת מַעֲשַׂי הָרָעִים, וּמִדְּרָכַי הַמְכֹעָרִים וּמִמַּעֲלָלַי הַמְקֻלְקָלִים. לְאָמְרָם אִי אֶפְשָׁר, לְבָרְרָם אֵין בִּי כֹּחַ, לְגַלּוֹתָם לֹא אֶעֱצֹר חַיִל, לְדַבְּרָם לֹא אֵדָעֵם, לְהַגִּידָם אֵינִי כְּדַאי, וְלִתְבֹּעַ עֲלֵיהֶם סְלִיחָה וּמְחִילָה וְכַפָּרָה. מָה אֲנִי מַה חַיַּי, אֲנִי הֶבֶל וָרִיק, אֲנִי רִמָּה וְתוֹלֵעָה, אֲנִי עָפָר וָאֵפֶר. בּוֹשׁ אֲנִי מֵחֲטָאַי, וּמִכֻּלָּם אֲנִי מִפְּשָׁעַי. אֵין לִי פִּתְחוֹן פֶּה לְהִתְוַדּוֹת לְפָנֶיךָ, גָּדוֹל עֲוֹנִי מִנְּשֹׂא, עָצְמוּ פְשָׁעַי מִסַּפֵּר. בֹּשְׁתִּי וְגַם נִכְלַמְתִּי, כְּגַנָּב הַנִּמְצָא בַּמַּחְתֶּרֶת.

רִבּוֹנוֹ שֶׁל עוֹלָם, אִם עָמַדְתִּי לְפָרֵשׁ אֶת חֲטָאַי וּלְבָאֲרָם, יִכְלֶה הַזְּמַן וְהֵם לֹא יִכְלוּ. עַל אֵיזֶה מֵהֶם אֶתְבַּע, וְעַל אֵיזֶה מֵהֶם אֲבַקֵּשׁ, וְעַל אֵיזֶה מֵהֶם אֶתְוַדֶּה. עַל הַכְּלָל אוֹ עַל הַפְּרָט, עַל הַנִּסְתָּרוֹת אוֹ עַל הַנִּגְלוֹת, עַל הָרִאשׁוֹנוֹת אוֹ עַל הָאַחֲרוֹנוֹת, עַל הַחֲדָשׁוֹת אוֹ עַל הַיְשָׁנוֹת, עַל הַטְּמוּנוֹת אוֹ עַל הַנּוֹדָעוֹת, עַל הַנִּזְכָּרוֹת אוֹ עַל הַנִּשְׁכָּחוֹת מִמֶּנִּי. יוֹדֵעַ אֲנִי בְּעַצְמִי שֶׁאֵין בִּי לֹא תוֹרָה וְלֹא חָכְמָה, לֹא דַּעַת וְלֹא תְבוּנָה, לֹא צְדָקָה וְלֹא יַשְׁרוּת וְלֹא גְּמִילוּת חֲסָדִים. אֲבָל אֲנִי סָכָל וְלֹא יוֹדֵעַ, בַּעַר וְלֹא מֵבִין, גּוֹזְלָן וְלֹא נֶאֱמָן, חַיָּב וְלֹא זַכַּאי, רָשָׁע וְלֹא צַדִּיק, רַע וְלֹא טוֹב. וְכָל מַעֲשִׂים רָעִים עָשִׂיתִי, וְגַם עֲבֵרוֹת רָעוֹת עָשִׂיתִי. וְאִם אַתָּה דָּן אוֹתִי כְּמַעֲשַׂי, אוֹי לִי, וַי לִי, אֲהָהּ עָלַי, אוֹיָה עַל נַפְשִׁי. וְאִם תְּבַקֵּשׁ לְנַקּוֹתִי כִּמְטַהֵר וְכִמְצָרֵף כֶּסֶף, לֹא יִשָּׁאֵר מִמֶּנִּי מְאוּמָה. כִּי אֲנִי כְּקַשׁ לִפְנֵי אֵשׁ, וּכְעֵצִים יְבֵשִׁים לִפְנֵי הָאוּר, כֶּסֶף סִיגִים מְצֻפֶּה עַל חֶרֶשׂ, הֲבֵל הֲבָלִים אֵין בּוֹ מַמָּשׁ.

בַּמָּה אֲקַדֵּם, אוֹ מָה רְפוּאָה אֲבַקֵּשׁ. כְּבֵן סוֹרֵר וּמוֹרֶה הָיִיתִי, כְּעֶבֶד מוֹרֵד עַל אֲדוֹנָיו, כְּתַלְמִיד חוֹלֵק עַל רַבּוֹ. אֶת אֲשֶׁר טִהַרְתָּ טִמֵּאתִי וַאֲשֶׁר טִמֵּאתָ טִהַרְתִּי, אֶת אֲשֶׁר הִתַּרְתָּ אָסַרְתִּי וַאֲשֶׁר אָסַרְתָּ הִתַּרְתִּי, אֶת אֲשֶׁר אָהַבְתָּ

שָׂנֵאתִי וַאֲשֶׁר שָׂנֵאתָ אָהַבְתִּי, אֶת אֲשֶׁר הֵקַלְתָּ הֶחֱמַרְתִּי וַאֲשֶׁר הֶחֱמַרְתָּ הֵקַלְתִּי, אֶת אֲשֶׁר קֵרַבְתָּ רִחַקְתִּי וַאֲשֶׁר רִחַקְתָּ קֵרַבְתִּי. אַךְ לֹא לְהַכְעִיסְךָ נִתְכַּוַּנְתִּי, וּבְעַזּוּת מֵצַח בָּאתִי לְבַקֵּשׁ סְלִיחָה מִלְּפָנֶיךָ. שַׂמְתִּי פָּנַי כַּכֶּלֶב, הֵעַזְתִּי מֵצַח כַּזּוֹנָה, וְגַשְׁתִּי לְפָנֶיךָ בְּבֹשֶׁת פָּנִים. וְכֵן כָּתוּב: וּמֵצַח אִשָּׁה זוֹנָה הָיָה לָךְ, מֵאַנְתְּ הִכָּלֵם: ירמיה ג

רִבּוֹנוֹ שֶׁל עוֹלָם, לֹא עַל עַצְמִי בִּלְבַד אֲנִי מִתְפַּלֵּל וּמִתְוַדֶּה, כִּי אִם בַּעֲדִי וּבְעַד קְהָלֶיךָ הָעוֹמְדִים לְפָנֶיךָ, וְאַף עַל פִּי שֶׁאֵינִי רָאוּי וְלֹא זַכַּאי לְהִתְוַדּוֹת עַל עַצְמִי, וְכָל שֶׁכֵּן עַל אֲחֵרִים. אֲבָל כִּי דַּרְכְּךָ לְהַאֲרִיךְ אַפֶּךָ, וּמִדָּתְךָ לְהַעֲבִיר קִצְפֶּךָ, וּמִנְהָגְךָ לְרַחֵם עַל בְּרִיּוֹתֶיךָ, וּבְיוֹתֵר לַשָּׁבִים אֵלֶיךָ וּמוֹדִים לְפָנֶיךָ, וְעוֹזְבִים וּמִתְנַחֲמִים עַל פִּשְׁעֵיהֶם, וְלֹא מְכַסִּים אוֹתָם. שֶׁכֵּן כָּתוּב: מְכַסֶּה פְשָׁעָיו לֹא יַצְלִיחַ, וּמוֹדֶה וְעֹזֵב יְרֻחָם: וּמַצִּיל אֶת נַפְשׁוֹ מִדִּינָהּ שֶׁל גֵּיהִנֹּם. משלי כח

רִבּוֹנוֹ שֶׁל עוֹלָם, מִנְהַג בֵּית דִּינְךָ הַצֶּדֶק לֹא כְּמִנְהַג בָּתֵּי דִּינִין שֶׁל בְּנֵי אָדָם. שֶׁמִּדַּת בְּנֵי אָדָם, כְּשֶׁהוּא תּוֹבֵעַ אֶת חֲבֵרוֹ בְּמָמוֹן אֶל הַבֵּית דִּין אוֹ אֶל הַשּׁוֹפֵט, אִם יִכְפֹּר יִנָּצֵל מִן הַמָּמוֹן, וְאִם יוֹדֶה מִתְחַיֵּב לִתֵּן. וּבֵית דִּינְךָ הַצֶּדֶק לֹא כֵן הוּא, אֶלָּא אִם יִכְפֹּר אָדָם אוֹי לוֹ וְאוֹי לְנַפְשׁוֹ, וְאִם מוֹדֶה וְעוֹזֵב אַתָּה מְרַחֲמֵהוּ.

רִבּוֹנוֹ שֶׁל עוֹלָם, לוּלֵי חֲטָאֵינוּ וּפְשָׁעֵינוּ, לֹא הָיִינוּ בּוֹשִׁים וְנִכְלָמִים, וְעַל מָה הָיִינוּ מִתְוַדִּים, כִּי אִי אֶפְשָׁר לוֹ לְאָדָם לְבַקֵּשׁ עַל חֵטְא וְהוּא לֹא חָטָא, וְלֹא יוֹדֵעַ עֹז רַחֲמֶיךָ אֶלָּא בְּהַעֲבִירְךָ חַטֹּאת יְרֵאֶיךָ. וְלֹא עַל עַצְמִי בִּלְבַד אֲנִי מִתְוַדֶּה, כִּי אִם בַּעֲדִי וּבְעַד כָּל קְהָלֶיךָ.

יְהִי רָצוֹן מִלְּפָנֶיךָ, יהוה אֱלֹהֵינוּ וֵאלֹהֵי אֲבוֹתֵינוּ, שֶׁתִּסְלַח וְתִמְחַל לָנוּ עַל כָּל עֲוֹנוֹתֵינוּ וּפְשָׁעֵינוּ, וּתְכַפֵּר לָנוּ עַל כָּל חַטֹּאתֵינוּ.

כל נדרי

״טוֹב אֲשֶׁר לֹא־תִדֹּר מִשֶּׁתִּדּוֹר וְלֹא תְשַׁלֵּם״ (קהלת ה, ד).

מוציאים שני ספרי תורה ומוסרים אותם לשני אנשים המתייצבים משני צדי שליח הציבור. שליח הציבור אומר ׳אוֹר זָרֻעַ׳ שלוש פעמים (קיצור של״ה; ויש המוסיפים על מספר זה).

אוֹר זָרֻעַ לַצַּדִּיק וּלְיִשְׁרֵי־לֵב שִׂמְחָה: תהלים צז

שליח הציבור אומר שלוש פעמים (׳כלבו׳, סח):

עַל דַּעַת הַמָּקוֹם, וְעַל דַּעַת הַקָּהָל
בִּישִׁיבָה שֶׁל מַעְלָה וּבִישִׁיבָה שֶׁל מַטָּה
אָנוּ מַתִּירִין לְהִתְפַּלֵּל עִם הָעֲבַרְיָנִים.

שליח הציבור אומר שלוש פעמים:

כָּל נִדְרֵי

וֶאֱסָרֵי וּשְׁבוּעֵי וַחֲרָמֵי וְקוֹנָמֵי וְקִנּוּסֵי וְכִנּוּיֵי
דְּאִנְדַּרְנָא, וּדְאִשְׁתַּבַּעְנָא, וּדְאַחֲרִימְנָא וּדְאָסַרְנָא עַל נַפְשָׁתָנָא
(מִיּוֹם כִּפּוּרִים שֶׁעָבַר עַד יוֹם כִּפּוּרִים זֶה
וּ)מִיּוֹם כִּפּוּרִים זֶה עַד יוֹם כִּפּוּרִים הַבָּא עָלֵינוּ לְטוֹבָה.
בְּכֻלְּהוֹן אִחֲרַטְנָא בְהוֹן, כֻּלְּהוֹן יְהוֹן שָׁרָן.
שְׁבִיקִין, שְׁבִיתִין, בְּטֵלִין וּמְבֻטָּלִין
לָא שְׁרִירִין, וְלָא קַיָּמִין.
נִדְרָנָא לָא נִדְרֵי
וֶאֱסָרָנָא לָא אֱסָרֵי
וּשְׁבוּעָתָנָא לָא שְׁבוּעוֹת.

שליח הציבור אומר שלוש פעמים, ואחריו הקהל:

וְנִסְלַח לְכָל־עֲדַת בְּנֵי יִשְׂרָאֵל, וְלַגֵּר הַגָּר בְּתוֹכָם כִּי לְכָל־הָעָם בִּשְׁגָגָה: במדבר טו

שליח הציבור:

סְלַח־נָא לַעֲוֹן הָעָם הַזֶּה כְּגֹדֶל חַסְדֶּךָ וְכַאֲשֶׁר נָשָׂאתָה לָעָם הַזֶּה מִמִּצְרַיִם וְעַד־הֵנָּה: במדבר יד

וְשָׁם נֶאֱמַר

והקהל אומר שלוש פעמים:

וַיֹּאמֶר יהוה, סָלַחְתִּי כִּדְבָרֶךָ:

שליח הציבור מברך ׳שֶׁהֶחֱיָנוּ׳ בקול, וכל יחיד מברך בלחש ומסיים לפני שליח הציבור כדי להספיק לענות אמן. נשים שכבר בירכו ׳שֶׁהֶחֱיָנוּ׳ בזמן ההדלקה, לא יברכו שנית (׳שער הציון׳ תריט, ז).

בָּרוּךְ אַתָּה יהוה אֱלֹהֵינוּ מֶלֶךְ הָעוֹלָם
שֶׁהֶחֱיָנוּ וְקִיְּמָנוּ, וְהִגִּיעָנוּ לַזְּמַן הַזֶּה.

אם יום הכיפורים חל ביום חול, ממשיכים ׳בָּרְכוּ׳ בעמ׳ 47.

קבלת שבת

בשבת מתחילים כאן קבלת שבת מקוצרת.

בבתי כנסת המתפללים בנוסח אשכנז, מתחילים ׳מִזְמוֹר שִׁיר לְיוֹם הַשַּׁבָּת׳ בעמ׳ 45.

עומדים ואומרים:

מִזְמוֹר לְדָוִד, הָבוּ לַיהוה בְּנֵי אֵלִים, הָבוּ לַיהוה כָּבוֹד וָעֹז: הָבוּ לַיהוה כְּבוֹד שְׁמוֹ, הִשְׁתַּחֲווּ לַיהוה בְּהַדְרַת־קֹדֶשׁ: קוֹל יהוה עַל־הַמָּיִם, אֵל־הַכָּבוֹד הִרְעִים, יהוה עַל־מַיִם רַבִּים: קוֹל־יהוה בַּכֹּחַ, קוֹל יהוה בֶּהָדָר: קוֹל יהוה שֹׁבֵר אֲרָזִים, וַיְשַׁבֵּר יהוה אֶת־אַרְזֵי הַלְּבָנוֹן: וַיַּרְקִידֵם כְּמוֹ־עֵגֶל, לְבָנוֹן וְשִׂרְיוֹן כְּמוֹ בֶן־רְאֵמִים: קוֹל־יהוה חֹצֵב לַהֲבוֹת אֵשׁ: קוֹל יהוה יָחִיל מִדְבָּר, יָחִיל יהוה מִדְבַּר קָדֵשׁ: ◂ קוֹל יהוה יְחוֹלֵל אַיָּלוֹת וַיֶּחֱשֹׂף יְעָרוֹת, וּבְהֵיכָלוֹ, כֻּלּוֹ אֹמֵר כָּבוֹד: יהוה לַמַּבּוּל יָשָׁב, וַיֵּשֶׁב יהוה מֶלֶךְ לְעוֹלָם: יהוה עֹז לְעַמּוֹ יִתֵּן, יהוה יְבָרֵךְ אֶת־עַמּוֹ בַשָּׁלוֹם: תהלים כט

המקובלים הנהיגו לומר פיוט זה, מכיוון ששבע השורות שבו מקבילות לשבע הפעמים שקול ה׳ נזכר במזמור שבעמוד הקודם (פרי עץ חיים).

אָנָּא, בְּכֹחַ גְּדֻלַּת יְמִינְךָ, תַּתִּיר צְרוּרָה.
קַבֵּל רִנַּת עַמְּךָ, שַׂגְּבֵנוּ, טַהֲרֵנוּ, נוֹרָא.
נָא גִבּוֹר, דּוֹרְשֵׁי יִחוּדְךָ כְּבָבַת שָׁמְרֵם.
בָּרְכֵם, טַהֲרֵם, רַחֲמֵי, צִדְקָתְךָ תָּמִיד גָּמְלֵם.
חֲסִין קָדוֹשׁ, בְּרֹב טוּבְךָ נַהֵל עֲדָתֶךָ.
יָחִיד גֵּאֶה, לְעַמְּךָ פְּנֵה, זוֹכְרֵי קְדֻשָּׁתֶךָ.
שַׁוְעָתֵנוּ קַבֵּל וּשְׁמַע צַעֲקָתֵנוּ, יוֹדֵעַ תַּעֲלוּמוֹת.
בָּרוּךְ שֵׁם כְּבוֹד מַלְכוּתוֹ לְעוֹלָם וָעֶד.

אומרים נוסח מקוצר של ׳לְכָה דוֹדִי׳: שני הבתים הראשונים ושני האחרונים.

לְכָה דוֹדִי לִקְרַאת כַּלָּה, פְּנֵי שַׁבָּת נְקַבְּלָה.
לְכָה דוֹדִי לִקְרַאת כַּלָּה, פְּנֵי שַׁבָּת נְקַבְּלָה.

שָׁמוֹר וְזָכוֹר בְּדִבּוּר אֶחָד
הִשְׁמִיעָנוּ אֵל הַמְיֻחָד
יהוה אֶחָד וּשְׁמוֹ אֶחָד
לְשֵׁם וּלְתִפְאֶרֶת וְלִתְהִלָּה.
לְכָה דוֹדִי לִקְרַאת כַּלָּה, פְּנֵי שַׁבָּת נְקַבְּלָה.

לִקְרַאת שַׁבָּת לְכוּ וְנֵלְכָה
כִּי הִיא מְקוֹר הַבְּרָכָה
מֵרֹאשׁ מִקֶּדֶם נְסוּכָה
סוֹף מַעֲשֶׂה בְּמַחֲשָׁבָה תְּחִלָּה.
לְכָה דוֹדִי לִקְרַאת כַּלָּה, פְּנֵי שַׁבָּת נְקַבְּלָה.

יָמִין וּשְׂמֹאל תִּפְרֹצִי
וְאֶת יהוה תַּעֲרִיצִי
עַל יַד אִישׁ בֶּן פַּרְצִי
וְנִשְׂמְחָה וְנָגִילָה.

לְכָה דוֹדִי לִקְרַאת כַּלָּה, פְּנֵי שַׁבָּת נְקַבְּלָה.

הקהל עומד ופונה אל פתח בית הכנסת כדי לקבל את פני הכלה (משנ״ב רסב, י).
באמירת 'בּוֹאִי כַלָּה' הראשון קד לשמאל ובשני לימין (סידור יעב״ץ בשם אביו).

בּוֹאִי בְשָׁלוֹם עֲטֶרֶת בַּעְלָהּ
גַּם בְּרִנָּה וּבְצָהֳלָה
תּוֹךְ אֱמוּנֵי עַם סְגֻלָּה
בּוֹאִי כַלָּה, בּוֹאִי כַלָּה
בּוֹאִי כַלָּה, שַׁבָּת מַלְכְּתָא.

לְכָה דוֹדִי לִקְרַאת כַּלָּה, פְּנֵי שַׁבָּת נְקַבְּלָה.

מִזְמוֹר שִׁיר לְיוֹם הַשַּׁבָּת: טוֹב לְהֹדוֹת לַיהוה, וּלְזַמֵּר לְשִׁמְךָ עֶלְיוֹן: תהלים צב
לְהַגִּיד בַּבֹּקֶר חַסְדֶּךָ, וֶאֱמוּנָתְךָ בַּלֵּילוֹת: עֲלֵי־עָשׂוֹר וַעֲלֵי־נָבֶל,
עֲלֵי הִגָּיוֹן בְּכִנּוֹר: כִּי שִׂמַּחְתַּנִי יהוה בְּפָעֳלֶךָ, בְּמַעֲשֵׂי יָדֶיךָ אֲרַנֵּן:
מַה־גָּדְלוּ מַעֲשֶׂיךָ יהוה, מְאֹד עָמְקוּ מַחְשְׁבֹתֶיךָ: אִישׁ־בַּעַר לֹא
יֵדָע, וּכְסִיל לֹא־יָבִין אֶת־זֹאת: בִּפְרֹחַ רְשָׁעִים כְּמוֹ עֵשֶׂב, וַיָּצִיצוּ
כָּל־פֹּעֲלֵי אָוֶן, לְהִשָּׁמְדָם עֲדֵי־עַד: וְאַתָּה מָרוֹם לְעֹלָם יהוה: כִּי הִנֵּה
אֹיְבֶיךָ יהוה, כִּי־הִנֵּה אֹיְבֶיךָ יֹאבֵדוּ, יִתְפָּרְדוּ כָּל־פֹּעֲלֵי אָוֶן: וַתָּרֶם
כִּרְאֵים קַרְנִי, בַּלֹּתִי בְּשֶׁמֶן רַעֲנָן: וַתַּבֵּט עֵינִי בְּשׁוּרָי, בַּקָּמִים עָלַי
מְרֵעִים תִּשְׁמַעְנָה אָזְנָי: › צַדִּיק כַּתָּמָר יִפְרָח, כְּאֶרֶז בַּלְּבָנוֹן יִשְׂגֶּה:
שְׁתוּלִים בְּבֵית יהוה, בְּחַצְרוֹת אֱלֹהֵינוּ יַפְרִיחוּ: עוֹד יְנוּבוּן בְּשֵׂיבָה,
דְּשֵׁנִים וְרַעֲנַנִּים יִהְיוּ: לְהַגִּיד כִּי־יָשָׁר יהוה, צוּרִי, וְלֹא־עַוְלָתָה בּוֹ:

תהלים צג יהוה מָלָךְ, גֵּאוּת לָבֵשׁ, לָבֵשׁ יהוה עֹז הִתְאַזָּר, אַף־תִּכּוֹן תֵּבֵל בַּל־תִּמּוֹט: נָכוֹן כִּסְאֲךָ מֵאָז, מֵעוֹלָם אָתָּה: נָשְׂאוּ נְהָרוֹת יהוה, נָשְׂאוּ נְהָרוֹת קוֹלָם, יִשְׂאוּ נְהָרוֹת דָּכְיָם: ◂ מִקֹּלוֹת מַיִם רַבִּים, אַדִּירִים מִשְׁבְּרֵי־יָם, אַדִּיר בַּמָּרוֹם יהוה: עֵדֹתֶיךָ נֶאֶמְנוּ מְאֹד, לְבֵיתְךָ נַאֲוָה־קֹדֶשׁ, יהוה לְאֹרֶךְ יָמִים:

קדיש יתום

אבל: יִתְגַּדַּל וְיִתְקַדַּשׁ שְׁמֵהּ רַבָּא (קהל: אָמֵן)
בְּעָלְמָא דִּי בְרָא כִרְעוּתֵהּ
וְיַמְלִיךְ מַלְכוּתֵהּ
וְיַצְמַח פֻּרְקָנֵהּ וִיקָרֵב מְשִׁיחֵהּ (קהל: אָמֵן)
בְּחַיֵּיכוֹן וּבְיוֹמֵיכוֹן וּבְחַיֵּי דְכָל בֵּית יִשְׂרָאֵל
בַּעֲגָלָא וּבִזְמַן קָרִיב, וְאִמְרוּ אָמֵן. (קהל: אָמֵן)

קהל ואבל: יְהֵא שְׁמֵהּ רַבָּא מְבָרַךְ לְעָלַם וּלְעָלְמֵי עָלְמַיָּא.

אבל: יִתְבָּרַךְ וְיִשְׁתַּבַּח וְיִתְפָּאַר וְיִתְרוֹמַם וְיִתְנַשֵּׂא
וְיִתְהַדָּר וְיִתְעַלֶּה וְיִתְהַלָּל
שְׁמֵהּ דְּקֻדְשָׁא בְּרִיךְ הוּא (קהל: אָמֵן)
לְעֵלָּא לְעֵלָּא מִכָּל בִּרְכָתָא
וְשִׁירָתָא תֻּשְׁבְּחָתָא וְנֶחֱמָתָא
דַּאֲמִירָן בְּעָלְמָא, וְאִמְרוּ אָמֵן. (קהל: אָמֵן)

יְהֵא שְׁלָמָא רַבָּא מִן שְׁמַיָּא
וְחַיִּים טוֹבִים עָלֵינוּ וְעַל כָּל יִשְׂרָאֵל, וְאִמְרוּ אָמֵן. (קהל: אָמֵן)

כורע ופוסע שלוש פסיעות לאחור. קד לשמאל, לימין ולפנים באמירת:
עֹשֶׂה הַשָּׁלוֹם בִּמְרוֹמָיו
הוּא יַעֲשֶׂה שָׁלוֹם, עָלֵינוּ וְעַל כָּל יִשְׂרָאֵל, וְאִמְרוּ אָמֵן. (קהל: אָמֵן)

ערבית ליום הכיפורים

"מֵעֶרֶב עַד־עֶרֶב תִּשְׁבְּתוּ שַׁבַּתְּכֶם" (ויקרא כג, לב).

קריאת שמע וברכותיה

שליח הציבור כורע בתיבת 'בָּרְכוּ' וזוקף בשם. הקהל כורע בתיבת 'בָּרוּךְ' וזוקף בשם, ושליח הציבור כורע שוב כאשר הוא חוזר אחריהם.

ש"ץ: **בָּרְכוּ**

אֶת יהוה הַמְבֹרָךְ.

קהל: בָּרוּךְ יהוה הַמְבֹרָךְ לְעוֹלָם וָעֶד.

ש"ץ: בָּרוּךְ יהוה הַמְבֹרָךְ לְעוֹלָם וָעֶד.

'בְּחָכְמָה פּוֹתֵחַ שְׁעָרִים' – כמו שכתוב (ישעיה כו, ב):
"פִּתְחוּ שְׁעָרִים וְיָבֹא גוֹי־צַדִּיק" (אבודרהם).

בָּרוּךְ אַתָּה יהוה אֱלֹהֵינוּ מֶלֶךְ הָעוֹלָם
אֲשֶׁר בִּדְבָרוֹ מַעֲרִיב עֲרָבִים
בְּחָכְמָה פּוֹתֵחַ שְׁעָרִים
וּבִתְבוּנָה מְשַׁנֶּה עִתִּים וּמַחֲלִיף אֶת הַזְּמַנִּים
וּמְסַדֵּר אֶת הַכּוֹכָבִים בְּמִשְׁמְרוֹתֵיהֶם בָּרָקִיעַ כִּרְצוֹנוֹ.
בּוֹרֵא יוֹם וָלַיְלָה, גּוֹלֵל אוֹר מִפְּנֵי חֹשֶׁךְ וְחֹשֶׁךְ מִפְּנֵי אוֹר
◂ וּמַעֲבִיר יוֹם וּמֵבִיא לָיְלָה, וּמַבְדִּיל בֵּין יוֹם וּבֵין לָיְלָה
יהוה צְבָאוֹת שְׁמוֹ.
אֵל חַי וְקַיָּם תָּמִיד, יִמְלֹךְ עָלֵינוּ לְעוֹלָם וָעֶד.
בָּרוּךְ אַתָּה יהוה, הַמַּעֲרִיב עֲרָבִים.

אַהֲבַת עוֹלָם בֵּית יִשְׂרָאֵל עַמְּךָ אָהָבְתָּ
תּוֹרָה וּמִצְוֹת, חֻקִּים וּמִשְׁפָּטִים, אוֹתָנוּ לִמַּדְתָּ
עַל כֵּן יהוה אֱלֹהֵינוּ בְּשָׁכְבֵנוּ וּבְקוּמֵנוּ נָשִׂיחַ בְּחֻקֶּיךָ
וְנִשְׂמַח בְּדִבְרֵי תַלְמוּד תּוֹרָתֶךָ וּבְמִצְוֹתֶיךָ לְעוֹלָם וָעֶד
◄ כִּי הֵם חַיֵּינוּ וְאֹרֶךְ יָמֵינוּ, וּבָהֶם נֶהְגֶּה יוֹמָם וָלָיְלָה.
וְאַהֲבָתְךָ אַל תָּסִיר מִמֶּנּוּ לְעוֹלָמִים.
בָּרוּךְ אַתָּה יהוה, אוֹהֵב עַמּוֹ יִשְׂרָאֵל.

"יקרא קריאת שמע בכוונה – באימה, ביראה, ברתת וזיע" (שו"ע סא, א).

קריאת שמע צריכה כוונה מיוחדת בכל שלוש פרשיותיה. מי שאינו יכול לכוון בכולן חייב לכוון בפסוק הראשון, ואם לא התכוון צריך לחזור ולקרוא שוב.

בקריאת שמע שלוש פרשיות: 'שְׁמַע', שענינה קבלת עול מלכות שמים; 'וְהָיָה אִם־שָׁמֹעַ', שעניינה קבלת עול מצוות; 'ציצית', שיש בה הזכרת יציאת מצרים ובחירת ה' בעם ישראל (משנה, ברכות יג ע"א).

המתפלל ביחידות אומר:

אֵל מֶלֶךְ נֶאֱמָן

מכסה את עיניו בידו ואומר בכוונה ובקול רם:

דברים ו שְׁמַע יִשְׂרָאֵל, יהוה אֱלֹהֵינוּ, יהוה ׀ אֶחָד:

בקול רם: בָּרוּךְ שֵׁם כְּבוֹד מַלְכוּתוֹ לְעוֹלָם וָעֶד.

דברים ו וְאָהַבְתָּ אֵת יהוה אֱלֹהֶיךָ, בְּכָל־לְבָבְךָ וּבְכָל־נַפְשְׁךָ וּבְכָל־
מְאֹדֶךָ: וְהָיוּ הַדְּבָרִים הָאֵלֶּה, אֲשֶׁר אָנֹכִי מְצַוְּךָ הַיּוֹם, עַל־לְבָבֶךָ:
וְשִׁנַּנְתָּם לְבָנֶיךָ וְדִבַּרְתָּ בָּם, בְּשִׁבְתְּךָ בְּבֵיתֶךָ וּבְלֶכְתְּךָ בַדֶּרֶךְ,
וּבְשָׁכְבְּךָ וּבְקוּמֶךָ: וּקְשַׁרְתָּם לְאוֹת עַל־יָדֶךָ וְהָיוּ לְטֹטָפֹת בֵּין
עֵינֶיךָ: וּכְתַבְתָּם עַל־מְזֻזוֹת בֵּיתֶךָ וּבִשְׁעָרֶיךָ:

דברים יא וְהָיָה אִם־שָׁמֹעַ תִּשְׁמְעוּ אֶל־מִצְוֹתַי אֲשֶׁר אָנֹכִי מְצַוֶּה אֶתְכֶם
הַיּוֹם, לְאַהֲבָה אֶת־יהוה אֱלֹהֵיכֶם וּלְעָבְדוֹ, בְּכָל־לְבַבְכֶם וּבְכָל־

נַפְשְׁכֶם: וְנָתַתִּי מְטַר־אַרְצְכֶם בְּעִתּוֹ, יוֹרֶה וּמַלְקוֹשׁ, וְאָסַפְתָּ דְגָנֶךָ וְתִירֹשְׁךָ וְיִצְהָרֶךָ: וְנָתַתִּי עֵשֶׂב בְּשָׂדְךָ לִבְהֶמְתֶּךָ, וְאָכַלְתָּ וְשָׂבָעְתָּ: הִשָּׁמְרוּ לָכֶם פֶּן־יִפְתֶּה לְבַבְכֶם, וְסַרְתֶּם וַעֲבַדְתֶּם אֱלֹהִים אֲחֵרִים וְהִשְׁתַּחֲוִיתֶם לָהֶם: וְחָרָה אַף־יְהוָה בָּכֶם, וְעָצַר אֶת־הַשָּׁמַיִם וְלֹא־יִהְיֶה מָטָר, וְהָאֲדָמָה לֹא תִתֵּן אֶת־יְבוּלָהּ, וַאֲבַדְתֶּם מְהֵרָה מֵעַל הָאָרֶץ הַטֹּבָה אֲשֶׁר יְהוָה נֹתֵן לָכֶם: וְשַׂמְתֶּם אֶת־דְּבָרַי אֵלֶּה עַל־לְבַבְכֶם וְעַל־נַפְשְׁכֶם, וּקְשַׁרְתֶּם אֹתָם לְאוֹת עַל־יֶדְכֶם, וְהָיוּ לְטוֹטָפֹת בֵּין עֵינֵיכֶם: וְלִמַּדְתֶּם אֹתָם אֶת־בְּנֵיכֶם לְדַבֵּר בָּם, בְּשִׁבְתְּךָ בְּבֵיתֶךָ, וּבְלֶכְתְּךָ בַדֶּרֶךְ, וּבְשָׁכְבְּךָ וּבְקוּמֶךָ: וּכְתַבְתָּם עַל־מְזוּזוֹת בֵּיתֶךָ וּבִשְׁעָרֶיךָ: לְמַעַן יִרְבּוּ יְמֵיכֶם וִימֵי בְנֵיכֶם עַל הָאֲדָמָה אֲשֶׁר נִשְׁבַּע יְהוָה לַאֲבֹתֵיכֶם לָתֵת לָהֶם, כִּימֵי הַשָּׁמַיִם עַל־הָאָרֶץ:

במדבר טו וַיֹּאמֶר יְהוָה אֶל־מֹשֶׁה לֵּאמֹר: דַּבֵּר אֶל־בְּנֵי יִשְׂרָאֵל וְאָמַרְתָּ אֲלֵהֶם, וְעָשׂוּ לָהֶם צִיצִת עַל־כַּנְפֵי בִגְדֵיהֶם לְדֹרֹתָם, וְנָתְנוּ עַל־צִיצִת הַכָּנָף פְּתִיל תְּכֵלֶת: וְהָיָה לָכֶם לְצִיצִת, וּרְאִיתֶם אֹתוֹ, וּזְכַרְתֶּם אֶת־כָּל־מִצְוֹת יְהוָה וַעֲשִׂיתֶם אֹתָם, וְלֹא תָתֻרוּ אַחֲרֵי לְבַבְכֶם וְאַחֲרֵי עֵינֵיכֶם, אֲשֶׁר־אַתֶּם זֹנִים אַחֲרֵיהֶם: לְמַעַן תִּזְכְּרוּ וַעֲשִׂיתֶם אֶת־כָּל־מִצְוֹתָי, וִהְיִיתֶם קְדֹשִׁים לֵאלֹהֵיכֶם: אֲנִי יְהוָה אֱלֹהֵיכֶם, אֲשֶׁר הוֹצֵאתִי אֶתְכֶם מֵאֶרֶץ מִצְרַיִם, לִהְיוֹת לָכֶם לֵאלֹהִים, אֲנִי יְהוָה אֱלֹהֵיכֶם:

אֱמֶת

שליח הציבור חוזר ואומר:

◄ יְהוָה אֱלֹהֵיכֶם אֱמֶת

״כל שלא אמר אמת ויציב שחרית ואמת ואמונה ערבית – לא יצא ידי חובתו, שנאמר (תהלים צב, ג): ׳לְהַגִּיד בַּבֹּקֶר חַסְדֶּךָ וֶאֱמוּנָתְךָ בַּלֵּילוֹת׳״ (ברכות יב ע״א).

״ברכת אמת ויציב כולה על חסד שעשה עם אבותינו היא, שהוציאם ממצרים ובקע להם הים והעבירם, וברכת אמת ואמונה מדבר בה אף על העתידות, שאנו מצפים שיקיים לנו הבטחתו ואמונתו לגאלנו מיד מלכים ומיד עריצים ולשום נפשנו בחיים, ולהדריכנו על במות אויבינו, כל אלה הנסים התדירים תמיד״ (רש״י שם).

וֶאֱמוּנָה כָּל זֹאת וְקַיָּם עָלֵינוּ

כִּי הוּא יהוה אֱלֹהֵינוּ וְאֵין זוּלָתוֹ
וַאֲנַחְנוּ יִשְׂרָאֵל עַמּוֹ.
הַפּוֹדֵנוּ מִיַּד מְלָכִים
מַלְכֵּנוּ הַגּוֹאֲלֵנוּ מִכַּף כָּל הֶעָרִיצִים.
הָאֵל הַנִּפְרָע לָנוּ מִצָּרֵינוּ
הַמְשַׁלֵּם גְּמוּל לְכָל אוֹיְבֵי נַפְשֵׁנוּ.
הָעוֹשֶׂה גְדוֹלוֹת עַד אֵין חֵקֶר
נִסִּים וְנִפְלָאוֹת עַד אֵין מִסְפָּר.
הַשָּׂם נַפְשֵׁנוּ בַּחַיִּים, וְלֹא־נָתַן לַמּוֹט רַגְלֵנוּ: תהלים סו
הַמַּדְרִיכֵנוּ עַל בָּמוֹת אוֹיְבֵינוּ
וַיָּרֶם קַרְנֵנוּ עַל כָּל שׂוֹנְאֵינוּ.
הָעוֹשֶׂה לָּנוּ נִסִּים וּנְקָמָה בְּפַרְעֹה
אוֹתוֹת וּמוֹפְתִים בְּאַדְמַת בְּנֵי חָם.
הַמַּכֶּה בְעֶבְרָתוֹ כָּל בְּכוֹרֵי מִצְרָיִם
וַיּוֹצֵא אֶת עַמּוֹ יִשְׂרָאֵל מִתּוֹכָם לְחֵרוּת עוֹלָם.
◂ הַמַּעֲבִיר בָּנָיו בֵּין גִּזְרֵי יַם סוּף
אֶת רוֹדְפֵיהֶם וְאֶת שׂוֹנְאֵיהֶם בִּתְהוֹמוֹת טִבַּע
וְרָאוּ בָנָיו גְּבוּרָתוֹ
שִׁבְּחוּ וְהוֹדוּ לִשְׁמוֹ
וּמַלְכוּתוֹ בְּרָצוֹן קִבְּלוּ עֲלֵיהֶם.

מֹשֶׁה וּבְנֵי יִשְׂרָאֵל, לְךָ עָנוּ שִׁירָה בְּשִׂמְחָה רַבָּה
וְאָמְרוּ כֻלָּם

שמות טו מִי־כָמֹכָה בָּאֵלִם יהוה
מִי כָּמֹכָה נֶאְדָּר בַּקֹּדֶשׁ
נוֹרָא תְהִלֹּת עֹשֵׂה פֶלֶא:

◂ מַלְכוּתְךָ רָאוּ בָנֶיךָ, בּוֹקֵעַ יָם לִפְנֵי מֹשֶׁה
זֶה אֵלִי עָנוּ, וְאָמְרוּ
שמות טו יהוה יִמְלֹךְ לְעֹלָם וָעֶד:

◂ וְנֶאֱמַר
ירמיה לא כִּי־פָדָה יהוה אֶת־יַעֲקֹב, וּגְאָלוֹ מִיַּד חָזָק מִמֶּנּוּ:
בָּרוּךְ אַתָּה יהוה, גָּאַל יִשְׂרָאֵל.

בשבתות ובימים טובים אומרים ברכות קריאת שמע כביום חול בשינוי החתימה של ברכת ׳הַשְׁכִּיבֵנוּ׳ (סדר רב עמרם גאון), מפני שהשבת שומרת ומגנה, ואין צורך בשמירה נוספת מלבדה (טור, רסז).

הַשְׁכִּיבֵנוּ יהוה אֱלֹהֵינוּ לְשָׁלוֹם
וְהַעֲמִידֵנוּ מַלְכֵּנוּ לְחַיִּים טוֹבִים וּלְשָׁלוֹם
וּפְרֹשׂ עָלֵינוּ סֻכַּת שְׁלוֹמֶךָ
וְתַקְּנֵנוּ בְּעֵצָה טוֹבָה מִלְּפָנֶיךָ, וְהוֹשִׁיעֵנוּ מְהֵרָה לְמַעַן שְׁמֶךָ.
וְהָגֵן בַּעֲדֵנוּ
וְהָסֵר מֵעָלֵינוּ אוֹיֵב, דֶּבֶר וְחֶרֶב וְרָעָב וְיָגוֹן
וְהָסֵר שָׂטָן מִלְּפָנֵינוּ וּמֵאַחֲרֵינוּ, וּבְצֵל כְּנָפֶיךָ תַּסְתִּירֵנוּ
כִּי אֵל שׁוֹמְרֵנוּ וּמַצִּילֵנוּ אָתָּה, כִּי אֵל מֶלֶךְ חַנּוּן וְרַחוּם אָתָּה.
◂ וּשְׁמֹר צֵאתֵנוּ וּבוֹאֵנוּ לְחַיִּים וּלְשָׁלוֹם, מֵעַתָּה וְעַד עוֹלָם.
וּפְרֹשׂ עָלֵינוּ סֻכַּת רַחֲמִים וְחַיִּים וְשָׁלוֹם.
בָּרוּךְ אַתָּה יהוה
הַפּוֹרֵשׂ סֻכַּת שָׁלוֹם עָלֵינוּ וְעַל כָּל עַמּוֹ יִשְׂרָאֵל וְעַל יְרוּשָׁלָיִם.

נוהגים שהקהל עומד ואומר פסוקים אלה.

בשבת:

שמות לא וְשָׁמְרוּ בְנֵי־יִשְׂרָאֵל אֶת־הַשַּׁבָּת
לַעֲשׂוֹת אֶת־הַשַּׁבָּת לְדֹרֹתָם בְּרִית עוֹלָם:
בֵּינִי וּבֵין בְּנֵי יִשְׂרָאֵל, אוֹת הִוא לְעֹלָם
כִּי־שֵׁשֶׁת יָמִים עָשָׂה יהוה אֶת־הַשָּׁמַיִם וְאֶת־הָאָרֶץ
וּבַיּוֹם הַשְּׁבִיעִי שָׁבַת וַיִּנָּפַשׁ:

הקהל ואחריו שליח הציבור:

ויקרא טז כִּי־בַיּוֹם הַזֶּה יְכַפֵּר עֲלֵיכֶם לְטַהֵר אֶתְכֶם
מִכֹּל חַטֹּאתֵיכֶם לִפְנֵי יהוה תִּטְהָרוּ:

חצי קדיש

ש״ץ: יִתְגַּדַּל וְיִתְקַדַּשׁ שְׁמֵהּ רַבָּא (קהל: אָמֵן)
בְּעָלְמָא דִּי בְרָא כִרְעוּתֵהּ
וְיַמְלִיךְ מַלְכוּתֵהּ
וְיַצְמַח פֻּרְקָנֵהּ וִיקָרֵב מְשִׁיחֵהּ (קהל: אָמֵן)
בְּחַיֵּיכוֹן וּבְיוֹמֵיכוֹן וּבְחַיֵּי דְכָל בֵּית יִשְׂרָאֵל
בַּעֲגָלָא וּבִזְמַן קָרִיב
וְאִמְרוּ אָמֵן. (קהל: אָמֵן)

קהל וש״ץ: יְהֵא שְׁמֵהּ רַבָּא מְבָרַךְ לְעָלַם וּלְעָלְמֵי עָלְמַיָּא.

ש״ץ: יִתְבָּרַךְ וְיִשְׁתַּבַּח וְיִתְפָּאַר וְיִתְרוֹמַם וְיִתְנַשֵּׂא
וְיִתְהַדָּר וְיִתְעַלֶּה וְיִתְהַלָּל
שְׁמֵהּ דְּקֻדְשָׁא בְּרִיךְ הוּא (קהל: אָמֵן)
לְעֵלָּא לְעֵלָּא מִכָּל בִּרְכָתָא
וְשִׁירָתָא תֻּשְׁבְּחָתָא וְנֶחֱמָתָא
דַּאֲמִירָן בְּעָלְמָא
וְאִמְרוּ אָמֵן. (קהל: אָמֵן)

עמידה

"המתפלל צריך שיכוין בלבו פירוש המלות שמוציא בשפתיו; ויחשוב כאלו שכינה כנגדו ויסיר כל המחשבות הטורדות אותו עד שתשאר מחשבתו וכוונתו זכה בתפלתו" (שו"ע צח, א).

פוסע שלוש פסיעות לפנים כמי שנכנס לפני המלך.
עומד ומתפלל בלחש מכאן ועד 'וּכְשָׁנִים קַדְמֹנִיּוֹת' בעמ' 64.

כורע במקומות המסומנים ב', קד לפנים במילה הבאה וזוקף בשם.

אֲדֹנָי, שְׂפָתַי תִּפְתָּח, וּפִי יַגִּיד תְּהִלָּתֶךָ: תהלים נא

אבות

'בָּרוּךְ אַתָּה יהוה, אֱלֹהֵינוּ וֵאלֹהֵי אֲבוֹתֵינוּ
אֱלֹהֵי אַבְרָהָם, אֱלֹהֵי יִצְחָק, וֵאלֹהֵי יַעֲקֹב
הָאֵל הַגָּדוֹל הַגִּבּוֹר וְהַנּוֹרָא, אֵל עֶלְיוֹן
גּוֹמֵל חֲסָדִים טוֹבִים, קוֹנֵה הַכֹּל
וְזוֹכֵר חַסְדֵי אָבוֹת
וּמֵבִיא גוֹאֵל לִבְנֵי בְנֵיהֶם, לְמַעַן שְׁמוֹ בְּאַהֲבָה.

זָכְרֵנוּ לְחַיִּים, מֶלֶךְ חָפֵץ בַּחַיִּים
וְכָתְבֵנוּ בְּסֵפֶר הַחַיִּים, לְמַעַנְךָ אֱלֹהִים חַיִּים.

מֶלֶךְ עוֹזֵר וּמוֹשִׁיעַ וּמָגֵן.
'בָּרוּךְ אַתָּה יהוה, מָגֵן אַבְרָהָם.

אם שכח לומר 'זָכְרֵנוּ לְחַיִּים', אינו חוזר.

גבורות

אַתָּה גִּבּוֹר לְעוֹלָם, אֲדֹנָי
מְחַיֵּה מֵתִים אַתָּה, רַב לְהוֹשִׁיעַ
מוֹרִיד הַטָּל
מְכַלְכֵּל חַיִּים בְּחֶסֶד, מְחַיֵּה מֵתִים בְּרַחֲמִים רַבִּים
סוֹמֵךְ נוֹפְלִים, וְרוֹפֵא חוֹלִים, וּמַתִּיר אֲסוּרִים
וּמְקַיֵּם אֱמוּנָתוֹ לִישֵׁנֵי עָפָר.

מִי כָמְוֹךָ, בַּעַל גְּבוּרוֹת, וּמִי דְּוֹמֶה לָּךְ
מֶלֶךְ, מֵמִית וּמְחַיֶּה וּמַצְמְיחַ יְשׁוּעָה.

מִי כָמְוֹךָ אָב הָרַחֲמָן
זוֹכֵר יְצוּרָיו לְחַיִּים בְּרַחֲמִים.

וְנֶאֱמָן אַתָּה לְהַחֲיוֹת מֵתִים.
בָּרוּךְ אַתָּה יהוה, מְחַיֵּה הַמֵּתִים.

אם שכח לומר 'מִי כָמְוֹךָ אַב הָרַחֲמָן', אינו חוזר.

קדושת השם

אַתָּה קָדוֹשׁ וְשִׁמְךָ קָדוֹשׁ, וּקְדוֹשִׁים בְּכָל יוֹם יְהַלְלְוּךָ סֶּלָה.
כִּי אֵל מֶלֶךְ גָּדוֹל וְקָדוֹשׁ אָתָּה.

לְדוֹר וָדוֹר הַמְלִיכוּ לָאֵל
כִּי הוּא לְבַדּוֹ מָרוֹם וְקָדוֹשׁ.

וּבְכֵן יִתְקַדַּשׁ שִׁמְךָ יהוה אֱלֹהֵינוּ עַל יִשְׂרָאֵל עַמֶּךָ
וְעַל יְרוּשָׁלַיִם עִירֶךָ, וְעַל צִיּוֹן מִשְׁכַּן כְּבוֹדֶךָ
וְעַל מַלְכוּת בֵּית דָּוִד מְשִׁיחֶךָ, וְעַל מְכוֹנְךָ וְהֵיכָלֶךָ.

וּבְכֵן תֵּן פַּחְדְּךָ יהוה אֱלֹהֵינוּ עַל כָּל מַעֲשֶׂיךָ
וְאֵימָתְךָ עַל כָּל מַה שֶּׁבָּרָאתָ
וְיִירָאְוּךָ כָּל הַמַּעֲשִׂים, וְיִשְׁתַּחֲווּ לְפָנֶיךָ כָּל הַבְּרוּאִים
וְיֵעָשׂוּ כֻלָּם אֲגֻדָּה אֶחָת לַעֲשׂוֹת רְצוֹנְךָ בְּלֵבָב שָׁלֵם
כְּמוֹ שֶׁיָּדַעְנוּ יהוה אֱלֹהֵינוּ שֶׁהַשָּׁלְטָן לְפָנֶיךָ
עֹז בְּיָדְךָ וּגְבוּרָה בִּימִינֶךָ
וְשִׁמְךָ נוֹרָא עַל כָּל מַה שֶּׁבָּרָאתָ.

וּבְכֵן תֵּן כָּבוֹד יהוה לְעַמֶּךָ
תְּהִלָּה לִירֵאֶיךָ וְתִקְוָה טוֹבָה לְדוֹרְשֶׁיךָ
וּפִתְחוֹן פֶּה לַמְיַחֲלִים לָךְ
שִׂמְחָה לְאַרְצֶךָ, וְשָׂשׂוֹן לְעִירֶךָ
וּצְמִיחַת קֶרֶן לְדָוִד עַבְדֶּךָ
וַעֲרִיכַת נֵר לְבֶן יִשַׁי מְשִׁיחֶךָ בִּמְהֵרָה בְיָמֵינוּ.

וּבְכֵן צַדִּיקִים יִרְאוּ וְיִשְׂמָחוּ, וִישָׁרִים יַעֲלֹזוּ
וַחֲסִידִים בְּרִנָּה יָגִילוּ, וְעוֹלָתָה תִּקְפָּץ פִּיהָ
וְכָל הָרִשְׁעָה כֻּלָּהּ כְּעָשָׁן תִּכְלֶה
כִּי תַעֲבִיר מֶמְשֶׁלֶת זָדוֹן מִן הָאָרֶץ.

וְתִמְלֹךְ אַתָּה הוּא יהוה אֱלֹהֵינוּ
מְהֵרָה לְבַדֶּךָ עַל כָּל מַעֲשֶׂיךָ
בְּהַר צִיּוֹן מִשְׁכַּן כְּבוֹדֶךָ
וּבִירוּשָׁלַיִם עִיר קָדְשֶׁךָ
כַּכָּתוּב בְּדִבְרֵי קָדְשֶׁךָ
יִמְלֹךְ יהוה לְעוֹלָם, אֱלֹהַיִךְ צִיּוֹן לְדֹר וָדֹר, הַלְלוּיָהּ: תהלים קמו

קָדוֹשׁ אַתָּה וְנוֹרָא שְׁמֶךָ
וְאֵין אֱלוֹהַּ מִבַּלְעָדֶיךָ
כַּכָּתוּב, וַיִּגְבַּהּ יהוה צְבָאוֹת בַּמִּשְׁפָּט ישעיה ה
וְהָאֵל הַקָּדוֹשׁ נִקְדַּשׁ בִּצְדָקָה:
בָּרוּךְ אַתָּה יהוה, הַמֶּלֶךְ הַקָּדוֹשׁ.

אם שכח לומר את הפיסקאות המתחילות ׳לְדוֹר וָדוֹר׳, אינו חוזר,
אך אם חתם ׳הָאֵל הַקָּדוֹשׁ׳ כברוב ימות השנה, חוזר לראש.

קדושת היום

אַתָּה בְחַרְתָּנוּ מִכָּל הָעַמִּים
אָהַבְתָּ אוֹתָנוּ וְרָצִיתָ בָּנוּ, וְרוֹמַמְתָּנוּ מִכָּל הַלְּשׁוֹנוֹת
וְקִדַּשְׁתָּנוּ בְּמִצְוֹתֶיךָ, וְקֵרַבְתָּנוּ מַלְכֵּנוּ לַעֲבוֹדָתֶךָ
וְשִׁמְךָ הַגָּדוֹל וְהַקָּדוֹשׁ עָלֵינוּ קָרָאתָ.

בשבת מוסיפים את המילים שבסוגריים.

וַתִּתֶּן לָנוּ יהוה אֱלֹהֵינוּ בְּאַהֲבָה אֶת יוֹם
(הַשַּׁבָּת הַזֶּה לִקְדֻשָּׁה וְלִמְנוּחָה, וְאֶת יוֹם)
הַכִּפּוּרִים הַזֶּה, לִמְחִילָה וְלִסְלִיחָה וּלְכַפָּרָה
וְלִמְחָל בּוֹ אֶת כָּל עֲווֹנוֹתֵינוּ
(בְּאַהֲבָה) מִקְרָא קֹדֶשׁ, זֵכֶר לִיצִיאַת מִצְרָיִם.

אֱלֹהֵינוּ וֵאלֹהֵי אֲבוֹתֵינוּ
יַעֲלֶה וְיָבוֹא וְיַגִּיעַ, וְיֵרָאֶה וְיֵרָצֶה וְיִשָּׁמַע
וְיִפָּקֵד וְיִזָּכֵר זִכְרוֹנֵנוּ וּפִקְדוֹנֵנוּ
וְזִכְרוֹן אֲבוֹתֵינוּ
וְזִכְרוֹן מָשִׁיחַ בֶּן דָּוִד עַבְדֶּךָ
וְזִכְרוֹן יְרוּשָׁלַיִם עִיר קָדְשֶׁךָ
וְזִכְרוֹן כָּל עַמְּךָ בֵּית יִשְׂרָאֵל, לְפָנֶיךָ
לִפְלֵיטָה, לְטוֹבָה, לְחֵן וּלְחֶסֶד וּלְרַחֲמִים
לְחַיִּים וּלְשָׁלוֹם בְּיוֹם הַכִּפּוּרִים הַזֶּה.
זָכְרֵנוּ יהוה אֱלֹהֵינוּ בּוֹ לְטוֹבָה, וּפָקְדֵנוּ בוֹ לִבְרָכָה
וְהוֹשִׁיעֵנוּ בוֹ לְחַיִּים טוֹבִים.
וּבִדְבַר יְשׁוּעָה וְרַחֲמִים חוּס וְחָנֵּנוּ, וְרַחֵם עָלֵינוּ וְהוֹשִׁיעֵנוּ
כִּי אֵלֶיךָ עֵינֵינוּ, כִּי אֵל מֶלֶךְ חַנּוּן וְרַחוּם אָתָּה.

בשבת מוסיפים את המילים שבסוגריים.

אֱלֹהֵינוּ וֵאלֹהֵי אֲבוֹתֵינוּ
מְחַל לַעֲוֹנוֹתֵינוּ בְּיוֹם (הַשַּׁבָּת הַזֶּה וּבְיוֹם) הַכִּפּוּרִים הַזֶּה
מְחֵה וְהַעֲבֵר פְּשָׁעֵינוּ וְחַטֹּאתֵינוּ מִנֶּגֶד עֵינֶיךָ
כָּאָמוּר
אָנֹכִי אָנֹכִי הוּא מֹחֶה פְשָׁעֶיךָ לְמַעֲנִי ישעיה מג
וְחַטֹּאתֶיךָ לֹא אֶזְכֹּר:
וְנֶאֱמַר
מָחִיתִי כָעָב פְּשָׁעֶיךָ וְכֶעָנָן חַטֹּאותֶיךָ ישעיה מד
שׁוּבָה אֵלַי כִּי גְאַלְתִּיךָ:
וְנֶאֱמַר
כִּי־בַיּוֹם הַזֶּה יְכַפֵּר עֲלֵיכֶם לְטַהֵר אֶתְכֶם ויקרא טז
מִכֹּל חַטֹּאתֵיכֶם לִפְנֵי יהוה תִּטְהָרוּ:

(אֱלֹהֵינוּ וֵאלֹהֵי אֲבוֹתֵינוּ, רְצֵה נָא בִמְנוּחָתֵנוּ)
קַדְּשֵׁנוּ בְּמִצְוֹתֶיךָ וְתֵן חֶלְקֵנוּ בְּתוֹרָתֶךָ
שַׂבְּעֵנוּ מִטּוּבֶךָ, וְשַׂמַּח נַפְשֵׁנוּ בִּישׁוּעָתֶךָ
(וְהַנְחִילֵנוּ יהוה אֱלֹהֵינוּ בְּאַהֲבָה וּבְרָצוֹן שַׁבַּת קָדְשֶׁךָ
וְיָנוּחוּ בָהּ כָּל יִשְׂרָאֵל מְקַדְּשֵׁי שְׁמֶךָ)
וְטַהֵר לִבֵּנוּ לְעָבְדְּךָ בֶּאֱמֶת.
כִּי אַתָּה סָלְחָן לְיִשְׂרָאֵל וּמָחֳלָן לְשִׁבְטֵי יְשֻׁרוּן בְּכָל דּוֹר וָדוֹר
וּמִבַּלְעָדֶיךָ אֵין לָנוּ מֶלֶךְ מוֹחֵל וְסוֹלֵחַ אֶלָּא אָתָּה.
בָּרוּךְ אַתָּה יהוה
מֶלֶךְ מוֹחֵל וְסוֹלֵחַ לַעֲוֹנוֹתֵינוּ, וְלַעֲוֹנוֹת עַמּוֹ בֵּית יִשְׂרָאֵל
וּמַעֲבִיר אַשְׁמוֹתֵינוּ בְּכָל שָׁנָה וְשָׁנָה
מֶלֶךְ עַל כָּל הָאָרֶץ, מְקַדֵּשׁ (הַשַּׁבָּת וְ)יִשְׂרָאֵל וְיוֹם הַכִּפּוּרִים.

עבודה

רְצֵה יהוה אֱלֹהֵינוּ בְּעַמְּךָ יִשְׂרָאֵל, וְלִתְפִלָּתָם שְׁעֵה
וְהָשֵׁב אֶת הָעֲבוֹדָה לִדְבִיר בֵּיתֶךָ
וְאִשֵּׁי יִשְׂרָאֵל וּתְפִלָּתָם, מְהֵרָה בְּאַהֲבָה תְקַבֵּל בְּרָצוֹן
וּתְהִי לְרָצוֹן תָּמִיד עֲבוֹדַת יִשְׂרָאֵל עַמֶּךָ.
וְתֶחֱזֶינָה עֵינֵינוּ בְּשׁוּבְךָ לְצִיּוֹן בְּרַחֲמִים.
בָּרוּךְ אַתָּה יהוה, הַמַּחֲזִיר שְׁכִינָתוֹ לְצִיּוֹן.

הודאה

כורע ב׳מוֹדִים׳ ואינו זוקף עד אמירת השם (סידור השל״ה).

מוֹדִים אֲנַחְנוּ לָךְ
שָׁאַתָּה הוּא יהוה אֱלֹהֵינוּ וֵאלֹהֵי אֲבוֹתֵינוּ לְעוֹלָם וָעֶד.
צוּר חַיֵּינוּ, מָגֵן יִשְׁעֵנוּ אַתָּה הוּא לְדוֹר וָדוֹר.
נוֹדֶה לְּךָ וּנְסַפֵּר תְּהִלָּתֶךָ עַל חַיֵּינוּ הַמְּסוּרִים בְּיָדֶךָ
וְעַל נִשְׁמוֹתֵינוּ הַפְּקוּדוֹת לָךְ, וְעַל נִסֶּיךָ שֶׁבְּכָל יוֹם עִמָּנוּ
וְעַל נִפְלְאוֹתֶיךָ וְטוֹבוֹתֶיךָ שֶׁבְּכָל עֵת, עֶרֶב וָבֹקֶר וְצָהֳרָיִם.
הַטּוֹב, כִּי לֹא כָלוּ רַחֲמֶיךָ, וְהַמְרַחֵם, כִּי לֹא תַמּוּ חֲסָדֶיךָ
כִּי מֵעוֹלָם קִוִּינוּ לָךְ.
וְעַל כֻּלָּם יִתְבָּרַךְ וְיִתְרוֹמַם וְיִתְנַשֵּׂא שִׁמְךָ מַלְכֵּנוּ
תָּמִיד לְעוֹלָם וָעֶד.

וּכְתֹב לְחַיִּים טוֹבִים כָּל בְּנֵי בְרִיתֶךָ.

וְכֹל הַחַיִּים יוֹדוּךָ סֶּלָה
וִיהַלְלוּ וִיבָרְכוּ אֶת שִׁמְךָ הַגָּדוֹל בֶּאֱמֶת לְעוֹלָם כִּי טוֹב
הָאֵל יְשׁוּעָתֵנוּ וְעֶזְרָתֵנוּ סֶלָה, הָאֵל הַטּוֹב.
בָּרוּךְ אַתָּה יהוה, הַטּוֹב שִׁמְךָ וּלְךָ נָאֶה לְהוֹדוֹת.

אם שכח לומר ׳וּכְתֹב לְחַיִּים טוֹבִים׳, אינו חוזר.

שלום

רבים נוהגים לומר ׳שָׁלוֹם רָב׳ (ליקוטי מהרי״ח),

ויש הנוהגים לומר גם בערבית ׳שִׂים שָׁלוֹם׳ (סידור בעל ה׳תניא׳, וכן מנהג הספרדים).

שָׁלוֹם רָב
עַל יִשְׂרָאֵל עַמְּךָ
תָּשִׂים לְעוֹלָם
כִּי אַתָּה הוּא
מֶלֶךְ אָדוֹן
לְכָל הַשָּׁלוֹם.

שִׂים שָׁלוֹם טוֹבָה וּבְרָכָה
חַיִּים חֵן וָחֶסֶד וְרַחֲמִים
עָלֵינוּ וְעַל כָּל יִשְׂרָאֵל עַמֶּךָ.
בָּרְכֵנוּ אָבִינוּ כֻּלָּנוּ כְּאֶחָד בְּאוֹר פָּנֶיךָ
כִּי בְאוֹר פָּנֶיךָ נָתַתָּ לָּנוּ יהוה אֱלֹהֵינוּ
תּוֹרַת חַיִּים וְאַהֲבַת חֶסֶד וּצְדָקָה וּבְרָכָה
וְרַחֲמִים וְחַיִּים וְשָׁלוֹם.

וְטוֹב יִהְיֶה בְעֵינֶיךָ לְבָרְכֵנוּ וּלְבָרֵךְ אֶת כָּל עַמְּךָ יִשְׂרָאֵל
בְּכָל עֵת וּבְכָל שָׁעָה בִּשְׁלוֹמֶךָ.

בְּסֵפֶר חַיִּים, בְּרָכָה וְשָׁלוֹם, וּפַרְנָסָה טוֹבָה
וּגְזֵרוֹת טוֹבוֹת, יְשׁוּעוֹת וְנֶחָמוֹת
נִזָּכֵר וְנִכָּתֵב לְפָנֶיךָ אֲנַחְנוּ וְכָל עַמְּךָ בֵּית יִשְׂרָאֵל
לְחַיִּים טוֹבִים וּלְשָׁלוֹם.

בָּרוּךְ אַתָּה יהוה, הַמְבָרֵךְ אֶת עַמּוֹ יִשְׂרָאֵל בַּשָּׁלוֹם.

אם שכח לומר ׳בְּסֵפֶר חַיִּים׳, אינו חוזר.

יש מוסיפים:

יִהְיוּ לְרָצוֹן אִמְרֵי־פִי וְהֶגְיוֹן לִבִּי לְפָנֶיךָ, יהוה צוּרִי וְגֹאֲלִי: תהלים יט

אֱלֹהֵינוּ וֵאלֹהֵי אֲבוֹתֵינוּ
תָּבוֹא לְפָנֶיךָ תְּפִלָּתֵנוּ, וְאַל תִּתְעַלַּם מִתְּחִנָּתֵנוּ.
שֶׁאֵין אָנוּ עַזֵּי פָנִים וּקְשֵׁי עֹרֶף לוֹמַר לְפָנֶיךָ
יהוה אֱלֹהֵינוּ וֵאלֹהֵי אֲבוֹתֵינוּ
צַדִּיקִים אֲנַחְנוּ וְלֹא חָטָאנוּ.
אֲבָל אֲנַחְנוּ וַאֲבוֹתֵינוּ חָטָאנוּ.

כשמתוודה, מכה באגרופו על החזה כנגד הלב (מג״א תרז, ג, בשם מדרש קהלת).

אָשַֽׁמְנוּ, בָּגַֽדְנוּ, גָּזַֽלְנוּ, דִּבַּֽרְנוּ דֹפִי
הֶעֱוִֽינוּ, וְהִרְשַֽׁעְנוּ, זַֽדְנוּ, חָמַֽסְנוּ, טָפַֽלְנוּ שֶֽׁקֶר
יָעַֽצְנוּ רָע, כִּזַּֽבְנוּ, לַֽצְנוּ, מָרַֽדְנוּ, נִאַֽצְנוּ, סָרַֽרְנוּ
עָוִֽינוּ, פָּשַֽׁעְנוּ, צָרַֽרְנוּ, קִשִּֽׁינוּ עֹֽרֶף
רָשַֽׁעְנוּ, שִׁחַֽתְנוּ, תִּעַֽבְנוּ, תָּעִֽינוּ, תִּעְתָּֽעְנוּ.

סַֽרְנוּ מִמִּצְוֹתֶֽיךָ וּמִמִּשְׁפָּטֶֽיךָ הַטּוֹבִים, וְלֹא שָֽׁוָה לָֽנוּ.
וְאַתָּה צַדִּיק עַל כָּל־הַבָּא עָלֵֽינוּ, כִּי־אֱמֶת עָשִֽׂיתָ, וַאֲנַֽחְנוּ הִרְשָֽׁעְנוּ: נחמיה ט

מַה נֹּאמַר לְפָנֶֽיךָ יוֹשֵׁב מָרוֹם, וּמַה נְּסַפֵּר לְפָנֶֽיךָ שׁוֹכֵן שְׁחָקִים
הֲלֹא כָּל הַנִּסְתָּרוֹת וְהַנִּגְלוֹת אַתָּה יוֹדֵֽעַ.

אַתָּה יוֹדֵֽעַ רָזֵי עוֹלָם וְתַעֲלוּמוֹת סִתְרֵי כָּל חָי.
אַתָּה חוֹפֵשׂ כָּל חַדְרֵי בָֽטֶן וּבוֹחֵן כְּלָיוֹת וָלֵב.
אֵין דָּבָר נֶעְלָם מִמָּךְ וְאֵין נִסְתָּר מִנֶּֽגֶד עֵינֶֽיךָ.
וּבְכֵן, יְהִי רָצוֹן מִלְּפָנֶֽיךָ, יהוה אֱלֹהֵֽינוּ וֵאלֹהֵי אֲבוֹתֵֽינוּ
שֶׁתְּכַפֵּר לָֽנוּ עַל כָּל חַטֹּאתֵֽינוּ
וְתִסְלַח לָֽנוּ עַל כָּל עֲוֹנוֹתֵֽינוּ
וְתִמְחַל לָֽנוּ עַל כָּל פְּשָׁעֵֽינוּ.

על כל חטא שמונה, מכה באגרופו על החזה כנגד הלב.

עַל חֵטְא שֶׁחָטָֽאנוּ לְפָנֶֽיךָ בְּאֹֽנֶס וּבְרָצוֹן
וְעַל חֵטְא שֶׁחָטָֽאנוּ לְפָנֶֽיךָ בְּאִמּוּץ הַלֵּב

עַל חֵטְא שֶׁחָטָֽאנוּ לְפָנֶֽיךָ בִּבְלִי דָֽעַת
וְעַל חֵטְא שֶׁחָטָֽאנוּ לְפָנֶֽיךָ בְּבִטּוּי שְׂפָתָֽיִם

עַל חֵטְא שֶׁחָטָֽאנוּ לְפָנֶֽיךָ בְּגִלּוּי עֲרָיוֹת
וְעַל חֵטְא שֶׁחָטָֽאנוּ לְפָנֶֽיךָ בְּגָלוּי וּבַסָּֽתֶר

עַל חֵטְא שֶׁחָטָאנוּ לְפָנֶיךָ בְּדַעַת וּבְמִרְמָה
וְעַל חֵטְא שֶׁחָטָאנוּ לְפָנֶיךָ בְּדִבּוּר פֶּה

עַל חֵטְא שֶׁחָטָאנוּ לְפָנֶיךָ בְּהוֹנָאַת רֵעַ
וְעַל חֵטְא שֶׁחָטָאנוּ לְפָנֶיךָ בְּהַרְהוֹר הַלֵּב

עַל חֵטְא שֶׁחָטָאנוּ לְפָנֶיךָ בִּוְעִידַת זְנוּת
וְעַל חֵטְא שֶׁחָטָאנוּ לְפָנֶיךָ בְּוִדּוּי פֶּה

עַל חֵטְא שֶׁחָטָאנוּ לְפָנֶיךָ בְּזִלְזוּל הוֹרִים וּמוֹרִים
וְעַל חֵטְא שֶׁחָטָאנוּ לְפָנֶיךָ בְּזָדוֹן וּבִשְׁגָגָה

עַל חֵטְא שֶׁחָטָאנוּ לְפָנֶיךָ בְּחֹזֶק יָד
וְעַל חֵטְא שֶׁחָטָאנוּ לְפָנֶיךָ בְּחִלּוּל הַשֵּׁם

עַל חֵטְא שֶׁחָטָאנוּ לְפָנֶיךָ בְּטֻמְאַת שְׂפָתָיִם
וְעַל חֵטְא שֶׁחָטָאנוּ לְפָנֶיךָ בְּטִפְשׁוּת פֶּה

עַל חֵטְא שֶׁחָטָאנוּ לְפָנֶיךָ בְּיֵצֶר הָרָע
וְעַל חֵטְא שֶׁחָטָאנוּ לְפָנֶיךָ בְּיוֹדְעִים וּבְלֹא יוֹדְעִים

וְעַל כֻּלָּם אֱלוֹהַּ סְלִיחוֹת סְלַח לָנוּ, מְחַל לָנוּ, כַּפֶּר לָנוּ.

עַל חֵטְא שֶׁחָטָאנוּ לְפָנֶיךָ בְּכַחַשׁ וּבְכָזָב
וְעַל חֵטְא שֶׁחָטָאנוּ לְפָנֶיךָ בְּכַפַּת שֹׁחַד

עַל חֵטְא שֶׁחָטָאנוּ לְפָנֶיךָ בְּלָצוֹן
וְעַל חֵטְא שֶׁחָטָאנוּ לְפָנֶיךָ בְּלָשׁוֹן הָרָע

עַל חֵטְא שֶׁחָטָאנוּ לְפָנֶיךָ בְּמַשָּׂא וּבְמַתָּן
וְעַל חֵטְא שֶׁחָטָאנוּ לְפָנֶיךָ בְּמַאֲכָל וּבְמִשְׁתֶּה

עַל חֵטְא שֶׁחָטָאנוּ לְפָנֶיךָ בְּנֶשֶׁךְ וּבְמַרְבִּית
וְעַל חֵטְא שֶׁחָטָאנוּ לְפָנֶיךָ בִּנְטִיַּת גָּרוֹן

עַל חֵטְא שֶׁחָטָאנוּ לְפָנֶיךָ בְּשִׂיחַ שִׂפְתוֹתֵינוּ
וְעַל חֵטְא שֶׁחָטָאנוּ לְפָנֶיךָ בְּשִׂקּוּר עָיִן

עַל חֵטְא שֶׁחָטָאנוּ לְפָנֶיךָ בְּעֵינַיִם רָמוֹת
וְעַל חֵטְא שֶׁחָטָאנוּ לְפָנֶיךָ בְּעַזּוּת מֵצַח

וְעַל כֻּלָּם אֱלוֹהַּ סְלִיחוֹת סְלַח לָנוּ, מְחַל לָנוּ, כַּפֶּר לָנוּ.

עַל חֵטְא שֶׁחָטָאנוּ לְפָנֶיךָ בִּפְרִיקַת עֹל
וְעַל חֵטְא שֶׁחָטָאנוּ לְפָנֶיךָ בִּפְלִילוּת

עַל חֵטְא שֶׁחָטָאנוּ לְפָנֶיךָ בִּצְדִיַּת רֵעַ
וְעַל חֵטְא שֶׁחָטָאנוּ לְפָנֶיךָ בְּצָרוּת עָיִן

עַל חֵטְא שֶׁחָטָאנוּ לְפָנֶיךָ בְּקַלּוּת רֹאשׁ
וְעַל חֵטְא שֶׁחָטָאנוּ לְפָנֶיךָ בְּקַשְׁיוּת עֹרֶף

עַל חֵטְא שֶׁחָטָאנוּ לְפָנֶיךָ בְּרִיצַת רַגְלַיִם לְהָרַע
וְעַל חֵטְא שֶׁחָטָאנוּ לְפָנֶיךָ בִּרְכִילוּת

עַל חֵטְא שֶׁחָטָאנוּ לְפָנֶיךָ בִּשְׁבוּעַת שָׁוְא
וְעַל חֵטְא שֶׁחָטָאנוּ לְפָנֶיךָ בְּשִׂנְאַת חִנָּם

עַל חֵטְא שֶׁחָטָאנוּ לְפָנֶיךָ בִּתְשׂוּמֶת יָד
וְעַל חֵטְא שֶׁחָטָאנוּ לְפָנֶיךָ בְּתִמְהוֹן לֵבָב

וְעַל כֻּלָּם אֱלוֹהַּ סְלִיחוֹת סְלַח לָנוּ, מְחַל לָנוּ, כַּפֶּר לָנוּ.

וְעַל חֲטָאִים שֶׁאָנוּ חַיָּבִים עֲלֵיהֶם עוֹלָה
וְעַל חֲטָאִים שֶׁאָנוּ חַיָּבִים עֲלֵיהֶם חַטָּאת
וְעַל חֲטָאִים שֶׁאָנוּ חַיָּבִים עֲלֵיהֶם קָרְבָּן עוֹלֶה וְיוֹרֵד
וְעַל חֲטָאִים שֶׁאָנוּ חַיָּבִים עֲלֵיהֶם אָשָׁם וַדַּאי וְתָלוּי
וְעַל חֲטָאִים שֶׁאָנוּ חַיָּבִים עֲלֵיהֶם מַכַּת מַרְדּוּת
וְעַל חֲטָאִים שֶׁאָנוּ חַיָּבִים עֲלֵיהֶם מַלְקוּת אַרְבָּעִים
וְעַל חֲטָאִים שֶׁאָנוּ חַיָּבִים עֲלֵיהֶם מִיתָה בִּידֵי שָׁמַיִם
וְעַל חֲטָאִים שֶׁאָנוּ חַיָּבִים עֲלֵיהֶם כָּרֵת וַעֲרִירִי
וְעַל חֲטָאִים שֶׁאָנוּ חַיָּבִים עֲלֵיהֶם אַרְבַּע מִיתוֹת בֵּית דִּין
סְקִילָה, שְׂרֵפָה, הֶרֶג, וְחֶנֶק.

עַל מִצְוַת עֲשֵׂה וְעַל מִצְוַת לֹא תַעֲשֶׂה.
בֵּין שֶׁיֵּשׁ בָּהּ קוּם עֲשֵׂה וּבֵין שֶׁאֵין בָּהּ קוּם עֲשֵׂה.
אֶת הַגְּלוּיִים לָנוּ וְאֶת שֶׁאֵינָם גְּלוּיִים לָנוּ
אֶת הַגְּלוּיִים לָנוּ, כְּבָר אֲמַרְנוּם לְפָנֶיךָ, וְהוֹדִינוּ לְךָ עֲלֵיהֶם
וְאֶת שֶׁאֵינָם גְּלוּיִים לָנוּ, לְפָנֶיךָ הֵם גְּלוּיִים וִידוּעִים
כַּדָּבָר שֶׁנֶּאֱמַר
הַנִּסְתָּרֹת לַיהוה אֱלֹהֵינוּ, וְהַנִּגְלֹת לָנוּ וּלְבָנֵינוּ עַד־עוֹלָם דברים כט
לַעֲשׂוֹת אֶת־כָּל־דִּבְרֵי הַתּוֹרָה הַזֹּאת:
כִּי אַתָּה סָלְחָן לְיִשְׂרָאֵל וּמָחֳלָן לְשִׁבְטֵי יְשֻׁרוּן בְּכָל דּוֹר וָדוֹר
וּמִבַּלְעָדֶיךָ אֵין לָנוּ מֶלֶךְ מוֹחֵל וְסוֹלֵחַ אֶלָּא אָתָּה.

אֱלֹהַי
עַד שֶׁלֹּא נוֹצַרְתִּי אֵינִי כְדַאי, וְעַכְשָׁיו שֶׁנּוֹצַרְתִּי, כְּאִלּוּ לֹא נוֹצַרְתִּי
עָפָר אֲנִי בְּחַיַּי, קַל וָחֹמֶר בְּמִיתָתִי.
הֲרֵי אֲנִי לְפָנֶיךָ כִּכְלִי מָלֵא בּוּשָׁה וּכְלִמָּה.

יְהִי רָצוֹן מִלְּפָנֶיךָ, יהוה אֱלֹהַי וֵאלֹהֵי אֲבוֹתַי, שֶׁלֹּא אֶחֱטָא עוֹד.
וּמַה שֶּׁחָטָאתִי לְפָנֶיךָ, מְחֹק בְּרַחֲמֶיךָ הָרַבִּים
אֲבָל לֹא עַל יְדֵי יִסּוּרִים וָחֳלָיִם רָעִים.

ברכות יז. אֱלֹהַי
נְצֹר לְשׁוֹנִי מֵרָע וּשְׂפָתַי מִדַּבֵּר מִרְמָה
וְלִמְקַלְלַי נַפְשִׁי תִדֹּם, וְנַפְשִׁי כֶּעָפָר לַכֹּל תִּהְיֶה.
פְּתַח לִבִּי בְּתוֹרָתֶךָ, וְאַחֲרֵי מִצְוֹתֶיךָ תִּרְדֹּף נַפְשִׁי.
וְכָל הַקָּמִים וְהַחוֹשְׁבִים עָלַי רָעָה
מְהֵרָה הָפֵר עֲצָתָם וְקַלְקֵל מַחֲשַׁבְתָּם.

יש המוסיפים תחינה זו (קיצור של״ה, ׳אור הישר׳):

יְהִי רָצוֹן מִלְּפָנֶיךָ, יהוה אֱלֹהַי וֵאלֹהֵי אֲבוֹתַי
שֶׁלֹּא תַעֲלֶה קִנְאַת אָדָם עָלַי, וְלֹא קִנְאָתִי עַל אֲחֵרִים
וְשֶׁלֹּא אֶכְעֹס הַיּוֹם, וְשֶׁלֹּא אַכְעִיסֶךָ
וְתַצִּילֵנִי מִיֵּצֶר הָרָע, וְתֵן בְּלִבִּי הַכְנָעָה וַעֲנָוָה.
מַלְכֵּנוּ וֵאלֹהֵינוּ, יַחֵד שִׁמְךָ בְּעוֹלָמֶךָ
בְּנֵה עִירָךְ, יַסֵּד בֵּיתָךְ וְשַׁכְלֵל הֵיכָלָךְ
וְקַבֵּץ קִבּוּץ גָּלֻיּוֹת, וּפְדֵה צֹאנָךְ וְשַׂמַּח עֲדָתָךְ.

עֲשֵׂה לְמַעַן שְׁמֶךָ, עֲשֵׂה לְמַעַן יְמִינֶךָ
עֲשֵׂה לְמַעַן תּוֹרָתֶךָ, עֲשֵׂה לְמַעַן קְדֻשָּׁתֶךָ.
תהלים ס לְמַעַן יֵחָלְצוּן יְדִידֶיךָ, הוֹשִׁיעָה יְמִינְךָ וַעֲנֵנִי:
תהלים יט יִהְיוּ לְרָצוֹן אִמְרֵי פִי וְהֶגְיוֹן לִבִּי לְפָנֶיךָ, יהוה צוּרִי וְגֹאֲלִי:

כורע ופוסע שלוש פסיעות לאחור. קד לשמאל, לימין ולפנים באמירת:

עֹשֶׂה הַשָּׁלוֹם בִּמְרוֹמָיו
הוּא יַעֲשֶׂה שָׁלוֹם, עָלֵינוּ וְעַל כָּל יִשְׂרָאֵל, וְאִמְרוּ אָמֵן.

יְהִי רָצוֹן מִלְּפָנֶיךָ יהוה אֱלֹהֵינוּ וֵאלֹהֵי אֲבוֹתֵינוּ
שֶׁיִּבָּנֶה בֵּית הַמִּקְדָּשׁ בִּמְהֵרָה בְיָמֵינוּ, וְתֵן חֶלְקֵנוּ בְּתוֹרָתֶךָ
וְשָׁם נַעֲבָדְךָ בְּיִרְאָה כִּימֵי עוֹלָם וּכְשָׁנִים קַדְמֹנִיּוֹת.
מלאכי ג וְעָרְבָה לַיהוה מִנְחַת יְהוּדָה וִירוּשָׁלָםִ כִּימֵי עוֹלָם וּכְשָׁנִים קַדְמֹנִיּוֹת:

אם יום הכיפורים חל בשבת אומרים ׳וַיְכֻלּוּ׳ וברכה מעין שבע (למטה).
כשחל בחול, ממשיכים ׳יַעֲלֶה תַּחֲנוּנֵנוּ׳ בעמוד הבא.

הקהל עומד ואומר:

וַיְכֻלּוּ הַשָּׁמַיִם וְהָאָרֶץ וְכָל־צְבָאָם: בראשית ב
וַיְכַל אֱלֹהִים בַּיּוֹם הַשְּׁבִיעִי מְלַאכְתּוֹ אֲשֶׁר עָשָׂה
וַיִּשְׁבֹּת בַּיּוֹם הַשְּׁבִיעִי מִכָּל־מְלַאכְתּוֹ אֲשֶׁר עָשָׂה:
וַיְבָרֶךְ אֱלֹהִים אֶת־יוֹם הַשְּׁבִיעִי, וַיְקַדֵּשׁ אֹתוֹ
כִּי בוֹ שָׁבַת מִכָּל־מְלַאכְתּוֹ, אֲשֶׁר־בָּרָא אֱלֹהִים, לַעֲשׂוֹת:

ברכה מעין שבע

שליח הציבור:

בָּרוּךְ אַתָּה יהוה, אֱלֹהֵינוּ וֵאלֹהֵי אֲבוֹתֵינוּ
אֱלֹהֵי אַבְרָהָם, אֱלֹהֵי יִצְחָק, וֵאלֹהֵי יַעֲקֹב
הָאֵל הַגָּדוֹל הַגִּבּוֹר וְהַנּוֹרָא, אֵל עֶלְיוֹן, קֹנֵה שָׁמַיִם וָאָרֶץ.

הקהל ואחריו שליח הציבור:

מָגֵן אָבוֹת בִּדְבָרוֹ
מְחַיֵּה מֵתִים בְּמַאֲמָרוֹ
הַמֶּלֶךְ הַקָּדוֹשׁ שֶׁאֵין כָּמְוֹהוּ
הַמֵּנִיחַ לְעַמּוֹ בְּיוֹם שַׁבַּת קָדְשׁוֹ
כִּי בָם רָצָה לְהָנִיחַ לָהֶם
לְפָנָיו נַעֲבֹד בְּיִרְאָה וָפַחַד
וְנוֹדֶה לִשְׁמוֹ בְּכָל יוֹם תָּמִיד, מֵעֵין הַבְּרָכוֹת
אֵל הַהוֹדָאוֹת, אֲדוֹן הַשָּׁלוֹם
מְקַדֵּשׁ הַשַּׁבָּת וּמְבָרֵךְ שְׁבִיעִי
וּמֵנִיחַ בִּקְדֻשָּׁה לְעַם מְדֻשְּׁנֵי עֹנֶג
זֵכֶר לְמַעֲשֵׂה בְרֵאשִׁית.

שליח הציבור ממשיך:

אֱלֹהֵינוּ וֵאלֹהֵי אֲבוֹתֵינוּ, רְצֵה נָא בִמְנוּחָתֵנוּ.
קַדְּשֵׁנוּ בְּמִצְוֹתֶיךָ וְתֵן חֶלְקֵנוּ בְּתוֹרָתֶךָ
שַׂבְּעֵנוּ מִטּוּבֶךָ וְשַׂמַּח נַפְשֵׁנוּ בִּישׁוּעָתֶךָ, וְטַהֵר לִבֵּנוּ לְעָבְדְּךָ בֶּאֱמֶת.
וְהַנְחִילֵנוּ יהוה אֱלֹהֵינוּ בְּאַהֲבָה וּבְרָצוֹן שַׁבַּת קָדְשֶׁךָ
וְיָנוּחוּ בָהּ כָּל יִשְׂרָאֵל מְקַדְּשֵׁי שְׁמֶךָ.
בָּרוּךְ אַתָּה יהוה, מְקַדֵּשׁ הַשַּׁבָּת.

סליחות

״לְדָוִד, בָּרְכִי נַפְשִׁי אֶת־ה׳, וְכָל־קְרָבַי אֶת־שֵׁם קָדְשׁוֹ.
בָּרְכִי נַפְשִׁי אֶת־ה׳, וְאַל־תִּשְׁכְּחִי כָּל־גְּמוּלָיו.
הַסֹּלֵחַ לְכָל־עֲוֺנֵכִי, הָרֹפֵא לְכָל־תַּחֲלוּאָיְכִי״ (תהלים קג, א-ג).

פותחים את ארון הקודש.

׳יַעֲלֶה תַּחֲנוּנֵנוּ׳ הוא פיוט פתיחה לסליחות, המרמז ל׳יַעֲלֶה וְיָבוֹא׳ שבתפילת העמידה. בקהילות שונות נאמרו נוסחים שונים לפיוט. הנוסח שלפנינו הוא שנתקבל ברוב הקהילות היום.

הקהל אומר שורה שורה, ושליח הציבור חוזר אחריו בקול.

סימן תשר״ק

יַעֲלֶה תַּחֲנוּנֵנוּ מֵעֶרֶב / וְיָבוֹא שַׁוְעָתֵנוּ מִבֹּקֶר / וְיֵרָאֶה רִנּוּנֵנוּ עַד עָרֶב.
יַעֲלֶה קוֹלֵנוּ מֵעֶרֶב / וְיָבֹא צִדְקָתֵנוּ מִבֹּקֶר / וְיֵרָאֶה פִּדְיוֹנֵנוּ עַד עָרֶב.
יַעֲלֶה עִנּוּיֵנוּ מֵעֶרֶב / וְיָבֹא סְלִיחָתֵנוּ מִבֹּקֶר / וְיֵרָאֶה נַאֲקָתֵנוּ עַד עָרֶב.
יַעֲלֶה מְנוּסֵנוּ מֵעֶרֶב / וְיָבֹא לְמַעֲנוּ מִבֹּקֶר / וְיֵרָאֶה כִּפּוּרֵנוּ עַד עָרֶב.
יַעֲלֶה יִשְׁעֵנוּ מֵעֶרֶב / וְיָבֹא טָהֳרֵנוּ מִבֹּקֶר / וְיֵרָאֶה חִנּוּנֵנוּ עַד עָרֶב.
יַעֲלֶה זִכְרוֹנֵנוּ מֵעֶרֶב / וְיָבֹא וְעוּדֵנוּ מִבֹּקֶר / וְיֵרָאֶה הֲדָרָתֵנוּ עַד עָרֶב.
יַעֲלֶה דָּפְקֵנוּ מֵעֶרֶב / וְיָבֹא גִּילֵנוּ מִבֹּקֶר / וְיֵרָאֶה בַּקָּשָׁתֵנוּ עַד עָרֶב.
יַעֲלֶה אֶנְקָתֵנוּ מֵעֶרֶב / וְיָבֹא אֵלֶיךָ מִבֹּקֶר / וְיֵרָאֶה אֵלֵינוּ עַד עָרֶב.

סוגרים את ארון הקודש.

אומרים בלחש פסוקי פתיחה לסליחות.

שֹׁמֵעַ תְּפִלָּה, עָדֶיךָ כָּל־בָּשָׂר יָבֹאוּ: תהלים סה

יָבוֹא כָל בָּשָׂר לְהִשְׁתַּחֲוֹת לְפָנֶיךָ יהוה.

יָבוֹאוּ וְיִשְׁתַּחֲווּ לְפָנֶיךָ אֲדֹנָי, וִיכַבְּדוּ לִשְׁמֶךָ: תהלים פו

בֹּאוּ נִשְׁתַּחֲוֶה וְנִכְרָעָה, נִבְרְכָה לִפְנֵי־יהוה עֹשֵׂנוּ: תהלים צה

בֹּאוּ שְׁעָרָיו בְּתוֹדָה, חֲצֵרֹתָיו בִּתְהִלָּה הוֹדוּ לוֹ בָּרְכוּ שְׁמוֹ: תהלים ק

הִנֵּה בָּרְכוּ אֶת־יהוה כָּל־עַבְדֵי יהוה, הָעֹמְדִים בְּבֵית־יהוה בַּלֵּילוֹת: תהלים קלד

שְׂאוּ־יְדֵכֶם קֹדֶשׁ, וּבָרְכוּ אֶת־יהוה:

נָבוֹאָה לְמִשְׁכְּנוֹתָיו, נִשְׁתַּחֲוֶה לַהֲדֹם רַגְלָיו: תהלים קלב

רוֹמְמוּ יהוה אֱלֹהֵינוּ וְהִשְׁתַּחֲווּ לַהֲדֹם רַגְלָיו, קָדוֹשׁ הוּא: תהלים צט

רוֹמְמוּ יהוה אֱלֹהֵינוּ וְהִשְׁתַּחֲווּ לְהַר קָדְשׁוֹ, כִּי־קָדוֹשׁ יהוה אֱלֹהֵינוּ: שם

הִשְׁתַּחֲווּ לַיהוה בְּהַדְרַת־קֹדֶשׁ, חִילוּ מִפָּנָיו כָּל־הָאָרֶץ: תהלים צו

וַאֲנַחְנוּ בְּרֹב חַסְדְּךָ נָבוֹא בֵיתֶךָ, נִשְׁתַּחֲוֶה אֶל הֵיכַל קָדְשְׁךָ בְּיִרְאָתֶךָ.

נִשְׁתַּחֲוֶה אֶל הֵיכַל קָדְשְׁךָ, וְנוֹדֶה אֶת שְׁמֶךָ עַל חַסְדְּךָ וְעַל אֲמִתֶּךָ

כִּי הִגְדַּלְתָּ עַל כָּל שִׁמְךָ אִמְרָתֶךָ.

יהוה אֱלֹהֵי צְבָאוֹת מִי־כָמוֹךָ חֲסִין יָהּ, וֶאֱמוּנָתְךָ סְבִיבוֹתֶיךָ: תהלים פט

כִּי מִי בַשַּׁחַק יַעֲרֹךְ לַיהוה, יִדְמֶה לַיהוה בִּבְנֵי אֵלִים: שם

כִּי־גָדוֹל אַתָּה וְעֹשֵׂה נִפְלָאוֹת, אַתָּה אֱלֹהִים לְבַדֶּךָ: תהלים פו

כִּי־גָדוֹל מֵעַל־שָׁמַיִם חַסְדֶּךָ, וְעַד־שְׁחָקִים אֲמִתֶּךָ: תהלים קח

גָּדוֹל יהוה וּמְהֻלָּל מְאֹד, וְלִגְדֻלָּתוֹ אֵין חֵקֶר: תהלים קמה

כִּי גָדוֹל יהוה וּמְהֻלָּל מְאֹד, וְנוֹרָא הוּא עַל־כָּל־אֱלֹהִים: דברי הימים א׳ טז

כִּי אֵל גָּדוֹל יהוה, וּמֶלֶךְ גָּדוֹל עַל־כָּל־אֱלֹהִים: תהלים צה

אֲשֶׁר מִי־אֵל בַּשָּׁמַיִם וּבָאָרֶץ אֲשֶׁר־יַעֲשֶׂה כְמַעֲשֶׂיךָ וְכִגְבוּרֹתֶךָ: דברים ג

מִי לֹא יִרָאֲךָ מֶלֶךְ הַגּוֹיִם, כִּי לְךָ יָאָתָה ירמיה י

כִּי בְכָל־חַכְמֵי הַגּוֹיִם וּבְכָל־מַלְכוּתָם מֵאֵין כָּמוֹךָ:

מֵאֵין כָּמוֹךָ יהוה, גָּדוֹל אַתָּה וְגָדוֹל שִׁמְךָ בִּגְבוּרָה:

לְךָ זְרוֹעַ עִם־גְּבוּרָה, תָּעֹז יָדְךָ תָּרוּם יְמִינֶךָ: תהלים פט

לְךָ יוֹם אַף־לְךָ לָֽיְלָה, אַתָּה הֲכִינֽוֹתָ מָאוֹר וָשָֽׁמֶשׁ: תהלים עד

אֲשֶׁר בְּיָדוֹ מֶחְקְרֵי־אָֽרֶץ, וְתוֹעֲפוֹת הָרִים לוֹ: תהלים צה

מִי יְמַלֵּל גְּבוּרוֹת יהוה, יַשְׁמִֽיעַ כָּל־תְּהִלָּתוֹ: תהלים קו

לְךָ יהוה הַגְּדֻלָּה וְהַגְּבוּרָה וְהַתִּפְאֶֽרֶת וְהַנֵּֽצַח וְהַהוֹד דברי הימים א׳ כט
כִּי־כֹל בַּשָּׁמַֽיִם וּבָאָֽרֶץ, לְךָ יהוה הַמַּמְלָכָה וְהַמִּתְנַשֵּׂא לְכֹל לְרֹאשׁ:

לְךָ שָׁמַֽיִם אַף־לְךָ אָֽרֶץ, תֵּבֵל וּמְלֹאָהּ אַתָּה יְסַדְתָּם: תהלים פט

אַתָּה הִצַּֽבְתָּ כָּל־גְּבוּלוֹת אָֽרֶץ, קַֽיִץ וָחֹֽרֶף אַתָּה יְצַרְתָּם: תהלים עד

אַתָּה רִצַּֽצְתָּ רָאשֵׁי לִוְיָתָן, תִּתְּנֶֽנּוּ מַאֲכָל לְעָם לְצִיִּים:

אַתָּה בָקַֽעְתָּ מַעְיָן וָנָֽחַל, אַתָּה הוֹבַֽשְׁתָּ נַהֲרוֹת אֵיתָן:

אַתָּה פוֹרַֽרְתָּ בְעָזְּךָ יָם, שִׁבַּֽרְתָּ רָאשֵׁי תַנִּינִים עַל־הַמָּֽיִם:

אַתָּה מוֹשֵׁל בְּגֵאוּת הַיָּם, בְּשׂוֹא גַלָּיו אַתָּה תְשַׁבְּחֵם: תהלים פט

גָּדוֹל יהוה וּמְהֻלָּל מְאֹד, בְּעִיר אֱלֹהֵֽינוּ הַר־קָדְשׁוֹ: תהלים מח

יהוה צְבָאוֹת אֱלֹהֵי יִשְׂרָאֵל יֹשֵׁב הַכְּרֻבִים ישעיה לז
אַתָּה־הוּא הָאֱלֹהִים לְבַדֶּֽךָ:

אֵל נַעֲרָץ בְּסוֹד־קְדֹשִׁים רַבָּה, וְנוֹרָא עַל־כָּל־סְבִיבָיו: תהלים פט

וְיוֹדוּ שָׁמַֽיִם פִּלְאֲךָ יהוה, אַף־אֱמוּנָתְךָ בִּקְהַל קְדֹשִׁים:

לְכוּ נְרַנְּנָה לַיהוה, נָרִֽיעָה לְצוּר יִשְׁעֵֽנוּ: תהלים צה

נְקַדְּמָה פָנָיו בְּתוֹדָה, בִּזְמִרוֹת נָרִֽיעַ לוֹ:

צֶֽדֶק וּמִשְׁפָּט מְכוֹן כִּסְאֶֽךָ, חֶֽסֶד וֶאֱמֶת יְקַדְּמוּ פָנֶֽיךָ: ◂ תהלים פט

אֲשֶׁר יַחְדָּו נַמְתִּיק סוֹד, בְּבֵית אֱלֹהִים נְהַלֵּךְ בְּרָֽגֶשׁ: תהלים נה

אֲשֶׁר־לוֹ הַיָּם וְהוּא עָשָֽׂהוּ, וְיַבֶּֽשֶׁת יָדָיו יָצָֽרוּ: תהלים צה

אֲשֶׁר בְּיָדוֹ נֶֽפֶשׁ כָּל־חָי, וְרֽוּחַ כָּל־בְּשַׂר־אִישׁ: איוב יב

שליח הציבור:

הַנְּשָׁמָה לָךְ / וְהַגּוּף פָּעֳלָךְ / חֽוּסָה עַל עֲמָלָךְ.

הַנְּשָׁמָה לָךְ / וְהַגּוּף שֶׁלָּךְ / יהוה עֲשֵׂה לְמַֽעַן שְׁמֶֽךָ.

אָתָֽאנוּ עַל שִׁמְךָ יהוה / עֲשֵׂה לְמַֽעַן שְׁמֶֽךָ.

בַּעֲבוּר כְּבוֹד שִׁמְךָ / כִּי אֵל חַנּוּן וְרַחוּם שְׁמֶֽךָ.

לְמַֽעַן שִׁמְךָ יהוה / וְסָלַחְתָּ לַעֲוֹנֵֽנוּ כִּי רַב הוּא.

בעבר נהגו לפתוח את הסליחות לליל יום הכיפורים כמו שפתחו את הסליחות לעשרת ימי תשובה: פיסקת הפתיחה הרגילה לכל השנה: ׳אֵל אֶרֶךְ אַפַּיִם אַתָּה׳, י״ג מידות, ׳סְלַח־נָא לַעֲוֹן הָעָם הַזֶּה׳ ופיוט פתיחה.

היום נוהגים לומר רק את שתי שורות הפזמון ואת הבית ׳תַּעֲלֶה אֲרוּכָה׳ מתוך פיוט הפתיחה ׳אָמְנָם אֲשָׁמֵינוּ׳, שנהגו לומר בקהילות מזרח אירופה (הפיוט המלא בעמ׳ 499).

שליח הציבור והקהל אומרים שורה שורה:

דַּרְכְּךָ אֱלֹהֵינוּ לְהַאֲרִיךְ אַפֶּךָ, לָרָעִים וְלַטּוֹבִים, וְהִיא תְהִלָּתֶךָ.

לְמַעַנְךָ אֱלֹהֵינוּ עֲשֵׂה, וְלֹא לָנוּ, רְאֵה עֲמִידָתֵנוּ דַּלִּים וְרֵיקִים.

תַּעֲלֶה אֲרוּכָה לְעָלֶה נִדָּף, תְּנַחֵם עַל עָפָר וָאֵפֶר
תַּשְׁלִיךְ חֲטָאֵינוּ, וְתָחֹן מַעֲשֶׂיךָ
תֵּרֶא כִּי אֵין אִישׁ, עֲשֵׂה עִמָּנוּ צְדָקָה.

״כיוון שרואה שנתחייב העולם כליה
עומד מכסא הדין ויושב על כסא רחמים״ (עבודה זרה ג ע״ב).

התפילה ׳אֵל מֶלֶךְ יוֹשֵׁב עַל כִּסֵּא רַחֲמִים׳ כפתיחה לי״ג מידות הנאמרות בימי הסליחות, נזכרת כבר בסידורי הגאונים. במחזורי ראשוני אשכנז נקבע שלפני הפעם הראשונה שאומרים י״ג מידות, במקום ׳אֵל מֶלֶךְ יוֹשֵׁב׳ אומרים ׳אֵל אֶרֶךְ אַפַּיִם אַתָּה׳ מתפילת תחנון שבכל יום. משפסקו לומר את הפיוט ׳אָמְנָם אֲשָׁמֵינוּ׳ בערבית, וסליחות בתפילות שחרית, מוסף ומנחה, נקבע המנהג שביום הכיפורים אומרים רק ׳אֵל מֶלֶךְ׳.

שליח הציבור והקהל:

אֵל מֶלֶךְ יוֹשֵׁב עַל כִּסֵּא רַחֲמִים, מִתְנַהֵג בַּחֲסִידוּת.
מוֹחֵל עֲוֹנוֹת עַמּוֹ, מַעֲבִיר רִאשׁוֹן רִאשׁוֹן.
מַרְבֶּה מְחִילָה לְחַטָּאִים, וּסְלִיחָה לְפוֹשְׁעִים.
עֹשֶׂה צְדָקוֹת עִם כָּל בָּשָׂר וָרוּחַ, לֹא כְרָעָתָם תִּגְמֹל.
◂ אֵל, הוֹרֵיתָ לָּנוּ לוֹמַר שְׁלֹשׁ עֶשְׂרֵה
זְכָר לָנוּ הַיּוֹם בְּרִית שְׁלֹשׁ עֶשְׂרֵה
כְּהוֹדַעְתָּ לֶעָנָו מִקֶּדֶם, כְּמוֹ שֶׁכָּתוּב:
וַיֵּרֶד יהוה בֶּעָנָן, וַיִּתְיַצֵּב עִמּוֹ שָׁם שמות לד
וַיִּקְרָא בְשֵׁם, יהוה:

קהל ואחריו שליח הציבור:

וַיַּעֲבֹר יהוה עַל־פָּנָיו וַיִּקְרָא שמות לד

שליח הציבור והקהל אומרים בקול:

יהוה, יהוה, אֵל רַחוּם וְחַנּוּן, אֶרֶךְ אַפַּיִם, וְרַב־חֶסֶד וֶאֱמֶת: נֹצֵר חֶסֶד לָאֲלָפִים, נֹשֵׂא עָוֹן וָפֶשַׁע וְחַטָּאָה, וְנַקֵּה:

וְסָלַחְתָּ לַעֲוֹנֵנוּ וּלְחַטָּאתֵנוּ, וּנְחַלְתָּנוּ:
סְלַח לָנוּ אָבִינוּ כִּי חָטָאנוּ
מְחַל לָנוּ מַלְכֵּנוּ כִּי פָשָׁעְנוּ.
כִּי־אַתָּה אֲדֹנָי טוֹב וְסַלָּח תהלים פו
וְרַב־חֶסֶד לְכָל־קֹרְאֶיךָ:

הסליחות בנויות בסדר מחזורי עד הפזמון: פיסקת פתיחה, י״ג מידות, פסוקים הקשורים לנושא הפיוט (לעתים תכופות בשינוי לשון הפסוק ללשון רבים) וסיום בבקשה ׳כְּרַחֵם אָב עַל בָּנִים׳ ובעקבותיה ארבעה פסוקים קבועים מתהלים, הפסוקים ׳סְלַח־נָא לַעֲוֹן הָעָם הַזֶּה׳ ו׳הַטֵּה אֱלֹהַי אָזְנְךָ וּשֲׁמָע׳, ולאחריהם פיוט הסליחה. בקהילות רבות נוהגים לומר את הפסוקים ׳סְלַח־נָא׳ ו׳הַטֵּה׳ רק לאחר הסליחה הראשונה.

שליח הציבור והקהל:

הַאֲזִינָה יהוה תְּפִלָּתֵנוּ, וְהַקְשִׁיבָה בְּקוֹל תַּחֲנוּנוֹתֵינוּ.
הַקְשִׁיבָה לְקוֹל שַׁוְעֵנוּ מַלְכֵּנוּ וֵאלֹהֵינוּ כִּי אֵלֶיךָ נִתְפַּלָּל.
תְּהִי נָא אָזְנְךָ קַשֶּׁבֶת וְעֵינֶיךָ פְּתוּחוֹת
לִשְׁמֹעַ אֶל תְּפִלַּת עֲבָדֶיךָ עַמְּךָ יִשְׂרָאֵל.
וְשָׁמַעְתָּ הַשָּׁמַיִם מְכוֹן שִׁבְתֶּךָ אֶת־תְּפִלָּתָם וְאֶת־תְּחִנָּתָם מלכים א׳ ח
וְעָשִׂיתָ מִשְׁפָּטָם:
וְסָלַחְתָּ לְעַמְּךָ אֲשֶׁר חָטְאוּ־לָךְ:

כְּרַחֵם אָב עַל בָּנִים, כֵּן תְּרַחֵם יהוה עָלֵינוּ.
לַיהוה הַיְשׁוּעָה, עַל־עַמְּךָ בִרְכָתֶךָ סֶּלָה: תהלים ג
יהוה צְבָאוֹת עִמָּנוּ, מִשְׂגָּב לָנוּ אֱלֹהֵי יַעֲקֹב סֶלָה: תהלים מו
יהוה צְבָאוֹת, אַשְׁרֵי אָדָם בֹּטֵחַ בָּךְ: תהלים פד
יהוה הוֹשִׁיעָה, הַמֶּלֶךְ יַעֲנֵנוּ בְיוֹם־קָרְאֵנוּ: תהלים כ

שליח הציבור:

סְלַח־נָא לַעֲוֹן הָעָם הַזֶּה כְּגֹדֶל חַסְדֶּךָ במדבר יד
וְכַאֲשֶׁר נָשָׂאתָה לָעָם הַזֶּה מִמִּצְרַיִם וְעַד־הֵנָּה:
וְשָׁם נֶאֱמַר

קהל ואחריו שליח הציבור:

וַיֹּאמֶר יהוה, סָלַחְתִּי כִּדְבָרֶךָ:

וממשיכים:

הַטֵּה אֱלֹהַי אָזְנְךָ וּשְׁמָע דניאל ט
פְּקַח עֵינֶיךָ וּרְאֵה שֹׁמְמֹתֵינוּ וְהָעִיר אֲשֶׁר־נִקְרָא שִׁמְךָ עָלֶיהָ
כִּי לֹא עַל־צִדְקֹתֵינוּ אֲנַחְנוּ מַפִּילִים תַּחֲנוּנֵינוּ לְפָנֶיךָ
כִּי עַל־רַחֲמֶיךָ הָרַבִּים:
אֲדֹנָי שְׁמָעָה, אֲדֹנָי סְלָחָה, אֲדֹנָי הַקְשִׁיבָה וַעֲשֵׂה אַל־תְּאַחַר
לְמַעַנְךָ אֱלֹהַי, כִּי־שִׁמְךָ נִקְרָא עַל־עִירְךָ וְעַל־עַמֶּךָ:

פותחים את ארון הקודש.

אֱלֹהֵינוּ וֵאלֹהֵי אֲבוֹתֵינוּ

סליחה זו מבוססת על הפסוק ׳סְלַח־נָא לַעֲוֹן׳ שנאמר לעיל.

סְלַח נָא אֲשָׁמוֹת וּפְשָׁעֵי לְאֻמֶּךָ סימן א״ב
לַעֲוֹן בָּנֶיךָ בַּל יֶחֱרֶה זַעְמֶךָ.

סְלַח נָא גְּעוּלָם וִיחַיּוּ מִמְּקוֹר עִמֶּךָ
לַעֲוֹן דְּגָלֶיךָ שָׂא וְתִנָּחֵם כְּנָאֳמֶךָ.

סְלַח נָא הֶבֶל מוֹדִים וְעוֹזְבִים כְּרִשּׁוּמֶךָ
לַעֲוֹן וָפֶשַׁע מְחַל לְמַעַן שְׁמֶךָ.

סְלַח נָא זְדוֹנוֹת וּשְׁגָגוֹת לִבְרוּאֵי לִשְׁמֶךָ
לַעֲוֹן חֲטָאֵימוֹ חַטֵּא בִּנְדִיבַת גִּשְׁמֶךָ.

סְלַח נָא טֶפֶשׁ טִפְלוּת רִשְׁעֵי אֻמֶּךָ
לַעֲוֹן יְדִידֶיךָ יְבַקֵּשׁ וְאֵינֶנּוּ כְּנָאֳמֶךָ.

סְלַח נָא כַּחַשׁ כּוֹרְעִים וּמִשְׁתַּחֲוִים לְעֻמֶּךָ
לַעֲוֹן לְקוֹחֶיךָ כַּפֵּר בְּטוּב טַעְמֶךָ.

סְלַח נָא מְרִי מְיַחֲלֶיךָ וּמְיַחֲדֶיךָ בְּעוֹלָמֶךָ
לַעֲוֹן נִדָּחִים מְחֵה וּבְנֵה אוּלַמֶּךָ.

סְלַח נָא סְלוּפָם וְגוֹנְנֵם בְּסֻכַּת שְׁלוֹמֶךָ
לַעֲוֹן עֲבָדֶיךָ עַלֵּם וּכְבֹשׁ בְּעִלּוּמֶךָ.

סְלַח נָא פֶּן יֵעָנְשׁוּ מִמְּרוֹמֶךָ
לַעֲוֹן צֹאנְךָ שַׁכֵּח וְהִיא תְהִלָּתְךָ וְרוֹמְמֶךָ.

סְלַח נָא קְלוֹנָם וַחֲמֹל עָלֵימוֹ מִמְּרוֹמֶךָ
לַעֲוֹן רְחוּמֶיךָ תִּשָּׂא מִלְּצוּדָם בְּחֶרְמֶךָ.

סְלַח נָא שֶׁמֶץ תַּעְתּוּעַ תִּעוּב רְחוּמֶיךָ
לַעֲוֹן תְּמִימֶיךָ הַעֲבֵר כְּגֹדֶל רַחֲמֶיךָ.

סוגרים את ארון הקודש.

אֵל מֶלֶךְ יוֹשֵׁב עַל כִּסֵּא רַחֲמִים, מִתְנַהֵג בַּחֲסִידוּת.
מוֹחֵל עֲוֹנוֹת עַמּוֹ, מַעֲבִיר רִאשׁוֹן רִאשׁוֹן.
מַרְבֶּה מְחִילָה לְחַטָּאִים, וּסְלִיחָה לְפוֹשְׁעִים.
עֹשֶׂה צְדָקוֹת עִם כָּל בָּשָׂר וָרוּחַ, לֹא כְרָעָתָם תִּגְמֹל.
◂ אֵל, הוֹרֵיתָ לָּנוּ לוֹמַר שְׁלֹשׁ עֶשְׂרֵה
זְכָר לָנוּ הַיּוֹם בְּרִית שְׁלֹשׁ עֶשְׂרֵה
כְּהוֹדַעְתָּ לֶעָנָו מִקֶּדֶם, כְּמוֹ שֶׁכָּתוּב:
וַיֵּרֶד יהוה בֶּעָנָן, וַיִּתְיַצֵּב עִמּוֹ שָׁם, וַיִּקְרָא בְשֵׁם, יהוה: שמות לד

קהל ואחריו שליח הציבור:

וַיַּעֲבֹר יהוה עַל־פָּנָיו וַיִּקְרָא שמות לד

שליח הציבור והקהל אומרים בקול:

יהוה, יהוה, אֵל רַחוּם וְחַנּוּן, אֶרֶךְ אַפַּיִם, וְרַב־חֶסֶד וֶאֱמֶת: נֹצֵר חֶסֶד לָאֲלָפִים, נֹשֵׂא עָוֺן וָפֶשַׁע וְחַטָּאָה, וְנַקֵּה:

וְסָלַחְתָּ לַעֲוֹנֵנוּ וּלְחַטָּאתֵנוּ, וּנְחַלְתָּנוּ:
סְלַח לָנוּ אָבִינוּ כִּי חָטָאנוּ
מְחַל לָנוּ מַלְכֵּנוּ כִּי פָשָׁעְנוּ.
כִּי־אַתָּה אֲדֹנָי טוֹב וְסַלָּח תהלים פו
וְרַב־חֶסֶד לְכָל־קֹרְאֶיךָ:

אַל תָּבוֹא בְמִשְׁפָּט עִמָּנוּ
כִּי לֹא יִצְדַּק לְפָנֶיךָ כָל חָי.
מַה נֹּאמַר לְפָנֶיךָ יהוה אֱלֹהֵינוּ
מַה נְּדַבֵּר וּמַה נִּצְטַדָּק.
אֱלֹהֵינוּ, בּוֹשְׁנוּ בְּמַעֲשֵׂינוּ וְנִכְלַמְנוּ בַּעֲוֹנֵינוּ.
אֱלֹהֵינוּ, בֹּשְׁנוּ וְנִכְלַמְנוּ, לְהָרִים אֱלֹהֵינוּ פָּנֵינוּ אֵלֶיךָ.
יָדַעְנוּ כִּי חָטָאנוּ וְאֵין מִי יַעֲמֹד בַּעֲדֵנוּ
שִׁמְךָ הַגָּדוֹל יַעֲמָד לָנוּ בְּעֵת צָרָה.

כְּרַחֵם אָב עַל בָּנִים, כֵּן תְּרַחֵם יהוה עָלֵינוּ.
לַיהוה הַיְשׁוּעָה, עַל־עַמְּךָ בִרְכָתֶךָ סֶּלָה: תהלים ג
יהוה צְבָאוֹת עִמָּנוּ, מִשְׂגָּב לָנוּ אֱלֹהֵי יַעֲקֹב סֶלָה: תהלים מו
יהוה צְבָאוֹת, אַשְׁרֵי אָדָם בֹּטֵחַ בָּךְ: תהלים פד
יהוה הוֹשִׁיעָה, הַמֶּלֶךְ יַעֲנֵנוּ בְיוֹם־קָרְאֵנוּ: תהלים כ

פותחים את ארון הקודש.

בקהילות רבות נוהגים להשמיט את הבית הפותח, ומתחילים ׳אָמְנָם כֵּן׳.

יוֹם יוֹם / יִדְרְשׁוּן / לָךְ / טוּב לְמָעוֹז / יְהִי עֹז / מִלּוּלָךְ סָלַחְתִּי.

סימן א״ב

אֱלֹהֵינוּ וֵאלֹהֵי אֲבוֹתֵינוּ

אָמְנָם כֵּן / יֵצֶר סוֹכֵן / בָּנוּ
בְּךָ לְהַצְדֵּק / רַב צֶדֶק / וַעֲנֵנוּ סָלַחְתִּי.

גְּעֹל מְרַגֵּל / וְגַם פִּגֵּל / סִפְרוֹ
דּוֹד שׁוֹאֵג בְּקוֹל / יִתֵּן קוֹל / דְּבָרוֹ סָלַחְתִּי.

הַס קָטֵגוֹר / וְקַח סָנֵגוֹר / מְקוֹמוֹ
וִיהִי יהוה לְמִשְׁעָן / לוֹ, לְמַעַן / נְאֻמוֹ סָלַחְתִּי.

זְכוּת אֶזְרָח / גַּם יִפְרַח / לְשׁוֹשַׁנָּה
חֵטְא הָעֲבֵר / וְקוֹל הַגְּבֵר / מִמְּעוֹנָה סָלַחְתִּי.

טוּב וְסַלָּח / מְחַל וּסְלַח / אֲשָׁמִים
יָהּ הַקְשֵׁב / וְגַם הָשֵׁב / מִמְּרוֹמִים סָלַחְתִּי.

כְּאֵב תַּחֲבֹשׁ / וּבְצוּל תִּכְבֹּשׁ / עֲוֹנִי
לְךָ תְהִלָּה / אֱמֹר מִלָּה / לְמַעֲנִי סָלַחְתִּי.

מְחֵה פֶּשַׁע / וְגַם רֶשַׁע / בְּנֵי בְרִית
נְהַג חַסְדְּךָ / וְתֵן הוֹדְךָ / לִשְׁאֵרִית סָלַחְתִּי.

סְכֹת רַחֲשִׁי / וְגַם לַחֲשִׁי / תִּרְצֶה
עָוֹן נוֹשֵׂא / לְמַעַנְךָ עֲשֵׂה / וְתִפְצֶה סָלַחְתִּי.

פְּנֵה לְעֶלְבּוֹן / מְקוֹם עָוֹן / לְהָשִׂים
צַחַן הָסֵר / וְגַם תְּבַשֵּׂר / לְבָךְ חוֹסִים סָלַחְתִּי.

קוֹלִי שְׁמַע / וּרְאֵה דֶּמַע / עֵינַי
רִיב רִיבִי / שְׁעֵה נִיבִי / וַהֲשִׁיבֵנִי סָלַחְתִּי.

שֶׁמֶץ טַהֵר / כְּעָב מַהֵר / כְּנֶאֱמַר
תִּמְחֶה פֶּשַׁע / לְעַם נוֹשָׁע / וְתֹאמַר סָלַחְתִּי.

סוגרים את ארון הקודש.

אֵל מֶלֶךְ יוֹשֵׁב עַל כִּסֵּא רַחֲמִים, מִתְנַהֵג בַּחֲסִידוּת.
מוֹחֵל עֲוֹנוֹת עַמּוֹ, מַעֲבִיר רִאשׁוֹן רִאשׁוֹן.
מַרְבֶּה מְחִילָה לְחַטָּאִים, וּסְלִיחָה לְפוֹשְׁעִים.
עֹשֶׂה צְדָקוֹת עִם כָּל בָּשָׂר וָרוּחַ, לֹא כְרָעָתָם תִּגְמֹל.
› אֵל, הוֹרֵיתָ לָּנוּ לוֹמַר שְׁלֹשׁ עֶשְׂרֵה
זְכָר לָנוּ הַיּוֹם בְּרִית שְׁלֹשׁ עֶשְׂרֵה
כְּהוֹדַעְתָּ לֶעָנָו מִקֶּדֶם, כְּמוֹ שֶׁכָּתוּב:
וַיֵּרֶד יהוה בֶּעָנָן, וַיִּתְיַצֵּב עִמּוֹ שָׁם, וַיִּקְרָא בְשֵׁם, יהוה: שמות לד

קהל ואחריו שליח הציבור:

וַיַּעֲבֹר יהוה עַל־פָּנָיו וַיִּקְרָא שמות לד

שליח הציבור והקהל אומרים בקול:

יהוה, יהוה, אֵל רַחוּם וְחַנּוּן, אֶרֶךְ אַפַּיִם, וְרַב־חֶסֶד וֶאֱמֶת:
נֹצֵר חֶסֶד לָאֲלָפִים, נֹשֵׂא עָוֹן וָפֶשַׁע וְחַטָּאָה, וְנַקֵּה:

וְסָלַחְתָּ לַעֲוֹנֵנוּ וּלְחַטָּאתֵנוּ, וּנְחַלְתָּנוּ:
סְלַח לָנוּ אָבִינוּ כִּי חָטָאנוּ, מְחַל לָנוּ מַלְכֵּנוּ כִּי פָשָׁעְנוּ.
כִּי־אַתָּה אֲדֹנָי טוֹב וְסַלָּח, וְרַב־חֶסֶד לְכָל־קֹרְאֶיךָ: תהלים פו

פותחים את ארון הקודש.

בקהילות אשכנו פיוטי הסליחות מסתיימים בפזמון – פיוט בעל מבנה קבוע, שכל בית בו נחתם בשורה חוזרת. אין אומרים לפני הפזמון פסוקים הקשורים לנושאו. מסתבר שבמקור שליח הציבור אמר את הבתים והקהל חזר על הפזמון. היום מקובל לשיר את כל הפיוט יחד.

כִּי הִנֵּה כַּחֹמֶר בְּיַד הַיּוֹצֵר / בִּרְצוֹתוֹ מַרְחִיב וּבִרְצוֹתוֹ מְקַצֵּר
כֵּן אֲנַחְנוּ בְיָדְךָ, חֶסֶד נוֹצֵר / לַבְּרִית הַבֵּט, וְאַל תֵּפֶן לַיֵּצֶר.

כִּי הִנֵּה כָּאֶבֶן בְּיַד הַמְסַתֵּת / בִּרְצוֹתוֹ אוֹחֵז וּבִרְצוֹתוֹ מְכַתֵּת
כֵּן אֲנַחְנוּ בְיָדְךָ, מְחַיֶּה וּמְמוֹתֵת / לַבְּרִית הַבֵּט, וְאַל תֵּפֶן לַיֵּצֶר.

כִּי הִנֵּה כַּגַּרְזֶן בְּיַד הֶחָרָשׁ / בִּרְצוֹתוֹ דִּבֵּק לָאוּר וּבִרְצוֹתוֹ פֵּרַשׁ
כֵּן אֲנַחְנוּ בְיָדְךָ, תּוֹמֵךְ עָנִי וָרָשׁ / לַבְּרִית הַבֵּט, וְאַל תֵּפֶן לַיֵּצֶר.

כִּי הִנֵּה כַּהֶגֶה בְּיַד הַמַּלָּח / בִּרְצוֹתוֹ אוֹחֵז וּבִרְצוֹתוֹ שִׁלַּח
כֵּן אֲנַחְנוּ בְּיָדְךָ, אֵל טוֹב וְסַלָּח / לַבְּרִית הַבֵּט, וְאַל תֵּפֶן לַיֵּצֶר.

כִּי הִנֵּה כִּזְכוּכִית בְּיַד הַמְזַגֵּג / בִּרְצוֹתוֹ חוֹגֵג וּבִרְצוֹתוֹ מְמוֹגֵג
כֵּן אֲנַחְנוּ בְּיָדְךָ, מַעֲבִיר זָדוֹן וָשֶׁגֶג / לַבְּרִית הַבֵּט, וְאַל תֵּפֶן לַיֵּצֶר.

כִּי הִנֵּה כַּיְרִיעָה בְּיַד הָרוֹקֵם / בִּרְצוֹתוֹ מְיַשֵּׁר וּבִרְצוֹתוֹ מְעַקֵּם
כֵּן אֲנַחְנוּ בְּיָדְךָ, אֵל קַנֹּא וְנוֹקֵם / לַבְּרִית הַבֵּט, וְאַל תֵּפֶן לַיֵּצֶר.

כִּי הִנֵּה כַּכֶּסֶף בְּיַד הַצּוֹרֵף / בִּרְצוֹתוֹ מְסַגְסֵג וּבִרְצוֹתוֹ מְצָרֵף
כֵּן אֲנַחְנוּ בְּיָדְךָ, מַמְצִיא לְמָזוֹר תֶּרֶף / לַבְּרִית הַבֵּט וְאַל תֵּפֶן לַיֵּצֶר.

סוגרים את ארון הקודש.

אֵל מֶלֶךְ יוֹשֵׁב עַל כִּסֵּא רַחֲמִים, מִתְנַהֵג בַּחֲסִידוּת.
מוֹחֵל עֲוֹנוֹת עַמּוֹ, מַעֲבִיר רִאשׁוֹן רִאשׁוֹן.
מַרְבֶּה מְחִילָה לְחַטָּאִים, וּסְלִיחָה לְפוֹשְׁעִים.
עֹשֶׂה צְדָקוֹת עִם כָּל בָּשָׂר וָרוּחַ, לֹא כְרָעָתָם תִּגְמֹל.
◂ אֵל, הוֹרֵיתָ לָּנוּ לוֹמַר שְׁלֹשׁ עֶשְׂרֵה
זְכָר לָנוּ הַיּוֹם בְּרִית שְׁלֹשׁ עֶשְׂרֵה
כְּהוֹדַעְתָּ לֶעָנָו מִקֶּדֶם, כְּמוֹ שֶׁכָּתוּב:
וַיֵּרֶד יהוה בֶּעָנָן, וַיִּתְיַצֵּב עִמּוֹ שָׁם שמות לד
וַיִּקְרָא בְשֵׁם, יהוה:

קהל ואחריו שליח הציבור:

וַיַּעֲבֹר יהוה עַל־פָּנָיו וַיִּקְרָא שמות לד

שליח הציבור והקהל אומרים בקול:

יהוה, יהוה, אֵל רַחוּם וְחַנּוּן, אֶרֶךְ אַפַּיִם, וְרַב־חֶסֶד וֶאֱמֶת:
נֹצֵר חֶסֶד לָאֲלָפִים, נֹשֵׂא עָוֹן וָפֶשַׁע וְחַטָּאָה, וְנַקֵּה:

וְסָלַחְתָּ לַעֲוֺנֵנוּ וּלְחַטָּאתֵנוּ, וּנְחַלְתָּנוּ:
סְלַח לָנוּ אָבִינוּ כִּי חָטָאנוּ, מְחַל לָנוּ מַלְכֵּנוּ כִּי פָשָׁעְנוּ.
כִּי־אַתָּה אֲדֹנָי טוֹב וְסַלָּח, וְרַב־חֶסֶד לְכָל־קֹרְאֶיךָ: תהלים פו

הפעם האחרונה שבה אומרים י״ג מידות (לפי המנהג היום, הרביעית), אינה פתיחה לפיוט, אלא לפסוקי סליחות. לאחר שביקשנו 'זְכָר לָנוּ הַיּוֹם בְּרִית שְׁלֹשׁ עֶשְׂרֵה', אנו מבקשים מהקב״ה שיזכור את חסדי ישראל בעבר, ולבסוף את זכות האבות. הזכרת זכות האבות נותנת לנו את הביטחון לבקש 'אַל־נָא תָשֵׁת עָלֵינוּ חַטָּאת'.

הכול:

זְכֹר־רַחֲמֶיךָ יהוה וַחֲסָדֶיךָ, כִּי מֵעוֹלָם הֵמָּה: תהלים כה
אַל־תִּזְכָּר־לָנוּ עֲוֺנֹת רִאשֹׁנִים, מַהֵר יְקַדְּמוּנוּ רַחֲמֶיךָ כִּי דַלּוֹנוּ מְאֹד: תהלים עט
זָכְרֵנוּ יהוה בִּרְצוֹן עַמֶּךָ, פָּקְדֵנוּ בִּישׁוּעָתֶךָ.
זְכֹר עֲדָתְךָ קָנִיתָ קֶּדֶם, גָּאַלְתָּ שֵׁבֶט נַחֲלָתֶךָ, הַר־צִיּוֹן זֶה שָׁכַנְתָּ בּוֹ: תהלים עד
זְכֹר יהוה חִבַּת יְרוּשָׁלַיִם, אַהֲבַת צִיּוֹן אַל תִּשְׁכַּח לָנֶצַח.
זְכֹר יהוה לִבְנֵי אֱדוֹם אֵת יוֹם יְרוּשָׁלָםִ תהלים קלז
הָאֹמְרִים עָרוּ עָרוּ, עַד הַיְסוֹד בָּהּ:
אַתָּה תָקוּם תְּרַחֵם צִיּוֹן, כִּי־עֵת לְחֶנְנָהּ, כִּי־בָא מוֹעֵד: תהלים קב
זְכֹר לְאַבְרָהָם לְיִצְחָק וּלְיִשְׂרָאֵל עֲבָדֶיךָ שמות לב
אֲשֶׁר נִשְׁבַּעְתָּ לָהֶם בָּךְ וַתְּדַבֵּר אֲלֵהֶם
אַרְבֶּה אֶת־זַרְעֲכֶם כְּכוֹכְבֵי הַשָּׁמָיִם
וְכָל־הָאָרֶץ הַזֹּאת אֲשֶׁר אָמַרְתִּי אֶתֵּן לְזַרְעֲכֶם, וְנָחֲלוּ לְעֹלָם:
זְכֹר לַעֲבָדֶיךָ לְאַבְרָהָם לְיִצְחָק וּלְיַעֲקֹב דברים ט
אַל־תֵּפֶן אֶל־קְשִׁי הָעָם הַזֶּה וְאֶל־רִשְׁעוֹ וְאֶל־חַטָּאתוֹ:

שליח הציבור ואחריו הקהל:

אַל־נָא תָשֵׁת עָלֵינוּ חַטָּאת אֲשֶׁר נוֹאַלְנוּ וַאֲשֶׁר חָטָאנוּ: במדבר יב
חָטָאנוּ צוּרֵנוּ, סְלַח לָנוּ יוֹצְרֵנוּ.

לאחר פסוקי ׳זְכֹר־רַחֲמֶיךָ׳ הקהל אומר כמה בקשות לקב״ה שיישא פניו אל המתפללים ברחמים, ׳זְכָר לָנוּ בְּרִית אָבוֹת׳. לפניה נהגו לומר פיוט ׳חָטָאנוּ׳, הקרוי כך על שם השורה החוזרת ׳חָטָאנוּ צוּרֵנוּ׳. בערבית ליום הכיפורים אומרים את הפיוט ׳אוֹתְךָ אֶדְרֹשׁ׳. היום נוהגים לומר רק את השורה האחרונה. הפיוט המלא בעמ׳ 502.

שליח הציבור ואחריו הקהל:

במדבר טו **הֵן יַעֲבִיר זָדוֹן לִמְשׁוּגָה / כִּי לְכָל־הָעָם בִּשְׁגָגָה:**

חָטָאנוּ צוּרֵנוּ, סְלַח לָנוּ יוֹצְרֵנוּ.

הכול:

זְכָר לָנוּ בְּרִית אָבוֹת כַּאֲשֶׁר אָמַרְתָּ:
ויקרא כו **וְזָכַרְתִּי אֶת־בְּרִיתִי יַעֲקוֹב**
וְאַף אֶת־בְּרִיתִי יִצְחָק, וְאַף אֶת־בְּרִיתִי אַבְרָהָם אֶזְכֹּר
וְהָאָרֶץ אֶזְכֹּר:

זְכָר לָנוּ בְּרִית רִאשׁוֹנִים כַּאֲשֶׁר אָמַרְתָּ:
ויקרא כו **וְזָכַרְתִּי לָהֶם בְּרִית רִאשֹׁנִים**
אֲשֶׁר הוֹצֵאתִי־אֹתָם מֵאֶרֶץ מִצְרַיִם לְעֵינֵי הַגּוֹיִם
לִהְיוֹת לָהֶם לֵאלֹהִים, אֲנִי יהוה:

עֲשֵׂה עִמָּנוּ כְּמָה שֶׁהִבְטַחְתָּנוּ:
ויקרא כו **וְאַף גַּם־זֹאת בִּהְיוֹתָם בְּאֶרֶץ אֹיְבֵיהֶם**
לֹא־מְאַסְתִּים וְלֹא־גְעַלְתִּים לְכַלֹּתָם, לְהָפֵר בְּרִיתִי אִתָּם
כִּי אֲנִי יהוה אֱלֹהֵיהֶם:

הָשֵׁב שְׁבוּתֵנוּ וְרַחֲמֵנוּ כְּמָה שֶׁכָּתוּב:
דברים ל **וְשָׁב יהוה אֱלֹהֶיךָ אֶת־שְׁבוּתְךָ וְרִחֲמֶךָ**
וְשָׁב וְקִבֶּצְךָ מִכָּל־הָעַמִּים אֲשֶׁר הֱפִיצְךָ יהוה אֱלֹהֶיךָ שָׁמָּה:

קַבֵּץ נִדָּחֵינוּ כְּמָה שֶׁכָּתוּב:
דברים ל **אִם־יִהְיֶה נִדַּחֲךָ בִּקְצֵה הַשָּׁמָיִם**
מִשָּׁם יְקַבֶּצְךָ יהוה אֱלֹהֶיךָ וּמִשָּׁם יִקָּחֶךָ:

מְחֵה פְשָׁעֵינוּ כָּעָב וְכֶעָנָן כְּמָה שֶׁכָּתוּב:
מָחִיתִי כָעָב פְּשָׁעֶיךָ וְכֶעָנָן חַטֹּאותֶיךָ ישעיה מד
שׁוּבָה אֵלַי כִּי גְאַלְתִּיךָ:

מְחֵה פְשָׁעֵינוּ לְמַעַנְךָ כַּאֲשֶׁר אָמַרְתָּ:
אָנֹכִי אָנֹכִי הוּא מֹחֶה פְשָׁעֶיךָ לְמַעֲנִי ישעיה מג
וְחַטֹּאתֶיךָ לֹא אֶזְכֹּר:

הַלְבֵּן חֲטָאֵינוּ כַּשֶּׁלֶג וְכַצֶּמֶר כְּמָה שֶׁכָּתוּב:
לְכוּ־נָא וְנִוָּכְחָה יֹאמַר יהוה ישעיה א
אִם־יִהְיוּ חֲטָאֵיכֶם כַּשָּׁנִים כַּשֶּׁלֶג יַלְבִּינוּ
אִם־יַאְדִּימוּ כַתּוֹלָע כַּצֶּמֶר יִהְיוּ:

זְרֹק עָלֵינוּ מַיִם טְהוֹרִים וְטַהֲרֵנוּ כְּמָה שֶׁכָּתוּב:
וְזָרַקְתִּי עֲלֵיכֶם מַיִם טְהוֹרִים וּטְהַרְתֶּם יחזקאל לו
מִכֹּל טֻמְאוֹתֵיכֶם וּמִכָּל־גִּלּוּלֵיכֶם אֲטַהֵר אֶתְכֶם:

כַּפֵּר חֲטָאֵינוּ בַּיּוֹם הַזֶּה וְטַהֲרֵנוּ, כְּמָה שֶׁכָּתוּב:
כִּי־בַיּוֹם הַזֶּה יְכַפֵּר עֲלֵיכֶם לְטַהֵר אֶתְכֶם ויקרא טז
מִכֹּל חַטֹּאתֵיכֶם לִפְנֵי יהוה תִּטְהָרוּ:

רַחֵם עָלֵינוּ וְאַל תַּשְׁחִיתֵנוּ כְּמָה שֶׁכָּתוּב:
כִּי אֵל רַחוּם יהוה אֱלֹהֶיךָ דברים ד
לֹא יַרְפְּךָ וְלֹא יַשְׁחִיתֶךָ
וְלֹא יִשְׁכַּח אֶת־בְּרִית אֲבוֹתֶיךָ אֲשֶׁר נִשְׁבַּע לָהֶם:

מוֹל אֶת לְבָבֵנוּ לְאַהֲבָה אֶת שְׁמֶךָ כְּמָה שֶׁכָּתוּב:
וּמָל יהוה אֱלֹהֶיךָ אֶת־לְבָבְךָ וְאֶת־לְבַב זַרְעֶךָ דברים ל
לְאַהֲבָה אֶת־יהוה אֱלֹהֶיךָ בְּכָל־לְבָבְךָ וּבְכָל־נַפְשְׁךָ
לְמַעַן חַיֶּיךָ:

הִמָּצֵא לָנוּ בְּבַקָּשָׁתֵנוּ כְּמָה שֶׁכָּתוּב:

דברים ד וּבִקַּשְׁתֶּם מִשָּׁם אֶת־יהוה אֱלֹהֶיךָ וּמָצָאתָ
כִּי תִדְרְשֶׁנּוּ בְּכָל־לְבָבְךָ וּבְכָל־נַפְשֶׁךָ:

תְּבִיאֵנוּ אֶל הַר קָדְשֶׁךָ, וְשַׂמְּחֵנוּ בְּבֵית תְּפִלָּתֶךָ כְּמָה שֶׁכָּתוּב:

ישעיה נו וַהֲבִיאוֹתִים אֶל־הַר קָדְשִׁי, וְשִׂמַּחְתִּים בְּבֵית תְּפִלָּתִי
עוֹלֹתֵיהֶם וְזִבְחֵיהֶם לְרָצוֹן עַל־מִזְבְּחִי
כִּי בֵיתִי בֵּית־תְּפִלָּה יִקָּרֵא לְכָל־הָעַמִּים:

פותחים את ארון הקודש.

יש קהילות שבהן נוהגים לומר את הפסוקים בסדר הבא:
׳שְׁמַע קוֹלֵנוּ׳, ׳הֲשִׁיבֵנוּ׳, ׳אַל תַּשְׁלִיכֵנוּ מִלְּפָנֶיךָ׳, ׳אַל תַּשְׁלִיכֵנוּ לְעֵת זִקְנָה׳ בקול.
שליח הציבור אומר פסוק פסוק והקהל עונה אחריו. את הפסוקים ׳אַל תַּעַזְבֵנוּ׳,
׳עֲשֵׂה עִמָּנוּ׳ ׳אֲמָרֵינוּ הַאֲזִינָה׳, ׳יִהְיוּ לְרָצוֹן׳, ׳כִּי לְךָ ה׳׳ אומרים בלחש.

הקהל ואחריו שליח הציבור אומרים פסוק פסוק עד ׳אַל תַּעַזְבֵנוּ׳.

שְׁמַע קוֹלֵנוּ, יהוה אֱלֹהֵינוּ, חוּס וְרַחֵם עָלֵינוּ
וְקַבֵּל בְּרַחֲמִים וּבְרָצוֹן אֶת תְּפִלָּתֵנוּ.

איכה ה הֲשִׁיבֵנוּ יהוה אֵלֶיךָ וְנָשׁוּבָה, חַדֵּשׁ יָמֵינוּ כְּקֶדֶם:

אֲמָרֵינוּ הַאֲזִינָה יהוה, בִּינָה הֲגִיגֵנוּ.

יִהְיוּ לְרָצוֹן אִמְרֵי פִינוּ וְהֶגְיוֹן לִבֵּנוּ לְפָנֶיךָ, יהוה צוּרֵנוּ וְגוֹאֲלֵנוּ.

אַל תַּשְׁלִיכֵנוּ מִלְּפָנֶיךָ, וְרוּחַ קָדְשְׁךָ אַל תִּקַּח מִמֶּנּוּ.

אַל תַּשְׁלִיכֵנוּ לְעֵת זִקְנָה, כִּכְלוֹת כֹּחֵנוּ אַל תַּעַזְבֵנוּ.

אַל תַּעַזְבֵנוּ יהוה, אֱלֹהֵינוּ אַל תִּרְחַק מִמֶּנּוּ.
עֲשֵׂה עִמָּנוּ אוֹת לְטוֹבָה, וְיִרְאוּ שׂוֹנְאֵינוּ וְיֵבֹשׁוּ
כִּי אַתָּה יהוה עֲזַרְתָּנוּ וְנִחַמְתָּנוּ.
כִּי לְךָ יהוה הוֹחָלְנוּ, אַתָּה תַעֲנֶה אֲדֹנָי אֱלֹהֵינוּ.

סוגרים את ארון הקודש.

שליח הציבור:

אֱלֹהֵינוּ וֵאלֹהֵי אֲבוֹתֵינוּ
אַל תַּעַזְבֵנוּ, וְאַל תִּטְּשֵׁנוּ, וְאַל תַּכְלִימֵנוּ
וְאַל תָּפֵר בְּרִיתְךָ אִתָּנוּ
קָרְבֵנוּ לְתוֹרָתֶךָ, לַמְּדֵנוּ מִצְוֹתֶיךָ
הוֹרֵנוּ דְרָכֶיךָ, הַט לִבֵּנוּ לְיִרְאָה אֶת שְׁמֶךָ
וּמוֹל אֶת לְבָבֵנוּ לְאַהֲבָתֶךָ
וְנָשׁוּב אֵלֶיךָ בֶּאֱמֶת וּבְלֵב שָׁלֵם
וּלְמַעַן שִׁמְךָ הַגָּדוֹל תִּמְחֹל וְתִסְלַח לַעֲוֹנֵינוּ
כַּכָּתוּב בְּדִבְרֵי קָדְשֶׁךָ
לְמַעַן־שִׁמְךָ יהוה, וְסָלַחְתָּ לַעֲוֹנִי כִּי רַב־הוּא: תהלים כה

הכול:

אֱלֹהֵינוּ וֵאלֹהֵי אֲבוֹתֵינוּ
סְלַח לָנוּ, מְחַל לָנוּ, כַּפֶּר לָנוּ.

כִּי אָנוּ עַמֶּךָ	וְאַתָּה אֱלֹהֵינוּ	אָנוּ בָנֶיךָ	וְאַתָּה אָבִינוּ
אָנוּ עֲבָדֶיךָ	וְאַתָּה אֲדוֹנֵינוּ	אָנוּ קְהָלֶךָ	וְאַתָּה חֶלְקֵנוּ
אָנוּ נַחֲלָתֶךָ	וְאַתָּה גוֹרָלֵנוּ	אָנוּ צֹאנֶךָ	וְאַתָּה רוֹעֵנוּ
אָנוּ כַרְמֶךָ	וְאַתָּה נוֹטְרֵנוּ	אָנוּ פְעֻלָּתֶךָ	וְאַתָּה יוֹצְרֵנוּ
אָנוּ רַעְיָתֶךָ	וְאַתָּה דוֹדֵנוּ	אָנוּ סְגֻלָּתֶךָ	וְאַתָּה אֱלֹהֵינוּ
אָנוּ עַמֶּךָ	וְאַתָּה מַלְכֵּנוּ	אָנוּ מַאֲמִירֶיךָ	וְאַתָּה מַאֲמִירֵנוּ.

שליח הציבור אומר שורה שורה, והקהל חוזר אחריו:

אָנוּ עַזֵּי פָנִים	וְאַתָּה רַחוּם וְחַנּוּן
אָנוּ קְשֵׁי עֹרֶף	וְאַתָּה אֶרֶךְ אַפַּיִם
אָנוּ מְלֵאֵי עָוֹן	וְאַתָּה מָלֵא רַחֲמִים
אָנוּ יָמֵינוּ כְּצֵל עוֹבֵר	וְאַתָּה־הוּא וּשְׁנוֹתֶיךָ לֹא יִתָּמּוּ: תהלים קב

שליח הציבור:

אֱלֹהֵינוּ וֵאלֹהֵי אֲבוֹתֵינוּ
תָּבוֹא לְפָנֶיךָ תְּפִלָּתֵנוּ, וְאַל תִּתְעַלַּם מִתְּחִנָּתֵנוּ.
שֶׁאֵין אָנוּ עַזֵּי פָנִים וּקְשֵׁי עֹרֶף לוֹמַר לְפָנֶיךָ
יהוה אֱלֹהֵינוּ וֵאלֹהֵי אֲבוֹתֵינוּ
צַדִּיקִים אֲנַחְנוּ וְלֹא חָטָאנוּ.
אֲבָל אֲנַחְנוּ וַאֲבוֹתֵינוּ חָטָאנוּ.

כשמתוודה, מכה באגרופו על החזה כנגד הלב (מג״א תרז, ג, בשם מדרש קהלת).

שליח הציבור אומר, והקהל אומר אתו בלחש:

אָשַׁמְנוּ, בָּגַדְנוּ, גָּזַלְנוּ, דִּבַּרְנוּ דֹפִי
הֶעֱוִינוּ, וְהִרְשַׁעְנוּ, זַדְנוּ, חָמַסְנוּ, טָפַלְנוּ שֶׁקֶר
יָעַצְנוּ רָע, כִּזַּבְנוּ, לַצְנוּ, מָרַדְנוּ, נִאַצְנוּ, סָרַרְנוּ
עָוִינוּ, פָּשַׁעְנוּ, צָרַרְנוּ, קִשִּׁינוּ עֹרֶף
רָשַׁעְנוּ, שִׁחַתְנוּ, תִּעַבְנוּ, תָּעִינוּ, תִּעְתָּעְנוּ.

סַרְנוּ מִמִּצְוֹתֶיךָ וּמִמִּשְׁפָּטֶיךָ הַטּוֹבִים
וְלֹא שָׁוָה לָנוּ.
וְאַתָּה צַדִּיק עַל כָּל־הַבָּא עָלֵינוּ נחמיה ט
כִּי־אֱמֶת עָשִׂיתָ, וַאֲנַחְנוּ הִרְשָׁעְנוּ:

הִרְשַׁעְנוּ וּפָשַׁעְנוּ, לָכֵן לֹא נוֹשָׁעְנוּ
וְתֵן בְּלִבֵּנוּ לַעֲזֹב דֶּרֶךְ רֶשַׁע, וְחִישׁ לָנוּ יֶשַׁע
כַּכָּתוּב עַל יַד נְבִיאֶךָ
יַעֲזֹב רָשָׁע דַּרְכּוֹ, וְאִישׁ אָוֶן מַחְשְׁבֹתָיו ישעיה נה
וְיָשֹׁב אֶל־יהוה וִירַחֲמֵהוּ
וְאֶל־אֱלֹהֵינוּ כִּי־יַרְבֶּה לִסְלוֹחַ:

שליח הציבור:

אֱלֹהֵינוּ וֵאלֹהֵי אֲבוֹתֵינוּ
סְלַח וּמְחַל לַעֲוֹנוֹתֵינוּ בְּיוֹם (בשבת: הַשַּׁבָּת הַזֶּה וּבְיוֹם) הַכִּפּוּרִים הַזֶּה
וְהֵעָתֵר לָנוּ בִּתְפִלָּתֵנוּ
מְחֵה וְהַעֲבֵר פְּשָׁעֵינוּ וְחַטֹּאתֵינוּ מִנֶּגֶד עֵינֶיךָ
וְכֹף אֶת יִצְרֵנוּ לְהִשְׁתַּעְבֶּד לָךְ
וְהַכְנַע עָרְפֵּנוּ לָשׁוּב אֵלֶיךָ בֶּאֱמֶת
וְחַדֵּשׁ כִּלְיוֹתֵינוּ לִשְׁמֹר פִּקּוּדֶיךָ
וּמוֹל אֶת לְבָבֵנוּ לְאַהֲבָה וּלְיִרְאָה אֶת שְׁמֶךָ
כַּכָּתוּב בְּתוֹרָתֶךָ
וּמָל יהוה אֱלֹהֶיךָ אֶת־לְבָבְךָ וְאֶת־לְבַב זַרְעֶךָ דברים ל
לְאַהֲבָה אֶת־יהוה אֱלֹהֶיךָ בְּכָל־לְבָבְךָ וּבְכָל־נַפְשְׁךָ, לְמַעַן חַיֶּיךָ:
הַזְּדוֹנוֹת וְהַשְּׁגָגוֹת אַתָּה מַכִּיר
הָרָצוֹן וְהָאֹנֶס, הַגְּלוּיִים וְהַנִּסְתָּרִים
לְפָנֶיךָ הֵם גְּלוּיִים וִידוּעִים.
מָה אָנוּ, מֶה חַיֵּינוּ, מֶה חַסְדֵּנוּ, מַה צִּדְקוֹתֵינוּ
מַה יְּשׁוּעָתֵנוּ, מַה כֹּחֵנוּ, מַה גְּבוּרָתֵנוּ
מַה נֹּאמַר לְפָנֶיךָ, יהוה אֱלֹהֵינוּ וֵאלֹהֵי אֲבוֹתֵינוּ
הֲלֹא כָּל הַגִּבּוֹרִים כְּאַיִן לְפָנֶיךָ, וְאַנְשֵׁי הַשֵּׁם כְּלֹא הָיוּ
וַחֲכָמִים כִּבְלִי מַדָּע, וּנְבוֹנִים כִּבְלִי הַשְׂכֵּל
כִּי רֹב מַעֲשֵׂיהֶם תֹּהוּ, וִימֵי חַיֵּיהֶם הֶבֶל לְפָנֶיךָ
וּמוֹתַר הָאָדָם מִן־הַבְּהֵמָה אָיִן קהלת ג
כִּי הַכֹּל הָבֶל:

מַה נֹּאמַר לְפָנֶיךָ יוֹשֵׁב מָרוֹם, וּמַה נְּסַפֵּר לְפָנֶיךָ שׁוֹכֵן שְׁחָקִים
הֲלֹא כָּל הַנִּסְתָּרוֹת וְהַנִּגְלוֹת אַתָּה יוֹדֵעַ.

הפיוט 'אַתָּה מֵבִין' (עמ' 504), הוא הרחבה של הפיסקה 'אַתָּה יוֹדֵעַ רָזֵי עוֹלָם' למטה. היום נוהגים לומר רק את שני הבתים האחרונים.

שליח הציבור ואחריו הקהל:

שִׁמְךָ מֵעוֹלָם עוֹבֵר עַל פֶּשַׁע
שַׁוְעָתֵנוּ תַּאֲזִין, בְּעָמְדֵנוּ לְפָנֶיךָ בִּתְפִלָּה

תַּעֲבֹר עַל פֶּשַׁע לְעַם שָׁבֵי פֶשַׁע
תִּמְחֶה פְשָׁעֵינוּ מִנֶּגֶד עֵינֶיךָ.

שליח הציבור אומר, והקהל אומר אתו בלחש:

אַתָּה יוֹדֵעַ רָזֵי עוֹלָם וְתַעֲלוּמוֹת סִתְרֵי כָּל חָי.
אַתָּה חוֹפֵשׂ כָּל חַדְרֵי בָטֶן וּבוֹחֵן כְּלָיוֹת וָלֵב.
אֵין דָּבָר נֶעְלָם מִמֶּךָּ וְאֵין נִסְתָּר מִנֶּגֶד עֵינֶיךָ.
וּבְכֵן, יְהִי רָצוֹן מִלְּפָנֶיךָ, יהוה אֱלֹהֵינוּ וֵאלֹהֵי אֲבוֹתֵינוּ
שֶׁתְּכַפֵּר לָנוּ עַל כָּל חַטֹּאתֵינוּ
וְתִסְלַח לָנוּ עַל כָּל עֲוֹנוֹתֵינוּ
וְתִמְחַל לָנוּ עַל כָּל פְּשָׁעֵינוּ.

על כל חטא שמונה, מכה באגרופו על החזה כנגד הלב.

עַל חֵטְא שֶׁחָטָאנוּ לְפָנֶיךָ בְּאֹנֶס וּבְרָצוֹן
וְעַל חֵטְא שֶׁחָטָאנוּ לְפָנֶיךָ בְּאִמּוּץ הַלֵּב

עַל חֵטְא שֶׁחָטָאנוּ לְפָנֶיךָ בִּבְלִי דָעַת
וְעַל חֵטְא שֶׁחָטָאנוּ לְפָנֶיךָ בְּבִטּוּי שְׂפָתָיִם

עַל חֵטְא שֶׁחָטָאנוּ לְפָנֶיךָ בְּגִלּוּי עֲרָיוֹת
וְעַל חֵטְא שֶׁחָטָאנוּ לְפָנֶיךָ בְּגָלוּי וּבַסָּתֶר

עַל חֵטְא שֶׁחָטָאנוּ לְפָנֶיךָ בְּדַעַת וּבְמִרְמָה
וְעַל חֵטְא שֶׁחָטָאנוּ לְפָנֶיךָ בְּדִבּוּר פֶּה

עַל חֵטְא שֶׁחָטָאנוּ לְפָנֶיךָ בְּהוֹנָאַת רֵעַ
וְעַל חֵטְא שֶׁחָטָאנוּ לְפָנֶיךָ בְּהַרְהוֹר הַלֵּב

עַל חֵטְא שֶׁחָטָאנוּ לְפָנֶיךָ בִּוְעִידַת זְנוּת
וְעַל חֵטְא שֶׁחָטָאנוּ לְפָנֶיךָ בְּוִדּוּי פֶּה

עַל חֵטְא שֶׁחָטָאנוּ לְפָנֶיךָ בְּזִלְזוּל הוֹרִים וּמוֹרִים
וְעַל חֵטְא שֶׁחָטָאנוּ לְפָנֶיךָ בְּזָדוֹן וּבִשְׁגָגָה

עַל חֵטְא שֶׁחָטָאנוּ לְפָנֶיךָ בְּחֹזֶק יָד
וְעַל חֵטְא שֶׁחָטָאנוּ לְפָנֶיךָ בְּחִלּוּל הַשֵּׁם

עַל חֵטְא שֶׁחָטָאנוּ לְפָנֶיךָ בְּטֻמְאַת שְׂפָתָיִם
וְעַל חֵטְא שֶׁחָטָאנוּ לְפָנֶיךָ בְּטִפְשׁוּת פֶּה

עַל חֵטְא שֶׁחָטָאנוּ לְפָנֶיךָ בְּיֵצֶר הָרָע
וְעַל חֵטְא שֶׁחָטָאנוּ לְפָנֶיךָ בְּיוֹדְעִים וּבְלֹא יוֹדְעִים

וְעַל כֻּלָּם אֱלוֹהַּ סְלִיחוֹת סְלַח לָנוּ, מְחַל לָנוּ, כַּפֶּר לָנוּ.

עַל חֵטְא שֶׁחָטָאנוּ לְפָנֶיךָ בְּכַחַשׁ וּבְכָזָב
וְעַל חֵטְא שֶׁחָטָאנוּ לְפָנֶיךָ בְּכַפַּת שֹׁחַד

עַל חֵטְא שֶׁחָטָאנוּ לְפָנֶיךָ בְּלָצוֹן
וְעַל חֵטְא שֶׁחָטָאנוּ לְפָנֶיךָ בְּלָשׁוֹן הָרָע

עַל חֵטְא שֶׁחָטָאנוּ לְפָנֶיךָ בְּמַשָּׂא וּבְמַתָּן
וְעַל חֵטְא שֶׁחָטָאנוּ לְפָנֶיךָ בְּמַאֲכָל וּבְמִשְׁתֶּה

עַל חֵטְא שֶׁחָטָאנוּ לְפָנֶיךָ בְּנֶשֶׁךְ וּבְמַרְבִּית
וְעַל חֵטְא שֶׁחָטָאנוּ לְפָנֶיךָ בִּנְטִיַּת גָּרוֹן

עַל חֵטְא שֶׁחָטָאנוּ לְפָנֶיךָ בְּשִׂיחַ שִׂפְתוֹתֵינוּ
וְעַל חֵטְא שֶׁחָטָאנוּ לְפָנֶיךָ בְּשִׂקּוּר עָיִן

עַל חֵטְא שֶׁחָטָאנוּ לְפָנֶיךָ בְּעֵינַיִם רָמוֹת
וְעַל חֵטְא שֶׁחָטָאנוּ לְפָנֶיךָ בְּעַזּוּת מֵצַח

וְעַל כֻּלָּם אֱלוֹהַּ סְלִיחוֹת סְלַח לָנוּ, מְחַל לָנוּ, כַּפֶּר לָנוּ.

עַל חֵטְא שֶׁחָטָאנוּ לְפָנֶיךָ בִּפְרִיקַת עֹל
וְעַל חֵטְא שֶׁחָטָאנוּ לְפָנֶיךָ בִּפְלִילוּת

עַל חֵטְא שֶׁחָטָאנוּ לְפָנֶיךָ בִּצְדִיַּת רֵעַ
וְעַל חֵטְא שֶׁחָטָאנוּ לְפָנֶיךָ בְּצָרוּת עָיִן

עַל חֵטְא שֶׁחָטָאנוּ לְפָנֶיךָ בְּקַלּוּת רֹאשׁ
וְעַל חֵטְא שֶׁחָטָאנוּ לְפָנֶיךָ בְּקַשְׁיוּת עֹרֶף

עַל חֵטְא שֶׁחָטָאנוּ לְפָנֶיךָ בְּרִיצַת רַגְלַיִם לְהָרַע
וְעַל חֵטְא שֶׁחָטָאנוּ לְפָנֶיךָ בִּרְכִילוּת

עַל חֵטְא שֶׁחָטָאנוּ לְפָנֶיךָ בִּשְׁבוּעַת שָׁוְא
וְעַל חֵטְא שֶׁחָטָאנוּ לְפָנֶיךָ בְּשִׂנְאַת חִנָּם

עַל חֵטְא שֶׁחָטָאנוּ לְפָנֶיךָ בִּתְשׂוּמֶת יָד
וְעַל חֵטְא שֶׁחָטָאנוּ לְפָנֶיךָ בְּתִמְהוֹן לֵבָב

וְעַל כֻּלָּם אֱלוֹהַּ סְלִיחוֹת סְלַח לָנוּ, מְחַל לָנוּ, כַּפֶּר לָנוּ.

וְעַל חֲטָאִים שֶׁאָנוּ חַיָּבִים עֲלֵיהֶם עוֹלָה
וְעַל חֲטָאִים שֶׁאָנוּ חַיָּבִים עֲלֵיהֶם חַטָּאת
וְעַל חֲטָאִים שֶׁאָנוּ חַיָּבִים עֲלֵיהֶם קָרְבָּן עוֹלֶה וְיוֹרֵד
וְעַל חֲטָאִים שֶׁאָנוּ חַיָּבִים עֲלֵיהֶם אָשָׁם וַדַּאי וְתָלוּי
וְעַל חֲטָאִים שֶׁאָנוּ חַיָּבִים עֲלֵיהֶם מַכַּת מַרְדּוּת
וְעַל חֲטָאִים שֶׁאָנוּ חַיָּבִים עֲלֵיהֶם מַלְקוּת אַרְבָּעִים
וְעַל חֲטָאִים שֶׁאָנוּ חַיָּבִים עֲלֵיהֶם מִיתָה בִּידֵי שָׁמַיִם
וְעַל חֲטָאִים שֶׁאָנוּ חַיָּבִים עֲלֵיהֶם כָּרֵת וַעֲרִירִי
וְעַל חֲטָאִים שֶׁאָנוּ חַיָּבִים עֲלֵיהֶם אַרְבַּע מִיתוֹת בֵּית דִּין
סְקִילָה, שְׂרֵפָה, הֶרֶג, וְחֶנֶק.

עַל מִצְוַת עֲשֵׂה וְעַל מִצְוַת לֹא תַעֲשֶׂה.
בֵּין שֶׁיֵּשׁ בָּהּ קוּם עֲשֵׂה וּבֵין שֶׁאֵין בָּהּ קוּם עֲשֵׂה.
אֶת הַגְּלוּיִים לָנוּ וְאֶת שֶׁאֵינָם גְּלוּיִים לָנוּ
אֶת הַגְּלוּיִים לָנוּ, כְּבָר אֲמַרְנוּם לְפָנֶיךָ, וְהוֹדִינוּ לְךָ עֲלֵיהֶם
וְאֶת שֶׁאֵינָם גְּלוּיִים לָנוּ, לְפָנֶיךָ הֵם גְּלוּיִים וִידוּעִים
כַּדָּבָר שֶׁנֶּאֱמַר
הַנִּסְתָּרֹת לַיהוה אֱלֹהֵינוּ, וְהַנִּגְלֹת לָנוּ וּלְבָנֵינוּ עַד־עוֹלָם דברים כט
לַעֲשׂוֹת אֶת־כָּל־דִּבְרֵי הַתּוֹרָה הַזֹּאת:

וְאַתָּה רַחוּם מְקַבֵּל שָׁבִים
עַל הַתְּשׁוּבָה מֵרֹאשׁ הִבְטַחְתָּנוּ
וְעַל הַתְּשׁוּבָה עֵינֵינוּ מְיַחֲלוֹת לָךְ.

פסוקי תחינה לחתימת הווידוי

וְדָוִד עַבְדְּךָ אָמַר לְפָנֶיךָ
שְׁגִיאוֹת מִי־יָבִין, מִנִּסְתָּרוֹת נַקֵּנִי: תהלים יט
נַקֵּנוּ יהוה אֱלֹהֵינוּ מִכָּל פְּשָׁעֵינוּ, וְטַהֲרֵנוּ מִכָּל טֻמְאוֹתֵינוּ
וּזְרֹק עָלֵינוּ מַיִם טְהוֹרִים וְטַהֲרֵנוּ, כַּכָּתוּב עַל יַד נְבִיאֶךָ
וְזָרַקְתִּי עֲלֵיכֶם מַיִם טְהוֹרִים, וּטְהַרְתֶּם יחזקאל לו
מִכֹּל טֻמְאוֹתֵיכֶם וּמִכָּל־גִּלּוּלֵיכֶם אֲטַהֵר אֶתְכֶם:

מִיכָה עַבְדְּךָ אָמַר לְפָנֶיךָ
מִי־אֵל כָּמוֹךָ נֹשֵׂא עָוֹן וְעֹבֵר עַל־פֶּשַׁע לִשְׁאֵרִית נַחֲלָתוֹ מיכה ז
לֹא־הֶחֱזִיק לָעַד אַפּוֹ כִּי־חָפֵץ חֶסֶד הוּא:
יָשׁוּב יְרַחֲמֵנוּ, יִכְבֹּשׁ עֲוֹנֹתֵינוּ, וְתַשְׁלִיךְ בִּמְצֻלוֹת יָם כָּל־חַטֹּאתָם:
וְכָל חַטֹּאת עַמְּךָ בֵּית יִשְׂרָאֵל תַּשְׁלִיךְ
בִּמְקוֹם אֲשֶׁר לֹא יִזָּכְרוּ וְלֹא יִפָּקְדוּ וְלֹא יַעֲלוּ עַל לֵב לְעוֹלָם.
תִּתֵּן אֱמֶת לְיַעֲקֹב, חֶסֶד לְאַבְרָהָם שם
אֲשֶׁר־נִשְׁבַּעְתָּ לַאֲבֹתֵינוּ מִימֵי קֶדֶם:

דָּנִיֵּאל אִישׁ חֲמוּדוֹת שִׁוַּע לְפָנֶיךָ
הַטֵּה אֱלֹהַי אָזְנְךָ וּשְׁמָע דניאל ט
פְּקַח עֵינֶיךָ וּרְאֵה שֹׁמְמֹתֵינוּ
וְהָעִיר אֲשֶׁר־נִקְרָא שִׁמְךָ עָלֶיהָ
כִּי לֹא עַל־צִדְקֹתֵינוּ אֲנַחְנוּ מַפִּילִים תַּחֲנוּנֵינוּ לְפָנֶיךָ
כִּי עַל־רַחֲמֶיךָ הָרַבִּים:
אֲדֹנָי שְׁמָעָה
אֲדֹנָי סְלָחָה
אֲדֹנָי הַקְשִׁיבָה וַעֲשֵׂה אַל־תְּאַחַר
לְמַעַנְךָ אֱלֹהַי, כִּי־שִׁמְךָ נִקְרָא עַל־עִירְךָ וְעַל־עַמֶּךָ:

עֶזְרָא הַסּוֹפֵר אָמַר לְפָנֶיךָ
אֱלֹהַי, בֹּשְׁתִּי וְנִכְלַמְתִּי לְהָרִים אֱלֹהַי פָּנַי אֵלֶיךָ עזרא ט
כִּי עֲוֹנֹתֵינוּ רָבוּ לְמַעְלָה רֹאשׁ, וְאַשְׁמָתֵנוּ גָדְלָה עַד לַשָּׁמָיִם:
וְאַתָּה אֱלוֹהַּ סְלִיחוֹת חַנּוּן וְרַחוּם
אֶרֶךְ אַפַּיִם וְרַב חֶסֶד, וְלֹא עֲזַבְתָּנוּ.

אַל תַּעַזְבֵנוּ אָבִינוּ
וְאַל תִּטְּשֵׁנוּ בּוֹרְאֵנוּ
וְאַל תַּזְנִיחֵנוּ יוֹצְרֵנוּ
וְאַל תַּעַשׂ עִמָּנוּ כָּלָה כְּחַטֹּאתֵינוּ
וְקַיֶּם לָנוּ יהוה אֱלֹהֵינוּ אֶת הַדָּבָר שֶׁהִבְטַחְתָּנוּ בְּקַבָּלָה
עַל יְדֵי יִרְמְיָהוּ חוֹזָךְ, כָּאָמוּר
בַּיָּמִים הָהֵם וּבָעֵת הַהִיא נְאֻם־יהוה יְבֻקַּשׁ אֶת־עֲוֹן יִשְׂרָאֵל, וְאֵינֶנּוּ ירמיה נ
וְאֶת־חַטֹּאת יְהוּדָה, וְלֹא תִמָּצֶאינָה, כִּי אֶסְלַח לַאֲשֶׁר אַשְׁאִיר:

עַמְּךָ וְנַחֲלָתְךָ, רְעֵבֵי טוּבְךָ, צְמֵאֵי חַסְדֶּךָ, תְּאֵבֵי יִשְׁעֶךָ
יַכִּירוּ וְיֵדְעוּ, כִּי לַיהוה אֱלֹהֵינוּ הָרַחֲמִים וְהַסְּלִיחוֹת.

כשיום הכיפורים חל בשבת ממשיכים ׳לְדָוִד מִזְמוֹר׳ בעמ׳ 94.

תחינות לחתימת הסליחות מסדר רב עמרם גאון

נוהגים שהקהל אומר את כל התחינות יחד, ושליח הציבור אומר בקול את השורה האחרונה בכל תחינה (ויש שליחי ציבור שאינם אומרים בקול עד 'אָבִינוּ מַלְכֵּנוּ' בעמ' 92).

אֵל רַחוּם שְׁמֶךָ. אֵל חַנּוּן שְׁמֶךָ.

בָּנוּ נִקְרָא שְׁמֶךָ. יהוה עֲשֵׂה לְמַעַן שְׁמֶךָ.

סימן א״ב

עֲשֵׂה לְמַעַן אֲמִתָּךְ. עֲשֵׂה לְמַעַן בְּרִיתָךְ.
עֲשֵׂה לְמַעַן גָּדְלָךְ וְתִפְאַרְתָּךְ. עֲשֵׂה לְמַעַן דָּתָךְ.
עֲשֵׂה לְמַעַן הוֹדָךְ. עֲשֵׂה לְמַעַן וִעוּדָךְ.
עֲשֵׂה לְמַעַן זִכְרָךְ. עֲשֵׂה לְמַעַן חַסְדָּךְ.
עֲשֵׂה לְמַעַן טוּבָךְ. עֲשֵׂה לְמַעַן יִחוּדָךְ.
עֲשֵׂה לְמַעַן כְּבוֹדָךְ. עֲשֵׂה לְמַעַן לִמּוּדָךְ.
עֲשֵׂה לְמַעַן מַלְכוּתָךְ. עֲשֵׂה לְמַעַן נִצְחָךְ.
עֲשֵׂה לְמַעַן סוֹדָךְ. עֲשֵׂה לְמַעַן עֻזָּךְ.
עֲשֵׂה לְמַעַן פְּאֵרָךְ. עֲשֵׂה לְמַעַן צִדְקָתָךְ.
עֲשֵׂה לְמַעַן קְדֻשָּׁתָךְ. עֲשֵׂה לְמַעַן רַחֲמֶיךָ הָרַבִּים.
עֲשֵׂה לְמַעַן שְׁכִינָתָךְ. עֲשֵׂה לְמַעַן תְּהִלָּתָךְ.

עֲשֵׂה לְמַעַן אוֹהֲבֶיךָ שׁוֹכְנֵי עָפָר.
עֲשֵׂה לְמַעַן אַבְרָהָם יִצְחָק וְיַעֲקֹב.
עֲשֵׂה לְמַעַן מֹשֶׁה וְאַהֲרֹן.
עֲשֵׂה לְמַעַן דָּוִד וּשְׁלֹמֹה.
עֲשֵׂה לְמַעַן יְרוּשָׁלַיִם עִיר קָדְשֶׁךָ.
עֲשֵׂה לְמַעַן צִיּוֹן מִשְׁכַּן כְּבוֹדֶךָ.
עֲשֵׂה לְמַעַן שִׁמְמוֹת הֵיכָלֶךָ.
עֲשֵׂה לְמַעַן הֲרִיסוּת מִזְבְּחֶךָ.
עֲשֵׂה לְמַעַן הֲרוּגִים עַל שֵׁם קָדְשֶׁךָ.
עֲשֵׂה לְמַעַן טְבוּחִים עַל יִחוּדֶךָ.
עֲשֵׂה לְמַעַן בָּאֵי בָאֵשׁ וּבַמַּיִם עַל קִדּוּשׁ שְׁמֶךָ.

עֲשֵׂה לְמַעַן יוֹנְקֵי שָׁדַיִם שֶׁלֹּא חָטְאוּ.
עֲשֵׂה לְמַעַן גְּמוּלֵי חָלָב שֶׁלֹּא פָשְׁעוּ.
עֲשֵׂה לְמַעַן תִּינוֹקוֹת שֶׁל בֵּית רַבָּן.
עֲשֵׂה לְמַעַנְךָ אִם לֹא לְמַעֲנֵנוּ.
עֲשֵׂה לְמַעַנְךָ וְהוֹשִׁיעֵנוּ.

עֲנֵנוּ יהוה עֲנֵנוּ. עֲנֵנוּ אֱלֹהֵינוּ עֲנֵנוּ.

סימן א״ב

עֲנֵנוּ אָבִינוּ עֲנֵנוּ. עֲנֵנוּ בּוֹרְאֵנוּ עֲנֵנוּ.
עֲנֵנוּ גּוֹאֲלֵנוּ עֲנֵנוּ. עֲנֵנוּ דּוֹרְשֵׁנוּ עֲנֵנוּ.
עֲנֵנוּ הָאֵל הַנֶּאֱמָן עֲנֵנוּ. עֲנֵנוּ וָתִיק וְחָסִיד עֲנֵנוּ.
עֲנֵנוּ זַךְ וְיָשָׁר עֲנֵנוּ. עֲנֵנוּ חַי וְקַיָּם עֲנֵנוּ.
עֲנֵנוּ טוֹב וּמֵטִיב עֲנֵנוּ. עֲנֵנוּ יוֹדֵעַ יֵצֶר עֲנֵנוּ.
עֲנֵנוּ כּוֹבֵשׁ כְּעָסִים עֲנֵנוּ. עֲנֵנוּ לוֹבֵשׁ צְדָקוֹת עֲנֵנוּ.
עֲנֵנוּ מֶלֶךְ מַלְכֵי הַמְּלָכִים עֲנֵנוּ. עֲנֵנוּ נוֹרָא וְנִשְׂגָּב עֲנֵנוּ.
עֲנֵנוּ סוֹלֵחַ וּמוֹחֵל עֲנֵנוּ. עֲנֵנוּ עוֹנֶה בְּעֵת צָרָה עֲנֵנוּ.
עֲנֵנוּ פּוֹדֶה וּמַצִּיל עֲנֵנוּ. עֲנֵנוּ צַדִּיק וְיָשָׁר עֲנֵנוּ.
עֲנֵנוּ קָרוֹב לְקוֹרְאָיו עֲנֵנוּ. עֲנֵנוּ רַחוּם וְחַנּוּן עֲנֵנוּ.
עֲנֵנוּ שׁוֹמֵעַ אֶל אֶבְיוֹנִים עֲנֵנוּ. עֲנֵנוּ תּוֹמֵךְ תְּמִימִים עֲנֵנוּ.
עֲנֵנוּ אֱלֹהֵי אֲבוֹתֵינוּ עֲנֵנוּ. עֲנֵנוּ אֱלֹהֵי אַבְרָהָם עֲנֵנוּ.
עֲנֵנוּ פַּחַד יִצְחָק עֲנֵנוּ. עֲנֵנוּ אֲבִיר יַעֲקֹב עֲנֵנוּ.
עֲנֵנוּ עֶזְרַת הַשְּׁבָטִים עֲנֵנוּ. עֲנֵנוּ מִשְׂגַּב אִמָּהוֹת עֲנֵנוּ.
עֲנֵנוּ קָשֶׁה לִכְעֹס עֲנֵנוּ. עֲנֵנוּ רַךְ לִרְצוֹת עֲנֵנוּ.
עֲנֵנוּ עוֹנֶה בְּעֵת רָצוֹן עֲנֵנוּ. עֲנֵנוּ אֲבִי יְתוֹמִים עֲנֵנוּ.
עֲנֵנוּ דַּיַּן אַלְמָנוֹת עֲנֵנוּ.

מִי שֶׁעָנָה לְאַבְרָהָם אָבִינוּ בְּהַר הַמּוֹרִיָּה, הוּא יַעֲנֵנוּ.
מִי שֶׁעָנָה לְיִצְחָק בְּנוֹ כְּשֶׁנֶּעֱקַד עַל גַּבֵּי הַמִּזְבֵּחַ, הוּא יַעֲנֵנוּ.
מִי שֶׁעָנָה לְיַעֲקֹב בְּבֵית אֵל, הוּא יַעֲנֵנוּ.

מִי שֶׁעָנָה לְיוֹסֵף בְּבֵית הָאֲסוּרִים, הוּא יַעֲנֵנוּ.
מִי שֶׁעָנָה לַאֲבוֹתֵינוּ עַל יַם סוּף, הוּא יַעֲנֵנוּ.
מִי שֶׁעָנָה לְמֹשֶׁה בְּחוֹרֵב, הוּא יַעֲנֵנוּ.
מִי שֶׁעָנָה לְאַהֲרֹן בַּמַּחְתָּה, הוּא יַעֲנֵנוּ.
מִי שֶׁעָנָה לְפִינְחָס בְּקוּמוֹ מִתּוֹךְ הָעֵדָה, הוּא יַעֲנֵנוּ.
מִי שֶׁעָנָה לִיהוֹשֻׁעַ בַּגִּלְגָּל, הוּא יַעֲנֵנוּ.
מִי שֶׁעָנָה לִשְׁמוּאֵל בַּמִּצְפָּה, הוּא יַעֲנֵנוּ.
מִי שֶׁעָנָה לְדָוִד וּשְׁלֹמֹה בְנוֹ בִּירוּשָׁלָיִם, הוּא יַעֲנֵנוּ.
מִי שֶׁעָנָה לְאֵלִיָּהוּ בְּהַר הַכַּרְמֶל, הוּא יַעֲנֵנוּ.
מִי שֶׁעָנָה לֶאֱלִישָׁע בִּירִיחוֹ, הוּא יַעֲנֵנוּ.
מִי שֶׁעָנָה לְיוֹנָה בִּמְעֵי הַדָּגָה, הוּא יַעֲנֵנוּ.
מִי שֶׁעָנָה לְחִזְקִיָּהוּ מֶלֶךְ יְהוּדָה בְּחָלְיוֹ, הוּא יַעֲנֵנוּ.
מִי שֶׁעָנָה לַחֲנַנְיָה מִישָׁאֵל וַעֲזַרְיָה בְּתוֹךְ כִּבְשַׁן הָאֵשׁ, הוּא יַעֲנֵנוּ.
מִי שֶׁעָנָה לְדָנִיֵּאל בְּגוֹב הָאֲרָיוֹת, הוּא יַעֲנֵנוּ.
מִי שֶׁעָנָה לְמָרְדְּכַי וְאֶסְתֵּר בְּשׁוּשַׁן הַבִּירָה, הוּא יַעֲנֵנוּ.
מִי שֶׁעָנָה לְעֶזְרָא בַּגּוֹלָה, הוּא יַעֲנֵנוּ.
מִי שֶׁעָנָה לְכָל הַצַּדִּיקִים וְהַחֲסִידִים וְהַתְּמִימִים וְהַיְשָׁרִים, הוּא יַעֲנֵנוּ.

רַחֲמָנָא דְּעָנֵי לַעֲנִיֵּי עֲנֵינָן.
רַחֲמָנָא דְּעָנֵי לִתְבִירֵי לִבָּא עֲנֵינָן.
רַחֲמָנָא דְּעָנֵי לְמַכִּיכֵי רוּחָא עֲנֵינָן.
רַחֲמָנָא עֲנֵינָן.
רַחֲמָנָא חוּס
רַחֲמָנָא פְּרֻק
רַחֲמָנָא שֵׁיזִב.
רַחֲמָנָא רַחֵם עֲלָן
הַשְׁתָּא בַּעֲגָלָא וּבִזְמַן קָרִיב.

בשבת אין אומרים 'אָבִינוּ מַלְכֵּנוּ' (מהרי"ל).

פותחים את ארון הקודש.

אָבִינוּ מַלְכֵּנוּ, חָטָאנוּ לְפָנֶיךָ.

אָבִינוּ מַלְכֵּנוּ, אֵין לָנוּ מֶלֶךְ אֶלָּא אָתָּה.

אָבִינוּ מַלְכֵּנוּ, עֲשֵׂה עִמָּנוּ לְמַעַן שְׁמֶךָ.

אָבִינוּ מַלְכֵּנוּ, חַדֵּשׁ עָלֵינוּ שָׁנָה טוֹבָה.

אָבִינוּ מַלְכֵּנוּ, בַּטֵּל מֵעָלֵינוּ כָּל גְּזֵרוֹת קָשׁוֹת.

אָבִינוּ מַלְכֵּנוּ, בַּטֵּל מַחְשְׁבוֹת שׂוֹנְאֵינוּ.

אָבִינוּ מַלְכֵּנוּ, הָפֵר עֲצַת אוֹיְבֵינוּ.

אָבִינוּ מַלְכֵּנוּ, כַּלֵּה כָּל צַר וּמַשְׂטִין מֵעָלֵינוּ.

אָבִינוּ מַלְכֵּנוּ, סְתֹם פִּיּוֹת מַשְׂטִינֵנוּ וּמְקַטְרְגֵינוּ.

אָבִינוּ מַלְכֵּנוּ, כַּלֵּה דֶּבֶר וְחֶרֶב וְרָעָב וּשְׁבִי וּמַשְׁחִית וְעָוֹן וּשְׁמַד מִבְּנֵי בְרִיתֶךָ.

אָבִינוּ מַלְכֵּנוּ, מְנַע מַגֵּפָה מִנַּחֲלָתֶךָ.

אָבִינוּ מַלְכֵּנוּ, סְלַח וּמְחַל לְכָל עֲוֹנוֹתֵינוּ.

אָבִינוּ מַלְכֵּנוּ, מְחֵה וְהַעֲבֵר פְּשָׁעֵינוּ וְחַטֹּאתֵינוּ מִנֶּגֶד עֵינֶיךָ.

אָבִינוּ מַלְכֵּנוּ, מְחֹק בְּרַחֲמֶיךָ הָרַבִּים כָּל שִׁטְרֵי חוֹבוֹתֵינוּ.

מכאן עד 'סְלִיחָה וּמְחִילָה' שליח הציבור אומר כל משפט בקול רם, והקהל אחריו:

אָבִינוּ מַלְכֵּנוּ, הַחֲזִירֵנוּ בִּתְשׁוּבָה שְׁלֵמָה לְפָנֶיךָ.

אָבִינוּ מַלְכֵּנוּ, שְׁלַח רְפוּאָה שְׁלֵמָה לְחוֹלֵי עַמֶּךָ.

אָבִינוּ מַלְכֵּנוּ, קְרַע רֹעַ גְּזַר דִּינֵנוּ.

אָבִינוּ מַלְכֵּנוּ, זָכְרֵנוּ בְּזִכָּרוֹן טוֹב לְפָנֶיךָ.

אָבִינוּ מַלְכֵּנוּ, כָּתְבֵנוּ בְּסֵפֶר חַיִּים טוֹבִים.

אָבִינוּ מַלְכֵּנוּ, כָּתְבֵנוּ בְּסֵפֶר גְּאֻלָּה וִישׁוּעָה.

אָבִינוּ מַלְכֵּנוּ, כָּתְבֵנוּ בְּסֵפֶר פַּרְנָסָה וְכַלְכָּלָה.

אָבִינוּ מַלְכֵּנוּ, כָּתְבֵנוּ בְּסֵפֶר זְכֻיּוֹת.

אָבִינוּ מַלְכֵּנוּ, כָּתְבֵנוּ בְּסֵפֶר סְלִיחָה וּמְחִילָה. עד כאן בקול.

אָבִינוּ מַלְכֵּנוּ, הַצְמַח לָנוּ יְשׁוּעָה בְּקָרוֹב.

אָבִינוּ מַלְכֵּנוּ, הָרֵם קֶרֶן יִשְׂרָאֵל עַמֶּךָ.

אָבִינוּ מַלְכֵּנוּ, הָרֵם קֶרֶן מְשִׁיחֶךָ.

אָבִינוּ מַלְכֵּנוּ, מַלֵּא יָדֵינוּ מִבִּרְכוֹתֶיךָ.

אָבִינוּ מַלְכֵּנוּ, מַלֵּא אֲסָמֵינוּ שָׂבָע.

אָבִינוּ מַלְכֵּנוּ, שְׁמַע קוֹלֵנוּ, חוּס וְרַחֵם עָלֵינוּ.

אָבִינוּ מַלְכֵּנוּ, קַבֵּל בְּרַחֲמִים וּבְרָצוֹן אֶת תְּפִלָּתֵנוּ.

אָבִינוּ מַלְכֵּנוּ, פְּתַח שַׁעֲרֵי שָׁמַיִם לִתְפִלָּתֵנוּ.

אָבִינוּ מַלְכֵּנוּ, זְכֹר כִּי עָפָר אֲנָחְנוּ.

אָבִינוּ מַלְכֵּנוּ, נָא אַל תְּשִׁיבֵנוּ רֵיקָם מִלְּפָנֶיךָ.

אָבִינוּ מַלְכֵּנוּ, תְּהֵא הַשָּׁעָה הַזֹּאת שְׁעַת רַחֲמִים וְעֵת רָצוֹן מִלְּפָנֶיךָ.

אָבִינוּ מַלְכֵּנוּ, חֲמֹל עָלֵינוּ וְעַל עוֹלָלֵינוּ וְטַפֵּנוּ.

אָבִינוּ מַלְכֵּנוּ, עֲשֵׂה לְמַעַן הֲרוּגִים עַל שֵׁם קָדְשֶׁךָ.

אָבִינוּ מַלְכֵּנוּ, עֲשֵׂה לְמַעַן טְבוּחִים עַל יִחוּדֶךָ.

אָבִינוּ מַלְכֵּנוּ, עֲשֵׂה לְמַעַן בָּאֵי בָאֵשׁ וּבַמַּיִם עַל קִדּוּשׁ שְׁמֶךָ.

אָבִינוּ מַלְכֵּנוּ, נְקֹם לְעֵינֵינוּ נִקְמַת דַּם עֲבָדֶיךָ הַשָּׁפוּךְ.

אָבִינוּ מַלְכֵּנוּ, עֲשֵׂה לְמַעַנְךָ אִם לֹא לְמַעֲנֵנוּ.

אָבִינוּ מַלְכֵּנוּ, עֲשֵׂה לְמַעַנְךָ וְהוֹשִׁיעֵנוּ.

אָבִינוּ מַלְכֵּנוּ, עֲשֵׂה לְמַעַן רַחֲמֶיךָ הָרַבִּים.

אָבִינוּ מַלְכֵּנוּ, עֲשֵׂה לְמַעַן שִׁמְךָ הַגָּדוֹל הַגִּבּוֹר וְהַנּוֹרָא שֶׁנִּקְרָא עָלֵינוּ.

◂ אָבִינוּ מַלְכֵּנוּ, חָנֵּנוּ וַעֲנֵנוּ, כִּי אֵין בָּנוּ מַעֲשִׂים עֲשֵׂה עִמָּנוּ צְדָקָה וָחֶסֶד וְהוֹשִׁיעֵנוּ.

תפילה לפרנסה

שליח הציבור והקהל אומרים פסוק פסוק:

תהלים כד לְדָוִד מִזְמוֹר, לַיהוה הָאָרֶץ וּמְלוֹאָהּ, תֵּבֵל וְיֹשְׁבֵי בָהּ:
כִּי־הוּא עַל־יַמִּים יְסָדָהּ, וְעַל־נְהָרוֹת יְכוֹנְנֶהָ:
מִי־יַעֲלֶה בְהַר־יהוה, וּמִי־יָקוּם בִּמְקוֹם קָדְשׁוֹ:
נְקִי כַפַּיִם וּבַר־לֵבָב, אֲשֶׁר לֹא־נָשָׂא לַשָּׁוְא נַפְשִׁי
וְלֹא נִשְׁבַּע לְמִרְמָה:
יִשָּׂא בְרָכָה מֵאֵת יהוה, וּצְדָקָה מֵאֱלֹהֵי יִשְׁעוֹ:
זֶה דּוֹר דֹּרְשָׁו, מְבַקְשֵׁי פָנֶיךָ יַעֲקֹב סֶלָה:
שְׂאוּ שְׁעָרִים רָאשֵׁיכֶם, וְהִנָּשְׂאוּ פִּתְחֵי עוֹלָם
וְיָבוֹא מֶלֶךְ הַכָּבוֹד:
מִי זֶה מֶלֶךְ הַכָּבוֹד, יהוה עִזּוּז וְגִבּוֹר, יהוה גִּבּוֹר מִלְחָמָה:
שְׂאוּ שְׁעָרִים רָאשֵׁיכֶם, וּשְׂאוּ פִּתְחֵי עוֹלָם, וְיָבֹא מֶלֶךְ הַכָּבוֹד:
מִי הוּא זֶה מֶלֶךְ הַכָּבוֹד, יהוה צְבָאוֹת הוּא מֶלֶךְ הַכָּבוֹד סֶלָה:

יש מהחסידים המוסיפים בלחש תפילה זו, המובאת בספרי החיד״א (׳כף אחת׳ טו).
אין מבטאים את השמות המובאים בסוגריים.

יְהִי רָצוֹן מִלְּפָנֶיךָ, יהוה אֱלֹהֵינוּ, הָאֵל הַגָּדוֹל הַגִּבּוֹר וְהַנּוֹרָא, שֶׁתִּתְמַלֵּא רַחֲמִים, וְתָחֹן עָלֵינוּ לְמַעַנְךָ וּלְמַעַן קְדֻשַּׁת הַמִּזְמוֹר הַזֶּה, וְהַשֵּׁמוֹת הַקְּדוֹשִׁים הַנִּזְכָּרִים בּוֹ, וּקְדֻשַּׁת פְּסוּקָיו וְתֵבוֹתָיו וְאוֹתִיּוֹתָיו וּטְעָמָיו וְסוֹדוֹתָיו, וּקְדֻשַּׁת הַשֵּׁם הַקָּדוֹשׁ [דיקרנוסא] הַיּוֹצֵא
מלאכי ג תהלים ד מִפָּסוּק: וַהֲרִיקֹתִי לָכֶם בְּרָכָה עַד־בְּלִי־דָי: וּמִפָּסוּק: נְסָה־עָלֵינוּ אוֹר פָּנֶיךָ יהוה: וְכָתְבֵנוּ בְּסֵפֶר פַּרְנָסָה טוֹבָה וְכַלְכָּלָה שָׁנָה זוֹ וְכָל שָׁנָה וְשָׁנָה, לָנוּ וּלְכָל בְּנֵי בֵיתֵנוּ כָּל יְמֵי חַיֵּינוּ, בְּמִלּוּי וּבְרֶוַח, בְּהֶתֵּר וְלֹא בְאִסּוּר, בְּנַחַת וְלֹא בְצַעַר, וְלֹא בְעָמָל וָטֹרַח, בְּשַׁלְוָה וְהַשְׁקֵט וָבֶטַח, בְּלִי שׁוּם עַיִן הָרָע. וּתְזַכֵּנוּ לַעֲבֹד עֲבוֹדַת הַקֹּדֶשׁ בְּלִי שׁוּם טִרְדָּה. וּתְפַרְנְסֵנוּ פַּרְנָסָה שֶׁלֹּא יִהְיֶה בָהּ שׁוּם בּוּשָׁה וּכְלִמָּה. וְלֹא נִצְטָרֵךְ לְמַתְּנַת בָּשָׂר וָדָם, כִּי אִם מִיָּדְךָ הַמְּלֵאָה וְהָרְחָבָה. וְתַצְלִיחֵנוּ וְתַרְוִיחֵנוּ בְּכָל לִמּוּדֵנוּ וּבְכָל מַעֲשֵׂה יָדֵינוּ וַעֲסָקֵינוּ. וְיִהְיֶה בֵיתֵנוּ מָלֵא בִּרְכַּת יהוה. וְנִשְׂבַּע לֶחֶם וְנִהְיֶה טוֹבִים. רַחוּם חַנּוּן שׁוֹמֵר תּוֹמֵךְ מַצִּיל יָשָׁר פּוֹדֶה [רח״ש תמי״ף] רַחֵם עָלֵינוּ וּשְׁמַע תְּפִלָּתֵנוּ, כִּי אַתָּה שׁוֹמֵעַ תְּפִלַּת כָּל פֶּה. בָּרוּךְ שׁוֹמֵעַ תְּפִלָּה [אוכף אראריתא״א כוז״ו אזבוגא].

סוגרים את ארון הקודש.

קדיש שלם

ש״ץ: יִתְגַּדַּל וְיִתְקַדַּשׁ שְׁמֵהּ רַבָּא (קהל: אָמֵן)
בְּעָלְמָא דִּי בְרָא כִרְעוּתֵהּ
וְיַמְלִיךְ מַלְכוּתֵהּ
וְיַצְמַח פֻּרְקָנֵהּ וִיקָרֵב מְשִׁיחֵהּ (קהל: אָמֵן)
בְּחַיֵּיכוֹן וּבְיוֹמֵיכוֹן וּבְחַיֵּי דְכָל בֵּית יִשְׂרָאֵל
בַּעֲגָלָא וּבִזְמַן קָרִיב
וְאִמְרוּ אָמֵן. (קהל: אָמֵן)

קהל וש״ץ: יְהֵא שְׁמֵהּ רַבָּא מְבָרַךְ לְעָלַם וּלְעָלְמֵי עָלְמַיָּא.

ש״ץ: יִתְבָּרַךְ וְיִשְׁתַּבַּח וְיִתְפָּאַר וְיִתְרוֹמַם וְיִתְנַשֵּׂא
וְיִתְהַדָּר וְיִתְעַלֶּה וְיִתְהַלָּל
שְׁמֵהּ דְּקֻדְשָׁא בְּרִיךְ הוּא (קהל: אָמֵן)
לְעֵלָּא לְעֵלָּא מִכָּל בִּרְכָתָא וְשִׁירָתָא, תֻּשְׁבְּחָתָא וְנֶחֱמָתָא
דַּאֲמִירָן בְּעָלְמָא
וְאִמְרוּ אָמֵן. (קהל: אָמֵן)

תִּתְקַבַּל צְלוֹתְהוֹן וּבָעוּתְהוֹן דְּכָל בֵּית יִשְׂרָאֵל
קֳדָם אֲבוּהוֹן דִּי בִשְׁמַיָּא
וְאִמְרוּ אָמֵן. (קהל: אָמֵן)

יְהֵא שְׁלָמָא רַבָּא מִן שְׁמַיָּא
וְחַיִּים טוֹבִים עָלֵינוּ וְעַל כָּל יִשְׂרָאֵל
וְאִמְרוּ אָמֵן. (קהל: אָמֵן)

כורע ופוסע שלוש פסיעות לאחור. קד לשמאל, לימין ולפנים באמירת:
עֹשֶׂה הַשָּׁלוֹם בִּמְרוֹמָיו
הוּא יַעֲשֶׂה שָׁלוֹם, עָלֵינוּ וְעַל כָּל יִשְׂרָאֵל
וְאִמְרוּ אָמֵן. (קהל: אָמֵן)

תפילת ׳עָלֵינוּ׳ מסיימת את התפילות גם בימות החול, אך היא מיוחדת בימים הנוראים, שכן במקורה הייתה חלק מסדר מלכיות ונאמרה רק בהם, ומאוחר יותר הועתקה לשאר ימות השנה (׳עָלֵינוּ׳ בסיום התפילה מוזכרת לראשונה במחזור ויטרי צט, ואינה מוזכרת בסידורי הגאונים והרמב״ם).

אומרים ׳עָלֵינוּ׳ בעמידה ומשתחווים במקום המסומן ב־*.

עָלֵינוּ לְשַׁבֵּחַ לַאֲדוֹן הַכֹּל, לָתֵת גְּדֻלָּה לְיוֹצֵר בְּרֵאשִׁית
שֶׁלֹּא עָשָׂנוּ כְּגוֹיֵי הָאֲרָצוֹת, וְלֹא שָׂמָנוּ כְּמִשְׁפְּחוֹת הָאֲדָמָה
שֶׁלֹּא שָׂם חֶלְקֵנוּ כָּהֶם וְגוֹרָלֵנוּ כְּכָל הֲמוֹנָם.
שֶׁהֵם מִשְׁתַּחֲוִים לְהֶבֶל וָרִיק וּמִתְפַּלְלִים אֶל אֵל לֹא יוֹשִׁיעַ.
*וַאֲנַחְנוּ כּוֹרְעִים וּמִשְׁתַּחֲוִים וּמוֹדִים
לִפְנֵי מֶלֶךְ מַלְכֵי הַמְּלָכִים, הַקָּדוֹשׁ בָּרוּךְ הוּא
שֶׁהוּא נוֹטֶה שָׁמַיִם וְיוֹסֵד אָרֶץ, וּמוֹשַׁב יְקָרוֹ בַּשָּׁמַיִם מִמַּעַל
וּשְׁכִינַת עֻזּוֹ בְּגָבְהֵי מְרוֹמִים.
הוּא אֱלֹהֵינוּ, אֵין עוֹד.
אֱמֶת מַלְכֵּנוּ, אֶפֶס זוּלָתוֹ
כַּכָּתוּב בְּתוֹרָתוֹ, וְיָדַעְתָּ הַיּוֹם וַהֲשֵׁבֹתָ אֶל־לְבָבֶךָ דברים ד
כִּי יהוה הוּא הָאֱלֹהִים בַּשָּׁמַיִם מִמַּעַל וְעַל־הָאָרֶץ מִתָּחַת
אֵין עוֹד:

וְעַל כֵּן נְקַוֶּה לְּךָ יהוה אֱלֹהֵינוּ, לִרְאוֹת מְהֵרָה בְּתִפְאֶרֶת עֻזֶּךָ
לְהַעֲבִיר גִּלּוּלִים מִן הָאָרֶץ, וְהָאֱלִילִים כָּרוֹת יִכָּרֵתוּן
לְתַקֵּן עוֹלָם בְּמַלְכוּת שַׁדַּי.
וְכָל בְּנֵי בָשָׂר יִקְרְאוּ בִשְׁמֶךָ, לְהַפְנוֹת אֵלֶיךָ כָּל רִשְׁעֵי אָרֶץ.
יַכִּירוּ וְיֵדְעוּ כָּל יוֹשְׁבֵי תֵבֵל
כִּי לְךָ תִּכְרַע כָּל בֶּרֶךְ, תִּשָּׁבַע כָּל לָשׁוֹן.
לְפָנֶיךָ יהוה אֱלֹהֵינוּ יִכְרְעוּ וְיִפֹּלוּ, וְלִכְבוֹד שִׁמְךָ יְקָר יִתֵּנוּ
וִיקַבְּלוּ כֻלָּם אֶת עֹל מַלְכוּתֶךָ, וְתִמְלֹךְ עֲלֵיהֶם מְהֵרָה לְעוֹלָם וָעֶד.
כִּי הַמַּלְכוּת שֶׁלְּךָ הִיא וּלְעוֹלְמֵי עַד תִּמְלֹךְ בְּכָבוֹד
כַּכָּתוּב בְּתוֹרָתֶךָ, יהוה יִמְלֹךְ לְעֹלָם וָעֶד: שמות טו

◂ וְנֶאֱמַר, וְהָיָה יהוה לְמֶלֶךְ עַל־כָּל־הָאָרֶץ זכריה יד
בַּיּוֹם הַהוּא יִהְיֶה יהוה אֶחָד וּשְׁמוֹ אֶחָד:

יש מוסיפים:
אַל־תִּירָא מִפַּחַד פִּתְאֹם וּמִשֹּׁאַת רְשָׁעִים כִּי תָבֹא: משלי ג
עֻצוּ עֵצָה וְתֻפָר, דַּבְּרוּ דָבָר וְלֹא יָקוּם, כִּי עִמָּנוּ אֵל: ישעיה ח
וְעַד־זִקְנָה אֲנִי הוּא, וְעַד־שֵׂיבָה אֲנִי אֶסְבֹּל, אֲנִי עָשִׂיתִי וַאֲנִי אֶשָּׂא וַאֲנִי אֶסְבֹּל וַאֲמַלֵּט: ישעיה מו

קדיש יתום

אם יש מניין, האבלים עומדים ואומרים קדיש יתום.

אבל: יִתְגַּדַּל וְיִתְקַדַּשׁ שְׁמֵהּ רַבָּא (קהל: אָמֵן)
בְּעָלְמָא דִּי בְרָא כִרְעוּתֵהּ, וְיַמְלִיךְ מַלְכוּתֵהּ
וְיַצְמַח פֻּרְקָנֵהּ וִיקָרֵב מְשִׁיחֵהּ (קהל: אָמֵן)
בְּחַיֵּיכוֹן וּבְיוֹמֵיכוֹן וּבְחַיֵּי דְכָל בֵּית יִשְׂרָאֵל
בַּעֲגָלָא וּבִזְמַן קָרִיב, וְאִמְרוּ אָמֵן. (קהל: אָמֵן)

קהל ואבל: יְהֵא שְׁמֵהּ רַבָּא מְבָרַךְ לְעָלַם וּלְעָלְמֵי עָלְמַיָּא.

אבל: יִתְבָּרַךְ וְיִשְׁתַּבַּח וְיִתְפָּאַר וְיִתְרוֹמַם וְיִתְנַשֵּׂא
וְיִתְהַדָּר וְיִתְעַלֶּה וְיִתְהַלָּל
שְׁמֵהּ דְּקֻדְשָׁא בְּרִיךְ הוּא (קהל: אָמֵן)
לְעֵלָּא לְעֵלָּא מִכָּל בִּרְכָתָא וְשִׁירָתָא,
תֻּשְׁבְּחָתָא וְנֶחֱמָתָא, דַּאֲמִירָן בְּעָלְמָא, וְאִמְרוּ אָמֵן. (קהל: אָמֵן)
יְהֵא שְׁלָמָא רַבָּא מִן שְׁמַיָּא
וְחַיִּים טוֹבִים עָלֵינוּ וְעַל כָּל יִשְׂרָאֵל, וְאִמְרוּ אָמֵן. (קהל: אָמֵן)

כורע ופוסע שלוש פסיעות לאחור. קד לשמאל, לימין ולפנים באמירת:
עֹשֶׂה הַשָּׁלוֹם בִּמְרוֹמָיו
הוּא יַעֲשֶׂה שָׁלוֹם עָלֵינוּ
וְעַל כָּל יִשְׂרָאֵל, וְאִמְרוּ אָמֵן. (קהל: אָמֵן)

בבתי כנסת המתפללים בנוסח אשכנז, נוהגים להוסיף כאן את המזמור ׳לְדָוִד, ה׳ אוֹרִי וְיִשְׁעִי׳ (עמ׳ 25) וקדיש יתום.

יש השרים כאן ׳יִגְדַּל׳, יש השרים ׳אֲדוֹן עוֹלָם׳, ויש קהילות שבהן שרים את שניהם.

יִגְדַּל אֱלֹהִים חַי וְיִשְׁתַּבַּח, נִמְצָא וְאֵין עֵת אֶל מְצִיאוּתוֹ.
אֶחָד וְאֵין יָחִיד כְּיִחוּדוֹ, נֶעְלָם וְגַם אֵין סוֹף לְאַחְדוּתוֹ.
אֵין לוֹ דְּמוּת הַגּוּף וְאֵינוֹ גוּף, לֹא נַעֲרֹךְ אֵלָיו קְדֻשָּׁתוֹ.
קַדְמוֹן לְכָל דָּבָר אֲשֶׁר נִבְרָא, רִאשׁוֹן וְאֵין רֵאשִׁית לְרֵאשִׁיתוֹ.
הִנּוֹ אֲדוֹן עוֹלָם, וְכָל נוֹצָר יוֹרֶה גְדֻלָּתוֹ וּמַלְכוּתוֹ.
שֶׁפַע נְבוּאָתוֹ נְתָנוֹ אֶל־אַנְשֵׁי סְגֻלָּתוֹ וְתִפְאַרְתּוֹ.
לֹא קָם בְּיִשְׂרָאֵל כְּמֹשֶׁה עוֹד נָבִיא וּמַבִּיט אֶת תְּמוּנָתוֹ.
תּוֹרַת אֱמֶת נָתַן לְעַמּוֹ אֵל עַל יַד נְבִיאוֹ נֶאֱמַן בֵּיתוֹ.
לֹא יַחֲלִיף הָאֵל וְלֹא יָמִיר דָּתוֹ לְעוֹלָמִים לְזוּלָתוֹ.
צוֹפֶה וְיוֹדֵעַ סְתָרֵינוּ, מַבִּיט לְסוֹף דָּבָר בְּקַדְמָתוֹ.
גּוֹמֵל לְאִישׁ חֶסֶד כְּמִפְעָלוֹ, נוֹתֵן לְרָשָׁע רָע כְּרִשְׁעָתוֹ.
יִשְׁלַח לְקֵץ יָמִין מְשִׁיחֵנוּ לִפְדּוֹת מְחַכֵּי קֵץ יְשׁוּעָתוֹ.
מֵתִים יְחַיֶּה אֵל בְּרֹב חַסְדּוֹ, בָּרוּךְ עֲדֵי עַד שֵׁם תְּהִלָּתוֹ.

אֲדוֹן עוֹלָם אֲשֶׁר מָלַךְ בְּטֶרֶם כָּל־יְצִיר נִבְרָא.
לְעֵת נַעֲשָׂה בְחֶפְצוֹ כֹּל אֲזַי מֶלֶךְ שְׁמוֹ נִקְרָא.
וְאַחֲרֵי כִּכְלוֹת הַכֹּל לְבַדּוֹ יִמְלֹךְ נוֹרָא.
וְהוּא הָיָה וְהוּא הֹוֶה וְהוּא יִהְיֶה בְּתִפְאָרָה.
וְהוּא אֶחָד וְאֵין שֵׁנִי לְהַמְשִׁיל לוֹ לְהַחְבִּירָה.
בְּלִי רֵאשִׁית בְּלִי תַכְלִית וְלוֹ הָעֹז וְהַמִּשְׂרָה.
וְהוּא אֵלִי וְחַי גּוֹאֲלִי וְצוּר חֶבְלִי בְּעֵת צָרָה.
וְהוּא נִסִּי וּמָנוֹס לִי מְנָת כּוֹסִי בְּיוֹם אֶקְרָא.
בְּיָדוֹ אַפְקִיד רוּחִי בְּעֵת אִישַׁן וְאָעִירָה.
וְעִם רוּחִי גְּוִיָּתִי יהוה לִי וְלֹא אִירָא.

יש נוהגים לומר מזמורים אלו (של"ה).

תהלים א אַשְׁרֵי־הָאִישׁ אֲשֶׁר לֹא הָלַךְ בַּעֲצַת רְשָׁעִים, וּבְדֶרֶךְ חַטָּאִים לֹא עָמָד, וּבְמוֹשַׁב לֵצִים לֹא יָשָׁב: כִּי אִם בְּתוֹרַת יהוה חֶפְצוֹ, וּבְתוֹרָתוֹ יֶהְגֶּה יוֹמָם וָלָיְלָה: וְהָיָה כְּעֵץ שָׁתוּל עַל־פַּלְגֵי מָיִם, אֲשֶׁר פִּרְיוֹ יִתֵּן בְּעִתּוֹ, וְעָלֵהוּ לֹא־יִבּוֹל, וְכֹל אֲשֶׁר־יַעֲשֶׂה יַצְלִיחַ: לֹא־כֵן הָרְשָׁעִים, כִּי אִם־כַּמֹּץ אֲשֶׁר־תִּדְּפֶנּוּ רוּחַ: עַל־כֵּן לֹא־יָקֻמוּ רְשָׁעִים בַּמִּשְׁפָּט, וְחַטָּאִים בַּעֲדַת צַדִּיקִים: כִּי־יוֹדֵעַ יהוה דֶּרֶךְ צַדִּיקִים, וְדֶרֶךְ רְשָׁעִים תֹּאבֵד:

תהלים ב לָמָּה רָגְשׁוּ גוֹיִם, וּלְאֻמִּים יֶהְגּוּ־רִיק: יִתְיַצְּבוּ מַלְכֵי־אֶרֶץ וְרוֹזְנִים נוֹסְדוּ־יָחַד, עַל־יהוה וְעַל־מְשִׁיחוֹ: נְנַתְּקָה אֶת־מוֹסְרוֹתֵימוֹ, וְנַשְׁלִיכָה מִמֶּנּוּ עֲבֹתֵימוֹ: יוֹשֵׁב בַּשָּׁמַיִם יִשְׂחָק, אֲדֹנָי יִלְעַג־לָמוֹ: אָז יְדַבֵּר אֵלֵימוֹ בְאַפּוֹ, וּבַחֲרוֹנוֹ יְבַהֲלֵמוֹ: וַאֲנִי נָסַכְתִּי מַלְכִּי עַל־צִיּוֹן הַר־קָדְשִׁי: אֲסַפְּרָה אֶל חֹק, יהוה אָמַר אֵלַי בְּנִי־אַתָּה, אֲנִי הַיּוֹם יְלִדְתִּיךָ: שְׁאַל מִמֶּנִּי וְאֶתְּנָה גוֹיִם נַחֲלָתֶךָ, וַאֲחֻזָּתְךָ אַפְסֵי־אָרֶץ: תְּרֹעֵם בְּשֵׁבֶט בַּרְזֶל, כִּכְלִי יוֹצֵר תְּנַפְּצֵם: וְעַתָּה מְלָכִים הַשְׂכִּילוּ, הִוָּסְרוּ שֹׁפְטֵי אָרֶץ: עִבְדוּ אֶת־יהוה בְּיִרְאָה, וְגִילוּ בִּרְעָדָה: נַשְּׁקוּ־בַר פֶּן־יֶאֱנַף וְתֹאבְדוּ דֶרֶךְ, כִּי־יִבְעַר כִּמְעַט אַפּוֹ, אַשְׁרֵי כָּל־חוֹסֵי בוֹ:

תהלים ג מִזְמוֹר לְדָוִד בְּבָרְחוֹ מִפְּנֵי אַבְשָׁלוֹם בְּנוֹ: יהוה מָה־רַבּוּ צָרָי, רַבִּים קָמִים עָלָי: רַבִּים אֹמְרִים לְנַפְשִׁי, אֵין יְשׁוּעָתָה לּוֹ בֵאלֹהִים סֶלָה: וְאַתָּה יהוה מָגֵן בַּעֲדִי, כְּבוֹדִי וּמֵרִים רֹאשִׁי: קוֹלִי אֶל־יהוה אֶקְרָא, וַיַּעֲנֵנִי מֵהַר קָדְשׁוֹ סֶלָה: אֲנִי שָׁכַבְתִּי וָאִישָׁנָה, הֱקִיצוֹתִי כִּי יהוה יִסְמְכֵנִי: לֹא־אִירָא מֵרִבְבוֹת עָם, אֲשֶׁר סָבִיב שָׁתוּ עָלָי: קוּמָה יהוה, הוֹשִׁיעֵנִי אֱלֹהַי, כִּי־הִכִּיתָ אֶת־כָּל־אֹיְבַי לֶחִי, שִׁנֵּי רְשָׁעִים שִׁבַּרְתָּ: לַיהוה הַיְשׁוּעָה, עַל־עַמְּךָ בִרְכָתֶךָ סֶּלָה:

תהלים ד לַמְנַצֵּחַ בִּנְגִינוֹת מִזְמוֹר לְדָוִד: בְּקָרְאִי עֲנֵנִי אֱלֹהֵי צִדְקִי, בַּצָּר הִרְחַבְתָּ לִּי, חָנֵּנִי וּשְׁמַע תְּפִלָּתִי: בְּנֵי־אִישׁ עַד־מֶה כְבוֹדִי לִכְלִמָּה תֶּאֱהָבוּן רִיק, תְּבַקְשׁוּ כָזָב סֶלָה: וּדְעוּ כִּי־הִפְלָה יהוה חָסִיד לוֹ, יהוה יִשְׁמַע בְּקָרְאִי אֵלָיו: רִגְזוּ וְאַל־תֶּחֱטָאוּ אִמְרוּ בִלְבַבְכֶם עַל־מִשְׁכַּבְכֶם וְדֹמּוּ סֶלָה: זִבְחוּ זִבְחֵי־צֶדֶק, וּבִטְחוּ אֶל־יהוה: רַבִּים אֹמְרִים מִי־יַרְאֵנוּ טוֹב, נְסָה־עָלֵינוּ אוֹר פָּנֶיךָ יהוה: נָתַתָּה שִׂמְחָה בְלִבִּי, מֵעֵת דְּגָנָם וְתִירוֹשָׁם רָבּוּ: בְּשָׁלוֹם יַחְדָּו אֶשְׁכְּבָה וְאִישָׁן, כִּי־אַתָּה יהוה לְבָדָד לָבֶטַח תּוֹשִׁיבֵנִי:

קדיש יתום

אם יש מניין, האבלים עומדים ואומרים קדיש יתום.

אבל: **יִתְגַּדַּל וְיִתְקַדַּשׁ שְׁמֵהּ רַבָּא** (קהל: אָמֵן)
בְּעָלְמָא דִּי בְרָא כִרְעוּתֵהּ
וְיַמְלִיךְ מַלְכוּתֵהּ
וְיַצְמַח פֻּרְקָנֵהּ וִיקָרֵב מְשִׁיחֵהּ (קהל: אָמֵן)
בְּחַיֵּיכוֹן וּבְיוֹמֵיכוֹן וּבְחַיֵּי דְכָל בֵּית יִשְׂרָאֵל
בַּעֲגָלָא וּבִזְמַן קָרִיב
וְאִמְרוּ אָמֵן. (קהל: אָמֵן)

קהל ואבל: **יְהֵא שְׁמֵהּ רַבָּא מְבָרַךְ לְעָלַם וּלְעָלְמֵי עָלְמַיָּא.**

אבל: **יִתְבָּרַךְ וְיִשְׁתַּבַּח וְיִתְפָּאַר וְיִתְרוֹמַם וְיִתְנַשֵּׂא**
וְיִתְהַדָּר וְיִתְעַלֶּה וְיִתְהַלָּל
שְׁמֵהּ דְּקֻדְשָׁא בְּרִיךְ הוּא (קהל: אָמֵן)
לְעֵלָּא לְעֵלָּא מִכָּל בִּרְכָתָא
וְשִׁירָתָא תֻּשְׁבְּחָתָא וְנֶחֱמָתָא
דַּאֲמִירָן בְּעָלְמָא
וְאִמְרוּ אָמֵן. (קהל: אָמֵן)

יְהֵא שְׁלָמָא רַבָּא מִן שְׁמַיָּא
וְחַיִּים טוֹבִים עָלֵינוּ וְעַל כָּל יִשְׂרָאֵל
וְאִמְרוּ אָמֵן. (קהל: אָמֵן)

כורע ופוסע שלוש פסיעות לאחור. קד לשמאל, לימין ולפנים באמירת:

עֹשֶׂה הַשָּׁלוֹם בִּמְרוֹמָיו
הוּא יַעֲשֶׂה שָׁלוֹם
עָלֵינוּ וְעַל כָּל יִשְׂרָאֵל
וְאִמְרוּ אָמֵן. (קהל: אָמֵן)

שיר הייחוד

ליום ראשון

ש״ץ: אָשִׁירָה וַאֲזַמְּרָה לֵאלֹהַי בְּעוֹדִי: / הָאֱלֹהִים הָרֹעֶה אֹתִי מֵעוֹדִי: תהלים קד בראשית מח

קהל: עַד הַיּוֹם הַזֶּה הֶחֱזַקְתָּ בְּיָדִי / חַיִּים וָחֶסֶד עָשִׂיתָ עִמָּדִי: איוב י

ש״ץ: בָּרוּךְ יהוה וּבָרוּךְ שֵׁם כְּבוֹדוֹ / כִּי עַל עֲבָדוֹ הִפְלִיא חַסְדּוֹ.

קהל: אֱלֹהֵי מָרוֹם בַּמָּה אֲקַדֵּם / וּבַמָּה אִכַּף לֵאלֹהֵי קֶדֶם.

ש״ץ: אִלּוּ הָרִים הֵם לְמַעֲרָכָה / וְכָל עֲצֵי לְבָנוֹן, בְּכָל עֲרוּכָה.

קהל: וְאִם כָּל בְּהֵמוֹת וְחַיּוֹת קְרוּצִים / נְתָחִים עֲרוּכִים עַל הָעֵצִים.

ש״ץ: וְאַף זָוִיּוֹת מִזְבֵּחַ מְבוּסִים / דָּם, כַּמַּיִם לַיָּם מְכַסִּים: ישעיה יא

קהל: וְכַחוֹל סֹלֶת דָּשֵׁן וְשָׁמֵן / בָּלוּל בְּרִבְבוֹת נַחֲלֵי שָׁמֶן: מיכה ו

ש״ץ: וּלְאַזְכָּרָה לְבוֹנָה וְסַמִּים / לִקְטֹרֶת וְכָל רָאשֵׁי בְשָׂמִים.

קהל: וְאִלּוּ נֵרוֹת עַל הַמְּנוֹרוֹת / יִהְיוּ מְאִירוֹת כִּשְׁנֵי הַמְּאוֹרוֹת.

ש״ץ: וּכְהַרְרֵי אֵל, לֶחֶם הַפָּנִים / עַל שֻׁלְחָנוֹת עֲרוּכִים בִּפְנִים.

קהל: וְיַיִן כְּמוֹ מְטַר הַשָּׁמַיִם / וְשֵׁכָר לְנֶסֶךְ כְּעֵינוֹת מָיִם.

ש״ץ: וְאִלּוּ כָּל בְּנֵי אָדָם כֹּהֲנִים / לְוִיִּם מְשׁוֹרְרִים כִּכְנַף רְנָנִים.

קהל: וְכָל עֲצֵי עֵדֶן, וְכָל עֲצֵי יְעָרִים / כִּנּוֹרוֹת וּנְבָלִים לַשָּׁרִים.

ש״ץ: וְכָל בְּנֵי אֱלֹהִים בְּקוֹל תְּרוּעָתָם / וְהַכּוֹכָבִים מִמְּסִלּוֹתָם.

קהל: וְכָל הַלְּבָנוֹן וְחַיָּה כֻּלָּהּ / אֵין דֵּי בָעֵר, וְאֵין דֵּי עוֹלָה.

ש״ץ: הֵן בְּכָל אֵלֶּה אֵין דֵּי לַעֲבֹד / וְאֵין דֵּי לְקַדֵּם אֵל הַכָּבוֹד.

קהל: כִּי נִכְבַּדְתָּ מְאֹד מַלְכֵּנוּ / וּבַמֶּה נִכַּף לַאֲדוֹנֵנוּ.

ש״ץ: אָמְנָם לֹא יוּכְלוּ כַּבְּדֶךָ / כָּל חַי, אַף כִּי אֲנִי עַבְדֶּךָ.

קהל: וַאֲנִי נִבְזֶה וַחֲדַל אִישִׁים / נִמְאָס בְּעֵינַי וּשְׁפַל אֲנָשִׁים.

ש״ץ: וְאֵין לְעַבְדְּךָ כֹּל לְכַבְּדֶךָ / לְהָשִׁיב לְךָ גְּמוּל עַל חֲסָדֶיךָ.

קהל: כִּי הִרְבֵּיתָ טוֹבוֹת אֵלַי / כִּי הִגְדַּלְתָּ חַסְדְּךָ עָלַי.

ש״ץ: וְרֹב שְׁלוֹמִים, לְךָ חִיַּבְתִּי / כִּי עָשִׂיתָ טוֹבוֹת אִתִּי.
קהל: וְלֹא חִיַּבְתָּ לִי גְּמוּלֶיךָ / כָּל טוֹבָתִי בַּל עָלֶיךָ.

ש״ץ: עַל הַטּוֹבוֹת לֹא עֲבַדְתִּיךָ / אַחַת לְרִבֹּא לֹא גְמַלְתִּיךָ.
קהל: אִם אָמַרְתִּי אֲסַפְּרָה נָּא, כְּמוֹ / לֹא יָדַעְתִּי סְפֹרוֹת לָמוֹ.

ש״ץ: וּמָה אָשִׁיב לְךָ, וְהַכֹּל שֶׁלָּךְ / לְךָ שָׁמַיִם, אַף אֶרֶץ לָךְ.
קהל: יַמִּים וְכָל אֲשֶׁר בָּם, בְּיָדְךָ / וְכֻלָּם יִשְׂבְּעוּן מִיָּדֶךָ.

ש״ץ: וַאֲנַחְנוּ עַמְּךָ וְצֹאנֶךָ / וַחֲפֵצִים לַעֲשׂוֹת רְצוֹנֶךָ.
קהל: וְאֵיךְ נַעֲבֹד וְאֵין לְאֵל יָדֵנוּ / וְלִשְׂרֵפַת אֵשׁ, בֵּית קָדְשֵׁנוּ.

ש״ץ: וְאֵיךְ נַעֲבֹד, וְאֵין זֶבַח וּמִנְחָה / כִּי לֹא בָאנוּ אֶל הַמְּנוּחָה.
קהל: וּמַיִם אַיִן לְהַעֲבִיר טֻמְאָה / וַאֲנַחְנוּ עַל אֲדָמָה טְמֵאָה.

ש״ץ: שָׂשׂ אָנֹכִי עַל אֲמָרֶיךָ / וַאֲנִי בָאתִי בִּדְבָרֶיךָ.
תהלים נ קהל: כִּי כָתוּב, לֹא עַל זְבָחֶיךָ / וְעוֹלֹתֶיךָ אוֹכִיחֶךָ.

ש״ץ: עַל דְּבַר זֶבַח, וְעוֹלוֹתֵיכֶם / לֹא צִוִּיתִי אֶת אֲבוֹתֵיכֶם.
קהל: מַה שָּׁאַלְתִּי וּמַה דָּרַשְׁתִּי / מִמְּךָ, כִּי אִם לְיִרְאָה אוֹתִי.

שמואל א׳ טו ש״ץ: לַעֲבוֹד בְּשִׂמְחָה וּבְלֵבָב טוֹב / הִנֵּה שְׁמֹעַ מִזֶּבַח טוֹב:
תהלים נא קהל: וְלֵב נִשְׁבָּר, מִמִּנְחָה טְהוֹרָה / זִבְחֵי אֱלֹהִים רוּחַ נִשְׁבָּרָה:

תהלים מ ש״ץ: זֶבַח וּמִנְחָה לֹא־חָפַצְתָּ: / חַטָּאת וְעוֹלָה לֹא שָׁאָלְתָּ.
קהל: מִזְבֵּחַ אֶבְנֶה בְּשִׁבְרוֹן לִבִּי / וַאֲשַׁבְּרָה אַף רוּחִי בְּקִרְבִּי.

ש״ץ: רוּם לֵב אַשְׁפִּיל, וְאֶת רוּם עֵינַי / וְאֶקְרַע לְבָבִי לְמַעַן אֲדֹנָי.
קהל: שִׁבְרֵי רוּחִי הֵם זְבָחֶיךָ / יַעֲלוּ לְרָצוֹן עַל מִזְבְּחֶךָ.

ש״ץ: וְאַשְׁמִיעַ בְּקוֹל הוֹדְיוֹתֶיךָ / וַאֲסַפְּרָה כָּל נִפְלְאוֹתֶיךָ.
קהל: אֲשֶׁר יָדְעָה נַפְשִׁי אַחְבִּירָה / אֲמַלֵּל גְּבוּרוֹת וַאֲדַבֵּרָה.

במדבר כב ש״ץ: וּמָה אֶעֱרֹךְ, וְלֹא יָדַעְתִּי מָה / הֲיָכֹל אוּכַל דַּבֵּר מְאוּמָה:
קהל: כִּי אֵין חֵקֶר לִגְדֻלָּתוֹ / וְגַם אֵין מִסְפָּר לִתְבוּנָתוֹ.

ש״ץ: חֲכַם לֵבָב הוּא, מִי כָּמְוֹהוּ / שַׂגִּיא כֹחַ, לֹא מְצָאנֻהוּ. איוב לז
קהל: עוֹשֶׂה גְדוֹלוֹת וְרַב נוֹרָאוֹת / גָּדוֹל אַתָּה וְעֹשֵׂה נִפְלָאוֹת: תהלים פו

ש״ץ: עַד אֵין מִסְפָּר וְעַד אֵין חֵקֶר / וְלֹא נוֹדַע כִּי לֹא יֵחָקֵר.
קהל: אֵיזוֹ עַיִן אֲשֶׁר תְּעִידֶךָ / וְאֵיזֶה פֶּה אֲשֶׁר יַגִּידֶךָ.

ש״ץ: חַי לֹא רָאֲךָ וְלֵב לֹא יְדָעֲךָ / וְאֵיזֶה שֶׁבַח אֲשֶׁר יַגִּיעֲךָ.
קהל: גַּם מְשָׁרְתֶיךָ לֹא רָאוּךָ / וְכָל חַכְמֵי לֵב לֹא מְצָאוּךָ.

ש״ץ: אַתָּה לְבַדְּךָ מַכִּיר שִׁבְחֲךָ / וְאֵין זוּלָתְךָ יוֹדֵעַ כֹּחֲךָ.
קהל: וְאֵין יוֹדֵעַ בִּלְעָדֶיךָ / שְׁבָחוֹת רְאוּיוֹת לִכְבוֹדֶךָ.

ש״ץ: עַל כֵּן תְּבֹרַךְ כָּרָאוּי לָךְ / כְּפִי קָדְשְׁךָ, כִּכְבוֹדְךָ וְגָדְלָךְ.
קהל: וּמִפִּי הַכֹּל, בְּכָל אֱלוּתָם / כְּפִי מַדָּע אֲשֶׁר אַתָּה חֲנַנְתָּם.

ש״ץ: יוֹדוּ פִלְאֲךָ הַשָּׁמַיִם / וִיאַדְּרוּךָ קוֹלוֹת מַיִם.
קהל: וְיָרִיעוּ לְךָ כָּל הָאָרֶץ / יוֹדוּךָ כָּל מַלְכֵי אָרֶץ.

ש״ץ: אַף יוֹדוּךָ כָּל הָעַמִּים / וִישַׁבְּחוּךָ כָּל הָאֻמִּים.
קהל: כָּל זֶרַע יַעֲקֹב עֲבָדֶיךָ / כִּי עֲלֵיהֶם גָּבְרוּ חֲסָדֶיךָ.

ש״ץ: אֶת שֵׁם יהוה יְהַלְלוּ כֻלָּם / אֵל אֱלֹהִים אֱמֶת, וּמֶלֶךְ עוֹלָם.
קהל: בָּרוּךְ אַתָּה יָחִיד וּמְיֻחָד / יהוה אֶחָד וּשְׁמוֹ אֶחָד: זכריה יד

ליום שני

ש״ץ: וַאֲנִי עַבְדְּךָ בֶּן אֲמָתֶךָ / אֲדַבֵּר, אֲמַלֵּל גְּבוּרוֹתֶיךָ.
קהל: דַּרְכֵי שִׁבְחֲךָ, קְצָתָם אֲסַפֵּרָה / מַעֲשֶׂיךָ מַה נּוֹרָא, אוֹמְרָה.

ש״ץ: אֵין אֵלֶיךָ עֲרֹךְ בְּסֵפֶר / אַגִּידָה, עָצְמוּ מִסַּפֵּר.
קהל: חֵקֶר אֱלוֹהַּ לֹא יִמָּצֵא / וְתַכְלִית שַׁדַּי לֹא תִקָּצֵה.

ש״ץ: וְלִתְבוּנָתוֹ הֲלֹא אֵין חֵקֶר / וּמִסְפַּר שָׁנָיו לֹא יֵחָקֵר.
קהל: וְגַם אֵין מִסְפָּר לִגְדוּדֶיךָ / בְּצִבְאוֹתֶיךָ, אוֹת כְּבוֹדֶךָ.

ש״ץ: אֵיזוֹ עַיִן אֲשֶׁר תְּעִידֶךָ / וְחַי לֹא רָאָה פְּנֵי כְבוֹדֶךָ.
קהל: נָבוֹן וְחָכָם הֵן לֹא יָדַע / וְאֵיךְ אֶעֱרֹךְ, עַל אֲשֶׁר לֹא אֵדַע.

ש״ץ: וְאִם יֹאמַר אִישׁ, עַד תַּכְלִיתוֹ / אֶעֱרֹךְ אֵלָיו, וּבְמַתְכֻּנְתּוֹ.
תהלים עח קהל: אָבֹא וְאֶמְצָא תַּכְלִית שִׁבְחוֹ / לֹא־נֶאֶמְנָה אֶת־אֵל רוּחוֹ:

ש״ץ: יְבֻלַּע כִּי לֹא יָדַע עֶרְכּוֹ / אַחֲרִית פִּיהוּ רֵאשִׁית דַּרְכּוֹ.
קהל: וְעִמָּדִי לֹא כֵן אָנֹכִי / וּפִי לֹא אֶתֵּן לַחֲטֹא, וְחִכִּי.

במדבר כג ש״ץ: אֲסַפְּרָה לְאַחַי קְצוֹת דַּרְכֵי אֵל / וּלְיִשְׂרָאֵל מַה־פָּעַל אֵל:
תהלים סו קהל: כַּכָּתוּב, אִמְרוּ לֵאלֹהִים / מַה־נּוֹרָא מַעֲשֶׂיךָ, אֱלֹהִים.

ישעיה מג ש״ץ: וְאָמַרְתָּ, עַם־זוּ יָצַרְתִּי לִי: / יְסַפְּרוּ שְׁמִי וּתְהִלָּתִי.
קהל: בְּמִצְרַיִם שַׂמְתִּי עֲלִילוֹתַי / לְמַעַן תְּסַפֵּר אֶת אוֹתוֹתָי.

ש״ץ: וַאֲנִי עַבְדְּךָ, עַל כֵּן אֲסַפֵּר / כַּאֲשֶׁר אֶדְרֹשׁ מֵעַל סֵפֶר.
קהל: תְּהַלֵּל נַפְשִׁי כֹּחַ מַעֲשֶׂיךָ / וְכָל קְרָבַי אֶת שֵׁם קָדְשֶׁךָ.

ש״ץ: וַאֲבָרְכָה בְּכָל עִנְיָנַי / וּבְכָל לִבִּי אוֹדֶה אֶת אֲדֹנָי.
קהל: גַּם בִּגְרוֹנִי רוֹמְמוֹתֶיךָ / וְאֶת פִּי אֲמַלֵּא תְּהִלָּתֶךָ.

ש״ץ: כִּי פִי יַגִּיד תְּהִלָּתֶךָ / כָּל הַיּוֹם אֶת תִּפְאַרְתֶּךָ.
קהל: וְאֹמְרָה נָּא עֱזוּז נוֹרְאוֹתֶיךָ / וְאָשִׂיחָה דִּבְרֵי נִפְלְאוֹתֶיךָ.

ש״ץ: וְאַזְכִּיר טוּבְךָ וְצִדְקוֹתֶיךָ / חֲסָדֶיךָ וּגְבוּרוֹתֶיךָ.
קהל: יָדַעְתִּי כִּי גָדוֹל אַתָּה / עַל כָּל אֱלֹהִים, מְאֹד גָּדָלְתָּ.

ש״ץ: כִּי כָל אֱלֹהֵי הָעַמִּים הֵם / אֱלִילִים אִלְּמִים, רוּחַ אֵין בָּהֶם.
קהל: הֵן לְעוֹבְדֵיהֶם גְּמוּל אֵין מְשִׁיבִים / וְלָמָּה לָהֶם, הֵמָּה מֵיטִיבִים.

ש״ץ: וּבְעֵת צָרָה אָז יִתְפַּלְּלוּ / וְלֹא יַעֲנוּם, כִּי לֹא יוֹעִילוּ.
קהל: דּוֹרְשִׁים בְּכָל לֵב לְרוּחַ אֵין בּוֹ / וְקָרוֹב יהוה אֶל עַם קְרוֹבוֹ.

ש״ץ: הַיּוֹצֵר כֹּל הוּא אֱלֹהֵינוּ / הוּא עָשָׂנוּ, וְלוֹ לְבַד אֲנָחְנוּ.
קהל: עַם מַרְעִיתוֹ וְצֹאן יָדוֹ / נְבָרֵךְ שְׁמוֹ כִּי לְעוֹלָם חַסְדּוֹ.

ש״ץ: בַּצַּר לָנוּ מְאֹד נִמְצֵאתָ / כִּי דֹרְשֶׁיךָ לֹא עָזָבְתָּ.
קהל: וְתָמִיד בְּפִינוּ תְּהִלָּתֶךָ / וּמְהַלְלִים לְשֵׁם תִּפְאַרְתֶּךָ: דברי הימים א׳ כט

ש״ץ: עַד אַתָּה בְּךָ וּבִכְבוֹדֶךָ / וּמְשָׁרְתֶיךָ אַף עֲבָדֶיךָ.
קהל: אֲשֶׁר כְּבוֹדְךָ מְלֹא כָל הָאָרֶץ / וּכְבוֹדְךָ עַל כָּל הָאָרֶץ.

ש״ץ: וַאֲבוֹתֵינוּ בָּחֲרוּ אוֹתְךָ / לְבַדְּךָ לַעֲבֹד, וְאֵין לְזָר אִתָּךְ.
קהל: גַּם אֲנַחְנוּ אוֹתְךָ לְבַדֶּךָ / נַעֲבֹד, כְּבֵן אֶת אָב נְכַבְּדֶךָ.

ש״ץ: וְהִנֵּנוּ עַל יִחוּדֶךָ / יוֹמָם וָלַיְלָה עֵדֶיךָ.
קהל: בְּפִי כֻלָּנוּ וּבִלְבָבֵנוּ / שֶׁאַתָּה לְבַדְּךָ אֱלֹהֵינוּ.

ש״ץ: אֱלֹהֵינוּ עַל יִחוּדֶךָ / עֵדִים אֲנַחְנוּ וַעֲבָדֶיךָ.
קהל: אֵין תְּחִלָּה אֶל רֵאשִׁיתֶךָ / וְאֵין קֵץ וְתִכְלָה לְאַחֲרִיתֶךָ.

ש״ץ: רִאשׁוֹן וְאַחֲרוֹן מִבְּלִי רֵאשִׁית / וּמִבְּלִי אַחֲרִית, וְאֵין לֵב לְהָשִׁית.
קהל: אֵין קָצֶה אֶל גָּבְהוּתֶךָ / וְאֵין סוֹף לְעֹמֶק מִדּוֹתֶיךָ.

ש״ץ: אֵין לְךָ סוֹבֵב וְאֵין לְךָ פֵּאָה / עַל כֵּן אוֹתְךָ, חַי לֹא רָאָה.
קהל: אֵין צַד וְצֵלָע יַצְלִיעוּךָ / וְרֹחַב וְאֹרֶךְ לֹא יְמַצְעוּךָ.

ש״ץ: אֵין פֵּאָה לִסְבִיבוֹתֶיךָ / וְאֵין תּוֹךְ מַבְדִּיל בֵּינוֹתֶיךָ.
קהל: אֵין חָכְמָה אֲשֶׁר תֵּדָעֶךָ / וְאֵין מַדָּע אֲשֶׁר יַגִּיעֶךָ.

ש״ץ: וְלֹא יַשִּׂיג אוֹתְךָ כָּל מַדָּע / וְאֵין שֵׂכֶל אֲשֶׁר יָבִין וְיֵדָע.
קהל: מִמְּךָ מְאוּמָה וְאֵיכָה אַתָּה / וְאֵיךְ בְּלִי מְאוּמָה כֹּל בָּרָאתָ.

ליום שלישי

ש״ץ: אָמְנָם יָדַעְתִּי, כִּי אַתָּה / אֱלֹהֵי יַעֲקֹב, כֹּל יָצַרְתָּ.
קהל: אַתָּה בוֹרֵא וְלֹא נִבְרֵאתָ / אַתָּה יוֹצֵר וְלֹא נוֹצַרְתָּ.

ש״ץ: אַתָּה מֵמִית, וְאֶת כֹּל תְּבַלֶּה / אַתָּה מוֹרִיד שְׁאוֹל וְאַף תַּעֲלֶה.
קהל: וְנֶאֱמָן לְהַחֲיוֹת מֵתִים אָתָּה / וְעַל יְדֵי נְבִיאֶךָ כֵּן הוֹדַעְתָּ.

ש״ץ: וְלֹא תָמוּת אֵל חַי, וְלֹא מֵתָה / מֵעוֹלָם וְעַד עוֹלָם אָתָּה.
קהל: מַשְׁבִּיר וּמוֹלִיד וְלֹא נוֹלַדְתָּ / מוֹחֵץ וְרוֹפֵא וְלֹא חָלִיתָ.

ש״ץ: מָוֶת וּמַדְוֶה אֵין לְפָנֶיךָ / תְּנוּמָה וְשֵׁנָה אֵין לְעֵינֶיךָ.
קהל: הֲלֹא מִקֶּדֶם, אֵל חַי אַתָּה / מֵאֲשֶׁר בְּךָ לֹא נִשְׁתַּנֵּיתָ.

ש״ץ: וְעַד הָעוֹלָם לֹא תִשְׁתַּנֶּה / מֵאֱלָהוּתְךָ לֹא תִתְגַּנֶּה.
קהל: חָדָשׁ וְנוֹשָׁן לֹא נִמְצֵאתָ / חִדַּשְׁתָּ כֹּל וְלֹא חֻדַּשְׁתָּ.

ש״ץ: לֹא יָחוּלוּ זִקְנָה וּבַחֲרוּת / עָלֶיךָ, גַּם שֵׂיבָה וְשַׁחֲרוּת.
קהל: וְלֹא חָלוּ בְךָ שִׂמְחָה וְעֶצֶב / וְדִמְיוֹן נוֹצָר, וְכָל דְּבַר קֶצֶב.

ש״ץ: כִּי לֹא יְסוֹבֵב אוֹתְךָ גֹּשֶׁם / אַף לֹא תִדְמֶה אֶל כָּל נֹשֶׁם.
קהל: כָּל הַיְצוּרִים גְּבוּל סִבָּתָם / אֶל רֵאשִׁיתָם וּלְאַחֲרִיתָם.

ש״ץ: כִּי הַבְּרוּאִים בִּגְבוּל שַׂמְתָּם / וְלִימֵי צְבָאָם, גְּבוּל הַקַּפְתָּם.
קהל: וּלְךָ אֵין גְּבוּל וּלְיָמֶיךָ / וְלִשְׁנוֹתֶיךָ וּלְעָצְמֶךָ.

ש״ץ: עַל כֵּן אֵינְךָ צָרִיךְ לַכֹּל / לְיָדְךָ וּלְחַסְדְּךָ צְרִיכִים הַכֹּל.
קהל: הַכֹּל צְרִיכִים לְצִדְקוֹתֶיךָ / וְאֵינְךָ צָרִיךְ לִבְרִיּוֹתֶיךָ.

ש״ץ: כִּי טֶרֶם כָּל יְצִיר הָיִיתָ / לְבַדְּךָ, מְאוּמָה לֹא נִצְרַכְתָּ.
קהל: רֵאשִׁית וְאַחֲרִית, בְּיָדְךָ עֲרוּכִים / אַתָּה בָם, וְהֵם בְּרוּחֲךָ שְׂרוּכִים.

ש״ץ: כֹּל אֲשֶׁר הָיָה בָּרִאשׁוֹנָה / וַאֲשֶׁר יִהְיֶה בָּאַחֲרוֹנָה.
קהל: כָּל הַיְצוּרִים וְכָל מַעֲשֵׂיהֶם / וְכָל דִּבְרֵיהֶם וּמַחְשְׁבוֹתֵיהֶם.

ש״ץ: מֵרֹאשׁ וְעַד סוֹף תֵּדַע כֻּלָּם / וְלֹא תִשְׁכַּח, כִּי אַתָּה אֶצְלָם.
קהל: אַתָּה בְרָאתָם וּלְבַדְּךָ עֲרַכְתָּם / לְבַדְּךָ תֵּדַע מְקוֹמָם וְדַרְכָּם.

ש״ץ: הֵן אֵין דָּבָר מִמְּךָ נֶעְלָם / כִּי לְפָנֶיךָ נְכוֹנִים כֻּלָּם.
קהל: אֵין חֹשֶׁךְ וְאֵין מָנוֹס וְסֵתֶר / לָנוּס שָׁמָּה וּלְהִסָּתֵר.

ש״ץ: אֵת אֲשֶׁר תְּבַקֵּשׁ אַתָּה מוֹצֵא /
בְּלִי נְטוֹת אֲלֵיהֶם בְּעֵת שֶׁתִּרְצֶה.
קהל: כִּי אֶת הַכֹּל כְּאַחַת תִּרְאֶה / לְבַדְּךָ תַעֲשֶׂה וְאֵינְךָ נִלְאֶה.

ש״ץ: כִּי עַל גּוֹי וְעַל אָדָם יָחַד / עַל כֹּל תְּדַבֵּר בְּרֶגַע אֶחָד.

קהל: תִּשְׁמַע בְּרֶגַע כָּל הַקּוֹלוֹת / זַעַק וְלַחַשׁ וְכָל הַתְּפִלּוֹת.

ש״ץ: אַף תָּבִין אֶל כָּל מַעֲשֵׂיהֶם / בְּרֶגַע תַּחְקֹר כָּל לְבָבֵיהֶם.

קהל: וְלֹא תַאֲרִיךְ עַל מַחְשְׁבוֹתֶיךָ / וְלֹא תִתְמַהְמַהּ עַל עֲצָתֶךָ.

ש״ץ: אֵצֶל עֲצָתְךָ גְּזֵרָתֶךָ / לְקֵץ וּלְמוֹעֵד קְרִיאָתֶךָ.

קהל: וְכֻלָּם בֶּאֱמֶת בְּתֹם וּבְיֹשֶׁר / מִבְּלִי עֹדֶף וּמִבְּלִי חֹסֶר.

ש״ץ: מִמְּךָ דָּבָר לֹא יֹאבַד / וְדָבָר מִמְּךָ לֹא יִכְבַּד.

קהל: כֹּל אֲשֶׁר תַּחְפֹּץ תּוּכַל לַעֲשׂוֹת / וְאֵין מִי מוֹחֶה בְּיָדְךָ מַעֲשׂוֹת.

ש״ץ: יְכֹלֶת יהוה בְּחֶפְצוֹ קְשׁוּרָה / וּבִרְצוֹת יהוה לֹא אַחֶרֶת.

קהל: אֵין דְּבַר סֵתֶר מִמְּךָ נִכְחָד / עֲתִידוֹת וְעוֹבְרוֹת לְךָ הֵם יָחַד.

ש״ץ: אֲשֶׁר מֵעוֹלָם וְעַד הָעוֹלָם / הֵם כֻּלָּם בְּךָ, וְאַתָּה בְּכֻלָּם.

קהל: חֲדָשׁוֹת תַּגִּיד וְסוֹד דְּרָכֶיךָ / אֶל עֲבָדֶיךָ וּמַלְאָכֶיךָ.

ש״ץ: וְאֵינְךָ צָרִיךְ לְהַשְׁמִיעֶךָ / דְּבַר סוֹד וָסֵתֶר לְהוֹדִיעֶךָ.

קהל: כִּי מִמְּךָ כָּל סוֹד יִגָּלֶה / בְּטֶרֶם עַל לֵב כָּל יְצִיר יַעֲלֶה.

ש״ץ: בְּלֵב כָּל נִבְרָא לֹא תִמָּצֵא / מִפִּינוּ עָתָק לֹא יֵצֵא.

קהל: בְּאֵין לוֹ קָצֶה וְלֹא יֶחֱצֶה / לֵב לֹא יָתוּר וְאֵין פֶּה פּוֹצֶה.

ש״ץ: בְּאֵין לוֹ רוּחוֹת וְאֵין בּוֹ רְוָחוֹת / אֵין לוֹ שִׂיחוֹת, בּוֹ מוֹכִיחוֹת.

קהל: לְמֵרָחוֹק מִי יִשָּׂא דֵעוֹ / לְלֹא תְחִלָּה וְלֹא סוֹף לְהַגִּיעוֹ.

ש״ץ: אֲגוּדִים אֲחוּדִים תּוֹךְ וָסוֹף וָרֹאשׁ /
פֶּה וָלֵב אֶבְלֹם מִדְּרֹשׁ וּמֵחֲרֹשׁ.

קהל: גֹּבַהּ וְעֹמֶק נְעוּצִים כְּסוֹבֵב / חֲכַם לֵב וְנָבוֹן לֹא יְלֻבָּב.

ש״ץ: סוֹבֵב הַכֹּל וּמָלֵא אֶת כֹּל / וּבִהְיוֹת הַכֹּל אַתָּה בַכֹּל.

קהל: אֵין עָלֶיךָ וְאֵין תַּחְתֶּיךָ / אֵין חוּץ וְאֵין בֵּינוֹתֶיךָ.

ש״ץ: אֵין מַרְאֶה וְגַב לְאַחוּדֶךָ / וְאֵין גּוּף לְעֹצֶם יִחוּדֶךָ.

קהל: וְאֵין בְּתָוֶךְ מִמְּךָ נִבְדָּל / וְאֵין מָקוֹם דַּק, מִמְּךָ נֶחְדָּל.

ש״ץ: וְאֵינְךָ נֶאֱצָל מִכֹּל וְנִבְדָּל / וְאֵין מָקוֹם רֵיק מִמְּךָ וְנֶחְדָּל.

קהל: מִקְרֶה וְשִׁנּוּי אֵין בְּךָ נִמְצָא / וְלֹא זְמַן וַעֲרַעַר, וְלֹא כָּל שִׁמְצָה.

ש״ץ: כָּל זְמַן וְכָל עֵת אַתָּה מְכִינָם / אַתָּה עוֹרְכָם וְאַתָּה מְשַׁנָּם.

קהל: כָּל מַדָּע לֹא יַשִּׂיג אוֹתָךְ / אֵין שֵׂכֶל אֲשֶׁר יִמְצָא אוֹתָךְ.

ש״ץ: כְּמִדָּתְךָ כֵּן חָכְמָתֶךָ / כְּגָדְלָתְךָ תְּבוּנָתֶךָ.

קהל: חָכָם אַתָּה מֵאֵלֶיךָ / חַי מֵעַצְמְךָ, וְאֵין כְּגִילֶךָ.

ש״ץ: זוּלַת חָכְמָתְךָ אֵין חָכְמָה / בִּלְתִּי בִינָתְךָ אֵין מְזִמָּה.

קהל: חָלַקְתָּ בְּלֵב חֲכָמִים שֵׂכֶל / וְרוּחֲךָ תְּמַלְּאֵם וְדַעְתָּם תַּשְׂכֵּל.

ש״ץ: מִבַּלְעֲדֵי כֹּחֲךָ אֵין גְּבוּרָה / וּמִבַּלְעֲדֵי עֻזְּךָ אֵין עֶזְרָה.

קהל: אֵין נִכְבָּד כִּי אִם כְּבַדְתּוֹ / וְאֵין גָּדוֹל כִּי אִם גִּדַּלְתּוֹ.

ש״ץ: כָּל יְקָר וְכָל טוּב מִיָּדֶךָ / לַאֲשֶׁר תַּחְפֹּץ לַעֲשׂוֹת חֲסָדֶיךָ.

קהל: אֵין חֵקֶר לִגְדֻלָּתֶךָ / וְאֵין מִסְפָּר לִתְבוּנָתֶךָ.

ש״ץ: אֵין עוֹד זוּלַת הֲוָיוֹתֶיךָ / חַי וְכֹל תּוּכַל, וְאֵין בִּלְתֶּךָ.

קהל: וְלִפְנֵי הַכֹּל כֹּל הָיִיתָ / וּבִהְיוֹת הַכֹּל, כֹּל מִלֵּאתָ.

ש״ץ: לֹא לְחָצוּךְ וְלֹא הִטּוּךְ / יְצוּרֶיךָ, אַף לֹא מִעֲטוּךְ.

קהל: בַּעֲשׂוֹתְךָ כֹּל לֹא נִבְדַּלְתָּ / מִתּוֹךְ מְלַאכְתְּךָ לֹא נֶחְדַּלְתָּ.

ש״ץ: בַּעֲשׂוֹתְךָ אֶת הַשָּׁמַיִם / וְאֶת הָאָרֶץ וְאֶת הַמָּיִם.

קהל: לֹא קֵרְבוּךָ וְלֹא רִחֲקוּךָ / כִּי כָל קִירוֹת לֹא יְחַלְּקוּךָ.

ש״ץ: זֶרֶם מַיִם לֹא יִשְׁטְפֶךָ / וְרוּחַ כַּבִּיר לֹא יֶהְדְּפֶךָ.

קהל: אַף כָּל טִנֹּפֶת לֹא תְטַנְּפֶךָ / אֵשׁ אֹכְלָה, אֵשׁ לֹא תִשְׂרְפֶךָ.

ש״ץ: לַהֲוָיָתְךָ אֵין חִסָּרוֹן / וּלְיִחוּדְךָ אֵין יִתָּרוֹן.

קהל: כְּמוֹ הָיִיתָ לְעוֹלָם תִּהְיֶה / חָסֵר וְעֹדֵף בְּךָ לֹא יִהְיֶה.

ש״ץ: וְשִׁמְךָ מְעִידְךָ כִּי הָיִיתָ / וְהֹוֶה וְתִהְיֶה וּבַכֹּל אָתָּה.

קהל: הֹוֶה לְעוֹלָם וְכֵן נוֹדַעְתָּ / נְעִידְךָ וְכֵן בְּךָ הָעִידוֹת.

ש״ץ: שָׁאַתָּה הוּא, וְהֹוֶה בַּכֹּל / שֶׁלְּךָ הַכֹּל וּמִמְּךָ הַכֹּל.
קהל: שְׁמוֹת יְקָרְךָ יַעֲנוּ וְיָעִידוּ / בְּתֹקֶף יְקָרְךָ בְּךָ יְסַהֵידוּ.

ליום רביעי

ש״ץ: אֲרוֹמֵם אֱלֹהֵי אָבִי, וְאֵלִי / אַנְוֶה אֱלֹהַי, צוּרִי וְגוֹאֲלִי.
קהל: אֲיַחֵד אֱלֹהֵי הַשָּׁמַיִם / וְהָאָרֶץ, בְּכָל יוֹם פַּעֲמָיִם.

ש״ץ: אֵל חַי אֶחָד הוּא בְרָאָנוּ / אֲבִיר יִשְׂרָאֵל אָב לְכֻלָּנוּ.
קהל: אֲדוֹנֵינוּ, אֲדוֹן כָּל הָאָרֶץ / אַדִּיר שִׁמְךָ בְּכָל־הָאָרֶץ: תהלים ח

ש״ץ: אֵין כָּאֵל אֵשׁ אֹכְלָה וְקַנָּא / לְעוֹלָם יהוה אֱמֶת, אֵל אֱמוּנָה.
קהל: אוֹרִי וְיִשְׁעִי, מָעוֹז חַיַּי / עָלָיו תְּלוּיִים כָּל מַאֲוַיַּי.

ש״ץ: אֱלֹהִים אֱמֶת הוּא, אֱלֹהִים חַיִּים / לֹא יָכִילוּ זַעְמוֹ גּוֹיִם.
קהל: אַדִּיר וְאַמִּיץ כֹּחַ וְרַב אוֹנִים / אֱלֹהֵי הָאֱלֹהִים וַאֲדֹנֵי הָאֲדֹנִים: דברים י

ש״ץ: אֱלוֹהַּ עוֹשִׂי, אִישִׁי וּבוֹעֲלִי / אַלּוּף נְעוּרַי, שׁוֹמְרִי וְצִלִּי.
קהל: בּוֹרֵא כֹל, וְיִשְׂרָאֵל גּוֹאֵל / בָּרוּךְ אֱלֹהִים אֱלֹהֵי יִשְׂרָאֵל: תהלים עב

ש״ץ: בּוֹרֵא רוּחַ, הָרִים יוֹצֵר / מִמְּךָ מְזִמָּה לֹא יִבָּצֵר.
קהל: גֵּאֶה, מֵשִׁיב גְּמוּל עַל גֵּאִים / עַל הָרָמִים וְעַל הַנִּשָּׂאִים.

ש״ץ: גִּבּוֹר בְּקוּמוֹ לַעֲרֹץ בְּעֶבְרָה / מֵהֲדַר גְּאוֹנוֹ, מִי לֹא יִירָא.
קהל: גָּבֹהַּ, כָּל אֲשֶׁר תַּחְתָּיו נוֹשֵׂא / וּגְדָל כֹּחַ, גְּדוֹלוֹת עוֹשֶׂה.

ש״ץ: גָּדוֹל הוּא וּשְׁמוֹ בִּגְבוּרָה / אַרְיֵה שָׁאָג, מִי לֹא יִירָא: עמוס ג
קהל: דּוֹדִי, דָּגוּל הוּא מֵרְבָבָה / אֵל נַעֲרָץ בְּסוֹד־קְדֹשִׁים רַבָּה: שיר השירים ה
תהלים פט

ש״ץ: דַּיָּן, יָתִיב כְּעַתִּיק יוֹמִין / וּצְבָאוֹ עַל שְׂמֹאל וְעַל יָמִין.
קהל: הֲדָרוֹ וְהוֹדוֹ עַל בְּנֵי עֲבָדָיו / הָדוּר, הָדָר הוּא לְכָל חֲסִידָיו.

ש״ץ: הוּא אֵל אֱלֹהֵי הָרוּחוֹת לְכָל / בָּשָׂר, שׁוֹמֵעַ תְּפִלָּה מִכֹּל.
קהל: וַדַּאי, וָתִיק, יוֹדֵעַ וָעֵד / יהוה יִמְלֹךְ לְעֹלָם וָעֶד: שמות טו

ש״ץ: וַאֲשֶׁר חָרֵב גַּאֲוָתֵנוּ / עֶזְרֵנוּ וּמָגִנֵּנוּ.
קהל: זוֹכֵר לְעוֹלָם בְּרִית רִאשׁוֹנִים / כְּיוֹם אֶתְמוֹל לוֹ, אֶלֶף שָׁנִים.

ש״ץ: זֶה אֱלֹהֵינוּ וְלוֹ קִוִּינוּ / וְזִמְרַת יָהּ, הוּא יוֹשִׁיעֵנוּ.
קהל: חֵלֶק יַעֲקֹב, יוֹצֵר הַכֹּל / חַנּוּן יהוה וְחָסִיד בַּכֹּל.

ש״ץ: חֵי הָעוֹלָם יהוה חֶלְקִי / חֲכַם הָרָזִים יהוה חִזְקִי.
קהל: טוֹב וּמֵטִיב, הַמְלַמֵּד דֵּעָה / טְהוֹר עֵינַיִם מֵרְאוֹת בְּרָעָה.

ש״ץ: יָשָׁר יהוה וְיָשָׁר דְּבָרוֹ / יְדִידֵי יְדִידוּת, מִשְׁכְּנוֹת דְּבִירוֹ.
קהל: יוֹעֵץ וְגוֹזֵר, מִי יְפִירֶנָּה / וַיַּחְתֹּךְ וְיִפְעַל, מִי יְשִׁיבֶנָּה.

ש״ץ: יָפֶה דוֹדִי, יָפְיוֹ וְטוּבוֹ / יִרְאוּ, וְיֶחֱזוּ צִיּוֹן בְּשׁוּבוֹ.
קהל: כַּגִּבּוֹר יֵצֵא כְּאִישׁ מִלְחָמוֹת / יָעִיר קִנְאָה לַעֲשׂוֹת נְקָמוֹת.

ש״ץ: כְּנֶשֶׁר, עַל כַּנְפֵי נְשָׁרִים / נָשָׂא עֲבָדָיו, וְיִשֵּׁר הֲדוּרִים.
קהל: כְּדֹב שַׁכּוּל וּכְנָמֵר שַׁחַל / כְּרָקָב וּכְעָשׁ, וְרוּחוֹ כְּנַחַל.

ש״ץ: כְּדֹב שַׁכּוּל וּכְנָמֵר שׁוֹקֵד / דְּבָרוֹ לַעֲשׂוֹת כְּמַקֵּל שָׁקֵד.
קהל: כַּבִּיר כֹּחַ, לֵב כְּמוֹ שָׁחַל / כְּלָבִיא וְכַאֲרִי, וְרוּחוֹ כְּנָחַל.

ש״ץ: כְּאֶרֶז בָּחוּר בִּגְדֻלָּתוֹ / כִּבְרוֹשׁ רַעֲנָן עַנְוְתָנוּתוֹ.
קהל: כְּתַפּוּחַ בְּרֵיחוֹ, עֹז אַהֲבָתוֹ / עַל עַם יִשְׂרָאֵל גַּאֲוָתוֹ.

ש״ץ: כְּתַפּוּחַ בַּעֲצֵי הַיַּעַר / כֵּן דּוֹדִי עִם יוֹשְׁבֵי שָׁעַר. שיר השירים ב
קהל: כַּבִּיר כֹּחַ, לְמַרְגִּיזֵי אֵל / נוֹקֵם, וְכַטַּל הוּא לְיִשְׂרָאֵל.

ש״ץ: כּוֹסִי, מְנָת חֶלְקִי וְגוֹרָלִי / אֲנִי לְדוֹדִי נַחֲלָה וְדוֹדִי לִי.
קהל: כְּבוֹדִי יהוה לֹא אֲמִירֵנוּ / הֶאֱמַרְנוּהוּ וְהֶאֱמִירָנוּ.

ש״ץ: כְּאַרְיֵה יִשְׁאַג וְכַכְּפִיר יִנְהֹם / אַל יְהִיֶה כְּגֵר, וּכְאִישׁ נִדְהָם.
קהל: כְּרוֹעֶה גִּבּוֹר, אֲשֶׁר לֹא יוּכַל / צֹאנוֹ לְהַצִּיל, וְהָיָה לְמַאֲכָל.

ש״ץ: כְּגִבּוֹר אֵין אֱיָל, וּכְאוֹרֵחַ / נָס וּבוֹרֵחַ, מַר צוֹרֵחַ.
קהל: כְּאַרְיֵה מַשְׁחִית וְכַכְּפִיר לְעֹזְבָיו / כְּרָקָב גַּם כְּעָשׁ לְאוֹיְבָיו.

ש״ץ: כַּבִּיר כֹּחַ כְּשָׁמִיר וָשַׁיִת / וְלֹא יַשְׁאִיר כְּנֹקֶף זַיִת.
קהל: כְּשָׁמִיר וָשַׁיִת, צָרִים יְמַגֵּן / כְּצִפֳּרִים עָפוֹת לְעִירוֹ יָגֵן.

ש״ץ: כְּגִשְׁמֵי נְדָבָה לָנוּ יָבֹא / כְּמַלְקוֹשׁ וְכַטַּל לַדְּבֵקִים בּוֹ.
קהל: כְּנֶשֶׁר יְרַחֵף עַל גּוֹזָלָיו / וּבְצֵל כְּנָפָיו יֶחֱסוּ מְיַחֲלָיו.

ש״ץ: כְּצִפֳּרִים, עַל עִירוֹ יָגֵן / וּבְצֵל כְּנָפָיו רְנָנוֹת נְנַגֵּן.
קהל: לְבַדּוֹ הוּא, וְנִפְלָאוֹת גְּדוֹלוֹת / עוֹשֶׂה אֵל נוֹרָא עֲלִילוֹת.

ש״ץ: לִצְבִי וְעֹפֶר דּוֹמֶה דוֹדִי / כִּי יְקַדְּמֵנִי אֱלֹהֵי חַסְדִּי.
קהל: לִפְנֵי עַמּוֹ יְיַשֵּׁר הֲדוּרִים / וַיִּנַּשְּׂאֵם עַל כַּנְפֵי נְשָׁרִים.

ש״ץ: לְעוֹלָם חֶלְקִי הוּא, וְצוּר לְבָבִי / כָּלָה שְׁאֵרִי לְךָ וּלְבָבִי.
קהל: לְבַדּוֹ יהוה הוּא, וְנִפְלָאוֹת / גְּדוֹלוֹת עוֹשֶׂה, וְרַב נוֹרָאוֹת.

ש״ץ: מָקוֹם וּמָעוֹן לְעוֹלָמֶךָ / וְאֵין יוֹדֵעַ אֶת מְקוֹמֶךָ.
קהל: מוֹרָאִי, אֵל רוֹעִי וְיוֹצְרִי / צוּר יְלָדַנִי, מְחוֹלְלִי וְצוּרִי.

ש״ץ: מָרוֹם וּמָעוֹז הוּא לִי, וּמַחְסִי / מִגְדַּל עֹז שֵׁם יהוה, מְנוּסִי.
קהל: מֶלֶךְ יַעֲקֹב, מִשְׂגָּב לָנוּ / הוּא מְחוֹקְקֵנוּ וּמוֹשִׁיעֵנוּ.

ש״ץ: מִגְדּוֹל יְשׁוּעוֹת, מִשְׁעָן יְהִי לִי / מִבְטָח, אֱלֹהִים יהוה חֵילִי.
קהל: מוֹשֵׁל עוֹלָם מַלְכוּתֶךָ / בְּכָל דּוֹר וָדֹר מֶמְשַׁלְתֶּךָ.

ש״ץ: מִי יְתֶנְךָ כְּאָח לִי, לְצָרָה / הוֹשַׁע, כִּי יָדְךָ לֹא קָצְרָה.
קהל: מְקוֹר חַיִּים, מִקְוֵה יִשְׂרָאֵל / לֹא אֶעֱזֹב כִּי מָעֻזִּי אֵל.

ש״ץ: מָגֵן יִשְׁעִי, וְחֶרֶב גַּאֲוָה / לְשִׁמְךָ וּלְזִכְרְךָ נֶפֶשׁ תַּאֲוָה.
קהל: מָגֵן הוּא לְכֹל הַחוֹסִים בּוֹ: / אַשְׁרֵי אָדָם אֲשֶׁר עוֹז לוֹ בוֹ. תהלים יח

ש״ץ: נָבָר וְנָעִים, נָאוֹר וְנוֹרָא / נֶאְדָּר וְנֶאְזָר שְׁמוֹ בִּגְבוּרָה.
קהל: נֶאֱמָן, נֵצַח יִשְׂרָאֵל וְגוֹאֲלוֹ / לֹא יְשַׁקֵּר, אַשְׁרֵי כָּל־חוֹכֵי לוֹ: ישעיה ל

ש״ץ: נֵצַח יְשֻׁרוּן, הָאֵל הַנֶּאֱמָן / מֵאֱלֹהָיו יְהוּדָה לֹא אַלְמָן.
קהל: נִפְלָא עַל כָּל הַנִּפְלָאִים / וּמִתְנַשֵּׂא לְכָל הַנִּשָּׂאִים.

ש״ץ: נִקְדָּשׁ וְנַעֲרָץ, אֱלֹהֵי קְדוֹשִׁי / נָכוֹן וְנִשְׂגָּב, יהוה נִסִּי.
קהל: נוֹקֵם וְנוֹטֵר וּבַעַל חֵמָה / לְצָרָיו, לְאוֹיְבָיו אִישׁ מִלְחָמָה.

ש״ץ: נֵרִי יהוה, בְּהִלּוֹ נֵרוֹ / עֲלֵי רֹאשִׁי, וְנֵר לְרַגְלִי דְּבָרוֹ.
קהל: סוֹמֵךְ וְסוֹעֵד, יהוה סַלְעִי / סוֹבֵל וְסוֹלֵחַ וְנוֹשֵׂא פִשְׁעִי.

ש״ץ: סַהֲדִי יהוה, סַלְעִי וְסִתְרִי / סוֹלֵחַ וְסוֹבֵל, סַעֲדִי וְסִבְרִי.
קהל: סַלְעֵנוּ וּמְצוּדָתֵנוּ / עֶזְרָתֵנוּ וּמְפַלְטֵנוּ.

ש״ץ: עִזּוּז וְגִבּוֹר, עֻזִּי וְעֶזְרִי / עֶלְיוֹן, עֹז לִי, אַל יְהִי עָרִי.
ישעיה מה קהל: עִיר וְקַדִּישׁ שָׁת סְבִיבָיו סֵתֶר / אָכֵן אַתָּה אֵל מִסְתַּתֵּר:

ש״ץ: עַד מְמַהֵר לְשַׁלֵּם גְּמוּל לְאוֹיְבָיו / שֹׁמֵר הַבְּרִית וְהַחֶסֶד לְאֹהֲבָיו.
קהל: פָּדָה אֶת אַבְרָהָם יְדִידוֹ / הוּא יִפְדֶּה יִשְׂרָאֵל עַבְדּוֹ.

ש״ץ: פַּחַד יִצְחָק יִתֵּן פַּחְדּוֹ / עַל צָרֵי בְּנֵי יַעֲקֹב עַבְדּוֹ.
קהל: פּוֹעֲלִי חוֹקֵר וְדוֹרֵשׁ וּבוֹדֵק / כָּל לְבָבוֹת, לוֹ אֶתֵּן צֶדֶק.

ש״ץ: צְרוֹר הַמֹּר, אֶשְׁכּוֹל הַכֹּפֶר / נוֹתֵן לְעַמּוֹ צָרָיו כֹּפֶר.
קהל: צַח וְאָדוֹם, דּוֹד בְּצִבְאָיו אוֹת / עַל כֵּן נִקְרָא יהוה צְבָאוֹת.

ש״ץ: צַדִּיק יהוה הַצּוּר תָּמִים / אֶבְטַח עֲדֵי עַד בְּצוּר עוֹלָמִים.
ישעיה ו קהל: צְבָא הַשָּׁמַיִם מִשְׁתַּחֲוִים לוֹ / שְׂרָפִים עֹמְדִים מִמַּעַל לוֹ:

ש״ץ: קָדוֹשׁ הוּא בְּכָל מִינֵי קְדֻשּׁוֹת / כִּתּוֹת שָׁלֹשׁ, קָדוֹשׁ מְשַׁלְּשׁוֹת.
קהל: קַיָּם לְעָלְמִין אֱלָהָא חַיָּא / מָרֵא דִי אַרְעָא וְדִי שְׁמַיָּא.

ש״ץ: קוֹנִי מְרַחֵם, מְקַנֵּא לְשׂוֹנְאָיו / קֶרֶן יִשְׁעִי, קָרוֹב לְקוֹרְאָיו.
קהל: רָחוֹק מִכֹּל, וְאֶת כֹּל רוֹאֶה / כִּי רָם יהוה וְשָׁפָל יִרְאֶה.

ש״ץ: רוֹעִי יהוה, לֹא אֶחְסַר כֹּל / וְרַב כֹּחַ וְרַב חֶסֶד לַכֹּל.
קהל: רַחוּם יהוה, רוֹפֵא וּמְחַבֵּשׁ / לִשְׁבוּרֵי לֵב, וְעָוֹן כּוֹבֵשׁ.

ש״ץ: רֵעִי כֻּלּוֹ הוּא מַחֲמַדִּים / מִשְׁפָּטָיו אֱמֶת, מְתוּקִים וְנֶחֱמָדִים.
קהל: רִאשׁוֹן וְאַחֲרוֹן, מֵעוֹלָם וָעֶד / עוֹלָם, אַתָּה אֵל שׁוֹכֵן עַד.

ש״ץ: שַׁלִּיט, מֶלֶךְ שְׁמַיָּא, בְּכָל דָּר וְדָר / לֵהּ אֲנָא מְשַׁבַּח, מְרוֹמֵם וּמְהַדֵּר.

קהל: שֶׁמֶשׁ וּמָגֵן יהוה אֱלֹהִים: / שׁוֹפֵט צֶדֶק וּמַשְׁפִּיל גְּבוֹהִים. תהלים פד

ש״ץ: שַׂגִּיא כֹחַ, לֹא מְצָאנֻהוּ / יַשְׂגִּיב בְּכֹחוֹ, וּמִי כָמְוֹהוּ.

קהל: שְׁלֹמֹה שְׁמוֹ, כִּי שֶׁלּוֹ שָׁלוֹם / כִּי יְדַבֵּר אֶל חֲסִידָיו שָׁלוֹם.

ש״ץ: שֵׁם יהוה אֶהְיֶה אֲשֶׁר אֶהְיֶה / כְּתוֹעֲפֹת רְאֵם לוֹ, כִּכְפִיר וּכְאַרְיֵה.

קהל: שַׁדַּי מְאוֹרִי, מַלְכִּי וְאֵלִי / הַלְלוּיָהּ שְׁמוֹ נַפְשִׁי הַלְלִי.

ש״ץ: תִּתַּמֵּם עִם יוֹשְׁבֵי נְטָעִים / הַשָּׂרִיגִים שְׁלֹשֶׁת הָרוֹעִים.

קהל: תִּתְחַסַּד, תִּתָּבַר עִמָּם / וְעִם עִקְּשִׁים תִּתַּפַּל לְהָמָם.

ש״ץ: תָּמִים דַּרְכְּךָ, תַּקִּיף מִכֹּל / תּוּכַל לְבַדְּךָ לַעֲשׂוֹת אֶת כֹּל.

קהל: תּוֹחַלְתִּי וְסִבְרִי וְתִקְוָתִי / תַּאֲוַת נַפְשִׁי וּתְשׁוּקָתִי.

ש״ץ: תְּהִלָּתִי וְתִפְאַרְתִּי וְעֻזִּי / מִמְּעֵי אִמִּי גּוֹחִי וְגוֹזִי.

קהל: תְּמִים דֵּעִים, אֵל דֵּעוֹת אֶחָד / כָּל הַלְּבָבוֹת דּוֹרֵשׁ יָחַד.

ליום חמישי

ש״ץ: מִי כָמְוֹךָ, דֵּעָה מוֹרֶה / נִיב שְׂפָתַיִם אַתָּה בוֹרֵא.

קהל: מַחְשְׁבֹתֶיךָ עָמְקוּ וָרָמוּ / וּשְׁנוֹתֶיךָ לֹא יִתָּמּוּ: תהלים קב

ש״ץ: לֹא לִמְדוֹד חָכְמָתֶךָ / וְלֹא הֶבִין תְּבוּנָתֶךָ.

קהל: לֹא קִבַּלְתָּ מַלְכוּתֶךָ / וְלֹא יָרַשְׁתָּ מֶמְשַׁלְתֶּךָ.

ש״ץ: לְעוֹלָם יְהִי לְךָ לְבַדֶּךָ / וְלֹא לַאֲחֵרִים, כְּבוֹד הוֹדֶךָ.

קהל: וְלֹא תִתֵּן לֵאלֹהִים אֲחֵרִים / תְּהִלָּתְךָ, לַפְּסִילִים וְזָרִים.

ש״ץ: וְכָבוֹד וְגַם כָּל יְקָר מֵאִתָּךְ / וּכְבוֹדְךָ לֹא לְזָרִים אִתָּךְ.

קהל: אַתָּה תָּעִיד בְּיִחוּדֶךָ / וְתוֹרָתֶךָ וַעֲבָדֶיךָ.

ש״ץ: אֱלֹהֵינוּ, עַל יִחוּדֶךָ / אַתָּה עֵד אֱמֶת, וַאֲנַחְנוּ עֲבָדֶיךָ.
קהל: לְפָנֶיךָ, לֹא אֵל הִקְדִּימְךָ / וּבִמְלַאכְתְּךָ אֵין זָר עִמָּךְ.

ש״ץ: לֹא נוֹעַצְתָּ וְלֹא לָמַדְתָּ / בְּחַדֶּשְׁךָ בְּרִיּוֹת, כִּי נְבוֹנוֹתָ.
קהל: מִמַּעֲמַקֵּי מַחְשְׁבוֹתֶיךָ / וּמִלִּבְּךָ, כָּל פְּעֻלּוֹתֶיךָ.

ש״ץ: קְצוֹת דְּרָכֶיךָ הֲלֹא הִכַּרְנוּ / וּמִמַּעֲשֶׂיךָ הֵן יָדָעְנוּ.
קהל: שֶׁאַתָּה אֵל, כֹּל יָצַרְתָּ / לְבַדֶּךָ, מְאוּמָה לֹא נִגְרַעְתָּ.

ש״ץ: לַעֲשׂוֹת מְלַאכְתְּךָ, לֹא לְחַצְתָּ / וְגַם לְעֵזֶר לֹא נִצְרַכְתָּ.
קהל: כִּי הָיִיתָ לִפְנֵי הַכֹּל / וְאָז בְּאֵין כֹּל, לֹא נִצְרַכְתָּ כֹּל.

ש״ץ: כִּי מֵאַהֲבָתְךָ עֲבָדֶיךָ / כֹּל בָּרָאתָ לִכְבוֹדֶךָ.
קהל: וְלֹא נוֹדַע אֵל זוּלָתֶךָ / וְאֵין כָּמוֹךָ וְאֵין בִּלְתֶּךָ.

ש״ץ: וְלֹא נִשְׁמַע מִן אָז וָהָלְאָה / וְלֹא קָם וְלֹא נִהְיָה וְלֹא נִרְאָה.
קהל: וְגַם אַחֲרֶיךָ לֹא יִהְיֶה אֵל / רִאשׁוֹן וְאַחֲרוֹן, אֵל יִשְׂרָאֵל.

זכריה יד ש״ץ: בָּרוּךְ אַתָּה, יָחִיד וּמְיֻחָד / יהוה אֶחָד וּשְׁמוֹ אֶחָד:
קהל: אֲשֶׁר מִי יַעֲשֶׂה כִּמְלַאכְתֶּךָ / כְּמַעֲשֶׂיךָ וְכִגְבוּרֹתֶךָ.

ש״ץ: אֵין יְצִיר זוּלַת יְצִירָתֶךָ / וְאֵין בְּרִיאָה כִּי אִם בְּרִיאָתֶךָ.
קהל: כָּל אֲשֶׁר תַּחְפֹּץ, תַּעֲשֶׂה בַכֹּל / כִּי אַתָּה נַעֲלֵיתָ עַל כֹּל.

ש״ץ: אֵין כָּמוֹךָ וְאֵין בִּלְתֶּךָ / כִּי אֵין אֱלֹהִים זוּלָתֶךָ.
תהלים עז קהל: אַתָּה הָאֵל עֹשֵׂה פֶלֶא: / וְדָבָר מִמְּךָ לֹא יִפָּלֵא.

ש״ץ: מִי כָמוֹךָ נוֹרָא תְהִלּוֹת / אֱלֹהִים לְבַדֶּךָ עוֹשֶׂה גְדוֹלוֹת.
קהל: אֵין אוֹתוֹת כְּמוֹ אוֹתוֹתֶיךָ / אַף אֵין מוֹפֵת כְּמוֹ מוֹפְתֶיךָ.

ש״ץ: אֵין תְּבוּנָה כִּתְבוּנָתֶךָ / אֵין גְּדֻלָּה כִּגְדֻלָּתֶךָ.
קהל: כִּי מְאֹד עָמְקוּ מַחְשְׁבוֹתֶיךָ / וְגָבְהוּ דַּרְכֵי אָרְחוֹתֶיךָ.

ש״ץ: אֵין גַּאֲוָה כְּמוֹ גַּאֲוָתֶךָ / אַף אֵין עֲנָוָה כְּעַנְוָתֶךָ.
קהל: אֵין קְדֻשָּׁה כִּקְדֻשָּׁתֶךָ / אֵין קְרֵבוּת כְּמוֹ קְרֵבוּתֶךָ.

ש״ץ: אֵין צְדָקָה כְּמוֹ צִדְקָתֶךָ / אֵין תְּשׁוּעָה כִּתְשׁוּעָתֶךָ.

קהל: אֵין זְרוֹעַ כִּזְרוֹעוֹתֶיךָ / אֵין קוֹל כְּרַעַם גְּבוּרוֹתֶיךָ.

ש״ץ: אֵין רַחֲמִים כְּרַחֲמָנוּתֶךָ / אֵין חֲנִינוּת כַּחֲנִינוּתֶךָ.

קהל: אֵין אֱלָהוּת כֵּאלָהוּתֶךָ / וְאֵין מַפְלִיא כְּשֵׁם תִּפְאַרְתֶּךָ.

ש״ץ: כִּי שְׁמוּעֶיךָ אֵלִים מְרוּצִים / בְּזָכְרְךָ לְחוּצִים, לְהַפְלִיא נְחוּצִים.

קהל: וְאַשָּׁף וְחַרְטֹם לֹא יְלַחֲצוּךָ / וְכָל שֵׁם וְלַהַט לֹא יְנַצְּחוּךָ.

ש״ץ: לֹא יְנַצְּחוּךָ כָּל הַחֲכָמִים / כָּל הַקּוֹסְמִים וְהַחַרְטֻמִּים.

קהל: אַתָּה מֵשִׁיב לְאָחוֹר חֲכָמִים / לֹא יוּכְלוּ לְךָ עֲרוּמִים וְקוֹסְמִים.

ש״ץ: לְהָשִׁיב לְאָחוֹר מְזִמּוֹתֶיךָ / לְהָפֵר עֲצַת סוֹד גְּזֵרָתֶךָ.

קהל: מֵרְצוֹנְךָ לֹא יַעֲבִירוּךָ / לֹא יְמַהֲרוּךָ וְלֹא יְאַחֲרוּךָ.

ש״ץ: עֲצָתְךָ תָּפֵר עֲצַת כָּל יוֹעֲצִים / וְעֻזְּךָ מַחֲלִישׁ לֵב אַמִּיצִים.

קהל: אַתָּה מְצַוֶּה, וּפַחְדְּךָ מַשְׁוֶה / וְאֵין עָלֶיךָ פָּקִיד וּמְצַוֶּה.

ש״ץ: אַתָּה מְקֻוֶּה וְאֵינְךָ מְקַוֶּה / לְךָ כָּל מְקַוֶּה נֶפֶשׁ תְּרַוֶּה.

קהל: וְכָל הַיְצוּרִים וְכָל עִנְיָנָם / וְכָל יְקָר אֲשֶׁר בְּךָ, אֵין דִּמְיוֹנָם.

ש״ץ: לֹא מַחְשְׁבוֹתָם מַחְשְׁבוֹתֶיךָ / כִּי אֵין בּוֹרֵא זוּלָתֶךָ.

קהל: לְאֵין דִּמְיוֹן, נִפְלָא אֱלֹהֵינוּ / לְאֵין חֵקֶר, נִשְׂגָּב אֲדוֹנֵנוּ.

ש״ץ: סָתוּר מִכָּל סָתוּר, וְעָמוּס / מִכָּל עָמוּס, וּמִכָּל כָּמוּס.

קהל: דַּק מִכָּל דַּק, וְצָפוּן מִכֹּל / צָפוּן, וְיָכוֹל מִכָּל יָכוֹל.

ש״ץ: נִשְׂגָּב מִכָּל נִשְׂגָּב, וְנֶעְלָם / מִכָּל נֶעְלָם, וּשְׁמוֹ לְעוֹלָם.

קהל: גָּבֹהַּ מִכָּל גָּבֹהַּ, וְעֶלְיוֹן / מִכָּל עֶלְיוֹן וּמִכָּל חֶבְיוֹן.

ש״ץ: חָבוּי וְעָמוּק מִכָּל עָמוּק / לֵב כָּל דַּעַת עָלָיו חָמוּק.

קהל: שֶׁאֵין שֵׂכֶל וּמַדָּע וְחָכְמָה / יְכוֹלִים לְהַשְׁווֹת לוֹ כָּל מְאוּמָה.

ש״ץ: לֹא מַשִּׂיגִים לוֹ אֵיךְ וְכַמָּה / לֹא מוֹצְאִים לוֹ דָּבָר דּוֹמֶה.
קהל: מִקְרֶה וְעֵרְעֵר וְשִׁנּוּי וְטָפֵל / וְחֶבֶר וּמִסְמָךְ, אוֹר וְגַם אֹפֶל.

ש״ץ: וְלֹא מוֹצְאִים לוֹ מַרְאֶה וְצֶבַע /
וְלֹא כָל טֶבַע אֲשֶׁר שֵׁשׁ וָשֶׁבַע.
קהל: לָכֵן נְבוּכוֹת כָּל עֶשְׁתּוֹנוֹת / וְנִבְהָלוֹת כָּל הַחֶשְׁבּוֹנוֹת.

ש״ץ: וְכָל שַׂרְעַפִּים וְכָל הַרְהוֹרִים / נִלְאִים לָשׂוּם בּוֹ שִׁעוּרִים.
קהל: מִלְּשַׁעֲרֵיהוּ וּמִלְּהַגְבִּילֵיהוּ / מִלְּתָאֳרֵיהוּ וּמִלְּפַרְסְמֵיהוּ.

ש״ץ: בְּכָל שִׂכְלֵנוּ חִפַּשְׂנוּהוּ / בְּמַדָּעֵנוּ, לִמְצֹא מַה הוּא.
קהל: לֹא מְצָאנוּהוּ וְלֹא יְדַעְנוּהוּ / אַךְ מִמַּעֲשָׂיו הִכַּרְנוּהוּ.

ש״ץ: שֶׁהוּא לְבַדּוֹ יוֹצֵר אֶחָד / חַי וְכֹל יוּכַל וְחָכָם מְיֻחָד.
קהל: כִּי הוּא הָיָה לַכֹּל קֶדֶם / עַל כֵּן נִקְרָא אֱלֹהֵי קֶדֶם.

ש״ץ: בַּעֲשׂוֹתוֹ בְּלִי כֹל אֶת הַכֹּל / יָדַעְנוּ כִּי הוּא כֹּל יָכוֹל.
קהל: בַּאֲשֶׁר מַעֲשָׂיו, בְּחָכְמָה כֻּלָּם / יָדַעְנוּ כִּי בְּבִינָה פְּעָלָם.

ש״ץ: בְּכָל יוֹם וָיוֹם, בְּחַדְּשׁוֹ כֻלָּם / יָדַעְנוּ כִּי הוּא אֱלֹהֵי עוֹלָם.
קהל: בַּאֲשֶׁר הָיָה קֹדֶם לְכֻלָּם / יָדַעְנוּ כִּי הוּא חַי לְעוֹלָם.

ש״ץ: וְאֵין לְהַרְהֵר אַחַר יוֹצְרֵנוּ / בְּלִבֵּנוּ, וְלֹא בְּסִפּוּרֵנוּ.
קהל: לְמֶמֶשׁ וְגֹדֶשׁ לֹא נְשַׁעֲרֵהוּ / לְטָפֵל וְתֹאַר לֹא נְדַמֵּהוּ.

ש״ץ: וְלֹא נַחְשְׁבֵהוּ לְעִקָּר וְנִצָּב / וְלֹא לְמִין וְכָל אוֹן, וּלְכָל נִקְצָב.
קהל: כָּל הַנִּרְאִים וְהַנִּשְׂכָּלִים / וְהַמַּדָּעִים בְּעֶשֶׂר כְּלוּלִים.

ש״ץ: וְשֶׁבַע כַּמִּיּוֹת וְשֵׁשֶׁת נִדּוֹת / וְשָׁלֹשׁ גְּזֵרוֹת וְעִתּוֹת וּמִדּוֹת.
קהל: הֵן בַּבּוֹרֵא אֵין גַּם אֶחָד / כִּי הוּא בְּרָאָם כֻּלָּם יָחַד.

ש״ץ: כֻּלָּם יִבְלוּ, אַף יַחֲלוֹפוּ / הֵם יֹאבֵדוּ וְאַף יָסוּפוּ.
קהל: וְאַתָּה תַעֲמֹד וּתְבַלֶּה כֻלָּם / כִּי חַי וְקַיָּם אַתָּה לְעוֹלָם.

ליום ששי

ש״ץ: אַתָּה לְבַדְּךָ, יוֹצֵר כֹּל הוּא / וְלֹא יִדְמֶה מַעֲשֶׂה לְעוֹשֵׂהוּ.
קהל: כָּל הָאֲרָצוֹת לֹא יְכִילְוּךָ / וְאַף שָׁמַיִם לֹא יְכַלְכְּלְוּךָ.

ש״ץ: אָז יָחִילוּ מַיִם חַיִּים / מִפָּנֶיךָ אֱלֹהִים חַיִּים.
קהל: רָעֲשָׁה אֶרֶץ, וְנָסוּ מַיִם / וְדָאֲבוּ מַיִם אַף שָׁמַיִם.

ש״ץ: נוֹטֶה לְבַדְּךָ הַשָּׁמַיִם / רֹקַע הָאָרֶץ עַל־הַמָּיִם: תהלים קלו
קהל: עָשִׂיתָ כָּל חֶפְצְךָ לְבַדְּךָ / וְלֹא נִצְרַכְתָּ עֵזֶר כְּנֶגְדֶּךָ.

ש״ץ: סוֹעֵד, אֵין מִי יִסְעָדֶךָ / הַכֹּל מִמְּךָ וּמִיָּדֶךָ.
קהל: כְּכֹחֲךָ אָז כֵּן עַתָּה, וְדַעְתְּךָ / וּלְעוֹלָם כָּל כְּבוֹדְךָ אִתָּךְ.

ש״ץ: וְלֹא יָעַפְתָּ וְלֹא יָגַעְתָּ / כִּי בִמְלַאכְתְּךָ לֹא עָמַלְתָּ.
קהל: כִּי בִדְבָרְךָ כָּל יְצוּרֶיךָ / וּמַעֲשֵׂה חֶפְצְךָ בְּמַאֲמָרֶיךָ.

ש״ץ: וְלֹא אִחַרְתּוֹ וְלֹא מִהַרְתּוֹ / הַכֹּל עֲשִׂיתוֹ יָפֶה בְעִתּוֹ.
קהל: מִבְּלִי מְאוּמָה כֹּל חִדַּשְׁתָּ / וְאֶת הַכֹּל בְּלִי כְלִי פָּעַלְתָּ.

ש״ץ: וְעַל לֹא יְסוֹד, הַכֹּל יָסַדְתָּ / בִּרְצוֹן רוּחֲךָ כֹּל תָּלִיתָ.
קהל: זְרוֹעוֹת עוֹלָם אֶת כֹּל נוֹשְׂאוֹת / מֵרֹאשׁ וְעַד סוֹף וְאֵינָם נִלְאוֹת.

ש״ץ: בְּעֵינֶיךָ לֹא דָבָר הִקְשָׁה / רְצוֹנְךָ כָּל דָּבָר, רוּחֲךָ עוֹשָׂה.
קהל: לִפְעֻלָּתְךָ לֹא דִמִּיתָ / אֶל כָּל תֹּאַר לֹא שִׁוִּיתָ.

ש״ץ: וְלֹא קָדְמָה לִמְלַאכְתְּךָ מְלָאכָה / חָכְמָתְךָ הִיא הַכֹּל עָרְכָה.
קהל: לִרְצוֹנְךָ לֹא קִדְּמוּ וְאֵחֲרוּ / וְעַל חֶפְצְךָ לֹא נוֹסְפוּ וְחָסֵרוּ.

ש״ץ: מִכָּל חֶפְצְךָ לֹא שָׁכַחְתָּ / וְדָבָר אֶחָד לֹא חִסַּרְתָּ.
קהל: לֹא הֶחְסַרְתָּ וְלֹא הֶעֱדַפְתָּ / וְדָבָר רֵיק בָּם לֹא פָעַלְתָּ.

ש״ץ: אַתָּה תְשַׁבְּחֵם וּמִי הִתְעִיבָם / וְשֶׁמֶץ דָּבָר לֹא נִמְצָא בָם.
קהל: הַחִלּוֹתָ בְּחָכְמָה, עֲשִׂיתָם / בִּתְבוּנָה, וּבְדַעַת כִּלִּיתָם.

ש״ץ: מֵרֵאשִׁית וְעַד אַחֲרִית עֲשׂוּיִים / בֶּאֱמֶת וּבְיֹשֶׁר, וְטוֹב רְאוּיִים.
קהל: הִקְדַּמְתָּ בְּמַעֲשֵׂי יָדֶיךָ / רֹב רַחֲמֶיךָ וַחֲסָדֶיךָ.

ש״ץ: כִּי רַחֲמֶיךָ וַחֲסָדֶיךָ / הֲלֹא מֵעוֹלָם עַל עֲבָדֶיךָ.
קהל: וְעַד לֹא כָּל חַי הוּכַן לְכַלְכֵּל / לִפְנֵי אוֹכֵל תִּתֵּן אֹכֶל.

ש״ץ: וּמָזוֹן וּמָכוֹן תַּעֲשֶׂה בְּפִי כֹל / צָרְכֵי הַכֹּל, כַּאֲשֶׁר לַכֹּל.
קהל: שְׁלֹשֶׁת יָמִים הָרִאשׁוֹנִים / אָז הֱכִינוֹתָם לָאַחֲרוֹנִים.

ש״ץ: אָז עָטִיתָ אוֹר כַּשַּׂלְמָה / אֶדֶר מְאוֹרוֹת מִמּוּל שַׁלְמָה.
קהל: בְּטֶרֶם כָּל יְצוּר, מְאֹד גָּדַלְתָּ / וְאַחַר כֹּל, מְאֹד נִתְגַּדַּלְתָּ.

ש״ץ: אָז בְּאֵין לְבוּשׁ, הוֹד וְהָדָר לוֹבֵשׁ / עַד לֹא אֹרַג, גֵּאוּת לָבֵשׁ.
קהל: אוֹר כַּשַּׂלְמָה וְכַמְעִיל עֹטֶה / שָׁמַיִם כַּיְרִיעָה נוֹטֶה.

ש״ץ: עָשִׂיתָ בָּם לְאוֹרִים דְּרָכִים / וְרָצוֹא וָשׁוֹב בְּנַחַת מַהֲלָכִים.
קהל: הִבְדַּלְתָּ בֵּין מַיִם לְמָיִם / בִּמְתִיחַת רְקִיעַ הַשָּׁמָיִם.

ש״ץ: מְזוֹנוֹת מְעוֹנוֹת לְשֶׁרֶץ מַיִם / וְעוֹף יְעוֹפֵף עַל הַשָּׁמָיִם.
קהל: עֵשֶׂב וְחָצִיר לְבַשָּׂה אֲדָמָה / מַאֲכָל לְחַיָּה וּלְכָל בְּהֵמָה.

ש״ץ: בְּקֶרֶן שֶׁמֶן גַּן נָטַעְתָּ / אֶל הָאָדָם אֲשֶׁר עָשִׂיתָ.
קהל: עֵזֶר כְּנֶגְדּוֹ עָשִׂיתָ לוֹ / דֵּי מַחְסוֹרוֹ אֲשֶׁר יֶחְסַר לוֹ.

ש״ץ: כָּל מַעֲשֶׂיךָ, בְּיָדוֹ תַּתָּה / וְתַחַת רַגְלָיו הַכֹּל שַׁתָּה.
קהל: לְהַעֲלוֹת מֵהֶם בָּקָר וָצֹאן / עַל מִזְבַּחֲךָ יַעֲלוּ לְרָצוֹן.

ש״ץ: עָשִׂיתָ לוֹ כְּתֹנֶת לְשָׁרֵת / לְהַדְרַת קֹדֶשׁ וּלְתִפְאֶרֶת.
קהל: שַׂמְתָּ בְּקִרְבּוֹ חָכְמַת אֱלֹהִים / כִּי יְצַרְתּוֹ לְךָ בְּצֶלֶם אֱלֹהִים.

ש״ץ: לֹא מָנַעְתָּ עַל פְּנֵי אֲדָמָה / צָרְכֵי אָדָם, וְכֻלָּם בְּחָכְמָה.
קהל: מַעֲשֶׂיךָ מְאֹד רַבּוּ וְגָדְלוּ / וְשִׁמְךָ יהוה, כֻּלָּם יְהַלְלוּ.

תהלים קמה ש״ץ: רַבּוּ וְגָדְלוּ מְאֹד מַעֲשֶׂיךָ / יוֹדוּךָ יהוה כָּל־מַעֲשֶׂיךָ:
קהל: כֹּל פָּעַלְתָּ לְמַעֲנֶךָ / וְלִכְבוֹדְךָ כָּל קִנְיָנֶךָ.

לשבת

ש״ץ: אָז בְּיוֹם הַשְּׁבִיעִי נַחְתָּ / יוֹם הַשַּׁבָּת, עַל כֵּן בֵּרַכְתָּ.
קהל: וְעַל כָּל פֹּעַל תְּהִלָּה עֲרוּכָה / חֲסִידֶיךָ בְּכָל עֵת יְבָרְכוּכָה.

ש״ץ: בָּרוּךְ יהוה יוֹצֵר כֻּלָּם / אֱלֹהִים חַיִּים וּמֶלֶךְ עוֹלָם: ירמיה י
קהל: כִּי מֵעוֹלָם עַל עֲבָדֶיךָ / רֹב רַחֲמֶיךָ וַחֲסָדֶיךָ.

ש״ץ: וּבְמִצְרַיִם הֶחְלוֹתָ / לְהוֹדִיעַ, כִּי מְאֹד נַעֲלֵיתָ.
קהל: עַל כָּל אֱלֹהִים, בַּעֲשׂוֹת בָּהֶם / שְׁפָטִים גְּדוֹלִים, וּבֵאלֹהֵיהֶם.

ש״ץ: בְּבָקְעֲךָ יָם סוּף, עַמְּךָ רָאוּ / הַיָּד הַגְּדוֹלָה, וַיִּירָאוּ.
קהל: נִהַגְתָּ עַמְּךָ, לַעֲשׂוֹת לְךָ / שֵׁם תִּפְאֶרֶת, לְהַרְאוֹת גָּדְלָךְ.

ש״ץ: וְדִבַּרְתָּ עִמָּם מִן הַשָּׁמַיִם / וְגַם הֶעָבִים נָטְפוּ מָיִם.
קהל: יָדַעְתָּ לֶכְתָּם הַמִּדְבָּר / בְּאֶרֶץ צִיָּה, אִישׁ לֹא עָבַר.

ש״ץ: תַּתָּה לְעַמְּךָ דְּגַן שָׁמַיִם / וְכַעֲפַר שְׁאֵר, וּמִצּוּר מָיִם.
קהל: תְּגָרֵשׁ גּוֹיִם רַבִּים, עַמִּים / יִירְשׁוּ אַרְצָם, וַעֲמַל לְאֻמִּים.

ש״ץ: בַּעֲבוּר יִשְׁמְרוּ חֻקִּים וְתוֹרוֹת / אִמֲרוֹת יהוה אֲמָרוֹת טְהֹרוֹת: תהלים יב
קהל: וַיִּתְעַדְּנוּ בְּמִרְעֶה שָׁמֵן / וּמֵחַלָּמִישׁ צוּר פַּלְגֵי שָׁמֶן.

ש״ץ: בְּנוּחָם בָּנוּ עִיר קָדְשֶׁךָ / וַיְפָאֲרוּ בֵּית מִקְדָּשֶׁךָ.
קהל: וַתֹּאמֶר, פֹּה אֵשֵׁב לְאֹרֶךְ / יָמִים, צֵידָהּ בָּרֵךְ אֲבָרֵךְ: תהלים קלב

ש״ץ: כִּי שָׁם יִזְבְּחוּ זִבְחֵי צֶדֶק / אַף כֹּהֲנֶיךָ יִלְבְּשׁוּ צֶדֶק.
קהל: וּבֵית הַלֵּוִי נְעִימוֹת יְזַמְּרוּ / לְךָ יִתְרוֹעֲעוּ אַף יָשִׁירוּ.

ש״ץ: בֵּית יִשְׂרָאֵל וְיִרְאֵי יהוה / יְכַבְּדוּ וְיוֹדוּ שִׁמְךָ יהוה.
קהל: הֵטִיבוֹתָ מְאֹד לָרִאשׁוֹנִים / כֵּן תֵּיטִיב גַּם לָאַחֲרוֹנִים.

ש״ץ: יהוה תָּשִׂישׂ נָא עָלֵינוּ / כַּאֲשֶׁר שַׂשְׂתָּ עַל אֲבוֹתֵינוּ.
קהל: אוֹתָנוּ לְהַרְבּוֹת וּלְהֵיטִיב / וְנוֹדֶה לְךָ לְעוֹלָם כִּי תֵיטִיב.

ש״ץ: יהוה תִּבְנֶה עִירְךָ מְהֵרָה / כִּי עָלֶיהָ שִׁמְךָ נִקְרָא.
קהל: וְקֶרֶן דָּוִד תַּצְמִיחַ בָּהּ / וְתִשְׁכֹּן לְעוֹלָם יהוה בְּקִרְבָּהּ.

ש״ץ: זִבְחֵי צֶדֶק שָׂמָּה נִזְבְּחָה / וְכִימֵי קֶדֶם תֶּעֱרַב מִנְחָה.
קהל: וּבָרֵךְ עַמְּךָ בְּאוֹר פָּנֶיךָ / כִּי חֲפֵצִים לַעֲשׂוֹת רְצוֹנֶךָ.

ישעיה סד ש״ץ: וּבִרְצוֹנְךָ תַּעֲשֶׂה חֶפְצֵנוּ / הַבֶּט־נָא עַמְּךָ כֻלָּנוּ:
תהלים ג קהל: בְּחַרְתָּנוּ הֱיוֹת לְךָ לְעַם סְגֻלָּה / עַל־עַמְּךָ בִרְכָתֶךָ סֶּלָה:

ש״ץ: וְתָמִיד נְסַפֵּר תְּהִלָּתֶךָ / וּנְהַלֵּל לְשֵׁם תִּפְאַרְתֶּךָ.
קהל: וּמִבִּרְכָתְךָ עַמְּךָ יְבֹרַךְ / כִּי אֵת כֹּל אֲשֶׁר תְּבָרֵךְ מְבֹרָךְ.

ש״ץ: וַאֲנִי בְּעוֹדִי אֲהַלְלָה בוֹרְאִי / וַאֲבָרְכֵהוּ כָּל יְמֵי צְבָאִי.
תהלים קו קהל: יְהִי שֵׁם יהוה מְבֹרָךְ לְעוֹלָם / מִן־הָעוֹלָם וְעַד הָעוֹלָם:

כַּכָּתוּב

דברי הימים א׳ טז
בָּרוּךְ יהוה אֱלֹהֵי יִשְׂרָאֵל מִן־הָעוֹלָם וְעַד־הָעֹלָם
וַיֹּאמְרוּ כָל־הָעָם אָמֵן, וְהַלֵּל לַיהוה:

דניאל ב
עָנֵה דָנִיֵּאל וְאָמַר
לֶהֱוֵא שְׁמֵהּ דִּי־אֱלָהָא מְבָרַךְ מִן־עָלְמָא וְעַד־עָלְמָא
דִּי חָכְמְתָא וּגְבוּרְתָא דִּי־לֵהּ הִיא:

וְנֶאֱמַר

נחמיה ט
וַיֹּאמְרוּ הַלְוִיִּם
יֵשׁוּעַ וְקַדְמִיאֵל בָּנִי חֲשַׁבְנְיָה שֵׁרֵבְיָה הוֹדִיָּה שְׁבַנְיָה פְתַחְיָה
קוּמוּ בָּרְכוּ אֶת־יהוה אֱלֹהֵיכֶם מִן־הָעוֹלָם עַד־הָעוֹלָם
וִיבָרְכוּ שֵׁם כְּבֹדֶךָ, וּמְרוֹמַם עַל־כָּל־בְּרָכָה וּתְהִלָּה:

וְנֶאֱמַר

תהלים קו
בָּרוּךְ יהוה אֱלֹהֵי יִשְׂרָאֵל מִן־הָעוֹלָם וְעַד הָעוֹלָם
וְאָמַר כָּל־הָעָם אָמֵן, הַלְלוּיָהּ:

וְנֶאֱמַר

דברי הימים א׳ כט
וַיְבָרֶךְ דָּוִיד אֶת־יהוה לְעֵינֵי כָּל־הַקָּהָל
וַיֹּאמֶר דָּוִיד
בָּרוּךְ אַתָּה יהוה אֱלֹהֵי יִשְׂרָאֵל אָבִינוּ, מֵעוֹלָם וְעַד־עוֹלָם:

שיר הכבוד

פותחים את ארון הקודש והקהל עומד.

שְׂאוּ שְׁעָרִים רָאשֵׁיכֶם, וְהִנָּשְׂאוּ פִּתְחֵי עוֹלָם, וְיָבוֹא מֶלֶךְ הַכָּבוֹד: תהלים כד
מִי זֶה מֶלֶךְ הַכָּבוֹד, יהוה עִזּוּז וְגִבּוֹר, יהוה גִּבּוֹר מִלְחָמָה:
שְׂאוּ שְׁעָרִים רָאשֵׁיכֶם, וּשְׂאוּ פִּתְחֵי עוֹלָם, וְיָבֹא מֶלֶךְ הַכָּבוֹד:
מִי הוּא זֶה מֶלֶךְ הַכָּבוֹד, יהוה צְבָאוֹת הוּא מֶלֶךְ הַכָּבוֹד סֶלָה:

ש״ץ: אַנְעִים זְמִירוֹת וְשִׁירִים אֶאֱרֹג, כִּי אֵלֶיךָ נַפְשִׁי תַעֲרֹג.
קהל: נַפְשִׁי חִמְּדָה בְּצֵל יָדֶךָ, לָדַעַת כָּל רָז סוֹדֶךָ.

ש״ץ: מִדֵּי דַבְּרִי בִּכְבוֹדֶךָ, הוֹמֶה לִבִּי אֶל דּוֹדֶיךָ.
קהל: עַל כֵּן אֲדַבֵּר בְּךָ נִכְבָּדוֹת, וְשִׁמְךָ אֲכַבֵּד בְּשִׁירֵי יְדִידוֹת.

ש״ץ: אֲסַפְּרָה כְבוֹדְךָ וְלֹא רְאִיתִיךָ, אֲדַמְּךָ אֲכַנְּךָ וְלֹא יְדַעְתִּיךָ.
קהל: בְּיַד נְבִיאֶיךָ בְּסוֹד עֲבָדֶיךָ, דִּמִּיתָ הֲדַר כְּבוֹד הוֹדֶךָ.

ש״ץ: גְּדֻלָּתְךָ וּגְבוּרָתֶךָ, כִּנּוּ לְתֹקֶף פְּעֻלָּתֶךָ.
קהל: דִּמּוּ אוֹתְךָ וְלֹא כְּפִי יֶשְׁךָ, וַיְשַׁוּוּךָ לְפִי מַעֲשֶׂיךָ.

ש״ץ: הִמְשִׁילוּךָ בְּרֹב חֶזְיוֹנוֹת, הִנְּךָ אֶחָד בְּכָל דִּמְיוֹנוֹת.
קהל: וַיֶּחֱזוּ בְךָ זִקְנָה וּבַחֲרוּת, וּשְׂעַר רֹאשְׁךָ בְּשֵׂיבָה וְשַׁחֲרוּת.

ש״ץ: זִקְנָה בְּיוֹם דִּין וּבַחֲרוּת בְּיוֹם קְרָב, כְּאִישׁ מִלְחָמוֹת יָדָיו לוֹ רָב.
קהל: חָבַשׁ כּוֹבַע יְשׁוּעָה בְּרֹאשׁוֹ, הוֹשִׁיעָה לּוֹ יְמִינוֹ וּזְרוֹעַ קָדְשׁוֹ.

ש״ץ: טַלְלֵי אוֹרוֹת רֹאשׁוֹ נִמְלָא, קְוֻצּוֹתָיו רְסִיסֵי לָיְלָה.
קהל: יִתְפָּאֵר בִּי כִּי חָפֵץ בִּי, וְהוּא יִהְיֶה לִּי לַעֲטֶרֶת צְבִי.

ש״ץ: כֶּתֶם טָהוֹר פָּז דְּמוּת רֹאשׁוֹ, וְחַק עַל מֵצַח כְּבוֹד שֵׁם קָדְשׁוֹ.
קהל: לְחֵן וּלְכָבוֹד צְבִי תִפְאָרָה, אֻמָּתוֹ לוֹ עִטְּרָה עֲטָרָה.

ש״ץ: מַחְלְפוֹת רֹאשׁוֹ כְּבִימֵי בְחוּרוֹת, קְוֻצּוֹתָיו תַּלְתַּלִּים שְׁחוֹרוֹת.

קהל: נְוֵה הַצֶּדֶק צְבִי תִפְאַרְתּוֹ, יַעֲלֶה נָּא עַל רֹאשׁ שִׂמְחָתוֹ.

ש״ץ: סְגֻלָּתוֹ תְּהִי בְיָדוֹ עֲטֶרֶת, וּצְנִיף מְלוּכָה צְבִי תִפְאֶרֶת.

קהל: עֲמוּסִים נְשָׂאָם, עֲטֶרֶת עִנְּדָם, מֵאֲשֶׁר יָקְרוּ בְעֵינָיו כִּבְּדָם.

ש״ץ: פְּאֵרוֹ עָלַי וּפְאֵרִי עָלָיו, וְקָרוֹב אֵלַי בְּקָרְאִי אֵלָיו.

קהל: צַח וְאָדֹם לִלְבוּשׁוֹ אָדֹם, פּוּרָה בְדָרְכוֹ בְּבוֹאוֹ מֵאֱדוֹם.

ש״ץ: קֶשֶׁר תְּפִלִּין הֶרְאָה לֶעָנָו, תְּמוּנַת יהוה לְנֶגֶד עֵינָיו.

קהל: רוֹצֶה בְעַמּוֹ עֲנָוִים יְפָאֵר, יוֹשֵׁב תְּהִלּוֹת בָּם לְהִתְפָּאֵר.

ש״ץ: רֹאשׁ דְּבָרְךָ אֱמֶת קוֹרֵא מֵרֹאשׁ דּוֹר וָדוֹר, עַם דּוֹרֶשְׁךָ דְּרֹשׁ.

קהל: שִׁית הֲמוֹן שִׁירַי נָא עָלֶיךָ, וְרִנָּתִי תִּקְרַב אֵלֶיךָ.

ש״ץ: תְּהִלָּתִי תְּהִי לְרֹאשְׁךָ עֲטֶרֶת, וּתְפִלָּתִי תִּכּוֹן קְטֹרֶת.

קהל: תִּיקַר שִׁירַת רָשׁ בְּעֵינֶיךָ, כַּשִּׁיר יוּשַׁר עַל קָרְבָּנֶיךָ.

ש״ץ: בִּרְכָתִי תַעֲלֶה לְרֹאשׁ מַשְׁבִּיר, מְחוֹלֵל וּמוֹלִיד, צַדִּיק כַּבִּיר.

קהל: וּבְבִרְכָתִי תְנַעֲנַע לִי רֹאשׁ, וְאוֹתָהּ קַח לְךָ כִּבְשָׂמִים רֹאשׁ.

ש״ץ: יֶעֱרַב נָא שִׂיחִי עָלֶיךָ, כִּי נַפְשִׁי תַעֲרֹג אֵלֶיךָ.

סוגרים את ארון הקודש.

דברי הימים א׳ כט

לְךָ יהוה הַגְּדֻלָּה וְהַגְּבוּרָה וְהַתִּפְאֶרֶת וְהַנֵּצַח וְהַהוֹד\
כִּי־כֹל בַּשָּׁמַיִם וּבָאָרֶץ\
לְךָ יהוה הַמַּמְלָכָה וְהַמִּתְנַשֵּׂא לְכֹל לְרֹאשׁ:

תהלים קו

◂ מִי יְמַלֵּל גְּבוּרוֹת יהוה\
יַשְׁמִיעַ כָּל־תְּהִלָּתוֹ:

קדיש יתום

אם יש מניין, האבלים עומדים ואומרים קדיש יתום.

אבל: יִתְגַּדַּל וְיִתְקַדַּשׁ שְׁמֵהּ רַבָּא (קהל: אָמֵן)
בְּעָלְמָא דִּי בְרָא כִרְעוּתֵהּ
וְיַמְלִיךְ מַלְכוּתֵהּ
וְיַצְמַח פֻּרְקָנֵהּ וִיקָרֵב מְשִׁיחֵהּ (קהל: אָמֵן)
בְּחַיֵּיכוֹן וּבְיוֹמֵיכוֹן וּבְחַיֵּי דְכָל בֵּית יִשְׂרָאֵל
בַּעֲגָלָא וּבִזְמַן קָרִיב
וְאִמְרוּ אָמֵן. (קהל: אָמֵן)

קהל ואבל: יְהֵא שְׁמֵהּ רַבָּא מְבָרַךְ לְעָלַם וּלְעָלְמֵי עָלְמַיָּא.

אבל: יִתְבָּרַךְ וְיִשְׁתַּבַּח וְיִתְפָּאַר וְיִתְרוֹמַם וְיִתְנַשֵּׂא
וְיִתְהַדָּר וְיִתְעַלֶּה וְיִתְהַלָּל
שְׁמֵהּ דְּקֻדְשָׁא בְּרִיךְ הוּא (קהל: אָמֵן)
לְעֵלָּא לְעֵלָּא מִכָּל בִּרְכָתָא
וְשִׁירָתָא תֻּשְׁבְּחָתָא וְנֶחֱמָתָא
דַּאֲמִירָן בְּעָלְמָא
וְאִמְרוּ אָמֵן. (קהל: אָמֵן)

יְהֵא שְׁלָמָא רַבָּא מִן שְׁמַיָּא
וְחַיִּים טוֹבִים עָלֵינוּ וְעַל כָּל יִשְׂרָאֵל
וְאִמְרוּ אָמֵן. (קהל: אָמֵן)

כורע ופוסע שלוש פסיעות לאחור. קד לשמאל, לימין ולפנים באמירת:

עֹשֶׂה הַשָּׁלוֹם בִּמְרוֹמָיו
הוּא יַעֲשֶׂה שָׁלוֹם
עָלֵינוּ וְעַל כָּל יִשְׂרָאֵל
וְאִמְרוּ אָמֵן. (קהל: אָמֵן)

תפילת שחרית

תפילת שחרית

"ה', בֹּקֶר תִּשְׁמַע קוֹלִי, בֹּקֶר אֶעֱרָךְ-לְךָ וַאֲצַפֶּה" (תהלים ה, ד).

השכמת הבוקר

"יתגבר כארי לעמוד בבוקר לעבודת בוראו" (שו"ע א, א).

מיד כשמתעורר אדם משנתו, עוד בטרם נוטל את ידיו,
כשעדיין אינו יכול לברך או לומר פסוקים, אומר:

מוֹדֶה/ נשים אומרות: **מוֹדָה/ אֲנִי לְפָנֶיךָ מֶלֶךְ חַי וְקַיָּם**
שֶׁהֶחֱזַרְתָּ בִּי נִשְׁמָתִי בְּחֶמְלָה
רַבָּה אֱמוּנָתֶךָ.

אחרי שנטל את ידיו, מברך:

בָּרוּךְ אַתָּה יהוה אֱלֹהֵינוּ מֶלֶךְ הָעוֹלָם
אֲשֶׁר קִדְּשָׁנוּ בְּמִצְוֹתָיו
וְצִוָּנוּ עַל נְטִילַת יָדַיִם.

בָּרוּךְ אַתָּה יהוה אֱלֹהֵינוּ מֶלֶךְ הָעוֹלָם
אֲשֶׁר יָצַר אֶת הָאָדָם בְּחָכְמָה
וּבָרָא בוֹ נְקָבִים נְקָבִים, חֲלוּלִים חֲלוּלִים.
גָּלוּי וְיָדוּעַ לִפְנֵי כִסֵּא כְבוֹדֶךָ
שֶׁאִם יִפָּתֵחַ אֶחָד מֵהֶם אוֹ יִסָּתֵם אֶחָד מֵהֶם
אִי אֶפְשַׁר לְהִתְקַיֵּם וְלַעֲמֹד לְפָנֶיךָ אֲפִלּוּ שָׁעָה אֶחָת.
בָּרוּךְ אַתָּה יהוה, רוֹפֵא כָל בָּשָׂר וּמַפְלִיא לַעֲשׂוֹת.

הגמרא בברכות ס ע"ב מזכירה ברכה זו שצריך לאומרה מיד כשמתעורר. הגאונים תיקנו לאומרה אחרי ברכת 'אֲשֶׁר יָצַר', כיוון שאינה פותחת בתיבות 'בָּרוּךְ אַתָּה ה'' (רב נטרונאי גאון).

אֱלֹהַי
נְשָׁמָה שֶׁנָּתַתָּ בִּי טְהוֹרָה הִיא.
אַתָּה בְרָאתָהּ, אַתָּה יְצַרְתָּהּ, אַתָּה נְפַחְתָּהּ בִּי
וְאַתָּה מְשַׁמְּרָהּ בְּקִרְבִּי
וְאַתָּה עָתִיד לִטְּלָהּ מִמֶּנִּי
וּלְהַחֲזִירָהּ בִּי לֶעָתִיד לָבוֹא.
כָּל זְמַן שֶׁהַנְּשָׁמָה בְקִרְבִּי, מוֹדֶה/ נשים אומרות: מוֹדָה/ אֲנִי לְפָנֶיךָ
יהוה אֱלֹהַי וֵאלֹהֵי אֲבוֹתַי
רִבּוֹן כָּל הַמַּעֲשִׂים, אֲדוֹן כָּל הַנְּשָׁמוֹת.
בָּרוּךְ אַתָּה יהוה, הַמַּחֲזִיר נְשָׁמוֹת לִפְגָרִים מֵתִים.

לבישת ציצית

לפני שלובש טלית קטן, מברך 'עַל מִצְוַת צִיצִית'. ואם תכף יתעטף בטלית, לא יברך.

בָּרוּךְ אַתָּה יהוה אֱלֹהֵינוּ מֶלֶךְ הָעוֹלָם
אֲשֶׁר קִדְּשָׁנוּ בְּמִצְוֹתָיו וְצִוָּנוּ עַל מִצְוַת צִיצִית.

אחרי שלבש, אומר:

יְהִי רָצוֹן מִלְּפָנֶיךָ, יהוה אֱלֹהַי וֵאלֹהֵי אֲבוֹתַי, שֶׁתְּהֵא חֲשׁוּבָה מִצְוַת צִיצִית לְפָנֶיךָ, כְּאִלּוּ קִיַּמְתִּיהָ בְּכָל פְּרָטֶיהָ וְדִקְדּוּקֶיהָ וְכַוָּנוֹתֶיהָ, וְתַרְיַ"ג מִצְוֹת הַתְּלוּיוֹת בָּהּ, אָמֵן סֶלָה.

ברכות התורה

"ברכת התורה צריך ליזהר בה מאד" (שו"ע מז, א).

בָּרוּךְ אַתָּה יהוה אֱלֹהֵינוּ מֶלֶךְ הָעוֹלָם
אֲשֶׁר קִדְּשָׁנוּ בְּמִצְוֹתָיו וְצִוָּנוּ לַעֲסֹק בְּדִבְרֵי תוֹרָה.
וְהַעֲרֶב נָא יהוה אֱלֹהֵינוּ אֶת דִּבְרֵי תוֹרָתְךָ
בְּפִינוּ וּבְפִיּוֹת עַמְּךָ בֵּית יִשְׂרָאֵל

וְנִהְיֶה אֲנַחְנוּ וְצֶאֱצָאֵינוּ וְצֶאֱצָאֵי צֶאֱצָאֵינוּ
וְצֶאֱצָאֵי עַמְּךָ בֵּית יִשְׂרָאֵל
כֻּלָּנוּ יוֹדְעֵי שְׁמֶךָ וְלוֹמְדֵי תוֹרָתְךָ לִשְׁמָהּ.
בָּרוּךְ אַתָּה יהוה, הַמְלַמֵּד תּוֹרָה לְעַמּוֹ יִשְׂרָאֵל.

בָּרוּךְ אַתָּה יהוה אֱלֹהֵינוּ מֶלֶךְ הָעוֹלָם
אֲשֶׁר בָּחַר בָּנוּ מִכָּל הָעַמִּים וְנָתַן לָנוּ אֶת תּוֹרָתוֹ.
בָּרוּךְ אַתָּה יהוה, נוֹתֵן הַתּוֹרָה.

וַיְדַבֵּר יהוה אֶל־מֹשֶׁה לֵּאמֹר: במדבר ו
דַּבֵּר אֶל־אַהֲרֹן וְאֶל־בָּנָיו לֵאמֹר
כֹּה תְבָרְכוּ אֶת־בְּנֵי יִשְׂרָאֵל, אָמוֹר לָהֶם:
יְבָרֶכְךָ יהוה וְיִשְׁמְרֶךָ:
יָאֵר יהוה פָּנָיו אֵלֶיךָ וִיחֻנֶּךָּ:
יִשָּׂא יהוה פָּנָיו אֵלֶיךָ וְיָשֵׂם לְךָ שָׁלוֹם:
וְשָׂמוּ אֶת־שְׁמִי עַל־בְּנֵי יִשְׂרָאֵל, וַאֲנִי אֲבָרְכֵם:

אֵלּוּ דְבָרִים שֶׁאֵין לָהֶם שִׁעוּר משנה פאה א, א
הַפֵּאָה וְהַבִּכּוּרִים וְהָרֵאָיוֹן, וּגְמִילוּת חֲסָדִים וְתַלְמוּד תּוֹרָה.

אֵלּוּ דְבָרִים שֶׁאָדָם אוֹכֵל פֵּרוֹתֵיהֶם בָּעוֹלָם הַזֶּה שבת קכז.
וְהַקֶּרֶן קַיֶּמֶת לוֹ לָעוֹלָם הַבָּא, וְאֵלּוּ הֵן
כִּבּוּד אָב וָאֵם, וּגְמִילוּת חֲסָדִים
וְהַשְׁכָּמַת בֵּית הַמִּדְרָשׁ שַׁחֲרִית וְעַרְבִית
וְהַכְנָסַת אוֹרְחִים, וּבִקּוּר חוֹלִים, וְהַכְנָסַת כַּלָּה
וּלְוָיַת הַמֵּת, וְעִיּוּן תְּפִלָּה
וַהֲבָאַת שָׁלוֹם בֵּין אָדָם לַחֲבֵרוֹ, וּבֵין אִישׁ לְאִשְׁתּוֹ
וְתַלְמוּד תּוֹרָה כְּנֶגֶד כֻּלָּם.

עטיפת טלית

לפני עטיפה בטלית גדול נוהגים לומר:

תהלים קד בָּרְכִי נַפְשִׁי אֶת־יהוה, יהוה אֱלֹהַי גָּדַלְתָּ מְּאֹד, הוֹד וְהָדָר לָבָשְׁתָּ:
עֹטֶה־אוֹר כַּשַּׂלְמָה, נוֹטֶה שָׁמַיִם כַּיְרִיעָה:

יש אומרים:

לְשֵׁם יִחוּד קֻדְשָׁא בְּרִיךְ הוּא וּשְׁכִינְתֵהּ בִּדְחִילוּ וּרְחִימוּ, לְיַחֵד שֵׁם י״ה בו״ה בְּיִחוּדָא שְׁלִים בְּשֵׁם כָּל יִשְׂרָאֵל.

הֲרֵינִי מִתְעַטֵּף בְּצִיצִית. כֵּן תִּתְעַטֵּף נִשְׁמָתִי וּרְמַ״ח אֵבָרַי וּשְׁסָ״ה גִּידַי בְּאוֹר הַצִּיצִית הָעוֹלֶה תַּרְיַ״ג. וּכְשֵׁם שֶׁאֲנִי מִתְכַּסֶּה בְּטַלִּית בָּעוֹלָם הַזֶּה, כָּךְ אֶזְכֶּה לַחֲלוּקָא דְרַבָּנָן וּלְטַלִּית נָאָה לָעוֹלָם הַבָּא בְּגַן עֵדֶן. וְעַל יְדֵי מִצְוַת צִיצִית תִּנָּצֵל נַפְשִׁי רוּחִי וְנִשְׁמָתִי וּתְפִלָּתִי מִן הַחִיצוֹנִים.
דברים לב וְהַטַּלִּית תִּפְרֹשׂ כְּנָפֶיהָ עֲלֵיהֶם וְתַצִּילֵם, כְּנֶשֶׁר יָעִיר קִנּוֹ עַל־גּוֹזָלָיו יְרַחֵף:
וּתְהֵא חֲשׁוּבָה מִצְוַת צִיצִית לִפְנֵי הַקָּדוֹשׁ בָּרוּךְ הוּא, כְּאִלּוּ קִיַּמְתִּיהָ בְּכָל פְּרָטֶיהָ וְדִקְדּוּקֶיהָ וְכַוָּנוֹתֶיהָ וְתַרְיַ״ג מִצְוֹת הַתְּלוּיוֹת בָּהּ, אָמֵן סֶלָה.

עומד ומברך:

בָּרוּךְ אַתָּה יהוה אֱלֹהֵינוּ מֶלֶךְ הָעוֹלָם
אֲשֶׁר קִדְּשָׁנוּ בְּמִצְוֹתָיו וְצִוָּנוּ לְהִתְעַטֵּף בַּצִּיצִית.

נוהגים להתעטף בטלית אחר הברכה.

מתעטף ואומר (סידור השל״ה):

תהלים לו מַה־יָּקָר חַסְדְּךָ אֱלֹהִים, וּבְנֵי אָדָם בְּצֵל כְּנָפֶיךָ יֶחֱסָיוּן:
יִרְוְיֻן מִדֶּשֶׁן בֵּיתֶךָ, וְנַחַל עֲדָנֶיךָ תַשְׁקֵם:
כִּי־עִמְּךָ מְקוֹר חַיִּים, בְּאוֹרְךָ נִרְאֶה־אוֹר:
מְשֹׁךְ חַסְדְּךָ לְיֹדְעֶיךָ, וְצִדְקָתְךָ לְיִשְׁרֵי־לֵב:

הכנה לתפילה

"יכנס שיעור שני פתחים ואחר כך יתפלל" (שו"ע צ, כ).
כאשר נכנס לבית הכנסת אומר:

במדבר כד
מַה־טֹּבוּ
אֹהָלֶיךָ יַעֲקֹב, מִשְׁכְּנֹתֶיךָ יִשְׂרָאֵל:
תהלים ה
וַאֲנִי בְּרֹב חַסְדְּךָ אָבוֹא בֵיתֶךָ
אֶשְׁתַּחֲוֶה אֶל־הֵיכַל־קָדְשְׁךָ
בְּיִרְאָתֶךָ:
תהלים כו
יהוה אָהַבְתִּי מְעוֹן בֵּיתֶךָ
וּמְקוֹם מִשְׁכַּן כְּבוֹדֶךָ:

וַאֲנִי אֶשְׁתַּחֲוֶה
וְאֶכְרָעָה
אֶבְרְכָה לִפְנֵי יהוה עֹשִׂי.

תהלים סט
וַאֲנִי תְפִלָּתִי־לְךָ יהוה
עֵת רָצוֹן
אֱלֹהִים בְּרָב־חַסְדֶּךָ
עֲנֵנִי בֶּאֱמֶת יִשְׁעֶךָ:

יש קהילות שבהן נוהגים להתחיל בשיר של יום (עמ׳ 242) ו׳לְדָוִד ה׳ אוֹרִי וְיִשְׁעִי׳ (עמ׳ 246), ואחרי כל אחד מהם אומרים קדיש יתום.

״לְהַגִּיד בַּבֹּקֶר חַסְדֶּךָ וֶאֱמוּנָתְךָ בַּלֵּילוֹת״ (תהלים צב, ג).

פיוט עתיק זה מיוחס לר׳ שלמה אבן גבירול (ויש המקדימים את זמנו לתקופת הגאונים).

אֲדוֹן עוֹלָם

אֲשֶׁר מָלַךְ בְּטֶרֶם כָּל־יְצִיר נִבְרָא.
לְעֵת נַעֲשָׂה בְחֶפְצוֹ כֹּל אֲזַי מֶלֶךְ שְׁמוֹ נִקְרָא.
וְאַחֲרֵי כִּכְלוֹת הַכֹּל לְבַדּוֹ יִמְלֹךְ נוֹרָא.
וְהוּא הָיָה וְהוּא הֹוֶה וְהוּא יִהְיֶה בְּתִפְאָרָה.
וְהוּא אֶחָד וְאֵין שֵׁנִי לְהַמְשִׁיל לוֹ לְהַחְבִּירָה.
בְּלִי רֵאשִׁית בְּלִי תַכְלִית וְלוֹ הָעֹז וְהַמִּשְׂרָה.
וְהוּא אֵלִי וְחַי גּוֹאֲלִי וְצוּר חֶבְלִי בְּעֵת צָרָה.
וְהוּא נִסִּי וּמָנוֹס לִי מְנָת כּוֹסִי בְּיוֹם אֶקְרָא.
בְּיָדוֹ אַפְקִיד רוּחִי בְּעֵת אִישַׁן וְאָעִירָה.
וְעִם רוּחִי גְּוִיָּתִי יהוה לִי וְלֹא אִירָא.

יִגְדַּל מיוסד על שלושה עשר עיקרי האמונה שמָנה הרמב״ם.

יִגְדַּל

אֱלֹהִים חַי וְיִשְׁתַּבַּח, נִמְצָא וְאֵין עֵת אֶל מְצִיאוּתוֹ.

אֶחָד וְאֵין יָחִיד כְּיִחוּדוֹ, נֶעְלָם וְגַם אֵין סוֹף לְאַחְדוּתוֹ.

אֵין לוֹ דְּמוּת הַגּוּף וְאֵינוֹ גוּף, לֹא נַעֲרֹךְ אֵלָיו קְדֻשָּׁתוֹ.

קַדְמוֹן לְכָל דָּבָר אֲשֶׁר נִבְרָא, רִאשׁוֹן וְאֵין רֵאשִׁית לְרֵאשִׁיתוֹ.

הִנּוֹ אֲדוֹן עוֹלָם, וְכָל נוֹצָר יוֹרֶה גְדֻלָּתוֹ וּמַלְכוּתוֹ.

שֶׁפַע נְבוּאָתוֹ נְתָנוֹ אֶל־אַנְשֵׁי סְגֻלָּתוֹ וְתִפְאַרְתּוֹ.

לֹא קָם בְּיִשְׂרָאֵל כְּמשֶׁה עוֹד נָבִיא וּמַבִּיט אֶת תְּמוּנָתוֹ.

תּוֹרַת אֱמֶת נָתַן לְעַמּוֹ אֵל עַל יַד נְבִיאוֹ נֶאֱמַן בֵּיתוֹ.

לֹא יַחֲלִיף הָאֵל וְלֹא יָמִיר דָּתוֹ לְעוֹלָמִים לְזוּלָתוֹ.

צוֹפֶה וְיוֹדֵעַ סְתָרֵינוּ, מַבִּיט לְסוֹף דָּבָר בְּקַדְמָתוֹ.

גּוֹמֵל לְאִישׁ חֶסֶד כְּמִפְעָלוֹ, נוֹתֵן לְרָשָׁע רָע כְּרִשְׁעָתוֹ.

יִשְׁלַח לְקֵץ יָמִין מְשִׁיחֵנוּ לִפְדּוֹת מְחַכֵּי קֵץ יְשׁוּעָתוֹ.

מֵתִים יְחַיֶּה אֵל בְּרֹב חַסְדּוֹ, בָּרוּךְ עֲדֵי עַד שֵׁם תְּהִלָּתוֹ.

ברכות השחר

ברכות השחר נתקנו כדי שהאדם יאמרן במקביל למעשיו הראשונים כשמתעורר בבוקר (ברכות ס ע״ב). אך כבר בימי הראשונים נהגו שהציבור כולו אומרן יחד בבית הכנסת (פתיחה לסדר רב עמרם גאון).

בבתי כנסת רבים שליח הציבור מתחיל כאן.
ויש מקומות שנוהגים ששליח הציבור מתחיל בברייתא דרבי ישמעאל (עמ׳ 148) או בתפילות השחר (עמ׳ 151).

בָּרוּךְ אַתָּה יהוה אֱלֹהֵינוּ מֶלֶךְ הָעוֹלָם
אֲשֶׁר נָתַן לַשֶּׂכְוִי בִינָה
לְהַבְחִין בֵּין יוֹם וּבֵין לָיְלָה.

בָּרוּךְ אַתָּה יהוה אֱלֹהֵינוּ מֶלֶךְ הָעוֹלָם
שֶׁלֹּא עָשַׂנִי גּוֹי.

בָּרוּךְ אַתָּה יהוה אֱלֹהֵינוּ מֶלֶךְ הָעוֹלָם
שֶׁלֹּא עָשַׂנִי עָבֶד.

בָּרוּךְ אַתָּה יהוה אֱלֹהֵינוּ מֶלֶךְ הָעוֹלָם
גברים: **שֶׁלֹּא עָשַׂנִי אִשָּׁה.** / נשים: **שֶׁעָשַׂנִי כִּרְצוֹנוֹ.**

בָּרוּךְ אַתָּה יהוה אֱלֹהֵינוּ מֶלֶךְ הָעוֹלָם
פּוֹקֵחַ עִוְרִים.

בָּרוּךְ אַתָּה יהוה אֱלֹהֵינוּ מֶלֶךְ הָעוֹלָם
מַלְבִּישׁ עֲרֻמִּים.

בָּרוּךְ אַתָּה יהוה אֱלֹהֵינוּ מֶלֶךְ הָעוֹלָם
מַתִּיר אֲסוּרִים.

בָּרוּךְ אַתָּה יהוה אֱלֹהֵינוּ מֶלֶךְ הָעוֹלָם
זוֹקֵף כְּפוּפִים.

בָּרוּךְ אַתָּה יהוה אֱלֹהֵינוּ מֶלֶךְ הָעוֹלָם
רוֹקַע הָאָרֶץ עַל הַמָּיִם.

בָּרוּךְ אַתָּה יהוה אֱלֹהֵינוּ מֶלֶךְ הָעוֹלָם
הַמֵּכִין מִצְעֲדֵי גָבֶר.
בָּרוּךְ אַתָּה יהוה אֱלֹהֵינוּ מֶלֶךְ הָעוֹלָם
שֶׁעָשָׂה לִי כָּל צָרְכִּי.
בָּרוּךְ אַתָּה יהוה אֱלֹהֵינוּ מֶלֶךְ הָעוֹלָם
אוֹזֵר יִשְׂרָאֵל בִּגְבוּרָה.
בָּרוּךְ אַתָּה יהוה אֱלֹהֵינוּ מֶלֶךְ הָעוֹלָם
עוֹטֵר יִשְׂרָאֵל בְּתִפְאָרָה.
בָּרוּךְ אַתָּה יהוה אֱלֹהֵינוּ מֶלֶךְ הָעוֹלָם
הַנּוֹתֵן לַיָּעֵף כֹּחַ.

בָּרוּךְ אַתָּה יהוה אֱלֹהֵינוּ מֶלֶךְ הָעוֹלָם, הַמַּעֲבִיר שֵׁנָה מֵעֵינַי וּתְנוּמָה מֵעַפְעַפָּי. וִיהִי רָצוֹן מִלְּפָנֶיךָ יהוה אֱלֹהֵינוּ וֵאלֹהֵי אֲבוֹתֵינוּ, שֶׁתַּרְגִּילֵנוּ בְּתוֹרָתֶךָ, וְדַבְּקֵנוּ בְּמִצְוֹתֶיךָ, וְאַל תְּבִיאֵנוּ לֹא לִידֵי חֵטְא, וְלֹא לִידֵי עֲבֵרָה וְעָוֹן, וְלֹא לִידֵי נִסָּיוֹן וְלֹא לִידֵי בִזָּיוֹן, וְאַל תַּשְׁלֶט בָּנוּ יֵצֶר הָרָע, וְהַרְחִיקֵנוּ מֵאָדָם רָע וּמֵחָבֵר רָע, וְדַבְּקֵנוּ בְּיֵצֶר הַטּוֹב וּבְמַעֲשִׂים טוֹבִים, וְכֹף אֶת יִצְרֵנוּ לְהִשְׁתַּעְבֶּד לָךְ, וּתְנֵנוּ הַיּוֹם וּבְכָל יוֹם לְחֵן וּלְחֶסֶד וּלְרַחֲמִים, בְּעֵינֶיךָ, וּבְעֵינֵי כָל רוֹאֵינוּ, וְתִגְמְלֵנוּ חֲסָדִים טוֹבִים. בָּרוּךְ אַתָּה יהוה, גּוֹמֵל חֲסָדִים טוֹבִים לְעַמּוֹ יִשְׂרָאֵל.

ברכות טז: יְהִי רָצוֹן מִלְּפָנֶיךָ יהוה אֱלֹהַי וֵאלֹהֵי אֲבוֹתַי, שֶׁתַּצִּילֵנִי הַיּוֹם וּבְכָל יוֹם מֵעַזֵּי פָנִים וּמֵעַזּוּת פָּנִים, מֵאָדָם רָע, מִיֵּצֶר רָע, וּמֵחָבֵר רָע, וּמִשָּׁכֵן רָע, וּמִפֶּגַע רָע, מֵעַיִן הָרָע, מִלָּשׁוֹן הָרָע, מִמַּלְשִׁינוּת, מֵעֵדוּת שֶׁקֶר, מִשִּׂנְאַת הַבְּרִיּוֹת, מֵעֲלִילָה, מִמִּיתָה מְשֻׁנָּה, מֵחֳלָיִים רָעִים, מִמִּקְרִים רָעִים, וּמִשָּׂטָן הַמַּשְׁחִית, מִדִּין קָשֶׁה, וּמִבַּעַל דִּין קָשֶׁה בֵּין שֶׁהוּא בֶן בְּרִית וּבֵין שֶׁאֵינוֹ בֶן בְּרִית, וּמִדִּינָהּ שֶׁל גֵּיהִנֹּם.

פרשת העקדה

עקדת יצחק הייתה הניסיון העיקרי שעמדו בו אבותינו.

רבים נוהגים לקרוא בכל בוקר את פרשת העקדה
כדי לזכור את מסירות הנפש של האבות ולהזכיר את זכותם.

לפני פרשה זו ואחריה נוהגים לומר תחינה המבוססת על ברכת 'זיכרונות'
בתפילת מוסף לראש השנה. ולדעת רוב הפוסקים, אין אומרים אותה
בשבת וביום טוב. ויש שכתבו שגם מי שבדרך כלל אינו אומר,
רשאי לומר ביום הכיפורים ('מטה אפרים' תריט, לד).

אֱלֹהֵינוּ וֵאלֹהֵי אֲבוֹתֵינוּ, זָכְרֵנוּ בְּזִכְרוֹן טוֹב לְפָנֶיךָ, וּפָקְדֵנוּ בִּפְקֻדַּת יְשׁוּעָה וְרַחֲמִים מִשְּׁמֵי שְׁמֵי קֶדֶם, וּזְכָר לָנוּ יהוה אֱלֹהֵינוּ, אַהֲבַת הַקַּדְמוֹנִים אַבְרָהָם יִצְחָק וְיִשְׂרָאֵל עֲבָדֶיךָ, אֶת הַבְּרִית וְאֶת הַחֶסֶד וְאֶת הַשְּׁבוּעָה שֶׁנִּשְׁבַּעְתָּ לְאַבְרָהָם אָבִינוּ בְּהַר הַמּוֹרִיָּה, וְאֶת הָעֲקֵדָה שֶׁעָקַד אֶת יִצְחָק בְּנוֹ עַל גַּבֵּי הַמִּזְבֵּחַ, כַּכָּתוּב בְּתוֹרָתֶךָ:

בראשית כב

וַיְהִי אַחַר הַדְּבָרִים הָאֵלֶּה, וְהָאֱלֹהִים נִסָּה אֶת־אַבְרָהָם, וַיֹּאמֶר אֵלָיו אַבְרָהָם, וַיֹּאמֶר הִנֵּנִי: וַיֹּאמֶר קַח־נָא אֶת־בִּנְךָ אֶת־יְחִידְךָ אֲשֶׁר־אָהַבְתָּ, אֶת־יִצְחָק, וְלֶךְ־לְךָ אֶל־אֶרֶץ הַמֹּרִיָּה, וְהַעֲלֵהוּ שָׁם לְעֹלָה עַל אַחַד הֶהָרִים אֲשֶׁר אֹמַר אֵלֶיךָ: וַיַּשְׁכֵּם אַבְרָהָם בַּבֹּקֶר, וַיַּחֲבֹשׁ אֶת־חֲמֹרוֹ, וַיִּקַּח אֶת־שְׁנֵי נְעָרָיו אִתּוֹ וְאֵת יִצְחָק בְּנוֹ, וַיְבַקַּע עֲצֵי עֹלָה, וַיָּקָם וַיֵּלֶךְ אֶל־הַמָּקוֹם אֲשֶׁר־אָמַר־לוֹ הָאֱלֹהִים: בַּיּוֹם הַשְּׁלִישִׁי וַיִּשָּׂא אַבְרָהָם אֶת־עֵינָיו וַיַּרְא אֶת־הַמָּקוֹם מֵרָחֹק: וַיֹּאמֶר אַבְרָהָם אֶל־נְעָרָיו, שְׁבוּ־לָכֶם פֹּה עִם־הַחֲמוֹר, וַאֲנִי וְהַנַּעַר נֵלְכָה עַד־כֹּה, וְנִשְׁתַּחֲוֶה וְנָשׁוּבָה אֲלֵיכֶם: וַיִּקַּח אַבְרָהָם אֶת־עֲצֵי הָעֹלָה וַיָּשֶׂם עַל־יִצְחָק בְּנוֹ, וַיִּקַּח בְּיָדוֹ אֶת־הָאֵשׁ וְאֶת־הַמַּאֲכֶלֶת, וַיֵּלְכוּ שְׁנֵיהֶם יַחְדָּו: וַיֹּאמֶר יִצְחָק אֶל־אַבְרָהָם אָבִיו, וַיֹּאמֶר אָבִי, וַיֹּאמֶר הִנֶּנִּי בְנִי, וַיֹּאמֶר, הִנֵּה הָאֵשׁ וְהָעֵצִים, וְאַיֵּה הַשֶּׂה לְעֹלָה: וַיֹּאמֶר אַבְרָהָם,

אֱלֹהִים יִרְאֶה־לּוֹ הַשֶּׂה לְעֹלָה, בְּנִי, וַיֵּלְכוּ שְׁנֵיהֶם יַחְדָּו: וַיָּבֹאוּ
אֶל־הַמָּקוֹם אֲשֶׁר אָמַר־לוֹ הָאֱלֹהִים, וַיִּבֶן שָׁם אַבְרָהָם אֶת־
הַמִּזְבֵּחַ וַיַּעֲרֹךְ אֶת־הָעֵצִים, וַיַּעֲקֹד אֶת־יִצְחָק בְּנוֹ, וַיָּשֶׂם אֹתוֹ
עַל־הַמִּזְבֵּחַ מִמַּעַל לָעֵצִים: וַיִּשְׁלַח אַבְרָהָם אֶת־יָדוֹ, וַיִּקַּח
אֶת־הַמַּאֲכֶלֶת, לִשְׁחֹט אֶת־בְּנוֹ: וַיִּקְרָא אֵלָיו מַלְאַךְ יהוה מִן־
הַשָּׁמַיִם, וַיֹּאמֶר אַבְרָהָם אַבְרָהָם, וַיֹּאמֶר הִנֵּנִי: וַיֹּאמֶר אַל־
תִּשְׁלַח יָדְךָ אֶל־הַנַּעַר, וְאַל־תַּעַשׂ לוֹ מְאוּמָה, כִּי עַתָּה יָדַעְתִּי
כִּי־יְרֵא אֱלֹהִים אַתָּה, וְלֹא חָשַׂכְתָּ אֶת־בִּנְךָ אֶת־יְחִידְךָ מִמֶּנִּי:
וַיִּשָּׂא אַבְרָהָם אֶת־עֵינָיו, וַיַּרְא וְהִנֵּה־אַיִל, אַחַר נֶאֱחַז בַּסְּבַךְ
בְּקַרְנָיו, וַיֵּלֶךְ אַבְרָהָם וַיִּקַּח אֶת־הָאַיִל, וַיַּעֲלֵהוּ לְעֹלָה תַּחַת
בְּנוֹ: וַיִּקְרָא אַבְרָהָם שֵׁם־הַמָּקוֹם הַהוּא יהוה יִרְאֶה, אֲשֶׁר
יֵאָמֵר הַיּוֹם בְּהַר יהוה יֵרָאֶה: וַיִּקְרָא מַלְאַךְ יהוה אֶל־אַבְרָהָם
שֵׁנִית מִן־הַשָּׁמָיִם: וַיֹּאמֶר, בִּי נִשְׁבַּעְתִּי נְאֻם־יהוה, כִּי יַעַן אֲשֶׁר
עָשִׂיתָ אֶת־הַדָּבָר הַזֶּה, וְלֹא חָשַׂכְתָּ אֶת־בִּנְךָ אֶת־יְחִידֶךָ: כִּי־
בָרֵךְ אֲבָרֶכְךָ, וְהַרְבָּה אַרְבֶּה אֶת־זַרְעֲךָ כְּכוֹכְבֵי הַשָּׁמַיִם, וְכַחוֹל
אֲשֶׁר עַל־שְׂפַת הַיָּם, וְיִרַשׁ זַרְעֲךָ אֵת שַׁעַר אֹיְבָיו: וְהִתְבָּרְכוּ
בְזַרְעֲךָ כֹּל גּוֹיֵי הָאָרֶץ, עֵקֶב אֲשֶׁר שָׁמַעְתָּ בְּקֹלִי: וַיָּשָׁב אַבְרָהָם
אֶל־נְעָרָיו, וַיָּקֻמוּ וַיֵּלְכוּ יַחְדָּו אֶל־בְּאֵר שָׁבַע, וַיֵּשֶׁב אַבְרָהָם
בִּבְאֵר שָׁבַע:

יש מדלגים.

רִבּוֹנוֹ שֶׁל עוֹלָם, כְּמוֹ שֶׁכָּבַשׁ אַבְרָהָם אָבִינוּ אֶת רַחֲמָיו לַעֲשׂוֹת רְצוֹנְךָ בְּלֵבָב
שָׁלֵם, כֵּן יִכְבְּשׁוּ רַחֲמֶיךָ אֶת כַּעַסְךָ מֵעָלֵינוּ וְיִגֹּלּוּ רַחֲמֶיךָ עַל מִדּוֹתֶיךָ. וְתִתְנַהֵג
עִמָּנוּ יהוה אֱלֹהֵינוּ בְּמִדַּת הַחֶסֶד וּבְמִדַּת הָרַחֲמִים, וּבְטוּבְךָ הַגָּדוֹל יָשׁוּב
חֲרוֹן אַפְּךָ מֵעַמְּךָ וּמֵעִירְךָ וּמֵאַרְצְךָ וּמִנַּחֲלָתֶךָ. וְקַיֶּם לָנוּ יהוה אֱלֹהֵינוּ אֶת
הַדָּבָר שֶׁהִבְטַחְתָּנוּ בְּתוֹרָתֶךָ עַל יְדֵי מֹשֶׁה עַבְדֶּךָ, כָּאָמוּר: וְזָכַרְתִּי אֶת־בְּרִיתִי ויקרא כו
יַעֲקוֹב וְאַף אֶת־בְּרִיתִי יִצְחָק, וְאַף אֶת־בְּרִיתִי אַבְרָהָם אֶזְכֹּר, וְהָאָרֶץ אֶזְכֹּר:

ויקרא כו וְנֶאֱמַר: וְאַף גַּם־זֹאת בִּהְיוֹתָם בְּאֶרֶץ אֹיְבֵיהֶם, לֹא־מְאַסְתִּים וְלֹא־גְעַלְתִּים
לְכַלֹּתָם, לְהָפֵר בְּרִיתִי אִתָּם, כִּי אֲנִי יהוה אֱלֹהֵיהֶם: וְנֶאֱמַר: וְזָכַרְתִּי לָהֶם
בְּרִית רִאשֹׁנִים, אֲשֶׁר הוֹצֵאתִי־אֹתָם מֵאֶרֶץ מִצְרַיִם לְעֵינֵי הַגּוֹיִם, לִהְיוֹת
דברים ל לָהֶם לֵאלֹהִים, אֲנִי יהוה: וְנֶאֱמַר: וְשָׁב יהוה אֱלֹהֶיךָ אֶת־שְׁבוּתְךָ וְרִחֲמֶךָ,
וְשָׁב וְקִבֶּצְךָ מִכָּל־הָעַמִּים, אֲשֶׁר הֱפִיצְךָ יהוה אֱלֹהֶיךָ שָׁמָּה: אִם־יִהְיֶה נִדַּחֲךָ
בִּקְצֵה הַשָּׁמָיִם, מִשָּׁם יְקַבֶּצְךָ יהוה אֱלֹהֶיךָ, וּמִשָּׁם יִקָּחֶךָ: וְנֶאֱמַר: וֶהֱבִיאֲךָ
יהוה אֱלֹהֶיךָ אֶל־הָאָרֶץ אֲשֶׁר־יָרְשׁוּ אֲבֹתֶיךָ וִירִשְׁתָּהּ, וְהֵיטִבְךָ וְהִרְבְּךָ
ישעיה לג מֵאֲבֹתֶיךָ: וְנֶאֱמַר עַל יְדֵי נְבִיאֶךָ: יהוה חָנֵּנוּ, לְךָ קִוִּינוּ, הֱיֵה זְרֹעָם לַבְּקָרִים
ירמיה ל אַף־יְשׁוּעָתֵנוּ בְּעֵת צָרָה: וְנֶאֱמַר: וְעֵת־צָרָה הִיא לְיַעֲקֹב וּמִמֶּנָּה יִוָּשֵׁעַ: וְנֶאֱמַר:
ישעיה סג בְּכָל־צָרָתָם לוֹ צָר, וּמַלְאַךְ פָּנָיו הוֹשִׁיעָם, בְּאַהֲבָתוֹ וּבְחֶמְלָתוֹ הוּא גְאָלָם,
מיכה ז וַיְנַטְּלֵם וַיְנַשְּׂאֵם כָּל־יְמֵי עוֹלָם: וְנֶאֱמַר: מִי־אֵל כָּמוֹךָ נֹשֵׂא עָוֹן וְעֹבֵר עַל־פֶּשַׁע
לִשְׁאֵרִית נַחֲלָתוֹ, לֹא־הֶחֱזִיק לָעַד אַפּוֹ, כִּי־חָפֵץ חֶסֶד הוּא: יָשׁוּב יְרַחֲמֵנוּ
יִכְבֹּשׁ עֲוֹנֹתֵינוּ, וְתַשְׁלִיךְ בִּמְצֻלוֹת יָם כָּל־חַטֹּאתָם: תִּתֵּן אֱמֶת לְיַעֲקֹב, חֶסֶד
ישעיה נו לְאַבְרָהָם, אֲשֶׁר־נִשְׁבַּעְתָּ לַאֲבֹתֵינוּ מִימֵי קֶדֶם: וְנֶאֱמַר: וַהֲבִיאוֹתִים אֶל־הַר
קָדְשִׁי, וְשִׂמַּחְתִּים בְּבֵית תְּפִלָּתִי, עוֹלֹתֵיהֶם וְזִבְחֵיהֶם לְרָצוֹן עַל־מִזְבְּחִי, כִּי
בֵיתִי בֵּית־תְּפִלָּה יִקָּרֵא לְכָל־הָעַמִּים:

קבלת עול מלכות שמים

תפילה לאומית, הפותחת בחולשת ההווה, ממשיכה בקריאת שמע ומסיימת בתפילה לגאולה ובהכרה כלל עולמית במלכות ה׳ (רש״ר הירש).

תפילה זו נזכרה כבר ב׳תנא דבי אליהו׳ (כא, ו) ככל הנראה נקבעה בתקופת הרדיפות, כאשר היה אסור לקרוא קריאת שמע בציבור (ספר הפרדס, ׳שיבולי הלקט׳).

לְעוֹלָם יְהֵא אָדָם יְרֵא שָׁמַיִם בְּסֵתֶר וּבְגָלוּי
וּמוֹדֶה עַל הָאֱמֶת, וְדוֹבֵר אֱמֶת בִּלְבָבוֹ
וְיַשְׁכֵּם וְיֹאמַר

רִבּוֹן כָּל הָעוֹלָמִים וַאֲדוֹנֵי הָאֲדוֹנִים
דניאל ט לֹא עַל־צִדְקוֹתֵינוּ אֲנַחְנוּ מַפִּילִים תַּחֲנוּנֵינוּ לְפָנֶיךָ
כִּי עַל־רַחֲמֶיךָ הָרַבִּים:

מָה אָנוּ, מֶה חַיֵּינוּ
מֶה חַסְדֵּנוּ, מַה צִּדְקוֹתֵינוּ
מַה יְשׁוּעָתֵנוּ, מַה כֹּחֵנוּ, מַה גְּבוּרָתֵנוּ
מַה נֹּאמַר לְפָנֶיךָ יהוה אֱלֹהֵינוּ וֵאלֹהֵי אֲבוֹתֵינוּ
הֲלֹא כָּל הַגִּבּוֹרִים כְּאַיִן לְפָנֶיךָ
וְאַנְשֵׁי הַשֵּׁם כְּלֹא הָיוּ
וַחֲכָמִים כִּבְלִי מַדָּע
וּנְבוֹנִים כִּבְלִי הַשְׂכֵּל
כִּי רֹב מַעֲשֵׂיהֶם תֹּהוּ
וִימֵי חַיֵּיהֶם הֶבֶל לְפָנֶיךָ
וּמוֹתַר הָאָדָם מִן־הַבְּהֵמָה אָיִן קהלת ג
כִּי הַכֹּל הָבֶל:
לְבַד הַנְּשָׁמָה הַטְּהוֹרָה
שֶׁהִיא עֲתִידָה לִתֵּן דִּין וְחֶשְׁבּוֹן לִפְנֵי כִסֵּא כְבוֹדֶךָ.
וְכָל הַגּוֹיִם כְּאַיִן נֶגְדֶּךָ
שֶׁנֶּאֱמַר
הֵן גּוֹיִם כְּמַר מִדְּלִי, וּכְשַׁחַק מֹאזְנַיִם נֶחְשָׁבוּ ישעיה מ
הֵן אִיִּים כַּדַּק יִטּוֹל:

אֲבָל אֲנַחְנוּ עַמְּךָ בְּנֵי בְרִיתֶךָ
בְּנֵי אַבְרָהָם אֹהַבְךָ שֶׁנִּשְׁבַּעְתָּ לּוֹ בְּהַר הַמּוֹרִיָּה
זֶרַע יִצְחָק יְחִידוֹ שֶׁנֶּעֱקַד עַל גַּבֵּי הַמִּזְבֵּחַ
עֲדַת יַעֲקֹב בִּנְךָ בְכוֹרֶךָ
שֶׁמֵּאַהֲבָתְךָ שֶׁאָהַבְתָּ אוֹתוֹ, וּמִשִּׂמְחָתְךָ שֶׁשָּׂמַחְתָּ בּוֹ
קָרָאתָ אֶת שְׁמוֹ יִשְׂרָאֵל וִישֻׁרוּן.

לְפִיכָךְ אֲנַחְנוּ חַיָּבִים
לְהוֹדוֹת לְךָ וּלְשַׁבֵּחֲךָ וּלְפָאֶרְךָ
וּלְבָרֵךְ וּלְקַדֵּשׁ וְלָתֵת שֶׁבַח וְהוֹדָיָה לִשְׁמֶךָ.
אַשְׁרֵינוּ, מַה טּוֹב חֶלְקֵנוּ, וּמַה נָּעִים גּוֹרָלֵנוּ, וּמַה יָּפָה יְרֻשָּׁתֵנוּ.

אַשְׁרֵינוּ, שֶׁאֲנוּ מַשְׁכִּימִים וּמַעֲרִיבִים
בְּבָתֵּי כְנֵסִיּוֹת וּבְבָתֵּי מִדְרָשׁוֹת
וּמְיַחֲדִים שִׁמְךָ בְּכָל יוֹם תָּמִיד
וְאוֹמְרִים פַּעֲמַיִם בְּאַהֲבָה

דברים ו **שְׁמַע יִשְׂרָאֵל, יהוה אֱלֹהֵינוּ, יהוה אֶחָד:**

בקול: בָּרוּךְ שֵׁם כְּבוֹד מַלְכוּתוֹ לְעוֹלָם וָעֶד.

נוהגים לקרוא את הפרשה הראשונה של קריאת שמע (מהרש״ל),
ויש הממשיכים ׳אַתָּה הוּא עַד שֶׁלֹּא נִבְרָא הָעוֹלָם׳.

אם חושש שיעבור זמן קריאת שמע, קורא את כל שלוש הפרשות (עמ׳ 184).

דברים ו וְאָהַבְתָּ אֵת יהוה אֱלֹהֶיךָ, בְּכָל־לְבָבְךָ, וּבְכָל־נַפְשְׁךָ, וּבְכָל־
מְאֹדֶךָ: וְהָיוּ הַדְּבָרִים הָאֵלֶּה, אֲשֶׁר אָנֹכִי מְצַוְּךָ הַיּוֹם, עַל־לְבָבֶךָ:
וְשִׁנַּנְתָּם לְבָנֶיךָ, וְדִבַּרְתָּ בָּם, בְּשִׁבְתְּךָ בְּבֵיתֶךָ, וּבְלֶכְתְּךָ בַדֶּרֶךְ,
וּבְשָׁכְבְּךָ וּבְקוּמֶךָ: וּקְשַׁרְתָּם לְאוֹת עַל־יָדֶךָ וְהָיוּ לְטֹטָפֹת בֵּין
עֵינֶיךָ: וּכְתַבְתָּם עַל־מְזֻזוֹת בֵּיתֶךָ וּבִשְׁעָרֶיךָ:

אַתָּה הוּא עַד שֶׁלֹּא נִבְרָא הָעוֹלָם
אַתָּה הוּא מִשֶּׁנִּבְרָא הָעוֹלָם.
אַתָּה הוּא בָּעוֹלָם הַזֶּה
וְאַתָּה הוּא לָעוֹלָם הַבָּא.
קַדֵּשׁ אֶת שִׁמְךָ עַל מַקְדִּישֵׁי שְׁמֶךָ
וְקַדֵּשׁ אֶת שִׁמְךָ בְּעוֹלָמֶךָ

וּבִישׁוּעָתְךָ תָּרוּם וְתַגְבִּיהַּ קַרְנֵנוּ לְמַעְלָה
וְהוֹשִׁיעֵנוּ בְּקָרוֹב לְמַעַן שְׁמֶךָ.
בָּרוּךְ הַמְקַדֵּשׁ שְׁמוֹ בָּרַבִּים.

אַתָּה הוּא יהוה אֱלֹהֵינוּ בַּשָּׁמַיִם וּבָאָרֶץ
וּבִשְׁמֵי הַשָּׁמַיִם הָעֶלְיוֹנִים.
אֱמֶת, אַתָּה הוּא רִאשׁוֹן וְאַתָּה הוּא אַחֲרוֹן
וּמִבַּלְעָדֶיךָ אֵין אֱלֹהִים.
קַבֵּץ נְפוּצוֹת קֹוֶיךָ מֵאַרְבַּע כַּנְפוֹת הָאָרֶץ.
יַכִּירוּ וְיֵדְעוּ כָּל בָּאֵי עוֹלָם
כִּי אַתָּה־הוּא הָאֱלֹהִים לְבַדֶּךָ, עֶלְיוֹן לְכֹל מַמְלְכוֹת הָאָרֶץ מלכים ב׳ יט
אַתָּה עָשִׂיתָ אֶת־הַשָּׁמַיִם וְאֶת־הָאָרֶץ:
אֶת־הַיָּם וְאֶת־כָּל־אֲשֶׁר־בָּם: שמות כ
וּמִי בְּכָל מַעֲשֵׂי יָדֶיךָ בָּעֶלְיוֹנִים וּבַתַּחְתּוֹנִים
שֶׁיֹּאמַר לְךָ מַה תַּעֲשֶׂה וּמַה תִּפְעָל.

אָבִינוּ שֶׁבַּשָּׁמַיִם, חַי וְקַיָּם
עֲשֵׂה עִמָּנוּ צְדָקָה וָחֶסֶד
בַּעֲבוּר שִׁמְךָ הַגָּדוֹל הַגִּבּוֹר וְהַנּוֹרָא שֶׁנִּקְרָא עָלֵינוּ
וְקַיֶּם לָנוּ יהוה אֱלֹהֵינוּ אֶת הַדָּבָר
שֶׁהִבְטַחְתָּנוּ עַל יְדֵי צְפַנְיָה חוֹזָךְ
כָּאָמוּר
בָּעֵת הַהִיא אָבִיא אֶתְכֶם, וּבָעֵת קַבְּצִי אֶתְכֶם צפניה ג
כִּי־אֶתֵּן אֶתְכֶם לְשֵׁם וְלִתְהִלָּה בְּכֹל עַמֵּי הָאָרֶץ
בְּשׁוּבִי אֶת־שְׁבוּתֵיכֶם לְעֵינֵיכֶם
אָמַר יהוה:

סדר הקרבנות

״אמר אברהם: רבונו של עולם! שמא ישראל חוטאין לפניך... בזמן שאין בית המקדש קיים, מה תהא עליהם? – אמר לו: כבר תקנתי להם סדר קרבנות, בזמן שקוראין בהן לפני – מעלה אני עליהם כאילו הקריבום לפני, ואני מוחל להם על כל עונותיהם״ (תענית כז ע״ב).

יש לומר את פרשת קרבן התמיד (בעמוד הבא) בכל יום.

ונוהגים לומר לפניה את פרשות הכיור ותרומת הדשן, ולאחריה את פרשת הקטורת (שו״ע א, ט).

פרשת הכיור

שמות ל וַיְדַבֵּר יהוה אֶל־מֹשֶׁה לֵּאמֹר: וְעָשִׂיתָ כִּיּוֹר נְחֹשֶׁת וְכַנּוֹ נְחֹשֶׁת לְרָחְצָה, וְנָתַתָּ אֹתוֹ בֵּין־אֹהֶל מוֹעֵד וּבֵין הַמִּזְבֵּחַ, וְנָתַתָּ שָׁמָּה מָיִם: וְרָחֲצוּ אַהֲרֹן וּבָנָיו מִמֶּנּוּ אֶת־יְדֵיהֶם וְאֶת־רַגְלֵיהֶם: בְּבֹאָם אֶל־אֹהֶל מוֹעֵד יִרְחֲצוּ־מַיִם, וְלֹא יָמֻתוּ, אוֹ בְגִשְׁתָּם אֶל־הַמִּזְבֵּחַ לְשָׁרֵת, לְהַקְטִיר אִשֶּׁה לַיהוה: וְרָחֲצוּ יְדֵיהֶם וְרַגְלֵיהֶם וְלֹא יָמֻתוּ, וְהָיְתָה לָהֶם חָק־עוֹלָם, לוֹ וּלְזַרְעוֹ לְדֹרֹתָם:

פרשת תרומת הדשן

ויקרא ו וַיְדַבֵּר יהוה אֶל־מֹשֶׁה לֵּאמֹר: צַו אֶת־אַהֲרֹן וְאֶת־בָּנָיו לֵאמֹר, זֹאת תּוֹרַת הָעֹלָה, הִוא הָעֹלָה עַל מוֹקְדָה עַל־הַמִּזְבֵּחַ כָּל־הַלַּיְלָה עַד־הַבֹּקֶר, וְאֵשׁ הַמִּזְבֵּחַ תּוּקַד בּוֹ: וְלָבַשׁ הַכֹּהֵן מִדּוֹ בַד, וּמִכְנְסֵי־בַד יִלְבַּשׁ עַל־בְּשָׂרוֹ, וְהֵרִים אֶת־הַדֶּשֶׁן אֲשֶׁר תֹּאכַל הָאֵשׁ אֶת־הָעֹלָה, עַל־הַמִּזְבֵּחַ, וְשָׂמוֹ אֵצֶל הַמִּזְבֵּחַ: וּפָשַׁט אֶת־בְּגָדָיו, וְלָבַשׁ בְּגָדִים אֲחֵרִים, וְהוֹצִיא אֶת־הַדֶּשֶׁן אֶל־מִחוּץ לַמַּחֲנֶה, אֶל־מָקוֹם טָהוֹר: וְהָאֵשׁ עַל־הַמִּזְבֵּחַ תּוּקַד־בּוֹ, לֹא תִכְבֶּה, וּבִעֵר עָלֶיהָ הַכֹּהֵן עֵצִים בַּבֹּקֶר בַּבֹּקֶר, וְעָרַךְ עָלֶיהָ הָעֹלָה, וְהִקְטִיר עָלֶיהָ חֶלְבֵי הַשְּׁלָמִים: אֵשׁ, תָּמִיד תּוּקַד עַל־הַמִּזְבֵּחַ, לֹא תִכְבֶּה:

יש מדלגים על הפיסקה הבאה.

יְהִי רָצוֹן מִלְּפָנֶיךָ יהוה אֱלֹהֵינוּ וֵאלֹהֵי אֲבוֹתֵינוּ, שֶׁתְּרַחֵם עָלֵינוּ, וְתִמְחַל לָנוּ עַל כָּל חַטֹּאתֵינוּ וּתְכַפֵּר לָנוּ עַל כָּל עֲוֹנוֹתֵינוּ וְתִסְלַח לָנוּ עַל כָּל פְּשָׁעֵינוּ, וְשֶׁיִּבָּנֶה בֵּית הַמִּקְדָּשׁ בִּמְהֵרָה בְיָמֵינוּ, וְנַקְרִיב לְפָנֶיךָ קָרְבַּן הַתָּמִיד שֶׁיְּכַפֵּר בַּעֲדֵנוּ, כְּמוֹ שֶׁכָּתַבְתָּ עָלֵינוּ בְּתוֹרָתֶךָ עַל יְדֵי מֹשֶׁה עַבְדֶּךָ מִפִּי כְבוֹדֶךָ, כָּאָמוּר

פרשת קרבן התמיד

וַיְדַבֵּר יהוה אֶל־מֹשֶׁה לֵּאמֹר: צַו אֶת־בְּנֵי יִשְׂרָאֵל וְאָמַרְתָּ במדבר כח
אֲלֵהֶם, אֶת־קָרְבָּנִי לַחְמִי לְאִשַּׁי, רֵיחַ נִיחֹחִי, תִּשְׁמְרוּ
לְהַקְרִיב לִי בְּמוֹעֲדוֹ: וְאָמַרְתָּ לָהֶם, זֶה הָאִשֶּׁה אֲשֶׁר
תַּקְרִיבוּ לַיהוה, כְּבָשִׂים בְּנֵי־שָׁנָה תְמִימִם שְׁנַיִם לַיּוֹם,
עֹלָה תָמִיד: אֶת־הַכֶּבֶשׂ אֶחָד תַּעֲשֶׂה בַבֹּקֶר, וְאֵת הַכֶּבֶשׂ
הַשֵּׁנִי תַּעֲשֶׂה בֵּין הָעַרְבָּיִם: וַעֲשִׂירִית הָאֵיפָה סֹלֶת לְמִנְחָה,
בְּלוּלָה בְּשֶׁמֶן כָּתִית רְבִיעִת הַהִין: עֹלַת תָּמִיד, הָעֲשֻׂיָה
בְּהַר סִינַי, לְרֵיחַ נִיחֹחַ אִשֶּׁה לַיהוה: וְנִסְכּוֹ רְבִיעִת הַהִין
לַכֶּבֶשׂ הָאֶחָד, בַּקֹּדֶשׁ הַסֵּךְ נֶסֶךְ שֵׁכָר לַיהוה: וְאֵת הַכֶּבֶשׂ
הַשֵּׁנִי תַּעֲשֶׂה בֵּין הָעַרְבָּיִם, כְּמִנְחַת הַבֹּקֶר וּכְנִסְכּוֹ תַּעֲשֶׂה,
אִשֵּׁה רֵיחַ נִיחֹחַ לַיהוה:

וְשָׁחַט אֹתוֹ עַל יֶרֶךְ הַמִּזְבֵּחַ צָפֹנָה לִפְנֵי יהוה, וְזָרְקוּ בְּנֵי ויקרא א
אַהֲרֹן הַכֹּהֲנִים אֶת־דָּמוֹ עַל־הַמִּזְבֵּחַ, סָבִיב:

יְהִי רָצוֹן מִלְּפָנֶיךָ, יהוה אֱלֹהֵינוּ וֵאלֹהֵי אֲבוֹתֵינוּ, שֶׁתְּהֵא אֲמִירָה זוֹ חֲשׁוּבָה וּמְקֻבֶּלֶת וּמְרֻצָּה לְפָנֶיךָ, כְּאִלּוּ הִקְרַבְנוּ קָרְבַּן הַתָּמִיד בְּמוֹעֲדוֹ וּבִמְקוֹמוֹ וּכְהִלְכָתוֹ.

אַתָּה הוּא יהוה אֱלֹהֵינוּ שֶׁהִקְטִירוּ אֲבוֹתֵינוּ לְפָנֶיךָ אֶת קְטֹרֶת הַסַּמִּים בִּזְמַן שֶׁבֵּית הַמִּקְדָּשׁ הָיָה קַיָּם, כַּאֲשֶׁר צִוִּיתָ אוֹתָם עַל יְדֵי מֹשֶׁה נְבִיאֶךָ, כַּכָּתוּב בְּתוֹרָתֶךָ:

פרשת הקטורת

וַיֹּאמֶר יהוה אֶל־מֹשֶׁה, קַח־לְךָ סַמִּים נָטָף וּשְׁחֵלֶת וְחֶלְבְּנָה, סַמִּים שמות ל
וּלְבֹנָה זַכָּה, בַּד בְּבַד יִהְיֶה: וְעָשִׂיתָ אֹתָהּ קְטֹרֶת, רֹקַח מַעֲשֵׂה רוֹקֵחַ,
מְמֻלָּח, טָהוֹר קֹדֶשׁ: וְשָׁחַקְתָּ מִמֶּנָּה הָדֵק, וְנָתַתָּה מִמֶּנָּה לִפְנֵי הָעֵדֻת
בְּאֹהֶל מוֹעֵד אֲשֶׁר אִוָּעֵד לְךָ שָׁמָּה, קֹדֶשׁ קָדָשִׁים תִּהְיֶה לָכֶם:

וְנֶאֱמַר
וְהִקְטִיר עָלָיו אַהֲרֹן קְטֹרֶת סַמִּים, בַּבֹּקֶר בַּבֹּקֶר בְּהֵיטִיבוֹ אֶת־הַנֵּרֹת יַקְטִירֶנָּה: וּבְהַעֲלֹת אַהֲרֹן אֶת־הַנֵּרֹת בֵּין הָעַרְבַּיִם יַקְטִירֶנָּה, קְטֹרֶת תָּמִיד לִפְנֵי יהוה לְדֹרֹתֵיכֶם:

כריתות ו. תָּנוּ רַבָּנָן: פִּטּוּם הַקְּטֹרֶת כֵּיצַד, שְׁלֹשׁ מֵאוֹת וְשִׁשִּׁים וּשְׁמוֹנָה מָנִים הָיוּ בָהּ. שְׁלֹשׁ מֵאוֹת וְשִׁשִּׁים וַחֲמִשָּׁה כְּמִנְיַן יְמוֹת הַחַמָּה, מָנֶה לְכָל יוֹם, פְּרַס בְּשַׁחֲרִית וּפְרַס בֵּין הָעַרְבַּיִם, וּשְׁלֹשָׁה מָנִים יְתֵרִים שֶׁמֵּהֶם מַכְנִיס כֹּהֵן גָּדוֹל מְלֹא חָפְנָיו בְּיוֹם הַכִּפּוּרִים, וּמַחֲזִירָן לְמַכְתֶּשֶׁת בְּעֶרֶב יוֹם הַכִּפּוּרִים וְשׁוֹחֲקָן יָפֶה יָפֶה, כְּדֵי שֶׁתְּהֵא דַקָּה מִן הַדַּקָּה. וְאַחַד עָשָׂר סַמָּנִים הָיוּ בָהּ, וְאֵלּוּ הֵן: הַצֳּרִי, וְהַצִּפֹּרֶן, וְהַחֶלְבְּנָה, וְהַלְּבוֹנָה מִשְׁקַל שִׁבְעִים שִׁבְעִים מָנֶה, מוֹר, וּקְצִיעָה, שִׁבֹּלֶת נֵרְדְּ, וְכַרְכֹּם מִשְׁקַל שִׁשָּׁה עָשָׂר שִׁשָּׁה עָשָׂר מָנֶה, הַקֹּשְׁטְ שְׁנֵים עָשָׂר, קִלּוּפָה שְׁלֹשָׁה וְקִנָּמוֹן תִּשְׁעָה, בֹּרִית כַּרְשִׁינָה תִּשְׁעָה קַבִּין, יֵין קַפְרִיסִין סְאִין תְּלָת וְקַבִּין תְּלָתָא, וְאִם אֵין לוֹ יֵין קַפְרִיסִין, מֵבִיא חֲמַר חִוַּרְיָן עַתִּיק. מֶלַח סְדוֹמִית רֹבַע, מַעֲלֶה עָשָׁן כָּל שֶׁהוּא. רַבִּי נָתָן הַבַּבְלִי אוֹמֵר: אַף כִּפַּת הַיַּרְדֵּן כָּל שֶׁהוּא, וְאִם נָתַן בָּהּ דְּבַשׁ פְּסָלָהּ, וְאִם חִסַּר אֶחָד מִכָּל סַמָּנֶיהָ, חַיָּב מִיתָה.

רַבָּן שִׁמְעוֹן בֶּן גַּמְלִיאֵל אוֹמֵר: הַצֳּרִי אֵינוֹ אֶלָּא שְׂרָף הַנּוֹטֵף מֵעֲצֵי הַקְּטָף. בֹּרִית כַּרְשִׁינָה שֶׁשָּׁפִין בָּהּ אֶת הַצִּפֹּרֶן כְּדֵי שֶׁתְּהֵא נָאָה, יֵין קַפְרִיסִין שֶׁשּׁוֹרִין בּוֹ אֶת הַצִּפֹּרֶן כְּדֵי שֶׁתְּהֵא עַזָּה, וַהֲלֹא מֵי רַגְלַיִם יָפִין לָהּ, אֶלָּא שֶׁאֵין מַכְנִיסִין מֵי רַגְלַיִם בַּמִּקְדָּשׁ מִפְּנֵי הַכָּבוֹד.

תַּנְיָא, רַבִּי נָתָן אוֹמֵר: כְּשֶׁהוּא שׁוֹחֵק אוֹמֵר, הָדֵק הֵיטֵב הֵיטֵב הָדֵק, מִפְּנֵי שֶׁהַקּוֹל יָפֶה לַבְּשָׂמִים. פִּטְּמָהּ לַחֲצָאִין כְּשֵׁרָה, לִשְׁלִישׁ וְלִרְבִיעַ לֹא שָׁמַעְנוּ. אָמַר רַבִּי יְהוּדָה: זֶה הַכְּלָל, אִם כְּמִדָּתָהּ כְּשֵׁרָה לַחֲצָאִין, וְאִם חִסַּר אֶחָד מִכָּל סַמָּנֶיהָ חַיָּב מִיתָה.

ירושלמי יומא ד, הלכה ה
תַּנְיָא, בַּר קַפָּרָא אוֹמֵר: אַחַת לְשִׁשִּׁים אוֹ לְשִׁבְעִים שָׁנָה הָיְתָה בָאָה שֶׁל שִׁירַיִם לַחֲצָאִין. וְעוֹד תָּנֵי בַּר קַפָּרָא: אִלּוּ הָיָה נוֹתֵן בָּהּ קוֹרְטוֹב שֶׁל דְּבַשׁ אֵין אָדָם יָכוֹל לַעֲמֹד מִפְּנֵי רֵיחָהּ, וְלָמָּה אֵין מְעָרְבִין בָּהּ דְּבַשׁ, מִפְּנֵי שֶׁהַתּוֹרָה אָמְרָה: ויקרא ב
כִּי כָל־שְׂאֹר וְכָל־דְּבַשׁ לֹא־תַקְטִירוּ מִמֶּנּוּ אִשֶּׁה לַיהוה:

נוהגים לומר שלושה פסוקים אלה אחרי פרשת הקטורת (׳שער הכוונות׳, על פי הירושלמי במסכת ברכות). והשל״ה כתב לומר כל פסוק שלוש פעמים.

יהוה צְבָאוֹת עִמָּנוּ, מִשְׂגָּב לָנוּ אֱלֹהֵי יַעֲקֹב סֶלָה: תהלים מו

יהוה צְבָאוֹת, אַשְׁרֵי אָדָם בֹּטֵחַ בָּךְ: תהלים פד

יהוה הוֹשִׁיעָה, הַמֶּלֶךְ יַעֲנֵנוּ בְיוֹם־קָרְאֵנוּ: תהלים כ

אַתָּה סֵתֶר לִי, מִצַּר תִּצְּרֵנִי, רָנֵּי פַלֵּט תְּסוֹבְבֵנִי סֶלָה: תהלים לב
וְעָרְבָה לַיהוה מִנְחַת יְהוּדָה וִירוּשָׁלָםִ מלאכי ג
כִּימֵי עוֹלָם וּכְשָׁנִים קַדְמֹנִיּוֹת:

סדר המערכה

אַבַּיֵי הֲוָה מְסַדֵּר סֵדֶר הַמַּעֲרָכָה מִשְּׁמָא דִגְמָרָא, וְאַלִּבָּא דְאַבָּא שָׁאוּל: יומא לג.
מַעֲרָכָה גְדוֹלָה קוֹדֶמֶת לְמַעֲרָכָה שְׁנִיָּה שֶׁל קְטֹרֶת, וּמַעֲרָכָה שְׁנִיָּה שֶׁל קְטֹרֶת קוֹדֶמֶת לְסִדּוּר שְׁנֵי גִזְרֵי עֵצִים, וְסִדּוּר שְׁנֵי גִזְרֵי עֵצִים קוֹדֵם לְדִשּׁוּן מִזְבֵּחַ הַפְּנִימִי, וְדִשּׁוּן מִזְבֵּחַ הַפְּנִימִי קוֹדֵם לַהֲטָבַת חָמֵשׁ נֵרוֹת, וַהֲטָבַת חָמֵשׁ נֵרוֹת קוֹדֶמֶת לְדַם הַתָּמִיד, וְדַם הַתָּמִיד קוֹדֵם לַהֲטָבַת שְׁתֵּי נֵרוֹת, וַהֲטָבַת שְׁתֵּי נֵרוֹת קוֹדֶמֶת לִקְטֹרֶת, וּקְטֹרֶת קוֹדֶמֶת לְאֵבָרִים, וְאֵבָרִים לְמִנְחָה, וּמִנְחָה לַחֲבִתִּין, וַחֲבִתִּין לִנְסָכִין, וּנְסָכִין לְמוּסָפִין, וּמוּסָפִין
לְבָזִיכִין, וּבָזִיכִין קוֹדְמִין לְתָמִיד שֶׁל בֵּין הָעַרְבָּיִם. שֶׁנֶּאֱמַר: וְעָרַךְ עָלֶיהָ ויקרא ו
הָעֹלָה, וְהִקְטִיר עָלֶיהָ חֶלְבֵי הַשְּׁלָמִים: עָלֶיהָ הַשְׁלֵם כָּל הַקָּרְבָּנוֹת כֻּלָּם.

המקובלים הנהיגו לומר פיוט עתיק זה
המיוחס לתנא ר׳ נחוניה בן הקנה, כהכנה לתפילה (שער הכוונות).

אָנָּא, בְּכֹחַ גְּדֻלַּת יְמִינְךָ, תַּתִּיר צְרוּרָה.
קַבֵּל רִנַּת עַמְּךָ, שַׂגְּבֵנוּ, טַהֲרֵנוּ, נוֹרָא.
נָא גִבּוֹר, דּוֹרְשֵׁי יִחוּדְךָ כְּבָבַת שָׁמְרֵם.
בָּרְכֵם, טַהֲרֵם, רַחֲמֵי צִדְקָתְךָ תָּמִיד גָּמְלֵם.
חֲסִין קָדוֹשׁ, בְּרֹב טוּבְךָ נַהֵל עֲדָתֶךָ.
יָחִיד גֵּאֶה, לְעַמְּךָ פְּנֵה, זוֹכְרֵי קְדֻשָּׁתֶךָ.
שַׁוְעָתֵנוּ קַבֵּל וּשְׁמַע צַעֲקָתֵנוּ, יוֹדֵעַ תַּעֲלוּמוֹת.
בָּרוּךְ שֵׁם כְּבוֹד מַלְכוּתוֹ לְעוֹלָם וָעֶד.

יש המדלגים על התחינה הבאה.

רִבּוֹן הָעוֹלָמִים, אַתָּה צִוִּיתָנוּ לְהַקְרִיב קָרְבַּן הַתָּמִיד בְּמוֹעֲדוֹ וְלִהְיוֹת כֹּהֲנִים בַּעֲבוֹדָתָם וּלְוִיִּם בְּדוּכָנָם וְיִשְׂרָאֵל בְּמַעֲמָדָם. וְעַתָּה בַּעֲוֹנוֹתֵינוּ חָרַב בֵּית הַמִּקְדָּשׁ וּבָטַל הַתָּמִיד וְאֵין לָנוּ לֹא כֹהֵן בַּעֲבוֹדָתוֹ וְלֹא לֵוִי בְּדוּכָנוֹ וְלֹא יִשְׂרָאֵל בְּמַעֲמָדוֹ. וְאַתָּה אָמַרְתָּ: וּנְשַׁלְּמָה פָרִים שְׂפָתֵינוּ: הושע יד

לָכֵן יְהִי רָצוֹן מִלְּפָנֶיךָ יהוה אֱלֹהֵינוּ וֵאלֹהֵי אֲבוֹתֵינוּ, שֶׁיְּהֵא שִׂיחַ שִׂפְתוֹתֵינוּ חָשׁוּב וּמְקֻבָּל וּמְרֻצֶּה לְפָנֶיךָ כְּאִלּוּ הִקְרַבְנוּ קָרְבַּן הַתָּמִיד בְּמוֹעֲדוֹ וְעָמַדְנוּ עַל מַעֲמָדוֹ.

וְנֶאֱמַר: זֹאת הַתּוֹרָה לָעֹלָה לַמִּנְחָה וְלַחַטָּאת וְלָאָשָׁם וְלַמִּלּוּאִים וּלְזֶבַח הַשְּׁלָמִים: ויקרא ז

בשבת מוסיפים את פסוקי מוסף היום כהשלמה לפסוקי התמיד (שו״ע מח, א).

וּבְיוֹם הַשַּׁבָּת, שְׁנֵי־כְבָשִׂים בְּנֵי־שָׁנָה תְּמִימִם במדבר כח
וּשְׁנֵי עֶשְׂרֹנִים סֹלֶת מִנְחָה בְּלוּלָה בַשֶּׁמֶן, וְנִסְכּוֹ:
עֹלַת שַׁבַּת בְּשַׁבַּתּוֹ, עַל־עֹלַת הַתָּמִיד וְנִסְכָּהּ:

לאחר פסוקי הקרבנות אומרים פרק משנה ואת הברייתא הפותחת את מדרש תורת כוהנים כדי ללמוד בכל יום מקרא, משנה וגמרא (תוספות, קידושין ל ע״א).

חכמים בחרו את פרק ה במסכת זבחים, כיוון שכולו הלכה פסוקה בלי מחלוקת (משנ״ב נ, ב).

דיני זבחים

אֵיזֶהוּ מְקוֹמָן שֶׁל זְבָחִים. קָדְשֵׁי קָדָשִׁים שְׁחִיטָתָן בַּצָּפוֹן. פַּר וְשָׂעִיר שֶׁל יוֹם הַכִּפּוּרִים, שְׁחִיטָתָן בַּצָּפוֹן, וְקִבּוּל דָּמָן בִּכְלִי שָׁרֵת בַּצָּפוֹן, וְדָמָן טָעוּן הַזָּיָה עַל בֵּין הַבַּדִּים, וְעַל הַפָּרֹכֶת, וְעַל מִזְבַּח הַזָּהָב. מַתָּנָה אַחַת מֵהֶן מְעַכָּבֶת. שְׁיָרֵי הַדָּם הָיָה שׁוֹפֵךְ עַל יְסוֹד מַעֲרָבִי שֶׁל מִזְבֵּחַ הַחִיצוֹן, אִם לֹא נָתַן לֹא עִכֵּב. זבחים פרק ה

פָּרִים הַנִּשְׂרָפִים וּשְׂעִירִים הַנִּשְׂרָפִים, שְׁחִיטָתָן בַּצָּפוֹן, וְקִבּוּל דָּמָן בִּכְלִי שָׁרֵת בַּצָּפוֹן, וְדָמָן טָעוּן הַזָּיָה עַל הַפָּרֹכֶת וְעַל מִזְבַּח הַזָּהָב. מַתָּנָה אַחַת מֵהֶן מְעַכָּבֶת. שְׁיָרֵי הַדָּם הָיָה שׁוֹפֵךְ עַל יְסוֹד מַעֲרָבִי שֶׁל מִזְבֵּחַ הַחִיצוֹן, אִם לֹא נָתַן לֹא עִכֵּב. אֵלּוּ וָאֵלּוּ נִשְׂרָפִין בְּבֵית הַדָּשֶׁן.

חַטֹּאת הַצִּבּוּר וְהַיָּחִיד. אֵלּוּ הֵן חַטֹּאת הַצִּבּוּר: שְׂעִירֵי רָאשֵׁי חֳדָשִׁים וְשֶׁל מוֹעֲדוֹת. שְׁחִיטָתָן בַּצָּפוֹן, וְקִבּוּל דָּמָן בִּכְלִי שָׁרֵת בַּצָּפוֹן, וְדָמָן

טָעוּן אַרְבַּע מַתָּנוֹת עַל אַרְבַּע קְרָנוֹת. כֵּיצַד, עָלָה בַכֶּבֶשׁ, וּפָנָה לַסּוֹבֵב, וּבָא לוֹ לְקֶרֶן דְּרוֹמִית מִזְרָחִית, מִזְרָחִית צְפוֹנִית, צְפוֹנִית מַעֲרָבִית, מַעֲרָבִית דְּרוֹמִית. שְׁיָרֵי הַדָּם הָיָה שׁוֹפֵךְ עַל יְסוֹד דְּרוֹמִי. וְנֶאֱכָלִין לִפְנִים מִן הַקְּלָעִים, לְזִכְרֵי כְהֻנָּה, בְּכָל מַאֲכָל, לְיוֹם וָלַיְלָה עַד חֲצוֹת.

הָעוֹלָה קֹדֶשׁ קָדָשִׁים. שְׁחִיטָתָהּ בַּצָּפוֹן, וְקִבּוּל דָּמָהּ בִּכְלִי שָׁרֵת בַּצָּפוֹן, וְדָמָהּ טָעוּן שְׁתֵּי מַתָּנוֹת שֶׁהֵן אַרְבַּע, וּטְעוּנָה הֶפְשֵׁט וְנִתּוּחַ, וְכָלִיל לָאִשִּׁים.

זִבְחֵי שַׁלְמֵי צִבּוּר וַאֲשָׁמוֹת. אֵלּוּ הֵן אֲשָׁמוֹת: אֲשַׁם גְּזֵלוֹת, אֲשַׁם מְעִילוֹת, אֲשַׁם שִׁפְחָה חֲרוּפָה, אֲשַׁם נָזִיר, אֲשַׁם מְצֹרָע, אָשָׁם תָּלוּי. שְׁחִיטָתָן בַּצָּפוֹן, וְקִבּוּל דָּמָן בִּכְלִי שָׁרֵת בַּצָּפוֹן, וְדָמָן טָעוּן שְׁתֵּי מַתָּנוֹת שֶׁהֵן אַרְבַּע. וְנֶאֱכָלִין לִפְנִים מִן הַקְּלָעִים, לְזִכְרֵי כְהֻנָּה, בְּכָל מַאֲכָל, לְיוֹם וָלַיְלָה עַד חֲצוֹת.

הַתּוֹדָה וְאֵיל נָזִיר קָדָשִׁים קַלִּים. שְׁחִיטָתָן בְּכָל מָקוֹם בָּעֲזָרָה, וְדָמָן טָעוּן שְׁתֵּי מַתָּנוֹת שֶׁהֵן אַרְבַּע, וְנֶאֱכָלִין בְּכָל הָעִיר, לְכָל אָדָם, בְּכָל מַאֲכָל, לְיוֹם וָלַיְלָה עַד חֲצוֹת. הַמּוּרָם מֵהֶם כַּיּוֹצֵא בָהֶם, אֶלָּא שֶׁהַמּוּרָם נֶאֱכָל לַכֹּהֲנִים, לִנְשֵׁיהֶם, וְלִבְנֵיהֶם וּלְעַבְדֵיהֶם.

שְׁלָמִים קָדָשִׁים קַלִּים. שְׁחִיטָתָן בְּכָל מָקוֹם בָּעֲזָרָה, וְדָמָן טָעוּן שְׁתֵּי מַתָּנוֹת שֶׁהֵן אַרְבַּע, וְנֶאֱכָלִין בְּכָל הָעִיר, לְכָל אָדָם, בְּכָל מַאֲכָל, לִשְׁנֵי יָמִים וְלַיְלָה אֶחָד. הַמּוּרָם מֵהֶם כַּיּוֹצֵא בָהֶם, אֶלָּא שֶׁהַמּוּרָם נֶאֱכָל לַכֹּהֲנִים, לִנְשֵׁיהֶם, וְלִבְנֵיהֶם וּלְעַבְדֵיהֶם.

הַבְּכוֹר וְהַמַּעֲשֵׂר וְהַפֶּסַח קָדָשִׁים קַלִּים. שְׁחִיטָתָן בְּכָל מָקוֹם בָּעֲזָרָה, וְדָמָן טָעוּן מַתָּנָה אֶחָת, וּבִלְבָד שֶׁיִּתֵּן כְּנֶגֶד הַיְסוֹד. שִׁנָּה בַאֲכִילָתָן, הַבְּכוֹר נֶאֱכָל לַכֹּהֲנִים וְהַמַּעֲשֵׂר לְכָל אָדָם, וְנֶאֱכָלִין בְּכָל הָעִיר, בְּכָל מַאֲכָל, לִשְׁנֵי יָמִים וְלַיְלָה אֶחָד. הַפֶּסַח אֵינוֹ נֶאֱכָל אֶלָּא בַלַּיְלָה, וְאֵינוֹ נֶאֱכָל אֶלָּא עַד חֲצוֹת, וְאֵינוֹ נֶאֱכָל אֶלָּא לִמְנוּיָו, וְאֵינוֹ נֶאֱכָל אֶלָּא צָלִי.

יש בתי כנסת המתחילים את התפילה בציבור כאן.

ברייתא דרבי ישמעאל

רַבִּי יִשְׁמָעֵאל אוֹמֵר: בִּשְׁלֹשׁ עֶשְׂרֵה מִדּוֹת הַתּוֹרָה נִדְרֶשֶׁת

א מִקַּל וָחֹמֶר

ב וּמִגְּזֵרָה שָׁוָה

ג מִבִּנְיַן אָב מִכָּתוּב אֶחָד, וּמִבִּנְיַן אָב מִשְּׁנֵי כְתוּבִים

ד מִכְּלָל וּפְרָט

ה מִפְּרָט וּכְלָל

ו כְּלָל וּפְרָט וּכְלָל, אִי אַתָּה דָן אֶלָּא כְּעֵין הַפְּרָט

ז מִכְּלָל שֶׁהוּא צָרִיךְ לִפְרָט, וּמִפְּרָט שֶׁהוּא צָרִיךְ לִכְלָל

ח כָּל דָּבָר שֶׁהָיָה בִּכְלָל, וְיָצָא מִן הַכְּלָל לְלַמֵּד
לֹא לְלַמֵּד עַל עַצְמוֹ יָצָא
אֶלָּא לְלַמֵּד עַל הַכְּלָל כֻּלּוֹ יָצָא

ט כָּל דָּבָר שֶׁהָיָה בִּכְלָל, וְיָצָא לִטְעֹן טֹעַן אֶחָד שֶׁהוּא כְעִנְיָנוֹ
יָצָא לְהָקֵל וְלֹא לְהַחֲמִיר

י כָּל דָּבָר שֶׁהָיָה בִּכְלָל, וְיָצָא לִטְעֹן טֹעַן אַחֵר שֶׁלֹּא כְעִנְיָנוֹ
יָצָא לְהָקֵל וּלְהַחֲמִיר

יא כָּל דָּבָר שֶׁהָיָה בִּכְלָל, וְיָצָא לִדּוֹן בַּדָּבָר הֶחָדָשׁ
אִי אַתָּה יָכוֹל לְהַחֲזִירוֹ לִכְלָלוֹ
עַד שֶׁיַּחֲזִירֶנּוּ הַכָּתוּב לִכְלָלוֹ בְּפֵרוּשׁ

יב דָּבָר הַלָּמֵד מֵעִנְיָנוֹ, וְדָבָר הַלָּמֵד מִסּוֹפוֹ

יג וְכֵן שְׁנֵי כְתוּבִים הַמַּכְחִישִׁים זֶה אֶת זֶה
עַד שֶׁיָּבוֹא הַכָּתוּב הַשְּׁלִישִׁי וְיַכְרִיעַ בֵּינֵיהֶם.

יְהִי רָצוֹן מִלְּפָנֶיךָ, יהוה אֱלֹהֵינוּ וֵאלֹהֵי אֲבוֹתֵינוּ, שֶׁיִּבָּנֶה בֵּית הַמִּקְדָּשׁ בִּמְהֵרָה בְיָמֵינוּ, וְתֵן חֶלְקֵנוּ בְּתוֹרָתֶךָ, וְשָׁם נַעֲבָדְךָ בְּיִרְאָה כִּימֵי עוֹלָם וּכְשָׁנִים קַדְמוֹנִיּוֹת.

קדיש דרבנן

אם יש מניין, האבלים עומדים ואומרים קדיש דרבנן.

אבל:

יתגדל ויתקדש שמו הגדול	יִתְגַּדַּל וְיִתְקַדַּשׁ שְׁמֵהּ רַבָּא (קהל: אָמֵן)
בעולם אשר ברא כרצונו	בְּעָלְמָא דִּי בְרָא כִרְעוּתֵהּ
וימליך מלכותו	וְיַמְלִיךְ מַלְכוּתֵהּ
ויצמיח ישועתו ויקרב משיחו	וְיַצְמַח פֻּרְקָנֵהּ וִיקָרֵב מְשִׁיחֵהּ (קהל: אָמֵן)
בחייכם ובימיכם	בְּחַיֵּיכוֹן וּבְיוֹמֵיכוֹן
ובחיי כל בית ישראל	וּבְחַיֵּי דְכָל בֵּית יִשְׂרָאֵל
במהרה ובזמן קרוב	בַּעֲגָלָא וּבִזְמַן קָרִיב
ואמרו אמן.	וְאִמְרוּ אָמֵן. (קהל: אָמֵן)

קהל ואבל:

יהא שמו הגדול מבורך	יְהֵא שְׁמֵהּ רַבָּא מְבָרַךְ
לעולם ולעולמי עולמים	לְעָלַם וּלְעָלְמֵי עָלְמַיָּא.

אבל:

יתברך וישתבח ויתפאר	יִתְבָּרַךְ וְיִשְׁתַּבַּח וְיִתְפָּאַר
ויתרומם ויתנשא	וְיִתְרוֹמַם וְיִתְנַשֵּׂא
ויתהדר ויתעלה ויתהלל	וְיִתְהַדָּר וְיִתְעַלֶּה וְיִתְהַלָּל
שמו של הקדוש ברוך הוא	שְׁמֵהּ דְּקֻדְשָׁא בְּרִיךְ הוּא (קהל: אָמֵן)
למעלה למעלה מכל הברכות	לְעֵלָּא לְעֵלָּא מִכָּל בִּרְכָתָא
והשירות, התשבחות והנחמות	וְשִׁירָתָא, תֻּשְׁבְּחָתָא וְנֶחֱמָתָא
האמורות בעולם	דַּאֲמִירָן בְּעָלְמָא
ואמרו אמן.	וְאִמְרוּ אָמֵן. (קהל: אָמֵן)

עַל יִשְׂרָאֵל וְעַל רַבָּנָן	על ישראל ועל רבותינו
וְעַל תַּלְמִידֵיהוֹן	ועל תלמידיהם
וְעַל כָּל תַּלְמִידֵי תַלְמִידֵיהוֹן	ועל כל תלמידי תלמידיהם
וְעַל כָּל מָאן דְּעָסְקִין בְּאוֹרַיְתָא	ועל כל מי שעוסקים בתורה
דִּי בְּאַתְרָא קַדִּישָׁא הָדֵין	שבמקום הקדוש הזה
וְדִי בְּכָל אֲתַר וַאֲתַר	ושבכל מקום ומקום
יְהֵא לְהוֹן וּלְכוֹן שְׁלָמָא רַבָּא	יהא להם ולכם שלום רב
חִנָּא וְחִסְדָּא, וְרַחֲמֵי	חן וחסד, ורחמים
וְחַיֵּי אֲרִיכֵי, וּמְזוֹנֵי רְוִיחֵי	וחיים ארוכים, ומזונות רווחים
וּפֻרְקָנָא מִן קֳדָם אֲבוּהוֹן	וישועה מלפני אביהם
דִּי בִשְׁמַיָּא וְאַרְעָא	שבשמים ובארץ
וְאִמְרוּ אָמֵן. (קהל: אָמֵן)	ואמרו אמן.

יְהֵא שְׁלָמָא רַבָּא מִן שְׁמַיָּא	יהא שלום רב מן השמים
וְחַיִּים טוֹבִים עָלֵינוּ	וחיים טובים עלינו
וְעַל כָּל יִשְׂרָאֵל	ועל כל ישראל
וְאִמְרוּ אָמֵן. (קהל: אָמֵן)	ואמרו אמן

כורע ופוסע שלוש פסיעות לאחור.
קד לשמאל, לימין ולפנים באמירת:

עֹשֶׂה הַשָּׁלוֹם בִּמְרוֹמָיו
הוּא בְּרַחֲמָיו יַעֲשֶׂה שָׁלוֹם
עָלֵינוּ וְעַל כָּל יִשְׂרָאֵל
וְאִמְרוּ אָמֵן. (קהל: אָמֵן)

תפילות השחר

בבתי כנסת המתפללים בנוסח אשכנז, הסדר הוא:
'מִזְמוֹר שִׁיר־חֲנֻכַּת הַבַּיִת לְדָוִד' (עמ' 153), קדיש יתום (עמ' 123), 'בָּרוּךְ שֶׁאָמַר' (עמ' 162),
'הוֹדוּ לַה' קִרְאוּ בִשְׁמוֹ' (למטה), וממשיכים 'לַמְנַצֵּחַ מִזְמוֹר לְדָוִד' (עמ' 153).

דברי הימים א' טז

הוֹדוּ לַיהוה קִרְאוּ בִשְׁמוֹ, הוֹדִיעוּ בָעַמִּים עֲלִילֹתָיו: שִׁירוּ לוֹ, זַמְּרוּ־לוֹ, שִׂיחוּ בְּכָל־נִפְלְאוֹתָיו: הִתְהַלְלוּ בְּשֵׁם קָדְשׁוֹ, יִשְׂמַח לֵב מְבַקְשֵׁי יהוה: דִּרְשׁוּ יהוה וְעֻזּוֹ, בַּקְּשׁוּ פָנָיו תָּמִיד: זִכְרוּ נִפְלְאֹתָיו אֲשֶׁר עָשָׂה, מֹפְתָיו וּמִשְׁפְּטֵי־פִיהוּ: זֶרַע יִשְׂרָאֵל עַבְדּוֹ, בְּנֵי יַעֲקֹב בְּחִירָיו: הוּא יהוה אֱלֹהֵינוּ בְּכָל־הָאָרֶץ מִשְׁפָּטָיו: זִכְרוּ לְעוֹלָם בְּרִיתוֹ, דָּבָר צִוָּה לְאֶלֶף דּוֹר: אֲשֶׁר כָּרַת אֶת־אַבְרָהָם, וּשְׁבוּעָתוֹ לְיִצְחָק: וַיַּעֲמִידֶהָ לְיַעֲקֹב לְחֹק, לְיִשְׂרָאֵל בְּרִית עוֹלָם: לֵאמֹר, לְךָ אֶתֵּן אֶרֶץ־כְּנָעַן, חֶבֶל נַחֲלַתְכֶם: בִּהְיוֹתְכֶם מְתֵי מִסְפָּר, כִּמְעַט וְגָרִים בָּהּ: וַיִּתְהַלְּכוּ מִגּוֹי אֶל־גּוֹי, וּמִמַּמְלָכָה אֶל־עַם אַחֵר: לֹא־הִנִּיחַ לְאִישׁ לְעָשְׁקָם, וַיּוֹכַח עֲלֵיהֶם מְלָכִים: אַל־תִּגְּעוּ בִּמְשִׁיחָי, וּבִנְבִיאַי אַל־תָּרֵעוּ: שִׁירוּ לַיהוה כָּל־הָאָרֶץ, בַּשְּׂרוּ מִיּוֹם־אֶל־יוֹם יְשׁוּעָתוֹ: סַפְּרוּ בַגּוֹיִם אֶת־כְּבוֹדוֹ, בְּכָל־הָעַמִּים נִפְלְאֹתָיו: כִּי גָדוֹל יהוה וּמְהֻלָּל מְאֹד, וְנוֹרָא הוּא עַל־כָּל־אֱלֹהִים: ‹ כִּי כָּל־אֱלֹהֵי הָעַמִּים אֱלִילִים, וַיהוה שָׁמַיִם עָשָׂה:

הוֹד וְהָדָר לְפָנָיו, עֹז וְחֶדְוָה בִּמְקֹמוֹ: הָבוּ לַיהוה מִשְׁפְּחוֹת עַמִּים, הָבוּ לַיהוה כָּבוֹד וָעֹז: הָבוּ לַיהוה כְּבוֹד שְׁמוֹ, שְׂאוּ מִנְחָה וּבֹאוּ לְפָנָיו, הִשְׁתַּחֲווּ לַיהוה בְּהַדְרַת־קֹדֶשׁ: חִילוּ מִלְּפָנָיו כָּל־הָאָרֶץ, אַף־תִּכּוֹן תֵּבֵל בַּל־תִּמּוֹט: יִשְׂמְחוּ הַשָּׁמַיִם וְתָגֵל הָאָרֶץ, וְיֹאמְרוּ בַגּוֹיִם יהוה מָלָךְ: יִרְעַם הַיָּם וּמְלוֹאוֹ, יַעֲלֹץ הַשָּׂדֶה וְכָל־אֲשֶׁר־בּוֹ: אָז יְרַנְּנוּ עֲצֵי הַיָּעַר, מִלִּפְנֵי יהוה, כִּי־בָא לִשְׁפּוֹט אֶת־הָאָרֶץ: הוֹדוּ לַיהוה כִּי טוֹב, כִּי לְעוֹלָם חַסְדּוֹ: וְאִמְרוּ,

הוֹשִׁיעֵנוּ אֱלֹהֵי יִשְׁעֵנוּ, וְקַבְּצֵנוּ וְהַצִּילֵנוּ מִן־הַגּוֹיִם, לְהֹדוֹת
לְשֵׁם קָדְשֶׁךָ, לְהִשְׁתַּבֵּחַ בִּתְהִלָּתֶךָ: בָּרוּךְ יהוה אֱלֹהֵי יִשְׂרָאֵל
מִן־הָעוֹלָם וְעַד־הָעֹלָם, וַיֹּאמְרוּ כָל־הָעָם אָמֵן, וְהַלֵּל לַיהוה:
תהלים צט רוֹמְמוּ יהוה אֱלֹהֵינוּ וְהִשְׁתַּחֲווּ לַהֲדֹם רַגְלָיו, קָדוֹשׁ הוּא:
רוֹמְמוּ יהוה אֱלֹהֵינוּ וְהִשְׁתַּחֲווּ לְהַר קָדְשׁוֹ, כִּי־קָדוֹשׁ יהוה
אֱלֹהֵינוּ:

תהלים עח וְהוּא רַחוּם, יְכַפֵּר עָוֹן וְלֹא־יַשְׁחִית, וְהִרְבָּה לְהָשִׁיב אַפּוֹ,
תהלים מ וְלֹא־יָעִיר כָּל־חֲמָתוֹ: אַתָּה יהוה לֹא־תִכְלָא רַחֲמֶיךָ מִמֶּנִּי, חַסְדְּךָ
תהלים כה וַאֲמִתְּךָ תָּמִיד יִצְּרוּנִי: זְכֹר־רַחֲמֶיךָ יהוה וַחֲסָדֶיךָ, כִּי מֵעוֹלָם
תהלים סח הֵמָּה: תְּנוּ עֹז לֵאלֹהִים, עַל־יִשְׂרָאֵל גַּאֲוָתוֹ, וְעֻזּוֹ בַּשְּׁחָקִים:
נוֹרָא אֱלֹהִים מִמִּקְדָּשֶׁיךָ, אֵל יִשְׂרָאֵל הוּא נֹתֵן עֹז וְתַעֲצֻמוֹת
תהלים צד לָעָם, בָּרוּךְ אֱלֹהִים: אֵל־נְקָמוֹת יהוה, אֵל נְקָמוֹת הוֹפִיעַ:
תהלים ג הִנָּשֵׂא שֹׁפֵט הָאָרֶץ, הָשֵׁב גְּמוּל עַל־גֵּאִים: לַיהוה הַיְשׁוּעָה,
תהלים מו עַל־עַמְּךָ בִרְכָתֶךָ סֶּלָה: ◂ יהוה צְבָאוֹת עִמָּנוּ, מִשְׂגָּב לָנוּ אֱלֹהֵי
תהלים פד תהלים כ יַעֲקֹב סֶלָה: יהוה צְבָאוֹת, אַשְׁרֵי אָדָם בֹּטֵחַ בָּךְ: יהוה הוֹשִׁיעָה,
הַמֶּלֶךְ יַעֲנֵנוּ בְיוֹם־קָרְאֵנוּ:

תהלים כח הוֹשִׁיעָה אֶת־עַמֶּךָ, וּבָרֵךְ אֶת־נַחֲלָתֶךָ, וּרְעֵם וְנַשְּׂאֵם עַד־
תהלים לג הָעוֹלָם: נַפְשֵׁנוּ חִכְּתָה לַיהוה, עֶזְרֵנוּ וּמָגִנֵּנוּ הוּא: כִּי־בוֹ יִשְׂמַח
לִבֵּנוּ, כִּי בְשֵׁם קָדְשׁוֹ בָטָחְנוּ: יְהִי־חַסְדְּךָ יהוה עָלֵינוּ, כַּאֲשֶׁר
תהלים פה תהלים מד יִחַלְנוּ לָךְ: הַרְאֵנוּ יהוה חַסְדֶּךָ, וְיֶשְׁעֲךָ תִּתֶּן־לָנוּ: קוּמָה עֶזְרָתָה
תהלים פא לָּנוּ, וּפְדֵנוּ לְמַעַן חַסְדֶּךָ: אָנֹכִי יהוה אֱלֹהֶיךָ הַמַּעַלְךָ מֵאֶרֶץ
תהלים קמד מִצְרָיִם, הַרְחֶב־פִּיךָ וַאֲמַלְאֵהוּ: ◂ אַשְׁרֵי הָעָם שֶׁכָּכָה לּוֹ, אַשְׁרֵי
תהלים יג הָעָם שֶׁיהוה אֱלֹהָיו: וַאֲנִי בְּחַסְדְּךָ בָטַחְתִּי, יָגֵל לִבִּי בִּישׁוּעָתֶךָ,
אָשִׁירָה לַיהוה, כִּי גָמַל עָלָי:

מִזְמוֹר שִׁיר־חֲנֻכַּת הַבַּיִת לְדָוִד: אֲרוֹמִמְךָ יהוה כִּי דִלִּיתָנִי, תהלים ל
וְלֹא־שִׂמַּחְתָּ אֹיְבַי לִי: יהוה אֱלֹהָי, שִׁוַּעְתִּי אֵלֶיךָ וַתִּרְפָּאֵנִי:
יהוה, הֶעֱלִיתָ מִן־שְׁאוֹל נַפְשִׁי, חִיִּיתַנִי מִיָּרְדִי־בוֹר: זַמְּרוּ
לַיהוה חֲסִידָיו, וְהוֹדוּ לְזֵכֶר קָדְשׁוֹ: כִּי רֶגַע בְּאַפּוֹ, חַיִּים
בִּרְצוֹנוֹ, בָּעֶרֶב יָלִין בֶּכִי וְלַבֹּקֶר רִנָּה: וַאֲנִי אָמַרְתִּי בְשַׁלְוִי,
בַּל־אֶמּוֹט לְעוֹלָם: יהוה, בִּרְצוֹנְךָ הֶעֱמַדְתָּה לְהַרְרִי עֹז,
הִסְתַּרְתָּ פָנֶיךָ הָיִיתִי נִבְהָל: אֵלֶיךָ יהוה אֶקְרָא, וְאֶל־אֲדֹנָי
אֶתְחַנָּן: מַה־בֶּצַע בְּדָמִי, בְּרִדְתִּי אֶל שָׁחַת, הֲיוֹדְךָ עָפָר,
הֲיַגִּיד אֲמִתֶּךָ: שְׁמַע־יהוה וְחָנֵּנִי, יהוה הֱיֵה־עֹזֵר לִי:
◄ הָפַכְתָּ מִסְפְּדִי לְמָחוֹל לִי, פִּתַּחְתָּ שַׂקִּי, וַתְּאַזְּרֵנִי שִׂמְחָה:
לְמַעַן יְזַמֶּרְךָ כָבוֹד וְלֹא יִדֹּם, יהוה אֱלֹהַי, לְעוֹלָם אוֹדֶךָּ:

עומדים ואומרים:

יהוה מֶלֶךְ, יהוה מָלָךְ, יהוה יִמְלֹךְ לְעֹלָם וָעֶד.
יהוה מֶלֶךְ, יהוה מָלָךְ, יהוה יִמְלֹךְ לְעֹלָם וָעֶד.

וְהָיָה יהוה לְמֶלֶךְ עַל־כָּל־הָאָרֶץ זכריה יד
בַּיּוֹם הַהוּא יִהְיֶה יהוה אֶחָד וּשְׁמוֹ אֶחָד:

הוֹשִׁיעֵנוּ יהוה אֱלֹהֵינוּ, וְקַבְּצֵנוּ מִן־הַגּוֹיִם, לְהוֹדוֹת לְשֵׁם קָדְשֶׁךָ, לְהִשְׁתַּבֵּחַ תהלים קו
בִּתְהִלָּתֶךָ: בָּרוּךְ יהוה אֱלֹהֵי יִשְׂרָאֵל מִן־הָעוֹלָם וְעַד הָעוֹלָם, וְאָמַר כָּל־
הָעָם אָמֵן, הַלְלוּיָהּ: כֹּל הַנְּשָׁמָה תְּהַלֵּל יָהּ, הַלְלוּיָהּ: תהלים קנ

לַמְנַצֵּחַ מִזְמוֹר לְדָוִד: הַשָּׁמַיִם מְסַפְּרִים כְּבוֹד־אֵל, וּמַעֲשֵׂה תהלים יט
יָדָיו מַגִּיד הָרָקִיעַ: יוֹם לְיוֹם יַבִּיעַ אֹמֶר, וְלַיְלָה לְּלַיְלָה יְחַוֶּה־
דָּעַת: אֵין־אֹמֶר וְאֵין דְּבָרִים, בְּלִי נִשְׁמָע קוֹלָם: בְּכָל־הָאָרֶץ
יָצָא קַוָּם, וּבִקְצֵה תֵבֵל מִלֵּיהֶם, לַשֶּׁמֶשׁ שָׂם־אֹהֶל בָּהֶם: וְהוּא

כְּחָתָן יֹצֵא מֵחֻפָּתוֹ, יָשִׂישׂ כְּגִבּוֹר לָרוּץ אֹרַח: מִקְצֵה הַשָּׁמַיִם מוֹצָאוֹ, וּתְקוּפָתוֹ עַל־קְצוֹתָם, וְאֵין נִסְתָּר מֵחַמָּתוֹ: תּוֹרַת יהוה תְּמִימָה, מְשִׁיבַת נָפֶשׁ, עֵדוּת יהוה נֶאֱמָנָה, מַחְכִּימַת פֶּתִי: פִּקּוּדֵי יהוה יְשָׁרִים, מְשַׂמְּחֵי־לֵב, מִצְוַת יהוה בָּרָה, מְאִירַת עֵינָיִם: יִרְאַת יהוה טְהוֹרָה, עוֹמֶדֶת לָעַד, מִשְׁפְּטֵי־יהוה אֱמֶת, צָדְקוּ יַחְדָּו: הַנֶּחֱמָדִים מִזָּהָב וּמִפַּז רָב, וּמְתוּקִים מִדְּבַשׁ וְנֹפֶת צוּפִים: גַּם־עַבְדְּךָ נִזְהָר בָּהֶם, בְּשָׁמְרָם עֵקֶב רָב: › שְׁגִיאוֹת מִי־יָבִין, מִנִּסְתָּרוֹת נַקֵּנִי: גַּם מִזֵּדִים חֲשֹׂךְ עַבְדֶּךָ, אַל־יִמְשְׁלוּ־בִי אָז אֵיתָם, וְנִקֵּיתִי מִפֶּשַׁע רָב: יִהְיוּ לְרָצוֹן אִמְרֵי־פִי וְהֶגְיוֹן לִבִּי לְפָנֶיךָ, יהוה, צוּרִי וְגֹאֲלִי:

בבתי כנסת המתפללים בנוסח אשכנז, הסדר הוא:
מזמורים לד, צ, צא (עמ׳ 155–157), שני מזמורי הלל הגדול (עמ׳ 159–160),
׳רַנְּנוּ צַדִּיקִים׳ (למטה) וממשיכים ׳מִזְמוֹר שִׁיר לְיוֹם הַשַּׁבָּת׳ (עמ׳ 163).

תהלים לג

רַנְּנוּ צַדִּיקִים בַּיהוה, לַיְשָׁרִים נָאוָה תְהִלָּה: הוֹדוּ לַיהוה בְּכִנּוֹר, בְּנֵבֶל עָשׂוֹר זַמְּרוּ־לוֹ: שִׁירוּ־לוֹ שִׁיר חָדָשׁ, הֵיטִיבוּ נַגֵּן בִּתְרוּעָה: כִּי־יָשָׁר דְּבַר־יהוה, וְכָל־מַעֲשֵׂהוּ בֶּאֱמוּנָה: אֹהֵב צְדָקָה וּמִשְׁפָּט, חֶסֶד יהוה מָלְאָה הָאָרֶץ: בִּדְבַר יהוה שָׁמַיִם נַעֲשׂוּ, וּבְרוּחַ פִּיו כָּל־צְבָאָם: כֹּנֵס כַּנֵּד מֵי הַיָּם, נֹתֵן בְּאוֹצָרוֹת תְּהוֹמוֹת: יִירְאוּ מֵיהוה כָּל־הָאָרֶץ, מִמֶּנּוּ יָגוּרוּ כָּל־יֹשְׁבֵי תֵבֵל: כִּי הוּא אָמַר וַיֶּהִי, הוּא־צִוָּה וַיַּעֲמֹד: יהוה הֵפִיר עֲצַת־גּוֹיִם, הֵנִיא מַחְשְׁבוֹת עַמִּים: עֲצַת יהוה לְעוֹלָם תַּעֲמֹד, מַחְשְׁבוֹת לִבּוֹ לְדֹר וָדֹר: אַשְׁרֵי הַגּוֹי אֲשֶׁר־יהוה אֱלֹהָיו, הָעָם בָּחַר לְנַחֲלָה לוֹ: מִשָּׁמַיִם הִבִּיט יהוה, רָאָה אֶת־כָּל־בְּנֵי הָאָדָם: מִמְּכוֹן־שִׁבְתּוֹ הִשְׁגִּיחַ, אֶל כָּל־יֹשְׁבֵי הָאָרֶץ: הַיֹּצֵר יַחַד לִבָּם, הַמֵּבִין אֶל־כָּל־מַעֲשֵׂיהֶם: אֵין־הַמֶּלֶךְ נוֹשָׁע בְּרָב־חָיִל, גִּבּוֹר לֹא־יִנָּצֵל בְּרָב־כֹּחַ: שֶׁקֶר הַסּוּס לִתְשׁוּעָה,

וּבְרֹב חֵילוֹ לֹא יְמַלֵּט: הִנֵּה עֵין יהוה אֶל־יְרֵאָיו, לַמְיַחֲלִים לְחַסְדּוֹ: לְהַצִּיל מִמָּוֶת נַפְשָׁם, וּלְחַיּוֹתָם בָּרָעָב: ◂ נַפְשֵׁנוּ חִכְּתָה לַיהוה, עֶזְרֵנוּ וּמָגִנֵּנוּ הוּא: כִּי־בוֹ יִשְׂמַח לִבֵּנוּ, כִּי בְשֵׁם קָדְשׁוֹ בָטָחְנוּ: יְהִי־חַסְדְּךָ יהוה עָלֵינוּ, כַּאֲשֶׁר יִחַלְנוּ לָךְ:

מזמור זה, שנאמר בו 'אֲבָרְכָה אֶת־ה' בְּכָל־עֵת', היה ראוי להיאמר בכל יום,
אך משום שחכמים חששו לטורח הציבור,
תיקנו לומר אותו רק בשבתות ובימים טובים (סידור ר"ש מגרמייזא).

לְדָוִד, בְּשַׁנּוֹתוֹ אֶת־טַעְמוֹ לִפְנֵי אֲבִימֶלֶךְ, וַיְגָרְשֵׁהוּ וַיֵּלַךְ: אֲבָרְכָה תהלים לד
אֶת־יהוה בְּכָל־עֵת, תָּמִיד תְּהִלָּתוֹ בְּפִי: בַּיהוה תִּתְהַלֵּל נַפְשִׁי, יִשְׁמְעוּ עֲנָוִים וְיִשְׂמָחוּ: גַּדְּלוּ לַיהוה אִתִּי, וּנְרוֹמְמָה שְׁמוֹ יַחְדָּו: דָּרַשְׁתִּי אֶת־יהוה וְעָנָנִי, וּמִכָּל־מְגוּרוֹתַי הִצִּילָנִי: הִבִּיטוּ אֵלָיו וְנָהָרוּ, וּפְנֵיהֶם אַל־יֶחְפָּרוּ: זֶה עָנִי קָרָא, וַיהוה שָׁמֵעַ, וּמִכָּל־צָרוֹתָיו הוֹשִׁיעוֹ: חֹנֶה מַלְאַךְ־יהוה סָבִיב לִירֵאָיו, וַיְחַלְּצֵם: טַעֲמוּ וּרְאוּ כִּי־טוֹב יהוה, אַשְׁרֵי הַגֶּבֶר יֶחֱסֶה־בּוֹ: יְראוּ אֶת־יהוה קְדֹשָׁיו, כִּי־אֵין מַחְסוֹר לִירֵאָיו: כְּפִירִים רָשׁוּ וְרָעֵבוּ, וְדֹרְשֵׁי יהוה לֹא־יַחְסְרוּ כָל־טוֹב: לְכוּ־בָנִים שִׁמְעוּ־לִי, יִרְאַת יהוה אֲלַמֶּדְכֶם: מִי־הָאִישׁ הֶחָפֵץ חַיִּים, אֹהֵב יָמִים לִרְאוֹת טוֹב: נְצֹר לְשׁוֹנְךָ מֵרָע, וּשְׂפָתֶיךָ מִדַּבֵּר מִרְמָה: סוּר מֵרָע וַעֲשֵׂה־טוֹב, בַּקֵּשׁ שָׁלוֹם וְרָדְפֵהוּ: עֵינֵי יהוה אֶל־צַדִּיקִים, וְאָזְנָיו אֶל־שַׁוְעָתָם: פְּנֵי יהוה בְּעֹשֵׂי רָע, לְהַכְרִית מֵאֶרֶץ זִכְרָם: צָעֲקוּ וַיהוה שָׁמֵעַ, וּמִכָּל־צָרוֹתָם הִצִּילָם: קָרוֹב יהוה לְנִשְׁבְּרֵי־לֵב, וְאֶת־דַּכְּאֵי־רוּחַ יוֹשִׁיעַ: רַבּוֹת רָעוֹת צַדִּיק, וּמִכֻּלָּם יַצִּילֶנּוּ יהוה: שֹׁמֵר כָּל־עַצְמוֹתָיו, אַחַת מֵהֵנָּה לֹא נִשְׁבָּרָה: ◂ תְּמוֹתֵת רָשָׁע רָעָה, וְשֹׂנְאֵי צַדִּיק יֶאְשָׁמוּ: פּוֹדֶה יהוה נֶפֶשׁ עֲבָדָיו, וְלֹא יֶאְשְׁמוּ כָּל־הַחֹסִים בּוֹ:

מזמור זה הוא הראשון מאחד עשר מזמורים בספר תהלים, צ-ק, המיוחסים למשה (רש״י בתהלים). ממזמור זה למדו חכמים (פסחים נד ע״א; נדרים לט ע״ב) שהתשובה קדמה לעולם, מסמיכות הפסוקים ׳בְּטֶרֶם הָרִים יֻלָּדוּ, וַתְּחוֹלֵל אֶרֶץ וְתֵבֵל׳ ו׳תָּשֵׁב אֱנוֹשׁ עַד־דַּכָּא, וַתֹּאמֶר שׁוּבוּ בְנֵי־אָדָם׳ – כלומר, שהאפשרות שיש לאדם לחזור בתשובה ולהתקבל ברצון לפני הקב״ה היא מהדברים העומדים ביסוד הבריאה, ועל מנת כן ברא הקב״ה את העולם (ריקנטי, דברים לא, כ).

תהלים צ
תְּפִלָּה לְמֹשֶׁה אִישׁ־הָאֱלֹהִים, אֲדֹנָי, מָעוֹן אַתָּה הָיִיתָ לָּנוּ בְּדֹר וָדֹר: בְּטֶרֶם הָרִים יֻלָּדוּ, וַתְּחוֹלֵל אֶרֶץ וְתֵבֵל, וּמֵעוֹלָם עַד־עוֹלָם אַתָּה אֵל: תָּשֵׁב אֱנוֹשׁ עַד־דַּכָּא, וַתֹּאמֶר שׁוּבוּ בְנֵי־אָדָם: כִּי אֶלֶף שָׁנִים בְּעֵינֶיךָ, כְּיוֹם אֶתְמוֹל כִּי יַעֲבֹר, וְאַשְׁמוּרָה בַלָּיְלָה: זְרַמְתָּם, שֵׁנָה יִהְיוּ, בַּבֹּקֶר כֶּחָצִיר יַחֲלֹף: בַּבֹּקֶר יָצִיץ וְחָלָף, לָעֶרֶב יְמוֹלֵל וְיָבֵשׁ: כִּי־כָלִינוּ בְאַפֶּךָ, וּבַחֲמָתְךָ נִבְהָלְנוּ: שַׁתָּ עֲוֹנֹתֵינוּ לְנֶגְדֶּךָ, עֲלֻמֵנוּ לִמְאוֹר פָּנֶיךָ: כִּי כָל־יָמֵינוּ פָּנוּ בְעֶבְרָתֶךָ, כִּלִּינוּ שָׁנֵינוּ כְמוֹ־הֶגֶה: יְמֵי־שְׁנוֹתֵינוּ בָהֶם שִׁבְעִים שָׁנָה, וְאִם בִּגְבוּרֹת שְׁמוֹנִים שָׁנָה, וְרָהְבָּם עָמָל וָאָוֶן, כִּי־גָז חִישׁ וַנָּעֻפָה: מִי־יוֹדֵעַ עֹז אַפֶּךָ, וּכְיִרְאָתְךָ עֶבְרָתֶךָ: לִמְנוֹת יָמֵינוּ כֵּן הוֹדַע, וְנָבִא לְבַב חָכְמָה: שׁוּבָה יהוה עַד־מָתָי, וְהִנָּחֵם עַל־עֲבָדֶיךָ: שַׂבְּעֵנוּ בַבֹּקֶר חַסְדֶּךָ, וּנְרַנְּנָה וְנִשְׂמְחָה בְּכָל־יָמֵינוּ: שַׂמְּחֵנוּ כִּימוֹת עִנִּיתָנוּ, שְׁנוֹת רָאִינוּ רָעָה: יֵרָאֶה אֶל־עֲבָדֶיךָ פָעֳלֶךָ, וַהֲדָרְךָ עַל־בְּנֵיהֶם: ◂ וִיהִי נֹעַם אֲדֹנָי אֱלֹהֵינוּ עָלֵינוּ, וּמַעֲשֵׂה יָדֵינוּ כּוֹנְנָה עָלֵינוּ, וּמַעֲשֵׂה יָדֵינוּ כּוֹנְנֵהוּ:

מזמור זה מכונה ׳שיר של פגעים׳, מפני שהוא עוסק בשמירה של הקב״ה על האדם ובמידת הביטחון (שבועות טו ע״ב).

תהלים צא
יֹשֵׁב בְּסֵתֶר עֶלְיוֹן, בְּצֵל שַׁדַּי יִתְלוֹנָן: אֹמַר לַיהוה מַחְסִי וּמְצוּדָתִי, אֱלֹהַי אֶבְטַח־בּוֹ: כִּי הוּא יַצִּילְךָ מִפַּח יָקוּשׁ, מִדֶּבֶר הַוּוֹת: בְּאֶבְרָתוֹ יָסֶךְ לָךְ, וְתַחַת־כְּנָפָיו תֶּחְסֶה, צִנָּה וְסֹחֵרָה אֲמִתּוֹ:

לֹא־תִירָא מִפַּחַד לָיְלָה, מֵחֵץ יָעוּף יוֹמָם: מִדֶּבֶר בָּאֹפֶל יַהֲלֹךְ,
מִקֶּטֶב יָשׁוּד צׇהֳרָיִם: יִפֹּל מִצִּדְּךָ אֶלֶף, וּרְבָבָה מִימִינֶךָ, אֵלֶיךָ
לֹא יִגָּשׁ: רַק בְּעֵינֶיךָ תַבִּיט, וְשִׁלֻּמַת רְשָׁעִים תִּרְאֶה: כִּי־אַתָּה
יהוה מַחְסִי, עֶלְיוֹן שַׂמְתָּ מְעוֹנֶךָ: לֹא־תְאֻנֶּה אֵלֶיךָ רָעָה, וְנֶגַע
לֹא־יִקְרַב בְּאׇהֳלֶךָ: כִּי מַלְאָכָיו יְצַוֶּה־לָּךְ, לִשְׁמׇרְךָ בְּכׇל־דְּרָכֶיךָ:
עַל־כַּפַּיִם יִשָּׂאוּנְךָ, פֶּן־תִּגֹּף בָּאֶבֶן רַגְלֶךָ: עַל־שַׁחַל וָפֶתֶן תִּדְרֹךְ,
תִּרְמֹס כְּפִיר וְתַנִּין: כִּי בִי חָשַׁק וַאֲפַלְּטֵהוּ, אֲשַׂגְּבֵהוּ כִּי־יָדַע
שְׁמִי: יִקְרָאֵנִי וְאֶעֱנֵהוּ, עִמּוֹ אָנֹכִי בְצָרָה, אֲחַלְּצֵהוּ וַאֲכַבְּדֵהוּ:
‹ אֹרֶךְ יָמִים אַשְׂבִּיעֵהוּ, וְאַרְאֵהוּ בִּישׁוּעָתִי:
אֹרֶךְ יָמִים אַשְׂבִּיעֵהוּ, וְאַרְאֵהוּ בִּישׁוּעָתִי:

"וַיִּשַּׁרְנָה הַפָּרוֹת בַּדֶּרֶךְ עַל־דֶּרֶךְ בֵּית שֶׁמֶשׁ" (שמו"א ו, יב) –
"א"ר יוחנן בשם ר' מאיר: שאמרו שירה" (עבודה זרה כד ע"ב).
בזוהר (חיי שרה, קכג ע"א) מבואר שהפרות שהעלו את הארון מידי הפלישתים
אמרו את מזמור צח, ולכן נהגו לאומרו בשבת בבוקר (סידור ר' חיים ויטל).

בבתי כנסת המתפללים בנוסח אשכנז, אין אומרים מזמור זה,
ולא את שירי המעלות שאחריו, אלא ממשיכים
'הַלְלוּיָהּ, הַלְלוּ אֶת־שֵׁם ה'' (עמ' 159).

מִזְמוֹר, שִׁירוּ לַיהוה שִׁיר חָדָשׁ, כִּי־נִפְלָאוֹת עָשָׂה, הוֹשִׁיעָה־ תהלים צח
לּוֹ יְמִינוֹ וּזְרוֹעַ קׇדְשׁוֹ: הוֹדִיעַ יהוה יְשׁוּעָתוֹ, לְעֵינֵי הַגּוֹיִם גִּלָּה
צִדְקָתוֹ: זָכַר חַסְדּוֹ וֶאֱמוּנָתוֹ לְבֵית יִשְׂרָאֵל, רָאוּ כׇל־אַפְסֵי־
אָרֶץ אֵת יְשׁוּעַת אֱלֹהֵינוּ: הָרִיעוּ לַיהוה כׇּל־הָאָרֶץ, פִּצְחוּ וְרַנְּנוּ
וְזַמֵּרוּ: זַמְּרוּ לַיהוה בְּכִנּוֹר, בְּכִנּוֹר וְקוֹל זִמְרָה: בַּחֲצֹצְרוֹת וְקוֹל
שׁוֹפָר, הָרִיעוּ לִפְנֵי הַמֶּלֶךְ יהוה: יִרְעַם הַיָּם וּמְלֹאוֹ, תֵּבֵל וְיֹשְׁבֵי
בָהּ: ‹ נְהָרוֹת יִמְחֲאוּ־כָף, יַחַד הָרִים יְרַנֵּנוּ: לִפְנֵי יהוה כִּי בָא
לִשְׁפֹּט הָאָרֶץ, יִשְׁפֹּט־תֵּבֵל בְּצֶדֶק, וְעַמִּים בְּמֵישָׁרִים:

באבודרהם מובא שבשבת מוסיפים לפני פסוקי דזמרה עשרה מזמורים כנגד עשרה מאמרות שבהם נברא העולם, והוא מונה את מזמור קכא ומזמור קכד.
ובסידורים שאחריו הוסיפו את מזמורים קכב וקכג, כדי ליצור רצף פרקים (סידור הרמ״ק).

תהלים קכא שִׁיר לַמַּעֲלוֹת, אֶשָּׂא עֵינַי אֶל־הֶהָרִים, מֵאַיִן יָבֹא עֶזְרִי: עֶזְרִי מֵעִם יהוה, עֹשֵׂה שָׁמַיִם וָאָרֶץ: אַל־יִתֵּן לַמּוֹט רַגְלֶךָ, אַל־יָנוּם שֹׁמְרֶךָ: הִנֵּה לֹא־יָנוּם וְלֹא יִישָׁן, שׁוֹמֵר יִשְׂרָאֵל: יהוה שֹׁמְרֶךָ, יהוה צִלְּךָ עַל־יַד יְמִינֶךָ: יוֹמָם הַשֶּׁמֶשׁ לֹא־יַכֶּכָּה, וְיָרֵחַ בַּלָּיְלָה: ◂ יהוה יִשְׁמָרְךָ מִכָּל־רָע, יִשְׁמֹר אֶת־נַפְשֶׁךָ: יהוה יִשְׁמָר־צֵאתְךָ וּבוֹאֶךָ, מֵעַתָּה וְעַד־עוֹלָם:

תהלים קכב שִׁיר הַמַּעֲלוֹת לְדָוִד, שָׂמַחְתִּי בְּאֹמְרִים לִי בֵּית יהוה נֵלֵךְ: עֹמְדוֹת הָיוּ רַגְלֵינוּ, בִּשְׁעָרַיִךְ יְרוּשָׁלָםִ: יְרוּשָׁלַםִ הַבְּנוּיָה, כְּעִיר שֶׁחֻבְּרָה־לָּהּ יַחְדָּו: שֶׁשָּׁם עָלוּ שְׁבָטִים שִׁבְטֵי־יָהּ, עֵדוּת לְיִשְׂרָאֵל, לְהֹדוֹת לְשֵׁם יהוה: כִּי שָׁמָּה יָשְׁבוּ כִסְאוֹת לְמִשְׁפָּט, כִּסְאוֹת לְבֵית דָּוִד: שַׁאֲלוּ שְׁלוֹם יְרוּשָׁלָםִ, יִשְׁלָיוּ אֹהֲבָיִךְ: יְהִי־שָׁלוֹם בְּחֵילֵךְ, שַׁלְוָה בְּאַרְמְנוֹתָיִךְ: ◂ לְמַעַן אַחַי וְרֵעָי, אֲדַבְּרָה־נָּא שָׁלוֹם בָּךְ: לְמַעַן בֵּית־יהוה אֱלֹהֵינוּ, אֲבַקְשָׁה טוֹב לָךְ:

תהלים קכג שִׁיר הַמַּעֲלוֹת, אֵלֶיךָ נָשָׂאתִי אֶת־עֵינַי, הַיֹּשְׁבִי בַּשָּׁמָיִם: הִנֵּה כְעֵינֵי עֲבָדִים אֶל־יַד אֲדוֹנֵיהֶם, כְּעֵינֵי שִׁפְחָה אֶל־יַד גְּבִרְתָּהּ, כֵּן עֵינֵינוּ אֶל־יהוה אֱלֹהֵינוּ, עַד שֶׁיְּחָנֵּנוּ: ◂ חָנֵּנוּ יהוה חָנֵּנוּ, כִּי־רַב שָׂבַעְנוּ בוּז: רַבַּת שָׂבְעָה־לָּהּ נַפְשֵׁנוּ, הַלַּעַג הַשַּׁאֲנַנִּים, הַבּוּז לִגְאֵי־יוֹנִים:

תהלים קכד שִׁיר הַמַּעֲלוֹת לְדָוִד, לוּלֵי יהוה שֶׁהָיָה לָנוּ, יֹאמַר־נָא יִשְׂרָאֵל: לוּלֵי יהוה שֶׁהָיָה לָנוּ, בְּקוּם עָלֵינוּ אָדָם: אֲזַי חַיִּים בְּלָעוּנוּ,

בַּחֲרוֹת אַפָּם בָּנוּ: אֲזַי הַמַּיִם שְׁטָפוּנוּ, נַחְלָה עָבַר עַל־נַפְשֵׁנוּ: אֲזַי עָבַר עַל־נַפְשֵׁנוּ, הַמַּיִם הַזֵּידוֹנִים: בָּרוּךְ יהוה, שֶׁלֹּא נְתָנָנוּ טֶרֶף לְשִׁנֵּיהֶם: › נַפְשֵׁנוּ כְּצִפּוֹר נִמְלְטָה מִפַּח יוֹקְשִׁים, הַפַּח נִשְׁבָּר וַאֲנַחְנוּ נִמְלָטְנוּ: עֶזְרֵנוּ בְּשֵׁם יהוה, עֹשֵׂה שָׁמַיִם וָאָרֶץ:

במזמור זה המשורר פונה לכוהנים וללוויים שיהללו את ה׳,
ובמזמור הבא, המקביל לו, הוא פונה לישראל שיעשו כן אף הם (ראב״ע).

הַלְלוּיָהּ, הַלְלוּ אֶת־שֵׁם יהוה, הַלְלוּ עַבְדֵי יהוה: שֶׁעֹמְדִים תהלים קלה
בְּבֵית יהוה, בְּחַצְרוֹת בֵּית אֱלֹהֵינוּ: הַלְלוּיָהּ כִּי־טוֹב יהוה, זַמְּרוּ לִשְׁמוֹ כִּי נָעִים: כִּי־יַעֲקֹב בָּחַר לוֹ יָהּ, יִשְׂרָאֵל לִסְגֻלָּתוֹ: כִּי אֲנִי יָדַעְתִּי כִּי־גָדוֹל יהוה, וַאֲדֹנֵינוּ מִכָּל־אֱלֹהִים: כֹּל אֲשֶׁר־חָפֵץ יהוה עָשָׂה, בַּשָּׁמַיִם וּבָאָרֶץ, בַּיַּמִּים וְכָל־תְּהֹמוֹת: מַעֲלֶה נְשִׂאִים מִקְצֵה הָאָרֶץ, בְּרָקִים לַמָּטָר עָשָׂה, מוֹצֵא־רוּחַ מֵאוֹצְרוֹתָיו: שֶׁהִכָּה בְּכוֹרֵי מִצְרָיִם, מֵאָדָם עַד־בְּהֵמָה: שָׁלַח אוֹתֹת וּמֹפְתִים בְּתוֹכֵכִי מִצְרָיִם, בְּפַרְעֹה וּבְכָל־עֲבָדָיו: שֶׁהִכָּה גּוֹיִם רַבִּים, וְהָרַג מְלָכִים עֲצוּמִים: לְסִיחוֹן מֶלֶךְ הָאֱמֹרִי, וּלְעוֹג מֶלֶךְ הַבָּשָׁן, וּלְכֹל מַמְלְכוֹת כְּנָעַן: וְנָתַן אַרְצָם נַחֲלָה, נַחֲלָה לְיִשְׂרָאֵל עַמּוֹ: יהוה שִׁמְךָ לְעוֹלָם, יהוה זִכְרְךָ לְדֹר־וָדֹר: כִּי־יָדִין יהוה עַמּוֹ, וְעַל־עֲבָדָיו יִתְנֶחָם: עֲצַבֵּי הַגּוֹיִם כֶּסֶף וְזָהָב, מַעֲשֵׂה יְדֵי אָדָם: פֶּה־לָהֶם וְלֹא יְדַבֵּרוּ, עֵינַיִם לָהֶם וְלֹא יִרְאוּ: אָזְנַיִם לָהֶם וְלֹא יַאֲזִינוּ, אַף אֵין־יֶשׁ־רוּחַ בְּפִיהֶם: כְּמוֹהֶם יִהְיוּ עֹשֵׂיהֶם, כֹּל אֲשֶׁר־בֹּטֵחַ בָּהֶם: › בֵּית יִשְׂרָאֵל בָּרְכוּ אֶת־יהוה, בֵּית אַהֲרֹן בָּרְכוּ אֶת־יהוה: בֵּית הַלֵּוִי בָּרְכוּ אֶת־יהוה, יִרְאֵי יהוה בָּרְכוּ אֶת־יהוה: בָּרוּךְ יהוה מִצִּיּוֹן, שֹׁכֵן יְרוּשָׁלָםִ, הַלְלוּיָהּ:

מזמור זה מכונה בגמרא 'הלל הגדול' (פסחים קיח ע"א), מפני שהוא משבח את ה' על הבריאה, על הנסים שעשה לישראל ועל הפרנסה היום־יומית (סידור חסידי אשכנז).

נוהגים לומר אותו בעמידה.

תהלים קלו
הוֹדוּ לַיהוה כִּי־טוֹב כִּי לְעוֹלָם חַסְדּוֹ:
הוֹדוּ לֵאלֹהֵי הָאֱלֹהִים כִּי לְעוֹלָם חַסְדּוֹ:
הוֹדוּ לַאֲדֹנֵי הָאֲדֹנִים כִּי לְעוֹלָם חַסְדּוֹ:
לְעֹשֵׂה נִפְלָאוֹת גְּדֹלוֹת לְבַדּוֹ כִּי לְעוֹלָם חַסְדּוֹ:
לְעֹשֵׂה הַשָּׁמַיִם בִּתְבוּנָה כִּי לְעוֹלָם חַסְדּוֹ:
לְרֹקַע הָאָרֶץ עַל־הַמָּיִם כִּי לְעוֹלָם חַסְדּוֹ:
לְעֹשֵׂה אוֹרִים גְּדֹלִים כִּי לְעוֹלָם חַסְדּוֹ:
אֶת־הַשֶּׁמֶשׁ לְמֶמְשֶׁלֶת בַּיּוֹם כִּי לְעוֹלָם חַסְדּוֹ:
אֶת־הַיָּרֵחַ וְכוֹכָבִים לְמֶמְשְׁלוֹת בַּלָּיְלָה כִּי לְעוֹלָם חַסְדּוֹ:
לְמַכֵּה מִצְרַיִם בִּבְכוֹרֵיהֶם כִּי לְעוֹלָם חַסְדּוֹ:
וַיּוֹצֵא יִשְׂרָאֵל מִתּוֹכָם כִּי לְעוֹלָם חַסְדּוֹ:
בְּיָד חֲזָקָה וּבִזְרוֹעַ נְטוּיָה כִּי לְעוֹלָם חַסְדּוֹ:
לְגֹזֵר יַם־סוּף לִגְזָרִים כִּי לְעוֹלָם חַסְדּוֹ:
וְהֶעֱבִיר יִשְׂרָאֵל בְּתוֹכוֹ כִּי לְעוֹלָם חַסְדּוֹ:
וְנִעֵר פַּרְעֹה וְחֵילוֹ בְיַם־סוּף כִּי לְעוֹלָם חַסְדּוֹ:
לְמוֹלִיךְ עַמּוֹ בַּמִּדְבָּר כִּי לְעוֹלָם חַסְדּוֹ:
לְמַכֵּה מְלָכִים גְּדֹלִים כִּי לְעוֹלָם חַסְדּוֹ:
וַיַּהֲרֹג מְלָכִים אַדִּירִים כִּי לְעוֹלָם חַסְדּוֹ:
לְסִיחוֹן מֶלֶךְ הָאֱמֹרִי כִּי לְעוֹלָם חַסְדּוֹ:
וּלְעוֹג מֶלֶךְ הַבָּשָׁן כִּי לְעוֹלָם חַסְדּוֹ:
וְנָתַן אַרְצָם לְנַחֲלָה כִּי לְעוֹלָם חַסְדּוֹ:
נַחֲלָה לְיִשְׂרָאֵל עַבְדּוֹ כִּי לְעוֹלָם חַסְדּוֹ:
שֶׁבְּשִׁפְלֵנוּ זָכַר לָנוּ כִּי לְעוֹלָם חַסְדּוֹ:
וַיִּפְרְקֵנוּ מִצָּרֵינוּ כִּי לְעוֹלָם חַסְדּוֹ:

◂ נֹתֵן לֶחֶם לְכָל־בָּשָׂר כִּי לְעוֹלָם חַסְדּוֹ:
הוֹדוּ לְאֵל הַשָּׁמָיִם כִּי לְעוֹלָם חַסְדּוֹ:

בבתי כנסת המתפללים בנוסח אשכנז, אין אומרים פיוט זה
וממשיכים ׳רַנְּנוּ צַדִּיקִים׳ (עמ׳ 154).

הָאַדֶּרֶת וְהָאֱמוּנָה לְחַי עוֹלָמִים
הַבִּינָה וְהַבְּרָכָה לְחַי עוֹלָמִים
הַגַּאֲוָה וְהַגְּדֻלָּה לְחַי עוֹלָמִים
הַדֵּעָה וְהַדִּבּוּר לְחַי עוֹלָמִים
הַהוֹד וְהֶהָדָר לְחַי עוֹלָמִים
הַוַּעַד וְהַוָּתִיקוּת לְחַי עוֹלָמִים
הַזִּיו וְהַזֹּהַר לְחַי עוֹלָמִים
הַחַיִל וְהַחֹסֶן לְחַי עוֹלָמִים
הַטֶּכֶס וְהַטֹּהַר לְחַי עוֹלָמִים
הַיִּחוּד וְהַיִּרְאָה לְחַי עוֹלָמִים
הַכֶּתֶר וְהַכָּבוֹד לְחַי עוֹלָמִים
הַלֶּקַח וְהַלִּבּוּב לְחַי עוֹלָמִים
הַמְּלוּכָה וְהַמֶּמְשָׁלָה לְחַי עוֹלָמִים
הַנּוֹי וְהַנֵּצַח לְחַי עוֹלָמִים
הַסִּגּוּי וְהַשֶּׂגֶב לְחַי עוֹלָמִים
הָעֹז וְהָעֲנָוָה לְחַי עוֹלָמִים
הַפְּדוּת וְהַפְּאֵר לְחַי עוֹלָמִים
הַצְּבִי וְהַצֶּדֶק לְחַי עוֹלָמִים
הַקְּרִיאָה וְהַקְּדֻשָּׁה לְחַי עוֹלָמִים
הָרֹן וְהָרוֹמֵמוּת לְחַי עוֹלָמִים
◂ הַשִּׁיר וְהַשֶּׁבַח לְחַי עוֹלָמִים
הַתְּהִלָּה וְהַתִּפְאֶרֶת לְחַי עוֹלָמִים

פסוקי דזמרה

מ׳בָּרוּךְ שֶׁאָמַר׳ ואילך אסור לדבר עד סוף התפילה.
נהוג לומר ׳בָּרוּךְ שֶׁאָמַר׳ בעמידה, והמתפלל אוחז שתי ציציות לפניו.

הֲרֵינִי מְזַמֵּן אֶת פִּי לְהוֹדוֹת וּלְהַלֵּל וּלְשַׁבֵּחַ אֶת בּוֹרְאִי, לְשֵׁם יִחוּד קֻדְשָׁא בְּרִיךְ הוּא וּשְׁכִינְתֵּהּ עַל יְדֵי הַהוּא טָמִיר וְנֶעְלָם בְּשֵׁם כָּל יִשְׂרָאֵל.

בָּרוּךְ שֶׁאָמַר
וְהָיָה הָעוֹלָם, בָּרוּךְ הוּא.
בָּרוּךְ אוֹמֵר וְעוֹשֶׂה
בָּרוּךְ גּוֹזֵר וּמְקַיֵּם
בָּרוּךְ עוֹשֶׂה בְרֵאשִׁית
בָּרוּךְ מְרַחֵם עַל הָאָרֶץ
בָּרוּךְ מְרַחֵם עַל הַבְּרִיּוֹת
בָּרוּךְ מְשַׁלֵּם שָׂכָר טוֹב לִירֵאָיו
בָּרוּךְ חַי לָעַד וְקַיָּם לָנֶצַח
בָּרוּךְ פּוֹדֶה וּמַצִּיל
בָּרוּךְ שְׁמוֹ
בָּרוּךְ אַתָּה יהוה אֱלֹהֵינוּ מֶלֶךְ הָעוֹלָם
הָאֵל הָאָב הָרַחֲמָן הַמְהֻלָּל בְּפֶה עַמּוֹ
מְשֻׁבָּח וּמְפֹאָר בִּלְשׁוֹן חֲסִידָיו וַעֲבָדָיו
וּבְשִׁירֵי דָוִד עַבְדֶּךָ, נְהַלֶּלְךָ יהוה אֱלֹהֵינוּ.

בִּשְׁבָחוֹת וּבִזְמִירוֹת נְגַדֶּלְךָ וּנְשַׁבֵּחֲךָ וּנְפָאֶרְךָ
וְנַמְלִיכְךָ וְנַזְכִּיר שִׁמְךָ מַלְכֵּנוּ אֱלֹהֵינוּ • יָחִיד חֵי הָעוֹלָמִים
מֶלֶךְ, מְשֻׁבָּח וּמְפֹאָר עֲדֵי עַד שְׁמוֹ הַגָּדוֹל
בָּרוּךְ אַתָּה יהוה, מֶלֶךְ מְהֻלָּל בַּתִּשְׁבָּחוֹת.

"כִּי שִׂמַּחְתַּנִי" – ביום השבת שמחתני בהתבונני בפעלך ובמעשה ידיך שהוא העולם ואשר בו, כי ביום זה יש לי פנאי להתבונן בהם ואז אשמח כשאשיג מהם וזה מנהג כל חכם כשמתבונן במעשה בראשית" (סידור תלמידי ר' יונה).

מִזְמוֹר שִׁיר לְיוֹם הַשַּׁבָּת: טוֹב לְהֹדוֹת לַיהוה, וּלְזַמֵּר לְשִׁמְךָ עֶלְיוֹן: תהלים צב
לְהַגִּיד בַּבֹּקֶר חַסְדֶּךָ, וֶאֱמוּנָתְךָ בַּלֵּילוֹת: עֲלֵי־עָשׂוֹר וַעֲלֵי־נָבֶל,
עֲלֵי הִגָּיוֹן בְּכִנּוֹר: כִּי שִׂמַּחְתַּנִי יהוה בְּפָעֳלֶךָ, בְּמַעֲשֵׂי יָדֶיךָ אֲרַנֵּן:
מַה־גָּדְלוּ מַעֲשֶׂיךָ יהוה, מְאֹד עָמְקוּ מַחְשְׁבֹתֶיךָ: אִישׁ־בַּעַר לֹא
יֵדָע, וּכְסִיל לֹא־יָבִין אֶת־זֹאת: בִּפְרֹחַ רְשָׁעִים כְּמוֹ עֵשֶׂב, וַיָּצִיצוּ
כָּל־פֹּעֲלֵי אָוֶן, לְהִשָּׁמְדָם עֲדֵי־עַד: וְאַתָּה מָרוֹם לְעֹלָם יהוה:
כִּי הִנֵּה אֹיְבֶיךָ יהוה, כִּי־הִנֵּה אֹיְבֶיךָ יֹאבֵדוּ, יִתְפָּרְדוּ כָּל־פֹּעֲלֵי
אָוֶן: וַתָּרֶם כִּרְאֵים קַרְנִי, בַּלֹּתִי בְּשֶׁמֶן רַעֲנָן: וַתַּבֵּט עֵינִי בְּשׁוּרָי,
בַּקָּמִים עָלַי מְרֵעִים תִּשְׁמַעְנָה אָזְנָי: • צַדִּיק כַּתָּמָר יִפְרָח, כְּאֶרֶז
בַּלְּבָנוֹן יִשְׂגֶּה: שְׁתוּלִים בְּבֵית יהוה, בְּחַצְרוֹת אֱלֹהֵינוּ יַפְרִיחוּ:
עוֹד יְנוּבוּן בְּשֵׂיבָה, דְּשֵׁנִים וְרַעֲנַנִּים יִהְיוּ: לְהַגִּיד כִּי־יָשָׁר יהוה,
צוּרִי, וְלֹא־עַוְלָתָה בּוֹ:

"עֵדֹתֶיךָ נֶאֶמְנוּ מְאֹד" – עדות שכל העולם מעידים בשירתם כי אתה אלהים" (סידור הרוקח).

יהוה מָלָךְ, גֵּאוּת לָבֵשׁ, לָבֵשׁ יהוה עֹז הִתְאַזָּר, אַף־תִּכּוֹן תֵּבֵל תהלים צג
בַּל־תִּמּוֹט: נָכוֹן כִּסְאֲךָ מֵאָז, מֵעוֹלָם אָתָּה: נָשְׂאוּ נְהָרוֹת יהוה,
נָשְׂאוּ נְהָרוֹת קוֹלָם, יִשְׂאוּ נְהָרוֹת דָּכְיָם: • מִקֹּלוֹת מַיִם רַבִּים,
אַדִּירִים מִשְׁבְּרֵי־יָם, אַדִּיר בַּמָּרוֹם יהוה: עֵדֹתֶיךָ נֶאֶמְנוּ מְאֹד
לְבֵיתְךָ נַאֲוָה־קֹדֶשׁ, יהוה לְאֹרֶךְ יָמִים:

הגמרא בחולין ס ע״א מייחסת את הפסוק ׳יְהִי כְבוֹד ה׳ לְעוֹלָם׳ לשר העולם, שאמרו לאחר הבריאה. לאחר אמירת שני המזמורים הקודמים על השלמת הבריאה ממשיכים באמירת פסוקי דזמרה שבכל יום.

יְהִי כְבוֹד יהוה לְעוֹלָם, יִשְׂמַח יהוה בְּמַעֲשָׂיו: יְהִי שֵׁם יהוה מְבֹרָךְ, תהלים קד תהלים קיג
מֵעַתָּה וְעַד־עוֹלָם: מִמִּזְרַח־שֶׁמֶשׁ עַד־מְבוֹאוֹ, מְהֻלָּל שֵׁם יהוה:
רָם עַל־כָּל־גּוֹיִם יהוה, עַל הַשָּׁמַיִם כְּבוֹדוֹ: יהוה שִׁמְךָ לְעוֹלָם, יהוה תהלים קלה
זִכְרְךָ לְדֹר־וָדֹר: יהוה בַּשָּׁמַיִם הֵכִין כִּסְאוֹ, וּמַלְכוּתוֹ בַּכֹּל מָשָׁלָה: תהלים קג
יִשְׂמְחוּ הַשָּׁמַיִם וְתָגֵל הָאָרֶץ, וְיֹאמְרוּ בַגּוֹיִם יהוה מָלָךְ: יהוה דברי הימים א׳ טז
מֶלֶךְ, יהוה מָלָךְ, יהוה יִמְלֹךְ לְעוֹלָם וָעֶד. יהוה מֶלֶךְ עוֹלָם וָעֶד, תהלים י
אָבְדוּ גוֹיִם מֵאַרְצוֹ: יהוה הֵפִיר עֲצַת־גּוֹיִם, הֵנִיא מַחְשְׁבוֹת עַמִּים: תהלים לג
רַבּוֹת מַחֲשָׁבוֹת בְּלֶב־אִישׁ, וַעֲצַת יהוה הִיא תָקוּם: עֲצַת יהוה משלי יט תהלים לג
לְעוֹלָם תַּעֲמֹד, מַחְשְׁבוֹת לִבּוֹ לְדֹר וָדֹר: כִּי הוּא אָמַר וַיֶּהִי, הוּא־
צִוָּה וַיַּעֲמֹד: כִּי־בָחַר יהוה בְּצִיּוֹן, אִוָּהּ לְמוֹשָׁב לוֹ: כִּי־יַעֲקֹב בָּחַר תהלים קלב תהלים קלה
לוֹ יָהּ, יִשְׂרָאֵל לִסְגֻלָּתוֹ: כִּי לֹא־יִטֹּשׁ יהוה עַמּוֹ, וְנַחֲלָתוֹ לֹא יַעֲזֹב: תהלים צד
◂ וְהוּא רַחוּם, יְכַפֵּר עָוֹן וְלֹא־יַשְׁחִית, וְהִרְבָּה לְהָשִׁיב אַפּוֹ, וְלֹא־ תהלים עח
יָעִיר כָּל־חֲמָתוֹ: יהוה הוֹשִׁיעָה, הַמֶּלֶךְ יַעֲנֵנוּ בְיוֹם־קָרְאֵנוּ: תהלים כ

״כל האומר תהלה לדוד בכל יום שלש פעמים – מובטח לו שהוא בן העולם הבא... משום דאית ביה ׳פּוֹתֵחַ אֶת־יָדֶךָ׳״ (ברכות ד ע״ב), ויש לכוון במיוחד בפסוק זה, ואם לא התכוון צריך לחזור ולאומרו שנית.

אַשְׁרֵי יוֹשְׁבֵי בֵיתֶךָ, עוֹד יְהַלְלוּךָ סֶּלָה: תהלים פד
אַשְׁרֵי הָעָם שֶׁכָּכָה לּוֹ, אַשְׁרֵי הָעָם שֶׁיהוה אֱלֹהָיו: תהלים קמד
תְּהִלָּה לְדָוִד תהלים קמה

אֲרוֹמִמְךָ אֱלוֹהַי הַמֶּלֶךְ, וַאֲבָרְכָה שִׁמְךָ לְעוֹלָם וָעֶד:
בְּכָל־יוֹם אֲבָרְכֶךָּ, וַאֲהַלְלָה שִׁמְךָ לְעוֹלָם וָעֶד:
גָּדוֹל יהוה וּמְהֻלָּל מְאֹד, וְלִגְדֻלָּתוֹ אֵין חֵקֶר:
דּוֹר לְדוֹר יְשַׁבַּח מַעֲשֶׂיךָ, וּגְבוּרֹתֶיךָ יַגִּידוּ:
הֲדַר כְּבוֹד הוֹדֶךָ, וְדִבְרֵי נִפְלְאֹתֶיךָ אָשִׂיחָה:

וֶעֱזוּז נוֹרְאֹתֶיךָ יֹאמֵרוּ, וּגְדוּלָּתְךָ אֲסַפְּרֶנָּה:
זֵכֶר רַב־טוּבְךָ יַבִּיעוּ, וְצִדְקָתְךָ יְרַנֵּנוּ:
חַנּוּן וְרַחוּם יהוה, אֶרֶךְ אַפַּיִם וּגְדָל־חָסֶד:
טוֹב־יהוה לַכֹּל, וְרַחֲמָיו עַל־כָּל־מַעֲשָׂיו:
יוֹדוּךָ יהוה כָּל־מַעֲשֶׂיךָ, וַחֲסִידֶיךָ יְבָרְכוּכָה:
כְּבוֹד מַלְכוּתְךָ יֹאמֵרוּ, וּגְבוּרָתְךָ יְדַבֵּרוּ:
לְהוֹדִיעַ לִבְנֵי הָאָדָם גְּבוּרֹתָיו, וּכְבוֹד הֲדַר מַלְכוּתוֹ:
מַלְכוּתְךָ מַלְכוּת כָּל־עֹלָמִים, וּמֶמְשַׁלְתְּךָ בְּכָל־דּוֹר וָדֹר:
סוֹמֵךְ יהוה לְכָל־הַנֹּפְלִים, וְזוֹקֵף לְכָל־הַכְּפוּפִים:
עֵינֵי־כֹל אֵלֶיךָ יְשַׂבֵּרוּ, וְאַתָּה נוֹתֵן־לָהֶם אֶת־אָכְלָם בְּעִתּוֹ:
פּוֹתֵחַ אֶת־יָדֶךָ, וּמַשְׂבִּיעַ לְכָל־חַי רָצוֹן:
צַדִּיק יהוה בְּכָל־דְּרָכָיו, וְחָסִיד בְּכָל־מַעֲשָׂיו:
קָרוֹב יהוה לְכָל־קֹרְאָיו, לְכֹל אֲשֶׁר יִקְרָאֻהוּ בֶאֱמֶת:
רְצוֹן־יְרֵאָיו יַעֲשֶׂה, וְאֶת־שַׁוְעָתָם יִשְׁמַע, וְיוֹשִׁיעֵם:
שׁוֹמֵר יהוה אֶת־כָּל־אֹהֲבָיו, וְאֵת כָּל־הָרְשָׁעִים יַשְׁמִיד:
• תְּהִלַּת יהוה יְדַבֶּר פִּי, וִיבָרֵךְ כָּל־בָּשָׂר שֵׁם קָדְשׁוֹ לְעוֹלָם וָעֶד:
וַאֲנַחְנוּ נְבָרֵךְ יָהּ מֵעַתָּה וְעַד־עוֹלָם, הַלְלוּיָהּ: תהלים קטו

מזמור 'הַלְלוּיָהּ, הַלְלִי נַפְשִׁי' משבח את ה' על עצם החיים.

״הַלְלוּיָהּ, הַלְלִי נַפְשִׁי – הנפש שהיא העיקר הללי את ה' אשר בראך... הנה אנחנו ברחנו בעיר מינצברק בתתקמ״ח באדר השיני מפני הגוים אשר רצו לטבוח אותנו כצאן טבחה, והנחנו כל אשר לנו בין הגוים את ספרי התורה וספרים וערבונות, והשם ישמרנו מכף כל אויבינו, וכל בני העיירות ברחו בעיר מצור, ועל כל זאת אנחנו מהללים שמו״ (סידור הרוקח).

תהלים קמו
הַלְלוּיָהּ, הַלְלִי נַפְשִׁי אֶת־יהוה: אֲהַלְלָה יהוה בְּחַיָּי, אֲזַמְּרָה
לֵאלֹהַי בְּעוֹדִי: אַל־תִּבְטְחוּ בִנְדִיבִים, בְּבֶן־אָדָם שֶׁאֵין לוֹ
תְשׁוּעָה: תֵּצֵא רוּחוֹ, יָשֻׁב לְאַדְמָתוֹ, בַּיּוֹם הַהוּא אָבְדוּ עֶשְׁתֹּנֹתָיו:
אַשְׁרֵי שֶׁאֵל יַעֲקֹב בְּעֶזְרוֹ, שִׂבְרוֹ עַל־יהוה אֱלֹהָיו: עֹשֶׂה שָׁמַיִם

וָאָרֶץ, אֶת־הַיָּם וְאֶת־כָּל־אֲשֶׁר־בָּם, הַשֹּׁמֵר אֱמֶת לְעוֹלָם: עֹשֶׂה
מִשְׁפָּט לָעֲשׁוּקִים, נֹתֵן לֶחֶם לָרְעֵבִים, יהוה מַתִּיר אֲסוּרִים:
יהוה פֹּקֵחַ עִוְרִים, יהוה זֹקֵף כְּפוּפִים, יהוה אֹהֵב צַדִּיקִים: יהוה
שֹׁמֵר אֶת־גֵּרִים, יָתוֹם וְאַלְמָנָה יְעוֹדֵד, וְדֶרֶךְ רְשָׁעִים יְעַוֵּת:
◂ יִמְלֹךְ יהוה לְעוֹלָם, אֱלֹהַיִךְ צִיּוֹן לְדֹר וָדֹר, הַלְלוּיָהּ:

המשורר מהלל את ה׳ על הטובה העתידית, גאולת ישראל (רד״ק).

תהלים קמז הַלְלוּיָהּ, כִּי־טוֹב זַמְּרָה אֱלֹהֵינוּ, כִּי־נָעִים נָאוָה תְהִלָּה: בּוֹנֵה
יְרוּשָׁלַםִ יהוה, נִדְחֵי יִשְׂרָאֵל יְכַנֵּס: הָרוֹפֵא לִשְׁבוּרֵי לֵב, וּמְחַבֵּשׁ
לְעַצְּבוֹתָם: מוֹנֶה מִסְפָּר לַכּוֹכָבִים, לְכֻלָּם שֵׁמוֹת יִקְרָא: גָּדוֹל
אֲדוֹנֵינוּ וְרַב־כֹּחַ, לִתְבוּנָתוֹ אֵין מִסְפָּר: מְעוֹדֵד עֲנָוִים יהוה,
מַשְׁפִּיל רְשָׁעִים עֲדֵי־אָרֶץ: עֱנוּ לַיהוה בְּתוֹדָה, זַמְּרוּ לֵאלֹהֵינוּ
בְכִנּוֹר: הַמְכַסֶּה שָׁמַיִם בְּעָבִים, הַמֵּכִין לָאָרֶץ מָטָר, הַמַּצְמִיחַ
הָרִים חָצִיר: נוֹתֵן לִבְהֵמָה לַחְמָהּ, לִבְנֵי עֹרֵב אֲשֶׁר יִקְרָאוּ: לֹא
בִגְבוּרַת הַסּוּס יֶחְפָּץ, לֹא־בְשׁוֹקֵי הָאִישׁ יִרְצֶה: רוֹצֶה יהוה אֶת־
יְרֵאָיו, אֶת־הַמְיַחֲלִים לְחַסְדּוֹ: שַׁבְּחִי יְרוּשָׁלַםִ אֶת־יהוה, הַלְלִי
אֱלֹהַיִךְ צִיּוֹן: כִּי־חִזַּק בְּרִיחֵי שְׁעָרָיִךְ, בֵּרַךְ בָּנַיִךְ בְּקִרְבֵּךְ: הַשָּׂם־
גְּבוּלֵךְ שָׁלוֹם, חֵלֶב חִטִּים יַשְׂבִּיעֵךְ: הַשֹּׁלֵחַ אִמְרָתוֹ אָרֶץ, עַד־
מְהֵרָה יָרוּץ דְּבָרוֹ: הַנֹּתֵן שֶׁלֶג כַּצָּמֶר, כְּפוֹר כָּאֵפֶר יְפַזֵּר: מַשְׁלִיךְ
קַרְחוֹ כְפִתִּים, לִפְנֵי קָרָתוֹ מִי יַעֲמֹד: יִשְׁלַח דְּבָרוֹ וְיַמְסֵם, יַשֵּׁב
רוּחוֹ יִזְּלוּ־מָיִם: ◂ מַגִּיד דְּבָרָו לְיַעֲקֹב, חֻקָּיו וּמִשְׁפָּטָיו לְיִשְׂרָאֵל:
לֹא עָשָׂה כֵן לְכָל־גּוֹי, וּמִשְׁפָּטִים בַּל־יְדָעוּם, הַלְלוּיָהּ:

מזמור המתאר את גדולת ה׳ כפי שהיא בעולם הנברא (ראב״ע).

תהלים קמח הַלְלוּיָהּ, הַלְלוּ אֶת־יהוה מִן־הַשָּׁמַיִם, הַלְלוּהוּ בַּמְּרוֹמִים:
הַלְלוּהוּ כָל־מַלְאָכָיו, הַלְלוּהוּ כָּל־צְבָאָו: הַלְלוּהוּ שֶׁמֶשׁ וְיָרֵחַ,

הללוהו כל־כוכבי אור: הללוהו שמי השמים, והמים אשר מעל השמים: יהללו את־שם יהוה, כי הוא צוה ונבראו: ויעמידם לעד לעולם, חק־נתן ולא יעבור: הללו את־יהוה מן־הארץ, תנינים וכל־תהמות: אש וברד שלג וקיטור, רוח סערה עשה דברו: ההרים וכל־גבעות, עץ פרי וכל־ארזים: החיה וכל־בהמה, רמש וצפור כנף: מלכי־ארץ וכל־לאמים, שרים וכל־שפטי ארץ: בחורים וגם־בתולות, זקנים עם־נערים: ◂ יהללו את־שם יהוה, כי־נשגב שמו לבדו, הודו על־ארץ ושמים: וירם קרן לעמו, תהלה לכל־חסידיו, לבני ישראל עם קרבו, הללויה:

לקראת סוף ספר תהלים המשורר קורא שלא להסתפק במזמורים אלו,
אלא להמשיך ולחדש שירות לה׳ על כל גאולה וגאולה (רד״ק).

תהלים קמט
הללויה, שירו ליהוה שיר חדש, תהלתו בקהל חסידים: ישמח ישראל בעשיו, בני־ציון יגילו במלכם: יהללו שמו במחול, בתף וכנור יזמרו־לו: כי־רוצה יהוה בעמו, יפאר ענוים בישועה: יעלזו חסידים בכבוד, ירננו על־משכבותם: רוממות אל בגרונם, וחרב פיפיות בידם: לעשות נקמה בגוים, תוכחות בלאמים: ◂ לאסר מלכיהם בזקים, ונכבדיהם בכבלי ברזל: לעשות בהם משפט כתוב, הדר הוא לכל־חסידיו, הללויה:

״אמר ר׳ מאיר: על כל נשימה ונשימה שאדם מעלה, חייב לקלס
את יוצרו... שנאמר ׳כל הנשמה תהלל יה, הללויה׳״ (דברים רבה ב, לז).
חוזרים על הפסוק האחרון פעמיים, מפני שהוא סוף ה׳הלל שבכל יום׳ (סידור רש״י).

תהלים קנ
הללויה, הללו־אל בקדשו, הללוהו ברקיע עזו: הללוהו בגבורתיו, הללוהו כרב גדלו: הללוהו בתקע שופר, הללוהו בנבל וכנור: הללוהו בתף ומחול, הללוהו במנים ועגב: ◂ הללוהו בצלצלי־שמע, הללוהו בצלצלי תרועה: כל הנשמה תהלל יה, הללויה: כל הנשמה תהלל יה, הללויה:

ספר תהלים נחלק לחמישה ספרים כנגד חמישה חומשי תורה (מדרש שוחר טוב). לאחר סיום הספר החמישי חוזרים ואומרים את פסוקי הסיום של שאר ספרי תהלים פרט לספר הראשון והרביעי, כיוון שהם נאמרו כברכות במקדש (סידור יעב״ץ).

תהלים פט **בָּרוּךְ יהוה לְעוֹלָם, אָמֵן וְאָמֵן:**

תהלים קלה **בָּרוּךְ יהוה מִצִּיּוֹן, שֹׁכֵן יְרוּשָׁלָ‍ִם, הַלְלוּיָהּ:**

תהלים עב **בָּרוּךְ יהוה אֱלֹהִים אֱלֹהֵי יִשְׂרָאֵל, עֹשֵׂה נִפְלָאוֹת לְבַדּוֹ:**

◂ **וּבָרוּךְ שֵׁם כְּבוֹדוֹ לְעוֹלָם, וְיִמָּלֵא כְבוֹדוֹ אֶת־כָּל־הָאָרֶץ, אָמֵן וְאָמֵן:**

פסוקי דזמרה מסתיימים בשלושה מעמדות מרכזיים בחיי העם: ברכת דוד כאשר נאספו הנדבות לבניין המקדש, הברית שכרתו עולי הגולה בימי עזרא ונחמיה, ושירת הים (הרב זקס).

נוהגים לומר פרשות אלה, מכאן ועד ׳נִשְׁמַת׳ (עמ׳ 171), בעמידה (׳דרך החיים׳, קיצור שו״ע).

דברי הימים א׳ כט **וַיְבָרֶךְ דָּוִיד אֶת־יהוה לְעֵינֵי כָּל־הַקָּהָל, וַיֹּאמֶר דָּוִיד, בָּרוּךְ אַתָּה יהוה, אֱלֹהֵי יִשְׂרָאֵל אָבִינוּ, מֵעוֹלָם וְעַד־עוֹלָם: לְךָ יהוה הַגְּדֻלָּה וְהַגְּבוּרָה וְהַתִּפְאֶרֶת וְהַנֵּצַח וְהַהוֹד, כִּי־כֹל בַּשָּׁמַיִם וּבָאָרֶץ, לְךָ יהוה הַמַּמְלָכָה וְהַמִּתְנַשֵּׂא לְכֹל לְרֹאשׁ: וְהָעֹשֶׁר וְהַכָּבוֹד מִלְּפָנֶיךָ, וְאַתָּה מוֹשֵׁל בַּכֹּל, וּבְיָדְךָ כֹּחַ וּגְבוּרָה, וּבְיָדְךָ לְגַדֵּל וּלְחַזֵּק לַכֹּל: וְעַתָּה אֱלֹהֵינוּ מוֹדִים אֲנַחְנוּ לָךְ, וּמְהַלְלִים לְשֵׁם תִּפְאַרְתֶּךָ:**

נחמיה ט **וִיבָרְכוּ שֵׁם כְּבֹדֶךָ, וּמְרוֹמַם עַל־כָּל־בְּרָכָה וּתְהִלָּה: אַתָּה־הוּא יהוה לְבַדֶּךָ, אַתָּ עָשִׂיתָ אֶת־הַשָּׁמַיִם, שְׁמֵי הַשָּׁמַיִם וְכָל־צְבָאָם, הָאָרֶץ וְכָל־אֲשֶׁר עָלֶיהָ, הַיַּמִּים וְכָל־אֲשֶׁר בָּהֶם, וְאַתָּה מְחַיֶּה אֶת־כֻּלָּם, וּצְבָא הַשָּׁמַיִם לְךָ מִשְׁתַּחֲוִים:**
◂ **אַתָּה הוּא יהוה הָאֱלֹהִים אֲשֶׁר בָּחַרְתָּ בְּאַבְרָם, וְהוֹצֵאתוֹ מֵאוּר כַּשְׂדִּים, וְשַׂמְתָּ שְּׁמוֹ אַבְרָהָם: וּמָצָאתָ אֶת־לְבָבוֹ נֶאֱמָן לְפָנֶיךָ, ◂ וְכָרוֹת עִמּוֹ הַבְּרִית לָתֵת אֶת־אֶרֶץ הַכְּנַעֲנִי הַחִתִּי הָאֱמֹרִי וְהַפְּרִזִּי וְהַיְבוּסִי וְהַגִּרְגָּשִׁי, לָתֵת לְזַרְעוֹ, וַתָּקֶם אֶת־דְּבָרֶיךָ, כִּי צַדִּיק אָתָּה: וַתֵּרֶא אֶת־עֳנִי אֲבֹתֵינוּ בְּמִצְרָיִם, וְאֶת־זַעֲקָתָם שָׁמַעְתָּ עַל־יַם־סוּף: וַתִּתֵּן אֹתֹת וּמֹפְתִים בְּפַרְעֹה וּבְכָל־עֲבָדָיו וּבְכָל־עַם אַרְצוֹ, כִּי יָדַעְתָּ כִּי הֵזִידוּ עֲלֵיהֶם, וַתַּעַשׂ־לְךָ שֵׁם כְּהַיּוֹם הַזֶּה:**

› וְהַיָּם בָּקַעְתָּ לִפְנֵיהֶם, וַיַּעַבְרוּ בְתוֹךְ־הַיָּם בַּיַּבָּשָׁה, וְאֶת־רֹדְפֵיהֶם
הִשְׁלַכְתָּ בִמְצוֹלֹת כְּמוֹ־אֶבֶן, בְּמַיִם עַזִּים:

״והראשונים תיקנו לומר השירה בכל יום אחר פסוקי דזמרה כדי להזכיר נסים ונפלאות שעשה עמנו בעבור שמו הגדול ומתחילין מ׳וַיּוֹשַׁע׳ שמשם עיקר הנס״ (ספר הפרדס).

שמות יד
וַיּוֹשַׁע יהוה בַּיּוֹם הַהוּא אֶת־יִשְׂרָאֵל מִיַּד מִצְרָיִם וַיַּרְא יִשְׂרָאֵל
אֶת־מִצְרַיִם מֵת עַל־שְׂפַת הַיָּם: › וַיַּרְא יִשְׂרָאֵל אֶת־הַיָּד הַגְּדֹלָה
אֲשֶׁר עָשָׂה יהוה בְּמִצְרַיִם וַיִּירְאוּ הָעָם אֶת־יהוה וַיַּאֲמִינוּ בַּיהוה
וּבְמֹשֶׁה עַבְדּוֹ:

הפסוק ׳ה׳ יִמְלֹךְ לְעֹלָם וָעֶד׳ מסכם את פסוקי דזמרה, ולכן חוזרים עליו פעמיים (אבודרהם). והאר״י נהג לומר גם את התרגום לפסוק.

אחרי השירה מוסיפים שלושה פסוקים מפסוקי מלכיות בתפילת מוסף, כדי לחתום במלכות ה׳ על העולם כולו (סידור חסידי אשכנז).

שמות טו
אָז יָשִׁיר־מֹשֶׁה וּבְנֵי יִשְׂרָאֵל אֶת־הַשִּׁירָה הַזֹּאת לַיהוה, וַיֹּאמְרוּ
לֵאמֹר, אָשִׁירָה לַיהוה כִּי־גָאֹה גָּאָה, סוּס
וְרֹכְבוֹ רָמָה בַיָּם: עָזִּי וְזִמְרָת יָהּ וַיְהִי־לִי
לִישׁוּעָה, זֶה אֵלִי וְאַנְוֵהוּ, אֱלֹהֵי
אָבִי וַאֲרֹמְמֶנְהוּ: יהוה אִישׁ מִלְחָמָה, יהוה
שְׁמוֹ: מַרְכְּבֹת פַּרְעֹה וְחֵילוֹ יָרָה בַיָּם, וּמִבְחַר
שָׁלִשָׁיו טֻבְּעוּ בְיַם־סוּף: תְּהֹמֹת יְכַסְיֻמוּ, יָרְדוּ בִמְצוֹלֹת כְּמוֹ־
אָבֶן: יְמִינְךָ יהוה נֶאְדָּרִי בַּכֹּחַ, יְמִינְךָ
יהוה תִּרְעַץ אוֹיֵב: וּבְרֹב גְּאוֹנְךָ תַּהֲרֹס
קָמֶיךָ, תְּשַׁלַּח חֲרֹנְךָ יֹאכְלֵמוֹ כַּקַּשׁ: וּבְרוּחַ
אַפֶּיךָ נֶעֶרְמוּ מַיִם, נִצְּבוּ כְמוֹ־נֵד
נֹזְלִים, קָפְאוּ תְהֹמֹת בְּלֶב־יָם: אָמַר
אוֹיֵב אֶרְדֹּף, אַשִּׂיג, אֲחַלֵּק שָׁלָל, תִּמְלָאֵמוֹ
נַפְשִׁי, אָרִיק חַרְבִּי, תּוֹרִישֵׁמוֹ יָדִי: נָשַׁפְתָּ

בְּרוּחֲךָ כִּסָּמוֹ יָם, צָלֲלוּ כַּעוֹפֶרֶת בְּמַיִם
אַדִּירִים: מִי־כָמֹכָה בָּאֵלִם יהוה, מִי
כָּמֹכָה נֶאְדָּר בַּקֹּדֶשׁ, נוֹרָא תְהִלֹּת עֹשֵׂה
פֶלֶא: נָטִיתָ יְמִינְךָ תִּבְלָעֵמוֹ אָרֶץ: נָחִיתָ
בְחַסְדְּךָ עַם־זוּ גָּאָלְתָּ, נֵהַלְתָּ בְעָזְּךָ אֶל־נְוֵה
קָדְשֶׁךָ: שָׁמְעוּ עַמִּים יִרְגָּזוּן, חִיל
אָחַז יֹשְׁבֵי פְּלָשֶׁת: אָז נִבְהֲלוּ אַלּוּפֵי
אֱדוֹם, אֵילֵי מוֹאָב יֹאחֲזֵמוֹ רָעַד, נָמֹגוּ
כֹּל יֹשְׁבֵי כְנָעַן: תִּפֹּל עֲלֵיהֶם אֵימָתָה
וָפַחַד, בִּגְדֹל זְרוֹעֲךָ יִדְּמוּ כָּאָבֶן, עַד־
יַעֲבֹר עַמְּךָ יהוה, עַד־יַעֲבֹר עַם־זוּ
קָנִיתָ: תְּבִאֵמוֹ וְתִטָּעֵמוֹ בְּהַר נַחֲלָתְךָ, מָכוֹן
לְשִׁבְתְּךָ פָּעַלְתָּ יהוה, מִקְּדָשׁ אֲדֹנָי כּוֹנְנוּ
יָדֶיךָ: יהוה ׀ יִמְלֹךְ לְעֹלָם וָעֶד:

יהוה יִמְלֹךְ לְעֹלָם וָעֶד.
יהוה מַלְכוּתֵהּ קָאֵם לְעָלַם וּלְעָלְמֵי עָלְמַיָּא.

כִּי
בָא סוּס פַּרְעֹה בְּרִכְבּוֹ וּבְפָרָשָׁיו בַּיָּם, וַיָּשֶׁב יהוה עֲלֵהֶם אֶת־מֵי
הַיָּם, וּבְנֵי יִשְׂרָאֵל הָלְכוּ בַיַּבָּשָׁה בְּתוֹךְ הַיָּם:

תהלים כב ▸ כִּי לַיהוה הַמְּלוּכָה וּמֹשֵׁל בַּגּוֹיִם:
עובדיה א וְעָלוּ מוֹשִׁעִים בְּהַר צִיּוֹן לִשְׁפֹּט אֶת־הַר עֵשָׂו
וְהָיְתָה לַיהוה הַמְּלוּכָה:
זכריה יד וְהָיָה יהוה לְמֶלֶךְ עַל־כָּל־הָאָרֶץ
בַּיּוֹם הַהוּא יִהְיֶה יהוה אֶחָד וּשְׁמוֹ אֶחָד:

׳נִשְׁמַת׳ הוא פיוט עתיק, ור׳ יוחנן כינהו ׳ברכת השיר׳ (פסחים קיח ע״א). בתשובות הגאונים הוא מיוחס לחכמי התלמוד, ויש שהקדימו את זמן חיבורו וייחסו אותו לאנשי הכנסת הגדולה (מרדכי, פסחים תריא).

נִשְׁמַת

כָּל חַי תְּבָרֵךְ אֶת שִׁמְךָ, יהוה אֱלֹהֵינוּ
וְרוּחַ כָּל בָּשָׂר תְּפָאֵר וּתְרוֹמֵם זִכְרְךָ מַלְכֵּנוּ תָּמִיד
מִן הָעוֹלָם וְעַד הָעוֹלָם אַתָּה אֵל.
וּמִבַּלְעָדֶיךָ אֵין לָנוּ מֶלֶךְ גּוֹאֵל וּמוֹשִׁיעַ
פּוֹדֶה וּמַצִּיל וּמְפַרְנֵס וְעוֹנֶה וּמְרַחֵם
בְּכָל עֵת צָרָה וְצוּקָה אֵין לָנוּ מֶלֶךְ עוֹזֵר וְסוֹמֵךְ אֶלָּא אָתָּה.
אֱלֹהֵי הָרִאשׁוֹנִים וְהָאַחֲרוֹנִים
אֱלוֹהַּ כָּל בְּרִיּוֹת, אֲדוֹן כָּל תּוֹלָדוֹת
הַמְהֻלָּל בְּרֹב הַתִּשְׁבָּחוֹת
הַמְנַהֵג עוֹלָמוֹ בְּחֶסֶד וּבְרִיּוֹתָיו בְּרַחֲמִים.
וַיהוה עֵר, הִנֵּה לֹא־יָנוּם וְלֹא יִישָׁן: תהלים קכא
הַמְעוֹרֵר יְשֵׁנִים וְהַמֵּקִיץ נִרְדָּמִים
וְהַמֵּשִׂיחַ אִלְּמִים וְהַמַּתִּיר אֲסוּרִים
וְהַסּוֹמֵךְ נוֹפְלִים וְהַזּוֹקֵף כְּפוּפִים וְהַמְפַעְנֵחַ נֶעְלָמִים
וּלְךָ לְבַדְּךָ אֲנַחְנוּ מוֹדִים
וְאִלּוּ פִינוּ מָלֵא שִׁירָה כַּיָּם, וּלְשׁוֹנֵנוּ רִנָּה כַּהֲמוֹן גַּלָּיו
וְשִׂפְתוֹתֵינוּ שֶׁבַח כְּמֶרְחֲבֵי רָקִיעַ, וְעֵינֵינוּ מְאִירוֹת כַּשֶּׁמֶשׁ וְכַיָּרֵחַ
וְיָדֵינוּ פְרוּשׂוֹת כְּנִשְׁרֵי שָׁמָיִם, וְרַגְלֵינוּ קַלּוֹת כָּאַיָּלוֹת
אֵין אֲנַחְנוּ מַסְפִּיקִים לְהוֹדוֹת לְךָ, יהוה אֱלֹהֵינוּ וֵאלֹהֵי אֲבוֹתֵינוּ
וּלְבָרֵךְ אֶת שִׁמְךָ, מַלְכֵּנוּ
עַל אַחַת מֵאֶלֶף אֶלֶף אַלְפֵי אֲלָפִים וְרִבֵּי רְבָבוֹת פְּעָמִים
הַטּוֹבוֹת, נִסִּים וְנִפְלָאוֹת שֶׁעָשִׂיתָ עִם אֲבוֹתֵינוּ וְעִמָּנוּ

מִלְּפָנִים מִמִּצְרַיִם גְּאַלְתָּנוּ, יהוה אֱלֹהֵינוּ, וּמִבֵּית עֲבָדִים פְּדִיתָנוּ
בְּרָעָב זַנְתָּנוּ וּבְשָׂבָע כִּלְכַּלְתָּנוּ, מֵחֶרֶב הִצַּלְתָּנוּ וּמִדֶּבֶר מִלַּטְתָּנוּ
וּמֵחֳלָיִים רָעִים וְרַבִּים וְנֶאֱמָנִים דִּלִּיתָנוּ.
עַד הֵנָּה עֲזָרוּנוּ רַחֲמֶיךָ
וְלֹא עֲזָבוּנוּ חֲסָדֶיךָ, יהוה אֱלֹהֵינוּ
וְאַל תִּטְּשֵׁנוּ, יהוה אֱלֹהֵינוּ, לָנֶצַח.
עַל כֵּן אֵבָרִים שֶׁפִּלַּגְתָּ בָּנוּ, וְרוּחַ וּנְשָׁמָה שֶׁנָּפַחְתָּ בְּאַפֵּינוּ
וְלָשׁוֹן אֲשֶׁר שַׂמְתָּ בְּפִינוּ
הֵן הֵם יוֹדוּ וִיבָרְכוּ וִישַׁבְּחוּ וִיפָאֲרוּ וִישׁוֹרְרוּ
וִירוֹמְמוּ וְיַעֲרִיצוּ וְיַקְדִּישׁוּ וְיַמְלִיכוּ אֶת שִׁמְךָ מַלְכֵּנוּ תָמִיד
כִּי כָל פֶּה לְךָ יוֹדֶה וְכָל לָשׁוֹן לְךָ תִשָּׁבַע וְכָל עַיִן לְךָ תְצַפֶּה
וְכָל בֶּרֶךְ לְךָ תִכְרַע וְכָל קוֹמָה לְפָנֶיךָ תִשְׁתַּחֲוֶה
וְכָל הַלְּבָבוֹת יִירָאוּךָ וְכָל קֶרֶב וּכְלָיוֹת יְזַמְּרוּ לִשְׁמֶךָ
כַּדָּבָר שֶׁכָּתוּב

תהלים לה
כָּל עַצְמֹתַי תֹּאמַרְנָה יהוה מִי כָמוֹךָ
מַצִּיל עָנִי מֵחָזָק מִמֶּנּוּ, וְעָנִי וְאֶבְיוֹן מִגֹּזְלוֹ:

שַׁוְעַת עֲנִיִּים אַתָּה תִשְׁמַע, צַעֲקַת הַדַּל תַּקְשִׁיב וְתוֹשִׁיעַ.
מִי יִדְמֶה לָּךְ וּמִי יִשְׁוֶה לָּךְ וּמִי יַעֲרָךְ לָךְ
הָאֵל הַגָּדוֹל, הַגִּבּוֹר וְהַנּוֹרָא, אֵל עֶלְיוֹן, קוֹנֵה שָׁמַיִם וָאָרֶץ.
◄ נְהַלֶּלְךָ וּנְשַׁבֵּחֲךָ וּנְפָאֶרְךָ וּנְבָרֵךְ אֶת שֵׁם קָדְשֶׁךָ
כָּאָמוּר

תהלים קג
לְדָוִד, בָּרְכִי נַפְשִׁי אֶת־יהוה, וְכָל־קְרָבַי אֶת־שֵׁם קָדְשׁוֹ:

הָאֵל בְּתַעֲצוּמוֹת עֻזֶּךָ
הַגָּדוֹל בִּכְבוֹד שְׁמֶךָ
הַגִּבּוֹר לָנֶצַח וְהַנּוֹרָא בְּנוֹרְאוֹתֶיךָ

שליח הציבור מתחיל כאן:

הַמֶּֽלֶךְ

יוֹשֵׁב עַל כִּסֵּא, רָם וְנִשָּׂא

שׁוֹכֵן עַד, מָרוֹם וְקָדוֹשׁ שְׁמוֹ

וְכָתוּב

רַנְּנוּ צַדִּיקִים בַּיהוה תהלים לג

לַיְשָׁרִים נָאוָה תְהִלָּה:

◂ בְּפִי	יְשָׁרִים	תִּתְרוֹמָם
וּבְשִׂפְתֵי	צַדִּיקִים	תִּתְבָּרַךְ
וּבִלְשׁוֹן	חֲסִידִים	תִּתְקַדָּשׁ
וּבְקֶרֶב	קְדוֹשִׁים	תִּתְהַלָּל

וּבְמַקְהֲלוֹת רִבְבוֹת עַמְּךָ בֵּית יִשְׂרָאֵל

בְּרִנָּה יִתְפָּאַר שִׁמְךָ מַלְכֵּנוּ בְּכָל דּוֹר וָדוֹר

◂ שֶׁכֵּן חוֹבַת כָּל הַיְצוּרִים

לְפָנֶיךָ יהוה אֱלֹהֵינוּ וֵאלֹהֵי אֲבוֹתֵינוּ

לְהוֹדוֹת, לְהַלֵּל, לְשַׁבֵּחַ, לְפָאֵר, לְרוֹמֵם

לְהַדֵּר וּלְנַצֵּחַ, לְבָרֵךְ לְעַלֵּה וּלְקַלֵּס

עַל כָּל דִּבְרֵי שִׁירוֹת וְתִשְׁבְּחוֹת

דָּוִד בֶּן יִשַׁי עַבְדְּךָ מְשִׁיחֶךָ.

נוהגים לעמוד מכאן עד ׳בָּרְכוּ׳ (עמ׳ 176).

וּבְכֵן יִשְׁתַּבַּח שִׁמְךָ לָעַד מַלְכֵּנוּ
הָאֵל, הַמֶּלֶךְ, הַגָּדוֹל וְהַקָּדוֹשׁ בַּשָּׁמַיִם וּבָאָרֶץ
כִּי לְךָ נָאֶה, יהוה אֱלֹהֵינוּ וֵאלֹהֵי אֲבוֹתֵינוּ
שִׁיר וּשְׁבָחָה, הַלֵּל וְזִמְרָה
עֹז וּמֶמְשָׁלָה, נֶצַח, גְּדֻלָּה וּגְבוּרָה
תְּהִלָּה וְתִפְאֶרֶת, קְדֻשָּׁה וּמַלְכוּת
◂ בְּרָכוֹת וְהוֹדָאוֹת לְשִׁמְךָ הַגָּדוֹל וְהַקָּדוֹשׁ
וּמֵעוֹלָם וְעַד עוֹלָם אַתָּה אֵל.
בָּרוּךְ אַתָּה יהוה
אֵל מֶלֶךְ גָּדוֹל וּמְהֻלָּל בַּתִּשְׁבָּחוֹת
אֵל הַהוֹדָאוֹת
אֲדוֹן הַנִּפְלָאוֹת
בּוֹרֵא כָּל הַנְּשָׁמוֹת, רִבּוֹן כָּל הַמַּעֲשִׂים
הַבּוֹחֵר בְּשִׁירֵי זִמְרָה
מֶלֶךְ, יָחִיד, אֵל, חַי הָעוֹלָמִים.

פותחים את ארון הקודש,
ושליח הציבור והקהל אומרים פסוק פסוק (שער הכוונות):

שִׁיר הַמַּעֲלוֹת, מִמַּעֲמַקִּים קְרָאתִיךָ יהוה: תהלים קל
אֲדֹנָי שִׁמְעָה בְקוֹלִי
תִּהְיֶינָה אָזְנֶיךָ קַשֻּׁבוֹת לְקוֹל תַּחֲנוּנָי:
אִם־עֲוֹנוֹת תִּשְׁמָר־יָהּ, אֲדֹנָי מִי יַעֲמֹד:
כִּי־עִמְּךָ הַסְּלִיחָה, לְמַעַן תִּוָּרֵא:

קִוִּיתִי יהוה קִוְּתָה נַפְשִׁי, וְלִדְבָרוֹ הוֹחָלְתִּי:
נַפְשִׁי לַאדֹנָי, מִשֹּׁמְרִים לַבֹּקֶר, שֹׁמְרִים לַבֹּקֶר:
יַחֵל יִשְׂרָאֵל אֶל־יהוה, כִּי־עִם־יהוה הַחֶסֶד
וְהַרְבֵּה עִמּוֹ פְדוּת:
וְהוּא יִפְדֶּה אֶת־יִשְׂרָאֵל, מִכֹּל עֲוֹנוֹתָיו:

סוגרים את ארון הקודש.

חצי קדיש

ש״ץ: **יִתְגַּדַּל וְיִתְקַדַּשׁ שְׁמֵהּ רַבָּא** (קהל: **אָמֵן**)
בְּעָלְמָא דִּי בְרָא כִרְעוּתֵהּ
וְיַמְלִיךְ מַלְכוּתֵהּ
וְיַצְמַח פֻּרְקָנֵהּ וִיקָרֵב מְשִׁיחֵהּ (קהל: **אָמֵן**)
בְּחַיֵּיכוֹן וּבְיוֹמֵיכוֹן וּבְחַיֵּי דְכָל בֵּית יִשְׂרָאֵל
בַּעֲגָלָא וּבִזְמַן קָרִיב
וְאִמְרוּ אָמֵן. (קהל: **אָמֵן**)

קהל וש״ץ: **יְהֵא שְׁמֵהּ רַבָּא מְבָרַךְ לְעָלַם וּלְעָלְמֵי עָלְמַיָּא.**

ש״ץ: **יִתְבָּרַךְ וְיִשְׁתַּבַּח וְיִתְפָּאַר וְיִתְרוֹמַם וְיִתְנַשֵּׂא**
וְיִתְהַדָּר וְיִתְעַלֶּה וְיִתְהַלָּל
שְׁמֵהּ דְּקֻדְשָׁא בְּרִיךְ הוּא (קהל: **אָמֵן**)
לְעֵלָּא לְעֵלָּא מִכָּל בִּרְכָתָא
וְשִׁירָתָא תֻּשְׁבְּחָתָא וְנֶחֱמָתָא
דַּאֲמִירָן בְּעָלְמָא
וְאִמְרוּ אָמֵן. (קהל: **אָמֵן**)

קריאת שמע וברכותיה

שליח הציבור כורע בתיבת ׳בָּרְכוּ׳ וזוקף בשם. הקהל כורע בתיבת ׳בָּרוּךְ׳ וזוקף בשם, ושליח הציבור כורע שוב כאשר הוא חוזר אחריהם.

ש״ץ: **בָּרְכוּ**

אֶת יהוה הַמְבֹרָךְ.

קהל: **בָּרוּךְ יהוה הַמְבֹרָךְ לְעוֹלָם וָעֶד.**

ש״ץ: **בָּרוּךְ יהוה הַמְבֹרָךְ לְעוֹלָם וָעֶד.**

״בשחר מברך שתים לפניה ואחת לאחריה״ (משנה, ברכות יא ע״א).

הברכה הראשונה היא על האור, שהוא תחילת הבריאה, עם זאת מזכירים גם את בריאת החושך להודיע שבורא אחד ברא הכול (תלמידי רבינו יונה, ברכות יא ע״ב) ומטיל שלום ביניהם, שכן ״אם אין שלום אין כלום״ (רש״י, ויקרא כו, ו).

נוהגים לשבת בקריאת שמע וברכותיה (זוהר חדש תרומה, ח״א סט ע״ב).

אין להפסיק בדיבור מ׳בָּרְכוּ׳ ועד סוף תפילת העמידה פרט לדברים שבקדושה.

פותחים את ארון הקודש.

בָּרוּךְ אַתָּה יהוה אֱלֹהֵינוּ מֶלֶךְ הָעוֹלָם
הַפּוֹתֵחַ לָנוּ שַׁעֲרֵי רַחֲמִים
וּמֵאִיר עֵינֵי הַמְחַכִּים לִסְלִיחָתוֹ
יוֹצֵר אוֹר וּבוֹרֵא חֹשֶׁךְ
עֹשֶׂה שָׁלוֹם וּבוֹרֵא אֶת הַכֹּל.

אוֹר עוֹלָם בְּאוֹצַר חַיִּים, אוֹרוֹת מֵאֹפֶל אָמַר וַיֶּהִי.

סוגרים את ארון הקודש.

בקהילות שבהן נוהגים לומר ׳יוצרות׳, אומרים את הפיוט ׳אָז בְּיוֹם כִּפּוּר׳ בעמ׳ 506.

אם יום הכיפורים חל בשבת, אומרים ׳הַכֹּל יוֹדוּךָ׳ בעמוד הבא.
ביום הכיפורים שאינו חל בשבת אומרים ׳הַמֵּאִיר לָאָרֶץ׳ (סידור הרוקח).

הַמֵּאִיר לָאָרֶץ וְלַדָּרִים עָלֶיהָ בְּרַחֲמִים
וּבְטוּבוֹ מְחַדֵּשׁ בְּכָל יוֹם תָּמִיד מַעֲשֵׂה בְרֵאשִׁית.
מָה־רַבּוּ מַעֲשֶׂיךָ יהוה, כֻּלָּם בְּחָכְמָה עָשִׂיתָ תהלים קד
מָלְאָה הָאָרֶץ קִנְיָנֶךָ:
הַמֶּלֶךְ הַמְרוֹמָם לְבַדּוֹ מֵאָז
הַמְשֻׁבָּח וְהַמְפֹאָר וְהַמִּתְנַשֵּׂא מִימוֹת עוֹלָם.
אֱלֹהֵי עוֹלָם
בְּרַחֲמֶיךָ הָרַבִּים רַחֵם עָלֵינוּ
אֲדוֹן עֻזֵּנוּ, צוּר מִשְׂגַּבֵּנוּ
מָגֵן יִשְׁעֵנוּ, מִשְׂגָּב בַּעֲדֵנוּ.
אֵל בָּרוּךְ גְּדוֹל דֵּעָה
הֵכִין וּפָעַל זָהֳרֵי חַמָּה
טוֹב יָצַר כָּבוֹד לִשְׁמוֹ
מְאוֹרוֹת נָתַן סְבִיבוֹת עֻזּוֹ
פִּנּוֹת צְבָאָיו קְדוֹשִׁים
רוֹמְמֵי שַׁדַּי
תָּמִיד מְסַפְּרִים כְּבוֹד אֵל וּקְדֻשָּׁתוֹ.
◂ תִּתְבָּרַךְ יהוה אֱלֹהֵינוּ
בַּשָּׁמַיִם מִמַּעַל וְעַל הָאָרֶץ מִתָּחַת
עַל כָּל שֶׁבַח מַעֲשֵׂה יָדֶיךָ
וְעַל מְאוֹרֵי אוֹר שֶׁיָּצַרְתָּ
הֵמָּה יְפָאֲרוּךָ סֶּלָה.

וממשיכים ׳תִּתְבָּרַךְ לָנֶצַח׳ בעמ׳ 180.

בשבת אומרים 'הַכֹּל יוֹדוּךָ' (מחזור ויטרי, קסא):

הַכֹּל יוֹדוּךָ וְהַכֹּל יְשַׁבְּחוּךָ
וְהַכֹּל יֹאמְרוּ אֵין קָדוֹשׁ כַּיהוה
הַכֹּל יְרוֹמְמוּךָ סֶּלָה, יוֹצֵר הַכֹּל.
הָאֵל הַפּוֹתֵחַ בְּכָל יוֹם דַּלְתוֹת שַׁעֲרֵי מִזְרָח וּבוֹקֵעַ חַלּוֹנֵי רָקִיעַ
מוֹצִיא חַמָּה מִמְּקוֹמָהּ וּלְבָנָה מִמְּכוֹן שִׁבְתָּהּ
וּמֵאִיר לָעוֹלָם כֻּלּוֹ וּלְיוֹשְׁבָיו, שֶׁבָּרָא בְּמִדַּת הָרַחֲמִים.
הַמֵּאִיר לָאָרֶץ וְלַדָּרִים עָלֶיהָ בְּרַחֲמִים
וּבְטוּבוֹ מְחַדֵּשׁ בְּכָל יוֹם תָּמִיד מַעֲשֵׂה בְרֵאשִׁית.
מָה־רַבּוּ מַעֲשֶׂיךָ יהוה, כֻּלָּם בְּחָכְמָה עָשִׂיתָ תהלים קד
מָלְאָה הָאָרֶץ קִנְיָנֶךָ:
הַמֶּלֶךְ הַמְרוֹמָם לְבַדּוֹ מֵאָז
הַמְשֻׁבָּח וְהַמְפֹאָר וְהַמִּתְנַשֵּׂא מִימוֹת עוֹלָם.
אֱלֹהֵי עוֹלָם, בְּרַחֲמֶיךָ הָרַבִּים רַחֵם עָלֵינוּ
אֲדוֹן עֻזֵּנוּ, צוּר מִשְׂגַּבֵּנוּ, מָגֵן יִשְׁעֵנוּ, מִשְׂגָּב בַּעֲדֵנוּ.

אֵין עֲרוֹךְ לְךָ
וְאֵין זוּלָתֶךָ
אֶפֶס בִּלְתֶּךָ
וּמִי דּוֹמֶה לָּךְ.

▸ אֵין עֲרוֹךְ לְךָ, יהוה אֱלֹהֵינוּ, בָּעוֹלָם הַזֶּה
וְאֵין זוּלָתְךָ, מַלְכֵּנוּ, לְחַיֵּי הָעוֹלָם הַבָּא
אֶפֶס בִּלְתְּךָ, גּוֹאֲלֵנוּ, לִימוֹת הַמָּשִׁיחַ
וְאֵין דּוֹמֶה לְּךָ, מוֹשִׁיעֵנוּ, לִתְחִיַּת הַמֵּתִים.

אֵל אָדוֹן עַל כָּל הַמַּעֲשִׂים
בָּרוּךְ וּמְבֹרָךְ בְּפִי כָּל הַנְּשָׁמָה
גָּדְלוֹ וְטוּבוֹ מָלֵא עוֹלָם
דַּעַת וּתְבוּנָה סוֹבְבִים הוֹדוֹ.

הַמִּתְגָּאֶה עַל חַיּוֹת הַקֹּדֶשׁ
וְנֶהְדָּר בְּכָבוֹד עַל הַמֶּרְכָּבָה
זְכוּת וּמִישׁוֹר לִפְנֵי כִסְאוֹ
חֶסֶד וְרַחֲמִים מָלֵא כְבוֹדוֹ.

טוֹבִים מְאוֹרוֹת שֶׁבָּרָא אֱלֹהֵינוּ
יְצָרָם בְּדַעַת בְּבִינָה וּבְהַשְׂכֵּל
כֹּחַ וּגְבוּרָה נָתַן בָּהֶם
לִהְיוֹת מוֹשְׁלִים בְּקֶרֶב תֵּבֵל.

מְלֵאִים זִיו וּמְפִיקִים נֹגַהּ
נָאֶה זִיוָם בְּכָל הָעוֹלָם
שְׂמֵחִים בְּצֵאתָם וְשָׂשִׂים בְּבוֹאָם
עוֹשִׂים בְּאֵימָה רְצוֹן קוֹנָם.

פְּאֵר וְכָבוֹד נוֹתְנִים לִשְׁמוֹ
צָהֳלָה וְרִנָּה לְזֵכֶר מַלְכוּתוֹ
קָרָא לַשֶּׁמֶשׁ וַיִּזְרַח אוֹר
רָאָה וְהִתְקִין צוּרַת הַלְּבָנָה.

שֶׁבַח נוֹתְנִים לוֹ כָּל צְבָא מָרוֹם
תִּפְאֶרֶת וּגְדֻלָּה, שְׂרָפִים וְחַיּוֹת וְאוֹפַנֵּי הַקֹּדֶשׁ.

לָאֵל אֲשֶׁר שָׁבַת מִכָּל הַמַּעֲשִׂים
בַּיּוֹם הַשְּׁבִיעִי נִתְעַלָּה וְיָשַׁב עַל כִּסֵּא כְבוֹדוֹ.
תִּפְאֶרֶת עָטָה לְיוֹם הַמְּנוּחָה
עֹנֶג קָרָא לְיוֹם הַשַּׁבָּת.
זֶה שֶׁבַח שֶׁל יוֹם הַשְּׁבִיעִי
שֶׁבּוֹ שָׁבַת אֵל מִכָּל מְלַאכְתּוֹ
וְיוֹם הַשְּׁבִיעִי מְשַׁבֵּחַ וְאוֹמֵר
מִזְמוֹר שִׁיר לְיוֹם הַשַּׁבָּת, טוֹב לְהֹדוֹת לַיהוה: תהלים צב
לְפִיכָךְ יְפָאֲרוּ וִיבָרְכוּ לָאֵל כָּל יְצוּרָיו
שֶׁבַח יְקָר וּגְדֻלָּה וְכָבוֹד יִתְּנוּ לָאֵל מֶלֶךְ יוֹצֵר כֹּל
הַמַּנְחִיל מְנוּחָה לְעַמּוֹ יִשְׂרָאֵל בִּקְדֻשָּׁתוֹ בְּיוֹם שַׁבַּת קֹדֶשׁ.
שִׁמְךָ יהוה אֱלֹהֵינוּ יִתְקַדַּשׁ, וְזִכְרְךָ מַלְכֵּנוּ יִתְפָּאַר
בַּשָּׁמַיִם מִמַּעַל וְעַל הָאָרֶץ מִתָּחַת.
תִּתְבָּרַךְ מוֹשִׁיעֵנוּ עַל כָּל שֶׁבַח מַעֲשֵׂה יָדֶיךָ
וְעַל מְאוֹרֵי אוֹר שֶׁיָּצַרְתָּ
הֵמָּה יְפָאֲרוּךָ סֶּלָה.

תִּתְבָּרַךְ לָנֶצַח
צוּרֵנוּ מַלְכֵּנוּ וְגוֹאֲלֵנוּ, בּוֹרֵא קְדוֹשִׁים
יִשְׁתַּבַּח שִׁמְךָ לָעַד
מַלְכֵּנוּ, יוֹצֵר מְשָׁרְתִים
וַאֲשֶׁר מְשָׁרְתָיו כֻּלָּם עוֹמְדִים בְּרוּם עוֹלָם
וּמַשְׁמִיעִים בְּיִרְאָה יַחַד בְּקוֹל
דִּבְרֵי אֱלֹהִים חַיִּים וּמֶלֶךְ עוֹלָם.

◂ כֻּלָּם אֲהוּבִים
כֻּלָּם בְּרוּרִים
כֻּלָּם גִּבּוֹרִים
כֻּלָּם קְדוֹשִׁים
וְכֻלָּם עוֹשִׂים בְּאֵימָה וּבְיִרְאָה רְצוֹן קוֹנָם
וְכֻלָּם פּוֹתְחִים אֶת פִּיהֶם בִּקְדֻשָּׁה וּבְטָהֳרָה
בְּשִׁירָה וּבְזִמְרָה
וּמְבָרְכִין וּמְשַׁבְּחִין וּמְפָאֲרִין
וּמַעֲרִיצִין וּמַקְדִּישִׁין וּמַמְלִיכִין
אֶת שֵׁם הָאֵל
הַמֶּלֶךְ הַגָּדוֹל הַגִּבּוֹר וְהַנּוֹרָא
קָדוֹשׁ הוּא.

◂ וְכֻלָּם מְקַבְּלִים עֲלֵיהֶם עֹל מַלְכוּת שָׁמַיִם זֶה מִזֶּה
וְנוֹתְנִים בְּאַהֲבָה רְשׁוּת זֶה לָזֶה
לְהַקְדִּישׁ לְיוֹצְרָם בְּנַחַת רוּחַ
בְּשָׂפָה בְרוּרָה וּבִנְעִימָה.
קְדֻשָּׁה כֻּלָּם כְּאֶחָד
עוֹנִים בְּאֵימָה
וְאוֹמְרִים בְּיִרְאָה

יש פוסקים הסבורים שיחיד אינו אומר את הפסוקים 'קָדוֹשׁ' ו'בָּרוּךְ' אלא רק ציבור (רס"ג), ולכן ראוי שיחיד יאמר אותם בטעמים (שו"ע נט, ג; משנ"ב שם, יא).

הקהל עונה יחד בקול רם ('אליה רבה' נט, ד):

קָדוֹשׁ ׀ קָדוֹשׁ, קָדוֹשׁ יהוה צְבָאוֹת ישעיה ו
מְלֹא כָל־הָאָרֶץ כְּבוֹדוֹ:

בקהילות שבהן אומרים ׳יוצרות׳, אומרים את ה׳אופן׳ ׳מַלְכוּתוֹ בִּקְהַל עֲדָתִי׳ בעמ׳ 508, וממשיכים ׳וְהַחַיּוֹת יְשׁוֹרֵרוּ׳.

המנהג הנפוץ הוא שאם אין אומרים ׳אופן׳, אומרים ׳וְהָאוֹפַנִּים׳ כבכל יום.

◂ וְהָאוֹפַנִּים וְחַיּוֹת הַקֹּדֶשׁ
בְּרַעַשׁ גָּדוֹל מִתְנַשְּׂאִים
לְעֻמַּת שְׂרָפִים
לְעֻמָּתָם מְשַׁבְּחִים וְאוֹמְרִים

וְהַחַיּוֹת יְשׁוֹרֵרוּ / וּכְרוּבִים יְפָאֵרוּ
וּשְׂרָפִים יָרֹנּוּ / וְאֶרְאֶלִּים יְבָרֵכוּ
פְּנֵי כָל חַיָּה וְאוֹפָן וּכְרוּב
לְעֻמַּת שְׂרָפִים
לְעֻמָּתָם מְשַׁבְּחִים וְאוֹמְרִים.

הקהל עונה יחד בקול רם (אליה רבה):

יחזקאל ג בָּרוּךְ כְּבוֹד־יהוה מִמְּקוֹמוֹ:

לָאֵל בָּרוּךְ נְעִימוֹת יִתֵּנוּ
לַמֶּלֶךְ אֵל חַי וְקַיָּם
זְמִירוֹת יֹאמֵרוּ וְתִשְׁבָּחוֹת יַשְׁמִיעוּ
כִּי הוּא לְבַדּוֹ מָרוֹם וְקָדוֹשׁ
פּוֹעֵל גְּבוּרוֹת, עוֹשֶׂה חֲדָשׁוֹת
בַּעַל מִלְחָמוֹת, זוֹרֵעַ צְדָקוֹת
מַצְמִיחַ יְשׁוּעוֹת, בּוֹרֵא רְפוּאוֹת
נוֹרָא תְהִלּוֹת, אֲדוֹן הַנִּפְלָאוֹת
הַמְחַדֵּשׁ בְּטוּבוֹ בְּכָל יוֹם תָּמִיד מַעֲשֵׂה בְרֵאשִׁית
כָּאָמוּר
תהלים קלו לְעֹשֵׂה אוֹרִים גְּדֹלִים
כִּי לְעוֹלָם חַסְדּוֹ:
◂ אוֹר חָדָשׁ עַל צִיּוֹן תָּאִיר
וְנִזְכֶּה כֻלָּנוּ בִמְהֵרָה לְאוֹרוֹ.
בָּרוּךְ אַתָּה יהוה, יוֹצֵר הַמְּאוֹרוֹת.

בברכות יא ע״ב נחלקו התנאים, אם נוסח הברכה השנייה לפני קריאת שמע הוא ׳אַהֲבָה רַבָּה׳ או ׳אַהֲבַת עוֹלָם׳, וראשוני ספרד פסקו שיש לומר ׳אַהֲבַת עוֹלָם׳ כהכרעת הרי״ף (ברכות ה ע״ב).

אַהֲבַת עוֹלָם אֲהַבְתָּנוּ, יהוה אֱלֹהֵינוּ
חֶמְלָה גְדוֹלָה וִיתֵרָה חָמַלְתָּ עָלֵינוּ.
אָבִינוּ מַלְכֵּנוּ
בַּעֲבוּר שִׁמְךָ הַגָּדוֹל, וּבַעֲבוּר אֲבוֹתֵינוּ שֶׁבָּטְחוּ בְךָ
וַתְּלַמְּדֵם חֻקֵּי חַיִּים לַעֲשׂוֹת רְצוֹנְךָ בְּלֵבָב שָׁלֵם
כֵּן תְּחָנֵּנוּ וּתְלַמְּדֵנוּ.
אָבִינוּ, אָב הָרַחֲמָן, הַמְרַחֵם
רַחֵם נָא עָלֵינוּ
וְתֵן בְּלִבֵּנוּ בִינָה לְהָבִין וּלְהַשְׂכִּיל
לִשְׁמֹעַ, לִלְמֹד וּלְלַמֵּד, לִשְׁמֹר וְלַעֲשׂוֹת
וּלְקַיֵּם אֶת כָּל דִּבְרֵי תַלְמוּד תּוֹרָתֶךָ בְּאַהֲבָה.
וְהָאֵר עֵינֵינוּ בְּתוֹרָתֶךָ, וְדַבֵּק לִבֵּנוּ בְּמִצְוֹתֶיךָ
וְיַחֵד לְבָבֵנוּ לְאַהֲבָה וּלְיִרְאָה אֶת שְׁמֶךָ
לְמַעַן לֹא נֵבוֹשׁ וְלֹא נִכָּלֵם וְלֹא נִכָּשֵׁל לְעוֹלָם וָעֶד.
כִּי בְשֵׁם קָדְשְׁךָ הַגָּדוֹל הַגִּבּוֹר וְהַנּוֹרָא בָּטָחְנוּ
נָגִילָה וְנִשְׂמְחָה בִּישׁוּעָתֶךָ.
וְרַחֲמֶיךָ יהוה אֱלֹהֵינוּ וַחֲסָדֶיךָ הָרַבִּים
אַל יַעַזְבוּנוּ נֶצַח סֶלָה וָעֶד.

״מצוה לאחוז הציצית ביד שמאלית כנגד לבו בשעת קריאת שמע״ (שו״ע כד, ב על פי ר׳ יונה וה׳מרדכי׳). נוהגים לקבץ כאן את ארבע הציציות ולאוחזן ביד שמאל עד פרשת ציצית (שער הכוונות).

מַהֵר וְהָבֵא עָלֵינוּ בְּרָכָה וְשָׁלוֹם
מְהֵרָה מֵאַרְבַּע כַּנְפוֹת כָּל הָאָרֶץ
וּשְׁבֹר עֹל הַגּוֹיִם מֵעַל צַוָּארֵנוּ וְתוֹלִיכֵנוּ מְהֵרָה קוֹמְמִיּוּת לְאַרְצֵנוּ.

◂ כִּי אֵל פּוֹעֵל יְשׁוּעוֹת אָתָּה וּבָנוּ בָחַרְתָּ מִכָּל עַם וְלָשׁוֹן
וְקֵרַבְתָּנוּ מַלְכֵּנוּ לְשִׁמְךָ הַגָּדוֹל סֶלָה בֶּאֱמֶת בְּאַהֲבָה
לְהוֹדוֹת לְךָ וּלְיַחֶדְךָ בְּאַהֲבָה, וּלְאַהֲבָה אֶת שְׁמֶךָ.
בָּרוּךְ אַתָּה יהוה, הַבּוֹחֵר בְּעַמּוֹ יִשְׂרָאֵל בְּאַהֲבָה.

"יקרא קריאת שמע בכוונה – באימה, ביראה, ברתת וזיע" (שו"ע סא, א).

קריאת שמע צריכה כוונה מיוחדת בכל שלוש פרשיותיה. מי שאינו יכול לכוון בכולן חייב לכוון בפסוק הראשון, ואם לא התכוון צריך לחזור ולקרוא שוב (שו"ע סג, ד).

בקריאת שמע שלוש פרשיות: 'שְׁמַע', שעניינה קבלת עול מלכות שמים; 'וְהָיָה אִם־שָׁמֹעַ', שעניינה קבלת עול מצוות; 'ציצית', שיש בה הזכרת יציאת מצרים ובחירת ה' בעם ישראל (עיינו במשנה, ברכות יג ע"א).

המתפלל ביחידות אומר (רמ"א סא, ג על פי מהרי"ק ואגור):

אֵל מֶלֶךְ נֶאֱמָן

מכסה את עיניו בידו ואומר בכוונה ובקול רם:

דברים ו שְׁמַע יִשְׂרָאֵל, יהוה אֱלֹהֵינוּ, יהוה ׀ אֶחָד:

בקול רם: בָּרוּךְ שֵׁם כְּבוֹד מַלְכוּתוֹ לְעוֹלָם וָעֶד.

דברים ו וְאָהַבְתָּ אֵת יהוה אֱלֹהֶיךָ, בְּכָל־לְבָבְךָ וּבְכָל־נַפְשְׁךָ וּבְכָל־
מְאֹדֶךָ: וְהָיוּ הַדְּבָרִים הָאֵלֶּה, אֲשֶׁר אָנֹכִי מְצַוְּךָ הַיּוֹם, עַל־לְבָבֶךָ:
וְשִׁנַּנְתָּם לְבָנֶיךָ וְדִבַּרְתָּ בָּם, בְּשִׁבְתְּךָ בְּבֵיתֶךָ וּבְלֶכְתְּךָ בַדֶּרֶךְ,
וּבְשָׁכְבְּךָ וּבְקוּמֶךָ: וּקְשַׁרְתָּם לְאוֹת עַל־יָדֶךָ וְהָיוּ לְטֹטָפֹת בֵּין
עֵינֶיךָ: וּכְתַבְתָּם עַל־מְזֻזוֹת בֵּיתֶךָ וּבִשְׁעָרֶיךָ:

דברים יא וְהָיָה אִם־שָׁמֹעַ תִּשְׁמְעוּ אֶל־מִצְוֺתַי אֲשֶׁר אָנֹכִי מְצַוֶּה אֶתְכֶם
הַיּוֹם, לְאַהֲבָה אֶת־יהוה אֱלֹהֵיכֶם וּלְעָבְדוֹ, בְּכָל־לְבַבְכֶם וּבְכָל־
נַפְשְׁכֶם: וְנָתַתִּי מְטַר־אַרְצְכֶם בְּעִתּוֹ, יוֹרֶה וּמַלְקוֹשׁ, וְאָסַפְתָּ

דְגָנֶךָ וְתִירֹשְׁךָ וְיִצְהָרֶךָ: וְנָתַתִּי עֵשֶׂב בְּשָׂדְךָ לִבְהֶמְתֶּךָ, וְאָכַלְתָּ וְשָׂבָעְתָּ: הִשָּׁמְרוּ לָכֶם פֶּן־יִפְתֶּה לְבַבְכֶם, וְסַרְתֶּם וַעֲבַדְתֶּם אֱלֹהִים אֲחֵרִים וְהִשְׁתַּחֲוִיתֶם לָהֶם: וְחָרָה אַף־יְהוָה בָּכֶם, וְעָצַר אֶת־הַשָּׁמַיִם וְלֹא־יִהְיֶה מָטָר, וְהָאֲדָמָה לֹא תִתֵּן אֶת־יְבוּלָהּ, וַאֲבַדְתֶּם מְהֵרָה מֵעַל הָאָרֶץ הַטֹּבָה אֲשֶׁר יְהוָה נֹתֵן לָכֶם: וְשַׂמְתֶּם אֶת־דְּבָרַי אֵלֶּה עַל־לְבַבְכֶם וְעַל־נַפְשְׁכֶם, וּקְשַׁרְתֶּם אֹתָם לְאוֹת עַל־יֶדְכֶם, וְהָיוּ לְטוֹטָפֹת בֵּין עֵינֵיכֶם: וְלִמַּדְתֶּם אֹתָם אֶת־בְּנֵיכֶם לְדַבֵּר בָּם, בְּשִׁבְתְּךָ בְּבֵיתֶךָ וּבְלֶכְתְּךָ בַדֶּרֶךְ, וּבְשָׁכְבְּךָ וּבְקוּמֶךָ: וּכְתַבְתָּם עַל־מְזוּזוֹת בֵּיתֶךָ וּבִשְׁעָרֶיךָ: לְמַעַן יִרְבּוּ יְמֵיכֶם וִימֵי בְנֵיכֶם עַל הָאֲדָמָה אֲשֶׁר נִשְׁבַּע יְהוָה לַאֲבֹתֵיכֶם לָתֵת לָהֶם, כִּימֵי הַשָּׁמַיִם עַל־הָאָרֶץ:

נוהגים להעביר את הציציות ליד ימין ולנשקן במקומות המסומנים ב°.

וַיֹּאמֶר יְהוָה אֶל־מֹשֶׁה לֵּאמֹר: דַּבֵּר אֶל־בְּנֵי יִשְׂרָאֵל וְאָמַרְתָּ אֲלֵהֶם, וְעָשׂוּ לָהֶם °צִיצִת עַל־כַּנְפֵי בִגְדֵיהֶם לְדֹרֹתָם, וְנָתְנוּ °עַל־צִיצִת הַכָּנָף פְּתִיל תְּכֵלֶת: וְהָיָה לָכֶם °לְצִיצִת, וּרְאִיתֶם אֹתוֹ וּזְכַרְתֶּם אֶת־כָּל־מִצְוֹת יְהוָה, וַעֲשִׂיתֶם אֹתָם, וְלֹא תָתוּרוּ אַחֲרֵי לְבַבְכֶם וְאַחֲרֵי עֵינֵיכֶם, אֲשֶׁר־אַתֶּם זֹנִים אַחֲרֵיהֶם: לְמַעַן תִּזְכְּרוּ וַעֲשִׂיתֶם אֶת־כָּל־מִצְוֹתָי, וִהְיִיתֶם קְדֹשִׁים לֵאלֹהֵיכֶם: אֲנִי יְהוָה אֱלֹהֵיכֶם, אֲשֶׁר הוֹצֵאתִי אֶתְכֶם מֵאֶרֶץ מִצְרַיִם, לִהְיוֹת לָכֶם לֵאלֹהִים, אֲנִי יְהוָה אֱלֹהֵיכֶם: במדבר טו

°אֱמֶת

שליח הציבור חוזר ואומר:

◂ יְהוָה אֱלֹהֵיכֶם אֱמֶת

וְיַצִּיב, וְנָכוֹן וְקַיָּם, וְיָשָׁר וְנֶאֱמָן
וְאָהוּב וְחָבִיב, וְנֶחְמָד וְנָעִים
וְנוֹרָא וְאַדִּיר, וּמְתֻקָּן וּמְקֻבָּל, וְטוֹב וְיָפֶה
הַדָּבָר הַזֶּה עָלֵינוּ לְעוֹלָם וָעֶד.
אֱמֶת אֱלֹהֵי עוֹלָם מַלְכֵּנוּ
צוּר יַעֲקֹב מָגֵן יִשְׁעֵנוּ
לְדוֹר וָדוֹר הוּא קַיָּם וּשְׁמוֹ קַיָּם
וְכִסְאוֹ נָכוֹן
וּמַלְכוּתוֹ וֶאֱמוּנָתוֹ לָעַד קַיָּמֶת.

במקום המסומן ב°, מנשק את הציציות ומניחן (שער הכוונות).

וּדְבָרָיו חָיִים וְקַיָּמִים, נֶאֱמָנִים וְנֶחֱמָדִים
°לָעַד וּלְעוֹלְמֵי עוֹלָמִים
עַל אֲבוֹתֵינוּ וְעָלֵינוּ, עַל בָּנֵינוּ וְעַל דּוֹרוֹתֵינוּ
וְעַל כָּל דּוֹרוֹת זֶרַע יִשְׂרָאֵל עֲבָדֶיךָ.
עַל הָרִאשׁוֹנִים וְעַל הָאַחֲרוֹנִים
דָּבָר טוֹב וְקַיָּם לְעוֹלָם וָעֶד
אֱמֶת וֶאֱמוּנָה, חֹק וְלֹא יַעֲבֹר
אֱמֶת שָׁאַתָּה הוּא יהוה
אֱלֹהֵינוּ וֵאלֹהֵי אֲבוֹתֵינוּ
מַלְכֵּנוּ מֶלֶךְ אֲבוֹתֵינוּ
גּוֹאֲלֵנוּ גּוֹאֵל אֲבוֹתֵינוּ
יוֹצְרֵנוּ צוּר יְשׁוּעָתֵנוּ
◄ פּוֹדֵנוּ וּמַצִּילֵנוּ מֵעוֹלָם הוּא שְׁמֶךָ
וְאֵין לָנוּ עוֹד אֱלֹהִים זוּלָתְךָ סֶלָה.

עֶזְרַת אֲבוֹתֵינוּ אַתָּה הוּא מֵעוֹלָם
מָגֵן וּמוֹשִׁיעַ לָהֶם וְלִבְנֵיהֶם אַחֲרֵיהֶם בְּכָל דּוֹר וָדוֹר.
בְּרוּם עוֹלָם מוֹשָׁבֶךָ
וּמִשְׁפָּטֶיךָ וְצִדְקָתְךָ עַד אַפְסֵי אָרֶץ.

אֱמֶת אַשְׁרֵי אִישׁ שֶׁיִּשְׁמַע לְמִצְוֹתֶיךָ
וְתוֹרָתְךָ וּדְבָרְךָ יָשִׂים עַל לִבּוֹ.

אֱמֶת אַתָּה הוּא אָדוֹן לְעַמֶּךָ
וּמֶלֶךְ גִּבּוֹר לָרִיב רִיבָם לְאָבוֹת וּבָנִים.

אֱמֶת אַתָּה הוּא רִאשׁוֹן
וְאַתָּה הוּא אַחֲרוֹן
וּמִבַּלְעָדֶיךָ אֵין לָנוּ מֶלֶךְ גּוֹאֵל וּמוֹשִׁיעַ.

אֱמֶת מִמִּצְרַיִם גְּאַלְתָּנוּ, יהוה אֱלֹהֵינוּ
וּמִבֵּית עֲבָדִים פְּדִיתָנוּ
כָּל בְּכוֹרֵיהֶם הָרָגְתָּ, וּבְכוֹרְךָ יִשְׂרָאֵל גָּאָלְתָּ
וְיַם סוּף לָהֶם בָּקַעְתָּ
וְזֵדִים טִבַּעְתָּ
וִידִידִים הֶעֱבַרְתָּ
וַיְכַסּוּ מַיִם צָרֵיהֶם, אֶחָד מֵהֶם לֹא נוֹתָר.

עַל זֹאת שִׁבְּחוּ אֲהוּבִים, וְרוֹמְמוּ לָאֵל
וְנָתְנוּ יְדִידִים זְמִירוֹת, שִׁירוֹת וְתִשְׁבָּחוֹת
בְּרָכוֹת וְהוֹדָאוֹת
לַמֶּלֶךְ אֵל חַי וְקַיָּם
רָם וְנִשָּׂא, גָּדוֹל וְנוֹרָא

מַשְׁפִּיל גֵּאִים עֲדֵי אָרֶץ
וּמַגְבִּיהַּ שְׁפָלִים עֲדֵי מָרוֹם
מוֹצִיא אֲסִירִים
וּפוֹדֶה עֲנָוִים וְעוֹזֵר דַּלִּים
וְעוֹנֶה לְעַמּוֹ יִשְׂרָאֵל בְּעֵת שַׁוְּעָם אֵלָיו.

כאן נוהגים לעמוד כהכנה לתפילת העמידה (׳דרך החיים׳ על פי מהרי״ל) ולפסוע שלוש פסיעות לאחור (׳אליה רבה׳ סו, ט).

◂ תְּהִלּוֹת לְאֵל עֶלְיוֹן גּוֹאֲלָם, בָּרוּךְ הוּא וּמְבֹרָךְ
מֹשֶׁה וּבְנֵי יִשְׂרָאֵל
לְךָ עָנוּ שִׁירָה בְּשִׂמְחָה רַבָּה
וְאָמְרוּ כֻלָּם

שמות טו מִי־כָמֹכָה בָּאֵלִם, יהוה
מִי כָּמֹכָה נֶאְדָּר בַּקֹּדֶשׁ
נוֹרָא תְהִלֹּת, עֹשֵׂה פֶלֶא:

◂ שִׁירָה חֲדָשָׁה שִׁבְּחוּ גְאוּלִים
לְשִׁמְךָ הַגָּדוֹל עַל שְׂפַת הַיָּם
יַחַד כֻּלָּם הוֹדוּ וְהִמְלִיכוּ
וְאָמְרוּ

שמות טו יהוה יִמְלֹךְ לְעֹלָם וָעֶד:

רבים נוהגים לסיים את ברכת ׳גָּאַל יִשְׂרָאֵל׳ עם שליח הציבור כדי לצאת מהמחלוקת אם לענות אמן אחר ברכתו (מג״א סו, יא).

◂ צוּר יִשְׂרָאֵל, קוּמָה בְּעֶזְרַת יִשְׂרָאֵל
וּפְדֵה כִנְאֻמֶךָ יְהוּדָה וְיִשְׂרָאֵל
וְנֶאֱמַר

ישעיה מז גֹּאֲלֵנוּ יהוה צְבָאוֹת שְׁמוֹ, קְדוֹשׁ יִשְׂרָאֵל:
בָּרוּךְ אַתָּה יהוה, גָּאַל יִשְׂרָאֵל.

עמידה

"המתפלל צריך שיכוין בלבו פירוש המלות שמוציא בשפתיו; ויחשוב כאלו שכינה כנגדו ויסיר כל המחשבות הטורדות אותו עד שתשאר מחשבתו וכוונתו זכה בתפלתו" (שו"ע צח, א).

פוסע שלוש פסיעות לפנים כמי שנכנס לפני המלך (רמ"א צה, א בשם הרוקח).

עומד ומתפלל בלחש מכאן ועד 'וּכְשָׁנִים קַדְמֹנִיּוֹת' בעמ' 200.

כורע במקומות המסומנים ב', קד לפנים במילה הבאה וזוקף בשם.

אֲדֹנָי, שְׂפָתַי תִּפְתָּח, וּפִי יַגִּיד תְּהִלָּתֶךָ: תהלים נא

אבות

'בָּרוּךְ אַתָּה יהוה, אֱלֹהֵינוּ וֵאלֹהֵי אֲבוֹתֵינוּ
אֱלֹהֵי אַבְרָהָם, אֱלֹהֵי יִצְחָק, וֵאלֹהֵי יַעֲקֹב
הָאֵל הַגָּדוֹל הַגִּבּוֹר וְהַנּוֹרָא, אֵל עֶלְיוֹן
גּוֹמֵל חֲסָדִים טוֹבִים, קוֹנֵה הַכֹּל
וְזוֹכֵר חַסְדֵי אָבוֹת
וּמֵבִיא גוֹאֵל לִבְנֵי בְנֵיהֶם, לְמַעַן שְׁמוֹ בְּאַהֲבָה.
זָכְרֵנוּ לְחַיִּים, מֶלֶךְ חָפֵץ בַּחַיִּים
וְכָתְבֵנוּ בְּסֵפֶר הַחַיִּים, לְמַעַנְךָ אֱלֹהִים חַיִּים.
מֶלֶךְ עוֹזֵר וּמוֹשִׁיעַ וּמָגֵן.
'בָּרוּךְ אַתָּה יהוה, מָגֵן אַבְרָהָם.

אם שכח לומר 'זָכְרֵנוּ לְחַיִּים', אינו חוזר.

גבורות

אַתָּה גִּבּוֹר לְעוֹלָם, אֲדֹנָי
מְחַיֵּה מֵתִים אַתָּה, רַב לְהוֹשִׁיעַ
מוֹרִיד הַטָּל
מְכַלְכֵּל חַיִּים בְּחֶסֶד, מְחַיֵּה מֵתִים בְּרַחֲמִים רַבִּים
סוֹמֵךְ נוֹפְלִים, וְרוֹפֵא חוֹלִים, וּמַתִּיר אֲסוּרִים
וּמְקַיֵּם אֱמוּנָתוֹ לִישֵׁנֵי עָפָר.

מִי כָמְוֹךָ, בַּעַל גְּבוּרוֹת, וּמִי דְּוֹמֶה לָּךְ

מֶלֶךְ, מֵמִית וּמְחַיֶּה וּמַצְמִיחַ יְשׁוּעָה.

מִי כָמְוֹךָ אַב הָרַחֲמָן

זוֹכֵר יְצוּרָיו לְחַיִּים בְּרַחֲמִים.

וְנֶאֱמָן אַתָּה לְהַחֲיוֹת מֵתִים.

בָּרוּךְ אַתָּה יהוה, מְחַיֵּה הַמֵּתִים.

אם שכח לומר 'מִי כָמְוֹךָ אַב הָרַחֲמָן', אינו חוזר.

קדושת השם

אַתָּה קָדוֹשׁ וְשִׁמְךָ קָדוֹשׁ

וּקְדוֹשִׁים בְּכָל יוֹם יְהַלְלְוּךָ סֶּלָה

כִּי אֵל מֶלֶךְ גָּדוֹל וְקָדוֹשׁ אָתָּה.

לְדוֹר וָדוֹר הַמְלִיכוּ לָאֵל, כִּי הוּא לְבַדּוֹ מָרוֹם וְקָדוֹשׁ.

וּבְכֵן יִתְקַדַּשׁ שִׁמְךָ יהוה אֱלֹהֵינוּ עַל יִשְׂרָאֵל עַמֶּךָ

וְעַל יְרוּשָׁלַיִם עִירֶךָ, וְעַל צִיּוֹן מִשְׁכַּן כְּבוֹדֶךָ

וְעַל מַלְכוּת בֵּית דָּוִד מְשִׁיחֶךָ, וְעַל מְכוֹנְךָ וְהֵיכָלֶךָ.

וּבְכֵן תֵּן פַּחְדְּךָ יהוה אֱלֹהֵינוּ עַל כָּל מַעֲשֶׂיךָ

וְאֵימָתְךָ עַל כָּל מַה שֶּׁבָּרָאתָ

וְיִירָאְוּךָ כָּל הַמַּעֲשִׂים, וְיִשְׁתַּחֲווּ לְפָנֶיךָ כָּל הַבְּרוּאִים

וְיֵעָשׂוּ כֻלָּם אֲגֻדָּה אֶחָת לַעֲשׂוֹת רְצוֹנְךָ בְּלֵבָב שָׁלֵם

כְּמוֹ שֶׁיָּדַעְנוּ יהוה אֱלֹהֵינוּ שֶׁהַשִּׁלְטָן לְפָנֶיךָ

עֹז בְּיָדְךָ וּגְבוּרָה בִּימִינֶךָ

וְשִׁמְךָ נוֹרָא עַל כָּל מַה שֶּׁבָּרָאתָ.

וּבְכֵן תֵּן כָּבוֹד יהוה לְעַמֶּךָ
תְּהִלָּה לִירֵאֶיךָ וְתִקְוָה טוֹבָה לְדוֹרְשֶׁיךָ
וּפִתְחוֹן פֶּה לַמְיַחֲלִים לָךְ
שִׂמְחָה לְאַרְצֶךָ, וְשָׂשׂוֹן לְעִירֶךָ
וּצְמִיחַת קֶרֶן לְדָוִד עַבְדֶּךָ
וַעֲרִיכַת נֵר לְבֶן יִשַׁי מְשִׁיחֶךָ בִּמְהֵרָה בְיָמֵינוּ.

וּבְכֵן צַדִּיקִים יִרְאוּ וְיִשְׂמָחוּ, וִישָׁרִים יַעֲלֹזוּ
וַחֲסִידִים בְּרִנָּה יָגִילוּ
וְעוֹלָתָה תִּקְפָּץ פִּיהָ
וְכָל הָרִשְׁעָה כֻּלָּהּ כְּעָשָׁן תִּכְלֶה
כִּי תַעֲבִיר מֶמְשֶׁלֶת זָדוֹן מִן הָאָרֶץ.

וְתִמְלֹךְ אַתָּה הוּא יהוה אֱלֹהֵינוּ
מְהֵרָה לְבַדֶּךָ עַל כָּל מַעֲשֶׂיךָ
בְּהַר צִיּוֹן מִשְׁכַּן כְּבוֹדֶךָ
וּבִירוּשָׁלַיִם עִיר קָדְשֶׁךָ
כַּכָּתוּב בְּדִבְרֵי קָדְשֶׁךָ
יִמְלֹךְ יהוה לְעוֹלָם, אֱלֹהַיִךְ צִיּוֹן לְדֹר וָדֹר, הַלְלוּיָהּ: תהלים קמו

קָדוֹשׁ אַתָּה וְנוֹרָא שְׁמֶךָ, וְאֵין אֱלוֹהַּ מִבַּלְעָדֶיךָ
כַּכָּתוּב, וַיִּגְבַּהּ יהוה צְבָאוֹת בַּמִּשְׁפָּט ישעיה ה
וְהָאֵל הַקָּדוֹשׁ נִקְדַּשׁ בִּצְדָקָה:
בָּרוּךְ אַתָּה יהוה, הַמֶּלֶךְ הַקָּדוֹשׁ.

אם שכח לומר את הפיסקאות המתחילות 'לְדוֹר וָדוֹר', אינו חוזר,
אך אם חתם 'הָאֵל הַקָּדוֹשׁ' כברוב ימות השנה, חוזר לראש.

קדושת היום

אַתָּה בְחַרְתָּנוּ מִכָּל הָעַמִּים

אָהַבְתָּ אוֹתָנוּ וְרָצִיתָ בָּנוּ, וְרוֹמַמְתָּנוּ מִכָּל הַלְּשׁוֹנוֹת

וְקִדַּשְׁתָּנוּ בְּמִצְוֹתֶיךָ, וְקֵרַבְתָּנוּ מַלְכֵּנוּ לַעֲבוֹדָתֶךָ

וְשִׁמְךָ הַגָּדוֹל וְהַקָּדוֹשׁ עָלֵינוּ קָרָאתָ.

בשבת מוסיפים את המילים שבסוגריים.

וַתִּתֶּן לָנוּ יהוה אֱלֹהֵינוּ בְּאַהֲבָה אֶת יוֹם

(הַשַּׁבָּת הַזֶּה לִקְדֻשָּׁה וְלִמְנוּחָה, וְאֶת יוֹם)

הַכִּפּוּרִים הַזֶּה, לִמְחִילָה וְלִסְלִיחָה וּלְכַפָּרָה

וְלִמְחָל בּוֹ אֶת כָּל עֲוֹנוֹתֵינוּ

(בְּאַהֲבָה) מִקְרָא קֹדֶשׁ, זֵכֶר לִיצִיאַת מִצְרָיִם.

אֱלֹהֵינוּ וֵאלֹהֵי אֲבוֹתֵינוּ

יַעֲלֶה וְיָבוֹא וְיַגִּיעַ, וְיֵרָאֶה וְיֵרָצֶה וְיִשָּׁמַע

וְיִפָּקֵד וְיִזָּכֵר זִכְרוֹנֵנוּ וּפִקְדוֹנֵנוּ וְזִכְרוֹן אֲבוֹתֵינוּ

וְזִכְרוֹן מָשִׁיחַ בֶּן דָּוִד עַבְדֶּךָ

וְזִכְרוֹן יְרוּשָׁלַיִם עִיר קָדְשֶׁךָ

וְזִכְרוֹן כָּל עַמְּךָ בֵּית יִשְׂרָאֵל, לְפָנֶיךָ, לִפְלֵיטָה לְטוֹבָה

לְחֵן וּלְחֶסֶד וּלְרַחֲמִים, לְחַיִּים וּלְשָׁלוֹם

בְּיוֹם הַכִּפּוּרִים הַזֶּה.

זָכְרֵנוּ יהוה אֱלֹהֵינוּ בּוֹ לְטוֹבָה, וּפָקְדֵנוּ בוֹ לִבְרָכָה

וְהוֹשִׁיעֵנוּ בוֹ לְחַיִּים טוֹבִים.

וּבִדְבַר יְשׁוּעָה וְרַחֲמִים חוּס וְחָנֵּנוּ וְרַחֵם עָלֵינוּ וְהוֹשִׁיעֵנוּ

כִּי אֵלֶיךָ עֵינֵינוּ, כִּי אֵל מֶלֶךְ חַנּוּן וְרַחוּם אָתָּה.

אֱלֹהֵינוּ וֵאלֹהֵי אֲבוֹתֵינוּ
מְחַל לַעֲוֹנוֹתֵינוּ בְּיוֹם (הַשַּׁבָּת הַזֶּה וּבְיוֹם) הַכִּפּוּרִים הַזֶּה
מְחֵה וְהַעֲבֵר פְּשָׁעֵינוּ וְחַטֹּאתֵינוּ מִנֶּגֶד עֵינֶיךָ
כָּאָמוּר
אָנֹכִי אָנֹכִי הוּא מֹחֶה פְשָׁעֶיךָ לְמַעֲנִי ישעיה מג
וְחַטֹּאתֶיךָ לֹא אֶזְכֹּר:
וְנֶאֱמַר
מָחִיתִי כָעָב פְּשָׁעֶיךָ וְכֶעָנָן חַטֹּאותֶיךָ ישעיה מד
שׁוּבָה אֵלַי כִּי גְאַלְתִּיךָ:
וְנֶאֱמַר
כִּי־בַיּוֹם הַזֶּה יְכַפֵּר עֲלֵיכֶם לְטַהֵר אֶתְכֶם ויקרא טז
מִכֹּל חַטֹּאתֵיכֶם לִפְנֵי יהוה תִּטְהָרוּ:

(אֱלֹהֵינוּ וֵאלֹהֵי אֲבוֹתֵינוּ, רְצֵה נָא בִמְנוּחָתֵנוּ)
קַדְּשֵׁנוּ בְּמִצְוֹתֶיךָ וְתֵן חֶלְקֵנוּ בְּתוֹרָתֶךָ
שַׂבְּעֵנוּ מִטּוּבֶךָ, וְשַׂמַּח נַפְשֵׁנוּ בִּישׁוּעָתֶךָ
(וְהַנְחִילֵנוּ יהוה אֱלֹהֵינוּ בְּאַהֲבָה וּבְרָצוֹן שַׁבַּת קָדְשֶׁךָ
וְיָנוּחוּ בוֹ כָּל יִשְׂרָאֵל מְקַדְּשֵׁי שְׁמֶךָ)
וְטַהֵר לִבֵּנוּ לְעָבְדְּךָ בֶּאֱמֶת.
כִּי אַתָּה סָלְחָן לְיִשְׂרָאֵל וּמָחֳלָן לְשִׁבְטֵי יְשֻׁרוּן בְּכָל דּוֹר וָדוֹר
וּמִבַּלְעָדֶיךָ אֵין לָנוּ מֶלֶךְ מוֹחֵל וְסוֹלֵחַ אֶלָּא אָתָּה.
בָּרוּךְ אַתָּה יהוה
מֶלֶךְ מוֹחֵל וְסוֹלֵחַ לַעֲוֹנוֹתֵינוּ, וְלַעֲוֹנוֹת עַמּוֹ בֵּית יִשְׂרָאֵל
וּמַעֲבִיר אַשְׁמוֹתֵינוּ בְּכָל שָׁנָה וְשָׁנָה
מֶלֶךְ עַל כָּל הָאָרֶץ, מְקַדֵּשׁ (הַשַּׁבָּת וְ)יִשְׂרָאֵל וְיוֹם הַכִּפּוּרִים.

עבודה

רְצֵה יהוה אֱלֹהֵינוּ בְּעַמְּךָ יִשְׂרָאֵל, וְלִתְפִלָּתָם שְׁעֵה
וְהָשֵׁב אֶת הָעֲבוֹדָה לִדְבִיר בֵּיתֶךָ
וְאִשֵּׁי יִשְׂרָאֵל וּתְפִלָּתָם, מְהֵרָה בְּאַהֲבָה תְקַבֵּל בְּרָצוֹן
וּתְהִי לְרָצוֹן תָּמִיד עֲבוֹדַת יִשְׂרָאֵל עַמֶּךָ.
וְתֶחֱזֶינָה עֵינֵינוּ בְּשׁוּבְךָ לְצִיּוֹן בְּרַחֲמִים.
בָּרוּךְ אַתָּה יהוה, הַמַּחֲזִיר שְׁכִינָתוֹ לְצִיּוֹן.

הודאה

כורע ב׳מוֹדִים׳ ואינו זוקף עד אמירת השם (סידור השל״ה).

מוֹדִים אֲנַחְנוּ לָךְ
שָׁאַתָּה הוּא יהוה אֱלֹהֵינוּ וֵאלֹהֵי אֲבוֹתֵינוּ לְעוֹלָם וָעֶד.
צוּר חַיֵּינוּ, מָגֵן יִשְׁעֵנוּ אַתָּה הוּא לְדוֹר וָדוֹר.
נוֹדֶה לְּךָ וּנְסַפֵּר תְּהִלָּתֶךָ, עַל חַיֵּינוּ הַמְּסוּרִים בְּיָדֶךָ
וְעַל נִשְׁמוֹתֵינוּ הַפְּקוּדוֹת לָךְ, וְעַל נִסֶּיךָ שֶׁבְּכָל יוֹם עִמָּנוּ
וְעַל נִפְלְאוֹתֶיךָ וְטוֹבוֹתֶיךָ, שֶׁבְּכָל עֵת, עֶרֶב וָבֹקֶר וְצָהֳרָיִם.
הַטּוֹב, כִּי לֹא כָלוּ רַחֲמֶיךָ, וְהַמְרַחֵם, כִּי לֹא תַמּוּ חֲסָדֶיךָ
כִּי מֵעוֹלָם קִוִּינוּ לָךְ.
וְעַל כֻּלָּם יִתְבָּרַךְ וְיִתְרוֹמַם וְיִתְנַשֵּׂא שִׁמְךָ מַלְכֵּנוּ
תָּמִיד לְעוֹלָם וָעֶד.
וּכְתֹב לְחַיִּים טוֹבִים כָּל בְּנֵי בְרִיתֶךָ.
וְכֹל הַחַיִּים יוֹדוּךָ סֶּלָה
וִיהַלְלוּ וִיבָרְכוּ אֶת שִׁמְךָ הַגָּדוֹל בֶּאֱמֶת לְעוֹלָם כִּי טוֹב
הָאֵל יְשׁוּעָתֵנוּ וְעֶזְרָתֵנוּ סֶלָה, הָאֵל הַטּוֹב.
בָּרוּךְ אַתָּה יהוה, הַטּוֹב שִׁמְךָ וּלְךָ נָאֶה לְהוֹדוֹת.

אם שכח לומר ׳וּכְתֹב לְחַיִּים טוֹבִים׳, אינו חוזר.

שלום

שִׂים שָׁלוֹם טוֹבָה וּבְרָכָה
חַיִּים חֵן וָחֶסֶד וְרַחֲמִים
עָלֵינוּ וְעַל כָּל יִשְׂרָאֵל עַמֶּךָ.
בָּרְכֵנוּ אָבִינוּ כֻּלָּנוּ כְּאֶחָד בְּאוֹר פָּנֶיךָ
כִּי בְאוֹר פָּנֶיךָ נָתַתָּ לָּנוּ יהוה אֱלֹהֵינוּ
תּוֹרַת חַיִּים וְאַהֲבַת חֶסֶד
וּצְדָקָה וּבְרָכָה וְרַחֲמִים וְחַיִּים וְשָׁלוֹם.
וְטוֹב יִהְיֶה בְעֵינֶיךָ לְבָרְכֵנוּ וּלְבָרֵךְ אֶת כָּל עַמְּךָ יִשְׂרָאֵל
בְּכָל עֵת וּבְכָל שָׁעָה בִּשְׁלוֹמֶךָ.
בְּסֵפֶר חַיִּים, בְּרָכָה וְשָׁלוֹם, וּפַרְנָסָה טוֹבָה
וּגְזֵרוֹת טוֹבוֹת, יְשׁוּעוֹת וְנֶחָמוֹת
נִזָּכֵר וְנִכָּתֵב לְפָנֶיךָ
אֲנַחְנוּ וְכָל עַמְּךָ בֵּית יִשְׂרָאֵל
לְחַיִּים טוֹבִים וּלְשָׁלוֹם.
בָּרוּךְ אַתָּה יהוה, הַמְבָרֵךְ אֶת עַמּוֹ יִשְׂרָאֵל בַּשָּׁלוֹם.

אם שכח לומר 'בְּסֵפֶר חַיִּים', אינו חוזר.

יש מוסיפים:

יִהְיוּ לְרָצוֹן אִמְרֵי־פִי וְהֶגְיוֹן לִבִּי לְפָנֶיךָ, יהוה צוּרִי וְגֹאֲלִי: תהלים יט

אֱלֹהֵינוּ וֵאלֹהֵי אֲבוֹתֵינוּ
תָּבוֹא לְפָנֶיךָ תְּפִלָּתֵנוּ, וְאַל תִּתְעַלַּם מִתְּחִנָּתֵנוּ.
שֶׁאֵין אָנוּ עַזֵּי פָנִים וּקְשֵׁי עֹרֶף לוֹמַר לְפָנֶיךָ
יהוה אֱלֹהֵינוּ וֵאלֹהֵי אֲבוֹתֵינוּ
צַדִּיקִים אֲנַחְנוּ וְלֹא חָטָאנוּ.
אֲבָל אֲנַחְנוּ וַאֲבוֹתֵינוּ חָטָאנוּ.

כשמתוודה, מכה באגרופו על החזה כנגד הלב (מג״א תרז, ג, בשם מדרש קהלת).

אָשַֽׁמְנוּ, בָּגַֽדְנוּ, גָּזַֽלְנוּ, דִּבַּֽרְנוּ דֹֽפִי
הֶעֱוִֽינוּ, וְהִרְשַֽׁעְנוּ, זַֽדְנוּ, חָמַֽסְנוּ, טָפַֽלְנוּ שֶֽׁקֶר
יָעַֽצְנוּ רָע, כִּזַּֽבְנוּ, לַֽצְנוּ, מָרַֽדְנוּ, נִאַֽצְנוּ, סָרַֽרְנוּ
עָוִֽינוּ, פָּשַֽׁעְנוּ, צָרַֽרְנוּ, קִשִּֽׁינוּ עֹֽרֶף
רָשַֽׁעְנוּ, שִׁחַֽתְנוּ, תִּעַֽבְנוּ, תָּעִֽינוּ, תִּעְתָּֽעְנוּ.

סַֽרְנוּ מִמִּצְוֹתֶֽיךָ וּמִמִּשְׁפָּטֶֽיךָ הַטּוֹבִים, וְלֹא שָֽׁוָה לָֽנוּ.
וְאַתָּה צַדִּיק עַל כָּל־הַבָּא עָלֵֽינוּ כִּי־אֱמֶת עָשִֽׂיתָ נחמיה ט
וַאֲנַֽחְנוּ הִרְשָֽׁעְנוּ:

מַה נֹּאמַר לְפָנֶֽיךָ יוֹשֵׁב מָרוֹם
וּמַה נְּסַפֵּר לְפָנֶֽיךָ שׁוֹכֵן שְׁחָקִים
הֲלֹא כָּל הַנִּסְתָּרוֹת וְהַנִּגְלוֹת אַתָּה יוֹדֵֽעַ.

אַתָּה יוֹדֵֽעַ רָזֵי עוֹלָם וְתַעֲלוּמוֹת סִתְרֵי כָּל חָי.
אַתָּה חוֹפֵשׂ כָּל חַדְרֵי בָֽטֶן וּבוֹחֵן כְּלָיוֹת וָלֵב.
אֵין דָּבָר נֶעְלָם מִמֶּֽךָּ וְאֵין נִסְתָּר מִנֶּֽגֶד עֵינֶֽיךָ.
וּבְכֵן, יְהִי רָצוֹן מִלְּפָנֶֽיךָ, יהוה אֱלֹהֵֽינוּ וֵאלֹהֵי אֲבוֹתֵֽינוּ
שֶׁתְּכַפֵּר לָֽנוּ עַל כָּל חַטֹּאתֵֽינוּ
וְתִסְלַח לָֽנוּ עַל כָּל עֲוֹנוֹתֵֽינוּ
וְתִמְחַל לָֽנוּ עַל כָּל פְּשָׁעֵֽינוּ.

על כל חטא שמונה, מכה באגרופו על החזה כנגד הלב.

עַל חֵטְא שֶׁחָטָֽאנוּ לְפָנֶֽיךָ בְּאֹֽנֶס וּבְרָצוֹן
וְעַל חֵטְא שֶׁחָטָֽאנוּ לְפָנֶֽיךָ בְּאִמּוּץ הַלֵּב

עַל חֵטְא שֶׁחָטָֽאנוּ לְפָנֶֽיךָ בִּבְלִי דָֽעַת
וְעַל חֵטְא שֶׁחָטָֽאנוּ לְפָנֶֽיךָ בְּבִטּוּי שְׂפָתָֽיִם

עַל חֵטְא שֶׁחָטָאנוּ לְפָנֶיךָ בְּגִלּוּי עֲרָיוֹת
וְעַל חֵטְא שֶׁחָטָאנוּ לְפָנֶיךָ בְּגָלוּי וּבַסָּתֶר

עַל חֵטְא שֶׁחָטָאנוּ לְפָנֶיךָ בְּדַעַת וּבְמִרְמָה
וְעַל חֵטְא שֶׁחָטָאנוּ לְפָנֶיךָ בְּדִבּוּר פֶּה

עַל חֵטְא שֶׁחָטָאנוּ לְפָנֶיךָ בְּהוֹנָאַת רֵעַ
וְעַל חֵטְא שֶׁחָטָאנוּ לְפָנֶיךָ בְּהִרְהוּר הַלֵּב

עַל חֵטְא שֶׁחָטָאנוּ לְפָנֶיךָ בִּוְעִידַת זְנוּת
וְעַל חֵטְא שֶׁחָטָאנוּ לְפָנֶיךָ בְּוִדּוּי פֶּה

עַל חֵטְא שֶׁחָטָאנוּ לְפָנֶיךָ בְּזִלְזוּל הוֹרִים וּמוֹרִים
וְעַל חֵטְא שֶׁחָטָאנוּ לְפָנֶיךָ בְּזָדוֹן וּבִשְׁגָגָה

עַל חֵטְא שֶׁחָטָאנוּ לְפָנֶיךָ בְּחֹזֶק יָד
וְעַל חֵטְא שֶׁחָטָאנוּ לְפָנֶיךָ בְּחִלּוּל הַשֵּׁם

עַל חֵטְא שֶׁחָטָאנוּ לְפָנֶיךָ בְּטֻמְאַת שְׂפָתָיִם
וְעַל חֵטְא שֶׁחָטָאנוּ לְפָנֶיךָ בְּטִפְשׁוּת פֶּה

עַל חֵטְא שֶׁחָטָאנוּ לְפָנֶיךָ בְּיֵצֶר הָרָע
וְעַל חֵטְא שֶׁחָטָאנוּ לְפָנֶיךָ בְּיוֹדְעִים וּבְלֹא יוֹדְעִים

וְעַל כֻּלָּם אֱלוֹהַּ סְלִיחוֹת סְלַח לָנוּ, מְחַל לָנוּ, כַּפֶּר לָנוּ.

עַל חֵטְא שֶׁחָטָאנוּ לְפָנֶיךָ בְּכַחַשׁ וּבְכָזָב
וְעַל חֵטְא שֶׁחָטָאנוּ לְפָנֶיךָ בְּכַפַּת שֹׁחַד

עַל חֵטְא שֶׁחָטָאנוּ לְפָנֶיךָ בְּלָצוֹן
וְעַל חֵטְא שֶׁחָטָאנוּ לְפָנֶיךָ בְּלָשׁוֹן הָרָע

עַל חֵטְא שֶׁחָטָאנוּ לְפָנֶיךָ בְּמַשָּׂא וּבְמַתָּן
וְעַל חֵטְא שֶׁחָטָאנוּ לְפָנֶיךָ בְּמַאֲכָל וּבְמִשְׁתֶּה

עַל חֵטְא שֶׁחָטָאנוּ לְפָנֶיךָ בְּנֶשֶׁךְ וּבְמַרְבִּית
וְעַל חֵטְא שֶׁחָטָאנוּ לְפָנֶיךָ בִּנְטִיַּת גָּרוֹן

עַל חֵטְא שֶׁחָטָאנוּ לְפָנֶיךָ בְּשִׂיחַ שִׂפְתוֹתֵינוּ
וְעַל חֵטְא שֶׁחָטָאנוּ לְפָנֶיךָ בְּשִׂקּוּר עָיִן

עַל חֵטְא שֶׁחָטָאנוּ לְפָנֶיךָ בְּעֵינַיִם רָמוֹת
וְעַל חֵטְא שֶׁחָטָאנוּ לְפָנֶיךָ בְּעַזּוּת מֵצַח

וְעַל כֻּלָּם אֱלוֹהַּ סְלִיחוֹת סְלַח לָנוּ, מְחַל לָנוּ, כַּפֶּר לָנוּ.

עַל חֵטְא שֶׁחָטָאנוּ לְפָנֶיךָ בִּפְרִיקַת עֹל
וְעַל חֵטְא שֶׁחָטָאנוּ לְפָנֶיךָ בִּפְלִילוּת

עַל חֵטְא שֶׁחָטָאנוּ לְפָנֶיךָ בִּצְדִיַּת רֵעַ
וְעַל חֵטְא שֶׁחָטָאנוּ לְפָנֶיךָ בְּצָרוּת עָיִן

עַל חֵטְא שֶׁחָטָאנוּ לְפָנֶיךָ בְּקַלּוּת רֹאשׁ
וְעַל חֵטְא שֶׁחָטָאנוּ לְפָנֶיךָ בְּקַשְׁיוּת עֹרֶף

עַל חֵטְא שֶׁחָטָאנוּ לְפָנֶיךָ בְּרִיצַת רַגְלַיִם לְהָרַע
וְעַל חֵטְא שֶׁחָטָאנוּ לְפָנֶיךָ בִּרְכִילוּת

עַל חֵטְא שֶׁחָטָאנוּ לְפָנֶיךָ בִּשְׁבוּעַת שָׁוְא
וְעַל חֵטְא שֶׁחָטָאנוּ לְפָנֶיךָ בְּשִׂנְאַת חִנָּם

עַל חֵטְא שֶׁחָטָאנוּ לְפָנֶיךָ בִּתְשׂוּמֶת יָד
וְעַל חֵטְא שֶׁחָטָאנוּ לְפָנֶיךָ בְּתִמְהוֹן לֵבָב

וְעַל כֻּלָּם אֱלוֹהַּ סְלִיחוֹת סְלַח לָנוּ, מְחַל לָנוּ, כַּפֶּר לָנוּ.

וְעַל חֲטָאִים שֶׁאָנוּ חַיָּבִים עֲלֵיהֶם עוֹלָה
וְעַל חֲטָאִים שֶׁאָנוּ חַיָּבִים עֲלֵיהֶם חַטָּאת
וְעַל חֲטָאִים שֶׁאָנוּ חַיָּבִים עֲלֵיהֶם קָרְבָּן עוֹלֶה וְיוֹרֵד
וְעַל חֲטָאִים שֶׁאָנוּ חַיָּבִים עֲלֵיהֶם אָשָׁם וַדַּאי וְתָלוּי
וְעַל חֲטָאִים שֶׁאָנוּ חַיָּבִים עֲלֵיהֶם מַכַּת מַרְדּוּת
וְעַל חֲטָאִים שֶׁאָנוּ חַיָּבִים עֲלֵיהֶם מַלְקוּת אַרְבָּעִים
וְעַל חֲטָאִים שֶׁאָנוּ חַיָּבִים עֲלֵיהֶם מִיתָה בִּידֵי שָׁמַיִם
וְעַל חֲטָאִים שֶׁאָנוּ חַיָּבִים עֲלֵיהֶם כָּרֵת וַעֲרִירִי
וְעַל חֲטָאִים שֶׁאָנוּ חַיָּבִים עֲלֵיהֶם אַרְבַּע מִיתוֹת בֵּית דִּין
סְקִילָה, שְׂרֵפָה, הֶרֶג, וְחֶנֶק.

עַל מִצְוַת עֲשֵׂה וְעַל מִצְוַת לֹא תַעֲשֶׂה.
בֵּין שֶׁיֵּשׁ בָּהּ קוּם עֲשֵׂה וּבֵין שֶׁאֵין בָּהּ קוּם עֲשֵׂה.
אֶת הַגְּלוּיִים לָנוּ וְאֶת שֶׁאֵינָם גְּלוּיִים לָנוּ
אֶת הַגְּלוּיִים לָנוּ, כְּבָר אֲמַרְנוּם לְפָנֶיךָ, וְהוֹדִינוּ לְךָ עֲלֵיהֶם
וְאֶת שֶׁאֵינָם גְּלוּיִים לָנוּ, לְפָנֶיךָ הֵם גְּלוּיִים וִידוּעִים
כַּדָּבָר שֶׁנֶּאֱמַר
הַנִּסְתָּרֹת לַיהוה אֱלֹהֵינוּ, וְהַנִּגְלֹת לָנוּ וּלְבָנֵינוּ עַד־עוֹלָם דברים כט
לַעֲשׂוֹת אֶת־כָּל־דִּבְרֵי הַתּוֹרָה הַזֹּאת:
כִּי אַתָּה סָלְחָן לְיִשְׂרָאֵל וּמָחֳלָן לְשִׁבְטֵי יְשֻׁרוּן בְּכָל דּוֹר וָדוֹר
וּמִבַּלְעָדֶיךָ אֵין לָנוּ מֶלֶךְ מוֹחֵל וְסוֹלֵחַ אֶלָּא אָתָּה.

אֱלֹהַי
עַד שֶׁלֹּא נוֹצַרְתִּי אֵינִי כְדַאי
וְעַכְשָׁיו שֶׁנּוֹצַרְתִּי, כְּאִלּוּ לֹא נוֹצַרְתִּי
עָפָר אֲנִי בְּחַיָּי, קַל וָחֹמֶר בְּמִיתָתִי.
הֲרֵי אֲנִי לְפָנֶיךָ כִּכְלִי מָלֵא בוּשָׁה וּכְלִמָּה.

יְהִי רָצוֹן מִלְּפָנֶיךָ, יהוה אֱלֹהַי וֵאלֹהֵי אֲבוֹתַי, שֶׁלֹּא אֶחֱטָא עוֹד.
וּמַה שֶּׁחָטָאתִי לְפָנֶיךָ, מְחֹק בְּרַחֲמֶיךָ הָרַבִּים
אֲבָל לֹא עַל יְדֵי יִסּוּרִים וָחֳלָיִם רָעִים.

ברכות יז. אֱלֹהַי
נְצֹר לְשׁוֹנִי מֵרָע וּשְׂפָתַי מִדַּבֵּר מִרְמָה
וְלִמְקַלְלַי נַפְשִׁי תִדֹּם, וְנַפְשִׁי כֶּעָפָר לַכֹּל תִּהְיֶה.
פְּתַח לִבִּי בְּתוֹרָתֶךָ, וְאַחֲרֵי מִצְוֹתֶיךָ תִּרְדֹּף נַפְשִׁי.
וְכָל הַקָּמִים וְהַחוֹשְׁבִים עָלַי רָעָה
מְהֵרָה הָפֵר עֲצָתָם וְקַלְקֵל מַחֲשַׁבְתָּם.

יש המוסיפים תחינה זו (קיצור שליה, ׳אור הישר׳):
יְהִי רָצוֹן מִלְּפָנֶיךָ, יהוה אֱלֹהַי וֵאלֹהֵי אֲבוֹתַי
שֶׁלֹּא תַעֲלֶה קִנְאַת אָדָם עָלַי, וְלֹא קִנְאָתִי עַל אֲחֵרִים
וְשֶׁלֹּא אֶכְעֹס הַיּוֹם, וְשֶׁלֹּא אַכְעִיסֶךָ
וְתַצִּילֵנִי מִיֵּצֶר הָרָע, וְתֵן בְּלִבִּי הַכְנָעָה וַעֲנָוָה.
מַלְכֵּנוּ וֵאלֹהֵינוּ, יַחֵד שִׁמְךָ בְּעוֹלָמֶךָ
בְּנֵה עִירְךָ, יַסֵּד בֵּיתְךָ וְשַׁכְלֵל הֵיכָלֶךָ
וְקַבֵּץ קִבּוּץ גָּלֻיּוֹת, וּפְדֵה צֹאנְךָ וְשַׂמַּח עֲדָתֶךָ.

עֲשֵׂה לְמַעַן שְׁמֶךָ, עֲשֵׂה לְמַעַן יְמִינֶךָ
עֲשֵׂה לְמַעַן תּוֹרָתֶךָ, עֲשֵׂה לְמַעַן קְדֻשָּׁתֶךָ.
תהלים ס לְמַעַן יֵחָלְצוּן יְדִידֶיךָ, הוֹשִׁיעָה יְמִינְךָ וַעֲנֵנִי:
תהלים יט יִהְיוּ לְרָצוֹן אִמְרֵי פִי וְהֶגְיוֹן לִבִּי לְפָנֶיךָ, יהוה צוּרִי וְגוֹאֲלִי:

כורע ופוסע שלוש פסיעות לאחור. קד לשמאל, לימין ולפנים באמירת:
עֹשֶׂה הַשָּׁלוֹם בִּמְרוֹמָיו
הוּא יַעֲשֶׂה שָׁלוֹם, עָלֵינוּ וְעַל כָּל יִשְׂרָאֵל, וְאִמְרוּ אָמֵן.

יְהִי רָצוֹן מִלְּפָנֶיךָ יהוה אֱלֹהֵינוּ וֵאלֹהֵי אֲבוֹתֵינוּ
שֶׁיִּבָּנֶה בֵּית הַמִּקְדָּשׁ בִּמְהֵרָה בְיָמֵינוּ, וְתֵן חֶלְקֵנוּ בְּתוֹרָתֶךָ
וְשָׁם נַעֲבָדְךָ בְּיִרְאָה כִּימֵי עוֹלָם וּכְשָׁנִים קַדְמֹנִיּוֹת.
מלאכי ג וְעָרְבָה לַיהוה מִנְחַת יְהוּדָה וִירוּשָׁלָםִ כִּימֵי עוֹלָם וּכְשָׁנִים קַדְמֹנִיּוֹת:

חזרת הש״ץ לשחרית

״לְמִשְׁפָּטֶיךָ עָמְדוּ הַיּוֹם, כִּי הַכֹּל עֲבָדֶיךָ״ (תהלים קיט, צא).

פותחים את ארון הקודש.

שליח הציבור פוסע שלוש פסיעות לפנים וחוזר על התפילה בקול רם.
כורע במקומות המסומנים ב׳, קד לפנים במילה הבאה וזוקף בשם.

אֲדֹנָי, שְׂפָתַי תִּפְתָּח, וּפִי יַגִּיד תְּהִלָּתֶךָ: תהלים נא

אבות

׳בָּרוּךְ אַתָּה יהוה, אֱלֹהֵינוּ וֵאלֹהֵי אֲבוֹתֵינוּ
אֱלֹהֵי אַבְרָהָם, אֱלֹהֵי יִצְחָק, וֵאלֹהֵי יַעֲקֹב
הָאֵל הַגָּדוֹל הַגִּבּוֹר וְהַנּוֹרָא, אֵל עֶלְיוֹן
גּוֹמֵל חֲסָדִים טוֹבִים, קוֹנֵה הַכֹּל
וְזוֹכֵר חַסְדֵי אָבוֹת
וּמֵבִיא גוֹאֵל לִבְנֵי בְנֵיהֶם, לְמַעַן שְׁמוֹ בְּאַהֲבָה.

נוסח זה מוסיפים לפני כל ׳קרובה׳ (מערכת פיוטים לחזרת הש״ץ)
שאומרים ביום הכיפורים. בשחרית אומרים אחריה גם פיוט ׳רשות׳.

מִסּוֹד חֲכָמִים וּנְבוֹנִים
וּמִלֶּמֶד דַּעַת מְבִינִים
אֶפְתְּחָה פִּי בִּתְפִלָּה וּבְתַחֲנוּנִים
לְחַלּוֹת וּלְחַנֵּן פְּנֵי מֶלֶךְ מוֹחֵל וְסוֹלֵחַ לַעֲוֹנִים.

את ה׳קרובה׳ לשחרית של יום הכיפורים חיבר ר׳ משולם בן קלונימוס, רב ופייטן מלוקא באיטליה שהיגר למגנצא במאה העשירית לסה״נ והיה ראשון הפייטנים באשכנז.
ה׳קרובה׳ נוצקה באותה תבנית שטבע הקליר ב׳קרובה׳ ׳שׁוֹשַׁן עֵמֶק אֻיָּמָה׳ לתפילת מוסף, בהבדלים צורניים מעטים.
גם פיוט ה׳רשות׳ ׳אֵימֶיךָ נָשָׂאתִי׳ מיוחס לר׳ משולם עצמו.

רשות ל׳קרובה׳ ׳אִמַּצְתָּ עָשׂוֹר לְכִפּוּר תַּמָּה׳ – סימן א״ב

אֵימֶיךָ נָשָׂאתִי חִין בְּעָרְכִּי / בְּמַלְאֲכוּת עַמְּךָ בֶּרֶךְ בְּבָרְכִּי
גּוֹחִי מִבֶּטֶן, הַגִּיהַּ חָשְׁכִּי / דַּבֵּר צְחוֹת, וּבַאֲמִתְּךָ הַדְרִיכִי.

הוֹרֵנִי שְׁפֹךְ שִׂיחַ עָרֵב / וְלוֹנְנִי בְּצִלְּךָ אוֹתִי לְקָרֵב
זַעַק יוֹפַק בְּכִוּוּן קֶרֶב / חַלּוֹתִי פָּנֶיךָ צִדְקָתְךָ תְּקָרֵב.

טָהוֹר עֵינַיִם, מְאֹד נַעֲלָה / יַדְעֵנִי בֵּין עֶרֶךְ תְּפִלָּה
כַּדָּת לְחַנֵּן, בְּלִי תִפְלָה / לְהַמְצִיא שׁוֹלְחַי אֶרֶךְ וּתְעָלָה.

מִפְתַּח שְׂפָתַי תְּבָרֵר וּתְיַשֵּׁר / נִדְבוֹת פִּי רְצֵה וְהַכְשֵׁר
סֵדֶר הֲגִיגִי כְּשַׁי יִתָּשֵׁר / עֵתֶר פִּצְחִי כְּזִילַת חֶשֶׁר.

פְּעָמַי הָכֵן, פְּצוֹתִי מִכֶּשֶׁל / צוּר תְּמֹךְ אֲשׁוּרַי מֵהִנָּשֵׁל
קוֹמְמֵנִי וְחַזְּקֵנִי מֵרִפְיוֹן וָחֵשֶׁל / רְצוֹת אֲמָרַי, וְלֹא אֶכָּשֵׁל.

שָׁמְרֵנִי כְּאִישׁוֹן מִפֶּלֶץ וּבְעָתָה / שׁוּר שִׁפְלוּתִי, וּלְכָה לִישׁוּעָתָה
תָּחֹן דִּכְאוּתִי כִּלְחוּזָךְ פַּצְתָּ / תְּרַחֵם עַל בֵּן אִמַּצְתָּ.

סוגרים את ארון הקודש.

עיקר ה'קרובה' הוא שלושת הפיוטים הראשונים – ה'מגן' הנאמר בברכת 'מָגֵן אַבְרָהָם', ה'מחיה' הנאמר בברכת 'מְחַיֵּה מֵתִים', וה'משלש' הפותח את הפיוטים המובילים לקדושה. בדרך כלל, שלושת הפיוטים עוסקים בנושא אחד. הקרובה של שחרית ליום הכיפורים מתארת את סערת הרגשות שבה אנו מצויים – מצד אחד חרדת הדין, כיוון שאנו מלוכלכים בעוונות, ומצד שני הביטחון שהקב"ה יסלח לנו ויושיע אותנו.

נוהגים שהקהל אומר את שלושת הפיוטים הראשונים, ושליח הציבור אומר בקול רק את השורות המסומנות ב▸. יש קהילות שבהן אין אומרים את ה'מגן', וממשיכים 'זָכְרֵנוּ לְחַיִּים' בעמוד הבא (ויש האומרים את הבית האחרון: 'כַּצָּהֳרַיִם מִשְׁפָּטֵנוּ הָאֵר').

מגן – סימן א"ב

אִמַּצְתָּ עָשׂוֹר לְכִפּוּר תַּמָּה / בּוֹ לְצַחְצֵחַ צֵאוּי כִּתְמָה
גְּהֹץ צַחֲנָהּ, עִוְּיָהּ לְהַתֵּמָהּ / דִּינָהּ לְהָאִיר, לְתֵתִי לְחָתְמָהּ.

הַחֲרָדָה מִתֵּקַע יוֹם תְּרוּעָה / וּדְבָרִים קָחָה, סַרְעַף לְקָרְעָה
זֶה אֵלִי, לְצֶדֶק הַכְרִיעָה / חַי חַי יוֹדְךָ בְּהָרִיעָה.

טַפֶּיהָ וִישִׁישֶׁיהָ בְּעִנּוּי עֲיֵפִים / יְצִיגָתָם שׁוּר בְּיָחֵף יְחֵפִים
כֻּלָּם צָגִים וְלֹבֶן מְצַעְפִּים / לְאַדֶּרְךָ בַּקֹּדֶשׁ כִּשְׂרָפִים עָפִים.

מָגֵן עִקְּרֵמוֹ בָּךְ חוֹסִים / נִשְׁעָנִים בְּתֻמָּם וּבְצִלְּךָ חָסִים
סְמוּכִים בִּבְרִית שְׁלֹשֶׁת יְחוּסִים / עוֹדְדֵם הֱיוֹת שׂוֹטְנֵימוֹ הַסִּים.

פְּנֵה בְּצִדְקַת אֶת מֵעֵבֶר / צֹאנְךָ תַּחַת שֵׁבֶט, כְּהַעֲבֵר
קַדְּמֵם רַחֲמֶיךָ בְּלִי הִתְעַבֵּר / רַחוּם עַל פֶּשַׁע עוֹבֵר.

שֶׁמֶץ זְדוֹנָם תְּכַבֵּס וּתְטַהֵר / שׁוֹעַם קְשֹׁב וְאַל תְּאַחֵר
· תְּמוּכֵי יְמִינְךָ, פְּנֵיהֶם נַהֵר / תַּעְתּוּעַ חֶטְאָם תְּכַפֵּר לְטַהֵר.

הכול:

כְּצָהֳרַיִם מִשְׁפָּטֵנוּ הָאֵר / חוֹכֶיךָ לְטוֹב תְּשָׁאֵר
· צִדְקֵנוּ תְּחַפֵּשׂ וּתְבָאֵר / בְּמָגִנְּךָ נִתְגּוֹנֵן לְהִתְפָּאֵר.

יש נוהגים שהקהל אומר בקול, ושליח הציבור חוזר אחריו:

זָכְרֵנוּ לְחַיִּים, מֶלֶךְ חָפֵץ בַּחַיִּים
וְכָתְבֵנוּ בְּסֵפֶר הַחַיִּים, לְמַעַנְךָ אֱלֹהִים חַיִּים.

שליח הציבור ממשיך:

מֶלֶךְ עוֹזֵר וּמוֹשִׁיעַ וּמָגֵן.
׳בָּרוּךְ אַתָּה יהוה, מָגֵן אַבְרָהָם.

גבורות

אַתָּה גִּבּוֹר לְעוֹלָם, אֲדֹנָי
מְחַיֵּה מֵתִים אַתָּה, רַב לְהוֹשִׁיעַ
מוֹרִיד הַטָּל

מְכַלְכֵּל חַיִּים בְּחֶסֶד, מְחַיֵּה מֵתִים בְּרַחֲמִים רַבִּים
סוֹמֵךְ נוֹפְלִים, וְרוֹפֵא חוֹלִים, וּמַתִּיר אֲסוּרִים
וּמְקַיֵּם אֱמוּנָתוֹ לִישֵׁנֵי עָפָר.
מִי כָמוֹךָ, בַּעַל גְּבוּרוֹת, וּמִי דּוֹמֶה לָּךְ
מֶלֶךְ, מֵמִית וּמְחַיֶּה וּמַצְמִיחַ יְשׁוּעָה.

ה׳מחיה׳ לשחרית מיוסד על הפסוק ״לְשִׁמְךָ וּלְזִכְרְךָ תַּאֲוַת־נָפֶשׁ״ (ישעיה כו, ח). יש קהילות שבהן אין אומרים את ה׳מחיה׳, וממשיכים ׳עַד יוֹם מוֹתוֹ׳ למטה (ויש האומרים את הבית האחרון: ׳נֶפֶשׁ נַעֲנָה תְּבַשֵּׂר סְלִיחָה׳).

מחיה – סימן תשר״ק

תַּאֲוַת נֶפֶשׁ לְשִׁמְךָ וּלְזִכְרְךָ / שְׁקֹד לְרַחֵם מְבָרְכֵי זִכְרְךָ
רְצוּיֵי אֶהָב כְּנַעַר וָרַךְ / קְרוּאִים וּנְקוּבִים בְּנָךְ בְּכוֹרְךָ.

צְבָאוֹת הוֹצֵאתָ מִכּוּר אוֹנִים / פְּדוּתָם מִפֶּרֶךְ הָלְכוּ שַׁאֲנַנִּים
עֲמוּסִים מִבֶּטֶן פֶּצֶם מִשְׁאוֹנִים / סְעָדֵם בַּל לָמֹד כִּסְאוֹנִים.

נְתוּנָה בְּרִיתְךָ חֹק בִּשְׁאֵרָם / מִמַּחֲצֶבֶת צוּרָם מוֹלֶדֶת שֶׁאוֹרָם
לַבְּרִית הַבֵּט וְתָדִיחַ כֵּאוּרָם / כַּבְּסֵם הֶרֶב וְתַבְהִיק אוֹרָם.

יֵרָאֶה לְפָנֶיךָ עֵקֶד מְיֻחָד / טוֹבֵחַ וְטָבוּחַ מִדְּבָרְךָ פָּחַד
חֲנִיטָיו חַלֵּץ מֵאֵימָתָה וָפַחַד / זְבוּחוֹ וְדִשּׁוּנוֹ לְפָנֶיךָ יִתְיַחַד.

וְאִם הֶעֱווּ אֹרַח לְסַלֵּף / הִזָּכֵר רַחֲמֶיךָ חֹק מִלְּחַלֵּף
דְּרִישַׁת צֶדֶק מֵלִיץ יְאַלֵּף / גְּנוּנֶיךָ לְחַזֵּק בְּמָגִנַּת אָלֶף.

בַּדֵּי יְדִידֶיךָ, הֲגִיגָם בִּין / בִּצוּרָם תֶּשַׁע וְחֵטְא תַּלְבִּין
◂ אוֹן מִתְחַנְּנֶיךָ בְּלִי תָבִין / אֶנֶק שְׁמַע וְלַחַשׁ הָבִין.

הכול:

נֶפֶשׁ נַעֲנָה תְּבַשֵּׂר סְלִיחָה / פַּלְּטֵם מֵעֶמֶק שׁוּחָה
◂ מִתְקוֹמְמֵינוּ יְהוּ כַּסּוּחָה / הַחֲיֵנוּ בְּטַל אֱמוּנָתְךָ לְשׁוּחֲחָה.

בקהילות אשכנז נהגו לומר פיוט תוכחה ׳אֱנוֹשׁ מָה יִזְכֶּה׳ (בעמ׳ 511) לאחר ה׳מחיה׳, והיום נוהגים לומר רק את הפזמון ׳עַד יוֹם מוֹתוֹ׳ לפני חתימת הברכה ׳מְחַיֵּה הַמֵּתִים׳.

שליח הציבור והקהל אומרים:

עַד יוֹם מוֹתוֹ תְּחַכֶּה לוֹ לִתְשׁוּבָה / לְהַנְטוֹתוֹ לִתְחִיָּה.

יש נוהגים שהקהל אומר בקול, ושליח הציבור חוזר אחריו:

מִי כָמוֹךָ אָב הָרַחֲמָן
זוֹכֵר יְצוּרָיו לְחַיִּים בְּרַחֲמִים.

שליח הציבור ממשיך:

וְנֶאֱמָן אַתָּה לְהַחֲיוֹת מֵתִים.

בָּרוּךְ אַתָּה יהוה, מְחַיֵּה הַמֵּתִים.

יש קהילות שבהן אין אומרים את ה׳משלש׳, וממשיכים ׳יִמְלֹךְ ה׳ לְעוֹלָם׳ למטה (ויש האומרים את הבית האחרון: ׳כְּלוּלַת אֲהָבִים אָנָּא זְכֹר׳).

משלש – סימן א״ת ב״ש

אִחַדְתָּ יוֹם זֶה בַּשָּׁנָה · תְּרוּפָה וּצְרִי שַׂמְתּוֹ לַשּׁוֹשַׁנָּה
בְּשָׁלֵם בִּהְיוֹת סֻכְּךָ בָּרִאשׁוֹנָה · שֵׁרוּתוֹ כִּפֵּר פִּשְׁעֵי יְשֵׁנָה.

גּוֹלִים מִנְּוָךְ זְרוּיִם מֵהֲלְאָה · רֹן מְפִיקִים לְחַתֵּל תְּלָאָה
דִּכְאוּת רוּחַ וְשֶׁבֶר נַהֲלָאָה · קָדוֹשׁ, חֲשֹׁב כְּזִבְחֵי הָעֲלָאָה.

הָתְמֵם מְרַחֵם יוֹשֵׁב אֹהָלִים · צוּרָתוֹ בְּכִסְאֲךָ חֲקַקְתָּהּ בְּהִלִּים
וִילָדָיו חֹן, בְּעֹצֶר נִקְהָלִים · פְּאֵרְךָ מַבִּיעִים וְשִׁמְךָ מְהַלְלִים.

זֶבֶד שִׁמְךָ שִׁתַּפְתָּ בִּשְׁמָם · עֲמוּתִים לְךָ כַּחוֹתָם לְשׂוּמָם
חָשְׁכֵם מֵאֱנֹף, בְּלִי לְהַאֲשִׁימָם · סֵפֶר חַיִּים יְהִי רְשׁוּמָם.

טְרַח עָוֹן וְכֹבֶד מַשָּׂא · נֵעַר בְּצוּל, מְחוֹת בַּהֲמַסָּה
יֶעֱרַב שִׂיחַ עֲנִיָּה וּרְמוּסָה · מְנִיחוֹחֵי כָלִיל בְּאֶבֶן מַעֲמָסָה.

כְּלוּלַת אֲהָבִים אָנָּא זְכֹר · כְּלִמַּת נְעוּרִים עוֹד מִלִּזְכֹּר
▸ לְבֵן יַקִּירְךָ זָכוֹר תִּזְכֹּר · לְמַעַן חִלְּךָ, לַעֲבָדֶיךָ זְכֹר.

במחזורים הישנים משולבים במערכות ה׳קרובות׳ הפסוקים שעליהם מבוססים פיוטי ה׳קרובה׳. היום נוהגים לומר רק את שני הפסוקים ׳יִמְלֹךְ׳ ו׳וְאַתָּה קָדוֹשׁ׳, ומסיימים ׳אֵל נָא׳ כפתיחה לפיוטים הבאים, המובילים אל הקדושה.

קהל ואחריו שליח הציבור:

יִמְלֹךְ יהוה לְעוֹלָם, אֱלֹהַיִךְ צִיּוֹן לְדֹר וָדֹר, הַלְלוּיָהּ: תהלים קמו

וְאַתָּה קָדוֹשׁ, יוֹשֵׁב תְּהִלּוֹת יִשְׂרָאֵל: תהלים כב

אֵל נָא.

פותחים את ארון הקודש.

פיוט זה נוסף ל׳קרובה׳ בתקופת הראשונים.
סגנונו מעיד עליו שהוא עתיק מאוד, כנראה קודם לקליר.

סימן א״ב

אַתָּה הוּא אֱלֹהֵינוּ בַּשָּׁמַיִם וּבָאָרֶץ.
גִּבּוֹר וְנַעֲרָץ דָּגוּל מֵרְבָבָה.
הוּא שָׂח וַיֶּהִי וְצִוָּה וְנִבְרָאוּ.
זִכְרוֹ לָנֶצַח חַי עוֹלָמִים.
טְהוֹר עֵינַיִם יוֹשֵׁב סֵתֶר.
כִּתְרוֹ יְשׁוּעָה לְבוּשׁוֹ צְדָקָה.
מַעֲטֵהוּ קִנְאָה נֶאְפַּד נְקָמָה.
סִתְרוֹ יֹשֶׁר עֲצָתוֹ אֱמוּנָה.
פְּעֻלָּתוֹ אֱמֶת צַדִּיק וְיָשָׁר.
קָרוֹב לְקוֹרְאָיו בֶּאֱמֶת רָם וּמִתְנַשֵּׂא.
שׁוֹכֵן שְׁחָקִים תּוֹלֶה אֶרֶץ עַל בְּלִימָה.

הקהל ושליח הציבור אומרים:

חַי וְקַיָּם נוֹרָא וּמָרוֹם וְקָדוֹשׁ.

סוגרים את ארון הקודש.

שליח הציבור אומר את ארבעת החרוזים הבאים, והקהל חוזר אחרי כל אחד מהם.
חרוזים אלה הם שורות הפזמון של הפיוטים ׳מוֹרֵה חַטָּאִים׳ (עמ׳ 512)
ו׳אֶדֶר יְקָר אֵלִי׳ (עמ׳ 515).

אָנָּא סְלַח נָא
פֶּשַׁע וְעָוֹן שָׂא נָא / וְכֹחֲךָ יִגְדַּל נָא.
קָדוֹשׁ.

אָנָּא רַחוּם כַּפֵּר
עֲוֹן צָגִים, תְּהִלָּתְךָ לְסַפֵּר / וְיִחַקוּ לְחַיִּים בַּסֵּפֶר.
קָדוֹשׁ.

מֶלֶךְ שׁוֹכֵן עַד / לְבַדְּךָ מְלֹךְ עֲדֵי עַד
הָאֵל קָדוֹשׁ.

מֶלֶךְ מַאֲזִין שַׁוְעָה / לְעַמּוֹ מֵחִישׁ יְשׁוּעָה
נוֹרָא וְקָדוֹשׁ.

בדורות האחרונים פשט המנהג שלא לומר את שלושת הפיוטים הבאים במחזור:
׳אָנָּא אֱלֹהִים חַיִּים׳, ׳אֲיֻמָּה בָּחַר׳ ו׳אַךְ אָתִּים בְּחִין לְפָנֶיךָ׳ (עמ׳ 517-520),
אלא רק ׳הַיּוֹם יִכָּתֵב׳, שהוא הפזמון של הפיוט ׳אֲיֻמָּה בָּחַר׳.

שליח הציבור אומר, והקהל חוזר אחריו:

הַיּוֹם יִכָּתֵב / בְּסֵפֶר הַזִּכְרוֹנוֹת
הַחַיִּים וְהַמָּוֶת.
אָנָּא כַנָּה
עוּרִי נָא / הִתְעוֹרְרִי נָא
עִמְדִי נָא / הִתְיַצְּבִי נָא
קוּמִי נָא / חַלִּי נָא
בְּעַד הַנֶּפֶשׁ חַנִּי נָא
פְּנֵי דָר עֶלְיוֹן.

לאחר ה׳קיקלרים׳ – פיוטים המתאפיינים בפזמון חוזר (או בכמה פזמונות חוזרים) – אומרים שורת פיוטים המכונים ׳רהיטים׳, המובילים מעיקר ה׳קרובה׳ אל הקדשה. לפני כל אחד מפיוטים אלה, אומרים שורת פתיחה המתחילה במילה ׳וּבְכֵן׳, ומציגה את הנושא המרכזי שהפיוט מפתח בהרחבה.

פותחים את ארון הקודש.

וּבְכֵן, אִמְרוּ לֵאלֹהִים, מַה־נּוֹרָא מַעֲשֶׂיךָ: תהלים סו

סימן א״ב

אִמְרוּ לֵאלֹהִים
אֶרֶךְ אַפַּיִם וּגְדָל־כֹּחַ / מֵכִין הָרִים בְּכֹחַ נחום א
חֲכַם לֵבָב וְאַמִּיץ כֹּחַ / נֹתֵן לַיָּעֵף כֹּחַ איוב ט, ישעיה מ
לְכֵן יִתְגָּאֶה, גָּדוֹל אֲדוֹנֵינוּ וְרַב־כֹּחַ: תהלים קמז

אִמְרוּ לֵאלֹהִים

בּוֹנֶה בַשָּׁמַיִם מַעֲלוֹתָו / מַשְׁקֶה הָרִים מֵעֲלִיּוֹתָיו עמוס ט תהלים קד
זֵכֶר עָשָׂה לְנִפְלְאֹתָיו / וְלוֹ נִתְכְּנוּ עֲלִילוֹתָיו תהלים קיא
לָכֵן יִתְגָּאֶה, הַמְקָרֶה בַמַּיִם עֲלִיּוֹתָיו: תהלים קד

אִמְרוּ לֵאלֹהִים

גֵּאֶה וְגָבֹהַּ בִּשְׁמֵי מַעְלָה / עֹטֶה אוֹר כַּשַּׂלְמָה
לוֹ הַגְּבוּרָה וְהַגְּדֻלָּה / וְהָעֹז וְהַמֶּמְשָׁלָה
לָכֵן יִתְגָּאֶה, וּמַלְכוּתוֹ בַּכֹּל מָשָׁלָה: תהלים קג

אִמְרוּ לֵאלֹהִים

דָּגוּל מֵרִבְבוֹת קֹדֶשׁ / וְנֶאְדָּר בַּקֹּדֶשׁ
דַּרְכּוֹ בַּקֹּדֶשׁ / וּמִשְׁתַּחֲוִים לוֹ בְּהַדְרַת קֹדֶשׁ
לָכֵן יִתְגָּאֶה, הֲלִיכוֹת אֵלִי מַלְכִּי בַקֹּדֶשׁ: תהלים סח

אִמְרוּ לֵאלֹהִים

הוֹדוֹ כִּסָּה שָׁמַיִם / וְהָאָרֶץ רוֹקַע עַל הַמַּיִם
יַרְעֵם מִשָּׁמַיִם / לְקוֹל תִּתּוֹ הֲמוֹן מַיִם ירמיה נא
לָכֵן יִתְגָּאֶה, הַנּוֹטֶה כַדֹּק שָׁמַיִם: ישעיה מ

אִמְרוּ לֵאלֹהִים

וְכָל בַּשָּׁלִשׁ עֲפַר הָאָרֶץ / יָדוֹ יָסְדָה אָרֶץ ישעיה מ
וִימִינוֹ טִפְּחָה שְׁמֵי עֶרֶץ / וְהֶעֱמִידָם בְּלִי פֶרֶץ
לָכֵן יִתְגָּאֶה, הַיֹּשֵׁב עַל־חוּג הָאָרֶץ: שם

אִמְרוּ לֵאלֹהִים

זֹהַר כִּסְאוֹ שְׁבִיבֵי אֵשׁ / מְשָׁרְתָיו לֹהֵט אֵשׁ
נֹגַהּ לָאֵשׁ וּמַבְרִיק הָאֵשׁ / לְפָנָיו נִמְשָׁכִים נַהֲרֵי אֵשׁ
לָכֵן יִתְגָּאֶה, אֵשׁ אֹכְלָה אֵשׁ.

אִמְרוּ לֵאלֹהִים
חַי עוֹלָמִים / צָר בְּיָהּ עוֹלָמִים
אִוָּה בֵּית עוֹלָמִים / מָכוֹן לְשִׁבְתּוֹ עוֹלָמִים
לָכֵן יִתְגָּאֶה, עַתִּיק יוֹמִין.

אִמְרוּ לֵאלֹהִים
טְהוֹר עֵינַיִם / סְבִיבוֹתָיו חַשְׁרַת מַיִם
עָבֵי שַׁחַק חֶשְׁכַת מַיִם / טוֹעֲנֵי מֶרְכַּבְתּוֹ, גַּבּוֹתָם מְלֵאוֹת עֵינַיִם
לָכֵן יִתְגָּאֶה, מִצְוַת יהוה בָּרָה מְאִירַת עֵינָיִם: תהלים יט

אִמְרוּ לֵאלֹהִים
יוֹדֵעַ מַה בְּסִתְרֵי חֹשֶׁךְ / לֹא יַחְשִׁיךְ מֶנּוּ חֹשֶׁךְ
קֵץ שָׂם לַחֹשֶׁךְ / הֹפֵךְ לַבֹּקֶר צַלְמָוֶת וְחֹשֶׁךְ איוב כח
לָכֵן יִתְגָּאֶה, יוֹצֵר אוֹר וּבוֹרֵא חֹשֶׁךְ: ישעיה מה

אִמְרוּ לֵאלֹהִים
כּוֹנֵן כִּסְאוֹ לַמִּשְׁפָּט / מְכוֹן כִּסְאוֹ צֶדֶק וּמִשְׁפָּט
אֱלֹהֵי הַמִּשְׁפָּט / תֹּאחֵז יָדוֹ בְּמִשְׁפָּט
לָכֵן יִתְגָּאֶה, וַיִּגְבַּהּ יהוה צְבָאוֹת בַּמִּשְׁפָּט: ישעיה ה

אִמְרוּ לֵאלֹהִים
לוֹ יָאֲתָה מְלוּכָה / שׁוֹכֵן עַד, וְאֶת דַּכָּא
מֵשִׁיב אֱנוֹשׁ עַד דַּכָּא / וְאוֹמֵר, שׁוּבוּ בְּרוּחַ נְמוּכָה
לָכֵן יִתְגָּאֶה, כִּי לַיהוה הַמְּלוּכָה: תהלים כב

אִמְרוּ לֵאלֹהִים
מֹשֵׁל בִּגְבוּרָתוֹ עוֹלָם / הַכֹּל צָפוּי וְלֹא נֶעְלָם תהלים סו
זֶה שְּׁמוֹ לְעוֹלָם / חַסְדּוֹ מֵעוֹלָם וְעַד עוֹלָם
לָכֵן יִתְגָּאֶה, בָּרוּךְ יהוה אֱלֹהֵי יִשְׂרָאֵל, מֵהָעוֹלָם וְעַד־הָעוֹלָם: תהלים מא

אִמְרוּ לֵאלֹהִים

נוֹצֵר חֶסֶד לָאֲלָפִים דּוֹר / לוֹחֵם קָמָיו מִדּוֹר לְדוֹר

מֵקִים סֻכַּת מְשִׁיחוֹ לִגְדּוֹר / הָאוֹר חוֹנֶה עִמּוֹ בְּמָדוֹר

לָכֵן יִתְגָּאֶה, וְזֶה זִכְרִי לְדֹר דֹּר: שמות ג

אִמְרוּ לֵאלֹהִים

סוֹבֵל עֶלְיוֹנִים וְתַחְתּוֹנִים / שֹׁמֵעַ אֶל־אֶבְיוֹנִים תהלים סט

מַאֲזִין שִׂיחַ חִנּוּנִים / מַקְשִׁיב שֶׁוַע רְנָנִים

לָכֵן יִתְגָּאֶה, אֱלֹהֵי הָאֱלֹהִים וַאֲדֹנֵי הָאֲדֹנִים: דברים י

אִמְרוּ לֵאלֹהִים

עִזּוּז וְגִבּוֹר מִלְחָמָה / נוֹקֵם לְצָרָיו וּבַעַל חֵמָה

מַכְרִית קָמִים בִּמְהוּמָה / נוֹהֵם עֲלֵיהֶם בִּנְהִימָה

לָכֵן יִתְגָּאֶה, יהוה אִישׁ מִלְחָמָה: שמות טו

אִמְרוּ לֵאלֹהִים

פּוֹעֵל וְעוֹשֶׂה הַכֹּל / בְּיָדוֹ לְגַדֵּל וּלְחַזֵּק לַכֹּל

אֵלָיו יְשַׂבְּרוּ עֵינֵי כֹל / עֵינָיו מְשׁוֹטְטוֹת בַּכֹּל

לָכֵן יִתְגָּאֶה, עֶלְיוֹן עַל־כֹּל: תהלים פג

אִמְרוּ לֵאלֹהִים

צַדִּיק בְּכָל דְּרָכָיו / יָשָׁר מֵצִיץ מֵחֲרַכָּיו

חָפֵץ בְּעַם מַמְלִיכָיו / יִירְשׁוּ אֶרֶץ מְבֹרָכָיו

לָכֵן יִתְגָּאֶה, בָּרְכוּ יהוה מַלְאָכָיו: תהלים קג

אִמְרוּ לֵאלֹהִים

קֹרֵא הַדֹּרוֹת מֵרֹאשׁ / מַגִּיד אַחֲרִית מֵרֹאשׁ ישעיה מא

בָּחַר בְּאֹם דַּלַּת רֹאשׁ / עֻזּוֹ יוֹם יוֹם לִדְרֹשׁ

לָכֵן יִתְגָּאֶה, וְהַמִּתְנַשֵּׂא לְכֹל לְרֹאשׁ: דברי הימים א׳ כט

אִמְרוּ לֵאלֹהִים

רָם וְנִשָּׂא, שֹׁכֵן עַד / בִּטְחוּ בוֹ עֲדֵי עַד ישעיה נז
כְּבוֹדוֹ בְּסוֹד קְדוֹשִׁים וָעַד / וּלְעַם קְדוֹשׁוֹ נוֹעַד
לָכֵן יִתְגָּאֶה, הַמַּבִּיט לָאָרֶץ וַתִּרְעָד: תהלים קד

אִמְרוּ לֵאלֹהִים

שְׁבִילוֹ בְּמַיִם רַבִּים / שָׁמָיו מַרְעִיף רְבִיבִים
שְׁמוֹ מְיַחֲדִים שַׁחַר וַעֲרָבִים / בְּשַׁעַר בַּת רַבִּים
לָכֵן יִתְגָּאֶה, יהוה צְבָאוֹת יֹשֵׁב הַכְּרֻבִים: שמואל א׳ ד

אִמְרוּ לֵאלֹהִים

תְּהִלָּתוֹ מָלְאָה הָאָרֶץ / מַעֲבִיר כִּלָּיוֹן וְחָרֶץ חבקוק ג
מֵשִׁיב חֲרוֹן אַף וָקֶרֶץ / שֵׁוַע מְחַנְּנָיו יֶרֶץ
לָכֵן יִתְגָּאֶה, יהוה אֲדֹנֵינוּ, מָה־אַדִּיר שִׁמְךָ בְּכָל־הָאָרֶץ: תהלים ח

כמו בפיוטי ׳מֶלֶךְ עֶלְיוֹן׳ הנאמרים בראש השנה, גם לפיוטי ׳מַעֲשֵׂה אֱלֹהֵינוּ׳
המאפיינים את ׳קדושתאות׳ (מערכות פיוטים לחזרת הש״ץ) יום הכיפורים,
נכתבו פיוטים משלימים, ׳מַעֲשֵׂה אֱנוֹשׁ׳, המדגישים את הניגוד בין הקב״ה
לבשר ודם. כבר מימות הראשונים השמיטו את בתי הפיוט המשלים,
פרט לבית האחרון שלו, שאומרים לפני הבית החותם.
הפיוט השלם על שני חלקיו מובא בעמ׳ 521.

וּבְכֵן, גְּדוֹלִים מַעֲשֵׂי אֱלֹהֵינוּ.

סימן א״ב

מַעֲשֵׂה אֱלֹהֵינוּ

אֵין מִי בַשַּׁחַק יַעֲרֹךְ לוֹ / בִּבְנֵי אֵלִים יִדְמֶה לוֹ
גָּבְהִים עִלָּה לְמוֹשָׁב לוֹ / דָּרֵי גַיְא כַּחֲגָבִים לְמוּלוֹ
לָכֵן יִתְגָּאֶה, הַצּוּר תָּמִים פָּעֳלוֹ: דברים לב

מַעֲשֵׂה אֱלֹהֵינוּ

הַמְשֵׁל וָפַחַד עִמּוֹ / וְהַרְבֵּה פְדוּת עִמּוֹ איוב כה

זַעַק וְלַחַשׁ עַמּוֹ / חָשׁ וּמַאֲזִין מִמְּרוֹמוֹ

לָכֵן יִתְגָּאֶה, יהוה צְבָאוֹת שְׁמוֹ: ישעיה מח

מַעֲשֵׂה אֱלֹהֵינוּ

טֶרֶף נָתַן לִירֵאָיו / יֹבִילוּ שַׁי לְמוֹרָאָיו תהלים קיא

כִּתֵּי גְדוּדֵי צְבָאָיו / לֹא יְשׁוּרוּהוּ כְּבוֹד מַרְאָיו

לָכֵן יִתְגָּאֶה, הִנֵּה עֵין יהוה אֶל־יְרֵאָיו: תהלים לג

מַעֲשֵׂה אֱלֹהֵינוּ

מַלְאָכָיו עוֹשֶׂה רוּחוֹת / נִקְדָּשׁ בְּשִׁירוֹת וְתִשְׁבָּחוֹת

סוֹכֵת שְׁפִיכַת שִׂיחוֹת / עוֹנֶה וּמַעֲמִיד רְוָחוֹת

לָכֵן יִתְגָּאֶה, אֱלֹהֵי הָרוּחֹת: במדבר טז

מַעֲשֵׂה אֱלֹהֵינוּ

פּוֹדֶה מִשַּׁחַת עֲמוּסָיו / צוּר יוֹדֵעַ חוֹסָיו

קָדוֹשׁ מַפְלִיא נִסָּיו / רַחוּם לִמְרַצָּיו וּמַכְעִיסָיו

לָכֵן יִתְגָּאֶה, וְרַחֲמָיו עַל־כָּל־מַעֲשָׂיו: תהלים קמה

סוגרים את ארון הקודש.

מַעֲשֵׂה אֱנוֹשׁ

תַּחְבּוּלוֹתָיו מְזִמָּה / שִׁבְתּוֹ בְּתוֹךְ מִרְמָה

רְפִידָתוֹ רִמָּה / קָבוּר בִּסְעִיף אֲדָמָה

וְאֵיךְ יִתְגָּאֶה, אָדָם לַהֶבֶל דָּמָה: תהלים קמד

פותחים את ארון הקודש.

אֲבָל מַעֲשֵׂה אֱלֹהֵינוּ

שׁוֹמֵעַ שַׁוְעוֹת / שׁוֹעֶה עֶרֶךְ שׁוּעוֹת

תּוֹרוֹתָיו מְשַׁעַשְׁעוֹת / תַּכְסִיסוֹ כּוֹבַע יְשׁוּעוֹת

לָכֵן יִתְגָּאֶה, הָאֵל לָנוּ אֵל לְמוֹשָׁעוֹת: תהלים סח

סוגרים את ארון הקודש.

לאחר הפיוט ׳מַעֲשֵׂה אֱלֹהֵינוּ׳ המתאר את עליונותו האינסופית של הקב״ה מעל האדם, הפייטן מתאר את הפרדוקס, שעם כל גדולתו של הקב״ה, הניכרת בפמליה של מעלה (ומתוארת בהרחבה בפיוט הקודם), הוא רוצה דווקא בשבח מפיהם של בני האדם.

כיום יש קהילות שאינן אומרות פיוט זה, ואפשר שכאשר אין אומרים את הבתים ׳מַעֲשֵׂה אֱנוֹשׁ׳, הפרדוקס חד פחות.

וּבְכֵן, לְנוֹרָא עֲלֵיהֶם בְּאֵימָה יַעֲרִיצוּ.

סימן א״ב

אֲשֶׁר אֹמֶץ תְּהִלָּתֶךָ בְּאֵילֵי שַׁחַק / בְּבִרְקֵי נֹגַהּ
בְּגְדוּדֵי גֹבַהּ / בִּדְמָמָה דַקָּה וּקְדֻשָּׁתְךָ בְּפִיהֶם.

וּרְצִיתָ שֶׁבַח מֵהוֹמֵי בְרֶגֶשׁ / וְעוֹרְכֵי שֶׁוַע
זוֹעֲקֵי תְחִנָּה / חוֹכֵי חֲנִינָה וְהִיא כְבוֹדֶךָ.

אֲשֶׁר אֹמֶץ תְּהִלָּתֶךָ בְּטַפְסְרֵי טֹהַר / בִּידִידוּן יְדִידוּן
בִּכְרוּבֵי כָבוֹד / בְּלִגְיוֹנֵי לַהַב וּקְדֻשָּׁתְךָ בְּפִיהֶם.

וּרְצִיתָ שֶׁבַח מִמְּעוּטֵי יָמִים / נְשׁוּיֵי טוֹבָה
שְׂבֵעֵי רֹגֶז / עֲגוּמֵי נֶפֶשׁ וְהִיא כְבוֹדֶךָ.

אֲשֶׁר אֹמֶץ תְּהִלָּתֶךָ בְּפִלְיָאֵי שֵׁמוֹת / בְּצִבְאוֹת עִירִין
בִּקְדוֹשֵׁי קֶדֶם / בְּרֶכֶב רִבֹּתַיִם וּקְדֻשָּׁתְךָ בְּפִיהֶם.

וּרְצִיתָ שֶׁבַח מִשּׁוֹקְדֵי דְלָתוֹת / שׁוֹפְכֵי שִׂיחַ
תּוֹבְעֵי סְלִיחָה / תְּאֵבֵי כַפָּרָה וְהִיא כְבוֹדֶךָ.

שני ה׳רהיטים׳ ׳עַל יִשְׂרָאֵל אֱמוּנָתוֹ׳ ו׳אַפְסֵי אֶרֶץ בְּדִבְרוֹ הֵקִים׳ מבוססים על תהלים סח, לה. פסוק זה מדגים את אותו העיקרון שהובא בפיוט הקודם. ה׳רהיט׳ ׳עַל יִשְׂרָאֵל אֱמוּנָתוֹ׳ מקביל לבתים המתחילים ׳וּרְצִיתָ שֶׁבַח׳ למעלה – הואיל והקב״ה רצה שבח דווקא מבשר ודם, הרי שכבודו תלוי בהם, ובפרט בישראל. שלושת הפיוטים שמדלגים עליהם, ׳אַפְסֵי אֶרֶץ בְּדִבְרוֹ הֵקִים׳, ׳מִי כָמוֹךָ אַדִּיר בַּמְּרוֹמִים׳ ו׳אֵין כָּמוֹךָ בְּאַדִּירֵי מַעְלָה׳, משבחים את הקב״ה על הבריאה (ומקבילים לבתים המתחילים ׳אֲשֶׁר אֹמֶץ תְּהִלָּתֶךָ׳). היום נוהגים ברוב הקהילות שלא לאומרם.

וּבְכֵן, תְּנוּ עֹז לֵאלֹהִים, עַל־יִשְׂרָאֵל גַּאֲוָתוֹ: תהלים סח

סימן א״ב

עַל יִשְׂרָאֵל אֱמוּנָתוֹ עַל יִשְׂרָאֵל בִּרְכָתוֹ
עַל יִשְׂרָאֵל גַּאֲוָתוֹ עַל יִשְׂרָאֵל דִּבְרָתוֹ

עַל יִשְׂרָאֵל הֲדָרָתוֹ   עַל יִשְׂרָאֵל וְעִידָתוֹ
עַל יִשְׂרָאֵל זְכִירָתוֹ   עַל יִשְׂרָאֵל חֶמְלָתוֹ
עַל יִשְׂרָאֵל טַהֲרָתוֹ   עַל יִשְׂרָאֵל יְשָׁרָתוֹ
עַל יִשְׂרָאֵל כַּנָּתוֹ   עַל יִשְׂרָאֵל לְאֻמָּתוֹ
עַל יִשְׂרָאֵל מַלְכוּתוֹ   עַל יִשְׂרָאֵל נְעִימָתוֹ
עַל יִשְׂרָאֵל סְגֻלָּתוֹ   עַל יִשְׂרָאֵל עֲדָתוֹ
עַל יִשְׂרָאֵל פְּעֻלָּתוֹ   עַל יִשְׂרָאֵל צִדְקָתוֹ
עַל יִשְׂרָאֵל קְדֻשָּׁתוֹ   עַל יִשְׂרָאֵל רוֹמְמוּתוֹ
עַל יִשְׂרָאֵל שְׁכִינָתוֹ   עַל יִשְׂרָאֵל תִּפְאַרְתּוֹ.

הפיוטים ׳אַפְסֵי אֶרֶץ בִּדְבָרוֹ הֵקִים׳, ׳מִי כָמוֹךְ אַדִּיר בַּמְּרוֹמִים׳ ו׳אֵין כָּמוֹךָ בְּאַדִּירֵי מַעְלָה׳ בעמ׳ 523-524.

פותחים את ארון הקודש.

מקורו של הפיוט ׳הָאַדֶּרֶת וְהָאֱמוּנָה׳ בספרות ההיכלות. חסידי אשכנז החשיבו אותו מאוד, וראו בו תיאור לשירת המלאכים (סידור הרוקח, יד).

וּבְכֵן, נְאַדֶּרְךָ חַי עוֹלָמִים.

סימן א״ב כפול

הָאַדֶּרֶת וְהָאֱמוּנָה   לְחַי עוֹלָמִים
הַבִּינָה וְהַבְּרָכָה   לְחַי עוֹלָמִים
הַגַּאֲוָה וְהַגְּדֻלָּה   לְחַי עוֹלָמִים
הַדֵּעָה וְהַדִּבּוּר   לְחַי עוֹלָמִים
הַהוֹד וְהֶהָדָר   לְחַי עוֹלָמִים
הַוַּעַד וְהַוָּתִיקוּת   לְחַי עוֹלָמִים
הַזּךְ וְהַזֹּהַר   לְחַי עוֹלָמִים
הַחַיִל וְהַחֹסֶן   לְחַי עוֹלָמִים
הַטֶּכֶס וְהַטֹּהַר   לְחַי עוֹלָמִים
הַיִּחוּד וְהַיִּרְאָה   לְחַי עוֹלָמִים
הַכֶּתֶר וְהַכָּבוֹד   לְחַי עוֹלָמִים
הַלֶּקַח וְהַלִּבּוּב   לְחַי עוֹלָמִים

הַמְּלוּכָה וְהַמֶּמְשָׁלָה לְחַי עוֹלָמִים
הַנּוֹי וְהַנֵּצַח לְחַי עוֹלָמִים
הַסִּגּוּי וְהַשֶּׂגֶב לְחַי עוֹלָמִים
הָעֹז וְהָעֲנָוָה לְחַי עוֹלָמִים
הַפְּדוּת וְהַפְּאֵר לְחַי עוֹלָמִים
הַצְּבִי וְהַצֶּדֶק לְחַי עוֹלָמִים
הַקְּרִיאָה וְהַקְּדֻשָּׁה לְחַי עוֹלָמִים
הָרֹן וְהָרוֹמֵמוּת לְחַי עוֹלָמִים
◂ הַשִּׁיר וְהַשֶּׁבַח לְחַי עוֹלָמִים
הַתְּהִלָּה וְהַתִּפְאֶרֶת לְחַי עוֹלָמִים

סוגרים את ארון הקודש.

הפיוטים 'נַאֲמִירְךָ בְּאֵימָה', 'רוֹמְמוּ אֵל מֶלֶךְ נֶאֱמָן', 'רוֹמְמוּ אַדִּיר וְנוֹרָא', 'אֱמוּנָתְךָ בְּעֶלְיוֹנִים' ו'הַנִּקְדָּשׁ בְּאַלְפֵי אֲלָפִים' בעמ' 525-527.

הקרובה לשחרית מסתיימת בשני פיוטים מורכבים יותר מה'רהיטים' שקדמו להם, 'אֵילֵי שַׁחַק חֲצוּבֵי לְהָבִים' ו'אֵין מִסְפָּר לִגְדוּדֵי צְבָא חֵילוֹ' בעמ' 528-532.
היום בקהילות רבות נוהגים לומר רק את הפזמונות של שני הפיוטים.

שליח הציבור אומר, והקהל חוזר אחריו:

לְיוֹשֵׁב תְּהִלּוֹת / לְרוֹכֵב עֲרָבוֹת
קָדוֹשׁ וּבָרוּךְ.

שליח הציבור:

וּבְכֵן, שְׂרָפִים עוֹמְדִים מִמַּעַל לוֹ: ישעיה ו

שליח הציבור אומר, והקהל חוזר אחריו:

זֶה אֶל זֶה שׁוֹאֲלִים
אַיֵּה אֵל אֵלִים
אָנָה שׁוֹכֵן מְעָלִים
וְכֻלָּם מַעֲרִיצִים וּמַקְדִּישִׁים וּמְהַלְּלִים.

פותחים את ארון הקודש.

וּבְכֵן, לְךָ הַכֹּל יַכְתִּירוּ.

סימן א״ב

לְאֵל עוֹרֵךְ דִּין | לְבוֹחֵן לְבָבוֹת בְּיוֹם דִּין.
לְגוֹלֶה עֲמֻקּוֹת בַּדִּין | לְדוֹבֵר מֵישָׁרִים בְּיוֹם דִּין.
לְהוֹגֶה דֵעוֹת בַּדִּין | לְוָתִיק וְעוֹשֶׂה חֶסֶד בְּיוֹם דִּין.
לְזוֹכֵר בְּרִיתוֹ בַּדִּין | לְחוֹמֵל מַעֲשָׂיו בְּיוֹם דִּין.
לְטַהֵר חוֹסָיו בַּדִּין | לְיוֹדֵעַ מַחֲשָׁבוֹת בְּיוֹם דִּין.
לְכוֹבֵשׁ כַּעְסוֹ בַּדִּין | לְלוֹבֵשׁ צְדָקוֹת בְּיוֹם דִּין.
לְמוֹחֵל עֲוֹנוֹת בַּדִּין | לְנוֹרָא תְהִלּוֹת בְּיוֹם דִּין.
לְסוֹלֵחַ לַעֲמוּסָיו בַּדִּין | לְעוֹנֶה לְקוֹרְאָיו בְּיוֹם דִּין.
לְפוֹעֵל רַחֲמָיו בַּדִּין | לְצוֹפֶה נִסְתָּרוֹת בְּיוֹם דִּין.
לְקוֹנֶה עֲבָדָיו בַּדִּין | לְרַחֵם עַמּוֹ בְּיוֹם דִּין.
לְשׁוֹמֵר אֹהֲבָיו בַּדִּין | לְתוֹמֵךְ תְּמִימָיו בְּיוֹם דִּין.

סוגרים את ארון הקודש.

וּבְכֵן לְךָ תַעֲלֶה קְדֻשָּׁה, כִּי אַתָּה אֱלֹהֵינוּ מֶלֶךְ מוֹחֵל וְסוֹלֵחַ.

הסילוק ׳מִי יְתַנֶּה׳ בעמ׳ 532.

קדושה

בבתי כנסת המתפללים בנוסח אשכנז, אומרים כאן:

נַעֲרִיצְךָ וְנַקְדִּישְׁךָ כְּסוֹד שִׂיחַ שַׂרְפֵי קֹדֶשׁ, הַמַּקְדִּישִׁים שִׁמְךָ בַּקֹּדֶשׁ, כַּכָּתוּב עַל יַד
ישעיה ו נְבִיאֶךָ: וְקָרָא זֶה אֶל־זֶה וְאָמַר וממשיכים ׳קָדוֹשׁ, קָדוֹשׁ, קָדוֹשׁ׳ בעמוד הבא.

בחזרת הש״ץ הקהל עומד ואומר קדושה. ביום הכיפורים נוהגים לומר בכל תפילות היום את הקדושה הארוכה של מוסף (ראבי״ה, תקל). במקומות המסומנים ב׳, המתפלל מתרומם על קצות אצבעותיו.

קהל ואחריו שליח הציבור:

כֶּתֶר יִתְּנוּ לְךָ, יהוה אֱלֹהֵינוּ, מַלְאָכִים הֲמוֹנֵי מַעְלָה
עִם עַמְּךָ יִשְׂרָאֵל קְבוּצֵי מַטָּה
יַחַד כֻּלָּם קְדֻשָּׁה לְךָ יְשַׁלֵּשׁוּ כַּדָּבָר הָאָמוּר עַל יַד נְבִיאֶךָ
ישעיה ו **וְקָרָא זֶה אֶל־זֶה וְאָמַר**

קהל ואחריו שליח הציבור:

קָדוֹשׁ, קָדוֹשׁ, קָדוֹשׁ, יהוה צְבָאוֹת, מְלֹא כָל־הָאָרֶץ כְּבוֹדוֹ:
כְּבוֹדוֹ מָלֵא עוֹלָם, מְשָׁרְתָיו שׁוֹאֲלִים זֶה לָזֶה
אַיֵּה מְקוֹם כְּבוֹדוֹ לְהַעֲרִיצוֹ
לְעֻמָּתָם מְשַׁבְּחִים וְאוֹמְרִים

קהל ואחריו שליח הציבור:

בָּרוּךְ כְּבוֹד־יהוה מִמְּקוֹמוֹ: יחזקאל ג
מִמְּקוֹמוֹ הוּא יִפֶן בְּרַחֲמָיו לְעַמּוֹ
וְיָחֹן עַם הַמְיַחֲדִים שְׁמוֹ עֶרֶב וָבֹקֶר בְּכָל יוֹם תָּמִיד
פַּעֲמַיִם בְּאַהֲבָה שְׁמַע אוֹמְרִים

קהל ואחריו שליח הציבור:

שְׁמַע יִשְׂרָאֵל, יהוה אֱלֹהֵינוּ, יהוה אֶחָד: דברים ו
הוּא אֱלֹהֵינוּ, הוּא אָבִינוּ, הוּא מַלְכֵּנוּ, הוּא מוֹשִׁיעֵנוּ
וְהוּא יוֹשִׁיעֵנוּ וְיִגְאָלֵנוּ שֵׁנִית, וְיַשְׁמִיעֵנוּ בְּרַחֲמָיו לְעֵינֵי כָּל חַי לֵאמֹר
הֵן גָּאַלְתִּי אֶתְכֶם אַחֲרִית כְּרֵאשִׁית
לִהְיוֹת לָכֶם לֵאלֹהִים, אֲנִי יהוה אֱלֹהֵיכֶם: במדבר טו

קהל ואחריו שליח הציבור:

אַדִּיר אַדִּירֵנוּ, יהוה אֲדֹנֵינוּ, מָה־אַדִּיר שִׁמְךָ בְּכָל־הָאָרֶץ: תהלים ח
וְהָיָה יהוה לְמֶלֶךְ עַל־כָּל־הָאָרֶץ זכריה יד
בַּיּוֹם הַהוּא יִהְיֶה יהוה אֶחָד וּשְׁמוֹ אֶחָד:

שליח הציבור:

וּבְדִבְרֵי קָדְשְׁךָ כָּתוּב לֵאמֹר

קהל ואחריו שליח הציבור:

יִמְלֹךְ יהוה לְעוֹלָם, אֱלֹהַיִךְ צִיּוֹן לְדֹר וָדֹר, הַלְלוּיָהּ: תהלים קמו

שליח הציבור:

לְדוֹר וָדוֹר נַגִּיד גָּדְלֶךָ, וּלְנֵצַח נְצָחִים קְדֻשָּׁתְךָ נַקְדִּישׁ
וְשִׁבְחֲךָ אֱלֹהֵינוּ מִפִּינוּ לֹא יָמוּשׁ לְעוֹלָם וָעֶד
כִּי אֵל מֶלֶךְ גָּדוֹל וְקָדוֹשׁ אָתָּה.

יש האומרים כאן את פיוטי הקדושה שבעמ׳ 540.

בבתי כנסת המתפללים בנוסח אשכנז, אין אומרים ׳לְדוֹר וָדוֹר׳.

לְדוֹר וָדוֹר הַמְלִיכוּ לָאֵל, כִּי הוּא לְבַדּוֹ מָרוֹם וְקָדוֹשׁ.

קהל ושליח הציבור אומרים יחד:

חֲמֹל עַל מַעֲשֶׂיךָ / וְתִשְׂמַח בְּמַעֲשֶׂיךָ
וְיֹאמְרוּ לְךָ חוֹסֶיךָ / בְּצַדֶּקְךָ עֲמוּסֶיךָ
תֻּקְדַּשׁ אָדוֹן עַל כָּל מַעֲשֶׂיךָ

כִּי מַקְדִּישֶׁיךָ בִּקְדֻשָּׁתְךָ קִדַּשְׁתָּ
נָאֶה לְקָדוֹשׁ פְּאֵר מִקְּדוֹשִׁים.

שליח הציבור ממשיך:

בְּאֵין מֵלִיץ יֹשֶׁר / מוּל מַגִּיד פֶּשַׁע
תַּגִּיד לְיַעֲקֹב דְּבַר, חֹק וּמִשְׁפָּט
וְצַדְּקֵנוּ בַּמִּשְׁפָּט, הַמֶּלֶךְ הַמִּשְׁפָּט.

עוֹד יִזְכֹּר לָנוּ אַהֲבַת אֵיתָן, אֲדוֹנֵינוּ
וּבַבֵּן הַנֶּעֱקָד יַשְׁבִּית מְדַיְּנֵנוּ
וּבִזְכוּת הַתָּם יוֹצִיא הַיּוֹם לְצֶדֶק דִּינֵנוּ
כִּי־קָדוֹשׁ הַיּוֹם לַאֲדֹנֵינוּ: נחמיה ח

וּבְכֵן יִתְקַדַּשׁ שִׁמְךָ יהוה אֱלֹהֵינוּ
עַל יִשְׂרָאֵל עַמֶּךָ
וְעַל יְרוּשָׁלַיִם עִירֶךָ
וְעַל צִיּוֹן מִשְׁכַּן כְּבוֹדֶךָ
וְעַל מַלְכוּת בֵּית דָּוִד מְשִׁיחֶךָ
וְעַל מְכוֹנְךָ וְהֵיכָלֶךָ.

במחזורי אשכנז נוסף כאן סדר ׳רהיטים׳ (עמ׳ 546–559).

וּבְכֵן תֵּן פַּחְדְּךָ יהוה אֱלֹהֵינוּ עַל כָּל מַעֲשֶׂיךָ
וְאֵימָתְךָ עַל כָּל מַה שֶּׁבָּרָאתָ
וְיִירָאוּךָ כָּל הַמַּעֲשִׂים, וְיִשְׁתַּחֲווּ לְפָנֶיךָ כָּל הַבְּרוּאִים
וְיֵעָשׂוּ כֻלָּם אֲגֻדָּה אַחַת לַעֲשׂוֹת רְצוֹנְךָ בְּלֵבָב שָׁלֵם
כְּמוֹ שֶׁיָּדַעְנוּ יהוה אֱלֹהֵינוּ שֶׁהַשָּׁלְטָן לְפָנֶיךָ
עֹז בְּיָדְךָ וּגְבוּרָה בִּימִינֶךָ
וְשִׁמְךָ נוֹרָא עַל כָּל מַה שֶּׁבָּרָאתָ.

וּבְכֵן תֵּן כָּבוֹד יהוה לְעַמֶּךָ
תְּהִלָּה לִירֵאֶיךָ וְתִקְוָה טוֹבָה לְדוֹרְשֶׁיךָ
וּפִתְחוֹן פֶּה לַמְיַחֲלִים לָךְ
שִׂמְחָה לְאַרְצֶךָ, וְשָׂשׂוֹן לְעִירֶךָ
וּצְמִיחַת קֶרֶן לְדָוִד עַבְדֶּךָ
וַעֲרִיכַת נֵר לְבֶן יִשַׁי מְשִׁיחֶךָ בִּמְהֵרָה בְיָמֵינוּ.

וּבְכֵן צַדִּיקִים יִרְאוּ וְיִשְׂמָחוּ, וִישָׁרִים יַעֲלֹזוּ
וַחֲסִידִים בְּרִנָּה יָגִילוּ, וְעוֹלָתָה תִּקְפָּץ פִּיהָ
וְכָל הָרִשְׁעָה כֻּלָּהּ כְּעָשָׁן תִּכְלֶה
כִּי תַעֲבִיר מֶמְשֶׁלֶת זָדוֹן מִן הָאָרֶץ.

וְתִמְלֹךְ אַתָּה הוּא יהוה אֱלֹהֵינוּ
מְהֵרָה לְבַדֶּךָ עַל כָּל מַעֲשֶׂיךָ
בְּהַר צִיּוֹן מִשְׁכַּן כְּבוֹדֶךָ, וּבִירוּשָׁלַיִם עִיר קָדְשֶׁךָ
כַּכָּתוּב בְּדִבְרֵי קָדְשֶׁךָ
יִמְלֹךְ יהוה לְעוֹלָם, אֱלֹהַיִךְ צִיּוֹן לְדֹר וָדֹר, הַלְלוּיָהּ: תהלים קמו

קָדוֹשׁ אַתָּה וְנוֹרָא שְׁמֶךָ, וְאֵין אֱלוֹהַּ מִבַּלְעָדֶיךָ
כַּכָּתוּב, וַיִּגְבַּהּ יהוה צְבָאוֹת בַּמִּשְׁפָּט ישעיה ה
וְהָאֵל הַקָּדוֹשׁ נִקְדַּשׁ בִּצְדָקָה:
בָּרוּךְ אַתָּה יהוה, הַמֶּלֶךְ הַקָּדוֹשׁ.

קדושת היום

אַתָּה בְחַרְתָּנוּ מִכָּל הָעַמִּים
אָהַבְתָּ אוֹתָנוּ וְרָצִיתָ בָּנוּ, וְרוֹמַמְתָּנוּ מִכָּל הַלְּשׁוֹנוֹת
וְקִדַּשְׁתָּנוּ בְּמִצְוֹתֶיךָ, וְקֵרַבְתָּנוּ מַלְכֵּנוּ לַעֲבוֹדָתֶךָ
וְשִׁמְךָ הַגָּדוֹל וְהַקָּדוֹשׁ עָלֵינוּ קָרָאתָ.

בשבת מוסיפים את המילים שבסוגריים.

וַתִּתֶּן לָנוּ יהוה אֱלֹהֵינוּ בְּאַהֲבָה אֶת יוֹם
(הַשַּׁבָּת הַזֶּה לִקְדֻשָּׁה וְלִמְנוּחָה, וְאֶת יוֹם)
הַכִּפּוּרִים הַזֶּה, לִמְחִילָה וְלִסְלִיחָה וּלְכַפָּרָה
וְלִמְחָל בּוֹ אֶת כָּל עֲוֹנוֹתֵינוּ
(בְּאַהֲבָה) מִקְרָא קֹדֶשׁ, זֵכֶר לִיצִיאַת מִצְרָיִם.

אֱלֹהֵינוּ וֵאלֹהֵי אֲבוֹתֵינוּ
יַעֲלֶה וְיָבוֹא וְיַגִּיעַ, וְיֵרָאֶה וְיֵרָצֶה וְיִשָּׁמַע
וְיִפָּקֵד וְיִזָּכֵר זִכְרוֹנֵנוּ וּפִקְדוֹנֵנוּ וְזִכְרוֹן אֲבוֹתֵינוּ
וְזִכְרוֹן מָשִׁיחַ בֶּן דָּוִד עַבְדֶּךָ, וְזִכְרוֹן יְרוּשָׁלַיִם עִיר קָדְשֶׁךָ
וְזִכְרוֹן כָּל עַמְּךָ בֵּית יִשְׂרָאֵל, לְפָנֶיךָ, לִפְלֵיטָה לְטוֹבָה
לְחֵן וּלְחֶסֶד וּלְרַחֲמִים, לְחַיִּים וּלְשָׁלוֹם
בְּיוֹם הַכִּפּוּרִים הַזֶּה.
זָכְרֵנוּ יהוה אֱלֹהֵינוּ בּוֹ לְטוֹבָה, וּפָקְדֵנוּ בוֹ לִבְרָכָה
וְהוֹשִׁיעֵנוּ בוֹ לְחַיִּים טוֹבִים.

וּבִדְבַר יְשׁוּעָה וְרַחֲמִים
חוּס וְחָנֵּנוּ וְרַחֵם עָלֵינוּ וְהוֹשִׁיעֵנוּ
כִּי אֵלֶיךָ עֵינֵינוּ, כִּי אֵל מֶלֶךְ חַנּוּן וְרַחוּם אָתָּה.

בימות הראשונים נהגו לומר סליחות ווידוי לפני חתימת הברכה הרביעית (סידור רס"ג). במאתיים השנים האחרונות הפסיקו בקהילות אשכנז לומר פיוטים וי"ג מידות (פרט לתפילות ערבית ונעילה), ומתחילים מיד בפסוקי סליחות.

הכול:

זְכֹר־רַחֲמֶיךָ יהוה וַחֲסָדֶיךָ, כִּי מֵעוֹלָם הֵמָּה: תהלים כה
אַל־תִּזְכָּר־לָנוּ עֲוֹנֹת רִאשֹׁנִים תהלים עט
מַהֵר יְקַדְּמוּנוּ רַחֲמֶיךָ כִּי דַלּוֹנוּ מְאֹד:
זָכְרֵנוּ יהוה בִּרְצוֹן עַמֶּךָ, פָּקְדֵנוּ בִּישׁוּעָתֶךָ.
זְכֹר עֲדָתְךָ קָנִיתָ קֶּדֶם תהלים עד
גָּאַלְתָּ שֵׁבֶט נַחֲלָתֶךָ, הַר־צִיּוֹן זֶה שָׁכַנְתָּ בּוֹ:
זְכֹר יהוה חִבַּת יְרוּשָׁלָםִ, אַהֲבַת צִיּוֹן אַל תִּשְׁכַּח לָנֶצַח.
זְכֹר יהוה לִבְנֵי אֱדוֹם אֵת יוֹם יְרוּשָׁלָםִ תהלים קלז
הָאֹמְרִים עָרוּ עָרוּ, עַד הַיְסוֹד בָּהּ:
אַתָּה תָקוּם תְּרַחֵם צִיּוֹן תהלים קב
כִּי־עֵת לְחֶנְנָהּ, כִּי־בָא מוֹעֵד:
זְכֹר לְאַבְרָהָם לְיִצְחָק וּלְיִשְׂרָאֵל עֲבָדֶיךָ שמות לב
אֲשֶׁר נִשְׁבַּעְתָּ לָהֶם בָּךְ וַתְּדַבֵּר אֲלֵהֶם
אַרְבֶּה אֶת־זַרְעֲכֶם כְּכוֹכְבֵי הַשָּׁמָיִם
וְכָל־הָאָרֶץ הַזֹּאת אֲשֶׁר אָמַרְתִּי אֶתֵּן לְזַרְעֲכֶם, וְנָחֲלוּ לְעֹלָם:
זְכֹר לַעֲבָדֶיךָ לְאַבְרָהָם לְיִצְחָק וּלְיַעֲקֹב דברים ט
אַל־תֵּפֶן אֶל־קְשִׁי הָעָם הַזֶּה וְאֶל־רִשְׁעוֹ וְאֶל־חַטָּאתוֹ:

שליח הציבור ואחריו הקהל:

אַל־נָא תָשֵׁת עָלֵינוּ חַטָּאת אֲשֶׁר נוֹאַלְנוּ וַאֲשֶׁר חָטָאנוּ: במדבר יב
חָטָאנוּ צוּרֵנוּ, סְלַח לָנוּ יוֹצְרֵנוּ.

לאחר פסוקי ׳זְכֹר־רַחֲמֶיךָ׳ הקהל אומר שורת בקשות שהקב״ה ינהג עמנו ברחמים, ׳זְכָר לָנוּ בְּרִית אָבוֹת׳. לפני כן, נהגו לומר פיוט ׳חָטָאנוּ׳ על שם השורה החוזרת ׳חָטָאנוּ צוּרֵנוּ׳. בשחרית ליום הכיפורים אומרים את הפיוט ׳אַדַּבְּרָה תַחֲנוּנִים׳. היום נוהגים לומר רק את השורה האחרונה ׳קוֹל גָּדוֹל׳. הפיוט המלא בעמ׳ 560.

שליח הציבור ואחריו הקהל:

קוֹל גָּדוֹל כְּהַשְׁמִיעַ לִרְחוּמִים / קַבְּלוּ מַלְכוּתִי מִמְּקוֹרֵי רְחָמִים
יִזְכֹּר הַיּוֹם לְסָבִיב מִתְחָמִים / אֵל מֶלֶךְ יוֹשֵׁב עַל כִּסֵּא רַחֲמִים.

חָטָאנוּ צוּרֵנוּ, סְלַח לָנוּ יוֹצְרֵנוּ.

הכול:

זְכָר לָנוּ בְּרִית אָבוֹת כַּאֲשֶׁר אָמַרְתָּ:
ויקרא כו וְזָכַרְתִּי אֶת־בְּרִיתִי יַעֲקוֹב
וְאַף אֶת־בְּרִיתִי יִצְחָק, וְאַף אֶת־בְּרִיתִי אַבְרָהָם אֶזְכֹּר
וְהָאָרֶץ אֶזְכֹּר:

זְכָר לָנוּ בְּרִית רִאשׁוֹנִים כַּאֲשֶׁר אָמַרְתָּ:
ויקרא כו וְזָכַרְתִּי לָהֶם בְּרִית רִאשֹׁנִים
אֲשֶׁר הוֹצֵאתִי־אֹתָם מֵאֶרֶץ מִצְרַיִם לְעֵינֵי הַגּוֹיִם
לִהְיוֹת לָהֶם לֵאלֹהִים, אֲנִי יהוה:

עֲשֵׂה עִמָּנוּ כְּמָה שֶׁהִבְטַחְתָּנוּ:
ויקרא כו וְאַף גַּם־זֹאת בִּהְיוֹתָם בְּאֶרֶץ אֹיְבֵיהֶם
לֹא־מְאַסְתִּים וְלֹא־גְעַלְתִּים לְכַלֹּתָם, לְהָפֵר בְּרִיתִי אִתָּם
כִּי אֲנִי יהוה אֱלֹהֵיהֶם:

הָשֵׁב שְׁבוּתֵנוּ וְרַחֲמֵנוּ כְּמָה שֶׁכָּתוּב:
דברים ל וְשָׁב יהוה אֱלֹהֶיךָ אֶת־שְׁבוּתְךָ וְרִחֲמֶךָ
וְשָׁב וְקִבֶּצְךָ מִכָּל־הָעַמִּים אֲשֶׁר הֱפִיצְךָ יהוה אֱלֹהֶיךָ שָׁמָּה:

קַבֵּץ נִדָּחֵינוּ כְּמָה שֶׁכָּתוּב:
דברים ל אִם־יִהְיֶה נִדַּחֲךָ בִּקְצֵה הַשָּׁמָיִם
מִשָּׁם יְקַבֶּצְךָ יהוה אֱלֹהֶיךָ וּמִשָּׁם יִקָּחֶךָ:

מְחֵה פְשָׁעֵינוּ כָּעָב וְכֶעָנָן כְּמָה שֶׁכָּתוּב:
מָחִיתִי כָעָב פְּשָׁעֶיךָ וְכֶעָנָן חַטֹּאותֶיךָ ישעיה מד
שׁוּבָה אֵלַי כִּי גְאַלְתִּיךָ:

מְחֵה פְשָׁעֵינוּ לְמַעַנְךָ כַּאֲשֶׁר אָמַרְתָּ:
אָנֹכִי אָנֹכִי הוּא מֹחֶה פְשָׁעֶיךָ לְמַעֲנִי ישעיה מג
וְחַטֹּאתֶיךָ לֹא אֶזְכֹּר:

הַלְבֵּן חֲטָאֵינוּ כַּשֶּׁלֶג וְכַצֶּמֶר כְּמָה שֶׁכָּתוּב:
לְכוּ־נָא וְנִוָּכְחָה יֹאמַר יהוה ישעיה א
אִם־יִהְיוּ חֲטָאֵיכֶם כַּשָּׁנִים כַּשֶּׁלֶג יַלְבִּינוּ
אִם־יַאְדִּימוּ כַתּוֹלָע כַּצֶּמֶר יִהְיוּ:

זְרֹק עָלֵינוּ מַיִם טְהוֹרִים וְטַהֲרֵנוּ כְּמָה שֶׁכָּתוּב:
וְזָרַקְתִּי עֲלֵיכֶם מַיִם טְהוֹרִים וּטְהַרְתֶּם יחזקאל לו
מִכֹּל טֻמְאוֹתֵיכֶם וּמִכָּל־גִּלּוּלֵיכֶם אֲטַהֵר אֶתְכֶם:

כַּפֵּר חֲטָאֵינוּ בַּיּוֹם הַזֶּה וְטַהֲרֵנוּ, כְּמָה שֶׁכָּתוּב:
כִּי־בַיּוֹם הַזֶּה יְכַפֵּר עֲלֵיכֶם לְטַהֵר אֶתְכֶם ויקרא טז
מִכֹּל חַטֹּאתֵיכֶם לִפְנֵי יהוה תִּטְהָרוּ:

רַחֵם עָלֵינוּ וְאַל תַּשְׁחִיתֵנוּ כְּמָה שֶׁכָּתוּב:
כִּי אֵל רַחוּם יהוה אֱלֹהֶיךָ, לֹא יַרְפְּךָ וְלֹא יַשְׁחִיתֶךָ דברים ד
וְלֹא יִשְׁכַּח אֶת־בְּרִית אֲבֹתֶיךָ אֲשֶׁר נִשְׁבַּע לָהֶם:

מוֹל אֶת לְבָבֵנוּ לְאַהֲבָה אֶת שְׁמֶךָ כְּמָה שֶׁכָּתוּב:
וּמָל יהוה אֱלֹהֶיךָ אֶת־לְבָבְךָ וְאֶת־לְבַב זַרְעֶךָ דברים ל
לְאַהֲבָה אֶת־יהוה אֱלֹהֶיךָ בְּכָל־לְבָבְךָ וּבְכָל־נַפְשְׁךָ, לְמַעַן חַיֶּיךָ:

הִמָּצֵא לָנוּ בְּבַקָּשָׁתֵנוּ כְּמָה שֶׁכָּתוּב:
וּבִקַּשְׁתֶּם מִשָּׁם אֶת־יהוה אֱלֹהֶיךָ וּמָצָאתָ דברים ד
כִּי תִדְרְשֶׁנּוּ בְּכָל־לְבָבְךָ וּבְכָל־נַפְשֶׁךָ:

תְּבִיאֵנוּ אֶל הַר קָדְשֶׁךָ, וְשַׂמְּחֵנוּ בְּבֵית תְּפִלָּתֶךָ כְּמָה שֶׁכָּתוּב:

וַהֲבִיאוֹתִים אֶל־הַר קָדְשִׁי ישעיה נו
וְשִׂמַּחְתִּים בְּבֵית תְּפִלָּתִי
עוֹלֹתֵיהֶם וְזִבְחֵיהֶם לְרָצוֹן עַל־מִזְבְּחִי
כִּי בֵיתִי בֵּית־תְּפִלָּה יִקָּרֵא לְכָל־הָעַמִּים:

פותחים את ארון הקודש.

יש קהילות שבהן אומרים את הפסוקים בסדר הבא:
׳שְׁמַע קוֹלֵנוּ׳, ׳הֲשִׁיבֵנוּ׳, ׳אַל תַּשְׁלִיכֵנוּ מִלְּפָנֶיךָ׳, ׳אַל תַּשְׁלִיכֵנוּ לְעֵת זִקְנָה׳ בקול –
שליח הציבור אומר פסוק פסוק ואחריו הקהל;
׳אַל תַּעַזְבֵנוּ׳, ׳עֲשֵׂה עִמָּנוּ׳, ׳אֲמָרֵינוּ הַאֲזִינָה׳, ׳יִהְיוּ לְרָצוֹן׳, ׳כִּי לְךָ ה׳׳ בלחש.

הקהל ואחריו שליח הציבור אומרים פסוק פסוק עד ׳אַל תַּעַזְבֵנוּ׳:

שְׁמַע קוֹלֵנוּ, יהוה אֱלֹהֵינוּ, חוּס וְרַחֵם עָלֵינוּ
וְקַבֵּל בְּרַחֲמִים וּבְרָצוֹן אֶת תְּפִלָּתֵנוּ.
הֲשִׁיבֵנוּ יהוה אֵלֶיךָ וְנָשׁוּבָה, חַדֵּשׁ יָמֵינוּ כְּקֶדֶם: איכה ה
אֲמָרֵינוּ הַאֲזִינָה יהוה, בִּינָה הֲגִיגֵנוּ.
יִהְיוּ לְרָצוֹן אִמְרֵי פִינוּ וְהֶגְיוֹן לִבֵּנוּ לְפָנֶיךָ, יהוה צוּרֵנוּ וְגוֹאֲלֵנוּ.
אַל תַּשְׁלִיכֵנוּ מִלְּפָנֶיךָ, וְרוּחַ קָדְשְׁךָ אַל תִּקַּח מִמֶּנּוּ.
אַל תַּשְׁלִיכֵנוּ לְעֵת זִקְנָה, כִּכְלוֹת כֹּחֵנוּ אַל תַּעַזְבֵנוּ.

אַל תַּעַזְבֵנוּ יהוה, אֱלֹהֵינוּ אַל תִּרְחַק מִמֶּנּוּ.
עֲשֵׂה עִמָּנוּ אוֹת לְטוֹבָה, וְיִרְאוּ שׂוֹנְאֵינוּ וְיֵבֹשׁוּ
כִּי אַתָּה יהוה עֲזַרְתָּנוּ וְנִחַמְתָּנוּ.
כִּי לְךָ יהוה הוֹחָלְנוּ, אַתָּה תַעֲנֶה אֲדֹנָי אֱלֹהֵינוּ.

סוגרים את ארון הקודש.

שליח הציבור:

אֱלֹהֵינוּ וֵאלֹהֵי אֲבוֹתֵינוּ
אַל תַּעַזְבֵנוּ, וְאַל תִּטְּשֵׁנוּ, וְאַל תַּכְלִימֵנוּ, וְאַל תָּפֵר בְּרִיתְךָ אִתָּנוּ
קָרְבֵנוּ לְתוֹרָתֶךָ, לַמְּדֵנוּ מִצְוֹתֶיךָ
הוֹרֵנוּ דְרָכֶיךָ, הַט לִבֵּנוּ לְיִרְאָה אֶת שְׁמֶךָ
וּמוֹל אֶת לְבָבֵנוּ לְאַהֲבָתֶךָ
וְנָשׁוּב אֵלֶיךָ בֶּאֱמֶת וּבְלֵב שָׁלֵם
וּלְמַעַן שִׁמְךָ הַגָּדוֹל תִּמְחֹל וְתִסְלַח לַעֲוֹנֵינוּ
כַּכָּתוּב בְּדִבְרֵי קָדְשֶׁךָ
לְמַעַן־שִׁמְךָ יהוה, וְסָלַחְתָּ לַעֲוֹנִי כִּי רַב־הוּא: תהלים כה

הכל:

אֱלֹהֵינוּ וֵאלֹהֵי אֲבוֹתֵינוּ
סְלַח לָנוּ, מְחַל לָנוּ, כַּפֶּר לָנוּ.

כִּי אָנוּ עַמֶּךָ וְאַתָּה אֱלֹהֵינוּ אָנוּ בָנֶיךָ וְאַתָּה אָבִינוּ
אָנוּ עֲבָדֶיךָ וְאַתָּה אֲדוֹנֵנוּ אָנוּ קְהָלֶךָ וְאַתָּה חֶלְקֵנוּ
אָנוּ נַחֲלָתֶךָ וְאַתָּה גוֹרָלֵנוּ אָנוּ צֹאנֶךָ וְאַתָּה רוֹעֵנוּ
אָנוּ כַרְמֶךָ וְאַתָּה נוֹטְרֵנוּ אָנוּ פְעֻלָּתֶךָ וְאַתָּה יוֹצְרֵנוּ
אָנוּ רַעְיָתֶךָ וְאַתָּה דוֹדֵנוּ אָנוּ סְגֻלָּתֶךָ וְאַתָּה אֱלֹהֵינוּ
אָנוּ עַמֶּךָ וְאַתָּה מַלְכֵּנוּ אָנוּ מַאֲמִירֶיךָ וְאַתָּה מַאֲמִירֵנוּ.

שליח הציבור אומר שורה שורה, והקהל חוזר אחריו:

אָנוּ עַזֵּי פָנִים וְאַתָּה רַחוּם וְחַנּוּן
אָנוּ קְשֵׁי עֹרֶף וְאַתָּה אֶרֶךְ אַפַּיִם
אָנוּ מְלֵאֵי עָוֹן וְאַתָּה מָלֵא רַחֲמִים
אָנוּ יָמֵינוּ כְּצֵל עוֹבֵר וְאַתָּה־הוּא וּשְׁנוֹתֶיךָ לֹא יִתָּמּוּ: תהלים קב

שליח הציבור:

אֱלֹהֵינוּ וֵאלֹהֵי אֲבוֹתֵינוּ
תָּבוֹא לְפָנֶיךָ תְּפִלָּתֵנוּ, וְאַל תִּתְעַלַּם מִתְּחִנָּתֵנוּ.
שֶׁאֵין אֲנוּ עַזֵּי פָנִים וּקְשֵׁי עֹרֶף לוֹמַר לְפָנֶיךָ
יהוה אֱלֹהֵינוּ וֵאלֹהֵי אֲבוֹתֵינוּ
צַדִּיקִים אֲנַחְנוּ וְלֹא חָטָאנוּ.
אֲבָל אֲנַחְנוּ וַאֲבוֹתֵינוּ חָטָאנוּ.

כשמתוודה, מכה באגרופו על החזה כנגד הלב
(מג״א תרז, ג, בשם מדרש קהלת).

שליח הציבור אומר, והקהל אומר אתו בלחש:

אָשַׁמְנוּ, בָּגַדְנוּ, גָּזַלְנוּ, דִּבַּרְנוּ דֹפִי
הֶעֱוִינוּ, וְהִרְשַׁעְנוּ, זַדְנוּ, חָמַסְנוּ, טָפַלְנוּ שֶׁקֶר
יָעַצְנוּ רָע, כִּזַּבְנוּ, לַצְנוּ, מָרַדְנוּ, נִאַצְנוּ, סָרַרְנוּ
עָוִינוּ, פָּשַׁעְנוּ, צָרַרְנוּ, קִשִּׁינוּ עֹרֶף
רָשַׁעְנוּ, שִׁחַתְנוּ, תִּעַבְנוּ, תָּעִינוּ, תִּעְתָּעְנוּ.

סַרְנוּ מִמִּצְוֹתֶיךָ וּמִמִּשְׁפָּטֶיךָ הַטּוֹבִים
וְלֹא שָׁוָה לָנוּ.
וְאַתָּה צַדִּיק עַל כָּל־הַבָּא עָלֵינוּ נחמיה ט
כִּי־אֱמֶת עָשִׂיתָ, וַאֲנַחְנוּ הִרְשָׁעְנוּ:

הִרְשַׁעְנוּ וּפָשַׁעְנוּ, לָכֵן לֹא נוֹשָׁעְנוּ
וְתֵן בְּלִבֵּנוּ לַעֲזֹב דֶּרֶךְ רֶשַׁע, וְחִישׁ לָנוּ יֶשַׁע
כַּכָּתוּב עַל יַד נְבִיאֶךָ
יַעֲזֹב רָשָׁע דַּרְכּוֹ, וְאִישׁ אָוֶן מַחְשְׁבֹתָיו ישעיה נה
וְיָשֹׁב אֶל־יהוה וִירַחֲמֵהוּ
וְאֶל־אֱלֹהֵינוּ כִּי־יַרְבֶּה לִסְלוֹחַ:

שליח הציבור:

אֱלֹהֵינוּ וֵאלֹהֵי אֲבוֹתֵינוּ
סְלַח וּמְחַל לַעֲוֹנוֹתֵינוּ בְּיוֹם (בשבת: הַשַּׁבָּת הַזֶּה וּבְיוֹם) הַכִּפּוּרִים הַזֶּה
וְהֵעָתֵר לָנוּ בִּתְפִלָּתֵנוּ, מְחֵה וְהַעֲבֵר פְּשָׁעֵינוּ וְחַטֹּאתֵינוּ מִנֶּגֶד עֵינֶיךָ
וְכֹף אֶת יִצְרֵנוּ לְהִשְׁתַּעְבֶּד לָךְ, וְהַכְנַע עָרְפֵּנוּ לָשׁוּב אֵלֶיךָ בֶּאֱמֶת
וְחַדֵּשׁ כִּלְיוֹתֵינוּ לִשְׁמֹר פִּקּוּדֶיךָ
וּמוֹל אֶת לְבָבֵנוּ לְאַהֲבָה וּלְיִרְאָה אֶת שְׁמֶךָ
כַּכָּתוּב בְּתוֹרָתֶךָ
וּמָל יהוה אֱלֹהֶיךָ אֶת־לְבָבְךָ וְאֶת־לְבַב זַרְעֶךָ דברים ל
לְאַהֲבָה אֶת־יהוה אֱלֹהֶיךָ בְּכָל־לְבָבְךָ וּבְכָל־נַפְשְׁךָ, לְמַעַן חַיֶּיךָ:
הַזְּדוֹנוֹת וְהַשְּׁגָגוֹת אַתָּה מַכִּיר
הָרָצוֹן וְהָאֹנֶס, הַגְּלוּיִים וְהַנִּסְתָּרִים, לְפָנֶיךָ הֵם גְּלוּיִים וִידוּעִים.
מָה אָנוּ, מֶה חַיֵּינוּ
מֶה חַסְדֵּנוּ, מַה צִּדְקוֹתֵינוּ, מַה יְּשׁוּעָתֵנוּ, מַה כֹּחֵנוּ, מַה גְּבוּרָתֵנוּ
מַה נֹּאמַר לְפָנֶיךָ, יהוה אֱלֹהֵינוּ וֵאלֹהֵי אֲבוֹתֵינוּ
הֲלֹא כָּל הַגִּבּוֹרִים כְּאַיִן לְפָנֶיךָ, וְאַנְשֵׁי הַשֵּׁם כְּלֹא הָיוּ
וַחֲכָמִים כִּבְלִי מַדָּע, וּנְבוֹנִים כִּבְלִי הַשְׂכֵּל
כִּי רֹב מַעֲשֵׂיהֶם תֹּהוּ, וִימֵי חַיֵּיהֶם הֶבֶל לְפָנֶיךָ
וּמוֹתַר הָאָדָם מִן־הַבְּהֵמָה אָיִן, כִּי הַכֹּל הָבֶל: קהלת ג

מַה נֹּאמַר לְפָנֶיךָ יוֹשֵׁב מָרוֹם, וּמַה נְּסַפֵּר לְפָנֶיךָ שׁוֹכֵן שְׁחָקִים
הֲלֹא כָּל הַנִּסְתָּרוֹת וְהַנִּגְלוֹת אַתָּה יוֹדֵעַ.

הפיוט ׳אַתָּה מֵבִין׳ (עמ׳ 504) הוא הרחבה של הפיסקה ׳אַתָּה יוֹדֵעַ רָזֵי עוֹלָם׳ (בעמוד הבא).
היום נוהגים לומר רק את שני הבתים האחרונים שבו.

שליח הציבור ואחריו הקהל:

שִׁמְךָ מֵעוֹלָם עוֹבֵר עַל פֶּשַׁע / שַׁוְעָתֵנוּ תַּאֲזִין, בְּעָמְדֵנוּ לְפָנֶיךָ בִּתְפִלָּה
תַּעֲבֹר עַל פֶּשַׁע לְעַם שָׁבֵי פֶשַׁע / תִּמְחֶה פְשָׁעֵינוּ מִנֶּגֶד עֵינֶיךָ.

שליח הציבור אומר, והקהל אומר אתו בלחש:

אַתָּה יוֹדֵעַ רָזֵי עוֹלָם וְתַעֲלוּמוֹת סִתְרֵי כָּל חָי.
אַתָּה חוֹפֵשׂ כָּל חַדְרֵי בָטֶן וּבוֹחֵן כְּלָיוֹת וָלֵב.
אֵין דָּבָר נֶעְלָם מִמֶּךָּ וְאֵין נִסְתָּר מִנֶּגֶד עֵינֶיךָ.
וּבְכֵן, יְהִי רָצוֹן מִלְּפָנֶיךָ, יהוה אֱלֹהֵינוּ וֵאלֹהֵי אֲבוֹתֵינוּ
שֶׁתְּכַפֵּר לָנוּ עַל כָּל חַטֹּאתֵינוּ
וְתִסְלַח לָנוּ עַל כָּל עֲוֹנוֹתֵינוּ
וְתִמְחַל לָנוּ עַל כָּל פְּשָׁעֵינוּ.

על כל חטא שמונה, מכה באגרופו על החזה כנגד הלב.

עַל חֵטְא שֶׁחָטָאנוּ לְפָנֶיךָ בְּאֹנֶס וּבְרָצוֹן
וְעַל חֵטְא שֶׁחָטָאנוּ לְפָנֶיךָ בְּאִמּוּץ הַלֵּב

עַל חֵטְא שֶׁחָטָאנוּ לְפָנֶיךָ בִּבְלִי דָעַת
וְעַל חֵטְא שֶׁחָטָאנוּ לְפָנֶיךָ בְּבִטּוּי שְׂפָתָיִם

עַל חֵטְא שֶׁחָטָאנוּ לְפָנֶיךָ בְּגִלּוּי עֲרָיוֹת
וְעַל חֵטְא שֶׁחָטָאנוּ לְפָנֶיךָ בְּגָלוּי וּבַסָּתֶר

עַל חֵטְא שֶׁחָטָאנוּ לְפָנֶיךָ בְּדַעַת וּבְמִרְמָה
וְעַל חֵטְא שֶׁחָטָאנוּ לְפָנֶיךָ בְּדִבּוּר פֶּה

עַל חֵטְא שֶׁחָטָאנוּ לְפָנֶיךָ בְּהוֹנָאַת רֵעַ
וְעַל חֵטְא שֶׁחָטָאנוּ לְפָנֶיךָ בְּהַרְהוֹר הַלֵּב

עַל חֵטְא שֶׁחָטָאנוּ לְפָנֶיךָ בִּוְעִידַת זְנוּת
וְעַל חֵטְא שֶׁחָטָאנוּ לְפָנֶיךָ בְּוִדּוּי פֶּה

עַל חֵטְא שֶׁחָטָאנוּ לְפָנֶיךָ בְּזִלְזוּל הוֹרִים וּמוֹרִים
וְעַל חֵטְא שֶׁחָטָאנוּ לְפָנֶיךָ בְּזָדוֹן וּבִשְׁגָגָה

עַל חֵטְא שֶׁחָטָאנוּ לְפָנֶיךָ בְּחֹזֶק יָד
וְעַל חֵטְא שֶׁחָטָאנוּ לְפָנֶיךָ בְּחִלּוּל הַשֵּׁם

עַל חֵטְא שֶׁחָטָאנוּ לְפָנֶיךָ בְּטֻמְאַת שְׂפָתָיִם
וְעַל חֵטְא שֶׁחָטָאנוּ לְפָנֶיךָ בְּטִפְּשׁוּת פֶּה

עַל חֵטְא שֶׁחָטָאנוּ לְפָנֶיךָ בְּיֵצֶר הָרָע
וְעַל חֵטְא שֶׁחָטָאנוּ לְפָנֶיךָ בְּיוֹדְעִים וּבְלֹא יוֹדְעִים

וְעַל כֻּלָּם אֱלוֹהַּ סְלִיחוֹת סְלַח לָנוּ, מְחַל לָנוּ, כַּפֶּר לָנוּ.

עַל חֵטְא שֶׁחָטָאנוּ לְפָנֶיךָ בְּכַחַשׁ וּבְכָזָב
וְעַל חֵטְא שֶׁחָטָאנוּ לְפָנֶיךָ בְּכַפַּת שֹׁחַד

עַל חֵטְא שֶׁחָטָאנוּ לְפָנֶיךָ בְּלָצוֹן
וְעַל חֵטְא שֶׁחָטָאנוּ לְפָנֶיךָ בְּלָשׁוֹן הָרָע

עַל חֵטְא שֶׁחָטָאנוּ לְפָנֶיךָ בְּמַשָּׂא וּבְמַתָּן
וְעַל חֵטְא שֶׁחָטָאנוּ לְפָנֶיךָ בְּמַאֲכָל וּבְמִשְׁתֶּה

עַל חֵטְא שֶׁחָטָאנוּ לְפָנֶיךָ בְּנֶשֶׁךְ וּבְמַרְבִּית
וְעַל חֵטְא שֶׁחָטָאנוּ לְפָנֶיךָ בִּנְטִיַּת גָּרוֹן

עַל חֵטְא שֶׁחָטָאנוּ לְפָנֶיךָ בְּשִׂיחַ שִׂפְתוֹתֵינוּ
וְעַל חֵטְא שֶׁחָטָאנוּ לְפָנֶיךָ בְּשִׂקּוּר עָיִן

עַל חֵטְא שֶׁחָטָאנוּ לְפָנֶיךָ בְּעֵינַיִם רָמוֹת
וְעַל חֵטְא שֶׁחָטָאנוּ לְפָנֶיךָ בְּעַזּוּת מֵצַח

וְעַל כֻּלָּם אֱלוֹהַּ סְלִיחוֹת סְלַח לָנוּ, מְחַל לָנוּ, כַּפֶּר לָנוּ.

עַל חֵטְא שֶׁחָטָאנוּ לְפָנֶיךָ בִּפְרִיקַת עֹל
וְעַל חֵטְא שֶׁחָטָאנוּ לְפָנֶיךָ בִּפְלִילוּת

עַל חֵטְא שֶׁחָטָאנוּ לְפָנֶיךָ בִּצְדִיַּת רֵעַ
וְעַל חֵטְא שֶׁחָטָאנוּ לְפָנֶיךָ בְּצָרוּת עָיִן

עַל חֵטְא שֶׁחָטָאנוּ לְפָנֶיךָ בְּקַלּוּת רֹאשׁ
וְעַל חֵטְא שֶׁחָטָאנוּ לְפָנֶיךָ בְּקַשְׁיוּת עֹרֶף

עַל חֵטְא שֶׁחָטָאנוּ לְפָנֶיךָ בְּרִיצַת רַגְלַיִם לְהָרַע
וְעַל חֵטְא שֶׁחָטָאנוּ לְפָנֶיךָ בִּרְכִילוּת

עַל חֵטְא שֶׁחָטָאנוּ לְפָנֶיךָ בִּשְׁבוּעַת שָׁוְא
וְעַל חֵטְא שֶׁחָטָאנוּ לְפָנֶיךָ בְּשִׂנְאַת חִנָּם

עַל חֵטְא שֶׁחָטָאנוּ לְפָנֶיךָ בִּתְשׂוּמֶת יָד
וְעַל חֵטְא שֶׁחָטָאנוּ לְפָנֶיךָ בְּתִמְהוֹן לֵבָב

וְעַל כֻּלָּם אֱלוֹהַּ סְלִיחוֹת סְלַח לָנוּ, מְחַל לָנוּ, כַּפֶּר לָנוּ.

וְעַל חֲטָאִים שֶׁאָנוּ חַיָּבִים עֲלֵיהֶם עוֹלָה
וְעַל חֲטָאִים שֶׁאָנוּ חַיָּבִים עֲלֵיהֶם חַטָּאת
וְעַל חֲטָאִים שֶׁאָנוּ חַיָּבִים עֲלֵיהֶם קָרְבָּן עוֹלֶה וְיוֹרֵד
וְעַל חֲטָאִים שֶׁאָנוּ חַיָּבִים עֲלֵיהֶם אָשָׁם וַדַּאי וְתָלוּי
וְעַל חֲטָאִים שֶׁאָנוּ חַיָּבִים עֲלֵיהֶם מַכַּת מַרְדּוּת
וְעַל חֲטָאִים שֶׁאָנוּ חַיָּבִים עֲלֵיהֶם מַלְקוּת אַרְבָּעִים
וְעַל חֲטָאִים שֶׁאָנוּ חַיָּבִים עֲלֵיהֶם מִיתָה בִּידֵי שָׁמָיִם
וְעַל חֲטָאִים שֶׁאָנוּ חַיָּבִים עֲלֵיהֶם כָּרֵת וַעֲרִירִי
וְעַל חֲטָאִים שֶׁאָנוּ חַיָּבִים עֲלֵיהֶם אַרְבַּע מִיתוֹת בֵּית דִּין
סְקִילָה, שְׂרֵפָה, הֶרֶג, וְחֶנֶק.
עַל מִצְוַת עֲשֵׂה וְעַל מִצְוַת לֹא תַעֲשֶׂה.
בֵּין שֶׁיֵּשׁ בָּהּ קוּם עֲשֵׂה וּבֵין שֶׁאֵין בָּהּ קוּם עֲשֵׂה.
אֶת הַגְּלוּיִים לָנוּ וְאֶת שֶׁאֵינָם גְּלוּיִים לָנוּ
אֶת הַגְּלוּיִים לָנוּ, כְּבָר אֲמַרְנוּם לְפָנֶיךָ, וְהוֹדִינוּ לְךָ עֲלֵיהֶם
וְאֶת שֶׁאֵינָם גְּלוּיִים לָנוּ, לְפָנֶיךָ הֵם גְּלוּיִים וִידוּעִים
כַּדָּבָר שֶׁנֶּאֱמַר
דברים כט הַנִּסְתָּרֹת לַיהוה אֱלֹהֵינוּ, וְהַנִּגְלֹת לָנוּ וּלְבָנֵינוּ עַד־עוֹלָם
לַעֲשׂוֹת אֶת־כָּל־דִּבְרֵי הַתּוֹרָה הַזֹּאת:

רצף פסוקים זה עוסק בסליחת עוונות.
במחזורים עתיקים שולבו פיוטים בין פסוק לפסוק, אך כבר מאות
בשנים שנוהגים לומר רק את משפטי המעבר שבין הפסוקים.

שליח הציבור ממשיך:

וְדָוִד עַבְדְּךָ אָמַר לְפָנֶיךָ
שְׁגִיאוֹת מִי־יָבִין, מִנִּסְתָּרוֹת נַקֵּנִי: תהלים יט
נַקֵּנוּ יהוה אֱלֹהֵינוּ מִכָּל פְּשָׁעֵינוּ
וְטַהֲרֵנוּ מִכָּל טֻמְאוֹתֵינוּ
וּזְרֹק עָלֵינוּ מַיִם טְהוֹרִים וְטַהֲרֵנוּ
כַּכָּתוּב עַל יַד נְבִיאֶךָ
וְזָרַקְתִּי עֲלֵיכֶם מַיִם טְהוֹרִים, וּטְהַרְתֶּם יחזקאל לו
מִכֹּל טֻמְאוֹתֵיכֶם וּמִכָּל־גִּלּוּלֵיכֶם אֲטַהֵר אֶתְכֶם:

אַל תִּירָא יַעֲקֹב
שׁוּבוּ בָנִים שׁוֹבָבִים, שׁוּבָה יִשְׂרָאֵל.
הִנֵּה לֹא־יָנוּם וְלֹא יִישָׁן, שׁוֹמֵר יִשְׂרָאֵל: תהלים קכא
כַּכָּתוּב עַל יַד נְבִיאֶךָ
שׁוּבָה יִשְׂרָאֵל עַד יהוה אֱלֹהֶיךָ, כִּי כָשַׁלְתָּ בַּעֲוֺנֶךָ: הושע יד
וְנֶאֱמַר
קְחוּ עִמָּכֶם דְּבָרִים, וְשׁוּבוּ אֶל־יהוה הושע יד
אִמְרוּ אֵלָיו, כָּל־תִּשָּׂא עָוֺן וְקַח־טוֹב, וּנְשַׁלְּמָה פָרִים שְׂפָתֵינוּ:

וְאַתָּה רַחוּם מְקַבֵּל שָׁבִים
וְעַל הַתְּשׁוּבָה מֵרֹאשׁ הִבְטַחְתָּנוּ, וְעַל הַתְּשׁוּבָה עֵינֵינוּ מְיַחֲלוֹת לָךְ.

וּמֵאַהֲבָתְךָ יהוה אֱלֹהֵינוּ, שֶׁאָהַבְתָּ אֶת יִשְׂרָאֵל עַמֶּךָ
וּמֵחֶמְלָתְךָ מַלְכֵּנוּ, שֶׁחָמַלְתָּ עַל בְּנֵי בְרִיתֶךָ
נָתַתָּ לָּנוּ יהוה אֱלֹהֵינוּ אֶת יוֹם
(בשבת: הַשַּׁבָּת הַזֶּה לִקְדֻשָּׁה וְלִמְנוּחָה, וְאֶת יוֹם) צוֹם הַכִּפּוּרִים הַזֶּה
לִמְחִילַת חֵטְא וְלִסְלִיחַת עָוֺן וּלְכַפָּרַת פֶּשַׁע.

הסליחות והווידוי עומדים במרכז ברכת קדושת היום, אך לקראת חתימת הברכה מוסיפים פיוט מורכב העוסק במעלת יום הכיפורים. בפיוט אחד עשר בתים, ולכל בית שלושה חלקים: צלע הפותחת במילה ׳יום׳ ומתארת את יום הכיפורים; צלע הפותחת במילה ׳הַיּוֹם׳ ובה תפילה ובקשת סליחה; פסוק המתאר כיצד הקב״ה מרחם על עמו.
הפיוט מחולק לשלושה חלקים, וכל אחד מהם נחתם בבית קצר המתחיל ׳בַּעֲבוּר כְּבוֹד שִׁמְךָ׳. בקהילות רבות נוהגים לדלג על החלק האמצעי.
הפיוט המלא מובא בעמ׳ 563.

מקובל ששליח הציבור אומר את הפיוט, והקהל אומר עמו את הפסוקים ואת הבית המתחיל ׳בַּעֲבוּר כְּבוֹד שִׁמְךָ׳.

סימן א״ת ב״ש

יוֹם אֲשֶׁר אֲשָׁמֵנוּ יְצֻלַּל וְיִסָּגֵר
הַיּוֹם תִּסְלַח לְכָל עֲדַת בְּנֵי יִשְׂרָאֵל, וְלַגֵּר הַגָּר.
כַּכָּתוּב בְּתוֹרָתֶךָ
במדבר טו וְנִסְלַח לְכָל־עֲדַת בְּנֵי יִשְׂרָאֵל וְלַגֵּר הַגָּר בְּתוֹכָם
כִּי לְכָל־הָעָם בִּשְׁגָגָה:

יוֹם בָּגַדְנוּ תִּשָּׂא וְתִסְלַח / הַיּוֹם שִׁמְךָ יֵאָמֵן, אֵל טוֹב וְסַלָּח.
כַּכָּתוּב בְּדִבְרֵי קָדְשֶׁךָ
תהלים פו כִּי־אַתָּה אֲדֹנָי טוֹב וְסַלָּח
וְרַב־חֶסֶד לְכָל־קֹרְאֶיךָ:

יוֹם גָּעַלְנוּ חֻקֶּיךָ, שַׁכַּח וַעֲזֹב / הַיּוֹם רַחֲמֵנוּ וְנָשׁוּב וְדֶרֶךְ רֶשַׁע נַעֲזֹב.
כַּכָּתוּב עַל יַד נְבִיאֶךָ
ישעיה נה יַעֲזֹב רָשָׁע דַּרְכּוֹ, וְאִישׁ אָוֶן מַחְשְׁבֹתָיו
וְיָשֹׁב אֶל־יהוה וִירַחֲמֵהוּ, וְאֶל־אֱלֹהֵינוּ כִּי־יַרְבֶּה לִסְלוֹחַ:

יוֹם דְּפִינוּ אָנָּא שָׂא נָא / הַיּוֹם קְשֹׁב תַּחֲנוּנֵינוּ, וּבְתַחֲנוּן סְלַח נָא.
כַּכָּתוּב בְּתוֹרָתֶךָ
במדבר יד סְלַח־נָא לַעֲוֹן הָעָם הַזֶּה כְּגֹדֶל חַסְדֶּךָ
וְכַאֲשֶׁר נָשָׂאתָה לָעָם הַזֶּה מִמִּצְרַיִם וְעַד־הֵנָּה:
וְשָׁם נֶאֱמַר, וַיֹּאמֶר יהוה, סָלַחְתִּי כִּדְבָרֶךָ:

בַּעֲבוּר כְּבוֹד שִׁמְךָ
הַמְצֵא לָנוּ מוֹחֵל וְסוֹלֵחַ / סְלַח נָא לְמַעַן שְׁמֶךָ.

יום חִנֶּנְךָ עָנוּ, בַּעֲדֵנוּ תִּזְכֹּר / הַיּוֹם סְלַח לַעֲוֹנֵנוּ, וְחֵטְא אַל תִּזְכֹּר.

כַּכָּתוּב בְּדִבְרֵי קָדְשֶׁךָ
אַל־תִּזְכָּר־לָנוּ עֲוֹנֹת רִאשֹׁנִים תהלים עט
מַהֵר יְקַדְּמוּנוּ רַחֲמֶיךָ, כִּי דַלּוֹנוּ מְאֹד:

יום טָעוּתֵנוּ יְבֻקַּשׁ וָאַיִן / הַיּוֹם נְאֻם הַקֵּם, יְבֻקַּשׁ עָוֹן וָאַיִן.

כַּכָּתוּב עַל יַד נְבִיאֶךָ
בַּיָּמִים הָהֵם וּבָעֵת הַהִיא, נְאֻם־יהוה ירמיה נ
יְבֻקַּשׁ אֶת־עֲוֹן יִשְׂרָאֵל וְאֵינֶנּוּ
וְאֶת־חַטֹּאת יְהוּדָה, וְלֹא תִמָּצֶאינָה
כִּי אֶסְלַח לַאֲשֶׁר אַשְׁאִיר:

יום יִדְרְשׁוּן מְצָרֵף וּמְטַהֵר / הַיּוֹם מִכָּל חַטֹּאתֵינוּ אוֹתָנוּ תְּטַהֵר.

כַּכָּתוּב בְּתוֹרָתֶךָ
כִּי־בַיּוֹם הַזֶּה יְכַפֵּר עֲלֵיכֶם לְטַהֵר אֶתְכֶם ויקרא טז
מִכֹּל חַטֹּאתֵיכֶם לִפְנֵי יהוה תִּטְהָרוּ:

יום כָּל תִּשָּׂא עָוֹן, בְּתַחֲנוּן אֲבַטֵּא / הַיּוֹם לְשַׁוְעָתֵנוּ אֹזֶן הַטֵּה.

כַּכָּתוּב בְּדִבְרֵי קָדְשֶׁךָ
הַטֵּה אֱלֹהַי אָזְנְךָ וּשְׁמָע דניאל ט
פְּקַח עֵינֶיךָ וּרְאֵה שֹׁמְמֹתֵינוּ
וְהָעִיר אֲשֶׁר־נִקְרָא שִׁמְךָ עָלֶיהָ
כִּי לֹא עַל־צִדְקֹתֵינוּ אֲנַחְנוּ מַפִּילִים תַּחֲנוּנֵינוּ לְפָנֶיךָ
כִּי עַל־רַחֲמֶיךָ הָרַבִּים:
אֲדֹנָי שְׁמָעָה
אֲדֹנָי סְלָחָה
אֲדֹנָי הַקְשִׁיבָה וַעֲשֵׂה אַל־תְּאַחַר
לְמַעַנְךָ אֱלֹהַי, כִּי־שִׁמְךָ נִקְרָא עַל־עִירְךָ וְעַל־עַמֶּךָ:

בַּעֲבוּר כְּבוֹד שְׁמֶךָ

הַמְצֵא לָנוּ שׁוֹמֵעַ תְּפִלָּה / שְׁמַע תְּפִלָּתֵנוּ לְמַעַן שְׁמֶךָ.

שורות הפיוט ׳מִי אֵל כָּמְוֹךָ׳ בנויות משתי צלעות מתחרזות.
נוהגים שאחר כל שורה ששליח הציבור אומר, הקהל עונה ׳מִי אֵל כָּמְוֹךָ׳.
בדומה לבתי הפיוט הקודם, פיוט זה מסתיים בפסוקי הסליחה
החותמים את ספר מיכה – אפשר לראות בו חתימה לפיוט
׳יוֹם אֲשֶׁר׳, ומעבר לפיסקת החתימה של הברכה ׳מְחַל לַעֲוֹונוֹתֵינוּ׳.
בקהילות רבות נוהגים לדלג על חלק מהפיוט. הפיוט המלא מובא בעמ׳ 566.

סימן א״ב

מִי אֵל כָּמְוֹךָ.

אֲהַלֶּלְךָ בְּקוֹל רָם / מָגֵן אַבְרָהָם מִי אֵל כָּמְוֹךָ
בְּיָדְךָ מְמִתִים / מְחַיֵּה הַמֵּתִים מִי אֵל כָּמְוֹךָ
גָּדְלְךָ אֶדְרֹשׁ / הַמֶּלֶךְ הַקָּדוֹשׁ מִי אֵל כָּמְוֹךָ
דּוֹרֵשׁ אִמְרֵי דָעַת / חוֹנֵן הַדָּעַת מִי אֵל כָּמְוֹךָ
הָאוֹמֵר שׁוּבָה / הָרוֹצֶה בִּתְשׁוּבָה מִי אֵל כָּמְוֹךָ
וּמוֹחֵל וְסוֹלֵחַ / הַמַּרְבֶּה לִסְלֹחַ מִי אֵל כָּמְוֹךָ
קוֹל רִנָּה וְתוֹדוֹת / הַטּוֹב לְךָ לְהוֹדוֹת מִי אֵל כָּמְוֹךָ
רָם בָּרֵךְ קְהַל הֲמוֹנַי / יְבָרֶכְךָ יהוה מִי אֵל כָּמְוֹךָ
שְׁכִינָתְךָ שָׁלוֹם / עוֹשֵׂה הַשָּׁלוֹם מִי אֵל כָּמְוֹךָ
תָּבֹא בְרָכָה אֲלֵיכֶם / וְנֹאמַר תְּפִלָּה עֲלֵיכֶם מִי אֵל כָּמְוֹךָ
תַּעֲבֹר עַל פֶּשַׁע / לְעַם שָׁבֵי פֶשַׁע מִי אֵל כָּמְוֹךָ

שליח הציבור אומר, והקהל אומר אתו בלחש:

כַּכָּתוּב עַל יַד נְבִיאֶךָ
מיכה ז מִי־אֵל כָּמְוֹךָ, נֹשֵׂא עָוֹן וְעֹבֵר עַל־פֶּשַׁע לִשְׁאֵרִית נַחֲלָתוֹ
לֹא־הֶחֱזִיק לָעַד אַפּוֹ כִּי־חָפֵץ חֶסֶד הוּא:
יָשׁוּב יְרַחֲמֵנוּ, יִכְבֹּשׁ עֲוֹנֹתֵינוּ, וְתַשְׁלִיךְ בִּמְצֻלוֹת יָם כָּל־חַטֹּאתָם:
וְכָל חַטֹּאת עַמְּךָ בֵּית יִשְׂרָאֵל תַּשְׁלִיךְ
בִּמְקוֹם אֲשֶׁר לֹא יִזָּכְרוּ וְלֹא יִפָּקְדוּ
וְלֹא יַעֲלוּ עַל לֵב לְעוֹלָם.
שם תִּתֵּן אֱמֶת לְיַעֲקֹב, חֶסֶד לְאַבְרָהָם
אֲשֶׁר־נִשְׁבַּעְתָּ לַאֲבֹתֵינוּ מִימֵי קֶדֶם:

בשבת מוסיפים את המילים שבסוגריים.

אֱלֹהֵינוּ וֵאלֹהֵי אֲבוֹתֵינוּ
מְחַל לַעֲוֹנוֹתֵינוּ בְּיוֹם (הַשַּׁבָּת הַזֶּה וּבְיוֹם) הַכִּפּוּרִים הַזֶּה
מְחֵה וְהַעֲבֵר פְּשָׁעֵינוּ וְחַטֹּאתֵינוּ מִנֶּגֶד עֵינֶיךָ
כָּאָמוּר
אָנֹכִי אָנֹכִי הוּא מֹחֶה פְשָׁעֶיךָ לְמַעֲנִי ישעיה מג
וְחַטֹּאתֶיךָ לֹא אֶזְכֹּר:
וְנֶאֱמַר
מָחִיתִי כָעָב פְּשָׁעֶיךָ וְכֶעָנָן חַטֹּאותֶיךָ ישעיה מד
שׁוּבָה אֵלַי כִּי גְאַלְתִּיךָ:
וְנֶאֱמַר
כִּי־בַיּוֹם הַזֶּה יְכַפֵּר עֲלֵיכֶם לְטַהֵר אֶתְכֶם ויקרא טז
מִכֹּל חַטֹּאתֵיכֶם לִפְנֵי יהוה תִּטְהָרוּ:

(אֱלֹהֵינוּ וֵאלֹהֵי אֲבוֹתֵינוּ, רְצֵה נָא בִמְנוּחָתֵנוּ)
קַדְּשֵׁנוּ בְּמִצְוֹתֶיךָ וְתֵן חֶלְקֵנוּ בְּתוֹרָתֶךָ
שַׂבְּעֵנוּ מִטּוּבֶךָ, וְשַׂמַּח נַפְשֵׁנוּ בִּישׁוּעָתֶךָ
(וְהַנְחִילֵנוּ יהוה אֱלֹהֵינוּ בְּאַהֲבָה וּבְרָצוֹן שַׁבַּת קָדְשֶׁךָ
וְיָנוּחוּ בוֹ כָּל יִשְׂרָאֵל מְקַדְּשֵׁי שְׁמֶךָ)
וְטַהֵר לִבֵּנוּ לְעָבְדְּךָ בֶּאֱמֶת.
כִּי אַתָּה סָלְחָן לְיִשְׂרָאֵל וּמָחֳלָן לְשִׁבְטֵי יְשֻׁרוּן בְּכָל דּוֹר וָדוֹר
וּמִבַּלְעָדֶיךָ אֵין לָנוּ מֶלֶךְ מוֹחֵל וְסוֹלֵחַ אֶלָּא אָתָּה.
בָּרוּךְ אַתָּה יהוה
מֶלֶךְ מוֹחֵל וְסוֹלֵחַ לַעֲוֹנוֹתֵינוּ, וְלַעֲוֹנוֹת עַמּוֹ בֵּית יִשְׂרָאֵל
וּמַעֲבִיר אַשְׁמוֹתֵינוּ בְּכָל שָׁנָה וְשָׁנָה
מֶלֶךְ עַל כָּל הָאָרֶץ, מְקַדֵּשׁ (הַשַּׁבָּת וְ)יִשְׂרָאֵל וְיוֹם הַכִּפּוּרִים.

עבודה

רְצֵה יהוה אֱלֹהֵינוּ בְּעַמְּךָ יִשְׂרָאֵל, וְלִתְפִלָּתָם שְׁעֵה
וְהָשֵׁב אֶת הָעֲבוֹדָה לִדְבִיר בֵּיתֶךָ
וְאִשֵּׁי יִשְׂרָאֵל וּתְפִלָּתָם, מְהֵרָה בְּאַהֲבָה תְקַבֵּל בְּרָצוֹן
וּתְהִי לְרָצוֹן תָּמִיד עֲבוֹדַת יִשְׂרָאֵל עַמֶּךָ.
וְתֶחֱזֶינָה עֵינֵינוּ בְּשׁוּבְךָ לְצִיּוֹן בְּרַחֲמִים.
בָּרוּךְ אַתָּה יהוה, הַמַּחֲזִיר שְׁכִינָתוֹ לְצִיּוֹן.

הודאה

כורע ב׳מודים׳ ואינו זוקף עד אמירת השם.

ימוֹדִים אֲנַחְנוּ לָךְ
שָׁאַתָּה הוּא יהוה אֱלֹהֵינוּ
וֵאלֹהֵי אֲבוֹתֵינוּ לְעוֹלָם וָעֶד.
צוּר חַיֵּינוּ, מָגֵן יִשְׁעֵנוּ
אַתָּה הוּא לְדוֹר וָדוֹר.
נוֹדֶה לְּךָ וּנְסַפֵּר תְּהִלָּתֶךָ
עַל חַיֵּינוּ הַמְּסוּרִים בְּיָדֶךָ
וְעַל נִשְׁמוֹתֵינוּ הַפְּקוּדוֹת לָךְ
וְעַל נִסֶּיךָ שֶׁבְּכָל יוֹם עִמָּנוּ
וְעַל נִפְלְאוֹתֶיךָ וְטוֹבוֹתֶיךָ
שֶׁבְּכָל עֵת, עֶרֶב וָבֹקֶר וְצָהֳרָיִם.
הַטּוֹב, כִּי לֹא כָלוּ רַחֲמֶיךָ
וְהַמְרַחֵם, כִּי לֹא תַמּוּ חֲסָדֶיךָ
כִּי מֵעוֹלָם קִוִּינוּ לָךְ.

כששליח הציבור אומר ׳מודים׳, הקהל אומר בלחש (סוטה מ ע״א):

ימוֹדִים אֲנַחְנוּ לָךְ
שָׁאַתָּה הוּא יהוה אֱלֹהֵינוּ
וֵאלֹהֵי אֲבוֹתֵינוּ
אֱלֹהֵי כָל בָּשָׂר
יוֹצְרֵנוּ, יוֹצֵר בְּרֵאשִׁית.
בְּרָכוֹת וְהוֹדָאוֹת
לְשִׁמְךָ הַגָּדוֹל וְהַקָּדוֹשׁ
עַל שֶׁהֶחֱיִיתָנוּ וְקִיַּמְתָּנוּ.
כֵּן תְּחַיֵּנוּ וּתְקַיְּמֵנוּ
וְתֶאֱסֹף גָּלֻיּוֹתֵינוּ
לְחַצְרוֹת קָדְשֶׁךָ
לִשְׁמֹר חֻקֶּיךָ וְלַעֲשׂוֹת רְצוֹנֶךָ
וּלְעָבְדְּךָ בְּלֵבָב שָׁלֵם
עַל שֶׁאֲנוּ מוֹדִים לָךְ.
בָּרוּךְ אֵל הַהוֹדָאוֹת.

וְעַל כֻּלָּם יִתְבָּרַךְ וְיִתְרוֹמַם וְיִתְנַשֵּׂא שִׁמְךָ מַלְכֵּנוּ
תָּמִיד לְעוֹלָם וָעֶד.

קהל ואחריו שליח הציבור:

אָבִינוּ מַלְכֵּנוּ, זְכֹר רַחֲמֶיךָ וּכְבֹשׁ כַּעַסְךָ וְכַלֵּה דֶבֶר, וְחֶרֶב, וְרָעָב, וּשְׁבִי, וּמַשְׁחִית, וְעָוֹן וּמַגֵּפָה, וּפֶגַע רַע, וְכָל מַחֲלָה, וְכָל תַּקָּלָה, וְכָל קְטָטָה וְכָל מִינֵי פֻרְעָנִיּוֹת, וְכָל גְּזֵרָה רָעָה, וְשִׂנְאַת חִנָּם מֵעָלֵינוּ וּמֵעַל כָּל בְּנֵי בְרִיתֶךָ.

קהל ואחריו שליח הציבור:

וּכְתֹב לְחַיִּים טוֹבִים כָּל בְּנֵי בְרִיתֶךָ.

שליח הציבור ממשיך:

וְכֹל הַחַיִּים יוֹדוּךָ סֶּלָה וִיהַלְלוּ וִיבָרְכוּ אֶת שִׁמְךָ הַגָּדוֹל בֶּאֱמֶת לְעוֹלָם כִּי טוֹב הָאֵל יְשׁוּעָתֵנוּ וְעֶזְרָתֵנוּ סֶלָה, הָאֵל הַטּוֹב. בָּרוּךְ אַתָּה יהוה, הַטּוֹב שִׁמְךָ וּלְךָ נָאֶה לְהוֹדוֹת.

ברכת כוהנים

אם יותר מכוהן אחד עולה לדוכן, הגבאי קורא:

כֹּהֲנִים

הכוהנים מברכים:

בָּרוּךְ אַתָּה יהוה אֱלֹהֵינוּ מֶלֶךְ הָעוֹלָם, אֲשֶׁר קִדְּשָׁנוּ בִּקְדֻשָּׁתוֹ שֶׁל אַהֲרֹן, וְצִוָּנוּ לְבָרֵךְ אֶת עַמּוֹ יִשְׂרָאֵל בְּאַהֲבָה.

שליח הציבור מקריא מילה במילה, והכוהנים אחריו:

יְבָרֶכְךָ יהוה וְיִשְׁמְרֶךָ: קהל: **אָמֵן** במדבר ו

יָאֵר יהוה פָּנָיו אֵלֶיךָ וִיחֻנֶּךָּ: קהל: **אָמֵן**

יִשָּׂא יהוה פָּנָיו אֵלֶיךָ וְיָשֵׂם לְךָ שָׁלוֹם: קהל: **אָמֵן**

שליח הציבור ממשיך ׳שִׂים שָׁלוֹם׳.

הקהל אומר:

אַדִּיר בַּמָּרוֹם שׁוֹכֵן בִּגְבוּרָה, אַתָּה שָׁלוֹם וְשִׁמְךָ שָׁלוֹם. יְהִי רָצוֹן שֶׁתָּשִׂים עָלֵינוּ וְעַל כָּל עַמְּךָ בֵּית יִשְׂרָאֵל חַיִּים וּבְרָכָה לְמִשְׁמֶרֶת שָׁלוֹם.

הכוהנים אומרים:

רִבּוֹנוֹ שֶׁל עוֹלָם, עָשִׂינוּ מַה שֶּׁגָּזַרְתָּ עָלֵינוּ, אַף אַתָּה עֲשֵׂה עִמָּנוּ כְּמוֹ שֶׁהִבְטַחְתָּנוּ. הַשְׁקִיפָה מִמְּעוֹן קָדְשְׁךָ מִן־הַשָּׁמַיִם, וּבָרֵךְ אֶת־עַמְּךָ אֶת־יִשְׂרָאֵל, וְאֵת הָאֲדָמָה אֲשֶׁר נָתַתָּה לָנוּ, כַּאֲשֶׁר נִשְׁבַּעְתָּ לַאֲבוֹתֵינוּ, אֶרֶץ זָבַת חָלָב וּדְבָשׁ: דברים כו

אם אין כוהנים העולים לדוכן, שליח הציבור אומר:

אֱלֹהֵינוּ וֵאלֹהֵי אֲבוֹתֵינוּ, בָּרְכֵנוּ בַּבְּרָכָה הַמְשֻׁלֶּשֶׁת בַּתּוֹרָה, הַכְּתוּבָה עַל יְדֵי מֹשֶׁה עַבְדֶּךָ, הָאֲמוּרָה מִפִּי אַהֲרֹן וּבָנָיו כֹּהֲנִים עַם קְדוֹשֶׁיךָ, כָּאָמוּר

במדבר ו

יְבָרֶכְךָ יהוה וְיִשְׁמְרֶךָ: קהל: כֵּן יְהִי רָצוֹן

יָאֵר יהוה פָּנָיו אֵלֶיךָ וִיחֻנֶּךָּ: קהל: כֵּן יְהִי רָצוֹן

יִשָּׂא יהוה פָּנָיו אֵלֶיךָ וְיָשֵׂם לְךָ שָׁלוֹם: קהל: כֵּן יְהִי רָצוֹן

שלום

שִׂים שָׁלוֹם טוֹבָה וּבְרָכָה
חַיִּים חֵן וָחֶסֶד וְרַחֲמִים
עָלֵינוּ וְעַל כָּל יִשְׂרָאֵל עַמֶּךָ.
בָּרְכֵנוּ אָבִינוּ כֻּלָּנוּ כְּאֶחָד בְּאוֹר פָּנֶיךָ
כִּי בְאוֹר פָּנֶיךָ נָתַתָּ לָּנוּ יהוה אֱלֹהֵינוּ
תּוֹרַת חַיִּים וְאַהֲבַת חֶסֶד
וּצְדָקָה וּבְרָכָה וְרַחֲמִים וְחַיִּים וְשָׁלוֹם.
וְטוֹב יִהְיֶה בְּעֵינֶיךָ לְבָרְכֵנוּ וּלְבָרֵךְ אֶת כָּל עַמְּךָ יִשְׂרָאֵל
בְּכָל עֵת וּבְכָל שָׁעָה בִּשְׁלוֹמֶךָ.

קהל ואחריו שליח הציבור:

בְּסֵפֶר חַיִּים, בְּרָכָה וְשָׁלוֹם, וּפַרְנָסָה טוֹבָה
וּגְזֵרוֹת טוֹבוֹת, יְשׁוּעוֹת וְנֶחָמוֹת
נִזָּכֵר וְנִכָּתֵב לְפָנֶיךָ
אֲנַחְנוּ וְכָל עַמְּךָ בֵּית יִשְׂרָאֵל, לְחַיִּים טוֹבִים וּלְשָׁלוֹם.

שליח הציבור ממשיך:

בָּרוּךְ אַתָּה יהוה, הַמְבָרֵךְ אֶת עַמּוֹ יִשְׂרָאֵל בַּשָּׁלוֹם.

שליח הציבור מסיים את חזרת הש״ץ בלחש:

תהלים יט

יִהְיוּ לְרָצוֹן אִמְרֵי־פִי וְהֶגְיוֹן לִבִּי לְפָנֶיךָ, יהוה צוּרִי וְגֹאֲלִי:

בשבת אין אומרים 'אָבִינוּ מַלְכֵּנוּ' (מהרי"ל). ממשיכים קדיש שלם בעמ' 241.

פותחים את ארון הקודש.

אָבִינוּ מַלְכֵּנוּ, חָטָאנוּ לְפָנֶיךָ.

אָבִינוּ מַלְכֵּנוּ, אֵין לָנוּ מֶלֶךְ אֶלָּא אָתָּה.

אָבִינוּ מַלְכֵּנוּ, עֲשֵׂה עִמָּנוּ לְמַעַן שְׁמֶךָ.

אָבִינוּ מַלְכֵּנוּ, חַדֵּשׁ עָלֵינוּ שָׁנָה טוֹבָה.

אָבִינוּ מַלְכֵּנוּ, בַּטֵּל מֵעָלֵינוּ כָּל גְּזֵרוֹת קָשׁוֹת.

אָבִינוּ מַלְכֵּנוּ, בַּטֵּל מַחְשְׁבוֹת שׂוֹנְאֵינוּ.

אָבִינוּ מַלְכֵּנוּ, הָפֵר עֲצַת אוֹיְבֵינוּ.

אָבִינוּ מַלְכֵּנוּ, כַּלֵּה כָּל צַר וּמַשְׂטִין מֵעָלֵינוּ.

אָבִינוּ מַלְכֵּנוּ, סְתֹם פִּיּוֹת מַשְׂטִינֵנוּ וּמְקַטְרְגֵינוּ.

אָבִינוּ מַלְכֵּנוּ, כַּלֵּה דֶּבֶר וְחֶרֶב וְרָעָב וּשְׁבִי וּמַשְׁחִית וְעָוֹן וּשְׁמַד מִבְּנֵי בְרִיתֶךָ.

אָבִינוּ מַלְכֵּנוּ, מְנַע מַגֵּפָה מִנַּחֲלָתֶךָ.

אָבִינוּ מַלְכֵּנוּ, סְלַח וּמְחַל לְכָל עֲוֹנוֹתֵינוּ.

אָבִינוּ מַלְכֵּנוּ, מְחֵה וְהַעֲבֵר פְּשָׁעֵינוּ וְחַטֹּאתֵינוּ מִנֶּגֶד עֵינֶיךָ.

אָבִינוּ מַלְכֵּנוּ, מְחֹק בְּרַחֲמֶיךָ הָרַבִּים כָּל שִׁטְרֵי חוֹבוֹתֵינוּ.

מכאן עד 'סְלִיחָה וּמְחִילָה' שליח הציבור אומר כל משפט בקול רם, והקהל אחריו:

אָבִינוּ מַלְכֵּנוּ, הַחֲזִירֵנוּ בִּתְשׁוּבָה שְׁלֵמָה לְפָנֶיךָ.

אָבִינוּ מַלְכֵּנוּ, שְׁלַח רְפוּאָה שְׁלֵמָה לְחוֹלֵי עַמֶּךָ.

אָבִינוּ מַלְכֵּנוּ, קְרַע רֹעַ גְּזַר דִּינֵנוּ.

אָבִינוּ מַלְכֵּנוּ, זָכְרֵנוּ בְּזִכָּרוֹן טוֹב לְפָנֶיךָ.

אָבִינוּ מַלְכֵּנוּ, כָּתְבֵנוּ בְּסֵפֶר חַיִּים טוֹבִים.

אָבִינוּ מַלְכֵּנוּ, כָּתְבֵנוּ בְּסֵפֶר גְּאֻלָּה וִישׁוּעָה.

אָבִינוּ מַלְכֵּנוּ, כָּתְבֵנוּ בְּסֵפֶר פַּרְנָסָה וְכַלְכָּלָה.

אָבִינוּ מַלְכֵּנוּ, כָּתְבֵנוּ בְּסֵפֶר זְכֻיּוֹת.
אָבִינוּ מַלְכֵּנוּ, כָּתְבֵנוּ בְּסֵפֶר סְלִיחָה וּמְחִילָה.

עד כאן בקול.

אָבִינוּ מַלְכֵּנוּ, הַצְמַח לָנוּ יְשׁוּעָה בְּקָרוֹב.
אָבִינוּ מַלְכֵּנוּ, הָרֵם קֶרֶן יִשְׂרָאֵל עַמֶּךָ.
אָבִינוּ מַלְכֵּנוּ, הָרֵם קֶרֶן מְשִׁיחֶךָ.
אָבִינוּ מַלְכֵּנוּ, מַלֵּא יָדֵינוּ מִבִּרְכוֹתֶיךָ.
אָבִינוּ מַלְכֵּנוּ, מַלֵּא אֲסָמֵינוּ שָׂבָע.
אָבִינוּ מַלְכֵּנוּ, שְׁמַע קוֹלֵנוּ, חוּס וְרַחֵם עָלֵינוּ.
אָבִינוּ מַלְכֵּנוּ, קַבֵּל בְּרַחֲמִים וּבְרָצוֹן אֶת תְּפִלָּתֵנוּ.
אָבִינוּ מַלְכֵּנוּ, פְּתַח שַׁעֲרֵי שָׁמַיִם לִתְפִלָּתֵנוּ.
אָבִינוּ מַלְכֵּנוּ, זְכֹר כִּי עָפָר אֲנָחְנוּ.
אָבִינוּ מַלְכֵּנוּ, נָא אַל תְּשִׁיבֵנוּ רֵיקָם מִלְּפָנֶיךָ.
אָבִינוּ מַלְכֵּנוּ, תְּהֵא הַשָּׁעָה הַזֹּאת שְׁעַת רַחֲמִים וְעֵת רָצוֹן מִלְּפָנֶיךָ.
אָבִינוּ מַלְכֵּנוּ, חֲמֹל עָלֵינוּ וְעַל עוֹלָלֵינוּ וְטַפֵּנוּ.
אָבִינוּ מַלְכֵּנוּ, עֲשֵׂה לְמַעַן הֲרוּגִים עַל שֵׁם קָדְשֶׁךָ.
אָבִינוּ מַלְכֵּנוּ, עֲשֵׂה לְמַעַן טְבוּחִים עַל יִחוּדֶךָ.
אָבִינוּ מַלְכֵּנוּ, עֲשֵׂה לְמַעַן בָּאֵי בָאֵשׁ וּבַמַּיִם עַל קִדּוּשׁ שְׁמֶךָ.
אָבִינוּ מַלְכֵּנוּ, נְקֹם לְעֵינֵינוּ נִקְמַת דַּם עֲבָדֶיךָ הַשָּׁפוּךְ.
אָבִינוּ מַלְכֵּנוּ, עֲשֵׂה לְמַעַנְךָ אִם לֹא לְמַעֲנֵנוּ.
אָבִינוּ מַלְכֵּנוּ, עֲשֵׂה לְמַעַנְךָ וְהוֹשִׁיעֵנוּ.
אָבִינוּ מַלְכֵּנוּ, עֲשֵׂה לְמַעַן רַחֲמֶיךָ הָרַבִּים.
אָבִינוּ מַלְכֵּנוּ, עֲשֵׂה לְמַעַן שִׁמְךָ הַגָּדוֹל הַגִּבּוֹר וְהַנּוֹרָא שֶׁנִּקְרָא עָלֵינוּ.

◂ אָבִינוּ מַלְכֵּנוּ, חָנֵּנוּ וַעֲנֵנוּ, כִּי אֵין בָּנוּ מַעֲשִׂים
עֲשֵׂה עִמָּנוּ צְדָקָה וָחֶסֶד וְהוֹשִׁיעֵנוּ.

סוגרים את ארון הקודש.

קדיש שלם

ש״ץ: יִתְגַּדַּל וְיִתְקַדַּשׁ שְׁמֵהּ רַבָּא (קהל: אָמֵן)
בְּעָלְמָא דִּי בְרָא כִרְעוּתֵהּ
וְיַמְלִיךְ מַלְכוּתֵהּ
וְיַצְמַח פֻּרְקָנֵהּ וִיקָרֵב מְשִׁיחֵהּ (קהל: אָמֵן)
בְּחַיֵּיכוֹן וּבְיוֹמֵיכוֹן וּבְחַיֵּי דְכָל בֵּית יִשְׂרָאֵל
בַּעֲגָלָא וּבִזְמַן קָרִיב, וְאִמְרוּ אָמֵן. (קהל: אָמֵן)

קהל וש״ץ: יְהֵא שְׁמֵהּ רַבָּא מְבָרַךְ לְעָלַם וּלְעָלְמֵי עָלְמַיָּא.

ש״ץ: יִתְבָּרַךְ וְיִשְׁתַּבַּח וְיִתְפָּאַר וְיִתְרוֹמַם וְיִתְנַשֵּׂא
וְיִתְהַדָּר וְיִתְעַלֶּה וְיִתְהַלָּל
שְׁמֵהּ דְּקֻדְשָׁא בְּרִיךְ הוּא (קהל: אָמֵן)
לְעֵלָּא לְעֵלָּא מִכָּל בִּרְכָתָא וְשִׁירָתָא תֻּשְׁבְּחָתָא וְנֶחֱמָתָא
דַּאֲמִירָן בְּעָלְמָא, וְאִמְרוּ אָמֵן. (קהל: אָמֵן)

תִּתְקַבַּל צְלוֹתְהוֹן וּבָעוּתְהוֹן דְּכָל בֵּית יִשְׂרָאֵל
קֳדָם אֲבוּהוֹן דִּי בִשְׁמַיָּא, וְאִמְרוּ אָמֵן. (קהל: אָמֵן)

יְהֵא שְׁלָמָא רַבָּא מִן שְׁמַיָּא
וְחַיִּים טוֹבִים עָלֵינוּ וְעַל כָּל יִשְׂרָאֵל, וְאִמְרוּ אָמֵן. (קהל: אָמֵן)

כורע ופוסע שלוש פסיעות לאחור. קד לשמאל, לימין ולפנים באמירת:

עֹשֶׂה הַשָּׁלוֹם בִּמְרוֹמָיו
הוּא יַעֲשֶׂה שָׁלוֹם עָלֵינוּ
וְעַל כָּל יִשְׂרָאֵל, וְאִמְרוּ אָמֵן. (קהל: אָמֵן)

שיר של יום

חלק ממצוות זיכרון השבת היא קריאת כל ימות השבוע על שמה (מכילתא, מובא ברמב״ן שמות כ, ח).

נוהגים לומר אחרי חזרת הש״ץ לשחרית את השיר שאמרו הלוויים במקדש באותו יום (סדר רב עמרם גאון), ולאחריו קדיש יתום (עמ׳ 245). והנוהגים כדעת הגר״א, אומרים תמיד את מזמור לב בעמ׳ 245 (׳מעשה רב׳ רטז), פרט לשבת.

ביום שני אומרים את מזמור מח, כיוון שהבחירה בירושלים מקבילה להבדלה בין המים העליונים למים התחתונים ביום השני לבריאה (ר״ח, ראש השנה לא ע״א).

ליום ב׳ **הַיּוֹם יוֹם שֵׁנִי בְּשַׁבָּת, שֶׁבּוֹ הָיוּ הַלְוִיִּם אוֹמְרִים בְּבֵית הַמִּקְדָּשׁ:**

תהלים מח **שִׁיר מִזְמוֹר לִבְנֵי־קֹרַח: גָּדוֹל יהוה וּמְהֻלָּל מְאֹד, בְּעִיר אֱלֹהֵינוּ, הַר־קָדְשׁוֹ: יְפֵה נוֹף מְשׂוֹשׂ כָּל־הָאָרֶץ, הַר־צִיּוֹן יַרְכְּתֵי צָפוֹן, קִרְיַת מֶלֶךְ רָב: אֱלֹהִים בְּאַרְמְנוֹתֶיהָ נוֹדַע לְמִשְׂגָּב: כִּי־הִנֵּה הַמְּלָכִים נוֹעֲדוּ, עָבְרוּ יַחְדָּו: הֵמָּה רָאוּ כֵּן תָּמָהוּ, נִבְהֲלוּ נֶחְפָּזוּ: רְעָדָה אֲחָזָתַם שָׁם, חִיל כַּיּוֹלֵדָה: בְּרוּחַ קָדִים תְּשַׁבֵּר אֳנִיּוֹת תַּרְשִׁישׁ: כַּאֲשֶׁר שָׁמַעְנוּ כֵּן רָאִינוּ, בְּעִיר־יהוה צְבָאוֹת, בְּעִיר אֱלֹהֵינוּ, אֱלֹהִים יְכוֹנְנֶהָ עַד־עוֹלָם סֶלָה: דִּמִּינוּ אֱלֹהִים חַסְדֶּךָ, בְּקֶרֶב הֵיכָלֶךָ: כְּשִׁמְךָ אֱלֹהִים כֵּן תְּהִלָּתְךָ עַל־קַצְוֵי־אֶרֶץ, צֶדֶק מָלְאָה יְמִינֶךָ: יִשְׂמַח הַר־צִיּוֹן, תָּגֵלְנָה בְּנוֹת יְהוּדָה, לְמַעַן מִשְׁפָּטֶיךָ: סֹבּוּ צִיּוֹן וְהַקִּיפוּהָ, סִפְרוּ מִגְדָּלֶיהָ: שִׁיתוּ לִבְּכֶם לְחֵילָה, פַּסְּגוּ אַרְמְנוֹתֶיהָ, לְמַעַן תְּסַפְּרוּ לְדוֹר אַחֲרוֹן: ‹ כִּי זֶה אֱלֹהִים אֱלֹהֵינוּ עוֹלָם וָעֶד, הוּא יְנַהֲגֵנוּ עַל־מוּת:**

קדיש יתום (בעמ׳ 245)

מזמור זה אומרים ביום הרביעי, כיוון שהוא מתאר את הנקמה בעובדי הכוכבים, שנבראו ביום הרביעי (ראש השנה לא ע״א).
רבים נוהגים לסיים בפתיחה לקבלת שבת (בשלושת הפסוקים המתחילים את הפרק הבא), מפני שיום רביעי נחשב מכין לשבת הבאה (שפת אמת).

ליום ד׳ **הַיּוֹם יוֹם רְבִיעִי בְּשַׁבָּת, שֶׁבּוֹ הָיוּ הַלְוִיִּם אוֹמְרִים בְּבֵית הַמִּקְדָּשׁ:**

תהלים צד **אֵל־נְקָמוֹת יהוה, אֵל נְקָמוֹת הוֹפִיעַ: הִנָּשֵׂא שֹׁפֵט הָאָרֶץ, הָשֵׁב גְּמוּל עַל־גֵּאִים: עַד־מָתַי רְשָׁעִים, יהוה, עַד־מָתַי רְשָׁעִים יַעֲלֹזוּ: יַבִּיעוּ**

יְדַבְּרוּ עָתָק, יִתְאַמְּרוּ כָּל־פֹּעֲלֵי אָוֶן: עַמְּךָ יהוה יְדַכְּאוּ, וְנַחֲלָתְךָ
יְעַנּוּ: אַלְמָנָה וְגֵר יַהֲרֹגוּ, וִיתוֹמִים יְרַצֵּחוּ: וַיֹּאמְרוּ לֹא יִרְאֶה־יָּהּ, וְלֹא־
יָבִין אֱלֹהֵי יַעֲקֹב: בִּינוּ בֹּעֲרִים בָּעָם, וּכְסִילִים מָתַי תַּשְׂכִּילוּ: הֲנֹטַע
אֹזֶן הֲלֹא יִשְׁמָע, אִם־יֹצֵר עַיִן הֲלֹא יַבִּיט: הֲיֹסֵר גּוֹיִם הֲלֹא יוֹכִיחַ,
הַמְלַמֵּד אָדָם דָּעַת: יהוה יֹדֵעַ מַחְשְׁבוֹת אָדָם, כִּי־הֵמָּה הָבֶל: אַשְׁרֵי
הַגֶּבֶר אֲשֶׁר־תְּיַסְּרֶנּוּ יָּהּ, וּמִתּוֹרָתְךָ תְלַמְּדֶנּוּ: לְהַשְׁקִיט לוֹ מִימֵי רָע,
עַד יִכָּרֶה לָרָשָׁע שָׁחַת: כִּי לֹא־יִטֹּשׁ יהוה עַמּוֹ, וְנַחֲלָתוֹ לֹא יַעֲזֹב:
כִּי־עַד־צֶדֶק יָשׁוּב מִשְׁפָּט, וְאַחֲרָיו כָּל־יִשְׁרֵי־לֵב: מִי־יָקוּם לִי עִם־
מְרֵעִים, מִי־יִתְיַצֵּב לִי עִם־פֹּעֲלֵי אָוֶן: לוּלֵי יהוה עֶזְרָתָה לִּי, כִּמְעַט
שָׁכְנָה דוּמָה נַפְשִׁי: אִם־אָמַרְתִּי מָטָה רַגְלִי, חַסְדְּךָ יהוה יִסְעָדֵנִי:
בְּרֹב שַׂרְעַפַּי בְּקִרְבִּי, תַּנְחוּמֶיךָ יְשַׁעַשְׁעוּ נַפְשִׁי: הַיְחָבְרְךָ כִּסֵּא הַוּוֹת,
יֹצֵר עָמָל עֲלֵי־חֹק: יָגוֹדּוּ עַל־נֶפֶשׁ צַדִּיק, וְדָם נָקִי יַרְשִׁיעוּ: וַיְהִי יהוה
לִי לְמִשְׂגָּב, וֵאלֹהַי לְצוּר מַחְסִי: וַיָּשֶׁב עֲלֵיהֶם אֶת־אוֹנָם, וּבְרָעָתָם
יַצְמִיתֵם, יַצְמִיתֵם יהוה אֱלֹהֵינוּ:
› לְכוּ נְרַנְּנָה לַיהוה, נָרִיעָה לְצוּר יִשְׁעֵנוּ: נְקַדְּמָה פָנָיו בְּתוֹדָה, תהלים צה
בִּזְמִרוֹת נָרִיעַ לוֹ: כִּי אֵל גָּדוֹל יהוה, וּמֶלֶךְ גָּדוֹל עַל־כָּל־אֱלֹהִים:

קדיש יתום (בעמ׳ 245)

מזמור זה אומרים ביום חמישי, כיוון שבו הקב״ה התחיל בבריאת
בעלי החיים, והיופי והגיוון בבריאה מעוררים את האדם לשבח את הבורא
(רש״י, ראש השנה לא ע״א).

ליום ה׳ הַיּוֹם יוֹם חֲמִישִׁי בְּשַׁבָּת, שֶׁבּוֹ הָיוּ הַלְוִיִּם אוֹמְרִים בְּבֵית הַמִּקְדָּשׁ:

לַמְנַצֵּחַ עַל־הַגִּתִּית לְאָסָף: הַרְנִינוּ לֵאלֹהִים עוּזֵּנוּ, הָרִיעוּ לֵאלֹהֵי תהלים פא
יַעֲקֹב: שְׂאוּ־זִמְרָה וּתְנוּ־תֹף, כִּנּוֹר נָעִים עִם־נָבֶל: תִּקְעוּ בַחֹדֶשׁ
שׁוֹפָר, בַּכֵּסֶה לְיוֹם חַגֵּנוּ: כִּי חֹק לְיִשְׂרָאֵל הוּא, מִשְׁפָּט לֵאלֹהֵי
יַעֲקֹב: עֵדוּת בִּיהוֹסֵף שָׂמוֹ, בְּצֵאתוֹ עַל־אֶרֶץ מִצְרָיִם, שְׂפַת לֹא־

יָדַעְתִּי אֶשְׁמָע: הֲסִירוֹתִי מִסֵּבֶל שִׁכְמוֹ, כַּפָּיו מִדּוּד תַּעֲבֹרְנָה: בַּצָּרָה
קָרָאתָ וָאֲחַלְּצֶךָּ, אֶעֶנְךָ בְּסֵתֶר רַעַם, אֶבְחָנְךָ עַל־מֵי מְרִיבָה סֶלָה:
שְׁמַע עַמִּי וְאָעִידָה בָּךְ, יִשְׂרָאֵל אִם־תִּשְׁמַע־לִי: לֹא־יִהְיֶה בְךָ אֵל
זָר, וְלֹא תִשְׁתַּחֲוֶה לְאֵל נֵכָר: אָנֹכִי יהוה אֱלֹהֶיךָ, הַמַּעַלְךָ מֵאֶרֶץ
מִצְרָיִם, הַרְחֶב־פִּיךָ וַאֲמַלְאֵהוּ: וְלֹא־שָׁמַע עַמִּי לְקוֹלִי, וְיִשְׂרָאֵל
לֹא־אָבָה לִי: וָאֲשַׁלְּחֵהוּ בִּשְׁרִירוּת לִבָּם, יֵלְכוּ בְּמוֹעֲצוֹתֵיהֶם: לוּ
עַמִּי שֹׁמֵעַ לִי, יִשְׂרָאֵל בִּדְרָכַי יְהַלֵּכוּ: כִּמְעַט אוֹיְבֵיהֶם אַכְנִיעַ, וְעַל־
צָרֵיהֶם אָשִׁיב יָדִי: מְשַׂנְאֵי יהוה יְכַחֲשׁוּ־לוֹ, וִיהִי עִתָּם לְעוֹלָם:
‹ וַיַּאֲכִילֵהוּ מֵחֵלֶב חִטָּה, וּמִצּוּר, דְּבַשׁ אַשְׂבִּיעֶךָ:

קדיש יתום (בעמוד הבא)

״אמרינן באגדה: ׳מִזְמוֹר שִׁיר לְיוֹם הַשַּׁבָּת׳ – אמר הקב״ה:
פנים חדשות באו לכאן, נאמר שירה״ (תוספות, כתובות ז ע״ב).

לשבת הַיּוֹם יוֹם שַׁבַּת קֹדֶשׁ, שֶׁבּוֹ הָיוּ הַלְוִיִּם אוֹמְרִים בְּבֵית הַמִּקְדָּשׁ:

תהלים צב מִזְמוֹר שִׁיר לְיוֹם הַשַּׁבָּת: טוֹב לְהֹדוֹת לַיהוה, וּלְזַמֵּר לְשִׁמְךָ עֶלְיוֹן:
לְהַגִּיד בַּבֹּקֶר חַסְדֶּךָ, וֶאֱמוּנָתְךָ בַּלֵּילוֹת: עֲלֵי־עָשׂוֹר וַעֲלֵי־נָבֶל,
עֲלֵי הִגָּיוֹן בְּכִנּוֹר: כִּי שִׂמַּחְתַּנִי יהוה בְּפָעֳלֶךָ, בְּמַעֲשֵׂי יָדֶיךָ אֲרַנֵּן:
מַה־גָּדְלוּ מַעֲשֶׂיךָ יהוה, מְאֹד עָמְקוּ מַחְשְׁבֹתֶיךָ: אִישׁ־בַּעַר לֹא יֵדָע,
וּכְסִיל לֹא־יָבִין אֶת־זֹאת: בִּפְרֹחַ רְשָׁעִים כְּמוֹ־עֵשֶׂב, וַיָּצִיצוּ כָּל־פֹּעֲלֵי
אָוֶן, לְהִשָּׁמְדָם עֲדֵי־עַד: וְאַתָּה מָרוֹם לְעֹלָם יהוה: כִּי הִנֵּה אֹיְבֶיךָ
יהוה, כִּי־הִנֵּה אֹיְבֶיךָ יֹאבֵדוּ, יִתְפָּרְדוּ כָּל־פֹּעֲלֵי אָוֶן: וַתָּרֶם כִּרְאֵים
קַרְנִי, בַּלֹּתִי בְּשֶׁמֶן רַעֲנָן: וַתַּבֵּט עֵינִי בְּשׁוּרָי, בַּקָּמִים עָלַי מְרֵעִים
תִּשְׁמַעְנָה אָזְנָי: צַדִּיק כַּתָּמָר יִפְרָח, כְּאֶרֶז בַּלְּבָנוֹן יִשְׂגֶּה: שְׁתוּלִים
בְּבֵית יהוה, בְּחַצְרוֹת אֱלֹהֵינוּ יַפְרִיחוּ: ‹ עוֹד יְנוּבוּן בְּשֵׂיבָה, דְּשֵׁנִים
וְרַעֲנַנִּים יִהְיוּ: לְהַגִּיד כִּי־יָשָׁר יהוה, צוּרִי, וְלֹא־עַוְלָתָה בּוֹ:

קדיש יתום (בעמוד הבא)

לדעת הגר״א, אומרים בכל יום מזמור זה. ויש נוהגים לאומרו בנוסף לשיר של יום.

לְדָוִד מַשְׂכִּיל, אַשְׁרֵי נְשׂוּי־פֶּשַׁע כְּסוּי חֲטָאָה: אַשְׁרֵי־אָדָם לֹא יַחְשֹׁב תהלים לב
יהוה לוֹ עָוֹן, וְאֵין בְּרוּחוֹ רְמִיָּה: כִּי־הֶחֱרַשְׁתִּי בָּלוּ עֲצָמָי, בְּשַׁאֲגָתִי
כָּל־הַיּוֹם: כִּי יוֹמָם וָלַיְלָה תִּכְבַּד עָלַי יָדֶךָ, נֶהְפַּךְ לְשַׁדִּי בְּחַרְבֹנֵי
קַיִץ סֶלָה: חַטָּאתִי אוֹדִיעֲךָ וַעֲוֹנִי לֹא־כִסִּיתִי, אָמַרְתִּי אוֹדֶה עֲלֵי
פְשָׁעַי לַיהוה, וְאַתָּה נָשָׂאתָ עֲוֹן חַטָּאתִי סֶלָה: עַל־זֹאת יִתְפַּלֵּל
כָּל־חָסִיד אֵלֶיךָ לְעֵת מְצֹא, רַק לְשֵׁטֶף מַיִם רַבִּים, אֵלָיו לֹא יַגִּיעוּ:
אַתָּה סֵתֶר לִי, מִצַּר תִּצְּרֵנִי, רָנֵּי פַלֵּט, תְּסוֹבְבֵנִי סֶלָה: אַשְׂכִּילְךָ וְאוֹרְךָ
בְּדֶרֶךְ־זוּ תֵלֵךְ, אִיעֲצָה עָלֶיךָ עֵינִי: אַל־תִּהְיוּ כְּסוּס, כְּפֶרֶד אֵין הָבִין,
בְּמֶתֶג־וָרֶסֶן עֶדְיוֹ לִבְלוֹם, בַּל קְרֹב אֵלֶיךָ: רַבִּים מַכְאוֹבִים לָרָשָׁע,
וְהַבּוֹטֵחַ בַּיהוה חֶסֶד יְסוֹבְבֶנּוּ: ‹ שִׂמְחוּ בַיהוה וְגִילוּ צַדִּיקִים, וְהַרְנִינוּ
כָּל־יִשְׁרֵי־לֵב:

קדיש יתום

אם יש מניין, האבלים עומדים ואומרים קדיש יתום.

אבל: יִתְגַּדַּל וְיִתְקַדַּשׁ שְׁמֵהּ רַבָּא (קהל: אָמֵן)
בְּעָלְמָא דִּי בְרָא כִרְעוּתֵהּ
וְיַמְלִיךְ מַלְכוּתֵהּ
וְיַצְמַח פֻּרְקָנֵהּ וִיקָרֵב מְשִׁיחֵהּ (קהל: אָמֵן)
בְּחַיֵּיכוֹן וּבְיוֹמֵיכוֹן וּבְחַיֵּי דְכָל בֵּית יִשְׂרָאֵל
בַּעֲגָלָא וּבִזְמַן קָרִיב, וְאִמְרוּ אָמֵן. (קהל: אָמֵן)

קהל ואבל: יְהֵא שְׁמֵהּ רַבָּא מְבָרַךְ לְעָלַם וּלְעָלְמֵי עָלְמַיָּא.

אבל: יִתְבָּרַךְ וְיִשְׁתַּבַּח וְיִתְפָּאַר וְיִתְרוֹמַם וְיִתְנַשֵּׂא
וְיִתְהַדָּר וְיִתְעַלֶּה וְיִתְהַלָּל
שְׁמֵהּ דְּקֻדְשָׁא בְּרִיךְ הוּא (קהל: אָמֵן)

לְעֵלָּא לְעֵלָּא מִכָּל בִּרְכָתָא
וְשִׁירָתָא תֻּשְׁבְּחָתָא וְנֶחֱמָתָא
דַּאֲמִירָן בְּעָלְמָא, וְאִמְרוּ אָמֵן. (קהל: אָמֵן)

יְהֵא שְׁלָמָא רַבָּא מִן שְׁמַיָּא
וְחַיִּים טוֹבִים עָלֵינוּ וְעַל כָּל יִשְׂרָאֵל, וְאִמְרוּ אָמֵן. (קהל: אָמֵן)

כורע ופוסע שלוש פסיעות לאחור. קד לשמאל, לימין ולפנים באמירת:

עֹשֶׂה הַשָּׁלוֹם בִּמְרוֹמָיו
הוּא יַעֲשֶׂה שָׁלוֹם עָלֵינוּ
וְעַל כָּל יִשְׂרָאֵל, וְאִמְרוּ אָמֵן. (קהל: אָמֵן)

לְדָוִד, יהוה אוֹרִי וְיִשְׁעִי, מִמִּי אִירָא, יהוה מָעוֹז־חַיַּי, מִמִּי אֶפְחָד: תהלים כז
בִּקְרֹב עָלַי מְרֵעִים לֶאֱכֹל אֶת־בְּשָׂרִי, צָרַי וְאֹיְבַי לִי, הֵמָּה כָשְׁלוּ
וְנָפָלוּ: אִם־תַּחֲנֶה עָלַי מַחֲנֶה, לֹא־יִירָא לִבִּי, אִם־תָּקוּם עָלַי מִלְחָמָה,
בְּזֹאת אֲנִי בוֹטֵחַ: אַחַת שָׁאַלְתִּי מֵאֵת־יהוה, אוֹתָהּ אֲבַקֵּשׁ, שִׁבְתִּי
בְּבֵית־יהוה כָּל־יְמֵי חַיַּי, לַחֲזוֹת בְּנֹעַם־יהוה, וּלְבַקֵּר בְּהֵיכָלוֹ: כִּי
יִצְפְּנֵנִי בְּסֻכֹּה בְּיוֹם רָעָה, יַסְתִּרֵנִי בְּסֵתֶר אָהֳלוֹ, בְּצוּר יְרוֹמְמֵנִי:
וְעַתָּה יָרוּם רֹאשִׁי עַל אֹיְבַי סְבִיבוֹתַי, וְאֶזְבְּחָה בְאָהֳלוֹ זִבְחֵי תְרוּעָה,
אָשִׁירָה וַאֲזַמְּרָה לַיהוה: שְׁמַע־יהוה קוֹלִי אֶקְרָא, וְחָנֵּנִי וַעֲנֵנִי: לְךָ
אָמַר לִבִּי בַּקְּשׁוּ פָנָי, אֶת־פָּנֶיךָ יהוה אֲבַקֵּשׁ: אַל־תַּסְתֵּר פָּנֶיךָ מִמֶּנִּי,
אַל תַּט־בְּאַף עַבְדֶּךָ, עֶזְרָתִי הָיִיתָ, אַל־תִּטְּשֵׁנִי וְאַל־תַּעַזְבֵנִי, אֱלֹהֵי
יִשְׁעִי: כִּי־אָבִי וְאִמִּי עֲזָבוּנִי, וַיהוה יַאַסְפֵנִי: הוֹרֵנִי יהוה דַּרְכֶּךָ, וּנְחֵנִי
בְּאֹרַח מִישׁוֹר, לְמַעַן שׁוֹרְרָי: אַל־תִּתְּנֵנִי בְּנֶפֶשׁ צָרָי, כִּי קָמוּ־בִי עֵדֵי־
שֶׁקֶר, וִיפֵחַ חָמָס: › לוּלֵא הֶאֱמַנְתִּי לִרְאוֹת בְּטוּב־יהוה בְּאֶרֶץ חַיִּים:
קַוֵּה אֶל־יהוה, חֲזַק וְיַאֲמֵץ לִבֶּךָ, וְקַוֵּה אֶל־יהוה:

קדיש יתום בעמוד הקודם

הוצאת ספר תורה

"וכהן גדול עומד ומקבל וקורא 'אַחֲרֵי מוֹת' וְ'אַךְ בֶּעָשׂוֹר'. וגולל את התורה ומניחה בחיקו ואומר: יותר ממה שקראתי לפניכם כתוב כאן" (משנה, יומא פ"ז מ"א).

לפני קריאת התורה אומרים 'אַתָּה הָרְאֵתָ' ('אור זרוע' ח"ב, מב). בבתי כנסת המתפללים בנוסח אשכנז, מתחילים 'אֵין־כָּמְוֹךָ'.

אַתָּה הָרְאֵתָ לָדַעַת, כִּי יהוה הוּא הָאֱלֹהִים, אֵין עוֹד מִלְּבַדּוֹ: דברים ד

אֵין־כָּמְוֹךָ בָאֱלֹהִים, אֲדֹנָי, וְאֵין כְּמַעֲשֶׂיךָ: תהלים פו

מַלְכוּתְךָ מַלְכוּת כָּל־עֹלָמִים, וּמֶמְשַׁלְתְּךָ בְּכָל־דּוֹר וָדֹר: תהלים קמה

יהוה מֶלֶךְ, יהוה מָלָךְ, יהוה יִמְלֹךְ לְעֹלָם וָעֶד.

יהוה עֹז לְעַמּוֹ יִתֵּן, יהוה יְבָרֵךְ אֶת־עַמּוֹ בַשָּׁלוֹם: תהלים כט

אַב הָרַחֲמִים, הֵיטִיבָה בִרְצוֹנְךָ אֶת־צִיּוֹן תִּבְנֶה חוֹמוֹת יְרוּשָׁלָיִם: תהלים נא
כִּי בְךָ לְבַד בָּטָחְנוּ, מֶלֶךְ אֵל רָם וְנִשָּׂא, אֲדוֹן עוֹלָמִים.

פותחים את ארון הקודש. הקהל עומד על רגליו.

וַיְהִי בִּנְסֹעַ הָאָרֹן וַיֹּאמֶר מֹשֶׁה במדבר י

קוּמָה יהוה וְיָפֻצוּ אֹיְבֶיךָ וְיָנֻסוּ מְשַׂנְאֶיךָ מִפָּנֶיךָ:

כִּי מִצִּיּוֹן תֵּצֵא תוֹרָה וּדְבַר־יהוה מִירוּשָׁלָיִם: ישעיה ב

בָּרוּךְ שֶׁנָּתַן תּוֹרָה לְעַמּוֹ יִשְׂרָאֵל בִּקְדֻשָּׁתוֹ.

יש אומרים י"ג מידות ו'רִבּוֹנוֹ שֶׁל עוֹלָם', גם כשיום הכיפורים חל בשבת.

אומרים שלוש פעמים:

יהוה, יהוה, אֵל רַחוּם וְחַנּוּן, אֶרֶךְ אַפַּיִם וְרַב־חֶסֶד וֶאֱמֶת: שמות לד
נֹצֵר חֶסֶד לָאֲלָפִים, נֹשֵׂא עָוֹן וָפֶשַׁע וְחַטָּאָה, וְנַקֵּה:

רִבּוֹנוֹ שֶׁל עוֹלָם, מַלֵּא מִשְׁאֲלוֹתַי לְטוֹבָה, וְהָפֵק רְצוֹנִי וְתֵן שְׁאֵלָתִי, וּמְחַל לִי עַל כָּל עֲוֹנוֹתַי וְעַל כָּל עֲוֹנוֹת אַנְשֵׁי בֵיתִי, מְחִילָה בְּחֶסֶד מְחִילָה בְּרַחֲמִים, וְטַהֲרֵנוּ מֵחֲטָאֵינוּ וּמֵעֲוֹנוֹתֵינוּ וּמִפְּשָׁעֵינוּ, וְזָכְרֵנוּ בְּזִכָּרוֹן טוֹב לְפָנֶיךָ, וּפָקְדֵנוּ

בִּפְקֻדַּת יְשׁוּעָה וְרַחֲמִים. וְזָכְרֵנוּ לְחַיִּים טוֹבִים וּלְשָׁלוֹם, וּפַרְנָסָה וְכַלְכָּלָה, וְלֶחֶם לֶאֱכֹל וּבֶגֶד לִלְבֹּשׁ, וְעֹשֶׁר וְכָבוֹד, וְאֹרֶךְ יָמִים לַהֲגוֹת בְּתוֹרָתֶךָ וּלְקַיֵּם מִצְוֹתֶיהָ, וְשֵׂכֶל וּבִינָה לְהָבִין וּלְהַשְׂכִּיל עִמְקֵי סוֹדוֹתֶיהָ. וְהָפֵק רְפוּאָה לְכָל מַכְאוֹבֵינוּ, וּבָרֵךְ כָּל מַעֲשֵׂה יָדֵינוּ, וּגְזֹר עָלֵינוּ גְּזֵרוֹת טוֹבוֹת יְשׁוּעוֹת וְנֶחָמוֹת, וּבַטֵּל מֵעָלֵינוּ כָּל גְּזֵרוֹת קָשׁוֹת וְרָעוֹת, וְתֵן בְּלֵב שָׂרֵינוּ וְיוֹעֲצֵיהֶם (בחו״ל: וְתֵן בְּלֵב הַמַּלְכוּת וְיוֹעֲצֶיהָ וְשָׂרֶיהָ) עָלֵינוּ לְטוֹבָה. אָמֵן וְכֵן יְהִי רָצוֹן.

תהלים יט

יִהְיוּ לְרָצוֹן אִמְרֵי־פִי וְהֶגְיוֹן לִבִּי לְפָנֶיךָ, יהוה צוּרִי וְגֹאֲלִי:

אומרים שלוש פעמים:

תהלים סט

וַאֲנִי תְפִלָּתִי־לְךָ יהוה, עֵת רָצוֹן, אֱלֹהִים בְּרָב־חַסְדֶּךָ עֲנֵנִי בֶּאֱמֶת יִשְׁעֶךָ:

זוהר ויקהל

בְּרִיךְ שְׁמֵהּ דְּמָרֵא עָלְמָא, בְּרִיךְ כִּתְרָךְ וְאַתְרָךְ. יְהֵא רְעוּתָךְ עִם עַמָּךְ יִשְׂרָאֵל לְעָלַם, וּפֻרְקַן יְמִינָךְ אַחֲזֵי לְעַמָּךְ בְּבֵית מַקְדְּשָׁךְ, וּלְאַמְטוֹיֵי לַנָא מִטּוּב נְהוֹרָךְ, וּלְקַבֵּל צְלוֹתָנָא בְּרַחֲמִין. יְהֵא רַעֲוָא קֳדָמָךְ דְּתוֹרִיךְ לַן חַיִּין בְּטִיבוּ, וְלֶהֱוֵי אֲנָא פְקִידָא בְּגוֹ צַדִּיקַיָּא, לְמִרְחַם עָלַי וּלְמִנְטַר יָתִי וְיַת כָּל דִּי לִי וְדִי לְעַמָּךְ יִשְׂרָאֵל. אַנְתְּ הוּא זָן לְכֹלָּא וּמְפַרְנֵס לְכֹלָּא, אַנְתְּ הוּא שַׁלִּיט עַל כֹּלָּא, אַנְתְּ הוּא דְּשַׁלִּיט עַל מַלְכַיָּא, וּמַלְכוּתָא דִּילָךְ הִיא. אֲנָא עַבְדָּא דְקֻדְשָׁא בְּרִיךְ הוּא, דְּסָגֵדְנָא קַמֵּהּ וּמִקַּמֵּי דִּיקַר אוֹרַיְתֵהּ בְּכָל עִדָּן וְעִדָּן. לָא עַל אֱנָשׁ רָחִיצְנָא וְלָא עַל בַּר אֱלָהִין

תרגום

ברוך שמו של אדון העולם, ברוך כתרך ומקומך. יהי רצונך עם עמך ישראל לעולם, וישועת ימינך הראה לעמך בבית מקדשך, ולהביא לנו מטוב אורך, ולקבל תפילותינו ברחמים. יהי רצון מלפניך שתאריך לנו חיים בטוב, ואהיה אני נמנה בתוך הצדיקים, לרחם עלי ולשמור אותי ואת כל אשר לי ואשר לעמך ישראל. אתה הוא זן לכול ומפרנס לכול, אתה הוא שליט על הכול, אתה הוא השליט על המלכים, והמלכות שלך היא. אני עבדו של הקדוש ברוך הוא, משתחוה לפניו ולפני כבוד תורתו בכל עת ועת. לא על אדם אני בטוח ולא על מלאך אני סמוך,

סָמֵיכְנָא, אֶלָּא בֶּאֱלָהָא דִשְׁמַיָּא, דְּהוּא אֱלָהָא קְשׁוֹט, וְאוֹרַיְתֵהּ קְשׁוֹט, וּנְבִיאוֹהִי קְשׁוֹט, וּמַסְגֵּא לְמֶעְבַּד טַבְוָן וּקְשׁוֹט. ◂ בֵּהּ אֲנָא רָחִיץ, וְלִשְׁמֵהּ קַדִּישָׁא יַקִּירָא אֲנָא אֵמַר תֻּשְׁבְּחָן. יְהֵא רַעֲוָא קֳדָמָךְ דְּתִפְתַּח לִבַּאי בְּאוֹרַיְתָא, וְתַשְׁלִים מִשְׁאֲלִין דְּלִבַּאי וְלִבָּא דְכָל עַמָּךְ יִשְׂרָאֵל לְטָב וּלְחַיִּין וְלִשְׁלָם.

שליח הציבור מקבל את ספר התורה בימינו,
פונה לקהל ואומר (מסכת סופרים פי"ד), ואחריו הקהל:

שְׁמַע יִשְׂרָאֵל, יהוה אֱלֹהֵינוּ, יהוה אֶחָד: דברים ו

שליח הציבור ואחריו הקהל:

אֶחָד אֱלֹהֵינוּ, גָּדוֹל אֲדוֹנֵינוּ, קָדוֹשׁ וְנוֹרָא שְׁמוֹ.

שליח הציבור פונה לעבר ארון הקודש, קד, מגביה את ספר התורה
ואומר (משנ"ב קלד, יג על פי מסכת סופרים):

גַּדְּלוּ לַיהוה אִתִּי וּנְרוֹמְמָה שְׁמוֹ יַחְדָּו: תהלים לד

סוגרים את ארון הקודש. כאשר שליח הציבור הולך אל הבימה, הקהל אומר:

לְךָ יהוה הַגְּדֻלָּה וְהַגְּבוּרָה וְהַתִּפְאֶרֶת וְהַנֵּצַח וְהַהוֹד, כִּי־כֹל בַּשָּׁמַיִם דברי הימים א׳ כט
וּבָאָרֶץ, לְךָ יהוה הַמַּמְלָכָה וְהַמִּתְנַשֵּׂא לְכֹל לְרֹאשׁ: רוֹמְמוּ יהוה אֱלֹהֵינוּ תהלים צט
וְהִשְׁתַּחֲווּ לַהֲדֹם רַגְלָיו, קָדוֹשׁ הוּא: רוֹמְמוּ יהוה אֱלֹהֵינוּ וְהִשְׁתַּחֲווּ שם
לְהַר קָדְשׁוֹ, כִּי־קָדוֹשׁ יהוה אֱלֹהֵינוּ:

הקהל אומר בלחש (מחזור ויטרי, קסה):

עַל הַכֹּל יִתְגַּדַּל וְיִתְקַדַּשׁ וְיִשְׁתַּבַּח וְיִתְפָּאַר וְיִתְרוֹמַם וְיִתְנַשֵּׂא שְׁמוֹ שֶׁל מֶלֶךְ מַלְכֵי הַמְּלָכִים הַקָּדוֹשׁ בָּרוּךְ הוּא בָּעוֹלָמוֹת שֶׁבָּרָא, הָעוֹלָם הַזֶּה

אלא באלהי השמים, שהוא אלהים אמת, ותורתו אמת, ונביאיו אמת, ומרבה לעשות חסד ואמת. בו אני בטוח, ולשמו הקדוש הנכבד אני אומר תשבחות. יהי רצון מלפניך שתפתח לבי בתורה, ותמלא משאלות לבי ולב כל עמך ישראל לטובה ולחיים ולשלום.

וְהָעוֹלָם הַבָּא, כִּרְצוֹנוֹ וְכִרְצוֹן יְרֵאָיו וְכִרְצוֹן כָּל בֵּית יִשְׂרָאֵל. צוּר הָעוֹלָמִים,
אֲדוֹן כָּל הַבְּרִיּוֹת, אֱלוֹהַּ כָּל הַנְּפָשׁוֹת, הַיּוֹשֵׁב בְּמֶרְחֲבֵי מָרוֹם, הַשּׁוֹכֵן
בִּשְׁמֵי שְׁמֵי קֶדֶם, קְדֻשָּׁתוֹ עַל הַחַיּוֹת, וּקְדֻשָּׁתוֹ עַל כִּסֵּא הַכָּבוֹד. וּבְכֵן
יִתְקַדַּשׁ שִׁמְךָ בָּנוּ יהוה אֱלֹהֵינוּ לְעֵינֵי כָּל חָי, וְנֹאמַר לְפָנָיו שִׁיר חָדָשׁ,
כַּכָּתוּב: שִׁירוּ לֵאלֹהִים זַמְּרוּ שְׁמוֹ, סֹלּוּ לָרֹכֵב בָּעֲרָבוֹת, בְּיָהּ שְׁמוֹ, וְעִלְזוּ תהלים סח
לְפָנָיו: וְנִרְאֵהוּ עַיִן בְּעַיִן בְּשׁוּבוֹ אֶל נָוֵהוּ, כַּכָּתוּב: כִּי עַיִן בְּעַיִן יִרְאוּ בְּשׁוּב ישעיה נב
יהוה צִיּוֹן: וְנֶאֱמַר: וְנִגְלָה כְּבוֹד יהוה, וְרָאוּ כָל־בָּשָׂר יַחְדָּו כִּי פִּי יהוה דִּבֵּר: ישעיה מ

אַב הָרַחֲמִים הוּא יְרַחֵם עַם עֲמוּסִים, וְיִזְכֹּר בְּרִית אֵיתָנִים, וְיַצִּיל נַפְשׁוֹתֵינוּ מִן הַשָּׁעוֹת הָרָעוֹת, וְיִגְעַר בְּיֵצֶר הָרָע מִן הַנְּשׂוּאִים, וְיָחֹן אוֹתָנוּ לִפְלֵיטַת עוֹלָמִים, וִימַלֵּא מִשְׁאֲלוֹתֵינוּ בְּמִדָּה טוֹבָה יְשׁוּעָה וְרַחֲמִים.

מניח את ספר התורה על הבימה, והגבאי מכריז (מחזור ויטרי):

וְיַעֲזֹר וְיָגֵן וְיוֹשִׁיעַ לְכָל הַחוֹסִים בּוֹ, וְנֹאמַר אָמֵן. הַכֹּל הָבוּ גֹדֶל לֵאלֹהֵינוּ וּתְנוּ כָבוֹד לַתּוֹרָה. *כֹּהֵן קְרַב, יַעֲמֹד (פלוני בֶּן פלוני) הַכֹּהֵן.

*אם אין כוהן, הגבאי קורא ללוי או לישראל ואומר:

/אֵין כָּאן כֹּהֵן, יַעֲמֹד (פלוני בֶּן פלוני) בִּמְקוֹם כֹּהֵן./

בָּרוּךְ שֶׁנָּתַן תּוֹרָה לְעַמּוֹ יִשְׂרָאֵל בִּקְדֻשָּׁתוֹ.

הקהל ואחריו הגבאי:

וְאַתֶּם הַדְּבֵקִים בַּיהוה אֱלֹהֵיכֶם חַיִּים כֻּלְּכֶם הַיּוֹם: דברים ד

קריאת התורה בעמ' 253.

קודם הברכה על העולה לראות היכן קוראים ולנשק את ספר התורה. בשעת הברכה אוחז בעמודי הספר.

עולה: בָּרְכוּ אֶת יהוה הַמְבֹרָךְ.

קהל: בָּרוּךְ יהוה הַמְבֹרָךְ לְעוֹלָם וָעֶד.

עולה: בָּרוּךְ יהוה הַמְבֹרָךְ לְעוֹלָם וָעֶד.
בָּרוּךְ אַתָּה יהוה אֱלֹהֵינוּ מֶלֶךְ הָעוֹלָם
אֲשֶׁר בָּחַר בָּנוּ מִכָּל הָעַמִּים וְנָתַן לָנוּ אֶת תּוֹרָתוֹ.
בָּרוּךְ אַתָּה יהוה, נוֹתֵן הַתּוֹרָה.

לאחר הקריאה העולה מנשק את ספר התורה ומברך:

עולה: **בָּרוּךְ אַתָּה יהוה אֱלֹהֵינוּ מֶלֶךְ הָעוֹלָם**
אֲשֶׁר נָתַן לָנוּ תּוֹרַת אֱמֶת
וְחַיֵּי עוֹלָם נָטַע בְּתוֹכֵנוּ.
בָּרוּךְ אַתָּה יהוה, נוֹתֵן הַתּוֹרָה.

מי שהיה בסכנה וניצל ממנה, מברך 'הַגּוֹמֵל':

בָּרוּךְ אַתָּה יהוה אֱלֹהֵינוּ מֶלֶךְ הָעוֹלָם
הַגּוֹמֵל לְחַיָּבִים טוֹבוֹת
שֶׁגְּמָלַנִי כָּל טוֹב.

הקהל עונה:

אָמֵן. מִי שֶׁגְּמָלְךָ כָּל טוֹב
הוּא יִגְמָלְךָ כָּל טוֹב
סֶלָה.

כאן אומרים 'מִי שֶׁבֵּרַךְ' לפי הצורך.

מי שבירך לעולה לתורה

מִי שֶׁבֵּרַךְ אֲבוֹתֵינוּ אַבְרָהָם יִצְחָק וְיַעֲקֹב, הוּא יְבָרֵךְ אֶת (פלוני בֶּן פלוני), **בַּעֲבוּר שֶׁעָלָה לִכְבוֹד הַמָּקוֹם וְלִכְבוֹד הַתּוֹרָה** (בשבת: **וְלִכְבוֹד הַשַּׁבָּת**) **וְלִכְבוֹד יוֹם הַדִּין. בִּשְׂכַר זֶה הַקָּדוֹשׁ בָּרוּךְ הוּא יִשְׁמְרֵהוּ וְיַצִּילֵהוּ מִכָּל צָרָה וְצוּקָה וּמִכָּל נֶגַע וּמַחֲלָה, וְיִשְׁלַח בְּרָכָה וְהַצְלָחָה בְּכָל מַעֲשֵׂה יָדָיו, וְיִכְתְּבֵהוּ וְיַחְתְּמֵהוּ לְחַיִּים טוֹבִים בְּיוֹם הַדִּין הַזֶּה עִם כָּל יִשְׂרָאֵל אֶחָיו, וְנֹאמַר אָמֵן.**

מי שבירך לחולה

מִי שֶׁבֵּרַךְ אֲבוֹתֵינוּ אַבְרָהָם יִצְחָק וְיַעֲקֹב, מֹשֶׁה וְאַהֲרֹן דָּוִד וּשְׁלֹמֹה הוּא יְבָרֵךְ וִירַפֵּא אֶת הַחוֹלֶה (פלוני בֶּן פלונית) **בַּעֲבוּר שֶׁ**(פלוני בֶּן פלוני) **נוֹדֵר צְדָקָה בַּעֲבוּרוֹ. בִּשְׂכַר זֶה הַקָּדוֹשׁ בָּרוּךְ הוּא יִמָּלֵא רַחֲמִים עָלָיו לְהַחֲלִימוֹ**

וּלְרַפֹּאתוֹ וּלְהַחֲזִיקוֹ וּלְהַחֲיוֹתוֹ וְיִשְׁלַח לוֹ מְהֵרָה רְפוּאָה שְׁלֵמָה מִן הַשָּׁמַיִם לִרְמַ״ח אֵבָרָיו וּשְׁסָ״ה גִּידָיו בְּתוֹךְ שְׁאָר חוֹלֵי יִשְׂרָאֵל, רְפוּאַת הַנֶּפֶשׁ וּרְפוּאַת הַגּוּף (בשבת: שַׁבָּת הִיא מִלִּזְעֹק וּרְפוּאָה קְרוֹבָה לָבוֹא), הַשְׁתָּא בַּעֲגָלָא וּבִזְמַן קָרִיב, וְנֹאמַר אָמֵן.

מי שבירך לחולָה

מִי שֶׁבֵּרַךְ אֲבוֹתֵינוּ אַבְרָהָם יִצְחָק וְיַעֲקֹב, מֹשֶׁה וְאַהֲרֹן דָּוִד וּשְׁלֹמֹה הוּא יְבָרֵךְ וִירַפֵּא אֶת הַחוֹלָה (פלונית בַּת פלונית) בַּעֲבוּר שֶׁ(פלוני בֶּן פלוני) נוֹדֵר צְדָקָה בַּעֲבוּרָהּ. בִּשְׂכַר זֶה הַקָּדוֹשׁ בָּרוּךְ הוּא יִמָּלֵא רַחֲמִים עָלֶיהָ לְהַחֲלִימָהּ וּלְרַפֹּאתָהּ וּלְהַחֲזִיקָהּ וּלְהַחֲיוֹתָהּ וְיִשְׁלַח לָהּ מְהֵרָה רְפוּאָה שְׁלֵמָה מִן הַשָּׁמַיִם לְכָל אֵבָרֶיהָ וּלְכָל גִּידֶיהָ בְּתוֹךְ שְׁאָר חוֹלֵי יִשְׂרָאֵל, רְפוּאַת הַנֶּפֶשׁ וּרְפוּאַת הַגּוּף (בשבת: שַׁבָּת הִיא מִלִּזְעֹק וּרְפוּאָה קְרוֹבָה לָבוֹא), הַשְׁתָּא בַּעֲגָלָא וּבִזְמַן קָרִיב, וְנֹאמַר אָמֵן.

מי שבירך ליולדת בן

מִי שֶׁבֵּרַךְ אֲבוֹתֵינוּ אַבְרָהָם יִצְחָק וְיַעֲקֹב, מֹשֶׁה וְאַהֲרֹן דָּוִד וּשְׁלֹמֹה, שָׂרָה רִבְקָה רָחֵל וְלֵאָה הוּא יְבָרֵךְ אֶת הָאִשָּׁה הַיּוֹלֶדֶת (פלונית בַּת פלוני) וְאֶת בְּנָהּ שֶׁנּוֹלַד לָהּ לְמַזָּל טוֹב בַּעֲבוּר שֶׁבַּעְלָהּ וְאָבִיו נוֹדֵר צְדָקָה בַּעֲדָם. בִּשְׂכַר זֶה יִזְכּוּ אָבִיו וְאִמּוֹ לְהַכְנִיסוֹ בִּבְרִיתוֹ שֶׁל אַבְרָהָם אָבִינוּ וּלְגַדְּלוֹ לְתוֹרָה וּלְחֻפָּה וּלְמַעֲשִׂים טוֹבִים, וְיִכָּתֵב וְיֵחָתֵם לְחַיִּים טוֹבִים בְּיוֹם הַדִּין הַזֶּה עִם כָּל יִשְׂרָאֵל אֲחֵיהֶם, וְנֹאמַר אָמֵן.

מי שבירך ליולדת בת

מִי שֶׁבֵּרַךְ אֲבוֹתֵינוּ אַבְרָהָם יִצְחָק וְיַעֲקֹב, מֹשֶׁה וְאַהֲרֹן דָּוִד וּשְׁלֹמֹה, שָׂרָה רִבְקָה רָחֵל וְלֵאָה הוּא יְבָרֵךְ אֶת הָאִשָּׁה הַיּוֹלֶדֶת (פלונית בַּת פלוני) וְאֶת בִּתָּהּ שֶׁנּוֹלְדָה לָהּ לְמַזָּל טוֹב וְיִקָּרֵא שְׁמָהּ בְּיִשְׂרָאֵל (פלונית בַּת פלוני), בַּעֲבוּר שֶׁבַּעְלָהּ וְאָבִיהָ נוֹדֵר צְדָקָה בַּעֲדָן. בִּשְׂכַר זֶה יִזְכּוּ אָבִיהָ וְאִמָּהּ לְגַדְּלָהּ לְתוֹרָה וּלְחֻפָּה וּלְמַעֲשִׂים טוֹבִים, וְיִכָּתְבוּ וְיֵחָתְמוּ לְחַיִּים טוֹבִים בְּיוֹם הַדִּין הַזֶּה עִם כָּל יִשְׂרָאֵל אֲחֵיהֶן, וְנֹאמַר אָמֵן.

קריאת התורה

וַיְדַבֵּר יהוה אֶל־מֹשֶׁה אַחֲרֵי מוֹת שְׁנֵי בְּנֵי אַהֲרֹן בְּקָרְבָתָם ויקרא טז, א–לד
לִפְנֵי־יהוה וַיָּמֻתוּ: וַיֹּאמֶר יהוה אֶל־מֹשֶׁה דַּבֵּר אֶל־אַהֲרֹן
אָחִיךָ וְאַל־יָבֹא בְכָל־עֵת אֶל־הַקֹּדֶשׁ מִבֵּית לַפָּרֹכֶת אֶל־פְּנֵי
הַכַּפֹּרֶת אֲשֶׁר עַל־הָאָרֹן וְלֹא יָמוּת כִּי בֶּעָנָן אֵרָאֶה עַל־הַכַּפֹּרֶת:
בְּזֹאת יָבֹא אַהֲרֹן אֶל־הַקֹּדֶשׁ בְּפַר בֶּן־בָּקָר לְחַטָּאת וְאַיִל
לְעֹלָה: כְּתֹנֶת־בַּד קֹדֶשׁ יִלְבָּשׁ וּמִכְנְסֵי־בַד יִהְיוּ עַל־בְּשָׂרוֹ בשבת לוי
וּבְאַבְנֵט בַּד יַחְגֹּר וּבְמִצְנֶפֶת בַּד יִצְנֹף בִּגְדֵי־קֹדֶשׁ הֵם וְרָחַץ
בַּמַּיִם אֶת־בְּשָׂרוֹ וּלְבֵשָׁם: וּמֵאֵת עֲדַת בְּנֵי יִשְׂרָאֵל יִקַּח שְׁנֵי־
שְׂעִירֵי עִזִּים לְחַטָּאת וְאַיִל אֶחָד לְעֹלָה: וְהִקְרִיב אַהֲרֹן אֶת־
פַּר הַחַטָּאת אֲשֶׁר־לוֹ וְכִפֶּר בַּעֲדוֹ וּבְעַד בֵּיתוֹ: וְלָקַח אֶת־שְׁנֵי לוי בשבת שלישי
הַשְּׂעִירִם וְהֶעֱמִיד אֹתָם לִפְנֵי יהוה פֶּתַח אֹהֶל מוֹעֵד: וְנָתַן
אַהֲרֹן עַל־שְׁנֵי הַשְּׂעִירִם גֹּרָלוֹת גּוֹרָל אֶחָד לַיהוה וְגוֹרָל אֶחָד
לַעֲזָאזֵל: וְהִקְרִיב אַהֲרֹן אֶת־הַשָּׂעִיר אֲשֶׁר עָלָה עָלָיו הַגּוֹרָל
לַיהוה וְעָשָׂהוּ חַטָּאת: וְהַשָּׂעִיר אֲשֶׁר עָלָה עָלָיו הַגּוֹרָל לַעֲזָאזֵל
יָעֳמַד־חַי לִפְנֵי יהוה לְכַפֵּר עָלָיו לְשַׁלַּח אֹתוֹ לַעֲזָאזֵל הַמִּדְבָּרָה:
וְהִקְרִיב אַהֲרֹן אֶת־פַּר הַחַטָּאת אֲשֶׁר־לוֹ וְכִפֶּר בַּעֲדוֹ וּבְעַד
בֵּיתוֹ וְשָׁחַט אֶת־פַּר הַחַטָּאת אֲשֶׁר־לוֹ: וְלָקַח מְלֹא־הַמַּחְתָּה שלישי בשבת רביעי
גַּחֲלֵי־אֵשׁ מֵעַל הַמִּזְבֵּחַ מִלִּפְנֵי יהוה וּמְלֹא חָפְנָיו קְטֹרֶת סַמִּים
דַּקָּה וְהֵבִיא מִבֵּית לַפָּרֹכֶת: וְנָתַן אֶת־הַקְּטֹרֶת עַל־הָאֵשׁ לִפְנֵי
יהוה וְכִסָּה | עֲנַן הַקְּטֹרֶת אֶת־הַכַּפֹּרֶת אֲשֶׁר עַל־הָעֵדוּת וְלֹא
יָמוּת: וְלָקַח מִדַּם הַפָּר וְהִזָּה בְאֶצְבָּעוֹ עַל־פְּנֵי הַכַּפֹּרֶת קֵדְמָה
וְלִפְנֵי הַכַּפֹּרֶת יַזֶּה שֶׁבַע־פְּעָמִים מִן־הַדָּם בְּאֶצְבָּעוֹ: וְשָׁחַט
אֶת־שְׂעִיר הַחַטָּאת אֲשֶׁר לָעָם וְהֵבִיא אֶת־דָּמוֹ אֶל־מִבֵּית

לַפָּרֹכֶת וְעָשָׂה אֶת־דָּמוֹ כַּאֲשֶׁר עָשָׂה לְדַם הַפָּר וְהִזָּה אֹתוֹ
עַל־הַכַּפֹּרֶת וְלִפְנֵי הַכַּפֹּרֶת: וְכִפֶּר עַל־הַקֹּדֶשׁ מִטֻּמְאֹת בְּנֵי
יִשְׂרָאֵל וּמִפִּשְׁעֵיהֶם לְכָל־חַטֹּאתָם וְכֵן יַעֲשֶׂה לְאֹהֶל מוֹעֵד הַשֹּׁכֵן
אִתָּם בְּתוֹךְ טֻמְאֹתָם: וְכָל־אָדָם לֹא־יִהְיֶה ׀ בְּאֹהֶל מוֹעֵד בְּבֹאוֹ
לְכַפֵּר בַּקֹּדֶשׁ עַד־צֵאתוֹ וְכִפֶּר בַּעֲדוֹ וּבְעַד בֵּיתוֹ וּבְעַד כָּל־קְהַל
יִשְׂרָאֵל: וְיָצָא אֶל־הַמִּזְבֵּחַ אֲשֶׁר לִפְנֵי־יהוה וְכִפֶּר עָלָיו וְלָקַח רביעי בשבת חמישי
מִדַּם הַפָּר וּמִדַּם הַשָּׂעִיר וְנָתַן עַל־קַרְנוֹת הַמִּזְבֵּחַ סָבִיב: וְהִזָּה
עָלָיו מִן־הַדָּם בְּאֶצְבָּעוֹ שֶׁבַע פְּעָמִים וְטִהֲרוֹ וְקִדְּשׁוֹ מִטֻּמְאֹת
בְּנֵי יִשְׂרָאֵל: וְכִלָּה מִכַּפֵּר אֶת־הַקֹּדֶשׁ וְאֶת־אֹהֶל מוֹעֵד וְאֶת־
הַמִּזְבֵּחַ וְהִקְרִיב אֶת־הַשָּׂעִיר הֶחָי: וְסָמַךְ אַהֲרֹן אֶת־שְׁתֵּי יָדָו
עַל־רֹאשׁ הַשָּׂעִיר הַחַי וְהִתְוַדָּה עָלָיו אֶת־כָּל־עֲוֺנֹת בְּנֵי יִשְׂרָאֵל
וְאֶת־כָּל־פִּשְׁעֵיהֶם לְכָל־חַטֹּאתָם וְנָתַן אֹתָם עַל־רֹאשׁ הַשָּׂעִיר
וְשִׁלַּח בְּיַד־אִישׁ עִתִּי הַמִּדְבָּרָה: וְנָשָׂא הַשָּׂעִיר עָלָיו אֶת־כָּל־
עֲוֺנֹתָם אֶל־אֶרֶץ גְּזֵרָה וְשִׁלַּח אֶת־הַשָּׂעִיר בַּמִּדְבָּר: וּבָא אַהֲרֹן
אֶל־אֹהֶל מוֹעֵד וּפָשַׁט אֶת־בִּגְדֵי הַבָּד אֲשֶׁר לָבַשׁ בְּבֹאוֹ אֶל־
הַקֹּדֶשׁ וְהִנִּיחָם שָׁם: וְרָחַץ אֶת־בְּשָׂרוֹ בַמַּיִם בְּמָקוֹם קָדוֹשׁ וְלָבַשׁ
אֶת־בְּגָדָיו וְיָצָא וְעָשָׂה אֶת־עֹלָתוֹ וְאֶת־עֹלַת הָעָם וְכִפֶּר בַּעֲדוֹ
וּבְעַד הָעָם: *וְאֵת חֵלֶב הַחַטָּאת יַקְטִיר הַמִּזְבֵּחָה: וְהַמְשַׁלֵּחַ חמישי בשבת שישי
אֶת־הַשָּׂעִיר לַעֲזָאזֵל יְכַבֵּס בְּגָדָיו וְרָחַץ אֶת־בְּשָׂרוֹ בַּמָּיִם וְאַחֲרֵי־
כֵן יָבוֹא אֶל־הַמַּחֲנֶה: וְאֵת פַּר הַחַטָּאת וְאֵת ׀ שְׂעִיר הַחַטָּאת
אֲשֶׁר הוּבָא אֶת־דָּמָם לְכַפֵּר בַּקֹּדֶשׁ יוֹצִיא אֶל־מִחוּץ לַמַּחֲנֶה
וְשָׂרְפוּ בָאֵשׁ אֶת־עֹרֹתָם וְאֶת־בְּשָׂרָם וְאֶת־פִּרְשָׁם: וְהַשֹּׂרֵף
אֹתָם יְכַבֵּס בְּגָדָיו וְרָחַץ אֶת־בְּשָׂרוֹ בַּמָּיִם וְאַחֲרֵי־כֵן יָבוֹא אֶל־
הַמַּחֲנֶה: וְהָיְתָה לָכֶם לְחֻקַּת עוֹלָם בַּחֹדֶשׁ הַשְּׁבִיעִי בֶּעָשׂוֹר

לַחֹ֙דֶשׁ֙ תְּעַנּ֣וּ אֶת־נַפְשֹׁתֵיכֶ֔ם וְכָל־מְלָאכָה֙ לֹ֣א תַעֲשׂ֔וּ הָֽאֶזְרָ֔ח
וְהַגֵּ֖ר הַגָּ֥ר בְּתוֹכְכֶֽם׃ כִּֽי־בַיּ֥וֹם הַזֶּ֛ה יְכַפֵּ֥ר עֲלֵיכֶ֖ם לְטַהֵ֣ר אֶתְכֶ֑ם
מִכֹּל֙ חַטֹּ֣אתֵיכֶ֔ם לִפְנֵ֥י יְהֹוָ֖ה תִּטְהָֽרוּ׃ שַׁבַּ֨ת שַׁבָּת֥וֹן הִיא֙ לָכֶ֔ם שישי בשבת שביעי
וְעִנִּיתֶ֖ם אֶת־נַפְשֹׁתֵיכֶ֑ם חֻקַּ֖ת עוֹלָֽם׃ וְכִפֶּ֨ר הַכֹּהֵ֜ן אֲשֶׁר־יִמְשַׁ֣ח
אֹת֗וֹ וַאֲשֶׁ֤ר יְמַלֵּא֙ אֶת־יָד֔וֹ לְכַהֵ֖ן תַּ֣חַת אָבִ֑יו וְלָבַ֛שׁ אֶת־בִּגְדֵ֥י
הַבָּ֖ד בִּגְדֵ֥י הַקֹּֽדֶשׁ׃ וְכִפֶּר֙ אֶת־מִקְדַּ֣שׁ הַקֹּ֔דֶשׁ וְאֶת־אֹ֧הֶל מוֹעֵ֛ד
וְאֶת־הַמִּזְבֵּ֖חַ יְכַפֵּ֑ר וְעַ֧ל הַכֹּהֲנִ֛ים וְעַל־כָּל־עַ֥ם הַקָּהָ֖ל יְכַפֵּֽר׃
וְהָֽיְתָה־זֹּ֨את לָכֶ֜ם לְחֻקַּ֣ת עוֹלָ֗ם לְכַפֵּ֞ר עַל־בְּנֵ֤י יִשְׂרָאֵל֙ מִכָּל־
חַטֹּאתָ֔ם אַחַ֖ת בַּשָּׁנָ֑ה וַיַּ֕עַשׂ כַּאֲשֶׁ֛ר צִוָּ֥ה יְהֹוָ֖ה אֶת־מֹשֶֽׁה׃

חצי קדיש

לפני שקוראים למפטיר, בעל הקורא אומר חצי קדיש
(רמב"ם, תפילה פי"ב ה"כ).

ש"ץ: יִתְגַּדַּל וְיִתְקַדַּשׁ שְׁמֵהּ רַבָּא (קהל: אָמֵן)
בְּעָלְמָא דִּי בְרָא כִרְעוּתֵהּ
וְיַמְלִיךְ מַלְכוּתֵהּ וְיַצְמַח פֻּרְקָנֵהּ וִיקָרֵב מְשִׁיחֵהּ (קהל: אָמֵן)
בְּחַיֵּיכוֹן וּבְיוֹמֵיכוֹן וּבְחַיֵּי דְכָל בֵּית יִשְׂרָאֵל
בַּעֲגָלָא וּבִזְמַן קָרִיב, וְאִמְרוּ אָמֵן. (קהל: אָמֵן)

קהל וש"ץ: יְהֵא שְׁמֵהּ רַבָּא מְבָרַךְ לְעָלַם וּלְעָלְמֵי עָלְמַיָּא.

ש"ץ: יִתְבָּרַךְ וְיִשְׁתַּבַּח וְיִתְפָּאַר וְיִתְרוֹמַם וְיִתְנַשֵּׂא
וְיִתְהַדָּר וְיִתְעַלֶּה וְיִתְהַלָּל
שְׁמֵהּ דְּקֻדְשָׁא בְּרִיךְ הוּא (קהל: אָמֵן)
לְעֵלָּא לְעֵלָּא מִכָּל בִּרְכָתָא
וְשִׁירָתָא תֻּשְׁבְּחָתָא וְנֶחֱמָתָא
דַּאֲמִירָן בְּעָלְמָא, וְאִמְרוּ אָמֵן. (קהל: אָמֵן)

הגבהה וגלילה

כאשר מגביהים את ספר התורה, הקהל אומר:

דברים ד וְזֹאת הַתּוֹרָה אֲשֶׁר־שָׂם מֹשֶׁה לִפְנֵי בְּנֵי יִשְׂרָאֵל:

במדבר ט עַל־פִּי יהוה בְּיַד מֹשֶׁה:

משלי ג ויש מוסיפים: עֵץ־חַיִּים הִיא לַמַּחֲזִיקִים בָּהּ וְתֹמְכֶיהָ מְאֻשָּׁר:

דְּרָכֶיהָ דַרְכֵי־נֹעַם וְכָל־נְתִיבוֹתֶיהָ שָׁלוֹם:

אֹרֶךְ יָמִים בִּימִינָהּ, בִּשְׂמֹאולָהּ עֹשֶׁר וְכָבוֹד:

ישעיה מב יהוה חָפֵץ לְמַעַן צִדְקוֹ יַגְדִּיל תּוֹרָה וְיַאְדִּיר:

מפטיר

קוראים למפטיר בספר שני.

במדבר כט,ז–יא וּבֶעָשׂוֹר לַחֹדֶשׁ הַשְּׁבִיעִי הַזֶּה מִקְרָא־קֹדֶשׁ יִהְיֶה לָכֶם וְעִנִּיתֶם
אֶת־נַפְשֹׁתֵיכֶם כָּל־מְלָאכָה לֹא תַעֲשׂוּ: וְהִקְרַבְתֶּם עֹלָה לַיהוה
רֵיחַ נִיחֹחַ פַּר בֶּן־בָּקָר אֶחָד אַיִל אֶחָד כְּבָשִׂים בְּנֵי־שָׁנָה שִׁבְעָה
תְּמִימִם יִהְיוּ לָכֶם: וּמִנְחָתָם סֹלֶת בְּלוּלָה בַשָּׁמֶן שְׁלֹשָׁה עֶשְׂרֹנִים
לַפָּר שְׁנֵי עֶשְׂרֹנִים לָאַיִל הָאֶחָד: עִשָּׂרוֹן עִשָּׂרוֹן לַכֶּבֶשׂ הָאֶחָד
לְשִׁבְעַת הַכְּבָשִׂים: שְׂעִיר־עִזִּים אֶחָד חַטָּאת מִלְּבַד חַטַּאת
הַכִּפֻּרִים וְעֹלַת הַתָּמִיד וּמִנְחָתָהּ וְנִסְכֵּיהֶם:

הגבהה וגלילה

מגביהים את ספר התורה השני, והקהל אומר:

דברים ד וְזֹאת הַתּוֹרָה אֲשֶׁר־שָׂם מֹשֶׁה לִפְנֵי בְּנֵי יִשְׂרָאֵל:

במדבר ט עַל־פִּי יהוה בְּיַד מֹשֶׁה:

משלי ג ויש מוסיפים: עֵץ־חַיִּים הִיא לַמַּחֲזִיקִים בָּהּ וְתֹמְכֶיהָ מְאֻשָּׁר:

דְּרָכֶיהָ דַרְכֵי־נֹעַם וְכָל־נְתִיבוֹתֶיהָ שָׁלוֹם:

אֹרֶךְ יָמִים בִּימִינָהּ, בִּשְׂמֹאולָהּ עֹשֶׁר וְכָבוֹד:

ישעיה מב יהוה חָפֵץ לְמַעַן צִדְקוֹ יַגְדִּיל תּוֹרָה וְיַאְדִּיר:

ברכות ההפטרה

לפני קריאת ההפטרה בנביא, המפטיר מברך:

בָּרוּךְ אַתָּה יהוה אֱלֹהֵינוּ מֶלֶךְ הָעוֹלָם אֲשֶׁר בָּחַר בִּנְבִיאִים טוֹבִים,
וְרָצָה בְדִבְרֵיהֶם הַנֶּאֱמָרִים בֶּאֱמֶת. בָּרוּךְ אַתָּה יהוה, הַבּוֹחֵר
בַּתּוֹרָה וּבְמֹשֶׁה עַבְדּוֹ וּבְיִשְׂרָאֵל עַמּוֹ וּבִנְבִיאֵי הָאֱמֶת וָצֶדֶק.

הפטרה

ישעיה נז,יד – נח,יד וְאָמַר סֹלּוּ־סֹלּוּ פַּנּוּ־דָרֶךְ הָרִימוּ מִכְשׁוֹל מִדֶּרֶךְ עַמִּי: כִּי
כֹה אָמַר רָם וְנִשָּׂא שֹׁכֵן עַד וְקָדוֹשׁ שְׁמוֹ מָרוֹם וְקָדוֹשׁ אֶשְׁכּוֹן
וְאֶת־דַּכָּא וּשְׁפַל־רוּחַ לְהַחֲיוֹת רוּחַ שְׁפָלִים וּלְהַחֲיוֹת לֵב
נִדְכָּאִים: כִּי לֹא לְעוֹלָם אָרִיב וְלֹא לָנֶצַח אֶקְּצוֹף כִּי־רוּחַ מִלְּפָנַי
יַעֲטוֹף וּנְשָׁמוֹת אֲנִי עָשִׂיתִי: בַּעֲוֹן בִּצְעוֹ קָצַפְתִּי וְאַכֵּהוּ הַסְתֵּר
וְאֶקְצֹף וַיֵּלֶךְ שׁוֹבָב בְּדֶרֶךְ לִבּוֹ: דְּרָכָיו רָאִיתִי וְאֶרְפָּאֵהוּ וְאַנְחֵהוּ
וַאֲשַׁלֵּם נִחֻמִים לוֹ וְלַאֲבֵלָיו: בּוֹרֵא נוּב שְׂפָתָיִם שָׁלוֹם ׀ שָׁלוֹם נִיב
לָרָחוֹק וְלַקָּרוֹב אָמַר יהוה וּרְפָאתִיו: וְהָרְשָׁעִים כַּיָּם נִגְרָשׁ כִּי
הַשְׁקֵט לֹא יוּכָל וַיִּגְרְשׁוּ מֵימָיו רֶפֶשׁ וָטִיט: אֵין שָׁלוֹם אָמַר אֱלֹהַי
לָרְשָׁעִים: קְרָא בְגָרוֹן אַל־תַּחְשֹׂךְ כַּשּׁוֹפָר הָרֵם קוֹלֶךָ
וְהַגֵּד לְעַמִּי פִּשְׁעָם וּלְבֵית יַעֲקֹב חַטֹּאתָם: וְאוֹתִי יוֹם יוֹם יִדְרֹשׁוּן
וְדַעַת דְּרָכַי יֶחְפָּצוּן כְּגוֹי אֲשֶׁר־צְדָקָה עָשָׂה וּמִשְׁפַּט אֱלֹהָיו לֹא
עָזָב יִשְׁאָלוּנִי מִשְׁפְּטֵי־צֶדֶק קִרְבַת אֱלֹהִים יֶחְפָּצוּן: לָמָּה צַּמְנוּ
וְלֹא רָאִיתָ עִנִּינוּ נַפְשֵׁנוּ וְלֹא תֵדָע הֵן בְּיוֹם צֹמְכֶם תִּמְצְאוּ־חֵפֶץ
וְכָל־עַצְּבֵיכֶם תִּנְגֹּשׂוּ: הֵן לְרִיב וּמַצָּה תָּצוּמוּ וּלְהַכּוֹת בְּאֶגְרֹף
רֶשַׁע לֹא־תָצוּמוּ כַיּוֹם לְהַשְׁמִיעַ בַּמָּרוֹם קוֹלְכֶם: הֲכָזֶה יִהְיֶה צוֹם
אֶבְחָרֵהוּ יוֹם עַנּוֹת אָדָם נַפְשׁוֹ הֲלָכֹף כְּאַגְמֹן רֹאשׁוֹ וְשַׂק וָאֵפֶר
יַצִּיעַ הֲלָזֶה תִּקְרָא־צוֹם וְיוֹם רָצוֹן לַיהוה: הֲלוֹא זֶה צוֹם אֶבְחָרֵהוּ

פַּתֵּחַ חַרְצֻבּוֹת רֶשַׁע הַתֵּר אֲגֻדּוֹת מוֹטָה וְשַׁלַּח רְצוּצִים חָפְשִׁים
וְכָל־מוֹטָה תְּנַתֵּקוּ׃ הֲלוֹא פָרֹס לָרָעֵב לַחְמֶךָ וַעֲנִיִּים מְרוּדִים
תָּבִיא בָיִת כִּי־תִרְאֶה עָרֹם וְכִסִּיתוֹ וּמִבְּשָׂרְךָ לֹא תִתְעַלָּם׃ אָז
יִבָּקַע כַּשַּׁחַר אוֹרֶךָ וַאֲרֻכָתְךָ מְהֵרָה תִצְמָח וְהָלַךְ לְפָנֶיךָ צִדְקֶךָ
כְּבוֹד יהוה יַאַסְפֶךָ׃ אָז תִּקְרָא וַיהוה יַעֲנֶה תְּשַׁוַּע וְיֹאמַר הִנֵּנִי
אִם־תָּסִיר מִתּוֹכְךָ מוֹטָה שְׁלַח אֶצְבַּע וְדַבֶּר־אָוֶן׃ וְתָפֵק לָרָעֵב
נַפְשֶׁךָ וְנֶפֶשׁ נַעֲנָה תַּשְׂבִּיעַ וְזָרַח בַּחֹשֶׁךְ אוֹרֶךָ וַאֲפֵלָתְךָ כַּצָּהֳרָיִם׃
וְנָחֲךָ יהוה תָּמִיד וְהִשְׂבִּיעַ בְּצַחְצָחוֹת נַפְשֶׁךָ וְעַצְמֹתֶיךָ יַחֲלִיץ
וְהָיִיתָ כְּגַן רָוֶה וּכְמוֹצָא מַיִם אֲשֶׁר לֹא־יְכַזְּבוּ מֵימָיו׃ וּבָנוּ מִמְּךָ
חָרְבוֹת עוֹלָם מוֹסְדֵי דוֹר־וָדוֹר תְּקוֹמֵם וְקֹרָא לְךָ גֹּדֵר פֶּרֶץ
מְשֹׁבֵב נְתִיבוֹת לָשָׁבֶת׃ אִם־תָּשִׁיב מִשַּׁבָּת רַגְלֶךָ עֲשׂוֹת חֲפָצֶךָ
בְּיוֹם קָדְשִׁי וְקָרָאתָ לַשַּׁבָּת עֹנֶג לִקְדוֹשׁ יהוה מְכֻבָּד וְכִבַּדְתּוֹ
מֵעֲשׂוֹת דְּרָכֶיךָ מִמְּצוֹא חֶפְצְךָ וְדַבֵּר דָּבָר׃ אָז תִּתְעַנַּג עַל־יהוה
וְהִרְכַּבְתִּיךָ עַל־בָּמוֹתֵי אָרֶץ וְהַאֲכַלְתִּיךָ נַחֲלַת יַעֲקֹב אָבִיךָ כִּי בָּמֳתֵי
פִּי יהוה דִּבֵּר׃

ברכות לאחר ההפטרה

אחר קריאת ההפטרה המפטיר מברך:

בָּרוּךְ אַתָּה יהוה אֱלֹהֵינוּ מֶלֶךְ הָעוֹלָם, צוּר כָּל הָעוֹלָמִים, צַדִּיק בְּכָל הַדּוֹרוֹת, הָאֵל הַנֶּאֱמָן, הָאוֹמֵר וְעוֹשֶׂה, הַמְדַבֵּר וּמְקַיֵּם, שֶׁכָּל דְּבָרָיו אֱמֶת וָצֶדֶק. נֶאֱמָן אַתָּה הוּא יהוה אֱלֹהֵינוּ וְנֶאֱמָנִים דְּבָרֶיךָ, וְדָבָר אֶחָד מִדְּבָרֶיךָ אָחוֹר לֹא יָשׁוּב רֵיקָם, כִּי אֵל מֶלֶךְ נֶאֱמָן וְרַחֲמָן אָתָּה. בָּרוּךְ אַתָּה יהוה, הָאֵל הַנֶּאֱמָן בְּכָל דְּבָרָיו.

רַחֵם עַל צִיּוֹן כִּי הִיא בֵּית חַיֵּינוּ, וְלַעֲלוּבַת נֶפֶשׁ תּוֹשִׁיעַ בִּמְהֵרָה בְיָמֵינוּ. בָּרוּךְ אַתָּה יהוה, מְשַׂמֵּחַ צִיּוֹן בְּבָנֶיהָ.

שַׂמְּחֵנוּ יהוה אֱלֹהֵינוּ בְּאֵלִיָּהוּ הַנָּבִיא עַבְדֶּךָ, וּבְמַלְכוּת בֵּית דָּוִד מְשִׁיחֶךָ, בִּמְהֵרָה יָבוֹא וְיָגֵל לִבֵּנוּ. עַל כִּסְאוֹ לֹא יֵשֶׁב זָר, וְלֹא יִנְחֲלוּ עוֹד אֲחֵרִים אֶת כְּבוֹדוֹ, כִּי בְשֵׁם קָדְשְׁךָ נִשְׁבַּעְתָּ לּוֹ שֶׁלֹּא יִכְבֶּה נֵרוֹ לְעוֹלָם וָעֶד. בָּרוּךְ אַתָּה יהוה, מָגֵן דָּוִד.

בשבת מוסיפים את המילים שבסוגריים.

עַל הַתּוֹרָה וְעַל הָעֲבוֹדָה וְעַל הַנְּבִיאִים (וְעַל יוֹם הַשַּׁבָּת הַזֶּה) וְעַל יוֹם הַכִּפּוּרִים הַזֶּה, שֶׁנָּתַתָּ לָּנוּ, יהוה אֱלֹהֵינוּ (לִקְדֻשָּׁה וְלִמְנוּחָה), לִמְחִילָה וְלִסְלִיחָה וּלְכַפָּרָה, וְלִמְחָל בּוֹ אֶת כָּל עֲוֹנוֹתֵינוּ, לְכָבוֹד וּלְתִפְאָרֶת. עַל הַכֹּל יהוה אֱלֹהֵינוּ אֲנַחְנוּ מוֹדִים לָךְ וּמְבָרְכִים אוֹתָךְ, יִתְבָּרַךְ שִׁמְךָ בְּפִי כָּל חַי תָּמִיד לְעוֹלָם וָעֶד, וּדְבָרְךָ אֱמֶת וְקַיָּם לָעַד. בָּרוּךְ אַתָּה יהוה, מֶלֶךְ מוֹחֵל וְסוֹלֵחַ לַעֲוֹנוֹתֵינוּ וְלַעֲוֹנוֹת עַמּוֹ בֵּית יִשְׂרָאֵל, וּמַעֲבִיר אַשְׁמוֹתֵינוּ בְּכָל שָׁנָה וְשָׁנָה, מֶלֶךְ עַל כָּל הָאָרֶץ, מְקַדֵּשׁ (הַשַּׁבָּת וְ)יִשְׂרָאֵל וְיוֹם הַכִּפּוּרִים.

ביום הכיפורים שחל בשבת, אומרים 'יְקוּם פֻּרְקָן'.
אם אינו חל בשבת, ממשיכים בתפילה לשלום המדינה (עמ' 261).

במקום שיש בו מניין השכינה שורה, ולכן אומרים ברכה לקהל. ואין אומרים אותה ביחידות ('אור זרוע' ח"ב, נ), ויש שנוהגים לומר את הפיסקה הראשונה גם ביחידות (שערי אפרים).

יְקוּם פֻּרְקָן מִן שְׁמַיָּא, חִנָּא וְחִסְדָּא וְרַחֲמֵי וְחַיֵּי אֲרִיכֵי וּמְזוֹנֵי רְוִיחֵי, וְסִיַּעְתָּא דִשְׁמַיָּא, וּבַרְיוּת גּוּפָא וּנְהוֹרָא מְעַלְּיָא, זַרְעָא חַיָּא וְקַיָּמָא, זַרְעָא דִּי לָא יִפְסֻק וְדִי לָא יִבְטֻל מִפִּתְגָּמֵי אוֹרַיְתָא, לְמָרָנָן וְרַבָּנָן חֲבוּרָתָא קַדִּישָׁתָא דִּי בְאַרְעָא דְיִשְׂרָאֵל וְדִי בְּבָבֶל, לְרֵישֵׁי כַלָּה, וּלְרֵישֵׁי גַלְוָתָא, וּלְרֵישֵׁי מְתִיבָתָא, וּלְדַיָּנֵי דְבָבָא, לְכָל תַּלְמִידֵיהוֹן, וּלְכָל תַּלְמִידֵי

תרגום

יקום פורקן מן השמים, חן וחסד ורחמים וחיים ארוכים ומזונות רווחים וסיוע מן השמים, ובריאות הגוף ואור מעולה, זרע חי וקיים, זרע שלא יפסוק ושלא יבטל מדברי תורה, למורינו ורבותינו החבורות הקדושות אשר בארץ ישראל ואשר בבבל, לראשי כלה ולראשי גלויות ולראשי הישיבות ולדייני השער, לכל תלמידיהם, ולכל

תַלְמִידֵיהוֹן, וּלְכָל מָאן דְּעָסְקִין בְּאוֹרַיְתָא. מַלְכָּא דְעָלְמָא יְבָרֵךְ יָתְהוֹן, יַפֵּשׁ חַיֵּיהוֹן וְיַסְגֵּא יוֹמֵיהוֹן, וְיִתֵּן אַרְכָא לִשְׁנֵיהוֹן, וְיִתְפָּרְקוּן וְיִשְׁתֵּיזְבוּן מִן כָּל עָקָא וּמִן כָּל מַרְעִין בִּישִׁין. מָרַן דִּי בִשְׁמַיָּא יְהֵא בְסַעְדְּהוֹן כָּל זְמַן וְעִדָּן, וְנֹאמַר אָמֵן.

יְקוּם פֻּרְקָן מִן שְׁמַיָּא, חִנָּא וְחִסְדָּא וְרַחֲמֵי וְחַיֵּי אֲרִיכֵי וּמְזוֹנֵי רְוִיחֵי, וְסִיַּעְתָּא דִשְׁמַיָּא, וּבַרְיוּת גּוּפָא וּנְהוֹרָא מְעַלְּיָא, זַרְעָא חַיָּא וְקַיָּמָא, זַרְעָא דִּי לָא יִפְסֻק וְדִי לָא יִבְטֻל מִפִּתְגָּמֵי אוֹרַיְתָא, לְכָל קְהָלָא קַדִּישָׁא הָדֵין, רַבְרְבַיָּא עִם זְעֵרַיָּא, טַפְלָא וּנְשַׁיָּא. מַלְכָּא דְעָלְמָא יְבָרֵךְ יָתְכוֹן, יַפֵּשׁ חַיֵּיכוֹן וְיַסְגֵּא יוֹמֵיכוֹן, וְיִתֵּן אַרְכָא לִשְׁנֵיכוֹן, וְתִתְפָּרְקוּן וְתִשְׁתֵּיזְבוּן מִן כָּל עָקָא וּמִן כָּל מַרְעִין בִּישִׁין. מָרַן דִּי בִשְׁמַיָּא יְהֵא בְסַעְדְּכוֹן כָּל זְמַן וְעִדָּן, וְנֹאמַר אָמֵן.

מִי שֶׁבֵּרַךְ אֲבוֹתֵינוּ אַבְרָהָם יִצְחָק וְיַעֲקֹב, הוּא יְבָרֵךְ אֶת כָּל הַקָּהָל הַקָּדוֹשׁ הַזֶּה עִם כָּל קְהִלּוֹת הַקֹּדֶשׁ, הֵם וּנְשֵׁיהֶם וּבְנֵיהֶם וּבְנוֹתֵיהֶם וְכָל אֲשֶׁר לָהֶם, וּמִי שֶׁמְּיַחֲדִים בָּתֵּי כְנֵסִיּוֹת לִתְפִלָּה, וּמִי שֶׁבָּאִים בְּתוֹכָם לְהִתְפַּלֵּל, וּמִי שֶׁנּוֹתְנִים נֵר לַמָּאוֹר וְיַיִן לְקִדּוּשׁ וּלְהַבְדָּלָה וּפַת לָאוֹרְחִים וּצְדָקָה לָעֲנִיִּים, וְכָל מִי שֶׁעוֹסְקִים בְּצָרְכֵי צִבּוּר בֶּאֱמוּנָה. הַקָּדוֹשׁ בָּרוּךְ הוּא יְשַׁלֵּם שְׂכָרָם, וְיָסִיר מֵהֶם כָּל מַחֲלָה, וְיִרְפָּא לְכָל גּוּפָם, וְיִסְלַח לְכָל עֲוֹנָם, וְיִשְׁלַח בְּרָכָה וְהַצְלָחָה בְּכָל מַעֲשֵׂי יְדֵיהֶם עִם כָּל יִשְׂרָאֵל אֲחֵיהֶם, וְנֹאמַר אָמֵן.

תלמידי תלמידיהם, ולכל מי שעוסקים בתורה. מלך העולם יברך אותם, ירבה חייהם ויגדיל ימיהם ויתן אריכות לשנותיהם. וייִוָּשעו ויינצלו מכל צרה ומכל חוליים רעים. אדוננו שבשמים יהיה בעזרתם בכל זמן ועת, ונאמר אמן.

יקום פורקן מן השמים, חן וחסד ורחמים וחיים ארוכים ומזונות רווחים וסיוע מן השמים, ובריאות הגוף ואור מעולה, זרע חי וקיים, זרע שלא יפסוק ושלא ייבטל מדברי תורה, לכל הקהל הקדוש הזה, הגדולים עם הקטנים, הטף והנשים. מלך העולם יברך אתכם, ירבה חייכם ויגדיל ימיכם ויתן אריכות לשנותיכם. ותיוָּשעו ותינצלו מכל צרה ומכל חוליים רעים. אדוננו שבשמים יהיה בעזרתכם בכל זמן ועת, ונאמר אמן.

תפילה לשלום המדינה

אָבִינוּ שֶׁבַּשָּׁמַיִם, צוּר יִשְׂרָאֵל וְגוֹאֲלוֹ, בָּרֵךְ אֶת מְדִינַת יִשְׂרָאֵל, רֵאשִׁית צְמִיחַת גְּאֻלָּתֵנוּ. הָגֵן עָלֶיהָ בְּאֶבְרַת חַסְדֶּךָ וּפְרֹשׂ עָלֶיהָ סֻכַּת שְׁלוֹמֶךָ וּשְׁלַח אוֹרְךָ וַאֲמִתְּךָ לְרָאשֶׁיהָ, שָׂרֶיהָ וְיוֹעֲצֶיהָ, וְתַקְּנֵם בְּעֵצָה טוֹבָה מִלְּפָנֶיךָ.

חַזֵּק אֶת יְדֵי מְגִנֵּי אֶרֶץ קָדְשֵׁנוּ, וְהַנְחִילֵם אֱלֹהֵינוּ יְשׁוּעָה וַעֲטֶרֶת נִצָּחוֹן תְּעַטְּרֵם, וְנָתַתָּ שָׁלוֹם בָּאָרֶץ וְשִׂמְחַת עוֹלָם לְיוֹשְׁבֶיהָ.

וְאֶת אַחֵינוּ כָּל בֵּית יִשְׂרָאֵל, פְּקָד נָא בְּכָל אַרְצוֹת פְּזוּרֵיהֶם,
וְתוֹלִיכֵם מְהֵרָה קוֹמְמִיּוּת לְצִיּוֹן עִירֶךָ וְלִירוּשָׁלַיִם מִשְׁכַּן
שְׁמֶךָ, כַּכָּתוּב בְּתוֹרַת מֹשֶׁה עַבְדֶּךָ: אִם־יִהְיֶה נִדַּחֲךָ בִּקְצֵה דברים ל
הַשָּׁמָיִם, מִשָּׁם יְקַבֶּצְךָ יהוה אֱלֹהֶיךָ וּמִשָּׁם יִקָּחֶךָ: וֶהֱבִיאֲךָ
יהוה אֱלֹהֶיךָ אֶל־הָאָרֶץ אֲשֶׁר־יָרְשׁוּ אֲבֹתֶיךָ וִירִשְׁתָּהּ, וְהֵיטִבְךָ
וְהִרְבְּךָ מֵאֲבֹתֶיךָ: וּמָל יהוה אֱלֹהֶיךָ אֶת־לְבָבְךָ וְאֶת־לְבַב
זַרְעֶךָ, לְאַהֲבָה אֶת־יהוה אֱלֹהֶיךָ בְּכָל־לְבָבְךָ וּבְכָל־נַפְשְׁךָ,
לְמַעַן חַיֶּיךָ:

וְיַחֵד לְבָבֵנוּ לְאַהֲבָה וּלְיִרְאָה אֶת שְׁמֶךָ, וְלִשְׁמֹר אֶת כָּל דִּבְרֵי תוֹרָתֶךָ, וּשְׁלַח לָנוּ מְהֵרָה בֶּן דָּוִד מְשִׁיחַ צִדְקֶךָ, לִפְדּוֹת מְחַכֵּי קֵץ יְשׁוּעָתֶךָ.

וְהוֹפַע בַּהֲדַר גְּאוֹן עֻזֶּךָ עַל כָּל יוֹשְׁבֵי תֵבֵל אַרְצֶךָ וְיֹאמַר כֹּל אֲשֶׁר נְשָׁמָה בְאַפּוֹ, יהוה אֱלֹהֵי יִשְׂרָאֵל מֶלֶךְ וּמַלְכוּתוֹ בַּכֹּל מָשָׁלָה, אָמֵן סֶלָה.

מי שבירך לחיילי צה״ל

מִי שֶׁבֵּרַךְ אֲבוֹתֵינוּ אַבְרָהָם יִצְחָק וְיַעֲקֹב הוּא יְבָרֵךְ אֶת חַיָּלֵי צְבָא הַהֲגָנָה לְיִשְׂרָאֵל וְאַנְשֵׁי כּוֹחוֹת הַבִּטָּחוֹן, הָעוֹמְדִים עַל מִשְׁמַר אַרְצֵנוּ וְעָרֵי אֱלֹהֵינוּ, מִגְּבוּל הַלְּבָנוֹן וְעַד מִדְבַּר מִצְרַיִם וּמִן הַיָּם הַגָּדוֹל עַד לְבוֹא הָעֲרָבָה וּבְכָל מָקוֹם שֶׁהֵם, בַּיַּבָּשָׁה, בָּאֲוִיר וּבַיָּם. יִתֵּן יהוה אֶת אוֹיְבֵינוּ הַקָּמִים עָלֵינוּ נִגָּפִים לִפְנֵיהֶם. הַקָּדוֹשׁ בָּרוּךְ הוּא יִשְׁמֹר וְיַצִּיל אֶת חַיָּלֵינוּ מִכָּל צָרָה וְצוּקָה וּמִכָּל נֶגַע וּמַחֲלָה, וְיִשְׁלַח בְּרָכָה וְהַצְלָחָה בְּכָל מַעֲשֵׂי יְדֵיהֶם. יַדְבֵּר שׂוֹנְאֵינוּ תַּחְתֵּיהֶם וִיעַטְּרֵם בְּכֶתֶר יְשׁוּעָה וּבַעֲטֶרֶת נִצָּחוֹן.
דברים כ — וִיקֻיַּם בָּהֶם הַכָּתוּב: כִּי יהוה אֱלֹהֵיכֶם הַהֹלֵךְ עִמָּכֶם לְהִלָּחֵם לָכֶם עִם־אֹיְבֵיכֶם לְהוֹשִׁיעַ אֶתְכֶם: וְנֹאמַר אָמֵן.

מי שבירך לשבויים

מִי שֶׁבֵּרַךְ אֲבוֹתֵינוּ אַבְרָהָם יִצְחָק וְיַעֲקֹב, יוֹסֵף מֹשֶׁה וְאַהֲרֹן, דָּוִד וּשְׁלֹמֹה, הוּא יְבָרֵךְ וְיִשְׁמֹר וְיִנְצֹר אֶת נֶעְדְּרֵי צְבָא הַהֲגָנָה לְיִשְׂרָאֵל וּשְׁבוּיָו, וְאֶת כָּל אַחֵינוּ הַנְּתוּנִים בְּצָרָה וּבְשִׁבְיָה, בַּעֲבוּר שֶׁכָּל הַקָּהָל הַקָּדוֹשׁ הַזֶּה מִתְפַּלֵּל בַּעֲבוּרָם. הַקָּדוֹשׁ בָּרוּךְ הוּא יִמָּלֵא רַחֲמִים עֲלֵיהֶם, וְיוֹצִיאֵם מֵחֹשֶׁךְ וְצַלְמָוֶת, וּמוֹסְרוֹתֵיהֶם יְנַתֵּק, וּמִמְּצוּקוֹתֵיהֶם יוֹשִׁיעֵם, וִישִׁיבֵם מְהֵרָה
תהלים קז — לְחֵיק מִשְׁפְּחוֹתֵיהֶם. יוֹדוּ לַיהוה חַסְדּוֹ וְנִפְלְאוֹתָיו לִבְנֵי אָדָם:
ישעיה לה — וִיקֻיַּם בָּהֶם מִקְרָא שֶׁכָּתוּב: וּפְדוּיֵי יהוה יְשֻׁבוּן, וּבָאוּ צִיּוֹן בְּרִנָּה, וְשִׂמְחַת עוֹלָם עַל־רֹאשָׁם, שָׂשׂוֹן וְשִׂמְחָה יַשִּׂיגוּ, וְנָסוּ יָגוֹן וַאֲנָחָה: וְנֹאמַר אָמֵן.

סדר הזכרת נשמות

"וַיַּקְשֵׁב ה׳ וַיִּשְׁמָע, וַיִּכָּתֵב סֵפֶר זִכָּרוֹן לְפָנָיו לְיִרְאֵי ה׳ וּלְחֹשְׁבֵי שְׁמוֹ" (מלאכי ג, טז).

נהגו ישראל להזכיר את נשמות המתים ולידור צדקה בעדם
ביום הכיפורים (שו"ע ורמ"א תרכא, ו).
במקומות רבים נוהגים שמי שהוריו בחיים
יוצא מבית הכנסת בשעת הזכרת נשמות ('שערי אפרים' י).

לזכרון אב

יִזְכֹּר אֱלֹהִים נִשְׁמַת אָבִי מוֹרִי (פלוני בֶּן פלוני) שֶׁהָלַךְ לְעוֹלָמוֹ, בַּעֲבוּר שֶׁבְּלִי נֶדֶר אֶתֵּן צְדָקָה בַּעֲדוֹ. בִּשְׂכַר זֶה תְּהֵא נַפְשׁוֹ צְרוּרָה בִּצְרוֹר הַחַיִּים עִם נִשְׁמוֹת אַבְרָהָם יִצְחָק וְיַעֲקֹב, שָׂרָה רִבְקָה רָחֵל וְלֵאָה, וְעִם שְׁאָר צַדִּיקִים וְצִדְקָנִיּוֹת שֶׁבְּגַן עֵדֶן, וְנֹאמַר אָמֵן.

לזכרון אם

יִזְכֹּר אֱלֹהִים נִשְׁמַת אִמִּי מוֹרָתִי (פלונית בַּת פלוני) שֶׁהָלְכָה לְעוֹלָמָהּ, בַּעֲבוּר שֶׁבְּלִי נֶדֶר אֶתֵּן צְדָקָה בַּעֲדָהּ. בִּשְׂכַר זֶה תְּהֵא נַפְשָׁהּ צְרוּרָה בִּצְרוֹר הַחַיִּים עִם נִשְׁמוֹת אַבְרָהָם יִצְחָק וְיַעֲקֹב, שָׂרָה רִבְקָה רָחֵל וְלֵאָה, וְעִם שְׁאָר צַדִּיקִים וְצִדְקָנִיּוֹת שֶׁבְּגַן עֵדֶן, וְנֹאמַר אָמֵן.

לזכרון קדושים

יִזְכֹּר אֱלֹהִים נִשְׁמַת (לזכר: פלוני בֶּן פלוני / לנקבה: פלונית בַּת פלוני) וְנִשְׁמוֹת כָּל קְרוֹבַי וּקְרוֹבוֹתַי, הֵן מִצַּד אָבִי הֵן מִצַּד אִמִּי, שֶׁהוּמְתוּ וְשֶׁנֶּהֶרְגוּ וְשֶׁנִּשְׁחֲטוּ וְשֶׁנִּשְׂרְפוּ וְשֶׁנִּטְבְּעוּ וְשֶׁנֶּחְנְקוּ עַל קִדּוּשׁ הַשֵּׁם, בַּעֲבוּר שֶׁבְּלִי נֶדֶר אֶתֵּן צְדָקָה בְּעַד הַזְכָּרַת נִשְׁמוֹתֵיהֶם. בִּשְׂכַר זֶה תִּהְיֶינָה נַפְשׁוֹתֵיהֶם צְרוּרוֹת בִּצְרוֹר הַחַיִּים עִם נִשְׁמוֹת אַבְרָהָם יִצְחָק וְיַעֲקֹב, שָׂרָה רִבְקָה רָחֵל וְלֵאָה, וְעִם שְׁאָר צַדִּיקִים וְצִדְקָנִיּוֹת שֶׁבְּגַן עֵדֶן, וְנֹאמַר אָמֵן.

לזכרון קרוב

אֵל מָלֵא רַחֲמִים, שׁוֹכֵן בַּמְּרוֹמִים, הַמְצֵא מְנוּחָה נְכוֹנָה עַל כַּנְפֵי הַשְּׁכִינָה, בְּמַעֲלוֹת קְדוֹשִׁים וּטְהוֹרִים, כְּזֹהַר הָרָקִיעַ מַזְהִירִים, לְנִשְׁמַת (פלוני בֶּן פלוני) שֶׁהָלַךְ לְעוֹלָמוֹ, בַּעֲבוּר שֶׁבְּלִי נֶדֶר אֶתֵּן צְדָקָה בְּעַד הַזְכָּרַת נִשְׁמָתוֹ, בְּגַן עֵדֶן תְּהֵא מְנוּחָתוֹ. לָכֵן, בַּעַל הָרַחֲמִים יַסְתִּירֵהוּ בְּסֵתֶר כְּנָפָיו לְעוֹלָמִים, וְיִצְרֹר בִּצְרוֹר הַחַיִּים אֶת נִשְׁמָתוֹ, יהוה הוּא נַחֲלָתוֹ, וְיָנוּחַ בְּשָׁלוֹם עַל מִשְׁכָּבוֹ, וְנֹאמַר אָמֵן.

לזכרון קרובה

אֵל מָלֵא רַחֲמִים, שׁוֹכֵן בַּמְּרוֹמִים, הַמְצֵא מְנוּחָה נְכוֹנָה עַל כַּנְפֵי הַשְּׁכִינָה, בְּמַעֲלוֹת קְדוֹשִׁים וּטְהוֹרִים, כְּזֹהַר הָרָקִיעַ מַזְהִירִים, לְנִשְׁמַת (פלונית בַּת פלוני) שֶׁהָלְכָה לְעוֹלָמָהּ, בַּעֲבוּר שֶׁבְּלִי נֶדֶר אֶתֵּן צְדָקָה בְּעַד הַזְכָּרַת נִשְׁמָתָהּ, בְּגַן עֵדֶן תְּהֵא מְנוּחָתָהּ. לָכֵן, בַּעַל הָרַחֲמִים יַסְתִּירֶהָ בְּסֵתֶר כְּנָפָיו לְעוֹלָמִים, וְיִצְרֹר בִּצְרוֹר הַחַיִּים אֶת נִשְׁמָתָהּ, יהוה הוּא נַחֲלָתָהּ, וְתָנוּחַ בְּשָׁלוֹם עַל מִשְׁכָּבָהּ, וְנֹאמַר אָמֵן.

אזכרה לחיילי צה״ל

אֵל מָלֵא רַחֲמִים, שׁוֹכֵן בַּמְּרוֹמִים, הַמְצֵא מְנוּחָה נְכוֹנָה עַל כַּנְפֵי הַשְּׁכִינָה, בְּמַעֲלוֹת קְדוֹשִׁים טְהוֹרִים וְגִבּוֹרִים, כְּזֹהַר הָרָקִיעַ מַזְהִירִים, לְנִשְׁמוֹת הַקְּדוֹשִׁים שֶׁנִּלְחֲמוּ בְּכָל מַעַרְכוֹת יִשְׂרָאֵל, בַּמַּחְתֶּרֶת וּבִצְבָא הַהֲגָנָה לְיִשְׂרָאֵל, וְשֶׁנָּפְלוּ בְּמִלְחַמְתָּם וּמָסְרוּ נַפְשָׁם עַל קְדֻשַּׁת הַשֵּׁם, הָעָם וְהָאָרֶץ, בַּעֲבוּר שֶׁאָנוּ מִתְפַּלְּלִים לְעִלּוּי נִשְׁמוֹתֵיהֶם. לָכֵן, בַּעַל הָרַחֲמִים יַסְתִּירֵם בְּסֵתֶר כְּנָפָיו לְעוֹלָמִים, וְיִצְרֹר בִּצְרוֹר הַחַיִּים אֶת נִשְׁמוֹתֵיהֶם, יהוה הוּא נַחֲלָתָם, בְּגַן עֵדֶן תְּהֵא מְנוּחָתָם, וְיָנוּחוּ בְּשָׁלוֹם עַל מִשְׁכְּבוֹתֵיהֶם וְתַעֲמֹד לְכָל יִשְׂרָאֵל זְכוּתָם, וְיַעַמְדוּ לְגוֹרָלָם לְקֵץ הַיָּמִין, וְנֹאמַר אָמֵן.

אזכרה לקדושי השואה

אֵל מָלֵא רַחֲמִים, דַּיַּן אַלְמָנוֹת וַאֲבִי יְתוֹמִים, אַל נָא תֶחֱשֶׁה וְתִתְאַפַּק לְדַם יִשְׂרָאֵל שֶׁנִּשְׁפַּךְ כַּמַּיִם. הַמְצֵא מְנוּחָה נְכוֹנָה עַל כַּנְפֵי הַשְּׁכִינָה, בְּמַעֲלוֹת קְדוֹשִׁים וּטְהוֹרִים, כְּזֹהַר הָרָקִיעַ מְאִירִים וּמַזְהִירִים, לְנִשְׁמוֹתֵיהֶם שֶׁל רִבְבוֹת אַלְפֵי יִשְׂרָאֵל, אֲנָשִׁים וְנָשִׁים, יְלָדִים וִילָדוֹת, שֶׁנֶּהֶרְגוּ וְנִשְׁחֲטוּ וְנִשְׂרְפוּ וְנֶחְנְקוּ וְנִקְבְּרוּ חַיִּים, בָּאֲרָצוֹת אֲשֶׁר נָגְעָה בָהֶן יַד הַצּוֹרֵר הַגֶּרְמָנִי וּגְרוּרָיו. כֻּלָּם קְדוֹשִׁים וּטְהוֹרִים, וּבָהֶם גְּאוֹנִים וְצַדִּיקִים, אַרְזֵי הַלְּבָנוֹן אַדִּירֵי הַתּוֹרָה. בְּגַן עֵדֶן תְּהֵא מְנוּחָתָם. לָכֵן, בַּעַל הָרַחֲמִים יַסְתִּירֵם בְּסֵתֶר כְּנָפָיו לְעוֹלָמִים, וְיִצְרֹר בִּצְרוֹר הַחַיִּים אֶת נִשְׁמָתָם, יהוה הוּא נַחֲלָתָם, וְיָנוּחוּ בְשָׁלוֹם עַל מִשְׁכְּבָם, וְנֹאמַר אָמֵן.

הקהל ושליח הציבור אומרים:

אַב הָרַחֲמִים שׁוֹכֵן מְרוֹמִים, בְּרַחֲמָיו הָעֲצוּמִים הוּא יִפְקֹד בְּרַחֲמִים הַחֲסִידִים וְהַיְשָׁרִים וְהַתְּמִימִים, קְהִלּוֹת הַקֹּדֶשׁ שֶׁמָּסְרוּ נַפְשָׁם עַל קְדֻשַּׁת הַשֵּׁם, הַנֶּאֱהָבִים וְהַנְּעִימִים בְּחַיֵּיהֶם, וּבְמוֹתָם לֹא נִפְרָדוּ, מִנְּשָׁרִים קַלּוּ וּמֵאֲרָיוֹת גָּבֵרוּ לַעֲשׂוֹת רְצוֹן קוֹנָם וְחֵפֶץ צוּרָם. יִזְכְּרֵם אֱלֹהֵינוּ לְטוֹבָה עִם שְׁאָר צַדִּיקֵי עוֹלָם, וְיִנְקֹם לְעֵינֵינוּ נִקְמַת דַּם עֲבָדָיו הַשָּׁפוּךְ, כַּכָּתוּב בְּתוֹרַת מֹשֶׁה אִישׁ הָאֱלֹהִים, הַרְנִינוּ גוֹיִם עַמּוֹ, כִּי דַם־עֲבָדָיו יִקּוֹם, וְנָקָם יָשִׁיב לְצָרָיו, וְכִפֶּר אַדְמָתוֹ עַמּוֹ: (דברים לב) וְעַל יְדֵי עֲבָדֶיךָ הַנְּבִיאִים כָּתוּב לֵאמֹר, וְנִקֵּיתִי, דָּמָם לֹא־נִקֵּיתִי, וַיהוה שֹׁכֵן בְּצִיּוֹן: (יואל ד) וּבְכִתְבֵי הַקֹּדֶשׁ נֶאֱמַר, לָמָּה יֹאמְרוּ הַגּוֹיִם אַיֵּה אֱלֹהֵיהֶם, יִוָּדַע בַּגּוֹיִם לְעֵינֵינוּ נִקְמַת דַּם־עֲבָדֶיךָ הַשָּׁפוּךְ: (תהלים עט) וְאוֹמֵר, כִּי־דֹרֵשׁ דָּמִים אוֹתָם זָכָר, לֹא־שָׁכַח צַעֲקַת עֲנָוִים: (תהלים ט) וְאוֹמֵר, יָדִין בַּגּוֹיִם מָלֵא גְוִיּוֹת, מָחַץ רֹאשׁ עַל־אֶרֶץ רַבָּה: מִנַּחַל בַּדֶּרֶךְ יִשְׁתֶּה, עַל־כֵּן יָרִים רֹאשׁ: (תהלים קי)

אם יש תינוק למול, מלים אותו כאן. ראה עמ׳ 493.

"אמר רבי אלעזר אמר רבי אבינא:
כל האומר 'תְּהִלָּה לְדָוִד' בכל יום שלש פעמים – מובטח
לו שהוא בן העולם הבא" (ברכות ד ע"ב).

תהלים פד אַשְׁרֵי יוֹשְׁבֵי בֵיתֶךָ, עוֹד יְהַלְלוּךָ סֶּלָה:
תהלים קמד אַשְׁרֵי הָעָם שֶׁכָּכָה לּוֹ, אַשְׁרֵי הָעָם שֶׁיהוה אֱלֹהָיו:
תהלים קמה תְּהִלָּה לְדָוִד

אֲרוֹמִמְךָ אֱלוֹהַי הַמֶּלֶךְ, וַאֲבָרְכָה שִׁמְךָ לְעוֹלָם וָעֶד:
בְּכָל־יוֹם אֲבָרְכֶךָּ, וַאֲהַלְלָה שִׁמְךָ לְעוֹלָם וָעֶד:
גָּדוֹל יהוה וּמְהֻלָּל מְאֹד, וְלִגְדֻלָּתוֹ אֵין חֵקֶר:
דּוֹר לְדוֹר יְשַׁבַּח מַעֲשֶׂיךָ, וּגְבוּרֹתֶיךָ יַגִּידוּ:
הֲדַר כְּבוֹד הוֹדֶךָ, וְדִבְרֵי נִפְלְאֹתֶיךָ אָשִׂיחָה:
וֶעֱזוּז נוֹרְאֹתֶיךָ יֹאמֵרוּ, וּגְדוּלָּתְךָ אֲסַפְּרֶנָּה:
זֵכֶר רַב־טוּבְךָ יַבִּיעוּ, וְצִדְקָתְךָ יְרַנֵּנוּ:
חַנּוּן וְרַחוּם יהוה, אֶרֶךְ אַפַּיִם וּגְדָל־חָסֶד:
טוֹב־יהוה לַכֹּל, וְרַחֲמָיו עַל־כָּל־מַעֲשָׂיו:
יוֹדוּךָ יהוה כָּל־מַעֲשֶׂיךָ, וַחֲסִידֶיךָ יְבָרְכוּכָה:
כְּבוֹד מַלְכוּתְךָ יֹאמֵרוּ, וּגְבוּרָתְךָ יְדַבֵּרוּ:
לְהוֹדִיעַ לִבְנֵי הָאָדָם גְּבוּרֹתָיו, וּכְבוֹד הֲדַר מַלְכוּתוֹ:
מַלְכוּתְךָ מַלְכוּת כָּל־עֹלָמִים, וּמֶמְשַׁלְתְּךָ בְּכָל־דּוֹר וָדֹר:
סוֹמֵךְ יהוה לְכָל־הַנֹּפְלִים, וְזוֹקֵף לְכָל־הַכְּפוּפִים:
עֵינֵי־כֹל אֵלֶיךָ יְשַׂבֵּרוּ, וְאַתָּה נוֹתֵן־לָהֶם אֶת־אָכְלָם בְּעִתּוֹ:
פּוֹתֵחַ אֶת־יָדֶךָ, וּמַשְׂבִּיעַ לְכָל־חַי רָצוֹן:
צַדִּיק יהוה בְּכָל־דְּרָכָיו, וְחָסִיד בְּכָל־מַעֲשָׂיו:
קָרוֹב יהוה לְכָל־קֹרְאָיו, לְכֹל אֲשֶׁר יִקְרָאֻהוּ בֶאֱמֶת:
רְצוֹן־יְרֵאָיו יַעֲשֶׂה, וְאֶת־שַׁוְעָתָם יִשְׁמַע, וְיוֹשִׁיעֵם:

שׁוֹמֵר יהוה אֶת־כָּל־אֹהֲבָיו, וְאֵת כָּל־הָרְשָׁעִים יַשְׁמִיד:
› תְּהִלַּת יהוה יְדַבֶּר פִּי, וִיבָרֵךְ כָּל־בָּשָׂר שֵׁם קָדְשׁוֹ לְעוֹלָם וָעֶד:
וַאֲנַחְנוּ נְבָרֵךְ יָהּ מֵעַתָּה וְעַד־עוֹלָם, הַלְלוּיָהּ: תהלים קטו

הכנסת ספר תורה

פותחים את ארון הקודש, והקהל עומד על רגליו.
שליח הציבור נוטל את ספר התורה ואומר:

יְהַלְלוּ אֶת־שֵׁם יהוה, כִּי־נִשְׂגָּב שְׁמוֹ, לְבַדּוֹ: תהלים קמח

הקהל אומר:

הוֹדוֹ עַל־אֶרֶץ וְשָׁמָיִם:
וַיָּרֶם קֶרֶן לְעַמּוֹ
תְּהִלָּה לְכָל־חֲסִידָיו
לִבְנֵי יִשְׂרָאֵל עַם קְרֹבוֹ
הַלְלוּיָהּ:

ביום הכיפורים שחל בשבת, מלווים את ספר התורה לארון הקודש באמירת מזמור זה:

מִזְמוֹר לְדָוִד, הָבוּ לַיהוה בְּנֵי אֵלִים, הָבוּ לַיהוה כָּבוֹד וָעֹז: הָבוּ תהלים כט
לַיהוה כְּבוֹד שְׁמוֹ, הִשְׁתַּחֲווּ לַיהוה בְּהַדְרַת־קֹדֶשׁ: קוֹל יהוה
עַל־הַמָּיִם, אֵל־הַכָּבוֹד הִרְעִים, יהוה עַל־מַיִם רַבִּים: קוֹל־יהוה
בַּכֹּחַ, קוֹל יהוה בֶּהָדָר: קוֹל יהוה שֹׁבֵר אֲרָזִים, וַיְשַׁבֵּר יהוה אֶת־
אַרְזֵי הַלְּבָנוֹן: וַיַּרְקִידֵם כְּמוֹ־עֵגֶל, לְבָנוֹן וְשִׂרְיוֹן כְּמוֹ בֶן־רְאֵמִים:
קוֹל־יהוה חֹצֵב לַהֲבוֹת אֵשׁ: קוֹל יהוה יָחִיל מִדְבָּר, יָחִיל יהוה
מִדְבַּר קָדֵשׁ: קוֹל יהוה יְחוֹלֵל אַיָּלוֹת וַיֶּחֱשֹׂף יְעָרוֹת, וּבְהֵיכָלוֹ,

כֻּלּוֹ אֹמֵר כָּבוֹד: ‹ יהוה לַמַּבּוּל יָשָׁב, וַיֵּשֶׁב יהוה מֶלֶךְ לְעוֹלָם:
יהוה עֹז לְעַמּוֹ יִתֵּן, יהוה יְבָרֵךְ אֶת־עַמּוֹ בַשָּׁלוֹם:

ביום הכיפורים שאינו חל בשבת, מלווים את ספר התורה לארון הקודש באמירת מזמור זה:

תהלים כד
לְדָוִד מִזְמוֹר, לַיהוה הָאָרֶץ וּמְלוֹאָהּ, תֵּבֵל וְיֹשְׁבֵי בָהּ: כִּי־הוּא עַל־
יַמִּים יְסָדָהּ, וְעַל־נְהָרוֹת יְכוֹנְנֶהָ: מִי־יַעֲלֶה בְהַר־יהוה, וּמִי־יָקוּם
בִּמְקוֹם קָדְשׁוֹ: נְקִי כַפַּיִם וּבַר־לֵבָב, אֲשֶׁר לֹא־נָשָׂא לַשָּׁוְא נַפְשִׁי
וְלֹא נִשְׁבַּע לְמִרְמָה: יִשָּׂא בְרָכָה מֵאֵת יהוה, וּצְדָקָה מֵאֱלֹהֵי יִשְׁעוֹ:
זֶה דּוֹר דֹּרְשָׁו, מְבַקְשֵׁי פָנֶיךָ, יַעֲקֹב, סֶלָה: שְׂאוּ שְׁעָרִים רָאשֵׁיכֶם,
וְהִנָּשְׂאוּ פִּתְחֵי עוֹלָם, וְיָבוֹא מֶלֶךְ הַכָּבוֹד: מִי זֶה מֶלֶךְ הַכָּבוֹד, יהוה
עִזּוּז וְגִבּוֹר, יהוה גִּבּוֹר מִלְחָמָה: שְׂאוּ שְׁעָרִים רָאשֵׁיכֶם, וּשְׂאוּ
פִּתְחֵי עוֹלָם, וְיָבֹא מֶלֶךְ הַכָּבוֹד: ‹ מִי הוּא זֶה מֶלֶךְ הַכָּבוֹד, יהוה
צְבָאוֹת הוּא מֶלֶךְ הַכָּבוֹד, סֶלָה:

מכניסים את ספר התורה לארון הקודש ואומרים
(ספר המחכים, סידור 'מלאה הארץ דעה'):

במדבר י — וּבְנֻחֹה יֹאמַר, שׁוּבָה יהוה רִבְבוֹת אַלְפֵי יִשְׂרָאֵל:

תהלים קלב — קוּמָה יהוה לִמְנוּחָתֶךָ, אַתָּה וַאֲרוֹן עֻזֶּךָ:
כֹּהֲנֶיךָ יִלְבְּשׁוּ־צֶדֶק, וַחֲסִידֶיךָ יְרַנֵּנוּ:
בַּעֲבוּר דָּוִד עַבְדֶּךָ אַל־תָּשֵׁב פְּנֵי מְשִׁיחֶךָ:

משלי ד — כִּי לֶקַח טוֹב נָתַתִּי לָכֶם, תּוֹרָתִי אַל־תַּעֲזֹבוּ:

משלי ג — עֵץ־חַיִּים הִיא לַמַּחֲזִיקִים בָּהּ, וְתֹמְכֶיהָ מְאֻשָּׁר:
דְּרָכֶיהָ דַרְכֵי־נֹעַם וְכָל־נְתִיבוֹתֶיהָ שָׁלוֹם:

איכה ה — ‹ הֲשִׁיבֵנוּ יהוה אֵלֶיךָ וְנָשׁוּבָה, חַדֵּשׁ יָמֵינוּ כְּקֶדֶם:

סוגרים את ארון הקודש.

מוסף ליום הכיפורים

תפילת מוסף

לפני תפילת מוסף שליח הציבור אומר תחינה זו:

הִנְנִי הֶעָנִי מִמַּעַשׂ, נִרְעָשׁ וְנִפְחָד מִפַּחַד יוֹשֵׁב תְּהִלּוֹת יִשְׂרָאֵל, בָּאתִי לַעֲמֹד וּלְחַנֵּן לְפָנֶיךָ עַל עַמְּךָ יִשְׂרָאֵל אֲשֶׁר שְׁלָחוּנִי, וְאַף עַל פִּי שֶׁאֵינִי כְדַאי וְהָגוּן לְכָךְ. עַל כֵּן אֲבַקֶּשְׁךָ אֱלֹהֵי אַבְרָהָם אֱלֹהֵי יִצְחָק וֵאלֹהֵי יַעֲקֹב, יהוה יהוה, אֵל רַחוּם וְחַנּוּן, אֱלֹהִים, שַׁדַּי אָיֹם וְנוֹרָא, הֱיֵה נָא מַצְלִיחַ דַּרְכִּי אֲשֶׁר אָנֹכִי הוֹלֵךְ לַעֲמֹד לְבַקֵּשׁ רַחֲמִים עָלַי וְעַל שׁוֹלְחָי. וְנָא אַל תַּפְשִׁיעֵם בְּחַטֹּאתַי וְאַל תְּחַיְּבֵם בַּעֲוֹנוֹתַי, כִּי חוֹטֵא וּפוֹשֵׁעַ אָנִי, וְאַל יִכָּלְמוּ בִּפְשָׁעַי, וְאַל יֵבֹשׁוּ בִּי וְאַל אֵבוֹשָׁה בָּהֶם. וְקַבֵּל תְּפִלָּתִי כִּתְפִלַּת זָקֵן וְרָגִיל, וּפִרְקוֹ נָאֶה וּזְקָנוֹ מְגֻדָּל וְקוֹלוֹ נָעִים, וּמְעֹרָב בְּדַעַת עִם הַבְּרִיּוֹת. וְתִגְעַר בְּשָׂטָן לְבַל יַשְׂטִינֵנִי, וִיהִי נָא דִּגְלֵנוּ עָלֶיךָ אַהֲבָה, לְכָל פְּשָׁעִים תְּכַסֶּה בְּאַהֲבָה, וְכָל צוֹמוֹתֵינוּ וְעִנּוּיֵינוּ הֲפָךְ לָנוּ וּלְכָל יִשְׂרָאֵל לְשָׂשׂוֹן וּלְשִׂמְחָה לְחַיִּים וּלְשָׁלוֹם, הָאֱמֶת וְהַשָּׁלוֹם אֱהָבוּ, וְאַל יְהִי שׁוּם מִכְשׁוֹל בִּתְפִלָּתִי.

וִיהִי רָצוֹן מִלְּפָנֶיךָ יהוה אֱלֹהֵי אַבְרָהָם אֱלֹהֵי יִצְחָק וֵאלֹהֵי יַעֲקֹב, הָאֵל הַגָּדוֹל הַגִּבּוֹר וְהַנּוֹרָא אֵל עֶלְיוֹן אֶהְיֶה אֲשֶׁר אֶהְיֶה, שֶׁכָּל הַמַּלְאָכִים שֶׁהֵם בַּעֲלֵי תְפִלּוֹת יָבִיאוּ תְפִלָּתִי לִפְנֵי כִסֵּא כְבוֹדֶךָ וְיָפִיצוּ אוֹתָהּ לְפָנֶיךָ, בַּעֲבוּר כָּל הַצַּדִּיקִים וְהַחֲסִידִים הַתְּמִימִים וְהַיְשָׁרִים, וּבַעֲבוּר כְּבוֹד שִׁמְךָ הַגָּדוֹל הַגִּבּוֹר וְהַנּוֹרָא. כִּי אַתָּה שׁוֹמֵעַ תְּפִלַּת עַמְּךָ יִשְׂרָאֵל בְּרַחֲמִים, בָּרוּךְ אַתָּה שׁוֹמֵעַ תְּפִלָּה.

חצי קדיש

ש״ץ: יִתְגַּדַּל וְיִתְקַדַּשׁ שְׁמֵהּ רַבָּא (קהל: אָמֵן)
בְּעָלְמָא דִּי בְרָא כִרְעוּתֵהּ
וְיַמְלִיךְ מַלְכוּתֵהּ
וְיַצְמַח פֻּרְקָנֵהּ וִיקָרֵב מְשִׁיחֵהּ (קהל: אָמֵן)
בְּחַיֵּיכוֹן וּבְיוֹמֵיכוֹן וּבְחַיֵּי דְכָל בֵּית יִשְׂרָאֵל
בַּעֲגָלָא וּבִזְמַן קָרִיב, וְאִמְרוּ אָמֵן. (קהל: אָמֵן)

קהל וש״ץ: יְהֵא שְׁמֵהּ רַבָּא מְבָרַךְ לְעָלַם וּלְעָלְמֵי עָלְמַיָּא.

ש״ץ: יִתְבָּרַךְ וְיִשְׁתַּבַּח וְיִתְפָּאַר וְיִתְרוֹמַם וְיִתְנַשֵּׂא
וְיִתְהַדָּר וְיִתְעַלֶּה וְיִתְהַלָּל
שְׁמֵהּ דְּקֻדְשָׁא בְּרִיךְ הוּא (קהל: אָמֵן)
לְעֵלָּא לְעֵלָּא מִכָּל בִּרְכָתָא
וְשִׁירָתָא תֻּשְׁבְּחָתָא וְנֶחֱמָתָא
דַּאֲמִירָן בְּעָלְמָא, וְאִמְרוּ אָמֵן. (קהל: אָמֵן)

עמידה

״המתפלל צריך שיכוין בלבו פירוש המלות שמוציא בשפתיו; ויחשוב כאלו שכינה כנגדו ויסיר כל המחשבות הטורדות אותו עד שתשאר מחשבתו וכוונתו זכה בתפלתו״ (שו״ע צח, א).

פוסע שלוש פסיעות לפנים כמי שנכנס לפני המלך.
עומד ומתפלל בלחש מכאן ועד ׳וּכְשָׁנִים קַדְמֹנִיּוֹת׳ בעמ׳ 286.

כורע במקומות המסומנים ב׳, קד לפנים במילה הבאה וזוקף בשם.

דברים לב: כִּי שֵׁם יהוה אֶקְרָא, הָבוּ גֹדֶל לֵאלֹהֵינוּ:
תהלים נא: אֲדֹנָי, שְׂפָתַי תִּפְתָּח, וּפִי יַגִּיד תְּהִלָּתֶךָ:

אבות

׳בָּרוּךְ אַתָּה יהוה, אֱלֹהֵינוּ וֵאלֹהֵי אֲבוֹתֵינוּ
אֱלֹהֵי אַבְרָהָם, אֱלֹהֵי יִצְחָק, וֵאלֹהֵי יַעֲקֹב
הָאֵל הַגָּדוֹל הַגִּבּוֹר וְהַנּוֹרָא, אֵל עֶלְיוֹן

גּוֹמֵל חֲסָדִים טוֹבִים, קוֹנֵה הַכֹּל
וְזוֹכֵר חַסְדֵי אָבוֹת
וּמֵבִיא גוֹאֵל לִבְנֵי בְנֵיהֶם, לְמַעַן שְׁמוֹ בְּאַהֲבָה.

זָכְרֵנוּ לְחַיִּים, מֶלֶךְ חָפֵץ בַּחַיִּים
וְכָתְבֵנוּ בְּסֵפֶר הַחַיִּים
לְמַעַנְךָ אֱלֹהִים חַיִּים.

מֶלֶךְ עוֹזֵר וּמוֹשִׁיעַ וּמָגֵן.
׳בָּרוּךְ אַתָּה יהוה, מָגֵן אַבְרָהָם.

אם שכח לומר ׳זָכְרֵנוּ לְחַיִּים׳, אינו חוזר.

גבורות

אַתָּה גִּבּוֹר לְעוֹלָם, אֲדֹנָי
מְחַיֵּה מֵתִים אַתָּה, רַב לְהוֹשִׁיעַ
מוֹרִיד הַטָּל
מְכַלְכֵּל חַיִּים בְּחֶסֶד, מְחַיֵּה מֵתִים בְּרַחֲמִים רַבִּים
סוֹמֵךְ נוֹפְלִים, וְרוֹפֵא חוֹלִים, וּמַתִּיר אֲסוּרִים
וּמְקַיֵּם אֱמוּנָתוֹ לִישֵׁנֵי עָפָר.
מִי כָמְוֹךָ, בַּעַל גְּבוּרוֹת, וּמִי דּוֹמֶה לָּךְ
מֶלֶךְ, מֵמִית וּמְחַיֶּה וּמַצְמִיחַ יְשׁוּעָה.

מִי כָמְוֹךָ אָב הָרַחֲמָן
זוֹכֵר יְצוּרָיו לְחַיִּים בְּרַחֲמִים.

וְנֶאֱמָן אַתָּה לְהַחֲיוֹת מֵתִים.
בָּרוּךְ אַתָּה יהוה, מְחַיֵּה הַמֵּתִים.

אם שכח לומר ׳מִי כָמְוֹךָ אַב הָרַחֲמָן׳, אינו חוזר.

קדושת השם

אַתָּה קָדוֹשׁ וְשִׁמְךָ קָדוֹשׁ
וּקְדוֹשִׁים בְּכָל יוֹם יְהַלְלוּךָ סֶּלָה
כִּי אֵל מֶלֶךְ גָּדוֹל וְקָדוֹשׁ אָתָּה.

לְדוֹר וָדוֹר הַמְלִיכוּ לָאֵל
כִּי הוּא לְבַדּוֹ מָרוֹם וְקָדוֹשׁ.

וּבְכֵן יִתְקַדַּשׁ שִׁמְךָ יהוה אֱלֹהֵינוּ עַל יִשְׂרָאֵל עַמֶּךָ
וְעַל יְרוּשָׁלַיִם עִירֶךָ, וְעַל צִיּוֹן מִשְׁכַּן כְּבוֹדֶךָ
וְעַל מַלְכוּת בֵּית דָּוִד מְשִׁיחֶךָ, וְעַל מְכוֹנְךָ וְהֵיכָלֶךָ.

וּבְכֵן תֵּן פַּחְדְּךָ יהוה אֱלֹהֵינוּ עַל כָּל מַעֲשֶׂיךָ
וְאֵימָתְךָ עַל כָּל מַה שֶּׁבָּרָאתָ
וְיִירָאוּךָ כָּל הַמַּעֲשִׂים, וְיִשְׁתַּחֲווּ לְפָנֶיךָ כָּל הַבְּרוּאִים
וְיֵעָשׂוּ כֻלָּם אֲגֻדָּה אֶחָת לַעֲשׂוֹת רְצוֹנְךָ בְּלֵבָב שָׁלֵם
כְּמוֹ שֶׁיָּדַעְנוּ יהוה אֱלֹהֵינוּ שֶׁהַשָּׁלְטָן לְפָנֶיךָ
עֹז בְּיָדְךָ וּגְבוּרָה בִּימִינֶךָ
וְשִׁמְךָ נוֹרָא עַל כָּל מַה שֶּׁבָּרָאתָ.

וּבְכֵן תֵּן כָּבוֹד יהוה לְעַמֶּךָ
תְּהִלָּה לִירֵאֶיךָ וְתִקְוָה טוֹבָה לְדוֹרְשֶׁיךָ
וּפִתְחוֹן פֶּה לַמְיַחֲלִים לָךְ
שִׂמְחָה לְאַרְצֶךָ, וְשָׂשׂוֹן לְעִירֶךָ
וּצְמִיחַת קֶרֶן לְדָוִד עַבְדֶּךָ
וַעֲרִיכַת נֵר לְבֶן יִשַׁי מְשִׁיחֶךָ בִּמְהֵרָה בְיָמֵינוּ.

וּבְכֵן צַדִּיקִים יִרְאוּ וְיִשְׂמָחוּ, וִישָׁרִים יַעֲלֹזוּ
וַחֲסִידִים בְּרִנָּה יָגִילוּ, וְעוֹלָתָה תִּקְפָּץ פִּיהָ
וְכָל הָרִשְׁעָה כֻּלָּהּ כְּעָשָׁן תִּכְלֶה
כִּי תַעֲבִיר מֶמְשֶׁלֶת זָדוֹן מִן הָאָרֶץ.

וְתִמְלֹךְ אַתָּה הוּא יהוה אֱלֹהֵינוּ
מְהֵרָה לְבַדֶּךָ עַל כָּל מַעֲשֶׂיךָ
בְּהַר צִיּוֹן מִשְׁכַּן כְּבוֹדֶךָ
וּבִירוּשָׁלַיִם עִיר קָדְשֶׁךָ
כַּכָּתוּב בְּדִבְרֵי קָדְשֶׁךָ
יִמְלֹךְ יהוה לְעוֹלָם, אֱלֹהַיִךְ צִיּוֹן לְדֹר וָדֹר, הַלְלוּיָהּ: תהלים קמו

קָדוֹשׁ אַתָּה וְנוֹרָא שְׁמֶךָ, וְאֵין אֱלוֹהַ מִבַּלְעָדֶיךָ
כַּכָּתוּב, וַיִּגְבַּהּ יהוה צְבָאוֹת בַּמִּשְׁפָּט ישעיה ה
וְהָאֵל הַקָּדוֹשׁ נִקְדַּשׁ בִּצְדָקָה:
בָּרוּךְ אַתָּה יהוה, הַמֶּלֶךְ הַקָּדוֹשׁ.

אם שכח לומר את הפיסקאות המתחילות ׳לְדוֹר וָדוֹר׳, אינו חוזר,
אך אם חתם ׳הָאֵל הַקָּדוֹשׁ׳ כברוב ימות השנה, חוזר לראש.

קדושת היום

אַתָּה בְחַרְתָּנוּ מִכָּל הָעַמִּים
אָהַבְתָּ אוֹתָנוּ וְרָצִיתָ בָּנוּ
וְרוֹמַמְתָּנוּ מִכָּל הַלְּשׁוֹנוֹת
וְקִדַּשְׁתָּנוּ בְּמִצְוֹתֶיךָ
וְקֵרַבְתָּנוּ מַלְכֵּנוּ לַעֲבוֹדָתֶךָ
וְשִׁמְךָ הַגָּדוֹל וְהַקָּדוֹשׁ עָלֵינוּ קָרָאתָ.

בשבת מוסיפים את המילים שבסוגריים.

וַתִּתֶּן לָנוּ יהוה אֱלֹהֵינוּ בְּאַהֲבָה אֶת יוֹם
(הַשַּׁבָּת הַזֶּה לִקְדֻשָּׁה וְלִמְנוּחָה, וְאֶת יוֹם)
הַכִּפּוּרִים הַזֶּה, לִמְחִילָה וְלִסְלִיחָה וּלְכַפָּרָה
וְלִמְחָל בּוֹ אֶת כָּל עֲוֹנוֹתֵינוּ
(בְּאַהֲבָה) מִקְרָא קֹדֶשׁ, זֵכֶר לִיצִיאַת מִצְרָיִם.

וּמִפְּנֵי חֲטָאֵינוּ גָּלִינוּ מֵאַרְצֵנוּ
וְנִתְרַחַקְנוּ מֵעַל אַדְמָתֵנוּ
וְאֵין אֲנוּ יְכוֹלִים לַעֲשׂוֹת חוֹבוֹתֵינוּ בְּבֵית בְּחִירָתֶךָ
בַּבַּיִת הַגָּדוֹל וְהַקָּדוֹשׁ שֶׁנִּקְרָא שִׁמְךָ עָלָיו
מִפְּנֵי הַיָּד שֶׁנִּשְׁתַּלְּחָה בְּמִקְדָּשֶׁךָ.
יְהִי רָצוֹן מִלְּפָנֶיךָ יהוה אֱלֹהֵינוּ וֵאלֹהֵי אֲבוֹתֵינוּ
מֶלֶךְ רַחֲמָן
שֶׁתָּשׁוּב וּתְרַחֵם עָלֵינוּ וְעַל מִקְדָּשְׁךָ בְּרַחֲמֶיךָ הָרַבִּים
וְתִבְנֵהוּ מְהֵרָה וּתְגַדֵּל כְּבוֹדוֹ.
אָבִינוּ מַלְכֵּנוּ, גַּלֵּה כְּבוֹד מַלְכוּתְךָ עָלֵינוּ מְהֵרָה
וְהוֹפַע וְהִנָּשֵׂא עָלֵינוּ לְעֵינֵי כָּל חָי
וְקָרֵב פְּזוּרֵינוּ מִבֵּין הַגּוֹיִם, וּנְפוּצוֹתֵינוּ כַּנֵּס מִיַּרְכְּתֵי אָרֶץ.

וַהֲבִיאֵנוּ לְצִיּוֹן עִירְךָ בְּרִנָּה
וְלִירוּשָׁלַיִם בֵּית מִקְדָּשְׁךָ בְּשִׂמְחַת עוֹלָם
וְשָׁם נַעֲשֶׂה לְפָנֶיךָ אֶת קָרְבְּנוֹת חוֹבוֹתֵינוּ
תְּמִידִים כְּסִדְרָם וּמוּסָפִים כְּהִלְכָתָם

וְאֶת מוּסַף יוֹם /וְאֶת מוּסְפֵי יוֹם הַשַּׁבָּת הַזֶּה וְיוֹם/ הַכִּפּוּרִים הַזֶּה
נַעֲשֶׂה וְנַקְרִיב לְפָנֶיךָ בְּאַהֲבָה כְּמִצְוַת רְצוֹנֶךָ
כְּמוֹ שֶׁכָּתַבְתָּ עָלֵינוּ בְּתוֹרָתֶךָ
עַל יְדֵי מֹשֶׁה עַבְדֶּךָ מִפִּי כְבוֹדֶךָ, כָּאָמוּר

בשבת מוסיפים:

וּבְיוֹם הַשַּׁבָּת, שְׁנֵי־כְבָשִׂים בְּנֵי־שָׁנָה תְּמִימִם במדבר כח
וּשְׁנֵי עֶשְׂרֹנִים סֹלֶת מִנְחָה בְּלוּלָה בַשֶּׁמֶן וְנִסְכּוֹ:
עֹלַת שַׁבַּת בְּשַׁבַּתּוֹ, עַל־עֹלַת הַתָּמִיד וְנִסְכָּהּ:

וּבֶעָשׂוֹר לַחֹדֶשׁ הַשְּׁבִיעִי הַזֶּה, מִקְרָא־קֹדֶשׁ יִהְיֶה לָכֶם במדבר כט
וְעִנִּיתֶם אֶת־נַפְשֹׁתֵיכֶם, כָּל־מְלָאכָה לֹא תַעֲשׂוּ:
וְהִקְרַבְתֶּם עֹלָה לַיהוה רֵיחַ נִיחֹחַ
פַּר בֶּן־בָּקָר אֶחָד, אַיִל אֶחָד
כְּבָשִׂים בְּנֵי־שָׁנָה שִׁבְעָה, תְּמִימִם יִהְיוּ לָכֶם:
וּמִנְחָתָם וְנִסְכֵּיהֶם כִּמְדֻבָּר
שְׁלֹשָׁה עֶשְׂרֹנִים לַפָּר וּשְׁנֵי עֶשְׂרֹנִים לָאַיִל
וְעִשָּׂרוֹן לַכֶּבֶשׂ, וְיַיִן כְּנִסְכּוֹ, וּשְׁנֵי שְׂעִירִים לְכַפֵּר
וּשְׁנֵי תְמִידִים כְּהִלְכָתָם.

בשבת מוסיפים:

יִשְׂמְחוּ בְמַלְכוּתְךָ שׁוֹמְרֵי שַׁבָּת וְקוֹרְאֵי עֹנֶג.
עַם מְקַדְּשֵׁי שְׁבִיעִי
כֻּלָּם יִשְׂבְּעוּ וְיִתְעַנְּגוּ מִטּוּבֶךָ
וּבַשְּׁבִיעִי רָצִיתָ בּוֹ וְקִדַּשְׁתּוֹ
חֶמְדַּת יָמִים אוֹתוֹ קָרָאתָ, זֵכֶר לְמַעֲשֵׂה בְרֵאשִׁית.

אֱלֹהֵינוּ וֵאלֹהֵי אֲבוֹתֵינוּ
מְחַל לַעֲוֹנוֹתֵינוּ בְּיוֹם (הַשַּׁבָּת הַזֶּה וּבְיוֹם) הַכִּפּוּרִים הַזֶּה
מְחֵה וְהַעֲבֵר פְּשָׁעֵינוּ וְחַטֹּאתֵינוּ מִנֶּגֶד עֵינֶיךָ
כָּאָמוּר
אָנֹכִי אָנֹכִי הוּא מֹחֶה פְשָׁעֶיךָ לְמַעֲנִי ישעיה מג
וְחַטֹּאתֶיךָ לֹא אֶזְכֹּר:
וְנֶאֱמַר
מָחִיתִי כָעָב פְּשָׁעֶיךָ וְכֶעָנָן חַטֹּאותֶיךָ ישעיה מד
שׁוּבָה אֵלַי כִּי גְאַלְתִּיךָ:
וְנֶאֱמַר
כִּי־בַיּוֹם הַזֶּה יְכַפֵּר עֲלֵיכֶם לְטַהֵר אֶתְכֶם ויקרא טז
מִכֹּל חַטֹּאתֵיכֶם לִפְנֵי יהוה תִּטְהָרוּ:

(אֱלֹהֵינוּ וֵאלֹהֵי אֲבוֹתֵינוּ, רְצֵה נָא בִמְנוּחָתֵנוּ)
קַדְּשֵׁנוּ בְּמִצְוֹתֶיךָ וְתֵן חֶלְקֵנוּ בְּתוֹרָתֶךָ
שַׂבְּעֵנוּ מִטּוּבֶךָ, וְשַׂמַּח נַפְשֵׁנוּ בִּישׁוּעָתֶךָ
(וְהַנְחִילֵנוּ יהוה אֱלֹהֵינוּ בְּאַהֲבָה וּבְרָצוֹן שַׁבַּת קָדְשֶׁךָ
וְיָנוּחוּ בוֹ כָּל יִשְׂרָאֵל מְקַדְּשֵׁי שְׁמֶךָ)
וְטַהֵר לִבֵּנוּ לְעָבְדְּךָ בֶּאֱמֶת.
כִּי אַתָּה סָלְחָן לְיִשְׂרָאֵל וּמָחֳלָן לְשִׁבְטֵי יְשֻׁרוּן בְּכָל דּוֹר וָדוֹר
וּמִבַּלְעָדֶיךָ אֵין לָנוּ מֶלֶךְ מוֹחֵל וְסוֹלֵחַ אֶלָּא אָתָּה.
בָּרוּךְ אַתָּה יהוה
מֶלֶךְ מוֹחֵל וְסוֹלֵחַ לַעֲוֹנוֹתֵינוּ, וְלַעֲוֹנוֹת עַמּוֹ בֵּית יִשְׂרָאֵל
וּמַעֲבִיר אַשְׁמוֹתֵינוּ בְּכָל שָׁנָה וְשָׁנָה
מֶלֶךְ עַל כָּל הָאָרֶץ
מְקַדֵּשׁ (הַשַּׁבָּת וְ)יִשְׂרָאֵל וְיוֹם הַכִּפּוּרִים.

עבודה

רְצֵה יהוה אֱלֹהֵינוּ בְּעַמְּךָ יִשְׂרָאֵל, וְלִתְפִלָּתָם שְׁעֵה
וְהָשֵׁב אֶת הָעֲבוֹדָה לִדְבִיר בֵּיתֶךָ
וְאִשֵּׁי יִשְׂרָאֵל וּתְפִלָּתָם, מְהֵרָה בְּאַהֲבָה תְקַבֵּל בְּרָצוֹן
וּתְהִי לְרָצוֹן תָּמִיד עֲבוֹדַת יִשְׂרָאֵל עַמֶּךָ.
וְתֶחֱזֶינָה עֵינֵינוּ בְּשׁוּבְךָ לְצִיּוֹן בְּרַחֲמִים.
בָּרוּךְ אַתָּה יהוה, הַמַּחֲזִיר שְׁכִינָתוֹ לְצִיּוֹן.

הודאה

כורע ב׳מודים׳ ואינו זוקף עד אמירת השם.

°מוֹדִים אֲנַחְנוּ לָךְ
שָׁאַתָּה הוּא יהוה אֱלֹהֵינוּ וֵאלֹהֵי אֲבוֹתֵינוּ לְעוֹלָם וָעֶד.
צוּר חַיֵּינוּ, מָגֵן יִשְׁעֵנוּ אַתָּה הוּא לְדוֹר וָדוֹר.
נוֹדֶה לְּךָ וּנְסַפֵּר תְּהִלָּתֶךָ, עַל חַיֵּינוּ הַמְּסוּרִים בְּיָדֶךָ
וְעַל נִשְׁמוֹתֵינוּ הַפְּקוּדוֹת לָךְ, וְעַל נִסֶּיךָ שֶׁבְּכָל יוֹם עִמָּנוּ
וְעַל נִפְלְאוֹתֶיךָ וְטוֹבוֹתֶיךָ, שֶׁבְּכָל עֵת, עֶרֶב וָבֹקֶר וְצָהֳרָיִם.
הַטּוֹב, כִּי לֹא כָלוּ רַחֲמֶיךָ, וְהַמְרַחֵם, כִּי לֹא תַמּוּ חֲסָדֶיךָ
כִּי מֵעוֹלָם קִוִּינוּ לָךְ.
וְעַל כֻּלָּם יִתְבָּרַךְ וְיִתְרוֹמַם וְיִתְנַשֵּׂא שִׁמְךָ מַלְכֵּנוּ
תָּמִיד לְעוֹלָם וָעֶד.
וּכְתֹב לְחַיִּים טוֹבִים כָּל בְּנֵי בְרִיתֶךָ.
וְכֹל הַחַיִּים יוֹדוּךָ סֶּלָה
וִיהַלְלוּ וִיבָרְכוּ אֶת שִׁמְךָ הַגָּדוֹל בֶּאֱמֶת לְעוֹלָם כִּי טוֹב
הָאֵל יְשׁוּעָתֵנוּ וְעֶזְרָתֵנוּ סֶלָה, הָאֵל הַטּוֹב.
°בָּרוּךְ אַתָּה יהוה, הַטּוֹב שִׁמְךָ וּלְךָ נָאֶה לְהוֹדוֹת.

אם שכח לומר ׳וּכְתֹב לְחַיִּים טוֹבִים׳, אינו חוזר.

שלום

שִׂים שָׁלוֹם טוֹבָה וּבְרָכָה, חַיִּים חֵן וָחֶסֶד וְרַחֲמִים
עָלֵינוּ וְעַל כָּל יִשְׂרָאֵל עַמֶּךָ.
בָּרְכֵנוּ אָבִינוּ כֻּלָּנוּ כְּאֶחָד בְּאוֹר פָּנֶיךָ
כִּי בְאוֹר פָּנֶיךָ נָתַתָּ לָּנוּ יהוה אֱלֹהֵינוּ
תּוֹרַת חַיִּים וְאַהֲבַת חֶסֶד
וּצְדָקָה וּבְרָכָה וְרַחֲמִים וְחַיִּים וְשָׁלוֹם.
וְטוֹב יִהְיֶה בְּעֵינֶיךָ לְבָרְכֵנוּ וּלְבָרֵךְ אֶת כָּל עַמְּךָ יִשְׂרָאֵל
בְּכָל עֵת וּבְכָל שָׁעָה בִּשְׁלוֹמֶךָ.

בְּסֵפֶר חַיִּים, בְּרָכָה וְשָׁלוֹם, וּפַרְנָסָה טוֹבָה
וּגְזֵרוֹת טוֹבוֹת, יְשׁוּעוֹת וְנֶחָמוֹת
נִזָּכֵר וְנִכָּתֵב לְפָנֶיךָ אֲנַחְנוּ וְכָל עַמְּךָ בֵּית יִשְׂרָאֵל
לְחַיִּים טוֹבִים וּלְשָׁלוֹם.

בָּרוּךְ אַתָּה יהוה, הַמְבָרֵךְ אֶת עַמּוֹ יִשְׂרָאֵל בַּשָּׁלוֹם.

אם שכח לומר ׳בְּסֵפֶר חַיִּים׳, אינו חוזר.

יש מוסיפים:

יִהְיוּ לְרָצוֹן אִמְרֵי־פִי וְהֶגְיוֹן לִבִּי לְפָנֶיךָ, יהוה צוּרִי וְגֹאֲלִי: תהלים יט

אֱלֹהֵינוּ וֵאלֹהֵי אֲבוֹתֵינוּ
תָּבוֹא לְפָנֶיךָ תְּפִלָּתֵנוּ, וְאַל תִּתְעַלַּם מִתְּחִנָּתֵנוּ.
שֶׁאֵין אָנוּ עַזֵּי פָנִים וּקְשֵׁי עֹרֶף לוֹמַר לְפָנֶיךָ
יהוה אֱלֹהֵינוּ וֵאלֹהֵי אֲבוֹתֵינוּ
צַדִּיקִים אֲנַחְנוּ וְלֹא חָטָאנוּ.
אֲבָל אֲנַחְנוּ וַאֲבוֹתֵינוּ חָטָאנוּ.

כשמתוודה, מכה באגרופו על החזה כנגד הלב (מג״א תרז, ג, בשם מדרש קהלת).

אָשַֽׁמְנוּ, בָּגַֽדְנוּ, גָּזַֽלְנוּ, דִּבַּֽרְנוּ דֹפִי
הֶעֱוִֽינוּ, וְהִרְשַֽׁעְנוּ, זַֽדְנוּ, חָמַֽסְנוּ, טָפַֽלְנוּ שֶֽׁקֶר
יָעַֽצְנוּ רָע, כִּזַּֽבְנוּ, לַֽצְנוּ, מָרַֽדְנוּ, נִאַֽצְנוּ, סָרַֽרְנוּ
עָוִֽינוּ, פָּשַֽׁעְנוּ, צָרַֽרְנוּ, קִשִּֽׁינוּ עֹֽרֶף
רָשַֽׁעְנוּ, שִׁחַֽתְנוּ, תִּעַֽבְנוּ, תָּעִֽינוּ, תִּעְתָּֽעְנוּ.

סַֽרְנוּ מִמִּצְוֹתֶֽיךָ וּמִמִּשְׁפָּטֶֽיךָ הַטּוֹבִים, וְלֹא שָֽׁוָה לָֽנוּ.
וְאַתָּה צַדִּיק עַל כָּל־הַבָּא עָלֵֽינוּ כִּי־אֱמֶת עָשִֽׂיתָ נחמיה ט
וַאֲנַֽחְנוּ הִרְשָֽׁעְנוּ:

מַה נֹּאמַר לְפָנֶֽיךָ יוֹשֵׁב מָרוֹם
וּמַה נְּסַפֵּר לְפָנֶֽיךָ שׁוֹכֵן שְׁחָקִים
הֲלֹא כָּל הַנִּסְתָּרוֹת וְהַנִּגְלוֹת אַתָּה יוֹדֵֽעַ.

אַתָּה יוֹדֵֽעַ רָזֵי עוֹלָם וְתַעֲלוּמוֹת סִתְרֵי כָּל חָי.
אַתָּה חוֹפֵשׂ כָּל חַדְרֵי בָֽטֶן וּבוֹחֵן כְּלָיוֹת וָלֵב.
אֵין דָּבָר נֶעְלָם מִמָּךְ וְאֵין נִסְתָּר מִנֶּֽגֶד עֵינֶֽיךָ.
וּבְכֵן, יְהִי רָצוֹן מִלְּפָנֶֽיךָ, יהוה אֱלֹהֵֽינוּ וֵאלֹהֵי אֲבוֹתֵֽינוּ
שֶׁתְּכַפֵּר לָֽנוּ עַל כָּל חַטֹּאתֵֽינוּ
וְתִסְלַח לָֽנוּ עַל כָּל עֲוֹנוֹתֵֽינוּ
וְתִמְחַל לָֽנוּ עַל כָּל פְּשָׁעֵֽינוּ.

על כל חטא שמונה, מכה באגרופו על החזה כנגד הלב.

עַל חֵטְא שֶׁחָטָֽאנוּ לְפָנֶֽיךָ בְּאֹֽנֶס וּבְרָצוֹן
וְעַל חֵטְא שֶׁחָטָֽאנוּ לְפָנֶֽיךָ בְּאִמּוּץ הַלֵּב

עַל חֵטְא שֶׁחָטָֽאנוּ לְפָנֶֽיךָ בִּבְלִי דָֽעַת
וְעַל חֵטְא שֶׁחָטָֽאנוּ לְפָנֶֽיךָ בְּבִטּוּי שְׂפָתָֽיִם

עַל חֵטְא שֶׁחָטָאנוּ לְפָנֶיךָ בְּגִלּוּי עֲרָיוֹת
וְעַל חֵטְא שֶׁחָטָאנוּ לְפָנֶיךָ בְּגָלוּי וּבַסָּתֶר

עַל חֵטְא שֶׁחָטָאנוּ לְפָנֶיךָ בְּדַעַת וּבְמִרְמָה
וְעַל חֵטְא שֶׁחָטָאנוּ לְפָנֶיךָ בְּדִבּוּר פֶּה

עַל חֵטְא שֶׁחָטָאנוּ לְפָנֶיךָ בְּהוֹנָאַת רֵעַ
וְעַל חֵטְא שֶׁחָטָאנוּ לְפָנֶיךָ בְּהַרְהוֹר הַלֵּב

עַל חֵטְא שֶׁחָטָאנוּ לְפָנֶיךָ בִּוְעִידַת זְנוּת
וְעַל חֵטְא שֶׁחָטָאנוּ לְפָנֶיךָ בְּוִדּוּי פֶּה

עַל חֵטְא שֶׁחָטָאנוּ לְפָנֶיךָ בְּזִלְזוּל הוֹרִים וּמוֹרִים
וְעַל חֵטְא שֶׁחָטָאנוּ לְפָנֶיךָ בְּזָדוֹן וּבִשְׁגָגָה

עַל חֵטְא שֶׁחָטָאנוּ לְפָנֶיךָ בְּחֹזֶק יָד
וְעַל חֵטְא שֶׁחָטָאנוּ לְפָנֶיךָ בְּחִלּוּל הַשֵּׁם

עַל חֵטְא שֶׁחָטָאנוּ לְפָנֶיךָ בְּטֻמְאַת שְׂפָתָיִם
וְעַל חֵטְא שֶׁחָטָאנוּ לְפָנֶיךָ בְּטִפְשׁוּת פֶּה

עַל חֵטְא שֶׁחָטָאנוּ לְפָנֶיךָ בְּיֵצֶר הָרָע
וְעַל חֵטְא שֶׁחָטָאנוּ לְפָנֶיךָ בְּיוֹדְעִים וּבְלֹא יוֹדְעִים

וְעַל כֻּלָּם אֱלוֹהַּ סְלִיחוֹת סְלַח לָנוּ, מְחַל לָנוּ, כַּפֶּר לָנוּ.

עַל חֵטְא שֶׁחָטָאנוּ לְפָנֶיךָ בְּכַחַשׁ וּבְכָזָב
וְעַל חֵטְא שֶׁחָטָאנוּ לְפָנֶיךָ בְּכַפַּת שֹׁחַד

עַל חֵטְא שֶׁחָטָאנוּ לְפָנֶיךָ בְּלָצוֹן
וְעַל חֵטְא שֶׁחָטָאנוּ לְפָנֶיךָ בְּלָשׁוֹן הָרָע

עַל חֵטְא שֶׁחָטָאנוּ לְפָנֶיךָ בְּמַשָּׂא וּבְמַתָּן
וְעַל חֵטְא שֶׁחָטָאנוּ לְפָנֶיךָ בְּמַאֲכָל וּבְמִשְׁתֶּה

עַל חֵטְא שֶׁחָטָאנוּ לְפָנֶיךָ בְּנֶשֶׁךְ וּבְמַרְבִּית
וְעַל חֵטְא שֶׁחָטָאנוּ לְפָנֶיךָ בִּנְטִיַּת גָּרוֹן

עַל חֵטְא שֶׁחָטָאנוּ לְפָנֶיךָ בְּשִׂיחַ שִׂפְתוֹתֵינוּ
וְעַל חֵטְא שֶׁחָטָאנוּ לְפָנֶיךָ בְּשִׂקּוּר עָיִן

עַל חֵטְא שֶׁחָטָאנוּ לְפָנֶיךָ בְּעֵינַיִם רָמוֹת
וְעַל חֵטְא שֶׁחָטָאנוּ לְפָנֶיךָ בְּעַזּוּת מֵצַח

וְעַל כֻּלָּם אֱלוֹהַּ סְלִיחוֹת סְלַח לָנוּ, מְחַל לָנוּ, כַּפֶּר לָנוּ.

עַל חֵטְא שֶׁחָטָאנוּ לְפָנֶיךָ בִּפְרִיקַת עֹל
וְעַל חֵטְא שֶׁחָטָאנוּ לְפָנֶיךָ בִּפְלִילוּת

עַל חֵטְא שֶׁחָטָאנוּ לְפָנֶיךָ בִּצְדִיַּת רֵעַ
וְעַל חֵטְא שֶׁחָטָאנוּ לְפָנֶיךָ בְּצָרוּת עָיִן

עַל חֵטְא שֶׁחָטָאנוּ לְפָנֶיךָ בְּקַלּוּת רֹאשׁ
וְעַל חֵטְא שֶׁחָטָאנוּ לְפָנֶיךָ בְּקַשְׁיוּת עֹרֶף

עַל חֵטְא שֶׁחָטָאנוּ לְפָנֶיךָ בְּרִיצַת רַגְלַיִם לְהָרַע
וְעַל חֵטְא שֶׁחָטָאנוּ לְפָנֶיךָ בִּרְכִילוּת

עַל חֵטְא שֶׁחָטָאנוּ לְפָנֶיךָ בִּשְׁבוּעַת שָׁוְא
וְעַל חֵטְא שֶׁחָטָאנוּ לְפָנֶיךָ בְּשִׂנְאַת חִנָּם

עַל חֵטְא שֶׁחָטָאנוּ לְפָנֶיךָ בִּתְשׂוּמֶת יָד
וְעַל חֵטְא שֶׁחָטָאנוּ לְפָנֶיךָ בְּתִמְהוֹן לֵבָב

וְעַל כֻּלָּם אֱלוֹהַּ סְלִיחוֹת סְלַח לָנוּ, מְחַל לָנוּ, כַּפֶּר לָנוּ.

וְעַל חֲטָאִים שֶׁאָנוּ חַיָּבִים עֲלֵיהֶם עוֹלָה
וְעַל חֲטָאִים שֶׁאָנוּ חַיָּבִים עֲלֵיהֶם חַטָּאת
וְעַל חֲטָאִים שֶׁאָנוּ חַיָּבִים עֲלֵיהֶם קָרְבָּן עוֹלֶה וְיוֹרֵד
וְעַל חֲטָאִים שֶׁאָנוּ חַיָּבִים עֲלֵיהֶם אָשָׁם וַדַּאי וְתָלוּי
וְעַל חֲטָאִים שֶׁאָנוּ חַיָּבִים עֲלֵיהֶם מַכַּת מַרְדּוּת
וְעַל חֲטָאִים שֶׁאָנוּ חַיָּבִים עֲלֵיהֶם מַלְקוּת אַרְבָּעִים
וְעַל חֲטָאִים שֶׁאָנוּ חַיָּבִים עֲלֵיהֶם מִיתָה בִּידֵי שָׁמָיִם
וְעַל חֲטָאִים שֶׁאָנוּ חַיָּבִים עֲלֵיהֶם כָּרֵת וַעֲרִירִי
וְעַל חֲטָאִים שֶׁאָנוּ חַיָּבִים עֲלֵיהֶם אַרְבַּע מִיתוֹת בֵּית דִּין
סְקִילָה, שְׂרֵפָה, הֶרֶג, וְחֶנֶק.

עַל מִצְוַת עֲשֵׂה וְעַל מִצְוַת לֹא תַעֲשֶׂה.
בֵּין שֶׁיֵּשׁ בָּהּ קוּם עֲשֵׂה וּבֵין שֶׁאֵין בָּהּ קוּם עֲשֵׂה.
אֶת הַגְּלוּיִים לָנוּ וְאֶת שֶׁאֵינָם גְּלוּיִים לָנוּ
אֶת הַגְּלוּיִים לָנוּ
כְּבָר אֲמַרְנוּם לְפָנֶיךָ
וְהוֹדִינוּ לְךָ עֲלֵיהֶם
וְאֶת שֶׁאֵינָם גְּלוּיִים לָנוּ
לְפָנֶיךָ הֵם גְּלוּיִים וִידוּעִים
כַּדָּבָר שֶׁנֶּאֱמַר
הַנִּסְתָּרֹת לַיהוה אֱלֹהֵינוּ דברים כט
וְהַנִּגְלֹת לָנוּ וּלְבָנֵינוּ עַד־עוֹלָם
לַעֲשׂוֹת אֶת־כָּל־דִּבְרֵי הַתּוֹרָה הַזֹּאת:
כִּי אַתָּה סָלְחָן לְיִשְׂרָאֵל וּמָחֳלָן לְשִׁבְטֵי יְשֻׁרוּן בְּכָל דּוֹר וָדוֹר
וּמִבַּלְעָדֶיךָ אֵין לָנוּ מֶלֶךְ מוֹחֵל וְסוֹלֵחַ אֶלָּא אָתָּה.

אֱלֹהַי
עַד שֶׁלֹּא נוֹצַרְתִּי אֵינִי כְדַאי
וְעַכְשָׁיו שֶׁנּוֹצַרְתִּי, כְּאִלּוּ לֹא נוֹצַרְתִּי
עָפָר אֲנִי בְּחַיַּי, קַל וָחֹמֶר בְּמִיתָתִי.
הֲרֵי אֲנִי לְפָנֶיךָ כִּכְלִי מָלֵא בוּשָׁה וּכְלִמָּה.
יְהִי רָצוֹן מִלְּפָנֶיךָ, יהוה אֱלֹהַי וֵאלֹהֵי אֲבוֹתַי
שֶׁלֹּא אֶחֱטָא עוֹד.
וּמַה שֶּׁחָטָאתִי לְפָנֶיךָ, מְחֹק בְּרַחֲמֶיךָ הָרַבִּים
אֲבָל לֹא עַל יְדֵי יִסּוּרִים וָחֳלָיִם רָעִים.

אֱלֹהַי ברכות יז.
נְצֹר לְשׁוֹנִי מֵרָע וּשְׂפָתַי מִדַּבֵּר מִרְמָה
וְלִמְקַלְלַי נַפְשִׁי תִדֹּם
וְנַפְשִׁי כֶּעָפָר לַכֹּל תִּהְיֶה.
פְּתַח לִבִּי בְּתוֹרָתֶךָ
וְאַחֲרֵי מִצְוֹתֶיךָ תִּרְדֹּף נַפְשִׁי.
וְכָל הַקָּמִים וְהַחוֹשְׁבִים עָלַי רָעָה
מְהֵרָה הָפֵר עֲצָתָם וְקַלְקֵל מַחֲשַׁבְתָּם.

יש המוסיפים תחינה זו (קיצור של״ה, ׳אור הישר׳):
יְהִי רָצוֹן מִלְּפָנֶיךָ, יהוה אֱלֹהַי וֵאלֹהֵי אֲבוֹתַי
שֶׁלֹּא תַעֲלֶה קִנְאַת אָדָם עָלַי, וְלֹא קִנְאָתִי עַל אֲחֵרִים
וְשֶׁלֹּא אֶכְעֹס הַיּוֹם, וְשֶׁלֹּא אַכְעִיסֶךָ
וְתַצִּילֵנִי מִיֵּצֶר הָרָע, וְתֵן בְּלִבִּי הַכְנָעָה וַעֲנָוָה.
מַלְכֵּנוּ וֵאלֹהֵינוּ, יַחֵד שִׁמְךָ בְּעוֹלָמֶךָ
בְּנֵה עִירְךָ, יַסֵּד בֵּיתְךָ וְשַׁכְלֵל הֵיכָלֶךָ
וְקַבֵּץ קִבּוּץ גָּלֻיּוֹת, וּפְדֵה צֹאנְךָ וְשַׂמַּח עֲדָתֶךָ.

עֲשֵׂה לְמַעַן שְׁמֶךָ, עֲשֵׂה לְמַעַן יְמִינֶךָ
עֲשֵׂה לְמַעַן תּוֹרָתֶךָ, עֲשֵׂה לְמַעַן קְדֻשָּׁתֶךָ.
לְמַעַן יֵחָלְצוּן יְדִידֶיךָ, הוֹשִׁיעָה יְמִינְךָ וַעֲנֵנִי: תהלים ס
יִהְיוּ לְרָצוֹן אִמְרֵי פִי וְהֶגְיוֹן לִבִּי לְפָנֶיךָ, יהוה צוּרִי וְגֹאֲלִי: תהלים יט

כורע ופוסע שלוש פסיעות לאחור. קד לשמאל, לימין ולפנים באמירת:

עֹשֶׂה הַשָּׁלוֹם בִּמְרוֹמָיו
הוּא יַעֲשֶׂה שָׁלוֹם, עָלֵינוּ וְעַל כָּל יִשְׂרָאֵל
וְאִמְרוּ אָמֵן.

יְהִי רָצוֹן מִלְּפָנֶיךָ יהוה אֱלֹהֵינוּ וֵאלֹהֵי אֲבוֹתֵינוּ
שֶׁיִּבָּנֶה בֵּית הַמִּקְדָּשׁ בִּמְהֵרָה בְיָמֵינוּ
וְתֵן חֶלְקֵנוּ בְּתוֹרָתֶךָ
וְשָׁם נַעֲבָדְךָ בְּיִרְאָה כִּימֵי עוֹלָם וּכְשָׁנִים קַדְמֹנִיּוֹת.
וְעָרְבָה לַיהוה מִנְחַת יְהוּדָה וִירוּשָׁלָםִ כִּימֵי עוֹלָם וּכְשָׁנִים קַדְמֹנִיּוֹת: מלאכי ג

חזרת הש״ץ למוסף

״יָדַעְתִּי ה׳ כִּי־צֶדֶק מִשְׁפָּטֶיךָ, וֶאֱמוּנָה עִנִּיתָנִי״ (תהלים קיט, עה).
״הַקְשִׁיבָה לִּי וַעֲנֵנִי, אָרִיד בְּשִׂיחִי וְאָהִימָה״ (שם נה, ג).
״וְנַפְשִׁי תָּגִיל בַּה׳, תָּשִׂישׂ בִּישׁוּעָתוֹ״ (שם לה, ט).
״הַנּוֹתֵן תְּשׁוּעָה לַמְּלָכִים, הַפּוֹצֶה אֶת־דָּוִד עַבְדּוֹ מֵחֶרֶב רָעָה״ (שם קמד, י).

פותחים את ארון הקודש.

שליח הציבור פוסע שלוש פסיעות לפנים כמי שנכנס לפני המלך.
כורע במקומות המסומנים ב׳, קד לפנים במילה הבאה וזוקף בשם.

יש אומרים בלחש: כִּי שֵׁם יהוה אֶקְרָא, הָבוּ גֹדֶל לֵאלֹהֵינוּ: דברים לב

אֲדֹנָי, שְׂפָתַי תִּפְתָּח, וּפִי יַגִּיד תְּהִלָּתֶךָ: תהלים נא

אבות

׳בָּרוּךְ אַתָּה יהוה, אֱלֹהֵינוּ וֵאלֹהֵי אֲבוֹתֵינוּ
אֱלֹהֵי אַבְרָהָם, אֱלֹהֵי יִצְחָק, וֵאלֹהֵי יַעֲקֹב
הָאֵל הַגָּדוֹל הַגִּבּוֹר וְהַנּוֹרָא, אֵל עֶלְיוֹן
גּוֹמֵל חֲסָדִים טוֹבִים, קוֹנֵה הַכֹּל
וְזוֹכֵר חַסְדֵי אָבוֹת
וּמֵבִיא גוֹאֵל לִבְנֵי בְנֵיהֶם, לְמַעַן שְׁמוֹ בְּאַהֲבָה.

לפני הקרובה של מוסף אין אומרים פיוט ׳רשות׳ ארוך.
שליח הציבור אומר ׳מִסּוֹד חֲכָמִים וּנְבוֹנִים׳ וממשיך ׳שׁוֹשַׁן עֵמֶק אֻיָּמָה׳.

מִסּוֹד חֲכָמִים וּנְבוֹנִים
וּמִלֶּמֶד דַּעַת מְבִינִים
אֶפְתְּחָה פִּי בִּתְפִלָּה וּבְתַחֲנוּנִים
לְחַלּוֹת וּלְחַנֵּן פְּנֵי מֶלֶךְ מוֹחֵל וְסוֹלֵחַ לַעֲוֹנִים.

סוגרים את ארון הקודש.

את ה׳קרובה׳ למוסף של יום הכיפורים חיבר ר׳ אלעזר הקליר. הנושא המאפיין את שלושת הפיוטים הראשונים הוא שמות היום (הנרמזים באקרוסטיכון ראשי הבתים). כל שם מבטא צד אחר באופיו של היום – השביתה מכל ענייני החולין, היותו יום סליחה וכפרה, ומעמדו כתענית. נוהגים שהקהל אומר את שלושת הפיוטים הראשונים, ושליח הציבור אומר בקול רק את השורות המסומנות ב▸. יש קהילות שבהן אין אומרים את ה׳מגן׳, וממשיכים ׳זָכְרֵנוּ לְחַיִּים׳ בעמוד הבא (ויש האומרים את הבית האחרון: ׳שְׂפָתֵינוּ מְדוֹבְבוֹת יְשֵׁנִים׳).

מגן – סימן שבת שבתון (מרובע)

שׁוֹשַׁן עֵמֶק אֻיְּמָה / שַׁבַּת שַׁבָּתוֹן לְקַיְּמָה
שֹׁרֶשׁ וְעָנָף סִיְּמָה / שָׁוִים יַחַד לְצַיְּמָה.

בְּעֵת מָטוּ יְסוֹדוֹתֶיהָ / בָּטְחָה בְּחִין מוֹסְדוֹתֶיהָ
בָּם תָּקְעָה יְתֵדוֹתֶיהָ / בְּכֶפֶל לְהַשְׁעִין יְדוֹתֶיהָ.

תָּמְכָה פֹּעַל צוּרִים / תְּמַת הֵמָּה הַיּוֹצְרִים
תְּרוּפָה תֵּת לַעֲצוּרִים / תֵּבֵל לְהַאֲפִיל לְצָרִים.

שְׁתִילֵי גְבָעוֹת אַרְבַּע / שֶׁאַג סֵפֶר הַמְרֻבָּע
שֶׁוַע פְּגִיעוֹת אַרְבַּע / שְׁעֵה צִדְקָם לִתְבַּע.

בִּיטָה בְּמִתְהַלֵּךְ תָּמִים / בְּמוּסַר לְחָמוּ חֲתוּמִים
בְּצִדְקוֹ תָּדִיחַ כְּתָמִים / בְּאֶפֶס אוּרִים וְתֻמִּים.

תְּמוּר תַּשְׁלוּמֵי פָר / תְּכֵן הֶגֶה הַמְסֻפָּר
תּוֹקְעֵי בַחֹדֶשׁ שׁוֹפָר / תַּלְאוּבָם בְּכִפּוּר יְכֻפָּר.

וְשַׁכֵּךְ חֲמַת זַעְמָךְ / וְתָחֹן שְׂרִידֵי עַמָּךְ
וְעָלֵינוּ יְהִי נָעֳמָךְ / וְנִחְיֶה מִמְּקוֹר עִמָּךְ.

נָאוֹר עִמְּךָ הַסְּלִיחָה / נָכוֹן מַהֵר לְסָלְחָה
▸ נִיב שְׂפָתֵינוּ הַצְלִיחָה / נַאַק שִׁמְעָה וּסְלָחָה.

הכול:

שְׂפָתֵינוּ מְדוֹבְבוֹת יְשֵׁנִים / יְנַצְּחוּךָ כְּעַל שׁוֹשַׁנִּים
▸ חֲדָשִׁים גַּם יְשָׁנִים / בְּמָגִנַּת אָב נִשְׁעָנִים.

יש נוהגים שהקהל אומר בקול, ושליח הציבור חוזר אחריו:

זָכְרֵנוּ לְחַיִּים, מֶלֶךְ חָפֵץ בַּחַיִּים
וְכָתְבֵנוּ בְּסֵפֶר הַחַיִּים, לְמַעַנְךָ אֱלֹהִים חַיִּים.

שליח הציבור ממשיך:

מֶלֶךְ עוֹזֵר וּמוֹשִׁיעַ וּמָגֵן.
בָּרוּךְ אַתָּה יהוה, מָגֵן אַבְרָהָם.

גבורות

אַתָּה גִּבּוֹר לְעוֹלָם, אֲדֹנָי
מְחַיֵּה מֵתִים אַתָּה, רַב לְהוֹשִׁיעַ
מוֹרִיד הַטָּל
מְכַלְכֵּל חַיִּים בְּחֶסֶד, מְחַיֵּה מֵתִים בְּרַחֲמִים רַבִּים
סוֹמֵךְ נוֹפְלִים, וְרוֹפֵא חוֹלִים, וּמַתִּיר אֲסוּרִים
וּמְקַיֵּם אֱמוּנָתוֹ לִישֵׁנֵי עָפָר.
מִי כָמְוֹךָ, בַּעַל גְּבוּרוֹת, וּמִי דּוֹמֶה לָּךְ
מֶלֶךְ, מֵמִית וּמְחַיֶּה וּמַצְמִיחַ יְשׁוּעָה.

יש קהילות שבהן אין אומרים את המחיה, וממשיכים 'עוֹד בּוֹ נִשְׁמָתוֹ' בעמוד הבא
(ויש האומרים את הבית האחרון: 'כֹּפֶר פִּדְיוֹן נֶפֶשׁ').

מחיה – סימן יום כפורים (מרובע)

יוֹם מִימִים הוּחַס / יוֹם כִּפּוּר הַמְיֻחָס
יוֹדְעָיו חֲמֹל וְחָס / יוֹקְשָׁיו לְפוֹעֶרֶת הַס.

וּבוֹ בְּתַחְבּוּלוֹת יוּעָצוּ / וִדּוּי בְּתַחַן יָאִיצוּ
וְשׁוֹכְנֵי עָפָר יָקִיצוּ / וּמֵרֹאשׁ הָרִים יָלִיצוּ.

מִפְּעָלוֹת עוֹקֵד וְעָקוּד / מֵאָז בְּיָדָם פָּקוּד
מוֹפֵת הַכָּמוּס לִפְקוֹד / מוּקָשׁ לְהַבְעִית בְּסִקּוּד.

כְּהַבְטָחַת סְבִיכַת אַיִל / כָּפְרוֹ הַנָּצוּר לְחַיִל
כֵּן תַּעֲצִים חַיִל / כּוֹרְעֶיךָ בְּעֶצֶם וָלַיִל.

פַּחְדּוֹ יָחִיל שׁוֹטְמִים / פִּיּוֹתָם הֱיוֹת אֲטוּמִים
פְּרָחָיו בְּמִשְׁעֲנוֹתָם חֲטוּמִים / פַּלְּטֵם מֵהֶבֶל פְּטוּמִים.

וְאִם אֵין מַעֲשִׂים / וְזֶבַח מִבְּלִי מֵשִׂים
וְזִכְרָה לְנִבְזִים וּמְאוּסִים / וּמִגְּזְעָם הָפֵר כְּעָסִים.

רָם קֹשֶׁט מַעְבָּדֶיךָ / רְאֵה תִּרְאֶה עוֹבְדֶיךָ
רֵעִים בָּאֵי עָדֶיךָ / רַחוּם זְכֹר לַעֲבָדֶיךָ.

יְבֻקַּשׁ עָוֹן וְאֵינֶנּוּ / יָמֶה בִּמְצוּלוֹת תְּתֶנֶּנּוּ
יֶלֶד בְּשַׁעֲשׁוּעָיו תַּעֲנֶנּוּ / יֹשֶׁר מֵלִיץ יְחָנֶּנּוּ.

מִבְּרַק חֶרֶב הַשָּׁנוּן / מַלֵּט מַאֲרִיכֵי רִנּוּן
◂ מַלֵּא מִשְׁאֲלוֹתָם בְּתַחֲנוּן / מֶלֶךְ רַחוּם וְחַנּוּן.

הכול:

כֹּפֶר פִּדְיוֹן נֶפֶשׁ / פְּדֵה מִטְּבִיעַת רֶפֶשׁ
◂ מְיַחֲלֶיךָ בְּעִנּוּי וָכֹפֶשׁ / הַחַיִּים בְּטַלְלֵי נֹפֶשׁ.

בקהילות אשכנז נהגו לומר פיוט תוכחה ׳אֱנוֹשׁ אֵיךְ יִצְדַּק׳ (בעמ׳ 567) לאחר ה׳מחיה׳, והיום נוהגים לומר רק את הפזמון ׳עוֹד בּוֹ נִשְׁמָתוֹ׳ לפני חתימת הברכה ׳מְחַיֵּה הַמֵּתִים׳.

שליח הציבור והקהל אומרים:

עוֹד בּוֹ נִשְׁמָתוֹ / יְקַו תְּשׁוּבַת יְצִיר אַדְמָתוֹ
לְהַחֲיוֹתוֹ לְהֵיטִיב אַחֲרִיתוֹ.

יש נוהגים שהקהל אומר בקול, ושליח הציבור חוזר אחריו:

מִי כָמוֹךָ אָב הָרַחֲמָן
זוֹכֵר יְצוּרָיו לְחַיִּים בְּרַחֲמִים.

שליח הציבור ממשיך:

וְנֶאֱמָן אַתָּה לְהַחֲיוֹת מֵתִים.
בָּרוּךְ אַתָּה יהוה, מְחַיֵּה הַמֵּתִים.

יש קהילות שבהן אין אומרים את ה׳משלש׳,
וממשיכים ׳יִמְלֹךְ ה׳ לְעוֹלָם׳ בעמוד הבא.

משלש – סימן צום העשור (מרובע)

צְפֵה בְּבַת תְּמוּתָה / צוֹם הֶעָשׂוֹר עֲמוּתָה
צֹאן בְּהֵעָנְשָׁהּ מִיתָה / צִדְקָהּ מִמֶּכֶר צְמִיתָה.

וּבְבֹא שׂוֹטֵן לִנְקֹב / וְלַחֲשֹׂף שַׂרְעַף עָקֹב
וּבַל יֶרֶשֶׁה לְקֹב / וְכַח תּוֹלְדוֹת יַעֲקֹב.

מָכוֹן לְשִׁבְתְּךָ בְּשׁוּמֶךָ / מֵאָז חֲקַקְתּוֹ בְּרִשּׁוּמֶךָ
מוֹלְדוֹתָיו הַכְּלוּלִים בְּשִׁמְךָ / מַלְּטֵם לְמַעַן שְׁמֶךָ.

הַזְכֵּר יְשִׁיבַת אֹהֶל / הַמְּאֻבָּק לְשַׂר גַּחַל
הַצִּילָה שְׁאוֹנוֹ מִבֶּהָל / הַצָּגִים לְהֵרָטוֹת מֵחַל.

עָנוּי נֶפֶשׁ שׁוּר / עָוֹן בְּלִי תָשׁוּר
עוֹרְכֵי שֶׁוַע בְּיִשּׁוּר / עֲנֵם בֶּאֱמֶת וְאִשּׁוּר.

סְלַח לְשָׁבֵי פֶשַׁע / סְלִיחָה תַּכְרִיעַ רֶשַׁע
סִדּוּר תְּשׁוּבָה תֶשַׁע / שֶׁבֶר פְּדוּת לְיֶשַׁע.

וְאִם הֵמָּה כְּאָדָם / וּמוֹעֲדָה וּמָטָה יָדָם
וְאַתָּה נוֹצֵר הָאָדָם / וְתָרוֹן תְּנָה לְעוֹדְדָם.

רְעָבָם וּצְמָאָם חֲזֵה / רָעָתָם בְּלִי תֶחֱזֶה
▸ רֶגֶשׁ רַחֲשָׁם מִלְּבְזֶה / רוֹנְנִים, סְלַח נָא לַעֲוֹן הָעָם הַזֶּה.

במחזורים הישנים משולבים במערכות ה׳קרובות׳ הפסוקים שעליהם מבוססים פיוטי ה׳קרובה׳. היום נוהגים לומר רק את שני הפסוקים ׳יִמְלֹךְ׳ וְ׳וְאַתָּה קָדוֹשׁ׳, ומסיימים ׳אֵל נָא׳ כפתיחה לפיוטים הבאים, המובילים אל הקדושה.

קהל ואחריו שליח הציבור:

יִמְלֹךְ יהוה לְעוֹלָם תהלים קמו
אֱלֹהַיִךְ צִיּוֹן לְדֹר וָדֹר
הַלְלוּיָהּ:

וְאַתָּה קָדוֹשׁ יוֹשֵׁב תְּהִלּוֹת יִשְׂרָאֵל: תהלים כב
אֵל נָא.

שליח הציבור אומר את שלושת החרוזים הבאים, והקהל חוזר אחרי כל אחד מהם. חרוזים אלה הם שורות הפזמון של הפיוט ׳אֶשָּׂא דֵעִי לְמֵרָחוֹק׳ (עמ׳ 568).

שליח הציבור והקהל אומרים:

נֶחְשַׁב כְּצָג בָּאִיתוֹן / דְּחוֹת בִּפְלִילֵי עֲקַלָּתוֹן
וְנַקְדִּישְׁךָ בְּשַׁבַּת שַׁבָּתוֹן / קָדוֹשׁ.

הַיּוֹם בְּפָתְחֲךָ סְפָרִים / חֹן אֹם שִׁמְךָ מְפָאֲרִים
וְנַקְדִּישְׁךָ בְּיוֹם הַכִּפּוּרִים / קָדוֹשׁ.

מַשְׁטִין בְּכֶבֶל אֱסֹר / וְתִקְוַת אֲסִירַי בַּשֹּׂר
וְנַקְדִּישְׁךָ בְּצוֹם הֶעָשׂוֹר / קָדוֹשׁ.

שני החרוזים הבאים הם שורות הפזמון של הפיוט ׳אֵין עֲרֹךְ אֵלֶיךָ׳ (עמ׳ 570).

שליח הציבור והקהל אומרים:

אֶת לַחֲשִׁי עֲנֵה נָא / זַעֲקִי רְצֵה נָא
הָאֵל קָדוֹשׁ.
אָדוֹן לְקוֹל עַמֶּךָ / זְכֹר רַחֲמֶיךָ
נוֹרָא וְקָדוֹשׁ.

בדורות האחרונים פשט המנהג שלא לומר את שני הפיוטים ׳אַל תִּזְכָּר לָנוּ׳ בעמ׳ 571, ו׳אַךְ אוֹמְרִים בְּחִין לְפָנֶיךָ׳ בעמ׳ 573.

פותחים את ארון הקודש.

וּבְכֵן, אִמְרוּ לֵאלֹהִים, מַה־נּוֹרָא מַעֲשֶׂיךָ: תהלים סו

סדרת פיוטי ה׳רהיטים׳ לחזרת הש״ץ של מוסף מקבילה לזו הנאמרת בשחרית – למעשה, ר׳ משולם בן קלונימוס (מחבר מערכת הפיוטים לשחרית) ביסס את ה׳קרובה׳ שכתב, על ה׳קרובה׳ של הקליר למוסף. הפיוט ׳אִמְרוּ לֵאלֹהִים׳ שחיבר הקליר ארוך מאוד, והמנהג המקובל הוא לומר רק את עשרת הבתים הראשונים ואת הבית האחרון. הפיוט המלא בעמ׳ 574.

אִמְרוּ לֵאלֹהִים

אֵל מֶלֶךְ בְּעוֹלָמוֹ / מֵחִישׁ פְּדוּת עַמּוֹ

לְקַיֵּם אֶת דְּבַר נְאֻמוֹ / כִּי סְלִיחָה עִמּוֹ

הוֹדוּ לַיהוה קִרְאוּ בִשְׁמוֹ: דברי הימים א׳ טז

אִמְרוּ לֵאלֹהִים

בָּרוּךְ וּמְהֻלָּל בְּרֹב גָּדְלוֹ / מֵחִישׁ סְלִיחָה לִקְהָלוֹ

לְהַרְאוֹת לַכֹּל גָּדְלוֹ / מָדַד מַיִם בְּשָׁעֳלוֹ

שִׁירוּ לוֹ זַמְּרוּ־לוֹ:

אִמְרוּ לֵאלֹהִים

גּוֹאֵל עַם קְדוֹשׁוֹ / בִּסְלִיחָה לְהַקְדִּישׁוֹ

לְכוֹנֵן בֵּית מִקְדָּשׁוֹ / לָכֵן זֶרַע אַבְרָהָם קְדוֹשׁוֹ

הִתְהַלְלוּ בְּשֵׁם קָדְשׁוֹ:

אִמְרוּ לֵאלֹהִים

דָּגוּל וּמְהֻלָּל בִּרְקִיעַ עֻזּוֹ / סוֹלֵחַ לְעַם זוּ בְּזוֹ

בְּדִבֵּר עֻזּוֹ וּמָעֻזּוֹ / לָכֵן אַתֶּם עַם עֲדַת מָעֻזּוֹ

דִּרְשׁוּ יהוה וְעֻזּוֹ:

אִמְרוּ לֵאלֹהִים

הַכֹּל בְּמַאֲמָר עָשָׂה / וְהוּא פָּעַל וְעָשָׂה

סוֹלֵחַ לְאֹם עֲמוּסָה / לָכֵן עַם בּוֹ חָסָה

זִכְרוּ נִפְלְאוֹתָיו אֲשֶׁר עָשָׂה:

אִמְרוּ לֵאלֹהִים

וּמֵקִים דְּבַר עַבְדּוֹ / עַל אֶרֶץ וְשָׁמַיִם הוֹדוֹ
סוֹלֵחַ לְעַם מְיַחֲדוֹ / אֲשֶׁר נִקְרָאוּ בִּדְבַר סוֹדוֹ
זֶרַע יִשְׂרָאֵל עַבְדּוֹ:

אִמְרוּ לֵאלֹהִים

זֶה רֹקַע הָאָרֶץ / הַיּוֹשֵׁב עַל חוּג הָאָרֶץ
סוֹלֵחַ לְגוֹי אֶחָד בָּאָרֶץ / לָכֵן אִמְרוּ לְיוֹסֵד אָרֶץ
הוּא יהוה אֱלֹהֵינוּ, בְּכָל־הָאָרֶץ:

אִמְרוּ לֵאלֹהִים

חַי בִּמְעוֹנָתוֹ / חַנּוּן וְחוֹנֵן עֲדָתוֹ
יָשׁוּב בְּרַחֲמִים לְבֵיתוֹ / לָכֵן בָּאֵי בִבְרִיתוֹ
זִכְרוּ לְעוֹלָם בְּרִיתוֹ:

אִמְרוּ לֵאלֹהִים

טַפֵּי נַחֲלָתוֹ / טְלָאֵי יְרֻשָּׁתוֹ
יְקַיֵּם עָלֵימוֹ אִמְרָתוֹ / כְּחָקוּק בְּתוֹרָתוֹ
אֲשֶׁר כָּרַת אֶת־אַבְרָהָם, וּשְׁבוּעָתוֹ:

אִמְרוּ לֵאלֹהִים

יוֹעֵץ מֵישָׁרִים לְחֹק / יְרֵאָיו לְחַיִּים לָחֹק
סוֹלֵחַ חֵטְא הַנֶּחוּק / כְּנִשְׁמַע לָרוֹעֶה מֵרָחוֹק
וַיַּעֲמִידֶהָ לְיַעֲקֹב לְחֹק:

אִמְרוּ לֵאלֹהִים

תַּקִּיף אֱלֹהֵי עוֹלָם / דְּבָרוֹ נִצָּב לְעוֹלָם
וְהוּא מִכֹּל נֶעְלָם / וְאָנוּ מְהַלְלִים שְׁמוֹ לְעוֹלָם
בָּרוּךְ יהוה אֱלֹהֵי יִשְׂרָאֵל מִן־הָעוֹלָם וְעַד־הָעֹלָם:

לפיוטי ׳מַעֲשֵׂה אֱלֹהֵינוּ׳ ב׳קדושתאות׳ יום הכיפורים נכתבו פיוטים משלימים, ׳מַעֲשֵׂה אֱנוֹשׁ׳, המדגישים את הניגוד בין הקב״ה לבשר ודם. כבר מימות הראשונים השמיטו את בתי הפיוט המשלים, פרט לבית האחרון שלו, שלפני הבית החותם. הפיוט השלם על שני חלקיו מובא בעמ׳ 579.

וּבְכֵן, גְּדוֹלִים מַעֲשֵׂי אֱלֹהֵינוּ.

סימן א״ב

מַעֲשֵׂה אֱלֹהֵינוּ
אַדִּיר בְּוֹעוּדוֹ / בָּרוּם וּבְתַחַת הוֹדוֹ
גִּלָּה אוֹר לְעוֹבְדוֹ / דְּבָרוֹ מֵקִים לְעַבְדּוֹ
לָכֵן יִתְגָּאֶה, אֵין עוֹד מִלְּבַדּוֹ: דברים ד

מַעֲשֵׂה אֱלֹהֵינוּ
הַמַּכִּיר עוֹלְמֵי עַד / וְסוֹפֵר וּמוֹנֶה עֲדֵי עַד
זִיו מוֹשָׁבוֹ נוֹעַד / חֶלֶד צוֹפֶה בְּמִסְעָד
לָכֵן יִתְגָּאֶה, הַמַּבִּיט לָאָרֶץ וַתִּרְעָד: תהלים קד

מַעֲשֵׂה אֱלֹהֵינוּ
טוֹעֵן הֲדוֹמוֹ / יוֹדֵעַ עוֹלָמוֹ
כִּלְּלוֹ בְנָאֳמוֹ / לָעַד לַהֲקִימוֹ
לָכֵן יִתְגָּאֶה, יהוה צְבָאוֹת שְׁמוֹ: ישעיה מז

מַעֲשֵׂה אֱלֹהֵינוּ
מוֹשֵׁל בְּמִפְעָלוֹ / נוֹרָא עַל זְבוּלוֹ
סִלּוּדוֹ כְּגָדְלוֹ / עֻזּוֹ בְּרֹב חֵילוֹ
לָכֵן יִתְגָּאֶה, שְׂרָפִים עֹמְדִים מִמַּעַל לוֹ: ישעיה ו

מַעֲשֵׂה אֱלֹהֵינוּ
פְּאֵרוֹ בִּשְׁמֵי מְעוֹנַי / צוֹפֶה וּמַבִּיט לְעֵינַי
קִלּוּס שְׁמוֹ בַּהֲמוֹנַי / רוֹדֶה בְּקֶרֶב מוֹנַי
לָכֵן יִתְגָּאֶה, גְּדֹלִים מַעֲשֵׂי יהוה: תהלים קיא

סוגרים את ארון הקודש.

מַעֲשֵׂה אֱנוֹשׁ

תַּחְבּוּלוֹתָיו מְזִמָּה / שִׁבְתּוֹ בְּתוֹךְ מִרְמָה

רְפִידָתוֹ רִמָּה / קָבוּר בִּסְעִיף אֲדָמָה

וְאֵיךְ יִתְגָּאֶה, אָדָם לַהֶבֶל דָּמָה: תהלים קמד

פותחים את ארון הקודש.

אֲבָל מַעֲשֵׂה אֱלֹהֵינוּ

שַׁדַּי רוֹקַע אֶרֶץ עַל בְּלִימָה / שׁוֹכְנֶיהָ בְּלִי הֱיוֹת לְשַׁמָּה

תִּכֵּן עַל מַיִם אֲדָמָה / תְּקֶף שְׁמוֹ לְרוֹמְמָה

לָכֵן יִתְגָּאֶה, עֹטֶה־אוֹר כַּשַּׂלְמָה: תהלים קד

סוגרים את ארון הקודש.

ישנן קהילות המשמיטות פיוט זה.

וּבְכֵן, לְנוֹרָא עֲלֵיהֶם בְּאֵימָה יַעֲרִיצוּ.

סימן א״ב כפול

אֲשֶׁר אֵימָתֶךָ בְּאֶרְאֶלֵּי אֹמֶן / בְּאַבִּירֵי אֹמֶץ
בִּבְלוּלֵי קֶרַח / בִּבְדוּדֵי קֶדַח וּמוֹרָאֲךָ עֲלֵיהֶם.

וְדָבִיתָ תְּהִלָּה מִגְּלוּמֵי גוּשׁ / מִגָּרֵי גַיְא
מִדְּלוּלֵי פֹּעַל / מִדַּלֵּי מַעַשׂ וְהִיא תְהִלָּתֶךָ.

אֲשֶׁר אֵימָתֶךָ בַּהֲמוֹן מַלְאָכִים / בְּהִלּוּךְ מַחֲנוֹת
בְּוַעַד אֲלָפִים / בְּוֹכַח רְבָבוֹת וּמוֹרָאֲךָ עֲלֵיהֶם.

וְדָבִיתָ תְּהִלָּה מִזִּיו שׁוֹנֶה / מִזֹּהַר כָּבֶה
מֵחַסְרֵי שֵׂכֶל / מֵחוֹרְשֵׁי רֶשַׁע וְהִיא תְהִלָּתֶךָ.

אֲשֶׁר אֵימָתֶךָ בְּטִפּוּחַ עֲרָבוֹת / בְּטִכּוּס שְׁחָקִים
בִּישְׁרַת עֲרָפֶל / בִּירִיעַת מְעוֹנָה וּמוֹרָאֲךָ עֲלֵיהֶם.

וְדָבִיתָ תְּהִלָּה מִכְּתוּמֵי שֶׁמֶץ / מִכְּמוּסֵי כֶתֶם
מִלְּכוּדֵי פַח / מִלְּעוּנֵי מַר וְהִיא תְהִלָּתֶךָ.

אֲשֶׁר אֵימָתְךָ בִּמְסַלּוּלֵי זְבוּל / בִּמְרוֹמֵי שֶׁפֶר
בִּנְטִיַּת דֹּק / בִּנְחִיַּת עָבִים וּמוֹרָאֲךָ עֲלֵיהֶם.

וְאַדְּבִית תְּהִלָּה מִסְּרוּחֵי מְעַשׂ / מִשְׂבְּעֵי רֹגֶז
מֵעֲדוּרֵי אֱמֶת / מֵעֲמוּסֵי בֶטֶן וְהִיא תְהִלָּתֶךָ.

אֲשֶׁר אֵימָתְךָ בִּפוֹתְחֵי קָדוֹשׁ / בְּפוֹצְחֵי בָרוּךְ
בִּצְדוּדֵי אַרְבַּע / בִּצְנוּפֵי שֵׁשׁ שֵׁשׁ וּמוֹרָאֲךָ עֲלֵיהֶם.

וְאַדְּבִית תְּהִלָּה מִקְּרוּאֵי עַיִן / מִקּוֹרְאֵי בְחִנּוּף
מֵרְחֵקֵי אֱמֶת / מֵרִיקֵי צֶדֶק וְהִיא תְהִלָּתֶךָ.

אֲשֶׁר אֵימָתְךָ בִּשְׁבִיבֵי אֵשׁ / בִּשְׁבִילֵי מַיִם
בִּתְלוּלֵי רוּם / בְּתַלְתַּלֵּי גֹבַהּ וּמוֹרָאֲךָ עֲלֵיהֶם.

וְאַדְּבִית תְּהִלָּה מִבָּשָׂר וָדָם / מֵהֶבֶל וָתֹהוּ
מֵחָצִיר יָבֵשׁ / מִצֵּל עוֹבֵר / וּמִצִּיץ נוֹבֵל
מַשְׁלִימֵי נֶפֶשׁ / מַפְרִיחֵי רוּחַ / וּמְעִיפֵי חַיָּה
וַחֲנִיטֵי נְשָׁמָה / וּמוֹצִיאֵי יְחִידָה
וְנִשְׁמָעִים בַּדִּין / וּמֵתִים בַּמִּשְׁפָּט
וְחַיִּים בְּרַחֲמִים / וְנוֹתְנִים לְךָ פְּאֵר חַי עוֹלָמִים
וְתִפְאַרְתְּךָ עֲלֵיהֶם.

הקרובה׳ למוסף מסתיימת בשני פיוטים מורכבים יותר מה׳רהיטים׳ שקדמו להם, ׳אַמִּיצֵי שְׁחָקִים מִמַּעַל׳ ו׳אֵילֵי מָרוֹם אוֹמְרִים הִלּוּלוֹ׳ בעמ׳ 581-585.
היום בקהילות רבות נוהגים לומר רק את הפזמונות של שני הפיוטים.

שליח הציבור אומר, והקהל חוזר אחריו:

לְיוֹשֵׁב תְּהִלּוֹת / לְרוֹכֵב עֲרָבוֹת / קָדוֹשׁ וּבָרוּךְ.

שליח הציבור:

וּבְכֵן, שְׂרָפִים עֹמְדִים מִמַּעַל לוֹ: ישעיה ו

שליח הציבור אומר, והקהל חוזר אחריו:

אֵלּוּ לְאֵלּוּ שׁוֹאֲלִים / אֵלּוּ לְאֵלּוּ מְמַלְּלִים
אָנָּה שׁוֹכֵן מְעֻלִּים / לְהַעֲרִיצוֹ, לְהַקְדִּישׁוֹ בִּפְאֵר מְסַלְסְלִים.

הפיוט האחרון לפני הקדושה נקרא 'סילוק', והוא פיוט ארוך ומורכב. בקהילות אשכנז פשט המנהג לומר כ'סילוק' למוספי הימים הנוראים את הפיוט 'וּנְתַנֶּה תֹּקֶף', ופיוטי ה'סילוק' המקוריים של ה'קדושתאות' נדחו מפניו.

לפיוט 'וּנְתַנֶּה תֹּקֶף' נקשרה הילה מיוחדת בשל סיפורו של ר' אמנון ממגנצא, שאמָרוֹ ביום הכיפורים לפני שמת בעינויים קשים על קידוש השם (או"ז ח"ב, רעו). הפיוט מצוי כבר בקטעים שנמצאו בגניזה, ונראה מסגנונו שהוא קדום לר' אלעזר הקליר. יש שייחסו אותו לינאי.

פותחים את ארון הקודש.

וּבְכֵן, לְךָ תַעֲלֶה קְדֻשָּׁה, כִּי אַתָּה אֱלֹהֵינוּ מֶלֶךְ מוֹחֵל וְסוֹלֵחַ.

סילוק

הקהל ושליח הציבור אומרים:

וּנְתַנֶּה תֹּקֶף קְדֻשַּׁת הַיּוֹם / כִּי הוּא נוֹרָא וְאָיֹם
וּבוֹ תִנָּשֵׂא מַלְכוּתֶךָ / וְיִכּוֹן בְּחֶסֶד כִּסְאֶךָ
וְתֵשֵׁב עָלָיו בֶּאֱמֶת.
אֱמֶת, כִּי אַתָּה הוּא דַיָּן וּמוֹכִיחַ, וְיוֹדֵעַ וָעֵד
וְכוֹתֵב וְחוֹתֵם וְסוֹפֵר וּמוֹנֶה
וְתִזְכֹּר כָּל הַנִּשְׁכָּחוֹת / וְתִפְתַּח אֶת סֵפֶר הַזִּכְרוֹנוֹת
וּמֵאֵלָיו יִקָּרֵא / וְחוֹתַם יַד כָּל אָדָם בּוֹ.

וּבְשׁוֹפָר גָּדוֹל יִתָּקַע / וְקוֹל דְּמָמָה דַקָּה יִשָּׁמַע
וּמַלְאָכִים יֵחָפֵזוּן / וְחִיל וּרְעָדָה יֹאחֵזוּן
וְיֹאמְרוּ, הִנֵּה יוֹם הַדִּין / לִפְקֹד עַל צְבָא מָרוֹם בַּדִּין
כִּי לֹא יִזְכּוּ בְעֵינֶיךָ בַּדִּין
וְכָל בָּאֵי עוֹלָם יַעַבְרוּן לְפָנֶיךָ כִּבְנֵי מָרוֹן.

כְּבַקָּרַת רוֹעֶה עֶדְרוֹ / מַעֲבִיר צֹאנוֹ תַּחַת שִׁבְטוֹ
כֵּן תַּעֲבִיר וְתִסְפֹּר וְתִמְנֶה / וְתִפְקֹד נֶפֶשׁ כָּל חָי
וְתַחְתֹּךְ קִצְבָה לְכָל בְּרִיָּה / וְתִכְתֹּב אֶת גְּזַר דִּינָם.

קהל ושליח הציבור אחריו:

בְּרֹאשׁ הַשָּׁנָה יִכָּתֵבוּן / וּבְיוֹם צוֹם כִּפּוּר יֵחָתֵמוּן.
כַּמָּה יַעַבְרוּן וְכַמָּה יִבָּרֵאוּן
מִי יִחְיֶה וּמִי יָמוּת / מִי בְקִצּוֹ וּמִי לֹא בְקִצּוֹ
מִי בַמַּיִם וּמִי בָאֵשׁ / מִי בַחֶרֶב וּמִי בַחַיָּה / מִי בָרָעָב וּמִי בַצָּמָא
מִי בָרַעַשׁ וּמִי בַמַּגֵּפָה / מִי בַחֲנִיקָה וּמִי בַסְּקִילָה.
מִי יָנְוּחַ וּמִי יָנְוּעַ / מִי יִשָּׁקֵט וּמִי יִטָּרֵף
מִי יִשָּׁלֵו וּמִי יִתְיַסָּר / מִי יֵעָנִי וּמִי יֵעָשִׁיר
מִי יִשָּׁפֵל וּמִי יָרוּם.

הקהל אומר בקול ושליח הציבור אחריו:

צום קול ממון

וּתְשׁוּבָה וּתְפִלָּה וּצְדָקָה / מַעֲבִירִין אֶת רֹעַ הַגְּזֵרָה.

הכול:

כִּי כְּשִׁמְךָ כֵּן תְּהִלָּתֶךָ / קָשֶׁה לִכְעֹס וְנְוֹחַ לִרְצוֹת
כִּי לֹא תַחְפֹּץ בְּמוֹת הַמֵּת / כִּי אִם בְּשׁוּבוֹ מִדַּרְכּוֹ, וְחָיָה
וְעַד יוֹם מוֹתוֹ תְּחַכֶּה לּוֹ / אִם יָשׁוּב, מִיַּד תְּקַבְּלוֹ.

שליח הציבור:

אֱמֶת, כִּי אַתָּה הוּא יוֹצְרָם / וְיוֹדֵעַ יִצְרָם
כִּי הֵם בָּשָׂר וָדָם.

אָדָם יְסוֹדוֹ מֵעָפָר / וְסוֹפוֹ לֶעָפָר
בְּנַפְשׁוֹ יָבִיא לַחְמוֹ / מָשׁוּל כַּחֶרֶס הַנִּשְׁבָּר
כְּחָצִיר יָבֵשׁ, וּכְצִיץ נוֹבֵל / כְּצֵל עוֹבֵר, וּכְעָנָן כָּלֶה
וּכְרְוּחַ נוֹשָׁבֶת, וּכְאָבָק פּוֹרֵחַ, וְכַחֲלוֹם יָעוּף.

הקהל אומר בקול ושליח הציבור אחריו:

וְאַתָּה הוּא מֶלֶךְ, אֵל חַי וְקַיָּם.

סוגרים את ארון הקודש.

הקהל ושליח הציבור אחריו:

אֵין קִצְבָה לִשְׁנוֹתֶיךָ / וְאֵין קֵץ לְאֹרֶךְ יָמֶיךָ
וְאֵין לְשַׁעֵר מַרְכְּבוֹת כְּבוֹדֶךָ / וְאֵין לְפָרֵשׁ עֵילוּם שְׁמֶךָ.
שִׁמְךָ נָאֶה לְךָ / וְאַתָּה נָאֶה לִשְׁמֶךָ / וּשְׁמֵנוּ קָרָאתָ בִשְׁמֶךָ.
עֲשֵׂה לְמַעַן שְׁמֶךָ, וְקַדֵּשׁ אֶת שִׁמְךָ עַל מַקְדִּישֵׁי שְׁמֶךָ
בַּעֲבוּר כְּבוֹד שִׁמְךָ הַנַּעֲרָץ וְהַנִּקְדָּשׁ
כְּסוֹד שִׂיחַ שַׂרְפֵי קֹדֶשׁ, הַמַּקְדִּישִׁים שִׁמְךָ בַּקֹּדֶשׁ
דָּרֵי מַעְלָה עִם דָּרֵי מַטָּה
קוֹרְאִים וּמְשַׁלְּשִׁים בְּשִׁלּוּשׁ קְדֻשָּׁה בַּקֹּדֶשׁ.

קדושה

בבתי כנסת המתפללים בנוסח אשכנז, אומרים כאן:

כַּכָּתוּב עַל יַד נְבִיאֶךָ: וְקָרָא זֶה אֶל־זֶה וְאָמַר ישעיה ו

וממשיכים ׳קָדוֹשׁ, קָדוֹשׁ, קָדוֹשׁ׳ למטה.

במקומות המסומנים ב׳, המתפלל מתרומם על קצות אצבעותיו.

קהל ואחריו שליח הציבור:

כֶּתֶר יִתְּנוּ לְךָ, יהוה אֱלֹהֵינוּ, מַלְאָכִים הֲמוֹנֵי מַעְלָה
עִם עַמְּךָ יִשְׂרָאֵל קְבוּצֵי מַטָּה

קהל ואחריו שליח הציבור:

יַחַד כֻּלָּם קְדֻשָּׁה לְךָ יְשַׁלֵּשׁוּ כַּדָּבָר הָאָמוּר עַל יַד נְבִיאֶךָ
וְקָרָא זֶה אֶל־זֶה וְאָמַר ישעיה ו

קהל ואחריו שליח הציבור:

׳קָדוֹשׁ, ׳קָדוֹשׁ, ׳קָדוֹשׁ, יהוה צְבָאוֹת, מְלֹא כָל הָאָרֶץ כְּבוֹדוֹ:

יש האומרים כאן פיוטי קדושה בעמ׳ 586.

כְּבוֹדוֹ מָלֵא עוֹלָם, מְשָׁרְתָיו שׁוֹאֲלִים זֶה לָזֶה
אַיֵּה מְקוֹם כְּבוֹדוֹ לְהַעֲרִיצוֹ
לְעֻמָּתָם מְשַׁבְּחִים וְאוֹמְרִים

קהל ואחריו שליח הציבור:

יחזקאל ג ׳בָּרוּךְ כְּבוֹד־יהוה מִמְּקוֹמוֹ:
מִמְּקוֹמוֹ הוּא יִפֶן בְּרַחֲמָיו לְעַמּוֹ, וְיָחֹן עַם הַמְיַחֲדִים שְׁמוֹ
עֶרֶב וָבֹקֶר בְּכָל יוֹם תָּמִיד
פַּעֲמַיִם בְּאַהֲבָה שְׁמַע אוֹמְרִים

קהל ואחריו שליח הציבור:

דברים ו שְׁמַע יִשְׂרָאֵל, יהוה אֱלֹהֵינוּ, יהוה אֶחָד:
הוּא אֱלֹהֵינוּ, הוּא אָבִינוּ, הוּא מַלְכֵּנוּ, הוּא מוֹשִׁיעֵנוּ
וְהוּא יוֹשִׁיעֵנוּ וְיִגְאָלֵנוּ שֵׁנִית
וְיַשְׁמִיעֵנוּ בְּרַחֲמָיו לְעֵינֵי כָּל חַי לֵאמֹר
במדבר טו הֵן גָּאַלְתִּי אֶתְכֶם אַחֲרִית כְּבְרֵאשִׁית, לִהְיוֹת לָכֶם לֵאלֹהִים
אֲנִי יהוה אֱלֹהֵיכֶם:

קהל ואחריו שליח הציבור:

תהלים ח אַדִּיר אַדִּירֵנוּ, יהוה אֲדֹנֵינוּ, מָה־אַדִּיר שִׁמְךָ בְּכָל־הָאָרֶץ:
זכריה יד וְהָיָה יהוה לְמֶלֶךְ עַל־כָּל־הָאָרֶץ
בַּיּוֹם הַהוּא יִהְיֶה יהוה אֶחָד וּשְׁמוֹ אֶחָד:

שליח הציבור:

וּבְדִבְרֵי קָדְשְׁךָ כָּתוּב לֵאמֹר

קהל ואחריו שליח הציבור:

תהלים קמו ׳יִמְלֹךְ יהוה לְעוֹלָם, אֱלֹהַיִךְ צִיּוֹן לְדֹר וָדֹר, הַלְלוּיָהּ:

יש האומרים כאן פיוטי קדושה בעמ׳ 586.

שליח הציבור:

לְדוֹר וָדוֹר נַגִּיד גָּדְלֶךָ, וּלְנֵצַח נְצָחִים קְדֻשָּׁתְךָ נַקְדִּישׁ
וְשִׁבְחֲךָ אֱלֹהֵינוּ מִפִּינוּ לֹא יָמוּשׁ לְעוֹלָם וָעֶד
כִּי אֵל מֶלֶךְ גָּדוֹל וְקָדוֹשׁ אָתָּה.

בבתי כנסת המתפללים בנוסח אשכנז, אין אומרים ׳לְדוֹר וָדוֹר׳.

לְדוֹר וָדוֹר הַמְלִיכוּ לָאֵל, כִּי הוּא לְבַדּוֹ מָרוֹם וְקָדוֹשׁ.

חֲמֹל עַל מַעֲשֶׂיךָ
וְתִשְׂמַח בְּמַעֲשֶׂיךָ
וְיֹאמְרוּ לְךָ חוֹסֶיךָ
בְּצַדֶּקְךָ עֲמוּסֶיךָ
תֻּקְדַּשׁ אָדוֹן עַל כָּל מַעֲשֶׂיךָ

כִּי מַקְדִּישֶׁיךָ בִּקְדֻשָּׁתְךָ קִדַּשְׁתָּ
נָאֶה לְקָדוֹשׁ פְּאֵר מִקְּדוֹשִׁים.

וּבְכֵן יִתְקַדַּשׁ שִׁמְךָ יהוה אֱלֹהֵינוּ
עַל יִשְׂרָאֵל עַמֶּךָ
וְעַל יְרוּשָׁלַיִם עִירֶךָ
וְעַל צִיּוֹן מִשְׁכַּן כְּבוֹדֶךָ
וְעַל מַלְכוּת בֵּית דָּוִד מְשִׁיחֶךָ
וְעַל מְכוֹנְךָ וְהֵיכָלֶךָ.

עוֹד יִזְכֹּר לָנוּ אַהֲבַת אֵיתָן, אֲדוֹנֵינוּ
וּבַבֵּן הַנֶּעֱקַד יַשְׁבִּית מְדַיְּנֵינוּ
וּבִזְכוּת הַתָּם יוֹצִיא הַיּוֹם לְצֶדֶק דִּינֵנוּ
כִּי־קָדוֹשׁ הַיּוֹם לַאֲדֹנֵינוּ: נחמיה ח

בְּאֵין מֵלִיץ יֹשֶׁר
מוּל מַגִּיד פֶּשַׁע
תַּגִּיד לְיַעֲקֹב דְּבַר, חֹק וּמִשְׁפָּט
וְצַדְּקֵנוּ בַּמִּשְׁפָּט, הַמֶּלֶךְ הַמִּשְׁפָּט.

נוהגים ששליח הציבור מצרף את השורה הראשונה בפיוט לסוף המשפט הקודם, ואומר ׳הַמֶּלֶךְ הַמִּשְׁפָּט. הָאוֹחֵז בְּיַד מִדַּת מִשְׁפָּט׳ בנשימה אחת (מהרי״ל).

פותחים את ארון הקודש.

סימן א״ב

הָאוֹחֵז בְּיַד מִדַּת מִשְׁפָּט
וְכֹל מַאֲמִינִים שֶׁהוּא אֵל אֱמוּנָה.

הַבּוֹחֵן וּבוֹדֵק גִּנְזֵי נִסְתָּרוֹת
וְכֹל מַאֲמִינִים שֶׁהוּא בּוֹחֵן כְּלָיוֹת.

הַגּוֹאֵל מִמָּוֶת וּפוֹדֶה מִשַּׁחַת
וְכֹל מַאֲמִינִים שֶׁהוּא גּוֹאֵל חָזָק.

הַדָּן יְחִידִי לְבָאֵי עוֹלָם
וְכֹל מַאֲמִינִים שֶׁהוּא דַּיַּן אֱמֶת.

הֶהָגוּי בְּאֶהְיֶה אֲשֶׁר אֶהְיֶה
וְכֹל מַאֲמִינִים שֶׁהוּא הָיָה וְהֹוֶה וְיִהְיֶה.

הַוַּדַּאי, כִּשְׁמוֹ כֵּן תְּהִלָּתוֹ
וְכֹל מַאֲמִינִים שֶׁהוּא וְאֵין בִּלְתּוֹ.

הַזּוֹכֵר לְמַזְכִּירָיו טוֹבוֹת זִכְרוֹנוֹת
וְכֹל מַאֲמִינִים שֶׁהוּא זוֹכֵר הַבְּרִית.

הַחוֹתֵךְ חַיִּים לְכָל חָי
וְכֹל מַאֲמִינִים שֶׁהוּא חַי וְקַיָּם.

הַטּוֹב וּמֵטִיב לָרָעִים וְלַטּוֹבִים
וְכֹל מַאֲמִינִים שֶׁהוּא טוֹב לַכֹּל.

הַיּוֹדֵעַ יֵצֶר כָּל יְצוּרִים
וְכֹל מַאֲמִינִים שֶׁהוּא יוֹצְרָם בַּבָּטֶן.

הַכֹּל יָכוֹל, וְכוֹלְלָם יַחַד
וְכֹל מַאֲמִינִים שֶׁהוּא כֹּל יָכוֹל.

הַלָּן בְּסֵתֶר בְּצֵל שַׁדַּי
וְכֹל מַאֲמִינִים שֶׁהוּא לְבַדּוֹ הוּא.

הַמַּמְלִיךְ מְלָכִים, וְלוֹ הַמְּלוּכָה
וְכֹל מַאֲמִינִים שֶׁהוּא מֶלֶךְ עוֹלָם.

הַנּוֹהֵג בְּחַסְדּוֹ עִם כָּל דּוֹר
וְכֹל מַאֲמִינִים שֶׁהוּא נוֹצֵר חֶסֶד.

הַסּוֹבֵל, וּמַעֲלִים עַיִן מִסּוֹרְרִים
וְכֹל מַאֲמִינִים שֶׁהוּא סוֹלֵחַ סֶלָה.

הָעֶלְיוֹן, וְעֵינָיו עַל יְרֵאָיו
וְכֹל מַאֲמִינִים שֶׁהוּא עוֹנֶה לָחַשׁ.

הַפּוֹתֵחַ שַׁעַר לְדוֹפְקֵי בִּתְשׁוּבָה
וְכֹל מַאֲמִינִים שֶׁהוּא פְּתוּחָה יָדוֹ.

הַצּוֹפֶה רָשָׁע, וְחָפֵץ לְהַצְדִּיקוֹ
וְכֹל מַאֲמִינִים שֶׁהוּא צַדִּיק וְיָשָׁר.

הַקָּצַר בְּזַעַם, וּמַאֲרִיךְ אַף
וְכֹל מַאֲמִינִים שֶׁהוּא קָשֶׁה לִכְעֹס.

הָרַחוּם, וּמַקְדִּים רַחֲמִים לְרֹגֶז
וְכֹל מַאֲמִינִים שֶׁהוּא רַךְ לִרְצוֹת.

הַשָּׁוֶה, וּמַשְׁוֶה קָטֹן וְגָדוֹל
וְכֹל מַאֲמִינִים שֶׁהוּא שׁוֹפֵט צֶדֶק.

הַתָּם, וּמִתַּמֵּם עִם תְּמִימִים
וְכֹל מַאֲמִינִים שֶׁהוּא תָּמִים פָּעֳלוֹ.

סוגרים את ארון הקודש
(ויש קהילות שבהן סוגרים את ארון הקודש בסוף הפיסקה הבאה).

תִּשָּׂגֵב לְבַדֶּךָ, וְתִמְלֹךְ עַל כֹּל בְּיִחוּד
כַּכָּתוּב עַל יַד נְבִיאֶךָ
וְהָיָה יהוה לְמֶלֶךְ עַל־כָּל־הָאָרֶץ זכריה יד
בַּיּוֹם הַהוּא יִהְיֶה יהוה אֶחָד וּשְׁמוֹ אֶחָד:

שליח הציבור ממשיך ואומר:

וּבְכֵן תֵּן פַּחְדְּךָ יהוה אֱלֹהֵינוּ עַל כָּל מַעֲשֶׂיךָ
וְאֵימָתְךָ עַל כָּל מַה שֶּׁבָּרָאתָ
וְיִירָאוּךָ כָּל הַמַּעֲשִׂים, וְיִשְׁתַּחֲווּ לְפָנֶיךָ כָּל הַבְּרוּאִים
וְיֵעָשׂוּ כֻלָּם אֲגֻדָּה אַחַת לַעֲשׂוֹת רְצוֹנְךָ בְּלֵבָב שָׁלֵם
כְּמוֹ שֶׁיָּדַעְנוּ יהוה אֱלֹהֵינוּ שֶׁהַשִּׁלְטָן לְפָנֶיךָ
עֹז בְּיָדְךָ וּגְבוּרָה בִּימִינֶךָ
וְשִׁמְךָ נוֹרָא עַל כָּל מַה שֶּׁבָּרָאתָ.

וּבְכֵן תֵּן כָּבוֹד יהוה לְעַמֶּךָ
תְּהִלָּה לִירֵאֶיךָ
וְתִקְוָה טוֹבָה לְדוֹרְשֶׁיךָ
וּפִתְחוֹן פֶּה לַמְיַחֲלִים לָךְ
שִׂמְחָה לְאַרְצֶךָ, וְשָׂשׂוֹן לְעִירֶךָ
וּצְמִיחַת קֶרֶן לְדָוִד עַבְדֶּךָ
וַעֲרִיכַת נֵר לְבֶן יִשַׁי מְשִׁיחֶךָ בִּמְהֵרָה בְיָמֵינוּ.

וּבְכֵן צַדִּיקִים יִרְאוּ וְיִשְׂמָחוּ, וִישָׁרִים יַעֲלֹזוּ
וַחֲסִידִים בְּרִנָּה יָגִילוּ, וְעוֹלָתָה תִּקְפָּץ פִּיהָ
וְכָל הָרִשְׁעָה כֻּלָּהּ כֶּעָשָׁן תִּכְלֶה
כִּי תַעֲבִיר מֶמְשֶׁלֶת זָדוֹן מִן הָאָרֶץ.

סימן א״ב

וְיֶאֱתָיוּ כֹל לְעָבְדֶךָ / וִיבָרְכוּ שֵׁם כְּבוֹדֶךָ
וְיַגִּידוּ בָאִיִּים צִדְקֶךָ / וְיִדְרְשׁוּךָ עַמִּים לֹא יְדָעוּךָ
וִיהַלְלוּךָ כָּל אַפְסֵי אָרֶץ / וְיֹאמְרוּ תָמִיד יִגְדַּל יהוה
וְיִזְנְחוּ אֶת עֲצַבֵּיהֶם / וְיַחְפְּרוּ עִם פְּסִילֵיהֶם
וְיַטּוּ שְׁכֶם אֶחָד לְעָבְדֶךָ / וְיִירָאוּךָ עִם שֶׁמֶשׁ מְבַקְשֵׁי פָנֶיךָ
וְיַכִּירוּ כֹּחַ מַלְכוּתֶךָ / וִילַמְּדוּ תוֹעִים בִּינָה
וִימַלְּלוּ אֶת גְּבוּרָתֶךָ / וִינַשְּׂאוּךָ, מִתְנַשֵּׂא לְכֹל לְרֹאשׁ
וִיסַלְּדוּ בְחִילָה פָּנֶיךָ / וִיעַטְּרוּךָ נֵזֶר תִּפְאָרָה
וְיִפְצְחוּ הָרִים רִנָּה / וְיִצְהֲלוּ אִיִּים בְּמָלְכֶךָ
וִיקַבְּלוּ עֹל מַלְכוּתְךָ עֲלֵיהֶם / וִירוֹמְמוּךָ בִּקְהַל עָם
וְיִשְׁמְעוּ רְחוֹקִים וְיָבוֹאוּ / וְיִתְּנוּ לְךָ כֶּתֶר מְלוּכָה.

וְתִמְלֹךְ אַתָּה הוּא יהוה אֱלֹהֵינוּ מְהֵרָה לְבַדֶּךָ עַל כָּל מַעֲשֶׂיךָ
בְּהַר צִיּוֹן מִשְׁכַּן כְּבוֹדֶךָ
וּבִירוּשָׁלַיִם עִיר קָדְשֶׁךָ
כַּכָּתוּב בְּדִבְרֵי קָדְשֶׁךָ
תהלים קמו יִמְלֹךְ יהוה לְעוֹלָם, אֱלֹהַיִךְ צִיּוֹן לְדֹר וָדֹר, הַלְלוּיָהּ:

קָדוֹשׁ אַתָּה וְנוֹרָא שְׁמֶךָ
וְאֵין אֱלוֹהַּ מִבַּלְעָדֶיךָ
כַּכָּתוּב
ישעיה ה וַיִּגְבַּהּ יהוה צְבָאוֹת בַּמִּשְׁפָּט
וְהָאֵל הַקָּדוֹשׁ נִקְדַּשׁ בִּצְדָקָה:
בָּרוּךְ אַתָּה יהוה, הַמֶּלֶךְ הַקָּדוֹשׁ.

קדושת היום

אַתָּה בְחַרְתָּנוּ מִכָּל הָעַמִּים
אָהַבְתָּ אוֹתָנוּ וְרָצִיתָ בָּנוּ, וְרוֹמַמְתָּנוּ מִכָּל הַלְּשׁוֹנוֹת
וְקִדַּשְׁתָּנוּ בְּמִצְוֹתֶיךָ, וְקֵרַבְתָּנוּ מַלְכֵּנוּ לַעֲבוֹדָתֶךָ
וְשִׁמְךָ הַגָּדוֹל וְהַקָּדוֹשׁ עָלֵינוּ קָרָאתָ.

בשבת מוסיפים את המילים שבסוגריים.

וַתִּתֶּן לָנוּ יהוה אֱלֹהֵינוּ בְּאַהֲבָה אֶת יוֹם
(הַשַּׁבָּת הַזֶּה לִקְדֻשָּׁה וְלִמְנוּחָה, וְאֶת יוֹם)
הַכִּפּוּרִים הַזֶּה, לִמְחִילָה וְלִסְלִיחָה וּלְכַפָּרָה
וְלִמְחָל בּוֹ אֶת כָּל עֲוֹנוֹתֵינוּ
(בְּאַהֲבָה) מִקְרָא קֹדֶשׁ, זֵכֶר לִיצִיאַת מִצְרָיִם.

וּמִפְּנֵי חֲטָאֵינוּ גָּלִינוּ מֵאַרְצֵנוּ
וְנִתְרַחַקְנוּ מֵעַל אַדְמָתֵנוּ
וְאֵין אֲנוּ יְכוֹלִים לַעֲשׂוֹת חוֹבוֹתֵינוּ בְּבֵית בְּחִירָתֶךָ
בַּבַּיִת הַגָּדוֹל וְהַקָּדוֹשׁ שֶׁנִּקְרָא שִׁמְךָ עָלָיו
מִפְּנֵי הַיָּד שֶׁנִּשְׁתַּלְּחָה בְּמִקְדָּשֶׁךָ.
יְהִי רָצוֹן מִלְּפָנֶיךָ יהוה אֱלֹהֵינוּ וֵאלֹהֵי אֲבוֹתֵינוּ
מֶלֶךְ רַחֲמָן
שֶׁתָּשׁוּב וּתְרַחֵם עָלֵינוּ וְעַל מִקְדָּשְׁךָ בְּרַחֲמֶיךָ הָרַבִּים
וְתִבְנֵהוּ מְהֵרָה וּתְגַדֵּל כְּבוֹדוֹ.
אָבִינוּ מַלְכֵּנוּ, גַּלֵּה כְּבוֹד מַלְכוּתְךָ עָלֵינוּ מְהֵרָה
וְהוֹפַע וְהִנָּשֵׂא עָלֵינוּ לְעֵינֵי כָּל חָי
וְקָרֵב פְּזוּרֵינוּ מִבֵּין הַגּוֹיִם, וּנְפוּצוֹתֵינוּ כַּנֵּס מִיַּרְכְּתֵי אָרֶץ.

וַהֲבִיאֵנוּ לְצִיּוֹן עִירְךָ בְּרִנָּה
וְלִירוּשָׁלַיִם בֵּית מִקְדָּשְׁךָ בְּשִׂמְחַת עוֹלָם
וְשָׁם נַעֲשֶׂה לְפָנֶיךָ אֶת קָרְבְּנוֹת חוֹבוֹתֵינוּ
תְּמִידִים כְּסִדְרָם וּמוּסָפִים כְּהִלְכָתָם
וְאֶת מוּסַף יוֹם /וְאֶת מוּסְפֵי יוֹם הַשַּׁבָּת הַזֶּה וְיוֹם/ הַכִּפּוּרִים הַזֶּה
נַעֲשֶׂה וְנַקְרִיב לְפָנֶיךָ בְּאַהֲבָה כְּמִצְוַת רְצוֹנֶךָ
כְּמוֹ שֶׁכָּתַבְתָּ עָלֵינוּ בְּתוֹרָתֶךָ
עַל יְדֵי מֹשֶׁה עַבְדֶּךָ מִפִּי כְבוֹדֶךָ, כָּאָמוּר

במדבר כח בשבת: וּבְיוֹם הַשַּׁבָּת, שְׁנֵי־כְבָשִׂים בְּנֵי־שָׁנָה תְּמִימִם
וּשְׁנֵי עֶשְׂרֹנִים סֹלֶת מִנְחָה בְּלוּלָה בַשֶּׁמֶן וְנִסְכּוֹ:
עֹלַת שַׁבַּת בְּשַׁבַּתּוֹ, עַל־עֹלַת הַתָּמִיד וְנִסְכָּהּ:

במדבר כט וּבֶעָשׂוֹר לַחֹדֶשׁ הַשְּׁבִיעִי הַזֶּה, מִקְרָא־קֹדֶשׁ יִהְיֶה לָכֶם
וְעִנִּיתֶם אֶת־נַפְשֹׁתֵיכֶם, כָּל־מְלָאכָה לֹא תַעֲשׂוּ:
וְהִקְרַבְתֶּם עֹלָה לַיהוה רֵיחַ נִיחֹחַ
פַּר בֶּן־בָּקָר אֶחָד, אַיִל אֶחָד
כְּבָשִׂים בְּנֵי־שָׁנָה שִׁבְעָה, תְּמִימִם יִהְיוּ לָכֶם:

וּמִנְחָתָם וְנִסְכֵּיהֶם כִּמְדֻבָּר
שְׁלֹשָׁה עֶשְׂרֹנִים לַפָּר וּשְׁנֵי עֶשְׂרֹנִים לָאָיִל, וְעִשָּׂרוֹן לַכֶּבֶשׂ
וְיַיִן כְּנִסְכּוֹ, וּשְׁנֵי שְׂעִירִים לְכַפֵּר, וּשְׁנֵי תְמִידִים כְּהִלְכָתָם.

בשבת: יִשְׂמְחוּ בְמַלְכוּתְךָ שׁוֹמְרֵי שַׁבָּת וְקוֹרְאֵי עֹנֶג.
עַם מְקַדְּשֵׁי שְׁבִיעִי
כֻּלָּם יִשְׂבְּעוּ וְיִתְעַנְּגוּ מִטּוּבֶךָ, וּבַשְּׁבִיעִי רָצִיתָ בּוֹ וְקִדַּשְׁתּוֹ
חֶמְדַּת יָמִים אוֹתוֹ קָרָאתָ, זֵכֶר לְמַעֲשֵׂה בְרֵאשִׁית.

פותחים את ארון הקודש.

עָלֵינוּ לְשַׁבֵּחַ לַאֲדוֹן הַכֹּל, לָתֵת גְּדֻלָּה לְיוֹצֵר בְּרֵאשִׁית
שֶׁלֹּא עָשָׂנוּ כְּגוֹיֵי הָאֲרָצוֹת, וְלֹא שָׂמָנוּ כְּמִשְׁפְּחוֹת הָאֲדָמָה
שֶׁלֹּא שָׂם חֶלְקֵנוּ כָּהֶם וְגוֹרָלֵנוּ כְּכָל הֲמוֹנָם.

סוגרים את ארון הקודש.

שֶׁהֵם מִשְׁתַּחֲוִים לְהֶבֶל וָרִיק וּמִתְפַּלְלִים אֶל אֵל לֹא יוֹשִׁיעַ.

פותחים את ארון הקודש.

הקהל כורע במילה ׳כּוֹרְעִים׳, ויש קהילות שבהן רק שליח הציבור כורע.

וַאֲנַחְנוּ כּוֹרְעִים וּמִשְׁתַּחֲוִים וּמוֹדִים
לִפְנֵי מֶלֶךְ מַלְכֵי הַמְּלָכִים, הַקָּדוֹשׁ בָּרוּךְ הוּא
שֶׁהוּא נוֹטֶה שָׁמַיִם וְיוֹסֵד אָרֶץ
וּמוֹשַׁב יְקָרוֹ בַּשָּׁמַיִם מִמַּעַל
וּשְׁכִינַת עֻזּוֹ בְּגָבְהֵי מְרוֹמִים.

כשהקהל אומר ׳הוּא אֱלֹהֵינוּ׳, שליח הציבור אומר ׳אַתָּה הָרְאֵתָ׳ (למטה).

הוּא אֱלֹהֵינוּ, אֵין עוֹד.
אֱמֶת מַלְכֵּנוּ, אֶפֶס זוּלָתוֹ, כַּכָּתוּב בְּתוֹרָתוֹ
דברים ד וְיָדַעְתָּ הַיּוֹם וַהֲשֵׁבֹתָ אֶל־לְבָבֶךָ
כִּי יהוה הוּא הָאֱלֹהִים בַּשָּׁמַיִם מִמַּעַל וְעַל־הָאָרֶץ מִתָּחַת
אֵין עוֹד:

שליח הציבור אומר:

דברים ד אַתָּה הָרְאֵתָ לָדַעַת, כִּי יהוה הוּא הָאֱלֹהִים, אֵין עוֹד מִלְּבַדּוֹ:
וְיָדַעְתָּ הַיּוֹם וַהֲשֵׁבֹתָ אֶל־לְבָבֶךָ, כִּי יהוה הוּא הָאֱלֹהִים בַּשָּׁמַיִם
דברים ו מִמַּעַל וְעַל־הָאָרֶץ מִתָּחַת, אֵין עוֹד: שְׁמַע יִשְׂרָאֵל, יהוה אֱלֹהֵינוּ,
דברים י יהוה אֶחָד: הֵן לַיהוה אֱלֹהֶיךָ הַשָּׁמַיִם וּשְׁמֵי הַשָּׁמָיִם, הָאָרֶץ
שם וְכָל־אֲשֶׁר־בָּהּ: כִּי יהוה אֱלֹהֵיכֶם הוּא אֱלֹהֵי הָאֱלֹהִים וַאֲדֹנֵי

הָאֲדֹנִים, הָאֵל הַגָּדֹל הַגִּבֹּר וְהַנּוֹרָא אֲשֶׁר לֹא־יִשָּׂא פָנִים וְלֹא יִקַּח שֹׁחַד: כִּי שֵׁם יהוה אֶקְרָא, הָבוּ גֹדֶל לֵאלֹהֵינוּ: יְהִי שֵׁם יהוה מְבֹרָךְ, מֵעַתָּה וְעַד־עוֹלָם:

דברים לב
תהלים קיג

סוגרים את ארון הקודש.

אֱלֹהֵינוּ וֵאלֹהֵי אֲבוֹתֵינוּ

׳רשות׳ לסדר העבודה

הֱיֵה עִם פִּיפִיּוֹת שְׁלוּחֵי עַמְּךָ בֵּית יִשְׂרָאֵל
הָעוֹמְדִים לְבַקֵּשׁ תְּפִלָּה וְתַחֲנוּנִים מִלְּפָנֶיךָ עַל עַמְּךָ בֵּית יִשְׂרָאֵל.

הוֹרֵם מַה שֶּׁיֹּאמְרוּ / הֲבִינֵם מַה שֶּׁיְּדַבֵּרוּ
הֲשִׁיבֵם מַה שֶּׁיִּשְׁאֲלוּ / יַדְּעֵם הֵיךְ יְפָאֵרוּ.

בְּאוֹר פָּנֶיךָ יְהַלֵּכוּן: / בֶּרֶךְ לְךָ יִבְרְכוּן תהלים פט
עַמְּךָ בְּפִיהֶם יְבָרְכוּן / וּמִבִּרְכוֹת פִּיךָ כֻּלָּם יִתְבָּרְכוּן.

עַמְּךָ לְפָנֶיךָ יַעֲבִירוּן / וְהֵם בַּתָּוֶךְ יַעֲבֹרוּן
עֵינֵי עַמְּךָ בָּם תְּלוּיוֹת / וְעֵינֵיהֶם לְךָ מְיַחֲלוֹת.

גָּשִׁים מוּל אֲרוֹן הַקֹּדֶשׁ בְּאֵימָה / לְשַׁכֵּךְ כַּעַס וְחֵמָה
וְעַמְּךָ מַסְבִּיבִים אוֹתָם כַּחוֹמָה /
וְאַתָּה מִן הַשָּׁמַיִם תַּשְׁגִּיחַ, אוֹתָם לְרַחֲמָה.

עַיִן נוֹשְׂאִים לְךָ לַשָּׁמַיִם / לֵב שׁוֹפְכִים נִכְחֲךָ כַּמַּיִם
וְאַתָּה תִּשְׁמַע מִן הַשָּׁמַיִם. דברי הימים ב, ו

יש קהילות שבהן נוהגים שהקהל אומר בלחש עד ׳אֱלֹהֵי יִשְׂרָאֵל׳.

שֶׁלֹּא יִכָּשְׁלוּ בִלְשׁוֹנָם / וְלֹא יִנָּקְשׁוּ בְשִׁנּוּנָם
וְלֹא יֵבוֹשׁוּ בְּמַשְׁעֵנָם / וְלֹא יִכָּלְמוּ בָם שְׁאוֹנָם
וְאַל יֹאמַר פִּיהֶם דָּבָר שֶׁלֹּא כִרְצוֹנֶךָ.
כִּי חֲנוּנֶיךָ יהוה אֱלֹהֵינוּ הֵמָּה חֲנוּנִים / וּמְלֻמָּדֶיךָ הֵמָּה מְלֻמָּדִים.

כְּמָה שֶׁיְּדַעְנוּ יהוה אֱלֹהֵינוּ
אֶת אֲשֶׁר תָּחֹן יוּחַן
וְאֶת אֲשֶׁר תְּרַחֵם יְרֻחָם.
כַּכָּתוּב בְּתוֹרָתֶךָ
וַיֹּאמֶר, אֲנִי אַעֲבִיר כָּל־טוּבִי עַל־פָּנֶיךָ שמות לג
וְקָרָאתִי בְשֵׁם יהוה לְפָנֶיךָ
וְחַנֹּתִי אֶת־אֲשֶׁר אָחֹן
וְרִחַמְתִּי אֶת־אֲשֶׁר אֲרַחֵם:
וְנֶאֱמַר
אַל־יֵבֹשׁוּ בִי קֹוֶיךָ, אֲדֹנָי יֱהֹוִה צְבָאוֹת תהלים סט
אַל־יִכָּלְמוּ בִי מְבַקְשֶׁיךָ, אֱלֹהֵי יִשְׂרָאֵל:

פותחים את ארון הקודש.

המשך הרשות: הבקשה 'הֱיֵה עִם פִּיפִיּוֹת' לעיל, הייתה עבור שליחי ציבור בכלל. 'אוֹחִילָה לָאֵל' היא בקשה אישית של שליח הציבור.

סימן א מרובע

אוֹחִילָה לָאֵל, אֲחַלֶּה פָנָיו
אֶשְׁאֲלָה מִמֶּנּוּ מַעֲנֵה לָשׁוֹן.

אֲשֶׁר בִּקְהַל עָם אָשִׁירָה עֻזּוֹ
אַבִּיעָה רְנָנוֹת בְּעַד מִפְעָלָיו.

לְאָדָם מַעַרְכֵי־לֵב וּמֵיהוה מַעֲנֵה לָשׁוֹן: משלי טז
אֲדֹנָי, שְׂפָתַי תִּפְתָּח, וּפִי יַגִּיד תְּהִלָּתֶךָ: תהלים נא

יש שליחי ציבור האומרים פסוק זה בקול, ויש האומרים בלחש:

יִהְיוּ לְרָצוֹן אִמְרֵי־פִי וְהֶגְיוֹן לִבִּי לְפָנֶיךָ, יהוה צוּרִי וְגֹאֲלִי: תהלים יט

סוגרים את ארון הקודש.

סדר העבודה

"כַּאֲשֶׁר עָשָׂה בַּיּוֹם הַזֶּה, צִוָּה ה' לַעֲשֹׂת לְכַפֵּר עֲלֵיכֶם" (ויקרא ח, לד).

שיאה של ברכת קדושת היום הוא פיוט המתאר את עבודת יום הכיפורים שנעשתה במקדש. בקהילות הספרדים אומרים את הפיוט העתיק 'אַתָּה כּוֹנַנְתָּ', וכן ברוב הקהילות המתפללות בנוסח ספרד. ויש האומרים את הפיוט 'אַמִּיץ כֹּחַ' שכתב ר' משולם בן קלונימוס, כמנהג אשכנז (עמ' 611).

נוהגים שהקהל כולו אומר את הפיוט יחד, ושליח הציבור אומר בקול רק את השורות המסומנות ב•.

סימן א"ב

אַתָּה כּוֹנַנְתָּ עוֹלָם מֵרֹאשׁ / יָסַדְתָּ תֵּבֵל וְהַכֹּל פָּעַלְתָּ, וּבְרִיּוֹת בּוֹ יָצַרְתָּ.

בְּשׁוּרְךָ עוֹלָם תֹּהוּ וָבֹהוּ, וְחֹשֶׁךְ עַל פְּנֵי תְהוֹם

גֵּרַשְׁתָּ אֹפֶל וְהִצַּבְתָּ נֹגַהּ.

גֹּלֶם תַּבְנִיתְךָ מִן הָאֲדָמָה יָצַרְתָּ / וְעַל עֵץ הַדַּעַת אוֹתוֹ הִפְקַדְתָּ.

דִּבְרְךָ זָנַח, וְנִזְנַח מֵעֵדֶן / וְלֹא כִלִּיתוֹ, לְמַעַן יְגִיעַ כַּפֶּיךָ.

הִגְדַּלְתָּ פִּרְיוֹ וּבֵרַכְתָּ זַרְעוֹ / וְהִפְרִיתָם בְּטוּבְךָ וְהוֹשַׁבְתָּם שָׁקֶט.

וַיִּפְרְקוּ עֹל, וַיֹּאמְרוּ לָאֵל סוּר מִמֶּנּוּ

וַהֲסִירוֹתָ יָד, כְּרֶגַע אֻמְלְלוּ כֶּחָצִיר.

זָכַרְתָּ בְּרִית לְתָמִים בְּדוֹרוֹ / וּבִשְׁכָרוֹ שַׂמְתָּ לָעוֹלָם שְׁאֵרִית.

חֹק בְּרִית קֶשֶׁת לְמַעֲנוֹ כָּרַתָּ / וּבְאַהֲבַת נִיחוֹחוֹ בָּנָיו בֵּרַכְתָּ.

טָעוּ בְעָשְׁרָם וַיִּבְנוּ מִגְדָּל

וַיֹּאמְרוּ לְכוּ וְנַעֲלֶה וְנִבְקִיעַ הָרָקִיעַ לְהִלָּחֵם בּוֹ.

יָחִיד אַב הֲמוֹן, פִּתְאוֹם כְּכוֹכָב

זָרַח מֵאוּר כַּשְׂדִּים לְהָאִיר בַּחֹשֶׁךְ.

כַּעֲסָךְ הֵפֵרְתָּ בְּשׁוּרְךָ פָּעֳלוֹ / וּלְעֵת שֵׂיבָתוֹ לְבָבוֹ חָקַרְתָּ.

לִוְיַת חֵן מִמֶּנּוּ הוֹצֵאתָ / טָלֶה טָהוֹר מִכֶּבֶשׂ נִבְחָר.

מִגִּזְעוֹ אִישׁ תָּם הוֹצֵאתָ / חָתוּם בִּבְרִיתְךָ מֵרֶחֶם לָקַח.

נָתַתָּ לוֹ שְׁנֵים עָשָׂר שְׁבָטִים / אֲהוּבֵי עֶלְיוֹן מִבֶּטֶן נִקְרָאוּ.

שַׂמְתָּ עַל לֵוִי לִוְיַת חֵן וָחֶסֶד / וּמִכָּל אֶחָיו כֶּתֶר לוֹ עִטַּרְתָּ.
עַמְרָם נִבְחַר מִזֶּרַע לֵוִי / אַהֲרֹן קְדוֹשׁ יהוה מִשָּׁרָשָׁיו קִדַּשְׁתָּ.
פְּאֵרְתּוֹ בְּבִגְדֵי שְׂרָד / וּבְקָרְבְּנוֹתָיו הֵפֵר כַּעְסָךְ.
צִיץ וּמְעִיל, חֹשֶׁן וְאֵפוֹד / כְּתֹנֶת וּמִכְנְסֵי בַד, מִצְנֶפֶת וְאַבְנֵט.
קָרְבְּנוֹת פָּרִים וְעוֹלוֹת כְּבָשִׂים / וּשְׁחִיטַת שְׂעִירִים וְנִיחוֹחַ אֵילִים.
רֵיחַ קְטֹרֶת, מִרְקַחַת וּבִעוּר גֶּחָלִים / וּזְרִיקַת דָּם וּסְפִירַת יֹשֶׁר.
שַׁוְעַת קְטֹרֶת וּתְפִלַּת אֱמֶת / וּקְדֻשָּׁתוֹ מְכַפֶּרֶת עֲוֹנוֹתֵינוּ.
תֹּכֶן בּוּץ וַעֲרִיכַת אֶבֶן / מֵחָגוּר בְּכֻלָּם, כְּמַלְאַךְ מִיכָאֵל מְשָׁרֵת.
◂ תִּכַּנְתָּ כָּל אֵלֶּה לִכְבוֹד אַהֲרֹן / כְּלִי כַפָּרָה לְיִשְׂרָאֵל שַׂמְתּוֹ
וְעַל יָדוֹ סְלִיחַת הֶעָוֹן נָתַתָּ.

הקהל:

סימן תשר״ק

תַּחַת אַהֲרֹן מִגְּזְעוֹ יַעֲמֹד / לְשָׁרֵת לְפָנֶיךָ בְּיוֹם הַסְּלִיחָה.
תּוֹרַת מַעֲשֶׂה וַעֲבוֹדַת הַיּוֹם, שִׁבְעַת יָמִים בִּזְבוּלֵנוּ יִלְמֹד
וּמַזִּין עָלָיו שְׁלִישִׁי וּשְׁבִיעִי.
שְׁלוּמֵי זִקְנֵי עָם, וְחַכְמֵי אֶחָיו הַכֹּהֲנִים
תָּמִיד יְסוֹבְבוּהוּ עַד בֹּא יוֹם הֶעָשׂוֹר, וְאוֹמְרִים לוֹ.
רְאֵה לִפְנֵי מִי אַתָּה נִכְנָס / לִמְקוֹם אֵשׁ, לֶהָבָה, שַׁלְהֶבֶת.
קְהַל עֲדָתֵנוּ עָלֶיךָ יִסְמְכוּ / וְעַל יָדֶךָ תְּהֵא סְלִיחָתֵנוּ.
צִוּוּהוּ וְהִרְגִּילוּהוּ עַד בֹּא יוֹם הֶעָשׂוֹר
כְּדֵי שֶׁיְּהֵא מֻרְגָּל בְּסֵדֶר עֲבוֹדָה.
פֵּרְשׁוּ לוֹ סָדִין שֶׁל בּוּץ, בְּהַגִּיעַ עֵת שְׁחִיטַת כֶּבֶשׂ הַתָּמִיד
לַעֲשׂוֹת מְחִצָּה בֵּינוֹ וּבֵין הָעָם.
עוֹשֶׂה מִצְוָה בְּאֵימָה וּבְיִרְאָה / וּבוֹדֵק עַצְמוֹ מֵחוֹצְצֵי טְבִילָה.
שָׂשׂ עַל מִצְוָה לְקַיֵּם דָּתוֹ, וּפָשַׁט בִּגְדֵי חֹל
וְיָרַד וְטָבַל וְעָלָה וְנִסְתַּפַּג כְּמוֹ שֶׁהֻזְהַר.

נָתְנוּ לוֹ בִּגְדֵי זָהָב וְלָבַשׁ / וְקִדֵּשׁ יָדָיו וְרַגְלָיו מִקִּיתוֹן שֶׁל זָהָב.
מִיָּד מְקַבֵּל אֶת כֶּבֶשׂ הַתָּמִיד
וְשׁוֹחֵט בּוֹ רֹב שְׁנַיִם
וּמַנִּיחַ לְאַחֵר לִגְמֹר הַשְּׁחִיטָה
וּמְקַבֵּל אֶת הַדָּם
וְזָרְקוֹ עַל הַמִּזְבֵּחַ כְּמִצְוָתוֹ.
לִפְנִים יִכָּנֵס לְהֵיטִיב חָמֵשׁ נֵרוֹת וּלְהַקְטִיר קְטֹרֶת הַבֹּקֶר
וּלְהֵיטִיב אֶת שְׁתֵּי הַנֵּרוֹת הַנִּשְׁאָרוֹת
וְיָצָא וְהִקְרִיב אֶת הָרֹאשׁ וְאֶת הָאֵבָרִים כְּמִצְוָתָן.
כְּכָל יוֹם, יַעֲשֶׂה מִנְחַת חֲבִתִּין
וִינַסֵּךְ אֶת הַיַּיִן בְּכָל כְּלִי יֹשֶׁר
◂ וְאַחַר הַתָּמִיד מַקְרִיב פַּר הָעוֹלָה
וְשִׁבְעַת הַכְּבָשִׂים שֶׁל מוּסַף הַיּוֹם
וּמִנְחָתָם וְנִסְכֵּיהֶם כְּמִשְׁפָּטָם.

בשבת:

◂ וּבְיוֹם הַשַּׁבָּת מַקְרִיב קֹדֶם מוּסַף הַיּוֹם
שְׁנֵי כְבָשִׂים שֶׁל מוּסַף שַׁבָּת וּמִנְחָתָם
וְאַחַר כָּךְ מְסַדֵּר לֶחֶם הַפָּנִים
וּמַקְרִיב שְׁנֵי בְזִיכֵי לְבוֹנָה
וּמְנַסֵּךְ הַיַּיִן כְּהִלְכָתוֹ.

הכול:

יָבֹא מִיָּד לְבֵית הַפַּרְוָה, וּבַקֹּדֶשׁ הָיְתָה
וְיִפְרְשׂוּ לוֹ סָדִין שֶׁל בּוּץ בֵּינוֹ לְבֵין הָעָם כְּבָרִאשׁוֹנָה.
טֶרֶם יִפְשֹׁט בִּגְדֵי זָהָב / מְקַדֵּשׁ בִּנְקִיּוּת יָדָיו וְרַגְלָיו.
חָל וּפָשַׁט בִּגְדֵי זָהָב / יָרַד וְטָבַל כְּמוֹ שֶׁהֻזְהַר, וְעָלָה וְנִסְתַּפָּג.
זְהָבִים מַעֲבִיר, וּלְבָנִים לוֹבֵשׁ / שֶׁעֲבוֹדַת הַיּוֹם בְּבִגְדֵי לָבָן.

וּמַהֵר וְקִדֵּשׁ יָדָיו וְרַגְלָיו, וּבָא לוֹ תְּחִלָּה אֵצֶל פָּרוֹ
וּפָרוֹ הָיָה עוֹמֵד בַּצָּפוֹן כְּנֶגֶד בֵּין הָאוּלָם וְלַמִּזְבֵּחַ
רֹאשׁוֹ לַדָּרוֹם וּפָנָיו לַמַּעֲרָב, וְהַכֹּהֵן עוֹמֵד בַּמִּזְרָח וּפָנָיו לַמַּעֲרָב.
‹ הוּא עוֹמֵד בְּאֵימָה לִפְנֵי אֵל עֶלְיוֹן, וְאוֹמֵר עָלָיו דִּבְרֵי וִדּוּי
וְסָמַךְ שְׁתֵּי יָדָיו עָלָיו, וְהִתְוַדָּה.

שליח הציבור אומר, והקהל אומר אתו בלחש:

וְכָךְ הָיָה אוֹמֵר
אָנָּא הַשֵּׁם / חָטָאתִי, עָוִיתִי, פָּשַׁעְתִּי לְפָנֶיךָ אֲנִי וּבֵיתִי.
אָנָּא בַשֵּׁם / כַּפֶּר נָא לַחֲטָאִים וְלַעֲוֹנוֹת וְלַפְּשָׁעִים
שֶׁחָטָאתִי וְשֶׁעָוִיתִי וְשֶׁפָּשַׁעְתִּי לְפָנֶיךָ אֲנִי וּבֵיתִי.
כַּכָּתוּב בְּתוֹרַת מֹשֶׁה עַבְדֶּךָ מִפִּי כְבוֹדֶךָ
ויקרא טז כִּי־בַיּוֹם הַזֶּה יְכַפֵּר עֲלֵיכֶם לְטַהֵר אֶתְכֶם
מִכֹּל חַטֹּאתֵיכֶם לִפְנֵי יהוה

וְהַכֹּהֲנִים וְהָעָם הָעוֹמְדִים בָּעֲזָרָה
כְּשֶׁהָיוּ שׁוֹמְעִים אֶת הַשֵּׁם הַנִּכְבָּד וְהַנּוֹרָא
מְפֹרָשׁ יוֹצֵא מִפִּי כֹהֵן גָּדוֹל, בִּקְדֻשָּׁה וּבְטָהֳרָה

הקהל ושליח הציבור כורעים ומשתחווים.

הָיוּ כּוֹרְעִים וּמִשְׁתַּחֲוִים, וְנוֹפְלִים עַל פְּנֵיהֶם
וְאוֹמְרִים
בָּרוּךְ שֵׁם כְּבוֹד מַלְכוּתוֹ לְעוֹלָם וָעֶד.

הכול קמים על רגליהם, ושליח הציבור אומר:

וְאַף הוּא הָיָה מִתְכַּוֵּן לִגְמֹר אֶת הַשֵּׁם כְּנֶגֶד הַמְבָרְכִים
וְאוֹמֵר לָהֶם, תִּטְהָרוּ:
וְאַתָּה בְּטוּבְךָ מְעוֹרֵר רַחֲמֶיךָ, וְסוֹלֵחַ לְאִישׁ חֲסִידֶךָ.

הכול:

דָּרַךְ וּבָא לוֹ לְמִזְרַח הָעֲזָרָה לִצְפוֹן הַמִּזְבֵּחַ
הַסְּגָן מִימִינוֹ וְרֹאשׁ בֵּית אָב מִשְּׂמֹאלוֹ
וְשָׁם שְׁנֵי שְׂעִירִים, פְּנֵיהֶם לַמַּעֲרָב וַאֲחוֹרֵיהֶם לַמִּזְרָח
אֶחָד לִימִינוֹ וְאֶחָד לִשְׂמֹאלוֹ
טָרַף בְּקַלְפִּי, וְהֶעֱלָה שְׁנֵי גוֹרָלוֹת.
◂ גּוֹרָל יָמִין כְּשֶׁהוּא שֶׁל שֵׁם
יִתְּנֵהוּ עַל הַשָּׂעִיר וְאוֹמֵר, לַיהוה חַטָּאת.

ברוב הקהילות נוהגים שלא לכרוע כאן. הכול אומרים:

וְהַכֹּהֲנִים וְהָעָם הָעוֹמְדִים בָּעֲזָרָה
כְּשֶׁהָיוּ שׁוֹמְעִים אֶת הַשֵּׁם הַנִּכְבָּד וְהַנּוֹרָא
מְפֹרָשׁ יוֹצֵא מִפִּי כֹהֵן גָּדוֹל
בִּקְדֻשָּׁה וּבְטָהֳרָה
הָיוּ כּוֹרְעִים וּמִשְׁתַּחֲוִים וְנוֹפְלִים עַל פְּנֵיהֶם
וְאוֹמְרִים

בָּרוּךְ שֵׁם כְּבוֹד מַלְכוּתוֹ לְעוֹלָם וָעֶד.

בִּשְׂעִיר עֲזָאזֵל לְשׁוֹן זְהוֹרִית מִשְׁקַל שְׁתֵּי סְלָעִים, בֵּין קַרְנָיו יִקְשֹׁר
וְיַעֲמִידֵהוּ בְּשַׁעַר הַמִּזְרָח כְּנֶגֶד בֵּית שִׁלּוּחוֹ.
אַף בְּשָׂעִיר שֶׁהוּא שֶׁל שֵׁם
יִקְשֹׁר לָשׁוֹן שֶׁל זְהוֹרִית כְּנֶגֶד בֵּית שְׁחִיטָתוֹ בְּצַוָּאר
◂ וּבָא לוֹ שֵׁנִית אֵצֶל פָּרוֹ
וְאוֹמֵר עָלָיו וִדּוּי בֵּיתוֹ וּוִדּוּי אֶחָיו הַכֹּהֲנִים.
וְסָמַךְ שְׁתֵּי יָדָיו עָלָיו, וְהִתְוַדָּה.

שליח הציבור אומר, והקהל אומר אתו בלחש:

וְכָךְ הָיָה אוֹמֵר

אָנָּא הַשֵּׁם / חָטָאתִי, עָוִיתִי, פָּשַׁעְתִּי לְפָנֶיךָ

אֲנִי וּבֵיתִי וּבְנֵי אַהֲרֹן עַם קְדוֹשֶׁךָ.

אָנָּא בַשֵּׁם / כַּפֶּר נָא לַחֲטָאִים וְלַעֲוֹנוֹת וְלַפְּשָׁעִים

שֶׁחָטָאתִי וְשֶׁעָוִיתִי וְשֶׁפָּשַׁעְתִּי לְפָנֶיךָ

אֲנִי וּבֵיתִי וּבְנֵי אַהֲרֹן עַם קְדוֹשֶׁךָ.

כַּכָּתוּב בְּתוֹרַת מֹשֶׁה עַבְדֶּךָ מִפִּי כְבוֹדֶךָ

כִּי־בַיּוֹם הַזֶּה יְכַפֵּר עֲלֵיכֶם לְטַהֵר אֶתְכֶם ויקרא טז

מִכֹּל חַטֹּאתֵיכֶם לִפְנֵי יהוה

וְהַכֹּהֲנִים וְהָעָם הָעוֹמְדִים בָּעֲזָרָה

כְּשֶׁהָיוּ שׁוֹמְעִים אֶת הַשֵּׁם הַנִּכְבָּד וְהַנּוֹרָא

מְפֹרָשׁ יוֹצֵא מִפִּי כֹהֵן גָּדוֹל

בִּקְדֻשָּׁה וּבְטָהֳרָה

הקהל ושליח הציבור כורעים ומשתחווים.

הָיוּ כּוֹרְעִים וּמִשְׁתַּחֲוִים וּמוֹדִים, וְנוֹפְלִים עַל פְּנֵיהֶם

וְאוֹמְרִים

בָּרוּךְ שֵׁם כְּבוֹד מַלְכוּתוֹ לְעוֹלָם וָעֶד.

הכול קמים על רגליהם, ושליח הציבור אומר:

וְאַף הוּא הָיָה מִתְכַּוֵּן כְּנֶגֶד הַמְבָרְכִים לִגְמֹר אֶת הַשֵּׁם

וְאוֹמֵר, תִּטְהָרוּ.

וְאַתָּה בְּטוּבְךָ מְעוֹרֵר רַחֲמֶיךָ, וְסוֹלֵחַ לְשֵׁבֶט מְשָׁרְתֶךָ.

הכול:

סימן א״ב

אַחַר וִדּוּי שָׁקַד בְּעָצְמָה / לַעֲשׂוֹת חַטָּאתוֹ וְחַטַּאת הָעָם.

בָּדַק סַכִּין, וְשָׁחַט פָּרוֹ רֹב שְׁנַיִם, וּמֵרַק אַחֵר אֶת הַשְּׁחִיטָה
וְקִבֵּל דָּמוֹ בְּמִזְרָק טָהוֹר.

גַּם לַחֲבֵרוֹ יִתֵּן מִיָּד, לְמָרֵס בְּדָמוֹ כְּדֵי שֶׁלֹּא יִקְרַשׁ.

דָּם זֶה הִנִּיחוֹ בְּיַד מִי שֶׁמְּמָרֵס בּוֹ בָּעֲזָרָה
עַל הָרֹבֶד הָרְבִיעִי שֶׁמִּן הַהֵיכָל וְלַחוּץ
וְנָטַל מַחְתָּה שֶׁל זָהָב אָדֹם קַלָּה
מַחֲזֶקֶת שְׁלֹשָׁה קַבִּין, וְיָדָהּ אֲרוּכָה
וְעָלָה לְרֹאשׁ הַמִּזְבֵּחַ, וּפִנָּה גֶחָלִים
שֶׁמֶּחֱצִיתָן גַּחֶלֶת וּמֶחֱצִיתָן שַׁלְהֶבֶת, אֵילָךְ וְאֵילָךְ
וְחָתָה מִן הַלּוֹחֲשׁוֹת מִצַּד מַעֲרַב הַמִּזְבֵּחַ.

הוֹרִידָהּ מְלֵאָה גַּחֲלֵי אֵשׁ לוֹחֲשׁוֹת
וְהִנִּיחָהּ עַל הָרֹבֶד הָרְבִיעִי שֶׁבָּעֲזָרָה
הוֹצִיאוּ לוֹ כַּף רֵיקָן, וּמַחְתָּה מְלֵאָה קְטֹרֶת דַּקָּה מִן הַדַּקָּה.

וְחָפַן מִמֶּנָּה מְלֹא חָפְנָיו
לֹא מְחוּקוֹת וְלֹא גְדוּשׁוֹת, אֶלָּא טְפוּפוֹת
וְנָתַן לְתוֹךְ הַכַּף
וְנוֹתֵן בִּימִינוֹ הַמַּחְתָּה שֶׁל גֶּחָלִים
וּבִשְׂמֹאלוֹ הַכַּף שֶׁל קְטֹרֶת.

זֵרֵז עַצְמוֹ וְנִכְנַס לְקֹדֶשׁ הַקֳּדָשִׁים עַד שֶׁמַּגִּיעַ לָאָרוֹן
וְהִנִּיחַ הַמַּחְתָּה בֵּין בַּדֵּי הָאָרוֹן
וּבְבַיִת שֵׁנִי מַנִּיחַ עַל אֶבֶן הַשְּׁתִיָּה.

חָפַן כָּל הַקְּטֹרֶת שֶׁבַּכַּף בְּחָפְנָיו
וְנָתַן עַל הַגֶּחָלִים לְצַד מַעֲרָב
וּמַמְתִּין שָׁם עַד שֶׁנִּתְמַלֵּא הַבַּיִת כֻּלּוֹ עָשָׁן.

◂ טָהוֹר לֵב פָּסַע וְשָׁב לַאֲחוֹרָיו
פָּנָיו לַקֹּדֶשׁ וַאֲחוֹרָיו לַהֵיכָל, עַד שֶׁיָּצָא מִן הַפָּרֹכֶת
וּמִתְפַּלֵּל בַּהֵיכָל תְּפִלָּה קְצָרָה סָמוּךְ לַפָּרֹכֶת.

וְכָךְ הָיְתָה תְּפִלָּתוֹ שֶׁל כֹּהֵן גָּדוֹל

הכול:

יְהִי רָצוֹן מִלְּפָנֶיךָ יהוה אֱלֹהֵינוּ וֵאלֹהֵי אֲבוֹתֵינוּ
שֶׁתְּהֵא שָׁנָה זוֹ הַבָּאָה עָלֵינוּ
וְעַל כָּל עַמְּךָ בֵּית יִשְׂרָאֵל
בְּכָל מָקוֹם שֶׁהֵם
אִם שְׁחוּנָה גְּשׁוּמָה
וְאַל יִכָּנֵס לְפָנֶיךָ תְּפִלַּת עוֹבְרֵי דְרָכִים לְעִנְיַן הַגֶּשֶׁם
בְּשָׁעָה שֶׁהָעוֹלָם צָרִיךְ לוֹ
וְשֶׁלֹּא יִצְטָרְכוּ עַמְּךָ בֵּית יִשְׂרָאֵל בְּפַרְנָסָה זֶה לָזֶה
וְלֹא לְעַם אַחֵר.
שָׁנָה שֶׁלֹּא תַפִּיל אִשָּׁה פְּרִי בִטְנָהּ
וְשֶׁיִּתְּנוּ עֲצֵי הַשָּׂדֶה אֶת תְּנוּבָתָם
וְלֹא יָעֲדֵי עֲבֵד שֻׁלְטָן מִדְּבֵית יְהוּדָה.

שליח הציבור:

יָצָא וְנָטַל דַּם הַפָּר מִמִּי שֶׁמְּמָרֵס בּוֹ
וְנִכְנַס לְמָקוֹם שֶׁנִּכְנַס, וְעָמַד בְּמָקוֹם שֶׁעָמַד
וְהִזָּה מִמֶּנּוּ לִפְנֵי הַכַּפֹּרֶת בֵּין בַּדֵּי הָאָרוֹן
אַחַת לְמַעְלָה וְשֶׁבַע לְמַטָּה
וְלֹא הָיָה מִתְכַּוֵּן לְהַזּוֹת
לֹא לְמַעְלָה וְלֹא לְמַטָּה
אֶלָּא כְּמַצְלִיף.

שליח הציבור מונה, והקהל מונה אחריו:

וְכָךְ הָיָה מוֹנֶה

אַחַת	אַחַת וְאַחַת
אַחַת וּשְׁתַּיִם	אַחַת וְשָׁלֹשׁ
אַחַת וְאַרְבַּע	אַחַת וְחָמֵשׁ
אַחַת וָשֵׁשׁ	אַחַת וָשֶׁבַע.

שליח הציבור:

כְּצֵאתוֹ הֵבִיאוּ לוֹ שְׂעִיר חַטָּאת
שְׁחָטוֹ וְקִבֵּל דָּמוֹ בְּמִזְרָק טָהוֹר.
לִפְנִים יִכָּנֵס לְהַזּוֹת מִדָּמוֹ בֵּין שְׁנֵי בַדֵּי הָאָרוֹן, כְּסֵדֶר דַּם הַפָּר
אַחַת לְמַעְלָה וְשֶׁבַע לְמַטָּה
וְלֹא הָיָה מִתְכַּוֵּן לְהַזּוֹת לֹא לְמַעְלָה וְלֹא לְמַטָּה, אֶלָּא כְּמַצְלִיף.

שליח הציבור מונה, והקהל מונה אחריו:

וְכָךְ הָיָה מוֹנֶה

אַחַת	אַחַת וְאַחַת
אַחַת וּשְׁתַּיִם	אַחַת וְשָׁלֹשׁ
אַחַת וְאַרְבַּע	אַחַת וְחָמֵשׁ
אַחַת וָשֵׁשׁ	אַחַת וָשֶׁבַע.

שליח הציבור:

יָצָא וְהִנִּיחַ עַל כַּן הַזָּהָב הַשֵּׁנִי שֶׁהָיָה בְּהֵיכָל.

מִהֵר וְנָטַל דַּם הַפָּר מִן הַכֵּן שֶׁהִנִּיחַ עָלָיו
וְטוֹבֵל אֶצְבָּעוֹ עַל כָּל הַזָּיָה
וְהִזָּה מִמֶּנּוּ עַל הַפָּרֹכֶת כְּנֶגֶד הָאָרוֹן מִבַּחוּץ
אַחַת לְמַעְלָה וְשֶׁבַע לְמַטָּה
וְלֹא הָיָה מִתְכַּוֵּן לְהַזּוֹת לֹא לְמַעְלָה וְלֹא לְמַטָּה, אֶלָּא כְּמַצְלִיף.

שליח הציבור מונה, והקהל מונה אחריו:

וְכָךְ הָיָה מוֹנֶה

אַחַת	אַחַת וְאַחַת
אַחַת וּשְׁתַּיִם	אַחַת וְשָׁלֹשׁ
אַחַת וְאַרְבַּע	אַחַת וְחָמֵשׁ
אַחַת וָשֵׁשׁ	אַחַת וָשֶׁבַע.

שליח הציבור:

נָחַץ וְהִנִּיחַ דַּם הַפָּר וְנָטַל דַּם הַשָּׂעִיר
וְעָשָׂה לְדָמוֹ כַּאֲשֶׁר עָשָׂה לְדַם הַפָּר
וְהִזָּה עַל הַפָּרֹכֶת כְּנֶגֶד הָאָרוֹן מִבַּחוּץ
אַחַת לְמַעְלָה וְשֶׁבַע לְמַטָּה
וְלֹא הָיָה מִתְכַּוֵּן לְהַזּוֹת לֹא לְמַעְלָה וְלֹא לְמַטָּה, אֶלָּא כְּמַצְלִיף.

שליח הציבור מונה, והקהל מונה אחריו:

וְכָךְ הָיָה מוֹנֶה

אַחַת	אַחַת וְאַחַת
אַחַת וּשְׁתַּיִם	אַחַת וְשָׁלֹשׁ
אַחַת וְאַרְבַּע	אַחַת וְחָמֵשׁ
אַחַת וָשֵׁשׁ	אַחַת וָשֶׁבַע.

הכול:

שָׁשׁ וְעֵרָה דַּם הַפָּר לְתוֹךְ הַמִּזְרָק שֶׁבּוֹ דַּם הַשָּׂעִיר
וְנָתַן הַמָּלֵא בְּרֵיקָן, כְּדֵי שֶׁיִּתְעָרְבוּ יָפֶה יָפֶה זֶה בָּזֶה
וְעָמַד לִפְנִים מִמִּזְבַּח הַזָּהָב בֵּין הַמִּזְבֵּחַ וְהַמְּנוֹרָה
וּמַתְחִיל לְהַזּוֹת מִדַּם הַתַּעֲרֹבֶת.

עַל אַרְבַּע קַרְנוֹתָיו יִתֵּן כְּסִדְרָן

מַתְחִיל מִקֶּרֶן מִזְרָחִית צְפוֹנִית, וּמְסַיֵּם בְּקֶרֶן דְּרוֹמִית מִזְרָחִית

וְחוֹתֶה הַגֶּחָלִים וְהָאֵפֶר בְּמִזְבַּח הַזָּהָב

אֵילָךְ וְאֵילָךְ, עַד שֶׁמְּגַלֶּה זְהָבוֹ

וּמַזֶּה מִדַּם הַתַּעֲרֹבֶת עַל טָהֳרוֹ שֶׁל מִזְבֵּחַ שֶׁבַע פְּעָמִים.

פָּסַע וְיָצָא לְצַד דָּרוֹם, חוּץ לָאוּלָם

וְשָׁפַךְ אֶת הַשִּׁירַיִם עַל יְסוֹד מַעֲרָבִי שֶׁל מִזְבֵּחַ הַחִיצוֹן.

◂ צָעַד וּבָא לוֹ אֵצֶל הַשָּׂעִיר הַמִּשְׁתַּלֵּחַ לַעֲזָאזֵל

לְהִתְוַדּוֹת עָלָיו אַשְׁמַת קְהָלוֹ

וְסָמַךְ שְׁתֵּי יָדָיו עָלָיו, וְהִתְוַדָּה.

שליח הציבור אומר, והקהל אומר אתו בלחש:

וְכָךְ הָיָה אוֹמֵר

אָנָּא הַשֵּׁם / חָטְאוּ, עָווּ, פָּשְׁעוּ לְפָנֶיךָ עַמְּךָ בֵּית יִשְׂרָאֵל.

אָנָּא בַשֵּׁם / כַּפֶּר נָא לַחֲטָאִים וְלַעֲוֹנוֹת וְלַפְּשָׁעִים

שֶׁחָטְאוּ וְשֶׁעָווּ וְשֶׁפָּשְׁעוּ לְפָנֶיךָ עַמְּךָ בֵּית יִשְׂרָאֵל.

כַּכָּתוּב בְּתוֹרַת מֹשֶׁה עַבְדֶּךָ מִפִּי כְבוֹדֶךָ

כִּי־בַיּוֹם הַזֶּה יְכַפֵּר עֲלֵיכֶם לְטַהֵר אֶתְכֶם ויקרא טז

מִכֹּל חַטֹּאתֵיכֶם לִפְנֵי יהוה

וְהַכֹּהֲנִים וְהָעָם הָעוֹמְדִים בָּעֲזָרָה

כְּשֶׁהָיוּ שׁוֹמְעִים אֶת הַשֵּׁם הַנִּכְבָּד וְהַנּוֹרָא

מְפֹרָשׁ יוֹצֵא מִפִּי כֹהֵן גָּדוֹל, בִּקְדֻשָּׁה וּבְטָהֳרָה

הקהל ושליח הציבור כורעים ומשתחווים.

הָיוּ כּוֹרְעִים וּמִשְׁתַּחֲוִים וּמוֹדִים, וְנוֹפְלִים עַל פְּנֵיהֶם

וְאוֹמְרִים

בָּרוּךְ שֵׁם כְּבוֹד מַלְכוּתוֹ לְעוֹלָם וָעֶד.

הכול קמים על רגליהם, ושליח הציבור אומר:

וְאַף הוּא הָיָה מִתְכַּוֵּן כְּנֶגֶד הַמְבָרְכִים לִגְמֹר אֶת הַשֵּׁם
וְאוֹמֵר, תִּטְהָרוּ.
וְאַתָּה בְּטוּבְךָ מְעוֹרֵר רַחֲמֶיךָ, וְסוֹלֵחַ לַעֲדַת יְשֻׁרוּן.

הכול:

קָרָא לְאֶחָד מִן הַכֹּהֲנִים הַמְזֻמָּן מֵאֶתְמוֹל לְהוֹלִיכוֹ, וּמְסָרוֹ לוֹ
וְהוֹלִיכוֹ אֶל אֶרֶץ גְּזֵרָה לְמִדְבַּר שְׁמָמָה
וּכְשֶׁהִגִּיעַ לַצּוּק חוֹלֵק לָשׁוֹן שֶׁל זְהוֹרִית שֶׁבְּקַרְנָיו
חֶצְיוֹ קוֹשֵׁר בְּסֶלַע, וְחֶצְיוֹ בֵּין קַרְנָיו
וּדְחָפוֹ בִּשְׁתֵּי יָדָיו לַאֲחוֹרָיו, וְהוּא הָיָה מִתְגַּלְגֵּל וְיוֹרֵד
וְלֹא הָיָה מַגִּיעַ לַחֲצִי הָהָר, עַד שֶׁנַּעֲשָׂה אֵבָרִים אֵבָרִים
וְאוֹמֵר, כָּךְ יִמָּחוּ עֲוֹנוֹת עַמְּךָ בֵּית יִשְׂרָאֵל.
רָץ לוֹ אֵצֶל הַפָּר וְאֵצֶל הַשָּׂעִיר הַנִּשְׂרָפִים, וּקְרָעָן
וְהוֹצִיא אֵמוּרֵיהֶם
וּנְתָנָם בְּמָגֵס לְהַקְטִירָם עַל גַּבֵּי הַמִּזְבֵּחַ
וּבְשָׂרָן קְלָעָן בְּמִקְלָעוֹת
וּמְשַׁלְּחָן בְּיַד אֲחֵרִים, לְהוֹצִיאָן לְבֵית הַשְּׂרֵפָה.
שָׁב וּבָא לְעֶזְרַת נָשִׁים, אַחַר שֶׁהִגִּיעַ הַשָּׂעִיר לַמִּדְבָּר
לִקְרוֹת בְּתוֹרַת כֹּהֲנִים פָּרָשַׁת אַחֲרֵי מוֹת וְאַךְ בֶּעָשׂוֹר
וְגוֹלֵל הַסֵּפֶר תּוֹרָה, וּמַנִּיחוֹ בְּחֵיקוֹ, וְאוֹמֵר
יוֹתֵר מִמַּה שֶּׁקָּרִיתִי לִפְנֵיכֶם כָּתוּב כָּאן
וּבֶעָשׂוֹר שֶׁבְּחֻמַּשׁ הַפְּקוּדִים קוֹרֵא עַל פֶּה
◂ וּמְבָרֵךְ לְאַחֲרֵיהֶם שְׁמוֹנֶה בְּרָכוֹת
עַל הַתּוֹרָה וְעַל הָעֲבוֹדָה
וְעַל הַהוֹדָאָה וְעַל מְחִילַת הֶעָוֹן
וְעַל הַמִּקְדָּשׁ וְעַל יִשְׂרָאֵל
וְעַל הַכֹּהֲנִים וְעַל שְׁאָר הַתְּפִלָּה.

הכול:

תִּכֵּן צְעָדָיו וּבָא לְבֵית הַטְּבִילָה, וְקִדֵּשׁ יָדָיו וְרַגְלָיו
וּפָשַׁט בִּגְדֵי לָבָן, וְיָרַד וְטָבַל, עָלָה וְנִסְתַּפָּג
הֵבִיאוּ לוֹ בִּגְדֵי זָהָב וְלָבַשׁ, וְקִדֵּשׁ יָדָיו וְרַגְלָיו
וְעָשָׂה שָׂעִיר הַנַּעֲשֶׂה בַחוּץ, שֶׁהוּא מִמּוּסַף הַיּוֹם
וְאַחַר כָּךְ מַקְרִיב אֶת אֵילוֹ וְאֶת אֵיל הָעָם
וּמִנְחָתָם וְנִסְכֵּיהֶם כְּמִשְׁפָּטָם
וּמַקְטִיר הָאֵמוּרִים שֶׁל פַּר וְשָׂעִיר הַנִּשְׂרָפִים
◂ וְאַחַר כָּךְ מַקְרִיב תָּמִיד שֶׁל בֵּין הָעַרְבַּיִם כְּהִלְכָתוֹ.

הכול:

אַחַר כַּלּוֹתוֹ מֵעֲשׂוֹת כָּל אֵלֶּה, עוֹד בָּא לוֹ לְבֵית הַטְּבִילָה
מִהֵר וְקִדֵּשׁ יָדָיו וְרַגְלָיו
וּפָשַׁט בִּגְדֵי זָהָב, וְיָרַד וְטָבַל, עָלָה וְנִסְתַּפָּג
הֵבִיאוּ לוֹ בִּגְדֵי לָבָן, לָבַשׁ וְקִדֵּשׁ יָדָיו וְרַגְלָיו
נִכְנַס לְבֵית קֹדֶשׁ הַקֳּדָשִׁים
לְהוֹצִיא אֶת הַכַּף וְאֶת הַמַּחְתָּה שֶׁהִכְנִיס בְּשַׁחֲרִית
וְעוֹד בָּא לוֹ לְבֵית הַטְּבִילָה, וְקִדֵּשׁ יָדָיו וְרַגְלָיו
וּפָשַׁט בִּגְדֵי לָבָן, וְיָרַד וְטָבַל, עָלָה וְנִסְתַּפָּג
הֵבִיאוּ לוֹ בִּגְדֵי זָהָב, לָבַשׁ וְקִדֵּשׁ יָדָיו וְרַגְלָיו
נִכְנַס לְהֵיכָל לְהַקְטִיר אֶת הַקְּטֹרֶת שֶׁל בֵּין הָעַרְבַּיִם
וּלְהַדְלִיק אֶת הַנֵּרוֹת כִּשְׁאָר יָמִים
וְיָצָא וְהִקְרִיב מִנְחַת הַתָּמִיד, וּמוֹתַר מִנְחַת חֲבִתִּין
וּמְנַסֵּךְ הַיַּיִן בְּכָל כְּלֵי שִׁיר כְּהִלְכָתוֹ
וְקִדֵּשׁ יָדָיו וְרַגְלָיו, וּפָשַׁט בִּגְדֵי זָהָב
◂ הֵבִיאוּ לוֹ בִּגְדֵי עַצְמוֹ וְלָבַשׁ, וּמְלַוִּין אוֹתוֹ עַד בֵּיתוֹ

וְיוֹם טוֹב הָיָה עוֹשֶׂה בְּצֵאתוֹ בְשָׁלוֹם מִן הַקֹּדֶשׁ.
אַשְׁרֵי הָעָם שֶׁכָּכָה לּוֹ, אַשְׁרֵי הָעָם שֶׁיהוה אֱלֹהָיו: תהלים קמד

הכול:

וּבְכֵן, כְּמוֹ שֶׁשָּׁמַעְתָּ תְּפִלַּת כֹּהֵן גָּדוֹל בַּהֵיכָל
כְּמוֹ כֵן מִפִּינוּ תִּשְׁמַע וְתוֹשִׁיעַ.

יְהִי רָצוֹן מִלְּפָנֶיךָ יהוה אֱלֹהֵינוּ וֵאלֹהֵי אֲבוֹתֵינוּ
שֶׁתְּהֵא הַשָּׁנָה הַזֹּאת הַבָּאָה עָלֵינוּ
וְעַל כָּל עַמְּךָ בֵּית יִשְׂרָאֵל, בְּכָל מָקוֹם שֶׁהֵם

סימן א״ב

שְׁנַת אוֹרָה שְׁנַת בְּרָכָה
שְׁנַת גִּילָה שְׁנַת דִּיצָה
שְׁנַת הוֹד שְׁנַת וַעַד טוֹב
שְׁנַת זִמְרָה שְׁנַת חֶדְוָה
שְׁנַת טוֹבָה שְׁנַת יְשׁוּעָה
שְׁנַת כַּלְכָּלָה שְׁנַת לִמּוּד
שְׁנַת מְנוּחָה שְׁנַת נֶחָמָה
שְׁנַת שָׂשׂוֹן שְׁנַת עֶלְצוֹן
שְׁנַת פְּדוּת שְׁנַת צָהֳלָה
שְׁנַת קוֹמְמִיּוּת שְׁנַת קִבּוּץ גָּלֻיּוֹת
שְׁנַת קִבּוּל תְּפִלּוֹת שְׁנַת רָצוֹן
שְׁנַת שָׁלוֹם שָׁנָה טְלוּלָה, גְּשׁוּמָה אִם שְׁחוּנָה
שְׁנַת שֹׂבַע שָׁנָה שֶׁתּוֹלִיכֵנוּ בָהּ קוֹמְמִיּוּת לְאַרְצֵנוּ
שָׁנָה שֶׁתַּדְבֵּר בָּהּ עַמִּים תַּחְתֵּינוּ
שָׁנָה שֶׁתִּכְתְּבֵנוּ בָהּ לְחַיִּים טוֹבִים
שָׁנָה שֶׁלֹּא יִצְטָרְכוּ עַמְּךָ בֵּית יִשְׂרָאֵל לְפַרְנָסָה זֶה לָזֶה
וְלֹא לְעַם אַחֵר
שָׁנָה שֶׁתַּעֲצֹר הַמַּגֵּפָה וְהַמַּשְׁחִית מֵעָלֵינוּ
וּמֵעַל כָּל עַמְּךָ בֵּית יִשְׂרָאֵל
שָׁנָה שֶׁלֹּא תַפִּיל אִשָּׁה פְּרִי בִטְנָהּ.

שליח הציבור:

וּבְכֵן, וְעַתָּה יהוה אֱלֹהֵינוּ, עַל רַחֲמֶיךָ הָרַבִּים אָנוּ בְטוּחִים
וְעַל חֲסָדֶיךָ אָנוּ נִשְׁעָנִים, וְלִסְלִיחוֹתֶיךָ אָנוּ מְקַוִּים
כִּי אַתָּה אֵל רַחוּם וְחַנּוּן, אֶרֶךְ אַפַּיִם וְרַב חֶסֶד
וּמַרְבֶּה לְהֵיטִיב
וּמַנְהִיג אֶת הָעוֹלָם כֻּלּוֹ בְּמִדַּת הַחֶסֶד וּבְמִדַּת הָרַחֲמִים.
כַּכָּתוּב בְּתוֹרַת מֹשֶׁה עַבְדֶּךָ:
וַיֹּאמֶר, אֲנִי אַעֲבִיר כָּל־טוּבִי עַל־פָּנֶיךָ, וְקָרָאתִי בְשֵׁם יהוה לְפָנֶיךָ שמות לג
וְחַנֹּתִי אֶת־אֲשֶׁר אָחֹן, וְרִחַמְתִּי אֶת־אֲשֶׁר אֲרַחֵם:

לאחר סדר העבודה אומרים כמה פיוטי מעבר לסליחות. הפיוטים פותחים בגעגוע לעבודת המקדש, ממשיכים בתיאור ההווה הקודר, בבקשת מחילה על עוונות ישראל, ומסיימים בתפילה לגאולה.

ראוי ששליח הציבור יאמר פיוטים אלה כחלק מחזרת הש״ץ. עם זאת, ברוב הקהילות נוהגים שהקהל אומר את כל הפיוטים יחד, ושליח הציבור אומר בקול את השורה האחרונה בכל תחינה (ויש שליחי ציבור שאינם אומרים בקול עד ׳מַה נֶּהְדָּר׳ בעמ׳ 336).

וּבְכֵן, מַה נֶּהְדָּר הָיָה כֹּהֵן גָּדוֹל, בְּצֵאתוֹ בְּשָׁלוֹם מִן הַקֹּדֶשׁ.

מבין הפיוטים שלאחר סדר העבודה, הפיוט ׳מַרְאֵה כֹהֵן׳ היה היחיד שבמרוצת הדורות נהגו לקצרו. בדורות האחרונים הוא קיבל מעמד מיוחד, בשל הלחן הקליט שהותאם לו. היום נוהגים ברוב הקהילות לשיר את כולו.

סימן א״ב

כְּאֹהֶל הַנִּמְתָּח בְּדָרֵי מַעְלָה מַרְאֵה כֹהֵן
כִּבְרָקִים הַיּוֹצְאִים מִזִּיו הַחַיּוֹת — מַרְאֵה כֹהֵן
כְּגֹדֶל גְּדִילִים בְּאַרְבַּע קְצָווֹת — מַרְאֵה כֹהֵן
כִּדְמוּת הַקֶּשֶׁת בְּתוֹךְ הֶעָנָן — מַרְאֵה כֹהֵן
כְּהוֹד אֲשֶׁר הִלְבִּישׁ צוּר לִיצוּרִים — מַרְאֵה כֹהֵן
כְּוֶרֶד הַנָּתוּן בְּתוֹךְ גִּנַּת חֶמֶד — מַרְאֵה כֹהֵן
כְּזֵר הַנָּתוּן עַל מֵצַח מֶלֶךְ — מַרְאֵה כֹהֵן
כְּחֶסֶד הַנִּתָּן עַל פְּנֵי חָתָן — מַרְאֵה כֹהֵן
כְּטֹהַר הַנָּתוּן בְּצָנִיף טָהוֹר — מַרְאֵה כֹהֵן

כְּיוֹשֵׁב בְּסֵתֶר לְחַלּוֹת פְּנֵי מֶלֶךְ מַרְאֵה כֹהֵן
כְּכוֹכַב הַנֹּגַהּ בִּגְבוּל מִזְרָח מַרְאֵה כֹהֵן

יש קהילות שבהן אין אומרים את המשך הפיוט.

כִּלְבוּשׁ מְעִיל וּכְשִׁרְיַן צְדָקָה מַרְאֵה כֹהֵן
כְּמַלְאַךְ הַנִּצָּב עַל רֹאשׁ דֶּרֶךְ מַרְאֵה כֹהֵן
כְּנֵר הַמֵּצִיץ מִבֵּין הַחַלּוֹנוֹת מַרְאֵה כֹהֵן
כְּשָׂרֵי צְבָאוֹת בְּרֹאשׁ עַם קֹדֶשׁ מַרְאֵה כֹהֵן
כְּעֹז אֲשֶׁר הִלְבִּישׁ טָהוֹר לַמִּטַּהֵר מַרְאֵה כֹהֵן
כְּפַעֲמוֹנֵי זָהָב בְּשׁוּלֵי הַמְּעִיל מַרְאֵה כֹהֵן
כְּצוּרַת הַבַּיִת וּפָרֹכֶת הָעֵדוּת מַרְאֵה כֹהֵן
כִּקְהִלָּה מְכֻסָּה תְּכֵלֶת וְאַרְגָּמָן מַרְאֵה כֹהֵן
כְּרוֹאֵי זְרִיחַת שֶׁמֶשׁ עַל הָאָרֶץ מַרְאֵה כֹהֵן
כְּשׁוֹשַׁנַּת גַּן מִבֵּין הַחוֹחִים מַרְאֵה כֹהֵן
כְּתַבְנִית כְּסִיל וְכִימָה מִתֵּימָן מַרְאֵה כֹהֵן

שליח הציבור:

כָּל אֵלֶּה בִּהְיוֹת הַהֵיכָל עַל יְסוֹדוֹתָיו, וּמִקְדַּשׁ הַקֹּדֶשׁ עַל מְכוֹנוֹתָיו
וְכֹהֵן גָּדוֹל עוֹמֵד וּמְשָׁרֵת, דּוֹרוֹ רָאוּ וְשָׂמֵחוּ.

אַשְׁרֵי עַיִן רָאֲתָה כָּל אֵלֶּה
הֲלֹא לְמִשְׁמַע אֹזֶן דָּאֲבָה נַפְשֵׁנוּ.

הכול:

סימן א״ב

אַשְׁרֵי עַיִן רָאֲתָה אָהֳלֵנוּ / בְּשִׂמְחַת קְהָלֵנוּ
הֲלֹא לְמִשְׁמַע אֹזֶן דָּאֲבָה נַפְשֵׁנוּ.

אַשְׁרֵי עַיִן רָאֲתָה גִּילֵנוּ / דִּיצַת צָהֳלֵנוּ
הֲלֹא לְמִשְׁמַע אֹזֶן דָּאֲבָה נַפְשֵׁנוּ.

אַשְׁרֵי עַיִן רָאֲתָה הַמְשׁוֹרְרִים / וְכָל מִינֵי שִׁירִים
הֲלֹא לְמִשְׁמַע אֹזֶן דָּאֲבָה נַפְשֵׁנוּ.

אַשְׁרֵי עַיִן רָאֲתָה זְבוּל הַמִּתְכָּן / חַי בּוֹ שָׁכָן
הֲלֹא לְמִשְׁמַע אֹזֶן דָּאֲבָה נַפְשֵׁנוּ.

אַשְׁרֵי עַיִן רָאֲתָה טִירוֹת כְּגֶלֶף / יוֹנְקֵי כֹהֲנִים, עֶשְׂרִים וְאַרְבָּעָה אֶלֶף
הֲלֹא לְמִשְׁמַע אֹזֶן דָּאֲבָה נַפְשֵׁנוּ.

אַשְׁרֵי עַיִן רָאֲתָה כְּבוֹד מְנוֹרוֹת / לְאֶחָד וַעֲשָׂרָה כִּיּוֹרוֹת
הֲלֹא לְמִשְׁמַע אֹזֶן דָּאֲבָה נַפְשֵׁנוּ.

אַשְׁרֵי עַיִן רָאֲתָה מִזְבֵּחַ מִקְטַר קְטֹרֶת / נֵזֶר עָלָיו כַּעֲטֶרֶת
הֲלֹא לְמִשְׁמַע אֹזֶן דָּאֲבָה נַפְשֵׁנוּ.

אַשְׁרֵי עַיִן רָאֲתָה שִׂמְחַת בֵּית הַשּׁוֹאֵבָה
עִם שׁוֹאֶבֶת רוּחַ הַקֹּדֶשׁ, רוּחַ נְדִיבָה
הֲלֹא לְמִשְׁמַע אֹזֶן דָּאֲבָה נַפְשֵׁנוּ.

אַשְׁרֵי עַיִן רָאֲתָה פְּרִישַׁת כֹּהֵן בְּרֶשֶׁם / צוֹעֵק אָנָּא הַשֵּׁם
הֲלֹא לְמִשְׁמַע אֹזֶן דָּאֲבָה נַפְשֵׁנוּ.

אַשְׁרֵי עַיִן רָאֲתָה קְהַל קְדוֹשִׁים / רוֹגְשִׁים בְּבֵית קֹדֶשׁ הַקֳּדָשִׁים
הֲלֹא לְמִשְׁמַע אֹזֶן דָּאֲבָה נַפְשֵׁנוּ.

אַשְׁרֵי עַיִן רָאֲתָה שְׁנֵי הַמְלֻבָּן / מִשְּׂעִיר הַקָּרְבָּן
הֲלֹא לְמִשְׁמַע אֹזֶן דָּאֲבָה נַפְשֵׁנוּ.

אַשְׁרֵי עַיִן רָאֲתָה תְּמִידִים קְרֵבִים / בְּשַׁעַר בַּת רַבִּים
הֲלֹא לְמִשְׁמַע אֹזֶן דָּאֲבָה נַפְשֵׁנוּ.

שליח הציבור:

עֲוֹנוֹת אֲבוֹתֵינוּ הֶחֱרִיבוּ נָוֶה, וְחַטֹּאתֵינוּ הֶאֱרִיכוּ קִצּוֹ
אֲבָל זִכְרוֹן דְּבָרִים תְּהֵא סְלִיחָתֵנוּ, וְעִנּוּי נַפְשֵׁנוּ תְּהֵא כַפָּרָתֵנוּ
עַל כֵּן בְּרַחֲמֶיךָ הָרַבִּים נָתַתָּ לָנוּ אֶת יוֹם הַכִּפּוּרִים הַזֶּה
וְאֶת יוֹם מְחִילַת הֶעָוֹן הַזֶּה, לִסְלִיחַת עָוֹן וּלְכַפָּרַת פָּשַׁע.

יוֹם אָסוּר בַּאֲכִילָה / יוֹם אָסוּר בִּשְׁתִיָּה
יוֹם אָסוּר בְּרְחִיצָה / יוֹם אָסוּר בְּסִיכָה
יוֹם אָסוּר בְּתַשְׁמִישׁ הַמִּטָּה / יוֹם אָסוּר בִּנְעִילַת הַסַּנְדָּל
יוֹם שִׂימַת אַהֲבָה וְרֵעוּת / יוֹם עֲזִיבַת קִנְאָה וְתַחֲרוּת
יוֹם שֶׁתִּמְחַל לְכָל עֲוֹנוֹתֵינוּ.

וּבָעֵת וּבָעוֹנָה הַזֹּאת
גָּלוּי וְיָדוּעַ לִפְנֵי כִּסֵּא כְבוֹדֶךָ
שֶׁאֵין לָנוּ כְּיָמִים רִאשׁוֹנִים
לֹא כֹהֵן גָּדוֹל לְהַקְרִיב קָרְבָּן
וְלֹא מִזְבֵּחַ לְהַעֲלוֹת עָלָיו עוֹלָה וְכָלִיל.

שליח הציבור:

וּמֵרֹב עֲוֹנֵינוּ אֵין לָנוּ

הכול:

סימן א״ב כפול

לֹא אִשִּׁים וְלֹא אָשָׁם	לֹא בַּדִּים וְלֹא בְלוּלָה
לֹא גוֹרָל וְלֹא גַחֲלֵי אֵשׁ	לֹא דְבִיר וְלֹא דַקָּה
לֹא הֵיכָל וְלֹא הַזָּיָה	לֹא וִדּוּי וְלֹא וָעַד
לֹא זֶבַח וְלֹא זְרִיקָה	לֹא חַטָּאת וְלֹא חֲלָבִים
לֹא טְבִילָה וְלֹא טָהֳרָה	לֹא יְרוּשָׁלַיִם וְלֹא יַעַר הַלְּבָנוֹן
לֹא כִיּוֹר וְלֹא כַנּוֹ	לֹא לְבוֹנָה וְלֹא לֶחֶם הַפָּנִים
לֹא מִזְבֵּחַ וְלֹא מִנְחָה	לֹא נִיחוֹחַ וְלֹא נְסָכִים
לֹא סֹלֶת וְלֹא סַמִּים	לֹא עֵרֶךְ וְלֹא עוֹלָה
לֹא פָרֹכֶת וְלֹא פַר חַטָּאת	לֹא צִיּוֹן וְלֹא צִיץ הַזָּהָב
לֹא קְטֹרֶת וְלֹא קָרְבָּן	לֹא רֹקַח וְלֹא רֵיחַ נִיחֹחַ
◂ לֹא שַׁי וְלֹא שְׁלָמִים	לֹא תוֹדָה וְלֹא תְמִידִים.

שליח הציבור:

כִּי בַּעֲוֹנוֹתֵינוּ וּבַעֲוֹנוֹת אֲבוֹתֵינוּ
חָסַרְנוּ כָּל אֵלֶּה.
וּמֵעֵת חָסַרְנוּ כָּל אֵלֶּה

הכול:

סימן תשר״ק (כפול)

תָּכְפוּ עָלֵינוּ צָרוֹת / תְּלָאוֹת עָבְרוּ רֹאשֵׁנוּ
שִׁחַרְנוּ יְשׁוּעָה וָאַיִן / שָׁלוֹם וְהִנֵּה קְפָדָה
רַבּוּ הַקָּמִים עָלֵינוּ / רָמוּ וְגַם נָשְׂאוּ רֹאשׁ
קָצְנוּ בְּעֹל עַלִּיזִים / קָשֶׁה עָלֵינוּ סִבְלָם
צְבִי אֶרֶץ חֲנֻפָּה עָלֵינוּ / צָמְחָה וְלֹא לִבְרָכָה
פָּנִינוּ לְהַרְבֵּה וְהִנֵּה מְעַט / פַּח נֶפֶשׁ בָּא בַּאֲסָמֵינוּ
עָשְׁקוּ זֵיתִים שַׁמְנָם / עֲשׁוּתָם, וְלֹא מָלְאוּ שֶׁפֶק
סְמָדַר אִם יְרַבֶּה כֶּרֶם / סָבְאוּ לֹא יַשְׁפִּיעַ יֶקֶב
נֶאֶרְרוּ אִבֵּי שָׂדֶה / נִלְקְחוּ מַטְעַמֵּי אֹכֶל
מִמִּכְלְאוֹת צֹאן עֲדָרִים דָּלְלוּ / מִגֵּז וּמִמֵּיץ וּמֵהֵרָיוֹן
לְזָנָב וְלֹא לְרֹאשׁ הוּשַׁתְנוּ / לַעֲבֹט, וְלֹא הָעֲבַט לָנוּ
כֹּחֵנוּ לָרִיק וּבֶהָלָה / כָּלָה מִבְּלִי שָׂכָר
יַד כָּל עָמֵל בְּכִשְׁרוֹן / יָרְדָה, וְאֵין מִי יַחֲזִיק
טֻלְטְלוּ מִיָּם וְעַד יָם / טַרְפָּם לֹא סְפַּק לָמוֹ
חֲשֵׁכָה לְעֵין מִשְׂתַּכֵּר / חִשֵּׁב שְׂכָרוֹ לְמַפָּח
זֹעֲמוּ מַלְוֶה וְלֹוֶה / זֶה בָּזֶה שָׁלְחוּ מֵעַתָּה
וְנִלְאוּ יְדֵי מַמְצִיאֵי יָד / וְעָשִׁיר לֹא חוֹנֵן רָשׁ
הֵן אֶרֶץ נִמְכְּרָה בְּיַד רָעִים / הָמוֹן בָּהּ לֹא מָצְאוּ רֵוַח
דְּבִיר בֵּית אֱלֹהֵינוּ שָׁמֵם / דְּרָכֵינוּ מֵאֲנוּ לְהַצְלִיחַ
גִּיל נָוֶה שָׁבַת / גִּילָה לִלְבָבֵנוּ מַה נַּעַל
בְּאֵין אֲרֻחַת אָב תָּמִיד / בְּכֵן בֶּטֶן בָּנִים תֶּחְסַר
◂ אֲדוֹן בַּיִת, כְּאוֹרֵחַ בַּמָּלוֹן / אֵיפֹה נִמְצָא מָנוֹחַ.

שליח הציבור:

וּמִשֶּׁחָרֵב בֵּית מִקְדָּשֵׁנוּ

סימן תשר״ק

הכול:

תְּנוּאוֹת צָרוֹת לֹא נוּכַל / שֶׁבֶר בְּכָל יוֹם וַאֲנָחָה
רָבְתָה בָנוּ חַלְחָלָה / קֶרֶן יָרְדָה עַד עָפָר
צָרֵי עַיִן מָצְאוּ יָד / פּוֹעֲלֵי שֶׁקֶר עָשׂוּ חָיִל
עוֹשֵׂי צְדָקָה לֹא נִרְאוּ / שׂוֹנְאֵי בֶצַע לֹא עָמָדוּ
נִדְמֵינוּ כִּכְלִי רֵיק / מִכֹּל נִשְׁאַרְנוּ עֲרֻמִּים
לֹא נָבִיא וְלֹא חָזוֹן בָּנוּ / כְּעִוְרִים נְגַשֵּׁשׁ וְנֵלֵךְ
יוֹם יוֹם נֹאמַר מַה בְּסוֹפֵנוּ / טוֹב מָוֶת מֵחַיִּים אָמַרְנוּ
חַיֵּינוּ תְּלוּאִים מִנֶּגֶד / זָרִים לְרֹאשׁ, וַאֲנַחְנוּ לְזָנָב
וּמַה נַּעֲשֶׂה, וַחֲטֹאתֵינוּ עָשׂוּ / הֵן אֲנוּ כְּלֹא הָיִינוּ
דַּלִּים נִבְזִים וּשְׁפָלִים / גְּעוּלִים מְאוּסִים וּבְזוּיִים
בְּנֵי נֵכָר מָשְׁלוּ בָנוּ / אָמַרְנוּ נִגְזַרְנוּ אָבַדְנוּ
◂ אָדוֹן הָקֵל עָלֵינוּ / וּשְׁלַח יֵשַׁע לְגָאֳלֵנוּ.

שליח הציבור:

אֱלֹהֵינוּ וֵאלֹהֵי אֲבוֹתֵינוּ

סימן א״ת ב״ש

הכול:

אַל תַּעַשׂ עִמָּנוּ כָלָה / תֹּאחֵז יָדְךָ בַּמִּשְׁפָּט
בְּבֹא תוֹכֵחָה לְנֶגְדְּךָ / שְׁמֵנוּ מִסִּפְרְךָ אַל תֶּמַח
גִּשְׁתְּךָ לַחְתֹּם מוּסָר / רַחֲמֶיךָ יְקַדְּמוּ רָגְזְךָ
דַּלּוּת מַעֲשִׂים בְּשׁוּרְךָ / קָרֵב צֶדֶק מֵאֵלֶיךָ
הוֹרֵנוּ מַה שֶּׁנִּצְעַק לְפָנֶיךָ / צַו יְשׁוּעָתֵנוּ בְּמַפְגִּיעַ
וְתָשִׁיב שְׁבוּת אָהֳלֵי תָם / פְּתָחָיו רְאֵה כִּי שָׁמֵמוּ
זְכֹר שַׁחַת לֹא תִשְׁכַּח / עֵדוּת מִפִּי זַרְעוֹ
חוֹתֵם תְּעוּדָה תַּתִּיר / סוֹדְךָ שִׂים בְּלִמּוּדָךְ
טַבּוּר אֲגַן הַסַּהַר / נָא אַל יֶחְסַר הַמָּזֶג
יָדַע אֶת אֲשֶׁר יְדָעוּךָ / מְגֹר עַם לֹא יְדָעוּךָ
◂ כִּי תָשִׁיב לְבִצָּרוֹן / לְכוּדִים אֲסִירֵי הַתִּקְוָה.

שליח הציבור:

וְהֵן אָנוּ עַתָּה

סימן תשר״ק

הכול:

כְּתוֹעִים וְאֵין לְבַקֵּשׁ / כִּשְׁבוּיִים וְאֵין לְשׁוֹבֵב
כִּרְעֵבִים וְאֵין לְהַאֲכִיל / כִּקְנוּיִים וְאֵין לִקְנוֹת
כִּצְמֵאִים וְאֵין לְהַשְׁקוֹת / כִּפְתָאִים וְאֵין לְלַמֵּד
כַּעֲיֵפִים וְאֵין לְהָשִׁיב / כִּשְׂנוּאִים וְאֵין לֶאֱהֹב
כְּנֶהְדָּפִים וְאֵין לְקָרֵב / כִּמְנֻדִּים וְאֵין לְהַתִּיר
כִּלְקוּחִים וְאֵין אֲדוֹנִים / כִּכְפוּפִים וְאֵין לִזְקֹף
כִּיתוֹמִים וְאֵין לָהֶם אָב / כִּטְמֵאִים וְאֵין לְטַהֵר
כַּחֲסֵרִים וְאֵין לְמַלְאוֹת / כִּזְנוּחִים וְאֵין לִזְכֹּר
כְּהוֹמִים וְאֵין לָהֶם מְנוּחָה / כְּדַלִּים וְאֵין לְחָנְנָם
כְּגֵרִים וְאֵין לְקַבֵּל / כִּבְזוּיִים וְאֵין לְכַבֵּד
◂ כַּאֲבֵלִים וְאֵין מְנַחֵם / כַּאֲנוּסִים וְאֵין מָנוֹס.

שליח הציבור:

אֱלֹהֵינוּ וֵאלֹהֵי אֲבוֹתֵינוּ

סימן תשר״ק

הכול:

אִם תָּעִינוּ לֹא תַתְעֵנוּ / אִם שָׁגַגְנוּ לֹא תַשְׁלֵנוּ
אִם רָחַקְנוּ קָרֵב נָא / אִם קָרַבְנוּ לֹא תִרְחַק
אִם צָעַקְנוּ לֹא תַעְלִים / אִם פָּשַׁעְנוּ לֹא תִפְרַע
אִם עָוִינוּ לֹא תַסְתִּיר / אִם סַרְנוּ לֹא תָסוּר
אִם נָקַמְנוּ לֹא תִטֹּר / אִם מָרִינוּ לֹא כְּמִרְיֵנוּ
אִם לַצְנוּ לֹא תִלְחֹם / אִם כִּחַשְׁנוּ לֹא תְכַלֶּה
אִם יָרַדְנוּ לֹא תַטְבִּיעַ / אִם טָעִינוּ לֹא תְטַאטְאֵנוּ
אִם חָבַלְנוּ לֹא תַחְבֹּל / אִם זַדְנוּ לֹא תִזְכֹּר
אִם וִכַּחְנוּ לֹא תוֹכִיחַ / אִם הִרְשַׁעְנוּ לֹא תֶהְדֹּף
אִם דָּפַקְנוּ לֹא תִדְחֶה / אִם גָּעַלְנוּ לֹא תִגְעַל
◂ אִם בָּאנוּ לֹא תִמְאַס / אִם אָשַׁמְנוּ לֹא תְאַבֵּד.

שליח הציבור:

וּמֵרֹב עֲוֹנֵינוּ

הכול:

סימן תשר״ק

תַּאֲוַת לֵב לֹא הִשַּׂגְנוּ / שֶׁקֶט קִוִּינוּ וַיָּבֹא רֹגֶז

רוּם קֶרֶן וְהִנֵּה שִׁפְלָה / קָרְבָה יְשׁוּעָה אָמַרְנוּ וְנִתְרַחֲקָה

צִפִּינוּ לְטוֹבָה וּבְרָחָה מִמֶּנּוּ / פַּח נֶפֶשׁ בָּא בְּאַסָמֵינוּ

עִצָּבוֹן בְּמִשְׁלַח יָדֵינוּ / שִׂמְחָה עָרְבָה מֵאָרֶץ

נֶאֶרְרוּ יְבוּלֵי בִרְכוֹתֶיהָ / מְעַט מֵהַרְבֵּה נָבִיא

לַחְמָהּ לְרָזוֹן וְלֹא לְשָׂבְעָ / כֹּחָהּ לֹא תוֹסִיף תֵּת

יְדֵי עֲמֵלֶיהָ מוּטָטוּ / טַרְפָּם לֹא יִמְצְאוּ בָהּ

חֵלֶב מִשְׁמַנֶּיהָ לְזָרִים / זְמוֹרוֹת עֲדָנֶיהָ לְנָכְרִים

וְנִמְכְּרָה אֶרֶץ בְּיַד רָעִים / הוֹן בֶּצַע לֹא מָצְאוּ בָהּ

דִּמִּינוּ גַּם מִמְצָא יָד / גָּלָה שְׂכַר הַיְצוּרִים

‹ בֵּית מִקְדַּשׁ אֵל חָרֵב / אָסַף חֶסֶד מִכָּל אֱנוֹשׁ.

שליח הציבור:

אֱלֹהֵינוּ וֵאלֹהֵי אֲבוֹתֵינוּ

הכול:

סימן א״ב

תֹּאמַר לִמְחוֹת אֲשָׁמֵינוּ / תָּבֹא לְחַדֵּשׁ יָמֵינוּ

תְּגַלֶּה שְׁנַת שְׁלוֹמֵנוּ / תַּדְגִּיל לְגַדֵּל אֶת שְׁמֵנוּ

תֶּהְדֹּף מֵהֲדוֹם מִתְקוֹמְמֵינוּ / תּוֹפִיעַ מִמָּרוֹם לְרוֹמְמֵנוּ

תִּזְכֹּר רַחֲמֶיךָ לְרַחֲמֵנוּ / תָּחִישׁ מְנַחֵם לְנַחֲמֵנוּ

תְּטַהֵר שִׁמְצַת גֵּוֵינוּ / תְּיַדַּע כִּי אַתָּה הוּא אֱלֹהֵינוּ

תְּכַפֵּר עֲוֹן זְדוֹנֵנוּ / תְּלוּי רֹאשׁ תִּתֵּן לְהַחֲיֵנוּ

תִּמְחַל עִקְּשׁוּת מִרְיֵנוּ / תִּנְאַם לְהַעֲצִים פִּרְיֵנוּ

תַּסְכִּית שְׁפִיכַת שִׂיחֵנוּ / תַּעֲנֶה עֶתֶר פִּצְחֵנוּ

תִּפְנֶה לְקוֹמֵם מִזְבְּחֵנוּ / תַּצְדִּיק נִיב שְׂפָתֵינוּ

תְּקָרֵב קֵץ מְשִׁיחֵנוּ / תִּרְצֶה רֵיחַ נִיחוֹחֵנוּ

‹ תְּשׁוֹבֵב מִקְצָווֹת נִדּוּחֵינוּ / תִּתְמְכֵנוּ, וְכָאֵזוֹר תַּדְבִּיקֵנוּ.

שליח הציבור:

אֱלֹהֵינוּ וֵאלֹהֵי אֲבוֹתֵינוּ

סימן א״ב

הכול:

אוֹרְךָ תַּזְרִיחַ לַחֲשׁוּכָה / בְּרַחֲמִים תָּשׁוּב אֵלֶיהָ
גַּלֵּה יוֹם נָקָם בְּלֵב / דַּרְכְּךָ תִּשְׁלַח וְתִרְפָּאֵנוּ
הָאֵר פָּנֶיךָ אֵלֵינוּ / וְאַל תִּשְׁכָּחֵנוּ לָנֶצַח
זְכוּת הֲרָרֵי קֶדֶם זְכֹר / חַטֹּאת נְעוּרִים אַל תִּזְכֹּר
טֻמְאָה מֵעָלֵינוּ תָּסִיר / יְדִידוּת נַפְשְׁךָ אַל תִּשְׁכַּח
כְּלוּלוֹת אַהֲבָתֵנוּ תִּזְכֹּר / לֶכְתֵּנוּ אַחֲרֶיךָ בַּמִּדְבָּר
מָשְׁכֵנוּ וְנָרוּץ אַחֲרֶיךָ / נְחֵנוּ וַהֲבִיאֵנוּ אֶל חֲדָרֶיךָ
סְעָדֵנוּ וְסָמְכֵנוּ וּנְחְיֶה / עֵת כִּי תַשְׁמִיעֵנוּ קוֹלֶךָ
פְּצֵנוּ מִשְּׁאוֹן גַּלִּים / צוּלָה תַּחֲרִיב בְּאַפֶּךָ
קוּמָה בַחֲרוֹנְךָ עַל גֵּאִים / רוֹמָה בְעֻזְּךָ וְרוֹמֵם שְׁפָלִים
שְׁבֹר זְרוֹעַ מַלְכוּת רֶשַׁע / תִּמְלֹךְ לְבַדְּךָ בְּקוֹרְאֵי שְׁמֶךָ
תּוֹדִיעַ לְעֵין כָּל אֻמִּים / כִּי אֵין אֱלוֹהַּ בִּלְעָדֶיךָ
◂ כִּי תְבִיאֵנוּ לְהַר קָדְשֶׁךָ / וּתְשַׂמְּחֵנוּ בְּבֵית תְּפִלָּתֶךָ.

שליח הציבור:

אֱלֹהֵינוּ וֵאלֹהֵי אֲבוֹתֵינוּ

סימן א״ב משולש

הכול:

אֹפֶל אַלְמָנָה תָּאִיר / בֹּהוּ בוֹכִיָּה תַּבְהִיק
גִּיל גַּלְמוּדָה תַּגִּישׁ / דֶּלֶף דִּמְעָתָהּ תַּדְמִים
הַר הַשָּׁמֵם תְּהַדֵּר / וְתָשׁוּב, וְאֵלָיו תּוֹפִיעַ
זֹהַר זְבוּלְךָ תַּזְרִיחַ / חֲדַר חֻפָּתְךָ תְּחַדֵּשׁ
טֶנֶף טֻמְאָתָהּ תְּטַהֵר / יְפִי יְקָרַת תְּיַסְּדָהּ
כַּדְכֹּד כְּבוּדָּה תְּכוֹנְנֶהָ / לְאוֹרָהּ לְאֻמִּים תְּלַוֶּה
מֶלֶךְ, מִכְּבוֹדְךָ תְּמַלְּאֶהָ / נֵצַח נְצָחִים תְּנוֹסְסָהּ
שֹׂבַע שְׂמָחוֹת תַּשְׂבִּיעָהּ / עֲנַן עָשָׁן תְּעַטְּרָהּ
פִּנַּת פִּתְחֶיהָ תְּפָאֵר / צֶדֶק צְנוּעִים תַּצְמִיחַ
קָמֵי קְהָלֶיהָ תָּקִיא / רֶגֶשׁ רְגָלִים תָּרִיץ

שְׁבָטִים שָׁכְחָה תְּשׁוֹבֵב / תִּקְרָא, תִּשְׁרֹק, תִּתְקַע
◂ תְּבִיאֵם לְהַר קָדְשֶׁךָ / וּתְשַׂמְּחֵם בְּבֵית תְּפִלָּתֶךָ.

שליח הציבור:

אֱלֹהֵינוּ וֵאלֹהֵי אֲבוֹתֵינוּ

סימן תשר״ק

הכול:

תִּתֵּן אַחֲרִית לְעַמֶּךָ / תָּשִׁיב מִקְדָּשׁ לְתוֹכֵנוּ
תְּרוֹמֵם הַר מְרוֹם הָרִים / תְּקוֹמֵם קֶרֶן גְּדוּעָה
תַּצְהִיר מַחֲשַׁכֵּי אִוּוּי / תְּפָאֵר יוֹשֶׁבֶת בָּדָד
תַּעְטֶה בָּהּ מְלוּכָה לְבַדֶּךָ / תָּסִיר חֶרְפָּה מֵעִיר
תְּנַעֵר זֵדִים מִזְּבוּלֶךָ / תַּמְצִיא צְדָקָה לַעֲדָתֶךָ
תְּלַבֵּב אֶת רַעְיָתֶךָ / תִּכְרֹת לָהּ בְּרִית חֲדָשָׁה
תֵּיקַר נַפְשָׁהּ בְּעֵינֶיךָ / תְּטַהֲרֶנָּה בְּמַיִם טְהוֹרִים
תַּחֲנֶה בְּעִיר חָנָה דָוִד / תְּזַקֵּף קוֹמַת תְּמָרָה
תּוֹדִיעַ לַכֹּל אַהֲבָתֵנוּ / תְּהַלֵּךְ בְּקֶרֶב מַחֲנוֹתֵינוּ
תִּדְרֹשׁ גְּאֻלָּה לְגָלוּתֵנוּ / תְּגַלֶּה קֵץ לְקִנּוּתֵנוּ
◂ תָּבֹא מְהֵרָה לְנַחֲמֵנוּ / תַּאֲמִירֵנוּ לָךְ וְנַאֲמִירְךָ לָנוּ.

הפיוט האחרון בסדרה הוא פיוט סליחה, המשלב וידוי על חטאי ישראל ומצדיק את הדין.

שליח הציבור:

וּמֵרֹב עֲוֹנֵינוּ

סימן תשר״ק

הכול:

תָּעִינוּ מֵאַחֲרֶיךָ / שָׁגַגְנוּ מִמִּצְוֹתֶיךָ
רָחַקְנוּ מִבֵּית חַיֵּינוּ / קִלְקַלְנוּ אָרְחוֹת עוֹלָם
צְעָדֵינוּ לֹא יָשַׁרְנוּ / פָּשַׁעְנוּ לְשֵׁם קָדְשֶׁךָ
עֲזַבְנוּ תוֹרָתֶךָ / סַרְנוּ מֵאִמְרֵי פִיךָ
נְאַצְנוּךָ בְּמַעֲשֵׂה יָדֵינוּ / מָרִינוּ וּמָרַדְנוּ בָךְ
לֹא הִקְשַׁבְנוּ לְדִבְרֵי נְבִיאֶיךָ / כִּעַסְנוּךָ וְלֹא בִקַּשְׁנוּךָ
יִרְאָתְךָ מִלֵּב שָׁכַחְנוּ / טַהֲרָתְךָ בְּמַעֲשֵׂינוּ טִמֵּאנוּ
חָטָאנוּ לְךָ יהוה אֱלֹהֵינוּ / זְעַמְנוּךָ מֵרֹב עֲוֹנֵינוּ

וְאִמַּצְנוּ אֶת לְבָבֵנוּ / הִקְשִׁינוּ אֶת עָרְפֵּנוּ
דֶּרֶךְ אָחוֹר הִשְׁלַכְנוּ / גְּדֻלָּתְךָ לֹא הִגַּדְנוּ
בֵּיתְךָ נֶהֱרַס בַּעֲוֹנֵינוּ / אִוּוּיְךָ נִתַּץ בַּחֲטָאֵינוּ.

שליח הציבור:

מַה נְּדַבֵּר, פְּנֵי מֵישָׁרִים דּוֹבֵר, וּמַה נַּעֲנֶה, לְמִמֶּנּוּ מַעֲנֶה
וּמַה נִּצְטַדָּקָה, פְּנֵי לוֹבֵשׁ צְדָקָה, גְּמָלָנוּ טוֹבוֹת וְשִׁלַּמְנוּ רָעוֹת
וּמַה יֶּשׁ לָנוּ עוֹד צְדָקָה לִזְעֹק פְּנֵי מֶלֶךְ.

בימות הראשונים נהגו לומר סליחות ווידוי לפני חתימת הברכה הרביעית (סידור רס״ג).
במאתיים השנים האחרונות בקהילות אשכנז הפסיקו לומר פיוטים וי״ג מידות
(פרט לתפילות ערבית ונעילה), ומתחילים מיד בפסוקי סליחות.

הכול:

זְכֹר־רַחֲמֶיךָ יהוה וַחֲסָדֶיךָ, כִּי מֵעוֹלָם הֵמָּה: תהלים כה
אַל־תִּזְכָּר־לָנוּ עֲוֹנֹת רִאשֹׁנִים, מַהֵר יְקַדְּמוּנוּ רַחֲמֶיךָ כִּי דַלּוֹנוּ מְאֹד: תהלים עט
זָכְרֵנוּ יהוה בִּרְצוֹן עַמֶּךָ, פָּקְדֵנוּ בִּישׁוּעָתֶךָ.
זְכֹר עֲדָתְךָ קָנִיתָ קֶּדֶם, גָּאַלְתָּ שֵׁבֶט נַחֲלָתֶךָ, הַר־צִיּוֹן זֶה שָׁכַנְתָּ בּוֹ: תהלים עד
זְכֹר יהוה חִבַּת יְרוּשָׁלָיִם, אַהֲבַת צִיּוֹן אַל תִּשְׁכַּח לָנֶצַח.
זְכֹר יהוה לִבְנֵי אֱדוֹם אֵת יוֹם יְרוּשָׁלָיִם תהלים קלז
הָאֹמְרִים עָרוּ עָרוּ, עַד הַיְסוֹד בָּהּ:
אַתָּה תָקוּם תְּרַחֵם צִיּוֹן, כִּי־עֵת לְחֶנְנָהּ, כִּי־בָא מוֹעֵד: תהלים קב
זְכֹר לְאַבְרָהָם לְיִצְחָק וּלְיִשְׂרָאֵל עֲבָדֶיךָ שמות לב
אֲשֶׁר נִשְׁבַּעְתָּ לָהֶם בָּךְ וַתְּדַבֵּר אֲלֵהֶם
אַרְבֶּה אֶת־זַרְעֲכֶם כְּכוֹכְבֵי הַשָּׁמָיִם
וְכָל־הָאָרֶץ הַזֹּאת אֲשֶׁר אָמַרְתִּי אֶתֵּן לְזַרְעֲכֶם, וְנָחֲלוּ לְעֹלָם:
זְכֹר לַעֲבָדֶיךָ לְאַבְרָהָם לְיִצְחָק וּלְיַעֲקֹב דברים ט
אַל־תֵּפֶן אֶל־קְשִׁי הָעָם הַזֶּה, וְאֶל־רִשְׁעוֹ וְאֶל־חַטָּאתוֹ:

שליח הציבור ואחריו הקהל:

אַל־נָא תָשֵׁת עָלֵינוּ חַטָּאת אֲשֶׁר נוֹאַלְנוּ וַאֲשֶׁר חָטָאנוּ: במדבר יב
חָטָאנוּ צוּרֵנוּ, סְלַח לָנוּ יוֹצְרֵנוּ.

גם כיום מקובל לומר פיוט ׳חָטָאנוּ׳ (ראה עמ׳ 502) לתפילת מוסף – ׳אֵלֶּה אֶזְכְּרָה׳, המתאר את עשרת הרוגי מלכות. במקור אמר את הפיוט שליח הציבור, והקהל ענה רק את הפזמון ׳חָטָאנוּ צוּרֵנוּ, סְלַח לָנוּ יוֹצְרֵנוּ׳.

כיום נוהגים שהקהל ושליח הציבור אומרים את כולו:
יש קהילות שבהן הכול אומרים זוג בתים בכל פעם, ושליח הציבור מסיים בקול את סוף הבית השני מביניהם, ואין עונים אחריו ׳חָטָאנוּ׳.

סימן א״ב יהודה חזק

אֵלֶּה אֶזְכְּרָה, וְנַפְשִׁי עָלַי אֶשְׁפְּכָה
כִּי בְלָעוּנוּ זֵדִים כְּעֻגָה בְּלִי הֲפוּכָה
כִּי בִימֵי קֵיסָר לֹא עָלְתָה אֲרוּכָה
לַעֲשָׂרָה הֲרוּגֵי מְלוּכָה.

בְּלָמְדוֹ סֵפֶר מִפִּי מְשׁוּלֵי עֲרֵמַת
וְהֵבִין וְדִקְדֵּק בְּדַת רְשׁוּמַת
וּפָתַח בְּוְאֵלֶּה הַמִּשְׁפָּטִים, וְחִשֵּׁב מְזִמַּת
וְגֹנֵב אִישׁ וּמְכָרוֹ וְנִמְצָא בְיָדוֹ, מוֹת יוּמָת: שמות כא

חָטָאנוּ צוּרֵנוּ, סְלַח לָנוּ יוֹצְרֵנוּ.

גָּבַהּ לֵב בְּלִיַּעַל עוֹבֵד אֱלִילִים
וְצִוָּה לְמַלְּאוֹת פַּלְטֵירוֹ נְעָלִים
וְקָרָא לַעֲשָׂרָה חֲכָמִים גְּדוֹלִים
מְבִינֵי דָת וּטְעָמֶיהָ בְּפִלְפּוּלִים.

דִּינוּ מִשְׁפָּט זֶה לַאֲשׁוּרוֹ
וְאַל תְּעַוְּתוּהוּ, בְּכָזָב לְאָמְרוֹ
כִּי אִם הוֹצִיאוּהוּ לַאֲמִתּוֹ וּלְאוֹרוֹ
כִּי־יִמָּצֵא אִישׁ גֹּנֵב נֶפֶשׁ מֵאֶחָיו מִבְּנֵי יִשְׂרָאֵל וְהִתְעַמֶּר־בּוֹ וּמְכָרוֹ: דברים כד

חָטָאנוּ צוּרֵנוּ, סְלַח לָנוּ יוֹצְרֵנוּ.

הֵם כְּעָנוּ לוֹ, וּמֵת הַגַּנָּב הַהוּא
נָם, אַיֵּה אֲבוֹתֵיכֶם, אֲשֶׁר אֲחִיהֶם מְכָרוּהוּ

לְאֹרְחַת יִשְׁמְעֵאלִים סְחָרְוּהוּ
וּבְעַד נַעֲלַיִם נְתָנְוּהוּ.

וְאַתֶּם קַבְּלוּ דִין שָׁמַיִם עֲלֵיכֶם
כִּי מִימֵיהֶם לֹא נִמְצָא כָּכֶם
וְאִם הָיוּ בַחַיִּים, הָיִיתִי דָנָם לִפְנֵיכֶם
וְאַתֶּם תִּשְׂאוּ עֲוֹן אֲבוֹתֵיכֶם. חָטָאנוּ צוּרֵנוּ, סְלַח לָנוּ יוֹצְרֵנוּ.

זְמַן תְּנָה לָנוּ שְׁלֹשָׁה יָמִים
עַד שֶׁנֵּדַע אִם נִגְזַר הַדָּבָר מִמְּרוֹמִים
אִם אֲנַחְנוּ חַיָּבִים וַאֲשֵׁמִים
נִסְבֹּל בִּגְזֵרַת מָלֵא רַחֲמִים.

חָלוּ וְזָעוּ וְנָעוּ כֻלָּמוֹ
עַל רַבִּי יִשְׁמָעֵאל כֹּהֵן גָּדוֹל נָתְנוּ עֵינֵימוֹ
לְהַזְכִּיר אֶת הַשֵּׁם, לַעֲלוֹת לַאֲדוֹנֵימוֹ
לָדַעַת אִם יָצְאָה הַגְּזֵרָה מֵאֵת אֱלֹהֵימוֹ.

חָטָאנוּ צוּרֵנוּ, סְלַח לָנוּ יוֹצְרֵנוּ.

טִהֵר רַבִּי יִשְׁמָעֵאל עַצְמוֹ, וְהִזְכִּיר אֶת הַשֵּׁם בִּסְלוּדִים
וְעָלָה לַמָּרוֹם, וְשָׁאַל מֵאֵת הָאִישׁ לְבוּשׁ הַבַּדִּים
וְנָם לוֹ, קַבְּלוּ עֲלֵיכֶם צַדִּיקִים וִידִידִים
כִּי שָׁמַעְתִּי מֵאֲחוֹרֵי הַפַּרְגּוֹד כִּי בְּזֹאת אַתֶּם נִלְכָּדִים.

יָרַד וְהִגִּיד לַחֲבֵרָיו מַאֲמַר אֵל
וְצִוָּה בְלִיַּעַל לְהָרְגָם בְּכֹחַ וָלָאֵל
וּשְׁנַיִם מֵהֶם הוֹצִיאוּ תְּחִלָּה, שֶׁהֵם גְּדוֹלֵי יִשְׂרָאֵל
רַבִּי יִשְׁמָעֵאל כֹּהֵן גָּדוֹל, וְרַבָּן שִׁמְעוֹן בֶּן גַּמְלִיאֵל נְשִׂיא יִשְׂרָאֵל.

חָטָאנוּ צוּרֵנוּ, סְלַח לָנוּ יוֹצְרֵנוּ.

כְּרֹת רֹאשׁוֹ תְּחִלָּה הִרְבָּה מְנוּ לְבְעוֹן
וְנָם, הֲרָגֵנִי תְּחִלָּה וְאַל אֶרְאֶה בְּמִיתַת מְשָׁרֵת דָּר מָעוֹן
לְהַפִּיל גּוֹרָלוֹת צִוָּה צִפְעוֹן
וְנָפַל הַגּוֹרָל עַל רַבָּן שִׁמְעוֹן.

לִשְׁפֹּךְ דָּמוֹ מִהֵר כְּשׁוֹר פָּר
וּכְשֶׁנֶּחְתַּךְ רֹאשׁוֹ, נְטָלוֹ וְצָרַח עָלָיו בְּקוֹל מַר כַּשּׁוֹפָר
אֵי הַלָּשׁוֹן הַמְמַהֶרֶת לְהוֹרוֹת אִמְרֵי שֶׁפֶר
בַּעֲוֹנוֹת, אֵיךְ עַתָּה לוֹחֶכֶת אֶת הֶעָפָר.

חָטָאנוּ צוּרֵנוּ, סְלַח לָנוּ יוֹצְרֵנוּ.

מַה מְּאֹד בָּכָה עָלָיו בַּחֲרָדָה
בַּת בְּלִיַּעַל לְקוֹל בִּכְיָתוֹ עָמְדָה
תֹּאַר יָפְיוֹ בְּלִבָּהּ חָמְדָה
וְשָׁאֲלָה מֵאֵת אָבִיהָ, חַיָּתוֹ לְהַעֲמִידָה.

נִאֵץ בְּלִיַּעַל דָּבָר זֶה לַעֲשׂוֹתוֹ
לְהַפְשִׁיט עוֹרוֹ מֵעַל פָּנָיו, שָׁאֲלָה מֵאִתּוֹ
וְלֹא עִכֵּב דָּבָר זֶה לַעֲשׂוֹתוֹ
וּכְשֶׁהִגִּיעַ לִמְקוֹם תְּפִלִּין, וְצָרַח בְּקוֹל מַר לְיוֹצֵר נִשְׁמָתוֹ.

חָטָאנוּ צוּרֵנוּ, סְלַח לָנוּ יוֹצְרֵנוּ.

שַׂרְפֵי מַעְלָה צָעֲקוּ בְּמָרָה
זוֹ תּוֹרָה וְזוֹ שְׂכָרָהּ, עוֹטֶה כַּשַּׂלְמָה אוֹרָה
אוֹיֵב מְנָאֵץ שִׁמְךָ הַגָּדוֹל וְהַנּוֹרָא
וּמְחָרֵף וּמְגַדֵּף עַל דִּבְרֵי תוֹרָה.

עָנְתָה בַּת קוֹל מִשָּׁמַיִם
אִם אֶשְׁמַע קוֹל אַחֵר, אֶהֱפֹךְ אֶת הָעוֹלָם לַמַּיִם
לְתֹהוּ וָבֹהוּ אָשִׁית הֲדוֹמַיִם
גְּזֵרָה הִיא מִלְּפָנַי, קַבְּלוּהָ מְשַׁעַשְׁעֵי דָת יוֹמָיִם.

חָטָאנוּ צוּרֵנוּ, סְלַח לָנוּ יוֹצְרֵנוּ.

פְּקִידִים נֶהֶרְגוּ, מֵאַחֲרֵי שֶׁבֶת בָּתֵּי כְנֵסִיּוֹת
מְלֵאֵי מִצְוֹת כְּרִמּוֹן וּכְזָוִיּוֹת
וְהוֹצִיאוּ אֶת רַבִּי עֲקִיבָא, דּוֹרֵשׁ כִּתְרֵי אוֹתִיּוֹת
וְסָרְקוּ בְשָׂרוֹ בְּמַסְרְקוֹת פִּיפִיּוֹת.

צִוָּה לְהוֹצִיא רַבִּי חֲנַנְיָא בֶּן תְּרַדְיוֹן מִבֵּית אוּלַמּוֹ
וּבַחֲבִילֵי זְמוֹרוֹת שָׂרְפוּ גָּלְמוֹ
וּסְפוֹגִין שֶׁל צֶמֶר שָׂמוּ עַל לִבּוֹ לְעַכֵּב עַצְמוֹ
וּכְשֶׁנִּסְתַּלְּקוּ מִיָּד נִשְׂרַף וְסֵפֶר תּוֹרָה עִמּוֹ.
חָטָאנוּ צוּרֵנוּ, סְלַח לָנוּ יוֹצְרֵנוּ.

קוֹנְנוּ קְדוֹשִׁים, עַם לֹא אַלְמָן
כִּי עַל דָּבָר מוּעָט נֶהֶרְגוּ וְנִשְׁפַּךְ דָּמָן
לְקַדֵּשׁ שֵׁם שָׁמַיִם מָסְרוּ עַצְמָן
בַּהֲרִיגַת רַבִּי חֻצְפִּית הַמְתֻרְגְּמָן.

רְעָדָה תֹאחֵז כָּל שׁוֹמֵעַ שִׁמּוּעַ
וְתִזַּל כָּל עַיִן דִּמּוּעַ
וְנֶהְפַּךְ לְאֵבֶל כָּל שַׁעֲשׁוּעַ
בַּהֲרִיגַת רַבִּי אֶלְעָזָר בֶּן שַׁמּוּעַ. חָטָאנוּ צוּרֵנוּ, סְלַח לָנוּ יוֹצְרֵנוּ.

שִׁחֲתוּנִי צוֹרְרַי וּמְעַנַּי
וּמִלְּאוּ כְרֵסָם מֵעֲדָנַי
וְהִשְׁקוּנִי מֵי רוֹשׁ וְלַעֲנַי
בַּהֲרִיגַת רַבִּי חֲנִינָא בֶּן חֲכִינָי.

תָּקְפוּ עָלֵינוּ מִצְוֹת לְהָפֵר
וּמֵאֲנוּ לָקַחַת הוֹן וָכֹפֶר
כִּי אִם נְפָשׁוֹת הַהוֹגוֹת אִמְרֵי שֶׁפֶר
כְּמוֹ רַבִּי יְשֵׁבָב הַסּוֹפֵר. חָטָאנוּ צוּרֵנוּ, סְלַח לָנוּ יוֹצְרֵנוּ.

יְחֲתוּנוּ בְּנֵי עֲדִינָה הַשּׁוֹמֵמָה
הֵרְעוּ לָנוּ מִכָּל מַלְכֵי אֲדָמָה
וְהָרְגוּ מֶנּוּ כַּמָּה וְכַמָּה
בַּהֲרִיגַת רַבִּי יְהוּדָה בֶּן דָּמָה.

דִּבַּרְתָּ, בֵּית־יַעֲקֹב אֵשׁ וּבֵית יוֹסֵף לֶהָבָה: עובדיה א
הֵן עַתָּה קַשׁ אוֹרָם כָּבָה
חַי, זְעַךְ קוֹמָתָם בְּבִיעוּר יוֹם הַבָּא
כִּי הֵמָּה הִסְכִּימוּ לַהֲרֹג עֲשָׂרָה צַדִּיקִים
עִם רַבִּי יְהוּדָה בֶּן בָּבָא.
חָטָאנוּ צוּרֵנוּ, סְלַח לָנוּ יוֹצְרֵנוּ.

זֹאת קְרָאַתְנוּ וְסִפַּרְנוּ בְּשִׁנּוּן
וְשָׁפַכְנוּ לֵב שָׁפוּל וְאָנוּן
מִמָּרוֹם הַסְכֵּת תַּחֲנוּן
יהוה יהוה אֵל רַחוּם וְחַנּוּן: שמות לד
חַנּוּן הַבִּיטָה מִמְּרוֹמִים
תִּשְׁפֹּכֶת דַּם הַצַּדִּיקִים וְתַמְצִית דָּמִים
תִּרְאֶה בְּפַרְגּוֹדְךָ, וְהַעֲבֵר כְּתָמִים
אֵל מֶלֶךְ יוֹשֵׁב עַל כִּסֵּא רַחֲמִים. **חָטָאנוּ צוּרֵנוּ, סְלַח לָנוּ יוֹצְרֵנוּ.**

הכול:

זְכָר לָנוּ בְּרִית אָבוֹת כַּאֲשֶׁר אָמַרְתָּ:
וְזָכַרְתִּי אֶת־בְּרִיתִי יַעֲקוֹב ויקרא כו
וְאַף אֶת־בְּרִיתִי יִצְחָק
וְאַף אֶת־בְּרִיתִי אַבְרָהָם אֶזְכֹּר
וְהָאָרֶץ אֶזְכֹּר:

זְכֹר לָנוּ בְּרִית רִאשׁוֹנִים כַּאֲשֶׁר אָמַרְתָּ:

ויקרא כו וְזָכַרְתִּי לָהֶם בְּרִית רִאשֹׁנִים
אֲשֶׁר הוֹצֵאתִי־אֹתָם מֵאֶרֶץ מִצְרַיִם לְעֵינֵי הַגּוֹיִם
לִהְיוֹת לָהֶם לֵאלֹהִים, אֲנִי יהוה:

עֲשֵׂה עִמָּנוּ כְּמָה שֶׁהִבְטַחְתָּנוּ:

ויקרא כו וְאַף גַּם־זֹאת בִּהְיוֹתָם בְּאֶרֶץ אֹיְבֵיהֶם
לֹא־מְאַסְתִּים וְלֹא־גְעַלְתִּים לְכַלֹּתָם
לְהָפֵר בְּרִיתִי אִתָּם
כִּי אֲנִי יהוה אֱלֹהֵיהֶם:

הָשֵׁב שְׁבוּתֵנוּ וְרַחֲמֵנוּ כְּמָה שֶׁכָּתוּב:

דברים ל וְשָׁב יהוה אֱלֹהֶיךָ אֶת־שְׁבוּתְךָ וְרִחֲמֶךָ
וְשָׁב וְקִבֶּצְךָ מִכָּל־הָעַמִּים אֲשֶׁר הֱפִיצְךָ יהוה אֱלֹהֶיךָ שָׁמָּה:

קַבֵּץ נִדָּחֵינוּ כְּמָה שֶׁכָּתוּב:

דברים ל אִם־יִהְיֶה נִדַּחֲךָ בִּקְצֵה הַשָּׁמָיִם
מִשָּׁם יְקַבֶּצְךָ יהוה אֱלֹהֶיךָ וּמִשָּׁם יִקָּחֶךָ:

מְחֵה פְשָׁעֵינוּ כָּעָב וְכֶעָנָן כְּמָה שֶׁכָּתוּב:

ישעיה מד מָחִיתִי כָעָב פְּשָׁעֶיךָ וְכֶעָנָן חַטֹּאותֶיךָ
שׁוּבָה אֵלַי כִּי גְאַלְתִּיךָ:

מְחֵה פְשָׁעֵינוּ לְמַעַנְךָ כַּאֲשֶׁר אָמַרְתָּ:

ישעיה מג אָנֹכִי אָנֹכִי הוּא מֹחֶה פְשָׁעֶיךָ לְמַעֲנִי
וְחַטֹּאתֶיךָ לֹא אֶזְכֹּר:

הַלְבֵּן חֲטָאֵינוּ כַּשֶּׁלֶג וְכַצֶּמֶר כְּמָה שֶׁכָּתוּב:

ישעיה א לְכוּ־נָא וְנִוָּכְחָה יֹאמַר יהוה
אִם־יִהְיוּ חֲטָאֵיכֶם כַּשָּׁנִים כַּשֶּׁלֶג יַלְבִּינוּ
אִם־יַאְדִּימוּ כַתּוֹלָע כַּצֶּמֶר יִהְיוּ:

זְרֹק עָלֵינוּ מַיִם טְהוֹרִים וְטַהֲרֵנוּ כְּמָה שֶׁכָּתוּב:

וְזָרַקְתִּי עֲלֵיכֶם מַיִם טְהוֹרִים וּטְהַרְתֶּם יחזקאל לו
מִכֹּל טֻמְאוֹתֵיכֶם וּמִכָּל־גִּלּוּלֵיכֶם אֲטַהֵר אֶתְכֶם:

כַּפֵּר חֲטָאֵינוּ בַּיּוֹם הַזֶּה וְטַהֲרֵנוּ, כְּמָה שֶׁכָּתוּב:

כִּי־בַיּוֹם הַזֶּה יְכַפֵּר עֲלֵיכֶם לְטַהֵר אֶתְכֶם ויקרא טז
מִכֹּל חַטֹּאתֵיכֶם לִפְנֵי יהוה תִּטְהָרוּ:

רַחֵם עָלֵינוּ וְאַל תַּשְׁחִיתֵנוּ כְּמָה שֶׁכָּתוּב:

כִּי אֵל רַחוּם יהוה אֱלֹהֶיךָ דברים ד
לֹא יַרְפְּךָ וְלֹא יַשְׁחִיתֶךָ
וְלֹא יִשְׁכַּח אֶת־בְּרִית אֲבֹתֶיךָ
אֲשֶׁר נִשְׁבַּע לָהֶם:

מוֹל אֶת לְבָבֵנוּ לְאַהֲבָה אֶת שְׁמֶךָ כְּמָה שֶׁכָּתוּב:

וּמָל יהוה אֱלֹהֶיךָ אֶת־לְבָבְךָ וְאֶת־לְבַב זַרְעֶךָ דברים ל
לְאַהֲבָה אֶת־יהוה אֱלֹהֶיךָ
בְּכָל־לְבָבְךָ וּבְכָל־נַפְשְׁךָ
לְמַעַן חַיֶּיךָ:

הִמָּצֵא לָנוּ בְּבַקָּשָׁתֵנוּ כְּמָה שֶׁכָּתוּב:

וּבִקַּשְׁתֶּם מִשָּׁם אֶת־יהוה אֱלֹהֶיךָ וּמָצָאתָ דברים ד
כִּי תִדְרְשֶׁנּוּ בְּכָל־לְבָבְךָ וּבְכָל־נַפְשֶׁךָ:

תְּבִיאֵנוּ אֶל הַר קָדְשֶׁךָ, וְשַׂמְּחֵנוּ בְּבֵית תְּפִלָּתֶךָ כְּמָה שֶׁכָּתוּב:

וַהֲבִיאוֹתִים אֶל־הַר קָדְשִׁי ישעיה נו
וְשִׂמַּחְתִּים בְּבֵית תְּפִלָּתִי
עוֹלֹתֵיהֶם וְזִבְחֵיהֶם לְרָצוֹן עַל־מִזְבְּחִי
כִּי בֵיתִי בֵּית־תְּפִלָּה יִקָּרֵא לְכָל־הָעַמִּים:

פותחים את ארון הקודש.

בקהילות רבות נוהגים לומר את הפסוקים בסדר הבא:
'שְׁמַע קוֹלֵנוּ', 'הֲשִׁיבֵנוּ', 'אַל תַּשְׁלִיכֵנוּ מִלְּפָנֶיךָ', 'אַל תַּשְׁלִיכֵנוּ לְעֵת זִקְנָה' בקול,
שליח הציבור אומר פסוק פסוק ואחריו הקהל; 'אַל תַּעַזְבֵנוּ', 'עֲשֵׂה עִמָּנוּ'
'אֲמָרֵינוּ הַאֲזִינָה', 'יִהְיוּ לְרָצוֹן', 'כִּי לְךָ ה׳' בלחש.

הקהל ואחריו שליח הציבור אומרים פסוק פסוק עד 'אַל תַּעַזְבֵנוּ':

שְׁמַע קוֹלֵנוּ, יהוה אֱלֹהֵינוּ, חוּס וְרַחֵם עָלֵינוּ
וְקַבֵּל בְּרַחֲמִים וּבְרָצוֹן אֶת תְּפִלָּתֵנוּ.
הֲשִׁיבֵנוּ יהוה אֵלֶיךָ וְנָשׁוּבָה, חַדֵּשׁ יָמֵינוּ כְּקֶדֶם: איכה ה
אֲמָרֵינוּ הַאֲזִינָה יהוה, בִּינָה הֲגִיגֵנוּ.
יִהְיוּ לְרָצוֹן אִמְרֵי פִינוּ וְהֶגְיוֹן לִבֵּנוּ לְפָנֶיךָ, יהוה צוּרֵנוּ וְגוֹאֲלֵנוּ.
אַל תַּשְׁלִיכֵנוּ מִלְּפָנֶיךָ, וְרוּחַ קָדְשְׁךָ אַל תִּקַּח מִמֶּנּוּ.
אַל תַּשְׁלִיכֵנוּ לְעֵת זִקְנָה, כִּכְלוֹת כֹּחֵנוּ אַל תַּעַזְבֵנוּ.

אַל תַּעַזְבֵנוּ יהוה, אֱלֹהֵינוּ אַל תִּרְחַק מִמֶּנּוּ.
עֲשֵׂה עִמָּנוּ אוֹת לְטוֹבָה, וְיִרְאוּ שׂוֹנְאֵינוּ וְיֵבֹשׁוּ
כִּי אַתָּה יהוה עֲזַרְתָּנוּ וְנִחַמְתָּנוּ.
כִּי לְךָ יהוה הוֹחָלְנוּ, אַתָּה תַעֲנֶה אֲדֹנָי אֱלֹהֵינוּ.

סוגרים את ארון הקודש.

שליח הציבור:

אֱלֹהֵינוּ וֵאלֹהֵי אֲבוֹתֵינוּ
אַל תַּעַזְבֵנוּ, וְאַל תִּטְּשֵׁנוּ, וְאַל תַּכְלִימֵנוּ, וְאַל תָּפֵר בְּרִיתְךָ אִתָּנוּ
קָרְבֵנוּ לְתוֹרָתֶךָ, לַמְּדֵנוּ מִצְוֹתֶיךָ
הוֹרֵנוּ דְרָכֶיךָ, הַט לִבֵּנוּ לְיִרְאָה אֶת שְׁמֶךָ
וּמוֹל אֶת לְבָבֵנוּ לְאַהֲבָתֶךָ, וְנָשׁוּב אֵלֶיךָ בֶּאֱמֶת וּבְלֵב שָׁלֵם
וּלְמַעַן שִׁמְךָ הַגָּדוֹל תִּמְחֹל וְתִסְלַח לַעֲוֹנֵינוּ
כַּכָּתוּב בְּדִבְרֵי קָדְשֶׁךָ: לְמַעַן־שִׁמְךָ יהוה, וְסָלַחְתָּ לַעֲוֹנִי כִּי רַב־הוּא: תהלים כה

הכול:

אֱלֹהֵינוּ וֵאלֹהֵי אֲבוֹתֵינוּ
סְלַח לָנוּ, מְחַל לָנוּ, כַּפֶּר לָנוּ.

כִּי אָנוּ עַמֶּךָ וְאַתָּה אֱלֹהֵינוּ אָנוּ בָנֶיךָ וְאַתָּה אָבִינוּ
אָנוּ עֲבָדֶיךָ וְאַתָּה אֲדוֹנֵינוּ אָנוּ קְהָלֶךָ וְאַתָּה חֶלְקֵנוּ
אָנוּ נַחֲלָתֶךָ וְאַתָּה גוֹרָלֵנוּ אָנוּ צֹאנֶךָ וְאַתָּה רוֹעֵנוּ
אָנוּ כַרְמֶךָ וְאַתָּה נוֹטְרֵנוּ אָנוּ פְעֻלָּתֶךָ וְאַתָּה יוֹצְרֵנוּ
אָנוּ רַעְיָתֶךָ וְאַתָּה דוֹדֵנוּ אָנוּ סְגֻלָּתֶךָ וְאַתָּה אֱלֹהֵינוּ
אָנוּ עַמֶּךָ וְאַתָּה מַלְכֵּנוּ אָנוּ מַאֲמִירֶיךָ וְאַתָּה מַאֲמִירֵנוּ.

שליח הציבור אומר שורה שורה, והקהל חוזר אחריו:

אָנוּ עַזֵּי פָנִים וְאַתָּה רַחוּם וְחַנּוּן
אָנוּ קְשֵׁי עֹרֶף וְאַתָּה אֶרֶךְ אַפַּיִם
אָנוּ מְלֵאֵי עָוֹן וְאַתָּה מָלֵא רַחֲמִים
אָנוּ יָמֵינוּ כְּצֵל עוֹבֵר וְאַתָּה־הוּא וּשְׁנוֹתֶיךָ לֹא יִתָּמּוּ: תהלים קב

שליח הציבור:

אֱלֹהֵינוּ וֵאלֹהֵי אֲבוֹתֵינוּ
תָּבוֹא לְפָנֶיךָ תְּפִלָּתֵנוּ, וְאַל תִּתְעַלַּם מִתְּחִנָּתֵנוּ.
שֶׁאֵין אָנוּ עַזֵּי פָנִים וּקְשֵׁי עֹרֶף לוֹמַר לְפָנֶיךָ
יהוה אֱלֹהֵינוּ וֵאלֹהֵי אֲבוֹתֵינוּ
צַדִּיקִים אֲנַחְנוּ וְלֹא חָטָאנוּ. אֲבָל אֲנַחְנוּ וַאֲבוֹתֵינוּ חָטָאנוּ.

כשמתוודה, מכה באגרופו על החזה כנגד הלב (מג״א תרז, ג, בשם מדרש קהלת).

אָשַׁמְנוּ, בָּגַדְנוּ, גָּזַלְנוּ, דִּבַּרְנוּ דֹפִי
הֶעֱוִינוּ, וְהִרְשַׁעְנוּ, זַדְנוּ, חָמַסְנוּ, טָפַלְנוּ שֶׁקֶר
יָעַצְנוּ רָע, כִּזַּבְנוּ, לַצְנוּ, מָרַדְנוּ, נִאַצְנוּ, סָרַרְנוּ
עָוִינוּ, פָּשַׁעְנוּ, צָרַרְנוּ, קִשִּׁינוּ עֹרֶף
רָשַׁעְנוּ, שִׁחַתְנוּ, תִּעַבְנוּ, תָּעִינוּ, תִּעְתָּעְנוּ.

סַרְנוּ מִמִּצְוֹתֶיךָ וּמִמִּשְׁפָּטֶיךָ הַטּוֹבִים, וְלֹא שָׁוָה לָנוּ.
וְאַתָּה צַדִּיק עַל כָּל־הַבָּא עָלֵינוּ נחמיה ט
כִּי־אֱמֶת עָשִׂיתָ, וַאֲנַחְנוּ הִרְשָׁעְנוּ:

הִרְשַׁעְנוּ וּפָשַׁעְנוּ, לָכֵן לֹא נוֹשָׁעְנוּ
וְתֵן בְּלִבֵּנוּ לַעֲזֹב דֶּרֶךְ רֶשַׁע
וְחִישׁ לָנוּ יֶשַׁע
כַּכָּתוּב עַל יַד נְבִיאֶךָ
יַעֲזֹב רָשָׁע דַּרְכּוֹ, וְאִישׁ אָוֶן מַחְשְׁבֹתָיו ישעיה נה
וְיָשֹׁב אֶל־יהוה וִירַחֲמֵהוּ, וְאֶל־אֱלֹהֵינוּ כִּי־יַרְבֶּה לִסְלוֹחַ:

שליח הציבור:

אֱלֹהֵינוּ וֵאלֹהֵי אֲבוֹתֵינוּ
סְלַח וּמְחַל לַעֲוֹנוֹתֵינוּ
בְּיוֹם (בשבת: הַשַּׁבָּת הַזֶּה וּבְיוֹם) הַכִּפּוּרִים הַזֶּה
וְהֵעָתֵר לָנוּ בִּתְפִלָּתֵנוּ
מְחֵה וְהַעֲבֵר פְּשָׁעֵינוּ וְחַטֹּאתֵינוּ מִנֶּגֶד עֵינֶיךָ
וְכֹף אֶת יִצְרֵנוּ לְהִשְׁתַּעְבֶּד לָךְ
וְהַכְנַע עָרְפֵּנוּ לָשׁוּב אֵלֶיךָ בֶּאֱמֶת
וְחַדֵּשׁ כִּלְיוֹתֵינוּ לִשְׁמֹר פִּקּוּדֶיךָ
וּמוֹל אֶת לְבָבֵנוּ לְאַהֲבָה וּלְיִרְאָה אֶת שְׁמֶךָ
כַּכָּתוּב בְּתוֹרָתֶךָ
וּמָל יהוה אֱלֹהֶיךָ אֶת־לְבָבְךָ וְאֶת־לְבַב זַרְעֶךָ דברים ל
לְאַהֲבָה אֶת־יהוה אֱלֹהֶיךָ
בְּכָל־לְבָבְךָ וּבְכָל־נַפְשְׁךָ, לְמַעַן חַיֶּיךָ:
הַזְּדוֹנוֹת וְהַשְּׁגָגוֹת אַתָּה מַכִּיר
הָרָצוֹן וְהָאֹנֶס, הַגְּלוּיִים וְהַנִּסְתָּרִים
לְפָנֶיךָ הֵם גְּלוּיִים וִידוּעִים.

מָה אָנוּ, מֶה חַיֵּינוּ, מֶה חַסְדֵּנוּ, מַה צִּדְקוֹתֵינוּ
מַה יְשׁוּעָתֵנוּ, מַה כֹּחֵנוּ, מַה גְּבוּרָתֵנוּ
מַה נֹּאמַר לְפָנֶיךָ, יהוה אֱלֹהֵינוּ וֵאלֹהֵי אֲבוֹתֵינוּ
הֲלֹא כָּל הַגִּבּוֹרִים כְּאַיִן לְפָנֶיךָ
וְאַנְשֵׁי הַשֵּׁם כְּלֹא הָיוּ
וַחֲכָמִים כִּבְלִי מַדָּע, וּנְבוֹנִים כִּבְלִי הַשְׂכֵּל
כִּי רֹב מַעֲשֵׂיהֶם תֹּהוּ, וִימֵי חַיֵּיהֶם הֶבֶל לְפָנֶיךָ
וּמוֹתַר הָאָדָם מִן־הַבְּהֵמָה אָיִן, כִּי הַכֹּל הָבֶל: קהלת ג

מַה נֹּאמַר לְפָנֶיךָ יוֹשֵׁב מָרוֹם
וּמַה נְּסַפֵּר לְפָנֶיךָ שׁוֹכֵן שְׁחָקִים
הֲלֹא כָּל הַנִּסְתָּרוֹת וְהַנִּגְלוֹת אַתָּה יוֹדֵעַ.

הפיוט ׳אַתָּה מֵבִין׳ (עמ׳ 504) הוא הרחבה של הפיסקה ׳אַתָּה יוֹדֵעַ רָזֵי עוֹלָם׳ למטה. היום נוהגים לומר רק את שני הבתים האחרונים שבו.

שליח הציבור ואחריו הקהל:

שִׁמְךָ מֵעוֹלָם עוֹבֵר עַל פֶּשַׁע
שַׁוְעָתֵנוּ תַּאֲזִין, בְּעָמְדֵנוּ לְפָנֶיךָ בִּתְפִלָּה
תַּעֲבֹר עַל פֶּשַׁע לְעַם שָׁבֵי פֶשַׁע
תִּמְחֶה פְּשָׁעֵינוּ מִנֶּגֶד עֵינֶיךָ.

שליח הציבור אומר, והקהל אומר אתו בלחש:

אַתָּה יוֹדֵעַ רָזֵי עוֹלָם וְתַעֲלוּמוֹת סִתְרֵי כָּל חָי.
אַתָּה חוֹפֵשׂ כָּל חַדְרֵי בָטֶן וּבוֹחֵן כְּלָיוֹת וָלֵב.
אֵין דָּבָר נֶעְלָם מִמָּךְ וְאֵין נִסְתָּר מִנֶּגֶד עֵינֶיךָ.
וּבְכֵן, יְהִי רָצוֹן מִלְּפָנֶיךָ, יהוה אֱלֹהֵינוּ וֵאלֹהֵי אֲבוֹתֵינוּ
שֶׁתְּכַפֵּר לָנוּ עַל כָּל חַטֹּאתֵינוּ
וְתִסְלַח לָנוּ עַל כָּל עֲוֹנוֹתֵינוּ
וְתִמְחַל לָנוּ עַל כָּל פְּשָׁעֵינוּ.

על כל חטא שמונה, מכה באגרופו על החזה כנגד הלב.

עַל חֵטְא שֶׁחָטָאנוּ לְפָנֶיךָ בְּאֹנֶס וּבְרָצוֹן
וְעַל חֵטְא שֶׁחָטָאנוּ לְפָנֶיךָ בְּאִמּוּץ הַלֵּב

עַל חֵטְא שֶׁחָטָאנוּ לְפָנֶיךָ בִּבְלִי דָעַת
וְעַל חֵטְא שֶׁחָטָאנוּ לְפָנֶיךָ בְּבִטּוּי שְׂפָתָיִם

עַל חֵטְא שֶׁחָטָאנוּ לְפָנֶיךָ בְּגִלּוּי עֲרָיוֹת
וְעַל חֵטְא שֶׁחָטָאנוּ לְפָנֶיךָ בְּגָלוּי וּבַסָּתֶר

עַל חֵטְא שֶׁחָטָאנוּ לְפָנֶיךָ בְּדַעַת וּבְמִרְמָה
וְעַל חֵטְא שֶׁחָטָאנוּ לְפָנֶיךָ בְּדִבּוּר פֶּה

עַל חֵטְא שֶׁחָטָאנוּ לְפָנֶיךָ בְּהוֹנָאַת רֵעַ
וְעַל חֵטְא שֶׁחָטָאנוּ לְפָנֶיךָ בְּהַרְהוֹר הַלֵּב

עַל חֵטְא שֶׁחָטָאנוּ לְפָנֶיךָ בִּוְעִידַת זְנוּת
וְעַל חֵטְא שֶׁחָטָאנוּ לְפָנֶיךָ בְּוִדּוּי פֶּה

עַל חֵטְא שֶׁחָטָאנוּ לְפָנֶיךָ בְּזִלְזוּל הוֹרִים וּמוֹרִים
וְעַל חֵטְא שֶׁחָטָאנוּ לְפָנֶיךָ בְּזָדוֹן וּבִשְׁגָגָה

עַל חֵטְא שֶׁחָטָאנוּ לְפָנֶיךָ בְּחֹזֶק יָד
וְעַל חֵטְא שֶׁחָטָאנוּ לְפָנֶיךָ בְּחִלּוּל הַשֵּׁם

עַל חֵטְא שֶׁחָטָאנוּ לְפָנֶיךָ בְּטֻמְאַת שְׂפָתָיִם
וְעַל חֵטְא שֶׁחָטָאנוּ לְפָנֶיךָ בְּטִפְשׁוּת פֶּה

עַל חֵטְא שֶׁחָטָאנוּ לְפָנֶיךָ בְּיֵצֶר הָרָע
וְעַל חֵטְא שֶׁחָטָאנוּ לְפָנֶיךָ בְּיוֹדְעִים וּבְלֹא יוֹדְעִים

וְעַל כֻּלָּם אֱלוֹהַּ סְלִיחוֹת סְלַח לָנוּ, מְחַל לָנוּ, כַּפֶּר לָנוּ.

עַל חֵטְא שֶׁחָטָאנוּ לְפָנֶיךָ בְּכַחַשׁ וּבְכָזָב
וְעַל חֵטְא שֶׁחָטָאנוּ לְפָנֶיךָ בְּכַפַּת שֹׁחַד

עַל חֵטְא שֶׁחָטָאנוּ לְפָנֶיךָ בְּלָצוֹן
וְעַל חֵטְא שֶׁחָטָאנוּ לְפָנֶיךָ בְּלָשׁוֹן הָרָע

עַל חֵטְא שֶׁחָטָאנוּ לְפָנֶיךָ בְּמַשָּׂא וּבְמַתָּן
וְעַל חֵטְא שֶׁחָטָאנוּ לְפָנֶיךָ בְּמַאֲכָל וּבְמִשְׁתֶּה

עַל חֵטְא שֶׁחָטָאנוּ לְפָנֶיךָ בְּנֶשֶׁךְ וּבְמַרְבִּית
וְעַל חֵטְא שֶׁחָטָאנוּ לְפָנֶיךָ בִּנְטִיַּת גָּרוֹן

עַל חֵטְא שֶׁחָטָאנוּ לְפָנֶיךָ בְּשִׂיחַ שִׂפְתוֹתֵינוּ
וְעַל חֵטְא שֶׁחָטָאנוּ לְפָנֶיךָ בְּשִׂקּוּר עָיִן

עַל חֵטְא שֶׁחָטָאנוּ לְפָנֶיךָ בְּעֵינַיִם רָמוֹת
וְעַל חֵטְא שֶׁחָטָאנוּ לְפָנֶיךָ בְּעַזּוּת מֵצַח

וְעַל כֻּלָּם אֱלוֹהַּ סְלִיחוֹת סְלַח לָנוּ, מְחַל לָנוּ, כַּפֶּר לָנוּ.

עַל חֵטְא שֶׁחָטָאנוּ לְפָנֶיךָ בִּפְרִיקַת עֹל
וְעַל חֵטְא שֶׁחָטָאנוּ לְפָנֶיךָ בִּפְלִילוּת

עַל חֵטְא שֶׁחָטָאנוּ לְפָנֶיךָ בִּצְדִיַּת רֵעַ
וְעַל חֵטְא שֶׁחָטָאנוּ לְפָנֶיךָ בְּצָרוּת עָיִן

עַל חֵטְא שֶׁחָטָאנוּ לְפָנֶיךָ בְּקַלּוּת רֹאשׁ
וְעַל חֵטְא שֶׁחָטָאנוּ לְפָנֶיךָ בְּקַשְׁיוּת עֹרֶף

עַל חֵטְא שֶׁחָטָאנוּ לְפָנֶיךָ בְּרִיצַת רַגְלַיִם לְהָרַע
וְעַל חֵטְא שֶׁחָטָאנוּ לְפָנֶיךָ בִּרְכִילוּת

עַל חֵטְא שֶׁחָטָֽאנוּ לְפָנֶֽיךָ בִּשְׁבוּעַת שָׁוְא
וְעַל חֵטְא שֶׁחָטָֽאנוּ לְפָנֶֽיךָ בְּשִׂנְאַת חִנָּם

עַל חֵטְא שֶׁחָטָֽאנוּ לְפָנֶֽיךָ בִּתְשֽׂוּמֶת יָד
וְעַל חֵטְא שֶׁחָטָֽאנוּ לְפָנֶֽיךָ בְּתִמְהוֹן לֵבָב

וְעַל כֻּלָּם אֱלֽוֹהַ סְלִיחוֹת סְלַח לָֽנוּ, מְחַל לָֽנוּ, כַּפֶּר לָֽנוּ.

וְעַל חֲטָאִים שֶׁאָֽנוּ חַיָּבִים עֲלֵיהֶם עוֹלָה
וְעַל חֲטָאִים שֶׁאָֽנוּ חַיָּבִים עֲלֵיהֶם חַטָּאת
וְעַל חֲטָאִים שֶׁאָֽנוּ חַיָּבִים עֲלֵיהֶם קָרְבָּן עוֹלֶה וְיוֹרֵד
וְעַל חֲטָאִים שֶׁאָֽנוּ חַיָּבִים עֲלֵיהֶם אָשָׁם וַדַּאי וְתָלוּי
וְעַל חֲטָאִים שֶׁאָֽנוּ חַיָּבִים עֲלֵיהֶם מַכַּת מַרְדּוּת
וְעַל חֲטָאִים שֶׁאָֽנוּ חַיָּבִים עֲלֵיהֶם מַלְקוּת אַרְבָּעִים
וְעַל חֲטָאִים שֶׁאָֽנוּ חַיָּבִים עֲלֵיהֶם מִיתָה בִּידֵי שָׁמָֽיִם
וְעַל חֲטָאִים שֶׁאָֽנוּ חַיָּבִים עֲלֵיהֶם כָּרֵת וַעֲרִירִי
וְעַל חֲטָאִים שֶׁאָֽנוּ חַיָּבִים עֲלֵיהֶם אַרְבַּע מִיתוֹת בֵּית דִּין
סְקִילָה, שְׂרֵפָה, הֶֽרֶג, וְחֶֽנֶק.
עַל מִצְוַת עֲשֵׂה
וְעַל מִצְוַת לֹא תַעֲשֶׂה.
בֵּין שֶׁיֵּשׁ בָּהּ קוּם עֲשֵׂה
וּבֵין שֶׁאֵין בָּהּ קוּם עֲשֵׂה.
אֶת הַגְּלוּיִים לָֽנוּ וְאֶת שֶׁאֵינָם גְּלוּיִים לָֽנוּ
אֶת הַגְּלוּיִים לָֽנוּ, כְּבָר אֲמַרְנוּם לְפָנֶֽיךָ, וְהוֹדִֽינוּ לְךָ עֲלֵיהֶם
וְאֶת שֶׁאֵינָם גְּלוּיִים לָֽנוּ, לְפָנֶֽיךָ הֵם גְּלוּיִים וִידוּעִים
כַּדָּבָר שֶׁנֶּאֱמַר: הַנִּסְתָּרֹת לַיהוה אֱלֹהֵֽינוּ דברים כט
וְהַנִּגְלֹת לָֽנוּ וּלְבָנֵֽינוּ עַד־עוֹלָם
לַעֲשׂוֹת אֶת־כָּל־דִּבְרֵי הַתּוֹרָה הַזֹּאת:

רצף פסוקים זה עוסק בסליחת עוונות. במחזורים עתיקים שולבו פיוטים בין פסוק לפסוק, אך כבר מאות בשנים שנוהגים לומר רק את משפטי המעבר שבין הפסוקים.

שליח הציבור ממשיך:

וְדָוִד עַבְדְּךָ אָמַר לְפָנֶיךָ

שְׁגִיאוֹת מִי־יָבִין, מִנִּסְתָּרוֹת נַקֵּנִי: תהלים יט

נַקֵּנוּ יהוה אֱלֹהֵינוּ מִכָּל פְּשָׁעֵינוּ, וְטַהֲרֵנוּ מִכָּל טֻמְאוֹתֵינוּ

וּזְרֹק עָלֵינוּ מַיִם טְהוֹרִים וְטַהֲרֵנוּ

כַּכָּתוּב עַל יַד נְבִיאֶךָ, וְזָרַקְתִּי עֲלֵיכֶם מַיִם טְהוֹרִים, וּטְהַרְתֶּם יחזקאל לו

מִכֹּל טֻמְאוֹתֵיכֶם וּמִכָּל־גִּלּוּלֵיכֶם אֲטַהֵר אֶתְכֶם:

אַל תִּירָא יַעֲקֹב

שׁוּבוּ בָנִים שׁוֹבָבִים, שׁוּבָה יִשְׂרָאֵל.

הִנֵּה לֹא־יָנוּם וְלֹא יִישָׁן, שׁוֹמֵר יִשְׂרָאֵל: תהלים קכא

כַּכָּתוּב עַל יַד נְבִיאֶךָ, שׁוּבָה יִשְׂרָאֵל עַד יהוה אֱלֹהֶיךָ הושע יד

כִּי כָשַׁלְתָּ בַּעֲוֺנֶךָ:

וְנֶאֱמַר, קְחוּ עִמָּכֶם דְּבָרִים, וְשׁוּבוּ אֶל־יהוה שם

אִמְרוּ אֵלָיו, כָּל־תִּשָּׂא עָוֺן וְקַח־טוֹב, וּנְשַׁלְּמָה פָרִים שְׂפָתֵינוּ:

וְאַתָּה רַחוּם מְקַבֵּל שָׁבִים

וְעַל הַתְּשׁוּבָה מֵרֹאשׁ הִבְטַחְתָּנוּ, וְעַל הַתְּשׁוּבָה עֵינֵינוּ מְיַחֲלוֹת לָךְ.

בתפילת מוסף נהגו להוסיף כאן פיוט תוכחה. היום נוהגים לומר רק את הפזמון שלו, המבוסס על מחלוקת בית שמאי ובית הלל (עירובין יג ע״ב).

מְנוּיָה וּגְמוּרָה, בְּסוֹד חַכְמֵי תוֹרָה

אַשְׁרֵי מִי שֶׁלֹּא נִבְרָא.

וּמֵאַהֲבָתְךָ יהוה אֱלֹהֵינוּ, שֶׁאָהַבְתָּ אֶת יִשְׂרָאֵל עַמֶּךָ

וּמֵחֶמְלָתְךָ מַלְכֵּנוּ, שֶׁחָמַלְתָּ עַל בְּנֵי בְרִיתֶךָ

נָתַתָּ לָּנוּ יהוה אֱלֹהֵינוּ אֶת יוֹם

(בשבת: **הַשַּׁבָּת הַזֶּה לִקְדֻשָּׁה וְלִמְנוּחָה, וְאֶת יוֹם**) **צוֹם הַכִּפּוּרִים הַזֶּה**

לִמְחִילַת חֵטְא וְלִסְלִיחַת עָוֺן וּלְכַפָּרַת פָּשַׁע.

הפיוט ׳יום אָתָא לְכַפֵּר׳ המיוחס לר׳ אלעזר הקליר, בנוי כמו הפיוט המקביל לו ׳יום אֲשֶׁר אֲשָׁמֵנוּ׳ הנאמר בשחרית (ראה עמ׳ 232). בקהילות רבות נוהגים היום להשמיט חלק מבתיו. הפיוט המלא בעמ׳ 590.

מקובל ששליח הציבור אומר את הפיוט, והקהל אומר עמו את הפסוקים ואת הבית ׳בַּעֲבוּר כְּבוֹד שִׁמְךָ׳.

סימן א״ב

יום אָתָא לְכַפֵּר פִּשְׁעֵי יְשֵׁנָה / הַיּוֹם בְּיאָתוֹ אַחַת בַּשָּׁנָה.

כַּכָּתוּב בְּתוֹרָתֶךָ

ויקרא טז וְהָיְתָה־זֹּאת לָכֶם לְחֻקַּת עוֹלָם

לְכַפֵּר עַל־בְּנֵי יִשְׂרָאֵל מִכָּל־חַטֹּאתָם, אַחַת בַּשָּׁנָה:

יום זֶה נִתַּן תְּעוּדָה לְעָם זֶה

הַיּוֹם חַל בּוֹ צִיר, סְלַח נָא לַעֲוֹן הָעָם הַזֶּה.

כַּכָּתוּב בְּתוֹרָתֶךָ

במדבר יד סְלַח־נָא לַעֲוֹן הָעָם הַזֶּה כְּגֹדֶל חַסְדֶּךָ

וְכַאֲשֶׁר נָשָׂאתָה לָעָם הַזֶּה מִמִּצְרַיִם וְעַד־הֵנָּה:

וְשָׁם נֶאֱמַר

וַיֹּאמֶר יהוה, סָלַחְתִּי כִּדְבָרֶךָ:

בַּעֲבוּר כְּבוֹד שִׁמְךָ

הִמָּצֵא לָנוּ מוֹחֵל וְסוֹלֵחַ / סְלַח נָא לְמַעַן שְׁמֶךָ.

יום מְחִילָה בִּשַּׂרְתָּ לְצִיר בְּרֶשֶׁם / הַיּוֹם נִתְיַצַּבְתָּ עִמּוֹ, וְקָרָאתָ בְּשֵׁם.

כַּכָּתוּב בְּתוֹרָתֶךָ

שמות לד וַיֵּרֶד יהוה בֶּעָנָן, וַיִּתְיַצֵּב עִמּוֹ שָׁם

וַיִּקְרָא בְשֵׁם, יהוה:

וַיַּעֲבֹר יהוה עַל־פָּנָיו וַיִּקְרָא

יהוה, יהוה, אֵל רַחוּם וְחַנּוּן, אֶרֶךְ אַפַּיִם, וְרַב־חֶסֶד וֶאֱמֶת:

נֹצֵר חֶסֶד לָאֲלָפִים, נֹשֵׂא עָוֹן וָפֶשַׁע וְחַטָּאָה, וְנַקֵּה:

בַּעֲבוּר כְּבוֹד שִׁמְךָ

הִמָּצֵא לָנוּ רַחוּם וְחַנּוּן / רַחֵם נָא לְמַעַן שְׁמֶךָ.

יום שְׁמְמוֹת הֵיכָלְךָ הַבִּיטָה / הַיּוֹם תָּחֹן אָזְנְךָ הַטֵּה לְהַבִּיטָה.

כַּכָּתוּב בְּדִבְרֵי קָדְשֶׁךָ

הַטֵּה אֱלֹהַי אָזְנְךָ וּשְׁמָע דניאל ט

פְּקַח עֵינֶיךָ וּרְאֵה שֹׁמְמֹתֵינוּ

וְהָעִיר אֲשֶׁר־נִקְרָא שִׁמְךָ עָלֶיהָ

כִּי לֹא עַל־צִדְקֹתֵינוּ אֲנַחְנוּ מַפִּילִים תַּחֲנוּנֵינוּ לְפָנֶיךָ

כִּי עַל־רַחֲמֶיךָ הָרַבִּים:

אֲדֹנָי שְׁמָעָה

אֲדֹנָי סְלָחָה

אֲדֹנָי הַקְשִׁיבָה וַעֲשֵׂה אַל־תְּאַחַר

לְמַעַנְךָ אֱלֹהַי

כִּי־שִׁמְךָ נִקְרָא עַל־עִירְךָ וְעַל־עַמֶּךָ:

בַּעֲבוּר כְּבוֹד שְׁמֶךָ

הִמָּצֵא לָנוּ שׁוֹמֵעַ תְּפִלָּה / שְׁמַע תְּפִלָּתֵנוּ לְמַעַן שְׁמֶךָ.

גם הפיוט ׳מִי אֵל כָּמְוֹךָ׳ בנוי במתכונתו של הפיוט המקביל לו
הנאמר בשחרית (עמ׳ 234).
נוהגים שאחר כל שורה ששליח הציבור אומר, הקהל עונה ׳מִי אֵל כָּמְוֹךָ׳.
בקהילות רבות נוהגים לדלג על חלק מהפיוט.
הפיוט המלא בעמ׳ 592.

מִי אֵל כָּמְוֹךָ.

סימן א״ב

אַדִּיר וְנָאוֹר / בּוֹרֵא דֹּק וָחֶלֶד מִי אֵל כָּמְוֹךָ

גּוֹלֶה עֲמֻקּוֹת / דּוֹבֵר צְדָקוֹת מִי אֵל כָּמְוֹךָ

הָדוּר בִּלְבוּשׁוֹ / וְאֵין זוּלָתוֹ מִי אֵל כָּמְוֹךָ

זוֹקֵף כְּפוּפִים / חוֹנֵן דַּלִּים מִי אֵל כָּמְוֹךָ

טָהוֹר עֵינַיִם / יוֹשֵׁב שָׁמַיִם מִי אֵל כָּמְוֹךָ

שׁוֹכֵן שְׁחָקִים / תּוֹמֵךְ תְּמִימִים מִי אֵל כָּמְוֹךָ

נוֹשֵׂא עָוֹן / וְעוֹבֵר עַל פֶּשַׁע מִי אֵל כָּמְוֹךָ

שליח הציבור אומר, והקהל אומר אתו בלחש:

כַּכָּתוּב עַל יַד נְבִיאֶךָ

מיכה ז מִי־אֵל כָּמְוֹךָ נֹשֵׂא עָוֹן וְעֹבֵר עַל־פֶּשַׁע לִשְׁאֵרִית נַחֲלָתוֹ
לֹא־הֶחֱזִיק לָעַד אַפּוֹ כִּי־חָפֵץ חֶסֶד הוּא:
יָשׁוּב יְרַחֲמֵנוּ, יִכְבֹּשׁ עֲוֹנֹתֵינוּ, וְתַשְׁלִיךְ בִּמְצֻלוֹת יָם כָּל־חַטֹּאתָם:
וְכָל חַטֹּאת עַמְּךָ בֵּית יִשְׂרָאֵל תַּשְׁלִיךְ
בִּמְקוֹם אֲשֶׁר לֹא יִזָּכְרוּ וְלֹא יִפָּקְדוּ, וְלֹא יַעֲלוּ עַל לֵב לְעוֹלָם.
שם תִּתֵּן אֱמֶת לְיַעֲקֹב, חֶסֶד לְאַבְרָהָם
אֲשֶׁר־נִשְׁבַּעְתָּ לַאֲבֹתֵינוּ מִימֵי קֶדֶם:

בשבת מוסיפים את המילים שבסוגריים.

אֱלֹהֵינוּ וֵאלֹהֵי אֲבוֹתֵינוּ
מְחַל לַעֲוֹנוֹתֵינוּ בְּיוֹם (הַשַּׁבָּת הַזֶּה וּבְיוֹם) הַכִּפּוּרִים הַזֶּה
מְחֵה וְהַעֲבֵר פְּשָׁעֵינוּ וְחַטֹּאתֵינוּ מִנֶּגֶד עֵינֶיךָ
כָּאָמוּר
ישעיה מג אָנֹכִי אָנֹכִי הוּא מֹחֶה פְשָׁעֶיךָ לְמַעֲנִי
וְחַטֹּאתֶיךָ לֹא אֶזְכֹּר:
וְנֶאֱמַר
ישעיה מד מָחִיתִי כָעָב פְּשָׁעֶיךָ וְכֶעָנָן חַטֹּאותֶיךָ
שׁוּבָה אֵלַי כִּי גְאַלְתִּיךָ:
וְנֶאֱמַר
ויקרא טז כִּי־בַיּוֹם הַזֶּה יְכַפֵּר עֲלֵיכֶם לְטַהֵר אֶתְכֶם
מִכֹּל חַטֹּאתֵיכֶם לִפְנֵי יהוה תִּטְהָרוּ:

(אֱלֹהֵינוּ וֵאלֹהֵי אֲבוֹתֵינוּ, רְצֵה נָא בִמְנוּחָתֵנוּ)
קַדְּשֵׁנוּ בְּמִצְוֹתֶיךָ וְתֵן חֶלְקֵנוּ בְּתוֹרָתֶךָ
שַׂבְּעֵנוּ מִטּוּבֶךָ, וְשַׂמַּח נַפְשֵׁנוּ בִּישׁוּעָתֶךָ

(וְהַנְחִילֵנוּ יהוה אֱלֹהֵינוּ בְּאַהֲבָה וּבְרָצוֹן שַׁבַּת קָדְשֶׁךָ
וְיָנוּחוּ בוֹ כָּל יִשְׂרָאֵל מְקַדְּשֵׁי שְׁמֶךָ)
וְטַהֵר לִבֵּנוּ לְעָבְדְּךָ בֶּאֱמֶת.
כִּי אַתָּה סָלְחָן לְיִשְׂרָאֵל וּמָחֳלָן לְשִׁבְטֵי יְשֻׁרוּן בְּכָל דּוֹר וָדוֹר
וּמִבַּלְעָדֶיךָ אֵין לָנוּ מֶלֶךְ מוֹחֵל וְסוֹלֵחַ אֶלָּא אָתָּה.
בָּרוּךְ אַתָּה יהוה
מֶלֶךְ מוֹחֵל וְסוֹלֵחַ לַעֲוֹנוֹתֵינוּ, וְלַעֲוֹנוֹת עַמּוֹ בֵּית יִשְׂרָאֵל
וּמַעֲבִיר אַשְׁמוֹתֵינוּ בְּכָל שָׁנָה וְשָׁנָה
מֶלֶךְ עַל כָּל הָאָרֶץ, מְקַדֵּשׁ (הַשַּׁבָּת וְ)יִשְׂרָאֵל וְיוֹם הַכִּפּוּרִים.

עבודה

רְצֵה יהוה אֱלֹהֵינוּ בְּעַמְּךָ יִשְׂרָאֵל, וְלִתְפִלָּתָם שְׁעֵה
וְהָשֵׁב אֶת הָעֲבוֹדָה לִדְבִיר בֵּיתֶךָ
וְאִשֵּׁי יִשְׂרָאֵל וּתְפִלָּתָם, מְהֵרָה בְּאַהֲבָה תְקַבֵּל בְּרָצוֹן
וּתְהִי לְרָצוֹן תָּמִיד עֲבוֹדַת יִשְׂרָאֵל עַמֶּךָ.

אם כוהנים עולים לברך, אומרים כאן 'וְתֶעֱרַב'.

קהל וש״ץ: וְתֶעֱרַב עָלֶיךָ עֲתִירָתֵנוּ כְּעוֹלָה וּכְקָרְבָּן. אָנָּא רַחוּם, בְּרַחֲמֶיךָ הָרַבִּים הָשֵׁב שְׁכִינָתְךָ לְצִיּוֹן עִירֶךָ, וְסֵדֶר הָעֲבוֹדָה לִירוּשָׁלַיִם. וְתֶחֱזֶינָה עֵינֵינוּ בְּשׁוּבְךָ לְצִיּוֹן בְּרַחֲמִים. וְשָׁם נַעֲבָדְךָ בְּיִרְאָה כִּימֵי עוֹלָם וּכְשָׁנִים קַדְמוֹנִיּוֹת.

ש״ץ: בָּרוּךְ אַתָּה יהוה שֶׁאוֹתְךָ לְבַדְּךָ בְּיִרְאָה נַעֲבֹד.

ממשיכים 'מוֹדִים' בעמוד הבא.

אם אין כוהנים העולים לברך, אומר:

וְתֶחֱזֶינָה עֵינֵינוּ בְּשׁוּבְךָ לְצִיּוֹן בְּרַחֲמִים.
בָּרוּךְ אַתָּה יהוה, הַמַּחֲזִיר שְׁכִינָתוֹ לְצִיּוֹן.

הודאה

כורע ב׳מוֹדִים׳ ואינו זוקף עד אמירת השם.

מוֹדִים אֲנַחְנוּ לָךְ
שָׁאַתָּה הוּא יהוה אֱלֹהֵינוּ
וֵאלֹהֵי אֲבוֹתֵינוּ לְעוֹלָם וָעֶד.
צוּר חַיֵּינוּ, מָגֵן יִשְׁעֵנוּ
אַתָּה הוּא לְדוֹר וָדוֹר.
נוֹדֶה לְּךָ וּנְסַפֵּר תְּהִלָּתֶךָ
עַל חַיֵּינוּ הַמְּסוּרִים בְּיָדֶךָ
וְעַל נִשְׁמוֹתֵינוּ הַפְּקוּדוֹת לָךְ
וְעַל נִסֶּיךָ שֶׁבְּכָל יוֹם עִמָּנוּ
וְעַל נִפְלְאוֹתֶיךָ וְטוֹבוֹתֶיךָ
שֶׁבְּכָל עֵת, עֶרֶב וָבֹקֶר וְצָהֳרָיִם.
הַטּוֹב, כִּי לֹא כָלוּ רַחֲמֶיךָ
וְהַמְרַחֵם, כִּי לֹא תַמּוּ חֲסָדֶיךָ
כִּי מֵעוֹלָם קִוִּינוּ לָךְ.

כששליח הציבור אומר ׳מוֹדִים׳, הקהל אומר בלחש (סוטה מ ע״א):

מוֹדִים אֲנַחְנוּ לָךְ
שָׁאַתָּה הוּא יהוה אֱלֹהֵינוּ
וֵאלֹהֵי אֲבוֹתֵינוּ
אֱלֹהֵי כָל בָּשָׂר
יוֹצְרֵנוּ, יוֹצֵר בְּרֵאשִׁית.
בְּרָכוֹת וְהוֹדָאוֹת
לְשִׁמְךָ הַגָּדוֹל וְהַקָּדוֹשׁ
עַל שֶׁהֶחֱיִיתָנוּ וְקִיַּמְתָּנוּ.
כֵּן תְּחַיֵּנוּ וּתְקַיְּמֵנוּ
וְתֶאֱסֹף גָּלֻיּוֹתֵינוּ
לְחַצְרוֹת קָדְשֶׁךָ
לִשְׁמֹר חֻקֶּיךָ וְלַעֲשׂוֹת רְצוֹנֶךָ
וּלְעָבְדְּךָ בְּלֵבָב שָׁלֵם
עַל שֶׁאֲנוּ מוֹדִים לָךְ.
בָּרוּךְ אֵל הַהוֹדָאוֹת.

וְעַל כֻּלָּם יִתְבָּרַךְ וְיִתְרוֹמַם וְיִתְנַשֵּׂא שִׁמְךָ מַלְכֵּנוּ
תָּמִיד לְעוֹלָם וָעֶד.

קהל ואחריו שליח הציבור:

אָבִינוּ מַלְכֵּנוּ, זְכֹר רַחֲמֶיךָ וּכְבֹשׁ כַּעַסְךָ
וְכַלֵּה דֶבֶר, וְחֶרֶב, וְרָעָב, וּשְׁבִי
וּמַשְׁחִית, וְעָוֹן, וּמַגֵּפָה, וּפֶגַע רַע
וְכָל מַחֲלָה, וְכָל תַּקָּלָה, וְכָל קְטָטָה
וְכָל מִינֵי פֻרְעָנֻיּוֹת, וְכָל גְּזֵרָה רָעָה
וְשִׂנְאַת חִנָּם מֵעָלֵינוּ וּמֵעַל כָּל בְּנֵי בְרִיתֶךָ.

קהל ואחריו שליח הציבור:

וּכְתֹב לְחַיִּים טוֹבִים כָּל בְּנֵי בְרִיתֶךָ.

שליח הציבור ממשיך:

וְכֹל הַחַיִּים יוֹדְוּךָ סֶּלָה
וִיהַלְלוּ וִיבָרְכוּ אֶת שִׁמְךָ הַגָּדוֹל בֶּאֱמֶת לְעוֹלָם כִּי טוֹב
הָאֵל יְשׁוּעָתֵנוּ וְעֶזְרָתֵנוּ סֶלָה, הָאֵל הַטּוֹב.
ׁבָּרוּךְ אַתָּה יהוה, הַטּוֹב שִׁמְךָ וּלְךָ נָאֶה לְהוֹדוֹת.

ברכת כוהנים

אם יותר מכוהן אחד עולה לדוכן, הגבאי קורא:

כֹּהֲנִים

הכוהנים מברכים:

בָּרוּךְ אַתָּה יהוה אֱלֹהֵינוּ מֶלֶךְ הָעוֹלָם, אֲשֶׁר קִדְּשָׁנוּ בִּקְדֻשָּׁתוֹ שֶׁל אַהֲרֹן, וְצִוָּנוּ לְבָרֵךְ אֶת עַמּוֹ יִשְׂרָאֵל בְּאַהֲבָה.

שליח הציבור מקריא מילה במילה, והכוהנים אחריו:

יְבָרֶכְךָ יהוה וְיִשְׁמְרֶךָ: קהל: אָמֵן במדבר ו
יָאֵר יהוה פָּנָיו אֵלֶיךָ וִיחֻנֶּךָּ: קהל: אָמֵן
יִשָּׂא יהוה פָּנָיו אֵלֶיךָ וְיָשֵׂם לְךָ שָׁלוֹם: קהל: אָמֵן

שליח הציבור ממשיך ׳שִׂים שָׁלוֹם׳.

הכוהנים אומרים:

רִבּוֹנוֹ שֶׁל עוֹלָם, עָשִׂינוּ מַה שֶּׁגָּזַרְתָּ עָלֵינוּ, אַף אַתָּה עֲשֵׂה עִמָּנוּ כְּמוֹ שֶׁהִבְטַחְתָּנוּ. הַשְׁקִיפָה מִמְּעוֹן קָדְשְׁךָ מִן־הַשָּׁמַיִם, וּבָרֵךְ אֶת־עַמְּךָ אֶת־יִשְׂרָאֵל, וְאֵת הָאֲדָמָה אֲשֶׁר נָתַתָּה לָנוּ, כַּאֲשֶׁר נִשְׁבַּעְתָּ לַאֲבֹתֵינוּ, אֶרֶץ זָבַת חָלָב וּדְבָשׁ: דברים כו

הקהל אומר:

אַדִּיר בַּמָּרוֹם שׁוֹכֵן בִּגְבוּרָה, אַתָּה שָׁלוֹם וְשִׁמְךָ שָׁלוֹם. יְהִי רָצוֹן שֶׁתָּשִׂים עָלֵינוּ וְעַל כָּל עַמְּךָ בֵּית יִשְׂרָאֵל חַיִּים וּבְרָכָה לְמִשְׁמֶרֶת שָׁלוֹם.

אם אין כוהנים העולים לדוכן, שליח הציבור אומר:

אֱלֹהֵינוּ וֵאלֹהֵי אֲבוֹתֵינוּ, בָּרְכֵנוּ בַּבְּרָכָה הַמְשֻׁלֶּשֶׁת בַּתּוֹרָה, הַכְּתוּבָה עַל יְדֵי מֹשֶׁה עַבְדֶּךָ, הָאֲמוּרָה מִפִּי אַהֲרֹן וּבָנָיו כֹּהֲנִים עַם קְדוֹשֶׁיךָ, כָּאָמוּר

יְבָרֶכְךָ יהוה וְיִשְׁמְרֶךָ: קהל: כֵּן יְהִי רָצוֹן במדבר ו
יָאֵר יהוה פָּנָיו אֵלֶיךָ וִיחֻנֶּךָּ: קהל: כֵּן יְהִי רָצוֹן
יִשָּׂא יהוה פָּנָיו אֵלֶיךָ וְיָשֵׂם לְךָ שָׁלוֹם: קהל: כֵּן יְהִי רָצוֹן

שלום

שִׂים שָׁלוֹם טוֹבָה וּבְרָכָה
חַיִּים חֵן וָחֶסֶד וְרַחֲמִים
עָלֵינוּ וְעַל כָּל יִשְׂרָאֵל עַמֶּךָ.
בָּרְכֵנוּ אָבִינוּ כֻּלָּנוּ כְּאֶחָד בְּאוֹר פָּנֶיךָ
כִּי בְאוֹר פָּנֶיךָ נָתַתָּ לָּנוּ יהוה אֱלֹהֵינוּ
תּוֹרַת חַיִּים וְאַהֲבַת חֶסֶד
וּצְדָקָה וּבְרָכָה וְרַחֲמִים וְחַיִּים וְשָׁלוֹם.
וְטוֹב יִהְיֶה בְּעֵינֶיךָ לְבָרְכֵנוּ
וּלְבָרֵךְ אֶת כָּל עַמְּךָ יִשְׂרָאֵל
בְּכָל עֵת וּבְכָל שָׁעָה בִּשְׁלוֹמֶךָ.

הקהל ושליח הציבור אומרים:

בְּסֵפֶר חַיִּים, בְּרָכָה וְשָׁלוֹם, וּפַרְנָסָה טוֹבָה
וּגְזֵרוֹת טוֹבוֹת, יְשׁוּעוֹת וְנֶחָמוֹת
נִזָּכֵר וְנִכָּתֵב לְפָנֶיךָ
אֲנַחְנוּ וְכָל עַמְּךָ בֵּית יִשְׂרָאֵל
לְחַיִּים טוֹבִים וּלְשָׁלוֹם.

שליח הציבור ממשיך:

וְנֶאֱמַר
כִּי־בִי יִרְבּוּ יָמֶיךָ, וְיוֹסִיפוּ לְּךָ שְׁנוֹת חַיִּים: משלי ט
לְחַיִּים טוֹבִים תִּכְתְּבֵנוּ, אֱלֹהִים חַיִּים
כָּתְבֵנוּ בְּסֵפֶר הַחַיִּים.
כַּכָּתוּב
וְאַתֶּם הַדְּבֵקִים בַּיהוה אֱלֹהֵיכֶם דברים ד
חַיִּים כֻּלְּכֶם הַיּוֹם:

פותחים את ארון הקודש.

נוהגים לומר כאן שבע שורות מהפיוט ׳הַיּוֹם תְּאַמְּצֵנוּ׳. הפיוט המלא בעמ׳ 592.

הקהל אומר את השורות אחת אחת, ושליח הציבור חוזר עליהן.
לאחר שליח הציבור הקהל עונה ׳אָמֵן׳ וממשיך בשורה הבאה.

סימן א״ב

הַיּוֹם תְּאַמְּצֵנוּ. אָמֵן
הַיּוֹם תְּבָרְכֵנוּ. אָמֵן
הַיּוֹם תְּגַדְּלֵנוּ. אָמֵן
הַיּוֹם תִּדְרְשֵׁנוּ לְטוֹבָה. אָמֵן
הַיּוֹם תִּשְׁמַע שַׁוְעָתֵנוּ. אָמֵן
הַיּוֹם תְּקַבֵּל בְּרַחֲמִים וּבְרָצוֹן אֶת תְּפִלָּתֵנוּ. אָמֵן
הַיּוֹם תִּתְמְכֵנוּ בִּימִין צִדְקֶךָ. אָמֵן

סוגרים את ארון הקודש.

שליח הציבור ממשיך:

כְּהַיּוֹם הַזֶּה תְּבִיאֵנוּ, שָׂשִׂים וּשְׂמֵחִים בְּבִנְיַן שָׁלֵם.
כַּכָּתוּב: וַהֲבִיאוֹתִים אֶל־הַר קָדְשִׁי, וְשִׂמַּחְתִּים בְּבֵית תְּפִלָּתִי ישעיה נו
עוֹלֹתֵיהֶם וְזִבְחֵיהֶם לְרָצוֹן עַל־מִזְבְּחִי
כִּי בֵיתִי בֵּית־תְּפִלָּה יִקָּרֵא לְכָל־הָעַמִּים:
וְנֶאֱמַר: וַיְצַוֵּנוּ יהוה לַעֲשׂוֹת אֶת־כָּל־הַחֻקִּים הָאֵלֶּה דברים ו
לְיִרְאָה אֶת־יהוה אֱלֹהֵינוּ, לְטוֹב לָנוּ כָּל־הַיָּמִים לְחַיֹּתֵנוּ כְּהַיּוֹם הַזֶּה:
וְנֶאֱמַר: וּצְדָקָה תִּהְיֶה־לָּנוּ, כִּי־נִשְׁמֹר לַעֲשׂוֹת אֶת־כָּל־הַמִּצְוָה הַזֹּאת שם
לִפְנֵי יהוה אֱלֹהֵינוּ, כַּאֲשֶׁר צִוָּנוּ:
וּצְדָקָה וּבְרָכָה וְרַחֲמִים וְחַיִּים וְשָׁלוֹם
יִהְיֶה לָנוּ וּלְכָל יִשְׂרָאֵל עַד הָעוֹלָם.

בָּרוּךְ אַתָּה יהוה, הַמְבָרֵךְ אֶת עַמּוֹ יִשְׂרָאֵל בַּשָּׁלוֹם.

שליח הציבור מסיים בלחש:

יִהְיוּ לְרָצוֹן אִמְרֵי־פִי וְהֶגְיוֹן לִבִּי לְפָנֶיךָ, יהוה צוּרִי וְגֹאֲלִי: תהלים יט

קדיש שלם

ש״ץ: יִתְגַּדַּל וְיִתְקַדַּשׁ שְׁמֵהּ רַבָּא (קהל: אָמֵן)
בְּעָלְמָא דִּי בְרָא כִרְעוּתֵהּ
וְיַמְלִיךְ מַלְכוּתֵהּ
וְיַצְמַח פֻּרְקָנֵהּ וִיקָרֵב מְשִׁיחֵהּ (קהל: אָמֵן)
בְּחַיֵּיכוֹן וּבְיוֹמֵיכוֹן וּבְחַיֵּי דְכָל בֵּית יִשְׂרָאֵל
בַּעֲגָלָא וּבִזְמַן קָרִיב, וְאִמְרוּ אָמֵן. (קהל: אָמֵן)

קהל וש״ץ: יְהֵא שְׁמֵהּ רַבָּא מְבָרַךְ לְעָלַם וּלְעָלְמֵי עָלְמַיָּא.

ש״ץ: יִתְבָּרַךְ וְיִשְׁתַּבַּח וְיִתְפָּאַר וְיִתְרוֹמַם וְיִתְנַשֵּׂא
וְיִתְהַדָּר וְיִתְעַלֶּה וְיִתְהַלָּל
שְׁמֵהּ דְּקֻדְשָׁא בְּרִיךְ הוּא (קהל: אָמֵן)
לְעֵלָּא לְעֵלָּא מִכָּל בִּרְכָתָא וְשִׁירָתָא, תֻּשְׁבְּחָתָא וְנֶחֱמָתָא
דַּאֲמִירָן בְּעָלְמָא, וְאִמְרוּ אָמֵן. (קהל: אָמֵן)

תִּתְקַבַּל צְלוֹתְהוֹן וּבָעוּתְהוֹן דְּכָל בֵּית יִשְׂרָאֵל
קֳדָם אֲבוּהוֹן דִּי בִשְׁמַיָּא, וְאִמְרוּ אָמֵן. (קהל: אָמֵן)

יְהֵא שְׁלָמָא רַבָּא מִן שְׁמַיָּא
וְחַיִּים טוֹבִים עָלֵינוּ וְעַל כָּל יִשְׂרָאֵל, וְאִמְרוּ אָמֵן. (קהל: אָמֵן)

כורע ופוסע שלוש פסיעות לאחור. קד לשמאל, לימין ולפנים באמירת:
עֹשֶׂה הַשָּׁלוֹם בִּמְרוֹמָיו
הוּא יַעֲשֶׂה שָׁלוֹם, עָלֵינוּ
וְעַל כָּל יִשְׂרָאֵל, וְאִמְרוּ אָמֵן. (קהל: אָמֵן)

ברוב הקהילות אין אומרים ׳אֵין כֵּאלֹהֵינוּ׳ ולא ׳עָלֵינוּ׳ אחרי התפילה, משום שבתקופת הראשונים לא הייתה כלל הפסקה, והיו ממשיכים במנחה מיד אחרי סוף מוסף.
לדעת היעב״ץ, אם מפסיקים אחרי מוסף יש לומר ׳עָלֵינוּ׳ (עמ׳ 487)
אך רוב העולם אינו נוהג כן.

מנחה ליום הכיפורים

תפילת מנחה

"וְעָרְבָה לַה׳ מִנְחַת יְהוּדָה וִירוּשָׁלָם כִּימֵי עוֹלָם וּכְשָׁנִים קַדְמֹנִיּוֹת" (מלאכי ג, ד).
ראוי לומר לפני תפילת מנחה את סדר הקרבנות בעמ׳ 142-145
(פרשת הכיור, פרשת התמיד, סדר הקטורת עד אחרי ׳אָנָּא, בְּכֹחַ׳).

בשונה משאר שבתות וימים טובים, אין אומרים ׳אַשְׁרֵי׳ ׳וּבָא לְצִיּוֹן׳ במנחה, אלא דוחים אותם כדי להפסיק בין מנחה לנעילה (סידור רש״י, ריד), ומתחילים בהוצאת ספר תורה.

הוצאת ספר תורה

פותחים את ארון הקודש. הקהל עומד על רגליו.

במדבר י
וַיְהִי בִּנְסֹעַ הָאָרֹן וַיֹּאמֶר מֹשֶׁה
קוּמָה יהוה וְיָפֻצוּ אֹיְבֶיךָ וְיָנֻסוּ מְשַׂנְאֶיךָ מִפָּנֶיךָ:
ישעיה ב
כִּי מִצִּיּוֹן תֵּצֵא תוֹרָה וּדְבַר־יהוה מִירוּשָׁלָֽם:
בָּרוּךְ שֶׁנָּתַן תּוֹרָה לְעַמּוֹ יִשְׂרָאֵל בִּקְדֻשָּׁתוֹ.

זוהר ויקהל
בְּרִיךְ שְׁמֵהּ דְּמָרֵא עָלְמָא, בְּרִיךְ כִּתְרָךְ וְאַתְרָךְ. יְהֵא רְעוּתָךְ עִם עַמָּךְ יִשְׂרָאֵל לְעָלַם, וּפֻרְקַן יְמִינָךְ אַחֲזִי לְעַמָּךְ בְּבֵית מַקְדְּשָׁךְ, וּלְאַמְטוּיֵי לַנָא מִטּוּב נְהוֹרָךְ, וּלְקַבֵּל צְלוֹתַנָא בְּרַחֲמִין. יְהֵא רַעֲוָא קֳדָמָךְ דְּתוֹרִיךְ לַן חַיִּין בְּטִיבוּ, וְלֶהֱוֵי אֲנָא פְקִידָא בְּגוֹ צַדִּיקַיָּא, לְמִרְחַם עֲלַי וּלְמִנְטַר יָתִי וְיַת כָּל דִּי לִי וְדִי לְעַמָּךְ יִשְׂרָאֵל. אַנְתְּ הוּא זָן לְכֹלָּא וּמְפַרְנֵס לְכֹלָּא, אַנְתְּ הוּא שַׁלִּיט עַל כֹּלָּא, אַנְתְּ הוּא דְּשַׁלִּיט עַל מַלְכַיָּא, וּמַלְכוּתָא דִּילָךְ הִיא. אֲנָא עַבְדָּא דְּקֻדְשָׁא בְּרִיךְ הוּא, דְּסָגִדְנָא קַמֵּהּ וּמִקַּמֵּי דִּיקַר אוֹרַיְתֵהּ בְּכָל עִדָּן וְעִדָּן. לָא עַל אֱנָשׁ

תרגום

ברוך שמו של אדון העולם, ברוך כתרך ומקומך. יהי רצונך עם עמך ישראל לעולם, וישועת ימינך הראה לעמך בבית מקדשך, ולהביא לנו מטוב אורך, ולקבל תפילותינו ברחמים. יהי רצון מלפניך שתאריך לנו חיים בטוב, ואהיה אני נמנה בתוך הצדיקים, לרחם עלי ולשמור אותי ואת כל אשר לי ואשר לעמך ישראל. אתה הוא זן לכול ומפרנס לכול, אתה הוא שליט על הכול, אתה הוא השליט על המלכים, והמלכות שלך היא. אני עבדו של הקדוש ברוך הוא, משתחוה לפניו ולפני כבוד תורתו בכל עת ועת. לא על אדם אני בטוח ולא על מלאך

רְחִיצְנָא וְלָא עַל בַּר אֱלָהִין סָמִיכְנָא, אֶלָּא בֶּאֱלָהָא דִשְׁמַיָּא, דְּהוּא אֱלָהָא קְשׁוֹט, וְאוֹרַיְתֵהּ קְשׁוֹט, וּנְבִיאוֹהִי קְשׁוֹט, וּמַסְגֵּא לְמֶעְבַּד טָבְוָן וּקְשׁוֹט. • בֵּהּ אֲנָא רָחִיץ, וְלִשְׁמֵהּ קַדִּישָׁא יַקִּירָא אֲנָא אֵמַר תֻּשְׁבְּחָן. יְהֵא רַעֲוָא קֳדָמָךְ דְּתִפְתַּח לִבַּאי בְּאוֹרַיְתָא, וְתַשְׁלִים מִשְׁאֲלִין דְּלִבַּאי וְלִבָּא דְכָל עַמָּךְ יִשְׂרָאֵל לְטָב וּלְחַיִּין וְלִשְׁלָם.

שליח הציבור מקבל את ספר התורה בימינו, קד לעבר ארון הקודש, פונה לקהל ואומר:

גַּדְּלוּ לַיהוה אִתִּי וּנְרוֹמְמָה שְׁמוֹ יַחְדָּו: תהלים לד

סוגרים את ארון הקודש. שליח הציבור הולך אל הבימה, והקהל אומר:

דברי הימים א׳ כט לְךָ יהוה הַגְּדֻלָּה וְהַגְּבוּרָה וְהַתִּפְאֶרֶת וְהַנֵּצַח וְהַהוֹד, כִּי־כֹל בַּשָּׁמַיִם וּבָאָרֶץ: לְךָ יהוה הַמַּמְלָכָה וְהַמִּתְנַשֵּׂא לְכֹל לְרֹאשׁ:

תהלים צט רוֹמְמוּ יהוה אֱלֹהֵינוּ וְהִשְׁתַּחֲווּ לַהֲדֹם רַגְלָיו, קָדוֹשׁ הוּא: רוֹמְמוּ יהוה
שם אֱלֹהֵינוּ וְהִשְׁתַּחֲווּ לְהַר קָדְשׁוֹ, כִּי־קָדוֹשׁ יהוה אֱלֹהֵינוּ:

אַב הָרַחֲמִים הוּא יְרַחֵם עַם עֲמוּסִים, וְיִזְכֹּר בְּרִית אֵיתָנִים, וְיַצִּיל נַפְשׁוֹתֵינוּ מִן הַשָּׁעוֹת הָרָעוֹת, וְיִגְעַר בְּיֵצֶר הָרָע מִן הַנְּשׂוּאִים, וְיָחֹן אוֹתָנוּ לִפְלֵיטַת עוֹלָמִים, וִימַלֵּא מִשְׁאֲלוֹתֵינוּ בְּמִדָּה טוֹבָה יְשׁוּעָה וְרַחֲמִים.

מניח את הספר על הבימה, והגבאי מכריז:

וְתִגָּלֶה וְתֵרָאֶה מַלְכוּתוֹ עָלֵינוּ בִּזְמַן קָרוֹב, וְיָחֹן פְּלֵיטָתֵנוּ וּפְלֵיטַת עַמּוֹ בֵּית יִשְׂרָאֵל לְחֵן וּלְחֶסֶד וּלְרַחֲמִים וּלְרָצוֹן וְנֹאמַר אָמֵן. הַכֹּל הָבוּ גֹדֶל לֵאלֹהֵינוּ וּתְנוּ כָבוֹד לַתּוֹרָה. *כֹּהֵן קְרַב, יַעֲמֹד (פלוני בֶּן פלוני) הַכֹּהֵן.

*אם אין כוהן, הגבאי קורא ללוי או לישראל ואומר:

/אֵין כָּאן כֹּהֵן, יַעֲמֹד (פלוני בֶּן פלוני) בִּמְקוֹם כֹּהֵן./

בָּרוּךְ שֶׁנָּתַן תּוֹרָה לְעַמּוֹ יִשְׂרָאֵל בִּקְדֻשָּׁתוֹ.

הקהל ואחריו הגבאי:

וְאַתֶּם הַדְּבֵקִים בַּיהוה אֱלֹהֵיכֶם חַיִּים כֻּלְּכֶם הַיּוֹם: דברים ד

אני סמוך, אלא באלהי השמים, שהוא אלהים אמת, ותורתו אמת, ונביאיו אמת, ומרבה לעשות חסד ואמת. בו אני בטוח, ולשמו הקדוש הנכבד אני אומר תשבחות. יהי רצון מלפניך שתפתח לבי בתורה, ותמלא משאלות לבי ולב כל עמך ישראל לטובה ולחיים ולשלום.

קודם הברכה על העולה לראות היכן קוראים ולנשק את ספר התורה.
בשעת הברכה אוחז בעמודי הספר.

עולה: **בָּרְכוּ אֶת יהוה הַמְבֹרָךְ.**

קהל: **בָּרוּךְ יהוה הַמְבֹרָךְ לְעוֹלָם וָעֶד.**

עולה: **בָּרוּךְ יהוה הַמְבֹרָךְ לְעוֹלָם וָעֶד.**
בָּרוּךְ אַתָּה יהוה אֱלֹהֵינוּ מֶלֶךְ הָעוֹלָם
אֲשֶׁר בָּחַר בָּנוּ מִכָּל הָעַמִּים וְנָתַן לָנוּ אֶת תּוֹרָתוֹ.
בָּרוּךְ אַתָּה יהוה, נוֹתֵן הַתּוֹרָה.

לאחר הקריאה העולה מנשק את ספר התורה ומברך:

עולה: **בָּרוּךְ אַתָּה יהוה אֱלֹהֵינוּ מֶלֶךְ הָעוֹלָם**
אֲשֶׁר נָתַן לָנוּ תּוֹרַת אֱמֶת
וְחַיֵּי עוֹלָם נָטַע בְּתוֹכֵנוּ.
בָּרוּךְ אַתָּה יהוה, נוֹתֵן הַתּוֹרָה.

קריאת התורה

ויקרא יח,א–ל וַיְדַבֵּר יהוה אֶל־מֹשֶׁה לֵּאמֹר: דַּבֵּר אֶל־בְּנֵי יִשְׂרָאֵל וְאָמַרְתָּ
אֲלֵהֶם אֲנִי יהוה אֱלֹהֵיכֶם: כְּמַעֲשֵׂה אֶרֶץ־מִצְרַיִם אֲשֶׁר יְשַׁבְתֶּם־
בָּהּ לֹא תַעֲשׂוּ וּכְמַעֲשֵׂה אֶרֶץ־כְּנַעַן אֲשֶׁר אֲנִי מֵבִיא אֶתְכֶם
שָׁמָּה לֹא תַעֲשׂוּ וּבְחֻקֹּתֵיהֶם לֹא תֵלֵכוּ: אֶת־מִשְׁפָּטַי תַּעֲשׂוּ
וְאֶת־חֻקֹּתַי תִּשְׁמְרוּ לָלֶכֶת בָּהֶם אֲנִי יהוה אֱלֹהֵיכֶם: וּשְׁמַרְתֶּם
אֶת־חֻקֹּתַי וְאֶת־מִשְׁפָּטַי אֲשֶׁר יַעֲשֶׂה אֹתָם הָאָדָם וָחַי בָּהֶם
לוי אֲנִי יהוה: אִישׁ אִישׁ אֶל־כָּל־שְׁאֵר בְּשָׂרוֹ לֹא תִקְרְבוּ
לְגַלּוֹת עֶרְוָה אֲנִי יהוה: עֶרְוַת אָבִיךָ וְעֶרְוַת אִמְּךָ לֹא
תְגַלֵּה אִמְּךָ הִוא לֹא תְגַלֶּה עֶרְוָתָהּ: עֶרְוַת אֵשֶׁת־
אָבִיךָ לֹא תְגַלֵּה עֶרְוַת אָבִיךָ הִוא: עֶרְוַת אֲחוֹתְךָ
בַת־אָבִיךָ אוֹ בַת־אִמֶּךָ מוֹלֶדֶת בַּיִת אוֹ מוֹלֶדֶת חוּץ לֹא תְגַלֶּה
עֶרְוָתָן: עֶרְוַת בַּת־בִּנְךָ אוֹ בַת־בִּתְּךָ לֹא תְגַלֶּה עֶרְוָתָן

כִּי עֶרְוָתְךָ הֵנָּה׃ עֶרְוַת בַּת־אֵשֶׁת אָבִיךָ מוֹלֶדֶת אָבִיךָ
אֲחוֹתְךָ הִוא לֹא תְגַלֶּה עֶרְוָתָהּ׃ עֶרְוַת אֲחוֹת־אָבִיךָ
לֹא תְגַלֵּה שְׁאֵר אָבִיךָ הוּא׃ עֶרְוַת אֲחוֹת־אִמְּךָ לֹא
תְגַלֵּה כִּי־שְׁאֵר אִמְּךָ הוּא׃ עֶרְוַת אֲחִי־אָבִיךָ לֹא
תְגַלֵּה אֶל־אִשְׁתּוֹ לֹא תִקְרָב דֹּדָתְךָ הִוא׃ עֶרְוַת כַּלָּתְךָ
לֹא תְגַלֵּה אֵשֶׁת בִּנְךָ הִוא לֹא תְגַלֶּה עֶרְוָתָהּ׃ עֶרְוַת
אֵשֶׁת־אָחִיךָ לֹא תְגַלֵּה עֶרְוַת אָחִיךָ הִוא׃ עֶרְוַת
אִשָּׁה וּבִתָּהּ לֹא תְגַלֵּה אֶת־בַּת־בְּנָהּ וְאֶת־בַּת־בִּתָּהּ לֹא תִקַּח
לְגַלּוֹת עֶרְוָתָהּ שַׁאֲרָה הֵנָּה זִמָּה הִוא׃ וְאִשָּׁה אֶל־אֲחֹתָהּ לֹא
תִקָּח לִצְרֹר לְגַלּוֹת עֶרְוָתָהּ עָלֶיהָ בְּחַיֶּיהָ׃ וְאֶל־אִשָּׁה בְּנִדַּת
טֻמְאָתָהּ לֹא תִקְרַב לְגַלּוֹת עֶרְוָתָהּ׃ וְאֶל־אֵשֶׁת עֲמִיתְךָ לֹא־תִתֵּן
שְׁכָבְתְּךָ לְזָרַע לְטָמְאָה־בָהּ׃ וּמִזַּרְעֲךָ לֹא־תִתֵּן לְהַעֲבִיר לַמֹּלֶךְ
וְלֹא תְחַלֵּל אֶת־שֵׁם אֱלֹהֶיךָ אֲנִי יהוה׃ וְאֶת־זָכָר לֹא תִשְׁכַּב שלישי
מִשְׁכְּבֵי אִשָּׁה תּוֹעֵבָה הִוא׃ וּבְכָל־בְּהֵמָה לֹא־תִתֵּן שְׁכָבְתְּךָ
לְטָמְאָה־בָהּ וְאִשָּׁה לֹא־תַעֲמֹד לִפְנֵי בְהֵמָה לְרִבְעָהּ תֶּבֶל הוּא׃
אַל־תִּטַּמְּאוּ בְּכָל־אֵלֶּה כִּי בְכָל־אֵלֶּה נִטְמְאוּ הַגּוֹיִם אֲשֶׁר־אֲנִי
מְשַׁלֵּחַ מִפְּנֵיכֶם׃ וַתִּטְמָא הָאָרֶץ וָאֶפְקֹד עֲוֺנָהּ עָלֶיהָ וַתָּקִא
הָאָרֶץ אֶת־יֹשְׁבֶיהָ׃ וּשְׁמַרְתֶּם אַתֶּם אֶת־חֻקֹּתַי וְאֶת־מִשְׁפָּטַי
וְלֹא תַעֲשׂוּ מִכֹּל הַתּוֹעֵבֹת הָאֵלֶּה הָאֶזְרָח וְהַגֵּר הַגָּר בְּתוֹכְכֶם׃
כִּי אֶת־כָּל־הַתּוֹעֵבֹת הָאֵל עָשׂוּ אַנְשֵׁי־הָאָרֶץ אֲשֶׁר לִפְנֵיכֶם
וַתִּטְמָא הָאָרֶץ׃ וְלֹא־תָקִיא הָאָרֶץ אֶתְכֶם בְּטַמַּאֲכֶם אֹתָהּ
כַּאֲשֶׁר קָאָה אֶת־הַגּוֹי אֲשֶׁר לִפְנֵיכֶם׃ כִּי כָּל־אֲשֶׁר יַעֲשֶׂה מִכֹּל
הַתּוֹעֵבֹת הָאֵלֶּה וְנִכְרְתוּ הַנְּפָשׁוֹת הָעֹשֹׂת מִקֶּרֶב עַמָּם׃ וּשְׁמַרְתֶּם
אֶת־מִשְׁמַרְתִּי לְבִלְתִּי עֲשׂוֹת מֵחֻקּוֹת הַתּוֹעֵבֹת אֲשֶׁר נַעֲשׂוּ
לִפְנֵיכֶם וְלֹא תִטַּמְּאוּ בָּהֶם אֲנִי יהוה אֱלֹהֵיכֶם׃

הגבהה וגלילה

כאשר מגביהים את ספר התורה, הקהל אומר:

וְזֹאת הַתּוֹרָה אֲשֶׁר־שָׂם מֹשֶׁה לִפְנֵי בְּנֵי יִשְׂרָאֵל: דברים ד
עַל־פִּי יהוה בְּיַד מֹשֶׁה: במדבר ט

יש מוסיפים: עֵץ־חַיִּים הִיא לַמַּחֲזִיקִים בָּהּ וְתֹמְכֶיהָ מְאֻשָּׁר: משלי ג
דְּרָכֶיהָ דַרְכֵי־נֹעַם וְכָל־נְתִיבוֹתֶיהָ שָׁלוֹם:
אֹרֶךְ יָמִים בִּימִינָהּ, בִּשְׂמֹאולָהּ עֹשֶׁר וְכָבוֹד:
יהוה חָפֵץ לְמַעַן צִדְקוֹ יַגְדִּיל תּוֹרָה וְיַאְדִּיר: ישעיה מב

ברכה לפני ההפטרה

לפני קריאת ההפטרה בנביא, המפטיר מברך:

בָּרוּךְ אַתָּה יהוה אֱלֹהֵינוּ מֶלֶךְ הָעוֹלָם אֲשֶׁר בָּחַר בִּנְבִיאִים טוֹבִים, וְרָצָה בְדִבְרֵיהֶם הַנֶּאֱמָרִים בֶּאֱמֶת. בָּרוּךְ אַתָּה יהוה, הַבּוֹחֵר בַּתּוֹרָה וּבְמֹשֶׁה עַבְדּוֹ וּבְיִשְׂרָאֵל עַמּוֹ וּבִנְבִיאֵי הָאֱמֶת וָצֶדֶק.

הפטרה – ספר יונה

וַיְהִי דְּבַר־יהוה אֶל־יוֹנָה בֶן־אֲמִתַּי לֵאמֹר: קוּם לֵךְ אֶל־נִינְוֵה הָעִיר הַגְּדוֹלָה וּקְרָא עָלֶיהָ כִּי־עָלְתָה רָעָתָם לְפָנָי: וַיָּקָם יוֹנָה לִבְרֹחַ תַּרְשִׁישָׁה מִלִּפְנֵי יהוה וַיֵּרֶד יָפוֹ וַיִּמְצָא אָנִיָּה ׀ בָּאָה תַרְשִׁישׁ וַיִּתֵּן שְׂכָרָהּ וַיֵּרֶד בָּהּ לָבוֹא עִמָּהֶם תַּרְשִׁישָׁה מִלִּפְנֵי יהוה: וַיהוה הֵטִיל רוּחַ־גְּדוֹלָה אֶל־הַיָּם וַיְהִי סַעַר־גָּדוֹל בַּיָּם וְהָאֳנִיָּה חִשְּׁבָה לְהִשָּׁבֵר: וַיִּירְאוּ הַמַּלָּחִים וַיִּזְעֲקוּ אִישׁ אֶל־אֱלֹהָיו וַיָּטִלוּ אֶת־הַכֵּלִים אֲשֶׁר בָּאֳנִיָּה אֶל־הַיָּם לְהָקֵל מֵעֲלֵיהֶם וְיוֹנָה יָרַד אֶל־יַרְכְּתֵי הַסְּפִינָה וַיִּשְׁכַּב וַיֵּרָדַם: וַיִּקְרַב אֵלָיו רַב הַחֹבֵל וַיֹּאמֶר לוֹ מַה־לְּךָ נִרְדָּם קוּם קְרָא אֶל־אֱלֹהֶיךָ אוּלַי יִתְעַשֵּׁת הָאֱלֹהִים לָנוּ וְלֹא נֹאבֵד: וַיֹּאמְרוּ אִישׁ אֶל־רֵעֵהוּ לְכוּ וְנַפִּילָה גוֹרָלוֹת וְנֵדְעָה בְּשֶׁלְּמִי הָרָעָה הַזֹּאת לָנוּ וַיַּפִּלוּ גּוֹרָלוֹת וַיִּפֹּל

הַגּוֹרָל עַל־יוֹנָה׃ וַיֹּאמְרוּ אֵלָיו הַגִּידָה־נָּא לָנוּ בַּאֲשֶׁר לְמִי־הָרָעָה
הַזֹּאת לָנוּ מַה־מְּלַאכְתְּךָ וּמֵאַיִן תָּבוֹא מָה אַרְצֶךָ וְאֵי־מִזֶּה עַם
אָתָּה׃ וַיֹּאמֶר אֲלֵיהֶם עִבְרִי אָנֹכִי וְאֶת־יְהֹוָה אֱלֹהֵי הַשָּׁמַיִם אֲנִי
יָרֵא אֲשֶׁר־עָשָׂה אֶת־הַיָּם וְאֶת־הַיַּבָּשָׁה׃ וַיִּירְאוּ הָאֲנָשִׁים יִרְאָה
גְדוֹלָה וַיֹּאמְרוּ אֵלָיו מַה־זֹּאת עָשִׂיתָ כִּי־יָדְעוּ הָאֲנָשִׁים כִּי־מִלִּפְנֵי
יְהֹוָה הוּא בֹרֵחַ כִּי הִגִּיד לָהֶם׃ וַיֹּאמְרוּ אֵלָיו מַה־נַּעֲשֶׂה לָּךְ
וְיִשְׁתֹּק הַיָּם מֵעָלֵינוּ כִּי הַיָּם הוֹלֵךְ וְסֹעֵר׃ וַיֹּאמֶר אֲלֵיהֶם שָׂאוּנִי
וַהֲטִילֻנִי אֶל־הַיָּם וְיִשְׁתֹּק הַיָּם מֵעֲלֵיכֶם כִּי יוֹדֵעַ אָנִי כִּי בְשֶׁלִּי
הַסַּעַר הַגָּדוֹל הַזֶּה עֲלֵיכֶם׃ וַיַּחְתְּרוּ הָאֲנָשִׁים לְהָשִׁיב אֶל־הַיַּבָּשָׁה
וְלֹא יָכֹלוּ כִּי הַיָּם הוֹלֵךְ וְסֹעֵר עֲלֵיהֶם׃ וַיִּקְרְאוּ אֶל־יְהֹוָה וַיֹּאמְרוּ
אָנָּה יְהֹוָה אַל־נָא נֹאבְדָה בְּנֶפֶשׁ הָאִישׁ הַזֶּה וְאַל־תִּתֵּן עָלֵינוּ
דָּם נָקִיא כִּי־אַתָּה יְהֹוָה כַּאֲשֶׁר חָפַצְתָּ עָשִׂיתָ׃ וַיִּשְׂאוּ אֶת־יוֹנָה
וַיְטִלֻהוּ אֶל־הַיָּם וַיַּעֲמֹד הַיָּם מִזַּעְפּוֹ׃ וַיִּירְאוּ הָאֲנָשִׁים יִרְאָה
גְדוֹלָה אֶת־יְהֹוָה וַיִּזְבְּחוּ־זֶבַח לַיהֹוָה וַיִּדְּרוּ נְדָרִים׃ וַיְמַן יְהֹוָה דָּג
גָּדוֹל לִבְלֹעַ אֶת־יוֹנָה וַיְהִי יוֹנָה בִּמְעֵי הַדָּג שְׁלֹשָׁה יָמִים וּשְׁלֹשָׁה
לֵילוֹת׃ וַיִּתְפַּלֵּל יוֹנָה אֶל־יְהֹוָה אֱלֹהָיו מִמְּעֵי הַדָּגָה׃ וַיֹּאמֶר
קָרָאתִי מִצָּרָה לִי אֶל־יְהֹוָה וַיַּעֲנֵנִי מִבֶּטֶן שְׁאוֹל שִׁוַּעְתִּי שָׁמַעְתָּ
קוֹלִי׃ וַתַּשְׁלִיכֵנִי מְצוּלָה בִּלְבַב יַמִּים וְנָהָר יְסֹבְבֵנִי כָּל־מִשְׁבָּרֶיךָ
וְגַלֶּיךָ עָלַי עָבָרוּ׃ וַאֲנִי אָמַרְתִּי נִגְרַשְׁתִּי מִנֶּגֶד עֵינֶיךָ אַךְ אוֹסִיף
לְהַבִּיט אֶל־הֵיכַל קָדְשֶׁךָ׃ אֲפָפוּנִי מַיִם עַד־נֶפֶשׁ תְּהוֹם יְסֹבְבֵנִי
סוּף חָבוּשׁ לְרֹאשִׁי׃ לְקִצְבֵי הָרִים יָרַדְתִּי הָאָרֶץ בְּרִחֶיהָ בַעֲדִי
לְעוֹלָם וַתַּעַל מִשַּׁחַת חַיַּי יְהֹוָה אֱלֹהָי׃ בְּהִתְעַטֵּף עָלַי נַפְשִׁי אֶת־
יְהֹוָה זָכָרְתִּי וַתָּבוֹא אֵלֶיךָ תְּפִלָּתִי אֶל־הֵיכַל קָדְשֶׁךָ׃ מְשַׁמְּרִים
הַבְלֵי־שָׁוְא חַסְדָּם יַעֲזֹבוּ׃ וַאֲנִי בְּקוֹל תּוֹדָה אֶזְבְּחָה־לָּךְ אֲשֶׁר
נָדַרְתִּי אֲשַׁלֵּמָה יְשׁוּעָתָה לַיהֹוָה׃ וַיֹּאמֶר יְהֹוָה לַדָּג

וַיָּקֵא אֶת־יוֹנָה אֶל־הַיַּבָּשָׁה: וַיְהִי דְבַר־יְהוָה אֶל־יוֹנָה
שֵׁנִית לֵאמֹר: קוּם לֵךְ אֶל־נִינְוֵה הָעִיר הַגְּדוֹלָה וּקְרָא אֵלֶיהָ
אֶת־הַקְּרִיאָה אֲשֶׁר אָנֹכִי דֹּבֵר אֵלֶיךָ: וַיָּקָם יוֹנָה וַיֵּלֶךְ אֶל־נִינְוֵה
כִּדְבַר יְהוָה וְנִינְוֵה הָיְתָה עִיר־גְּדוֹלָה לֵאלֹהִים מַהֲלַךְ שְׁלֹשֶׁת
יָמִים: וַיָּחֶל יוֹנָה לָבוֹא בָעִיר מַהֲלַךְ יוֹם אֶחָד וַיִּקְרָא וַיֹּאמַר
עוֹד אַרְבָּעִים יוֹם וְנִינְוֵה נֶהְפָּכֶת: וַיַּאֲמִינוּ אַנְשֵׁי נִינְוֵה בֵּאלֹהִים
וַיִּקְרְאוּ־צוֹם וַיִּלְבְּשׁוּ שַׂקִּים מִגְּדוֹלָם וְעַד־קְטַנָּם: וַיִּגַּע הַדָּבָר
אֶל־מֶלֶךְ נִינְוֵה וַיָּקָם מִכִּסְאוֹ וַיַּעֲבֵר אַדַּרְתּוֹ מֵעָלָיו וַיְכַס שַׂק
וַיֵּשֶׁב עַל־הָאֵפֶר: וַיַּזְעֵק וַיֹּאמֶר בְּנִינְוֵה מִטַּעַם הַמֶּלֶךְ וּגְדֹלָיו
לֵאמֹר הָאָדָם וְהַבְּהֵמָה הַבָּקָר וְהַצֹּאן אַל־יִטְעֲמוּ מְאוּמָה אַל־
יִרְעוּ וּמַיִם אַל־יִשְׁתּוּ: וְיִתְכַּסּוּ שַׂקִּים הָאָדָם וְהַבְּהֵמָה וְיִקְרְאוּ
אֶל־אֱלֹהִים בְּחָזְקָה וְיָשֻׁבוּ אִישׁ מִדַּרְכּוֹ הָרָעָה וּמִן־הֶחָמָס אֲשֶׁר
בְּכַפֵּיהֶם: מִי־יוֹדֵעַ יָשׁוּב וְנִחַם הָאֱלֹהִים וְשָׁב מֵחֲרוֹן אַפּוֹ וְלֹא
נֹאבֵד: וַיַּרְא הָאֱלֹהִים אֶת־מַעֲשֵׂיהֶם כִּי־שָׁבוּ מִדַּרְכָּם הָרָעָה
וַיִּנָּחֶם הָאֱלֹהִים עַל־הָרָעָה אֲשֶׁר־דִּבֶּר לַעֲשׂוֹת־לָהֶם וְלֹא עָשָׂה:
וַיֵּרַע אֶל־יוֹנָה רָעָה גְדוֹלָה וַיִּחַר לוֹ: וַיִּתְפַּלֵּל אֶל־יְהוָה וַיֹּאמַר
אָנָּה יְהוָה הֲלוֹא־זֶה דְבָרִי עַד־הֱיוֹתִי עַל־אַדְמָתִי עַל־כֵּן קִדַּמְתִּי
לִבְרֹחַ תַּרְשִׁישָׁה כִּי יָדַעְתִּי כִּי אַתָּה אֵל־חַנּוּן וְרַחוּם אֶרֶךְ אַפַּיִם
וְרַב־חֶסֶד וְנִחָם עַל־הָרָעָה: וְעַתָּה יְהוָה קַח־נָא אֶת־נַפְשִׁי מִמֶּנִּי
כִּי טוֹב מוֹתִי מֵחַיָּי: וַיֹּאמֶר יְהוָה הַהֵיטֵב חָרָה לָךְ: וַיֵּצֵא יוֹנָה
מִן־הָעִיר וַיֵּשֶׁב מִקֶּדֶם לָעִיר וַיַּעַשׂ לוֹ שָׁם סֻכָּה וַיֵּשֶׁב תַּחְתֶּיהָ
בַּצֵּל עַד אֲשֶׁר יִרְאֶה מַה־יִּהְיֶה בָּעִיר: וַיְמַן יְהוָה־אֱלֹהִים קִיקָיוֹן
וַיַּעַל ׀ מֵעַל לְיוֹנָה לִהְיוֹת צֵל עַל־רֹאשׁוֹ לְהַצִּיל לוֹ מֵרָעָתוֹ
וַיִּשְׂמַח יוֹנָה עַל־הַקִּיקָיוֹן שִׂמְחָה גְדוֹלָה: וַיְמַן הָאֱלֹהִים תּוֹלַעַת
בַּעֲלוֹת הַשַּׁחַר לַמָּחֳרָת וַתַּךְ אֶת־הַקִּיקָיוֹן וַיִּיבָשׁ: וַיְהִי ׀ כִּזְרֹחַ

הַשֶּׁמֶשׁ וַיְמַן אֱלֹהִים רוּחַ קָדִים חֲרִישִׁית וַתַּךְ הַשֶּׁמֶשׁ עַל־רֹאשׁ יוֹנָה וַיִּתְעַלָּף וַיִּשְׁאַל אֶת־נַפְשׁוֹ לָמוּת וַיֹּאמֶר טוֹב מוֹתִי מֵחַיָּי׃ וַיֹּאמֶר אֱלֹהִים אֶל־יוֹנָה הַהֵיטֵב חָרָה־לְךָ עַל־הַקִּיקָיוֹן וַיֹּאמֶר הֵיטֵב חָרָה־לִי עַד־מָוֶת׃ וַיֹּאמֶר יהוה אַתָּה חַסְתָּ עַל־הַקִּיקָיוֹן אֲשֶׁר לֹא־עָמַלְתָּ בּוֹ וְלֹא גִדַּלְתּוֹ שֶׁבִּן־לַיְלָה הָיָה וּבִן־לַיְלָה אָבָד׃ וַאֲנִי לֹא אָחוּס עַל־נִינְוֵה הָעִיר הַגְּדוֹלָה אֲשֶׁר יֶשׁ־בָּהּ הַרְבֵּה מִשְׁתֵּים־עֶשְׂרֵה רִבּוֹ אָדָם אֲשֶׁר לֹא־יָדַע בֵּין־יְמִינוֹ לִשְׂמֹאלוֹ וּבְהֵמָה רַבָּה׃

ויש מוסיפים:

מיכה ז, יח–כ

מִי־אֵל כָּמוֹךָ נֹשֵׂא עָוֺן וְעֹבֵר עַל־פֶּשַׁע לִשְׁאֵרִית נַחֲלָתוֹ לֹא־הֶחֱזִיק לָעַד אַפּוֹ כִּי־חָפֵץ חֶסֶד הוּא׃ יָשׁוּב יְרַחֲמֵנוּ יִכְבֹּשׁ עֲוֺנֹתֵינוּ וְתַשְׁלִיךְ בִּמְצֻלוֹת יָם כָּל־חַטֹּאתָם׃ תִּתֵּן אֱמֶת לְיַעֲקֹב חֶסֶד לְאַבְרָהָם אֲשֶׁר־נִשְׁבַּעְתָּ לַאֲבֹתֵינוּ מִימֵי קֶדֶם׃

ברכות לאחר ההפטרה

אחר קריאת ההפטרה המפטיר מברך:

בָּרוּךְ אַתָּה יהוה אֱלֹהֵינוּ מֶלֶךְ הָעוֹלָם, צוּר כָּל הָעוֹלָמִים, צַדִּיק בְּכָל הַדּוֹרוֹת, הָאֵל הַנֶּאֱמָן, הָאוֹמֵר וְעוֹשֶׂה, הַמְדַבֵּר וּמְקַיֵּם, שֶׁכָּל דְּבָרָיו אֱמֶת וָצֶדֶק. נֶאֱמָן אַתָּה הוּא יהוה אֱלֹהֵינוּ וְנֶאֱמָנִים דְּבָרֶיךָ, וְדָבָר אֶחָד מִדְּבָרֶיךָ אָחוֹר לֹא יָשׁוּב רֵיקָם, כִּי אֵל מֶלֶךְ נֶאֱמָן וְרַחֲמָן אָתָּה. בָּרוּךְ אַתָּה יהוה, הָאֵל הַנֶּאֱמָן בְּכָל דְּבָרָיו.

רַחֵם עַל צִיּוֹן כִּי הִיא בֵּית חַיֵּינוּ, וְלַעֲלוּבַת נֶפֶשׁ תּוֹשִׁיעַ בִּמְהֵרָה בְיָמֵינוּ. בָּרוּךְ אַתָּה יהוה, מְשַׂמֵּחַ צִיּוֹן בְּבָנֶיהָ.

שַׂמְּחֵנוּ יהוה אֱלֹהֵינוּ בְּאֵלִיָּהוּ הַנָּבִיא עַבְדֶּךָ, וּבְמַלְכוּת בֵּית דָּוִד מְשִׁיחֶךָ, בִּמְהֵרָה יָבוֹא וְיָגֵל לִבֵּנוּ. עַל כִּסְאוֹ לֹא יֵשֵׁב זָר, וְלֹא יִנְחֲלוּ עוֹד אֲחֵרִים אֶת כְּבוֹדוֹ, כִּי בְשֵׁם קָדְשְׁךָ נִשְׁבַּעְתָּ לּוֹ שֶׁלֹּא יִכְבֶּה נֵרוֹ לְעוֹלָם וָעֶד. בָּרוּךְ אַתָּה יהוה, מָגֵן דָּוִד.

הכנסת ספר תורה

פותחים את ארון הקודש, והקהל עומד על רגליו. שליח הציבור נוטל את ספר התורה ואומר:

יְהַלְלוּ אֶת־שֵׁם יהוה, כִּי־נִשְׂגָּב שְׁמוֹ, לְבַדּוֹ תהלים קמח

הקהל אומר:

הוֹדוֹ עַל־אֶרֶץ וְשָׁמָיִם:
וַיָּרֶם קֶרֶן לְעַמּוֹ, תְּהִלָּה לְכָל־חֲסִידָיו
לִבְנֵי יִשְׂרָאֵל עַם קְרֹבוֹ, הַלְלוּיָהּ:

כאשר מלווים את ספר התורה לארון הקודש, אומרים:

לְדָוִד מִזְמוֹר, לַיהוה הָאָרֶץ וּמְלוֹאָהּ, תֵּבֵל וְיֹשְׁבֵי בָהּ: כִּי־הוּא עַל־יַמִּים תהלים כד
יְסָדָהּ, וְעַל־נְהָרוֹת יְכוֹנְנֶהָ: מִי־יַעֲלֶה בְהַר־יהוה, וּמִי־יָקוּם בִּמְקוֹם
קָדְשׁוֹ: נְקִי כַפַּיִם וּבַר־לֵבָב, אֲשֶׁר לֹא־נָשָׂא לַשָּׁוְא נַפְשִׁי וְלֹא נִשְׁבַּע
לְמִרְמָה: יִשָּׂא בְרָכָה מֵאֵת יהוה, וּצְדָקָה מֵאֱלֹהֵי יִשְׁעוֹ: זֶה דּוֹר דֹּרְשָׁו,
מְבַקְשֵׁי פָנֶיךָ, יַעֲקֹב, סֶלָה: שְׂאוּ שְׁעָרִים רָאשֵׁיכֶם, וְהִנָּשְׂאוּ פִּתְחֵי עוֹלָם,
וְיָבוֹא מֶלֶךְ הַכָּבוֹד: מִי זֶה מֶלֶךְ הַכָּבוֹד, יהוה עִזּוּז וְגִבּוֹר, יהוה גִּבּוֹר
מִלְחָמָה: שְׂאוּ שְׁעָרִים רָאשֵׁיכֶם, וּשְׂאוּ פִּתְחֵי עוֹלָם, וְיָבֹא מֶלֶךְ הַכָּבוֹד:
◂ מִי הוּא זֶה מֶלֶךְ הַכָּבוֹד, יהוה צְבָאוֹת הוּא מֶלֶךְ הַכָּבוֹד, סֶלָה:

מכניסים את ספר התורה לארון הקודש ואומרים:

וּבְנֻחֹה יֹאמַר, שׁוּבָה יהוה רִבְבוֹת אַלְפֵי יִשְׂרָאֵל: במדבר י
קוּמָה יהוה לִמְנוּחָתֶךָ, אַתָּה וַאֲרוֹן עֻזֶּךָ: תהלים קלב
כֹּהֲנֶיךָ יִלְבְּשׁוּ־צֶדֶק, וַחֲסִידֶיךָ יְרַנֵּנוּ:
בַּעֲבוּר דָּוִד עַבְדֶּךָ אַל־תָּשֵׁב פְּנֵי מְשִׁיחֶךָ:
כִּי לֶקַח טוֹב נָתַתִּי לָכֶם, תּוֹרָתִי אַל־תַּעֲזֹבוּ: משלי ד
עֵץ־חַיִּים הִיא לַמַּחֲזִיקִים בָּהּ, וְתֹמְכֶיהָ מְאֻשָּׁר: משלי ג
דְּרָכֶיהָ דַרְכֵי־נֹעַם וְכָל־נְתִיבֹתֶיהָ שָׁלוֹם:
◂ הֲשִׁיבֵנוּ יהוה אֵלֶיךָ וְנָשׁוּבָה, חַדֵּשׁ יָמֵינוּ כְּקֶדֶם: איכה ה

סוגרים את ארון הקודש.

חצי קדיש

ש״ץ: יִתְגַּדַּל וְיִתְקַדַּשׁ שְׁמֵהּ רַבָּא (קהל: אָמֵן)
בְּעָלְמָא דִּי בְרָא כִרְעוּתֵהּ
וְיַמְלִיךְ מַלְכוּתֵהּ
וְיַצְמַח פֻּרְקָנֵהּ וִיקָרֵב מְשִׁיחֵהּ (קהל: אָמֵן)
בְּחַיֵּיכוֹן וּבְיוֹמֵיכוֹן וּבְחַיֵּי דְכָל בֵּית יִשְׂרָאֵל
בַּעֲגָלָא וּבִזְמַן קָרִיב, וְאִמְרוּ אָמֵן. (קהל: אָמֵן)

קהל וש״ץ: יְהֵא שְׁמֵהּ רַבָּא מְבָרַךְ לְעָלַם וּלְעָלְמֵי עָלְמַיָּא.

ש״ץ: יִתְבָּרַךְ וְיִשְׁתַּבַּח וְיִתְפָּאַר וְיִתְרוֹמַם וְיִתְנַשֵּׂא
וְיִתְהַדָּר וְיִתְעַלֶּה וְיִתְהַלָּל
שְׁמֵהּ דְּקֻדְשָׁא בְּרִיךְ הוּא (קהל: אָמֵן)
לְעֵלָּא לְעֵלָּא מִכָּל בִּרְכָתָא וְשִׁירָתָא
תֻּשְׁבְּחָתָא וְנֶחֱמָתָא
דַּאֲמִירָן בְּעָלְמָא, וְאִמְרוּ אָמֵן. (קהל: אָמֵן)

עמידה

״המתפלל צריך שיכוין בלבו פירוש המלות שמוציא בשפתיו; ויחשוב כאלו שכינה כנגדו ויסיר כל המחשבות הטורדות אותו עד שתשאר מחשבתו וכוונתו זכה בתפלתו״ (שו״ע צח, א).

פוסע שלוש פסיעות לפנים כמי שנכנס לפני המלך.

עומד ומתפלל בלחש מכאן ועד ׳וּכְשָׁנִים קַדְמֹנִיּוֹת׳ בעמ׳ 384.

כורע במקומות המסומנים ב׳, קד לפנים במילה הבאה וזוקף בשם.

כִּי שֵׁם יהוה אֶקְרָא, הָבוּ גֹדֶל לֵאלֹהֵינוּ: דברים לב
אֲדֹנָי, שְׂפָתַי תִּפְתָּח, וּפִי יַגִּיד תְּהִלָּתֶךָ: תהלים נא

אבות

׳בָּרוּךְ אַתָּה יהוה, אֱלֹהֵינוּ וֵאלֹהֵי אֲבוֹתֵינוּ
אֱלֹהֵי אַבְרָהָם, אֱלֹהֵי יִצְחָק, וֵאלֹהֵי יַעֲקֹב
הָאֵל הַגָּדוֹל הַגִּבּוֹר וְהַנּוֹרָא, אֵל עֶלְיוֹן

גּוֹמֵל חֲסָדִים טוֹבִים, קוֹנֵה הַכֹּל
וְזוֹכֵר חַסְדֵי אָבוֹת
וּמֵבִיא גוֹאֵל לִבְנֵי בְנֵיהֶם, לְמַעַן שְׁמוֹ בְּאַהֲבָה.

זָכְרֵנוּ לְחַיִּים, מֶלֶךְ חָפֵץ בַּחַיִּים
וְכָתְבֵנוּ בְּסֵפֶר הַחַיִּים
לְמַעַנְךָ אֱלֹהִים חַיִּים.

מֶלֶךְ עוֹזֵר וּמוֹשִׁיעַ וּמָגֵן.
'בָּרוּךְ אַתָּה יהוה, מָגֵן אַבְרָהָם.

אם שכח לומר 'זָכְרֵנוּ לְחַיִּים', אינו חוזר.

גבורות

אַתָּה גִּבּוֹר לְעוֹלָם, אֲדֹנָי
מְחַיֵּה מֵתִים אַתָּה, רַב לְהוֹשִׁיעַ
מוֹרִיד הַטָּל
מְכַלְכֵּל חַיִּים בְּחֶסֶד, מְחַיֵּה מֵתִים בְּרַחֲמִים רַבִּים
סוֹמֵךְ נוֹפְלִים, וְרוֹפֵא חוֹלִים
וּמַתִּיר אֲסוּרִים
וּמְקַיֵּם אֱמוּנָתוֹ לִישֵׁנֵי עָפָר.
מִי כָמְוֹךָ, בַּעַל גְּבוּרוֹת, וּמִי דּוֹמֶה לָּךְ
מֶלֶךְ, מֵמִית וּמְחַיֶּה וּמַצְמִיחַ יְשׁוּעָה.

מִי כָמְוֹךָ אָב הָרַחֲמָן
זוֹכֵר יְצוּרָיו לְחַיִּים בְּרַחֲמִים.

וְנֶאֱמָן אַתָּה לְהַחֲיוֹת מֵתִים.
בָּרוּךְ אַתָּה יהוה, מְחַיֵּה הַמֵּתִים.

אם שכח לומר 'מִי כָמְוֹךָ אַב הָרַחֲמָן', אינו חוזר.

קדושת השם

אַתָּה קָדוֹשׁ וְשִׁמְךָ קָדוֹשׁ
וּקְדוֹשִׁים בְּכָל יוֹם יְהַלְלְוּךָ סֶּלָה
כִּי אֵל מֶלֶךְ גָּדוֹל וְקָדוֹשׁ אָתָּה.

לְדוֹר וָדוֹר הַמְלִיכוּ לָאֵל, כִּי הוּא לְבַדּוֹ מָרוֹם וְקָדוֹשׁ.

וּבְכֵן יִתְקַדַּשׁ שִׁמְךָ יהוה אֱלֹהֵינוּ עַל יִשְׂרָאֵל עַמֶּךָ
וְעַל יְרוּשָׁלַיִם עִירֶךָ
וְעַל צִיּוֹן מִשְׁכַּן כְּבוֹדֶךָ
וְעַל מַלְכוּת בֵּית דָּוִד מְשִׁיחֶךָ
וְעַל מְכוֹנְךָ וְהֵיכָלֶךָ.

וּבְכֵן תֵּן פַּחְדְּךָ יהוה אֱלֹהֵינוּ עַל כָּל מַעֲשֶׂיךָ
וְאֵימָתְךָ עַל כָּל מַה שֶּׁבָּרָאתָ
וְיִירָאוּךָ כָּל הַמַּעֲשִׂים, וְיִשְׁתַּחֲווּ לְפָנֶיךָ כָּל הַבְּרוּאִים
וְיֵעָשׂוּ כֻלָּם אֲגֻדָּה אֶחָת לַעֲשׂוֹת רְצוֹנְךָ בְּלֵבָב שָׁלֵם
כְּמוֹ שֶׁיָּדַעְנוּ יהוה אֱלֹהֵינוּ שֶׁהַשָּׁלְטָן לְפָנֶיךָ
עֹז בְּיָדְךָ וּגְבוּרָה בִּימִינֶךָ
וְשִׁמְךָ נוֹרָא עַל כָּל מַה שֶּׁבָּרָאתָ.

וּבְכֵן תֵּן כָּבוֹד יהוה לְעַמֶּךָ
תְּהִלָּה לִירֵאֶיךָ וְתִקְוָה טוֹבָה לְדוֹרְשֶׁיךָ
וּפִתְחוֹן פֶּה לַמְיַחֲלִים לָךְ
שִׂמְחָה לְאַרְצֶךָ, וְשָׂשׂוֹן לְעִירֶךָ
וּצְמִיחַת קֶרֶן לְדָוִד עַבְדֶּךָ
וַעֲרִיכַת נֵר לְבֶן יִשַׁי מְשִׁיחֶךָ בִּמְהֵרָה בְיָמֵינוּ.

וּבְכֵן צַדִּיקִים יִרְאוּ וְיִשְׂמָחוּ, וִישָׁרִים יַעֲלֹזוּ
וַחֲסִידִים בְּרִנָּה יָגִילוּ
וְעוֹלָתָה תִּקְפָּץ פִּיהָ
וְכָל הָרִשְׁעָה כֻּלָּהּ כְּעָשָׁן תִּכְלֶה
כִּי תַעֲבִיר מֶמְשֶׁלֶת זָדוֹן מִן הָאָרֶץ.

וְתִמְלֹךְ אַתָּה הוּא יהוה אֱלֹהֵינוּ
מְהֵרָה לְבַדֶּךָ עַל כָּל מַעֲשֶׂיךָ
בְּהַר צִיּוֹן מִשְׁכַּן כְּבוֹדֶךָ
וּבִירוּשָׁלַיִם עִיר קָדְשֶׁךָ
כַּכָּתוּב בְּדִבְרֵי קָדְשֶׁךָ
יִמְלֹךְ יהוה לְעוֹלָם, אֱלֹהַיִךְ צִיּוֹן לְדֹר וָדֹר, הַלְלוּיָהּ: תהלים קמו

קָדוֹשׁ אַתָּה וְנוֹרָא שְׁמֶךָ
וְאֵין אֱלוֹהַ מִבַּלְעָדֶיךָ
כַּכָּתוּב, וַיִּגְבַּהּ יהוה צְבָאוֹת בַּמִּשְׁפָּט ישעיה ה
וְהָאֵל הַקָּדוֹשׁ נִקְדַּשׁ בִּצְדָקָה:
בָּרוּךְ אַתָּה יהוה, הַמֶּלֶךְ הַקָּדוֹשׁ.

קדושת היום
אַתָּה בְחַרְתָּנוּ מִכָּל הָעַמִּים
אָהַבְתָּ אוֹתָנוּ וְרָצִיתָ בָּנוּ
וְרוֹמַמְתָּנוּ מִכָּל הַלְּשׁוֹנוֹת
וְקִדַּשְׁתָּנוּ בְּמִצְוֹתֶיךָ
וְקֵרַבְתָּנוּ מַלְכֵּנוּ לַעֲבוֹדָתֶךָ
וְשִׁמְךָ הַגָּדוֹל וְהַקָּדוֹשׁ עָלֵינוּ קָרָאתָ.

בשבת מוסיפים את המילים שבסוגריים.

וַתִּתֶּן לָנוּ יהוה אֱלֹהֵינוּ בְּאַהֲבָה אֶת יוֹם
(הַשַּׁבָּת הַזֶּה לִקְדֻשָּׁה וְלִמְנוּחָה, וְאֶת יוֹם)
הַכִּפּוּרִים הַזֶּה, לִמְחִילָה וְלִסְלִיחָה וּלְכַפָּרָה
וְלִמְחָל בּוֹ אֶת כָּל עֲוֹנוֹתֵינוּ
(בְּאַהֲבָה) מִקְרָא קֹדֶשׁ, זֵכֶר לִיצִיאַת מִצְרָיִם.

אֱלֹהֵינוּ וֵאלֹהֵי אֲבוֹתֵינוּ
יַעֲלֶה וְיָבוֹא וְיַגִּיעַ, וְיֵרָאֶה וְיֵרָצֶה וְיִשָּׁמַע
וְיִפָּקֵד וְיִזָּכֵר זִכְרוֹנֵנוּ וּפִקְדוֹנֵנוּ
וְזִכְרוֹן אֲבוֹתֵינוּ
וְזִכְרוֹן מָשִׁיחַ בֶּן דָּוִד עַבְדֶּךָ
וְזִכְרוֹן יְרוּשָׁלַיִם עִיר קָדְשֶׁךָ
וְזִכְרוֹן כָּל עַמְּךָ בֵּית יִשְׂרָאֵל, לְפָנֶיךָ, לִפְלֵיטָה לְטוֹבָה
לְחֵן וּלְחֶסֶד וּלְרַחֲמִים
לְחַיִּים וּלְשָׁלוֹם
בְּיוֹם הַכִּפּוּרִים הַזֶּה.
זָכְרֵנוּ יהוה אֱלֹהֵינוּ בּוֹ לְטוֹבָה
וּפָקְדֵנוּ בוֹ לִבְרָכָה
וְהוֹשִׁיעֵנוּ בוֹ לְחַיִּים טוֹבִים.
וּבִדְבַר יְשׁוּעָה וְרַחֲמִים
חוּס וְחָנֵּנוּ וְרַחֵם עָלֵינוּ וְהוֹשִׁיעֵנוּ
כִּי אֵלֶיךָ עֵינֵינוּ
כִּי אֵל מֶלֶךְ חַנּוּן וְרַחוּם אָתָּה.

אֱלֹהֵינוּ וֵאלֹהֵי אֲבוֹתֵינוּ
מְחַל לַעֲוֹנוֹתֵינוּ בְּיוֹם (הַשַּׁבָּת הַזֶּה וּבְיוֹם) הַכִּפּוּרִים הַזֶּה
מְחֵה וְהַעֲבֵר פְּשָׁעֵינוּ וְחַטֹּאתֵינוּ מִנֶּגֶד עֵינֶיךָ
כָּאָמוּר

אָנֹכִי אָנֹכִי הוּא מֹחֶה פְשָׁעֶיךָ לְמַעֲנִי ישעיה מג
וְחַטֹּאתֶיךָ לֹא אֶזְכֹּר:

וְנֶאֱמַר

מָחִיתִי כָעָב פְּשָׁעֶיךָ וְכֶעָנָן חַטֹּאותֶיךָ ישעיה מד
שׁוּבָה אֵלַי כִּי גְאַלְתִּיךָ:

וְנֶאֱמַר

כִּי־בַיּוֹם הַזֶּה יְכַפֵּר עֲלֵיכֶם לְטַהֵר אֶתְכֶם ויקרא טז
מִכֹּל חַטֹּאתֵיכֶם לִפְנֵי יהוה תִּטְהָרוּ:

(אֱלֹהֵינוּ וֵאלֹהֵי אֲבוֹתֵינוּ, רְצֵה נָא בִמְנוּחָתֵנוּ)
קַדְּשֵׁנוּ בְּמִצְוֹתֶיךָ וְתֵן חֶלְקֵנוּ בְּתוֹרָתֶךָ
שַׂבְּעֵנוּ מִטּוּבֶךָ, וְשַׂמַּח נַפְשֵׁנוּ בִּישׁוּעָתֶךָ
(וְהַנְחִילֵנוּ יהוה אֱלֹהֵינוּ בְּאַהֲבָה וּבְרָצוֹן שַׁבַּת קָדְשֶׁךָ
וְיָנוּחוּ בָם כָּל יִשְׂרָאֵל מְקַדְּשֵׁי שְׁמֶךָ)
וְטַהֵר לִבֵּנוּ לְעָבְדְּךָ בֶּאֱמֶת.
כִּי אַתָּה סָלְחָן לְיִשְׂרָאֵל וּמָחֳלָן לְשִׁבְטֵי יְשֻׁרוּן בְּכָל דּוֹר וָדוֹר
וּמִבַּלְעָדֶיךָ אֵין לָנוּ מֶלֶךְ מוֹחֵל וְסוֹלֵחַ אֶלָּא אָתָּה.
בָּרוּךְ אַתָּה יהוה
מֶלֶךְ מוֹחֵל וְסוֹלֵחַ לַעֲוֹנוֹתֵינוּ, וְלַעֲוֹנוֹת עַמּוֹ בֵּית יִשְׂרָאֵל
וּמַעֲבִיר אַשְׁמוֹתֵינוּ בְּכָל שָׁנָה וְשָׁנָה
מֶלֶךְ עַל כָּל הָאָרֶץ, מְקַדֵּשׁ (הַשַּׁבָּת וְ)יִשְׂרָאֵל וְיוֹם הַכִּפּוּרִים.

עבודה

רְצֵה יהוה אֱלֹהֵינוּ בְּעַמְּךָ יִשְׂרָאֵל, וְלִתְפִלָּתָם שְׁעֵה
וְהָשֵׁב אֶת הָעֲבוֹדָה לִדְבִיר בֵּיתֶךָ
וְאִשֵּׁי יִשְׂרָאֵל וּתְפִלָּתָם, מְהֵרָה בְּאַהֲבָה תְקַבֵּל בְּרָצוֹן
וּתְהִי לְרָצוֹן תָּמִיד עֲבוֹדַת יִשְׂרָאֵל עַמֶּךָ.
וְתֶחֱזֶינָה עֵינֵינוּ בְּשׁוּבְךָ לְצִיּוֹן בְּרַחֲמִים.
בָּרוּךְ אַתָּה יהוה, הַמַּחֲזִיר שְׁכִינָתוֹ לְצִיּוֹן.

הודאה

כורע ב׳מוֹדִים׳ ואינו זוקף עד אמירת השם (סידור השל״ה).

מוֹדִים אֲנַחְנוּ לָךְ
שָׁאַתָּה הוּא יהוה אֱלֹהֵינוּ וֵאלֹהֵי אֲבוֹתֵינוּ לְעוֹלָם וָעֶד.
צוּר חַיֵּינוּ, מָגֵן יִשְׁעֵנוּ אַתָּה הוּא לְדוֹר וָדוֹר.
נוֹדֶה לְּךָ וּנְסַפֵּר תְּהִלָּתֶךָ, עַל חַיֵּינוּ הַמְּסוּרִים בְּיָדֶךָ
וְעַל נִשְׁמוֹתֵינוּ הַפְּקוּדוֹת לָךְ, וְעַל נִסֶּיךָ שֶׁבְּכָל יוֹם עִמָּנוּ
וְעַל נִפְלְאוֹתֶיךָ וְטוֹבוֹתֶיךָ שֶׁבְּכָל עֵת, עֶרֶב וָבֹקֶר וְצָהֳרָיִם.
הַטּוֹב, כִּי לֹא כָלוּ רַחֲמֶיךָ, וְהַמְרַחֵם, כִּי לֹא תַמּוּ חֲסָדֶיךָ
כִּי מֵעוֹלָם קִוִּינוּ לָךְ.
וְעַל כֻּלָּם יִתְבָּרַךְ וְיִתְרוֹמַם וְיִתְנַשֵּׂא שִׁמְךָ מַלְכֵּנוּ
תָּמִיד לְעוֹלָם וָעֶד.
וּכְתֹב לְחַיִּים טוֹבִים כָּל בְּנֵי בְרִיתֶךָ.
וְכֹל הַחַיִּים יוֹדוּךָ סֶּלָה
וִיהַלְלוּ וִיבָרְכוּ אֶת שִׁמְךָ הַגָּדוֹל בֶּאֱמֶת לְעוֹלָם כִּי טוֹב
הָאֵל יְשׁוּעָתֵנוּ וְעֶזְרָתֵנוּ סֶלָה, הָאֵל הַטּוֹב.
בָּרוּךְ אַתָּה יהוה, הַטּוֹב שִׁמְךָ וּלְךָ נָאֶה לְהוֹדוֹת.

אם שכח לומר ׳וּכְתֹב לְחַיִּים טוֹבִים׳, אינו חוזר.

שלום

שִׂים שָׁלוֹם טוֹבָה וּבְרָכָה
חַיִּים חֵן וָחֶסֶד וְרַחֲמִים
עָלֵינוּ וְעַל כָּל יִשְׂרָאֵל עַמֶּךָ.
בָּרְכֵנוּ אָבִינוּ כֻּלָּנוּ כְּאֶחָד בְּאוֹר פָּנֶיךָ
כִּי בְאוֹר פָּנֶיךָ נָתַתָּ לָנוּ יהוה אֱלֹהֵינוּ
תּוֹרַת חַיִּים וְאַהֲבַת חֶסֶד
וּצְדָקָה וּבְרָכָה וְרַחֲמִים וְחַיִּים וְשָׁלוֹם.
וְטוֹב יִהְיֶה בְעֵינֶיךָ לְבָרְכֵנוּ וּלְבָרֵךְ אֶת כָּל עַמְּךָ יִשְׂרָאֵל
בְּכָל עֵת וּבְכָל שָׁעָה בִּשְׁלוֹמֶךָ.

בְּסֵפֶר חַיִּים, בְּרָכָה וְשָׁלוֹם, וּפַרְנָסָה טוֹבָה
וּגְזֵרוֹת טוֹבוֹת, יְשׁוּעוֹת וְנֶחָמוֹת
נִזָּכֵר וְנִכָּתֵב לְפָנֶיךָ אֲנַחְנוּ וְכָל עַמְּךָ בֵּית יִשְׂרָאֵל
לְחַיִּים טוֹבִים וּלְשָׁלוֹם.

בָּרוּךְ אַתָּה יהוה, הַמְבָרֵךְ אֶת עַמּוֹ יִשְׂרָאֵל בַּשָּׁלוֹם.

אם שכח לומר 'בְּסֵפֶר חַיִּים', אינו חוזר.

יש מוסיפים:

יִהְיוּ לְרָצוֹן אִמְרֵי־פִי וְהֶגְיוֹן לִבִּי לְפָנֶיךָ, יהוה צוּרִי וְגֹאֲלִי: תהלים יט

אֱלֹהֵינוּ וֵאלֹהֵי אֲבוֹתֵינוּ
תָּבוֹא לְפָנֶיךָ תְּפִלָּתֵנוּ, וְאַל תִּתְעַלַּם מִתְּחִנָּתֵנוּ.
שֶׁאֵין אָנוּ עַזֵּי פָנִים וּקְשֵׁי עֹרֶף לוֹמַר לְפָנֶיךָ
יהוה אֱלֹהֵינוּ וֵאלֹהֵי אֲבוֹתֵינוּ
צַדִּיקִים אֲנַחְנוּ וְלֹא חָטָאנוּ.
אֲבָל אֲנַחְנוּ וַאֲבוֹתֵינוּ חָטָאנוּ.

כשמתוודה, מכה באגרופו על החזה כנגד הלב (מג״א תרז, ג, בשם מדרש קהלת).

אָשַֽׁמְנוּ, בָּגַֽדְנוּ, גָּזַֽלְנוּ, דִּבַּֽרְנוּ דֹֽפִי
הֶעֱוִֽינוּ, וְהִרְשַֽׁעְנוּ, זַֽדְנוּ, חָמַֽסְנוּ, טָפַֽלְנוּ שֶֽׁקֶר
יָעַֽצְנוּ רָע, כִּזַּֽבְנוּ, לַֽצְנוּ, מָרַֽדְנוּ, נִאַֽצְנוּ, סָרַֽרְנוּ
עָוִֽינוּ, פָּשַֽׁעְנוּ, צָרַֽרְנוּ, קִשִּֽׁינוּ עֹֽרֶף
רָשַֽׁעְנוּ, שִׁחַֽתְנוּ, תִּעַֽבְנוּ, תָּעִֽינוּ, תִּעְתָּֽעְנוּ.

סַֽרְנוּ מִמִּצְוֹתֶֽיךָ וּמִמִּשְׁפָּטֶֽיךָ הַטּוֹבִים, וְלֹא שָֽׁוָה לָֽנוּ.
וְאַתָּה צַדִּיק עַל כָּל־הַבָּא עָלֵֽינוּ כִּי־אֱמֶת עָשִֽׂיתָ נחמיה ט
וַאֲנַֽחְנוּ הִרְשָֽׁעְנוּ:

מַה נֹּאמַר לְפָנֶֽיךָ יוֹשֵׁב מָרוֹם
וּמַה נְּסַפֵּר לְפָנֶֽיךָ שׁוֹכֵן שְׁחָקִים
הֲלֹא כָּל הַנִּסְתָּרוֹת וְהַנִּגְלוֹת אַתָּה יוֹדֵֽעַ.

אַתָּה יוֹדֵֽעַ רָזֵי עוֹלָם וְתַעֲלוּמוֹת סִתְרֵי כָּל חָי.
אַתָּה חוֹפֵשׂ כָּל חַדְרֵי בָֽטֶן וּבוֹחֵן כְּלָיוֹת וָלֵב.
אֵין דָּבָר נֶעְלָם מִמֶּֽךָּ וְאֵין נִסְתָּר מִנֶּֽגֶד עֵינֶֽיךָ.
וּבְכֵן, יְהִי רָצוֹן מִלְּפָנֶֽיךָ, יהוה אֱלֹהֵֽינוּ וֵאלֹהֵי אֲבוֹתֵֽינוּ
שֶׁתְּכַפֵּר לָֽנוּ עַל כָּל חַטֹּאתֵֽינוּ
וְתִסְלַח לָֽנוּ עַל כָּל עֲוֹנוֹתֵֽינוּ
וְתִמְחַל לָֽנוּ עַל כָּל פְּשָׁעֵֽינוּ.

על כל חטא שמונה, מכה באגרופו על החזה כנגד הלב.

עַל חֵטְא שֶׁחָטָֽאנוּ לְפָנֶֽיךָ בְּאֹֽנֶס וּבְרָצוֹן
וְעַל חֵטְא שֶׁחָטָֽאנוּ לְפָנֶֽיךָ בְּאִמּוּץ הַלֵּב

עַל חֵטְא שֶׁחָטָֽאנוּ לְפָנֶֽיךָ בִּבְלִי דָֽעַת
וְעַל חֵטְא שֶׁחָטָֽאנוּ לְפָנֶֽיךָ בְּבִטּוּי שְׂפָתָֽיִם

עַל חֵטְא שֶׁחָטָאנוּ לְפָנֶיךָ בְּגִלּוּי עֲרָיוֹת
וְעַל חֵטְא שֶׁחָטָאנוּ לְפָנֶיךָ בְּגָלוּי וּבַסָּתֶר

עַל חֵטְא שֶׁחָטָאנוּ לְפָנֶיךָ בְּדַעַת וּבְמִרְמָה
וְעַל חֵטְא שֶׁחָטָאנוּ לְפָנֶיךָ בְּדִבּוּר פֶּה

עַל חֵטְא שֶׁחָטָאנוּ לְפָנֶיךָ בְּהוֹנָאַת רֵעַ
וְעַל חֵטְא שֶׁחָטָאנוּ לְפָנֶיךָ בְּהִרְהוּר הַלֵּב

עַל חֵטְא שֶׁחָטָאנוּ לְפָנֶיךָ בִּוְעִידַת זְנוּת
וְעַל חֵטְא שֶׁחָטָאנוּ לְפָנֶיךָ בְּוִדּוּי פֶּה

עַל חֵטְא שֶׁחָטָאנוּ לְפָנֶיךָ בְּזִלְזוּל הוֹרִים וּמוֹרִים
וְעַל חֵטְא שֶׁחָטָאנוּ לְפָנֶיךָ בְּזָדוֹן וּבִשְׁגָגָה

עַל חֵטְא שֶׁחָטָאנוּ לְפָנֶיךָ בְּחֹזֶק יָד
וְעַל חֵטְא שֶׁחָטָאנוּ לְפָנֶיךָ בְּחִלּוּל הַשֵּׁם

עַל חֵטְא שֶׁחָטָאנוּ לְפָנֶיךָ בְּטֻמְאַת שְׂפָתָיִם
וְעַל חֵטְא שֶׁחָטָאנוּ לְפָנֶיךָ בְּטִפְשׁוּת פֶּה

עַל חֵטְא שֶׁחָטָאנוּ לְפָנֶיךָ בְּיֵצֶר הָרָע
וְעַל חֵטְא שֶׁחָטָאנוּ לְפָנֶיךָ בְּיוֹדְעִים וּבְלֹא יוֹדְעִים

וְעַל כֻּלָּם אֱלוֹהַּ סְלִיחוֹת סְלַח לָנוּ, מְחַל לָנוּ, כַּפֶּר לָנוּ.

עַל חֵטְא שֶׁחָטָאנוּ לְפָנֶיךָ בְּכַחַשׁ וּבְכָזָב
וְעַל חֵטְא שֶׁחָטָאנוּ לְפָנֶיךָ בְּכַפַּת שֹׁחַד

עַל חֵטְא שֶׁחָטָאנוּ לְפָנֶיךָ בְּלָצוֹן
וְעַל חֵטְא שֶׁחָטָאנוּ לְפָנֶיךָ בְּלָשׁוֹן הָרָע

עַל חֵטְא שֶׁחָטָאנוּ לְפָנֶיךָ בְּמַשָּׂא וּבְמַתָּן
וְעַל חֵטְא שֶׁחָטָאנוּ לְפָנֶיךָ בְּמַאֲכָל וּבְמִשְׁתֶּה

עַל חֵטְא שֶׁחָטָאנוּ לְפָנֶיךָ בְּנֶשֶׁךְ וּבְמַרְבִּית
וְעַל חֵטְא שֶׁחָטָאנוּ לְפָנֶיךָ בִּנְטִיַּת גָּרוֹן

עַל חֵטְא שֶׁחָטָאנוּ לְפָנֶיךָ בְּשִׂיחַ שִׂפְתוֹתֵינוּ
וְעַל חֵטְא שֶׁחָטָאנוּ לְפָנֶיךָ בְּשִׂקּוּר עָיִן

עַל חֵטְא שֶׁחָטָאנוּ לְפָנֶיךָ בְּעֵינַיִם רָמוֹת
וְעַל חֵטְא שֶׁחָטָאנוּ לְפָנֶיךָ בְּעַזּוּת מֵצַח

וְעַל כֻּלָּם אֱלוֹהַּ סְלִיחוֹת סְלַח לָנוּ, מְחַל לָנוּ, כַּפֶּר לָנוּ.

עַל חֵטְא שֶׁחָטָאנוּ לְפָנֶיךָ בִּפְרִיקַת עֹל
וְעַל חֵטְא שֶׁחָטָאנוּ לְפָנֶיךָ בִּפְלִילוּת

עַל חֵטְא שֶׁחָטָאנוּ לְפָנֶיךָ בִּצְדִיַּת רֵעַ
וְעַל חֵטְא שֶׁחָטָאנוּ לְפָנֶיךָ בְּצָרוּת עָיִן

עַל חֵטְא שֶׁחָטָאנוּ לְפָנֶיךָ בְּקַלּוּת רֹאשׁ
וְעַל חֵטְא שֶׁחָטָאנוּ לְפָנֶיךָ בְּקַשְׁיוּת עֹרֶף

עַל חֵטְא שֶׁחָטָאנוּ לְפָנֶיךָ בְּרִיצַת רַגְלַיִם לְהָרַע
וְעַל חֵטְא שֶׁחָטָאנוּ לְפָנֶיךָ בִּרְכִילוּת

עַל חֵטְא שֶׁחָטָאנוּ לְפָנֶיךָ בִּשְׁבוּעַת שָׁוְא
וְעַל חֵטְא שֶׁחָטָאנוּ לְפָנֶיךָ בְּשִׂנְאַת חִנָּם

עַל חֵטְא שֶׁחָטָאנוּ לְפָנֶיךָ בִּתְשׂוּמֶת יָד
וְעַל חֵטְא שֶׁחָטָאנוּ לְפָנֶיךָ בְּתִמְהוֹן לֵבָב

וְעַל כֻּלָּם אֱלוֹהַּ סְלִיחוֹת סְלַח לָנוּ, מְחַל לָנוּ, כַּפֶּר לָנוּ.

וְעַל חֲטָאִים שֶׁאָנוּ חַיָּבִים עֲלֵיהֶם עוֹלָה
וְעַל חֲטָאִים שֶׁאָנוּ חַיָּבִים עֲלֵיהֶם חַטָּאת
וְעַל חֲטָאִים שֶׁאָנוּ חַיָּבִים עֲלֵיהֶם קָרְבָּן עוֹלֶה וְיוֹרֵד
וְעַל חֲטָאִים שֶׁאָנוּ חַיָּבִים עֲלֵיהֶם אָשָׁם וַדַּאי וְתָלוּי
וְעַל חֲטָאִים שֶׁאָנוּ חַיָּבִים עֲלֵיהֶם מַכַּת מַרְדּוּת
וְעַל חֲטָאִים שֶׁאָנוּ חַיָּבִים עֲלֵיהֶם מַלְקוּת אַרְבָּעִים
וְעַל חֲטָאִים שֶׁאָנוּ חַיָּבִים עֲלֵיהֶם מִיתָה בִּידֵי שָׁמַיִם
וְעַל חֲטָאִים שֶׁאָנוּ חַיָּבִים עֲלֵיהֶם כָּרֵת וַעֲרִירִי
וְעַל חֲטָאִים שֶׁאָנוּ חַיָּבִים עֲלֵיהֶם אַרְבַּע מִיתוֹת בֵּית דִּין
סְקִילָה, שְׂרֵפָה, הֶרֶג, וְחֶנֶק.

עַל מִצְוַת עֲשֵׂה וְעַל מִצְוַת לֹא תַעֲשֶׂה.
בֵּין שֶׁיֵּשׁ בָּהּ קוּם עֲשֵׂה וּבֵין שֶׁאֵין בָּהּ קוּם עֲשֵׂה.
אֶת הַגְּלוּיִים לָנוּ וְאֶת שֶׁאֵינָם גְּלוּיִים לָנוּ
אֶת הַגְּלוּיִים לָנוּ, כְּבָר אֲמַרְנוּם לְפָנֶיךָ, וְהוֹדִינוּ לְךָ עֲלֵיהֶם
וְאֶת שֶׁאֵינָם גְּלוּיִים לָנוּ, לְפָנֶיךָ הֵם גְּלוּיִים וִידוּעִים
כַּדָּבָר שֶׁנֶּאֱמַר
הַנִּסְתָּרֹת לַיהוה אֱלֹהֵינוּ, וְהַנִּגְלֹת לָנוּ וּלְבָנֵינוּ עַד־עוֹלָם דברים כט
לַעֲשׂוֹת אֶת־כָּל־דִּבְרֵי הַתּוֹרָה הַזֹּאת:
כִּי אַתָּה סָלְחָן לְיִשְׂרָאֵל וּמָחֳלָן לְשִׁבְטֵי יְשֻׁרוּן בְּכָל דּוֹר וָדוֹר
וּמִבַּלְעָדֶיךָ אֵין לָנוּ מֶלֶךְ מוֹחֵל וְסוֹלֵחַ אֶלָּא אָתָּה.

אֱלֹהַי
עַד שֶׁלֹּא נוֹצַרְתִּי אֵינִי כְדַאי
וְעַכְשָׁיו שֶׁנּוֹצַרְתִּי, כְּאִלּוּ לֹא נוֹצַרְתִּי
עָפָר אֲנִי בְּחַיָּי, קַל וָחֹמֶר בְּמִיתָתִי.
הֲרֵי אֲנִי לְפָנֶיךָ כִּכְלִי מָלֵא בוּשָׁה וּכְלִמָּה.

יְהִי רָצוֹן מִלְּפָנֶיךָ, יהוה אֱלֹהַי וֵאלֹהֵי אֲבוֹתַי, שֶׁלֹּא אֶחֱטָא עוֹד.
וּמַה שֶּׁחָטָאתִי לְפָנֶיךָ, מְחֹק בְּרַחֲמֶיךָ הָרַבִּים
אֲבָל לֹא עַל יְדֵי יִסּוּרִים וָחֳלָיִם רָעִים.

אֱלֹהַי ברכות יז.
נְצֹר לְשׁוֹנִי מֵרָע וּשְׂפָתַי מִדַּבֵּר מִרְמָה
וְלִמְקַלְלַי נַפְשִׁי תִדֹּם, וְנַפְשִׁי כֶּעָפָר לַכֹּל תִּהְיֶה.
פְּתַח לִבִּי בְּתוֹרָתֶךָ, וְאַחֲרֵי מִצְוֹתֶיךָ תִּרְדֹּף נַפְשִׁי.
וְכָל הַקָּמִים וְהַחוֹשְׁבִים עָלַי רָעָה
מְהֵרָה הָפֵר עֲצָתָם וְקַלְקֵל מַחֲשַׁבְתָּם.

יש המוסיפים תחינה זו (קיצור של״ה, ׳אור הישר׳):

יְהִי רָצוֹן מִלְּפָנֶיךָ, יהוה אֱלֹהַי וֵאלֹהֵי אֲבוֹתַי
שֶׁלֹּא תַעֲלֶה קִנְאַת אָדָם עָלַי, וְלֹא קִנְאָתִי עַל אֲחֵרִים
וְשֶׁלֹּא אֶכְעֹס הַיּוֹם, וְשֶׁלֹּא אַכְעִיסֶךָ
וְתַצִּילֵנִי מִיֵּצֶר הָרָע, וְתֵן בְּלִבִּי הַכְנָעָה וַעֲנָוָה.
מַלְכֵּנוּ וֵאלֹהֵינוּ, יַחֵד שִׁמְךָ בְּעוֹלָמֶךָ
בְּנֵה עִירְךָ, יַסֵּד בֵּיתְךָ וְשַׁכְלֵל הֵיכָלֶךָ
וְקַבֵּץ קִבּוּץ גָּלֻיּוֹת, וּפְדֵה צֹאנֶךָ וְשַׂמַּח עֲדָתֶךָ.

עֲשֵׂה לְמַעַן שְׁמֶךָ, עֲשֵׂה לְמַעַן יְמִינֶךָ
עֲשֵׂה לְמַעַן תּוֹרָתֶךָ, עֲשֵׂה לְמַעַן קְדֻשָּׁתֶךָ.
לְמַעַן יֵחָלְצוּן יְדִידֶיךָ, הוֹשִׁיעָה יְמִינְךָ וַעֲנֵנִי: תהלים ס
יִהְיוּ לְרָצוֹן אִמְרֵי פִי וְהֶגְיוֹן לִבִּי לְפָנֶיךָ, יהוה צוּרִי וְגֹאֲלִי: תהלים יט

כורע ופוסע שלוש פסיעות לאחור. קד לשמאל, לימין ולפנים באמירת:

עֹשֶׂה הַשָּׁלוֹם בִּמְרוֹמָיו
הוּא יַעֲשֶׂה שָׁלוֹם, עָלֵינוּ וְעַל כָּל יִשְׂרָאֵל, וְאִמְרוּ אָמֵן.

יְהִי רָצוֹן מִלְּפָנֶיךָ יהוה אֱלֹהֵינוּ וֵאלֹהֵי אֲבוֹתֵינוּ
שֶׁיִּבָּנֶה בֵּית הַמִּקְדָּשׁ בִּמְהֵרָה בְיָמֵינוּ, וְתֵן חֶלְקֵנוּ בְּתוֹרָתֶךָ
וְשָׁם נַעֲבָדְךָ בְּיִרְאָה כִּימֵי עוֹלָם וּכְשָׁנִים קַדְמוֹנִיּוֹת.
וְעָרְבָה לַיהוה מִנְחַת יְהוּדָה וִירוּשָׁלָיִם כִּימֵי עוֹלָם וּכְשָׁנִים קַדְמֹנִיּוֹת: מלאכי ג

חזרת הש״ץ למנחה

״וּבְמִנְחַת הָעֶרֶב קַמְתִּי מִתַּעֲנִיתִי, וּבְקָרְעִי בִגְדִי וּמְעִילִי,
וָאֶכְרְעָה עַל־בִּרְכַּי וָאֶפְרְשָׂה כַפַּי אֶל־ה׳ אֱלֹהָי״ (עזרא ט, ה).

פותחים את ארון הקודש.

שליח הציבור פוסע שלוש פסיעות לפנים וחוזר על התפילה בקול רם.
כורע במקומות המסומנים ב׳, קד לפנים במילה הבאה וזוקף בשם.

יש אומרים בלחש: **כִּי שֵׁם יהוה אֶקְרָא, הָבוּ גֹדֶל לֵאלֹהֵינוּ:** דברים לב

אֲדֹנָי, שְׂפָתַי תִּפְתָּח, וּפִי יַגִּיד תְּהִלָּתֶךָ: תהלים נא

אבות

׳בָּרוּךְ אַתָּה יהוה, אֱלֹהֵינוּ וֵאלֹהֵי אֲבוֹתֵינוּ
אֱלֹהֵי אַבְרָהָם, אֱלֹהֵי יִצְחָק, וֵאלֹהֵי יַעֲקֹב
הָאֵל הַגָּדוֹל הַגִּבּוֹר וְהַנּוֹרָא, אֵל עֶלְיוֹן
גּוֹמֵל חֲסָדִים טוֹבִים, קוֹנֵה הַכֹּל, וְזוֹכֵר חַסְדֵי אָבוֹת
וּמֵבִיא גוֹאֵל לִבְנֵי בְנֵיהֶם, לְמַעַן שְׁמוֹ בְּאַהֲבָה.

לפני ה׳קרובה׳ של מנחה אין אומרים פיוט ׳רשות׳ ארוך.
שליח הציבור אומר ׳מִסּוֹד חֲכָמִים וּנְבוֹנִים׳ וממשיך ׳אֵיתָן הִכִּיר אֱמוּנָתֶךָ׳.

מִסּוֹד חֲכָמִים וּנְבוֹנִים / וּמִלֶּמֶד דַּעַת מְבִינִים
אֶפְתְּחָה פִּי בִּתְפִלָּה וּבְתַחֲנוּנִים
לְחַלּוֹת וּלְחַנֵּן פְּנֵי מֶלֶךְ מוֹחֵל וְסוֹלֵחַ לַעֲוֹנִים.

סוגרים את ארון הקודש.

את פיוטי ה׳מגן׳, ׳מחיה׳ ו׳משלש׳ למנחה של יום הכיפורים חיבר ר׳ אליה בר מרדכי.
מדובר בשלושה פיוטים קצרים העוסקים בשלושת האבות.

נוהגים שהקהל אומר את שלושת הפיוטים, ושליח הציבור אומר
בקול רק את השורות המסומנות ב•. יש קהילות שבהן אין אומרים
את ה׳קרובה׳, ובהן ממשיכים ׳זָכְרֵנוּ לְחַיִּים׳ בעמוד הבא.

מגן – סימן א״ב

אֵיתָן הִכִּיר אֱמוּנָתֶךָ / בְּדוֹר לֹא יָדְעוּ לִרְצוֹתֶךָ
גָּהַץ בְּךָ וַיֵּדַע יִרְאָתֶךָ / דָּץ לְהוֹדִיעַ לְכָל הַדּוֹרוֹתֶךָ
הִדְרִיךְ תּוֹעִים בִּנְתִיבָתֶךָ / וְנִקְרָא אָב לְאֻמָּתֶךָ

זָהִיר לַעֲשׂוֹת דְּבָרֶךָ / חָפֵץ לַחֲסוֹת בְּצֵל שְׁכִינָתֶךָ
טְעֵם לְעוֹבְרִים כַּלְכָּלָתֶךָ / יָדַע לַשָּׁבִים כִּי אֵין בִּלְתֶּךָ
• כִּי הֶאֱמִין בְּךָ לְחַלּוֹתֶךָ / לְטַע אֵשֶׁל וּלְהַזְכִּיר גְּבוּרוֹתֶיךָ.

הכול:

צְדָקָה תֵּחָשֵׁב לָנוּ / בְּצֶדֶק אָב סְלַח לָנוּ
• לֹא כַחֲטָאֵינוּ תַּעֲשֶׂה לָנוּ / מָגִנֵּנוּ כִּי לְךָ יִחַלְנוּ.

יש נוהגים שהקהל אומר בקול, ושליח הציבור חוזר אחריו:

זָכְרֵנוּ לְחַיִּים, מֶלֶךְ חָפֵץ בַּחַיִּים
וְכָתְבֵנוּ בְּסֵפֶר הַחַיִּים, לְמַעַנְךָ אֱלֹהִים חַיִּים.

שליח הציבור ממשיך:

מֶלֶךְ עוֹזֵר וּמוֹשִׁיעַ וּמָגֵן.
°בָּרוּךְ אַתָּה יהוה, מָגֵן אַבְרָהָם.

גבורות

אַתָּה גִּבּוֹר לְעוֹלָם, אֲדֹנָי
מְחַיֵּה מֵתִים אַתָּה, רַב לְהוֹשִׁיעַ
מוֹרִיד הַטָּל
מְכַלְכֵּל חַיִּים בְּחֶסֶד, מְחַיֵּה מֵתִים בְּרַחֲמִים רַבִּים
סוֹמֵךְ נוֹפְלִים, וְרוֹפֵא חוֹלִים, וּמַתִּיר אֲסוּרִים
וּמְקַיֵּם אֱמוּנָתוֹ לִישֵׁנֵי עָפָר.
מִי כָמוֹךָ, בַּעַל גְּבוּרוֹת, וּמִי דּוֹמֶה לָּךְ
מֶלֶךְ, מֵמִית וּמְחַיֶּה וּמַצְמִיחַ יְשׁוּעָה.

ה׳מחיה׳ עוסק ביצחק, ומתאר את עקדתו.
בקהילות שבהן אין נוהגים לומר ׳קרובה׳, ממשיכים ׳מִי כָמוֹךָ אַב הָרַחֲמָן׳ בעמוד הבא.

מחיה – סימן א״ב (המשך מהפיוט הקודם)

מְאֹהָב וְיָחִיד לְאִמּוֹ / נַפְשׁוֹ לָטֶבַח בְּהַשְׁלִימוֹ
שְׂרָפִים צָעֲקוּ מִמְּרוֹמוֹ / עוֹנִים חוּסָה, לָאֵל מְרַחֲמוֹ

פּוֹדֶה וּמַצִּיל רְחֵמוֹ / צוּ שֶׂה תְּמוּרוֹ בִּמְקוֹמוֹ
קָשַׁב אַל תִּשְׁפֹּךְ דָּמוֹ / רְחָפוֹ רַחוּם לִמְרוֹמוֹ
שְׁמָרוֹ וְקִיְּמוֹ לִשְׁמוֹ / שִׁפֵּר תָּאֳרוֹ כְּנֹגַהּ יוֹמוֹ
› תְּרְאֵהוּ הַיּוֹם כְּשָׂרוּף בְּאוּלַמּוֹ / תִּזְכֹּר עֲקֵדָתוֹ וְתָחֹן עַמּוֹ.

הכול:

לְפָנָיו יְקִימֵנוּ וְנִחְיֶה / בְּצֶדֶק אָב נֶחְיֶה
› יהוה מֵמִית וּמְחַיֶּה / בְּטְלָלָיו רְדוּמִים יְחַיֶּה.

יש נוהגים שהקהל אומר בקול, ושליח הציבור חוזר אחריו:

מִי כָמוֹךָ אָב הָרַחֲמָן
זוֹכֵר יְצוּרָיו לְחַיִּים בְּרַחֲמִים.

שליח הציבור ממשיך:

וְנֶאֱמָן אַתָּה לְהַחֲיוֹת מֵתִים.
בָּרוּךְ אַתָּה יהוה, מְחַיֵּה הַמֵּתִים.

ה׳משלש׳ עוסק ביעקב, שדמותו חקוקה בכיסא הכבוד (בראשית רבה פב, ב).

בקהילות שבהן אין נוהגים לומר ׳קרובה׳, ממשיכים ׳יִמְלֹךְ ה׳ לְעוֹלָם׳ למטה.

משלש – סימן אלייה בירבי מרדכי

אֶרְאֶלִּים בְּשֵׁם תָּם מַמְלִיכִים / לְמֶלֶךְ מַלְכֵי הַמְּלָכִים
יָפְיוֹ לָשׁוּר בְּכֵס הוֹלְכִים / יְלָדָיו הַיּוֹם צָגִים כְּמַלְאָכִים
הַמַּקְדִּישִׁים וְתַחַן עוֹרְכִים / בְּיוֹם זֶה אֵיבָה מַשְׁלִיכִים
יַחַד בְּשֵׁם אֲבִיהֶם מְבָרְכִים / רָם לְרַצּוֹת בִּדְבָרִים רַכִּים
בִּזְכוּת תָּם יָצִיץ מֵחֲרַכִּים / יָהּ יָאִיר עֵינֵי חֲשֵׁכִים
מֶלֶךְ נִצָּב בַּעֲדַת בְּרוּכִים / רוֹצֶה בְעַמּוֹ יְפָאֵר נְמוּכִים
דּוֹפְקִים בִּתְפִלָּה לְהַשְׁכִּים / כְּטוּב וְסַלָּח עַמָּם יְסַכִּים
› יַשְׁמִיעַ לֹא תֵבוֹשׁוּ דַּכִּים / יֵאָמֵר לָכֵן לְבֵית הַמְחַכִּים.

שליח הציבור והקהל אומרים:

יִמְלֹךְ יהוה לְעוֹלָם, אֱלֹהַיִךְ צִיּוֹן לְדֹר וָדֹר, הַלְלוּיָהּ: תהלים קמו
וְאַתָּה קָדוֹשׁ, יוֹשֵׁב תְּהִלּוֹת יִשְׂרָאֵל: אֵל נָא. תהלים כב

שליח הציבור אומר את שלושת החרוזים הבאים, והקהל חוזר אחרי כל אחד מהם.
חרוזים אלה הם שורות הפזמון של הפיוטים ׳אֲדֶר בְּתְאַר מָכוֹן׳
ו׳אֲפָאֵר לְמַלְכִּי בַּקֹּדֶשׁ׳ (בעמ׳ 594-596).

אֱמוּנַת אֹם נוֹטֶרֶת / לְמַעַנְךָ עֲזוֹר לַנִּשְׁאֶרֶת
זַעֲקָהּ רְצֵה נָא כִּקְטֹרֶת / קָדוֹשׁ.

יְכַפֵּר וְיִסְלַח / אֵל טוֹב וְסַלָּח / נוֹרָא וְקָדוֹשׁ.

תְּפִלָּתֵנוּ מִמְּעוֹנוֹת / יְקַבֵּל כְּקָרְבָּנוֹת / הָאֵל קָדוֹשׁ.

שליח הציבור:

וּבְכֵן, שְׂרָפִים עֹמְדִים מִמַּעַל לוֹ: ישעיה ו

החרוז הבא הוא הפזמון של הפיוט ׳אֶרְאֶלֵּי הוֹד׳ (בעמ׳ 596).
שליח הציבור אומר, והקהל חוזר אחריו:

מִיכָאֵל מִיָּמִין מְהַלֵּל / וְגַבְרִיאֵל מִשְּׂמֹאל מְמַלֵּל
בַּשָּׁמַיִם אֵין כָּאֵל / וּבָאָרֶץ מִי כְּעַמְּךָ יִשְׂרָאֵל.

שליח הציבור:

וּבְכֵן לְךָ תַעֲלֶה קְדֻשָּׁה, כִּי אַתָּה אֱלֹהֵינוּ מֶלֶךְ מוֹחֵל וְסוֹלֵחַ.

הסילוק ׳כִּי רְכוּבוֹ׳ בעמ׳ 598.

קדושה

בבתי כנסת המתפללים בנוסח אשכנז, אומרים כאן:

נַעֲרִיצְךָ וְנַקְדִּישְׁךָ כְּסוֹד שִׂיחַ שַׂרְפֵי קֹדֶשׁ, הַמַּקְדִּישִׁים שִׁמְךָ בַּקֹּדֶשׁ, כַּכָּתוּב עַל יַד
נְבִיאֶךָ: וְקָרָא זֶה אֶל־זֶה וְאָמַר ישעיה ו וממשיכים ׳קָדוֹשׁ, קָדוֹשׁ, קָדוֹשׁ׳ בעמוד הבא.

בחזרת הש״ץ הקהל עומד ואומר קדושה.
במקומות המסומנים ב־°, המתפלל מתרומם על קצות אצבעותיו.

קהל ואחריו שליח הציבור:

כֶּתֶר יִתְּנוּ לְךָ, יהוה אֱלֹהֵינוּ, מַלְאָכִים הֲמוֹנֵי מַעְלָה
עִם עַמְּךָ יִשְׂרָאֵל קְבוּצֵי מַטָּה
יַחַד כֻּלָּם קְדֻשָּׁה לְךָ יְשַׁלֵּשׁוּ כַּדָּבָר הָאָמוּר עַל יַד נְבִיאֶךָ
וְקָרָא זֶה אֶל־זֶה וְאָמַר ישעיה ו

קהל ואחריו שליח הציבור:

״קָדוֹשׁ, ״קָדוֹשׁ, ״קָדוֹשׁ, יהוה צְבָאוֹת, מְלֹא כָל־הָאָרֶץ כְּבוֹדוֹ:
כְּבוֹדוֹ מָלֵא עוֹלָם, מְשָׁרְתָיו שׁוֹאֲלִים זֶה לָזֶה
אַיֵּה מְקוֹם כְּבוֹדוֹ לְהַעֲרִיצוֹ
לְעֻמָּתָם מְשַׁבְּחִים וְאוֹמְרִים

קהל ואחריו שליח הציבור:

״בָּרוּךְ כְּבוֹד־יהוה מִמְּקוֹמוֹ: יחזקאל ג
מִמְּקוֹמוֹ הוּא יִפֶן בְּרַחֲמָיו לְעַמּוֹ
וְיָחֹן עַם הַמְיַחֲדִים שְׁמוֹ עֶרֶב וָבֹקֶר בְּכָל יוֹם תָּמִיד
פַּעֲמַיִם בְּאַהֲבָה שְׁמַע אוֹמְרִים

קהל ואחריו שליח הציבור:

שְׁמַע יִשְׂרָאֵל, יהוה אֱלֹהֵינוּ, יהוה אֶחָד: דברים ו
הוּא אֱלֹהֵינוּ, הוּא אָבִינוּ, הוּא מַלְכֵּנוּ, הוּא מוֹשִׁיעֵנוּ
וְהוּא יוֹשִׁיעֵנוּ וְיִגְאָלֵנוּ שֵׁנִית, וְיַשְׁמִיעֵנוּ בְּרַחֲמָיו לְעֵינֵי כָּל חַי לֵאמֹר
הֵן גָּאַלְתִּי אֶתְכֶם אַחֲרִית כְּרֵאשִׁית
לִהְיוֹת לָכֶם לֵאלֹהִים, אֲנִי יהוה אֱלֹהֵיכֶם: במדבר טו

קהל ואחריו שליח הציבור:

אַדִּיר אַדִּירֵנוּ, יהוה אֲדֹנֵינוּ, מָה־אַדִּיר שִׁמְךָ בְּכָל־הָאָרֶץ: תהלים ח
וְהָיָה יהוה לְמֶלֶךְ עַל־כָּל־הָאָרֶץ זכריה יד
בַּיּוֹם הַהוּא יִהְיֶה יהוה אֶחָד וּשְׁמוֹ אֶחָד:

שליח הציבור:

וּבְדִבְרֵי קָדְשְׁךָ כָּתוּב לֵאמֹר

קהל ואחריו שליח הציבור:

״יִמְלֹךְ יהוה לְעוֹלָם, אֱלֹהַיִךְ צִיּוֹן לְדֹר וָדֹר, הַלְלוּיָהּ: תהלים קמו

שליח הציבור:

לְדוֹר וָדוֹר נַגִּיד גָּדְלֶךָ, וּלְנֵצַח נְצָחִים קְדֻשָּׁתְךָ נַקְדִּישׁ
וְשִׁבְחֲךָ אֱלֹהֵינוּ מִפִּינוּ לֹא יָמוּשׁ לְעוֹלָם וָעֶד
כִּי אֵל מֶלֶךְ גָּדוֹל וְקָדוֹשׁ אָתָּה.

בבתי כנסת המתפללים בנוסח אשכנז, אין אומרים 'לְדוֹר וָדוֹר'.

לְדוֹר וָדוֹר הַמְלִיכוּ לָאֵל, כִּי הוּא לְבַדּוֹ מָרוֹם וְקָדוֹשׁ.

קהל ושליח הציבור אומרים יחד:

חֲמֹל עַל מַעֲשֶׂיךָ
וְתִשְׂמַח בְּמַעֲשֶׂיךָ
וְיֹאמְרוּ לְךָ חוֹסֶיךָ
בְּצַדֶּקְךָ עֲמוּסֶיךָ
תֻּקְדַּשׁ אָדוֹן עַל כָּל מַעֲשֶׂיךָ

כִּי מַקְדִּישֶׁיךָ בִּקְדֻשָּׁתְךָ קִדַּשְׁתָּ
נָאֶה לְקָדוֹשׁ פְּאֵר מִקְּדוֹשִׁים.

שליח הציבור ממשיך:

בְּאֵין מֵלִיץ יֹשֶׁר מוּל מַגִּיד פֶּשַׁע
תַּגִּיד לְיַעֲקֹב דְּבַר, חֹק וּמִשְׁפָּט
וְצַדְּקֵנוּ בַּמִּשְׁפָּט, הַמֶּלֶךְ הַמִּשְׁפָּט.

עוֹד יִזְכֹּר לָנוּ אַהֲבַת אֵיתָן, אֲדוֹנֵינוּ
וּבַבֵּן הַנֶּעֱקַד יַשְׁבִּית מְדַיְּנֵנוּ
וּבִזְכוּת הַתָּם יוֹצִיא הַיּוֹם לְצֶדֶק דִּינֵנוּ
כִּי־קָדוֹשׁ הַיּוֹם לַאֲדֹנֵינוּ: נחמיה ח

וּבְכֵן יִתְקַדַּשׁ שִׁמְךָ יהוה אֱלֹהֵינוּ
עַל יִשְׂרָאֵל עַמֶּךָ
וְעַל יְרוּשָׁלַיִם עִירֶךָ
וְעַל צִיּוֹן מִשְׁכַּן כְּבוֹדֶךָ
וְעַל מַלְכוּת בֵּית דָּוִד מְשִׁיחֶךָ
וְעַל מְכוֹנְךָ וְהֵיכָלֶךָ.

וּבְכֵן תֵּן פַּחְדְּךָ יהוה אֱלֹהֵינוּ עַל כָּל מַעֲשֶׂיךָ
וְאֵימָתְךָ עַל כָּל מַה שֶּׁבָּרָאתָ
וְיִירָאוּךָ כָּל הַמַּעֲשִׂים, וְיִשְׁתַּחֲווּ לְפָנֶיךָ כָּל הַבְּרוּאִים
וְיֵעָשׂוּ כֻלָּם אֲגֻדָּה אֶחָת לַעֲשׂוֹת רְצוֹנְךָ בְּלֵבָב שָׁלֵם
כְּמוֹ שֶׁיָּדַעְנוּ יהוה אֱלֹהֵינוּ שֶׁהַשָּׁלְטָן לְפָנֶיךָ
עֹז בְּיָדְךָ וּגְבוּרָה בִּימִינֶךָ
וְשִׁמְךָ נוֹרָא עַל כָּל מַה שֶּׁבָּרָאתָ.

וּבְכֵן תֵּן כָּבוֹד יהוה לְעַמֶּךָ
תְּהִלָּה לִירֵאֶיךָ וְתִקְוָה טוֹבָה לְדוֹרְשֶׁיךָ
וּפִתְחוֹן פֶּה לַמְיַחֲלִים לָךְ
שִׂמְחָה לְאַרְצֶךָ, וְשָׂשׂוֹן לְעִירֶךָ
וּצְמִיחַת קֶרֶן לְדָוִד עַבְדֶּךָ
וַעֲרִיכַת נֵר לְבֶן יִשַׁי מְשִׁיחֶךָ בִּמְהֵרָה בְיָמֵינוּ.

וּבְכֵן צַדִּיקִים יִרְאוּ וְיִשְׂמָחוּ, וִישָׁרִים יַעֲלֹזוּ
וַחֲסִידִים בְּרִנָּה יָגִילוּ, וְעוֹלָתָה תִּקְפָּץ פִּיהָ
וְכָל הָרִשְׁעָה כֻּלָּהּ כְּעָשָׁן תִּכְלֶה
כִּי תַעֲבִיר מֶמְשֶׁלֶת זָדוֹן מִן הָאָרֶץ.

וְתִמְלֹךְ אַתָּה הוּא יהוה אֱלֹהֵינוּ
מְהֵרָה לְבַדֶּךָ עַל כָּל מַעֲשֶׂיךָ
בְּהַר צִיּוֹן מִשְׁכַּן כְּבוֹדֶךָ
וּבִירוּשָׁלַיִם עִיר קָדְשֶׁךָ
כַּכָּתוּב בְּדִבְרֵי קָדְשֶׁךָ
יִמְלֹךְ יהוה לְעוֹלָם, אֱלֹהַיִךְ צִיּוֹן לְדֹר וָדֹר, הַלְלוּיָהּ: תהלים קמו

קָדוֹשׁ אַתָּה וְנוֹרָא שְׁמֶךָ, וְאֵין אֱלוֹהַּ מִבַּלְעָדֶיךָ

ישעיה ה כַּכָּתוּב, וַיִּגְבַּהּ יהוה צְבָאוֹת בַּמִּשְׁפָּט

וְהָאֵל הַקָּדוֹשׁ נִקְדַּשׁ בִּצְדָקָה:

בָּרוּךְ אַתָּה יהוה, הַמֶּלֶךְ הַקָּדוֹשׁ.

קדושת היום

אַתָּה בְחַרְתָּנוּ מִכָּל הָעַמִּים

אָהַבְתָּ אוֹתָנוּ וְרָצִיתָ בָּנוּ

וְרוֹמַמְתָּנוּ מִכָּל הַלְּשׁוֹנוֹת

וְקִדַּשְׁתָּנוּ בְּמִצְוֹתֶיךָ

וְקֵרַבְתָּנוּ מַלְכֵּנוּ לַעֲבוֹדָתֶךָ

וְשִׁמְךָ הַגָּדוֹל וְהַקָּדוֹשׁ עָלֵינוּ קָרָאתָ.

בשבת מוסיפים את המילים שבסוגריים.

וַתִּתֶּן לָנוּ יהוה אֱלֹהֵינוּ בְּאַהֲבָה אֶת יוֹם

(הַשַּׁבָּת הַזֶּה לִקְדֻשָּׁה וְלִמְנוּחָה, וְאֶת יוֹם)

הַכִּפּוּרִים הַזֶּה, לִמְחִילָה וְלִסְלִיחָה וּלְכַפָּרָה

וְלִמְחָל בּוֹ אֶת כָּל עֲווֹנוֹתֵינוּ

(בְּאַהֲבָה) מִקְרָא קֹדֶשׁ, זֵכֶר לִיצִיאַת מִצְרָיִם.

אֱלֹהֵינוּ וֵאלֹהֵי אֲבוֹתֵינוּ

יַעֲלֶה וְיָבוֹא וְיַגִּיעַ, וְיֵרָאֶה וְיֵרָצֶה וְיִשָּׁמַע

וְיִפָּקֵד וְיִזָּכֵר זִכְרוֹנֵנוּ וּפִקְדוֹנֵנוּ וְזִכְרוֹן אֲבוֹתֵינוּ

וְזִכְרוֹן מָשִׁיחַ בֶּן דָּוִד עַבְדֶּךָ, וְזִכְרוֹן יְרוּשָׁלַיִם עִיר קָדְשֶׁךָ

וְזִכְרוֹן כָּל עַמְּךָ בֵּית יִשְׂרָאֵל, לְפָנֶיךָ, לִפְלֵיטָה לְטוֹבָה

לְחֵן וּלְחֶסֶד וּלְרַחֲמִים, לְחַיִּים וּלְשָׁלוֹם

בְּיוֹם הַכִּפּוּרִים הַזֶּה.

זָכְרֵנוּ יהוה אֱלֹהֵינוּ בּוֹ לְטוֹבָה, וּפָקְדֵנוּ בוֹ לִבְרָכָה
וְהוֹשִׁיעֵנוּ בוֹ לְחַיִּים טוֹבִים.
וּבִדְבַר יְשׁוּעָה וְרַחֲמִים
חוּס וְחָנֵּנוּ וְרַחֵם עָלֵינוּ וְהוֹשִׁיעֵנוּ
כִּי אֵלֶיךָ עֵינֵינוּ, כִּי אֵל מֶלֶךְ חַנּוּן וְרַחוּם אָתָּה.

בימות הראשונים נהגו לומר סליחות ווידוי לפני חתימת הברכה הרביעית (סידור רס״ג). במאתיים השנים האחרונות הפסיקו לומר בקהילות אשכנז פיוטים וי״ג מידות (פרט לתפילות ערבית ונעילה), ומתחילים מיד בפסוקי סליחות.

הכול:

זְכֹר־רַחֲמֶיךָ יהוה וַחֲסָדֶיךָ, כִּי מֵעוֹלָם הֵמָּה: תהלים כה
אַל־תִּזְכָּר־לָנוּ עֲוֹנֹת רִאשֹׁנִים תהלים עט
מַהֵר יְקַדְּמוּנוּ רַחֲמֶיךָ כִּי דַלּוֹנוּ מְאֹד:
זָכְרֵנוּ יהוה בִּרְצוֹן עַמֶּךָ, פָּקְדֵנוּ בִּישׁוּעָתֶךָ.
זְכֹר עֲדָתְךָ קָנִיתָ קֶּדֶם, גָּאַלְתָּ שֵׁבֶט נַחֲלָתֶךָ, הַר־צִיּוֹן זֶה שָׁכַנְתָּ בּוֹ: תהלים עד
זְכֹר יהוה חִבַּת יְרוּשָׁלָיִם, אַהֲבַת צִיּוֹן אַל תִּשְׁכַּח לָנֶצַח.
זְכֹר יהוה לִבְנֵי אֱדוֹם אֵת יוֹם יְרוּשָׁלָיִם תהלים קלז
הָאֹמְרִים עָרוּ עָרוּ, עַד הַיְסוֹד בָּהּ:
אַתָּה תָקוּם תְּרַחֵם צִיּוֹן, כִּי־עֵת לְחֶנְנָהּ, כִּי־בָא מוֹעֵד: תהלים קב
זְכֹר לְאַבְרָהָם לְיִצְחָק וּלְיִשְׂרָאֵל עֲבָדֶיךָ שמות לב
אֲשֶׁר נִשְׁבַּעְתָּ לָהֶם בָּךְ וַתְּדַבֵּר אֲלֵהֶם
אַרְבֶּה אֶת־זַרְעֲכֶם כְּכוֹכְבֵי הַשָּׁמָיִם
וְכָל־הָאָרֶץ הַזֹּאת אֲשֶׁר אָמַרְתִּי אֶתֵּן לְזַרְעֲכֶם, וְנָחֲלוּ לְעֹלָם:
זְכֹר לַעֲבָדֶיךָ לְאַבְרָהָם לְיִצְחָק וּלְיַעֲקֹב דברים ט
אַל־תֵּפֶן אֶל־קְשִׁי הָעָם הַזֶּה וְאֶל־רִשְׁעוֹ וְאֶל־חַטָּאתוֹ:

שליח הציבור ואחריו הקהל:

אַל־נָא תָשֵׁת עָלֵינוּ חַטָּאת אֲשֶׁר נוֹאַלְנוּ וַאֲשֶׁר חָטָאנוּ: במדבר יב
חָטָאנוּ צוּרֵנוּ, סְלַח לָנוּ יוֹצְרֵנוּ.

גם כיום נוהגים ברוב הקהילות לומר פיוט ׳חָטָאנוּ׳ (ראה עמ׳ 502) לתפילת מנחה – ׳אֵל נָא, רְפָא נָא׳, המתאר כיצד הקב״ה ענה לתפילתם של אבות האומה.
יש קהילות שבהן אומרים פיוט זה כפיוט ׳חָטָאנוּ׳ בכל תעניות ציבור.
במקור את הפיוט אמר שליח הציבור, והקהל ענה רק את הפזמון ׳חָטָאנוּ צוּרֵנוּ, סְלַח לָנוּ יוֹצְרֵנוּ׳. כיום נוהגים שהקהל ושליח הציבור אומרים את כולו:
יש קהילות שבהן הכול אומרים זוג בתים בכל פעם, ושליח הציבור מסיים בקול את סוף הבית השני מביניהם, ואין עונים אחריו ׳חָטָאנוּ׳.

סימן א״ב

אֵל נָא, רְפָא נָא תַּחֲלוּאֵי גֶּפֶן פּוֹרִיָּה
בּוֹשָׁה וְחָפְרָה, וְאֻמְלַל פִּרְיָהּ
גְּאָלֶנָּה מִשַּׁחַת וּמִמַּכָּה טְרִיָּה.
עֲנֵנוּ כְּשֶׁעָנִיתָ לְאַבְרָהָם אָבִינוּ בְּהַר הַמּוֹרִיָּה.
חָטָאנוּ צוּרֵנוּ, סְלַח לָנוּ יוֹצְרֵנוּ.

דְּגָלֵי עַם, פְּדוּיֵי בִּזְרוֹעַ חָשׂוּף
הַצֵּל מִנֶּגֶף וְאַל יִהְיוּ לִשְׂסוּף
וְתַעֲנֶה קְרִיאָתֵנוּ וּלְמַעֲשֵׂה יָדֶיךָ תִּכְסֹף
עֲנֵנוּ כְּשֶׁעָנִיתָ לַאֲבוֹתֵינוּ עַל יַם סוּף.
חָטָאנוּ צוּרֵנוּ, סְלַח לָנוּ יוֹצְרֵנוּ.

זְכוּת צוּר חֻצַּב הַיּוֹם לָנוּ תְגַל
חָשְׁכֵנוּ מֵאֶנֶף וּנְחֵנוּ בְּיֹשֶׁר מַעְגָּל
טַהֵר טֻמְאָתֵנוּ וְלִמְאוֹר תּוֹרָתְךָ עֵינֵינוּ גַל
עֲנֵנוּ כְּשֶׁעָנִיתָ לִיהוֹשֻׁעַ בַּגִּלְגָּל.
חָטָאנוּ צוּרֵנוּ, סְלַח לָנוּ יוֹצְרֵנוּ.

יָהּ, רְאֵה דֶּשֶׁן עָקוּד, וְהַצְמַח לָנוּ תְרוּפָה
כַּלֵּה שֹׁד וָשֶׁבֶר, סַעַר וְסוּפָה
לַמְּדֵנוּ וְחַכְּמֵנוּ אִמְרָתְךָ הַצְּרוּפָה
עֲנֵנוּ כְּשֶׁעָנִיתָ לִשְׁמוּאֵל בַּמִּצְפָּה.
חָטָאנוּ צוּרֵנוּ, סְלַח לָנוּ יוֹצְרֵנוּ.

מְתֻמָּם מְרֻחָם, שָׁרָשָׁיו אַל תַּקְמֵל
נִקְנוּ מִכֶּתֶם וָשֶׁמֶץ, וְלֹא נֵאָמֵל
סַעֲדֵנוּ וְנִוָּשֵׁעָה, וַאֲרוּחוֹת חֲסָדֶיךָ נִגָּמֵל
עֲנֵנוּ כְּשֶׁעָנִיתָ לְאֵלִיָּהוּ בְּהַר הַכַּרְמֶל.

חָטָאנוּ צוּרֵנוּ, סְלַח לָנוּ יוֹצְרֵנוּ.

עוֹדְדֵנוּ בְּצֶדֶק מָשׁוּי מִמַּיִם, וְכַפֵּר זָדוֹן וּמִשְׁגָּה
פְּדֵנוּ מִמְּהוּמַת מָוֶת, וְאָחוֹר בַּל נִסּוֹגָה
צַוֵּה יְשׁוּעָתֵנוּ, וּבַעֲוֹנוֹתֵינוּ אַל נִתְמוֹגְגָה
עֲנֵנוּ כְּשֶׁעָנִיתָ לְיוֹנָה בִּמְעֵי הַדָּגָה.

חָטָאנוּ צוּרֵנוּ, סְלַח לָנוּ יוֹצְרֵנוּ.

קְדֻשַּׁת אִישׁ חֲסִידֶךָ זְכֹר לִיפַת פְּעָמִים
רַחֲמֶיךָ תְּעוֹרֵר כִּי לָקִינוּ בְּכִפְלַיִם
שׁוּבֵנוּ תֹּקֶף לְיִרְאָתֶךָ וְלֹא נֶחְשַׁף שׁוּלַיִם
עֲנֵנוּ כְּשֶׁעָנִיתָ לְדָוִד וְלִשְׁלֹמֹה בְנוֹ בִּירוּשָׁלָיִם.

חָטָאנוּ צוּרֵנוּ, סְלַח לָנוּ יוֹצְרֵנוּ.

הכול:

זְכָר לָנוּ בְּרִית אָבוֹת כַּאֲשֶׁר אָמַרְתָּ:
וְזָכַרְתִּי אֶת־בְּרִיתִי יַעֲקוֹב ויקרא כו
וְאַף אֶת־בְּרִיתִי יִצְחָק
וְאַף אֶת־בְּרִיתִי אַבְרָהָם אֶזְכֹּר
וְהָאָרֶץ אֶזְכֹּר:

זְכָר לָנוּ בְּרִית רִאשׁוֹנִים כַּאֲשֶׁר אָמַרְתָּ:
ויקרא כו וְזָכַרְתִּי לָהֶם בְּרִית רִאשֹׁנִים
אֲשֶׁר הוֹצֵאתִי־אֹתָם מֵאֶרֶץ מִצְרַיִם לְעֵינֵי הַגּוֹיִם
לִהְיוֹת לָהֶם לֵאלֹהִים, אֲנִי יהוה:

עֲשֵׂה עִמָּנוּ כְּמָה שֶׁהִבְטַחְתָּנוּ:
ויקרא כו וְאַף גַּם־זֹאת בִּהְיוֹתָם בְּאֶרֶץ אֹיְבֵיהֶם
לֹא־מְאַסְתִּים וְלֹא־גְעַלְתִּים לְכַלֹּתָם
לְהָפֵר בְּרִיתִי אִתָּם
כִּי אֲנִי יהוה אֱלֹהֵיהֶם:

הָשֵׁב שְׁבוּתֵנוּ וְרַחֲמֵנוּ כְּמָה שֶׁכָּתוּב:
דברים ל וְשָׁב יהוה אֱלֹהֶיךָ אֶת־שְׁבוּתְךָ וְרִחֲמֶךָ
וְשָׁב וְקִבֶּצְךָ מִכָּל־הָעַמִּים אֲשֶׁר הֱפִיצְךָ יהוה אֱלֹהֶיךָ שָׁמָּה:

קַבֵּץ נִדָּחֵינוּ כְּמָה שֶׁכָּתוּב:
דברים ל אִם־יִהְיֶה נִדַּחֲךָ בִּקְצֵה הַשָּׁמָיִם
מִשָּׁם יְקַבֶּצְךָ יהוה אֱלֹהֶיךָ וּמִשָּׁם יִקָּחֶךָ:

מְחֵה פְשָׁעֵינוּ כָּעָב וְכֶעָנָן כְּמָה שֶׁכָּתוּב:
ישעיה מד מָחִיתִי כָעָב פְּשָׁעֶיךָ וְכֶעָנָן חַטֹּאותֶיךָ
שׁוּבָה אֵלַי כִּי גְאַלְתִּיךָ:

מְחֵה פְשָׁעֵינוּ לְמַעַנְךָ כַּאֲשֶׁר אָמַרְתָּ:
ישעיה מג אָנֹכִי אָנֹכִי הוּא מֹחֶה פְשָׁעֶיךָ לְמַעֲנִי
וְחַטֹּאתֶיךָ לֹא אֶזְכֹּר:

הַלְבֵּן חֲטָאֵינוּ כַּשֶּׁלֶג וְכַצֶּמֶר כְּמָה שֶׁכָּתוּב:
ישעיה א לְכוּ־נָא וְנִוָּכְחָה יֹאמַר יהוה
אִם־יִהְיוּ חֲטָאֵיכֶם כַּשָּׁנִים כַּשֶּׁלֶג יַלְבִּינוּ
אִם־יַאְדִּימוּ כַתּוֹלָע כַּצֶּמֶר יִהְיוּ:

זְרֹק עָלֵינוּ מַיִם טְהוֹרִים וְטַהֲרֵנוּ כְּמָה שֶׁכָּתוּב:
וְזָרַקְתִּי עֲלֵיכֶם מַיִם טְהוֹרִים וּטְהַרְתֶּם יחזקאל לו
מִכֹּל טֻמְאוֹתֵיכֶם וּמִכָּל־גִּלּוּלֵיכֶם אֲטַהֵר אֶתְכֶם:

כַּפֵּר חֲטָאֵינוּ בַּיּוֹם הַזֶּה וְטַהֲרֵנוּ, כְּמָה שֶׁכָּתוּב:
כִּי־בַיּוֹם הַזֶּה יְכַפֵּר עֲלֵיכֶם לְטַהֵר אֶתְכֶם ויקרא טז
מִכֹּל חַטֹּאתֵיכֶם לִפְנֵי יהוה תִּטְהָרוּ:

רַחֵם עָלֵינוּ וְאַל תַּשְׁחִיתֵנוּ כְּמָה שֶׁכָּתוּב:
כִּי אֵל רַחוּם יהוה אֱלֹהֶיךָ דברים ד
לֹא יַרְפְּךָ וְלֹא יַשְׁחִיתֶךָ
וְלֹא יִשְׁכַּח אֶת־בְּרִית אֲבוֹתֶיךָ
אֲשֶׁר נִשְׁבַּע לָהֶם:

מוֹל אֶת לְבָבֵנוּ לְאַהֲבָה אֶת שְׁמֶךָ כְּמָה שֶׁכָּתוּב:
וּמָל יהוה אֱלֹהֶיךָ אֶת־לְבָבְךָ וְאֶת־לְבַב זַרְעֶךָ דברים ל
לְאַהֲבָה אֶת־יהוה אֱלֹהֶיךָ
בְּכָל־לְבָבְךָ וּבְכָל־נַפְשְׁךָ
לְמַעַן חַיֶּיךָ:

הִמָּצֵא לָנוּ בְּבַקָּשָׁתֵנוּ כְּמָה שֶׁכָּתוּב:
וּבִקַּשְׁתֶּם מִשָּׁם אֶת־יהוה אֱלֹהֶיךָ וּמָצָאתָ דברים ד
כִּי תִדְרְשֶׁנּוּ בְּכָל־לְבָבְךָ וּבְכָל־נַפְשֶׁךָ:

תְּבִיאֵנוּ אֶל הַר קָדְשֶׁךָ, וְשַׂמְּחֵנוּ בְּבֵית תְּפִלָּתֶךָ כְּמָה שֶׁכָּתוּב:
וַהֲבִיאוֹתִים אֶל־הַר קָדְשִׁי ישעיה נו
וְשִׂמַּחְתִּים בְּבֵית תְּפִלָּתִי
עוֹלֹתֵיהֶם וְזִבְחֵיהֶם לְרָצוֹן עַל־מִזְבְּחִי
כִּי בֵיתִי בֵּית־תְּפִלָּה יִקָּרֵא לְכָל־הָעַמִּים:

פותחים את ארון הקודש.

בקהילות רבות נוהגים לומר את הפסוקים בסדר הבא:
׳שְׁמַע קוֹלֵנוּ׳, ׳הֲשִׁיבֵנוּ׳, ׳אַל תַּשְׁלִיכֵנוּ מִלְּפָנֶיךָ׳, ׳אַל תַּשְׁלִיכֵנוּ לְעֵת זִקְנָה׳ בקול,
שליח הציבור אומר פסוק פסוק ואחריו הקהל; ׳אַל תַּעַזְבֵנוּ׳, ׳עֲשֵׂה עִמָּנוּ׳
׳אֲמָרֵינוּ הַאֲזִינָה׳, ׳יִהְיוּ לְרָצוֹן׳, ׳כִּי לְךָ ה׳׳ בלחש.

הקהל ואחריו שליח הציבור אומרים פסוק פסוק עד ׳אַל תַּעַזְבֵנוּ׳:

שְׁמַע קוֹלֵנוּ, יהוה אֱלֹהֵינוּ, חוּס וְרַחֵם עָלֵינוּ
וְקַבֵּל בְּרַחֲמִים וּבְרָצוֹן אֶת תְּפִלָּתֵנוּ.
הֲשִׁיבֵנוּ יהוה אֵלֶיךָ וְנָשׁוּבָה, חַדֵּשׁ יָמֵינוּ כְּקֶדֶם: איכה ה
אֲמָרֵינוּ הַאֲזִינָה יהוה, בִּינָה הֲגִיגֵנוּ.
יִהְיוּ לְרָצוֹן אִמְרֵי פִינוּ וְהֶגְיוֹן לִבֵּנוּ לְפָנֶיךָ, יהוה צוּרֵנוּ וְגוֹאֲלֵנוּ.
אַל תַּשְׁלִיכֵנוּ מִלְּפָנֶיךָ, וְרוּחַ קָדְשְׁךָ אַל תִּקַּח מִמֶּנּוּ.
אַל תַּשְׁלִיכֵנוּ לְעֵת זִקְנָה, כִּכְלוֹת כֹּחֵנוּ אַל תַּעַזְבֵנוּ.

אַל תַּעַזְבֵנוּ יהוה, אֱלֹהֵינוּ אַל תִּרְחַק מִמֶּנּוּ.
עֲשֵׂה עִמָּנוּ אוֹת לְטוֹבָה, וְיִרְאוּ שׂוֹנְאֵינוּ וְיֵבֹשׁוּ
כִּי אַתָּה יהוה עֲזַרְתָּנוּ וְנִחַמְתָּנוּ.
כִּי לְךָ יהוה הוֹחָלְנוּ, אַתָּה תַעֲנֶה אֲדֹנָי אֱלֹהֵינוּ.

סוגרים את ארון הקודש.

שליח הציבור:

אֱלֹהֵינוּ וֵאלֹהֵי אֲבוֹתֵינוּ
אַל תַּעַזְבֵנוּ, וְאַל תִּטְּשֵׁנוּ, וְאַל תַּכְלִימֵנוּ, וְאַל תָּפֵר בְּרִיתְךָ אִתָּנוּ
קָרְבֵנוּ לְתוֹרָתֶךָ, לַמְּדֵנוּ מִצְוֹתֶיךָ
הוֹרֵנוּ דְרָכֶיךָ, הַט לִבֵּנוּ לְיִרְאָה אֶת שְׁמֶךָ
וּמוֹל אֶת לְבָבֵנוּ לְאַהֲבָתֶךָ, וְנָשׁוּב אֵלֶיךָ בֶּאֱמֶת וּבְלֵב שָׁלֵם
וּלְמַעַן שִׁמְךָ הַגָּדוֹל תִּמְחֹל וְתִסְלַח לַעֲוֹנֵינוּ
כַּכָּתוּב בְּדִבְרֵי קָדְשֶׁךָ: לְמַעַן־שִׁמְךָ יהוה, וְסָלַחְתָּ לַעֲוֹנִי כִּי רַב־הוּא: תהלים כה

הכול:

אֱלֹהֵינוּ וֵאלֹהֵי אֲבוֹתֵינוּ
סְלַח לָנוּ, מְחַל לָנוּ, כַּפֶּר לָנוּ.

כִּי אָנוּ עַמֶּךָ וְאַתָּה אֱלֹהֵינוּ אָנוּ בָנֶיךָ וְאַתָּה אָבִינוּ
אָנוּ עֲבָדֶיךָ וְאַתָּה אֲדוֹנֵנוּ אָנוּ קְהָלֶךָ וְאַתָּה חֶלְקֵנוּ
אָנוּ נַחֲלָתֶךָ וְאַתָּה גוֹרָלֵנוּ אָנוּ צֹאנֶךָ וְאַתָּה רוֹעֵנוּ
אָנוּ כַרְמֶךָ וְאַתָּה נוֹטְרֵנוּ אָנוּ פְעֻלָּתֶךָ וְאַתָּה יוֹצְרֵנוּ
אָנוּ רַעְיָתֶךָ וְאַתָּה דוֹדֵנוּ אָנוּ סְגֻלָּתֶךָ וְאַתָּה אֱלֹהֵינוּ
אָנוּ עַמֶּךָ וְאַתָּה מַלְכֵּנוּ אָנוּ מַאֲמִירֶיךָ וְאַתָּה מַאֲמִירֵנוּ.

שליח הציבור אומר שורה שורה, והקהל חוזר אחריו:

אָנוּ עַזֵּי פָנִים וְאַתָּה רַחוּם וְחַנּוּן
אָנוּ קְשֵׁי עֹרֶף וְאַתָּה אֶרֶךְ אַפַּיִם
אָנוּ מְלֵאֵי עָוֹן וְאַתָּה מָלֵא רַחֲמִים
אָנוּ יָמֵינוּ כְּצֵל עוֹבֵר וְאַתָּה־הוּא וּשְׁנוֹתֶיךָ לֹא יִתָּמּוּ: תהלים קב

שליח הציבור:

אֱלֹהֵינוּ וֵאלֹהֵי אֲבוֹתֵינוּ
תָּבוֹא לְפָנֶיךָ תְּפִלָּתֵנוּ, וְאַל תִּתְעַלַּם מִתְּחִנָּתֵנוּ.
שֶׁאֵין אָנוּ עַזֵּי פָנִים וּקְשֵׁי עֹרֶף לוֹמַר לְפָנֶיךָ
יהוה אֱלֹהֵינוּ וֵאלֹהֵי אֲבוֹתֵינוּ
צַדִּיקִים אֲנַחְנוּ וְלֹא חָטָאנוּ. אֲבָל אֲנַחְנוּ וַאֲבוֹתֵינוּ חָטָאנוּ.

כשמתוודה, מכה באגרופו על החזה כנגד הלב (מג״א תרז, ג, בשם מדרש קהלת).

אָשַׁמְנוּ, בָּגַדְנוּ, גָּזַלְנוּ, דִּבַּרְנוּ דֹפִי
הֶעֱוִינוּ, וְהִרְשַׁעְנוּ, זַדְנוּ, חָמַסְנוּ, טָפַלְנוּ שֶׁקֶר
יָעַצְנוּ רָע, כִּזַּבְנוּ, לַצְנוּ, מָרַדְנוּ, נִאַצְנוּ, סָרַרְנוּ
עָוִינוּ, פָּשַׁעְנוּ, צָרַרְנוּ, קִשִּׁינוּ עֹרֶף
רָשַׁעְנוּ, שִׁחַתְנוּ, תִּעַבְנוּ, תָּעִינוּ, תִּעְתָּעְנוּ.

סַרְנוּ מִמִּצְוֹתֶיךָ וּמִמִּשְׁפָּטֶיךָ הַטּוֹבִים, וְלֹא שָׁוָה לָנוּ.
וְאַתָּה צַדִּיק עַל כָּל־הַבָּא עָלֵינוּ נחמיה ט
כִּי־אֱמֶת עָשִׂיתָ, וַאֲנַחְנוּ הִרְשָׁעְנוּ:

הִרְשַׁעְנוּ וּפָשַׁעְנוּ, לָכֵן לֹא נוֹשָׁעְנוּ
וְתֵן בְּלִבֵּנוּ לַעֲזֹב דֶּרֶךְ רֶשַׁע
וְחִישׁ לָנוּ יֶשַׁע
כַּכָּתוּב עַל יַד נְבִיאֶךָ
יַעֲזֹב רָשָׁע דַּרְכּוֹ, וְאִישׁ אָוֶן מַחְשְׁבֹתָיו ישעיה נה
וְיָשֹׁב אֶל־יהוה וִירַחֲמֵהוּ, וְאֶל־אֱלֹהֵינוּ כִּי־יַרְבֶּה לִסְלוֹחַ:

שליח הציבור:

אֱלֹהֵינוּ וֵאלֹהֵי אֲבוֹתֵינוּ
סְלַח וּמְחַל לַעֲוֹנוֹתֵינוּ
בְּיוֹם (בשבת: הַשַּׁבָּת הַזֶּה וּבְיוֹם) הַכִּפּוּרִים הַזֶּה
וְהֵעָתֵר לָנוּ בִּתְפִלָּתֵנוּ
מְחֵה וְהַעֲבֵר פְּשָׁעֵינוּ וְחַטֹּאתֵינוּ מִנֶּגֶד עֵינֶיךָ
וְכֹף אֶת יִצְרֵנוּ לְהִשְׁתַּעְבֶּד לָךְ
וְהַכְנַע עָרְפֵּנוּ לָשׁוּב אֵלֶיךָ בֶּאֱמֶת
וְחַדֵּשׁ כִּלְיוֹתֵינוּ לִשְׁמֹר פִּקּוּדֶיךָ
וּמוֹל אֶת לְבָבֵנוּ לְאַהֲבָה וּלְיִרְאָה אֶת שְׁמֶךָ
כַּכָּתוּב בְּתוֹרָתֶךָ
וּמָל יהוה אֱלֹהֶיךָ אֶת־לְבָבְךָ וְאֶת־לְבַב זַרְעֶךָ דברים ל
לְאַהֲבָה אֶת־יהוה אֱלֹהֶיךָ
בְּכָל־לְבָבְךָ וּבְכָל־נַפְשְׁךָ, לְמַעַן חַיֶּיךָ:
הַזְּדוֹנוֹת וְהַשְּׁגָגוֹת אַתָּה מַכִּיר
הָרָצוֹן וְהָאֹנֶס, הַגְּלוּיִים וְהַנִּסְתָּרִים
לְפָנֶיךָ הֵם גְּלוּיִים וִידוּעִים.

מָה אָנוּ, מֶה חַיֵּינוּ, מֶה חַסְדֵּנוּ, מַה צִּדְקוֹתֵינוּ
מַה יְשׁוּעָתֵנוּ, מַה כֹּחֵנוּ, מַה גְּבוּרָתֵנוּ
מַה נֹּאמַר לְפָנֶיךָ, יהוה אֱלֹהֵינוּ וֵאלֹהֵי אֲבוֹתֵינוּ
הֲלֹא כָּל הַגִּבּוֹרִים כְּאַיִן לְפָנֶיךָ
וְאַנְשֵׁי הַשֵּׁם כְּלֹא הָיוּ
וַחֲכָמִים כִּבְלִי מַדָּע, וּנְבוֹנִים כִּבְלִי הַשְׂכֵּל
כִּי רֹב מַעֲשֵׂיהֶם תֹּהוּ, וִימֵי חַיֵּיהֶם הֶבֶל לְפָנֶיךָ
וּמוֹתַר הָאָדָם מִן־הַבְּהֵמָה אָיִן, כִּי הַכֹּל הָבֶל: קהלת ג

מַה נֹּאמַר לְפָנֶיךָ יוֹשֵׁב מָרוֹם
וּמַה נְּסַפֵּר לְפָנֶיךָ שׁוֹכֵן שְׁחָקִים
הֲלֹא כָּל הַנִּסְתָּרוֹת וְהַנִּגְלוֹת אַתָּה יוֹדֵעַ.

הפיוט ׳אַתָּה מֵבִין׳ (עמ׳ 504), הוא הרחבה של הפיסקה ׳אַתָּה יוֹדֵעַ רָזֵי עוֹלָם׳ למטה.
היום נוהגים לומר רק את שני הבתים האחרונים שבו.

שליח הציבור ואחריו הקהל:

שִׁמְךָ מֵעוֹלָם עוֹבֵר עַל פֶּשַׁע
שַׁוְעָתֵנוּ תַּאֲזִין, בְּעָמְדֵנוּ לְפָנֶיךָ בִּתְפִלָּה

תַּעֲבֹר עַל פֶּשַׁע לְעַם שָׁבֵי פֶשַׁע
תִּמְחֶה פְשָׁעֵינוּ מִנֶּגֶד עֵינֶיךָ.

שליח הציבור אומר, והקהל אומר אתו בלחש:

אַתָּה יוֹדֵעַ רָזֵי עוֹלָם וְתַעֲלוּמוֹת סִתְרֵי כָּל חָי.
אַתָּה חוֹפֵשׂ כָּל חַדְרֵי בָטֶן וּבוֹחֵן כְּלָיוֹת וָלֵב.
אֵין דָּבָר נֶעְלָם מִמֶּךָּ וְאֵין נִסְתָּר מִנֶּגֶד עֵינֶיךָ.
וּבְכֵן, יְהִי רָצוֹן מִלְּפָנֶיךָ, יהוה אֱלֹהֵינוּ וֵאלֹהֵי אֲבוֹתֵינוּ
שֶׁתְּכַפֵּר לָנוּ עַל כָּל חַטֹּאתֵינוּ
וְתִסְלַח לָנוּ עַל כָּל עֲוֹנוֹתֵינוּ
וְתִמְחַל לָנוּ עַל כָּל פְּשָׁעֵינוּ.

על כל חטא שמונה, מכה באגרופו על החזה כנגד הלב.

עַל חֵטְא שֶׁחָטָאנוּ לְפָנֶיךָ בְּאֹנֶס וּבְרָצוֹן
וְעַל חֵטְא שֶׁחָטָאנוּ לְפָנֶיךָ בְּאִמּוּץ הַלֵּב

עַל חֵטְא שֶׁחָטָאנוּ לְפָנֶיךָ בִּבְלִי דָעַת
וְעַל חֵטְא שֶׁחָטָאנוּ לְפָנֶיךָ בְּבִטּוּי שְׂפָתָיִם

עַל חֵטְא שֶׁחָטָאנוּ לְפָנֶיךָ בְּגִלּוּי עֲרָיוֹת
וְעַל חֵטְא שֶׁחָטָאנוּ לְפָנֶיךָ בְּגָלוּי וּבַסָּתֶר

עַל חֵטְא שֶׁחָטָאנוּ לְפָנֶיךָ בְּדַעַת וּבְמִרְמָה
וְעַל חֵטְא שֶׁחָטָאנוּ לְפָנֶיךָ בְּדִבּוּר פֶּה

עַל חֵטְא שֶׁחָטָאנוּ לְפָנֶיךָ בְּהוֹנָאַת רֵעַ
וְעַל חֵטְא שֶׁחָטָאנוּ לְפָנֶיךָ בְּהִרְהוּר הַלֵּב

עַל חֵטְא שֶׁחָטָאנוּ לְפָנֶיךָ בִּוְעִידַת זְנוּת
וְעַל חֵטְא שֶׁחָטָאנוּ לְפָנֶיךָ בְּוִדּוּי פֶּה

עַל חֵטְא שֶׁחָטָאנוּ לְפָנֶיךָ בְּזִלְזוּל הוֹרִים וּמוֹרִים
וְעַל חֵטְא שֶׁחָטָאנוּ לְפָנֶיךָ בְּזָדוֹן וּבִשְׁגָגָה

עַל חֵטְא שֶׁחָטָאנוּ לְפָנֶיךָ בְּחֹזֶק יָד
וְעַל חֵטְא שֶׁחָטָאנוּ לְפָנֶיךָ בְּחִלּוּל הַשֵּׁם

עַל חֵטְא שֶׁחָטָאנוּ לְפָנֶיךָ בְּטֻמְאַת שְׂפָתָיִם
וְעַל חֵטְא שֶׁחָטָאנוּ לְפָנֶיךָ בְּטִפְשׁוּת פֶּה

עַל חֵטְא שֶׁחָטָאנוּ לְפָנֶיךָ בְּיֵצֶר הָרָע
וְעַל חֵטְא שֶׁחָטָאנוּ לְפָנֶיךָ בְּיוֹדְעִים וּבְלֹא יוֹדְעִים

וְעַל כֻּלָּם אֱלוֹהַּ סְלִיחוֹת סְלַח לָנוּ, מְחַל לָנוּ, כַּפֶּר לָנוּ.

עַל חֵטְא שֶׁחָטָאנוּ לְפָנֶיךָ בְּכַחַשׁ וּבְכָזָב
וְעַל חֵטְא שֶׁחָטָאנוּ לְפָנֶיךָ בְּכַפַּת שֹׁחַד

עַל חֵטְא שֶׁחָטָאנוּ לְפָנֶיךָ בְּלָצוֹן
וְעַל חֵטְא שֶׁחָטָאנוּ לְפָנֶיךָ בְּלָשׁוֹן הָרָע

עַל חֵטְא שֶׁחָטָאנוּ לְפָנֶיךָ בְּמַשָּׂא וּבְמַתָּן
וְעַל חֵטְא שֶׁחָטָאנוּ לְפָנֶיךָ בְּמַאֲכָל וּבְמִשְׁתֶּה

עַל חֵטְא שֶׁחָטָאנוּ לְפָנֶיךָ בְּנֶשֶׁךְ וּבְמַרְבִּית
וְעַל חֵטְא שֶׁחָטָאנוּ לְפָנֶיךָ בִּנְטִיַּת גָּרוֹן

עַל חֵטְא שֶׁחָטָאנוּ לְפָנֶיךָ בְּשִׂיחַ שִׂפְתוֹתֵינוּ
וְעַל חֵטְא שֶׁחָטָאנוּ לְפָנֶיךָ בְּשִׂקּוּר עָיִן

עַל חֵטְא שֶׁחָטָאנוּ לְפָנֶיךָ בְּעֵינַיִם רָמוֹת
וְעַל חֵטְא שֶׁחָטָאנוּ לְפָנֶיךָ בְּעַזּוּת מֵצַח

וְעַל כֻּלָּם אֱלוֹהַּ סְלִיחוֹת סְלַח לָנוּ, מְחַל לָנוּ, כַּפֶּר לָנוּ.

עַל חֵטְא שֶׁחָטָאנוּ לְפָנֶיךָ בִּפְרִיקַת עֹל
וְעַל חֵטְא שֶׁחָטָאנוּ לְפָנֶיךָ בִּפְלִילוּת

עַל חֵטְא שֶׁחָטָאנוּ לְפָנֶיךָ בִּצְדִיַּת רֵעַ
וְעַל חֵטְא שֶׁחָטָאנוּ לְפָנֶיךָ בְּצָרוּת עָיִן

עַל חֵטְא שֶׁחָטָאנוּ לְפָנֶיךָ בְּקַלּוּת רֹאשׁ
וְעַל חֵטְא שֶׁחָטָאנוּ לְפָנֶיךָ בְּקַשְׁיוּת עֹרֶף

עַל חֵטְא שֶׁחָטָאנוּ לְפָנֶיךָ בְּרִיצַת רַגְלַיִם לְהָרַע
וְעַל חֵטְא שֶׁחָטָאנוּ לְפָנֶיךָ בִּרְכִילוּת

עַל חֵטְא שֶׁחָטָֽאנוּ לְפָנֶֽיךָ בִּשְׁבוּעַת שָׁוְא
וְעַל חֵטְא שֶׁחָטָֽאנוּ לְפָנֶֽיךָ בְּשִׂנְאַת חִנָּם

עַל חֵטְא שֶׁחָטָֽאנוּ לְפָנֶֽיךָ בִּתְשֽׂוּמֶת יָד
וְעַל חֵטְא שֶׁחָטָֽאנוּ לְפָנֶֽיךָ בְּתִמְהוֹן לֵבָב

וְעַל כֻּלָּם אֱלֽוֹהַּ סְלִיחוֹת סְלַח לָֽנוּ, מְחַל לָֽנוּ, כַּפֶּר לָֽנוּ.

וְעַל חֲטָאִים שֶׁאָֽנוּ חַיָּבִים עֲלֵיהֶם עוֹלָה
וְעַל חֲטָאִים שֶׁאָֽנוּ חַיָּבִים עֲלֵיהֶם חַטָּאת
וְעַל חֲטָאִים שֶׁאָֽנוּ חַיָּבִים עֲלֵיהֶם קָרְבָּן עוֹלֶה וְיוֹרֵד
וְעַל חֲטָאִים שֶׁאָֽנוּ חַיָּבִים עֲלֵיהֶם אָשָׁם וַדַּאי וְתָלוּי
וְעַל חֲטָאִים שֶׁאָֽנוּ חַיָּבִים עֲלֵיהֶם מַכַּת מַרְדּוּת
וְעַל חֲטָאִים שֶׁאָֽנוּ חַיָּבִים עֲלֵיהֶם מַלְקוּת אַרְבָּעִים
וְעַל חֲטָאִים שֶׁאָֽנוּ חַיָּבִים עֲלֵיהֶם מִיתָה בִּידֵי שָׁמָֽיִם
וְעַל חֲטָאִים שֶׁאָֽנוּ חַיָּבִים עֲלֵיהֶם כָּרֵת וַעֲרִירִי
וְעַל חֲטָאִים שֶׁאָֽנוּ חַיָּבִים עֲלֵיהֶם אַרְבַּע מִיתוֹת בֵּית דִּין
סְקִילָה, שְׂרֵפָה, הֶֽרֶג, וְחֶֽנֶק.
עַל מִצְוַת עֲשֵׂה וְעַל מִצְוַת לֹא תַעֲשֶׂה.
בֵּין שֶׁיֵּשׁ בָּהּ קוּם עֲשֵׂה וּבֵין שֶׁאֵין בָּהּ קוּם עֲשֵׂה.
אֶת הַגְּלוּיִים לָֽנוּ וְאֶת שֶׁאֵינָם גְּלוּיִים לָֽנוּ
אֶת הַגְּלוּיִים לָֽנוּ, כְּבָר אֲמַרְנוּם לְפָנֶֽיךָ, וְהוֹדִֽינוּ לְךָ עֲלֵיהֶם
וְאֶת שֶׁאֵינָם גְּלוּיִים לָֽנוּ, לְפָנֶֽיךָ הֵם גְּלוּיִים וִידוּעִים
כַּדָּבָר שֶׁנֶּאֱמַר
הַנִּסְתָּרֹת לַיהוה אֱלֹהֵֽינוּ, וְהַנִּגְלֹת לָֽנוּ וּלְבָנֵֽינוּ עַד־עוֹלָם דברים כט
לַעֲשׂוֹת אֶת־כָּל־דִּבְרֵי הַתּוֹרָה הַזֹּאת:

רצף פסוקים זה עוסק בסליחת עוונות. במחזורים עתיקים שולבו פיוטים בין פסוק לפסוק, אך כבר מאות בשנים שנוהגים לומר רק את משפטי המעבר שבין הפסוקים.

שליח הציבור ממשיך:

וְדָוִד עַבְדְּךָ אָמַר לְפָנֶיךָ
שְׁגִיאוֹת מִי־יָבִין, מִנִּסְתָּרוֹת נַקֵּנִי: תהלים יט
נַקֵּנוּ יהוה אֱלֹהֵינוּ מִכָּל פְּשָׁעֵינוּ, וְטַהֲרֵנוּ מִכָּל טֻמְאוֹתֵינוּ
וּזְרֹק עָלֵינוּ מַיִם טְהוֹרִים וְטַהֲרֵנוּ
כַּכָּתוּב עַל יַד נְבִיאֶךָ
וְזָרַקְתִּי עֲלֵיכֶם מַיִם טְהוֹרִים, וּטְהַרְתֶּם יחזקאל לו
מִכֹּל טֻמְאוֹתֵיכֶם וּמִכָּל־גִּלּוּלֵיכֶם אֲטַהֵר אֶתְכֶם:

אַל תִּירָא יַעֲקֹב
שׁוּבוּ בָנִים שׁוֹבָבִים, שׁוּבָה יִשְׂרָאֵל.
הִנֵּה לֹא־יָנוּם וְלֹא יִישָׁן, שׁוֹמֵר יִשְׂרָאֵל: תהלים קכא
כַּכָּתוּב עַל יַד נְבִיאֶךָ
שׁוּבָה יִשְׂרָאֵל עַד יהוה אֱלֹהֶיךָ כִּי כָשַׁלְתָּ בַּעֲוֹנֶךָ: הושע יד
וְנֶאֱמַר, קְחוּ עִמָּכֶם דְּבָרִים, וְשׁוּבוּ אֶל־יהוה שם
אִמְרוּ אֵלָיו, כָּל־תִּשָּׂא עָוֹן וְקַח־טוֹב, וּנְשַׁלְּמָה פָרִים שְׂפָתֵינוּ:

וְאַתָּה רַחוּם מְקַבֵּל שָׁבִים
וְעַל הַתְּשׁוּבָה מֵרֹאשׁ הִבְטַחְתָּנוּ
וְעַל הַתְּשׁוּבָה עֵינֵינוּ מְיַחֲלוֹת לָךְ.

וּמֵאַהֲבָתְךָ, יהוה אֱלֹהֵינוּ, שֶׁאָהַבְתָּ אֶת יִשְׂרָאֵל עַמֶּךָ
וּמֵחֶמְלָתְךָ מַלְכֵּנוּ, שֶׁחָמַלְתָּ עַל בְּנֵי בְרִיתֶךָ
נָתַתָּ לָּנוּ יהוה אֱלֹהֵינוּ אֶת יוֹם
(בשבת: הַשַּׁבָּת הַזֶּה לִקְדֻשָּׁה וְלִמְנוּחָה, וְאֶת יוֹם) צוֹם הַכִּפּוּרִים הַזֶּה
לִמְחִילַת חֵטְא וְלִסְלִיחַת עָוֹן וּלְכַפָּרַת פָּשַׁע.

במקומות רבים נוהגים לדלג עד ׳מִימֵי קֶדֶם׳ כדי להספיק להגיע בזמן לתפילת נעילה, וממשיכים ׳אֱלֹהֵינוּ וֵאלֹהֵי אֲבוֹתֵינוּ מְחַל לַעֲוֹנוֹתֵינוּ׳ בעמ׳ 408.

הפיוט ׳יוֹם אֲשֶׁר הוּחַק׳, המיוחס לר׳ אלעזר הקליר, בנוי כמו הפיוט המקביל לו ׳יוֹם אֲשֶׁר אֲשָׁמֵנוּ׳ הנאמר בשחרית (ראה עמ׳ 232). בקהילות רבות נוהגים היום להשמיט חלק מבתיו. הפיוט המלא בעמ׳ 598.

מקובל ששליח הציבור אומר את הפיוט, והקהל אומר עמו את הפסוקים ואת הבית ׳בַּעֲבוּר כְּבוֹד שִׁמְךָ׳.

סימן א״ב

יוֹם אֲשֶׁר הוּחַק לְכַפָּרָתֵנוּ / הַיּוֹם בּוֹ תְּבַשְּׂרֵנוּ צוּרֵנוּ תִּטְהָרוּ.

כַּכָּתוּב בְּתוֹרָתֶךָ

ויקרא טז כִּי־בַיּוֹם הַזֶּה יְכַפֵּר עֲלֵיכֶם לְטַהֵר אֶתְכֶם

מִכֹּל חַטֹּאתֵיכֶם, לִפְנֵי יהוה תִּטְהָרוּ:

יוֹם מַנְחִיל דָּת שִׁוַּע בְּעַד דּוֹר / הַיּוֹם נָשָׂא לוֹ, בְּבַקְּשׁוֹ סְלַח נָא.

כַּכָּתוּב בְּתוֹרָתֶךָ

במדבר יד סְלַח־נָא לַעֲוֹן הָעָם הַזֶּה כְּגֹדֶל חַסְדֶּךָ

וְכַאֲשֶׁר נָשָׂאתָה לָעָם הַזֶּה מִמִּצְרַיִם וְעַד־הֵנָּה:

וְשָׁם נֶאֱמַר

וַיֹּאמֶר יהוה, סָלַחְתִּי כִּדְבָרֶךָ:

בַּעֲבוּר כְּבוֹד שִׁמְךָ

הִמָּצֵא לָנוּ מוֹחֵל וְסוֹלֵחַ / סְלַח נָא לְמַעַן שְׁמֶךָ.

יוֹם קוֹרְאֵי בְשִׁמְךָ יִמָּלֵטוּ / הַיּוֹם רַחֵם עָלֵינוּ, כְּאָז קָרָא בְשֵׁם.

כַּכָּתוּב בְּתוֹרָתֶךָ

שמות לד וַיֵּרֶד יהוה בֶּעָנָן, וַיִּתְיַצֵּב עִמּוֹ שָׁם

וַיִּקְרָא בְשֵׁם, יהוה:

וַיַּעֲבֹר יהוה עַל־פָּנָיו וַיִּקְרָא

יהוה, יהוה, אֵל רַחוּם וְחַנּוּן, אֶרֶךְ אַפַּיִם, וְרַב־חֶסֶד וֶאֱמֶת:

נֹצֵר חֶסֶד לָאֲלָפִים, נֹשֵׂא עָוֹן וָפֶשַׁע וְחַטָּאָה, וְנַקֵּה:

בַּעֲבוּר כְּבוֹד שִׁמְךָ

הִמָּצֵא לָנוּ רַחוּם וְחַנּוּן / רַחֵם נָא לְמַעַן שְׁמֶךָ.

יוֹם שְׁמָמוֹת הֵיכָלְךָ תַּבִּיט /

הַיּוֹם תַּעֲשֶׂה לְמַעַן שְׁמֶךָ, כְּנָם אִישׁ חֲמוּדוֹת.

כַּכָּתוּב בְּדִבְרֵי קָדְשֶׁךָ

הַטֵּה אֱלֹהַי אָזְנְךָ וּשֲׁמָע, פְּקַח עֵינֶיךָ וּרְאֵה שֹׁמְמֹתֵינוּ דניאל ט

וְהָעִיר אֲשֶׁר־נִקְרָא שִׁמְךָ עָלֶיהָ

כִּי לֹא עַל־צִדְקֹתֵינוּ אֲנַחְנוּ מַפִּילִים תַּחֲנוּנֵינוּ לְפָנֶיךָ

כִּי עַל־רַחֲמֶיךָ הָרַבִּים:

אֲדֹנָי שְׁמָעָה, אֲדֹנָי סְלָחָה, אֲדֹנָי הַקְשִׁיבָה וַעֲשֵׂה אַל־תְּאַחַר

לְמַעַנְךָ אֱלֹהַי, כִּי־שִׁמְךָ נִקְרָא עַל־עִירְךָ וְעַל־עַמֶּךָ:

בַּעֲבוּר כְּבוֹד שְׁמֶךָ

הַמְצֵא לָנוּ שׁוֹמֵעַ תְּפִלָּה / שְׁמַע תְּפִלָּתֵנוּ לְמַעַן שְׁמֶךָ.

גם הפיוט ׳מִי אֵל כָּמוֹךָ׳ בנוי במתכונתו של הפיוט המקביל לו
הנאמר בשחרית (עמ׳ 234).

נוהגים שאחר כל שורה ששליח הציבור אומר, הקהל עונה ׳מִי אֵל כָּמוֹךָ׳.
בקהילות רבות נוהגים לדלג על חלק מהפיוט. הפיוט המלא בעמ׳ 601.

מִי אֵל כָּמוֹךָ.

סימן א״ב

אָדוֹן אַבִּיר / בְּמַעֲשָׂיו כַּבִּיר מִי אֵל כָּמוֹךָ

גּוֹלֶה עֲמֻקּוֹת / דּוֹבֵר צְדָקוֹת מִי אֵל כָּמוֹךָ

הַצּוּר תָּמִים / וּמָלֵא רַחֲמִים מִי אֵל כָּמוֹךָ

כּוֹבֵשׁ כְּעָסִים / לְהַצְדִּיק עֲמוּסִים מִי אֵל כָּמוֹךָ

שליח הציבור אומר, והקהל אומר אתו בלחש:

כַּכָּתוּב עַל יַד נְבִיאֶךָ

מִי־אֵל כָּמוֹךָ נֹשֵׂא עָוֹן וְעֹבֵר עַל־פֶּשַׁע לִשְׁאֵרִית נַחֲלָתוֹ מיכה ז

לֹא־הֶחֱזִיק לָעַד אַפּוֹ כִּי־חָפֵץ חֶסֶד הוּא:

יָשׁוּב יְרַחֲמֵנוּ, יִכְבֹּשׁ עֲוֹנֹתֵינוּ, וְתַשְׁלִיךְ בִּמְצֻלוֹת יָם כָּל־חַטֹּאתָם:

וְכָל חַטֹּאת עַמְּךָ בֵּית יִשְׂרָאֵל תַּשְׁלִיךְ

בִּמְקוֹם אֲשֶׁר לֹא יִזָּכְרוּ וְלֹא יִפָּקְדוּ, וְלֹא יַעֲלוּ עַל לֵב לְעוֹלָם.

תִּתֵּן אֱמֶת לְיַעֲקֹב, חֶסֶד לְאַבְרָהָם, אֲשֶׁר־נִשְׁבַּעְתָּ לַאֲבֹתֵינוּ מִימֵי קֶדֶם: שם

בשבת מוסיפים את המילים שבסוגריים.

אֱלֹהֵינוּ וֵאלֹהֵי אֲבוֹתֵינוּ
מְחַל לַעֲווֹנוֹתֵינוּ בְּיוֹם (הַשַּׁבָּת הַזֶּה וּבְיוֹם) הַכִּפּוּרִים הַזֶּה
מְחֵה וְהַעֲבֵר פְּשָׁעֵינוּ וְחַטֹּאתֵינוּ מִנֶּגֶד עֵינֶיךָ
כָּאָמוּר
אָנֹכִי אָנֹכִי הוּא מֹחֶה פְשָׁעֶיךָ לְמַעֲנִי ישעיה מג
וְחַטֹּאתֶיךָ לֹא אֶזְכֹּר:
וְנֶאֱמַר
מָחִיתִי כָעָב פְּשָׁעֶיךָ וְכֶעָנָן חַטֹּאותֶיךָ ישעיה מד
שׁוּבָה אֵלַי כִּי גְאַלְתִּיךָ:
וְנֶאֱמַר
כִּי־בַיּוֹם הַזֶּה יְכַפֵּר עֲלֵיכֶם לְטַהֵר אֶתְכֶם ויקרא טז
מִכֹּל חַטֹּאתֵיכֶם לִפְנֵי יהוה תִּטְהָרוּ:

(אֱלֹהֵינוּ וֵאלֹהֵי אֲבוֹתֵינוּ, רְצֵה נָא בִמְנוּחָתֵנוּ)
קַדְּשֵׁנוּ בְּמִצְוֹתֶיךָ וְתֵן חֶלְקֵנוּ בְּתוֹרָתֶךָ
שַׂבְּעֵנוּ מִטּוּבֶךָ, וְשַׂמַּח נַפְשֵׁנוּ בִּישׁוּעָתֶךָ
(וְהַנְחִילֵנוּ יהוה אֱלֹהֵינוּ בְּאַהֲבָה וּבְרָצוֹן שַׁבַּת קָדְשֶׁךָ
וְיָנוּחוּ בָם כָּל יִשְׂרָאֵל מְקַדְּשֵׁי שְׁמֶךָ)
וְטַהֵר לִבֵּנוּ לְעָבְדְּךָ בֶּאֱמֶת.
כִּי אַתָּה סָלְחָן לְיִשְׂרָאֵל וּמָחֳלָן לְשִׁבְטֵי יְשֻׁרוּן בְּכָל דּוֹר וָדוֹר
וּמִבַּלְעָדֶיךָ אֵין לָנוּ מֶלֶךְ מוֹחֵל וְסוֹלֵחַ אֶלָּא אָתָּה.
בָּרוּךְ אַתָּה יהוה
מֶלֶךְ מוֹחֵל וְסוֹלֵחַ לַעֲווֹנוֹתֵינוּ, וְלַעֲווֹנוֹת עַמּוֹ בֵּית יִשְׂרָאֵל
וּמַעֲבִיר אַשְׁמוֹתֵינוּ בְּכָל שָׁנָה וְשָׁנָה
מֶלֶךְ עַל כָּל הָאָרֶץ, מְקַדֵּשׁ (הַשַּׁבָּת וְ)יִשְׂרָאֵל וְיוֹם הַכִּפּוּרִים.

עבודה

רְצֵה יהוה אֱלֹהֵינוּ בְּעַמְּךָ יִשְׂרָאֵל, וְלִתְפִלָּתָם שְׁעֵה
וְהָשֵׁב אֶת הָעֲבוֹדָה לִדְבִיר בֵּיתֶךָ
וְאִשֵּׁי יִשְׂרָאֵל וּתְפִלָּתָם, מְהֵרָה בְּאַהֲבָה תְקַבֵּל בְּרָצוֹן
וּתְהִי לְרָצוֹן תָּמִיד עֲבוֹדַת יִשְׂרָאֵל עַמֶּךָ.
וְתֶחֱזֶינָה עֵינֵינוּ בְּשׁוּבְךָ לְצִיּוֹן בְּרַחֲמִים.
בָּרוּךְ אַתָּה יהוה, הַמַּחֲזִיר שְׁכִינָתוֹ לְצִיּוֹן.

הודאה

כורע ב׳מודים׳ ואינו זוקף עד אמירת השם.

מוֹדִים אֲנַחְנוּ לָךְ
שָׁאַתָּה הוּא יהוה אֱלֹהֵינוּ
וֵאלֹהֵי אֲבוֹתֵינוּ לְעוֹלָם וָעֶד.
צוּר חַיֵּינוּ, מָגֵן יִשְׁעֵנוּ
אַתָּה הוּא לְדוֹר וָדוֹר.
נוֹדֶה לְּךָ וּנְסַפֵּר תְּהִלָּתֶךָ
עַל חַיֵּינוּ הַמְּסוּרִים בְּיָדֶךָ
וְעַל נִשְׁמוֹתֵינוּ הַפְּקוּדוֹת לָךְ
וְעַל נִסֶּיךָ שֶׁבְּכָל יוֹם עִמָּנוּ
וְעַל נִפְלְאוֹתֶיךָ וְטוֹבוֹתֶיךָ
שֶׁבְּכָל עֵת
עֶרֶב וָבֹקֶר וְצָהֳרָיִם.
הַטּוֹב, כִּי לֹא כָלוּ רַחֲמֶיךָ
וְהַמְרַחֵם, כִּי לֹא תַמּוּ חֲסָדֶיךָ
כִּי מֵעוֹלָם קִוִּינוּ לָךְ.

כששליח הציבור אומר ׳מודים׳, הקהל אומר בלחש (סוטה מ ע״א):

מוֹדִים אֲנַחְנוּ לָךְ
שָׁאַתָּה הוּא יהוה אֱלֹהֵינוּ
וֵאלֹהֵי אֲבוֹתֵינוּ
אֱלֹהֵי כָל בָּשָׂר
יוֹצְרֵנוּ, יוֹצֵר בְּרֵאשִׁית.
בְּרָכוֹת וְהוֹדָאוֹת
לְשִׁמְךָ הַגָּדוֹל וְהַקָּדוֹשׁ
עַל שֶׁהֶחֱיִיתָנוּ וְקִיַּמְתָּנוּ.
כֵּן תְּחַיֵּנוּ וּתְקַיְּמֵנוּ
וְתֶאֱסֹף גָּלֻיּוֹתֵינוּ
לְחַצְרוֹת קָדְשֶׁךָ
לִשְׁמֹר חֻקֶּיךָ
וְלַעֲשׂוֹת רְצוֹנֶךָ וּלְעָבְדְּךָ
בְּלֵבָב שָׁלֵם
עַל שֶׁאֲנַחְנוּ מוֹדִים לָךְ.
בָּרוּךְ אֵל הַהוֹדָאוֹת.

וְעַל כֻּלָּם יִתְבָּרַךְ וְיִתְרוֹמַם וְיִתְנַשֵּׂא שִׁמְךָ מַלְכֵּנוּ
תָּמִיד לְעוֹלָם וָעֶד.

קהל ואחריו שליח הציבור:

אָבִינוּ מַלְכֵּנוּ, זְכֹר רַחֲמֶיךָ וּכְבֹשׁ כַּעַסְךָ
וְכַלֵּה דֶבֶר, וְחֶרֶב, וְרָעָב
וּשְׁבִי, וּמַשְׁחִית, וְעָוֹן
וּמַגֵּפָה, וּפֶגַע רַע
וְכָל מַחֲלָה, וְכָל תַּקָּלָה
וְכָל קְטָטָה, וְכָל מִינֵי פֻּרְעָנִיּוֹת
וְכָל גְּזֵרָה רָעָה, וְשִׂנְאַת חִנָּם
מֵעָלֵינוּ וּמֵעַל כָּל בְּנֵי בְרִיתֶךָ.

קהל ואחריו שליח הציבור:

וּכְתֹב לְחַיִּים טוֹבִים כָּל בְּנֵי בְרִיתֶךָ.

שליח הציבור ממשיך:

וְכֹל הַחַיִּים יוֹדוּךָ סֶּלָה
וִיהַלְלוּ וִיבָרְכוּ אֶת שִׁמְךָ הַגָּדוֹל בֶּאֱמֶת לְעוֹלָם כִּי טוֹב
הָאֵל יְשׁוּעָתֵנוּ וְעֶזְרָתֵנוּ סֶלָה, הָאֵל הַטּוֹב.
בָּרוּךְ אַתָּה יהוה, הַטּוֹב שִׁמְךָ וּלְךָ נָאֶה לְהוֹדוֹת.

הכוהנים אינם נושאים כפיהם במנחה (תענית כו ע״ב), ושליח הציבור אומר:

אֱלֹהֵינוּ וֵאלֹהֵי אֲבוֹתֵינוּ, בָּרְכֵנוּ בַּבְּרָכָה הַמְשֻׁלֶּשֶׁת בַּתּוֹרָה, הַכְּתוּבָה עַל יְדֵי מֹשֶׁה עַבְדֶּךָ, הָאֲמוּרָה מִפִּי אַהֲרֹן וּבָנָיו כֹּהֲנִים עַם קְדוֹשֶׁיךָ, כָּאָמוּר

במדבר ו יְבָרֶכְךָ יהוה וְיִשְׁמְרֶךָ: קהל: כֵּן יְהִי רָצוֹן
יָאֵר יהוה פָּנָיו אֵלֶיךָ וִיחֻנֶּךָּ: קהל: כֵּן יְהִי רָצוֹן
יִשָּׂא יהוה פָּנָיו אֵלֶיךָ וְיָשֵׂם לְךָ שָׁלוֹם: קהל: כֵּן יְהִי רָצוֹן

שלום

שִׂים שָׁלוֹם טוֹבָה וּבְרָכָה
חַיִּים חֵן וָחֶסֶד וְרַחֲמִים
עָלֵינוּ וְעַל כָּל יִשְׂרָאֵל עַמֶּךָ.
בָּרְכֵנוּ אָבִינוּ כֻּלָּנוּ כְּאֶחָד בְּאוֹר פָּנֶיךָ
כִּי בְאוֹר פָּנֶיךָ נָתַתָּ לָּנוּ יהוה אֱלֹהֵינוּ
תּוֹרַת חַיִּים וְאַהֲבַת חֶסֶד
וּצְדָקָה וּבְרָכָה וְרַחֲמִים וְחַיִּים וְשָׁלוֹם.
וְטוֹב יִהְיֶה בְּעֵינֶיךָ לְבָרְכֵנוּ
וּלְבָרֵךְ אֶת כָּל עַמְּךָ יִשְׂרָאֵל
בְּכָל עֵת וּבְכָל שָׁעָה בִּשְׁלוֹמֶךָ.

קהל ואחריו שליח הציבור:

בְּסֵפֶר חַיִּים, בְּרָכָה וְשָׁלוֹם, וּפַרְנָסָה טוֹבָה
וּגְזֵרוֹת טוֹבוֹת, יְשׁוּעוֹת וְנֶחָמוֹת
נִזָּכֵר וְנִכָּתֵב לְפָנֶיךָ
אֲנַחְנוּ וְכָל עַמְּךָ בֵּית יִשְׂרָאֵל, לְחַיִּים טוֹבִים וּלְשָׁלוֹם.

שליח הציבור ממשיך:

בָּרוּךְ אַתָּה יהוה, הַמְבָרֵךְ אֶת עַמּוֹ יִשְׂרָאֵל בַּשָּׁלוֹם.

שליח הציבור מסיים את חזרת הש״ץ בלחש:

יִהְיוּ לְרָצוֹן אִמְרֵי־פִי וְהֶגְיוֹן לִבִּי לְפָנֶיךָ, יהוה צוּרִי וְגֹאֲלִי: תהלים יט

בשבת אין אומרים ׳אָבִינוּ מַלְכֵּנוּ׳.
כמו כן, גם כאשר יום הכיפורים חל בחול,
אין אומרים ׳אָבִינוּ מַלְכֵּנוּ׳ אם לא נותר די זמן עד השקיעה.

פותחים את ארון הקודש.

אָבִינוּ מַלְכֵּנוּ, חָטָאנוּ לְפָנֶיךָ.
אָבִינוּ מַלְכֵּנוּ, אֵין לָנוּ מֶלֶךְ אֶלָּא אָתָּה.
אָבִינוּ מַלְכֵּנוּ, עֲשֵׂה עִמָּנוּ לְמַעַן שְׁמֶךָ.
אָבִינוּ מַלְכֵּנוּ, חַדֵּשׁ עָלֵינוּ שָׁנָה טוֹבָה.
אָבִינוּ מַלְכֵּנוּ, בַּטֵּל מֵעָלֵינוּ כָּל גְּזֵרוֹת קָשׁוֹת.
אָבִינוּ מַלְכֵּנוּ, בַּטֵּל מַחְשְׁבוֹת שׂוֹנְאֵינוּ.
אָבִינוּ מַלְכֵּנוּ, הָפֵר עֲצַת אוֹיְבֵינוּ.
אָבִינוּ מַלְכֵּנוּ, כַּלֵּה כָּל צַר וּמַשְׂטִין מֵעָלֵינוּ.
אָבִינוּ מַלְכֵּנוּ, סְתֹם פִּיּוֹת מַשְׂטִינֵנוּ וּמְקַטְרְגֵינוּ.
אָבִינוּ מַלְכֵּנוּ, כַּלֵּה דֶּבֶר וְחֶרֶב וְרָעָב וּשְׁבִי וּמַשְׁחִית וְעָוֹן וּשְׁמַד מִבְּנֵי בְרִיתֶךָ.
אָבִינוּ מַלְכֵּנוּ, מְנַע מַגֵּפָה מִנַּחֲלָתֶךָ.
אָבִינוּ מַלְכֵּנוּ, סְלַח וּמְחַל לְכָל עֲוֹנוֹתֵינוּ.
אָבִינוּ מַלְכֵּנוּ, מְחֵה וְהַעֲבֵר פְּשָׁעֵינוּ וְחַטֹּאתֵינוּ מִנֶּגֶד עֵינֶיךָ.
אָבִינוּ מַלְכֵּנוּ, מְחֹק בְּרַחֲמֶיךָ הָרַבִּים כָּל שִׁטְרֵי חוֹבוֹתֵינוּ.

מכאן עד ׳סְלִיחָה וּמְחִילָה׳ שליח הציבור אומר כל משפט בקול רם, והקהל אחריו:

אָבִינוּ מַלְכֵּנוּ, הַחֲזִירֵנוּ בִּתְשׁוּבָה שְׁלֵמָה לְפָנֶיךָ.
אָבִינוּ מַלְכֵּנוּ, שְׁלַח רְפוּאָה שְׁלֵמָה לְחוֹלֵי עַמֶּךָ.
אָבִינוּ מַלְכֵּנוּ, קְרַע רֹעַ גְּזַר דִּינֵנוּ.
אָבִינוּ מַלְכֵּנוּ, זָכְרֵנוּ בְּזִכְרוֹן טוֹב לְפָנֶיךָ.
אָבִינוּ מַלְכֵּנוּ, כָּתְבֵנוּ בְּסֵפֶר חַיִּים טוֹבִים.
אָבִינוּ מַלְכֵּנוּ, כָּתְבֵנוּ בְּסֵפֶר גְּאֻלָּה וִישׁוּעָה.

אָבִינוּ מַלְכֵּנוּ, כָּתְבֵנוּ בְּסֵפֶר פַּרְנָסָה וְכַלְכָּלָה.
אָבִינוּ מַלְכֵּנוּ, כָּתְבֵנוּ בְּסֵפֶר זְכֻיּוֹת.
אָבִינוּ מַלְכֵּנוּ, כָּתְבֵנוּ בְּסֵפֶר סְלִיחָה וּמְחִילָה. עד כאן בקול.

אָבִינוּ מַלְכֵּנוּ, הַצְמַח לָנוּ יְשׁוּעָה בְּקָרוֹב.
אָבִינוּ מַלְכֵּנוּ, הָרֵם קֶרֶן יִשְׂרָאֵל עַמֶּךָ.
אָבִינוּ מַלְכֵּנוּ, הָרֵם קֶרֶן מְשִׁיחֶךָ.
אָבִינוּ מַלְכֵּנוּ, מַלֵּא יָדֵינוּ מִבִּרְכוֹתֶיךָ.
אָבִינוּ מַלְכֵּנוּ, מַלֵּא אֲסָמֵינוּ שָׂבָע.
אָבִינוּ מַלְכֵּנוּ, שְׁמַע קוֹלֵנוּ, חוּס וְרַחֵם עָלֵינוּ.
אָבִינוּ מַלְכֵּנוּ, קַבֵּל בְּרַחֲמִים וּבְרָצוֹן אֶת תְּפִלָּתֵנוּ.
אָבִינוּ מַלְכֵּנוּ, פְּתַח שַׁעֲרֵי שָׁמַיִם לִתְפִלָּתֵנוּ.
אָבִינוּ מַלְכֵּנוּ, זְכֹר כִּי עָפָר אֲנָחְנוּ.
אָבִינוּ מַלְכֵּנוּ, נָא אַל תְּשִׁיבֵנוּ רֵיקָם מִלְּפָנֶיךָ.
אָבִינוּ מַלְכֵּנוּ, תְּהֵא הַשָּׁעָה הַזֹּאת שְׁעַת רַחֲמִים וְעֵת רָצוֹן מִלְּפָנֶיךָ.
אָבִינוּ מַלְכֵּנוּ, חֲמֹל עָלֵינוּ וְעַל עוֹלָלֵינוּ וְטַפֵּנוּ.
אָבִינוּ מַלְכֵּנוּ, עֲשֵׂה לְמַעַן הֲרוּגִים עַל שֵׁם קָדְשֶׁךָ.
אָבִינוּ מַלְכֵּנוּ, עֲשֵׂה לְמַעַן טְבוּחִים עַל יִחוּדֶךָ.
אָבִינוּ מַלְכֵּנוּ, עֲשֵׂה לְמַעַן בָּאֵי בָאֵשׁ וּבַמַּיִם עַל קִדּוּשׁ שְׁמֶךָ.
אָבִינוּ מַלְכֵּנוּ, נְקֹם לְעֵינֵינוּ נִקְמַת דַּם עֲבָדֶיךָ הַשָּׁפוּךְ.
אָבִינוּ מַלְכֵּנוּ, עֲשֵׂה לְמַעַנְךָ אִם לֹא לְמַעֲנֵנוּ.
אָבִינוּ מַלְכֵּנוּ, עֲשֵׂה לְמַעַנְךָ וְהוֹשִׁיעֵנוּ.
אָבִינוּ מַלְכֵּנוּ, עֲשֵׂה לְמַעַן רַחֲמֶיךָ הָרַבִּים.
אָבִינוּ מַלְכֵּנוּ, עֲשֵׂה לְמַעַן שִׁמְךָ הַגָּדוֹל הַגִּבּוֹר וְהַנּוֹרָא, שֶׁנִּקְרָא עָלֵינוּ.
◂ אָבִינוּ מַלְכֵּנוּ, חָנֵּנוּ וַעֲנֵנוּ, כִּי אֵין בָּנוּ מַעֲשִׂים
עֲשֵׂה עִמָּנוּ צְדָקָה וָחֶסֶד וְהוֹשִׁיעֵנוּ.

סוגרים את ארון הקודש.

קדיש שלם

ש״ץ: יִתְגַּדַּל וְיִתְקַדַּשׁ שְׁמֵהּ רַבָּא (קהל: אָמֵן)
בְּעָלְמָא דִּי בְרָא כִרְעוּתֵהּ
וְיַמְלִיךְ מַלְכוּתֵהּ
וְיַצְמַח פֻּרְקָנֵהּ וִיקָרֵב מְשִׁיחֵהּ (קהל: אָמֵן)
בְּחַיֵּיכוֹן וּבְיוֹמֵיכוֹן וּבְחַיֵּי דְכָל בֵּית יִשְׂרָאֵל
בַּעֲגָלָא וּבִזְמַן קָרִיב
וְאִמְרוּ אָמֵן. (קהל: אָמֵן)

קהל וש״ץ: יְהֵא שְׁמֵהּ רַבָּא מְבָרַךְ לְעָלַם וּלְעָלְמֵי עָלְמַיָּא.

ש״ץ: יִתְבָּרַךְ וְיִשְׁתַּבַּח וְיִתְפָּאַר וְיִתְרוֹמַם וְיִתְנַשֵּׂא
וְיִתְהַדָּר וְיִתְעַלֶּה וְיִתְהַלָּל
שְׁמֵהּ דְּקֻדְשָׁא בְּרִיךְ הוּא (קהל: אָמֵן)
לְעֵלָּא לְעֵלָּא מִכָּל בִּרְכָתָא וְשִׁירָתָא
תֻּשְׁבְּחָתָא וְנֶחֱמָתָא, דַּאֲמִירָן בְּעָלְמָא
וְאִמְרוּ אָמֵן. (קהל: אָמֵן)

תִּתְקַבַּל צְלוֹתְהוֹן וּבָעוּתְהוֹן דְּכָל בֵּית יִשְׂרָאֵל
קֳדָם אֲבוּהוֹן דִּי בִשְׁמַיָּא
וְאִמְרוּ אָמֵן. (קהל: אָמֵן)

יְהֵא שְׁלָמָא רַבָּא מִן שְׁמַיָּא
וְחַיִּים טוֹבִים עָלֵינוּ וְעַל כָּל יִשְׂרָאֵל
וְאִמְרוּ אָמֵן. (קהל: אָמֵן)

כורע ופוסע שלוש פסיעות לאחור. קד לשמאל, לימין ולפנים באמירת:

עֹשֶׂה הַשָּׁלוֹם בִּמְרוֹמָיו
הוּא יַעֲשֶׂה שָׁלוֹם עָלֵינוּ וְעַל כָּל יִשְׂרָאֵל
וְאִמְרוּ אָמֵן. (קהל: אָמֵן)

יש נוהגים לומר ׳לְדָוִד, ה׳ אוֹרִי וְיִשְׁעִי׳ (עמ׳ 246) ואחריו קדיש יתום.

נעילה ליום הכיפורים

תפילת נעילה

"אפילו הישיבה גרידא בבית האלהים יש בה משום השראת
אווירה טובה על רוח ונפש, שהרי מהרהרים בה' וביעודו של המקום,
להתנשא אל ה' ולטהר את עצמו לפניו" (רש"ר הירש).

אַשְׁרֵי יוֹשְׁבֵי בֵיתֶךָ, עוֹד יְהַלְלְוּךָ סֶּלָה: תהלים פד

אַשְׁרֵי הָעָם שֶׁכָּכָה לּוֹ, אַשְׁרֵי הָעָם שֶׁיהוה אֱלֹהָיו: תהלים קמד

תְּהִלָּה לְדָוִד תהלים קמה

אֲרוֹמִמְךָ אֱלוֹהַי הַמֶּלֶךְ, וַאֲבָרְכָה שִׁמְךָ לְעוֹלָם וָעֶד:

בְּכָל־יוֹם אֲבָרְכֶךָּ, וַאֲהַלְלָה שִׁמְךָ לְעוֹלָם וָעֶד:

גָּדוֹל יהוה וּמְהֻלָּל מְאֹד, וְלִגְדֻלָּתוֹ אֵין חֵקֶר:

דּוֹר לְדוֹר יְשַׁבַּח מַעֲשֶׂיךָ, וּגְבוּרֹתֶיךָ יַגִּידוּ:

הֲדַר כְּבוֹד הוֹדֶךָ, וְדִבְרֵי נִפְלְאוֹתֶיךָ אָשִׂיחָה:

וֶעֱזוּז נוֹרְאֹתֶיךָ יֹאמֵרוּ, וּגְדוּלָּתְךָ אֲסַפְּרֶנָּה:

זֵכֶר רַב־טוּבְךָ יַבִּיעוּ, וְצִדְקָתְךָ יְרַנֵּנוּ:

חַנּוּן וְרַחוּם יהוה, אֶרֶךְ אַפַּיִם וּגְדָל־חָסֶד:

טוֹב־יהוה לַכֹּל, וְרַחֲמָיו עַל־כָּל־מַעֲשָׂיו:

יוֹדְוּךָ יהוה כָּל־מַעֲשֶׂיךָ, וַחֲסִידֶיךָ יְבָרְכוּכָה:

כְּבוֹד מַלְכוּתְךָ יֹאמֵרוּ, וּגְבוּרָתְךָ יְדַבֵּרוּ:

לְהוֹדִיעַ לִבְנֵי הָאָדָם גְּבוּרֹתָיו, וּכְבוֹד הֲדַר מַלְכוּתוֹ:

מַלְכוּתְךָ מַלְכוּת כָּל־עֹלָמִים, וּמֶמְשַׁלְתְּךָ בְּכָל־דּוֹר וָדֹר:

סוֹמֵךְ יהוה לְכָל־הַנֹּפְלִים, וְזוֹקֵף לְכָל־הַכְּפוּפִים:

עֵינֵי־כֹל אֵלֶיךָ יְשַׂבֵּרוּ, וְאַתָּה נוֹתֵן־לָהֶם אֶת־אָכְלָם בְּעִתּוֹ:

פּוֹתֵחַ אֶת־יָדֶךָ, וּמַשְׂבִּיעַ לְכָל־חַי רָצוֹן:

צַדִּיק יהוה בְּכָל־דְּרָכָיו, וְחָסִיד בְּכָל־מַעֲשָׂיו:

קָרוֹב יהוה לְכָל־קֹרְאָיו, לְכֹל אֲשֶׁר יִקְרָאֻהוּ בֶאֱמֶת:

רְצוֹן־יְרֵאָיו יַעֲשֶׂה, וְאֶת־שַׁוְעָתָם יִשְׁמַע, וְיוֹשִׁיעֵם:
שׁוֹמֵר יהוה אֶת־כָּל־אֹהֲבָיו, וְאֵת כָּל־הָרְשָׁעִים יַשְׁמִיד:
◂ תְּהִלַּת יהוה יְדַבֶּר פִּי, וִיבָרֵךְ כָּל־בָּשָׂר שֵׁם קָדְשׁוֹ לְעוֹלָם וָעֶד:
תהלים קטו וַאֲנַחְנוּ נְבָרֵךְ יָהּ מֵעַתָּה וְעַד־עוֹלָם, הַלְלוּיָהּ:

"אמר ר' יונתן: גדולה תשובה, שמקרבת את הגאולה, שנאמר: 'וּבָא לְצִיּוֹן גּוֹאֵל, וּלְשָׁבֵי פֶשַׁע בְּיַעֲקֹב'. מה טעם 'ובא לציון גואל'? – משום דשבי פשע ביעקב" (יומא פו ע"ב).

ישעיה נט וּבָא לְצִיּוֹן גּוֹאֵל, וּלְשָׁבֵי פֶשַׁע בְּיַעֲקֹב, נְאֻם יהוה:
וַאֲנִי זֹאת בְּרִיתִי אוֹתָם, אָמַר יהוה
רוּחִי אֲשֶׁר עָלֶיךָ וּדְבָרַי אֲשֶׁר־שַׂמְתִּי בְּפִיךָ
לֹא־יָמְוּשׁוּ מִפִּיךָ וּמִפִּי זַרְעֲךָ וּמִפִּי זֶרַע זַרְעֲךָ
אָמַר יהוה, מֵעַתָּה וְעַד־עוֹלָם:

תהלים כב ◂ וְאַתָּה קָדוֹשׁ יוֹשֵׁב תְּהִלּוֹת יִשְׂרָאֵל:
ישעיה ו וְקָרָא זֶה אֶל־זֶה וְאָמַר ◂
קָדוֹשׁ, קָדוֹשׁ, קָדוֹשׁ, יהוה צְבָאוֹת
מְלֹא כָל־הָאָרֶץ כְּבוֹדוֹ:
תרגום יונתן ישעיה ו וּמְקַבְּלִין דֵּין מִן דֵּין וְאָמְרִין,
קַדִּישׁ בִּשְׁמֵי מְרוֹמָא עִלָּאָה בֵּית שְׁכִינְתֵּהּ
קַדִּישׁ עַל אַרְעָא עוֹבַד גְּבוּרְתֵּהּ
קַדִּישׁ לְעָלַם וּלְעָלְמֵי עָלְמַיָּא, יהוה צְבָאוֹת
מַלְיָא כָל אַרְעָא זִיו יְקָרֵהּ.

יחזקאל ג ◂ וַתִּשָּׂאֵנִי רְוּחַ, וָאֶשְׁמַע אַחֲרַי קוֹל רַעַשׁ גָּדוֹל ◂
בָּרוּךְ כְּבוֹד־יהוה מִמְּקוֹמוֹ:
תרגום יונתן יחזקאל ג וּנְטָלַתְנִי רוּחָא, וּשְׁמָעִית בַּתְרַי קָל זִיעַ סַגִּיא, דִּמְשַׁבְּחִין וְאָמְרִין
בְּרִיךְ יְקָרָא דַיהוה מֵאֲתַר בֵּית שְׁכִינְתֵּהּ.

יהוה יִמְלֹךְ לְעֹלָם וָעֶד: (שמות טו)
יהוה מַלְכוּתֵהּ קָאֵם לְעָלַם וּלְעָלְמֵי עָלְמַיָּא: (תרגום אונקלוס שמות טו)

יהוה אֱלֹהֵי אַבְרָהָם יִצְחָק וְיִשְׂרָאֵל אֲבֹתֵינוּ, שָׁמְרָה־זֹּאת לְעוֹלָם (דברי הימים א, כט)
לְיֵצֶר מַחְשְׁבוֹת לְבַב עַמֶּךָ, וְהָכֵן לְבָבָם אֵלֶיךָ: וְהוּא רַחוּם יְכַפֵּר (תהלים עח)
עָוֹן וְלֹא־יַשְׁחִית, וְהִרְבָּה לְהָשִׁיב אַפּוֹ, וְלֹא־יָעִיר כָּל־חֲמָתוֹ:
כִּי־אַתָּה אֲדֹנָי טוֹב וְסַלָּח, וְרַב־חֶסֶד לְכָל־קֹרְאֶיךָ: צִדְקָתְךָ צֶדֶק (תהלים פו / תהלים קיט)
לְעוֹלָם וְתוֹרָתְךָ אֱמֶת: תִּתֵּן אֱמֶת לְיַעֲקֹב, חֶסֶד לְאַבְרָהָם, אֲשֶׁר־ (מיכה ז)
נִשְׁבַּעְתָּ לַאֲבֹתֵינוּ מִימֵי קֶדֶם: בָּרוּךְ אֲדֹנָי יוֹם יוֹם יַעֲמָס־לָנוּ, (תהלים סח)
הָאֵל יְשׁוּעָתֵנוּ סֶלָה: יהוה צְבָאוֹת עִמָּנוּ, מִשְׂגָּב לָנוּ אֱלֹהֵי יַעֲקֹב (תהלים מו)
סֶלָה: יהוה צְבָאוֹת, אַשְׁרֵי אָדָם בֹּטֵחַ בָּךְ: יהוה הוֹשִׁיעָה, הַמֶּלֶךְ (תהלים כ / תהלים פד)
יַעֲנֵנוּ בְיוֹם־קָרְאֵנוּ:

בָּרוּךְ הוּא אֱלֹהֵינוּ שֶׁבְּרָאָנוּ לִכְבוֹדוֹ, וְהִבְדִּילָנוּ מִן הַתּוֹעִים, וְנָתַן לָנוּ תּוֹרַת אֱמֶת, וְחַיֵּי עוֹלָם נָטַע בְּתוֹכֵנוּ. הוּא יִפְתַּח לִבֵּנוּ בְּתוֹרָתוֹ, וְיָשֵׂם בְּלִבֵּנוּ אַהֲבָתוֹ וְיִרְאָתוֹ וְלַעֲשׂוֹת רְצוֹנוֹ וּלְעָבְדוֹ בְּלֵבָב שָׁלֵם, לְמַעַן לֹא נִיגַע לָרִיק וְלֹא נֵלֵד לַבֶּהָלָה.

יְהִי רָצוֹן מִלְּפָנֶיךָ יהוה אֱלֹהֵינוּ וֵאלֹהֵי אֲבוֹתֵינוּ, שֶׁנִּשְׁמֹר חֻקֶּיךָ
בָּעוֹלָם הַזֶּה, וְנִזְכֶּה וְנִחְיֶה וְנִרְאֶה וְנִירַשׁ טוֹבָה וּבְרָכָה, לִשְׁנֵי
יְמוֹת הַמָּשִׁיחַ וּלְחַיֵּי הָעוֹלָם הַבָּא. לְמַעַן יְזַמֶּרְךָ כָבוֹד וְלֹא יִדֹּם, (תהלים ל)
יהוה אֱלֹהַי, לְעוֹלָם אוֹדֶךָּ: בָּרוּךְ הַגֶּבֶר אֲשֶׁר יִבְטַח בַּיהוה, וְהָיָה (ירמיה יז)
יהוה מִבְטַחוֹ: בִּטְחוּ בַיהוה עֲדֵי־עַד, כִּי בְּיָהּ יהוה צוּר עוֹלָמִים: (ישעיה כו)
▸ וְיִבְטְחוּ בְךָ יוֹדְעֵי שְׁמֶךָ, כִּי לֹא־עָזַבְתָּ דֹרְשֶׁיךָ, יהוה: יהוה חָפֵץ (תהלים ט / ישעיה מב)
לְמַעַן צִדְקוֹ, יַגְדִּיל תּוֹרָה וְיַאְדִּיר:

חצי קדיש

ש״ץ: יִתְגַּדַּל וְיִתְקַדַּשׁ שְׁמֵהּ רַבָּא (קהל: אָמֵן)
בְּעָלְמָא דִּי בְרָא כִרְעוּתֵהּ
וְיַמְלִיךְ מַלְכוּתֵהּ
וְיַצְמַח פֻּרְקָנֵהּ וִיקָרֵב מְשִׁיחֵהּ (קהל: אָמֵן)
בְּחַיֵּיכוֹן וּבְיוֹמֵיכוֹן וּבְחַיֵּי דְכָל בֵּית יִשְׂרָאֵל
בַּעֲגָלָא וּבִזְמַן קָרִיב, וְאִמְרוּ אָמֵן. (קהל: אָמֵן)

קהל וש״ץ: יְהֵא שְׁמֵהּ רַבָּא מְבָרַךְ לְעָלַם וּלְעָלְמֵי עָלְמַיָּא.

ש״ץ: יִתְבָּרַךְ וְיִשְׁתַּבַּח וְיִתְפָּאַר וְיִתְרוֹמַם וְיִתְנַשֵּׂא
וְיִתְהַדָּר וְיִתְעַלֶּה וְיִתְהַלָּל
שְׁמֵהּ דְּקֻדְשָׁא בְּרִיךְ הוּא (קהל: אָמֵן)
לְעֵלָּא לְעֵלָּא מִכָּל בִּרְכָתָא וְשִׁירָתָא, תֻּשְׁבְּחָתָא וְנֶחֱמָתָא
דַּאֲמִירָן בְּעָלְמָא, וְאִמְרוּ אָמֵן. (קהל: אָמֵן)

עמידה

״המתפלל צריך שיכוין בלבו פירוש המלות שמוציא בשפתיו; ויחשוב כאלו שכינה כנגדו ויסיר כל המחשבות הטורדות אותו עד שתשאר מחשבתו וכוונתו זכה בתפלתו״ (שו״ע צח, א).

פוסע שלוש פסיעות לפנים כמי שנכנס לפני המלך.
עומד ומתפלל בלחש מכאן ועד ׳וּכְשָׁנִים קַדְמֹנִיּוֹת׳ בעמ׳ 432.

כורע במקומות המסומנים ב׳, קד לפנים במילה הבאה וזוקף בשם.

כִּי שֵׁם יהוה אֶקְרָא, הָבוּ גֹדֶל לֵאלֹהֵינוּ: דברים לב
אֲדֹנָי, שְׂפָתַי תִּפְתָּח, וּפִי יַגִּיד תְּהִלָּתֶךָ: תהלים נא

אבות

׳בָּרוּךְ אַתָּה יהוה, אֱלֹהֵינוּ וֵאלֹהֵי אֲבוֹתֵינוּ
אֱלֹהֵי אַבְרָהָם, אֱלֹהֵי יִצְחָק, וֵאלֹהֵי יַעֲקֹב
הָאֵל הַגָּדוֹל הַגִּבּוֹר וְהַנּוֹרָא, אֵל עֶלְיוֹן

גּוֹמֵל חֲסָדִים טוֹבִים, קוֹנֵה הַכֹּל
וְזוֹכֵר חַסְדֵי אָבוֹת
וּמֵבִיא גוֹאֵל לִבְנֵי בְנֵיהֶם, לְמַעַן שְׁמוֹ בְּאַהֲבָה.

זָכְרֵנוּ לְחַיִּים, מֶלֶךְ חָפֵץ בַּחַיִּים
וְחָתְמֵנוּ בְּסֵפֶר הַחַיִּים
לְמַעַנְךָ אֱלֹהִים חַיִּים.

מֶלֶךְ עוֹזֵר וּמוֹשִׁיעַ וּמָגֵן.
בָּרוּךְ אַתָּה יהוה, מָגֵן אַבְרָהָם.

אם שכח לומר 'זָכְרֵנוּ לְחַיִּים', אינו חוזר,
וכן אם אמר 'זָכְרֵנוּ' במקום 'וְחָתְמֵנוּ', אינו חוזר.

גבורות

אַתָּה גִּבּוֹר לְעוֹלָם, אֲדֹנָי
מְחַיֵּה מֵתִים אַתָּה, רַב לְהוֹשִׁיעַ
מוֹרִיד הַטָּל
מְכַלְכֵּל חַיִּים בְּחֶסֶד, מְחַיֵּה מֵתִים בְּרַחֲמִים רַבִּים
סוֹמֵךְ נוֹפְלִים, וְרוֹפֵא חוֹלִים, וּמַתִּיר אֲסוּרִים
וּמְקַיֵּם אֱמוּנָתוֹ לִישֵׁנֵי עָפָר.
מִי כָמוֹךָ, בַּעַל גְּבוּרוֹת, וּמִי דּוֹמֶה לָּךְ
מֶלֶךְ, מֵמִית וּמְחַיֶּה וּמַצְמִיחַ יְשׁוּעָה.

מִי כָמוֹךָ אַב הָרַחֲמָן
זוֹכֵר יְצוּרָיו לְחַיִּים בְּרַחֲמִים.

וְנֶאֱמָן אַתָּה לְהַחֲיוֹת מֵתִים.
בָּרוּךְ אַתָּה יהוה, מְחַיֵּה הַמֵּתִים.

אם שכח לומר 'מִי כָמוֹךָ אַב הָרַחֲמָן', אינו חוזר.

קדושת השם

אַתָּה קָדוֹשׁ וְשִׁמְךָ קָדוֹשׁ
וּקְדוֹשִׁים בְּכָל יוֹם יְהַלְלוּךָ סֶּלָה
כִּי אֵל מֶלֶךְ גָּדוֹל וְקָדוֹשׁ אָתָּה.

לְדוֹר וָדוֹר הַמְלִיכוּ לָאֵל, כִּי הוּא לְבַדּוֹ מָרוֹם וְקָדוֹשׁ.

וּבְכֵן יִתְקַדֵּשׁ שִׁמְךָ יהוה אֱלֹהֵינוּ עַל יִשְׂרָאֵל עַמֶּךָ
וְעַל יְרוּשָׁלַיִם עִירֶךָ
וְעַל צִיּוֹן מִשְׁכַּן כְּבוֹדֶךָ
וְעַל מַלְכוּת בֵּית דָּוִד מְשִׁיחֶךָ
וְעַל מְכוֹנְךָ וְהֵיכָלֶךָ.

וּבְכֵן תֵּן פַּחְדְּךָ יהוה אֱלֹהֵינוּ עַל כָּל מַעֲשֶׂיךָ
וְאֵימָתְךָ עַל כָּל מַה שֶּׁבָּרָאתָ
וְיִירָאוּךָ כָּל הַמַּעֲשִׂים, וְיִשְׁתַּחֲווּ לְפָנֶיךָ כָּל הַבְּרוּאִים
וְיֵעָשׂוּ כֻלָּם אֲגֻדָּה אֶחָת לַעֲשׂוֹת רְצוֹנְךָ בְּלֵבָב שָׁלֵם
כְּמוֹ שֶׁיָּדַעְנוּ יהוה אֱלֹהֵינוּ שֶׁהַשָּׁלְטָן לְפָנֶיךָ
עֹז בְּיָדְךָ וּגְבוּרָה בִּימִינֶךָ
וְשִׁמְךָ נוֹרָא עַל כָּל מַה שֶּׁבָּרָאתָ.

וּבְכֵן תֵּן כָּבוֹד יהוה לְעַמֶּךָ
תְּהִלָּה לִירֵאֶיךָ וְתִקְוָה טוֹבָה לְדוֹרְשֶׁיךָ
וּפִתְחוֹן פֶּה לַמְיַחֲלִים לָךְ
שִׂמְחָה לְאַרְצֶךָ, וְשָׂשׂוֹן לְעִירֶךָ
וּצְמִיחַת קֶרֶן לְדָוִד עַבְדֶּךָ
וַעֲרִיכַת נֵר לְבֶן יִשַׁי מְשִׁיחֶךָ בִּמְהֵרָה בְיָמֵינוּ.

וּבְכֵן צַדִּיקִים יִרְאוּ וְיִשְׂמָחוּ, וִישָׁרִים יַעֲלֹזוּ
וַחֲסִידִים בְּרִנָּה יָגִילוּ, וְעוֹלָתָה תִּקְפָּץ פִּיהָ
וְכָל הָרִשְׁעָה כֻּלָּהּ כְּעָשָׁן תִּכְלֶה
כִּי תַעֲבִיר מֶמְשֶׁלֶת זָדוֹן מִן הָאָרֶץ.

וְתִמְלֹךְ אַתָּה הוּא יהוה אֱלֹהֵינוּ
מְהֵרָה לְבַדֶּךָ עַל כָּל מַעֲשֶׂיךָ
בְּהַר צִיּוֹן מִשְׁכַּן כְּבוֹדֶךָ
וּבִירוּשָׁלַיִם עִיר קָדְשֶׁךָ
כַּכָּתוּב בְּדִבְרֵי קָדְשֶׁךָ
יִמְלֹךְ יהוה לְעוֹלָם, אֱלֹהַיִךְ צִיּוֹן לְדֹר וָדֹר, הַלְלוּיָהּ: תהלים קמו

קָדוֹשׁ אַתָּה וְנוֹרָא שְׁמֶךָ
וְאֵין אֱלוֹהַּ מִבַּלְעָדֶיךָ
כַּכָּתוּב, וַיִּגְבַּהּ יהוה צְבָאוֹת בַּמִּשְׁפָּט ישעיה ה
וְהָאֵל הַקָּדוֹשׁ נִקְדַּשׁ בִּצְדָקָה:
בָּרוּךְ אַתָּה יהוה, הַמֶּלֶךְ הַקָּדוֹשׁ.

אם שכח לומר את הפיסקאות המתחילות ׳לְדוֹר וָדוֹר׳, אינו חוזר,
אך אם חתם ׳הָאֵל הַקָּדוֹשׁ׳ כברוב ימות השנה, חוזר לראש.

קדושת היום
אַתָּה בְחַרְתָּנוּ מִכָּל הָעַמִּים
אָהַבְתָּ אוֹתָנוּ וְרָצִיתָ בָּנוּ
וְרוֹמַמְתָּנוּ מִכָּל הַלְּשׁוֹנוֹת
וְקִדַּשְׁתָּנוּ בְּמִצְוֹתֶיךָ
וְקֵרַבְתָּנוּ מַלְכֵּנוּ לַעֲבוֹדָתֶךָ
וְשִׁמְךָ הַגָּדוֹל וְהַקָּדוֹשׁ עָלֵינוּ קָרָאתָ.

בשבת מוסיפים את המילים שבסוגריים.

וַתִּתֶּן לָנוּ יהוה אֱלֹהֵינוּ בְּאַהֲבָה אֶת יוֹם
(הַשַּׁבָּת הַזֶּה לִקְדֻשָּׁה וְלִמְנוּחָה, וְאֶת יוֹם)
הַכִּפּוּרִים הַזֶּה, לִמְחִילָה וְלִסְלִיחָה וּלְכַפָּרָה
וְלִמְחָל בּוֹ אֶת כָּל עֲוֹנוֹתֵינוּ
(בְּאַהֲבָה) מִקְרָא קֹדֶשׁ, זֵכֶר לִיצִיאַת מִצְרָיִם.

אֱלֹהֵינוּ וֵאלֹהֵי אֲבוֹתֵינוּ
יַעֲלֶה וְיָבוֹא וְיַגִּיעַ, וְיֵרָאֶה וְיֵרָצֶה וְיִשָּׁמַע
וְיִפָּקֵד וְיִזָּכֵר זִכְרוֹנֵנוּ וּפִקְדוֹנֵנוּ
וְזִכְרוֹן אֲבוֹתֵינוּ
וְזִכְרוֹן מָשִׁיחַ בֶּן דָּוִד עַבְדֶּךָ
וְזִכְרוֹן יְרוּשָׁלַיִם עִיר קָדְשֶׁךָ
וְזִכְרוֹן כָּל עַמְּךָ בֵּית יִשְׂרָאֵל, לְפָנֶיךָ, לִפְלֵיטָה לְטוֹבָה
לְחֵן וּלְחֶסֶד וּלְרַחֲמִים
לְחַיִּים וּלְשָׁלוֹם
בְּיוֹם הַכִּפּוּרִים הַזֶּה.
זָכְרֵנוּ יהוה אֱלֹהֵינוּ בּוֹ לְטוֹבָה
וּפָקְדֵנוּ בוֹ לִבְרָכָה
וְהוֹשִׁיעֵנוּ בוֹ לְחַיִּים טוֹבִים.
וּבִדְבַר יְשׁוּעָה וְרַחֲמִים
חוּס וְחָנֵּנוּ וְרַחֵם עָלֵינוּ וְהוֹשִׁיעֵנוּ
כִּי אֵלֶיךָ עֵינֵינוּ
כִּי אֵל מֶלֶךְ חַנּוּן וְרַחוּם אָתָּה.

אֱלֹהֵינוּ וֵאלֹהֵי אֲבוֹתֵינוּ
מְחַל לַעֲווֹנוֹתֵינוּ בְּיוֹם (הַשַּׁבָּת הַזֶּה וּבְיוֹם) הַכִּפּוּרִים הַזֶּה
מְחֵה וְהַעֲבֵר פְּשָׁעֵינוּ וְחַטֹּאתֵינוּ מִנֶּגֶד עֵינֶיךָ
כָּאָמוּר
אָנֹכִי אָנֹכִי הוּא מֹחֶה פְשָׁעֶיךָ לְמַעֲנִי ישעיה מג
וְחַטֹּאתֶיךָ לֹא אֶזְכֹּר:
וְנֶאֱמַר
מָחִיתִי כָעָב פְּשָׁעֶיךָ וְכֶעָנָן חַטֹּאותֶיךָ ישעיה מד
שׁוּבָה אֵלַי כִּי גְאַלְתִּיךָ:
וְנֶאֱמַר
כִּי־בַיּוֹם הַזֶּה יְכַפֵּר עֲלֵיכֶם לְטַהֵר אֶתְכֶם ויקרא טז
מִכֹּל חַטֹּאתֵיכֶם לִפְנֵי יהוה תִּטְהָרוּ:

(אֱלֹהֵינוּ וֵאלֹהֵי אֲבוֹתֵינוּ, רְצֵה נָא בִמְנוּחָתֵנוּ)
קַדְּשֵׁנוּ בְּמִצְוֹתֶיךָ וְתֵן חֶלְקֵנוּ בְּתוֹרָתֶךָ
שַׂבְּעֵנוּ מִטּוּבֶךָ, וְשַׂמַּח נַפְשֵׁנוּ בִּישׁוּעָתֶךָ
(וְהַנְחִילֵנוּ יהוה אֱלֹהֵינוּ בְּאַהֲבָה וּבְרָצוֹן שַׁבַּת קָדְשֶׁךָ
וְיָנְוּחוּ בָם כָּל יִשְׂרָאֵל מְקַדְּשֵׁי שְׁמֶךָ)
וְטַהֵר לִבֵּנוּ לְעָבְדְּךָ בֶּאֱמֶת.
כִּי אַתָּה סָלְחָן לְיִשְׂרָאֵל וּמָחֳלָן לְשִׁבְטֵי יְשֻׁרוּן בְּכָל דּוֹר וָדוֹר
וּמִבַּלְעָדֶיךָ אֵין לָנוּ מֶלֶךְ מוֹחֵל וְסוֹלֵחַ אֶלָּא אָתָּה.
בָּרוּךְ אַתָּה יהוה
מֶלֶךְ מוֹחֵל וְסוֹלֵחַ לַעֲווֹנוֹתֵינוּ, וְלַעֲווֹנוֹת עַמּוֹ בֵּית יִשְׂרָאֵל
וּמַעֲבִיר אַשְׁמוֹתֵינוּ בְּכָל שָׁנָה וְשָׁנָה
מֶלֶךְ עַל כָּל הָאָרֶץ, מְקַדֵּשׁ (הַשַּׁבָּת וְ)יִשְׂרָאֵל וְיוֹם הַכִּפּוּרִים.

עבודה

רְצֵה יהוה אֱלֹהֵינוּ בְּעַמְּךָ יִשְׂרָאֵל, וְלִתְפִלָּתָם שְׁעֵה
וְהָשֵׁב אֶת הָעֲבוֹדָה לִדְבִיר בֵּיתֶךָ
וְאִשֵּׁי יִשְׂרָאֵל וּתְפִלָּתָם, מְהֵרָה בְּאַהֲבָה תְקַבֵּל בְּרָצוֹן
וּתְהִי לְרָצוֹן תָּמִיד עֲבוֹדַת יִשְׂרָאֵל עַמֶּךָ.
וְתֶחֱזֶינָה עֵינֵינוּ בְּשׁוּבְךָ לְצִיּוֹן בְּרַחֲמִים.
בָּרוּךְ אַתָּה יהוה, הַמַּחֲזִיר שְׁכִינָתוֹ לְצִיּוֹן.

הודאה

כורע ב'מודים' ואינו זוקף עד אמירת השם (סידור השל"ה).

מוֹדִים אֲנַחְנוּ לָךְ
שָׁאַתָּה הוּא יהוה אֱלֹהֵינוּ וֵאלֹהֵי אֲבוֹתֵינוּ לְעוֹלָם וָעֶד.
צוּר חַיֵּינוּ, מָגֵן יִשְׁעֵנוּ אַתָּה הוּא לְדוֹר וָדוֹר.
נוֹדֶה לְּךָ וּנְסַפֵּר תְּהִלָּתֶךָ
עַל חַיֵּינוּ הַמְּסוּרִים בְּיָדֶךָ
וְעַל נִשְׁמוֹתֵינוּ הַפְּקוּדוֹת לָךְ
וְעַל נִסֶּיךָ שֶׁבְּכָל יוֹם עִמָּנוּ
וְעַל נִפְלְאוֹתֶיךָ וְטוֹבוֹתֶיךָ
שֶׁבְּכָל עֵת, עֶרֶב וָבֹקֶר וְצָהֳרָיִם.
הַטּוֹב, כִּי לֹא כָלוּ רַחֲמֶיךָ
וְהַמְרַחֵם, כִּי לֹא תַמּוּ חֲסָדֶיךָ
כִּי מֵעוֹלָם קִוִּינוּ לָךְ.
וְעַל כֻּלָּם יִתְבָּרַךְ וְיִתְרוֹמַם וְיִתְנַשֵּׂא שִׁמְךָ מַלְכֵּנוּ
תָּמִיד לְעוֹלָם וָעֶד.
וַחֲתֹם לְחַיִּים טוֹבִים כָּל בְּנֵי בְרִיתֶךָ.

וְכֹל הַחַיִּים יוֹדְוּךָ סֶּלָה
וִיהַלְלוּ וִיבָרְכוּ אֶת שִׁמְךָ הַגָּדוֹל בֶּאֱמֶת לְעוֹלָם כִּי טוֹב
הָאֵל יְשׁוּעָתֵנוּ וְעֶזְרָתֵנוּ סֶלָה, הָאֵל הַטּוֹב.
׳בָּרוּךְ אַתָּה יהוה, הַטּוֹב שִׁמְךָ וּלְךָ נָאֶה לְהוֹדוֹת.

אם שכח לומר ׳וַחֲתֹם לְחַיִּים טוֹבִים׳, אינו חוזר,
וכן אם אמר ׳וּכְתֹב׳ במקום ׳וַחֲתֹם׳, אינו חוזר.

שלום

שִׂים שָׁלוֹם טוֹבָה וּבְרָכָה, חַיִּים חֵן וָחֶסֶד וְרַחֲמִים
עָלֵינוּ וְעַל כָּל יִשְׂרָאֵל עַמֶּךָ.
בָּרְכֵנוּ אָבִינוּ כֻּלָּנוּ כְּאֶחָד בְּאוֹר פָּנֶיךָ
כִּי בְאוֹר פָּנֶיךָ נָתַתָּ לָּנוּ יהוה אֱלֹהֵינוּ
תּוֹרַת חַיִּים וְאַהֲבַת חֶסֶד
וּצְדָקָה וּבְרָכָה וְרַחֲמִים וְחַיִּים וְשָׁלוֹם.
וְטוֹב יִהְיֶה בְּעֵינֶיךָ לְבָרְכֵנוּ וּלְבָרֵךְ אֶת כָּל עַמְּךָ יִשְׂרָאֵל
בְּכָל עֵת וּבְכָל שָׁעָה בִּשְׁלוֹמֶךָ.

בְּסֵפֶר חַיִּים, בְּרָכָה וְשָׁלוֹם, וּפַרְנָסָה טוֹבָה
וּגְזֵרוֹת טוֹבוֹת, יְשׁוּעוֹת וְנֶחָמוֹת
נִזָּכֵר וְנֵחָתֵם לְפָנֶיךָ, אֲנַחְנוּ וְכָל עַמְּךָ בֵּית יִשְׂרָאֵל
לְחַיִּים טוֹבִים וּלְשָׁלוֹם.

בָּרוּךְ אַתָּה יהוה, הַמְבָרֵךְ אֶת עַמּוֹ יִשְׂרָאֵל בַּשָּׁלוֹם.

אם שכח לומר ׳בְּסֵפֶר חַיִּים׳, אינו חוזר,
וכן אם אמר ׳וְנִכָּתֵב׳ במקום ׳וְנֵחָתֵם׳, אינו חוזר.

יש מוסיפים:

יִהְיוּ לְרָצוֹן אִמְרֵי־פִי וְהֶגְיוֹן לִבִּי לְפָנֶיךָ, יהוה צוּרִי וְגֹאֲלִי: תהלים יט

אֱלֹהֵינוּ וֵאלֹהֵי אֲבוֹתֵינוּ
תָּבוֹא לְפָנֶיךָ תְּפִלָּתֵנוּ, וְאַל תִּתְעַלַּם מִתְּחִנָּתֵנוּ.
שֶׁאֵין אֲנוּ עַזֵּי פָנִים וּקְשֵׁי עֹרֶף לוֹמַר לְפָנֶיךָ
יהוה אֱלֹהֵינוּ וֵאלֹהֵי אֲבוֹתֵינוּ
צַדִּיקִים אֲנַחְנוּ וְלֹא חָטָאנוּ.
אֲבָל אֲנַחְנוּ וַאֲבוֹתֵינוּ חָטָאנוּ.

כשמתוודה, מכה באגרופו על החזה כנגד הלב
(מג״א תרז, ג, בשם מדרש קהלת).

אָשַׁמְנוּ, בָּגַדְנוּ, גָּזַלְנוּ, דִּבַּרְנוּ דֹפִי
הֶעֱוִינוּ, וְהִרְשַׁעְנוּ, זַדְנוּ, חָמַסְנוּ, טָפַלְנוּ שֶׁקֶר
יָעַצְנוּ רָע, כִּזַּבְנוּ, לַצְנוּ, מָרַדְנוּ, נִאַצְנוּ, סָרַרְנוּ
עָוִינוּ, פָּשַׁעְנוּ, צָרַרְנוּ, קִשִּׁינוּ עֹרֶף
רָשַׁעְנוּ, שִׁחַתְנוּ, תִּעַבְנוּ, תָּעִינוּ, תִּעְתָּעְנוּ.

סַרְנוּ מִמִּצְוֹתֶיךָ וּמִמִּשְׁפָּטֶיךָ הַטּוֹבִים, וְלֹא שָׁוָה לָנוּ.
וְאַתָּה צַדִּיק עַל כָּל־הַבָּא עָלֵינוּ כִּי־אֱמֶת עָשִׂיתָ נחמיה ט
וַאֲנַחְנוּ הִרְשָׁעְנוּ:

מַה נֹּאמַר לְפָנֶיךָ יוֹשֵׁב מָרוֹם,
וּמַה נְּסַפֵּר לְפָנֶיךָ שׁוֹכֵן שְׁחָקִים
הֲלֹא כָּל הַנִּסְתָּרוֹת וְהַנִּגְלוֹת אַתָּה יוֹדֵעַ.

״נעילה היא תפילה יתירה, ר״ל אינה כשאר תפילות...
אלא שנהגו לשנות הנוסח מעט, מ׳אַתָּה יוֹדֵעַ רָזֵי עוֹלָם׳
ואילך ל׳אַתָּה נוֹתֵן יָד לְפוֹשְׁעִים׳״ (מאירי, יומא פז ע״ב).

אַתָּה נוֹתֵן יָד לְפוֹשְׁעִים, וִימִינְךָ פְשׁוּטָה לְקַבֵּל שָׁבִים
וַתְּלַמְּדֵנוּ יהוה אֱלֹהֵינוּ לְהִתְוַדּוֹת לְפָנֶיךָ עַל כָּל עֲוֹנוֹתֵינוּ
לְמַעַן נֶחְדַּל מֵעֹשֶׁק יָדֵינוּ

וּתְקַבְּלֵנוּ בִּתְשׁוּבָה שְׁלֵמָה לְפָנֶיךָ כְּאִשִּׁים וּכְנִיחוֹחִים
לְמַעַן דְּבָרֶיךָ אֲשֶׁר אָמַרְתָּ.
אֵין קֵץ לְאִשֵּׁי חוֹבוֹתֵינוּ, וְאֵין מִסְפָּר לְנִיחוֹחֵי אַשְׁמוֹתֵינוּ
וְאַתָּה יוֹדֵעַ שֶׁאַחֲרִיתֵנוּ רִמָּה וְתוֹלֵעָה
לְפִיכָךְ הִרְבֵּיתָ סְלִיחָתֵנוּ.

מָה אָנוּ, מֶה חַיֵּינוּ, מֶה חַסְדֵּנוּ, מַה צִּדְקוֹתֵינוּ
מַה יְשׁוּעָתֵנוּ, מַה כֹּחֵנוּ, מַה גְּבוּרָתֵנוּ
מַה נֹּאמַר לְפָנֶיךָ, יהוה אֱלֹהֵינוּ וֵאלֹהֵי אֲבוֹתֵינוּ
הֲלֹא כָּל הַגִּבּוֹרִים כְּאַיִן לְפָנֶיךָ
וְאַנְשֵׁי הַשֵּׁם כְּלֹא הָיוּ
וַחֲכָמִים כִּבְלִי מַדָּע
וּנְבוֹנִים כִּבְלִי הַשְׂכֵּל
כִּי רֹב מַעֲשֵׂיהֶם תֹּהוּ
וִימֵי חַיֵּיהֶם הֶבֶל לְפָנֶיךָ
וּמוֹתַר הָאָדָם מִן־הַבְּהֵמָה אָיִן קהלת ג
כִּי הַכֹּל הָבֶל:

אַתָּה הִבְדַּלְתָּ אֱנוֹשׁ מֵרֹאשׁ
וַתַּכִּירֵהוּ לַעֲמֹד לְפָנֶיךָ.
כִּי מִי יֹאמַר לְךָ מַה תִּפְעָל
וְאִם יִצְדַּק מַה יִּתֶּן לָךְ.

וַתִּתֶּן לָנוּ יהוה אֱלֹהֵינוּ בְּאַהֲבָה אֶת יוֹם צוֹם הַכִּפּוּרִים הַזֶּה
קֵץ וּמְחִילָה וּסְלִיחָה עַל כָּל עֲוֹנוֹתֵינוּ
לְמַעַן נֶחְדַּל מֵעֹשֶׁק יָדֵינוּ
וְנָשׁוּב אֵלֶיךָ לַעֲשׂוֹת חֻקֵּי רְצוֹנְךָ בְּלֵבָב שָׁלֵם.

וְאַתָּה בְּרַחֲמֶיךָ הָרַבִּים רַחֵם עָלֵינוּ
כִּי לֹא תַחְפֹּץ בְּהַשְׁחָתַת עוֹלָם
שֶׁנֶּאֱמַר
ישעיה נה
דִּרְשׁוּ יהוה בְּהִמָּצְאוֹ
קְרָאֻהוּ בִּהְיוֹתוֹ קָרוֹב:
וְנֶאֱמַר
ישעיה נה
יַעֲזֹב רָשָׁע דַּרְכּוֹ, וְאִישׁ אָוֶן מַחְשְׁבֹתָיו
וְיָשֹׁב אֶל־יהוה וִירַחֲמֵהוּ
וְאֶל־אֱלֹהֵינוּ כִּי־יַרְבֶּה לִסְלוֹחַ:
וְאַתָּה אֱלוֹהַּ סְלִיחוֹת, חַנּוּן וְרַחוּם
אֶרֶךְ אַפַּיִם וְרַב חֶסֶד וֶאֱמֶת, וּמַרְבֶּה לְהֵיטִיב
וְרוֹצֶה אַתָּה בִּתְשׁוּבַת רְשָׁעִים
וְאֵין אַתָּה חָפֵץ בְּמִיתָתָם
שֶׁנֶּאֱמַר
יחזקאל לג
אֱמֹר אֲלֵיהֶם, חַי־אָנִי נְאֻם אֲדֹנָי יֱהֹוִה
אִם־אֶחְפֹּץ בְּמוֹת הָרָשָׁע
כִּי אִם־בְּשׁוּב רָשָׁע מִדַּרְכּוֹ, וְחָיָה
שׁוּבוּ שׁוּבוּ מִדַּרְכֵיכֶם הָרָעִים
וְלָמָּה תָמוּתוּ בֵּית יִשְׂרָאֵל:
וְנֶאֱמַר
יחזקאל יח
הֶחָפֹץ אֶחְפֹּץ מוֹת רָשָׁע
נְאֻם אֲדֹנָי יֱהֹוִה
הֲלוֹא בְּשׁוּבוֹ מִדְּרָכָיו וְחָיָה:
וְנֶאֱמַר
יחזקאל יח
כִּי לֹא אֶחְפֹּץ בְּמוֹת הַמֵּת
נְאֻם אֲדֹנָי יֱהֹוִה
וְהָשִׁיבוּ וִחְיוּ:

כִּי אַתָּה סָלְחָן לְיִשְׂרָאֵל וּמָחֳלָן לְשִׁבְטֵי יְשֻׁרוּן בְּכָל דּוֹר וָדוֹר
וּמִבַּלְעָדֶיךָ אֵין לָנוּ מֶלֶךְ מוֹחֵל וְסוֹלֵחַ אֶלָּא אָתָּה.

אֱלֹהַי
עַד שֶׁלֹּא נוֹצַרְתִּי אֵינִי כְדַאי
וְעַכְשָׁיו שֶׁנּוֹצַרְתִּי, כְּאִלּוּ לֹא נוֹצַרְתִּי
עָפָר אֲנִי בְּחַיַּי, קַל וָחֹמֶר בְּמִיתָתִי.
הֲרֵי אֲנִי לְפָנֶיךָ כִּכְלִי מָלֵא בוּשָׁה וּכְלִמָּה.
יְהִי רָצוֹן מִלְּפָנֶיךָ, יהוה אֱלֹהַי וֵאלֹהֵי אֲבוֹתַי
שֶׁלֹּא אֶחֱטָא עוֹד.
וּמַה שֶּׁחָטָאתִי לְפָנֶיךָ, מְחֹק בְּרַחֲמֶיךָ הָרַבִּים
אֲבָל לֹא עַל יְדֵי יִסּוּרִים וָחֳלָיִם רָעִים.

אֱלֹהַי ברכות יז.
נְצֹר לְשׁוֹנִי מֵרָע וּשְׂפָתַי מִדַּבֵּר מִרְמָה
וְלִמְקַלְלַי נַפְשִׁי תִדֹּם, וְנַפְשִׁי כֶּעָפָר לַכֹּל תִּהְיֶה.
פְּתַח לִבִּי בְּתוֹרָתֶךָ, וְאַחֲרֵי מִצְוֹתֶיךָ תִּרְדֹּף נַפְשִׁי.
וְכָל הַקָּמִים וְהַחוֹשְׁבִים עָלַי רָעָה
מְהֵרָה הָפֵר עֲצָתָם וְקַלְקֵל מַחֲשַׁבְתָּם.

יש המוסיפים תחינה זו (קיצור של״ה, ׳אור הישר׳):
יְהִי רָצוֹן מִלְּפָנֶיךָ, יהוה אֱלֹהַי וֵאלֹהֵי אֲבוֹתַי
שֶׁלֹּא תַעֲלֶה קִנְאַת אָדָם עָלַי, וְלֹא קִנְאָתִי עַל אֲחֵרִים
וְשֶׁלֹּא אֶכְעֹס הַיּוֹם, וְשֶׁלֹּא אַכְעִיסֶךָ
וְתַצִּילֵנִי מִיֵּצֶר הָרָע, וְתֵן בְּלִבִּי הַכְנָעָה וַעֲנָוָה.
מַלְכֵּנוּ וֵאלֹהֵינוּ, יַחֵד שִׁמְךָ בְּעוֹלָמֶךָ
בְּנֵה עִירְךָ, יַסֵּד בֵּיתְךָ וְשַׁכְלֵל הֵיכָלֶךָ
וְקַבֵּץ קִבּוּץ גָּלֻיּוֹת, וּפְדֵה צֹאנְךָ וְשַׂמַּח עֲדָתֶךָ.

עֲשֵׂה לְמַעַן שְׁמֶךָ, עֲשֵׂה לְמַעַן יְמִינֶךָ
עֲשֵׂה לְמַעַן תּוֹרָתֶךָ, עֲשֵׂה לְמַעַן קְדֻשָּׁתֶךָ.

תהלים ס לְמַעַן יֵחָלְצוּן יְדִידֶיךָ, הוֹשִׁיעָה יְמִינְךָ וַעֲנֵנִי:

תהלים יט יִהְיוּ לְרָצוֹן אִמְרֵי פִי וְהֶגְיוֹן לִבִּי לְפָנֶיךָ, יהוה צוּרִי וְגֹאֲלִי:

כורע ופוסע שלוש פסיעות לאחור. קד לשמאל, לימין ולפנים באמירת:

עֹשֶׂה הַשָּׁלוֹם בִּמְרוֹמָיו
הוּא יַעֲשֶׂה שָׁלוֹם, עָלֵינוּ וְעַל כָּל יִשְׂרָאֵל
וְאִמְרוּ אָמֵן.

יְהִי רָצוֹן מִלְּפָנֶיךָ יהוה אֱלֹהֵינוּ וֵאלֹהֵי אֲבוֹתֵינוּ
שֶׁיִּבָּנֶה בֵּית הַמִּקְדָּשׁ בִּמְהֵרָה בְיָמֵינוּ
וְתֵן חֶלְקֵנוּ בְּתוֹרָתֶךָ
וְשָׁם נַעֲבָדְךָ בְּיִרְאָה כִּימֵי עוֹלָם וּכְשָׁנִים קַדְמֹנִיּוֹת.

מלאכי ג וְעָרְבָה לַיהוה מִנְחַת יְהוּדָה וִירוּשָׁלָםִ כִּימֵי עוֹלָם וּכְשָׁנִים קַדְמֹנִיּוֹת:

חזרת הש״ץ לנעילה

״ותכלית יום הכיפורים הוא תפילת נעילה, ואז [הוא נקרא] ׳יום הכיפורים׳,
כי יום כיפורים מכפר בסופו.
ושם קבעו אנשי כנסת הגדולה לומר בנוסח התפילה:
׳וַתִּתֶּן לָנוּ ה׳ אֱלֹהֵינוּ בְּאַהֲבָה אֶת יוֹם צוֹם הַכִּפּוּרִים הַזֶּה,
קֵץ וּמְחִילָה וּסְלִיחָה עַל כָּל עֲוֹנוֹתֵינוּ, לְמַעַן נֶחְדַּל מֵעֹשֶׁק יָדֵינוּ׳״
(של״ה חולין, נר מצווה נד).

פותחים את ארון הקודש.

שליח הציבור פוסע שלוש פסיעות לפנים כמי שנכנס לפני המלך.
כורע במקומות המסומנים ב׳, קד לפנים במילה הבאה וזוקף בשם.

יש אומרים בלחש: כִּי שֵׁם יהוה אֶקְרָא, הָבוּ גֹדֶל לֵאלֹהֵינוּ: דברים לב

אֲדֹנָי, שְׂפָתַי תִּפְתָּח, וּפִי יַגִּיד תְּהִלָּתֶךָ: תהלים נא

אבות

׳בָּרוּךְ אַתָּה יהוה, אֱלֹהֵינוּ וֵאלֹהֵי אֲבוֹתֵינוּ
אֱלֹהֵי אַבְרָהָם, אֱלֹהֵי יִצְחָק, וֵאלֹהֵי יַעֲקֹב
הָאֵל הַגָּדוֹל הַגִּבּוֹר וְהַנּוֹרָא, אֵל עֶלְיוֹן
גּוֹמֵל חֲסָדִים טוֹבִים, קוֹנֵה הַכֹּל
וְזוֹכֵר חַסְדֵי אָבוֹת
וּמֵבִיא גוֹאֵל לִבְנֵי בְנֵיהֶם, לְמַעַן שְׁמוֹ בְּאַהֲבָה.

לפני ה׳קרובה׳ של נעילה אין אומרים פיוט ׳רשות׳ ארוך.

שליח הציבור אומר ׳מִסּוֹד חֲכָמִים וּנְבוֹנִים׳ וממשיך ׳אָב יְדָעֲךָ מִנֹּעַר׳.

מִסּוֹד חֲכָמִים וּנְבוֹנִים
וּמִלֶּמֶד דַּעַת מְבִינִים
אֶפְתְּחָה פִּי בִּתְפִלָּה וּבְתַחֲנוּנִים
לְחַלּוֹת וּלְחַנֵּן פְּנֵי מֶלֶךְ מוֹחֵל וְסוֹלֵחַ לַעֲוֹנִים.

את פיוטי ה׳מגן׳, ׳מחיה׳ ו׳משלש׳ לתפילת נעילה של יום הכיפורים חיבר ר׳ אלעזר הקליר. למעשה, מדובר בפיוט אחד המסודר על סדר הא״ב, ועוסק בתפילתם של שלושת האבות. בפיוט בקשה שכשם שתפילותיהם נענו, כן יעלו תפילותינו לרצון לפני ה׳.

מאחר שהפיוטים קצרים ובגלל מבנה האמירה הנהוג בהם, הקהל אומר שורה אחת, ושליח הציבור אומר בקול את השורה הבאה, המסומנות ב־ (השווה ל׳מגן׳ הארוך ׳אָמַּצְתָּ עָשׂוֹר׳ בעמ׳ 202). יש קהילות שבהן אין אומרים את ה׳קרובה׳ וממשיכים ׳זָכְרֵנוּ לְחַיִּים׳ למטה.

מגן – סימן א״ב

אָב יְדָעֲךָ מִנֹּעַר / בְּחַנְתּוֹ בְּעֶשֶׂר, בַּל עֲבוֹר בְּרֹאשׁ תָּעַר

‹ גָּשׁ לְחַלּוֹתְךָ כְּנַעַר וְלֹא כְבַעַר / דְּגָלָיו לָבֹא בְּזֶה הַשַּׁעַר.

אֱמוּנִים גָּשׁוּ לְנַצְּחָךְ אָיֹם / נֶצַח כָּל הַיּוֹם

‹ עֲבוּר כִּי פָנָה יוֹם / גּוֹנְנֵנוּ בְּצֶדֶק יוֹשֵׁב כְּחֹם הַיּוֹם.

יש נוהגים שהקהל אומר בקול, ושליח הציבור חוזר אחריו:

זָכְרֵנוּ לְחַיִּים, מֶלֶךְ חָפֵץ בַּחַיִּים

וְחָתְמֵנוּ בְּסֵפֶר הַחַיִּים, לְמַעַנְךָ אֱלֹהִים חַיִּים.

שליח הציבור ממשיך:

מֶלֶךְ עוֹזֵר וּמוֹשִׁיעַ וּמָגֵן.

בָּרוּךְ אַתָּה יהוה, מָגֵן אַבְרָהָם.

גבורות

אַתָּה גִּבּוֹר לְעוֹלָם, אֲדֹנָי

מְחַיֵּה מֵתִים אַתָּה, רַב לְהוֹשִׁיעַ

מוֹרִיד הַטָּל

מְכַלְכֵּל חַיִּים בְּחֶסֶד

מְחַיֵּה מֵתִים בְּרַחֲמִים רַבִּים

סוֹמֵךְ נוֹפְלִים, וְרוֹפֵא חוֹלִים, וּמַתִּיר אֲסוּרִים

וּמְקַיֵּם אֱמוּנָתוֹ לִישֵׁנֵי עָפָר.

מִי כָמוֹךָ, בַּעַל גְּבוּרוֹת, וּמִי דּוֹמֶה לָּךְ

מֶלֶךְ, מֵמִית וּמְחַיֶּה וּמַצְמִיחַ יְשׁוּעָה.

בקהילות שבהן אין נוהגים לומר ׳קרובה׳, ממשיכים ׳מִי כָמוֹךָ אַב הָרַחֲמָן׳ למטה.

מחיה

הַנִּקְרָא לְאָב זֶרַע / וְנִפְנָה לָסוּר מִמּוֹקְשֵׁי רַע
◂ זָעַק וְחִנֵּן, וְשִׂיחָה לֹא גָרַע / חָסַן בְּרָכָה כַּאֲשֶׁר זָרַע.

יָהּ שִׁמְךָ בָּנוּ יֶעֱרַב / וְיִשְׁעֲךָ לָנוּ תְקָרֵב
◂ גְּאַל נָא מִקְּרָב / הַחֲיֵינוּ בְּטַל, כְּשָׁח לִפְנוֹת עֶרֶב.

יש נוהגים שהקהל אומר בקול, ושליח הציבור חוזר אחריו:

מִי כָמוֹךָ אַב הָרַחֲמָן
זוֹכֵר יְצוּרָיו לְחַיִּים בְּרַחֲמִים.

שליח הציבור ממשיך:

וְנֶאֱמָן אַתָּה לְהַחֲיוֹת מֵתִים.
בָּרוּךְ אַתָּה יהוה, מְחַיֵּה הַמֵּתִים.

בקהילות שבהן אין נוהגים לומר ׳קרובה׳, ממשיכים ׳יִמְלֹךְ ה׳ לְעוֹלָם׳ למטה.

משלש

טֶבַע זִיו תָּאֳרָהּ / יָהּ חֲקָקוֹ בְּכֵס יְקָרָהּ
◂ כְּשָׁר תָּם מְקוֹם מַה נּוֹרָא / לְעֵת קֵץ חָז וַיִּרָא.

שליח הציבור והקהל אומרים חרוז חרוז:

יִמְלֹךְ יהוה לְעוֹלָם תהלים קמו
אֱלֹהַיִךְ צִיּוֹן לְדֹר וָדֹר, הַלְלוּיָהּ:

וְאַתָּה קָדוֹשׁ, יוֹשֵׁב תְּהִלּוֹת יִשְׂרָאֵל:
אֵל נָא.

שְׁמַע נָא, סְלַח נָא הַיּוֹם
עֲבוּר כִּי פָנָה יוֹם
וּנְהַלֶּלְךָ נוֹרָא וְאָיֹם
קָדוֹשׁ.

שליח הציבור ממשיך:

וּבְכֵן לְךָ תַעֲלֶה קְדֻשָּׁה
כִּי אַתָּה אֱלֹהֵינוּ מֶלֶךְ מוֹחֵל וְסוֹלֵחַ.

׳וְהַשַּׁעַר לֹא־יִסָּגֵר עַד־הָעָרֶב׳ (יחזקאל מו, ב).

בניגוד לתפילות שחרית ומנחה בקהילות רבות נוהגים לומר את ה׳סילוק׳ לנעילה.
ויש שאין אומרים אותו, ומתחילים את הקדושה בתיבת ׳נַעֲרִיצְךָ׳ (למטה).
גם הנוהגים לומר אותו, אומרים רק את חלקו. הפיוט המלא בעמ׳ 602.

סילוק – סימן א״ב

שַׁעֲרֵי אַרְמוֹן מְהֵרָה תִפְתַּח לְבוֹאֲרֵי אָמוֹן
שַׁעֲרֵי גְנוּזִים מְהֵרָה תִפְתַּח לְדָתְךָ אֲחוּזִים
שַׁעֲרֵי הֵיכָל הַנֶּחְמָדִים מְהֵרָה תִפְתַּח לְוַעוּדִים
שַׁעֲרֵי זְבוּל מַחֲנַיִם מְהֵרָה תִפְתַּח לְחַכְלִילִי עֵינַיִם
שַׁעֲרֵי טְהָרָה מְהֵרָה תִפְתַּח לְיָפָה וּבָרָה
שַׁעֲרֵי כֶּתֶר הַמְיֻמָּן מְהֵרָה תִפְתַּח לְלֹא אַלְמָן.

וּבָהֶם תְּעֻרַץ וְתֻקְדַּשׁ, כְּסוֹד שִׂיחַ שַׂרְפֵי קֹדֶשׁ
הַמַּקְדִּישִׁים שִׁמְךָ בַּקֹּדֶשׁ

קדושה

בבתי כנסת המתפללים בנוסח אשכנז, אומרים כאן ׳כַּכָּתוּב׳, או ׳נַעֲרִיצְךָ׳ אם לא אמרו ׳סילוק׳.

נַעֲרִיצְךָ וְנַקְדִּישְׁךָ כְּסוֹד שִׂיחַ שַׂרְפֵי קֹדֶשׁ, הַמַּקְדִּישִׁים שִׁמְךָ בַּקֹּדֶשׁ, כַּכָּתוּב עַל יַד נְבִיאֶךָ: וְקָרָא זֶה אֶל־זֶה וְאָמַר ישעיה ו

וממשיכים ׳קָדוֹשׁ, קָדוֹשׁ, קָדוֹשׁ׳ בעמוד הבא.

בחזרת הש״ץ הקהל עומד ואומר קדושה.
במקומות המסומנים ב°, המתפלל מתרומם על קצות אצבעותיו.

קהל ואחריו שליח הציבור:

כֶּתֶר יִתְּנוּ לְךָ, יהוה אֱלֹהֵינוּ, מַלְאָכִים הֲמוֹנֵי מַעְלָה
עִם עַמְּךָ יִשְׂרָאֵל קְבוּצֵי מַטָּה
יַחַד כֻּלָּם קְדֻשָּׁה לְךָ יְשַׁלֵּשׁוּ כַּדָּבָר הָאָמוּר עַל יַד נְבִיאֶךָ
וְקָרָא זֶה אֶל־זֶה וְאָמַר ישעיה ו

קהל ואחריו שליח הציבור:

״קָדוֹשׁ, ״קָדוֹשׁ, ״קָדוֹשׁ, יהוה צְבָאוֹת, מְלֹא כָל־הָאָרֶץ כְּבוֹדוֹ:

כְּבוֹדוֹ מָלֵא עוֹלָם, מְשָׁרְתָיו שׁוֹאֲלִים זֶה לָזֶה

אַיֵּה מְקוֹם כְּבוֹדוֹ לְהַעֲרִיצוֹ

לְעֻמָּתָם מְשַׁבְּחִים וְאוֹמְרִים

קהל ואחריו שליח הציבור:

״בָּרוּךְ כְּבוֹד־יהוה מִמְּקוֹמוֹ: יחזקאל ג

מִמְּקוֹמוֹ הוּא יִפֶן בְּרַחֲמָיו לְעַמּוֹ

וְיָחֹן עַם הַמְיַחֲדִים שְׁמוֹ עֶרֶב וָבֹקֶר בְּכָל יוֹם תָּמִיד

פַּעֲמַיִם בְּאַהֲבָה שְׁמַע אוֹמְרִים

קהל ואחריו שליח הציבור:

שְׁמַע יִשְׂרָאֵל, יהוה אֱלֹהֵינוּ, יהוה אֶחָד: דברים ו

הוּא אֱלֹהֵינוּ, הוּא אָבִינוּ, הוּא מַלְכֵּנוּ, הוּא מוֹשִׁיעֵנוּ

וְהוּא יוֹשִׁיעֵנוּ וְיִגְאָלֵנוּ שֵׁנִית, וְיַשְׁמִיעֵנוּ בְּרַחֲמָיו לְעֵינֵי כָּל חַי לֵאמֹר

הֵן גָּאַלְתִּי אֶתְכֶם אַחֲרִית כְּבְרֵאשִׁית

לִהְיוֹת לָכֶם לֵאלֹהִים, אֲנִי יהוה אֱלֹהֵיכֶם: במדבר טו

קהל ואחריו שליח הציבור:

אַדִּיר אַדִּירֵנוּ, יהוה אֲדֹנֵינוּ, מָה־אַדִּיר שִׁמְךָ בְּכָל־הָאָרֶץ: תהלים ח

וְהָיָה יהוה לְמֶלֶךְ עַל־כָּל־הָאָרֶץ זכריה יד

בַּיּוֹם הַהוּא יִהְיֶה יהוה אֶחָד וּשְׁמוֹ אֶחָד:

שליח הציבור:

וּבְדִבְרֵי קָדְשְׁךָ כָּתוּב לֵאמֹר

קהל ואחריו שליח הציבור:

״יִמְלֹךְ יהוה לְעוֹלָם, אֱלֹהַיִךְ צִיּוֹן לְדֹר וָדֹר, הַלְלוּיָהּ: תהלים קמו

שליח הציבור:

לְדוֹר וָדוֹר נַגִּיד גָּדְלֶךָ, וּלְנֵצַח נְצָחִים קְדֻשָּׁתְךָ נַקְדִּישׁ

וְשִׁבְחֲךָ אֱלֹהֵינוּ מִפִּינוּ לֹא יָמוּשׁ לְעוֹלָם וָעֶד

כִּי אֵל מֶלֶךְ גָּדוֹל וְקָדוֹשׁ אָתָּה.

בבתי כנסת המתפללים בנוסח אשכנז, אין אומרים ׳לְדוֹר וָדוֹר׳.

לְדוֹר וָדוֹר הַמְלִיכוּ לָאֵל, כִּי הוּא לְבַדּוֹ מָרוֹם וְקָדוֹשׁ.

הכול:

חֲמֹל עַל מַעֲשֶׂיךָ
וְתִשְׂמַח בְּמַעֲשֶׂיךָ
וְיֹאמְרוּ לְךָ חוֹסֶיךָ
בְּצַדֶּקְךָ עֲמוּסֶיךָ
תֻּקְדַּשׁ אָדוֹן עַל כָּל מַעֲשֶׂיךָ

כִּי מַקְדִּישֶׁיךָ בִּקְדֻשָּׁתְךָ קִדַּשְׁתָּ
נָאֶה לְקָדוֹשׁ פְּאֵר מִקְּדוֹשִׁים.

שליח הציבור ממשיך:

בְּאֵין מֵלִיץ יֹשֶׁר מוּל מַגִּיד פֶּשַׁע
תַּגִּיד לְיַעֲקֹב דְּבַר, חֹק וּמִשְׁפָּט
וְצַדְּקֵנוּ בַּמִּשְׁפָּט, הַמֶּלֶךְ הַמִּשְׁפָּט.

עוֹד יִזְכֹּר לָנוּ אַהֲבַת אֵיתָן, אֲדוֹנֵינוּ
וּבַבֵּן הַנֶּעֱקַד יַשְׁבִּית מְדַיְּנֵינוּ
וּבִזְכוּת הַתָּם יוֹצִיא הַיּוֹם לְצֶדֶק דִּינֵנוּ
כִּי־קָדוֹשׁ הַיּוֹם לַאֲדֹנֵינוּ: נחמיה ח

שליח הציבור ממשיך:

וּבְכֵן יִתְקַדַּשׁ שִׁמְךָ יהוה אֱלֹהֵינוּ
עַל יִשְׂרָאֵל עַמֶּךָ
וְעַל יְרוּשָׁלַיִם עִירֶךָ
וְעַל צִיּוֹן מִשְׁכַּן כְּבוֹדֶךָ
וְעַל מַלְכוּת בֵּית דָּוִד מְשִׁיחֶךָ
וְעַל מְכוֹנְךָ וְהֵיכָלֶךָ.

קדושת השם

וּבְכֵן תֵּן פַּחְדְּךָ יהוה אֱלֹהֵינוּ עַל כָּל מַעֲשֶׂיךָ
וְאֵימָתְךָ עַל כָּל מַה שֶּׁבָּרָאתָ
וְיִירָאוּךָ כָּל הַמַּעֲשִׂים, וְיִשְׁתַּחֲווּ לְפָנֶיךָ כָּל הַבְּרוּאִים
וְיֵעָשׂוּ כֻלָּם אֲגֻדָּה אֶחָת לַעֲשׂוֹת רְצוֹנְךָ בְּלֵבָב שָׁלֵם
כְּמוֹ שֶׁיָּדַעְנוּ יהוה אֱלֹהֵינוּ שֶׁהַשִּׁלְטָן לְפָנֶיךָ
עֹז בְּיָדְךָ וּגְבוּרָה בִּימִינֶךָ
וְשִׁמְךָ נוֹרָא עַל כָּל מַה שֶּׁבָּרָאתָ.

וּבְכֵן תֵּן כָּבוֹד יהוה לְעַמֶּךָ
תְּהִלָּה לִירֵאֶיךָ וְתִקְוָה טוֹבָה לְדוֹרְשֶׁיךָ
וּפִתְחוֹן פֶּה לַמְיַחֲלִים לָךְ
שִׂמְחָה לְאַרְצֶךָ, וְשָׂשׂוֹן לְעִירֶךָ
וּצְמִיחַת קֶרֶן לְדָוִד עַבְדֶּךָ
וַעֲרִיכַת נֵר לְבֶן יִשַׁי מְשִׁיחֶךָ בִּמְהֵרָה בְיָמֵינוּ.

וּבְכֵן צַדִּיקִים יִרְאוּ וְיִשְׂמָחוּ, וִישָׁרִים יַעֲלֹזוּ
וַחֲסִידִים בְּרִנָּה יָגִילוּ, וְעוֹלָתָה תִּקְפָּץ פִּיהָ
וְכָל הָרִשְׁעָה כֻּלָּהּ כְּעָשָׁן תִּכְלֶה
כִּי תַעֲבִיר מֶמְשֶׁלֶת זָדוֹן מִן הָאָרֶץ.

וְתִמְלֹךְ אַתָּה הוּא יהוה אֱלֹהֵינוּ
מְהֵרָה לְבַדֶּךָ עַל כָּל מַעֲשֶׂיךָ
בְּהַר צִיּוֹן מִשְׁכַּן כְּבוֹדֶךָ, וּבִירוּשָׁלַיִם עִיר קָדְשֶׁךָ
כַּכָּתוּב בְּדִבְרֵי קָדְשֶׁךָ
יִמְלֹךְ יהוה לְעוֹלָם, אֱלֹהַיִךְ צִיּוֹן לְדֹר וָדֹר, הַלְלוּיָהּ: תהלים קמו

קָדוֹשׁ אַתָּה וְנוֹרָא שְׁמֶךָ
וְאֵין אֱלוֹהַּ מִבַּלְעָדֶיךָ
כַּכָּתוּב
וַיִּגְבַּהּ יהוה צְבָאוֹת בַּמִּשְׁפָּט ישעיה ה
וְהָאֵל הַקָּדוֹשׁ נִקְדַּשׁ בִּצְדָקָה:
בָּרוּךְ אַתָּה יהוה, הַמֶּלֶךְ הַקָּדוֹשׁ.

קדושת היום

אַתָּה בְחַרְתָּנוּ מִכָּל הָעַמִּים
אָהַבְתָּ אוֹתָנוּ וְרָצִיתָ בָּנוּ
וְרוֹמַמְתָּנוּ מִכָּל הַלְּשׁוֹנוֹת
וְקִדַּשְׁתָּנוּ בְּמִצְוֹתֶיךָ
וְקֵרַבְתָּנוּ מַלְכֵּנוּ לַעֲבוֹדָתֶךָ
וְשִׁמְךָ הַגָּדוֹל וְהַקָּדוֹשׁ עָלֵינוּ קָרָאתָ.

בשבת מוסיפים את המילים שבסוגריים.

וַתִּתֶּן לָנוּ יהוה אֱלֹהֵינוּ בְּאַהֲבָה אֶת יוֹם
(הַשַּׁבָּת הַזֶּה לִקְדֻשָּׁה וְלִמְנוּחָה, וְאֶת יוֹם) הַכִּפּוּרִים הַזֶּה,
לִמְחִילָה וְלִסְלִיחָה וּלְכַפָּרָה
וְלִמְחָל בּוֹ אֶת כָּל עֲוֹנוֹתֵינוּ
(בְּאַהֲבָה) מִקְרָא קֹדֶשׁ, זֵכֶר לִיצִיאַת מִצְרָיִם.

אֱלֹהֵינוּ וֵאלֹהֵי אֲבוֹתֵינוּ
יַעֲלֶה וְיָבוֹא וְיַגִּיעַ, וְיֵרָאֶה וְיֵרָצֶה וְיִשָּׁמַע
וְיִפָּקֵד וְיִזָּכֵר זִכְרוֹנֵנוּ וּפִקְדוֹנֵנוּ

וְזִכְרוֹן אֲבוֹתֵינוּ

וְזִכְרוֹן מָשִׁיחַ בֶּן דָּוִד עַבְדֶּךָ

וְזִכְרוֹן יְרוּשָׁלַיִם עִיר קָדְשֶׁךָ

וְזִכְרוֹן כָּל עַמְּךָ בֵּית יִשְׂרָאֵל, לְפָנֶיךָ, לִפְלֵיטָה לְטוֹבָה
לְחֵן וּלְחֶסֶד וּלְרַחֲמִים, לְחַיִּים וּלְשָׁלוֹם
בְּיוֹם הַכִּפּוּרִים הַזֶּה.

זָכְרֵנוּ יהוה אֱלֹהֵינוּ בּוֹ לְטוֹבָה

וּפָקְדֵנוּ בוֹ לִבְרָכָה

וְהוֹשִׁיעֵנוּ בוֹ לְחַיִּים טוֹבִים.

וּבִדְבַר יְשׁוּעָה וְרַחֲמִים חוּס וְחָנֵּנוּ וְרַחֵם עָלֵינוּ וְהוֹשִׁיעֵנוּ
כִּי אֵלֶיךָ עֵינֵינוּ, כִּי אֵל מֶלֶךְ חַנּוּן וְרַחוּם אָתָּה.

"וצריך ש"ץ לקצר בסליחות ופסוקים שבאמצע התפילה" (שו"ע תרכג, ב).
בתפילת נעילה אומרים סליחות, אך מקצרים אותן מאוד. כבר בימות הראשונים התקבל המנהג ששליח הציבור אומר רק את חרוזי הפזמון של מרבית פיוטי הסליחות, והקהל חוזר אחריו. החרוז הראשון הוא הפזמון של פיוט הפתיחה 'אָז לִפְנוֹת עֶרֶב'; השני והשלישי הם חרוזי פזמון קבועים, הבאים בכמה פיוטים שונים.

שליח הציבור והקהל אומרים שורה שורה:

פְּתַח לָנוּ שַׁעַר / בְּעֵת נְעִילַת שַׁעַר
כִּי פָנָה יוֹם.

הַיּוֹם יִפְנֶה / הַשֶּׁמֶשׁ יָבֹא וְיִפְנֶה
נָבוֹאָה שְׁעָרֶיךָ.

אָנָּא אֵל נָא

שָׂא נָא, סְלַח נָא, מְחַל נָא, חֲמָל נָא, רַחֶם נָא, כַּפֶּר נָא
כְּבֹשׁ חֵטְא וְעָוֹן.

״כיוון שרואה שנתחייב העולם כליה, עומד מכסא הדין ויושב על כסא רחמים״ (עבודה זרה ג ע״ב). בתפילת נעילה נוהגים לומר י״ג מידות שבע פעמים.

שליח הציבור והקהל:

אֵל מֶלֶךְ יוֹשֵׁב עַל כִּסֵּא רַחֲמִים, מִתְנַהֵג בַּחֲסִידוּת.
מוֹחֵל עֲוֹנוֹת עַמּוֹ, מַעֲבִיר רִאשׁוֹן רִאשׁוֹן.
מַרְבֶּה מְחִילָה לְחַטָּאִים, וּסְלִיחָה לְפוֹשְׁעִים.
עֹשֵׂה צְדָקוֹת עִם כָּל בָּשָׂר וָרוּחַ, לֹא כְרָעָתָם תִּגְמֹל.
› אֵל, הוֹרֵיתָ לָּנוּ לוֹמַר שְׁלֹשׁ עֶשְׂרֵה
זְכֹר לָנוּ הַיּוֹם בְּרִית שְׁלֹשׁ עֶשְׂרֵה
כְּהוֹדַעְתָּ לֶעָנָו מִקֶּדֶם, כְּמוֹ שֶׁכָּתוּב:
שמות לד וַיֵּרֶד יהוה בֶּעָנָן, וַיִּתְיַצֵּב עִמּוֹ שָׁם, וַיִּקְרָא בְשֵׁם, יהוה:

קהל ואחריו שליח הציבור:

שמות לד וַיַּעֲבֹר יהוה עַל־פָּנָיו וַיִּקְרָא

שליח הציבור והקהל אומרים בקול:

יהוה, יהוה, אֵל רַחוּם וְחַנּוּן, אֶרֶךְ אַפַּיִם, וְרַב־חֶסֶד וֶאֱמֶת:
נֹצֵר חֶסֶד לָאֲלָפִים, נֹשֵׂא עָוֹן וָפֶשַׁע וְחַטָּאָה, וְנַקֵּה:

הכול:

וְסָלַחְתָּ לַעֲוֹנֵנוּ וּלְחַטָּאתֵנוּ, וּנְחַלְתָּנוּ:
סְלַח לָנוּ אָבִינוּ כִּי חָטָאנוּ
מְחַל לָנוּ מַלְכֵּנוּ כִּי פָשָׁעְנוּ.
תהלים פו כִּי־אַתָּה אֲדֹנָי טוֹב וְסַלָּח
וְרַב־חֶסֶד לְכָל־קֹרְאֶיךָ:

תהלים קל כִּי־עִמְּךָ הַסְּלִיחָה, לְמַעַן תִּוָּרֵא:
שם אִם־עֲוֹנוֹת תִּשְׁמָר־יָהּ, אֲדֹנָי מִי יַעֲמֹד:
כְּרַחֵם אָב עַל בָּנִים, כֵּן תְּרַחֵם יהוה עָלֵינוּ.

לַיהוה הַיְשׁוּעָה, עַל־עַמְּךָ בִרְכָתֶךָ סֶּלָה: תהלים ג
יהוה צְבָאוֹת עִמָּנוּ, מִשְׂגָּב לָנוּ אֱלֹהֵי יַעֲקֹב סֶלָה: תהלים מו
יהוה צְבָאוֹת, אַשְׁרֵי אָדָם בֹּטֵחַ בָּךְ: תהלים פד
יהוה הוֹשִׁיעָה, הַמֶּלֶךְ יַעֲנֵנוּ בְיוֹם־קָרְאֵנוּ: תהלים כ

יש מדלגים מכאן ועד ׳וּמִי יַעֲמֹד׳ (למטה).

· סְלַח־נָא לַעֲוֹן הָעָם הַזֶּה כְּגֹדֶל חַסְדֶּךָ במדבר יד
וְכַאֲשֶׁר נָשָׂאתָה לָעָם הַזֶּה מִמִּצְרַיִם וְעַד־הֵנָּה:
וְשָׁם נֶאֱמַר

קהל ואחריו שליח הציבור:

וַיֹּאמֶר יהוה, סָלַחְתִּי כִּדְבָרֶךָ:

הכול:

הַטֵּה אֱלֹהַי אָזְנְךָ וּשְׁמָע דניאל ט
פְּקַח עֵינֶיךָ וּרְאֵה שֹׁמְמֹתֵינוּ וְהָעִיר אֲשֶׁר־נִקְרָא שִׁמְךָ עָלֶיהָ
כִּי לֹא עַל־צִדְקֹתֵינוּ אֲנַחְנוּ מַפִּילִים תַּחֲנוּנֵינוּ לְפָנֶיךָ
כִּי עַל־רַחֲמֶיךָ הָרַבִּים:
אֲדֹנָי שְׁמָעָה, אֲדֹנָי סְלָחָה, אֲדֹנָי הַקְשִׁיבָה וַעֲשֵׂה אַל־תְּאַחַר
לְמַעַנְךָ אֱלֹהַי כִּי־שִׁמְךָ נִקְרָא עַל־עִירְךָ וְעַל־עַמֶּךָ:

החרוזים הבאים הם סופו של הפיוט ׳תְּעָלַת צֳרִי׳, שכתב ר׳ שלמה הבבלי. בקהילות רבות נוהגים לומר באמצעו י״ג מידות פעם נוספת. הפיוט המלא בעמ׳ 602.

שליח הציבור והקהל אומרים חרוז חרוז:

וּמִי יַעֲמֹד, חֵטְא אִם תִּשְׁמֹר / וּמִי יָקוּם, דִּין אִם תִּגְמֹר
הַסְּלִיחָה עִמְּךָ הִיא, סָלַחְתִּי לֵאמֹר / הָרַחֲמִים גַּם לְךָ מִדָּתְךָ לִכְמֹר.

דִּכְדּוּךְ דַּלּוּתֵנוּ רְאֵה, אַל תַּכְלִים / דַּעַת נְתִיב דְּרָכֶיךָ חֶפְצֵנוּ תַּשְׁלִים
גָּדוֹל וְקָטָן רוּחַ שֶׂכֶל הַחֲלִים / גִּבּוֹרֵי כֹחַ, רְצוֹנְךָ חַזֵּק וְהַאֲלִים.

בְּצִלְּךָ שֶׁבֶת שָׁבִים קַבֵּל נְדָבָה / בֵּיתְךָ יַפְרִיחוּ וְלֹא יוֹסִיפוּ לְדַאֲבָה
אוֹבֵד וְנִדָּח תַּשְׁבִּית, נוֹגֵשׂ וּמַדְהֵבָה / אָז יַעֲלוּ וְיֵרָאוּ בְּרוּחַ נְדִיבָה.

יש קהילות שבהן אין אומרים ׳אֵל מֶלֶךְ׳ וי״ג מידות,
וממשיכים ׳שְׁלוֹם פָּרִים שְׂפָתֵינוּ׳ (למטה).

שליח הציבור והקהל:

אֵל מֶלֶךְ יוֹשֵׁב עַל כִּסֵּא רַחֲמִים, מִתְנַהֵג בַּחֲסִידוּת.
מוֹחֵל עֲוֹנוֹת עַמּוֹ, מַעֲבִיר רִאשׁוֹן רִאשׁוֹן.
מַרְבֶּה מְחִילָה לְחַטָּאִים, וּסְלִיחָה לְפוֹשְׁעִים.
עֹשֶׂה צְדָקוֹת עִם כָּל בָּשָׂר וָרוּחַ, לֹא כְרָעָתָם תִּגְמֹל.
› אֵל, הוֹרֵיתָ לָּנוּ לוֹמַר שְׁלֹשׁ עֶשְׂרֵה
זְכָר לָנוּ הַיּוֹם בְּרִית שְׁלֹשׁ עֶשְׂרֵה
כְּהוֹדַעְתָּ לֶעָנָו מִקֶּדֶם, כְּמוֹ שֶׁכָּתוּב:
וַיֵּרֶד יהוה בֶּעָנָן, וַיִּתְיַצֵּב עִמּוֹ שָׁם, וַיִּקְרָא בְשֵׁם, יהוה: שמות לד

קהל ואחריו שליח הציבור:

וַיַּעֲבֹר יהוה עַל־פָּנָיו וַיִּקְרָא שמות לד

שליח הציבור והקהל אומרים בקול:

יהוה, יהוה, אֵל רַחוּם וְחַנּוּן, אֶרֶךְ אַפַּיִם, וְרַב־חֶסֶד וֶאֱמֶת:
נֹצֵר חֶסֶד לָאֲלָפִים, נֹשֵׂא עָוֹן וָפֶשַׁע וְחַטָּאָה, וְנַקֵּה:

הכול:

וְסָלַחְתָּ לַעֲוֹנֵנוּ וּלְחַטָּאתֵנוּ, וּנְחַלְתָּנוּ:
סְלַח לָנוּ אָבִינוּ כִּי חָטָאנוּ, מְחַל לָנוּ מַלְכֵּנוּ כִּי פָשָׁעְנוּ.
כִּי־אַתָּה אֲדֹנָי טוֹב וְסַלָּח, וְרַב־חֶסֶד לְכָל־קֹרְאֶיךָ: תהלים פו

המשך הפיוט שלעיל

שְׁלוֹם פָּרִים שְׂפָתֵינוּ תִּכּוֹן אֱמֶת / לְכַתֵּנוּ אַחֲרֶיךָ בְּתֹם וְיֹשֶׁר הָעֲמֵת
מֵלִיץ יֹשֶׁר קַבֵּל, וּמְלַשְׁנִי צַמֵּת / הֶחָפֵץ בַּחַיִּים וְלֹא בְּמוֹת הַמֵּת.

הֲקִימֵנוּ בְּאוֹר פָּנֶיךָ וְחֶשְׁבּוֹן יִתְמַצֶּה / קִיּוּם מֶרֶדֶת שַׁחַת כֹּפֶר יִמָּצֵא
טֶרֶם נִקְרָא עוֹד דִּבּוּר יֵצֵא / נִדְבוֹת פִּינוּ יהוה נָא רְצֵה.

שליח הציבור והקהל:

אֵל מֶלֶךְ יוֹשֵׁב עַל כִּסֵּא רַחֲמִים, מִתְנַהֵג בַּחֲסִידוּת.

מוֹחֵל עֲוֹנוֹת עַמּוֹ, מַעֲבִיר רִאשׁוֹן רִאשׁוֹן.

מַרְבֶּה מְחִילָה לְחַטָּאִים, וּסְלִיחָה לְפוֹשְׁעִים.

עֹשֶׂה צְדָקוֹת עִם כָּל בָּשָׂר וָרוּחַ, לֹא כְרָעָתָם תִּגְמֹל.

› אֵל, הוֹרֵיתָ לָּנוּ לוֹמַר שְׁלֹשׁ עֶשְׂרֵה

זְכָר לָנוּ הַיּוֹם בְּרִית שְׁלֹשׁ עֶשְׂרֵה

כְּהוֹדַעְתָּ לֶעָנָו מִקֶּדֶם, כְּמוֹ שֶׁכָּתוּב:

וַיֵּרֶד יהוה בֶּעָנָן, וַיִּתְיַצֵּב עִמּוֹ שָׁם, וַיִּקְרָא בְשֵׁם, יהוה: שמות לד

קהל ואחריו שליח הציבור:

וַיַּעֲבֹר יהוה עַל־פָּנָיו וַיִּקְרָא שמות לד

שליח הציבור והקהל אומרים בקול:

יהוה, יהוה, אֵל רַחוּם וְחַנּוּן, אֶרֶךְ אַפַּיִם, וְרַב־חֶסֶד וֶאֱמֶת:

נֹצֵר חֶסֶד לָאֲלָפִים, נֹשֵׂא עָוֹן וָפֶשַׁע וְחַטָּאָה, וְנַקֵּה:

הכול:

וְסָלַחְתָּ לַעֲוֹנֵנוּ וּלְחַטָּאתֵנוּ, וּנְחַלְתָּנוּ:

סְלַח לָנוּ אָבִינוּ כִּי חָטָאנוּ, מְחַל לָנוּ מַלְכֵּנוּ כִּי פָשָׁעְנוּ.

כִּי־אַתָּה אֲדֹנָי טוֹב וְסַלָּח, וְרַב־חֶסֶד לְכָל־קֹרְאֶיךָ: תהלים פו

החרוזים הבאים הם סופו של הפיוט ׳אָדוֹן מוֹעֵד׳, שכתב ר׳ יוסף בר יצחק מאורליאנש.
הפיוט המלא בעמ׳ 604.

שליח הציבור והקהל אומרים חרוז חרוז:

מְרֻבִּים צָרְכֵי עַמְּךָ, וְדַעְתָּם קְצָרָה /
מַחְסוֹרָם וּמִשְׁאֲלוֹתָם בַּל יוּכְלוּ לְסַפְּרָה

נָא בִּינָה הֲגִיגֵנוּ טֶרֶם נִקְרָא / הָאֵל הַגָּדֹל הַגִּבֹּר וְהַנּוֹרָא: דברים י

סָפוּ וְגַם כָּלוּ יוֹדְעֵי פְגִיעָה / סֵדֶר תְּפִלּוֹת בְּמַעֲנֵה לָשׁוֹנָם לְהַבִּיעָה

עֲרֻמִּים נוֹתַרְנוּ, וְרַבְּתָה בָּנוּ הָרָעָה / עַל כֵּן לֹא הִשִּׂיגַתְנוּ יְשׁוּעָה.

פָּנִים אֵין לָנוּ פָּנֶיךָ לְחַלּוֹת / פָּשַׁעְנוּ וּמָרַדְנוּ וְהֶעֱוִינוּ מְסִלּוֹת
צְדָקָה לְךָ לְבַד נְבַקֵּשׁ בְּמַעַרְכֵי תְהִלּוֹת / הָעֹמְדִים בְּבֵית־יהוה בַּלֵּילוֹת: תהלים קלד

קָדוֹשׁ, רְאֵה כִּי פַּס מֵלִיץ כַּשּׁוּרָה / קַבֵּל נִיבִי כְּמַרְבִּית תְּשׁוּרָה
רִנָּתִי הַיּוֹם תְּהֵא בְּכִתְרְךָ קְשׁוּרָה / אֵל נֶאְזָר בִּגְבוּרָה.

שַׁוְעָתִי שְׁעֵה וּתְפִלָּתִי תְּהֵא נְעִימָה / שְׁמַע פְּגִיעָתִי כִּפְגִיעָה תַמָּה
תְּחָקְקֵנוּ לְחַיִּים וְתֵיטִיב הַחֲתִימָה / תֹּלֶה אֶרֶץ עַל־בְּלִימָה: איוב כו

שליח הציבור והקהל:

אֵל מֶלֶךְ יוֹשֵׁב עַל כִּסֵּא רַחֲמִים, מִתְנַהֵג בַּחֲסִידוּת.
מוֹחֵל עֲוֹנוֹת עַמּוֹ, מַעֲבִיר רִאשׁוֹן רִאשׁוֹן.
מַרְבֶּה מְחִילָה לְחַטָּאִים, וּסְלִיחָה לְפוֹשְׁעִים.
עֹשֶׂה צְדָקוֹת עִם כָּל בָּשָׂר וָרוּחַ, לֹא כְרָעָתָם תִּגְמֹל.
‹ אֵל, הוֹרֵיתָ לָּנוּ לוֹמַר שְׁלֹשׁ עֶשְׂרֵה
זְכָר לָנוּ הַיּוֹם בְּרִית שְׁלֹשׁ עֶשְׂרֵה
כְּהוֹדַעְתָּ לֶעָנָו מִקֶּדֶם, כְּמוֹ שֶׁכָּתוּב:
וַיֵּרֶד יהוה בֶּעָנָן, וַיִּתְיַצֵּב עִמּוֹ שָׁם, וַיִּקְרָא בְשֵׁם, יהוה: שמות לד

קהל ואחריו שליח הציבור:

וַיַּעֲבֹר יהוה עַל־פָּנָיו וַיִּקְרָא שמות לד

שליח הציבור והקהל אומרים בקול:

יהוה, יהוה, אֵל רַחוּם וְחַנּוּן, אֶרֶךְ אַפַּיִם, וְרַב־חֶסֶד וֶאֱמֶת:
נֹצֵר חֶסֶד לָאֲלָפִים, נֹשֵׂא עָוֹן וָפֶשַׁע וְחַטָּאָה, וְנַקֵּה:

הכול:

וְסָלַחְתָּ לַעֲוֹנֵנוּ וּלְחַטָּאתֵנוּ, וּנְחַלְתָּנוּ:
סְלַח לָנוּ אָבִינוּ כִּי חָטָאנוּ, מְחַל לָנוּ מַלְכֵּנוּ כִּי פָשָׁעְנוּ.
כִּי־אַתָּה אֲדֹנָי טוֹב וְסַלָּח, וְרַב־חֶסֶד לְכָל־קֹרְאֶיךָ: תהלים פו

המשך הפיוט שלעיל

יָדְךָ פְשֹׁט, וְקַבֵּל תְּשׁוּבָתִי בְּמַעֲמָדִי / סְלַח נָא וּמְחַל רֹעַ מַעְבָּדִי
פְּנֵה וַעֲסֹק בְּטוֹבַת מְשַׁחֲרֶיךָ, דוֹדִי וּמְעוֹדְדִי / וְאַתָּה יהוה מָגֵן בַּעֲדִי: תהלים ג

שליח הציבור והקהל:

אֵל מֶלֶךְ יוֹשֵׁב עַל כִּסֵּא רַחֲמִים, מִתְנַהֵג בַּחֲסִידוּת.
מוֹחֵל עֲוֹנוֹת עַמּוֹ, מַעֲבִיר רִאשׁוֹן רִאשׁוֹן.
מַרְבֶּה מְחִילָה לְחַטָּאִים, וּסְלִיחָה לְפוֹשְׁעִים.
עֹשֶׂה צְדָקוֹת עִם כָּל בָּשָׂר וָרְוּחַ, לֹא כְרָעָתָם תִּגְמֹל.
› אֵל, הוֹרֵיתָ לָּנוּ לוֹמַר שְׁלֹשׁ עֶשְׂרֵה
זְכֹר לָנוּ הַיּוֹם בְּרִית שְׁלֹשׁ עֶשְׂרֵה
כְּהוֹדַעְתָּ לֶעָנָו מִקֶּדֶם, כְּמוֹ שֶׁכָּתוּב:
וַיֵּרֶד יהוה בֶּעָנָן, וַיִּתְיַצֵּב עִמּוֹ שָׁם, וַיִּקְרָא בְשֵׁם, יהוה: שמות לד

קהל ואחריו שליח הציבור:

וַיַּעֲבֹר יהוה עַל־פָּנָיו וַיִּקְרָא שמות לד

שליח הציבור והקהל אומרים בקול:

יהוה, יהוה, אֵל רַחוּם וְחַנּוּן, אֶרֶךְ אַפַּיִם, וְרַב־חֶסֶד וֶאֱמֶת:
נֹצֵר חֶסֶד לָאֲלָפִים, נֹשֵׂא עָוֹן וָפֶשַׁע וְחַטָּאָה, וְנַקֵּה:

הכול:

וְסָלַחְתָּ לַעֲוֹנֵנוּ וּלְחַטָּאתֵנוּ, וּנְחַלְתָּנוּ:
סְלַח לָנוּ אָבִינוּ כִּי חָטָאנוּ, מְחַל לָנוּ מַלְכֵּנוּ כִּי פָשָׁעְנוּ.
כִּי־אַתָּה אֲדֹנָי טוֹב וְסַלָּח, וְרַב־חֶסֶד לְכָל־קֹרְאֶיךָ: תהלים פו

זְכֹר בְּרִית אַבְרָהָם וַעֲקֵדַת יִצְחָק
וְהָשֵׁב שְׁבוּת אָהֳלֵי יַעֲקֹב
וְהוֹשִׁיעֵנוּ לְמַעַן שְׁמֶךָ.

החרוזים הבאים – מקורם בכמה פיוטים. שני הראשונים מהפיוט ׳אָבַדְנוּ מֵאֶרֶץ טוֹבָה בְּחִפָּזוֹן׳ שחיבר ר׳ גרשם מאור הגולה (הפיוט המלא בעמ׳ 606); ׳אֶנְקַת מְסַלְדֶיךָ׳ הוא חרוז פזמון הבא בכמה פיוטים שונים – לדוגמה, בפיוט שלאחר נפילת אפיים בערב ראש השנה; ׳יִשְׂרָאֵל נוֹשַׁע בַּה״ הוא הבית הראשון מפיוט שחיבר שפטיה בן אמיתי, הנאמר כפזמון בסליחות שלפני ראש השנה, ובסליחות בה״ב; ׳יַחְבִּיאֵנוּ צֵל יָדוֹ׳ הוא הבית הראשון מפיוט שחיבר ר׳ יצחק ב״ר שמואל, שנאמר כפזמון בסליחות למוסף בחלק מהמנהגים; ׳יַשְׁמִיעֵנוּ סָלַחְתִּי׳ הוא הבית הראשון של פיוט שחיבר ר׳ שלמה ב״ר שמואל, ונאמר כפזמון לסליחות בשבוע שלפני ראש השנה.

שליח הציבור והקהל אומרים חרוז חרוז:

גּוֹאֵל חָזָק, לְמַעַנְךָ פְּדֵנוּ / רְאֵה כִּי אָזְלַת יָדֵנוּ
שׁוּר כִּי אָבְדוּ חֲסִידֵינוּ / מַפְגִּיעַ אֵין בַּעֲדֵנוּ
וְשׁוּב בְּרַחֲמִים עַל שְׁאֵרִית יִשְׂרָאֵל / וְהוֹשִׁיעֵנוּ לְמַעַן שְׁמֶךָ.

הָעִיר הַקֹּדֶשׁ וְהַמְּחוֹזוֹת / הָיוּ לְחֶרְפָּה וּלְבִזּוֹת
וְכָל מַחֲמַדֶּיהָ טְבוּעוֹת וּגְנוּזוֹת / וְאֵין שִׁיּוּר, רַק הַתּוֹרָה הַזֹּאת
וְהָשֵׁב שְׁבוּת אָהֳלֵי יַעֲקֹב / וְהוֹשִׁיעֵנוּ לְמַעַן שְׁמֶךָ.

אֶנְקַת מְסַלְדֶיךָ / תַּעַל לִפְנֵי כִסֵּא כְבוֹדֶךָ
מַלֵּא מִשְׁאֲלוֹת עַם מְיַחֲדֶיךָ / שׁוֹמֵעַ תְּפִלַּת בָּאֵי עָדֶיךָ.

יִשְׂרָאֵל נוֹשַׁע בַּיהוה תְּשׁוּעַת עוֹלָמִים: ישעיה מה
גַּם הַיּוֹם יִוָּשְׁעוּ מִפִּיךָ, שׁוֹכֵן מְרוֹמִים
כִּי אַתָּה רַב סְלִיחוֹת וּבַעַל הָרַחֲמִים.

יַחְבִּיאֵנוּ צֵל יָדוֹ / תַּחַת כַּנְפֵי הַשְּׁכִינָה
חֹן יָחֹן, כִּי יִבְחֹן / לֵב עָקֹב לְהָכִינָה
קוּמָה נָא אֱלֹהֵינוּ, עֻזָּה עֻזִּי נָא / יהוה לְשַׁוְעָתֵנוּ הַאֲזִינָה.

יַשְׁמִיעֵנוּ סָלַחְתִּי / יֹשֵׁב בְּסֵתֶר עֶלְיוֹן: תהלים צא
בִּימִין יֶשַׁע / לְהִוָּשַׁע / עַם עָנִי וְאֶבְיוֹן
בְּשַׁוְעֵנוּ אֵלֶיךָ / נוֹרָאוֹת בְּצֶדֶק תַּעֲנֵנוּ
יהוה, הֱיֵה עוֹזֵר לָנוּ.

יש קהילות שבהן אומרים כאן ׳אֵל מֶלֶךְ׳ וי״ג מידות עד ׳לְכָל־קֹרְאֶיךָ׳ (בעמוד הקודם).

פיוט זה – חיברו אמיתי בן שפטיה, מראשוני פייטני איטליה, והוא מבוסס על י״ג מידות. בקהילות שבהן אומרים סליחות בה״ב, הוא נאמר כפזמון ליום האחרון. יש שהסתייגו מלשון הבית השני, כיוון שיש בו פנייה ישירה למידת הרחמים, והציעו נוסח חלופי (הגרי״ד סולובייצ׳יק).

שליח הציבור והקהל:

יהוה, יהוה, אֵל רַחוּם וְחַנּוּן, אֶרֶךְ אַפַּיִם, וְרַב־חֶסֶד וֶאֱמֶת: שמות לד
נֹצֵר חֶסֶד לָאֲלָפִים, נֹשֵׂא עָוֹן וָפֶשַׁע וְחַטָּאָה, וְנַקֵּה:
וְסָלַחְתָּ לַעֲוֹנֵנוּ וּלְחַטָּאתֵנוּ, וּנְחַלְתָּנוּ:

שליח הציבור אומר בית בית והקהל אחריו:

סימן אמתי

אֶזְכְּרָה אֱלֹהִים וְאֶהֱמָיָה
בִּרְאוֹתִי כָּל עִיר עַל תִּלָּהּ בְּנוּיָה
וְעִיר הָאֱלֹהִים מֻשְׁפֶּלֶת עַד שְׁאוֹל תַּחְתִּיָּה
וּבְכָל זֹאת, אָנוּ לְיָהּ וְעֵינֵינוּ לְיָהּ.

מִדַּת הָרַחֲמִים עָלֵינוּ הִתְגַּלְגְּלִי
וְלִפְנֵי קוֹנֵךְ תְּחִנָּתֵנוּ הַפִּילִי
וּבְעַד עַמֵּךְ רַחֲמִים שַׁאֲלִי
כִּי כָל לֵבָב דַּוָּי וְכָל רֹאשׁ לָחֳלִי.

יש אומרים בית זה בנוסח שונה:

מִדַּת הָרַחֲמִים עָלֵינוּ נִגְלְגָלָה / וְלִפְנֵי קוֹנֵנוּ תְּחִנָּתֵנוּ נַפִּילָה
וּבְעַד עַמֵּנוּ רַחֲמִים נִשְׁאֲלָה / כִּי כָל לֵבָב דַּוָּי וְכָל רֹאשׁ לְמַחֲלָה.

תָּמַכְתִּי יְתֵדוֹתַי בִּשְׁלֹשׁ עֶשְׂרֵה תֵבוֹת
וּבְשַׁעֲרֵי דְמָעוֹת, כִּי לֹא נִשְׁלָבוֹת
לָכֵן שָׁפַכְתִּי שִׂיחַ פְּנֵי בוֹחֵן לִבּוֹת
בָּטוּחַ אֲנִי בְּאֵלֶּה, וּבִזְכוּת שְׁלֹשֶׁת אָבוֹת.

יְהִי רָצוֹן מִלְּפָנֶיךָ, שׁוֹמֵעַ קוֹל בְּכִיּוֹת
שֶׁתָּשִׂים דִּמְעוֹתֵינוּ בְּנֹאדְךָ לִהְיוֹת
וְתַצִּילֵנוּ מִכָּל גְּזֵרוֹת אַכְזָרִיּוֹת
כִּי לְךָ לְבַד עֵינֵינוּ תְלוּיוֹת.

שליח הציבור והקהל:

אֵל מֶלֶךְ יוֹשֵׁב עַל כִּסֵּא רַחֲמִים, מִתְנַהֵג בַּחֲסִידוּת.
מוֹחֵל עֲוֹנוֹת עַמּוֹ, מַעֲבִיר רִאשׁוֹן רִאשׁוֹן.
מַרְבֶּה מְחִילָה לְחַטָּאִים, וּסְלִיחָה לְפוֹשְׁעִים.
עֹשֶׂה צְדָקוֹת עִם כָּל בָּשָׂר וָרְוּחַ, לֹא כְרָעָתָם תִּגְמֹל.
• אֵל, הוֹרֵיתָ לָּנוּ לוֹמַר שְׁלֹשׁ עֶשְׂרֵה
זְכָר לָנוּ הַיּוֹם בְּרִית שְׁלֹשׁ עֶשְׂרֵה
כְּהוֹדַעְתָּ לֶעָנָו מִקֶּדֶם, כְּמוֹ שֶׁכָּתוּב:
וַיֵּרֶד יהוה בֶּעָנָן, וַיִּתְיַצֵּב עִמּוֹ שָׁם, וַיִּקְרָא בְשֵׁם, יהוה: שמות לד

קהל ואחריו שליח הציבור:

וַיַּעֲבֹר יהוה עַל־פָּנָיו וַיִּקְרָא שמות לד

שליח הציבור והקהל אומרים בקול:

יהוה, יהוה, אֵל רַחוּם וְחַנּוּן, אֶרֶךְ אַפַּיִם, וְרַב־חֶסֶד וֶאֱמֶת:
נֹצֵר חֶסֶד לָאֲלָפִים, נֹשֵׂא עָוֹן וָפֶשַׁע וְחַטָּאָה, וְנַקֵּה:

הכול:

וְסָלַחְתָּ לַעֲוֹנֵנוּ וּלְחַטָּאתֵנוּ, וּנְחַלְתָּנוּ:
סְלַח לָנוּ אָבִינוּ כִּי חָטָאנוּ, מְחַל לָנוּ מַלְכֵּנוּ כִּי פָשָׁעְנוּ.
כִּי־אַתָּה אֲדֹנָי טוֹב וְסַלָּח, וְרַב־חֶסֶד לְכָל־קֹרְאֶיךָ: תהלים פו

׳רַחֵם נָא׳ הוא חרוז הפתיחה והבית האחרון של הפיוט ׳אָז כְּעֵינֵי עֲבָדִים אֶל יַד אֲדוֹנִים׳, החותם את הבקשות על הגשם בהושענא רבה.

שליח הציבור והקהל אומרים חרוז חרוז:

רַחֵם נָא קְהַל עֲדַת יְשֻׁרוּן
סְלַח וּמְחַל עֲוֹנָם
וְהוֹשִׁיעֵנוּ אֱלֹהֵי יִשְׁעֵנוּ.

שַׁעֲרֵי שָׁמַיִם פְּתַח
וְאוֹצָרְךָ הַטּוֹב לָנוּ תִפְתַּח
תּוֹשִׁיעֵנוּ וְרִיב אַל תִּמְתַּח
וְהוֹשִׁיעֵנוּ אֱלֹהֵי יִשְׁעֵנוּ.

שליח הציבור והקהל:

אֵל מֶלֶךְ יוֹשֵׁב עַל כִּסֵּא רַחֲמִים, מִתְנַהֵג בַּחֲסִידוּת.
מוֹחֵל עֲוֹנוֹת עַמּוֹ, מַעֲבִיר רִאשׁוֹן רִאשׁוֹן.
מַרְבֶּה מְחִילָה לְחַטָּאִים, וּסְלִיחָה לְפוֹשְׁעִים.
עֹשֶׂה צְדָקוֹת עִם כָּל בָּשָׂר וָרוּחַ, לֹא כְרָעָתָם תִּגְמֹל.
› אֵל, הוֹרֵיתָ לָּנוּ לוֹמַר שְׁלשׁ עֶשְׂרֵה
זְכָר לָנוּ הַיּוֹם בְּרִית שְׁלשׁ עֶשְׂרֵה
כְּהוֹדַעְתָּ לֶעָנָו מִקֶּדֶם, כְּמוֹ שֶׁכָּתוּב:
וַיֵּרֶד יהוה בֶּעָנָן, וַיִּתְיַצֵּב עִמּוֹ שָׁם, וַיִּקְרָא בְשֵׁם, יהוה: שמות לד

קהל ואחריו שליח הציבור:

וַיַּעֲבֹר יהוה עַל־פָּנָיו וַיִּקְרָא שמות לד

שליח הציבור והקהל אומרים בקול:

יהוה, יהוה, אֵל רַחוּם וְחַנּוּן, אֶרֶךְ אַפַּיִם, וְרַב־חֶסֶד וֶאֱמֶת:
נֹצֵר חֶסֶד לָאֲלָפִים, נֹשֵׂא עָוֹן וָפֶשַׁע וְחַטָּאָה, וְנַקֵּה:

הכול:

וְסָלַחְתָּ לַעֲוֹנֵנוּ וּלְחַטָּאתֵנוּ, וּנְחַלְתָּנוּ:
סְלַח לָנוּ אָבִינוּ כִּי חָטָאנוּ
מְחַל לָנוּ מַלְכֵּנוּ כִּי פָשָׁעְנוּ.
כִּי־אַתָּה אֲדֹנָי טוֹב וְסַלָּח, וְרַב־חֶסֶד לְכָל־קֹרְאֶיךָ: תהלים פו

בניגוד לשאר תפילות יום הכיפורים וימים אחרים שבהם אומרים סליחות,
בתפילת נעילה אין אומרים ׳זְכֹר־רַחֲמֶיךָ׳ ו׳שְׁמַע קוֹלֵנוּ׳, אלא עוברים
לווידוי מיד לאחר שאמרו י״ג מידות בפעם האחרונה.

הכול:

אֱלֹהֵינוּ וֵאלֹהֵי אֲבוֹתֵינוּ
סְלַח לָנוּ, מְחַל לָנוּ, כַּפֶּר לָנוּ.

כִּי אָנוּ עַמֶּךָ וְאַתָּה אֱלֹהֵינוּ אָנוּ בָנֶיךָ וְאַתָּה אָבִינוּ
אָנוּ עֲבָדֶיךָ וְאַתָּה אֲדוֹנֵינוּ אָנוּ קְהָלֶךָ וְאַתָּה חֶלְקֵנוּ
אָנוּ נַחֲלָתֶךָ וְאַתָּה גוֹרָלֵנוּ אָנוּ צֹאנֶךָ וְאַתָּה רוֹעֵנוּ
אָנוּ כַרְמֶךָ וְאַתָּה נוֹטְרֵנוּ אָנוּ פְעֻלָּתֶךָ וְאַתָּה יוֹצְרֵנוּ
אָנוּ רַעְיָתֶךָ וְאַתָּה דוֹדֵנוּ אָנוּ סְגֻלָּתֶךָ וְאַתָּה אֱלֹהֵינוּ
אָנוּ עַמֶּךָ וְאַתָּה מַלְכֵּנוּ אָנוּ מַאֲמִירֶיךָ וְאַתָּה מַאֲמִירֵנוּ.

שליח הציבור אומר שורה, והקהל חוזר אחריו:

אָנוּ עַזֵּי פָנִים וְאַתָּה רַחוּם וְחַנּוּן
אָנוּ קְשֵׁי עֹרֶף וְאַתָּה אֶרֶךְ אַפַּיִם
אָנוּ מְלֵאֵי עָוֹן וְאַתָּה מָלֵא רַחֲמִים
אָנוּ יָמֵינוּ כְּצֵל עוֹבֵר וְאַתָּה־הוּא וּשְׁנוֹתֶיךָ לֹא יִתָּמּוּ: תהלים קב

שליח הציבור:

אֱלֹהֵינוּ וֵאלֹהֵי אֲבוֹתֵינוּ
תָּבוֹא לְפָנֶיךָ תְּפִלָּתֵנוּ
וְאַל תִּתְעַלַּם מִתְּחִנָּתֵנוּ.
שֶׁאֵין אָנוּ עַזֵּי פָנִים וּקְשֵׁי עֹרֶף לוֹמַר לְפָנֶיךָ
יהוה אֱלֹהֵינוּ וֵאלֹהֵי אֲבוֹתֵינוּ
צַדִּיקִים אֲנַחְנוּ וְלֹא חָטָאנוּ.
אֲבָל אֲנַחְנוּ וַאֲבוֹתֵינוּ חָטָאנוּ.

כשמתוודה, מכה באגרופו על החזה כנגד הלב
(מג״א תרז, ג, בשם מדרש קהלת).

אָשַֽׁמְנוּ, בָּגַֽדְנוּ, גָּזַֽלְנוּ, דִּבַּֽרְנוּ דֹפִי
הֶעֱוִֽינוּ, וְהִרְשַֽׁעְנוּ, זַֽדְנוּ, חָמַֽסְנוּ, טָפַֽלְנוּ שֶֽׁקֶר
יָעַֽצְנוּ רָע, כִּזַּֽבְנוּ, לַֽצְנוּ, מָרַֽדְנוּ, נִאַֽצְנוּ, סָרַֽרְנוּ
עָוִֽינוּ, פָּשַֽׁעְנוּ, צָרַֽרְנוּ, קִשִּֽׁינוּ עֹֽרֶף
רָשַֽׁעְנוּ, שִׁחַֽתְנוּ, תִּעַֽבְנוּ, תָּעִֽינוּ, תִּעְתָּֽעְנוּ.

סַֽרְנוּ מִמִּצְוֹתֶֽיךָ וּמִמִּשְׁפָּטֶֽיךָ הַטּוֹבִים, וְלֹא שָֽׁוָה לָֽנוּ.
וְאַתָּה צַדִּיק עַל כָּל־הַבָּא עָלֵֽינוּ, כִּי־אֱמֶת עָשִֽׂיתָ, וַאֲנַֽחְנוּ הִרְשָֽׁעְנוּ: נחמיה ט

מַה נֹּאמַר לְפָנֶֽיךָ יוֹשֵׁב מָרוֹם, וּמַה נְּסַפֵּר לְפָנֶֽיךָ שׁוֹכֵן שְׁחָקִים
הֲלֹא כָּל הַנִּסְתָּרוֹת וְהַנִּגְלוֹת אַתָּה יוֹדֵֽעַ.

אַתָּה נוֹתֵן יָד לְפוֹשְׁעִים, וִימִינְךָ פְשׁוּטָה לְקַבֵּל שָׁבִים
וַתְּלַמְּדֵֽנוּ יהוה אֱלֹהֵֽינוּ לְהִתְוַדּוֹת לְפָנֶֽיךָ עַל כָּל עֲוֹנוֹתֵֽינוּ
לְמַֽעַן נֶחְדַּל מֵעֹֽשֶׁק יָדֵֽינוּ
וּתְקַבְּלֵֽנוּ בִּתְשׁוּבָה שְׁלֵמָה לְפָנֶֽיךָ כְּאִשִּׁים וּכְנִיחוֹחִים
לְמַֽעַן דְּבָרֶֽיךָ אֲשֶׁר אָמָֽרְתָּ.
אֵין קֵץ לְאִשֵּׁי חוֹבוֹתֵֽינוּ, וְאֵין מִסְפָּר לְנִיחוֹחֵי אַשְׁמוֹתֵֽינוּ
וְאַתָּה יוֹדֵֽעַ שֶׁאַחֲרִיתֵֽנוּ רִמָּה וְתוֹלֵעָה, לְפִיכָךְ הִרְבֵּֽיתָ סְלִיחָתֵֽנוּ.

מָה אָֽנוּ, מֶה חַיֵּֽינוּ, מֶה חַסְדֵּֽנוּ, מַה צִּדְקוֹתֵֽינוּ
מַה יְּשׁוּעָתֵֽנוּ, מַה כֹּחֵֽנוּ, מַה גְּבוּרָתֵֽנוּ
מַה נֹּאמַר לְפָנֶֽיךָ, יהוה אֱלֹהֵֽינוּ וֵאלֹהֵי אֲבוֹתֵֽינוּ
הֲלֹא כָּל הַגִּבּוֹרִים כְּאַֽיִן לְפָנֶֽיךָ, וְאַנְשֵׁי הַשֵּׁם כְּלֹא הָיוּ
וַחֲכָמִים כִּבְלִי מַדָּע, וּנְבוֹנִים כִּבְלִי הַשְׂכֵּל
כִּי רֹב מַעֲשֵׂיהֶם תֹּֽהוּ, וִימֵי חַיֵּיהֶם הֶֽבֶל לְפָנֶֽיךָ
וּמוֹתַר הָאָדָם מִן־הַבְּהֵמָה אָֽיִן, כִּי הַכֹּל הָֽבֶל: קהלת ג

בשבת מוסיפים את המילים שבסוגריים.

אַתָּה הִבְדַּלְתָּ אֱנוֹשׁ מֵרֹאשׁ
וַתַּכִּירֵהוּ לַעֲמֹד לְפָנֶיךָ.
כִּי מִי יֹאמַר לְךָ מַה תִּפְעָל
וְאִם יִצְדַּק מַה יִּתֶּן לָךְ.
וַתִּתֶּן לָנוּ, יהוה אֱלֹהֵינוּ
בְּאַהֲבָה אֶת יוֹם (הַשַּׁבָּת הַזֶּה וְאֶת יוֹם)
צוֹם הַכִּפּוּרִים הַזֶּה
קֵץ וּמְחִילָה וּסְלִיחָה עַל כָּל עֲוֹנוֹתֵינוּ
לְמַעַן נֶחְדַּל מֵעֹשֶׁק יָדֵינוּ
וְנָשׁוּב אֵלֶיךָ לַעֲשׂוֹת חֻקֵּי רְצוֹנְךָ בְּלֵבָב שָׁלֵם.

וְאַתָּה בְּרַחֲמֶיךָ הָרַבִּים רַחֵם עָלֵינוּ
כִּי לֹא תַחְפֹּץ בְּהַשְׁחָתַת עוֹלָם
שֶׁנֶּאֱמַר
דִּרְשׁוּ יהוה בְּהִמָּצְאוֹ ישעיה נה
קְרָאֻהוּ בִּהְיוֹתוֹ קָרוֹב:
וְנֶאֱמַר
יַעֲזֹב רָשָׁע דַּרְכּוֹ ישעיה נה
וְאִישׁ אָוֶן מַחְשְׁבֹתָיו
וְיָשֹׁב אֶל־יהוה וִירַחֲמֵהוּ
וְאֶל־אֱלֹהֵינוּ כִּי־יַרְבֶּה לִסְלוֹחַ:
וְאַתָּה אֱלוֹהַּ סְלִיחוֹת, חַנּוּן וְרַחוּם
אֶרֶךְ אַפַּיִם וְרַב חֶסֶד וֶאֱמֶת
וּמַרְבֶּה לְהֵיטִיב
וְרוֹצֶה אַתָּה בִּתְשׁוּבַת רְשָׁעִים
וְאֵין אַתָּה חָפֵץ בְּמִיתָתָם

שֶׁנֶּאֱמַר

אֱמֹר אֲלֵיהֶם, חַי־אָנִי נְאֻם אֲדֹנָי יֱהוִֹה יחזקאל לג

אִם־אֶחְפֹּץ בְּמוֹת הָרָשָׁע כִּי אִם־בְּשׁוּב רָשָׁע מִדַּרְכּוֹ, וְחָיָה

שׁוּבוּ שׁוּבוּ מִדַּרְכֵיכֶם הָרָעִים

וְלָמָּה תָמוּתוּ בֵּית יִשְׂרָאֵל:

וְנֶאֱמַר

הֶחָפֹץ אֶחְפֹּץ מוֹת רָשָׁע, נְאֻם אֲדֹנָי יֱהוִֹה יחזקאל יח

הֲלוֹא בְּשׁוּבוֹ מִדְּרָכָיו, וְחָיָה:

וְנֶאֱמַר

כִּי לֹא אֶחְפֹּץ בְּמוֹת הַמֵּת, נְאֻם אֲדֹנָי יֱהוִֹה, וְהָשִׁיבוּ וִחְיוּ: יחזקאל יח

כִּי אַתָּה סָלְחָן לְיִשְׂרָאֵל וּמָחֳלָן לְשִׁבְטֵי יְשֻׁרוּן בְּכָל דּוֹר וָדוֹר
וּמִבַּלְעָדֶיךָ אֵין לָנוּ מֶלֶךְ מוֹחֵל וְסוֹלֵחַ אֶלָּא אָתָּה.

בשבת מוסיפים את המילים שבסוגריים.

אֱלֹהֵינוּ וֵאלֹהֵי אֲבוֹתֵינוּ

מְחַל לַעֲוֹנוֹתֵינוּ בְּיוֹם (הַשַּׁבָּת הַזֶּה וּבְיוֹם) הַכִּפּוּרִים הַזֶּה

מְחֵה וְהַעֲבֵר פְּשָׁעֵינוּ וְחַטֹּאתֵינוּ מִנֶּגֶד עֵינֶיךָ

כָּאָמוּר

אָנֹכִי אָנֹכִי הוּא מֹחֶה פְשָׁעֶיךָ לְמַעֲנִי ישעיה מג

וְחַטֹּאתֶיךָ לֹא אֶזְכֹּר:

וְנֶאֱמַר

מָחִיתִי כָעָב פְּשָׁעֶיךָ וְכֶעָנָן חַטֹּאותֶיךָ ישעיה מד

שׁוּבָה אֵלַי כִּי גְאַלְתִּיךָ:

וְנֶאֱמַר

כִּי־בַיּוֹם הַזֶּה יְכַפֵּר עֲלֵיכֶם לְטַהֵר אֶתְכֶם ויקרא טז

מִכֹּל חַטֹּאתֵיכֶם לִפְנֵי יהוה תִּטְהָרוּ:

(אֱלֹהֵינוּ וֵאלֹהֵי אֲבוֹתֵינוּ, רְצֵה נָא בִמְנוּחָתֵנוּ)
קַדְּשֵׁנוּ בְּמִצְוֹתֶיךָ וְתֵן חֶלְקֵנוּ בְּתוֹרָתֶךָ
שַׂבְּעֵנוּ מִטּוּבֶךָ, וְשַׂמַּח נַפְשֵׁנוּ בִּישׁוּעָתֶךָ
(וְהַנְחִילֵנוּ יהוה אֱלֹהֵינוּ בְּאַהֲבָה וּבְרָצוֹן שַׁבַּת קָדְשֶׁךָ
וְיָנוּחוּ בָם כָּל יִשְׂרָאֵל מְקַדְּשֵׁי שְׁמֶךָ)
וְטַהֵר לִבֵּנוּ לְעָבְדְּךָ בֶּאֱמֶת.
כִּי אַתָּה סָלְחָן לְיִשְׂרָאֵל
וּמָחֳלָן לְשִׁבְטֵי יְשֻׁרוּן בְּכָל דּוֹר וָדוֹר
וּמִבַּלְעָדֶיךָ אֵין לָנוּ מֶלֶךְ מוֹחֵל וְסוֹלֵחַ אֶלָּא אָתָּה.
בָּרוּךְ אַתָּה יהוה
מֶלֶךְ מוֹחֵל וְסוֹלֵחַ לַעֲווֹנוֹתֵינוּ
וְלַעֲווֹנוֹת עַמּוֹ בֵּית יִשְׂרָאֵל
וּמַעֲבִיר אַשְׁמוֹתֵינוּ בְּכָל שָׁנָה וְשָׁנָה
מֶלֶךְ עַל כָּל הָאָרֶץ
מְקַדֵּשׁ (הַשַּׁבָּת וְ)יִשְׂרָאֵל וְיוֹם הַכִּפּוּרִים.

עבודה

רְצֵה יהוה אֱלֹהֵינוּ בְּעַמְּךָ יִשְׂרָאֵל
וְלִתְפִלָּתָם שְׁעֵה
וְהָשֵׁב אֶת הָעֲבוֹדָה לִדְבִיר בֵּיתֶךָ
וְאִשֵּׁי יִשְׂרָאֵל וּתְפִלָּתָם, מְהֵרָה בְּאַהֲבָה תְקַבֵּל בְּרָצוֹן
וּתְהִי לְרָצוֹן תָּמִיד עֲבוֹדַת יִשְׂרָאֵל עַמֶּךָ.
וְתֶחֱזֶינָה עֵינֵינוּ בְּשׁוּבְךָ לְצִיּוֹן בְּרַחֲמִים.
בָּרוּךְ אַתָּה יהוה, הַמַּחֲזִיר שְׁכִינָתוֹ לְצִיּוֹן.

הודאה

כורע ב׳מוֹדים׳ ואינו זוקף עד אמירת השם.

מוֹדִים אֲנַֽחְנוּ לָךְ
שָׁאַתָּה הוּא יהוה אֱלֹהֵֽינוּ
וֵאלֹהֵי אֲבוֹתֵֽינוּ לְעוֹלָם וָעֶד.
צוּר חַיֵּֽינוּ, מָגֵן יִשְׁעֵֽנוּ
אַתָּה הוּא לְדוֹר וָדוֹר.
נוֹדֶה לְּךָ וּנְסַפֵּר תְּהִלָּתֶֽךָ
עַל חַיֵּֽינוּ הַמְּסוּרִים בְּיָדֶֽךָ
וְעַל נִשְׁמוֹתֵֽינוּ הַפְּקוּדוֹת לָךְ
וְעַל נִסֶּֽיךָ שֶׁבְּכָל יוֹם עִמָּֽנוּ
וְעַל נִפְלְאוֹתֶֽיךָ וְטוֹבוֹתֶֽיךָ
שֶׁבְּכָל עֵת, עֶֽרֶב וָבֹֽקֶר וְצָהֳרָֽיִם.
הַטּוֹב, כִּי לֹא כָלוּ רַחֲמֶֽיךָ
וְהַמְרַחֵם, כִּי לֹא תַֽמּוּ חֲסָדֶֽיךָ
כִּי מֵעוֹלָם קִוִּֽינוּ לָךְ.

כששליח הציבור אומר ׳מוֹדים׳,
הקהל אומר בלחש (סוטה מ ע״א):

מוֹדִים אֲנַֽחְנוּ לָךְ
שָׁאַתָּה הוּא יהוה אֱלֹהֵֽינוּ
וֵאלֹהֵי אֲבוֹתֵֽינוּ
אֱלֹהֵי כָל בָּשָׂר
יוֹצְרֵֽנוּ, יוֹצֵר בְּרֵאשִׁית.
בְּרָכוֹת וְהוֹדָאוֹת
לְשִׁמְךָ הַגָּדוֹל וְהַקָּדוֹשׁ
עַל שֶׁהֶחֱיִיתָֽנוּ וְקִיַּמְתָּֽנוּ.
כֵּן תְּחַיֵּֽנוּ וּתְקַיְּמֵֽנוּ
וְתֶאֱסֹף גָּלֻיּוֹתֵֽינוּ
לְחַצְרוֹת קָדְשֶֽׁךָ
לִשְׁמֹר חֻקֶּֽיךָ וְלַעֲשׂוֹת רְצוֹנֶֽךָ
וּלְעָבְדְּךָ בְּלֵבָב שָׁלֵם
עַל שֶׁאֲנַֽחְנוּ מוֹדִים לָךְ.
בָּרוּךְ אֵל הַהוֹדָאוֹת.

וְעַל כֻּלָּם יִתְבָּרַךְ וְיִתְרוֹמַם וְיִתְנַשֵּׂא שִׁמְךָ מַלְכֵּֽנוּ
תָּמִיד לְעוֹלָם וָעֶד.

קהל ואחריו שליח הציבור:

אָבִֽינוּ מַלְכֵּֽנוּ, זְכֹר רַחֲמֶֽיךָ וּכְבֹשׁ כַּעַסְךָ
וְכַלֵּה דֶּֽבֶר, וְחֶֽרֶב, וְרָעָב, וּשְׁבִי, וּמַשְׁחִית, וְעָוֹן
וּמַגֵּפָה, וּפֶֽגַע רַע, וְכָל מַחֲלָה, וְכָל תַּקָּלָה, וְכָל קְטָטָה
וְכָל מִינֵי פֻרְעָנִיּוֹת, וְכָל גְּזֵרָה רָעָה, וְשִׂנְאַת חִנָּם
מֵעָלֵֽינוּ וּמֵעַל כָּל בְּנֵי בְרִיתֶֽךָ.

קהל ואחריו שליח הציבור:

וַחֲתֹם לְחַיִּים טוֹבִים כָּל בְּנֵי בְרִיתֶךָ.

שליח הציבור ממשיך:

וְכֹל הַחַיִּים יוֹדְוּךָ סֶּלָה
וִיהַלְלוּ וִיבָרְכוּ אֶת שִׁמְךָ הַגָּדוֹל בֶּאֱמֶת לְעוֹלָם כִּי טוֹב
הָאֵל יְשׁוּעָתֵנוּ וְעֶזְרָתֵנוּ סֶלָה, הָאֵל הַטּוֹב.
ּבָּרוּךְ אַתָּה יהוה, הַטּוֹב שִׁמְךָ וּלְךָ נָאֶה לְהוֹדוֹת.

אם עדיין לא שקעה השמש, הכוהנים עולים לדוכן לברך.
אם איחרו, יש מתירים לעלות לדוכן עד שלוש עשרה דקות וחצי
אחרי השקיעה (׳יחווה דעת׳ ח״ו, מ), ויש מקלים בכל זמן בין השמשות,
לפני צאת הכוכבים (׳תפילה כהלכתה׳ בשם רי״ש אלישיב).

ברכת כוהנים

אם יותר מכוהן אחד עולה לדוכן, הגבאי קורא:

כֹּהֲנִים

הכוהנים מברכים:

בָּרוּךְ אַתָּה יהוה אֱלֹהֵינוּ מֶלֶךְ הָעוֹלָם, אֲשֶׁר קִדְּשָׁנוּ בִּקְדֻשָּׁתוֹ שֶׁל אַהֲרֹן, וְצִוָּנוּ לְבָרֵךְ אֶת עַמּוֹ יִשְׂרָאֵל בְּאַהֲבָה.

שליח הציבור מקריא מילה במילה, והכוהנים אחריו:

במדבר ו
יְבָרֶכְךָ יהוה וְיִשְׁמְרֶךָ: קהל: אָמֵן
יָאֵר יהוה פָּנָיו אֵלֶיךָ וִיחֻנֶּךָּ: קהל: אָמֵן
יִשָּׂא יהוה פָּנָיו אֵלֶיךָ וְיָשֵׂם לְךָ שָׁלוֹם: קהל: אָמֵן

שליח הציבור ממשיך ׳שִׂים שָׁלוֹם׳.

הכוהנים אומרים:

רִבּוֹנוֹ שֶׁל עוֹלָם, עָשִׂינוּ מַה שֶּׁגָּזַרְתָּ עָלֵינוּ, אַף אַתָּה
דברים כו עֲשֵׂה עִמָּנוּ כְּמוֹ שֶׁהִבְטַחְתָּנוּ. הַשְׁקִיפָה מִמְּעוֹן קָדְשְׁךָ
מִן־הַשָּׁמַיִם, וּבָרֵךְ אֶת־עַמְּךָ אֶת־יִשְׂרָאֵל, וְאֵת הָאֲדָמָה
אֲשֶׁר נָתַתָּה לָנוּ, כַּאֲשֶׁר נִשְׁבַּעְתָּ לַאֲבוֹתֵינוּ, אֶרֶץ זָבַת
חָלָב וּדְבָשׁ:

הקהל אומר:

אַדִּיר בַּמָּרוֹם שׁוֹכֵן בִּגְבוּרָה, אַתָּה שָׁלוֹם וְשִׁמְךָ שָׁלוֹם. יְהִי רָצוֹן שֶׁתָּשִׂים עָלֵינוּ וְעַל כָּל עַמְּךָ בֵּית יִשְׂרָאֵל חַיִּים וּבְרָכָה לְמִשְׁמֶרֶת שָׁלוֹם.

אם אין כוהנים העולים לדוכן, שליח הציבור אומר:

אֱלֹהֵינוּ וֵאלֹהֵי אֲבוֹתֵינוּ, בָּרְכֵנוּ בַּבְּרָכָה הַמְשֻׁלֶּשֶׁת בַּתּוֹרָה, הַכְּתוּבָה עַל יְדֵי מֹשֶׁה עַבְדֶּךָ, הָאֲמוּרָה מִפִּי אַהֲרֹן וּבָנָיו כֹּהֲנִים עַם קְדוֹשֶׁיךָ, כָּאָמוּר

יְבָרֶכְךָ יהוה וְיִשְׁמְרֶךָ: קהל: כֵּן יְהִי רָצוֹן במדבר ו

יָאֵר יהוה פָּנָיו אֵלֶיךָ וִיחֻנֶּךָּ: קהל: כֵּן יְהִי רָצוֹן

יִשָּׂא יהוה פָּנָיו אֵלֶיךָ וְיָשֵׂם לְךָ שָׁלוֹם: קהל: כֵּן יְהִי רָצוֹן

שלום

שִׂים שָׁלוֹם טוֹבָה וּבְרָכָה

חַיִּים חֵן וָחֶסֶד וְרַחֲמִים עָלֵינוּ וְעַל כָּל יִשְׂרָאֵל עַמֶּךָ.

בָּרְכֵנוּ אָבִינוּ כֻּלָּנוּ כְּאֶחָד בְּאוֹר פָּנֶיךָ

כִּי בְאוֹר פָּנֶיךָ נָתַתָּ לָּנוּ יהוה אֱלֹהֵינוּ

תּוֹרַת חַיִּים וְאַהֲבַת חֶסֶד

וּצְדָקָה וּבְרָכָה וְרַחֲמִים וְחַיִּים וְשָׁלוֹם.

וְטוֹב יִהְיֶה בְּעֵינֶיךָ לְבָרְכֵנוּ

וּלְבָרֵךְ אֶת כָּל עַמְּךָ יִשְׂרָאֵל בְּכָל עֵת וּבְכָל שָׁעָה בִּשְׁלוֹמֶךָ.

בְּסֵפֶר חַיִּים, בְּרָכָה וְשָׁלוֹם, וּפַרְנָסָה טוֹבָה

וּגְזֵרוֹת טוֹבוֹת, יְשׁוּעוֹת וְנֶחָמוֹת

נִזָּכֵר וְנֵחָתֵם לְפָנֶיךָ, אֲנַחְנוּ וְכָל עַמְּךָ בֵּית יִשְׂרָאֵל

לְחַיִּים טוֹבִים וּלְשָׁלוֹם.

יש מוסיפים כאן ׳וְנֶאֱמַר: כִּי־בִי יִרְבּוּ יָמֶיךָ׳ (עמ׳ 358), כמו במוסף,
וממשיכים לפי הסדר (׳הַיּוֹם תְּאַמְּצֵנוּ׳, ׳כְּהַיּוֹם הַזֶּה תְּבִיאֵנוּ׳) עד לסיום הברכה.

בָּרוּךְ אַתָּה יהוה, הַמְבָרֵךְ אֶת עַמּוֹ יִשְׂרָאֵל בַּשָּׁלוֹם.

שליח הציבור מסיים בלחש:

יִהְיוּ לְרָצוֹן אִמְרֵי־פִי וְהֶגְיוֹן לִבִּי לְפָנֶיךָ, יהוה צוּרִי וְגֹאֲלִי: תהלים יט

אומרים 'אָבִינוּ מַלְכֵּנוּ' גם אם יום הכיפורים חל בשבת.

שליח הציבור והקהל אומרים פסוק פסוק,
ואם התפילה התארכה, וכבר קרב סוף הצום, נוהגים לומר בקול רק
מ'הַחֲזִירֵנוּ בִּתְשׁוּבָה' עד 'סְלִיחָה וּמְחִילָה', כבשאר ימות השנה.

פותחים את ארון הקודש.

אָבִינוּ מַלְכֵּנוּ, חָטָאנוּ לְפָנֶיךָ.

אָבִינוּ מַלְכֵּנוּ, אֵין לָנוּ מֶלֶךְ אֶלָּא אָתָּה.

אָבִינוּ מַלְכֵּנוּ, עֲשֵׂה עִמָּנוּ לְמַעַן שְׁמֶךָ.

אָבִינוּ מַלְכֵּנוּ, חַדֵּשׁ עָלֵינוּ שָׁנָה טוֹבָה.

אָבִינוּ מַלְכֵּנוּ, בַּטֵּל מֵעָלֵינוּ כָּל גְּזֵרוֹת קָשׁוֹת.

אָבִינוּ מַלְכֵּנוּ, בַּטֵּל מַחְשְׁבוֹת שׂוֹנְאֵינוּ.

אָבִינוּ מַלְכֵּנוּ, הָפֵר עֲצַת אוֹיְבֵינוּ.

אָבִינוּ מַלְכֵּנוּ, כַּלֵּה כָּל צַר וּמַשְׂטִין מֵעָלֵינוּ.

אָבִינוּ מַלְכֵּנוּ, סְתֹם פִּיּוֹת מַשְׂטִינֵנוּ וּמְקַטְרְגֵנוּ.

אָבִינוּ מַלְכֵּנוּ, כַּלֵּה דֶּבֶר וְחֶרֶב וְרָעָב וּשְׁבִי וּמַשְׁחִית וְעָוֹן וּשְׁמַד
מִבְּנֵי בְרִיתֶךָ.

אָבִינוּ מַלְכֵּנוּ, מְנַע מַגֵּפָה מִנַּחֲלָתֶךָ.

אָבִינוּ מַלְכֵּנוּ, סְלַח וּמְחַל לְכָל עֲוֹנוֹתֵינוּ.

אָבִינוּ מַלְכֵּנוּ, מְחֵה וְהַעֲבֵר פְּשָׁעֵינוּ וְחַטֹּאתֵינוּ מִנֶּגֶד עֵינֶיךָ.

אָבִינוּ מַלְכֵּנוּ, מְחֹק בְּרַחֲמֶיךָ הָרַבִּים כָּל שִׁטְרֵי חוֹבוֹתֵינוּ.

אָבִינוּ מַלְכֵּנוּ, הַחֲזִירֵנוּ בִּתְשׁוּבָה שְׁלֵמָה לְפָנֶיךָ.

אָבִינוּ מַלְכֵּנוּ, שְׁלַח רְפוּאָה שְׁלֵמָה לְחוֹלֵי עַמֶּךָ.

אָבִינוּ מַלְכֵּנוּ, קְרַע רֹעַ גְּזַר דִּינֵנוּ.

אָבִינוּ מַלְכֵּנוּ, זָכְרֵנוּ בְּזִכָּרוֹן טוֹב לְפָנֶיךָ.

אָבִינוּ מַלְכֵּנוּ, חָתְמֵנוּ בְּסֵפֶר חַיִּים טוֹבִים.

אָבִינוּ מַלְכֵּנוּ, חָתְמֵנוּ בְּסֵפֶר גְּאֻלָּה וִישׁוּעָה.

אָבִינוּ מַלְכֵּנוּ, חָתְמֵנוּ בְּסֵפֶר פַּרְנָסָה וְכַלְכָּלָה.

אָבִינוּ מַלְכֵּנוּ, חָתְמֵנוּ בְּסֵפֶר זְכֻיּוֹת.

אָבִינוּ מַלְכֵּנוּ, חָתְמֵנוּ בְּסֵפֶר סְלִיחָה וּמְחִילָה.

אָבִינוּ מַלְכֵּנוּ, הַצְמַח לָנוּ יְשׁוּעָה בְּקָרוֹב.

אָבִינוּ מַלְכֵּנוּ, הָרֵם קֶרֶן יִשְׂרָאֵל עַמֶּךָ.

אָבִינוּ מַלְכֵּנוּ, הָרֵם קֶרֶן מְשִׁיחֶךָ.

אָבִינוּ מַלְכֵּנוּ, מַלֵּא יָדֵינוּ מִבִּרְכוֹתֶיךָ.

אָבִינוּ מַלְכֵּנוּ, מַלֵּא אֲסָמֵינוּ שָׂבָע.

אָבִינוּ מַלְכֵּנוּ, שְׁמַע קוֹלֵנוּ, חוּס וְרַחֵם עָלֵינוּ.

אָבִינוּ מַלְכֵּנוּ, קַבֵּל בְּרַחֲמִים וּבְרָצוֹן אֶת תְּפִלָּתֵנוּ.

אָבִינוּ מַלְכֵּנוּ, פְּתַח שַׁעֲרֵי שָׁמַיִם לִתְפִלָּתֵנוּ.

אָבִינוּ מַלְכֵּנוּ, זְכֹר כִּי עָפָר אֲנָחְנוּ.

אָבִינוּ מַלְכֵּנוּ, נָא אַל תְּשִׁיבֵנוּ רֵיקָם מִלְּפָנֶיךָ.

אָבִינוּ מַלְכֵּנוּ, תְּהֵא הַשָּׁעָה הַזֹּאת שְׁעַת רַחֲמִים וְעֵת רָצוֹן מִלְּפָנֶיךָ.

אָבִינוּ מַלְכֵּנוּ, חֲמֹל עָלֵינוּ וְעַל עוֹלָלֵינוּ וְטַפֵּנוּ.

אָבִינוּ מַלְכֵּנוּ, עֲשֵׂה לְמַעַן הֲרוּגִים עַל שֵׁם קָדְשֶׁךָ.

אָבִינוּ מַלְכֵּנוּ, עֲשֵׂה לְמַעַן טְבוּחִים עַל יִחוּדֶךָ.

אָבִינוּ מַלְכֵּנוּ, עֲשֵׂה לְמַעַן בָּאֵי בָאֵשׁ וּבַמַּיִם עַל קִדּוּשׁ שְׁמֶךָ.

אָבִינוּ מַלְכֵּנוּ, נְקֹם לְעֵינֵינוּ נִקְמַת דַּם עֲבָדֶיךָ הַשָּׁפוּךְ.

אָבִינוּ מַלְכֵּנוּ, עֲשֵׂה לְמַעַנְךָ אִם לֹא לְמַעֲנֵנוּ.

אָבִינוּ מַלְכֵּנוּ, עֲשֵׂה לְמַעַנְךָ וְהוֹשִׁיעֵנוּ.

אָבִינוּ מַלְכֵּנוּ, עֲשֵׂה לְמַעַן רַחֲמֶיךָ הָרַבִּים.

אָבִינוּ מַלְכֵּנוּ, עֲשֵׂה לְמַעַן שִׁמְךָ הַגָּדוֹל הַגִּבּוֹר וְהַנּוֹרָא שֶׁנִּקְרָא עָלֵינוּ.

אָבִינוּ מַלְכֵּנוּ, חָנֵּנוּ וַעֲנֵנוּ, כִּי אֵין בָּנוּ מַעֲשִׂים
עֲשֵׂה עִמָּנוּ צְדָקָה וָחֶסֶד וְהוֹשִׁיעֵנוּ.

שליח הציבור ואחריו הקהל:

דברים ו **שְׁמַע יִשְׂרָאֵל, יהוה אֱלֹהֵינוּ, יהוה אֶחָד:**

שליח הציבור אומר שלוש פעמים והקהל אחריו:

בָּרוּךְ שֵׁם כְּבוֹד מַלְכוּתוֹ לְעוֹלָם וָעֶד.

שליח הציבור אומר שבע פעמים והקהל אחריו:

יהוה הוּא הָאֱלֹהִים.

סוגרים את ארון הקודש.

קדיש שלם

ש״ץ: **יִתְגַּדַּל וְיִתְקַדַּשׁ שְׁמֵהּ רַבָּא** (קהל: אָמֵן)
בְּעָלְמָא דִּי בְרָא כִרְעוּתֵהּ
וְיַמְלִיךְ מַלְכוּתֵהּ
וְיַצְמַח פֻּרְקָנֵהּ וִיקָרֵב מְשִׁיחֵהּ (קהל: אָמֵן)
בְּחַיֵּיכוֹן וּבְיוֹמֵיכוֹן וּבְחַיֵּי דְכָל בֵּית יִשְׂרָאֵל
בַּעֲגָלָא וּבִזְמַן קָרִיב
וְאִמְרוּ אָמֵן. (קהל: אָמֵן)

קהל וש״ץ: **יְהֵא שְׁמֵהּ רַבָּא מְבָרַךְ לְעָלַם וּלְעָלְמֵי עָלְמַיָּא.**

ש״ץ: **יִתְבָּרַךְ וְיִשְׁתַּבַּח וְיִתְפָּאַר וְיִתְרוֹמַם וְיִתְנַשֵּׂא**
וְיִתְהַדָּר וְיִתְעַלֶּה וְיִתְהַלָּל
שְׁמֵהּ דְּקֻדְשָׁא בְּרִיךְ הוּא (קהל: אָמֵן)
לְעֵלָּא לְעֵלָּא מִכָּל בִּרְכָתָא וְשִׁירָתָא
תֻּשְׁבְּחָתָא וְנֶחֱמָתָא
דַּאֲמִירָן בְּעָלְמָא
וְאִמְרוּ אָמֵן. (קהל: אָמֵן)

נוהגים לתקוע בשופר במוצאי יום הכיפורים (תשובת הגאונים, 'שערי תשובה' סז).
יש נוהגים לתקוע באמצע קדיש תתקבל (כמו במוסף לראש השנה),
ויש תוקעים אחר הקדיש – וכן נוהגים אם עדיין לא הגיע זמן צאת החג.

תוקעים:

תקיעה

יש מוסיפים:

שברים תרועה תקיעה גדולה

תִּתְקַבַּל צְלוֹתְהוֹן וּבָעוּתְהוֹן דְּכָל בֵּית יִשְׂרָאֵל
קֳדָם אֲבוּהוֹן דִּי בִשְׁמַיָּא
וְאִמְרוּ אָמֵן. (קהל: אָמֵן)

יְהֵא שְׁלָמָא רַבָּא מִן שְׁמַיָּא
וְחַיִּים טוֹבִים עָלֵינוּ וְעַל כָּל יִשְׂרָאֵל
וְאִמְרוּ אָמֵן. (קהל: אָמֵן)

כורע ופוסע שלוש פסיעות לאחור. קד לשמאל, לימין ולפנים באמירת:

עֹשֶׂה הַשָּׁלוֹם בִּמְרוֹמָיו
הוּא יַעֲשֶׂה שָׁלוֹם
עָלֵינוּ וְעַל כָּל יִשְׂרָאֵל
וְאִמְרוּ אָמֵן. (קהל: אָמֵן)

לַשָּׁנָה הַבָּאָה בִּירוּשָׁלַיִם הַבְּנוּיָה.

ערבית למוצאי יום הכיפורים

ערבית למוצאי יום הכיפורים

"וַיִּירְאוּ יֹשְׁבֵי קְצָוֹת מֵאוֹתֹתֶיךָ, מוֹצָאֵי־בֹקֶר וָעֶרֶב תַּרְנִין" (תהלים סה, ט).

"תרנין – לך את הבריות... בבקר אומרים ברוך יוצר המאורות,
ובערב ברוך המעריב ערבים" (רש"י שם).

גם בקהילות שבהן אומרים 'שִׁיר הַמַּעֲלוֹת' וקדיש לפני 'וְהוּא רַחוּם',
אין אומרים אותם במוצאי יום הכיפורים.

וְהוּא רַחוּם, יְכַפֵּר עָוֹן וְלֹא־יַשְׁחִית תהלים עח
וְהִרְבָּה לְהָשִׁיב אַפּוֹ, וְלֹא־יָעִיר כָּל־חֲמָתוֹ:
יהוה הוֹשִׁיעָה, הַמֶּלֶךְ יַעֲנֵנוּ בְיוֹם־קָרְאֵנוּ: תהלים כ

קריאת שמע וברכותיה

שליח הציבור כורע בתיבת 'בָּרְכוּ' וזוקף בשם. הקהל כורע בתיבת 'בָּרוּךְ' וזוקף בשם,
ושליח הציבור כורע שוב כאשר הוא חוזר אחריהם.

ש"ץ: בָּרְכוּ
אֶת יהוה הַמְבֹרָךְ.

קהל: בָּרוּךְ יהוה הַמְבֹרָךְ לְעוֹלָם וָעֶד.

ש"ץ: בָּרוּךְ יהוה הַמְבֹרָךְ לְעוֹלָם וָעֶד.

בָּרוּךְ אַתָּה יהוה אֱלֹהֵינוּ מֶלֶךְ הָעוֹלָם
אֲשֶׁר בִּדְבָרוֹ מַעֲרִיב עֲרָבִים, בְּחָכְמָה פּוֹתֵחַ שְׁעָרִים
וּבִתְבוּנָה מְשַׁנֶּה עִתִּים וּמַחֲלִיף אֶת הַזְּמַנִּים
וּמְסַדֵּר אֶת הַכּוֹכָבִים בְּמִשְׁמְרוֹתֵיהֶם בָּרָקִיעַ כִּרְצוֹנוֹ.
בּוֹרֵא יוֹם וָלַיְלָה, גּוֹלֵל אוֹר מִפְּנֵי חֹשֶׁךְ וְחֹשֶׁךְ מִפְּנֵי אוֹר

◂ וּמַעֲבִיר יוֹם וּמֵבִיא לָיְלָה
וּמַבְדִּיל בֵּין יוֹם וּבֵין לָיְלָה
יהוה צְבָאוֹת שְׁמוֹ.
אֵל חַי וְקַיָּם תָּמִיד, יִמְלֹךְ עָלֵינוּ לְעוֹלָם וָעֶד.
בָּרוּךְ אַתָּה יהוה, הַמַּעֲרִיב עֲרָבִים.

אַהֲבַת עוֹלָם בֵּית יִשְׂרָאֵל עַמְּךָ אָהָבְתָּ
תּוֹרָה וּמִצְוֹת, חֻקִּים וּמִשְׁפָּטִים, אוֹתָנוּ לִמַּדְתָּ
עַל כֵּן יהוה אֱלֹהֵינוּ בְּשָׁכְבֵנוּ וּבְקוּמֵנוּ נָשִׂיחַ בְּחֻקֶּיךָ
וְנִשְׂמַח בְּדִבְרֵי תַלְמוּד תּוֹרָתֶךָ וּבְמִצְוֹתֶיךָ לְעוֹלָם וָעֶד
◂ כִּי הֵם חַיֵּינוּ וְאֹרֶךְ יָמֵינוּ
וּבָהֶם נֶהְגֶּה יוֹמָם וָלָיְלָה.
וְאַהֲבָתְךָ אַל תָּסִיר מִמֶּנּוּ לְעוֹלָמִים.
בָּרוּךְ אַתָּה יהוה, אוֹהֵב עַמּוֹ יִשְׂרָאֵל.

"יקרא קריאת שמע בכוונה – באימה, ביראה, ברתת וזיע" (שו"ע סא, א).

המתפלל ביחידות אומר:

אֵל מֶלֶךְ נֶאֱמָן

מכסה את עיניו בידו ואומר בכוונה ובקול רם:

דברים ו
שְׁמַע יִשְׂרָאֵל, יהוה אֱלֹהֵינוּ, יהוה ׀ אֶחָד:

בלחש: בָּרוּךְ שֵׁם כְּבוֹד מַלְכוּתוֹ לְעוֹלָם וָעֶד.

דברים ו
וְאָהַבְתָּ אֵת יהוה אֱלֹהֶיךָ, בְּכָל־לְבָבְךָ וּבְכָל־נַפְשְׁךָ וּבְכָל־
מְאֹדֶךָ: וְהָיוּ הַדְּבָרִים הָאֵלֶּה, אֲשֶׁר אָנֹכִי מְצַוְּךָ הַיּוֹם, עַל־לְבָבֶךָ:
וְשִׁנַּנְתָּם לְבָנֶיךָ וְדִבַּרְתָּ בָּם, בְּשִׁבְתְּךָ בְּבֵיתֶךָ וּבְלֶכְתְּךָ בַדֶּרֶךְ,
וּבְשָׁכְבְּךָ וּבְקוּמֶךָ: וּקְשַׁרְתָּם לְאוֹת עַל־יָדֶךָ וְהָיוּ לְטֹטָפֹת בֵּין
עֵינֶיךָ: וּכְתַבְתָּם עַל־מְזֻזוֹת בֵּיתֶךָ וּבִשְׁעָרֶיךָ:

וְהָיָה אִם־שָׁמֹעַ תִּשְׁמְעוּ אֶל־מִצְוֹתַי אֲשֶׁר אָנֹכִי מְצַוֶּה אֶתְכֶם דברים יא
הַיּוֹם, לְאַהֲבָה אֶת־יהוה אֱלֹהֵיכֶם וּלְעָבְדוֹ, בְּכָל־לְבַבְכֶם וּבְכָל־
נַפְשְׁכֶם: וְנָתַתִּי מְטַר־אַרְצְכֶם בְּעִתּוֹ, יוֹרֶה וּמַלְקוֹשׁ, וְאָסַפְתָּ דְגָנֶךָ
וְתִירֹשְׁךָ וְיִצְהָרֶךָ: וְנָתַתִּי עֵשֶׂב בְּשָׂדְךָ לִבְהֶמְתֶּךָ, וְאָכַלְתָּ וְשָׂבָעְתָּ:
הִשָּׁמְרוּ לָכֶם פֶּן־יִפְתֶּה לְבַבְכֶם, וְסַרְתֶּם וַעֲבַדְתֶּם אֱלֹהִים אֲחֵרִים
וְהִשְׁתַּחֲוִיתֶם לָהֶם: וְחָרָה אַף־יהוה בָּכֶם, וְעָצַר אֶת־הַשָּׁמַיִם
וְלֹא־יִהְיֶה מָטָר, וְהָאֲדָמָה לֹא תִתֵּן אֶת־יְבוּלָהּ, וַאֲבַדְתֶּם מְהֵרָה
מֵעַל הָאָרֶץ הַטֹּבָה אֲשֶׁר יהוה נֹתֵן לָכֶם: וְשַׂמְתֶּם אֶת־דְּבָרַי
אֵלֶּה עַל־לְבַבְכֶם וְעַל־נַפְשְׁכֶם, וּקְשַׁרְתֶּם אֹתָם לְאוֹת עַל־יֶדְכֶם,
וְהָיוּ לְטוֹטָפֹת בֵּין עֵינֵיכֶם: וְלִמַּדְתֶּם אֹתָם אֶת־בְּנֵיכֶם לְדַבֵּר בָּם,
בְּשִׁבְתְּךָ בְּבֵיתֶךָ, וּבְלֶכְתְּךָ בַדֶּרֶךְ וּבְשָׁכְבְּךָ וּבְקוּמֶךָ: וּכְתַבְתָּם
עַל־מְזוּזוֹת בֵּיתֶךָ וּבִשְׁעָרֶיךָ: לְמַעַן יִרְבּוּ יְמֵיכֶם וִימֵי בְנֵיכֶם עַל
הָאֲדָמָה אֲשֶׁר נִשְׁבַּע יהוה לַאֲבֹתֵיכֶם לָתֵת לָהֶם, כִּימֵי הַשָּׁמַיִם
עַל־הָאָרֶץ:

וַיֹּאמֶר יהוה אֶל־מֹשֶׁה לֵּאמֹר: דַּבֵּר אֶל־בְּנֵי יִשְׂרָאֵל וְאָמַרְתָּ במדבר טו
אֲלֵהֶם, וְעָשׂוּ לָהֶם צִיצִת עַל־כַּנְפֵי בִגְדֵיהֶם לְדֹרֹתָם, וְנָתְנוּ עַל־
צִיצִת הַכָּנָף פְּתִיל תְּכֵלֶת: וְהָיָה לָכֶם לְצִיצִת, וּרְאִיתֶם אֹתוֹ,
וּזְכַרְתֶּם אֶת־כָּל־מִצְוֹת יהוה וַעֲשִׂיתֶם אֹתָם, וְלֹא תָתֻרוּ אַחֲרֵי
לְבַבְכֶם וְאַחֲרֵי עֵינֵיכֶם, אֲשֶׁר־אַתֶּם זֹנִים אַחֲרֵיהֶם: לְמַעַן תִּזְכְּרוּ
וַעֲשִׂיתֶם אֶת־כָּל־מִצְוֹתָי, וִהְיִיתֶם קְדֹשִׁים לֵאלֹהֵיכֶם: אֲנִי יהוה
אֱלֹהֵיכֶם, אֲשֶׁר הוֹצֵאתִי אֶתְכֶם מֵאֶרֶץ מִצְרַיִם, לִהְיוֹת לָכֶם
לֵאלֹהִים, אֲנִי יהוה אֱלֹהֵיכֶם:

אֱמֶת

שליח הציבור חוזר ואומר:

◄ יהוה אֱלֹהֵיכֶם אֱמֶת

וֶאֱמוּנָה כָּל זֹאת וְקַיָּם עָלֵינוּ
כִּי הוּא יהוה אֱלֹהֵינוּ וְאֵין זוּלָתוֹ
וַאֲנַחְנוּ יִשְׂרָאֵל עַמּוֹ.
הַפּוֹדֵנוּ מִיַּד מְלָכִים, מַלְכֵּנוּ
הַגּוֹאֲלֵנוּ מִכַּף כָּל הֶעָרִיצִים.
הָאֵל הַנִּפְרָע לָנוּ מִצָּרֵינוּ
הַמְשַׁלֵּם גְּמוּל לְכָל אוֹיְבֵי נַפְשֵׁנוּ.
הָעוֹשֶׂה גְדוֹלוֹת עַד אֵין חֵקֶר
נִסִּים וְנִפְלָאוֹת עַד אֵין מִסְפָּר.
הַשָּׂם נַפְשֵׁנוּ בַּחַיִּים, וְלֹא־נָתַן לַמּוֹט רַגְלֵנוּ: תהלים סו
הַמַּדְרִיכֵנוּ עַל בָּמוֹת אוֹיְבֵינוּ
וַיָּרֶם קַרְנֵנוּ עַל כָּל שׂוֹנְאֵינוּ.
הָעוֹשֶׂה לָּנוּ נִסִּים וּנְקָמָה בְּפַרְעֹה
אוֹתוֹת וּמוֹפְתִים בְּאַדְמַת בְּנֵי חָם.
הַמַּכֶּה בְעֶבְרָתוֹ כָּל בְּכוֹרֵי מִצְרָיִם
וַיּוֹצֵא אֶת עַמּוֹ יִשְׂרָאֵל מִתּוֹכָם לְחֵרוּת עוֹלָם.
◄ הַמַּעֲבִיר בָּנָיו בֵּין גִּזְרֵי יַם סוּף
אֶת רוֹדְפֵיהֶם וְאֶת שׂוֹנְאֵיהֶם בִּתְהוֹמוֹת טִבַּע
וְרָאוּ בָנָיו גְּבוּרָתוֹ, שִׁבְּחוּ וְהוֹדוּ לִשְׁמוֹ
וּמַלְכוּתוֹ בְּרָצוֹן קִבְּלוּ עֲלֵיהֶם.
מֹשֶׁה וּבְנֵי יִשְׂרָאֵל, לְךָ עָנוּ שִׁירָה בְּשִׂמְחָה רַבָּה
וְאָמְרוּ כֻלָּם
מִי־כָמֹכָה בָּאֵלִם יהוה שמות טו
מִי כָּמֹכָה נֶאְדָּר בַּקֹּדֶשׁ
נוֹרָא תְהִלֹּת עֹשֵׂה פֶלֶא:

◂ מַלְכוּתְךָ רָאוּ בָנֶיךָ, בּוֹקֵעַ יָם לִפְנֵי מֹשֶׁה
זֶה אֵלִי עָנוּ, וְאָמְרוּ
יהוה יִמְלֹךְ לְעֹלָם וָעֶד: שמות טו
◂ וְנֶאֱמַר
כִּי־פָדָה יהוה אֶת־יַעֲקֹב, וּגְאָלוֹ מִיַּד חָזָק מִמֶּנּוּ: ירמיה לא
בָּרוּךְ אַתָּה יהוה, גָּאַל יִשְׂרָאֵל.

הַשְׁכִּיבֵנוּ יהוה אֱלֹהֵינוּ לְשָׁלוֹם
וְהַעֲמִידֵנוּ מַלְכֵּנוּ לְחַיִּים טוֹבִים וּלְשָׁלוֹם
וּפְרֹשׂ עָלֵינוּ סֻכַּת שְׁלוֹמֶךָ, וְתַקְּנֵנוּ בְּעֵצָה טוֹבָה מִלְּפָנֶיךָ
וְהוֹשִׁיעֵנוּ מְהֵרָה לְמַעַן שְׁמֶךָ.
וְהָגֵן בַּעֲדֵנוּ, וְהָסֵר מֵעָלֵינוּ אוֹיֵב, דֶּבֶר וְחֶרֶב וְרָעָב וְיָגוֹן
וְהָסֵר שָׂטָן מִלְּפָנֵינוּ וּמֵאַחֲרֵינוּ, וּבְצֵל כְּנָפֶיךָ תַּסְתִּירֵנוּ.
כִּי אֵל שׁוֹמְרֵנוּ וּמַצִּילֵנוּ אָתָּה
כִּי אֵל מֶלֶךְ חַנּוּן וְרַחוּם אָתָּה.
◂ וּשְׁמֹר צֵאתֵנוּ וּבוֹאֵנוּ לְחַיִּים וּלְשָׁלוֹם מֵעַתָּה וְעַד עוֹלָם.
בָּרוּךְ אַתָּה יהוה, שׁוֹמֵר עַמּוֹ יִשְׂרָאֵל לָעַד.

ברוב הקהילות ממשיכים חצי קדיש בעמוד הבא. בחו״ל יש הנוהגים להוסיף:

בָּרוּךְ יהוה לְעוֹלָם, אָמֵן וְאָמֵן: בָּרוּךְ יהוה מִצִּיּוֹן, שֹׁכֵן יְרוּשָׁלָםִ, הַלְלוּיָהּ: תהלים פט תהלים קלה
בָּרוּךְ יהוה אֱלֹהִים אֱלֹהֵי יִשְׂרָאֵל, עֹשֵׂה נִפְלָאוֹת לְבַדּוֹ: וּבָרוּךְ שֵׁם כְּבוֹדוֹ תהלים עב
לְעוֹלָם, וְיִמָּלֵא כְבוֹדוֹ אֶת־כָּל־הָאָרֶץ, אָמֵן וְאָמֵן: יְהִי כְבוֹד יהוה לְעוֹלָם, תהלים קד
יִשְׂמַח יהוה בְּמַעֲשָׂיו: יְהִי שֵׁם יהוה מְבֹרָךְ מֵעַתָּה וְעַד־עוֹלָם: כִּי לֹא־יִטֹּשׁ תהלים קיג שמואל א׳ יב
יהוה אֶת־עַמּוֹ בַּעֲבוּר שְׁמוֹ הַגָּדוֹל, כִּי הוֹאִיל יהוה לַעֲשׂוֹת אֶתְכֶם לוֹ לְעָם:
וַיַּרְא כָּל־הָעָם וַיִּפְּלוּ עַל־פְּנֵיהֶם וַיֹּאמְרוּ, יהוה הוּא הָאֱלֹהִים, יהוה הוּא מלכים א׳ יח
הָאֱלֹהִים: וְהָיָה יהוה לְמֶלֶךְ עַל־כָּל־הָאָרֶץ, בַּיּוֹם הַהוּא יִהְיֶה יהוה אֶחָד זכריה יד
וּשְׁמוֹ אֶחָד: יְהִי־חַסְדְּךָ יהוה עָלֵינוּ, כַּאֲשֶׁר יִחַלְנוּ לָךְ: הוֹשִׁיעֵנוּ יהוה תהלים לג תהלים קו
אֱלֹהֵינוּ, וְקַבְּצֵנוּ מִן־הַגּוֹיִם, לְהוֹדוֹת לְשֵׁם קָדְשֶׁךָ, לְהִשְׁתַּבֵּחַ בִּתְהִלָּתֶךָ:

תהלים פו כָּל־גּוֹיִם אֲשֶׁר עָשִׂיתָ, יָבוֹאוּ וְיִשְׁתַּחֲווּ לְפָנֶיךָ, אֲדֹנָי, וִיכַבְּדוּ לִשְׁמֶךָ: כִּי־גָדוֹל
תהלים עט אַתָּה וְעֹשֵׂה נִפְלָאוֹת, אַתָּה אֱלֹהִים לְבַדֶּךָ: וַאֲנַחְנוּ עַמְּךָ וְצֹאן מַרְעִיתֶךָ,
נוֹדֶה לְּךָ לְעוֹלָם, לְדוֹר וָדֹר נְסַפֵּר תְּהִלָּתֶךָ:

בָּרוּךְ יהוה בַּיּוֹם, בָּרוּךְ יהוה בַּלָּיְלָה, בָּרוּךְ יהוה בְּשָׁכְבֵנוּ, בָּרוּךְ יהוה
איוב יב בְּקוּמֵנוּ. כִּי בְיָדְךָ נַפְשׁוֹת הַחַיִּים וְהַמֵּתִים. אֲשֶׁר בְּיָדוֹ נֶפֶשׁ כָּל־חָי, וְרוּחַ
תהלים לא כָּל־בְּשַׂר־אִישׁ: בְּיָדְךָ אַפְקִיד רוּחִי, פָּדִיתָה אוֹתִי יהוה אֵל אֱמֶת: אֱלֹהֵינוּ
שֶׁבַּשָּׁמַיִם, יַחֵד שִׁמְךָ וְקַיֵּם מַלְכוּתְךָ תָּמִיד, וּמְלֹךְ עָלֵינוּ לְעוֹלָם וָעֶד.

יִרְאוּ עֵינֵינוּ וְיִשְׂמַח לִבֵּנוּ, וְתָגֵל נַפְשֵׁנוּ בִּישׁוּעָתְךָ בֶּאֱמֶת, בֶּאֱמֹר לְצִיּוֹן מָלַךְ אֱלֹהָיִךְ. יהוה מֶלֶךְ, יהוה מָלָךְ, יהוה יִמְלֹךְ לְעֹלָם וָעֶד. ◂ כִּי הַמַּלְכוּת שֶׁלְּךָ הִיא, וּלְעוֹלְמֵי עַד תִּמְלֹךְ בְּכָבוֹד. כִּי אֵין לָנוּ מֶלֶךְ אֶלָּא אָתָּה. בָּרוּךְ אַתָּה יהוה, הַמֶּלֶךְ בִּכְבוֹדוֹ תָּמִיד, יִמְלֹךְ עָלֵינוּ לְעוֹלָם וָעֶד וְעַל כָּל מַעֲשָׂיו.

חצי קדיש

ש״ץ: יִתְגַּדַּל וְיִתְקַדַּשׁ שְׁמֵהּ רַבָּא (קהל: אָמֵן)
בְּעָלְמָא דִּי בְרָא כִרְעוּתֵהּ
וְיַמְלִיךְ מַלְכוּתֵהּ
וְיַצְמַח פֻּרְקָנֵהּ וִיקָרֵב מְשִׁיחֵהּ (קהל: אָמֵן)
בְּחַיֵּיכוֹן וּבְיוֹמֵיכוֹן וּבְחַיֵּי דְכָל בֵּית יִשְׂרָאֵל
בַּעֲגָלָא וּבִזְמַן קָרִיב, וְאִמְרוּ אָמֵן. (קהל: אָמֵן)

קהל וש״ץ: יְהֵא שְׁמֵהּ רַבָּא מְבָרַךְ לְעָלַם וּלְעָלְמֵי עָלְמַיָּא.

ש״ץ: יִתְבָּרַךְ וְיִשְׁתַּבַּח וְיִתְפָּאַר וְיִתְרוֹמַם וְיִתְנַשֵּׂא
וְיִתְהַדָּר וְיִתְעַלֶּה וְיִתְהַלָּל
שְׁמֵהּ דְּקֻדְשָׁא בְּרִיךְ הוּא (קהל: אָמֵן)
לְעֵלָּא מִן כָּל בִּרְכָתָא
וְשִׁירָתָא, תֻּשְׁבְּחָתָא וְנֶחֱמָתָא
דַּאֲמִירָן בְּעָלְמָא, וְאִמְרוּ אָמֵן. (קהל: אָמֵן)

עמידה

"המתפלל צריך שיכוין בלבו פירוש המלות שמוציא בשפתיו; ויחשוב כאלו שכינה כנגדו ויסיר כל המחשבות הטורדות אותו עד שתשאר מחשבתו וכוונתו זכה בתפלתו" (שו"ע צח, א).

פוסע שלוש פסיעות לפנים כמי שנכנס לפני המלך.

עומד ומתפלל בלחש מכאן ועד 'וּכְשָׁנִים קַדְמֹנִיּוֹת' בעמ' 480.

כורע במקומות המסומנים ב', קד לפנים במילה הבאה וזוקף בשם.

אֲדֹנָי, שְׂפָתַי תִּפְתָּח, וּפִי יַגִּיד תְּהִלָּתֶךָ: תהלים נא

אבות

'בָּרוּךְ אַתָּה יהוה, אֱלֹהֵינוּ וֵאלֹהֵי אֲבוֹתֵינוּ
אֱלֹהֵי אַבְרָהָם, אֱלֹהֵי יִצְחָק, וֵאלֹהֵי יַעֲקֹב
הָאֵל הַגָּדוֹל הַגִּבּוֹר וְהַנּוֹרָא, אֵל עֶלְיוֹן
גּוֹמֵל חֲסָדִים טוֹבִים, קוֹנֵה הַכֹּל
וְזוֹכֵר חַסְדֵי אָבוֹת
וּמֵבִיא גוֹאֵל לִבְנֵי בְנֵיהֶם, לְמַעַן שְׁמוֹ בְּאַהֲבָה.
מֶלֶךְ עוֹזֵר וּמוֹשִׁיעַ וּמָגֵן.
'בָּרוּךְ אַתָּה יהוה, מָגֵן אַבְרָהָם.

גבורות

אַתָּה גִּבּוֹר לְעוֹלָם, אֲדֹנָי
מְחַיֵּה מֵתִים אַתָּה, רַב לְהוֹשִׁיעַ
מוֹרִיד הַטָּל
מְכַלְכֵּל חַיִּים בְּחֶסֶד, מְחַיֵּה מֵתִים בְּרַחֲמִים רַבִּים
סוֹמֵךְ נוֹפְלִים, וְרוֹפֵא חוֹלִים, וּמַתִּיר אֲסוּרִים
וּמְקַיֵּם אֱמוּנָתוֹ לִישֵׁנֵי עָפָר.
מִי כָמוֹךָ, בַּעַל גְּבוּרוֹת, וּמִי דּוֹמֶה לָּךְ
מֶלֶךְ, מֵמִית וּמְחַיֶּה וּמַצְמִיחַ יְשׁוּעָה.
וְנֶאֱמָן אַתָּה לְהַחֲיוֹת מֵתִים.
בָּרוּךְ אַתָּה יהוה, מְחַיֵּה הַמֵּתִים.

קדושת השם

אַתָּה קָדוֹשׁ וְשִׁמְךָ קָדוֹשׁ וּקְדוֹשִׁים בְּכָל יוֹם יְהַלְלוּךָ סֶּלָה
כִּי אֵל מֶלֶךְ גָּדוֹל וְקָדוֹשׁ אָתָּה.
בָּרוּךְ אַתָּה יהוה, הָאֵל הַקָּדוֹשׁ.

אם אמר 'הַמֶּלֶךְ הַקָּדוֹשׁ' כבעשרת ימי תשובה, אינו חוזר.

דעת

אַתָּה חוֹנֵן לְאָדָם דַּעַת, וּמְלַמֵּד לֶאֱנוֹשׁ בִּינָה.
אַתָּה חוֹנַנְתָּנוּ לְמַדַּע תּוֹרָתֶךָ, וַתְּלַמְּדֵנוּ לַעֲשׂוֹת חֻקֵּי רְצוֹנֶךָ
וַתַּבְדֵּל יהוה אֱלֹהֵינוּ בֵּין קֹדֶשׁ לְחֹל
בֵּין אוֹר לְחֹשֶׁךְ, בֵּין יִשְׂרָאֵל לָעַמִּים
בֵּין יוֹם הַשְּׁבִיעִי לְשֵׁשֶׁת יְמֵי הַמַּעֲשֶׂה.
אָבִינוּ מַלְכֵּנוּ, הָחֵל עָלֵינוּ הַיָּמִים הַבָּאִים לִקְרָאתֵנוּ לְשָׁלוֹם
חֲשׂוּכִים מִכָּל חֵטְא וּמְנֻקִּים מִכָּל עָוֹן וּמְדֻבָּקִים בְּיִרְאָתֶךָ.
וְחָנֵּנוּ מֵאִתְּךָ חָכְמָה בִּינָה וָדָעַת.
בָּרוּךְ אַתָּה יהוה, חוֹנֵן הַדָּעַת.

תשובה

הֲשִׁיבֵנוּ אָבִינוּ לְתוֹרָתֶךָ, וְקָרְבֵנוּ מַלְכֵּנוּ לַעֲבוֹדָתֶךָ
וְהַחֲזִירֵנוּ בִּתְשׁוּבָה שְׁלֵמָה לְפָנֶיךָ.
בָּרוּךְ אַתָּה יהוה, הָרוֹצֶה בִּתְשׁוּבָה.

סליחה

נוהגים להכות כנגד הלב במקומות המסומנים ב°.

סְלַח לָנוּ אָבִינוּ כִּי °חָטָאנוּ
מְחַל לָנוּ מַלְכֵּנוּ כִּי °פָשָׁעְנוּ
כִּי אֵל טוֹב וְסַלָּח אָתָּה.
בָּרוּךְ אַתָּה יהוה, חַנּוּן הַמַּרְבֶּה לִסְלֹחַ.

גאולה

רְאֵה נָא בְעָנְיֵנוּ, וְרִיבָה רִיבֵנוּ
וּגְאָלֵנוּ גְּאֻלָּה שְׁלֵמָה מְהֵרָה לְמַעַן שְׁמֶךָ
כִּי אֵל גּוֹאֵל חָזָק אָתָּה.
בָּרוּךְ אַתָּה יהוה, גּוֹאֵל יִשְׂרָאֵל.

רפואה

רְפָאֵנוּ יהוה וְנֵרָפֵא
הוֹשִׁיעֵנוּ וְנִוָּשֵׁעָה, כִּי תְהִלָּתֵנוּ אָתָּה
וְהַעֲלֵה אֲרוּכָה וּמַרְפֵּא לְכָל תַּחֲלוּאֵינוּ וּלְכָל מַכְאוֹבֵינוּ
רְפוּאָה שְׁלֵמָה לְכָל מַכּוֹתֵינוּ

המתפלל על חולה מוסיף:

יְהִי רָצוֹן מִלְּפָנֶיךָ יהוה אֱלֹהַי וֵאלֹהֵי אֲבוֹתַי, שֶׁתִּשְׁלַח מְהֵרָה רְפוּאָה שְׁלֵמָה מִן הַשָּׁמַיִם רְפוּאַת הַנֶּפֶשׁ וּרְפוּאַת הַגּוּף לַחוֹלֶה פלוני בֶּן פלונית/ לַחוֹלָה פלונית בַּת פלונית בְּתוֹךְ שְׁאָר חוֹלֵי יִשְׂרָאֵל.

כִּי אֵל מֶלֶךְ רוֹפֵא נֶאֱמָן וְרַחֲמָן אָתָּה.
בָּרוּךְ אַתָּה יהוה, רוֹפֵא חוֹלֵי עַמּוֹ יִשְׂרָאֵל.

ברכת השנים

בָּרֵךְ עָלֵינוּ יהוה אֱלֹהֵינוּ אֶת הַשָּׁנָה הַזֹּאת
וְאֶת כָּל מִינֵי תְבוּאָתָהּ, לְטוֹבָה
וְתֵן בְּרָכָה עַל פְּנֵי הָאֲדָמָה
וְשַׂבְּעֵנוּ מִטּוּבָהּ
וּבָרֵךְ שְׁנָתֵנוּ כַּשָּׁנִים הַטּוֹבוֹת לִבְרָכָה
כִּי אֵל טוֹב וּמֵטִיב אַתָּה, וּמְבָרֵךְ הַשָּׁנִים.
בָּרוּךְ אַתָּה יהוה, מְבָרֵךְ הַשָּׁנִים.

קיבוץ גלויות

תְּקַע בְּשׁוֹפָר גָּדוֹל לְחֵרוּתֵנוּ
וְשָׂא נֵס לְקַבֵּץ גָּלֻיּוֹתֵינוּ
וְקַבְּצֵנוּ יַחַד מְהֵרָה מֵאַרְבַּע כַּנְפוֹת הָאָרֶץ לְאַרְצֵנוּ.
בָּרוּךְ אַתָּה יהוה, מְקַבֵּץ נִדְחֵי עַמּוֹ יִשְׂרָאֵל.

השבת המשפט

הָשִׁיבָה שׁוֹפְטֵינוּ כְּבָרִאשׁוֹנָה
וְיוֹעֲצֵינוּ כְּבַתְּחִלָּה
וְהָסֵר מִמֶּנּוּ יָגוֹן וַאֲנָחָה
וּמְלֹךְ עָלֵינוּ מְהֵרָה אַתָּה יהוה לְבַדְּךָ בְּחֶסֶד וּבְרַחֲמִים
בְּצֶדֶק וּבְמִשְׁפָּט.
בָּרוּךְ אַתָּה יהוה, מֶלֶךְ אוֹהֵב צְדָקָה וּמִשְׁפָּט.

אם אמר 'הַמֶּלֶךְ הַמִּשְׁפָּט' כבעשרת ימי תשובה, אינו חוזר.

ברכת המינים

וְלַמַּלְשִׁינִים אַל תְּהִי תִקְוָה וְכָל הַמִּינִים כְּרֶגַע יֹאבֵדוּ
וְכָל אוֹיְבֵי עַמְּךָ מְהֵרָה יִכָּרֵתוּ
וְהַזֵּדִים מְהֵרָה תְעַקֵּר וּתְשַׁבֵּר וּתְמַגֵּר
וּתְכַלֵּם וְתַשְׁפִּילֵם וְתַכְנִיעֵם בִּמְהֵרָה בְיָמֵינוּ.
בָּרוּךְ אַתָּה יהוה, שׁוֹבֵר אוֹיְבִים וּמַכְנִיעַ זֵדִים.

על הצדיקים

עַל הַצַּדִּיקִים וְעַל הַחֲסִידִים
וְעַל זִקְנֵי שְׁאֵרִית עַמְּךָ בֵּית יִשְׂרָאֵל
וְעַל פְּלֵיטַת בֵּית סוֹפְרֵיהֶם
וְעַל גֵּרֵי הַצֶּדֶק, וְעָלֵינוּ
יֶהֱמוּ נָא רַחֲמֶיךָ, יהוה אֱלֹהֵינוּ

וְתֵן שָׂכָר טוֹב לְכָל הַבּוֹטְחִים בְּשִׁמְךָ בֶּאֱמֶת
וְשִׂים חֶלְקֵנוּ עִמָּהֶם
וּלְעוֹלָם לֹא נֵבוֹשׁ, כִּי בְךָ בָטָחְנוּ
וְעַל חַסְדְּךָ הַגָּדוֹל בֶּאֱמֶת נִשְׁעָנְנוּ.
בָּרוּךְ אַתָּה יהוה, מִשְׁעָן וּמִבְטָח לַצַּדִּיקִים.

בניין ירושלים
וְלִירוּשָׁלַיִם עִירְךָ בְּרַחֲמִים תָּשׁוּב
וְתִשְׁכֹּן בְּתוֹכָהּ כַּאֲשֶׁר דִּבַּרְתָּ
וּבְנֵה אוֹתָהּ בְּקָרוֹב בְּיָמֵינוּ בִּנְיַן עוֹלָם
וְכִסֵּא דָוִד עַבְדְּךָ מְהֵרָה לְתוֹכָהּ תָּכִין.
בָּרוּךְ אַתָּה יהוה, בּוֹנֵה יְרוּשָׁלָיִם.

מלכות בית דוד
אֶת צֶמַח דָּוִד עַבְדְּךָ מְהֵרָה תַצְמִיחַ, וְקַרְנוֹ תָּרוּם בִּישׁוּעָתֶךָ
כִּי לִישׁוּעָתְךָ קִוִּינוּ כָּל הַיּוֹם.
בָּרוּךְ אַתָּה יהוה, מַצְמִיחַ קֶרֶן יְשׁוּעָה.

שומע תפילה
אָב הָרַחֲמָן
שְׁמַע קוֹלֵנוּ יהוה אֱלֹהֵינוּ
חוּס וְרַחֵם עָלֵינוּ, וְקַבֵּל בְּרַחֲמִים וּבְרָצוֹן אֶת תְּפִלָּתֵנוּ
כִּי אֵל שׁוֹמֵעַ תְּפִלּוֹת וְתַחֲנוּנִים אָתָּה
וּמִלְּפָנֶיךָ מַלְכֵּנוּ רֵיקָם אַל תְּשִׁיבֵנוּ
חָנֵּנוּ וַעֲנֵנוּ וּשְׁמַע תְּפִלָּתֵנוּ
כִּי אַתָּה שׁוֹמֵעַ תְּפִלַּת כָּל פֶּה.
בָּרוּךְ אַתָּה יהוה, שׁוֹמֵעַ תְּפִלָּה.

עבודה

רְצֵה יהוה אֱלֹהֵינוּ בְּעַמְּךָ יִשְׂרָאֵל, וְלִתְפִלָּתָם שְׁעֵה
וְהָשֵׁב אֶת הָעֲבוֹדָה לִדְבִיר בֵּיתֶךָ
וְאִשֵּׁי יִשְׂרָאֵל וּתְפִלָּתָם, מְהֵרָה בְּאַהֲבָה תְקַבֵּל בְּרָצוֹן
וּתְהִי לְרָצוֹן תָּמִיד עֲבוֹדַת יִשְׂרָאֵל עַמֶּךָ.
וְתֶחֱזֶינָה עֵינֵינוּ בְּשׁוּבְךָ לְצִיּוֹן בְּרַחֲמִים.
בָּרוּךְ אַתָּה יהוה, הַמַּחֲזִיר שְׁכִינָתוֹ לְצִיּוֹן.

הודאה

כורע ב׳מוֹדִים׳ ואינו זוקף עד אמירת השם (סידור השל״ה).

מוֹדִים אֲנַחְנוּ לָךְ
שָׁאַתָּה הוּא יהוה אֱלֹהֵינוּ וֵאלֹהֵי אֲבוֹתֵינוּ לְעוֹלָם וָעֶד.
צוּר חַיֵּינוּ, מָגֵן יִשְׁעֵנוּ אַתָּה הוּא לְדוֹר וָדוֹר.
נוֹדֶה לְּךָ וּנְסַפֵּר תְּהִלָּתֶךָ
עַל חַיֵּינוּ הַמְּסוּרִים בְּיָדֶךָ וְעַל נִשְׁמוֹתֵינוּ הַפְּקוּדוֹת לָךְ
וְעַל נִסֶּיךָ שֶׁבְּכָל יוֹם עִמָּנוּ וְעַל נִפְלְאוֹתֶיךָ וְטוֹבוֹתֶיךָ
שֶׁבְּכָל עֵת, עֶרֶב וָבֹקֶר וְצָהֳרָיִם.
הַטּוֹב, כִּי לֹא כָלוּ רַחֲמֶיךָ
וְהַמְרַחֵם, כִּי לֹא תַמּוּ חֲסָדֶיךָ
כִּי מֵעוֹלָם קִוִּינוּ לָךְ.
וְעַל כֻּלָּם יִתְבָּרַךְ וְיִתְרוֹמַם וְיִתְנַשֵּׂא שִׁמְךָ מַלְכֵּנוּ
תָּמִיד לְעוֹלָם וָעֶד.
וְכֹל הַחַיִּים יוֹדוּךָ סֶּלָה
וִיהַלְלוּ וִיבָרְכוּ אֶת שִׁמְךָ הַגָּדוֹל בֶּאֱמֶת לְעוֹלָם כִּי טוֹב
הָאֵל יְשׁוּעָתֵנוּ וְעֶזְרָתֵנוּ סֶלָה, הָאֵל הַטּוֹב.
בָּרוּךְ אַתָּה יהוה, הַטּוֹב שִׁמְךָ וּלְךָ נָאֶה לְהוֹדוֹת.

שלום

יש אומרים ׳שִׂים שָׁלוֹם׳ (עמ׳ 459).

שָׁלוֹם רָב עַל יִשְׂרָאֵל עַמְּךָ תָּשִׂים לְעוֹלָם
כִּי אַתָּה הוּא מֶלֶךְ אָדוֹן לְכָל הַשָּׁלוֹם.
וְטוֹב יִהְיֶה בְּעֵינֶיךָ לְבָרְכֵנוּ
וּלְבָרֵךְ אֶת כָּל עַמְּךָ יִשְׂרָאֵל
בְּכָל עֵת וּבְכָל שָׁעָה בִּשְׁלוֹמֶךָ.
בָּרוּךְ אַתָּה יהוה, הַמְבָרֵךְ אֶת עַמּוֹ יִשְׂרָאֵל בַּשָּׁלוֹם.

יש מוסיפים:

יִהְיוּ לְרָצוֹן אִמְרֵי פִי וְהֶגְיוֹן לִבִּי לְפָנֶיךָ, יהוה צוּרִי וְגֹאֲלִי: תהלים יט

אֱלֹהַי, נְצֹר לְשׁוֹנִי מֵרָע וּשְׂפָתַי מִדַּבֵּר מִרְמָה ברכות יז
וְלִמְקַלְלַי נַפְשִׁי תִדֹּם, וְנַפְשִׁי כֶּעָפָר לַכֹּל תִּהְיֶה.
פְּתַח לִבִּי בְּתוֹרָתֶךָ וְאַחֲרֵי מִצְוֹתֶיךָ תִּרְדֹּף נַפְשִׁי.
וְכָל הַקָּמִים וְהַחוֹשְׁבִים עָלַי רָעָה
מְהֵרָה הָפֵר עֲצָתָם וְקַלְקֵל מַחֲשַׁבְתָּם.

יש המוסיפים תחינה זו (קיצור של״ה, ׳אור הישר׳):

יְהִי רָצוֹן מִלְּפָנֶיךָ, יהוה אֱלֹהַי וֵאלֹהֵי אֲבוֹתַי
שֶׁלֹּא תַעֲלֶה קִנְאַת אָדָם עָלַי, וְלֹא קִנְאָתִי עַל אֲחֵרִים
וְשֶׁלֹּא אֶכְעֹס הַיּוֹם, וְשֶׁלֹּא אַכְעִיסֶךָ
וְתַצִּילֵנִי מִיֵּצֶר הָרָע, וְתֵן בְּלִבִּי הַכְנָעָה וַעֲנָוָה.
מַלְכֵּנוּ וֵאלֹהֵינוּ, יַחֵד שִׁמְךָ בְּעוֹלָמֶךָ
בְּנֵה עִירְךָ, יַסֵּד בֵּיתְךָ וְשַׁכְלֵל הֵיכָלֶךָ
וְקַבֵּץ קִבּוּץ גָּלֻיּוֹת, וּפְדֵה צֹאנְךָ וְשַׂמַּח עֲדָתֶךָ.

עֲשֵׂה לְמַעַן שְׁמֶךָ, עֲשֵׂה לְמַעַן יְמִינֶךָ
עֲשֵׂה לְמַעַן תּוֹרָתֶךָ, עֲשֵׂה לְמַעַן קְדֻשָּׁתֶךָ.
לְמַעַן יֵחָלְצוּן יְדִידֶיךָ, הוֹשִׁיעָה יְמִינְךָ וַעֲנֵנִי: תהלים ס
יִהְיוּ לְרָצוֹן אִמְרֵי פִי וְהֶגְיוֹן לִבִּי לְפָנֶיךָ, יהוה צוּרִי וְגֹאֲלִי: תהלים יט

כורע ופוסע שלוש פסיעות לאחור. קד לשמאל, לימין ולפנים באמירת:

עֹשֶׂה שָׁלוֹם בִּמְרוֹמָיו
הוּא יַעֲשֶׂה שָׁלוֹם, עָלֵינוּ וְעַל כָּל יִשְׂרָאֵל, וְאִמְרוּ אָמֵן.

יְהִי רָצוֹן מִלְּפָנֶיךָ יהוה אֱלֹהֵינוּ וֵאלֹהֵי אֲבוֹתֵינוּ
שֶׁיִּבָּנֶה בֵּית הַמִּקְדָּשׁ בִּמְהֵרָה בְיָמֵינוּ וְתֵן חֶלְקֵנוּ בְּתוֹרָתֶךָ
וְשָׁם נַעֲבָדְךָ בְּיִרְאָה כִּימֵי עוֹלָם וּכְשָׁנִים קַדְמֹנִיּוֹת.
וְעָרְבָה לַיהוה מִנְחַת יְהוּדָה וִירוּשָׁלָםִ כִּימֵי עוֹלָם וּכְשָׁנִים קַדְמֹנִיּוֹת: מלאכי ג

קדיש שלם

ש״ץ: יִתְגַּדַּל וְיִתְקַדַּשׁ שְׁמֵהּ רַבָּא (קהל: אָמֵן)
בְּעָלְמָא דִּי בְרָא כִרְעוּתֵהּ
וְיַמְלִיךְ מַלְכוּתֵהּ
וְיַצְמַח פֻּרְקָנֵהּ וִיקָרֵב מְשִׁיחֵהּ (קהל: אָמֵן)
בְּחַיֵּיכוֹן וּבְיוֹמֵיכוֹן וּבְחַיֵּי דְכָל בֵּית יִשְׂרָאֵל
בַּעֲגָלָא וּבִזְמַן קָרִיב, וְאִמְרוּ אָמֵן. (קהל: אָמֵן)

קהל וש״ץ: יְהֵא שְׁמֵהּ רַבָּא מְבָרַךְ לְעָלַם וּלְעָלְמֵי עָלְמַיָּא.

ש״ץ: יִתְבָּרַךְ וְיִשְׁתַּבַּח וְיִתְפָּאַר וְיִתְרוֹמַם וְיִתְנַשֵּׂא
וְיִתְהַדָּר וְיִתְעַלֶּה וְיִתְהַלָּל שְׁמֵהּ דְּקֻדְשָׁא בְּרִיךְ הוּא (קהל: אָמֵן)
לְעֵלָּא מִן כָּל בִּרְכָתָא וְשִׁירָתָא, תֻּשְׁבְּחָתָא וְנֶחֱמָתָא
דַּאֲמִירָן בְּעָלְמָא, וְאִמְרוּ אָמֵן. (קהל: אָמֵן)

תִּתְקַבַּל צְלוֹתְהוֹן וּבָעוּתְהוֹן דְּכָל בֵּית יִשְׂרָאֵל
קֳדָם אֲבוּהוֹן דִּי בִשְׁמַיָּא, וְאִמְרוּ אָמֵן. (קהל: אָמֵן)

יְהֵא שְׁלָמָא רַבָּא מִן שְׁמַיָּא
וְחַיִּים טוֹבִים עָלֵינוּ וְעַל כָּל יִשְׂרָאֵל, וְאִמְרוּ אָמֵן. (קהל: אָמֵן)

כורע ופוסע שלוש פסיעות לאחור. קד לשמאל, לימין ולפנים באמירת:

עֹשֶׂה שָׁלוֹם בִּמְרוֹמָיו
הוּא יַעֲשֶׂה שָׁלוֹם, עָלֵינוּ וְעַל כָּל יִשְׂרָאֵל, וְאִמְרוּ אָמֵן. (קהל: אָמֵן)

ברוב הקהילות אין אומרים ׳שִׁיר לַמַּעֲלוֹת׳ ולא את הקדיש שאחריו,
אלא ממשיכים ׳עָלֵינוּ׳ (בעמוד הבא), וכן מנהג אשכנז.

שִׁיר לַמַּעֲלוֹת, אֶשָּׂא עֵינַי אֶל־הֶהָרִים, מֵאַיִן יָבֹא עֶזְרִי: עֶזְרִי מֵעִם יהוה, תהלים קכא
עֹשֵׂה שָׁמַיִם וָאָרֶץ: אַל־יִתֵּן לַמּוֹט רַגְלֶךָ, אַל־יָנוּם שֹׁמְרֶךָ: הִנֵּה לֹא־
יָנוּם וְלֹא יִישָׁן, שׁוֹמֵר יִשְׂרָאֵל: יהוה שֹׁמְרֶךָ, יהוה צִלְּךָ עַל־יַד יְמִינֶךָ:
יוֹמָם הַשֶּׁמֶשׁ לֹא־יַכֶּכָּה, וְיָרֵחַ בַּלָּיְלָה: יהוה יִשְׁמָרְךָ מִכָּל־רָע, יִשְׁמֹר
אֶת־נַפְשֶׁךָ: יהוה יִשְׁמָר־צֵאתְךָ וּבוֹאֶךָ, מֵעַתָּה וְעַד־עוֹלָם:

קדיש יתום

אבל: יִתְגַּדַּל וְיִתְקַדַּשׁ שְׁמֵהּ רַבָּא (קהל: אָמֵן)
בְּעָלְמָא דִּי בְרָא כִרְעוּתֵהּ
וְיַמְלִיךְ מַלְכוּתֵהּ
וְיַצְמַח פֻּרְקָנֵהּ וִיקָרֵב מְשִׁיחֵהּ (קהל: אָמֵן)
בְּחַיֵּיכוֹן וּבְיוֹמֵיכוֹן וּבְחַיֵּי דְכָל בֵּית יִשְׂרָאֵל
בַּעֲגָלָא וּבִזְמַן קָרִיב, וְאִמְרוּ אָמֵן. (קהל: אָמֵן)

קהל ואבל: יְהֵא שְׁמֵהּ רַבָּא מְבָרַךְ לְעָלַם וּלְעָלְמֵי עָלְמַיָּא.

אבל: יִתְבָּרַךְ וְיִשְׁתַּבַּח וְיִתְפָּאַר וְיִתְרוֹמַם וְיִתְנַשֵּׂא
וְיִתְהַדָּר וְיִתְעַלֶּה וְיִתְהַלָּל
שְׁמֵהּ דְּקֻדְשָׁא בְּרִיךְ הוּא (קהל: אָמֵן)
לְעֵלָּא מִן כָּל בִּרְכָתָא וְשִׁירָתָא
תֻּשְׁבְּחָתָא וְנֶחֱמָתָא
דַּאֲמִירָן בְּעָלְמָא, וְאִמְרוּ אָמֵן. (קהל: אָמֵן)

יְהֵא שְׁלָמָא רַבָּא מִן שְׁמַיָּא
וְחַיִּים טוֹבִים עָלֵינוּ וְעַל כָּל יִשְׂרָאֵל, וְאִמְרוּ אָמֵן. (קהל: אָמֵן)

כורע ופוסע שלוש פסיעות לאחור. קד לשמאל, לימין ולפנים באמירת:

עֹשֶׂה שָׁלוֹם בִּמְרוֹמָיו
הוּא יַעֲשֶׂה שָׁלוֹם, עָלֵינוּ וְעַל כָּל יִשְׂרָאֵל, וְאִמְרוּ אָמֵן. (קהל: אָמֵן)

האומר קדיש, מוסיף (׳ברכי יוסף׳ בשם האר״י):

בָּרְכוּ אֶת יהוה הַמְבֹרָךְ.

הקהל עונה: **בָּרוּךְ יהוה הַמְבֹרָךְ לְעוֹלָם וָעֶד.**

והאומר קדיש חוזר: **בָּרוּךְ יהוה הַמְבֹרָךְ לְעוֹלָם וָעֶד.**

יש בתי כנסת שבהם שליח הציבור מבדיל (עמ׳ 489).
מי שעומד להבדיל בביתו, מוטב שיתכוון שלא לצאת ידי חובתו.
אם יום הכיפורים חל במוצאי שבת, יש אומרים כאן ׳וְיִתֶּן־לְךָ׳ (עמ׳ 490).

אומרים ׳עָלֵינוּ׳ בעמידה ומשתחווים במקום המסומן ב־°.

עָלֵינוּ לְשַׁבֵּחַ לַאֲדוֹן הַכֹּל, לָתֵת גְּדֻלָּה לְיוֹצֵר בְּרֵאשִׁית
שֶׁלֹּא עָשָׂנוּ כְּגוֹיֵי הָאֲרָצוֹת, וְלֹא שָׂמָנוּ כְּמִשְׁפְּחוֹת הָאֲדָמָה
שֶׁלֹּא שָׂם חֶלְקֵנוּ כָּהֶם וְגוֹרָלֵנוּ כְּכָל הֲמוֹנָם.
שֶׁהֵם מִשְׁתַּחֲוִים לְהֶבֶל וָרִיק וּמִתְפַּלְּלִים אֶל אֵל לֹא יוֹשִׁיעַ.
°וַאֲנַחְנוּ כּוֹרְעִים וּמִשְׁתַּחֲוִים וּמוֹדִים
לִפְנֵי מֶלֶךְ מַלְכֵי הַמְּלָכִים, הַקָּדוֹשׁ בָּרוּךְ הוּא
שֶׁהוּא נוֹטֶה שָׁמַיִם וְיוֹסֵד אָרֶץ, וּמוֹשַׁב יְקָרוֹ בַּשָּׁמַיִם מִמַּעַל
וּשְׁכִינַת עֻזּוֹ בְּגָבְהֵי מְרוֹמִים.
הוּא אֱלֹהֵינוּ, אֵין עוֹד.
אֱמֶת מַלְכֵּנוּ, אֶפֶס זוּלָתוֹ
דברים ד **כַּכָּתוּב בְּתוֹרָתוֹ, וְיָדַעְתָּ הַיּוֹם וַהֲשֵׁבֹתָ אֶל־לְבָבֶךָ**
כִּי יהוה הוּא הָאֱלֹהִים בַּשָּׁמַיִם מִמַּעַל וְעַל־הָאָרֶץ מִתָּחַת, אֵין עוֹד:

וְעַל כֵּן נְקַוֶּה לְּךָ יהוה אֱלֹהֵינוּ, לִרְאוֹת מְהֵרָה בְּתִפְאֶרֶת עֻזֶּךָ
לְהַעֲבִיר גִּלּוּלִים מִן הָאָרֶץ, וְהָאֱלִילִים כָּרוֹת יִכָּרֵתוּן
לְתַקֵּן עוֹלָם בְּמַלְכוּת שַׁדַּי.
וְכָל בְּנֵי בָשָׂר יִקְרְאוּ בִשְׁמֶךָ, לְהַפְנוֹת אֵלֶיךָ כָּל רִשְׁעֵי אָרֶץ.
יַכִּירוּ וְיֵדְעוּ כָּל יוֹשְׁבֵי תֵבֵל
כִּי לְךָ תִּכְרַע כָּל בֶּרֶךְ, תִּשָּׁבַע כָּל לָשׁוֹן.
לְפָנֶיךָ יהוה אֱלֹהֵינוּ יִכְרְעוּ וְיִפֹּלוּ, וְלִכְבוֹד שִׁמְךָ יְקָר יִתֵּנוּ
וִיקַבְּלוּ כֻלָּם אֶת עֹל מַלְכוּתֶךָ, וְתִמְלֹךְ עֲלֵיהֶם מְהֵרָה לְעוֹלָם וָעֶד.

כִּי הַמַּלְכוּת שֶׁלְּךָ הִיא וּלְעוֹלְמֵי עַד תִּמְלֹךְ בְּכָבוֹד
כַּכָּתוּב בְּתוֹרָתֶךָ, יהוה יִמְלֹךְ לְעֹלָם וָעֶד: שמות טו
◂ וְנֶאֱמַר, וְהָיָה יהוה לְמֶלֶךְ עַל־כָּל־הָאָרֶץ זכריה יד
בַּיּוֹם הַהוּא יִהְיֶה יהוה אֶחָד וּשְׁמוֹ אֶחָד:

יש מוסיפים:

אַל־תִּירָא מִפַּחַד פִּתְאֹם וּמִשֹּׁאַת רְשָׁעִים כִּי תָבֹא: משלי ג
עֻצוּ עֵצָה וְתֻפָר, דַּבְּרוּ דָבָר וְלֹא יָקוּם, כִּי עִמָּנוּ אֵל: ישעיה ח
וְעַד־זִקְנָה אֲנִי הוּא, וְעַד־שֵׂיבָה אֲנִי אֶסְבֹּל, אֲנִי עָשִׂיתִי וַאֲנִי אֶשָּׂא וַאֲנִי אֶסְבֹּל וַאֲמַלֵּט: ישעיה מו

קדיש יתום

אבל: יִתְגַּדַּל וְיִתְקַדַּשׁ שְׁמֵהּ רַבָּא (קהל: אָמֵן)
בְּעָלְמָא דִּי בְרָא כִרְעוּתֵהּ
וְיַמְלִיךְ מַלְכוּתֵהּ
וְיַצְמַח פֻּרְקָנֵהּ וִיקָרֵב מְשִׁיחֵהּ (קהל: אָמֵן)
בְּחַיֵּיכוֹן וּבְיוֹמֵיכוֹן וּבְחַיֵּי דְכָל בֵּית יִשְׂרָאֵל
בַּעֲגָלָא וּבִזְמַן קָרִיב, וְאִמְרוּ אָמֵן. (קהל: אָמֵן)

קהל ואבל: יְהֵא שְׁמֵהּ רַבָּא מְבָרַךְ לְעָלַם וּלְעָלְמֵי עָלְמַיָּא.

אבל: יִתְבָּרַךְ וְיִשְׁתַּבַּח וְיִתְפָּאַר וְיִתְרוֹמַם וְיִתְנַשֵּׂא
וְיִתְהַדָּר וְיִתְעַלֶּה וְיִתְהַלָּל שְׁמֵהּ דְּקֻדְשָׁא בְּרִיךְ הוּא (קהל: אָמֵן)
לְעֵלָּא מִן כָּל בִּרְכָתָא וְשִׁירָתָא, תֻּשְׁבְּחָתָא וְנֶחֱמָתָא
דַּאֲמִירָן בְּעָלְמָא, וְאִמְרוּ אָמֵן. (קהל: אָמֵן)

יְהֵא שְׁלָמָא רַבָּא מִן שְׁמַיָּא
וְחַיִּים טוֹבִים עָלֵינוּ וְעַל כָּל יִשְׂרָאֵל, וְאִמְרוּ אָמֵן. (קהל: אָמֵן)

כורע ופוסע שלוש פסיעות לאחור. קד לשמאל, לימין ולפנים באמירת:

עֹשֶׂה שָׁלוֹם בִּמְרוֹמָיו
הוּא יַעֲשֶׂה שָׁלוֹם עָלֵינוּ וְעַל כָּל יִשְׂרָאֵל, וְאִמְרוּ אָמֵן. (קהל: אָמֵן)

יש קהילות המוסיפות כאן את המזמור
׳לְדָוִד, ה׳ אוֹרִי וְיִשְׁעִי׳ (עמ׳ 246) וקדיש יתום, וכן מנהג אשכנז.

קידוש לבנה

אומרים קידוש לבנה תחת כיפת השמים בזמן שהלבנה נראית.

תהלים קמח
הַלְלוּיָהּ, הַלְלוּ אֶת־יהוה מִן־הַשָּׁמַיִם, הַלְלוּהוּ בַּמְּרוֹמִים:
הַלְלוּהוּ כָל־מַלְאָכָיו, הַלְלוּהוּ כָּל־צְבָאָו:
הַלְלוּהוּ שֶׁמֶשׁ וְיָרֵחַ, הַלְלוּהוּ כָּל־כּוֹכְבֵי אוֹר:
הַלְלוּהוּ שְׁמֵי הַשָּׁמָיִם, וְהַמַּיִם אֲשֶׁר מֵעַל הַשָּׁמָיִם:
יְהַלְלוּ אֶת־שֵׁם יהוה, כִּי הוּא צִוָּה וְנִבְרָאוּ:
וַיַּעֲמִידֵם לָעַד לְעוֹלָם, חָק־נָתַן וְלֹא יַעֲבוֹר:

יש הנוהגים להוסיף:

תהלים ח
כִּי־אֶרְאֶה שָׁמֶיךָ מַעֲשֵׂה אֶצְבְּעֹתֶיךָ, יָרֵחַ וְכוֹכָבִים אֲשֶׁר כּוֹנָנְתָּה:
מָה־אֱנוֹשׁ כִּי־תִזְכְּרֶנּוּ, וּבֶן־אָדָם כִּי תִפְקְדֶנּוּ:

הֲרֵינִי מוּכָן וּמְזֻמָּן לְקַיֵּם הַמִּצְוָה לְקַדֵּשׁ הַלְּבָנָה
לְשֵׁם יִחוּד קֻדְשָׁא בְּרִיךְ הוּא וּשְׁכִינְתֵּהּ
עַל יְדֵי הַהוּא טָמִיר וְנֶעְלָם בְּשֵׁם כָּל יִשְׂרָאֵל.

מסתכל בלבנה ומברך:

סנהדרין מב.
בָּרוּךְ אַתָּה יהוה אֱלֹהֵינוּ מֶלֶךְ הָעוֹלָם
אֲשֶׁר בְּמַאֲמָרוֹ בָּרָא שְׁחָקִים, וּבְרוּחַ פִּיו כָּל צְבָאָם
חֹק וּזְמַן נָתַן לָהֶם שֶׁלֹּא יְשַׁנּוּ אֶת תַּפְקִידָם.
שָׂשִׂים וּשְׂמֵחִים לַעֲשׂוֹת רְצוֹן קוֹנָם
פּוֹעֵל אֱמֶת שֶׁפְּעֻלָּתוֹ אֱמֶת.
וְלַלְּבָנָה אָמַר שֶׁתִּתְחַדֵּשׁ
עֲטֶרֶת תִּפְאֶרֶת לַעֲמוּסֵי בָטֶן
שֶׁהֵם עֲתִידִים לְהִתְחַדֵּשׁ כְּמוֹתָהּ
וּלְפָאֵר לְיוֹצְרָם עַל שֵׁם כְּבוֹד מַלְכוּתוֹ.
בָּרוּךְ אַתָּה יהוה, מְחַדֵּשׁ חֳדָשִׁים.

אומר שלוש פעמים כל פסוק מן הפסוקים הבאים (מסכת סופרים).

בָּרוּךְ יוֹצְרֵךְ, בָּרוּךְ עוֹשֵׂךְ, בָּרוּךְ קוֹנֵךְ, בָּרוּךְ בּוֹרְאֵךְ.

מרקד כנגד הלבנה שלוש פעמים, ובכל פעם אומר:

כְּשֵׁם שֶׁאֲנִי רוֹקֵד כְּנֶגְדֵּךְ
וְאֵינִי יָכוֹל לִנְגֹּעַ בָּךְ
כָּךְ לֹא יוּכְלוּ כָּל אוֹיְבַי לִנְגֹּעַ בִּי לְרָעָה.

תִּפֹּל עֲלֵיהֶם אֵימָתָה וָפַחַד, בִּגְדֹל זְרוֹעֲךָ יִדְּמוּ כָּאָבֶן: שמות טו

אומר את הפסוק הקודם גם בסדר הפוך (סידור הרוקח):

כָּאָבֶן יִדְּמוּ זְרוֹעֲךָ בִּגְדֹל, וָפַחַד אֵימָתָה עֲלֵיהֶם תִּפֹּל.

מזכיר את מלכות דוד שנמשלה ללבנה (רמ״א תכו, ב, על פי ר׳ בחיי על בראשית לח, ל):

דָּוִד מֶלֶךְ יִשְׂרָאֵל חַי וְקַיָּם.

מברך שלוש פעמים את חברו (מסכת סופרים), וכיום המנהג הוא לברך שלושה אנשים שונים:

שָׁלוֹם עֲלֵיכֶם.

ועונים לו:

עֲלֵיכֶם שָׁלוֹם.

ואומר שלוש פעמים:

סִימָן טוֹב וּמַזָּל טוֹב
יְהֵא לָנוּ וּלְכָל יִשְׂרָאֵל, אָמֵן.

נהגו להוסיף פסוקים אלה, על פי מנהג ר״י החסיד (מובא במג״א תכו, י).

קוֹל דּוֹדִי הִנֵּה־זֶה בָּא שיר השירים ב
מְדַלֵּג עַל־הֶהָרִים, מְקַפֵּץ עַל־הַגְּבָעוֹת:
דּוֹמֶה דוֹדִי לִצְבִי אוֹ לְעֹפֶר הָאַיָּלִים
הִנֵּה־זֶה עוֹמֵד אַחַר כָּתְלֵנוּ
מַשְׁגִּיחַ מִן־הַחַלֹּנוֹת, מֵצִיץ מִן־הַחֲרַכִּים:

נהגו להוסיף שני מזמורים אלה (מג״א שם בשם השל״ה).

תהלים קכא שִׁיר לַמַּעֲלוֹת, אֶשָּׂא עֵינַי אֶל־הֶהָרִים, מֵאַיִן יָבֹא עֶזְרִי: עֶזְרִי מֵעִם יהוה, עֹשֵׂה שָׁמַיִם וָאָרֶץ: אַל־יִתֵּן לַמּוֹט רַגְלֶךָ, אַל־יָנוּם שֹׁמְרֶךָ: הִנֵּה לֹא־יָנוּם וְלֹא יִישָׁן, שׁוֹמֵר יִשְׂרָאֵל: יהוה שֹׁמְרֶךָ, יהוה צִלְּךָ עַל־יַד יְמִינֶךָ: יוֹמָם הַשֶּׁמֶשׁ לֹא־יַכֶּכָּה, וְיָרֵחַ בַּלָּיְלָה: יהוה יִשְׁמָרְךָ מִכָּל־רָע, יִשְׁמֹר אֶת־נַפְשֶׁךָ: יהוה יִשְׁמָר־צֵאתְךָ וּבוֹאֶךָ, מֵעַתָּה וְעַד־עוֹלָם:

תהלים קנ הַלְלוּיָהּ, הַלְלוּ־אֵל בְּקָדְשׁוֹ, הַלְלוּהוּ בִּרְקִיעַ עֻזּוֹ: הַלְלוּהוּ בִגְבוּרֹתָיו, הַלְלוּהוּ כְּרֹב גֻּדְלוֹ: הַלְלוּהוּ בְּתֵקַע שׁוֹפָר, הַלְלוּהוּ בְּנֵבֶל וְכִנּוֹר: הַלְלוּהוּ בְתֹף וּמָחוֹל, הַלְלוּהוּ בְּמִנִּים וְעֻגָב: הַלְלוּהוּ בְצִלְצְלֵי־שָׁמַע, הַלְלוּהוּ בְּצִלְצְלֵי תְרוּעָה: כֹּל הַנְּשָׁמָה תְּהַלֵּל יָהּ, הַלְלוּיָהּ:

סנהדרין מב. תָּנָא דְבֵי רַבִּי יִשְׁמָעֵאל: אִלְמָלֵי לֹא זָכוּ יִשְׂרָאֵל אֶלָּא לְהַקְבִּיל פְּנֵי אֲבִיהֶם שֶׁבַּשָּׁמַיִם פַּעַם אַחַת בַּחֹדֶשׁ, דַּיָּם. אָמַר אַבַּיֵי: הִלְכָּךְ צָרִיךְ לְמֵימְרָא מְעֻמָּד. מִי זֹאת עֹלָה מִן־הַמִּדְבָּר, מִתְרַפֶּקֶת עַל־דּוֹדָהּ: שיר השירים ח

וִיהִי רָצוֹן מִלְּפָנֶיךָ יהוה אֱלֹהַי וֵאלֹהֵי אֲבוֹתַי, לְמַלֹּאת פְּגִימַת הַלְּבָנָה וְלֹא יִהְיֶה בָּהּ שׁוּם מִעוּט. וִיהִי אוֹר הַלְּבָנָה כְּאוֹר הַחַמָּה וּכְאוֹר שִׁבְעַת יְמֵי בְרֵאשִׁית, כְּמוֹ שֶׁהָיְתָה קֹדֶם מִעוּטָהּ, שֶׁנֶּאֱמַר:
בראשית א אֶת־שְׁנֵי הַמְּאֹרֹת הַגְּדֹלִים: וְיִתְקַיֵּם בָּנוּ מִקְרָא שֶׁכָּתוּב: וּבִקְשׁוּ
הושע ג אֶת־יהוה אֱלֹהֵיהֶם וְאֵת דָּוִיד מַלְכָּם: אָמֵן.

תהלים סז לַמְנַצֵּחַ בִּנְגִינֹת, מִזְמוֹר שִׁיר: אֱלֹהִים יְחָנֵּנוּ וִיבָרְכֵנוּ, יָאֵר פָּנָיו אִתָּנוּ סֶלָה: לָדַעַת בָּאָרֶץ דַּרְכֶּךָ, בְּכָל־גּוֹיִם יְשׁוּעָתֶךָ: יוֹדוּךָ עַמִּים אֱלֹהִים, יוֹדוּךָ עַמִּים כֻּלָּם: יִשְׂמְחוּ וִירַנְּנוּ לְאֻמִּים, כִּי־תִשְׁפֹּט עַמִּים מִישֹׁר, וּלְאֻמִּים בָּאָרֶץ תַּנְחֵם סֶלָה: יוֹדוּךָ עַמִּים אֱלֹהִים, יוֹדוּךָ עַמִּים כֻּלָּם: אֶרֶץ נָתְנָה יְבוּלָהּ, יְבָרְכֵנוּ אֱלֹהִים אֱלֹהֵינוּ: יְבָרְכֵנוּ אֱלֹהִים, וְיִירְאוּ אוֹתוֹ כָּל־אַפְסֵי־אָרֶץ:

אומרים ׳עָלֵינוּ׳ בעמידה ומשתחווים במקום המסומן ב*.

עָלֵינוּ לְשַׁבֵּחַ לַאֲדוֹן הַכֹּל, לָתֵת גְּדֻלָּה לְיוֹצֵר בְּרֵאשִׁית
שֶׁלֹּא עָשָׂנוּ כְּגוֹיֵי הָאֲרָצוֹת, וְלֹא שָׂמָנוּ כְּמִשְׁפְּחוֹת הָאֲדָמָה
שֶׁלֹּא שָׂם חֶלְקֵנוּ כָּהֶם וְגוֹרָלֵנוּ כְּכָל הֲמוֹנָם.
שֶׁהֵם מִשְׁתַּחֲוִים לְהֶבֶל וָרִיק וּמִתְפַּלְלִים אֶל אֵל לֹא יוֹשִׁיעַ.
*וַאֲנַחְנוּ כּוֹרְעִים וּמִשְׁתַּחֲוִים וּמוֹדִים
לִפְנֵי מֶלֶךְ מַלְכֵי הַמְּלָכִים, הַקָּדוֹשׁ בָּרוּךְ הוּא
שֶׁהוּא נוֹטֶה שָׁמַיִם וְיוֹסֵד אָרֶץ, וּמוֹשַׁב יְקָרוֹ בַּשָּׁמַיִם מִמַּעַל
וּשְׁכִינַת עֻזּוֹ בְּגָבְהֵי מְרוֹמִים.
הוּא אֱלֹהֵינוּ, אֵין עוֹד.
אֱמֶת מַלְכֵּנוּ, אֶפֶס זוּלָתוֹ
כַּכָּתוּב בְּתוֹרָתוֹ, וְיָדַעְתָּ הַיּוֹם וַהֲשֵׁבֹתָ אֶל־לְבָבֶךָ דברים ד
כִּי יהוה הוּא הָאֱלֹהִים בַּשָּׁמַיִם מִמַּעַל וְעַל־הָאָרֶץ מִתָּחַת, אֵין עוֹד:

וְעַל כֵּן נְקַוֶּה לְּךָ יהוה אֱלֹהֵינוּ, לִרְאוֹת מְהֵרָה בְּתִפְאֶרֶת עֻזֶּךָ
לְהַעֲבִיר גִּלּוּלִים מִן הָאָרֶץ, וְהָאֱלִילִים כָּרוֹת יִכָּרֵתוּן
לְתַקֵּן עוֹלָם בְּמַלְכוּת שַׁדַּי.
וְכָל בְּנֵי בָשָׂר יִקְרְאוּ בִשְׁמֶךָ, לְהַפְנוֹת אֵלֶיךָ כָּל רִשְׁעֵי אָרֶץ.
יַכִּירוּ וְיֵדְעוּ כָּל יוֹשְׁבֵי תֵבֵל כִּי לְךָ תִּכְרַע כָּל בֶּרֶךְ, תִּשָּׁבַע כָּל לָשׁוֹן.
לְפָנֶיךָ יהוה אֱלֹהֵינוּ יִכְרְעוּ וְיִפֹּלוּ, וְלִכְבוֹד שִׁמְךָ יְקָר יִתֵּנוּ
וִיקַבְּלוּ כֻלָּם אֶת עֹל מַלְכוּתֶךָ, וְתִמְלֹךְ עֲלֵיהֶם מְהֵרָה לְעוֹלָם וָעֶד.
כִּי הַמַּלְכוּת שֶׁלְּךָ הִיא וּלְעוֹלְמֵי עַד תִּמְלֹךְ בְּכָבוֹד
כַּכָּתוּב בְּתוֹרָתֶךָ, יהוה יִמְלֹךְ לְעֹלָם וָעֶד: שמות טו
◄ וְנֶאֱמַר, וְהָיָה יהוה לְמֶלֶךְ עַל־כָּל־הָאָרֶץ זכריה יד
בַּיּוֹם הַהוּא יִהְיֶה יהוה אֶחָד וּשְׁמוֹ אֶחָד:

יש מוסיפים:

אַל־תִּירָא מִפַּחַד פִּתְאֹם וּמִשֹּׁאַת רְשָׁעִים כִּי תָבֹא: משלי ג
עֻצוּ עֵצָה וְתֻפָר, דַּבְּרוּ דָבָר וְלֹא יָקוּם, כִּי עִמָּנוּ אֵל: ישעיה ח
וְעַד־זִקְנָה אֲנִי הוּא, וְעַד־שֵׂיבָה אֲנִי אֶסְבֹּל, אֲנִי עָשִׂיתִי וַאֲנִי אֶשָּׂא וַאֲנִי אֶסְבֹּל וַאֲמַלֵּט: ישעיה מו

קדיש יתום

אבל: יִתְגַּדַּל וְיִתְקַדַּשׁ שְׁמֵהּ רַבָּא (קהל: אָמֵן)
בְּעָלְמָא דִּי בְרָא כִרְעוּתֵהּ
וְיַמְלִיךְ מַלְכוּתֵהּ
וְיַצְמַח פֻּרְקָנֵהּ וִיקָרֵב מְשִׁיחֵהּ (קהל: אָמֵן)
בְּחַיֵּיכוֹן וּבְיוֹמֵיכוֹן וּבְחַיֵּי דְכָל בֵּית יִשְׂרָאֵל
בַּעֲגָלָא וּבִזְמַן קָרִיב, וְאִמְרוּ אָמֵן. (קהל: אָמֵן)

קהל ואבל: יְהֵא שְׁמֵהּ רַבָּא מְבָרַךְ לְעָלַם וּלְעָלְמֵי עָלְמַיָּא.

אבל: יִתְבָּרַךְ וְיִשְׁתַּבַּח וְיִתְפָּאַר וְיִתְרוֹמַם וְיִתְנַשֵּׂא
וְיִתְהַדָּר וְיִתְעַלֶּה וְיִתְהַלָּל
שְׁמֵהּ דְּקֻדְשָׁא בְּרִיךְ הוּא (קהל: אָמֵן)
לְעֵלָּא מִן כָּל בִּרְכָתָא וְשִׁירָתָא, תֻּשְׁבְּחָתָא וְנֶחֱמָתָא
דַּאֲמִירָן בְּעָלְמָא, וְאִמְרוּ אָמֵן. (קהל: אָמֵן)

יְהֵא שְׁלָמָא רַבָּא מִן שְׁמַיָּא
וְחַיִּים טוֹבִים עָלֵינוּ וְעַל כָּל יִשְׂרָאֵל, וְאִמְרוּ אָמֵן. (קהל: אָמֵן)

כורע ופוסע שלוש פסיעות לאחור. קד לשמאל, לימין ולפנים באמירת:
עֹשֶׂה שָׁלוֹם בִּמְרוֹמָיו
הוּא יַעֲשֶׂה שָׁלוֹם
עָלֵינוּ וְעַל כָּל יִשְׂרָאֵל, וְאִמְרוּ אָמֵן. (קהל: אָמֵן)

נוהגים לשיר:
טוֹבִים מְאוֹרוֹת שֶׁבָּרָא אֱלֹהֵינוּ, יְצָרָם בְּדַעַת בְּבִינָה וּבְהַשְׂכֵּל
כֹּחַ וּגְבוּרָה נָתַן בָּהֶם, לִהְיוֹת מוֹשְׁלִים בְּקֶרֶב תֵּבֵל.

מְלֵאִים זִיו וּמְפִיקִים נֹגַהּ, נָאֶה זִיוָם בְּכָל הָעוֹלָם
שְׂמֵחִים בְּצֵאתָם וְשָׂשִׂים בְּבוֹאָם, עוֹשִׂים בְּאֵימָה רְצוֹן קוֹנָם.

פְּאֵר וְכָבוֹד נוֹתְנִים לִשְׁמוֹ, צָהֳלָה וְרִנָּה לְזֵכֶר מַלְכוּתוֹ
קָרָא לַשֶּׁמֶשׁ וַיִּזְרַח אוֹר, רָאָה וְהִתְקִין צוּרַת הַלְּבָנָה.

סדר הבדלה

במוצאי יום הכיפורים אין אומרים פסוקי ברכה לפני ההבדלה ואין מברכים על הבשמים.
אך אם יום הכיפורים חל בשבת, מבדילים בנוסח הרגיל.

המבדיל לוקח בידו כוס יין ואומר:

הִנֵּה אֵל יְשׁוּעָתִי אֶבְטַח, וְלֹא אֶפְחָד ישעיה יב
כִּי־עָזִּי וְזִמְרָת יָהּ יהוה, וַיְהִי־לִי לִישׁוּעָה:
וּשְׁאַבְתֶּם־מַיִם בְּשָׂשׂוֹן, מִמַּעַיְנֵי הַיְשׁוּעָה:
לַיהוה הַיְשׁוּעָה, עַל־עַמְּךָ בִרְכָתֶךָ סֶּלָה: תהלים ג
יהוה צְבָאוֹת עִמָּנוּ, מִשְׂגָּב לָנוּ אֱלֹהֵי יַעֲקֹב סֶלָה: תהלים מו
יהוה צְבָאוֹת, אַשְׁרֵי אָדָם בֹּטֵחַ בָּךְ: תהלים פד
יהוה הוֹשִׁיעָה, הַמֶּלֶךְ יַעֲנֵנוּ בְיוֹם־קָרְאֵנוּ: תהלים כ
לַיְּהוּדִים הָיְתָה אוֹרָה וְשִׂמְחָה וְשָׂשֹׂן וִיקָר: כֵּן תִּהְיֶה לָּנוּ. אסתר ח
כּוֹס־יְשׁוּעוֹת אֶשָּׂא, וּבְשֵׁם יהוה אֶקְרָא: תהלים קטז

המבדיל לאחרים, מוסיף:

סַבְרִי מָרָנָן

בָּרוּךְ אַתָּה יהוה אֱלֹהֵינוּ מֶלֶךְ הָעוֹלָם, בּוֹרֵא פְּרִי הַגָּפֶן.

ביום חול המבדיל ממשיך בברכת 'בּוֹרֵא מְאוֹרֵי הָאֵשׁ' (למטה).
אם חל במוצאי שבת, המבדיל לוקח בידו את הבשמים ומברך:

בָּרוּךְ אַתָּה יהוה אֱלֹהֵינוּ מֶלֶךְ הָעוֹלָם, בּוֹרֵא מִינֵי בְשָׂמִים.

לאחר שהריח את הבשמים, מברך:

בָּרוּךְ אַתָּה יהוה אֱלֹהֵינוּ מֶלֶךְ הָעוֹלָם, בּוֹרֵא מְאוֹרֵי הָאֵשׁ.

המבדיל מסתכל באצבעותיו לאור 'נר ששבת' כדי ליהנות מהאור.

אחר כך חוזר ולוקח את הכוס בידו ומברך:

בָּרוּךְ אַתָּה יהוה אֱלֹהֵינוּ מֶלֶךְ הָעוֹלָם
הַמַּבְדִּיל בֵּין קֹדֶשׁ לְחֹל, בֵּין אוֹר לְחֹשֶׁךְ
בֵּין יִשְׂרָאֵל לָעַמִּים
בֵּין יוֹם הַשְּׁבִיעִי לְשֵׁשֶׁת יְמֵי הַמַּעֲשֶׂה.
בָּרוּךְ אַתָּה יהוה, הַמַּבְדִּיל בֵּין קֹדֶשׁ לְחֹל.

פסוקי ברכה

במוצאי יום הכיפורים שחל בשבת אומרים פסוקי ברכה לקראת השבוע שיבוא.
יש מקהילות מערב אירופה שאמרו נוסח מקוצר ודילגו על חלק מהפסקאות –
אלו הכתובות באות קטנה (סידור עבודת ישראל).

בראשית כז וְיִתֶּן־לְךָ הָאֱלֹהִים מִטַּל הַשָּׁמַיִם וּמִשְׁמַנֵּי הָאָרֶץ, וְרֹב דָּגָן וְתִירֹשׁ:
יַעַבְדוּךָ עַמִּים וְיִשְׁתַּחֲוֻ לְךָ לְאֻמִּים, הֱוֵה גְבִיר לְאַחֶיךָ וְיִשְׁתַּחֲווּ לְךָ
בְּנֵי אִמֶּךָ, אֹרְרֶיךָ אָרוּר וּמְבָרְכֶיךָ בָּרוּךְ:

בראשית כח וְאֵל שַׁדַּי יְבָרֵךְ אֹתְךָ וְיַפְרְךָ וְיַרְבֶּךָ, וְהָיִיתָ לִקְהַל עַמִּים: וְיִתֶּן־לְךָ אֶת־
בִּרְכַּת אַבְרָהָם, לְךָ וּלְזַרְעֲךָ אִתָּךְ, לְרִשְׁתְּךָ אֶת־אֶרֶץ מְגֻרֶיךָ אֲשֶׁר־נָתַן
בראשית מט אֱלֹהִים לְאַבְרָהָם: מֵאֵל אָבִיךָ וְיַעְזְרֶךָּ וְאֵת שַׁדַּי וִיבָרְכֶךָּ, בִּרְכֹת שָׁמַיִם
מֵעָל בִּרְכֹת תְּהוֹם רֹבֶצֶת תָּחַת, בִּרְכֹת שָׁדַיִם וָרָחַם: בִּרְכֹת אָבִיךָ גָּבְרוּ
עַל־בִּרְכֹת הוֹרַי עַד־תַּאֲוַת גִּבְעֹת עוֹלָם, תִּהְיֶיןָ לְרֹאשׁ יוֹסֵף וּלְקָדְקֹד
דברים ז נְזִיר אֶחָיו: וַאֲהֵבְךָ וּבֵרַכְךָ וְהִרְבֶּךָ, וּבֵרַךְ פְּרִי־בִטְנְךָ וּפְרִי־אַדְמָתֶךָ,
דְּגָנְךָ וְתִירֹשְׁךָ וְיִצְהָרֶךָ, שְׁגַר־אֲלָפֶיךָ וְעַשְׁתְּרֹת צֹאנֶךָ, עַל הָאֲדָמָה
אֲשֶׁר־נִשְׁבַּע לַאֲבֹתֶיךָ לָתֶת לָךְ: בָּרוּךְ תִּהְיֶה מִכָּל־הָעַמִּים, לֹא־יִהְיֶה
בְךָ עָקָר וַעֲקָרָה וּבִבְהֶמְתֶּךָ: וְהֵסִיר יהוה מִמְּךָ כָּל־חֹלִי, וְכָל־מַדְוֵי
מִצְרַיִם הָרָעִים אֲשֶׁר יָדַעְתָּ, לֹא יְשִׂימָם בָּךְ, וּנְתָנָם בְּכָל־שֹׂנְאֶיךָ:

בראשית מח הַמַּלְאָךְ הַגֹּאֵל אֹתִי מִכָּל־רָע יְבָרֵךְ אֶת־הַנְּעָרִים, וְיִקָּרֵא בָהֶם שְׁמִי וְשֵׁם
דברים א אֲבֹתַי אַבְרָהָם וְיִצְחָק, וְיִדְגּוּ לָרֹב בְּקֶרֶב הָאָרֶץ: יהוה אֱלֹהֵיכֶם הִרְבָּה אֶתְכֶם,
וְהִנְּכֶם הַיּוֹם כְּכוֹכְבֵי הַשָּׁמַיִם לָרֹב: יהוה אֱלֹהֵי אֲבוֹתֵכֶם יֹסֵף עֲלֵיכֶם כָּכֶם אֶלֶף
פְּעָמִים, וִיבָרֵךְ אֶתְכֶם כַּאֲשֶׁר דִּבֶּר לָכֶם:

דברים כח בָּרוּךְ אַתָּה בָּעִיר, וּבָרוּךְ אַתָּה בַּשָּׂדֶה: בָּרוּךְ אַתָּה בְּבֹאֶךָ, וּבָרוּךְ אַתָּה
בְּצֵאתֶךָ: בָּרוּךְ טַנְאֲךָ וּמִשְׁאַרְתֶּךָ: בָּרוּךְ פְּרִי־בִטְנְךָ וּפְרִי אַדְמָתְךָ וּפְרִי
בְהֶמְתֶּךָ, שְׁגַר אֲלָפֶיךָ וְעַשְׁתְּרוֹת צֹאנֶךָ: יְצַו יהוה אִתְּךָ אֶת־הַבְּרָכָה
בַּאֲסָמֶיךָ וּבְכֹל מִשְׁלַח יָדֶךָ, וּבֵרַכְךָ בָּאָרֶץ אֲשֶׁר־יהוה אֱלֹהֶיךָ נֹתֵן
לָךְ: יִפְתַּח יהוה לְךָ אֶת־אוֹצָרוֹ הַטּוֹב אֶת־הַשָּׁמַיִם, לָתֵת מְטַר־אַרְצְךָ
בְּעִתּוֹ, וּלְבָרֵךְ אֵת כָּל־מַעֲשֵׂה יָדֶךָ, וְהִלְוִיתָ גּוֹיִם רַבִּים וְאַתָּה לֹא תִלְוֶה:

כִּי־יהוה אֱלֹהֶיךָ בֵּרַכְךָ כַּאֲשֶׁר דִּבֶּר־לָךְ, וְהַעֲבַטְתָּ גּוֹיִם רַבִּים וְאַתָּה — דברים טו
לֹא תַעֲבֹט, וּמָשַׁלְתָּ בְּגוֹיִם רַבִּים וּבְךָ לֹא יִמְשֹׁלוּ: אַשְׁרֶיךָ יִשְׂרָאֵל, מִי — דברים לג
כָמוֹךָ, עַם נוֹשַׁע בַּיהוה, מָגֵן עֶזְרֶךָ וַאֲשֶׁר־חֶרֶב גַּאֲוָתֶךָ, וְיִכָּחֲשׁוּ אֹיְבֶיךָ
לָךְ, וְאַתָּה עַל־בָּמוֹתֵימוֹ תִדְרֹךְ:

מָחִיתִי כָעָב פְּשָׁעֶיךָ וְכֶעָנָן חַטֹּאותֶיךָ, שׁוּבָה אֵלַי כִּי גְאַלְתִּיךָ: רָנּוּ שָׁמַיִם — ישעיה מד
כִּי־עָשָׂה יהוה, הָרִיעוּ תַּחְתִּיּוֹת אָרֶץ, פִּצְחוּ הָרִים רִנָּה, יַעַר וְכָל־עֵץ בּוֹ,
כִּי־גָאַל יהוה יַעֲקֹב וּבְיִשְׂרָאֵל יִתְפָּאָר: גֹּאֲלֵנוּ, יהוה צְבָאוֹת שְׁמוֹ, קְדוֹשׁ — ישעיה מז
יִשְׂרָאֵל:

יִשְׂרָאֵל נוֹשַׁע בַּיהוה תְּשׁוּעַת עוֹלָמִים, לֹא־תֵבֹשׁוּ וְלֹא־תִכָּלְמוּ עַד־ — ישעיה מה
עוֹלְמֵי עַד: וַאֲכַלְתֶּם אָכוֹל וְשָׂבוֹעַ, וְהִלַּלְתֶּם אֶת־שֵׁם יהוה אֱלֹהֵיכֶם — יואל ב
אֲשֶׁר־עָשָׂה עִמָּכֶם לְהַפְלִיא, וְלֹא־יֵבֹשׁוּ עַמִּי לְעוֹלָם: וִידַעְתֶּם כִּי
בְקֶרֶב יִשְׂרָאֵל אָנִי, וַאֲנִי יהוה אֱלֹהֵיכֶם וְאֵין עוֹד, וְלֹא־יֵבֹשׁוּ עַמִּי
לְעוֹלָם: כִּי־בְשִׂמְחָה תֵצֵאוּ וּבְשָׁלוֹם תּוּבָלוּן, הֶהָרִים וְהַגְּבָעוֹת יִפְצְחוּ — ישעיה נה
לִפְנֵיכֶם רִנָּה, וְכָל־עֲצֵי הַשָּׂדֶה יִמְחֲאוּ־כָף: הִנֵּה אֵל יְשׁוּעָתִי אֶבְטַח, — ישעיה יב
וְלֹא אֶפְחָד, כִּי־עָזִּי וְזִמְרָת יָהּ יהוה, וַיְהִי־לִי לִישׁוּעָה: וּשְׁאַבְתֶּם־מַיִם
בְּשָׂשׂוֹן, מִמַּעַיְנֵי הַיְשׁוּעָה: וַאֲמַרְתֶּם בַּיּוֹם הַהוּא, הוֹדוּ לַיהוה קִרְאוּ
בִשְׁמוֹ, הוֹדִיעוּ בָעַמִּים עֲלִילֹתָיו, הַזְכִּירוּ כִּי נִשְׂגָּב שְׁמוֹ: זַמְּרוּ יהוה כִּי
גֵאוּת עָשָׂה, מוּדַעַת זֹאת בְּכָל־הָאָרֶץ: צַהֲלִי וָרֹנִּי יוֹשֶׁבֶת צִיּוֹן, כִּי־גָדוֹל
בְּקִרְבֵּךְ קְדוֹשׁ יִשְׂרָאֵל: וְאָמַר בַּיּוֹם הַהוּא, הִנֵּה אֱלֹהֵינוּ זֶה קִוִּינוּ לוֹ — ישעיה כה
וְיוֹשִׁיעֵנוּ, זֶה יהוה קִוִּינוּ לוֹ, נָגִילָה וְנִשְׂמְחָה בִּישׁוּעָתוֹ:

בֵּית יַעֲקֹב לְכוּ וְנֵלְכָה בְּאוֹר יהוה: וְהָיָה אֱמוּנַת עִתֶּיךָ, חֹסֶן יְשׁוּעֹת חָכְמַת — ישעיה ב, ישעיה לג
וָדָעַת, יִרְאַת יהוה הִיא אוֹצָרוֹ: וַיְהִי דָוִד לְכָל־דְּרָכָו מַשְׂכִּיל, וַיהוה עִמּוֹ: — שמואל א׳ יח

פָּדָה בְשָׁלוֹם נַפְשִׁי מִקְּרָב־לִי, כִּי־בְרַבִּים הָיוּ עִמָּדִי: וַיֹּאמֶר הָעָם אֶל־שָׁאוּל, — תהלים נה, שמואל א׳ יד
הֲיוֹנָתָן יָמוּת אֲשֶׁר עָשָׂה הַיְשׁוּעָה הַגְּדוֹלָה הַזֹּאת בְּיִשְׂרָאֵל, חָלִילָה, חַי־יהוה
אִם־יִפֹּל מִשַּׂעֲרַת רֹאשׁוֹ אַרְצָה, כִּי־עִם־אֱלֹהִים עָשָׂה הַיּוֹם הַזֶּה, וַיִּפְדּוּ הָעָם
אֶת־יוֹנָתָן וְלֹא־מֵת: וּפְדוּיֵי יהוה יְשֻׁבוּן וּבָאוּ צִיּוֹן בְּרִנָּה, וְשִׂמְחַת עוֹלָם עַל־ — ישעיה לה
רֹאשָׁם, שָׂשׂוֹן וְשִׂמְחָה יַשִּׂיגוּ, וְנָסוּ יָגוֹן וַאֲנָחָה:

תהלים ל הָפַכְתָּ מִסְפְּדִי לְמָחוֹל לִי, פִּתַּחְתָּ שַׂקִּי, וַתְּאַזְּרֵנִי שִׂמְחָה: וְלֹא־אָבָה יהוה
דברים כג אֱלֹהֶיךָ לִשְׁמֹעַ אֶל־בִּלְעָם, וַיַּהֲפֹךְ יהוה אֱלֹהֶיךָ לְּךָ אֶת־הַקְּלָלָה לִבְרָכָה, כִּי
ירמיה לא אֲהֵבְךָ יהוה אֱלֹהֶיךָ: אָז תִּשְׂמַח בְּתוּלָה בְּמָחוֹל, וּבַחֻרִים וּזְקֵנִים יַחְדָּו, וְהָפַכְתִּי
אֶבְלָם לְשָׂשׂוֹן, וְנִחַמְתִּים, וְשִׂמַּחְתִּים מִיגוֹנָם:

ישעיה נז בּוֹרֵא נִיב שְׂפָתָיִם, שָׁלוֹם שָׁלוֹם לָרָחוֹק וְלַקָּרוֹב אָמַר יהוה, וּרְפָאתִיו:
דברי הימים א׳ יב וְרוּחַ לָבְשָׁה אֶת־עֲמָשַׂי רֹאשׁ הַשָּׁלִישִׁים, לְךָ דָוִיד וְעִמְּךָ בֶן־יִשַׁי, שָׁלוֹם
שָׁלוֹם לְךָ וְשָׁלוֹם לְעֹזְרֶךָ, כִּי עֲזָרְךָ אֱלֹהֶיךָ, וַיְקַבְּלֵם דָּוִיד וַיִּתְּנֵם בְּרָאשֵׁי
שמואל א׳ כה הַגְּדוּד: וַאֲמַרְתֶּם כֹּה לֶחָי, וְאַתָּה שָׁלוֹם וּבֵיתְךָ שָׁלוֹם וְכֹל אֲשֶׁר־לְךָ
תהלים כט שָׁלוֹם: יהוה עֹז לְעַמּוֹ יִתֵּן, יהוה יְבָרֵךְ אֶת־עַמּוֹ בַשָּׁלוֹם:

מגילה לא. אָמַר רַבִּי יוֹחָנָן: בְּכָל מָקוֹם שֶׁאַתָּה מוֹצֵא גְּדֻלָּתוֹ שֶׁל הַקָּדוֹשׁ בָּרוּךְ
הוּא, שָׁם אַתָּה מוֹצֵא עַנְוְתָנוּתוֹ. דָּבָר זֶה כָּתוּב בַּתּוֹרָה, וְשָׁנוּי בַּנְּבִיאִים,
דברים י וּמְשֻׁלָּשׁ בַּכְּתוּבִים. כָּתוּב בַּתּוֹרָה: כִּי יהוה אֱלֹהֵיכֶם הוּא אֱלֹהֵי הָאֱלֹהִים
וַאֲדֹנֵי הָאֲדֹנִים, הָאֵל הַגָּדֹל הַגִּבֹּר וְהַנּוֹרָא, אֲשֶׁר לֹא־יִשָּׂא פָנִים וְלֹא יִקַּח
שֹׁחַד: וּכְתִיב בָּתְרֵהּ: עֹשֶׂה מִשְׁפַּט יָתוֹם וְאַלְמָנָה, וְאֹהֵב גֵּר לָתֶת לוֹ לֶחֶם
ישעיה נז וְשִׂמְלָה: שָׁנוּי בַּנְּבִיאִים, דִּכְתִיב: כִּי כֹה אָמַר רָם וְנִשָּׂא שֹׁכֵן עַד וְקָדוֹשׁ
שְׁמוֹ, מָרוֹם וְקָדוֹשׁ אֶשְׁכּוֹן, וְאֶת־דַּכָּא וּשְׁפַל־רוּחַ, לְהַחֲיוֹת רוּחַ שְׁפָלִים
תהלים סח וּלְהַחֲיוֹת לֵב נִדְכָּאִים: מְשֻׁלָּשׁ בַּכְּתוּבִים, דִּכְתִיב: שִׁירוּ לֵאלֹהִים, זַמְּרוּ
שְׁמוֹ, סֹלּוּ לָרֹכֵב בָּעֲרָבוֹת בְּיָהּ שְׁמוֹ, וְעִלְזוּ לְפָנָיו: וּכְתִיב בָּתְרֵהּ: אֲבִי
יְתוֹמִים וְדַיַּן אַלְמָנוֹת, אֱלֹהִים בִּמְעוֹן קָדְשׁוֹ:

מלכים א׳ ח יְהִי יהוה אֱלֹהֵינוּ עִמָּנוּ כַּאֲשֶׁר הָיָה עִם־אֲבֹתֵינוּ, אַל־יַעַזְבֵנוּ וְאַל־יִטְּשֵׁנוּ:
דברים ד ישעיה נא וְאַתֶּם הַדְּבֵקִים בַּיהוה אֱלֹהֵיכֶם, חַיִּים כֻּלְּכֶם הַיּוֹם: כִּי־נִחַם יהוה צִיּוֹן, נִחַם
כָּל־חָרְבֹתֶיהָ, וַיָּשֶׂם מִדְבָּרָהּ כְּעֵדֶן וְעַרְבָתָהּ כְּגַן־יהוה, שָׂשׂוֹן וְשִׂמְחָה יִמָּצֵא
ישעיה מב בָהּ, תּוֹדָה וְקוֹל זִמְרָה: יהוה חָפֵץ לְמַעַן צִדְקוֹ, יַגְדִּיל תּוֹרָה וְיַאְדִּיר:

תהלים קכח שִׁיר הַמַּעֲלוֹת, אַשְׁרֵי כָּל־יְרֵא יהוה, הַהֹלֵךְ בִּדְרָכָיו: יְגִיעַ כַּפֶּיךָ כִּי תֹאכֵל,
אַשְׁרֶיךָ וְטוֹב לָךְ: אֶשְׁתְּךָ כְּגֶפֶן פֹּרִיָּה בְּיַרְכְּתֵי בֵיתֶךָ, בָּנֶיךָ כִּשְׁתִלֵי זֵיתִים,
סָבִיב לְשֻׁלְחָנֶךָ: הִנֵּה כִי־כֵן יְבֹרַךְ גָּבֶר יְרֵא יהוה: יְבָרֶכְךָ יהוה מִצִּיּוֹן,
וּרְאֵה בְּטוּב יְרוּשָׁלָםִ, כֹּל יְמֵי חַיֶּיךָ: וּרְאֵה־בָנִים לְבָנֶיךָ, שָׁלוֹם עַל־יִשְׂרָאֵל:

בקהילות שבהן אומרים ׳וְיִתֶּן־לְךָ׳ בבית הכנסת, ממשיכים ׳עָלֵינוּ׳ בעמ׳ 482.

סדר ברית מילה

כשמביאים את הילד, הקהל עומד על רגליו ואומר (ספר המנהיג):

בָּרוּךְ הַבָּא.

פסוק זה נדרש בזוהר (לך לך, עו ע"ב)
על הבחירה בישראל הבאה לידי ביטוי בברית המילה.

המוהל: **אַשְׁרֵי תִּבְחַר וּתְקָרֵב, יִשְׁכֹּן חֲצֵרֶיךָ** תהלים סה

הקהל: **נִשְׂבְּעָה בְּטוּב בֵּיתֶךָ, קְדֹשׁ הֵיכָלֶךָ:**

האב לוקח את בנו ואומר בלחש:

אִם־אֶשְׁכָּחֵךְ יְרוּשָׁלָםִ, תִּשְׁכַּח יְמִינִי: תהלים קלז
תִּדְבַּק לְשׁוֹנִי לְחִכִּי אִם־לֹא אֶזְכְּרֵכִי
אִם־לֹא אַעֲלֶה אֶת־יְרוּשָׁלַםִ עַל רֹאשׁ שִׂמְחָתִי:

מנהג ארץ ישראל הוא שהאב אומר את הפסוקים הבאים בקול רם, והקהל אחריו:

שְׁמַע יִשְׂרָאֵל, יהוה אֱלֹהֵינוּ, יהוה אֶחָד: דברים ו

פעמיים: **יהוה מֶלֶךְ, יהוה מָלָךְ, יהוה יִמְלֹךְ לְעוֹלָם וָעֶד.**

פעמיים: **אָנָּא יהוה הוֹשִׁיעָה נָּא** תהלים קיח

פעמיים: **אָנָּא יהוה הַצְלִיחָה נָא:**

לאחר שאליהו הנביא קינא לקיום ברית המילה,
שנאמר "קַנֹּא קִנֵּאתִי לַה' אֱלֹהֵי צְבָאוֹת,
כִּי־עָזְבוּ בְרִיתְךָ בְּנֵי יִשְׂרָאֵל" (מל"א יט, יד),
הקב"ה ציווה עליו שיהא נוכח בכל טקס מילה (שיבולי הלקט).

מניחים את הילד על כיסא אליהו, והמוהל אומר:

זֶה הַכִּסֵּא שֶׁל אֵלִיָּהוּ הַנָּבִיא זָכוּר לַטּוֹב.

בראשית מט לִישׁוּעָתְךָ קִוִּיתִי יהוה:

תהלים קיט שִׂבַּרְתִּי לִישׁוּעָתְךָ יהוה, וּמִצְוֹתֶיךָ עָשִׂיתִי:

אֵלִיָּהוּ מַלְאַךְ הַבְּרִית, הִנֵּה שֶׁלְּךָ לְפָנֶיךָ, עֲמֹד עַל יְמִינִי וְסָמְכֵנִי.

תהלים קיט שִׂבַּרְתִּי לִישׁוּעָתְךָ יהוה:

שָׂשׂ אָנֹכִי עַל־אִמְרָתֶךָ, כְּמוֹצֵא שָׁלָל רָב:

שָׁלוֹם רָב לְאֹהֲבֵי תוֹרָתֶךָ, וְאֵין־לָמוֹ מִכְשׁוֹל:

תהלים סה אַשְׁרֵי תִּבְחַר וּתְקָרֵב, יִשְׁכֹּן חֲצֵרֶיךָ

והקהל עונה:

נִשְׂבְּעָה בְּטוּב בֵּיתֶךָ, קְדֹשׁ הֵיכָלֶךָ:

הסנדק מקבל את הילד על ברכיו, והמוהל מברך:

בָּרוּךְ אַתָּה יהוה אֱלֹהֵינוּ מֶלֶךְ הָעוֹלָם
אֲשֶׁר קִדְּשָׁנוּ בְּמִצְוֹתָיו וְצִוָּנוּ עַל הַמִּילָה.

ומיד אבי הבן מברך:

בָּרוּךְ אַתָּה יהוה אֱלֹהֵינוּ מֶלֶךְ הָעוֹלָם
אֲשֶׁר קִדְּשָׁנוּ בְּמִצְוֹתָיו
וְצִוָּנוּ לְהַכְנִיסוֹ בִּבְרִיתוֹ שֶׁל אַבְרָהָם אָבִינוּ.

בארץ ישראל נוהגים שהאב מברך ׳שֶׁהֶחֱיָנוּ׳ (רמב״ם):

בָּרוּךְ אַתָּה יהוה אֱלֹהֵינוּ מֶלֶךְ הָעוֹלָם
שֶׁהֶחֱיָנוּ וְקִיְּמָנוּ וְהִגִּיעָנוּ לַזְּמַן הַזֶּה.

הקהל עונה:

אָמֵן. כְּשֵׁם שֶׁנִּכְנַס לַבְּרִית
כֵּן יִכָּנֵס לְתוֹרָה וּלְחֻפָּה וּלְמַעֲשִׂים טוֹבִים.

אחר המילה מברך (שבת קלז ע״ב):

בָּרוּךְ אַתָּה יהוה אֱלֹהֵינוּ מֶלֶךְ הָעוֹלָם, בּוֹרֵא פְּרִי הַגָּפֶן.

בָּרוּךְ אַתָּה יהוה אֱלֹהֵינוּ מֶלֶךְ הָעוֹלָם, אֲשֶׁר קִדֵּשׁ יְדִיד מִבֶּטֶן, וְחֹק בִּשְׁאֵרוֹ שָׂם, וְצֶאֱצָאָיו חָתַם בְּאוֹת בְּרִית קֹדֶשׁ. עַל כֵּן בִּשְׂכַר זֹאת, אֵל חַי חֶלְקֵנוּ צוּרֵנוּ צַוֵּה לְהַצִּיל יְדִידוּת שְׁאֵרֵנוּ מִשַּׁחַת, לְמַעַן בְּרִיתוֹ אֲשֶׁר שָׂם בִּבְשָׂרֵנוּ. בָּרוּךְ אַתָּה יהוה, כּוֹרֵת הַבְּרִית.

המברך אומר:

אֱלֹהֵינוּ וֵאלֹהֵי אֲבוֹתֵינוּ, קַיֵּם אֶת הַיֶּלֶד הַזֶּה לְאָבִיו וּלְאִמּוֹ, וְיִקָּרֵא שְׁמוֹ בְּיִשְׂרָאֵל (פלוני בֶּן פלוני). **יִשְׂמַח הָאָב בְּיוֹצֵא חֲלָצָיו
וְתָגֵל אִמּוֹ בִּפְרִי בִטְנָהּ, כַּכָּתוּב: יִשְׂמַח־אָבִיךָ וְאִמֶּךָ, וְתָגֵל** משלי כג
יוֹלַדְתֶּךָ: וְנֶאֱמַר: וָאֶעֱבֹר עָלַיִךְ וָאֶרְאֵךְ מִתְבּוֹסֶסֶת בְּדָמָיִךְ, יחזקאל טז
וָאֹמַר לָךְ בְּדָמַיִךְ חֲיִי, וָאֹמַר לָךְ בְּדָמַיִךְ חֲיִי: וְנֶאֱמַר: זָכַר לְעוֹלָם תהלים קה
**בְּרִיתוֹ, דָּבָר צִוָּה לְאֶלֶף דּוֹר: אֲשֶׁר כָּרַת אֶת־אַבְרָהָם, וּשְׁבוּעָתוֹ
לְיִשְׂחָק: וַיַּעֲמִידֶהָ לְיַעֲקֹב לְחֹק, לְיִשְׂרָאֵל בְּרִית עוֹלָם: וְנֶאֱמַר:
וַיָּמָל אַבְרָהָם אֶת־יִצְחָק בְּנוֹ בֶּן־שְׁמֹנַת יָמִים, כַּאֲשֶׁר צִוָּה אֹתוֹ** בראשית כא
אֱלֹהִים: הוֹדוּ לַיהוה כִּי־טוֹב, כִּי לְעוֹלָם חַסְדּוֹ: תהלים קיח

הקהל עונה:

הוֹדוּ לַיהוה כִּי־טוֹב, כִּי לְעוֹלָם חַסְדּוֹ:

המברך ממשיך:

(פלוני בֶּן פלוני) **זֶה הַקָּטָן גָּדוֹל יִהְיֶה, כְּשֵׁם שֶׁנִּכְנַס לַבְּרִית, כֵּן יִכָּנֵס לְתוֹרָה וּלְחֻפָּה וּלְמַעֲשִׂים טוֹבִים.**

נותנים מעט מהיין לתינוק ולאם.

אומרים ׳עָלֵינוּ׳ ואחריו קדיש יתום (עמ׳ 487-488).
ממשיכים ׳אַשְׁרֵי׳ בעמ׳ 266.

פיוטים וסליחות
שנוהגים לומר בקצת קהילות

פיוטים וסליחות לתפילת ערבית

פיוטי סליחות

בדורות האחרונים פשט המנהג לקצר את פיוט הסליחות הראשון 'אָמְנָם אֲשָׁמֵינוּ', המיוחס ליוסי בן יוסי, הפייטן הקדום ביותר הידוע לנו בשמו. במקור לאחר כל שורה אי־זוגית הקהל אמר את השורה 'דַּרְכְּךָ אֱלֹהֵינוּ לְהַאֲרִיךְ אַפֶּךָ', ולאחר כל שורה זוגית את השורה 'לְמַעַנְךָ אֱלֹהֵינוּ עֲשֵׂה'. היום גם בקהילות שבהן אומרים את הפיוט במלואו, הקהל אומר אותו יחד ושליח הציבור חוזר רק על השורה האחרונה.

הכול:

סימן א״ב (מרובע)

אָמְנָם אֲשָׁמֵינוּ עָצְמוּ מִסְּפֹר / אַנְחוֹת דּוֹרֵנוּ רַבּוּ מִלְּדַבֵּר
אֲשֶׁר לֹא הִקְשַׁבְנוּ גְּעָרָה כְּמֵבִין / אֲפָפוּנוּ מַכּוֹת, כִּכְסִיל הֵזַדְנוּ.
דַּרְכְּךָ אֱלֹהֵינוּ לְהַאֲרִיךְ אַפֶּךָ / לָרָעִים וְלַטּוֹבִים, וְהִיא תְהִלָּתֶךָ.

בְּדַבֶּרְךָ לָנוּ שׁוּבָה, פָּנֵינוּ הִסְתַּרְנוּ / בְּמִרְמָה בִּקַּשְׁנוּךָ, וְאֵלֶיךָ לֹא שַׁבְנוּ
בְּטוּב לֹא דְרַשְׁנוּךָ, בְּרֹב כָּל שְׁכַחְנוּךָ / בְּעֵת הַצַּר לָנוּ אֵיךְ תִּמָּצֵא.
לְמַעַנְךָ אֱלֹהֵינוּ עֲשֵׂה, וְלֹא לָנוּ / רְאֵה עֲמִידָתֵנוּ דַּלִּים וְרֵיקִים.

גְּבוּרוֹת אֵין בָּנוּ אֲשֶׁר בָּם נָבוֹא / גְּדוּעֵי זְרוֹעַ בְּפֹעַל, בְּתַת שָׂכָר בְּשָׁנוּ
גָּמַרְנוּ וְאָכַלְנוּ צִדְקַת אֲבוֹתֵינוּ / גַּם קֶרֶן גַּם פְּרִי, לֹא מָלְאוּ שֶׁפֶק.
דַּרְכְּךָ אֱלֹהֵינוּ לְהַאֲרִיךְ אַפֶּךָ / לָרָעִים וְלַטּוֹבִים, וְהִיא תְהִלָּתֶךָ.

דָּכְאוּ מֶנּוּ שְׂכִיּוֹת הַחֶמְדָּה / דּוֹפְקֵי דְלָתֶיךָ בְּכֹחַ וּגְבוּרָה
דִּבְרֵי בְּגַאֲוָה נַעֲשֵׂינוּ, עֲשֵׂה לָנוּ כְּרַחֲמֶיךָ / דְּחֵה מִשְׁפַּט חֶרֶב הַמִּתְהַפֶּכֶת.
לְמַעַנְךָ אֱלֹהֵינוּ עֲשֵׂה, וְלֹא לָנוּ / רְאֵה עֲמִידָתֵנוּ דַּלִּים וְרֵיקִים.

הוּרַקְנוּ וְהֻצַּגְנוּ כְּקַשׁ מִדָּגָן / הָיִינוּ כַּמֹּץ וְאֵין דּוֹרֵשׁ לְאָסְפוֹ
הֲלֹא בְּהִלָּקַח דָּגָן בְּעִתּוֹ / הָצֵת לְשׁוֹן אֵשׁ בְּקַשׁ הַיָּבֵשׁ.
דַּרְכְּךָ אֱלֹהֵינוּ לְהַאֲרִיךְ אַפֶּךָ / לָרָעִים וְלַטּוֹבִים, וְהִיא תְהִלָּתֶךָ.

וּמַה נְּדַבֵּר וּמַה נִּצְטַדָּק / וּמַה נֹּאמַר, וְיוּצַק חֵן בְּשִׂפְתוֹתֵינוּ
וּמִי בַעַל דְּבָרִים יְדַבֵּר צָחוֹת / וּבְפִתְחוֹן פִּיו לֹא יְכֻלָּם.
לְמַעַנְךָ אֱלֹהֵינוּ עֲשֵׂה, וְלֹא לָנוּ / רְאֵה עֲמִידָתֵנוּ דַּלִּים וְרֵיקִים.

זֶה דַּרְכֵּנוּ כֶּסֶל, נָחַלְנוּ אִוֶּלֶת / זֵדִים חוֹטְאִים זוֹלְלִים וְסֹבְאִים
זִכִּיתִי לִבִּי, מִי יוּכַל שִׂיחַ / זֶרַע קְבוּרַת רֶחֶם בָּא וְהוֹלֵךְ בֶּהָבֶל.
דַּרְכְּךָ אֱלֹהֵינוּ לְהַאֲרִיךְ אַפֶּךָ / לָרָעִים וְלַטּוֹבִים, וְהִיא תְהִלָּתֶךָ.

חָזוּת וּמוֹפֵת הִתְוִינוּ בָאָרֶץ / חֲתוּמֵי בְּאוֹת בְּרִית וְחֻקִּים יְשָׁרִים
חֻשַּׁבְנוּ זֶרַע קֹדֶשׁ, בָּנִים לְאֵל חָי / חִלַּלְנוּ וְנִקְרֵאנוּ אֹם טְמֵאַת הַשֵּׁם.
לְמַעַנְךָ אֱלֹהֵינוּ עֲשֵׂה, וְלֹא לָנוּ / רְאֵה עֲמִידָתֵנוּ דַּלִּים וְרֵיקִים.

טְהוֹר עֵינַיִם מֵרְאוֹת בְּרָע / טֶרֶם לֹא רָאָה עָמָל בְּיַעֲקֹב
טֶרֶף לֹא לָנוּ נִכְסְפָה נַפְשֵׁנוּ /טֻבַּחְנוּ רַב וְצָעִיר כִּבְלִיעַת דָּגִים.
דַּרְכְּךָ אֱלֹהֵינוּ לְהַאֲרִיךְ אַפֶּךָ / לָרָעִים וְלַטּוֹבִים, וְהִיא תְהִלָּתֶךָ.

יָהּ בְּדַלּוּתֵנוּ צְדָקָה חֲנַנְתָּנוּ / יָד בָּנוּ הֶחֱזַקְתָּ בְּעֵת מָטָה יָדֵנוּ
יְדַעְתָּנוּ, זֹאת עֵשָׂו וְחִיּוּ / יָדַיִם לֹא חָלוּ בָנוּ כַּהֲפוּכַת רָגַע.
לְמַעַנְךָ אֱלֹהֵינוּ עֲשֵׂה, וְלֹא לָנוּ / רְאֵה עֲמִידָתֵנוּ דַּלִּים וְרֵיקִים.

כַּחוֹתָם עַל לֵב שַׂמְתָּנוּ מַלְכֵּנוּ / כְּנֶפֶשׁ קְשׁוּרָה בְנֶפֶשׁ, בַּעֲבוֹתוֹת אַהֲבָה
כִּי נִתְרוֹעֵעַ חֲבוּר עֲצַבִּים / כְּעֵת חָלַק לִבֵּנוּ, אָשַׁמְנוּ מֵעַתָּה.
דַּרְכְּךָ אֱלֹהֵינוּ לְהַאֲרִיךְ אַפֶּךָ / לָרָעִים וְלַטּוֹבִים, וְהִיא תְהִלָּתֶךָ.

לְהֵיטִיב אָמַרְתָּ, אֹמֶר לֹא הִפְלֵתָ / לֹא שִׁקֵּר בָּנוּ דְּבַר אֱמוּנָתֶךָ
לֵב וּפֶה לֹא הִשְׁוֵינוּ, כְּכֶסֶף עַל חֶרֶשׂ / לַעַג שְׂפַת חֲלָקוֹת, בְּלֵב וָלֵב דִּבַּרְנוּ.
לְמַעַנְךָ אֱלֹהֵינוּ עֲשֵׂה, וְלֹא לָנוּ / רְאֵה עֲמִידָתֵנוּ דַּלִּים וְרֵיקִים.

מַכַּת הוֹלֵךְ עַל גָּחוֹן הִקְדַּמְתָּ / מוּסָר לִמַּדְתָּ לְבַעֲלֵי לָשׁוֹן
מֵעֹנֶשׁ לֵץ לֹא יֶחְכַּם פֶּתִי / מַכֵּה רֵעַ בַּסֵּתֶר, דַּנְתָּ בְּגַחֲלֵי רְתָמִים.
דַּרְכְּךָ אֱלֹהֵינוּ לְהַאֲרִיךְ אַפֶּךָ / לָרָעִים וְלַטּוֹבִים, וְהִיא תְהִלָּתֶךָ.

נָתַתָּ מוֹרָא עַל לֵב אֲנָשִׁים / נֶדֶר וּשְׁבוּעַת שֵׁם, בֵּין שְׁנֵיהֶם חוֹקַקְתָּ
נַמְתָּ הוֹצֵאתִיהָ עַל נִשְׁבָּעִים לַשָּׁקֶר / נִפְרַצְנוּ בְּאָלָה עַד אָבְלָה הָאָרֶץ.
לְמַעַנְךָ אֱלֹהֵינוּ עֲשֵׂה, וְלֹא לָנוּ / רְאֵה עֲמִידָתֵנוּ דַּלִּים וְרֵיקִים.

סָבַלְתָּ עוֹלָם כְּרַגְלַיִם לַפֶּסַח / סְמַכְתּוֹ בֶּאֱמֶת וּמִשְׁפָּט וְשָׁלוֹם
סִלַּפְנוּ מִשְׁפָּט, וְגַם כָּשְׁלָה אֱמֶת / סוֹבַבְנוּ לְבַקֵּשׁ שָׁלוֹם, וָאָיִן.
דַּרְכְּךָ אֱלֹהֵינוּ לְהַאֲרִיךְ אַפֶּךָ / לָרָעִים וְלַטּוֹבִים, וְהִיא תְהִלָּתֶךָ.

עֶלְיוֹן אַתָּה בְּכִסֵּא רָם וְנִשָּׂא / עֵינֶיךָ מַבִּיטוֹת שָׁפָל וְדַכָּא
עֲנָוָה בִּקְּשׁוּ פֵּתָה, וְתִסְתְּרוּ מֵאָף / עֲוֹנוּ בְּגַבְהוּת לֵב, וְרָמוּ עֵינֵינוּ.
לְמַעַנְךָ אֱלֹהֵינוּ עֲשֵׂה, וְלֹא לָנוּ / רְאֵה עֲמִידָתֵנוּ דַּלִּים וְרֵיקִים.

פָּנֶיךָ תָמִיד בְּחֶמְדַּת אֲרָצוֹת / פָּקַדְתָּ וַתְּשׁוֹקְקֶהָ, וַתַּצְמִיחַ מְגָדֶיהָ
פֶּן יִקְבַּע אָדָם אֱלֹהִים / פְּרִי יְבוּלָהּ תְּתֵּה לְמַעֲשֵׂר, וְכִחֲשׁוּ מְגָדֶיהָ.
דַּרְכְּךָ אֱלֹהֵינוּ לְהַאֲרִיךְ אַפֶּךָ / לָרָעִים וְלַטּוֹבִים, וְהִיא תְהִלָּתֶךָ.

צִיָּה יָצַרְתָּ לִמְלֶאכֶת שָׁנִים / צָבָא לֶאֱנוֹשׁ עֲלֵי אֶרֶץ, לִמְלֶאכֶת יָמִים
צִוִּיתָ לְמַרְגּוֹעַ שְׁבִיעִי, וְלֹא נַחְנוּ / צְבִי לִשְׁמֹט שְׁבִיעִית, וְהִיא לֹא שָׁבָתָה.
לְמַעַנְךָ אֱלֹהֵינוּ עֲשֵׂה, וְלֹא לָנוּ / רְאֵה עֲמִידָתֵנוּ דַּלִּים וְרֵיקִים.

קִדַּמְנוּ פָנֶיךָ, כִּמְחִיר בְּיַד כְּסִיל / קְנוֹת צִדְקוֹתֶיךָ בְּתוֹדָה בְּלִי לֵב
קַבֵּל כְּנִיחֹחַ מְעַט בִּצְדָקָה / קַח נָא אֲמָרֵינוּ כְּקֹמֶץ מִנְחַת דָּל.
דַּרְכְּךָ אֱלֹהֵינוּ לְהַאֲרִיךְ אַפֶּךָ / לָרָעִים וְלַטּוֹבִים, וְהִיא תְהִלָּתֶךָ.

רָדְנוּ, לוֹא נָבוֹא, בְּמִרְיֵנוּ אָמַרְנוּ / רָם, בָּנוּ הִכְפַּפְתָּ כְּבְרוֹשׁ רַעֲנָן
רִחַקְתָּ בִשְׂמֹאל, קָרֵב בְּיָמִין / רְאֵה שְׂאֹר לְבָבֵנוּ, יֵצֶר הַנְּעוּרִים.
לְמַעַנְךָ אֱלֹהֵינוּ עֲשֵׂה, וְלֹא לָנוּ / רְאֵה עֲמִידָתֵנוּ דַּלִּים וְרֵיקִים.

שֶׁבֶט לְגֵו כְּסִיל, וְכַעַס בְּחֵיק אֱוִיל / שׁוֹט כְּלִמַּת עֳנִי עָלָה בְחֶלְקֵנוּ
שׁוּר נָא וְחַלְּצֵנוּ כַּעֲנִי בְעָנְיוֹ / שַׁחַת אִם נֵרֵד, יְקַדְּמוּנוּ רַחֲמֶיךָ.
דַּרְכְּךָ אֱלֹהֵינוּ לְהַאֲרִיךְ אַפֶּךָ / לָרָעִים וְלַטּוֹבִים, וְהִיא תְהִלָּתֶךָ.

תַּעֲלֶה אֲרוּכָה לְעָלֶה נִדָּף / תִּנָּחֵם עַל עָפָר וָאֵפֶר
תַּשְׁלִיךְ חֲטָאֵינוּ, וְתָחֹן מַעֲשֶׂיךָ / תֵּרֶא כִּי אֵין אִישׁ, עֲשֵׂה עִמָּנוּ צְדָקָה.
לְמַעַנְךָ אֱלֹהֵינוּ עֲשֵׂה וְלֹא לָנוּ / רְאֵה עֲמִידָתֵנוּ דַּלִּים וְרֵיקִים.

ממשיכים ׳אֵל מֶלֶךְ יוֹשֵׁב׳ בעמ׳ 69.

פיוט ׳חָטָאנוּ׳ (ראה עמ׳ 78) לתפילת ערבית מאת ר׳ שמעון בר יצחק,
מראשוני פייטני אשכנז. במקור אמר את הפיוט שליח הציבור,
והקהל ענה רק את הפזמון ׳חָטָאנוּ צוּרֵנוּ, סְלַח לָנוּ יוֹצְרֵנוּ׳.
כיום נוהגים שהקהל ושליח הציבור אומרים את כולו:
יש קהילות שבהן הכול אומרים זוג בתים בכל פעם, ושליח הציבור
מסיים בקול את סוף הבית השני מביניהם, ואין עונים אחריו ׳חָטָאנוּ׳.

סימן א״ב (משולש)

אוֹתְךָ אֶדְרֹשׁ וְאֵלֶיךָ אֶתְוַדָּע / גָּדוֹל בִּיהוּדָה וּבְיִשְׂרָאֵל נוֹדָע
הֵן אַתָּה חֲקַרְתָּנוּ וַתֵּדָע / כִּי־פְשָׁעַי אֲנִי אֵדָע: תהלים נא

אֵדַע אֲבָל אֲשֵׁמִים אֲנַחְנוּ / וּמֵהֲמוֹן רַחֲמֶיךָ לֹא זְנַחְתָּנוּ
הֵן אֵלָיו כַּפֵּינוּ שִׁטַּחְנוּ / כִּי בְשֵׁם קָדְשׁוֹ בָטָחְנוּ: תהלים לג

חָטָאנוּ צוּרֵנוּ, סְלַח לָנוּ יוֹצְרֵנוּ.

בָּטָחְנוּ בְשִׁמְךָ לְנֶפֶשׁ תַּאֲוָה / וְהִפְקַדְנוּ מָגֵן בְּלִי גַאֲוָה
הֵן בְּמָעֻזְּךָ לַדַּל תִּקְוָה / כִּי־הִשְׁפִּילוּ וַתֹּאמֶר גֵּוָה: איוב כב

גֵּוָה גֵּאִים עָלַי מַגְדִּילִים / רֹגֶז שְׂבֵעִים וְלֹא נֶחְדָּלִים
הֵן גְּלַל הַמֵּצִיק מִתְדַּלְדְּלִים / כִּי־רִצַּץ עָזַב דַּלִּים: איוב כ

חָטָאנוּ צוּרֵנוּ, סְלַח לָנוּ יוֹצְרֵנוּ.

דַּלִּים דִּינְךָ פָּחֲדוּ וְרָהוּ / בָּאִים כְּמוֹדֶה וְעוֹזֵב לְרַחֲמֵהוּ
הֵן דָּפְיָם הַיּוֹם תְּכַפְּרֵהוּ / כִּי יוֹם כִּפֻּרִים הוּא: ויקרא כג

הוּא הוֹד וְהָדָר יִלְבַּשׁ / יָשׁוּב יְרַחֵם, וְעָוֹן יִכְבֹּשׁ
הֵן הַמְתֵּק בְּפִי כִּדְבַשׁ / כִּי הוּא יַכְאִיב וְיֶחְבָּשׁ: איוב ה

חָטָאנוּ צוּרֵנוּ, סְלַח לָנוּ יוֹצְרֵנוּ.

וְיֶחְבַּשׁ וְלִשְׁמוֹ כֹּל יוֹדוּ / כִּי יָסִיר מַשְׂאוֹת כְּבֵדוּ
הֵן וְעַמּוֹ לְפָנָיו יִתְוַדּוּ / כִּי בַדָּבָר אֲשֶׁר זָדוּ: שמות יח

זָדוּ זְדוֹנוֹת וּשְׁגָגוֹת שְׁגוּיִים / סְלַח נָא בְּפִימוֹ הֲגוּיִים
הֵן זַכֵּם לְתֶחִי אֲחוּיִים / כִּי־עִמְּךָ מְקוֹר חַיִּים: תהלים לו

חָטָאנוּ צוּרֵנוּ, סְלַח לָנוּ יוֹצְרֵנוּ.

חַיִּים חֵן לְעַם מְנַטְּלֶךָ / לֵבָב עִקֵּשׁ מֵהֶם בְּבַטְּלֶךָ
הֵן חַשְׁרַת מֵי טֹהַר בְּהַטִּילֶךָ / כִּי טַל אוֹרֹת טַלֶּךָ: ישעיה כו

טַלְּךָ טְלָאֶיךָ בּוֹ לְהִתְכַּפֵּר / הָעֵת תַּמְצִיאֵם סְלִיחָה וָכֹפֶר
הֵן טַהֲרֵם, כָּאָמוּר בַּסֵּפֶר / כִּי־בַיּוֹם הַזֶּה יְכַפֵּר: ויקרא טז

חָטָאנוּ צוּרֵנוּ, סְלַח לָנוּ יוֹצְרֵנוּ.

יְכַפֵּר יִרְצֶה כְּאָז בְּהַעֲלָיוֹתַי / בִּהְיוֹת אֲרִיאֵל בְּבֹחַן עֲלִיּוֹתַי
הֵן יָדַעְתָּ פִּקּוּק חֻלְיוֹתַי / כִּי־אַתָּה קָנִיתָ כִלְיֹתָי: תהלים קלט

כִּלְיוֹתַי כְּטוּחַי אָכִין לְעָבְדוֹ / וְתֶעֱרַב לְפָנָיו תְּחִנַּת עַבְדּוֹ
הֵן כַּבֵּד יְכַבֵּד מְכַבְּדוֹ / כִּי־נִשְׂגָּב שְׁמוֹ לְבַדּוֹ: תהלים קמח

חָטָאנוּ צוּרֵנוּ, סְלַח לָנוּ יוֹצְרֵנוּ.

לְבַדּוֹ לוֹ לְהִתְחוֹלֵל כָּל אֱנוֹשׁ / אָוֶן לֹא יִתְבּוֹנֵן לֶאֱנוֹשׁ
הֵן לֹא טוֹב לַצַּדִּיק לַעֲנֹשׁ / כִּי־יִרְבֶּה אֱלוֹהַּ מֵאֱנוֹשׁ: איוב לג

מֵאֱנוֹשׁ מִמַּעֲשָׂיו יָגֹרְתִּי וְאֵימָתַי / פֶּן אֶכָּשֵׁל כַּאֲשֶׁר אָשַׁמְתִּי
הֵן מְיַחֵל שִׁוִּיתִי וְדוֹמַמְתִּי / כִּי־אַחֲרֵי שׁוּבִי נִחַמְתִּי: ירמיה לא

חָטָאנוּ צוּרֵנוּ, סְלַח לָנוּ יוֹצְרֵנוּ.

נִחַמְתִּי נֶפֶשׁ נַעֲנָה לְהָשָׁם / הִתְוַדּוּת הַיּוֹם נִסְתָּר וּמְפֻרְסָם
הֵן נֶצַח לְכִפּוּר הוּשָׂם / כִּי בְרִית עוֹלָם שָׂם: שמואל ב׳ כג

שָׂם סְלִיחָה לְהוֹעִיל לַלְמֵדִי / תְּשׁוּבָה מְכַפֶּרֶת כְּזִבְחֵי תְמִידִי
הֵן סִימָהּ בְּצִלּוֹ לְהַעֲמִידִי / כִּי־יָדַע דֶּרֶךְ עִמָּדִי: איוב כג

חָטָאנוּ צוּרֵנוּ, סְלַח לָנוּ יוֹצְרֵנוּ.

עִמָּדִי עֲשׂוֹת חֶסֶד בְּהַפְלִיאֶךָ / כִּי תְבַקֵּר צֹאנְךָ וּטְלָאֶיךָ
הֵן עָלֶיךָ יַעֲזֹב חֵילֶךָ / כִּי־אֶזְכְּרָה מִקֶּדֶם פִּלְאֶךָ: תהלים עז

פִּלְאֲךָ פֹּעַל יְרֵאֶיךָ לְנָצְרָם / הֱיוֹת יִרְאַת יהוה אוֹצָרָם
הֵן פְּלִילֵינוּ לֵידַע בְּהִתְבַּצְּרָם / כִּי לֹא כְצוּרֵנוּ צוּרָם: דברים לב

חָטָאנוּ צוּרֵנוּ, סְלַח לָנוּ יוֹצְרֵנוּ.

צוּרָם צוּר יִשְׂרָאֵל וּקְדוֹשׁוֹ / יֹאמְרוּ בַגּוֹיִם לְעֵינֵיהֶם בְּהִתְקַדְּשׁוֹ
הֵן צָמְחָה יְשׁוּעָה לְמַקְדִּישׁוֹ / כִּי־הִשְׁקִיף מִמְּרוֹם קָדְשׁוֹ: תהלים קב

קָדְשׁוֹ קוֹמֵם קָדָשָׁיו לְהַקְרִיבָם / לְהַצִּיב הוֹד שְׁכִינָתוֹ בְּקִרְבָּם
הֵן קוֹמוֹ יֵחַתּוּ מְרִיבָם / כִּי־יהוה יָרִיב רִיבָם: משלי כב

חָטָאנוּ צוּרֵנוּ, סְלַח לָנוּ יוֹצְרֵנוּ.

רִיבָם רִיב שׁוֹטְנֵיהֶם לְבַלֹּם / יִדְּמוּ קָטֵיגוֹרִים פֶּה לְאַלֵּם
הֵן רַעְיָתְךָ תְּהַלֵּלְךָ לְעוֹלָם / כִּי־אַחֲרִית לְאִישׁ שָׁלוֹם: תהלים לז

שָׁלוֹם שְׂפוֹת לְהַזְרִיחַ נְהָרָה / הֲגִיגֵנוּ בִּין כְּמִנְחָה טְהוֹרָה
הֵן שִׁכְנְךָ תַּגִּיהַּ בְּאוֹרָה / כִּי מִצִּיּוֹן תֵּצֵא תוֹרָה: מיכה ד

חָטָאנוּ צוּרֵנוּ, סְלַח לָנוּ יוֹצְרֵנוּ.

תּוֹרָה שָׁמְעוּ נֶאֱמָנֶיךָ בְּסִינַי / רְצוּיָה יְצָרוּהָ חֲקָרוּהָ לְעֵינַי
הֵן הַיּוֹם יְכַפֵּר לַאֲמוּנַי / כִּי אֵל רַחוּם יהוה: דברים ד

יהוה יְנַהֲלֵנוּ עַלְמוּת לְנַהֲגָה / וְיָסִיר מִמֶּנּוּ אַף וְתוּגָה
הֵן יַעֲבִיר זָדוֹן לִמְשׁוּגָה / כִּי לְכָל־הָעָם בִּשְׁגָגָה: במדבר טו

חָטָאנוּ צוּרֵנוּ, סְלַח לָנוּ יוֹצְרֵנוּ.

ממשיכים ׳זְכָר לָנוּ בְּרִית׳ בעמ׳ 78.

לאחר הסליחות אומרים סדר וידוי. הסדר כולל פיוט פתיחה ׳כִּי אָנוּ עַמֶּךָ׳, הווידוי הרגיל ׳אָשַׁמְנוּ, בָּגַדְנוּ׳, פיוט מעבר ׳אַתָּה מֵבִין׳, ווידוי ארוך שבו כל שורה מתחילה ׳עַל חֵטְא׳. הפיוט ׳אַתָּה מֵבִין׳ מיוחס בסידורים עתיקים לר׳ אליה הזקן (איטליה, המאה הי״א), אך חוקרי ימינו משערים שהוא קדום אף יותר. כיום בקהילות רבות אין נוהגים לומר את כולו, אלא רק את שתי השורות האחרונות.

הכול:

סימן א״ב (כפול)

אַתָּה מֵבִין תַּעֲלוּמוֹת לֵב / אֶפֶס לְךָ נִגְלוֹת וְגַם נִסְתָּרוֹת.
בָּאנוּ בִדְבָרִים לְפַתּוֹתְךָ בָּם / בְּרִשְׁעֵנוּ אַל תֵּפֶן, וְלֹא בְמַעֲלָלֵינוּ.
גִּשְׁתֵּנוּ בְּיוֹם זֶה כְּיָרֵא וְחָרֵד / גֵּאֶה כְּרַחוּם לְמַעַנְךָ עֲשֵׂה חֶסֶד.

דִּין אַל תִּמְתַּח מוּל עָפָר וָאֵפֶר / דַּע אַחֲרִיתֵנוּ רִמָּה וְתוֹלֵעָה.
הַאִם שָׁגַגְנוּ וְנֶעְלַם מִמֶּנּוּ / הֲלֹא אַתָּה לְבַד מֵבִין שְׁגִיאוֹת
וְאַל תַּחְשֹׁב לָנוּ כְּעוֹשֶׂה בְזָדוֹן / וִדּוּי שְׂפָתֵינוּ שְׁעֵה בְּעֵת רָצוֹן.
זֶה כַּפֵּר לָנוּ, הוֹדַע וְלֹא הוֹדַע / זָדוֹן וְנֶעְלָם, עֲשֵׂה וְלֹא תַעֲשֶׂה.
חַלְּצֵנוּ מֵעֹנֶשׁ כָּרֵת וּמִיתָה / חֲמֹל עַל חֹמֶר מַעֲשֵׂה יָדֶיךָ.
טָפַשְׁנוּ בְּרֹעַ יֵצֶר אֲשֶׁר מִנְּעוּרֵינוּ / טָמוּן בְּקִרְבֵּנוּ כְּרֶשֶׁת לְפַעֲמֵינוּ.
יוֹצְרֵנוּ וְעוֹשֵׂנוּ, יוֹדֵעַ יִצְרֵנוּ / יֶהֱמוּ רַחֲמֶיךָ וְאַל תַּשְׁחִיתֵנוּ.
כִּי מִלְּפָנֶיךָ מִי יִסָּתֵר / כֹּל גָּלוּי לְךָ כָּאוֹר וְכַצָּהֳרַיִם.
לְבֵית דִּין הוֹרֵיתָ אַרְבַּע מִיתוֹת / לְמַעַנְךָ עֲשֵׂה, וּמֵהֶם חַלְּצֵנוּ.
מֵאָז יְצַרְתָּנוּ, חֲקַרְתָּנוּ וַתֵּדַע / מַעֲשֵׂינוּ, כִּי הֵמָּה עָמָל וָאָוֶן.
נְצֹר נַפְשׁוֹתֵינוּ, כִּי בְיָדְךָ כָּל נֶפֶשׁ / נָא תִיקַר נֶפֶשׁ, מִמְּעֵי לְךָ נֶפֶשׁ.
סְקִילָה, שְׂרֵפָה, הֶרֶג וְחֶנֶק / סוֹדָם גִּלִּיתָ לְיוֹדְעֵי אֲמִתֶּךָ.
עַל כָּל פְּשָׁעֵינוּ, אֱלוֹהַּ, כַּפֵּר לָנוּ / עַל יָדוּעַ לָנוּ, וְעַל נֶעְלָם מִמֶּנּוּ.
פְּשָׁעֵינוּ הוֹדֵינוּ לְךָ, חוֹקֵר לֵב / פְּדֵנוּ מֵחֵטְא, נַקֵּנוּ מֵעָוֹן.
צוּר, אַל תֵּפֶן בֶּאֱנוֹשׁ חָצִיר / צְדָקָה עֲשֵׂה עִמָּנוּ, כַּעֲשִׂיתָ עִם כָּל חָי.
קִדַּמְנוּ בַנֶּשֶׁף, קְרָבֵנוּ בְשֶׁוַע / קָרְבֵנוּ אֵלֶיךָ, קְשֹׁב קְרִיאָתֵנוּ.
רִשְׁעֵנוּ אַל תֵּפֶן, רַחֲמֵנוּ וְנִצְטַדְּקָה / רַחֲמֶיךָ יְבֹאוּנוּ, רַחוּם וְחַנּוּן.
שִׁמְךָ מֵעוֹלָם עוֹבֵר עַל פֶּשַׁע / שַׁוְעָתֵנוּ תַאֲזִין, בְּעָמְדֵנוּ לְפָנֶיךָ בִּתְפִלָּה
תַּעֲבֹר עַל פֶּשַׁע לְעַם שָׁבֵי פֶשַׁע / תִּמְחֶה פְּשָׁעֵינוּ מִנֶּגֶד עֵינֶיךָ.

ממשיכים 'אַתָּה יוֹדֵעַ רָזֵי עוֹלָם'
בערבית בעמ' 84, בשחרית בעמ' 228,
במוסף בעמ' 347 ובמנחה בעמ' 401.

פיוטים לתפילת שחרית

יוצר ליום הכיפורים

פיוט ה׳יוצר׳ ליום הכיפורים כתוב בתבנית הנקראת ׳קיקלר׳: שליח הציבור אומר כל בית, והקהל עונה אחריו פזמון קבוע (או כמה חרוזי פזמון, המתחלפים במחזוריות קבועה). חרוז הפזמון השני הוא כבפיוטי ׳חָטָאנוּ׳ (ראה עמ׳ 502), אך הפייטן אינו מתמקד בווידוי על חטאי ישראל, אלא בהבטחה של הקב״ה לסלוח להם.

שליח הציבור אומר שורה שורה, והקהל חוזר אחריו:

סְלַח לְגוֹי קָדוֹשׁ / בְּיוֹם קָדוֹשׁ / מָרוֹם וְקָדוֹשׁ.
חָטָאנוּ צוּרֵנוּ / סְלַח לָנוּ יוֹצְרֵנוּ.

סימן א״ב

אָז בְּיוֹם כִּפּוּר סְלִיחָה הוֹרֵיתָ / אוֹר וּמְחִילָה לְעַם זוּ קָנִיתָ.
בְּסָלְחֲךָ לַעֲוֹנוֹת וַחֲטָאֵי עֵדָה / בֶּעָשׂוֹר סְמוּכִים בְּבֵית הַוַּעֲדָה.

סְלַח לְגוֹי קָדוֹשׁ / בְּיוֹם קָדוֹשׁ / מָרוֹם וְקָדוֹשׁ.

גָּבְרוּ חֲטָאִים בְּאַנְיְ יְשֵׁנָה / גַּשׁ יוֹם אֶחָד בִּימֵי שָׁנָה.
דּוֹבְבוּ בְּתַחֲנוּן לְמוֹחֵל וְסוֹלֵחַ / דּוֹפְקֵי בִתְשׁוּבָה לְיוֹצֵר אוֹר וְסַלָּח.

חָטָאנוּ צוּרֵנוּ / סְלַח לָנוּ יוֹצְרֵנוּ.

הַמְתֵּק הָאוֹר לִסְלִיחָתִי / הָעֵת תַּעֲנֶה, וְתֹאמַר סָלַחְתִּי.
וְתָאִיר עֵינֵינוּ וְתַעֲבֹר עַל פֶּשַׁע / וְחוֹטְאֵי בִשְׁגָגָה אַל נָא תָמִית בְּרֶשַׁע.

סְלַח לְגוֹי קָדוֹשׁ / בְּיוֹם קָדוֹשׁ / מָרוֹם וְקָדוֹשׁ.

זַדְנוּ וְהִרְשַׁעְנוּ בְּרֹעַ מַעֲלָלֵינוּ / זֶה צַדִּיק אַתָּה, עַל כָּל הַבָּא עָלֵינוּ.
חָטָאנוּ לְךָ מֶלֶךְ עוֹלָמִים / חָנֵּנוּ בְּאוֹרְךָ, וְלֹא נֵצֵא נִכְלָמִים.

חָטָאנוּ צוּרֵנוּ / סְלַח לָנוּ יוֹצְרֵנוּ.

טוֹב וְסַלָּח לְךָ הִיא הַצְּדָקָה / טַהֲרֵנוּ בְּמַעְיָנְךָ, לוֹבֵשׁ צְדָקָה.
יוֹמָם וָלַיְלָה שָׁפַכְנוּ לֵב וָנֶפֶשׁ / יִזְרַח לָנוּ אוֹר בְּכִפּוּר עִנּוּי נֶפֶשׁ.

סְלַח לְגוֹי קָדוֹשׁ / בְּיוֹם קָדוֹשׁ / מָרוֹם וְקָדוֹשׁ.

כְּחַנּוּן תְּחַפֵּשׂ סִתְרֵי מַעֲשִׂים / כְּרַחוּם תִּסְלַח עֲוֹנוֹת עֲמוּסִים.
לְמַעַן נָרוּץ בְּאוֹר פָּנֶיךָ / לֹא נֵצֵא הַיּוֹם רֵיקָם מִלְּפָנֶיךָ.
חָטָאנוּ צוּרֵנוּ / סְלַח לָנוּ יוֹצְרֵנוּ.

מַלְבִּין כַּשֶּׁלֶג חֲטָאֵי עַמֶּךָ / מְקוֹר חַיִּים וָחֶסֶד עִמָּךְ.
נְבוּאָה עֲדֶיךָ, זוֹכֵר הַבְּרִית / נַהֲלֵנוּ בְּאוֹרֶךָ, כְּמוֹ נִסְתַּר בְּנַחַל כְּרִית.
סְלַח לְגוֹי קָדוֹשׁ / בְּיוֹם קָדוֹשׁ / מָרוֹם וְקָדוֹשׁ.

שַׂר הַמְכַפֵּר בְּעַד צֹאן מַרְעִית / סָמְכֵנוּ בְּאוֹרֶךָ כְּסֻכַּת מַרְאִית.
עֲנֵנוּ אָבִינוּ מִמַּעֲמַקִּים / עוֹרֵר כְּאוֹר נֹגַהּ שׁוֹשַׁנַּת הָעֲמָקִים.
חָטָאנוּ צוּרֵנוּ / סְלַח לָנוּ יוֹצְרֵנוּ.

פְּתַח לָנוּ שַׁעַר, וְתַעֲלֶה תְּפִלָּה / פָּנֶיךָ נְחַלֶּה שׁוֹכֵן מַעְלָה.
צֵאתֵנוּ תְנַקֶּה, וּבְחֵטְא לֹא נִתְנַזֵּק / צְרָפֵנוּ כַּכֶּסֶף שִׁבְעָתַיִם מְזֻקָּק.
סְלַח לְגוֹי קָדוֹשׁ / בְּיוֹם קָדוֹשׁ / מָרוֹם וְקָדוֹשׁ.

קָרְבֵנוּ לְיִשְׁעֲךָ בְּאוֹר שְׁנֵי עֳפָרִים / קוֹרְאֵי קְדֻשַּׁת יוֹם כִּפּוּרִים.
רְעֵנוּ כְּמִקֶּדֶם וְתַאֲרֵנוּ יִנְהַר / רַחוּם הַקְשִׁיבָה וַעֲשֵׂה אַל תְּאַחַר.
חָטָאנוּ צוּרֵנוּ / סְלַח לָנוּ יוֹצְרֵנוּ.

שְׁפָכֵנוּ כַּמַּיִם אַבְנֵי לְבוֹת / שַׁחַר אוֹר יַגִּיהַּ בּוֹחֵן לְבָבוֹת.
תְּחַטְּאֵנוּ בְּאֵזוֹב, וְנִטְהַר בְּיוֹם סְלִיחָתִי / תַּקְשִׁיב סְלַח נָא, וְתֹאמַר סָלַחְתִּי.
סְלַח לְגוֹי קָדוֹשׁ / בְּיוֹם קָדוֹשׁ / מָרוֹם וְקָדוֹשׁ.

ביום חול ממשיכים ׳הַמֵּאִיר לָאָרֶץ׳ בעמ׳ 177,
ובשבת ממשיכים ׳הַכֹּל יוֹדוּךָ׳ בעמ׳ 178.

אופן ליום הכיפורים

הפיוט השני בברכות קריאת שמע (ולמנהג קהילות אשכנז, האחרון שאומרים ביום הכיפורים) מכונה 'אופן', כיוון שהוא מחליף את שורת המעבר 'וְהָאוֹפַנִּים וְחַיּוֹת הַקֹּדֶשׁ' שבין שני פסוקי הקדושה.

שליח הציבור ואחריו הקהל:

בָּרוּךְ שֵׁם כְּבוֹד מַלְכוּתוֹ.

שליח הציבור ואחריו הקהל:

מַלְכוּתוֹ בִּקְהַל עֲדָתִי / וּכְבוֹדוֹ הִיא אֱמוּנָתִי
אֵלָיו בְּקַשְׁתִּי / לְכַפֵּר עֲוֹן חַטָּאתִי
וּבְיוֹם צוֹם כִּפּוּר סְלִיחָתִי / יַעֲנֶה וְיֹאמַר, סָלַחְתִּי.

שליח הציבור אומר שורה, והקהל עונה אחריו 'בָּרוּךְ שֵׁם כְּבוֹד מַלְכוּתוֹ'. את הפזמון אומרים הכול יחד:

סימן א"ב

קָדוֹשׁ אַדִּיר בַּעֲלִיָּתוֹ בָּרוּךְ שֵׁם כְּבוֹד מַלְכוּתוֹ.
קָדוֹשׁ בִּתְשׁוּבָה שָׁת סְלִיחָתוֹ בָּרוּךְ שֵׁם כְּבוֹד מַלְכוּתוֹ.

מַלְכוּתוֹ בִּקְהַל עֲדָתִי / וּכְבוֹדוֹ הִיא אֱמוּנָתִי
אֵלָיו בְּקַשְׁתִּי / לְכַפֵּר עֲוֹן חַטָּאתִי
וּבְיוֹם צוֹם כִּפּוּר סְלִיחָתִי / יַעֲנֶה וְיֹאמַר, סָלַחְתִּי.

קָדוֹשׁ גִּלָּה לְעַמּוֹ סוֹד דָּתוֹ בָּרוּךְ שֵׁם כְּבוֹד מַלְכוּתוֹ.
קָדוֹשׁ דָּץ עַל כַּפֹּרֶת צֹאן מַרְעִיתוֹ בָּרוּךְ שֵׁם כְּבוֹד מַלְכוּתוֹ.

מַלְכוּתוֹ בִּקְהַל עֲדָתִי / וּכְבוֹדוֹ הִיא אֱמוּנָתִי
אֵלָיו בְּקַשְׁתִּי / לְכַפֵּר עֲוֹן חַטָּאתִי
וּבְיוֹם צוֹם כִּפּוּר סְלִיחָתִי / יַעֲנֶה וְיֹאמַר, סָלַחְתִּי.

קָדוֹשׁ הַסּוֹלֵחַ לַאֲיֻמָּתוֹ בָּרוּךְ שֵׁם כְּבוֹד מַלְכוּתוֹ.
קָדוֹשׁ וְעַמּוֹ יְמַלְּלוּ גְּבוּרָתוֹ בָּרוּךְ שֵׁם כְּבוֹד מַלְכוּתוֹ.

מַלְכוּתוֹ בִּקְהַל עֲדָתִי / וּכְבוֹדוֹ הִיא אֱמוּנָתִי
אֵלָיו בְּקַשְׁתִּי / לְכַפֵּר עֲוֹן חַטָּאתִי
וּבְיוֹם צוֹם כִּפּוּר סְלִיחָתִי / יַעֲנֶה וְיֹאמַר, סָלַחְתִּי.

קָדוֹשׁ זוֹכֵר אֲיֻמָּה בְּאַהֲבָתוֹ בָּרוּךְ שֵׁם כְּבוֹד מַלְכוּתוֹ.
קָדוֹשׁ חָפֵץ בְּעִנּוּי נֶפֶשׁ תַּמָּתוֹ בָּרוּךְ שֵׁם כְּבוֹד מַלְכוּתוֹ.

מַלְכוּתוֹ בִּקְהַל עֲדָתִי / וּכְבוֹדוֹ הִיא אֱמוּנָתִי
אֵלָיו בַּקָּשָׁתִי / לְכַפֵּר עֲוֹן חַטָּאתִי
וּבְיוֹם צוֹם כִּפּוּר סְלִיחָתִי / יַעֲנֶה וְיֹאמַר, סָלַחְתִּי.

קָדוֹשׁ טַהֵר טְמֵאִים בְּמֵי זְרִיקָתוֹ בָּרוּךְ שֵׁם כְּבוֹד מַלְכוּתוֹ.
קָדוֹשׁ יַלְבִּין כַּשֶּׁלֶג חֲטָאֵי סְגֻלָּתוֹ בָּרוּךְ שֵׁם כְּבוֹד מַלְכוּתוֹ.

מַלְכוּתוֹ בִּקְהַל עֲדָתִי / וּכְבוֹדוֹ הִיא אֱמוּנָתִי
אֵלָיו בַּקָּשָׁתִי / לְכַפֵּר עֲוֹן חַטָּאתִי
וּבְיוֹם צוֹם כִּפּוּר סְלִיחָתִי / יַעֲנֶה וְיֹאמַר, סָלַחְתִּי.

קָדוֹשׁ כַּפֵּר לְעַמְּךָ יִשְׂרָאֵל שִׁגְגָתוֹ בָּרוּךְ שֵׁם כְּבוֹד מַלְכוּתוֹ.
קָדוֹשׁ לְיוֹם אֶחָד בַּשָּׁנָה שָׁת קְרִיאָתוֹ בָּרוּךְ שֵׁם כְּבוֹד מַלְכוּתוֹ.

מַלְכוּתוֹ בִּקְהַל עֲדָתִי / וּכְבוֹדוֹ הִיא אֱמוּנָתִי
אֵלָיו בַּקָּשָׁתִי / לְכַפֵּר עֲוֹן חַטָּאתִי
וּבְיוֹם צוֹם כִּפּוּר סְלִיחָתִי / יַעֲנֶה וְיֹאמַר, סָלַחְתִּי.

קָדוֹשׁ מוֹחֵל וְסוֹלֵחַ לַעֲדָתוֹ בָּרוּךְ שֵׁם כְּבוֹד מַלְכוּתוֹ.
קָדוֹשׁ נִרְאָה בְּהַר מְרוֹם הָרִים עֲמִידָתוֹ בָּרוּךְ שֵׁם כְּבוֹד מַלְכוּתוֹ.

מַלְכוּתוֹ בִּקְהַל עֲדָתִי / וּכְבוֹדוֹ הִיא אֱמוּנָתִי
אֵלָיו בַּקָּשָׁתִי / לְכַפֵּר עֲוֹן חַטָּאתִי
וּבְיוֹם צוֹם כִּפּוּר סְלִיחָתִי / יַעֲנֶה וְיֹאמַר, סָלַחְתִּי.

קָדוֹשׁ סוֹלֵחַ וְטוֹב לְסוֹבְלֵי עֹל יִרְאָתוֹ בָּרוּךְ שֵׁם כְּבוֹד מַלְכוּתוֹ.
קָדוֹשׁ עָוֹן יְכַפֵּר, וְלֹא יָעִיר כָּל חֲמָתוֹ בָּרוּךְ שֵׁם כְּבוֹד מַלְכוּתוֹ.

מַלְכוּתוֹ בִּקְהַל עֲדָתִי / וּכְבוֹדוֹ הִיא אֱמוּנָתִי
אֵלָיו בַּקָּשָׁתִי / לְכַפֵּר עֲוֹן חַטָּאתִי
וּבְיוֹם צוֹם כִּפּוּר סְלִיחָתִי / יַעֲנֶה וְיֹאמַר, סָלַחְתִּי.

קָדוֹשׁ פְּשָׁעִים מַעֲבִיר בְּצִדְקָתוֹ בָּרוּךְ שֵׁם כְּבוֹד מַלְכוּתוֹ.
קָדוֹשׁ צוֹם הֶעָשׂוֹר יְקַבֵּל לִתְשׁוּבָתוֹ בָּרוּךְ שֵׁם כְּבוֹד מַלְכוּתוֹ.

מַלְכוּתוֹ בִּקְהַל עֲדָתִי / וּכְבוֹדוֹ הִיא אֱמוּנָתִי
אֵלָיו בְּקָשְׁתִי / לְכַפֵּר עֲוֹן חַטָּאתִי
וּבְיוֹם צוֹם כִּפּוּר סְלִיחָתִי / יַעֲנֶה וְיֹאמַר, סָלַחְתִּי.

קָדוֹשׁ קְדוֹשִׁים יַעֲרִיצוּ קְדֻשָּׁתוֹ בָּרוּךְ שֵׁם כְּבוֹד מַלְכוּתוֹ.
קָדוֹשׁ רַחוּם וְחַנּוּן, וְאֵין זוּלָתוֹ בָּרוּךְ שֵׁם כְּבוֹד מַלְכוּתוֹ.

מַלְכוּתוֹ בִּקְהַל עֲדָתִי / וּכְבוֹדוֹ הִיא אֱמוּנָתִי
אֵלָיו בְּקָשְׁתִי / לְכַפֵּר עֲוֹן חַטָּאתִי
וּבְיוֹם צוֹם כִּפּוּר סְלִיחָתִי / יַעֲנֶה וְיֹאמַר, סָלַחְתִּי.

קָדוֹשׁ שׁוֹכֵן שְׁחָקִים בִּמְכוֹן שִׁבְתּוֹ בָּרוּךְ שֵׁם כְּבוֹד מַלְכוּתוֹ.
קָדוֹשׁ תַּרְשִׁישִׁים יַגִּידוּ תִּפְאַרְתּוֹ בָּרוּךְ שֵׁם כְּבוֹד מַלְכוּתוֹ.

מַלְכוּתוֹ בִּקְהַל עֲדָתִי / וּכְבוֹדוֹ הִיא אֱמוּנָתִי
אֵלָיו בְּקָשְׁתִי / לְכַפֵּר עֲוֹן חַטָּאתִי
וּבְיוֹם צוֹם כִּפּוּר סְלִיחָתִי / יַעֲנֶה וְיֹאמַר, סָלַחְתִּי.

כאשר אומרים אופן מחליפים את חרוז המעבר ׳וְהָאוֹפַנִּים וְחַיּוֹת הַקֹּדֶשׁ׳ בחרוז ׳וְהַחַיּוֹת יְשׁוֹרֵרוּ׳ בעמ׳ 182.

פיוטים לחזרת הש״ץ

ב׳קרובות׳ ליום הכיפורים נהגו באשכנז לומר פיוט ׳תוכחה׳ לאחר ה׳מחיה׳. פיוט זה אינו חלק מקורי מה׳קרובה׳, וגם מבחינה תוכנית – בעוד שב׳קרובה׳ שליח הציבור פונה אל הקב״ה בשם הכלל, ה׳תוכחה׳ הוא פיוט אישי מאוד. במקור את הפיוט אמר שליח הציבור, והקהל ענה רק את שורת הפזמון ׳עַד יוֹם מוֹתוֹ׳, ובכך הדגיש את האמונה בסליחה של הקב״ה בניגוד לקדרות האופפת את גוף הפיוט, המדבר על חולשת האדם. היום בקהילות שבהן אומרים את ה׳תוכחה׳, נוהגים שהקהל אומר את כולו, ואת הפזמון אומרים רק בתחילת הפיוט ובסופו.

שליח הציבור ואחריו הקהל:

עַד יוֹם מוֹתוֹ תְּחַכֶּה לּוֹ לִתְשׁוּבָה / לְהַנְּטוֹתוֹ לִתְחִיָּה.

הכול:

סימן א״ב

אֱנוֹשׁ מַה יִּזְכֶּה / וּצְבָא דֹק / לֹא זַכּוּ בְעֵינֶיךָ.
בַּלְּהִים אִם / תִּבְעַר הָאֵשׁ / מַה בֶּחָצִיר יָבֵשׁ.
עַד יוֹם מוֹתוֹ תְּחַכֶּה לּוֹ לִתְשׁוּבָה / לְהַנְּטוֹתוֹ לִתְחִיָּה.

גָּלוּי לְךָ / חֹשֶׁךְ כְּמוֹ אוֹר / מְשׁוֹטֵט כֹּל בָּעַיִן.
דִּירָתְךָ בַּסֵּתֶר / וּגְלוּיוֹת לְךָ / כָּל נִסְתָּרוֹת.
עַד יוֹם מוֹתוֹ תְּחַכֶּה לּוֹ לִתְשׁוּבָה / לְהַנְּטוֹתוֹ לִתְחִיָּה.

הַדָּן יְחִידִי / וְהוּא בְאֶחָד / וּמִי יְשִׁיבֶנּוּ.
וְעַל גּוֹי וְעַל אָדָם / יַחַד יִנָּטֶה קָו / וְאֵין מִי יַרְשִׁיעַ.
עַד יוֹם מוֹתוֹ תְּחַכֶּה לּוֹ לִתְשׁוּבָה / לְהַנְּטוֹתוֹ לִתְחִיָּה.

זֹאת יָבִין יְצִיר / וְלֹא יִתְעוֹ יֵצֶר / לַחֲטֹא לַיּוֹצֵר.
חֲתִלַּת בְּאֵרוֹ / חֲפִירַת בּוֹרוֹ / חֶשְׁבּוֹן בּוֹרְאוֹ.
עַד יוֹם מוֹתוֹ תְּחַכֶּה לּוֹ לִתְשׁוּבָה / לְהַנְּטוֹתוֹ לִתְחִיָּה.

טָמֵא מִשְּׂאֵרוֹ / וּמְטַמֵּא בְּעוֹדוֹ / וּמְטַמֵּא בְּמוֹתוֹ.
יְמֵי חַיָּיו תֹּהוּ / וְלֵילוֹתָיו בֹּהוּ / וְעִנְיָנָיו הָבֶל.
עַד יוֹם מוֹתוֹ תְּחַכֶּה לּוֹ לִתְשׁוּבָה / לְהַנְּטוֹתוֹ לִתְחִיָּה.

כַּחֲלוֹם מֵהָקִיץ / נִדְמֶה, בַּלָּהוֹת / יְבַעֲתוּהוּ תָמִיד.
לַיְלָה לֹא יִשְׁכַּב / יוֹמָם לֹא יָנוּחַ / עַד יֵרְדֵם בַּקָּבֶר.
עַד יוֹם מוֹתוֹ תְּחַכֶּה לּוֹ לִתְשׁוּבָה / לְהַנְּטוֹתוֹ לִתְחִיָּה.

מַה יִּתְאוֹנֵן / אָדָם חָי / דַּיּוֹ אֲשֶׁר הוּא חָי.
נוֹלַד לְעָמָל / אַשְׁרָיו אִם יְהִי / יְגִיעוֹ בְּדַת אֱמֶת.
עַד יוֹם מוֹתוֹ תְּחַכֶּה לוֹ לִתְשׁוּבָה / לְהַנְטוֹתוֹ לִתְחִיָּה.

סוֹפוֹ / עַל רֹאשׁוֹ מוֹכִיחַ / וְלָמָּה יַחֲנִיף.
עוֹד חוֹתָמוֹ / מְעִידוֹ עַל פָּעֳלוֹ / וּמַה יִּגְנֹב דָּעַת.
עַד יוֹם מוֹתוֹ תְּחַכֶּה לוֹ לִתְשׁוּבָה / לְהַנְטוֹתוֹ לִתְחִיָּה.

פּוֹעֵל צְדָקוֹת / אִם יְהִי, יְלַוּוּהוּ / לְבֵית עוֹלָמוֹ.
צוֹפֶה בְחָכְמָה / אִם יְהִי, עִמּוֹ / תִּתְלוֹנֵן בְּכָלְחוֹ.
עַד יוֹם מוֹתוֹ תְּחַכֶּה לוֹ לִתְשׁוּבָה / לְהַנְטוֹתוֹ לִתְחִיָּה.

קָצוּף בְּדָמִים / וּמִרְמָה אִם יְהִי / חֲרוּצִים יָמָיו.
רְצוֹנוֹ וְחֶפְצוֹ / בִּהְיוֹת בְּמוּסָר / יָנוּב בְּשֵׂיבָה טוֹבָה.
עַד יוֹם מוֹתוֹ תְּחַכֶּה לוֹ לִתְשׁוּבָה / לְהַנְטוֹתוֹ לִתְחִיָּה.

שֵׁם טוֹב אִם יִקְנֶה / מִשֵּׁמוֹת נָעִים / אֲשֶׁר יִקָּרֵא.
תַּחַת כֵּן / מִיּוֹם לֵדָה / יוֹם מִיתָה הוּטָב.

שליח הציבור ואחריו הקהל:

עַד יוֹם מוֹתוֹ תְּחַכֶּה לוֹ לִתְשׁוּבָה / לְהַנְטוֹתוֹ לִתְחִיָּה.

ממשיכים 'מִי כָמוֹךָ אָב הָרַחֲמָן' בעמ' 204.

שני הפיוטים הבאים הם 'קיקלרים' (ראה עמ' 506) בעלי שני חרוזי פזמון הנאמרים לסירוגין. ה'קיקלר' 'מוֹרֵה חַטָּאִים' מבוסס על מזמור קמה, ונוהגים שהקהל אומר את הצלע השלישית בכל בית, המוכרת לו מהמזמור. לאחר כל שלושה בתים, הקהל אומר גם אחד מחרוזי הפזמון.

שליח הציבור והקהל אומרים חרוז חרוז:

אָנָּא סְלַח נָא / פֶּשַׁע וְעָוֹן שָׂא נָא
וְכֹחֲךָ יִגְדַּל נָא. קָדוֹשׁ.

אָנָּא רַחוּם כַּפֵּר / עֲוֹן צָגִים, תְּהִלָּתְךָ לְסַפֵּר
וְיֵחָקוּ לַחַיִּים בַּסֵּפֶר. קָדוֹשׁ.

סימן משלם בירבי קלונימוס חזק [כפול]

ש״ץ: מוֹרֶה חַטָּאִים סלּל לְהִתְהַלֵּךְ / מְלַמֵּד לְהַדְרִיכִי בְּדֶרֶךְ אֵלֵךְ

קהל: אֲרוֹמִמְךָ אֱלוֹהַי הַמֶּלֶךְ: תהלים קמה

ש״ץ: שַׁחַר וָנֶשֶׁף אֲיַחֵד לְהַמְלִיכֶךָ / שׁוֹכֵן עַד וְאֵין כְּעֶרְכֶּךָ

קהל: בְּכָל־יוֹם אֲבָרְכֶךָּ:

ש״ץ: לִבִּי חָרֵד עֲבוֹדָתְךָ לִתְמֹד / לְהַעֲרִיץ קְדֻשָּׁתְךָ בְּמִשְׁמָר אֶעֱמֹד

קהל: גָּדוֹל יהוה וּמְהֻלָּל מְאֹד:

אָנָּא סְלַח נָא / פֶּשַׁע וְעָוֹן שָׂא נָא
וְכֹחֲךָ יִגְדַּל נָא. קָדוֹשׁ.

ש״ץ: מְיַחֲלִים לְחַסְדְּךָ זֶרַע עֲמוּסֶיךָ / מַלֵּא מִשְׁאֲלוֹתָם, וְיִשְׂמְחוּ חוֹסֶיךָ

קהל: דּוֹר לְדוֹר יְשַׁבַּח מַעֲשֶׂיךָ:

ש״ץ: בְּחִלּוּי וָצוֹם גָּשִׁים לְעָבְדֶךָ / בְּרוּאִים, כִּי הֵם לִכְבוֹדֶךָ

קהל: הֲדַר כְּבוֹד הוֹדֶךָ:

ש״ץ: יְקָר מַלְכוּתְךָ בְּרַעַד יַאֲמִירוּ / יִחוּדְךָ בְּזָר לֹא יָמִירוּ

קהל: וֶעֱזוּז נוֹרְאוֹתֶיךָ יֹאמֵרוּ:

אָנָּא רַחוּם כַּפֵּר / עֲוֹן צָגִים, תְּהִלָּתְךָ לְסַפֵּר
וְיָחֹקוּ לְחַיִּים בַּסֵּפֶר. קָדוֹשׁ.

ש״ץ: רֹן פְּגִיעוֹת לְפָנֶיךָ יַרְבִּיעוּ / רַחֵשׁ הִלּוּלְךָ בַּיּוֹם יְשַׁבֵּעוּ

קהל: זֵכֶר רַב־טוּבְךָ יַבִּיעוּ:

ש״ץ: בֹּקֶר אֶעֱרָךְ לְךָ חִנּוּנַי / בִּפְנוֹת עֶרֶב תִּמְחֶה זְדוֹנַי

קהל: חַנּוּן וְרַחוּם יהוה:

ש״ץ: יָהּ, צוּר, כַּפֵּר אֶשְׁכֹּל / יִכְבֹּשׁ עֲווֹנֵינוּ וְיֹאמְרוּ הַכֹּל

קהל: טוֹב־יהוה לַכֹּל:

אָנָּא סְלַח נָא / פֶּשַׁע וְעָוֹן שָׂא נָא
וְכֹחֲךָ יִגְדַּל נָא. קָדוֹשׁ.

ש״ץ: קוֹמֵם אִוּוּי קִרְיַת מְשׂוֹשֶׂךָ / קָדְשַׁת אַבְנֵי נֵזֶר בְּנוֹסְסֶךָ
קהל: יוֹדוּךָ יהוה כָּל־מַעֲשֶׂיךָ:

ש״ץ: לְוִיֶּיךָ וַחֲסִידֶיךָ בְּנֹעַם יְזַמֵּרוּ / לְבוּשֵׁי שְׂרָד רֶקַח יִתְמָּרוּ
קהל: כְּבוֹד מַלְכוּתְךָ יֹאמֵרוּ:

ש״ץ: וּשְׁתוּלִים בְּנָוְךָ יַפְרִיחוּ בְּחַצְרוֹתָיו / וְינוּבוּן בְּשֵׂיבָה, דְּשֵׁנִים בְּטִירוֹתָיו
קהל: לְהוֹדִיעַ לִבְנֵי הָאָדָם גְּבוּרֹתָיו:

אָנָּא רַחוּם כַּפֵּר / עֲוֹן צָגִים, תְּהִלָּתְךָ לְסַפֵּר
וִיְחַיּוּ לְחַיִּים בַּסֵּפֶר. קָדוֹשׁ.

ש״ץ: נִצְחֲךָ יְנַגְּנוּ תְּמִימִים וּשְׁלֵמִים / נְשָׂאֲךָ כִּסְאֲךָ בְּבֵית עוֹלָמִים
קהל: מַלְכוּתְךָ מַלְכוּת כָּל־עֹלָמִים:

ש״ץ: יַחַד בְּכַנְּסְךָ לְשִׁכְנְךָ גְּאוּלִים / יַלְבִּישׁוּךָ עֹז כְּעוֹבְרֵי גַּלִּים
קהל: סוֹמֵךְ יהוה לְכָל־הַנֹּפְלִים:

ש״ץ: מַבִּיעֵי טוּבְךָ בְּוַעַד יִתְחַבְּרוּ / מְחִים חֲשֹׁב תְּחַן יְדַבֵּרוּ
קהל: עֵינֵי־כֹל אֵלֶיךָ יְשַׂבֵּרוּ:

אָנָּא סְלַח נָא / פֶּשַׁע וְעָוֹן שָׂא נָא
וְכֹחֲךָ יִגְדַּל נָא. קָדוֹשׁ.

ש״ץ: וְדוּיִם יָנוּחַ שַׁי עָדֶיךָ / וִישַׁלֵּם פָּרִים אֶרֶשׁ עֵדֶיךָ
קהל: פּוֹתֵחַ אֶת־יָדֶךָ:

ש״ץ: סֶלָה בְּרַחֲמָיו יָצִיץ מֵחֲרַכָּיו / סְלַח יִרְבֶּה לְעַם מְבָרְכָיו
קהל: צַדִּיק יהוה בְּכָל־דְּרָכָיו:

ש״ץ: חִין יֶשַׁע מְגוּי מִקְרָאָיו / חֹן יָחֹן קוֹרְאֵי מִקְרָאָיו
קהל: קָרוֹב יהוה לְכָל־קֹרְאָיו:

אָנָּא רַחוּם כַּפֵּר / עֲוֹן צָגִים, תְּהִלָּתְךָ לְסַפֵּר
וִיְחַיּוּ לְחַיִּים בַּסֵּפֶר. קָדוֹשׁ.

ש״ץ: זֶה אֵלִי, פֶּלֶא עוֹשֶׂה / זַעֲקֵנוּ יֶרֶץ וְשׁוֹטְנֵינוּ יַעֲשֶׂה
קהל: רְצוֹן־יְרֵאָיו יַעֲשֶׂה:

ש״ץ: קוּוּי יִתֵּן לְלוֹ מַשְׁלִיךְ יְהָבָיו / קָדוֹשׁ פְּשָׁעֵינוּ יְכַסֶּה בַּאֲהָבָיו
קהל: שׁוֹמֵר יהוה אֶת־כָּל־אֹהֲבָיו:

ש״ץ: קַבֵּל צִקּוּנִי כְּבְמִכְלַל יֹפִי / קוֹלִי תַּאֲזִין וְתַצְלִיל דֹּפִי
קהל: תְּהִלַּת יהוה יְדַבֶּר פִּי:

אָנָּא סְלַח נָא / פֶּשַׁע וְעָוֹן שָׂא נָא
וְכֹחֲךָ יִגְדַּל נָא. קָדוֹשׁ.

מחבר ה׳קרובה׳ לשחרית, ר׳ משולם בר קלונימוס, חתם את שמו
במילות שני חרוזי הפזמון של ה׳קיקלר׳ הבא.
שליח הציבור והקהל אומרים חרוז חרוז:

מֶלֶךְ שׁוֹכֵן עַד / לְבַדְּךָ מְלֹךְ עֲדֵי עַד / הָאֵל קָדוֹשׁ.
מֶלֶךְ מַאֲזִין שַׁוְעָה / לְעַמּוֹ מֵחִישׁ יְשׁוּעָה / נוֹרָא וְקָדוֹשׁ.

הכול:

סימן א״ב (כפול)

אֶדֶר יְקַר אֵלִי / אַחֲוֶה בְּאֶרֶשׁ מִלּוּלִי.
מֶלֶךְ שׁוֹכֵן עַד / לְבַדְּךָ מְלֹךְ עֲדֵי עַד / הָאֵל קָדוֹשׁ.

בְּחֵךְ אַנְעִים זֶמֶר / בְּנִיב אַבִּיעַ אֹמֶר.
מֶלֶךְ מַאֲזִין שַׁוְעָה / לְעַמּוֹ מֵחִישׁ יְשׁוּעָה / נוֹרָא וְקָדוֹשׁ.

גְּבוּרוֹתָיו מִי יְמַלֵּל / גָּדְלוֹ מִי יְפַלֵּל.
מֶלֶךְ שׁוֹכֵן עַד / לְבַדְּךָ מְלֹךְ עֲדֵי עַד / הָאֵל קָדוֹשׁ.

דֹּק מְרוֹפֵף בִּגְעָרָה / דַּרְכּוֹ סוּפָה וּסְעָרָה.
מֶלֶךְ מַאֲזִין שַׁוְעָה / לְעַמּוֹ מֵחִישׁ יְשׁוּעָה / נוֹרָא וְקָדוֹשׁ.

הַנֶּאְדָּר מִקּוֹלוֹת מַיִם / הוֹדוֹ כִּסָּה שָׁמַיִם.
מֶלֶךְ שׁוֹכֵן עַד / לְבַדְּךָ מְלֹךְ עֲדֵי עַד / הָאֵל קָדוֹשׁ.

וּסְבִיבָיו שַׂרְפֵי אֵלִים / וּמִפַּחְדּוֹ זָעִים וְחָלִים.
מֶֽלֶךְ מַאֲזִין שַׁוְעָה / לְעַמּוֹ מֵחִישׁ יְשׁוּעָה / נוֹרָא וְקָדוֹשׁ.

זָךְ בִּשְׁמֵי מְעוֹנִים / זַעַק שְׁעֵה מִמִּתְעַנִּים.
מֶֽלֶךְ שׁוֹכֵן עַד / לְבַדּוֹ מֶלֶךְ עֲדֵי עַד / הָאֵל קָדוֹשׁ.

חַשְׁרַת סְבִיב סֻכּוֹ / חַשְׁמַל בְּלִי לְסוֹכוֹ.
מֶֽלֶךְ מַאֲזִין שַׁוְעָה / לְעַמּוֹ מֵחִישׁ יְשׁוּעָה / נוֹרָא וְקָדוֹשׁ.

טוֹב יוֹדֵעַ חוֹסָיו / טָהוֹר מַצְדִּיק עֲמוּסָיו.
מֶֽלֶךְ שׁוֹכֵן עַד / לְבַדּוֹ מֶלֶךְ עֲדֵי עַד / הָאֵל קָדוֹשׁ.

יוֹשֵׁב בְּסֵֽתֶר עֶלְיוֹן / יְקָר עֹז חֶבְיוֹן.
מֶֽלֶךְ מַאֲזִין שַׁוְעָה / לְעַמּוֹ מֵחִישׁ יְשׁוּעָה / נוֹרָא וְקָדוֹשׁ.

כּוֹנֵן שַֽׁחַק בִּתְבוּנָה / כָּל מַעֲשֵׂהוּ בֶּאֱמוּנָה.
מֶֽלֶךְ שׁוֹכֵן עַד / לְבַדּוֹ מֶלֶךְ עֲדֵי עַד / הָאֵל קָדוֹשׁ.

לוֹבֵשׁ עֹז וּגְדֻלָּה / לוֹ נָאוָה תְהִלָּה.
מֶֽלֶךְ מַאֲזִין שַׁוְעָה / לְעַמּוֹ מֵחִישׁ יְשׁוּעָה / נוֹרָא וְקָדוֹשׁ.

מוֹשֵׁל עוֹלָם בִּגְבוּרָה / מוֹחֶה פִּשְׁעֵי בָרָה.
מֶֽלֶךְ שׁוֹכֵן עַד / לְבַדּוֹ מֶלֶךְ עֲדֵי עַד / הָאֵל קָדוֹשׁ.

נָאוֹר וְאַדִּיר בַּהֲדָרוֹ / נוֹשֵׂא עָוֹן עֶדְרוֹ.
מֶֽלֶךְ מַאֲזִין שַׁוְעָה / לְעַמּוֹ מֵחִישׁ יְשׁוּעָה / נוֹרָא וְקָדוֹשׁ.

סוֹכֵת שִׂיחוֹת עֲרֵבוֹת / סֹלּוּ לָרֹכֵב בָּעֲרָבוֹת: תהלים סח
מֶֽלֶךְ שׁוֹכֵן עַד / לְבַדּוֹ מֶלֶךְ עֲדֵי עַד / הָאֵל קָדוֹשׁ.

עָף עַל כְּרוּבוֹ / עוֹנֶה לְעַם קְרוֹבוֹ.
מֶֽלֶךְ מַאֲזִין שַׁוְעָה / לְעַמּוֹ מֵחִישׁ יְשׁוּעָה / נוֹרָא וְקָדוֹשׁ.

פּוֹקֵד צְבָאוֹת גְּדוּדָיו / פּוֹדֶה נֶֽפֶשׁ עֲבָדָיו.
מֶֽלֶךְ שׁוֹכֵן עַד / לְבַדּוֹ מֶלֶךְ עֲדֵי עַד / הָאֵל קָדוֹשׁ.

צִדְקוֹ עֶלְיוֹנִים מַגִּידִים / צְבָא תַחְתּוֹנִים מוֹדִים.
מֶֽלֶךְ מַאֲזִין שַׁוְעָה / לְעַמּוֹ מֵחִישׁ יְשׁוּעָה / נוֹרָא וְקָדוֹשׁ.

קָדוֹשׁ, יוֹשֵׁב תְּהִלּוֹת: / קְנוּיָיו מַשִּׂיג מְחִילוֹת. תהלים כב
מֶלֶךְ שׁוֹכֵן עַד / לְבַדְּךָ מֶלֶךְ עֲדֵי עַד / הָאֵל קָדוֹשׁ.

רָם וְנִשָּׂא וְגֵאֶה / רוֹאֶה שָׁפָל וְנִכְאֶה.
מֶלֶךְ מַאֲזִין שַׁוְעָה / לְעַמּוֹ מֵחִישׁ יְשׁוּעָה / נוֹרָא וְקָדוֹשׁ.

שׁוֹכֵן בְּרוּם עֲלִיּוֹת / שַׁלִּיט בְּדוֹק תַּחְתִּיּוֹת.
מֶלֶךְ שׁוֹכֵן עַד / לְבַדְּךָ מֶלֶךְ עֲדֵי עַד / הָאֵל קָדוֹשׁ.

תּוֹמֵךְ זְרוֹעוֹת עוֹלָם / תַּקִּיף וּמִכֹּל נֶעְלָם.
מֶלֶךְ מַאֲזִין שַׁוְעָה / לְעַמּוֹ מֵחִישׁ יְשׁוּעָה / נוֹרָא וְקָדוֹשׁ.

הפיוט הבא מתאר את תפילת ישראל. בכל בית שלוש צלעות מחורזות –
האותיות שבראש שתי הצלעות הראשונות מסודרות על סדר א״ת ב״ש,
והצלע השלישית היא תחילתו של פסוק סליחות.

שליח הציבור:

וּבְכֵן, וְאַתָּה כְּרַחוּם סְלַח לָנוּ.

הכול:

אָנָּא אֱלֹהִים חַיִּים / תִּכְתֹּב דְּבֵקֶיךָ לְחַיִּים
כִּי־עִמְּךָ מְקוֹר חַיִּים: וְאַתָּה כְּרַחוּם סְלַח לָנוּ. תהלים לו

בְּעֵת רָצוֹן תַּעֲנֶה תְּחִנָּתִי / שִׁמְעָה יהוה צֶדֶק, הַקְשִׁיבָה רִנָּתִי: תהלים יז
אַל־תַּעְלֵם אָזְנְךָ לְרַוְחָתִי לְשַׁוְעָתִי: וְאַתָּה כְּרַחוּם סְלַח לָנוּ. איכה ג

גְּעִית קוֹרְאֶיךָ בִּתְפִלַּת שַׁחַר / רְצֵה וְהַלְבֵּן אָדֹם כְּצַחַר
אֲדֹנָי הַקְשִׁיבָה וַעֲשֵׂה אַל־תְּאַחַר: וְאַתָּה כְּרַחוּם סְלַח לָנוּ. דניאל ט

דַּלּוֹתִי וְלִי יְהוֹשִׁיעַ: / קוֶֹיךָ בַּל תַּרְשִׁיעַ תהלים קטז
מְדַבֵּר בִּצְדָקָה רַב לְהוֹשִׁיעַ: וְאַתָּה כְּרַחוּם סְלַח לָנוּ. ישעיה סג

הַצְּפוּפִים יַחַד לְעָבְדָךְ / צְבָאוֹת צֹאן יָדֶךָ
הַרְאֵנוּ יהוה חַסְדֶּךָ: וְאַתָּה כְּרַחוּם סְלַח לָנוּ. תהלים פה

וּמַרְבִּים תַּחַן וָעֶתֶר / פֶּלֶל לַחֲשֵׁנוּ הֵעָתֵר
אַתָּה אֵל מִסְתַּתֵּר: וְאַתָּה כְּרַחוּם סְלַח לָנוּ. ישעיה מה

זַעֲקֵנוּ שְׁעֵה אוֹתָנוּ לִצְדָקָה / עֱרֹךְ שַׁוְעֵנוּ כִּתְמוּר דַּקָּה מִן הַדַּקָּה
דניאל ט לְךָ אֲדֹנָי הַצְּדָקָה: וְאַתָּה כְּרַחוּם סְלַח לָנוּ.

חַטָּאֵנוּ בְּאֵזוֹב וְטַהֲרֵנוּ / סָמְכֵנוּ, סַתְּרֵנוּ וְשַׂבְּרֵנוּ
ישעיה סד אֲנַחְנוּ הַחֹמֶר וְאַתָּה יֹצְרֵנוּ: וְאַתָּה כְּרַחוּם סְלַח לָנוּ.

טָהוֹר קְשֹׁב חִנּוּנִי / נַקֵּנִי מִכֶּתֶם עֲוֹנִי
ירמיה יז מִקְוֵה יִשְׂרָאֵל יהוה: וְאַתָּה כְּרַחוּם סְלַח לָנוּ.

יֶהֱמוּ מֵעֶיךָ עָלֵינוּ / מַהֵר רַחֲמֶיךָ יְקַדְּמוּנוּ
ישעיה סג אַתָּה יהוה אָבִינוּ: וְאַתָּה כְּרַחוּם סְלַח לָנוּ.

כְּרַחוּם תְּכַפֵּר עָוֹן / לַכֹּל תִּשָּׂא עָוֹן
ישעיה סד וְאַל־לָעַד תִּזְכֹּר עָוֹן: וְאַתָּה כְּרַחוּם סְלַח לָנוּ.

הפיוט הבא מובא רק במחזורי מזרח אירופה, אך בית הפתיחה שלו (שבאחדים מהמחזורים מופיע כפזמון) נאמר היום גם בקהילות שנוהגות למעט באמירת פיוטים. יש שייחסוהו לר׳ יוסף אבן אביתור, מראשוני פייטני ספרד.

שליח הציבור ואחריו הקהל:

הַיּוֹם יִכָּתֵב / בְּסֵפֶר הַזִּכְרוֹנוֹת / הַחַיִּים וְהַמָּוֶת.
אָנָּא כַּנָּה / עוּרִי נָא / הִתְעוֹרְרִי נָא / עִמְדִי נָא
הִתְיַצְּבִי נָא / קוּמִי נָא / חַלִּי נָא
בְּעַד הַנֶּפֶשׁ חַנִּי נָא / פְּנֵי דָר עֶלְיוֹן.

הכול:

סימן א״ב

אֲיֻמָּה בָּחַר / יַלְבִּין כְּצֶמֶר צַחַר בִּתְפִלַּת הַשַּׁחַר.
בַּטְחוֹת חוֹקֵר / צֹאן עֶדְרוֹ יְבַקֵּר בְּעֵת תָּמִיד הַבֹּקֶר.
גּוֹשֵׁם וְעוֹצֵר / גָּלוּתֵנוּ יְקַצֵּר בְּזֹאת תְּפִלַּת יוֹצֵר.

הַיּוֹם יִכָּתֵב / בְּסֵפֶר הַזִּכְרוֹנוֹת / הַחַיִּים וְהַמָּוֶת.
אָנָּא כַּנָּה / עוּרִי נָא / הִתְעוֹרְרִי נָא / עִמְדִי נָא
הִתְיַצְּבִי נָא / קוּמִי נָא / חַלִּי נָא
בְּעַד הַנֶּפֶשׁ חַנִּי נָא / פְּנֵי דָר עֶלְיוֹן.

דְּרוֹר אַל תְּאַחֵר / כִּי גְרוֹנֵנוּ נִחַר בִּתְפִלַּת הַשַּׁחַר.
הַכֹּל סוֹקֵר / הַמַּסְטִין יַכְחִישׁ וִישַׁקֵּר בְּעֵת תְּמִיד הַבֹּקֶר.
וּמְזִמָּה לֹא יִבָּצֵר / מִצָּרוֹתֵינוּ יָצַר בְּזֹאת תְּפִלַּת יוֹצֵר.

הַיּוֹם יִכָּתֵב / בְּסֵפֶר הַזִּכְרוֹנוֹת / הַחַיִּים וְהַמָּוֶת.
אָנָּא כַּנָּה / עוּרִי נָא / הִתְעוֹרְרִי נָא / עִמְדִי נָא
הִתְיַצְּבִי נָא / קוּמִי נָא / חַלִּי נָא
בְּעַד הַנֶּפֶשׁ חַנִּי נָא / פְּנֵי דָּר עֶלְיוֹן.

זָחוּל סְחַרְחַר / בֶּטַח יִרְבַּץ וְיִסְחַר בִּתְפִלַּת הַשַּׁחַר.
חַיָּתְךָ יַקֵּר / בְּנֵי שֵׁת לְקַרְקֵר בְּעֵת תְּמִיד הַבֹּקֶר.
טָהוֹר וְנוֹצֵר / סְגֻלָּתוֹ לְחַיִּים יְעַצֵּר בְּזֹאת תְּפִלַּת יוֹצֵר.

הַיּוֹם יִכָּתֵב / בְּסֵפֶר הַזִּכְרוֹנוֹת / הַחַיִּים וְהַמָּוֶת.
אָנָּא כַּנָּה / עוּרִי נָא / הִתְעוֹרְרִי נָא / עִמְדִי נָא
הִתְיַצְּבִי נָא / קוּמִי נָא / חַלִּי נָא
בְּעַד הַנֶּפֶשׁ חַנִּי נָא / פְּנֵי דָּר עֶלְיוֹן.

יְדִיד מְרַחֵם מְשַׁחֵר / יוֹשִׁיעַ טֶרֶם מָחָר בִּתְפִלַּת הַשַּׁחַר.
כּוֹבֵשׁ הָרִים וְעוֹקֵר / לְטוֹבָה עַמּוֹ יְבַקֵּר בְּעֵת תְּמִיד הַבֹּקֶר.
מִקְדָּשְׁךָ וּמִזְבֵּחַ וְהֶחָצֵר / נָא כְּקַדְמָתָם תְּבַצֵּר בְּזֹאת תְּפִלַּת יוֹצֵר.

הַיּוֹם יִכָּתֵב / בְּסֵפֶר הַזִּכְרוֹנוֹת / הַחַיִּים וְהַמָּוֶת.
אָנָּא כַּנָּה / עוּרִי נָא / הִתְעוֹרְרִי נָא / עִמְדִי נָא
הִתְיַצְּבִי נָא / קוּמִי נָא / חַלִּי נָא
בְּעַד הַנֶּפֶשׁ חַנִּי נָא / פְּנֵי דָּר עֶלְיוֹן.

סְעוּרָה וּשְׁבוּרָה כְּפֶחָר / פְּצֵה מֵרִיב וְחַרְחַר בִּתְפִלַּת הַשַּׁחַר.
קְרָנוֹת עֵשָׂו יְעַקֵּר / שְׁתוּלִים בְּבֵיתוֹ לְיַקֵּר בְּעֵת תְּמִיד הַבֹּקֶר.
יוֹרֶה וּמַלְקוֹשׁ הַפְּצֵר / סַפֵּק לְחוֹרֵשׁ וְקוֹצֵר בְּזֹאת תְּפִלַּת יוֹצֵר.

הַיּוֹם יִכָּתֵב / בְּסֵפֶר הַזִּכְרוֹנוֹת / הַחַיִּים וְהַמָּוֶת.
אָנָּא כַּנָּה / עוּרִי נָא / הִתְעוֹרְרִי נָא / עִמְדִי נָא
הִתְיַצְּבִי נָא / קוּמִי נָא / חַלִּי נָא
בְּעַד הַנֶּפֶשׁ חַנִּי נָא / פְּנֵי דָּר עֶלְיוֹן.

הפיוט הבא מתאר את ישראל הבאים לפני הקב״ה ומבקשים רחמים.
באמצעו הפייטן פונה לקב״ה ומבקש גאולה בעבורם.

שליח הציבור ואחריו הקהל:

וּבְכֵן, אַךְ חַנּוּן אַתָּה, וְרַחוּם לְכָל פֹּעַל.

סימן א״ב

הכול:

אַךְ אָתִים בְּחִין לְפָנֶיךָ כִּי אַתָּה רַחוּם לְכָל פֹּעַל.
אַךְ בּוֹטְחִים בְּחַסְדְּךָ אֱמוּנֶיךָ כִּי אַתָּה רַחוּם לְכָל פֹּעַל.
אַךְ גּוֹעִים וּמַרְגִּישִׁים שִׁכְנֶךָ כִּי אַתָּה רַחוּם לְכָל פֹּעַל.
אַךְ דַּלּוּ עֵינֵיהֶם לִמְעוֹנֶךָ חַנּוּן וְרַחוּם לְכָל פֹּעַל.

אַךְ הוֹגִים לַעֲנוֹת עִנְיָנֶיךָ כִּי אַתָּה רַחוּם לְכָל פֹּעַל.
אַךְ וְעוֹדִים בְּנִצּוּחַ לְנַגְּנֶךָ כִּי אַתָּה רַחוּם לְכָל פֹּעַל.
אַךְ זוֹעֲקִים יַחַד הֲמוֹנֶיךָ כִּי אַתָּה רַחוּם לְכָל פֹּעַל.
אַךְ חוֹכִים יְשׁוּעוֹת חַסְנֶךָ חַנּוּן וְרַחוּם לְכָל פֹּעַל.

אַךְ טְבוּלִים בְּטֹהַר לְחַנְּנֶךָ כִּי אַתָּה רַחוּם לְכָל פֹּעַל.
אַךְ יוֹדוּ לְשִׁמְךָ בָּנֶיךָ כִּי אַתָּה רַחוּם לְכָל פֹּעַל.
אַךְ כַּפֵּר לְעַם מַאֲמִינֶיךָ כִּי אַתָּה רַחוּם לְכָל פֹּעַל.
אַךְ לֹא לָנוּ כִּי אִם לְמַעֲנֶךָ חַנּוּן וְרַחוּם לְכָל פֹּעַל.

אַךְ מַגֵּר מִתְקוֹמְמֵי צְפוּנֶיךָ כִּי אַתָּה רַחוּם לְכָל פֹּעַל.
אַךְ נַשֵּׂא זֶרַע בְּחוּנֶיךָ כִּי אַתָּה רַחוּם לְכָל פֹּעַל.
אַךְ סְלִיחָה תַּרְבֶּה לְמִתְעַנֶּיךָ כִּי אַתָּה רַחוּם לְכָל פֹּעַל.
אַךְ עֲנֵם מִשְּׁמֵי מְעוֹנֶךָ חַנּוּן וְרַחוּם לְכָל פֹּעַל.

אַךְ פְּצֵם מֵהֲמִית שְׁאוֹנֶךָ כִּי אַתָּה רַחוּם לְכָל פֹּעַל.
אַךְ צַדֵּק גּוֹי נְבוֹנֶיךָ כִּי אַתָּה רַחוּם לְכָל פֹּעַל.
אַךְ קוֹמֵם קֶדֶם קִנְיָנֶךָ כִּי אַתָּה רַחוּם לְכָל פֹּעַל.
אַךְ רוֹמֵם תֵּל אַרְמוֹנֶךָ כִּי אַתָּה רַחוּם לְכָל פֹּעַל.
אַךְ שְׁעֵה לַחַשׁ מִתְחַנְּנֶיךָ כִּי אַתָּה רַחוּם לְכָל פֹּעַל.
אַךְ תָּמְכֵם וְחָשְׁכֵם מֵחֲרוֹנֶךָ חַנּוּן וְרַחוּם לְכָל פֹּעַל.

ממשיכים ׳וּבְכֵן, אִמְרוּ לֵאלֹהִים׳ בעמ׳ 207.

זו הגרסה המלאה של הפיוט המובא בעמ׳ 211-212.

וּבְכֵן, גְּדוֹלִים מַעֲשֵׂי אֱלֹהֵינוּ.

סימן א״ב בשילוב תשר״ק

מַעֲשֵׂה אֱלֹהֵינוּ

אֵין מִי בַּשַּׁחַק יַעֲרָךְ לוֹ / בִּבְנֵי אֵלִים יִדְמֶה לוֹ

גְּבֹהִים עָלָה לְמוֹשָׁב לוֹ / דָּרֵי גֵיא כַּחֲגָבִים לְמוּלוֹ

לָכֵן יִתְגָּאֶה, הַצּוּר תָּמִים פָּעֳלוֹ: דברים לב

מַעֲשֵׂה אֱנוֹשׁ

תַּחְבּוּלוֹתָיו מְזִמָּה / שִׁבְתּוֹ בְּתוֹךְ מִרְמָה

רְפִידָתוֹ רִמָּה / קָבוּר בִּסְעִיף אֲדָמָה

וְאֵיךְ יִתְגָּאֶה, אָדָם לַהֶבֶל דָּמָה: תהלים קמד

מַעֲשֵׂה אֱלֹהֵינוּ

הַמְשֵׁל וָפַחַד עִמּוֹ / וְהַרְבֵּה פְדוּת עִמּוֹ איוב כה

זָעַק וְלַחַשׁ עִמּוֹ / חָשׁ וּמַאֲזִין מִמְּרוֹמוֹ

לָכֵן יִתְגָּאֶה, יהוה צְבָאוֹת שְׁמוֹ: ישעיה מח

מַעֲשֵׂה אֱנוֹשׁ

צְעָדָיו דַּרְכֵי תֹהוּ / פְּעֻלָּתוֹ מַעֲשֵׂה בֹהוּ

עֲשְׁתּוֹנוֹתָיו אָבְדוּ וְנָדְהוּ / סְרִעַפָּיו בָּטְלוּ וְדָהוּ

וְאֵיךְ יִתְגָּאֶה, הֶבֶל וְעִנְיַן רָע הוּא: קהלת ד

מַעֲשֵׂה אֱלֹהֵינוּ

טֶרֶף נָתַן לִירֵאָיו: / יֹבִילוּ שַׁי לְמוֹרָאָיו תהלים קיא

כִּתֵּי גְדוּדֵי צְבָאָיו / לֹא יְשׁוּרוּ כְּבוֹד מַרְאָיו

לָכֵן יִתְגָּאֶה, הִנֵּה עֵין יהוה אֶל־יְרֵאָיו: תהלים לג

מַעֲשֵׂה אֱנוֹשׁ

נִרְדָּם בִּתְנוּמוֹת / מָלֵא חֵמוֹת

לוֹבֵשׁ חֵטְא וַאֲשָׁמוֹת / כַּעַס וּכְלִמּוֹת

וְאֵיךְ יִתְגָּאֶה, נִמְשַׁל כַּבְּהֵמוֹת: תהלים מט

מַעֲשֵׂה אֱלֹהֵינוּ

מַלְאָכָיו עוֹשֶׂה רוּחוֹת / נִקְדָּשׁ בְּשִׁירוֹת וְתִשְׁבָּחוֹת
סוֹכֵת שְׂפִיכַת שִׂיחוֹת / עוֹנֶה וּמַעֲמִיד רְוָחוֹת
לָכֵן יִתְגָּאֶה, אֱלֹהֵי הָרוּחֹת: במדבר טז

מַעֲשֵׂה אֱנוֹשׁ

יָמָיו גְּרוּעִים / טוֹבָה חֲשׁוּכִים וּמְנוּעִים
חֲטָאָיו מַכְרִיעִים / זְכֻיּוֹתָיו מְגֹרָעִים
וְאֵיךְ יִתְגָּאֶה, כָּל־יְמֵי עָנִי רָעִים: משלי טו

מַעֲשֵׂה אֱלֹהֵינוּ

פּוֹדֶה מִשַּׁחַת עֲמוּסָיו / צוּר יוֹדֵעַ חוֹסָיו
קָדוֹשׁ מַפְלִיא נִסָּיו / רַחוּם לְמַרְצָיו וּמַכְעִיסָיו
לָכֵן יִתְגָּאֶה, וְרַחֲמָיו עַל־כָּל־מַעֲשָׂיו: תהלים קמה

מַעֲשֵׂה אֱנוֹשׁ

וּמִתְאַוֶּה לַכֹּל / הַשֵּׂג תַּאֲוָה לֹא יָכוֹל
דָּוֶה וְדוֹאֵג מִכֹּל / גּוֹוֵעַ אַחַר כֹּל
וְאֵיךְ יִתְגָּאֶה, כִּי לֹא בְמוֹתוֹ יִקַּח הַכֹּל: תהלים מט

מַעֲשֵׂה אֱלֹהֵינוּ

שׁוֹמֵעַ שַׁוְעוֹת / שׁוֹעֶה עֶרֶךְ שׁוּעוֹת
תּוֹרוֹתָיו מְשַׁעַשְׁעוֹת / תַּכְסִיסוֹ כּוֹבַע יְשׁוּעוֹת
לָכֵן יִתְגָּאֶה, הָאֵל לָנוּ אֵל לְמוֹשָׁעוֹת: תהלים סח

מַעֲשֵׂה אֱנוֹשׁ

בָּהוּל בְּפַחְדּוֹ / בַּחַיִּים בְּעוֹדוֹ
אָצוּר בְּחֶלְדּוֹ / אֶבֶן נֶגֶף לְאֵידוֹ
וְאֵיךְ יִתְגָּאֶה, לֹא־יֵרֵד אַחֲרָיו כְּבוֹדוֹ: תהלים מט

ממשיכים ׳וּבְכֵן, לְנוֹרָא עֲלֵיהֶם׳ בעמ׳ 213.

ביום הכיפורים נהגו בקהילות אשכנז להרבות באמירת 'רהיטים' (ראה עמ' 207).
בדרך כלל שליח הציבור אמר בקול את שורת הפתיחה הפותחת בתיבת 'וּבְכֵן', הקהל אמר את הפיוט בלחש, ושליח הציבור חזר בקול על השורה האחרונה. כיום ברוב הקהילות נוהגים לדלג על מרבית ה'רהיטים', ולאחר 'עַל יִשְׂרָאֵל אֱמוּנָתוֹ' אומרים רק את 'הָאַדֶּרֶת וְהָאֱמוּנָה', שאף אינו חלק מה'קרובה' המקורית.

השורה הפותחת את הפיוט 'אַפְסֵי אֶרֶץ בִּדְבָרוֹ הֵקִים' היא חלקו השני של הפסוק הפותח את הפיוט הקודם, 'עַל יִשְׂרָאֵל אֱמוּנָתוֹ' – אך מבחינה תוכנית הקשר בין שני הפיוטים אינו מובהק: לאחר תיאור בחירת ישראל הפייטן מתאר את גדולת ה' הבאה לידי ביטוי בבריאה, ומסיים בברית עם ישראל.

שליח הציבור:

וּבְכֵן, וְעֻזּוֹ בַּשְּׁחָקִים.

הכול:

סימן א״ב

אַפְסֵי אֶרֶץ בִּדְבָרוֹ הֵקִים / בְּיִרְאָה לְעָבְדוֹ מִתְלַהֲקִים
גּוֹלֶה מִנִּי חֹשֶׁךְ עֲמֻקִּים / דְּבַר עַבְדּוֹ מֵקִים
הַחוֹצֵב לֶהָבוֹת וּבְרָקִים / וְתֵבֵל מְאִירִים וּמַבְהִיקִים
זוֹכֵר בְּרִית מְצוּקִים / חַסְדּוֹ גָּדוֹל מֵעַל לִמְוּצָקִים
טוֹב לְמָעוֹז, לְאֵלָיו דְּבוּקִים / יִחְיוּ כֹּל בּוֹ דְבֵקִים
כִּי מֵרוּחוֹ הָרִים מִתְפָּרְקִים / לֹא יָכִילוּ זַעְמוֹ צוּרִים וְצוּקִים
מִפַּחְדּוֹ יִתְבַּקְּעוּ עֲמָקִים / נְמוֹגִים וְכַדּוֹנַג נְמַקִּים
סוּפָה וּסְעָרָה דַּרְכּוֹ נֶאֱבָקִים / עָנָן מִדְרַךְ רַגְלָיו כַּאֲבָקִים
פְּדוּת שָׁלַח לְעַם לוֹ חֲשׁוּקִים / צִוָּה לְעוֹלָם בְּרִיתוֹ לִנְשׁוּקִים
קְנוּיִים לוֹ וּבִימִינוֹ נֶחְבָּקִים / רָצִים אַחֲרָיו וּבוֹ נִדְבָּקִים
◂ שַׁוְעָם שׁוֹמֵעַ מִמַּעֲמַקִּים / תִּפְאֶרֶת עֹז לְשׁוֹשַׁנַּת הָעֲמָקִים.

השורה הפותחת את הפיוט הבא לקוחה מתהלים לה, י: "כָּל עַצְמֹתַי תֹּאמַרְנָה, ה' מִי כָמוֹךָ", אך לתיאור גדולת ה' בבריאה מתאים יותר הפסוק מתהלים עא, יט: "וְצִדְקָתְךָ אֱלֹהִים עַד־מָרוֹם, אֲשֶׁר־עָשִׂיתָ גְדֹלוֹת, אֱלֹהִים מִי כָמוֹךָ". מכל מקום שני הפסוקים לקוחים מפרקים שהם ביסודם תפילה לישועת ה', ולזה המשורר מכוון בסוף הפיוט.

שליח הציבור:

וּבְכֵן, יהוה מִי כָּמוֹךָ.

הכול:

סימן א״ב

מִי כָמְוֹךָ אַדִּיר בַּמְּרוֹמִים   מִי כָמְוֹךָ בּוֹרֵא כֵס וַהֲדוֹמִים
מִי כָמְוֹךָ גִּבּוֹר וּמוֹשִׁיעַ   מִי כָמְוֹךָ דּוֹבֵר בִּצְדָקָה רַב לְהוֹשִׁיעַ

מִי כָמְוֹךָ הוֹד וְהָדָר לוֹבֵשׁ
מִי כָמְוֹךָ חֵטְא וְעָוֹן כּוֹבֵשׁ
מִי כָמְוֹךָ זַךְ בָּעֶלְיוֹנִים
מִי כָמְוֹךָ חָסִין בְּאַלְפֵי שִׁנְאַנִּים
מִי כָמְוֹךָ טוֹב וּמֵטִיב
מִי כָמְוֹךָ יְשָׁרִים לְהֵיטִיב
מִי כָמְוֹךָ כּוֹנֵס כַּנֵּד מֵי הַיָּם
מִי כָמְוֹךָ לְהָשִׁיב מִמְּצֻלוֹת יָם
מִי כָמְוֹךָ מָדַד בְּשָׁעֳלוֹ מַיִם
מִי כָמְוֹךָ נֶאְדָּר מִקּוֹלוֹת מַיִם
מִי כָמְוֹךָ שָׂם עָבִים רְכוּבוֹ
מִי כָמְוֹךָ עוֹזֵר וְיוֹדֵעַ חוֹסֵי בוֹ
מִי כָמְוֹךָ פּוֹעֵל יְשׁוּעוֹת
מִי כָמְוֹךָ צוֹעֲקָיו לְהַשְׁעוֹת
מִי כָמְוֹךָ קָדוֹשׁ וְנוֹרָא שְׁמוֹ
מִי כָמְוֹךָ רוֹצֶה בְעַמּוֹ
‹ מִי כָמְוֹךָ שׁוֹמֵר הַבְּרִית וְהַחֶסֶד
מִי כָמְוֹךָ תִּתֵּן אֱמֶת לְיַעֲקֹב וּלְאַבְרָהָם חֶסֶד.

את הפיוט הבא פותח פסוק שלם, הלקוח מפרק שבו דוד מבקש מה׳ הצלה מיד אויביו. בפיוט זה המשורר משתמש בהשוואה הכפולה שבפסוק כדי להדגיש את עליונותו האינסופית של הקב״ה על צבא מרום, ואת פעולותיו בארץ על כל מלכי הארץ.

שליח הציבור:

תהלים פו וּבְכֵן, אֵין־כָּמְוֹךָ בָאֱלֹהִים, אֲדֹנָי, וְאֵין כְּמַעֲשֶׂיךָ:

הכול:

סימן א״ב

אֵין כָּמְוֹךָ בְּאַדִּירֵי מַעְלָה
וְאֵין כְּמַעֲשֶׂיךָ בִּבְרוּרֵי מַטָּה
אֵין כָּמְוֹךָ בִּגְדוּדֵי מַעְלָה
וְאֵין כְּמַעֲשֶׂיךָ בְּדָרֵי מַטָּה
אֵין כָּמְוֹךָ בַּהֲמוֹנֵי מַעְלָה
וְאֵין כְּמַעֲשֶׂיךָ בְּוַעוּדֵי מַטָּה
אֵין כָּמְוֹךָ בְּזַכֵּי מַעְלָה
וְאֵין כְּמַעֲשֶׂיךָ בַּחֲיָלֵי מַטָּה
אֵין כָּמְוֹךָ בִּטְהוֹרֵי מַעְלָה
וְאֵין כְּמַעֲשֶׂיךָ בִּיקִירֵי מַטָּה
אֵין כָּמְוֹךָ בִּכְרוּבֵי מַעְלָה
וְאֵין כְּמַעֲשֶׂיךָ בִּלְגְיוֹנֵי מַטָּה
אֵין כָּמְוֹךָ בְּמַלְאֲכֵי מַעְלָה
וְאֵין כְּמַעֲשֶׂיךָ בִּנְגִידֵי מַטָּה
אֵין כָּמְוֹךָ בִּשְׂרָפֵי מַעְלָה
וְאֵין כְּמַעֲשֶׂיךָ בְּעָרִיצֵי מַטָּה
אֵין כָּמְוֹךָ בִּפְלִיאֵי מַעְלָה
וְאֵין כְּמַעֲשֶׂיךָ בְּצִבְאוֹת מַטָּה
אֵין כָּמְוֹךָ בִּקְדוֹשֵׁי מַעְלָה
וְאֵין כְּמַעֲשֶׂיךָ בְּרוֹזְנֵי מַטָּה
‹ אֵין כָּמְוֹךָ בְּשִׁנְאַנֵּי מַעְלָה
וְאֵין כְּמַעֲשֶׂיךָ בְּתַקִּיפֵי מַטָּה.

ממשיכים ׳וּבְכֵן, נַאְדִּרְךָ׳ עמ׳ 214.

במערכת ה'רהיטים' כפי שנכתבה במקור, הפיוט הזה, המתאר כיצד ישראל משבחים את הקב"ה, על משקל הפסוק "אֶת־ה' הֶאֱמַרְתָּ הַיּוֹם" (דברים כו, יז), הוא מסקנת הפיוט הקודם 'אֵין כָּמוֹךָ... וְאֵין כְּמַעֲשֶׂיךָ'. אך במחזורי קהילות אשכנז שילבו ביניהם את הפיוט 'הָאַדֶּרֶת וְהָאֱמוּנָה' (עמ' 214), דהיינו, האמרת הקב"ה אינה מסקנה ישירה מגדולתו, אלא תגובה לחוויה המרוממת של 'הָאַדֶּרֶת וְהָאֱמוּנָה'.

שליח הציבור:

וּבְכֵן, נַאֲמִירָךְ אֱלֹהֵינוּ בְּאֵימָה.

הכול:

סימן א"ב (כפול)

נַאֲמִירָךְ בְּאֵימָה / נְבָרְכָךְ בְּבִינָה
נְגַדְּלָךְ בִּגְדֻלָּה / נִדְרְשָׁךְ בְּדֵעָה
נְהַדְּרָךְ בְּהוֹדָיָה / נוֹדָךְ בְּוַעִידָה
נַזְכִּירָךְ בְּזִמְרָה / נְחַסְּנָךְ בַּחִילָה
נְטַעֲמָךְ בְּטָהֳרָה / נְיַחֲדָךְ בְּיִרְאָה
נְכַבְּדָךְ בִּכְרִיעָה / נְלַבְּבָךְ בִּלְמִידָה
נַמְלִיכָךְ בִּמְלוּכָה / נְנַצְּחָךְ בִּנְעִימָה
נְשַׂגְּבָךְ בְּשִׂירָה / נַעֲרִיצָךְ בַּעֲנָוָה
נְפָאֲרָךְ בִּפְצִיחָה / נְצַלְצְלָךְ בְּצָהֳלָה
נַקְדִּישָׁךְ בִּקְרִיאָה / נְרוֹמְמָךְ בִּרְנָנָה
◂ נְשׁוֹרְרָךְ בְּשִׁבְחָה / נַתְמִידָךְ בִּתְהִלָּה.

שני הפיוטים הבאים מבוססים על מזמור צט בתהלים. הביטוי 'קָדוֹשׁ הוּא' חוזר בניסוחים שונים שלוש פעמים לאורך המזמור, כמעין פזמון. וכן גם בפיוט.

שליח הציבור:

וּבְכֵן, רוֹמְמוּ יהוה אֱלֹהֵינוּ וְהִשְׁתַּחֲווּ לַהֲדֹם רַגְלָיו קָדוֹשׁ הוּא: תהלים צט

הכול:

סימן א"ב

רוֹמְמוּ אֵל מֶלֶךְ נֶאֱמָן	**קָדוֹשׁ הוּא, בָּרוּךְ בְּכָל זְמָן**
רוֹמְמוּ גּוֹמֵל חֲסָדִים	**קָדוֹשׁ הוּא, דָּתוֹתָיו דּוֹדִים**
רוֹמְמוּ הַנִּקְדָּשׁ בִּצְדָקָה	**קָדוֹשׁ הוּא וּמַאֲזִין צְעָקָה**

רוֹמְמוּ זֵרֶת שְׁחָקִים קָדוֹשׁ הוּא, חִכּוֹ מַמְתַקִּים
רוֹמְמוּ טוֹב לַכֹּל קָדוֹשׁ הוּא, יוֹדֵעַ הַכֹּל
רוֹמְמוּ כָּבוֹד אוֹמֵר כֻּלּוֹ בְּהֵיכָלוֹ קָדוֹשׁ הוּא, לְהַקְדִּישׁוֹ וּלְעַלּוֹ
רוֹמְמוּ מוֹנֶה מִסְפָּר לַכּוֹכָבִים קָדוֹשׁ הוּא, נִצָּב בַּעֲדַת כְּרוּבִים
רוֹמְמוּ סוֹבֵל בִּזְרוֹעוֹ עוֹלָם קָדוֹשׁ הוּא, עִזּוּז וּמִכֹּל נֶעְלָם
רוֹמְמוּ פּוֹנֶה וְחוֹנֵן יְדִידִים קָדוֹשׁ הוּא, צִדְקָתוֹ שָׁמַיִם מַגִּידִים
רוֹמְמוּ קָרוֹב לְקוֹרְאָיו קָדוֹשׁ הוּא, רוֹצֶה יְרֵאָיו
◂ רוֹמְמוּ שׁוֹמֵעַ תְּפִלּוֹת קָדוֹשׁ הוּא, תִּפְאַרְתּוֹ בְּמַקְהֵלוֹת.

שליח הציבור:

וּבְכֵן, רוֹמְמוּ יהוה אֱלֹהֵינוּ וְהִשְׁתַּחֲווּ לְהַר קָדְשׁוֹ תהלים צט
כִּי־קָדוֹשׁ יהוה אֱלֹהֵינוּ:

הכול:

סימן א״ב

רוֹמְמוּ אַדִּיר וְנוֹרָא כִּי קָדוֹשׁ הוּא, בְּרוּחוֹ שָׁמַיִם שִׁפְרָה
רוֹמְמוּ גְּדֻלָּתוֹ בִּקְהַל יְשָׁרִים כִּי קָדוֹשׁ הוּא, דּוֹבֵר צְדָקוֹת, מַגִּיד מֵישָׁרִים
רוֹמְמוּ הַנַּעֲרָץ בִּקְדֻשָּׁה כִּי קָדוֹשׁ הוּא, וְהִלּוּכוֹ בִּקְדֻשָּׁה
רוֹמְמוּ זוֹכֵר בְּרִית אָבוֹת כִּי קָדוֹשׁ הוּא, חוֹצֵב לֶהָבוֹת
רוֹמְמוּ טָהוֹר שׁוֹלֵחַ בְּרָקִים כִּי קָדוֹשׁ הוּא, יוֹסֵד אֲרָקִים
רוֹמְמוּ כִּסְאוֹ הֵכִין בִּשְׁמֵי רוּמָה כִּי קָדוֹשׁ הוּא, לוֹכֵד חֲכָמִים בְּעָרְמָה
רוֹמְמוּ מוֹחֶה כָּעָב פְּשָׁעִים כִּי קָדוֹשׁ הוּא, נוֹתֵן יָד לְפוֹשְׁעִים
רוֹמְמוּ שַׂגִּיא, שָׁנָיו לְאֵין חֵקֶר כִּי קָדוֹשׁ הוּא, עֶשְׁתּוֹנוֹת חוֹקֵר
רוֹמְמוּ פּוֹדֶה נֶפֶשׁ עֲבָדָיו כִּי קָדוֹשׁ הוּא, צַדִּיק, קֹשֶׁט מַעְבָּדָיו
רוֹמְמוּ קוֹנֵה שָׁמַיִם וָאָרֶץ כִּי קָדוֹשׁ הוּא, רָם הַמַּבִּיט לִקְצוֹת הָאָרֶץ
◂ רוֹמְמוּ שׁוֹכֵן עַד וְקָדוֹשׁ שְׁמוֹ כִּי קָדוֹשׁ הוּא, תְּהִלָּתוֹ כִּשְׁמוֹ.

"אֵל אֱמוּנָה וְאֵין עָוֶל, צַדִּיק וְיָשָׁר הוּא" (דברים לב, ד).

שליח הציבור:

וּבְכֵן, כִּי אַתָּה אֵל אֱמוּנָה.

הכול:

סימן א"ב

אֱמוּנָתְךָ בָּעֶלְיוֹנִים   בְּרִיתְךָ בַּתַּחְתּוֹנִים
גְּדֻלָּתְךָ בָּעֶלְיוֹנִים   דָּתְךָ בַּתַּחְתּוֹנִים
הוֹדְךָ בָּעֶלְיוֹנִים   וְעוּזְּךָ בַּתַּחְתּוֹנִים
זְבוּלְךָ בָּעֶלְיוֹנִים   חֲנִיָּתְךָ בַּתַּחְתּוֹנִים
טָהֳרָתְךָ בָּעֶלְיוֹנִים   יִרְאָתְךָ בַּתַּחְתּוֹנִים
כְּבוֹדְךָ בָּעֶלְיוֹנִים   לִמּוּדְךָ בַּתַּחְתּוֹנִים
מְעוֹנְךָ בָּעֶלְיוֹנִים   נָוְךָ בַּתַּחְתּוֹנִים
סֻכָּתְךָ בָּעֶלְיוֹנִים   עֲדָתְךָ בַּתַּחְתּוֹנִים
פְּאֵרְךָ בָּעֶלְיוֹנִים   צִדְקָתְךָ בַּתַּחְתּוֹנִים
קְדֻשָּׁתְךָ בָּעֶלְיוֹנִים   רוֹמְמוּתְךָ בַּתַּחְתּוֹנִים
◂ שְׁכִינָתְךָ בָּעֶלְיוֹנִים   תְּהִלָּתְךָ בַּתַּחְתּוֹנִים.

שליח הציבור:

וּבְכֵן, תַּעֲרָץ וְתֻקְדָּשׁ.

הכול:

סימן א"ב

הַנִּקְדָּשׁ בְּאַלְפֵי אֲלָפִים   הַנַּעֲרָץ בְּבָרְקֵי קַלִּים
הַנִּקְדָּשׁ בְּגַעַשׁ גַּלְגַּלִּים   הַנַּעֲרָץ בְּדַהֲרַת אוֹפַנִּים
הַנִּקְדָּשׁ בַּהֲמוֹנֵי עִירִין   הַנַּעֲרָץ בְּוַעַד קַדִּישִׁין
הַנִּקְדָּשׁ בְּזִקִּים זוֹרְחִים   הַנַּעֲרָץ בַּחֲצוּבֵי לֶהָבִים
הַנִּקְדָּשׁ בְּטֶכֶס טְהוֹרִים   הַנַּעֲרָץ בִּיקָדִים יוֹקְדִים
הַנִּקְדָּשׁ בְּכִתֵּי כְרוּבִים   הַנַּעֲרָץ בְּלַהֲקַת לוֹהֲטִים
הַנִּקְדָּשׁ בְּמַחֲנוֹת מַלְאָכִים   הַנַּעֲרָץ בְּנֹעַם נוֹגְנִים
הַנִּקְדָּשׁ בִּשְׂרָפִים עוֹמְדִים   הַנַּעֲרָץ בְּעֹז אֶרְאֶלִּים
הַנִּקְדָּשׁ בִּפְרוּדֵי אֲגַפִּים   הַנַּעֲרָץ בְּצִלְצוּל מַשִּׁיקוֹת כְּנָפַיִם
הַנִּקְדָּשׁ בְּקוֹלָם בֶּהָמוֹן   הַנַּעֲרָץ בְּרִבּוֹ רִבְבָן
◂ הַנִּקְדָּשׁ בְּשֶׁקֶט שִׁנְאַנִּים   הַנַּעֲרָץ בְּתֹכֶן תַּלְתַּלִּים.

לאחר אמירת ה׳רהיטים׳ עוברים לפיוטים העוסקים בקדושה הנאמרת בפמליה של מעלה ובפי ישראל. הפיוט הבא מתאר לסירוגין את המלאכים ואת ישראל, לעתים בדימויים קשים לפענוח.

שליח הציבור ואחריו הקהל:

לְיוֹשֵׁב תְּהִלּוֹת / לְרוֹכֵב עֲרָבוֹת / קָדוֹשׁ וּבָרוּךְ.

הכול:

סימן א״ב (כפול)

אֵילֵי שַׁחַק חֲצוּבֵי לְהָבִים — אוֹמְרִים קָדוֹשׁ
אַדִּירֵי כָּל חֵפֶץ הַנֶּאֱהָבִים — אוֹמְרִים בָּרוּךְ
בְּלוּלֵי קֶרַח וְשֶׁלֶג וְשַׁלְהָבִים — אוֹמְרִים קָדוֹשׁ
בַּדֵּי צֶדֶק, גָּזֵי רְהָבִים — קָדוֹשׁ וּבָרוּךְ.

לְיוֹשֵׁב תְּהִלּוֹת / לְרוֹכֵב עֲרָבוֹת / קָדוֹשׁ וּבָרוּךְ.

גַּבָּהּ לָהֶם וְיִרְאָה לָהֶם — אוֹמְרִים קָדוֹשׁ — יחזקאל א
גִּבּוֹרֵי כֹחַ בְּמִשְׁכְּנוֹת אָהֳלֵיהֶם — אוֹמְרִים בָּרוּךְ
דָּאֵי בְכָנָף מְכַסִּים פְּנֵיהֶם — אוֹמְרִים קָדוֹשׁ
דּוֹרְשֵׁי דָתוֹת, דְּבֵקִים בֵּאלֹהֵיהֶם — קָדוֹשׁ וּבָרוּךְ.

לְיוֹשֵׁב תְּהִלּוֹת / לְרוֹכֵב עֲרָבוֹת / קָדוֹשׁ וּבָרוּךְ.

הֲמוֹנֵי עִירִין וְסוֹד קַדִּישִׁין — אוֹמְרִים קָדוֹשׁ
הוֹגֵי שַׁעֲשׁוּעַ, מַטַּע קְדוֹשִׁים — אוֹמְרִים בָּרוּךְ
וְעוֹדֵי מַעַל גְּוִיָּתָם כְּתַרְשִׁישִׁים — אוֹמְרִים קָדוֹשׁ
וְחוֹלֵי אַהַב, סְמוּכֵי בָאֲשִׁישִׁים — קָדוֹשׁ וּבָרוּךְ.

לְיוֹשֵׁב תְּהִלּוֹת / לְרוֹכֵב עֲרָבוֹת / קָדוֹשׁ וּבָרוּךְ.

זְבוּדֵי זֹהַר כְּעֵין חַשְׁמַלִּים — אוֹמְרִים קָדוֹשׁ
זוֹקְקֵי שִׁבְעָתַיִם בֵּרוּר מִלִּים — אוֹמְרִים בָּרוּךְ
חֹסֶן חַיָּלִים, רִבְבוֹת אֵלִים — אוֹמְרִים קָדוֹשׁ
חֲנִיטֵי כֹשֶׁר, בְּנֵי אֵלִים — קָדוֹשׁ וּבָרוּךְ.

לְיוֹשֵׁב תְּהִלּוֹת / לְרוֹכֵב עֲרָבוֹת / קָדוֹשׁ וּבָרוּךְ.

טְכוּסֵי טֹהַר, חֲדָשֵׁי בְקָרִים אוֹמְרִים קָדוֹשׁ
טְעוּנֵי מוֹרָאֲךָ בְּצִוּוּי עִקָּרִים אוֹמְרִים בָּרוּךְ
יִדּוֹן יִדּוֹן בְּחִיל נִזְקָרִים אוֹמְרִים קָדוֹשׁ
יוֹדְעֵי בִין, מִפְּנִינִים יְקָרִים קָדוֹשׁ וּבָרוּךְ.

לְיוֹשֵׁב תְּהִלּוֹת / לְרוֹכֵב עֲרָבוֹת / קָדוֹשׁ וּבָרוּךְ.

כְּסוּיֵי אַרְבַּע, מְרֻבְּעֵי פָנִים אוֹמְרִים קָדוֹשׁ
כְּרוּתֵי בְרִית פָּנִים בְּפָנִים אוֹמְרִים בָּרוּךְ
לְבוּשֵׁי בַדִּים, זַכִּים וַחֲפִים אוֹמְרִים קָדוֹשׁ
לוֹבְשֵׁי לְבָנִים, נְעִימִים וְיָפִים קָדוֹשׁ וּבָרוּךְ.

לְיוֹשֵׁב תְּהִלּוֹת / לְרוֹכֵב עֲרָבוֹת / קָדוֹשׁ וּבָרוּךְ.

מְשָׁרְתִים נָאִים רָמִים וּגְבוֹהִים אוֹמְרִים קָדוֹשׁ
מְלַמְּדֵי חֻקִּים, מְשִׁיבֵי נְכוֹחִים אוֹמְרִים בָּרוּךְ
נוֹגְנֵי נֹעַם סְפִים מְרוֹפְפִים אוֹמְרִים קָדוֹשׁ
נָאווּ לְחַיִּים כְּעָגוּר מְצַפְצְפִים קָדוֹשׁ וּבָרוּךְ.

לְיוֹשֵׁב תְּהִלּוֹת / לְרוֹכֵב עֲרָבוֹת / קָדוֹשׁ וּבָרוּךְ.

סְכוּכֵי אֶבְרָה כְּקָלָל נוֹצְצִים אוֹמְרִים קָדוֹשׁ
סְגוּלֵי מֵעַמִּים בְּיִרְאָה מַעֲרִיצִים אוֹמְרִים בָּרוּךְ
עוֹמְדִים מִמַּעַל בִּדְבָרוֹ נְחוּצִים אוֹמְרִים קָדוֹשׁ
עוֹרְכֵי עֹז בְּרַעַד שְׁבוּצִים קָדוֹשׁ וּבָרוּךְ.

לְיוֹשֵׁב תְּהִלּוֹת / לְרוֹכֵב עֲרָבוֹת / קָדוֹשׁ וּבָרוּךְ.

פָּנִים וְלֹא עֹרֶף נִתְאָמִים אוֹמְרִים קָדוֹשׁ
פְּרוּשִׁים לְךָ אֲחוּיִם וּמְתְאָמִים אוֹמְרִים בָּרוּךְ
צִבְאוֹת עֶלְיוֹנִים גֵּאִים וְרָמִים אוֹמְרִים קָדוֹשׁ
צִבְאוֹת תַּחְתּוֹנִים לִרְצוֹתְךָ מַעֲרִימִים קָדוֹשׁ וּבָרוּךְ.

לְיוֹשֵׁב תְּהִלּוֹת / לְרוֹכֵב עֲרָבוֹת / קָדוֹשׁ וּבָרוּךְ.

קוֹרְאֵי בְשִׁלּוּשׁ זֵר תִּפְאָרָה אוֹמְרִים קָדוֹשׁ
קוֹרְאֵי פַּעֲמַיִם חֲטִיבַת אֲמִירָה אוֹמְרִים בָּרוּךְ
רַגְלֵיהֶם עֲמִידַת רֶגֶל יְשָׁרָה אוֹמְרִים קָדוֹשׁ
רְצוּיֵי שַׁדַּי, מְשׁוֹרְרֵי שִׁירָה קָדוֹשׁ וּבָרוּךְ.

לְיוֹשֵׁב תְּהִלּוֹת / לְרוֹכֵב עֲרָבוֹת / קָדוֹשׁ וּבָרוּךְ.

שַׁנְאַנֵּי שֶׁקֶט, שָׁלוֹם בְּמַחֲנָם אוֹמְרִים קָדוֹשׁ
שׁוֹקְדֵי דְלָתוֹת בְּשִׂיחַ מַעֲנָם אוֹמְרִים בָּרוּךְ
תְּלוּלֵי תַעַף בְּשֶׁפֶר הֶגְיוֹנָם אוֹמְרִים קָדוֹשׁ
תְּמִימֵי דֶרֶךְ לְרִבּוֹנָם וְקוֹנָם קָדוֹשׁ וּבָרוּךְ.

שליח הציבור אומר והקהל חוזר אחריו:

לְיוֹשֵׁב תְּהִלּוֹת / לְרוֹכֵב עֲרָבוֹת / קָדוֹשׁ וּבָרוּךְ.

הפיוט הבא היה האחרון לפני ה׳סילוק׳, לפני שהוסיפו את הפיוט ׳לְאֵל עוֹרֵךְ דִּין׳. קישוטי התבנית של הפיוט מורכבים יותר מבפיוטים אחרים – הן באקרוסטיכון בראש הצלעות הן בסוגרים של כל בית, שהם תיאור השרפים בנבואת ישעיה (ו, ב-ג).

שליח הציבור:

וּבְכֵן, שְׂרָפִים עֹמְדִים מִמַּעַל לוֹ: ישעיה ו

שליח הציבור אומר, והקהל חוזר אחריו:

זֶה אֶל זֶה שׁוֹאֲלִים / אַיֵּה אֵל אֵלִים
אָנָה שׁוֹכֵן מְעָלִים / וְכֻלָּם מַעֲרִיצִים וּמַקְדִּישִׁים וּמְהַלְלִים.

הכול:

סימן אא״ב גג״ד

אֵין מִסְפָּר לִגְדוּדֵי צְבָא חֵילוֹ / אֲזוּרִים אֵימָה, אֲחוּזִים פַּחַד חִילוֹ
בְּרַעַד וָרֶתֶת וָרֶטֶט צָגִים לְעֻלּוֹ שְׂרָפִים עוֹמְדִים מִמַּעַל לוֹ: ישעיה ו

זֶה אֶל זֶה שׁוֹאֲלִים / אַיֵּה אֵל אֵלִים
אָנָה שׁוֹכֵן מְעָלִים / וְכֻלָּם מַעֲרִיצִים וּמַקְדִּישִׁים וּמְהַלְלִים.

גְּוִיָּתָם כַּתַּרְשִׁישׁ, תְּהִלָּה יַשְׁמִיעוּ יַחַד / גֹּבַהּ וְגָאוֹן עֻדְיוֹ יְחוּדוֹ לְיַחֵד
דּוֹהֲרִים, גּוֹהֲרִים, לְאֶחָד וּשְׁמוֹ אֶחָד שֵׁשׁ כְּנָפַיִם שֵׁשׁ כְּנָפַיִם לְאֶחָד:

זֶה אֶל זֶה שׁוֹאֲלִים / אַיֵּה אֵל אֵלִים
אָנָה שׁוֹכֵן מְעָלִים / וְכֻלָּם מַעֲרִיצִים וּמַקְדִּישִׁים וּמְהַלְלִים.

הַנֶּאְדָּר בַּקֹּדֶשׁ, רַב טוּב מַצְפּוּנָיו / הוֹד וְהָדָר וָעֹז בְּחֶבְיוֹנֵי פְנִינָיו
וּמִמֶּנּוּ יָגוּרוּ אֵלִים וְיִתְחַבְּאוּ מִפָּנָיו   בִּשְׁתַּיִם יְכַסֶּה פָנָיו:

זֶה אֶל זֶה שׁוֹאֲלִים / אַיֵּה אֵל אֵלִים
אָנָה שׁוֹכֵן מְעֹלִים / וְכֻלָּם מַעֲרִיצִים וּמַקְדִּישִׁים וּמְהַלְלִים.

זְרוּתֵי זְהַר מַרְעִיף נִטְפֵי אֲגָלָיו / זַכֵּי שְׁמֵי טֹהַר תֻּכּוּ לְרַגְלָיו
חָלִים, חַתִּים, חֲפוּזִים, אֲיֻמִּים נִדְגָּלָיו   וּבִשְׁתַּיִם יְכַסֶּה רַגְלָיו:

זֶה אֶל זֶה שׁוֹאֲלִים / אַיֵּה אֵל אֵלִים
אָנָה שׁוֹכֵן מְעֹלִים / וְכֻלָּם מַעֲרִיצִים וּמַקְדִּישִׁים וּמְהַלְלִים.

טָסִים וְדָאִים בְּדִמְיוֹן נֶשֶׁר מְעוֹפֵף / טִיסָתָם כַּבָּזָק, סְבִיב כֵּס לְעוֹפֵף
יַשְׁמִיעוּ הִנֵּנוּ, בְּמִשְׁלַחַת קוֹנָם בְּהִתְעוֹפֵף   וּבִשְׁתַּיִם יְעוֹפֵף:

זֶה אֶל זֶה שׁוֹאֲלִים / אַיֵּה אֵל אֵלִים
אָנָה שׁוֹכֵן מְעֹלִים / וְכֻלָּם מַעֲרִיצִים וּמַקְדִּישִׁים וּמְהַלְלִים.

כְּסוּיֵי שֵׁשׁ שֵׁשׁ יַעֲרִיצוּ בְּלָאט מַחֲזֶה / כַּבִּיר וְרַב כֹּחַ, וְשָׁפָל יֶחֱזֶה
לְהַקְדִּישׁוֹ בְּפַחַד נִרְשִׁים זֶה מִזֶּה   וְקָרָא זֶה אֶל־זֶה:

זֶה אֶל זֶה שׁוֹאֲלִים / אַיֵּה אֵל אֵלִים
אָנָה שׁוֹכֵן מְעֹלִים / וְכֻלָּם מַעֲרִיצִים וּמַקְדִּישִׁים וּמְהַלְלִים.

מוֹשֵׁל בִּגְבוּרָה, עָשׂ כֹּל בְּמַאֲמָר / מְנִיעִים אַמּוֹת הַסִּפִּים קְדֻשָּׁתוֹ לוֹמַר
נוֹצְצִים, נוֹגְהִים, לְפָנָיו יַנְעִימוּ מַאֲמָר   וְקָרָא זֶה אֶל־זֶה וְאָמַר:

זֶה אֶל זֶה שׁוֹאֲלִים / אַיֵּה אֵל אֵלִים
אָנָה שׁוֹכֵן מְעֹלִים / וְכֻלָּם מַעֲרִיצִים וּמַקְדִּישִׁים וּמְהַלְלִים.

שַׂרְפֵי הוֹד יַכְתִּירוּ זֵר לְקָדוֹשׁ / סֹלּוּ לָרוֹכֵב בָּעֲרָבוֹת, מָרוֹם וְקָדוֹשׁ
עוֹנִים כֻּלָּם כְּאֶחָד שִׁלּוּשׁ קָדוֹשׁ   קָדוֹשׁ קָדוֹשׁ קָדוֹשׁ:

זֶה אֶל זֶה שׁוֹאֲלִים / אַיֵּה אֵל אֵלִים
אָנָה שׁוֹכֵן מְעֹלִים / וְכֻלָּם מַעֲרִיצִים וּמַקְדִּישִׁים וּמְהַלְלִים.

פְּלִיאִים אַלְפֵי אֲלָפִים וְרִבֵּי רִבּוֹאוֹת / פּוֹצְחִים הַלֵּל וְזִמְרָה לֵאלֹהֵי הַצְּבָאוֹת
צוּר עוֹלָמִים בְּתוֹךְ צְבָאוֹ אוֹת   יהוה צְבָאוֹת:

זֶה אֶל זֶה שׁוֹאֲלִים / אַיֵּה אֵל אֵלִים
אָנָה שׁוֹכֵן מְעֹלִים / וְכֻלָּם מַעֲרִיצִים וּמַקְדִּישִׁים וּמְהַלְלִים.

קוֹרֵא הַדּוֹרוֹת, דָּר בִּשְׁמֵי עֶרֶץ / קַלּוֹת סְעָרָה תַּעַשׂ דְּבָרוֹ בְּמֶרֶץ
רָם וְנִשָּׂא דִּבֵּר וַיִּקְרָא אֶרֶץ מְלֹא כָל־הָאָרֶץ:

זֶה אֶל זֶה שׁוֹאֲלִים / אַיֵּה אֵל אֵלִים
אָנָה שׁוֹכֵן מְעָלִים / וְכֻלָּם מַעֲרִיצִים וּמַקְדִּישִׁים וּמְהַלְלִים.

שׁוֹכֵן עַד, וְנִשְׂגָּב שְׁמוֹ לְבַדּוֹ / שָׁמַיִם וּשְׁמֵי שָׁמַיִם לֹא יְכַלְכְּלוּ הוֹדוֹ
תֹּקֶף תַּרְשִׁישִׁים וְאֵלִים צַר לִכְבוֹדוֹ מְלֹא כָל־הָאָרֶץ כְּבוֹדוֹ:

זֶה אֶל זֶה שׁוֹאֲלִים / אַיֵּה אֵל אֵלִים
אָנָה שׁוֹכֵן מְעָלִים / וְכֻלָּם מַעֲרִיצִים וּמַקְדִּישִׁים וּמְהַלְלִים.

ממשיכים ׳וּבְכֵן, לְךָ הַכֹּל יַכְתִּירוּ׳ עמ׳ 216.

סילוק לשחרית

ה׳סילוק׳ (ראה עמ׳ 298) הוא שיא ה׳קרובה׳ מבחינה ספרותית, אך דווקא משום כך, בהרבה קהילות אין אומרים אותו, שכן הוא מורכב וקשה במיוחד. כיום מקובל לומר רק את ה׳סילוקים׳ למוסף (ואף בו אומרים את ׳וּנְתַנֶּה תֹּקֶף׳ במקום ה׳סילוק׳ המקורי) ולנעילה. בגלל מורכבותו נהגו בקהילות שבהן אמרו אותו, שהקהל אומר את רובו בלחש, ושליח הציבור אומר רק את הקטעים המסומנים ב־.

הכול:

סימן תשר״ק משולש

מִי יְתַנֶּה תֹּקֶף תְּהִלָּתֶךָ / מִי יְשַׁנֵּן שִׁעוּר שִׁבְחֶךָ
מִי יְרַנֵּן רֹב רוֹמְמוּתֶךָ / מִי יְקַצֵּב קְרִיאַת קְדֻשָּׁתֶךָ
מִי יְצַפְצֵף צְבִי צִדְקוֹתֶיךָ / מִי יְפָרֵשׁ פִּלְאֵי פְאֵרֶךָ
מִי יַעֲרֹךְ עֶצֶם עֻזּוּזֶךָ / מִי יָשִׂיחַ שֶׂגֶב סִלְסוּלֶךָ
מִי יְנוֹבֵב נוֹי נִצְחֶךָ / מִי יְמַלֵּל מַעֲשֵׂי מוֹרָאֶךָ

מִי יְלַהֵג לֶמֶד לִקְחֶךָ / מִי יָכִיל כִּסֵּא כְבוֹדֶךָ
מִי יְיַדַּע יְפִי יְקָרֶךָ / מִי יַטִּיף טוּב טַעְמֶךָ
מִי יְחַוֶּה חֵקֶר חִידוֹתֶיךָ / מִי יָזִיז זִיו זָהֳרֶךָ
מִי יוֹרֶה וַעַד וָתִיקוּתֶךָ / מִי יֶהְגֶּה הוֹד הֲדָרָתֶךָ
מִי יְדַלֶּה דֵּעַ דָּתוֹתֶיךָ / מִי יַגִּיד גֹּדֶל גְּבוּרָתֶךָ
מִי יְבָאֵר בֵּאוּר בִּינָתֶךָ / מִי יֹאמַר אֹמֶץ אֱיָלוּתֶךָ.

שליח הציבור:

כִּי כְשִׁמְךָ כֵּן תְּהִלָּתֶךָ / כִּתְהִלָּתְךָ כֵּן אִמְרָתֶךָ

הכול:

סימן א"ב

כְּאִמְרָתְךָ כֵּן בְּרִיָּתֶךָ / כִּבְרִיָּתְךָ כֵּן גְּדֻלָּתֶךָ
כִּגְדֻלָּתְךָ כֵּן דַּעְתֶּךָ / כְּדַעְתְּךָ כֵּן הֲלִיכָתֶךָ
כַּהֲלִיכָתְךָ כֵּן וְעִידָתֶךָ / כִּוְעִידָתְךָ כֵּן זְהָרָתֶךָ
כִּזְהָרָתְךָ כֵּן חִפָּתֶךָ / כְּחִפָּתְךָ כֵּן טָהֳרָתֶךָ
כְּטָהֳרָתְךָ כֵּן יִשְׁרָתֶךָ / כְּיִשְׁרָתְךָ כֵּן כְּמִירָתֶךָ
כִּכְמִירָתְךָ כֵּן לְבִישָׁתֶךָ / כִּלְבִישָׁתְךָ כֵּן מִדָּתֶךָ
כְּמִדָּתְךָ כֵּן נְעִימָתֶךָ / כִּנְעִימָתְךָ כֵּן שְׂרָרוּתֶךָ
כִּשְׂרָרוּתְךָ כֵּן עֲנָוָתֶךָ / כַּעֲנָוָתְךָ כֵּן פְּרִישׁוּתֶךָ
כִּפְרִישׁוּתְךָ כֵּן צְנִיעוּתֶךָ / כִּצְנִיעוּתְךָ כֵּן קְדֻשָּׁתֶךָ
כִּקְדֻשָּׁתְךָ כֵּן רוֹמְמוּתֶךָ / כְּרוֹמְמוּתְךָ כֵּן שִׁבְחֶךָ
כְּשִׁבְחֲךָ כֵּן תִּפְאַרְתֶּךָ.

שליח הציבור:

וְשִׁמְךָ מְרוֹמָם עַל כָּל בְּרָכָה וּתְהִלָּה

הכול:

סימן תשר"ק (כפול)

עַל כָּל תֹּקֶף וְתִפְאָרָה / עַל כָּל שֶׁבַח וְשִׁירָה
עַל כָּל רֶנֶן וּרְחִישָׁה / עַל כָּל קִדּוּשׁ וּקְרִיאָה
עַל כָּל צִפְצוּף וְצָהֳלָה / עַל כָּל פְּאֵר וּפְצִיחָה
עַל כָּל עֹז וַעֲנִיָּה / עַל כָּל סִפּוּר וְשִׂיחָה
עַל כָּל נִצּוּחַ וּנְגִינָה / עַל כָּל מַעַן וּמִלָּה
עַל כָּל לִבּוּב וּלְהִיגָה / עַל כָּל כָּבוֹד וּכְרִיעָה
עַל כָּל יִחוּד וְיִרְאָה / עַל כָּל טַעַם וְטָהֳרָה
עַל כָּל חֹסֶן וְחִידָה / עַל כָּל זֶמֶר וְזִמְרָה
עַל כָּל וִדּוּי וְתוֹדָה / עַל כָּל הַלֵּל וְהוֹדָיָה
עַל כָּל דִּבּוּב וְדֵעָה / עַל כָּל גֹּדֶל וְגַאֲוָה
עַל כָּל בִּטּוּי וּבְרָכָה / עַל כָּל אֹמֶר וַאֲמִירָה.

אֱלֹהֵי הָאֱלֹהִים וַאֲדֹנֵי הָאֲדוֹנִים / מֶלֶךְ עַל כָּל מְלָכִים
מוֹשֵׁל עַל כָּל מוֹשְׁלִים / אָיֹם עַל כָּל אֲיֻמִּים
נוֹרָא עַל כָּל נוֹרָאִים / רָם עַל כָּל רָמִים
גֵּאֶה עַל כָּל גֵּאִים / נִשָּׂא עַל כָּל נִשָּׂאִים
גָּבֹהַּ עַל כָּל גְּבֹהִים / וּמַבִּיט אֶל עֲנִיִּים וּנְכֵאִים
וְאֶת שַׁחִים וְדַכָּאִים / לְהַחֲיוֹת לֵב נִדְכָּאִים
רוּחַ שְׁפָלִים וְחֵלְכָּאִים / עַל כֵּן גָּדַלְתָּ יהוה אֱלֹהִים
וְנַעֲלֵיתָ עַל כָּל אֱלֹהִים / כִּי אֵין כָּמְוֹךָ בָּאֱלֹהִים
וְאֵין זוּלָתְךָ אֱלֹהֵי הָאֱלֹהִים.

שָׁמַיִם וּשְׁמֵי שָׁמַיִם כְּבוֹדְךָ מְסַפְּרִים / כַּנְפוֹת הָאָרֶץ זְמִירוֹת לְךָ מַשְׁמִיעִים
שַׂרְפֵי הַקֹּדֶשׁ קְדֻשָּׁתְךָ מַקְדִּישִׁים / אוֹפַנֵּי הַמֶּרְכָּבָה כְּבוֹדְךָ מְבָרְכִים
כּוֹכְבֵי בֹקֶר יַחַד מְרַנְּנִים / יָרִיעוּ כָּל בְּנֵי אֱלֹהִים
מִשְׁבְּרֵי יָם שִׁמְךָ מְאַדְּרִים / הַרְרֵי גֹּבַהּ וַעֲצֵי יַעַר מְרַנְּנִים
נְהָרוֹת כַּף מְמַחֲאִים / חַיְתוֹ אֶרֶץ וְזִיז שָׂדַי שָׁרִים כְּחוֹלְלִים
תַּנִּינִים וְכָל תְּהוֹמוֹת מְהַלְלִים כְּבַחֲלִילִים
וְכָל יְצוּרֵי בְרֵאשִׁית פּוֹצְחִים הִלּוּלִים / לְשֵׁם קָדְשְׁךָ, אֵל אֵלִים
וְכֻלָּם אֵלֶיךָ מְשַׂבְּרִים וּמְיַחֲלִים / לָתֵת לָהֶם צֵיד מַאֲכָלִים
הַתַּחְתּוֹנִים מִפְּתִיחַת יָדְךָ נִזּוֹנִים וּמִתְכַּלְכְּלִים
וְהָעֶלְיוֹנִים מִזִּיו הוֹדְךָ שְׂבֵעִים וּמִתְמַלְּאִים
כִּי כְּבוֹדְךָ, שָׁמַיִם וָאָרֶץ מְלֵאִים.

שליח הציבור:

וּמִי כְּעַמְּךָ יִשְׂרָאֵל גּוֹי אֶחָד בָּאָרֶץ: דברי הימים א׳ יז
הַמַּאֲמִירִים אַדְנוּתֶךָ / הַמְיַחֲדִים אֱלָהוּתֶךָ / הַמְבָרְכִים שֵׁם כְּבוֹד מַלְכוּתֶךָ
הַמְסַפְּרִים תְּהִלָּתֶךָ / הָעוֹרְכִים תַּחַן לְחִלּוּתֶךָ / הַמַּנְעִימִים זֶמֶר לְעִלּוּתֶךָ
הַמַּאֲרִיכִים רֹן לִרְצוֹתֶךָ / הַשּׁוֹפְכִים שִׂיחַ לְפַתּוֹתֶךָ / וְהֵם עַמְּךָ וְנַחֲלָתֶךָ

הכול:

צֹאנְךָ וְצֹאן מַרְעִיתֶךָ / קֹדֶשׁ רֵאשִׁית תְּבוּאָתֶךָ / קֶדֶם קִנְיָנְךָ וּסְגֻלָּתֶךָ
חֶלְקְךָ וְחֶבֶל שִׁפְרָתֶךָ / יִשְׂרָאֵל תִּפְאַרְתֶּךָ / יְשֻׁרוּן מִבְחַר מְנָתֶךָ

הַדְּבֵקִים בֶּאֱמוּנָתֶךָ / הַהוֹגִים בְּדָתֶךָ / הַחֲפֵצִים בְּתוֹרָתֶךָ
הָעוֹסְקִים בְּיִרְאָתֶךָ / הַתְּמִידִים בַּעֲבוֹדָתֶךָ
הַנִּכְסָפִים לְחַצְרוֹת בֵּיתֶךָ / הַכְּמֵהִים בְּקֹדֶשׁ חֲזוֹתֶךָ / הַתְּאֵבִים לְקִרְבָתֶךָ
הַנֶּהֱרָגִים עַל תּוֹרָתֶךָ / הַנִּסְקָלִים עַל אַהֲבָתֶךָ / הַנִּשְׂרָפִים עַל עֵדוֹתֶיךָ
הַנֶּחְנָקִים וְנִטְבָּחִים וְנִטְבָּעִים וְנִתְלִים וְנִקְבָּרִים חַיִּים עַל יִחוּד קְדֻשָּׁתֶךָ
הַקְּרוּאִים עֲדָתֶךָ / יְסוֹד אֲגֻדָּתֶךָ
וְאַתָּה אֵל גָּדוֹל בִּגְדֻלָּתֶךָ / וְהֵם עֲדֶיךָ, כִּי אֵין בִּלְתֶּךָ.

וּמָה יַעֲצֹר כֹּחַ יְלוּד אִשָּׁה / נוֹצָר מִטִּפָּה בְּאוּשָׁה
וּמָה יָעֹז, עֻזְּךָ לִדְרִשָׁה / שִׁבְחֲךָ בְּפֶה לְפָרְשָׁה
נִצְחָךְ בְּנִיב לְאָרְשָׁה / לְהַטִּיף צָקוֹן וּלְחִישָׁה
לְהַפִּיל תְּחִנָּה וּבַקָּשָׁה / וּמִחְיָתוֹ עָלָיו קָשָׁה
וְדַרְכּוֹ מְעֻקָּשָׁה / וּנְתִיבָתוֹ נְתוּסָה וּנְתוּשָׁה
וְחַטָּאתוֹ עַל לוּחַ חֲרוּשָׁה / חֲקוּקָה וּמְפֹרָשָׁה
וְגָז וְעָף בְּחִישָׁה / וְגֹוֵעַ וּמֵת בַּחֲלוּשָׁה
וּגְוִיָּתוֹ בְּגַיְא נְטוּשָׁה / בְּתַחְתִּית אֶרֶץ רְטוּשָׁה
בְּאִישׁוֹן חֹשֶׁךְ כְּפוּשָׁה / בְּאַשְׁמַנִּים רְפוּשָׁה
בַּטָּמוּן חֲבוּשָׁה / כְּמֶשֶׁה וִיבֵשָׁה
נְמֵסָה וַעֲבֵשָׁה / בַּיַּבֶּשֶׁת מְיֻבָּשָׁה / וְכֻלּוֹ מָלֵא בוּשָׁה.
וּמָה יַעֲצִים עֶתֶר וּגִישָׁה / וְשִׂיחַ וְהֶמְיָה בִּרְגִישָׁה.

וּמֵאָז הַכֹּל צָפוּי לְפָנֶיךָ / וְאֵין לְהֵחָבֵא מִפָּנֶיךָ
וְאֵין לְהִסָּתֵר מֵעֵינֶיךָ / כִּי בַכֹּל מְשׁוֹטְטוֹת עֵינֶיךָ.
וְגָלוּי לְךָ כִּי יְצִיר חֹמֶר הוּא / הֶבֶל הֲבָלִים הוּא
עָלֶה נִדָּף הוּא / קַשׁ יָבֵשׁ הוּא
חֶרֶשׂ אֶת חַרְשֵׂי אֲדָמָה הוּא / וּבַמֶּה נֶחְשָׁב הוּא.
אֱנוֹשׁ אָנוּשׁ הוּא / כִּי כְשְׁמוֹ כֵּן הוּא
אָדָם, אֵפֶר דָּם מָרָה הוּא / בָּשָׂר, בּוֹשָׁה סְרִיחָה רִמָּה הוּא
מְיֻחָם בְּחֵטְא הוּא / מְחוֹלָל בְּעָוֹן הוּא.

וְיֵצֶר לִבּוֹ רַע מִנְּעוּרָיו / חוֹרֵשׁ רַע בִּמְגוּרָיו / אוֹרֵב לוֹ בְּמִסְתָּרָיו
מְקַנֵּן כְּנָחָשׁ בִּסְתָרָיו / כִּזְבוּב בְּמִפְתְּחֵי חֲדָרָיו
מַבְאִישׁ הָעִסָּה בְּזֻהֲמוּת שְׂאוֹרָיו / מְסִיתוֹ לְהַטּוֹת אֲשׁוּרָיו
הוֹוֶה לוֹ בְּעוֹכְרָיו / חָשׁוּב לוֹ כְּצָרָיו
וְהוּא רֹאשׁ לְכָל צוֹרְרָיו / מֵצַר לוֹ בְּכָל מְצָרָיו
צוֹדֶה לוֹ בְּכָל עֲבָרָיו / מַרְגִּיז בְּכָל אֵבָרָיו
מַעֲצִיבוֹ בִּדְבָרָיו / מַחֲטִיאוֹ בְּרֹעַ הִרְהוּרָיו
מִתְנַקֵּשׁ לְהַפִּילוֹ בְּמַכְמוֹרָיו / מִתְנַכֵּל לִדְחוֹתוֹ בְּמַהֲמֹרָיו
וְצָר עָלָיו בְּמְצוּרָיו / לוּלֵא אַתָּה עוֹזֵר לוֹ מִצָּרָיו.

וּבְכָל יוֹם וָיוֹם מִתְחַדֵּשׁ עָלָיו / חוֹשֵׁב מַחֲשָׁבוֹת עָלָיו
לְהִתְגּוֹלֵל וּלְהִתְנַפֵּל עָלָיו / לְעַקְּשׁוֹ בְּאָרְחוֹת עֲקוּלָיו
לְהַאֲשִׁימוֹ בְּאַשְׁמַת גְּעוּלָיו / לְהַלְעִינוֹ בְּמֶסֶךְ תַּרְעֵלָיו
וְאֵינֶנּוּ דּוֹרֵשׁ לְשָׁלוֹם אֵלָיו / פַּחִים טוֹמֵן לְרַגְלָיו / רֶשֶׁת פּוֹרֵשׁ לְיַד מַעְגָּלָיו
מוֹקְשִׁים שָׁת בְּמַסְלוּלָיו / כּוֹרֶה שַׁחַת בִּשְׁבִילָיו
לָמוּג לֵב וּלְהַרְבּוֹת מִכְשׁוֹלָיו / וּכְהוֹלֶם פָּעַם, הוֹלְמוֹ בְּכֵילַפּוֹת וְכַשִּׁילָיו
עַל כֵּן יֹאמְרוּ מוֹשְׁלֵי מְשָׁלָיו / אִי לְבַיִת שֶׁמְּהָרְסָיו וּמַחֲרִיבָיו מִשֶּׁלָּיו
וּמַה יִּצְדַּק בְּמִפְעָלָיו / וּמַה יִּזְכֶּה בְּמַעֲלָלָיו
כִּי שׁוֹדֵד בָּא בִּגְבוּלָיו / לְשׁוֹדְדוֹ, לְלָחֲמוֹ בְּרֹב תַּחְבּוּלָיו.

לָכֵן הִקְדַּמְתָּ רְפוּאָה וּתְעָלָה / וְהֶעֱלֵיתָ אֲרוּכָה לְנַהֲלָאָה וְנַחְלָה
וְהֵכַנְתָּ צֳרִי וְחִתּוּל, לְלֹא חֻלְחָלָה / וְהִגַּהְתָּ מָזוֹר, לְהַרְטוֹת מַחֲלָה
וְקָבַעְתָּ יוֹם זֶה לִסְלִיחָה וּמְחִילָה / לָבֹא שְׁעָרֶיךָ בְּתוֹדָה וּבִתְהִלָּה
לְקַדֵּם פָּנֶיךָ בְּתוֹדָה וּבְחִילָה / לְהִזָּכֵר בּוֹ רְבוּצֵי מַכְפֵּלָה
בְּעֵת רָצוֹן לִשְׁמֹעַ תְּפִלָּה / לְהַעֲבִיר כָּל שֶׁמֶץ וְתִפְלָה
לְהָנִיא כָּל אָוֶן וְתָהֳלָה / לְהַצְמִיחַ צְדָקָה וּתְהִלָּה
לְהָפֵר כַּעַס וּלְהַרְבּוֹת חֶמְלָה / לְהָרִים מִכְשׁוֹל וּלְהָסִיר תַּקָּלָה
לְפַנּוֹת דֶּרֶךְ וּלְיַשֵּׁר מְסִלָּה / לָתֵת לַשּׁוֹבְבִים טָהֳרָה וּטְבִילָה
לְהַעֲמִיד רֶוַח וְהַצָּלָה / לְהַשְׁלִיךְ עָוֹן בְּעִמְקֵי מְצוּלָה
לָשֵׂאת זָדוֹן וּמְעִילָה.

וּמִכָּל יָמִים, יוֹם זֶה קִדַּשְׁתָּ / וְעַל כָּל יָמִים אוֹתוֹ עִלֵּיתָ
וּבוֹ מִכָּל יוֹם בָּחַרְתָּ / וּמִיְצָרוֹ, אוֹתוֹ לְךָ יִחַדְתָּ
וּלְדוֹר דֵּעַ כֹּחוֹ יִדַּעְתָּ / וְאָדָם דִּי זָהָב, בּוֹ וִתַּרְתָּ
וּמִכְתָּב חָרוּת לֶעָנוּ נָתַתָּ / וְסָלַחְתִּי כִּדְבָרֶךָ בִּשַּׂרְתָּ
וְעַל הָרָעָה נִחַמְתָּ / וְעַל בָּנֶיךָ רִחַמְתָּ
וְכִגְבֹהַּ שָׁמַיִם, חַסְדְּךָ לָמוֹ הִגְבַּרְתָּ / וְכִרְחֹק מִזְרָח מִמַּעֲרָב, פִּשְׁעָם הִרְחַקְתָּ
וּזְכוּת הַרְרֵי קֶדֶם זָכַרְתָּ / וּכְאָב אֶת בֵּן אוֹתָם רָצִיתָ
וְעַל כָּל אֹם רֹאשָׁם נִשֵּׂאתָ / וְקַרְנָם בְּכָבוֹד רוֹמַמְתָּ
וּמִשֵּׁפֶל הִגְבַּהְתָּמוֹ, וְהִתְלֵיתָ / וְאוֹת לְטוֹבָה עִמָּהֶם עָשִׂיתָ
וְחִבַּתָם לְכֹל הֶרְאֵיתָ / וְאַהֲבָתָם לְעֵין כֹּל גִּלִּיתָ
וְלִשְׁכֹּן בְּתוֹכָם תְּאַבְתָּ / וְלַחֲנוֹת בֵּינֵימוֹ חָמַדְתָּ / וְלָשֶׁבֶת בְּוַעֲדָם אִוִּיתָ
וְעַיִן בְּעַיִן לָמוֹ נִרְאֵיתָ / וּבֵין כְּרוּבִים כְּבוֹדְךָ צִמְצַמְתָּ
וַעֲנַן יְקָרְךָ עַל כַּפֹּרֶת הִצַּעְתָּ / וַעֲנַן הַקְּטֹרֶת לְכַסּוֹתוֹ הַיּוֹם פָּקַדְתָּ
וּמֵאָז לִסְלִיחָה אוֹתוֹ שַׂמְתָּ / וּלְכַפָּרָה אוֹתוֹ יִסַּדְתָּ
וּמִצְוֹתָיו בְּדָתְךָ צִוִּיתָ / וּכְתַבְתָּ וְשָׁנִיתָ וְשִׁלַּשְׁתָּ
וְאַזְהָרוֹתָיו פֵּרַשְׁתָּ / וַעֲנָשָׁיו פִּלַּשְׁתָּ
וְקָרְבְּנוֹתָיו קָצַבְתָּ / וְעֵרֶךְ עֲבוֹדוֹתָיו סִדַּרְתָּ / וְרִצּוּי הַזָּיוֹתָיו סִפַּרְתָּ
וְרִקּוּחַ תִּימְרוֹתָיו הֶעֱדַפְתָּ / וְסֵדֶר מַעַרְכוֹתָיו הוֹסַפְתָּ
וְטֹהַר טְבִילוֹתָיו מָנִיתָ / וְקִדּוּשׁ רְחִיצוֹתָיו חִשַּׁבְתָּ
וְאַזְכָּרוֹתָיו בְּשֵׂכֶל סִימַּתָּ / וְתוֹדוֹתָיו וִדּוּיָיו סִכַּמְתָּ / וְעִנּוּיָיו בְּפֶקֶד רָשַׁמְתָּ
וְלֹבֶן עֲטִיּוֹתָיו חִוִּיתָ / וּפִזּוּי שְׂרָדָיו הוֹרֵיתָ / וְעִלּוּי מַחְלְצוֹתָיו בֵּאַרְתָּ
וְשִׁנּוּי מַחְלְפוֹתָיו לִמַּדְתָּ / וְלִקְדוֹשֶׁיךָ אוֹתָם מָסַרְתָּ
וְכָל תּוֹרוֹתָיו הוֹדַעְתָּ / וְכָל דָּתוֹתָיו חָקַרְתָּ
וְכָל מִשְׁפָּטָיו חָרַצְתָּ / וְכָל חֻקּוֹתָיו חָקַקְתָּ
וְכָל גְּזֵרוֹתָיו גָּזַרְתָּ / וְכָל עִנְיָנָיו חָרַתָּ
וְחֶבְלוֹ מִכֹּל הִנְעַמְתָּ / וְחֶלְשׁוֹ לִמְאֹד הִשְׁפַּרְתָּ
חֹפֶשׁ לִרְצוּצִים אוֹתוֹ שִׁוִּיתָ / דְּרוֹר לִשְׁבוּיִים אוֹתוֹ הִתְוִיתָ
פְּקַח קוֹחַ לַאֲסוּרִים אוֹתוֹ תִּכַּנְתָּ / יוֹם עָשׂוֹר לַעֲשִׂירִיָּה חָקַקְתָּ

שליח הציבור:

שַׁבַּת שַׁבָּתוֹן לְשׁוֹבְתֵי עֹנֶג שָׁתָה / יוֹם כִּפּוּר לְנוֹתְנֵי כֹפֶר תָּתָה.

הכול:

לְכַפֵּר עֲוֹנוֹת / לִמְחֹל זְדוֹנוֹת

לְכַלֵּא פְשָׁעִים / לְהָתֵם חֲטָאִים

לְטַהֵר טְמֵאִים / לְהָדִיחַ דָּמִים

לְצַחְצֵחַ כְּתָמִים / לְהַרְחִיץ צוֹאִים

לְהַלְבִּין כַּשֶּׁלֶג שָׁנִים / לְצַחֵר כַּצֶּמֶר אוֹדְמִים

לְמָרֵק חוֹבִים / לְנַקּוֹת חָבִים

לְזַכּוֹת אֲשֵׁמִים / לְזַכֵּךְ אֲשָׁמִים

לְוַתֵּר לְנִתְאָמִים / לִסְלֹחַ לְכָל עֲדַת תְּמִימִים.

וְעַמְּךָ בְּיוֹם זֶה יַחַד נֶאֱגָדִים / וּבְחִין לְפָנֶיךָ נוֹעָדִים

וּשְׁכִינָתְךָ עִמָּם מְוַעֲדִים / וְנֶעֱצָרִים וּמִתְוַעֲדִים

וּבְיִרְאָה אוֹתְךָ עוֹבְדִים / וּבְאֵימָה עוֹמְדִים / וּבְגִילָה רוֹעֲדִים

וּבְחִילָה מְסַלְּדִים / וּפִשְׁעֵיהֶם מִתְוַדִּים

וּמִשְׁתַּחֲוִים וּמוֹדִים / וְכוֹרְעִים וּבוֹרְכִים וְסוֹגְדִים / וְאַרְצָה לְךָ קוֹדִים

וְדַלְתוֹתֶיךָ שׁוֹקְדִים / וּכְאֶחָד נֶאֱחָדִים / וְיִחוּדְךָ מְיַחֲדִים

וּקְדֻשָּׁתְךָ מְעִידִים / וֶאֱמוּנָתְךָ מְסַהֲדִים / וְצִדְקָתְךָ מַגִּידִים

וְחַסְדְּךָ וַאֲמִתְּךָ לֹא מְכַחֲדִים / וְעוֹרְכִים שֶׁוַע בְּמַעֲמָדִים

וּמִזְּרִיחָה וְעַד שְׁקִיעָה שִׁבְחֲךָ מַתְמִידִים

וּפְגִיעוֹת חָמֵשׁ, מֵאֶמֶשׁ מְעַתְּדִים / מוּל עֲבוֹדוֹת חָמֵשׁ בְּעַתּוּדִים

וּלְשִׁמְךָ מְהוֹדִים / בְּכָל עֹז וּמְאֹדִים.

וְכֻלָּם צָמִים וּמִתְעַנִּים

יַחַד, אָבוֹת וּבָנִים / גְּדוֹלִים וּקְטַנִּים / בַּחוּרִים וּזְקֵנִים

וּמַרְבִּים חִנּוּנִים / וּמְדַבְּרִים תַּחֲנוּנִים / וְעוֹרְכִים רְנָנִים

וּמְרַנְּנִים וּמִתְחַנְּנִים / לְפָנֶיךָ, אֲדֹנֵי הָאֲדוֹנִים

לִפְדּוֹתָם מִכֹּבֶד עֲוֹנִים / וְלִמְחוֹת פְּשָׁעֵימוֹ כַּעֲנָנִים

לִשְׁעוֹת שַׁוְעָם מִמְּעוֹנִים / לְהַאֲזִין מֵהֶם שִׂיחַ מַעֲנִים
כִּי הֵם דַּלִּים וְאֶבְיוֹנִים / וּבְצִלְּךָ מִתְלוֹנְנִים
וּבְאֶבְרָתְךָ מִתְגּוֹנְנִים / וּבְסִתְרְךָ נִצְפָּנִים / וּבְךָ נִשְׁעָנִים
וּכְעֵינֵי עֲבָדִים אֶל יַד אֲדוֹנִים / וּכְעֵינֵי שִׁפְחָה אֶל יַד גְּבִרְתָּהּ, לְךָ פּוֹנִים
לְהַרְבּוֹת לָמוֹ פִּדְיוֹנִים / לְהַכְבְּסָם מִצַּחַן דִּפְיוֹנִים
לְהַצְלִיל בְּצוּל זְדוֹנִים / לְשַׁתֵּק בַּעֲלֵי דִינִים
לְאַלֵּם מְלָשְׁנִים / לוֹטְשֵׁי חִצִּים וְכִידוֹנִים / לְהָשִׁיב חֶרֶב לִנְדָנִים
לְהַגְבִּיר מְלִיצֵי יֹשֶׁר וְזִכְיוֹנִים / וּלְהַחֲסִים קַטֵּגוֹרִים, עִמָּהֶם מְדַיְּנִים
וְסֵדֶר סְלִיחָה מְכִינִים / וְדִבְרֵי רִצּוּי מְכוֹנִים
וּבְרִית שְׁלֹשׁ עֶשְׂרֵה מִדּוֹת אוֹפַנִּים / אֲשֶׁר אִלַּפְתָּ לְנֶאֱמָן, בְּחֶזְיוֹנִים
בַּעֲבוּר כְּבוֹדְךָ עַל פָּנִים / בְּדַבֶּרְךָ עִם צִיר פָּנִים אֶל פָּנִים
וְכָל הַיּוֹם בָּם מִתְגַּלְגְּלִים וְנֶאֱפָּנִים / וְעֶרְךְ וִדּוּי מְשַׁנְּנִים / וְצִדְקוֹתֶיךָ מְתַנִּים
לִזְכֹּר לָמוֹ שְׁלֹשֶׁת אֵתָנִים / וְיוֹם קְדוֹשׁ חֲתוּנִים
לְחַלְּצָם מֵרֹאשׁ פְּתָנִים / לְהַדְרִירָם מִפֶּרֶךְ מְעַנִּים
לְדַלּוֹתָם מִדִּכּוּי תַּנִּים / לְהַעֲלוֹתָם מִבּוֹר שְׁאוֹנִים
לְנַתֵּק מֵהֶם מוֹסְרוֹת שׂוֹטְנִים / לִפְצוֹתָם מִלַּעַג שַׁאֲנַנִּים
לְהַצִּילָם מִגְּאֵיוֹנִים / לְהָשִׁיב שְׁבוּתָם כְּיוֹנִים
לְמַלְּטָם מִתָּפֶת דֵּרָאוֹנִים / מִלַּהַט מִתְהַפֶּכֶת בְּדִמְיוֹנִים
רִשְׁפֵּי לַהַב וְעִשּׁוּנִים / מְדוּרַת אֵשׁ וְאוּדִים עֲשֵׁנִים
לְנַצְּחָךְ בְּשִׁיר, כְּעַל שׁוֹשַׁנִּים.
וְרִבּוֹתֵי קֹדֶשׁ, צְבָא עֶלְיוֹנִים / בְּשׂוּרָם כִּי תַצְדִּיק בָּנִים
אֲשֶׁר לַעֲבָדִים לְךָ נִקְנִים / יִתְמְהוּ זֶה לָזֶה בְּתִמְהוֹנִים
וְכִתֵּי כִתִּים, הֲמוֹנִים הֲמוֹנִים / יַשְׁמִיעוּ וְיֹאמְרוּ בְּאֶרֶשׁ שְׁנוּנִים

שליח הציבור:

מִי אֵל כָּמוֹךָ, נוֹשֵׂא עָוֹן זֶרַע אֱמוּנִים / וְעוֹבֵר עַל פֶּשַׁע נִטְעֵי נַעֲמָנִים
אַשְׁרֵי הָעָם שֶׁכָּכָה לּוֹ, עוֹנִים / וְאַשְׁרֵי הָעָם שֶׁיהוה אֱלֹהָיו, רוֹנְנִים
וְיַקְדִּישׁוּךָ עֶלְיוֹנִים / וְיַעֲרִיצוּךָ תַּחְתּוֹנִים.

סימן א״ב (כפול)

וְאָז אֵילִים יַאְדִּירוּךָ / בְּרָקִים יְבָרְכוּךָ / גְּדוּדִים יְגַדְּלוּךָ / דּוֹלְקִים יִדְרְשׁוּךָ
הֲמֻלָּה יְהַדְּרוּךָ / וָתִיקִים יוֹדוּךָ / זַכִּים יַזְכִּירוּךָ / חַיָּלִים יְחַסְּנוּךָ
טְהוֹרִים יַטְעִימוּךָ / יְקָרִים יְיַחֲדוּךָ / כַּבִּירִים יַכְתִּירוּךָ / לְהָטִים יְלַבְּבוּךָ
מַלְאָכִים יַמְלִיכוּךָ / נֹגְנִים יְנַצְּחוּךָ / שְׂרָפִים יְסַלְּדוּךָ / עִירִין יְעַלְּוּךָ
פְּלִיאִים יְפָאֲרוּךָ / צְבָאוֹת יְצַלְצְלוּךָ / קַלִּים יַקְדִּישׁוּךָ / רְבָבוֹת יְרוֹמְמוּךָ
שִׁנְאַנִּים יְשַׁבְּחוּךָ / תַּרְשִׁישִׁים יַתְמִידוּךָ / קְדֻשָּׁה מְשַׁלֶּשֶׁת.

קהל ואחריו שליח הציבור:

כֶּתֶר יִתְּנוּ לְךָ, יהוה אֱלֹהֵינוּ, מַלְאָכִים הֲמוֹנֵי מַעְלָה
עִם עַמְּךָ יִשְׂרָאֵל קְבוּצֵי מַטָּה

קהל ואחריו שליח הציבור:

יַחַד כֻּלָּם קְדֻשָּׁה לְךָ יְשַׁלֵּשׁוּ כַּדָּבָר הָאָמוּר עַל יַד נְבִיאֶךָ
וְקָרָא זֶה אֶל־זֶה וְאָמַר ישעיה ו

קהל ואחריו שליח הציבור:

קָדוֹשׁ, קָדוֹשׁ, קָדוֹשׁ, יהוה צְבָאוֹת, מְלֹא כָל הָאָרֶץ כְּבוֹדוֹ:

ממשיכים ׳כְּבוֹדוֹ מָלֵא עוֹלָם׳ בעמ׳ 217,
ובקהילות שבהן אומרים פיוטים בתוך הקדושה, ממשיכים למטה.

פיוטי קדושה לשחרית

פיוטים אלה נכתבו כדי להחליף את פיסקאות המעבר הקצרות בין פסוקי הקדושה. יש קהילות שבהן אומרים אותם בסוף הקדושה, כדי שלא לוותר על אמירת הקדושה ופיסקאות המעבר שבה (׳מעשה רב׳ רה). בקהילות אלה אומרים את הקדושה ברצף, ובסוף הקדושה חוזרים לכאן.

אם אומרים פיוטים בתוך הקדושה, הקהל אומר בלחש:

כְּבוֹדוֹ מָלֵא עוֹלָם, מְשָׁרְתָיו שׁוֹאֲלִים זֶה לָזֶה
אַיֵּה מְקוֹם כְּבוֹדוֹ לְהַעֲרִיצוֹ
לְעֻמָּתָם מְשַׁבְּחִים וְאוֹמְרִים

מערכת פיוטי הקדושה לתפילת שחרית אינם אלה שנכתבו כחלק מה׳קרובה׳,
אלא ארבעה פיוטים שכתב ר׳ אלעזר הקליר.

הקהל ממשיך:

סימן א״ב

אֵל בְּרוֹב עֵצוֹת תִּכֵּן אֶת רְוּחַ / טֶֽרֶם בִּרְכוּב טָס, וַיֵּֽדֶא עַל־כַּנְפֵי־רְוּחַ: תהלים יח
גַּם פֶּֽלֶס וּמִשְׁקָל עָשָׂה לָרְוּחַ / טֶֽרֶם דְּבָרוֹ, בִּזְרִיזוּת תַּעַשׂ הָרְוּחַ
הֲלֹא עַל סְעָרָה הֶעֱמִיד הָרְוּחַ / טֶֽרֶם וּמֵאוֹצָר יוֹצִיא אֶת הָרְוּחַ
זֶה הַיָּם הַגָּדוֹל, יָטִיל בּוֹ אֶת הָרְוּחַ

שליח הציבור:

טֶֽרֶם חֵל נוֹזְלִים יַעֲרִים הָרְוּחַ
טַֽעַם יְפוֹצֵץ אֵל, וְיַעֲמִיד הָרְוּחַ / טֶֽרֶם יִזְּלוּ מַֽיִם, יַשִּׁיב הָרְוּחַ

הכל:

לָכֵן כָּל לַֽיִל בְּיָדוֹ תָּפְקַד כָּל רְוּחַ / טֶֽרֶם לְאֶצְלוֹ תָּשׁוּב הָרְוּחַ
מְרֻקָּם בְּצַלְמוֹ, נָפַח בּוֹ נִשְׁמַת רְוּחַ / טֶֽרֶם נְשָׁמָה אֵלָיו תֵּאָסֵף עִם רְוּחַ
סְלוּל גַּן, נָטַע מִתְהַלֵּךְ לָרְוּחַ / טֶֽרֶם עַל פְּנֵי גֵיא הֶעֱבִיר הָרְוּחַ
פֶּן עֲבוּר מוֹרְדִים, לֹא יָדוֹן רְוּחַ / טֶֽרֶם צָרְחוּ סוּר, וַיִּכְלוּ מֵרְוּחַ
קֶֽדֶם כֹּל, נִקְרָא אֱלֹהֵי הָרְוּחַ

שליח הציבור:

טֶֽרֶם רִחֵף עַל פְּנֵי מַֽיִם רְוּחַ
שִׁלְטוֹן לֹא שָׂם לְיִצִיר, לִכְלוֹא אֶת הָרְוּחַ / טֶֽרֶם תִּנָּה מְנַגֵּן, אָנָה אֵלֵךְ מֵרְוּחַ
לָכֵן כָּל אֲשֶׁר בְּאַפָּיו נִשְׁמַת רְוּחַ / אָכֵן בֶּאֱנוֹשׁ הִיא הָרְוּחַ
יְסַלְּדוּ, יְסַלְסְלוּ, לָאֵל בּוֹרֵא רְוּחַ / כְּחַיָּה וְאוֹפָן, יָבוֹא בָם רְוּחַ.

במקור שליח הציבור הוסיף רק ׳לְעֻמָּתָם מְשַׁבְּחִים וְאוֹמְרִים׳.
היום בקהילות שבהן אומרים פיוטים בתוך הקדושה, הוא חוזר ואומר ׳כְּבוֹדוֹ מָלֵא עוֹלָם׳:

כְּבוֹדוֹ מָלֵא עוֹלָם, מְשָׁרְתָיו שׁוֹאֲלִים זֶה לָזֶה
אַיֵּה מְקוֹם כְּבוֹדוֹ לְהַעֲרִיצוֹ
לְעֻמָּתָם מְשַׁבְּחִים וְאוֹמְרִים

קהל ואחריו שליח הציבור:

יחזקאל ג **•בָּרוּךְ כְּבוֹד־יהוה מִמְּקוֹמוֹ:**

אם אומרים פיוטים בתוך הקדושה, הקהל אומר בלחש:

מִמְּקוֹמוֹ הוּא יִפֶן בְּרַחֲמָיו לְעַמּוֹ
וְיָחֹן עַם הַמְיַחֲדִים שְׁמוֹ
עֶרֶב וָבֹקֶר בְּכָל יוֹם תָּמִיד
פַּעֲמַיִם בְּאַהֲבָה שְׁמַע אוֹמְרִים

הקהל ממשיך:

סימן א״ב

תָּמִיד תִּתְלוֹנֵן בְּיָדְךָ כָּל נֶפֶשׁ / שְׁגָגוֹת וּזְדוֹנוֹת, לְךָ תּוֹדֶה הַנֶּפֶשׁ
רָצִיתָ לְהַמְצִיא כֹּפֶר לְנֶפֶשׁ / קָדוֹשׁ, לְבַעֲבוּר תְּבָרֶכְךָ כָּל נֶפֶשׁ
צוֹם אֶבְחָרֵהוּ, קָרָאתָ עִנּוּי נֶפֶשׁ / פֶּשַׁע בְּלֹא דַעַת, לֹא טוֹב לְנֶפֶשׁ
עָמָל וְכָל פֹּעַל לֹא יְמַלְּאוּ נֶפֶשׁ

שליח הציבור:

סִכּוּךְ אֵבָרִים תְּמַלֵּא חַיַּת נֶפֶשׁ / נֶעְלָם מִכֹּל נַהֵם יְצִיאַת הַנֶּפֶשׁ
מִיתָה מְמָרֶקֶת עֲוֹן חַטַּאת נֶפֶשׁ

הכול:

לָכֵן בְּכָל צָרָה אֶשְׁפֹּךְ לְךָ אֶת הַנֶּפֶשׁ / כְּצִפּוֹר מִפַּח, לְמַלֵּט בָּנוּ נֶפֶשׁ
יַחֵד כָּל הַנְּפָשׁוֹת לְךָ כְּאַחַת נֶפֶשׁ / טְהוֹרֶיךָ הֶחְדַּלְתָּ מִכָּל טְמֵא נֶפֶשׁ
חֶשְׁבּוֹן וְדִין בְּעֵת תֵּת כָּל נֶפֶשׁ / זַכָּה וּטְהוֹרָה בִּהְיוֹת הַנֶּפֶשׁ
וְשׁוּבִי לִמְנוּחָיְכִי, תֹּאמַר לַנֶּפֶשׁ / הֲלֹא בִּצְרוֹר הַחַיִּים תִּצָּרֵר הַנֶּפֶשׁ
דּוֹרְשֵׁי הֶגְיוֹן דָּת מְשִׁיבַת נֶפֶשׁ

שליח הציבור:

גּוֹי וְנָכְרִי בְּהָעִיפָם נֶפֶשׁ / בְּכַף הַקֶּלַע תְּקֻלַּע מֵהֶם הַנֶּפֶשׁ
אֵלֶיךָ אֵל, בְּאֹמֶן אֶשָּׂא אֶת הַנֶּפֶשׁ

לָכֵן בְּכָל לֵב וּבְכָל מְאֹד וּבְכָל נֶפֶשׁ
אֲיַחֵד זִכְרְךָ תָּמִיד, נֶשֶׁף וָשַׁחַר, עַד אַשְׁלִים לְךָ אֶת הַנֶּפֶשׁ.

במקור שליח הציבור הוסיף רק ׳פַּעֲמַיִם בְּאַהֲבָה שְׁמַע אוֹמְרִים׳.
היום בקהילות שבהן אומרים פיוטים בתוך הקדושה, הוא חוזר ואומר ׳מִמְּקוֹמוֹ הוּא יִפֶן׳:

מִמְּקוֹמוֹ הוּא יִפֶן בְּרַחֲמָיו לְעַמּוֹ, וְיָחֹן עַם הַמְיַחֲדִים שְׁמוֹ
עֶרֶב וָבֹקֶר בְּכָל יוֹם תָּמִיד, פַּעֲמַיִם בְּאַהֲבָה שְׁמַע אוֹמְרִים

קהל ואחריו שליח הציבור:

שְׁמַע יִשְׂרָאֵל, יהוה אֱלֹהֵינוּ, יהוה אֶחָד: דברים ו

אם אומרים פיוטים בתוך הקדושה, הקהל אומר בלחש:

הוּא אֱלֹהֵינוּ, הוּא אָבִינוּ, הוּא מַלְכֵּנוּ, הוּא מוֹשִׁיעֵנוּ
וְהוּא יוֹשִׁיעֵנוּ וְיִגְאָלֵנוּ שֵׁנִית
וְיַשְׁמִיעֵנוּ בְּרַחֲמָיו לְעֵינֵי כָּל חַי לֵאמֹר
הֵן גָּאַלְתִּי אֶתְכֶם אַחֲרִית כְּרֵאשִׁית, לִהְיוֹת לָכֶם לֵאלֹהִים: במדבר טו

הקהל ממשיך:

סימן א״ת ב״ש

אֵלֶיךָ וְעָדֶיךָ יָבֹא כָּל בָּשָׂר / תַּחַת כִּי מַעֲשֶׂיךָ לֹא כְמַעֲשֵׂה בָשָׂר
בְּיָדְךָ תֶּאֱסֹף רוּחַ כָּל בָּשָׂר / שֶׁאַתָּה הוּא אֱלֹהֵי הָרוּחוֹת לְכָל בָּשָׂר
גַּם לְרִמָּה הוּא וּבִזּוּי בָּשָׂר / רַע פֶּה הוּא הַמַּחֲטִיא בָשָׂר
דּוֹר שֶׁטֶף, כְּהִשְׁחִית וְעָשׁ זִמַּת בָּשָׂר / קִפַּצְתָּ וְנַמְתָּ, בְּשַׁגָּם הוּא בָשָׂר: בראשית ו
הֲלֹא בְקָצְפְּךָ עַל חַטֹּאת בָּשָׂר / צוּר, זָכוֹר תִּזְכֹּר כִּי הֵמָּה בָשָׂר
וְלָכֵן בְּיָדְךָ אֶפֹּל, וְלֹא בִידֵי בָשָׂר / פְּקֻדַּת דִּינְךָ לֹא כְדִינֵי בָשָׂר
זֶה אַתָּה הוּא, אֱלֹהֵי הָרוּחוֹת לְכָל בָּשָׂר / עוֹרֵךְ וְנוֹתֵן לֶחֶם לְכָל בָּשָׂר
חַי לְכָל הַחַי קְרָאתָ בָשָׂר / סִכַּכְתָּ גִּיד וָעֶצֶם, וְאָרַגְתָּ עוֹר וּבָשָׂר
טְהוֹרָה תְטַמֵּא כְּזַיִת בָּשָׂר / נָא לָכֵן אוֹי לְבָשָׂר מִפְּנֵי בָשָׂר
יְלֵל צָרִים שָׁמְעֵנוּ, וְסָמַר בָּנוּ בָשָׂר

שליח הציבור:

מֵעֶיךָ יֶהֱמוּ עַל כָּל בָּשָׂר / כְּבוֹד שֵׁם קָדְשְׁךָ יְבָרֵךְ כָּל בָּשָׂר
לִמּוּד דָּתְךָ מַרְפֵּא לְכָל בָּשָׂר / לָכֵן לְעֵת תִּשְׁפֹּךְ רוּחֲךָ עַל כָּל בָּשָׂר
גִּלּוּי כְּבוֹדְךָ יִרְאֶה כָּל בָּשָׂר / וּבְהַשְׁמִיעֲךָ שֵׁנִית, יֶהֱס כָּל בָּשָׂר.

במקור שליח הציבור הוסיף רק ׳לִהְיוֹת לָכֶם לֵאלֹהִים׳.
היום בקהילות שבהן אומרים פיוטים בתוך הקדושה, הוא חוזר ואומר ׳הוּא אֱלֹהֵינוּ׳:

הוּא אֱלֹהֵינוּ, הוּא אָבִינוּ, הוּא מַלְכֵּנוּ, הוּא מוֹשִׁיעֵנוּ
וְהוּא יוֹשִׁיעֵנוּ וְיִגְאָלֵנוּ שֵׁנִית
וְיַשְׁמִיעֵנוּ בְּרַחֲמָיו לְעֵינֵי כָּל חַי לֵאמֹר
הֵן גָּאַלְתִּי אֶתְכֶם אַחֲרִית כְּרֵאשִׁית
במדבר טו לִהְיוֹת לָכֶם לֵאלֹהִים

הכול:

אֲנִי יהוה אֱלֹהֵיכֶם:

אם אומרים פיוטים בתוך הקדושה, הקהל אומר בלחש:

תהלים ח אַדִּיר אַדִּירֵנוּ, יהוה אֲדֹנֵינוּ, מָה־אַדִּיר שִׁמְךָ בְּכָל־הָאָרֶץ:
זכריה יד וְהָיָה יהוה לְמֶלֶךְ עַל־כָּל־הָאָרֶץ
בַּיּוֹם הַהוּא יִהְיֶה יהוה אֶחָד וּשְׁמוֹ אֶחָד:

הקהל ממשיך:

סימן א״ב

אֵלֶיךָ תְּלוּיוֹת עֵינֵינוּ יהוה אֲדֹנֵינוּ
בָּרוּךְ בְּמַקְהֲלוֹת עַמְּךָ מָה אַדִּיר שִׁמְךָ

גְּאָלֵנוּ שֵׁנִית מִמְּעַנֵּינוּ יהוה אֲדֹנֵינוּ
דָּר בִּשְׁמֵי מְרוֹמְךָ מָה אַדִּיר שִׁמְךָ

הֵן לְךָ הֶאֱמַרְנוּ יהוה אֲדֹנֵינוּ
וּמִי כְּעַם מְרוֹמְמֵי שִׁמְךָ מָה אַדִּיר שִׁמְךָ

זְכוֹר בְּרִית אֵתָנֵינוּ יהוה אֲדֹנֵינוּ
חַי כִּי אֵין זָר עִמְּךָ מָה אַדִּיר שִׁמְךָ

טָהוֹר לְשִׁמְךָ קִנֵּנוּ יהוה אֲדֹנֵינוּ
יְחִידִי הַדָּן בְּעוֹלָמְךָ מָה אַדִּיר שִׁמְךָ

כֹּחֲךָ יִגְדַּל מַלְכֵּנוּ יהוה אֲדֹנֵינוּ
לִבֵּנוּ רָחַשׁ לְרוֹמְמָךְ מָה אַדִּיר שִׁמְךָ
מִנֹּף בִּזְרֹעַ גְּאַלְתָּנוּ יהוה אֲדֹנֵינוּ
נְהַלֶּלְךָ כְּאֵילֵי מְרוֹמָךְ מָה אַדִּיר שִׁמְךָ

סְעָדֵנוּ וְסָמְכֵנוּ יהוה אֲדֹנֵינוּ
עֲנֵנוּ, ונודה לְשִׁמְךָ מָה אַדִּיר שִׁמְךָ

פְּדֵנוּ וְחָנֵּנוּ יהוה אֲדֹנֵינוּ
צוּר עוֹלָמִים שִׁמְךָ מָה אַדִּיר שִׁמְךָ

קוֹמְמֵנוּ וַהֲקִימֵנוּ יהוה אֲדֹנֵינוּ
רַחֲמֶיךָ יְקַדְּמוּ זַעְמָךְ מָה אַדִּיר שִׁמְךָ

שְׁמַע קוֹל תַּחֲנוּנֵינוּ יהוה אֲדֹנֵינוּ
תִּתְרוֹמֵם מִנְּשׂוּאֵי רַחְמָךְ מָה אַדִּיר שִׁמְךָ

שליח הציבור:

שִׁמְךָ אֵל לִבְּבֵנוּ / יִחוּדְךָ יָחַד הַנֶּעֱמָנוּ.

במקור שליח הציבור הוסיף רק ׳וּבְדִבְרֵי קָדְשְׁךָ כָּתוּב לֵאמֹר׳.
היום בקהילות שבהן אומרים פיוטים בתוך הקדושה, הוא חוזר ואומר ׳אַדִּיר אַדִּירֵנוּ׳:

אַדִּיר אַדִּירֵנוּ, יהוה אֲדֹנֵינוּ, מָה־אַדִּיר שִׁמְךָ בְּכָל־הָאָרֶץ: תהלים ח

וְהָיָה יהוה לְמֶלֶךְ עַל־כָּל־הָאָרֶץ זכריה יד

בַּיּוֹם הַהוּא יִהְיֶה יהוה אֶחָד וּשְׁמוֹ אֶחָד:

שליח הציבור:

וּבְדִבְרֵי קָדְשְׁךָ כָּתוּב לֵאמֹר

קהל ואחריו שליח הציבור:

יִמְלֹךְ יהוה לְעוֹלָם, אֱלֹהַיִךְ צִיּוֹן לְדֹר וָדֹר, הַלְלוּיָהּ: תהלים קמו

ממשיכים ׳לְדוֹר וָדוֹר נַגִּיד גָּדְלֶךָ׳ בעמ׳ 217.

רהיטים

ה׳קרובה׳ לשחרית אינה מסתיימת בפיוטי הקדושה, אלא ב׳רהיטים׳ (ראה עמ׳ 207).
את שלושת ה׳רהיטים׳ הראשונים חיבר ר׳ משולם בן קלונימוס, והם כנראה חלק מה׳קרובה׳ המקורית. בפיוטים אלה ר׳ משולם מתאר את גדולת ה׳ ושלטונו בעולם הטבע. אפשר שבמקור נכתבו להיות פיוטי מעבר בין פסוקי הקדושה ׳ה׳ אֲדֹנֵינוּ, מָה־אַדִּיר שִׁמְךָ בְּכָל־הָאָרֶץ׳ ׳וְהָיָה יהוה לְמֶלֶךְ עַל־כָּל־הָאָרֶץ, בַּיּוֹם הַהוּא יִהְיֶה יהוה אֶחָד וּשְׁמוֹ אֶחָד׳ (לעיל).

שליח הציבור אומר את הפסוק, ולאחר מכן את מילות הפתיחה לכל פיוט. הקהל אומר את הפיוט בלחש, ושליח הציבור אומר את השורה האחרונה בקול (מסומנת ב▸).

תהלים ח **וּבְכֵן, יהוה אֲדֹנֵינוּ מָה־אַדִּיר שִׁמְךָ בְּכָל־הָאָרֶץ:**

הכול:

סימן א״ב

הָאַדִּיר בִּשְׁמֵי עֲלִיּוֹת / הַבּוֹחֵן סְעִף וּכְלָיוֹת
הַגָּד מֵרֵאשִׁית אוֹתִיּוֹת / הַדָּן בְּצֶדֶק בְּרִיּוֹת
הֶהָיָה קֶדֶם כָּל הֱיוֹת / וְהֹוֶה, וְעָתִיד לִהְיוֹת
הַזָּן וּמֵכִין לַכֹּל מִחְיוֹת / הַחוֹנֶה עַל אַרְבַּע חַיּוֹת
הַטִּפַּח גָּבְהֵי תְלוּלִיּוֹת / הַיִּסַּד רְקוּעָה עַל מֵיוֹת
הַכּוֹנֵן מֵישָׁרִים וְזָכִיּוֹת / הַלּוֹחֵשׁ עַמּוֹ, מַאֲזִין בְּשְׁעִיּוֹת
הַמְכַנֵּס נִדְחֵי גָלִיּוֹת / הַנְּפוּצוֹתָם מְקַבֵּץ מֵאַרְבַּע זָוִיּוֹת
הַסּוֹכֵת פֶּלֶל פִּיּוֹת / הָעוֹנֶה לְקוֹרְאָיו מִתַּחְתִּיּוֹת
הַפּוֹדֶה נֶפֶשׁ עֲבָדָיו מִשְּׁאִיּוֹת / הַצּוּר צַדִּיק, רַב עֲלִילִיּוֹת
הַקּוֹרֵא לְמֵי הַיָּם, וְשׁוֹפְכָם בְּדָכְיוֹת / הָרָם וְנִשָּׂא בְּכֵס שְׁבִיבִיּוֹת
▸ **הַשּׁוֹכֵן בְּשֶׁקֶד חֲצוּבֵי שַׁלְהֲבִיּוֹת / הַתּוֹמֵךְ מְיַחֲלָיו וְעֵינֵיהֶם לוֹ תְלוּיוֹת.**

שליח הציבור:

דברים לג **וּבְכֵן, מְעֹנָה אֱלֹהֵי קֶדֶם וּמִתַּחַת זְרֹעֹת עוֹלָם:**

הכול:

סימן תשר״ק

הַתִּכֵּן וּמִתַּחַת זְרֹעֹת עוֹלָם / הַשָּׁר כֹּל, וּמִמֶּנּוּ לֹא נֶעְלָם
הָרוֹפֵא לִשְׁבוּרֵי לֵב וּמְחַתֵּל מַחֲלָם / הַקֹּרֵא הַדּוֹרוֹת מֵרֹאשׁ וּמְכַלְכְּלָם
הַצָּר בְּיָהּ עוֹלָמִים וְסוֹבְלָם / הַפּוֹשֵׁט יָד לַשָּׁבִים וּמְקַבְּלָם
הָעוֹזֵר לַשָּׁמִים בּוֹ כִּסְלָם / הַסּוֹלֶה שׁוֹגִים, נוֹשְׂאֵי עֵץ פִּסְלָם
הַנּוֹתֵן בְּעַזִּים נְתִיבָה לְהַסְלִילָם / הַמֵּכִין מָאוֹר וָשֶׁמֶשׁ בְּמַסְלוּלָם
הַלְּבוּשׁוֹ כַּשֶּׁלֶג, בָּנָיו לְהַלְבִּין מַעֲלָם / הַכְּצֶמֶר נְקִי שְׂעָרוֹ, לְנַקּוֹת גְּעוֹלָם

הַיָּשָׁר וּמְלַמֵּד פּוֹשְׁעִים לְהוֹעִילָם / הַטּוֹב וּמוֹרֶה חַטָּאִים דֶּרֶךְ לְהַשְׂכִּילָם
הַחוֹבֵשׁ אֶרֶךְ עֲמוּסָיו לְהַתְעִילָם / הַזּוֹכֵר בְּרִית רִאשׁוֹנִים מִלְּגָעֳלָם
הַוֹּכֵחַ עִוְּוִים מַצִּיל, מִשְּׁאוֹן לְהַעֲלָם /
הַהִצִּיב גְּבוּלוֹת עַמִּים לְמִסְפָּרָם לְעַלָּם
הַדּוֹדָם וְחוֹשְׁקָם בְּאַהֲבָתוֹ, וּבְחֶמְלָתוֹ גְאָלָם
הַגּוֹנְנָם וּמַצִּילָם לְנַטְּלָם וּלְנַשְּׂאָם כִּימֵי עוֹלָם
‹ הַבּוֹרְאָם בְּרִיָּה חֲדָשָׁה, עוֹשָׂם וּבוֹעֲלָם / הָאוֹמֵר, חַי אָנֹכִי לְעֹלָם: דברים לב

שליח הציבור:

וּבְכֵן, אֱלֹהֵי עוֹלָם יהוה, בּוֹרֵא קְצוֹת הָאָרֶץ, לֹא יִיעַף וְלֹא יִיגָע ישעיה מ
אֵין חֵקֶר לִתְבוּנָתוֹ:

הכול:

סימן א״ת ב״ש

הָאֹמֵן כַּפֵּי שְׁחָקִים וְהִקְצִיבָם / הַתִּכֵּנָם בְּזֶרֶת וְעִם רֶגֶב הִשְׁלִיבָם
הַבּוֹרֵא קְצוֹת הָאָרֶץ וְהִרְחִיבָם / הַשָּׁת מְמַדֶּם וְעַמּוּדֵי מַחְצָבָם
הַגּוֹלֵל אוֹר וְחֹשֶׁךְ בִּנְתִיבוֹת קוּם / הָרוֹגַע יַמִּים וּמָחַץ רְהָבָם
הַדִּכְּאָם לְמָקוֹם יָסַד, וְחוֹל הִסְבִּיבָם / הַקּוּם וְכוֹנְסָם כַּנֵּד, וְהֶעֱמִיק מְקוֹם
הַהִשְׁרִיצָם תַּנִּינִים, וְעַיִט וְדָגָה הִרְבָּם / הַצָּו וּמֵכִין לָמוֹ צֵיד אִבָּם
הַוֹּתִּק הָרִים וּבְקָעוֹת, וְהִצְמִיחַ תְּנוּבָם / הַפּוֹעֵל יְצוּרִים וְחַיּוֹת לִרְעוֹת טוּבָם
הַזִּמֵּן כָּל גְּבוּלוֹת אֶרֶץ וְהִצִּיבָם / הַעֲתוֹתֵי קַיִץ וְחֹרֶף הִקִּיפָם וְהִסְבִּיבָם
הַחוֹכִיו מֵאֵשֶׁר, מַשְׁלִיכֵי עָלָיו יְהָבָם /
הַסּוֹמְכָם לְשָׂבְעָם בְּצַחְצָחוֹת בְּלִי לְהַרְעִיבָם
הַטֶּרֶף נָתַן לִירֵאָיו, מְעֹנִי לְשַׂגְּבָם / הַנּוֹתֵן יוֹרֶה וּמַלְקוֹשׁ בְּעִתָּם לְהַרְבִּיבָם
הַיִּמֵּן סְלִיחָה לְשׁוֹבְבִים לַהֲשִׁיבָם /
הַמְטַהֲרָם בִּזְרִיקַת טְהוֹרִים, בְּצִלּוֹ לְהוֹשִׁיבָם
‹ הַכּוֹנֵן כִּסְאוֹ לַמִּשְׁפָּט, לְאֻמִּים לְיַשְּׁבָם /
לָכֵן בְּמָלְכוֹ יִשְׂמְחוּ אִיִּים רַבִּים בְּהִתְיַשְּׁבָם.

יש המשמיטים את פסוק החתימה.

כַּכָּתוּב, יהוה מָלָךְ תָּגֵל הָאָרֶץ, יִשְׂמְחוּ אִיִּים רַבִּים: תהלים צז
עָנָן וַעֲרָפֶל סְבִיבָיו, צֶדֶק וּמִשְׁפָּט מְכוֹן כִּסְאוֹ:

שורת ה'רהיטים' הבאה מיוחסת לר' קלונימוס הזקן מלוקה. כל 'רהיט' דורש מילה אחרת של הפסוק בירמיה י, ז – המתאר כיצד האמונה בבורא עומדת ביסוד כל מערכות האמונות הרווחות בקרב הגויים (ראה דרשות הר"ן, דרוש ט, וההשוואה שהוא עורך למנחות קי ע"א). תיאור מפורט זה הוא פתיחה לפיסקאות המרחיבות את ברכת קדושת ה', המתחילות 'וּבְכֵן תֵּן פַּחְדְּךָ'.

שליח הציבור אומר את הפסוק, ואז את מילות הפתיחה לכל פיוט. הקהל אומר את הפיוט בלחש, ושליח הציבור אומר את השורה האחרונה בקול (מסומנת ב◂).

ירמיה י

וּבְכֵן, מִי לֹא יִרָאֲךָ מֶלֶךְ הַגּוֹיִם, כִּי לְךָ יָאָתָה
כִּי בְכָל־חַכְמֵי הַגּוֹיִם וּבְכָל־מַלְכוּתָם מֵאֵין כָּמוֹךָ:

וּבְכֵן, מִי

סימן א"ב (כפול)

מִי אַדִּיר אַפְסֶךָ מִי בָּרוּךְ בִּלְתֶּךָ מִי גִבּוֹר כְּגִילֶךָ
מִי דָגוּל כִּדְמוּתֶךָ מִי הָדוּר כְּהִלּוּלֶךָ מִי וַדַּי כְּוִעוּדֶךָ
מִי זַכַּי זוּלָתֶךָ מִי חָסִין חִלּוּפֶךָ מִי טָהוֹר כְּטַכְסִיסֶךָ
מִי יָרוּי כְּיִחוּדֶךָ מִי כּוֹבֵשׁ כִּכְמִירָתֶךָ מִי לוֹבֵשׁ כִּלְבָנֶךָ
מִי מָרוֹם מִלְּבַדֶּךָ מִי נָכוֹן נִכְחָךְ מִי סוֹאֵן כִּסְאָתֶךָ
מִי עָץ כַּעֲלִילוֹתֶיךָ מִי פוֹעֵל כִּפְלָאֶךָ מִי צוֹאֵל כְּצִנָּתֶךָ
מִי קִנֵּץ קְדֻשָּׁתֶךָ מִי רִוָּה רְנָנוֹתֶיךָ ◂ מִי שִׁמַּע שִׁירוֹתֶיךָ
מִי תִמֵּם תִּפְאַרְתֶּךָ.

וּבְכֵן, מִי לֹא

סימן א"ת ב"ש

לֹא אֹמֶר אֲמַרְתָּ, וְנָפַל דָּבָר
תָּמִיד תְּהִלָּתְךָ בְּפִי כֹּל יְדֻבָּר.
לֹא בַקְּשׁוּנִי תֹהוּ הָיָה נְאֻמֶךָ
שִׁמְךָ מִגְדַּל עֹז לָרָצִים לְעִמֶּךָ.
לֹא גְבוּל שַׂמְתָּ, וּפָרְצוּ אַדִּירִים
רַבִּים וְגוֹעֲשִׁים, וְלִשְׁבִירַת חֻקֶּיךָ נִגְרָרִים.
לֹא דָבָר רֵק עֲשׂוֹת מִשְׁמַרְתֶּךָ
קַיָּם סֶלָה וָעֶד קֹשֶׁט אִמְרָתֶךָ.
לֹא הֵגַתָּ לִמְחוֹת שֵׁם דְּבֵקֶיךָ
צָמְאָה נַפְשָׁם לִנְעִימַת יְמִין חֲבוּקֶיךָ.

לֹא וִתַּרְתָּ לִשְׁפִיכַת דַּם חֲסִידֶיךָ
פְּקֻדַּת שָׁלוֹם הִבְטַחְתָּ לְיוֹדְעֵי סוֹדֶךָ.
לֹא זִלְזַלְתָּ מַאֲמָרֶיךָ, כֶּאֱנוֹשׁ לְכַזֵּב
עֵדוּת דְּבָרְךָ בַּשָּׁמַיִם נִצָּב מֵהַכְזֵב.
לֹא חָפֵץ רֶשַׁע אַתָּה מֵעוֹלָם
סִתְרְךָ מָנוֹס, לָלוּן עַם עוֹלָם.
לֹא טוֹב פִּצְּתָה הֱיוֹת לְבַד
נָאוֹר כִּי לְךָ הַשֶּׂגֶב יִלְבַּד.
לֹא יֹשֶׁר מִשְׁפָּטֶיךָ לְכָל גּוֹי הוֹדַעְתָּ
מְחִיַּת פֶּשַׁע, לְעַם זוּ יָדַעְתָּ.
› לֹא כַּחֲטָאֵינוּ תַּעַשׂ, לוֹבֵשׁ צְדָקָה
לַחֲשֵׁנוּ הַיּוֹם תֵּשַׁע, כְּתִמּוֹר דַּקָּה מִן הַדַּקָּה.

וּבְכֵן, מִי לֹא יִרָאֲךָ

סימן א״ב

יִרָאֲךָ, אָדוֹן, פֹּעַל לְמַעַנְךָ פָּעַלְתָּ
בְּכֹחַ מַעֲשֶׂיךָ גָּדַלְתָּ, וּמְאֹד נַעֲלֵיתָ.
יִרָאֲךָ, גָּבֹהַּ, כָּל אֲשֶׁר תַּחְתֶּיךָ
דָּגוּל בִּמְרוֹמֵי רָמִים, הוֹד תַּחֲנוֹתֶיךָ.
יִרָאֲךָ הֲמוֹן עִירִין הַצָּגִים סְבִיבְךָ
וִינַעִימוּ שִׁיר, בְּהִתְחַדְּשָׁם בְּנַהַר שְׁבִיבֶיךָ.
יִרָאֲךָ זֹהַר זִקִּים וְגַלְגַּלֵּי רַעֲמֶיךָ
חַי, הַצּוּרִים נִתְּצוּ מִפְּנֵי זַעֲמֶךָ.
יִרָאֲךָ טִיף בְּרָקִים הַמַּבְרִיקִים לְדַעְתֶּךָ
יֹאמְרוּ הִנֵּנוּ, בְּהִשְׁתַּלְּחָם עֲשׂוֹת מִשְׁמַעְתֶּךָ.
יִרָאֲךָ כְּרוּב וְאוֹפָן וְאַלְפֵי שִׁנְאַנֶּיךָ
לַהַב חֲנִית, חִצֵּי שְׁנוּנֶיךָ.
יִרָאֲךָ מְלוֹן כִּפָּה וּדְבוּקַת רְגָבֶיךָ
נָסִים מִגַּעֲרָתְךָ זִיב מֶשֶׁק גֵּבֶיךָ.

יְרָאֲךָ סֶגֶל חֶבְלְךָ וְנַחֲלַת שִׁפְרָתֶךָ
עַמְּךָ בְּבֹר לֵבָב יִכּוֹן לִקְרָאתֶךָ.
יְרָאֲךָ פָּקִיד וְשַׂר וְכָל שׁוֹפֵט
צֹאן יָדְךָ הַיּוֹם לְהִשָּׁפֵט.
יְרָאֲךָ קָנוּי וְקוֹנוּ, עוֹצֵר וְלִגְיוֹנוֹ
רוֹבֶה וְעַלְמָה, חַלָּשׁ וְתוֹפֵשׂ פִּגְיוֹנוֹ.
◂ יְרָאֲךָ שְׁכַן נָפוֹת וְכָל פְּלָכִים
תִּתְרוֹמֵם לָעַד, מֶלֶךְ מַלְכֵי הַמְּלָכִים.

וּבְכֵן, מִי לֹא יְרָאֲךָ מֶלֶךְ

סימן תשר״ק

מֶלֶךְ תָּר כָּל סִתְרֵי גְנָזִים
שִׁמְךָ יִתְפָּאַר נֶצַח, חֲכַם הָרָזִים.
מֶלֶךְ רִבּוֹתֵי רֶכֶב מַחֲנוֹת קְדוֹשֶׁיךָ
קְרֵבֶיךָ יֹאמְרוּ, נוֹרָא אֱלֹהִים מִמִּקְדָּשֶׁיךָ.
מֶלֶךְ צָר לִכְבוֹדוֹ כָּל יְצוּרִים
פְּלִיאַת מַעֲשָׂיו יוֹדְעִים כְּאִישׁוֹן נְצוּרִים.
מֶלֶךְ עִזּוּז וְגִבּוֹר, לָעַד יִתְהַלָּל
סֶלָה מֶלֶךְ הַכָּבוֹד, גָּדוֹל וּמְהֻלָּל.
מֶלֶךְ נוֹרָא, תְּהִלָּתוֹ מָלְאָה הָאָרֶץ
מָרוֹם וְקָדוֹשׁ, נוֹרָא לְמַלְכֵי־אָרֶץ. תהלים עו
מֶלֶךְ, לִגְדֻלָּתוֹ אֵין חֵקֶר וְקִצְבָּה
כָּבוֹד בְּהֵיכָלוֹ תְּבַשֵּׂר צָבָא נִצְּבָא.
מֶלֶךְ יְמִינוֹ תָרוּם, יָדוֹ תָּעֹז
טְהוֹרִים יַאְדִּירוּ, טוֹב יהוה לְמָעוֹז.
מֶלֶךְ חֲסִין יָהּ נֶאְדָּר בַּקֹּדֶשׁ
זַכִּים יִשְׁתַּחֲווּ לַיהוה בְּהַדְרַת קֹדֶשׁ.
מֶלֶךְ, וֶאֱמֶת יהוה לְעוֹלָם הַלְלוּיָהּ
הִלּוּל עָשׂוּר, כֹּל הַנְּשָׁמָה תְּהַלֵּל יָהּ.

מֶלֶךְ דּוֹבֵר צֶדֶק, מַגִּיד מֵישָׁרִים
גְּזֵרוֹתָיו תּוֹרוֹת אֱמֶת וּמִשְׁפָּטִים יְשָׁרִים.
מֶלֶךְ בָּרוּךְ בְּפִי כָל גְּוִיָּה
אַדֶּרֶת תִּפְאַרְתּוֹ בְּרוּם וּבְתַחַת חֲוִיָּה.

וּבְכֵן, מִי לֹא יִרָאֲךָ מֶלֶךְ הַגּוֹיִם

סימן א״ב

הַגּוֹיִם אֶפֶס וָתֹהוּ נֶגְדְּךָ חֲשׁוּבִים
בְּחוּנֶיךָ בְּדוּדִים, וְעִמָּם לֹא נֶחְשָׁבִים.
הַגּוֹיִם גְּדֵלִים מַעֲשֵׂה תַעְתּוּעַ וַהֲבָלִים
דְּבֵקֶיךָ בְּדוּלִים מִסּוּגְּיֵ לְעֵץ בּוּלִים.
הַגּוֹיִם הָכִין פֶּסֶל מְבַקְשִׁים חָרָשִׁים
וְתִיקֶיךָ בְּהַשְׁכֵּם וְהַעֲרֵב יִחוּדְךָ פּוֹרְשִׁים.
הַגּוֹיִם זְהָבָם לַאֲפֻדַּת מַסֵּכָה מְכִינִים
חֲרֵדֵי דְבָרְךָ לְעָבְדְּךָ בְּיִרְאָה מוּכָנִים.
הַגּוֹיִם טוֹעֲנִים בְּכָתֵף יֶתֶר צְלִיתָם
יְדוּעֶיךָ כּוֹרְעִים לְךָ בְּפִקּוּק חֻלְיוֹתָם.
הַגּוֹיִם כֶּסֶף מְצַפִּים עֵץ פִּסְלָם
לְקוּחֶיךָ בְּחֶבְיוֹן עֻזְּךָ יָשִׂימוּ כִסְלָם.
הַגּוֹיִם מְכַנִּים קְדֻשָּׁתְךָ לְעוּל הַזִּמָּה
נְשׂוּאֶיךָ מְשַׁקְּצִים יְחוּם אֵשֶׁת הַזִּמָּה.
הַגּוֹיִם סֶמֶל תְּמוּנַת נֶאֱלַח מַאֲלִיהִים
עַמְּךָ מְעִידִים אֲדוֹנוּתְךָ, אֱלֹהֵי הָאֱלֹהִים.
הַגּוֹיִם פֶּגֶר מוּבָס פַּחֲזוּת תַּבְלִיתָם
צְבָאֶיךָ קָדוֹשׁ אַתָּה יוֹשֵׁב תְּהִלּוֹתָם.
הַגּוֹיִם קוֹרְאִים לְלֹא מוֹשִׁיעַ וּמוֹעִיל
רֵעֶיךָ נִשְׁעָנִים בְּךָ, מְלַמֵּד לְהוֹעִיל.
הַגּוֹיִם שֶׁקֶר נִסְכָּם וְלֹא אֵמוּן
תְּמִימֶיךָ אֹמֶן אֱמוּנָתְךָ בְּוַעֲדָם יְנָאֲמוּן.

וּבְכֵן, מִי לֹא יִרָאֲךָ מֶלֶךְ הַגּוֹיִם, כִּי

סימן תשר״ק

כִּי תוֹדָה יִתְּנוּ לְךָ שָׁבִים
שׁוֹפְכִים לֵב נִכְחָךְ, מִיַּד נִקְשָׁבִים.
כִּי רָם אַתָּה, לְכֹל לְרֹאשׁ מִתְנַשֵּׂא
קָדוֹשׁ תְּהִלּוֹת, שִׁמְךָ עָוֹן נוֹשֵׂא.
כִּי צִדְקוֹתֶיךָ כְּהַרְרֵי אֵל מְפֹרָעִים
פְּרִי נוֹשְׂאִים, מִחְיַת תְּנוּב וְזֵרָעִים.
כִּי עִמְּךָ הַחֶסֶד וְהַסְּלִיחָה לְהִוָּרֵא
סֹלֵל חַיַּי עַד לַחַטָּאִים תּוֹרֶה.
כִּי נְכֵה לֵבָב וְשָׁפָל תִּרְאֶה
מִדָּתְךָ לֹא כְבָשָׂר, לָעֵינַיִם יִרְאֶה.
כִּי לְמַבָּטְךָ כָּל מִפְעָל סָקוּר
כָּמוּס וְגַם סָתוּם אִתְּךָ חָקוּר.
כִּי יָדְךָ פְּשׁוּטָה תּוֹהִים לְקַבֵּל
טֶרֶם יִקְרָא נַעֲנָה לְךָ קוֹבֵל.
כִּי חַסְדְּךָ גָּדוֹל מֵעַל חֲזָקִים
זוֹרְעֵי לִצְדָקָה, לְפִיו קְצֹר זְקוּקִים.
כִּי וְעֹז מַלְכוּתְךָ אָהֵב מִשְׁפָּט
הַעַל כֵּן נִקְרֵאתָ אֱלֹהֵי הַמִּשְׁפָּט.
כִּי דַּרְכְּךָ לְשַׁתֵּף רַחֲמִים בְּדִינֶךָ
גָּדוֹל, בִּשְׁתֵּי הַמִּדּוֹת הִטְבַּעְתָּ אֲדָנֶיךָ.
◂ כִּי בְּהִכָּנַע, עַל הָרָעָה תִּנָּחֵם
אַפְּךָ תָּשִׁיב, אֲנוּפֵי קִצְפְּךָ לְנַחֵם.

וּבְכֵן, מִי לֹא יִרָאֲךָ מֶלֶךְ הַגּוֹיִם, כִּי לְךָ

סימן א״ת ב״ש

לְךָ אֶדֶר נָאֶה מִכָּל פֶּה · כִּי תְהִלָּתְךָ רַחוּם, אַף כּוֹפֶה.
לְךָ בִּגְרוֹן חֲסִידִים רֹן יִתְאַמַּר · כִּי שֶׁוַע לֹא נִכַּר בְּךָ נֶאֱמַר.
לְךָ גֵּאוּת יִתְלַבֵּשׁ וְעֹז יִתְאַזָּר · כִּי רָמִים תִּשְׁפֹּט, בִּגְבוּרָה נֶאְזָר.

לְךָ דֻּמִיָּה תְהִלָּה בְּיָפִי מִכְלָל כִּי קְדֻשָּׁתְךָ מְשַׁלְּשִׁים נִצְצֵי כְּעֵין קָלָל.
לְךָ הֶמְיַת נִצִּים עֹז מֵאַדִּירִים כִּי צִוִּיתָם חֹק, וְלֹא נֶעְדָּרִים.
לְךָ וְוֵי דֹק מִגַּעֲרָתְךָ מִתְרוֹפְפִים כִּי פָּנִים מְכַסִּים מֵאֵימָתְךָ שְׂרָפִים.
לְךָ זְמִירוֹת מִכְּנַף הָאָרֶץ פּוֹשְׁטִים כִּי עֵינֶיךָ בְּכָל פִּנּוֹתֶיהָ מְשׁוֹטְטִים.
לְךָ חֲדָשֵׁי בְקָרִים אֱמוּנָה מְרַבִּים כִּי סוּר לְמִשְׁמַעְתְּךָ חָשִׁים כְּרוּבִים.
לְךָ טִפּוּחַ חֲזָקִים וְצַעֲקַת מוּצָקִים כִּי נָעֳמְךָ פּוֹצְחִים אֶרְאֶלִּים וּמְצוּקִים.
לְךָ יַחֲלֵק עֶצֶם וְאִישׁוֹן יַנְשִׁיף כִּי מְאָז גְּבוּלָם רוּחֲךָ הִנְשִׁיף.
◂ לְךָ כֹּחַ וּגְבוּרָה לְחַזֵּק וּלְגַדֵּל כִּי לְשִׁמְךָ כָּל לָשׁוֹן תְּגַדֵּל.

וּבְכֵן, מִי לֹא יִרָאֲךָ מֶלֶךְ הַגּוֹיִם, כִּי לְךָ יָאָתָה

סימן תשר״ק

יָאֲתָה תְּהִלָּה וָעֹז לְבַקֹּדֶשׁ נֶאְדָּר וּמִי שָׁקוּל גֹּשֶׁת גָּדְלוֹ לְאַדָּר.
יָאֲתָה רוֹמְמוֹת לָרָם בְּכֹחוֹ יַשְׂגִּיב וּמִי קָשׁוּט שִׁנּוּן שִׁבְחוֹ לְהַשְׂגִּיב.
יָאֲתָה צְפִירָה וְתִפְאֶרֶת לְמֶלֶךְ הַכָּבוֹד וּמִי פִּתְחָיו בּוֹא בְּיִרְאָה לַעֲבֹד.
יָאֲתָה עֱנוֹת תּוֹדָה לָאֵל הַנֶּאֱמָן וּמִי סִפּוּן הֲדַר הוֹדוֹ לְהִתְאַמֵּן.
יָאֲתָה נֵצַח וּמֶמְשָׁלָה לְחַי עוֹלָמִים וּמִי מִלֵּל וְלֹא הָחְסַם בִּבְלוּמִים.
יָאֲתָה לְסַפֵּר מַלְאֲכוֹת נוֹרָא תְהִלּוֹת וּמִי כְּעֶרְכְּךָ, בְּאוּרִם בְּשֵׁר בְּמַקְהֵלוֹת.
יָאֲתָה יִחוּד שֵׁם הַנִּכְבָּד לְהָעִידָה וּמִי טְכוּס טְעַן עֻלּוֹ בִרְעָדָה.
יָאֲתָה חַסְדֵי צוּר, סֶלָה לְהַזְכִּיר וּמִי זַךְ דֶּבֶק דְּרָכָיו לְהַכִּיר.
יָאֲתָה וַדַּאי וָתִיק לְסַלֵּד בִּרְנָנָה וּמִי הָגוּן, הֶלֶם הִלּוּלוֹ לְגָרְנָה.
יָאֲתָה דֹּרֵשׁ צַדִּיק בְּכָל עוֹנָה וּמִי גָּהוּץ, שֵׁרוּת שִׁכְנוֹ לְהַמְעִינָה.
◂ יָאֲתָה בִּרְכוֹת הָעֲטוֹת צַדִּיק לְעִילוּם וּמִי אָנֹכִי בָּא עַד הֲלֹם.

וּבְכֵן, מִי לֹא יִרָאֲךָ מֶלֶךְ הַגּוֹיִם, כִּי לְךָ יָאָתָה, כִּי

סימן א״ב (מרובע)

כִּי אֲדוּקֵי אֵשׁ בְּאֵימָה יַאְפְּדוּךְ כִּי בְרִיתֵי בָשָׂר בִּבְרָכָה יְבַלְעֲדוּךְ.
כִּי גְדוּדֵי גֹבַהּ בְּגַהַר יַגִּידוּךְ כִּי דְבֵקֵי דְבָרָתְךָ בִּדְיצָה יְדוּדוּךְ.
כִּי הוֹמֵי הֲמֻלָּה בְּהֶגֶה יְהוֹדוּךְ כִּי וְהוֹגֵי וָתִיקוּתְךָ בְּוֹעֲדָם יוֹדוּךְ.
כִּי זַכֵּי זְבוּל בִּזְמִרָתָם יְזַבְּדוּךְ כִּי חַפֵּי חֶלֶד בְּחִכָּם יְחַדּוּךְ.

כִּי טַפְסְרֵי טֹהַר בְּטַעְמָם יַטִּידְוּךָ · כִּי יוֹדְעֵי יִרְאָתְךָ בְּיִחוּלָם יְיַחֲדוּךָ.
כִּי כִתֵּי כְרוּבִים בְּכַנְפֵיהֶם יְכַבְּדוּךָ · כִּי לְמֵדֵי לִקְחֲךָ בְּלַהֲקָם יְלַבְּדוּךָ.
כִּי מַחֲנוֹת מְעוֹפְפִים בְּמַהֲלָלָם יַמְאִידוּךָ · כִּי נְשׂוּאֵי נְשָׁרִים בְּנָאֳמָם יַנְגִּידוּךָ.
כִּי סְכוּכֵי סָךְ בְּסִלּוּד יְסַגְּדוּךָ · כִּי עוֹמְסֵי עֻלְּךָ בְּעֹז יְעִידוּךָ.
כִּי פְלִיאֵי פֶלֶא בְּפֶלֶל יְפַחֲדוּךָ · כִּי צוֹעֲקֵי צָקוּן בְּצָרָתָם יַצְעִידוּךָ.
כִּי קְדוּחֵי קֶדַח בְּקָרְאָם יַקְדוּךָ · כִּי רוֹגְשֵׁי רִצְפָּתְךָ בְּרֶטֶט יְרַעֲדוּךָ.
◂ כִּי שְׁבִיבֵי שַׁלְהָבוֹת בְּשֶׂכֶל יְשַׁהֲדוּךָ · כִּי תוֹמְכֵי תֹם בִּתְהִלָּה יַתְמִידוּךָ.

וּבְכֵן, מִי לֹא יִרָאֲךָ מֶלֶךְ הַגּוֹיִם, כִּי לְךָ יָאָתָה, כִּי בְּכָל

סימן א״ב

בְּכָל אוֹן אוֹסִיף אֹמֶץ לְגַדְּלָךְ · בָּרוּךְ בֵּרוּר שֵׁם כְּבוֹד גָּדְלָךְ.
בְּכָל גּוּף וּנְשָׁמָה יְשַׂגֵּב הִלּוּלָךְ · בָּרוּךְ דּוֹבְבִים לָךְ נִטְעֵי אָהֳלָךְ.
בְּכָל הוֹן מִתְאַהֵב מַלְכוּת עֻלָּךְ · בָּרוּךְ וְקָדוֹשׁ, פּוֹצְחִים יְרֵאֶיךָ לְעֻלָּךְ.
בְּכָל זָוִית מֻקְטָר וּמֻגָּשׁ לָךְ · בָּרוּךְ חֲרֵדִים לְהַמְאוֹת יוֹדְעֶיךָ בְּשֶׁלָּךְ.
בְּכָל טוּחַ יוֹעֵץ חִסְיוֹן צִלָּךְ · בָּרוּךְ יֹאמְרוּ מְשַׁעַשְׁעֵי אָמוֹן אֶצְלָךְ.
בְּכָל כֶּסֶל יְיַחֲדוּ אֱלָהוּתְךָ קְהָלָךְ · בָּרוּךְ לַעֲנוֹת אַחַר חֲטִיבַת חֵילָךְ.
בְּכָל מִדַּת חֶסֶד וְקַו מִשְׁקוֹלָךְ · בָּרוּךְ נוֹאֲמִים תְּאֵבֵי אֹזֶן לְקוֹלָךְ.
בְּכָל שִׂיחַ וְשַׁעַר שָׁמֵי שִׁכְלָךְ · בָּרוּךְ עֲנִיָּתָם בְּאֹמֶר יָפָה כֻלָּךְ.
בְּכָל פְּתִיחַת מְפָרֵשׁ צָגֵי מִגְדָּלָךְ · בָּרוּךְ צַהַל הַחִלָּם עֹז לְהַגְדִּילָךְ.
בְּכָל קֵץ הַפְלָאַת נִסִּים לְגַדְּלָךְ · בָּרוּךְ רַחֲשָׁם עַל הַצַּת חֲרוּלָךְ.
◂ בְּכָל שֶׁכֶן בְּהִתְעַדְּנָם מִמַּגְדֵי אֶשְׁלָךְ · בָּרוּךְ תְּמִימֶיךָ יִתְּנוּ לְךָ מִשְׁלָךְ.

וּבְכֵן, מִי לֹא יִרָאֲךָ מֶלֶךְ הַגּוֹיִם, כִּי לְךָ יָאָתָה, כִּי בְּכָל־חַכְמֵי

סימן תשר״ק

חַכְמֵי תֹם דֶּרֶךְ הַמְאַחֲלִים לְכוֹן
שַׁחַר מְעוֹרְרִים לִקְרָאתְךָ הִכּוֹן.
חַכְמֵי רְבֵי תוֹרוֹת הַיְשָׁרִים בְּלִבּוֹתָם
קוֹדִים וּמִשְׁתַּחֲוִים, רְצוֹת נִדְבָתָם.
חַכְמֵי צֵרוּף אוֹתִיּוֹת שֵׁם עִלּוּמֶךָ
פּוֹקְדִים שֶׁקֶד סֵפֶף אוּלָמֶךָ.

חַכְמֵי עֵדוּת קֹשֶׁט אִמְרֵי אֲמִתֶּךָ
סוֹקְדִים שַׁוּוֹת לְנֶגְדָּם אֵימָתֶךָ.
חַכְמֵי נְאֻם צוֹפִים וּפִיּוּף מִדְבָּרֶךָ
מִלְחָמָה מְשִׁיבִים בְּשַׁעֲרֵי דְבִירֶךָ.
חַכְמֵי לֶמֶד הַמּוֹעִיל מִפִּיךָ חַנּוּן
כְּבוֹד שָׁמַיִם לְשִׁמְךָ בְּחִנּוּן.
חַכְמֵי יִרְאַת אֱלֹהִים, מוֹשֵׁל צַדִּיק
טוּבְךָ קוֹוִים, קָרוֹב וּמַצְדִּיק.
חַכְמֵי חִפּוּשׂ מַטְמוֹנֵי חָכְמָה וָדַעַת
זְקוּקִים זַמֵּר גֵּאוּת מוֹדַעַת.
חַכְמֵי וִדּוּי עֲבוֹדַת יוֹם הַסְּלִיחָה
הוֹמִים בְּתַחֲנוּן, שְׁמָעָה וּסְלָחָה.
חַכְמֵי דְבָרִים קָחַת, שׁוּב עָדֶיךָ
גּוֹעִים, אָנָּא זְכֹר לַעֲבָדֶיךָ.
◂ חַכְמֵי בְּטוּחֵי בִּבְרִית כְּרוּתָה לְמִדּוֹתֶיךָ
אֶנְקָתָם אֱזֹן, דּוֹפְקֵי דַלְתוֹתֶיךָ.

וּבְכֵן, מִי לֹא יִרָאֲךָ מֶלֶךְ הַגּוֹיִם
כִּי לְךָ יָאָתָה, כִּי בְכָל־חַכְמֵי הַגּוֹיִם

הַגּוֹיִם אֵימִים, זַמְזוּמִים, קֵדָר וַאֲדוֹמִים — סימן א״ב
בִּלְעָם, קַלְעָם, גַּמּוּמִים דְּמוּמִים.
הַגּוֹיִם גֹּמֶר וּמָגוֹג, אַשְׁכְּנַז וְרוֹמִים
דַּכְאֵם, הַכְאֵם, זְעוּמִים מַחְרָמִים.
הַגּוֹיִם הַגְרִים, קְטוּרִים, לוּדִים וַאֲרָמִים
וְכַחֵם, שַׁכְּחֵם, מִתַּחַת רָמִים.
הַגּוֹיִם זֶרַח, נַחַת, מִזִּים וְשַׁמִּים
חַסְּמֵם, כַּרְסְמֵם, שִׂימֵם שׁוֹמֵמִים.
הַגּוֹיִם טֶבַח, גַּחַם וְיֶתֶר רְאוּמִים
יַסְּרֵם, הֲסִירֵם מִהְיוֹת אֻמִּים.

הַגּוֹיִם כַּפְתּוֹרִים, כַּסְלוּחִים, לְטוּשִׁים וּלְאֻמִּים
לַפְּתֵם, כַּפְּתֵם, סְעוּרִים רְעוּמִים.
הַגּוֹיִם מִבְשָׂם וְאַדְבְּאֵל, מִשְׁמָעִים וְדוּמִים
נַפְּצֵם שִׁיתֵם הַדָּמִים.
הַגּוֹיִם סְבָא וַחֲוִילָה, סַבְתְּכָא וּרְעָמִים
עַקְּרֵם, קַרְקְרֵם דְּוּוּיִם עֲמוּמִים.
הַגּוֹיִם פְּלֶשֶׁת, עַמּוֹן, אַשּׁוּר וְעֵילָמִים
צַמְּתֵם, הֲמִיתֵם, תְּנֵם לְמַהֲלוּמִים.
הַגּוֹיִם קִיר וּמוֹאָב, לוּדִים וַעֲנָמִים
רַטְּשֵׁם, נַטְּשֵׁם דַּקִּים צְנוּמִים.
הַגּוֹיִם שֵׁשַׁךְ וּמָדַי, כִּתִּים וְלֵב קָמִים
תַּעֲבֵם, הַעִיבֵם לְאֵין תְּקוּמִים.

וּבְכֵן, מִי לֹא יִרָאֲךָ מֶלֶךְ הַגּוֹיִם
כִּי לְךָ יָאָתָה, כִּי בְכָל־חַכְמֵי הַגּוֹיִם וּבְכָל

סימן תשר״ק

וּבְכָל תֹּקֶף יֶאְמַן עֹז הִלּוּלָךְ
שַׁלְוַת שׁוֹדְדִים וְשַׁאֲנַנּוּתָם בְּהַיְלִילָךְ.
וּבְכָל רֶגֶשׁ יְמֻתַּק סוֹד אֱמוּנֶיךָ
קַרְנוֹת צַדִּיקִים, בְּרוֹמְמָךְ בְּאַרְמוֹנֶיךָ.
וּבְכָל צַעַד יְפֻזַּז וִיכֻרְכַּר לְכַבְּדָךְ
פַּאֲתֵי בוֹגְדִים, מֵאֶרֶץ בְּאַבְּדָךְ.
וּבְכָל עֹצֶם יוֹשֶׁר שִׁיר לְעַלָּךְ
סְגוּלֶיךָ מִמַּחַץ מַכָּתָם, בְּהִתְעִילָךְ.
וּבְכָל נְפוֹת יְנֹעַם זֶמֶר לְגַדְּלָךְ
מַלְכֵי אֲדָמָה מִכְּבוֹדָם בְּהַדְּלָךְ.
וּבְכָל לָשׁוֹן יְשֻׂגַּב שִׁמְךָ לְבַדָּךְ
כַּנַּת נִטְעָךְ, בֶּטַח בְּבַדְּדָךְ.
וּבְכָל יָד יְהֻיַּד שֵׁמַע צִלְצוּלָךְ
טִירוֹת טְמֵאִים, מֵחֹסֶן בְּנַצְּלָךְ.

וּבְכֵל חֵנָה וְסִיעַ, קוֹמָךְ וְשׁוּבָךְ
זְרוּיֶיךָ לְרִבְבוֹת אַלְפֵיהֶם בַּהֲשִׁיבָךְ.
וּבְכֵל וָכֵל יַמְלִיכוּ אֲדוֹנוּת יִחוּדָךְ
הֲמוֹן עָרִיצִים, לַאֲבַדּוֹן בְּהַכְחִידָךְ.
וּבְכֵל דֶּרֶךְ יוֹשֵׁת עֹצֶם חֵילָךְ
גּוֹיָךְ בְּשִׂמְחָה כְּיָחִיל לָךְ.
· וּבְכֵל בְּרָכוֹת יִתְרוֹמֵם שֵׁם קָדְשָׁךְ
אֱמוּנֶיךָ, נְעוּרֵימוֹ כַּנֶּשֶׁר בְּחַדְּשָׁךְ.

וּבְכֵן, מִי לֹא יִרָאֲךָ מֶלֶךְ הַגּוֹיִם, כִּי לְךָ יָאָתָה
כִּי בְכָל־חַכְמֵי הַגּוֹיִם וּבְכָל־מַלְכוּתָם

סימן א״ת ב״ש

מַלְכוּתָם בְּאַבְּדָךְ עוֹבְדֵי פְּסִילֵי נְסָכִים
תִּכּוֹן מַלְכוּתָךְ, מֶלֶךְ מַלְכֵי הַמְּלָכִים.
מַלְכוּתָם בְּבַלְּעָךְ בּוֹטְחֵי הֶבֶל תַּעְתּוּעִים
שָׁמַיִם וָאָרֶץ שִׁבְחָךְ יְהוּ מַבִּיעִים.
מַלְכוּתָם בְּגַדְּעָךְ מְקִימֵי אֲשֵׁרִים וְחַמָּנִים
רוֹמְמוֹתֶיךָ יִקְרְאוּ בְגָרוֹן, הֲמוֹנִים הֲמוֹנִים.
מַלְכוּתָם בְּדַכְּאָךְ דּוֹרְשֵׁי קֶטֶב תֹּהוּ וּבְעָלִים
קְדֻשָּׁה וָעֹז תְּיַסֵּד, כְּמִפִּי עוֹלְלִים.
מַלְכוּתָם בְּהָרְסָךְ הַמִּתְהַלְלִים בָּאֱלִילִים
צִדְקוֹתֶיךָ יַגִּידוּ בָּאִיִּים, אֵל אֵלִים.
מַלְכוּתָם בְּוַכְּחָךְ הַמִּטַּהֲרִים וְהַמִּתְקַדְּשִׁים
פְּאֵר מְלוּכָה יִנְחֲלוּ נִטְעֵי כַּנַּת קְדוֹשִׁים.
מַלְכוּתָם בְּזַעְמָךְ שָׂטֵי כָזָב, פּוֹנֵי אֶל רְהָבִים
עִלּוּי כְּבוֹד שִׁמְךָ יִתְּנוּ כָּל בְּאֲהָבִים.
מַלְכוּתָם בְּחָשְׂפָּךְ סוֹגְדֵי מַעֲשֵׂה חֲרָשִׁים
סִפּוּר מַעֲשֶׂיךָ בְּרִנָּה יִפְצְחוּ מֵאָרִישִׁים.
מַלְכוּתָם בְּטַאטְאָךְ טוֹעֲנֵי עֲצַבִּים עֲשׂוּיִים פְּרָקִים
נֹעַם דֵּעַ יִרְאָתְךָ יִתְמַלְאוּן אֲרָקִים.

מַלְכוּתָם בְּיָדְךָ כּוֹרְעֵי נִסְבַּל מַשָּׂא לַעֲיֵפָה
מִשְׁתַּחֲוִים כָּל בָּשָׂר לְפָנֶיךָ, עֹשֵׂה שַׁחַר וְעֵיפָה.
› מַלְכוּתָם בְּכַלּוֹתְךָ לְנַעֵר רְשָׁעִים מִן הָאָרֶץ
לָכֵן בְּמָלְכוֹ יִשְׂמְחוּ הַשָּׁמַיִם וְתָגֵל הָאָרֶץ.

ירמיה י

וּבְכֵן, מִי לֹא יִרָאֲךָ מֶלֶךְ הַגּוֹיִם, כִּי לְךָ יָאָתָה
כִּי בְכָל־חַכְמֵי הַגּוֹיִם וּבְכָל־מַלְכוּתָם מֵאֵין כָּמוֹךָ:

סימן א״ב

מֵאֵין כָּמוֹךָ בְּאַמְּצָךְ שָׁמַיִם וּשְׁמֵי שָׁמַיִם
מֵאֵין כָּמוֹךָ בְּבָלְלָךְ אֵשׁ וּמַיִם.
מֵאֵין כָּמוֹךָ בְּגָלְלָךְ אִישׁוֹן חֹשֶׁךְ וָאֹפֶל
מֵאֵין כָּמוֹךָ בְּדָלְקָךְ אוֹר מִמַּאֲפֵל.
מֵאֵין כָּמוֹךָ בְּהַבְדִּילָךְ רָקִיעַ בְּמַחַץ
מֵאֵין כָּמוֹךָ בְּוַעֲדָךְ לְהַקְווֹת זְדוֹנֵי שַׁחַץ.
מֵאֵין כָּמוֹךָ בְּזַכָּךְ צְבָאוֹת זַכִּים וְנוֹרָאִים
מֵאֵין כָּמוֹךָ בְּחַסְנָךְ חֲיָלֵי פְלִיאִים.
מֵאֵין כָּמוֹךָ בְּטַכְּסָךְ מוֹצָא דֶּשֶׁא וּזְרָדִים
מֵאֵין כָּמוֹךָ בְּיַצְּבָךְ גַּן לְהַצְמִיחַ מְגָדִים.
מֵאֵין כָּמוֹךָ בְּכַלְּלָךְ גֹּדֶל שְׁנֵי הַמְּאוֹרוֹת
מֵאֵין כָּמוֹךָ בְּלַהֲבָךְ עָשׁ כְּסִיל וְכִימָה וּמַזָּרוֹת.
מֵאֵין כָּמוֹךָ בְּמַלְּלָךְ יִשְׁרְצוּ אַדִּירִים
מֵאֵין כָּמוֹךָ בְּנָאֳמָךְ לְעוֹפֵף טָסֵי אֲוִירִים.
מֵאֵין כָּמוֹךָ בְּשַׂגְּבָךְ רֶמֶשׂ מִמְּעֵי צִיָּה
מֵאֵין כָּמוֹךָ בְּעָצְמָךְ נֶפֶשׁ בְּהֵמָה וְחַיָּה.
מֵאֵין כָּמוֹךָ בְּפָקְדָךְ אֵבוּס בְּהַרְרֵי אֶלֶף מִסִּבּוֹ
מֵאֵין כָּמוֹךָ בְּצַוּוֹתָךְ לִוְיָתָן זֶה יָצַרְתָּ לְשַׂחֶק בּוֹ.
מֵאֵין כָּמוֹךָ בְּקַבְּצָךְ עָפָר מֵרִגְבֵי אֲדָמָה
מֵאֵין כָּמוֹךָ בְּרָקְמָךְ חוֹתַם תָּכְנִית מָלֵא חָכְמָה.
› מֵאֵין כָּמוֹךָ בְּשָׁבְתָךְ יוֹם מִיָּמִים
מֵאֵין כָּמוֹךָ בְּתַקְּנָךְ שִׁכְלוּל שְׁנֵי עוֹלָמִים.

ה'רהיט' האחרון, שאף הוא לר' משולם בן קלונימוס, משבח את ישראל:

וּבְכֵן, שְׁמַע יִשְׂרָאֵל, יהוה אֱלֹהֵינוּ, יהוה אֶחָד: דברים ו

סימן א״ב (כפול)

הָאֲזוּרִים בְּאַהַב אוֹמְרִים יהוה אֱלֹהֵינוּ
הַבָּאִים בִּבְרִית עוֹנִים יהוה אֶחָד.
הַגְּאוּלִים בְּגִיל אוֹמְרִים יהוה אֱלֹהֵינוּ
הַדְּרוּשִׁים בְּדֵעַ עוֹנִים יהוה אֶחָד.
הַהוֹמִים בְּהֶגֶה אוֹמְרִים יהוה אֱלֹהֵינוּ
הַוָּתִיקִים בְּוַעַד עוֹנִים יהוה אֶחָד.
הַזְּבוּדִים בְּזֶבֶד אוֹמְרִים יהוה אֱלֹהֵינוּ
הַחֲנוּנִים בְּחַיִל עוֹנִים יהוה אֶחָד.
הַטְּכוּסִים בְּטַעַם אוֹמְרִים יהוה אֱלֹהֵינוּ
הַיְחוּסִים בְּיַחַס עוֹנִים יהוה אֶחָד.
הַכְּלוּלִים בְּכֶתֶר אוֹמְרִים יהוה אֱלֹהֵינוּ
הַלְּקוּחִים לוֹ לְעָם עוֹנִים יהוה אֶחָד.
הַמּוּלִים בְּמֶתֶק אוֹמְרִים יהוה אֱלֹהֵינוּ
הַנְּשׂוּאִים בְּנֹעַם עוֹנִים יהוה אֶחָד.
הַסְּגוּלִים בְּסֶגֶל אוֹמְרִים יהוה אֱלֹהֵינוּ
הָעֲמוּסִים בְּעֹז עוֹנִים יהוה אֶחָד.
הַפְּדוּיִים בְּפְאֵר אוֹמְרִים יהוה אֱלֹהֵינוּ
הַצְּנוּעִים בְּצֶדֶק עוֹנִים יהוה אֶחָד.
הַקּוֹרְאִים בְּקֶשֶׁב אוֹמְרִים יהוה אֱלֹהֵינוּ
הָרוֹגְשִׁים בְּרֹן עוֹנִים יהוה אֶחָד.
◂ הַשּׁוֹאֲגִים בְּשֶׁקֶד אוֹמְרִים יהוה אֱלֹהֵינוּ
הַתְּמוּכִים בְּתַאַב עוֹנִים יהוה אֶחָד.

בקהילות רבות נוהגים ששליח הציבור חותם:

תִּשְׂגַּב לְבַדֶּךָ, וְתִמְלֹךְ עַל כֹּל בְּיִחוּד
כַּכָּתוּב עַל יַד נְבִיאֶךָ, וְהָיָה יהוה לְמֶלֶךְ עַל־כָּל־הָאָרֶץ זכריה יד
בַּיּוֹם הַהוּא יִהְיֶה יהוה אֶחָד וּשְׁמוֹ אֶחָד:

ממשיכים ׳לְדוֹר וָדוֹר הַמְלִיכוּ לָאֵל׳ בעמ׳ 218.

ברוב קהילות אשכנז אמרו כפיוט ׳חָטָאנוּ׳ לשחרית את הפיוט הבא, שחיבר ר׳ קלונימוס בן יהודה ממגנצא, שהיה עד לגזרות תתנ״ו וכתב עליהן כמה קינות. גם בפיוט זה נימת הווידוי משנית יחסית, והפייטן מדגיש את סבלות ישראל בגלות, ומשתמש בתיאורים כאמצעי לדרבן את הקהל לתשובה.

במקור את הפיוט אמר שליח הציבור, והקהל ענה רק את הפזמון ׳חָטָאנוּ צוּרֵנוּ, סְלַח לָנוּ יוֹצְרֵנוּ׳. כיום נוהגים שהקהל ושליח הציבור אומרים את כולו: יש קהילות שבהן הכול אומרים זוג בתים בכל פעם, ושליח הציבור מסיים בקול את סוף הבית השני מביניהם, ואין עונים אחריו ׳חָטָאנוּ׳.

סימן א״ב קלונימוס [בן יהודה] חזק

אֲדַבְּרָה תַחֲנוּנִים כְּרָשׁ וְאֶבְכֶּה / בְּעִנּוּי נֶפֶשׁ קְהָלַי אֲבַכֶּה
כִּי נִקַּף כַּבַּרְזֶל סִבְכֵי / בָכוּ הָעָם הַרְבֵּה בֶכֶה: עזרא י

בֶּכֶה הִשְׂבִּיעַנִי כְּגָדַע קַרְנִי / לַעֲנָה וָרֹאשׁ וּמְרוֹרִים הִרְוַנִי
הְדְמַמְתִּי, וְנָם קוּמִי רֹנִּי / יָגַעְתִּי בְקָרְאִי, נִחַר גְּרוֹנִי: תהלים סט

חָטָאנוּ צוּרֵנוּ, סְלַח לָנוּ יוֹצְרֵנוּ.

גְּרוֹנִי הֻגְשַׁת קְרוֹא אֲרוּכָה / קִוֵּה נַחַת, וְהִנֵּה פְרוּכָה
נוֹדַדְתִּי כְּצִפּוֹר וְדַרְכִּי נִסְרְכָה / מִפְּנֵי קֶשֶׁת דְּרוּכָה: ישעיה כא

דְּרוּכָה לְשׁוֹן מַקְנִיאַי וּרְחָבָה / מְצָרֶבֶת פָּנִים כַּחֲשַׁשׁ לֶהָבָה
נַתְּקֵם מִמַּצָּבָם בְּהַשְׁלֵךְ וּסְחִיבָה / וְלִהַט אֹתָם הַיּוֹם הַבָּא: מלאכי ג

חָטָאנוּ צוּרֵנוּ, סְלַח לָנוּ יוֹצְרֵנוּ.

הַבָּא כְּאַרְיֵה בְּמַאֲרָב לִדְגֹּר / וְהַיּוֹצֵא צוֹדֶה תִּתִּי לְמָגוֹר
כָּל רָעָתָם לְפָנֶיךָ תֶּאֱגֹר / וְהָרֵק חֲנִית וּסְגֹר: תהלים סט

וּסְגֹר מוֹצָאָם וּמוֹבָאָם וְיִדְמְמוּ / בַּלַּע פַּלַּג לְשׁוֹנָם וְיִזְמְמוּ
הֲרֹס שִׁנֵּימוֹ בְּפִימוֹ וְיֶהֱמְמוּ / לָקַחַת נַפְשִׁי זָמָמוּ: תהלים לא

חָטָאנוּ צוּרֵנוּ, סְלַח לָנוּ יוֹצְרֵנוּ.

זָמְמוּ לָרוּץ בְּצַוָּאר אֵלֶיךָ / נוֹעֲצוּ לִכְרֹת בְּרִית עָלֶיךָ
הִדִּיחוּ מִמְּעוֹנְךָ צִבְאוֹת חֲיָלֶיךָ / עָלֶיךָ יַעֲזֹב חֵלֶכָה: תהלים י

חֵילְךָ מִתְחַבֵּא מִפַּחַד קָטְבְךָ / בְּךָ יָרוּץ לְהִשְׂתַּגֵּב בְּהַחֲטִיבְךָ
בְּשַׁעַן וַאֲהֵבְךָ וְהִרְבְּךָ וְהֵיטִבְךָ / מָה רַב טוּבְךָ: תהלים לא

חָטָאנוּ צוּרֵנוּ, סְלַח לָנוּ יוֹצְרֵנוּ.

טוּבְךָ יֹאבֶה שְׁאָר יָשׁוּב / מִתְנַפֵּל בְּהִמָּצְאָךְ אֵלֶיךָ לָשׁוּב
קוֹחַ דִּבְרֵי כִבּוּשִׁים וָשׁוּב / מִי־יוֹדֵעַ יָשׁוּב: יונה ג

יָשׁוּב חֲרוֹנְךָ וְאַל תְּכַלֵּנוּ / כִּי שָׁנֵינוּ כְּהֶגֶה כִלֵּינוּ
בְּדֶרֶךְ זוּ נֵלֵךְ הַשְׂכִּילֵנוּ / הֵן הַבֶּט־נָא עַמְּךָ כֻלָּנוּ: ישעיה סד

חָטָאנוּ צוּרֵנוּ, סְלַח לָנוּ יוֹצְרֵנוּ.

כֻּלָּנוּ יַחַד נַחֲלָה פָנָיו / נַזְכִּיר בְּרִית יְקָרַת פְּנִינָיו
בְּצֶדֶק לַחֲזוֹתֵנוּ אוֹר פָּנָיו / יְקִמֵנוּ וְנִחְיֶה לְפָנָיו: הושע ו

לְפָנָיו מְצַפְצֵף, מֵעָפָר לַהֲקִימוֹ / עִם מְיַחֲדוֹ בְּשָׁכְבוֹ וּבְקוּמוֹ
נֶצַח מְחַכִּים לְיוֹם קוּמוֹ / בָּרוּךְ כְּבוֹד־יהוה מִמְּקוֹמוֹ: יחזקאל ג

חָטָאנוּ צוּרֵנוּ, סְלַח לָנוּ יוֹצְרֵנוּ.

מִמְּקוֹמוֹ יָצֵף כַּחַשׁ רִטְפּוּשִׁי / לְפָאֵר יָמִיר אֵפֶר כִּפּוּשִׁי
מֵעֹצֶב עֲבוֹדָה קָשָׁה לְהַנְפִּישִׁי / כִּי־שָׂבְעָה בְרָעוֹת נַפְשִׁי: תהלים פח

נַפְשִׁי תִשְׁתּוֹחַח לְשׁוּם מְסִלָּה / דּוּדִי סָךְ לְנוּךְ סְלוּלָה
מַשְׁמִיעֵי שָׁלוֹם, מְשׁוּב לְכִסְלָה / יְכוֹנְנֶהָ עַד־עוֹלָם סֶלָה: תהלים מח

חָטָאנוּ צוּרֵנוּ, סְלַח לָנוּ יוֹצְרֵנוּ.

סֶלָה דְּרַשְׁתִּיךָ וְלֹא נְטַשְׁתַּנִי / בְּהִתְפַּשְׁטִי, בְּצֵל יָדְךָ כִּסִּיתָנִי
מֵאֵשׁ וּמִמַּיִם לָרְוָיָה הוֹצֵאתָנִי / וּמִקַּרְנֵי רֵמִים עֲנִיתָנִי: תהלים כב

עֲנִיתָנִי בְּכָל עֵת, בְּהִתְעַטְּפִי / הוֹשַׁטְתָּ יְמִינְךָ בְּאַהַב לְגַפְּפִי
וְעַתָּה מוֹשִׁיעִי לֹא תַרְפִּי / תְּהִלַּת יהוה יְדַבֶּר פִּי: תהלים קמה

חָטָאנוּ צוּרֵנוּ, סְלַח לָנוּ יוֹצְרֵנוּ.

פִּי יַגִּיד תְּהִלָּתְךָ תִּקְוָתֵנוּ / אַל יִמְעֲטוּ לְפָנֶיךָ תְּלָאוֹתֵינוּ
כְּגֹדֶל חַסְדְּךָ, מַלֵּט מִשְּׁחִיתוֹתֵינוּ / כִּי לֹא עַל־צִדְקֹתֵינוּ: דניאל ט

צִדְקֹתֵינוּ דַּלּוּ, וְלִמְאֹד קָצְרוּ / עֲוֹנֵינוּ רַבּוּ וְהַטּוֹב עָצְרוּ
חַטָּאֵי אָבוֹת לְבָנִים נֶאֱצְרוּ / זָרְעוּ חִטִּים וְקֹצִים קָצָרוּ: ירמיה יב

חָטָאנוּ צוּרֵנוּ, סְלַח לָנוּ יוֹצְרֵנוּ.

קָצְרוּ יְרִיבַי קָמוֹת אִבִּי / דִּמּוּ לְהַכְרִית יְשִׁישַׁי וְרוּבִּי
תהלים מג קְרָאתִיךָ, מֵעֹשֶׁק זֵדִים לְעָרְבִי / שָׁפְטֵנִי אֱלֹהִים וְרִיבָה רִיבִי:

רִיבִי בְּחַפְּשְׂךָ יָשְׁרִי תְּבַקֵּר / צִדְקַת הוֹרִים לְפָנֶיךָ תֵּחָקֵר
תהלים סג מַצְדִּיקַי יִקְרַב וּמַרְשִׁיעַי יֵעָקֵר / יִסָּכֵר פִּי דוֹבְרֵי־שָׁקֶר:

חָטָאנוּ צוּרֵנוּ, סְלַח לָנוּ יוֹצְרֵנוּ.

שֶׁקֶר דּוֹבֵר לֹא יָבֹא / לְנֶגֶד עֵינֶיךָ, כִּי תְתַעֲבוֹ
משלי ג שָׁמְרֵנִי רֶגֶל גַּאֲוָה מִבּוֹא / וּמִשּׁוֹאַת רְשָׁעִים כִּי תָבֹא:

תָּבוֹא לְפָנֶיךָ אֱלֹהֵי קֶדֶם / תַּאֲוַת מִתְעַנִּים, פָּנֶיךָ לְקַדֵּם
תהלים עד תֶּעֱרַב מִנְחָתָם כַּשָּׁנִים מִקֶּדֶם / זְכֹר עֲדָתְךָ קָנִיתָ קֶּדֶם:

חָטָאנוּ צוּרֵנוּ, סְלַח לָנוּ יוֹצְרֵנוּ.

קֶדֶם מִפְּעָלֶיךָ יהוה אֲדוֹנִי / עֲצַתְּ לִכְתֹּב כְּתֻבַּת נְדָנִי
תהלים קיט בִּנְתָּהּ מֵרָחוֹק חֻקֶּיךָ לְהַעִידֵנִי / בָּרוּךְ אַתָּה יהוה, לַמְּדֵנִי:

לַמְּדֵנִי לְהוֹעִיל, מֵמִית וּמְחַיֶּה / צִוִּיתָ וַיַּעֲמֹד, אָמַרְתָּ וַיִּהְיֶה
שם הוֹרֵנִי דְּרָכֶיךָ וְתָמִים אֶהְיֶה / עֵדְוֹתֶיךָ לְעוֹלָם, הֲבִינֵנִי וְאֶחְיֶה:

חָטָאנוּ צוּרֵנוּ, סְלַח לָנוּ יוֹצְרֵנוּ.

וְאֶחְיֶה וְזַרְעִי לְפָנֶיךָ יִכּוֹן / וּתְפִלָּתִי כִּקְטֹרֶת תָּמִיד תִּכּוֹן
תהלים נז בְּעַד עֲוֹנַי בְּבֹאִי לְרַכֵּן / נָכוֹן לִבִּי אֱלֹהִים, נָכוֹן:

נָכוֹן וְקַיָּם, אֲבוֹתֵינוּ סִפְּרוּ / עֹדֶף טוּבוֹתֶיךָ חֲטָאֵינוּ כִּפְּרוּ
תהלים לד לַבָּנִים גַּם עַתָּה וְיוּפָרוּ / וּפְנֵיהֶם אַל־יֶחְפָּרוּ:

חָטָאנוּ צוּרֵנוּ, סְלַח לָנוּ יוֹצְרֵנוּ.

יַחְפְּרוּ פְּנֵי מַכְבִּידֵי מוּעָקֵנוּ / יִלְבְּשׁוּ בֹשֶׁת בְּהוֹצָאַת צִדְקֵנוּ
ישעיה לג יָבוֹא וְאַל יֶחֱרַשׁ לְצַדְּקֵנוּ / יהוה שֹׁפְטֵנוּ יהוה מְחֹקְקֵנוּ:

מְחוֹקְקֵנוּ הַדֹּרֵשׁ לְאֹם נוֹשָׁעָה / הַשְׁאִיבָהּ בְּשָׂשׂוֹן מִמַּעַיְנֵי הַיְשׁוּעָה
תהלים פ שַׂמַּח נַפְשׁוֹתֵינוּ, בְּחֻקֶּיךָ לְהִשְׁתַּעְשְׁעָה / וְהָאֵר פָּנֶיךָ וְנִוָּשֵׁעָה:

חָטָאנוּ צוּרֵנוּ, סְלַח לָנוּ יוֹצְרֵנוּ.

וְנִוָּשֵׁעָה בְּשָׁפְכֵנוּ לְפָנֶיךָ שִׂיחָה / הֵעָתֵר לָנוּ עוֹנֵינוּ לִסְלִיחָה
חַנּוּן כִּי עִמְּךָ הַסְּלִיחָה / אֲדֹנָי שְׁמָעָה, אֲדֹנָי סְלָחָה: דניאל ט

סְלָחָה וְלֹא נֵצֵא דְחוּיִים / פְּשָׁעֵינוּ יִהוּ כָּעָב מְחוּיִים
נֵחָנוּ לֵאוֹר בְּאוֹר הַחַיִּים / כִּי־עִמְּךָ מְקוֹר חַיִּים: תהלים לו

חָטָאנוּ צוּרֵנוּ, סְלַח לָנוּ יוֹצְרֵנוּ.

חַיִּים וָחֶסֶד אֵלִי זֶה / תָּחֹן שְׁאֵרִית הָעָם הַזֶּה
גָּשִׁים לְהַקְדִּישׁ בְּקוֹל זֶה / וְקָרָא זֶה אֶל־זֶה: ישעיה ו

זֶה יִכְתֹּב יָדוֹ לַקָּדוֹשׁ / וְזֶה חָדָשׁ לַבֹּקֶר יַגְדִּישׁ
מִזֶּה וּמִזֶּה שִׁלּוּשׁ קָדוֹשׁ / וְאָמַר קָדוֹשׁ קָדוֹשׁ: שם

חָטָאנוּ צוּרֵנוּ, סְלַח לָנוּ יוֹצְרֵנוּ.

קָדוֹשׁ בְּבוֹא אֵלָיו הַקּוֹל / כַּף שִׁבֹּלֶת יַכְרִיעַ לִשְׁקֹל
נַקּוֹת קוֹרְאָיו כְּמַרְעִישֵׁי קוֹל / וָאֶשְׁמַע אַחֲרַי קוֹל: יחזקאל ג

קוֹל גָּדוֹל כְּהַשְׁמִיעַ לְרְחוּמִים / קַבְּלוּ מַלְכוּתִי מִמְּקוֹרֵי רַחֲמִים
יִזְכֹּר הַיּוֹם לִסְבִיב מִתְחַמְּמִים / אֵל מֶלֶךְ יוֹשֵׁב עַל כִּסֵּא רַחֲמִים.

חָטָאנוּ צוּרֵנוּ, סְלַח לָנוּ יוֹצְרֵנוּ.

ממשיכים ׳זְכָר לָנוּ בְּרִית אָבוֹת׳ בעמ׳ 222.

זו הגרסה המלאה של הפיוט המובא בעמ׳ 232-233.

סימן א״ת ב״ש

יוֹם אֲשֶׁר אֲשָׁמֵנוּ יְצֻלַּל וְיִסָּגֵר / הַיּוֹם תִּסְלַח לְכָל עֲדַת בְּנֵי יִשְׂרָאֵל וְלַגֵּר הַגָּר.
כַּכָּתוּב בְּתוֹרָתֶךָ
וְנִסְלַח לְכָל־עֲדַת בְּנֵי יִשְׂרָאֵל במדבר טו
וְלַגֵּר הַגָּר בְּתוֹכָם
כִּי לְכָל־הָעָם בִּשְׁגָגָה:

יוֹם בָּגַדְנוּ תִּשָּׂא וְתִסְלַח / הַיּוֹם שִׁמְךָ יֵאָמֵן, אֵל טוֹב וְסַלָּח.
כַּכָּתוּב בְּדִבְרֵי קָדְשֶׁךָ
כִּי־אַתָּה אֲדֹנָי טוֹב וְסַלָּח, וְרַב־חֶסֶד לְכָל־קֹרְאֶיךָ: תהלים פו

יוֹם גָּעַלְנוּ חֻקֶּיךָ, שָׁכַח וְעָזַב / הַיּוֹם רַחֲמֵנוּ וְנָשׁוּב וְדֶרֶךְ רֶשַׁע נַעֲזֹב.

כַּכָּתוּב עַל יַד נְבִיאֶךָ

ישעיה נה יַעֲזֹב רָשָׁע דַּרְכּוֹ, וְאִישׁ אָוֶן מַחְשְׁבֹתָיו

וְיָשֹׁב אֶל־יהוה וִירַחֲמֵהוּ, וְאֶל־אֱלֹהֵינוּ כִּי־יַרְבֶּה לִסְלוֹחַ:

יוֹם דָּפֵינוּ אָנָּא שָׂא נָא / הַיּוֹם קְשֹׁב תַּחֲנוּנֵינוּ, וּבְתַחֲנוּן סְלַח נָא.

כַּכָּתוּב בְּתוֹרָתֶךָ

במדבר יד סְלַח־נָא לַעֲוֹן הָעָם הַזֶּה כְּגֹדֶל חַסְדֶּךָ

וְכַאֲשֶׁר נָשָׂאתָה לָעָם הַזֶּה מִמִּצְרַיִם וְעַד־הֵנָּה:

וְשָׁם נֶאֱמַר, וַיֹּאמֶר יהוה, סָלַחְתִּי כִּדְבָרֶךָ:

בַּעֲבוּר כְּבוֹד שְׁמֶךָ

הַמָּצֵא לָנוּ מוֹחֵל וְסוֹלֵחַ / סְלַח נָא לְמַעַן שְׁמֶךָ.

יוֹם הֵזַדְנוּ בְּרִיתְךָ לְהָפֵר / הַיּוֹם צוּל עָוֹן יְבֻלַּע וּכְרַחוּם כַּפֵּר.

כַּכָּתוּב בְּדִבְרֵי קָדְשֶׁךָ

תהלים עח וְהוּא רַחוּם, יְכַפֵּר עָוֹן וְלֹא־יַשְׁחִית

וְהִרְבָּה לְהָשִׁיב אַפּוֹ, וְלֹא־יָעִיר כָּל־חֲמָתוֹ:

יוֹם וְעוֹתֵנוּ יִשְׁכַּח וְיִתְעַב / הַיּוֹם פְּשָׁעֵינוּ מְחֵה כָעָב.

כַּכָּתוּב עַל יַד נְבִיאֶךָ

ישעיה מד מָחִיתִי כָעָב פְּשָׁעֶיךָ וְכֶעָנָן חַטֹּאותֶיךָ

שׁוּבָה אֵלַי כִּי גְאַלְתִּיךָ:

יוֹם זְדוֹנֵנוּ הַעֲבֵר כֶּעָנָן / הַיּוֹם עֲנֵנוּ כְּיוֹם רְדִתְךָ בֶּעָנָן.

כַּכָּתוּב בְּתוֹרָתֶךָ

שמות לד וַיֵּרֶד יהוה בֶּעָנָן, וַיִּתְיַצֵּב עִמּוֹ שָׁם, וַיִּקְרָא בְשֵׁם, יהוה:

וַיַּעֲבֹר יהוה עַל־פָּנָיו וַיִּקְרָא

יהוה, יהוה, אֵל רַחוּם וְחַנּוּן, אֶרֶךְ אַפַּיִם, וְרַב־חֶסֶד וֶאֱמֶת:

נֹצֵר חֶסֶד לָאֲלָפִים, נֹשֵׂא עָוֹן וָפֶשַׁע וְחַטָּאָה, וְנַקֵּה:

בַּעֲבוּר כְּבוֹד שְׁמֶךָ

הַמָּצֵא לָנוּ רַחוּם וְחַנּוּן / רַחֵם נָא לְמַעַן שְׁמֶךָ.

יוֹם חִנּוּנְךָ עֲנוּ, בַּעֲדֵנוּ תִּזְכּוֹר / הַיּוֹם סְלַח לַעֲוֹנֵנוּ, וְחֵטְא אַל תִּזְכּוֹר.

כַּכָּתוּב בְּדִבְרֵי קָדְשֶׁךָ

אַל־תִּזְכָּר־לָנוּ עֲוֹנֹת רִאשֹׁנִים — תהלים עט

מַהֵר יְקַדְּמוּנוּ רַחֲמֶיךָ כִּי דַלּוֹנוּ מְאֹד:

יוֹם טָעוּתֵנוּ יְבֻקַּשׁ וָאָיִן / הַיּוֹם נְאֻם הַקֵּם, יְבֻקַּשׁ עָוֹן וָאָיִן.

כַּכָּתוּב עַל יַד נְבִיאֶךָ

בַּיָּמִים הָהֵם וּבָעֵת הַהִיא, נְאֻם־יהוה — ירמיה נ

יְבֻקַּשׁ אֶת־עֲוֹן יִשְׂרָאֵל וְאֵינֶנּוּ

וְאֶת־חַטֹּאת יְהוּדָה

וְלֹא תִמָּצֶאינָה כִּי אֶסְלַח לַאֲשֶׁר אַשְׁאִיר:

יוֹם יִדְרְשׁוּן מְצָרֵף וּמְטַהֵר / הַיּוֹם מִכָּל חַטֹּאתֵינוּ אוֹתָנוּ תְּטַהֵר.

כַּכָּתוּב בְּתוֹרָתֶךָ

כִּי־בַיּוֹם הַזֶּה יְכַפֵּר עֲלֵיכֶם לְטַהֵר אֶתְכֶם — ויקרא טז

מִכֹּל חַטֹּאתֵיכֶם לִפְנֵי יהוה תִּטְהָרוּ:

יוֹם כָּל תִּשָּׂא עָוֹן, בְּתַחֲנוּן אַבִּטָה / הַיּוֹם לְשַׁוְעָתֵנוּ אָזְן הַטֵּה.

כַּכָּתוּב בְּדִבְרֵי קָדְשֶׁךָ

הַטֵּה אֱלֹהַי אָזְנְךָ וּשְׁמָע — דניאל ט

פְּקַח עֵינֶיךָ וּרְאֵה שֹׁמְמֹתֵינוּ

וְהָעִיר אֲשֶׁר־נִקְרָא שִׁמְךָ עָלֶיהָ

כִּי לֹא עַל־צִדְקֹתֵינוּ אֲנַחְנוּ מַפִּילִים תַּחֲנוּנֵינוּ לְפָנֶיךָ

כִּי עַל־רַחֲמֶיךָ הָרַבִּים:

אֲדֹנָי שְׁמָעָה

אֲדֹנָי סְלָחָה

אֲדֹנָי הַקְשִׁיבָה וַעֲשֵׂה אַל־תְּאַחַר

לְמַעַנְךָ אֱלֹהַי כִּי־שִׁמְךָ נִקְרָא עַל־עִירְךָ וְעַל־עַמֶּךָ:

בַּעֲבוּר כְּבוֹד שְׁמֶךָ

הַמָּצֵא לָנוּ שׁוֹמֵעַ תְּפִלָּה / שְׁמַע תְּפִלָּתֵנוּ לְמַעַן שְׁמֶךָ.

זו הגרסה המלאה של הפיוט הממשיך 'מִי אֵל כָּמְוֹךָ' (עמ' 234), שחיבר ר' אלעזר הקליר.
הפיוט מסודר על סדר ברכות תפילת העמידה ליום חול (לפי מנהג ארץ ישראל הקדום).

מִי אֵל כָּמְוֹךָ.

סימן א"ב

אֲהַלֶּלְךָ בְּקוֹל רָם / מָגֵן אַבְרָהָם — מִי אֵל כָּמְוֹךָ
בְּיָדְךָ מְמִתִים / מְחַיֵּה הַמֵּתִים — מִי אֵל כָּמְוֹךָ
גָּדְלְךָ אֶדְרֹשׁ / הַמֶּלֶךְ הַקָּדוֹשׁ — מִי אֵל כָּמְוֹךָ
דּוֹרֵשׁ אִמְרֵי דָעַת / חוֹנֵן הַדָּעַת — מִי אֵל כָּמְוֹךָ
הָאוֹמֵר שׁוּבָה / הָרוֹצֶה בִּתְשׁוּבָה — מִי אֵל כָּמְוֹךָ
וּמוֹחֵל וְסוֹלֵחַ / הַמַּרְבֶּה לִסְלֹחַ — מִי אֵל כָּמְוֹךָ
זַךְ וּמִתְהַלֵּל / גּוֹאֵל יִשְׂרָאֵל — מִי אֵל כָּמְוֹךָ
חוֹבֵשׁ וּמְבַלֶּה / רוֹפֵא חוֹלֵי — מִי אֵל כָּמְוֹךָ
טוֹב יָמִים וְשָׁנִים / מְבָרֵךְ הַשָּׁנִים — מִי אֵל כָּמְוֹךָ
יָהּ לְיִשְׂרָאֵל / מְקַבֵּץ נִדְחֵי יִשְׂרָאֵל — מִי אֵל כָּמְוֹךָ
כּוֹנֵן כֵּס מִשְׁפָּט / הַמֶּלֶךְ הַמִּשְׁפָּט — מִי אֵל כָּמְוֹךָ
לְךָ לְבַדְּךָ מְיַחֲדִים / מַכְנִיעַ זֵדִים — מִי אֵל כָּמְוֹךָ
מְדַבֵּר וּמֵקִים / מִבְטָח לַצַּדִּיקִים — מִי אֵל כָּמְוֹךָ
נוֹתֵן אוֹר יוֹמַיִם / בּוֹנֵה יְרוּשָׁלָיִם — מִי אֵל כָּמְוֹךָ
סְלַח לַנִּדְגָּלָה / שׁוֹמֵעַ תְּפִלָּה — מִי אֵל כָּמְוֹךָ
עֶלְיוֹן אֱמוּנוֹת / סוֹלֵחַ עֲוֹנוֹת — מִי אֵל כָּמְוֹךָ
פִּינוּ תְּפִלָּה יְמַלֵּל / לִמְקַדֵּשׁ יִשְׂרָאֵל — מִי אֵל כָּמְוֹךָ
צְפֵה נָא בְּמַאֲבָד / שֶׁאוֹתְךָ לְבַדְּךָ בְּיִרְאָה נַעֲבֹד — מִי אֵל כָּמְוֹךָ
קוֹל רִנָּה וְתוֹדוֹת / הַטּוֹב לְךָ לְהוֹדוֹת — מִי אֵל כָּמְוֹךָ
רָם בָּרֵךְ קְהַל הֲמוֹנֵי / יְבָרֶכְךָ יהוה — מִי אֵל כָּמְוֹךָ
שְׁכִינָתְךָ שָׁלוֹם / עוֹשֵׂה הַשָּׁלוֹם — מִי אֵל כָּמְוֹךָ
תָּבֹא בְּרָכָה אֲלֵיכֶם / וְנֹאמַר תְּפִלָּה עֲלֵיכֶם — מִי אֵל כָּמְוֹךָ
תַּעֲבֹר עַל פֶּשַׁע / לְעַם שָׁבֵי פֶשַׁע — מִי אֵל כָּמְוֹךָ

ממשיכים 'כַּכָּתוּב עַל יַד נְבִיאֶךָ' בעמ' 234.

פיוטים לתפילת מוסף

כמו ב׳קרובה׳ לתפילת שחרית גם במוסף נהגו לומר פיוט ׳תוכחה׳ לאחר ה׳מחיה׳ (ראה עמ׳ 511). פיוט זה מעמת בין גדולת הקב״ה לחסרונותיו של האדם, וקורא לתשובה. בקהילות פולין נהגו לדלג על הפיוטים שבהם ישנו תיאור שפלותו של האדם. במקור את הפיוט אמר שליח הציבור, והקהל ענה רק את שורת הפזמון ׳עוֹד בּוֹ נִשְׁמָתוֹ׳, המדגיש כיצד למרות הכול, הקב״ה מצפה לתשובת האדם, ומבטיח למחול לו. כיום בקהילות שבהן אומרים את ה׳תוכחה׳, נוהגים שהקהל אומר את כולו, ואת הפזמון אומרים רק בתחילת הפיוט ובסופו.

שליח הציבור ואחריו הקהל:

עוֹד בּוֹ נִשְׁמָתוֹ / יְקַו תְּשׁוּבַת יְצִיר אַדְמָתוֹ
לְהַחֲיוֹתוֹ לְהֵיטִיב אַחֲרִיתוֹ.

סימן א״ב

אֱנוֹשׁ אֵיךְ יִצְדַּק פְּנֵי יוֹצְרוֹ / וְהַכֹּל גָּלוּי לוֹ, תַּעֲלוּמוֹ וְסִתְרוֹ
בְּזֹאת יְכֻפַּר עֲוֹנוֹ וְיִגָּהֶה מְזוֹרוֹ / אִם יָשׁוּב טֶרֶם יִכְבֶּה נֵרוֹ.

גַּם חֹשֶׁךְ לֹא יַחְשִׁיךְ מִמֶּנּוּ / אִם יַסְתִּיר פָּנִים, הוּא יְשׁוּרֶנּוּ
דָּפְיוֹ וְרִשְׁעוֹ עַל פָּנָיו יַעֲנֶנּוּ / יִתְרוֹן לוֹ, אִם בְּחַיָּיו יוֹדֶנּוּ.

הֵן שָׁמַיִם לֹא זַכּוּ בְעֵינָיו / וְאַף כִּי נִתְעָב בַּאֲשָׁמָיו וּבַעֲוֹנָיו
וְזֵד לָמָּה לֹא יָבִין בְּרַעְיוֹנָיו / הֲלֹא יוֹמוֹ וְאֵידוֹ נֹכַח פָּנָיו.

זְהָבוֹ וּסְגֻלַּת עָשְׁרוֹ לֹא יוֹעִילֶנּוּ / לָתֵת כָּפְרוֹ בְּיוֹם עֶבְרָה, לְהוֹעִילֶנּוּ
חֶסֶד וּצְדָקָה, אִם רוֹדֵף בְּעוֹדֶנּוּ / לְפָנָיו יְהַלֵּךְ וּכְבוֹד בּוֹרְאוֹ יַאַסְפֶנּוּ.

טוֹב לַגֶּבֶר לָשֵׂאת עֹל תּוֹרָה / לְקַיֵּם חֻקֶּיהָ בְּאַהֲבָה וּבְיִרְאָה וּבְטָהֳרָה
יְמֵי חַיָּיו תַּנְחֵהוּ מְסִלָּה יְשָׁרָה / תִּנְצְרֶנּוּ בְּקְבוּרָה וְלִתְחִי תְּשִׂיחֶנּוּ לְעֶזְרָה.

יש מדלגים מכאן עד ׳כְּגְמוּלוֹ לְפָרְעוֹ׳.

כָּשַׁל בְּיִצְרוֹ וְלֵב הוּתַל הֵטָּה / יִתְאוֹנֵן עַל חֶטְאוֹ אֲשֶׁר חָטָא
לֹא יִשְׁנֶה בְּאִוַּלְתּוֹ בָּהּ לְשׁוֹטְטָה / וְקוֹנוֹ יְקַבְּלוֹ, כִּי יְמִינוֹ פְשׁוּטָה.

מְצַפֶּה לַאֲדָמָה וְגַם לְרִמָּה וְרִקָּבוֹן / וְלָמָּה לֹא יָשִׁית לְלִבּוֹ עֶלְבּוֹן
נִבְעָר מִדַּעַת וְלָמָּה מוֹסִיף עָוֹן / וְהוּא עָתִיד לִתֵּן דִּין וְחֶשְׁבּוֹן.

סוֹפוֹ וּתְחִלָּתוֹ יְהִרְהֵר בְּכָל עוֹנָתוֹ / לֹא יַשִּׁיאֶנּוּ יִצְרוֹ לְהַחֲטִיאוֹ וּלְעַוְּתוֹ
עֲבוּר עַל פָּנָיו תִּהְיֶה יִרְאָתוֹ / אַשְׁרָיו אִם יַשְׁלִים בְּטָהֳרָה יְחִידָתוֹ.

פִּתְחֵי פִּיו יִשְׁמֹר הֱיוֹת בְּנַחַת / וְלֹא בְגַאֲוָה וָבוּז וְלָשׁוֹן נִצַּחַת
צַעֲדוֹ בְּבוֹאוֹ לֹא יָקוּץ בְּתוֹכַחַת / יִזְכֶּה לְהָשִׁיב נַפְשׁוֹ מִנִּי שָׁחַת.

קוֹוִי לְעַצְמוֹ לֹא יִמְנַע מֵרֵעוֹ / וְלִזְכוּת יְדִינֶנּוּ וְיַעֲבֹר עַל פִּשְׁעוֹ
רַחוּם בָּהּ בְּמִדָּה בְּצֶדֶק יַכְרִיעוֹ / וְלֹא יְשַׁלֵּם לוֹ כִּגְמוּלוֹ לְפָרְעוֹ.

עד כאן נוהגים לדלג.

שַׁדַּי הִנְנוּ בְּיָדְךָ כְּיוֹצֵר חֹמֶר / רְצוֹנְךָ לְהַחֲיוֹת וְלֹא לְהָמִית וּלְגַמֵּר
תְּיַשֵּׁר לְבָבֵנוּ בְּיִרְאָתְךָ לְהַחֲטִיב וּלְהַאֲמֵר /
וְקַיְּמֵנוּ לְחַיִּים, וְנוֹדְךָ לְעוֹלָם וּנְזַמֵּר.

עוֹד בּוֹ נִשְׁמָתוֹ / יְקַו תְּשׁוּבַת יְצִיר אַדְמָתוֹ / לְהַחֲיוֹתוֹ, לְהֵיטִיב אַחֲרִיתוֹ.

ממשיכים 'מִי כָמוֹךָ אָב הָרַחֲמָן' בעמ' 290.

ל'קיקלר' (ראה עמ' 506) 'אֶשָּׂא דֵעִי לְמֵרָחוֹק' שלושה חרוזי פזמון הנאמרים לסירוגין, ומתייחסים לשלושה מאפיינים של היום: היותו יום שבתון האסור במלאכה כבשבת; היותו יום כפרת עוונותיהם של ישראל; היותו יום תענית. גם בתי הפיוט מתאימים לחרוזי הפזמון: הראשון והרביעי מתייחסים לעלייה לרגל של המקווים להיחשב 'כְּצָג בָּאִיתוֹן' (שער האיתון הוא השער שבו נכנסים לעזרה – יחזקאל מ, טו ורש"י שם); השני והחמישי מתארים את הקב"ה השומע את תפילות ישראל; השלישי והשישי הם וידוי על עוונות ישראל. הבית החותם הוא תפילה לגאולה.

שליח הציבור והקהל אומרים חרוז חרוז:

נֶחְשַׁב כְּצָג בָּאִיתוֹן / דְּחוֹת בִּפְלִילֵי עֲקַלָּתוֹן
וְנַקְדִּישְׁךָ בְּשַׁבַּת שַׁבָּתוֹן / קָדוֹשׁ.

הַיּוֹם בְּפִתְחֲךָ סְפָרִים / חֹן אֹם שִׁמְךָ מְפָאֲרִים
וְנַקְדִּישְׁךָ בְּיוֹם הַכִּפּוּרִים / קָדוֹשׁ.

מַשְׂטִין בְּכֶבֶל אֱסֹר / וְתִקְוַת אֲסִירֵי בְּשֹׂר
וְנַקְדִּישְׁךָ בְּצוֹם הֶעָשׂוֹר / קָדוֹשׁ.

הכול:

סימן אלעזר בירבי קליר (כפול בחלקו)

אֶשָּׂא דֵעִי לְמֵרָחוֹק / שְׁעוֹן בְּאַת מֵרָחוֹק / בְּפָעֳלוֹ צָרֵי דְחֹק.
אֲסַפְּרָה אֶל חֹק / מִסְּכוֹ בְּלִי לִרְחֹק / חַיִּים לִי לָחֹק.
לְשֹׁד כְּחֶתֶף יִמְחֹק / לוֹחֲמִי לְבַל יִשְׂחֹק / וִימַלֵּא פִּי שְׂחוֹק.

נֶחְשַׁב כְּצָג בָּאִיתוֹן / דְּחוֹת בִּפְלִילֵי עֲקַלָּתוֹן / וְנַקְדִּישְׁךָ בְּשַׁבַּת שַׁבָּתוֹן / קָדוֹשׁ.

עוֹרְכֵי שֶׁוַע לְרֹב / חִין עֶרְכָּם יֶעֱרַב / פְּנֵי אֱלֹהֵי מִקָּרוֹב.
עֲתִירָתִי אָז תִּקְרַב / עֲבֵרָתִי בַּל תֶּאֱרַב / אֵלַי לְבַל קְרָב.
זוֹמֵם אִם יְזוֹרֵב / עֲדַת אֵל לַחֲרֹב / אֶשְׁעַן בְּמַצְדִּיק וְקָרוֹב.

הַיּוֹם בְּפָתְחֲךָ סְפָרִים / חָן אֹם שִׁמְךָ מְפָאֲרִים / וְנַקְדִּישְׁךָ בְּיוֹם הַכִּפּוּרִים / קָדוֹשׁ.

רֶשַׁע אִם הִכְרִיעִי / זְכָר לִי רוֹעִי / צִדְקוּ עַתָּה לְרוֹעֲעִי.
רְעֵה צֹאן מַרְעִי / בְּמִרְעֶה טוֹב לְהַרְעִי / וּבְאוֹר חַיִּים לְזָרְעִי.
בַּעֲוֹן אֹרַח רִבְעִי / וּבַקּוּ נְטִיַּת מְרֵעִי / נָא אַל יֵאָרְעִי.

מַשְׂטִין בְּכֶבֶל אֱסֹר / וְתִקְוַת אֲסִירֵי בַּשֵּׂר / וְנַקְדִּישְׁךָ בְּצוֹם הֶעָשׂוֹר / קָדוֹשׁ.

יַסְכִּיתוּ שׁוּבוּ לְבִצָּרוֹן / גָּשִׁים פְּנֵי אָרוֹן / לְהַעֲצִים אֲרֶשֶׁת רֹן.
יְחַלּוּ רִאשׁוֹן וְאַחֲרוֹן / מַשְׁבִּית אַף וְחָרוֹן / בְּזֹאת יָבֹא אַהֲרֹן.
רוֹעֲשִׁים קְרָא בְגָרוֹן / פִּלּוּס אֲטוּמֵי חֶבְרוֹן / מְצֹא מְחִילַת וִתְּרוֹן.

נֶחְשַׁב כְּצָג בְּאֵיתוֹן / דְּחוֹת בִּפְלְלֵי עֶקְלָתוֹן / וְנַקְדִּישְׁךָ בְּשַׁבַּת שַׁבָּתוֹן / קָדוֹשׁ.

בְּשִׁבְתּוֹ בְּכֵס רִיב / יְרִיבַי לְעֵינַי יָרִיב / יָהּ נִצָּב לָרִיב.
בּוֹזְזֵי חָרֵב יַחֲרִיב / כְּמוֹ קַדְמוֹנִים הֶחֱרִיב / וְנַאֲקִי לְפָנָיו יַקְרִיב.
יֻצַּג אִתִּי בְּרִיב / מְלִיצַי שַׁי לְהַקְרִיב / וְשִׂיחִי לְגוֹחִי יֶעֱרַב.

הַיּוֹם בְּפָתְחֲךָ סְפָרִים / חָן אֹם שִׁמְךָ מְפָאֲרִים / וְנַקְדִּישְׁךָ בְּיוֹם הַכִּפּוּרִים / קָדוֹשׁ.

קוֹל אָרִים כַּשּׁוֹפָר / בְּמַתַּן אִמְרֵי שֶׁפֶר / לִפְנֵי חֲזָקִים שִׁפֵּר.
קֶצֶב שְׂעִירִים וּפָר / בְּנִיב שְׂפָתַיִם יְסֻפָּר / וּבְכֵן שׂוֹטֵן יַחְפָּר.
לִפְלוּסִים כְּכוֹכְבֵי מִסְפָּר / וְשָׁחִים עַד עָפָר / בִּצְעָם וְעִוּוּיָם יְכֻפָּר.

מַשְׂטִין בְּכֶבֶל אֱסֹר / וְתִקְוַת אֲסִירֵי בַּשֵּׂר / וְנַקְדִּישְׁךָ בְּצוֹם הֶעָשׂוֹר / קָדוֹשׁ.

יַשְׁלְגוּ אֲדֻמֵּי שָׁנִים / שֶׁל כָּל יְמוֹת הַשָּׁנִים / חֲדָשִׁים וְגַם יְשָׁנִים.
יַלְבִּנוּ כְּתָמֵי שׁוֹשַׁנִּים / וְיוּשְׁבוּ לְתַעֲרָם שְׁנוּנִים / בִּפְלוּל אֲשֶׁר מְשַׁנְּנִים.
רַחֲצוּ וְהִזַּכּוּ מֵעֲשׁוּנִים / לְאִוֶּלֶת מְהִיוֹת שׁוֹנִים / וְעַל מִבְטָחֵימוֹ שְׁעוּנִים.

נֶחְשַׁב כְּצָג בְּאֵיתוֹן / דְּחוֹת בִּפְלְלֵי עֶקְלָתוֹן / וְנַקְדִּישְׁךָ בְּשַׁבַּת שַׁבָּתוֹן / קָדוֹשׁ

מחבר ה׳קרובה׳ למוסף, ר׳ אלעזר הקליר, חתם את שמו במילות שני חרוזי הפזמון של ה׳קיקלר׳ הבא, שעיקרו שבחו של מקום.

שליח הציבור והקהל אומרים חרוז חרוז:

אֶת לַחֲשִׁי עֲנֵה נָא / זַעֲקִי רְצֵה נָא
הָאֵל קָדוֹשׁ.
אָדוֹן לְקוֹל עַמֶּךָ / זְכֹר רַחֲמֶיךָ
נוֹרָא וְקָדוֹשׁ.

הכול:

סימן א״ב

אֵין עֲרֹךְ אֵלֶיךָ / בֵּין עֹצֶם מִפְעָלֶיךָ
גִּישַׁת הֲמוֹן מְיַחֲלֶיךָ / דְּרֹשׁ לְגַבֵּר חֲיָלֶיךָ.

אֶת לַחֲשִׁי עֲנֵה נָא / זַעֲקִי רְצֵה נָא / הָאֵל קָדוֹשׁ.

הוֹגֵי הֲמֻלַּת קֹדֶשׁ / וּמְהַלְלִים בְּהַדְרַת קֹדֶשׁ
זֶרַע תְּבוּאַת קֹדֶשׁ / חֲשֹׁב כְּאֵילֵי קֹדֶשׁ.

אָדוֹן לְקוֹל עַמֶּךָ / זְכֹר רַחֲמֶיךָ / נוֹרָא וְקָדוֹשׁ.

טַפְסְרֵי מְרֻבְּעֵי פָנִים / יְיַשִּׁירוּךָ עִם אוֹפַנִּים
כְּבַקָּרָךְ כָּל פְּנִים / לְבִלְתִּי נְשֹׂא פָנִים.

אֶת לַחֲשִׁי עֲנֵה נָא / זַעֲקִי רְצֵה נָא / הָאֵל קָדוֹשׁ.

מִתְנַשֵּׂא לְכֹל לְרֹאשׁ / נוֹעַץ אַחֲרִית מֵרֹאשׁ
סְלִיחָה לַשּׁוֹבָבִים דְּרֹשׁ / עֲוֹנָם לָשֵׂאת כְּמֵרֹאשׁ.

אָדוֹן לְקוֹל עַמֶּךָ / זְכֹר רַחֲמֶיךָ / נוֹרָא וְקָדוֹשׁ.

פְּרוּדֵי כְנַף רְנָנִים / צִדְקוֹתֶיךָ חַי מְרַנְּנִים
קוֹל שַׁאֲג מְחַנְּנִים / רְצֵה בְּחִין וּבְתַחֲנוּנִים.

אֶת לַחֲשִׁי עֲנֵה נָא / זַעֲקִי רְצֵה נָא / הָאֵל קָדוֹשׁ.

שִׁנְאַן רִבְבוֹת אֲלָפִים / שׁוֹאֲגִים וְלַבְּקָרִים מִתְחַלְּפִים
תֹּקֶף יַשִּׂיגוּ אַלּוּפִים / תּוֹדָה וְזִמְרָה מֵאֲלָפִים.

אָדוֹן לְקוֹל עַמֶּךָ / זְכֹר רַחֲמֶיךָ / נוֹרָא וְקָדוֹשׁ.

שני ה׳קיקלרים׳ נהגו בכל הקהילות לומר פיוט בעל הפזמון
׳וְאַתָּה כְּרַחוּם סְלַח לָנוּ׳ הן בשחרית (עמ׳ 517) הן במוסף.
...בן שהפיוט המקורי שכתב הקליר אבד. מכל מקום, פיוטים שונים
נאמרו במנהג אשכנז המערבי והמזרחי. בקהילות מערב אירופה
נהגו לומר את הפיוט ׳אָנָּא, אֱזוֹן שַׁוְעַת חִנּוּן׳. במנהג פולין, שהוא
הנפוץ ביותר בדורות האחרונים, אמרו את הפיוט הבא.

שליח הציבור:

וּבְכֵן, וְאַתָּה כְּרַחוּם סְלַח לָנוּ.

הכול:

סימן א״ב

אַל תִּזְכָּר לָנוּ עֲוֹנוֹתֵינוּ / הִנָּקֵם לָנוּ מִצָּרֵינוּ
כְּכֹל אֲשֶׁר גָּמְלוּ עָלֵינוּ. וְאַתָּה כְּרַחוּם סְלַח לָנוּ.

בְּשִׁמְךָ נִקְרָא וְתַעֲנֵנוּ / וְתִשְׁבֹּר אֶת עֻלֵּנוּ
וְאַתָּה תִּמְלֹךְ עָלֵינוּ. וְאַתָּה כְּרַחוּם סְלַח לָנוּ.

גֹּדֶל רַחֲמֶיךָ תּוֹדִיעַ / וּמַלְכוּתְךָ עָלֵינוּ תוֹפִיעַ
וּכְאָז אוֹתָנוּ תוֹשִׁיעַ. וְאַתָּה כְּרַחוּם סְלַח לָנוּ.

דְּבָרְךָ נִצָּב לְעוֹלָם / זְכָר נָא אֲבוֹת הָעוֹלָם
וְהָקֵם בְּרִיתְךָ לְעוֹלָם. וְאַתָּה כְּרַחוּם סְלַח לָנוּ.

הֵרָצֶה לָנוּ כְּמֵאָז / וְהַשְׁמֵד הַגּוֹי הָעָז
וְנִלְמַד נֶחֱמָדִים מִפָּז. וְאַתָּה כְּרַחוּם סְלַח לָנוּ.

וְהַשְׁקִיפָה מִמְּעוֹן קָדְשֶׁךָ / וְקוֹמֵם אֶת מִקְדָּשֶׁךָ
וְנַעֲרִיץ בְּכָל יוֹם קְדֻשָּׁתֶךָ. וְאַתָּה כְּרַחוּם סְלַח לָנוּ.

זְכֹר צִדְקַת רִאשׁוֹנִים / וּסְלַח נָא לָאַחֲרוֹנִים
וְתוֹשִׁיבֵם אֶל אֲרֻבּוֹתֵיהֶם כְּיוֹנִים. וְאַתָּה כְּרַחוּם סְלַח לָנוּ.

חוּסָה עַל צֹאן מַרְעִיתֶךָ / וּבָרֵךְ אֶת נַחֲלָתֶךָ
וְלַמְּדֵם כְּאָז דָּתֶךָ. וְאַתָּה כְּרַחוּם סְלַח לָנוּ.

טָהוֹר תַּרְאֶה כְּבוֹדֶךָ / וְתוֹדִיעַ בָּנוּ הוֹדֶךָ
וְנִסְבֹּל עֹל מוֹרָאֲךָ וְיִחוּדֶךָ. וְאַתָּה כְּרַחוּם סְלַח לָנוּ.

יְרֵאֶיךָ יִשְׂמְחוּ בָךְ / וּבְכָל יוֹם יִשְׁתַּחֲווּ לָךְ
וְגוֹי וּמַמְלָכָה יַעַבְדוּ לָךְ. וְאַתָּה כְּרַחוּם סְלַח לָנוּ.

כְּרַחֲמֶיךָ עֲשֵׂה עִמָּנוּ / כִּי בְכָל יוֹם לְךָ קָרָאנוּ
יהוה צְבָאוֹת עִמָּנוּ. וְאַתָּה כְּרַחוּם סְלַח לָנוּ.

לְבַדְּךָ תִּמְלֹךְ כְּמֵרֵאשִׁית / וְתָשִׁית עֵינֶיךָ בְּרֵאשִׁית
בִּמְקוֹם כּוֹנַנְתָּ מֵרֵאשִׁית. וְאַתָּה כְּרַחוּם סְלַח לָנוּ.

מַלְכוּתְךָ עָלֵינוּ תְּגַלֶּה / נוֹרְאוֹתֶיךָ נֶחֱזֶה וְנִתְעַלֶּה
וּמִצִּיּוֹן בְּרַחֲמֶיךָ תִּגָּלֶה. וְאַתָּה כְּרַחוּם סְלַח לָנוּ.

נְחֵנוּ בַּאֲמִתֶּךָ / וְשַׂמְּחֵנוּ בִּישׁוּעָתֶךָ
כִּי אֲנַחְנוּ עַמְּךָ וְנַחֲלָתֶךָ. וְאַתָּה כְּרַחוּם סְלַח לָנוּ.

שִׂימֵנוּ בְּרָכָה בָּאָרֶץ / וּתְנַעֵר רְשָׁעִים מֵאֶרֶץ
וְנֵשֵׁב לָבֶטַח בָּאָרֶץ. וְאַתָּה כְּרַחוּם סְלַח לָנוּ.

עֲנֵנוּ בִּדְבַר אֲמִתֶּךָ / וְהוֹשִׁיעֵנוּ בֶּאֱמוּנָתֶךָ
כִּי אֲנַחְנוּ צֹאן מַרְעִיתֶךָ. וְאַתָּה כְּרַחוּם סְלַח לָנוּ.

פָּנֶיךָ הָאֵר בְּצִיּוֹן / וּמְלֹךְ עָלֵינוּ בְּצִבְיוֹן
וְתָסִיר טֻמְאָה מִצִּיּוֹן. וְאַתָּה כְּרַחוּם סְלַח לָנוּ.

צַדִּיק אַתָּה בַּכֹּל / וְרַחֲמֶיךָ גְּדוֹלִים עַל כֹּל
מִיָּדְךָ הוּא, וּלְךָ הַכֹּל. וְאַתָּה כְּרַחוּם סְלַח לָנוּ.

קָרוֹב אַתָּה לְכָל קוֹרְאֶיךָ / רַחֵם עַל מַמְלִיכֶיךָ
כִּי הֵם מַעֲשֵׂה יָדֶיךָ. וְאַתָּה כְּרַחוּם סְלַח לָנוּ.

רַחוּם, סְלַח נָא לְעָוֹן / כִּי כָל אָדָם מְלֵא עָוֹן
וְאַתָּה תְּכַפֵּר עָוֹן. וְאַתָּה כְּרַחוּם סְלַח לָנוּ.

שִׁמְךָ בָּנוּ נִקְרָא, וְאַל תַּנִּיחֵנוּ / נִקְרָאֲךָ וְאַתָּה תַּעֲנֵנוּ
וּלְמַעַנְךָ הָאֵר עֵינֵינוּ. וְאַתָּה כְּרַחוּם סְלַח לָנוּ.

תְּאַר פָּנֶיךָ תַּרְאֵנוּ / וּבְתוֹרָתְךָ תְּחַכְּמֵנוּ
וּבְמִרְעֶה טוֹב וְשָׁמֵן תִּרְעֵנוּ. וְאַתָּה כְּרַחוּם סְלַח לָנוּ.

גם בפיוט זה התפצלו מנהגי אשכנז. במחזורים עתיקים אחדים קדמו לפיוט כמה 'רהיטים' (ראה עמ' 207), אך כבר בימי הביניים פסקו מלאומרם, והמשיכו בפיוט בסגנון הפיוט לשחרית 'אַךְ אֲתִים בְּחִין לְפָנֶיךָ' (עמ' 520).
הפיוט למנהג פולין דומה מאוד לפיוט של שחרית. בקהילות מערב אירופה נהגו לומר פיוט דומה פחות המתחיל 'אַךְ אֵין לָנוּ אֱלוֹהַּ מִבַּלְעָדֶיךָ'.

שליח הציבור:

וּבְכֵן, אַךְ חַנּוּן אַתָּה, וְרַחוּם לְכָל פֹּעַל.

הכול:

סימן א"ב

אַךְ אוֹמְרִים בְּחִין לְפָנֶיךָ כִּי אַתָּה רַחוּם לְכָל פֹּעַל.
אַךְ בָּאִים וּמִשְׁתַּחֲוִים לְפָנֶיךָ כִּי אַתָּה רַחוּם לְכָל פֹּעַל.
אַךְ גָּשִׁים בִּתְפִלָּה לְפָנֶיךָ כִּי אַתָּה רַחוּם לְכָל פֹּעַל.
אַךְ דּוֹרְשִׁים בְּדָתְךָ יוֹמָם וָלַיְלָה חַנּוּן וְרַחוּם לְכָל פֹּעַל.

אַךְ הוֹגִים בְּהַלֵּל וּבְתִשְׁבָּחוֹת כִּי אַתָּה רַחוּם לְכָל פֹּעַל.
אַךְ וְאוֹמְרִים, סְלַח נָא לַעֲוֹנֵנוּ כִּי אַתָּה רַחוּם לְכָל פֹּעַל.
אַךְ זוֹעֲקִים בִּתְחִנָּה וּבְתַחֲנוּנִים לְפָנֶיךָ כִּי אַתָּה רַחוּם לְכָל פֹּעַל.
אַךְ חוֹקְרִים סוֹד בְּרִיתְךָ / כִּי אֵין בִּלְתֶּךָ חַנּוּן וְרַחוּם לְכָל פֹּעַל.

אַךְ טוֹעֲנִים שְׁמַע יִשְׂרָאֵל / כִּי אֵין כָּאֵל כִּי אַתָּה רַחוּם לְכָל פֹּעַל.
אַךְ יוֹדְעִים שֵׁם הַמְפֹרָשׁ / וּבְפִיהֶם יִתְפָּרֵשׁ כִּי אַתָּה רַחוּם לְכָל פֹּעַל.
אַךְ כֻּלָּם הַיּוֹם כְּמַלְאָכִים / קְדֻשָּׁה לְפָנֶיךָ עוֹרְכִים כִּי אַתָּה רַחוּם לְכָל פֹּעַל.
אַךְ לְבוּשֵׁיהֶם נְקִיִּים / וְכֻלָּם צָמִים וּמִתְעַנִּים חַנּוּן וְרַחוּם לְכָל פֹּעַל.

שליח הציבור:

אַךְ מַעֲשֵׂיהֶם מַגִּידִים / וְחַטָּאֵיהֶם בְּפִיהֶם מְתַנִּים
סְלַח נָא עוֹנִים כִּי אַתָּה רַחוּם לְכָל פֹּעַל.
אַךְ נִקְרָאִים הַיּוֹם / וְסָלַחְתִּי לָכֶם הַיּוֹם
וּטְהַרְתֶּם לִפְנֵי הַיּוֹם כִּי אַתָּה רַחוּם לְכָל פֹּעַל.
אַךְ סְפוּרִים כְּחוֹל הַיָּם / וַעֲוֹנוֹתֵיהֶם תַּשְׁלִיךְ בִּמְצוּלוֹת יָם
בְּשָׁפְכָם לֵב כַּמַּיִם כִּי אַתָּה רַחוּם לְכָל פֹּעַל.
אַךְ עוֹנִים אַרְבַּע קְדֻשּׁוֹת / לִפְנֵי חוֹקֵר כְּלָיוֹת
וְיוֹדֵעַ כָּל נִסְתָּרוֹת חַנּוּן וְרַחוּם לְכָל פֹּעַל.

אַךְ פָּקְדֵם לְחַיִּים / וְטַהֲרֵם בְּמַיִם חַיִּים
כִּי עִמְּךָ מְקוֹר חַיִּים כִּי אַתָּה רַחוּם לְכָל פֹּעַל.
אַךְ צוֹעֲקִים, אָנָּא אֵל נָא / וְחֵטְא כַּפֵּר נָא
לַעֲדַת מִי מָנָה כִּי אַתָּה רַחוּם לְכָל פֹּעַל.
אַךְ קוֹלָם בְּרַעַשׁ מַרְעִישִׁים / קָדוֹשׁ קָדוֹשׁ קָדוֹשׁ, קוֹרְאִים
אָבוֹת וּבָנִים כִּי אַתָּה רַחוּם לְכָל פֹּעַל.
אַךְ רִאשׁוֹן וְאַחֲרוֹן אַתָּה / חַנּוּן וְרַחוּם אַתָּה
לְמַעַנְךָ עֲשֵׂה גַּם עַתָּה כִּי אַתָּה רַחוּם לְכָל פֹּעַל.
אַךְ שְׁמַע תְּפִלָּתֵנוּ / בְּקָרְאֵנוּ אֵלֶיךָ עֲנֵנוּ
אֱלֹהֵי צִדְקֵנוּ כִּי אַתָּה רַחוּם לְכָל פֹּעַל.
אַךְ תּוֹלִים לְךָ עֵינֵיהֶם / עֲנֵם וּשְׁמַע בְּקוֹל תְּפִלּוֹתֵיהֶם
סְלַח נָא לַעֲוֹנוֹתֵיהֶם חַנּוּן וְרַחוּם לְכָל פֹּעַל.

זו הגרסה המלאה של הפיוט המובא בעמ׳ 293-294.

תהלים סו
וּבְכֵן, אִמְרוּ לֵאלֹהִים, מַה־נּוֹרָא מַעֲשֶׂיךָ:

סימן א״ב (אותיות מנצפ״ך, ש, ת כפולות)

אִמְרוּ לֵאלֹהִים
אֵל מֶלֶךְ בְּעוֹלָמוֹ / מֵחִישׁ פְּדוּת עַמּוֹ
לְקַיֵּם אֶת דְּבַר נְאֻמוֹ / כִּי סְלִיחָה עִמּוֹ
הוֹדוּ לַיהוה קִרְאוּ בִשְׁמוֹ: דברי הימים א׳ טז

אִמְרוּ לֵאלֹהִים
בָּרוּךְ וּמְהֻלָּל בְּרֹב גָּדְלוֹ / מֵחִישׁ סְלִיחָה לִקְהָלוֹ
לְהַרְאוֹת לַכֹּל גָּדְלוֹ / מָדַד מַיִם בְּשָׁעֳלוֹ
שִׁירוּ לוֹ זַמְּרוּ־לוֹ:

אִמְרוּ לֵאלֹהִים
גּוֹאֵל עַם קְדוֹשׁוֹ / בִּסְלִיחָה לְהַקְדִּישׁוֹ
לְכוֹנֵן בֵּית מִקְדָּשׁוֹ / לָכֵן זֶרַע אַבְרָהָם קְדוֹשׁוֹ
הִתְהַלְלוּ בְּשֵׁם קָדְשׁוֹ:

אִמְרוּ לֵאלֹהִים

דָּגוּל וּמְהֻלָּל בִּרְקִיעַ עֻזּוֹ / סוֹלֵחַ לְעַם זוּ בְּזוֹ
בְּדִבַּר עֻזּוֹ וּמָעֻזּוֹ / לָכֵן אַתֶּם עַם עֲדַת מָעֻזּוֹ
דִּרְשׁוּ יהוה וְעֻזּוֹ:

אִמְרוּ לֵאלֹהִים

הַכֹּל בְּמַאֲמָר עָשָׂה / וְהוּא פָּעַל וְעָשָׂה
סוֹלֵחַ לְאֹם עֲמוּסָה / לָכֵן עַם בּוֹ חָסָה
זִכְרוּ נִפְלְאוֹתָיו אֲשֶׁר עָשָׂה:

אִמְרוּ לֵאלֹהִים

וּמֵקִים דְּבַר עַבְדּוֹ / עַל אֶרֶץ וְשָׁמַיִם הוֹדוֹ
סוֹלֵחַ לְעַם מְיַחֲדוֹ / אֲשֶׁר נִקְרְאוּ בִּדְבַר סוֹדוֹ
זֶרַע יִשְׂרָאֵל עַבְדּוֹ:

אִמְרוּ לֵאלֹהִים

זֶה רֹקַע הָאָרֶץ / הַיּוֹשֵׁב עַל חוּג הָאָרֶץ
סוֹלֵחַ לְגוֹי אֶחָד בָּאָרֶץ / לָכֵן אִמְרוּ לְיוֹסֵד אָרֶץ
הוּא יהוה אֱלֹהֵינוּ, בְּכָל־הָאָרֶץ:

אִמְרוּ לֵאלֹהִים

חַי בִּמְעוֹנָתוֹ / חַנּוּן וְחוֹנֵן עֲדָתוֹ
יָשׁוּב בְּרַחֲמִים לְבֵיתוֹ / לָכֵן בָּאֵי בִבְרִיתוֹ
זִכְרוּ לְעוֹלָם בְּרִיתוֹ:

אִמְרוּ לֵאלֹהִים

טַפֵּי נַחֲלָתוֹ / טְלָאֵי יְרֻשָּׁתוֹ
יְקַיֵּם עָלֵימוֹ אִמְרָתוֹ / כְּחָקוּק בְּתוֹרָתוֹ
אֲשֶׁר כָּרַת אֶת־אַבְרָהָם, וּשְׁבוּעָתוֹ:

אִמְרוּ לֵאלֹהִים

יוֹעֵץ מֵישָׁרִים לְחֹק / יְרֵאָיו לְחַיִּים לָחֹק
סוֹלֵחַ חֵטְא הַנִּחוּק / כְּנִשְׁמַע לְרוֹעֶה מֵרָחוֹק
וַיַּעֲמִידֶהָ לְיַעֲקֹב לְחֹק:

אִמְרוּ לֵאלֹהִים
כָּל יְצִיר בָּרָא בְּמַעַן / סוֹלֵחַ לָעָם עָלוּ טָעַן
וְלֹא יִזָּכֵר עוֹד יַעַן וּבְיַעַן / כְּהִבְטִיחַ לָעָם בּוֹ שָׁעַן
לֵאמֹר, לְךָ אֶתֵּן אֶרֶץ־כְּנָעַן:

אִמְרוּ לֵאלֹהִים
כָּל בַּשָּׁלִישׁ עָפָר / סוֹלֵחַ לָעָם, וְהָיָה מִסְפָּר
וּפִשְׁעָם עוֹד לֹא יְסֻפַּר / לְהַרְבּוֹתָם כַּחוֹל וְאֵין מִסְפָּר
בִּהְיוֹתְכֶם מְתֵי מִסְפָּר:

אִמְרוּ לֵאלֹהִים
לֹא עָשָׂה כֵן לְכָל גּוֹי / לָקַח לוֹ גּוֹי מִקֶּרֶב גּוֹי
סוֹלֵחַ עֲוֹנוֹת גּוֹי / עַם חָכָם וְנָבוֹן הַגּוֹי
וַיִּתְהַלְּכוּ מִגּוֹי אֶל־גּוֹי:

אִמְרוּ לֵאלֹהִים
מֵחִישׁ לְעַמּוֹ הוֹקֵם / וּמְכַפֵּר פִּשְׁעֵי חֵיקָם
מַטְרִיפָם לֶחֶם חֻקָּם / וּמְמַהֵר יוֹם נָקָם
לֹא־הִנִּיחַ לְאִישׁ לְעָשְׁקָם:

אִמְרוּ לֵאלֹהִים
מֶלֶךְ לְעוֹלָמִים חַי / מֵמִית וּמְחַיֶּה כָּל חַי
לָכֵן יוֹדוּהוּ חַי חַי / וְהִזְהִיר לְרֵעַי וְאַחַי
אַל־תִּגְּעוּ בִמְשִׁיחָי:

אִמְרוּ לֵאלֹהִים
נוֹרָא חָזָק וְאָיֹם / וְהוּא אֵל עֶלְיוֹן
וּמַנְחִיל עֹז חֶבְיוֹן / וּמְשׁוֹרְרִים לְפָנָיו בְּכָל יוֹם
שִׁירוּ לַיהוה כָּל־הָאָרֶץ, בַּשְּׂרוּ מִיּוֹם־אֶל־יוֹם:

אִמְרוּ לֵאלֹהִים

נוֹרָא שׁוֹכֵן מְרוֹמִים / סוֹלֵחַ פִּשְׁעֵי אֲשֵׁמִים

וּמְפַעְנֵחַ נֶעֱלָמִים / וְאַתֶּם מְעוּטֵי עַמִּים

סַפְּרוּ בַגּוֹיִם אֶת־כְּבוֹדוֹ, בְּכָל־הָעַמִּים:

אִמְרוּ לֵאלֹהִים

סֶלָה מְשֻׁבָּח וּמְהֻלָּל / בְּפִי כָּל נְשָׁמָה יִתְהַלָּל

סוֹלֵחַ לְעַם יְהַלֵּל / כְּשֶׁיַּעֲטֹף וְיִתְפַּלֵּל

כִּי גָדוֹל יהוה וּמְהֻלָּל:

אִמְרוּ לֵאלֹהִים

עֶלְיוֹן עַל כָּל אֵלִים / הַנִּכְתָּר בְּהִלּוּלִים

סוֹלֵחַ לְעַם נִגְאָלִים / וּמַעֲבִיר מֵאֶרֶץ גִּלּוּלִים

כִּי כָּל־אֱלֹהֵי הָעַמִּים אֱלִילִים:

אִמְרוּ לֵאלֹהִים

פּוֹעֵל יְשׁוּעוֹת צְפוּנָיו / וּמִסְתַּכֵּל בְּכָל פִּנָּיו

סוֹלֵחַ לְעַם עָנָו / וּבְכָל יוֹם מְשׁוֹרְרִים לְפָנָיו

הוֹד וְהָדָר לְפָנָיו:

אִמְרוּ לֵאלֹהִים

פֶּלֶא עָשָׂה עַד מְאֹד / נִקְרָא מֶלֶךְ הַכָּבוֹד

סוֹלֵחַ לְעַמּוֹ לוֹ הוֹד / הַלּוֹבֵשׁ הָדָר וָהוֹד

הָבוּ לַיהוה מִשְׁפְּחוֹת עַמִּים, הָבוּ לַיהוה כָּבוֹד:

אִמְרוּ לֵאלֹהִים

צוּר אֲכַבְּדֶנּוּ בְּמִנְחָה / מֵסִיר יָגוֹן וַאֲנָחָה

מֵחִישׁ לְעַמּוֹ רְוָחָה / בֹּאוּ שְׁעָרָיו בְּשִׂמְחָה

הָבוּ לַיהוה כְּבוֹד שְׁמוֹ, שְׂאוּ מִנְחָה:

אִמְרוּ לֵאלֹהִים

צוּר עוֹלָמִים, בְּכֵס נָכוֹן / בֵּית עוֹלָמִים לְשִׁבְתּוֹ מָכוֹן
סוֹלֵחַ לְאוֹמְרֵי תְּפִלָּתִי תִּכּוֹן / לְנֵצַח נְצָחִים מַלְכוּתוֹ תִּכּוֹן
חִילוּ מִלְּפָנָיו כָּל־הָאָרֶץ, אַף־תִּכּוֹן:

אִמְרוּ לֵאלֹהִים

קָדוֹשׁ יוֹשֵׁב שָׁמַיִם / בַּמָּרוֹם אַדִּיר כַּמַּיִם
סוֹלֵחַ לְעוֹבְרֵי בַמַּיִם / מְכוֹנֵן לַנֶּחֱרָב פַּעֲמַיִם
בְּיָדוֹ יְרוּשָׁלַיִם לָעַד, יִשְׂמְחוּ הַשָּׁמַיִם:

אִמְרוּ לֵאלֹהִים

רָם דָּרַךְ סוּסוֹ בַּיָּם / לִגְזָרִים גָּזַר יָם
וּמַשְׁלִיךְ עֲוֹנוֹת בִּמְצוּלוֹת יָם / עַד לֹא יָדַע אַיָּם
כְּפָרוֹ בְּעֻזּוֹ יָם, יִרְעַם הַיָּם:

אִמְרוּ לֵאלֹהִים

שַׁדַּי כְּיָשֵׁן נֵעוֹר / לְכוֹנֵן בֵּית הַיַּעַר
כִּי כִרְסְמוֹ חֲזִיר מִיָּעַר / וּפָנָה אֶל תְּפִלַּת הָעַרְעָר
אָז יְרַנְּנוּ עֲצֵי הַיָּעַר:

אִמְרוּ לֵאלֹהִים

שַׁדַּי אֵין בִּלְעָדוֹ / הַכֹּל פֹּעַל יָדוֹ
סוֹלֵחַ לִקְהַל יְדִידוֹ / הַמּוֹדִים עַל טוּבוֹ וְחַסְדּוֹ
הוֹדוּ לַיהוה כִּי טוֹב, כִּי לְעוֹלָם חַסְדּוֹ:

אִמְרוּ לֵאלֹהִים

תָּמִים אֵל יִשְׁעֵנוּ / מִצָּרָה תּוֹשִׁיעֵנוּ
וּמְכַפֵּר חַטֹּאת פְּשָׁעֵינוּ / וּמַאֲזִין שִׂיחַ שַׁוְעֵנוּ
וְאִמְרוּ, הוֹשִׁיעֵנוּ אֱלֹהֵי יִשְׁעֵנוּ:

אִמְרוּ לֵאלֹהִים

תַּקִּיף אֱלֹהֵי עוֹלָם / דְּבָרוֹ נִצָּב לְעוֹלָם
וְהוּא מִכֹּל נֶעְלָם / וַאֲנוּ מְהַלְלִים שְׁמוֹ לְעוֹלָם
בָּרוּךְ יהוה אֱלֹהֵי יִשְׂרָאֵל מִן־הָעוֹלָם וְעַד־הָעֹלָם:

זו הגרסה המלאה של הפיוט המובא בעמ׳ 296-295.

וּבְכֵן, גְּדוֹלִים מַעֲשֵׂי אֱלֹהֵינוּ.

סימן א״ב בשילוב תשר״ק

מַעֲשֵׂה אֱלֹהֵינוּ

אַדִּיר בְּוַעֲדוֹ / בָּרוּם וּבְתַחַת הוֹדוֹ

גִּלָּה אוֹר לְעוֹבְדוֹ / דְּבָרוֹ מֵקִים לְעַבְדּוֹ

לָכֵן יִתְגָּאֶה, אֵין עוֹד מִלְּבַדּוֹ: דברים ד

מַעֲשֵׂה אֱנוֹשׁ

תַּחֲרוּת רַחֲמָיו / שֶׁקֶר נְאֻמָיו

רַבִּים אֲשָׁמָיו / קֹצֶר יָמָיו

וְאֵיךְ יִתְגָּאֶה, אֱנוֹשׁ כֶּחָצִיר יָמָיו: תהלים קג

מַעֲשֵׂה אֱלֹהֵינוּ

הַמַּכִּיר עוֹלְמֵי עַד / וְסוֹפֵר וּמוֹנֶה עֲדֵי עַד

זִיו מוֹשָׁבוֹ נוֹעַד / חֶלֶד צוֹפֶה בְּמִסְעָד

לָכֵן יִתְגָּאֶה, הַמַּבִּיט לָאָרֶץ וַתִּרְעָד: תהלים קד

מַעֲשֵׂה אֱנוֹשׁ

צִמָּאוֹן בְּקִרְבּוֹ / פַּחַד בְּלִבּוֹ

עָוֹן בְּחֻבּוֹ / שִׂנְאָה בְּאַבּוֹ

וְאֵיךְ יִתְגָּאֶה, כִּי רוּחַ עָבְרָה־בּוֹ: תהלים קג

מַעֲשֵׂה אֱלֹהֵינוּ

טוֹעֵן הֲדוֹמוֹ / יוֹדֵעַ עוֹלָמוֹ

כְּלָלוֹ בְּנָאֳמוֹ / לָעַד לַהֲקִימוֹ

לָכֵן יִתְגָּאֶה, יהוה צְבָאוֹת שְׁמוֹ: ישעיה מז

מַעֲשֵׂה אֱנוֹשׁ

נִכְנַס עִמּוֹ / מְזוֹן לַחְמוֹ

לוֹהֵט בְּנָאֳמוֹ / כּוֹעֵס בְּיוֹמוֹ

וְאֵיךְ יִתְגָּאֶה, וְלֹא־יַכִּירֶנּוּ עוֹד מְקוֹמוֹ: תהלים קג

מַעֲשֵׂה אֱלֹהֵינוּ
מוֹשֵׁל בְּמִפְעָלוֹ / נוֹרָא עַל זְבוּלוֹ
סִלּוּדוֹ כְּגָדְלוֹ / עֻזּוֹ בְּרֹב חֵילוֹ
לָכֵן יִתְגָּאֶה, שְׂרָפִים עֹמְדִים מִמַּעַל לוֹ: ישעיה ו

מַעֲשֵׂה אֱנוֹשׁ
יִשְׁתַּחֲוֶה לַמֶּלֶךְ / טַרְפּוֹ לִמְצֹא מְהַלֵּךְ
חִבּוּר עָצְבּוֹ מַשְׁלֵךְ / זֶה עֲמָלוֹ לָרִיק יֵלֵךְ
וְאֵיךְ יִתְגָּאֶה, כִּי־בַהֶבֶל בָּא וּבַחֹשֶׁךְ יֵלֵךְ: קהלת ו

מַעֲשֵׂה אֱלֹהֵינוּ
פְּאֵרוֹ בִּשְׁמֵי מְעוֹנַי / צוֹפֶה וּמַבִּיט לְעֵינַי
קִלּוּס שְׁמוֹ בַּהֲמוֹנַי / רוֹדֶה בְּקֶרֶב מוֹנַי
לָכֵן יִתְגָּאֶה, גְּדֹלִים מַעֲשֵׂי יהוה: תהלים קיא

מַעֲשֵׂה אֱנוֹשׁ
וּמְבַקֵּשׁ חַיִל וּמַחְסֶה / הוּא פְּשָׁעָיו יְכַסֶּה
דּוֹרֵךְ וּבָא עִם חוֹמְסַי / גּוֹזֵל עֲנִיֵּי רְמוּסַי
וְאֵיךְ יִתְגָּאֶה, וּבַחֹשֶׁךְ שְׁמוֹ יְכֻסֶּה: קהלת ו

מַעֲשֵׂה אֱנוֹשׁ
תַּחְבּוּלוֹתָיו מְזִמָּה / שִׁבְתּוֹ בְּתוֹךְ מִרְמָה
רְפִידָתוֹ רִמָּה / קָבוּר בִּסְעִיף אֲדָמָה
וְאֵיךְ יִתְגָּאֶה, אָדָם לַהֶבֶל דָּמָה: תהלים קמד

אֲבָל מַעֲשֵׂה אֱלֹהֵינוּ
שַׁדַּי רוֹקַע אֶרֶץ עַל בְּלִימָה / שׁוֹכְנֶיהָ בְּלִי הֱיוֹת לְשַׁמָּה
תִּכֵּן עַל מַיִם אֲדָמָה / תֹּקֶף שְׁמוֹ לְרוֹמְמָה
לָכֵן יִתְגָּאֶה, עֹטֶה־אוֹר כַּשַּׂלְמָה: תהלים קד

מַעֲשֵׂה אֱנוֹשׁ
בְּנָע וָנָד בָּאָרֶץ / בְּקוּמוֹ לְשׁוֹטֵט בָּאָרֶץ
אִם עוֹדֶנּוּ הַיּוֹם בָּאָרֶץ / אֵינֶנּוּ מָחָר עֲלֵי אֶרֶץ
וְאֵיךְ יִתְגָּאֶה, כִּי אָדָם אֵין צַדִּיק בָּאָרֶץ: קהלת ז

ממשיכים ׳וּבְכֵן, לְנוֹרָא עֲלֵיהֶם׳ בעמ׳ 296.

בתפילת מוסף נהגו בקהילות אשכנז לוותר על ה'רהיטים' ולעבור מיד לפיוטים העוסקים בקדושה הנאמרת בפמליה של מעלה ובפי ישראל. הפיוט הבא מקביל לפיוט 'אֵילֵי שַׁחַק חֲצוּבֵי לְהָבִים' (עמ' 528).

שליח הציבור ואחריו הקהל:

לְיוֹשֵׁב תְּהִלּוֹת / לְרוֹכֵב עֲרָבוֹת / קָדוֹשׁ וּבָרוּךְ.

הכול:

סימן א״ב (כפול)

אַמִּיצֵי שְׁחָקִים מִמַּעַל / וְכָל צְבָא מַעַל אוֹמְרִים קָדוֹשׁ
אֱמוּנֵי אַהֲבָה / וְצִמְחֵי רְבָבָה אוֹמְרִים בָּרוּךְ
בְּכִתֵּי מַלְאָכִים / שְׁמוֹ מַמְלִיכִים אוֹמְרִים קָדוֹשׁ
בְּנֵי בְחוּרֵי בְרִית / לְזוֹכֵר הַבְּרִית קָדוֹשׁ וּבָרוּךְ.

לְיוֹשֵׁב תְּהִלּוֹת / לְרוֹכֵב עֲרָבוֹת / קָדוֹשׁ וּבָרוּךְ.

גִּבּוֹרֵי כֹחַ / לְאַמִּיץ וְשַׂגִּיא כֹחַ אוֹמְרִים קָדוֹשׁ
גְּדוֹלֵי צְדָקָה / לַנִּקְדָּשׁ בִּצְדָקָה אוֹמְרִים בָּרוּךְ
דְּמוּת אַרְבַּע פָּנִים / לְכָל צַד פּוֹנִים אוֹמְרִים קָדוֹשׁ
דִּגְלֵי נְצוּרָה / לְעִמָּם בְּצָרָה קָדוֹשׁ וּבָרוּךְ.

לְיוֹשֵׁב תְּהִלּוֹת / לְרוֹכֵב עֲרָבוֹת / קָדוֹשׁ וּבָרוּךְ.

הֲמוֹן צְבָא הַמַּעְלָה / לְשׁוֹכֵן מַעְלָה אוֹמְרִים קָדוֹשׁ
הוֹלְכֵי דֶרֶךְ תָּמִים / לְהַצּוּר תָּמִים אוֹמְרִים בָּרוּךְ
וָרָצִים וָשָׁבִים / טַעַם צוּר מַקְשִׁיבִים אוֹמְרִים קָדוֹשׁ
וְקוֹיֵ יְשׁוּעוֹת / וְחוֹכֵי סְלִיחוֹת קָדוֹשׁ וּבָרוּךְ.

לְיוֹשֵׁב תְּהִלּוֹת / לְרוֹכֵב עֲרָבוֹת / קָדוֹשׁ וּבָרוּךְ.

זְמִירוֹת רַבּוֹת / זַכֵּי שְׁמֵי עֲרָבוֹת אוֹמְרִים קָדוֹשׁ
זֶרַע מַטַּע אֱמֶת / לָאֵל אֱלֹהִים אֱמֶת אוֹמְרִים בָּרוּךְ
חַשְׁמַלִּים עִזּוּזִים / לְעוֹשֵׂה חֲזִיזִים אוֹמְרִים קָדוֹשׁ
חוֹנִים וְנוֹשְׂאִים / לְמַעֲלָה נִשָּׂאִים קָדוֹשׁ וּבָרוּךְ.

לְיוֹשֵׁב תְּהִלּוֹת / לְרוֹכֵב עֲרָבוֹת / קָדוֹשׁ וּבָרוּךְ.

טַפְסְרֵי מְרוֹמִים / לְרָם עַל רָמִים אוֹמְרִים קָדוֹשׁ
טְבוּ אֳהָלָיו / יוֹנְקָיו וְעוֹלְלָיו אוֹמְרִים בָּרוּךְ
יְדִידוּן הוֹלְכִים / כּוֹרְעִים וּבוֹרְכִים אוֹמְרִים קָדוֹשׁ.
יוֹשְׁבֵי אֹהֶל וּמִשְׁכָּן / לְבְתוֹכָם שָׁכָן קָדוֹשׁ וּבָרוּךְ.
לְיוֹשֵׁב תְּהִלּוֹת / לְרוֹכֵב עֲרָבוֹת / קָדוֹשׁ וּבָרוּךְ.

כִּתֵּי הֲמוֹנִים / עִם חַיּוֹת וְאוֹפַנִּים אוֹמְרִים קָדוֹשׁ
כֶּתֶר נוֹתְנִים / בְּנֵי אֵיתָנִים אוֹמְרִים בָּרוּךְ
לַהֲקַת שְׁבִיבִים / וְאֵשׁ לְהָבִים אוֹמְרִים קָדוֹשׁ
לְמַעֲנוֹ גּוֹי אֶחָד / לְשֵׁם אֵל הַמְיֻחָד קָדוֹשׁ וּבָרוּךְ.
לְיוֹשֵׁב תְּהִלּוֹת / לְרוֹכֵב עֲרָבוֹת / קָדוֹשׁ וּבָרוּךְ.

מְסוֹכְכִים מְרוֹפְפִים / בְּכַנְפֵיהֶם מְעוֹפְפִים אוֹמְרִים קָדוֹשׁ
מְנַצְּחִים לְהַתְמִיד / בְּכָל יוֹם תָּמִיד אוֹמְרִים בָּרוּךְ
נוֹרָאִים בְּנִפְלָאוֹת / לְצֶדֶק נוֹרָאוֹת אוֹמְרִים קָדוֹשׁ
נְדִיבֵי עַמְּךָ / מְסַלְסְלִים לְשִׁמְךָ קָדוֹשׁ וּבָרוּךְ.
לְיוֹשֵׁב תְּהִלּוֹת / לְרוֹכֵב עֲרָבוֹת / קָדוֹשׁ וּבָרוּךְ.

שְׂרָפִים עוֹמְדִים / מִשְׁתַּחֲוִים וּמוֹדִים אוֹמְרִים קָדוֹשׁ
סוֹלְדֵי בְחִילָה / לְנוֹרָא עֲלִילָה אוֹמְרִים בָּרוּךְ
עֵינַיִם מְלֵאִים / כַּתַּרְשִׁישׁ מְמֻלָּאִים אוֹמְרִים קָדוֹשׁ
עוֹנִים בְּמַקְהֵלוֹת / בְּלַחַשׁ וְקוֹלוֹת קָדוֹשׁ וּבָרוּךְ.
לְיוֹשֵׁב תְּהִלּוֹת / לְרוֹכֵב עֲרָבוֹת / קָדוֹשׁ וּבָרוּךְ.

פְּנֵיהֶם כִּבְרָקִים מְאִירִים / וּפַז בֶּגֶד פְּאוּרִים אוֹמְרִים קָדוֹשׁ
פְּדוּיֵי בִזְרוֹעַ חָזָק / לְגוֹאֲלָם חָזָק אוֹמְרִים בָּרוּךְ
צִבְאוֹת שָׁמַיִם / לְרוֹכֵב שָׁמַיִם אוֹמְרִים קָדוֹשׁ
צֹאן קֳדָשִׁים / מַטַּע קְדוֹשִׁים קָדוֹשׁ וּבָרוּךְ.
לְיוֹשֵׁב תְּהִלּוֹת / לְרוֹכֵב עֲרָבוֹת / קָדוֹשׁ וּבָרוּךְ.

קַלִּים לְצוּרָם / קוֹרְאִים לְיוֹצְרָם אוֹמְרִים קָדוֹשׁ
קְהִלּוֹת יַעֲקֹב / בְּלִי לֵב עָקֹב אוֹמְרִים בָּרוּךְ
רַגְלֵיהֶם כְּעֵגֶל / וְאוֹפַן מִתְגַּלְגֵּל אוֹמְרִים קָדוֹשׁ
רְצוּיִים לְבוֹרְאָם / לְרָם אֲשֶׁר בְּרָאָם קָדוֹשׁ וּבָרוּךְ.

לְיוֹשֵׁב תְּהִלּוֹת / לְרוֹכֵב עֲרָבוֹת / קָדוֹשׁ וּבָרוּךְ.

שׁוֹכְנֵי בְּצֵל שַׁדַּי / שְׁנוֹתָם אֵין דַּי אוֹמְרִים קָדוֹשׁ
שׁוֹמְרִים חֲקוּקִים / מִצְוֹת וְחֻקִּים אוֹמְרִים בָּרוּךְ
תְּקֶף תַּרְשִׁישִׁים / בַּמָּרוֹם חָשִׁים אוֹמְרִים קָדוֹשׁ
תְּמִימִים בְּדַרְכֵיהֶם / וּבְמַעֲשֵׂה יְדֵיהֶם קָדוֹשׁ וּבָרוּךְ.

לְיוֹשֵׁב תְּהִלּוֹת / לְרוֹכֵב עֲרָבוֹת / קָדוֹשׁ וּבָרוּךְ.

פיוט זה הוא האחרון לפני ה'סילוק'. הוא מקביל לפיוט של שחרית 'אֵין מִסְפָּר לִגְדוּדֵי צְבָא חֵילוֹ' (עמ' 530) הן במבנהו הן בתוכנו, ומבוסס על תיאור השרפים בנבואת ישעיה (ו, ב-ג).

שליח הציבור:

אֵלּוּ לְאֵלּוּ שׁוֹאֲלִים / אֵלּוּ לְאֵלּוּ מְמַלְּלִים
אָנָה שׁוֹכֵן מְעָלִים / לְהַעֲרִיצוֹ, לְהַקְדִּישׁוֹ בִּפְאֵר מְסַלְסְלִים.

הכול:

סימן אא"ב גג"ד

אֵילֵי מָרוֹם אוֹמְרִים הִלּוּלוֹ / אוֹפַן וְגַלְגַּל מַבִּיעִים סִלְסוּלוֹ
בְּאֵימָה וּבְיִרְאָה מַכְתִּירִים שֵׁם גָּדְלוֹ שְׂרָפִים עֹמְדִים מִמַּעַל לוֹ:

אֵלּוּ לְאֵלּוּ שׁוֹאֲלִים / אֵלּוּ לְאֵלּוּ מְמַלְּלִים
אָנָה שׁוֹכֵן מְעָלִים / לְהַעֲרִיצוֹ, לְהַקְדִּישׁוֹ בִּפְאֵר מְסַלְסְלִים.

גִּבּוֹרֵי כֹחַ בְּרַעַד וּבְפַחַד / גֵּאֶה וְגָבֹהַּ לְיַחֵד לְאֶחָד
דְּמָמָה דַקָּה דָּאִים בְּלִי כַחַד שֵׁשׁ כְּנָפַיִם שֵׁשׁ כְּנָפַיִם לְאֶחָד:

אֵלּוּ לְאֵלּוּ שׁוֹאֲלִים / אֵלּוּ לְאֵלּוּ מְמַלְּלִים
אָנָה שׁוֹכֵן מְעָלִים / לְהַעֲרִיצוֹ, לְהַקְדִּישׁוֹ בִּפְאֵר מְסַלְסְלִים.

הַיּוֹשֵׁב יְחִידִי עַל אוֹפַנָּיו / הַדּוֹבֵר דָּבָר דִּבּוּר עַל אָפְנָיו
וְרָצוֹא וָשׁוֹב כַּבָּזָק לְפָנָיו בִּשְׁתַּיִם יְכַסֶּה פָנָיו:

אֵלּוּ לְאֵלּוּ שׁוֹאֲלִים / אֵלּוּ לְאֵלּוּ מְמַלְּלִים
אָנָה שׁוֹכֵן מְעָלִים / לְהַעֲרִיצוֹ, לְהַקְדִּישׁוֹ בִּפְאֵר מְסַלְסְלִים.

זֹהַר הָרָקִיעַ כְּעֵין חַשְׁמַלָּיו / זוֹעֵף בַּיָּם וַיֶּהֱמוּ גַלָּיו
חִיל שָׂרָף אֵימָה עָלָיו וּבִשְׁתַּיִם יְכַסֶּה רַגְלָיו:

אֵלּוּ לְאֵלּוּ שׁוֹאֲלִים / אֵלּוּ לְאֵלּוּ מְמַלְּלִים
אָנָה שׁוֹכֵן מְעָלִים / לְהַעֲרִיצוֹ, לְהַקְדִּישׁוֹ בִּפְאֵר מְסַלְסְלִים.

טַפְסְרֵי קָלָל כְּעֵין נְחֹשֶׁת יְצַפְצֵף / טְהוֹר עֵינַיִם עֲלֵיהֶם יְחוֹפֵף
יְדוֹד, יְכַסֶּה פָנָיו בְּלִי מִתְרוֹפֵף וּבִשְׁתַּיִם יְעוֹפֵף:

אֵלּוּ לְאֵלּוּ שׁוֹאֲלִים / אֵלּוּ לְאֵלּוּ מְמַלְּלִים
אָנָה שׁוֹכֵן מְעָלִים / לְהַעֲרִיצוֹ, לְהַקְדִּישׁוֹ בִּפְאֵר מְסַלְסְלִים.

כַּבִּיר כֹּחַ הוּא אֵלִי זֶה / כִּי לֹא בָזָה עֱנוּת עַם עָנִי וְנִבְזֶה
לְהַקְדִּישׁוֹ יַחַד, נִרְשָׁים זֶה מִזֶּה וְקָרָא זֶה אֶל־זֶה:

אֵלּוּ לְאֵלּוּ שׁוֹאֲלִים / אֵלּוּ לְאֵלּוּ מְמַלְּלִים
אָנָה שׁוֹכֵן מְעָלִים / לְהַעֲרִיצוֹ, לְהַקְדִּישׁוֹ בִּפְאֵר מְסַלְסְלִים.

מֶלֶךְ מְהֻלָּל בְּפִיהֶם גָּמַר / מוֹרָאוֹ עֲלֵיהֶם תָּמִיד לְהִשָּׁמַר
נִשָּׂא וְנֶעְלָם הִלּוּלוֹ לוֹמַר וְקָרָא זֶה אֶל־זֶה וְאָמַר:

אֵלּוּ לְאֵלּוּ שׁוֹאֲלִים / אֵלּוּ לְאֵלּוּ מְמַלְּלִים
אָנָה שׁוֹכֵן מְעָלִים / לְהַעֲרִיצוֹ, לְהַקְדִּישׁוֹ בִּפְאֵר מְסַלְסְלִים.

שָׂרָף מְכֻנֶּה אֶחָד קָדוֹשׁ / סִלּוּד אוֹמֵר לְבָרוּךְ וְקָדוֹשׁ
עוֹנִים בִּקְדֻשָּׁה לָאֵל הַקָּדוֹשׁ קָדוֹשׁ קָדוֹשׁ קָדוֹשׁ:

אֵלּוּ לְאֵלּוּ שׁוֹאֲלִים / אֵלּוּ לְאֵלּוּ מְמַלְּלִים
אָנָה שׁוֹכֵן מְעָלִים / לְהַעֲרִיצוֹ, לְהַקְדִּישׁוֹ בִּפְאֵר מְסַלְסְלִים.

פְּאֵר וְשֶׁבַח לַאֲדוֹן הַצְּבָאוֹת / פּוֹצְחִים בְּרִנָּה מַלְאֲכֵי צְבָאוֹת
צְבָא מָרוֹם גְּדֻלָּתָם מַצְבִּיאוֹת יהוה צְבָאוֹת:
אֵלּוּ לְאֵלּוּ שׁוֹאֲלִים / אֵלּוּ לְאֵלּוּ מְמַלְּלִים
אָנָּה שׁוֹכֵן מְעָלִים / לְהַעֲרִיצוֹ, לְהַקְדִּישׁוֹ בִּפְאֵר מְסַלְסְלִים.

קָדוֹשׁ שׁוֹכֵן עֲלֵיהֶם בְּעֶרֶץ / קַלִּים לָרוּץ עַד קְצֵה הָאָרֶץ
רָם וְנִשָּׂא, יוֹשֵׁב עַל חוּג הָאָרֶץ מְלֹא כָל־הָאָרֶץ:
אֵלּוּ לְאֵלּוּ שׁוֹאֲלִים / אֵלּוּ לְאֵלּוּ מְמַלְּלִים
אָנָּה שׁוֹכֵן מְעָלִים / לְהַעֲרִיצוֹ, לְהַקְדִּישׁוֹ בִּפְאֵר מְסַלְסְלִים.

שָׁמַיִם וּשְׁמֵי שָׁמַיִם כִּסָּה הוֹדוֹ / שְׁחָקִים מִמַּעַל פֹּעַל יָדוֹ
תּוֹלֶה תֵבֵל בִּזְרוֹעַ יָדוֹ מְלֹא כָל־הָאָרֶץ כְּבוֹדוֹ:
אֵלּוּ לְאֵלּוּ שׁוֹאֲלִים / אֵלּוּ לְאֵלּוּ מְמַלְּלִים
אָנָּה שׁוֹכֵן מְעָלִים / לְהַעֲרִיצוֹ, לְהַקְדִּישׁוֹ בִּפְאֵר מְסַלְסְלִים.

ויש מוסיפים (או מחליפים בשתי השורות הקודמות):

שִׁנְאַן רִבּוֹתַיִם אַלְפֵי וְעוֹדוֹ / שָׁבִים כַּבָּזָק לִפְאֵר הוֹדוֹ
תַּקִּיף אֵין עוֹד מִלְּבַדּוֹ מְלֹא כָל־הָאָרֶץ כְּבוֹדוֹ:
אֵלּוּ לְאֵלּוּ שׁוֹאֲלִים / אֵלּוּ לְאֵלּוּ מְמַלְּלִים
אָנָּה שׁוֹכֵן מְעָלִים / לְהַעֲרִיצוֹ, לְהַקְדִּישׁוֹ בִּפְאֵר מְסַלְסְלִים.

ממשיכים ׳וּבְכֵן, לְךָ תַעֲלֶה׳ בעמ׳ 298.

פיוטי קדושה למוסף

פיוטים אלה נכתבו כדי להחליף את פיסקאות המעבר הקצרות בין פסוקי הקדושה. יש קהילות שבהן אומרים אותם בסוף הקדושה, כדי שלא לוותר על אמירת הקדושה ופיסקאות המעבר שבה (׳מעשה רב׳ רה). בקהילות אלה אומרים את הקדושה ברצף, ובסוף הקדושה חוזרים לכאן.

אם אומרים פיוטים בתוך הקדושה, הקהל אומר בלחש:

כְּבוֹדוֹ מָלֵא עוֹלָם, מְשָׁרְתָיו שׁוֹאֲלִים זֶה לָזֶה
אַיֵּה מְקוֹם כְּבוֹדוֹ לְהַעֲרִיצוֹ
לְעֻמָּתָם מְשַׁבְּחִים וְאוֹמְרִים

מערכת פיוטי הקדושה לתפילת מוסף מבוססת על המדרש המובא בתנחומא, נשא יט (והשווה לפסחים נד ע״א): ״שבעה דברים נבראו עד שלא נברא העולם, אלו הן: כסא הכבוד, והתורה, ובית המקדש, ואבות העולם, וישראל, ושמו של משיח והתשובה. ויש אומרים אף גן עדן, וגיהנם״. נוהגים שהקהל אומר את פיוטי הקדושה יחד, ושליח הציבור אומר בקול רק את השורות המסומנות ב▸.

הכול:

אָז מִלִּפְנֵי בְרֵאשִׁית / דָּת וְכֵס הֵשִׁית

סימן א״ב כפול

אֲמָנָה יוֹם יוֹם / אֲצוּלָה אִתּוֹ בְחֶבְיוֹן
בְּאֵרָהּ לְשַׁעֲשׁוּעִים / בָּהּ לְנַקּוֹת חֵטְא עִם מְשַׁוְּעִים
גָּמַר בַּעֲצָתָהּ כֹּל בָּאֹמֶר / גָּשָׁה לְחַנֵּן בְּעַד כָּל יְצוּרֵי חֹמֶר
דִּגְלָהּ לִפְנֵי מְכוֹן שֶׁבֶת / דְּרוֹר יֶשַׁע כְּעָלָה בְּמַחֲשֶׁבֶת
הוּכְנָה עַד לֹא עוֹלָם / הֱיוֹת מֵלִיץ יֹשֶׁר לְעַם עוֹלָם
וּשְׁנֵי אַלְפֵי רִבְבוֹת גְּדוּדִים / וּכְמוֹ הֵם כְּרוּבִים אָז בָּם מִתְגּוֹדְדִים
זְקוּף לְמִסְפָּרָם מְרֻבִּים / זִיו סַפִּיר כֵּס מַרְכִּיבִים
חַשְׁרַת מַיִם עִם חֶשְׁכַת מַיִם /
חָבוּל בִּמְצוּלוֹת מַיִם, חֵטְא שׁוֹפְכֵי לֵב כַּמַּיִם
טֹרַח נוֹשֵׂא, וְנִרְאֶה נִשָּׂא / טוֹעֵן מַשָּׂא בְּקוֹל כָּל תְּשֻׁאָה
▸ יִתְרַעֲשׁוּ אוֹפָן וְגַלְגַּל / יָקֵשׁ עַם זוּ, לְהַאֲפִין וּלְגַלְגֵּל
כְּרוּב וְחַיָּה רוֹפְפִים / בְּכַנְפֵי נֶשֶׁר מְעוֹפְפִים
כְּאֵב זוּ מַרְפִּים / עֲנוֹת לְעֻמַּת שְׂרָפִים

במקור שליח הציבור הוסיף רק ׳לְעֻמָּתָם מְשַׁבְּחִים וְאוֹמְרִים׳.

היום בקהילות שבהן אומרים פיוטים בתוך הקדושה, הוא חוזר ואומר ׳כְּבוֹדוֹ מָלֵא עוֹלָם׳:

כְּבוֹדוֹ מָלֵא עוֹלָם, מְשָׁרְתָיו שׁוֹאֲלִים זֶה לָזֶה

אַיֵּה מְקוֹם כְּבוֹדוֹ לְהַעֲרִיצוֹ

לְעֻמָּתָם מְשַׁבְּחִים וְאוֹמְרִים

קהל ואחריו שליח הציבור:

׳בָּרוּךְ כְּבוֹד־יהוה מִמְּקוֹמוֹ: יחזקאל ג

אם אומרים פיוטים בתוך הקדושה, הקהל אומר בלחש:

מִמְּקוֹמוֹ הוּא יִפֶן בְּרַחֲמָיו לְעַמּוֹ, וְיָחֹן עַם הַמְיַחֲדִים שְׁמוֹ

עֶרֶב וָבֹקֶר בְּכָל יוֹם תָּמִיד, פַּעֲמַיִם בְּאַהֲבָה שְׁמַע אוֹמְרִים

הכול:

אָז מִלִּפְנֵי בְרֵאשִׁית / אָבוֹת וּבָנִים הֵשִׁית

סימן א״ב כפול (המשך מהפיוט הקודם)

לָתֵת אֲרֻכָּה / לְהַעֲלוֹת אֲרוּכָה

מֵאָז צָפָם / מְחָרוֹת קִצְפָּם

נוֹעַץ וְהֵבִין / נְאָצוֹת לְהַלְבִּין

סָקַר עֲשׂוֹת נְכֹחָה / סִיּוּם לְיוֹם תּוֹכֵחָה

עָלוּ בְּמַחֲשָׁבָה יַחַד / עֲתִידָתָם לְמַלְּטָם מִפַּחַד

פּוֹדָם הֶעְלָם מִקֶּדֶם / פֶּשַׁע לְנַקּוֹת מִקְנִיַּת קֶדֶם

צְפֵה בְּוַעַד יוֹם זֶה / צוֹעֲקִים, סְלַח נָא לַעֲוֹן הָעָם הַזֶּה: במדבר יד

קְרָא הַדּוֹרוֹת מֵרֹאשׁ / קֹשֶׁט אָב, לַבָּנִים הֵכִין לִדְרוֹשׁ

׳רַבּוּ רַחֲמָיו וַחֲסָדָיו / רְצוֹת רְחוּמָיו וַחֲסִידָיו

שֶׁהֵם יְדִידָיו / שִׁכְלוּל מַעֲבָדָיו

תָּמִיד מְעִידָיו / כִּי אֵין בִּלְעָדָיו.

במקור שליח הציבור הוסיף רק ׳פַּעֲמַיִם בְּאַהֲבָה שְׁמַע אוֹמְרִים׳.

היום בקהילות שבהן אומרים פיוטים בתוך הקדושה, הוא חוזר ואומר ׳מִמְּקוֹמוֹ הוּא יִפֶן׳:

מִמְּקוֹמוֹ הוּא יִפֶן בְּרַחֲמָיו לְעַמּוֹ, וְיָחֹן עַם הַמְיַחֲדִים שְׁמוֹ

עֶרֶב וָבֹקֶר בְּכָל יוֹם תָּמִיד, פַּעֲמַיִם בְּאַהֲבָה שְׁמַע אוֹמְרִים

קהל ואחריו שליח הציבור:

שְׁמַע יִשְׂרָאֵל, יהוה אֱלֹהֵינוּ, יהוה אֶחָד: דברים ו

אם אומרים פיוטים בתוך הקדושה, הקהל אומר בלחש:

הוּא אֱלֹהֵינוּ, הוּא אָבִינוּ, הוּא מַלְכֵּנוּ, הוּא מוֹשִׁיעֵנוּ
וְהוּא יוֹשִׁיעֵנוּ וְיִגְאָלֵנוּ שֵׁנִית
וְיַשְׁמִיעֵנוּ בְּרַחֲמָיו לְעֵינֵי כָּל חַי לֵאמֹר
הֵן גָּאַלְתִּי אֶתְכֶם אַחֲרִית כְּרֵאשִׁית, לִהְיוֹת לָכֶם לֵאלֹהִים: במדבר טו

הכול:

אָז מִלִּפְנֵי בְרֵאשִׁית / נָוֶה וְיִנּוֹן הֵשִׁית

סימן תשר״ק כפול

תַּלְפִּיּוֹת, מָרוֹם מֵרִאשׁוֹן / תִּכֵּן טֶרֶם כָּל עַם וְלָשׁוֹן
שִׁכְנוֹ עָץ שָׁם לְהַשְׁרוֹת / שׁוֹגִים לְהַדְרִיךְ בְּדַרְכֵי יְשָׁרוֹת
רֶשַׁע אִם הֶאְדִּים / רַחֲצוּ וְהִזַּכּוּ הִקְדִּים
קֶצֶף אִם קָצַף בַּאֲיֻמָּתוֹ / קָדוֹשׁ לֹא יָעִיר כָּל חֲמָתוֹ
צְמַתְנוּ בְּבִצְעֵנוּ עַד עַתָּה / צוּרֵנוּ עָלֵינוּ לֹא גָעֲתָה
פָּנָה מֶנּוּ מְשִׁיחַ צִדְקֵנוּ / פְּלָצְנוּ, וְאֵין מִי לְצַדְּקֵנוּ
עֲוֹנוֹתֵינוּ וְעֹל פְּשָׁעֵינוּ / עוֹמֵס, וְהוּא מְחֹלָל מִפְּשָׁעֵינוּ
סוֹבֵל עַל שְׁכֶם חַטֹּאתֵינוּ / סְלִיחָה מְצוֹא לַעֲוֹנוֹתֵינוּ
נִרְפָּא לָנוּ בַּחֲבוּרָתוֹ / נֶצַח, בְּרִיָּה חֲדָשָׁה עֵת לִבְרֹאתוֹ
◂ מֵחוּג הַעֲלֵהוּ / מִשֵּׂעִיר הַדְלֵהוּ
לְהַשְׁמִיעֵנוּ בְּהַר הַלְּבָנוֹן / שֵׁנִית בְּיַד יִנּוֹן.

במקור שליח הציבור הוסיף רק ׳לִהְיוֹת לָכֶם לֵאלֹהִים׳.
היום בקהילות שבהן אומרים פיוטים בתוך הקדושה, הוא חוזר ואומר ׳הוּא אֱלֹהֵינוּ׳:

הוּא אֱלֹהֵינוּ, הוּא אָבִינוּ, הוּא מַלְכֵּנוּ, הוּא מוֹשִׁיעֵנוּ
וְהוּא יוֹשִׁיעֵנוּ וְיִגְאָלֵנוּ שֵׁנִית, וְיַשְׁמִיעֵנוּ בְּרַחֲמָיו לְעֵינֵי כָּל חַי לֵאמֹר
הֵן גָּאַלְתִּי אֶתְכֶם אַחֲרִית כְּרֵאשִׁית, לִהְיוֹת לָכֶם לֵאלֹהִים במדבר טו

הכול:

אֲנִי יהוה אֱלֹהֵיכֶם:

אם אומרים פיוטים בתוך הקדושה, הקהל אומר בלחש:

אַדִּיר אַדִּירֵנוּ, יהוה אֲדֹנֵינוּ, מָה־אַדִּיר שִׁמְךָ בְּכָל־הָאָרֶץ: תהלים ח

וְהָיָה יהוה לְמֶלֶךְ עַל־כָּל־הָאָרֶץ זכריה יד

בַּיּוֹם הַהוּא יִהְיֶה יהוה אֶחָד וּשְׁמוֹ אֶחָד:

אָז מִלִּפְנֵי בְרֵאשִׁית / שִׁבְעָה אֵלֶּה הֵשִׁית

סימן תשר״ק כפול (המשך מהפיוט הקודם)

כִּיּוֹנִים מֵעֵת נוֹלָדוּ / כְּתוּרִים, בְּטֶרֶם הָרִים יֻלָּדוּ

יְצָרָם וְאֶצְלוֹ כְּלָלוֹ / יַחַד לִפְנֵי גְבָעוֹת חוֹלָלוּ

טִפֵּל בְּאִבָּם תְּשׁוּבָה / טְבוּעָה הִיא לַבַּת הַשּׁוֹבֵבָה

חִתְלָהּ צֳרִי לְחַטָּאִים / חוֹבֵשׁ לִנְטְעֵי נְטָעִים

זְדוֹנוֹת וּשְׁגָגוֹת בָּהּ דְּחוֹת / זַעַף וְעֶבְרָה בָּהּ לִמְחוֹת

וּמִלִּפְנֵי עָשׂוֹר עֲשָׂרָה / וְיָדָהּ לְמַרְפֵּא סוּרָרָה

הִנְנוּ, אָתָנוּ לְךָ אָיֹם / הַבִּיטָה וּרְאֵה בְּשִׁבְרוֹן לֵב הַיּוֹם

דַּלְיוּת שֹׁקַיִם וּמַצַּב רַגְלַיִם / דְּרִיכַת מָתְנַיִם וּמַעַד קַרְסֻלַּיִם

גָּשִׁים יְחֵפִים, בְּעִנּוּי עֲיֵפִים / גִּישׁוֹת מֵאֲלָפִים כְּשִׁירוֹת מְעוֹפְפִים

◂ בְּךָ מִתְהַדְּרִים / בְּשִׁמְךָ נֶאֱדָרִים

אָמְצְךָ מַאְדִּירִים / אַדִּיר בָּאַדִּירִים, בְּקוֹל אַדִּירִים.

יש האומרים כאן את הפיוט ׳אֵלֶיךָ תְּלוּיוֹת עֵינֵינוּ׳ בעמ׳ 544, כמו בשחרית.

במקור שליח הציבור הוסיף רק ׳וּבְדִבְרֵי קָדְשְׁךָ כָּתוּב לֵאמֹר׳.
היום בקהילות שבהן אומרים פיוטים בתוך הקדושה, הוא חוזר ואומר ׳אַדִּיר אַדִּירֵנוּ׳:

אַדִּיר אַדִּירֵנוּ, יהוה אֲדֹנֵינוּ, מָה־אַדִּיר שִׁמְךָ בְּכָל־הָאָרֶץ: תהלים ח

וְהָיָה יהוה לְמֶלֶךְ עַל־כָּל־הָאָרֶץ זכריה יד

בַּיּוֹם הַהוּא יִהְיֶה יהוה אֶחָד וּשְׁמוֹ אֶחָד:

שליח הציבור:

וּבְדִבְרֵי קָדְשְׁךָ כָּתוּב לֵאמֹר

קהל ואחריו שליח הציבור:

יִמְלֹךְ יהוה לְעוֹלָם, אֱלֹהַיִךְ צִיּוֹן לְדֹר וָדֹר, הַלְלוּיָהּ: תהלים קמו

ממשיכים ׳לְדוֹר וָדוֹר נַגִּיד גָּדְלֶךָ׳ בעמ׳ 301.

זו הגרסה המלאה של הפיוט המובא בעמ׳ 352-353.

סימן א״ת ב״ש

יוֹם אָתָא לְכַפֵּר פִּשְׁעֵי יְשֵׁנָה / הַיּוֹם בִּיאָתוֹ אַחַת בַּשָּׁנָה.

כַּכָּתוּב בְּתוֹרָתֶךָ

ויקרא טז וְהָיְתָה־זֹּאת לָכֶם לְחֻקַּת עוֹלָם

לְכַפֵּר עַל־בְּנֵי יִשְׂרָאֵל מִכָּל־חַטֹּאתָם, אַחַת בַּשָּׁנָה:

יוֹם גִּשְׁתֵּנוּ בְּתַחֲנוּנִים לַעֲמֹד / הַיּוֹם דָּפְנֵנוּ אִם תִּשְׁמֹר, מִי יַעֲמֹד.

כַּכָּתוּב בְּדִבְרֵי קָדְשֶׁךָ

תהלים קל אִם־עֲוֺנוֹת תִּשְׁמָר־יָהּ

אֲדֹנָי מִי יַעֲמֹד:

יוֹם הֲגִיגֵנוּ תַּאֲזִין וְתָבִין / הַיּוֹם וִדּוּיֵנוּ תִּשְׁמַע וְחַטֹּאתֵינוּ תַּלְבִּין.

כַּכָּתוּב עַל יַד נְבִיאֶךָ

ישעיה א לְכוּ־נָא וְנִוָּכְחָה, יֹאמַר יהוה

אִם־יִהְיוּ חֲטָאֵיכֶם כַּשָּׁנִים, כַּשֶּׁלֶג יַלְבִּינוּ

אִם־יַאְדִּימוּ כַתּוֹלָע, כַּצֶּמֶר יִהְיוּ:

יוֹם זֶה נִתַּן תְּעוּדָה לְעַם זֶה / הַיּוֹם חַל בּוֹ צִיר, סְלַח נָא לַעֲוֺן הָעָם הַזֶּה.

כַּכָּתוּב בְּתוֹרָתֶךָ

במדבר יד סְלַח־נָא לַעֲוֺן הָעָם הַזֶּה כְּגֹדֶל חַסְדֶּךָ

וְכַאֲשֶׁר נָשָׂאתָה לָעָם הַזֶּה מִמִּצְרַיִם וְעַד־הֵנָּה:

וְשָׁם נֶאֱמַר

וַיֹּאמֶר יהוה, סָלַחְתִּי כִּדְבָרֶךָ:

בַּעֲבוּר כְּבוֹד שְׁמֶךָ

הִמָּצֵא לָנוּ מוֹחֵל וְסוֹלֵחַ / סְלַח נָא לְמַעַן שְׁמֶךָ.

יוֹם טוֹב מֵאֶלֶף הוֹרֵיתָ לְעַמֶּךָ / הַיּוֹם יָדַע כִּי הַסְּלִיחָה עִמָּךְ.

כַּכָּתוּב בְּדִבְרֵי קָדְשֶׁךָ

תהלים קל כִּי־עִמְּךָ הַסְּלִיחָה, לְמַעַן תִּוָּרֵא:

יוֹם כִּוַּנְתָּ לְהַצְלִיל כְּתָמִים / הַיּוֹם לִמְחוֹת כָּעָב פֶּשַׁע בְּחוּרֵי מֵעַמִּים.

כַּכָּתוּב עַל יַד נְבִיאֶךָ

ישעיה מד מָחִיתִי כָעָב פְּשָׁעֶיךָ וְכֶעָנָן חַטֹּאותֶיךָ, שׁוּבָה אֵלַי כִּי גְאַלְתִּיךָ:

יוֹם מְחִילָה בְּשֵׂרְתָּ לְצִיר בְּרֶשֶׁם / הַיּוֹם נִתְיַצַּבְתָּ עִמּוֹ, וְקָרֵאתָ בְּשֵׁם.

כַּכָּתוּב בְּתוֹרָתָךְ

וַיֵּרֶד יהוה בֶּעָנָן, וַיִּתְיַצֵּב עִמּוֹ שָׁם שמות לד

וַיִּקְרָא בְשֵׁם, יהוה:

וַיַּעֲבֹר יהוה עַל־פָּנָיו וַיִּקְרָא

יהוה, יהוה, אֵל רַחוּם וְחַנּוּן, אֶרֶךְ אַפַּיִם, וְרַב־חֶסֶד וֶאֱמֶת:

נֹצֵר חֶסֶד לָאֲלָפִים, נֹשֵׂא עָוֹן וָפֶשַׁע וְחַטָּאָה, וְנַקֵּה:

בַּעֲבוּר כְּבוֹד שְׁמָךְ

הִמָּצֵא לָנוּ רַחוּם וְחַנּוּן / רַחֶם נָא לְמַעַן שְׁמֶךָ.

יוֹם שַׂמְתּוֹ לִסְלִיחָה סוֹלֵחַ וּמוֹחֵל / הַיּוֹם עִמְּךָ פְּדוּת וּלְךָ אֲיַחֵל.

כַּכָּתוּב בְּדִבְרֵי קָדְשָׁךְ

יַחֵל יִשְׂרָאֵל אֶל־יהוה כִּי־עִם־יהוה הַחֶסֶד תהלים קל

וְהַרְבֵּה עִמּוֹ פְדוּת:

יוֹם פְּשָׁעֵינוּ בְּלֵב יָם תְּמַצֶּה / הַיּוֹם צֶדֶק תְּחַפֵּשׂ, וָרַע לֹא יִמָּצֵא.

כַּכָּתוּב עַל יַד נְבִיאָךְ

בַּיָּמִים הָהֵם וּבָעֵת הַהִיא, נְאֻם־יהוה, יְבֻקַּשׁ אֶת־עֲוֹן יִשְׂרָאֵל וְאֵינֶנּוּ ירמיה נ

וְאֶת־חַטֹּאת יְהוּדָה, וְלֹא תִמָּצֶאינָה, כִּי אֶסְלַח לַאֲשֶׁר אַשְׁאִיר:

יוֹם קְרִיאַת תְּחִנּוּנִים לְסַפֵּר / הַיּוֹם רִשְׁעֵנוּ בּוֹ יִתְכַּפֵּר.

כַּכָּתוּב בְּתוֹרָתָךְ

כִּי־בַיּוֹם הַזֶּה יְכַפֵּר עֲלֵיכֶם לְטַהֵר אֶתְכֶם מִכֹּל חַטֹּאתֵיכֶם, לִפְנֵי יהוה תִּטְהָרוּ: ויקרא טז

יוֹם שְׁמֵמוֹת הֵיכָלָךְ הַבִּיטָה / הַיּוֹם תְּחֹן אָזְנְךָ הַטֵּה לְהַבִּיטָה.

כַּכָּתוּב בְּדִבְרֵי קָדְשָׁךְ

הַטֵּה אֱלֹהַי אָזְנְךָ וּשֲׁמָע דניאל ט

פְּקַח עֵינֶיךָ וּרְאֵה שֹׁמְמֹתֵינוּ, וְהָעִיר אֲשֶׁר־נִקְרָא שִׁמְךָ עָלֶיהָ

כִּי לֹא עַל־צִדְקֹתֵינוּ אֲנַחְנוּ מַפִּילִים תַּחֲנוּנֵינוּ לְפָנֶיךָ, כִּי עַל־רַחֲמֶיךָ הָרַבִּים:

אֲדֹנָי שְׁמָעָה, אֲדֹנָי סְלָחָה, אֲדֹנָי הַקְשִׁיבָה וַעֲשֵׂה אַל־תְּאַחַר

לְמַעַנְךָ אֱלֹהַי, כִּי־שִׁמְךָ נִקְרָא עַל־עִירְךָ וְעַל־עַמֶּךָ:

בַּעֲבוּר כְּבוֹד שְׁמָךְ

הִמָּצֵא לָנוּ שׁוֹמֵעַ תְּפִלָּה / שְׁמַע תְּפִלָּתֵנוּ לְמַעַן שְׁמֶךָ.

זו הגרסה המלאה של הפיוט הממשיך ׳מִי אֵל כָּמְוֹךָ׳ עמ׳ 353.

מִי אֵל כָּמְוֹךָ.

סימן א״ב

אַדִּיר וְנָאוֹר / בּוֹרֵא דֹּק וָחֶלֶד מִי אֵל כָּמְוֹךָ
גּוֹלֶה עֲמֻקּוֹת / דּוֹבֵר צְדָקוֹת מִי אֵל כָּמְוֹךָ
הָדוּר בִּלְבוּשׁוֹ / וְאֵין זוּלָתוֹ מִי אֵל כָּמְוֹךָ
זוֹקֵף כְּפוּפִים / חוֹנֵן דַּלִּים מִי אֵל כָּמְוֹךָ
טְהוֹר עֵינַיִם / יוֹשֵׁב שָׁמַיִם מִי אֵל כָּמְוֹךָ
כּוֹבֵשׁ עֲוֹנוֹת / לוֹבֵשׁ צְדָקוֹת מִי אֵל כָּמְוֹךָ
מֶלֶךְ מְלָכִים / נוֹרָא וְנִשְׂגָּב מִי אֵל כָּמְוֹךָ
סוֹמֵךְ נוֹפְלִים / עוֹנֶה עֲשׁוּקִים מִי אֵל כָּמְוֹךָ
פּוֹדֶה וּמַצִּיל / צוֹעֶה בְּרֹב כֹּחוֹ מִי אֵל כָּמְוֹךָ
קָרוֹב לְקוֹרְאָיו / רָם וּמַאֲזִין שַׁוְעָה מִי אֵל כָּמְוֹךָ
שׁוֹכֵן שְׁחָקִים / תּוֹמֵךְ תְּמִימִים מִי אֵל כָּמְוֹךָ
נוֹשֵׂא עָוֹן / וְעוֹבֵר עַל פֶּשַׁע מִי אֵל כָּמְוֹךָ

ממשיכים ׳כַּכָּתוּב עַל יַד נְבִיאֶךָ׳ בעמ׳ 354.

זו הגרסה המלאה של הפיוט המובא בעמ׳ 359.

סימן א״ב

הַיּוֹם תְּאַמְּצֵנוּ. אָמֵן
הַיּוֹם תְּבָרְכֵנוּ. אָמֵן
הַיּוֹם תְּגַדְּלֵנוּ. אָמֵן
הַיּוֹם תִּדְרְשֵׁנוּ לְטוֹבָה. אָמֵן
הַיּוֹם תְּהַדְּרֵנוּ. אָמֵן
הַיּוֹם תְּוַעֲדֵנוּ. אָמֵן
הַיּוֹם תִּזְכְּרֵנוּ בְּרַחֲמֶיךָ. אָמֵן
הַיּוֹם תְּחַסְּנֵנוּ. אָמֵן
הַיּוֹם תְּטַהֲרֵנוּ מִכָּל חֵטְא. אָמֵן
הַיּוֹם תְּיַשְּׁרֵנוּ לְפָנֶיךָ. אָמֵן

הַיּוֹם תְּאַמְּצֵנוּ. אָמֵן
הַיּוֹם תְּבָרְכֵנוּ. אָמֵן
הַיּוֹם תְּגַדְּלֵנוּ. אָמֵן
הַיּוֹם תִּדְרְשֵׁנוּ לְטוֹבָה. אָמֵן
הַיּוֹם תְּכַבְּדֵנוּ. אָמֵן
הַיּוֹם תְּלַבְּבֵנוּ. אָמֵן
הַיּוֹם תְּמַלְּטֵנוּ מִכָּל רָע. אָמֵן
הַיּוֹם תְּנַקֵּנוּ מֵעָוֹן. אָמֵן
הַיּוֹם תִּסְמְכֵנוּ. אָמֵן
הַיּוֹם תַּעֲנֵנוּ. אָמֵן
הַיּוֹם תִּפְקְדֵנוּ לְחַיִּים וְלִבְרָכָה. אָמֵן
הַיּוֹם תְּצַדְּקֵנוּ. אָמֵן
הַיּוֹם תְּקוֹמְמֵנוּ. אָמֵן
הַיּוֹם תְּרַחֲמֵנוּ. אָמֵן
הַיּוֹם תִּשְׁמַע שַׁוְעָתֵנוּ. אָמֵן
הַיּוֹם תִּתְמְכֵנוּ. אָמֵן
הַיּוֹם תִּשְׁמַע שַׁוְעָתֵנוּ. אָמֵן
הַיּוֹם תְּקַבֵּל בְּרַחֲמִים וּבְרָצוֹן אֶת תְּפִלָּתֵנוּ. אָמֵן
הַיּוֹם תִּתְמְכֵנוּ בִּימִין צִדְקֶךָ. אָמֵן

ממשיכים ׳כְּהַיּוֹם הַזֶּה׳ בעמ׳ 359.

פיוטים לתפילת מנחה

ה׳קיקלר׳ (ראה עמ׳ 506) לתפילת מנחה הוא פשוט יחסית, בחרוז פזמון יחיד. פיוט זה לקוח מה׳קרובה׳ ׳אוֹדְךָ בְּקוֹל עָרֵב׳ לקליר, שנאמרה במנהג רומא, והוא מתאר את תפילת ישראל.

שליח הציבור אומר והקהל חוזר אחריו:

אֱמוּנַת אֹם נוֹטֶרֶת / לְמַעַנְךָ עֱזוֹר לַנִּשְׁאֶרֶת
זַעֲקָהּ רְצֵה נָא כִּקְטֹרֶת / קָדוֹשׁ.

הכול:

סימן אלעזר בירבי קיליר (משולש)

אֶדֶר בְּתֹאַר מָכוֹן / אֹהֶל בַּאֲמִתְּךָ תִּכּוֹן / אֶחָד בּוֹ לִשְׁכֹּן.
לַחַשׁ לֶקַח יִכּוֹן / לָעַד בְּאִוּוּי לִשְׁכֹּן / לְעוֹלָמִים שָׁם שָׁכַן.
עִתּוּד אָרוֹן יִכּוֹן / עִדּוּר אַרְמוֹן יִתְכּוֹן / עֲתִירָה בּוֹ תִּכּוֹן.

אֱמוּנַת אֹם נוֹטֶרֶת / לְמַעַנְךָ עֱזוֹר לַנִּשְׁאֶרֶת
זַעֲקָהּ רְצֵה נָא כִּקְטֹרֶת / קָדוֹשׁ.

זְעֹק לְפָנֶיךָ בָּאתִי / זָךְ, אֱזֹן זַעֲקָתִי / זַעֲקִי בְּחִין תְּחִנָּתִי.
רְצֵה רֶנֶן רְחִישָׁתִי / רֵאשִׁית רֶגֶשׁ דְּרִישָׁתִי / רִבּוּי רֹן רְגִישָׁתִי.
בְּחַנְנִי לְךָ לְחִישָׁתִי / בְּיֹשֶׁר וְעוֹד תְּהִלָּתִי / בָּרֵר רִצּוּי תְּפִלָּתִי.

אֱמוּנַת אֹם נוֹטֶרֶת / לְמַעַנְךָ עֱזוֹר לַנִּשְׁאֶרֶת
זַעֲקָהּ רְצֵה נָא כִּקְטֹרֶת / קָדוֹשׁ.

יַעַל תַּחַן עֲתֶרֶת / יֻצַּג כְּמוֹ עֲטֶרֶת / יֵרָן בְּכִפּוּר נִשְׁאֶרֶת.
רַחַשׁ בְּמַעֲנֶה עוֹתֶרֶת / רוֹנְנָה בִּמְחִילַת הָעֲתֶרֶת / רַוֵּה בְּעֹז וְתִפְאֶרֶת.
בִּיאַת בַּת מְיֻשֶּׁרֶת / בְּמַעֲנֶה לְהַסְלַח מְשׁוֹרֶרֶת / הֱיוֹת עֲתִירָתָהּ כִּקְטֹרֶת.

אֱמוּנַת אֹם נוֹטֶרֶת / לְמַעַנְךָ עֱזוֹר לַנִּשְׁאֶרֶת
זַעֲקָהּ רְצֵה נָא כִּקְטֹרֶת / קָדוֹשׁ.

יְחָנּוּ בְּחִנְּךָ חֲנוּנֶיךָ / יְסֻלַּח מַעַל מַיְמִינֶיךָ / יוּזְמוּ, שְׁמֹר שְׁנוּנֶיךָ.
קַלַּע קְשִׁי קְנוּיֶיךָ / קָרֵב אֵלֶיךָ קִנְיָנֶיךָ / קוֹמֵם קְהַל אֱמוּנֶיךָ.
יָבֹא יוֹם רְנוּנֶיךָ / יָרֹנּוּ בוֹ הֲמוֹנֶיךָ / יִהְיוּ נִצָּבִים לְפָנֶיךָ.

אֱמוּנַת אֹם נוֹטֶרֶת / לְמַעַנְךָ עֱזוֹר לַנִּשְׁאֶרֶת
זַעֲקָהּ רְצֵה נָא כִּקְטֹרֶת / קָדוֹשׁ.

לְעַם לְךָ קָרֵב / לוֹחֲשֵׁי לַזָּר הֶחָרֵב / לְוּוּי רֻבָּם זָרֵב.
יְשַׁחֵת לְדֹרֵס קוֹרֵב / לְעוֹבְדֶיךָ בְּיִרְאָה עָרֵב / נֶשֶׁף וְשַׁחַר וָעֶרֶב.
רֶגֶשׁ הִנֵּה הִנָּם תְּקָרֵב / קֵץ גְּאֻלָּה וְאוֹרָה קָרֵב / לַמִּתְחַנְּנִים בְּמִנְחַת עָרֵב.

אֱמוּנַת אֹם נוֹטֶרֶת / לְמַעַנְךָ עֲוֹר לַנִּשְׁאֶרֶת
זַעֲקָה רְצֵה נָא כִּקְטֹרֶת / קָדוֹשׁ.

לפיוט הבא, שמחברו אינו ידוע, שני חרוזי פזמון.
שליח הציבור אומר שורה שורה, והקהל חוזר אחריו:

יְכַפֵּר וְיִסְלַח / אֵל טוֹב וְסַלָּח
נוֹרָא וְקָדוֹשׁ.
תְּפִלָּתֵנוּ מִמְּעוֹנוֹת / יְקַבֵּל כְּקָרְבָּנוֹת
הָאֵל קָדוֹשׁ.

הכול:

סימן א״ב

אֲפָאֵר לְמַלְכִּי בַּקֹּדֶשׁ בְּיוֹם אַךְ בֶּעָשׂוֹר לַחֹדֶשׁ.
גּוֹאֲלִי וּמוֹשִׁיעִי דָּגוּל, רוֹכֵב שְׁבִיעִי.

יְכַפֵּר וְיִסְלַח / אֵל טוֹב וְסַלָּח
נוֹרָא וְקָדוֹשׁ.

הָאֵל יַשְׁקִיף וְיֶחֱזֶה וְיִמְחֹל לַעֲוֹן הָעָם הַזֶּה.
זֶה בְּתוֹדָה עַנּוּהוּ חַלּוּהוּ, כִּי יוֹם כִּפּוּרִים הוּא.

תְּפִלָּתֵנוּ מִמְּעוֹנוֹת / יְקַבֵּל כְּקָרְבָּנוֹת
הָאֵל קָדוֹשׁ.

טְעֵנוּ בְּמִקְדַּשׁ קֹדֶשׁ יוֹם מִקְרָא קֹדֶשׁ.
כּוֹנְנוּ לֵב אִתָּם לָצוּם הַיּוֹם, וְעִנִּיתֶם.

יְכַפֵּר וְיִסְלַח / אֵל טוֹב וְסַלָּח
נוֹרָא וְקָדוֹשׁ.

מִפֶּשַׁע לְנַקּוֹתְכֶם נָא כּוֹנְנוּ לָאֵל נַפְשׁוֹתֵיכֶם.
סֶלָה יַאֲזִין שִׂיחַתְכֶם עִבְדוּהוּ בְּהַקְרָבַתְכֶם.

תְּפִלָּתֵנוּ מִמְּעוֹנוֹת / יְקַבֵּל כְּקָרְבָּנוֹת
הָאֵל קָדוֹשׁ.

פְּדוּתֵנוּ לֹא תֶחֱשֶׁה צַעֲקָתֵנוּ קְשֹׁב כְּקָרְבַּן אִשֶּׁה.
קִרְאוּ לְיוֹשֵׁב מְעוֹנַי רוֹצוּ לְסַלְסֵל לַיהוה.
יְכַפֵּר וְיִסְלַח / אֵל טוֹב וְסַלָּח
נוֹרָא וְקָדוֹשׁ.

שׁוֹכֵן שְׁבִעָה תְּחִנָּתֵנוּ שְׁמָעָה.
תְּקַבֵּל תְּפִלָּתֵנוּ תַּעֲבִיר תִּפְלוּתֵנוּ.
תְּפִלָּתֵנוּ מִמְּעוֹנוֹת / יְקַבֵּל כְּקָרְבָּנוֹת
הָאֵל קָדוֹשׁ.

זהו פיוט הכנה ל׳סילוק׳. הוא מקביל בנושאו לפיוט ׳אֵין מִסְפָּר לִגְדוּדֵי צְבָא חֵילוֹ׳ הנאמר בשחרית (עמ׳ 530), אך בעל מבנה פשוט יותר.

שליח הציבור:

וּבְכֵן, שְׂרָפִים עֹמְדִים מִמַּעַל לוֹ: ישעיה ו

שליח הציבור ואחריו הקהל:

מִיכָאֵל מִיָּמִין מְהַלֵּל
וְגַבְרִיאֵל מִשְּׂמֹאל מְמַלֵּל
בַּשָּׁמַיִם אֵין כָּאֵל
וּבָאָרֶץ מִי כְּעַמְּךָ יִשְׂרָאֵל.

הכול:

סימן א״ב

אֶרְאֶלֵּי הוֹד פּוֹצְחִים הִלּוּלוֹ / בְּרֶתֶת וָזִיעַ מְפָאֲרִים סִלְסוּלוֹ
גָּשִׁים וּבָאִים בְּשִׁנּוּן פִּלּוּלוֹ / שְׂרָפִים עֹמְדִים מִמַּעַל לוֹ:
מִיכָאֵל מִיָּמִין מְהַלֵּל / וְגַבְרִיאֵל מִשְּׂמֹאל מְמַלֵּל
בַּשָּׁמַיִם אֵין כָּאֵל / וּבָאָרֶץ מִי כְּעַמְּךָ יִשְׂרָאֵל.

דָּגוּל מֵרְבָבָה הוּא בְּלִי כַחַד / הַמַּבִּיט לָאָרֶץ וַתִּרְעַד וַתִּפְחַד
וְעִמּוֹ צְבָא הַמְשֵׁל וָפַחַד / שֵׁשׁ כְּנָפַיִם שֵׁשׁ כְּנָפַיִם לְאֶחָד:
מִיכָאֵל מִיָּמִין מְהַלֵּל / וְגַבְרִיאֵל מִשְּׂמֹאל מְמַלֵּל
בַּשָּׁמַיִם אֵין כָּאֵל / וּבָאָרֶץ מִי כְּעַמְּךָ יִשְׂרָאֵל.

זִקִּים וּבְרָקִים מַרְעִידִים לְפָנָיו / חֲרֵדִים לְהַרְעִיד כָּל פִּנָּיו
טָסִים בְּאַרְבַּע פִּנּוֹת מַצְפּוּנָיו / בִּשְׁתַּיִם יְכַסֶּה פָנָיו:
מִיכָאֵל מִיָּמִין מְהַלֵּל / וְגַבְרִיאֵל מִשְּׂמֹאל מְמַלֵּל
בַּשָּׁמַיִם אֵין כָּאֵל / וּבָאָרֶץ מִי כְּעַמְּךָ יִשְׂרָאֵל.

יְרֵאִים וַחֲרֵדִים גְּדוּדֵי חֲיָלָיו / כָּל מַלְאָכָיו וַחֲיָלֵי דְגָלָיו
לְמוּלוֹ יָרוּצוּ לְגַדְּלוֹ בְּמִכְלוּלָיו / וּבִשְׁתַּיִם יְכַסֶּה רַגְלָיו:
מִיכָאֵל מִיָּמִין מְהַלֵּל / וְגַבְרִיאֵל מִשְּׂמֹאל מְמַלֵּל
בַּשָּׁמַיִם אֵין כָּאֵל / וּבָאָרֶץ מִי כְּעַמְּךָ יִשְׂרָאֵל.

מַיִם וְעַד יָם בְּרֶגַע מְעוֹפֵף / נוֹרָא בַּל יְכוֹלִים לָשׁוּר וּלְצַפְצֵף
סְבִיבוֹת כִּסֵּא מִתְחוֹפֵף / וּבִשְׁתַּיִם יְעוֹפֵף:
מִיכָאֵל מִיָּמִין מְהַלֵּל / וְגַבְרִיאֵל מִשְּׂמֹאל מְמַלֵּל
בַּשָּׁמַיִם אֵין כָּאֵל / וּבָאָרֶץ מִי כְּעַמְּךָ יִשְׂרָאֵל.

עוֹרְכִים עִנְיַן עִזּוּזוֹ לוֹמַר / פְּאֵר פִּקּוּד פֶּלֶל לִגְמֹר
צִפְצוּף צַהַל צֶדֶק כְּנֶאֱמַר / וְקָרָא זֶה אֶל־זֶה וְאָמַר:
מִיכָאֵל מִיָּמִין מְהַלֵּל / וְגַבְרִיאֵל מִשְּׂמֹאל מְמַלֵּל
בַּשָּׁמַיִם אֵין כָּאֵל / וּבָאָרֶץ מִי כְּעַמְּךָ יִשְׂרָאֵל.

קִלּוּס קְדֻשּׁוֹת קָדוֹשׁ קוֹרְאוֹת / רִבּוֹ רִבּוֹן עֵינַיִם מְלֵאוֹת
שׁוֹכֵן עַד מַעֲרִיצִים בִּיצִיאוֹת / קָדוֹשׁ, קָדוֹשׁ, קָדוֹשׁ, יהוה צְבָאוֹת:
מִיכָאֵל מִיָּמִין מְהַלֵּל / וְגַבְרִיאֵל מִשְּׂמֹאל מְמַלֵּל
בַּשָּׁמַיִם אֵין כָּאֵל / וּבָאָרֶץ מִי כְּעַמְּךָ יִשְׂרָאֵל.

תַּקִּיף מֵרְבָבָה מְפָאֲרִים לְסַלְּדוֹ / תִּלֵּי תִלִּים עוֹמְדִים לְכַבְּדוֹ
תֵּבֵל וְכָל דָּרֶיהָ מַקְדִּישִׁים הוֹדוֹ / מְלֹא כָל־הָאָרֶץ כְּבוֹדוֹ:
מִיכָאֵל מִיָּמִין מְהַלֵּל / וְגַבְרִיאֵל מִשְּׂמֹאל מְמַלֵּל
בַּשָּׁמַיִם אֵין כָּאֵל / וּבָאָרֶץ מִי כְּעַמְּךָ יִשְׂרָאֵל.

שליח הציבור:

וּבְכֵן לְךָ תַעֲלֶה קְדֻשָּׁה, כִּי אַתָּה אֱלֹהֵינוּ מֶלֶךְ מוֹחֵל וְסוֹלֵחַ.

סילוק למנחה

את ה'סילוק' למנחה חיבר ינאי.
סגנונו קצר ופשוט, בלא חתימה או חריזה.

כִּי רְכוּבוֹ בָּעֲרָבוֹת / וְעֻזּוֹ בַּשְּׁחָקִים
וּזְרוֹעוֹ בִּמְעוֹנָה / וְקָדוֹשׁוֹ בִּזְבוּל / וְאֵימָתוֹ בָּעֲרָפֶל
וּמוֹרָאוֹ בִּשְׁמֵי שָׁמַיִם / וְקַשְׁתּוֹ בַּשָּׁמַיִם / וְקוֹלוֹ עַל הַמָּיִם
וּמוֹשָׁבוֹ בְּרוּם / וּמַבָּטוֹ בְּתַחַת
מִמַּעְלָה קָדוֹשׁ / וּמִמַּטָּה בָּרוּךְ
מִמַּיִם אַדִּיר / וּמִנְּהָרוֹת קוֹל / וּמֵאֶרֶץ זֶמֶר
וּמֵעֵצִים רֶנֶן / וּמֵהָרִים רֶקֶד / וּמִגְּבָעוֹת שִׁיר
וּמִכָּל בְּרִיָּה תֹּקֶף / וּמִכָּל רֹאשׁ כֶּפֶף
וּמִכָּל עַיִן רֶמֶז / וּמִכָּל אֹזֶן שֶׁמַע
וּמִכָּל פֶּה הוֹדָיָה / וּמִכָּל לָשׁוֹן שֶׁבַח / וּמִכָּל גָּרוֹן רֹן
וּמִכָּל לֵב רַחַשׁ / וּמִכָּל קֶרֶב הִגָּיוֹן
וּמִכָּל בֶּרֶךְ כְּרִיעָה / וּמִכָּל קוֹמָה הִשְׁתַּחֲוָיָה
וּמִזְּקֵנִים כָּבוֹד / וּמֵאֲנָשִׁים וְנָשִׁים שִׁיר
וּמִבַּחוּרִים וּבְתוּלוֹת הַלֵּל / וּמֵעוֹלְלִים וְיוֹנְקִים עֹז
וּמִדּוֹר לְדוֹר גְּבוּרָה / וּמֵעוֹלָם וְעַד עוֹלָם בְּרָכָה
כִּי כֻלָּם בָּרָאתָ לְמַעַנְךָ
יִקְרְאוּ זֶה לָזֶה / וְיַעֲנוּ זֶה לָזֶה / וְיֹאמְרוּ זֶה לָזֶה
גּוֹשׁוּ, עוֹשׁוּ, חוּשׁוּ / וְנַעֲרִיץ לְמֶלֶךְ הַכָּבוֹד
הָאֵל הַנַּעֲרָץ וְהַנִּקְדָּשׁ בַּקֹּדֶשׁ.

ממשיכים 'כֶּתֶר' בעמ' 388.

זו הגרסה המלאה של הפיוט המובא בעמ' 406-407.

סימן א"ב

יוֹם אֲשֶׁר הוּחַק לְכַפָּרָתֵנוּ / הַיּוֹם בּוֹ תְּבַשְּׂרֵנוּ צוּרֵנוּ תִּטְהָרוּ.

כַּכָּתוּב בְּתוֹרָתֶךָ
כִּי־בַיּוֹם הַזֶּה יְכַפֵּר עֲלֵיכֶם לְטַהֵר אֶתְכֶם מִכֹּל חַטֹּאתֵיכֶם ויקרא טז
לִפְנֵי יהוה תִּטְהָרוּ:

יוֹם גְּעוֹל עֲוֹנֵינוּ יְכֻבָּס / הַיּוֹם דְּווּת חֲטָאֵינוּ יְטֹהָר.

כַּכָּתוּב בְּדִבְרֵי קָדְשֶׁךָ
הֶרֶב כַּבְּסֵנִי מֵעֲוֹנִי, וּמֵחַטָּאתִי טַהֲרֵנִי: תהלים נא

יוֹם הַכְנַע יֵצֶר שׁוֹבָבִים / הַיּוֹם וְיִטַּהֲרוּ, עֲוֹנָם בְּסָלְחָךְ.

כַּכָּתוּב עַל יַד נְבִיאֶךָ
וְטִהַרְתִּים מִכָּל־עֲוֹנָם אֲשֶׁר חָטְאוּ־לִי ירמיה לג
וְסָלַחְתִּי לְכָל־עֲוֹנוֹתֵיהֶם אֲשֶׁר חָטְאוּ־לִי וַאֲשֶׁר פָּשְׁעוּ בִי:

יוֹם זֶה יַחְמֹל עָלֵינוּ כְּאָב עַל בָּנִים / הַיּוֹם חֵטְא זְדוֹנָם יְכַפֵּר וְיִסְלַח.

כַּכָּתוּב בְּתוֹרָתֶךָ
וְנִסְלַח לְכָל־עֲדַת בְּנֵי יִשְׂרָאֵל, וְלַגֵּר הַגָּר בְּתוֹכָם במדבר טו
כִּי לְכָל־הָעָם בִּשְׁגָגָה:

יוֹם טוּב גְּמוּלֵנוּ, אֵל לֹא יִשְׁכַּח / הַיּוֹם יִרְפָּא וְיִסְלַח לְכָל תַּחֲלוּאֵי נַפְשֵׁנוּ.

כַּכָּתוּב בְּדִבְרֵי קָדְשֶׁךָ
הַסֹּלֵחַ לְכָל־עֲוֹנֵכִי, הָרֹפֵא לְכָל־תַּחֲלוּאָיְכִי: תהלים קג

יוֹם כָּעָב יִמָּחוּ פְּשָׁעֵינוּ / הַיּוֹם לְבַקֵּשׁ חַטֹּאתֵינוּ וְאֵינָם.

כַּכָּתוּב עַל יַד נְבִיאֶךָ
בַּיָּמִים הָהֵם וּבָעֵת הַהִיא, נְאֻם־יהוה ירמיה נ
יְבֻקַּשׁ אֶת־עֲוֹן יִשְׂרָאֵל וְאֵינֶנּוּ
וְאֶת־חַטֹּאת יְהוּדָה, וְלֹא תִמָּצֶאינָה
כִּי אֶסְלַח לַאֲשֶׁר אַשְׁאִיר:

יוֹם מַנְחִיל דָּת שׁוֹעַ בְּעַד דּוֹר / הַיּוֹם נָשָׂא לוֹ, בְּבַקְּשׁוֹ סְלַח נָא.

כַּכָּתוּב בְּתוֹרָתֶךָ
סְלַח־נָא לַעֲוֹן הָעָם הַזֶּה כְּגֹדֶל חַסְדֶּךָ במדבר יד
וְכַאֲשֶׁר נָשָׂאתָה לָעָם הַזֶּה מִמִּצְרַיִם וְעַד־הֵנָּה:
וְשָׁם נֶאֱמַר
וַיֹּאמֶר יהוה, סָלַחְתִּי כִּדְבָרֶךָ:

בַּעֲבוּר כְּבוֹד שְׁמֶךָ
הַמָּצֵא לָנוּ מוֹחֵל וְסוֹלֵחַ / סְלַח נָא לְמַעַן שְׁמֶךָ.

יוֹם סוֹלְחִי יָחִישׁ מִלִּשְׁמֹר הֶעָוֹן / הַיּוֹם עִמָּנוּ הַשְׁוַע וְעִמְּךָ הַסְּלִיחָה.

כַּכָּתוּב בְּדִבְרֵי קָדְשֶׁךָ

תהלים קל כִּי־עִמְּךָ הַסְּלִיחָה

לְמַעַן תִּוָּרֵא:

יוֹם פְּתַח כֵּן פֶּתַח לִמְיֻדָּעֶיךָ / הַיּוֹם צָעִיר וָרַב לְסוֹלֵחַ יַכִּירוּ.

כַּכָּתוּב עַל יַד נְבִיאֶךָ

ירמיה לא וְלֹא יְלַמְּדוּ עוֹד אִישׁ אֶת־רֵעֵהוּ וְאִישׁ אֶת־אָחִיו לֵאמֹר

דְּעוּ אֶת־יהוה

כִּי כוּלָּם יֵדְעוּ אוֹתִי לְמִקְּטַנָּם וְעַד־גְּדוֹלָם נְאֻם־יהוה

כִּי אֶסְלַח לַעֲוֹנָם, וּלְחַטָּאתָם לֹא אֶזְכָּר־עוֹד:

יוֹם קוֹרְאֵי בְשִׁמְךָ יִמָּלֵטוּ / הַיּוֹם רַחֵם עָלֵינוּ, כְּאָז קָרָא בְשֵׁם.

כַּכָּתוּב בְּתוֹרָתֶךָ

שמות לד וַיֵּרֶד יהוה בֶּעָנָן, וַיִּתְיַצֵּב עִמּוֹ שָׁם

וַיִּקְרָא בְשֵׁם, יהוה:

וַיַּעֲבֹר יהוה עַל־פָּנָיו וַיִּקְרָא

יהוה, יהוה, אֵל רַחוּם וְחַנּוּן, אֶרֶךְ אַפַּיִם, וְרַב־חֶסֶד וֶאֱמֶת:

נֹצֵר חֶסֶד לָאֲלָפִים, נֹשֵׂא עָוֹן וָפֶשַׁע וְחַטָּאָה, וְנַקֵּה:

בַּעֲבוּר כְּבוֹד שִׁמְךָ

הַמָּצֵא לָנוּ רַחוּם וְחַנּוּן / רַחֵם נָא לְמַעַן שְׁמֶךָ.

יוֹם שֹׁמְמוֹת הֵיכָלְךָ תַּבִּיט / הַיּוֹם תַּעֲשֶׂה לְמַעַן שִׁמְךָ, כְּנָם אִישׁ חֲמוּדוֹת.

כַּכָּתוּב בְּדִבְרֵי קָדְשֶׁךָ

דניאל ט הַטֵּה אֱלֹהַי אָזְנְךָ וּשֲׁמָע

פְּקַח עֵינֶיךָ וּרְאֵה שֹׁמְמֹתֵינוּ, וְהָעִיר אֲשֶׁר־נִקְרָא שִׁמְךָ עָלֶיהָ

כִּי לֹא עַל־צִדְקֹתֵינוּ אֲנַחְנוּ מַפִּילִים תַּחֲנוּנֵינוּ לְפָנֶיךָ

כִּי עַל־רַחֲמֶיךָ הָרַבִּים:

אֲדֹנָי שְׁמָעָה, אֲדֹנָי סְלָחָה, אֲדֹנָי הַקְשִׁיבָה וַעֲשֵׂה אַל־תְּאַחַר

לְמַעַנְךָ אֱלֹהַי, כִּי־שִׁמְךָ נִקְרָא עַל־עִירְךָ וְעַל־עַמֶּךָ:

בַּעֲבוּר כְּבוֹד שִׁמְךָ

הַמָּצֵא לָנוּ שׁוֹמֵעַ תְּפִלָּה / שְׁמַע תְּפִלָּתֵנוּ לְמַעַן שְׁמֶךָ.

זו הגרסה המלאה של הפיוט הממשיך 'מִי אֵל כָּמְוֹךָ' (עמ' 407).

מִי אֵל כָּמְוֹךָ.

סימן א"ב

אָדוֹן אַבִּיר / בְּמַעֲשָׂיו כַּבִּיר מִי אֵל כָּמְוֹךָ
גּוֹלֶה עֲמֻקּוֹת / דּוֹבֵר צְדָקוֹת מִי אֵל כָּמְוֹךָ
הַצּוּר תָּמִים / וּמָלֵא רַחֲמִים מִי אֵל כָּמְוֹךָ
זוֹכֵר חֲסָדִים / חוֹמֵל חֲסִידִים מִי אֵל כָּמְוֹךָ
טוֹב לַכֹּל / יוֹדֵעַ הַכֹּל מִי אֵל כָּמְוֹךָ
כּוֹבֵשׁ כְּעָסִים / לְהַצְדִּיק עֲמוּסִים מִי אֵל כָּמְוֹךָ
מֶלֶךְ עוֹלָם / נִשָּׂא וְנֶעְלָם מִי אֵל כָּמְוֹךָ
סוֹלֵחַ חֲטָאוֹת / עוֹשֶׂה נִפְלָאוֹת מִי אֵל כָּמְוֹךָ
פּוֹתֵחַ וּמַשְׂבִּיעַ / צַדִּיק וּמוֹשִׁיעַ מִי אֵל כָּמְוֹךָ
קוֹרֵא דוֹרוֹת / רוֹצֶה עֲתִירוֹת מִי אֵל כָּמְוֹךָ
שׁוֹמֵר שְׁבוּעוֹת / שׁוֹמֵעַ שַׁוְעוֹת מִי אֵל כָּמְוֹךָ
תּוֹכֵן עֲלִילוֹת / תַּקִּיף בִּתְהִלּוֹת מִי אֵל כָּמְוֹךָ

ממשיכים 'כַּכָּתוּב עַל יַד נְבִיאֶךָ' בעמ' 407.

פיוטים לתפילת נעילה

סימן א״ב

זו הגרסה המלאה של ה׳סילוק׳ המובא בעמ׳ 436.

שַׁעֲרֵי אַרְמוֹן מְהֵרָה תִּפְתַּח לְבוֹאֲרֵי אָמוֹן
שַׁעֲרֵי גְנוּזִים מְהֵרָה תִּפְתַּח לְדָתְךָ אֲחוּזִים
שַׁעֲרֵי הֵיכַל הַנֶּחְמָדִים מְהֵרָה תִּפְתַּח לְוְעוּדִים
שַׁעֲרֵי זְבוּל מַחֲנַיִם מְהֵרָה תִּפְתַּח לְחַכְלִילִי עֵינַיִם
שַׁעֲרֵי טְהָרָה מְהֵרָה תִּפְתַּח לְיָפָה וּבָרָה
שַׁעֲרֵי כֶּתֶר הַמְיֻמָּן מְהֵרָה תִּפְתַּח לְלֹא אַלְמָן.
שַׁעֲרֵי מְקוֹם עֵינֶיךָ וְלִבֶּךָ מְהֵרָה תִּפְתַּח לְנוֹאֲמֵי טוּבֶךָ
שַׁעֲרֵי סֵפֶר עַל מְהֵרָה תִּפְתַּח לְעַמְּךָ לְהַעַל
שַׁעֲרֵי פְּתָחִים סְגוּרִים מְהֵרָה תִּפְתַּח לְצַדִּיקִים גְּמוּרִים
שַׁעֲרֵי קִרְיַת חָנָה מְהֵרָה תִּפְתַּח לְרְחוּמֶיךָ לְהִתְחַנְּנָה
שַׁעֲרֵי שְׁעָרִים הַקְּבוּעִים מְהֵרָה תִּפְתַּח לְאַחִים וְרֵעִים
שַׁעֲרֵי תְּשׁוּבָה מְהֵרָה תִּפְתַּח לְחוֹלַת אַהֲבָה

ממשיכים ׳כֶּתֶר׳ בעמ׳ 436.

סליחות

בתפילת נעילה נוהגים לומר סליחות, אך מקצרים אותן (ראה עמ׳ 441).
להלן הנוסח המלא של שלוש הסליחות הראשונות, אם יש זמן לאומרן במלואן.

את הסליחה ׳תַּעֲלַת צֳרִי׳ כתב ר׳ שלמה הבבלי, שהיגר לאיטליה והיה מראשוני הפייטנים באירופה. הפיוט מתאפיין בתיאור צערם של היהודים בגולה, בד בבד עם קבלת הדין והציפייה לגאולה. היום מקובל לומר רק את חמשת הבתים האחרונים, שבהם גוברת נימת התקווה. יש קהילות שבהן אומרים י״ג מידות אחרי ׳אָז יַעֲלוּ וְיֵרָאוּ בְּרוּחַ נְדִיבָה׳ (בעמוד הבא) ופעם נוספת בסוף הפיוט.

סימן תשר״ק (כפול) שלמה הקטן

תַּעֲלַת צֳרִי תֶּרֶף, וְחוֹבֵשׁ לְמָזוֹר / תַּחְבּוּלוֹת מִלְחֶמֶת, וְרַב יוֹעֵץ לַעֲזוֹר
שׁוֹטֵט אַיִן לְבַד בְּךָ לַחֲזוֹר / שַׁעַן שַׁעֲשׁוּעַ תַּנְחוּם דְּבֵקֶיךָ כָּאֵזוֹר.

רָעָתֵנוּ רַבָּה, דִּבָּה מִסָּבִיב מָגוֹר / רִפְיוֹן וְרֶטֶט וְאֵין גִּבּוֹר לַחְגּוֹר
קֹשֶׁט נוֹשֵׂא אֲלֻמּוֹת יַדְמִים קָטֵגוֹר / קִיחַת מֶשֶׁךְ הַזֶּרַע לְהַקְנוֹת סָנֵגוֹר.

צַחְצוּחַ תַּצְלִיחַ לְכָלוּךְ גַּנַּת אֱגוֹזֶיךָ / צְרוּפֵי אִמֶיךָ, קְצוּפֵי הֶרְגֵּשׁ רָגְזֶךָ
פְּרֹט חוֹבָם דַּבְּרָנִים וּכְרָחֵל נִגְזָזֶיךָ / פִּתְחוֹן זְכִיּוֹתָם חֹן נָא מְגַזֶּיךָ.

עָבְרוּ בָּאִים בִּזְרוֹעַ וְנַחַת דֶּשֶׁן / עַרְעַר הָעוֹלְלוֹת וְאָכְלַת שִׁלּוּחַ הַשֵּׁן
סָע חָזוֹן וְרָזוֹן וְזָח הַחֹשֶׁן / שִׂיחַ תְּפִלַּת הָעֲטוּפִים תְּפַן מִלְּעַשֵּׁן.

נוֹצֵחַ לוֹ נוֹחַ וּמִדָּתְךָ תִּנָּכֵר / נוֹתֵן כֹּחַ לְהִנָּצַח, שָׂמֵחַ וּמִשְׁתַּכֵּר
מִשְׁפְּטֵי צִדְקֶךָ וְלֹא בְשֶׁטֶף וְהַכֵּר / מְדַבֵּר בִּצְדָקָה, נֵס לְעֶזְרָה מִלְּנַכֵּר.

לֹא לָעוֹלָם תִּטֹּר, טוּבְךָ כַּבִּיר / לֹא כַחֲטָאֵינוּ תִגְמֹל וּמִדָּה תַּחְבִּיר
כִּי כִגְבֹהַּ שָׁמַיִם חֶסֶד תַּגְבִּיר / כְּרָחוֹק מִזְרָח מִמַּעֲרָב פְּשָׁעֵינוּ תַּעֲבִיר.

יְצָרְנוּ בְּיֹשֶׁר שְׁבִילְךָ קֶשֶׁט בָּרוּר / יַחַד בְּלִי עָקֵב אַחֲרֶיךָ גָּרוּר
טְעַן עֻלְּךָ כֹּף, כְּבֹשׁ סֵרוּר / טִיף מֵי טֹהַר לְהַמְתִּיק מֵרוּר.

חָצִיר וְקַשׁ יָבֵשׁ וְנִדָּף עָלֶה / חֲשׁוּבִים הִנֵּנוּ כְּצִיץ הַשָּׂדֶה עוֹלֶה
זְכֹר כִּי אֲנַחְנוּ עָפָר וּבָלֶה / זְכֹר כִּי חַיֵּינוּ צֵל וְכָלֶה.

וּמִי יַעֲמֹד, חֵטְא אִם תִּשְׁמֹר / וּמִי יָקוּם, דִּין אִם תִּגְמֹר
הַסְּלִיחָה עִמְּךָ הִיא, סָלַחְתִּי לֵאמֹר / הָרַחֲמִים גַּם לְךָ מִדָּתְךָ לִכְמֹר.

דִּכְדּוּךְ דַּלּוּתֵנוּ רְאֵה, אַל תַּכְלִים / דַּעַת נְתִיב דְּרָכֶיךָ חֶפְצֵנוּ תַשְׁלִים
גָּדוֹל וְקָטֹן רוּחַ שֶׂכֶל הַחֲלִים / גִּבּוֹרֵי כֹחַ, רְצוֹנְךָ חַזֵּק וְהַאֲלִים.

בְּצִלְּךָ שֶׁבֶת שָׁבִים קַבֵּל נְדָבָה / בֵּיתְךָ יַפְרִיחוּ וְלֹא יוֹסִיפוּ לְדַאֲבָה
אוֹבֵד וְנִדָּח תְּשַׁבִּית, נוֹגֵשׂ וּמַדְהֵבָה / אָז יַעֲלוּ וְיֵרָאוּ בְּרוּחַ נְדִיבָה.

יש קהילות שבהן אומרים כאן ׳אֵל מֶלֶךְ׳ וי״ג מידות עד ׳לְכָל־קֹרְאֶיךָ׳ (בעמוד הבא).

שְׁלוֹם פָּרִים שְׂפָתֵינוּ תְּכוֹן אֱמֶת / לְכְתֵּנוּ אַחֲרֶיךָ בְּתֹם וְיֹשֶׁר הָעֱמֶת
מֵלִיץ יֹשֶׁר קַבֵּל, וּמַלְשִׁנִי צַמֵּת / הֶחָפֵץ בַּחַיִּים וְלֹא בְּמוֹת הַמֵּת.

הֲקִימֵנוּ בְּאוֹר פָּנֶיךָ וְחֶשְׁבּוֹן יִתַּמֵּצָה / קִיּוּם מְרֶדֶת שַׁחַת כֹּפֶר יִמָּצֵא
טֶרֶם נִקְרָא עוֹד דִּבּוּר יֵצֵא / נִדְבוֹת פִּינוּ יהוה נָא רְצֵה.

שליח הציבור והקהל:

אֵל מֶלֶךְ יוֹשֵׁב עַל כִּסֵּא רַחֲמִים, מִתְנַהֵג בַּחֲסִידוּת.
מוֹחֵל עֲוֹנוֹת עַמּוֹ, מַעֲבִיר רִאשׁוֹן רִאשׁוֹן.
מַרְבֶּה מְחִילָה לְחַטָּאִים, וּסְלִיחָה לְפוֹשְׁעִים.
עֹשֶׂה צְדָקוֹת עִם כָּל בָּשָׂר וָרוּחַ, לֹא כְרָעָתָם תִּגְמֹל.
◂ אֵל, הוֹרֵיתָ לָּנוּ לוֹמַר שְׁלֹשׁ עֶשְׂרֵה
זְכָר לָנוּ הַיּוֹם בְּרִית שְׁלֹשׁ עֶשְׂרֵה
כְּהוֹדַעְתָּ לֶעָנָו מִקֶּדֶם, כְּמוֹ שֶׁכָּתוּב:
וַיֵּרֶד יהוה בֶּעָנָן, וַיִּתְיַצֵּב עִמּוֹ שָׁם, וַיִּקְרָא בְשֵׁם, יהוה: שמות לד

קהל ואחריו שליח הציבור:

וַיַּעֲבֹר יהוה עַל־פָּנָיו וַיִּקְרָא שמות לד

שליח הציבור והקהל אומרים בקול:

יהוה, יהוה, אֵל רַחוּם וְחַנּוּן, אֶרֶךְ אַפַּיִם, וְרַב־חֶסֶד וֶאֱמֶת:
נֹצֵר חֶסֶד לָאֲלָפִים, נֹשֵׂא עָוֹן וָפֶשַׁע וְחַטָּאָה, וְנַקֵּה:

הכול:

וְסָלַחְתָּ לַעֲוֹנֵנוּ וּלְחַטָּאתֵנוּ, וּנְחַלְתָּנוּ:
סְלַח לָנוּ אָבִינוּ כִּי חָטָאנוּ, מְחַל לָנוּ מַלְכֵּנוּ כִּי פָשָׁעְנוּ.
כִּי־אַתָּה אֲדֹנָי טוֹב וְסַלָּח, וְרַב־חֶסֶד לְכָל־קֹרְאֶיךָ: תהלים פו

את הסליחה הבאה כתב ר׳ יוסף מאורליאנש, תלמידו של רבינו תם הנזכר פעמים אחדות בתוספות, הוא מחבר הפירוש ׳בכור שור׳ על התורה. פיוט זה אישי מאוד, ובולטת בו נימת ההתחטאות והווידוי. הצלע הרביעית בכל בית היא ציטוט או פרפרזה של פסוק מהמקרא. היום מקובל לומר רק את הבתים ׳מְרֻבִּים צָרְכֵי עַמְּךָ׳ עד ׳תֹּלֶה אֶרֶץ עַל־בְּלִימָה׳, י״ג מידות, הבית המתחיל ׳יָדְךָ פְּשֹׁט׳ ושוב י״ג מידות, ואין אומרים את שני הבתים האחרונים.

סימן א״ב יוסף בר יצחק

אָדוֹן מוֹעֵד כְּתִקַּח, מֵישָׁרִים לִשְׁפֹּט בְּתַעֲצוּמֶיךָ /
אֶתְיַצְּבָה בְּפֶלֶץ לְחַלּוֹת פָּנֶיךָ לְרוֹמְמֶךָ
בְּמַעֲשַׂי לֹא נִשְׁעַנְתִּי, כִּי אִם בְּרַחֲמֶיךָ / יהוה עֲשֵׂה לְמַעַן שְׁמֶךָ: ירמיה יד

גָּזוּ אֱמוּנִים, גִּבּוֹרֵי כֹחַ בְּמֶרֶץ / גַּם גּוֹדְרֵי גָּדֵר וְעוֹמְדֵי בַפֶּרֶץ
דּוֹרְשֵׁי חֶפְצָם בְּכֹחַ מִשּׁוֹכֵן שְׁמֵי עֶרֶץ / אָבַד חָסִיד מִן־הָאָרֶץ: מיכה ז

הֵן קַלּוֹתִי, וּמָה אָשִׁיב בְּמוֹ פִּי / הִנְנִי צָעִיר, וּכְאַיִן מִפְּעָלוֹת כַּפִּי
וְאֵיךְ אֲקַוֶּה, וַאֲנִי רַב דָּפִי / הֱיוֹת לְרָצוֹן אִמְרֵי פִי.

זָחַלְתִּי וָאִירָא מֵחַוּוֹת דֵּעִי / זְדוֹנִי יָגֹרְתִּי, וּמֶרֶד פִּשְׁעִי
חַנּוּן רַחֲמֵנִי בְּהִתְוַדּוֹתִי וְעָזְבִי רִשְׁעִי / שְׁמַע קוֹל תַּחֲנוּנַי, אֵלֶיךָ בְּשַׁוְעִי.

טָעִיתִי וְהִנְנִי שָׁב וּמִתְוַדֶּה עֲשׂוֹת רְצוֹנֶךָ טְהָר עֵינַיִם, חָשְׁבֵנִי כְּשָׁלֵם לְפָנֶיךָ
יָהּ הַכְנֵס לִי לִפְנִים מִשּׁוּרַת דִּינֶךָ / וְאֵדָעֲךָ, לְמַעַן אֶמְצָא־חֵן בְּעֵינֶיךָ: שמות לג

כֹּחֲךָ יִגְדַּל נָא, וּבִתְפִלָּתִי הִתְנָאֵה / כִּתְפִלַּת זָקֵן וְרָגִיל וּפִרְקוֹ נָאֶה
לְבָבִי הַנִּשְׁבָּר, הַנִּדְכֶּה וְהַנִּכְאֶה / הַבֵּט מִשָּׁמַיִם וּרְאֵה: ישעיה סג

מְרֻבִּים צָרְכֵי עַמְּךָ, וְדַעְתָּם קְצָרָה / מַחְסוֹרָם וּמִשְׁאֲלוֹתָם בַּל יוּכְלוּ לְסַפְּרָה
נָא בִּינָה הֲגִיגֵנוּ טֶרֶם נִקְרָא / הָאֵל הַגָּדֹל הַגִּבֹּר וְהַנּוֹרָא: דברים י

סָפוּ וְגַם כָּלוּ יוֹדְעֵי פְגִיעָה / סֵדֶר תְּפִלּוֹת בְּמַעֲנֶה לָשׁוֹנָם לְהַבִּיעָה
עֲרֻמִּים נוֹתַרְנוּ, וְרַבְּתָה בָנוּ הָרָעָה / עַל כֵּן לֹא הִשִּׂיגַתְנוּ יְשׁוּעָה.

פָּנִים אֵין לָנוּ פָּנֶיךָ לְחַלּוֹת / פְּשַׁעְנוּ וּמָרַדְנוּ וְהֶעֱוִינוּ מְסִלּוֹת
צְדָקָה לְךָ לְבַד נְבַקֵּשׁ בְּמַעַרְכֵי תְהִלּוֹת / הָעֹמְדִים בְּבֵית־יהוה בַּלֵּילוֹת: תהלים קלד

קָדוֹשׁ, רְאֵה כִּי פַס מֵלִיץ כַּשּׁוּרָה / קַבֵּל נִיבִי כְּמַרְבִּית תְּשׁוּרָה
רִנָּתִי הַיּוֹם תְּהֵא בְּכִתְרְךָ קְשׁוּרָה / אֵל נֶאְזָר בִּגְבוּרָה.

שַׁוְעָתִי שְׁעֵה וּתְפִלָּתִי תְּהֵא נְעִימָה / שְׁמַע פְּגִיעָתִי כִּפְגִיעָה תַּמָּה
תְּחַקְקֵנוּ לְחַיִּים וְתֵיטִיב הַחֲתִימָה / תֹּלֶה אֶרֶץ עַל־בְּלִימָה: איוב כו

ממשיכים ׳אֵל מֶלֶךְ יוֹשֵׁב׳ בעמוד הקודם.

יָדְךָ פְּשֹׁט, וְקַבֵּל תְּשׁוּבָתִי בְּמַעֲמָדִי / סְלַח נָא וּמְחַל רֹעַ מַעְבָּדִי
פְּנֵה וַעֲסֹק בְּטוּבַת מְשַׁחֲרֶיךָ, דּוֹדִי וּמְעוֹדְדִי / וְאַתָּה יהוה מָגֵן בַּעֲדִי: תהלים ג

בקהילות שבהן מקצרים את הפיוט, ממשיכים ׳אֵל מֶלֶךְ יוֹשֵׁב׳ (בעמוד הקודם).

בָּזֹה אַל תִּבְזֶה הוֹד מִלּוּלִי / רוֹמַמְתִּי הוֹדְךָ לְפִי עֲנִיּוּת שִׂכְלִי
מַלֵּא לְטוֹבָה תַּאֲוָתִי וּמִשְׁאָלִי / יֱהוִה אֲדֹנָי חֵילִי: חבקוק ג

יֶעֱרַב שִׂיחִי, וְתֵעָתֵר בִּתְפִלָּה / צְרֹף לְחֶשְׁבּוֹן כָּל מִלָּה וּמִלָּה
חֲשֹׁב קָדוֹשׁ מַעֲמָדִי כְּמִנְחָה בְלוּלָה / הַאֲזִינָה אֱלֹהֵי יַעֲקֹב סֶלָה: תהלים פד

ממשיכים ׳אֵל מֶלֶךְ יוֹשֵׁב׳ בעמ׳ 604.

את הסליחה הבאה כתב ר׳ גרשם ׳מאור גולה׳ ממגנצא. פיוט זה מתאר בהרחבה ובפירוט את סבלם של היהודים בגולה, בדימויים עזים אף מאלה של הפיוט ׳תַּעֲלַת צָרִי׳ (עמ׳ 602). פיוטים רבים נכתבו סביב שני חרוזי הפזמון, וכבר בסדר רב עמרם גאון רמז להם. הפיוט המוכר הקדום ביותר הוא של ר׳ שלמה הבבלי ׳אַשְׁמָתֵנוּ כִּי רַבָּה׳, הנאמר היום בסליחות לצום גדליה כמנהג ליטא.

היום מקובל לומר רק שניים מבתי הפיוט, ואף לא לומר י״ג מידות אחריו, ולהמשיך אחריו ׳אֶנְקַת מְסַלְדֶיךָ׳. נוסח מורחב יותר (אך לא הפיוט מלא) אומרים בסליחות לערב ראש השנה.

זְכֹר בְּרִית אַבְרָהָם וַעֲקֵדַת יִצְחָק
וְהָשֵׁב שְׁבוּת אָהֳלֵי יַעֲקֹב
וְהוֹשִׁיעֵנוּ לְמַעַן שְׁמֶךָ.

סימן א״ב (כפול) גרשם בר יהודה חזק

אָבַדְנוּ מֵאֶרֶץ טוֹבָה בְּחִפָּזוֹן / אָרְכוּ הַיָּמִים, וְּדִבֵּר כָּל חָזוֹן
בְּיִשְׂרָאֵל חָדְלוּ פְרָזוֹן / בְּמִשְׁמַנֵּינוּ שֻׁלַּח רָזוֹן
וְשׁוּב בְּרַחֲמִים עַל שְׁאֵרִית יִשְׂרָאֵל / וְהוֹשִׁיעֵנוּ לְמַעַן שְׁמֶךָ.

גּוֹלָה אַחַר גּוֹלָה / גָּלְתָה יְהוּדָה כֻלָּהּ
דָּוָה כָּל הַיּוֹם וְכָלָה / דּוֹרֵשׁ וּמְבַקֵּשׁ אֵין לָהּ
וְהָשֵׁב שְׁבוּת אָהֳלֵי יַעֲקֹב / וְהוֹשִׁיעֵנוּ לְמַעַן שְׁמֶךָ.

הָעִיר הַקֹּדֶשׁ וְהַמְּחוֹזוֹת / הָיוּ לְחֶרְפָּה וּלְבִזּוֹת
וְכָל מַחֲמַדֶּיהָ טְבוּעוֹת וּגְנוּזוֹת / וְאֵין שִׁיּוּר, רַק הַתּוֹרָה הַזֹּאת
וְשׁוּב בְּרַחֲמִים עַל שְׁאֵרִית יִשְׂרָאֵל / וְהוֹשִׁיעֵנוּ לְמַעַן שְׁמֶךָ.

זִקְנֵי יְהוּדָה וְיוֹשְׁבֵי יְרוּשָׁלַיִם / זֵר גְּאוֹנָם נִרְמַס בְּרַגְלַיִם
חָטְאוּ בְּכֶפֶל, וְלָקוּ בְּכִפְלַיִם / חָשְׁפַת עַל פָּנֵימוֹ שׁוּלַיִם
וְהָשֵׁב שְׁבוּת אָהֳלֵי יַעֲקֹב / וְהוֹשִׁיעֵנוּ לְמַעַן שְׁמֶךָ.

טָשׁ כְּנֶשֶׁר מְבַקֵּשׁ נַפְשָׁם / טְבֹחַ בַּחוּרֵיהֶם בְּבֵית מִקְדָּשָׁם
יָסַפְתָּ לְיַסְּרָם וּלְעָנְשָׁם / יְלָדִים עַל אֵם לְרַטְּשָׁם
וְשׁוּב בְּרַחֲמִים עַל שְׁאֵרִית יִשְׂרָאֵל / וְהוֹשִׁיעֵנוּ לְמַעַן שְׁמֶךָ.

כְּבַשְׁנוּ לַעֲבָדִים וְנִתִּיגַעְנוּ / כְּנַסְנוּ מֵהָאֲרִי, הַדֹּב פְּגָעָנוּ
לָחַץ נָמֵר, עַד כִּי יָגַעְנוּ / לְבֵט נוֹבֵר וְלֹא הִרְגַּעְנוּ
וְהָשֵׁב שְׁבוּת אָהֳלֵי יַעֲקֹב / וְהוֹשִׁיעֵנוּ לְמַעַן שְׁמֶךָ.

מִכֹּל מְשַׁעְבְּדֵי אֹם שְׁלִישִׁיָּה / מָשְׁכָה וְאָרְכָה מַלְכוּת רְבִיעִיָּה
נָתְנָה עֹל בַּרְזֶל עַל עֲנִיָּה / נִהְיְתָה תַּאֲנִיָּה וַאֲנִיָּה
וְשׁוּב בְּרַחֲמִים עַל שְׁאֵרִית יִשְׂרָאֵל / וְהוֹשִׁיעֵנוּ לְמַעַן שְׁמֶךָ.

שְׂרִידֵי עַם עֹל מַלְכוּתְךָ קִבֵּל / שׂוֹנֵא דוֹחֵק, מַשְׁחִית וּמְחַבֵּל
עֻלְּךָ לִפְרֹק, הַנָּאֶה וּמִתְקַבֵּל / עֶצֶב נִבְזֶה לֶאֱלוֹהַּ לְקַבֵּל
וְהָשֵׁב שְׁבוּת אָהֳלֵי יַעֲקֹב / וְהוֹשִׁיעֵנוּ לְמַעַן שְׁמֶךָ.

פֶּצַע וְחַבּוּרָה וּמַכָּה טְרִיָּה / פְּצָעָה עָלֶיךָ בַּת הָעִבְרִיָּה
צַר לָהּ, מַר לָהּ, בְּאֶרֶץ נָכְרִיָּה / צָדוּהָ כַּצִּפּוֹר מֵהַר הַמּוֹרִיָּה
וְשׁוּב בְּרַחֲמִים עַל שְׁאֵרִית יִשְׂרָאֵל / וְהוֹשִׁיעֵנוּ לְמַעַן שְׁמֶךָ.

קֹשֶׁט עָשִׂיתָ כִּי הִרְשַׁעְנוּ / קָצַפְתָּ עָלֵינוּ כִּי פָשַׁעְנוּ
רְצוֹנְךָ לַעֲשׂוֹת, הִרְהַרְנוּ וְחָשַׁבְנוּ / רֶשַׁע נַעֲזֹב, וְעָדֶיךָ שַׁבְנוּ
וְהָשֵׁב שְׁבוּת אָהֳלֵי יַעֲקֹב / וְהוֹשִׁיעֵנוּ לְמַעַן שְׁמֶךָ.

שׁוּב מֵחֲרוֹן אַפֶּךָ / שַׁכֵּךְ כַּעַסְךָ וְקִצְפֶּךָ
תִּזְכֹּר רַחֵם בְּזַעְפֶּךָ / תּוֹשִׁיעַ עַם חוֹסֶיךָ וּמְצַפֶּיךָ
וְשׁוּב בְּרַחֲמִים עַל שְׁאֵרִית יִשְׂרָאֵל / וְהוֹשִׁיעֵנוּ לְמַעַן שְׁמֶךָ.

גּוֹאֵל חָזָק, לְמַעַנְךָ פְּדֵנוּ / רְאֵה כִּי אָזְלַת יָדֵנוּ
שׁוּר כִּי אָבְדוּ חֲסִידֵינוּ / מַפְגִּיעַ אֵין בַּעֲדֵנוּ
וְהָשֵׁב שְׁבוּת אָהֳלֵי יַעֲקֹב / וְהוֹשִׁיעֵנוּ לְמַעַן שְׁמֶךָ.

בְּרִית אָבוֹת וְאִמָּהוֹת וְהַשְּׁבָטִים / רַחֲמֶיךָ וַחֲסָדֶיךָ בְּרֻבּוֹת עִתִּים
יָהּ זְכֹר לְמֻכִּים וְנִמְרָטִים / וְעָלֶיךָ כָּל הַיּוֹם נִשְׁחָטִים
וְשׁוּב בְּרַחֲמִים עַל שְׁאֵרִית יִשְׂרָאֵל / וְהוֹשִׁיעֵנוּ לְמַעַן שְׁמֶךָ.

דּוֹרֵשׁ דָּמִים, דּוֹן דִּינֵנוּ / הָשֵׁב שִׁבְעָתַיִם אֶל חֵיק מְעַנֵּינוּ
חִנָּם נִמְכַּרְנוּ, וְלֹא בְכֶסֶף פְּדֵנוּ / זְקֹף בֵּית מִקְדָּשְׁךָ הַשָּׁמֵם לְעֵינֵינוּ
וְהָשֵׁב שְׁבוּת אָהֳלֵי יַעֲקֹב / וְהוֹשִׁיעֵנוּ לְמַעַן שְׁמֶךָ.

ממשיכים ׳אֶנְקַת מְסַלְדֶיךָ׳ בעמ׳ 448.

סדר העבודה

אמיץ כח

סדר העבודה

אמיץ כח

למנהג אשכנז סדר העבודה בתפילת מוסף הוא הפיוט 'אַמִּיץ כֹּחַ', שכתב ר' משולם בן קלונימוס. פיוט זה מאוחר לפיוט 'אַתָּה כּוֹנַנְתָּ' ולשונו קשה יותר להבנה, אך יש שכתבו שהוא מתאים יותר לפרטי ההלכה (מג"א תקכא, ד) מ'אַתָּה כּוֹנַנְתָּ'. בפיוט זה לא נזכרו כל עבודות היום, ויש עבודות שנזכרו בהבלעה בלבד. ככלל, מדובר בעבודות הנעשות הרחק מעיני הציבור. מסתבר שבניגוד ל'אַתָּה כּוֹנַנְתָּ', שממנו יכלו השומעים ללמוד את סדר עבודת יום הכיפורים, מגמתו של 'אַמִּיץ כֹּחַ' שונה: הוא משחזר את חוויית העם הכמה לסליחה, מתאר בהרחבה את ימי ההכנה שלפני יום הכיפורים, מפרט את העבודות שאותן היה יכול לראות העם העומד בעזרה ועוקב אחר הכוהן הגדול, ומסיים בתיאור של שמחת העם והעולם כולו במחילת העוון.

אופן אמירת הפיוט דומה לאופן אמירת 'אַתָּה כּוֹנַנְתָּ'.

סימן א"ב (מרובע) – משלם בירבי קלונימוס חזק

אַמִּיץ כֹּחַ, כַּבִּיר וְרַב אוֹנִים / אֲשֶׁר מִי יַעֲשֶׂה כְּמַעַשׂ גְּבוּרוֹתֶיךָ
אֹמֶץ עֲלִיּוֹת קֵרִיתָ עַל קָרִים / אַף יִסַּדְתָּ תֵּבֵל עַל בְּלִימָה.
בִּהְיוֹת עוֹלָם חֹשֶׁךְ, צַלְמָוֶת וַעֲיֵפָה / בְּמַאֲמָר לְבוּשְׁךָ אוֹר בֹּקֶר הִגַּהְתָּ
בֵּין זֵידוֹנִים חַצְתָּ כְּקֶרַח הַנּוֹרָא / בְּצוּל הִקְוִיתָם לְבַל יְכַסּוּן חֶלֶד.
גִּלִּיתָ פְּנֵי נֶשִׁי, וְהֵנֵצָה תְנוּבָה / גַּן מִקֶּדֶם טָעַתָּ לְשַׁעֲשׁוּעַ מַאֲמִירֶיךָ
גֹּדֶל מְאוֹרוֹת תַּתָּה בִּרְקִיעַ עֻזֶּךָ / גַּם צְבָא מַזָּרוֹת עִמָּם צִוִּיתָ.
דֵּי שָׁחִים וְדָאִים מִשֹּׁעַל צֵרְתָּ / דִּמְיוֹן בָּרִיחַ לְכֵרַת יוֹשְׁבֵי גַנִּים
דְּבוּקַת רְגָבִים הוֹצִיאָה רוֹמְשִׂים וְשׁוֹאֲפִים /
דָּר קָנֶה וּבִדָּה לַאֲרוּחַת קְרוּאֶיךָ.
הֵכַנְתָּ טֶבַח וָמֶסֶךְ, וְסוֹעֵד אַיִן / הִקְרַצְתָּ גֹּלֶם מֵחֹמֶר בְּתַבְנִית חוֹתָמֶךָ
הֵפַחְתָּ בְחֶלְדּוֹ טֹהַר נֶשֶׁם מִזְּבוּלֶךָ / הִרְדַּמְתָּ וּמִצַּלְעוֹ עֵזֶר לוֹ יִעַדְתָּ.
וְצִוִּיתוֹ בְּלִי לְעֹט מֵעֵץ הַדַּעַת / וְהֵפֵר צִוּוּי כְּפֶתִי בְּהַשָּׁאַת זוֹחֵל
וְעֻנַּשׁ בְּזֵעַת אַף לִטְרֹף חֻקּוֹ / וְאִוֶּלֶת בְּצִירִים, וְעָרוּם עָפָר לַחְמוֹ.
זֵרוּי רִבְעוֹ הִקְפִּיתָ בְּבֶטֶן חוֹמֶדֶת / זָרְעָה וְהוֹלִידָה אִכָּר וְרוֹעֵה צֹאן
זֶבַח וָשַׁי הִגִּישׁוּ לְמוֹלְךָ יַחַד / זָעַמְתָּ בְרַב, וְשָׁעַתָּ תְשׁוּרַת צָעִיר.
חֶמֶל רַחֲמָיו שִׁחֵת, וְעָרַף אָח / חִלָּה פָנֶיךָ, וְשַׂמְתָּ לוֹ אוֹת

חֲלוּ שְׁלִישִׁים קְרֹא בְשִׁמְךָ לְסַמֵּל /
חֵיל נוֹזְלִים קָרָאתָ וּשְׁטָפוּם וְאָבְדוּ.
טָעוּ גֵאִים וּפָצוּ סוּר לְנֶגְדֶּךָ / טָרְפוּ בְּחֹם הוֹמִים, יְזֹרְבוּ נִצְמָתוּ
טְעוּן גֹּפֶר נוֹשַׁע כְּסַגְרַת בַּעֲדוֹ / טְפוּלָיו הִפְרֵיתָ וּמָלְאוּ פְּנֵי צִיָּה.
יָעֲצוּ נֶאֱחָדִים לָרוּם עַד לַשַּׁחַק / יָקְשׁוּ נָפְצוּ בְּרוּחַ סֹעָה וָסָעַר
יָדִיד אֵתוּי עֵבֶר יְדָעָךְ בָּעוֹלָם / יִחוּס זְקָנָיו הֶעֱלָה לְךָ לְכָלִיל.
כְּשֶׁה תָמִים בְּחַר אִישׁ תָּם / כְּחָשַׁק יְשִׁיבַת אֹהֶל וְנִמְשַׁךְ אַחֲרֶיךָ
כְּשֵׁר חֲנִיטֵי יוֹף הוֹצֵאתָ מֵחֲלָצָיו / כֻּלּוֹ זֶרַע אֱמֶת וְאֵין דֹּפִי.
לְשָׁרֶתְךָ אִוִּיתָ לֵוִי אִישׁ חֲסִידֶךָ / לְהַבְדִּיל מִגִּזְעוֹ מְקֻדָּשׁ קֹדֶשׁ קָדָשִׁים
לִקְשֹׁר נֵזֶר קֹדֶשׁ וְלַעֲטוֹת אוּרִים / לֵישֵׁב כִּכְבוּדָה פְּנִימָה יָמִים שִׁבְעָה.
מַחֲזִיקֵי אֲמָנָה, שָׁבוּעַ קֹדֶם לֶעָשׂוֹר /
מַפְרִישִׁים כֹּהֵן הָרֹאשׁ כְּדַת הַמִּלּוּאִים
מַזִּים עָלָיו מֵי חַטָּאת לְטַהֲרוֹ /
מַקְטִיר וּמֵיטִיב וְזוֹרֵק, לְהִתְרַגֵּל בַּעֲבוֹדָה.

כַּכָּתוּב בְּתוֹרָתֶךָ
כַּאֲשֶׁר עָשָׂה בַּיּוֹם הַזֶּה, צִוָּה יהוה לַעֲשׂת לְכַפֵּר עֲלֵיכֶם: ויקרא ח

הכול:

נִלְוִים אֵלָיו נְבוֹנִים יְשִׁישֵׁי שַׁעַר / נוֹאֲמִים לוֹ, קְרָא נָא בְּפִיךָ
נְגַהּ תְּשִׁיעִי יַעֲמִידוּהוּ בְּשַׁעַר קָדִים / נוֹי זִבְחֵי יוֹם לְפָנָיו יַעֲבִירוּ.
סֻמַּךְ בִּיאַת שֶׁמֶשׁ צֵידוֹ יַמְעִיטוּ / סַאַב לְבֵן פֶּן בְּרֶדֶם יִקְרֵהוּ
סָבֵי שִׁבְטוֹ, לְלַמֵּד חֵפֶן יוֹלִיכוּהוּ / סַמִּים לְתַמֵּר בִּפְנִים אוֹתוֹ יַשְׁבִּיעוּ.
סָמַר בְּשָׂרוֹ וְהִדְמִיעַ כִּי נֶחְשַׁד / סָרוּ גַּם הֵם וּבֶכֶה הִגִּירוּ
שִׂיחַ מִדְרָשׁ בְּפֶה וּבִכְתָב הִגָּיוֹן / סְבִיבָיו יְשַׁנְּנוּ לְעוֹרְרוֹ עַד חֲצוֹת.
עָלְצוּ תְּרוֹם דֶּשֶׁן בְּפַיִס רִאשׁוֹן / עוֹד יָפִיסוּ לְדַשּׁוּן פְּנִימִי וּמְנוֹרָה
עֵקֶב קְטוֹרָה פַּיִס חֲדָשִׁים יְשַׁלֵּשׁוּ / עֵרֶךְ נְתָחִים יַחַד פַּיִס הָרְבִיעִי.
עָלָה בְּרַק הַשַּׁחַר כְּנַם הַצּוֹפֶה / עָלָיו פֵּרְשׂוּ מָסָךְ בּוּץ לְהַצְנִיעַ

עֵרָה סוּתוֹ, טָבַל וְעָט זְהָבִים / עָמַד וְקִדֵּשׁ, וְקֵרֵץ תְּמִיד הַשַּׁחַר.
פִּקֵּד לְמָרְקוֹ וְהוּא קִבֵּל וְזָרַק / פֵּרֵשׁ הִקְטִיר וְהֵטִיב, הִקְרִיב וְנִסֵּךְ
פְּעֻלַּת כְּלִיל הִשְׁלִים וְעָשׂ כְּסֵדֶר / פֵּרְשׁוּ סָדִין לָבָן עוֹד כְּבָרִאשׁוֹנָה.
פֵּרְוָה בַּקֹּדֶשׁ, שָׁם קִדֵּשׁ וּפָשַׁט / פָּסַע וְטָבַל, לְבָנִים עָט וְקִדֵּשׁ
פְּלוּסִים עֶרְכָּם מָנִים שְׁמוֹנָה עָשָׂר /
פְּאוּרִים לְשָׁרֵת בָּם לְמֶלֶךְ הַכָּבוֹד.
פָּרוֹ מֻצָּב בֵּין אוּלָם לַמִּזְבֵּחַ / פָּנָיו יָמָּה וְרֹאשׁוֹ נֶגְבָּה מֻעְקָם
◂ פָּגַשׁ וְסָמַךְ יָדָיו עַל רֹאשׁוֹ / פְּשָׁעָיו הוֹדָה, וּבְחֻבּוֹ לֹא טָמָן.

שליח הציבור אומר, והקהל אומר אתו בלחש:

וְכָךְ הָיָה אוֹמֵר
אָנָּא הַשֵּׁם / חָטָאתִי, עָוִיתִי, פָּשַׁעְתִּי לְפָנֶיךָ אֲנִי וּבֵיתִי.
אָנָּא בַשֵּׁם / כַּפֶּר נָא לַחֲטָאִים וְלַעֲוֹנוֹת וְלַפְּשָׁעִים
שֶׁחָטָאתִי וְשֶׁעָוִיתִי וְשֶׁפָּשַׁעְתִּי לְפָנֶיךָ אֲנִי וּבֵיתִי.
כַּכָּתוּב בְּתוֹרַת מֹשֶׁה עַבְדֶּךָ מִפִּי כְבוֹדֶךָ
כִּי־בַיּוֹם הַזֶּה יְכַפֵּר עֲלֵיכֶם לְטַהֵר אֶתְכֶם ויקרא טז
מִכֹּל חַטֹּאתֵיכֶם לִפְנֵי יהוה

וְהַכֹּהֲנִים וְהָעָם הָעוֹמְדִים בָּעֲזָרָה
כְּשֶׁהָיוּ שׁוֹמְעִים אֶת הַשֵּׁם הַנִּכְבָּד וְהַנּוֹרָא
מְפֹרָשׁ יוֹצֵא מִפִּי כֹהֵן גָּדוֹל, בִּקְדֻשָּׁה וּבְטָהֳרָה

הקהל ושליח הציבור כורעים ומשתחווים.

הָיוּ כוֹרְעִים וּמִשְׁתַּחֲוִים וּמוֹדִים, וְנוֹפְלִים עַל פְּנֵיהֶם
וְאוֹמְרִים
בָּרוּךְ שֵׁם כְּבוֹד מַלְכוּתוֹ לְעוֹלָם וָעֶד.

הכול קמים על רגליהם, ושליח הציבור אומר:

וְאַף הוּא הָיָה מִתְכַּוֵּן לִגְמֹר אֶת הַשֵּׁם כְּנֶגֶד הַמְבָרְכִים
וְאוֹמֵר לָהֶם, תִּטְהָרוּ:
וְאַתָּה בְּטוּבְךָ הַגָּדוֹל מְעוֹרֵר רַחֲמֶיךָ, וְסוֹלֵחַ לְאִישׁ חֲסִידֶךָ.

הכול:

צַעַד לֵילֵךְ לוֹ לְמִזְרַח עֲזָרָה / צֶמֶד שְׂעִירִים שָׁם, מֵהוֹן עֵדָה
צְמוּדִים אֲחוּיִים, שָׁוִים בְּתֹאַר וּבְקוֹמָה / צָגִים לְכַפֵּר עֲוֹן בַּת הַשּׁוֹבֵבָה.
צָהוּב חֲלָשִׁים טָרַף וְהֶעֱלָה מִקַּלְפִּי / צָנַח וְהִגְרִיל לַשֵּׁם גָּבֹהַּ וְלַצּוּק.
צָעַק בְּקוֹל רָם, לַיהוה חַטָּאת / צוֹתְתָיו עָנוּ וּבֵרְכוּ אֶת הַשֵּׁם.
צֶבַע זְהוֹרִית קָשַׁר בְּרֹאשׁ מִשְׁתַּלֵּחַ / צִיגָתוֹ אִמֵּן נֶגֶד בֵּית שִׁלּוּחַ
צָלַח וּבָא אֵצֶל פָּרוֹ שֵׁנִית / צַחֲנָתוֹ וְשֶׁלְּמַטֵּהוּ, פְּנֵי צוּר הִתְוַדָּה.

שליח הציבור אומר, והקהל אומר אתו בלחש:

וְכָךְ הָיָה אוֹמֵר
אָנָּא הַשֵּׁם / חָטָאתִי, עָוִיתִי, פָּשַׁעְתִּי לְפָנֶיךָ
אֲנִי וּבֵיתִי וּבְנֵי אַהֲרֹן עַם קְדוֹשֶׁךָ.
אָנָּא בַּשֵּׁם / כַּפֶּר נָא לַחֲטָאִים וְלַעֲוֹנוֹת וְלַפְּשָׁעִים
שֶׁחָטָאתִי וְשֶׁעָוִיתִי וְשֶׁפָּשַׁעְתִּי לְפָנֶיךָ
אֲנִי וּבֵיתִי וּבְנֵי אַהֲרֹן עַם קְדוֹשֶׁךָ.
כַּכָּתוּב בְּתוֹרַת מֹשֶׁה עַבְדֶּךָ מִפִּי כְבוֹדֶךָ
כִּי־בַיּוֹם הַזֶּה יְכַפֵּר עֲלֵיכֶם לְטַהֵר אֶתְכֶם ויקרא טז
מִכֹּל חַטֹּאתֵיכֶם לִפְנֵי יהוה

וְהַכֹּהֲנִים וְהָעָם הָעוֹמְדִים בָּעֲזָרָה
כְּשֶׁהָיוּ שׁוֹמְעִים אֶת הַשֵּׁם הַנִּכְבָּד וְהַנּוֹרָא
מְפֹרָשׁ יוֹצֵא מִפִּי כֹהֵן גָּדוֹל, בִּקְדֻשָּׁה וּבְטָהֳרָה

הקהל ושליח הציבור כורעים ומשתחווים.

הָיוּ כּוֹרְעִים וּמִשְׁתַּחֲוִים וּמוֹדִים, וְנוֹפְלִים עַל פְּנֵיהֶם וְאוֹמְרִים

בָּרוּךְ שֵׁם כְּבוֹד מַלְכוּתוֹ לְעוֹלָם וָעֶד.

הכול קמים על רגליהם, ושליח הציבור אומר:

וְאַף הוּא הָיָה מִתְכַּוֵּן לִגְמֹר אֶת הַשֵּׁם כְּנֶגֶד הַמְבָרְכִים וְאוֹמֵר לָהֶם, תִּטְהָרוּ:

וְאַתָּה בְּטוּבְךָ הַגָּדוֹל מְעוֹרֵר רַחֲמֶיךָ, וְסוֹלֵחַ לְשֵׁבֶט מְשָׁרְתֶיךָ.

הכול:

קַח מַאֲכֶלֶת חַדָּה וְשָׁחֲטוֹ כְּסֵדֶר / קִבֵּל דָּם בְּמִזְרָק וּנְתָנוֹ לַמְמָרֵס
קְרִישָׁתוֹ יָמֵס עַד עֵת הַזָּיָה / קָפוּי פֶּן יְהִי, וְתֶעְדַּר סְלִיחָה.
קַח לוֹחֲשׁוֹת חַת בְּמַחְתַּת פַּרְוַיִם / קָלָה, וְגֶלֶד רַךְ וַאֲרֻכַּת יָד
קָדַר לְתוֹכָהּ שְׁלֹשֶׁת קַבִּין גֶּחָלִים / קֵרְבוּ לוֹ בָזָךְ וּגְדוּשַׁת דַּקָּה.
קָלַט וְחָפַן, וְהֵרִיק לְתוֹךְ בָּזָךְ / קָפַץ מַחְתָּה בְּיָמִין וּבָזָךְ בִּשְׂמֹאל
קִישׁ צְעָדָיו בִּפְרָכוֹת וְקָרַב לְבַדִּים / קְטֹרֶת שָׂם בֵּינֵימוֹ וְעָשָׁן וַיֵּצֵא.
רוֹבֶה מְמָרֵס, מְנוֹ נָטַל דָּם / רָצַף וְנִכְנַס וְקָם בֵּין שָׁדַיִם
‹ רִצּוּי הַזָּיוֹת טָבַל, וְהִצְלִיף בְּמִנְיָן / רוּם מַעְלָה אַחַת וּמַטָּה שֶׁבַע.

שליח הציבור מונה, והקהל מונה אחריו:

וְכָךְ הָיָה מוֹנֶה

אַחַת אַחַת וְאַחַת

אַחַת וּשְׁתַּיִם אַחַת וְשָׁלֹשׁ

אַחַת וְאַרְבַּע אַחַת וְחָמֵשׁ

אַחַת וָשֵׁשׁ אַחַת וָשֶׁבַע.

הכול:

רָץ וְהִנִּיחוֹ בַּכַּן וְשָׁחַט שָׂעִיר / רִצָּה וְקִבֵּל דָּמוֹ בְּאַגַּן קֹדֶשׁ
‹ רֶגֶל וְעָמַד מְקוֹם וְעוֹד אָרוֹן / רִצָּה הַזָּיוֹת כְּמַעֲשֵׂה דַם פָּר.

שליח הציבור מונה, והקהל מונה אחריו:

וְכָךְ הָיָה מוֹנֶה

אַחַת	אַחַת וְאַחַת
אַחַת וּשְׁתַּיִם	אַחַת וְשָׁלֹשׁ
אַחַת וְאַרְבַּע	אַחַת וְחָמֵשׁ
אַחַת וָשֵׁשׁ	אַחַת וָשֶׁבַע.

הכול:

רָהַט וְהִנִּיחוֹ, וְדַם פַּר נָטַל / רַגְלָיו הֵרִיץ, וְצָג חוּץ לַבּוֹדֶלֶת
רִקְמֵי פָּרֹכֶת יָז כְּמִשְׁפַּט כַּפֹּרֶת / רֶגֶשׁ שָׁנָה, וְהִזָּה מִדַּם שָׂעִיר.
שָׁב וּבְלָלָם וְחִטֵּא מִזְבַּח סָגוּר / שֶׁבַע עַל טָהֳרוֹ וּבְקַרְנָיו אַרְבַּע
▸ שָׁקַד וּבָא אֵצֶל שָׂעִיר הֶחָי / שִׁגְיוֹן עַם וּזְדוֹנוֹ יוֹדֶה לָאֵל.

שליח הציבור אומר, והקהל אומר אתו בלחש:

וְכָךְ הָיָה אוֹמֵר
אָנָּא הַשֵּׁם / חָטְאוּ, עָווּ, פָּשְׁעוּ לְפָנֶיךָ עַמְּךָ בֵּית יִשְׂרָאֵל.
אָנָּא בַשֵּׁם / כַּפֶּר נָא לַחֲטָאִים וְלַעֲוֹנוֹת וְלַפְּשָׁעִים
שֶׁחָטְאוּ וְשֶׁעָווּ וְשֶׁפָּשְׁעוּ לְפָנֶיךָ עַמְּךָ בֵּית יִשְׂרָאֵל.
כַּכָּתוּב בְּתוֹרַת מֹשֶׁה עַבְדֶּךָ מִפִּי כְבוֹדֶךָ
כִּי־בַיּוֹם הַזֶּה יְכַפֵּר עֲלֵיכֶם לְטַהֵר אֶתְכֶם ויקרא טז
מִכֹּל חַטֹּאתֵיכֶם לִפְנֵי יהוה

וְהַכֹּהֲנִים וְהָעָם הָעוֹמְדִים בָּעֲזָרָה
כְּשֶׁהָיוּ שׁוֹמְעִים אֶת הַשֵּׁם הַנִּכְבָּד וְהַנּוֹרָא
מְפֹרָשׁ יוֹצֵא מִפִּי כֹהֵן גָּדוֹל, בִּקְדֻשָּׁה וּבְטָהֳרָה

הקהל ושליח הציבור כורעים ומשתחווים.

הָיוּ כּוֹרְעִים וּמִשְׁתַּחֲוִים וּמוֹדִים, וְנוֹפְלִים עַל פְּנֵיהֶם וְאוֹמְרִים

בָּרוּךְ שֵׁם כְּבוֹד מַלְכוּתוֹ לְעוֹלָם וָעֶד.

הכול קמים על רגליהם, ושליח הציבור אומר:

וְאַף הוּא הָיָה מִתְכַּוֵּן לִגְמֹר אֶת הַשֵּׁם כְּנֶגֶד הַמְבָרְכִים
וְאוֹמֵר לָהֶם, תִּטְהָרוּ:
וְאַתָּה בְּטוּבְךָ הַגָּדוֹל מְעוֹרֵר רַחֲמֶיךָ וְסוֹלֵחַ לַעֲדַת יְשֻׁרוּן.

הכול:

שִׁגְּרוֹ בְּיַד עִתִּי לְמִדְבָּר עָז / שֶׁמֶץ כִּתְמֵי זוֹ שְׂאֵת לִגְזֵרָה
שֵׁן סֶלַע הֲדָפוֹ וְגִלְגַּל וְיָרַד / שִׁבְּרוּ עֲצָמָיו כְּנֶפֶץ כְּלִי יוֹצֵר.
שְׁחוּזָה אָחַז, פָּר וְשָׂעִיר קָרַע / שָׁלַף אֵמוּרִים, וּגְוִיּוֹת קָלַע לִשְׂרֹף
שָׁאַג סִדְרֵי יוֹם, קִדֵּשׁ וּפָשַׁט / שִׁלֵּשׁ וְטָבַל, פַּיִּים עָט וְקִדֵּשׁ.
תָּכַף וְעָשׂ אֵילוֹ וְאֵיל עָם / תְּרַב חַטָּאוֹת וּמוּסָפִין הִקְרִיב כַּחֹק
תָּר וְקִדֵּשׁ, פָּשַׁט וְטָבַל וְקִדֵּשׁ / תַּכְרִיךְ בַּדִּים עָט וְנִכְנַס לַדְּבִיר.
תְּכוּנַת כְּלֵי קְטֹרֶת הוֹצִיא וְקִדֵּשׁ / תִּלְבֹּשֶׁת מַדָּיו הִפְשִׁיט וְגָנַז נֶצַח.
תִּרְגֵּל וְטָבַל, חֲרוּצִים עָט וְקִדֵּשׁ / תָּמִיד הִסְדִּיר וְתִמֵּר, וְנֵרוֹת הֶעֱלָה.
תֶּכֶל עֲבוֹדוֹת, יָד וָרֶגֶל קִדֵּשׁ / תִּמֵּם טְבִילוֹת חָמֵשׁ וְקִדּוּשִׁים עֲשָׂרָה
תֹּאַר מְגַמָּתוֹ כְּצֵאת הַשֶּׁמֶשׁ בִּגְבוּרָה / תָּקַף וְדָץ וְעָטָה בִּגְדֵי הוֹנוֹ.
תַּמָּה תְּלֻוֶּה צִיר נֶאֱמָן לַבַּיִת / תָּגֵל בְּהִתְבַּשֵּׂר, הָשְׁלַג אֹדֶם תּוֹלָע
תַּעֲדֶה יֶשַׁע, תַּעְטֶה מְעִיל צֶדֶק / תָּפִיק צָהֳלָה, תַּבִּיעַ דִּיץ וְחֶדְוָה.
תְּלוּלֵי רוּם הִרְעִיפוּ זַרְזִיף טַלָּם / תַּלְמֵי שָׂדַי רָווּ תֵּת יְבוּלָם
תּוֹדָה נָתְנוּ אוֹסְפֵי זֶרַע שָׁלוֹם / תְּהִלָּה בִּשְּׂרוּ נוֹשְׂאֵי אֲלֻמּוֹת בְּרֶנֶן.
תַּחְתִּיּוֹת אֶרֶץ צְבִי זֶמֶר שִׁמְּעוּ / תְּנוּ צִדְקוֹתָיו חֲצַץ הוֹלְכֵי נְתִיבוֹת

תִּקְוַת שׁוֹלְחָיו, אֵמוּן לֹא אַכְזָב / תּוֹחַלְתָּם כְּצִנַּת שֶׁלֶג בְּיוֹם קָצִיר.
מְצוֹאָתָם רָחֲצוּ, מִטֶּנֶף צַחֲנָם זַכּוּ /
שְׁלֵמִים תְּמִימִים, בְּבֹר כַּפֵּימוֹ זָכְזָכוּ
לְהַגִּיד כִּי מְטַהֲרָם מְקוֹר מַיִם חַיִּים /
מִקְוֵה יִשְׂרָאֵל מְנַקָּם, מַיִם נֶאֱמָנוּ.
בְּטֹהַר וּבְנִקָּיוֹן יְנֻקּוּ וִיטֹהָרוּ / יְחֻדְּשׁוּ כַּחֲדָשֵׁי בְקָרִים, מִכֻּתָּם יְצָחְצָחוּ
רוֹמְמוֹת אֵל יֶהְגּוּ בִגְרוֹנָם / בִּלְשׁוֹנָם רֹן, בְּפִימוֹ שִׁיר חָדָשׁ.
יָגִילוּ בְּרַעַד, יַעַבְדוּ בְּיִרְאָה / קְדוֹשׁ יִשְׂרָאֵל מְקַדֵּשׁ קְדוֹשִׁים
לְשַׁנֵּן, לְרַנֵּן, לְתוֹפֵף וּלְצַלְצֵל / וּלְנַצֵּחַ בִּנְגִינוֹת וּלְהַנְעִים זֶמֶר.
נֶחֱבָקִים בְּעֹז יָמִין רוֹמֵמָה / יַחַד נִתְמָכִים בִּמְלֵאָה צֶדֶק
מְשׁוּכִים לָבוֹא שְׁעָרָיו בִּרְנָנָה / וְשָׂשׂוֹן וְשִׂמְחָה יַשִּׂיגוּ נֶצַח.
שָׂשִׂים וְגָלִים בִּשְׁמוֹ כָּל הַיּוֹם / חָדִים בְּשִׂמְחָה אֶת פָּנָיו
◂ זִיו אוֹרָם כַּשַּׁחַר יִבָּקַע / קוֹלָם יִשְׂאוּ וִירַנְּנוּ בִּגְאוֹן צוּר עוֹלָמִים.
אַשְׁרֵי הָעָם שֶׁכָּכָה לּוֹ, אַשְׁרֵי הָעָם שֶׁיהוה אֱלֹהָיו: תהלים קמד

הכול:

וְיוֹם טוֹב הָיָה עוֹשֶׂה כֹּהֵן גָּדוֹל לְכָל אוֹהֲבָיו
כְּשֶׁנִּכְנַס בְּשָׁלוֹם וְיָצָא בְשָׁלוֹם בְּלִי פֶגַע.

וְכָךְ הָיְתָה תְּפִלָּתוֹ שֶׁל כֹּהֵן גָּדוֹל בְּיוֹם הַכִּפּוּרִים
בְּצֵאתוֹ מִבֵּית קֹדֶשׁ הַקֳּדָשִׁים בְּשָׁלוֹם בְּלִי פֶגַע.

יְהִי רָצוֹן מִלְּפָנֶיךָ, יהוה אֱלֹהֵינוּ וֵאלֹהֵי אֲבוֹתֵינוּ
שֶׁתְּהֵא הַשָּׁנָה הַזֹּאת הַבָּאָה עָלֵינוּ וְעַל כָּל עַמְּךָ בֵּית יִשְׂרָאֵל

סימן א״ב

שְׁנַת אוֹצָרְךָ הַטּוֹב תִּפְתַּח לָנוּ
שְׁנַת אָסֵם / שְׁנַת בְּרָכָה
שְׁנַת גְּזֵרוֹת טוֹבוֹת מִלְּפָנֶיךָ

שְׁנַת דָּגָן תִּירוֹשׁ וְיִצְהָר
שְׁנַת הַרְוָחָה וְהַצְלָחָה
שְׁנַת וַעוּד בֵּית מִקְדָּשֶׁךָ / שְׁנַת זוֹל
שְׁנַת חַיִּים טוֹבִים מִלְּפָנֶיךָ
שָׁנָה טְלוּלָה, וּגְשׁוּמָה אִם שְׁחוּנָה
שְׁנַת יַמְתִּיקוּ מְגָדִים אֶת תְּנוּבָתָם
שְׁנַת כַּפָּרָה עַל כָּל עֲוֹנוֹתֵינוּ
שְׁנַת לַחְמֵנוּ וּמֵימֵינוּ תְבָרֵךְ
שְׁנַת מַשָּׂא וּמַתָּן / שְׁנַת נָבוֹא לְמִקְדָּשֵׁנוּ
שְׁנַת שֹׂבַע / שְׁנַת עֹנֶג
שְׁנַת פְּרִי בִטְנֵנוּ וּפְרִי אַדְמָתֵנוּ תְּבָרֵךְ
שְׁנַת צֵאתֵנוּ וּבוֹאֵנוּ תְּבָרֵךְ
שְׁנַת קְהָלֵנוּ תוֹשִׁיעַ / שְׁנַת רַחֲמֶיךָ יִכָּמְרוּ עָלֵינוּ
שְׁנַת שָׁלוֹם וְשַׁלְוָה
שָׁנָה שֶׁלֹּא תַפִּיל אִשָּׁה אֶת פְּרִי בִטְנָהּ
שָׁנָה שֶׁתּוֹלִיכֵנוּ קוֹמְמִיּוּת לְאַרְצֵנוּ
שָׁנָה שֶׁלֹּא יִצְטָרְכוּ עַמְּךָ בֵּית יִשְׂרָאֵל זֶה לָזֶה
וְלֹא לְעַם אַחֵר
בְּתִתְּךָ בְרָכָה בְּמַעֲשֵׂה יְדֵיהֶם.
› וְעַל אַנְשֵׁי הַשָּׁרוֹן הָיָה אוֹמֵר
יְהִי רָצוֹן מִלְּפָנֶיךָ, יהוה אֱלֹהֵינוּ וֵאלֹהֵי אֲבוֹתֵינוּ
שֶׁלֹּא יֵעָשׂוּ בָתֵּיהֶם קִבְרֵיהֶם.

אֱמֶת, מַה נֶּהְדָּר הָיָה כֹּהֵן גָּדוֹל
בְּצֵאתוֹ מִבֵּית קָדְשֵׁי הַקֳּדָשִׁים בְּשָׁלוֹם בְּלִי פֶגַע.

ממשיכים 'כְּאֹהֶל הַנִּמְתָּח בְּדָרֵי מַעְלָה' בעמ' 326.

קורן ירושלים

מחזור קורן לראש השנה • נוסח ספרד

קורן ירושלים

מחזור קורן

מהדורת לובל

מוקדשת להמונים המתפללים ממחזור זה.
יהי רצון שתפילותיכם חיש יעלו וייענו לרצון
ויהיו מקור ברכה לכל אחד מכם
למשפחותיכם ולכלל ישראל

יהודית ודוד לובל ומשפחתם

ניו יורק

מהדורת לובל

מחזור קורן לראש השנה

כי
אתה
שומע
קול
שופר

ערוך ומוגה בידי

הרב דוד פוקס

•

הוצאת קורן ירושלים

מחזור קורן לראש השנה
מהדורה רביעית © ה׳תשפ״ד (2024)
הוצאת קורן ירושלים
ת״ד 4044 ירושלים 9104001
www.korenpub.co.il

© כל הזכויות שמורות על גופן תנ״ך קורן, 1962. הוצאת קורן ירושלים בע״מ, 2024
© כל הזכויות שמורות על גופן סידור קורן, 1981. הוצאת קורן ירושלים בע״מ, 2024

אין לשכפל, להעתיק, לצלם, להקליט, לאחסן במאגר מידע, לשדר או לקלוט בכל דרך או בכל אמצעי אלקטרוני, אופטי, מכני או אחר כל חלק שהוא מן החומר שבספר זה. שימוש מסחרי מכל סוג שהוא בחומר הכלול בספר זה אסור בהחלט אלא ברשות מפורשת בכתב מהמו״ל.

ספרד, מהדורה אישית, כריכה קשה, מסת״ב: 978-965-301-780-1.
ספרד, מהדורה אישית, כריכת עור בהיר, מסת״ב: 978-965-301-789-4
ספרד, מהדורה אישית, כריכת עור כהה, מסת״ב: 978-965-301-795-5
סט מחזורים ספרד, מהדורה אישית, עור חום, מסת״ב: 978-965-7812-35-8

Printed in PRC

רהצס4

תוכן

מבוא למהדורה הראשונה

במהדורה זאת של המחזור לימים הנוראים השתדלנו לחדש כמה דברים שהמתפלל צריך להם מאוד:

נוסח תפילות הקבע הוא כנוסח התפילות בסידור התפילה "דע לפני מי אתה עומד" שבהוצאתנו. נוסח זה סודר מתוך יחס מיוחד לתפילה ולתכניה בעזרתו ובהדרכתו של ר' מאיר מדן הי"ו. ידיעותיו המרובות בענייני תפילה ולשונותיה עשו את הנוסח למושלם, עד כמה שהיד מגעת.

הפיוטים ופירושם במחזור זה סודרו מחדש בהתאם למחזור המדעי שיצא לאור בהוצאתנו עבור מכון ליאו בק בניו־יורק בעריכת ד' גולדשמידט ז"ל. נוסח זה נקבע, כידוע, לאחר בדיקה בעשרות כתבי יד ודפוסים עתיקים. ד' גולדשמידט ז"ל פירש פירוש ממצה את כל פיוטי הימים הנוראים במהדורתו הנ"ל ואנו הבאנו פירוש זה לפיוטים שבמהדורתנו.

ניקוד הפיוטים עבר הגהה נוספת בידי ש' בהט. אברהם פרנקל בדק את הפירוש כדי להתאימו למהדורה זאת. בעריכת המחזור לפי הנהוג היום בקהילות ישראל השתתף יונה פרנקל. תודתנו נתונה להם על עבודתם הרבה.

המחזור סודר באות קוֹרֵן, הידועה במקוריותה, אשר בה נדפס התנ"ך והסידור במהדורת קוֹרֵן.

עניין מיוחד הראוי להדגשה הוא דרך הדפסתם של הפיוטים:

יש פיוטים, אשר יש בהם שני חלקים בכל בית. פיוטים כאלה מתאימים להיאמר על ידי החזן והציבור בחילופין – החזן פותח בטור הראשון והקהל עונה בטור השני, כגון: החזן פותח "אתה הוא אלהינו" והקהל עונה את סוף המשפט "בשמים ובארץ", וכן צריך להיות בכל שאר בתי הפיוט.

בגלל ענייני ניגון וסיבות אחרות נשתבשה צורת אמירה זאת ונהגו היום, כמעט בכל בתי הכנסת, שהקהל אומר את סופו של הבית עם תחילתו של הבית הבא (כגון "בשמים ובארץ גיבור ונערץ"), דבר שמנוגד להיגיון, כי כך מצרפים את הטעון הפרדה ומפרידים את הטעון צירוף (וכן קרה, לדאבוננו, גם בפיוטים אחרים כגון, "לאל עורך דין" או "האוחז ביד מדת משפט"). כדי לתקן

פגמים אלה ערכנו את הפיוטים כשסדר הדפסתם יבהיר כיצד על הציבור והחזן לאומרם.

פיוטים רבים אינם נאמרים היום בשלמותם. יש פיוטים שפגעה בהם הצנזורה הנוצרית (או שפחד מפני מלשינים גרם לקהילות להשמיט קטעים המדברים על הגויים) ויש פיוטים שקוצרו מטעמים אחרים. במהדורה זאת הבאנו פיוטים אלה בשלמותם (על פי מהדורת גולדשמידט, כאמור לעיל). כדי לא לבלבל את המתפלל, הדפסנו על רקע אפור את הקטעים שנהגו להשמיטם, וכך יוכל המתפלל לדלג ולמצוא בקלות את הנאמר על פי המנהג המקובל בבתי הכנסת בימינו.

אליהו קוֹרֵן
ירושלים, ה׳תשכ״ב

מבוא למהדורה החדשה

אֶת־ה׳ הֶאֱמַרְתָּ הַיּוֹם
לִהְיוֹת לְךָ לֵאלֹהִים וְלָלֶכֶת בִּדְרָכָיו
וְלִשְׁמֹר חֻקָּיו וּמִצְוֹתָיו וּמִשְׁפָּטָיו וְלִשְׁמֹעַ בְּקֹלוֹ (דברים כו, יז)

ביום זה כל קהילות ישראל ממליכות את ה׳ על העולם שברא, ולעומת זאת גם עומדות לפניו בדין. יום זה הוא גם היום שבו נברא האדם, המובדל משאר הנבראים בכוח הדיבור שניתן בו. באמצעות דיבור זה מוטל על האדם לחזור ולהמליך את ה׳, להצהיר לעולם ולומר בלבו פנימה שה׳ מלך על כל הארץ. האם ביכולתן של מילים פשוטות להכתיר את ה׳? האם ה׳ זקוק לעיצורים, תנועות והברות היוצאות מפי בן תמותה על מנת לישב על כס המלוכה? אלמלא אהבת ה׳ לעמו, כל מוצא פי האדם היה דומה להבל ורעות רוח. אולם הגיון לבנו ומבטא שפתינו רצויים ומקובלים לפני ה׳ יותר מכל קילוסי מעלה, כדברי ה׳ לעמו במדרש (במדבר רבה טו): ׳חייך שאני פוסל את כל כֵּלַיי שהבאתי, ובשביל אהבתך איני משתמש אלא בשלך׳.

הוצאת קורן קיבלה על עצמה את האחריות הכבדה לערוך את מילות התפילה בעלות הכוח הרוחני הכביר, למי שעומד לאומרן בראש השנה לפני בוראו. מלאכות רבות כרוכות בהכנת מחזור תפילה – בירור קפדני של נוסח התפילות, הגהה מדוקדקת, תכנון המבנה ועימוד מחושב. מטרתם של כל אלה לשרת את המתפלל. כמובן, אין בזה כדי להחליף את כוונת הלב, אך בהחלט עשינו את מרב המאמצים בכלים שברשותנו, להעצים את המעמד הרם הזה.

על עיקר עריכת נוסח התפילות ותוכן ההערות שקד שעות רבות הרב דוד פוקס שעות רבות בכישרונו הייחודי, והרב חנן בניהו סייע וייעץ לו. את המחזור עימדה אסתר באר על פי העקרונות שקבע אליהו קורן ז״ל. למלאכת ההגהה נרתמו הרב ברוך ברנר, נאור קהלני ואפרת גרוס, ועל עיצוב הכריכה עמל אליהו משגב.

מן הראוי לציין כמה הבדלים בין המהדורה הקודמת של המחזור ובין מהדורה זו:

- שיפרנו את העריכה ואת העיצוב, והוספנו הנחיות רבות הפותחות את קטעי התפילה.
- אין פירוש או ביאור לפיוטים.
- את כל הפיוטים וחלקי הפיוטים שאומרים בקצת קהילות והופיעו בעבר באפור, העברנו לסוף המחזור.
- במקומות שיש בהם הבדלים בין נוסח אשכנז ונוסח ספרד, הוספנו הנחיות והשלמנו את חלקי התפילה, כדי לסייע למתפלל להתמצא בתפילה גם כששליח הציבור מתפלל בנוסח שאינו שלו. לדוגמה, בנוסח אשכנז הוספנו בפסוקי דזמרה מזמורים שאומרים רק בנוסח ספרד.

הוצאת קורן עשתה את מרב המאמצים כדי שישראל 'לא ייכשלו בלשונם... ואל יאמר פיהם דבר שלא ברצונך'. אנו תקווה שלא נפלה תקלה מתחת ידינו, ושסייענו למחלים פני ה', שאמרי פיהם יהיו לרצון.

'מְלֹךְ עַל כָּל הָעוֹלָם כֻּלּוֹ בִּכְבוֹדֶךָ'

יהושע מילר, עורך ראשי
ירושלים, ר"ח אלול ה'תשע"ה

ערב ראש השנה

התרת נדרים

נוהגים להתיר נדרים בערב ראש השנה לאחר תפילת שחרית.

המבקש התרה, עומד לפני שלושה אנשים (ויש הנוהגים לפני עשרה) ואומר ׳שִׁמְעוּ נָא רַבּוֹתַי׳, ויש המשמיטים את המופיע בסוגריים.

שִׁמְעוּ נָא רַבּוֹתַי (דַּיָּנִים מֻמְחִים), כָּל נֶדֶר אוֹ שְׁבוּעָה אוֹ אִסָּר אוֹ קוֹנָם אוֹ חֵרֶם שֶׁנָּדַרְתִּי אוֹ נִשְׁבַּעְתִּי בְּהָקִיץ אוֹ בַחֲלוֹם, אוֹ נִשְׁבַּעְתִּי בְּשֵׁמוֹת הַקְּדוֹשִׁים שֶׁאֵינָם נִמְחָקִים וּבְשֵׁם הוי״ה בָּרוּךְ הוּא, וְכָל מִינֵי נְזִירוּת שֶׁקִּבַּלְתִּי עָלַי (וַאֲפִלּוּ נְזִירוּת שִׁמְשׁוֹן), וְכָל שׁוּם אִסּוּר וַאֲפִלּוּ אִסּוּר הֲנָאָה שֶׁאָסַרְתִּי עָלַי אוֹ עַל אֲחֵרִים בְּכָל לָשׁוֹן שֶׁל אִסּוּר בֵּין בִּלְשׁוֹן אִסּוּר אוֹ חֵרֶם אוֹ קוֹנָם, וְכָל שׁוּם קַבָּלָה אֲפִלּוּ שֶׁל מִצְוָה שֶׁקִּבַּלְתִּי עָלַי בֵּין בִּלְשׁוֹן נֶדֶר בֵּין בִּלְשׁוֹן נְדָבָה בֵּין בִּלְשׁוֹן שְׁבוּעָה בֵּין בִּלְשׁוֹן נְזִירוּת בֵּין בְּכָל לָשׁוֹן, וְגַם הַנַּעֲשֶׂה בִּתְקִיעַת כָּף. בֵּין כָּל נֶדֶר וּבֵין כָּל נְדָבָה וּבֵין שׁוּם מִנְהָג שֶׁל מִצְוָה שֶׁנָּהַגְתִּי אֶת עַצְמִי, וְכָל מוֹצָא שְׂפָתַי שֶׁיָּצָא מִפִּי אוֹ שֶׁנָּדַרְתִּי וְגָמַרְתִּי בְלִבִּי לַעֲשׂוֹת שׁוּם מִצְוָה מֵהַמִּצְוֹת אוֹ אֵיזוֹ הַנְהָגָה טוֹבָה אוֹ אֵיזֶה דָבָר טוֹב שֶׁנָּהַגְתִּי שָׁלֹשׁ פְּעָמִים, וְלֹא הִתְנֵיתִי שֶׁיְּהֵא בְּלִי נֶדֶר. הֵן דָּבָר שֶׁעָשִׂיתִי, הֵן עַל עַצְמִי הֵן עַל אֲחֵרִים, הֵן אוֹתָן הַיְדוּעִים לִי הֵן אוֹתָן שֶׁכְּבָר שָׁכַחְתִּי. בְּכֻלְּהוֹן אִתְחֲרַטְנָא בְהוֹן מֵעִקָּרָא, וְשׁוֹאֵל וּמְבַקֵּשׁ אֲנִי מִמַּעֲלַתְכֶם הַתָּרָה עֲלֵיהֶם, כִּי יָרֵאתִי פֶּן אֶכָּשֵׁל וְנִלְכַּדְתִּי, חַס וְשָׁלוֹם, בַּעֲוֹן נְדָרִים וּשְׁבוּעוֹת וּנְזִירוּת וַחֲרָמוֹת וְאִסּוּרִין וְקוֹנָמוֹת וְהַסְכָּמוֹת. וְאֵין אֲנִי תוֹהֵא, חַס וְשָׁלוֹם, עַל קִיּוּם הַמַּעֲשִׂים הַטּוֹבִים הָהֵם שֶׁעָשִׂיתִי, רַק אֲנִי מִתְחָרֵט עַל קַבָּלַת הָעִנְיָנִים בִּלְשׁוֹן נֶדֶר אוֹ שְׁבוּעָה אוֹ נְזִירוּת אוֹ אִסּוּר אוֹ חֵרֶם אוֹ קוֹנָם אוֹ הַסְכָּמָה אוֹ קַבָּלָה בְלֵב, וּמִתְחָרֵט אֲנִי עַל זֶה שֶׁלֹּא אָמַרְתִּי הִנְנִי עוֹשֶׂה דָבָר זֶה בְּלִי נֶדֶר וּשְׁבוּעָה וּנְזִירוּת וְחֵרֶם וְאִסּוּר וְקוֹנָם וְקַבָּלָה בְלֵב.

לָכֵן אֲנִי שׁוֹאֵל הַתָּרָה בְּכֻלְּהוֹן.

אֲנִי מִתְחָרֵט עַל כָּל הַנִּזְכָּר, בֵּין אִם הָיוּ הַמַּעֲשִׂים מִדְּבָרִים הַנּוֹגְעִים בְּמָמוֹן, בֵּין מֵהַדְּבָרִים הַנּוֹגְעִים בְּגוּף, בֵּין מֵהַדְּבָרִים הַנּוֹגְעִים אֶל הַנְּשָׁמָה.

בְּכֻלְּהוֹן אֲנִי מִתְחָרֵט עַל לְשׁוֹן נֶדֶר וּשְׁבוּעָה וּנְזִירוּת וְאִסּוּר וְחֵרֶם וְקוֹנָם וְקַבָּלָה בְּלֵב.

וְהִנֵּה מִצַּד הַדִּין הַמִּתְחָרֵט וְהַמְבַקֵּשׁ הַתָּרָה צָרִיךְ לִפְרֹט הַנֶּדֶר, אַךְ דְּעוּ נָא רַבּוֹתַי, כִּי אִי אֶפְשָׁר לְפָרְטָם, כִּי רַבִּים הֵם. וְאֵין אֲנִי מְבַקֵּשׁ הַתָּרָה עַל אוֹתָם הַנְּדָרִים שֶׁאֵין לְהַתִּיר אוֹתָם, עַל כֵּן יִהְיוּ נָא בְעֵינֵיכֶם כְּאִלּוּ הָיִיתִי פּוֹרְטָם.

הדיינים אומרים שלוש פעמים:

הַכֹּל יִהְיוּ מֻתָּרִים לָךְ, הַכֹּל מְחוּלִים לָךְ, הַכֹּל שְׁרוּיִים לָךְ. אֵין כָּאן לֹא נֶדֶר וְלֹא שְׁבוּעָה וְלֹא נְזִירוּת וְלֹא חֵרֶם וְלֹא אִסּוּר וְלֹא קוֹנָם וְלֹא נִדּוּי וְלֹא שַׁמְתָּא וְלֹא אָרוּר. אֲבָל יֵשׁ כָּאן מְחִילָה וּסְלִיחָה וְכַפָּרָה. וּכְשֵׁם שֶׁמַּתִּירִים בְּבֵית דִּין שֶׁל מַטָּה, כָּךְ יִהְיוּ מֻתָּרִים מִבֵּית דִּין שֶׁל מַעְלָה.

המבקש התרה, אומר:

הֲרֵי אֲנִי מוֹסֵר מוֹדָעָה לִפְנֵיכֶם, וַאֲנִי מְבַטֵּל מִכָּאן וּלְהַבָּא כָּל הַנְּדָרִים וְכָל שְׁבוּעוֹת וּנְזִירוֹת וְאִסּוּרִין וְקוֹנָמוֹת וַחֲרָמוֹת וְהַסְכָּמוֹת וְקַבָּלָה בְּלֵב שֶׁאֲקַבֵּל עָלַי בְּעַצְמִי, הֵן בְּהָקִיץ הֵן בַּחֲלוֹם, חוּץ מִנִּדְרֵי תַעֲנִית בִּשְׁעַת מִנְחָה. וּבְאִם אֶשְׁכַּח לִתְנַאי מוֹדָעָה הַזֹּאת וְאֶדֹּר מֵהַיּוֹם עוֹד, מֵעַתָּה אֲנִי מִתְחָרֵט עֲלֵיהֶם וּמַתְנֶה עֲלֵיהֶם שֶׁיִּהְיוּ כֻּלָּן בְּטֵלִין וּמְבֻטָּלִין, לָא שְׁרִירִין וְלָא קַיָּמִין, וְלָא יְהוֹן חָלִין כְּלָל וּכְלָל. בְּכֻלָּן אִתְחֲרַטְנָא בְּהוֹן מֵעַתָּה וְעַד עוֹלָם.

פרוזבול

בשנת השמיטה כל חוב ממוני שאדם חייב לחברו, נשמט ואסור לגבותו.

מי שרוצה בכל זאת לגבות את חובותיו, צריך למסור בפני בית דין פרוזבול, ולקבל ממנו רשות לגבותם. הפרוזבול נמסר לקראת סוף שנת השמיטה, ומקובל לעשותו בערב ראש השנה (ויש המחמירים ומוסרים פרוזבול אף בערב ראש השנה שלפני השמיטה).

מי שמוסר את הפרוזבול, עומד בפני בית הדין ואומר את נוסח ההצהרה המובא בשטר. אם הדיינים קיבלו את דבריו, הם חותמים על השטר ונותנים אותו לבעל החובות.

בְּמוֹתַב תְּלָתָא בֵּי דִינָא כַּחֲדָא הֲוֵינָא, וּבָא לְפָנֵינוּ (פלוני בֶּן פלוני) **וְאָמַר לָנוּ:**

הֵן שָׁנָה זוֹ הִיא שְׁנַת הַשְּׁבִיעִית, וְיֵשׁ לִי חוֹבוֹת בִּשְׁטָר וּבְעַל פֶּה עַל אֵיזֶה אֲנָשִׁים וְ/אוֹ חֲבָרוֹת, וַהֲרֵינִי מוֹסֵר בִּפְנֵיכֶם פְּרוֹזְבּוֹל זֶה וְכָל חוֹב שֶׁיֵּשׁ לִי לָכֶם, הַדַּיָּנִים שֶׁבִּפְנֵיהֶם אֲנִי מַצְהִיר, וַהֲרֵינִי מַרְשֶׁה אֶתְכֶם לִגְבּוֹת כָּל חוֹב שֶׁיֵּשׁ לִי, וּמֵעַתָּה הֱיוּ אַתֶּם דַּיָּנִים וּגְבוּ אוֹתוֹ בִּשְׁבִילִי. וְאִם לֹא תִגְבְּוּהוּ אַתֶּם, מֵעַתָּה כֵּיוָן שֶׁמָּסַרְתִּי פְּרוֹזְבּוֹל זֶה, אֶגְבֶּה אֲנִי כָּל חוֹב שֶׁיֵּשׁ לִי עַד הַיּוֹם אֵצֶל כָּל אָדָם כָּל זְמַן שֶׁאֶרְצֶה.

וַאֲנוּ, בֵּית הַדִּין הַחֲתוּמִים מַטָּה, כֵּיוָן שֶׁרָאִינוּ דְּבָרָיו נְכוֹנִים, וְהוֹאִיל וּמָסַר לְפָנֵינוּ דִּבְרֵי פְּרוֹזְבּוֹל כְּתַקָּנַת הִלֵּל וַחֲזַ"ל, קָבַעְנוּ שֶׁלֹּא תְּשַׁמֵּט שְׁבִיעִית חוֹבוֹתָיו וְיוּכַל לִגְבּוֹתָם כָּל עֵת שֶׁיִּרְצֶה. וּבָאנוּ עַל הֶחָתוּם, יוֹם ______ לְחֹדֶשׁ אֱלוּל שְׁנַת ______, פֹּה בְּ______.

נְאֻם:

נְאֻם:

נְאֻם:

עירוב תחומין

״וּמַדֹּתֶם מִחוּץ לָעִיר אֶת־פְּאַת־קֵדְמָה אַלְפַּיִם בָּאַמָּה... וְהָעִיר בַּתָּוֶךְ, זֶה יִהְיֶה לָהֶם מִגְרְשֵׁי הֶעָרִים״ (במדבר לה, ה). מכאן למדו חכמים (עירובין נא ע״א) שלכל מקום יישוב ישנו תחום של אלפיים אמה, ואין לצאת ממנו בשבת וביום טוב. אך אדם יכול להגדיר מקום אחר כמקום שביתתו, וכך לשנות את גבולות התחום שבו הוא רשאי ללכת (רמב״ם, עירובין פ״ו ה״א). פעולה זו נקראת ׳עירוב תחומין׳.

מניח מזון המספיק לשתי סעודות, במרחק פחות מאלפיים אמה מהמקום שיקבל בו שבת או יום טוב ומהמקום שרוצה להגיע אליו, ומברך:

בָּרוּךְ אַתָּה יהוה אֱלֹהֵינוּ מֶלֶךְ הָעוֹלָם
אֲשֶׁר קִדְּשָׁנוּ בְּמִצְוֹתָיו וְצִוָּנוּ עַל מִצְוַת עֵרוּב.

ואומר:

באראמית: **בְּדֵין עֵרוּבָא יְהֵא שְׁרֵא לִי**
לְמֵיזַל מֵאַתְרָא הָדֵין תְּרֵין אַלְפִין אַמִּין
לְכָל רוּחָא.

או בעברית: **בְּעֵרוּב זֶה יְהֵא מֻתָּר לִי**
לָלֶכֶת מִמָּקוֹם זֶה אַלְפַּיִם אַמָּה
לְכָל רוּחַ.

עירוב חצרות (בשבת)

מדין תורה, בשבת אסור להוציא חפץ מרשות היחיד לרשות הרבים ולהפך או לטלטלו ארבע אמות בתחום רשות הרבים (שבת צו ע״ב). וחכמים אסרו לטלטל גם ברשות היחיד, המשותפת לכמה יהודים, אם לא השתתפו לפני שבת ב׳עירוב חצרות׳ (רמב״ם, עירובין פ״א ה״ב–ה״ו).

במקומות רבים נוהגים שהרב המקומי מערב לכל תושבי השכונה או העיר, ויש שמערערים על המנהג.

במקום שאין בו עירוב תקין, אדם הבקי בהלכות עירובין מערב לכולם ומברך:

בָּרוּךְ אַתָּה יהוה אֱלֹהֵינוּ מֶלֶךְ הָעוֹלָם
אֲשֶׁר קִדְּשָׁנוּ בְּמִצְוֹתָיו וְצִוָּנוּ עַל מִצְוַת עֵרוּב.

ואומר:

בארמית: בְּדֵין עֵרוּבָא יְהֵא שְׁרֵא לַנָא לְטַלְטוּלֵי
וּלְאַפּוּקֵי וּלְעַיּוֹלֵי מִן הַבָּתִּים לֶחָצֵר
וּמִן הֶחָצֵר לַבָּתִּים
וּמִבַּיִת לְבַיִת לְכָל הַבָּתִּים שֶׁבֶּחָצֵר.

או בעברית: בְּעֵרוּב זֶה יְהֵא מֻתָּר לָנוּ לְטַלְטֵל
לְהַכְנִיס וּלְהוֹצִיא מִן הַבָּתִּים לֶחָצֵר
וּמִן הֶחָצֵר לַבָּתִּים
וּמִבַּיִת לְבַיִת לְכָל הַבָּתִּים שֶׁבֶּחָצֵר.

עירוב תבשילין

אם ראש השנה חל ביום חמישי אסור להכין אוכל מיום טוב לשבת,
אלא אם כן הניחו ׳עירובי תבשילין׳ (שו״ע תקכז, א).

המערב לוקח בערב ראש השנה פת ותבשיל שהוא מייעד לאכלם בשבת,
ומברך:

בָּרוּךְ אַתָּה יהוה אֱלֹהֵינוּ מֶלֶךְ הָעוֹלָם
אֲשֶׁר קִדְּשָׁנוּ בְּמִצְוֹתָיו וְצִוָּנוּ עַל מִצְוַת עֵרוּב.

ואומר:

בארמית: בְּדֵין עֵרוּבָא יְהֵא שְׁרֵא לַנָא
לְמֵיפָא וּלְבַשָּׁלָא וּלְאַטְמָנָא וּלְאַדְלָקָא שְׁרָגָא
וּלְמֶעְבַּד כָּל צָרְכַּנָא מִיּוֹמָא טָבָא לְשַׁבְּתָא
לָנוּ וּלְכָל יִשְׂרָאֵל הַדָּרִים בָּעִיר הַזֹּאת.

או בעברית: בְּעֵרוּב זֶה יְהֵא מֻתָּר לָנוּ
לֶאֱפוֹת וּלְבַשֵּׁל וּלְהַטְמִין וּלְהַדְלִיק נֵר
וּלְהָכִין כָּל צָרְכֵנוּ מִיּוֹם טוֹב לְשַׁבָּת
לָנוּ וּלְכָל יִשְׂרָאֵל הַדָּרִים בָּעִיר הַזֹּאת.

הדלקת נרות

בשני הלילות מדליקים נרות ומברכים עליהם שתי ברכות.

בלילה השני (וכן בראשון, אם מדליקים נרות לאחר השקיעה) אין להדליק גפרור, אלא להעביר אש מנר שהודלק קודם החג.

בָּרוּךְ אַתָּה יהוה אֱלֹהֵינוּ מֶלֶךְ הָעוֹלָם
אֲשֶׁר קִדְּשָׁנוּ בְּמִצְוֹתָיו
וְצִוָּנוּ לְהַדְלִיק נֵר שֶׁל (שַׁבָּת וְשֶׁל) יוֹם טוֹב.

נוהגים לברך ׳שֶׁהֶחֱיָנוּ׳ לפני הדלקת הנרות, ויש שהורו לברך אחרי ההדלקה.

אם המדליק עתיד לקדש בעצמו, לא יברך ׳שֶׁהֶחֱיָנוּ׳ עד הקידוש.

בָּרוּךְ אַתָּה יהוה אֱלֹהֵינוּ מֶלֶךְ הָעוֹלָם
שֶׁהֶחֱיָנוּ וְקִיְּמָנוּ, וְהִגִּיעָנוּ לַזְּמַן הַזֶּה.

תפילה לאישה אחרי שהדליקה נרות:

יְהִי רָצוֹן מִלְּפָנֶיךָ יהוה אֱלֹהַי וֵאלֹהֵי אֲבוֹתַי, שֶׁתְּחוֹנֵן אוֹתִי (אישה נשואה מוסיפה: **וְאֶת אִישִׁי** / אם הוריה חיים: **וְאֶת אָבִי / וְאֶת אִמִּי** / אם יש לה ילדים: **וְאֶת בָּנַי וְאֶת בְּנוֹתַי**) **וְאֶת כָּל קְרוֹבַי, וְתִתֶּן לָנוּ וּלְכָל יִשְׂרָאֵל חַיִּים טוֹבִים וַאֲרֻכִּים, וְתִזְכְּרֵנוּ בְּזִכְרוֹן טוֹבָה וּבְרָכָה, וְתִפְקְדֵנוּ בִּפְקֻדַּת יְשׁוּעָה וְרַחֲמִים, וּתְבָרְכֵנוּ בְּרָכוֹת גְּדוֹלוֹת, וְתַשְׁלִים בָּתֵּינוּ וְתַשְׁכֵּן שְׁכִינָתְךָ בֵּינֵינוּ. וְזַכֵּנִי לְגַדֵּל בָּנִים וּבְנֵי בָנִים חֲכָמִים וּנְבוֹנִים, אוֹהֲבֵי יהוה יִרְאֵי אֱלֹהִים, אַנְשֵׁי אֱמֶת זֶרַע קֹדֶשׁ, בַּיהוה דְּבֵקִים וּמְאִירִים אֶת הָעוֹלָם בַּתּוֹרָה וּבְמַעֲשִׂים טוֹבִים וּבְכָל מְלֶאכֶת עֲבוֹדַת הַבּוֹרֵא. אָנָּא שְׁמַע אֶת תְּחִנָּתִי בָּעֵת הַזֹּאת בִּזְכוּת שָׂרָה וְרִבְקָה וְרָחֵל וְלֵאָה אִמּוֹתֵינוּ, וְהָאֵר נֵרֵנוּ שֶׁלֹּא יִכְבֶּה לְעוֹלָם וָעֶד, וְהָאֵר פָּנֶיךָ וְנִוָּשֵׁעָה. אָמֵן.**

ערב שבת ראש השנה

אם היום הראשון של ראש השנה חל בשבת, יש נוהגים לומר ׳הודו׳.

תהלים קז הֹדוּ לַיהוה כִּי־טוֹב, כִּי לְעוֹלָם חַסְדּוֹ: יֹאמְרוּ גְּאוּלֵי יהוה, אֲשֶׁר גְּאָלָם מִיַּד־צָר: וּמֵאֲרָצוֹת קִבְּצָם, מִמִּזְרָח וּמִמַּעֲרָב, מִצָּפוֹן וּמִיָּם: תָּעוּ בַמִּדְבָּר, בִּישִׁימוֹן דָּרֶךְ, עִיר מוֹשָׁב לֹא מָצָאוּ: רְעֵבִים גַּם־צְמֵאִים, נַפְשָׁם בָּהֶם תִּתְעַטָּף: וַיִּצְעֲקוּ אֶל־יהוה בַּצַּר לָהֶם, מִמְּצוּקוֹתֵיהֶם יַצִּילֵם: וַיַּדְרִיכֵם בְּדֶרֶךְ יְשָׁרָה, לָלֶכֶת אֶל־עִיר מוֹשָׁב: יוֹדוּ לַיהוה חַסְדּוֹ, וְנִפְלְאוֹתָיו לִבְנֵי אָדָם: כִּי־הִשְׂבִּיעַ נֶפֶשׁ שֹׁקֵקָה, וְנֶפֶשׁ רְעֵבָה מִלֵּא־טוֹב: יֹשְׁבֵי חֹשֶׁךְ וְצַלְמָוֶת, אֲסִירֵי עֳנִי וּבַרְזֶל: כִּי־הִמְרוּ אִמְרֵי־אֵל, וַעֲצַת עֶלְיוֹן נָאָצוּ: וַיַּכְנַע בֶּעָמָל לִבָּם, כָּשְׁלוּ וְאֵין עֹזֵר: וַיִּזְעֲקוּ אֶל־יהוה בַּצַּר לָהֶם, מִמְּצֻקוֹתֵיהֶם יוֹשִׁיעֵם: יוֹצִיאֵם מֵחֹשֶׁךְ וְצַלְמָוֶת, וּמוֹסְרוֹתֵיהֶם יְנַתֵּק: יוֹדוּ לַיהוה חַסְדּוֹ, וְנִפְלְאוֹתָיו לִבְנֵי אָדָם: כִּי־שִׁבַּר דַּלְתוֹת נְחֹשֶׁת, וּבְרִיחֵי בַרְזֶל גִּדֵּעַ: אֱוִלִים מִדֶּרֶךְ פִּשְׁעָם, וּמֵעֲוֺנֹתֵיהֶם יִתְעַנּוּ: כָּל־אֹכֶל תְּתַעֵב נַפְשָׁם, וַיַּגִּיעוּ עַד־שַׁעֲרֵי מָוֶת: וַיִּזְעֲקוּ אֶל־יהוה בַּצַּר לָהֶם, מִמְּצֻקוֹתֵיהֶם יוֹשִׁיעֵם: יִשְׁלַח דְּבָרוֹ וְיִרְפָּאֵם, וִימַלֵּט מִשְּׁחִיתוֹתָם: יוֹדוּ לַיהוה חַסְדּוֹ, וְנִפְלְאוֹתָיו לִבְנֵי אָדָם: וְיִזְבְּחוּ זִבְחֵי תוֹדָה וִיסַפְּרוּ מַעֲשָׂיו בְּרִנָּה: יוֹרְדֵי הַיָּם בָּאֳנִיּוֹת, עֹשֵׂי מְלָאכָה בְּמַיִם רַבִּים: הֵמָּה רָאוּ מַעֲשֵׂי יהוה, וְנִפְלְאוֹתָיו בִּמְצוּלָה: וַיֹּאמֶר, וַיַּעֲמֵד רוּחַ סְעָרָה, וַתְּרוֹמֵם גַּלָּיו: יַעֲלוּ שָׁמַיִם, יֵרְדוּ תְהוֹמוֹת, נַפְשָׁם בְּרָעָה תִתְמוֹגָג: יָחוֹגּוּ וְיָנוּעוּ כַּשִּׁכּוֹר, וְכָל־חָכְמָתָם תִּתְבַּלָּע: וַיִּצְעֲקוּ אֶל־יהוה בַּצַּר לָהֶם, וּמִמְּצוּקֹתֵיהֶם יוֹצִיאֵם: יָקֵם סְעָרָה לִדְמָמָה, וַיֶּחֱשׁוּ גַּלֵּיהֶם: וַיִּשְׂמְחוּ כִי־יִשְׁתֹּקוּ, וַיַּנְחֵם אֶל־מְחוֹז חֶפְצָם: יוֹדוּ לַיהוה חַסְדּוֹ, וְנִפְלְאוֹתָיו לִבְנֵי אָדָם: וִירוֹמְמוּהוּ בִּקְהַל־עָם, וּבְמוֹשַׁב זְקֵנִים יְהַלְלוּהוּ: יָשֵׂם נְהָרוֹת לְמִדְבָּר, וּמֹצָאֵי מַיִם לְצִמָּאוֹן: אֶרֶץ פְּרִי לִמְלֵחָה, מֵרָעַת יוֹשְׁבֵי בָהּ: יָשֵׂם מִדְבָּר לַאֲגַם־מַיִם, וְאֶרֶץ צִיָּה לְמֹצָאֵי מָיִם: וַיּוֹשֶׁב שָׁם רְעֵבִים, וַיְכוֹנְנוּ עִיר מוֹשָׁב: וַיִּזְרְעוּ שָׂדוֹת, וַיִּטְּעוּ כְרָמִים, וַיַּעֲשׂוּ פְּרִי תְבוּאָה: וַיְבָרְכֵם וַיִּרְבּוּ מְאֹד, וּבְהֶמְתָּם לֹא יַמְעִיט: וַיִּמְעֲטוּ וַיָּשֹׁחוּ, מֵעֹצֶר רָעָה וְיָגוֹן: שֹׁפֵךְ בּוּז עַל־נְדִיבִים, וַיַּתְעֵם בְּתֹהוּ לֹא־דָרֶךְ: ◂ וַיְשַׂגֵּב אֶבְיוֹן מֵעוֹנִי, וַיָּשֶׂם כַּצֹּאן מִשְׁפָּחוֹת: יִרְאוּ יְשָׁרִים וְיִשְׂמָחוּ, וְכָל־עַוְלָה קָפְצָה פִּיהָ: מִי־חָכָם וְיִשְׁמָר־אֵלֶּה, וְיִתְבּוֹנְנוּ חַסְדֵי יהוה:

מנחה לערב ראש השנה

"וַיְהִי בַּעֲלוֹת הַמִּנְחָה וַיִּגַּשׁ אֵלִיָּהוּ הַנָּבִיא וַיֹּאמַר" (מלכים א' יח, לו).

ראוי לומר גם לפני תפילת מנחה את פרשת קרבן התמיד (איגרת התשובה לר' יונה, ע).
רבים נוהגים לומר את סדר הקרבנות שלפני תפילת שחרית (עמ' 92-95),
פרט לפרשת תרומת הדשן ולסדר המערכה.

"אמר רבי אלעזר אמר רבי אבינא: כל האומר 'תְּהִלָּה לְדָוִד' בכל יום
שלש פעמים – מובטח לו שהוא בן העולם הבא" (ברכות ד ע"ב).

תהלים פד אַשְׁרֵי יוֹשְׁבֵי בֵיתֶךָ, עוֹד יְהַלְלוּךָ סֶּלָה:
תהלים קמד אַשְׁרֵי הָעָם שֶׁכָּכָה לּוֹ, אַשְׁרֵי הָעָם שֶׁיהוה אֱלֹהָיו:
תהלים קמה תְּהִלָּה לְדָוִד

אֲרוֹמִמְךָ אֱלוֹהַי הַמֶּלֶךְ, וַאֲבָרְכָה שִׁמְךָ לְעוֹלָם וָעֶד:
בְּכָל־יוֹם אֲבָרְכֶךָּ, וַאֲהַלְלָה שִׁמְךָ לְעוֹלָם וָעֶד:
גָּדוֹל יהוה וּמְהֻלָּל מְאֹד, וְלִגְדֻלָּתוֹ אֵין חֵקֶר:
דּוֹר לְדוֹר יְשַׁבַּח מַעֲשֶׂיךָ, וּגְבוּרֹתֶיךָ יַגִּידוּ:
הֲדַר כְּבוֹד הוֹדֶךָ, וְדִבְרֵי נִפְלְאֹתֶיךָ אָשִׂיחָה:
וֶעֱזוּז נוֹרְאֹתֶיךָ יֹאמֵרוּ, וּגְדוּלָּתְךָ אֲסַפְּרֶנָּה:
זֵכֶר רַב־טוּבְךָ יַבִּיעוּ, וְצִדְקָתְךָ יְרַנֵּנוּ:
חַנּוּן וְרַחוּם יהוה, אֶרֶךְ אַפַּיִם וּגְדָל־חָסֶד:
טוֹב־יהוה לַכֹּל, וְרַחֲמָיו עַל־כָּל־מַעֲשָׂיו:
יוֹדוּךָ יהוה כָּל־מַעֲשֶׂיךָ, וַחֲסִידֶיךָ יְבָרְכוּכָה:
כְּבוֹד מַלְכוּתְךָ יֹאמֵרוּ, וּגְבוּרָתְךָ יְדַבֵּרוּ:
לְהוֹדִיעַ לִבְנֵי הָאָדָם גְּבוּרֹתָיו, וּכְבוֹד הֲדַר מַלְכוּתוֹ:
מַלְכוּתְךָ מַלְכוּת כָּל־עֹלָמִים, וּמֶמְשַׁלְתְּךָ בְּכָל־דּוֹר וָדֹר:
סוֹמֵךְ יהוה לְכָל־הַנֹּפְלִים, וְזוֹקֵף לְכָל־הַכְּפוּפִים:

עֵינֵי־כֹל אֵלֶיךָ יְשַׂבֵּרוּ, וְאַתָּה נוֹתֵן־לָהֶם אֶת־אָכְלָם בְּעִתּוֹ:
פּוֹתֵחַ אֶת־יָדֶךָ, וּמַשְׂבִּיעַ לְכָל־חַי רָצוֹן:
צַדִּיק יהוה בְּכָל־דְּרָכָיו, וְחָסִיד בְּכָל־מַעֲשָׂיו:
קָרוֹב יהוה לְכָל־קֹרְאָיו, לְכֹל אֲשֶׁר יִקְרָאֻהוּ בֶאֱמֶת:
רְצוֹן־יְרֵאָיו יַעֲשֶׂה, וְאֶת־שַׁוְעָתָם יִשְׁמַע, וְיוֹשִׁיעֵם:
שׁוֹמֵר יהוה אֶת־כָּל־אֹהֲבָיו, וְאֵת כָּל־הָרְשָׁעִים יַשְׁמִיד:
· תְּהִלַּת יהוה יְדַבֶּר פִּי, וִיבָרֵךְ כָּל־בָּשָׂר שֵׁם קָדְשׁוֹ לְעוֹלָם וָעֶד:
וַאֲנַחְנוּ נְבָרֵךְ יָהּ מֵעַתָּה וְעַד־עוֹלָם, הַלְלוּיָהּ: תהלים קטו

חצי קדיש

ש״ץ: יִתְגַּדַּל וְיִתְקַדַּשׁ שְׁמֵהּ רַבָּא (קהל: אָמֵן)
בְּעָלְמָא דִּי בְרָא כִרְעוּתֵהּ
וְיַמְלִיךְ מַלְכוּתֵהּ
וְיַצְמַח פֻּרְקָנֵהּ וִיקָרֵב מְשִׁיחֵהּ (קהל: אָמֵן)
בְּחַיֵּיכוֹן וּבְיוֹמֵיכוֹן וּבְחַיֵּי דְכָל בֵּית יִשְׂרָאֵל
בַּעֲגָלָא וּבִזְמַן קָרִיב
וְאִמְרוּ אָמֵן. (קהל: אָמֵן)

קהל וש״ץ: יְהֵא שְׁמֵהּ רַבָּא מְבָרַךְ לְעָלַם וּלְעָלְמֵי עָלְמַיָּא.

ש״ץ: יִתְבָּרַךְ וְיִשְׁתַּבַּח וְיִתְפָּאַר וְיִתְרוֹמַם וְיִתְנַשֵּׂא
וְיִתְהַדָּר וְיִתְעַלֶּה וְיִתְהַלָּל
שְׁמֵהּ דְּקֻדְשָׁא בְּרִיךְ הוּא (קהל: אָמֵן)
לְעֵלָּא מִן כָּל בִּרְכָתָא וְשִׁירָתָא, תֻּשְׁבְּחָתָא וְנֶחֱמָתָא
דַּאֲמִירָן בְּעָלְמָא
וְאִמְרוּ אָמֵן. (קהל: אָמֵן)

עמידה

"המתפלל צריך שיכוין בלבו פירוש המלות שמוציא בשפתיו; ויחשוב כאלו שכינה כנגדו ויסיר כל המחשבות הטורדות אותו עד שתשאר מחשבתו וכוונתו זכה בתפלתו" (שו"ע צח, א).

פוסע שלוש פסיעות לפנים כמי שנכנס לפני המלך.
עומד ומתפלל בלחש מכאן ועד 'וּכְשָׁנִים קַדְמֹנִיּוֹת' בעמ' 20.
כורע במקומות המסומנים ב', קד לפנים במילה הבאה וזוקף בשם (סידור השל"ה).

דברים לב כִּי שֵׁם יהוה אֶקְרָא, הָבוּ גֹדֶל לֵאלֹהֵינוּ:
תהלים נא אֲדֹנָי, שְׂפָתַי תִּפְתָּח, וּפִי יַגִּיד תְּהִלָּתֶךָ:

אבות

'בָּרוּךְ אַתָּה יהוה, אֱלֹהֵינוּ וֵאלֹהֵי אֲבוֹתֵינוּ
אֱלֹהֵי אַבְרָהָם, אֱלֹהֵי יִצְחָק, וֵאלֹהֵי יַעֲקֹב
הָאֵל הַגָּדוֹל הַגִּבּוֹר וְהַנּוֹרָא, אֵל עֶלְיוֹן
גּוֹמֵל חֲסָדִים טוֹבִים, קוֹנֵה הַכֹּל
וְזוֹכֵר חַסְדֵי אָבוֹת
וּמֵבִיא גוֹאֵל לִבְנֵי בְנֵיהֶם לְמַעַן שְׁמוֹ בְּאַהֲבָה.
מֶלֶךְ עוֹזֵר וּמוֹשִׁיעַ וּמָגֵן.
'בָּרוּךְ אַתָּה יהוה, מָגֵן אַבְרָהָם.

גבורות

אַתָּה גִּבּוֹר לְעוֹלָם, אֲדֹנָי
מְחַיֵּה מֵתִים אַתָּה, רַב לְהוֹשִׁיעַ
בארץ ישראל: מוֹרִיד הַטָּל
מְכַלְכֵּל חַיִּים בְּחֶסֶד, מְחַיֵּה מֵתִים בְּרַחֲמִים רַבִּים
סוֹמֵךְ נוֹפְלִים, וְרוֹפֵא חוֹלִים, וּמַתִּיר אֲסוּרִים
וּמְקַיֵּם אֱמוּנָתוֹ לִישֵׁנֵי עָפָר.

מִי כָמְוֹךָ, בְּעַל גְּבוּרוֹת
וּמִי דְּוֹמֶה לָּךְ
מֶלֶךְ, מֵמִית וּמְחַיֶּה וּמַצְמִיחַ יְשׁוּעָה.
וְנֶאֱמָן אַתָּה לְהַחֲיוֹת מֵתִים.
בָּרוּךְ אַתָּה יהוה, מְחַיֵּה הַמֵּתִים.

בתפילת לחש ממשיך 'אַתָּה קָדוֹשׁ' בעמוד הבא.

קדושה

בחזרת שליח הציבור הקהל עומד ואומר קדושה.
במקומות המסומנים ב־˚, המתפלל מתרומם על קצות אצבעותיו (מג״א קכה, א בשם השל״ה).

קהל ואחריו שליח הציבור:

נַקְדִּישָׁךְ וְנַעֲרִיצָךְ כְּנְעַם שִׂיחַ סוֹד שַׂרְפֵי קֹדֶשׁ, הַמְשַׁלְּשִׁים לְךָ קְדֻשָּׁה
כַּכָּתוּב עַל יַד נְבִיאֶךָ, וְקָרָא זֶה אֶל־זֶה וְאָמַר ישעיה ו

קהל ואחריו שליח הציבור:

˚קָדוֹשׁ, ˚קָדוֹשׁ, ˚קָדוֹשׁ, יהוה צְבָאוֹת, מְלֹא כָל־הָאָרֶץ כְּבוֹדוֹ:
לְעֻמָּתָם מְשַׁבְּחִים וְאוֹמְרִים

קהל ואחריו שליח הציבור:

˚בָּרוּךְ כְּבוֹד־יהוה מִמְּקוֹמוֹ: יחזקאל ג
וּבְדִבְרֵי קָדְשְׁךָ כָּתוּב לֵאמֹר

קהל ואחריו שליח הציבור:

˚יִמְלֹךְ יהוה לְעוֹלָם, אֱלֹהַיִךְ צִיּוֹן לְדֹר וָדֹר, הַלְלוּיָהּ: תהלים קמו

שליח הציבור ממשיך 'אַתָּה קָדוֹשׁ' בעמוד הבא.

בבתי כנסת המתפללים בנוסח אשכנז, שליח הציבור אומר 'לְדוֹר וָדוֹר'.

לְדוֹר וָדוֹר נַגִּיד גָּדְלֶךָ, וּלְנֵצַח נְצָחִים קְדֻשָּׁתְךָ נַקְדִּישׁ, וְשִׁבְחֲךָ אֱלֹהֵינוּ מִפִּינוּ לֹא יָמוּשׁ לְעוֹלָם וָעֶד, כִּי אֵל מֶלֶךְ גָּדוֹל וְקָדוֹשׁ אָתָּה. בָּרוּךְ אַתָּה יהוה, הָאֵל הַקָּדוֹשׁ.

שליח הציבור ממשיך 'אַתָּה חוֹנֵן' בעמוד הבא.

קדושת השם

אַתָּה קָדוֹשׁ וְשִׁמְךָ קָדוֹשׁ
וּקְדוֹשִׁים בְּכָל יוֹם יְהַלְלוּךָ סֶּלָה
כִּי אֵל מֶלֶךְ גָּדוֹל וְקָדוֹשׁ אָתָּה.
בָּרוּךְ אַתָּה יהוה, הָאֵל הַקָּדוֹשׁ.

דעת

אַתָּה חוֹנֵן לְאָדָם דַּעַת, וּמְלַמֵּד לֶאֱנוֹשׁ בִּינָה.
חָנֵּנוּ מֵאִתְּךָ חָכְמָה בִּינָה וָדָעַת.
בָּרוּךְ אַתָּה יהוה, חוֹנֵן הַדָּעַת.

תשובה

הֲשִׁיבֵנוּ אָבִינוּ לְתוֹרָתֶךָ, וְקָרְבֵנוּ מַלְכֵּנוּ לַעֲבוֹדָתֶךָ
וְהַחֲזִירֵנוּ בִּתְשׁוּבָה שְׁלֵמָה לְפָנֶיךָ.
בָּרוּךְ אַתָּה יהוה, הָרוֹצֶה בִּתְשׁוּבָה.

סליחה

נוהגים להכות כנגד הלב במקומות המסומנים ב° (סידור יעב״ץ).

סְלַח לָנוּ אָבִינוּ כִּי °חָטָאנוּ
מְחַל לָנוּ מַלְכֵּנוּ כִּי °פָשָׁעְנוּ
כִּי אֵל טוֹב וְסַלָּח אָתָּה.
בָּרוּךְ אַתָּה יהוה, חַנּוּן הַמַּרְבֶּה לִסְלֹחַ.

גאולה

רְאֵה נָא בְעָנְיֵנוּ, וְרִיבָה רִיבֵנוּ
וּגְאָלֵנוּ גְּאֻלָּה שְׁלֵמָה מְהֵרָה לְמַעַן שְׁמֶךָ
כִּי אֵל גּוֹאֵל חָזָק אָתָּה.
בָּרוּךְ אַתָּה יהוה, גּוֹאֵל יִשְׂרָאֵל.

רפואה

רְפָאֵנוּ יהוה וְנֵרָפֵא
הוֹשִׁיעֵנוּ וְנִוָּשֵׁעָה, כִּי תְהִלָּתֵנוּ אָתָּה
וְהַעֲלֵה אֲרוּכָה וּמַרְפֵּא לְכָל תַּחֲלוּאֵינוּ וּלְכָל מַכְאוֹבֵינוּ
רְפוּאָה שְׁלֵמָה לְכָל מַכּוֹתֵינוּ

המתפלל על חולה מוסיף:

יְהִי רָצוֹן מִלְּפָנֶיךָ יהוה אֱלֹהַי וֵאלֹהֵי אֲבוֹתַי, שֶׁתִּשְׁלַח מְהֵרָה רְפוּאָה שְׁלֵמָה מִן הַשָּׁמַיִם, רְפוּאַת הַנֶּפֶשׁ וּרְפוּאַת הַגּוּף, לַחוֹלֶה/לַחוֹלָה פלוני/ת בֶּן/בַּת פלונית בְּתוֹךְ שְׁאָר חוֹלֵי יִשְׂרָאֵל.

כִּי אֵל מֶלֶךְ רוֹפֵא נֶאֱמָן וְרַחֲמָן אָתָּה.
בָּרוּךְ אַתָּה יהוה, רוֹפֵא חוֹלֵי עַמּוֹ יִשְׂרָאֵל.

ברכת השנים

בָּרֵךְ עָלֵינוּ יהוה אֱלֹהֵינוּ אֶת הַשָּׁנָה הַזֹּאת
וְאֶת כָּל מִינֵי תְבוּאָתָהּ, לְטוֹבָה
וְתֵן בְּרָכָה עַל פְּנֵי הָאֲדָמָה
וְשַׂבְּעֵנוּ מִטּוּבָהּ
וּבָרֵךְ שְׁנָתֵנוּ כַּשָּׁנִים הַטּוֹבוֹת לִבְרָכָה
כִּי אֵל טוֹב וּמֵטִיב אַתָּה וּמְבָרֵךְ הַשָּׁנִים.
בָּרוּךְ אַתָּה יהוה, מְבָרֵךְ הַשָּׁנִים.

קיבוץ גלויות

תְּקַע בְּשׁוֹפָר גָּדוֹל לְחֵרוּתֵנוּ
וְשָׂא נֵס לְקַבֵּץ גָּלֻיּוֹתֵינוּ
וְקַבְּצֵנוּ יַחַד מְהֵרָה מֵאַרְבַּע כַּנְפוֹת הָאָרֶץ לְאַרְצֵנוּ.
בָּרוּךְ אַתָּה יהוה, מְקַבֵּץ נִדְחֵי עַמּוֹ יִשְׂרָאֵל.

השבת המשפט

הָשִׁיבָה שׁוֹפְטֵינוּ כְּבָרִאשׁוֹנָה, וְיוֹעֲצֵינוּ כְּבַתְּחִלָּה
וְהָסֵר מִמֶּנּוּ יָגוֹן וַאֲנָחָה
וּמְלֹךְ עָלֵינוּ מְהֵרָה אַתָּה יהוה לְבַדְּךָ
בְּחֶסֶד וּבְרַחֲמִים, בְּצֶדֶק וּבְמִשְׁפָּט.
בָּרוּךְ אַתָּה יהוה, מֶלֶךְ אוֹהֵב צְדָקָה וּמִשְׁפָּט.

ברכת המינים

וְלַמַּלְשִׁינִים אַל תְּהִי תִקְוָה, וְכָל הַמִּינִים כְּרֶגַע יֹאבֵדוּ
וְכָל אוֹיְבֵי עַמְּךָ מְהֵרָה יִכָּרֵתוּ
וְהַזֵּדִים מְהֵרָה תְעַקֵּר וּתְשַׁבֵּר וּתְמַגֵּר
וּתְכַלֵּם וְתַשְׁפִּילֵם וְתַכְנִיעֵם
בִּמְהֵרָה בְיָמֵינוּ.
בָּרוּךְ אַתָּה יהוה, שׁוֹבֵר אוֹיְבִים וּמַכְנִיעַ זֵדִים.

על הצדיקים

עַל הַצַּדִּיקִים וְעַל הַחֲסִידִים
וְעַל זִקְנֵי שְׁאֵרִית עַמְּךָ בֵּית יִשְׂרָאֵל
וְעַל פְּלֵיטַת בֵּית סוֹפְרֵיהֶם
וְעַל גֵּרֵי הַצֶּדֶק, וְעָלֵינוּ
יֶהֱמוּ נָא רַחֲמֶיךָ, יהוה אֱלֹהֵינוּ
וְתֵן שָׂכָר טוֹב לְכָל הַבּוֹטְחִים בְּשִׁמְךָ בֶּאֱמֶת
וְשִׂים חֶלְקֵנוּ עִמָּהֶם
וּלְעוֹלָם לֹא נֵבוֹשׁ, כִּי בְךָ בָטָחְנוּ
וְעַל חַסְדְּךָ הַגָּדוֹל בֶּאֱמֶת נִשְׁעָנְנוּ.
בָּרוּךְ אַתָּה יהוה, מִשְׁעָן וּמִבְטָח לַצַּדִּיקִים.

בניין ירושלים

וְלִירוּשָׁלַיִם עִירְךָ בְּרַחֲמִים תָּשׁוּב
וְתִשְׁכֹּן בְּתוֹכָהּ כַּאֲשֶׁר דִּבַּרְתָּ
וּבְנֵה אוֹתָהּ בְּקָרוֹב בְּיָמֵינוּ בִּנְיַן עוֹלָם
וְכִסֵּא דָוִד עַבְדְּךָ מְהֵרָה לְתוֹכָהּ תָּכִין.
בָּרוּךְ אַתָּה יהוה, בּוֹנֵה יְרוּשָׁלָיִם.

מלכות בית דוד

אֶת צֶמַח דָּוִד עַבְדְּךָ מְהֵרָה תַצְמִיחַ, וְקַרְנוֹ תָּרוּם בִּישׁוּעָתֶךָ
כִּי לִישׁוּעָתְךָ קִוִּינוּ כָּל הַיּוֹם.
בָּרוּךְ אַתָּה יהוה, מַצְמִיחַ קֶרֶן יְשׁוּעָה.

שומע תפילה

אָב הָרַחֲמָן
שְׁמַע קוֹלֵנוּ יהוה אֱלֹהֵינוּ
חוּס וְרַחֵם עָלֵינוּ, וְקַבֵּל בְּרַחֲמִים וּבְרָצוֹן אֶת תְּפִלָּתֵנוּ
כִּי אֵל שׁוֹמֵעַ תְּפִלּוֹת וְתַחֲנוּנִים אָתָּה
וּמִלְּפָנֶיךָ מַלְכֵּנוּ רֵיקָם אַל תְּשִׁיבֵנוּ
חָנֵּנוּ וַעֲנֵנוּ וּשְׁמַע תְּפִלָּתֵנוּ
כִּי אַתָּה שׁוֹמֵעַ תְּפִלַּת כָּל פֶּה.
בָּרוּךְ אַתָּה יהוה, שׁוֹמֵעַ תְּפִלָּה.

עבודה

רְצֵה יהוה אֱלֹהֵינוּ בְּעַמְּךָ יִשְׂרָאֵל, וְלִתְפִלָּתָם שְׁעֵה
וְהָשֵׁב אֶת הָעֲבוֹדָה לִדְבִיר בֵּיתֶךָ
וְאִשֵּׁי יִשְׂרָאֵל וּתְפִלָּתָם, מְהֵרָה בְּאַהֲבָה תְקַבֵּל בְּרָצוֹן
וּתְהִי לְרָצוֹן תָּמִיד עֲבוֹדַת יִשְׂרָאֵל עַמֶּךָ.

וְתֶחֱזֶינָה עֵינֵינוּ בְּשׁוּבְךָ לְצִיּוֹן בְּרַחֲמִים.
בָּרוּךְ אַתָּה יהוה, הַמַּחֲזִיר שְׁכִינָתוֹ לְצִיּוֹן.

הודאה

כורע ב'מודים' ואינו זוקף עד אמירת השם (סידור השל"ה).

ˈמוֹדִים אֲנַחְנוּ לָךְ
שָׁאַתָּה הוּא יהוה אֱלֹהֵינוּ
וֵאלֹהֵי אֲבוֹתֵינוּ לְעוֹלָם וָעֶד.
צוּר חַיֵּינוּ, מָגֵן יִשְׁעֵנוּ
אַתָּה הוּא לְדוֹר וָדוֹר.
נוֹדֶה לְּךָ וּנְסַפֵּר תְּהִלָּתֶךָ
עַל חַיֵּינוּ הַמְּסוּרִים בְּיָדֶךָ
וְעַל נִשְׁמוֹתֵינוּ הַפְּקוּדוֹת לָךְ
וְעַל נִסֶּיךָ שֶׁבְּכָל יוֹם עִמָּנוּ
וְעַל נִפְלְאוֹתֶיךָ וְטוֹבוֹתֶיךָ
שֶׁבְּכָל עֵת, עֶרֶב וָבֹקֶר וְצָהֳרָיִם.
הַטּוֹב, כִּי לֹא כָלוּ רַחֲמֶיךָ
וְהַמְרַחֵם, כִּי לֹא תַמּוּ חֲסָדֶיךָ
כִּי מֵעוֹלָם קִוִּינוּ לָךְ.

כששליח הציבור אומר 'מודים', הקהל אומר בלחש (סוטה מ ע"א):

ˈמוֹדִים אֲנַחְנוּ לָךְ
שָׁאַתָּה הוּא יהוה אֱלֹהֵינוּ
וֵאלֹהֵי אֲבוֹתֵינוּ
אֱלֹהֵי כָל בָּשָׂר
יוֹצְרֵנוּ, יוֹצֵר בְּרֵאשִׁית.
בְּרָכוֹת וְהוֹדָאוֹת
לְשִׁמְךָ הַגָּדוֹל וְהַקָּדוֹשׁ
עַל שֶׁהֶחֱיִיתָנוּ וְקִיַּמְתָּנוּ.
כֵּן תְּחַיֵּנוּ וּתְקַיְּמֵנוּ
וְתֶאֱסֹף גָּלֻיּוֹתֵינוּ
לְחַצְרוֹת קָדְשֶׁךָ
לִשְׁמֹר חֻקֶּיךָ וְלַעֲשׂוֹת רְצוֹנֶךָ
וּלְעָבְדְּךָ בְּלֵבָב שָׁלֵם
עַל שֶׁאֲנַחְנוּ מוֹדִים לָךְ.
בָּרוּךְ אֵל הַהוֹדָאוֹת.

וְעַל כֻּלָּם יִתְבָּרַךְ וְיִתְרוֹמַם וְיִתְנַשֵּׂא שִׁמְךָ מַלְכֵּנוּ
תָּמִיד לְעוֹלָם וָעֶד.
וְכֹל הַחַיִּים יוֹדוּךָ סֶּלָה
וִיהַלְלוּ וִיבָרְכוּ אֶת שִׁמְךָ הַגָּדוֹל בֶּאֱמֶת לְעוֹלָם כִּי טוֹב
הָאֵל יְשׁוּעָתֵנוּ וְעֶזְרָתֵנוּ סֶלָה, הָאֵל הַטּוֹב.
ˈבָּרוּךְ אַתָּה יהוה, הַטּוֹב שִׁמְךָ וּלְךָ נָאֶה לְהוֹדוֹת.

שלום

שִׂים שָׁלוֹם טוֹבָה וּבְרָכָה
חַיִּים חֵן וָחֶסֶד וְרַחֲמִים, עָלֵינוּ וְעַל כָּל יִשְׂרָאֵל עַמֶּךָ.
בָּרְכֵנוּ אָבִינוּ כֻּלָּנוּ כְּאֶחָד בְּאוֹר פָּנֶיךָ
כִּי בְאוֹר פָּנֶיךָ נָתַתָּ לָּנוּ יהוה אֱלֹהֵינוּ
תּוֹרַת חַיִּים וְאַהֲבַת חֶסֶד
וּצְדָקָה וּבְרָכָה וְרַחֲמִים וְחַיִּים וְשָׁלוֹם.
וְטוֹב יִהְיֶה בְעֵינֶיךָ לְבָרְכֵנוּ, וּלְבָרֵךְ אֶת כָּל עַמְּךָ יִשְׂרָאֵל
בְּכָל עֵת וּבְכָל שָׁעָה בִּשְׁלוֹמֶךָ.
בָּרוּךְ אַתָּה יהוה, הַמְבָרֵךְ אֶת עַמּוֹ יִשְׂרָאֵל בַּשָּׁלוֹם.

שליח הציבור מסיים באמירת הפסוק הבא בלחש,
ויש הנוהגים לאומרו גם בסוף תפילת לחש של יחיד.

יִהְיוּ לְרָצוֹן אִמְרֵי פִי וְהֶגְיוֹן לִבִּי לְפָנֶיךָ, יהוה צוּרִי וְגֹאֲלִי: תהלים יט

אֱלֹהַי ברכות יז.
נְצֹר לְשׁוֹנִי מֵרָע וּשְׂפָתַי מִדַּבֵּר מִרְמָה
וְלִמְקַלְלַי נַפְשִׁי תִדֹּם, וְנַפְשִׁי כֶּעָפָר לַכֹּל תִּהְיֶה.
פְּתַח לִבִּי בְּתוֹרָתֶךָ, וּבְמִצְוֹתֶיךָ תִּרְדֹּף נַפְשִׁי.
וְכָל הַקָּמִים וְהַחוֹשְׁבִים עָלַי רָעָה
מְהֵרָה הָפֵר עֲצָתָם וְקַלְקֵל מַחֲשַׁבְתָּם.

יש המוסיפים תחינה זו (קיצור של״ה, ׳אור הישר׳):

יְהִי רָצוֹן מִלְּפָנֶיךָ, יהוה אֱלֹהַי וֵאלֹהֵי אֲבוֹתַי
שֶׁלֹּא תַעֲלֶה קִנְאַת אָדָם עָלַי, וְלֹא קִנְאָתִי עַל אֲחֵרִים
וְשֶׁלֹּא אֶכְעֹס הַיּוֹם, וְשֶׁלֹּא אַכְעִיסֶךָ
וְתַצִּילֵנִי מִיֵּצֶר הָרָע, וְתֵן בְּלִבִּי הַכְנָעָה וַעֲנָוָה.
מַלְכֵּנוּ וֵאלֹהֵינוּ, יַחֵד שִׁמְךָ בְּעוֹלָמֶךָ
בְּנֵה עִירְךָ, יַסֵּד בֵּיתְךָ וְשַׁכְלֵל הֵיכָלֶךָ
וְקַבֵּץ קִבּוּץ גָּלֻיּוֹת, וּפְדֵה צֹאנְךָ וְשַׂמַּח עֲדָתֶךָ.

עֲשֵׂה לְמַעַן שְׁמֶךָ, עֲשֵׂה לְמַעַן יְמִינֶךָ
עֲשֵׂה לְמַעַן תּוֹרָתֶךָ, עֲשֵׂה לְמַעַן קְדֻשָּׁתֶךָ.
תהלים ס לְמַעַן יֵחָלְצוּן יְדִידֶיךָ, הוֹשִׁיעָה יְמִינְךָ וַעֲנֵנִי:
תהלים יט יִהְיוּ לְרָצוֹן אִמְרֵי פִי וְהֶגְיוֹן לִבִּי לְפָנֶיךָ, יהוה צוּרִי וְגֹאֲלִי:

כורע ופוסע שלוש פסיעות לאחור. קד לשמאל, לימין ולפנים באמירת:

עֹשֶׂה שָׁלוֹם בִּמְרוֹמָיו
הוּא יַעֲשֶׂה שָׁלוֹם, עָלֵינוּ וְעַל כָּל יִשְׂרָאֵל, וְאִמְרוּ אָמֵן.

יְהִי רָצוֹן מִלְּפָנֶיךָ יהוה אֱלֹהֵינוּ וֵאלֹהֵי אֲבוֹתֵינוּ
שֶׁיִּבָּנֶה בֵּית הַמִּקְדָּשׁ בִּמְהֵרָה בְיָמֵינוּ, וְתֵן חֶלְקֵנוּ בְּתוֹרָתֶךָ
וְשָׁם נַעֲבָדְךָ בְּיִרְאָה כִּימֵי עוֹלָם וּכְשָׁנִים קַדְמֹנִיּוֹת.
מלאכי ג וְעָרְבָה לַיהוה מִנְחַת יְהוּדָה וִירוּשָׁלָםִ כִּימֵי עוֹלָם וּכְשָׁנִים קַדְמֹנִיּוֹת:

שליח הציבור חוזר על העמידה בקול רם (עמ׳ 12).

קדיש שלם

ש״ץ: יִתְגַּדַּל וְיִתְקַדַּשׁ שְׁמֵהּ רַבָּא (קהל: אָמֵן)
בְּעָלְמָא דִּי בְרָא כִרְעוּתֵהּ
וְיַמְלִיךְ מַלְכוּתֵהּ
וְיַצְמַח פֻּרְקָנֵהּ וִיקָרֵב מְשִׁיחֵהּ (קהל: אָמֵן)
בְּחַיֵּיכוֹן וּבְיוֹמֵיכוֹן וּבְחַיֵּי דְכָל בֵּית יִשְׂרָאֵל
בַּעֲגָלָא וּבִזְמַן קָרִיב, וְאִמְרוּ אָמֵן. (קהל: אָמֵן)

קהל וש״ץ: יְהֵא שְׁמֵהּ רַבָּא מְבָרַךְ לְעָלַם וּלְעָלְמֵי עָלְמַיָּא.

ש״ץ: יִתְבָּרַךְ וְיִשְׁתַּבַּח וְיִתְפָּאַר וְיִתְרוֹמַם וְיִתְנַשֵּׂא
וְיִתְהַדָּר וְיִתְעַלֶּה וְיִתְהַלָּל
שְׁמֵהּ דְּקֻדְשָׁא בְּרִיךְ הוּא (קהל: אָמֵן)
לְעֵלָּא מִן כָּל בִּרְכָתָא וְשִׁירָתָא, תֻּשְׁבְּחָתָא וְנֶחֱמָתָא
דַּאֲמִירָן בְּעָלְמָא, וְאִמְרוּ אָמֵן. (קהל: אָמֵן)

תִּתְקַבַּל צְלוֹתְהוֹן וּבָעוּתְהוֹן דְּכָל בֵּית יִשְׂרָאֵל
קֳדָם אֲבוּהוֹן דִּי בִשְׁמַיָּא, וְאִמְרוּ אָמֵן. (קהל: אָמֵן)

יְהֵא שְׁלָמָא רַבָּא מִן שְׁמַיָּא
וְחַיִּים טוֹבִים עָלֵינוּ וְעַל כָּל יִשְׂרָאֵל, וְאִמְרוּ אָמֵן. (קהל: אָמֵן)

כורע ופוסע שלוש פסיעות לאחור. קד לשמאל, לימין ולפנים באמירת:

עֹשֶׂה שָׁלוֹם בִּמְרוֹמָיו
הוּא יַעֲשֶׂה שָׁלוֹם
עָלֵינוּ וְעַל כָּל יִשְׂרָאֵל, וְאִמְרוּ אָמֵן. (קהל: אָמֵן)

אומרים 'עָלֵינוּ' בעמידה ומשתחווים במקום המסומן ב*.

עָלֵינוּ לְשַׁבֵּחַ לַאֲדוֹן הַכֹּל, לָתֵת גְּדֻלָּה לְיוֹצֵר בְּרֵאשִׁית
שֶׁלֹּא עָשָׂנוּ כְּגוֹיֵי הָאֲרָצוֹת, וְלֹא שָׂמָנוּ כְּמִשְׁפְּחוֹת הָאֲדָמָה
שֶׁלֹּא שָׂם חֶלְקֵנוּ כָּהֶם וְגוֹרָלֵנוּ כְּכָל הֲמוֹנָם.
שֶׁהֵם מִשְׁתַּחֲוִים לְהֶבֶל וָרִיק וּמִתְפַּלְלִים אֶל אֵל לֹא יוֹשִׁיעַ.
*וַאֲנַחְנוּ כּוֹרְעִים וּמִשְׁתַּחֲוִים וּמוֹדִים
לִפְנֵי מֶלֶךְ מַלְכֵי הַמְּלָכִים, הַקָּדוֹשׁ בָּרוּךְ הוּא
שֶׁהוּא נוֹטֶה שָׁמַיִם וְיוֹסֵד אָרֶץ
וּמוֹשַׁב יְקָרוֹ בַּשָּׁמַיִם מִמַּעַל
וּשְׁכִינַת עֻזּוֹ בְּגָבְהֵי מְרוֹמִים.
הוּא אֱלֹהֵינוּ, אֵין עוֹד.
אֱמֶת מַלְכֵּנוּ, אֶפֶס זוּלָתוֹ
כַּכָּתוּב בְּתוֹרָתוֹ
וְיָדַעְתָּ הַיּוֹם וַהֲשֵׁבֹתָ אֶל־לְבָבֶךָ דברים ד
כִּי יהוה הוּא הָאֱלֹהִים בַּשָּׁמַיִם מִמַּעַל וְעַל־הָאָרֶץ מִתָּחַת
אֵין עוֹד:

וְעַל כֵּן נְקַוֶּה לְּךָ יהוה אֱלֹהֵינוּ, לִרְאוֹת מְהֵרָה בְּתִפְאֶרֶת עֻזֶּךָ
לְהַעֲבִיר גִּלּוּלִים מִן הָאָרֶץ, וְהָאֱלִילִים כָּרוֹת יִכָּרֵתוּן
לְתַקֵּן עוֹלָם בְּמַלְכוּת שַׁדַּי.
וְכָל בְּנֵי בָשָׂר יִקְרְאוּ בִשְׁמֶךָ, לְהַפְנוֹת אֵלֶיךָ כָּל רִשְׁעֵי אָרֶץ.
יַכִּירוּ וְיֵדְעוּ כָּל יוֹשְׁבֵי תֵבֵל
כִּי לְךָ תִּכְרַע כָּל בֶּרֶךְ, תִּשָּׁבַע כָּל לָשׁוֹן.
לְפָנֶיךָ יהוה אֱלֹהֵינוּ יִכְרְעוּ וְיִפֹּלוּ, וְלִכְבוֹד שִׁמְךָ יְקָר יִתֵּנוּ
וִיקַבְּלוּ כֻלָּם אֶת עֹל מַלְכוּתֶךָ, וְתִמְלֹךְ עֲלֵיהֶם מְהֵרָה לְעוֹלָם וָעֶד.
כִּי הַמַּלְכוּת שֶׁלְּךָ הִיא וּלְעוֹלְמֵי עַד תִּמְלֹךְ בְּכָבוֹד
שמות טו כַּכָּתוּב בְּתוֹרָתֶךָ, יהוה יִמְלֹךְ לְעֹלָם וָעֶד:
זכריה יד ◄ וְנֶאֱמַר, וְהָיָה יהוה לְמֶלֶךְ עַל־כָּל־הָאָרֶץ
בַּיּוֹם הַהוּא יִהְיֶה יהוה אֶחָד וּשְׁמוֹ אֶחָד:

יש מוסיפים:

משלי ג אַל־תִּירָא מִפַּחַד פִּתְאֹם וּמִשֹּׁאַת רְשָׁעִים כִּי תָבֹא:
ישעיה ח עֻצוּ עֵצָה וְתֻפָר, דַּבְּרוּ דָבָר וְלֹא יָקוּם, כִּי עִמָּנוּ אֵל:
ישעיה מו וְעַד־זִקְנָה אֲנִי הוּא, וְעַד־שֵׂיבָה אֲנִי אֶסְבֹּל אֲנִי עָשִׂיתִי וַאֲנִי אֶשָּׂא וַאֲנִי אֶסְבֹּל וַאֲמַלֵּט:

קדיש יתום

אבל: יִתְגַּדַּל וְיִתְקַדַּשׁ שְׁמֵהּ רַבָּא (קהל: אָמֵן)
בְּעָלְמָא דִּי בְרָא כִרְעוּתֵהּ
וְיַמְלִיךְ מַלְכוּתֵהּ וְיַצְמַח פֻּרְקָנֵהּ וִיקָרֵב מְשִׁיחֵהּ (קהל: אָמֵן)
בְּחַיֵּיכוֹן וּבְיוֹמֵיכוֹן וּבְחַיֵּי דְכָל בֵּית יִשְׂרָאֵל
בַּעֲגָלָא וּבִזְמַן קָרִיב, וְאִמְרוּ אָמֵן. (קהל: אָמֵן)

קהל ואבל: יְהֵא שְׁמֵהּ רַבָּא מְבָרַךְ לְעָלַם וּלְעָלְמֵי עָלְמַיָּא.

אבל: יִתְבָּרַךְ וְיִשְׁתַּבַּח וְיִתְפָּאַר וְיִתְרוֹמַם וְיִתְנַשֵּׂא
וְיִתְהַדָּר וְיִתְעַלֶּה וְיִתְהַלָּל
שְׁמֵהּ דְּקֻדְשָׁא בְּרִיךְ הוּא (קהל: אָמֵן)

לְעֵלָּא מִן כָּל בִּרְכָתָא
וְשִׁירָתָא, תֻּשְׁבְּחָתָא וְנֶחֱמָתָא
דַּאֲמִירָן בְּעָלְמָא, וְאִמְרוּ אָמֵן. (קהל: אָמֵן)

יְהֵא שְׁלָמָא רַבָּא מִן שְׁמַיָּא
וְחַיִּים טוֹבִים עָלֵינוּ וְעַל כָּל יִשְׂרָאֵל, וְאִמְרוּ אָמֵן. (קהל: אָמֵן)

כורע ופוסע שלוש פסיעות לאחור. קד לשמאל, לימין ולפנים באמירת:
עֹשֶׂה שָׁלוֹם בִּמְרוֹמָיו
הוּא יַעֲשֶׂה שָׁלוֹם
עָלֵינוּ וְעַל כָּל יִשְׂרָאֵל, וְאִמְרוּ אָמֵן. (קהל: אָמֵן)

יש האומרים ׳לְדָוִד, ה׳ אוֹרִי וְיִשְׁעִי׳ בערבית ולא במנחה, כנוסח אשכנז.

לְדָוִד, יהוה אוֹרִי וְיִשְׁעִי, מִמִּי אִירָא, יהוה מָעוֹז־חַיַּי, מִמִּי אֶפְחָד: תהלים כז
בִּקְרֹב עָלַי מְרֵעִים לֶאֱכֹל אֶת־בְּשָׂרִי, צָרַי וְאֹיְבַי לִי, הֵמָּה כָשְׁלוּ
וְנָפָלוּ: אִם־תַּחֲנֶה עָלַי מַחֲנֶה, לֹא־יִירָא לִבִּי, אִם־תָּקוּם עָלַי מִלְחָמָה,
בְּזֹאת אֲנִי בוֹטֵחַ: אַחַת שָׁאַלְתִּי מֵאֵת־יהוה, אוֹתָהּ אֲבַקֵּשׁ, שִׁבְתִּי
בְּבֵית־יהוה כָּל־יְמֵי חַיַּי, לַחֲזוֹת בְּנֹעַם־יהוה, וּלְבַקֵּר בְּהֵיכָלוֹ: כִּי
יִצְפְּנֵנִי בְּסֻכֹּה בְּיוֹם רָעָה, יַסְתִּרֵנִי בְּסֵתֶר אָהֳלוֹ, בְּצוּר יְרוֹמְמֵנִי:
וְעַתָּה יָרוּם רֹאשִׁי עַל אֹיְבַי סְבִיבוֹתַי, וְאֶזְבְּחָה בְאָהֳלוֹ זִבְחֵי תְרוּעָה,
אָשִׁירָה וַאֲזַמְּרָה לַיהוה: שְׁמַע־יהוה קוֹלִי אֶקְרָא, וְחָנֵּנִי וַעֲנֵנִי: לְךָ
אָמַר לִבִּי בַּקְּשׁוּ פָנָי, אֶת־פָּנֶיךָ יהוה אֲבַקֵּשׁ: אַל־תַּסְתֵּר פָּנֶיךָ מִמֶּנִּי,
אַל תַּט־בְּאַף עַבְדֶּךָ, עֶזְרָתִי הָיִיתָ, אַל־תִּטְּשֵׁנִי וְאַל־תַּעַזְבֵנִי, אֱלֹהֵי
יִשְׁעִי: כִּי־אָבִי וְאִמִּי עֲזָבוּנִי, וַיהוה יַאַסְפֵנִי: הוֹרֵנִי יהוה דַּרְכֶּךָ, וּנְחֵנִי
בְּאֹרַח מִישׁוֹר, לְמַעַן שׁוֹרְרָי: אַל־תִּתְּנֵנִי בְּנֶפֶשׁ צָרָי, כִּי קָמוּ־בִי
עֵדֵי־שֶׁקֶר, וִיפֵחַ חָמָס: ◂ לוּלֵא הֶאֱמַנְתִּי לִרְאוֹת בְּטוּב־יהוה בְּאֶרֶץ
חַיִּים: קַוֵּה אֶל־יהוה, חֲזַק וְיַאֲמֵץ לִבֶּךָ, וְקַוֵּה אֶל־יהוה:

קדיש יתום בעמוד הקודם

וּבַחֹדֶשׁ הַשְּׁבִיעִי
בְּאֶחָד לַחֹדֶשׁ
מִקְרָא־קֹדֶשׁ יִהְיֶה לָכֶם
כָּל־מְלֶאכֶת עֲבֹדָה
לֹא תַעֲשׂוּ

יוֹם תְּרוּעָה

יִהְיֶה לָכֶם

במדבר כט, א

תִּקְעוּ בַחֹדֶשׁ שׁוֹפָר בַּכֶּסֶה לְיוֹם חַגֵּנוּ
כִּי חֹק לְיִשְׂרָאֵל הוּא מִשְׁפָּט לֵאלֹהֵי יַעֲקֹב

תהלים פא, ד-ה

ערבית לראש השנה

יש נוהגים לומר פיוט זה, שחיברו ר׳ אברהם חזן, תלמידו של הרמב״ן.

המנהג המקובל הוא לאומרו רק בלילה הראשון, אך יש שאומרים אותו בשני הלילות: בראשון חותמים כל בית בסוגר ׳תִּכְלֶה שָׁנָה וְקִלְלוֹתֶיהָ׳ ובשני – ׳תָּחֵל שָׁנָה וּבִרְכוֹתֶיהָ׳ (׳שיח יצחק׳ קמו, בשם ׳זה השולחן׳).

אם ליל א׳ של ראש השנה חל בשבת, יש האומרים את הפיוט אחרי קבלת שבת (עמ׳ 40), וכן מנהג אשכנז.

אָחוֹת קְטַנָּה, תְּפִלּוֹתֶיהָ
עוֹרְכָה וְעוֹנָה תְּהִלּוֹתֶיהָ
אֵל נָא רְפָא נָא לְמַחֲלוֹתֶיהָ.
תִּכְלֶה שָׁנָה וְקִלְלוֹתֶיהָ.

בְּנֹעַם מִלִּים לְךָ תִּקְרָאֶה
וְשִׁיר וְהִלּוּלִים, כִּי לְךָ נָאֶה
עַל מָה תַּעְלִים עֵינְךָ, וְתִרְאֶה
זָרִים אוֹכְלִים נַחֲלוֹתֶיהָ.
תִּכְלֶה שָׁנָה וְקִלְלוֹתֶיהָ.

רְעֵה אֶת צֹאנְךָ אֲרָיוֹת זֵרוּ
וּשְׁפֹךְ חֲרוֹנְךָ בְּאוֹמְרִים עָרוּ
וְכַנַּת יְמִינְךָ פָּרְצוּ וְאָרוּ
לֹא הִשְׁאִירוּ עוֹלְלוֹתֶיהָ.
תִּכְלֶה שָׁנָה וְקִלְלוֹתֶיהָ.

הָקֵם מִשְׁפְּלוּת לְרֹאשׁ מַמְלֶכֶת
כִּי בְּבוֹר גָּלוּת נַפְשָׁהּ נִתֶּכֶת
וּכְרֻם זֻלּוּת לִבָּהּ שׁוֹפֶכֶת
בְּדַלֵּי דַלּוּת מִשְׁכְּנוֹתֶיהָ.
תִּכְלֶה שָׁנָה וְקִלְלוֹתֶיהָ.

מָתַי תַּעֲלֶה בְּתֹךְ מִבּוֹר
מִבֵּית כֶּלֶא עֻלָּהּ תִּשְׁבֹּר
וְהַפְלֵא פֶּלֶא בְּצֵאתְךָ כְּגִבּוֹר
לְהָתֵם וְכַלֵּה מְכַלּוֹתֶיהָ. תִּכְלֶה שָׁנָה וְקִלְלוֹתֶיהָ.

חֵילָהּ קָבְעוּ הַגּוֹי כֻּלּוֹ
וְטוּבָהּ שָׁבְעוּ, וּבָזְזוּ אִישׁ לוֹ
וְלִבָּהּ קָרְעוּ, וּבְכָל זֹאת, לֹא
מִמְּךָ נָעוּ מַעְגְּלוֹתֶיהָ. תִּכְלֶה שָׁנָה וְקִלְלוֹתֶיהָ.

זְמִירָהּ שָׁבַת, וְחֶשְׁקָהּ תַּגְבִּיר
לַחְפֹּץ קִרְבַת דּוֹדָהּ, וְתַעֲבִיר
מִלֵּב דַּאֲבַת נַפְשָׁהּ וְתָסִיר
לְבַקֵּשׁ אַהֲבַת כְּלוּלוֹתֶיהָ. תִּכְלֶה שָׁנָה וְקִלְלוֹתֶיהָ.

נֶחֱהָ בְּנַחַת לִנְוֵה רִבְצָהּ
רַב נִזְנַחַת מִדּוֹד חֶפְצָהּ
וְהוּא כְּפוֹרַחַת עָלְתָה נִצָּהּ
לֹא הִבְשִׁילוּ אַשְׁכְּלוֹתֶיהָ. תִּכְלֶה שָׁנָה וְקִלְלוֹתֶיהָ.

חִזְקוּ וְגִילוּ כִּי שֹׁד גָּמַר
לְצוּר הוֹחִילוּ, בְּרִיתוֹ שָׁמַר
לָכֶם, וְתַעֲלוּ לְצִיּוֹן, וְאָמַר
סֹלּוּ סֹלּוּ מְסִלּוֹתֶיהָ. תָּחֵל שָׁנָה וּבִרְכוֹתֶיהָ.

ביום חול מתחילים ׳בָּרְכוּ׳ בעמ׳ 41.
בשבת יש הנוהגים לומר שיר השירים ו׳יְדִיד נֶפֶשׁ׳ ויש המתחילים בעמ׳ 37.

שיר השירים

אם ליל א' של ראש השנה חל בשבת
יש הנוהגים לקרוא את מגילת שיר השירים לפני מנחה (יוסף אומץ),
ויש הקוראים אותה לאחר מנחה (סידור יעב"ץ).
אם אין השעה מספקת לומר את שיר השירים כולו, יש אומרים את ד' הפסוקים בעמ' 36.

א שִׁיר הַשִּׁירִים אֲשֶׁר לִשְׁלֹמֹה: יִשָּׁקֵנִי מִנְּשִׁיקוֹת פִּיהוּ כִּי־טוֹבִים דֹּדֶיךָ
מִיָּיִן: לְרֵיחַ שְׁמָנֶיךָ טוֹבִים שֶׁמֶן תּוּרַק שְׁמֶךָ עַל־כֵּן עֲלָמוֹת אֲהֵבוּךָ:
מָשְׁכֵנִי אַחֲרֶיךָ נָּרוּצָה הֱבִיאַנִי הַמֶּלֶךְ חֲדָרָיו נָגִילָה וְנִשְׂמְחָה בָּךְ נַזְכִּירָה
דֹדֶיךָ מִיַּיִן מֵישָׁרִים אֲהֵבוּךָ: שְׁחוֹרָה אֲנִי וְנָאוָה בְּנוֹת
יְרוּשָׁלִָם כְּאָהֳלֵי קֵדָר כִּירִיעוֹת שְׁלֹמֹה: אַל־תִּרְאוּנִי שֶׁאֲנִי שְׁחַרְחֹרֶת
שֶׁשְּׁזָפַתְנִי הַשָּׁמֶשׁ בְּנֵי אִמִּי נִחֲרוּ־בִי שָׂמֻנִי נֹטֵרָה אֶת־הַכְּרָמִים כַּרְמִי
שֶׁלִּי לֹא נָטָרְתִּי: הַגִּידָה לִּי שֶׁאָהֲבָה נַפְשִׁי אֵיכָה תִרְעֶה אֵיכָה תַּרְבִּיץ
בַּצָּהֳרָיִם שַׁלָּמָה אֶהְיֶה כְּעֹטְיָה עַל עֶדְרֵי חֲבֵרֶיךָ: אִם־לֹא תֵדְעִי לָךְ
הַיָּפָה בַּנָּשִׁים צְאִי־לָךְ בְּעִקְבֵי הַצֹּאן וּרְעִי אֶת־גְּדִיֹּתַיִךְ עַל מִשְׁכְּנוֹת
הָרֹעִים: לְסֻסָתִי בְּרִכְבֵי פַרְעֹה דִּמִּיתִיךְ רַעְיָתִי: נָאווּ לְחָיַיִךְ
בַּתֹּרִים צַוָּארֵךְ בַּחֲרוּזִים: תּוֹרֵי זָהָב נַעֲשֶׂה־לָּךְ עִם נְקֻדּוֹת הַכָּסֶף:
עַד־שֶׁהַמֶּלֶךְ בִּמְסִבּוֹ נִרְדִּי נָתַן רֵיחוֹ: צְרוֹר הַמֹּר ׀ דּוֹדִי לִי בֵּין שָׁדַי
יָלִין: אֶשְׁכֹּל הַכֹּפֶר ׀ דּוֹדִי לִי בְּכַרְמֵי עֵין גֶּדִי: הִנָּךְ יָפָה רַעְיָתִי
הִנָּךְ יָפָה עֵינַיִךְ יוֹנִים: הִנְּךָ יָפֶה דוֹדִי אַף נָעִים אַף־עַרְשֵׂנוּ רַעֲנָנָה:
ב קֹרוֹת בָּתֵּינוּ אֲרָזִים רחיטנו בְּרוֹתִים: אֲנִי חֲבַצֶּלֶת הַשָּׁרוֹן שׁוֹשַׁנַּת רָהִיטֵנוּ
הָעֲמָקִים: כְּשׁוֹשַׁנָּה בֵּין הַחוֹחִים כֵּן רַעְיָתִי בֵּין הַבָּנוֹת: כְּתַפּוּחַ בַּעֲצֵי
הַיַּעַר כֵּן דּוֹדִי בֵּין הַבָּנִים בְּצִלּוֹ חִמַּדְתִּי וְיָשַׁבְתִּי וּפִרְיוֹ מָתוֹק לְחִכִּי:
הֱבִיאַנִי אֶל־בֵּית הַיָּיִן וְדִגְלוֹ עָלַי אַהֲבָה: סַמְּכוּנִי בָּאֲשִׁישׁוֹת רַפְּדוּנִי
בַּתַּפּוּחִים כִּי־חוֹלַת אַהֲבָה אָנִי: שְׂמֹאלוֹ תַּחַת לְרֹאשִׁי וִימִינוֹ תְּחַבְּקֵנִי:
הִשְׁבַּעְתִּי אֶתְכֶם בְּנוֹת יְרוּשָׁלִַם בִּצְבָאוֹת אוֹ בְּאַיְלוֹת הַשָּׂדֶה אִם־
תָּעִירוּ ׀ וְאִם־תְּעוֹרְרוּ אֶת־הָאַהֲבָה עַד שֶׁתֶּחְפָּץ: קוֹל דּוֹדִי

הִנֵּה־זֶה בָּא מְדַלֵּג עַל־הֶהָרִים מְקַפֵּץ עַל־הַגְּבָעוֹת׃ דּוֹמֶה דוֹדִי לִצְבִי
אוֹ לְעֹפֶר הָאַיָּלִים הִנֵּה־זֶה עוֹמֵד אַחַר כָּתְלֵנוּ מַשְׁגִּיחַ מִן־הַחַלֹּנוֹת
מֵצִיץ מִן־הַחֲרַכִּים׃ עָנָה דוֹדִי וְאָמַר לִי קוּמִי לָךְ רַעְיָתִי יָפָתִי וּלְכִי־לָךְ׃
כִּי־הִנֵּה הַסְּתָו עָבָר הַגֶּשֶׁם חָלַף הָלַךְ לוֹ׃ הַנִּצָּנִים נִרְאוּ בָאָרֶץ עֵת
הַזָּמִיר הִגִּיעַ וְקוֹל הַתּוֹר נִשְׁמַע בְּאַרְצֵנוּ׃ הַתְּאֵנָה חָנְטָה פַגֶּיהָ וְהַגְּפָנִים ׀
לָךְ סְמָדַר נָתְנוּ רֵיחַ קוּמִי לְכִי רַעְיָתִי יָפָתִי וּלְכִי־לָךְ׃ יוֹנָתִי
בְּחַגְוֵי הַסֶּלַע בְּסֵתֶר הַמַּדְרֵגָה הַרְאִינִי אֶת־מַרְאַיִךְ הַשְׁמִיעִנִי אֶת־
קוֹלֵךְ כִּי־קוֹלֵךְ עָרֵב וּמַרְאֵיךְ נָאוֶה׃ אֶחֱזוּ־לָנוּ שׁוּעָלִים
שֻׁעָלִים קְטַנִּים מְחַבְּלִים כְּרָמִים וּכְרָמֵינוּ סְמָדַר׃ דּוֹדִי לִי וַאֲנִי לוֹ הָרֹעֶה
בַּשּׁוֹשַׁנִּים׃ עַד שֶׁיָּפוּחַ הַיּוֹם וְנָסוּ הַצְּלָלִים סֹב דְּמֵה־לְךָ דוֹדִי לִצְבִי אוֹ
לְעֹפֶר הָאַיָּלִים עַל־הָרֵי בָתֶר׃ עַל־מִשְׁכָּבִי בַּלֵּילוֹת בִּקַּשְׁתִּי ג
אֵת שֶׁאָהֲבָה נַפְשִׁי בִּקַּשְׁתִּיו וְלֹא מְצָאתִיו׃ אָקוּמָה נָּא וַאֲסוֹבְבָה
בָעִיר בַּשְּׁוָקִים וּבָרְחֹבוֹת אֲבַקְשָׁה אֵת שֶׁאָהֲבָה נַפְשִׁי בִּקַּשְׁתִּיו וְלֹא
מְצָאתִיו׃ מְצָאוּנִי הַשֹּׁמְרִים הַסֹּבְבִים בָּעִיר אֵת שֶׁאָהֲבָה נַפְשִׁי רְאִיתֶם׃
כִּמְעַט שֶׁעָבַרְתִּי מֵהֶם עַד שֶׁמָּצָאתִי אֵת שֶׁאָהֲבָה נַפְשִׁי אֲחַזְתִּיו
וְלֹא אַרְפֶּנּוּ עַד־שֶׁהֲבֵיאתִיו אֶל־בֵּית אִמִּי וְאֶל־חֶדֶר הוֹרָתִי׃ הִשְׁבַּעְתִּי
אֶתְכֶם בְּנוֹת יְרוּשָׁלִַם בִּצְבָאוֹת אוֹ בְּאַיְלוֹת הַשָּׂדֶה אִם־תָּעִירוּ ׀ וְאִם־
תְּעוֹרְרוּ אֶת־הָאַהֲבָה עַד שֶׁתֶּחְפָּץ׃ מִי זֹאת עֹלָה מִן־הַמִּדְבָּר
כְּתִימֲרוֹת עָשָׁן מְקֻטֶּרֶת מוֹר וּלְבוֹנָה מִכֹּל אַבְקַת רוֹכֵל׃ הִנֵּה מִטָּתוֹ
שֶׁלִּשְׁלֹמֹה שִׁשִּׁים גִּבֹּרִים סָבִיב לָהּ מִגִּבֹּרֵי יִשְׂרָאֵל׃ כֻּלָּם אֲחֻזֵי חֶרֶב
מְלֻמְּדֵי מִלְחָמָה אִישׁ חַרְבּוֹ עַל־יְרֵכוֹ מִפַּחַד בַּלֵּילוֹת׃ אַפִּרְיוֹן
עָשָׂה לוֹ הַמֶּלֶךְ שְׁלֹמֹה מֵעֲצֵי הַלְּבָנוֹן׃ עַמּוּדָיו עָשָׂה כֶסֶף רְפִידָתוֹ זָהָב
מֶרְכָּבוֹ אַרְגָּמָן תּוֹכוֹ רָצוּף אַהֲבָה מִבְּנוֹת יְרוּשָׁלִָם׃ צְאֶינָה ׀ וּרְאֶינָה
בְּנוֹת צִיּוֹן בַּמֶּלֶךְ שְׁלֹמֹה בָּעֲטָרָה שֶׁעִטְּרָה־לּוֹ אִמּוֹ בְּיוֹם חֲתֻנָּתוֹ
וּבְיוֹם שִׂמְחַת לִבּוֹ׃ הִנָּךְ יָפָה רַעְיָתִי הִנָּךְ יָפָה עֵינַיִךְ יוֹנִים ד
מִבַּעַד לְצַמָּתֵךְ שַׂעְרֵךְ כְּעֵדֶר הָעִזִּים שֶׁגָּלְשׁוּ מֵהַר גִּלְעָד׃ שִׁנַּיִךְ כְּעֵדֶר

הַקְּצוּבוֹת שֶׁעָלוּ מִן־הָרַחְצָה שֶׁכֻּלָּם מַתְאִימוֹת וְשַׁכֻּלָה אֵין בָּהֶם׃
כְּחוּט הַשָּׁנִי שִׂפְתוֹתַיִךְ וּמִדְבָּרֵיךְ נָאוֶה כְּפֶלַח הָרִמּוֹן רַקָּתֵךְ מִבַּעַד
לְצַמָּתֵךְ׃ כְּמִגְדַּל דָּוִיד צַוָּארֵךְ בָּנוּי לְתַלְפִּיּוֹת אֶלֶף הַמָּגֵן תָּלוּי עָלָיו
כֹּל שִׁלְטֵי הַגִּבֹּרִים׃ שְׁנֵי שָׁדַיִךְ כִּשְׁנֵי עֳפָרִים תְּאוֹמֵי צְבִיָּה הָרוֹעִים
בַּשּׁוֹשַׁנִּים׃ עַד שֶׁיָּפוּחַ הַיּוֹם וְנָסוּ הַצְּלָלִים אֵלֶךְ לִי אֶל־הַר הַמּוֹר וְאֶל־
גִּבְעַת הַלְּבוֹנָה׃ כֻּלָּךְ יָפָה רַעְיָתִי וּמוּם אֵין בָּךְ׃ אִתִּי מִלְּבָנוֹן
כַּלָּה אִתִּי מִלְּבָנוֹן תָּבוֹאִי תָּשׁוּרִי ׀ מֵרֹאשׁ אֲמָנָה מֵרֹאשׁ שְׂנִיר וְחֶרְמוֹן
מִמְּעֹנוֹת אֲרָיוֹת מֵהַרְרֵי נְמֵרִים׃ לִבַּבְתִּנִי אֲחֹתִי כַלָּה לִבַּבְתִּנִי באחד בְּאַחַת
מֵעֵינַיִךְ בְּאַחַד עֲנָק מִצַּוְּרֹנָיִךְ׃ מַה־יָּפוּ דֹדַיִךְ אֲחֹתִי כַלָּה מַה־טֹּבוּ דֹדַיִךְ
מִיַּיִן וְרֵיחַ שְׁמָנַיִךְ מִכָּל־בְּשָׂמִים׃ נֹפֶת תִּטֹּפְנָה שִׂפְתוֹתַיִךְ כַּלָּה דְּבַשׁ
וְחָלָב תַּחַת לְשׁוֹנֵךְ וְרֵיחַ שַׂלְמֹתַיִךְ כְּרֵיחַ לְבָנוֹן׃ גַּן ׀ נָעוּל
אֲחֹתִי כַלָּה גַּל נָעוּל מַעְיָן חָתוּם׃ שְׁלָחַיִךְ פַּרְדֵּס רִמּוֹנִים עִם פְּרִי מְגָדִים
כְּפָרִים עִם־נְרָדִים׃ נֵרְדְּ ׀ וְכַרְכֹּם קָנֶה וְקִנָּמוֹן עִם כָּל־עֲצֵי לְבוֹנָה מֹר
וַאֲהָלוֹת עִם כָּל־רָאשֵׁי בְשָׂמִים׃ מַעְיַן גַּנִּים בְּאֵר מַיִם חַיִּים וְנֹזְלִים
מִן־לְבָנוֹן׃ עוּרִי צָפוֹן וּבוֹאִי תֵימָן הָפִיחִי גַנִּי יִזְּלוּ בְשָׂמָיו יָבֹא דוֹדִי
לְגַנּוֹ וְיֹאכַל פְּרִי מְגָדָיו׃ בָּאתִי לְגַנִּי אֲחֹתִי כַלָּה אָרִיתִי מוֹרִי עִם־בְּשָׂמִי ה
אָכַלְתִּי יַעְרִי עִם־דִּבְשִׁי שָׁתִיתִי יֵינִי עִם־חֲלָבִי אִכְלוּ רֵעִים שְׁתוּ
וְשִׁכְרוּ דּוֹדִים׃ אֲנִי יְשֵׁנָה וְלִבִּי עֵר קוֹל ׀ דּוֹדִי דוֹפֵק פִּתְחִי־
לִי אֲחֹתִי רַעְיָתִי יוֹנָתִי תַמָּתִי שֶׁרֹּאשִׁי נִמְלָא־טָל קְוֻצּוֹתַי רְסִיסֵי
לָיְלָה׃ פָּשַׁטְתִּי אֶת־כֻּתָּנְתִּי אֵיכָכָה אֶלְבָּשֶׁנָּה רָחַצְתִּי אֶת־רַגְלַי אֵיכָכָה
אֲטַנְּפֵם׃ דּוֹדִי שָׁלַח יָדוֹ מִן־הַחֹר וּמֵעַי הָמוּ עָלָיו׃ קַמְתִּי אֲנִי לִפְתֹּחַ
לְדוֹדִי וְיָדַי נָטְפוּ־מוֹר וְאֶצְבְּעֹתַי מוֹר עֹבֵר עַל כַּפּוֹת הַמַּנְעוּל׃ פָּתַחְתִּי
אֲנִי לְדוֹדִי וְדוֹדִי חָמַק עָבָר נַפְשִׁי יָצְאָה בְדַבְּרוֹ בִּקַּשְׁתִּיהוּ וְלֹא
מְצָאתִיהוּ קְרָאתִיו וְלֹא עָנָנִי׃ מְצָאֻנִי הַשֹּׁמְרִים הַסֹּבְבִים בָּעִיר הִכּוּנִי
פְצָעוּנִי נָשְׂאוּ אֶת־רְדִידִי מֵעָלַי שֹׁמְרֵי הַחֹמוֹת׃ הִשְׁבַּעְתִּי אֶתְכֶם בְּנוֹת
יְרוּשָׁלָם אִם־תִּמְצְאוּ אֶת־דּוֹדִי מַה־תַּגִּידוּ לוֹ שֶׁחוֹלַת אַהֲבָה אָנִי׃

מַה־דּוֹדֵךְ מִדּוֹד הַיָּפָה בַּנָּשִׁים מַה־דּוֹדֵךְ מִדּוֹד שֶׁכָּכָה הִשְׁבַּעְתָּנוּ׃
דּוֹדִי צַח וְאָדוֹם דָּגוּל מֵרְבָבָה׃ רֹאשׁוֹ כֶּתֶם פָּז קְוֻצּוֹתָיו תַּלְתַּלִּים שְׁחֹרוֹת
כָּעוֹרֵב׃ עֵינָיו כְּיוֹנִים עַל־אֲפִיקֵי מָיִם רֹחֲצוֹת בֶּחָלָב יֹשְׁבוֹת עַל־מִלֵּאת׃
לְחָיָו כַּעֲרוּגַת הַבֹּשֶׂם מִגְדְּלוֹת מֶרְקָחִים שִׂפְתוֹתָיו שׁוֹשַׁנִּים נֹטְפוֹת
מוֹר עֹבֵר׃ יָדָיו גְּלִילֵי זָהָב מְמֻלָּאִים בַּתַּרְשִׁישׁ מֵעָיו עֶשֶׁת שֵׁן
מְעֻלֶּפֶת סַפִּירִים׃ שׁוֹקָיו עַמּוּדֵי שֵׁשׁ מְיֻסָּדִים עַל־אַדְנֵי־פָז מַרְאֵהוּ
כַּלְּבָנוֹן בָּחוּר כָּאֲרָזִים׃ חִכּוֹ מַמְתַקִּים וְכֻלּוֹ מַחֲמַדִּים זֶה דוֹדִי וְזֶה רֵעִי
בְּנוֹת יְרוּשָׁלִָם׃ אָנָה הָלַךְ דּוֹדֵךְ הַיָּפָה בַּנָּשִׁים אָנָה פָּנָה דוֹדֵךְ וּנְבַקְשֶׁנּוּ ו
עִמָּךְ׃ דּוֹדִי יָרַד לְגַנּוֹ לַעֲרֻגוֹת הַבֹּשֶׂם לִרְעוֹת בַּגַּנִּים וְלִלְקֹט שׁוֹשַׁנִּים׃
אֲנִי לְדוֹדִי וְדוֹדִי לִי הָרֹעֶה בַּשּׁוֹשַׁנִּים׃
יָפָה אַתְּ רַעְיָתִי כְּתִרְצָה נָאוָה כִּירוּשָׁלִָם אֲיֻמָּה כַּנִּדְגָּלוֹת׃ הָסֵבִּי עֵינַיִךְ
מִנֶּגְדִּי שֶׁהֵם הִרְהִיבֻנִי שַׂעְרֵךְ כְּעֵדֶר הָעִזִּים שֶׁגָּלְשׁוּ מִן־הַגִּלְעָד׃ שִׁנַּיִךְ
כְּעֵדֶר הָרְחֵלִים שֶׁעָלוּ מִן־הָרַחְצָה שֶׁכֻּלָּם מַתְאִימוֹת וְשַׁכֻּלָה אֵין בָּהֶם׃
כְּפֶלַח הָרִמּוֹן רַקָּתֵךְ מִבַּעַד לְצַמָּתֵךְ׃ שִׁשִּׁים הֵמָּה מְלָכוֹת וּשְׁמֹנִים
פִּילַגְשִׁים וַעֲלָמוֹת אֵין מִסְפָּר׃ אַחַת הִיא יוֹנָתִי תַמָּתִי אַחַת הִיא
לְאִמָּהּ בָּרָה הִיא לְיוֹלַדְתָּהּ רָאוּהָ בָנוֹת וַיְאַשְּׁרוּהָ מְלָכוֹת וּפִילַגְשִׁים
וַיְהַלְלוּהָ׃ מִי־זֹאת הַנִּשְׁקָפָה כְּמוֹ־שָׁחַר יָפָה כַלְּבָנָה בָּרָה
כַּחַמָּה אֲיֻמָּה כַּנִּדְגָּלוֹת׃ אֶל־גִּנַּת אֱגוֹז יָרַדְתִּי לִרְאוֹת בְּאִבֵּי הַנָּחַל
לִרְאוֹת הֲפָרְחָה הַגֶּפֶן הֵנֵצוּ הָרִמֹּנִים׃ לֹא יָדַעְתִּי נַפְשִׁי שָׂמַתְנִי מַרְכְּבוֹת
עַמִּי נָדִיב׃ שׁוּבִי שׁוּבִי הַשּׁוּלַמִּית שׁוּבִי שׁוּבִי וְנֶחֱזֶה־בָּךְ מַה־תֶּחֱזוּ ז
בַּשּׁוּלַמִּית כִּמְחֹלַת הַמַּחֲנָיִם׃ מַה־יָּפוּ פְעָמַיִךְ בַּנְּעָלִים בַּת־נָדִיב חַמּוּקֵי
יְרֵכַיִךְ כְּמוֹ חֲלָאִים מַעֲשֵׂה יְדֵי אָמָּן׃ שָׁרְרֵךְ אַגַּן הַסַּהַר אַל־יֶחְסַר
הַמָּזֶג בִּטְנֵךְ עֲרֵמַת חִטִּים סוּגָה בַּשּׁוֹשַׁנִּים׃ שְׁנֵי שָׁדַיִךְ כִּשְׁנֵי עֳפָרִים
תָּאֳמֵי צְבִיָּה׃ צַוָּארֵךְ כְּמִגְדַּל הַשֵּׁן עֵינַיִךְ בְּרֵכוֹת בְּחֶשְׁבּוֹן עַל־שַׁעַר
בַּת־רַבִּים אַפֵּךְ כְּמִגְדַּל הַלְּבָנוֹן צוֹפֶה פְּנֵי דַמָּשֶׂק׃ רֹאשֵׁךְ עָלַיִךְ כַּכַּרְמֶל

וְדַלַּת רֹאשֵׁךְ כָּאַרְגָּמָן מֶלֶךְ אָסוּר בָּרְהָטִים: מַה־יָּפִית וּמַה־נָּעַמְתְּ
אַהֲבָה בַּתַּעֲנוּגִים: זֹאת קוֹמָתֵךְ דָּמְתָה לְתָמָר וְשָׁדַיִךְ לְאַשְׁכֹּלוֹת:
אָמַרְתִּי אֶעֱלֶה בְתָמָר אֹחֲזָה בְּסַנְסִנָּיו וְיִהְיוּ־נָא שָׁדַיִךְ כְּאֶשְׁכְּלוֹת
הַגֶּפֶן וְרֵיחַ אַפֵּךְ כַּתַּפּוּחִים: וְחִכֵּךְ כְּיֵין הַטּוֹב הוֹלֵךְ לְדוֹדִי לְמֵישָׁרִים
דּוֹבֵב שִׂפְתֵי יְשֵׁנִים: אֲנִי לְדוֹדִי וְעָלַי תְּשׁוּקָתוֹ: לְכָה דוֹדִי נֵצֵא הַשָּׂדֶה
נָלִינָה בַּכְּפָרִים: נַשְׁכִּימָה לַכְּרָמִים נִרְאֶה אִם־פָּרְחָה הַגֶּפֶן פִּתַּח הַסְּמָדַר
הֵנֵצוּ הָרִמּוֹנִים שָׁם אֶתֵּן אֶת־דֹּדַי לָךְ: הַדּוּדָאִים נָתְנוּ־רֵיחַ וְעַל־פְּתָחֵינוּ
ח כָּל־מְגָדִים חֲדָשִׁים גַּם־יְשָׁנִים דּוֹדִי צָפַנְתִּי לָךְ: מִי יִתֶּנְךָ כְּאָח לִי
יוֹנֵק שְׁדֵי אִמִּי אֶמְצָאֲךָ בַחוּץ אֶשָּׁקְךָ גַּם לֹא־יָבֻזוּ לִי: אֶנְהָגֲךָ אֲבִיאֲךָ
אֶל־בֵּית אִמִּי תְּלַמְּדֵנִי אַשְׁקְךָ מִיַּיִן הָרֶקַח מֵעֲסִיס רִמֹּנִי: שְׂמֹאלוֹ
תַּחַת רֹאשִׁי וִימִינוֹ תְּחַבְּקֵנִי: הִשְׁבַּעְתִּי אֶתְכֶם בְּנוֹת יְרוּשָׁלָםִ מַה־
תָּעִירוּ ׀ וּמַה־תְּעֹרְרוּ אֶת־הָאַהֲבָה עַד שֶׁתֶּחְפָּץ: מִי זֹאת עֹלָה
מִן־הַמִּדְבָּר מִתְרַפֶּקֶת עַל־דּוֹדָהּ תַּחַת הַתַּפּוּחַ עוֹרַרְתִּיךָ שָׁמָּה
חִבְּלַתְךָ אִמֶּךָ שָׁמָּה חִבְּלָה יְלָדַתְךָ: שִׂימֵנִי כַחוֹתָם עַל־לִבֶּךָ כַּחוֹתָם
עַל־זְרוֹעֶךָ כִּי־עַזָּה כַמָּוֶת אַהֲבָה קָשָׁה כִשְׁאוֹל קִנְאָה רְשָׁפֶיהָ רִשְׁפֵּי
אֵשׁ שַׁלְהֶבֶתְיָה: מַיִם רַבִּים לֹא יוּכְלוּ לְכַבּוֹת אֶת־הָאַהֲבָה וּנְהָרוֹת
לֹא יִשְׁטְפוּהָ אִם־יִתֵּן אִישׁ אֶת־כָּל־הוֹן בֵּיתוֹ בָּאַהֲבָה בּוֹז יָבוּזוּ
לוֹ: אָחוֹת לָנוּ קְטַנָּה וְשָׁדַיִם אֵין לָהּ מַה־נַּעֲשֶׂה לַאֲחֹתֵנוּ
בַּיּוֹם שֶׁיְּדֻבַּר־בָּהּ: אִם־חוֹמָה הִיא נִבְנֶה עָלֶיהָ טִירַת כָּסֶף וְאִם־
דֶּלֶת הִיא נָצוּר עָלֶיהָ לוּחַ אָרֶז: אֲנִי חוֹמָה וְשָׁדַי כַּמִּגְדָּלוֹת אָז הָיִיתִי
בְעֵינָיו כְּמוֹצְאֵת שָׁלוֹם: כֶּרֶם הָיָה לִשְׁלֹמֹה בְּבַעַל הָמוֹן נָתַן אֶת־
הַכֶּרֶם לַנֹּטְרִים אִישׁ יָבִא בְּפִרְיוֹ אֶלֶף כָּסֶף: כַּרְמִי שֶׁלִּי לְפָנָי הָאֶלֶף
לְךָ שְׁלֹמֹה וּמָאתַיִם לְנֹטְרִים אֶת־פִּרְיוֹ: הַיּוֹשֶׁבֶת בַּגַּנִּים חֲבֵרִים
מַקְשִׁיבִים לְקוֹלֵךְ הַשְׁמִיעִנִי: בְּרַח ׀ דּוֹדִי וּדְמֵה־לְךָ לִצְבִי אוֹ לְעֹפֶר
הָאַיָּלִים עַל הָרֵי בְשָׂמִים:

אם אין השעה מספקת לומר את שיר השירים כולו,
יש אומרים ארבעה פסוקים אלה:

יִשָּׁקֵנִי מִנְּשִׁיקוֹת פִּיהוּ כִּי־טוֹבִים דֹּדֶיךָ מִיָּיִן:

עוּרִי צָפוֹן וּבוֹאִי תֵימָן, הָפִיחִי גַנִּי, יִזְּלוּ בְשָׂמָיו
יָבֹא דוֹדִי לְגַנּוֹ וְיֹאכַל פְּרִי מְגָדָיו:

קוֹל דּוֹדִי הִנֵּה־זֶה בָּא
מְדַלֵּג עַל־הֶהָרִים, מְקַפֵּץ עַל־הַגְּבָעוֹת:

בָּאתִי לְגַנִּי אֲחֹתִי כַלָּה
אָרִיתִי מוֹרִי עִם־בְּשָׂמִי, אָכַלְתִּי יַעְרִי עִם־דִּבְשִׁי
שָׁתִיתִי יֵינִי עִם־חֲלָבִי, אִכְלוּ רֵעִים, שְׁתוּ וְשִׁכְרוּ דּוֹדִים:

יש נוהגים לשיר ׳יְדִיד נֶפֶשׁ׳.

יְדִיד נֶפֶשׁ, אָב הָרַחֲמָן, מְשֹׁךְ עַבְדְּךָ אֶל רְצוֹנֶךָ
יָרוּץ עַבְדְּךָ כְּמוֹ אַיָּל, יִשְׁתַּחֲוֶה מוּל הֲדָרֶךָ
כִּי יֶעֱרַב לוֹ יְדִידוּתֶךָ, מִנֹּפֶת צוּף וְכָל טָעַם.

הָדוּר, נָאֶה, זִיו הָעוֹלָם, נַפְשִׁי חוֹלַת אַהֲבָתֶךָ
אָנָּא, אֵל נָא, רְפָא נָא לָהּ, בְּהַרְאוֹת לָהּ נֹעַם זִיוֶךָ
אָז תִּתְחַזֵּק וְתִתְרַפֵּא, וְהָיְתָה לָךְ שִׁפְחַת עוֹלָם.

וָתִיק, יֶהֱמוּ רַחֲמֶיךָ, וְחוּס נָא עַל בֵּן אוֹהֲבָךְ
כִּי זֶה כַּמָּה נִכְסֹף נִכְסַף לִרְאוֹת בְּתִפְאֶרֶת עֻזָּךְ
אָנָּא, אֵלִי, מַחְמַד לִבִּי, חוּשָׁה נָּא, וְאַל תִּתְעַלָּם.

הִגָּלֵה נָא וּפְרֹשׂ, חָבִיב, עָלַי אֶת סֻכַּת שְׁלוֹמָךְ
תָּאִיר אֶרֶץ מִכְּבוֹדָךְ, נָגִילָה וְנִשְׂמְחָה בָּךְ.
מַהֵר, אָהוּב, כִּי בָא מוֹעֵד, וְחָנֵּנִי כִּימֵי עוֹלָם.

קבלת שבת

בבתי כנסת המתפללים בנוסח אשכנז, בשבת ראש השנה
מתחילים 'מִזְמוֹר שִׁיר לְיוֹם הַשַּׁבָּת' בעמ' 39.

חכמים ראו במזמור כט יסוד לתפילה,
עד שהגמרא בברכות כח ע"ב ובראש השנה לב ע"א מבססת עליו את תפילת העמידה.

במזמור מתואר כיצד הבריאה כולה משבחת את ה', ושהקב"ה מסיים את הבריאה
ויושב על כיסא כבודו. משום כך מזמור זה ראוי במיוחד לערב שבת (עיון תפילה),
ונוהגים לעמוד ולאומרו בעת כניסת השבת (הנהגות הארי"י).

מִזְמוֹר לְדָוִד, הָבוּ לַיהוה בְּנֵי אֵלִים, הָבוּ לַיהוה כָּבוֹד וָעֹז: הָבוּ תהלים כט
לַיהוה כְּבוֹד שְׁמוֹ, הִשְׁתַּחֲווּ לַיהוה בְּהַדְרַת־קֹדֶשׁ: קוֹל יהוה עַל־
הַמָּיִם, אֵל־הַכָּבוֹד הִרְעִים, יהוה עַל־מַיִם רַבִּים: קוֹל־יהוה בַּכֹּחַ,
קוֹל יהוה בֶּהָדָר: קוֹל יהוה שֹׁבֵר אֲרָזִים, וַיְשַׁבֵּר יהוה אֶת־אַרְזֵי
הַלְּבָנוֹן: וַיַּרְקִידֵם כְּמוֹ־עֵגֶל, לְבָנוֹן וְשִׂרְיוֹן כְּמוֹ בֶן־רְאֵמִים: קוֹל־
יהוה חֹצֵב לַהֲבוֹת אֵשׁ: קוֹל יהוה יָחִיל מִדְבָּר, יָחִיל יהוה מִדְבַּר
קָדֵשׁ: ׳ קוֹל יהוה יְחוֹלֵל אַיָּלוֹת וַיֶּחֱשֹׂף יְעָרוֹת, וּבְהֵיכָלוֹ, כֻּלּוֹ אֹמֵר
כָּבוֹד: יהוה לַמַּבּוּל יָשָׁב, וַיֵּשֶׁב יהוה מֶלֶךְ לְעוֹלָם: יהוה עֹז לְעַמּוֹ
יִתֵּן, יהוה יְבָרֵךְ אֶת־עַמּוֹ בַשָּׁלוֹם:

המקובלים הנהיגו לומר פיוט זה, מכיוון ששבע השורות שבו מקבילות
לשבע הפעמים ש'קול ה'' נזכר במזמור שלמעלה (פרי עץ חיים).

אָנָּא, בְּכֹחַ גְּדֻלַּת יְמִינְךָ, תַּתִּיר צְרוּרָה.
קַבֵּל רִנַּת עַמְּךָ, שַׂגְּבֵנוּ, טַהֲרֵנוּ, נוֹרָא.
נָא גִבּוֹר, דּוֹרְשֵׁי יִחוּדְךָ כְּבָבַת שָׁמְרֵם.
בָּרְכֵם, טַהֲרֵם, רַחֲמֵי צִדְקָתְךָ תָּמִיד גָּמְלֵם.
חֲסִין קָדוֹשׁ, בְּרֹב טוּבְךָ נַהֵל עֲדָתֶךָ.
יָחִיד גֵּאֶה, לְעַמְּךָ פְּנֵה, זוֹכְרֵי קְדֻשָּׁתֶךָ.
שַׁוְעָתֵנוּ קַבֵּל וּשְׁמַע צַעֲקָתֵנוּ, יוֹדֵעַ תַּעֲלוּמוֹת.
בָּרוּךְ שֵׁם כְּבוֹד מַלְכוּתוֹ לְעוֹלָם וָעֶד.

"רבי חנינא מיעטף (רש"י: בבגדים נאים) וקאי אפניא דמעלי שבתא (בערב שבת), אמר: בואו ונצא לקראת שבת המלכה" (שבת קיט ע"א).

נוהגים לשיר את שני הבתים הראשונים ושני האחרונים מפיוטו של ר' שלמה אלקבץ ממקובלי צפת, המבוסס על הפסוק "לְכָה דוֹדִי נֵצֵא הַשָּׂדֶה" (שיר השירים ז, יא).

לְכָה דוֹדִי לִקְרַאת כַּלָּה, פְּנֵי שַׁבָּת נְקַבְּלָה.

לְכָה דוֹדִי לִקְרַאת כַּלָּה, פְּנֵי שַׁבָּת נְקַבְּלָה.

שָׁמוֹר וְזָכוֹר בְּדִבּוּר אֶחָד
הִשְׁמִיעָנוּ אֵל הַמְיֻחָד
יהוה אֶחָד וּשְׁמוֹ אֶחָד
לְשֵׁם וּלְתִפְאֶרֶת וְלִתְהִלָּה.

לְכָה דוֹדִי לִקְרַאת כַּלָּה, פְּנֵי שַׁבָּת נְקַבְּלָה.

לִקְרַאת שַׁבָּת לְכוּ וְנֵלְכָה
כִּי הִיא מְקוֹר הַבְּרָכָה
מֵרֹאשׁ מִקֶּדֶם נְסוּכָה
סוֹף מַעֲשֶׂה בְּמַחֲשָׁבָה תְּחִלָּה.

לְכָה דוֹדִי לִקְרַאת כַּלָּה, פְּנֵי שַׁבָּת נְקַבְּלָה.

יָמִין וּשְׂמֹאל תִּפְרֹצִי
וְאֶת יהוה תַּעֲרִיצִי
עַל יַד אִישׁ בֶּן פַּרְצִי
וְנִשְׂמְחָה וְנָגִילָה.

לְכָה דוֹדִי לִקְרַאת כַּלָּה, פְּנֵי שַׁבָּת נְקַבְּלָה.

הקהל עומד ופונה אל פתח בית הכנסת כדי לקבל את פני הכלה (משנ״ב רסב, י). באמירת ׳בּוֹאִי כַלָּה׳ הראשון קד לשמאל ובשני לימין (סידור יעב״ץ בשם אביו).

בּוֹאִי בְשָׁלוֹם עֲטֶרֶת בַּעְלָהּ
גַּם בְּשִׂמְחָה וּבְצָהֳלָה
תּוֹךְ אֱמוּנֵי עַם סְגֻלָּה
בּוֹאִי כַלָּה, בּוֹאִי כַלָּה
בּוֹאִי כַלָּה, שַׁבָּת מַלְכְּתָא.

לְכָה דוֹדִי לִקְרַאת כַּלָּה, פְּנֵי שַׁבָּת נְקַבְּלָה.

מִזְמוֹר שִׁיר לְיוֹם הַשַּׁבָּת: טוֹב לְהֹדוֹת לַיהוה, וּלְזַמֵּר לְשִׁמְךָ עֶלְיוֹן: תהלים צב
לְהַגִּיד בַּבֹּקֶר חַסְדֶּךָ, וֶאֱמוּנָתְךָ בַּלֵּילוֹת: עֲלֵי־עָשׂוֹר וַעֲלֵי־נָבֶל,
עֲלֵי הִגָּיוֹן בְּכִנּוֹר: כִּי שִׂמַּחְתַּנִי יהוה בְּפָעֳלֶךָ, בְּמַעֲשֵׂי יָדֶיךָ אֲרַנֵּן:
מַה־גָּדְלוּ מַעֲשֶׂיךָ יהוה, מְאֹד עָמְקוּ מַחְשְׁבֹתֶיךָ: אִישׁ־בַּעַר לֹא
יֵדָע, וּכְסִיל לֹא־יָבִין אֶת־זֹאת: בִּפְרֹחַ רְשָׁעִים כְּמוֹ עֵשֶׂב, וַיָּצִיצוּ
כָּל־פֹּעֲלֵי אָוֶן לְהִשָּׁמְדָם עֲדֵי־עַד: וְאַתָּה מָרוֹם לְעֹלָם יהוה: כִּי הִנֵּה
אֹיְבֶיךָ יהוה, כִּי־הִנֵּה אֹיְבֶיךָ יֹאבֵדוּ יִתְפָּרְדוּ כָּל־פֹּעֲלֵי אָוֶן: וַתָּרֶם
כִּרְאֵים קַרְנִי, בַּלֹּתִי בְּשֶׁמֶן רַעֲנָן: וַתַּבֵּט עֵינִי בְּשׁוּרָי, בַּקָּמִים עָלַי
מְרֵעִים תִּשְׁמַעְנָה אָזְנָי: ‹ צַדִּיק כַּתָּמָר יִפְרָח, כְּאֶרֶז בַּלְּבָנוֹן יִשְׂגֶּה:
שְׁתוּלִים בְּבֵית יהוה, בְּחַצְרוֹת אֱלֹהֵינוּ יַפְרִיחוּ: עוֹד יְנוּבוּן בְּשֵׂיבָה,
דְּשֵׁנִים וְרַעֲנַנִּים יִהְיוּ: לְהַגִּיד כִּי־יָשָׁר יהוה, צוּרִי, וְלֹא־עַוְלָתָה בּוֹ:

יהוה מָלָךְ, גֵּאוּת לָבֵשׁ, לָבֵשׁ יהוה עֹז הִתְאַזָּר אַף־תִּכּוֹן תֵּבֵל תהלים צג
בַּל־תִּמּוֹט: נָכוֹן כִּסְאֲךָ מֵאָז, מֵעוֹלָם אָתָּה: נָשְׂאוּ נְהָרוֹת יהוה,
נָשְׂאוּ נְהָרוֹת קוֹלָם, יִשְׂאוּ נְהָרוֹת דָּכְיָם: ‹ מִקֹּלוֹת מַיִם רַבִּים,
אַדִּירִים מִשְׁבְּרֵי־יָם, אַדִּיר בַּמָּרוֹם יהוה: עֵדֹתֶיךָ נֶאֶמְנוּ מְאֹד,
לְבֵיתְךָ נַאֲוָה־קֹדֶשׁ, יהוה לְאֹרֶךְ יָמִים:

קדיש יתום

אבל: יִתְגַּדַּל וְיִתְקַדַּשׁ שְׁמֵהּ רַבָּא (קהל: אָמֵן)
בְּעָלְמָא דִּי בְרָא כִרְעוּתֵהּ
וְיַמְלִיךְ מַלְכוּתֵהּ
וְיַצְמַח פֻּרְקָנֵהּ וִיקָרֵב מְשִׁיחֵהּ (קהל: אָמֵן)
בְּחַיֵּיכוֹן וּבְיוֹמֵיכוֹן וּבְחַיֵּי דְכָל בֵּית יִשְׂרָאֵל
בַּעֲגָלָא וּבִזְמַן קָרִיב
וְאִמְרוּ אָמֵן. (קהל: אָמֵן)

קהל ואבל: יְהֵא שְׁמֵהּ רַבָּא מְבָרַךְ לְעָלַם וּלְעָלְמֵי עָלְמַיָּא.

אבל: יִתְבָּרַךְ וְיִשְׁתַּבַּח וְיִתְפָּאַר וְיִתְרוֹמַם וְיִתְנַשֵּׂא
וְיִתְהַדָּר וְיִתְעַלֶּה וְיִתְהַלָּל
שְׁמֵהּ דְּקֻדְשָׁא בְּרִיךְ הוּא (קהל: אָמֵן)
לְעֵלָּא לְעֵלָּא מִכָּל בִּרְכָתָא
וְשִׁירָתָא, תֻּשְׁבְּחָתָא וְנֶחֱמָתָא
דַּאֲמִירָן בְּעָלְמָא
וְאִמְרוּ אָמֵן. (קהל: אָמֵן)

יְהֵא שְׁלָמָא רַבָּא מִן שְׁמַיָּא
וְחַיִּים טוֹבִים עָלֵינוּ וְעַל כָּל יִשְׂרָאֵל
וְאִמְרוּ אָמֵן. (קהל: אָמֵן)

כורע ופוסע שלוש פסיעות לאחור. קד לשמאל, לימין ולפנים באמירת:

עֹשֶׂה הַשָּׁלוֹם בִּמְרוֹמָיו
הוּא יַעֲשֶׂה שָׁלוֹם
עָלֵינוּ וְעַל כָּל יִשְׂרָאֵל
וְאִמְרוּ אָמֵן. (קהל: אָמֵן)

ערבית לראש השנה

״מֵעֶרֶב עַד־עֶרֶב תִּשְׁבְּתוּ שַׁבַּתְּכֶם״ (ויקרא כג, לב).

קריאת שמע וברכותיה

שליח הציבור כורע בתיבת ׳בָּרְכוּ׳ וזוקף בשם. הקהל כורע בתיבת ׳בָּרוּךְ׳ וזוקף בשם, ושליח הציבור כורע שוב כאשר הוא חוזר אחריהם.

ש״ץ: בָּרְכוּ
אֶת יהוה הַמְבֹרָךְ.

קהל: בָּרוּךְ יהוה הַמְבֹרָךְ לְעוֹלָם וָעֶד.

ש״ץ: בָּרוּךְ יהוה הַמְבֹרָךְ לְעוֹלָם וָעֶד.

׳בְּחָכְמָה פּוֹתֵחַ שְׁעָרִים׳ – כמו שכתוב (ישעיה כו, ב): ״פִּתְחוּ שְׁעָרִים וְיָבֹא גוֹי־צַדִּיק״ (אבודרהם).

בָּרוּךְ אַתָּה יהוה אֱלֹהֵינוּ מֶלֶךְ הָעוֹלָם
אֲשֶׁר בִּדְבָרוֹ מַעֲרִיב עֲרָבִים, בְּחָכְמָה פּוֹתֵחַ שְׁעָרִים
וּבִתְבוּנָה מְשַׁנֶּה עִתִּים וּמַחֲלִיף אֶת הַזְּמַנִּים
וּמְסַדֵּר אֶת הַכּוֹכָבִים בְּמִשְׁמְרוֹתֵיהֶם בָּרָקִיעַ כִּרְצוֹנוֹ.
בּוֹרֵא יוֹם וָלָיְלָה, גּוֹלֵל אוֹר מִפְּנֵי חֹשֶׁךְ וְחֹשֶׁךְ מִפְּנֵי אוֹר
◂ וּמַעֲבִיר יוֹם וּמֵבִיא לָיְלָה, וּמַבְדִּיל בֵּין יוֹם וּבֵין לָיְלָה
יהוה צְבָאוֹת שְׁמוֹ.
אֵל חַי וְקַיָּם תָּמִיד, יִמְלֹךְ עָלֵינוּ לְעוֹלָם וָעֶד.
בָּרוּךְ אַתָּה יהוה, הַמַּעֲרִיב עֲרָבִים.

אַהֲבַת עוֹלָם בֵּית יִשְׂרָאֵל עַמְּךָ אָהָבְתָּ
תּוֹרָה וּמִצְוֹת, חֻקִּים וּמִשְׁפָּטִים, אוֹתָנוּ לִמַּדְתָּ
עַל כֵּן יהוה אֱלֹהֵינוּ בְּשָׁכְבֵנוּ וּבְקוּמֵנוּ נָשִׂיחַ בְּחֻקֶּיךָ
וְנִשְׂמַח בְּדִבְרֵי תַלְמוּד תּוֹרָתֶךָ וּבְמִצְוֹתֶיךָ לְעוֹלָם וָעֶד
◂ כִּי הֵם חַיֵּינוּ וְאֹרֶךְ יָמֵינוּ, וּבָהֶם נֶהְגֶּה יוֹמָם וָלָיְלָה.
וְאַהֲבָתְךָ אַל תָּסִיר מִמֶּנּוּ לְעוֹלָמִים.
בָּרוּךְ אַתָּה יהוה, אוֹהֵב עַמּוֹ יִשְׂרָאֵל.

"יקרא קריאת שמע בכוונה – באימה, ביראה, ברתת וזיע" (שו"ע סא, א).

קריאת שמע צריכה כוונה מיוחדת בכל שלוש פרשיותיה. מי שאינו יכול לכוון בכולן חייב לכוון בפסוק הראשון, ואם לא התכוון צריך לחזור ולקרוא שוב.

בקריאת שמע שלוש פרשיות: 'שְׁמַע', שענייִנה קבלת עול מלכות שמים; 'וְהָיָה אִם־שָׁמֹעַ', שעניינה קבלת עול מצוות; 'ציצית', שיש בה הזכרת יציאת מצרים ובחירת ה' בעם ישראל (משנה, ברכות יג ע"א).

המתפלל ביחידות אומר:

אֵל מֶלֶךְ נֶאֱמָן

מכסה את עיניו בידו ואומר בכוונה ובקול רם:

דברים ו
שְׁמַע יִשְׂרָאֵל, יהוה אֱלֹהֵינוּ, יהוה ׀ אֶחָד:

בלחש: בָּרוּךְ שֵׁם כְּבוֹד מַלְכוּתוֹ לְעוֹלָם וָעֶד.

דברים ו
וְאָהַבְתָּ אֵת יהוה אֱלֹהֶיךָ, בְּכָל־לְבָבְךָ וּבְכָל־נַפְשְׁךָ וּבְכָל־
מְאֹדֶךָ: וְהָיוּ הַדְּבָרִים הָאֵלֶּה, אֲשֶׁר אָנֹכִי מְצַוְּךָ הַיּוֹם, עַל־לְבָבֶךָ:
וְשִׁנַּנְתָּם לְבָנֶיךָ וְדִבַּרְתָּ בָּם, בְּשִׁבְתְּךָ בְּבֵיתֶךָ וּבְלֶכְתְּךָ בַדֶּרֶךְ,
וּבְשָׁכְבְּךָ וּבְקוּמֶךָ: וּקְשַׁרְתָּם לְאוֹת עַל־יָדֶךָ וְהָיוּ לְטֹטָפֹת בֵּין
עֵינֶיךָ: וּכְתַבְתָּם עַל־מְזֻזוֹת בֵּיתֶךָ וּבִשְׁעָרֶיךָ:

דברים יא
וְהָיָה אִם־שָׁמֹעַ תִּשְׁמְעוּ אֶל־מִצְוֹתַי אֲשֶׁר אָנֹכִי מְצַוֶּה אֶתְכֶם
הַיּוֹם, לְאַהֲבָה אֶת־יהוה אֱלֹהֵיכֶם וּלְעָבְדוֹ, בְּכָל־לְבַבְכֶם וּבְכָל־

נַפְשְׁכֶם: וְנָתַתִּי מְטַר־אַרְצְכֶם בְּעִתּוֹ, יוֹרֶה וּמַלְקוֹשׁ, וְאָסַפְתָּ
דְגָנֶךָ וְתִירֹשְׁךָ וְיִצְהָרֶךָ: וְנָתַתִּי עֵשֶׂב בְּשָׂדְךָ לִבְהֶמְתֶּךָ, וְאָכַלְתָּ
וְשָׂבָעְתָּ: הִשָּׁמְרוּ לָכֶם פֶּן־יִפְתֶּה לְבַבְכֶם, וְסַרְתֶּם וַעֲבַדְתֶּם
אֱלֹהִים אֲחֵרִים וְהִשְׁתַּחֲוִיתֶם לָהֶם: וְחָרָה אַף־יהוה בָּכֶם, וְעָצַר
אֶת־הַשָּׁמַיִם וְלֹא־יִהְיֶה מָטָר, וְהָאֲדָמָה לֹא תִתֵּן אֶת־יְבוּלָהּ,
וַאֲבַדְתֶּם מְהֵרָה מֵעַל הָאָרֶץ הַטֹּבָה אֲשֶׁר יהוה נֹתֵן לָכֶם:
וְשַׂמְתֶּם אֶת־דְּבָרַי אֵלֶּה עַל־לְבַבְכֶם וְעַל־נַפְשְׁכֶם, וּקְשַׁרְתֶּם
אֹתָם לְאוֹת עַל־יֶדְכֶם, וְהָיוּ לְטוֹטָפֹת בֵּין עֵינֵיכֶם: וְלִמַּדְתֶּם
אֹתָם אֶת־בְּנֵיכֶם לְדַבֵּר בָּם, בְּשִׁבְתְּךָ בְּבֵיתֶךָ וּבְלֶכְתְּךָ בַדֶּרֶךְ,
וּבְשָׁכְבְּךָ וּבְקוּמֶךָ: וּכְתַבְתָּם עַל־מְזוּזוֹת בֵּיתֶךָ וּבִשְׁעָרֶיךָ: לְמַעַן
יִרְבּוּ יְמֵיכֶם וִימֵי בְנֵיכֶם עַל הָאֲדָמָה אֲשֶׁר נִשְׁבַּע יהוה לַאֲבֹתֵיכֶם
לָתֵת לָהֶם, כִּימֵי הַשָּׁמַיִם עַל־הָאָרֶץ:

וַיֹּאמֶר יהוה אֶל־מֹשֶׁה לֵּאמֹר: דַּבֵּר אֶל־בְּנֵי יִשְׂרָאֵל וְאָמַרְתָּ במדבר טו
אֲלֵהֶם, וְעָשׂוּ לָהֶם צִיצִת עַל־כַּנְפֵי בִגְדֵיהֶם לְדֹרֹתָם, וְנָתְנוּ
עַל־צִיצִת הַכָּנָף פְּתִיל תְּכֵלֶת: וְהָיָה לָכֶם לְצִיצִת, וּרְאִיתֶם אֹתוֹ
וּזְכַרְתֶּם אֶת־כָּל־מִצְוֹת יהוה וַעֲשִׂיתֶם אֹתָם, וְלֹא תָתֻרוּ אַחֲרֵי
לְבַבְכֶם וְאַחֲרֵי עֵינֵיכֶם, אֲשֶׁר־אַתֶּם זֹנִים אַחֲרֵיהֶם: לְמַעַן תִּזְכְּרוּ
וַעֲשִׂיתֶם אֶת־כָּל־מִצְוֹתָי, וִהְיִיתֶם קְדֹשִׁים לֵאלֹהֵיכֶם: אֲנִי יהוה
אֱלֹהֵיכֶם, אֲשֶׁר הוֹצֵאתִי אֶתְכֶם מֵאֶרֶץ מִצְרַיִם, לִהְיוֹת לָכֶם
לֵאלֹהִים, אֲנִי יהוה אֱלֹהֵיכֶם:

אֱמֶת

שליח הציבור חוזר ואומר:

◂ יהוה אֱלֹהֵיכֶם אֱמֶת

"כל שלא אמר אמת ויציב שחרית ואמת ואמונה ערבית – לא יצא ידי חובתו,
שנאמר (תהלים צב, ג): 'לְהַגִּיד בַּבֹּקֶר חַסְדֶּךָ וֶאֱמוּנָתְךָ בַּלֵּילוֹת'" (ברכות יב ע"א).

"ברכת אמת ויציב כולה על חסד שעשה עם אבותינו היא, שהוציאם ממצרים
ובקע להם הים והעבירם, וברכת אמת ואמונה מדבר בה אף על העתידות,
שאנו מצפים שיקיים לנו הבטחתו ואמונתו לגאלנו מיד מלכים
ומיד עריצים ולשום נפשנו בחיים, ולהדריכנו על במות אויבינו,
כל אלה הנסים התדירים תמיד" (רש"י שם).

וֶאֱמוּנָה כָּל זֹאת וְקַיָּם עָלֵינוּ
כִּי הוּא יהוה אֱלֹהֵינוּ וְאֵין זוּלָתוֹ
וַאֲנַחְנוּ יִשְׂרָאֵל עַמּוֹ.
הַפּוֹדֵנוּ מִיַּד מְלָכִים
מַלְכֵּנוּ הַגּוֹאֲלֵנוּ מִכַּף כָּל הֶעָרִיצִים.
הָאֵל הַנִּפְרָע לָנוּ מִצָּרֵינוּ
הַמְשַׁלֵּם גְּמוּל לְכָל אוֹיְבֵי נַפְשֵׁנוּ.
הָעוֹשֶׂה גְדוֹלוֹת עַד אֵין חֵקֶר
נִסִּים וְנִפְלָאוֹת עַד אֵין מִסְפָּר.
הַשָּׂם נַפְשֵׁנוּ בַּחַיִּים, וְלֹא־נָתַן לַמּוֹט רַגְלֵנוּ: תהלים סו
הַמַּדְרִיכֵנוּ עַל בָּמוֹת אוֹיְבֵינוּ
וַיָּרֶם קַרְנֵנוּ עַל כָּל שׂוֹנְאֵינוּ.
הָעוֹשֶׂה לָּנוּ נִסִּים וּנְקָמָה בְּפַרְעֹה
אוֹתוֹת וּמוֹפְתִים בְּאַדְמַת בְּנֵי חָם.
הַמַּכֶּה בְעֶבְרָתוֹ כָּל בְּכוֹרֵי מִצְרָיִם
וַיּוֹצֵא אֶת עַמּוֹ יִשְׂרָאֵל מִתּוֹכָם לְחֵרוּת עוֹלָם.
הַמַּעֲבִיר בָּנָיו בֵּין גִּזְרֵי יַם סוּף
אֶת רוֹדְפֵיהֶם וְאֶת שׂוֹנְאֵיהֶם בִּתְהוֹמוֹת טִבַּע
וְרָאוּ בָנָיו גְּבוּרָתוֹ, שִׁבְּחוּ וְהוֹדוּ לִשְׁמוֹ
◂ וּמַלְכוּתוֹ בְּרָצוֹן קִבְּלוּ עֲלֵיהֶם.

מֹשֶׁה וּבְנֵי יִשְׂרָאֵל, לְךָ עָנוּ שִׁירָה בְּשִׂמְחָה רַבָּה
וְאָמְרוּ כֻלָּם

מִי־כָמֹכָה בָּאֵלִם יהוה שמות טו
מִי כָּמֹכָה נֶאְדָּר בַּקֹּדֶשׁ
נוֹרָא תְהִלֹּת עֹשֵׂה פֶלֶא:

◂ מַלְכוּתְךָ רָאוּ בָנֶיךָ, בּוֹקֵעַ יָם לִפְנֵי מֹשֶׁה
זֶה אֵלִי עָנוּ, וְאָמְרוּ

יהוה יִמְלֹךְ לְעֹלָם וָעֶד: שמות טו

◂ וְנֶאֱמַר

כִּי־פָדָה יהוה אֶת־יַעֲקֹב, וּגְאָלוֹ מִיַּד חָזָק מִמֶּנּוּ: ירמיה לא

בָּרוּךְ אַתָּה יהוה, גָּאַל יִשְׂרָאֵל.

בשבתות ובימים טובים אומרים ברכות קריאת שמע כביום חול בשינוי החתימה של ברכת ׳הַשְׁכִּיבֵנוּ׳ (סדר רב עמרם גאון), מפני שהשבת שומרת ומגנה, ואין צורך בשמירה נוספת מלבדה (טור, רסז).

הַשְׁכִּיבֵנוּ יהוה אֱלֹהֵינוּ לְשָׁלוֹם
וְהַעֲמִידֵנוּ מַלְכֵּנוּ לְחַיִּים טוֹבִים וּלְשָׁלוֹם
וּפְרֹשׂ עָלֵינוּ סֻכַּת שְׁלוֹמֶךָ, וְתַקְּנֵנוּ בְּעֵצָה טוֹבָה מִלְּפָנֶיךָ
וְהוֹשִׁיעֵנוּ מְהֵרָה לְמַעַן שְׁמֶךָ.
וְהָגֵן בַּעֲדֵנוּ, וְהָסֵר מֵעָלֵינוּ אוֹיֵב, דֶּבֶר וְחֶרֶב וְרָעָב וְיָגוֹן
וְהָסֵר שָׂטָן מִלְּפָנֵינוּ וּמֵאַחֲרֵינוּ, וּבְצֵל כְּנָפֶיךָ תַּסְתִּירֵנוּ
כִּי אֵל שׁוֹמְרֵנוּ וּמַצִּילֵנוּ אָתָּה
כִּי אֵל מֶלֶךְ חַנּוּן וְרַחוּם אָתָּה.
◂ וּשְׁמֹר צֵאתֵנוּ וּבוֹאֵנוּ לְחַיִּים וּלְשָׁלוֹם מֵעַתָּה וְעַד עוֹלָם.
וּפְרֹשׂ עָלֵינוּ סֻכַּת רַחֲמִים וְחַיִּים וְשָׁלוֹם.
בָּרוּךְ אַתָּה יהוה
הַפּוֹרֵשׂ סֻכַּת שָׁלוֹם עָלֵינוּ וְעַל כָּל עַמּוֹ יִשְׂרָאֵל וְעַל יְרוּשָׁלָיִם.

נוהגים שהקהל עומד ואומר פסוקים אלה.

בשבת:

שמות לא
וְשָׁמְרוּ בְנֵי־יִשְׂרָאֵל אֶת־הַשַּׁבָּת
לַעֲשׂוֹת אֶת־הַשַּׁבָּת לְדֹרֹתָם בְּרִית עוֹלָם:
בֵּינִי וּבֵין בְּנֵי יִשְׂרָאֵל, אוֹת הִוא לְעֹלָם
כִּי־שֵׁשֶׁת יָמִים עָשָׂה יהוה אֶת־הַשָּׁמַיִם וְאֶת־הָאָרֶץ
וּבַיּוֹם הַשְּׁבִיעִי שָׁבַת וַיִּנָּפַשׁ:

הקהל ואחריו שליח הציבור:

תהלים פא
תִּקְעוּ בַחֹדֶשׁ שׁוֹפָר, בַּכֶּסֶה לְיוֹם חַגֵּנוּ:
כִּי חֹק לְיִשְׂרָאֵל הוּא, מִשְׁפָּט לֵאלֹהֵי יַעֲקֹב:

חצי קדיש

ש״ץ: יִתְגַּדַּל וְיִתְקַדַּשׁ שְׁמֵהּ רַבָּא (קהל: אָמֵן)
בְּעָלְמָא דִּי בְרָא כִרְעוּתֵהּ
וְיַמְלִיךְ מַלְכוּתֵהּ
וְיַצְמַח פֻּרְקָנֵהּ וִיקָרֵב מְשִׁיחֵהּ (קהל: אָמֵן)
בְּחַיֵּיכוֹן וּבְיוֹמֵיכוֹן וּבְחַיֵּי דְכָל בֵּית יִשְׂרָאֵל
בַּעֲגָלָא וּבִזְמַן קָרִיב
וְאִמְרוּ אָמֵן. (קהל: אָמֵן)

קהל וש״ץ: יְהֵא שְׁמֵהּ רַבָּא מְבָרַךְ לְעָלַם וּלְעָלְמֵי עָלְמַיָּא.

ש״ץ: יִתְבָּרַךְ וְיִשְׁתַּבַּח וְיִתְפָּאַר וְיִתְרוֹמַם וְיִתְנַשֵּׂא
וְיִתְהַדָּר וְיִתְעַלֶּה וְיִתְהַלָּל
שְׁמֵהּ דְּקֻדְשָׁא בְּרִיךְ הוּא (קהל: אָמֵן)
לְעֵלָּא לְעֵלָּא מִכָּל בִּרְכָתָא וְשִׁירָתָא, תֻּשְׁבְּחָתָא וְנֶחֱמָתָא
דַּאֲמִירָן בְּעָלְמָא
וְאִמְרוּ אָמֵן. (קהל: אָמֵן)

עמידה

״המתפלל צריך שיכוין בלבו פירוש המלות שמוציא בשפתיו; ויחשוב כאלו שכינה כנגדו ויסיר כל המחשבות הטורדות אותו עד שתשאר מחשבתו וכוונתו זכה בתפלתו״ (שו״ע צח, א).

פוסע שלוש פסיעות לפנים כמי שנכנס לפני המלך.

עומד ומתפלל בלחש מכאן ועד ׳וּכְשָׁנִים קַדְמֹנִיּוֹת׳ בעמ׳ 54.

כורע במקומות המסומנים ב׳ קד לפנים במילה הבאה, וזוקף בשם.

אֲדֹנָי, שְׂפָתַי תִּפְתָּח, וּפִי יַגִּיד תְּהִלָּתֶךָ: תהלים נא

אבות

ˈבָּרוּךְ אַתָּה יהוה, אֱלֹהֵינוּ וֵאלֹהֵי אֲבוֹתֵינוּ
אֱלֹהֵי אַבְרָהָם, אֱלֹהֵי יִצְחָק, וֵאלֹהֵי יַעֲקֹב
הָאֵל הַגָּדוֹל הַגִּבּוֹר וְהַנּוֹרָא, אֵל עֶלְיוֹן
גּוֹמֵל חֲסָדִים טוֹבִים, קוֹנֵה הַכֹּל
וְזוֹכֵר חַסְדֵי אָבוֹת
וּמֵבִיא גוֹאֵל לִבְנֵי בְנֵיהֶם לְמַעַן שְׁמוֹ בְּאַהֲבָה.

זָכְרֵנוּ לְחַיִּים, מֶלֶךְ חָפֵץ בַּחַיִּים
וְכָתְבֵנוּ בְּסֵפֶר הַחַיִּים, לְמַעַנְךָ אֱלֹהִים חַיִּים.

מֶלֶךְ עוֹזֵר וּמוֹשִׁיעַ וּמָגֵן.
ˈבָּרוּךְ אַתָּה יהוה, מָגֵן אַבְרָהָם.

אם שכח לומר ׳זָכְרֵנוּ לְחַיִּים׳, אינו חוזר.

גבורות

אַתָּה גִּבּוֹר לְעוֹלָם, אֲדֹנָי
מְחַיֵּה מֵתִים אַתָּה, רַב לְהוֹשִׁיעַ

בארץ ישראל: מוֹרִיד הַטָּל

מְכַלְכֵּל חַיִּים בְּחֶסֶד, מְחַיֵּה מֵתִים בְּרַחֲמִים רַבִּים
סוֹמֵךְ נוֹפְלִים, וְרוֹפֵא חוֹלִים, וּמַתִּיר אֲסוּרִים
וּמְקַיֵּם אֱמוּנָתוֹ לִישֵׁנֵי עָפָר.

מִי כָמְוֹךָ, בַּעַל גְּבוּרוֹת, וּמִי דְּוֹמֶה לָּךְ
מֶלֶךְ, מֵמִית וּמְחַיֶּה וּמַצְמִיחַ יְשׁוּעָה.

מִי כָמְוֹךָ אַב הָרַחֲמָן
זוֹכֵר יְצוּרָיו לְחַיִּים בְּרַחֲמִים.

וְנֶאֱמָן אַתָּה לְהַחֲיוֹת מֵתִים.
בָּרוּךְ אַתָּה יהוה, מְחַיֵּה הַמֵּתִים.

אם שכח לומר ׳מִי כָמְוֹךָ אַב הָרַחֲמָן׳, אינו חוזר.

קדושת השם

אַתָּה קָדוֹשׁ וְשִׁמְךָ קָדוֹשׁ
וּקְדוֹשִׁים בְּכָל יוֹם יְהַלְלְוּךָ סֶּלָה.
כִּי אֵל מֶלֶךְ גָּדוֹל וְקָדוֹשׁ אָתָּה.

לְדוֹר וָדוֹר הַמְלִיכוּ לָאֵל
כִּי הוּא לְבַדּוֹ מָרוֹם וְקָדוֹשׁ.

וּבְכֵן יִתְקַדַּשׁ שִׁמְךָ יהוה אֱלֹהֵינוּ עַל יִשְׂרָאֵל עַמֶּךָ
וְעַל יְרוּשָׁלַיִם עִירֶךָ, וְעַל צִיּוֹן מִשְׁכַּן כְּבוֹדֶךָ
וְעַל מַלְכוּת בֵּית דָּוִד מְשִׁיחֶךָ, וְעַל מְכוֹנְךָ וְהֵיכָלֶךָ.

וּבְכֵן תֵּן פַּחְדְּךָ יהוה אֱלֹהֵינוּ עַל כָּל מַעֲשֶׂיךָ
וְאֵימָתְךָ עַל כָּל מַה שֶּׁבָּרָאתָ
וְיִירָאְוּךָ כָּל הַמַּעֲשִׂים, וְיִשְׁתַּחֲווּ לְפָנֶיךָ כָּל הַבְּרוּאִים
וְיֵעָשׂוּ כֻלָּם אֲגֻדָּה אֶחָת לַעֲשׂוֹת רְצוֹנְךָ בְּלֵבָב שָׁלֵם
כְּמוֹ שֶׁיָּדַעְנוּ יהוה אֱלֹהֵינוּ שֶׁהַשָּׁלְטָן לְפָנֶיךָ
עֹז בְּיָדְךָ וּגְבוּרָה בִּימִינֶךָ
וְשִׁמְךָ נוֹרָא עַל כָּל מַה שֶּׁבָּרָאתָ.

וּבְכֵן תֵּן כָּבוֹד יהוה לְעַמֶּךָ
תְּהִלָּה לִירֵאֶיךָ וְתִקְוָה טוֹבָה לְדוֹרְשֶׁיךָ
וּפִתְחוֹן פֶּה לַמְיַחֲלִים לָךְ
שִׂמְחָה לְאַרְצֶךָ, וְשָׂשׂוֹן לְעִירֶךָ
וּצְמִיחַת קֶרֶן לְדָוִד עַבְדֶּךָ
וַעֲרִיכַת נֵר לְבֶן יִשַׁי מְשִׁיחֶךָ
בִּמְהֵרָה בְיָמֵינוּ.

וּבְכֵן צַדִּיקִים יִרְאוּ וְיִשְׂמָחוּ, וִישָׁרִים יַעֲלֹזוּ
וַחֲסִידִים בְּרִנָּה יָגִילוּ, וְעוֹלָתָה תִּקְפָּץ פִּיהָ
וְכָל הָרִשְׁעָה כֻּלָּהּ כְּעָשָׁן תִּכְלֶה
כִּי תַעֲבִיר מֶמְשֶׁלֶת זָדוֹן מִן הָאָרֶץ.

וְתִמְלֹךְ אַתָּה הוּא יהוה אֱלֹהֵינוּ
מְהֵרָה לְבַדֶּךָ עַל כָּל מַעֲשֶׂיךָ
בְּהַר צִיּוֹן מִשְׁכַּן כְּבוֹדֶךָ
וּבִירוּשָׁלַיִם עִיר קָדְשֶׁךָ
כַּכָּתוּב בְּדִבְרֵי קָדְשֶׁךָ
יִמְלֹךְ יהוה לְעוֹלָם, אֱלֹהַיִךְ צִיּוֹן לְדֹר וָדֹר, הַלְלוּיָהּ: תהלים קמו

קָדוֹשׁ אַתָּה וְנוֹרָא שְׁמֶךָ
וְאֵין אֱלוֹהַּ מִבַּלְעָדֶיךָ
כַּכָּתוּב, וַיִּגְבַּהּ יהוה צְבָאוֹת בַּמִּשְׁפָּט ישעיה ה
וְהָאֵל הַקָּדוֹשׁ נִקְדַּשׁ בִּצְדָקָה:
בָּרוּךְ אַתָּה יהוה, הַמֶּלֶךְ הַקָּדוֹשׁ.

אם שכח לומר את הפיסקאות המתחילות ׳לְדוֹר וָדוֹר׳, אינו חוזר,
אך אם חתם ׳הָאֵל הַקָּדוֹשׁ׳ כברוב ימות השנה, חוזר לראש.

קדושת היום

אַתָּה בְחַרְתָּנוּ מִכָּל הָעַמִּים
אָהַבְתָּ אוֹתָנוּ וְרָצִיתָ בָּנוּ, וְרוֹמַמְתָּנוּ מִכָּל הַלְּשׁוֹנוֹת
וְקִדַּשְׁתָּנוּ בְּמִצְוֹתֶיךָ, וְקֵרַבְתָּנוּ מַלְכֵּנוּ לַעֲבוֹדָתֶךָ
וְשִׁמְךָ הַגָּדוֹל וְהַקָּדוֹשׁ עָלֵינוּ קָרָאתָ.

במוצאי שבת אומרים:

וַתּוֹדִיעֵנוּ יהוה אֱלֹהֵינוּ אֶת מִשְׁפְּטֵי צִדְקֶךָ, וַתְּלַמְּדֵנוּ לַעֲשׂוֹת חֻקֵּי רְצוֹנֶךָ, וַתִּתֶּן לָנוּ יהוה אֱלֹהֵינוּ מִשְׁפָּטִים יְשָׁרִים וְתוֹרוֹת אֱמֶת, חֻקִּים וּמִצְוֹת טוֹבִים, וַתַּנְחִילֵנוּ זְמַנֵּי שָׂשׂוֹן וּמוֹעֲדֵי קֹדֶשׁ וְחַגֵּי נְדָבָה, וַתּוֹרִישֵׁנוּ קְדֻשַּׁת שַׁבָּת וּכְבוֹד מוֹעֵד וַחֲגִיגַת הָרֶגֶל. וַתַּבְדֵּל יהוה אֱלֹהֵינוּ בֵּין קֹדֶשׁ לְחֹל, בֵּין אוֹר לְחֹשֶׁךְ, בֵּין יִשְׂרָאֵל לָעַמִּים, בֵּין יוֹם הַשְּׁבִיעִי לְשֵׁשֶׁת יְמֵי הַמַּעֲשֶׂה. בֵּין קְדֻשַּׁת שַׁבָּת לִקְדֻשַּׁת יוֹם טוֹב הִבְדַּלְתָּ, וְאֶת יוֹם הַשְּׁבִיעִי מִשֵּׁשֶׁת יְמֵי הַמַּעֲשֶׂה קִדַּשְׁתָּ, הִבְדַּלְתָּ וְקִדַּשְׁתָּ אֶת עַמְּךָ יִשְׂרָאֵל בִּקְדֻשָּׁתֶךָ.

בשבת מוסיפים את המילים שבסוגריים.

וַתִּתֶּן לָנוּ יהוה אֱלֹהֵינוּ בְּאַהֲבָה
אֶת יוֹם (הַשַּׁבָּת הַזֶּה וְאֶת יוֹם) הַזִּכָּרוֹן הַזֶּה, יוֹם (זִכְרוֹן) תְּרוּעָה
(בְּאַהֲבָה) מִקְרָא קֹדֶשׁ, זֵכֶר לִיצִיאַת מִצְרָיִם.

אֱלֹהֵינוּ וֵאלֹהֵי אֲבוֹתֵינוּ
יַעֲלֶה וְיָבוֹא וְיַגִּיעַ, וְיֵרָאֶה וְיֵרָצֶה וְיִשָּׁמַע
וְיִפָּקֵד וְיִזָּכֵר זִכְרוֹנֵנוּ וּפִקְדוֹנֵנוּ, וְזִכְרוֹן אֲבוֹתֵינוּ
וְזִכְרוֹן מָשִׁיחַ בֶּן דָּוִד עַבְדֶּךָ
וְזִכְרוֹן יְרוּשָׁלַיִם עִיר קָדְשֶׁךָ
וְזִכְרוֹן כָּל עַמְּךָ בֵּית יִשְׂרָאֵל, לְפָנֶיךָ

לִפְלֵיטָה, לְטוֹבָה, לְחֵן וּלְחֶסֶד וּלְרַחֲמִים, לְחַיִּים וּלְשָׁלוֹם
בְּיוֹם הַזִּכָּרוֹן הַזֶּה.
זָכְרֵנוּ יהוה אֱלֹהֵינוּ בּוֹ לְטוֹבָה, וּפָקְדֵנוּ בוֹ לִבְרָכָה
וְהוֹשִׁיעֵנוּ בוֹ לְחַיִּים טוֹבִים.
וּבִדְבַר יְשׁוּעָה וְרַחֲמִים חוּס וְחָנֵּנוּ, וְרַחֵם עָלֵינוּ וְהוֹשִׁיעֵנוּ
כִּי אֵלֶיךָ עֵינֵינוּ, כִּי אֵל מֶלֶךְ חַנּוּן וְרַחוּם אָתָּה.

אֱלֹהֵינוּ וֵאלֹהֵי אֲבוֹתֵינוּ
מְלֹךְ עַל כָּל הָעוֹלָם כֻּלּוֹ בִּכְבוֹדֶךָ
וְהִנָּשֵׂא עַל כָּל הָאָרֶץ בִּיקָרֶךָ
וְהוֹפַע בַּהֲדַר גְּאוֹן עֻזֶּךָ עַל כָּל יוֹשְׁבֵי תֵבֵל אַרְצֶךָ.
וְיֵדַע כָּל פָּעוּל כִּי אַתָּה פְעַלְתּוֹ, וְיָבִין כָּל יָצוּר כִּי אַתָּה יְצַרְתּוֹ
וְיֹאמַר כֹּל אֲשֶׁר נְשָׁמָה בְאַפּוֹ
יהוה אֱלֹהֵי יִשְׂרָאֵל מֶלֶךְ וּמַלְכוּתוֹ בַּכֹּל מָשָׁלָה.

בשבת מוסיפים את המילים שבסוגריים.

(אֱלֹהֵינוּ וֵאלֹהֵי אֲבוֹתֵינוּ, רְצֵה נָא בִמְנוּחָתֵנוּ)
קַדְּשֵׁנוּ בְּמִצְוֹתֶיךָ וְתֵן חֶלְקֵנוּ בְּתוֹרָתֶךָ
שַׂבְּעֵנוּ מִטּוּבֶךָ, וְשַׂמַּח נַפְשֵׁנוּ בִּישׁוּעָתֶךָ
(וְהַנְחִילֵנוּ יהוה אֱלֹהֵינוּ בְּאַהֲבָה וּבְרָצוֹן שַׁבַּת קָדְשֶׁךָ
וְיָנוּחוּ בָהּ כָּל יִשְׂרָאֵל מְקַדְּשֵׁי שְׁמֶךָ)
וְטַהֵר לִבֵּנוּ לְעָבְדְּךָ בֶּאֱמֶת
כִּי אַתָּה אֱלֹהִים אֱמֶת, וּדְבָרְךָ אֱמֶת וְקַיָּם לָעַד.
בָּרוּךְ אַתָּה יהוה, מֶלֶךְ עַל כָּל הָאָרֶץ
מְקַדֵּשׁ (הַשַּׁבָּת וְ) יִשְׂרָאֵל וְיוֹם הַזִּכָּרוֹן.

עבודה

רְצֵה יהוה אֱלֹהֵינוּ בְּעַמְּךָ יִשְׂרָאֵל, וְלִתְפִלָּתָם שְׁעֵה
וְהָשֵׁב אֶת הָעֲבוֹדָה לִדְבִיר בֵּיתֶךָ
וְאִשֵּׁי יִשְׂרָאֵל וּתְפִלָּתָם, מְהֵרָה בְּאַהֲבָה תְקַבֵּל בְּרָצוֹן
וּתְהִי לְרָצוֹן תָּמִיד עֲבוֹדַת יִשְׂרָאֵל עַמֶּךָ.
וְתֶחֱזֶינָה עֵינֵינוּ בְּשׁוּבְךָ לְצִיּוֹן בְּרַחֲמִים.
בָּרוּךְ אַתָּה יהוה, הַמַּחֲזִיר שְׁכִינָתוֹ לְצִיּוֹן.

הודאה

כורע ב׳מוֹדִים׳ ואינו זוקף עד אמירת השם (סידור השל״ה).

מוֹדִים אֲנַחְנוּ לָךְ
שָׁאַתָּה הוּא יהוה אֱלֹהֵינוּ וֵאלֹהֵי אֲבוֹתֵינוּ לְעוֹלָם וָעֶד.
צוּר חַיֵּינוּ, מָגֵן יִשְׁעֵנוּ אַתָּה הוּא לְדוֹר וָדוֹר.
נוֹדֶה לְּךָ וּנְסַפֵּר תְּהִלָּתֶךָ
עַל חַיֵּינוּ הַמְּסוּרִים בְּיָדֶךָ
וְעַל נִשְׁמוֹתֵינוּ הַפְּקוּדוֹת לָךְ
וְעַל נִסֶּיךָ שֶׁבְּכָל יוֹם עִמָּנוּ
וְעַל נִפְלְאוֹתֶיךָ וְטוֹבוֹתֶיךָ
שֶׁבְּכָל עֵת, עֶרֶב וָבֹקֶר וְצָהֳרָיִם.
הַטּוֹב, כִּי לֹא כָלוּ רַחֲמֶיךָ
וְהַמְרַחֵם, כִּי לֹא תַמּוּ חֲסָדֶיךָ
כִּי מֵעוֹלָם קִוִּינוּ לָךְ.
וְעַל כֻּלָּם יִתְבָּרַךְ וְיִתְרוֹמַם וְיִתְנַשֵּׂא שִׁמְךָ מַלְכֵּנוּ
תָּמִיד לְעוֹלָם וָעֶד.
וּכְתֹב לְחַיִּים טוֹבִים כָּל בְּנֵי בְרִיתֶךָ.

וְכֹל הַחַיִּים יוֹדְוּךָ סֶּלָה
וִיהַלְלוּ וִיבָרְכוּ אֶת שִׁמְךָ הַגָּדוֹל בֶּאֱמֶת לְעוֹלָם כִּי טוֹב
הָאֵל יְשׁוּעָתֵנוּ וְעֶזְרָתֵנוּ סֶלָה, הָאֵל הַטּוֹב.
·בָּרוּךְ אַתָּה יהוה, הַטּוֹב שִׁמְךָ וּלְךָ נָאֶה לְהוֹדוֹת.

אם שכח לומר ׳וּכְתֹב לְחַיִּים טוֹבִים׳, אינו חוזר.

שלום

יש הנוהגים לומר גם בערבית ׳שִׂים שָׁלוֹם׳ בעמ׳ 19 (סידור בעל התניא׳, וכן מנהג הספרדים),
ורבים נוהגים לומר ׳שָׁלוֹם רָב׳ (ליקוטי מהרי״ח).

שָׁלוֹם רָב עַל יִשְׂרָאֵל עַמְּךָ תָּשִׂים לְעוֹלָם
כִּי אַתָּה הוּא מֶלֶךְ אָדוֹן לְכָל הַשָּׁלוֹם.
וְטוֹב יִהְיֶה בְּעֵינֶיךָ לְבָרְכֵנוּ, וּלְבָרֵךְ אֶת כָּל עַמְּךָ יִשְׂרָאֵל
בְּכָל עֵת וּבְכָל שָׁעָה בִּשְׁלוֹמֶךָ.

בְּסֵפֶר חַיִּים, בְּרָכָה וְשָׁלוֹם, וּפַרְנָסָה טוֹבָה
וּגְזֵרוֹת טוֹבוֹת, יְשׁוּעוֹת וְנֶחָמוֹת
נִזָּכֵר וְנִכָּתֵב לְפָנֶיךָ אֲנַחְנוּ וְכָל עַמְּךָ בֵּית יִשְׂרָאֵל
לְחַיִּים טוֹבִים וּלְשָׁלוֹם.
בָּרוּךְ אַתָּה יהוה, הַמְבָרֵךְ אֶת עַמּוֹ יִשְׂרָאֵל בַּשָּׁלוֹם.

אם שכח לומר ׳בְּסֵפֶר חַיִּים׳, אינו חוזר.

יש מוסיפים:

יִהְיוּ לְרָצוֹן אִמְרֵי־פִי וְהֶגְיוֹן לִבִּי לְפָנֶיךָ, יהוה צוּרִי וְגֹאֲלִי: תהלים יט

אֱלֹהַי ברכות יז.
נְצֹר לְשׁוֹנִי מֵרָע וּשְׂפָתַי מִדַּבֵּר מִרְמָה
וְלִמְקַלְלַי נַפְשִׁי תִדֹּם, וְנַפְשִׁי כֶּעָפָר לַכֹּל תִּהְיֶה.
פְּתַח לִבִּי בְּתוֹרָתֶךָ וְאַחֲרֵי מִצְוֹתֶיךָ תִּרְדֹּף נַפְשִׁי.
וְכָל הַקָּמִים וְהַחוֹשְׁבִים עָלַי רָעָה
מְהֵרָה הָפֵר עֲצָתָם וְקַלְקֵל מַחֲשַׁבְתָּם.

יש המוסיפים תחינה זו:

יְהִי רָצוֹן מִלְּפָנֶיךָ, יהוה אֱלֹהַי וֵאלֹהֵי אֲבוֹתַי
שֶׁלֹּא תַעֲלֶה קִנְאַת אָדָם עָלַי, וְלֹא קִנְאָתִי עַל אֲחֵרִים
וְשֶׁלֹּא אֶכְעֹס הַיּוֹם, וְשֶׁלֹּא אַכְעִיסֶךָ
וְתַצִּילֵנִי מִיֵּצֶר הָרָע, וְתֵן בְּלִבִּי הַכְנָעָה וַעֲנָוָה.
מַלְכֵּנוּ וֵאלֹהֵינוּ, יַחֵד שִׁמְךָ בְּעוֹלָמֶךָ
בְּנֵה עִירְךָ, יַסֵּד בֵּיתְךָ וְשַׁכְלֵל הֵיכָלֶךָ
וְקַבֵּץ קִבּוּץ גָּלֻיּוֹת, וּפְדֵה צֹאנְךָ וְשַׂמַּח עֲדָתֶךָ.

עֲשֵׂה לְמַעַן שְׁמֶךָ, עֲשֵׂה לְמַעַן יְמִינֶךָ
עֲשֵׂה לְמַעַן תּוֹרָתֶךָ, עֲשֵׂה לְמַעַן קְדֻשָּׁתֶךָ.
לְמַעַן יֵחָלְצוּן יְדִידֶיךָ, הוֹשִׁיעָה יְמִינְךָ וַעֲנֵנִי: תהלים ס
יִהְיוּ לְרָצוֹן אִמְרֵי פִי וְהֶגְיוֹן לִבִּי לְפָנֶיךָ, יהוה צוּרִי וְגֹאֲלִי: תהלים יט

כורע ופוסע שלוש פסיעות לאחור. קד לשמאל, לימין ולפנים באמירת:

עֹשֶׂה הַשָּׁלוֹם בִּמְרוֹמָיו
הוּא יַעֲשֶׂה שָׁלוֹם, עָלֵינוּ וְעַל כָּל יִשְׂרָאֵל, וְאִמְרוּ אָמֵן.

יְהִי רָצוֹן מִלְּפָנֶיךָ יהוה אֱלֹהֵינוּ וֵאלֹהֵי אֲבוֹתֵינוּ
שֶׁיִּבָּנֶה בֵּית הַמִּקְדָּשׁ בִּמְהֵרָה בְיָמֵינוּ, וְתֵן חֶלְקֵנוּ בְּתוֹרָתֶךָ
וְשָׁם נַעֲבָדְךָ בְּיִרְאָה כִּימֵי עוֹלָם וּכְשָׁנִים קַדְמֹנִיּוֹת.
וְעָרְבָה לַיהוה מִנְחַת יְהוּדָה וִירוּשָׁלָיִם כִּימֵי עוֹלָם וּכְשָׁנִים קַדְמֹנִיּוֹת: מלאכי ג

אם א׳ של ראש השנה חל בשבת אומרים ׳וַיְכֻלּוּ׳ וברכה מעין שבע (בעמוד הבא).
כשחל בחול וכן בב׳ של ראש השנה, ממשיכים ׳לְדָוִד מִזְמוֹר׳ בעמ׳ 56.

הקהל עומד ואומר:

וַיְכֻלּוּ הַשָּׁמַיִם וְהָאָרֶץ וְכָל־צְבָאָם: בראשית ב
וַיְכַל אֱלֹהִים בַּיּוֹם הַשְּׁבִיעִי מְלַאכְתּוֹ אֲשֶׁר עָשָׂה
וַיִּשְׁבֹּת בַּיּוֹם הַשְּׁבִיעִי מִכָּל־מְלַאכְתּוֹ אֲשֶׁר עָשָׂה:
וַיְבָרֶךְ אֱלֹהִים אֶת־יוֹם הַשְּׁבִיעִי, וַיְקַדֵּשׁ אֹתוֹ
כִּי בוֹ שָׁבַת מִכָּל־מְלַאכְתּוֹ, אֲשֶׁר־בָּרָא אֱלֹהִים, לַעֲשׂוֹת:

ברכה מעין שבע

שליח הציבור:

בָּרוּךְ אַתָּה יהוה, אֱלֹהֵינוּ וֵאלֹהֵי אֲבוֹתֵינוּ
אֱלֹהֵי אַבְרָהָם, אֱלֹהֵי יִצְחָק, וֵאלֹהֵי יַעֲקֹב
הָאֵל הַגָּדוֹל הַגִּבּוֹר וְהַנּוֹרָא, אֵל עֶלְיוֹן, קֹנֵה שָׁמַיִם וָאָרֶץ.

הקהל ואחריו שליח הציבור:

מָגֵן אָבוֹת בִּדְבָרוֹ
מְחַיֵּה מֵתִים בְּמַאֲמָרוֹ
הַמֶּלֶךְ הַקָּדוֹשׁ שֶׁאֵין כָּמוֹהוּ
הַמֵּנִיחַ לְעַמּוֹ בְּיוֹם שַׁבַּת קָדְשׁוֹ
כִּי בָם רָצָה לְהָנִיחַ לָהֶם
לְפָנָיו נַעֲבֹד בְּיִרְאָה וָפַחַד
וְנוֹדֶה לִשְׁמוֹ בְּכָל יוֹם תָּמִיד, מֵעֵין הַבְּרָכוֹת
אֵל הַהוֹדָאוֹת, אֲדוֹן הַשָּׁלוֹם
מְקַדֵּשׁ הַשַּׁבָּת וּמְבָרֵךְ שְׁבִיעִי
וּמֵנִיחַ בִּקְדֻשָּׁה לְעַם מְדֻשְּׁנֵי עֹנֶג
זֵכֶר לְמַעֲשֵׂה בְרֵאשִׁית.

שליח הציבור ממשיך:

אֱלֹהֵינוּ וֵאלֹהֵי אֲבוֹתֵינוּ, רְצֵה נָא בִמְנוּחָתֵנוּ.
קַדְּשֵׁנוּ בְּמִצְוֹתֶיךָ, וְתֵן חֶלְקֵנוּ בְּתוֹרָתֶךָ
שַׂבְּעֵנוּ מִטּוּבֶךָ וְשַׂמַּח נַפְשֵׁנוּ בִּישׁוּעָתֶךָ
וְטַהֵר לִבֵּנוּ לְעָבְדְּךָ בֶּאֱמֶת.
וְהַנְחִילֵנוּ יהוה אֱלֹהֵינוּ בְּאַהֲבָה וּבְרָצוֹן שַׁבַּת קָדְשֶׁךָ
וְיָנוּחוּ בָהּ כָּל יִשְׂרָאֵל מְקַדְּשֵׁי שְׁמֶךָ.
בָּרוּךְ אַתָּה יהוה, מְקַדֵּשׁ הַשַּׁבָּת.

תפילה לפרנסה

פותחים את ארון הקודש, ושליח הציבור והקהל אומרים פסוק פסוק:

לְדָוִד מִזְמוֹר, לַיהוה הָאָרֶץ וּמְלוֹאָהּ, תֵּבֵל וְיֹשְׁבֵי בָהּ: תהלים כד
כִּי־הוּא עַל־יַמִּים יְסָדָהּ, וְעַל־נְהָרוֹת יְכוֹנְנֶהָ:
מִי־יַעֲלֶה בְהַר־יהוה, וּמִי־יָקוּם בִּמְקוֹם קָדְשׁוֹ:
נְקִי כַפַּיִם וּבַר־לֵבָב
אֲשֶׁר לֹא־נָשָׂא לַשָּׁוְא נַפְשִׁי, וְלֹא נִשְׁבַּע לְמִרְמָה:
יִשָּׂא בְרָכָה מֵאֵת יהוה, וּצְדָקָה מֵאֱלֹהֵי יִשְׁעוֹ:
זֶה דּוֹר דֹּרְשָׁו, מְבַקְשֵׁי פָנֶיךָ יַעֲקֹב סֶלָה:
שְׂאוּ שְׁעָרִים רָאשֵׁיכֶם, וְהִנָּשְׂאוּ פִּתְחֵי עוֹלָם
וְיָבוֹא מֶלֶךְ הַכָּבוֹד:
מִי זֶה מֶלֶךְ הַכָּבוֹד, יהוה עִזּוּז וְגִבּוֹר, יהוה גִּבּוֹר מִלְחָמָה:
שְׂאוּ שְׁעָרִים רָאשֵׁיכֶם, וּשְׂאוּ פִּתְחֵי עוֹלָם, וְיָבֹא מֶלֶךְ הַכָּבוֹד:
מִי הוּא זֶה מֶלֶךְ הַכָּבוֹד, יהוה צְבָאוֹת הוּא מֶלֶךְ הַכָּבוֹד סֶלָה:

יש מהחסידים המוסיפים בלחש תפילה זו, המובאת בספרי החיד״א (׳כף אחת׳ טו).
אין מבטאים את השמות המובאים בסוגריים.

יְהִי רָצוֹן מִלְּפָנֶיךָ, יהוה אֱלֹהֵינוּ, הָאֵל הַגָּדוֹל הַגִּבּוֹר וְהַנּוֹרָא, שֶׁתִּתְמַלֵּא רַחֲמִים, וְתָחֹן
עָלֵינוּ לְמַעַנְךָ וּלְמַעַן קְדֻשַּׁת הַמִּזְמוֹר הַזֶּה, וְהַשֵּׁמוֹת הַקְּדוֹשִׁים הַנִּזְכָּרִים בּוֹ, וּקְדֻשַּׁת
פְּסוּקָיו וְתֵבוֹתָיו וְאוֹתִיּוֹתָיו וּטְעָמָיו וְסוֹדוֹתָיו, וּקְדֻשַּׁת הַשֵּׁם הַקָּדוֹשׁ [דיקרנוסא] הַיּוֹצֵא
מִפָּסוּק: וַהֲרִיקֹתִי לָכֶם בְּרָכָה עַד־בְּלִי־דָי: וּמִפָּסוּק: נְסָה־עָלֵינוּ אוֹר פָּנֶיךָ יהוה: וְכָתְבֵנוּ מלאכי ג תהלים ד
בְּסֵפֶר פַּרְנָסָה טוֹבָה וְכַלְכָּלָה שָׁנָה זוֹ וְכָל שָׁנָה וְשָׁנָה, לָנוּ וּלְכָל בְּנֵי בֵיתֵנוּ כָּל יְמֵי חַיֵּינוּ,
בְּמִלּוּי וּבְרֶוַח, בְּהֶתֵּר וְלֹא בְאִסּוּר, בְּנַחַת וְלֹא בְצַעַר, וְלֹא בְעָמָל וָטֹרַח, בְּשַׁלְוָה וְהַשְׁקֵט
וָבֶטַח, בְּלִי שׁוּם עַיִן הָרָע. וּתְזַכֵּנוּ לַעֲבֹד עֲבוֹדַת הַקֹּדֶשׁ בְּלִי שׁוּם טִרְדָּה. וּתְפַרְנְסֵנוּ
פַּרְנָסָה שֶׁלֹּא יִהְיֶה בָהּ שׁוּם בּוּשָׁה וּכְלִמָּה. וְלֹא נִצְטָרֵךְ לְמַתְּנַת בָּשָׂר וָדָם, כִּי אִם מִיָּדְךָ
הַמְּלֵאָה וְהָרְחָבָה. וְתַצְלִיחֵנוּ וְתַרְוִיחֵנוּ בְּכָל לִמּוּדֵנוּ וּבְכָל מַעֲשֵׂה יָדֵינוּ וַעֲסָקֵינוּ. וְיִהְיֶה
בֵּיתֵנוּ מָלֵא בִּרְכַּת יהוה. וְנִשְׂבַּע לֶחֶם וְנִהְיֶה טוֹבִים. רַחוּם חַנּוּן שׁוֹמֵר תּוֹמֵךְ מַצִּיל
יָשָׁר פּוֹדֶה [רח״ש תמי״ף] רַחֵם עָלֵינוּ וּשְׁמַע תְּפִלָּתֵנוּ, כִּי אַתָּה שׁוֹמֵעַ תְּפִלַּת כָּל פֶּה.
בָּרוּךְ שׁוֹמֵעַ תְּפִלָּה [אוכף אראריתא כוזו אזבוגא].

סוגרים את ארון הקודש.

קדיש שלם

ש״ץ: יִתְגַּדַּל וְיִתְקַדַּשׁ שְׁמֵהּ רַבָּא (קהל: אָמֵן)
בְּעָלְמָא דִּי בְרָא כִרְעוּתֵהּ
וְיַמְלִיךְ מַלְכוּתֵהּ
וְיַצְמַח פֻּרְקָנֵהּ וִיקָרֵב מְשִׁיחֵהּ (קהל: אָמֵן)
בְּחַיֵּיכוֹן וּבְיוֹמֵיכוֹן
וּבְחַיֵּי דְכָל בֵּית יִשְׂרָאֵל
בַּעֲגָלָא וּבִזְמַן קָרִיב, וְאִמְרוּ אָמֵן. (קהל: אָמֵן)

קהל וש״ץ: יְהֵא שְׁמֵהּ רַבָּא מְבָרַךְ לְעָלַם וּלְעָלְמֵי עָלְמַיָּא.

ש״ץ: יִתְבָּרַךְ וְיִשְׁתַּבַּח וְיִתְפָּאַר וְיִתְרוֹמַם וְיִתְנַשֵּׂא
וְיִתְהַדָּר וְיִתְעַלֶּה וְיִתְהַלָּל
שְׁמֵהּ דְּקֻדְשָׁא בְּרִיךְ הוּא (קהל: אָמֵן)
לְעֵלָּא לְעֵלָּא מִכָּל בִּרְכָתָא
וְשִׁירָתָא, תֻּשְׁבְּחָתָא וְנֶחֱמָתָא
דַּאֲמִירָן בְּעָלְמָא, וְאִמְרוּ אָמֵן. (קהל: אָמֵן)

תִּתְקַבַּל צְלוֹתְהוֹן וּבָעוּתְהוֹן דְּכָל בֵּית יִשְׂרָאֵל
קֳדָם אֲבוּהוֹן דִּי בִשְׁמַיָּא, וְאִמְרוּ אָמֵן. (קהל: אָמֵן)

יְהֵא שְׁלָמָא רַבָּא מִן שְׁמַיָּא
וְחַיִּים טוֹבִים עָלֵינוּ וְעַל כָּל יִשְׂרָאֵל, וְאִמְרוּ אָמֵן. (קהל: אָמֵן)

כורע ופוסע שלוש פסיעות לאחור. קד לשמאל, לימין ולפנים באמירת:

עֹשֶׂה הַשָּׁלוֹם בִּמְרוֹמָיו
הוּא יַעֲשֶׂה שָׁלוֹם
עָלֵינוּ וְעַל כָּל יִשְׂרָאֵל, וְאִמְרוּ אָמֵן. (קהל: אָמֵן)

בא׳ של ראש השנה שחל בשבת, יש אומרים כאן ׳מִזְמוֹר לְדָוִד׳ וחצי קדיש כבכל שבת,
וברוב בתי כנסת אין אומרים ׳מִזְמוֹר לְדָוִד׳, וממשיכים ׳עָלֵינוּ׳ בעמוד הבא.

תהלים כג **מִזְמוֹר לְדָוִד, יהוה רֹעִי לֹא אֶחְסָר: בִּנְאוֹת דֶּשֶׁא יַרְבִּיצֵנִי, עַל־מֵי מְנֻחוֹת יְנַהֲלֵנִי: נַפְשִׁי יְשׁוֹבֵב, יַנְחֵנִי בְמַעְגְּלֵי־צֶדֶק לְמַעַן שְׁמוֹ: גַּם כִּי־אֵלֵךְ בְּגֵיא צַלְמָוֶת לֹא־אִירָא רָע, כִּי־אַתָּה עִמָּדִי, שִׁבְטְךָ וּמִשְׁעַנְתֶּךָ הֵמָּה יְנַחֲמֻנִי: תַּעֲרֹךְ לְפָנַי שֻׁלְחָן נֶגֶד צֹרְרָי, דִּשַּׁנְתָּ בַשֶּׁמֶן רֹאשִׁי, כּוֹסִי רְוָיָה: אַךְ טוֹב וָחֶסֶד יִרְדְּפוּנִי כָּל־יְמֵי חַיָּי, וְשַׁבְתִּי בְּבֵית־יהוה לְאֹרֶךְ יָמִים:**

חצי קדיש

ש״ץ: **יִתְגַּדַּל וְיִתְקַדַּשׁ שְׁמֵהּ רַבָּא** (קהל: אָמֵן)
בְּעָלְמָא דִּי בְרָא כִרְעוּתֵהּ
וְיַמְלִיךְ מַלְכוּתֵהּ
וְיַצְמַח פֻּרְקָנֵהּ וִיקָרֵב מְשִׁיחֵהּ (קהל: אָמֵן)
בְּחַיֵּיכוֹן וּבְיוֹמֵיכוֹן וּבְחַיֵּי דְכָל בֵּית יִשְׂרָאֵל
בַּעֲגָלָא וּבִזְמַן קָרִיב
וְאִמְרוּ אָמֵן. (קהל: אָמֵן)

קהל וש״ץ: **יְהֵא שְׁמֵהּ רַבָּא מְבָרַךְ לְעָלַם וּלְעָלְמֵי עָלְמַיָּא.**

ש״ץ: **יִתְבָּרַךְ וְיִשְׁתַּבַּח וְיִתְפָּאַר וְיִתְרוֹמַם וְיִתְנַשֵּׂא**
וְיִתְהַדָּר וְיִתְעַלֶּה וְיִתְהַלָּל
שְׁמֵהּ דְּקֻדְשָׁא בְּרִיךְ הוּא (קהל: אָמֵן)
לְעֵלָּא לְעֵלָּא מִכָּל בִּרְכָתָא
וְשִׁירָתָא, תֻּשְׁבְּחָתָא וְנֶחֱמָתָא
דַּאֲמִירָן בְּעָלְמָא
וְאִמְרוּ אָמֵן. (קהל: אָמֵן)

שליח הציבור אומר: **בָּרְכוּ אֶת יהוה הַמְבֹרָךְ.**

הקהל עונה: **בָּרוּךְ יהוה הַמְבֹרָךְ לְעוֹלָם וָעֶד.**

ושליח הציבור חוזר: **בָּרוּךְ יהוה הַמְבֹרָךְ לְעוֹלָם וָעֶד.**

אומרים 'עָלֵינוּ' בעמידה ומשתחווים במקום המסומן ב*.

עָלֵינוּ לְשַׁבֵּחַ לַאֲדוֹן הַכֹּל, לָתֵת גְּדֻלָּה לְיוֹצֵר בְּרֵאשִׁית
שֶׁלֹּא עָשָׂנוּ כְּגוֹיֵי הָאֲרָצוֹת, וְלֹא שָׂמָנוּ כְּמִשְׁפְּחוֹת הָאֲדָמָה
שֶׁלֹּא שָׂם חֶלְקֵנוּ כָּהֶם וְגוֹרָלֵנוּ כְּכָל הֲמוֹנָם.
שֶׁהֵם מִשְׁתַּחֲוִים לְהֶבֶל וָרִיק וּמִתְפַּלְּלִים אֶל אֵל לֹא יוֹשִׁיעַ.
*וַאֲנַחְנוּ כּוֹרְעִים וּמִשְׁתַּחֲוִים וּמוֹדִים
לִפְנֵי מֶלֶךְ מַלְכֵי הַמְּלָכִים, הַקָּדוֹשׁ בָּרוּךְ הוּא
שֶׁהוּא נוֹטֶה שָׁמַיִם וְיוֹסֵד אָרֶץ, וּמוֹשַׁב יְקָרוֹ בַּשָּׁמַיִם מִמַּעַל
וּשְׁכִינַת עֻזּוֹ בְּגָבְהֵי מְרוֹמִים.
הוּא אֱלֹהֵינוּ, אֵין עוֹד.
אֱמֶת מַלְכֵּנוּ, אֶפֶס זוּלָתוֹ
כַּכָּתוּב בְּתוֹרָתוֹ, וְיָדַעְתָּ הַיּוֹם וַהֲשֵׁבֹתָ אֶל־לְבָבֶךָ דברים ד
כִּי יהוה הוּא הָאֱלֹהִים בַּשָּׁמַיִם מִמַּעַל וְעַל־הָאָרֶץ מִתָּחַת
אֵין עוֹד:

וְעַל כֵּן נְקַוֶּה לְּךָ יהוה אֱלֹהֵינוּ לִרְאוֹת מְהֵרָה בְּתִפְאֶרֶת עֻזֶּךָ
לְהַעֲבִיר גִּלּוּלִים מִן הָאָרֶץ, וְהָאֱלִילִים כָּרוֹת יִכָּרֵתוּן
לְתַקֵּן עוֹלָם בְּמַלְכוּת שַׁדַּי.
וְכָל בְּנֵי בָשָׂר יִקְרְאוּ בִשְׁמֶךָ, לְהַפְנוֹת אֵלֶיךָ כָּל רִשְׁעֵי אָרֶץ.
יַכִּירוּ וְיֵדְעוּ כָּל יוֹשְׁבֵי תֵבֵל
כִּי לְךָ תִּכְרַע כָּל בֶּרֶךְ, תִּשָּׁבַע כָּל לָשׁוֹן.
לְפָנֶיךָ יהוה אֱלֹהֵינוּ יִכְרְעוּ וְיִפֹּלוּ, וְלִכְבוֹד שִׁמְךָ יְקָר יִתֵּנוּ
וִיקַבְּלוּ כֻלָּם אֶת עֹל מַלְכוּתֶךָ
וְתִמְלֹךְ עֲלֵיהֶם מְהֵרָה לְעוֹלָם וָעֶד.
כִּי הַמַּלְכוּת שֶׁלְּךָ הִיא וּלְעוֹלְמֵי עַד תִּמְלֹךְ בְּכָבוֹד
כַּכָּתוּב בְּתוֹרָתֶךָ, יהוה יִמְלֹךְ לְעֹלָם וָעֶד: שמות טו

זכריה יד ◄ וְנֶאֱמַר, וְהָיָה יהוה לְמֶלֶךְ עַל־כָּל־הָאָרֶץ
בַּיּוֹם הַהוּא יִהְיֶה יהוה אֶחָד וּשְׁמוֹ אֶחָד:

יש מוסיפים:

משלי ג אַל־תִּירָא מִפַּחַד פִּתְאֹם וּמִשֹּׁאַת רְשָׁעִים כִּי תָבֹא:

ישעיה ח עֻצוּ עֵצָה וְתֻפָר, דַּבְּרוּ דָבָר וְלֹא יָקוּם, כִּי עִמָּנוּ אֵל:

ישעיה מו וְעַד־זִקְנָה אֲנִי הוּא, וְעַד־שֵׂיבָה אֲנִי אֶסְבֹּל
אֲנִי עָשִׂיתִי וַאֲנִי אֶשָּׂא וַאֲנִי אֶסְבֹּל וַאֲמַלֵּט:

קדיש יתום

אבל: יִתְגַּדַּל וְיִתְקַדַּשׁ שְׁמֵהּ רַבָּא (קהל: אָמֵן)
בְּעָלְמָא דִּי בְרָא כִרְעוּתֵהּ
וְיַמְלִיךְ מַלְכוּתֵהּ
וְיַצְמַח פֻּרְקָנֵהּ וִיקָרֵב מְשִׁיחֵהּ (קהל: אָמֵן)
בְּחַיֵּיכוֹן וּבְיוֹמֵיכוֹן וּבְחַיֵּי דְכָל בֵּית יִשְׂרָאֵל
בַּעֲגָלָא וּבִזְמַן קָרִיב
וְאִמְרוּ אָמֵן. (קהל: אָמֵן)

קהל ואבל: יְהֵא שְׁמֵהּ רַבָּא מְבָרַךְ לְעָלַם וּלְעָלְמֵי עָלְמַיָּא.

אבל: יִתְבָּרַךְ וְיִשְׁתַּבַּח וְיִתְפָּאַר וְיִתְרוֹמַם וְיִתְנַשֵּׂא
וְיִתְהַדָּר וְיִתְעַלֶּה וְיִתְהַלָּל
שְׁמֵהּ דְּקֻדְשָׁא בְּרִיךְ הוּא (קהל: אָמֵן)
לְעֵלָּא לְעֵלָּא מִכָּל בִּרְכָתָא וְשִׁירָתָא, תֻּשְׁבְּחָתָא וְנֶחֱמָתָא
דַּאֲמִירָן בְּעָלְמָא
וְאִמְרוּ אָמֵן. (קהל: אָמֵן)

יְהֵא שְׁלָמָא רַבָּא מִן שְׁמַיָּא
וְחַיִּים טוֹבִים עָלֵינוּ וְעַל כָּל יִשְׂרָאֵל
וְאִמְרוּ אָמֵן. (קהל: אָמֵן)

כורע ופוסע שלוש פסיעות לאחור. קד לשמאל, לימין ולפנים באמירת:

עֹשֶׂה הַשָּׁלוֹם בִּמְרוֹמָיו, הוּא יַעֲשֶׂה שָׁלוֹם
עָלֵינוּ וְעַל כָּל יִשְׂרָאֵל
וְאִמְרוּ אָמֵן. (קהל: אָמֵן)

בבתי כנסת המתפללים בנוסח אשכנז, נוהגים להוסיף כאן את המזמור ׳לְדָוִד, ה׳ אוֹרִי וְיִשְׁעִי׳ (עמ׳ 23) ואחריו קדיש יתום.

בקהילות רבות נוהגים לשיר כאן ׳אֲדוֹן עוֹלָם׳, ויש ששרים ׳יִגְדַּל׳ (עמ׳ 83).

אֲדוֹן עוֹלָם

אֲשֶׁר מָלַךְ בְּטֶרֶם כָּל־יְצִיר נִבְרָא.

לְעֵת נַעֲשָׂה בְחֶפְצוֹ כֹּל אֲזַי מֶלֶךְ שְׁמוֹ נִקְרָא.
וְאַחֲרֵי כִּכְלוֹת הַכֹּל לְבַדּוֹ יִמְלֹךְ נוֹרָא.

וְהוּא הָיָה וְהוּא הֹוֶה וְהוּא יִהְיֶה בְּתִפְאָרָה.
וְהוּא אֶחָד וְאֵין שֵׁנִי לְהַמְשִׁיל לוֹ לְהַחְבִּירָה.
בְּלִי רֵאשִׁית בְּלִי תַכְלִית וְלוֹ הָעֹז וְהַמִּשְׂרָה.
וְהוּא אֵלִי וְחַי גּוֹאֲלִי וְצוּר חֶבְלִי בְּעֵת צָרָה.
וְהוּא נִסִּי וּמָנוֹס לִי מְנָת כּוֹסִי בְּיוֹם אֶקְרָא.
בְּיָדוֹ אַפְקִיד רוּחִי בְּעֵת אִישַׁן וְאָעִירָה.
וְעִם רוּחִי גְּוִיָּתִי יהוה לִי וְלֹא אִירָא.

בליל ראש השנה נוהגים לברך:

לְשָׁנָה טוֹבָה תִּכָּתֵבוּ וְתֵחָתֵמוּ.

סדר ליל ראש השנה

ברכת הבנים

בשובם מבית הכנסת, רבים נוהגים לברך את ילדיהם
(אם חל בשבת, יש מברכים אחר 'שָׁלוֹם עֲלֵיכֶם').

בראשית מח
לזכר:
יְשִׂמְךָ אֱלֹהִים
כְּאֶפְרַיִם וְכִמְנַשֶּׁה:

לנקבה:
יְשִׂימֵךְ אֱלֹהִים
כְּשָׂרָה רִבְקָה רָחֵל וְלֵאָה.

במדבר ו
יְבָרֶכְךָ יהוה וְיִשְׁמְרֶךָ:
יָאֵר יהוה פָּנָיו אֵלֶיךָ וִיחֻנֶּךָּ:
יִשָּׂא יהוה פָּנָיו אֵלֶיךָ וְיָשֵׂם לְךָ שָׁלוֹם:

בליל שבת נוהגים לומר את הפיוט 'שָׁלוֹם עֲלֵיכֶם'.
רבים נוהגים לשיר כל בית שלוש פעמים.

שָׁלוֹם עֲלֵיכֶם, מַלְאֲכֵי הַשָּׁרֵת, מַלְאֲכֵי עֶלְיוֹן
מִמֶּלֶךְ מַלְכֵי הַמְּלָכִים, הַקָּדוֹשׁ בָּרוּךְ הוּא.

בּוֹאֲכֶם לְשָׁלוֹם, מַלְאֲכֵי הַשָּׁלוֹם, מַלְאֲכֵי עֶלְיוֹן
מִמֶּלֶךְ מַלְכֵי הַמְּלָכִים, הַקָּדוֹשׁ בָּרוּךְ הוּא.

בָּרְכוּנִי לְשָׁלוֹם, מַלְאֲכֵי הַשָּׁלוֹם, מַלְאֲכֵי עֶלְיוֹן
מִמֶּלֶךְ מַלְכֵי הַמְּלָכִים, הַקָּדוֹשׁ בָּרוּךְ הוּא.

צֵאתְכֶם לְשָׁלוֹם, מַלְאֲכֵי הַשָּׁלוֹם, מַלְאֲכֵי עֶלְיוֹן
מִמֶּלֶךְ מַלְכֵי הַמְּלָכִים, הַקָּדוֹשׁ בָּרוּךְ הוּא.

תהלים צא
כִּי מַלְאָכָיו יְצַוֶּה־לָּךְ, לִשְׁמָרְךָ בְּכָל־דְּרָכֶיךָ:
תהלים קכא
יהוה יִשְׁמָר־צֵאתְךָ וּבוֹאֶךָ, מֵעַתָּה וְעַד־עוֹלָם:

אֵשֶׁת־חַיִל מִי יִמְצָא, וְרָחֹק מִפְּנִינִים מִכְרָהּ: משלי לא
בָּטַח בָּהּ לֵב בַּעְלָהּ, וְשָׁלָל לֹא יֶחְסָר:
גְּמָלַתְהוּ טוֹב וְלֹא־רָע, כֹּל יְמֵי חַיֶּיהָ:
דָּרְשָׁה צֶמֶר וּפִשְׁתִּים, וַתַּעַשׂ בְּחֵפֶץ כַּפֶּיהָ:
הָיְתָה כָּאֳנִיּוֹת סוֹחֵר, מִמֶּרְחָק תָּבִיא לַחְמָהּ:
וַתָּקָם בְּעוֹד לַיְלָה, וַתִּתֵּן טֶרֶף לְבֵיתָהּ, וְחֹק לְנַעֲרֹתֶיהָ:
זָמְמָה שָׂדֶה וַתִּקָּחֵהוּ, מִפְּרִי כַפֶּיהָ נָטְעָה כָּרֶם:
חָגְרָה בְעוֹז מָתְנֶיהָ, וַתְּאַמֵּץ זְרוֹעֹתֶיהָ:
טָעֲמָה כִּי־טוֹב סַחְרָהּ, לֹא־יִכְבֶּה בַלַּיְלָה נֵרָהּ:
יָדֶיהָ שִׁלְּחָה בַכִּישׁוֹר, וְכַפֶּיהָ תָּמְכוּ פָלֶךְ:
כַּפָּהּ פָּרְשָׂה לֶעָנִי, וְיָדֶיהָ שִׁלְּחָה לָאֶבְיוֹן:
לֹא־תִירָא לְבֵיתָהּ מִשָּׁלֶג, כִּי כָל־בֵּיתָהּ לָבֻשׁ שָׁנִים:
מַרְבַדִּים עָשְׂתָה־לָּהּ, שֵׁשׁ וְאַרְגָּמָן לְבוּשָׁהּ:
נוֹדָע בַּשְּׁעָרִים בַּעְלָהּ, בְּשִׁבְתּוֹ עִם־זִקְנֵי־אָרֶץ:
סָדִין עָשְׂתָה וַתִּמְכֹּר, וַחֲגוֹר נָתְנָה לַכְּנַעֲנִי:
עוֹז־וְהָדָר לְבוּשָׁהּ, וַתִּשְׂחַק לְיוֹם אַחֲרוֹן:
פִּיהָ פָּתְחָה בְחָכְמָה, וְתוֹרַת־חֶסֶד עַל־לְשׁוֹנָהּ:
צוֹפִיָּה הֲלִיכוֹת בֵּיתָהּ, וְלֶחֶם עַצְלוּת לֹא תֹאכֵל:
קָמוּ בָנֶיהָ וַיְאַשְּׁרוּהָ, בַּעְלָהּ וַיְהַלְלָהּ:
רַבּוֹת בָּנוֹת עָשׂוּ חָיִל, וְאַתְּ עָלִית עַל־כֻּלָּנָה:
שֶׁקֶר הַחֵן וְהֶבֶל הַיֹּפִי, אִשָּׁה יִרְאַת־יהוה הִיא תִתְהַלָּל:
תְּנוּ־לָהּ מִפְּרִי יָדֶיהָ, וִיהַלְלוּהָ בַשְּׁעָרִים מַעֲשֶׂיהָ:

קידוש לליל ראש השנה

נוהגים לעמוד בזמן הקידוש.

כשראש השנה חל בשבת, מוסיפים:

בראשית א
בלחש: וַיְהִי־עֶרֶב וַיְהִי־בֹקֶר
יוֹם הַשִּׁשִּׁי:

בראשית ב
וַיְכֻלּוּ הַשָּׁמַיִם וְהָאָרֶץ וְכָל־צְבָאָם:
וַיְכַל אֱלֹהִים בַּיּוֹם הַשְּׁבִיעִי מְלַאכְתּוֹ אֲשֶׁר עָשָׂה
וַיִּשְׁבֹּת בַּיּוֹם הַשְּׁבִיעִי מִכָּל־מְלַאכְתּוֹ אֲשֶׁר עָשָׂה:
וַיְבָרֶךְ אֱלֹהִים אֶת־יוֹם הַשְּׁבִיעִי, וַיְקַדֵּשׁ אֹתוֹ
כִּי בוֹ שָׁבַת מִכָּל־מְלַאכְתּוֹ, אֲשֶׁר־בָּרָא אֱלֹהִים, לַעֲשׂוֹת:

בשאר הימים מתחילים כאן:

המקדש לאחרים, מוסיף: סַבְרִי מָרָנָן

בָּרוּךְ אַתָּה יהוה אֱלֹהֵינוּ מֶלֶךְ הָעוֹלָם
בּוֹרֵא פְּרִי הַגָּפֶן.

כשראש השנה חל בשבת, מוסיפים את המילים שבסוגריים.

בָּרוּךְ אַתָּה יהוה אֱלֹהֵינוּ מֶלֶךְ הָעוֹלָם
אֲשֶׁר בָּחַר בָּנוּ מִכָּל עָם
וְרוֹמְמָנוּ מִכָּל לָשׁוֹן, וְקִדְּשָׁנוּ בְּמִצְוֹתָיו
וַתִּתֶּן לָנוּ יהוה אֱלֹהֵינוּ בְּאַהֲבָה
אֶת יוֹם (הַשַּׁבָּת הַזֶּה וְאֶת יוֹם)
הַזִּכָּרוֹן הַזֶּה, יוֹם (זִכְרוֹן) תְּרוּעָה
(בְּאַהֲבָה) מִקְרָא קֹדֶשׁ, זֵכֶר לִיצִיאַת מִצְרָיִם

כִּי בָנוּ בָחַרְתָּ וְאוֹתָנוּ קִדַּשְׁתָּ מִכָּל הָעַמִּים
וּדְבָרְךָ אֱמֶת וְקַיָּם לָעַד.
בָּרוּךְ אַתָּה יהוה, מֶלֶךְ עַל כָּל הָאָרֶץ
מְקַדֵּשׁ (הַשַּׁבָּת וְ) יִשְׂרָאֵל וְיוֹם הַזִּכָּרוֹן.

כשראש השנה חל במוצאי שבת, מבדילים על הנר:

בָּרוּךְ אַתָּה יהוה אֱלֹהֵינוּ מֶלֶךְ הָעוֹלָם, בּוֹרֵא מְאוֹרֵי הָאֵשׁ.

בָּרוּךְ אַתָּה יהוה אֱלֹהֵינוּ מֶלֶךְ הָעוֹלָם, הַמַּבְדִּיל בֵּין קֹדֶשׁ לְחֹל, בֵּין אוֹר לְחֹשֶׁךְ, בֵּין יִשְׂרָאֵל לָעַמִּים, בֵּין יוֹם הַשְּׁבִיעִי לְשֵׁשֶׁת יְמֵי הַמַּעֲשֶׂה. בֵּין קְדֻשַּׁת שַׁבָּת לִקְדֻשַּׁת יוֹם טוֹב הִבְדַּלְתָּ, וְאֶת יוֹם הַשְּׁבִיעִי מִשֵּׁשֶׁת יְמֵי הַמַּעֲשֶׂה קִדַּשְׁתָּ, הִבְדַּלְתָּ וְקִדַּשְׁתָּ אֶת עַמְּךָ יִשְׂרָאֵל בִּקְדֻשָּׁתֶךָ. בָּרוּךְ אַתָּה יהוה, הַמַּבְדִּיל בֵּין קֹדֶשׁ לְקֹדֶשׁ.

מברכים 'שֶׁהֶחֱיָנוּ' בשני הימים, ונוהגים ביום השני ללבוש בגד חדש
או להניח פרי חדש על השולחן כדי לכלול אותו בברכה (מהר"ם מרוטנברג).

בָּרוּךְ אַתָּה יהוה אֱלֹהֵינוּ מֶלֶךְ הָעוֹלָם
שֶׁהֶחֱיָנוּ וְקִיְּמָנוּ וְהִגִּיעָנוּ לַזְּמַן הַזֶּה.

בתחילת הסעודה נוהגים לטבול תפוח בדבש ולברך:

בָּרוּךְ אַתָּה יהוה אֱלֹהֵינוּ מֶלֶךְ הָעוֹלָם
בּוֹרֵא פְּרִי הָעֵץ.

ואומרים:

יְהִי רָצוֹן מִלְּפָנֶיךָ יהוה אֱלֹהֵינוּ וֵאלֹהֵי אֲבוֹתֵינוּ
שֶׁתְּחַדֵּשׁ עָלֵינוּ שָׁנָה טוֹבָה וּמְתוּקָה.

סימנים

רבים נוהגים לאכול בסעודת ליל ראש השנה 'סימנים'.
ויש הנוהגים לאכול 'סימנים' בשני הלילות.

תמרים

יְהִי רָצוֹן מִלְּפָנֶיךָ יהוה אֱלֹהֵינוּ וֵאלֹהֵי אֲבוֹתֵינוּ
שֶׁיִּתַּמּוּ שׂוֹנְאֵינוּ.

רימון

יְהִי רָצוֹן מִלְּפָנֶיךָ יהוה אֱלֹהֵינוּ וֵאלֹהֵי אֲבוֹתֵינוּ
שֶׁנַּרְבֶּה זְכֻיּוֹת כְּרִמּוֹן.

רוביא (חילבה)

בָּרוּךְ אַתָּה יהוה אֱלֹהֵינוּ מֶלֶךְ הָעוֹלָם, בּוֹרֵא פְּרִי הָאֲדָמָה.
יְהִי רָצוֹן מִלְּפָנֶיךָ יהוה אֱלֹהֵינוּ וֵאלֹהֵי אֲבוֹתֵינוּ
שֶׁיִּרְבּוּ זְכֻיּוֹתֵינוּ.

כרתי (כרישה)

יְהִי רָצוֹן מִלְּפָנֶיךָ יהוה אֱלֹהֵינוּ וֵאלֹהֵי אֲבוֹתֵינוּ
שֶׁיִּכָּרְתוּ שׂוֹנְאֵינוּ.

סלק

יְהִי רָצוֹן מִלְּפָנֶיךָ יהוה אֱלֹהֵינוּ וֵאלֹהֵי אֲבוֹתֵינוּ
שֶׁיִּסְתַּלְּקוּ שׂוֹנְאֵינוּ.

קרא (דלעת קטנה)

יְהִי רָצוֹן מִלְּפָנֶיךָ יהוה אֱלֹהֵינוּ וֵאלֹהֵי אֲבוֹתֵינוּ
שֶׁתִּקְרַע רֹעַ גְּזַר דִּינֵנוּ, וְיִקָּרְאוּ לְפָנֶיךָ זְכֻיּוֹתֵינוּ.

ראש כבש, או דג

יְהִי רָצוֹן מִלְּפָנֶיךָ יהוה אֱלֹהֵינוּ וֵאלֹהֵי אֲבוֹתֵינוּ
שֶׁנִּהְיֶה לְרֹאשׁ וְלֹא לְזָנָב.

דגים

יְהִי רָצוֹן מִלְּפָנֶיךָ יהוה אֱלֹהֵינוּ וֵאלֹהֵי אֲבוֹתֵינוּ
שֶׁנִּפְרֶה וְנִרְבֶּה כְּדָגִים.

ברכת המזון

נוהגים לומר קודם ברכת המזון מזמור זה (סידור השל"ה):

שִׁיר הַמַּעֲלוֹת, בְּשׁוּב יהוה אֶת־שִׁיבַת צִיּוֹן, הָיִינוּ כְּחֹלְמִים: אָז יִמָּלֵא שְׂחוֹק תהלים קכו
פִּינוּ וּלְשׁוֹנֵנוּ רִנָּה, אָז יֹאמְרוּ בַגּוֹיִם הִגְדִּיל יהוה לַעֲשׂוֹת עִם־אֵלֶּה: הִגְדִּיל
יהוה לַעֲשׂוֹת עִמָּנוּ, הָיִינוּ שְׂמֵחִים: שׁוּבָה יהוה אֶת־שְׁבִיתֵנוּ, כַּאֲפִיקִים
בַּנֶּגֶב: הַזֹּרְעִים בְּדִמְעָה בְּרִנָּה יִקְצֹרוּ: הָלוֹךְ יֵלֵךְ וּבָכֹה נֹשֵׂא מֶשֶׁךְ־הַזָּרַע,
בֹּא־יָבֹא בְרִנָּה נֹשֵׂא אֲלֻמֹּתָיו:

יש נוהגים להוסיף פסוקים אלה, שלדעת האר"י הם פתיחה לברכת המזון:

תְּהִלַּת יהוה יְדַבֶּר פִּי, וִיבָרֵךְ כָּל־בָּשָׂר שֵׁם קָדְשׁוֹ לְעוֹלָם וָעֶד: וַאֲנַחְנוּ תהלים קמה תהלים קטו
נְבָרֵךְ יָהּ מֵעַתָּה וְעַד־עוֹלָם, הַלְלוּיָהּ: הוֹדוּ לַיהוה כִּי־טוֹב, כִּי לְעוֹלָם תהלים קלו
חַסְדּוֹ: מִי יְמַלֵּל גְּבוּרוֹת יהוה, יַשְׁמִיעַ כָּל־תְּהִלָּתוֹ: תהלים קו

סדר הזימון

שלושה שאכלו כאחד חייבים לזמן (משנה, ברכות מה ע"א).
אם עשרה אכלו יחד, מזכירים את השם בזימון.

המזמן אומר: רַבּוֹתַי, נְבָרֵךְ.

המסובין: יְהִי שֵׁם יהוה מְבֹרָךְ מֵעַתָּה וְעַד־עוֹלָם: תהלים קיג

המזמן חוזר: יְהִי שֵׁם יהוה מְבֹרָךְ מֵעַתָּה וְעַד־עוֹלָם:

בִּרְשׁוּת (אָבִי מוֹרִי / אִמִּי מוֹרָתִי / כֹּהֲנִים / מוֹרֵנוּ הָרַב /
בַּעַל הַבַּיִת הַזֶּה / בַּעֲלַת הַבַּיִת הַזֶּה)
מָרָנָן וְרַבָּנָן וְרַבּוֹתַי
נְבָרֵךְ (במניין: אֱלֹהֵינוּ) שֶׁאָכַלְנוּ מִשֶּׁלּוֹ.

המסובין: בָּרוּךְ (במניין: אֱלֹהֵינוּ) שֶׁאָכַלְנוּ מִשֶּׁלּוֹ וּבְטוּבוֹ חָיִינוּ.

מי שלא אכל, אומר:
בָּרוּךְ וּמְבֹרָךְ שְׁמוֹ תָּמִיד לְעוֹלָם וָעֶד.

המזמן חוזר: בָּרוּךְ (במניין: אֱלֹהֵינוּ) שֶׁאָכַלְנוּ מִשֶּׁלּוֹ וּבְטוּבוֹ חָיִינוּ.
בָּרוּךְ הוּא וּבָרוּךְ שְׁמוֹ.

ברכת הזן

בָּרוּךְ אַתָּה יהוה אֱלֹהֵינוּ מֶלֶךְ הָעוֹלָם
הַזָּן אֶת הָעוֹלָם כֻּלּוֹ בְּטוּבוֹ, בְּחֵן בְּחֶסֶד וּבְרַחֲמִים
הוּא נוֹתֵן לֶחֶם לְכָל בָּשָׂר
כִּי לְעוֹלָם חַסְדּוֹ.
וּבְטוּבוֹ הַגָּדוֹל, תָּמִיד לֹא חָסַר לָנוּ
וְאַל יֶחְסַר לָנוּ מָזוֹן לְעוֹלָם וָעֶד
בַּעֲבוּר שְׁמוֹ הַגָּדוֹל.
כִּי הוּא אֵל זָן וּמְפַרְנֵס לַכֹּל וּמֵטִיב לַכֹּל
וּמֵכִין מָזוֹן לְכָל בְּרִיּוֹתָיו אֲשֶׁר בָּרָא.
תהלים קמה כָּאָמוּר, פּוֹתֵחַ אֶת־יָדֶךָ וּמַשְׂבִּיעַ לְכָל־חַי רָצוֹן:
בָּרוּךְ אַתָּה יהוה, הַזָּן אֶת הַכֹּל.

ברכת הארץ

נוֹדֶה לְּךָ, יהוה אֱלֹהֵינוּ
עַל שֶׁהִנְחַלְתָּ לַאֲבוֹתֵינוּ אֶרֶץ חֶמְדָּה טוֹבָה וּרְחָבָה
וְעַל שֶׁהוֹצֵאתָנוּ יהוה אֱלֹהֵינוּ מֵאֶרֶץ מִצְרַיִם
וּפְדִיתָנוּ מִבֵּית עֲבָדִים
וְעַל בְּרִיתְךָ שֶׁחָתַמְתָּ בִּבְשָׂרֵנוּ
וְעַל תּוֹרָתְךָ שֶׁלִּמַּדְתָּנוּ
וְעַל חֻקֶּיךָ שֶׁהוֹדַעְתָּנוּ
וְעַל חַיִּים חֵן וָחֶסֶד שֶׁחוֹנַנְתָּנוּ
וְעַל אֲכִילַת מָזוֹן שָׁאַתָּה זָן וּמְפַרְנֵס אוֹתָנוּ תָּמִיד
בְּכָל יוֹם וּבְכָל עֵת וּבְכָל שָׁעָה.

וְעַל הַכֹּל, יהוה אֱלֹהֵינוּ
אֲנַחְנוּ מוֹדִים לָךְ וּמְבָרְכִים אוֹתָךְ
יִתְבָּרַךְ שִׁמְךָ בְּפִי כָּל חַי תָּמִיד לְעוֹלָם וָעֶד
כַּכָּתוּב: וְאָכַלְתָּ וְשָׂבָעְתָּ, וּבֵרַכְתָּ אֶת־יהוה אֱלֹהֶיךָ דברים ח
עַל־הָאָרֶץ הַטֹּבָה אֲשֶׁר נָתַן־לָךְ:
בָּרוּךְ אַתָּה יהוה, עַל הָאָרֶץ וְעַל הַמָּזוֹן.

ברכת ירושלים

רַחֵם נָא, יהוה אֱלֹהֵינוּ
עַל יִשְׂרָאֵל עַמֶּךָ
וְעַל יְרוּשָׁלַיִם עִירֶךָ
וְעַל צִיּוֹן מִשְׁכַּן כְּבוֹדֶךָ
וְעַל מַלְכוּת בֵּית דָּוִד מְשִׁיחֶךָ
וְעַל הַבַּיִת הַגָּדוֹל וְהַקָּדוֹשׁ שֶׁנִּקְרָא שִׁמְךָ עָלָיו.
אֱלֹהֵינוּ, אָבִינוּ
רְעֵנוּ, זוּנֵנוּ, פַּרְנְסֵנוּ וְכַלְכְּלֵנוּ
וְהַרְוִיחֵנוּ, וְהַרְוַח לָנוּ יהוה אֱלֹהֵינוּ מְהֵרָה מִכָּל צָרוֹתֵינוּ.
וְנָא אַל תַּצְרִיכֵנוּ, יהוה אֱלֹהֵינוּ
לֹא לִידֵי מַתְּנַת בָּשָׂר וָדָם
וְלֹא לִידֵי הַלְוָאָתָם
כִּי אִם לְיָדְךָ הַמְּלֵאָה, הַפְּתוּחָה
הַקְּדוֹשָׁה וְהָרְחָבָה
שֶׁלֹּא נֵבוֹשׁ וְלֹא נִכָּלֵם לְעוֹלָם וָעֶד.

בשבת:

רְצֵה וְהַחֲלִיצֵנוּ, יהוה אֱלֹהֵינוּ, בְּמִצְוֹתֶיךָ
וּבְמִצְוַת יוֹם הַשְּׁבִיעִי הַשַּׁבָּת הַגָּדוֹל וְהַקָּדוֹשׁ הַזֶּה
כִּי יוֹם זֶה גָּדוֹל וְקָדוֹשׁ הוּא לְפָנֶיךָ
לִשְׁבָּת בּוֹ, וְלָנוּחַ בּוֹ בְּאַהֲבָה כְּמִצְוַת רְצוֹנֶךָ
וּבִרְצוֹנְךָ הָנִיחַ לָנוּ, יהוה אֱלֹהֵינוּ
שֶׁלֹּא תְהֵא צָרָה וְיָגוֹן וַאֲנָחָה בְּיוֹם מְנוּחָתֵנוּ
וְהַרְאֵנוּ, יהוה אֱלֹהֵינוּ, בְּנֶחָמַת צִיּוֹן עִירֶךָ
וּבְבִנְיַן יְרוּשָׁלַיִם עִיר קָדְשֶׁךָ
כִּי אַתָּה הוּא בַּעַל הַיְשׁוּעוֹת וּבַעַל הַנֶּחָמוֹת.

אֱלֹהֵינוּ וֵאלֹהֵי אֲבוֹתֵינוּ
יַעֲלֶה וְיָבוֹא וְיַגִּיעַ, וְיֵרָאֶה וְיֵרָצֶה וְיִשָּׁמַע
וְיִפָּקֵד וְיִזָּכֵר זִכְרוֹנֵנוּ וּפִקְדוֹנֵנוּ, וְזִכְרוֹן אֲבוֹתֵינוּ
וְזִכְרוֹן מָשִׁיחַ בֶּן דָּוִד עַבְדֶּךָ
וְזִכְרוֹן יְרוּשָׁלַיִם עִיר קָדְשֶׁךָ
וְזִכְרוֹן כָּל עַמְּךָ בֵּית יִשְׂרָאֵל
לְפָנֶיךָ, לִפְלֵיטָה לְטוֹבָה, לְחֵן וּלְחֶסֶד וּלְרַחֲמִים
לְחַיִּים וּלְשָׁלוֹם בְּיוֹם הַזִּכָּרוֹן הַזֶּה.
זָכְרֵנוּ יהוה אֱלֹהֵינוּ בּוֹ לְטוֹבָה, וּפָקְדֵנוּ בוֹ לִבְרָכָה
וְהוֹשִׁיעֵנוּ בוֹ לְחַיִּים טוֹבִים.
וּבִדְבַר יְשׁוּעָה וְרַחֲמִים, חוּס וְחָנֵּנוּ וְרַחֵם עָלֵינוּ, וְהוֹשִׁיעֵנוּ
כִּי אֵלֶיךָ עֵינֵינוּ, כִּי אֵל מֶלֶךְ חַנּוּן וְרַחוּם אָתָּה.

וּבְנֵה יְרוּשָׁלַיִם עִיר הַקֹּדֶשׁ בִּמְהֵרָה בְיָמֵינוּ.
בָּרוּךְ אַתָּה יהוה, בּוֹנֵה בְרַחֲמָיו יְרוּשָׁלָיִם, אָמֵן.

ברכת הטוב והמטיב

בָּרוּךְ אַתָּה יהוה אֱלֹהֵינוּ מֶלֶךְ הָעוֹלָם
הָאֵל אָבִינוּ, מַלְכֵּנוּ, אַדִּירֵנוּ
בּוֹרְאֵנוּ, גּוֹאֲלֵנוּ, יוֹצְרֵנוּ, קְדוֹשֵׁנוּ, קְדוֹשׁ יַעֲקֹב
רוֹעֵנוּ, רוֹעֵה יִשְׂרָאֵל, הַמֶּלֶךְ הַטּוֹב וְהַמֵּיטִיב לַכֹּל
שֶׁבְּכָל יוֹם וָיוֹם
הוּא הֵיטִיב, הוּא מֵטִיב, הוּא יֵיטִיב לָנוּ
הוּא גְמָלָנוּ, הוּא גוֹמְלֵנוּ, הוּא יִגְמְלֵנוּ לָעַד
לְחֵן וּלְחֶסֶד וּלְרַחֲמִים, וּלְרֶוַח, הַצָּלָה וְהַצְלָחָה
בְּרָכָה וִישׁוּעָה, נֶחָמָה, פַּרְנָסָה וְכַלְכָּלָה
וְרַחֲמִים וְחַיִּים וְשָׁלוֹם וְכָל טוֹב
וּמִכָּל טוּב לְעוֹלָם אַל יְחַסְּרֵנוּ.

בקשות נוספות

הָרַחֲמָן הוּא יִמְלֹךְ עָלֵינוּ לְעוֹלָם וָעֶד.
הָרַחֲמָן הוּא יִתְבָּרַךְ בַּשָּׁמַיִם וּבָאָרֶץ.
הָרַחֲמָן הוּא יִשְׁתַּבַּח לְדוֹר דּוֹרִים
וְיִתְפָּאַר בָּנוּ לָעַד וּלְנֵצַח נְצָחִים
וְיִתְהַדַּר בָּנוּ לָעַד וּלְעוֹלְמֵי עוֹלָמִים.
הָרַחֲמָן הוּא יְפַרְנְסֵנוּ בְּכָבוֹד.
הָרַחֲמָן הוּא יִשְׁבֹּר עֻלֵּנוּ מֵעַל צַוָּארֵנוּ
וְהוּא יוֹלִיכֵנוּ קוֹמְמִיּוּת לְאַרְצֵנוּ.
הָרַחֲמָן הוּא יִשְׁלַח לָנוּ בְּרָכָה מְרֻבָּה בַּבַּיִת הַזֶּה
וְעַל שֻׁלְחָן זֶה שֶׁאָכַלְנוּ עָלָיו.

הָרַחֲמָן הוּא יִשְׁלַח לָנוּ אֶת אֵלִיָּהוּ הַנָּבִיא זָכוּר לַטּוֹב
וִיבַשֶּׂר לָנוּ בְּשׂוֹרוֹת טוֹבוֹת יְשׁוּעוֹת וְנֶחָמוֹת.

הָרַחֲמָן הוּא יְבָרֵךְ אֶת מְדִינַת יִשְׂרָאֵל
רֵאשִׁית צְמִיחַת גְּאֻלָּתֵנוּ.

הָרַחֲמָן הוּא יְבָרֵךְ אֶת חַיָּלֵי צְבָא הַהֲגָנָה לְיִשְׂרָאֵל
הָעוֹמְדִים עַל מִשְׁמַר אַרְצֵנוּ.

ברכת האורח:

יְהִי רָצוֹן שֶׁלֹּא יֵבוֹשׁ בַּעַל הַבַּיִת בָּעוֹלָם הַזֶּה, וְלֹא יִכָּלֵם לָעוֹלָם הַבָּא, וְיִצְלַח מְאֹד בְּכָל נְכָסָיו, וְיִהְיוּ נְכָסָיו וּנְכָסֵינוּ מֻצְלָחִים וּקְרוֹבִים לָעִיר, וְאַל יִשְׁלֹט שָׂטָן לֹא בְּמַעֲשֵׂה יָדָיו וְלֹא בְּמַעֲשֵׂה יָדֵינוּ. וְאַל יִזְדַּקֵּק לֹא לְפָנָיו וְלֹא לְפָנֵינוּ שׁוּם דְּבַר הִרְהוּר חֵטְא, עֲבֵרָה וְעָוֹן, מֵעַתָּה וְעַד עוֹלָם.

הָרַחֲמָן הוּא יְבָרֵךְ

אם סמוך על שולחן עצמו, אומר:

אוֹתִי (וְאֶת אִשְׁתִּי / וְאֶת בַּעְלִי / וְאֶת אָבִי מוֹרִי / וְאֶת אִמִּי מוֹרָתִי / וְאֶת זַרְעִי) וְאֶת כָּל אֲשֶׁר לִי.

אורח אומר:

אֶת בַּעַל הַבַּיִת הַזֶּה, אוֹתוֹ (וְאֶת אִשְׁתּוֹ בַּעֲלַת הַבַּיִת הַזֶּה / וְאֶת זַרְעוֹ) וְאֶת כָּל אֲשֶׁר לוֹ.

אם אכל על שולחן הוריו, אומר:

אֶת אָבִי מוֹרִי (בַּעַל הַבַּיִת הַזֶּה)
וְאֶת אִמִּי מוֹרָתִי (בַּעֲלַת הַבַּיִת הַזֶּה)
אוֹתָם וְאֶת בֵּיתָם וְאֶת זַרְעָם וְאֶת כָּל אֲשֶׁר לָהֶם

אם יש אורחים נוספים, מוסיף:

וְאֶת כָּל הַמְּסֻבִּין כָּאן

אוֹתָנוּ וְאֶת כָּל אֲשֶׁר לָנוּ, כְּמוֹ שֶׁנִּתְבָּרְכוּ אֲבוֹתֵינוּ
אַבְרָהָם יִצְחָק וְיַעֲקֹב, בַּכֹּל, מִכֹּל, כֹּל
כֵּן יְבָרֵךְ אוֹתָנוּ כֻּלָּנוּ יַחַד בִּבְרָכָה שְׁלֵמָה, וְנֹאמַר אָמֵן.

בַּמָּרוֹם יְלַמְּדוּ עֲלֵיהֶם וְעָלֵינוּ זְכוּת שֶׁתְּהֵא לְמִשְׁמֶרֶת שָׁלוֹם
וְנִשָּׂא בְרָכָה מֵאֵת יהוה וּצְדָקָה מֵאֱלֹהֵי יִשְׁעֵנוּ
וְנִמְצָא חֵן וְשֵׂכֶל טוֹב בְּעֵינֵי אֱלֹהִים וְאָדָם.

בשבת: הָרַחֲמָן הוּא יַנְחִילֵנוּ, יוֹם שֶׁכֻּלּוֹ שַׁבָּת וּמְנוּחָה לְחַיֵּי הָעוֹלָמִים.

הָרַחֲמָן הוּא יְחַדֵּשׁ עָלֵינוּ אֶת הַשָּׁנָה הַזֹּאת לְטוֹבָה וְלִבְרָכָה.

הָרַחֲמָן הוּא יְזַכֵּנוּ לִימוֹת הַמָּשִׁיחַ וּלְחַיֵּי הָעוֹלָם הַבָּא
מִגְדּוֹל יְשׁוּעוֹת מַלְכּוֹ שמואל ב׳ כב
וְעֹשֶׂה־חֶסֶד לִמְשִׁיחוֹ, לְדָוִד וּלְזַרְעוֹ עַד־עוֹלָם:
עֹשֶׂה שָׁלוֹם בִּמְרוֹמָיו
הוּא יַעֲשֶׂה שָׁלוֹם, עָלֵינוּ וְעַל כָּל יִשְׂרָאֵל, וְאִמְרוּ אָמֵן.

יְראוּ אֶת־יהוה קְדֹשָׁיו, כִּי־אֵין מַחְסוֹר לִירֵאָיו: תהלים לד
כְּפִירִים רָשׁוּ וְרָעֵבוּ, וְדֹרְשֵׁי יהוה לֹא־יַחְסְרוּ כָל־טוֹב:
הוֹדוּ לַיהוה כִּי־טוֹב, כִּי לְעוֹלָם חַסְדּוֹ: תהלים קלו
פּוֹתֵחַ אֶת־יָדֶךָ, וּמַשְׂבִּיעַ לְכָל־חַי רָצוֹן: תהלים קמה
בָּרוּךְ הַגֶּבֶר אֲשֶׁר יִבְטַח בַּיהוה, וְהָיָה יהוה מִבְטַחוֹ: ירמיה יז
נַעַר הָיִיתִי גַּם־זָקַנְתִּי תהלים לז
וְלֹא־רָאִיתִי צַדִּיק נֶעֱזָב וְזַרְעוֹ מְבַקֶּשׁ־לָחֶם:
יהוה עֹז לְעַמּוֹ יִתֵּן, יהוה יְבָרֵךְ אֶת־עַמּוֹ בַשָּׁלוֹם: תהלים כט

ברכת ׳מעין שלוש׳ ו׳בורא נפשות׳ בעמ׳ 263.

שחרית

שחרית

"ה' בֹּקֶר תִּשְׁמַע קוֹלִי, בֹּקֶר אֶעֱרָךְ־לְךָ וַאֲצַפֶּה" (תהלים ה, ד).

השכמת הבוקר

"יתגבר כארי לעמוד בבוקר לעבודת בוראו" (שו"ע א, א).

מיד כשמתעורר אדם משנתו, עוד בטרם נוטל את ידיו,
כשעדיין אינו יכול לברך או לומר פסוקים, אומר:

מוֹדֶה/ נשים אומרות: **מוֹדָה/ אֲנִי לְפָנֶיךָ מֶלֶךְ חַי וְקַיָּם**
שֶׁהֶחֱזַרְתָּ בִּי נִשְׁמָתִי בְּחֶמְלָה
רַבָּה אֱמוּנָתֶךָ.

אחרי שנטל את ידיו, מברך:

בָּרוּךְ אַתָּה יהוה אֱלֹהֵינוּ מֶלֶךְ הָעוֹלָם
אֲשֶׁר קִדְּשָׁנוּ בְּמִצְוֹתָיו וְצִוָּנוּ עַל נְטִילַת יָדָיִם.

בָּרוּךְ אַתָּה יהוה אֱלֹהֵינוּ מֶלֶךְ הָעוֹלָם
אֲשֶׁר יָצַר אֶת הָאָדָם בְּחָכְמָה
וּבָרָא בוֹ נְקָבִים נְקָבִים, חֲלוּלִים חֲלוּלִים.
גָּלוּי וְיָדוּעַ לִפְנֵי כִסֵּא כְבוֹדֶךָ
שֶׁאִם יִפָּתֵחַ אֶחָד מֵהֶם אוֹ יִסָּתֵם אֶחָד מֵהֶם
אִי אֶפְשַׁר לְהִתְקַיֵּם וְלַעֲמֹד לְפָנֶיךָ אֲפִלּוּ שָׁעָה אֶחָת.
בָּרוּךְ אַתָּה יהוה, רוֹפֵא כָל בָּשָׂר וּמַפְלִיא לַעֲשׂוֹת.

הגמרא בברכות ס ע״ב מזכירה ברכה זו שצריך לאומרה מיד כשמתעורר. הגאונים תיקנו לאומרה אחרי ברכת ׳אֲשֶׁר יָצַר׳, כיוון שאינה פותחת בתיבות ׳בָּרוּךְ אַתָּה ה׳״ (רב נטרונאי גאון).

אֱלֹהַי
נְשָׁמָה שֶׁנָּתַתָּ בִּי טְהוֹרָה הִיא.
אַתָּה בְרָאתָהּ, אַתָּה יְצַרְתָּהּ, אַתָּה נְפַחְתָּהּ בִּי
וְאַתָּה מְשַׁמְּרָהּ בְּקִרְבִּי
וְאַתָּה עָתִיד לִטְּלָהּ מִמֶּנִּי וּלְהַחֲזִירָהּ בִּי לֶעָתִיד לָבוֹא.
כָּל זְמַן שֶׁהַנְּשָׁמָה בְקִרְבִּי, מוֹדֶה/ נשים אומרות: מוֹדָה/ אֲנִי לְפָנֶיךָ
יהוה אֱלֹהַי וֵאלֹהֵי אֲבוֹתַי, רִבּוֹן כָּל הַמַּעֲשִׂים, אֲדוֹן כָּל הַנְּשָׁמוֹת.
בָּרוּךְ אַתָּה יהוה, הַמַּחֲזִיר נְשָׁמוֹת לִפְגָרִים מֵתִים.

לבישת ציצית

לפני שלובש טלית קטן, מברך ׳עַל מִצְוַת צִיצִית׳.
ואם תיכף יתעטף בטלית, לא יברך.

בָּרוּךְ אַתָּה יהוה אֱלֹהֵינוּ מֶלֶךְ הָעוֹלָם
אֲשֶׁר קִדְּשָׁנוּ בְּמִצְוֹתָיו וְצִוָּנוּ עַל מִצְוַת צִיצִית.

אחרי שלבש, אומר:

יְהִי רָצוֹן מִלְּפָנֶיךָ, יהוה אֱלֹהַי וֵאלֹהֵי אֲבוֹתַי
שֶׁתְּהֵא חֲשׁוּבָה מִצְוַת צִיצִית לְפָנֶיךָ
כְּאִלּוּ קִיַּמְתִּיהָ בְּכָל פְּרָטֶיהָ וְדִקְדּוּקֶיהָ וְכַוָּנוֹתֶיהָ
וְתַרְיַ״ג מִצְוֹת הַתְּלוּיוֹת בָּהּ, אָמֵן סֶלָה.

ברכות התורה

״ברכת התורה צריך להזהר בה מאד״ (שו״ע מז, א).

בָּרוּךְ אַתָּה יהוה אֱלֹהֵינוּ מֶלֶךְ הָעוֹלָם
אֲשֶׁר קִדְּשָׁנוּ בְּמִצְוֹתָיו וְצִוָּנוּ לַעֲסֹק בְּדִבְרֵי תוֹרָה.
וְהַעֲרֶב נָא יהוה אֱלֹהֵינוּ אֶת דִּבְרֵי תוֹרָתְךָ
בְּפִינוּ וּבְפִיּוֹת עַמְּךָ בֵּית יִשְׂרָאֵל

וְנִהְיֶה אֲנַחְנוּ וְצֶאֱצָאֵינוּ וְצֶאֱצָאֵי צֶאֱצָאֵינוּ
וְצֶאֱצָאֵי עַמְּךָ בֵּית יִשְׂרָאֵל
כֻּלָּנוּ יוֹדְעֵי שְׁמֶךָ וְלוֹמְדֵי תוֹרָתְךָ לִשְׁמָהּ.
בָּרוּךְ אַתָּה יהוה, הַמְלַמֵּד תּוֹרָה לְעַמּוֹ יִשְׂרָאֵל.

בָּרוּךְ אַתָּה יהוה אֱלֹהֵינוּ מֶלֶךְ הָעוֹלָם
אֲשֶׁר בָּחַר בָּנוּ מִכָּל הָעַמִּים וְנָתַן לָנוּ אֶת תּוֹרָתוֹ.
בָּרוּךְ אַתָּה יהוה, נוֹתֵן הַתּוֹרָה.

וַיְדַבֵּר יהוה אֶל־מֹשֶׁה לֵּאמֹר: במדבר ו
דַּבֵּר אֶל־אַהֲרֹן וְאֶל־בָּנָיו לֵאמֹר
כֹּה תְבָרְכוּ אֶת־בְּנֵי יִשְׂרָאֵל, אָמוֹר לָהֶם:
יְבָרֶכְךָ יהוה וְיִשְׁמְרֶךָ:
יָאֵר יהוה פָּנָיו אֵלֶיךָ וִיחֻנֶּךָּ:
יִשָּׂא יהוה פָּנָיו אֵלֶיךָ וְיָשֵׂם לְךָ שָׁלוֹם:
וְשָׂמוּ אֶת־שְׁמִי עַל־בְּנֵי יִשְׂרָאֵל, וַאֲנִי אֲבָרְכֵם:

אֵלּוּ דְבָרִים שֶׁאֵין לָהֶם שִׁעוּר משנה, פאה א, א
הַפֵּאָה וְהַבִּכּוּרִים וְהָרֵאָיוֹן, וּגְמִילוּת חֲסָדִים וְתַלְמוּד תּוֹרָה.

אֵלּוּ דְבָרִים שֶׁאָדָם אוֹכֵל פֵּרוֹתֵיהֶם בָּעוֹלָם הַזֶּה שבת קכז.
וְהַקֶּרֶן קַיֶּמֶת לוֹ לָעוֹלָם הַבָּא
וְאֵלּוּ הֵן
כִּבּוּד אָב וָאֵם, וּגְמִילוּת חֲסָדִים
וְהַשְׁכָּמַת בֵּית הַמִּדְרָשׁ שַׁחֲרִית וְעַרְבִית
וְהַכְנָסַת אוֹרְחִים, וּבִקּוּר חוֹלִים, וְהַכְנָסַת כַּלָּה
וּלְוָיַת הַמֵּת, וְעִיּוּן תְּפִלָּה
וַהֲבָאַת שָׁלוֹם בֵּין אָדָם לַחֲבֵרוֹ, וּבֵין אִישׁ לְאִשְׁתּוֹ
וְתַלְמוּד תּוֹרָה כְּנֶגֶד כֻּלָּם.

עטיפת טלית

לפני עטיפה בטלית גדול נוהגים לומר:

בָּרְכִי נַפְשִׁי אֶת־יהוה, יהוה אֱלֹהַי גָּדַלְתָּ מְּאֹד, הוֹד וְהָדָר לָבָשְׁתָּ: תהלים קד
עֹטֶה־אוֹר כַּשַּׂלְמָה, נוֹטֶה שָׁמַיִם כַּיְרִיעָה:

יש אומרים:

לְשֵׁם יִחוּד קֻדְשָׁא בְּרִיךְ הוּא וּשְׁכִינְתֵּהּ בִּדְחִילוּ וּרְחִימוּ, לְיַחֵד שֵׁם י״ה בו״ה בְּיִחוּדָא שְׁלִים בְּשֵׁם כָּל יִשְׂרָאֵל.

הֲרֵינִי מִתְעַטֵּף בְּצִיצִית. כֵּן תִּתְעַטֵּף נִשְׁמָתִי וּרְמַ״ח אֵבָרַי וּשְׁסָ״ה גִידַי בְּאוֹר הַצִּיצִית הָעוֹלָה תַּרְיַ״ג. וּכְשֵׁם שֶׁאֲנִי מִתְכַּסֶּה בְּטַלִּית בָּעוֹלָם הַזֶּה, כָּךְ אֶזְכֶּה לַחֲלוּקָא דְרַבָּנָן וּלְטַלִּית נָאָה לָעוֹלָם הַבָּא בְּגַן עֵדֶן. וְעַל יְדֵי מִצְוַת צִיצִית תִּנָּצֵל נַפְשִׁי רוּחִי וְנִשְׁמָתִי וּתְפִלָּתִי מִן הַחִיצוֹנִים.
וְהַטַּלִּית תִּפְרֹשׂ כְּנָפֶיהָ עֲלֵיהֶם וְתַצִּילֵם, כְּנֶשֶׁר יָעִיר קִנּוֹ עַל־גּוֹזָלָיו יְרַחֵף: דברים לב
וּתְהֵא חֲשׁוּבָה מִצְוַת צִיצִית לִפְנֵי הַקָּדוֹשׁ בָּרוּךְ הוּא, כְּאִלּוּ קִיַּמְתִּיהָ בְּכָל פְּרָטֶיהָ וְדִקְדּוּקֶיהָ וְכַוָּנוֹתֶיהָ וְתַרְיַ״ג מִצְוֹת הַתְּלוּיוֹת בָּהּ, אָמֵן סֶלָה.

עומד ומברך:

בָּרוּךְ אַתָּה יהוה אֱלֹהֵינוּ מֶלֶךְ הָעוֹלָם
אֲשֶׁר קִדְּשָׁנוּ בְּמִצְוֹתָיו, וְצִוָּנוּ לְהִתְעַטֵּף בַּצִּיצִית.

נוהגים להתעטף בטלית אחר הברכה.

מתעטף ואומר (סידור השל״ה):

מַה־יָּקָר חַסְדְּךָ אֱלֹהִים, וּבְנֵי אָדָם בְּצֵל כְּנָפֶיךָ יֶחֱסָיוּן: תהלים לו
יִרְוְיֻן מִדֶּשֶׁן בֵּיתֶךָ, וְנַחַל עֲדָנֶיךָ תַשְׁקֵם:
כִּי־עִמְּךָ מְקוֹר חַיִּים, בְּאוֹרְךָ נִרְאֶה־אוֹר:
מְשֹׁךְ חַסְדְּךָ לְיֹדְעֶיךָ, וְצִדְקָתְךָ לְיִשְׁרֵי־לֵב:

הכנה לתפילה

"יכנס שיעור שני פתחים ואחר כך יתפלל" (שו"ע צ, כ).

כאשר נכנס לבית הכנסת, אומר:

מַה־טֹּבוּ (במדבר כד)
אֹהָלֶיךָ יַעֲקֹב, מִשְׁכְּנֹתֶיךָ יִשְׂרָאֵל:

וַאֲנִי בְּרֹב חַסְדְּךָ אָבוֹא בֵיתֶךָ (תהלים ה)
אֶשְׁתַּחֲוֶה אֶל־הֵיכַל־קָדְשְׁךָ
בְּיִרְאָתֶךָ:

יהוה אָהַבְתִּי מְעוֹן בֵּיתֶךָ (תהלים כו)
וּמְקוֹם מִשְׁכַּן כְּבוֹדֶךָ:

וַאֲנִי אֶשְׁתַּחֲוֶה
וְאֶכְרָעָה
אֶבְרְכָה לִפְנֵי יהוה עֹשִׂי.

וַאֲנִי תְפִלָּתִי־לְךָ יהוה (תהלים סט)
עֵת רָצוֹן
אֱלֹהִים בְּרָב־חַסְדֶּךָ
עֲנֵנִי בֶּאֱמֶת יִשְׁעֶךָ:

"לְהַגִּיד בַּבֹּקֶר חַסְדֶּךָ וֶאֱמוּנָתְךָ בַּלֵּילוֹת" (תהלים צב, ג).
פיוט עתיק זה מיוחס לר' שלמה אבן גבירול (ויש המקדימים את זמנו לתקופת הגאונים).
רבים נוהגים לאומרו פעמיים ביום: לפני תפילת שחרית ובקריאת שמע שעל המיטה.

אֲדוֹן עוֹלָם

אֲשֶׁר מָלַךְ בְּטֶרֶם כָּל־יְצִיר נִבְרָא.
לְעֵת נַעֲשָׂה בְחֶפְצוֹ כֹּל אֲזַי מֶלֶךְ שְׁמוֹ נִקְרָא.
וְאַחֲרֵי כִּכְלוֹת הַכֹּל לְבַדּוֹ יִמְלֹךְ נוֹרָא.
וְהוּא הָיָה וְהוּא הֹוֶה וְהוּא יִהְיֶה בְּתִפְאָרָה.
וְהוּא אֶחָד וְאֵין שֵׁנִי לְהַמְשִׁיל לוֹ לְהַחְבִּירָה.
בְּלִי רֵאשִׁית בְּלִי תַכְלִית וְלוֹ הָעֹז וְהַמִּשְׂרָה.
וְהוּא אֵלִי וְחַי גּוֹאֲלִי וְצוּר חֶבְלִי בְּעֵת צָרָה.
וְהוּא נִסִּי וּמָנוֹס לִי מְנָת כּוֹסִי בְּיוֹם אֶקְרָא.
בְּיָדוֹ אַפְקִיד רוּחִי בְּעֵת אִישַׁן וְאָעִירָה.
וְעִם רוּחִי גְּוִיָּתִי יהוה לִי וְלֹא אִירָא.

'יִגְדַּל' מיוסד על שלושה עשר עיקרי האמונה שמָנה הרמב״ם.

יִגְדַּל

אֱלֹהִים חַי וְיִשְׁתַּבַּח, נִמְצָא וְאֵין עֵת אֶל מְצִיאוּתוֹ.

אֶחָד וְאֵין יָחִיד כְּיִחוּדוֹ, נֶעְלָם וְגַם אֵין סוֹף לְאַחְדּוּתוֹ.

אֵין לוֹ דְּמוּת הַגּוּף וְאֵינוֹ גוּף, לֹא נַעֲרֹךְ אֵלָיו קְדֻשָּׁתוֹ.

קַדְמוֹן לְכָל דָּבָר אֲשֶׁר נִבְרָא, רִאשׁוֹן וְאֵין רֵאשִׁית לְרֵאשִׁיתוֹ.

הִנּוֹ אֲדוֹן עוֹלָם, וְכָל נוֹצָר יוֹרֶה גְדֻלָּתוֹ וּמַלְכוּתוֹ.

שֶׁפַע נְבוּאָתוֹ נְתָנוֹ אֶל־אַנְשֵׁי סְגֻלָּתוֹ וְתִפְאַרְתּוֹ.

לֹא קָם בְּיִשְׂרָאֵל כְּמֹשֶׁה עוֹד נָבִיא וּמַבִּיט אֶת תְּמוּנָתוֹ.

תּוֹרַת אֱמֶת נָתַן לְעַמּוֹ אֵל עַל יַד נְבִיאוֹ נֶאֱמַן בֵּיתוֹ.

לֹא יַחֲלִיף הָאֵל וְלֹא יָמִיר דָּתוֹ לְעוֹלָמִים לְזוּלָתוֹ.

צוֹפֶה וְיוֹדֵעַ סְתָרֵינוּ, מַבִּיט לְסוֹף דָּבָר בְּקַדְמָתוֹ.

גּוֹמֵל לְאִישׁ חֶסֶד כְּמִפְעָלוֹ, נוֹתֵן לְרָשָׁע רָע כְּרִשְׁעָתוֹ.

יִשְׁלַח לְקֵץ יָמִין מְשִׁיחֵנוּ לִפְדּוֹת מְחַכֵּי קֵץ יְשׁוּעָתוֹ.

מֵתִים יְחַיֶּה אֵל בְּרֹב חַסְדּוֹ, בָּרוּךְ עֲדֵי עַד שֵׁם תְּהִלָּתוֹ.

ברכות השחר

ברכות השחר נתקן לאומרן כשהאדם מתעורר במקביל למעשיו הראשונים בבוקר (ברכות ס ע״ב). אך כבר בימי הראשונים נהגו שהציבור כולו אומרן יחד בבית הכנסת (פתיחה לסידור רב עמרם גאון).

בבתי כנסת רבים שליח הציבור מתחיל כאן. יש מקומות שנוהגים ששליח הציבור מתחיל בברייתא דרבי ישמעאל (עמ׳ 98) או ב׳הודו לַה׳ קִרְאוּ בִשְׁמוֹ׳ (עמ׳ 101).

בָּרוּךְ אַתָּה יהוה אֱלֹהֵינוּ מֶלֶךְ הָעוֹלָם
אֲשֶׁר נָתַן לַשֶּׂכְוִי בִינָה
לְהַבְחִין בֵּין יוֹם וּבֵין לָיְלָה.

בָּרוּךְ אַתָּה יהוה אֱלֹהֵינוּ מֶלֶךְ הָעוֹלָם
שֶׁלֹּא עָשַׂנִי גּוֹי.

בָּרוּךְ אַתָּה יהוה אֱלֹהֵינוּ מֶלֶךְ הָעוֹלָם
שֶׁלֹּא עָשַׂנִי עָבֶד.

בָּרוּךְ אַתָּה יהוה אֱלֹהֵינוּ מֶלֶךְ הָעוֹלָם
גברים: שֶׁלֹּא עָשַׂנִי אִשָּׁה. / נשים: שֶׁעָשַׂנִי כִּרְצוֹנוֹ.

בָּרוּךְ אַתָּה יהוה אֱלֹהֵינוּ מֶלֶךְ הָעוֹלָם
פּוֹקֵחַ עִוְרִים.

בָּרוּךְ אַתָּה יהוה אֱלֹהֵינוּ מֶלֶךְ הָעוֹלָם
מַלְבִּישׁ עֲרֻמִּים.

בָּרוּךְ אַתָּה יהוה אֱלֹהֵינוּ מֶלֶךְ הָעוֹלָם
מַתִּיר אֲסוּרִים.

בָּרוּךְ אַתָּה יהוה אֱלֹהֵינוּ מֶלֶךְ הָעוֹלָם
זוֹקֵף כְּפוּפִים.

בָּרוּךְ אַתָּה יהוה אֱלֹהֵינוּ מֶלֶךְ הָעוֹלָם
רוֹקַע הָאָרֶץ עַל הַמָּיִם.

בָּרוּךְ אַתָּה יהוה אֱלֹהֵינוּ מֶלֶךְ הָעוֹלָם
הַמֵּכִין מִצְעֲדֵי גָבֶר.
בָּרוּךְ אַתָּה יהוה אֱלֹהֵינוּ מֶלֶךְ הָעוֹלָם
שֶׁעָשָׂה לִי כָּל צָרְכִּי.
בָּרוּךְ אַתָּה יהוה אֱלֹהֵינוּ מֶלֶךְ הָעוֹלָם
אוֹזֵר יִשְׂרָאֵל בִּגְבוּרָה.
בָּרוּךְ אַתָּה יהוה אֱלֹהֵינוּ מֶלֶךְ הָעוֹלָם
עוֹטֵר יִשְׂרָאֵל בְּתִפְאָרָה.
בָּרוּךְ אַתָּה יהוה אֱלֹהֵינוּ מֶלֶךְ הָעוֹלָם
הַנּוֹתֵן לַיָּעֵף כֹּחַ.

בָּרוּךְ אַתָּה יהוה אֱלֹהֵינוּ מֶלֶךְ הָעוֹלָם, הַמַּעֲבִיר שֵׁנָה מֵעֵינַי וּתְנוּמָה מֵעַפְעַפָּי. וִיהִי רָצוֹן מִלְּפָנֶיךָ יהוה אֱלֹהֵינוּ וֵאלֹהֵי אֲבוֹתֵינוּ, שֶׁתַּרְגִּילֵנוּ בְּתוֹרָתֶךָ, וְדַבְּקֵנוּ בְּמִצְוֹתֶיךָ, וְאַל תְּבִיאֵנוּ לֹא לִידֵי חֵטְא, וְלֹא לִידֵי עֲבֵרָה וְעָוֹן, וְלֹא לִידֵי נִסָּיוֹן וְלֹא לִידֵי בִזָּיוֹן, וְאַל תַּשְׁלֶט בָּנוּ יֵצֶר הָרָע, וְהַרְחִיקֵנוּ מֵאָדָם רָע וּמֵחָבֵר רָע, וְדַבְּקֵנוּ בְּיֵצֶר הַטּוֹב וּבְמַעֲשִׂים טוֹבִים, וְכֹף אֶת יִצְרֵנוּ לְהִשְׁתַּעְבֶּד לָךְ, וּתְנֵנוּ הַיּוֹם וּבְכָל יוֹם לְחֵן וּלְחֶסֶד וּלְרַחֲמִים, בְּעֵינֶיךָ, וּבְעֵינֵי כָל רוֹאֵינוּ, ◂ וְתִגְמְלֵנוּ חֲסָדִים טוֹבִים. בָּרוּךְ אַתָּה יהוה, גּוֹמֵל חֲסָדִים טוֹבִים לְעַמּוֹ יִשְׂרָאֵל.

ברכות טז: יְהִי רָצוֹן מִלְּפָנֶיךָ יהוה אֱלֹהַי וֵאלֹהֵי אֲבוֹתַי, שֶׁתַּצִּילֵנִי הַיּוֹם וּבְכָל יוֹם מֵעַזֵּי פָנִים וּמֵעַזּוּת פָּנִים, מֵאָדָם רָע, מִיֵּצֶר רָע, וּמֵחָבֵר רָע, וּמִשָּׁכֵן רָע, וּמִפֶּגַע רָע, מֵעַיִן הָרָע, מִלָּשׁוֹן הָרָע, מִמַּלְשִׁינוּת, מֵעֵדוּת שֶׁקֶר, מִשִּׂנְאַת הַבְּרִיּוֹת, מֵעֲלִילָה, מִמִּיתָה מְשֻׁנָּה, מֵחֳלָיִים רָעִים, מִמִּקְרִים רָעִים, וּמִשָּׂטָן הַמַּשְׁחִית, מִדִּין קָשֶׁה, וּמִבַּעַל דִּין קָשֶׁה בֵּין שֶׁהוּא בֶן בְּרִית וּבֵין שֶׁאֵינוֹ בֶן בְּרִית, וּמִדִּינָהּ שֶׁל גֵּיהִנֹּם.

פרשת העקדה

עקדת יצחק הייתה הניסיון העיקרי שעמדו בו אבותינו.

רבים נוהגים לקרוא בכל בוקר את פרשת העקדה,
כדי לזכור את מסירות הנפש של האבות ולהזכיר את זכותם.

לפני פרשה זו ואחריה נוהגים לומר תחינה המבוססת על ברכת 'זיכרונות'
בתפילת מוסף (עמ' 208). ולדעת רוב הפוסקים, אין אומרים אותה ביום טוב.

אֱלֹהֵינוּ וֵאלֹהֵי אֲבוֹתֵינוּ, זָכְרֵנוּ בְּזִכְּרוֹן טוֹב לְפָנֶיךָ, וּפָקְדֵנוּ בִּפְקֻדַּת יְשׁוּעָה וְרַחֲמִים מִשְּׁמֵי שְׁמֵי קֶדֶם, וּזְכָר לָנוּ יהוה אֱלֹהֵינוּ, אַהֲבַת הַקַּדְמוֹנִים אַבְרָהָם יִצְחָק וְיִשְׂרָאֵל עֲבָדֶיךָ, אֶת הַבְּרִית וְאֶת הַחֶסֶד וְאֶת הַשְּׁבוּעָה שֶׁנִּשְׁבַּעְתָּ לְאַבְרָהָם אָבִינוּ בְּהַר הַמּוֹרִיָּה, וְאֶת הָעֲקֵדָה שֶׁעָקַד אֶת יִצְחָק בְּנוֹ עַל גַּבֵּי הַמִּזְבֵּחַ, כַּכָּתוּב בְּתוֹרָתֶךָ:

בראשית כב
וַיְהִי אַחַר הַדְּבָרִים הָאֵלֶּה, וְהָאֱלֹהִים נִסָּה אֶת־אַבְרָהָם,
וַיֹּאמֶר אֵלָיו אַבְרָהָם, וַיֹּאמֶר הִנֵּנִי: וַיֹּאמֶר קַח־נָא אֶת־בִּנְךָ
אֶת־יְחִידְךָ אֲשֶׁר־אָהַבְתָּ, אֶת־יִצְחָק, וְלֶךְ־לְךָ אֶל־אֶרֶץ
הַמֹּרִיָּה, וְהַעֲלֵהוּ שָׁם לְעֹלָה עַל אַחַד הֶהָרִים אֲשֶׁר אֹמַר
אֵלֶיךָ: וַיַּשְׁכֵּם אַבְרָהָם בַּבֹּקֶר, וַיַּחֲבֹשׁ אֶת־חֲמֹרוֹ, וַיִּקַּח אֶת־
שְׁנֵי נְעָרָיו אִתּוֹ וְאֵת יִצְחָק בְּנוֹ, וַיְבַקַּע עֲצֵי עֹלָה, וַיָּקָם וַיֵּלֶךְ
אֶל־הַמָּקוֹם אֲשֶׁר־אָמַר־לוֹ הָאֱלֹהִים: בַּיּוֹם הַשְּׁלִישִׁי וַיִּשָּׂא
אַבְרָהָם אֶת־עֵינָיו וַיַּרְא אֶת־הַמָּקוֹם מֵרָחֹק: וַיֹּאמֶר אַבְרָהָם
אֶל־נְעָרָיו, שְׁבוּ־לָכֶם פֹּה עִם־הַחֲמוֹר, וַאֲנִי וְהַנַּעַר נֵלְכָה עַד־
כֹּה, וְנִשְׁתַּחֲוֶה וְנָשׁוּבָה אֲלֵיכֶם: וַיִּקַּח אַבְרָהָם אֶת־עֲצֵי הָעֹלָה
וַיָּשֶׂם עַל־יִצְחָק בְּנוֹ, וַיִּקַּח בְּיָדוֹ אֶת־הָאֵשׁ וְאֶת־הַמַּאֲכֶלֶת,
וַיֵּלְכוּ שְׁנֵיהֶם יַחְדָּו: וַיֹּאמֶר יִצְחָק אֶל־אַבְרָהָם אָבִיו, וַיֹּאמֶר
אָבִי, וַיֹּאמֶר הִנֶּנִּי בְנִי, וַיֹּאמֶר, הִנֵּה הָאֵשׁ וְהָעֵצִים, וְאַיֵּה
הַשֶּׂה לְעֹלָה: וַיֹּאמֶר אַבְרָהָם, אֱלֹהִים יִרְאֶה־לּוֹ הַשֶּׂה לְעֹלָה,
בְּנִי, וַיֵּלְכוּ שְׁנֵיהֶם יַחְדָּו: וַיָּבֹאוּ אֶל־הַמָּקוֹם אֲשֶׁר אָמַר־לוֹ

הָאֱלֹהִים, וַיִּבֶן שָׁם אַבְרָהָם אֶת־הַמִּזְבֵּחַ וַיַּעֲרֹךְ אֶת־הָעֵצִים,
וַיַּעֲקֹד אֶת־יִצְחָק בְּנוֹ, וַיָּשֶׂם אֹתוֹ עַל־הַמִּזְבֵּחַ מִמַּעַל לָעֵצִים:
וַיִּשְׁלַח אַבְרָהָם אֶת־יָדוֹ, וַיִּקַּח אֶת־הַמַּאֲכֶלֶת, לִשְׁחֹט אֶת־
בְּנוֹ: וַיִּקְרָא אֵלָיו מַלְאַךְ יהוה מִן־הַשָּׁמַיִם, וַיֹּאמֶר אַבְרָהָם
אַבְרָהָם, וַיֹּאמֶר הִנֵּנִי: וַיֹּאמֶר אַל־תִּשְׁלַח יָדְךָ אֶל־הַנַּעַר,
וְאַל־תַּעַשׂ לוֹ מְאוּמָה, כִּי עַתָּה יָדַעְתִּי כִּי־יְרֵא אֱלֹהִים אַתָּה,
וְלֹא חָשַׂכְתָּ אֶת־בִּנְךָ אֶת־יְחִידְךָ מִמֶּנִּי: וַיִּשָּׂא אַבְרָהָם אֶת־
עֵינָיו, וַיַּרְא וְהִנֵּה־אַיִל, אַחַר נֶאֱחַז בַּסְּבַךְ בְּקַרְנָיו, וַיֵּלֶךְ
אַבְרָהָם וַיִּקַּח אֶת־הָאַיִל, וַיַּעֲלֵהוּ לְעֹלָה תַּחַת בְּנוֹ: וַיִּקְרָא
אַבְרָהָם שֵׁם־הַמָּקוֹם הַהוּא יהוה יִרְאֶה, אֲשֶׁר יֵאָמֵר הַיּוֹם
בְּהַר יהוה יֵרָאֶה: וַיִּקְרָא מַלְאַךְ יהוה אֶל־אַבְרָהָם שֵׁנִית
מִן־הַשָּׁמָיִם: וַיֹּאמֶר, בִּי נִשְׁבַּעְתִּי נְאֻם־יהוה, כִּי יַעַן אֲשֶׁר
עָשִׂיתָ אֶת־הַדָּבָר הַזֶּה, וְלֹא חָשַׂכְתָּ אֶת־בִּנְךָ אֶת־יְחִידֶךָ:
כִּי־בָרֵךְ אֲבָרֶכְךָ, וְהַרְבָּה אַרְבֶּה אֶת־זַרְעֲךָ כְּכוֹכְבֵי הַשָּׁמַיִם,
וְכַחוֹל אֲשֶׁר עַל־שְׂפַת הַיָּם, וְיִרַשׁ זַרְעֲךָ אֵת שַׁעַר אֹיְבָיו:
וְהִתְבָּרְכוּ בְזַרְעֲךָ כֹּל גּוֹיֵי הָאָרֶץ, עֵקֶב אֲשֶׁר שָׁמַעְתָּ בְּקֹלִי:
וַיָּשָׁב אַבְרָהָם אֶל־נְעָרָיו, וַיָּקֻמוּ וַיֵּלְכוּ יַחְדָּו אֶל־בְּאֵר שָׁבַע,
וַיֵּשֶׁב אַבְרָהָם בִּבְאֵר שָׁבַע:

יש מדלגים.

רִבּוֹנוֹ שֶׁל עוֹלָם, כְּמוֹ שֶׁכָּבַשׁ אַבְרָהָם אָבִינוּ אֶת רַחֲמָיו לַעֲשׂוֹת רְצוֹנְךָ בְּלֵבָב שָׁלֵם, כֵּן יִכְבְּשׁוּ רַחֲמֶיךָ אֶת כַּעַסְךָ מֵעָלֵינוּ וְיִגֹּלּוּ רַחֲמֶיךָ עַל מִדּוֹתֶיךָ. וְתִתְנַהֵג עִמָּנוּ יהוה אֱלֹהֵינוּ בְּמִדַּת הַחֶסֶד וּבְמִדַּת הָרַחֲמִים, וּבְטוּבְךָ הַגָּדוֹל יָשׁוּב חֲרוֹן אַפְּךָ מֵעַמְּךָ וּמֵעִירְךָ וּמֵאַרְצְךָ וּמִנַּחֲלָתֶךָ. וְקַיֶּם לָנוּ יהוה אֱלֹהֵינוּ אֶת הַדָּבָר שֶׁהִבְטַחְתָּנוּ בְּתוֹרָתֶךָ עַל יְדֵי מֹשֶׁה עַבְדֶּךָ, כָּאָמוּר: וְזָכַרְתִּי אֶת־בְּרִיתִי יַעֲקוֹב וְאַף אֶת־בְּרִיתִי יִצְחָק, וְאַף אֶת־בְּרִיתִי אַבְרָהָם אֶזְכֹּר, וְהָאָרֶץ אֶזְכֹּר: ויקרא כו

ויקרא כו וְנֶאֱמַר: וְאַף גַּם־זֹאת בִּהְיוֹתָם בְּאֶרֶץ אֹיְבֵיהֶם, לֹא־מְאַסְתִּים וְלֹא־גְעַלְתִּים
לְכַלֹּתָם, לְהָפֵר בְּרִיתִי אִתָּם, כִּי אֲנִי יהוה אֱלֹהֵיהֶם: וְנֶאֱמַר: וְזָכַרְתִּי לָהֶם
בְּרִית רִאשֹׁנִים, אֲשֶׁר הוֹצֵאתִי־אֹתָם מֵאֶרֶץ מִצְרַיִם לְעֵינֵי הַגּוֹיִם, לִהְיוֹת
דברים ל לָהֶם לֵאלֹהִים, אֲנִי יהוה: וְנֶאֱמַר: וְשָׁב יהוה אֱלֹהֶיךָ אֶת־שְׁבוּתְךָ וְרִחֲמֶךָ,
וְשָׁב וְקִבֶּצְךָ מִכָּל־הָעַמִּים, אֲשֶׁר הֱפִיצְךָ יהוה אֱלֹהֶיךָ שָׁמָּה: אִם־יִהְיֶה נִדַּחֲךָ
בִּקְצֵה הַשָּׁמָיִם, מִשָּׁם יְקַבֶּצְךָ יהוה אֱלֹהֶיךָ, וּמִשָּׁם יִקָּחֶךָ: וְנֶאֱמַר: וֶהֱבִיאֲךָ
יהוה אֱלֹהֶיךָ אֶל־הָאָרֶץ אֲשֶׁר־יָרְשׁוּ אֲבֹתֶיךָ וִירִשְׁתָּהּ, וְהֵיטִבְךָ וְהִרְבְּךָ
ישעיה לג מֵאֲבֹתֶיךָ: וְנֶאֱמַר עַל יְדֵי נְבִיאֶךָ: יהוה חָנֵּנוּ, לְךָ קִוִּינוּ, הֱיֵה זְרֹעָם לַבְּקָרִים
ירמיה ל אַף־יְשׁוּעָתֵנוּ בְּעֵת צָרָה: וְנֶאֱמַר: וְעֵת־צָרָה הִיא לְיַעֲקֹב וּמִמֶּנָּה יִוָּשֵׁעַ:
ישעיה סג וְנֶאֱמַר: בְּכָל־צָרָתָם לוֹ צָר, וּמַלְאַךְ פָּנָיו הוֹשִׁיעָם, בְּאַהֲבָתוֹ וּבְחֶמְלָתוֹ הוּא
מיכה ז גְאָלָם, וַיְנַטְּלֵם וַיְנַשְּׂאֵם כָּל־יְמֵי עוֹלָם: וְנֶאֱמַר: מִי־אֵל כָּמוֹךָ נֹשֵׂא עָוֹן וְעֹבֵר
עַל־פֶּשַׁע לִשְׁאֵרִית נַחֲלָתוֹ, לֹא־הֶחֱזִיק לָעַד אַפּוֹ, כִּי־חָפֵץ חֶסֶד הוּא: יָשׁוּב
יְרַחֲמֵנוּ יִכְבֹּשׁ עֲוֹנֹתֵינוּ, וְתַשְׁלִיךְ בִּמְצֻלוֹת יָם כָּל־חַטֹּאתָם: תִּתֵּן אֱמֶת
לְיַעֲקֹב, חֶסֶד לְאַבְרָהָם, אֲשֶׁר־נִשְׁבַּעְתָּ לַאֲבֹתֵינוּ מִימֵי קֶדֶם: וְנֶאֱמַר:
ישעיה נו וַהֲבִיאוֹתִים אֶל־הַר קָדְשִׁי, וְשִׂמַּחְתִּים בְּבֵית תְּפִלָּתִי, עוֹלֹתֵיהֶם וְזִבְחֵיהֶם
לְרָצוֹן עַל־מִזְבְּחִי, כִּי בֵיתִי בֵּית־תְּפִלָּה יִקָּרֵא לְכָל־הָעַמִּים:

קבלת עול מלכות שמים

תפילה לאומית, הפותחת בחולשת ההווה, ממשיכה בקריאת שמע ומסיימת בתפילה לגאולה ובהכרה כלל עולמית במלכות ה׳ (רש״ר הירש).

תפילה זו נזכרה כבר ב׳תנא דבי אליהו׳ יט, ו. ככל הנראה נקבעה בתקופת הרדיפות, כאשר היה אסור לקרוא קריאת שמע בציבור (ספר הפרדס, ׳שיבולי הלקט׳).

לְעוֹלָם יְהֵא אָדָם יְרֵא שָׁמַיִם בְּסֵתֶר וּבַגָּלוּי
וּמוֹדֶה עַל הָאֱמֶת, וְדוֹבֵר אֱמֶת בִּלְבָבוֹ
וְיַשְׁכֵּם וְיֹאמַר

רִבּוֹן כָּל הָעוֹלָמִים וַאֲדוֹנֵי הָאֲדוֹנִים
דניאל ט **לֹא עַל־צִדְקֹתֵינוּ אֲנַחְנוּ מַפִּילִים תַּחֲנוּנֵינוּ לְפָנֶיךָ**
כִּי עַל־רַחֲמֶיךָ הָרַבִּים:

מָה אָֽנוּ, מֶה חַיֵּֽינוּ, מֶה חַסְדֵּֽנוּ, מַה צִּדְקוֹתֵֽינוּ
מַה יְּשׁוּעָתֵֽנוּ, מַה כֹּחֵֽנוּ, מַה גְּבוּרָתֵֽנוּ
מַה נֹּאמַר לְפָנֶֽיךָ יהוה אֱלֹהֵֽינוּ וֵאלֹהֵי אֲבוֹתֵֽינוּ
הֲלֹא כָּל הַגִּבּוֹרִים כְּאַיִן לְפָנֶֽיךָ
וְאַנְשֵׁי הַשֵּׁם כְּלֹא הָיוּ
וַחֲכָמִים כִּבְלִי מַדָּע
וּנְבוֹנִים כִּבְלִי הַשְׂכֵּל
כִּי רֹב מַעֲשֵׂיהֶם תֹּֽהוּ
וִימֵי חַיֵּיהֶם הֶֽבֶל לְפָנֶֽיךָ
וּמוֹתַר הָאָדָם מִן־הַבְּהֵמָה אָֽיִן קהלת ג
כִּי הַכֹּל הָֽבֶל:
לְבַד הַנְּשָׁמָה הַטְּהוֹרָה
שֶׁהִיא עֲתִידָה לִתֵּן דִּין וְחֶשְׁבּוֹן לִפְנֵי כִסֵּא כְבוֹדֶֽךָ.
וְכָל הַגּוֹיִם כְּאַֽיִן נֶגְדֶּֽךָ
שֶׁנֶּאֱמַר
הֵן גּוֹיִם כְּמַר מִדְּלִי, וּכְשַֽׁחַק מֹאזְנַֽיִם נֶחְשָֽׁבוּ ישעיה מ
הֵן אִיִּים כַּדַּק יִטּוֹל:

אֲבָל אֲנַֽחְנוּ עַמְּךָ בְּנֵי בְרִיתֶֽךָ
בְּנֵי אַבְרָהָם אֹהַבְךָ שֶׁנִּשְׁבַּֽעְתָּ לּוֹ בְּהַר הַמּוֹרִיָּה
זֶֽרַע יִצְחָק יְחִידוֹ שֶׁנֶּעֱקַד עַל גַּבֵּי הַמִּזְבֵּֽחַ
עֲדַת יַעֲקֹב בִּנְךָ בְּכוֹרֶֽךָ
שֶׁמֵּאַהֲבָתְךָ שֶׁאָהַֽבְתָּ אוֹתוֹ, וּמִשִּׂמְחָתְךָ שֶׁשָּׂמַֽחְתָּ בּוֹ
קָרָֽאתָ אֶת שְׁמוֹ יִשְׂרָאֵל וִישֻׁרוּן.

לְפִיכָךְ אֲנַחְנוּ חַיָּבִים
לְהוֹדוֹת לְךָ וּלְשַׁבֵּחֲךָ וּלְפָאֶרְךָ
וּלְבָרֵךְ וּלְקַדֵּשׁ וְלִתֵּן שֶׁבַח וְהוֹדָיָה לִשְׁמֶךָ.
אַשְׁרֵינוּ, מַה טּוֹב חֶלְקֵנוּ, וּמַה נָּעִים גּוֹרָלֵנוּ, וּמַה יָּפָה יְרֻשָּׁתֵנוּ.

אַשְׁרֵינוּ, שֶׁאֲנוּ מַשְׁכִּימִים וּמַעֲרִיבִים
בְּבָתֵּי כְנֵסִיּוֹת וּבְבָתֵּי מִדְרָשׁוֹת
וּמְיַחֲדִים שִׁמְךָ בְּכָל יוֹם תָּמִיד
וְאוֹמְרִים פַּעֲמַיִם בְּאַהֲבָה

דברים ו שְׁמַע יִשְׂרָאֵל, יהוה אֱלֹהֵינוּ, יהוה אֶחָד:
בלחש: בָּרוּךְ שֵׁם כְּבוֹד מַלְכוּתוֹ לְעוֹלָם וָעֶד.

נוהגים לקרוא את הפרשה הראשונה של קריאת שמע (מהרש״ל),
ויש הממשיכים ׳אַתָּה הוּא עַד שֶׁלֹּא נִבְרָא הָעוֹלָם׳.

אם חושש שיעבור זמן קריאת שמע, קורא את כל שלוש הפרשות (עמ׳ 134).

דברים ו וְאָהַבְתָּ אֵת יהוה אֱלֹהֶיךָ, בְּכָל־לְבָבְךָ, וּבְכָל־נַפְשְׁךָ, וּבְכָל־
מְאֹדֶךָ: וְהָיוּ הַדְּבָרִים הָאֵלֶּה, אֲשֶׁר אָנֹכִי מְצַוְּךָ הַיּוֹם, עַל־לְבָבֶךָ:
וְשִׁנַּנְתָּם לְבָנֶיךָ, וְדִבַּרְתָּ בָּם, בְּשִׁבְתְּךָ בְּבֵיתֶךָ וּבְלֶכְתְּךָ בַדֶּרֶךְ,
וּבְשָׁכְבְּךָ וּבְקוּמֶךָ: וּקְשַׁרְתָּם לְאוֹת עַל־יָדֶךָ, וְהָיוּ לְטֹטָפֹת בֵּין
עֵינֶיךָ: וּכְתַבְתָּם עַל־מְזֻזוֹת בֵּיתֶךָ וּבִשְׁעָרֶיךָ:

אַתָּה הוּא עַד שֶׁלֹּא נִבְרָא הָעוֹלָם
אַתָּה הוּא מִשֶּׁנִּבְרָא הָעוֹלָם.
אַתָּה הוּא בָּעוֹלָם הַזֶּה
וְאַתָּה הוּא לָעוֹלָם הַבָּא.
קַדֵּשׁ אֶת שִׁמְךָ עַל מַקְדִּישֵׁי שְׁמֶךָ
וְקַדֵּשׁ אֶת שִׁמְךָ בְּעוֹלָמֶךָ

וּבִישׁוּעָתְךָ תָּרוּם וְתַגְבִּיהַּ קַרְנֵנוּ לְמַעְלָה
וְהוֹשִׁיעֵנוּ בְּקָרוֹב לְמַעַן שְׁמֶךָ.
בָּרוּךְ הַמְקַדֵּשׁ שְׁמוֹ בָּרַבִּים.

אַתָּה הוּא יהוה אֱלֹהֵינוּ בַּשָּׁמַיִם וּבָאָרֶץ
וּבִשְׁמֵי הַשָּׁמַיִם הָעֶלְיוֹנִים.
אֱמֶת, אַתָּה הוּא רִאשׁוֹן וְאַתָּה הוּא אַחֲרוֹן
וּמִבַּלְעָדֶיךָ אֵין אֱלֹהִים.
קַבֵּץ נְפוּצוֹת קֹוֶיךָ מֵאַרְבַּע כַּנְפוֹת הָאָרֶץ.
יַכִּירוּ וְיֵדְעוּ כָּל בָּאֵי עוֹלָם
כִּי אַתָּה־הוּא הָאֱלֹהִים לְבַדֶּךָ, עֶלְיוֹן לְכֹל מַמְלְכוֹת הָאָרֶץ מלכים ב׳ יט
אַתָּה עָשִׂיתָ אֶת־הַשָּׁמַיִם וְאֶת־הָאָרֶץ:
אֶת־הַיָּם וְאֶת־כׇּל־אֲשֶׁר־בָּם: שמות כ
וּמִי בְּכׇל מַעֲשֵׂי יָדֶיךָ בָּעֶלְיוֹנִים וּבַתַּחְתּוֹנִים
שֶׁיֹּאמַר לְךָ מַה תַּעֲשֶׂה וּמַה תִּפְעָל.

אָבִינוּ שֶׁבַּשָּׁמַיִם, חַי וְקַיָּם
עֲשֵׂה עִמָּנוּ צְדָקָה וָחֶסֶד
בַּעֲבוּר שִׁמְךָ הַגָּדוֹל הַגִּבּוֹר וְהַנּוֹרָא שֶׁנִּקְרָא עָלֵינוּ
וְקַיֶּם לָנוּ יהוה אֱלֹהֵינוּ אֶת הַדָּבָר
שֶׁהִבְטַחְתָּנוּ עַל יְדֵי צְפַנְיָה חוֹזֶךָ.
כָּאָמוּר
בָּעֵת הַהִיא אָבִיא אֶתְכֶם, וּבָעֵת קַבְּצִי אֶתְכֶם צפניה ג
כִּי־אֶתֵּן אֶתְכֶם לְשֵׁם וְלִתְהִלָּה בְּכֹל עַמֵּי הָאָרֶץ
בְּשׁוּבִי אֶת־שְׁבוּתֵיכֶם לְעֵינֵיכֶם
אָמַר יהוה:

סדר הקרבנות

"אמר אברהם: רבונו של עולם! שמא ישראל חוטאין לפניך... בזמן שאין בית המקדש קיים, מה תהא עליהם? – אמר לו: כבר תקנתי להם סדר קרבנות, בזמן שקוראין בהן לפני – מעלה אני עליהם כאילו הקריבום לפני, ואני מוחל להם על כל עונותיהם" (תענית כז ע"ב).

יש לומר את פרשת קרבן התמיד (בעמוד הבא) בכל יום.

ונוהגים לומר לפניה את פרשות הכיור ותרומת הדשן,
ולאחריה את פרשת הקטורת (שו"ע א, ט).

פרשת הכיור

שמות ל
וַיְדַבֵּר יהוה אֶל־מֹשֶׁה לֵּאמֹר: וְעָשִׂיתָ כִּיּוֹר נְחֹשֶׁת וְכַנּוֹ נְחֹשֶׁת לְרָחְצָה, וְנָתַתָּ אֹתוֹ בֵּין־אֹהֶל מוֹעֵד וּבֵין הַמִּזְבֵּחַ, וְנָתַתָּ שָׁמָּה מָיִם: וְרָחֲצוּ אַהֲרֹן וּבָנָיו מִמֶּנּוּ אֶת־יְדֵיהֶם וְאֶת־רַגְלֵיהֶם: בְּבֹאָם אֶל־אֹהֶל מוֹעֵד יִרְחֲצוּ־מַיִם, וְלֹא יָמֻתוּ, אוֹ בְגִשְׁתָּם אֶל־הַמִּזְבֵּחַ לְשָׁרֵת, לְהַקְטִיר אִשֶּׁה לַיהוה: וְרָחֲצוּ יְדֵיהֶם וְרַגְלֵיהֶם וְלֹא יָמֻתוּ, וְהָיְתָה לָהֶם חָק־עוֹלָם, לוֹ וּלְזַרְעוֹ לְדֹרֹתָם:

פרשת תרומת הדשן

ויקרא ו
וַיְדַבֵּר יהוה אֶל־מֹשֶׁה לֵּאמֹר: צַו אֶת־אַהֲרֹן וְאֶת־בָּנָיו לֵאמֹר, זֹאת תּוֹרַת הָעֹלָה, הִוא הָעֹלָה עַל מוֹקְדָה עַל־הַמִּזְבֵּחַ כָּל־הַלַּיְלָה עַד־הַבֹּקֶר, וְאֵשׁ הַמִּזְבֵּחַ תּוּקַד בּוֹ: וְלָבַשׁ הַכֹּהֵן מִדּוֹ בַד, וּמִכְנְסֵי־בַד יִלְבַּשׁ עַל־בְּשָׂרוֹ, וְהֵרִים אֶת־הַדֶּשֶׁן אֲשֶׁר תֹּאכַל הָאֵשׁ אֶת־הָעֹלָה, עַל־הַמִּזְבֵּחַ, וְשָׂמוֹ אֵצֶל הַמִּזְבֵּחַ: וּפָשַׁט אֶת־בְּגָדָיו, וְלָבַשׁ בְּגָדִים אֲחֵרִים, וְהוֹצִיא אֶת־הַדֶּשֶׁן אֶל־מִחוּץ לַמַּחֲנֶה, אֶל־מָקוֹם טָהוֹר: וְהָאֵשׁ עַל־הַמִּזְבֵּחַ תּוּקַד־בּוֹ, לֹא תִכְבֶּה, וּבִעֵר עָלֶיהָ הַכֹּהֵן עֵצִים בַּבֹּקֶר בַּבֹּקֶר, וְעָרַךְ עָלֶיהָ הָעֹלָה, וְהִקְטִיר עָלֶיהָ חֶלְבֵי הַשְּׁלָמִים: אֵשׁ, תָּמִיד תּוּקַד עַל־הַמִּזְבֵּחַ, לֹא תִכְבֶּה:

בשבת וביום טוב מדלגים על הפסקה הבאה.

יְהִי רָצוֹן מִלְּפָנֶיךָ יהוה אֱלֹהֵינוּ וֵאלֹהֵי אֲבוֹתֵינוּ, שֶׁתְּרַחֵם עָלֵינוּ, וְתִמְחֹל לָנוּ עַל כָּל חַטֹּאתֵינוּ וּתְכַפֵּר לָנוּ עַל כָּל עֲוֹנוֹתֵינוּ וְתִסְלַח לָנוּ עַל כָּל פְּשָׁעֵינוּ, וְשֶׁיִּבָּנֶה בֵּית הַמִּקְדָּשׁ בִּמְהֵרָה בְיָמֵינוּ, וְנַקְרִיב לְפָנֶיךָ קָרְבַּן הַתָּמִיד שֶׁיְּכַפֵּר בַּעֲדֵנוּ, כְּמוֹ שֶׁכָּתַבְתָּ עָלֵינוּ בְּתוֹרָתֶךָ עַל יְדֵי מֹשֶׁה עַבְדֶּךָ מִפִּי כְבוֹדֶךָ, כָּאָמוּר

פרשת קרבן התמיד

וַיְדַבֵּר יהוה אֶל־מֹשֶׁה לֵּאמֹר: צַו אֶת־בְּנֵי יִשְׂרָאֵל וְאָמַרְתָּ במדבר כח
אֲלֵהֶם, אֶת־קָרְבָּנִי לַחְמִי לְאִשַּׁי, רֵיחַ נִיחֹחִי, תִּשְׁמְרוּ
לְהַקְרִיב לִי בְּמוֹעֲדוֹ: וְאָמַרְתָּ לָהֶם, זֶה הָאִשֶּׁה אֲשֶׁר
תַּקְרִיבוּ לַיהוה, כְּבָשִׂים בְּנֵי־שָׁנָה תְמִימִם שְׁנַיִם לַיּוֹם,
עֹלָה תָמִיד: אֶת־הַכֶּבֶשׂ אֶחָד תַּעֲשֶׂה בַבֹּקֶר, וְאֵת הַכֶּבֶשׂ
הַשֵּׁנִי תַּעֲשֶׂה בֵּין הָעַרְבָּיִם: וַעֲשִׂירִית הָאֵיפָה סֹלֶת לְמִנְחָה,
בְּלוּלָה בְּשֶׁמֶן כָּתִית רְבִיעִת הַהִין: עֹלַת תָּמִיד, הָעֲשֻׂיָה
בְּהַר סִינַי, לְרֵיחַ נִיחֹחַ אִשֶּׁה לַיהוה: וְנִסְכּוֹ רְבִיעִת הַהִין
לַכֶּבֶשׂ הָאֶחָד, בַּקֹּדֶשׁ הַסֵּךְ נֶסֶךְ שֵׁכָר לַיהוה: וְאֵת הַכֶּבֶשׂ
הַשֵּׁנִי תַּעֲשֶׂה בֵּין הָעַרְבָּיִם, כְּמִנְחַת הַבֹּקֶר וּכְנִסְכּוֹ תַּעֲשֶׂה,
אִשֵּׁה רֵיחַ נִיחֹחַ לַיהוה:

וְשָׁחַט אֹתוֹ עַל יֶרֶךְ הַמִּזְבֵּחַ צָפֹנָה לִפְנֵי יהוה, וְזָרְקוּ בְּנֵי ויקרא א
אַהֲרֹן הַכֹּהֲנִים אֶת־דָּמוֹ עַל־הַמִּזְבֵּחַ, סָבִיב:

יְהִי רָצוֹן מִלְּפָנֶיךָ, יהוה אֱלֹהֵינוּ וֵאלֹהֵי אֲבוֹתֵינוּ, שֶׁתְּהֵא אֲמִירָה זוֹ חֲשׁוּבָה וּמְקֻבֶּלֶת וּמְרֻצָּה לְפָנֶיךָ, כְּאִלּוּ הִקְרַבְנוּ קָרְבַּן הַתָּמִיד בְּמוֹעֲדוֹ וּבִמְקוֹמוֹ וּכְהִלְכָתוֹ.

אַתָּה הוּא יהוה אֱלֹהֵינוּ שֶׁהִקְטִירוּ אֲבוֹתֵינוּ לְפָנֶיךָ אֶת קְטֹרֶת הַסַּמִּים בִּזְמַן שֶׁבֵּית הַמִּקְדָּשׁ הָיָה קַיָּם, כַּאֲשֶׁר צִוִּיתָ אוֹתָם עַל יְדֵי מֹשֶׁה נְבִיאָךְ, כַּכָּתוּב בְּתוֹרָתָךְ:

פרשת הקטורת

וַיֹּאמֶר יהוה אֶל־מֹשֶׁה, קַח־לְךָ סַמִּים נָטָף וּשְׁחֵלֶת וְחֶלְבְּנָה, סַמִּים שמות ל
וּלְבֹנָה זַכָּה, בַּד בְּבַד יִהְיֶה: וְעָשִׂיתָ אֹתָהּ קְטֹרֶת, רֹקַח מַעֲשֵׂה רוֹקֵחַ,
מְמֻלָּח, טָהוֹר קֹדֶשׁ: וְשָׁחַקְתָּ מִמֶּנָּה הָדֵק, וְנָתַתָּה מִמֶּנָּה לִפְנֵי הָעֵדֻת
בְּאֹהֶל מוֹעֵד אֲשֶׁר אִוָּעֵד לְךָ שָׁמָּה, קֹדֶשׁ קָדָשִׁים תִּהְיֶה לָכֶם:

וְנֶאֱמַר
וְהִקְטִיר עָלָיו אַהֲרֹן קְטֹרֶת סַמִּים, בַּבֹּקֶר בַּבֹּקֶר בְּהֵיטִיבוֹ אֶת־הַנֵּרֹת יַקְטִירֶנָּה: וּבְהַעֲלֹת אַהֲרֹן אֶת־הַנֵּרֹת בֵּין הָעַרְבַּיִם יַקְטִירֶנָּה, קְטֹרֶת תָּמִיד לִפְנֵי יהוה לְדֹרֹתֵיכֶם:

כריתות ו. תָּנוּ רַבָּנָן: פִּטּוּם הַקְּטֹרֶת כֵּיצַד, שְׁלֹשׁ מֵאוֹת וְשִׁשִּׁים וּשְׁמוֹנָה מָנִים הָיוּ בָהּ. שְׁלֹשׁ מֵאוֹת וְשִׁשִּׁים וַחֲמִשָּׁה כְּמִנְיַן יְמוֹת הַחַמָּה, מָנֶה לְכָל יוֹם, פְּרַס בְּשַׁחֲרִית וּפְרַס בֵּין הָעַרְבַּיִם, וּשְׁלֹשָׁה מָנִים יְתֵרִים שֶׁמֵּהֶם מַכְנִיס כֹּהֵן גָּדוֹל מְלֹא חָפְנָיו בְּיוֹם הַכִּפּוּרִים, וּמַחֲזִירָן לְמַכְתֶּשֶׁת בְּעֶרֶב יוֹם הַכִּפּוּרִים וְשׁוֹחֲקָן יָפֶה יָפֶה, כְּדֵי שֶׁתְּהֵא דַקָּה מִן הַדַּקָּה. וְאַחַד עָשָׂר סַמָּנִים הָיוּ בָהּ, וְאֵלּוּ הֵן: הַצֳּרִי, וְהַצִּפֹּרֶן, וְהַחֶלְבְּנָה, וְהַלְּבוֹנָה מִשְׁקַל שִׁבְעִים שִׁבְעִים מָנֶה, מֹר, וּקְצִיעָה, שִׁבֹּלֶת נֵרְדְּ, וְכַרְכֹּם מִשְׁקַל שִׁשָּׁה עָשָׂר שִׁשָּׁה עָשָׂר מָנֶה, הַקֹּשְׁטְ שְׁנֵים עָשָׂר, קִלּוּפָה שְׁלֹשָׁה, וְקִנָּמוֹן תִּשְׁעָה, בֹּרִית כַּרְשִׁינָה תִּשְׁעָה קַבִּין, יֵין קַפְרִיסִין סְאִין תְּלָת וְקַבִּין תְּלָתָא, וְאִם אֵין לוֹ יֵין קַפְרִיסִין, מֵבִיא חֲמַר חִוַּרְיָן עַתִּיק. מֶלַח סְדוֹמִית רֹבַע, מַעֲלֶה עָשָׁן כָּל שֶׁהוּא. רַבִּי נָתָן הַבַּבְלִי אוֹמֵר: אַף כִּפַּת הַיַּרְדֵּן כָּל שֶׁהוּא, וְאִם נָתַן בָּהּ דְּבַשׁ פְּסָלָהּ, וְאִם חִסַּר אֶחָד מִכָּל סַמָּנֶיהָ, חַיָּב מִיתָה.

רַבָּן שִׁמְעוֹן בֶּן גַּמְלִיאֵל אוֹמֵר: הַצֳּרִי אֵינוֹ אֶלָּא שְׂרָף הַנּוֹטֵף מֵעֲצֵי הַקְּטָף. בֹּרִית כַּרְשִׁינָה שֶׁשָּׁפִין בָּהּ אֶת הַצִּפֹּרֶן כְּדֵי שֶׁתְּהֵא נָאָה, יֵין קַפְרִיסִין שֶׁשּׁוֹרִין בּוֹ אֶת הַצִּפֹּרֶן כְּדֵי שֶׁתְּהֵא עַזָּה, וַהֲלֹא מֵי רַגְלַיִם יָפִין לָהּ, אֶלָּא שֶׁאֵין מַכְנִיסִין מֵי רַגְלַיִם בַּמִּקְדָּשׁ מִפְּנֵי הַכָּבוֹד.

תַּנְיָא, רַבִּי נָתָן אוֹמֵר: כְּשֶׁהוּא שׁוֹחֵק אוֹמֵר, הָדֵק הֵיטֵב הֵיטֵב הָדֵק, מִפְּנֵי שֶׁהַקּוֹל יָפֶה לַבְּשָׂמִים. פִּטְּמָהּ לַחֲצָאִין כְּשֵׁרָה, לְשָׁלִישׁ וְלִרְבִיעַ לֹא שָׁמַעְנוּ. אָמַר רַבִּי יְהוּדָה: זֶה הַכְּלָל, אִם כְּמִדָּתָהּ כְּשֵׁרָה לַחֲצָאִין, וְאִם חִסַּר אֶחָד מִכָּל סַמָּנֶיהָ חַיָּב מִיתָה.

ירושלמי יומא ד, הלכה ה תַּנְיָא, בַּר קַפָּרָא אוֹמֵר: אַחַת לְשִׁשִּׁים אוֹ לְשִׁבְעִים שָׁנָה הָיְתָה בָאָה שֶׁל שִׁירַיִם לַחֲצָאִין. וְעוֹד תָּנֵי בַּר קַפָּרָא: אִלּוּ הָיָה נוֹתֵן בָּהּ קוֹרְטוֹב שֶׁל דְּבַשׁ אֵין אָדָם יָכוֹל לַעֲמֹד מִפְּנֵי רֵיחָהּ, וְלָמָּה אֵין מְעָרְבִין בָּהּ דְּבַשׁ, מִפְּנֵי שֶׁהַתּוֹרָה אָמְרָה:
ויקרא ב כִּי כָל־שְׂאֹר וְכָל־דְּבַשׁ לֹא־תַקְטִירוּ מִמֶּנּוּ אִשֶּׁה לַיהוה:

נוהגים לומר שלושה פסוקים אלה אחרי פרשת הקטורת (׳שער הכוונות׳, על פי הירושלמי במסכת ברכות). והשל״ה כתב לומר כל פסוק שלוש פעמים.

יהוה צְבָאוֹת עִמָּנוּ, מִשְׂגָּב לָנוּ אֱלֹהֵי יַעֲקֹב סֶלָה: תהלים מו

יהוה צְבָאוֹת, אַשְׁרֵי אָדָם בֹּטֵחַ בָּךְ: תהלים פד

יהוה הוֹשִׁיעָה, הַמֶּלֶךְ יַעֲנֵנוּ בְיוֹם־קָרְאֵנוּ: תהלים כ

אַתָּה סֵתֶר לִי, מִצַּר תִּצְּרֵנִי, רָנֵּי פַלֵּט תְּסוֹבְבֵנִי סֶלָה: תהלים לב

וְעָרְבָה לַיהוה מִנְחַת יְהוּדָה וִירוּשָׁלָםִ מלאכי ג
כִּימֵי עוֹלָם וּכְשָׁנִים קַדְמֹנִיּוֹת:

סדר המערכה

אַבַּיֵּי הֲוָה מְסַדֵּר סֵדֶר הַמַּעֲרָכָה מִשְּׁמָא דִגְמָרָא, וְאַלִּבָּא דְאַבָּא שָׁאוּל: יומא לג.
מַעֲרָכָה גְדוֹלָה קוֹדֶמֶת לְמַעֲרָכָה שְׁנִיָּה שֶׁל קְטֹרֶת, וּמַעֲרָכָה שְׁנִיָּה שֶׁל
קְטֹרֶת קוֹדֶמֶת לְסִדּוּר שְׁנֵי גִזְרֵי עֵצִים, וְסִדּוּר שְׁנֵי גִזְרֵי עֵצִים קוֹדֵם לְדִשּׁוּן
מִזְבֵּחַ הַפְּנִימִי, וְדִשּׁוּן מִזְבֵּחַ הַפְּנִימִי קוֹדֵם לַהֲטָבַת חָמֵשׁ נֵרוֹת, וַהֲטָבַת
חָמֵשׁ נֵרוֹת קוֹדֶמֶת לְדַם הַתָּמִיד, וְדַם הַתָּמִיד קוֹדֵם לַהֲטָבַת שְׁתֵּי נֵרוֹת,
וַהֲטָבַת שְׁתֵּי נֵרוֹת קוֹדֶמֶת לִקְטֹרֶת, וּקְטֹרֶת קוֹדֶמֶת לְאֵבָרִים, וְאֵבָרִים
לְמִנְחָה, וּמִנְחָה לַחֲבִתִּין, וַחֲבִתִּין לִנְסָכִין, וּנְסָכִין לְמוּסָפִין, וּמוּסָפִין
לְבָזִיכִין, וּבָזִיכִין קוֹדְמִין לְתָמִיד שֶׁל בֵּין הָעַרְבַּיִם. שֶׁנֶּאֱמַר: וְעָרַךְ עָלֶיהָ ויקרא ו
הָעֹלָה, וְהִקְטִיר עָלֶיהָ חֶלְבֵי הַשְּׁלָמִים: עָלֶיהָ הַשְׁלֵם כָּל הַקָּרְבָּנוֹת כֻּלָּם.

האר״י והמקובלים הנהיגו לומר פיוט עתיק זה המיוחס לתנא ר׳ נחוניה בן הקנה, כהכנה לתפילה (שער הכוונות).

אָנָּא, בְּכֹחַ גְּדֻלַּת יְמִינְךָ, תַּתִּיר צְרוּרָה.
קַבֵּל רִנַּת עַמְּךָ, שַׂגְּבֵנוּ, טַהֲרֵנוּ, נוֹרָא.
נָא גִבּוֹר, דּוֹרְשֵׁי יִחוּדְךָ כְּבָבַת שָׁמְרֵם.
בָּרְכֵם, טַהֲרֵם, רַחֲמֵי צִדְקָתְךָ תָּמִיד גָּמְלֵם.
חֲסִין קָדוֹשׁ, בְּרֹב טוּבְךָ נַהֵל עֲדָתֶךָ.
יָחִיד גֵּאֶה, לְעַמְּךָ פְּנֵה, זוֹכְרֵי קְדֻשָּׁתֶךָ.
שַׁוְעָתֵנוּ קַבֵּל וּשְׁמַע צַעֲקָתֵנוּ, יוֹדֵעַ תַּעֲלוּמוֹת.
בָּרוּךְ שֵׁם כְּבוֹד מַלְכוּתוֹ לְעוֹלָם וָעֶד.

יש המדלגים על התחינה הבאה.

רִבּוֹן הָעוֹלָמִים, אַתָּה צִוִּיתָנוּ לְהַקְרִיב קָרְבַּן הַתָּמִיד בְּמוֹעֲדוֹ וְלִהְיוֹת כֹּהֲנִים בַּעֲבוֹדָתָם וּלְוִיִּם בְּדוּכָנָם וְיִשְׂרָאֵל בְּמַעֲמָדָם. וְעַתָּה בַּעֲוֹנוֹתֵינוּ חָרַב בֵּית הַמִּקְדָּשׁ וּבָטַל הַתָּמִיד וְאֵין לָנוּ לֹא כֹהֵן בַּעֲבוֹדָתוֹ וְלֹא לֵוִי בְּדוּכָנוֹ וְלֹא יִשְׂרָאֵל
הושע יד בְּמַעֲמָדוֹ. וְאַתָּה אָמַרְתָּ: וּנְשַׁלְּמָה פָרִים שְׂפָתֵינוּ:

לָכֵן יְהִי רָצוֹן מִלְּפָנֶיךָ יהוה אֱלֹהֵינוּ וֵאלֹהֵי אֲבוֹתֵינוּ, שֶׁיְּהֵא שִׂיחַ שִׂפְתוֹתֵינוּ חָשׁוּב וּמְקֻבָּל וּמְרֻצֶּה לְפָנֶיךָ כְּאִלּוּ הִקְרַבְנוּ קָרְבַּן הַתָּמִיד בְּמוֹעֲדוֹ וְעָמַדְנוּ עַל מַעֲמָדוֹ.

ויקרא ז וְנֶאֱמַר: זֹאת הַתּוֹרָה לָעֹלָה לַמִּנְחָה וְלַחַטָּאת וְלָאָשָׁם וְלַמִּלּוּאִים וּלְזֶבַח הַשְּׁלָמִים:

בשבת מוסיפים את פסוקי מוסף היום
כהשלמה לפסוקי התמיד (שו״ע ורמ״א מח, א).

במדבר כח בשבת: וּבְיוֹם הַשַּׁבָּת שְׁנֵי־כְבָשִׂים בְּנֵי־שָׁנָה תְּמִימִם
וּשְׁנֵי עֶשְׂרֹנִים סֹלֶת מִנְחָה בְּלוּלָה בַשֶּׁמֶן, וְנִסְכּוֹ:
עֹלַת שַׁבַּת בְּשַׁבַּתּוֹ, עַל־עֹלַת הַתָּמִיד וְנִסְכָּהּ:

לאחר פסוקי הקרבנות אומרים פרק משנה ואת הברייתא הפותחת את מדרש תורת כוהנים כדי ללמוד בכל יום מקרא, משנה וגמרא (תוספות, קידושין ל ע״א).

חכמים בחרו את פרק ה במסכת זבחים, כיוון שכולו הלכה פסוקה בלי מחלוקת (משנ״ב נ, ב).

דיני זבחים

זבחים פרק ה אֵיזֶהוּ מְקוֹמָן שֶׁל זְבָחִים. קָדְשֵׁי קָדָשִׁים שְׁחִיטָתָן בַּצָּפוֹן. פַּר וְשָׂעִיר שֶׁל יוֹם הַכִּפּוּרִים, שְׁחִיטָתָן בַּצָּפוֹן, וְקִבּוּל דָּמָן בִּכְלִי שָׁרֵת בַּצָּפוֹן, וְדָמָן טָעוּן הַזָּיָה עַל בֵּין הַבַּדִּים, וְעַל הַפָּרֹכֶת, וְעַל מִזְבַּח הַזָּהָב. מַתָּנָה אַחַת מֵהֶן מְעַכָּבֶת. שְׁיָרֵי הַדָּם הָיָה שׁוֹפֵךְ עַל יְסוֹד מַעֲרָבִי שֶׁל מִזְבֵּחַ הַחִיצוֹן, אִם לֹא נָתַן לֹא עִכֵּב.

פָּרִים הַנִּשְׂרָפִים וּשְׂעִירִים הַנִּשְׂרָפִים, שְׁחִיטָתָן בַּצָּפוֹן, וְקִבּוּל דָּמָן בִּכְלִי שָׁרֵת בַּצָּפוֹן, וְדָמָן טָעוּן הַזָּיָה עַל הַפָּרֹכֶת וְעַל מִזְבַּח הַזָּהָב. מַתָּנָה אַחַת מֵהֶן מְעַכָּבֶת. שְׁיָרֵי הַדָּם הָיָה שׁוֹפֵךְ עַל יְסוֹד מַעֲרָבִי שֶׁל מִזְבֵּחַ הַחִיצוֹן, אִם לֹא נָתַן לֹא עִכֵּב. אֵלּוּ וָאֵלּוּ נִשְׂרָפִין בְּבֵית הַדָּשֶׁן.

חַטֹּאת הַצִּבּוּר וְהַיָּחִיד. אֵלּוּ הֵן חַטֹּאת הַצִּבּוּר: שְׂעִירֵי רָאשֵׁי חֳדָשִׁים

וְשֶׁל מוֹעֲדוֹת. שְׁחִיטָתָן בַּצָּפוֹן, וְקִבּוּל דָּמָן בִּכְלִי שָׁרֵת בַּצָּפוֹן, וְדָמָן טָעוּן אַרְבַּע מַתָּנוֹת עַל אַרְבַּע קְרָנוֹת. כֵּיצַד, עָלָה בַכֶּבֶשׁ, וּפָנָה לַסּוֹבֵב, וּבָא לוֹ לְקֶרֶן דְּרוֹמִית מִזְרָחִית, מִזְרָחִית צְפוֹנִית, צְפוֹנִית מַעֲרָבִית, מַעֲרָבִית דְּרוֹמִית. שְׁיָרֵי הַדָּם הָיָה שׁוֹפֵךְ עַל יְסוֹד דְּרוֹמִי. וְנֶאֱכָלִין לִפְנִים מִן הַקְּלָעִים, לְזִכְרֵי כְהֻנָּה, בְּכָל מַאֲכָל, לְיוֹם וָלַיְלָה עַד חֲצוֹת.

הָעוֹלָה קֹדֶשׁ קָדָשִׁים. שְׁחִיטָתָהּ בַּצָּפוֹן, וְקִבּוּל דָּמָהּ בִּכְלִי שָׁרֵת בַּצָּפוֹן, וְדָמָהּ טָעוּן שְׁתֵּי מַתָּנוֹת שֶׁהֵן אַרְבַּע, וּטְעוּנָה הֶפְשֵׁט וְנִתּוּחַ, וְכָלִיל לָאִשִּׁים.

זִבְחֵי שַׁלְמֵי צִבּוּר וַאֲשָׁמוֹת. אֵלּוּ הֵן אֲשָׁמוֹת: אֲשַׁם גְּזֵלוֹת, אֲשַׁם מְעִילוֹת, אֲשַׁם שִׁפְחָה חֲרוּפָה, אֲשַׁם נָזִיר, אֲשַׁם מְצֹרָע, אָשָׁם תָּלוּי. שְׁחִיטָתָן בַּצָּפוֹן, וְקִבּוּל דָּמָן בִּכְלִי שָׁרֵת בַּצָּפוֹן, וְדָמָן טָעוּן שְׁתֵּי מַתָּנוֹת שֶׁהֵן אַרְבַּע. וְנֶאֱכָלִין לִפְנִים מִן הַקְּלָעִים, לְזִכְרֵי כְהֻנָּה, בְּכָל מַאֲכָל, לְיוֹם וָלַיְלָה עַד חֲצוֹת.

הַתּוֹדָה וְאֵיל נָזִיר קָדָשִׁים קַלִּים. שְׁחִיטָתָן בְּכָל מָקוֹם בָּעֲזָרָה, וְדָמָן טָעוּן שְׁתֵּי מַתָּנוֹת שֶׁהֵן אַרְבַּע, וְנֶאֱכָלִין בְּכָל הָעִיר, לְכָל אָדָם, בְּכָל מַאֲכָל, לְיוֹם וָלַיְלָה עַד חֲצוֹת. הַמּוּרָם מֵהֶם כַּיּוֹצֵא בָהֶם, אֶלָּא שֶׁהַמּוּרָם נֶאֱכָל לַכֹּהֲנִים, לִנְשֵׁיהֶם, וְלִבְנֵיהֶם וּלְעַבְדֵיהֶם.

שְׁלָמִים קָדָשִׁים קַלִּים. שְׁחִיטָתָן בְּכָל מָקוֹם בָּעֲזָרָה, וְדָמָן טָעוּן שְׁתֵּי מַתָּנוֹת שֶׁהֵן אַרְבַּע, וְנֶאֱכָלִין בְּכָל הָעִיר, לְכָל אָדָם, בְּכָל מַאֲכָל, לִשְׁנֵי יָמִים וְלַיְלָה אֶחָד. הַמּוּרָם מֵהֶם כַּיּוֹצֵא בָהֶם, אֶלָּא שֶׁהַמּוּרָם נֶאֱכָל לַכֹּהֲנִים, לִנְשֵׁיהֶם, וְלִבְנֵיהֶם וּלְעַבְדֵיהֶם.

הַבְּכוֹר וְהַמַּעֲשֵׂר וְהַפֶּסַח קָדָשִׁים קַלִּים. שְׁחִיטָתָן בְּכָל מָקוֹם בָּעֲזָרָה, וְדָמָן טָעוּן מַתָּנָה אֶחָת, וּבִלְבָד שֶׁיִּתֵּן כְּנֶגֶד הַיְסוֹד. שִׁנָּה בַאֲכִילָתָן, הַבְּכוֹר נֶאֱכָל לַכֹּהֲנִים וְהַמַּעֲשֵׂר לְכָל אָדָם, וְנֶאֱכָלִין בְּכָל הָעִיר, בְּכָל מַאֲכָל, לִשְׁנֵי יָמִים וְלַיְלָה אֶחָד. הַפֶּסַח אֵינוֹ נֶאֱכָל אֶלָּא בַלַּיְלָה, וְאֵינוֹ נֶאֱכָל אֶלָּא עַד חֲצוֹת, וְאֵינוֹ נֶאֱכָל אֶלָּא לִמְנוּיָו, וְאֵינוֹ נֶאֱכָל אֶלָּא צָלִי.

יש בתי כנסת המתחילים את התפילה בציבור כאן.

ברייתא דרבי ישמעאל

רַבִּי יִשְׁמָעֵאל אוֹמֵר: בִּשְׁלֹשׁ עֶשְׂרֵה מִדּוֹת הַתּוֹרָה נִדְרֶשֶׁת

א מִקַּל וָחֹמֶר

ב וּמִגְּזֵרָה שָׁוָה

ג מִבִּנְיַן אָב מִכָּתוּב אֶחָד, וּמִבִּנְיַן אָב מִשְּׁנֵי כְתוּבִים

ד מִכְּלָל וּפְרָט

ה מִפְּרָט וּכְלָל

ו כְּלָל וּפְרָט וּכְלָל, אִי אַתָּה דָן אֶלָּא כְּעֵין הַפְּרָט

ז מִכְּלָל שֶׁהוּא צָרִיךְ לִפְרָט, וּמִפְּרָט שֶׁהוּא צָרִיךְ לִכְלָל

ח כָּל דָּבָר שֶׁהָיָה בִּכְלָל, וְיָצָא מִן הַכְּלָל לְלַמֵּד
לֹא לְלַמֵּד עַל עַצְמוֹ יָצָא
אֶלָּא לְלַמֵּד עַל הַכְּלָל כֻּלּוֹ יָצָא

ט כָּל דָּבָר שֶׁהָיָה בִּכְלָל, וְיָצָא לִטְעֹן טֹעַן אֶחָד שֶׁהוּא כְעִנְיָנוֹ
יָצָא לְהָקֵל וְלֹא לְהַחֲמִיר

י כָּל דָּבָר שֶׁהָיָה בִּכְלָל, וְיָצָא לִטְעֹן טֹעַן אַחֵר שֶׁלֹּא כְעִנְיָנוֹ
יָצָא לְהָקֵל וּלְהַחֲמִיר

יא כָּל דָּבָר שֶׁהָיָה בִּכְלָל, וְיָצָא לִדּוֹן בַּדָּבָר הֶחָדָשׁ
אִי אַתָּה יָכוֹל לְהַחֲזִירוֹ לִכְלָלוֹ
עַד שֶׁיַּחֲזִירֶנּוּ הַכָּתוּב לִכְלָלוֹ בְּפֵרוּשׁ

◂ יב דָּבָר הַלָּמֵד מֵעִנְיָנוֹ, וְדָבָר הַלָּמֵד מִסּוֹפוֹ

יג וְכֵן שְׁנֵי כְתוּבִים הַמַּכְחִישִׁים זֶה אֶת זֶה
עַד שֶׁיָּבוֹא הַכָּתוּב הַשְּׁלִישִׁי וְיַכְרִיעַ בֵּינֵיהֶם.

יְהִי רָצוֹן מִלְּפָנֶיךָ, יהוה אֱלֹהֵינוּ וֵאלֹהֵי אֲבוֹתֵינוּ, שֶׁיִּבָּנֶה בֵּית הַמִּקְדָּשׁ בִּמְהֵרָה בְיָמֵינוּ, וְתֵן חֶלְקֵנוּ בְּתוֹרָתֶךָ, וְשָׁם נַעֲבָדְךָ בְּיִרְאָה כִּימֵי עוֹלָם וּכְשָׁנִים קַדְמוֹנִיּוֹת.

קדיש דרבנן

אם יש מניין, האבלים עומדים ואומרים קדיש דרבנן.

אבל:

יתגדל ויתקדש שמו הגדול	יִתְגַּדַּל וְיִתְקַדַּשׁ שְׁמֵהּ רַבָּא (קהל: אָמֵן)
בעולם אשר ברא כרצונו	בְּעָלְמָא דִּי בְרָא כִרְעוּתֵהּ
וימליך מלכותו	וְיַמְלִיךְ מַלְכוּתֵהּ
ויצמיח ישועתו ויקרב משיחו	וְיַצְמַח פֻּרְקָנֵהּ וִיקָרֵב מְשִׁיחֵהּ (קהל: אָמֵן)
בחייכם ובימיכם	בְּחַיֵּיכוֹן וּבְיוֹמֵיכוֹן
ובחיי כל בית ישראל	וּבְחַיֵּי דְכָל בֵּית יִשְׂרָאֵל
במהרה ובזמן קרוב	בַּעֲגָלָא וּבִזְמַן קָרִיב
ואמרו אמן.	וְאִמְרוּ אָמֵן. (קהל: אָמֵן)

קהל ואבל:

יהא שמו הגדול מבורך	יְהֵא שְׁמֵהּ רַבָּא מְבָרַךְ
לעולם ולעולמי עולמים	לְעָלַם וּלְעָלְמֵי עָלְמַיָּא.

אבל:

יתברך וישתבח ויתפאר	יִתְבָּרַךְ וְיִשְׁתַּבַּח וְיִתְפָּאַר
ויתרומם ויתנשא	וְיִתְרוֹמַם וְיִתְנַשֵּׂא
ויתהדר ויתעלה ויתהלל	וְיִתְהַדָּר וְיִתְעַלֶּה וְיִתְהַלָּל
שמו של הקדוש ברוך הוא	שְׁמֵהּ דְּקֻדְשָׁא בְּרִיךְ הוּא (קהל: אָמֵן)
למעלה למעלה מכל הברכות	לְעֵלָּא לְעֵלָּא מִכָּל בִּרְכָתָא
והשירות, התשבחות והנחמות	וְשִׁירָתָא, תֻּשְׁבְּחָתָא וְנֶחֱמָתָא
האמורות בעולם	דַּאֲמִירָן בְּעָלְמָא
ואמרו אמן.	וְאִמְרוּ אָמֵן. (קהל: אָמֵן)

עַל יִשְׂרָאֵל וְעַל רַבָּנָן	על ישראל ועל רבותינו
וְעַל תַּלְמִידֵיהוֹן	ועל תלמידיהם
וְעַל כָּל תַּלְמִידֵי תַלְמִידֵיהוֹן	ועל כל תלמידי תלמידיהם
וְעַל כָּל מָאן דְּעָסְקִין בְּאוֹרַיְתָא	ועל כל מי שעוסקים בתורה
דִּי בְּאַתְרָא קַדִּישָׁא הָדֵין	שבמקום הקדוש הזה
וְדִי בְּכָל אֲתַר וַאֲתַר	ושבכל מקום ומקום
יְהֵא לְהוֹן וּלְכוֹן שְׁלָמָא רַבָּא	יהא להם ולכם שלום רב
חִנָּא וְחִסְדָּא, וְרַחֲמֵי	חן וחסד, ורחמים
וְחַיֵּי אֲרִיכֵי	וחיים ארוכים
וּמְזוֹנֵי רְוִיחֵי	ומזונות רווחים
וּפֻרְקָנָא מִן קֳדָם אֲבוּהוֹן	וישועה מלפני אביהם
דִּי בִשְׁמַיָּא וְאַרְעָא	שבשמים ובארץ
וְאִמְרוּ אָמֵן. (קהל: אָמֵן)	ואמרו אמן.

יְהֵא שְׁלָמָא רַבָּא מִן שְׁמַיָּא	יהא שלום רב מן השמים
וְחַיִּים טוֹבִים עָלֵינוּ	וחיים טובים עלינו
וְעַל כָּל יִשְׂרָאֵל	ועל כל ישראל
וְאִמְרוּ אָמֵן. (קהל: אָמֵן)	ואמרו אמן.

כורע ופוסע שלוש פסיעות לאחור.
קד לשמאל, לימין ולפנים באמירת:

עֹשֶׂה הַשָּׁלוֹם בִּמְרוֹמָיו
הוּא בְּרַחֲמָיו יַעֲשֶׂה שָׁלוֹם
עָלֵינוּ וְעַל כָּל יִשְׂרָאֵל
וְאִמְרוּ אָמֵן. (קהל: אָמֵן)

בבתי כנסת המתפללים בנוסח אשכנז, הסדר הוא:
׳מִזְמוֹר שִׁיר־חֲנֻכַּת הַבַּיִת לְדָוִד׳ (עמ׳ 103), קדיש יתום (עמ׳ 172), ׳בָּרוּךְ שֶׁאָמַר׳ (עמ׳ 112),
׳הוֹדוּ לַה׳ קִרְאוּ בִשְׁמוֹ׳ (למטה), וממשיכים במזמורי שבת (עמ׳ 104).

תפילות השחר

מזמור שאמרו הלוויים בעת שהעלו את ארון ה׳ לירושלים.
אחריו מוסיפים לקט פסוקים המזכירים את חסדי ה׳.

דברי הימים א׳ טז

הוֹדוּ לַיהוה קִרְאוּ בִשְׁמוֹ, הוֹדִיעוּ בָעַמִּים עֲלִילֹתָיו: שִׁירוּ לוֹ, זַמְּרוּ־לוֹ, שִׂיחוּ בְּכָל־נִפְלְאֹתָיו: הִתְהַלְלוּ בְּשֵׁם קָדְשׁוֹ, יִשְׂמַח לֵב מְבַקְשֵׁי יהוה: דִּרְשׁוּ יהוה וְעֻזּוֹ, בַּקְּשׁוּ פָנָיו תָּמִיד: זִכְרוּ נִפְלְאֹתָיו אֲשֶׁר עָשָׂה, מֹפְתָיו וּמִשְׁפְּטֵי־פִיהוּ: זֶרַע יִשְׂרָאֵל עַבְדּוֹ, בְּנֵי יַעֲקֹב בְּחִירָיו: הוּא יהוה אֱלֹהֵינוּ, בְּכָל־הָאָרֶץ מִשְׁפָּטָיו: זִכְרוּ לְעוֹלָם בְּרִיתוֹ, דָּבָר צִוָּה לְאֶלֶף דּוֹר: אֲשֶׁר כָּרַת אֶת־אַבְרָהָם, וּשְׁבוּעָתוֹ לְיִצְחָק: וַיַּעֲמִידֶהָ לְיַעֲקֹב לְחֹק, לְיִשְׂרָאֵל בְּרִית עוֹלָם: לֵאמֹר, לְךָ אֶתֵּן אֶרֶץ־כְּנָעַן, חֶבֶל נַחֲלַתְכֶם: בִּהְיוֹתְכֶם מְתֵי מִסְפָּר, כִּמְעַט וְגָרִים בָּהּ: וַיִּתְהַלְּכוּ מִגּוֹי אֶל־גּוֹי, וּמִמַּמְלָכָה אֶל־עַם אַחֵר: לֹא־הִנִּיחַ לְאִישׁ לְעָשְׁקָם, וַיּוֹכַח עֲלֵיהֶם מְלָכִים: אַל־תִּגְּעוּ בִּמְשִׁיחָי, וּבִנְבִיאַי אַל־תָּרֵעוּ: שִׁירוּ לַיהוה כָּל־הָאָרֶץ, בַּשְּׂרוּ מִיּוֹם־אֶל־יוֹם יְשׁוּעָתוֹ: סַפְּרוּ בַגּוֹיִם אֶת־כְּבוֹדוֹ, בְּכָל־הָעַמִּים נִפְלְאֹתָיו: כִּי גָדוֹל יהוה וּמְהֻלָּל מְאֹד, וְנוֹרָא הוּא עַל־כָּל־אֱלֹהִים: ◄ כִּי כָּל־אֱלֹהֵי הָעַמִּים אֱלִילִים, וַיהוה שָׁמַיִם עָשָׂה:

הוֹד וְהָדָר לְפָנָיו, עֹז וְחֶדְוָה בִּמְקֹמוֹ: הָבוּ לַיהוה מִשְׁפְּחוֹת עַמִּים, הָבוּ לַיהוה כָּבוֹד וָעֹז: הָבוּ לַיהוה כְּבוֹד שְׁמוֹ, שְׂאוּ מִנְחָה וּבֹאוּ לְפָנָיו, הִשְׁתַּחֲווּ לַיהוה בְּהַדְרַת־קֹדֶשׁ: חִילוּ מִלְּפָנָיו כָּל־הָאָרֶץ, אַף־תִּכּוֹן תֵּבֵל בַּל־תִּמּוֹט: יִשְׂמְחוּ הַשָּׁמַיִם וְתָגֵל הָאָרֶץ,

וַיֹּאמְרוּ בַגּוֹיִם יהוה מָלָךְ: יִרְעַם הַיָּם וּמְלוֹאוֹ, יַעֲלֹץ הַשָּׂדֶה וְכָל־
אֲשֶׁר־בּוֹ: אָז יְרַנְּנוּ עֲצֵי הַיָּעַר, מִלִּפְנֵי יהוה, כִּי־בָא לִשְׁפּוֹט אֶת־
הָאָרֶץ: הוֹדוּ לַיהוה כִּי טוֹב, כִּי לְעוֹלָם חַסְדּוֹ: וְאִמְרוּ, הוֹשִׁיעֵנוּ
אֱלֹהֵי יִשְׁעֵנוּ, וְקַבְּצֵנוּ וְהַצִּילֵנוּ מִן־הַגּוֹיִם, לְהֹדוֹת לְשֵׁם קָדְשֶׁךָ,
לְהִשְׁתַּבֵּחַ בִּתְהִלָּתֶךָ: בָּרוּךְ יהוה אֱלֹהֵי יִשְׂרָאֵל מִן־הָעוֹלָם וְעַד־
הָעֹלָם, וַיֹּאמְרוּ כָל־הָעָם אָמֵן, וְהַלֵּל לַיהוה:

רוֹמְמוּ יהוה אֱלֹהֵינוּ וְהִשְׁתַּחֲווּ לַהֲדֹם רַגְלָיו, קָדוֹשׁ הוּא: תהלים צט
רוֹמְמוּ יהוה אֱלֹהֵינוּ וְהִשְׁתַּחֲווּ לְהַר קָדְשׁוֹ, כִּי־קָדוֹשׁ יהוה אֱלֹהֵינוּ:

וְהוּא רַחוּם, יְכַפֵּר עָוֹן וְלֹא־יַשְׁחִית, וְהִרְבָּה לְהָשִׁיב אַפּוֹ, תהלים עח
וְלֹא־יָעִיר כָּל־חֲמָתוֹ: אַתָּה יהוה לֹא־תִכְלָא רַחֲמֶיךָ מִמֶּנִּי, חַסְדְּךָ תהלים מ
וַאֲמִתְּךָ תָּמִיד יִצְּרוּנִי: זְכֹר־רַחֲמֶיךָ יהוה וַחֲסָדֶיךָ, כִּי מֵעוֹלָם תהלים כה
הֵמָּה: תְּנוּ עֹז לֵאלֹהִים, עַל־יִשְׂרָאֵל גַּאֲוָתוֹ, וְעֻזּוֹ בַּשְּׁחָקִים: נוֹרָא תהלים סח
אֱלֹהִים מִמִּקְדָּשֶׁיךָ, אֵל יִשְׂרָאֵל הוּא נֹתֵן עֹז וְתַעֲצֻמוֹת לָעָם,
בָּרוּךְ אֱלֹהִים: אֵל־נְקָמוֹת יהוה, אֵל נְקָמוֹת הוֹפִיעַ: הִנָּשֵׂא שֹׁפֵט תהלים צד
הָאָרֶץ, הָשֵׁב גְּמוּל עַל־גֵּאִים: לַיהוה הַיְשׁוּעָה, עַל־עַמְּךָ בִרְכָתֶךָ תהלים ג
סֶּלָה: › יהוה צְבָאוֹת עִמָּנוּ, מִשְׂגָּב לָנוּ אֱלֹהֵי יַעֲקֹב סֶלָה: יהוה תהלים מו תהלים פד
צְבָאוֹת, אַשְׁרֵי אָדָם בֹּטֵחַ בָּךְ: יהוה הוֹשִׁיעָה, הַמֶּלֶךְ יַעֲנֵנוּ תהלים כ
בְיוֹם־קָרְאֵנוּ:

הוֹשִׁיעָה אֶת־עַמֶּךָ, וּבָרֵךְ אֶת־נַחֲלָתֶךָ, וּרְעֵם וְנַשְּׂאֵם עַד־ תהלים כח
הָעוֹלָם: נַפְשֵׁנוּ חִכְּתָה לַיהוה, עֶזְרֵנוּ וּמָגִנֵּנוּ הוּא: כִּי־בוֹ יִשְׂמַח תהלים לג
לִבֵּנוּ, כִּי בְשֵׁם קָדְשׁוֹ בָטָחְנוּ: יְהִי־חַסְדְּךָ יהוה עָלֵינוּ, כַּאֲשֶׁר
יִחַלְנוּ לָךְ: הַרְאֵנוּ יהוה חַסְדֶּךָ, וְיֶשְׁעֲךָ תִּתֶּן־לָנוּ: קוּמָה עֶזְרָתָה תהלים פה תהלים מד
לָּנוּ, וּפְדֵנוּ לְמַעַן חַסְדֶּךָ: אָנֹכִי יהוה אֱלֹהֶיךָ הַמַּעַלְךָ מֵאֶרֶץ תהלים פא
מִצְרָיִם, הַרְחֶב־פִּיךָ וַאֲמַלְאֵהוּ: › אַשְׁרֵי הָעָם שֶׁכָּכָה לּוֹ, אַשְׁרֵי תהלים קמד

הָעָם שֶׁיהוה אֱלֹהָיו: וַאֲנִי בְּחַסְדְּךָ בָטַחְתִּי, יָגֵל לִבִּי בִּישׁוּעָתֶךָ, תהלים יג
אָשִׁירָה לַיהוה, כִּי גָמַל עָלָי:

דוד לא זכה לבנות את בית המקדש, אך מכיוון שנתן את נפשו על המקדש, נקרא על שמו (במדבר רבה יב, ט).

בסידורי ספרד הישנים פרק זה נאמר כהמשך לפסוקי ההודיה שבסוף 'הודו'.

מִזְמוֹר שִׁיר־חֲנֻכַּת הַבַּיִת לְדָוִד: אֲרוֹמִמְךָ יהוה כִּי דִלִּיתָנִי, תהלים ל
וְלֹא־שִׂמַּחְתָּ אֹיְבַי לִי: יהוה אֱלֹהָי, שִׁוַּעְתִּי אֵלֶיךָ וַתִּרְפָּאֵנִי:
יהוה, הֶעֱלִיתָ מִן־שְׁאוֹל נַפְשִׁי, חִיִּיתַנִי מִיָּרְדִי־בוֹר: זַמְּרוּ
לַיהוה חֲסִידָיו, וְהוֹדוּ לְזֵכֶר קָדְשׁוֹ: כִּי רֶגַע בְּאַפּוֹ, חַיִּים
בִּרְצוֹנוֹ, בָּעֶרֶב יָלִין בֶּכִי וְלַבֹּקֶר רִנָּה: וַאֲנִי אָמַרְתִּי בְשַׁלְוִי,
בַּל־אֶמּוֹט לְעוֹלָם: יהוה, בִּרְצוֹנְךָ הֶעֱמַדְתָּה לְהַרְרִי עֹז,
הִסְתַּרְתָּ פָנֶיךָ הָיִיתִי נִבְהָל: אֵלֶיךָ יהוה אֶקְרָא, וְאֶל־אֲדֹנָי
אֶתְחַנָּן: מַה־בֶּצַע בְּדָמִי, בְּרִדְתִּי אֶל שָׁחַת, הֲיוֹדְךָ עָפָר,
הֲיַגִּיד אֲמִתֶּךָ: שְׁמַע־יהוה וְחָנֵּנִי, יהוה הֱיֵה־עֹזֵר לִי: ◂ הָפַכְתָּ
מִסְפְּדִי לְמָחוֹל לִי, פִּתַּחְתָּ שַׂקִּי, וַתְּאַזְּרֵנִי שִׂמְחָה: לְמַעַן
יְזַמֶּרְךָ כָבוֹד וְלֹא יִדֹּם, יהוה אֱלֹהַי, לְעוֹלָם אוֹדֶךָּ:

עומדים ואומרים:

יהוה מֶלֶךְ, יהוה מָלָךְ, יהוה יִמְלֹךְ לְעֹלָם וָעֶד.
יהוה מֶלֶךְ, יהוה מָלָךְ, יהוה יִמְלֹךְ לְעֹלָם וָעֶד.

וְהָיָה יהוה לְמֶלֶךְ עַל־כָּל־הָאָרֶץ זכריה יד
בַּיּוֹם הַהוּא יִהְיֶה יהוה אֶחָד וּשְׁמוֹ אֶחָד:

הוֹשִׁיעֵנוּ יהוה אֱלֹהֵינוּ, וְקַבְּצֵנוּ מִן־הַגּוֹיִם, לְהוֹדוֹת לְשֵׁם קָדְשֶׁךָ, תהלים קו
לְהִשְׁתַּבֵּחַ בִּתְהִלָּתֶךָ: בָּרוּךְ יהוה אֱלֹהֵי יִשְׂרָאֵל מִן־הָעוֹלָם וְעַד הָעוֹלָם,
וְאָמַר כָּל־הָעָם אָמֵן, הַלְלוּיָהּ: כֹּל הַנְּשָׁמָה תְּהַלֵּל יָהּ, הַלְלוּיָהּ: תהלים קנ

נוהגים להאריך בפסוקי דזמרה לכבוד השבת (׳אור זרוע׳ ח״ב מב), והוא הדין גם ליום טוב.

תהלים יט
לַמְנַצֵּחַ מִזְמוֹר לְדָוִד: הַשָּׁמַיִם מְסַפְּרִים כְּבוֹד־אֵל, וּמַעֲשֵׂה יָדָיו
מַגִּיד הָרָקִיעַ: יוֹם לְיוֹם יַבִּיעַ אֹמֶר, וְלַיְלָה לְּלַיְלָה יְחַוֶּה־דָּעַת:
אֵין־אֹמֶר וְאֵין דְּבָרִים, בְּלִי נִשְׁמָע קוֹלָם: בְּכָל־הָאָרֶץ יָצָא קַוָּם,
וּבִקְצֵה תֵבֵל מִלֵּיהֶם, לַשֶּׁמֶשׁ שָׂם־אֹהֶל בָּהֶם: וְהוּא כְּחָתָן
יֹצֵא מֵחֻפָּתוֹ, יָשִׂישׂ כְּגִבּוֹר לָרוּץ אֹרַח: מִקְצֵה הַשָּׁמַיִם מוֹצָאוֹ,
וּתְקוּפָתוֹ עַל־קְצוֹתָם, וְאֵין נִסְתָּר מֵחַמָּתוֹ: תּוֹרַת יהוה תְּמִימָה,
מְשִׁיבַת נָפֶשׁ, עֵדוּת יהוה נֶאֱמָנָה, מַחְכִּימַת פֶּתִי: פִּקּוּדֵי יהוה
יְשָׁרִים, מְשַׂמְּחֵי־לֵב, מִצְוַת יהוה בָּרָה, מְאִירַת עֵינָיִם: יִרְאַת
יהוה טְהוֹרָה, עוֹמֶדֶת לָעַד, מִשְׁפְּטֵי־יהוה אֱמֶת, צָדְקוּ יַחְדָּו:
הַנֶּחֱמָדִים מִזָּהָב וּמִפַּז רָב, וּמְתוּקִים מִדְּבַשׁ וְנֹפֶת צוּפִים: גַּם־
עַבְדְּךָ נִזְהָר בָּהֶם, בְּשָׁמְרָם עֵקֶב רָב: › שְׁגִיאוֹת מִי־יָבִין, מִנִּסְתָּרוֹת
נַקֵּנִי: גַּם מִזֵּדִים חֲשֹׂךְ עַבְדֶּךָ, אַל־יִמְשְׁלוּ־בִי אָז אֵיתָם, וְנִקֵּיתִי
מִפֶּשַׁע רָב: יִהְיוּ לְרָצוֹן אִמְרֵי־פִי וְהֶגְיוֹן לִבִּי לְפָנֶיךָ, יהוה, צוּרִי
וְגֹאֲלִי:

בבתי כנסת המתפללים בנוסח אשכנז, הסדר הוא:
מזמורים לד, צ, צא (עמ׳ 105–107), שני מזמורי הלל הגדול (עמ׳ 109–110),
׳רַנְּנוּ צַדִּיקִים׳ (למטה) וממשיכים ׳מִזְמוֹר שִׁיר לְיוֹם הַשַּׁבָּת׳ (עמ׳ 113).

תהלים לג
רַנְּנוּ צַדִּיקִים בַּיהוה, לַיְשָׁרִים נָאוָה תְהִלָּה: הוֹדוּ לַיהוה בְּכִנּוֹר,
בְּנֵבֶל עָשׂוֹר זַמְּרוּ־לוֹ: שִׁירוּ־לוֹ שִׁיר חָדָשׁ, הֵיטִיבוּ נַגֵּן בִּתְרוּעָה:
כִּי־יָשָׁר דְּבַר־יהוה, וְכָל־מַעֲשֵׂהוּ בֶּאֱמוּנָה: אֹהֵב צְדָקָה וּמִשְׁפָּט,
חֶסֶד יהוה מָלְאָה הָאָרֶץ: בִּדְבַר יהוה שָׁמַיִם נַעֲשׂוּ, וּבְרוּחַ
פִּיו כָּל־צְבָאָם: כֹּנֵס כַּנֵּד מֵי הַיָּם, נֹתֵן בְּאוֹצָרוֹת תְּהוֹמוֹת: יִירְאוּ
מֵיהוה כָּל־הָאָרֶץ, מִמֶּנּוּ יָגוּרוּ כָּל־יֹשְׁבֵי תֵבֵל: כִּי הוּא אָמַר

וַיֶּהִי, הוּא־צִוָּה וַיַּעֲמֹד: יהוה הֵפִיר עֲצַת־גּוֹיִם, הֵנִיא מַחְשְׁבוֹת
עַמִּים: עֲצַת יהוה לְעוֹלָם תַּעֲמֹד, מַחְשְׁבוֹת לִבּוֹ לְדֹר וָדֹר:
אַשְׁרֵי הַגּוֹי אֲשֶׁר־יהוה אֱלֹהָיו, הָעָם בָּחַר לְנַחֲלָה לוֹ: מִשָּׁמַיִם
הִבִּיט יהוה, רָאָה אֶת־כָּל־בְּנֵי הָאָדָם: מִמְּכוֹן־שִׁבְתּוֹ הִשְׁגִּיחַ,
אֶל כָּל־יֹשְׁבֵי הָאָרֶץ: הַיֹּצֵר יַחַד לִבָּם, הַמֵּבִין אֶל־כָּל־מַעֲשֵׂיהֶם:
אֵין־הַמֶּלֶךְ נוֹשָׁע בְּרָב־חָיִל, גִּבּוֹר לֹא־יִנָּצֵל בְּרָב־כֹּחַ: שֶׁקֶר
הַסּוּס לִתְשׁוּעָה, וּבְרֹב חֵילוֹ לֹא יְמַלֵּט: הִנֵּה עֵין יהוה אֶל־
יְרֵאָיו, לַמְיַחֲלִים לְחַסְדּוֹ: לְהַצִּיל מִמָּוֶת נַפְשָׁם, וּלְחַיּוֹתָם
בָּרָעָב: ◂ נַפְשֵׁנוּ חִכְּתָה לַיהוה, עֶזְרֵנוּ וּמָגִנֵּנוּ הוּא: כִּי־בוֹ יִשְׂמַח
לִבֵּנוּ, כִּי בְשֵׁם קָדְשׁוֹ בָטָחְנוּ: יְהִי־חַסְדְּךָ יהוה עָלֵינוּ, כַּאֲשֶׁר
יִחַלְנוּ לָךְ:

מזמור זה, שנאמר בו ׳אֲבָרְכָה אֶת־ה׳ בְּכָל־עֵת׳, היה ראוי להיאמר בכל יום, אך משום שחכמים
חששו לטורח הציבור, תיקנו לומר אותו רק בשבתות ובימים טובים (סידור ר״ש מגרמייזא).

לְדָוִד, בְּשַׁנּוֹתוֹ אֶת־טַעְמוֹ לִפְנֵי אֲבִימֶלֶךְ, וַיְגָרְשֵׁהוּ וַיֵּלַךְ: אֲבָרְכָה תהלים לד
אֶת־יהוה בְּכָל־עֵת, תָּמִיד תְּהִלָּתוֹ בְּפִי: בַּיהוה תִּתְהַלֵּל נַפְשִׁי,
יִשְׁמְעוּ עֲנָוִים וְיִשְׂמָחוּ: גַּדְּלוּ לַיהוה אִתִּי, וּנְרוֹמְמָה שְׁמוֹ יַחְדָּו:
דָּרַשְׁתִּי אֶת־יהוה וְעָנָנִי, וּמִכָּל־מְגוּרוֹתַי הִצִּילָנִי: הִבִּיטוּ אֵלָיו
וְנָהָרוּ, וּפְנֵיהֶם אַל־יֶחְפָּרוּ: זֶה עָנִי קָרָא, וַיהוה שָׁמֵעַ, וּמִכָּל־צָרוֹתָיו
הוֹשִׁיעוֹ: חֹנֶה מַלְאַךְ־יהוה סָבִיב לִירֵאָיו, וַיְחַלְּצֵם: טַעֲמוּ וּרְאוּ
כִּי־טוֹב יהוה, אַשְׁרֵי הַגֶּבֶר יֶחֱסֶה־בּוֹ: יְראוּ אֶת־יהוה קְדֹשָׁיו, כִּי־
אֵין מַחְסוֹר לִירֵאָיו: כְּפִירִים רָשׁוּ וְרָעֵבוּ, וְדֹרְשֵׁי יהוה לֹא־יַחְסְרוּ
כָל־טוֹב: לְכוּ־בָנִים שִׁמְעוּ־לִי, יִרְאַת יהוה אֲלַמֶּדְכֶם: מִי־הָאִישׁ
הֶחָפֵץ חַיִּים, אֹהֵב יָמִים לִרְאוֹת טוֹב: נְצֹר לְשׁוֹנְךָ מֵרָע, וּשְׂפָתֶיךָ
מִדַּבֵּר מִרְמָה: סוּר מֵרָע וַעֲשֵׂה־טוֹב, בַּקֵּשׁ שָׁלוֹם וְרָדְפֵהוּ: עֵינֵי

יהוה אֶל־צַדִּיקִים, וְאָזְנָיו אֶל־שַׁוְעָתָם: פְּנֵי יהוה בְּעֹשֵׂי רָע, לְהַכְרִית מֵאֶרֶץ זִכְרָם: צָעֲקוּ וַיהוה שָׁמֵעַ, וּמִכָּל־צָרוֹתָם הִצִּילָם: קָרוֹב יהוה לְנִשְׁבְּרֵי־לֵב, וְאֶת־דַּכְּאֵי־רוּחַ יוֹשִׁיעַ: רַבּוֹת רָעוֹת צַדִּיק, וּמִכֻּלָּם יַצִּילֶנּוּ יהוה: שֹׁמֵר כָּל־עַצְמוֹתָיו, אַחַת מֵהֵנָּה לֹא נִשְׁבָּרָה: ◂ תְּמוֹתֵת רָשָׁע רָעָה, וְשֹׂנְאֵי צַדִּיק יֶאְשָׁמוּ: פּוֹדֶה יהוה נֶפֶשׁ עֲבָדָיו, וְלֹא יֶאְשְׁמוּ כָּל־הַחֹסִים בּוֹ:

מזמור זה הוא הראשון מאחד עשר מזמורים בספר תהלים, צ–ק, המיוחסים למשה (רש״י בתהלים). מסמיכות הפסוקים במזמור זה 'בְּטֶרֶם הָרִים יֻלָּדוּ, וַתְּחוֹלֵל אֶרֶץ וְתֵבֵל' ו'תָּשֵׁב אֱנוֹשׁ עַד־דַּכָּא, וַתֹּאמֶר שׁוּבוּ בְנֵי־אָדָם' למדו חכמים שהתשובה קדמה לעולם (פסחים נד ע״א; נדרים לט ע״ב). כלומר, האפשרות שיש לאדם לחזור בתשובה ולהתקבל ברצון לפני הקב״ה היא מהדברים העומדים ביסוד הבריאה, ועל מנת כן ברא הקב״ה את העולם (ריקנטי, דברים לא, כ).

תְּפִלָּה לְמֹשֶׁה אִישׁ־הָאֱלֹהִים, אֲדֹנָי, מָעוֹן אַתָּה הָיִיתָ לָּנוּ בְּדֹר וָדֹר: בְּטֶרֶם הָרִים יֻלָּדוּ, וַתְּחוֹלֵל אֶרֶץ וְתֵבֵל, וּמֵעוֹלָם עַד־עוֹלָם אַתָּה אֵל: תָּשֵׁב אֱנוֹשׁ עַד־דַּכָּא, וַתֹּאמֶר שׁוּבוּ בְנֵי־אָדָם: כִּי אֶלֶף שָׁנִים בְּעֵינֶיךָ, כְּיוֹם אֶתְמוֹל כִּי יַעֲבֹר, וְאַשְׁמוּרָה בַלָּיְלָה: זְרַמְתָּם, שֵׁנָה יִהְיוּ, בַּבֹּקֶר כֶּחָצִיר יַחֲלֹף: בַּבֹּקֶר יָצִיץ וְחָלָף, לָעֶרֶב יְמוֹלֵל וְיָבֵשׁ: כִּי־כָלִינוּ בְאַפֶּךָ, וּבַחֲמָתְךָ נִבְהָלְנוּ: שַׁתָּ עֲוֹנֹתֵינוּ לְנֶגְדֶּךָ, עֲלֻמֵנוּ לִמְאוֹר פָּנֶיךָ: כִּי כָל־יָמֵינוּ פָּנוּ בְעֶבְרָתֶךָ, כִּלִּינוּ שָׁנֵינוּ כְמוֹ־הֶגֶה: יְמֵי־שְׁנוֹתֵינוּ בָהֶם שִׁבְעִים שָׁנָה, וְאִם בִּגְבוּרֹת שְׁמוֹנִים שָׁנָה, וְרָהְבָּם עָמָל וָאָוֶן, כִּי־גָז חִישׁ וַנָּעֻפָה: מִי־יוֹדֵעַ עֹז אַפֶּךָ, וּכְיִרְאָתְךָ עֶבְרָתֶךָ: לִמְנוֹת יָמֵינוּ כֵּן הוֹדַע, וְנָבִא לְבַב חָכְמָה: שׁוּבָה יהוה עַד־מָתָי, וְהִנָּחֵם עַל־עֲבָדֶיךָ: שַׂבְּעֵנוּ בַבֹּקֶר חַסְדֶּךָ, וּנְרַנְּנָה וְנִשְׂמְחָה בְּכָל־יָמֵינוּ: שַׂמְּחֵנוּ כִּימוֹת עִנִּיתָנוּ, שְׁנוֹת רָאִינוּ רָעָה: יֵרָאֶה אֶל־עֲבָדֶיךָ פָעֳלֶךָ, וַהֲדָרְךָ עַל־בְּנֵיהֶם: ◂ וִיהִי נֹעַם אֲדֹנָי אֱלֹהֵינוּ עָלֵינוּ, וּמַעֲשֵׂה יָדֵינוּ כּוֹנְנָה עָלֵינוּ, וּמַעֲשֵׂה יָדֵינוּ כּוֹנְנֵהוּ:

תהלים צ

מזמור זה מכונה 'שיר של פגעים', מפני שהוא עוסק בשמירה של הקב"ה על האדם ובמידת הביטחון (שבועות טו ע"ב).

תהלים צא יֹשֵׁב בְּסֵתֶר עֶלְיוֹן, בְּצֵל שַׁדַּי יִתְלוֹנָן: אֹמַר לַיהוה מַחְסִי וּמְצוּדָתִי,
אֱלֹהַי אֶבְטַח־בּוֹ: כִּי הוּא יַצִּילְךָ מִפַּח יָקוּשׁ, מִדֶּבֶר הַוּוֹת: בְּאֶבְרָתוֹ
יָסֶךְ לָךְ, וְתַחַת־כְּנָפָיו תֶּחְסֶה, צִנָּה וְסֹחֵרָה אֲמִתּוֹ: לֹא־תִירָא מִפַּחַד
לָיְלָה, מֵחֵץ יָעוּף יוֹמָם: מִדֶּבֶר בָּאֹפֶל יַהֲלֹךְ, מִקֶּטֶב יָשׁוּד צָהֳרָיִם:
יִפֹּל מִצִּדְּךָ אֶלֶף, וּרְבָבָה מִימִינֶךָ, אֵלֶיךָ לֹא יִגָּשׁ: רַק בְּעֵינֶיךָ תַבִּיט,
וְשִׁלֻּמַת רְשָׁעִים תִּרְאֶה: כִּי־אַתָּה יהוה מַחְסִי, עֶלְיוֹן שַׂמְתָּ מְעוֹנֶךָ:
לֹא־תְאֻנֶּה אֵלֶיךָ רָעָה, וְנֶגַע לֹא־יִקְרַב בְּאָהֳלֶךָ: כִּי מַלְאָכָיו יְצַוֶּה־
לָּךְ, לִשְׁמָרְךָ בְּכָל־דְּרָכֶיךָ: עַל־כַּפַּיִם יִשָּׂאוּנְךָ, פֶּן־תִּגֹּף בָּאֶבֶן רַגְלֶךָ:
עַל־שַׁחַל וָפֶתֶן תִּדְרֹךְ, תִּרְמֹס כְּפִיר וְתַנִּין: כִּי בִי חָשַׁק וַאֲפַלְּטֵהוּ,
אֲשַׂגְּבֵהוּ כִּי־יָדַע שְׁמִי: יִקְרָאֵנִי וְאֶעֱנֵהוּ, עִמּוֹ אָנֹכִי בְצָרָה, אֲחַלְּצֵהוּ
וַאֲכַבְּדֵהוּ: ‹ אֹרֶךְ יָמִים אַשְׂבִּיעֵהוּ, וְאַרְאֵהוּ בִּישׁוּעָתִי:
אֹרֶךְ יָמִים אַשְׂבִּיעֵהוּ, וְאַרְאֵהוּ בִּישׁוּעָתִי:

"וַיִּשַּׁרְנָה הַפָּרוֹת בַּדֶּרֶךְ עַל־דֶּרֶךְ בֵּית שֶׁמֶשׁ" (שמו"א ו, יב) – "א"ר יוחנן בשם ר' מאיר: שאמרו שירה" (עבודה זרה כד ע"ב). בזוהר (חיי שרה, קכג ע"א) מבואר שהפרות שהעלו את הארון מידי הפלישתים אמרו את מזמור צח, ולכן נהגו לאומרו בשבת בבוקר (סידור ר' חיים ויטל).

בבתי כנסת המתפללים בנוסח אשכנז, אין אומרים מזמור זה, ולא את שירי המעלות שאחריו, אלא ממשיכים 'הַלְלוּיָהּ, הַלְלוּ אֶת־שֵׁם ה'' (עמ' 109).

תהלים צח מִזְמוֹר, שִׁירוּ לַיהוה שִׁיר חָדָשׁ כִּי־נִפְלָאוֹת עָשָׂה, הוֹשִׁיעָה־
לּוֹ יְמִינוֹ וּזְרוֹעַ קָדְשׁוֹ: הוֹדִיעַ יהוה יְשׁוּעָתוֹ, לְעֵינֵי הַגּוֹיִם גִּלָּה
צִדְקָתוֹ: זָכַר חַסְדּוֹ וֶאֱמוּנָתוֹ לְבֵית יִשְׂרָאֵל, רָאוּ כָל־אַפְסֵי־אָרֶץ
אֵת יְשׁוּעַת אֱלֹהֵינוּ: הָרִיעוּ לַיהוה כָּל־הָאָרֶץ, פִּצְחוּ וְרַנְּנוּ וְזַמֵּרוּ:
זַמְּרוּ לַיהוה בְּכִנּוֹר, בְּכִנּוֹר וְקוֹל זִמְרָה: בַּחֲצֹצְרוֹת וְקוֹל שׁוֹפָר,
הָרִיעוּ לִפְנֵי הַמֶּלֶךְ יהוה: יִרְעַם הַיָּם וּמְלֹאוֹ, תֵּבֵל וְיֹשְׁבֵי בָהּ:
‹ נְהָרוֹת יִמְחֲאוּ־כָף, יַחַד הָרִים יְרַנֵּנוּ: לִפְנֵי יהוה כִּי בָא לִשְׁפֹּט
הָאָרֶץ, יִשְׁפֹּט־תֵּבֵל בְּצֶדֶק, וְעַמִּים בְּמֵישָׁרִים:

באבודרהם מובא שבשבת מוסיפים לפני פסוקי דזמרה עשרה מזמורים כנגד עשרה מאמרות שבהם נברא העולם, והוא מונה את מזמור קכא ומזמור קכד. ובסידורים שאחריו הוסיפו את מזמורים קכב וקכג, כדי ליצור רצף פרקים (סידור הרמ״ק).

שִׁיר לַמַּעֲלוֹת, אֶשָּׂא עֵינַי אֶל־הֶהָרִים, מֵאַיִן יָבֹא עֶזְרִי: עֶזְרִי מֵעִם תהלים קכא
יהוה, עֹשֵׂה שָׁמַיִם וָאָרֶץ: אַל־יִתֵּן לַמּוֹט רַגְלֶךָ, אַל־יָנוּם שֹׁמְרֶךָ:
הִנֵּה לֹא־יָנוּם וְלֹא יִישָׁן שׁוֹמֵר יִשְׂרָאֵל: יהוה שֹׁמְרֶךָ, יהוה צִלְּךָ
עַל־יַד יְמִינֶךָ: יוֹמָם הַשֶּׁמֶשׁ לֹא־יַכֶּכָּה, וְיָרֵחַ בַּלָּיְלָה: ◂ יהוה יִשְׁמָרְךָ
מִכָּל־רָע, יִשְׁמֹר אֶת־נַפְשֶׁךָ: יהוה יִשְׁמָר־צֵאתְךָ וּבוֹאֶךָ, מֵעַתָּה
וְעַד־עוֹלָם:

שִׁיר הַמַּעֲלוֹת לְדָוִד, שָׂמַחְתִּי בְּאֹמְרִים לִי בֵּית יהוה נֵלֵךְ: עֹמְדוֹת תהלים קכב
הָיוּ רַגְלֵינוּ, בִּשְׁעָרַיִךְ יְרוּשָׁלָםִ: יְרוּשָׁלַםִ הַבְּנוּיָה, כְּעִיר שֶׁחֻבְּרָה־
לָּהּ יַחְדָּו: שֶׁשָּׁם עָלוּ שְׁבָטִים שִׁבְטֵי־יָהּ, עֵדוּת לְיִשְׂרָאֵל, לְהֹדוֹת
לְשֵׁם יהוה: כִּי שָׁמָּה יָשְׁבוּ כִסְאוֹת לְמִשְׁפָּט, כִּסְאוֹת לְבֵית דָּוִד:
שַׁאֲלוּ שְׁלוֹם יְרוּשָׁלָםִ, יִשְׁלָיוּ אֹהֲבָיִךְ: יְהִי־שָׁלוֹם בְּחֵילֵךְ, שַׁלְוָה
בְּאַרְמְנוֹתָיִךְ: ◂ לְמַעַן אַחַי וְרֵעָי, אֲדַבְּרָה־נָּא שָׁלוֹם בָּךְ: לְמַעַן
בֵּית־יהוה אֱלֹהֵינוּ, אֲבַקְשָׁה טוֹב לָךְ:

שִׁיר הַמַּעֲלוֹת, אֵלֶיךָ נָשָׂאתִי אֶת־עֵינַי, הַיֹּשְׁבִי בַּשָּׁמָיִם: הִנֵּה כְעֵינֵי תהלים קכג
עֲבָדִים אֶל־יַד אֲדוֹנֵיהֶם, כְּעֵינֵי שִׁפְחָה אֶל־יַד גְּבִרְתָּהּ, כֵּן עֵינֵינוּ
אֶל־יהוה אֱלֹהֵינוּ, עַד שֶׁיְּחָנֵּנוּ: ◂ חָנֵּנוּ יהוה חָנֵּנוּ, כִּי־רַב שָׂבַעְנוּ
בוּז: רַבַּת שָׂבְעָה־לָּהּ נַפְשֵׁנוּ, הַלַּעַג הַשַּׁאֲנַנִּים, הַבּוּז לִגְאֵי יוֹנִים:

שִׁיר הַמַּעֲלוֹת לְדָוִד, לוּלֵי יהוה שֶׁהָיָה לָנוּ, יֹאמַר־נָא יִשְׂרָאֵל: לוּלֵי תהלים קכד
יהוה שֶׁהָיָה לָנוּ, בְּקוּם עָלֵינוּ אָדָם: אֲזַי חַיִּים בְּלָעוּנוּ, בַּחֲרוֹת אַפָּם
בָּנוּ: אֲזַי הַמַּיִם שְׁטָפוּנוּ, נַחְלָה עָבַר עַל־נַפְשֵׁנוּ: אֲזַי עָבַר עַל־
נַפְשֵׁנוּ, הַמַּיִם הַזֵּידוֹנִים: בָּרוּךְ יהוה, שֶׁלֹּא נְתָנָנוּ טֶרֶף לְשִׁנֵּיהֶם:
◂ נַפְשֵׁנוּ כְּצִפּוֹר נִמְלְטָה מִפַּח יוֹקְשִׁים, הַפַּח נִשְׁבָּר וַאֲנַחְנוּ נִמְלָטְנוּ:
עֶזְרֵנוּ בְּשֵׁם יהוה, עֹשֵׂה שָׁמַיִם וָאָרֶץ:

במזמור זה המשורר פונה לכוהנים וללוויים שיהללו את ה',
ובמזמור הבא, המקביל לו, הוא פונה לישראל שיעשו כן אף הם (ראב"ע).

הַלְלוּיָהּ, הַלְלוּ אֶת־שֵׁם יהוה, הַלְלוּ עַבְדֵי יהוה: תהלים קלה
שֶׁעֹמְדִים בְּבֵית יהוה, בְּחַצְרוֹת בֵּית אֱלֹהֵינוּ:
הַלְלוּיָהּ כִּי־טוֹב יהוה, זַמְּרוּ לִשְׁמוֹ כִּי נָעִים:
כִּי־יַעֲקֹב בָּחַר לוֹ יָהּ, יִשְׂרָאֵל לִסְגֻלָּתוֹ:
כִּי אֲנִי יָדַעְתִּי כִּי־גָדוֹל יהוה, וַאֲדֹנֵינוּ מִכָּל־אֱלֹהִים:
כֹּל אֲשֶׁר־חָפֵץ יהוה עָשָׂה, בַּשָּׁמַיִם וּבָאָרֶץ, בַּיַּמִּים וְכָל־תְּהֹמוֹת:
מַעֲלֶה נְשִׂאִים מִקְצֵה הָאָרֶץ
בְּרָקִים לַמָּטָר עָשָׂה, מוֹצֵא־רוּחַ מֵאוֹצְרוֹתָיו:
שֶׁהִכָּה בְּכוֹרֵי מִצְרָיִם, מֵאָדָם עַד־בְּהֵמָה:
שָׁלַח אוֹתֹת וּמֹפְתִים בְּתוֹכֵכִי מִצְרָיִם, בְּפַרְעֹה וּבְכָל־עֲבָדָיו:
שֶׁהִכָּה גּוֹיִם רַבִּים, וְהָרַג מְלָכִים עֲצוּמִים:
לְסִיחוֹן מֶלֶךְ הָאֱמֹרִי, וּלְעוֹג מֶלֶךְ הַבָּשָׁן, וּלְכֹל מַמְלְכוֹת כְּנָעַן:
וְנָתַן אַרְצָם נַחֲלָה, נַחֲלָה לְיִשְׂרָאֵל עַמּוֹ:
יהוה שִׁמְךָ לְעוֹלָם, יהוה זִכְרְךָ לְדֹר־וָדֹר:
כִּי־יָדִין יהוה עַמּוֹ, וְעַל־עֲבָדָיו יִתְנֶחָם:
עֲצַבֵּי הַגּוֹיִם כֶּסֶף וְזָהָב, מַעֲשֵׂה יְדֵי אָדָם:
פֶּה־לָהֶם וְלֹא יְדַבֵּרוּ, עֵינַיִם לָהֶם וְלֹא יִרְאוּ:
אָזְנַיִם לָהֶם וְלֹא יַאֲזִינוּ, אַף אֵין־יֶשׁ־רוּחַ בְּפִיהֶם:
כְּמוֹהֶם יִהְיוּ עֹשֵׂיהֶם, כֹּל אֲשֶׁר־בֹּטֵחַ בָּהֶם:
בֵּית יִשְׂרָאֵל בָּרְכוּ אֶת־יהוה
בֵּית אַהֲרֹן בָּרְכוּ אֶת־יהוה:
◂ בֵּית הַלֵּוִי בָּרְכוּ אֶת־יהוה
יִרְאֵי יהוה בָּרְכוּ אֶת־יהוה:
בָּרוּךְ יהוה מִצִּיּוֹן, שֹׁכֵן יְרוּשָׁלָיִם, הַלְלוּיָהּ:

מזמור זה מכונה בגמרא 'הלל הגדול' (פסחים קיח ע"א), מפני שהוא משבח את ה' על הבריאה, על הנסים שעשה לישראל ועל הפרנסה היום־יומית (סידור חסידי אשכנז).

תהלים קלו

הוֹדוּ לַיהוה כִּי־טוֹב כִּי לְעוֹלָם חַסְדּוֹ:
הוֹדוּ לֵאלֹהֵי הָאֱלֹהִים כִּי לְעוֹלָם חַסְדּוֹ:
הוֹדוּ לַאֲדֹנֵי הָאֲדֹנִים כִּי לְעוֹלָם חַסְדּוֹ:
לְעֹשֵׂה נִפְלָאוֹת גְּדֹלוֹת לְבַדּוֹ כִּי לְעוֹלָם חַסְדּוֹ:
לְעֹשֵׂה הַשָּׁמַיִם בִּתְבוּנָה כִּי לְעוֹלָם חַסְדּוֹ:
לְרֹקַע הָאָרֶץ עַל־הַמָּיִם כִּי לְעוֹלָם חַסְדּוֹ:
לְעֹשֵׂה אוֹרִים גְּדֹלִים כִּי לְעוֹלָם חַסְדּוֹ:
אֶת־הַשֶּׁמֶשׁ לְמֶמְשֶׁלֶת בַּיּוֹם כִּי לְעוֹלָם חַסְדּוֹ:
אֶת־הַיָּרֵחַ וְכוֹכָבִים לְמֶמְשְׁלוֹת בַּלָּיְלָה כִּי לְעוֹלָם חַסְדּוֹ:
לְמַכֵּה מִצְרַיִם בִּבְכוֹרֵיהֶם כִּי לְעוֹלָם חַסְדּוֹ:
וַיּוֹצֵא יִשְׂרָאֵל מִתּוֹכָם כִּי לְעוֹלָם חַסְדּוֹ:
בְּיָד חֲזָקָה וּבִזְרוֹעַ נְטוּיָה כִּי לְעוֹלָם חַסְדּוֹ:
לְגֹזֵר יַם־סוּף לִגְזָרִים כִּי לְעוֹלָם חַסְדּוֹ:
וְהֶעֱבִיר יִשְׂרָאֵל בְּתוֹכוֹ כִּי לְעוֹלָם חַסְדּוֹ:
וְנִעֵר פַּרְעֹה וְחֵילוֹ בְיַם־סוּף כִּי לְעוֹלָם חַסְדּוֹ:
לְמוֹלִיךְ עַמּוֹ בַּמִּדְבָּר כִּי לְעוֹלָם חַסְדּוֹ:
לְמַכֵּה מְלָכִים גְּדֹלִים כִּי לְעוֹלָם חַסְדּוֹ:
וַיַּהֲרֹג מְלָכִים אַדִּירִים כִּי לְעוֹלָם חַסְדּוֹ:
לְסִיחוֹן מֶלֶךְ הָאֱמֹרִי כִּי לְעוֹלָם חַסְדּוֹ:
וּלְעוֹג מֶלֶךְ הַבָּשָׁן כִּי לְעוֹלָם חַסְדּוֹ:
וְנָתַן אַרְצָם לְנַחֲלָה כִּי לְעוֹלָם חַסְדּוֹ:
נַחֲלָה לְיִשְׂרָאֵל עַבְדּוֹ כִּי לְעוֹלָם חַסְדּוֹ:
שֶׁבְּשִׁפְלֵנוּ זָכַר לָנוּ כִּי לְעוֹלָם חַסְדּוֹ:
וַיִּפְרְקֵנוּ מִצָּרֵינוּ כִּי לְעוֹלָם חַסְדּוֹ:

◂ נֹתֵן לֶחֶם לְכָל־בָּשָׂר כִּי לְעוֹלָם חַסְדּוֹ:
הוֹדוּ לְאֵל הַשָּׁמָיִם כִּי לְעוֹלָם חַסְדּוֹ:

פיוט שמקורו בספר היכלות, ונחשב מאוד בעיני חסידי אשכנז. בנוסח אשכנז אין אומרים אותו, משום דברי מהרי״ל שאין לאומרו אלא ביום כיפור. אך החסידים הנהיגו לאומרו בכל שבת, והסתפקו באמירתו בלחש (אשל אברהם), ויש שנהגו לאומרו לפני התפילה (יד אהרן).

הָאַדֶּרֶת וְהָאֱמוּנָה לְחַי עוֹלָמִים
הַבִּינָה וְהַבְּרָכָה לְחַי עוֹלָמִים
הַגַּאֲוָה וְהַגְּדֻלָּה לְחַי עוֹלָמִים
הַדֵּעָה וְהַדִּבּוּר לְחַי עוֹלָמִים
הַהוֹד וְהֶהָדָר לְחַי עוֹלָמִים
הַוַּעַד וְהַוָּתִיקוּת לְחַי עוֹלָמִים
הַזִּךְ וְהַזֹּהַר לְחַי עוֹלָמִים
הַחַיִל וְהַחֹסֶן לְחַי עוֹלָמִים
הַטֶּכֶס וְהַטֹּהַר לְחַי עוֹלָמִים
הַיִּחוּד וְהַיִּרְאָה לְחַי עוֹלָמִים
הַכֶּתֶר וְהַכָּבוֹד לְחַי עוֹלָמִים
הַלֶּקַח וְהַלִּבּוּב לְחַי עוֹלָמִים
הַמְּלוּכָה וְהַמֶּמְשָׁלָה לְחַי עוֹלָמִים
הַנּוֹי וְהַנֵּצַח לְחַי עוֹלָמִים
הַסִּגּוּי וְהַשֶּׂגֶב לְחַי עוֹלָמִים
הָעֹז וְהָעֲנָוָה לְחַי עוֹלָמִים
הַפְּדוּת וְהַפְּאֵר לְחַי עוֹלָמִים
הַצְּבִי וְהַצֶּדֶק לְחַי עוֹלָמִים
הַקְּרִיאָה וְהַקְּדֻשָּׁה לְחַי עוֹלָמִים
הָרֹן וְהָרוֹמְמוּת לְחַי עוֹלָמִים
◂ הַשִּׁיר וְהַשֶּׁבַח לְחַי עוֹלָמִים
הַתְּהִלָּה וְהַתִּפְאֶרֶת לְחַי עוֹלָמִים

פסוקי דזמרה

מ׳בָּרוּךְ שֶׁאָמַר׳ ואילך אסור לדבר בדברי חול עד סוף התפילה.
נהוג לומר ׳בָּרוּךְ שֶׁאָמַר׳ בעמידה, והמתפלל אוחז שתי ציציות לפניו.

הֲרֵינִי מְזַמֵּן אֶת פִּי לְהוֹדוֹת וּלְהַלֵּל וּלְשַׁבֵּחַ אֶת בּוֹרְאִי, לְשֵׁם יִחוּד קֻדְשָׁא בְּרִיךְ הוּא וּשְׁכִינְתֵהּ עַל יְדֵי הַהוּא טָמִיר וְנֶעְלָם בְּשֵׁם כָּל יִשְׂרָאֵל.

בָּרוּךְ שֶׁאָמַר

וְהָיָה הָעוֹלָם, בָּרוּךְ הוּא.
בָּרוּךְ אוֹמֵר וְעוֹשֶׂה
בָּרוּךְ גּוֹזֵר וּמְקַיֵּם
בָּרוּךְ עוֹשֶׂה בְרֵאשִׁית
בָּרוּךְ מְרַחֵם עַל הָאָרֶץ
בָּרוּךְ מְרַחֵם עַל הַבְּרִיּוֹת
בָּרוּךְ מְשַׁלֵּם שָׂכָר טוֹב לִירֵאָיו
בָּרוּךְ חַי לָעַד וְקַיָּם לָנֶצַח
בָּרוּךְ פּוֹדֶה וּמַצִּיל
בָּרוּךְ שְׁמוֹ

בָּרוּךְ אַתָּה יהוה אֱלֹהֵינוּ מֶלֶךְ הָעוֹלָם, הָאֵל הָאָב הָרַחֲמָן הַמְהֻלָּל בְּפֶה עַמּוֹ, מְשֻׁבָּח וּמְפֹאָר בִּלְשׁוֹן חֲסִידָיו וַעֲבָדָיו וּבְשִׁירֵי דָוִד עַבְדֶּךָ, נְהַלֶּלְךָ יהוה אֱלֹהֵינוּ. בִּשְׁבָחוֹת וּבִזְמִירוֹת נְגַדֶּלְךָ וּנְשַׁבֵּחֲךָ וּנְפָאֶרְךָ וְנַמְלִיכְךָ וְנַזְכִּיר שִׁמְךָ מַלְכֵּנוּ אֱלֹהֵינוּ. ◂ יָחִיד חֵי הָעוֹלָמִים מֶלֶךְ, מְשֻׁבָּח וּמְפֹאָר עֲדֵי עַד שְׁמוֹ הַגָּדוֹל בָּרוּךְ אַתָּה יהוה, מֶלֶךְ מְהֻלָּל בַּתִּשְׁבָּחוֹת.

״כִּי שִׂמַּחְתַּנִי״ – ביום השבת שמחתני בהתבונני בפעלך ובמעשה ידיך שהוא
העולם ואשר בו, כי ביום זה יש לי פנאי להתבונן בהם ואז אשמח כשאשיג מהם
וזה מנהג כל חכם כשמתבונן במעשה בראשית״ (סידור תלמידי ר׳ יונה).

מִזְמוֹר שִׁיר לְיוֹם הַשַּׁבָּת: טוֹב לְהֹדוֹת לַיהוה, וּלְזַמֵּר לְשִׁמְךָ עֶלְיוֹן: תהלים צב
לְהַגִּיד בַּבֹּקֶר חַסְדֶּךָ, וֶאֱמוּנָתְךָ בַּלֵּילוֹת: עֲלֵי־עָשׂוֹר וַעֲלֵי־נָבֶל,
עֲלֵי הִגָּיוֹן בְּכִנּוֹר: כִּי שִׂמַּחְתַּנִי יהוה בְּפָעֳלֶךָ, בְּמַעֲשֵׂי יָדֶיךָ אֲרַנֵּן:
מַה־גָּדְלוּ מַעֲשֶׂיךָ יהוה, מְאֹד עָמְקוּ מַחְשְׁבֹתֶיךָ: אִישׁ־בַּעַר לֹא
יֵדָע, וּכְסִיל לֹא־יָבִין אֶת־זֹאת: בִּפְרֹחַ רְשָׁעִים כְּמוֹ עֵשֶׂב, וַיָּצִיצוּ
כָּל־פֹּעֲלֵי אָוֶן, לְהִשָּׁמְדָם עֲדֵי־עַד: וְאַתָּה מָרוֹם לְעֹלָם יהוה:
כִּי הִנֵּה אֹיְבֶיךָ יהוה, כִּי־הִנֵּה אֹיְבֶיךָ יֹאבֵדוּ, יִתְפָּרְדוּ כָּל־פֹּעֲלֵי
אָוֶן: וַתָּרֶם כִּרְאֵים קַרְנִי, בַּלֹּתִי בְּשֶׁמֶן רַעֲנָן: וַתַּבֵּט עֵינִי בְּשׁוּרָי,
בַּקָּמִים עָלַי מְרֵעִים תִּשְׁמַעְנָה אָזְנָי: ◂ צַדִּיק כַּתָּמָר יִפְרָח, כְּאֶרֶז
בַּלְּבָנוֹן יִשְׂגֶּה: שְׁתוּלִים בְּבֵית יהוה, בְּחַצְרוֹת אֱלֹהֵינוּ יַפְרִיחוּ:
עוֹד יְנוּבוּן בְּשֵׂיבָה, דְּשֵׁנִים וְרַעֲנַנִּים יִהְיוּ: לְהַגִּיד כִּי־יָשָׁר יהוה,
צוּרִי, וְלֹא־עַוְלָתָה בּוֹ:

״עֵדֹתֶיךָ נֶאֶמְנוּ מְאֹד״ – עדות שכל העולם מעידים בשירתם,
כי אתה אלהים״ (סידור הרוקח).

יהוה מָלָךְ, גֵּאוּת לָבֵשׁ, לָבֵשׁ יהוה עֹז הִתְאַזָּר, אַף־תִּכּוֹן תֵּבֵל תהלים צג
בַּל־תִּמּוֹט: נָכוֹן כִּסְאֲךָ מֵאָז, מֵעוֹלָם אָתָּה: נָשְׂאוּ נְהָרוֹת יהוה,
נָשְׂאוּ נְהָרוֹת קוֹלָם, יִשְׂאוּ נְהָרוֹת דָּכְיָם: ◂ מִקֹּלוֹת מַיִם רַבִּים,
אַדִּירִים מִשְׁבְּרֵי־יָם, אַדִּיר בַּמָּרוֹם יהוה: עֵדֹתֶיךָ נֶאֶמְנוּ מְאֹד
לְבֵיתְךָ נַאֲוָה־קֹדֶשׁ, יהוה לְאֹרֶךְ יָמִים:

לפי הגמרא בחולין ס ע״א, את הפסוק ׳יְהִי כְבוֹד ה׳ לְעוֹלָם׳ אמר שר העולם לאחר הבריאה.
לאחר אמירת שני המזמורים הקודמים על השלמת הבריאה
ממשיכים באמירת פסוקי דזמרה שבכל יום.

יְהִי כְבוֹד יהוה לְעוֹלָם, יִשְׂמַח יהוה בְּמַעֲשָׂיו: יְהִי שֵׁם יהוה מְבֹרָךְ, תהלים קד תהלים קיג
מֵעַתָּה וְעַד־עוֹלָם: מִמִּזְרַח־שֶׁמֶשׁ עַד־מְבוֹאוֹ, מְהֻלָּל שֵׁם יהוה:

רָם עַל־כָּל־גּוֹיִם יהוה, עַל הַשָּׁמַיִם כְּבוֹדוֹ: יהוה שִׁמְךָ לְעוֹלָם, תהלים קלה
יהוה זִכְרְךָ לְדֹר־וָדֹר: יהוה בַּשָּׁמַיִם הֵכִין כִּסְאוֹ, וּמַלְכוּתוֹ בַּכֹּל תהלים קג
מָשָׁלָה: יִשְׂמְחוּ הַשָּׁמַיִם וְתָגֵל הָאָרֶץ, וְיֹאמְרוּ בַגּוֹיִם יהוה מָלָךְ: דברי הימים א׳ טז
יהוה מֶלֶךְ, יהוה מָלָךְ, יהוה יִמְלֹךְ לְעוֹלָם וָעֶד. יהוה מֶלֶךְ עוֹלָם תהלים י
וָעֶד, אָבְדוּ גוֹיִם מֵאַרְצוֹ: יהוה הֵפִיר עֲצַת־גּוֹיִם, הֵנִיא מַחְשְׁבוֹת תהלים לג
עַמִּים: רַבּוֹת מַחֲשָׁבוֹת בְּלֶב־אִישׁ, וַעֲצַת יהוה הִיא תָקוּם: עֲצַת משלי יט תהלים לג
יהוה לְעוֹלָם תַּעֲמֹד, מַחְשְׁבוֹת לִבּוֹ לְדֹר וָדֹר: כִּי הוּא אָמַר וַיֶּהִי,
הוּא־צִוָּה וַיַּעֲמֹד: כִּי־בָחַר יהוה בְּצִיּוֹן, אִוָּהּ לְמוֹשָׁב לוֹ: כִּי־יַעֲקֹב תהלים קלב תהלים קלה
בָּחַר לוֹ יָהּ, יִשְׂרָאֵל לִסְגֻלָּתוֹ: כִּי לֹא־יִטֹּשׁ יהוה עַמּוֹ, וְנַחֲלָתוֹ תהלים צד
לֹא יַעֲזֹב: › וְהוּא רַחוּם, יְכַפֵּר עָוֹן וְלֹא־יַשְׁחִית, וְהִרְבָּה לְהָשִׁיב תהלים עח
אַפּוֹ, וְלֹא־יָעִיר כָּל־חֲמָתוֹ: יהוה הוֹשִׁיעָה, הַמֶּלֶךְ יַעֲנֵנוּ בְיוֹם־ תהלים כ
קָרְאֵנוּ:

״כל האומר ׳תְּהִלָּה לְדָוִד׳ בכל יום שלש פעמים – מובטח לו שהוא בן העולם הבא...
משום דאית ביה ׳פּוֹתֵחַ אֶת־יָדֶךָ׳״ (ברכות ד ע״ב), ויש לכוון במיוחד בפסוק זה,
ואם לא התכוון צריך לחזור ולאומרו שנית.

אַשְׁרֵי יוֹשְׁבֵי בֵיתֶךָ, עוֹד יְהַלְלוּךָ סֶּלָה: תהלים פד
אַשְׁרֵי הָעָם שֶׁכָּכָה לּוֹ, אַשְׁרֵי הָעָם שֶׁיהוה אֱלֹהָיו: תהלים קמד
תְּהִלָּה לְדָוִד תהלים קמה

אֲרוֹמִמְךָ אֱלוֹהַי הַמֶּלֶךְ, וַאֲבָרְכָה שִׁמְךָ לְעוֹלָם וָעֶד:
בְּכָל־יוֹם אֲבָרְכֶךָּ, וַאֲהַלְלָה שִׁמְךָ לְעוֹלָם וָעֶד:
גָּדוֹל יהוה וּמְהֻלָּל מְאֹד, וְלִגְדֻלָּתוֹ אֵין חֵקֶר:
דּוֹר לְדוֹר יְשַׁבַּח מַעֲשֶׂיךָ, וּגְבוּרֹתֶיךָ יַגִּידוּ:
הֲדַר כְּבוֹד הוֹדֶךָ, וְדִבְרֵי נִפְלְאֹתֶיךָ אָשִׂיחָה:
וֶעֱזוּז נוֹרְאֹתֶיךָ יֹאמֵרוּ, וּגְדוּלָּתְךָ אֲסַפְּרֶנָּה:
זֵכֶר רַב־טוּבְךָ יַבִּיעוּ, וְצִדְקָתְךָ יְרַנֵּנוּ:

חַנּוּן וְרַחוּם יהוה, אֶרֶךְ אַפַּיִם וּגְדָל־חָסֶד:
טוֹב־יהוה לַכֹּל, וְרַחֲמָיו עַל־כָּל־מַעֲשָׂיו:
יוֹדוּךָ יהוה כָּל־מַעֲשֶׂיךָ, וַחֲסִידֶיךָ יְבָרְכוּכָה:
כְּבוֹד מַלְכוּתְךָ יֹאמֵרוּ, וּגְבוּרָתְךָ יְדַבֵּרוּ:
לְהוֹדִיעַ לִבְנֵי הָאָדָם גְּבוּרֹתָיו, וּכְבוֹד הֲדַר מַלְכוּתוֹ:
מַלְכוּתְךָ מַלְכוּת כָּל־עֹלָמִים, וּמֶמְשַׁלְתְּךָ בְּכָל־דּוֹר וָדֹר:
סוֹמֵךְ יהוה לְכָל־הַנֹּפְלִים, וְזוֹקֵף לְכָל־הַכְּפוּפִים:
עֵינֵי־כֹל אֵלֶיךָ יְשַׂבֵּרוּ, וְאַתָּה נוֹתֵן־לָהֶם אֶת־אָכְלָם בְּעִתּוֹ:
פּוֹתֵחַ אֶת־יָדֶךָ, וּמַשְׂבִּיעַ לְכָל־חַי רָצוֹן:
צַדִּיק יהוה בְּכָל־דְּרָכָיו, וְחָסִיד בְּכָל־מַעֲשָׂיו:
קָרוֹב יהוה לְכָל־קֹרְאָיו, לְכֹל אֲשֶׁר יִקְרָאֻהוּ בֶאֱמֶת:
רְצוֹן־יְרֵאָיו יַעֲשֶׂה, וְאֶת־שַׁוְעָתָם יִשְׁמַע, וְיוֹשִׁיעֵם:
שׁוֹמֵר יהוה אֶת־כָּל־אֹהֲבָיו, וְאֵת כָּל־הָרְשָׁעִים יַשְׁמִיד:
› תְּהִלַּת יהוה יְדַבֶּר פִּי, וִיבָרֵךְ כָּל־בָּשָׂר שֵׁם קָדְשׁוֹ לְעוֹלָם וָעֶד:
וַאֲנַחְנוּ נְבָרֵךְ יָהּ מֵעַתָּה וְעַד־עוֹלָם, הַלְלוּיָהּ: תהלים קטו

מזמור המשבח את ה׳ על עצם החיים

"הַלְלוּיָהּ, הַלְלִי נַפְשִׁי" – הנפש שהיא העיקר הללי את ה׳ אשר בראך... הנה אנחנו ברחנו בעיר מינצברק בתתקמ"ח באדר השיני מפני הגוים אשר רצו לטבוח אותנו כצאן טבחה, והנחנו כל אשר לנו בין הגוים את ספרי התורה וספרים וערבונות, והשם ישמרנו מכף כל אויבינו, וכל בני העיירות ברחו בעיר מצור, ועל כל זאת אנחנו מהללים שמו" (סידור הרוקח).

הַלְלוּיָהּ, הַלְלִי נַפְשִׁי אֶת־יהוה: אֲהַלְלָה יהוה בְּחַיָּי, אֲזַמְּרָה תהלים קמו
לֵאלֹהַי בְּעוֹדִי: אַל־תִּבְטְחוּ בִנְדִיבִים, בְּבֶן־אָדָם שֶׁאֵין לוֹ תְשׁוּעָה:
תֵּצֵא רוּחוֹ, יָשֻׁב לְאַדְמָתוֹ, בַּיּוֹם הַהוּא אָבְדוּ עֶשְׁתֹּנֹתָיו: אַשְׁרֵי
שֶׁאֵל יַעֲקֹב בְּעֶזְרוֹ, שִׂבְרוֹ עַל־יהוה אֱלֹהָיו: עֹשֶׂה שָׁמַיִם וָאָרֶץ,
אֶת־הַיָּם וְאֶת־כָּל־אֲשֶׁר־בָּם, הַשֹּׁמֵר אֱמֶת לְעוֹלָם: עֹשֶׂה מִשְׁפָּט

לַעֲשׁוּקִים, נֹתֵן לֶחֶם לָרְעֵבִים, יהוה מַתִּיר אֲסוּרִים: יהוה פֹּקֵחַ
עִוְרִים, יהוה זֹקֵף כְּפוּפִים, יהוה אֹהֵב צַדִּיקִים: יהוה שֹׁמֵר אֶת־
גֵּרִים, יָתוֹם וְאַלְמָנָה יְעוֹדֵד, וְדֶרֶךְ רְשָׁעִים יְעַוֵּת: ‹ יִמְלֹךְ יהוה
לְעוֹלָם, אֱלֹהַיִךְ צִיּוֹן לְדֹר וָדֹר, הַלְלוּיָהּ:

המשורר מהלל את ה׳ על הטובה העתידית, גאולת ישראל (רד״ק).

תהלים קמז הַלְלוּיָהּ, כִּי־טוֹב זַמְּרָה אֱלֹהֵינוּ, כִּי־נָעִים נָאוָה תְהִלָּה: בּוֹנֵה
יְרוּשָׁלַיִם יהוה, נִדְחֵי יִשְׂרָאֵל יְכַנֵּס: הָרוֹפֵא לִשְׁבוּרֵי לֵב, וּמְחַבֵּשׁ
לְעַצְּבוֹתָם: מוֹנֶה מִסְפָּר לַכּוֹכָבִים, לְכֻלָּם שֵׁמוֹת יִקְרָא: גָּדוֹל
אֲדוֹנֵינוּ וְרַב־כֹּחַ, לִתְבוּנָתוֹ אֵין מִסְפָּר: מְעוֹדֵד עֲנָוִים יהוה,
מַשְׁפִּיל רְשָׁעִים עֲדֵי־אָרֶץ: עֱנוּ לַיהוה בְּתוֹדָה, זַמְּרוּ לֵאלֹהֵינוּ
בְכִנּוֹר: הַמְכַסֶּה שָׁמַיִם בְּעָבִים, הַמֵּכִין לָאָרֶץ מָטָר, הַמַּצְמִיחַ הָרִים
חָצִיר: נוֹתֵן לִבְהֵמָה לַחְמָהּ, לִבְנֵי עֹרֵב אֲשֶׁר יִקְרָאוּ: לֹא בִגְבוּרַת
הַסּוּס יֶחְפָּץ, לֹא־בְשׁוֹקֵי הָאִישׁ יִרְצֶה: רוֹצֶה יהוה אֶת־יְרֵאָיו, אֶת־
הַמְיַחֲלִים לְחַסְדּוֹ: שַׁבְּחִי יְרוּשָׁלַיִם אֶת־יהוה, הַלְלִי אֱלֹהַיִךְ צִיּוֹן:
כִּי־חִזַּק בְּרִיחֵי שְׁעָרָיִךְ, בֵּרַךְ בָּנַיִךְ בְּקִרְבֵּךְ: הַשָּׂם־גְּבוּלֵךְ שָׁלוֹם,
חֵלֶב חִטִּים יַשְׂבִּיעֵךְ: הַשֹּׁלֵחַ אִמְרָתוֹ אָרֶץ, עַד־מְהֵרָה יָרוּץ דְּבָרוֹ:
הַנֹּתֵן שֶׁלֶג כַּצָּמֶר, כְּפוֹר כָּאֵפֶר יְפַזֵּר: מַשְׁלִיךְ קַרְחוֹ כְפִתִּים, לִפְנֵי
קָרָתוֹ מִי יַעֲמֹד: יִשְׁלַח דְּבָרוֹ וְיַמְסֵם, יַשֵּׁב רוּחוֹ יִזְּלוּ־מָיִם: ‹ מַגִּיד
דְּבָרָו לְיַעֲקֹב, חֻקָּיו וּמִשְׁפָּטָיו לְיִשְׂרָאֵל: לֹא עָשָׂה כֵן לְכָל־גּוֹי,
וּמִשְׁפָּטִים בַּל־יְדָעוּם, הַלְלוּיָהּ:

מזמור המתאר את גדולת ה׳ כפי שהיא בעולם הנברא (ראב״ע).

תהלים קמח הַלְלוּיָהּ, הַלְלוּ אֶת־יהוה מִן־הַשָּׁמַיִם, הַלְלוּהוּ בַּמְּרוֹמִים: הַלְלוּהוּ
כָל־מַלְאָכָיו, הַלְלוּהוּ כָּל־צְבָאָו: הַלְלוּהוּ שֶׁמֶשׁ וְיָרֵחַ, הַלְלוּהוּ כָּל־
כּוֹכְבֵי אוֹר: הַלְלוּהוּ שְׁמֵי הַשָּׁמָיִם, וְהַמַּיִם אֲשֶׁר מֵעַל הַשָּׁמָיִם:

יְהַלְלוּ אֶת־שֵׁם יהוה, כִּי הוּא צִוָּה וְנִבְרָאוּ: וַיַּעֲמִידֵם לָעַד לְעוֹלָם,
חָק־נָתַן וְלֹא יַעֲבוֹר: הַלְלוּ אֶת־יהוה מִן־הָאָרֶץ, תַּנִּינִים וְכָל־
תְּהֹמוֹת: אֵשׁ וּבָרָד שֶׁלֶג וְקִיטוֹר, רוּחַ סְעָרָה עֹשָׂה דְבָרוֹ: הֶהָרִים
וְכָל־גְּבָעוֹת, עֵץ פְּרִי וְכָל־אֲרָזִים: הַחַיָּה וְכָל־בְּהֵמָה, רֶמֶשׂ וְצִפּוֹר
כָּנָף: מַלְכֵי־אֶרֶץ וְכָל־לְאֻמִּים, שָׂרִים וְכָל־שֹׁפְטֵי אָרֶץ: בַּחוּרִים
וְגַם־בְּתוּלוֹת, זְקֵנִים עִם־נְעָרִים: ◂ יְהַלְלוּ אֶת־שֵׁם יהוה, כִּי־נִשְׂגָּב
שְׁמוֹ לְבַדּוֹ, הוֹדוֹ עַל־אֶרֶץ וְשָׁמָיִם: וַיָּרֶם קֶרֶן לְעַמּוֹ, תְּהִלָּה לְכָל־
חֲסִידָיו, לִבְנֵי יִשְׂרָאֵל עַם קְרֹבוֹ, הַלְלוּיָהּ:

לקראת סוף ספר תהלים קורא המשורר שלא להסתפק במזמורים אלו,
אלא להמשיך ולחדש שירות לה׳ על כל גאולה וגאולה (רד״ק).

הַלְלוּיָהּ, שִׁירוּ לַיהוה שִׁיר חָדָשׁ, תְּהִלָּתוֹ בִּקְהַל חֲסִידִים: יִשְׂמַח תהלים קמט
יִשְׂרָאֵל בְּעֹשָׂיו, בְּנֵי־צִיּוֹן יָגִילוּ בְמַלְכָּם: יְהַלְלוּ שְׁמוֹ בְמָחוֹל, בְּתֹף
וְכִנּוֹר יְזַמְּרוּ־לוֹ: כִּי־רוֹצֶה יהוה בְּעַמּוֹ, יְפָאֵר עֲנָוִים בִּישׁוּעָה:
יַעְלְזוּ חֲסִידִים בְּכָבוֹד, יְרַנְּנוּ עַל־מִשְׁכְּבוֹתָם: רוֹמְמוֹת אֵל בִּגְרוֹנָם,
וְחֶרֶב פִּיפִיּוֹת בְּיָדָם: לַעֲשׂוֹת נְקָמָה בַּגּוֹיִם, תּוֹכֵחוֹת בַּלְאֻמִּים:
◂ לֶאְסֹר מַלְכֵיהֶם בְּזִקִּים, וְנִכְבְּדֵיהֶם בְּכַבְלֵי בַרְזֶל: לַעֲשׂוֹת בָּהֶם
מִשְׁפָּט כָּתוּב, הָדָר הוּא לְכָל־חֲסִידָיו, הַלְלוּיָהּ:

״אמר ר׳ מאיר: על כל נשימה ונשימה שאדם מעלה, חייב לקלס את
יוצרו... שנאמר ׳כֹּל הַנְּשָׁמָה תְּהַלֵּל יָהּ, הַלְלוּיָהּ׳״ (דברים רבה ב, לז).
חוזרים על הפסוק האחרון פעמיים, מפני שהוא סוף ה׳הלל שבכל יום׳ (סידור רש״י).

הַלְלוּיָהּ, הַלְלוּ־אֵל בְּקָדְשׁוֹ, הַלְלוּהוּ בִּרְקִיעַ עֻזּוֹ: הַלְלוּהוּ תהלים קנ
בִגְבוּרֹתָיו, הַלְלוּהוּ כְּרֹב גֻּדְלוֹ: הַלְלוּהוּ בְּתֵקַע שׁוֹפָר, הַלְלוּהוּ
בְּנֵבֶל וְכִנּוֹר: הַלְלוּהוּ בְּתֹף וּמָחוֹל, הַלְלוּהוּ בְּמִנִּים וְעוּגָב:
◂ הַלְלוּהוּ בְצִלְצְלֵי־שָׁמַע, הַלְלוּהוּ בְּצִלְצְלֵי תְרוּעָה: כֹּל הַנְּשָׁמָה
תְּהַלֵּל יָהּ, הַלְלוּיָהּ: כֹּל הַנְּשָׁמָה תְּהַלֵּל יָהּ, הַלְלוּיָהּ:

ספר תהלים נחלק לחמישה ספרים כנגד חמישה חומשי תורה (מדרש שוחר טוב).

לאחר סיום הספר החמישי חוזרים ואומרים את פסוקי הסיום של שאר ספרי תהלים פרט לספר הראשון והרביעי, כיוון שהם נאמרו כברכות במקדש (סידור יעב״ץ).

תהלים פט **בָּרוּךְ יהוה לְעוֹלָם, אָמֵן וְאָמֵן:**

תהלים קלה **בָּרוּךְ יהוה מִצִּיּוֹן, שֹׁכֵן יְרוּשָׁלָםִ, הַלְלוּיָהּ:**

תהלים עב **בָּרוּךְ יהוה אֱלֹהִים אֱלֹהֵי יִשְׂרָאֵל, עֹשֵׂה נִפְלָאוֹת לְבַדּוֹ:**

◂ **וּבָרוּךְ שֵׁם כְּבוֹדוֹ לְעוֹלָם**
וְיִמָּלֵא כְבוֹדוֹ אֶת־כָּל־הָאָרֶץ, אָמֵן וְאָמֵן:

פסוקי דזמרה מסתיימים בשלושה מעמדות מרכזיים בחיי העם: ברכת דוד כאשר נאספו הנדבות לבניין המקדש, הברית שכרתו עולי הגולה בימי עזרא ונחמיה, ושירת הים (הרב זקס).

נוהגים לומר פרשות אלה, מכאן ועד ׳נִשְׁמַת׳ (עמ׳ 121), בעמידה (׳דרך החיים׳, קיצור שו״ע).

דברי הימים א׳ כט וַיְבָרֶךְ דָּוִיד אֶת־יהוה לְעֵינֵי כָּל־הַקָּהָל, וַיֹּאמֶר דָּוִיד, בָּרוּךְ אַתָּה
יהוה, אֱלֹהֵי יִשְׂרָאֵל אָבִינוּ, מֵעוֹלָם וְעַד־עוֹלָם: לְךָ יהוה הַגְּדֻלָּה
וְהַגְּבוּרָה וְהַתִּפְאֶרֶת וְהַנֵּצַח וְהַהוֹד, כִּי־כֹל בַּשָּׁמַיִם וּבָאָרֶץ,
לְךָ יהוה הַמַּמְלָכָה וְהַמִּתְנַשֵּׂא לְכֹל לְרֹאשׁ: וְהָעֹשֶׁר וְהַכָּבוֹד
מִלְּפָנֶיךָ, וְאַתָּה מוֹשֵׁל בַּכֹּל, וּבְיָדְךָ כֹּחַ וּגְבוּרָה, וּבְיָדְךָ לְגַדֵּל
וּלְחַזֵּק לַכֹּל: וְעַתָּה אֱלֹהֵינוּ מוֹדִים אֲנַחְנוּ לָךְ, וּמְהַלְלִים לְשֵׁם
נחמיה ט תִּפְאַרְתֶּךָ: וִיבָרְכוּ שֵׁם כְּבֹדֶךָ, וּמְרוֹמַם עַל־כָּל־בְּרָכָה
וּתְהִלָּה: אַתָּה־הוּא יהוה לְבַדֶּךָ, אַתָּ עָשִׂיתָ אֶת־הַשָּׁמַיִם, שְׁמֵי
הַשָּׁמַיִם וְכָל־צְבָאָם, הָאָרֶץ וְכָל־אֲשֶׁר עָלֶיהָ, הַיַּמִּים וְכָל־אֲשֶׁר
בָּהֶם, וְאַתָּה מְחַיֶּה אֶת־כֻּלָּם, וּצְבָא הַשָּׁמַיִם לְךָ מִשְׁתַּחֲוִים:
◂ אַתָּה הוּא יהוה הָאֱלֹהִים אֲשֶׁר בָּחַרְתָּ בְּאַבְרָם, וְהוֹצֵאתוֹ
מֵאוּר כַּשְׂדִּים, וְשַׂמְתָּ שְׁמוֹ אַבְרָהָם: וּמָצָאתָ אֶת־לְבָבוֹ נֶאֱמָן
לְפָנֶיךָ, ◂ וְכָרוֹת עִמּוֹ הַבְּרִית לָתֵת אֶת־אֶרֶץ הַכְּנַעֲנִי הַחִתִּי
הָאֱמֹרִי וְהַפְּרִזִּי וְהַיְבוּסִי וְהַגִּרְגָּשִׁי, לָתֵת לְזַרְעוֹ, וַתָּקֶם אֶת־

דְּבָרֶיךָ, כִּי צַדִּיק אָתָּה: וַתֵּרֶא אֶת־עֳנִי אֲבֹתֵינוּ בְּמִצְרָיִם, וְאֶת־
זַעֲקָתָם שָׁמַעְתָּ עַל־יַם־סוּף: וַתִּתֵּן אֹתֹת וּמֹפְתִים בְּפַרְעֹה וּבְכָל־
עֲבָדָיו וּבְכָל־עַם אַרְצוֹ, כִּי יָדַעְתָּ כִּי הֵזִידוּ עֲלֵיהֶם, וַתַּעַשׂ־לְךָ שֵׁם
כְּהַיּוֹם הַזֶּה: › וְהַיָּם בָּקַעְתָּ לִפְנֵיהֶם, וַיַּעַבְרוּ בְתוֹךְ־הַיָּם בַּיַּבָּשָׁה,
וְאֶת־רֹדְפֵיהֶם הִשְׁלַכְתָּ בִמְצוֹלֹת כְּמוֹ־אֶבֶן, בְּמַיִם עַזִּים:

וַיּוֹשַׁע יהוה בַּיּוֹם הַהוּא אֶת־יִשְׂרָאֵל מִיַּד מִצְרָיִם וַיַּרְא יִשְׂרָאֵל שמות יד
אֶת־מִצְרַיִם מֵת עַל־שְׂפַת הַיָּם: › וַיַּרְא יִשְׂרָאֵל אֶת־הַיָּד הַגְּדֹלָה
אֲשֶׁר עָשָׂה יהוה בְּמִצְרַיִם וַיִּירְאוּ הָעָם אֶת־יהוה וַיַּאֲמִינוּ בַּיהוה
וּבְמֹשֶׁה עַבְדּוֹ:

אָז יָשִׁיר־מֹשֶׁה וּבְנֵי יִשְׂרָאֵל אֶת־הַשִּׁירָה הַזֹּאת לַיהוה, וַיֹּאמְרוּ שמות טו
לֵאמֹר, אָשִׁירָה לַיהוה כִּי־גָאֹה גָּאָה, סוּס
וְרֹכְבוֹ רָמָה בַיָּם: עָזִּי וְזִמְרָת יָהּ וַיְהִי־לִי
לִישׁוּעָה, זֶה אֵלִי וְאַנְוֵהוּ, אֱלֹהֵי
אָבִי וַאֲרֹמְמֶנְהוּ: יהוה אִישׁ מִלְחָמָה, יהוה
שְׁמוֹ: מַרְכְּבֹת פַּרְעֹה וְחֵילוֹ יָרָה בַיָּם, וּמִבְחַר
שָׁלִשָׁיו טֻבְּעוּ בְיַם־סוּף: תְּהֹמֹת יְכַסְיֻמוּ, יָרְדוּ בִמְצוֹלֹת כְּמוֹ־
אָבֶן: יְמִינְךָ יהוה נֶאְדָּרִי בַּכֹּחַ, יְמִינְךָ
יהוה תִּרְעַץ אוֹיֵב: וּבְרֹב גְּאוֹנְךָ תַּהֲרֹס
קָמֶיךָ, תְּשַׁלַּח חֲרֹנְךָ יֹאכְלֵמוֹ כַּקַּשׁ: וּבְרוּחַ
אַפֶּיךָ נֶעֶרְמוּ מַיִם, נִצְּבוּ כְמוֹ־נֵד
נֹזְלִים, קָפְאוּ תְהֹמֹת בְּלֶב־יָם: אָמַר
אוֹיֵב אֶרְדֹּף, אַשִּׂיג, אֲחַלֵּק שָׁלָל, תִּמְלָאֵמוֹ
נַפְשִׁי, אָרִיק חַרְבִּי תּוֹרִישֵׁמוֹ יָדִי: נָשַׁפְתָּ

בְּרוּחֲךָ כִּסָּמוֹ יָם, צָלֲלוּ כַּעוֹפֶרֶת בְּמַיִם
אַדִּירִים: מִי־כָמֹכָה בָּאֵלִם יְהוָה, מִי
כָּמֹכָה נֶאְדָּר בַּקֹּדֶשׁ, נוֹרָא תְהִלֹּת עֹשֵׂה
פֶלֶא: נָטִיתָ יְמִינְךָ תִּבְלָעֵמוֹ אָרֶץ: נָחִיתָ
בְחַסְדְּךָ עַם־זוּ גָּאָלְתָּ, נֵהַלְתָּ בְעָזְּךָ אֶל־נְוֵה
קָדְשֶׁךָ: שָׁמְעוּ עַמִּים יִרְגָּזוּן, חִיל
אָחַז יֹשְׁבֵי פְּלָשֶׁת: אָז נִבְהֲלוּ אַלּוּפֵי
אֱדוֹם, אֵילֵי מוֹאָב יֹאחֲזֵמוֹ רָעַד, נָמֹגוּ
כֹּל יֹשְׁבֵי כְנָעַן: תִּפֹּל עֲלֵיהֶם אֵימָתָה
וָפַחַד, בִּגְדֹל זְרוֹעֲךָ יִדְּמוּ כָּאָבֶן, עַד־
יַעֲבֹר עַמְּךָ יְהוָה, עַד־יַעֲבֹר עַם־זוּ
קָנִיתָ: תְּבִאֵמוֹ וְתִטָּעֵמוֹ בְּהַר נַחֲלָתְךָ, מָכוֹן
לְשִׁבְתְּךָ פָּעַלְתָּ יְהוָה, מִקְּדָשׁ אֲדֹנָי כּוֹנְנוּ
יָדֶיךָ: יְהוָה ׀ יִמְלֹךְ לְעֹלָם וָעֶד:

יְהוָה יִמְלֹךְ לְעֹלָם וָעֶד.
יְהוָה מַלְכוּתֵהּ קָאֵם לְעָלַם וּלְעָלְמֵי עָלְמַיָּא.

כִּי
בָא סוּס פַּרְעֹה בְּרִכְבּוֹ וּבְפָרָשָׁיו בַּיָּם, וַיָּשֶׁב יְהוָה עֲלֵהֶם אֶת־מֵי
הַיָּם, וּבְנֵי יִשְׂרָאֵל הָלְכוּ בַיַּבָּשָׁה בְּתוֹךְ הַיָּם:

◄ כִּי לַיהוה הַמְּלוּכָה וּמֹשֵׁל בַּגּוֹיִם: תהלים כב
וְעָלוּ מוֹשִׁעִים בְּהַר צִיּוֹן לִשְׁפֹּט אֶת־הַר עֵשָׂו עובדיה א
וְהָיְתָה לַיהוה הַמְּלוּכָה:
וְהָיָה יהוה לְמֶלֶךְ עַל־כָּל־הָאָרֶץ זכריה יד
בַּיּוֹם הַהוּא יִהְיֶה יהוה אֶחָד וּשְׁמוֹ אֶחָד:

׳נִשְׁמַת׳ הוא פיוט עתיק, ור׳ יוחנן כינהו ׳ברכת השיר׳ (פסחים קיח ע״א). בתשובות הגאונים הוא מיוחס לחכמי התלמוד, ויש שהקדימו את זמן חיבורו וייחסו אותו לאנשי הכנסת הגדולה (מרדכי, פסחים תריא).

נִשְׁמַת

כָּל חַי תְּבָרֵךְ אֶת שִׁמְךָ, יהוה אֱלֹהֵינוּ
וְרוּחַ כָּל בָּשָׂר תְּפָאֵר וּתְרוֹמֵם זִכְרְךָ מַלְכֵּנוּ תָּמִיד
מִן הָעוֹלָם וְעַד הָעוֹלָם אַתָּה אֵל.
וּמִבַּלְעָדֶיךָ אֵין לָנוּ מֶלֶךְ גּוֹאֵל וּמוֹשִׁיעַ
פּוֹדֶה וּמַצִּיל וּמְפַרְנֵס וְעוֹנֶה וּמְרַחֵם
בְּכָל עֵת צָרָה וְצוּקָה אֵין לָנוּ מֶלֶךְ עוֹזֵר וְסוֹמֵךְ אֶלָּא אָתָּה.
אֱלֹהֵי הָרִאשׁוֹנִים וְהָאַחֲרוֹנִים, אֱלוֹהַּ כָּל בְּרִיּוֹת
אֲדוֹן כָּל תּוֹלָדוֹת, הַמְהֻלָּל בְּרֹב הַתִּשְׁבָּחוֹת
הַמְנַהֵג עוֹלָמוֹ בְּחֶסֶד וּבְרִיּוֹתָיו בְּרַחֲמִים.
וַיהוה עֵר, הִנֵּה לֹא־יָנוּם וְלֹא יִישָׁן: תהלים קכא
הַמְעוֹרֵר יְשֵׁנִים וְהַמֵּקִיץ נִרְדָּמִים
וְהַמֵּשִׂיחַ אִלְּמִים וְהַמַּתִּיר אֲסוּרִים
וְהַסּוֹמֵךְ נוֹפְלִים וְהַזּוֹקֵף כְּפוּפִים וְהַמְפַעְנֵחַ נֶעְלָמִים
וּלְךָ לְבַדְּךָ אֲנַחְנוּ מוֹדִים
וְאִלּוּ פִינוּ מָלֵא שִׁירָה כַּיָּם, וּלְשׁוֹנֵנוּ רִנָּה כַּהֲמוֹן גַּלָּיו
וְשִׂפְתוֹתֵינוּ שֶׁבַח כְּמֶרְחֲבֵי רָקִיעַ, וְעֵינֵינוּ מְאִירוֹת כַּשֶּׁמֶשׁ וְכַיָּרֵחַ
וְיָדֵינוּ פְרוּשׂוֹת כְּנִשְׁרֵי שָׁמָיִם, וְרַגְלֵינוּ קַלּוֹת כָּאַיָּלוֹת
אֵין אֲנַחְנוּ מַסְפִּיקִים לְהוֹדוֹת לְךָ, יהוה אֱלֹהֵינוּ וֵאלֹהֵי אֲבוֹתֵינוּ
וּלְבָרֵךְ אֶת שִׁמְךָ, מַלְכֵּנוּ
עַל אַחַת מֵאֶלֶף אֶלֶף אַלְפֵי אֲלָפִים וְרִבֵּי רְבָבוֹת פְּעָמִים
הַטּוֹבוֹת, נִסִּים וְנִפְלָאוֹת שֶׁעָשִׂיתָ עִם אֲבוֹתֵינוּ וְעִמָּנוּ

מִלְּפָנִים מִמִּצְרַיִם גְּאַלְתָּנוּ, יהוה אֱלֹהֵינוּ, וּמִבֵּית עֲבָדִים פְּדִיתָנוּ
בְּרָעָב זַנְתָּנוּ וּבְשָׂבָע כִּלְכַּלְתָּנוּ, מֵחֶרֶב הִצַּלְתָּנוּ וּמִדֶּבֶר מִלַּטְתָּנוּ
וּמֵחֳלָיִים רָעִים וְרַבִּים וְנֶאֱמָנִים דִּלִּיתָנוּ.
עַד הֵנָּה עֲזָרוּנוּ רַחֲמֶיךָ וְלֹא עֲזָבוּנוּ חֲסָדֶיךָ, יהוה אֱלֹהֵינוּ
וְאַל תִּטְּשֵׁנוּ, יהוה אֱלֹהֵינוּ, לָנֶצַח.
עַל כֵּן אֵבָרִים שֶׁפִּלַּגְתָּ בָּנוּ, וְרוּחַ וּנְשָׁמָה שֶׁנָּפַחְתָּ בְּאַפֵּינוּ
וְלָשׁוֹן אֲשֶׁר שַׂמְתָּ בְּפִינוּ
הֵן הֵם יוֹדוּ וִיבָרְכוּ וִישַׁבְּחוּ וִיפָאֲרוּ וִישׁוֹרְרוּ
וִירוֹמְמוּ וְיַעֲרִיצוּ וְיַקְדִּישׁוּ וְיַמְלִיכוּ אֶת שִׁמְךָ מַלְכֵּנוּ תָמִיד
כִּי כָל פֶּה לְךָ יוֹדֶה, וְכָל לָשׁוֹן לְךָ תִשָּׁבַע, וְכָל עַיִן לְךָ תְצַפֶּה
וְכָל בֶּרֶךְ לְךָ תִכְרַע וְכָל קוֹמָה לְפָנֶיךָ תִשְׁתַּחֲוֶה
וְכָל הַלְּבָבוֹת יִירָאוּךָ וְכָל קֶרֶב וּכְלָיוֹת יְזַמְּרוּ לִשְׁמֶךָ
כַּדָּבָר שֶׁכָּתוּב

תהלים לה
כָּל עַצְמֹתַי תֹּאמַרְנָה יהוה מִי כָמְוֹךָ
מַצִּיל עָנִי מֵחָזָק מִמֶּנּוּ, וְעָנִי וְאֶבְיוֹן מִגֹּזְלוֹ:

שַׁוְעַת עֲנִיִּים אַתָּה תִשְׁמַע, צַעֲקַת הַדַּל תַּקְשִׁיב וְתוֹשִׁיעַ.
מִי יִדְמֶה לָּךְ וּמִי יִשְׁוֶה לָּךְ וּמִי יַעֲרָךְ לָךְ
הָאֵל הַגָּדוֹל, הַגִּבּוֹר וְהַנּוֹרָא, אֵל עֶלְיוֹן, קֹנֵה שָׁמַיִם וָאָרֶץ.
◂ נְהַלֶּלְךָ וּנְשַׁבֵּחֲךָ וּנְפָאֶרְךָ וּנְבָרֵךְ אֶת שֵׁם קָדְשֶׁךָ
כָּאָמוּר

תהלים קג
לְדָוִד, בָּרְכִי נַפְשִׁי אֶת־יהוה, וְכָל־קְרָבַי אֶת־שֵׁם קָדְשׁוֹ:

הָאֵל בְּתַעֲצוּמוֹת עֻזֶּךָ
הַגָּדוֹל בִּכְבוֹד שְׁמֶךָ
הַגִּבּוֹר לָנֶצַח
וְהַנּוֹרָא בְּנוֹרְאוֹתֶיךָ

שליח הציבור מתחיל כאן:

הַמֶּלֶךְ

יוֹשֵׁב עַל כִּסֵּא, רָם וְנִשָּׂא

שׁוֹכֵן עַד, מָרוֹם וְקָדוֹשׁ שְׁמוֹ

וְכָתוּב

רַנְּנוּ צַדִּיקִים בַּיהוה תהלים לג

לַיְשָׁרִים נָאוָה תְהִלָּה:

◂ בְּפִי יְשָׁרִים תִּתְרוֹמָם

וּבְשִׂפְתֵי צַדִּיקִים תִּתְבָּרַךְ

וּבִלְשׁוֹן חֲסִידִים תִּתְקַדָּשׁ

וּבְקֶרֶב קְדוֹשִׁים תִּתְהַלָּל

וּבְמַקְהֲלוֹת רִבְבוֹת עַמְּךָ בֵּית יִשְׂרָאֵל

בְּרִנָּה יִתְפָּאַר שִׁמְךָ מַלְכֵּנוּ בְּכָל דּוֹר וָדוֹר

◂ שֶׁכֵּן חוֹבַת כָּל הַיְצוּרִים

לְפָנֶיךָ יהוה אֱלֹהֵינוּ וֵאלֹהֵי אֲבוֹתֵינוּ

לְהוֹדוֹת, לְהַלֵּל, לְשַׁבֵּחַ, לְפָאֵר, לְרוֹמֵם

לְהַדֵּר וּלְנַצֵּחַ, לְבָרֵךְ לְעַלֵּה וּלְקַלֵּס

עַל כָּל דִּבְרֵי שִׁירוֹת וְתִשְׁבְּחוֹת

דָּוִד בֶּן יִשַׁי עַבְדְּךָ מְשִׁיחֶךָ.

נוהגים לעמוד מכאן עד 'בָּרְכוּ' (עמ' 126).

וּבְכֵן יִשְׁתַּבַּח שִׁמְךָ לָעַד מַלְכֵּנוּ
הָאֵל, הַמֶּלֶךְ, הַגָּדוֹל וְהַקָּדוֹשׁ בַּשָּׁמַיִם וּבָאָרֶץ
כִּי לְךָ נָאֶה, יהוה אֱלֹהֵינוּ וֵאלֹהֵי אֲבוֹתֵינוּ
שִׁיר וּשְׁבָחָה, הַלֵּל וְזִמְרָה
עֹז וּמֶמְשָׁלָה, נֶצַח, גְּדֻלָּה וּגְבוּרָה
תְּהִלָּה וְתִפְאֶרֶת, קְדֻשָּׁה וּמַלְכוּת
◄ בְּרָכוֹת וְהוֹדָאוֹת לְשִׁמְךָ הַגָּדוֹל וְהַקָּדוֹשׁ
וּמֵעוֹלָם וְעַד עוֹלָם אַתָּה אֵל.
בָּרוּךְ אַתָּה יהוה
אֵל מֶלֶךְ גָּדוֹל וּמְהֻלָּל בַּתִּשְׁבָּחוֹת
אֵל הַהוֹדָאוֹת
אֲדוֹן הַנִּפְלָאוֹת
בּוֹרֵא כָּל הַנְּשָׁמוֹת, רִבּוֹן כָּל הַמַּעֲשִׂים
הַבּוֹחֵר בְּשִׁירֵי זִמְרָה
מֶלֶךְ, יָחִיד, אֵל, חֵי הָעוֹלָמִים.

פותחים את ארון הקודש,
ושליח הציבור והקהל אומרים פסוק פסוק (שער הכוונות).

שִׁיר הַמַּעֲלוֹת, מִמַּעֲמַקִּים קְרָאתִיךָ יהוה: תהלים קל
אֲדֹנָי שִׁמְעָה בְקוֹלִי
תִּהְיֶינָה אָזְנֶיךָ קַשֻּׁבוֹת לְקוֹל תַּחֲנוּנָי:
אִם־עֲוֹנוֹת תִּשְׁמָר־יָהּ, אֲדֹנָי מִי יַעֲמֹד:
כִּי־עִמְּךָ הַסְּלִיחָה, לְמַעַן תִּוָּרֵא:

קִוִּיתִי יהוה קִוְּתָה נַפְשִׁי, וְלִדְבָרוֹ הוֹחָלְתִּי:
נַפְשִׁי לַאדֹנָי, מִשֹּׁמְרִים לַבֹּקֶר, שֹׁמְרִים לַבֹּקֶר:
יַחֵל יִשְׂרָאֵל אֶל־יהוה, כִּי־עִם־יהוה הַחֶסֶד
וְהַרְבֵּה עִמּוֹ פְדוּת:
וְהוּא יִפְדֶּה אֶת־יִשְׂרָאֵל, מִכֹּל עֲוֹנוֹתָיו:

סוגרים את ארון הקודש.

חצי קדיש

ש״ץ: יִתְגַּדַּל וְיִתְקַדַּשׁ שְׁמֵהּ רַבָּא (קהל: אָמֵן)
בְּעָלְמָא דִּי בְרָא כִרְעוּתֵהּ
וְיַמְלִיךְ מַלְכוּתֵהּ
וְיַצְמַח פֻּרְקָנֵהּ וִיקָרֵב מְשִׁיחֵהּ (קהל: אָמֵן)
בְּחַיֵּיכוֹן וּבְיוֹמֵיכוֹן וּבְחַיֵּי דְכָל בֵּית יִשְׂרָאֵל
בַּעֲגָלָא וּבִזְמַן קָרִיב
וְאִמְרוּ אָמֵן. (קהל: אָמֵן)

קהל וש״ץ: יְהֵא שְׁמֵהּ רַבָּא מְבָרַךְ לְעָלַם וּלְעָלְמֵי עָלְמַיָּא.

ש״ץ: יִתְבָּרַךְ וְיִשְׁתַּבַּח וְיִתְפָּאַר וְיִתְרוֹמַם וְיִתְנַשֵּׂא
וְיִתְהַדָּר וְיִתְעַלֶּה וְיִתְהַלָּל
שְׁמֵהּ דְּקֻדְשָׁא בְּרִיךְ הוּא (קהל: אָמֵן)
לְעֵלָּא לְעֵלָּא מִכָּל בִּרְכָתָא
וְשִׁירָתָא, תֻּשְׁבְּחָתָא וְנֶחֱמָתָא
דַּאֲמִירָן בְּעָלְמָא
וְאִמְרוּ אָמֵן. (קהל: אָמֵן)

קריאת שמע וברכותיה

שליח הציבור כורע בתיבת 'בָּרְכוּ' וזוקף בשם.
הקהל כורע בתיבת 'בָּרוּךְ' וזוקף בשם,
ושליח הציבור כורע שוב כאשר הוא חוזר אחריהם.

ש"ץ: **בָּרְכוּ**

אֶת יהוה הַמְבֹרָךְ.

קהל: **בָּרוּךְ יהוה הַמְבֹרָךְ לְעוֹלָם וָעֶד.**

ש"ץ: **בָּרוּךְ יהוה הַמְבֹרָךְ לְעוֹלָם וָעֶד.**

"בשחר מברך שתים לפניה ואחת לאחריה" (משנה, ברכות יא ע"א).

הברכה הראשונה היא על האור, שהוא תחילת הבריאה, עם זאת מזכירים גם את בריאת החושך להודיע שבורא אחד ברא הכול (תלמידי רבינו יונה, ברכות יא ע"ב) ומטיל שלום ביניהם, שכן "אם אין שלום אין כלום" (רש"י, ויקרא כו, ו).

נוהגים לשבת בקריאת שמע וברכותיה (זוהר חדש תרומה, ח"א סט ע"ב).

אין להפסיק בדיבור מתחילת הברכה
ועד סוף תפילת העמידה פרט לדברים שבקדושה.

בָּרוּךְ אַתָּה יהוה אֱלֹהֵינוּ מֶלֶךְ הָעוֹלָם
יוֹצֵר אוֹר וּבוֹרֵא חֹשֶׁךְ
עֹשֶׂה שָׁלוֹם וּבוֹרֵא אֶת הַכֹּל.

אוֹר עוֹלָם בְּאוֹצַר חַיִּים, אוֹרוֹת מֵאֹפֶל אָמַר וַיֶּהִי.

בקהילות שבהן נוהגים לומר 'יוצרות',
אומרים ביום א' של ראש השנה את הפיוט 'מֶלֶךְ אָזוּר גְּבוּרָה' בעמ' 433,
וביום ב' את הפיוט 'מֶלֶךְ אָמוֹן מַאֲמָרְךָ' בעמ' 435.

אם ראש השנה חל בשבת, אומרים ׳הַכֹּל יוֹדְוּךָ׳ בעמוד הבא.
בראש השנה שאינו חל בשבת אומרים ׳הַמֵּאִיר לָאָרֶץ׳ (סידור הרוקח).

הַמֵּאִיר לָאָרֶץ וְלַדָּרִים עָלֶיהָ בְּרַחֲמִים
וּבְטוּבוֹ מְחַדֵּשׁ בְּכָל יוֹם תָּמִיד מַעֲשֵׂה בְרֵאשִׁית.
מָה־רַבּוּ מַעֲשֶׂיךָ יהוה, כֻּלָּם בְּחָכְמָה עָשִׂיתָ תהלים קד
מָלְאָה הָאָרֶץ קִנְיָנֶךָ:
הַמֶּלֶךְ הַמְרוֹמָם לְבַדּוֹ מֵאָז
הַמְשֻׁבָּח וְהַמְפֹאָר וְהַמִּתְנַשֵּׂא מִימוֹת עוֹלָם.
אֱלֹהֵי עוֹלָם
בְּרַחֲמֶיךָ הָרַבִּים רַחֵם עָלֵינוּ
אֲדוֹן עֻזֵּנוּ, צוּר מִשְׂגַּבֵּנוּ
מָגֵן יִשְׁעֵנוּ, מִשְׂגָּב בַּעֲדֵנוּ.
אֵל בָּרוּךְ גְּדוֹל דֵּעָה
הֵכִין וּפָעַל זָהֳרֵי חַמָּה
טוֹב יָצַר כָּבוֹד לִשְׁמוֹ
מְאוֹרוֹת נָתַן סְבִיבוֹת עֻזּוֹ
פִּנּוֹת צְבָאָיו קְדוֹשִׁים
רוֹמְמֵי שַׁדַּי
תָּמִיד מְסַפְּרִים כְּבוֹד אֵל וּקְדֻשָּׁתוֹ.
◄ תִּתְבָּרַךְ יהוה אֱלֹהֵינוּ
בַּשָּׁמַיִם מִמַּעַל וְעַל הָאָרֶץ מִתָּחַת
עַל כָּל שֶׁבַח מַעֲשֵׂה יָדֶיךָ
וְעַל מְאוֹרֵי אוֹר שֶׁיָּצַרְתָּ
הֵמָּה יְפָאֲרְוּךָ סֶּלָה. וממשיך ׳תִּתְבָּרַךְ לָנֶצַח׳ (עמ׳ 130).

בשבת אומרים 'הַכֹּל יוֹדְוּךָ' (מחזור ויטרי, קסא).

הַכֹּל יוֹדְוּךָ וְהַכֹּל יְשַׁבְּחוּךָ
וְהַכֹּל יֹאמְרוּ אֵין קָדוֹשׁ כַּיהוה
הַכֹּל יְרוֹמְמְוּךָ סֶּלָה, יוֹצֵר הַכֹּל.
הָאֵל הַפּוֹתֵחַ בְּכָל יוֹם דַּלְתוֹת שַׁעֲרֵי מִזְרָח
וּבוֹקֵעַ חַלּוֹנֵי רָקִיעַ
מוֹצִיא חַמָּה מִמְּקוֹמָהּ וּלְבָנָה מִמְּכוֹן שִׁבְתָּהּ
וּמֵאִיר לָעוֹלָם כֻּלּוֹ וּלְיוֹשְׁבָיו, שֶׁבָּרָא בְּמִדַּת הָרַחֲמִים.
הַמֵּאִיר לָאָרֶץ וְלַדָּרִים עָלֶיהָ בְּרַחֲמִים
וּבְטוּבוֹ מְחַדֵּשׁ בְּכָל יוֹם תָּמִיד מַעֲשֵׂה בְרֵאשִׁית.
מָה־רַבּוּ מַעֲשֶׂיךָ יהוה, כֻּלָּם בְּחָכְמָה עָשִׂיתָ תהלים קד
מָלְאָה הָאָרֶץ קִנְיָנֶךָ:
הַמֶּלֶךְ הַמְרוֹמָם לְבַדּוֹ מֵאָז
הַמְשֻׁבָּח וְהַמְפֹאָר וְהַמִּתְנַשֵּׂא מִימוֹת עוֹלָם.
אֱלֹהֵי עוֹלָם, בְּרַחֲמֶיךָ הָרַבִּים רַחֵם עָלֵינוּ
אֲדוֹן עֻזֵּנוּ, צוּר מִשְׂגַּבֵּנוּ, מָגֵן יִשְׁעֵנוּ, מִשְׂגָּב בַּעֲדֵנוּ.

אֵין עֲרוֹךְ לְךָ
וְאֵין זוּלָתֶךָ
אֶפֶס בִּלְתֶּךָ
וּמִי דּוֹמֶה לָּךְ.

◂ אֵין עֲרוֹךְ לְךָ, יהוה אֱלֹהֵינוּ, בָּעוֹלָם הַזֶּה
וְאֵין זוּלָתְךָ, מַלְכֵּנוּ, לְחַיֵּי הָעוֹלָם הַבָּא
אֶפֶס בִּלְתְּךָ, גּוֹאֲלֵנוּ, לִימוֹת הַמָּשִׁיחַ
וְאֵין דּוֹמֶה לְּךָ, מוֹשִׁיעֵנוּ, לִתְחִיַּת הַמֵּתִים.

אֵל אָדוֹן עַל כָּל הַמַּעֲשִׂים
בָּרוּךְ וּמְבֹרָךְ בְּפִי כָּל הַנְּשָׁמָה
גָּדְלוֹ וְטוּבוֹ מָלֵא עוֹלָם
דַּעַת וּתְבוּנָה סוֹבְבִים הוֹדוֹ.

הַמִּתְגָּאֶה עַל חַיּוֹת הַקֹּדֶשׁ
וְנֶהְדָּר בְּכָבוֹד עַל הַמֶּרְכָּבָה
זְכוּת וּמִישׁוֹר לִפְנֵי כִסְאוֹ
חֶסֶד וְרַחֲמִים מָלֵא כְבוֹדוֹ.

טוֹבִים מְאוֹרוֹת שֶׁבָּרָא אֱלֹהֵינוּ
יְצָרָם בְּדַעַת בְּבִינָה וּבְהַשְׂכֵּל
כֹּחַ וּגְבוּרָה נָתַן בָּהֶם
לִהְיוֹת מוֹשְׁלִים בְּקֶרֶב תֵּבֵל.

מְלֵאִים זִיו וּמְפִיקִים נֹגַהּ
נָאֶה זִיוָם בְּכָל הָעוֹלָם
שְׂמֵחִים בְּצֵאתָם וְשָׂשִׂים בְּבוֹאָם
עוֹשִׂים בְּאֵימָה רְצוֹן קוֹנָם.

פְּאֵר וְכָבוֹד נוֹתְנִים לִשְׁמוֹ
צָהֳלָה וְרִנָּה לְזֵכֶר מַלְכוּתוֹ
קָרָא לַשֶּׁמֶשׁ וַיִּזְרַח אוֹר
רָאָה וְהִתְקִין צוּרַת הַלְּבָנָה.

שֶׁבַח נוֹתְנִים לוֹ כָּל צְבָא מָרוֹם
תִּפְאֶרֶת וּגְדֻלָּה, שְׂרָפִים וְחַיּוֹת וְאוֹפַנֵּי הַקֹּדֶשׁ.

לָאֵל אֲשֶׁר שָׁבַת מִכָּל הַמַּעֲשִׂים
בַּיּוֹם הַשְּׁבִיעִי נִתְעַלָּה וְיָשַׁב עַל כִּסֵּא כְבוֹדוֹ.
תִּפְאֶרֶת עָטָה לְיוֹם הַמְּנוּחָה
עֹנֶג קָרָא לְיוֹם הַשַּׁבָּת.
זֶה שִׁיר שֶׁבַח שֶׁל יוֹם הַשְּׁבִיעִי
שֶׁבּוֹ שָׁבַת אֵל מִכָּל מְלַאכְתּוֹ
וְיוֹם הַשְּׁבִיעִי מְשַׁבֵּחַ וְאוֹמֵר
מִזְמוֹר שִׁיר לְיוֹם הַשַּׁבָּת, טוֹב לְהֹדוֹת לַיהוה: תהלים צב
לְפִיכָךְ יְפָאֲרוּ וִיבָרְכוּ לָאֵל כָּל יְצוּרָיו
שֶׁבַח יְקָר וּגְדֻלָּה וְכָבוֹד יִתְּנוּ לָאֵל מֶלֶךְ יוֹצֵר כֹּל
הַמַּנְחִיל מְנוּחָה לְעַמּוֹ יִשְׂרָאֵל בִּקְדֻשָּׁתוֹ בְּיוֹם שַׁבַּת קֹדֶשׁ.
שִׁמְךָ יהוה אֱלֹהֵינוּ יִתְקַדַּשׁ, וְזִכְרְךָ מַלְכֵּנוּ יִתְפָּאַר
בַּשָּׁמַיִם מִמַּעַל וְעַל הָאָרֶץ מִתָּחַת.
תִּתְבָּרַךְ מוֹשִׁיעֵנוּ עַל כָּל שֶׁבַח מַעֲשֵׂה יָדֶיךָ
וְעַל מְאוֹרֵי אוֹר שֶׁיָּצַרְתָּ
הֵמָּה יְפָאֲרוּךָ סֶּלָה.

תִּתְבָּרֵךְ לָנֶצַח
צוּרֵנוּ מַלְכֵּנוּ וְגוֹאֲלֵנוּ, בּוֹרֵא קְדוֹשִׁים
יִשְׁתַּבַּח שִׁמְךָ לָעַד
מַלְכֵּנוּ, יוֹצֵר מְשָׁרְתִים
וַאֲשֶׁר מְשָׁרְתָיו כֻּלָּם עוֹמְדִים בְּרוּם עוֹלָם
וּמַשְׁמִיעִים בְּיִרְאָה יַחַד בְּקוֹל
דִּבְרֵי אֱלֹהִים חַיִּים וּמֶלֶךְ עוֹלָם.

◂ כֻּלָּם אֲהוּבִים
כֻּלָּם בְּרוּרִים
כֻּלָּם גִּבּוֹרִים
כֻּלָּם קְדוֹשִׁים
וְכֻלָּם עוֹשִׂים בְּאֵימָה וּבְיִרְאָה רְצוֹן קוֹנָם
וְכֻלָּם פּוֹתְחִים אֶת פִּיהֶם
בִּקְדֻשָּׁה וּבְטָהֳרָה
בְּשִׁירָה וּבְזִמְרָה
וּמְבָרְכִין וּמְשַׁבְּחִין וּמְפָאֲרִין
וּמַעֲרִיצִין וּמַקְדִּישִׁין וּמַמְלִיכִין ◂
אֶת שֵׁם הָאֵל
הַמֶּלֶךְ הַגָּדוֹל הַגִּבּוֹר וְהַנּוֹרָא
קָדוֹשׁ הוּא.
◂ וְכֻלָּם מְקַבְּלִים עֲלֵיהֶם עֹל מַלְכוּת שָׁמַיִם זֶה מִזֶּה
וְנוֹתְנִים בְּאַהֲבָה רְשׁוּת זֶה לָזֶה
לְהַקְדִּישׁ לְיוֹצְרָם בְּנַחַת רוּחַ
בְּשָׂפָה בְרוּרָה וּבִנְעִימָה.
קְדֻשָּׁה כֻּלָּם כְּאֶחָד
עוֹנִים בְּאֵימָה וְאוֹמְרִים בְּיִרְאָה

יש פוסקים הסבורים שיחיד אינו אומר את הפסוקים ׳קָדוֹשׁ׳ ו׳בָּרוּךְ׳ אלא רק ציבור (רס״ג), ולכן ראוי שיחיד יאמר אותם בטעמים (שו״ע נט, ג; משנ״ב שם, יא).

הקהל עונה בקול רם (אליה רבה):

קָדוֹשׁ ׀ קָדוֹשׁ, קָדוֹשׁ יהוה צְבָאוֹת ישעיה ו
מְלֹא כָל־הָאָרֶץ כְּבוֹדוֹ:

בקהילות שבהן אומרים ׳יוצרות׳, אומרים את ה׳אופן׳ ׳כְּבוֹדוֹ אִהֵל׳ בעמ׳ 438 (בשני הימים), וממשיכים ׳וְהַחַיּוֹת יְשׁוֹרֵרוּ׳.

המנהג הנפוץ הוא שאם אין אומרים ׳אופן׳, אומרים ׳וְהָאוֹפַנִּים׳ כבכל יום.

◂ וְהָאוֹפַנִּים וְחַיּוֹת הַקֹּדֶשׁ
בְּרַעַשׁ גָּדוֹל מִתְנַשְּׂאִים
לְעֻמַּת שְׂרָפִים
לְעֻמָּתָם מְשַׁבְּחִים וְאוֹמְרִים

וְהַחַיּוֹת יְשׁוֹרֵרוּ / וּכְרוּבִים יְפָאֵרוּ
וּשְׂרָפִים יָרֹנּוּ / וְאֶרְאֶלִּים יְבָרֵכוּ
פְּנֵי כָל חַיָּה וְאוֹפָן וּכְרוּב
לְעֻמַּת שְׂרָפִים
לְעֻמָּתָם מְשַׁבְּחִים וְאוֹמְרִים.

הקהל עונה בקול רם (אליה רבה):

יחזקאל ג
בָּרוּךְ כְּבוֹד־יהוה מִמְּקוֹמוֹ:

לָאֵל בָּרוּךְ נְעִימוֹת יִתֵּנוּ
לַמֶּלֶךְ אֵל חַי וְקַיָּם
זְמִירוֹת יֹאמֵרוּ וְתִשְׁבָּחוֹת יַשְׁמִיעוּ
כִּי הוּא לְבַדּוֹ מָרוֹם וְקָדוֹשׁ
פּוֹעֵל גְּבוּרוֹת, עוֹשֶׂה חֲדָשׁוֹת
בַּעַל מִלְחָמוֹת, זוֹרֵעַ צְדָקוֹת
מַצְמִיחַ יְשׁוּעוֹת, בּוֹרֵא רְפוּאוֹת
נוֹרָא תְהִלּוֹת, אֲדוֹן הַנִּפְלָאוֹת
הַמְחַדֵּשׁ בְּטוּבוֹ בְּכָל יוֹם תָּמִיד מַעֲשֵׂה בְרֵאשִׁית
כָּאָמוּר
תהלים קלו
לְעֹשֵׂה אוֹרִים גְּדֹלִים
כִּי לְעוֹלָם חַסְדּוֹ:
◂ אוֹר חָדָשׁ עַל צִיּוֹן תָּאִיר
וְנִזְכֶּה כֻלָּנוּ בִּמְהֵרָה לְאוֹרוֹ.
בָּרוּךְ אַתָּה יהוה, יוֹצֵר הַמְּאוֹרוֹת.

בברכות יא ע״ב נחלקו התנאים, אם נוסח הברכה השנייה לפני קריאת שמע הוא ׳אַהֲבָה רַבָּה׳ או ׳אַהֲבַת עוֹלָם׳. מנהג ספרד לומר ׳אַהֲבַת עוֹלָם׳ הן בשחרית הן בערבית.

אַהֲבַת עוֹלָם אֲהַבְתָּנוּ, יהוה אֱלֹהֵינוּ
חֶמְלָה גְדוֹלָה וִיתֵרָה חָמַלְתָּ עָלֵינוּ.
אָבִינוּ מַלְכֵּנוּ
בַּעֲבוּר שִׁמְךָ הַגָּדוֹל, וּבַעֲבוּר אֲבוֹתֵינוּ שֶׁבָּטְחוּ בְךָ
וַתְּלַמְּדֵם חֻקֵּי חַיִּים, לַעֲשׂוֹת רְצוֹנְךָ בְּלֵבָב שָׁלֵם
כֵּן תְּחָנֵּנוּ וּתְלַמְּדֵנוּ.
אָבִינוּ, אָב הָרַחֲמָן, הַמְרַחֵם
רַחֵם נָא עָלֵינוּ
וְתֵן בְּלִבֵּנוּ בִינָה לְהָבִין וּלְהַשְׂכִּיל
לִשְׁמֹעַ, לִלְמֹד וּלְלַמֵּד, לִשְׁמֹר וְלַעֲשׂוֹת
וּלְקַיֵּם אֶת כָּל דִּבְרֵי תַלְמוּד תּוֹרָתֶךָ בְּאַהֲבָה.
וְהָאֵר עֵינֵינוּ בְּתוֹרָתֶךָ, וְדַבֵּק לִבֵּנוּ בְּמִצְוֹתֶיךָ
וְיַחֵד לְבָבֵנוּ לְאַהֲבָה וּלְיִרְאָה אֶת שְׁמֶךָ
לְמַעַן לֹא נֵבוֹשׁ וְלֹא נִכָּלֵם וְלֹא נִכָּשֵׁל לְעוֹלָם וָעֶד.
כִּי בְשֵׁם קָדְשְׁךָ הַגָּדוֹל הַגִּבּוֹר וְהַנּוֹרָא בָּטָחְנוּ
נָגִילָה וְנִשְׂמְחָה בִּישׁוּעָתֶךָ.
וְרַחֲמֶיךָ יהוה אֱלֹהֵינוּ וַחֲסָדֶיךָ הָרַבִּים
אַל יַעַזְבוּנוּ נֶצַח סֶלָה וָעֶד.

״מצוה לאחוז הציצית ביד שמאלית כנגד לבו בשעת קריאת שמע״ (שו״ע כד, ב), ולדעת האר״י, יש לאוספן ולאוחזן בין קמיצה לזרת כשמגיע לתיבות ׳מַהֵר וְהָבֵא׳.

יש נוהגים לאחוז את ארבעתן (הרדב״ז והאר״י), ויש נוהגים לאחוז רק שתיים כדי להישאר מסובב במצוות (׳בית יוסף׳ בשם הרקנטי, מהרש״ל והגר״א).

מַהֵר וְהָבֵא עָלֵינוּ בְּרָכָה וְשָׁלוֹם
מְהֵרָה מֵאַרְבַּע כַּנְפוֹת כָּל הָאָרֶץ

וּשְׁבֹר עֻלֵּנוּ מֵעַל צַוָּארֵנוּ, וְתוֹלִיכֵנוּ מְהֵרָה קוֹמְמִיּוּת לְאַרְצֵנוּ.
◂ כִּי אֵל פּוֹעֵל יְשׁוּעוֹת אָתָּה, וּבָנוּ בָחַרְתָּ מִכָּל עַם וְלָשׁוֹן
וְקֵרַבְתָּנוּ מַלְכֵּנוּ לְשִׁמְךָ הַגָּדוֹל סֶלָה בֶּאֱמֶת בְּאַהֲבָה
לְהוֹדוֹת לְךָ וּלְיַחֶדְךָ בְּאַהֲבָה, וּלְאַהֲבָה אֶת שְׁמֶךָ.
בָּרוּךְ אַתָּה יהוה, הַבּוֹחֵר בְּעַמּוֹ יִשְׂרָאֵל בְּאַהֲבָה.

״יקרא קריאת שמע בכוונה – באימה, ביראה, ברתת וזיע״ (שו״ע סא, א).

קריאת שמע צריכה כוונה מיוחדת בכל שלוש פרשיותיה. מי שאינו יכול לכוון בכולן חייב לכוון בפסוק הראשון, ואם לא התכוון צריך לחזור ולקרוא שוב.

בקריאת שמע שלוש פרשיות: ׳שְׁמַע׳, שענייננה קבלת עול מלכות שמים; ׳וְהָיָה אִם־שָׁמֹעַ׳, שענייננה קבלת עול מצוות; ׳ציצית׳, שיש בה הזכרת יציאת מצרים ובחירת ה׳ בעם ישראל (משנה, ברכות יג ע״א).

המתפלל ביחידות אומר (רמ״א סא, ג על פי ספר חסידים):

אֵל מֶלֶךְ נֶאֱמָן

מכסה את עיניו בידו ואומר בכוונה ובקול רם:

דברים ו
שְׁמַע יִשְׂרָאֵל, יהוה אֱלֹהֵינוּ, יהוה ׀ אֶחָד:

בלחש: בָּרוּךְ שֵׁם כְּבוֹד מַלְכוּתוֹ לְעוֹלָם וָעֶד.

דברים ו
וְאָהַבְתָּ אֵת יהוה אֱלֹהֶיךָ, בְּכׇל־לְבָבְךָ וּבְכׇל־נַפְשְׁךָ וּבְכׇל־
מְאֹדֶךָ: וְהָיוּ הַדְּבָרִים הָאֵלֶּה, אֲשֶׁר אָנֹכִי מְצַוְּךָ הַיּוֹם, עַל־לְבָבֶךָ:
וְשִׁנַּנְתָּם לְבָנֶיךָ וְדִבַּרְתָּ בָּם, בְּשִׁבְתְּךָ בְּבֵיתֶךָ וּבְלֶכְתְּךָ בַדֶּרֶךְ,
וּבְשָׁכְבְּךָ וּבְקוּמֶךָ: וּקְשַׁרְתָּם לְאוֹת עַל־יָדֶךָ וְהָיוּ לְטֹטָפֹת בֵּין
עֵינֶיךָ: וּכְתַבְתָּם עַל־מְזֻזוֹת בֵּיתֶךָ וּבִשְׁעָרֶיךָ:

דברים יא
וְהָיָה אִם־שָׁמֹעַ תִּשְׁמְעוּ אֶל־מִצְוֺתַי אֲשֶׁר אָנֹכִי מְצַוֶּה אֶתְכֶם
הַיּוֹם, לְאַהֲבָה אֶת־יהוה אֱלֹהֵיכֶם וּלְעׇבְדוֹ, בְּכׇל־לְבַבְכֶם וּבְכׇל־
נַפְשְׁכֶם: וְנָתַתִּי מְטַר־אַרְצְכֶם בְּעִתּוֹ, יוֹרֶה וּמַלְקוֹשׁ, וְאָסַפְתָּ

דְגָנֶךָ וְתִירֹשְׁךָ וְיִצְהָרֶךָ: וְנָתַתִּי עֵשֶׂב בְּשָׂדְךָ לִבְהֶמְתֶּךָ, וְאָכַלְתָּ
וְשָׂבָעְתָּ: הִשָּׁמְרוּ לָכֶם פֶּן־יִפְתֶּה לְבַבְכֶם, וְסַרְתֶּם וַעֲבַדְתֶּם
אֱלֹהִים אֲחֵרִים וְהִשְׁתַּחֲוִיתֶם לָהֶם: וְחָרָה אַף־יהוה בָּכֶם,
וְעָצַר אֶת־הַשָּׁמַיִם וְלֹא־יִהְיֶה מָטָר, וְהָאֲדָמָה לֹא תִתֵּן אֶת־
יְבוּלָהּ, וַאֲבַדְתֶּם מְהֵרָה מֵעַל הָאָרֶץ הַטֹּבָה אֲשֶׁר יהוה נֹתֵן לָכֶם:
וְשַׂמְתֶּם אֶת־דְּבָרַי אֵלֶּה עַל־לְבַבְכֶם וְעַל־נַפְשְׁכֶם, וּקְשַׁרְתֶּם
אֹתָם לְאוֹת עַל־יֶדְכֶם, וְהָיוּ לְטוֹטָפֹת בֵּין עֵינֵיכֶם: וְלִמַּדְתֶּם
אֹתָם אֶת־בְּנֵיכֶם לְדַבֵּר בָּם, בְּשִׁבְתְּךָ בְּבֵיתֶךָ וּבְלֶכְתְּךָ בַדֶּרֶךְ,
וּבְשָׁכְבְּךָ וּבְקוּמֶךָ: וּכְתַבְתָּם עַל־מְזוּזוֹת בֵּיתֶךָ וּבִשְׁעָרֶיךָ:
לְמַעַן יִרְבּוּ יְמֵיכֶם וִימֵי בְנֵיכֶם עַל הָאֲדָמָה אֲשֶׁר נִשְׁבַּע יהוה
לַאֲבֹתֵיכֶם לָתֵת לָהֶם, כִּימֵי הַשָּׁמַיִם עַל־הָאָרֶץ:

נוהגים להעביר את הציציות ליד ימין ולנשקן במקומות המסומנים ב°.

וַיֹּאמֶר יהוה אֶל־מֹשֶׁה לֵּאמֹר: דַּבֵּר אֶל־בְּנֵי יִשְׂרָאֵל וְאָמַרְתָּ במדבר טו
אֲלֵהֶם, וְעָשׂוּ לָהֶם °צִיצִת עַל־כַּנְפֵי בִגְדֵיהֶם לְדֹרֹתָם, וְנָתְנוּ
°עַל־צִיצִת הַכָּנָף פְּתִיל תְּכֵלֶת: וְהָיָה לָכֶם °לְצִיצִת, וּרְאִיתֶם
אֹתוֹ וּזְכַרְתֶּם אֶת־כָּל־מִצְוֹת יהוה וַעֲשִׂיתֶם אֹתָם, וְלֹא תָתוּרוּ
אַחֲרֵי לְבַבְכֶם וְאַחֲרֵי עֵינֵיכֶם, אֲשֶׁר־אַתֶּם זֹנִים אַחֲרֵיהֶם: לְמַעַן
תִּזְכְּרוּ וַעֲשִׂיתֶם אֶת־כָּל־מִצְוֹתָי, וִהְיִיתֶם קְדֹשִׁים לֵאלֹהֵיכֶם: אֲנִי
יהוה אֱלֹהֵיכֶם, אֲשֶׁר הוֹצֵאתִי אֶתְכֶם מֵאֶרֶץ מִצְרַיִם, לִהְיוֹת לָכֶם
לֵאלֹהִים, אֲנִי יהוה אֱלֹהֵיכֶם:

°אֱמֶת

שליח הציבור חוזר ואומר (שו״ע סא, ג על פי הזוהר):

◄ יהוה אֱלֹהֵיכֶם אֱמֶת

וְיַצִּיב, וְנָכוֹן וְקַיָּם, וְיָשָׁר וְנֶאֱמָן
וְאָהוּב וְחָבִיב, וְנֶחְמָד וְנָעִים
וְנוֹרָא וְאַדִּיר, וּמְתֻקָּן וּמְקֻבָּל
וְטוֹב וְיָפֶה
הַדָּבָר הַזֶּה עָלֵינוּ לְעוֹלָם וָעֶד.

אֱמֶת אֱלֹהֵי עוֹלָם מַלְכֵּנוּ, צוּר יַעֲקֹב מָגֵן יִשְׁעֵנוּ
לְדוֹר וָדוֹר הוּא קַיָּם וּשְׁמוֹ קַיָּם
וְכִסְאוֹ נָכוֹן
וּמַלְכוּתוֹ וֶאֱמוּנָתוֹ לָעַד קַיֶּמֶת.

במקום המסומן ב°, מנשק את הציציות ומניחן (שער הכוונות).

וּדְבָרָיו חָיִים וְקַיָּמִים, נֶאֱמָנִים וְנֶחֱמָדִים
°לָעַד וּלְעוֹלְמֵי עוֹלָמִים
◂ עַל אֲבוֹתֵינוּ וְעָלֵינוּ
עַל בָּנֵינוּ וְעַל דּוֹרוֹתֵינוּ
וְעַל כָּל דּוֹרוֹת זֶרַע יִשְׂרָאֵל עֲבָדֶיךָ. ◂
עַל הָרִאשׁוֹנִים וְעַל הָאַחֲרוֹנִים
דָּבָר טוֹב וְקַיָּם לְעוֹלָם וָעֶד

אֱמֶת וֶאֱמוּנָה, חֹק וְלֹא יַעֲבֹר

אֱמֶת שָׁאַתָּה הוּא יהוה אֱלֹהֵינוּ וֵאלֹהֵי אֲבוֹתֵינוּ
מַלְכֵּנוּ מֶלֶךְ אֲבוֹתֵינוּ
גּוֹאֲלֵנוּ גּוֹאֵל אֲבוֹתֵינוּ
יוֹצְרֵנוּ צוּר יְשׁוּעָתֵנוּ
◂ פּוֹדֵנוּ וּמַצִּילֵנוּ מֵעוֹלָם הוּא שְׁמֶךָ
וְאֵין לָנוּ עוֹד אֱלֹהִים זוּלָתֶךָ סֶלָה.

עֶזְרַת אֲבוֹתֵינוּ אַתָּה הוּא מֵעוֹלָם
מָגֵן וּמוֹשִׁיעַ לָהֶם וְלִבְנֵיהֶם אַחֲרֵיהֶם בְּכָל דּוֹר וָדוֹר.
בְּרוּם עוֹלָם מוֹשָׁבֶךָ
וּמִשְׁפָּטֶיךָ וְצִדְקָתְךָ עַד אַפְסֵי אָרֶץ.

אֱמֶת אַשְׁרֵי אִישׁ שֶׁיִּשְׁמַע לְמִצְוֹתֶיךָ
וְתוֹרָתְךָ וּדְבָרְךָ יָשִׂים עַל לִבּוֹ.

אֱמֶת אַתָּה הוּא אָדוֹן לְעַמֶּךָ
וּמֶלֶךְ גִּבּוֹר לָרִיב רִיבָם לְאָבוֹת וּבָנִים.

אֱמֶת אַתָּה הוּא רִאשׁוֹן וְאַתָּה הוּא אַחֲרוֹן
וּמִבַּלְעָדֶיךָ אֵין לָנוּ מֶלֶךְ גּוֹאֵל וּמוֹשִׁיעַ.

אֱמֶת מִמִּצְרַיִם גְּאַלְתָּנוּ, יהוה אֱלֹהֵינוּ
וּמִבֵּית עֲבָדִים פְּדִיתָנוּ
כָּל בְּכוֹרֵיהֶם הָרָגְתָּ
וּבְכוֹרְךָ יִשְׂרָאֵל גָּאָלְתָּ
וְיַם סוּף לָהֶם בָּקַעְתָּ
וְזֵדִים טִבַּעְתָּ
וִידִידִים הֶעֱבַרְתָּ
תהלים קו וַיְכַסּוּ־מַיִם צָרֵיהֶם
אֶחָד מֵהֶם לֹא נוֹתָר:

עַל זֹאת שִׁבְּחוּ אֲהוּבִים, וְרוֹמְמוּ לָאֵל
וְנָתְנוּ יְדִידִים זְמִירוֹת, שִׁירוֹת וְתִשְׁבָּחוֹת
בְּרָכוֹת וְהוֹדָאוֹת
לַמֶּלֶךְ אֵל חַי וְקַיָּם

רָם וְנִשָּׂא, גָּדוֹל וְנוֹרָא
מַשְׁפִּיל גֵּאִים עֲדֵי אָרֶץ, וּמַגְבִּיהַּ שְׁפָלִים עַד מָרוֹם
מוֹצִיא אֲסִירִים, וּפוֹדֶה עֲנָוִים וְעוֹזֵר דַּלִּים
וְעוֹנֶה לְעַמּוֹ יִשְׂרָאֵל בְּעֵת שַׁוְּעָם אֵלָיו.

כאן נוהגים לעמוד כהכנה לתפילת העמידה (שער הכוונות)
ולפסוע שלוש פסיעות לאחור (׳אליה רבה׳ סו, ט).

▸ תְּהִלּוֹת לְאֵל עֶלְיוֹן גּוֹאֲלָם, בָּרוּךְ הוּא וּמְבֹרָךְ
מֹשֶׁה וּבְנֵי יִשְׂרָאֵל
לְךָ עָנוּ שִׁירָה בְּשִׂמְחָה רַבָּה
וְאָמְרוּ כֻלָּם

שמות טו מִי־כָמֹכָה בָּאֵלִם, יהוה
מִי כָּמֹכָה נֶאְדָּר בַּקֹּדֶשׁ
נוֹרָא תְהִלֹּת, עֹשֵׂה פֶלֶא:

▸ שִׁירָה חֲדָשָׁה שִׁבְּחוּ גְאוּלִים
לְשִׁמְךָ הַגָּדוֹל עַל שְׂפַת הַיָּם
יַחַד כֻּלָּם הוֹדוּ וְהִמְלִיכוּ
וְאָמְרוּ

שמות טו יהוה יִמְלֹךְ לְעֹלָם וָעֶד:

רבים נוהגים לסיים את ברכת ׳גָּאַל יִשְׂרָאֵל׳ עם שליח הציבור כדי לצאת מהמחלוקת
אם לענות אמן אחר ברכתו (מג״א סו, יא).

▸ צוּר יִשְׂרָאֵל, קוּמָה בְּעֶזְרַת יִשְׂרָאֵל
וּפְדֵה כִנְאֻמֶךָ יְהוּדָה וְיִשְׂרָאֵל
וְנֶאֱמַר

ישעיה מז גֹּאֲלֵנוּ יהוה צְבָאוֹת שְׁמוֹ, קְדוֹשׁ יִשְׂרָאֵל:
בָּרוּךְ אַתָּה יהוה, גָּאַל יִשְׂרָאֵל.

עמידה

״המתפלל צריך שיכוין בלבו פירוש המלות שמוציא בשפתיו; ויחשוב כאלו שכינה כנגדו ויסיר כל המחשבות הטורדות אותו עד שתשאר מחשבתו וכוונתו זכה בתפלתו״ (שו״ע צח, א).

פוסע שלוש פסיעות לפנים כמי שנכנס לפני המלך.

עומד ומתפלל בלחש מכאן ועד ׳וּכְשָׁנִים קַדְמֹנִיּוֹת׳ בעמ׳ 146.

כורע במקומות המסומנים ב׳, קד לפנים במילה הבאה וזוקף בשם.

אֲדֹנָי, שְׂפָתַי תִּפְתָּח, וּפִי יַגִּיד תְּהִלָּתֶךָ: תהלים נא

אבות

׳בָּרוּךְ אַתָּה יהוה, אֱלֹהֵינוּ וֵאלֹהֵי אֲבוֹתֵינוּ
אֱלֹהֵי אַבְרָהָם, אֱלֹהֵי יִצְחָק, וֵאלֹהֵי יַעֲקֹב
הָאֵל הַגָּדוֹל הַגִּבּוֹר וְהַנּוֹרָא, אֵל עֶלְיוֹן
גּוֹמֵל חֲסָדִים טוֹבִים, קוֹנֵה הַכֹּל
וְזוֹכֵר חַסְדֵי אָבוֹת
וּמֵבִיא גוֹאֵל לִבְנֵי בְנֵיהֶם לְמַעַן שְׁמוֹ בְּאַהֲבָה.

זָכְרֵנוּ לְחַיִּים, מֶלֶךְ חָפֵץ בַּחַיִּים
וְכָתְבֵנוּ בְּסֵפֶר הַחַיִּים, לְמַעַנְךָ אֱלֹהִים חַיִּים.

מֶלֶךְ עוֹזֵר וּמוֹשִׁיעַ וּמָגֵן.
׳בָּרוּךְ אַתָּה יהוה, מָגֵן אַבְרָהָם.

אם שכח לומר ׳זָכְרֵנוּ לְחַיִּים׳, אינו חוזר.

גבורות

אַתָּה גִּבּוֹר לְעוֹלָם, אֲדֹנָי
מְחַיֵּה מֵתִים אַתָּה, רַב לְהוֹשִׁיעַ
בארץ ישראל: מוֹרִיד הַטָּל
מְכַלְכֵּל חַיִּים בְּחֶסֶד, מְחַיֵּה מֵתִים בְּרַחֲמִים רַבִּים
סוֹמֵךְ נוֹפְלִים, וְרוֹפֵא חוֹלִים, וּמַתִּיר אֲסוּרִים
וּמְקַיֵּם אֱמוּנָתוֹ לִישֵׁנֵי עָפָר.

מִי כָמְוֹךָ, בַּעַל גְּבוּרוֹת, וּמִי דְּוֹמֶה לָּךְ
מֶלֶךְ, מֵמִית וּמְחַיֶּה וּמַצְמְיחַ יְשׁוּעָה.

מִי כָמְוֹךָ אָב הָרַחֲמָן, זוֹכֵר יְצוּרָיו לְחַיִּים בְּרַחֲמִים.

וְנֶאֱמָן אַתָּה לְהַחֲיוֹת מֵתִים.
בָּרוּךְ אַתָּה יהוה, מְחַיֵּה הַמֵּתִים.

אם שכח לומר ׳מִי כָמְוֹךָ אַב הָרַחֲמָן׳, אינו חוזר.

קדושת השם

אַתָּה קָדוֹשׁ וְשִׁמְךָ קָדוֹשׁ
וּקְדוֹשִׁים בְּכָל יוֹם יְהַלְלְוּךָ סֶּלָה
כִּי אֵל מֶלֶךְ גָּדוֹל וְקָדוֹשׁ אָתָּה.

לְדוֹר וָדוֹר הַמְלִיכוּ לָאֵל
כִּי הוּא לְבַדּוֹ מָרוֹם וְקָדוֹשׁ.

וּבְכֵן יִתְקַדַּשׁ שִׁמְךָ יהוה אֱלֹהֵינוּ עַל יִשְׂרָאֵל עַמֶּךָ
וְעַל יְרוּשָׁלַיִם עִירֶךָ, וְעַל צִיּוֹן מִשְׁכַּן כְּבוֹדֶךָ
וְעַל מַלְכוּת בֵּית דָּוִד מְשִׁיחֶךָ, וְעַל מְכוֹנְךָ וְהֵיכָלֶךָ.

וּבְכֵן תֵּן פַּחְדְּךָ יהוה אֱלֹהֵינוּ עַל כָּל מַעֲשֶׂיךָ
וְאֵימָתְךָ עַל כָּל מַה שֶּׁבָּרָאתָ
וְיִירָאוּךָ כָּל הַמַּעֲשִׂים, וְיִשְׁתַּחֲווּ לְפָנֶיךָ כָּל הַבְּרוּאִים
וְיֵעָשׂוּ כֻלָּם אֲגֻדָּה אֶחָת לַעֲשׂוֹת רְצוֹנְךָ בְּלֵבָב שָׁלֵם
כְּמוֹ שֶׁיָּדַעְנוּ יהוה אֱלֹהֵינוּ שֶׁהַשָּׁלְטָן לְפָנֶיךָ
עֹז בְּיָדְךָ וּגְבוּרָה בִּימִינֶךָ
וְשִׁמְךָ נוֹרָא עַל כָּל מַה שֶּׁבָּרָאתָ.

וּבְכֵן תֵּן כָּבוֹד יהוה לְעַמֶּךָ
תְּהִלָּה לִירֵאֶיךָ וְתִקְוָה טוֹבָה לְדוֹרְשֶׁיךָ
וּפִתְחוֹן פֶּה לַמְיַחֲלִים לָךְ
שִׂמְחָה לְאַרְצֶךָ, וְשָׂשׂוֹן לְעִירֶךָ
וּצְמִיחַת קֶרֶן לְדָוִד עַבְדֶּךָ
וַעֲרִיכַת נֵר לְבֶן יִשַׁי מְשִׁיחֶךָ בִּמְהֵרָה בְיָמֵינוּ.

וּבְכֵן צַדִּיקִים יִרְאוּ וְיִשְׂמָחוּ, וִישָׁרִים יַעֲלֹזוּ
וַחֲסִידִים בְּרִנָּה יָגִילוּ, וְעוֹלָתָה תִּקְפָּץ פִּיהָ
וְכָל הָרִשְׁעָה כֻּלָּהּ כְּעָשָׁן תִּכְלֶה
כִּי תַעֲבִיר מֶמְשֶׁלֶת זָדוֹן מִן הָאָרֶץ.

וְתִמְלֹךְ אַתָּה הוּא יהוה אֱלֹהֵינוּ
מְהֵרָה לְבַדֶּךָ עַל כָּל מַעֲשֶׂיךָ
בְּהַר צִיּוֹן מִשְׁכַּן כְּבוֹדֶךָ
וּבִירוּשָׁלַיִם עִיר קָדְשֶׁךָ
כַּכָּתוּב בְּדִבְרֵי קָדְשֶׁךָ
יִמְלֹךְ יהוה לְעוֹלָם, אֱלֹהַיִךְ צִיּוֹן לְדֹר וָדֹר, הַלְלוּיָהּ: תהלים קמו

קָדוֹשׁ אַתָּה וְנוֹרָא שְׁמֶךָ
וְאֵין אֱלוֹהַּ מִבַּלְעָדֶיךָ
כַּכָּתוּב, וַיִּגְבַּהּ יהוה צְבָאוֹת בַּמִּשְׁפָּט ישעיה ה
וְהָאֵל הַקָּדוֹשׁ נִקְדַּשׁ בִּצְדָקָה:
בָּרוּךְ אַתָּה יהוה, הַמֶּלֶךְ הַקָּדוֹשׁ.

אם שכח לומר את הפיסקאות המתחילות ׳לדור וָדור׳, אינו חוזר,
אך אם חתם ׳הָאֵל הַקָּדוֹשׁ׳ כברוב ימות השנה, חוזר לראש.

קדושת היום

אַתָּה בְחַרְתָּנוּ מִכָּל הָעַמִּים
אָהַבְתָּ אוֹתָנוּ וְרָצִיתָ בָּנוּ
וְרוֹמַמְתָּנוּ מִכָּל הַלְּשׁוֹנוֹת
וְקִדַּשְׁתָּנוּ בְּמִצְוֹתֶיךָ
וְקֵרַבְתָּנוּ מַלְכֵּנוּ לַעֲבוֹדָתֶךָ
וְשִׁמְךָ הַגָּדוֹל וְהַקָּדוֹשׁ עָלֵינוּ קָרָאתָ.

בשבת מוסיפים את המילים שבסוגריים.

וַתִּתֶּן לָנוּ יהוה אֱלֹהֵינוּ בְּאַהֲבָה
אֶת יוֹם (הַשַּׁבָּת הַזֶּה וְאֶת יוֹם) הַזִּכָּרוֹן הַזֶּה, יוֹם (זִכְרוֹן) תְּרוּעָה
(בְּאַהֲבָה) מִקְרָא קֹדֶשׁ, זֵכֶר לִיצִיאַת מִצְרָיִם.

אֱלֹהֵינוּ וֵאלֹהֵי אֲבוֹתֵינוּ
יַעֲלֶה וְיָבוֹא וְיַגִּיעַ, וְיֵרָאֶה וְיֵרָצֶה וְיִשָּׁמַע
וְיִפָּקֵד וְיִזָּכֵר זִכְרוֹנֵנוּ וּפִקְדוֹנֵנוּ
וְזִכְרוֹן אֲבוֹתֵינוּ
וְזִכְרוֹן מָשִׁיחַ בֶּן דָּוִד עַבְדֶּךָ
וְזִכְרוֹן יְרוּשָׁלַיִם עִיר קָדְשֶׁךָ
וְזִכְרוֹן כָּל עַמְּךָ בֵּית יִשְׂרָאֵל, לְפָנֶיךָ
לִפְלֵיטָה, לְטוֹבָה, לְחֵן וּלְחֶסֶד וּלְרַחֲמִים, לְחַיִּים וּלְשָׁלוֹם
בְּיוֹם הַזִּכָּרוֹן הַזֶּה.
זָכְרֵנוּ יהוה אֱלֹהֵינוּ בּוֹ לְטוֹבָה, וּפָקְדֵנוּ בוֹ לִבְרָכָה
וְהוֹשִׁיעֵנוּ בוֹ לְחַיִּים טוֹבִים.
וּבִדְבַר יְשׁוּעָה וְרַחֲמִים חוּס וְחָנֵּנוּ, וְרַחֵם עָלֵינוּ וְהוֹשִׁיעֵנוּ
כִּי אֵלֶיךָ עֵינֵינוּ, כִּי אֵל מֶלֶךְ חַנּוּן וְרַחוּם אָתָּה.

אֱלֹהֵינוּ וֵאלֹהֵי אֲבוֹתֵינוּ
מְלֹךְ עַל כָּל הָעוֹלָם כֻּלּוֹ בִּכְבוֹדֶךָ
וְהִנָּשֵׂא עַל כָּל הָאָרֶץ בִּיקָרֶךָ
וְהוֹפַע בַּהֲדַר גְּאוֹן עֻזֶּךָ עַל כָּל יוֹשְׁבֵי תֵבֵל אַרְצֶךָ.
וְיֵדַע כָּל פָּעוּל כִּי אַתָּה פְעַלְתּוֹ, וְיָבִין כָּל יָצוּר כִּי אַתָּה יְצַרְתּוֹ
וְיֹאמַר כֹּל אֲשֶׁר נְשָׁמָה בְאַפּוֹ
יהוה אֱלֹהֵי יִשְׂרָאֵל מֶלֶךְ וּמַלְכוּתוֹ בַּכֹּל מָשָׁלָה.

בשבת מוסיפים את המילים שבסוגריים.

(אֱלֹהֵינוּ וֵאלֹהֵי אֲבוֹתֵינוּ, רְצֵה נָא בִמְנוּחָתֵנוּ)
קַדְּשֵׁנוּ בְּמִצְוֹתֶיךָ וְתֵן חֶלְקֵנוּ בְּתוֹרָתֶךָ
שַׂבְּעֵנוּ מִטּוּבֶךָ, וְשַׂמַּח נַפְשֵׁנוּ בִּישׁוּעָתֶךָ
(וְהַנְחִילֵנוּ יהוה אֱלֹהֵינוּ בְּאַהֲבָה וּבְרָצוֹן שַׁבַּת קָדְשֶׁךָ
וְיָנוּחוּ בוֹ כָּל יִשְׂרָאֵל מְקַדְּשֵׁי שְׁמֶךָ)
וְטַהֵר לִבֵּנוּ לְעָבְדְּךָ בֶּאֱמֶת
כִּי אַתָּה אֱלֹהִים אֱמֶת, וּדְבָרְךָ אֱמֶת וְקַיָּם לָעַד.
בָּרוּךְ אַתָּה יהוה, מֶלֶךְ עַל כָּל הָאָרֶץ
מְקַדֵּשׁ (הַשַּׁבָּת וְ) יִשְׂרָאֵל וְיוֹם הַזִּכָּרוֹן.

עבודה

רְצֵה יהוה אֱלֹהֵינוּ בְּעַמְּךָ יִשְׂרָאֵל, וְלִתְפִלָּתָם שְׁעֵה
וְהָשֵׁב אֶת הָעֲבוֹדָה לִדְבִיר בֵּיתֶךָ
וְאִשֵּׁי יִשְׂרָאֵל וּתְפִלָּתָם, מְהֵרָה בְּאַהֲבָה תְקַבֵּל בְּרָצוֹן
וּתְהִי לְרָצוֹן תָּמִיד עֲבוֹדַת יִשְׂרָאֵל עַמֶּךָ.
וְתֶחֱזֶינָה עֵינֵינוּ בְּשׁוּבְךָ לְצִיּוֹן בְּרַחֲמִים.
בָּרוּךְ אַתָּה יהוה, הַמַּחֲזִיר שְׁכִינָתוֹ לְצִיּוֹן.

הודאה

כורע ב׳מוֹדִים׳ ואינו זוקף עד אמירת השם.

מוֹדִים אֲנַחְנוּ לָךְ

שָׁאַתָּה הוּא יהוה אֱלֹהֵינוּ וֵאלֹהֵי אֲבוֹתֵינוּ לְעוֹלָם וָעֶד.

צוּר חַיֵּינוּ, מָגֵן יִשְׁעֵנוּ

אַתָּה הוּא לְדוֹר וָדוֹר.

נוֹדֶה לְּךָ וּנְסַפֵּר תְּהִלָּתֶךָ

עַל חַיֵּינוּ הַמְּסוּרִים בְּיָדֶךָ

וְעַל נִשְׁמוֹתֵינוּ הַפְּקוּדוֹת לָךְ

וְעַל נִסֶּיךָ שֶׁבְּכָל יוֹם עִמָּנוּ

וְעַל נִפְלְאוֹתֶיךָ וְטוֹבוֹתֶיךָ

שֶׁבְּכָל עֵת, עֶרֶב וָבֹקֶר וְצָהֳרָיִם.

הַטּוֹב, כִּי לֹא כָלוּ רַחֲמֶיךָ

וְהַמְרַחֵם, כִּי לֹא תַמּוּ חֲסָדֶיךָ

כִּי מֵעוֹלָם קִוִּינוּ לָךְ.

וְעַל כֻּלָּם יִתְבָּרַךְ וְיִתְרוֹמֵם וְיִתְנַשֵּׂא שִׁמְךָ מַלְכֵּנוּ

תָּמִיד לְעוֹלָם וָעֶד.

וּכְתֹב לְחַיִּים טוֹבִים כָּל בְּנֵי בְרִיתֶךָ.

וְכֹל הַחַיִּים יוֹדְוּךָ סֶּלָה

וִיהַלְלוּ וִיבָרְכוּ אֶת שִׁמְךָ הַגָּדוֹל בֶּאֱמֶת לְעוֹלָם כִּי טוֹב

הָאֵל יְשׁוּעָתֵנוּ וְעֶזְרָתֵנוּ סֶלָה

הָאֵל הַטּוֹב.

בָּרוּךְ אַתָּה יהוה, הַטּוֹב שִׁמְךָ וּלְךָ נָאֶה לְהוֹדוֹת.

אם שכח לומר ׳וּכְתֹב לְחַיִּים טוֹבִים׳, אינו חוזר.

שלום

שִׂים שָׁלוֹם טוֹבָה וּבְרָכָה, חַיִּים חֵן וָחֶסֶד וְרַחֲמִים
עָלֵינוּ וְעַל כָּל יִשְׂרָאֵל עַמֶּךָ.
בָּרְכֵנוּ אָבִינוּ כֻּלָּנוּ כְּאֶחָד בְּאוֹר פָּנֶיךָ
כִּי בְאוֹר פָּנֶיךָ נָתַתָּ לָּנוּ יהוה אֱלֹהֵינוּ
תּוֹרַת חַיִּים וְאַהֲבַת חֶסֶד
וּצְדָקָה וּבְרָכָה וְרַחֲמִים וְחַיִּים וְשָׁלוֹם.
וְטוֹב יִהְיֶה בְּעֵינֶיךָ לְבָרְכֵנוּ
וּלְבָרֵךְ אֶת כָּל עַמְּךָ יִשְׂרָאֵל
בְּכָל עֵת וּבְכָל שָׁעָה בִּשְׁלוֹמֶךָ.
בְּסֵפֶר חַיִּים, בְּרָכָה וְשָׁלוֹם, וּפַרְנָסָה טוֹבָה
וּגְזֵרוֹת טוֹבוֹת, יְשׁוּעוֹת וְנֶחָמוֹת
נִזָּכֵר וְנִכָּתֵב לְפָנֶיךָ אֲנַחְנוּ וְכָל עַמְּךָ בֵּית יִשְׂרָאֵל
לְחַיִּים טוֹבִים וּלְשָׁלוֹם.

בָּרוּךְ אַתָּה יהוה, הַמְבָרֵךְ אֶת עַמּוֹ יִשְׂרָאֵל בַּשָּׁלוֹם.

אם שכח לומר 'בְּסֵפֶר חַיִּים', אינו חוזר.

יש מוסיפים:

יִהְיוּ לְרָצוֹן אִמְרֵי פִי וְהֶגְיוֹן לִבִּי לְפָנֶיךָ, יהוה צוּרִי וְגֹאֲלִי: תהלים יט

אֱלֹהַי ברכות יז.
נְצֹר לְשׁוֹנִי מֵרָע וּשְׂפָתַי מִדַּבֵּר מִרְמָה
וְלִמְקַלְלַי נַפְשִׁי תִדֹּם, וְנַפְשִׁי כֶּעָפָר לַכֹּל תִּהְיֶה.
פְּתַח לִבִּי בְּתוֹרָתֶךָ, וְאַחֲרֵי מִצְוֹתֶיךָ תִּרְדֹּף נַפְשִׁי.
וְכָל הַקָּמִים וְהַחוֹשְׁבִים עָלַי רָעָה
מְהֵרָה הָפֵר עֲצָתָם וְקַלְקֵל מַחֲשַׁבְתָּם.

יש המוסיפים:

יְהִי רָצוֹן מִלְּפָנֶיךָ, יהוה אֱלֹהַי וֵאלֹהֵי אֲבוֹתַי
שֶׁלֹּא תַעֲלֶה קִנְאַת אָדָם עָלַי, וְלֹא קִנְאָתִי עַל אֲחֵרִים
וְשֶׁלֹּא אֶכְעֹס הַיּוֹם, וְשֶׁלֹּא אַכְעִיסֶךָ
וְתַצִּילֵנִי מִיֵּצֶר הָרָע, וְתֵן בְּלִבִּי הַכְנָעָה וַעֲנָוָה.
מַלְכֵּנוּ וֵאלֹהֵינוּ, יַחֵד שִׁמְךָ בְּעוֹלָמֶךָ
בְּנֵה עִירְךָ, יַסֵּד בֵּיתְךָ וְשַׁכְלֵל הֵיכָלֶךָ
וְקַבֵּץ קִבּוּץ גָּלֻיּוֹת, וּפְדֵה צֹאנְךָ וְשַׂמַּח עֲדָתֶךָ.

עֲשֵׂה לְמַעַן שְׁמֶךָ, עֲשֵׂה לְמַעַן יְמִינֶךָ
עֲשֵׂה לְמַעַן תּוֹרָתֶךָ, עֲשֵׂה לְמַעַן קְדֻשָּׁתֶךָ.
לְמַעַן יֵחָלְצוּן יְדִידֶיךָ, הוֹשִׁיעָה יְמִינְךָ וַעֲנֵנִי: תהלים ס
יִהְיוּ לְרָצוֹן אִמְרֵי פִי וְהֶגְיוֹן לִבִּי לְפָנֶיךָ, יהוה צוּרִי וְגֹאֲלִי: תהלים יט

כורע ופוסע שלוש פסיעות לאחור. קד לשמאל, לימין ולפנים באמירת:

עֹשֶׂה הַשָּׁלוֹם בִּמְרוֹמָיו
הוּא יַעֲשֶׂה שָׁלוֹם, עָלֵינוּ וְעַל כָּל יִשְׂרָאֵל, וְאִמְרוּ אָמֵן.

יְהִי רָצוֹן מִלְּפָנֶיךָ יהוה אֱלֹהֵינוּ וֵאלֹהֵי אֲבוֹתֵינוּ
שֶׁיִּבָּנֶה בֵּית הַמִּקְדָּשׁ בִּמְהֵרָה בְיָמֵינוּ, וְתֵן חֶלְקֵנוּ בְּתוֹרָתֶךָ
וְשָׁם נַעֲבָדְךָ בְּיִרְאָה כִּימֵי עוֹלָם וּכְשָׁנִים קַדְמֹנִיּוֹת.
וְעָרְבָה לַיהוה מִנְחַת יְהוּדָה וִירוּשָׁלָםִ כִּימֵי עוֹלָם וּכְשָׁנִים קַדְמֹנִיּוֹת: מלאכי ג

חזרת הש״ץ ליום א׳ של ראש השנה בעמ׳ 149
וליום ב׳ של ראש השנה בעמ׳ 267.

סדר ליום א׳

חזרת הש״ץ לשחרית ליום א׳ של ראש השנה

״לְמִשְׁפָּטֶיךָ עָמְדוּ הַיּוֹם, כִּי הַכֹּל עֲבָדֶיךָ״ (תהלים קיט, צא).

פותחים את ארון הקודש.

שליח הציבור פוסע שלוש פסיעות לפנים וחוזר על התפילה בקול רם.
כורע במקומות המסומנים ב־°, קד לפנים במילה הבאה וזוקף בשם.

אֲדֹנָי, שְׂפָתַי תִּפְתָּח, וּפִי יַגִּיד תְּהִלָּתֶךָ: תהלים נא

אבות

°בָּרוּךְ אַתָּה יהוה, אֱלֹהֵינוּ וֵאלֹהֵי אֲבוֹתֵינוּ
אֱלֹהֵי אַבְרָהָם, אֱלֹהֵי יִצְחָק, וֵאלֹהֵי יַעֲקֹב
הָאֵל הַגָּדוֹל הַגִּבּוֹר וְהַנּוֹרָא, אֵל עֶלְיוֹן
גּוֹמֵל חֲסָדִים טוֹבִים, קוֹנֵה הַכֹּל
וְזוֹכֵר חַסְדֵי אָבוֹת
וּמֵבִיא גוֹאֵל לִבְנֵי בְנֵיהֶם לְמַעַן שְׁמוֹ בְּאַהֲבָה.

נוסח זה מוסיפים לפני כל ׳קרובה׳ (מערכת פיוטים לחזרת הש״ץ) שאומרים בראש השנה. בשחרית אומרים אחריו גם פיוט ׳רשות׳.

מִסּוֹד חֲכָמִים וּנְבוֹנִים
וּמִלֶּמֶד דַּעַת מְבִינִים
אֶפְתְּחָה פִי בִּתְפִלָּה וּבְתַחֲנוּנִים
לְחַלּוֹת וּלְחַנֵּן פְּנֵי מֶלֶךְ מַלְכֵי הַמְּלָכִים וַאֲדוֹנֵי הָאֲדוֹנִים.

רשות ל׳קרובה׳ ׳אֹת חַיִל׳ – סימן יקותיאל בר משה חזק ואמץ יחי

יָרֵאתִי בִּפְצוֹתִי שִׂיחַ לְהַשְׁחִיל / קוּמִי לְחַלּוֹת פְּנֵי נוֹרָא וְדָחִיל
וְקָטֹנְתִּי מֵעַשׂ לָכֵן אַזְחִיל / תְּבוּנָה חֲסֵרְתִּי וְאֵיךְ אוֹחִיל
יוֹצְרִי הֲבִינֵנִי מוֹרָשָׁה לְהַנְחִיל / אִלְּנִי וְאַמְּצֵנִי מֵרִפְיוֹן וְחִיל
לַחֲשִׁי יֵרָצֶה כְּמַנְטִיף וּמַשְׁחִיל / בִּטּוּיִי יִמְתַּק כְּצוּף נָחִיל

רָצוּי בְּיֹשֶׁר וְלֹא כְּמַכְחִיל / מְשַׁלְּחַי לְהַמְצִיא כֹּפֶר וּלְהַמְחִיל
שַׁאֲגִי יֶעֱרַב וְלֹא כְּמַשְׁחִיל / הֵעָתֵר לְנִגָּשִׁים וְנֶחְשָׁבִים כְּזָחִיל
חַנּוּן כְּהַבְטִיחָךְ לִבְנִקְרַת מְחִיל / זַעֲקִי קְשֹׁב בְּעֵת אַתְחִיל
קְרָבַי יֶחְמְרוּ בְּחָקְרְךָ חַלְחִיל / וּמֵאֵימַת הַדִּין נַפְשִׁי תַבְחִיל
אִם כִּגְמוּל הַלֵּב יָחִיל / מְקוֹרֵי עַפְעַפַּי אַזִּיל כְּמַזְחִיל
צְדָקָה אֲקַוֶּה מִמְּךָ וְאוֹחִיל / יֹשֶׁר הוֹרַי זָכְרָה לְהַאֲחִיל
חַם לִבִּי בַּהֲגִיגִי יַגְחִיל / יִסְתָּעֵר בְּקִרְבִּי בְּעֵת אֶת חִיל.

סוגרים את ארון הקודש.

את ה׳קרובה׳ לשחרית של יום א׳ של ראש השנה חיבר ר׳ אלעזר הקליר, הידוע בפייטני ארץ ישראל בתקופה הקדומה (החוקרים מעריכים שהוא חי בסוף התקופה הביזנטית, סביב שנת 600 לסה״נ).

עיקר ה׳קרובה׳ הוא שלושת הפיוטים הראשונים – ה׳מגן׳ הנאמר בברכת ׳מָגֵן אַבְרָהָם׳, ה׳מחיה׳ הנאמר בברכת ׳מְחַיֵּה הַמֵּתִים׳, וה׳משלש׳ הפותח את הפיוטים המובילים לקדושה. בדרך כלל שלושת הפיוטים עוסקים בנושא אחד. ה׳קרובה׳ של שחרית ליום הראשון מתארת את האימהות, שנפקדו כולן בראש השנה (ירושלמי, ראש השנה פ״א ה״ב).

נוהגים שהקהל אומר את שלושת הפיוטים הראשונים, ושליח הציבור אומר בקול רק את השורות המסומנות ב▸. יש קהילות שבהן אין אומרים את ה׳מגן׳ וממשיכים ׳זָכְרֵנוּ לְחַיִּים׳ בעמוד הבא (ויש האומרים את הבית האחרון: ׳נַעֲלָה בַּדִּין׳).

מגן – סימן א״ב

אָת חִיל יוֹם פְּקֻדָּה / בְּאֵימָיו כָּל לָחוּם לְשָׁקְדָה
גְּשִׁים בּוֹ בֶּרֶךְ לִקּוֹדָה / דֵּעַם לְיַשֵּׁר כְּעַל מוֹקְדָה.

הַיּוֹצֵר יַחַד כֶּסֶל נִשְׁפָּט / וְשׁוֹעַ וָדָל בְּפִלּוּס יְשֻׁפָּט
זֵכֶר לֹא יֵעָשֶׂה מִשְׁפָּט / חִין עֶרְכּוֹ יֻזְכַּר בְּמִשְׁפָּט.

טֶרֶם כָּל מִפְעָל חָצַב / יָזַם בְּמַחֲשֶׁבֶת צוּר חָצַב
כְּאָחוֹר וָקֶדֶם בְּתָוֶךְ נֶחְצַב / לְיַהֵב עָלָיו כָּל הַמַּחְצָב.

מְנָתוֹ כְּהַיּוֹם כֹּחַ דְּשֵׁנָה / נֵצֶר לְהַחֲנִיט לְתִשְׁעִים שָׁנָה
סִימָה אוֹת הֱיוֹת לְשׁוֹשַׁנָּה / עֵבֹר לְפָנָיו בְּרֹאשׁ הַשָּׁנָה.

פִּלְּצוּ פְּרֻחֶיהָ בְּחֹק יוֹם / צִיגָתָם פְּנֵי כֵס אָיֹם
קוֹל דִּבְבָם יַרְחִישׁוּ כְּהַיּוֹם / רוֹגְשִׁים לְהָרִיעַ לִמְצֹא פִּדְיוֹם.

שְׁעוּנִים עָלֶיהָ בָּהּ לְהִפָּקְדָה / שׁוֹאֲגִים בְּלַהַק דִּלְתוֹת לְשָׁקְדָה
‹ תְּמוּכִים בְּדֶשֶׁן שֶׂה עֲקֵדָה / תֶּשֶׁר אֲשֶׁר בּוֹ נִפְקָדָה.

הכול:

נַעֲלָה בַּדִּין עָלוֹת בִּתְרוּעָה / גֵּיא עִם דָּרֶיהָ לְרוֹעֲעָה
‹ בְּשׁוֹפָר (בשבת: בְּזִכְרוֹן שׁוֹפָר) אֲפַתֶּנּוּ, וּבְבֶרֶךְ כְּרִיעָה
בְּמָגִנַּת רֵעִים בְּגַנּוֹ אֶתְרוֹעֲעָה.

יש נוהגים שהקהל אומר בקול, ושליח הציבור חוזר אחריו:

זָכְרֵנוּ לְחַיִּים, מֶלֶךְ חָפֵץ בַּחַיִּים
וְכָתְבֵנוּ בְּסֵפֶר הַחַיִּים, לְמַעַנְךָ אֱלֹהִים חַיִּים.

שליח הציבור ממשיך:

מֶלֶךְ עוֹזֵר וּמוֹשִׁיעַ וּמָגֵן.
ׂבָּרוּךְ אַתָּה יהוה, מָגֵן אַבְרָהָם.

גבורות

אַתָּה גִּבּוֹר לְעוֹלָם, אֲדֹנָי
מְחַיֵּה מֵתִים אַתָּה, רַב לְהוֹשִׁיעַ
בארץ ישראל: מוֹרִיד הַטָּל

מְכַלְכֵּל חַיִּים בְּחֶסֶד, מְחַיֵּה מֵתִים בְּרַחֲמִים רַבִּים
סוֹמֵךְ נוֹפְלִים, וְרוֹפֵא חוֹלִים, וּמַתִּיר אֲסוּרִים
וּמְקַיֵּם אֱמוּנָתוֹ לִישֵׁנֵי עָפָר.
מִי כָמוֹךָ, בַּעַל גְּבוּרוֹת, וּמִי דּוֹמֶה לָּךְ
מֶלֶךְ, מֵמִית וּמְחַיֶּה וּמַצְמִיחַ יְשׁוּעָה.

יש קהילות שבהן אין אומרים את ה׳מחיה׳, וממשיכים ׳מִי כָמוֹךָ׳ למטה (ויש האומרים את הבית האחרון: ׳מֶלֶךְ עֶלְיוֹן וְנוֹרָא׳).

מחיה – סימן תשר״ק

תַּאֲלַת זוּ כְּחָפֵץ לְהִתְעִיל / שְׁוּעַ עֶרְךְ לְמֹדֶם לְהוֹעִיל
רוֹן הַרְרֵי קֶדֶם הַמּוֹעִיל / קְרֹא בְּגָרוֹן מוֹקֵשׁ לְהַגְעִיל.

צִדְקָם לְהַקְפּוֹת בְּנִיב שַׁוְעָה / פְּעָלָם בְּקֶרֶב שָׁנִים לְשַׁמְעָה
עֵת רָצוֹן וְיוֹם יְשׁוּעָה / סְבִיכַת קֶרֶן וּבְרִית שְׁבוּעָה.

נוֹבְבִים בְּגִישַׁת חוֹתָמוֹת תִּשְׁעָה /
מִסְפַּר שָׁתוֹת וְחוֹתְמֵיהֶן תִּשְׁעָה
לְמִנְיַן פִּלּוּל שֵׁמוֹת תִּשְׁעָה / כְּחִנְּנָה עֲקָרָה יָלְדָה שִׁבְעָה.

יַאֲמִירוּ עֹז מַלְכִיּוֹת עֶשֶׂר / טְבוּעוֹת לְשֵׁם בְּחַן עֶשֶׂר
חֹק זִכְרוֹנוֹת וְקוֹלוֹת עֶשֶׂר / זֶכֶר מְבָרֵךְ גְּבִירוֹ בְּעֶשֶׂר.

וְיֶפֶן בַּאֲהוּב אֲתוּי נַהֲרַיִם / הֶעָקוּד בְּהַר מוֹר אֲחוֹרַיִם
דִּשְׁנוֹ יֵרָא לְחַן שִׁירַיִם / גְּשִׁים עָדָיו בֹּקֶר וְצָהֳרַיִם.

בְּזֶה פֶּרֶק חִנּוּן עֲתִירָה / בְּעַד אֲסוּרָה עַד הֻתָּרָה
◂ אֶנְקַת אָסִיר אָז כְּהָכְתָּרָה / אֵלִי לְהֵעָתֵר כְּמוֹ נֶעְתָּרָה.

הכול:

מֶלֶךְ עֶלְיוֹן וְנוֹרָא / מִשְׁפָּטֵנוּ יוֹצִיא כָאוֹרָה
◂ אִיחֲלֶנּוּ כֶּתֶר לַעֲטָרָה / בְּטַלְלֵי תְחִי בְּחַסְדּוֹ אֶתְפָּאֲרָה.

יש נוהגים שהקהל אומר בקול, ושליח הציבור חוזר אחריו:

מִי כָמוֹךָ אָב הָרַחֲמָן, זוֹכֵר יְצוּרָיו לְחַיִּים בְּרַחֲמִים.

שליח הציבור ממשיך:

וְנֶאֱמָן אַתָּה לְהַחֲיוֹת מֵתִים.
בָּרוּךְ אַתָּה יהוה, מְחַיֵּה הַמֵּתִים.

יש קהילות שבהן אין אומרים את ה׳משלש׳, וממשיכים ׳יִמְלֹךְ ה׳ לְעוֹלָם׳ למטה (ויש האומרים את הבית האחרון: ׳כַּעֲקֶרֶת בַּיִת׳).

משלש – סימן א״ת ב״ש

אֶבֶן חוּג מְצוּק נְשִׁיָּה / תְּהוֹם רַבָּה צוּל שְׁאִיָּה
בְּפִנַּת רֹאשׁ יְסוֹד שְׁלִישִׁיָּה / שְׁתִתוּ שְׁעוּן בָּהּ לִשְׁעִיָּה.

גִּבְעַת שֹׁרֶשׁ מְאוּסַּת בּוֹנִים / רְבִעָה הַיּוֹם מֵאַרְבַּע אֲבָנִים
דְּמָעוֹת מְבַכָּה עַל בָּנִים / קָשְׁבָה, מִנְעִי אֵם הַבָּנִים.

הָאַדְמוֹן, כְּבָט שֶׁלֹּא חָלָה / צָבָה לְקַחְתָּהּ לוֹ, וְנִתְבַּהֲלָה
וּפִלְּלָה רַבִּים בְּעַד הַתּוֹחֵלָה / פְּדוּתָהּ מִיַּד, וְלֹא חֻלָּלָה.

זָכַר לָהּ יֹשֶׁר אֳרָחוֹת / עָבַר לְהָמִיר בְּבֶטֶן אָחוֹת
חִשְּׁבָהּ הַיּוֹם זְכִרָהּ לְהֵאָחוֹת / סִלּוּף דִּינָה בִּיהוֹסֵף לְהַנְחוֹת.

טֶבַע כִּכְלִי יוֹצֵר הֶעֱבִיר / נִסֵּי חֲיָלִים לְהַעֲצִים וּלְהַגְבִּיר
יָהּ כְּסֻכַּת אָנְקַת גְּבִיר / מַטּוֹת שְׁנַיִם מֻנֶּה הִסְבִּיר.

כַּעֲקֶרֶת בַּיִת בְּתֶחֶל נִכְּרָה / כְּבִכּוּר רֵאשִׁית בְּתֶכֶל בִּכְּרָה
לְבַדֶּיהָ תַּעֲמֹד בְּיוֹם זְכִירָה / לְהִזָּכֵר לָמוֹ כְּמוֹ נִזְכְּרָה. ◂

במחזורים הישנים משולבים במערכות ה׳קרובות׳ הפסוקים שעליהם מבוססים פיוטי ה׳קרובה׳. היום נוהגים לומר רק את שני הפסוקים ׳יִמְלֹךְ׳ ו׳וְאַתָּה קָדוֹשׁ׳, ומסיימים בתיבות ׳אֵל נָא׳. תיבות אלה הן פתיחה לפיוטים הבאים, המובילים אל הקדושה.

קהל ואחריו שליח הציבור:

תהלים קמו
יִמְלֹךְ יהוה לְעוֹלָם
אֱלֹהַיִךְ צִיּוֹן לְדֹר וָדֹר, הַלְלוּיָהּ:

תהלים כב
וְאַתָּה קָדוֹשׁ, יוֹשֵׁב תְּהִלּוֹת יִשְׂרָאֵל:

אֵל נָא.

פיוט זה נוסף ל׳קרובה׳ בתקופת הראשונים.
סגנונו מעיד עליו שהוא עתיק מאוד, כנראה קודם לקליר.

פותחים את ארון הקודש.

סימן א״ב

אַתָּה הוּא אֱלֹהֵינוּ בַּשָּׁמַיִם וּבָאָרֶץ.
גִּבּוֹר וְנַעֲרָץ דָּגוּל מֵרְבָבָה.
הוּא שָׂח וַיֶּהִי וְצִוָּה וְנִבְרָאוּ.
זִכְרוֹ לָנֶצַח חַי עוֹלָמִים.
טְהוֹר עֵינַיִם יוֹשֵׁב סֵתֶר.
כִּתְרוֹ יְשׁוּעָה לְבוּשׁוֹ צְדָקָה.
מַעֲטֵהוּ קִנְאָה נֶאְפָּד נְקָמָה.
סִתְרוֹ יֹשֶׁר עֲצָתוֹ אֱמוּנָה.
פְּעֻלָּתוֹ אֱמֶת צַדִּיק וְיָשָׁר.
קָרוֹב לְקוֹרְאָיו בֶּאֱמֶת רָם וּמִתְנַשֵּׂא.
שׁוֹכֵן שְׁחָקִים תּוֹלֶה אֶרֶץ עַל בְּלִימָה.

הקהל ושליח הציבור אומרים:

חַי וְקַיָּם
נוֹרָא וּמָרוֹם
וְקָדוֹשׁ.

סוגרים את ארון הקודש.

אם א׳ של ראש השנה חל בימים שני, שלישי או חמישי
ממשיכים ׳תָּעִיר וְתָרִיעַ׳ בראש העמוד הבא.

אם א׳ של ראש השנה חל בשבת,
ממשיכים ׳וּבְכֵן, וַיהוה פָּקַד׳ מתחת לקו בעמוד הבא.

א׳ של ראש השנה שחל להיות בימים שני, שלישי וחמישי בשבוע

בדורות האחרונים פשט המנהג שלא לומר את שלושת הפיוטים הבאים, אלא רק את שורות הפזמון. פיוטים אלה מכונים ׳קיקלרים׳ בגלל סגנונם המתאפיין בפזמון חוזר (או בכמה פזמונות חוזרים). הפיוטים מובאים במלואם בעמ׳ 440-442.

שליח הציבור אומר, והקהל חוזר אחריו:

תָּעִיר וְתָרִיעַ, לְהַכְרִית כָּל מֵרִיעַ

וְתֻקְדַּשׁ בְּיוֹדְעֵי לְהָרִיעַ. קָדוֹשׁ.

ממשיכים ׳וּבְכֵן, וַיהוה פָּקַד׳ בראש העמוד הבא.

א׳ של ראש השנה שחל להיות בשבת

אומרים את הפיוט הפותח ׳וּבְכֵן, וַה׳ פָּקַד אֶת שָׂרָה׳, ואחריו שניים משלושת הפיוטים הנאמרים ביום השני. היום נוהגים לומר את שורות הפזמון שלהם (הפיוטים מובאים במלואם בעמ׳ 441-445).

שליח הציבור אומר:

וּבְכֵן, וַיהוה פָּקַד אֶת שָׂרָה כַּאֲשֶׁר אָמָר בראשית כא

קהל ואחריו שליח הציבור:

צֶאֱצָאֶיהָ כֵּן פְּקֹד לְטוֹב הַיּוֹם. קָדוֹשׁ.

שליח הציבור אומר את ששת החרוזים הבאים, והקהל חוזר אחרי כל אחד מהם. חרוזים אלה הם שישה משבעת בתי הפזמון של ה׳קיקלר׳ ׳אֶדֶר וָהוֹד׳ (עמ׳ 445). את החרוז ׳שֶׁבַח מִגְדַּל עֹז׳, שבו נזכרת תקיעת השופר, אין אומרים כדי לא להזכיר את התקיעה בשבת, אלא אומרים אותו ביום השני בנפרד.

סימן שמעון (5)

שְׁמוֹ מְפָאֲרִים עֲדַת חֶבְלוֹ

וְנַעֲרָץ בְּאֶרְאֶלֵּי קֹדֶשׁ הִלּוּלוֹ

וּבְהֵיכָלוֹ כָּבוֹד אֹמֵר כֻּלּוֹ / קָדוֹשׁ.

שׁוֹמְרֵי מִצְוֹתָיו עוֹד יְשׁוּבוּן לְבִצָּרוֹן

נִדְבָּרִים יִרְאָיו בְּהַכְשֵׁר וְיִתְרוֹן

וַיַּקְשֵׁב יהוה וַיִּשְׁמָע, וַיִּכָּתֵב סֵפֶר זִכָּרוֹן: / קָדוֹשׁ. מלאכי ג

שַׁפְּרוּ מַעֲשֵׂיכֶם, וּבְרִית לֹא תוּפַר

נַאֲקַתְכֶם יַאֲזִין, שְׁחָקִים שִׁפַּר

וְתִיטַב לַיהוה מִשּׁוֹר פָּר: / קָדוֹשׁ. תהלים סט

ממשיכים ׳שִׁבְטֵי מְקָרְאָךְ׳ מתחת לקו בעמוד הבא.

א׳ של ראש השנה שחל להיות בימים שני, שלישי וחמישי בשבוע

שליח הציבור אומר:

בראשית כא **וּבְכֵן, וַיהוה פָּקַד אֶת שָׂרָה כַּאֲשֶׁר אָמָר**

קהל ואחריו שליח הציבור:

צֶאֱצָאֶיהָ כֵּן פְּקֹד לְטוֹב הַיּוֹם / קָדוֹשׁ.

שליח הציבור ואחריו הקהל:

מֶלֶךְ מְמַלֵּט מֵרָעָה, לְיוֹדְעֵי תְרוּעָה / הָאֵל קָדוֹשׁ.

שליח הציבור ואחריו הקהל:

מֶלֶךְ זְכֹר אֲחוּז קֶרֶן, לְתוֹקְעֵי לְךָ הַיּוֹם בְּקֶרֶן / נוֹרָא וְקָדוֹשׁ.

ממשיכים ׳אַדִּירֵי אֲיֻמָּה׳ בעמוד הבא.

א׳ של ראש השנה שחל להיות בשבת

שִׁבְטֵי מִקְרָאֶךָ עֲלֵה וְהַמְשֵׁל
נְטִישׁוֹת צָרִים בְּהִתְבּוֹזְךָ לְנַשֵּׁל
תהלים כב **כִּי לַיהוה הַמְּלוּכָה, וּמֹשֵׁל: / קָדוֹשׁ.**

שְׁבוּתֵנוּ מִמֶּרְחָק, עֲלוֹת לְהַר קָדְשׁוֹ
וּנְפָאֲרֶנּוּ תָמִיד בִּדְבִיר מִקְדָּשׁוֹ
תהלים קה **כִּי־זָכַר אֶת־דְּבַר קָדְשׁוֹ: / קָדוֹשׁ.**

ישעיה יח **כָּל־יֹשְׁבֵי תֵבֵל וְשֹׁכְנֵי אָרֶץ:**
יֹאמְרוּ תָמִיד, הִגְדִּיל יהוה לַעֲשׂוֹת בָּאָרֶץ
זכריה יד **וְהָיָה יהוה לְמֶלֶךְ עַל־כָּל־הָאָרֶץ: / קָדוֹשׁ.**

שליח הציבור ואחריו הקהל:

יִשְׁפֹּט תֵּבֵל בְּצֶדֶק / וּלְאֻמִּים בְּמֵישָׁרִים / הָאֵל קָדוֹשׁ.

שליח הציבור ואחריו הקהל:

איוב כג **וְהוּא בְאֶחָד וּמִי יְשִׁיבֶנּוּ / וְנַפְשׁוֹ אִוְּתָה וַיָּעַשׂ: / נוֹרָא וְקָדוֹשׁ.**

ממשיכים ׳אַדִּירֵי אֲיֻמָּה׳ בעמוד הבא.

בקהילות רבות נוהגים ששליח הציבור אומר כל שורה עד ׳בְּקוֹל׳,
והקהל עונה אחריו (בסוף כל שורה):
׳ה׳ מֶלֶךְ; ה׳ מָלָךְ; ה׳ יִמְלֹךְ; ה׳ מֶלֶךְ, ה׳ מָלָךְ, ה׳ יִמְלֹךְ לְעֹלָם וָעֶד׳.

סימן א״ב

פותחים את ארון הקודש.

יהוה מֶלֶךְ, יהוה מָלָךְ, יהוה יִמְלֹךְ לְעֹלָם וָעֶד.

אַדִּירֵי אֲיֻמָּה יַאְדִּירוּ בְקוֹל. יהוה מֶלֶךְ.
בְּרוּאֵי בָרָק יְבָרְכוּ בְקוֹל. יהוה מָלָךְ.
גִּבּוֹרֵי גֹבַהּ יַגְבִּירוּ בְקוֹל. יהוה יִמְלֹךְ.
יהוה מֶלֶךְ, יהוה מָלָךְ, יהוה יִמְלֹךְ לְעֹלָם וָעֶד.

דּוֹהֲרֵי דוֹלְקִים יְדוֹבְבוּ בְקוֹל. יהוה מֶלֶךְ.
הֲמוֹנֵי הַמַּעְלָה יְהַלְלוּ בְקוֹל. יהוה מָלָךְ.
וַחֲיָלִים וְחַיּוֹת יְוַעֲדוּ בְקוֹל. יהוה יִמְלֹךְ.
יהוה מֶלֶךְ, יהוה מָלָךְ, יהוה יִמְלֹךְ לְעֹלָם וָעֶד.

זוֹכְרֵי זְמִירוֹת יְזַמְּרוּ בְקוֹל. יהוה מֶלֶךְ.
חַכְמֵי חִידוֹת יְחַסְּנוּ בְקוֹל. יהוה מָלָךְ.
טַפְסְרֵי טְפוּחִים יְטַכְּסוּ בְקוֹל. יהוה יִמְלֹךְ.
יהוה מֶלֶךְ, יהוה מָלָךְ, יהוה יִמְלֹךְ לְעֹלָם וָעֶד.

יוֹרְשֵׁי יְקָרָה יְיַשְּׁרוּ בְקוֹל. יהוה מֶלֶךְ.
כַּבִּירֵי כֹחַ יַכְתִּירוּ בְקוֹל. יהוה מָלָךְ.
לְבוּשֵׁי לֶהָבוֹת יְלַבְלְבוּ בְקוֹל. יהוה יִמְלֹךְ.
יהוה מֶלֶךְ, יהוה מָלָךְ, יהוה יִמְלֹךְ לְעֹלָם וָעֶד.

מַנְעִימֵי מֶלֶל יְמַלְּלוּ בְקוֹל. יהוה מֶלֶךְ.
נוֹצְצֵי נֹגַהּ יְנַצְּחוּ בְקוֹל. יהוה מָלָךְ.
שְׂרָפִים סוֹבְבִים יְסַלְסְלוּ בְקוֹל. יהוה יִמְלֹךְ.
יהוה מֶלֶךְ, יהוה מָלָךְ, יהוה יִמְלֹךְ לְעֹלָם וָעֶד.

עוֹרְכֵי עֹז יַעֲנוּ בְקוֹל. יהוה מֶלֶךְ.
פְּחוּדֵי פִלְאֲךָ יִפְצְחוּ בְקוֹל. יהוה מָלָךְ.
צִבְאוֹת צֹאנְךָ יְצַלְצְלוּ בְקוֹל. יהוה יִמְלֹךְ.
יהוה מֶלֶךְ, יהוה מָלָךְ, יהוה יִמְלֹךְ לְעֹלָם וָעֶד.

קְהִלּוֹת קֹדֶשׁ יַקְדִּישׁוּ בְקוֹל. יהוה מֶלֶךְ.
רִבְבוֹת רְבָבָה יְרַנְּנוּ בְקוֹל. יהוה מָלָךְ.
שְׁבִיבֵי שַׁלְהָבוֹת יְשַׁנְּנוּ בְקוֹל. יהוה יִמְלֹךְ.
יהוה מֶלֶךְ, יהוה מָלָךְ, יהוה יִמְלֹךְ לְעֹלָם וָעֶד.

תּוֹמְכֵי תְהִלּוֹת יַתְמִידוּ בְקוֹל. יהוה מֶלֶךְ.
תּוֹקְפֵי תִפְאַרְתֶּךָ יַתְמִימוּ בְקוֹל. יהוה מָלָךְ.
תְּמִימֵי תְעוּדָה יְתַנּוּ בְקוֹל. יהוה יִמְלֹךְ.
יהוה מֶלֶךְ, יהוה מָלָךְ, יהוה יִמְלֹךְ לְעֹלָם וָעֶד.

סימן א״ב

וּבְכֵן לְךָ הַכֹּל יַכְתִּירוּ.

לְאֵל עוֹרֵךְ דִּין לְבוֹחֵן לְבָבוֹת בְּיוֹם דִּין.
לְגוֹלֶה עֲמֻקּוֹת בַּדִּין לְדוֹבֵר מֵישָׁרִים בְּיוֹם דִּין.
לְהוֹגֶה דֵעוֹת בַּדִּין לְוָתִיק וְעוֹשֶׂה חֶסֶד בְּיוֹם דִּין.
לְזוֹכֵר בְּרִיתוֹ בַּדִּין לְחוֹמֵל מַעֲשָׂיו בְּיוֹם דִּין.
לְטַהֵר חוֹסָיו בַּדִּין לְיוֹדֵעַ מַחֲשָׁבוֹת בְּיוֹם דִּין
לְכוֹבֵשׁ כַּעְסוֹ בַּדִּין לְלוֹבֵשׁ צְדָקוֹת בְּיוֹם דִּין.
לְמוֹחֵל עֲוֹנוֹת בַּדִּין לְנוֹרָא תְהִלּוֹת בְּיוֹם דִּין.
לְסוֹלֵחַ לַעֲמוּסָיו בַּדִּין לְעוֹנֶה לְקוֹרְאָיו בְּיוֹם דִּין.
לְפוֹעֵל רַחֲמָיו בַּדִּין לְצוֹפֶה נִסְתָּרוֹת בְּיוֹם דִּין.
לְקוֹנֶה עֲבָדָיו בַּדִּין לְרַחֵם עַמּוֹ בְּיוֹם דִּין.
לְשׁוֹמֵר אֹהֲבָיו בַּדִּין לְתוֹמֵךְ תְּמִימָיו בְּיוֹם דִּין.

סוגרים את ארון הקודש.

הקהל ושליח הציבור אומרים:

וּבְכֵן לְךָ תַעֲלֶה קְדֻשָּׁה, כִּי אַתָּה אֱלֹהֵינוּ מֶלֶךְ.

יש האומרים כאן את הסילוק ׳מֶלֶךְ בְּמִשְׁפָּט׳ בעמ׳ 457.

קדושה

במקומות המסומנים ב״, המתפלל מתרומם על קצות אצבעותיו.

קהל ואחריו שליח הציבור:

נַקְדִּישָׁךְ וְנַעֲרִיצָךְ כְּנֹעַם שִׂיחַ סוֹד שַׂרְפֵי קֹדֶשׁ

הַמְשַׁלְּשִׁים לְךָ קְדֻשָּׁה

כַּכָּתוּב עַל יַד נְבִיאֶךָ: וְקָרָא זֶה אֶל־זֶה וְאָמַר ישעיה ו

קהל ואחריו שליח הציבור:

״קָדוֹשׁ, ״קָדוֹשׁ, ״קָדוֹשׁ, יהוה צְבָאוֹת, מְלֹא כָל־הָאָרֶץ כְּבוֹדוֹ:

אָז בְּקוֹל רַעַשׁ גָּדוֹל אַדִּיר וְחָזָק, מַשְׁמִיעִים קוֹל

מִתְנַשְּׂאִים לְעֻמַּת שְׂרָפִים, לְעֻמָּתָם מְשַׁבְּחִים וְאוֹמְרִים

קהל ואחריו שליח הציבור:

״בָּרוּךְ כְּבוֹד־יהוה מִמְּקוֹמוֹ: יחזקאל ג

מִמְּקוֹמְךָ מַלְכֵּנוּ תוֹפִיעַ וְתִמְלֹךְ עָלֵינוּ, כִּי מְחַכִּים אֲנַחְנוּ לָךְ.

מָתַי תִּמְלֹךְ בְּצִיּוֹן, בְּקָרוֹב בְּיָמֵינוּ לְעוֹלָם וָעֶד תִּשְׁכֹּן.

תִּתְגַּדַּל וְתִתְקַדַּשׁ בְּתוֹךְ יְרוּשָׁלַיִם עִירְךָ לְדוֹר וָדוֹר וּלְנֵצַח נְצָחִים.

וְעֵינֵינוּ תִרְאֶינָה מַלְכוּתֶךָ כַּדָּבָר הָאָמוּר בְּשִׁירֵי עֻזֶּךָ

עַל יְדֵי דָוִד מְשִׁיחַ צִדְקֶךָ.

קהל ואחריו שליח הציבור:

״יִמְלֹךְ יהוה לְעוֹלָם, אֱלֹהַיִךְ צִיּוֹן לְדֹר וָדֹר, הַלְלוּיָהּ: תהלים קמו

יש האומרים כאן את פיוטי הקדושה שבעמ׳ 467.

שליח הציבור ממשיך ׳אַתָּה קָדוֹשׁ׳ בעמוד הבא.

בבתי כנסת המתפללים בנוסח אשכנז, שליח הציבור אומר:

לְדוֹר וָדוֹר נַגִּיד גָּדְלֶךָ, וּלְנֵצַח נְצָחִים קְדֻשָּׁתְךָ נַקְדִּישׁ

וְשִׁבְחֲךָ אֱלֹהֵינוּ מִפִּינוּ לֹא יָמוּשׁ לְעוֹלָם וָעֶד, כִּי אֵל מֶלֶךְ גָּדוֹל וְקָדוֹשׁ אָתָּה.

וממשיך ׳וּבְכֵן תֵּן פַּחְדְּךָ׳ בעמוד הבא.

קדושת השם

אַתָּה קָדוֹשׁ וְשִׁמְךָ קָדוֹשׁ
וּקְדוֹשִׁים בְּכָל יוֹם יְהַלְלוּךָ סֶּלָה
כִּי אֵל מֶלֶךְ גָּדוֹל וְקָדוֹשׁ אָתָּה.

לְדוֹר וָדוֹר הַמְלִיכוּ לָאֵל
כִּי הוּא לְבַדּוֹ מָרוֹם וְקָדוֹשׁ.

וּבְכֵן יִתְקַדַּשׁ שִׁמְךָ יהוה אֱלֹהֵינוּ עַל יִשְׂרָאֵל עַמֶּךָ
וְעַל יְרוּשָׁלַיִם עִירֶךָ, וְעַל צִיּוֹן מִשְׁכַּן כְּבוֹדֶךָ
וְעַל מַלְכוּת בֵּית דָּוִד מְשִׁיחֶךָ, וְעַל מְכוֹנְךָ וְהֵיכָלֶךָ.

וּבְכֵן תֵּן פַּחְדְּךָ יהוה אֱלֹהֵינוּ עַל כָּל מַעֲשֶׂיךָ
וְאֵימָתְךָ עַל כָּל מַה שֶּׁבָּרָאתָ
וְיִירָאוּךָ כָּל הַמַּעֲשִׂים, וְיִשְׁתַּחֲווּ לְפָנֶיךָ כָּל הַבְּרוּאִים
וְיֵעָשׂוּ כֻלָּם אֲגֻדָּה אַחַת לַעֲשׂוֹת רְצוֹנְךָ בְּלֵבָב שָׁלֵם
כְּמוֹ שֶׁיָּדַעְנוּ יהוה אֱלֹהֵינוּ שֶׁהַשָּׁלְטָן לְפָנֶיךָ
עֹז בְּיָדְךָ וּגְבוּרָה בִּימִינֶךָ
וְשִׁמְךָ נוֹרָא עַל כָּל מַה שֶּׁבָּרָאתָ.

וּבְכֵן תֵּן כָּבוֹד יהוה לְעַמֶּךָ
תְּהִלָּה לִירֵאֶיךָ וְתִקְוָה טוֹבָה לְדוֹרְשֶׁיךָ
וּפִתְחוֹן פֶּה לַמְיַחֲלִים לָךְ
שִׂמְחָה לְאַרְצֶךָ, וְשָׂשׂוֹן לְעִירֶךָ
וּצְמִיחַת קֶרֶן לְדָוִד עַבְדֶּךָ
וַעֲרִיכַת נֵר לְבֶן יִשַׁי מְשִׁיחֶךָ בִּמְהֵרָה בְיָמֵינוּ.

וּבְכֵן צַדִּיקִים יִרְאוּ וְיִשְׂמָחוּ, וִישָׁרִים יַעֲלֹזוּ
וַחֲסִידִים בְּרִנָּה יָגִילוּ, וְעוֹלָֽתָה תִּקְפָּץ פִּֽיהָ
וְכָל הָרִשְׁעָה כֻּלָּהּ כְּעָשָׁן תִּכְלֶה
כִּי תַעֲבִיר מֶמְשֶֽׁלֶת זָדוֹן מִן הָאָֽרֶץ.

וְתִמְלֹךְ אַתָּה הוּא יהוה אֱלֹהֵֽינוּ
מְהֵרָה לְבַדֶּֽךָ עַל כָּל מַעֲשֶֽׂיךָ
בְּהַר צִיּוֹן מִשְׁכַּן כְּבוֹדֶֽךָ
וּבִירוּשָׁלַֽיִם עִיר קָדְשֶֽׁךָ
כַּכָּתוּב בְּדִבְרֵי קָדְשֶֽׁךָ
יִמְלֹךְ יהוה לְעוֹלָם, אֱלֹהַֽיִךְ צִיּוֹן לְדֹר וָדֹר, הַלְלוּיָהּ: תהלים קמו

קָדוֹשׁ אַתָּה וְנוֹרָא שְׁמֶֽךָ
וְאֵין אֱלֽוֹהַּ מִבַּלְעָדֶֽיךָ
כַּכָּתוּב, וַיִּגְבַּהּ יהוה צְבָאוֹת בַּמִּשְׁפָּט ישעיה ה
וְהָאֵל הַקָּדוֹשׁ נִקְדַּשׁ בִּצְדָקָה:
בָּרוּךְ אַתָּה יהוה, הַמֶּֽלֶךְ הַקָּדוֹשׁ.

קדושת היום

אַתָּה בְחַרְתָּֽנוּ מִכָּל הָעַמִּים
אָהַֽבְתָּ אוֹתָֽנוּ וְרָצִֽיתָ בָּֽנוּ
וְרוֹמַמְתָּֽנוּ מִכָּל הַלְּשׁוֹנוֹת
וְקִדַּשְׁתָּֽנוּ בְּמִצְוֹתֶֽיךָ
וְקֵרַבְתָּֽנוּ מַלְכֵּֽנוּ לַעֲבוֹדָתֶֽךָ
וְשִׁמְךָ הַגָּדוֹל וְהַקָּדוֹשׁ עָלֵֽינוּ קָרָֽאתָ.

בשבת מוסיפים את המילים שבסוגריים.

וַתִּתֶּן לָנוּ יהוה אֱלֹהֵינוּ בְּאַהֲבָה
אֶת יוֹם (הַשַּׁבָּת הַזֶּה וְאֶת יוֹם) הַזִּכָּרוֹן הַזֶּה
יוֹם (זִכְרוֹן) תְּרוּעָה (בְּאַהֲבָה) מִקְרָא קֹדֶשׁ
זֵכֶר לִיצִיאַת מִצְרָיִם.

אֱלֹהֵינוּ וֵאלֹהֵי אֲבוֹתֵינוּ
יַעֲלֶה וְיָבוֹא וְיַגִּיעַ
וְיֵרָאֶה וְיֵרָצֶה וְיִשָּׁמַע
וְיִפָּקֵד וְיִזָּכֵר זִכְרוֹנֵנוּ וּפִקְדוֹנֵנוּ
וְזִכְרוֹן אֲבוֹתֵינוּ
וְזִכְרוֹן מָשִׁיחַ בֶּן דָּוִד עַבְדֶּךָ
וְזִכְרוֹן יְרוּשָׁלַיִם עִיר קָדְשֶׁךָ
וְזִכְרוֹן כָּל עַמְּךָ בֵּית יִשְׂרָאֵל, לְפָנֶיךָ
לִפְלֵיטָה, לְטוֹבָה
לְחֵן וּלְחֶסֶד וּלְרַחֲמִים
לְחַיִּים וּלְשָׁלוֹם
בְּיוֹם הַזִּכָּרוֹן הַזֶּה.
זָכְרֵנוּ יהוה אֱלֹהֵינוּ בּוֹ לְטוֹבָה
וּפָקְדֵנוּ בוֹ לִבְרָכָה
וְהוֹשִׁיעֵנוּ בוֹ לְחַיִּים טוֹבִים.
וּבִדְבַר יְשׁוּעָה וְרַחֲמִים חוּס וְחָנֵּנוּ
וְרַחֵם עָלֵינוּ וְהוֹשִׁיעֵנוּ
כִּי אֵלֶיךָ עֵינֵינוּ
כִּי אֵל מֶלֶךְ חַנּוּן וְרַחוּם אָתָּה.

אֱלֹהֵינוּ וֵאלֹהֵי אֲבוֹתֵינוּ
מְלֹךְ עַל כָּל הָעוֹלָם כֻּלּוֹ בִּכְבוֹדֶךָ
וְהִנָּשֵׂא עַל כָּל הָאָרֶץ בִּיקָרֶךָ
וְהוֹפַע בַּהֲדַר גְּאוֹן עֻזֶּךָ עַל כָּל יוֹשְׁבֵי תֵבֵל אַרְצֶךָ.
וְיֵדַע כָּל פָּעוּל כִּי אַתָּה פְעַלְתּוֹ, וְיָבִין כָּל יָצוּר כִּי אַתָּה יְצַרְתּוֹ
וְיֹאמַר כֹּל אֲשֶׁר נְשָׁמָה בְאַפּוֹ
יהוה אֱלֹהֵי יִשְׂרָאֵל מֶלֶךְ וּמַלְכוּתוֹ בַּכֹּל מָשָׁלָה.

בשבת מוסיפים את המילים שבסוגריים.

(אֱלֹהֵינוּ וֵאלֹהֵי אֲבוֹתֵינוּ, רְצֵה נָא בִמְנוּחָתֵנוּ)
קַדְּשֵׁנוּ בְּמִצְוֹתֶיךָ וְתֵן חֶלְקֵנוּ בְּתוֹרָתֶךָ
שַׂבְּעֵנוּ מִטּוּבֶךָ, וְשַׂמַּח נַפְשֵׁנוּ בִּישׁוּעָתֶךָ
(וְהַנְחִילֵנוּ יהוה אֱלֹהֵינוּ בְּאַהֲבָה וּבְרָצוֹן שַׁבַּת קָדְשֶׁךָ
וְיָנוּחוּ בוֹ כָּל יִשְׂרָאֵל מְקַדְּשֵׁי שְׁמֶךָ)
וְטַהֵר לִבֵּנוּ לְעָבְדְּךָ בֶּאֱמֶת
כִּי אַתָּה אֱלֹהִים אֱמֶת, וּדְבָרְךָ אֱמֶת וְקַיָּם לָעַד.
בָּרוּךְ אַתָּה יהוה, מֶלֶךְ עַל כָּל הָאָרֶץ
מְקַדֵּשׁ (הַשַּׁבָּת וְ) יִשְׂרָאֵל וְיוֹם הַזִּכָּרוֹן.

עבודה

רְצֵה יהוה אֱלֹהֵינוּ בְּעַמְּךָ יִשְׂרָאֵל, וְלִתְפִלָּתָם שְׁעֵה
וְהָשֵׁב אֶת הָעֲבוֹדָה לִדְבִיר בֵּיתֶךָ
וְאִשֵּׁי יִשְׂרָאֵל וּתְפִלָּתָם, מְהֵרָה בְּאַהֲבָה תְקַבֵּל בְּרָצוֹן
וּתְהִי לְרָצוֹן תָּמִיד עֲבוֹדַת יִשְׂרָאֵל עַמֶּךָ.
וְתֶחֱזֶינָה עֵינֵינוּ בְּשׁוּבְךָ לְצִיּוֹן בְּרַחֲמִים.
בָּרוּךְ אַתָּה יהוה, הַמַּחֲזִיר שְׁכִינָתוֹ לְצִיּוֹן.

הודאה

כורע ב׳מוֹדים׳ ואינו זוקף עד אמירת השם.

מוֹדִים אֲנַחְנוּ לָךְ
שָׁאַתָּה הוּא יהוה אֱלֹהֵינוּ
וֵאלֹהֵי אֲבוֹתֵינוּ לְעוֹלָם וָעֶד.
צוּר חַיֵּינוּ, מָגֵן יִשְׁעֵנוּ
אַתָּה הוּא לְדוֹר וָדוֹר.
נוֹדֶה לְּךָ וּנְסַפֵּר תְּהִלָּתֶךָ
עַל חַיֵּינוּ הַמְּסוּרִים בְּיָדֶךָ
וְעַל נִשְׁמוֹתֵינוּ הַפְּקוּדוֹת לָךְ
וְעַל נִסֶּיךָ שֶׁבְּכָל יוֹם עִמָּנוּ
וְעַל נִפְלְאוֹתֶיךָ וְטוֹבוֹתֶיךָ
שֶׁבְּכָל עֵת, עֶרֶב וָבֹקֶר וְצָהֳרָיִם.
הַטּוֹב, כִּי לֹא כָלוּ רַחֲמֶיךָ
וְהַמְרַחֵם, כִּי לֹא תַמּוּ חֲסָדֶיךָ
כִּי מֵעוֹלָם קִוִּינוּ לָךְ.

כששליח הציבור אומר ׳מוֹדים׳, הקהל אומר בלחש:

מוֹדִים אֲנַחְנוּ לָךְ
שָׁאַתָּה הוּא יהוה אֱלֹהֵינוּ
וֵאלֹהֵי אֲבוֹתֵינוּ
אֱלֹהֵי כָל בָּשָׂר
יוֹצְרֵנוּ, יוֹצֵר בְּרֵאשִׁית.
בְּרָכוֹת וְהוֹדָאוֹת
לְשִׁמְךָ הַגָּדוֹל וְהַקָּדוֹשׁ
עַל שֶׁהֶחֱיִיתָנוּ וְקִיַּמְתָּנוּ.
כֵּן תְּחַיֵּנוּ וּתְקַיְּמֵנוּ
וְתֶאֱסֹף גָּלֻיּוֹתֵינוּ
לְחַצְרוֹת קָדְשֶׁךָ
לִשְׁמֹר חֻקֶּיךָ וְלַעֲשׂוֹת רְצוֹנֶךָ
וּלְעָבְדְּךָ בְּלֵבָב שָׁלֵם
עַל שֶׁאָנוּ מוֹדִים לָךְ.
בָּרוּךְ אֵל הַהוֹדָאוֹת.

וְעַל כֻּלָּם יִתְבָּרַךְ וְיִתְרוֹמַם וְיִתְנַשֵּׂא שִׁמְךָ מַלְכֵּנוּ תָּמִיד לְעוֹלָם וָעֶד.

קהל ואחריו שליח הציבור:

וּכְתֹב לְחַיִּים טוֹבִים כָּל בְּנֵי בְרִיתֶךָ.

שליח הציבור ממשיך:

וְכֹל הַחַיִּים יוֹדוּךָ סֶּלָה
וִיהַלְלוּ וִיבָרְכוּ אֶת שִׁמְךָ הַגָּדוֹל בֶּאֱמֶת לְעוֹלָם כִּי טוֹב
הָאֵל יְשׁוּעָתֵנוּ וְעֶזְרָתֵנוּ סֶלָה, הָאֵל הַטּוֹב.
בָּרוּךְ אַתָּה יהוה, הַטּוֹב שִׁמְךָ וּלְךָ נָאֶה לְהוֹדוֹת.

אם יותר מכוהן אחד עולה לדוכן, הגבאי קורא:

כֹּהֲנִים

הכוהנים מברכים:

בָּרוּךְ אַתָּה יהוה אֱלֹהֵינוּ מֶלֶךְ הָעוֹלָם, אֲשֶׁר קִדְּשָׁנוּ בִּקְדֻשָּׁתוֹ שֶׁל אַהֲרֹן, וְצִוָּנוּ לְבָרֵךְ אֶת עַמּוֹ יִשְׂרָאֵל בְּאַהֲבָה.

הש״ץ מקריא מילה במילה, והכוהנים אחריו:

יְבָרֶכְךָ יהוה וְיִשְׁמְרֶךָ: קהל: אָמֵן במדבר ו

יָאֵר יהוה פָּנָיו אֵלֶיךָ וִיחֻנֶּךָּ: קהל: אָמֵן

יִשָּׂא יהוה פָּנָיו אֵלֶיךָ וְיָשֵׂם לְךָ שָׁלוֹם: קהל: אָמֵן

שליח הציבור ממשיך ׳שִׂים שָׁלוֹם׳.

הקהל אומר:

אַדִּיר בַּמָּרוֹם שׁוֹכֵן בִּגְבוּרָה, אַתָּה שָׁלוֹם וְשִׁמְךָ שָׁלוֹם. יְהִי רָצוֹן שֶׁתָּשִׂים עָלֵינוּ וְעַל כָּל עַמְּךָ בֵּית יִשְׂרָאֵל חַיִּים וּבְרָכָה לְמִשְׁמֶרֶת שָׁלוֹם.

הכוהנים אומרים:

רִבּוֹנוֹ שֶׁל עוֹלָם, עָשִׂינוּ מַה שֶּׁגָּזַרְתָּ עָלֵינוּ, אַף אַתָּה עֲשֵׂה עִמָּנוּ כְּמוֹ שֶׁהִבְטַחְתָּנוּ. הַשְׁקִיפָה מִמְּעוֹן קָדְשְׁךָ מִן־הַשָּׁמַיִם, וּבָרֵךְ אֶת־עַמְּךָ אֶת־יִשְׂרָאֵל, וְאֵת הָאֲדָמָה אֲשֶׁר נָתַתָּה לָנוּ, כַּאֲשֶׁר נִשְׁבַּעְתָּ לַאֲבֹתֵינוּ, אֶרֶץ זָבַת חָלָב וּדְבָשׁ: דברים כו

אם אין כוהנים העולים לדוכן, שליח הציבור אומר:

אֱלֹהֵינוּ וֵאלֹהֵי אֲבוֹתֵינוּ, בָּרְכֵנוּ בַּבְּרָכָה הַמְשֻׁלֶּשֶׁת בַּתּוֹרָה, הַכְּתוּבָה עַל יְדֵי מֹשֶׁה עַבְדֶּךָ, הָאֲמוּרָה מִפִּי אַהֲרֹן וּבָנָיו כֹּהֲנִים עַם קְדוֹשֶׁיךָ, כָּאָמוּר

יְבָרֶכְךָ יהוה וְיִשְׁמְרֶךָ: קהל: כֵּן יְהִי רָצוֹן במדבר ו

יָאֵר יהוה פָּנָיו אֵלֶיךָ וִיחֻנֶּךָּ: קהל: כֵּן יְהִי רָצוֹן

יִשָּׂא יהוה פָּנָיו אֵלֶיךָ וְיָשֵׂם לְךָ שָׁלוֹם: קהל: כֵּן יְהִי רָצוֹן

שלום

שִׂים שָׁלוֹם טוֹבָה וּבְרָכָה, חַיִּים חֵן וָחֶסֶד וְרַחֲמִים
עָלֵינוּ וְעַל כָּל יִשְׂרָאֵל עַמֶּךָ.
בָּרְכֵנוּ אָבִינוּ כֻּלָּנוּ כְּאֶחָד בְּאוֹר פָּנֶיךָ
כִּי בְאוֹר פָּנֶיךָ נָתַתָּ לָּנוּ יהוה אֱלֹהֵינוּ
תּוֹרַת חַיִּים וְאַהֲבַת חֶסֶד
וּצְדָקָה וּבְרָכָה וְרַחֲמִים וְחַיִּים וְשָׁלוֹם.

וְטוֹב יִהְיֶה בְּעֵינֶיךָ לְבָרְכֵנוּ
וּלְבָרֵךְ אֶת כָּל עַמְּךָ יִשְׂרָאֵל
בְּכָל עֵת וּבְכָל שָׁעָה בִּשְׁלוֹמֶךָ.

קהל ואחריו שליח הציבור:

בְּסֵפֶר חַיִּים, בְּרָכָה וְשָׁלוֹם, וּפַרְנָסָה טוֹבָה
וּגְזֵרוֹת טוֹבוֹת, יְשׁוּעוֹת וְנֶחָמוֹת
נִזָּכֵר וְנִכָּתֵב לְפָנֶיךָ אֲנַחְנוּ וְכָל עַמְּךָ בֵּית יִשְׂרָאֵל
לְחַיִּים טוֹבִים וּלְשָׁלוֹם.

שליח הציבור ממשיך:

בָּרוּךְ אַתָּה יהוה, הַמְבָרֵךְ אֶת עַמּוֹ יִשְׂרָאֵל בַּשָּׁלוֹם.

שליח הציבור מסיים באמירת הפסוק הבא בלחש:

תהלים יט יִהְיוּ לְרָצוֹן אִמְרֵי פִי וְהֶגְיוֹן לִבִּי לְפָנֶיךָ, יהוה צוּרִי וְגֹאֲלִי:

בשבת אין אומרים ׳אָבִֽינוּ מַלְכֵּֽנוּ׳ (מהרי״ל), וממשיכים קדיש שלם בעמ׳ 169.
יש שאינם אומרים את השורה הראשונה ׳אָבִֽינוּ מַלְכֵּֽנוּ חָטָֽאנוּ לְפָנֶֽיךָ׳.
פותחים את ארון הקודש.

אָבִֽינוּ מַלְכֵּֽנוּ, חָטָֽאנוּ לְפָנֶֽיךָ.
אָבִֽינוּ מַלְכֵּֽנוּ, אֵין לָֽנוּ מֶֽלֶךְ אֶלָּא אָֽתָּה.
אָבִֽינוּ מַלְכֵּֽנוּ, עֲשֵׂה עִמָּֽנוּ לְמַֽעַן שְׁמֶֽךָ.
אָבִֽינוּ מַלְכֵּֽנוּ, חַדֵּשׁ עָלֵֽינוּ שָׁנָה טוֹבָה.
אָבִֽינוּ מַלְכֵּֽנוּ, בַּטֵּל מֵעָלֵֽינוּ כָּל גְּזֵרוֹת קָשׁוֹת.
אָבִֽינוּ מַלְכֵּֽנוּ, בַּטֵּל מַחְשְׁבוֹת שׂוֹנְאֵֽינוּ.
אָבִֽינוּ מַלְכֵּֽנוּ, הָפֵר עֲצַת אוֹיְבֵֽינוּ.
אָבִֽינוּ מַלְכֵּֽנוּ, כַּלֵּה כָּל צַר וּמַשְׂטִין מֵעָלֵֽינוּ.
אָבִֽינוּ מַלְכֵּֽנוּ, סְתֹם פִּיּוֹת מַשְׂטִינֵֽנוּ וּמְקַטְרְגֵֽנוּ.
אָבִֽינוּ מַלְכֵּֽנוּ, כַּלֵּה דֶּֽבֶר וְחֶֽרֶב וְרָעָב וּשְׁבִי וּמַשְׁחִית וְעָוֹן וּשְׁמַד מִבְּנֵי בְרִיתֶֽךָ.
אָבִֽינוּ מַלְכֵּֽנוּ, מְנַע מַגֵּפָה מִנַּחֲלָתֶֽךָ.
אָבִֽינוּ מַלְכֵּֽנוּ, סְלַח וּמְחַל לְכָל עֲוֹנוֹתֵֽינוּ.
אָבִֽינוּ מַלְכֵּֽנוּ, מְחֵה וְהַעֲבֵר פְּשָׁעֵֽינוּ וְחַטֹּאתֵֽינוּ מִנֶּֽגֶד עֵינֶֽיךָ.
אָבִֽינוּ מַלְכֵּֽנוּ, מְחֹק בְּרַחֲמֶֽיךָ הָרַבִּים כָּל שִׁטְרֵי חוֹבוֹתֵֽינוּ.

מכאן עד ׳סְלִיחָה וּמְחִילָה׳ שליח הציבור אומר כל משפט בקול רם, והקהל אחריו:

אָבִֽינוּ מַלְכֵּֽנוּ, הַחֲזִירֵֽנוּ בִּתְשׁוּבָה שְׁלֵמָה לְפָנֶֽיךָ.
אָבִֽינוּ מַלְכֵּֽנוּ, שְׁלַח רְפוּאָה שְׁלֵמָה לְחוֹלֵי עַמֶּֽךָ.
אָבִֽינוּ מַלְכֵּֽנוּ, קְרַע רֹֽעַ גְּזַר דִּינֵֽנוּ.
אָבִֽינוּ מַלְכֵּֽנוּ, זָכְרֵֽנוּ בְּזִכָּרוֹן טוֹב לְפָנֶֽיךָ.
אָבִֽינוּ מַלְכֵּֽנוּ, כָּתְבֵֽנוּ בְּסֵֽפֶר חַיִּים טוֹבִים.
אָבִֽינוּ מַלְכֵּֽנוּ, כָּתְבֵֽנוּ בְּסֵֽפֶר גְּאֻלָּה וִישׁוּעָה.
אָבִֽינוּ מַלְכֵּֽנוּ, כָּתְבֵֽנוּ בְּסֵֽפֶר פַּרְנָסָה וְכַלְכָּלָה.

אָבִֽינוּ מַלְכֵּֽנוּ, כָּתְבֵֽנוּ בְּסֵֽפֶר זְכֻיּוֹת.
אָבִֽינוּ מַלְכֵּֽנוּ, כָּתְבֵֽנוּ בְּסֵֽפֶר סְלִיחָה וּמְחִילָה. עד כאן בקול.
אָבִֽינוּ מַלְכֵּֽנוּ, הַצְמַח לָֽנוּ יְשׁוּעָה בְּקָרוֹב.
אָבִֽינוּ מַלְכֵּֽנוּ, הָרֵם קֶֽרֶן יִשְׂרָאֵל עַמֶּֽךָ.
אָבִֽינוּ מַלְכֵּֽנוּ, הָרֵם קֶֽרֶן מְשִׁיחֶֽךָ.
אָבִֽינוּ מַלְכֵּֽנוּ, מַלֵּא יָדֵֽינוּ מִבִּרְכוֹתֶֽיךָ.
אָבִֽינוּ מַלְכֵּֽנוּ, מַלֵּא אֲסָמֵֽינוּ שָׂבָע.
אָבִֽינוּ מַלְכֵּֽנוּ, שְׁמַע קוֹלֵֽנוּ, חוּס וְרַחֵם עָלֵֽינוּ.
אָבִֽינוּ מַלְכֵּֽנוּ, קַבֵּל בְּרַחֲמִים וּבְרָצוֹן אֶת תְּפִלָּתֵֽנוּ.
אָבִֽינוּ מַלְכֵּֽנוּ, פְּתַח שַׁעֲרֵי שָׁמַֽיִם לִתְפִלָּתֵֽנוּ.
אָבִֽינוּ מַלְכֵּֽנוּ, זְכֹר כִּי עָפָר אֲנָֽחְנוּ.
אָבִֽינוּ מַלְכֵּֽנוּ, נָא אַל תְּשִׁיבֵֽנוּ רֵיקָם מִלְּפָנֶֽיךָ.
אָבִֽינוּ מַלְכֵּֽנוּ, תְּהֵא הַשָּׁעָה הַזֹּאת שְׁעַת רַחֲמִים
וְעֵת רָצוֹן מִלְּפָנֶֽיךָ.
אָבִֽינוּ מַלְכֵּֽנוּ, חֲמוֹל עָלֵֽינוּ וְעַל עוֹלָלֵֽינוּ וְטַפֵּֽנוּ.
אָבִֽינוּ מַלְכֵּֽנוּ, עֲשֵׂה לְמַֽעַן הֲרוּגִים עַל שֵׁם קָדְשֶֽׁךָ.
אָבִֽינוּ מַלְכֵּֽנוּ, עֲשֵׂה לְמַֽעַן טְבוּחִים עַל יִחוּדֶֽךָ.
אָבִֽינוּ מַלְכֵּֽנוּ, עֲשֵׂה לְמַֽעַן בָּאֵי בָאֵשׁ וּבַמַּֽיִם עַל קִדּוּשׁ שְׁמֶֽךָ.
אָבִֽינוּ מַלְכֵּֽנוּ, נְקֹם לְעֵינֵֽינוּ נִקְמַת דַּם עֲבָדֶֽיךָ הַשָּׁפוּךְ.
אָבִֽינוּ מַלְכֵּֽנוּ, עֲשֵׂה לְמַעַנְךָ אִם לֹא לְמַעֲנֵֽנוּ.
אָבִֽינוּ מַלְכֵּֽנוּ, עֲשֵׂה לְמַעַנְךָ וְהוֹשִׁיעֵֽנוּ.
אָבִֽינוּ מַלְכֵּֽנוּ, עֲשֵׂה לְמַֽעַן רַחֲמֶֽיךָ הָרַבִּים.
אָבִֽינוּ מַלְכֵּֽנוּ, עֲשֵׂה לְמַֽעַן שִׁמְךָ הַגָּדוֹל הַגִּבּוֹר וְהַנּוֹרָא
שֶׁנִּקְרָא עָלֵֽינוּ.

› אָבִינוּ מַלְכֵּנוּ, חָנֵּנוּ וַעֲנֵנוּ, כִּי אֵין בָּנוּ מַעֲשִׂים
עֲשֵׂה עִמָּנוּ צְדָקָה וָחֶסֶד וְהוֹשִׁיעֵנוּ.

סוגרים את ארון הקודש.

קדיש שלם

ש״ץ: יִתְגַּדַּל וְיִתְקַדַּשׁ שְׁמֵהּ רַבָּא (קהל: אָמֵן)
בְּעָלְמָא דִּי בְרָא כִרְעוּתֵהּ
וְיַמְלִיךְ מַלְכוּתֵהּ
וְיַצְמַח פֻּרְקָנֵהּ וִיקָרֵב מְשִׁיחֵהּ (קהל: אָמֵן)
בְּחַיֵּיכוֹן וּבְיוֹמֵיכוֹן וּבְחַיֵּי דְכָל בֵּית יִשְׂרָאֵל
בַּעֲגָלָא וּבִזְמַן קָרִיב, וְאִמְרוּ אָמֵן. (קהל: אָמֵן)

קהל וש״ץ: יְהֵא שְׁמֵהּ רַבָּא מְבָרַךְ לְעָלַם וּלְעָלְמֵי עָלְמַיָּא.

ש״ץ: יִתְבָּרַךְ וְיִשְׁתַּבַּח וְיִתְפָּאַר וְיִתְרוֹמַם וְיִתְנַשֵּׂא
וְיִתְהַדָּר וְיִתְעַלֶּה וְיִתְהַלָּל
שְׁמֵהּ דְּקֻדְשָׁא בְּרִיךְ הוּא (קהל: אָמֵן)
לְעֵלָּא לְעֵלָּא מִכָּל בִּרְכָתָא וְשִׁירָתָא, תֻּשְׁבְּחָתָא וְנֶחֱמָתָא
דַּאֲמִירָן בְּעָלְמָא, וְאִמְרוּ אָמֵן. (קהל: אָמֵן)
תִּתְקַבַּל צְלוֹתְהוֹן וּבָעוּתְהוֹן דְּכָל בֵּית יִשְׂרָאֵל
קֳדָם אֲבוּהוֹן דִּי בִשְׁמַיָּא, וְאִמְרוּ אָמֵן. (קהל: אָמֵן)
יְהֵא שְׁלָמָא רַבָּא מִן שְׁמַיָּא
וְחַיִּים טוֹבִים עָלֵינוּ וְעַל כָּל יִשְׂרָאֵל, וְאִמְרוּ אָמֵן. (קהל: אָמֵן)

כורע ופוסע שלוש פסיעות לאחור. קד לשמאל, לימין ולפנים באמירת:

עֹשֶׂה הַשָּׁלוֹם בִּמְרוֹמָיו
הוּא יַעֲשֶׂה שָׁלוֹם
עָלֵינוּ וְעַל כָּל יִשְׂרָאֵל, וְאִמְרוּ אָמֵן. (קהל: אָמֵן)

בבתי כנסת המתפללים בנוסח אשכנז, ממשיכים בסדר הוצאת ספר תורה (עמ׳ 174).

שיר של יום

חלק ממצוות זיכרון השבת היא קריאת כל ימות השבוע על שמה (מכילתא, מובא ברמב״ן שמות כ, ח).

נוהגים לומר אחר חזרת הש״ץ לשחרית את השיר שאמרו הלוויים במקדש באותו יום (סדר רב עמרם גאון), ולאחריו קדיש יתום. והנוהגים כדעת הגר״א, אומרים תמיד את מזמור פא בעמוד הבא (׳מעשה רב׳ רח), פרט לשבת.

מזמור זה אומרים ביום שני, כיוון שהבחירה בירושלים מקבילה להבדלה בין המים העליונים למים התחתונים ביום השני לבריאה (ר״ח, ראש השנה לא ע״א).

ליום ב׳ **הַיּוֹם יוֹם שֵׁנִי בְּשַׁבָּת, שֶׁבּוֹ הָיוּ הַלְוִיִּם אוֹמְרִים בְּבֵית הַמִּקְדָּשׁ:**

תהלים מח
שִׁיר מִזְמוֹר לִבְנֵי־קֹרַח: גָּדוֹל יהוה וּמְהֻלָּל מְאֹד, בְּעִיר אֱלֹהֵינוּ, הַר־קָדְשׁוֹ: יְפֵה נוֹף מְשׂוֹשׂ כָּל־הָאָרֶץ, הַר־צִיּוֹן יַרְכְּתֵי צָפוֹן, קִרְיַת מֶלֶךְ רָב: אֱלֹהִים בְּאַרְמְנוֹתֶיהָ נוֹדַע לְמִשְׂגָּב: כִּי־הִנֵּה הַמְּלָכִים נוֹעֲדוּ, עָבְרוּ יַחְדָּו: הֵמָּה רָאוּ כֵּן תָּמָהוּ, נִבְהֲלוּ נֶחְפָּזוּ: רְעָדָה אֲחָזָתַם שָׁם, חִיל כַּיּוֹלֵדָה: בְּרוּחַ קָדִים תְּשַׁבֵּר אֳנִיּוֹת תַּרְשִׁישׁ: כַּאֲשֶׁר שָׁמַעְנוּ כֵּן רָאִינוּ, בְּעִיר־יהוה צְבָאוֹת, בְּעִיר אֱלֹהֵינוּ, אֱלֹהִים יְכוֹנְנֶהָ עַד־עוֹלָם סֶלָה: דִּמִּינוּ אֱלֹהִים חַסְדֶּךָ, בְּקֶרֶב הֵיכָלֶךָ: כְּשִׁמְךָ אֱלֹהִים כֵּן תְּהִלָּתְךָ עַל־קַצְוֵי־אֶרֶץ, צֶדֶק מָלְאָה יְמִינֶךָ: יִשְׂמַח הַר־צִיּוֹן, תָּגֵלְנָה בְּנוֹת יְהוּדָה, לְמַעַן מִשְׁפָּטֶיךָ: סֹבּוּ צִיּוֹן וְהַקִּיפְוּהָ, סִפְרוּ מִגְדָּלֶיהָ: שִׁיתוּ לִבְּכֶם לְחֵילָה, פַּסְּגוּ אַרְמְנוֹתֶיהָ, לְמַעַן תְּסַפְּרוּ לְדוֹר אַחֲרוֹן: • כִּי זֶה אֱלֹהִים אֱלֹהֵינוּ עוֹלָם וָעֶד, הוּא יְנַהֲגֵנוּ עַל־מוּת:

קדיש יתום (בעמ׳ 172)

מזמור זה אומרים ביום שלישי, כיוון שהארץ נתגלתה ביום זה וקיומה תלוי בשמירת משפטי התורה כמו שכתוב במזמור, שנאמר (ירמיה לג, כה): ״כֹּה אָמַר ה׳, אִם־לֹא בְרִיתִי יוֹמָם וָלָיְלָה, חֻקּוֹת שָׁמַיִם וָאָרֶץ לֹא־שָׂמְתִּי״ (ר״ח, ראש השנה לא ע״א).

ליום ג׳ **הַיּוֹם יוֹם שְׁלִישִׁי בְּשַׁבָּת, שֶׁבּוֹ הָיוּ הַלְוִיִּם אוֹמְרִים בְּבֵית הַמִּקְדָּשׁ:**

תהלים פב
מִזְמוֹר לְאָסָף, אֱלֹהִים נִצָּב בַּעֲדַת־אֵל, בְּקֶרֶב אֱלֹהִים יִשְׁפֹּט: עַד־מָתַי תִּשְׁפְּטוּ־עָוֶל, וּפְנֵי רְשָׁעִים תִּשְׂאוּ־סֶלָה: שִׁפְטוּ־דָל

וְיָתוֹם, עָנִי וָרָשׁ הַצְדִּיקוּ: פַּלְּטוּ־דַל וְאֶבְיוֹן, מִיַּד רְשָׁעִים הַצִּילוּ:
לֹא יָדְעוּ וְלֹא יָבִינוּ, בַּחֲשֵׁכָה יִתְהַלָּכוּ, יִמּוֹטוּ כָּל־מוֹסְדֵי אָרֶץ:
אֲנִי־אָמַרְתִּי אֱלֹהִים אַתֶּם, וּבְנֵי עֶלְיוֹן כֻּלְּכֶם: אָכֵן כְּאָדָם תְּמוּתוּן,
וּכְאַחַד הַשָּׂרִים תִּפֹּלוּ: › קוּמָה אֱלֹהִים שָׁפְטָה הָאָרֶץ, כִּי־אַתָּה
תִנְחַל בְּכָל־הַגּוֹיִם:

קדיש יתום (בעמוד הבא)

מזמור זה אומרים ביום חמישי, כיוון שבו הקב״ה התחיל בבריאת
בעלי החיים, והיופי והגיוון בבריאה מעוררים את האדם לשבח את הבורא
(רש״י, ראש השנה לא ע״א).

לדעת הגר״א, אומרים בכל יום מזמור זה, שנאמר בראש השנה
בבית המקדש (ראש השנה ל ע״ב).

ליום ה׳ הַיּוֹם יוֹם חֲמִישִׁי בְּשַׁבָּת, שֶׁבּוֹ הָיוּ הַלְוִיִּם אוֹמְרִים בְּבֵית הַמִּקְדָּשׁ:

תהלים פא
לַמְנַצֵּחַ עַל־הַגִּתִּית לְאָסָף: הַרְנִינוּ לֵאלֹהִים עוּזֵּנוּ, הָרִיעוּ לֵאלֹהֵי
יַעֲקֹב: שְׂאוּ־זִמְרָה וּתְנוּ־תֹף, כִּנּוֹר נָעִים עִם־נָבֶל: תִּקְעוּ בַחֹדֶשׁ
שׁוֹפָר, בַּכֶּסֶה לְיוֹם חַגֵּנוּ: כִּי חֹק לְיִשְׂרָאֵל הוּא, מִשְׁפָּט לֵאלֹהֵי
יַעֲקֹב: עֵדוּת בִּיהוֹסֵף שָׂמוֹ, בְּצֵאתוֹ עַל־אֶרֶץ מִצְרָיִם, שְׂפַת לֹא־
יָדַעְתִּי אֶשְׁמָע: הֲסִירוֹתִי מִסֵּבֶל שִׁכְמוֹ, כַּפָּיו מִדּוּד תַּעֲבֹרְנָה:
בַּצָּרָה קָרָאתָ וָאֲחַלְּצֶךָּ, אֶעֶנְךָ בְּסֵתֶר רַעַם, אֶבְחָנְךָ עַל־מֵי
מְרִיבָה סֶלָה: שְׁמַע עַמִּי וְאָעִידָה בָּךְ, יִשְׂרָאֵל אִם־תִּשְׁמַע־לִי:
לֹא־יִהְיֶה בְךָ אֵל זָר, וְלֹא תִשְׁתַּחֲוֶה לְאֵל נֵכָר: אָנֹכִי יהוה אֱלֹהֶיךָ,
הַמַּעַלְךָ מֵאֶרֶץ מִצְרָיִם, הַרְחֶב־פִּיךָ וַאֲמַלְאֵהוּ: וְלֹא־שָׁמַע
עַמִּי לְקוֹלִי, וְיִשְׂרָאֵל לֹא־אָבָה לִי: וָאֲשַׁלְּחֵהוּ בִּשְׁרִירוּת לִבָּם,
יֵלְכוּ בְּמוֹעֲצוֹתֵיהֶם: לוּ עַמִּי שֹׁמֵעַ לִי, יִשְׂרָאֵל בִּדְרָכַי יְהַלֵּכוּ:
כִּמְעַט אוֹיְבֵיהֶם אַכְנִיעַ, וְעַל־צָרֵיהֶם אָשִׁיב יָדִי: מְשַׂנְאֵי יהוה
יְכַחֲשׁוּ־לוֹ, וִיהִי עִתָּם לְעוֹלָם: › וַיַּאֲכִילֵהוּ מֵחֵלֶב חִטָּה, וּמִצּוּר,
דְּבַשׁ אַשְׂבִּיעֶךָ:

קדיש יתום (בעמוד הבא)

״אמרינן באגדה: ׳מִזְמוֹר שִׁיר לְיוֹם הַשַּׁבָּת׳ – אמר הקב״ה:
פנים חדשות באו לכאן, נאמר שירה״ (תוספות, כתובות ז ע״ב).

לשבת **הַיּוֹם יוֹם שַׁבַּת קֹדֶשׁ, שֶׁבּוֹ הָיוּ הַלְוִיִּם אוֹמְרִים בְּבֵית הַמִּקְדָּשׁ:**

תהלים צב **מִזְמוֹר שִׁיר לְיוֹם הַשַּׁבָּת: טוֹב לְהֹדוֹת לַיהוה, וּלְזַמֵּר לְשִׁמְךָ עֶלְיוֹן:
לְהַגִּיד בַּבֹּקֶר חַסְדֶּךָ, וֶאֱמוּנָתְךָ בַּלֵּילוֹת: עֲלֵי־עָשׂוֹר וַעֲלֵי־נָבֶל, עֲלֵי
הִגָּיוֹן בְּכִנּוֹר: כִּי שִׂמַּחְתַּנִי יהוה בְּפָעֳלֶךָ, בְּמַעֲשֵׂי יָדֶיךָ אֲרַנֵּן: מַה־
גָּדְלוּ מַעֲשֶׂיךָ יהוה, מְאֹד עָמְקוּ מַחְשְׁבֹתֶיךָ: אִישׁ־בַּעַר לֹא יֵדָע,
וּכְסִיל לֹא־יָבִין אֶת־זֹאת: בִּפְרֹחַ רְשָׁעִים כְּמוֹ־עֵשֶׂב, וַיָּצִיצוּ כָּל־פֹּעֲלֵי
אָוֶן, לְהִשָּׁמְדָם עֲדֵי־עַד: וְאַתָּה מָרוֹם לְעֹלָם יהוה: כִּי הִנֵּה אֹיְבֶיךָ
יהוה, כִּי־הִנֵּה אֹיְבֶיךָ יֹאבֵדוּ, יִתְפָּרְדוּ כָּל־פֹּעֲלֵי אָוֶן: וַתָּרֶם כִּרְאֵים
קַרְנִי, בַּלֹּתִי בְּשֶׁמֶן רַעֲנָן: וַתַּבֵּט עֵינִי בְּשׁוּרָי, בַּקָּמִים עָלַי מְרֵעִים
תִּשְׁמַעְנָה אָזְנָי: צַדִּיק כַּתָּמָר יִפְרָח, כְּאֶרֶז בַּלְּבָנוֹן יִשְׂגֶּה: שְׁתוּלִים
בְּבֵית יהוה, בְּחַצְרוֹת אֱלֹהֵינוּ יַפְרִיחוּ: › עוֹד יְנוּבוּן בְּשֵׂיבָה, דְּשֵׁנִים
וְרַעֲנַנִּים יִהְיוּ: לְהַגִּיד כִּי־יָשָׁר יהוה, צוּרִי, וְלֹא־עַוְלָתָה בּוֹ:**

קדיש יתום

אבל: **יִתְגַּדַּל וְיִתְקַדַּשׁ שְׁמֵהּ רַבָּא** (קהל: **אָמֵן**)
**בְּעָלְמָא דִּי בְרָא כִרְעוּתֵהּ
וְיַמְלִיךְ מַלְכוּתֵהּ וְיַצְמַח פֻּרְקָנֵהּ וִיקָרֵב מְשִׁיחֵהּ** (קהל: **אָמֵן**)
**בְּחַיֵּיכוֹן וּבְיוֹמֵיכוֹן וּבְחַיֵּי דְכָל בֵּית יִשְׂרָאֵל
בַּעֲגָלָא וּבִזְמַן קָרִיב, וְאִמְרוּ אָמֵן.** (קהל: **אָמֵן**)

קהל ואבל: **יְהֵא שְׁמֵהּ רַבָּא מְבָרַךְ לְעָלַם וּלְעָלְמֵי עָלְמַיָּא.**

אבל: **יִתְבָּרַךְ וְיִשְׁתַּבַּח וְיִתְפָּאַר וְיִתְרוֹמַם וְיִתְנַשֵּׂא
וְיִתְהַדָּר וְיִתְעַלֶּה וְיִתְהַלָּל
שְׁמֵהּ דְּקֻדְשָׁא בְּרִיךְ הוּא** (קהל: **אָמֵן**)

לְעֵלָּא לְעֵלָּא מִכָּל בִּרְכָתָא וְשִׁירָתָא, תֻּשְׁבְּחָתָא וְנֶחֱמָתָא
דַּאֲמִירָן בְּעָלְמָא, וְאִמְרוּ אָמֵן. (קהל: אָמֵן)

יְהֵא שְׁלָמָא רַבָּא מִן שְׁמַיָּא
וְחַיִּים טוֹבִים עָלֵינוּ וְעַל כָּל יִשְׂרָאֵל, וְאִמְרוּ אָמֵן. (קהל: אָמֵן)

כורע ופוסע שלוש פסיעות לאחור. קד לשמאל, לימין ולפנים באמירת:

עֹשֶׂה הַשָּׁלוֹם בִּמְרוֹמָיו
הוּא יַעֲשֶׂה שָׁלוֹם
עָלֵינוּ וְעַל כָּל יִשְׂרָאֵל, וְאִמְרוּ אָמֵן. (קהל: אָמֵן)

לְדָוִד, יהוה אוֹרִי וְיִשְׁעִי, מִמִּי אִירָא, יהוה מָעוֹז־חַיַּי, מִמִּי אֶפְחָד: תהלים כז
בִּקְרֹב עָלַי מְרֵעִים לֶאֱכֹל אֶת־בְּשָׂרִי, צָרַי וְאֹיְבַי לִי, הֵמָּה כָשְׁלוּ
וְנָפָלוּ: אִם־תַּחֲנֶה עָלַי מַחֲנֶה, לֹא־יִירָא לִבִּי, אִם־תָּקוּם עָלַי
מִלְחָמָה, בְּזֹאת אֲנִי בוֹטֵחַ: אַחַת שָׁאַלְתִּי מֵאֵת־יהוה, אוֹתָהּ
אֲבַקֵּשׁ, שִׁבְתִּי בְּבֵית־יהוה כָּל־יְמֵי חַיַּי, לַחֲזוֹת בְּנֹעַם־יהוה, וּלְבַקֵּר
בְּהֵיכָלוֹ: כִּי יִצְפְּנֵנִי בְּסֻכֹּה בְּיוֹם רָעָה, יַסְתִּרֵנִי בְּסֵתֶר אָהֳלוֹ, בְּצוּר
יְרוֹמְמֵנִי: וְעַתָּה יָרוּם רֹאשִׁי עַל אֹיְבַי סְבִיבוֹתַי, וְאֶזְבְּחָה בְאָהֳלוֹ
זִבְחֵי תְרוּעָה, אָשִׁירָה וַאֲזַמְּרָה לַיהוה: שְׁמַע־יהוה קוֹלִי אֶקְרָא,
וְחָנֵּנִי וַעֲנֵנִי: לְךָ אָמַר לִבִּי בַּקְּשׁוּ פָנָי, אֶת־פָּנֶיךָ יהוה אֲבַקֵּשׁ: אַל־
תַּסְתֵּר פָּנֶיךָ מִמֶּנִּי, אַל תַּט־בְּאַף עַבְדֶּךָ, עֶזְרָתִי הָיִיתָ, אַל־תִּטְּשֵׁנִי
וְאַל־תַּעַזְבֵנִי, אֱלֹהֵי יִשְׁעִי: כִּי־אָבִי וְאִמִּי עֲזָבוּנִי, וַיהוה יַאַסְפֵנִי:
הוֹרֵנִי יהוה דַּרְכֶּךָ, וּנְחֵנִי בְּאֹרַח מִישׁוֹר, לְמַעַן שׁוֹרְרָי: אַל־תִּתְּנֵנִי
בְּנֶפֶשׁ צָרָי, כִּי קָמוּ־בִי עֵדֵי־שֶׁקֶר, וִיפֵחַ חָמָס: ◂ לוּלֵא הֶאֱמַנְתִּי
לִרְאוֹת בְּטוּב־יהוה בְּאֶרֶץ חַיִּים: קַוֵּה אֶל־יהוה, חֲזַק וְיַאֲמֵץ לִבֶּךָ,
וְקַוֵּה אֶל־יהוה:

קדיש יתום (בעמוד הקודם)

הוצאת ספר תורה

״וַיָּבִיא עֶזְרָא הַכֹּהֵן אֶת־הַתּוֹרָה לִפְנֵי הַקָּהָל מֵאִישׁ וְעַד־אִשָּׁה, וְכֹל מֵבִין לִשְׁמֹעַ,
בְּיוֹם אֶחָד לַחֹדֶשׁ הַשְּׁבִיעִי״ (נחמיה ח, ב)

לפני קריאת התורה אומרים (׳אור זרוע׳ ח״ב, מב):

דברים ד אַתָּה הָרְאֵתָ לָדַעַת, כִּי יהוה הוּא הָאֱלֹהִים, אֵין עוֹד מִלְּבַדּוֹ:
תהלים פו אֵין־כָּמְוֹךָ בָאֱלֹהִים, אֲדֹנָי, וְאֵין כְּמַעֲשֶׂיךָ:
תהלים קמה מַלְכוּתְךָ מַלְכוּת כָּל־עֹלָמִים, וּמֶמְשַׁלְתְּךָ בְּכָל־דּוֹר וָדֹר:

יהוה מֶלֶךְ, יהוה מָלָךְ, יהוה יִמְלֹךְ לְעֹלָם וָעֶד.

תהלים כט יהוה עֹז לְעַמּוֹ יִתֵּן, יהוה יְבָרֵךְ אֶת־עַמּוֹ בַשָּׁלוֹם:

תהלים נא אַב הָרַחֲמִים, הֵיטִיבָה בִרְצוֹנְךָ אֶת־צִיּוֹן תִּבְנֶה חוֹמוֹת יְרוּשָׁלָֽםִ:
כִּי בְךָ לְבַד בָּטָחְנוּ, מֶלֶךְ אֵל רָם וְנִשָּׂא, אֲדוֹן עוֹלָמִים.

פותחים את ארון הקודש. הקהל עומד על רגליו.

במדבר י וַיְהִי בִּנְסֹעַ הָאָרֹן וַיֹּאמֶר מֹשֶׁה
קוּמָה יהוה וְיָפֻצוּ אֹיְבֶיךָ וְיָנֻסוּ מְשַׂנְאֶיךָ מִפָּנֶיךָ:
ישעיה ב כִּי מִצִּיּוֹן תֵּצֵא תוֹרָה וּדְבַר־יהוה מִירוּשָׁלָֽםִ:
בָּרוּךְ שֶׁנָּתַן תּוֹרָה לְעַמּוֹ יִשְׂרָאֵל בִּקְדֻשָּׁתוֹ.

בשבת ממשיך ׳בְּרִיךְ שְׁמֵהּ׳ בעמוד הבא.

נוהגים לומר שלוש עשרה מידות (פרי עץ חיים), אחריהן תפילה זו (שערי ציון)
ואחר כך ׳בְּרִיךְ שְׁמֵהּ׳. ואין אומרים אותן בשבת (שערי אפרים).

אומרים שלוש פעמים:

שמות לד יהוה, יהוה, אֵל רַחוּם וְחַנּוּן, אֶרֶךְ אַפַּיִם וְרַב־חֶסֶד וֶאֱמֶת:
נֹצֵר חֶסֶד לָאֲלָפִים, נֹשֵׂא עָוֹן וָפֶשַׁע וְחַטָּאָה, וְנַקֵּה:

רִבּוֹנוֹ שֶׁל עוֹלָם, מַלֵּא מִשְׁאֲלוֹתַי לְטוֹבָה, וְהָפֵק רְצוֹנִי וְתֵן שְׁאֵלָתִי, וּמְחַל
לִי עַל כָּל עֲוֹנוֹתַי וְעַל כָּל עֲוֹנוֹת אַנְשֵׁי בֵיתִי, מְחִילָה בְּחֶסֶד מְחִילָה

בְּרַחֲמִים, וְטַהֲרֵנוּ מֵחֲטָאֵינוּ וּמֵעֲוֹנוֹתֵינוּ וּמִפְּשָׁעֵינוּ, וְזָכְרֵנוּ בְּזִכָּרוֹן טוֹב לְפָנֶיךָ, וּפָקְדֵנוּ בִּפְקֻדַּת יְשׁוּעָה וְרַחֲמִים. וְזָכְרֵנוּ לְחַיִּים טוֹבִים וּלְשָׁלוֹם, וּפַרְנָסָה וְכַלְכָּלָה, וְלֶחֶם לֶאֱכֹל וּבֶגֶד לִלְבֹּשׁ, וְעֹשֶׁר וְכָבוֹד, וְאֹרֶךְ יָמִים לַהֲגוֹת בְּתוֹרָתֶךָ וּלְקַיֵּם מִצְוֹתֶיהָ, וְשֵׂכֶל וּבִינָה לְהָבִין וּלְהַשְׂכִּיל עִמְקֵי סוֹדוֹתֶיהָ. וְהָפֵק רְפוּאָה לְכָל מַכְאוֹבֵינוּ, וּבָרֵךְ כָּל מַעֲשֵׂה יָדֵינוּ, וּגְזֹר עָלֵינוּ גְּזֵרוֹת טוֹבוֹת יְשׁוּעוֹת וְנֶחָמוֹת, וּבַטֵּל מֵעָלֵינוּ כָּל גְּזֵרוֹת קָשׁוֹת וְרָעוֹת, וְתֵן בְּלֵב שָׂרֵינוּ וְיוֹעֲצֵיהֶם (בחו״ל: וְתֵן בְּלֵב הַמַּלְכוּת וְיוֹעֲצֶיהָ וְשָׂרֶיהָ) עָלֵינוּ לְטוֹבָה. אָמֵן וְכֵן יְהִי רָצוֹן.

תהלים יט **יִהְיוּ לְרָצוֹן אִמְרֵי־פִי וְהֶגְיוֹן לִבִּי לְפָנֶיךָ, יהוה צוּרִי וְגֹאֲלִי:**

אומרים שלוש פעמים:

תהלים סט **וַאֲנִי תְפִלָּתִי־לְךָ יהוה, עֵת רָצוֹן, אֱלֹהִים בְּרָב־חַסְדֶּךָ עֲנֵנִי בֶּאֱמֶת יִשְׁעֶךָ:**

זוהר ויקהל בְּרִיךְ שְׁמֵהּ דְּמָרֵא עָלְמָא, בְּרִיךְ כִּתְרָךְ וְאַתְרָךְ. יְהֵא רְעוּתָךְ עִם עַמָּךְ יִשְׂרָאֵל לְעָלַם, וּפֻרְקַן יְמִינָךְ אַחֲזֵי לְעַמָּךְ בְּבֵית מַקְדְּשָׁךְ, וּלְאַמְטוּיֵי לָנָא מִטּוּב נְהוֹרָךְ, וּלְקַבֵּל צְלוֹתָנָא בְּרַחֲמִין. יְהֵא רַעֲוָא קֳדָמָךְ דְּתוֹרִיךְ לַן חַיִּין בְּטִיבוּ, וְלֶהֱוֵי אֲנָא פְקִידָא בְּגוֹ צַדִּיקַיָּא, לְמִרְחַם עָלַי וּלְמִנְטַר יָתִי וְיַת כָּל דִּי לִי וְדִי לְעַמָּךְ יִשְׂרָאֵל. אַנְתְּ הוּא זָן לְכֹלָּא וּמְפַרְנֵס לְכֹלָּא, אַנְתְּ הוּא שַׁלִּיט עַל כֹּלָּא, אַנְתְּ הוּא דְּשַׁלִּיט עַל מַלְכַיָּא, וּמַלְכוּתָא

תרגום

ברוך שמו של אדון העולם, ברוך כתרך ומקומך. יהי רצונך עם עמך ישראל לעולם, וישועת ימינך הראה לעמך בבית מקדשך, ולהביא לנו מטוב אורך, ולקבל תפילותינו ברחמים. יהי רצון מלפניך שתאריך לנו חיים בטוב, ואהיה אני נמנה בתוך הצדיקים, לרחם עלי ולשמור אותי ואת כל אשר לי ואשר לעמך ישראל. אתה הוא זן לכול ומפרנס לכול, אתה הוא שליט על הכול, אתה הוא השליט על

דִּילָךְ הִיא. אֲנָא עַבְדָּא דְקֻדְשָׁא בְּרִיךְ הוּא, דְּסָגִדְנָא קַמֵּהּ וּמִקַּמֵּי דִּיקַר אוֹרַיְתֵהּ בְּכָל עִדָּן וְעִדָּן. לָא עַל אֱנָשׁ רָחִיצְנָא וְלָא עַל בַּר אֱלָהִין סָמִיכְנָא, אֶלָּא בֶּאֱלָהָא דִשְׁמַיָּא, דְּהוּא אֱלָהָא קְשׁוֹט, וְאוֹרַיְתֵהּ קְשׁוֹט, וּנְבִיאוֹהִי קְשׁוֹט, וּמַסְגֵּא לְמֶעְבַּד טָבְוָן וּקְשׁוֹט. • בֵּהּ אֲנָא רָחִיץ, וְלִשְׁמֵהּ קַדִּישָׁא יַקִּירָא אֲנָא אֵמַר תֻּשְׁבְּחָן. יְהֵא רַעֲוָא קֳדָמָךְ דְּתִפְתַּח לִבַּאי בְּאוֹרַיְתָא, וְתַשְׁלִים מִשְׁאֲלִין דְּלִבַּאי וְלִבָּא דְכָל עַמָּךְ יִשְׂרָאֵל לְטָב וּלְחַיִּין וְלִשְׁלָם.

שליח הציבור מקבל את ספר התורה בימינו, פונה לקהל ואומר ׳שְׁמַע יִשְׂרָאֵל׳ (מסכת סופרים פי״ד), והקהל אחריו.

דברים ו
שְׁמַע יִשְׂרָאֵל, יהוה אֱלֹהֵינוּ, יהוה אֶחָד:

שליח ציבור ואחריו הקהל:

אֶחָד אֱלֹהֵינוּ, גָּדוֹל אֲדוֹנֵינוּ, קָדוֹשׁ וְנוֹרָא שְׁמוֹ.

שליח הציבור פונה לעבר ארון הקודש, קד, מגביה את ספר התורה ואומר (משנ״ב קלד, יג על פי מסכת סופרים):

תהלים לד
גַּדְּלוּ לַיהוה אִתִּי וּנְרוֹמְמָה שְׁמוֹ יַחְדָּו:

סוגרים את ארון הקודש. שליח הציבור נושא את ספר התורה אל הבימה, והקהל אומר:

דברי הימים א׳ כט
לְךָ יהוה הַגְּדֻלָּה וְהַגְּבוּרָה וְהַתִּפְאֶרֶת וְהַנֵּצַח וְהַהוֹד, כִּי־כֹל בַּשָּׁמַיִם וּבָאָרֶץ, לְךָ יהוה הַמַּמְלָכָה וְהַמִּתְנַשֵּׂא לְכֹל לְרֹאשׁ:

המלכים, והמלכות שלך היא. אני עבדו של הקדוש ברוך הוא, משתחוה לפניו ולפני כבוד תורתו בכל עת ועת. לא על אדם אני בטוח ולא על מלאך אני סמוך, אלא באלהי השמים, שהוא אלהים אמת, ותורתו אמת, ונביאיו אמת, ומרבה לעשות חסד ואמת. בו אני בטוח, ולשמו הקדוש הנכבד אני אומר תשבחות. יהי רצון מלפניך שתפתח לבי בתורה, ותמלא משאלות לבי ולב כל עמך ישראל לטובה ולחיים ולשלום.

רוֹמְמוּ יהוה אֱלֹהֵינוּ וְהִשְׁתַּחֲווּ לַהֲדֹם רַגְלָיו, קָדוֹשׁ הוּא: רוֹמְמוּ תהלים צט
יהוה אֱלֹהֵינוּ וְהִשְׁתַּחֲווּ לְהַר קָדְשׁוֹ, כִּי־קָדוֹשׁ יהוה אֱלֹהֵינוּ: שם

הקהל אומר בלחש (מחזור ויטרי, קסה):

עַל הַכֹּל יִתְגַּדַּל וְיִתְקַדַּשׁ וְיִשְׁתַּבַּח וְיִתְפָּאַר וְיִתְרוֹמַם וְיִתְנַשֵּׂא שְׁמוֹ שֶׁל מֶלֶךְ מַלְכֵי הַמְּלָכִים הַקָּדוֹשׁ בָּרוּךְ הוּא בָּעוֹלָמוֹת שֶׁבָּרָא, הָעוֹלָם הַזֶּה וְהָעוֹלָם הַבָּא, כִּרְצוֹנוֹ וְכִרְצוֹן יְרֵאָיו וְכִרְצוֹן כָּל בֵּית יִשְׂרָאֵל. צוּר הָעוֹלָמִים, אֲדוֹן כָּל הַבְּרִיּוֹת, אֱלוֹהַּ כָּל הַנְּפָשׁוֹת, הַיּוֹשֵׁב בְּמֶרְחֲבֵי מָרוֹם, הַשּׁוֹכֵן בִּשְׁמֵי שְׁמֵי קֶדֶם, קְדֻשָּׁתוֹ עַל הַחַיּוֹת, וּקְדֻשָּׁתוֹ עַל כִּסֵּא הַכָּבוֹד. וּבְכֵן יִתְקַדַּשׁ שִׁמְךָ בָּנוּ יהוה אֱלֹהֵינוּ לְעֵינֵי כָּל חָי, וְנֹאמַר לְפָנָיו
שִׁיר חָדָשׁ, כַּכָּתוּב: שִׁירוּ לֵאלֹהִים זַמְּרוּ שְׁמוֹ, סֹלּוּ לָרֹכֵב בָּעֲרָבוֹת, בְּיָהּ תהלים סח
שְׁמוֹ, וְעִלְזוּ לְפָנָיו: וְנִרְאֵהוּ עַיִן בְּעַיִן בְּשׁוּבוֹ אֶל נָוֵהוּ, כַּכָּתוּב: כִּי עַיִן ישעיה נב
בְּעַיִן יִרְאוּ בְּשׁוּב יהוה צִיּוֹן: וְנֶאֱמַר: וְנִגְלָה כְּבוֹד יהוה, וְרָאוּ כָל־בָּשָׂר ישעיה מ
יַחְדָּו כִּי פִּי יהוה דִּבֵּר:

אַב הָרַחֲמִים הוּא יְרַחֵם עַם עֲמוּסִים, וְיִזְכֹּר בְּרִית אֵיתָנִים, וְיַצִּיל נַפְשׁוֹתֵינוּ מִן הַשָּׁעוֹת הָרָעוֹת, וְיִגְעַר בְּיֵצֶר הָרָע מִן הַנְּשׂוּאִים, וְיָחֹן אוֹתָנוּ לִפְלֵיטַת עוֹלָמִים, וִימַלֵּא מִשְׁאֲלוֹתֵינוּ בְּמִדָּה טוֹבָה יְשׁוּעָה וְרַחֲמִים.

מניח את ספר התורה על הבימה, והגבאי מכריז (מחזור ויטרי):

וְיַעֲזֹר וְיָגֵן וְיוֹשִׁיעַ לְכָל הַחוֹסִים בּוֹ, וְנֹאמַר אָמֵן. הַכֹּל הָבוּ גֹדֶל לֵאלֹהֵינוּ וּתְנוּ כָבוֹד לַתּוֹרָה. *כֹּהֵן קְרַב, יַעֲמֹד (פלוני בֶּן פלוני) הַכֹּהֵן.

*אם אין כוהן, הגבאי קורא ללוי או לישראל ואומר:

/אֵין כָּאן כֹּהֵן, יַעֲמֹד (פלוני בֶּן פלוני) בִּמְקוֹם כֹּהֵן./

בָּרוּךְ שֶׁנָּתַן תּוֹרָה לְעַמּוֹ יִשְׂרָאֵל בִּקְדֻשָּׁתוֹ.

הקהל ואחריו הגבאי:

וְאַתֶּם הַדְּבֵקִים בַּיהוה אֱלֹהֵיכֶם חַיִּים כֻּלְּכֶם הַיּוֹם: דברים ד

קריאת התורה בעמ׳ 180.

קודם הברכה על העולה לראות היכן קוראים ולנשק את ספר התורה.
בשעת הברכה אוחז בעמודי הספר.

עולה: **בָּרְכוּ אֶת יהוה הַמְבֹרָךְ.**

קהל: **בָּרוּךְ יהוה הַמְבֹרָךְ לְעוֹלָם וָעֶד.**

עולה: **בָּרוּךְ יהוה הַמְבֹרָךְ לְעוֹלָם וָעֶד.**

בָּרוּךְ אַתָּה יהוה, אֱלֹהֵינוּ מֶלֶךְ הָעוֹלָם
אֲשֶׁר בָּחַר בָּנוּ מִכָּל הָעַמִּים
וְנָתַן לָנוּ אֶת תּוֹרָתוֹ.
בָּרוּךְ אַתָּה יהוה, נוֹתֵן הַתּוֹרָה.

לאחר הקריאה, העולה מנשק את ספר התורה ומברך:

עולה: **בָּרוּךְ אַתָּה יהוה אֱלֹהֵינוּ מֶלֶךְ הָעוֹלָם**
אֲשֶׁר נָתַן לָנוּ תּוֹרַת אֱמֶת
וְחַיֵּי עוֹלָם נָטַע בְּתוֹכֵנוּ.
בָּרוּךְ אַתָּה יהוה, נוֹתֵן הַתּוֹרָה.

מי שהיה בסכנה וניצל ממנה, מברך ׳הַגּוֹמֵל׳:

בָּרוּךְ אַתָּה יהוה אֱלֹהֵינוּ מֶלֶךְ הָעוֹלָם הַגּוֹמֵל לְחַיָּבִים טוֹבוֹת שֶׁגְּמָלַנִי כָּל טוֹב.

הקהל עונה: **אָמֵן. מִי שֶׁגְּמָלְךָ כָּל טוֹב הוּא יִגְמָלְךָ כָּל טוֹב, סֶלָה.**

כאן לפי הצורך אומרים ׳מִי שֶׁבֵּרַךְ׳.

מי שבירך לעולה לתורה

מִי שֶׁבֵּרַךְ אֲבוֹתֵינוּ אַבְרָהָם יִצְחָק וְיַעֲקֹב, הוּא יְבָרֵךְ אֶת (פלוני בֶּן פלוני), **בַּעֲבוּר שֶׁעָלָה לִכְבוֹד הַמָּקוֹם וְלִכְבוֹד הַתּוֹרָה** (בשבת: וְלִכְבוֹד הַשַּׁבָּת) **וְלִכְבוֹד יוֹם הַדִּין. בִּשְׂכַר זֶה הַקָּדוֹשׁ בָּרוּךְ הוּא יִשְׁמְרֵהוּ וְיַצִּילֵהוּ מִכָּל צָרָה וְצוּקָה וּמִכָּל נֶגַע וּמַחֲלָה, וְיִשְׁלַח בְּרָכָה וְהַצְלָחָה בְּכָל מַעֲשֵׂה יָדָיו, וְיִכְתְּבֵהוּ וְיַחְתְּמֵהוּ לְחַיִּים טוֹבִים בְּיוֹם הַדִּין הַזֶּה עִם כָּל יִשְׂרָאֵל אֶחָיו, וְנֹאמַר אָמֵן.**

מי שבירך לחולֶה

מִי שֶׁבֵּרַךְ אֲבוֹתֵינוּ אַבְרָהָם יִצְחָק וְיַעֲקֹב, מֹשֶׁה וְאַהֲרֹן דָּוִד וּשְׁלֹמֹה הוּא יְבָרֵךְ וִירַפֵּא אֶת הַחוֹלֶה (פלוני בֶּן פלונית) בַּעֲבוּר שֶׁ(פלוני בֶּן פלוני) נוֹדֵר צְדָקָה בַּעֲבוּרוֹ. בִּשְׂכַר זֶה הַקָּדוֹשׁ בָּרוּךְ הוּא יִמָּלֵא רַחֲמִים עָלָיו לְהַחֲלִימוֹ וּלְרַפְּאתוֹ וּלְהַחֲזִיקוֹ וּלְהַחֲיוֹתוֹ וְיִשְׁלַח לוֹ מְהֵרָה רְפוּאָה שְׁלֵמָה מִן הַשָּׁמַיִם לִרְמַ״ח אֵבָרָיו וּשְׁסָ״ה גִּידָיו בְּתוֹךְ שְׁאָר חוֹלֵי יִשְׂרָאֵל, רְפוּאַת הַנֶּפֶשׁ וּרְפוּאַת הַגּוּף (בשבת: שַׁבָּת הִיא מִלִּזְעֹק וּרְפוּאָה קְרוֹבָה לָבוֹא), הַשְׁתָּא בַּעֲגָלָא וּבִזְמַן קָרִיב, וְנֹאמַר אָמֵן.

מי שבירך לחולָה

מִי שֶׁבֵּרַךְ אֲבוֹתֵינוּ אַבְרָהָם יִצְחָק וְיַעֲקֹב, מֹשֶׁה וְאַהֲרֹן דָּוִד וּשְׁלֹמֹה הוּא יְבָרֵךְ וִירַפֵּא אֶת הַחוֹלָה (פלונית בַּת פלונית) בַּעֲבוּר שֶׁ(פלוני בֶּן פלוני) נוֹדֵר צְדָקָה בַּעֲבוּרָהּ. בִּשְׂכַר זֶה הַקָּדוֹשׁ בָּרוּךְ הוּא יִמָּלֵא רַחֲמִים עָלֶיהָ לְהַחֲלִימָהּ וּלְרַפְּאתָהּ וּלְהַחֲזִיקָהּ וּלְהַחֲיוֹתָהּ וְיִשְׁלַח לָהּ מְהֵרָה רְפוּאָה שְׁלֵמָה מִן הַשָּׁמַיִם לְכָל אֵבָרֶיהָ וּלְכָל גִּידֶיהָ בְּתוֹךְ שְׁאָר חוֹלֵי יִשְׂרָאֵל, רְפוּאַת הַנֶּפֶשׁ וּרְפוּאַת הַגּוּף (בשבת: שַׁבָּת הִיא מִלִּזְעֹק וּרְפוּאָה קְרוֹבָה לָבוֹא), הַשְׁתָּא בַּעֲגָלָא וּבִזְמַן קָרִיב, וְנֹאמַר אָמֵן.

מי שבירך ליולדת בן

מִי שֶׁבֵּרַךְ אֲבוֹתֵינוּ אַבְרָהָם יִצְחָק וְיַעֲקֹב, מֹשֶׁה וְאַהֲרֹן דָּוִד וּשְׁלֹמֹה, שָׂרָה רִבְקָה רָחֵל וְלֵאָה הוּא יְבָרֵךְ אֶת הָאִשָּׁה הַיּוֹלֶדֶת (פלונית בַּת פלוני) וְאֶת בְּנָהּ שֶׁנּוֹלַד לָהּ לְמַזָּל טוֹב בַּעֲבוּר שֶׁבַּעְלָהּ וְאָבִיו נוֹדֵר צְדָקָה בַּעֲדָם. בִּשְׂכַר זֶה יִזְכּוּ אָבִיו וְאִמּוֹ לְהַכְנִיסוֹ בִּבְרִיתוֹ שֶׁל אַבְרָהָם אָבִינוּ וּלְגַדְּלוֹ לְתוֹרָה וּלְחֻפָּה וּלְמַעֲשִׂים טוֹבִים, וְנֹאמַר אָמֵן.

מי שבירך ליולדת בת

מִי שֶׁבֵּרַךְ אֲבוֹתֵינוּ אַבְרָהָם יִצְחָק וְיַעֲקֹב, מֹשֶׁה וְאַהֲרֹן דָּוִד וּשְׁלֹמֹה, שָׂרָה רִבְקָה רָחֵל וְלֵאָה הוּא יְבָרֵךְ אֶת הָאִשָּׁה הַיּוֹלֶדֶת (פלונית בַּת פלוני) וְאֶת בִּתָּהּ שֶׁנּוֹלְדָה לָהּ לְמַזָּל טוֹב וְיִקָּרֵא שְׁמָהּ בְּיִשְׂרָאֵל (פלונית בַּת פלוני), בַּעֲבוּר שֶׁבַּעְלָהּ וְאָבִיהָ נוֹדֵר צְדָקָה בַּעֲדָן. בִּשְׂכַר זֶה יִזְכּוּ אָבִיהָ וְאִמָּהּ לְגַדְּלָהּ לְתוֹרָה וּלְחֻפָּה וּלְמַעֲשִׂים טוֹבִים, וְנֹאמַר אָמֵן.

קריאת התורה ליום א׳

בראשית כא וַֽיהוָ֛ה פָּקַ֥ד אֶת־שָׂרָ֖ה כַּאֲשֶׁ֣ר אָמָ֑ר וַיַּ֧עַשׂ יְהוָ֛ה לְשָׂרָ֖ה כַּאֲשֶׁ֥ר
דִּבֵּֽר׃ וַתַּהַר֩ וַתֵּ֨לֶד שָׂרָ֧ה לְאַבְרָהָ֛ם בֵּ֖ן לִזְקֻנָ֑יו לַמּוֹעֵ֕ד אֲשֶׁר־
דִּבֶּ֥ר אֹת֖וֹ אֱלֹהִֽים׃ וַיִּקְרָ֨א אַבְרָהָ֜ם אֶֽת־שֶׁם־בְּנ֧וֹ הַנּֽוֹלַד־ל֛וֹ
אֲשֶׁר־יָלְדָה־לּ֥וֹ שָׂרָ֖ה יִצְחָֽק׃ וַיָּ֤מָל אַבְרָהָם֙ אֶת־יִצְחָ֣ק בְּנ֔וֹ בֶּן־
לוי שְׁמֹנַ֖ת יָמִ֑ים כַּאֲשֶׁ֛ר צִוָּ֥ה אֹת֖וֹ אֱלֹהִֽים׃ וְאַבְרָהָ֖ם בֶּן־מְאַ֣ת שָׁנָ֑ה
בְּהִוָּ֣לֶד ל֔וֹ אֵ֖ת יִצְחָ֥ק בְּנֽוֹ׃ וַתֹּ֣אמֶר שָׂרָ֔ה צְחֹ֕ק עָ֥שָׂה לִ֖י אֱלֹהִ֑ים
כָּל־הַשֹּׁמֵ֖עַ יִֽצְחַק־לִֽי׃ וַתֹּ֗אמֶר מִ֤י מִלֵּל֙ לְאַבְרָהָ֔ם הֵינִ֥יקָה בָנִ֖ים
שָׂרָ֑ה כִּֽי־יָלַ֥דְתִּי בֵ֖ן לִזְקֻנָֽיו׃ וַיִּגְדַּ֥ל הַיֶּ֖לֶד וַיִּגָּמַ֑ל וַיַּ֤עַשׂ אַבְרָהָם֙
(בשבת שלישי) מִשְׁתֶּ֣ה גָד֔וֹל בְּי֖וֹם הִגָּמֵ֥ל אֶת־יִצְחָֽק׃ וַתֵּ֨רֶא שָׂרָ֜ה אֶֽת־בֶּן־הָגָ֧ר
הַמִּצְרִ֛ית אֲשֶׁר־יָלְדָ֥ה לְאַבְרָהָ֖ם מְצַחֵֽק׃ וַתֹּ֙אמֶר֙ לְאַבְרָהָ֔ם גָּרֵ֛שׁ
הָאָמָ֥ה הַזֹּ֖את וְאֶת־בְּנָ֑הּ כִּ֣י לֹ֤א יִירַשׁ֙ בֶּן־הָאָמָ֣ה הַזֹּ֔את עִם־בְּנִ֖י
עִם־יִצְחָֽק׃ וַיֵּ֧רַע הַדָּבָ֛ר מְאֹ֖ד בְּעֵינֵ֣י אַבְרָהָ֑ם עַ֖ל אוֹדֹ֥ת בְּנֽוֹ׃
וַיֹּ֨אמֶר אֱלֹהִ֜ים אֶל־אַבְרָהָ֗ם אַל־יֵרַ֤ע בְּעֵינֶ֙יךָ֙ עַל־הַנַּ֣עַר וְעַל־
אֲמָתֶ֔ךָ כֹּל֩ אֲשֶׁ֨ר תֹּאמַ֥ר אֵלֶ֛יךָ שָׂרָ֖ה שְׁמַ֣ע בְּקֹלָ֑הּ כִּ֣י בְיִצְחָ֔ק
שלישי (בשבת רביעי) יִקָּרֵ֥א לְךָ֖ זָֽרַע׃ וְגַ֥ם אֶת־בֶּן־הָאָמָ֖ה לְג֣וֹי אֲשִׂימֶ֑נּוּ כִּ֥י זַרְעֲךָ֖
הֽוּא׃ וַיַּשְׁכֵּ֣ם אַבְרָהָ֣ם ׀ בַּבֹּ֡קֶר וַיִּֽקַּֽח־לֶחֶם֩ וְחֵ֨מַת מַ֜יִם וַיִּתֵּ֣ן אֶל־
הָ֠גָר שָׂ֧ם עַל־שִׁכְמָ֛הּ וְאֶת־הַיֶּ֖לֶד וַֽיְשַׁלְּחֶ֑הָ וַתֵּ֣לֶךְ וַתֵּ֔תַע בְּמִדְבַּ֖ר
בְּאֵ֥ר שָֽׁבַע׃ וַיִּכְל֥וּ הַמַּ֖יִם מִן־הַחֵ֑מֶת וַתַּשְׁלֵ֣ךְ אֶת־הַיֶּ֔לֶד תַּ֖חַת
אַחַ֥ד הַשִּׂיחִֽם׃ וַתֵּלֶךְ֩ וַתֵּ֨שֶׁב לָ֜הּ מִנֶּ֗גֶד הַרְחֵק֙ כִּמְטַחֲוֵ֣י קֶ֔שֶׁת כִּ֣י
אָֽמְרָ֔ה אַל־אֶרְאֶ֖ה בְּמ֣וֹת הַיָּ֑לֶד וַתֵּ֙שֶׁב֙ מִנֶּ֔גֶד וַתִּשָּׂ֥א אֶת־קֹלָ֖הּ
וַתֵּֽבְךְּ׃ וַיִּשְׁמַ֣ע אֱלֹהִים֮ אֶת־ק֣וֹל הַנַּעַר֒ וַיִּקְרָא֩ מַלְאַ֨ךְ אֱלֹהִ֤ים ׀
אֶל־הָגָר֙ מִן־הַשָּׁמַ֔יִם וַיֹּ֥אמֶר לָ֖הּ מַה־לָּ֣ךְ הָגָ֑ר אַל־תִּ֣ירְאִ֔י כִּֽי־

שָׁמַע אֱלֹהִים אֶל־קוֹל הַנַּעַר בַּאֲשֶׁר הוּא־שָׁם: קוּמִי שְׂאִי אֶת־ (בשבת חמישי)
הַנַּעַר וְהַחֲזִיקִי אֶת־יָדֵךְ בּוֹ כִּי־לְגוֹי גָּדוֹל אֲשִׂימֶנּוּ: וַיִּפְקַח אֱלֹהִים
אֶת־עֵינֶיהָ וַתֵּרֶא בְּאֵר מָיִם וַתֵּלֶךְ וַתְּמַלֵּא אֶת־הַחֵמֶת מַיִם
וַתַּשְׁקְ אֶת־הַנָּעַר: וַיְהִי אֱלֹהִים אֶת־הַנַּעַר וַיִּגְדָּל וַיֵּשֶׁב בַּמִּדְבָּר
וַיְהִי רֹבֶה קַשָּׁת: וַיֵּשֶׁב בְּמִדְבַּר פָּארָן וַתִּקַּח־לוֹ אִמּוֹ אִשָּׁה
מֵאֶרֶץ מִצְרָיִם:

וַיְהִי בָּעֵת הַהִוא וַיֹּאמֶר אֲבִימֶלֶךְ וּפִיכֹל שַׂר־צְבָאוֹ אֶל־אַבְרָהָם רביעי (בשבת ששי)
לֵאמֹר אֱלֹהִים עִמְּךָ בְּכֹל אֲשֶׁר־אַתָּה עֹשֶׂה: וְעַתָּה הִשָּׁבְעָה
לִּי בֵאלֹהִים הֵנָּה אִם־תִּשְׁקֹר לִי וּלְנִינִי וּלְנֶכְדִּי כַּחֶסֶד אֲשֶׁר־
עָשִׂיתִי עִמְּךָ תַּעֲשֶׂה עִמָּדִי וְעִם־הָאָרֶץ אֲשֶׁר־גַּרְתָּה בָּהּ: וַיֹּאמֶר
אַבְרָהָם אָנֹכִי אִשָּׁבֵעַ: וְהוֹכִחַ אַבְרָהָם אֶת־אֲבִימֶלֶךְ עַל־אֹדוֹת
בְּאֵר הַמַּיִם אֲשֶׁר גָּזְלוּ עַבְדֵי אֲבִימֶלֶךְ: וַיֹּאמֶר אֲבִימֶלֶךְ לֹא
יָדַעְתִּי מִי עָשָׂה אֶת־הַדָּבָר הַזֶּה וְגַם־אַתָּה לֹא־הִגַּדְתָּ לִּי וְגַם
אָנֹכִי לֹא שָׁמַעְתִּי בִּלְתִּי הַיּוֹם: וַיִּקַּח אַבְרָהָם צֹאן וּבָקָר וַיִּתֵּן
לַאֲבִימֶלֶךְ וַיִּכְרְתוּ שְׁנֵיהֶם בְּרִית: וַיַּצֵּב אַבְרָהָם אֶת־שֶׁבַע חמישי (בשבת שביעי)
כִּבְשֹׂת הַצֹּאן לְבַדְּהֶן: וַיֹּאמֶר אֲבִימֶלֶךְ אֶל־אַבְרָהָם מָה הֵנָּה
שֶׁבַע כְּבָשֹׂת הָאֵלֶּה אֲשֶׁר הִצַּבְתָּ לְבַדָּנָה: וַיֹּאמֶר כִּי אֶת־שֶׁבַע
כְּבָשֹׂת תִּקַּח מִיָּדִי בַּעֲבוּר תִּהְיֶה־לִּי לְעֵדָה כִּי חָפַרְתִּי אֶת־
הַבְּאֵר הַזֹּאת: עַל־כֵּן קָרָא לַמָּקוֹם הַהוּא בְּאֵר שָׁבַע כִּי שָׁם
נִשְׁבְּעוּ שְׁנֵיהֶם: וַיִּכְרְתוּ בְרִית בִּבְאֵר שָׁבַע וַיָּקָם אֲבִימֶלֶךְ
וּפִיכֹל שַׂר־צְבָאוֹ וַיָּשֻׁבוּ אֶל־אֶרֶץ פְּלִשְׁתִּים: וַיִּטַּע אֶשֶׁל בִּבְאֵר
שָׁבַע וַיִּקְרָא־שָׁם בְּשֵׁם יְהוָה אֵל עוֹלָם: וַיָּגָר אַבְרָהָם בְּאֶרֶץ
פְּלִשְׁתִּים יָמִים רַבִּים:

מניחים את הספר השני ליד הראשון.

חצי קדיש

לפני שקוראים למפטיר, בעל הקורא אומר חצי קדיש (רמב״ם, תפילה פי״ב ה״כ).

קורא: יִתְגַּדַּל וְיִתְקַדַּשׁ שְׁמֵהּ רַבָּא (קהל: אָמֵן)
בְּעָלְמָא דִּי בְרָא כִרְעוּתֵהּ
וְיַמְלִיךְ מַלְכוּתֵהּ וְיַצְמַח פֻּרְקָנֵהּ וִיקָרֵב מְשִׁיחֵהּ (קהל: אָמֵן)
בְּחַיֵּיכוֹן וּבְיוֹמֵיכוֹן וּבְחַיֵּי דְכָל בֵּית יִשְׂרָאֵל
בַּעֲגָלָא וּבִזְמַן קָרִיב
וְאִמְרוּ אָמֵן. (קהל: אָמֵן)

קהל וקורא: יְהֵא שְׁמֵהּ רַבָּא מְבָרַךְ לְעָלַם וּלְעָלְמֵי עָלְמַיָּא.

קורא: יִתְבָּרַךְ וְיִשְׁתַּבַּח וְיִתְפָּאַר וְיִתְרוֹמַם וְיִתְנַשֵּׂא
וְיִתְהַדָּר וְיִתְעַלֶּה וְיִתְהַלָּל
שְׁמֵהּ דְּקֻדְשָׁא בְּרִיךְ הוּא (קהל: אָמֵן)
לְעֵלָּא לְעֵלָּא מִכָּל בִּרְכָתָא
וְשִׁירָתָא, תֻּשְׁבְּחָתָא וְנֶחֱמָתָא, דַּאֲמִירָן בְּעָלְמָא
וְאִמְרוּ אָמֵן. (קהל: אָמֵן)

הגבהה וגלילה

מגביהים את ספר התורה הראשון, והקהל אומר:

דברים ד וְזֹאת הַתּוֹרָה אֲשֶׁר־שָׂם מֹשֶׁה לִפְנֵי בְּנֵי יִשְׂרָאֵל:
במדבר ט עַל־פִּי יהוה בְּיַד מֹשֶׁה:

משלי ג ויש מוסיפים: עֵץ־חַיִּים הִיא לַמַּחֲזִיקִים בָּהּ וְתֹמְכֶיהָ מְאֻשָּׁר:
דְּרָכֶיהָ דַרְכֵי־נֹעַם וְכָל־נְתִיבוֹתֶיהָ שָׁלוֹם:
אֹרֶךְ יָמִים בִּימִינָהּ, בִּשְׂמֹאולָהּ עֹשֶׁר וְכָבוֹד:
ישעיה מב יהוה חָפֵץ לְמַעַן צִדְקוֹ יַגְדִּיל תּוֹרָה וְיַאְדִּיר:

מפטיר

קוראים למפטיר בספר שני.

במדבר כט, א–ו
וּבַחֹ֨דֶשׁ הַשְּׁבִיעִ֜י בְּאֶחָ֣ד לַחֹ֗דֶשׁ מִקְרָא־קֹ֙דֶשׁ֙ יִהְיֶ֣ה לָכֶ֔ם כׇּל־מְלֶ֥אכֶת עֲבֹדָ֖ה לֹ֣א תַעֲשׂ֑וּ י֥וֹם תְּרוּעָ֖ה יִהְיֶ֥ה לָכֶֽם׃ וַעֲשִׂיתֶ֨ם עֹלָ֜ה לְרֵ֤יחַ נִיחֹ֙חַ֙ לַיהֹוָ֔ה פַּ֧ר בֶּן־בָּקָ֛ר אֶחָ֖ד אַ֣יִל אֶחָ֑ד כְּבָשִׂ֧ים בְּנֵי־שָׁנָ֛ה שִׁבְעָ֖ה תְּמִימִֽם׃ וּמִ֙נְחָתָ֔ם סֹ֖לֶת בְּלוּלָ֣ה בַשָּׁ֑מֶן שְׁלֹשָׁ֤ה עֶשְׂרֹנִים֙ לַפָּ֔ר שְׁנֵ֥י עֶשְׂרֹנִ֖ים לָאָֽיִל׃ וְעִשָּׂר֣וֹן אֶחָ֔ד לַכֶּ֖בֶשׂ הָאֶחָ֑ד לְשִׁבְעַ֖ת הַכְּבָשִֽׂים׃ וּשְׂעִיר־עִזִּ֥ים אֶחָ֖ד חַטָּ֑את לְכַפֵּ֖ר עֲלֵיכֶֽם׃ מִלְּבַד֩ עֹלַ֨ת הַחֹ֜דֶשׁ וּמִנְחָתָ֗הּ וְעֹלַ֤ת הַתָּמִיד֙ וּמִנְחָתָ֔הּ וְנִסְכֵּיהֶ֖ם כְּמִשְׁפָּטָ֑ם לְרֵ֣יחַ נִיחֹ֔חַ אִשֶּׁ֖ה לַיהֹוָֽה׃

הגבהה וגלילה

מגביהים את ספר התורה השני, והקהל אומר:

דברים ד
וְזֹ֣את הַתּוֹרָ֔ה אֲשֶׁר־שָׂ֣ם מֹשֶׁ֔ה לִפְנֵ֖י בְּנֵ֥י יִשְׂרָאֵֽל׃

במדבר ט
עַל־פִּ֥י יְהֹוָ֖ה בְּיַד־מֹשֶֽׁה׃

משלי ג
ויש מוסיפים: עֵץ־חַיִּ֣ים הִ֭יא לַמַּחֲזִיקִ֣ים בָּ֑הּ וְֽתֹמְכֶ֥יהָ מְאֻשָּֽׁר׃
דְּרָכֶ֥יהָ דַרְכֵי־נֹ֑עַם וְֽכׇל־נְתִיבוֹתֶ֥יהָ שָׁלֽוֹם׃
אֹ֣רֶךְ יָ֭מִים בִּימִינָ֑הּ בִּ֝שְׂמֹאולָ֗הּ עֹ֣שֶׁר וְכָבֽוֹד׃

ישעיה מב
יְהֹוָ֥ה חָפֵ֖ץ לְמַ֣עַן צִדְק֑וֹ יַגְדִּ֥יל תּוֹרָ֖ה וְיַאְדִּֽיר׃

ברכה לפני ההפטרה

לפני קריאת ההפטרה בנביא, המפטיר מברך:

בָּרוּךְ אַתָּה יהוה אֱלֹהֵינוּ מֶלֶךְ הָעוֹלָם אֲשֶׁר בָּחַר בִּנְבִיאִים טוֹבִים, וְרָצָה בְדִבְרֵיהֶם הַנֶּאֱמָרִים בֶּאֱמֶת. בָּרוּךְ אַתָּה יהוה, הַבּוֹחֵר בַּתּוֹרָה וּבְמֹשֶׁה עַבְדּוֹ וּבְיִשְׂרָאֵל עַמּוֹ וּבִנְבִיאֵי הָאֱמֶת וָצֶדֶק.

הפטרה ליום א׳

ויהי איש אחד מן־הרמתים צופים מהר אפרים ושמו אלקנה שמואל א׳ א,א–ב,י
בן־ירחם בן־אליהוא בן־תחו בן־צוף אפרתי: ולו שתי נשים
שם אחת חנה ושם השנית פננה ויהי לפננה ילדים ולחנה אין
ילדים: ועלה האיש ההוא מעירו מימים ׀ ימימה להשתחות
ולזבח ליהוה צבאות בשלה ושם שני בני־עלי חפני ופנחס
כהנים ליהוה: ויהי היום ויזבח אלקנה ונתן לפננה אשתו
ולכל־בניה ובנותיה מנות: ולחנה יתן מנה אחת אפים כי את־
חנה אהב ויהוה סגר רחמה: וכעסתה צרתה גם־כעס בעבור
הרעמה כי־סגר יהוה בעד רחמה: וכן יעשה שנה בשנה מדי
עלתה בבית יהוה כן תכעסנה ותבכה ולא תאכל: ויאמר לה
אלקנה אישה חנה למה תבכי ולמה לא תאכלי ולמה ירע
לבבך הלוא אנכי טוב לך מעשרה בנים: ותקם חנה אחרי
אכלה בשלה ואחרי שתה ועלי הכהן ישב על־הכסא על־
מזוזת היכל יהוה: והיא מרת נפש ותתפלל על־יהוה ובכה
תבכה: ותדר נדר ותאמר יהוה צבאות אם־ראה תראה ׀
בעני אמתך וזכרתני ולא־תשכח את־אמתך ונתתה לאמתך
זרע אנשים ונתתיו ליהוה כל־ימי חייו ומורה לא־יעלה על־
ראשו: והיה כי הרבתה להתפלל לפני יהוה ועלי שמר את־
פיה: וחנה היא מדברת על־לבה רק שפתיה נעות וקולה
לא ישמע ויחשבה עלי לשכרה: ויאמר אליה עלי עד־מתי
תשתכרין הסירי את־יינך מעליך: ותען חנה ותאמר לא אדני
אשה קשת־רוח אנכי ויין ושכר לא שתיתי ואשפך את־נפשי

לפני יהוה: אל־תתן את־אמתך לפני בת־בליעל כי־מרב שיחי
וכעסי דברתי עד־הנה: ויען עלי ויאמר לכי לשלום ואלהי
ישראל יתן את־שלתך אשר שאלת מעמו: ותאמר תמצא
שפחתך חן בעיניך ותלך האשה לדרכה ותאכל ופניה לא־
היו־לה עוד: וישכמו בבקר וישתחוו לפני יהוה וישבו ויבאו
אל־ביתם הרמתה וידע אלקנה את־חנה אשתו ויזכרה יהוה:
ויהי לתקפות הימים ותהר חנה ותלד בן ותקרא את־שמו
שמואל כי מיהוה שאלתיו: ויעל האיש אלקנה וכל־ביתו לזבח
ליהוה את־זבח הימים ואת־נדרו: וחנה לא עלתה כי־אמרה
לאישה עד יגמל הנער והבאתיו ונראה את־פני יהוה וישב
שם עד־עולם: ויאמר לה אלקנה אישה עשי הטוב בעיניך
שבי עד־גמלך אתו אך יקם יהוה את־דברו ותשב האשה
ותינק את־בנה עד־גמלה אתו: ותעלהו עמה כאשר גמלתו
בפרים שלשה ואיפה אחת קמח ונבל יין ותבאהו בית־יהוה
שלו והנער נער: וישחטו את־הפר ויבאו את־הנער אל־עלי:
ותאמר בי אדני חי נפשך אדני אני האשה הנצבת עמכה
בזה להתפלל אל־יהוה: אל־הנער הזה התפללתי ויתן יהוה
לי את־שאלתי אשר שאלתי מעמו: וגם אנכי השאלתיהו
ליהוה כל־הימים אשר היה הוא שאול ליהוה וישתחו שם
ליהוה: ותתפלל חנה ותאמר עלץ לבי ביהוה
רמה קרני ביהוה רחב פי על־אויבי כי שמחתי בישועתך:
אין־קדוש כיהוה כי־אין בלתך ואין צור כאלהינו: אל־תרבו
תדברו גבהה גבהה יצא עתק מפיכם כי אל דעות יהוה ולא ולו

נִתְכְּנוּ עֲלִלוֹת: קֶשֶׁת גִּבֹּרִים חַתִּים וְנִכְשָׁלִים אָזְרוּ חָיִל: שְׂבֵעִים בַּלֶּחֶם נִשְׂכָּרוּ וּרְעֵבִים חָדֵלּוּ עַד־עֲקָרָה יָלְדָה שִׁבְעָה וְרַבַּת בָּנִים אֻמְלָלָה: יהוה מֵמִית וּמְחַיֶּה מוֹרִיד שְׁאוֹל וַיָּעַל: יהוה מוֹרִישׁ וּמַעֲשִׁיר מַשְׁפִּיל אַף־מְרוֹמֵם: מֵקִים מֵעָפָר דָּל מֵאַשְׁפֹּת יָרִים אֶבְיוֹן לְהוֹשִׁיב עִם־נְדִיבִים וְכִסֵּא כָבוֹד יַנְחִלֵם כִּי לַיהוה מְצֻקֵי אֶרֶץ וַיָּשֶׁת עֲלֵיהֶם תֵּבֵל: רַגְלֵי חֲסִידָו יִשְׁמֹר וּרְשָׁעִים בַּחֹשֶׁךְ יִדָּמּוּ כִּי־לֹא בְכֹחַ יִגְבַּר־אִישׁ: יהוה יֵחַתּוּ מְרִיבָו עָלָו בַּשָּׁמַיִם יַרְעֵם יהוה יָדִין אַפְסֵי־אָרֶץ וְיִתֶּן־עֹז לְמַלְכּוֹ וְיָרֵם קֶרֶן מְשִׁיחוֹ:

ברכות לאחר ההפטרה

אחר קריאת ההפטרה המפטיר מברך:

בָּרוּךְ אַתָּה יהוה אֱלֹהֵינוּ מֶלֶךְ הָעוֹלָם, צוּר כָּל הָעוֹלָמִים, צַדִּיק בְּכָל הַדּוֹרוֹת, הָאֵל הַנֶּאֱמָן, הָאוֹמֵר וְעוֹשֶׂה, הַמְדַבֵּר וּמְקַיֵּם, שֶׁכָּל דְּבָרָיו אֱמֶת וָצֶדֶק. נֶאֱמָן אַתָּה הוּא יהוה אֱלֹהֵינוּ וְנֶאֱמָנִים דְּבָרֶיךָ, וְדָבָר אֶחָד מִדְּבָרֶיךָ אָחוֹר לֹא יָשׁוּב רֵיקָם, כִּי אֵל מֶלֶךְ נֶאֱמָן וְרַחֲמָן אָתָּה. בָּרוּךְ אַתָּה יהוה, הָאֵל הַנֶּאֱמָן בְּכָל דְּבָרָיו.

רַחֵם עַל צִיּוֹן כִּי הִיא בֵּית חַיֵּינוּ, וְלַעֲלוּבַת נֶפֶשׁ תּוֹשִׁיעַ בִּמְהֵרָה בְיָמֵינוּ. בָּרוּךְ אַתָּה יהוה, מְשַׂמֵּחַ צִיּוֹן בְּבָנֶיהָ.

שַׂמְּחֵנוּ יהוה אֱלֹהֵינוּ בְּאֵלִיָּהוּ הַנָּבִיא עַבְדֶּךָ, וּבְמַלְכוּת בֵּית דָּוִד מְשִׁיחֶךָ, בִּמְהֵרָה יָבוֹא וְיָגֵל לִבֵּנוּ. עַל כִּסְאוֹ לֹא יֵשֶׁב זָר, וְלֹא יִנְחֲלוּ עוֹד אֲחֵרִים אֶת כְּבוֹדוֹ, כִּי בְשֵׁם קָדְשְׁךָ נִשְׁבַּעְתָּ לּוֹ שֶׁלֹּא יִכְבֶּה נֵרוֹ לְעוֹלָם וָעֶד. בָּרוּךְ אַתָּה יהוה, מָגֵן דָּוִד.

בשבת מוסיפים את המילים שבסוגריים.

עַל הַתּוֹרָה וְעַל הָעֲבוֹדָה וְעַל הַנְּבִיאִים (וְעַל יוֹם הַשַּׁבָּת הַזֶּה) וְעַל יוֹם הַזִּכָּרוֹן הַזֶּה, שֶׁנָּתַתָּ לָּנוּ יהוה אֱלֹהֵינוּ (לִקְדֻשָּׁה וְלִמְנוּחָה) לְכָבוֹד וּלְתִפְאָרֶת. עַל הַכֹּל יהוה אֱלֹהֵינוּ אֲנַחְנוּ מוֹדִים לָךְ וּמְבָרְכִים אוֹתָךְ, יִתְבָּרַךְ שִׁמְךָ בְּפִי כָּל חַי תָּמִיד לְעוֹלָם וָעֶד, וּדְבָרְךָ אֱמֶת וְקַיָּם לָעַד. בָּרוּךְ אַתָּה יהוה, מֶלֶךְ עַל כָּל הָאָרֶץ, מְקַדֵּשׁ (הַשַּׁבָּת וְ) יִשְׂרָאֵל וְיוֹם הַזִּכָּרוֹן.

בראש השנה שחל בשבת, אומרים ׳יְקוּם פֻּרְקָן׳.
אם אינו חל בשבת, ממשיכים בתפילה לשלום המדינה (עמ׳ 189).

במקום שיש בו מניין השכינה שורה, ולכן אומרים ברכה לקהל.
ואין אומרים אותה ביחידות (׳אור זרוע׳ ח״ב, נ), ויש שנוהגים לומר
את הפסקה הראשונה גם ביחידות (שערי אפרים).

יְקוּם פֻּרְקָן מִן שְׁמַיָּא, חִנָּא וְחִסְדָּא וְרַחֲמֵי וְחַיֵּי אֲרִיכֵי וּמְזוֹנֵי רְוִיחֵי, וְסִיַּעְתָּא דִשְׁמַיָּא, וּבַרְיוּת גּוּפָא וּנְהוֹרָא מְעַלְּיָא, זַרְעָא חַיָּא וְקַיָּמָא, זַרְעָא דִּי לָא יִפְסֻק וְדִי לָא יִבְטֻל מִפִּתְגָּמֵי אוֹרָיְתָא, לְמָרָנָן וְרַבָּנָן חֲבוּרָתָא קַדִּישָׁתָא דִּי בְאַרְעָא דְיִשְׂרָאֵל וְדִי בְּבָבֶל, לְרֵישֵׁי כַלָּה, וּלְרֵישֵׁי גַלְוָתָא, וּלְרֵישֵׁי מְתִיבָתָא, וּלְדַיָּנֵי דְבָבָא, לְכָל תַּלְמִידֵיהוֹן, וּלְכָל תַּלְמִידֵי תַלְמִידֵיהוֹן, וּלְכָל מָאן דְּעָסְקִין בְּאוֹרַיְתָא. מַלְכָּא דְעָלְמָא יְבָרֵךְ יָתְהוֹן, יַפֵּשׁ חַיֵּיהוֹן וְיַסְגֵּא יוֹמֵיהוֹן, וְיִתֵּן אַרְכָא

תרגום

יקום פורקן מן השמים, חן וחסד ורחמים וחיים ארוכים ומזונות רווחים וסיוע מן השמים, ובריאות הגוף ואור מעולה, זרע חי וקיים, זרע שלא יפסוק ושלא יבטל מדברי תורה, למורינו ורבותינו החבורות הקדושות אשר בארץ ישראל ואשר בבבל, לראשי כלה ולראשי גלויות ולראשי הישיבות ולדייני השער, לכל תלמידיהם, ולכל תלמידי תלמידיהם, ולכל מי שעוסקים בתורה. מלך העולם יברך אותם, ירבה חייהם ויגדיל ימיהם ויתן אריכות לשנותיהם. וייָושעו ויינצלו

לְשְׁנֵיהוֹן, וְיִתְפָּרְקוּן וְיִשְׁתֵּיזְבוּן מִן כָּל עָקָא וּמִן כָּל מַרְעִין בִּישִׁין. מָרַן דִּי בִשְׁמַיָּא יְהֵא בְסַעְדְּהוֹן כָּל זְמַן וְעִדָּן, וְנֹאמַר אָמֵן.

יְקוּם פֻּרְקָן מִן שְׁמַיָּא, חִנָּא וְחִסְדָּא וְרַחֲמֵי וְחַיֵּי אֲרִיכֵי וּמְזוֹנֵי רְוִיחֵי, וְסִיַּעְתָּא דִשְׁמַיָּא, וּבַרְיוּת גּוּפָא וּנְהוֹרָא מְעַלְּיָא, זַרְעָא חַיָּא וְקַיָּמָא, זַרְעָא דִּי לָא יִפְסֻק וְדִי לָא יִבְטֻל מִפִּתְגָּמֵי אוֹרַיְתָא, לְכָל קְהָלָא קַדִּישָׁא הָדֵין, רַבְרְבַיָּא עִם זְעֵרַיָּא, טַפְלָא וּנְשַׁיָּא. מַלְכָּא דְעָלְמָא יְבָרֵךְ יָתְכוֹן, יַפֵּשׁ חַיֵּיכוֹן וְיַסְגֵּא יוֹמֵיכוֹן, וְיִתֵּן אַרְכָא לִשְׁנֵיכוֹן, וְתִתְפָּרְקוּן וְתִשְׁתֵּיזְבוּן מִן כָּל עָקָא וּמִן כָּל מַרְעִין בִּישִׁין. מָרַן דִּי בִשְׁמַיָּא יְהֵא בְסַעְדְּכוֹן כָּל זְמַן וְעִדָּן, וְנֹאמַר אָמֵן.

מִי שֶׁבֵּרַךְ אֲבוֹתֵינוּ אַבְרָהָם יִצְחָק וְיַעֲקֹב, הוּא יְבָרֵךְ אֶת כָּל הַקָּהָל הַקָּדוֹשׁ הַזֶּה עִם כָּל קְהִלּוֹת הַקֹּדֶשׁ, הֵם וּנְשֵׁיהֶם וּבְנֵיהֶם וּבְנוֹתֵיהֶם וְכָל אֲשֶׁר לָהֶם, וּמִי שֶׁמְּיַחֲדִים בָּתֵּי כְנֵסִיּוֹת לִתְפִלָּה, וּמִי שֶׁבָּאִים בְּתוֹכָם לְהִתְפַּלֵּל, וּמִי שֶׁנּוֹתְנִים נֵר לַמָּאוֹר וְיַיִן לְקִדּוּשׁ וּלְהַבְדָּלָה וּפַת לָאוֹרְחִים וּצְדָקָה לָעֲנִיִּים, וְכָל מִי שֶׁעוֹסְקִים בְּצָרְכֵי צִבּוּר בֶּאֱמוּנָה. הַקָּדוֹשׁ בָּרוּךְ הוּא יְשַׁלֵּם שְׂכָרָם, וְיָסִיר מֵהֶם כָּל מַחֲלָה, וְיִרְפָּא לְכָל גּוּפָם, וְיִסְלַח לְכָל עֲוֹנָם, וְיִשְׁלַח בְּרָכָה וְהַצְלָחָה בְּכָל מַעֲשֵׂי יְדֵיהֶם עִם כָּל יִשְׂרָאֵל אֲחֵיהֶם, וְנֹאמַר אָמֵן.

מכל צרה ומכל חוליים רעים. אדוננו שבשמים יהיה בעזרתם בכל זמן ועת, ונאמר אמן.

יקום פורקן מן השמים, חן וחסד ורחמים וחיים ארוכים ומזונות רווחים וסיוע מן השמים, ובריאות הגוף ואור מעולה, זרע חי וקיים, זרע שלא יפסוק ושלא ייבטל מדברי תורה, לכל הקהל הקדוש הזה, הגדולים עם הקטנים, הטף והנשים. מלך העולם יברך אתכם, ירבה חייכם ויגדיל ימיכם ויתן אריכות לשנותיכם. ותיוָשעו ותינצלו מכל צרה ומכל חוליים רעים. אדוננו שבשמים יהיה בעזרתכם בכל זמן ועת, ונאמר אמן.

תפילה לשלום מדינת ישראל

אָבִינוּ שֶׁבַּשָּׁמַיִם, צוּר יִשְׂרָאֵל וְגוֹאֲלוֹ, בָּרֵךְ אֶת מְדִינַת יִשְׂרָאֵל, רֵאשִׁית צְמִיחַת גְּאֻלָּתֵנוּ. הָגֵן עָלֶיהָ בְּאֶבְרַת חַסְדֶּךָ וּפְרֹשׂ עָלֶיהָ סֻכַּת שְׁלוֹמֶךָ, וּשְׁלַח אוֹרְךָ וַאֲמִתְּךָ לְרָאשֶׁיהָ, שָׂרֶיהָ וְיוֹעֲצֶיהָ, וְתַקְּנֵם בְּעֵצָה טוֹבָה מִלְּפָנֶיךָ.

חַזֵּק אֶת יְדֵי מְגִנֵּי אֶרֶץ קָדְשֵׁנוּ, וְהַנְחִילֵם אֱלֹהֵינוּ יְשׁוּעָה וַעֲטֶרֶת נִצָּחוֹן תְּעַטְּרֵם, וְנָתַתָּ שָׁלוֹם בָּאָרֶץ וְשִׂמְחַת עוֹלָם לְיוֹשְׁבֶיהָ.

וְאֶת אַחֵינוּ כָּל בֵּית יִשְׂרָאֵל, פְּקָד נָא בְּכָל אַרְצוֹת פְּזוּרֵיהֶם,
וְתוֹלִיכֵם מְהֵרָה קוֹמְמִיּוּת לְצִיּוֹן עִירֶךָ וְלִירוּשָׁלַיִם מִשְׁכַּן
שְׁמֶךָ, כַּכָּתוּב בְּתוֹרַת מֹשֶׁה עַבְדֶּךָ: אִם־יִהְיֶה נִדַּחֲךָ בִּקְצֵה דברים ל
הַשָּׁמָיִם, מִשָּׁם יְקַבֶּצְךָ יהוה אֱלֹהֶיךָ וּמִשָּׁם יִקָּחֶךָ: וֶהֱבִיאֲךָ
יהוה אֱלֹהֶיךָ אֶל־הָאָרֶץ אֲשֶׁר־יָרְשׁוּ אֲבֹתֶיךָ וִירִשְׁתָּהּ, וְהֵיטִבְךָ
וְהִרְבְּךָ מֵאֲבֹתֶיךָ: וּמָל יהוה אֱלֹהֶיךָ אֶת־לְבָבְךָ וְאֶת־לְבַב
זַרְעֶךָ, לְאַהֲבָה אֶת־יהוה אֱלֹהֶיךָ בְּכָל־לְבָבְךָ וּבְכָל־נַפְשְׁךָ,
לְמַעַן חַיֶּיךָ:

וְיַחֵד לְבָבֵנוּ לְאַהֲבָה וּלְיִרְאָה אֶת שְׁמֶךָ, וְלִשְׁמֹר אֶת כָּל דִּבְרֵי תוֹרָתֶךָ, וּשְׁלַח לָנוּ מְהֵרָה בֶּן דָּוִד מְשִׁיחַ צִדְקֶךָ, לִפְדּוֹת מְחַכֵּי קֵץ יְשׁוּעָתֶךָ.

וְהוֹפַע בַּהֲדַר גְּאוֹן עֻזֶּךָ עַל כָּל יוֹשְׁבֵי תֵּבֵל אַרְצֶךָ וְיֹאמַר כֹּל אֲשֶׁר נְשָׁמָה בְאַפּוֹ, יהוה אֱלֹהֵי יִשְׂרָאֵל מֶלֶךְ וּמַלְכוּתוֹ בַּכֹּל מָשָׁלָה, אָמֵן סֶלָה.

מי שבירך לחיילי צה״ל

מִי שֶׁבֵּרַךְ אֲבוֹתֵינוּ אַבְרָהָם יִצְחָק וְיַעֲקֹב הוּא יְבָרֵךְ אֶת חַיָּלֵי צְבָא הַהֲגָנָה לְיִשְׂרָאֵל וְאַנְשֵׁי כֹּחוֹת הַבִּטָּחוֹן, הָעוֹמְדִים עַל מִשְׁמַר אַרְצֵנוּ וְעָרֵי אֱלֹהֵינוּ, מִגְּבוּל הַלְּבָנוֹן וְעַד מִדְבַּר מִצְרַיִם וּמִן הַיָּם הַגָּדוֹל עַד לְבוֹא הָעֲרָבָה וּבְכָל מָקוֹם שֶׁהֵם, בַּיַּבָּשָׁה, בָּאֲוִיר וּבַיָּם. יִתֵּן יהוה אֶת אוֹיְבֵינוּ הַקָּמִים עָלֵינוּ נִגָּפִים לִפְנֵיהֶם. הַקָּדוֹשׁ בָּרוּךְ הוּא יִשְׁמֹר וְיַצִּיל אֶת חַיָּלֵינוּ מִכָּל צָרָה וְצוּקָה וּמִכָּל נֶגַע וּמַחֲלָה, וְיִשְׁלַח בְּרָכָה וְהַצְלָחָה בְּכָל מַעֲשֵׂי יְדֵיהֶם. יַדְבֵּר שׂוֹנְאֵינוּ תַּחְתֵּיהֶם וִיעַטְּרֵם בְּכֶתֶר יְשׁוּעָה וּבַעֲטֶרֶת נִצָּחוֹן. וִיקֻיַּם
דברים כ בָּהֶם הַכָּתוּב: כִּי יהוה אֱלֹהֵיכֶם הַהֹלֵךְ עִמָּכֶם לְהִלָּחֵם לָכֶם
עִם־אֹיְבֵיכֶם לְהוֹשִׁיעַ אֶתְכֶם: וְנֹאמַר אָמֵן.

מי שבירך לשבויים

מִי שֶׁבֵּרַךְ אֲבוֹתֵינוּ אַבְרָהָם יִצְחָק וְיַעֲקֹב, יוֹסֵף מֹשֶׁה וְאַהֲרֹן, דָּוִד וּשְׁלֹמֹה, הוּא יְבָרֵךְ וְיִשְׁמֹר וְיִנְצֹר אֶת נֶעְדְּרֵי צְבָא הַהֲגָנָה לְיִשְׂרָאֵל וּשְׁבוּיָיו, וְאֶת כָּל אַחֵינוּ הַנְּתוּנִים בְּצָרָה וּבְשִׁבְיָה, בַּעֲבוּר שֶׁכָּל הַקָּהָל הַקָּדוֹשׁ הַזֶּה מִתְפַּלֵּל בַּעֲבוּרָם. הַקָּדוֹשׁ בָּרוּךְ הוּא יִמָּלֵא רַחֲמִים עֲלֵיהֶם, וְיוֹצִיאֵם מֵחֹשֶׁךְ וְצַלְמָוֶת, וּמוֹסְרוֹתֵיהֶם יְנַתֵּק, וּמִמְּצוּקוֹתֵיהֶם יוֹשִׁיעֵם, וִישִׁיבֵם מְהֵרָה
תהלים קז לְחֵיק מִשְׁפְּחוֹתֵיהֶם. יוֹדוּ לַיהוה חַסְדּוֹ וְנִפְלְאוֹתָיו לִבְנֵי אָדָם:
ישעיה לה וִיקֻיַּם בָּהֶם מִקְרָא שֶׁכָּתוּב: וּפְדוּיֵי יהוה יְשֻׁבוּן, וּבָאוּ צִיּוֹן
בְּרִנָּה, וְשִׂמְחַת עוֹלָם עַל־רֹאשָׁם, שָׂשׂוֹן וְשִׂמְחָה יַשִּׂיגוּ, וְנָסוּ יָגוֹן וַאֲנָחָה: וְנֹאמַר אָמֵן.

בשבת אין תוקעים בשופר, וממשיכים ׳אַשְׁרֵי׳ בעמ׳ 194.
אם יש תינוק למול, מלים אותו כאן, ראה עמ׳ 428.

סדר תקיעת שופר

"ה׳ כַּגִּבּוֹר יֵצֵא, כְּאִישׁ מִלְחָמוֹת יָעִיר קִנְאָה,
יָרִיעַ אַף־יַצְרִיחַ, עַל־אֹיְבָיו יִתְגַּבָּר" (ישעיה מב, יג).

לפני התקיעות נוהגים לומר מזמור זה שבע פעמים.

תהלים מז לַמְנַצֵּחַ לִבְנֵי־קֹרַח מִזְמוֹר:
כָּל־הָעַמִּים תִּקְעוּ־כָף, הָרִיעוּ לֵאלֹהִים בְּקוֹל רִנָּה:
כִּי־יְהוָה עֶלְיוֹן נוֹרָא, מֶלֶךְ גָּדוֹל עַל־כָּל־הָאָרֶץ:
יַדְבֵּר עַמִּים תַּחְתֵּינוּ, וּלְאֻמִּים תַּחַת רַגְלֵינוּ:
יִבְחַר־לָנוּ אֶת־נַחֲלָתֵנוּ
אֶת גְּאוֹן יַעֲקֹב אֲשֶׁר־אָהֵב סֶלָה:
עָלָה אֱלֹהִים בִּתְרוּעָה, יְהוָה בְּקוֹל שׁוֹפָר:
זַמְּרוּ אֱלֹהִים זַמֵּרוּ, זַמְּרוּ לְמַלְכֵּנוּ זַמֵּרוּ:
כִּי מֶלֶךְ כָּל־הָאָרֶץ אֱלֹהִים, זַמְּרוּ מַשְׂכִּיל:
מָלַךְ אֱלֹהִים עַל־גּוֹיִם, אֱלֹהִים יָשַׁב עַל־כִּסֵּא קָדְשׁוֹ:
נְדִיבֵי עַמִּים נֶאֱסָפוּ, עַם אֱלֹהֵי אַבְרָהָם
כִּי לֵאלֹהִים מָגִנֵּי־אֶרֶץ, מְאֹד נַעֲלָה:

תחינה לתוקע

יש בעלי תקיעה הנוהגים לומר תחינה זו לפני התקיעות.

רִבּוֹן הָעוֹלָמִים, בָּנֶיךָ בְּנֵי רְחוּמֶיךָ שָׂמוּ פְּנֵיהֶם לְנֶגְדְּךָ וּבָטְחוּ עַל רֹב חֲסָדֶיךָ,
וְשָׂמוּנִי שָׁלִיחַ לִתְקֹעַ בַּשּׁוֹפָר לְפָנֶיךָ כְּמוֹ שֶׁצִּוִּיתָנוּ בְּתוֹרָתֶךָ, וְאַתָּה תִּזְכֹּר לָהֶם
זְכוּת אַבְרָהָם אָבִינוּ אֲשֶׁר הִתְהַלֵּךְ לְפָנֶיךָ וְהָיָה תָמִים, וּזְכוּת יִצְחָק אָבִינוּ
וַעֲקֵדָתוֹ כְּשֶׁנֶּעֱקַד עַל גַּב הַמִּזְבֵּחַ, וּזְכוּת יַעֲקֹב אָבִינוּ אִישׁ תָּם יֹשֵׁב אֹהָלִים,
וּזְכוּת שֶׁל מֹשֶׁה וְאַהֲרֹן דָּוִד וּשְׁלֹמֹה וְכָל צַדִּיקֵי עוֹלָם, וְתַעֲמֹד מִכִּסֵּא הַדִּין
וְתֵשֵׁב עַל כִּסֵּא הָרַחֲמִים, כַּדָּבָר שֶׁנֶּאֱמַר: עָלָה אֱלֹהִים בִּתְרוּעָה, יְהוָה בְּקוֹל תהלים מז
שׁוֹפָר: וַאֲנִי יוֹדֵעַ בְּעַצְמִי שֶׁאֵינֶנִּי כְּדַאי לְבַקֵּשׁ עַל עַצְמִי, וְכָל שֶׁכֵּן עַל אֲחֵרִים,

וְכָל שֶׁכֵּן שֶׁאֵין בִּי לֹא דַעַת וְלֹא חָכְמָה לְכַוֵּן כַּוָּנוֹת הַתְּקִיעוֹת וְצֵרוּפֵי שְׁמוֹתֶיךָ הַקְּדוֹשִׁים, אֲבָל בָּטַחְתִּי בְּרַחֲמֶיךָ הָרַבִּים וְיָדַעְתִּי כִּי לֹא תְשִׁיבֵנִי רֵיקָם מִלְּפָנֶיךָ,
וְאַתָּה בְּטוּבְךָ תְּעוֹרֵר רַחֲמֶיךָ, וִיהִי נֹעַם אֲדֹנָי אֱלֹהֵינוּ עָלֵינוּ, וּמַעֲשֵׂה יָדֵינוּ כּוֹנְנָה עָלֵינוּ, וּמַעֲשֵׂה יָדֵינוּ כּוֹנְנֵהוּ: וּתְצָרֵף מַחֲשַׁבְתֵּנוּ הַטּוֹבָה לְמַעֲשֶׂה, כְּאִלּוּ נִתְכַּוַּנּוּ בְּכָל כַּוָּנוֹת הַתְּקִיעוֹת, וְיַעֲלוּ תְּקִיעוֹתֵינוּ לְעוֹרֵר רַחֲמֶיךָ, וּתְרַחֵם עַל בָּנֶיךָ, וְתַהֲפֹךְ לָהֶם עַל יְדֵי תְקִיעוֹת אֵלֶּה מִדַּת הַדִּין לְמִדַּת הַחֶסֶד וְהָרַחֲמִים, וְתִכָּנֵס לָהֶם לִפְנִים מִשּׁוּרַת הַדִּין. סְתֹם וַחֲתֹם פֶּה שָׂטָן וְאַל יַשְׂטִין עָלֵינוּ, וּבְבֹא תוֹכֵחָה
לְנֶגְדְּךָ שְׁמֵנוּ מִסִּפְרְךָ אַל תִּמַח, וּכְתֹב לְחַיִּים טוֹבִים כָּל בְּנֵי בְרִיתֶךָ. יִהְיוּ לְרָצוֹן אִמְרֵי־פִי וְהֶגְיוֹן לִבִּי לְפָנֶיךָ, יהוה צוּרִי וְגֹאֲלִי: אָמֵן.

(תהלים צ; תהלים יט)

יש מוסיפים:

יְהִי רָצוֹן לְפָנֶיךָ יהוה אֱלֹהַי אֱלֹהֵי הַמִּשְׁפָּט, שֶׁתְּהִי עַתָּה עֵת רָצוֹן לְפָנֶיךָ, וְתִקְרַע בְּרַחֲמֶיךָ הָרַבִּים וַחֲסָדֶיךָ הַגְּדוֹלִים אֵת כָּל הַמְּסַכִים אֲשֶׁר הֵם מַבְדִּילִים בֵּינְךָ וּבֵין עַמְּךָ יִשְׂרָאֵל הַיּוֹם הַזֶּה, וְהַעֲבֵר מִלְּפָנֶיךָ כָּל הַמַּשְׂטִינִים וְהַמְקַטְרְגִים עַל עַמְּךָ יִשְׂרָאֵל, סְתֹם פֶּה שָׂטָן וְאַל יַשְׂטִין עָלֵינוּ, כִּי אֵלֶיךָ תְּלוּיוֹת עֵינֵינוּ. אֲרוֹמִמְךָ אֱלֹהַי הַמֶּלֶךְ אֱלֹהֵי הַמִּשְׁפָּט שׁוֹמֵעַ קוֹל תְּפִלּוֹת וּתְרוּעוֹת עַמְּךָ יִשְׂרָאֵל הַיּוֹם בְּרַחֲמִים, אָמֵן.

״התוקע קודם שיתקע, צריך בעוד שהציבור אומרים הפזמון, שהוא יאמר פסוקים אלו בינו לבינו״ (של״ה, ראש השנה סט). היום נוהגים שהתוקע אומר פסוקים אלה בקול רם, והקהל חוזר אחריו פסוק פסוק.

תהלים קיח מִן־הַמֵּצַר קָרָאתִי יָּהּ, עָנָנִי בַמֶּרְחָב יָהּ:
איכה ג קוֹלִי שָׁמָעְתָּ, אַל־תַּעְלֵם אָזְנְךָ לְרַוְחָתִי לְשַׁוְעָתִי:
תהלים קיט רֹאשׁ־דְּבָרְךָ אֱמֶת, וּלְעוֹלָם כָּל־מִשְׁפַּט צִדְקֶךָ:
שם עֲרֹב עַבְדְּךָ לְטוֹב, אַל־יַעַשְׁקֻנִי זֵדִים:
שם שָׂשׂ אָנֹכִי עַל־אִמְרָתֶךָ, כְּמוֹצֵא שָׁלָל רָב:
שם טוּב טַעַם וָדַעַת לַמְּדֵנִי, כִּי בְמִצְוֹתֶיךָ הֶאֱמָנְתִּי:
שם נִדְבוֹת פִּי רְצֵה־נָא יהוה, וּמִשְׁפָּטֶיךָ לַמְּדֵנִי:

התוקע מוסיף:

תהלים מז עָלָה אֱלֹהִים בִּתְרוּעָה, יהוה בְּקוֹל שׁוֹפָר:

התוקע מברך ומכוון להוציא ידי חובה את השומעים.

אין להפסיק בדיבור שאינו מעניין התפילה והתקיעות,
עד אחרי התקיעות האחרונות שלאחר תפילת מוסף (עמ׳ 254).

בָּרוּךְ אַתָּה יהוה אֱלֹהֵינוּ מֶלֶךְ הָעוֹלָם
אֲשֶׁר קִדְּשָׁנוּ בְּמִצְוֹתָיו, וְצִוָּנוּ לִשְׁמֹעַ קוֹל שׁוֹפָר.

בָּרוּךְ אַתָּה יהוה אֱלֹהֵינוּ מֶלֶךְ הָעוֹלָם
שֶׁהֶחֱיָנוּ וְקִיְּמָנוּ, וְהִגִּיעָנוּ לַזְּמַן הַזֶּה.

המקריא קורא את התקיעות כסדרן אחת אחת, והתוקע יתקע:

תקיעה שברים תרועה תקיעה
תקיעה שברים תרועה תקיעה
תקיעה שברים תרועה תקיעה

יש קהילות שבהן הקהל אומר תחינה זו לאחר התקיעות
(ויש פוסקים שהסתייגו מכך).

אין לומר את שמות המלאכים שציינו המקובלים, אלא רק לכוון (׳מטה אפרים׳ תקצ, לו).

יְהִי רָצוֹן לְפָנֶיךָ יהוה אֱלֹהַי וֵאלֹהֵי אֲבוֹתַי שֶׁתְּקִיעַת תשר״ת שֶׁאֲנַחְנוּ תוֹקְעִים הַיּוֹם תֵּעָשֶׂה מִמֶּנָּה עֲטָרָה עַל יַד הַמְמֻנֶּה (אין לומר: **שרשי״ה**) **לִהְיוֹת עוֹלָה וְלֵישֵׁב בְּרֹאשְׁךָ אֱלֹהַי, וַעֲשֵׂה עִמָּנוּ אוֹת לְטוֹבָה וְהִמָּלֵא עָלֵינוּ רַחֲמִים. בָּרוּךְ אַתָּה בַּעַל הָרַחֲמִים.**

המקריא קורא את התקיעות כסדרן אחת אחת, והתוקע יתקע:

תקיעה שברים תקיעה
תקיעה שברים תקיעה
תקיעה שברים תקיעה

יש קהילות שבהן הקהל אומר:

יְהִי רָצוֹן לְפָנֶיךָ יהוה אֱלֹהַי וֵאלֹהֵי אֲבוֹתַי שֶׁתְּקִיעַת תש״ת שֶׁאֲנַחְנוּ תוֹקְעִים הַיּוֹם תְּהִי מְרֻקֶּמֶת עַל הַיְרִיעָה עַל יַד הַמְמֻנֶּה (אין לומר: **טרטיא״ל**) **וְתִקְבְּלֶנָּה עַל**

יַד אֵלִיָּהוּ זָכוּר לַטּוֹב וְ(אין לומר: **ישעיה״ה**) שַׂר הַפָּנִים שַׂר (אין לומר: **מטטרו״ן**), וְהִמָּלֵא עָלֵינוּ רַחֲמִים. בָּרוּךְ אַתָּה בַּעַל הָרַחֲמִים.

המקריא קורא את התקיעות כסדרן אחת אחת, והתוקע יתקע:

תקיעה תרועה תקיעה

תקיעה תרועה תקיעה

תקיעה תרועה תקיעה גדולה

יש קהילות שבהן הקהל אומר:

וּבְכֵן יְהִי רָצוֹן לְפָנֶיךָ יהוה אֱלֹהֵינוּ וֵאלֹהֵי אֲבוֹתֵינוּ שֶׁיַּעֲלוּ כָּל הַמַּלְאָכִים הַמְמֻנִּים עַל הַשּׁוֹפָר וְעַל הַתְּקִיעָה וְעַל הַשְּׁבָרִים וְעַל הַתְּרוּעָה לִפְנֵי כִּסֵּא כְבוֹדֶךָ וְיַמְלִיצוּ טוֹב בַּעֲדֵנוּ לְכַפֵּר עַל כָּל חַטֹּאתֵינוּ.

התוקע והקהל אומרים פסוק פסוק:

אַשְׁרֵי הָעָם יוֹדְעֵי תְרוּעָה, יהוה בְּאוֹר־פָּנֶיךָ יְהַלֵּכוּן: תהלים פט
בְּשִׁמְךָ יְגִילוּן כָּל־הַיּוֹם, וּבְצִדְקָתְךָ יָרוּמוּ:
כִּי־תִפְאֶרֶת עֻזָּמוֹ אָתָּה, וּבִרְצוֹנְךָ תָּרוּם קַרְנֵנוּ:

שליח הציבור אומר את הפסוק הראשון בקול, והכול ממשיכים:

אַשְׁרֵי יוֹשְׁבֵי בֵיתֶךָ, עוֹד יְהַלְלוּךָ סֶּלָה: תהלים פד
אַשְׁרֵי הָעָם שֶׁכָּכָה לּוֹ, אַשְׁרֵי הָעָם שֶׁיהוה אֱלֹהָיו: תהלים קמד
תְּהִלָּה לְדָוִד תהלים קמה
אֲרוֹמִמְךָ אֱלוֹהַי הַמֶּלֶךְ, וַאֲבָרְכָה שִׁמְךָ לְעוֹלָם וָעֶד:
בְּכָל־יוֹם אֲבָרְכֶךָּ, וַאֲהַלְלָה שִׁמְךָ לְעוֹלָם וָעֶד:
גָּדוֹל יהוה וּמְהֻלָּל מְאֹד, וְלִגְדֻלָּתוֹ אֵין חֵקֶר:
דּוֹר לְדוֹר יְשַׁבַּח מַעֲשֶׂיךָ, וּגְבוּרֹתֶיךָ יַגִּידוּ:
הֲדַר כְּבוֹד הוֹדֶךָ, וְדִבְרֵי נִפְלְאֹתֶיךָ אָשִׂיחָה:
וֶעֱזוּז נוֹרְאֹתֶיךָ יֹאמֵרוּ, וּגְדוּלָּתְךָ אֲסַפְּרֶנָּה:
זֵכֶר רַב־טוּבְךָ יַבִּיעוּ, וְצִדְקָתְךָ יְרַנֵּנוּ:

חַנּוּן וְרַחוּם יהוה, אֶרֶךְ אַפַּיִם וּגְדָל־חָסֶד:
טוֹב־יהוה לַכֹּל, וְרַחֲמָיו עַל־כָּל־מַעֲשָׂיו:
יוֹדוּךָ יהוה כָּל־מַעֲשֶׂיךָ, וַחֲסִידֶיךָ יְבָרְכוּכָה:
כְּבוֹד מַלְכוּתְךָ יֹאמֵרוּ, וּגְבוּרָתְךָ יְדַבֵּרוּ:
לְהוֹדִיעַ לִבְנֵי הָאָדָם גְּבוּרֹתָיו, וּכְבוֹד הֲדַר מַלְכוּתוֹ:
מַלְכוּתְךָ מַלְכוּת כָּל־עֹלָמִים, וּמֶמְשַׁלְתְּךָ בְּכָל־דּוֹר וָדֹר:
סוֹמֵךְ יהוה לְכָל־הַנֹּפְלִים, וְזוֹקֵף לְכָל־הַכְּפוּפִים:
עֵינֵי־כֹל אֵלֶיךָ יְשַׂבֵּרוּ, וְאַתָּה נוֹתֵן־לָהֶם אֶת־אָכְלָם בְּעִתּוֹ:
פּוֹתֵחַ אֶת־יָדֶךָ, וּמַשְׂבִּיעַ לְכָל־חַי רָצוֹן:
צַדִּיק יהוה בְּכָל־דְּרָכָיו, וְחָסִיד בְּכָל־מַעֲשָׂיו:
קָרוֹב יהוה לְכָל־קֹרְאָיו, לְכֹל אֲשֶׁר יִקְרָאֻהוּ בֶאֱמֶת:
רְצוֹן־יְרֵאָיו יַעֲשֶׂה, וְאֶת־שַׁוְעָתָם יִשְׁמַע, וְיוֹשִׁיעֵם:
שׁוֹמֵר יהוה אֶת־כָּל־אֹהֲבָיו, וְאֵת כָּל־הָרְשָׁעִים יַשְׁמִיד:
◂ תְּהִלַּת יהוה יְדַבֶּר פִּי, וִיבָרֵךְ כָּל־בָּשָׂר שֵׁם קָדְשׁוֹ לְעוֹלָם וָעֶד:
תהלים קטו וַאֲנַחְנוּ נְבָרֵךְ יָהּ מֵעַתָּה וְעַד־עוֹלָם, הַלְלוּיָהּ:

הכנסת ספר תורה

פותחים את ארון הקודש והקהל עומד על רגליו.
שליח הציבור נוטל את ספר התורה ואומר (סידור הרוקח):

תהלים קמח יְהַלְלוּ אֶת־שֵׁם יהוה, כִּי־נִשְׂגָּב שְׁמוֹ, לְבַדּוֹ

הקהל אומר:

הוֹדוֹ עַל־אֶרֶץ וְשָׁמָיִם:
וַיָּרֶם קֶרֶן לְעַמּוֹ
תְּהִלָּה לְכָל־חֲסִידָיו
לִבְנֵי יִשְׂרָאֵל עַם קְרֹבוֹ
הַלְלוּיָהּ:

בראש השנה שאינו חל בשבת, מלווים את ספר התורה לארון הקודש
באמירת מזמור זה (סידור השל״ה):

תהלים כד
לְדָוִד מִזְמוֹר, לַיהוה הָאָרֶץ וּמְלוֹאָהּ, תֵּבֵל וְיֹשְׁבֵי בָהּ: כִּי־הוּא
עַל־יַמִּים יְסָדָהּ, וְעַל־נְהָרוֹת יְכוֹנְנֶהָ: מִי־יַעֲלֶה בְהַר־יהוה,
וּמִי־יָקוּם בִּמְקוֹם קָדְשׁוֹ: נְקִי כַפַּיִם וּבַר־לֵבָב, אֲשֶׁר לֹא־נָשָׂא
לַשָּׁוְא נַפְשִׁי וְלֹא נִשְׁבַּע לְמִרְמָה: יִשָּׂא בְרָכָה מֵאֵת יהוה,
וּצְדָקָה מֵאֱלֹהֵי יִשְׁעוֹ: זֶה דּוֹר דֹּרְשָׁו, מְבַקְשֵׁי פָנֶיךָ, יַעֲקֹב,
סֶלָה: שְׂאוּ שְׁעָרִים רָאשֵׁיכֶם, וְהִנָּשְׂאוּ פִּתְחֵי עוֹלָם, וְיָבוֹא
מֶלֶךְ הַכָּבוֹד: מִי זֶה מֶלֶךְ הַכָּבוֹד, יהוה עִזּוּז וְגִבּוֹר, יהוה גִּבּוֹר
מִלְחָמָה: שְׂאוּ שְׁעָרִים רָאשֵׁיכֶם, וּשְׂאוּ פִּתְחֵי עוֹלָם, וְיָבֹא
מֶלֶךְ הַכָּבוֹד: מִי הוּא זֶה מֶלֶךְ הַכָּבוֹד, יהוה צְבָאוֹת הוּא מֶלֶךְ
הַכָּבוֹד, סֶלָה:

בראש השנה שחל בשבת, מלווים את ספר התורה לארון הקודש
באמירת מזמור זה (טור, רפד):

תהלים כט
מִזְמוֹר לְדָוִד, הָבוּ לַיהוה בְּנֵי אֵלִים, הָבוּ לַיהוה כָּבוֹד וָעֹז: הָבוּ
לַיהוה כְּבוֹד שְׁמוֹ, הִשְׁתַּחֲווּ לַיהוה בְּהַדְרַת־קֹדֶשׁ: קוֹל יהוה
עַל־הַמָּיִם, אֵל־הַכָּבוֹד הִרְעִים, יהוה עַל־מַיִם רַבִּים: קוֹל־יהוה
בַּכֹּחַ, קוֹל יהוה בֶּהָדָר: קוֹל יהוה שֹׁבֵר אֲרָזִים, וַיְשַׁבֵּר יהוה אֶת־
אַרְזֵי הַלְּבָנוֹן: וַיַּרְקִידֵם כְּמוֹ־עֵגֶל, לְבָנוֹן וְשִׂרְיוֹן כְּמוֹ בֶן־רְאֵמִים:
קוֹל־יהוה חֹצֵב לַהֲבוֹת אֵשׁ: קוֹל יהוה יָחִיל מִדְבָּר, יָחִיל יהוה
מִדְבַּר קָדֵשׁ: קוֹל יהוה יְחוֹלֵל אַיָּלוֹת וַיֶּחֱשֹׂף יְעָרוֹת, וּבְהֵיכָלוֹ,
כֻּלּוֹ אֹמֵר כָּבוֹד: יהוה לַמַּבּוּל יָשָׁב, וַיֵּשֶׁב יהוה מֶלֶךְ לְעוֹלָם:
יהוה עֹז לְעַמּוֹ יִתֵּן, יהוה יְבָרֵךְ אֶת־עַמּוֹ בַשָּׁלוֹם:

מכניסים את ספר התורה לארון הקודש ואומרים ׳וּבְנֻחֹה׳
(ספר המחכים, סידור ׳מלאה הארץ דעה׳).

וּבְנֻחֹה יֹאמַר, שׁוּבָה יהוה רִבְבוֹת אַלְפֵי יִשְׂרָאֵל: במדבר י
קוּמָה יהוה לִמְנוּחָתֶךָ, אַתָּה וַאֲרוֹן עֻזֶּךָ: תהלים קלב
כֹּהֲנֶיךָ יִלְבְּשׁוּ־צֶדֶק, וַחֲסִידֶיךָ יְרַנֵּנוּ:
בַּעֲבוּר דָּוִד עַבְדֶּךָ אַל־תָּשֵׁב פְּנֵי מְשִׁיחֶךָ:
כִּי לֶקַח טוֹב נָתַתִּי לָכֶם, תּוֹרָתִי אַל־תַּעֲזֹבוּ: משלי ד
› עֵץ־חַיִּים הִיא לַמַּחֲזִיקִים בָּהּ, וְתֹמְכֶיהָ מְאֻשָּׁר: משלי ג
דְּרָכֶיהָ דַרְכֵי־נֹעַם וְכָל־נְתִיבוֹתֶיהָ שָׁלוֹם:
הֲשִׁיבֵנוּ יהוה אֵלֶיךָ וְנָשׁוּבָה, חַדֵּשׁ יָמֵינוּ כְּקֶדֶם: איכה ה

סוגרים את ארון הקודש.

לפני תפילת מוסף שליח הציבור אומר תחינה זו:

הִנְנִי הֶעָנִי מִמַּעַשׂ, נִרְעָשׁ וְנִפְחָד מִפַּחַד יוֹשֵׁב תְּהִלּוֹת יִשְׂרָאֵל, בָּאתִי לַעֲמֹד וּלְהִתְחַנֵּן לְפָנֶיךָ עַל עַמְּךָ יִשְׂרָאֵל אֲשֶׁר שְׁלָחוּנִי, וְאַף עַל פִּי שֶׁאֵינִי כְדַאי וְהָגוּן לְכָךְ. עַל כֵּן אֲבַקֶּשְׁךָ אֱלֹהֵי אַבְרָהָם אֱלֹהֵי יִצְחָק וֵאלֹהֵי יַעֲקֹב, יהוה יהוה, אֵל רַחוּם וְחַנּוּן, אֱלֹהִים, שַׁדַּי אָיֹם וְנוֹרָא, הֱיֵה נָא מַצְלִיחַ דַּרְכִּי אֲשֶׁר אָנֹכִי הוֹלֵךְ לַעֲמֹד לְבַקֵּשׁ רַחֲמִים עָלַי וְעַל שׁוֹלְחַי. וְנָא אַל תַּפְשִׁיעֵם בְּחַטֹּאתַי וְאַל תְּחַיְּבֵם בַּעֲוֹנוֹתַי, כִּי חוֹטֵא וּפוֹשֵׁעַ אָנִי, וְאַל יִכָּלְמוּ בִּפְשָׁעַי, וְאַל יֵבוֹשׁוּ בִי וְאַל אֵבוֹשָׁה בָּהֶם. וְקַבֵּל תְּפִלָּתִי כִּתְפִלַּת זָקֵן וְרָגִיל, וּפִרְקוֹ נָאֶה וּזְקָנוֹ מְגֻדָּל וְקוֹלוֹ נָעִים, וּמְעֹרָב בְּדַעַת עִם הַבְּרִיּוֹת. וְתִגְעַר בַּשָּׂטָן לְבַל יַשְׂטִינֵנוּ, וִיהִי נָא דִגְלֵנוּ עָלֶיךָ אַהֲבָה, לְכָל פְּשָׁעִים תְּכַסֶּה בְּאַהֲבָה, וְכָל צוֹמוֹתֵינוּ וְעִנּוּיֵינוּ הֲפָךְ לָנוּ וּלְכָל

יִשְׂרָאֵל לְשָׂשׂוֹן וּלְשִׂמְחָה לְחַיִּים וּלְשָׁלוֹם, הָאֱמֶת וְהַשָּׁלוֹם אֱהָבוּ, וְאַל יְהִי שׁוּם מִכְשׁוֹל בִּתְפִלָּתִי.

וִיהִי רָצוֹן מִלְּפָנֶיךָ יהוה אֱלֹהֵי אַבְרָהָם אֱלֹהֵי יִצְחָק וֵאלֹהֵי יַעֲקֹב, הָאֵל הַגָּדוֹל הַגִּבּוֹר וְהַנּוֹרָא אֵל עֶלְיוֹן אֶהְיֶה אֲשֶׁר אֶהְיֶה, שֶׁכָּל הַמַּלְאָכִים שֶׁהֵם בַּעֲלֵי תְפִלּוֹת יָבִיאוּ תְפִלָּתִי לִפְנֵי כִסֵּא כְבוֹדֶךָ וְיָפִיצוּ אוֹתָהּ לְפָנֶיךָ, בַּעֲבוּר כָּל הַצַּדִּיקִים וְהַחֲסִידִים הַתְּמִימִים וְהַיְשָׁרִים, וּבַעֲבוּר כְּבוֹד שִׁמְךָ הַגָּדוֹל הַגִּבּוֹר וְהַנּוֹרָא. כִּי אַתָּה שׁוֹמֵעַ תְּפִלַּת עַמְּךָ יִשְׂרָאֵל בְּרַחֲמִים, בָּרוּךְ אַתָּה שׁוֹמֵעַ תְּפִלָּה.

חצי קדיש

ש״ץ: יִתְגַּדַּל וְיִתְקַדַּשׁ שְׁמֵהּ רַבָּא (קהל: אָמֵן)
בְּעָלְמָא דִּי בְרָא כִרְעוּתֵהּ
וְיַמְלִיךְ מַלְכוּתֵהּ וְיַצְמַח פֻּרְקָנֵהּ וִיקָרֵב מְשִׁיחֵהּ (קהל: אָמֵן)
בְּחַיֵּיכוֹן וּבְיוֹמֵיכוֹן וּבְחַיֵּי דְכָל בֵּית יִשְׂרָאֵל
בַּעֲגָלָא וּבִזְמַן קָרִיב
וְאִמְרוּ אָמֵן. (קהל: אָמֵן)

קהל וש״ץ: יְהֵא שְׁמֵהּ רַבָּא מְבָרַךְ לְעָלַם וּלְעָלְמֵי עָלְמַיָּא.

ש״ץ: יִתְבָּרַךְ וְיִשְׁתַּבַּח וְיִתְפָּאַר וְיִתְרוֹמַם וְיִתְנַשֵּׂא
וְיִתְהַדָּר וְיִתְעַלֶּה וְיִתְהַלָּל
שְׁמֵהּ דְּקֻדְשָׁא בְּרִיךְ הוּא (קהל: אָמֵן)
לְעֵלָּא לְעֵלָּא מִכָּל בִּרְכָתָא
וְשִׁירָתָא, תֻּשְׁבְּחָתָא וְנֶחֱמָתָא
דַּאֲמִירָן בְּעָלְמָא
וְאִמְרוּ אָמֵן. (קהל: אָמֵן)

מוסף ליום א׳

עמידה

״המתפלל צריך שיכוין בלבו פירוש המלות שמוציא בשפתיו; ויחשוב כאלו שכינה כנגדו ויסיר כל המחשבות הטורדות אותו עד שתשאר מחשבתו וכוונתו זכה בתפלתו״ (שו״ע צח, א).

פוסע שלוש פסיעות לפנים כמי שנכנס לפני המלך.
עומד ומתפלל בלחש מכאן ועד ׳וּכְשָׁנִים קַדְמֹנִיּוֹת׳ בעמ׳ 217.

כורע במקומות המסומנים ב׳, קד לפנים במילה הבאה וזוקף בשם.

כִּי שֵׁם יהוה אֶקְרָא, הָבוּ גֹדֶל לֵאלֹהֵינוּ: דברים לב
אֲדֹנָי, שְׂפָתַי תִּפְתָּח, וּפִי יַגִּיד תְּהִלָּתֶךָ: תהלים נא

אבות

׳בָּרוּךְ אַתָּה יהוה, אֱלֹהֵינוּ וֵאלֹהֵי אֲבוֹתֵינוּ
אֱלֹהֵי אַבְרָהָם, אֱלֹהֵי יִצְחָק, וֵאלֹהֵי יַעֲקֹב
הָאֵל הַגָּדוֹל הַגִּבּוֹר וְהַנּוֹרָא, אֵל עֶלְיוֹן
גּוֹמֵל חֲסָדִים טוֹבִים, קוֹנֵה הַכֹּל
וְזוֹכֵר חַסְדֵי אָבוֹת
וּמֵבִיא גוֹאֵל לִבְנֵי בְנֵיהֶם לְמַעַן שְׁמוֹ בְּאַהֲבָה.

זָכְרֵנוּ לְחַיִּים, מֶלֶךְ חָפֵץ בַּחַיִּים
וְכָתְבֵנוּ בְּסֵפֶר הַחַיִּים, לְמַעַנְךָ אֱלֹהִים חַיִּים.

מֶלֶךְ עוֹזֵר וּמוֹשִׁיעַ וּמָגֵן.
׳בָּרוּךְ אַתָּה יהוה, מָגֵן אַבְרָהָם.

אם שכח לומר ׳זָכְרֵנוּ לְחַיִּים׳, אינו חוזר.

גבורות

אַתָּה גִּבּוֹר לְעוֹלָם, אֲדֹנָי
מְחַיֵּה מֵתִים אַתָּה, רַב לְהוֹשִׁיעַ

בארץ ישראל: מוֹרִיד הַטָּל

מְכַלְכֵּל חַיִּים בְּחֶסֶד
מְחַיֵּה מֵתִים בְּרַחֲמִים רַבִּים
סוֹמֵךְ נוֹפְלִים, וְרוֹפֵא חוֹלִים, וּמַתִּיר אֲסוּרִים
וּמְקַיֵּם אֱמוּנָתוֹ לִישֵׁנֵי עָפָר.
מִי כָמְוֹךָ, בַּעַל גְּבוּרוֹת
וּמִי דּוֹמֶה לָּךְ
מֶלֶךְ, מֵמִית וּמְחַיֶּה וּמַצְמְיחַ יְשׁוּעָה.

מִי כָמְוֹךָ אָב הָרַחֲמָן
זוֹכֵר יְצוּרָיו לְחַיִּים בְּרַחֲמִים.

וְנֶאֱמָן אַתָּה לְהַחֲיוֹת מֵתִים.
בָּרוּךְ אַתָּה יהוה, מְחַיֵּה הַמֵּתִים.

אם שכח לומר ׳מִי כָמְוֹךָ אַב הָרַחֲמָן׳, אינו חוזר.

קדושת השם

אַתָּה קָדוֹשׁ וְשִׁמְךָ קָדוֹשׁ
וּקְדוֹשִׁים בְּכָל יוֹם יְהַלְלְוּךָ סֶּלָה
כִּי אֵל מֶלֶךְ גָּדוֹל וְקָדוֹשׁ אָתָּה.

לְדוֹר וָדוֹר הַמְלִיכוּ לָאֵל
כִּי הוּא לְבַדּוֹ מָרוֹם וְקָדוֹשׁ.

וּבְכֵן יִתְקַדַּשׁ שִׁמְךָ יהוה אֱלֹהֵינוּ עַל יִשְׂרָאֵל עַמֶּךָ
וְעַל יְרוּשָׁלַיִם עִירֶךָ
וְעַל צִיּוֹן מִשְׁכַּן כְּבוֹדֶךָ
וְעַל מַלְכוּת בֵּית דָּוִד מְשִׁיחֶךָ
וְעַל מְכוֹנְךָ וְהֵיכָלֶךָ.

וּבְכֵן תֵּן פַּחְדְּךָ יהוה אֱלֹהֵינוּ עַל כָּל מַעֲשֶׂיךָ
וְאֵימָתְךָ עַל כָּל מַה שֶּׁבָּרָאתָ
וְיִירָאוּךָ כָּל הַמַּעֲשִׂים, וְיִשְׁתַּחֲווּ לְפָנֶיךָ כָּל הַבְּרוּאִים
וְיֵעָשׂוּ כֻלָּם אֲגֻדָּה אֶחָת לַעֲשׂוֹת רְצוֹנְךָ בְּלֵבָב שָׁלֵם
כְּמוֹ שֶׁיָּדַעְנוּ יהוה אֱלֹהֵינוּ שֶׁהַשָּׁלְטָן לְפָנֶיךָ
עֹז בְּיָדְךָ וּגְבוּרָה בִּימִינֶךָ
וְשִׁמְךָ נוֹרָא עַל כָּל מַה שֶּׁבָּרָאתָ.

וּבְכֵן תֵּן כָּבוֹד יהוה לְעַמֶּךָ
תְּהִלָּה לִירֵאֶיךָ וְתִקְוָה טוֹבָה לְדוֹרְשֶׁיךָ
וּפִתְחוֹן פֶּה לַמְיַחֲלִים לָךְ
שִׂמְחָה לְאַרְצֶךָ, וְשָׂשׂוֹן לְעִירֶךָ
וּצְמִיחַת קֶרֶן לְדָוִד עַבְדֶּךָ
וַעֲרִיכַת נֵר לְבֶן יִשַׁי מְשִׁיחֶךָ בִּמְהֵרָה בְיָמֵינוּ.

וּבְכֵן צַדִּיקִים יִרְאוּ וְיִשְׂמָחוּ, וִישָׁרִים יַעֲלֹזוּ
וַחֲסִידִים בְּרִנָּה יָגִילוּ, וְעוֹלָתָה תִּקְפָּץ פִּיהָ
וְכָל הָרִשְׁעָה כֻּלָּהּ כְּעָשָׁן תִּכְלֶה
כִּי תַעֲבִיר מֶמְשֶׁלֶת זָדוֹן מִן הָאָרֶץ.

וְתִמְלֹךְ אַתָּה הוּא יהוה אֱלֹהֵינוּ
מְהֵרָה לְבַדֶּךָ עַל כָּל מַעֲשֶׂיךָ
בְּהַר צִיּוֹן מִשְׁכַּן כְּבוֹדֶךָ
וּבִירוּשָׁלַיִם עִיר קָדְשֶׁךָ
כַּכָּתוּב בְּדִבְרֵי קָדְשֶׁךָ
יִמְלֹךְ יהוה לְעוֹלָם, אֱלֹהַיִךְ צִיּוֹן לְדֹר וָדֹר, הַלְלוּיָהּ: תהלים קמו

קָדוֹשׁ אַתָּה וְנוֹרָא שְׁמֶךָ, וְאֵין אֱלוֹהַּ מִבַּלְעָדֶיךָ

כַּכָּתוּב, וַיִּגְבַּהּ יהוה צְבָאוֹת בַּמִּשְׁפָּט ישעיה ה

וְהָאֵל הַקָּדוֹשׁ נִקְדַּשׁ בִּצְדָקָה:

בָּרוּךְ אַתָּה יהוה, הַמֶּלֶךְ הַקָּדוֹשׁ.

אם שכח לומר את הפיסקאות המתחילות בתיבות ׳לְדוֹר וָדוֹר׳, אינו חוזר,
אך אם חתם ׳הָאֵל הַקָּדוֹשׁ׳ כברוב ימות השנה, חוזר לראש.

קדושת היום

אַתָּה בְחַרְתָּנוּ מִכָּל הָעַמִּים

אָהַבְתָּ אוֹתָנוּ וְרָצִיתָ בָּנוּ, וְרוֹמַמְתָּנוּ מִכָּל הַלְּשׁוֹנוֹת

וְקִדַּשְׁתָּנוּ בְּמִצְוֹתֶיךָ, וְקֵרַבְתָּנוּ מַלְכֵּנוּ לַעֲבוֹדָתֶךָ

וְשִׁמְךָ הַגָּדוֹל וְהַקָּדוֹשׁ עָלֵינוּ קָרָאתָ.

בשבת מוסיפים את המילים שבסוגריים.

וַתִּתֶּן לָנוּ יהוה אֱלֹהֵינוּ בְּאַהֲבָה

אֶת יוֹם (הַשַּׁבָּת הַזֶּה וְאֶת יוֹם) הַזִּכָּרוֹן הַזֶּה

יוֹם (זִכְרוֹן) תְּרוּעָה (בְּאַהֲבָה) מִקְרָא קֹדֶשׁ

זֵכֶר לִיצִיאַת מִצְרָיִם.

וּמִפְּנֵי חֲטָאֵינוּ גָּלִינוּ מֵאַרְצֵנוּ

וְנִתְרַחַקְנוּ מֵעַל אַדְמָתֵנוּ

וְאֵין אֲנוּ יְכוֹלִים לַעֲשׂוֹת חוֹבוֹתֵינוּ בְּבֵית בְּחִירָתֶךָ

בַּבַּיִת הַגָּדוֹל וְהַקָּדוֹשׁ שֶׁנִּקְרָא שִׁמְךָ עָלָיו

מִפְּנֵי הַיָּד שֶׁנִּשְׁתַּלְּחָה בְּמִקְדָּשֶׁךָ.

יְהִי רָצוֹן מִלְּפָנֶיךָ יהוה אֱלֹהֵינוּ וֵאלֹהֵי אֲבוֹתֵינוּ

מֶלֶךְ רַחֲמָן

שֶׁתָּשׁוּב וּתְרַחֵם עָלֵינוּ וְעַל מִקְדָּשְׁךָ בְּרַחֲמֶיךָ הָרַבִּים

וְתִבְנֵהוּ מְהֵרָה וּתְגַדֵּל כְּבוֹדוֹ.

אָבִינוּ מַלְכֵּנוּ, גַּלֵּה כְּבוֹד מַלְכוּתְךָ עָלֵינוּ מְהֵרָה
וְהוֹפַע וְהִנָּשֵׂא עָלֵינוּ לְעֵינֵי כָּל חָי
וְקָרֵב פְּזוּרֵינוּ מִבֵּין הַגּוֹיִם, וּנְפוּצוֹתֵינוּ כַּנֵּס מִיַּרְכְּתֵי אָרֶץ.

וַהֲבִיאֵנוּ לְצִיּוֹן עִירְךָ בְּרִנָּה
וְלִירוּשָׁלַיִם בֵּית מִקְדָּשְׁךָ בְּשִׂמְחַת עוֹלָם
וְשָׁם נַעֲשֶׂה לְפָנֶיךָ אֶת קָרְבְּנוֹת חוֹבוֹתֵינוּ
תְּמִידִים כְּסִדְרָם וּמוּסָפִים כְּהִלְכָתָם
וְאֶת מוּסְפֵי יוֹם (הַשַּׁבָּת הַזֶּה וְיוֹם) הַזִּכָּרוֹן הַזֶּה
נַעֲשֶׂה וְנַקְרִיב לְפָנֶיךָ בְּאַהֲבָה כְּמִצְוַת רְצוֹנֶךָ
כְּמוֹ שֶׁכָּתַבְתָּ עָלֵינוּ בְּתוֹרָתֶךָ
עַל יְדֵי מֹשֶׁה עַבְדֶּךָ מִפִּי כְבוֹדֶךָ, כָּאָמוּר

בשבת מוסיפים:

וּבְיוֹם הַשַּׁבָּת, שְׁנֵי־כְבָשִׂים בְּנֵי־שָׁנָה תְּמִימִם במדבר כח
וּשְׁנֵי עֶשְׂרֹנִים סֹלֶת מִנְחָה בְּלוּלָה בַשֶּׁמֶן וְנִסְכּוֹ:
עֹלַת שַׁבַּת בְּשַׁבַּתּוֹ, עַל־עֹלַת הַתָּמִיד וְנִסְכָּהּ:

וּבַחֹדֶשׁ הַשְּׁבִיעִי בְּאֶחָד לַחֹדֶשׁ מִקְרָא־קֹדֶשׁ יִהְיֶה לָכֶם במדבר כט
כָּל־מְלֶאכֶת עֲבֹדָה לֹא תַעֲשׂוּ, יוֹם תְּרוּעָה יִהְיֶה לָכֶם:
וַעֲשִׂיתֶם עֹלָה לְרֵיחַ נִיחֹחַ לַיהוה, פַּר בֶּן־בָּקָר אֶחָד
אַיִל אֶחָד, כְּבָשִׂים בְּנֵי־שָׁנָה שִׁבְעָה תְּמִימִם:

וּמִנְחָתָם וְנִסְכֵּיהֶם כִּמְדֻבָּר
שְׁלֹשָׁה עֶשְׂרֹנִים לַפָּר וּשְׁנֵי עֶשְׂרֹנִים לָאָיִל, וְעִשָּׂרוֹן לַכֶּבֶשׂ
וְיַיִן כְּנִסְכּוֹ, וּשְׁנֵי שְׂעִירִים לְכַפֵּר, וּשְׁנֵי תְמִידִים כְּהִלְכָתָם.

מִלְּבַד עֹלַת הַחֹדֶשׁ וּמִנְחָתָהּ, וְעֹלַת הַתָּמִיד וּמִנְחָתָהּ במדבר כט
וְנִסְכֵּיהֶם כְּמִשְׁפָּטָם, לְרֵיחַ נִיחֹחַ, אִשֶּׁה לַיהוה:

בשבת מוסיפים:

יִשְׂמְחוּ בְמַלְכוּתְךָ שׁוֹמְרֵי שַׁבָּת וְקוֹרְאֵי עֹנֶג
עַם מְקַדְּשֵׁי שְׁבִיעִי
כֻּלָּם יִשְׂבְּעוּ וְיִתְעַנְּגוּ מִטּוּבֶךָ
וּבַשְּׁבִיעִי רָצִיתָ בּוֹ וְקִדַּשְׁתּוֹ
חֶמְדַּת יָמִים אוֹתוֹ קָרָאתָ, זֵכֶר לְמַעֲשֵׂה בְרֵאשִׁית.

עָלֵינוּ לְשַׁבֵּחַ לַאֲדוֹן הַכֹּל, לָתֵת גְּדֻלָּה לְיוֹצֵר בְּרֵאשִׁית
שֶׁלֹּא עָשָׂנוּ כְּגוֹיֵי הָאֲרָצוֹת, וְלֹא שָׂמָנוּ כְּמִשְׁפְּחוֹת הָאֲדָמָה
שֶׁלֹּא שָׂם חֶלְקֵנוּ כָּהֶם וְגוֹרָלֵנוּ כְּכָל הֲמוֹנָם.
שֶׁהֵם מִשְׁתַּחֲוִים לְהֶבֶל וָרִיק וּמִתְפַּלְּלִים אֶל אֵל לֹא יוֹשִׁיעַ.
וַאֲנַחְנוּ כּוֹרְעִים וּמִשְׁתַּחֲוִים וּמוֹדִים
לִפְנֵי מֶלֶךְ מַלְכֵי הַמְּלָכִים, הַקָּדוֹשׁ בָּרוּךְ הוּא
שֶׁהוּא נוֹטֶה שָׁמַיִם וְיוֹסֵד אָרֶץ, וּמוֹשַׁב יְקָרוֹ בַּשָּׁמַיִם מִמַּעַל
וּשְׁכִינַת עֻזּוֹ בְּגָבְהֵי מְרוֹמִים.
הוּא אֱלֹהֵינוּ, אֵין עוֹד.
אֱמֶת מַלְכֵּנוּ, אֶפֶס זוּלָתוֹ
כַּכָּתוּב בְּתוֹרָתוֹ, וְיָדַעְתָּ הַיּוֹם וַהֲשֵׁבֹתָ אֶל־לְבָבֶךָ דברים ד
כִּי יהוה הוּא הָאֱלֹהִים בַּשָּׁמַיִם מִמַּעַל וְעַל־הָאָרֶץ מִתָּחַת
אֵין עוֹד:

וְעַל כֵּן נְקַוֶּה לְּךָ יהוה אֱלֹהֵינוּ לִרְאוֹת מְהֵרָה בְּתִפְאֶרֶת עֻזֶּךָ
לְהַעֲבִיר גִּלּוּלִים מִן הָאָרֶץ, וְהָאֱלִילִים כָּרוֹת יִכָּרֵתוּן
לְתַקֵּן עוֹלָם בְּמַלְכוּת שַׁדַּי.
וְכָל בְּנֵי בָשָׂר יִקְרְאוּ בִשְׁמֶךָ, לְהַפְנוֹת אֵלֶיךָ כָּל רִשְׁעֵי אָרֶץ.

יַכִּירוּ וְיֵדְעוּ כָּל יוֹשְׁבֵי תֵבֵל
כִּי לְךָ תִּכְרַע כָּל בֶּרֶךְ, תִּשָּׁבַע כָּל לָשׁוֹן.
לְפָנֶיךָ יהוה אֱלֹהֵינוּ יִכְרְעוּ וְיִפֹּלוּ
וְלִכְבוֹד שִׁמְךָ יְקָר יִתֵּנוּ
וִיקַבְּלוּ כֻלָּם אֶת עֹל מַלְכוּתֶךָ
וְתִמְלֹךְ עֲלֵיהֶם מְהֵרָה לְעוֹלָם וָעֶד.
כִּי הַמַּלְכוּת שֶׁלְּךָ הִיא וּלְעוֹלְמֵי עַד תִּמְלֹךְ בְּכָבוֹד
כַּכָּתוּב בְּתוֹרָתֶךָ
יהוה יִמְלֹךְ לְעֹלָם וָעֶד: שמות טו

וְנֶאֱמַר
לֹא־הִבִּיט אָוֶן בְּיַעֲקֹב, וְלֹא־רָאָה עָמָל בְּיִשְׂרָאֵל במדבר כג
יהוה אֱלֹהָיו עִמּוֹ, וּתְרוּעַת מֶלֶךְ בּוֹ:

וְנֶאֱמַר
וַיְהִי בִישֻׁרוּן מֶלֶךְ, בְּהִתְאַסֵּף רָאשֵׁי עָם דברים לג
יַחַד שִׁבְטֵי יִשְׂרָאֵל:

וּבְדִבְרֵי קָדְשְׁךָ כָּתוּב לֵאמֹר
כִּי לַיהוה הַמְּלוּכָה וּמֹשֵׁל בַּגּוֹיִם: תהלים כב

וְנֶאֱמַר
יהוה מָלָךְ, גֵּאוּת לָבֵשׁ תהלים צג
לָבֵשׁ יהוה עֹז הִתְאַזָּר, אַף־תִּכּוֹן תֵּבֵל בַּל־תִּמּוֹט:

וְנֶאֱמַר
שְׂאוּ שְׁעָרִים רָאשֵׁיכֶם, וְהִנָּשְׂאוּ פִּתְחֵי עוֹלָם תהלים כד
וְיָבוֹא מֶלֶךְ הַכָּבוֹד:

מִי זֶה מֶלֶךְ הַכָּבוֹד, יהוה עִזּוּז וְגִבּוֹר
יהוה גִּבּוֹר מִלְחָמָה:
שְׂאוּ שְׁעָרִים רָאשֵׁיכֶם, וּשְׂאוּ פִּתְחֵי עוֹלָם
וְיָבֹא מֶלֶךְ הַכָּבוֹד:
מִי הוּא זֶה מֶלֶךְ הַכָּבוֹד
יהוה צְבָאוֹת הוּא מֶלֶךְ הַכָּבוֹד סֶלָה:

וְעַל יְדֵי עֲבָדֶיךָ הַנְּבִיאִים כָּתוּב לֵאמֹר
ישעיה מד כֹּה־אָמַר יהוה מֶלֶךְ־יִשְׂרָאֵל וְגֹאֲלוֹ, יהוה צְבָאוֹת
אֲנִי רִאשׁוֹן וַאֲנִי אַחֲרוֹן
וּמִבַּלְעָדַי אֵין אֱלֹהִים:

וְנֶאֱמַר
עובדיה א וְעָלוּ מוֹשִׁעִים בְּהַר צִיּוֹן לִשְׁפֹּט אֶת־הַר עֵשָׂו
וְהָיְתָה לַיהוה הַמְּלוּכָה:

וְנֶאֱמַר
זכריה יד וְהָיָה יהוה לְמֶלֶךְ עַל־כָּל־הָאָרֶץ
בַּיּוֹם הַהוּא יִהְיֶה יהוה אֶחָד וּשְׁמוֹ אֶחָד:

וּבְתוֹרָתְךָ כָּתוּב לֵאמֹר
דברים ו שְׁמַע יִשְׂרָאֵל, יהוה אֱלֹהֵינוּ יהוה אֶחָד:

אֱלֹהֵינוּ וֵאלֹהֵי אֲבוֹתֵינוּ
מְלֹךְ עַל כָּל הָעוֹלָם כֻּלּוֹ בִּכְבוֹדֶךָ
וְהִנָּשֵׂא עַל כָּל הָאָרֶץ בִּיקָרֶךָ
וְהוֹפַע בַּהֲדַר גְּאוֹן עֻזֶּךָ עַל כָּל יוֹשְׁבֵי תֵבֵל אַרְצֶךָ.

וְיֵדַע כָּל פָּעוּל כִּי אַתָּה פְעַלְתּוֹ, וְיָבִין כָּל יָצוּר כִּי אַתָּה יְצַרְתּוֹ
וְיֹאמַר כֹּל אֲשֶׁר נְשָׁמָה בְּאַפּוֹ
יהוה אֱלֹהֵי יִשְׂרָאֵל מֶלֶךְ וּמַלְכוּתוֹ בַּכֹּל מָשָׁלָה.

בשבת מוסיפים את המילים שבסוגריים.

(אֱלֹהֵינוּ וֵאלֹהֵי אֲבוֹתֵינוּ, רְצֵה נָא בִמְנוּחָתֵנוּ)
קַדְּשֵׁנוּ בְּמִצְוֹתֶיךָ וְתֵן חֶלְקֵנוּ בְּתוֹרָתֶךָ
שַׂבְּעֵנוּ מִטּוּבֶךָ, וְשַׂמַּח נַפְשֵׁנוּ בִּישׁוּעָתֶךָ
(וְהַנְחִילֵנוּ יהוה אֱלֹהֵינוּ בְּאַהֲבָה וּבְרָצוֹן שַׁבַּת קָדְשֶׁךָ
וְיָנוּחוּ בוֹ כָּל יִשְׂרָאֵל מְקַדְּשֵׁי שְׁמֶךָ)
וְטַהֵר לִבֵּנוּ לְעָבְדְּךָ בֶּאֱמֶת
כִּי אַתָּה אֱלֹהִים אֱמֶת, וּדְבָרְךָ אֱמֶת וְקַיָּם לָעַד.
בָּרוּךְ אַתָּה יהוה, מֶלֶךְ עַל כָּל הָאָרֶץ
מְקַדֵּשׁ (הַשַּׁבָּת וְ) יִשְׂרָאֵל וְיוֹם הַזִּכָּרוֹן.

בשבת ממשיכים ׳אַתָּה זוֹכֵר׳ בעמוד הבא.

ברוב הקהילות נוהגים לתקוע ולומר ׳הַיּוֹם הֲרַת עוֹלָם׳ (ובשבת אין תוקעים).

תקיעה	שברים תרועה	תקיעה
תקיעה	שברים	תקיעה
תקיעה	תרועה	תקיעה

הַיּוֹם הֲרַת עוֹלָם, הַיּוֹם יַעֲמִיד בַּמִּשְׁפָּט כָּל יְצוּרֵי עוֹלָמִים
אִם כְּבָנִים אִם כַּעֲבָדִים.
אִם כְּבָנִים, רַחֲמֵנוּ כְּרַחֵם אָב עַל בָּנִים
וְאִם כַּעֲבָדִים, עֵינֵינוּ לְךָ תְלוּיוֹת עַד שֶׁתְּחָנֵּנוּ
וְתוֹצִיא כָאוֹר מִשְׁפָּטֵנוּ, אָיֹם קָדוֹשׁ.

זיכרונות

אַתָּה זוֹכֵר מַעֲשֵׂה עוֹלָם, וּפוֹקֵד כָּל יְצוּרֵי קֶדֶם
לְפָנֶיךָ נִגְלוּ כָּל תַּעֲלוּמוֹת וַהֲמוֹן נִסְתָּרוֹת שֶׁמִּבְּרֵאשִׁית
כִּי אֵין שִׁכְחָה לִפְנֵי כִסֵּא כְבוֹדֶךָ, וְאֵין נִסְתָּר מִנֶּגֶד עֵינֶיךָ.

אַתָּה זוֹכֵר אֶת כָּל הַמִּפְעָל, וְגַם כָּל הַיְצוּר לֹא נִכְחַד מִמֶּךָּ.
הַכֹּל גָּלוּי וְיָדוּעַ לְפָנֶיךָ יהוה אֱלֹהֵינוּ
צוֹפֶה וּמַבִּיט עַד סוֹף כָּל הַדּוֹרוֹת
כִּי תָבִיא חֹק זִכָּרוֹן לְהִפָּקֵד כָּל רְוּחַ וָנֶפֶשׁ
לְהִזָּכֵר מַעֲשִׂים רַבִּים, וַהֲמוֹן בְּרִיּוֹת לְאֵין תַּכְלִית.
מֵרֵאשִׁית כָּזֹאת הוֹדַעְתָּ, וּמִלְּפָנִים אוֹתָהּ גִּלִּיתָ.
זֶה הַיּוֹם תְּחִלַּת מַעֲשֶׂיךָ, זִכָּרוֹן לְיוֹם רִאשׁוֹן
כִּי חֹק לְיִשְׂרָאֵל הוּא, מִשְׁפָּט לֵאלֹהֵי יַעֲקֹב: תהלים פא

וְעַל הַמְּדִינוֹת בּוֹ יֵאָמֵר
אֵיזוֹ לַחֶרֶב, וְאֵיזוֹ לַשָּׁלוֹם
אֵיזוֹ לָרָעָב, וְאֵיזוֹ לַשְּׂבַע
וּבְרִיּוֹת בּוֹ יִפָּקֵדוּ, לְהַזְכִּירָם לַחַיִּים וְלַמָּוֶת.

מִי לֹא נִפְקַד כְּהַיּוֹם הַזֶּה, כִּי זֵכֶר כָּל הַיְצוּר לְפָנֶיךָ בָּא
מַעֲשֵׂה אִישׁ וּפְקֻדָּתוֹ, וַעֲלִילוֹת מִצְעֲדֵי גָבֶר
מַחְשְׁבוֹת אָדָם וְתַחְבּוּלוֹתָיו, וְיִצְרֵי מַעַלְלֵי אִישׁ.
אַשְׁרֵי אִישׁ שֶׁלֹּא יִשְׁכָּחֶךָּ, וּבֶן אָדָם יִתְאַמֶּץ בָּךְ
כִּי דוֹרְשֶׁיךָ לְעוֹלָם לֹא יִכָּשֵׁלוּ
וְלֹא יִכָּלְמוּ לָנֶצַח כָּל הַחוֹסִים בָּךְ.
כִּי זֵכֶר כָּל הַמַּעֲשִׂים לְפָנֶיךָ בָּא, וְאַתָּה דוֹרֵשׁ מַעֲשֵׂה כֻלָּם.

וְגַם אֶת נֹחַ בְּאַהֲבָה זָכַרְתָּ, וַתִּפְקְדֵהוּ בִּדְבַר יְשׁוּעָה וְרַחֲמִים
בַּהֲבִיאֲךָ אֶת מֵי הַמַּבּוּל לְשַׁחֵת כָּל בָּשָׂר מִפְּנֵי רֹעַ מַעַלְלֵיהֶם
עַל כֵּן זִכְרוֹנוֹ בָּא לְפָנֶיךָ, יהוה אֱלֹהֵינוּ
לְהַרְבּוֹת זַרְעוֹ כְּעַפְרוֹת תֵּבֵל, וְצֶאֱצָאָיו כְּחוֹל הַיָּם.

כַּכָּתוּב בְּתוֹרָתֶךָ
וַיִּזְכֹּר אֱלֹהִים אֶת־נֹחַ בראשית ח
וְאֵת כָּל־הַחַיָּה וְאֶת־כָּל־הַבְּהֵמָה אֲשֶׁר אִתּוֹ בַּתֵּבָה
וַיַּעֲבֵר אֱלֹהִים רוּחַ עַל־הָאָרֶץ, וַיָּשֹׁכּוּ הַמָּיִם:

וְנֶאֱמַר
וַיִּשְׁמַע אֱלֹהִים אֶת־נַאֲקָתָם שמות ב
וַיִּזְכֹּר אֱלֹהִים אֶת־בְּרִיתוֹ
אֶת־אַבְרָהָם אֶת־יִצְחָק וְאֶת־יַעֲקֹב:

וְנֶאֱמַר
וְזָכַרְתִּי אֶת־בְּרִיתִי יַעֲקוֹב ויקרא כו
וְאַף אֶת־בְּרִיתִי יִצְחָק
וְאַף אֶת־בְּרִיתִי אַבְרָהָם אֶזְכֹּר
וְהָאָרֶץ אֶזְכֹּר:

וּבְדִבְרֵי קָדְשְׁךָ כָּתוּב לֵאמֹר
זֵכֶר עָשָׂה לְנִפְלְאוֹתָיו, חַנּוּן וְרַחוּם יהוה: תהלים קיא

וְנֶאֱמַר
טֶרֶף נָתַן לִירֵאָיו, יִזְכֹּר לְעוֹלָם בְּרִיתוֹ: תהלים קיא

וְנֶאֱמַר
וַיִּזְכֹּר לָהֶם בְּרִיתוֹ, וַיִּנָּחֵם כְּרֹב חֲסָדָו: תהלים קו

וְעַל יְדֵי עֲבָדֶיךָ הַנְּבִיאִים כָּתוּב לֵאמֹר

ירמיה ב הָלֹךְ וְקָרָאתָ בְאָזְנֵי יְרוּשָׁלַיִם לֵאמֹר
כֹּה אָמַר יהוה
זָכַרְתִּי לָךְ חֶסֶד נְעוּרַיִךְ, אַהֲבַת כְּלוּלֹתָיִךְ
לֶכְתֵּךְ אַחֲרַי בַּמִּדְבָּר, בְּאֶרֶץ לֹא זְרוּעָה:

וְנֶאֱמַר

יחזקאל טז וְזָכַרְתִּי אֲנִי אֶת־בְּרִיתִי אוֹתָךְ בִּימֵי נְעוּרָיִךְ
וַהֲקִימוֹתִי לָךְ בְּרִית עוֹלָם:

וְנֶאֱמַר

ירמיה לא הֲבֵן יַקִּיר לִי אֶפְרַיִם, אִם יֶלֶד שַׁעֲשׁוּעִים
כִּי־מִדֵּי דַבְּרִי בּוֹ, זָכֹר אֶזְכְּרֶנּוּ עוֹד
עַל־כֵּן הָמוּ מֵעַי לוֹ, רַחֵם אֲרַחֲמֶנּוּ נְאֻם־יהוה:

אֱלֹהֵינוּ וֵאלֹהֵי אֲבוֹתֵינוּ, זָכְרֵנוּ בְּזִכְרוֹן טוֹב לְפָנֶיךָ
וּפָקְדֵנוּ בִּפְקֻדַּת יְשׁוּעָה וְרַחֲמִים מִשְּׁמֵי שְׁמֵי קֶדֶם
וּזְכָר לָנוּ יהוה אֱלֹהֵינוּ
אֶת הַבְּרִית וְאֶת הַחֶסֶד וְאֶת הַשְּׁבוּעָה
אֲשֶׁר נִשְׁבַּעְתָּ לְאַבְרָהָם אָבִינוּ בְּהַר הַמּוֹרִיָּה
וְתֵרָאֶה לְפָנֶיךָ עֲקֵדָה
שֶׁעָקַד אַבְרָהָם אָבִינוּ אֶת יִצְחָק בְּנוֹ עַל גַּבֵּי הַמִּזְבֵּחַ
וְכָבַשׁ רַחֲמָיו, לַעֲשׂוֹת רְצוֹנְךָ בְּלֵבָב שָׁלֵם.
כֵּן יִכְבְּשׁוּ רַחֲמֶיךָ אֶת כַּעַסְךָ מֵעָלֵינוּ
וּבְטוּבְךָ הַגָּדוֹל יָשׁוּב חֲרוֹן אַפְּךָ מֵעַמְּךָ
וּמֵעִירְךָ וּמֵאַרְצְךָ וּמִנַּחֲלָתֶךָ.

וְקַיֶּם לָנוּ יהוה אֱלֹהֵינוּ אֶת הַדָּבָר שֶׁהִבְטַחְתָּנוּ בְּתוֹרָתֶךָ
עַל יְדֵי מֹשֶׁה עַבְדֶּךָ, מִפִּי כְבוֹדֶךָ
כָּאָמוּר
וְזָכַרְתִּי לָהֶם בְּרִית רִאשֹׁנִים ויקרא כו
אֲשֶׁר הוֹצֵאתִי־אֹתָם מֵאֶרֶץ מִצְרַיִם לְעֵינֵי הַגּוֹיִם
לִהְיוֹת לָהֶם לֵאלֹהִים
אֲנִי יהוה:

כִּי זוֹכֵר כָּל הַנִּשְׁכָּחוֹת אַתָּה הוּא מֵעוֹלָם
וְאֵין שִׁכְחָה לִפְנֵי כִסֵּא כְבוֹדֶךָ
וַעֲקֵדַת יִצְחָק לְזַרְעוֹ הַיּוֹם בְּרַחֲמִים תִּזְכֹּר.
בָּרוּךְ אַתָּה יהוה, זוֹכֵר הַבְּרִית.

בשבת ממשיכים ׳אַתָּה נִגְלֵיתָ׳ בעמוד הבא.

ברוב הקהילות נוהגים לתקוע ולומר ׳הַיּוֹם הֲרַת עוֹלָם׳ (ובשבת אין תוקעים).

תקיעה	שברים תרועה	תקיעה
תקיעה	שברים	תקיעה
תקיעה	תרועה	תקיעה

הַיּוֹם הֲרַת עוֹלָם, הַיּוֹם יַעֲמִיד בַּמִּשְׁפָּט כָּל יְצוּרֵי עוֹלָמִים
אִם כְּבָנִים אִם כַּעֲבָדִים.
אִם כְּבָנִים, רַחֲמֵנוּ כְּרַחֵם אָב עַל בָּנִים
וְאִם כַּעֲבָדִים, עֵינֵינוּ לְךָ תְלוּיוֹת עַד שֶׁתְּחָנֵּנוּ
וְתוֹצִיא כָאוֹר מִשְׁפָּטֵנוּ
אָיֹם קָדוֹשׁ.

שופרות

אַתָּה נִגְלֵיתָ בַּעֲנַן כְּבוֹדֶךָ עַל עַם קָדְשְׁךָ לְדַבֵּר עִמָּם
מִן הַשָּׁמַיִם הִשְׁמַעְתָּם קוֹלֶךָ, וְנִגְלֵיתָ עֲלֵיהֶם בְּעַרְפִלֵּי טֹהַר.
גַּם כָּל הָעוֹלָם כֻּלּוֹ חָל מִפָּנֶיךָ, וּבְרִיּוֹת בְּרֵאשִׁית חָרְדוּ מִמֶּךָּ
בְּהִגָּלוֹתְךָ מַלְכֵּנוּ עַל הַר סִינַי, לְלַמֵּד לְעַמְּךָ תּוֹרָה וּמִצְוֹת
וַתַּשְׁמִיעֵם אֶת הוֹד קוֹלֶךָ, וְדִבְּרוֹת קָדְשְׁךָ מִלַּהֲבוֹת אֵשׁ.
בְּקוֹלוֹת וּבְרָקִים עֲלֵיהֶם נִגְלֵיתָ, וּבְקוֹל שׁוֹפָר עֲלֵיהֶם הוֹפָעְתָּ.

כַּכָּתוּב בְּתוֹרָתֶךָ

וַיְהִי בַיּוֹם הַשְּׁלִישִׁי בִּהְיֹת הַבֹּקֶר שמות יט
וַיְהִי קֹלֹת וּבְרָקִים וְעָנָן כָּבֵד עַל־הָהָר
וְקֹל שֹׁפָר חָזָק מְאֹד
וַיֶּחֱרַד כָּל־הָעָם אֲשֶׁר בַּמַּחֲנֶה:

וְנֶאֱמַר

וַיְהִי קוֹל הַשֹּׁפָר הוֹלֵךְ וְחָזֵק מְאֹד שמות יט
מֹשֶׁה יְדַבֵּר, וְהָאֱלֹהִים יַעֲנֶנּוּ בְקוֹל:

וְנֶאֱמַר

וְכָל־הָעָם רֹאִים אֶת־הַקּוֹלֹת וְאֶת־הַלַּפִּידִם שמות כ
וְאֵת קוֹל הַשֹּׁפָר, וְאֶת־הָהָר עָשֵׁן
וַיַּרְא הָעָם וַיָּנֻעוּ, וַיַּעַמְדוּ מֵרָחֹק:

וּבְדִבְרֵי קָדְשְׁךָ כָּתוּב לֵאמֹר

עָלָה אֱלֹהִים בִּתְרוּעָה, יהוה בְּקוֹל שׁוֹפָר: תהלים מז

וְנֶאֱמַר

בַּחֲצֹצְרוֹת וְקוֹל שׁוֹפָר, הָרִיעוּ לִפְנֵי הַמֶּלֶךְ יהוה: תהלים צח

וְנֶאֱמַר

תִּקְעוּ בַחֹדֶשׁ שׁוֹפָר, בַּכֵּסֶה לְיוֹם חַגֵּנוּ: תהלים פא

כִּי חֹק לְיִשְׂרָאֵל הוּא, מִשְׁפָּט לֵאלֹהֵי יַעֲקֹב:

וְנֶאֱמַר

הַלְלוּיָהּ, הַלְלוּ־אֵל בְּקָדְשׁוֹ הַלְלוּהוּ בִּרְקִיעַ עֻזּוֹ: תהלים קנ

הַלְלוּהוּ בִגְבוּרֹתָיו הַלְלוּהוּ כְּרֹב גֻּדְלוֹ:

הַלְלוּהוּ בְּתֵקַע שׁוֹפָר הַלְלוּהוּ בְּנֵבֶל וְכִנּוֹר:

הַלְלוּהוּ בְתֹף וּמָחוֹל הַלְלוּהוּ בְּמִנִּים וְעוּגָב:

הַלְלוּהוּ בְצִלְצְלֵי־שָׁמַע הַלְלוּהוּ בְּצִלְצְלֵי תְרוּעָה:

כֹּל הַנְּשָׁמָה תְּהַלֵּל יָהּ, הַלְלוּיָהּ:

וְעַל יְדֵי עֲבָדֶיךָ הַנְּבִיאִים כָּתוּב לֵאמֹר

כָּל־יֹשְׁבֵי תֵבֵל וְשֹׁכְנֵי אָרֶץ ישעיה יח

כִּנְשֹׂא־נֵס הָרִים תִּרְאוּ

וְכִתְקֹעַ שׁוֹפָר תִּשְׁמָעוּ:

וְנֶאֱמַר

וְהָיָה בַּיּוֹם הַהוּא יִתָּקַע בְּשׁוֹפָר גָּדוֹל ישעיה כז

וּבָאוּ הָאֹבְדִים בְּאֶרֶץ אַשּׁוּר, וְהַנִּדָּחִים בְּאֶרֶץ מִצְרָיִם

וְהִשְׁתַּחֲווּ לַיהוה בְּהַר הַקֹּדֶשׁ בִּירוּשָׁלָםִ:

וְנֶאֱמַר

וַיהוה עֲלֵיהֶם יֵרָאֶה, וְיָצָא כַבָּרָק חִצּוֹ זכריה ט

וַאדֹנָי יֱהֹוִה בַּשּׁוֹפָר יִתְקָע, וְהָלַךְ בְּסַעֲרוֹת תֵּימָן:

יהוה צְבָאוֹת יָגֵן עֲלֵיהֶם:

כֵּן תָּגֵן עַל עַמְּךָ יִשְׂרָאֵל בִּשְׁלוֹמֶךָ.

אֱלֹהֵינוּ וֵאלֹהֵי אֲבוֹתֵינוּ
תְּקַע בְּשׁוֹפָר גָּדוֹל לְחֵרוּתֵנוּ, וְשָׂא נֵס לְקַבֵּץ גָּלֻיּוֹתֵינוּ
וְקָרֵב פְּזוּרֵינוּ מִבֵּין הַגּוֹיִם, וּנְפוּצוֹתֵינוּ כַּנֵּס מִיַּרְכְּתֵי אָרֶץ.
וַהֲבִיאֵנוּ לְצִיּוֹן עִירְךָ בְּרִנָּה
וְלִירוּשָׁלַיִם בֵּית מִקְדָּשְׁךָ בְּשִׂמְחַת עוֹלָם
וְשָׁם נַעֲשֶׂה לְפָנֶיךָ אֶת קָרְבְּנוֹת חוֹבוֹתֵינוּ
כִּמְצֻוֶּה עָלֵינוּ בְּתוֹרָתֶךָ עַל יְדֵי מֹשֶׁה עַבְדֶּךָ, מִפִּי כְבוֹדֶךָ
כָּאָמוּר

וּבְיוֹם שִׂמְחַתְכֶם וּבְמוֹעֲדֵיכֶם וּבְרָאשֵׁי חָדְשֵׁכֶם במדבר י
וּתְקַעְתֶּם בַּחֲצֹצְרֹת עַל עֹלֹתֵיכֶם וְעַל זִבְחֵי שַׁלְמֵיכֶם
וְהָיוּ לָכֶם לְזִכָּרוֹן לִפְנֵי אֱלֹהֵיכֶם, אֲנִי יהוה אֱלֹהֵיכֶם:

כִּי אַתָּה שׁוֹמֵעַ קוֹל שׁוֹפָר וּמַאֲזִין תְּרוּעָה, וְאֵין דּוֹמֶה לָּךְ.
בָּרוּךְ אַתָּה יהוה, שׁוֹמֵעַ קוֹל תְּרוּעַת עַמּוֹ יִשְׂרָאֵל בְּרַחֲמִים.

בשבת ממשיכים ׳רְצֵה׳ בעמוד הבא.

ברוב הקהילות נוהגים לתקוע ולומר ׳הַיּוֹם הֲרַת עוֹלָם׳ (ובשבת אין תוקעים).

תקיעה	שברים תרועה	תקיעה
תקיעה	שברים	תקיעה
תקיעה	תרועה	תקיעה

הַיּוֹם הֲרַת עוֹלָם, הַיּוֹם יַעֲמִיד בַּמִּשְׁפָּט כָּל יְצוּרֵי עוֹלָמִים
אִם כְּבָנִים אִם כַּעֲבָדִים.
אִם כְּבָנִים, רַחֲמֵנוּ כְּרַחֵם אָב עַל בָּנִים
וְאִם כַּעֲבָדִים, עֵינֵינוּ לְךָ תְלוּיוֹת עַד שֶׁתְּחָנֵּנוּ
וְתוֹצִיא כָאוֹר מִשְׁפָּטֵנוּ, אָיֹם קָדוֹשׁ.

עבודה

רְצֵה יהוה אֱלֹהֵינוּ בְּעַמְּךָ יִשְׂרָאֵל, וְלִתְפִלָּתָם שְׁעֵה
וְהָשֵׁב אֶת הָעֲבוֹדָה לִדְבִיר בֵּיתֶךָ
וְאִשֵּׁי יִשְׂרָאֵל וּתְפִלָּתָם
מְהֵרָה בְּאַהֲבָה תְקַבֵּל בְּרָצוֹן
וּתְהִי לְרָצוֹן תָּמִיד עֲבוֹדַת יִשְׂרָאֵל עַמֶּךָ.
וְתֶחֱזֶינָה עֵינֵינוּ בְּשׁוּבְךָ לְצִיּוֹן בְּרַחֲמִים.
בָּרוּךְ אַתָּה יהוה, הַמַּחֲזִיר שְׁכִינָתוֹ לְצִיּוֹן.

הודאה

כורע ב׳מודים׳ ואינו זוקף עד אמירת השם.

מוֹדִים אֲנַחְנוּ לָךְ
שָׁאַתָּה הוּא יהוה אֱלֹהֵינוּ וֵאלֹהֵי אֲבוֹתֵינוּ לְעוֹלָם וָעֶד.
צוּר חַיֵּינוּ, מָגֵן יִשְׁעֵנוּ
אַתָּה הוּא לְדוֹר וָדוֹר.
נוֹדֶה לְּךָ וּנְסַפֵּר תְּהִלָּתֶךָ
עַל חַיֵּינוּ הַמְּסוּרִים בְּיָדֶךָ
וְעַל נִשְׁמוֹתֵינוּ הַפְּקוּדוֹת לָךְ
וְעַל נִסֶּיךָ שֶׁבְּכָל יוֹם עִמָּנוּ
וְעַל נִפְלְאוֹתֶיךָ וְטוֹבוֹתֶיךָ שֶׁבְּכָל עֵת, עֶרֶב וָבֹקֶר וְצָהֳרָיִם.
הַטּוֹב, כִּי לֹא כָלוּ רַחֲמֶיךָ
וְהַמְרַחֵם, כִּי לֹא תַמּוּ חֲסָדֶיךָ
כִּי מֵעוֹלָם קִוִּינוּ לָךְ.
וְעַל כֻּלָּם יִתְבָּרַךְ וְיִתְרוֹמַם וְיִתְנַשֵּׂא שִׁמְךָ מַלְכֵּנוּ
תָּמִיד לְעוֹלָם וָעֶד.
וּכְתֹב לְחַיִּים טוֹבִים כָּל בְּנֵי בְרִיתֶךָ.

וְכֹל הַחַיִּים יוֹדוּךָ סֶּלָה
וִיהַלְלוּ וִיבָרְכוּ אֶת שִׁמְךָ הַגָּדוֹל בֶּאֱמֶת לְעוֹלָם כִּי טוֹב
הָאֵל יְשׁוּעָתֵנוּ וְעֶזְרָתֵנוּ סֶלָה, הָאֵל הַטּוֹב.
׳בָּרוּךְ אַתָּה יהוה, הַטּוֹב שִׁמְךָ וּלְךָ נָאֶה לְהוֹדוֹת.

אם שכח לומר ׳וּכְתֹב לְחַיִּים טוֹבִים׳, אינו חוזר.

שלום

שִׂים שָׁלוֹם טוֹבָה וּבְרָכָה, חַיִּים חֵן וָחֶסֶד וְרַחֲמִים
עָלֵינוּ וְעַל כָּל יִשְׂרָאֵל עַמֶּךָ.
בָּרְכֵנוּ אָבִינוּ כֻּלָּנוּ כְּאֶחָד בְּאוֹר פָּנֶיךָ
כִּי בְאוֹר פָּנֶיךָ נָתַתָּ לָּנוּ יהוה אֱלֹהֵינוּ
תּוֹרַת חַיִּים וְאַהֲבַת חֶסֶד
וּצְדָקָה וּבְרָכָה וְרַחֲמִים וְחַיִּים וְשָׁלוֹם.
וְטוֹב יִהְיֶה בְּעֵינֶיךָ לְבָרְכֵנוּ
וּלְבָרֵךְ אֶת כָּל עַמְּךָ יִשְׂרָאֵל
בְּכָל עֵת וּבְכָל שָׁעָה בִּשְׁלוֹמֶךָ.

בְּסֵפֶר חַיִּים, בְּרָכָה וְשָׁלוֹם, וּפַרְנָסָה טוֹבָה
וּגְזֵרוֹת טוֹבוֹת, יְשׁוּעוֹת וְנֶחָמוֹת
נִזָּכֵר וְנִכָּתֵב לְפָנֶיךָ אֲנַחְנוּ וְכָל עַמְּךָ בֵּית יִשְׂרָאֵל
לְחַיִּים טוֹבִים וּלְשָׁלוֹם.

בָּרוּךְ אַתָּה יהוה, הַמְבָרֵךְ אֶת עַמּוֹ יִשְׂרָאֵל בַּשָּׁלוֹם.

אם שכח לומר ׳בְּסֵפֶר חַיִּים׳, אינו חוזר.

יש מוסיפים:

יִהְיוּ לְרָצוֹן אִמְרֵי פִי וְהֶגְיוֹן לִבִּי לְפָנֶיךָ, יהוה צוּרִי וְגֹאֲלִי: תהלים יט

אֱלֹהַי ברכות יז.
נְצֹר לְשׁוֹנִי מֵרָע וּשְׂפָתַי מִדַּבֵּר מִרְמָה
וְלִמְקַלְלַי נַפְשִׁי תִדֹּם, וְנַפְשִׁי כֶּעָפָר לַכֹּל תִּהְיֶה.
פְּתַח לִבִּי בְּתוֹרָתֶךָ
וְאַחֲרֵי מִצְוֹתֶיךָ תִּרְדֹּף נַפְשִׁי.
וְכָל הַקָּמִים וְהַחוֹשְׁבִים עָלַי רָעָה
מְהֵרָה הָפֵר עֲצָתָם וְקַלְקֵל מַחֲשַׁבְתָּם.

יש המוסיפים:

יְהִי רָצוֹן מִלְּפָנֶיךָ
יהוה אֱלֹהַי וֵאלֹהֵי אֲבוֹתַי
שֶׁלֹּא תַעֲלֶה קִנְאַת אָדָם עָלַי, וְלֹא קִנְאָתִי עַל אֲחֵרִים
וְשֶׁלֹּא אֶכְעֹס הַיּוֹם, וְשֶׁלֹּא אַכְעִיסֶךָ
וְתַצִּילֵנִי מִיֵּצֶר הָרָע, וְתֵן בְּלִבִּי הַכְנָעָה וַעֲנָוָה.
מַלְכֵּנוּ וֵאלֹהֵינוּ, יַחֵד שִׁמְךָ בְּעוֹלָמֶךָ
בְּנֵה עִירָךְ, יַסֵּד בֵּיתֶךָ וְשַׁכְלֵל הֵיכָלֶךָ
וְקַבֵּץ קִבּוּץ גָּלֻיּוֹת, וּפְדֵה צֹאנְךָ וְשַׂמַּח עֲדָתֶךָ.

עֲשֵׂה לְמַעַן שְׁמֶךָ, עֲשֵׂה לְמַעַן יְמִינֶךָ
עֲשֵׂה לְמַעַן תּוֹרָתֶךָ, עֲשֵׂה לְמַעַן קְדֻשָּׁתֶךָ.
תהלים ס לְמַעַן יֵחָלְצוּן יְדִידֶיךָ, הוֹשִׁיעָה יְמִינְךָ וַעֲנֵנִי:
תהלים יט יִהְיוּ לְרָצוֹן אִמְרֵי פִי וְהֶגְיוֹן לִבִּי לְפָנֶיךָ, יהוה צוּרִי וְגֹאֲלִי:

כורע ופוסע שלוש פסיעות לאחור. קד לשמאל, לימין ולפנים באמירת:

עֹשֶׂה הַשָּׁלוֹם בִּמְרוֹמָיו
הוּא יַעֲשֶׂה שָׁלוֹם, עָלֵינוּ וְעַל כָּל יִשְׂרָאֵל, וְאִמְרוּ אָמֵן.

יְהִי רָצוֹן מִלְּפָנֶיךָ יהוה אֱלֹהֵינוּ וֵאלֹהֵי אֲבוֹתֵינוּ
שֶׁיִּבָּנֶה בֵּית הַמִּקְדָּשׁ בִּמְהֵרָה בְיָמֵינוּ, וְתֵן חֶלְקֵנוּ בְּתוֹרָתֶךָ
וְשָׁם נַעֲבָדְךָ בְּיִרְאָה כִּימֵי עוֹלָם וּכְשָׁנִים קַדְמֹנִיּוֹת.
מלאכי ג וְעָרְבָה לַיהוה מִנְחַת יְהוּדָה וִירוּשָׁלָםִ כִּימֵי עוֹלָם וּכְשָׁנִים קַדְמֹנִיּוֹת:

חזרת הש״ץ למוסף ליום א׳ של ראש השנה

״יָדַעְתִּי ה׳ כִּי־צֶדֶק מִשְׁפָּטֶיךָ, וֶאֱמוּנָה עִנִּיתָנִי״ (תהלים קיט, עה).
״הַקְשִׁיבָה לִּי וַעֲנֵנִי, אָרִיד בְּשִׂיחִי וְאָהִימָה״ (שם נה, ג).
״וְנַפְשִׁי תָּגִיל בַּה׳, תָּשִׂישׂ בִּישׁוּעָתוֹ״ (שם לה, ט).
״הַנּוֹתֵן תְּשׁוּעָה לַמְּלָכִים, הַפּוֹצֶה אֶת־דָּוִד עַבְדּוֹ מֵחֶרֶב רָעָה״ (שם קמד, י).

פותחים את ארון הקודש.

שליח הציבור פוסע שלוש פסיעות לפנים כמי שנכנס לפני המלך.
כורע במקומות המסומנים ב־˚, קד לפנים במילה הבאה וזוקף בשם.

דברים לב יש אומרים בלחש: כִּי שֵׁם יהוה אֶקְרָא, הָבוּ גֹדֶל לֵאלֹהֵינוּ:
תהלים נא אֲדֹנָי, שְׂפָתַי תִּפְתָּח, וּפִי יַגִּיד תְּהִלָּתֶךָ:

אבות

˚בָּרוּךְ אַתָּה יהוה, אֱלֹהֵינוּ וֵאלֹהֵי אֲבוֹתֵינוּ
אֱלֹהֵי אַבְרָהָם, אֱלֹהֵי יִצְחָק, וֵאלֹהֵי יַעֲקֹב
הָאֵל הַגָּדוֹל הַגִּבּוֹר וְהַנּוֹרָא, אֵל עֶלְיוֹן
גּוֹמֵל חֲסָדִים טוֹבִים, קוֹנֵה הַכֹּל
וְזוֹכֵר חַסְדֵי אָבוֹת
וּמֵבִיא גוֹאֵל לִבְנֵי בְנֵיהֶם לְמַעַן שְׁמוֹ בְּאַהֲבָה.

לפני ה׳קרובה׳ של מוסף אין אומרים פיוט ׳רשות׳ ארוך.
שליח הציבור אומר ׳מִסּוֹד חֲכָמִים וּנְבוֹנִים׳ וממשיך ׳אֻפַּד מֵאָז׳.

מִסּוֹד חֲכָמִים וּנְבוֹנִים
וּמִלֶּמֶד דַּעַת מְבִינִים
אֶפְתְּחָה פִּי בִּתְפִלָּה וּבְתַחֲנוּנִים
לְחַלּוֹת וּלְחַנֵּן פְּנֵי מֶלֶךְ מַלְכֵי הַמְּלָכִים וַאֲדוֹנֵי הָאֲדוֹנִים.

סוגרים את ארון הקודש.

את ה׳קרובה׳ למוסף של א׳ של ראש השנה חיבר ר׳ אלעזר הקליר (כמו את יתר מערכות הפיוטים הנאמרות ביום א׳ של ראש השנה). נושא ה׳קרובה׳ הוא ראש השנה, היום שבו העולם עומד למשפט – מאדם הראשון שחטא בגן עדן ועמד למשפט בו ביום (ויקרא רבה כט, א), המשפט שבו אנו עומדים היום, ועד לגאולה העתידה, שאף היא תהיה בתשרי (כדעת ר׳ אליעזר, ראש השנה יא ע״ב).

נוהגים שהקהל אומר את שלושת הפיוטים הראשונים, ושליח הציבור אומר בקול רק את השורות המסומנות ב‑. יש קהילות שבהן אין אומרים את ה׳מגן׳, וממשיכים ׳זָכְרֵנוּ לְחַיִּים׳ למטה.

מגן – סימן א״ב

אֳפֶד מֵאָז לְשֶׁפֶט הַיּוֹם / בְּחֹן מַעֲשֵׂה כָל יוֹם
גִּישַׁת יְקוּמִים פְּנֵי אָיֹם / דִּינָם בּוֹ לְפַלֵּס לִפְדְיוֹם.

הָרִאשׁוֹן אָדָם בּוֹ נוֹצָר / וְצֻוָּה חֹק וְלֹא נָצָר
זֶה מֵלִיץ כְּהִרְחִיב בַּצָּר / חֲקָקוֹ לַמִּשְׁפָּט וְלַדּוֹרוֹת מְנֻצָּר.

טִיעַת חוֹצֵב גְּבָעוֹת וְצוּרִים / יֻלְּדוּ בוֹ מֵרֹאשׁ צוּרִים
כְּיוֹשְׁבֵי נְטָעִים הֵמָּה הַיּוֹצְרִים / לְלַמֵּד בּוֹ צֶדֶק לַעֲצוּרִים.

מְיֻחָס שְׁמוֹ בְּשֵׁם אֵיתָנִים / נֵס לְהִתְנוֹסֵס עֶלְיוֹנִים וְתַחְתּוֹנִים
סְפָרִים נִפְתָּחִים וּמַעֲשִׂים מִתַּנִּים /
עוֹבְרִים לְפָנֶיךָ וְחֶשְׁבּוֹן נוֹתְנִים.

פְּקִיד הוּכַן לְתִקּוּן מוֹעֲדֶיךָ / צֹאן לְהַעֲבִיר בַּשֵּׁבֶט עֲדֶיךָ
▸ קֶרֶן בְּמָשְׁכָם (בשבת: בְּזָכְרָם) הַיּוֹם, עֵדֶיךָ /
רַחוּם זְכֹר שְׁבוּעַת עֲבָדֶיךָ.

הכול:

נַעֲלָה (בשבת: זִכְרוֹן) שׁוֹפָר עִם תַּחֲנוּן / שַׁדַּי לְפַתּוֹתְךָ בָּם בְּחִנּוּן
▸ תָּשִׁיב לַנָּדָן בְּרֹק הַשָּׁנוּן / תַּחֲזִיק מָגֵן לְגוֹנְנִי בְּגִנּוּן.

יש נוהגים שהקהל אומר בקול, ושליח הציבור חוזר אחריו:

זָכְרֵנוּ לְחַיִּים, מֶלֶךְ חָפֵץ בַּחַיִּים
וְכָתְבֵנוּ בְּסֵפֶר הַחַיִּים, לְמַעַנְךָ אֱלֹהִים חַיִּים.

שליח הציבור ממשיך:

מֶלֶךְ עוֹזֵר וּמוֹשִׁיעַ וּמָגֵן.
בָּרוּךְ אַתָּה יהוה, מָגֵן אַבְרָהָם.

גבורות

אַתָּה גִּבּוֹר לְעוֹלָם, אֲדֹנָי
מְחַיֵּה מֵתִים אַתָּה, רַב לְהוֹשִׁיעַ

בארץ ישראל: מוֹרִיד הַטָּל

מְכַלְכֵּל חַיִּים בְּחֶסֶד
מְחַיֵּה מֵתִים בְּרַחֲמִים רַבִּים
סוֹמֵךְ נוֹפְלִים, וְרוֹפֵא חוֹלִים, וּמַתִּיר אֲסוּרִים
וּמְקַיֵּם אֱמוּנָתוֹ לִישֵׁנֵי עָפָר.
מִי כָמְוֹךָ, בַּעַל גְּבוּרוֹת
וּמִי דּוֹמֶה לָּךְ
מֶלֶךְ, מֵמִית וּמְחַיֶּה וּמַצְמִיחַ יְשׁוּעָה.

יש קהילות שבהן אין אומרים את ה׳מחיה׳, וממשיכים ׳מִי כָמְוֹךָ׳ בעמוד הבא.

מחיה – סימן תשר״ק

תֵּֽכֶן בְּמָכוֹן, לְכֵס שֶֽׁבֶת / שְׁעוֹן וּמוּסָר כְּעָלוּ בְּמַחֲשֶֽׁבֶת
רָם, תְּהִי נָא אָזְנְךָ קַשֶּֽׁבֶת /
קוֹל שׁוֹפָר (בשבת: זִכְרוֹן שׁוֹפָר) שְׁעוֹת מְנוּשֶֽׁבֶת.

צָרַת אֹֽמֶר לֹא יָדוֹן / פַּעֲמַיִם לֹא תָקוּם לַאֲבַדּוֹן
עוֹלָם אֲשֶׁר בְּאַרְבָּעָה נִדּוֹן / סְמֹךְ בְּחַסְדְּךָ וּבַאֲמִתְּךָ, אָדוֹן.

נוֹעָדִים בְּיוֹם קְרָב וְנִלְחָמִים / מוּל אֶֽבֶן נֶֽגֶף מִתְלַחֲמִים
לִבּוּב תְּרוּעָתָם שְׁעֵה מִמְּרוֹמִים /
כִּסֵּא דִין לְהָמִיר בְּשֶׁל רַחֲמִים.

יָחִיד אֲשֶׁר בְּעֵֽקֶד נִשְׁפָּט / טְלָאָיו בּוֹ יְחֻנְּנוּ מִלְּהִשָּׁפֵט
חָלִֽילָה לְּךָ אֱלֹהֵי הַמִּשְׁפָּט / זְכֹר לֹא יַעֲשֶׂה מִשְׁפָּט.

וְאִם כְּאָדָם עָבְרוּ בְרִית / הָאֵל כָּאֵל הֵבִט בַּבְּרִית
• דִּבְּרוֹת אֵלֶּה דִבְרֵי הַבְּרִית / גִּלָּה בְּזִכְרוֹן שְׁלוֹשׁ בְּרִית.

הכול:

עוֹלָם בְּבַקָּרְךָ בְּרֹאשׁ הַשָּׁנָה / בְּהַכְרָעַת צֶדֶק תַּכְרִיעַ שָׁנָה
• אֲסוּמָה טְלוּלָה גְשׁוּמָה אִם שְׁחוּנָה /
אֲטוּמִים לְהַחֲיוֹת בְּטַלְלֵי שֵׁנָה.

יש נוהגים שהקהל אומר בקול, ושליח הציבור חוזר אחריו:

מִי כָמוֹךָ אַב הָרַחֲמָן
זוֹכֵר יְצוּרָיו לְחַיִּים בְּרַחֲמִים.

שליח הציבור ממשיך:

וְנֶאֱמָן אַתָּה לְהַחֲיוֹת מֵתִים.
בָּרוּךְ אַתָּה יהוה, מְחַיֵּה הַמֵּתִים.

יש קהילות שבהן אין אומרים את ה׳משלש׳, וממשיכים ׳יִמְלֹךְ ה׳ לְעוֹלָם׳ בעמוד הבא.

משלש – סימן א״ת ב״ש

אַף אֹרַח מִשְׁפָּטֶיךָ קִוִּינוּךָ / תַּאֲוַת לֵב בַּצַּר פְּקָדְנוּךָ
בְּרִי לֵבָב מֵאֶתְמוֹל קִדַּמְנוּךָ / שׁוֹפַר תְּרוּעָה טֶרֶם שִׁמַּעְנוּךָ.

גְּזֵרָה חֻקַּת מִיצִירַת בְּרֵאשִׁית / רֹאשׁ דְּבָרְךָ תְּשׁוּבָה לְהָשִׁית
דִּין טֶרֶם הַעֲרֵךְ מֵרֵאשִׁית / קִדְּמָה לְמַלֵּט שׁוֹבָבִים מֵחֲרִישִׁית.

הַיּוֹצֵר יַחַד שְׁנֵי לְבָבֵיהֶם / צוֹפֶה וּמַבִּיט סַרְעַף קִרְבֵיהֶם
וְאִם אָוֶן נִרְאָה בְּמַחֲבוֹאֵיהֶם / פָּקֹד תִּפְקֹד לָמוֹ קְרוֹבֵיהֶם.

זֵכֶר הֲסָרַת שֶׁכֶם מִסֵּבֶל / עֶבֶד כְּהֻחְפַּשׁ מֵעִנּוּי כֶּבֶל
חֲנִיטָיו אִם תָּעֲתְעוּ בְּתֶבֶל / שִׁיחוּ יְחוֹנְנֵם לְחַיֵּי הֶבֶל.

טְמִינַת לֵב וּנְקִימַת קֵץ / נִדָּחִים לֶאֱסֹף בּוֹ בְּקֵץ
יוֹם מוּכָן עִתִּים לְהָקֵץ / מִיָּמִים יָמִימָה וּמִקֵּץ לְקֵץ.

כֶּסֶא לְהַקְפּוֹת חֹדֶשׁ לִקֹּב / כְּסוּחִים בְּלַהֲטוֹ לְהַבְהֵב לִרְקֹב
• לְהָסִיר מִכְשׁוֹל מִלֵּב הֶעָקֹב /
לְהִזָּכֵר לְאַבְרָהָם לְיִצְחָק וּלְיַעֲקֹב.

קהל ואחריו שליח הציבור:

יִמְלֹךְ יהוה לְעוֹלָם תהלים קמו
אֱלֹהַיִךְ צִיּוֹן לְדֹר וָדֹר, הַלְלוּיָהּ:
וְאַתָּה קָדוֹשׁ יוֹשֵׁב תְּהִלּוֹת יִשְׂרָאֵל: תהלים כב
אֵל נָא.

שליח הציבור אומר את שני החרוזים הבאים, והקהל חוזר אחרי כל אחד מהם. חרוזים אלה הם הפזמון של ה׳קיקלר׳ (ראה עמ׳ 155) ׳אֹמֶץ אַדִּירֵי כָּל חֵפֶץ׳ (עמ׳ 471).

אֵל אֱמוּנָה, בְּעָרְכְּךָ דִּין / אִם תְּמַצֶּה עֹמֶק הַדִּין
מִי יִצְדַּק לְפָנֶיךָ בַּדִּין / קָדוֹשׁ.

אִם לֹא לְמַעֲנוֹ יַעַשׂ / וְיָסִיר חֲרוֹן אַף וָכַעַס
אֵין לְבַקֵּר וְלִמְצֹא מַעַשׂ / קָדוֹשׁ.

פיוט זה נכתב כדי להדגיש את הניגוד בין הקב״ה למלכים בשר ודם.
כבר בימות הראשונים השמיטו את מרבית בתי הפיוט המשלים, ׳מֶלֶךְ אֶבְיוֹן׳,
פרט לבית הראשון ולבית האחרון שלו, שלפני הבית החותם.
הפיוט השלם על שני חלקיו מובא בעמ׳ 474.

סימן א״ב משולש

פותחים את ארון הקודש.

וּבְכֵן, וַיְהִי בִישֻׁרוּן מֶלֶךְ

מֶלֶךְ עֶלְיוֹן
אֵל דָּר בַּמָּרוֹם / אַדִּיר בַּמָּרוֹם / אֹמֶץ יָדוֹ תָּרוֹם
לַעֲדֵי עַד יִמְלֹךְ.

מֶלֶךְ עֶלְיוֹן
גִּבּוֹר לְהָקִים / גּוֹזֵר וּמֵקִים / גּוֹלֶה עֲמֻקִּים
לַעֲדֵי עַד יִמְלֹךְ.

מֶלֶךְ עֶלְיוֹן
הַמְדַבֵּר בִּצְדָקָה / הַלּוֹבֵשׁ צְדָקָה / הַמַּאֲזִין צְעָקָה
לַעֲדֵי עַד יִמְלֹךְ.

מֶלֶךְ עֶלְיוֹן
זוֹכֵר צוּרִים / זַכּוֹת יְצוּרִים / זוֹעֵם צָרִים
לַעֲדֵי עַד יִמְלֹךְ.

מֶלֶךְ עֶלְיוֹן
טוֹב שׁוֹכֵן עַד / טוּבוֹ לָעַד / טִפַּח שְׁמֵי עַד
לַעֲדֵי עַד יִמְלֹךְ.

מֶלֶךְ עֶלְיוֹן
כַּשַּׂלְמָה עוֹטֶה אוֹר / כָּל מְאוֹרֵי אוֹר / כַּבִּיר וְנָאוֹר
לַעֲדֵי עַד יִמְלֹךְ.

מֶלֶךְ עֶלְיוֹן
מֶלֶךְ עוֹלָמִים / מְפַעֲנֵחַ נֶעֱלָמִים / מֵשִׂיחַ אִלְּמִים
לַעֲדֵי עַד יִמְלֹךְ.

מֶלֶךְ עֶלְיוֹן
סוֹבֵל כֹּל / סָב וּמְבַלֶּה כֹּל / סוֹקֵר בַּכֹּל
לַעֲדֵי עַד יִמְלֹךְ.

מֶלֶךְ עֶלְיוֹן
פְּאֵרוֹ עֹז / פְּעַל יְמִינוֹ תָּעֹז / פּוֹדֶה וּמָעוֹז
לַעֲדֵי עַד יִמְלֹךְ.

מֶלֶךְ עֶלְיוֹן
קְדוֹשָׁיו לַהַב / קוֹרֵא מֵי רַהַב / קָרוֹב לְקוֹרְאָיו בְּאַהַב
לַעֲדֵי עַד יִמְלֹךְ.

מֶלֶךְ עֶלְיוֹן
שֵׁנָה אֵין לְפָנָיו / שֶׁקֶט בִּפְנִינָיו / שֶׁבַח טוֹב בְּמַצְפּוּנָיו
לַעֲדֵי עַד יִמְלֹךְ.

סוגרים את ארון הקודש.

הקהל אומר בלחש:

מֶלֶךְ אֶבְיוֹן
בָּלֶה וְיָרֵד שַׁחַת / בִּשְׁאוֹל וּבְתַחַת / בְּלֵאוּת בְּלִי נַחַת
עַד מָתַי יִמְלֹךְ.

מֶלֶךְ אֶבְיוֹן
תְּנוּמָה תְעוּפֶנּוּ / תַּרְדֵּמָה תְעוֹפְפֶנּוּ / תֹּהוּ יְשׁוּפֶנּוּ
עַד מָתַי יִמְלֹךְ.

פותחים את ארון הקודש.

שליח הציבור אומר:

אֲבָל מֶלֶךְ עֶלְיוֹן
תָּקְפּוֹ לָעַד / תִּפְאַרְתּוֹ עֲדֵי עַד / תְּהִלָּתוֹ עוֹמֶדֶת לָעַד
לַעֲדֵי עַד יִמְלֹךְ.

הפיוט האחרון לפני הקדושה נקרא ׳סילוק׳, והוא פיוט ארוך ומורכב.
בקהילות אשכנז פשט המנהג לומר כ׳סילוק׳ למוספי הימים הנוראים את הפיוט
׳וּנְתַנֶּה תֹּקֶף׳, ופיוטי ה׳סילוק׳ המקוריים של ה׳קדושתאות׳ נדחו מפניו.

לפיוט ׳וּנְתַנֶּה תֹּקֶף׳ נקשרה הילה מיוחדת בשל סיפורו של ר׳ אמנון ממגנצא,
שאמרו ביום הכיפורים לפני שמת בעינויים קשים על קידוש השם
(או״ז ח״ב, רעו). הפיוט מצוי כבר בקטעים שנמצאו בגניזה, ונראה
מסגנונו שהוא קדום לר׳ אלעזר קליר; יש שייחסו אותו לינאי.

וּבְכֵן לְךָ תַעֲלֶה קְדֻשָּׁה, כִּי אַתָּה אֱלֹהֵינוּ מֶלֶךְ.

הקהל ושליח הציבור אומרים:

סילוק

וּנְתַנֶּה תֹּקֶף קְדֻשַּׁת הַיּוֹם / כִּי הוּא נוֹרָא וְאָיֹם
וּבוֹ תִנָּשֵׂא מַלְכוּתֶךָ / וְיִכּוֹן בְּחֶסֶד כִּסְאֶךָ
וְתֵשֵׁב עָלָיו בֶּאֱמֶת.
אֱמֶת, כִּי אַתָּה הוּא דַיָּן וּמוֹכִיחַ, וְיוֹדֵעַ וָעֵד
וְכוֹתֵב וְחוֹתֵם וְסוֹפֵר וּמוֹנֶה
וְתִזְכֹּר כָּל הַנִּשְׁכָּחוֹת / וְתִפְתַּח אֶת סֵפֶר הַזִּכְרוֹנוֹת
וּמֵאֵלָיו יִקָּרֵא / וְחוֹתַם יַד כָּל אָדָם בּוֹ.

וּבְשׁוֹפָר גָּדוֹל יִתָּקַע / וְקוֹל דְּמָמָה דַקָּה יִשָּׁמַע
וּמַלְאָכִים יֵחָפֵזוּן / וְחִיל וּרְעָדָה יֹאחֵזוּן
וְיֹאמְרוּ, הִנֵּה יוֹם הַדִּין / לִפְקֹד עַל צְבָא מָרוֹם בַּדִּין
כִּי לֹא יִזְכּוּ בְעֵינֶיךָ בַּדִּין
וְכָל בָּאֵי עוֹלָם יַעַבְרוּן לְפָנֶיךָ כִּבְנֵי מָרוֹן.

כְּבַקָּרַת רוֹעֶה עֶדְרוֹ / מַעֲבִיר צֹאנוֹ תַּחַת שִׁבְטוֹ
כֵּן תַּעֲבִיר וְתִסְפֹּר וְתִמְנֶה / וְתִפְקֹד נֶפֶשׁ כָּל חָי
וְתַחְתֹּךְ קִצְבָה לְכָל בְּרִיָּה / וְתִכְתֹּב אֶת גְּזַר דִּינָם.

קהל ושליח הציבור אחריו:

בְּרֹאשׁ הַשָּׁנָה יִכָּתֵבוּן / וּבְיוֹם צוֹם כִּפּוּר יֵחָתֵמוּן.
כַּמָּה יַעַבְרוּן וְכַמָּה יִבָּרֵאוּן
מִי יִחְיֶה וּמִי יָמוּת / מִי בְקִצּוֹ וּמִי לֹא בְקִצּוֹ
מִי בַמַּיִם וּמִי בָאֵשׁ / מִי בַחֶרֶב וּמִי בַחַיָּה
מִי בָרָעָב וּמִי בַצָּמָא / מִי בָרַעַשׁ וּמִי בַמַּגֵּפָה
מִי בַחֲנִיקָה וּמִי בַסְּקִילָה.
מִי יָנוּחַ וּמִי יָנוּעַ / מִי יִשָּׁקֵט וּמִי יְטֹּרֵף
מִי יִשָּׁלֵו וּמִי יִתְיַסָּר / מִי יֵעָנִי וּמִי יֵעָשֵׁר
מִי יֻשְׁפַּל וּמִי יָרוּם.

הקהל אומר בקול ושליח הציבור אחריו:

צום קול ממון

וּתְשׁוּבָה וּתְפִלָּה וּצְדָקָה / מַעֲבִירִין אֶת רֹעַ הַגְּזֵרָה.

הכול:

כִּי כְּשִׁמְךָ כֵּן תְּהִלָּתֶךָ / קָשֶׁה לִכְעֹס וְנוֹחַ לִרְצוֹת
כִּי לֹא תַחְפֹּץ בְּמוֹת הַמֵּת / כִּי אִם בְּשׁוּבוֹ מִדַּרְכּוֹ, וְחָיָה
וְעַד יוֹם מוֹתוֹ תְּחַכֶּה לּוֹ / אִם יָשׁוּב, מִיַּד תְּקַבְּלוֹ.

שליח הציבור:

אֱמֶת, כִּי אַתָּה הוּא יוֹצְרָם / וְיוֹדֵעַ יִצְרָם
כִּי הֵם בָּשָׂר וָדָם.

אָדָם יְסוֹדוֹ מֵעָפָר / וְסוֹפוֹ לֶעָפָר
בְּנַפְשׁוֹ יָבִיא לַחְמוֹ / מָשׁוּל כַּחֶרֶס הַנִּשְׁבָּר
כְּחָצִיר יָבֵשׁ, וּכְצִיץ נוֹבֵל / כְּצֵל עוֹבֵר, וּכְעָנָן כָּלֶה
וּכְרוּחַ נוֹשָׁבֶת, וּכְאָבָק פּוֹרֵחַ, וְכַחֲלוֹם יָעוּף.

הקהל אומר בקול ושליח הציבור אחריו:

וְאַתָּה הוּא מֶלֶךְ, אֵל חַי וְקַיָּם.

סוגרים את ארון הקודש.

קהל ושליח הציבור אחריו:

אֵין קִצְבָה לִשְׁנוֹתֶיךָ / וְאֵין קֵץ לְאֹרֶךְ יָמֶיךָ
וְאֵין לְשַׁעֵר מַרְכְּבוֹת כְּבוֹדֶךָ / וְאֵין לְפָרֵשׁ עֵילוּם שְׁמֶךָ.
שִׁמְךָ נָאֶה לְךָ / וְאַתָּה נָאֶה לִשְׁמֶךָ / וּשְׁמֵנוּ קָרָאתָ בִּשְׁמֶךָ.
עֲשֵׂה לְמַעַן שְׁמֶךָ, וְקַדֵּשׁ אֶת שִׁמְךָ עַל מַקְדִּישֵׁי שְׁמֶךָ
בַּעֲבוּר כְּבוֹד שִׁמְךָ הַנַּעֲרָץ וְהַנִּקְדָּשׁ
כְּסוֹד שִׂיחַ שַׂרְפֵי קֹדֶשׁ, הַמַּקְדִּישִׁים שִׁמְךָ בַּקֹּדֶשׁ
דָּרֵי מַעְלָה עִם דָּרֵי מַטָּה
קוֹרְאִים וּמְשַׁלְּשִׁים בְּשִׁלּוּשׁ קְדֻשָּׁה בַּקֹּדֶשׁ.

קדושה

בבתי כנסת המתפללים בנוסח אשכנז, אומרים:

כַּכָּתוּב עַל יַד נְבִיאֶךָ: וְקָרָא זֶה אֶל־זֶה וְאָמַר ישעיה ו

וממשיכים ׳קָדוֹשׁ, קָדוֹשׁ, קָדוֹשׁ׳ למטה.

במקומות המסומנים ב׳, המתפלל מתרומם על קצות אצבעותיו.

קהל ואחריו שליח הציבור:

כֶּתֶר יִתְּנוּ לְךָ, יהוה אֱלֹהֵינוּ, מַלְאָכִים הֲמוֹנֵי מַעְלָה, עִם עַמְּךָ יִשְׂרָאֵל קְבוּצֵי מַטָּה, יַחַד כֻּלָּם קְדֻשָּׁה לְךָ יְשַׁלֵּשׁוּ כַּדָּבָר הָאָמוּר עַל יַד נְבִיאֶךָ, וְקָרָא זֶה אֶל־זֶה וְאָמַר ישעיה ו

קהל ואחריו שליח הציבור:

׳קָדוֹשׁ, ׳קָדוֹשׁ, ׳קָדוֹשׁ, יהוה צְבָאוֹת, מְלֹא כָל הָאָרֶץ כְּבוֹדוֹ:

יש האומרים כאן פיוטי קדושה בעמ׳ 477.

כְּבוֹדוֹ מָלֵא עוֹלָם, מְשָׁרְתָיו שׁוֹאֲלִים זֶה לָזֶה
אַיֵּה מְקוֹם כְּבוֹדוֹ לְהַעֲרִיצוֹ, לְעֻמָּתָם מְשַׁבְּחִים וְאוֹמְרִים

קהל ואחריו שליח הציבור:

יחזקאל ג ׳בָּרוּךְ כְּבוֹד־יהוה מִמְּקוֹמוֹ:
מִמְּקוֹמוֹ הוּא יִפֶן בְּרַחֲמָיו לְעַמּוֹ
וְיָחֹן עַם הַמְיַחֲדִים שְׁמוֹ
עֶרֶב וָבֹקֶר בְּכָל יוֹם תָּמִיד
פַּעֲמַיִם בְּאַהֲבָה שְׁמַע אוֹמְרִים

קהל ואחריו שליח הציבור:

דברים ו שְׁמַע יִשְׂרָאֵל, יהוה אֱלֹהֵינוּ, יהוה אֶחָד:
הוּא אֱלֹהֵינוּ, הוּא אָבִינוּ, הוּא מַלְכֵּנוּ, הוּא מוֹשִׁיעֵנוּ
וְהוּא יוֹשִׁיעֵנוּ וְיִגְאָלֵנוּ שֵׁנִית
וְיַשְׁמִיעֵנוּ בְּרַחֲמָיו לְעֵינֵי כָּל חַי לֵאמֹר
במדבר טו הֵן גָּאַלְתִּי אֶתְכֶם אַחֲרִית כְּרֵאשִׁית, לִהְיוֹת לָכֶם לֵאלֹהִים
אֲנִי יהוה אֱלֹהֵיכֶם:

קהל ואחריו שליח הציבור:

תהלים ח אַדִּיר אַדִּירֵנוּ, יהוה אֲדֹנֵינוּ, מָה־אַדִּיר שִׁמְךָ בְּכָל־הָאָרֶץ:
זכריה יד וְהָיָה יהוה לְמֶלֶךְ עַל־כָּל־הָאָרֶץ
בַּיּוֹם הַהוּא יִהְיֶה יהוה אֶחָד וּשְׁמוֹ אֶחָד:

שליח הציבור:

וּבְדִבְרֵי קָדְשְׁךָ כָּתוּב לֵאמֹר

קהל ואחריו שליח הציבור:

תהלים קמו ׳יִמְלֹךְ יהוה לְעוֹלָם, אֱלֹהַיִךְ צִיּוֹן לְדֹר וָדֹר, הַלְלוּיָהּ:

שליח הציבור ממשיך:

לְדוֹר וָדוֹר נַגִּיד גָּדְלֶךָ, וּלְנֵצַח נְצָחִים קְדֻשָּׁתְךָ נַקְדִּישׁ
וְשִׁבְחֲךָ אֱלֹהֵינוּ מִפִּינוּ לֹא יָמוּשׁ לְעוֹלָם וָעֶד
כִּי אֵל מֶלֶךְ גָּדוֹל וְקָדוֹשׁ אָתָּה.

יש האומרים כאן פיוטי קדושה בעמ׳ 477.

בבתי כנסת המתפללים בנוסח אשכנז, אין אומרים ׳לְדוֹר וָדוֹר׳.

לְדוֹר וָדוֹר הַמְלִיכוּ לָאֵל, כִּי הוּא לְבַדּוֹ מָרוֹם וְקָדוֹשׁ.

קהל ושליח הציבור אומרים יחד:

חֲמֹל עַל מַעֲשֶׂיךָ וְתִשְׂמַח בְּמַעֲשֶׂיךָ
וְיֹאמְרוּ לְךָ חוֹסֶיךָ בְּצַדֶּקְךָ עֲמוּסֶיךָ
תֻּקְדַּשׁ אָדוֹן עַל כָּל מַעֲשֶׂיךָ

כִּי מַקְדִּישֶׁיךָ בִּקְדֻשָּׁתְךָ קִדַּשְׁתָּ
נָאֶה לְקָדוֹשׁ פְּאֵר מִקְּדוֹשִׁים.

שליח הציבור ממשיך:

וּבְכֵן יִתְקַדַּשׁ שִׁמְךָ יהוה אֱלֹהֵינוּ
עַל יִשְׂרָאֵל עַמֶּךָ
וְעַל יְרוּשָׁלַיִם עִירֶךָ
וְעַל צִיּוֹן מִשְׁכַּן כְּבוֹדֶךָ
וְעַל מַלְכוּת בֵּית דָּוִד מְשִׁיחֶךָ
וְעַל מְכוֹנְךָ וְהֵיכָלֶךָ.

עוֹד יִזְכֹּר לָנוּ אַהֲבַת אֵיתָן, אֲדוֹנֵינוּ
וּבַבֵּן הַנֶּעֱקָד יַשְׁבִּית מְדַיְּנֵינוּ
וּבִזְכוּת הַתָּם יוֹצִיא הַיּוֹם לְצֶדֶק דִּינֵנוּ
כִּי־קָדוֹשׁ הַיּוֹם לַאֲדֹנֵינוּ: נחמיה ח

בְּאֵין מֵלִיץ יֹשֶׁר מוּל מַגִּיד פֶּשַׁע
תַּגִּיד לְיַעֲקֹב דָּבָר, חֹק וּמִשְׁפָּט
וְצַדְּקֵנוּ בַּמִּשְׁפָּט, הַמֶּלֶךְ הַמִּשְׁפָּט.

נוהגים ששליח הציבור מצרף את השורה הראשונה בפיוט לסוף המשפט הקודם, ואומר ׳הַמֶּלֶךְ הַמִּשְׁפָּט. הָאוֹחֵז בְּיָד מִדַּת מִשְׁפָּט׳ בנשימה אחת (מהרי״ל).

סימן א״ב

פותחים את ארון הקודש.

הָאוֹחֵז בְּיָד מִדַּת מִשְׁפָּט
וְכֹל מַאֲמִינִים שֶׁהוּא אֵל אֱמוּנָה.

הַבּוֹחֵן וּבוֹדֵק גִּנְזֵי נִסְתָּרוֹת
וְכֹל מַאֲמִינִים שֶׁהוּא בּוֹחֵן כְּלָיוֹת.

הַגּוֹאֵל מִמָּוֶת וּפוֹדֶה מִשַּׁחַת
וְכֹל מַאֲמִינִים שֶׁהוּא גּוֹאֵל חָזָק.

הַדָּן יְחִידִי לְבָאֵי עוֹלָם
וְכֹל מַאֲמִינִים שֶׁהוּא דַּיַּן אֱמֶת.

הֶהָגוּי בְּאֶהְיֶה אֲשֶׁר אֶהְיֶה
וְכֹל מַאֲמִינִים שֶׁהוּא הָיָה וְהֹוֶה וְיִהְיֶה.

הַוַּדַּאי, כִּשְׁמוֹ כֵּן תְּהִלָּתוֹ
וְכֹל מַאֲמִינִים שֶׁהוּא וְאֵין בִּלְתּוֹ.

הַזּוֹכֵר לְמַזְכִּירָיו טוֹבוֹת זִכְרוֹנוֹת
וְכֹל מַאֲמִינִים שֶׁהוּא זוֹכֵר הַבְּרִית.

הַחוֹתֵךְ חַיִּים לְכָל חָי
וְכֹל מַאֲמִינִים שֶׁהוּא חַי וְקַיָּם.

הַטּוֹב וּמֵטִיב לָרָעִים וְלַטּוֹבִים
וְכֹל מַאֲמִינִים שֶׁהוּא טוֹב לַכֹּל.

הַיּוֹדֵעַ יֵצֶר כָּל יְצוּרִים
וְכֹל מַאֲמִינִים שֶׁהוּא יוֹצְרָם בַּבָּטֶן.

הַכֹּל יָכוֹל, וְכוֹלְלָם יַחַד
וְכֹל מַאֲמִינִים שֶׁהוּא כֹּל יָכוֹל.

הַלָּן בְּסֵתֶר בְּצֵל שַׁדַּי
וְכֹל מַאֲמִינִים שֶׁהוּא לְבַדּוֹ הוּא.

הַמַּמְלִיךְ מְלָכִים, וְלוֹ הַמְּלוּכָה
וְכֹל מַאֲמִינִים שֶׁהוּא מֶלֶךְ עוֹלָם.

הַנּוֹהֵג בְּחַסְדּוֹ עִם כָּל דּוֹר
וְכֹל מַאֲמִינִים שֶׁהוּא נוֹצֵר חֶסֶד.

הַסּוֹבֵל, וּמַעֲלִים עַיִן מִסּוֹרְרִים
וְכֹל מַאֲמִינִים שֶׁהוּא סוֹלֵחַ סֶלָה.

הָעֶלְיוֹן, וְעֵינָיו עַל יְרֵאָיו
וְכֹל מַאֲמִינִים שֶׁהוּא עוֹנֶה לָחַשׁ.

הַפּוֹתֵחַ שַׁעַר לְדוֹפְקֵי בִּתְשׁוּבָה
וְכֹל מַאֲמִינִים שֶׁהוּא פְּתוּחָה יָדוֹ.

הַצּוֹפֶה רָשָׁע, וְחָפֵץ לְהַצְדִּיקוֹ
וְכֹל מַאֲמִינִים שֶׁהוּא צַדִּיק וְיָשָׁר.

הַקָּצָר בְּזַעַם, וּמַאֲרִיךְ אַף
וְכֹל מַאֲמִינִים שֶׁהוּא קָשֶׁה לִכְעֹס.

הָרַחוּם, וּמַקְדִּים רַחֲמִים לְרֹגֶז
וְכֹל מַאֲמִינִים שֶׁהוּא רַךְ לִרְצוֹת.

הַשָּׁוֶה, וּמַשְׁוֶה קָטֹן וְגָדוֹל
וְכֹל מַאֲמִינִים שֶׁהוּא שׁוֹפֵט צֶדֶק.

הַתָּם, וּמִתַּמֵּם עִם תְּמִימִים
וְכֹל מַאֲמִינִים שֶׁהוּא תָּמִים פָּעֳלוֹ.

סוגרים את ארון הקודש
(ויש קהילות שבהן סוגרים את ארון הקודש בסוף הפיסקה הבאה).

תְּשַׂגֵּב לְבַדֶּךָ, וְתִמְלֹךְ עַל כֹּל בְּיִחוּד
כַּכָּתוּב עַל יַד נְבִיאֶךָ
זכריה יד וְהָיָה יהוה לְמֶלֶךְ עַל־כָּל־הָאָרֶץ
בַּיּוֹם הַהוּא יִהְיֶה יהוה אֶחָד וּשְׁמוֹ אֶחָד:

שליח הציבור ממשיך:

וּבְכֵן תֵּן פַּחְדְּךָ יהוה אֱלֹהֵינוּ עַל כָּל מַעֲשֶׂיךָ
וְאֵימָתְךָ עַל כָּל מַה שֶּׁבָּרָאתָ
וְיִירָאוּךָ כָּל הַמַּעֲשִׂים, וְיִשְׁתַּחֲווּ לְפָנֶיךָ כָּל הַבְּרוּאִים
וְיֵעָשׂוּ כֻלָּם אֲגֻדָּה אֶחָת לַעֲשׂוֹת רְצוֹנְךָ בְּלֵבָב שָׁלֵם
כְּמוֹ שֶׁיָּדַעְנוּ יהוה אֱלֹהֵינוּ שֶׁהַשָּׁלְטָן לְפָנֶיךָ
עֹז בְּיָדְךָ וּגְבוּרָה בִּימִינֶךָ
וְשִׁמְךָ נוֹרָא עַל כָּל מַה שֶּׁבָּרָאתָ.

וּבְכֵן תֵּן כָּבוֹד יהוה לְעַמֶּךָ
תְּהִלָּה לִירֵאֶיךָ וְתִקְוָה טוֹבָה לְדוֹרְשֶׁיךָ
וּפִתְחוֹן פֶּה לַמְיַחֲלִים לָךְ
שִׂמְחָה לְאַרְצֶךָ, וְשָׂשׂוֹן לְעִירֶךָ
וּצְמִיחַת קֶרֶן לְדָוִד עַבְדֶּךָ
וַעֲרִיכַת נֵר לְבֶן יִשַׁי מְשִׁיחֶךָ בִּמְהֵרָה בְיָמֵינוּ.

וּבְכֵן צַדִּיקִים יִרְאוּ וְיִשְׂמָחוּ, וִישָׁרִים יַעֲלֹזוּ
וַחֲסִידִים בְּרִנָּה יָגִילוּ, וְעוֹלָתָה תִּקְפָּץ פִּיהָ
וְכָל הָרִשְׁעָה כֻּלָּהּ כְּעָשָׁן תִּכְלֶה
כִּי תַעֲבִיר מֶמְשֶׁלֶת זָדוֹן מִן הָאָרֶץ.

סימן א״ב

וְיֶאֱתָיוּ כֹּל לְעָבְדֶךָ / וִיבָרְכוּ שֵׁם כְּבוֹדֶךָ
וְיַגִּידוּ בָאִיִּים צִדְקֶךָ / וְיִדְרְשׁוּךָ עַמִּים לֹא יְדָעוּךָ
וִיהַלְלוּךָ כָּל אַפְסֵי אָרֶץ / וְיֹאמְרוּ תָמִיד יִגְדַּל יהוה
וְיִזְנְחוּ אֶת עֲצַבֵּיהֶם / וְיַחְפְּרוּ עִם פְּסִילֵיהֶם
וְיַטּוּ שְׁכֶם אֶחָד לְעָבְדֶךָ / וְיִירָאוּךָ עִם שֶׁמֶשׁ מְבַקְשֵׁי פָנֶיךָ
וְיַכִּירוּ כֹּחַ מַלְכוּתֶךָ / וִילַמְּדוּ תוֹעִים בִּינָה
וִימַלְּלוּ אֶת גְּבוּרָתֶךָ / וִינַשְּׂאוּךָ, מִתְנַשֵּׂא לְכֹל לְרֹאשׁ
וִיסַלְּדוּ בְחִילָה פָּנֶיךָ / וִיעַטְּרוּךָ נֵזֶר תִּפְאָרָה
וְיִפְצְחוּ הָרִים רִנָּה / וְיִצְהֲלוּ אִיִּים בְּמָלְכֶךָ
וִיקַבְּלוּ עֹל מַלְכוּתְךָ עֲלֵיהֶם / וִירוֹמְמוּךָ בִּקְהַל עָם
וְיִשְׁמְעוּ רְחוֹקִים וְיָבוֹאוּ / וְיִתְּנוּ לְךָ כֶּתֶר מְלוּכָה.

וְתִמְלֹךְ אַתָּה הוּא יהוה אֱלֹהֵינוּ
מְהֵרָה לְבַדֶּךָ עַל כָּל מַעֲשֶׂיךָ
בְּהַר צִיּוֹן מִשְׁכַּן כְּבוֹדֶךָ
וּבִירוּשָׁלַיִם עִיר קָדְשֶׁךָ
כַּכָּתוּב בְּדִבְרֵי קָדְשֶׁךָ
יִמְלֹךְ יהוה לְעוֹלָם, אֱלֹהַיִךְ צִיּוֹן לְדֹר וָדֹר, הַלְלוּיָהּ: תהלים קמו

קָדוֹשׁ אַתָּה וְנוֹרָא שְׁמֶךָ
וְאֵין אֱלוֹהַּ מִבַּלְעָדֶיךָ
כַּכָּתוּב, וַיִּגְבַּהּ יהוה צְבָאוֹת בַּמִּשְׁפָּט ישעיה ה
וְהָאֵל הַקָּדוֹשׁ נִקְדַּשׁ בִּצְדָקָה:
בָּרוּךְ אַתָּה יהוה, הַמֶּלֶךְ הַקָּדוֹשׁ.

קדושת היום ומלכיות

אַתָּה בְחַרְתָּנוּ מִכָּל הָעַמִּים
אָהַבְתָּ אוֹתָנוּ וְרָצִיתָ בָּנוּ
וְרוֹמַמְתָּנוּ מִכָּל הַלְּשׁוֹנוֹת
וְקִדַּשְׁתָּנוּ בְּמִצְוֹתֶיךָ
וְקֵרַבְתָּנוּ מַלְכֵּנוּ לַעֲבוֹדָתֶךָ
וְשִׁמְךָ הַגָּדוֹל וְהַקָּדוֹשׁ עָלֵינוּ קָרָאתָ.

בשבת מוסיפים את המילים שבסוגריים.

וַתִּתֶּן לָנוּ יהוה אֱלֹהֵינוּ בְּאַהֲבָה
אֶת יוֹם (הַשַּׁבָּת הַזֶּה וְאֶת יוֹם) הַזִּכָּרוֹן הַזֶּה
יוֹם (זִכְרוֹן) תְּרוּעָה (בְּאַהֲבָה) מִקְרָא קֹדֶשׁ
זֵכֶר לִיצִיאַת מִצְרָיִם.

וּמִפְּנֵי חֲטָאֵינוּ גָּלִינוּ מֵאַרְצֵנוּ
וְנִתְרַחַקְנוּ מֵעַל אַדְמָתֵנוּ
וְאֵין אֲנוּ יְכוֹלִים לַעֲשׂוֹת חוֹבוֹתֵינוּ בְּבֵית בְּחִירָתֶךָ
בַּבַּיִת הַגָּדוֹל וְהַקָּדוֹשׁ שֶׁנִּקְרָא שִׁמְךָ עָלָיו
מִפְּנֵי הַיָּד שֶׁנִּשְׁתַּלְּחָה בְּמִקְדָּשֶׁךָ.
יְהִי רָצוֹן מִלְּפָנֶיךָ יהוה אֱלֹהֵינוּ וֵאלֹהֵי אֲבוֹתֵינוּ
מֶלֶךְ רַחֲמָן
שֶׁתָּשׁוּב וּתְרַחֵם עָלֵינוּ וְעַל מִקְדָּשְׁךָ בְּרַחֲמֶיךָ הָרַבִּים
וְתִבְנֵהוּ מְהֵרָה וּתְגַדֵּל כְּבוֹדוֹ.
אָבִינוּ מַלְכֵּנוּ, גַּלֵּה כְּבוֹד מַלְכוּתְךָ עָלֵינוּ מְהֵרָה
וְהוֹפַע וְהִנָּשֵׂא עָלֵינוּ לְעֵינֵי כָּל חָי
וְקָרֵב פְּזוּרֵינוּ מִבֵּין הַגּוֹיִם, וּנְפוּצוֹתֵינוּ כַּנֵּס מִיַּרְכְּתֵי אָרֶץ.

וַהֲבִיאֵנוּ לְצִיּוֹן עִירְךָ בְּרִנָּה
וְלִירוּשָׁלַיִם בֵּית מִקְדָּשְׁךָ בְּשִׂמְחַת עוֹלָם
וְשָׁם נַעֲשֶׂה לְפָנֶיךָ אֶת קָרְבְּנוֹת חוֹבוֹתֵינוּ
תְּמִידִים כְּסִדְרָם וּמוּסָפִים כְּהִלְכָתָם
וְאֶת מוּסְפֵי יוֹם (הַשַּׁבָּת הַזֶּה וְיוֹם) הַזִּכָּרוֹן הַזֶּה
נַעֲשֶׂה וְנַקְרִיב לְפָנֶיךָ בְּאַהֲבָה כְּמִצְוַת רְצוֹנֶךָ
כְּמוֹ שֶׁכָּתַבְתָּ עָלֵינוּ בְּתוֹרָתֶךָ
עַל יְדֵי מֹשֶׁה עַבְדֶּךָ מִפִּי כְבוֹדֶךָ, כָּאָמוּר

בשבת מוסיפים:

וּבְיוֹם הַשַּׁבָּת, שְׁנֵי־כְבָשִׂים בְּנֵי־שָׁנָה תְּמִימִם במדבר כח
וּשְׁנֵי עֶשְׂרֹנִים סֹלֶת מִנְחָה בְּלוּלָה בַשֶּׁמֶן וְנִסְכּוֹ:
עֹלַת שַׁבַּת בְּשַׁבַּתּוֹ, עַל־עֹלַת הַתָּמִיד וְנִסְכָּהּ:

וּבַחֹדֶשׁ הַשְּׁבִיעִי בְּאֶחָד לַחֹדֶשׁ מִקְרָא־קֹדֶשׁ יִהְיֶה לָכֶם במדבר כט
כָּל־מְלֶאכֶת עֲבֹדָה לֹא תַעֲשׂוּ, יוֹם תְּרוּעָה יִהְיֶה לָכֶם:
וַעֲשִׂיתֶם עֹלָה לְרֵיחַ נִיחֹחַ לַיהוה
פַּר בֶּן־בָּקָר אֶחָד, אַיִל אֶחָד
כְּבָשִׂים בְּנֵי־שָׁנָה שִׁבְעָה תְּמִימִם:

וּמִנְחָתָם וְנִסְכֵּיהֶם כִּמְדֻבָּר
שְׁלֹשָׁה עֶשְׂרֹנִים לַפָּר וּשְׁנֵי עֶשְׂרֹנִים לָאָיִל, וְעִשָּׂרוֹן לַכֶּבֶשׂ
וְיַיִן כְּנִסְכּוֹ, וּשְׁנֵי שְׂעִירִים לְכַפֵּר
וּשְׁנֵי תְמִידִים כְּהִלְכָתָם.

מִלְּבַד עֹלַת הַחֹדֶשׁ וּמִנְחָתָהּ, וְעֹלַת הַתָּמִיד וּמִנְחָתָהּ במדבר כט
וְנִסְכֵּיהֶם כְּמִשְׁפָּטָם, לְרֵיחַ נִיחֹחַ, אִשֶּׁה לַיהוה:

בשבת מוסיפים:

יִשְׂמְחוּ בְמַלְכוּתְךָ שׁוֹמְרֵי שַׁבָּת וְקוֹרְאֵי עֹנֶג
עַם מְקַדְּשֵׁי שְׁבִיעִי
כֻּלָּם יִשְׂבְּעוּ וְיִתְעַנְּגוּ מִטּוּבֶךָ
וּבַשְּׁבִיעִי רָצִיתָ בּוֹ וְקִדַּשְׁתּוֹ
חֶמְדַּת יָמִים אוֹתוֹ קָרָאתָ, זֵכֶר לְמַעֲשֵׂה בְרֵאשִׁית.

פותחים את ארון הקודש.

עָלֵינוּ לְשַׁבֵּחַ לַאֲדוֹן הַכֹּל, לָתֵת גְּדֻלָּה לְיוֹצֵר בְּרֵאשִׁית
שֶׁלֹּא עָשָׂנוּ כְּגוֹיֵי הָאֲרָצוֹת, וְלֹא שָׂמָנוּ כְּמִשְׁפְּחוֹת הָאֲדָמָה

סוגרים את ארון הקודש.

שֶׁלֹּא שָׂם חֶלְקֵנוּ כָּהֶם וְגוֹרָלֵנוּ כְּכָל הֲמוֹנָם.
שֶׁהֵם מִשְׁתַּחֲוִים לְהֶבֶל וָרִיק וּמִתְפַּלְלִים אֶל אֵל לֹא יוֹשִׁיעַ.

פותחים את ארון הקודש.
הקהל כורע בתיבת ׳כּוֹרְעִים׳, ויש קהילות שבהן רק שליח הציבור כורע.

וַאֲנַחְנוּ כּוֹרְעִים וּמִשְׁתַּחֲוִים וּמוֹדִים
לִפְנֵי מֶלֶךְ מַלְכֵי הַמְּלָכִים, הַקָּדוֹשׁ בָּרוּךְ הוּא
שֶׁהוּא נוֹטֶה שָׁמַיִם וְיוֹסֵד אָרֶץ
וּמוֹשַׁב יְקָרוֹ בַּשָּׁמַיִם מִמַּעַל
וּשְׁכִינַת עֻזּוֹ בְּגָבְהֵי מְרוֹמִים.

כשהקהל אומר ׳הוּא אֱלֹהֵינוּ׳, שליח הציבור אומר ׳אַתָּה הָרְאֵתָ׳ (בעמוד הבא).

הוּא אֱלֹהֵינוּ, אֵין עוֹד.
אֱמֶת מַלְכֵּנוּ, אֶפֶס זוּלָתוֹ
כַּכָּתוּב בְּתוֹרָתוֹ,
דברים ד וְיָדַעְתָּ הַיּוֹם וַהֲשֵׁבֹתָ אֶל־לְבָבֶךָ
כִּי יהוה הוּא הָאֱלֹהִים בַּשָּׁמַיִם מִמַּעַל וְעַל־הָאָרֶץ מִתָּחַת
אֵין עוֹד:

שליח הציבור אומר:

דברים ד אַתָּה הָרְאֵתָ לָדַעַת, כִּי יהוה הוּא הָאֱלֹהִים, אֵין עוֹד מִלְּבַדּוֹ:
וְיָדַעְתָּ הַיּוֹם וַהֲשֵׁבֹתָ אֶל־לְבָבֶךָ, כִּי יהוה הוּא הָאֱלֹהִים בַּשָּׁמַיִם
דברים ו מִמַּעַל וְעַל־הָאָרֶץ מִתָּחַת, אֵין עוֹד: שְׁמַע יִשְׂרָאֵל, יהוה אֱלֹהֵינוּ,
דברים י יהוה אֶחָד: הֵן לַיהוה אֱלֹהֶיךָ הַשָּׁמַיִם וּשְׁמֵי הַשָּׁמָיִם, הָאָרֶץ וְכָל־
שם אֲשֶׁר־בָּהּ: כִּי יהוה אֱלֹהֵיכֶם הוּא אֱלֹהֵי הָאֱלֹהִים וַאֲדֹנֵי הָאֲדֹנִים,
דברים לב הָאֵל הַגָּדֹל הַגִּבֹּר וְהַנּוֹרָא אֲשֶׁר לֹא־יִשָּׂא פָנִים וְלֹא יִקַּח שֹׁחַד: כִּי
תהלים קיג שֵׁם יהוה אֶקְרָא, הָבוּ גֹדֶל לֵאלֹהֵינוּ: יְהִי שֵׁם יהוה מְבֹרָךְ, מֵעַתָּה
וְעַד־עוֹלָם:

סוגרים את ארון הקודש.

׳רשות׳ למלכיות, זיכרונות ושופרות

אֱלֹהֵינוּ וֵאלֹהֵי אֲבוֹתֵינוּ

הֱיֵה עִם פִּיפִיּוֹת שְׁלוּחֵי עַמְּךָ בֵּית יִשְׂרָאֵל
הָעוֹמְדִים לְבַקֵּשׁ תְּפִלָּה וְתַחֲנוּנִים מִלְּפָנֶיךָ עַל עַמְּךָ בֵּית יִשְׂרָאֵל.

הוֹרֵם מַה שֶּׁיֹּאמְרוּ / הֲבִינֵם מַה שֶּׁיְּדַבֵּרוּ
הֲשִׁיבֵם מַה שֶּׁיִּשְׁאֲלוּ / יַדְּעֵם הֵיךְ יְפָאֵרוּ.

תהלים פט בְּאוֹר פָּנֶיךָ יְהַלֵּכוּן / בֶּרֶךְ לְךָ יִבְרְכוּן
עַמְּךָ בְּפִיהֶם יְבָרְכוּן / וּמִבִּרְכוֹת פִּיךָ כֻּלָּם יִתְבָּרְכוּן.

עַמְּךָ לְפָנֶיךָ יַעֲבִירוּן / וְהֵם בַּתָּוֶךְ יַעֲבֹרוּן
עֵינֵי עַמְּךָ בָּם תְּלוּיוֹת / וְעֵינֵיהֶם לְךָ מְיַחֲלוֹת.

גָּשִׁים מוּל אֲרוֹן הַקֹּדֶשׁ בְּאֵימָה / לְשַׁכֵּךְ כַּעַס וְחֵמָה
וְעַמְּךָ מְסַבְּבִים אוֹתָם כַּחוֹמָה /
וְאַתָּה מִן הַשָּׁמַיִם תַּשְׁגִּיחַ, אוֹתָם לְרַחֲמָה.

עַיִן נוֹשְׂאִים לְךָ לַשָּׁמַיִם / לֵב שׁוֹפְכִים נִכְחֲךָ כַּמַּיִם
דברי הימים ב׳ ו וְאַתָּה תִּשְׁמַע מִן הַשָּׁמַיִם.

יש קהילות שבהן נוהגים שהקהל אומר בלחש עד ׳אֱלֹהֵי יִשְׂרָאֵל׳.

שֶׁלֹּא יִכָּשְׁלוּ בִלְשׁוֹנָם / וְלֹא יִנָּקְשׁוּ בְשִׁנּוּנָם
וְלֹא יֵבוֹשׁוּ בְּמַשְׁעֵנָם / וְלֹא יִכָּלְמוּ בָם שְׁאוֹנָם
וְאַל יֹאמַר פִּיהֶם דָּבָר שֶׁלֹּא כִרְצוֹנֶךָ.
כִּי חֲנוּנֶיךָ יהוה אֱלֹהֵינוּ הֵמָּה חֲנוּנִים / וּמְלֻמָּדֶיךָ הֵמָּה מְלֻמָּדִים.

כְּמָה שֶׁיָּדַעְנוּ יהוה אֱלֹהֵינוּ
אֵת אֲשֶׁר תָּחֹן יוּחָן, וְאֵת אֲשֶׁר תְּרַחֵם יְרֻחָם.
כַּכָּתוּב בְּתוֹרָתֶךָ
שמות לג וַיֹּאמֶר, אֲנִי אַעֲבִיר כָּל־טוּבִי עַל־פָּנֶיךָ, וְקָרָאתִי בְשֵׁם יהוה לְפָנֶיךָ
וְחַנֹּתִי אֶת־אֲשֶׁר אָחֹן וְרִחַמְתִּי אֶת־אֲשֶׁר אֲרַחֵם:
תהלים סט וְנֶאֱמַר: אַל־יֵבֹשׁוּ בִי קֹוֶיךָ, אֲדֹנָי יֱהֹוִה צְבָאוֹת
אַל־יִכָּלְמוּ בִי מְבַקְשֶׁיךָ, אֱלֹהֵי יִשְׂרָאֵל:

פותחים את ארון הקודש.

המשך ה׳רשות׳: הבקשה ׳הֱיֵה עִם פִּיפִיּוֹת׳ בעמוד הקודם, הייתה של הקהל עבור שליחי ציבור בכלל. ׳אוֹחִילָה לָאֵל׳ היא בקשה אישית של שליח הציבור.

סימן א מרובע

אוֹחִילָה לָאֵל, אֲחַלֶּה פָנָיו
אֶשְׁאֲלָה מִמֶּנּוּ מַעֲנֵה לָשׁוֹן.

אֲשֶׁר בִּקְהַל עָם אָשִׁירָה עֻזּוֹ
אַבִּיעָה רְנָנוֹת בְּעַד מִפְעָלָיו.

משלי טז לְאָדָם מַעַרְכֵי־לֵב וּמֵיהוה מַעֲנֵה לָשׁוֹן:
תהלים נא אֲדֹנָי, שְׂפָתַי תִּפְתָּח, וּפִי יַגִּיד תְּהִלָּתֶךָ:

יש שליחי ציבור האומרים פסוק זה בקול, ויש האומרים בלחש:

תהלים יט יִהְיוּ לְרָצוֹן אִמְרֵי־פִי וְהֶגְיוֹן לִבִּי לְפָנֶיךָ, יהוה צוּרִי וְגֹאֲלִי:

סוגרים את ארון הקודש.

יש אומרים את התקיעתא ׳אַנְסִיכָה מַלְכִּי׳ בעמ׳ 483,
ואם חל בשבת את התקיעתא ׳אֲהַלְלָה׳ בעמ׳ 485.

וְעַל כֵּן נְקַוֶּה לְּךָ יהוה אֱלֹהֵינוּ לִרְאוֹת מְהֵרָה בְּתִפְאֶרֶת עֻזֶּךָ
לְהַעֲבִיר גִּלּוּלִים מִן הָאָרֶץ, וְהָאֱלִילִים כָּרוֹת יִכָּרֵתוּן
לְתַקֵּן עוֹלָם בְּמַלְכוּת שַׁדַּי.
וְכָל בְּנֵי בָשָׂר יִקְרְאוּ בִשְׁמֶךָ, לְהַפְנוֹת אֵלֶיךָ כָּל רִשְׁעֵי אָרֶץ.
יַכִּירוּ וְיֵדְעוּ כָּל יוֹשְׁבֵי תֵבֵל
כִּי לְךָ תִּכְרַע כָּל בֶּרֶךְ, תִּשָּׁבַע כָּל לָשׁוֹן.
לְפָנֶיךָ יהוה אֱלֹהֵינוּ יִכְרְעוּ וְיִפֹּלוּ, וְלִכְבוֹד שִׁמְךָ יְקָר יִתֵּנוּ
וִיקַבְּלוּ כֻלָּם אֶת עֹל מַלְכוּתֶךָ
וְתִמְלֹךְ עֲלֵיהֶם מְהֵרָה לְעוֹלָם וָעֶד.

פסוקי מלכיות

כִּי הַמַּלְכוּת שֶׁלְּךָ הִיא וּלְעוֹלְמֵי עַד תִּמְלֹךְ בְּכָבוֹד
כַּכָּתוּב בְּתוֹרָתֶךָ

יהוה יִמְלֹךְ לְעֹלָם וָעֶד: שמות טו

וְנֶאֱמַר

לֹא־הִבִּיט אָוֶן בְּיַעֲקֹב, וְלֹא־רָאָה עָמָל בְּיִשְׂרָאֵל במדבר כג
יהוה אֱלֹהָיו עִמּוֹ, וּתְרוּעַת מֶלֶךְ בּוֹ:

וְנֶאֱמַר

וַיְהִי בִישֻׁרוּן מֶלֶךְ, בְּהִתְאַסֵּף רָאשֵׁי עָם דברים לג
יַחַד שִׁבְטֵי יִשְׂרָאֵל:

וּבְדִבְרֵי קָדְשְׁךָ כָּתוּב לֵאמֹר

כִּי לַיהוה הַמְּלוּכָה וּמֹשֵׁל בַּגּוֹיִם: תהלים כב

וְנֶאֱמַר

יהוה מָלָךְ, גֵּאוּת לָבֵשׁ תהלים צג
לָבֵשׁ יהוה עֹז הִתְאַזָּר, אַף־תִּכּוֹן תֵּבֵל בַּל־תִּמּוֹט:

וְנֶאֱמַר
תהלים כד
שְׂאוּ שְׁעָרִים רָאשֵׁיכֶם, וְהִנָּשְׂאוּ פִּתְחֵי עוֹלָם
וְיָבוֹא מֶלֶךְ הַכָּבוֹד:
מִי זֶה מֶלֶךְ הַכָּבוֹד, יהוה עִזּוּז וְגִבּוֹר
יהוה גִּבּוֹר מִלְחָמָה:
שְׂאוּ שְׁעָרִים רָאשֵׁיכֶם, וּשְׂאוּ פִּתְחֵי עוֹלָם
וְיָבֹא מֶלֶךְ הַכָּבוֹד:
מִי הוּא זֶה מֶלֶךְ הַכָּבוֹד
יהוה צְבָאוֹת הוּא מֶלֶךְ הַכָּבוֹד סֶלָה:

וְעַל יְדֵי עֲבָדֶיךָ הַנְּבִיאִים כָּתוּב לֵאמֹר
ישעיה מד
כֹּה־אָמַר יהוה מֶלֶךְ־יִשְׂרָאֵל וְגֹאֲלוֹ, יהוה צְבָאוֹת
אֲנִי רִאשׁוֹן וַאֲנִי אַחֲרוֹן, וּמִבַּלְעָדַי אֵין אֱלֹהִים:
וְנֶאֱמַר
עובדיה א
וְעָלוּ מוֹשִׁעִים בְּהַר צִיּוֹן לִשְׁפֹּט אֶת־הַר עֵשָׂו
וְהָיְתָה לַיהוה הַמְּלוּכָה:
וְנֶאֱמַר
זכריה יד
וְהָיָה יהוה לְמֶלֶךְ עַל־כָּל־הָאָרֶץ
בַּיּוֹם הַהוּא יִהְיֶה יהוה אֶחָד וּשְׁמוֹ אֶחָד:

וּבְתוֹרָתְךָ כָּתוּב לֵאמֹר
דברים ו
שְׁמַע יִשְׂרָאֵל, יהוה אֱלֹהֵינוּ יהוה אֶחָד:

אֱלֹהֵינוּ וֵאלֹהֵי אֲבוֹתֵינוּ, מְלֹךְ עַל כָּל הָעוֹלָם כֻּלּוֹ בִּכְבוֹדֶךָ
וְהִנָּשֵׂא עַל כָּל הָאָרֶץ בִּיקָרֶךָ
וְהוֹפַע בַּהֲדַר גְּאוֹן עֻזֶּךָ עַל כָּל יוֹשְׁבֵי תֵבֵל אַרְצֶךָ.

וְיֵדַע כָּל פָּעוּל כִּי אַתָּה פְעַלְתּוֹ, וְיָבִין כָּל יָצוּר כִּי אַתָּה יְצַרְתּוֹ
וְיֹאמַר כֹּל אֲשֶׁר נְשָׁמָה בְאַפּוֹ
יהוה אֱלֹהֵי יִשְׂרָאֵל מֶלֶךְ וּמַלְכוּתוֹ בַּכֹּל מָשָׁלָה.

בשבת מוסיפים את המילים שבסוגריים.

(אֱלֹהֵינוּ וֵאלֹהֵי אֲבוֹתֵינוּ, רְצֵה נָא בִמְנוּחָתֵנוּ)
קַדְּשֵׁנוּ בְּמִצְוֹתֶיךָ וְתֵן חֶלְקֵנוּ בְּתוֹרָתֶךָ
שַׂבְּעֵנוּ מִטּוּבֶךָ, וְשַׂמַּח נַפְשֵׁנוּ בִּישׁוּעָתֶךָ
(וְהַנְחִילֵנוּ יהוה אֱלֹהֵינוּ בְּאַהֲבָה וּבְרָצוֹן שַׁבַּת קָדְשֶׁךָ
וְיָנוּחוּ בוֹ כָּל יִשְׂרָאֵל מְקַדְּשֵׁי שְׁמֶךָ)
וְטַהֵר לִבֵּנוּ לְעָבְדְּךָ בֶּאֱמֶת
כִּי אַתָּה אֱלֹהִים אֱמֶת, וּדְבָרְךָ אֱמֶת וְקַיָּם לָעַד.
בָּרוּךְ אַתָּה יהוה, מֶלֶךְ עַל כָּל הָאָרֶץ
מְקַדֵּשׁ (הַשַּׁבָּת וְ) יִשְׂרָאֵל וְיוֹם הַזִּכָּרוֹן.

תוקעים (ובשבת אין תוקעים):

תקיעה שברים תרועה תקיעה

תקיעה שברים תקיעה

תקיעה תרועה תקיעה

הקהל ושליח הציבור אומרים (אפילו בשבת):

הַיּוֹם הֲרַת עוֹלָם, הַיּוֹם יַעֲמִיד בַּמִּשְׁפָּט כָּל יְצוּרֵי עוֹלָמִים
אִם כְּבָנִים אִם כַּעֲבָדִים.
אִם כְּבָנִים, רַחֲמֵנוּ כְּרַחֵם אָב עַל בָּנִים
וְאִם כַּעֲבָדִים, עֵינֵינוּ לְךָ תְלוּיוֹת עַד שֶׁתְּחָנֵּנוּ
וְתוֹצִיא כָאוֹר מִשְׁפָּטֵנוּ, אָיֹם קָדוֹשׁ.

בשבת אין אומרים:

אֲרֶשֶׁת שְׂפָתֵינוּ יֶעֱרַב לְפָנֶיךָ
אֵל רָם וְנִשָּׂא, מֵבִין וּמַאֲזִין, מַבִּיט וּמַקְשִׁיב לְקוֹל תְּקִיעָתֵנוּ.
וּתְקַבֵּל בְּרַחֲמִים וּבְרָצוֹן סֵדֶר מַלְכִיּוֹתֵינוּ.

זיכרונות

יש הפותחים בתקיעתא ׳זֵכֶר תְּחִלַּת כָּל מַעַשׂ׳ בעמ׳ 487,
ואם חל בשבת, בתקיעתא ׳אֶפְחַד בְּמַעֲשַׂי׳ בעמ׳ 490.

אַתָּה זוֹכֵר מַעֲשֵׂה עוֹלָם, וּפוֹקֵד כָּל יְצוּרֵי קֶדֶם
לְפָנֶיךָ נִגְלוּ כָּל תַּעֲלוּמוֹת וַהֲמוֹן נִסְתָּרוֹת שֶׁמִּבְּרֵאשִׁית
כִּי אֵין שִׁכְחָה לִפְנֵי כִסֵּא כְבוֹדֶךָ, וְאֵין נִסְתָּר מִנֶּגֶד עֵינֶיךָ.

אַתָּה זוֹכֵר אֶת כָּל הַמִּפְעָל, וְגַם כָּל הַיְצוּר לֹא נִכְחָד מִמֶּךָּ.
הַכֹּל גָּלוּי וְיָדוּעַ לְפָנֶיךָ יהוה אֱלֹהֵינוּ
צוֹפֶה וּמַבִּיט עַד סוֹף כָּל הַדּוֹרוֹת
כִּי תָבִיא חֹק זִכָּרוֹן לְהִפָּקֵד כָּל רְוּחַ וָנָפֶשׁ
לְהִזָּכֵר מַעֲשִׂים רַבִּים, וַהֲמוֹן בְּרִיּוֹת לְאֵין תַּכְלִית.
מֵרֵאשִׁית כָּזֹאת הוֹדַעְתָּ, וּמִלְּפָנִים אוֹתָהּ גִּלִּיתָ.
זֶה הַיּוֹם תְּחִלַּת מַעֲשֶׂיךָ, זִכָּרוֹן לְיוֹם רִאשׁוֹן
כִּי חֹק לְיִשְׂרָאֵל הוּא, מִשְׁפָּט לֵאלֹהֵי יַעֲקֹב: תהלים פא

וְעַל הַמְּדִינוֹת בּוֹ יֵאָמֵר
אֵיזוֹ לַחֶרֶב, וְאֵיזוֹ לַשָּׁלוֹם, אֵיזוֹ לָרָעָב, וְאֵיזוֹ לַשָּׂבַע
וּבְרִיּוֹת בּוֹ יִפָּקֵדוּ, לְהַזְכִּירָם לַחַיִּים וְלַמָּוֶת.

מִי לֹא נִפְקַד כְּהַיּוֹם הַזֶּה, כִּי זֵכֶר כָּל הַיְצוּר לְפָנֶיךָ בָּא
מַעֲשֵׂה אִישׁ וּפְקֻדָּתוֹ, וַעֲלִילוֹת מִצְעֲדֵי גָבֶר
מַחְשְׁבוֹת אָדָם וְתַחְבּוּלוֹתָיו, וְיִצְרֵי מַעַלְלֵי אִישׁ.

אַשְׁרֵי אִישׁ שֶׁלֹּא יִשְׁכָּחֶךָּ, וּבֶן אָדָם יִתְאַמֶּץ בָּךְ
כִּי דוֹרְשֶׁיךָ לְעוֹלָם לֹא יִכָּשֵׁלוּ
וְלֹא יִכָּלְמוּ לָנֶצַח כָּל הַחוֹסִים בָּךְ.
כִּי זֵכֶר כָּל הַמַּעֲשִׂים לְפָנֶיךָ בָּא, וְאַתָּה דוֹרֵשׁ מַעֲשֵׂה כֻלָּם.

וְגַם אֶת נֹחַ בְּאַהֲבָה זָכַרְתָּ, וַתִּפְקְדֵהוּ בִּדְבַר יְשׁוּעָה וְרַחֲמִים
בַּהֲבִיאֲךָ אֶת מֵי הַמַּבּוּל לְשַׁחֵת כָּל בָּשָׂר מִפְּנֵי רֹעַ מַעַלְלֵיהֶם
עַל כֵּן זִכְרוֹנוֹ בָּא לְפָנֶיךָ, יהוה אֱלֹהֵינוּ
לְהַרְבּוֹת זַרְעוֹ כְּעַפְרוֹת תֵּבֵל, וְצֶאֱצָאָיו כְּחוֹל הַיָּם.

פסוקי זיכרונות

כַּכָּתוּב בְּתוֹרָתֶךָ
וַיִּזְכֹּר אֱלֹהִים אֶת־נֹחַ — בראשית ח
וְאֵת כָּל־הַחַיָּה וְאֶת־כָּל־הַבְּהֵמָה אֲשֶׁר אִתּוֹ בַּתֵּבָה
וַיַּעֲבֵר אֱלֹהִים רוּחַ עַל־הָאָרֶץ, וַיָּשֹׁכּוּ הַמָּיִם:

וְנֶאֱמַר
וַיִּשְׁמַע אֱלֹהִים אֶת־נַאֲקָתָם — שמות ב
וַיִּזְכֹּר אֱלֹהִים אֶת־בְּרִיתוֹ
אֶת־אַבְרָהָם אֶת־יִצְחָק וְאֶת־יַעֲקֹב:

וְנֶאֱמַר
וְזָכַרְתִּי אֶת־בְּרִיתִי יַעֲקוֹב — ויקרא כו
וְאַף אֶת־בְּרִיתִי יִצְחָק, וְאַף אֶת־בְּרִיתִי אַבְרָהָם אֶזְכֹּר
וְהָאָרֶץ אֶזְכֹּר:

וּבְדִבְרֵי קָדְשְׁךָ כָּתוּב לֵאמֹר
זֵכֶר עָשָׂה לְנִפְלְאוֹתָיו, חַנּוּן וְרַחוּם יהוה: — תהלים קיא

וְנֶאֱמַר
טֶרֶף נָתַן לִירֵאָיו, יִזְכֹּר לְעוֹלָם בְּרִיתוֹ: תהלים קיא

וְנֶאֱמַר
וַיִּזְכֹּר לָהֶם בְּרִיתוֹ, וַיִּנָּחֵם כְּרֹב חֲסָדָו: תהלים קו

וְעַל יְדֵי עֲבָדֶיךָ הַנְּבִיאִים כָּתוּב לֵאמֹר
הָלֹךְ וְקָרָאתָ בְאָזְנֵי יְרוּשָׁלַיִם לֵאמֹר ירמיה ב
כֹּה אָמַר יהוה
זָכַרְתִּי לָךְ חֶסֶד נְעוּרַיִךְ, אַהֲבַת כְּלוּלֹתָיִךְ
לֶכְתֵּךְ אַחֲרַי בַּמִּדְבָּר, בְּאֶרֶץ לֹא זְרוּעָה:

וְנֶאֱמַר
וְזָכַרְתִּי אֲנִי אֶת־בְּרִיתִי אוֹתָךְ בִּימֵי נְעוּרָיִךְ יחזקאל טז
וַהֲקִימוֹתִי לָךְ בְּרִית עוֹלָם:

וְנֶאֱמַר
הֲבֵן יַקִּיר לִי אֶפְרַיִם, אִם יֶלֶד שַׁעֲשׁוּעִים ירמיה לא
כִּי־מִדֵּי דַבְּרִי בּוֹ, זָכֹר אֶזְכְּרֶנּוּ עוֹד
עַל־כֵּן הָמוּ מֵעַי לוֹ, רַחֵם אֲרַחֲמֶנּוּ נְאֻם־יהוה:

אֱלֹהֵינוּ וֵאלֹהֵי אֲבוֹתֵינוּ, זָכְרֵנוּ בְּזִכָּרוֹן טוֹב לְפָנֶיךָ
וּפָקְדֵנוּ בִּפְקֻדַּת יְשׁוּעָה וְרַחֲמִים מִשְּׁמֵי שְׁמֵי קֶדֶם
וּזְכָר לָנוּ יהוה אֱלֹהֵינוּ אֶת הַבְּרִית וְאֶת הַחֶסֶד וְאֶת הַשְּׁבוּעָה
אֲשֶׁר נִשְׁבַּעְתָּ לְאַבְרָהָם אָבִינוּ בְּהַר הַמּוֹרִיָּה
וְתֵרָאֶה לְפָנֶיךָ עֲקֵדָה
שֶׁעָקַד אַבְרָהָם אָבִינוּ אֶת יִצְחָק בְּנוֹ עַל גַּבֵּי הַמִּזְבֵּחַ
וְכָבַשׁ רַחֲמָיו, לַעֲשׂוֹת רְצוֹנְךָ בְּלֵבָב שָׁלֵם.

כֵּן יִכְבְּשׁוּ רַחֲמֶיךָ אֶת כַּעַסְךָ מֵעָלֵינוּ
וּבְטוּבְךָ הַגָּדוֹל יָשׁוּב חֲרוֹן אַפְּךָ מֵעַמְּךָ
וּמֵעִירְךָ וּמֵאַרְצְךָ וּמִנַּחֲלָתֶךָ.
וְקַיֶּם לָנוּ יהוה אֱלֹהֵינוּ אֶת הַדָּבָר שֶׁהִבְטַחְתָּנוּ בְּתוֹרָתֶךָ
עַל יְדֵי מֹשֶׁה עַבְדֶּךָ, מִפִּי כְבוֹדֶךָ
כָּאָמוּר

וְזָכַרְתִּי לָהֶם בְּרִית רִאשֹׁנִים ויקרא כו
אֲשֶׁר הוֹצֵאתִי־אֹתָם מֵאֶרֶץ מִצְרַיִם לְעֵינֵי הַגּוֹיִם
לִהְיוֹת לָהֶם לֵאלֹהִים, אֲנִי יהוה:

כִּי זוֹכֵר כָּל הַנִּשְׁכָּחוֹת אַתָּה הוּא מֵעוֹלָם
וְאֵין שִׁכְחָה לִפְנֵי כִסֵּא כְבוֹדֶךָ
וַעֲקֵדַת יִצְחָק לְזַרְעוֹ הַיּוֹם בְּרַחֲמִים תִּזְכֹּר.
בָּרוּךְ אַתָּה יהוה, זוֹכֵר הַבְּרִית.

תוקעים (ובשבת אין תוקעים):

תקיעה שברים תרועה תקיעה
תקיעה שברים תקיעה
תקיעה תרועה תקיעה

הקהל ושליח הציבור אומרים (אפילו בשבת):

הַיּוֹם הֲרַת עוֹלָם, הַיּוֹם יַעֲמִיד בַּמִּשְׁפָּט כָּל יְצוּרֵי עוֹלָמִים
אִם כְּבָנִים אִם כַּעֲבָדִים.
אִם כְּבָנִים, רַחֲמֵנוּ כְּרַחֵם אָב עַל בָּנִים
וְאִם כַּעֲבָדִים, עֵינֵינוּ לְךָ תְלוּיוֹת עַד שֶׁתְּחָנֵּנוּ
וְתוֹצִיא כָאוֹר מִשְׁפָּטֵנוּ, אָיֹם קָדוֹשׁ.

בשבת אין אומרים:

אֲרֶשֶׁת שְׂפָתֵינוּ יֶעֱרַב לְפָנֶיךָ
אֵל רָם וְנִשָּׂא, מֵבִין וּמַאֲזִין, מַבִּיט וּמַקְשִׁיב לְקוֹל תְּקִיעָתֵנוּ.
וּתְקַבֵּל בְּרַחֲמִים וּבְרָצוֹן סֵדֶר זִכְרוֹנוֹתֵינוּ.

שופרות

יש הפותחים בתקיעתא ׳אֶשָּׂא דֵעִי׳ בעמ׳ 492,
ואם חל בשבת, בתקיעתא ׳אָנוּסָה לְעֶזְרָה׳ בעמ׳ 495.

אַתָּה נִגְלֵיתָ בַּעֲנַן כְּבוֹדֶךָ עַל עַם קָדְשְׁךָ לְדַבֵּר עִמָּם
מִן הַשָּׁמַיִם הִשְׁמַעְתָּם קוֹלֶךָ, וְנִגְלֵיתָ עֲלֵיהֶם בְּעַרְפְלֵּי טֹהַר.
גַּם כָּל הָעוֹלָם כֻּלּוֹ חָל מִפָּנֶיךָ, וּבְרִיּוֹת בְּרֵאשִׁית חָרְדוּ מִמֶּךָּ
בְּהִגָּלוֹתְךָ מַלְכֵּנוּ עַל הַר סִינַי, לְלַמֵּד לְעַמְּךָ תּוֹרָה וּמִצְוֹת
וַתַּשְׁמִיעֵם אֶת הוֹד קוֹלֶךָ, וְדִבְּרוֹת קָדְשְׁךָ מִלַּהֲבוֹת אֵשׁ.
בְּקוֹלוֹת וּבְרָקִים עֲלֵיהֶם נִגְלֵיתָ, וּבְקוֹל שׁוֹפָר עֲלֵיהֶם הוֹפָעְתָּ.

פסוקי שופרות

כַּכָּתוּב בְּתוֹרָתֶךָ

וַיְהִי בַיּוֹם הַשְּׁלִישִׁי בִּהְיֹת הַבֹּקֶר שמות יט
וַיְהִי קֹלֹת וּבְרָקִים וְעָנָן כָּבֵד עַל־הָהָר
וְקֹל שֹׁפָר חָזָק מְאֹד, וַיֶּחֱרַד כָּל־הָעָם אֲשֶׁר בַּמַּחֲנֶה:

וְנֶאֱמַר

וַיְהִי קוֹל הַשֹּׁפָר הוֹלֵךְ וְחָזֵק מְאֹד שמות יט
מֹשֶׁה יְדַבֵּר, וְהָאֱלֹהִים יַעֲנֶנּוּ בְקוֹל:

וְנֶאֱמַר

וְכָל־הָעָם רֹאִים אֶת־הַקּוֹלֹת וְאֶת־הַלַּפִּידִם שמות כ
וְאֵת קוֹל הַשֹּׁפָר, וְאֶת־הָהָר עָשֵׁן
וַיַּרְא הָעָם וַיָּנֻעוּ, וַיַּעַמְדוּ מֵרָחֹק:

וּבְדִבְרֵי קָדְשְׁךָ כָּתוּב לֵאמֹר

עָלָה אֱלֹהִים בִּתְרוּעָה, יהוה בְּקוֹל שׁוֹפָר: תהלים מז

וְנֶאֱמַר

בַּחֲצֹצְרוֹת וְקוֹל שׁוֹפָר, הָרִיעוּ לִפְנֵי הַמֶּלֶךְ יהוה: תהלים צח

וְנֶאֱמַר

תִּקְעוּ בַחֹדֶשׁ שׁוֹפָר, בַּכֶּסֶה לְיוֹם חַגֵּנוּ: תהלים פא

כִּי חֹק לְיִשְׂרָאֵל הוּא, מִשְׁפָּט לֵאלֹהֵי יַעֲקֹב:

וְנֶאֱמַר

הַלְלוּיָהּ, הַלְלוּ־אֵל בְּקָדְשׁוֹ הַלְלוּהוּ בִּרְקִיעַ עֻזּוֹ: תהלים קנ

הַלְלוּהוּ בִגְבוּרֹתָיו הַלְלוּהוּ כְּרֹב גֻּדְלוֹ:

הַלְלוּהוּ בְּתֵקַע שׁוֹפָר הַלְלוּהוּ בְּנֵבֶל וְכִנּוֹר:

הַלְלוּהוּ בְּתֹף וּמָחוֹל הַלְלוּהוּ בְּמִנִּים וְעוּגָב:

הַלְלוּהוּ בְצִלְצְלֵי־שָׁמַע הַלְלוּהוּ בְּצִלְצְלֵי תְרוּעָה:

כֹּל הַנְּשָׁמָה תְּהַלֵּל יָהּ, הַלְלוּיָהּ:

וְעַל יְדֵי עֲבָדֶיךָ הַנְּבִיאִים כָּתוּב לֵאמֹר

כָּל־יֹשְׁבֵי תֵבֵל וְשֹׁכְנֵי אָרֶץ ישעיה יח

כִּנְשֹׂא־נֵס הָרִים תִּרְאוּ, וְכִתְקֹעַ שׁוֹפָר תִּשְׁמָעוּ:

וְנֶאֱמַר

וְהָיָה בַּיּוֹם הַהוּא יִתָּקַע בְּשׁוֹפָר גָּדוֹל ישעיה כז

וּבָאוּ הָאֹבְדִים בְּאֶרֶץ אַשּׁוּר, וְהַנִּדָּחִים בְּאֶרֶץ מִצְרָיִם

וְהִשְׁתַּחֲווּ לַיהוה בְּהַר הַקֹּדֶשׁ בִּירוּשָׁלָםִ:

וְנֶאֱמַר

וַיהוה עֲלֵיהֶם יֵרָאֶה, וְיָצָא כַבָּרָק חִצּוֹ זכריה ט

וַאדֹנָי יֱהוִה בַּשּׁוֹפָר יִתְקָע, וְהָלַךְ בְּסַעֲרוֹת תֵּימָן:

יהוה צְבָאוֹת יָגֵן עֲלֵיהֶם:

כֵּן תָּגֵן עַל עַמְּךָ יִשְׂרָאֵל בִּשְׁלוֹמֶךָ.

אֱלֹהֵינוּ וֵאלֹהֵי אֲבוֹתֵינוּ
תְּקַע בְּשׁוֹפָר גָּדוֹל לְחֵרוּתֵנוּ, וְשָׂא נֵס לְקַבֵּץ גָּלֻיּוֹתֵינוּ
וְקָרֵב פְּזוּרֵינוּ מִבֵּין הַגּוֹיִם, וּנְפוּצוֹתֵינוּ כַּנֵּס מִיַּרְכְּתֵי אָרֶץ.
וַהֲבִיאֵנוּ לְצִיּוֹן עִירְךָ בְּרִנָּה
וְלִירוּשָׁלַיִם בֵּית מִקְדָּשְׁךָ בְּשִׂמְחַת עוֹלָם
וְשָׁם נַעֲשֶׂה לְפָנֶיךָ אֶת קָרְבְּנוֹת חוֹבוֹתֵינוּ
כִּמְצֻוֶּה עָלֵינוּ בְּתוֹרָתֶךָ עַל יְדֵי מֹשֶׁה עַבְדֶּךָ, מִפִּי כְבוֹדֶךָ
כָּאָמוּר

וּבְיוֹם שִׂמְחַתְכֶם וּבְמוֹעֲדֵיכֶם וּבְרָאשֵׁי חָדְשֵׁכֶם במדבר י
וּתְקַעְתֶּם בַּחֲצֹצְרֹת עַל עֹלֹתֵיכֶם וְעַל זִבְחֵי שַׁלְמֵיכֶם
וְהָיוּ לָכֶם לְזִכָּרוֹן לִפְנֵי אֱלֹהֵיכֶם, אֲנִי יהוה אֱלֹהֵיכֶם:

כִּי אַתָּה שׁוֹמֵעַ קוֹל שׁוֹפָר וּמַאֲזִין תְּרוּעָה, וְאֵין דּוֹמֶה לָּךְ.
בָּרוּךְ אַתָּה יהוה, שׁוֹמֵעַ קוֹל תְּרוּעַת עַמּוֹ יִשְׂרָאֵל בְּרַחֲמִים.

תוקעים (ובשבת אין תוקעים):

תקיעה	שברים תרועה	תקיעה
תקיעה	שברים	תקיעה
תקיעה	תרועה	תקיעה

הקהל ושליח הציבור אומרים (אפילו בשבת):

הַיּוֹם הֲרַת עוֹלָם, הַיּוֹם יַעֲמִיד בַּמִּשְׁפָּט כָּל יְצוּרֵי עוֹלָמִים
אִם כְּבָנִים אִם כַּעֲבָדִים.
אִם כְּבָנִים, רַחֲמֵנוּ כְּרַחֵם אָב עַל בָּנִים
וְאִם כַּעֲבָדִים, עֵינֵינוּ לְךָ תְלוּיוֹת עַד שֶׁתְּחָנֵּנוּ
וְתוֹצִיא כָאוֹר מִשְׁפָּטֵנוּ, אָיֹם קָדוֹשׁ.

בשבת אין אומרים:

אֲרֶשֶׁת שְׂפָתֵֽינוּ יֶעֱרַב לְפָנֶֽיךָ
אֵל רָם וְנִשָּׂא, מֵבִין וּמַאֲזִין, מַבִּיט וּמַקְשִׁיב לְקוֹל תְּקִיעָתֵֽנוּ.
וּתְקַבֵּל בְּרַחֲמִים וּבְרָצוֹן סֵֽדֶר שׁוֹפְרוֹתֵֽינוּ.

עבודה

רְצֵה יהוה אֱלֹהֵֽינוּ בְּעַמְּךָ יִשְׂרָאֵל, וְלִתְפִלָּתָם שְׁעֵה
וְהָשֵׁב אֶת הָעֲבוֹדָה לִדְבִיר בֵּיתֶֽךָ
וְאִשֵּׁי יִשְׂרָאֵל וּתְפִלָּתָם
מְהֵרָה בְּאַהֲבָה תְקַבֵּל בְּרָצוֹן
וּתְהִי לְרָצוֹן תָּמִיד עֲבוֹדַת יִשְׂרָאֵל עַמֶּֽךָ.

אם כוהנים עולים לברך, אומרים כאן ׳וְתֶעֱרַב׳.
אם אין כוהנים, שליח הציבור ממשיך ׳וְתֶחֱזֶֽינָה׳ למטה.
יש המקדימים ׳וְשָׁם נַעֲבָדְךָ׳ ל׳וְתֶחֱזֶֽינָה׳,
וחותמים בברכה ׳הַמַּחֲזִיר שְׁכִינָתוֹ לְצִיּוֹן׳, כבכל השנה.

קהל וש״ץ: וְתֶעֱרַב עָלֶֽיךָ עֲתִירָתֵֽנוּ כְּעוֹלָה וּכְקָרְבָּן.
אָנָּא רַחוּם, בְּרַחֲמֶֽיךָ הָרַבִּים הָשֵׁב שְׁכִינָתְךָ לְצִיּוֹן עִירֶֽךָ
וְסֵֽדֶר הָעֲבוֹדָה לִירוּשָׁלָֽיִם.
וְתֶחֱזֶֽינָה עֵינֵֽינוּ בְּשׁוּבְךָ לְצִיּוֹן בְּרַחֲמִים.
וְשָׁם נַעֲבָדְךָ בְּיִרְאָה כִּימֵי עוֹלָם וּכְשָׁנִים קַדְמוֹנִיּוֹת.

הש״ץ מסיים: בָּרוּךְ אַתָּה יהוה שֶׁאוֹתְךָ לְבַדְּךָ בְּיִרְאָה נַעֲבֹד.
וממשיך ׳מוֹדִים׳ בעמוד הבא.

אם אין כוהנים העולים לברך, אומר:

וְתֶחֱזֶֽינָה עֵינֵֽינוּ בְּשׁוּבְךָ לְצִיּוֹן בְּרַחֲמִים.
בָּרוּךְ אַתָּה יהוה, הַמַּחֲזִיר שְׁכִינָתוֹ לְצִיּוֹן.

הודאה

כורע ב׳מוֹדִים׳ ואינו זוקף עד אמירת השם.

מוֹדִים אֲנַחְנוּ לָךְ
שָׁאַתָּה הוּא יהוה אֱלֹהֵינוּ
וֵאלֹהֵי אֲבוֹתֵינוּ לְעוֹלָם וָעֶד.
צוּר חַיֵּינוּ, מָגֵן יִשְׁעֵנוּ
אַתָּה הוּא לְדוֹר וָדוֹר.
נוֹדֶה לְּךָ וּנְסַפֵּר תְּהִלָּתֶךָ
עַל חַיֵּינוּ הַמְּסוּרִים בְּיָדֶךָ
וְעַל נִשְׁמוֹתֵינוּ הַפְּקוּדוֹת לָךְ
וְעַל נִסֶּיךָ שֶׁבְּכָל יוֹם עִמָּנוּ
וְעַל נִפְלְאוֹתֶיךָ וְטוֹבוֹתֶיךָ
שֶׁבְּכָל עֵת, עֶרֶב וָבֹקֶר וְצָהֳרָיִם.
הַטּוֹב, כִּי לֹא כָלוּ רַחֲמֶיךָ
וְהַמְרַחֵם, כִּי לֹא תַמּוּ חֲסָדֶיךָ
כִּי מֵעוֹלָם קִוִּינוּ לָךְ.

כששליח הציבור אומר ׳מוֹדִים׳, הקהל אומר בלחש:

מוֹדִים אֲנַחְנוּ לָךְ
שָׁאַתָּה הוּא יהוה אֱלֹהֵינוּ
וֵאלֹהֵי אֲבוֹתֵינוּ
אֱלֹהֵי כָל בָּשָׂר
יוֹצְרֵנוּ, יוֹצֵר בְּרֵאשִׁית.
בְּרָכוֹת וְהוֹדָאוֹת
לְשִׁמְךָ הַגָּדוֹל וְהַקָּדוֹשׁ
עַל שֶׁהֶחֱיִיתָנוּ וְקִיַּמְתָּנוּ.
כֵּן תְּחַיֵּנוּ וּתְקַיְּמֵנוּ
וְתֶאֱסֹף גָּלֻיּוֹתֵינוּ
לְחַצְרוֹת קָדְשֶׁךָ
לִשְׁמֹר חֻקֶּיךָ וְלַעֲשׂוֹת רְצוֹנֶךָ
וּלְעָבְדְּךָ בְּלֵבָב שָׁלֵם
עַל שֶׁאֲנוּ מוֹדִים לָךְ.
בָּרוּךְ אֵל הַהוֹדָאוֹת.

וְעַל כֻּלָּם יִתְבָּרַךְ וְיִתְרוֹמַם וְיִתְנַשֵּׂא שִׁמְךָ מַלְכֵּנוּ
תָּמִיד לְעוֹלָם וָעֶד.

קהל ואחריו שליח הציבור:

אָבִינוּ מַלְכֵּנוּ, זְכֹר רַחֲמֶיךָ וּכְבֹשׁ כַּעַסְךָ
וְכַלֵּה דֶבֶר, וְחֶרֶב, וְרָעָב, וּשְׁבִי
וּמַשְׁחִית, וְעָוֹן וּמַגֵּפָה, וּפֶגַע רַע
וְכָל מַחֲלָה, וְכָל תַּקָּלָה, וְכָל קְטָטָה, וְכָל מִינֵי פֻרְעָנִיּוֹת
וְכָל גְּזֵרָה רָעָה, וְשִׂנְאַת חִנָּם
מֵעָלֵינוּ וּמֵעַל כָּל בְּנֵי בְרִיתֶךָ.

קהל ואחריו שליח הציבור:

וּכְתֹב לְחַיִּים טוֹבִים כָּל בְּנֵי בְרִיתֶךָ.
וְכֹל הַחַיִּים יוֹדְוּךָ סֶּלָה
וִיהַלְלוּ וִיבָרְכוּ אֶת שִׁמְךָ הַגָּדוֹל בֶּאֱמֶת לְעוֹלָם כִּי טוֹב
הָאֵל יְשׁוּעָתֵנוּ וְעֶזְרָתֵנוּ סֶלָה, הָאֵל הַטּוֹב.
בָּרוּךְ אַתָּה יהוה, הַטּוֹב שִׁמְךָ וּלְךָ נָאֶה לְהוֹדוֹת.

ברכת כוהנים

אם יותר מכוהן אחד עולה לדוכן, הגבאי קורא:

כֹּהֲנִים

הכוהנים מברכים:

בָּרוּךְ אַתָּה יהוה אֱלֹהֵינוּ מֶלֶךְ הָעוֹלָם, אֲשֶׁר קִדְּשָׁנוּ בִּקְדֻשָּׁתוֹ שֶׁל אַהֲרֹן, וְצִוָּנוּ לְבָרֵךְ אֶת עַמּוֹ יִשְׂרָאֵל בְּאַהֲבָה.

שליח הציבור מקריא מילה במילה, והכוהנים אחריו:

יְבָרֶכְךָ יהוה וְיִשְׁמְרֶךָ: קהל: **אָמֵן** במדבר ו
יָאֵר יהוה פָּנָיו אֵלֶיךָ וִיחֻנֶּךָּ: קהל: **אָמֵן**
יִשָּׂא יהוה פָּנָיו אֵלֶיךָ וְיָשֵׂם לְךָ שָׁלוֹם: קהל: **אָמֵן**

שליח הציבור ממשיך ׳שִׂים שָׁלוֹם׳.

הכוהנים אומרים:

רִבּוֹנוֹ שֶׁל עוֹלָם, עָשִׂינוּ מַה שֶּׁגָּזַרְתָּ עָלֵינוּ, אַף אַתָּה עֲשֵׂה עִמָּנוּ כְּמוֹ שֶׁהִבְטַחְתָּנוּ. הַשְׁקִיפָה מִמְּעוֹן קָדְשְׁךָ מִן־הַשָּׁמַיִם, וּבָרֵךְ אֶת־עַמְּךָ אֶת־יִשְׂרָאֵל, וְאֵת הָאֲדָמָה אֲשֶׁר נָתַתָּה לָנוּ, כַּאֲשֶׁר נִשְׁבַּעְתָּ לַאֲבֹתֵינוּ, אֶרֶץ זָבַת חָלָב וּדְבָשׁ: דברים כו

הקהל אומר:

אַדִּיר בַּמָּרוֹם שׁוֹכֵן בִּגְבוּרָה, אַתָּה שָׁלוֹם וְשִׁמְךָ שָׁלוֹם. יְהִי רָצוֹן שֶׁתָּשִׂים עָלֵינוּ וְעַל כָּל עַמְּךָ בֵּית יִשְׂרָאֵל חַיִּים וּבְרָכָה לְמִשְׁמֶרֶת שָׁלוֹם.

אם אין כוהנים העולים לדוכן, שליח הציבור אומר:

אֱלֹהֵינוּ וֵאלֹהֵי אֲבוֹתֵינוּ, בָּרְכֵנוּ בַּבְּרָכָה הַמְשֻׁלֶּשֶׁת בַּתּוֹרָה, הַכְּתוּבָה עַל יְדֵי מֹשֶׁה עַבְדֶּךָ, הָאֲמוּרָה מִפִּי אַהֲרֹן וּבָנָיו כֹּהֲנִים עַם קְדוֹשֶׁיךָ, כָּאָמוּר

יְבָרֶכְךָ יהוה וְיִשְׁמְרֶךָ: קהל: **כֵּן יְהִי רָצוֹן** במדבר ו
יָאֵר יהוה פָּנָיו אֵלֶיךָ וִיחֻנֶּךָּ: קהל: **כֵּן יְהִי רָצוֹן**
יִשָּׂא יהוה פָּנָיו אֵלֶיךָ וְיָשֵׂם לְךָ שָׁלוֹם: קהל: **כֵּן יְהִי רָצוֹן**

שלום

שִׂים שָׁלוֹם טוֹבָה וּבְרָכָה
חַיִּים חֵן וָחֶסֶד וְרַחֲמִים
עָלֵינוּ וְעַל כָּל יִשְׂרָאֵל עַמֶּךָ.
בָּרְכֵנוּ אָבִינוּ כֻּלָּנוּ כְּאֶחָד בְּאוֹר פָּנֶיךָ
כִּי בְאוֹר פָּנֶיךָ נָתַתָּ לָּנוּ יהוה אֱלֹהֵינוּ
תּוֹרַת חַיִּים וְאַהֲבַת חֶסֶד
וּצְדָקָה וּבְרָכָה וְרַחֲמִים וְחַיִּים וְשָׁלוֹם.
וְטוֹב יִהְיֶה בְעֵינֶיךָ לְבָרְכֵנוּ
וּלְבָרֵךְ אֶת כָּל עַמְּךָ יִשְׂרָאֵל
בְּכָל עֵת וּבְכָל שָׁעָה בִּשְׁלוֹמֶךָ.

קהל ואחריו שליח הציבור:

בְּסֵפֶר חַיִּים, בְּרָכָה וְשָׁלוֹם, וּפַרְנָסָה טוֹבָה
וּגְזֵרוֹת טוֹבוֹת, יְשׁוּעוֹת וְנֶחָמוֹת
נִזָּכֵר וְנִכָּתֵב לְפָנֶיךָ אֲנַחְנוּ וְכָל עַמְּךָ בֵּית יִשְׂרָאֵל
לְחַיִּים טוֹבִים וּלְשָׁלוֹם.

שליח הציבור ממשיך:

וְנֶאֱמַר

כִּי־בִי יִרְבּוּ יָמֶיךָ משלי ט
וְיוֹסִיפוּ לְּךָ שְׁנוֹת חַיִּים:

לְחַיִּים טוֹבִים תִּכְתְּבֵנוּ
אֱלֹהִים חַיִּים, כָּתְבֵנוּ בְּסֵפֶר הַחַיִּים.

כַּכָּתוּב

וְאַתֶּם הַדְּבֵקִים בַּיהוה אֱלֹהֵיכֶם דברים ד
חַיִּים כֻּלְּכֶם הַיּוֹם:

פותחים את ארון הקודש.

נוהגים לומר כאן שבע שורות מהפיוט ׳הַיּוֹם תְּאַמְּצֵנוּ׳. הפיוט המלא בעמ׳ 497.
הקהל אומר את השורות אחת אחת, ושליח הציבור חוזר עליהן.
לאחר שליח הציבור הקהל עונה ׳אָמֵן׳ וממשיך בשורה הבאה.

סימן א״ב

הַיּוֹם תְּאַמְּצֵנוּ. אָמֵן

הַיּוֹם תְּבָרְכֵנוּ. אָמֵן

הַיּוֹם תְּגַדְּלֵנוּ. אָמֵן

הַיּוֹם תִּדְרְשֵׁנוּ לְטוֹבָה. אָמֵן

הַיּוֹם תִּשְׁמַע שַׁוְעָתֵנוּ. אָמֵן

הַיּוֹם תְּקַבֵּל בְּרַחֲמִים וּבְרָצוֹן אֶת תְּפִלָּתֵנוּ. אָמֵן

הַיּוֹם תִּתְמְכֵנוּ בִּימִין צִדְקֶךָ. אָמֵן

סוגרים את ארון הקודש.

שליח הציבור ממשיך:

כְּהַיּוֹם הַזֶּה תְּבִיאֵנוּ, שָׂשִׂים וּשְׂמֵחִים בְּבִנְיַן שָׁלֵם.

כַּכָּתוּב

וַהֲבִיאוֹתִים אֶל־הַר קָדְשִׁי וְשִׂמַּחְתִּים בְּבֵית תְּפִלָּתִי ישעיה נו
עוֹלֹתֵיהֶם וְזִבְחֵיהֶם לְרָצוֹן עַל־מִזְבְּחִי
כִּי בֵיתִי בֵּית־תְּפִלָּה יִקָּרֵא לְכָל־הָעַמִּים:

וְנֶאֱמַר

וַיְצַוֵּנוּ יהוה לַעֲשׂוֹת אֶת־כָּל־הַחֻקִּים הָאֵלֶּה דברים ו
לְיִרְאָה אֶת־יהוה אֱלֹהֵינוּ
לְטוֹב לָנוּ כָּל־הַיָּמִים לְחַיֹּתֵנוּ כְּהַיּוֹם הַזֶּה:

וְנֶאֱמַר

וּצְדָקָה תִּהְיֶה־לָּנוּ, כִּי־נִשְׁמֹר לַעֲשׂוֹת אֶת־כָּל־הַמִּצְוָה הַזֹּאת דברים ו
לִפְנֵי יהוה אֱלֹהֵינוּ, כַּאֲשֶׁר צִוָּנוּ:

וּצְדָקָה וּבְרָכָה וְרַחֲמִים וְחַיִּים וְשָׁלוֹם
יִהְיֶה לָנוּ וּלְכָל יִשְׂרָאֵל עַד הָעוֹלָם.

שליח הציבור מסיים:

בָּרוּךְ אַתָּה יהוה, הַמְבָרֵךְ אֶת עַמּוֹ יִשְׂרָאֵל בַּשָּׁלוֹם.

שליח הציבור מסיים בלחש:

תהלים יט **יִהְיוּ לְרָצוֹן אִמְרֵי פִי וְהֶגְיוֹן לִבִּי לְפָנֶיךָ, יהוה צוּרִי וְגֹאֲלִי:**

בסוף התפילה תוקעים בשופר להשלים למאה קולות, אך אין תוקעים בשבת.

בקהילות הספרדים נוהגים לתקוע עשרה קולות באמצע קדיש שלם, ומנהג זה התקבל ברוב בתי הכנסת המתפללים בנוסח ספרד.

יש התוקעים אחרי הקדיש, ובקהילות שבהן לא תקעו בתפילת לחש, תוקעים שלושים קולות בסוף הקדיש ועוד עשרה לפני ׳עָלֵינוּ׳.

קדיש שלם

ש״ץ: **יִתְגַּדַּל וְיִתְקַדַּשׁ שְׁמֵהּ רַבָּא** (קהל: **אָמֵן**)
בְּעָלְמָא דִּי בְרָא כִרְעוּתֵהּ
וְיַמְלִיךְ מַלְכוּתֵהּ וְיַצְמַח פֻּרְקָנֵהּ וִיקָרֵב מְשִׁיחֵהּ (קהל: **אָמֵן**)
בְּחַיֵּיכוֹן וּבְיוֹמֵיכוֹן וּבְחַיֵּי דְכָל בֵּית יִשְׂרָאֵל
בַּעֲגָלָא וּבִזְמַן קָרִיב, וְאִמְרוּ אָמֵן. (קהל: **אָמֵן**)

קהל וש״ץ: **יְהֵא שְׁמֵהּ רַבָּא מְבָרַךְ לְעָלַם וּלְעָלְמֵי עָלְמַיָּא.**

ש״ץ: **יִתְבָּרַךְ וְיִשְׁתַּבַּח וְיִתְפָּאַר וְיִתְרוֹמַם וְיִתְנַשֵּׂא**
וְיִתְהַדָּר וְיִתְעַלֶּה וְיִתְהַלָּל
שְׁמֵהּ דְּקֻדְשָׁא בְּרִיךְ הוּא (קהל: **אָמֵן**)
לְעֵלָּא לְעֵלָּא מִכָּל בִּרְכָתָא וְשִׁירָתָא, תֻּשְׁבְּחָתָא וְנֶחֱמָתָא
דַּאֲמִירָן בְּעָלְמָא, וְאִמְרוּ אָמֵן. (קהל: **אָמֵן**)

תוקעים (ובשבת אין תוקעים):

תקיעה	**שברים תרועה**	**תקיעה**
תקיעה	**שברים**	**תקיעה**
תקיעה	**תרועה**	**תקיעה גדולה**

תִּתְקַבַּל צְלוֹתְהוֹן וּבָעוּתְהוֹן דְּכָל בֵּית יִשְׂרָאֵל
קֳדָם אֲבוּהוֹן דִּי בִשְׁמַיָּא, וְאִמְרוּ אָמֵן. (קהל: אָמֵן)

יְהֵא שְׁלָמָא רַבָּא מִן שְׁמַיָּא
וְחַיִּים טוֹבִים עָלֵינוּ וְעַל כָּל יִשְׂרָאֵל, וְאִמְרוּ אָמֵן. (קהל: אָמֵן)

כורע ופוסע שלוש פסיעות לאחור. קד לשמאל, לימין ולפנים באמירת:

עֹשֶׂה הַשָּׁלוֹם בִּמְרוֹמָיו
הוּא יַעֲשֶׂה שָׁלוֹם
עָלֵינוּ וְעַל כָּל יִשְׂרָאֵל, וְאִמְרוּ אָמֵן. (קהל: אָמֵן)

יש התוקעים כאן את עשרת הקולות האחרונים. ובקהילות שבהן לא תקעו בתפילת לחש, תוקעים שלושים קולות, על פי הסדר המובא בעמ׳ 193–194.

קַוֵּה אֶל־יהוה, חֲזַק וְיַאֲמֵץ לִבֶּךָ, וְקַוֵּה אֶל־יהוה: תהלים כז
אֵין־קָדוֹשׁ כַּיהוה, כִּי־אֵין בִּלְתֶּךָ, וְאֵין צוּר כֵּאלֹהֵינוּ: שמואל א׳ ב
כִּי מִי אֱלוֹהַּ מִבַּלְעֲדֵי יהוה, וּמִי צוּר זוּלָתִי אֱלֹהֵינוּ: תהלים יח

פתיחה לסדר הקטורת מסדר רב עמרם גאון

אֵין כֵּאלֹהֵינוּ, אֵין כַּאדוֹנֵינוּ, אֵין כְּמַלְכֵּנוּ, אֵין כְּמוֹשִׁיעֵנוּ.
מִי כֵאלֹהֵינוּ, מִי כַאדוֹנֵינוּ, מִי כְמַלְכֵּנוּ, מִי כְמוֹשִׁיעֵנוּ.
נוֹדֶה לֵאלֹהֵינוּ, נוֹדֶה לַאדוֹנֵינוּ, נוֹדֶה לְמַלְכֵּנוּ, נוֹדֶה לְמוֹשִׁיעֵנוּ.
בָּרוּךְ אֱלֹהֵינוּ, בָּרוּךְ אֲדוֹנֵינוּ, בָּרוּךְ מַלְכֵּנוּ, בָּרוּךְ מוֹשִׁיעֵנוּ.
אַתָּה הוּא אֱלֹהֵינוּ, אַתָּה הוּא אֲדוֹנֵינוּ,
אַתָּה הוּא מַלְכֵּנוּ, אַתָּה הוּא מוֹשִׁיעֵנוּ.
אַתָּה הוּא שֶׁהִקְטִירוּ אֲבוֹתֵינוּ לְפָנֶיךָ אֶת קְטֹרֶת הַסַּמִּים.

פִּטּוּם הַקְּטֹרֶת. הַצֳּרִי, וְהַצִּפֹּרֶן, וְהַחֶלְבְּנָה, וְהַלְּבוֹנָה מִשְׁקַל שִׁבְעִים כריתות ו.
שִׁבְעִים מָנֶה, מֹר, וּקְצִיעָה, שִׁבֹּלֶת נֵרְדְּ, וְכַרְכֹּם מִשְׁקַל שִׁשָּׁה עָשָׂר שִׁשָּׁה
עָשָׂר מָנֶה, הַקֹּשְׁטְ שְׁנֵים עָשָׂר, קִלּוּפָה שְׁלֹשָׁה, וְקִנָּמוֹן תִּשְׁעָה, בֹּרִית

כַּרְשִׁינָה תִּשְׁעָה קַבִּין, יֵין קַפְרִיסִין סְאִין תְּלָת וְקַבִּין תְּלָתָא, וְאִם אֵין לוֹ יֵין קַפְרִיסִין, מֵבִיא חֲמַר חִוַּרְיָן עַתִּיק. מֶלַח סְדוֹמִית רֹבַע, מַעֲלֶה עָשָׁן כָּל שֶׁהוּא. רַבִּי נָתָן הַבַּבְלִי אוֹמֵר: אַף כִּפַּת הַיַּרְדֵּן כָּל שֶׁהוּא, וְאִם נָתַן בָּהּ דְּבַשׁ פְּסָלָהּ, וְאִם חִסַּר אֶחָד מִכָּל סַמָּנֶיהָ, חַיָּב מִיתָה.

רַבָּן שִׁמְעוֹן בֶּן גַּמְלִיאֵל אוֹמֵר: הַצֳּרִי אֵינוֹ אֶלָּא שְׂרָף הַנּוֹטֵף מֵעֲצֵי הַקְּטָף. בֹּרִית כַּרְשִׁינָה שֶׁשָּׁפִין בָּהּ אֶת הַצִּפֹּרֶן כְּדֵי שֶׁתְּהֵא נָאָה, יֵין קַפְרִיסִין שֶׁשּׁוֹרִין בּוֹ אֶת הַצִּפֹּרֶן כְּדֵי שֶׁתְּהֵא עַזָּה, וַהֲלֹא מֵי רַגְלַיִם יָפִין לָהּ, אֶלָּא שֶׁאֵין מַכְנִיסִין מֵי רַגְלַיִם בַּמִּקְדָּשׁ מִפְּנֵי הַכָּבוֹד.

משנה תמיד ז — הַשִּׁיר שֶׁהַלְוִיִּם הָיוּ אוֹמְרִים בְּבֵית הַמִּקְדָּשׁ:
תהלים כד — בַּיּוֹם הָרִאשׁוֹן הָיוּ אוֹמְרִים, לַיהוה הָאָרֶץ וּמְלוֹאָהּ, תֵּבֵל וְיֹשְׁבֵי בָהּ:
תהלים מח — בַּשֵּׁנִי הָיוּ אוֹמְרִים, גָּדוֹל יהוה וּמְהֻלָּל מְאֹד, בְּעִיר אֱלֹהֵינוּ הַר־קָדְשׁוֹ:
תהלים פב — בַּשְּׁלִישִׁי הָיוּ אוֹמְרִים, אֱלֹהִים נִצָּב בַּעֲדַת־אֵל, בְּקֶרֶב אֱלֹהִים יִשְׁפֹּט:
תהלים צד — בָּרְבִיעִי הָיוּ אוֹמְרִים, אֵל־נְקָמוֹת יהוה, אֵל נְקָמוֹת הוֹפִיעַ:
תהלים פא — בַּחֲמִישִׁי הָיוּ אוֹמְרִים, הַרְנִינוּ לֵאלֹהִים עוּזֵּנוּ, הָרִיעוּ לֵאלֹהֵי יַעֲקֹב:
תהלים צג — בַּשִּׁשִּׁי הָיוּ אוֹמְרִים, יהוה מָלָךְ גֵּאוּת לָבֵשׁ, לָבֵשׁ יהוה עֹז הִתְאַזָּר
אַף־תִּכּוֹן תֵּבֵל בַּל־תִּמּוֹט:
תהלים צב — בַּשַּׁבָּת הָיוּ אוֹמְרִים, מִזְמוֹר שִׁיר לְיוֹם הַשַּׁבָּת:
מִזְמוֹר שִׁיר לֶעָתִיד לָבוֹא, לְיוֹם שֶׁכֻּלּוֹ שַׁבָּת וּמְנוּחָה לְחַיֵּי הָעוֹלָמִים.

מגילה כח: — תָּנָא דְבֵי אֵלִיָּהוּ: כָּל הַשּׁוֹנֶה הֲלָכוֹת בְּכָל יוֹם, מֻבְטָח לוֹ שֶׁהוּא בֶּן עוֹלָם
חבקוק ג — הַבָּא, שֶׁנֶּאֱמַר, הֲלִיכוֹת עוֹלָם לוֹ: אַל תִּקְרֵי הֲלִיכוֹת אֶלָּא הֲלָכוֹת.

ברכות סד. — אָמַר רַבִּי אֶלְעָזָר, אָמַר רַבִּי חֲנִינָא: תַּלְמִידֵי חֲכָמִים מַרְבִּים שָׁלוֹם בָּעוֹלָם,
ישעיה נד — שֶׁנֶּאֱמַר, וְכָל־בָּנַיִךְ לִמּוּדֵי יהוה, וְרַב שְׁלוֹם בָּנָיִךְ: אַל תִּקְרֵי בָּנָיִךְ, אֶלָּא
תהלים קיט, תהלים קכב — בּוֹנָיִךְ. שָׁלוֹם רָב לְאֹהֲבֵי תוֹרָתֶךָ, וְאֵין־לָמוֹ מִכְשׁוֹל: יְהִי־שָׁלוֹם בְּחֵילֵךְ,
שַׁלְוָה בְּאַרְמְנוֹתָיִךְ: ׳ לְמַעַן אַחַי וְרֵעָי אֲדַבְּרָה־נָּא שָׁלוֹם בָּךְ: לְמַעַן
תהלים כט — בֵּית־יהוה אֱלֹהֵינוּ אֲבַקְשָׁה טוֹב לָךְ: יהוה עֹז לְעַמּוֹ יִתֵּן, יהוה יְבָרֵךְ
אֶת־עַמּוֹ בַשָּׁלוֹם:

קדיש דרבנן

אבל: יִתְגַּדַּל וְיִתְקַדַּשׁ שְׁמֵהּ רַבָּא (קהל: אָמֵן)
בְּעָלְמָא דִּי בְרָא כִרְעוּתֵהּ
וְיַמְלִיךְ מַלְכוּתֵהּ וְיַצְמַח פֻּרְקָנֵהּ וִיקָרֵב מְשִׁיחֵהּ (קהל: אָמֵן)
בְּחַיֵּיכוֹן וּבְיוֹמֵיכוֹן וּבְחַיֵּי דְכָל בֵּית יִשְׂרָאֵל
בַּעֲגָלָא וּבִזְמַן קָרִיב, וְאִמְרוּ אָמֵן. (קהל: אָמֵן)

קהל ואבל: יְהֵא שְׁמֵהּ רַבָּא מְבָרַךְ לְעָלַם וּלְעָלְמֵי עָלְמַיָּא.

אבל: יִתְבָּרַךְ וְיִשְׁתַּבַּח וְיִתְפָּאַר וְיִתְרוֹמַם וְיִתְנַשֵּׂא
וְיִתְהַדָּר וְיִתְעַלֶּה וְיִתְהַלָּל שְׁמֵהּ דְּקֻדְשָׁא בְּרִיךְ הוּא (קהל: אָמֵן)
לְעֵלָּא לְעֵלָּא מִכָּל בִּרְכָתָא וְשִׁירָתָא, תֻּשְׁבְּחָתָא וְנֶחֱמָתָא
דַּאֲמִירָן בְּעָלְמָא, וְאִמְרוּ אָמֵן. (קהל: אָמֵן)

עַל יִשְׂרָאֵל וְעַל רַבָּנָן
וְעַל תַּלְמִידֵיהוֹן וְעַל כָּל תַּלְמִידֵי תַלְמִידֵיהוֹן
וְעַל כָּל מָאן דְּעָסְקִין בְּאוֹרַיְתָא
דִּי בְּאַתְרָא קַדִּישָׁא הָדֵין וְדִי בְּכָל אֲתַר וַאֲתַר
יְהֵא לְהוֹן וּלְכוֹן שְׁלָמָא רַבָּא
חִנָּא וְחִסְדָּא, וְרַחֲמֵי, וְחַיֵּי אֲרִיכֵי, וּמְזוֹנֵי רְוִיחֵי
וּפֻרְקָנָא מִן קֳדָם אֲבוּהוֹן
דִּי בִשְׁמַיָּא וְאַרְעָא, וְאִמְרוּ אָמֵן. (קהל: אָמֵן)

יְהֵא שְׁלָמָא רַבָּא מִן שְׁמַיָּא
וְחַיִּים טוֹבִים עָלֵינוּ וְעַל כָּל יִשְׂרָאֵל, וְאִמְרוּ אָמֵן. (קהל: אָמֵן)

כורע ופוסע שלוש פסיעות לאחור. קד לשמאל, לימין ולפנים באמירת:
עֹשֶׂה הַשָּׁלוֹם בִּמְרוֹמָיו
הוּא בְּרַחֲמָיו יַעֲשֶׂה שָׁלוֹם
עָלֵינוּ וְעַל כָּל יִשְׂרָאֵל, וְאִמְרוּ אָמֵן. (קהל: אָמֵן)

בקהילות שבהן לא תקעו בתפילת לחש, תוקעים כאן תשר״ת תש״ת תר״ת.

אומרים ׳עָלֵינוּ׳ בעמידה ומשתחווים במקום המסומן ב°.

עָלֵינוּ לְשַׁבֵּחַ לַאֲדוֹן הַכֹּל, לָתֵת גְּדֻלָּה לְיוֹצֵר בְּרֵאשִׁית
שֶׁלֹּא עָשָׂנוּ כְּגוֹיֵי הָאֲרָצוֹת, וְלֹא שָׂמָנוּ כְּמִשְׁפְּחוֹת הָאֲדָמָה
שֶׁלֹּא שָׂם חֶלְקֵנוּ כָּהֶם וְגוֹרָלֵנוּ כְּכָל הֲמוֹנָם.
שֶׁהֵם מִשְׁתַּחֲוִים לְהֶבֶל וָרִיק וּמִתְפַּלְלִים אֶל אֵל לֹא יוֹשִׁיעַ.
°וַאֲנַחְנוּ כּוֹרְעִים וּמִשְׁתַּחֲוִים וּמוֹדִים
לִפְנֵי מֶלֶךְ מַלְכֵי הַמְּלָכִים, הַקָּדוֹשׁ בָּרוּךְ הוּא
שֶׁהוּא נוֹטֶה שָׁמַיִם וְיוֹסֵד אָרֶץ, וּמוֹשַׁב יְקָרוֹ בַּשָּׁמַיִם מִמַּעַל
וּשְׁכִינַת עֻזּוֹ בְּגָבְהֵי מְרוֹמִים.
הוּא אֱלֹהֵינוּ, אֵין עוֹד.
אֱמֶת מַלְכֵּנוּ, אֶפֶס זוּלָתוֹ
כַּכָּתוּב בְּתוֹרָתוֹ, וְיָדַעְתָּ הַיּוֹם וַהֲשֵׁבֹתָ אֶל־לְבָבֶךָ דברים ד
כִּי יהוה הוּא הָאֱלֹהִים בַּשָּׁמַיִם מִמַּעַל וְעַל־הָאָרֶץ מִתָּחַת
אֵין עוֹד:

וְעַל כֵּן נְקַוֶּה לְּךָ יהוה אֱלֹהֵינוּ, לִרְאוֹת מְהֵרָה בְּתִפְאֶרֶת עֻזֶּךָ
לְהַעֲבִיר גִּלּוּלִים מִן הָאָרֶץ, וְהָאֱלִילִים כָּרוֹת יִכָּרֵתוּן
לְתַקֵּן עוֹלָם בְּמַלְכוּת שַׁדַּי.
וְכָל בְּנֵי בָשָׂר יִקְרְאוּ בִשְׁמֶךָ, לְהַפְנוֹת אֵלֶיךָ כָּל רִשְׁעֵי אָרֶץ.
יַכִּירוּ וְיֵדְעוּ כָּל יוֹשְׁבֵי תֵבֵל
כִּי לְךָ תִּכְרַע כָּל בֶּרֶךְ, תִּשָּׁבַע כָּל לָשׁוֹן.
לְפָנֶיךָ יהוה אֱלֹהֵינוּ יִכְרְעוּ וְיִפֹּלוּ, וְלִכְבוֹד שִׁמְךָ יְקָר יִתֵּנוּ
וִיקַבְּלוּ כֻלָּם אֶת עֹל מַלְכוּתֶךָ
וְתִמְלֹךְ עֲלֵיהֶם מְהֵרָה לְעוֹלָם וָעֶד.
כִּי הַמַּלְכוּת שֶׁלְּךָ הִיא וּלְעוֹלְמֵי עַד תִּמְלֹךְ בְּכָבוֹד
כַּכָּתוּב בְּתוֹרָתֶךָ, יהוה יִמְלֹךְ לְעֹלָם וָעֶד: שמות טו

◂ וְנֶאֱמַר, וְהָיָה יהוה לְמֶלֶךְ עַל־כָּל־הָאָרֶץ זכריה יד
בַּיּוֹם הַהוּא יִהְיֶה יהוה אֶחָד וּשְׁמוֹ אֶחָד:

יש מוסיפים:

אַל־תִּירָא מִפַּחַד פִּתְאֹם וּמִשֹּׁאַת רְשָׁעִים כִּי תָבֹא: משלי ג
עֻצוּ עֵצָה וְתֻפָר, דַּבְּרוּ דָבָר וְלֹא יָקוּם, כִּי עִמָּנוּ אֵל: ישעיה ח
וְעַד־זִקְנָה אֲנִי הוּא, וְעַד־שֵׂיבָה אֲנִי אֶסְבֹּל אֲנִי עָשִׂיתִי וַאֲנִי אֶשָּׂא וַאֲנִי אֶסְבֹּל וַאֲמַלֵּט: ישעיה מו

קדיש יתום

אבל: יִתְגַּדַּל וְיִתְקַדַּשׁ שְׁמֵהּ רַבָּא (קהל: אָמֵן)
בְּעָלְמָא דִּי בְרָא כִרְעוּתֵהּ
וְיַמְלִיךְ מַלְכוּתֵהּ וְיַצְמַח פֻּרְקָנֵהּ וִיקָרֵב מְשִׁיחֵהּ (קהל: אָמֵן)
בְּחַיֵּיכוֹן וּבְיוֹמֵיכוֹן וּבְחַיֵּי דְכָל בֵּית יִשְׂרָאֵל
בַּעֲגָלָא וּבִזְמַן קָרִיב, וְאִמְרוּ אָמֵן. (קהל: אָמֵן)

קהל ואבל: יְהֵא שְׁמֵהּ רַבָּא מְבָרַךְ לְעָלַם וּלְעָלְמֵי עָלְמַיָּא.

אבל: יִתְבָּרַךְ וְיִשְׁתַּבַּח וְיִתְפָּאַר וְיִתְרוֹמַם וְיִתְנַשֵּׂא
וְיִתְהַדָּר וְיִתְעַלֶּה וְיִתְהַלָּל
שְׁמֵהּ דְּקֻדְשָׁא בְּרִיךְ הוּא (קהל: אָמֵן)
לְעֵלָּא לְעֵלָּא מִכָּל בִּרְכָתָא
וְשִׁירָתָא, תֻּשְׁבְּחָתָא וְנֶחֱמָתָא
דַּאֲמִירָן בְּעָלְמָא, וְאִמְרוּ אָמֵן. (קהל: אָמֵן)

יְהֵא שְׁלָמָא רַבָּא מִן שְׁמַיָּא
וְחַיִּים טוֹבִים עָלֵינוּ וְעַל כָּל יִשְׂרָאֵל, וְאִמְרוּ אָמֵן. (קהל: אָמֵן)

כורע ופוסע שלוש פסיעות לאחור. קד לשמאל, לימין ולפנים באמירת:

עֹשֶׂה הַשָּׁלוֹם בִּמְרוֹמָיו
הוּא יַעֲשֶׂה שָׁלוֹם, עָלֵינוּ וְעַל כָּל יִשְׂרָאֵל, וְאִמְרוּ אָמֵן. (קהל: אָמֵן)

בבתי כנסת המתפללים בנוסח אשכנז,
אומרים כאן שיר של יום, קדיש יתום ולאחריו ׳לְדָוִד, יהוה אוֹרִי וְיִשְׁעִי׳ (עמ׳ 170-173).

שיר הכבוד

פיוט זה נכתב במקורו לליל יום הכיפורים (מהרי״ל).
היו שהסתייגו ממנו, מפני החשש שהדימויים שבו
קרובים מדי להגשמה (מהרש״ל). אך ברוב הקהילות נוהגים
לאומרו בכל שבת ויום טוב בסוף התפילה (׳לבוש׳ קלג).

פותחים את ארון הקודש, והקהל עומד.

ש״ץ: **אַנְעִים זְמִירוֹת וְשִׁירִים אֶאֱרֹג, כִּי אֵלֶיךָ נַפְשִׁי תַעֲרֹג.**
קהל: נַפְשִׁי חָמְדָה בְּצֵל יָדֶךָ, לָדַעַת כָּל רָז סוֹדֶךָ.

ש״ץ: **מִדֵּי דַבְּרִי בִּכְבוֹדֶךָ, הוֹמֶה לִבִּי אֶל דּוֹדֶיךָ.**
קהל: עַל כֵּן אֲדַבֵּר בְּךָ נִכְבָּדוֹת, וְשִׁמְךָ אֲכַבֵּד בְּשִׁירֵי יְדִידוֹת.

ש״ץ: **אֲסַפְּרָה כְבוֹדְךָ וְלֹא רְאִיתִיךָ, אֲדַמְּךָ אֲכַנְּךָ וְלֹא יְדַעְתִּיךָ.**
קהל: בְּיַד נְבִיאֶיךָ בְּסוֹד עֲבָדֶיךָ, דִּמִּיתָ הֲדַר כְּבוֹד הוֹדֶךָ.

ש״ץ: **גְּדֻלָּתְךָ וּגְבוּרָתֶךָ, כִּנּוּ לְתֹקֶף פְּעֻלָּתֶךָ.**
קהל: דִּמּוּ אוֹתְךָ וְלֹא כְּפִי יֶשְׁךָ, וַיְשַׁוּוּךָ לְפִי מַעֲשֶׂיךָ.

ש״ץ: **הִמְשִׁילוּךָ בְּרֹב חֶזְיוֹנוֹת, הִנְּךָ אֶחָד בְּכָל דִּמְיוֹנוֹת.**
קהל: וַיֶּחֱזוּ בְךָ זִקְנָה וּבַחֲרוּת, וּשְׂעַר רֹאשְׁךָ בְּשֵׂיבָה וְשַׁחֲרוּת.

ש״ץ: **זִקְנָה בְּיוֹם דִּין וּבַחֲרוּת בְּיוֹם קְרָב, כְּאִישׁ מִלְחָמוֹת יָדָיו לוֹ רָב.**
קהל: חָבַשׁ כּוֹבַע יְשׁוּעָה בְּרֹאשׁוֹ, הוֹשִׁיעָה לּוֹ יְמִינוֹ וּזְרוֹעַ קָדְשׁוֹ.

ש״ץ: **טַלְלֵי אוֹרוֹת רֹאשׁוֹ נִמְלָא, קְוֻצּוֹתָיו רְסִיסֵי לָיְלָה.**
קהל: יִתְפָּאֵר בִּי כִּי חָפֵץ בִּי, וְהוּא יִהְיֶה לִּי לַעֲטֶרֶת צְבִי.

ש״ץ: **כֶּתֶם טָהוֹר פָּז דְּמוּת רֹאשׁוֹ, וְחַק עַל מֵצַח כְּבוֹד שֵׁם קָדְשׁוֹ.**
קהל: לְחֵן וּלְכָבוֹד צְבִי תִפְאָרָה, אֻמָּתוֹ לוֹ עִטְּרָה עֲטָרָה.

ש״ץ: מַחְלְפוֹת רֹאשׁוֹ כְּבִימֵי בְחוּרוֹת, קְוֻצּוֹתָיו תַּלְתַּלִּים שְׁחוֹרוֹת.

קהל: נְוֵה הַצֶּדֶק צְבִי תִפְאַרְתּוֹ, יַעֲלֶה נָּא עַל רֹאשׁ שִׂמְחָתוֹ.

ש״ץ: סְגֻלָּתוֹ תְּהִי בְיָדוֹ עֲטֶרֶת, וּצְנִיף מְלוּכָה צְבִי תִפְאֶרֶת.

קהל: עֲמוּסִים נְשָׂאָם, עֲטֶרֶת עִנְּדָם, מֵאֲשֶׁר יָקְרוּ בְעֵינָיו כִּבְּדָם.

ש״ץ: פְּאֵרוֹ עָלַי וּפְאֵרִי עָלָיו, וְקָרוֹב אֵלַי בְּקָרְאִי אֵלָיו.

קהל: צַח וְאָדֹם לִלְבוּשׁוֹ אָדֹם, פּוּרָה בְדָרְכוֹ בְּבוֹאוֹ מֵאֱדוֹם.

ש״ץ: קֶשֶׁר תְּפִלִּין הֶרְאָה לֶעָנָו, תְּמוּנַת יהוה לְנֶגֶד עֵינָיו.

קהל: רוֹצֶה בְעַמּוֹ עֲנָוִים יְפָאֵר, יוֹשֵׁב תְּהִלּוֹת בָּם לְהִתְפָּאֵר.

ש״ץ: רֹאשׁ דְּבָרְךָ אֱמֶת קוֹרֵא מֵרֹאשׁ דּוֹר וָדוֹר, עַם דּוֹרֶשְׁךָ דְּרֹשׁ.

קהל: שִׁית הֲמוֹן שִׁירַי נָא עָלֶיךָ, וְרִנָּתִי תִּקְרַב אֵלֶיךָ.

ש״ץ: תְּהִלָּתִי תְּהִי לְרֹאשְׁךָ עֲטֶרֶת, וּתְפִלָּתִי תִּכּוֹן קְטֹרֶת.

קהל: תִּיקַר שִׁירַת רָשׁ בְּעֵינֶיךָ, כַּשִּׁיר יוּשַׁר עַל קָרְבָּנֶיךָ.

ש״ץ: בִּרְכָתִי תַעֲלֶה לְרֹאשׁ מַשְׁבִּיר, מְחוֹלֵל וּמוֹלִיד, צַדִּיק כַּבִּיר.

קהל: וּבְבִרְכָתִי תְנַעְנַע לִי רֹאשׁ, וְאוֹתָהּ קַח לְךָ כִּבְשָׂמִים רֹאשׁ.

ש״ץ: יֶעֱרַב נָא שִׂיחִי עָלֶיךָ, כִּי נַפְשִׁי תַעֲרֹג אֵלֶיךָ.

סוגרים את ארון הקודש.

לְךָ יהוה הַגְּדֻלָּה וְהַגְּבוּרָה וְהַתִּפְאֶרֶת וְהַנֵּצַח וְהַהוֹד דברי הימים א׳ כט
כִּי־כֹל בַּשָּׁמַיִם וּבָאָרֶץ
לְךָ יהוה הַמַּמְלָכָה וְהַמִּתְנַשֵּׂא לְכֹל לְרֹאשׁ:

◂ מִי יְמַלֵּל גְּבוּרוֹת יהוה, יַשְׁמִיעַ כָּל־תְּהִלָּתוֹ: תהלים קו

קדיש יתום בעמ׳ 259

קידושא רבה לראש השנה

"וַיֹּאמֶר לָהֶם לְכוּ אִכְלוּ מַשְׁמַנִּים וּשְׁתוּ מַמְתַקִּים,
וְשִׁלְחוּ מָנוֹת לְאֵין נָכוֹן לוֹ, כִּי־קָדוֹשׁ הַיּוֹם לַאֲדֹנֵינוּ,
וְאַל־תֵּעָצֵבוּ, כִּי־חֶדְוַת ה' הִיא מָעֻזְּכֶם" (נחמיה ח, י).

בשבת אומרים:

שמות לא
וְשָׁמְרוּ בְנֵי־יִשְׂרָאֵל אֶת־הַשַּׁבָּת, לַעֲשׂוֹת אֶת־הַשַּׁבָּת לְדֹרֹתָם בְּרִית עוֹלָם: בֵּינִי וּבֵין בְּנֵי יִשְׂרָאֵל אוֹת הִוא לְעֹלָם, כִּי־שֵׁשֶׁת יָמִים עָשָׂה יהוה אֶת־הַשָּׁמַיִם וְאֶת־הָאָרֶץ וּבַיּוֹם הַשְּׁבִיעִי שָׁבַת וַיִּנָּפַשׁ:

שמות כ
זָכוֹר אֶת־יוֹם הַשַּׁבָּת לְקַדְּשׁוֹ: שֵׁשֶׁת יָמִים תַּעֲבֹד, וְעָשִׂיתָ כָּל־מְלַאכְתֶּךָ: וְיוֹם הַשְּׁבִיעִי שַׁבָּת לַיהוה אֱלֹהֶיךָ, לֹא־תַעֲשֶׂה כָל־מְלָאכָה אַתָּה וּבִנְךָ וּבִתֶּךָ, עַבְדְּךָ וַאֲמָתְךָ וּבְהֶמְתֶּךָ, וְגֵרְךָ אֲשֶׁר בִּשְׁעָרֶיךָ: כִּי שֵׁשֶׁת־יָמִים עָשָׂה יהוה אֶת־הַשָּׁמַיִם וְאֶת־הָאָרֶץ אֶת־הַיָּם וְאֶת־כָּל־אֲשֶׁר־בָּם, וַיָּנַח בַּיּוֹם הַשְּׁבִיעִי, עַל־כֵּן בֵּרַךְ יהוה אֶת־יוֹם הַשַּׁבָּת וַיְקַדְּשֵׁהוּ:

יש המתחילים:

ויקרא כג
אֵלֶּה מוֹעֲדֵי יהוה מִקְרָאֵי קֹדֶשׁ אֲשֶׁר־תִּקְרְאוּ אֹתָם בְּמוֹעֲדָם:
וַיְדַבֵּר מֹשֶׁה אֶת־מֹעֲדֵי יהוה אֶל־בְּנֵי יִשְׂרָאֵל:

תהלים פא
תִּקְעוּ בַחֹדֶשׁ שׁוֹפָר, בַּכֶּסֶה לְיוֹם חַגֵּנוּ:
כִּי חֹק לְיִשְׂרָאֵל הוּא, מִשְׁפָּט לֵאלֹהֵי יַעֲקֹב:

המקדש לאחרים, אומר: סַבְרִי מָרָנָן

בָּרוּךְ אַתָּה יהוה אֱלֹהֵינוּ מֶלֶךְ הָעוֹלָם
בּוֹרֵא פְּרִי הַגָּפֶן.

ברכה מעין שלוש

אחרי אכילת מזונות מחמשת מיני דגן, שתיית יין או אכילת פירות משבעת המינים מברך:

בָּרוּךְ אַתָּה יהוה אֱלֹהֵינוּ מֶלֶךְ הָעוֹלָם, עַל

על מזונות:	על יין:	על פירות משבעת המינים:
הַמִּחְיָה וְעַל הַכַּלְכָּלָה	הַגֶּפֶן וְעַל פְּרִי הַגֶּפֶן	הָעֵץ וְעַל פְּרִי הָעֵץ

על יין ומזונות יחד:

הַמִּחְיָה וְעַל הַכַּלְכָּלָה וְעַל הַגֶּפֶן וְעַל פְּרִי הַגֶּפֶן

וְעַל תְּנוּבַת הַשָּׂדֶה וְעַל אֶרֶץ חֶמְדָּה טוֹבָה וּרְחָבָה, שֶׁרָצִיתָ וְהִנְחַלְתָּ לַאֲבוֹתֵינוּ לֶאֱכֹל מִפִּרְיָהּ וְלִשְׂבֹּעַ מִטּוּבָהּ. רַחֶם נָא יהוה אֱלֹהֵינוּ עַל יִשְׂרָאֵל עַמֶּךָ וְעַל יְרוּשָׁלַיִם עִירֶךָ וְעַל צִיּוֹן מִשְׁכַּן כְּבוֹדֶךָ וְעַל מִזְבְּחֶךָ וְעַל הֵיכָלֶךָ. וּבְנֵה יְרוּשָׁלַיִם עִיר הַקֹּדֶשׁ בִּמְהֵרָה בְיָמֵינוּ, וְהַעֲלֵנוּ לְתוֹכָהּ וְשַׂמְּחֵנוּ בְּבִנְיָנָהּ וְנֹאכַל מִפִּרְיָהּ וְנִשְׂבַּע מִטּוּבָהּ, וּנְבָרֶכְךָ עָלֶיהָ בִּקְדֻשָּׁה וּבְטָהֳרָה.

בשבת: וּרְצֵה וְהַחֲלִיצֵנוּ בְּיוֹם הַשַּׁבָּת הַזֶּה

וְזָכְרֵנוּ לְטוֹבָה בְּיוֹם הַזִּכָּרוֹן הַזֶּה, כִּי אַתָּה יהוה טוֹב וּמֵטִיב לַכֹּל, וְנוֹדֶה לְּךָ עַל הָאָרֶץ

על מזונות:	על יין:	על פירות משבעת המינים:
וְעַל הַמִּחְיָה. בָּרוּךְ אַתָּה יהוה עַל הָאָרֶץ וְעַל הַמִּחְיָה.	וְעַל פְּרִי גַפְנָהּ.* בָּרוּךְ אַתָּה יהוה עַל הָאָרֶץ וְעַל פְּרִי גַפְנָהּ.*	וְעַל פֵּרוֹתֶיהָ.** בָּרוּךְ אַתָּה יהוה עַל הָאָרֶץ וְעַל פֵּרוֹתֶיהָ.**

על יין ומזונות יחד:

וְעַל הַמִּחְיָה וְעַל פְּרִי גַפְנָהּ.*

בָּרוּךְ אַתָּה יהוה, עַל הָאָרֶץ וְעַל הַמִּחְיָה וְעַל פְּרִי גַפְנָהּ.*

*על יין מחו"ל אומרים: הַגָּפֶן. **על פירות מחו"ל אומרים: הַפֵּרוֹת

בורא נפשות

אחרי אכילת פירות האדמה, פירות העץ שאינם משבעת המינים או מזון שאינו מן הצומח, וכן אחרי שתיית משקה חוץ מיין מברך:

בָּרוּךְ אַתָּה יהוה אֱלֹהֵינוּ מֶלֶךְ הָעוֹלָם, בּוֹרֵא נְפָשׁוֹת רַבּוֹת וְחֶסְרוֹנָן עַל כָּל מַה שֶּׁבָּרָאתָ לְהַחֲיוֹת בָּהֶם נֶפֶשׁ כָּל חָי. בָּרוּךְ חֵי הָעוֹלָמִים.

סדר ליום ב׳

חזרת הש״ץ לשחרית ליום ב׳ של ראש השנה

״יְחַיֵּנוּ מִיֹּמָיִם, בַּיּוֹם הַשְּׁלִישִׁי יְקִמֵנוּ וְנִחְיֶה לְפָנָיו״ (הושע ו, ב).

פותחים את ארון הקודש.

שליח הציבור פוסע שלוש פסיעות לפנים וחוזר על התפילה בקול רם.
כורע במקומות המסומנים ב׳, קד לפנים במילה הבאה וזוקף בשם.

אֲדֹנָי, שְׂפָתַי תִּפְתָּח, וּפִי יַגִּיד תְּהִלָּתֶךָ: תהלים נא

אבות

׳בָּרוּךְ אַתָּה יהוה, אֱלֹהֵינוּ וֵאלֹהֵי אֲבוֹתֵינוּ
אֱלֹהֵי אַבְרָהָם, אֱלֹהֵי יִצְחָק, וֵאלֹהֵי יַעֲקֹב
הָאֵל הַגָּדוֹל הַגִּבּוֹר וְהַנּוֹרָא, אֵל עֶלְיוֹן
גּוֹמֵל חֲסָדִים טוֹבִים, קוֹנֵה הַכֹּל
וְזוֹכֵר חַסְדֵי אָבוֹת
וּמֵבִיא גוֹאֵל לִבְנֵי בְנֵיהֶם לְמַעַן שְׁמוֹ בְּאַהֲבָה.

נוסח זה מוסיפים לפני כל ׳קרובה׳ (מערכת פיוטים לחזרת הש״ץ) שאומרים בראש השנה.
בשחרית אומרים אחריה גם פיוט ׳רשות׳.

מִסּוֹד חֲכָמִים וּנְבוֹנִים
וּמִלֶּמֶד דַּעַת מְבִינִים
אֶפְתְּחָה פִי בִּתְפִלָּה וּבְתַחֲנוּנִים
לְחַלּוֹת וּלְחַנֵּן פְּנֵי מֶלֶךְ מַלְכֵי הַמְּלָכִים וַאֲדוֹנֵי הָאֲדוֹנִים.

את ה׳קרובה׳ לשחרית של יום א׳ של ראש השנה חיבר ר׳ שמעון בר יצחק (שכונה בפי בני דורו ״ר׳ שמעון הגדול״), רב ופייטן שחי במגנצא סביב שנת אלף לסה״נ.
ה׳קרובה׳ נוצקה באותה תבנית שיסד הקליר ליום הראשון, בהבדלים צורניים מעטים.
ר׳ שמעון עצמו חיבר את פיוט ה׳רשות׳ ׳אָתִיתִי לְחַנְּנָךְ׳.

רשות לקרובה ׳אִמְרָתְךָ צְרוּפָה׳ – סימן א״ב שמעון [בר יצחק]

אָתִיתִי לְחַנְּנָךְ בְּלֵב קָרוּעַ וּמְרֻתָּח / בַּקֵּשׁ רַחֲמִים כְּעָנִי בַּפֶּתַח
גַּלְגַּל רַחֲמֶיךָ וְדִין אַל תִּמְתַּח / אֲדֹנָי שְׂפָתַי תִּפְתָּח: תהלים נא
דָּבָר אֵין בְּפִי, וּבִלְשׁוֹנִי מִלָּה / הֵן יהוה יָדַעְתָּ כֻלָּהּ: תהלים קלט
וּמִמַּעֲמַקֵּי הַלֵּב לְפָנֶיךָ אוֹחִילָה / אֶחֱסֶה בְסֵתֶר כְּנָפֶיךָ סֶּלָה: תהלים סא

זַלְעָפָה וּפַלָּצוּת אֲחָזוּנִי בְּמוֹרָא / חַלּוֹת פְּנֵי נוֹרָא בְּנֶפֶשׁ יְקָרָה
איוב לב טוּב טַעַם וָדַעַת, קָטֹנְתִּי לְחַסְרָה / עַל־כֵּן זָחַלְתִּי וָאִירָא:

יָגַעְתִּי בְאַנְחָתִי אֵיךְ לַעֲמֹד לְפָנֶיךָ /
כִּי אֵין מַעֲשִׂים לִזְכּוֹת בְּעֵינֶיךָ
תהלים י לְחַלּוֹתְךָ שְׁלָחוּנִי מַקְהֵלוֹת הֲמוֹנֶיךָ / תָּכִין לִבָּם, תַּקְשִׁיב אָזְנֶךָ:

מָה אֲנִי וּמֶה חַיַּי, תּוֹלֵעָה וְרִמָּה / נִבְעַר מִדַּעַת וּבְאֶפֶס מְזִמָּה
משלי טו סָמַכְתִּי יְתֵדוֹתַי בְּסֵפֶר הַחָכְמָה / מַעֲנֶה־רַךְ יָשִׁיב חֵמָה:

עֻזִּי, אֵלֶיךָ אֶשְׁמְרָה לְסַעֲדִי / פֵּתַח דְּבָרֶיךָ הָאֵר לְהַגִּידִי
תהלים נט צַדְּקֵנִי וְאַמְּצֵנִי, וְתֵן לְאֵל יָדִי / כִּי אַתָּה מִשְׂגַּבִּי, אֱלֹהֵי חַסְדִּי:

קְהָלֶיךָ עוֹמְדִים לְבַקֵּשׁ מְחִילָתֶךָ /
רַחֲמֶיךָ יִכָּמְרוּ, לְרַחֵם בְּחֶמְלָתֶךָ
שׁוֹפְכִים לֵב כַּמַּיִם לְעֻמָּתֶךָ /
מלכים א׳ ח וְאַתָּה תִּשְׁמַע הַשָּׁמַיִם מְכוֹן שִׁבְתֶּךָ:

תְּחַזֵּק לְעַמְּךָ יָדָם הָרָפָה / שְׁלַח מֵאִתְּךָ עֵזֶר וּתְרוּפָה
משלי ל נָעַמְךָ יַשִּׂיגוּ לְחַזֵּק וּלְתָקְפָּה / כָּל־אִמְרַת אֱלוֹהַּ צְרוּפָה:

סוגרים את ארון הקודש.

הזכרת זכות אבות היא עיקרה של ה׳קרובה׳ ליום ב׳ של ראש השנה. הנושא דומה מעט לנושאה של ה׳קרובה׳ ליום א׳ של ראש השנה, אך בעוד שהקליר עסק הרבה בסגולתו של א׳ דתשרי, היום שבו נפקדו האימהות, ר׳ שמעון הגדול מתמקד בברית האבות עם הקב״ה.

נוהגים שהקהל אומר את שלושת הפיוטים הראשונים, ושליח הציבור אומר בקול רק את השורות המסומנות ב•. יש קהילות שבהן אין אומרים את ה׳מגן׳, וממשיכים ׳זָכְרֵנוּ לְחַיִּים׳ בעמוד הבא (ויש האומרים את הבית האחרון: ׳בּוֹ שֶׁעֲנָנוּ מֵעוֹלָם׳).

מגן – סימן א״ב שמעון בר יצחק יחי

אִמְרָתְךָ צְרוּפָה וְעֵדוֹתֶיךָ צֶדֶק / בָּאֵי עָדֶיךָ בְּרִיב, אַל תְּדַקְדֵּק
גִּשְׁתְּךָ לְחַפֵּשׂ כָּל תַּעֲלוּם וָבֶדֶק / דִּין עֲנִיֶּיךָ בְּמִשְׁפַּט הַצֶּדֶק.

הֵן עוֹלָמְךָ בָּנִיתָ בְּחֶסֶד / וְרַב חֶסֶד מַטֶּה כְּלַפֵּי חֶסֶד
זְכִיּוֹת הַכְרֵעַ וְעֻזְּךָ תְּיַסֵּד / חֹן עַל נִינֵי מוֹצָא מִכֶּשֶׂד.

טֶרֶם נִקְרָא וְאַתָּה תַעֲנֶה / יִמָּצֵא לָנוּ חֶסֶד בְּמַעֲנֶה
כְּפָקְדְךָ הַיּוֹם יְצוּרֶיךָ לְהִמָּנֶה / לָנוּ מַלְאָכְךָ סָבִיב יַחֲנֶה.

מִדַּת טוּבְךָ עָלֵינוּ הַגְבֵּר / נַקֵּנוּ מֵעָוֹן וּפְשָׁעֵינוּ הַעֲבֵר
שַׂגֵּב בִּזְרוֹעַ לִמְקַוֶּיךָ בְּשֵׂבֶר / עֹז חֲלִיפַת כֹּחַ, וַעֲלִיַּת אֵבֶר.

פְּעֻלַּת אֶזְרָחִי לְפָנֶיךָ תִּזָּכֵר / צִדְקוֹ יָלִיץ כֹּשֶׁר, וּמַסְטִין יִסָּכֵר
קַבֵּל מוֹרָאֲךָ יִחוּדְךָ לְהַכֵּר / רָץ בְּפִקּוּדֶיךָ לְיַשֵּׁר וּלְיַקֵּר.

שָׁלֵם נִמְצָא בְּכָל אֲשֶׁר נִפְקַד / שֶׁעֱשַׁע כְּהַיּוֹם בְּחֵטְא מִפְּקָד
› תְּהִלָּה וָעֹז לִמְרַחֲמוֹ שָׁקַד / תַּמָּתוֹ בְּעֵת אֲשֶׁר פָּקַד.

הכול:

בּוֹ שֶׁעֲנָנוּ מֵעוֹלָם, וַיַּעֲנֵנוּ נוֹרָאוֹת /
בִּרְצוּי חִנּוּנֵנוּ קַבֵּל כְּהַעֲלָאוֹת
› יְחַלְּצֵנוּ בְּמָגִנּוֹ מִתַּחֲלוּאֵי תוֹצָאוֹת /
כְּצִפֳּרִים עָפוֹת כֵּן יָגֵן יהוה צְבָאוֹת: ישעיה לא

יש נוהגים שהקהל אומר בקול, ושליח הציבור חוזר אחריו:

זָכְרֵנוּ לְחַיִּים, מֶלֶךְ חָפֵץ בַּחַיִּים
וְכָתְבֵנוּ בְּסֵפֶר הַחַיִּים, לְמַעַנְךָ אֱלֹהִים חַיִּים.

שליח הציבור ממשיך:

מֶלֶךְ עוֹזֵר וּמוֹשִׁיעַ וּמָגֵן.
בָּרוּךְ אַתָּה יהוה, מָגֵן אַבְרָהָם.

גבורות

אַתָּה גִּבּוֹר לְעוֹלָם, אֲדֹנָי
מְחַיֵּה מֵתִים אַתָּה, רַב לְהוֹשִׁיעַ

בארץ ישראל: מוֹרִיד הַטָּל

מְכַלְכֵּל חַיִּים בְּחֶסֶד, מְחַיֵּה מֵתִים בְּרַחֲמִים רַבִּים
סוֹמֵךְ נוֹפְלִים, וְרוֹפֵא חוֹלִים, וּמַתִּיר אֲסוּרִים
וּמְקַיֵּם אֱמוּנָתוֹ לִישֵׁנֵי עָפָר.
מִי כָמְוֹךָ, בַּעַל גְּבוּרוֹת, וּמִי דּוֹמֶה לָּךְ
מֶלֶךְ, מֵמִית וּמְחַיֶּה וּמַצְמִיחַ יְשׁוּעָה.

יש קהילות שבהן אין אומרים את ה׳מחיה׳, וממשיכים ׳מִי כָמְוֹךָ׳ בעמוד הבא
(ויש האומרים את הבית האחרון: ׳שְׂפָתֵינוּ מְדוֹבְבוֹת עֹז׳).

מחיה – סימן תשר״ק שמעון בר יצחק (כפול)

תָּמִים פָּעָלְךָ גְּדוֹל הָעֵצָה / שִׁחַרְנוּ פָּנֶיךָ וְצִדְקָתְךָ נִמְצָא
רַחֵץ טֶנֶף וְהָתֵם שִׁמְצָה / קַבֵּל אֶנֶק וּגְדֹר פִּרְצָה.

צֹאן לַטֶּבַח גָּזַר מִמִּכְלָה / פָּרִים וּכְבָשִׂים לִשְׁלָמִים וְעוֹלָה
עֲרִיכַת שָׂפָה נַעֲרֹךְ בִּתְפִלָּה / שִׂיחֵנוּ יָשְׁפַּר כְּהֶקְטֵר וּבְלוּלָה.

נְתִיב יֹשֶׁר אִם נֶעֱקַל בְּלֶכֶת /
מִשְׁלַחְתְּךָ לַעֲזֹב לְהִתְרַפּוֹת בִּמְלֶאכֶת
לְנֶגְדְּךָ יִפָּקֵד מִזְבֵּחַ מַעֲרֶכֶת /
כְּמַאֲכֶלֶת הַמַּאֲכִילָה מֵאָז נֶעֱרֶכֶת.

יַחַד אָב וּבֵן בְּלֶכְתָּם לְהַר מוֹר / טֶבַח לְהָכִין, מִפְּקָדְךָ לִשְׁמֹר
חֲנִיטָם נְצֹר רַחֲמִים לִכְמֹר / זֵכֶר שְׁבוּעָה כִּקְטֹרֶת לִתְמֹר.

וּבְשִׁבְתְּךָ הַיּוֹם לָדִין עַמִּים / הִמָּלֵא עַל צֶאֱצָאֵימוֹ רַחֲמִים
דִּינֵנוּ הַצְהֵר וְלֹא נֵצֵא נִכְלָמִים / גֶּפֶן מַטָּעֲתְךָ תָּכִין לְאֹרֶךְ יָמִים.

בִּזְכוּת נֶעֱקַד הַקְשִׁיבָה מִשַּׁחַק / אֶבְיוֹנֵי עַמְּךָ, קוֹרְאֶיךָ מִדֹּחַק
‹ שָׂמֵנוּ עַל סִפְרְךָ לְחַיִּים יָחַק /
וְנִיב שְׂפָתֵינוּ הַקְשֵׁב כְּוִיעָתַר יִצְחָק.

הכול:

שְׂפָתֵינוּ מְדוֹבְבוֹת עֹז וּבְצִדְקָתוֹ נִחְיֶה /
בְּרַחֲמִים יְצַדְּקֵנוּ וְזַרְעֵנוּ יִהְיֶה
‹ יְחַיֵּינוּ כְּקֶדֶם מִיֹּמַיִם, אֶהְיֶה / בַּיּוֹם הַשְּׁלִישִׁי יְקִמֵנוּ וְנִחְיֶה.

יש נוהגים שהקהל אומר בקול, ושליח הציבור חוזר אחריו:

מִי כָמְוֹךָ אָב הָרַחֲמָן
זוֹכֵר יְצוּרָיו לְחַיִּים בְּרַחֲמִים.

שליח הציבור ממשיך:

וְנֶאֱמָן אַתָּה לְהַחֲיוֹת מֵתִים.
בָּרוּךְ אַתָּה יהוה, מְחַיֵּה הַמֵּתִים.

פותחים את ארון הקודש.

יש קהילות שבהן אין אומרים את ה׳משלש׳,
אך גם בהן מקובל ששליח הציבור אומר את הבית הראשון.

משלש – סימן א״ת ב״ש

שְׁלַחְתִּי בְּמַלְאֲכוּת סֶגֶל חֲבוּרָה /
שׁוֹמְרֵי אֱמוּנָתְךָ וּמְיַחֲדֶיךָ בְּמוֹרָא
שָׁפַכְתִּי שִׂיחַ לְבַקֵּשׁ עֲתִירָה / שְׁמַע־יהוה קוֹלִי אֶקְרָא: תהלים כז

סוגרים את ארון הקודש.

בקהילות שבהן אין אומרים את ה׳משלש׳, ממשיכים ׳יִמְלֹךְ ה׳ לְעוֹלָם׳ בעמ׳ 273
(ויש האומרים את הבית האחרון: ׳קָרְבֵנוּ לְיִשְׁעָךְ׳, בעמוד הבא).

מְדַבֵּר בִּצְדָקָה, חוֹנֵן וּמִתְרַצֶּה /
מַחֲסֶה וּמִסְתּוֹר לְדוֹרְשֶׁיךָ הִמָּצֵא
מֵתַח דִּינְךָ אִם בִּיצוּרִים תְּמַצֶּה / מִלְּפָנֶיךָ מִשְׁפָּטִי יֵצֵא: תהלים יז

עֶרְכֵּךְ תְּקִיעָתֵנוּ שְׁעֵה בְּבֵירוּרִים / עַרְבֵב קַטֵּגוֹר וְאַמֵּץ סַנֵּגוֹרִים
עֲקֶרֶת בַּיִת וַחֲצוּבַת צוּרִים / עֵינֶיךָ תֶּחֱזֶינָה מֵישָׁרִים: תהלים יז

וְיִזָּכֵר לְפָנֶיךָ צִדְקַת הַתָּם / וִיעַד אֹהָלֶיךָ וּבְכִסְאֲךָ נֶחְתָּם
וְחַלְּצֵנִי מִפֶּשַׁע, וּמֵעָוֹן נִכְתָּם / אַל־יִמְשְׁלוּ־בִי אָז אֵיתָם: תהלים יט

נוֹהֵג בְּחֶסֶד, זוֹכֵר הַבְּרִית / נַקֵּנוּ מִנִּסְתָּרוֹת וְנִזְכֶּה כְּבוֹרִית
נְחֵנוּ בַּאֲמִתֶּךָ, וּתְנֵנוּ לְאַחֲרִית /
נֹשֵׂא עָוֹן וְעֹבֵר עַל־פֶּשַׁע לִשְׁאֵרִית: מיכה ז

בְּהִנָּשַׂאֲךָ לְכִסֵּא, נוֹרָא וְאָיֹם / בְּרוּאֵי חֶלֶד לְהִשָּׁפֵט כְּהַיּוֹם
בְּרַחֲמֶיךָ עָלֵינוּ הַמְצִיאֵנוּ פִדְיוֹם / בֵּאלֹהִים הִלַּלְנוּ כָל־הַיּוֹם: תהלים מד

רֹעַ יִצְרֵנוּ הָסֵר בְּחֶמְלָתֶךָ / רְצֵנוּ וְסוֹכְכֵנוּ בְּמַחֲסֶה אֶבְרָתֶךָ
רְצֵה תְשׁוּבָתֵנוּ וְהַרְבֵּה מְחִילָתֶךָ /
רְעֵה עַמְּךָ בְשִׁבְטֶךָ, צֹאן נַחֲלָתֶךָ: מיכה ז

יַדְעֵנוּ דְּרָכֶיךָ וְאָרְחוֹתֶיךָ לִתְמֹד / יֹשֶׁר פִּקּוּדֶיךָ בְּלִבֵּנוּ לִצְמֹד
יִכְמְרוּ רַחֲמֶיךָ סְלִיחָתֵנוּ לַחְמֹד /
יָדַעְנוּ כִּי חָטָאנוּ, וְאֵין מִי יַעֲמֹד.

צַוֵּה יְשׁוּעָתְךָ לְרַעְיָתְךָ הָאֲהוּבָה /
צְמֵאָה לְחַסְדְּךָ, כְּמֵהָה וּתְאֵבָה
צְפֵה וְהַבֵּט כִּי מְאֹד נִכְאָבָה /
צִדְקָתְךָ כְּהַרְרֵי־אֵל, מִשְׁפָּטֶיךָ תְּהוֹם רַבָּה: תהלים לו

חֲפֹץ בְּהֶגְיוֹנֵנוּ וּבְקוֹל תְּרוּעָתֵנוּ / חֲטָאֵינוּ הַלְבֵּן וְהַפְקֵר שְׁגָגֵנוּ
חַבֵּל וְהַצְמֵת קָדְקֹד מַשְׂטִינֵנוּ /
חָנֵּנוּ אֱלֹהִים חָנֵּנוּ, כִּי בְךָ חָסָיָה נַפְשֵׁנוּ. תהלים נז

קָרְבֵנוּ לְיִשְׁעֲךָ בְּזֶה רֹאשׁ שְׁנָתִי / קַבֵּץ נְפוּצוֹתֵינוּ לְמִרְבַּץ קִרְיָתִי
קָמִים יֶחֱזוּ כִּי מֵאִתְּךָ תְּהִלָּתִי / קַוֹּה קִוִּיתִי יהוה תּוֹחַלְתִּי.

במחזורים הישנים משולבים במערכות ה׳קרובות׳ הפסוקים שעליהם מבוססים פיוטי ה׳קרובה׳. היום נוהגים לומר רק את שני הפסוקים ׳יִמְלֹךְ׳ ו׳וְאַתָּה קָדוֹשׁ׳, ומסיימים ׳אֵל נָא׳ כפתיחה לפיוטים הבאים, המובילים אל הקדושה.

קהל ואחריו שליח הציבור:

יִמְלֹךְ יהוה לְעוֹלָם תהלים קמו

אֱלֹהַיִךְ צִיּוֹן לְדֹר וָדֹר, הַלְלוּיָהּ:

וְאַתָּה קָדוֹשׁ, יוֹשֵׁב תְּהִלּוֹת יִשְׂרָאֵל: תהלים כב

אֵל נָא.

פותחים את ארון הקודש.

סימן א״ב

אַתָּה הוּא אֱלֹהֵינוּ בַּשָּׁמַיִם וּבָאָרֶץ.
גִּבּוֹר וְנַעֲרָץ דָּגוּל מֵרְבָבָה.
הוּא שָׂח וַיֶּהִי וְצִוָּה וְנִבְרָאוּ.
זִכְרוֹ לָנֶצַח חַי עוֹלָמִים.
טְהוֹר עֵינַיִם יוֹשֵׁב סֵתֶר.
כִּתְרוֹ יְשׁוּעָה לְבוּשׁוֹ צְדָקָה.
מַעֲטֵהוּ קִנְאָה נֶאְפַּד נְקָמָה.
סִתְרוֹ יֹשֶׁר עֲצָתוֹ אֱמוּנָה.
פְּעֻלָּתוֹ אֱמֶת צַדִּיק וְיָשָׁר.
קָרוֹב לְקוֹרְאָיו בֶּאֱמֶת רָם וּמִתְנַשֵּׂא.
שׁוֹכֵן שְׁחָקִים תּוֹלֶה אֶרֶץ עַל בְּלִימָה.

הקהל ושליח הציבור אומרים:

חַי וְקַיָּם, נוֹרָא וּמָרוֹם וְקָדוֹשׁ.

סוגרים את ארון הקודש.

אם יום ב׳ של ראש השנה חל ביום ראשון,
ממשיכים מתחת לקו בעמ׳ 275.

ב׳ של ראש השנה שחל להיות בימים שלישי, רביעי ושישי בשבוע

שליח הציבור אומר את שבעת החרוזים הבאים, והקהל חוזר אחרי כל אחד מהם.
חרוזים אלה הם בתי הפזמון של ה׳קיקלר׳ (ראה עמ׳ 155) ׳אֶדֶר וָהוֹד׳ (עמ׳ 445).

סימן שמעון (6)

שְׁמוֹ מְפָאֲרִים עֲדַת חֲבָלוֹ
וְנַעֲרָץ בְּאֶרְאֶלֵּי קֹדֶשׁ הִלּוּלוֹ
וּבְהֵיכָלוֹ כָּבוֹד אֹמֵר כֻּלּוֹ / קָדוֹשׁ.

שׁוֹמְרֵי מִצְוֹתָיו עוֹד יְשׁוּבוּן לְבִצָּרוֹן
נִדְבָּרִים יְרֵאָיו בְּהַכְשֵׁר וְיִתְרוֹן
מלאכי ג וַיַּקְשֵׁב יהוה וַיִּשְׁמָע, וַיִּכָּתֵב סֵפֶר זִכָּרוֹן: / קָדוֹשׁ.

שַׁפְּרוּ מַעֲשֵׂיכֶם, וּבְרִית לֹא תוּפַר
נַאֲקַתְכֶם יַאֲזִין, שְׁחָקִים שִׁפַּר
תהלים סט וְתִיטַב לַיהוה מִשּׁוֹר פָּר: / קָדוֹשׁ.

שִׁבְטֵי מְקָרְאֶךָ עֲלֵה וְהַמְשֵׁל
נְטִישׁוֹת צָרִים בְּהַתִּזָךְ לְנַשֵּׁל
תהלים כב כִּי לַיהוה הַמְּלוּכָה, וּמֹשֵׁל: / קָדוֹשׁ.

שְׁבוּתֵנוּ מִמֶּרְחָק, עֲלוֹת לְהַר קָדְשׁוֹ
וּנְפָאֲרֵנוּ תָמִיד בִּדְבִיר מִקְדָּשׁוֹ
תהלים קה כִּי־זָכַר אֶת־דְּבַר קָדְשׁוֹ: / קָדוֹשׁ.

שֶׁבַח מִגְדַּל עֹז, שֵׁם הַגָּדוֹל
נֵצַח בְּתִתּוֹ לְמַלְכּוֹ עֹז וּמִגְדּוֹל
ישעיה כז בַּיּוֹם הַהוּא יִתָּקַע בְּשׁוֹפָר גָּדוֹל: / קָדוֹשׁ.

ישעיה יח כָּל־יֹשְׁבֵי תֵבֵל וְשֹׁכְנֵי אָרֶץ:
יֹאמְרוּ תָמִיד, הִגְדִּיל יהוה לַעֲשׂוֹת בָּאָרֶץ
זכריה יד וְהָיָה יהוה לְמֶלֶךְ עַל־כָּל־הָאָרֶץ: / קָדוֹשׁ.

שליח הציבור ואחריו הקהל:

יִשְׁפֹּט תֵּבֵל בְּצֶדֶק, וּלְאֻמִּים בְּמֵישָׁרִים
הָאֵל קָדוֹשׁ.

שליח הציבור ואחריו הקהל:

וְהוּא בְאֶחָד וּמִי יְשִׁיבֶנּוּ, וְנַפְשׁוֹ אִוְּתָה וַיָּעַשׂ: איוב כג
נוֹרָא וְקָדוֹשׁ

ממשיכים ׳אָדוֹן, אִם מַעֲשִׂים אֵין בָּנוּ׳ בעמוד הבא.

ב׳ של ראש השנה שחל להיות ביום ראשון בשבוע

אם יום ב׳ של ראש השנה חל ביום ראשון,
אומרים שורות אלה (הפיוטים מובאים במלואם בעמ׳ 440-442).

שליח הציבור ואחריו הקהל:

תָּעִיר וְתָרִיעַ, לְהַכְרִית כָּל מֵרִיעַ
וְתִקְדַּשׁ בְּיוֹדְעֵי לְהָרִיעַ. קָדוֹשׁ.

שליח הציבור ואחריו הקהל:

מֶלֶךְ מְמַלֵּט מֵרָעָה
לְיוֹדְעֵי תְרוּעָה.
הָאֵל קָדוֹשׁ.

שליח הציבור ואחריו הקהל:

מֶלֶךְ זְכֹר אֲחוּז קֶרֶן
לְתוֹקְעֵי לְךָ הַיּוֹם בְּקֶרֶן.
נוֹרָא וְקָדוֹשׁ.

אין אומרים בית זה בא׳ של ראש השנה, כיוון שנהגו שלא להזכיר
תקיעת שופר בשבת. לכן משלימים אותו כעת.

שליח הציבור ואחריו הקהל:

שֶׁבַח מִגְדַּל עֹז, שֵׁם הַגָּדוֹל
נֶצַח בְּתִתּוֹ לְמַלְכּוֹ עֹז וּמִגְדּוֹל
בַּיּוֹם הַהוּא יִתָּקַע בְּשׁוֹפָר גָּדוֹל: / קָדוֹשׁ. ישעיה כז

ה׳קיקלר׳ השלישי שאומרים ביום ב׳ של ראש השנה הוא תמיד ׳שַׁבְּתִּי וְרָאֹה תַּחַת־הַשֶּׁמֶשׁ׳ (עמ׳ 449). כיום נוהגים לומר רק את שני בתי הפזמון.

שליח הציבור ואחריו הקהל:

אָדוֹן, אִם מַעֲשִׂים אֵין בָּנוּ
שִׁמְךָ הַגָּדוֹל יַעֲמָד לָנוּ
וְאַל תָּבוֹא בְמִשְׁפָּט עִמָּנוּ / קָדוֹשׁ.

שליח הציבור ואחריו הקהל:

הֵן לֹא יַאֲמִין בִּקְדֹשָׁיו
וְתָהֳלָה יָשִׂים בְּאֶלֵי תַרְשִׁישָׁיו
וְאֵיךְ יִצְדְּקוּ קְרוּצֵי גוּשָׁיו / קָדוֹשׁ.

פיוט זה מקביל לפיוטו של הקליר ׳אֵל דָּר בַּמָּרוֹם׳ (עמ׳ 222).
כמו הקליר, אף ר׳ שמעון בר יצחק חיבר פיוט משלים, שבו כל בית פותח בתיבות ׳מֶלֶךְ אֶבְיוֹן׳.
הפיוט השלם על שני חלקיו מובא בעמ׳ 452.

פותחים את ארון הקודש.

סימן א״ב שמעון

וּבְכֵן, וַיְהִי בִישֻׁרוּן מֶלֶךְ

מֶלֶךְ עֶלְיוֹן
אַמִּיץ הַמְנֻשָּׂא / לְכֹל לְרֹאשׁ מִתְנַשֵּׂא
אוֹמֵר וְעוֹשֶׂה / מָעוֹז וּמַחְסֶה
נִשָּׂא וְנוֹשֵׂא / מוֹשִׁיב מְלָכִים לַכִּסֵּא
לַעֲדֵי עַד יִמְלֹךְ.

מֶלֶךְ עֶלְיוֹן
גִּבּוֹר בִּגְבוּרוֹת / קֹרֵא הַדּוֹרוֹת
גּוֹלֶה נִסְתָּרוֹת / אִמְרוֹתָיו טְהוֹרוֹת
יוֹדֵעַ סְפוּרוֹת / לְתוֹצְאוֹת מַזָּרוֹת
לַעֲדֵי עַד יִמְלֹךְ.

מֶלֶךְ עֶלְיוֹן
הַמְפֹאָר בְּפִי כֹּל / וְהוּא כֹּל יָכוֹל
הַמְרַחֵם אֶת הַכֹּל / וְנוֹתֵן מִחְיָה לַכֹּל
וְנֶעְלָם מֵעֵין כֹּל / וְעֵינָיו מְשׁוֹטְטוֹת בַּכֹּל
לַעֲדֵי עַד יִמְלֹךְ.

מֶלֶךְ עֶלְיוֹן
זוֹכֵר נִשְׁכָּחוֹת / חוֹקֵר טְחוֹת
עֵינָיו פְּקֻחוֹת / מַגִּיד שֵׂחוֹת
אֱלֹהֵי הָרוּחוֹת / אִמְרוֹתָיו נְכֹחוֹת
לַעֲדֵי עַד יִמְלֹךְ.

מֶלֶךְ עֶלְיוֹן
טָהוֹר בִּזְבוּלָיו / אוֹת הוּא בְּאֶרְאֶלָּיו
אֵין עֲרֹךְ אֵלָיו / לִפְעֹל כְּמִפְעָלָיו
חוֹל שָׂם גְּבוּלָיו / כַּהֲמוֹת יָם לְגַלָּיו
לַעֲדֵי עַד יִמְלֹךְ.

מֶלֶךְ עֶלְיוֹן
כּוֹנֵס מֵי הַיָּם / רֹגַע גַּלֵּי יָם
סוֹעֵר שְׁאוֹן דָּכְיָם / מְלֹא הָעוֹלָם דַּיָּם
מַשְׁבִּיחָם בַּעְיָם / וְשָׁבִים אָחוֹר וְאַיָּם
לַעֲדֵי עַד יִמְלֹךְ.

מֶֽלֶךְ עֶלְיוֹן
מוֹשֵׁל בִּגְבוּרָה / דְּרָכוֹ סוּפָה וּסְעָרָה
עוֹטֶה אוֹרָה / לַיְלָה כַּיּוֹם לְהָאִירָה
עֲרָפֶל לוֹ סִתְרָה / וְעִמֵּהּ שְׁרֵא נְהוֹרָא
לַעֲדֵי עַד יִמְלֹךְ.

מֶֽלֶךְ עֶלְיוֹן
סִתְרוֹ עָבִים / סְבִיבָיו לְהָבִים
רְכוּבוֹ כְּרוּבִים / מְשָׁרְתָיו שְׁבִיבִים
מַזָּרוֹת וְכוֹכָבִים / הִלּוּלוֹ מַרְבִּים
לַעֲדֵי עַד יִמְלֹךְ.

מֶֽלֶךְ עֶלְיוֹן
פּוֹתֵחַ יָד וּמַשְׂבִּיעַ / צוֹרֵר מַיִם וּמַנְבִּיעַ
יַבֶּשֶׁת לְהַטְבִּיעַ / לְשַׁלִּישׁ וְלְרְבִיעַ
יוֹם לְיוֹם יַבִּיעַ / שִׁבְחוֹ לְהַבִּיעַ
לַעֲדֵי עַד יִמְלֹךְ.

מֶֽלֶךְ עֶלְיוֹן
קָדוֹשׁ וְנוֹרָא / בְּמוֹפֵת וּבְמוֹרָא
מְמַדֵּי אֶֽרֶץ קָרָא / וְאֶֽבֶן פִּנָּתָהּ יָרָה
וְכָל הַנִּבְרָא / לִכְבוֹדוֹ בָּרָא
לַעֲדֵי עַד יִמְלֹךְ.

מֶלֶךְ עֶלְיוֹן
שׁוֹמֵעַ אֶל אֶבְיוֹנִים / וּמַאֲזִין חִנּוּנִים
מַאֲרִיךְ רְצוֹנִים / וּמְקַצֵּר חֲרוֹנִים
רִאשׁוֹן לָרִאשׁוֹנִים / וְאַחֲרוֹן לָאַחֲרוֹנִים
לַעֲדֵי עַד יִמְלֹךְ.

סוגרים את ארון הקודש.

נוהגים לומר שני בתים מתוך הפיוט המשלים ׳מֶלֶךְ אֶבְיוֹן׳ של הקליר,
כפי שאמרו ביום א׳ של ראש השנה.

הקהל אומר בלחש:

מֶלֶךְ אֶבְיוֹן
בָּלֶה וְיָרֵד שַׁחַת / בִּשְׁאוֹל וּבְתַחַת / בְּלֵאוּת בְּלִי נַחַת
עַד מָתַי יִמְלֹךְ.

מֶלֶךְ אֶבְיוֹן
תְּנוּמָה תְּעוֹפְפֶנּוּ / תַּרְדֵּמָה תְעוֹפְפֶנּוּ / תֹּהוּ יְשׁוּפֶנּוּ
עַד מָתַי יִמְלֹךְ.

פותחים את ארון הקודש.

שליח הציבור אומר:

אֲבָל מֶלֶךְ עֶלְיוֹן
שׁוֹפֵט הָאֱמֶת / מַעְבָדָיו אֱמֶת
עוֹשֶׂה חֶסֶד וֶאֱמֶת / וְרַב חֶסֶד וֶאֱמֶת
נְתִיבָתוֹ אֱמֶת / וְחוֹתָמוֹ אֱמֶת
לַעֲדֵי עַד יִמְלֹךְ.

בקהילות רבות נוהגים ששליח הציבור אומר את שתי הצלעות הראשונות בכל שורה,
והקהל עונה אחריו (בסוף כל שורה):
׳ה׳ מֶלֶךְ׳; ׳ה׳ מָלָךְ׳; ׳ה׳ יִמְלֹךְ׳; ה׳ מֶלֶךְ, ה׳ מָלָךְ, ה׳ יִמְלֹךְ לְעֹלָם וָעֶד׳.

פותחים את ארון הקודש.

סימן שמעון בר יצחק (מרובע) חזק – א״ב יצחק אלחנן (כפול)

יהוה מֶלֶךְ, יהוה מָלָךְ
יהוה יִמְלֹךְ לְעֹלָם וָעֶד.

כָּל שִׁנְאַנֵּי שַׁחַק בְּאֹמֶר מַאֲמִירִים יהוה מֶלֶךְ.
כָּל שׁוֹכְנֵי שֶׁקֶט בִּבְרָכָה מְבָרְכִים יהוה מָלָךְ.
אֵלּוּ וָאֵלּוּ בְּגֹבַהּ מַגְדִּילִים יהוה יִמְלֹךְ.
יהוה מֶלֶךְ, יהוה מָלָךְ, יהוה יִמְלֹךְ לְעֹלָם וָעֶד.

כָּל מַלְאֲכֵי מַעְלָה בְּדֵעָה מַדְגִּילִים יהוה מֶלֶךְ.
כָּל מוֹשְׁלֵי מַטָּה בְּהַלֵּל מְהַלְלִים יהוה מָלָךְ.
אֵלּוּ וָאֵלּוּ בְּוַדַּאי מוֹדִים יהוה יִמְלֹךְ.
יהוה מֶלֶךְ, יהוה מָלָךְ, יהוה יִמְלֹךְ לְעֹלָם וָעֶד.

כָּל עָרִיצֵי עֶלְיוֹנִים בְּזֶמֶר מְזַמְּרִים יהוה מֶלֶךְ.
כָּל עוֹבְרֵי עוֹלָמִים בְּחַיִל מְחַסְּנִים יהוה מָלָךְ.
אֵלּוּ וָאֵלּוּ בְּטַעַם מְטַכְּסִים יהוה יִמְלֹךְ.
יהוה מֶלֶךְ, יהוה מָלָךְ, יהוה יִמְלֹךְ לְעֹלָם וָעֶד.

כָּל וְעוּדֵי וַעַד בְּיֹשֶׁר מְיַפִּים יהוה מֶלֶךְ.
כָּל וָתִיקֵי וֶסֶת בְּכֹשֶׁר מְכַלְּלִים יהוה מָלָךְ.
אֵלּוּ וָאֵלּוּ בְּלַהַג מְלַהֲגִים יהוה יִמְלֹךְ.
יהוה מֶלֶךְ, יהוה מָלָךְ, יהוה יִמְלֹךְ לְעֹלָם וָעֶד.

כָּל נְדִיבֵי נְדָבוֹת בְּמֶלֶל מְמַלְּלִים יהוה מֶלֶךְ.
כָּל נִכְבְּדֵי נֹעַם בְּנִצּוּחַ מְנַצְּחִים יהוה מָלָךְ.
אֵלּוּ וָאֵלּוּ בְּשִׂיחַ מְשׂוֹחֲחִים יהוה יִמְלֹךְ.

יהוה מֶלֶךְ, יהוה מָלָךְ, יהוה יִמְלֹךְ לְעֹלָם וָעֶד.

כָּל בַּעֲלֵי בִינָה בְּעִלּוּי מַעֲלִים יהוה מֶלֶךְ.
כָּל בְּרוּאֵי בְרִיָּה בְּפֶצַח מְפַצְּחִים יהוה מָלָךְ.
אֵלּוּ וָאֵלּוּ בְּצִפְצוּף מְצַפְצְפִים יהוה יִמְלֹךְ.

יהוה מֶלֶךְ, יהוה מָלָךְ, יהוה יִמְלֹךְ לְעֹלָם וָעֶד.

כָּל רִשְׁפֵּי רוֹמָה בְּקוֹל מַקְדִּישִׁים יהוה מֶלֶךְ.
כָּל רָאשֵׁי רֹן בְּרֶנֶן מְרַנְּנִים יהוה מָלָךְ.
אֵלּוּ וָאֵלּוּ בְּשִׁירָה מְשׁוֹרְרִים יהוה יִמְלֹךְ.

יהוה מֶלֶךְ, יהוה מָלָךְ, יהוה יִמְלֹךְ לְעֹלָם וָעֶד.

כָּל יַקִּירֵי יֹפִי בְּתֹקֶף מְתַנִּים יהוה מֶלֶךְ.
כָּל יוֹשְׁבֵי יְשׁוּב בְּיִחוּד מְיַחֲדִים יהוה מָלָךְ.
אֵלּוּ וָאֵלּוּ בְּאֶדֶר מְאַדְּרִים יהוה יִמְלֹךְ.

יהוה מֶלֶךְ, יהוה מָלָךְ, יהוה יִמְלֹךְ לְעֹלָם וָעֶד.

כָּל צוֹבְאֵי צָבָא בְּלֶמֶד מְלַמְּדִים יהוה מֶלֶךְ.
כָּל צְנוּפֵי צְפִירָה בְּצֶדֶק מַצְדִּיקִים יהוה מָלָךְ.
אֵלּוּ וָאֵלּוּ בְּחַיִל מְחַזְּרִים יהוה יִמְלֹךְ.

יהוה מֶלֶךְ, יהוה מָלָךְ, יהוה יִמְלֹךְ לְעֹלָם וָעֶד.

כָּל חֵילֵי חֹסֶן בַּחֲרָדָה מְחַלִּים יהוה מֶלֶךְ.
כָּל חֲשׁוּקֵי חֶמֶד בְּחָזְקָה מְחַזְּקִים יהוה מָלָךְ.
אֵלּוּ וָאֵלּוּ בְּנִגּוּן מְנַגְּנִים יהוה יִמְלֹךְ.

יהוה מֶלֶךְ, יהוה מָלָךְ, יהוה יִמְלֹךְ לְעֹלָם וָעֶד.

כָּל קְדוֹשֵׁי קָדוֹשׁ בִּקְדֻשָּׁה מַקְדִּישִׁים יהוה מֶלֶךְ.
כָּל קִבּוּצֵי קָהָל בְּקֹשֶׁט מְקַשְּׁטִים יהוה מָלָךְ.
אֵלּוּ וָאֵלּוּ בְּנֹעַם מְנַעִימִים יהוה יִמְלֹךְ.

יהוה מֶלֶךְ, יהוה מָלָךְ, יהוה יִמְלֹךְ לְעֹלָם וָעֶד.

כָּל חַשְׁמַלֵּי זִקִּים לַבְּקָרִים מִתְחַדְּשִׁים יהוה מֶלֶךְ.
כָּל תַּרְשִׁישֵׁי גֹבַהּ בִּדְמָמָה מְלַחֲשִׁים יהוה מָלָךְ.
אֵלּוּ וָאֵלּוּ בְּשִׁלּוּשׁ מְשַׁלְּשִׁים יהוה יִמְלֹךְ.

יהוה מֶלֶךְ, יהוה מָלָךְ, יהוה יִמְלֹךְ לְעֹלָם וָעֶד.

יש קהילות שבהן אין אומרים את הפיוט הבא בשחרית אלא במוסף.

סימן א״ב

וּבְכֵן לְךָ הַכֹּל יַכְתִּירוּ.

לְאֵל עוֹרֵךְ דִּין לְבוֹחֵן לְבָבוֹת בְּיוֹם דִּין.
לְגוֹלֶה עֲמֻקּוֹת בַּדִּין לְדוֹבֵר מֵישָׁרִים בְּיוֹם דִּין.
לְהוֹגֶה דֵעוֹת בַּדִּין לְוָתִיק וְעוֹשֶׂה חֶסֶד בְּיוֹם דִּין.
לְזוֹכֵר בְּרִיתוֹ בַּדִּין לְחוֹמֵל מַעֲשָׂיו בְּיוֹם דִּין.
לְטַהֵר חוֹסָיו בַּדִּין לְיוֹדֵעַ מַחֲשָׁבוֹת בְּיוֹם דִּין
לְכוֹבֵשׁ כַּעְסוֹ בַּדִּין לְלוֹבֵשׁ צְדָקוֹת בְּיוֹם דִּין.
לְמוֹחֵל עֲוֹנוֹת בַּדִּין לְנוֹרָא תְהִלּוֹת בְּיוֹם דִּין.
לְסוֹלֵחַ לַעֲמוּסָיו בַּדִּין לְעוֹנֶה לְקוֹרְאָיו בְּיוֹם דִּין.
לְפוֹעֵל רַחֲמָיו בַּדִּין לְצוֹפֶה נִסְתָּרוֹת בְּיוֹם דִּין.
לְקוֹנֶה עֲבָדָיו בַּדִּין לְרַחֵם עַמּוֹ בְּיוֹם דִּין.
לְשׁוֹמֵר אֹהֲבָיו בַּדִּין לְתוֹמֵךְ תְּמִימָיו בְּיוֹם דִּין.

סוגרים את ארון הקודש.

הקהל ושליח הציבור אומרים:

וּבְכֵן לְךָ תַעֲלֶה קְדֻשָּׁה, כִּי אַתָּה אֱלֹהֵינוּ מֶלֶךְ.

הסילוק ׳אֲשֶׁר מִי יַעֲשֶׂה כְּמַעֲשֶׂיךָ׳ בעמ׳ 461.

קדושה

במקומות המסומנים ב°, המתפלל מתרומם על קצות אצבעותיו.

קהל ואחריו שליח הציבור:

נַקְדִּישְׁךָ וְנַעֲרִיצְךָ כְּנֹעַם שִׂיחַ סוֹד שַׂרְפֵי קֹדֶשׁ
הַמְשַׁלְּשִׁים לְךָ קְדֻשָּׁה
כַּכָּתוּב עַל יַד נְבִיאֶךָ: וְקָרָא זֶה אֶל־זֶה וְאָמַר ישעיה ו

קהל ואחריו שליח הציבור:

°קָדוֹשׁ, °קָדוֹשׁ, °קָדוֹשׁ, יהוה צְבָאוֹת, מְלֹא כָל־הָאָרֶץ כְּבוֹדוֹ:
אָז בְּקוֹל רַעַשׁ גָּדוֹל אַדִּיר וְחָזָק, מַשְׁמִיעִים קוֹל
מִתְנַשְּׂאִים לְעֻמַּת שְׂרָפִים, לְעֻמָּתָם מְשַׁבְּחִים וְאוֹמְרִים

קהל ואחריו שליח הציבור:

°בָּרוּךְ כְּבוֹד־יהוה מִמְּקוֹמוֹ: יחזקאל ג
מִמְּקוֹמְךָ מַלְכֵּנוּ תוֹפִיעַ וְתִמְלֹךְ עָלֵינוּ, כִּי מְחַכִּים אֲנַחְנוּ לָךְ.
מָתַי תִּמְלֹךְ בְּצִיּוֹן, בְּקָרוֹב בְּיָמֵינוּ לְעוֹלָם וָעֶד תִּשְׁכֹּן.
תִּתְגַּדַּל וְתִתְקַדַּשׁ בְּתוֹךְ יְרוּשָׁלַיִם עִירְךָ לְדוֹר וָדוֹר וּלְנֵצַח נְצָחִים.
וְעֵינֵינוּ תִרְאֶינָה מַלְכוּתֶךָ כַּדָּבָר הָאָמוּר בְּשִׁירֵי עֻזֶּךָ
עַל יְדֵי דָוִד מְשִׁיחַ צִדְקֶךָ:

קהל ואחריו שליח הציבור:

°יִמְלֹךְ יהוה לְעוֹלָם, אֱלֹהַיִךְ צִיּוֹן לְדֹר וָדֹר, הַלְלוּיָהּ: תהלים קמו

יש האומרים כאן את פיוטי הקדושה שבעמ׳ 467.
שליח הציבור ממשיך ׳אַתָּה קָדוֹשׁ׳ בעמוד הבא.

בבתי כנסת המתפללים בנוסח אשכנז, שליח הציבור אומר:

לְדוֹר וָדוֹר נַגִּיד גָּדְלֶךָ, וּלְנֵצַח נְצָחִים קְדֻשָּׁתְךָ נַקְדִּישׁ
וְשִׁבְחֲךָ אֱלֹהֵינוּ מִפִּינוּ לֹא יָמוּשׁ לְעוֹלָם וָעֶד, כִּי אֵל מֶלֶךְ גָּדוֹל וְקָדוֹשׁ אָתָּה.

וממשיך ׳וּבְכֵן תֵּן פַּחְדְּךָ׳ בעמוד הבא.

קדושת השם

אַתָּה קָדוֹשׁ וְשִׁמְךָ קָדוֹשׁ, וּקְדוֹשִׁים בְּכָל יוֹם יְהַלְלוּךָ סֶּלָה
כִּי אֵל מֶלֶךְ גָּדוֹל וְקָדוֹשׁ אָתָּה.

לְדוֹר וָדוֹר הַמְלִיכוּ לָאֵל, כִּי הוּא לְבַדּוֹ מָרוֹם וְקָדוֹשׁ.

וּבְכֵן יִתְקַדַּשׁ שִׁמְךָ יהוה אֱלֹהֵינוּ עַל יִשְׂרָאֵל עַמֶּךָ
וְעַל יְרוּשָׁלַיִם עִירֶךָ, וְעַל צִיּוֹן מִשְׁכַּן כְּבוֹדֶךָ
וְעַל מַלְכוּת בֵּית דָּוִד מְשִׁיחֶךָ, וְעַל מְכוֹנְךָ וְהֵיכָלֶךָ.

וּבְכֵן תֵּן פַּחְדְּךָ יהוה אֱלֹהֵינוּ עַל כָּל מַעֲשֶׂיךָ
וְאֵימָתְךָ עַל כָּל מַה שֶּׁבָּרָאתָ
וְיִירָאוּךָ כָּל הַמַּעֲשִׂים, וְיִשְׁתַּחֲווּ לְפָנֶיךָ כָּל הַבְּרוּאִים
וְיֵעָשׂוּ כֻלָּם אֲגֻדָּה אַחַת לַעֲשׂוֹת רְצוֹנְךָ בְּלֵבָב שָׁלֵם
כְּמוֹ שֶׁיָּדַעְנוּ יהוה אֱלֹהֵינוּ שֶׁהַשָּׁלְטָן לְפָנֶיךָ
עֹז בְּיָדְךָ וּגְבוּרָה בִּימִינֶךָ, וְשִׁמְךָ נוֹרָא עַל כָּל מַה שֶּׁבָּרָאתָ.

וּבְכֵן תֵּן כָּבוֹד יהוה לְעַמֶּךָ
תְּהִלָּה לִירֵאֶיךָ וְתִקְוָה טוֹבָה לְדוֹרְשֶׁיךָ
וּפִתְחוֹן פֶּה לַמְיַחֲלִים לָךְ
שִׂמְחָה לְאַרְצֶךָ, וְשָׂשׂוֹן לְעִירֶךָ
וּצְמִיחַת קֶרֶן לְדָוִד עַבְדֶּךָ
וַעֲרִיכַת נֵר לְבֶן יִשַׁי מְשִׁיחֶךָ בִּמְהֵרָה בְיָמֵינוּ.

וּבְכֵן צַדִּיקִים יִרְאוּ וְיִשְׂמָחוּ, וִישָׁרִים יַעֲלֹזוּ
וַחֲסִידִים בְּרִנָּה יָגִילוּ, וְעוֹלָתָה תִּקְפָּץ פִּיהָ
וְכָל הָרִשְׁעָה כֻּלָּהּ כְּעָשָׁן תִּכְלֶה
כִּי תַעֲבִיר מֶמְשֶׁלֶת זָדוֹן מִן הָאָרֶץ.

וְתִמְלֹךְ אַתָּה הוּא יהוה אֱלֹהֵינוּ
מְהֵרָה לְבַדֶּךָ עַל כָּל מַעֲשֶׂיךָ
בְּהַר צִיּוֹן מִשְׁכַּן כְּבוֹדֶךָ
וּבִירוּשָׁלַיִם עִיר קָדְשֶׁךָ
כַּכָּתוּב בְּדִבְרֵי קָדְשֶׁךָ
יִמְלֹךְ יהוה לְעוֹלָם, אֱלֹהַיִךְ צִיּוֹן לְדֹר וָדֹר, הַלְלוּיָהּ: תהלים קמו

קָדוֹשׁ אַתָּה וְנוֹרָא שְׁמֶךָ, וְאֵין אֱלוֹהַּ מִבַּלְעָדֶיךָ
כַּכָּתוּב, וַיִּגְבַּהּ יהוה צְבָאוֹת בַּמִּשְׁפָּט ישעיה ה
וְהָאֵל הַקָּדוֹשׁ נִקְדַּשׁ בִּצְדָקָה:
בָּרוּךְ אַתָּה יהוה, הַמֶּלֶךְ הַקָּדוֹשׁ.

קדושת היום

אַתָּה בְחַרְתָּנוּ מִכָּל הָעַמִּים
אָהַבְתָּ אוֹתָנוּ וְרָצִיתָ בָּנוּ, וְרוֹמַמְתָּנוּ מִכָּל הַלְּשׁוֹנוֹת
וְקִדַּשְׁתָּנוּ בְּמִצְוֹתֶיךָ, וְקֵרַבְתָּנוּ מַלְכֵּנוּ לַעֲבוֹדָתֶךָ
וְשִׁמְךָ הַגָּדוֹל וְהַקָּדוֹשׁ עָלֵינוּ קָרָאתָ.

וַתִּתֶּן לָנוּ יהוה אֱלֹהֵינוּ בְּאַהֲבָה, אֶת יוֹם הַזִּכָּרוֹן הַזֶּה
יוֹם תְּרוּעָה מִקְרָא קֹדֶשׁ, זֵכֶר לִיצִיאַת מִצְרָיִם.

אֱלֹהֵינוּ וֵאלֹהֵי אֲבוֹתֵינוּ
יַעֲלֶה וְיָבוֹא וְיַגִּיעַ, וְיֵרָאֶה וְיֵרָצֶה וְיִשָּׁמַע
וְיִפָּקֵד וְיִזָּכֵר זִכְרוֹנֵנוּ וּפִקְדוֹנֵנוּ, וְזִכְרוֹן אֲבוֹתֵינוּ
וְזִכְרוֹן מָשִׁיחַ בֶּן דָּוִד עַבְדֶּךָ
וְזִכְרוֹן יְרוּשָׁלַיִם עִיר קָדְשֶׁךָ
וְזִכְרוֹן כָּל עַמְּךָ בֵּית יִשְׂרָאֵל, לְפָנֶיךָ

לִפְלֵיטָה, לְטוֹבָה, לְחֵן וּלְחֶסֶד וּלְרַחֲמִים
לְחַיִּים וּלְשָׁלוֹם
בְּיוֹם הַזִּכָּרוֹן הַזֶּה.
זָכְרֵנוּ יהוה אֱלֹהֵינוּ בּוֹ לְטוֹבָה
וּפָקְדֵנוּ בוֹ לִבְרָכָה
וְהוֹשִׁיעֵנוּ בוֹ לְחַיִּים טוֹבִים.
וּבִדְבַר יְשׁוּעָה וְרַחֲמִים חוּס וְחָנֵּנוּ
וְרַחֵם עָלֵינוּ וְהוֹשִׁיעֵנוּ
כִּי אֵלֶיךָ עֵינֵינוּ
כִּי אֵל מֶלֶךְ חַנּוּן וְרַחוּם אָתָּה.

אֱלֹהֵינוּ וֵאלֹהֵי אֲבוֹתֵינוּ
מְלֹךְ עַל כָּל הָעוֹלָם כֻּלּוֹ בִּכְבוֹדֶךָ
וְהִנָּשֵׂא עַל כָּל הָאָרֶץ בִּיקָרֶךָ
וְהוֹפַע בַּהֲדַר גְּאוֹן עֻזֶּךָ עַל כָּל יוֹשְׁבֵי תֵבֵל אַרְצֶךָ.
וְיֵדַע כָּל פָּעוּל כִּי אַתָּה פְעַלְתּוֹ
וְיָבִין כָּל יָצוּר כִּי אַתָּה יְצַרְתּוֹ
וְיֹאמַר כֹּל אֲשֶׁר נְשָׁמָה בְאַפּוֹ
יהוה אֱלֹהֵי יִשְׂרָאֵל מֶלֶךְ וּמַלְכוּתוֹ בַּכֹּל מָשָׁלָה.
קַדְּשֵׁנוּ בְּמִצְוֹתֶיךָ וְתֵן חֶלְקֵנוּ בְּתוֹרָתֶךָ
שַׂבְּעֵנוּ מִטּוּבֶךָ, וְשַׂמַּח נַפְשֵׁנוּ בִּישׁוּעָתֶךָ
וְטַהֵר לִבֵּנוּ לְעָבְדְּךָ בֶּאֱמֶת
כִּי אַתָּה אֱלֹהִים אֱמֶת, וּדְבָרְךָ אֱמֶת וְקַיָּם לָעַד.
בָּרוּךְ אַתָּה יהוה, מֶלֶךְ עַל כָּל הָאָרֶץ
מְקַדֵּשׁ יִשְׂרָאֵל וְיוֹם הַזִּכָּרוֹן.

עבודה

רְצֵה יהוה אֱלֹהֵינוּ בְּעַמְּךָ יִשְׂרָאֵל, וְלִתְפִלָּתָם שְׁעֵה
וְהָשֵׁב אֶת הָעֲבוֹדָה לִדְבִיר בֵּיתֶךָ
וְאִשֵּׁי יִשְׂרָאֵל וּתְפִלָּתָם, מְהֵרָה בְּאַהֲבָה תְקַבֵּל בְּרָצוֹן
וּתְהִי לְרָצוֹן תָּמִיד עֲבוֹדַת יִשְׂרָאֵל עַמֶּךָ.
וְתֶחֱזֶינָה עֵינֵינוּ בְּשׁוּבְךָ לְצִיּוֹן בְּרַחֲמִים.
בָּרוּךְ אַתָּה יהוה, הַמַּחֲזִיר שְׁכִינָתוֹ לְצִיּוֹן.

הודאה

כורע ב׳מודים׳ ואינו זוקף עד אמירת השם.

ימוֹדִים אֲנַחְנוּ לָךְ
שָׁאַתָּה הוּא יהוה אֱלֹהֵינוּ
וֵאלֹהֵי אֲבוֹתֵינוּ לְעוֹלָם וָעֶד.
צוּר חַיֵּינוּ, מָגֵן יִשְׁעֵנוּ
אַתָּה הוּא לְדוֹר וָדוֹר.
נוֹדֶה לְּךָ וּנְסַפֵּר תְּהִלָּתֶךָ
עַל חַיֵּינוּ הַמְּסוּרִים בְּיָדֶךָ
וְעַל נִשְׁמוֹתֵינוּ הַפְּקוּדוֹת לָךְ
וְעַל נִסֶּיךָ שֶׁבְּכָל יוֹם עִמָּנוּ
וְעַל נִפְלְאוֹתֶיךָ וְטוֹבוֹתֶיךָ
שֶׁבְּכָל עֵת, עֶרֶב וָבֹקֶר וְצָהֳרָיִם.
הַטּוֹב, כִּי לֹא כָלוּ רַחֲמֶיךָ
וְהַמְרַחֵם, כִּי לֹא תַמּוּ חֲסָדֶיךָ
כִּי מֵעוֹלָם קִוִּינוּ לָךְ.

כששליח הציבור אומר ׳מודים׳,
הקהל אומר בלחש:

ימוֹדִים אֲנַחְנוּ לָךְ
שָׁאַתָּה הוּא יהוה אֱלֹהֵינוּ
וֵאלֹהֵי אֲבוֹתֵינוּ
אֱלֹהֵי כָל בָּשָׂר
יוֹצְרֵנוּ, יוֹצֵר בְּרֵאשִׁית.
בְּרָכוֹת וְהוֹדָאוֹת
לְשִׁמְךָ הַגָּדוֹל וְהַקָּדוֹשׁ
עַל שֶׁהֶחֱיִיתָנוּ וְקִיַּמְתָּנוּ.
כֵּן תְּחַיֵּנוּ וּתְקַיְּמֵנוּ
וְתֶאֱסֹף גָּלֻיּוֹתֵינוּ
לְחַצְרוֹת קָדְשֶׁךָ
לִשְׁמֹר חֻקֶּיךָ וְלַעֲשׂוֹת רְצוֹנֶךָ
וּלְעָבְדְּךָ בְּלֵבָב שָׁלֵם
עַל שֶׁאֲנוּ מוֹדִים לָךְ.
בָּרוּךְ אֵל הַהוֹדָאוֹת.

וְעַל כֻּלָּם יִתְבָּרַךְ וְיִתְרוֹמַם וְיִתְנַשֵּׂא שִׁמְךָ מַלְכֵּנוּ
תָּמִיד לְעוֹלָם וָעֶד.

קהל ואחריו שליח הציבור:

וּכְתֹב לְחַיִּים טוֹבִים כָּל בְּנֵי בְרִיתֶךָ.

שליח הציבור ממשיך:

וְכֹל הַחַיִּים יוֹדְוּךָ סֶּלָה
וִיהַלְלוּ וִיבָרְכוּ אֶת שִׁמְךָ הַגָּדוֹל בֶּאֱמֶת לְעוֹלָם כִּי טוֹב
הָאֵל יְשׁוּעָתֵנוּ וְעֶזְרָתֵנוּ סֶלָה, הָאֵל הַטּוֹב.
בָּרוּךְ אַתָּה יהוה, הַטּוֹב שִׁמְךָ וּלְךָ נָאֶה לְהוֹדוֹת.

ברכת כהנים

אם יותר מכוהן אחד עולה לדוכן, הגבאי קורא:

כֹּהֲנִים

הכוהנים מברכים:

בָּרוּךְ אַתָּה יהוה אֱלֹהֵינוּ מֶלֶךְ הָעוֹלָם, אֲשֶׁר קִדְּשָׁנוּ בִּקְדֻשָּׁתוֹ שֶׁל אַהֲרֹן, וְצִוָּנוּ לְבָרֵךְ אֶת עַמּוֹ יִשְׂרָאֵל בְּאַהֲבָה.

במדבר ו — הש״ץ מקריא מילה במילה, והכוהנים אחריו:

יְבָרֶכְךָ יהוה וְיִשְׁמְרֶךָ: קהל: אָמֵן
יָאֵר יהוה פָּנָיו אֵלֶיךָ וִיחֻנֶּךָּ: קהל: אָמֵן
יִשָּׂא יהוה פָּנָיו אֵלֶיךָ וְיָשֵׂם לְךָ שָׁלוֹם: קהל: אָמֵן

שליח הציבור ממשיך ׳שִׂים שָׁלוֹם׳.

הכוהנים אומרים:

דברים כו — רִבּוֹנוֹ שֶׁל עוֹלָם, עָשִׂינוּ מַה שֶּׁגָּזַרְתָּ עָלֵינוּ, אַף אַתָּה עֲשֵׂה עִמָּנוּ כְּמוֹ שֶׁהִבְטַחְתָּנוּ. הַשְׁקִיפָה מִמְּעוֹן קָדְשְׁךָ מִן־הַשָּׁמַיִם, וּבָרֵךְ אֶת־עַמְּךָ אֶת־יִשְׂרָאֵל, וְאֵת הָאֲדָמָה אֲשֶׁר נָתַתָּה לָנוּ, כַּאֲשֶׁר נִשְׁבַּעְתָּ לַאֲבֹתֵינוּ, אֶרֶץ זָבַת חָלָב וּדְבָשׁ:

הקהל אומר:

אַדִּיר בַּמָּרוֹם שׁוֹכֵן בִּגְבוּרָה, אַתָּה שָׁלוֹם וְשִׁמְךָ שָׁלוֹם. יְהִי רָצוֹן שֶׁתָּשִׂים עָלֵינוּ וְעַל כָּל עַמְּךָ בֵּית יִשְׂרָאֵל חַיִּים וּבְרָכָה לְמִשְׁמֶרֶת שָׁלוֹם.

אם אין כוהנים העולים לדוכן, שליח הציבור אומר:

אֱלֹהֵינוּ וֵאלֹהֵי אֲבוֹתֵינוּ, בָּרְכֵנוּ בַּבְּרָכָה הַמְשֻׁלֶּשֶׁת בַּתּוֹרָה, הַכְּתוּבָה עַל יְדֵי מֹשֶׁה עַבְדֶּךָ, הָאֲמוּרָה מִפִּי אַהֲרֹן וּבָנָיו כֹּהֲנִים עַם קְדוֹשֶׁיךָ, כָּאָמוּר

במדבר ו
יְבָרֶכְךָ יהוה וְיִשְׁמְרֶךָ: קהל: כֵּן יְהִי רָצוֹן
יָאֵר יהוה פָּנָיו אֵלֶיךָ וִיחֻנֶּךָּ: קהל: כֵּן יְהִי רָצוֹן
יִשָּׂא יהוה פָּנָיו אֵלֶיךָ וְיָשֵׂם לְךָ שָׁלוֹם: קהל: כֵּן יְהִי רָצוֹן

שלום

שִׂים שָׁלוֹם טוֹבָה וּבְרָכָה, חַיִּים חֵן וָחֶסֶד וְרַחֲמִים
עָלֵינוּ וְעַל כָּל יִשְׂרָאֵל עַמֶּךָ.
בָּרְכֵנוּ אָבִינוּ כֻּלָּנוּ כְּאֶחָד בְּאוֹר פָּנֶיךָ
כִּי בְאוֹר פָּנֶיךָ נָתַתָּ לָּנוּ יהוה אֱלֹהֵינוּ
תּוֹרַת חַיִּים וְאַהֲבַת חֶסֶד
וּצְדָקָה וּבְרָכָה וְרַחֲמִים וְחַיִּים וְשָׁלוֹם.
וְטוֹב יִהְיֶה בְעֵינֶיךָ לְבָרְכֵנוּ
וּלְבָרֵךְ אֶת כָּל עַמְּךָ יִשְׂרָאֵל
בְּכָל עֵת וּבְכָל שָׁעָה בִּשְׁלוֹמֶךָ.

קהל ואחריו שליח הציבור:

בְּסֵפֶר חַיִּים, בְּרָכָה וְשָׁלוֹם, וּפַרְנָסָה טוֹבָה
וּגְזֵרוֹת טוֹבוֹת, יְשׁוּעוֹת וְנֶחָמוֹת
נִזָּכֵר וְנִכָּתֵב לְפָנֶיךָ אֲנַחְנוּ וְכָל עַמְּךָ בֵּית יִשְׂרָאֵל
לְחַיִּים טוֹבִים וּלְשָׁלוֹם.

שליח הציבור ממשיך:

בָּרוּךְ אַתָּה יהוה, הַמְבָרֵךְ אֶת עַמּוֹ יִשְׂרָאֵל בַּשָּׁלוֹם.

שליח הציבור מסיים באמירת הפסוק הבא בלחש:

יִהְיוּ לְרָצוֹן אִמְרֵי פִי וְהֶגְיוֹן לִבִּי לְפָנֶיךָ, יהוה צוּרִי וְגֹאֲלִי: תהלים יט

יש שאינם אומרים את השורה הראשונה ׳אָבִינוּ מַלְכֵּנוּ חָטָאנוּ לְפָנֶיךָ׳.

פותחים את ארון הקודש.

אָבִינוּ מַלְכֵּנוּ, חָטָאנוּ לְפָנֶיךָ.

אָבִינוּ מַלְכֵּנוּ, אֵין לָנוּ מֶלֶךְ אֶלָּא אָתָּה.

אָבִינוּ מַלְכֵּנוּ, עֲשֵׂה עִמָּנוּ לְמַעַן שְׁמֶךָ.

אָבִינוּ מַלְכֵּנוּ, חַדֵּשׁ עָלֵינוּ שָׁנָה טוֹבָה.

אָבִינוּ מַלְכֵּנוּ, בַּטֵּל מֵעָלֵינוּ כָּל גְּזֵרוֹת קָשׁוֹת.

אָבִינוּ מַלְכֵּנוּ, בַּטֵּל מַחְשְׁבוֹת שׂוֹנְאֵינוּ.

אָבִינוּ מַלְכֵּנוּ, הָפֵר עֲצַת אוֹיְבֵינוּ.

אָבִינוּ מַלְכֵּנוּ, כַּלֵּה כָּל צַר וּמַשְׂטִין מֵעָלֵינוּ.

אָבִינוּ מַלְכֵּנוּ, סְתֹם פִּיּוֹת מַשְׂטִינֵינוּ וּמְקַטְרְגֵינוּ.

אָבִינוּ מַלְכֵּנוּ, כַּלֵּה דֶּבֶר וְחֶרֶב וְרָעָב וּשְׁבִי וּמַשְׁחִית וְעָוֹן וּשְׁמַד מִבְּנֵי בְרִיתֶךָ.

אָבִינוּ מַלְכֵּנוּ, מְנַע מַגֵּפָה מִנַּחֲלָתֶךָ.

אָבִינוּ מַלְכֵּנוּ, סְלַח וּמְחַל לְכָל עֲוֹנוֹתֵינוּ.

אָבִינוּ מַלְכֵּנוּ, מְחֵה וְהַעֲבֵר פְּשָׁעֵינוּ וְחַטֹּאתֵינוּ מִנֶּגֶד עֵינֶיךָ.

אָבִינוּ מַלְכֵּנוּ, מְחֹק בְּרַחֲמֶיךָ הָרַבִּים כָּל שִׁטְרֵי חוֹבוֹתֵינוּ.

מכאן עד ׳סְלִיחָה וּמְחִילָה׳ שליח הציבור אומר כל משפט בקול רם, והקהל אחריו:

אָבִינוּ מַלְכֵּנוּ, הַחֲזִירֵנוּ בִּתְשׁוּבָה שְׁלֵמָה לְפָנֶיךָ.

אָבִינוּ מַלְכֵּנוּ, שְׁלַח רְפוּאָה שְׁלֵמָה לְחוֹלֵי עַמֶּךָ.

אָבִינוּ מַלְכֵּנוּ, קְרַע רֹעַ גְּזַר דִּינֵנוּ.

אָבִינוּ מַלְכֵּנוּ, זָכְרֵנוּ בְּזִכָּרוֹן טוֹב לְפָנֶיךָ.

אָבִינוּ מַלְכֵּנוּ, כָּתְבֵנוּ בְּסֵפֶר חַיִּים טוֹבִים.

אָבִינוּ מַלְכֵּנוּ, כָּתְבֵנוּ בְּסֵפֶר גְּאֻלָּה וִישׁוּעָה.

אָבִינוּ מַלְכֵּנוּ, כׇּתְבֵנוּ בְּסֵפֶר פַּרְנָסָה וְכַלְכָּלָה.
אָבִינוּ מַלְכֵּנוּ, כׇּתְבֵנוּ בְּסֵפֶר זְכֻיּוֹת.
אָבִינוּ מַלְכֵּנוּ, כׇּתְבֵנוּ בְּסֵפֶר סְלִיחָה וּמְחִילָה. עד כאן בקול.

אָבִינוּ מַלְכֵּנוּ, הַצְמַח לָנוּ יְשׁוּעָה בְּקָרוֹב.
אָבִינוּ מַלְכֵּנוּ, הָרֵם קֶרֶן יִשְׂרָאֵל עַמֶּךָ.
אָבִינוּ מַלְכֵּנוּ, הָרֵם קֶרֶן מְשִׁיחֶךָ.
אָבִינוּ מַלְכֵּנוּ, מַלֵּא יָדֵינוּ מִבִּרְכוֹתֶיךָ.
אָבִינוּ מַלְכֵּנוּ, מַלֵּא אֲסָמֵינוּ שָׂבָע.
אָבִינוּ מַלְכֵּנוּ, שְׁמַע קוֹלֵנוּ, חוּס וְרַחֵם עָלֵינוּ.
אָבִינוּ מַלְכֵּנוּ, קַבֵּל בְּרַחֲמִים וּבְרָצוֹן אֶת תְּפִלָּתֵנוּ.
אָבִינוּ מַלְכֵּנוּ, פְּתַח שַׁעֲרֵי שָׁמַיִם לִתְפִלָּתֵנוּ.
אָבִינוּ מַלְכֵּנוּ, זְכֹר כִּי עָפָר אֲנָחְנוּ.
אָבִינוּ מַלְכֵּנוּ, נָא אַל תְּשִׁיבֵנוּ רֵיקָם מִלְּפָנֶיךָ.
אָבִינוּ מַלְכֵּנוּ, תְּהֵא הַשָּׁעָה הַזֹּאת שְׁעַת רַחֲמִים
וְעֵת רָצוֹן מִלְּפָנֶיךָ.
אָבִינוּ מַלְכֵּנוּ, חֲמֹל עָלֵינוּ וְעַל עוֹלָלֵינוּ וְטַפֵּנוּ.
אָבִינוּ מַלְכֵּנוּ, עֲשֵׂה לְמַעַן הֲרוּגִים עַל שֵׁם קׇדְשֶׁךָ.
אָבִינוּ מַלְכֵּנוּ, עֲשֵׂה לְמַעַן טְבוּחִים עַל יִחוּדֶךָ.
אָבִינוּ מַלְכֵּנוּ, עֲשֵׂה לְמַעַן בָּאֵי בָאֵשׁ וּבַמַּיִם עַל קִדּוּשׁ שְׁמֶךָ.
אָבִינוּ מַלְכֵּנוּ, נְקֹם לְעֵינֵינוּ נִקְמַת דַּם עֲבָדֶיךָ הַשָּׁפוּךְ.
אָבִינוּ מַלְכֵּנוּ, עֲשֵׂה לְמַעַנְךָ אִם לֹא לְמַעֲנֵנוּ.
אָבִינוּ מַלְכֵּנוּ, עֲשֵׂה לְמַעַנְךָ וְהוֹשִׁיעֵנוּ.
אָבִינוּ מַלְכֵּנוּ, עֲשֵׂה לְמַעַן רַחֲמֶיךָ הָרַבִּים.

אָבִינוּ מַלְכֵּנוּ, עֲשֵׂה לְמַעַן שִׁמְךָ הַגָּדוֹל הַגִּבּוֹר וְהַנּוֹרָא שֶׁנִּקְרָא עָלֵינוּ.

◂ אָבִינוּ מַלְכֵּנוּ, חָנֵּנוּ וַעֲנֵנוּ, כִּי אֵין בָּנוּ מַעֲשִׂים עֲשֵׂה עִמָּנוּ צְדָקָה וָחֶסֶד וְהוֹשִׁיעֵנוּ.

סוגרים את ארון הקודש.

קדיש שלם

ש״ץ: יִתְגַּדַּל וְיִתְקַדַּשׁ שְׁמֵהּ רַבָּא (קהל: אָמֵן)
בְּעָלְמָא דִּי בְרָא כִרְעוּתֵהּ
וְיַמְלִיךְ מַלְכוּתֵהּ וְיַצְמַח פֻּרְקָנֵהּ וִיקָרֵב מְשִׁיחֵהּ (קהל: אָמֵן)
בְּחַיֵּיכוֹן וּבְיוֹמֵיכוֹן וּבְחַיֵּי דְכָל בֵּית יִשְׂרָאֵל
בַּעֲגָלָא וּבִזְמַן קָרִיב, וְאִמְרוּ אָמֵן. (קהל: אָמֵן)

קהל וש״ץ: יְהֵא שְׁמֵהּ רַבָּא מְבָרַךְ לְעָלַם וּלְעָלְמֵי עָלְמַיָּא.

ש״ץ: יִתְבָּרַךְ וְיִשְׁתַּבַּח וְיִתְפָּאַר וְיִתְרוֹמַם וְיִתְנַשֵּׂא
וְיִתְהַדָּר וְיִתְעַלֶּה וְיִתְהַלָּל
שְׁמֵהּ דְּקֻדְשָׁא בְּרִיךְ הוּא (קהל: אָמֵן)
לְעֵלָּא לְעֵלָּא מִכָּל בִּרְכָתָא וְשִׁירָתָא, תֻּשְׁבְּחָתָא וְנֶחֱמָתָא
דַּאֲמִירָן בְּעָלְמָא, וְאִמְרוּ אָמֵן. (קהל: אָמֵן)

תִּתְקַבַּל צְלוֹתְהוֹן וּבָעוּתְהוֹן דְּכָל בֵּית יִשְׂרָאֵל
קֳדָם אֲבוּהוֹן דִּי בִשְׁמַיָּא, וְאִמְרוּ אָמֵן. (קהל: אָמֵן)

יְהֵא שְׁלָמָא רַבָּא מִן שְׁמַיָּא
וְחַיִּים טוֹבִים עָלֵינוּ וְעַל כָּל יִשְׂרָאֵל, וְאִמְרוּ אָמֵן. (קהל: אָמֵן)

כורע ופוסע שלוש פסיעות לאחור. קד לשמאל, לימין ולפנים באמירת:

עֹשֶׂה הַשָּׁלוֹם בִּמְרוֹמָיו
הוּא יַעֲשֶׂה שָׁלוֹם
עָלֵינוּ וְעַל כָּל יִשְׂרָאֵל, וְאִמְרוּ אָמֵן. (קהל: אָמֵן)

בבתי כנסת המתפללים בנוסח אשכנז, ממשיכים בהוצאת ספר תורה (עמ׳ 297).

שיר של יום

חלק ממצוות זיכרון השבת היא קריאת כל ימות השבוע על שמה
(מכילתא, מובא ברמב״ן שמות כ, ח).

נוהגים לומר אחרי חזרת הש״ץ לשחרית את השיר שאמרו הלוויים במקדש
באותו יום (סדר רב עמרם גאון), ולאחריו קדיש יתום. והנוהגים כדעת
הגר״א אומרים תמיד את מזמור פא בעמ׳ 171 (׳מעשה רב׳ רח).

מזמור זה אומרים ביום ראשון, כיוון שהוא מדגיש את בעלותו של
הקב״ה על העולם שהוא ברא (ראש השנה לא ע״א).

ליום א׳ **הַיּוֹם יוֹם רִאשׁוֹן בַּשַּׁבָּת, שֶׁבּוֹ הָיוּ הַלְוִיִּם אוֹמְרִים בְּבֵית הַמִּקְדָּשׁ:**

תהלים כד **לְדָוִד מִזְמוֹר, לַיהוה הָאָרֶץ וּמְלוֹאָהּ, תֵּבֵל וְיֹשְׁבֵי בָהּ: כִּי־הוּא עַל־
יַמִּים יְסָדָהּ, וְעַל־נְהָרוֹת יְכוֹנְנֶהָ: מִי־יַעֲלֶה בְהַר־יהוה, וּמִי־יָקוּם
בִּמְקוֹם קָדְשׁוֹ: נְקִי כַפַּיִם וּבַר־לֵבָב, אֲשֶׁר לֹא־נָשָׂא לַשָּׁוְא נַפְשִׁי,
וְלֹא נִשְׁבַּע לְמִרְמָה: יִשָּׂא בְרָכָה מֵאֵת יהוה, וּצְדָקָה מֵאֱלֹהֵי יִשְׁעוֹ:
זֶה דּוֹר דֹּרְשָׁו, מְבַקְשֵׁי פָנֶיךָ יַעֲקֹב סֶלָה: שְׂאוּ שְׁעָרִים רָאשֵׁיכֶם,
וְהִנָּשְׂאוּ פִּתְחֵי עוֹלָם, וְיָבוֹא מֶלֶךְ הַכָּבוֹד: מִי זֶה מֶלֶךְ הַכָּבוֹד,
יהוה עִזּוּז וְגִבּוֹר, יהוה גִּבּוֹר מִלְחָמָה: שְׂאוּ שְׁעָרִים רָאשֵׁיכֶם,
וּשְׂאוּ פִּתְחֵי עוֹלָם, וְיָבֹא מֶלֶךְ הַכָּבוֹד: › מִי הוּא זֶה מֶלֶךְ הַכָּבוֹד,
יהוה צְבָאוֹת הוּא מֶלֶךְ הַכָּבוֹד סֶלָה:**

קדיש יתום (בעמ׳ 295)

מזמור זה אומרים ביום שלישי, כיוון שהארץ נתגלתה ביום זה וקיומה תלוי בשמירת
משפטי התורה כמו שכתוב במזמור, שנאמר (ירמיהו לג, כה): ״כֹּה אָמַר ה׳, אִם־לֹא בְרִיתִי
יוֹמָם וָלָיְלָה, חֻקּוֹת שָׁמַיִם וָאָרֶץ לֹא־שָׂמְתִּי״ (ר״ח, ראש השנה לא ע״א).

ליום ג׳ **הַיּוֹם יוֹם שְׁלִישִׁי בַּשַּׁבָּת, שֶׁבּוֹ הָיוּ הַלְוִיִּם אוֹמְרִים בְּבֵית הַמִּקְדָּשׁ:**

תהלים פב **מִזְמוֹר לְאָסָף, אֱלֹהִים נִצָּב בַּעֲדַת־אֵל, בְּקֶרֶב אֱלֹהִים יִשְׁפֹּט: עַד־
מָתַי תִּשְׁפְּטוּ־עָוֶל, וּפְנֵי רְשָׁעִים תִּשְׂאוּ־סֶלָה: שִׁפְטוּ־דַל וְיָתוֹם,
עָנִי וָרָשׁ הַצְדִּיקוּ: פַּלְּטוּ־דַל וְאֶבְיוֹן, מִיַּד רְשָׁעִים הַצִּילוּ: לֹא יָדְעוּ
וְלֹא יָבִינוּ, בַּחֲשֵׁכָה יִתְהַלָּכוּ, יִמּוֹטוּ כָּל־מוֹסְדֵי אָרֶץ: אֲנִי־אָמַרְתִּי**

אֱלֹהִים אַתֶּם, וּבְנֵי עֶלְיוֹן כֻּלְּכֶם: אָכֵן כְּאָדָם תְּמוּתוּן, וּכְאַחַד הַשָּׂרִים תִּפֹּלוּ: ◂ קוּמָה אֱלֹהִים שָׁפְטָה הָאָרֶץ, כִּי־אַתָּה תִנְחַל בְּכָל־הַגּוֹיִם:

קדיש יתום (בעמוד הבא)

מזמור זה אומרים ביום רביעי, כיוון שהוא מתאר את הנקמה בעובדי הכוכבים, שנבראו ביום הרביעי (ראש השנה לא ע״א).

רבים נוהגים לסיים בפתיחה לקבלת שבת (בשלושת הפסוקים המתחילים את הפרק הבא), מפני שיום רביעי נחשב מכין לשבת הבאה (שפת אמת).

ליום ד׳ הַיּוֹם יוֹם רְבִיעִי בְּשַׁבָּת, שֶׁבּוֹ הָיוּ הַלְוִיִּם אוֹמְרִים בְּבֵית הַמִּקְדָּשׁ:

תהלים צד אֵל־נְקָמוֹת יהוה, אֵל נְקָמוֹת הוֹפִיעַ: הִנָּשֵׂא שֹׁפֵט הָאָרֶץ, הָשֵׁב
גְּמוּל עַל־גֵּאִים: עַד־מָתַי רְשָׁעִים, יהוה, עַד־מָתַי רְשָׁעִים יַעֲלֹזוּ:
יַבִּיעוּ יְדַבְּרוּ עָתָק, יִתְאַמְּרוּ כָּל־פֹּעֲלֵי אָוֶן: עַמְּךָ יהוה יְדַכְּאוּ,
וְנַחֲלָתְךָ יְעַנּוּ: אַלְמָנָה וְגֵר יַהֲרֹגוּ, וִיתוֹמִים יְרַצֵּחוּ: וַיֹּאמְרוּ לֹא
יִרְאֶה־יָּהּ, וְלֹא־יָבִין אֱלֹהֵי יַעֲקֹב: בִּינוּ בֹּעֲרִים בָּעָם, וּכְסִילִים מָתַי
תַּשְׂכִּילוּ: הֲנֹטַע אֹזֶן הֲלֹא יִשְׁמָע, אִם־יֹצֵר עַיִן הֲלֹא יַבִּיט: הֲיֹסֵר
גּוֹיִם הֲלֹא יוֹכִיחַ, הַמְלַמֵּד אָדָם דָּעַת: יהוה יֹדֵעַ מַחְשְׁבוֹת אָדָם,
כִּי־הֵמָּה הָבֶל: אַשְׁרֵי הַגֶּבֶר אֲשֶׁר־תְּיַסְּרֶנּוּ יָּהּ, וּמִתּוֹרָתְךָ תְלַמְּדֶנּוּ:
לְהַשְׁקִיט לוֹ מִימֵי רָע, עַד יִכָּרֶה לָרָשָׁע שָׁחַת: כִּי לֹא־יִטֹּשׁ יהוה
עַמּוֹ, וְנַחֲלָתוֹ לֹא יַעֲזֹב: כִּי־עַד־צֶדֶק יָשׁוּב מִשְׁפָּט, וְאַחֲרָיו כָּל־
יִשְׁרֵי־לֵב: מִי־יָקוּם לִי עִם־מְרֵעִים, מִי־יִתְיַצֵּב לִי עִם־פֹּעֲלֵי אָוֶן:
לוּלֵי יהוה עֶזְרָתָה לִּי, כִּמְעַט שָׁכְנָה דוּמָה נַפְשִׁי: אִם־אָמַרְתִּי
מָטָה רַגְלִי, חַסְדְּךָ יהוה יִסְעָדֵנִי: בְּרֹב שַׂרְעַפַּי בְּקִרְבִּי, תַּנְחוּמֶיךָ
יְשַׁעַשְׁעוּ נַפְשִׁי: הַיְחָבְרְךָ כִּסֵּא הַוּוֹת, יֹצֵר עָמָל עֲלֵי־חֹק: יָגוֹדּוּ
עַל־נֶפֶשׁ צַדִּיק, וְדָם נָקִי יַרְשִׁיעוּ: וַיְהִי יהוה לִי לְמִשְׂגָּב, וֵאלֹהַי
לְצוּר מַחְסִי: וַיָּשֶׁב עֲלֵיהֶם אֶת־אוֹנָם, וּבְרָעָתָם יַצְמִיתֵם, יַצְמִיתֵם
יהוה אֱלֹהֵינוּ:

› לְכוּ נְרַנְּנָה לַיהוה, נָרִיעָה לְצוּר יִשְׁעֵנוּ: נְקַדְּמָה פָנָיו בְּתוֹדָה, בִּזְמִרוֹת נָרִיעַ לוֹ: כִּי אֵל גָּדוֹל יהוה, וּמֶלֶךְ גָּדוֹל עַל־כָּל־אֱלֹהִים: תהלים צה

קדיש יתום (למטה)

מזמור זה אומרים ביום שישי, כיוון שביום זה הקב״ה סיים את בריאת העולם ונתעלה למלך עליו (ראש השנה לא ע״א).

ליום ו׳ **הַיּוֹם יוֹם שִׁשִּׁי בְּשַׁבָּת, שֶׁבּוֹ הָיוּ הַלְוִיִּם אוֹמְרִים בְּבֵית הַמִּקְדָּשׁ:**

יהוה מָלָךְ, גֵּאוּת לָבֵשׁ, לָבֵשׁ יהוה עֹז הִתְאַזָּר, אַף־תִּכּוֹן תֵּבֵל בַּל־תִּמּוֹט: נָכוֹן כִּסְאֲךָ מֵאָז, מֵעוֹלָם אָתָּה: נָשְׂאוּ נְהָרוֹת יהוה, נָשְׂאוּ נְהָרוֹת קוֹלָם, יִשְׂאוּ נְהָרוֹת דָּכְיָם: מִקֹּלוֹת מַיִם רַבִּים, אַדִּירִים מִשְׁבְּרֵי־יָם, אַדִּיר בַּמָּרוֹם יהוה: › עֵדֹתֶיךָ נֶאֶמְנוּ מְאֹד, לְבֵיתְךָ נַאֲוָה־קֹדֶשׁ, יהוה לְאֹרֶךְ יָמִים: תהלים צג

קדיש יתום

אבל: **יִתְגַּדַּל וְיִתְקַדַּשׁ שְׁמֵהּ רַבָּא** (קהל: אָמֵן)
בְּעָלְמָא דִּי בְרָא כִרְעוּתֵהּ
וְיַמְלִיךְ מַלְכוּתֵהּ וְיַצְמַח פֻּרְקָנֵהּ וִיקָרֵב מְשִׁיחֵהּ (קהל: אָמֵן)
בְּחַיֵּיכוֹן וּבְיוֹמֵיכוֹן וּבְחַיֵּי דְכָל בֵּית יִשְׂרָאֵל
בַּעֲגָלָא וּבִזְמַן קָרִיב, וְאִמְרוּ אָמֵן. (קהל: אָמֵן)

קהל ואבל: **יְהֵא שְׁמֵהּ רַבָּא מְבָרַךְ לְעָלַם וּלְעָלְמֵי עָלְמַיָּא.**

אבל: **יִתְבָּרַךְ וְיִשְׁתַּבַּח וְיִתְפָּאַר וְיִתְרוֹמַם וְיִתְנַשֵּׂא**
וְיִתְהַדָּר וְיִתְעַלֶּה וְיִתְהַלָּל
שְׁמֵהּ דְּקֻדְשָׁא בְּרִיךְ הוּא (קהל: אָמֵן)
לְעֵלָּא לְעֵלָּא מִכָּל בִּרְכָתָא וְשִׁירָתָא, תֻּשְׁבְּחָתָא וְנֶחֱמָתָא
דַּאֲמִירָן בְּעָלְמָא, וְאִמְרוּ אָמֵן. (קהל: אָמֵן)

יְהֵא שְׁלָמָא רַבָּא מִן שְׁמַיָּא
וְחַיִּים טוֹבִים עָלֵינוּ וְעַל כָּל יִשְׂרָאֵל
וְאִמְרוּ אָמֵן. (קהל: אָמֵן)

כורע ופוסע שלוש פסיעות לאחור. קד לשמאל, לימין ולפנים באמירת:

עֹשֶׂה הַשָּׁלוֹם בִּמְרוֹמָיו
הוּא יַעֲשֶׂה שָׁלוֹם, עָלֵינוּ וְעַל כָּל יִשְׂרָאֵל
וְאִמְרוּ אָמֵן. (קהל: אָמֵן)

ברוב הקהילות נוהגים להוסיף:

תהלים כז **לְדָוִד, יהוה אוֹרִי וְיִשְׁעִי, מִמִּי אִירָא, יהוה מָעוֹז־חַיַּי, מִמִּי אֶפְחָד: בִּקְרֹב עָלַי מְרֵעִים לֶאֱכֹל אֶת־בְּשָׂרִי, צָרַי וְאֹיְבַי לִי, הֵמָּה כָשְׁלוּ וְנָפָלוּ: אִם־תַּחֲנֶה עָלַי מַחֲנֶה, לֹא־יִירָא לִבִּי, אִם־תָּקוּם עָלַי מִלְחָמָה, בְּזֹאת אֲנִי בוֹטֵחַ: אַחַת שָׁאַלְתִּי מֵאֵת־יהוה, אוֹתָהּ אֲבַקֵּשׁ, שִׁבְתִּי בְּבֵית־יהוה כָּל־יְמֵי חַיַּי, לַחֲזוֹת בְּנֹעַם־יהוה, וּלְבַקֵּר בְּהֵיכָלוֹ: כִּי יִצְפְּנֵנִי בְּסֻכֹּה בְּיוֹם רָעָה, יַסְתִּרֵנִי בְּסֵתֶר אָהֳלוֹ, בְּצוּר יְרוֹמְמֵנִי: וְעַתָּה יָרוּם רֹאשִׁי עַל אֹיְבַי סְבִיבוֹתַי, וְאֶזְבְּחָה בְאָהֳלוֹ זִבְחֵי תְרוּעָה, אָשִׁירָה וַאֲזַמְּרָה לַיהוה: שְׁמַע־יהוה קוֹלִי אֶקְרָא, וְחָנֵּנִי וַעֲנֵנִי: לְךָ אָמַר לִבִּי בַּקְּשׁוּ פָנָי, אֶת־פָּנֶיךָ יהוה אֲבַקֵּשׁ: אַל־תַּסְתֵּר פָּנֶיךָ מִמֶּנִּי, אַל תַּט־בְּאַף עַבְדֶּךָ, עֶזְרָתִי הָיִיתָ, אַל־תִּטְּשֵׁנִי וְאַל־תַּעַזְבֵנִי, אֱלֹהֵי יִשְׁעִי: כִּי־אָבִי וְאִמִּי עֲזָבוּנִי, וַיהוה יַאַסְפֵנִי: הוֹרֵנִי יהוה דַּרְכֶּךָ, וּנְחֵנִי בְּאֹרַח מִישׁוֹר, לְמַעַן שׁוֹרְרָי: אַל־תִּתְּנֵנִי בְּנֶפֶשׁ צָרָי, כִּי קָמוּ־בִי עֵדֵי־שֶׁקֶר, וִיפֵחַ חָמָס: ◂ לוּלֵא הֶאֱמַנְתִּי לִרְאוֹת בְּטוּב־יהוה בְּאֶרֶץ חַיִּים: קַוֵּה אֶל־יהוה, חֲזַק וְיַאֲמֵץ לִבֶּךָ, וְקַוֵּה אֶל־יהוה:**

קדיש יתום (בעמוד הקודם)

הוצאת ספר תורה

״וַיָּבִיא עֶזְרָא הַכֹּהֵן אֶת־הַתּוֹרָה לִפְנֵי הַקָּהָל מֵאִישׁ וְעַד־אִשָּׁה, וְכֹל מֵבִין לִשְׁמֹעַ,
בְּיוֹם אֶחָד לַחֹדֶשׁ הַשְּׁבִיעִי״ (נחמיה ח, ב)

לפני קריאת התורה אומרים (׳אור זרוע׳ ח״ב, מב):

אַתָּה הָרְאֵתָ לָדַעַת, כִּי יהוה הוּא הָאֱלֹהִים, אֵין עוֹד מִלְּבַדּוֹ: דברים ד

אֵין־כָּמְוֹךָ בָאֱלֹהִים, אֲדֹנָי, וְאֵין כְּמַעֲשֶׂיךָ: תהלים פו

מַלְכוּתְךָ מַלְכוּת כָּל־עֹלָמִים, וּמֶמְשַׁלְתְּךָ בְּכָל־דּוֹר וָדֹר: תהלים קמה

יהוה מֶלֶךְ, יהוה מָלָךְ, יהוה יִמְלֹךְ לְעֹלָם וָעֶד.

יהוה עֹז לְעַמּוֹ יִתֵּן, יהוה יְבָרֵךְ אֶת־עַמּוֹ בַשָּׁלוֹם: תהלים כט

אַב הָרַחֲמִים, הֵיטִיבָה בִרְצוֹנְךָ אֶת־צִיּוֹן, תִּבְנֶה חוֹמוֹת יְרוּשָׁלָםִ: תהלים נא

כִּי בְךָ לְבַד בָּטָחְנוּ, מֶלֶךְ אֵל רָם וְנִשָּׂא, אֲדוֹן עוֹלָמִים.

פותחים את ארון הקודש. הקהל עומד על רגליו.

וַיְהִי בִּנְסֹעַ הָאָרֹן וַיֹּאמֶר מֹשֶׁה במדבר י

קוּמָה יהוה וְיָפֻצוּ אֹיְבֶיךָ וְיָנֻסוּ מְשַׂנְאֶיךָ מִפָּנֶיךָ:

כִּי מִצִּיּוֹן תֵּצֵא תוֹרָה וּדְבַר־יהוה מִירוּשָׁלָםִ: ישעיה ב

בָּרוּךְ שֶׁנָּתַן תּוֹרָה לְעַמּוֹ יִשְׂרָאֵל בִּקְדֻשָּׁתוֹ.

נוהגים לומר שלוש עשרה מידות (פרי עץ חיים), אחריהן תפילה זו (שערי ציון)
ואחר כך ׳בְּרִיךְ שְׁמֵהּ׳ (בעמוד הבא). ואין אומרים אותן בשבת (שערי אפרים).

אומרים שלוש פעמים:

יהוה, יהוה, אֵל רַחוּם וְחַנּוּן, אֶרֶךְ אַפַּיִם וְרַב־חֶסֶד וֶאֱמֶת: שמות לד

נֹצֵר חֶסֶד לָאֲלָפִים, נֹשֵׂא עָוֹן וָפֶשַׁע וְחַטָּאָה, וְנַקֵּה:

רִבּוֹנוֹ שֶׁל עוֹלָם, מַלֵּא מִשְׁאֲלוֹתַי לְטוֹבָה, וְהָפֵק רְצוֹנִי וְתֵן שְׁאֵלָתִי, וּמְחַל
לִי עַל כָּל עֲוֹנוֹתַי וְעַל כָּל עֲוֹנוֹת אַנְשֵׁי בֵיתִי, מְחִילָה בְּחֶסֶד מְחִילָה

בְּרַחֲמִים, וְטַהֲרֵנוּ מֵחֲטָאֵינוּ וּמֵעֲוֹנוֹתֵינוּ וּמִפְּשָׁעֵינוּ, וְזָכְרֵנוּ בְּזִכָּרוֹן טוֹב לְפָנֶיךָ, וּפָקְדֵנוּ בִּפְקֻדַּת יְשׁוּעָה וְרַחֲמִים. וְזָכְרֵנוּ לְחַיִּים טוֹבִים וּלְשָׁלוֹם, וּפַרְנָסָה וְכַלְכָּלָה, וְלֶחֶם לֶאֱכֹל וּבֶגֶד לִלְבֹּשׁ, וְעֹשֶׁר וְכָבוֹד, וְאֹרֶךְ יָמִים לַהֲגוֹת בְּתוֹרָתֶךָ וּלְקַיֵּם מִצְוֹתֶיהָ, וְשֵׂכֶל וּבִינָה לְהָבִין וּלְהַשְׂכִּיל עִמְקֵי סוֹדוֹתֶיהָ. וְהָפֵק רְפוּאָה לְכָל מַכְאוֹבֵינוּ, וּבָרֵךְ כָּל מַעֲשֵׂה יָדֵינוּ, וּגְזֹר עָלֵינוּ גְּזֵרוֹת טוֹבוֹת יְשׁוּעוֹת וְנֶחָמוֹת, וּבַטֵּל מֵעָלֵינוּ כָּל גְּזֵרוֹת קָשׁוֹת וְרָעוֹת, וְתֵן בְּלֵב שָׂרֵינוּ וְיוֹעֲצֵיהֶם (בחו״ל: וְתֵן בְּלֵב הַמַּלְכוּת וְיוֹעֲצֶיהָ וְשָׂרֶיהָ) עָלֵינוּ לְטוֹבָה. אָמֵן וְכֵן יְהִי רָצוֹן.

תהלים יט
יִהְיוּ לְרָצוֹן אִמְרֵי־פִי וְהֶגְיוֹן לִבִּי לְפָנֶיךָ, יהוה צוּרִי וְגֹאֲלִי:

אומרים שלוש פעמים:

תהלים סט
וַאֲנִי תְפִלָּתִי־לְךָ יהוה, עֵת רָצוֹן, אֱלֹהִים בְּרָב־חַסְדֶּךָ עֲנֵנִי בֶּאֱמֶת יִשְׁעֶךָ:

זוהר ויקהל
בְּרִיךְ שְׁמֵהּ דְּמָרֵא עָלְמָא, בְּרִיךְ כִּתְרָךְ וְאַתְרָךְ. יְהֵא רְעוּתָךְ עִם עַמָּךְ יִשְׂרָאֵל לְעָלַם, וּפֻרְקַן יְמִינָךְ אַחֲזֵי לְעַמָּךְ בְּבֵית מַקְדְּשָׁךְ, וּלְאַמְטוּיֵי לַנָא מִטּוּב נְהוֹרָךְ, וּלְקַבֵּל צְלוֹתַנָא בְּרַחֲמִין. יְהֵא רַעֲוָא קֳדָמָךְ דְּתוֹרִיךְ לַן חַיִּין בְּטִיבוּ, וְלֶהֱוֵי אֲנָא פְקִידָא בְּגוֹ צַדִּיקַיָּא, לְמִרְחַם עֲלַי וּלְמִנְטַר יָתִי וְיָת כָּל דִּי לִי וְדִי לְעַמָּךְ יִשְׂרָאֵל. אַנְתְּ הוּא זָן לְכֹלָּא וּמְפַרְנֵס לְכֹלָּא, אַנְתְּ הוּא שַׁלִּיט עַל כֹּלָּא, אַנְתְּ הוּא דְּשַׁלִּיט עַל מַלְכַיָּא, וּמַלְכוּתָא

תרגום

ברוך שמו של אדון העולם, ברוך כתרך ומקומך. יהי רצונך עם עמך ישראל לעולם, וישועת ימינך הראה לעמך בבית מקדשך, ולהביא לנו מטוב אורך, ולקבל תפילותינו ברחמים. יהי רצון מלפניך שתאריך לנו חיים בטוב, ואהיה אני נמנה בתוך הצדיקים, לרחם עלי ולשמור אותי ואת כל אשר לי ואשר לעמך ישראל. אתה הוא זן לכול ומפרנס לכול, אתה הוא שליט על הכול, אתה הוא השליט על

דִּילָךְ הִיא. אֲנָא עַבְדָּא דְקֻדְשָׁא בְּרִיךְ הוּא, דְּסָגִדְנָא קַמֵּהּ וּמִקַּמֵּי דִּיקַר אוֹרַיְתֵהּ בְּכָל עִדָּן וְעִדָּן. לָא עַל אֱנָשׁ רָחִיצְנָא וְלָא עַל בַּר אֱלָהִין סָמִיכְנָא, אֶלָּא בֶּאֱלָהָא דִשְׁמַיָּא, דְּהוּא אֱלָהָא קְשׁוֹט, וְאוֹרַיְתֵהּ קְשׁוֹט, וּנְבִיאוֹהִי קְשׁוֹט, וּמַסְגֵּא לְמֶעְבַּד טַבְוָן וּקְשׁוֹט. ‹ בֵּהּ אֲנָא רָחִיץ, וְלִשְׁמֵהּ קַדִּישָׁא יַקִּירָא אֲנָא אֵמַר תֻּשְׁבְּחָן. יְהֵא רַעֲוָא קֳדָמָךְ דְּתִפְתַּח לִבָּאִי בְּאוֹרַיְתָא, וְתַשְׁלִים מִשְׁאֲלִין דְּלִבָּאִי וְלִבָּא דְכָל עַמָּךְ יִשְׂרָאֵל לְטָב וּלְחַיִּין וְלִשְׁלָם.

שליח הציבור מקבל את ספר התורה בימינו, פונה לקהל ואומר ׳שְׁמַע יִשְׂרָאֵל׳ (מסכת סופרים פי״ד), והקהל אחריו

דברים ו **שְׁמַע יִשְׂרָאֵל, יהוה אֱלֹהֵינוּ, יהוה אֶחָד:**

שליח ציבור ואחריו הקהל:

אֶחָד אֱלֹהֵינוּ, גָּדוֹל אֲדוֹנֵינוּ, קָדוֹשׁ וְנוֹרָא שְׁמוֹ.

שליח הציבור פונה לעבר ארון הקודש, קד, מגביה את ספר התורה ואומר (משנ״ב קלד, יג על פי מסכת סופרים):

תהלים לד **גַּדְּלוּ לַיהוה אִתִּי וּנְרוֹמְמָה שְׁמוֹ יַחְדָּו:**

סוגרים את ארון הקודש. שליח הציבור נושא את ספר התורה אל הבימה, והקהל אומר:

דברי הימים א׳ כט **לְךָ יהוה הַגְּדֻלָּה וְהַגְּבוּרָה וְהַתִּפְאֶרֶת וְהַנֵּצַח וְהַהוֹד, כִּי־כֹל בַּשָּׁמַיִם וּבָאָרֶץ, לְךָ יהוה הַמַּמְלָכָה וְהַמִּתְנַשֵּׂא לְכֹל לְרֹאשׁ:**

המלכים, והמלכות שלך היא. אני עבדו של הקדוש ברוך הוא, משתחוה לפניו ולפני כבוד תורתו בכל עת ועת. לא על אדם אני בטוח ולא על מלאך אני סמוך, אלא באלהי השמים, שהוא אלהים אמת, ותורתו אמת, ונביאיו אמת, ומרבה לעשות חסד ואמת. בו אני בטוח, ולשמו הקדוש הנכבד אני אומר תשבחות. יהי רצון מלפניך שתפתח לבי בתורה, ותמלא משאלות לבי ולב כל עמך ישראל לטובה ולחיים ולשלום.

רוֹמְמוּ יהוה אֱלֹהֵינוּ וְהִשְׁתַּחֲווּ לַהֲדֹם רַגְלָיו, קָדוֹשׁ הוּא: רוֹמְמוּ תהלים צט
יהוה אֱלֹהֵינוּ וְהִשְׁתַּחֲווּ לְהַר קָדְשׁוֹ, כִּי־קָדוֹשׁ יהוה אֱלֹהֵינוּ: שם

הקהל אומר בלחש (מחזור ויטרי, קסה):

עַל הַכֹּל יִתְגַּדַּל וְיִתְקַדַּשׁ וְיִשְׁתַּבַּח וְיִתְפָּאַר וְיִתְרוֹמַם וְיִתְנַשֵּׂא שְׁמוֹ שֶׁל מֶלֶךְ מַלְכֵי הַמְּלָכִים הַקָּדוֹשׁ בָּרוּךְ הוּא בָּעוֹלָמוֹת שֶׁבָּרָא, הָעוֹלָם הַזֶּה וְהָעוֹלָם הַבָּא, כִּרְצוֹנוֹ וְכִרְצוֹן יְרֵאָיו וְכִרְצוֹן כָּל בֵּית יִשְׂרָאֵל. צוּר הָעוֹלָמִים, אֲדוֹן כָּל הַבְּרִיּוֹת, אֱלוֹהַּ כָּל הַנְּפָשׁוֹת, הַיּוֹשֵׁב בְּמֶרְחֲבֵי מָרוֹם, הַשּׁוֹכֵן בִּשְׁמֵי שְׁמֵי קֶדֶם, קְדֻשָּׁתוֹ עַל הַחַיּוֹת, וּקְדֻשָּׁתוֹ עַל כִּסֵּא הַכָּבוֹד. וּבְכֵן יִתְקַדַּשׁ שִׁמְךָ בָּנוּ יהוה אֱלֹהֵינוּ לְעֵינֵי כָּל חָי, וְנֹאמַר לְפָנָיו
תהלים סח שִׁיר חָדָשׁ, כַּכָּתוּב: שִׁירוּ לֵאלֹהִים זַמְּרוּ שְׁמוֹ, סֹלּוּ לָרֹכֵב בָּעֲרָבוֹת, בְּיָהּ
ישעיה נב שְׁמוֹ, וְעִלְזוּ לְפָנָיו: וְנִרְאֵהוּ עַיִן בְּעַיִן בְּשׁוּבוֹ אֶל נָוֵהוּ, כַּכָּתוּב: כִּי עַיִן
ישעיה מ בְּעַיִן יִרְאוּ בְּשׁוּב יהוה צִיּוֹן: וְנֶאֱמַר: וְנִגְלָה כְּבוֹד יהוה, וְרָאוּ כָל־בָּשָׂר
יַחְדָּו כִּי פִּי יהוה דִּבֵּר:

אַב הָרַחֲמִים הוּא יְרַחֵם עַם עֲמוּסִים, וְיִזְכֹּר בְּרִית אֵיתָנִים, וְיַצִּיל נַפְשׁוֹתֵינוּ מִן הַשָּׁעוֹת הָרָעוֹת, וְיִגְעַר בְּיֵצֶר הָרָע מִן הַנְּשׂוּאִים, וְיָחֹן אוֹתָנוּ לִפְלֵיטַת עוֹלָמִים, וִימַלֵּא מִשְׁאֲלוֹתֵינוּ בְּמִדָּה טוֹבָה יְשׁוּעָה וְרַחֲמִים.

מניח את ספר התורה על הבימה, והגבאי מכריז (מחזור ויטרי):

וְיַעֲזֹר וְיָגֵן וְיוֹשִׁיעַ לְכָל הַחוֹסִים בּוֹ, וְנֹאמַר אָמֵן. הַכֹּל הָבוּ גֹדֶל לֵאלֹהֵינוּ וּתְנוּ כָבוֹד לַתּוֹרָה. *כֹּהֵן קְרַב, יַעֲמֹד (פלוני בֶּן פלוני) הַכֹּהֵן.

*אם אין כוהן, הגבאי קורא ללוי או לישראל ואומר:

/אֵין כָּאן כֹּהֵן, יַעֲמֹד (פלוני בֶּן פלוני) בִּמְקוֹם כֹּהֵן./

בָּרוּךְ שֶׁנָּתַן תּוֹרָה לְעַמּוֹ יִשְׂרָאֵל בִּקְדֻשָּׁתוֹ.

הקהל ואחריו הגבאי:

דברים ד וְאַתֶּם הַדְּבֵקִים בַּיהוה אֱלֹהֵיכֶם חַיִּים כֻּלְּכֶם הַיּוֹם:

קריאת התורה בעמ׳ 303.

קודם הברכה על העולה לראות היכן קוראים ולנשק את ספר התורה.
בשעת הברכה אוחז בעמודי הספר.

עולה: **בָּרְכוּ אֶת יהוה הַמְבֹרָךְ.**

קהל: **בָּרוּךְ יהוה הַמְבֹרָךְ לְעוֹלָם וָעֶד.**

עולה: **בָּרוּךְ יהוה הַמְבֹרָךְ לְעוֹלָם וָעֶד.**

בָּרוּךְ אַתָּה יהוה, אֱלֹהֵינוּ מֶלֶךְ הָעוֹלָם
אֲשֶׁר בָּחַר בָּנוּ מִכָּל הָעַמִּים וְנָתַן לָנוּ אֶת תּוֹרָתוֹ.
בָּרוּךְ אַתָּה יהוה, נוֹתֵן הַתּוֹרָה.

לאחר הקריאה, העולה מנשק את ספר התורה ומברך:

עולה: **בָּרוּךְ אַתָּה יהוה אֱלֹהֵינוּ מֶלֶךְ הָעוֹלָם**
אֲשֶׁר נָתַן לָנוּ תּוֹרַת אֱמֶת וְחַיֵּי עוֹלָם נָטַע בְּתוֹכֵנוּ.
בָּרוּךְ אַתָּה יהוה, נוֹתֵן הַתּוֹרָה.

מי שהיה בסכנה וניצל ממנה, מברך ׳הַגּוֹמֵל׳:

בָּרוּךְ אַתָּה יהוה אֱלֹהֵינוּ מֶלֶךְ הָעוֹלָם הַגּוֹמֵל לְחַיָּבִים טוֹבוֹת שֶׁגְּמָלַנִי כָּל טוֹב.

הקהל עונה: **אָמֵן. מִי שֶׁגְּמָלְךָ כָּל טוֹב הוּא יִגְמָלְךָ כָּל טוֹב, סֶלָה.**

כאן לפי הצורך אומרים ׳מִי שֶׁבֵּרַךְ׳.

מי שבירך לעולה לתורה

מִי שֶׁבֵּרַךְ אֲבוֹתֵינוּ אַבְרָהָם יִצְחָק וְיַעֲקֹב, הוּא יְבָרֵךְ אֶת (פלוני בֶּן פלוני)**, בַּעֲבוּר שֶׁעָלָה לִכְבוֹד הַמָּקוֹם וְלִכְבוֹד הַתּוֹרָה וְלִכְבוֹד יוֹם הַדִּין. בִּשְׂכַר זֶה הַקָּדוֹשׁ בָּרוּךְ הוּא יִשְׁמְרֵהוּ וְיַצִּילֵהוּ מִכָּל צָרָה וְצוּקָה וּמִכָּל נֶגַע וּמַחֲלָה, וְיִשְׁלַח בְּרָכָה וְהַצְלָחָה בְּכָל מַעֲשֵׂה יָדָיו, וְיִכְתְּבֵהוּ וְיַחְתְּמֵהוּ לְחַיִּים טוֹבִים בְּיוֹם הַדִּין הַזֶּה עִם כָּל יִשְׂרָאֵל אֶחָיו, וְנֹאמַר אָמֵן.**

מי שבירך לחולה

מִי שֶׁבֵּרַךְ אֲבוֹתֵינוּ אַבְרָהָם יִצְחָק וְיַעֲקֹב, מֹשֶׁה וְאַהֲרֹן דָּוִד וּשְׁלֹמֹה הוּא יְבָרֵךְ וִירַפֵּא אֶת הַחוֹלֶה (פלוני בֶּן פלונית) בַּעֲבוּר שֶׁ(פלוני בֶּן פלוני) נוֹדֵר צְדָקָה בַּעֲבוּרוֹ. בִּשְׂכַר זֶה הַקָּדוֹשׁ בָּרוּךְ הוּא יִמָּלֵא רַחֲמִים עָלָיו לְהַחֲלִימוֹ וּלְרַפְּאתוֹ וּלְהַחֲזִיקוֹ וּלְהַחֲיוֹתוֹ וְיִשְׁלַח לוֹ מְהֵרָה רְפוּאָה שְׁלֵמָה מִן הַשָּׁמַיִם לִרְמַ״ח אֵבָרָיו וּשְׁסָ״ה גִּידָיו בְּתוֹךְ שְׁאָר חוֹלֵי יִשְׂרָאֵל, רְפוּאַת הַנֶּפֶשׁ וּרְפוּאַת הַגּוּף. הַשְׁתָּא בַּעֲגָלָא וּבִזְמַן קָרִיב, וְנֹאמַר אָמֵן.

מי שבירך לחולה

מִי שֶׁבֵּרַךְ אֲבוֹתֵינוּ אַבְרָהָם יִצְחָק וְיַעֲקֹב, מֹשֶׁה וְאַהֲרֹן דָּוִד וּשְׁלֹמֹה הוּא יְבָרֵךְ וִירַפֵּא אֶת הַחוֹלָה (פלונית בַּת פלונית) בַּעֲבוּר שֶׁ(פלוני בֶּן פלוני) נוֹדֵר צְדָקָה בַּעֲבוּרָהּ. בִּשְׂכַר זֶה הַקָּדוֹשׁ בָּרוּךְ הוּא יִמָּלֵא רַחֲמִים עָלֶיהָ לְהַחֲלִימָהּ וּלְרַפְּאתָהּ וּלְהַחֲזִיקָהּ וּלְהַחֲיוֹתָהּ וְיִשְׁלַח לָהּ מְהֵרָה רְפוּאָה שְׁלֵמָה מִן הַשָּׁמַיִם לְכָל אֵבָרֶיהָ וּלְכָל גִּידֶיהָ בְּתוֹךְ שְׁאָר חוֹלֵי יִשְׂרָאֵל, רְפוּאַת הַנֶּפֶשׁ וּרְפוּאַת הַגּוּף. הַשְׁתָּא בַּעֲגָלָא וּבִזְמַן קָרִיב, וְנֹאמַר אָמֵן.

מי שבירך ליולדת בן

מִי שֶׁבֵּרַךְ אֲבוֹתֵינוּ אַבְרָהָם יִצְחָק וְיַעֲקֹב, מֹשֶׁה וְאַהֲרֹן דָּוִד וּשְׁלֹמֹה, שָׂרָה רִבְקָה רָחֵל וְלֵאָה הוּא יְבָרֵךְ אֶת הָאִשָּׁה הַיּוֹלֶדֶת (פלונית בַּת פלוני) וְאֶת בְּנָהּ שֶׁנּוֹלַד לָהּ לְמַזָּל טוֹב בַּעֲבוּר שֶׁבַּעְלָהּ וְאָבִיו נוֹדֵר צְדָקָה בַּעֲדָם. בִּשְׂכַר זֶה יִזְכּוּ אָבִיו וְאִמּוֹ לְהַכְנִיסוֹ בִּבְרִיתוֹ שֶׁל אַבְרָהָם אָבִינוּ וּלְגַדְּלוֹ לְתוֹרָה וּלְחֻפָּה וּלְמַעֲשִׂים טוֹבִים, וְנֹאמַר אָמֵן.

מי שבירך ליולדת בת

מִי שֶׁבֵּרַךְ אֲבוֹתֵינוּ אַבְרָהָם יִצְחָק וְיַעֲקֹב, מֹשֶׁה וְאַהֲרֹן דָּוִד וּשְׁלֹמֹה, שָׂרָה רִבְקָה רָחֵל וְלֵאָה הוּא יְבָרֵךְ אֶת הָאִשָּׁה הַיּוֹלֶדֶת (פלונית בַּת פלוני) וְאֶת בִּתָּהּ שֶׁנּוֹלְדָה לָהּ לְמַזָּל טוֹב וְיִקָּרֵא שְׁמָהּ בְּיִשְׂרָאֵל (פלונית בַּת פלוני), בַּעֲבוּר שֶׁבַּעְלָהּ וְאָבִיהָ נוֹדֵר צְדָקָה בַּעֲדָן. בִּשְׂכַר זֶה יִזְכּוּ אָבִיהָ וְאִמָּהּ לְגַדְּלָהּ לְתוֹרָה וּלְחֻפָּה וּלְמַעֲשִׂים טוֹבִים, וְנֹאמַר אָמֵן.

קריאת התורה ליום ב׳

בראשית כב וַיְהִי אַחַר הַדְּבָרִים הָאֵלֶּה וְהָאֱלֹהִים נִסָּה אֶת־אַבְרָהָם וַיֹּאמֶר
אֵלָיו אַבְרָהָם וַיֹּאמֶר הִנֵּנִי: וַיֹּאמֶר קַח־נָא אֶת־בִּנְךָ אֶת־יְחִידְךָ
אֲשֶׁר־אָהַבְתָּ אֶת־יִצְחָק וְלֶךְ־לְךָ אֶל־אֶרֶץ הַמֹּרִיָּה וְהַעֲלֵהוּ
שָׁם לְעֹלָה עַל אַחַד הֶהָרִים אֲשֶׁר אֹמַר אֵלֶיךָ: וַיַּשְׁכֵּם אַבְרָהָם
בַּבֹּקֶר וַיַּחֲבֹשׁ אֶת־חֲמֹרוֹ וַיִּקַּח אֶת־שְׁנֵי נְעָרָיו אִתּוֹ וְאֵת יִצְחָק
בְּנוֹ וַיְבַקַּע עֲצֵי עֹלָה וַיָּקָם וַיֵּלֶךְ אֶל־הַמָּקוֹם אֲשֶׁר־אָמַר־לוֹ
לוי הָאֱלֹהִים: בַּיּוֹם הַשְּׁלִישִׁי וַיִּשָּׂא אַבְרָהָם אֶת־עֵינָיו וַיַּרְא אֶת־
הַמָּקוֹם מֵרָחֹק: וַיֹּאמֶר אַבְרָהָם אֶל־נְעָרָיו שְׁבוּ־לָכֶם פֹּה עִם־
הַחֲמוֹר וַאֲנִי וְהַנַּעַר נֵלְכָה עַד־כֹּה וְנִשְׁתַּחֲוֶה וְנָשׁוּבָה אֲלֵיכֶם:
וַיִּקַּח אַבְרָהָם אֶת־עֲצֵי הָעֹלָה וַיָּשֶׂם עַל־יִצְחָק בְּנוֹ וַיִּקַּח בְּיָדוֹ
אֶת־הָאֵשׁ וְאֶת־הַמַּאֲכֶלֶת וַיֵּלְכוּ שְׁנֵיהֶם יַחְדָּו: וַיֹּאמֶר יִצְחָק
אֶל־אַבְרָהָם אָבִיו וַיֹּאמֶר אָבִי וַיֹּאמֶר הִנֶּנִּי בְנִי וַיֹּאמֶר הִנֵּה
הָאֵשׁ וְהָעֵצִים וְאַיֵּה הַשֶּׂה לְעֹלָה: וַיֹּאמֶר אַבְרָהָם אֱלֹהִים יִרְאֶה־
שלישי לּוֹ הַשֶּׂה לְעֹלָה בְּנִי וַיֵּלְכוּ שְׁנֵיהֶם יַחְדָּו: וַיָּבֹאוּ אֶל־הַמָּקוֹם
אֲשֶׁר אָמַר־לוֹ הָאֱלֹהִים וַיִּבֶן שָׁם אַבְרָהָם אֶת־הַמִּזְבֵּחַ וַיַּעֲרֹךְ
אֶת־הָעֵצִים וַיַּעֲקֹד אֶת־יִצְחָק בְּנוֹ וַיָּשֶׂם אֹתוֹ עַל־הַמִּזְבֵּחַ מִמַּעַל
לָעֵצִים: וַיִּשְׁלַח אַבְרָהָם אֶת־יָדוֹ וַיִּקַּח אֶת־הַמַּאֲכֶלֶת לִשְׁחֹט
אֶת־בְּנוֹ: וַיִּקְרָא אֵלָיו מַלְאַךְ יהוה מִן־הַשָּׁמַיִם וַיֹּאמֶר אַבְרָהָם ׀
אַבְרָהָם וַיֹּאמֶר הִנֵּנִי: וַיֹּאמֶר אַל־תִּשְׁלַח יָדְךָ אֶל־הַנַּעַר וְאַל־
תַּעַשׂ לוֹ מְאוּמָה כִּי ׀ עַתָּה יָדַעְתִּי כִּי־יְרֵא אֱלֹהִים אַתָּה וְלֹא
חָשַׂכְתָּ אֶת־בִּנְךָ אֶת־יְחִידְךָ מִמֶּנִּי: וַיִּשָּׂא אַבְרָהָם אֶת־עֵינָיו
וַיַּרְא וְהִנֵּה־אַיִל אַחַר נֶאֱחַז בַּסְּבַךְ בְּקַרְנָיו וַיֵּלֶךְ אַבְרָהָם וַיִּקַּח
אֶת־הָאַיִל וַיַּעֲלֵהוּ לְעֹלָה תַּחַת בְּנוֹ: וַיִּקְרָא אַבְרָהָם שֵׁם־הַמָּקוֹם

רביעי הַהִוא יְהוָ֣ה ׀ יִרְאֶ֑ה אֲשֶׁר֙ יֵאָמֵ֣ר הַיּ֔וֹם בְּהַ֥ר יְהוָ֖ה יֵרָאֶֽה׃ וַיִּקְרָ֛א מַלְאַ֥ךְ יְהוָ֖ה אֶל־אַבְרָהָ֑ם שֵׁנִ֖ית מִן־הַשָּׁמָֽיִם׃ וַיֹּ֕אמֶר בִּ֥י נִשְׁבַּ֖עְתִּי נְאֻם־יְהוָ֑ה כִּ֗י יַ֚עַן אֲשֶׁ֤ר עָשִׂ֙יתָ֙ אֶת־הַדָּבָ֣ר הַזֶּ֔ה וְלֹ֥א חָשַׂ֖כְתָּ אֶת־בִּנְךָ֥ אֶת־יְחִידֶֽךָ׃ כִּֽי־בָרֵ֣ךְ אֲבָרֶכְךָ֗ וְהַרְבָּ֨ה אַרְבֶּ֤ה אֶֽת־זַרְעֲךָ֙ כְּכוֹכְבֵ֣י הַשָּׁמַ֔יִם וְכַח֕וֹל אֲשֶׁ֖ר עַל־שְׂפַ֣ת הַיָּ֑ם וְיִרַ֣שׁ זַרְעֲךָ֔ אֵ֖ת שַׁ֥עַר אֹיְבָֽיו׃ וְהִתְבָּרְכ֣וּ בְזַרְעֲךָ֔ כֹּ֖ל גּוֹיֵ֣י הָאָ֑רֶץ עֵ֕קֶב אֲשֶׁ֥ר שָׁמַ֖עְתָּ בְּקֹלִֽי׃ וַיָּ֤שָׁב אַבְרָהָם֙ אֶל־נְעָרָ֔יו וַיָּקֻ֛מוּ וַיֵּלְכ֥וּ יַחְדָּ֖ו אֶל־בְּאֵ֣ר שָׁ֑בַע וַיֵּ֥שֶׁב אַבְרָהָ֖ם בִּבְאֵ֥ר שָֽׁבַע׃

חמישי וַיְהִ֗י אַחֲרֵי֙ הַדְּבָרִ֣ים הָאֵ֔לֶּה וַיֻּגַּ֥ד לְאַבְרָהָ֖ם לֵאמֹ֑ר הִ֠נֵּה יָלְדָ֨ה מִלְכָּ֥ה גַם־הִ֛וא בָּנִ֖ים לְנָח֥וֹר אָחִֽיךָ׃ אֶת־ע֥וּץ בְּכֹר֖וֹ וְאֶת־בּ֣וּז אָחִ֑יו וְאֶת־קְמוּאֵ֖ל אֲבִ֥י אֲרָֽם׃ וְאֶת־כֶּ֣שֶׂד וְאֶת־חֲז֔וֹ וְאֶת־פִּלְדָּ֖שׁ וְאֶת־יִדְלָ֑ף וְאֵ֖ת בְּתוּאֵֽל׃ וּבְתוּאֵ֖ל יָלַ֣ד אֶת־רִבְקָ֑ה שְׁמֹנָ֥ה אֵ֙לֶּה֙ יָלְדָ֣ה מִלְכָּ֔ה לְנָח֖וֹר אֲחִ֥י אַבְרָהָֽם׃ וּפִֽילַגְשׁ֖וֹ וּשְׁמָ֣הּ רְאוּמָ֑ה וַתֵּ֤לֶד גַּם־הִוא֙ אֶת־טֶ֣בַח וְאֶת־גַּ֔חַם וְאֶת־תַּ֖חַשׁ וְאֶת־מַעֲכָֽה׃

מניחים את הספר השני ליד הראשון.

חצי קדיש

לפני שקוראים למפטיר, בעל הקורא אומר חצי קדיש (רמב״ם, תפילה פי״ב ה״כ).

קורא: יִתְגַּדַּל וְיִתְקַדַּשׁ שְׁמֵהּ רַבָּא (קהל: אָמֵן)
בְּעָלְמָא דִּי בְרָא כִרְעוּתֵהּ
וְיַמְלִיךְ מַלְכוּתֵהּ וְיַצְמַח פֻּרְקָנֵהּ וִיקָרֵב מְשִׁיחֵהּ (קהל: אָמֵן)
בְּחַיֵּיכוֹן וּבְיוֹמֵיכוֹן וּבְחַיֵּי דְכָל בֵּית יִשְׂרָאֵל
בַּעֲגָלָא וּבִזְמַן קָרִיב
וְאִמְרוּ אָמֵן. (קהל: אָמֵן)

קהל וקורא: יְהֵא שְׁמֵהּ רַבָּא מְבָרַךְ לְעָלַם וּלְעָלְמֵי עָלְמַיָּא.

קורא: יִתְבָּרַךְ וְיִשְׁתַּבַּח וְיִתְפָּאַר וְיִתְרוֹמַם וְיִתְנַשֵּׂא
וְיִתְהַדָּר וְיִתְעַלֶּה וְיִתְהַלָּל
שְׁמֵהּ דְּקֻדְשָׁא בְּרִיךְ הוּא (קהל: אָמֵן)
לְעֵלָּא לְעֵלָּא מִכָּל בִּרְכָתָא
וְשִׁירָתָא, תֻּשְׁבְּחָתָא וְנֶחֱמָתָא, דַּאֲמִירָן בְּעָלְמָא
וְאִמְרוּ אָמֵן. (קהל: אָמֵן)

הגבהה וגלילה

מגביהים את ספר התורה הראשון, והקהל אומר:

וְזֹאת הַתּוֹרָה אֲשֶׁר־שָׂם מֹשֶׁה לִפְנֵי בְּנֵי יִשְׂרָאֵל: דברים ד

עַל־פִּי יהוה בְּיַד מֹשֶׁה: במדבר ט

ויש מוסיפים: עֵץ־חַיִּים הִיא לַמַּחֲזִיקִים בָּהּ וְתֹמְכֶיהָ מְאֻשָּׁר: משלי ג
דְּרָכֶיהָ דַרְכֵי־נֹעַם וְכָל־נְתִיבוֹתֶיהָ שָׁלוֹם:
אֹרֶךְ יָמִים בִּימִינָהּ, בִּשְׂמֹאולָהּ עֹשֶׁר וְכָבוֹד:
יהוה חָפֵץ לְמַעַן צִדְקוֹ יַגְדִּיל תּוֹרָה וְיַאְדִּיר: ישעיה מב

מפטיר

קוראים למפטיר בספר שני.

וּבַחֹ֫דֶשׁ הַשְּׁבִיעִ֫י בְּאֶחָ֣ד לַחֹ֗דֶשׁ מִקְרָא־קֹ֙דֶשׁ֙ יִהְיֶ֣ה לָכֶ֔ם כָּל־ במדבר כט, א–ו
מְלֶ֥אכֶת עֲבֹדָ֖ה לֹ֣א תַעֲשׂ֑וּ י֥וֹם תְּרוּעָ֖ה יִהְיֶ֥ה לָכֶֽם׃ וַעֲשִׂיתֶ֨ם
עֹלָ֜ה לְרֵ֤יחַ נִיחֹ֙חַ֙ לַֽיהוָ֔ה פַּ֧ר בֶּן־בָּקָ֛ר אֶחָ֖ד אַ֣יִל אֶחָ֑ד כְּבָשִׂ֧ים
בְּנֵי־שָׁנָ֛ה שִׁבְעָ֖ה תְּמִימִֽם׃ וּמִ֨נְחָתָ֔ם סֹ֖לֶת בְּלוּלָ֣ה בַשָּׁ֑מֶן שְׁלֹשָׁ֤ה
עֶשְׂרֹנִים֙ לַפָּ֔ר שְׁנֵ֥י עֶשְׂרֹנִ֖ים לָאָֽיִל׃ וְעִשָּׂר֣וֹן אֶחָ֔ד לַכֶּ֖בֶשׂ הָאֶחָ֑ד
לְשִׁבְעַ֖ת הַכְּבָשִֽׂים׃ וּשְׂעִיר־עִזִּ֥ים אֶחָ֖ד חַטָּ֑את לְכַפֵּ֖ר עֲלֵיכֶֽם׃
מִלְּבַד֩ עֹלַ֨ת הַחֹ֜דֶשׁ וּמִנְחָתָ֗הּ וְעֹלַ֤ת הַתָּמִיד֙ וּמִנְחָתָ֔הּ וְנִסְכֵּיהֶ֖ם
כְּמִשְׁפָּטָ֑ם לְרֵ֣יחַ נִיחֹ֔חַ אִשֶּׁ֖ה לַֽיהוָֽה׃

הגבהה וגלילה

מגביהים את ספר התורה השני, והקהל אומר:

דברים ד **וְזֹאת הַתּוֹרָה אֲשֶׁר־שָׂם מֹשֶׁה לִפְנֵי בְּנֵי יִשְׂרָאֵל:**

במדבר ט **עַל־פִּי יהוה בְּיַד מֹשֶׁה:**

משלי ג ויש מוסיפים: **עֵץ־חַיִּים הִיא לַמַּחֲזִיקִים בָּהּ וְתֹמְכֶיהָ מְאֻשָּׁר:**
דְּרָכֶיהָ דַרְכֵי־נֹעַם וְכָל־נְתִיבוֹתֶיהָ שָׁלוֹם:
אֹרֶךְ יָמִים בִּימִינָהּ, בִּשְׂמֹאולָהּ עֹשֶׁר וְכָבוֹד:

ישעיה מב **יהוה חָפֵץ לְמַעַן צִדְקוֹ יַגְדִּיל תּוֹרָה וְיַאְדִּיר:**

ברכה לפני ההפטרה

לפני קריאת ההפטרה בנביא, המפטיר מברך:

בָּרוּךְ אַתָּה יהוה אֱלֹהֵינוּ מֶלֶךְ הָעוֹלָם אֲשֶׁר בָּחַר בִּנְבִיאִים טוֹבִים, וְרָצָה בְדִבְרֵיהֶם הַנֶּאֱמָרִים בֶּאֱמֶת. בָּרוּךְ אַתָּה יהוה, הַבּוֹחֵר בַּתּוֹרָה וּבְמֹשֶׁה עַבְדּוֹ וּבְיִשְׂרָאֵל עַמּוֹ וּבִנְבִיאֵי הָאֱמֶת וָצֶדֶק.

הפטרה ליום ב׳

ירמיה לא, א–יט
כֹּה אָמַר יהוה מָצָא חֵן בַּמִּדְבָּר עַם שְׂרִידֵי חָרֶב הָלוֹךְ לְהַרְגִּיעוֹ
יִשְׂרָאֵל: מֵרָחוֹק יהוה נִרְאָה לִי וְאַהֲבַת עוֹלָם אֲהַבְתִּיךְ עַל־
כֵּן מְשַׁכְתִּיךְ חָסֶד: עוֹד אֶבְנֵךְ וְנִבְנֵית בְּתוּלַת יִשְׂרָאֵל עוֹד
תַּעְדִּי תֻפַּיִךְ וְיָצָאת בִּמְחוֹל מְשַׂחֲקִים: עוֹד תִּטְּעִי כְרָמִים בְּהָרֵי
שֹׁמְרוֹן נָטְעוּ נֹטְעִים וְחִלֵּלוּ: כִּי יֶשׁ־יוֹם קָרְאוּ נֹצְרִים בְּהַר אֶפְרָיִם
קוּמוּ וְנַעֲלֶה צִיּוֹן אֶל־יהוה אֱלֹהֵינוּ: כִּי־כֹה ׀ אָמַר
יהוה רָנּוּ לְיַעֲקֹב שִׂמְחָה וְצַהֲלוּ בְּרֹאשׁ הַגּוֹיִם הַשְׁמִיעוּ הַלְלוּ

וְאִמְרוּ הוֹשַׁע יהוה אֶת־עַמְּךָ אֵת שְׁאֵרִית יִשְׂרָאֵל: הִנְנִי מֵבִיא
אוֹתָם מֵאֶרֶץ צָפוֹן וְקִבַּצְתִּים מִיַּרְכְּתֵי־אָרֶץ בָּם עִוֵּר וּפִסֵּחַ הָרָה
וְיֹלֶדֶת יַחְדָּו קָהָל גָּדוֹל יָשׁוּבוּ הֵנָּה: בִּבְכִי יָבֹאוּ וּבְתַחֲנוּנִים
אוֹבִילֵם אוֹלִיכֵם אֶל־נַחֲלֵי מַיִם בְּדֶרֶךְ יָשָׁר לֹא יִכָּשְׁלוּ בָּהּ כִּי־
הָיִיתִי לְיִשְׂרָאֵל לְאָב וְאֶפְרַיִם בְּכֹרִי הוּא: שִׁמְעוּ
דְבַר־יהוה גּוֹיִם וְהַגִּידוּ בָאִיִּים מִמֶּרְחָק וְאִמְרוּ מְזָרֵה יִשְׂרָאֵל
יְקַבְּצֶנּוּ וּשְׁמָרוֹ כְּרֹעֶה עֶדְרוֹ: כִּי־פָדָה יהוה אֶת־יַעֲקֹב וּגְאָלוֹ
מִיַּד חָזָק מִמֶּנּוּ: וּבָאוּ וְרִנְּנוּ בִמְרוֹם־צִיּוֹן וְנָהֲרוּ אֶל־טוּב יהוה
עַל־דָּגָן וְעַל־תִּירֹשׁ וְעַל־יִצְהָר וְעַל־בְּנֵי־צֹאן וּבָקָר וְהָיְתָה
נַפְשָׁם כְּגַן רָוֶה וְלֹא־יוֹסִיפוּ לְדַאֲבָה עוֹד: אָז תִּשְׂמַח בְּתוּלָה
בְּמָחוֹל וּבַחֻרִים וּזְקֵנִים יַחְדָּו וְהָפַכְתִּי אֶבְלָם לְשָׂשׂוֹן וְנִחַמְתִּים
וְשִׂמַּחְתִּים מִיגוֹנָם: וְרִוֵּיתִי נֶפֶשׁ הַכֹּהֲנִים דָּשֶׁן וְעַמִּי אֶת־טוּבִי
יִשְׂבָּעוּ נְאֻם־יהוה: כֹּה | אָמַר יהוה קוֹל בְּרָמָה
נִשְׁמָע נְהִי בְּכִי תַמְרוּרִים רָחֵל מְבַכָּה עַל־בָּנֶיהָ מֵאֲנָה לְהִנָּחֵם
עַל־בָּנֶיהָ כִּי אֵינֶנּוּ: כֹּה | אָמַר יהוה מִנְעִי קוֹלֵךְ
מִבֶּכִי וְעֵינַיִךְ מִדִּמְעָה כִּי יֵשׁ שָׂכָר לִפְעֻלָּתֵךְ נְאֻם־יהוה וְשָׁבוּ
מֵאֶרֶץ אוֹיֵב: וְיֵשׁ־תִּקְוָה לְאַחֲרִיתֵךְ נְאֻם־יהוה וְשָׁבוּ בָנִים
לִגְבוּלָם: שָׁמוֹעַ שָׁמַעְתִּי אֶפְרַיִם מִתְנוֹדֵד יִסַּרְתַּנִי וָאִוָּסֵר כְּעֵגֶל
לֹא לֻמָּד הֲשִׁבֵנִי וְאָשׁוּבָה כִּי אַתָּה יהוה אֱלֹהָי: כִּי־אַחֲרֵי שׁוּבִי
נִחַמְתִּי וְאַחֲרֵי הִוָּדְעִי סָפַקְתִּי עַל־יָרֵךְ בֹּשְׁתִּי וְגַם־נִכְלַמְתִּי כִּי
נָשָׂאתִי חֶרְפַּת נְעוּרָי: הֲבֵן יַקִּיר לִי אֶפְרַיִם אִם יֶלֶד שַׁעֲשֻׁעִים
כִּי־מִדֵּי דַבְּרִי בּוֹ זָכֹר אֶזְכְּרֶנּוּ עוֹד עַל־כֵּן הָמוּ מֵעַי לוֹ רַחֵם
אֲרַחֲמֶנּוּ נְאֻם־יהוה:

ברכות לאחר ההפטרה

אחר קריאת ההפטרה המפטיר מברך:

בָּרוּךְ אַתָּה יהוה אֱלֹהֵינוּ מֶלֶךְ הָעוֹלָם, צוּר כָּל הָעוֹלָמִים, צַדִּיק בְּכָל הַדּוֹרוֹת, הָאֵל הַנֶּאֱמָן, הָאוֹמֵר וְעוֹשֶׂה, הַמְדַבֵּר וּמְקַיֵּם, שֶׁכָּל דְּבָרָיו אֱמֶת וָצֶדֶק. נֶאֱמָן אַתָּה הוּא יהוה אֱלֹהֵינוּ וְנֶאֱמָנִים דְּבָרֶיךָ, וְדָבָר אֶחָד מִדְּבָרֶיךָ אָחוֹר לֹא יָשׁוּב רֵיקָם, כִּי אֵל מֶלֶךְ נֶאֱמָן וְרַחֲמָן אָתָּה. בָּרוּךְ אַתָּה יהוה, הָאֵל הַנֶּאֱמָן בְּכָל דְּבָרָיו.

רַחֵם עַל צִיּוֹן כִּי הִיא בֵּית חַיֵּינוּ, וְלַעֲלוּבַת נֶפֶשׁ תּוֹשִׁיעַ בִּמְהֵרָה בְיָמֵינוּ. בָּרוּךְ אַתָּה יהוה, מְשַׂמֵּחַ צִיּוֹן בְּבָנֶיהָ.

שַׂמְּחֵנוּ יהוה אֱלֹהֵינוּ בְּאֵלִיָּהוּ הַנָּבִיא עַבְדֶּךָ, וּבְמַלְכוּת בֵּית דָּוִד מְשִׁיחֶךָ, בִּמְהֵרָה יָבוֹא וְיָגֵל לִבֵּנוּ. עַל כִּסְאוֹ לֹא יֵשֵׁב זָר, וְלֹא יִנְחֲלוּ עוֹד אֲחֵרִים אֶת כְּבוֹדוֹ, כִּי בְשֵׁם קָדְשְׁךָ נִשְׁבַּעְתָּ לּוֹ שֶׁלֹּא יִכְבֶּה נֵרוֹ לְעוֹלָם וָעֶד. בָּרוּךְ אַתָּה יהוה, מָגֵן דָּוִד.

עַל הַתּוֹרָה וְעַל הָעֲבוֹדָה וְעַל הַנְּבִיאִים וְעַל יוֹם הַזִּכָּרוֹן הַזֶּה, שֶׁנָּתַתָּ לָּנוּ יהוה אֱלֹהֵינוּ לְכָבוֹד וּלְתִפְאָרֶת. עַל הַכֹּל יהוה אֱלֹהֵינוּ אֲנַחְנוּ מוֹדִים לָךְ וּמְבָרְכִים אוֹתָךְ, יִתְבָּרַךְ שִׁמְךָ בְּפִי כָּל חַי תָּמִיד לְעוֹלָם וָעֶד, וּדְבָרְךָ אֱמֶת וְקַיָּם לָעַד. בָּרוּךְ אַתָּה יהוה, מֶלֶךְ עַל כָּל הָאָרֶץ, מְקַדֵּשׁ יִשְׂרָאֵל וְיוֹם הַזִּכָּרוֹן.

תפילה לשלום מדינת ישראל

אָבִינוּ שֶׁבַּשָּׁמַיִם, צוּר יִשְׂרָאֵל וְגוֹאֲלוֹ, בָּרֵךְ אֶת מְדִינַת יִשְׂרָאֵל, רֵאשִׁית צְמִיחַת גְּאֻלָּתֵנוּ. הָגֵן עָלֶיהָ בְּאֶבְרַת חַסְדֶּךָ וּפְרֹשׂ עָלֶיהָ סֻכַּת שְׁלוֹמֶךָ, וּשְׁלַח אוֹרְךָ וַאֲמִתְּךָ לְרָאשֶׁיהָ, שָׂרֶיהָ וְיוֹעֲצֶיהָ, וְתַקְּנֵם בְּעֵצָה טוֹבָה מִלְּפָנֶיךָ.

חַזֵּק אֶת יְדֵי מְגִנֵּי אֶרֶץ קָדְשֵׁנוּ, וְהַנְחִילֵם אֱלֹהֵינוּ יְשׁוּעָה וַעֲטֶרֶת נִצָּחוֹן תְּעַטְּרֵם, וְנָתַתָּ שָׁלוֹם בָּאָרֶץ וְשִׂמְחַת עוֹלָם לְיוֹשְׁבֶיהָ.

וְאֶת אַחֵינוּ כָּל בֵּית יִשְׂרָאֵל, פְּקָד נָא בְּכָל אַרְצוֹת פְּזוּרֵיהֶם,
וְתוֹלִיכֵם מְהֵרָה קוֹמְמִיּוּת לְצִיּוֹן עִירֶךָ וְלִירוּשָׁלַיִם מִשְׁכַּן
שְׁמֶךָ, כַּכָּתוּב בְּתוֹרַת מֹשֶׁה עַבְדֶּךָ: אִם־יִהְיֶה נִדַּחֲךָ בִּקְצֵה דברים ל
הַשָּׁמָיִם, מִשָּׁם יְקַבֶּצְךָ יהוה אֱלֹהֶיךָ וּמִשָּׁם יִקָּחֶךָ: וֶהֱבִיאֲךָ
יהוה אֱלֹהֶיךָ אֶל־הָאָרֶץ אֲשֶׁר־יָרְשׁוּ אֲבֹתֶיךָ וִירִשְׁתָּהּ, וְהֵיטִבְךָ
וְהִרְבְּךָ מֵאֲבֹתֶיךָ: וּמָל יהוה אֱלֹהֶיךָ אֶת־לְבָבְךָ וְאֶת־לְבַב
זַרְעֶךָ, לְאַהֲבָה אֶת־יהוה אֱלֹהֶיךָ בְּכָל־לְבָבְךָ וּבְכָל־נַפְשְׁךָ,
לְמַעַן חַיֶּיךָ:

וְיַחֵד לְבָבֵנוּ לְאַהֲבָה וּלְיִרְאָה אֶת שְׁמֶךָ, וְלִשְׁמֹר אֶת כָּל דִּבְרֵי תּוֹרָתֶךָ, וּשְׁלַח לָנוּ מְהֵרָה בֶּן דָּוִד מְשִׁיחַ צִדְקֶךָ, לִפְדּוֹת מְחַכֵּי קֵץ יְשׁוּעָתֶךָ.

וְהוֹפַע בַּהֲדַר גְּאוֹן עֻזֶּךָ עַל כָּל יוֹשְׁבֵי תֵּבֵל אַרְצֶךָ, וְיֹאמַר כֹּל אֲשֶׁר נְשָׁמָה בְאַפּוֹ, יהוה אֱלֹהֵי יִשְׂרָאֵל מֶלֶךְ וּמַלְכוּתוֹ בַּכֹּל מָשָׁלָה, אָמֵן סֶלָה.

מי שבירך לחיילי צה״ל

מִי שֶׁבֵּרַךְ אֲבוֹתֵינוּ אַבְרָהָם יִצְחָק וְיַעֲקֹב הוּא יְבָרֵךְ אֶת חַיָּלֵי צְבָא הַהֲגָנָה לְיִשְׂרָאֵל וְאַנְשֵׁי כֹּחוֹת הַבִּטָּחוֹן, הָעוֹמְדִים עַל מִשְׁמַר אַרְצֵנוּ וְעָרֵי אֱלֹהֵינוּ, מִגְּבוּל הַלְּבָנוֹן וְעַד מִדְבַּר מִצְרַיִם וּמִן הַיָּם הַגָּדוֹל עַד לְבוֹא הָעֲרָבָה וּבְכָל מָקוֹם שֶׁהֵם, בַּיַּבָּשָׁה, בָּאֲוִיר וּבַיָּם. יִתֵּן יהוה אֶת אוֹיְבֵינוּ הַקָּמִים עָלֵינוּ נִגָּפִים לִפְנֵיהֶם. הַקָּדוֹשׁ בָּרוּךְ הוּא יִשְׁמֹר וְיַצִּיל אֶת חַיָּלֵינוּ מִכָּל צָרָה וְצוּקָה וּמִכָּל נֶגַע וּמַחֲלָה, וְיִשְׁלַח בְּרָכָה וְהַצְלָחָה בְּכָל מַעֲשֵׂי יְדֵיהֶם. יַדְבֵּר שׂוֹנְאֵינוּ תַּחְתֵּיהֶם וִיעַטְּרֵם בְּכֶתֶר יְשׁוּעָה וּבַעֲטֶרֶת נִצָּחוֹן. וִיקֻיַּם
דברים כ בָּהֶם הַכָּתוּב: כִּי יהוה אֱלֹהֵיכֶם הַהֹלֵךְ עִמָּכֶם לְהִלָּחֵם לָכֶם עִם־אֹיְבֵיכֶם לְהוֹשִׁיעַ אֶתְכֶם: וְנֹאמַר אָמֵן.

מי שבירך לשבויים

מִי שֶׁבֵּרַךְ אֲבוֹתֵינוּ אַבְרָהָם יִצְחָק וְיַעֲקֹב, יוֹסֵף מֹשֶׁה וְאַהֲרֹן, דָּוִד וּשְׁלֹמֹה, הוּא יְבָרֵךְ וְיִשְׁמֹר וְיִנְצֹר אֶת נֶעְדְּרֵי צְבָא הַהֲגָנָה לְיִשְׂרָאֵל וּשְׁבוּיָיו, וְאֶת כָּל אַחֵינוּ הַנְּתוּנִים בְּצָרָה וּבְשִׁבְיָה, בַּעֲבוּר שֶׁכָּל הַקָּהָל הַקָּדוֹשׁ הַזֶּה מִתְפַּלֵּל בַּעֲבוּרָם. הַקָּדוֹשׁ בָּרוּךְ הוּא יִמָּלֵא רַחֲמִים עֲלֵיהֶם, וְיוֹצִיאֵם מֵחֹשֶׁךְ וְצַלְמָוֶת, וּמוֹסְרוֹתֵיהֶם יְנַתֵּק, וּמִמְּצוּקוֹתֵיהֶם יוֹשִׁיעֵם, וִישִׁיבֵם מְהֵרָה
תהלים קז לְחֵיק מִשְׁפְּחוֹתֵיהֶם. יוֹדוּ לַיהוה חַסְדּוֹ וְנִפְלְאוֹתָיו לִבְנֵי אָדָם:
ישעיה לה וִיקֻיַּם בָּהֶם מִקְרָא שֶׁכָּתוּב: וּפְדוּיֵי יהוה יְשֻׁבוּן, וּבָאוּ צִיּוֹן בְּרִנָּה, וְשִׂמְחַת עוֹלָם עַל־רֹאשָׁם, שָׂשׂוֹן וְשִׂמְחָה יַשִּׂיגוּ, וְנָסוּ יָגוֹן וַאֲנָחָה: וְנֹאמַר אָמֵן.

אם יש תינוק למול, מלים אותו כאן, ראה עמ׳ 428.

סדר תקיעת שופר

״יֶעְתַּר אֶל־אֱלוֹהַּ וַיִּרְצֵהוּ, וַיַּרְא פָּנָיו בִּתְרוּעָה,
וַיָּשֶׁב לֶאֱנוֹשׁ צִדְקָתוֹ״ (איוב לג, כו).

לפני התקיעות נוהגים לומר מזמור זה שבע פעמים.

לַמְנַצֵּחַ לִבְנֵי־קֹרַח מִזְמוֹר: תהלים מז
כָּל־הָעַמִּים תִּקְעוּ־כָף, הָרִיעוּ לֵאלֹהִים בְּקוֹל רִנָּה:
כִּי־יהוה עֶלְיוֹן נוֹרָא, מֶלֶךְ גָּדוֹל עַל־כָּל־הָאָרֶץ:
יַדְבֵּר עַמִּים תַּחְתֵּינוּ, וּלְאֻמִּים תַּחַת רַגְלֵינוּ:
יִבְחַר־לָנוּ אֶת־נַחֲלָתֵנוּ
אֶת גְּאוֹן יַעֲקֹב אֲשֶׁר־אָהֵב סֶלָה:
עָלָה אֱלֹהִים בִּתְרוּעָה, יהוה בְּקוֹל שׁוֹפָר:
זַמְּרוּ אֱלֹהִים זַמֵּרוּ, זַמְּרוּ לְמַלְכֵּנוּ זַמֵּרוּ:
כִּי מֶלֶךְ כָּל־הָאָרֶץ אֱלֹהִים, זַמְּרוּ מַשְׂכִּיל:
מָלַךְ אֱלֹהִים עַל־גּוֹיִם, אֱלֹהִים יָשַׁב עַל־כִּסֵּא קָדְשׁוֹ:
נְדִיבֵי עַמִּים נֶאֱסָפוּ, עַם אֱלֹהֵי אַבְרָהָם
כִּי לֵאלֹהִים מָגִנֵּי־אֶרֶץ, מְאֹד נַעֲלָה:

תחינה לתוקע

יש בעלי תקיעה הנוהגים לומר תחינה זו לפני התקיעות.

רִבּוֹן הָעוֹלָמִים, בָּנֶיךָ בְּנֵי רְחוּמֶיךָ שָׂמוּ פְּנֵיהֶם לְנֶגְדְּךָ וּבָטְחוּ עַל רֹב חֲסָדֶיךָ,
וְשָׂמוּנִי שָׁלִיחַ לִתְקֹעַ בְּשׁוֹפָר לְפָנֶיךָ כְּמוֹ שֶׁצִּוִּיתָנוּ בְּתוֹרָתֶךָ, וְאַתָּה תִּזְכֹּר לָהֶם
זְכוּת אַבְרָהָם אָבִינוּ אֲשֶׁר הִתְהַלֵּךְ לְפָנֶיךָ וְהָיָה תָמִים, וּזְכוּת יִצְחָק אָבִינוּ
וַעֲקֵדָתוֹ כְּשֶׁנֶּעֱקַד עַל גַּב הַמִּזְבֵּחַ, וּזְכוּת יַעֲקֹב אָבִינוּ אִישׁ תָּם יֹשֵׁב אֹהָלִים,
וּזְכוּת שֶׁל מֹשֶׁה וְאַהֲרֹן דָּוִד וּשְׁלֹמֹה וְכָל צַדִּיקֵי עוֹלָם, וְתַעֲמֹד מִכִּסֵּא הַדִּין
וְתֵשֵׁב עַל כִּסֵּא הָרַחֲמִים, כַּדָּבָר שֶׁנֶּאֱמַר: עָלָה אֱלֹהִים בִּתְרוּעָה, יהוה בְּקוֹל תהלים מז
שׁוֹפָר: וַאֲנִי יוֹדֵעַ בְּעַצְמִי שֶׁאֵינֶנִּי כְּדַאי לְבַקֵּשׁ עַל עַצְמִי, וְכָל שֶׁכֵּן עַל אֲחֵרִים,

וְכָל שֶׁכֵּן שֶׁאֵין בִּי לֹא דַעַת וְלֹא חָכְמָה לְכַוֵּן כַּוָּנוֹת הַתְּקִיעוֹת וְצֵרוּפֵי שְׁמוֹתֶיךָ
הַקְּדוֹשִׁים, אֲבָל בָּטַחְתִּי בְּרַחֲמֶיךָ הָרַבִּים וְיָדַעְתִּי כִּי לֹא תְשִׁיבֵנִי רֵיקָם מִלְּפָנֶיךָ,
וְאַתָּה בְּטוּבְךָ תְּעוֹרֵר רַחֲמֶיךָ, וִיהִי נֹעַם אֲדֹנָי אֱלֹהֵינוּ עָלֵינוּ, וּמַעֲשֵׂה יָדֵינוּ כּוֹנְנָה תהלים צ
עָלֵינוּ, וּמַעֲשֵׂה יָדֵינוּ כּוֹנְנֵהוּ: וּתְצָרֵף מַחֲשַׁבְתֵּנוּ הַטּוֹבָה לְמַעֲשֶׂה, כְּאִלּוּ נִתְכַּוַּנּוּ
בְּכָל כַּוָּנוֹת הַתְּקִיעוֹת, וְיַעֲלוּ תְקִיעוֹתֵינוּ לְעוֹרֵר רַחֲמֶיךָ, וּתְרַחֵם עַל בָּנֶיךָ, וְתַהֲפֹךְ
לָהֶם עַל יְדֵי תְקִיעוֹת אֵלֶּה מִדַּת הַדִּין לְמִדַּת הַחֶסֶד וְהָרַחֲמִים, וְתִכָּנֵס לָהֶם
לִפְנִים מִשּׁוּרַת הַדִּין. סְתֹם וַחֲתֹם פֶּה שָׂטָן וְאַל יַשְׂטִין עָלֵינוּ, וּבְבֹא תוֹכֵחָה
לְנֶגְדְּךָ שְׁמֵנוּ מִסִּפְרְךָ אַל תִּמַח, וּכְתֹב לְחַיִּים טוֹבִים כָּל בְּנֵי בְרִיתֶךָ. יִהְיוּ לְרָצוֹן תהלים יט
אִמְרֵי־פִי וְהֶגְיוֹן לִבִּי לְפָנֶיךָ, יהוה צוּרִי וְגֹאֲלִי: אָמֵן.

יש מוסיפים:

יְהִי רָצוֹן לְפָנֶיךָ יהוה אֱלֹהַי אֱלֹהֵי הַמִּשְׁפָּט, שֶׁתְּהִי עַתָּה עֵת רָצוֹן לְפָנֶיךָ, וְתִקְרַע בְּרַחֲמֶיךָ הָרַבִּים וַחֲסָדֶיךָ הַגְּדוֹלִים אֶת כָּל הַמָּסַכִּים אֲשֶׁר הֵם מַבְדִּילִים בֵּינְךָ וּבֵין עַמְּךָ יִשְׂרָאֵל הַיּוֹם הַזֶּה, וְהַעֲבֵר מִלְּפָנֶיךָ כָּל הַמַּשְׂטִינִים וְהַמְקַטְרְגִים עַל עַמְּךָ יִשְׂרָאֵל, סְתֹם פֶּה שָׂטָן וְאַל יַשְׂטִין עָלֵינוּ, כִּי אֵלֶיךָ תְּלוּיוֹת עֵינֵינוּ. אֲרוֹמִמְךָ אֱלֹהַי הַמֶּלֶךְ אֱלֹהֵי הַמִּשְׁפָּט שׁוֹמֵעַ קוֹל תְּפִלּוֹת וּתְרוּעוֹת עַמְּךָ יִשְׂרָאֵל הַיּוֹם בְּרַחֲמִים, אָמֵן.

״התוקע קודם שיתקע, צריך בעוד שהציבור אומרים הפזמון, שהוא יאמר פסוקים אלו בינו לבינו״ (של״ה, ראש השנה סט). היום נוהגים שהתוקע אומר פסוקים אלה בקול רם, והקהל חוזר אחריו פסוק פסוק.

מִן־הַמֵּצַר קָרָאתִי יָּהּ, עָנָנִי בַמֶּרְחָב יָהּ: תהלים קיח
קוֹלִי שָׁמָעְתָּ, אַל־תַּעְלֵם אָזְנְךָ לְרַוְחָתִי לְשַׁוְעָתִי: איכה ג
רֹאשׁ־דְּבָרְךָ אֱמֶת, וּלְעוֹלָם כָּל־מִשְׁפַּט צִדְקֶךָ: תהלים קיט
עֲרֹב עַבְדְּךָ לְטוֹב, אַל־יַעַשְׁקֻנִי זֵדִים: שם
שָׂשׂ אָנֹכִי עַל־אִמְרָתֶךָ, כְּמוֹצֵא שָׁלָל רָב: שם
טוּב טַעַם וָדַעַת לַמְּדֵנִי, כִּי בְמִצְוֹתֶיךָ הֶאֱמָנְתִּי: שם
נִדְבוֹת פִּי רְצֵה־נָא יהוה, וּמִשְׁפָּטֶיךָ לַמְּדֵנִי: שם

התוקע מוסיף:

עָלָה אֱלֹהִים בִּתְרוּעָה, יהוה בְּקוֹל שׁוֹפָר: תהלים מז

התוקע מברך ומכוון להוציא ידי חובה את השומעים.

אין להפסיק בדיבור שאינו מעניין התפילה והתקיעות,
עד אחרי התקיעות האחרונות שלאחר תפילת מוסף בעמ׳ 366.

**בָּרוּךְ אַתָּה יהוה אֱלֹהֵינוּ מֶלֶךְ הָעוֹלָם
אֲשֶׁר קִדְּשָׁנוּ בְּמִצְוֹתָיו, וְצִוָּנוּ לִשְׁמֹעַ קוֹל שׁוֹפָר.**

**בָּרוּךְ אַתָּה יהוה אֱלֹהֵינוּ מֶלֶךְ הָעוֹלָם
שֶׁהֶחֱיָנוּ וְקִיְּמָנוּ, וְהִגִּיעָנוּ לַזְּמַן הַזֶּה.**

המקריא קורא את התקיעות כסדרן אחת אחת, והתוקע יתקע:

תקיעה שברים תרועה תקיעה

תקיעה שברים תרועה תקיעה

תקיעה שברים תרועה תקיעה

יש קהילות שבהן הקהל אומר תחינה זו לאחר התקיעות
(ויש פוסקים שהסתייגו מכך).

אין לומר את שמות המלאכים שציינו המקובלים, אלא רק לכוון (׳מטה אפרים׳ תקצ, לו).

יְהִי רָצוֹן לְפָנֶיךָ יהוה אֱלֹהַי וֵאלֹהֵי אֲבוֹתַי שֶׁתְּקִיעַת תשר״ת שֶׁאֲנַחְנוּ תוֹקְעִים הַיּוֹם תֵּעָשֶׂה מִמֶּנָּה עֲטָרָה עַל יַד הַמְמֻנֶּה (אין לומר: **שרשי״ה**) **לִהְיוֹת עוֹלָה וְלֵישֵׁב בְּרֹאשְׁךָ אֱלֹהַי, וַעֲשֵׂה עִמָּנוּ אוֹת לְטוֹבָה וְהִמָּלֵא עָלֵינוּ רַחֲמִים. בָּרוּךְ אַתָּה בַּעַל הָרַחֲמִים.**

המקריא קורא את התקיעות כסדרן אחת אחת, והתוקע יתקע:

תקיעה שברים תקיעה

תקיעה שברים תקיעה

תקיעה שברים תקיעה

יש קהילות שבהן הקהל אומר:

יְהִי רָצוֹן לְפָנֶיךָ יהוה אֱלֹהַי וֵאלֹהֵי אֲבוֹתַי שֶׁתְּקִיעַת תש״ת שֶׁאֲנַחְנוּ תוֹקְעִים הַיּוֹם תְּהֵא מְרֻקֶּמֶת עַל הַיְרִיעָה עַל יַד הַמְמֻנֶּה (אין לומר: **טרטיא״ל**) **וּתְקַבְּלֶנָּה עַל יַד אֵלִיָּהוּ זָכוּר לַטּוֹב וְ**(אין לומר: **ישעיה״ה**) **שַׂר הַפָּנִים שַׂר** (אין לומר: **מטטרו״ן**)**, וְהִמָּלֵא עָלֵינוּ רַחֲמִים. בָּרוּךְ אַתָּה בַּעַל הָרַחֲמִים.**

המקריא קורא את התקיעות כסדרן אחת אחת, והתוקע יתקע:

תקיעה	תרועה	תקיעה
תקיעה	תרועה	תקיעה
תקיעה	תרועה	תקיעה גדולה

יש קהילות שבהן הקהל אומר:

וּבְכֵן יְהִי רָצוֹן לְפָנֶיךָ יהוה אֱלֹהֵינוּ וֵאלֹהֵי אֲבוֹתֵינוּ שֶׁיַּעֲלוּ כָּל הַמַּלְאָכִים הַמְמֻנִּים עַל הַשּׁוֹפָר וְעַל הַתְּקִיעָה וְעַל הַשְּׁבָרִים וְעַל הַתְּרוּעָה לִפְנֵי כִּסֵּא כְבוֹדֶךָ וְיַמְלִיצוּ טוֹב בַּעֲדֵנוּ לְכַפֵּר עַל כָּל חַטֹּאתֵינוּ.

התוקע והקהל אומרים פסוק פסוק:

תהלים פט אַשְׁרֵי הָעָם יוֹדְעֵי תְרוּעָה, יהוה בְּאוֹר־פָּנֶיךָ יְהַלֵּכוּן:
בְּשִׁמְךָ יְגִילוּן כָּל־הַיּוֹם, וּבְצִדְקָתְךָ יָרוּמוּ:
כִּי־תִפְאֶרֶת עֻזָּמוֹ אָתָּה, וּבִרְצוֹנְךָ תָּרוּם קַרְנֵנוּ:

שליח הציבור אומר את הפסוק הראשון בקול, והכול ממשיכים:

תהלים פד אַשְׁרֵי יוֹשְׁבֵי בֵיתֶךָ, עוֹד יְהַלְלוּךָ סֶּלָה:
תהלים קמד אַשְׁרֵי הָעָם שֶׁכָּכָה לּוֹ, אַשְׁרֵי הָעָם שֶׁיהוה אֱלֹהָיו:
תהלים קמה תְּהִלָּה לְדָוִד

אֲרוֹמִמְךָ אֱלוֹהַי הַמֶּלֶךְ, וַאֲבָרְכָה שִׁמְךָ לְעוֹלָם וָעֶד:
בְּכָל־יוֹם אֲבָרְכֶךָּ, וַאֲהַלְלָה שִׁמְךָ לְעוֹלָם וָעֶד:
גָּדוֹל יהוה וּמְהֻלָּל מְאֹד, וְלִגְדֻלָּתוֹ אֵין חֵקֶר:
דּוֹר לְדוֹר יְשַׁבַּח מַעֲשֶׂיךָ, וּגְבוּרֹתֶיךָ יַגִּידוּ:
הֲדַר כְּבוֹד הוֹדֶךָ, וְדִבְרֵי נִפְלְאֹתֶיךָ אָשִׂיחָה:
וֶעֱזוּז נוֹרְאֹתֶיךָ יֹאמֵרוּ, וּגְדוּלָּתְךָ אֲסַפְּרֶנָּה:
זֵכֶר רַב־טוּבְךָ יַבִּיעוּ, וְצִדְקָתְךָ יְרַנֵּנוּ:
חַנּוּן וְרַחוּם יהוה, אֶרֶךְ אַפַּיִם וּגְדָל־חָסֶד:
טוֹב־יהוה לַכֹּל, וְרַחֲמָיו עַל־כָּל־מַעֲשָׂיו:

יוֹדְוּךָ יהוה כׇּל־מַעֲשֶׂיךָ, וַחֲסִידֶיךָ יְבָרְכוּכָה:
כְּבוֹד מַלְכוּתְךָ יֹאמֵרוּ, וּגְבוּרָתְךָ יְדַבֵּרוּ:
לְהוֹדִיעַ לִבְנֵי הָאָדָם גְּבוּרֹתָיו, וּכְבוֹד הֲדַר מַלְכוּתוֹ:
מַלְכוּתְךָ מַלְכוּת כׇּל־עֹלָמִים, וּמֶמְשַׁלְתְּךָ בְּכׇל־דּוֹר וָדֹר:
סוֹמֵךְ יהוה לְכׇל־הַנֹּפְלִים, וְזוֹקֵף לְכׇל־הַכְּפוּפִים:
עֵינֵי־כֹל אֵלֶיךָ יְשַׂבֵּרוּ, וְאַתָּה נוֹתֵן־לָהֶם אֶת־אׇכְלָם בְּעִתּוֹ:
פּוֹתֵחַ אֶת־יָדֶךָ, וּמַשְׂבִּיעַ לְכׇל־חַי רָצוֹן:
צַדִּיק יהוה בְּכׇל־דְּרָכָיו, וְחָסִיד בְּכׇל־מַעֲשָׂיו:
קָרוֹב יהוה לְכׇל־קֹרְאָיו, לְכֹל אֲשֶׁר יִקְרָאֻהוּ בֶאֱמֶת:
רְצוֹן־יְרֵאָיו יַעֲשֶׂה, וְאֶת־שַׁוְעָתָם יִשְׁמַע, וְיוֹשִׁיעֵם:
שׁוֹמֵר יהוה אֶת־כׇּל־אֹהֲבָיו, וְאֵת כׇּל־הָרְשָׁעִים יַשְׁמִיד:
› תְּהִלַּת יהוה יְדַבֶּר פִּי, וִיבָרֵךְ כׇּל־בָּשָׂר שֵׁם קׇדְשׁוֹ לְעוֹלָם וָעֶד:
תהלים קטו וַאֲנַחְנוּ נְבָרֵךְ יָהּ מֵעַתָּה וְעַד־עוֹלָם, הַלְלוּיָהּ:

הכנסת ספר תורה

פותחים את ארון הקודש והקהל עומד על רגליו. שליח הציבור נוטל את ספר התורה ואומר (סידור הרוקח):

תהלים קמח יְהַלְלוּ אֶת־שֵׁם יהוה, כִּי־נִשְׂגָּב שְׁמוֹ, לְבַדּוֹ

הקהל אומר:

הוֹדוֹ עַל־אֶרֶץ וְשָׁמָיִם:
וַיָּרֶם קֶרֶן לְעַמּוֹ, תְּהִלָּה לְכׇל־חֲסִידָיו
לִבְנֵי יִשְׂרָאֵל עַם קְרֹבוֹ, הַלְלוּיָהּ:

תהלים כד לְדָוִד מִזְמוֹר, לַיהוה הָאָרֶץ וּמְלוֹאָהּ, תֵּבֵל וְיֹשְׁבֵי בָהּ: כִּי־הוּא עַל־
יַמִּים יְסָדָהּ, וְעַל־נְהָרוֹת יְכוֹנְנֶהָ: מִי־יַעֲלֶה בְהַר־יהוה, וּמִי־יָקוּם
בִּמְקוֹם קׇדְשׁוֹ: נְקִי כַפַּיִם וּבַר־לֵבָב, אֲשֶׁר לֹא־נָשָׂא לַשָּׁוְא נַפְשִׁי

וְלֹא נִשְׁבַּע לְמִרְמָה: יִשָּׂא בְרָכָה מֵאֵת יהוה, וּצְדָקָה מֵאֱלֹהֵי יִשְׁעוֹ:
זֶה דּוֹר דֹּרְשָׁו, מְבַקְשֵׁי פָנֶיךָ, יַעֲקֹב, סֶלָה: שְׂאוּ שְׁעָרִים רָאשֵׁיכֶם,
וְהִנָּשְׂאוּ פִּתְחֵי עוֹלָם, וְיָבוֹא מֶלֶךְ הַכָּבוֹד: מִי זֶה מֶלֶךְ הַכָּבוֹד,
יהוה עִזּוּז וְגִבּוֹר, יהוה גִּבּוֹר מִלְחָמָה: שְׂאוּ שְׁעָרִים רָאשֵׁיכֶם,
וּשְׂאוּ פִּתְחֵי עוֹלָם, וְיָבֹא מֶלֶךְ הַכָּבוֹד: מִי הוּא זֶה מֶלֶךְ הַכָּבוֹד,
יהוה צְבָאוֹת הוּא מֶלֶךְ הַכָּבוֹד, סֶלָה:

מכניסים את ספר התורה לארון הקודש ואומרים ׳וּבְנֻחֹה׳
(ספר המחכים, סידור ׳מלאה הארץ דעה׳).

וּבְנֻחֹה יֹאמַר, שׁוּבָה יהוה רִבְבוֹת אַלְפֵי יִשְׂרָאֵל: במדבר י
קוּמָה יהוה לִמְנוּחָתֶךָ, אַתָּה וַאֲרוֹן עֻזֶּךָ: תהלים קלב
כֹּהֲנֶיךָ יִלְבְּשׁוּ־צֶדֶק, וַחֲסִידֶיךָ יְרַנֵּנוּ:
בַּעֲבוּר דָּוִד עַבְדֶּךָ אַל־תָּשֵׁב פְּנֵי מְשִׁיחֶךָ:
כִּי לֶקַח טוֹב נָתַתִּי לָכֶם, תּוֹרָתִי אַל־תַּעֲזֹבוּ: משלי ד
◂ עֵץ־חַיִּים הִיא לַמַּחֲזִיקִים בָּהּ, וְתֹמְכֶיהָ מְאֻשָּׁר: משלי ג
דְּרָכֶיהָ דַרְכֵי־נֹעַם וְכָל־נְתִיבוֹתֶיהָ שָׁלוֹם:
הֲשִׁיבֵנוּ יהוה אֵלֶיךָ וְנָשׁוּבָ, חַדֵּשׁ יָמֵינוּ כְּקֶדֶם: איכה ה

סוגרים את ארון הקודש.

לפני תפילת מוסף שליח הציבור אומר תחינה זו:

הִנְנִי הֶעָנִי מִמַּעַשׂ, נִרְעָשׁ וְנִפְחָד מִפַּחַד יוֹשֵׁב תְּהִלּוֹת יִשְׂרָאֵל, בָּאתִי לַעֲמֹד וּלְהִתְחַנֵּן לְפָנֶיךָ עַל עַמְּךָ יִשְׂרָאֵל אֲשֶׁר שְׁלָחוּנִי, וְאַף עַל פִּי שֶׁאֵינִי כְדַאי וְהָגוּן לְכָךְ. עַל כֵּן אֲבַקֶּשְׁךָ אֱלֹהֵי אַבְרָהָם אֱלֹהֵי יִצְחָק וֵאלֹהֵי יַעֲקֹב, יהוה יהוה, אֵל רַחוּם וְחַנּוּן, אֱלֹהִים, שַׁדַּי אָיֹם וְנוֹרָא, הֱיֵה נָא מַצְלִיחַ דַּרְכִּי אֲשֶׁר אָנֹכִי הוֹלֵךְ לַעֲמֹד לְבַקֵּשׁ רַחֲמִים עָלַי וְעַל שׁוֹלְחָי. וְנָא אַל תַּפְשִׁיעֵם בְּחַטֹּאתַי וְאַל תְּחַיְּבֵם בַּעֲוֹנוֹתַי, כִּי חוֹטֵא וּפוֹשֵׁעַ אָנִי, וְאַל יִכָּלְמוּ בִּפְשָׁעַי, וְאַל

יֵבֹשׁוּ בִּי וְאַל אֵבוֹשָׁה בָּהֶם. וְקַבֵּל תְּפִלָּתִי כִּתְפִלַּת זָקֵן וְרָגִיל, וּפִרְקוֹ נָאֶה וּזְקָנוֹ מְגֻדָּל וְקוֹלוֹ נָעִים, וּמְעֹרָב בְּדַעַת עִם הַבְּרִיּוֹת. וְתִגְעַר בְּשָׂטָן לְבַל יַשְׂטִינֵנוּ, וִיהִי נָא דִּגְלֵנוּ עָלֶיךָ אַהֲבָה, לְכָל פְּשָׁעִים תְּכַסֶּה בְּאַהֲבָה, וְכָל צוֹמוֹתֵינוּ וְעִנּוּיֵינוּ הֲפָךְ לָנוּ וּלְכָל יִשְׂרָאֵל לְשָׂשׂוֹן וּלְשִׂמְחָה לְחַיִּים וּלְשָׁלוֹם, הָאֱמֶת וְהַשָּׁלוֹם אֱהָבוּ, וְאַל יְהִי שׁוּם מִכְשׁוֹל בִּתְפִלָּתִי.

וִיהִי רָצוֹן מִלְּפָנֶיךָ יהוה אֱלֹהֵי אַבְרָהָם אֱלֹהֵי יִצְחָק וֵאלֹהֵי יַעֲקֹב, הָאֵל הַגָּדוֹל הַגִּבּוֹר וְהַנּוֹרָא אֵל עֶלְיוֹן אֶהְיֶה אֲשֶׁר אֶהְיֶה, שֶׁכָּל הַמַּלְאָכִים שֶׁהֵם בַּעֲלֵי תְפִלּוֹת יָבִיאוּ תְּפִלָּתִי לִפְנֵי כִּסֵּא כְבוֹדֶךָ וְיָפִיצוּ אוֹתָהּ לְפָנֶיךָ, בַּעֲבוּר כָּל הַצַּדִּיקִים וְהַחֲסִידִים הַתְּמִימִים וְהַיְשָׁרִים, וּבַעֲבוּר כְּבוֹד שִׁמְךָ הַגָּדוֹל הַגִּבּוֹר וְהַנּוֹרָא. כִּי אַתָּה שׁוֹמֵעַ תְּפִלַּת עַמְּךָ יִשְׂרָאֵל בְּרַחֲמִים, בָּרוּךְ אַתָּה שׁוֹמֵעַ תְּפִלָּה.

חצי קדיש

ש״ץ: יִתְגַּדַּל וְיִתְקַדַּשׁ שְׁמֵהּ רַבָּא (קהל: אָמֵן)
בְּעָלְמָא דִּי בְרָא כִרְעוּתֵהּ
וְיַמְלִיךְ מַלְכוּתֵהּ וְיַצְמַח פֻּרְקָנֵהּ וִיקָרֵב מְשִׁיחֵהּ (קהל: אָמֵן)
בְּחַיֵּיכוֹן וּבְיוֹמֵיכוֹן וּבְחַיֵּי דְכָל בֵּית יִשְׂרָאֵל
בַּעֲגָלָא וּבִזְמַן קָרִיב, וְאִמְרוּ אָמֵן. (קהל: אָמֵן)

קהל וש״ץ: יְהֵא שְׁמֵהּ רַבָּא מְבָרַךְ לְעָלַם וּלְעָלְמֵי עָלְמַיָּא.

ש״ץ: יִתְבָּרַךְ וְיִשְׁתַּבַּח וְיִתְפָּאַר וְיִתְרוֹמַם וְיִתְנַשֵּׂא
וְיִתְהַדָּר וְיִתְעַלֶּה וְיִתְהַלָּל
שְׁמֵהּ דְּקֻדְשָׁא בְּרִיךְ הוּא (קהל: אָמֵן)
לְעֵלָּא לְעֵלָּא מִכָּל בִּרְכָתָא וְשִׁירָתָא, תֻּשְׁבְּחָתָא וְנֶחֱמָתָא
דַּאֲמִירָן בְּעָלְמָא, וְאִמְרוּ אָמֵן. (קהל: אָמֵן)

מוסף ליום ב׳

עמידה

"המתפלל צריך שיכוין בלבו פירוש המלות שמוציא בשפתיו; ויחשוב כאלו שכינה כנגדו ויסיר כל המחשבות הטורדות אותו עד שתשאר מחשבתו וכוונתו זכה בתפלתו" (שו״ע צח, א).

פוסע שלוש פסיעות לפנים כמי שנכנס לפני המלך.

עומד ומתפלל בלחש מכאן ועד ׳וּכְשָׁנִים קַדְמֹנִיּוֹת׳ בעמ׳ 335.

כורע במקומות המסומנים ב־׳, קד לפנים במילה הבאה וזוקף בשם.

דברים לב כִּי שֵׁם יהוה אֶקְרָא, הָבוּ גֹדֶל לֵאלֹהֵינוּ:

תהלים נא אֲדֹנָי, שְׂפָתַי תִּפְתָּח, וּפִי יַגִּיד תְּהִלָּתֶךָ:

אבות

׳בָּרוּךְ אַתָּה יהוה, אֱלֹהֵינוּ וֵאלֹהֵי אֲבוֹתֵינוּ
אֱלֹהֵי אַבְרָהָם, אֱלֹהֵי יִצְחָק, וֵאלֹהֵי יַעֲקֹב
הָאֵל הַגָּדוֹל הַגִּבּוֹר וְהַנּוֹרָא, אֵל עֶלְיוֹן
גּוֹמֵל חֲסָדִים טוֹבִים, קוֹנֵה הַכֹּל
וְזוֹכֵר חַסְדֵי אָבוֹת
וּמֵבִיא גוֹאֵל לִבְנֵי בְנֵיהֶם לְמַעַן שְׁמוֹ בְּאַהֲבָה.
זָכְרֵנוּ לְחַיִּים, מֶלֶךְ חָפֵץ בַּחַיִּים
וְכָתְבֵנוּ בְּסֵפֶר הַחַיִּים, לְמַעַנְךָ אֱלֹהִים חַיִּים.
מֶלֶךְ עוֹזֵר וּמוֹשִׁיעַ וּמָגֵן.
׳בָּרוּךְ אַתָּה יהוה, מָגֵן אַבְרָהָם.

אם שכח לומר ׳זָכְרֵנוּ לְחַיִּים׳, אינו חוזר.

גבורות

אַתָּה גִּבּוֹר לְעוֹלָם, אֲדֹנָי
מְחַיֵּה מֵתִים אַתָּה, רַב לְהוֹשִׁיעַ

בארץ ישראל: מוֹרִיד הַטָּל

מְכַלְכֵּל חַיִּים בְּחֶסֶד
מְחַיֵּה מֵתִים בְּרַחֲמִים רַבִּים
סוֹמֵךְ נוֹפְלִים, וְרוֹפֵא חוֹלִים, וּמַתִּיר אֲסוּרִים
וּמְקַיֵּם אֱמוּנָתוֹ לִישֵׁנֵי עָפָר.
מִי כָמְוֹךָ, בַּעַל גְּבוּרוֹת
וּמִי דּוֹמֶה לָּךְ
מֶלֶךְ, מֵמִית וּמְחַיֶּה וּמַצְמִיחַ יְשׁוּעָה.

מִי כָמְוֹךָ אָב הָרַחֲמָן
זוֹכֵר יְצוּרָיו לְחַיִּים בְּרַחֲמִים.

וְנֶאֱמָן אַתָּה לְהַחֲיוֹת מֵתִים.
בָּרוּךְ אַתָּה יהוה, מְחַיֵּה הַמֵּתִים.

אם שכח לומר ׳מִי כָמְוֹךָ אַב הָרַחֲמָן׳, אינו חוזר.

קדושת השם

אַתָּה קָדוֹשׁ וְשִׁמְךָ קָדוֹשׁ
וּקְדוֹשִׁים בְּכָל יוֹם יְהַלְלְוּךָ סֶּלָה
כִּי אֵל מֶלֶךְ גָּדוֹל וְקָדוֹשׁ אָתָּה.

לְדוֹר וָדוֹר הַמְלִיכוּ לָאֵל
כִּי הוּא לְבַדּוֹ מָרוֹם וְקָדוֹשׁ.

וּבְכֵן יִתְקַדַּשׁ שִׁמְךָ יהוה אֱלֹהֵינוּ עַל יִשְׂרָאֵל עַמֶּךָ
וְעַל יְרוּשָׁלַיִם עִירֶךָ
וְעַל צִיּוֹן מִשְׁכַּן כְּבוֹדֶךָ
וְעַל מַלְכוּת בֵּית דָּוִד מְשִׁיחֶךָ
וְעַל מְכוֹנְךָ וְהֵיכָלֶךָ.

וּבְכֵן תֵּן פַּחְדְּךָ יהוה אֱלֹהֵינוּ עַל כָּל מַעֲשֶׂיךָ
וְאֵימָתְךָ עַל כָּל מַה שֶּׁבָּרָאתָ
וְיִירָאוּךָ כָּל הַמַּעֲשִׂים, וְיִשְׁתַּחֲווּ לְפָנֶיךָ כָּל הַבְּרוּאִים
וְיֵעָשׂוּ כֻלָּם אֲגֻדָּה אַחַת לַעֲשׂוֹת רְצוֹנְךָ בְּלֵבָב שָׁלֵם
כְּמוֹ שֶׁיָּדַעְנוּ יהוה אֱלֹהֵינוּ שֶׁהַשָּׁלְטָן לְפָנֶיךָ
עֹז בְּיָדְךָ וּגְבוּרָה בִּימִינֶךָ
וְשִׁמְךָ נוֹרָא עַל כָּל מַה שֶּׁבָּרָאתָ.

וּבְכֵן תֵּן כָּבוֹד יהוה לְעַמֶּךָ
תְּהִלָּה לִירֵאֶיךָ וְתִקְוָה טוֹבָה לְדוֹרְשֶׁיךָ
וּפִתְחוֹן פֶּה לַמְיַחֲלִים לָךְ
שִׂמְחָה לְאַרְצֶךָ, וְשָׂשׂוֹן לְעִירֶךָ
וּצְמִיחַת קֶרֶן לְדָוִד עַבְדֶּךָ
וַעֲרִיכַת נֵר לְבֶן יִשַׁי מְשִׁיחֶךָ בִּמְהֵרָה בְיָמֵינוּ.

וּבְכֵן צַדִּיקִים יִרְאוּ וְיִשְׂמָחוּ, וִישָׁרִים יַעֲלֹזוּ
וַחֲסִידִים בְּרִנָּה יָגִילוּ, וְעוֹלָתָה תִּקְפָּץ פִּיהָ
וְכָל הָרִשְׁעָה כֻּלָּהּ כְּעָשָׁן תִּכְלֶה
כִּי תַעֲבִיר מֶמְשֶׁלֶת זָדוֹן מִן הָאָרֶץ.

וְתִמְלֹךְ אַתָּה הוּא יהוה אֱלֹהֵינוּ
מְהֵרָה לְבַדֶּךָ עַל כָּל מַעֲשֶׂיךָ
בְּהַר צִיּוֹן מִשְׁכַּן כְּבוֹדֶךָ
וּבִירוּשָׁלַיִם עִיר קָדְשֶׁךָ
כַּכָּתוּב בְּדִבְרֵי קָדְשֶׁךָ
יִמְלֹךְ יהוה לְעוֹלָם, אֱלֹהַיִךְ צִיּוֹן לְדֹר וָדֹר, הַלְלוּיָהּ: תהלים קמו

קָדוֹשׁ אַתָּה וְנוֹרָא שְׁמֶךָ, וְאֵין אֱלוֹהַ מִבַּלְעָדֶיךָ

כַּכָּתוּב, וַיִּגְבַּהּ יהוה צְבָאוֹת בַּמִּשְׁפָּט ישעיה ה

וְהָאֵל הַקָּדוֹשׁ נִקְדַּשׁ בִּצְדָקָה:

בָּרוּךְ אַתָּה יהוה, הַמֶּלֶךְ הַקָּדוֹשׁ.

אם שכח לומר את הפיסקאות המתחילות ׳לְדוֹר וָדוֹר׳, אינו חוזר,
אך אם חתם ׳הָאֵל הַקָּדוֹשׁ׳ כברוב ימות השנה, חוזר לראש.

קדושת היום

אַתָּה בְחַרְתָּנוּ מִכָּל הָעַמִּים

אָהַבְתָּ אוֹתָנוּ וְרָצִיתָ בָּנוּ, וְרוֹמַמְתָּנוּ מִכָּל הַלְּשׁוֹנוֹת

וְקִדַּשְׁתָּנוּ בְּמִצְוֹתֶיךָ, וְקֵרַבְתָּנוּ מַלְכֵּנוּ לַעֲבוֹדָתֶךָ

וְשִׁמְךָ הַגָּדוֹל וְהַקָּדוֹשׁ עָלֵינוּ קָרָאתָ.

וַתִּתֶּן לָנוּ יהוה אֱלֹהֵינוּ בְּאַהֲבָה

אֶת יוֹם הַזִּכָּרוֹן הַזֶּה

יוֹם תְּרוּעָה מִקְרָא קֹדֶשׁ

זֵכֶר לִיצִיאַת מִצְרָיִם.

וּמִפְּנֵי חֲטָאֵינוּ גָּלִינוּ מֵאַרְצֵנוּ

וְנִתְרַחַקְנוּ מֵעַל אַדְמָתֵנוּ

וְאֵין אֲנוּ יְכוֹלִים לַעֲשׂוֹת חוֹבוֹתֵינוּ בְּבֵית בְּחִירָתֶךָ

בַּבַּיִת הַגָּדוֹל וְהַקָּדוֹשׁ שֶׁנִּקְרָא שִׁמְךָ עָלָיו

מִפְּנֵי הַיָּד שֶׁנִּשְׁתַּלְּחָה בְּמִקְדָּשֶׁךָ.

יְהִי רָצוֹן מִלְּפָנֶיךָ יהוה אֱלֹהֵינוּ וֵאלֹהֵי אֲבוֹתֵינוּ

מֶלֶךְ רַחֲמָן

שֶׁתָּשׁוּב וּתְרַחֵם עָלֵינוּ וְעַל מִקְדָּשְׁךָ בְּרַחֲמֶיךָ הָרַבִּים

וְתִבְנֵהוּ מְהֵרָה וּתְגַדֵּל כְּבוֹדוֹ.

אָבִינוּ מַלְכֵּנוּ, גַּלֵּה כְּבוֹד מַלְכוּתְךָ עָלֵינוּ מְהֵרָה
וְהוֹפַע וְהִנָּשֵׂא עָלֵינוּ לְעֵינֵי כָּל חָי
וְקָרֵב פְּזוּרֵינוּ מִבֵּין הַגּוֹיִם, וּנְפוּצוֹתֵינוּ כַּנֵּס מִיַּרְכְּתֵי אָרֶץ.
וַהֲבִיאֵנוּ לְצִיּוֹן עִירְךָ בְּרִנָּה
וְלִירוּשָׁלַיִם בֵּית מִקְדָּשְׁךָ בְּשִׂמְחַת עוֹלָם
וְשָׁם נַעֲשֶׂה לְפָנֶיךָ אֶת קָרְבְּנוֹת חוֹבוֹתֵינוּ
תְּמִידִים כְּסִדְרָם וּמוּסָפִים כְּהִלְכָתָם
וְאֶת מוּסְפֵי יוֹם הַזִּכָּרוֹן הַזֶּה
נַעֲשֶׂה וְנַקְרִיב לְפָנֶיךָ בְּאַהֲבָה כְּמִצְוַת רְצוֹנֶךָ
כְּמוֹ שֶׁכָּתַבְתָּ עָלֵינוּ בְּתוֹרָתֶךָ
עַל יְדֵי מֹשֶׁה עַבְדֶּךָ מִפִּי כְבוֹדֶךָ, כָּאָמוּר

במדבר כט וּבַחֹדֶשׁ הַשְּׁבִיעִי בְּאֶחָד לַחֹדֶשׁ מִקְרָא־קֹדֶשׁ יִהְיֶה לָכֶם
כָּל־מְלֶאכֶת עֲבֹדָה לֹא תַעֲשׂוּ
יוֹם תְּרוּעָה יִהְיֶה לָכֶם:
וַעֲשִׂיתֶם עֹלָה לְרֵיחַ נִיחֹחַ לַיהוה, פַּר בֶּן־בָּקָר אֶחָד
אַיִל אֶחָד, כְּבָשִׂים בְּנֵי־שָׁנָה שִׁבְעָה תְּמִימִם:

וּמִנְחָתָם וְנִסְכֵּיהֶם כִּמְדֻבָּר
שְׁלֹשָׁה עֶשְׂרֹנִים לַפָּר וּשְׁנֵי עֶשְׂרֹנִים לָאָיִל
וְעִשָּׂרוֹן לַכֶּבֶשׂ וְיַיִן כְּנִסְכּוֹ
וּשְׁנֵי שְׂעִירִים לְכַפֵּר, וּשְׁנֵי תְמִידִים כְּהִלְכָתָם.

במדבר כט מִלְּבַד עֹלַת הַחֹדֶשׁ וּמִנְחָתָהּ, וְעֹלַת הַתָּמִיד וּמִנְחָתָהּ
וְנִסְכֵּיהֶם כְּמִשְׁפָּטָם, לְרֵיחַ נִיחֹחַ, אִשֶּׁה לַיהוה:

עָלֵינוּ לְשַׁבֵּחַ לַאֲדוֹן הַכֹּל, לָתֵת גְּדֻלָּה לְיוֹצֵר בְּרֵאשִׁית
שֶׁלֹּא עָשָׂנוּ כְּגוֹיֵי הָאֲרָצוֹת, וְלֹא שָׂמָנוּ כְּמִשְׁפְּחוֹת הָאֲדָמָה
שֶׁלֹּא שָׂם חֶלְקֵנוּ כָּהֶם וְגוֹרָלֵנוּ כְּכָל הֲמוֹנָם.
שֶׁהֵם מִשְׁתַּחֲוִים לְהֶבֶל וָרִיק וּמִתְפַּלְּלִים אֶל אֵל לֹא יוֹשִׁיעַ.
וַאֲנַחְנוּ כּוֹרְעִים וּמִשְׁתַּחֲוִים וּמוֹדִים
לִפְנֵי מֶלֶךְ מַלְכֵי הַמְּלָכִים, הַקָּדוֹשׁ בָּרוּךְ הוּא
שֶׁהוּא נוֹטֶה שָׁמַיִם וְיוֹסֵד אָרֶץ, וּמוֹשַׁב יְקָרוֹ בַּשָּׁמַיִם מִמַּעַל
וּשְׁכִינַת עֻזּוֹ בְּגָבְהֵי מְרוֹמִים.
הוּא אֱלֹהֵינוּ, אֵין עוֹד.
אֱמֶת מַלְכֵּנוּ, אֶפֶס זוּלָתוֹ
כַּכָּתוּב בְּתוֹרָתוֹ, וְיָדַעְתָּ הַיּוֹם וַהֲשֵׁבֹתָ אֶל־לְבָבֶךָ דברים ד
כִּי יהוה הוּא הָאֱלֹהִים בַּשָּׁמַיִם מִמַּעַל וְעַל־הָאָרֶץ מִתָּחַת
אֵין עוֹד:

וְעַל כֵּן נְקַוֶּה לְּךָ יהוה אֱלֹהֵינוּ לִרְאוֹת מְהֵרָה בְּתִפְאֶרֶת עֻזֶּךָ
לְהַעֲבִיר גִּלּוּלִים מִן הָאָרֶץ, וְהָאֱלִילִים כָּרוֹת יִכָּרֵתוּן
לְתַקֵּן עוֹלָם בְּמַלְכוּת שַׁדַּי.
וְכָל בְּנֵי בָשָׂר יִקְרְאוּ בִשְׁמֶךָ, לְהַפְנוֹת אֵלֶיךָ כָּל רִשְׁעֵי אָרֶץ.
יַכִּירוּ וְיֵדְעוּ כָּל יוֹשְׁבֵי תֵבֵל
כִּי לְךָ תִּכְרַע כָּל בֶּרֶךְ, תִּשָּׁבַע כָּל לָשׁוֹן.
לְפָנֶיךָ יהוה אֱלֹהֵינוּ יִכְרְעוּ וְיִפֹּלוּ
וְלִכְבוֹד שִׁמְךָ יְקָר יִתֵּנוּ
וִיקַבְּלוּ כֻלָּם אֶת עֹל מַלְכוּתֶךָ
וְתִמְלֹךְ עֲלֵיהֶם מְהֵרָה לְעוֹלָם וָעֶד.

כִּי הַמַּלְכוּת שֶׁלְּךָ הִיא וּלְעוֹלְמֵי עַד תִּמְלֹךְ בְּכָבוֹד
כַּכָּתוּב בְּתוֹרָתֶךָ

שמות טו יהוה יִמְלֹךְ לְעֹלָם וָעֶד:

וְנֶאֱמַר

במדבר כג לֹא־הִבִּיט אָוֶן בְּיַעֲקֹב, וְלֹא־רָאָה עָמָל בְּיִשְׂרָאֵל
יהוה אֱלֹהָיו עִמּוֹ, וּתְרוּעַת מֶלֶךְ בּוֹ:

וְנֶאֱמַר

דברים לג וַיְהִי בִישֻׁרוּן מֶלֶךְ, בְּהִתְאַסֵּף רָאשֵׁי עָם
יַחַד שִׁבְטֵי יִשְׂרָאֵל:

וּבְדִבְרֵי קָדְשְׁךָ כָּתוּב לֵאמֹר

תהלים כב כִּי לַיהוה הַמְּלוּכָה וּמֹשֵׁל בַּגּוֹיִם:

וְנֶאֱמַר

תהלים צג יהוה מָלָךְ, גֵּאוּת לָבֵשׁ
לָבֵשׁ יהוה עֹז הִתְאַזָּר
אַף־תִּכּוֹן תֵּבֵל בַּל־תִּמּוֹט:

וְנֶאֱמַר

תהלים כד שְׂאוּ שְׁעָרִים רָאשֵׁיכֶם, וְהִנָּשְׂאוּ פִּתְחֵי עוֹלָם
וְיָבוֹא מֶלֶךְ הַכָּבוֹד:
מִי זֶה מֶלֶךְ הַכָּבוֹד, יהוה עִזּוּז וְגִבּוֹר
יהוה גִּבּוֹר מִלְחָמָה:
שְׂאוּ שְׁעָרִים רָאשֵׁיכֶם, וּשְׂאוּ פִּתְחֵי עוֹלָם
וְיָבֹא מֶלֶךְ הַכָּבוֹד:
מִי הוּא זֶה מֶלֶךְ הַכָּבוֹד
יהוה צְבָאוֹת הוּא מֶלֶךְ הַכָּבוֹד סֶלָה:

וְעַל יְדֵי עֲבָדֶיךָ הַנְּבִיאִים כָּתוּב לֵאמֹר

ישעיה מד
כֹּה־אָמַר יהוה מֶלֶךְ־יִשְׂרָאֵל וְגֹאֲלוֹ, יהוה צְבָאוֹת
אֲנִי רִאשׁוֹן וַאֲנִי אַחֲרוֹן, וּמִבַּלְעָדַי אֵין אֱלֹהִים:

וְנֶאֱמַר

עובדיה א
וְעָלוּ מוֹשִׁעִים בְּהַר צִיּוֹן לִשְׁפֹּט אֶת־הַר עֵשָׂו
וְהָיְתָה לַיהוה הַמְּלוּכָה:

וְנֶאֱמַר

זכריה יד
וְהָיָה יהוה לְמֶלֶךְ עַל־כָּל־הָאָרֶץ
בַּיּוֹם הַהוּא יִהְיֶה יהוה אֶחָד וּשְׁמוֹ אֶחָד:

וּבְתוֹרָתְךָ כָּתוּב לֵאמֹר

דברים ו
שְׁמַע יִשְׂרָאֵל, יהוה אֱלֹהֵינוּ יהוה אֶחָד:

אֱלֹהֵינוּ וֵאלֹהֵי אֲבוֹתֵינוּ
מְלֹךְ עַל כָּל הָעוֹלָם כֻּלּוֹ בִּכְבוֹדֶךָ
וְהִנָּשֵׂא עַל כָּל הָאָרֶץ בִּיקָרֶךָ
וְהוֹפַע בַּהֲדַר גְּאוֹן עֻזֶּךָ עַל כָּל יוֹשְׁבֵי תֵבֵל אַרְצֶךָ.
וְיֵדַע כָּל פָּעוּל כִּי אַתָּה פְעַלְתּוֹ
וְיָבִין כָּל יָצוּר כִּי אַתָּה יְצַרְתּוֹ, וְיֹאמַר כֹּל אֲשֶׁר נְשָׁמָה בְאַפּוֹ
יהוה אֱלֹהֵי יִשְׂרָאֵל מֶלֶךְ וּמַלְכוּתוֹ בַּכֹּל מָשָׁלָה.
קַדְּשֵׁנוּ בְּמִצְוֹתֶיךָ וְתֵן חֶלְקֵנוּ בְּתוֹרָתֶךָ
שַׂבְּעֵנוּ מִטּוּבֶךָ, וְשַׂמַּח נַפְשֵׁנוּ בִּישׁוּעָתֶךָ
וְטַהֵר לִבֵּנוּ לְעָבְדְּךָ בֶּאֱמֶת
כִּי אַתָּה אֱלֹהִים אֱמֶת, וּדְבָרְךָ אֱמֶת וְקַיָּם לָעַד.
בָּרוּךְ אַתָּה יהוה, מֶלֶךְ עַל כָּל הָאָרֶץ
מְקַדֵּשׁ יִשְׂרָאֵל וְיוֹם הַזִּכָּרוֹן.

ברוב הקהילות נוהגים לתקוע ולומר ׳הַיּוֹם הֲרַת עוֹלָם׳.

תקיעה	שברים תרועה	תקיעה
תקיעה	שברים	תקיעה
תקיעה	תרועה	תקיעה

הַיּוֹם הֲרַת עוֹלָם, הַיּוֹם יַעֲמִיד בַּמִּשְׁפָּט כָּל יְצוּרֵי עוֹלָמִים
אִם כְּבָנִים אִם כַּעֲבָדִים.
אִם כְּבָנִים, רַחֲמֵנוּ כְּרַחֵם אָב עַל בָּנִים
וְאִם כַּעֲבָדִים, עֵינֵינוּ לְךָ תְלוּיוֹת עַד שֶׁתְּחָנֵּנוּ
וְתוֹצִיא כָאוֹר מִשְׁפָּטֵנוּ, אָיֹם קָדוֹשׁ.

זיכרונות

אַתָּה זוֹכֵר מַעֲשֵׂה עוֹלָם, וּפוֹקֵד כָּל יְצוּרֵי קֶדֶם
לְפָנֶיךָ נִגְלוּ כָּל תַּעֲלוּמוֹת וַהֲמוֹן נִסְתָּרוֹת שֶׁמִּבְּרֵאשִׁית
כִּי אֵין שִׁכְחָה לִפְנֵי כִסֵּא כְבוֹדֶךָ, וְאֵין נִסְתָּר מִנֶּגֶד עֵינֶיךָ.

אַתָּה זוֹכֵר אֶת כָּל הַמִּפְעָל, וְגַם כָּל הַיְצוּר לֹא נִכְחָד מִמֶּךָּ.
הַכֹּל גָּלוּי וְיָדוּעַ לְפָנֶיךָ יהוה אֱלֹהֵינוּ
צוֹפֶה וּמַבִּיט עַד סוֹף כָּל הַדּוֹרוֹת
כִּי תָבִיא חֹק זִכָּרוֹן לְהִפָּקֵד כָּל רְוּחַ וָנֶפֶשׁ
לְהִזָּכֵר מַעֲשִׂים רַבִּים, וַהֲמוֹן בְּרִיּוֹת לְאֵין תַּכְלִית.
מֵרֵאשִׁית כָּזֹאת הוֹדַעְתָּ, וּמִלְּפָנִים אוֹתָהּ גִּלִּיתָ.
זֶה הַיּוֹם תְּחִלַּת מַעֲשֶׂיךָ, זִכָּרוֹן לְיוֹם רִאשׁוֹן
כִּי חֹק לְיִשְׂרָאֵל הוּא, מִשְׁפָּט לֵאלֹהֵי יַעֲקֹב: תהלים פא

וְעַל הַמְּדִינוֹת בּוֹ יֵאָמֵר
אֵיזוֹ לַחֶרֶב, וְאֵיזוֹ לַשָּׁלוֹם
אֵיזוֹ לָרָעָב, וְאֵיזוֹ לַשֹּׂבַע
וּבְרִיּוֹת בּוֹ יִפָּקֵדוּ, לְהַזְכִּירָם לַחַיִּים וְלַמָּוֶת.

מִי לֹא נִפְקַד כְּהַיּוֹם הַזֶּה, כִּי זֵכֶר כָּל הַיְצוּר לְפָנֶיךָ בָּא
מַעֲשֵׂה אִישׁ וּפְקֻדָּתוֹ, וַעֲלִילוֹת מִצְעֲדֵי גָבֶר
מַחְשְׁבוֹת אָדָם וְתַחְבּוּלוֹתָיו, וְיִצְרֵי מַעַלְלֵי אִישׁ.
אַשְׁרֵי אִישׁ שֶׁלֹּא יִשְׁכָּחֶךָּ, וּבֶן אָדָם יִתְאַמֶּץ בָּךְ
כִּי דוֹרְשֶׁיךָ לְעוֹלָם לֹא יִכָּשֵׁלוּ
וְלֹא יִכָּלְמוּ לָנֶצַח כָּל הַחוֹסִים בָּךְ.
כִּי זֵכֶר כָּל הַמַּעֲשִׂים לְפָנֶיךָ בָּא, וְאַתָּה דוֹרֵשׁ מַעֲשֵׂה כֻלָּם.

וְגַם אֶת נֹחַ בְּאַהֲבָה זָכַרְתָּ, וַתִּפְקְדֵהוּ בִּדְבַר יְשׁוּעָה וְרַחֲמִים
בַּהֲבִיאֲךָ אֶת מֵי הַמַּבּוּל לְשַׁחֵת כָּל בָּשָׂר מִפְּנֵי רֹעַ מַעַלְלֵיהֶם
עַל כֵּן זִכְרוֹנוֹ בָּא לְפָנֶיךָ, יהוה אֱלֹהֵינוּ
לְהַרְבּוֹת זַרְעוֹ כְּעַפְרוֹת תֵּבֵל, וְצֶאֱצָאָיו כְּחוֹל הַיָּם.

כַּכָּתוּב בְּתוֹרָתֶךָ
וַיִּזְכֹּר אֱלֹהִים אֶת־נֹחַ בראשית ח
וְאֵת כָּל־הַחַיָּה וְאֶת־כָּל־הַבְּהֵמָה אֲשֶׁר אִתּוֹ בַּתֵּבָה
וַיַּעֲבֵר אֱלֹהִים רוּחַ עַל־הָאָרֶץ, וַיָּשֹׁכּוּ הַמָּיִם:

וְנֶאֱמַר
וַיִּשְׁמַע אֱלֹהִים אֶת־נַאֲקָתָם, וַיִּזְכֹּר אֱלֹהִים אֶת־בְּרִיתוֹ שמות ב
אֶת־אַבְרָהָם אֶת־יִצְחָק וְאֶת־יַעֲקֹב:

וְנֶאֱמַר

ויקרא כו
וְזָכַרְתִּי אֶת־בְּרִיתִי יַעֲקוֹב
וְאַף אֶת־בְּרִיתִי יִצְחָק, וְאַף אֶת־בְּרִיתִי אַבְרָהָם אֶזְכֹּר
וְהָאָרֶץ אֶזְכֹּר:

וּבְדִבְרֵי קָדְשְׁךָ כָּתוּב לֵאמֹר

תהלים קיא
זֵכֶר עָשָׂה לְנִפְלְאוֹתָיו, חַנּוּן וְרַחוּם יהוה:

וְנֶאֱמַר

תהלים קיא
טֶרֶף נָתַן לִירֵאָיו, יִזְכֹּר לְעוֹלָם בְּרִיתוֹ:

וְנֶאֱמַר

תהלים קו
וַיִּזְכֹּר לָהֶם בְּרִיתוֹ, וַיִּנָּחֵם כְּרֹב חֲסָדָו:

וְעַל יְדֵי עֲבָדֶיךָ הַנְּבִיאִים כָּתוּב לֵאמֹר

ירמיה ב
הָלֹךְ וְקָרָאתָ בְאָזְנֵי יְרוּשָׁלַיִם לֵאמֹר
כֹּה אָמַר יהוה
זָכַרְתִּי לָךְ חֶסֶד נְעוּרַיִךְ, אַהֲבַת כְּלוּלֹתָיִךְ
לֶכְתֵּךְ אַחֲרַי בַּמִּדְבָּר, בְּאֶרֶץ לֹא זְרוּעָה:

וְנֶאֱמַר

יחזקאל טז
וְזָכַרְתִּי אֲנִי אֶת־בְּרִיתִי אוֹתָךְ בִּימֵי נְעוּרָיִךְ
וַהֲקִימוֹתִי לָךְ בְּרִית עוֹלָם:

וְנֶאֱמַר

ירמיה לא
הֲבֵן יַקִּיר לִי אֶפְרַיִם, אִם יֶלֶד שַׁעֲשׁוּעִים
כִּי־מִדֵּי דַבְּרִי בּוֹ, זָכֹר אֶזְכְּרֶנּוּ עוֹד
עַל־כֵּן הָמוּ מֵעַי לוֹ, רַחֵם אֲרַחֲמֶנּוּ נְאֻם־יהוה:

אֱלֹהֵינוּ וֵאלֹהֵי אֲבוֹתֵינוּ
זָכְרֵנוּ בְּזִכְּרוֹן טוֹב לְפָנֶיךָ
וּפָקְדֵנוּ בִּפְקֻדַּת יְשׁוּעָה וְרַחֲמִים מִשְּׁמֵי שְׁמֵי קֶדֶם
וּזְכָר לָנוּ יהוה אֱלֹהֵינוּ
אֶת הַבְּרִית וְאֶת הַחֶסֶד וְאֶת הַשְּׁבוּעָה
אֲשֶׁר נִשְׁבַּעְתָּ לְאַבְרָהָם אָבִינוּ בְּהַר הַמּוֹרִיָּה
וְתֵרָאֶה לְפָנֶיךָ עֲקֵדָה
שֶׁעָקַד אַבְרָהָם אָבִינוּ אֶת יִצְחָק בְּנוֹ עַל גַּבֵּי הַמִּזְבֵּחַ
וְכָבַשׁ רַחֲמָיו, לַעֲשׂוֹת רְצוֹנְךָ בְּלֵבָב שָׁלֵם.
כֵּן יִכְבְּשׁוּ רַחֲמֶיךָ אֶת כַּעַסְךָ מֵעָלֵינוּ
וּבְטוּבְךָ הַגָּדוֹל יָשׁוּב חֲרוֹן אַפְּךָ מֵעַמְּךָ
וּמֵעִירְךָ וּמֵאַרְצְךָ וּמִנַּחֲלָתֶךָ.
וְקַיֶּם לָנוּ יהוה אֱלֹהֵינוּ אֶת הַדָּבָר שֶׁהִבְטַחְתָּנוּ בְּתוֹרָתֶךָ
עַל יְדֵי מֹשֶׁה עַבְדֶּךָ, מִפִּי כְבוֹדֶךָ
כָּאָמוּר
וְזָכַרְתִּי לָהֶם בְּרִית רִאשֹׁנִים ויקרא כו
אֲשֶׁר הוֹצֵאתִי־אֹתָם מֵאֶרֶץ מִצְרַיִם לְעֵינֵי הַגּוֹיִם
לִהְיוֹת לָהֶם לֵאלֹהִים
אֲנִי יהוה:

כִּי זוֹכֵר כָּל הַנִּשְׁכָּחוֹת אַתָּה הוּא מֵעוֹלָם
וְאֵין שִׁכְחָה לִפְנֵי כִסֵּא כְבוֹדֶךָ
וַעֲקֵדַת יִצְחָק לְזַרְעוֹ הַיּוֹם בְּרַחֲמִים תִּזְכֹּר.
בָּרוּךְ אַתָּה יהוה, זוֹכֵר הַבְּרִית.

ברוב הקהילות נוהגים לתקוע ולומר ׳הַיּוֹם הֲרַת עוֹלָם׳.

תקיעה	שברים תרועה	תקיעה
תקיעה	שברים	תקיעה
תקיעה	תרועה	תקיעה

הַיּוֹם הֲרַת עוֹלָם, הַיּוֹם יַעֲמִיד בַּמִּשְׁפָּט כָּל יְצוּרֵי עוֹלָמִים
אִם כְּבָנִים אִם כַּעֲבָדִים.
אִם כְּבָנִים, רַחֲמֵנוּ כְּרַחֵם אָב עַל בָּנִים
וְאִם כַּעֲבָדִים, עֵינֵינוּ לְךָ תְלוּיוֹת עַד שֶׁתְּחָנֵּנוּ
וְתוֹצִיא כָאוֹר מִשְׁפָּטֵנוּ, אָיֹם קָדוֹשׁ.

שופרות

אַתָּה נִגְלֵיתָ בַּעֲנַן כְּבוֹדֶךָ עַל עַם קָדְשְׁךָ לְדַבֵּר עִמָּם
מִן הַשָּׁמַיִם הִשְׁמַעְתָּם קוֹלֶךָ, וְנִגְלֵיתָ עֲלֵיהֶם בְּעַרְפְלֵי טֹהַר.
גַּם כָּל הָעוֹלָם כֻּלּוֹ חָל מִפָּנֶיךָ, וּבְרִיּוֹת בְּרֵאשִׁית חָרְדוּ מִמֶּךָּ
בְּהִגָּלוֹתְךָ מַלְכֵּנוּ עַל הַר סִינַי, לְלַמֵּד לְעַמְּךָ תּוֹרָה וּמִצְוֹת
וַתַּשְׁמִיעֵם אֶת הוֹד קוֹלֶךָ, וְדִבְּרוֹת קָדְשְׁךָ מִלַּהֲבוֹת אֵשׁ.
בְּקוֹלוֹת וּבְרָקִים עֲלֵיהֶם נִגְלֵיתָ, וּבְקוֹל שׁוֹפָר עֲלֵיהֶם הוֹפָעְתָּ.

כַּכָּתוּב בְּתוֹרָתֶךָ

וַיְהִי בַיּוֹם הַשְּׁלִישִׁי בִּהְיֹת הַבֹּקֶר (שמות יט)
וַיְהִי קֹלֹת וּבְרָקִים וְעָנָן כָּבֵד עַל־הָהָר
וְקֹל שֹׁפָר חָזָק מְאֹד, וַיֶּחֱרַד כָּל־הָעָם אֲשֶׁר בַּמַּחֲנֶה:

וְנֶאֱמַר

וַיְהִי קוֹל הַשֹּׁפָר הוֹלֵךְ וְחָזֵק מְאֹד (שמות יט)
מֹשֶׁה יְדַבֵּר, וְהָאֱלֹהִים יַעֲנֶנּוּ בְקוֹל:

וְנֶאֱמַר
וְכָל־הָעָם רֹאִים אֶת־הַקּוֹלֹת וְאֶת־הַלַּפִּידִם שמות כ
וְאֵת קוֹל הַשֹּׁפָר, וְאֶת־הָהָר עָשֵׁן
וַיַּרְא הָעָם וַיָּנֻעוּ, וַיַּעַמְדוּ מֵרָחֹק:

וּבְדִבְרֵי קָדְשְׁךָ כָּתוּב לֵאמֹר
עָלָה אֱלֹהִים בִּתְרוּעָה, יהוה בְּקוֹל שׁוֹפָר: תהלים מז

וְנֶאֱמַר
בַּחֲצֹצְרוֹת וְקוֹל שׁוֹפָר, הָרִיעוּ לִפְנֵי הַמֶּלֶךְ יהוה: תהלים צח

וְנֶאֱמַר
תִּקְעוּ בַחֹדֶשׁ שׁוֹפָר, בַּכֶּסֶה לְיוֹם חַגֵּנוּ: תהלים פא
כִּי חֹק לְיִשְׂרָאֵל הוּא, מִשְׁפָּט לֵאלֹהֵי יַעֲקֹב:

וְנֶאֱמַר
הַלְלוּיָהּ, הַלְלוּ־אֵל בְּקָדְשׁוֹ הַלְלְוּהוּ בִּרְקִיעַ עֻזּוֹ: תהלים קנ
הַלְלְוּהוּ בִגְבוּרֹתָיו הַלְלְוּהוּ כְּרֹב גֻּדְלוֹ:
הַלְלְוּהוּ בְּתֵקַע שׁוֹפָר הַלְלְוּהוּ בְּנֵבֶל וְכִנּוֹר:
הַלְלְוּהוּ בְתֹף וּמָחוֹל הַלְלְוּהוּ בְּמִנִּים וְעֻגָב:
הַלְלְוּהוּ בְצִלְצְלֵי־שָׁמַע הַלְלְוּהוּ בְּצִלְצְלֵי תְרוּעָה:
כֹּל הַנְּשָׁמָה תְּהַלֵּל יָהּ, הַלְלוּיָהּ:

וְעַל יְדֵי עֲבָדֶיךָ הַנְּבִיאִים כָּתוּב לֵאמֹר
כָּל־יֹשְׁבֵי תֵבֵל וְשֹׁכְנֵי אָרֶץ ישעיה יח
כִּנְשֹׂא־נֵס הָרִים תִּרְאוּ, וְכִתְקֹעַ שׁוֹפָר תִּשְׁמָעוּ:

וְנֶאֱמַר
וְהָיָה בַּיּוֹם הַהוּא יִתָּקַע בְּשׁוֹפָר גָּדוֹל ישעיה כז
וּבָאוּ הָאֹבְדִים בְּאֶרֶץ אַשּׁוּר, וְהַנִּדָּחִים בְּאֶרֶץ מִצְרָיִם
וְהִשְׁתַּחֲווּ לַיהוה בְּהַר הַקֹּדֶשׁ בִּירוּשָׁלָםִ:

וְנֶאֱמַר
זכריה ט
וַיהוה עֲלֵיהֶם יֵרָאֶה, וְיָצָא כַבָּרָק חִצּוֹ
וַאדֹנָי יֱהוִה בַּשּׁוֹפָר יִתְקָע, וְהָלַךְ בְּסַעֲרוֹת תֵּימָן:
יהוה צְבָאוֹת יָגֵן עֲלֵיהֶם:
כֵּן תָּגֵן עַל עַמְּךָ יִשְׂרָאֵל בִּשְׁלוֹמֶךָ.

אֱלֹהֵינוּ וֵאלֹהֵי אֲבוֹתֵינוּ
תְּקַע בְּשׁוֹפָר גָּדוֹל לְחֵרוּתֵנוּ, וְשָׂא נֵס לְקַבֵּץ גָּלֻיּוֹתֵינוּ
וְקָרֵב פְּזוּרֵינוּ מִבֵּין הַגּוֹיִם, וּנְפוּצוֹתֵינוּ כַּנֵּס מִיַּרְכְּתֵי אָרֶץ.
וַהֲבִיאֵנוּ לְצִיּוֹן עִירְךָ בְּרִנָּה
וְלִירוּשָׁלַיִם בֵּית מִקְדָּשְׁךָ בְּשִׂמְחַת עוֹלָם
וְשָׁם נַעֲשֶׂה לְפָנֶיךָ אֶת קָרְבְּנוֹת חוֹבוֹתֵינוּ
כִּמְצֻוֶּה עָלֵינוּ בְּתוֹרָתֶךָ עַל יְדֵי מֹשֶׁה עַבְדֶּךָ, מִפִּי כְבוֹדֶךָ
כָּאָמוּר
במדבר י
וּבְיוֹם שִׂמְחַתְכֶם וּבְמוֹעֲדֵיכֶם וּבְרָאשֵׁי חָדְשֵׁכֶם
וּתְקַעְתֶּם בַּחֲצֹצְרֹת עַל עֹלֹתֵיכֶם וְעַל זִבְחֵי שַׁלְמֵיכֶם
וְהָיוּ לָכֶם לְזִכָּרוֹן לִפְנֵי אֱלֹהֵיכֶם
אֲנִי יהוה אֱלֹהֵיכֶם:

כִּי אַתָּה שׁוֹמֵעַ קוֹל שׁוֹפָר וּמַאֲזִין תְּרוּעָה, וְאֵין דּוֹמֶה לָּךְ.
בָּרוּךְ אַתָּה יהוה, שׁוֹמֵעַ קוֹל תְּרוּעַת עַמּוֹ יִשְׂרָאֵל בְּרַחֲמִים.

ברוב הקהילות נוהגים לתקוע ולומר ׳הַיּוֹם הֲרַת עוֹלָם׳.

תקיעה	שברים תרועה	תקיעה
תקיעה	שברים	תקיעה
תקיעה	תרועה	תקיעה

הַיּוֹם הֲרַת עוֹלָם, הַיּוֹם יַעֲמִיד בַּמִּשְׁפָּט כָּל יְצוּרֵי עוֹלָמִים
אִם כְּבָנִים אִם כַּעֲבָדִים.
אִם כְּבָנִים, רַחֲמֵנוּ כְּרַחֵם אָב עַל בָּנִים
וְאִם כַּעֲבָדִים, עֵינֵינוּ לְךָ תְלוּיוֹת עַד שֶׁתְּחָנֵּנוּ
וְתוֹצִיא כָאוֹר מִשְׁפָּטֵנוּ, אָיֹם קָדוֹשׁ.

עבודה

רְצֵה יהוה אֱלֹהֵינוּ בְּעַמְּךָ יִשְׂרָאֵל, וְלִתְפִלָּתָם שְׁעֵה
וְהָשֵׁב אֶת הָעֲבוֹדָה לִדְבִיר בֵּיתֶךָ
וְאִשֵּׁי יִשְׂרָאֵל וּתְפִלָּתָם, מְהֵרָה בְּאַהֲבָה תְקַבֵּל בְּרָצוֹן
וּתְהִי לְרָצוֹן תָּמִיד עֲבוֹדַת יִשְׂרָאֵל עַמֶּךָ.
וְתֶחֱזֶינָה עֵינֵינוּ בְּשׁוּבְךָ לְצִיּוֹן בְּרַחֲמִים.
בָּרוּךְ אַתָּה יהוה, הַמַּחֲזִיר שְׁכִינָתוֹ לְצִיּוֹן.

הודאה

כורע ב׳מודים׳ ואינו זוקף עד אמירת השם.

מוֹדִים אֲנַחְנוּ לָךְ
שָׁאַתָּה הוּא יהוה אֱלֹהֵינוּ וֵאלֹהֵי אֲבוֹתֵינוּ לְעוֹלָם וָעֶד.
צוּר חַיֵּינוּ, מָגֵן יִשְׁעֵנוּ אַתָּה הוּא לְדוֹר וָדוֹר.
נוֹדֶה לְּךָ וּנְסַפֵּר תְּהִלָּתֶךָ
עַל חַיֵּינוּ הַמְּסוּרִים בְּיָדֶךָ
וְעַל נִשְׁמוֹתֵינוּ הַפְּקוּדוֹת לָךְ
וְעַל נִסֶּיךָ שֶׁבְּכָל יוֹם עִמָּנוּ
וְעַל נִפְלְאוֹתֶיךָ וְטוֹבוֹתֶיךָ שֶׁבְּכָל עֵת, עֶרֶב וָבֹקֶר וְצָהֳרָיִם.
הַטּוֹב, כִּי לֹא כָלוּ רַחֲמֶיךָ וְהַמְרַחֵם, כִּי לֹא תַמּוּ חֲסָדֶיךָ
כִּי מֵעוֹלָם קִוִּינוּ לָךְ.

וְעַל כֻּלָּם יִתְבָּרַךְ וְיִתְרוֹמַם וְיִתְנַשֵּׂא שִׁמְךָ מַלְכֵּנוּ
תָּמִיד לְעוֹלָם וָעֶד.
וּכְתֹב לְחַיִּים טוֹבִים כָּל בְּנֵי בְרִיתֶךָ.
וְכֹל הַחַיִּים יוֹדוּךָ סֶּלָה
וִיהַלְלוּ וִיבָרְכוּ אֶת שִׁמְךָ הַגָּדוֹל בֶּאֱמֶת לְעוֹלָם כִּי טוֹב
הָאֵל יְשׁוּעָתֵנוּ וְעֶזְרָתֵנוּ סֶלָה, הָאֵל הַטּוֹב.
׳בָּרוּךְ אַתָּה יהוה, הַטּוֹב שִׁמְךָ וּלְךָ נָאֶה לְהוֹדוֹת.

אם שכח לומר ׳וּכְתֹב לְחַיִּים טוֹבִים׳, אינו חוזר.

שלום

שִׂים שָׁלוֹם טוֹבָה וּבְרָכָה, חַיִּים חֵן וָחֶסֶד וְרַחֲמִים
עָלֵינוּ וְעַל כָּל יִשְׂרָאֵל עַמֶּךָ.
בָּרְכֵנוּ אָבִינוּ כֻּלָּנוּ כְּאֶחָד בְּאוֹר פָּנֶיךָ
כִּי בְאוֹר פָּנֶיךָ נָתַתָּ לָּנוּ יהוה אֱלֹהֵינוּ
תּוֹרַת חַיִּים וְאַהֲבַת חֶסֶד
וּצְדָקָה וּבְרָכָה וְרַחֲמִים וְחַיִּים וְשָׁלוֹם.
וְטוֹב יִהְיֶה בְּעֵינֶיךָ לְבָרְכֵנוּ
וּלְבָרֵךְ אֶת כָּל עַמְּךָ יִשְׂרָאֵל
בְּכָל עֵת וּבְכָל שָׁעָה בִּשְׁלוֹמֶךָ.

בְּסֵפֶר חַיִּים, בְּרָכָה וְשָׁלוֹם, וּפַרְנָסָה טוֹבָה
וּגְזֵרוֹת טוֹבוֹת, יְשׁוּעוֹת וְנֶחָמוֹת
נִזָּכֵר וְנִכָּתֵב לְפָנֶיךָ אֲנַחְנוּ וְכָל עַמְּךָ בֵּית יִשְׂרָאֵל
לְחַיִּים טוֹבִים וּלְשָׁלוֹם.

בָּרוּךְ אַתָּה יהוה, הַמְבָרֵךְ אֶת עַמּוֹ יִשְׂרָאֵל בַּשָּׁלוֹם.

אם שכח לומר ׳בְּסֵפֶר חַיִּים׳, אינו חוזר.

יש מוסיפים:

יִהְיוּ לְרָצוֹן אִמְרֵי פִי וְהֶגְיוֹן לִבִּי לְפָנֶיךָ, יהוה צוּרִי וְגֹאֲלִי: תהלים יט

אֱלֹהַי ברכות יז.

נְצֹר לְשׁוֹנִי מֵרָע וּשְׂפָתַי מִדַּבֵּר מִרְמָה

וְלִמְקַלְלַי נַפְשִׁי תִדֹּם, וְנַפְשִׁי כֶּעָפָר לַכֹּל תִּהְיֶה.

פְּתַח לִבִּי בְּתוֹרָתֶךָ, וְאַחֲרֵי מִצְוֹתֶיךָ תִּרְדֹּף נַפְשִׁי.

וְכָל הַקָּמִים וְהַחוֹשְׁבִים עָלַי רָעָה

מְהֵרָה הָפֵר עֲצָתָם וְקַלְקֵל מַחֲשַׁבְתָּם.

יש המוסיפים:

יְהִי רָצוֹן מִלְּפָנֶיךָ יהוה אֱלֹהַי וֵאלֹהֵי אֲבוֹתַי

שֶׁלֹּא תַעֲלֶה קִנְאַת אָדָם עָלַי, וְלֹא קִנְאָתִי עַל אֲחֵרִים

וְשֶׁלֹּא אֶכְעֹס הַיּוֹם, וְשֶׁלֹּא אַכְעִיסֶךָ

וְתַצִּילֵנִי מִיֵּצֶר הָרָע, וְתֵן בְּלִבִּי הַכְנָעָה וַעֲנָוָה.

מַלְכֵּנוּ וֵאלֹהֵינוּ, יַחֵד שִׁמְךָ בְּעוֹלָמֶךָ

בְּנֵה עִירָךְ, יַסֵּד בֵּיתָךְ וְשַׁכְלֵל הֵיכָלָךְ

וְקַבֵּץ קִבּוּץ גָּלֻיּוֹת, וּפְדֵה צֹאנָךְ וְשַׂמַּח עֲדָתָךְ.

עֲשֵׂה לְמַעַן שְׁמֶךָ, עֲשֵׂה לְמַעַן יְמִינֶךָ

עֲשֵׂה לְמַעַן תּוֹרָתֶךָ, עֲשֵׂה לְמַעַן קְדֻשָּׁתֶךָ.

לְמַעַן יֵחָלְצוּן יְדִידֶיךָ, הוֹשִׁיעָה יְמִינְךָ וַעֲנֵנִי: תהלים ס

יִהְיוּ לְרָצוֹן אִמְרֵי פִי וְהֶגְיוֹן לִבִּי לְפָנֶיךָ, יהוה צוּרִי וְגֹאֲלִי: תהלים יט

כורע ופוסע שלוש פסיעות לאחור. קד לשמאל, לימין ולפנים באמירת:

עֹשֶׂה הַשָּׁלוֹם בִּמְרוֹמָיו

הוּא יַעֲשֶׂה שָׁלוֹם, עָלֵינוּ וְעַל כָּל יִשְׂרָאֵל, וְאִמְרוּ אָמֵן.

יְהִי רָצוֹן מִלְּפָנֶיךָ יהוה אֱלֹהֵינוּ וֵאלֹהֵי אֲבוֹתֵינוּ

שֶׁיִּבָּנֶה בֵּית הַמִּקְדָּשׁ בִּמְהֵרָה בְיָמֵינוּ, וְתֵן חֶלְקֵנוּ בְּתוֹרָתֶךָ

וְשָׁם נַעֲבָדְךָ בְּיִרְאָה כִּימֵי עוֹלָם וּכְשָׁנִים קַדְמוֹנִיּוֹת.

וְעָרְבָה לַיהוה מִנְחַת יְהוּדָה וִירוּשָׁלָםִ כִּימֵי עוֹלָם וּכְשָׁנִים קַדְמֹנִיּוֹת: מלאכי ג

חזרת הש״ץ למוסף ליום ב׳ של ראש השנה

״יָדַעְתִּי ה׳ כִּי־צֶדֶק מִשְׁפָּטֶיךָ, וֶאֱמוּנָה עִנִּיתָנִי״ (תהלים קיט, עה).
״הַקְשִׁיבָה לִּי וַעֲנֵנִי, אָרִיד בְּשִׂיחִי וְאָהִימָה״ (שם נה, ג).
״וְנַפְשִׁי תָּגִיל בַּה׳, תָּשִׂישׂ בִּישׁוּעָתוֹ״ (שם לה, ט).
״הַנּוֹתֵן תְּשׁוּעָה לַמְּלָכִים, הַפּוֹצֶה אֶת־דָּוִד עַבְדּוֹ מֵחֶרֶב רָעָה״ (שם קמד, י).

פותחים את ארון הקודש.

שליח הציבור פוסע שלוש פסיעות לפנים כמי שנכנס לפני המלך.
כורע במקומות המסומנים ב׳, קד לפנים במילה הבאה וזוקף בשם.

דברים לב — *יש אומרים בלחש:* **כִּי שֵׁם יהוה אֶקְרָא, הָבוּ גֹדֶל לֵאלֹהֵינוּ:**
תהלים נא — **אֲדֹנָי, שְׂפָתַי תִּפְתָּח, וּפִי יַגִּיד תְּהִלָּתֶךָ:**

אבות

׳בָּרוּךְ אַתָּה יהוה, אֱלֹהֵינוּ וֵאלֹהֵי אֲבוֹתֵינוּ
אֱלֹהֵי אַבְרָהָם, אֱלֹהֵי יִצְחָק, וֵאלֹהֵי יַעֲקֹב
הָאֵל הַגָּדוֹל הַגִּבּוֹר וְהַנּוֹרָא, אֵל עֶלְיוֹן
גּוֹמֵל חֲסָדִים טוֹבִים, קוֹנֵה הַכֹּל
וְזוֹכֵר חַסְדֵי אָבוֹת
וּמֵבִיא גוֹאֵל לִבְנֵי בְנֵיהֶם לְמַעַן שְׁמוֹ בְּאַהֲבָה.

יש נוהגים שהקהל אומר בקול, ושליח הציבור חוזר אחריו:

זָכְרֵנוּ לְחַיִּים, מֶלֶךְ חָפֵץ בַּחַיִּים
וְכָתְבֵנוּ בְּסֵפֶר הַחַיִּים, לְמַעַנְךָ אֱלֹהִים חַיִּים.

שליח הציבור ממשיך:

מֶלֶךְ עוֹזֵר וּמוֹשִׁיעַ וּמָגֵן.
׳בָּרוּךְ אַתָּה יהוה, מָגֵן אַבְרָהָם.

גבורות

אַתָּה גִּבּוֹר לְעוֹלָם, אֲדֹנָי
מְחַיֵּה מֵתִים אַתָּה, רַב לְהוֹשִׁיעַ
בארץ ישראל: מוֹרִיד הַטָּל

מְכַלְכֵּל חַיִּים בְּחֶסֶד
מְחַיֵּה מֵתִים בְּרַחֲמִים רַבִּים
סוֹמֵךְ נוֹפְלִים, וְרוֹפֵא חוֹלִים, וּמַתִּיר אֲסוּרִים
וּמְקַיֵּם אֱמוּנָתוֹ לִישֵׁנֵי עָפָר.
מִי כָמְוֹךָ, בַּעַל גְּבוּרוֹת, וּמִי דּוֹמֶה לָּךְ
מֶלֶךְ, מֵמִית וּמְחַיֶּה וּמַצְמִיחַ יְשׁוּעָה.

יש נוהגים שהקהל אומר בקול, ושליח הציבור חוזר אחריו:

מִי כָמְוֹךָ אָב הָרַחֲמָן, זוֹכֵר יְצוּרָיו לְחַיִּים בְּרַחֲמִים.

שליח הציבור ממשיך:

וְנֶאֱמָן אַתָּה לְהַחֲיוֹת מֵתִים.
בָּרוּךְ אַתָּה יהוה, מְחַיֵּה הַמֵּתִים.

ביום השני אין אומרים ׳קרובה׳ בתפילת מוסף. יש קהילות
שבהן אומרים את הפיוט הבא כאן (ולא בשחרית).

סימן א״ב

וּבְכֵן לְךָ הַכֹּל יַכְתִּירוּ.

לְאֵל עוֹרֵךְ דִּין — לְבוֹחֵן לְבָבוֹת בְּיוֹם דִּין.
לְגוֹלֶה עֲמוּקוֹת בַּדִּין — לְדוֹבֵר מֵישָׁרִים בְּיוֹם דִּין.
לְהוֹגֶה דֵעוֹת בַּדִּין — לְוָתִיק וְעוֹשֶׂה חֶסֶד בְּיוֹם דִּין.
לְזוֹכֵר בְּרִיתוֹ בַּדִּין — לְחוֹמֵל מַעֲשָׂיו בְּיוֹם דִּין.
לְטַהֵר חוֹסָיו בַּדִּין — לְיוֹדֵעַ מַחֲשָׁבוֹת בְּיוֹם דִּין
לְכוֹבֵשׁ כַּעְסוֹ בַּדִּין — לְלוֹבֵשׁ צְדָקוֹת בְּיוֹם דִּין.
לְמוֹחֵל עֲוֹנוֹת בַּדִּין — לְנוֹרָא תְהִלּוֹת בְּיוֹם דִּין.
לְסוֹלֵחַ לַעֲמוּסָיו בַּדִּין — לְעוֹנֶה לְקוֹרְאָיו בְּיוֹם דִּין.
לְפוֹעֵל רַחֲמָיו בַּדִּין — לְצוֹפֶה נִסְתָּרוֹת בְּיוֹם דִּין.
לְקוֹנֶה עֲבָדָיו בַּדִּין — לְרַחֵם עַמּוֹ בְּיוֹם דִּין.
לְשׁוֹמֵר אֹהֲבָיו בַּדִּין — לְתוֹמֵךְ תְּמִימָיו בְּיוֹם דִּין.

יש קהילות שבהן נוהגים לסגור כאן את ארון הקודש, ולפתחו שוב לפני ׳וּנְתַנֶּה תֹּקֶף׳.

וּבְכֵן לְךָ תַעֲלֶה קְדֻשָּׁה, כִּי אַתָּה אֱלֹהֵינוּ מֶלֶךְ.

סילוק

הקהל ושליח הציבור אומרים (ראה עמ׳ 225):

וּנְתַנֶּה תֹּקֶף קְדֻשַּׁת הַיּוֹם / כִּי הוּא נוֹרָא וְאָיֹם
וּבוֹ תִנָּשֵׂא מַלְכוּתֶךָ / וְיִכּוֹן בְּחֶסֶד כִּסְאֶךָ / וְתֵשֵׁב עָלָיו בֶּאֱמֶת.
אֱמֶת, כִּי אַתָּה הוּא דַיָּן וּמוֹכִיחַ, וְיוֹדֵעַ וָעֵד
וְכוֹתֵב וְחוֹתֵם וְסוֹפֵר וּמוֹנֶה
וְתִזְכֹּר כָּל הַנִּשְׁכָּחוֹת / וְתִפְתַּח אֶת סֵפֶר הַזִּכְרוֹנוֹת
וּמֵאֵלָיו יִקָּרֵא / וְחוֹתָם יַד כָּל אָדָם בּוֹ.

וּבְשׁוֹפָר גָּדוֹל יִתָּקַע / וְקוֹל דְּמָמָה דַקָּה יִשָּׁמַע
וּמַלְאָכִים יֵחָפֵזוּן / וְחִיל וּרְעָדָה יֹאחֵזוּן
וְיֹאמְרוּ, הִנֵּה יוֹם הַדִּין / לִפְקֹד עַל צְבָא מָרוֹם בַּדִּין
כִּי לֹא יִזְכּוּ בְעֵינֶיךָ בַּדִּין
וְכָל בָּאֵי עוֹלָם יַעַבְרוּן לְפָנֶיךָ כִּבְנֵי מָרוֹן.

כְּבַקָּרַת רוֹעֶה עֶדְרוֹ / מַעֲבִיר צֹאנוֹ תַּחַת שִׁבְטוֹ
כֵּן תַּעֲבִיר וְתִסְפֹּר וְתִמְנֶה / וְתִפְקֹד נֶפֶשׁ כָּל חָי
וְתַחְתֹּךְ קִצְבָה לְכָל בְּרִיָּה / וְתִכְתֹּב אֶת גְּזַר דִּינָם.

קהל ושליח הציבור אחריו:

בְּרֹאשׁ הַשָּׁנָה יִכָּתֵבוּן / וּבְיוֹם צוֹם כִּפּוּר יֵחָתֵמוּן.
כַּמָּה יַעַבְרוּן וְכַמָּה יִבָּרֵאוּן
מִי יִחְיֶה וּמִי יָמוּת / מִי בְקִצּוֹ וּמִי לֹא בְקִצּוֹ
מִי בַמַּיִם וּמִי בָאֵשׁ / מִי בַחֶרֶב וּמִי בַחַיָּה / מִי בָרָעָב וּמִי בַצָּמָא
מִי בָרַעַשׁ וּמִי בַמַּגֵּפָה / מִי בַחֲנִיקָה וּמִי בַסְּקִילָה.
מִי יָנְוּחַ וּמִי יָנְוּעַ / מִי יַשְׁקִיט וּמִי יְטֹּרֵף
מִי יִשָּׁלֵו וּמִי יִתְיַסָּר / מִי יֵעָנִי וּמִי יֵעָשֵׁיר / מִי יֻשְׁפַּל וּמִי יָרוּם.

הקהל אומר בקול ושליח הציבור אחריו:

צום קול ממון

וּתְשׁוּבָה וּתְפִלָּה וּצְדָקָה / מַעֲבִירִין אֶת רֹעַ הַגְּזֵרָה.

הכול:

כִּי כְּשִׁמְךָ כֵּן תְּהִלָּתֶךָ / קָשֶׁה לִכְעֹס וְנוֹחַ לִרְצוֹת
כִּי לֹא תַחְפֹּץ בְּמוֹת הַמֵּת / כִּי אִם בְּשׁוּבוֹ מִדַּרְכּוֹ, וְחָיָה
וְעַד יוֹם מוֹתוֹ תְּחַכֶּה לּוֹ / אִם יָשׁוּב, מִיַּד תְּקַבְּלוֹ.

שליח הציבור:

אֱמֶת, כִּי אַתָּה הוּא יוֹצְרָם / וְיוֹדֵעַ יִצְרָם / כִּי הֵם בָּשָׂר וָדָם.

אָדָם יְסוֹדוֹ מֵעָפָר / וְסוֹפוֹ לֶעָפָר
בְּנַפְשׁוֹ יָבִיא לַחְמוֹ / מָשׁוּל כַּחֶרֶס הַנִּשְׁבָּר
כְּחָצִיר יָבֵשׁ, וּכְצִיץ נוֹבֵל / כְּצֵל עוֹבֵר, וּכְעָנָן כָּלֶה
וּכְרוּחַ נוֹשָׁבֶת, וּכְאָבָק פּוֹרֵחַ, וְכַחֲלוֹם יָעוּף.

הקהל אומר בקול ושליח הציבור אחריו:

וְאַתָּה הוּא מֶלֶךְ, אֵל חַי וְקַיָּם.

סוגרים את ארון הקודש.

קהל ושליח הציבור אחריו:

אֵין קִצְבָה לִשְׁנוֹתֶיךָ / וְאֵין קֵץ לְאֹרֶךְ יָמֶיךָ
וְאֵין לְשַׁעֵר מַרְכְּבוֹת כְּבוֹדֶךָ / וְאֵין לְפָרֵשׁ עֵילוֹם שְׁמֶךָ.
שִׁמְךָ נָאֶה לְךָ / וְאַתָּה נָאֶה לִשְׁמֶךָ / וּשְׁמֵנוּ קָרָאתָ בִשְׁמֶךָ.
עֲשֵׂה לְמַעַן שְׁמֶךָ, וְקַדֵּשׁ אֶת שִׁמְךָ עַל מַקְדִּישֵׁי שְׁמֶךָ
בַּעֲבוּר כְּבוֹד שִׁמְךָ הַנַּעֲרָץ וְהַנִּקְדָּשׁ
כְּסוֹד שִׂיחַ שַׂרְפֵי קֹדֶשׁ, הַמַּקְדִּישִׁים שִׁמְךָ בַּקֹּדֶשׁ
דָּרֵי מַעְלָה עִם דָּרֵי מַטָּה
קוֹרְאִים וּמְשַׁלְּשִׁים בְּשִׁלּוּשׁ קְדֻשָּׁה בַּקֹּדֶשׁ.

קדושה

בבתי כנסת המתפללים בנוסח אשכנז, אומרים:

ישעיה ו **כַּכָּתוּב עַל יַד נְבִיאֶךָ: וְקָרָא זֶה אֶל־זֶה וְאָמַר**

וממשיכים ׳קָדוֹשׁ, קָדוֹשׁ, קָדוֹשׁ׳ למטה.

במקומות המסומנים ב*, המתפלל מתרומם על קצות אצבעותיו.

קהל ואחריו שליח הציבור:

כֶּתֶר יִתְּנוּ לְךָ, יהוה אֱלֹהֵינוּ, מַלְאָכִים הֲמוֹנֵי מַעְלָה, עִם עַמְּךָ יִשְׂרָאֵל קְבוּצֵי מַטָּה, יַחַד כֻּלָּם קְדֻשָּׁה לְךָ יְשַׁלֵּשׁוּ כַּדָּבָר הָאָמוּר עַל יַד נְבִיאֶךָ,

ישעיה ו **וְקָרָא זֶה אֶל־זֶה וְאָמַר**

קהל ואחריו שליח הציבור:

***קָדוֹשׁ, *קָדוֹשׁ, *קָדוֹשׁ, יהוה צְבָאוֹת, מְלֹא כָל הָאָרֶץ כְּבוֹדוֹ:**

יש האומרים כאן פיוטי קדושה בעמ׳ 477.

כְּבוֹדוֹ מָלֵא עוֹלָם, מְשָׁרְתָיו שׁוֹאֲלִים זֶה לָזֶה
אַיֵּה מְקוֹם כְּבוֹדוֹ לְהַעֲרִיצוֹ, לְעֻמָּתָם מְשַׁבְּחִים וְאוֹמְרִים

קהל ואחריו שליח הציבור:

יחזקאל ג ***בָּרוּךְ כְּבוֹד־יהוה מִמְּקוֹמוֹ:**

מִמְּקוֹמוֹ הוּא יִפֶן בְּרַחֲמָיו לְעַמּוֹ, וְיָחֹן עַם הַמְיַחֲדִים שְׁמוֹ עֶרֶב וָבֹקֶר בְּכָל יוֹם תָּמִיד, פַּעֲמַיִם בְּאַהֲבָה שְׁמַע אוֹמְרִים

קהל ואחריו שליח הציבור:

דברים ו **שְׁמַע יִשְׂרָאֵל, יהוה אֱלֹהֵינוּ, יהוה אֶחָד:**

הוּא אֱלֹהֵינוּ, הוּא אָבִינוּ, הוּא מַלְכֵּנוּ, הוּא מוֹשִׁיעֵנוּ
וְהוּא יוֹשִׁיעֵנוּ וְיִגְאָלֵנוּ שֵׁנִית, וְיַשְׁמִיעֵנוּ בְּרַחֲמָיו לְעֵינֵי כָּל חַי לֵאמֹר
במדבר טו **הֵן גָּאַלְתִּי אֶתְכֶם אַחֲרִית כְּרֵאשִׁית, לִהְיוֹת לָכֶם לֵאלֹהִים**
אֲנִי יהוה אֱלֹהֵיכֶם:

קהל ואחריו שליח הציבור:

תהלים ח **אַדִּיר אַדִּירֵנוּ, יהוה אֲדֹנֵינוּ, מָה־אַדִּיר שִׁמְךָ בְּכָל־הָאָרֶץ:**
זכריה יד **וְהָיָה יהוה לְמֶלֶךְ עַל־כָּל־הָאָרֶץ**
בַּיּוֹם הַהוּא יִהְיֶה יהוה אֶחָד וּשְׁמוֹ אֶחָד:

שליח הציבור:

וּבְדִבְרֵי קָדְשְׁךָ כָּתוּב לֵאמֹר

קהל ואחריו שליח הציבור:

יִמְלֹךְ יהוה לְעוֹלָם, אֱלֹהַיִךְ צִיּוֹן לְדֹר וָדֹר, הַלְלוּיָהּ: תהלים קמו

שליח הציבור ממשיך:

לְדוֹר וָדוֹר נַגִּיד גָּדְלֶךָ
וּלְנֵצַח נְצָחִים קְדֻשָּׁתְךָ נַקְדִּישׁ
וְשִׁבְחֲךָ אֱלֹהֵינוּ מִפִּינוּ לֹא יָמוּשׁ לְעוֹלָם וָעֶד
כִּי אֵל מֶלֶךְ גָּדוֹל וְקָדוֹשׁ אָתָּה.

יש האומרים כאן פיוטי קדושה בעמ׳ 477.

בבתי כנסת המתפללים בנוסח אשכנז, אין אומרים ׳לְדוֹר וָדוֹר׳.

לְדוֹר וָדוֹר הַמְלִיכוּ לָאֵל, כִּי הוּא לְבַדּוֹ מָרוֹם וְקָדוֹשׁ.

קהל ושליח הציבור אומרים יחד:

חֲמֹל עַל מַעֲשֶׂיךָ וְתִשְׂמַח בְּמַעֲשֶׂיךָ
וְיֹאמְרוּ לְךָ חוֹסֶיךָ בְּצַדֶּקְךָ עֲמוּסֶיךָ
תֻּקְדַּשׁ אָדוֹן עַל כָּל מַעֲשֶׂיךָ
כִּי מַקְדִּישֶׁיךָ בִּקְדֻשָּׁתְךָ קִדַּשְׁתָּ
נָאֶה לְקָדוֹשׁ פְּאֵר מִקְּדוֹשִׁים.

שליח הציבור ממשיך:

וּבְכֵן יִתְקַדַּשׁ שִׁמְךָ יהוה אֱלֹהֵינוּ
עַל יִשְׂרָאֵל עַמֶּךָ
וְעַל יְרוּשָׁלַיִם עִירֶךָ
וְעַל צִיּוֹן מִשְׁכַּן כְּבוֹדֶךָ
וְעַל מַלְכוּת בֵּית דָּוִד מְשִׁיחֶךָ
וְעַל מְכוֹנְךָ וְהֵיכָלֶךָ.

עוֹד יִזְכֹּר לָנוּ אַהֲבַת אֵיתָן, אֲדוֹנֵינוּ / וּבַבֵּן הַנֶּעֱקַד יַשְׁבִּית מְדַיְּנֵינוּ
נחמיה ח וּבִזְכוּת הַתָּם יוֹצִיא הַיּוֹם לְצֶדֶק דִּינֵנוּ / כִּי־קָדוֹשׁ הַיּוֹם לַאֲדֹנֵינוּ:

בְּאֵין מֵלִיץ יֹשֶׁר מוּל מַגִּיד פֶּשַׁע
תַּגִּיד לְיַעֲקֹב דְּבָר, חֹק וּמִשְׁפָּט
וְצַדְּקֵנוּ בַּמִּשְׁפָּט, הַמֶּלֶךְ הַמִּשְׁפָּט.

נוהגים ששליח הציבור מצרף את השורה הראשונה בפיוט לסוף המשפט הקודם, ואומר ׳הַמֶּלֶךְ הַמִּשְׁפָּט. הָאוֹחֵז בְּיָד מִדַּת מִשְׁפָּט׳ בנשימה אחת (מהרי״ל).

פותחים את ארון הקודש.

סימן א״ב

הָאוֹחֵז בְּיָד מִדַּת מִשְׁפָּט
וְכֹל מַאֲמִינִים שֶׁהוּא אֵל אֱמוּנָה.

הַבּוֹחֵן וּבוֹדֵק גִּנְזֵי נִסְתָּרוֹת
וְכֹל מַאֲמִינִים שֶׁהוּא בּוֹחֵן כְּלָיוֹת.

הַגּוֹאֵל מִמָּוֶת וּפוֹדֶה מִשַּׁחַת
וְכֹל מַאֲמִינִים שֶׁהוּא גּוֹאֵל חָזָק.

הַדָּן יְחִידִי לְבָאֵי עוֹלָם
וְכֹל מַאֲמִינִים שֶׁהוּא דַּיַּן אֱמֶת.

הֶהָגוּי בְּאֶהְיֶה אֲשֶׁר אֶהְיֶה
וְכֹל מַאֲמִינִים שֶׁהוּא הָיָה וְהֹוֶה וְיִהְיֶה.

הַוַּדַּאי, כִּשְׁמוֹ כֵּן תְּהִלָּתוֹ
וְכֹל מַאֲמִינִים שֶׁהוּא וְאֵין בִּלְתּוֹ.

הַזּוֹכֵר לְמַזְכִּירָיו טוֹבוֹת זִכְרוֹנוֹת
וְכֹל מַאֲמִינִים שֶׁהוּא זוֹכֵר הַבְּרִית.

הַחוֹתֵךְ חַיִּים לְכָל חָי
וְכֹל מַאֲמִינִים שֶׁהוּא חַי וְקַיָּם.

הַטּוֹב וּמֵטִיב לָרָעִים וְלַטּוֹבִים
וְכֹל מַאֲמִינִים שֶׁהוּא טוֹב לַכֹּל.

הַיּוֹדֵעַ יֵצֶר כָּל יְצוּרִים
וְכֹל מַאֲמִינִים שֶׁהוּא יוֹצְרָם בַּבָּטֶן.

הַכֹּל יָכוֹל, וְכוֹלְלָם יַחַד
וְכֹל מַאֲמִינִים שֶׁהוּא כֹּל יָכוֹל.

הַלָּן בְּסֵתֶר בְּצֵל שַׁדַּי
וְכֹל מַאֲמִינִים שֶׁהוּא לְבַדּוֹ הוּא.

הַמַּמְלִיךְ מְלָכִים, וְלוֹ הַמְּלוּכָה
וְכֹל מַאֲמִינִים שֶׁהוּא מֶלֶךְ עוֹלָם.

הַנּוֹהֵג בְּחַסְדּוֹ עִם כָּל דּוֹר
וְכֹל מַאֲמִינִים שֶׁהוּא נוֹצֵר חָסֶד.

הַסּוֹבֵל, וּמַעֲלִים עַיִן מִסּוֹרְרִים
וְכֹל מַאֲמִינִים שֶׁהוּא סוֹלֵחַ סֶלָה.

הָעֶלְיוֹן, וְעֵינָיו עַל יְרֵאָיו
וְכֹל מַאֲמִינִים שֶׁהוּא עוֹנֶה לָחַשׁ.

הַפּוֹתֵחַ שַׁעַר לְדוֹפְקֵי בִּתְשׁוּבָה
וְכֹל מַאֲמִינִים שֶׁהוּא פְּתוּחָה יָדוֹ.

הַצּוֹפֶה רָשָׁע, וְחָפֵץ לְהַצְדִּיקוֹ
וְכֹל מַאֲמִינִים שֶׁהוּא צַדִּיק וְיָשָׁר.

הַקָּצָר בְּזַעַם, וּמַאֲרִיךְ אַף
וְכֹל מַאֲמִינִים שֶׁהוּא קָשֶׁה לִכְעוֹס.

הָרַחוּם, וּמַקְדִּים רַחֲמִים לְרֹגֶז
וְכֹל מַאֲמִינִים שֶׁהוּא רַךְ לִרְצוֹת.

הַשָּׁוֶה, וּמַשְׁוֶה קָטֹן וְגָדוֹל
וְכֹל מַאֲמִינִים שֶׁהוּא שׁוֹפֵט צֶדֶק.

הַתָּם, וּמִתַּמֵּם עִם תְּמִימִים
וְכֹל מַאֲמִינִים שֶׁהוּא תָּמִים פָּעֳלוֹ.

סוגרים את ארון הקודש
(ויש קהילות שבהן סוגרים את ארון הקודש בסוף הפיסקה הבאה).

תִּשְׂגַּב לְבַדֶּךָ, וְתִמְלֹךְ עַל כֹּל בְּיִחוּד
כַּכָּתוּב עַל יַד נְבִיאֶךָ
וְהָיָה יהוה לְמֶלֶךְ עַל־כָּל־הָאָרֶץ זכריה יד
בַּיּוֹם הַהוּא יִהְיֶה יהוה אֶחָד וּשְׁמוֹ אֶחָד:

שליח הציבור ממשיך:

וּבְכֵן תֵּן פַּחְדְּךָ יהוה אֱלֹהֵינוּ עַל כָּל מַעֲשֶׂיךָ
וְאֵימָתְךָ עַל כָּל מַה שֶּׁבָּרָאתָ
וְיִירָאוּךָ כָּל הַמַּעֲשִׂים, וְיִשְׁתַּחֲווּ לְפָנֶיךָ כָּל הַבְּרוּאִים
וְיֵעָשׂוּ כֻלָּם אֲגֻדָּה אַחַת לַעֲשׂוֹת רְצוֹנְךָ בְּלֵבָב שָׁלֵם
כְּמוֹ שֶׁיָּדַעְנוּ יהוה אֱלֹהֵינוּ שֶׁהַשָּׁלְטָן לְפָנֶיךָ
עֹז בְּיָדְךָ וּגְבוּרָה בִּימִינֶךָ
וְשִׁמְךָ נוֹרָא עַל כָּל מַה שֶּׁבָּרָאתָ.

וּבְכֵן תֵּן כָּבוֹד יהוה לְעַמֶּךָ
תְּהִלָּה לִירֵאֶיךָ וְתִקְוָה טוֹבָה לְדוֹרְשֶׁיךָ
וּפִתְחוֹן פֶּה לַמְיַחֲלִים לָךְ
שִׂמְחָה לְאַרְצֶךָ, וְשָׂשׂוֹן לְעִירֶךָ
וּצְמִיחַת קֶרֶן לְדָוִד עַבְדֶּךָ
וַעֲרִיכַת נֵר לְבֶן יִשַׁי מְשִׁיחֶךָ בִּמְהֵרָה בְיָמֵינוּ.

וּבְכֵן צַדִּיקִים יִרְאוּ וְיִשְׂמָחוּ, וִישָׁרִים יַעֲלֹזוּ
וַחֲסִידִים בְּרִנָּה יָגִילוּ, וְעוֹלָתָה תִּקְפָּץ פִּיהָ
וְכָל הָרִשְׁעָה כֻּלָּהּ כְּעָשָׁן תִּכְלֶה
כִּי תַעֲבִיר מֶמְשֶׁלֶת זָדוֹן מִן הָאָרֶץ.

סימן א״ב

וְיֶאֱתָיוּ כֹּל לְעָבְדֶךָ / וִיבָרְכוּ שֵׁם כְּבוֹדֶךָ
וְיַגִּידוּ בָאִיִּים צִדְקֶךָ / וְיִדְרְשׁוּךָ עַמִּים לֹא יְדָעוּךָ
וִיהַלְלוּךָ כָּל אַפְסֵי אָרֶץ / וְיֹאמְרוּ תָמִיד יִגְדַּל יהוה
וְיִזְנְחוּ אֶת עֲצַבֵּיהֶם / וְיַחְפְּרוּ עִם פְּסִילֵיהֶם
וְיַטּוּ שְׁכֶם אֶחָד לְעָבְדֶךָ / וְיִירָאוּךָ עִם שֶׁמֶשׁ מְבַקְשֵׁי פָנֶיךָ
וְיַכִּירוּ כֹּחַ מַלְכוּתֶךָ / וִילַמְּדוּ תוֹעִים בִּינָה
וִימַלְּלוּ אֶת גְּבוּרָתֶךָ / וִינַשְּׂאוּךָ, מִתְנַשֵּׂא לְכֹל לְרֹאשׁ
וִיסַלְּדוּ בְחִילָה פָּנֶיךָ / וִיעַטְּרוּךָ נֵזֶר תִּפְאָרָה
וְיִפְצְחוּ הָרִים רִנָּה / וְיִצְהֲלוּ אִיִּים בְּמָלְכֶךָ
וִיקַבְּלוּ עֹל מַלְכוּתְךָ עֲלֵיהֶם / וִירוֹמְמוּךָ בִּקְהַל עָם
וְיִשְׁמְעוּ רְחוֹקִים וְיָבוֹאוּ / וְיִתְּנוּ לְךָ כֶּתֶר מְלוּכָה.

וְתִמְלֹךְ אַתָּה הוּא יהוה אֱלֹהֵינוּ
מְהֵרָה לְבַדֶּךָ עַל כָּל מַעֲשֶׂיךָ
בְּהַר צִיּוֹן מִשְׁכַּן כְּבוֹדֶךָ, וּבִירוּשָׁלַיִם עִיר קָדְשֶׁךָ
כַּכָּתוּב בְּדִבְרֵי קָדְשֶׁךָ
יִמְלֹךְ יהוה לְעוֹלָם, אֱלֹהַיִךְ צִיּוֹן לְדֹר וָדֹר, הַלְלוּיָהּ: תהלים קמו

קָדוֹשׁ אַתָּה וְנוֹרָא שְׁמֶךָ, וְאֵין אֱלוֹהַּ מִבַּלְעָדֶיךָ
כַּכָּתוּב, וַיִּגְבַּהּ יהוה צְבָאוֹת בַּמִּשְׁפָּט ישעיה ה
וְהָאֵל הַקָּדוֹשׁ נִקְדַּשׁ בִּצְדָקָה:
בָּרוּךְ אַתָּה יהוה, הַמֶּלֶךְ הַקָּדוֹשׁ.

קדושת היום ומלכיות

אַתָּה בְחַרְתָּנוּ מִכָּל הָעַמִּים
אָהַבְתָּ אוֹתָנוּ וְרָצִיתָ בָּנוּ
וְרוֹמַמְתָּנוּ מִכָּל הַלְּשׁוֹנוֹת
וְקִדַּשְׁתָּנוּ בְּמִצְוֹתֶיךָ
וְקֵרַבְתָּנוּ מַלְכֵּנוּ לַעֲבוֹדָתֶךָ
וְשִׁמְךָ הַגָּדוֹל וְהַקָּדוֹשׁ עָלֵינוּ קָרָאתָ.

וַתִּתֶּן לָנוּ יהוה אֱלֹהֵינוּ בְּאַהֲבָה
אֶת יוֹם הַזִּכָּרוֹן הַזֶּה
יוֹם תְּרוּעָה מִקְרָא קֹדֶשׁ, זֵכֶר לִיצִיאַת מִצְרָיִם.

וּמִפְּנֵי חֲטָאֵינוּ גָּלִינוּ מֵאַרְצֵנוּ
וְנִתְרַחַקְנוּ מֵעַל אַדְמָתֵנוּ
וְאֵין אֲנוּ יְכוֹלִים לַעֲשׂוֹת חוֹבוֹתֵינוּ בְּבֵית בְּחִירָתֶךָ
בַּבַּיִת הַגָּדוֹל וְהַקָּדוֹשׁ שֶׁנִּקְרָא שִׁמְךָ עָלָיו
מִפְּנֵי הַיָּד שֶׁנִּשְׁתַּלְּחָה בְּמִקְדָּשֶׁךָ.
יְהִי רָצוֹן מִלְּפָנֶיךָ יהוה אֱלֹהֵינוּ וֵאלֹהֵי אֲבוֹתֵינוּ
מֶלֶךְ רַחֲמָן
שֶׁתָּשׁוּב וּתְרַחֵם עָלֵינוּ וְעַל מִקְדָּשְׁךָ בְּרַחֲמֶיךָ הָרַבִּים
וְתִבְנֵהוּ מְהֵרָה וּתְגַדֵּל כְּבוֹדוֹ.
אָבִינוּ מַלְכֵּנוּ, גַּלֵּה כְּבוֹד מַלְכוּתְךָ עָלֵינוּ מְהֵרָה
וְהוֹפַע וְהִנָּשֵׂא עָלֵינוּ לְעֵינֵי כָּל חָי
וְקָרֵב פְּזוּרֵינוּ מִבֵּין הַגּוֹיִם
וּנְפוּצוֹתֵינוּ כַּנֵּס מִיַּרְכְּתֵי אָרֶץ.

וַהֲבִיאֵנוּ לְצִיּוֹן עִירְךָ בְּרִנָּה
וְלִירוּשָׁלַיִם בֵּית מִקְדָּשְׁךָ בְּשִׂמְחַת עוֹלָם
וְשָׁם נַעֲשֶׂה לְפָנֶיךָ אֶת קָרְבְּנוֹת חוֹבוֹתֵינוּ
תְּמִידִים כְּסִדְרָם וּמוּסָפִים כְּהִלְכָתָם
וְאֶת מוּסְפֵי יוֹם הַזִּכָּרוֹן הַזֶּה
נַעֲשֶׂה וְנַקְרִיב לְפָנֶיךָ בְּאַהֲבָה כְּמִצְוַת רְצוֹנֶךָ
כְּמוֹ שֶׁכָּתַבְתָּ עָלֵינוּ בְּתוֹרָתֶךָ
עַל יְדֵי מֹשֶׁה עַבְדֶּךָ מִפִּי כְבוֹדֶךָ
כָּאָמוּר

וּבַחֹדֶשׁ הַשְּׁבִיעִי בְּאֶחָד לַחֹדֶשׁ מִקְרָא־קֹדֶשׁ יִהְיֶה לָכֶם במדבר כט
כָּל־מְלֶאכֶת עֲבֹדָה לֹא תַעֲשׂוּ
יוֹם תְּרוּעָה יִהְיֶה לָכֶם:
וַעֲשִׂיתֶם עֹלָה לְרֵיחַ נִיחֹחַ לַיהוה
פַּר בֶּן־בָּקָר אֶחָד, אַיִל אֶחָד
כְּבָשִׂים בְּנֵי־שָׁנָה שִׁבְעָה תְּמִימִם:

וּמִנְחָתָם וְנִסְכֵּיהֶם כִּמְדֻבָּר
שְׁלֹשָׁה עֶשְׂרֹנִים לַפָּר וּשְׁנֵי עֶשְׂרֹנִים לָאָיִל, וְעִשָּׂרוֹן לַכֶּבֶשׂ
וְיַיִן כְּנִסְכּוֹ, וּשְׁנֵי שְׂעִירִים לְכַפֵּר
וּשְׁנֵי תְמִידִים כְּהִלְכָתָם.

מִלְּבַד עֹלַת הַחֹדֶשׁ וּמִנְחָתָהּ במדבר כט
וְעֹלַת הַתָּמִיד וּמִנְחָתָהּ
וְנִסְכֵּיהֶם כְּמִשְׁפָּטָם, לְרֵיחַ נִיחֹחַ, אִשֶּׁה לַיהוה:

פותחים את ארון הקודש.

עָלֵינוּ לְשַׁבֵּחַ לַאֲדוֹן הַכֹּל
לָתֵת גְּדֻלָּה לְיוֹצֵר בְּרֵאשִׁית
שֶׁלֹּא עָשָׂנוּ כְּגוֹיֵי הָאֲרָצוֹת, וְלֹא שָׂמָנוּ כְּמִשְׁפְּחוֹת הָאֲדָמָה

סוגרים את ארון הקודש.

שֶׁלֹּא שָׂם חֶלְקֵנוּ כָּהֶם וְגוֹרָלֵנוּ כְּכָל הֲמוֹנָם.
שֶׁהֵם מִשְׁתַּחֲוִים לְהֶבֶל וָרִיק וּמִתְפַּלְּלִים אֶל אֵל לֹא יוֹשִׁיעַ.

פותחים את ארון הקודש.
הקהל כורע בתיבת ׳כּוֹרְעִים׳, ויש קהילות שבהן רק שליח הציבור כורע.

וַאֲנַחְנוּ כּוֹרְעִים וּמִשְׁתַּחֲוִים וּמוֹדִים
לִפְנֵי מֶלֶךְ מַלְכֵי הַמְּלָכִים, הַקָּדוֹשׁ בָּרוּךְ הוּא
שֶׁהוּא נוֹטֶה שָׁמַיִם וְיוֹסֵד אָרֶץ
וּמוֹשַׁב יְקָרוֹ בַּשָּׁמַיִם מִמַּעַל
וּשְׁכִינַת עֻזּוֹ בְּגָבְהֵי מְרוֹמִים.

כשהקהל אומר ׳הוּא אֱלֹהֵינוּ׳, שליח הציבור אומר ׳אַתָּה הָרְאֵתָ׳ (למטה).

הוּא אֱלֹהֵינוּ, אֵין עוֹד.
אֱמֶת מַלְכֵּנוּ, אֶפֶס זוּלָתוֹ
כַּכָּתוּב בְּתוֹרָתוֹ
דברים ד וְיָדַעְתָּ הַיּוֹם וַהֲשֵׁבֹתָ אֶל־לְבָבֶךָ
כִּי יהוה הוּא הָאֱלֹהִים בַּשָּׁמַיִם מִמַּעַל וְעַל־הָאָרֶץ מִתָּחַת
אֵין עוֹד:

שליח הציבור אומר:

דברים ד אַתָּה הָרְאֵתָ לָדַעַת, כִּי יהוה הוּא הָאֱלֹהִים, אֵין עוֹד מִלְּבַדּוֹ:
וְיָדַעְתָּ הַיּוֹם וַהֲשֵׁבֹתָ אֶל־לְבָבֶךָ, כִּי יהוה הוּא הָאֱלֹהִים בַּשָּׁמַיִם

מִמַּעַל וְעַל־הָאָֽרֶץ מִתָּֽחַת, אֵין עוֹד: שְׁמַע יִשְׂרָאֵל, יהוה אֱלֹהֵינוּ, דברים ו
יהוה אֶחָד: הֵן לַיהוה אֱלֹהֶיךָ הַשָּׁמַיִם וּשְׁמֵי הַשָּׁמָיִם, הָאָֽרֶץ וְכָל־ דברים י
אֲשֶׁר־בָּהּ: כִּי יהוה אֱלֹהֵיכֶם הוּא אֱלֹהֵי הָאֱלֹהִים וַאֲדֹנֵי הָאֲדֹנִים, שם
הָאֵל הַגָּדֹל הַגִּבֹּר וְהַנּוֹרָא אֲשֶׁר לֹא־יִשָּׂא פָנִים וְלֹא יִקַּח שֹׁחַד:
כִּי שֵׁם יהוה אֶקְרָא, הָבוּ גֹֽדֶל לֵאלֹהֵֽינוּ: יְהִי שֵׁם יהוה מְבֹרָךְ, דברים לב / תהלים קיג
מֵעַתָּה וְעַד־עוֹלָם:

סוגרים את ארון הקודש.

׳רשות׳ למלכיות, זיכרונות ושופרות

אֱלֹהֵֽינוּ וֵאלֹהֵי אֲבוֹתֵֽינוּ

הֱיֵה עִם פִּיפִיּוֹת שְׁלוּחֵי עַמְּךָ בֵּית יִשְׂרָאֵל
הָעוֹמְדִים לְבַקֵּשׁ תְּפִלָּה וְתַחֲנוּנִים מִלְּפָנֶֽיךָ עַל עַמְּךָ בֵּית יִשְׂרָאֵל.

הוֹרֵם מַה שֶּׁיֹּאמְרוּ / הֲבִינֵם מַה שֶּׁיְּדַבֵּֽרוּ
הֲשִׁיבֵם מַה שֶּׁיִּשְׁאֲלוּ / יַדְּעֵם הֵיךְ יְפָאֵֽרוּ.

בְּאוֹר פָּנֶֽיךָ יְהַלֵּכוּן: / בֶּֽרֶךְ לְךָ יִבְרְכוּן תהלים פט
עַמְּךָ בְּפִיהֶם יְבָרְכוּן / וּמִבִּרְכוֹת פִּֽיךָ כֻּלָּם יִתְבָּרְכוּן.

עַמְּךָ לְפָנֶֽיךָ יַעֲבִירוּן / וְהֵם בַּתָּֽוֶךְ יַעֲבֹרוּן
עֵינֵי עַמְּךָ בָּם תְּלוּיוֹת / וְעֵינֵיהֶם לְךָ מְיַחֲלוֹת.

גָּשִׁים מוּל אֲרוֹן הַקֹּֽדֶשׁ בְּאֵימָה / לְשַׁכֵּךְ כַּֽעַס וְחֵמָה
וְעַמְּךָ מַסְבִּיבִים אוֹתָם כַּחוֹמָה /
וְאַתָּה מִן הַשָּׁמַֽיִם תַּשְׁגִּֽיחַ, אוֹתָם לְרַחֲמָה.

עַֽיִן נוֹשְׂאִים לְךָ לַשָּׁמַֽיִם / לֵב שׁוֹפְכִים נִכְחָךְ כַּמַּֽיִם
וְאַתָּה תִּשְׁמַע מִן הַשָּׁמָֽיִם. דברי הימים ב׳ ו

יש קהילות שבהן נוהגים שהקהל אומר בלחש עד ׳אֱלֹהֵי יִשְׂרָאֵל׳.

שֶׁלֹּא יִכָּשְׁלוּ בִלְשׁוֹנָם / וְלֹא יִנָּקְשׁוּ בְשִׁנּוּנָם
וְלֹא יֵבוֹשׁוּ בְּמַשְׁעֵנָם / וְלֹא יִכָּלְמוּ בָם שְׁאוֹנָם
וְאַל יֹאמַר פִּיהֶם דָּבָר שֶׁלֹּא כִרְצוֹנֶךָ.
כִּי חֲנוּנֶיךָ יהוה אֱלֹהֵינוּ הֵמָּה חֲנוּנִים / וּמְלֻמָּדֶיךָ הֵמָּה מְלֻמָּדִים.

כְּמָה שֶׁיָּדַעְנוּ יהוה אֱלֹהֵינוּ
אֵת אֲשֶׁר תָּחֹן יוּחָן, וְאֵת אֲשֶׁר תְּרַחֵם יְרֻחָם.
כַּכָּתוּב בְּתוֹרָתֶךָ
וַיֹּאמֶר, אֲנִי אַעֲבִיר כָּל־טוּבִי עַל־פָּנֶיךָ, וְקָרָאתִי בְשֵׁם יהוה לְפָנֶיךָ שמות לג
וְחַנֹּתִי אֶת־אֲשֶׁר אָחֹן וְרִחַמְתִּי אֶת־אֲשֶׁר אֲרַחֵם:
וְנֶאֱמַר: אַל־יֵבֹשׁוּ בִי קֹוֶיךָ, אֲדֹנָי יֱהֹוִה צְבָאוֹת תהלים סט
אַל־יִכָּלְמוּ בִי מְבַקְשֶׁיךָ, אֱלֹהֵי יִשְׂרָאֵל:

פותחים את ארון הקודש.

המשך ה׳רשות׳: הבקשה ׳הֱיֵה עִם פִּיפִיּוֹת׳ בעמוד הקודם, הייתה של הקהל עבור שליחי ציבור בכלל. ׳אוֹחִילָה לָאֵל׳ היא בקשה אישית של שליח הציבור.

סימן א מרובע

אוֹחִילָה לָאֵל, אֲחַלֶּה פָנָיו
אֶשְׁאֲלָה מִמֶּנּוּ מַעֲנֵה לָשׁוֹן.

אֲשֶׁר בִּקְהַל עָם אָשִׁירָה עֻזּוֹ
אַבִּיעָה רְנָנוֹת בְּעַד מִפְעָלָיו.

לְאָדָם מַעַרְכֵי־לֵב וּמֵיהוה מַעֲנֵה לָשׁוֹן: משלי טז
אֲדֹנָי, שְׂפָתַי תִּפְתָּח, וּפִי יַגִּיד תְּהִלָּתֶךָ: תהלים נא

יש שליחי ציבור האומרים פסוק זה בקול, ויש האומרים בלחש:

יִהְיוּ לְרָצוֹן אִמְרֵי־פִי וְהֶגְיוֹן לִבִּי לְפָנֶיךָ, יהוה צוּרִי וְגֹאֲלִי: תהלים יט

סוגרים את ארון הקודש.

יש אומרים את התקיעתא ׳אֲהַלְלָה׳ בעמ׳ 485,
ואם ב׳ של ראש השנה חל ביום ראשון, את התקיעתא ׳אַנְסִיכָה מַלְכִּי׳ בעמ׳ 483.

וְעַל כֵּן נְקַוֶּה לְּךָ יהוה אֱלֹהֵינוּ לִרְאוֹת מְהֵרָה בְּתִפְאֶרֶת עֻזֶּךָ
לְהַעֲבִיר גִּלּוּלִים מִן הָאָרֶץ, וְהָאֱלִילִים כָּרוֹת יִכָּרֵתוּן
לְתַקֵּן עוֹלָם בְּמַלְכוּת שַׁדַּי.
וְכָל בְּנֵי בָשָׂר יִקְרְאוּ בִשְׁמֶךָ, לְהַפְנוֹת אֵלֶיךָ כָּל רִשְׁעֵי אָרֶץ.
יַכִּירוּ וְיֵדְעוּ כָּל יוֹשְׁבֵי תֵבֵל
כִּי לְךָ תִּכְרַע כָּל בֶּרֶךְ, תִּשָּׁבַע כָּל לָשׁוֹן.
לְפָנֶיךָ יהוה אֱלֹהֵינוּ יִכְרְעוּ וְיִפֹּלוּ, וְלִכְבוֹד שִׁמְךָ יְקָר יִתֵּנוּ
וִיקַבְּלוּ כֻלָּם אֶת עֹל מַלְכוּתֶךָ
וְתִמְלֹךְ עֲלֵיהֶם מְהֵרָה לְעוֹלָם וָעֶד.

פסוקי מלכיות

כִּי הַמַּלְכוּת שֶׁלְּךָ הִיא וּלְעוֹלְמֵי עַד תִּמְלֹךְ בְּכָבוֹד
כַּכָּתוּב בְּתוֹרָתֶךָ
יהוה יִמְלֹךְ לְעֹלָם וָעֶד: שמות טו
וְנֶאֱמַר
לֹא־הִבִּיט אָוֶן בְּיַעֲקֹב, וְלֹא־רָאָה עָמָל בְּיִשְׂרָאֵל במדבר כג
יהוה אֱלֹהָיו עִמּוֹ, וּתְרוּעַת מֶלֶךְ בּוֹ:
וְנֶאֱמַר
וַיְהִי בִישֻׁרוּן מֶלֶךְ, בְּהִתְאַסֵּף רָאשֵׁי עָם דברים לג
יַחַד שִׁבְטֵי יִשְׂרָאֵל:

וּבְדִבְרֵי קָדְשְׁךָ כָּתוּב לֵאמֹר
כִּי לַיהוה הַמְּלוּכָה וּמֹשֵׁל בַּגּוֹיִם: תהלים כב
וְנֶאֱמַר
יהוה מָלָךְ, גֵּאוּת לָבֵשׁ תהלים צג
לָבֵשׁ יהוה עֹז הִתְאַזָּר, אַף־תִּכּוֹן תֵּבֵל בַּל־תִּמּוֹט:

וְנֶאֱמַר

תהלים כד
שְׂאוּ שְׁעָרִים רָאשֵׁיכֶם, וְהִנָּשְׂאוּ פִּתְחֵי עוֹלָם
וְיָבוֹא מֶלֶךְ הַכָּבוֹד:
מִי זֶה מֶלֶךְ הַכָּבוֹד, יהוה עִזּוּז וְגִבּוֹר
יהוה גִּבּוֹר מִלְחָמָה:
שְׂאוּ שְׁעָרִים רָאשֵׁיכֶם, וּשְׂאוּ פִּתְחֵי עוֹלָם
וְיָבֹא מֶלֶךְ הַכָּבוֹד:
מִי הוּא זֶה מֶלֶךְ הַכָּבוֹד
יהוה צְבָאוֹת הוּא מֶלֶךְ הַכָּבוֹד סֶלָה:

וְעַל יְדֵי עֲבָדֶיךָ הַנְּבִיאִים כָּתוּב לֵאמֹר

ישעיה מד
כֹּה־אָמַר יהוה מֶלֶךְ־יִשְׂרָאֵל וְגֹאֲלוֹ, יהוה צְבָאוֹת
אֲנִי רִאשׁוֹן וַאֲנִי אַחֲרוֹן, וּמִבַּלְעָדַי אֵין אֱלֹהִים:

וְנֶאֱמַר

עובדיה א
וְעָלוּ מוֹשִׁעִים בְּהַר צִיּוֹן לִשְׁפֹּט אֶת־הַר עֵשָׂו
וְהָיְתָה לַיהוה הַמְּלוּכָה:

וְנֶאֱמַר

זכריה יד
וְהָיָה יהוה לְמֶלֶךְ עַל־כָּל־הָאָרֶץ
בַּיּוֹם הַהוּא יִהְיֶה יהוה אֶחָד וּשְׁמוֹ אֶחָד:

וּבְתוֹרָתְךָ כָּתוּב לֵאמֹר

דברים ו
שְׁמַע יִשְׂרָאֵל, יהוה אֱלֹהֵינוּ יהוה אֶחָד:

אֱלֹהֵינוּ וֵאלֹהֵי אֲבוֹתֵינוּ, מְלֹךְ עַל כָּל הָעוֹלָם כֻּלּוֹ בִּכְבוֹדֶךָ
וְהִנָּשֵׂא עַל כָּל הָאָרֶץ בִּיקָרֶךָ
וְהוֹפַע בַּהֲדַר גְּאוֹן עֻזֶּךָ עַל כָּל יוֹשְׁבֵי תֵבֵל אַרְצֶךָ.

וְיֵדַע כָּל פָּעוּל כִּי אַתָּה פְעַלְתּוֹ, וְיָבִין כָּל יָצוּר כִּי אַתָּה יְצַרְתּוֹ
וְיֹאמַר כֹּל אֲשֶׁר נְשָׁמָה בְאַפּוֹ
יהוה אֱלֹהֵי יִשְׂרָאֵל מֶלֶךְ וּמַלְכוּתוֹ בַּכֹּל מָשָׁלָה.
קַדְּשֵׁנוּ בְּמִצְוֹתֶיךָ וְתֵן חֶלְקֵנוּ בְּתוֹרָתֶךָ
שַׂבְּעֵנוּ מִטּוּבֶךָ, וְשַׂמַּח נַפְשֵׁנוּ בִּישׁוּעָתֶךָ
וְטַהֵר לִבֵּנוּ לְעָבְדְּךָ בֶּאֱמֶת
כִּי אַתָּה אֱלֹהִים אֱמֶת, וּדְבָרְךָ אֱמֶת וְקַיָּם לָעַד.
בָּרוּךְ אַתָּה יהוה, מֶלֶךְ עַל כָּל הָאָרֶץ
מְקַדֵּשׁ יִשְׂרָאֵל וְיוֹם הַזִּכָּרוֹן.

תוקעים:

תקיעה שברים תרועה תקיעה

תקיעה שברים תקיעה

תקיעה תרועה תקיעה

הקהל ושליח הציבור אומרים:

הַיּוֹם הֲרַת עוֹלָם, הַיּוֹם יַעֲמִיד בַּמִּשְׁפָּט כָּל יְצוּרֵי עוֹלָמִים
אִם כְּבָנִים אִם כַּעֲבָדִים.
אִם כְּבָנִים, רַחֲמֵנוּ כְּרַחֵם אָב עַל בָּנִים
וְאִם כַּעֲבָדִים, עֵינֵינוּ לְךָ תְלוּיוֹת עַד שֶׁתְּחָנֵּנוּ
וְתוֹצִיא כָאוֹר מִשְׁפָּטֵנוּ, אָיֹם קָדוֹשׁ.

אֲרֶשֶׁת שְׂפָתֵינוּ יֶעֱרַב לְפָנֶיךָ
אֵל רָם וְנִשָּׂא, מֵבִין וּמַאֲזִין, מַבִּיט וּמַקְשִׁיב לְקוֹל תְּקִיעָתֵנוּ.
וּתְקַבֵּל בְּרַחֲמִים וּבְרָצוֹן סֵדֶר מַלְכִיּוֹתֵינוּ.

זיכרונות

יש הפותחים בתקיעתא ׳אֶפְחַד בְּמַעֲשַׂי׳ בעמ׳ 490,
ואם ב׳ של ראש השנה חל ביום ראשון, בתקיעתא ׳זֵכֶר תְּחִלַּת כָּל מַעַשׂ׳ בעמ׳ 487.

אַתָּה זוֹכֵר מַעֲשֵׂה עוֹלָם, וּפוֹקֵד כָּל יְצוּרֵי קֶדֶם
לְפָנֶיךָ נִגְלוּ כָּל תַּעֲלוּמוֹת וַהֲמוֹן נִסְתָּרוֹת שֶׁמִּבְּרֵאשִׁית
כִּי אֵין שִׁכְחָה לִפְנֵי כִסֵּא כְבוֹדֶךָ, וְאֵין נִסְתָּר מִנֶּגֶד עֵינֶיךָ.

אַתָּה זוֹכֵר אֶת כָּל הַמִּפְעָל, וְגַם כָּל הַיְצוּר לֹא נִכְחָד מִמֶּךָּ.
הַכֹּל גָּלוּי וְיָדוּעַ לְפָנֶיךָ יהוה אֱלֹהֵינוּ
צוֹפֶה וּמַבִּיט עַד סוֹף כָּל הַדּוֹרוֹת
כִּי תָבִיא חֹק זִכָּרוֹן לְהִפָּקֵד כָּל רְוּחַ וָנֶפֶשׁ
לְהִזָּכֵר מַעֲשִׂים רַבִּים, וַהֲמוֹן בְּרִיּוֹת לְאֵין תַּכְלִית.
מֵרֵאשִׁית כָּזֹאת הוֹדָעְתָּ, וּמִלְּפָנִים אוֹתָהּ גִּלִּיתָ.
זֶה הַיּוֹם תְּחִלַּת מַעֲשֶׂיךָ, זִכָּרוֹן לְיוֹם רִאשׁוֹן
כִּי חֹק לְיִשְׂרָאֵל הוּא, מִשְׁפָּט לֵאלֹהֵי יַעֲקֹב: תהלים פא

וְעַל הַמְּדִינוֹת בּוֹ יֵאָמֵר
אֵיזוֹ לַחֶרֶב, וְאֵיזוֹ לַשָּׁלוֹם, אֵיזוֹ לָרָעָב, וְאֵיזוֹ לַשֹּׂבַע
וּבְרִיּוֹת בּוֹ יִפָּקֵדוּ, לְהַזְכִּירָם לַחַיִּים וְלַמָּוֶת.

מִי לֹא נִפְקַד כְּהַיּוֹם הַזֶּה, כִּי זֵכֶר כָּל הַיְצוּר לְפָנֶיךָ בָּא
מַעֲשֵׂה אִישׁ וּפְקֻדָּתוֹ, וַעֲלִילוֹת מִצְעֲדֵי גָבֶר
מַחְשְׁבוֹת אָדָם וְתַחְבּוּלוֹתָיו, וְיִצְרֵי מַעַלְלֵי אִישׁ.
אַשְׁרֵי אִישׁ שֶׁלֹּא יִשְׁכָּחֶךָּ, וּבֶן אָדָם יִתְאַמֶּץ בָּךְ
כִּי דוֹרְשֶׁיךָ לְעוֹלָם לֹא יִכָּשֵׁלוּ
וְלֹא יִכָּלְמוּ לָנֶצַח כָּל הַחוֹסִים בָּךְ.
כִּי זֵכֶר כָּל הַמַּעֲשִׂים לְפָנֶיךָ בָּא, וְאַתָּה דוֹרֵשׁ מַעֲשֵׂה כֻלָּם.

וְגַם אֶת נֹחַ בְּאַהֲבָה זָכַרְתָּ, וַתִּפְקְדֵהוּ בִּדְבַר יְשׁוּעָה וְרַחֲמִים
בַּהֲבִיאֲךָ אֶת מֵי הַמַּבּוּל לְשַׁחֵת כָּל בָּשָׂר מִפְּנֵי רֹעַ מַעַלְלֵיהֶם
עַל כֵּן זִכְרוֹנוֹ בָּא לְפָנֶיךָ, יהוה אֱלֹהֵינוּ
לְהַרְבּוֹת זַרְעוֹ כְּעַפְרוֹת תֵּבֵל, וְצֶאֱצָאָיו כְּחוֹל הַיָּם.

פסוקי זיכרונות

כַּכָּתוּב בְּתוֹרָתֶךָ
וַיִּזְכֹּר אֱלֹהִים אֶת־נֹחַ בראשית ח
וְאֵת כָּל־הַחַיָּה וְאֶת־כָּל־הַבְּהֵמָה אֲשֶׁר אִתּוֹ בַּתֵּבָה
וַיַּעֲבֵר אֱלֹהִים רוּחַ עַל־הָאָרֶץ, וַיָּשֹׁכּוּ הַמָּיִם:

וְנֶאֱמַר
וַיִּשְׁמַע אֱלֹהִים אֶת־נַאֲקָתָם, וַיִּזְכֹּר אֱלֹהִים אֶת־בְּרִיתוֹ שמות ב
אֶת־אַבְרָהָם אֶת־יִצְחָק וְאֶת־יַעֲקֹב:

וְנֶאֱמַר
וְזָכַרְתִּי אֶת־בְּרִיתִי יַעֲקוֹב ויקרא כו
וְאַף אֶת־בְּרִיתִי יִצְחָק
וְאַף אֶת־בְּרִיתִי אַבְרָהָם אֶזְכֹּר
וְהָאָרֶץ אֶזְכֹּר:

וּבְדִבְרֵי קָדְשְׁךָ כָּתוּב לֵאמֹר
זֵכֶר עָשָׂה לְנִפְלְאוֹתָיו, חַנּוּן וְרַחוּם יהוה: תהלים קיא

וְנֶאֱמַר
טֶרֶף נָתַן לִירֵאָיו, יִזְכֹּר לְעוֹלָם בְּרִיתוֹ: תהלים קיא

וְנֶאֱמַר
וַיִּזְכֹּר לָהֶם בְּרִיתוֹ, וַיִּנָּחֵם כְּרֹב חֲסָדָו: תהלים קו

וְעַל יְדֵי עֲבָדֶיךָ הַנְּבִיאִים כָּתוּב לֵאמֹר

ירמיה ב
הָלֹךְ וְקָרָאתָ בְאָזְנֵי יְרוּשָׁלַםִ לֵאמֹר
כֹּה אָמַר יהוה
זָכַרְתִּי לָךְ חֶסֶד נְעוּרַיִךְ, אַהֲבַת כְּלוּלֹתָיִךְ
לֶכְתֵּךְ אַחֲרַי בַּמִּדְבָּר, בְּאֶרֶץ לֹא זְרוּעָה:

וְנֶאֱמַר

יחזקאל טז
וְזָכַרְתִּי אֲנִי אֶת־בְּרִיתִי אוֹתָךְ בִּימֵי נְעוּרָיִךְ
וַהֲקִימוֹתִי לָךְ בְּרִית עוֹלָם:

וְנֶאֱמַר

ירמיה לא
הֲבֵן יַקִּיר לִי אֶפְרַיִם, אִם יֶלֶד שַׁעֲשׁוּעִים
כִּי־מִדֵּי דַבְּרִי בּוֹ, זָכֹר אֶזְכְּרֶנּוּ עוֹד
עַל־כֵּן הָמוּ מֵעַי לוֹ
רַחֵם אֲרַחֲמֶנּוּ נְאֻם־יהוה:

אֱלֹהֵינוּ וֵאלֹהֵי אֲבוֹתֵינוּ, זָכְרֵנוּ בְּזִכָּרוֹן טוֹב לְפָנֶיךָ
וּפָקְדֵנוּ בִּפְקֻדַּת יְשׁוּעָה וְרַחֲמִים מִשְּׁמֵי שְׁמֵי קֶדֶם
וּזְכָר לָנוּ יהוה אֱלֹהֵינוּ אֶת הַבְּרִית וְאֶת הַחֶסֶד וְאֶת הַשְּׁבוּעָה
אֲשֶׁר נִשְׁבַּעְתָּ לְאַבְרָהָם אָבִינוּ בְּהַר הַמּוֹרִיָּה
וְתֵרָאֶה לְפָנֶיךָ עֲקֵדָה
שֶׁעָקַד אַבְרָהָם אָבִינוּ אֶת יִצְחָק בְּנוֹ עַל גַּבֵּי הַמִּזְבֵּחַ
וְכָבַשׁ רַחֲמָיו, לַעֲשׂוֹת רְצוֹנְךָ בְּלֵבָב שָׁלֵם.
כֵּן יִכְבְּשׁוּ רַחֲמֶיךָ אֶת כַּעַסְךָ מֵעָלֵינוּ
וּבְטוּבְךָ הַגָּדוֹל יָשׁוּב חֲרוֹן אַפְּךָ מֵעַמְּךָ
וּמֵעִירְךָ וּמֵאַרְצְךָ וּמִנַּחֲלָתֶךָ.
וְקַיֶּם לָנוּ יהוה אֱלֹהֵינוּ אֶת הַדָּבָר שֶׁהִבְטַחְתָּנוּ בְּתוֹרָתֶךָ

עַל יְדֵי משֶׁה עַבְדֶּךָ, מִפִּי כְבוֹדֶךָ

כָּאָמוּר

וְזָכַרְתִּי לָהֶם בְּרִית רִאשֹׁנִים ויקרא כו

אֲשֶׁר הוֹצֵאתִי־אֹתָם מֵאֶרֶץ מִצְרַיִם לְעֵינֵי הַגּוֹיִם

לִהְיוֹת לָהֶם לֵאלֹהִים, אֲנִי יהוה:

כִּי זוֹכֵר כָּל הַנִּשְׁכָּחוֹת אַתָּה הוּא מֵעוֹלָם

וְאֵין שִׁכְחָה לִפְנֵי כִסֵּא כְבוֹדֶךָ

וַעֲקֵדַת יִצְחָק לְזַרְעוֹ הַיּוֹם בְּרַחֲמִים תִּזְכֹּר.

בָּרוּךְ אַתָּה יהוה, זוֹכֵר הַבְּרִית.

תוקעים:

תקיעה שברים תרועה תקיעה

תקיעה שברים תקיעה

תקיעה תרועה תקיעה

הקהל ושליח הציבור אומרים:

הַיּוֹם הֲרַת עוֹלָם, הַיּוֹם יַעֲמִיד בַּמִּשְׁפָּט כָּל יְצוּרֵי עוֹלָמִים

אִם כְּבָנִים אִם כַּעֲבָדִים.

אִם כְּבָנִים, רַחֲמֵנוּ כְּרַחֵם אָב עַל בָּנִים

וְאִם כַּעֲבָדִים, עֵינֵינוּ לְךָ תְלוּיוֹת עַד שֶׁתְּחָנֵּנוּ

וְתוֹצִיא כָאוֹר מִשְׁפָּטֵנוּ, אָיֹם קָדוֹשׁ.

אֲרֶשֶׁת שְׂפָתֵינוּ יֶעֱרַב לְפָנֶיךָ

אֵל רָם וְנִשָּׂא, מֵבִין וּמַאֲזִין, מַבִּיט וּמַקְשִׁיב לְקוֹל תְּקִיעָתֵנוּ.

וּתְקַבֵּל בְּרַחֲמִים וּבְרָצוֹן סֵדֶר זִכְרוֹנוֹתֵינוּ.

שופרות

יש הפותחים בתקיעתא ׳אֲנוּסָה לְעֶזְרָה׳ בעמ׳ 495,
ואם ב׳ של ראש השנה חל ביום ראשון פותחים בתקיעתא ׳אֶשָּׁא דֵעִי׳ בעמ׳ 492.

אַתָּה נִגְלֵיתָ בַּעֲנַן כְּבוֹדֶךָ עַל עַם קָדְשְׁךָ לְדַבֵּר עִמָּם
מִן הַשָּׁמַיִם הִשְׁמַעְתָּם קוֹלֶךָ, וְנִגְלֵיתָ עֲלֵיהֶם בְּעַרְפְלֵּי טֹהַר.
גַּם כָּל הָעוֹלָם כֻּלּוֹ חָל מִפָּנֶיךָ, וּבְרִיּוֹת בְּרֵאשִׁית חָרְדוּ מִמֶּךָּ
בְּהִגָּלוֹתְךָ מַלְכֵּנוּ עַל הַר סִינַי, לְלַמֵּד לְעַמְּךָ תּוֹרָה וּמִצְוֹת
וַתַּשְׁמִיעֵם אֶת הוֹד קוֹלֶךָ, וְדִבְּרוֹת קָדְשְׁךָ מִלַּהֲבוֹת אֵשׁ.
בְּקוֹלוֹת וּבְרָקִים עֲלֵיהֶם נִגְלֵיתָ, וּבְקוֹל שׁוֹפָר עֲלֵיהֶם הוֹפָעְתָּ.

פסוקי שופרות

כַּכָּתוּב בְּתוֹרָתֶךָ

שמות יט
וַיְהִי בַיּוֹם הַשְּׁלִישִׁי בִּהְיֹת הַבֹּקֶר
וַיְהִי קֹלֹת וּבְרָקִים וְעָנָן כָּבֵד עַל־הָהָר
וְקֹל שֹׁפָר חָזָק מְאֹד, וַיֶּחֱרַד כָּל־הָעָם אֲשֶׁר בַּמַּחֲנֶה:

וְנֶאֱמַר

שמות יט
וַיְהִי קוֹל הַשֹּׁפָר הוֹלֵךְ וְחָזֵק מְאֹד
מֹשֶׁה יְדַבֵּר, וְהָאֱלֹהִים יַעֲנֶנּוּ בְקוֹל:

וְנֶאֱמַר

שמות כ
וְכָל־הָעָם רֹאִים אֶת־הַקּוֹלֹת וְאֶת־הַלַּפִּידִם
וְאֵת קוֹל הַשֹּׁפָר, וְאֶת־הָהָר עָשֵׁן
וַיַּרְא הָעָם וַיָּנֻעוּ, וַיַּעַמְדוּ מֵרָחֹק:

וּבְדִבְרֵי קָדְשְׁךָ כָּתוּב לֵאמֹר

תהלים מז
עָלָה אֱלֹהִים בִּתְרוּעָה, יהוה בְּקוֹל שׁוֹפָר:

וְנֶאֱמַר

תהלים צח
בַּחֲצֹצְרוֹת וְקוֹל שׁוֹפָר, הָרִיעוּ לִפְנֵי הַמֶּלֶךְ יהוה:

וְנֶאֱמַר

תהלים פא
תִּקְעוּ בַחֹדֶשׁ שׁוֹפָר, בַּכֶּסֶה לְיוֹם חַגֵּנוּ:
כִּי חֹק לְיִשְׂרָאֵל הוּא, מִשְׁפָּט לֵאלֹהֵי יַעֲקֹב:

וְנֶאֱמַר

תהלים קנ
הַלְלוּיָהּ, הַלְלוּ־אֵל בְּקָדְשׁוֹ הַלְלוּהוּ בִּרְקִיעַ עֻזּוֹ:
הַלְלוּהוּ בִגְבוּרֹתָיו הַלְלוּהוּ כְּרֹב גֻּדְלוֹ:
הַלְלוּהוּ בְּתֵקַע שׁוֹפָר הַלְלוּהוּ בְּנֵבֶל וְכִנּוֹר:
הַלְלוּהוּ בְתֹף וּמָחוֹל הַלְלוּהוּ בְּמִנִּים וְעֻגָב:
הַלְלוּהוּ בְצִלְצְלֵי־שָׁמַע הַלְלוּהוּ בְּצִלְצְלֵי תְרוּעָה:
כֹּל הַנְּשָׁמָה תְּהַלֵּל יָהּ, הַלְלוּיָהּ:

וְעַל יְדֵי עֲבָדֶיךָ הַנְּבִיאִים כָּתוּב לֵאמֹר

ישעיה יח
כָּל־יֹשְׁבֵי תֵבֵל וְשֹׁכְנֵי אָרֶץ
כִּנְשֹׂא־נֵס הָרִים תִּרְאוּ
וְכִתְקֹעַ שׁוֹפָר תִּשְׁמָעוּ:

וְנֶאֱמַר

ישעיה כז
וְהָיָה בַּיּוֹם הַהוּא יִתָּקַע בְּשׁוֹפָר גָּדוֹל
וּבָאוּ הָאֹבְדִים בְּאֶרֶץ אַשּׁוּר
וְהַנִּדָּחִים בְּאֶרֶץ מִצְרָיִם
וְהִשְׁתַּחֲווּ לַיהוה בְּהַר הַקֹּדֶשׁ בִּירוּשָׁלָםִ:

וְנֶאֱמַר

זכריה ט
וַיהוה עֲלֵיהֶם יֵרָאֶה, וְיָצָא כַבָּרָק חִצּוֹ
וַאדֹנָי יֱהֹוִה בַּשּׁוֹפָר יִתְקָע, וְהָלַךְ בְּסַעֲרוֹת תֵּימָן:
יהוה צְבָאוֹת יָגֵן עֲלֵיהֶם:
כֵּן תָּגֵן עַל עַמְּךָ יִשְׂרָאֵל בִּשְׁלוֹמֶךָ.

אֱלֹהֵינוּ וֵאלֹהֵי אֲבוֹתֵינוּ
תְּקַע בְּשׁוֹפָר גָּדוֹל לְחֵרוּתֵנוּ, וְשָׂא נֵס לְקַבֵּץ גָּלֻיּוֹתֵינוּ
וְקָרֵב פְּזוּרֵינוּ מִבֵּין הַגּוֹיִם, וּנְפוּצוֹתֵינוּ כַּנֵּס מִיַּרְכְּתֵי אָרֶץ.
וַהֲבִיאֵנוּ לְצִיּוֹן עִירְךָ בְּרִנָּה
וְלִירוּשָׁלַיִם בֵּית מִקְדָּשְׁךָ בְּשִׂמְחַת עוֹלָם
וְשָׁם נַעֲשֶׂה לְפָנֶיךָ אֶת קָרְבְּנוֹת חוֹבוֹתֵינוּ
כִּמְצֻוֶּה עָלֵינוּ בְּתוֹרָתֶךָ עַל יְדֵי מֹשֶׁה עַבְדֶּךָ, מִפִּי כְבוֹדֶךָ
כָּאָמוּר

וּבְיוֹם שִׂמְחַתְכֶם וּבְמוֹעֲדֵיכֶם וּבְרָאשֵׁי חָדְשֵׁכֶם במדבר י
וּתְקַעְתֶּם בַּחֲצֹצְרֹת עַל עֹלֹתֵיכֶם וְעַל זִבְחֵי שַׁלְמֵיכֶם
וְהָיוּ לָכֶם לְזִכָּרוֹן לִפְנֵי אֱלֹהֵיכֶם, אֲנִי יהוה אֱלֹהֵיכֶם:

כִּי אַתָּה שׁוֹמֵעַ קוֹל שׁוֹפָר וּמַאֲזִין תְּרוּעָה, וְאֵין דּוֹמֶה לָּךְ.
בָּרוּךְ אַתָּה יהוה, שׁוֹמֵעַ קוֹל תְּרוּעַת עַמּוֹ יִשְׂרָאֵל בְּרַחֲמִים.

תוקעים:

תקיעה	שברים תרועה	תקיעה
תקיעה	שברים	תקיעה
תקיעה	תרועה	תקיעה

הקהל ושליח הציבור אומרים:

הַיּוֹם הֲרַת עוֹלָם, הַיּוֹם יַעֲמִיד בַּמִּשְׁפָּט כָּל יְצוּרֵי עוֹלָמִים
אִם כְּבָנִים אִם כַּעֲבָדִים.
אִם כְּבָנִים, רַחֲמֵנוּ כְּרַחֵם אָב עַל בָּנִים
וְאִם כַּעֲבָדִים, עֵינֵינוּ לְךָ תְלוּיוֹת עַד שֶׁתְּחָנֵּנוּ
וְתוֹצִיא כָאוֹר מִשְׁפָּטֵנוּ, אָיֹם קָדוֹשׁ.

אֲרֶשֶׁת שְׂפָתֵינוּ יֶעֱרַב לְפָנֶיךָ
אֵל רָם וְנִשָּׂא, מֵבִין וּמַאֲזִין, מַבִּיט וּמַקְשִׁיב לְקוֹל תְּקִיעָתֵנוּ.
וּתְקַבֵּל בְּרַחֲמִים וּבְרָצוֹן סֵדֶר שׁוֹפְרוֹתֵינוּ.

עבודה

רְצֵה יהוה אֱלֹהֵינוּ בְּעַמְּךָ יִשְׂרָאֵל, וְלִתְפִלָּתָם שְׁעֵה
וְהָשֵׁב אֶת הָעֲבוֹדָה לִדְבִיר בֵּיתֶךָ
וְאִשֵּׁי יִשְׂרָאֵל וּתְפִלָּתָם
מְהֵרָה בְּאַהֲבָה תְקַבֵּל בְּרָצוֹן
וּתְהִי לְרָצוֹן תָּמִיד עֲבוֹדַת יִשְׂרָאֵל עַמֶּךָ.

אם כוהנים עולים לברך, אומרים כאן ׳וְתֶעֱרַב׳.
אם אין כוהנים, שליח הציבור ממשיך ׳וְתֶחֱזֶינָה׳ למטה.
יש המקדימים ׳וְשָׁם נַעֲבָדְךָ׳ ל׳וְתֶחֱזֶינָה׳,
וחותמים בברכה ׳הַמַּחֲזִיר שְׁכִינָתוֹ לְצִיּוֹן׳, כבכל השנה.

קהל וש״ץ: וְתֶעֱרַב עָלֶיךָ עֲתִירָתֵנוּ כְּעוֹלָה וּכְקָרְבָּן.
אָנָּא רַחוּם, בְּרַחֲמֶיךָ הָרַבִּים הָשֵׁב שְׁכִינָתְךָ לְצִיּוֹן עִירְךָ
וְסֵדֶר הָעֲבוֹדָה לִירוּשָׁלָיִם.
וְתֶחֱזֶינָה עֵינֵינוּ בְּשׁוּבְךָ לְצִיּוֹן בְּרַחֲמִים.
וְשָׁם נַעֲבָדְךָ בְּיִרְאָה כִּימֵי עוֹלָם וּכְשָׁנִים קַדְמוֹנִיּוֹת.

הש״ץ מסיים: בָּרוּךְ אַתָּה יהוה שֶׁאוֹתְךָ לְבַדְּךָ בְּיִרְאָה נַעֲבֹד.

וממשיך ׳מוֹדִים׳ בעמוד הבא.

אם אין כוהנים העולים לברך, אומר:

וְתֶחֱזֶינָה עֵינֵינוּ בְּשׁוּבְךָ לְצִיּוֹן בְּרַחֲמִים.
בָּרוּךְ אַתָּה יהוה, הַמַּחֲזִיר שְׁכִינָתוֹ לְצִיּוֹן.

הודאה

כורע ב׳מודים׳ ואינו זוקף עד אמירת השם.

׳מוֹדִים אֲנַחְנוּ לָךְ	כששליח הציבור אומר ׳מודים׳, הקהל אומר בלחש:
שָׁאַתָּה הוּא יהוה אֱלֹהֵינוּ	׳מוֹדִים אֲנַחְנוּ לָךְ
וֵאלֹהֵי אֲבוֹתֵינוּ לְעוֹלָם וָעֶד.	שָׁאַתָּה הוּא יהוה אֱלֹהֵינוּ
צוּר חַיֵּינוּ, מָגֵן יִשְׁעֵנוּ	וֵאלֹהֵי אֲבוֹתֵינוּ
אַתָּה הוּא לְדוֹר וָדוֹר.	אֱלֹהֵי כָל בָּשָׂר
נוֹדֶה לְּךָ וּנְסַפֵּר תְּהִלָּתֶךָ	יוֹצְרֵנוּ, יוֹצֵר בְּרֵאשִׁית.
עַל חַיֵּינוּ הַמְּסוּרִים בְּיָדֶךָ	בְּרָכוֹת וְהוֹדָאוֹת
וְעַל נִשְׁמוֹתֵינוּ הַפְּקוּדוֹת לָךְ	לְשִׁמְךָ הַגָּדוֹל וְהַקָּדוֹשׁ
וְעַל נִסֶּיךָ שֶׁבְּכָל יוֹם עִמָּנוּ	עַל שֶׁהֶחֱיִיתָנוּ וְקִיַּמְתָּנוּ.
וְעַל נִפְלְאוֹתֶיךָ וְטוֹבוֹתֶיךָ	כֵּן תְּחַיֵּנוּ וּתְקַיְּמֵנוּ
שֶׁבְּכָל עֵת, עֶרֶב וָבֹקֶר וְצָהֳרָיִם.	וְתֶאֱסֹף גָּלֻיּוֹתֵינוּ
הַטּוֹב, כִּי לֹא כָלוּ רַחֲמֶיךָ	לְחַצְרוֹת קָדְשֶׁךָ
וְהַמְרַחֵם, כִּי לֹא תַמּוּ חֲסָדֶיךָ	לִשְׁמֹר חֻקֶּיךָ וְלַעֲשׂוֹת רְצוֹנֶךָ
כִּי מֵעוֹלָם קִוִּינוּ לָךְ.	וּלְעָבְדְּךָ בְּלֵבָב שָׁלֵם
	עַל שֶׁאֲנַחְנוּ מוֹדִים לָךְ.
	בָּרוּךְ אֵל הַהוֹדָאוֹת.

וְעַל כֻּלָּם יִתְבָּרַךְ וְיִתְרוֹמַם וְיִתְנַשֵּׂא שִׁמְךָ מַלְכֵּנוּ
תָּמִיד לְעוֹלָם וָעֶד.

קהל ואחריו שליח הציבור:

אָבִינוּ מַלְכֵּנוּ, זְכֹר רַחֲמֶיךָ וּכְבֹשׁ כַּעַסְךָ
וְכַלֵּה דֶבֶר, וְחֶרֶב, וְרָעָב, וּשְׁבִי, וּמַשְׁחִית
וְעָוֹן וּמַגֵּפָה, וּפֶגַע רָע
וְכָל מַחֲלָה, וְכָל תַּקָּלָה, וְכָל קְטָטָה, וְכָל מִינֵי פֻרְעָנִיּוֹת
וְכָל גְּזֵרָה רָעָה, וְשִׂנְאַת חִנָּם
מֵעָלֵינוּ וּמֵעַל כָּל בְּנֵי בְרִיתֶךָ.

קהל ואחריו שליח הציבור:

וּכְתֹב לְחַיִּים טוֹבִים כָּל בְּנֵי בְרִיתֶךָ.

וְכֹל הַחַיִּים יוֹדְוּךָ סֶּלָה

וִיהַלְלוּ וִיבָרְכוּ אֶת שִׁמְךָ הַגָּדוֹל בֶּאֱמֶת לְעוֹלָם כִּי טוֹב הָאֵל יְשׁוּעָתֵנוּ וְעֶזְרָתֵנוּ סֶלָה, הָאֵל הַטּוֹב.

בָּרוּךְ אַתָּה יהוה, הַטּוֹב שִׁמְךָ וּלְךָ נָאֶה לְהוֹדוֹת.

ברכת כוהנים

אם יותר מכוהן אחד עולה לדוכן, הגבאי קורא:

כֹּהֲנִים

הכוהנים מברכים:

בָּרוּךְ אַתָּה יהוה אֱלֹהֵינוּ מֶלֶךְ הָעוֹלָם, אֲשֶׁר קִדְּשָׁנוּ בִּקְדֻשָּׁתוֹ שֶׁל אַהֲרֹן, וְצִוָּנוּ לְבָרֵךְ אֶת עַמּוֹ יִשְׂרָאֵל בְּאַהֲבָה.

שליח הציבור מקריא מילה במילה, והכוהנים אחריו:

יְבָרֶכְךָ יהוה וְיִשְׁמְרֶךָ: קהל: **אָמֵן** במדבר ו

יָאֵר יהוה פָּנָיו אֵלֶיךָ וִיחֻנֶּךָּ: קהל: **אָמֵן**

יִשָּׂא יהוה פָּנָיו אֵלֶיךָ וְיָשֵׂם לְךָ שָׁלוֹם: קהל: **אָמֵן**

שליח הציבור ממשיך ׳שִׂים שָׁלוֹם׳.

הקהל אומר:

אַדִּיר בַּמָּרוֹם שׁוֹכֵן בִּגְבוּרָה, אַתָּה שָׁלוֹם וְשִׁמְךָ שָׁלוֹם. יְהִי רָצוֹן שֶׁתָּשִׂים עָלֵינוּ וְעַל כָּל עַמְּךָ בֵּית יִשְׂרָאֵל חַיִּים וּבְרָכָה לְמִשְׁמֶרֶת שָׁלוֹם.

הכוהנים אומרים:

רִבּוֹנוֹ שֶׁל עוֹלָם, עָשִׂינוּ מַה שֶּׁגָּזַרְתָּ עָלֵינוּ, אַף אַתָּה עֲשֵׂה עִמָּנוּ כְּמוֹ שֶׁהִבְטַחְתָּנוּ. הַשְׁקִיפָה מִמְּעוֹן קָדְשְׁךָ מִן־הַשָּׁמַיִם, וּבָרֵךְ אֶת־עַמְּךָ אֶת־יִשְׂרָאֵל, וְאֵת הָאֲדָמָה אֲשֶׁר נָתַתָּה לָנוּ, כַּאֲשֶׁר נִשְׁבַּעְתָּ לַאֲבוֹתֵינוּ, אֶרֶץ זָבַת חָלָב וּדְבָשׁ: דברים כו

אם אין כוהנים העולים לדוכן, שליח הציבור אומר:

אֱלֹהֵינוּ וֵאלֹהֵי אֲבוֹתֵינוּ, בָּרְכֵנוּ בַּבְּרָכָה הַמְשֻׁלֶּשֶׁת בַּתּוֹרָה, הַכְּתוּבָה עַל יְדֵי מֹשֶׁה עַבְדֶּךָ, הָאֲמוּרָה מִפִּי אַהֲרֹן וּבָנָיו כֹּהֲנִים עַם קְדוֹשֶׁיךָ, כָּאָמוּר

יְבָרֶכְךָ יהוה וְיִשְׁמְרֶךָ: קהל: **כֵּן יְהִי רָצוֹן** במדבר ו

יָאֵר יהוה פָּנָיו אֵלֶיךָ וִיחֻנֶּךָּ: קהל: **כֵּן יְהִי רָצוֹן**

יִשָּׂא יהוה פָּנָיו אֵלֶיךָ וְיָשֵׂם לְךָ שָׁלוֹם: קהל: **כֵּן יְהִי רָצוֹן**

שלום

שִׂים שָׁלוֹם טוֹבָה וּבְרָכָה, חַיִּים חֵן וָחֶסֶד וְרַחֲמִים
עָלֵינוּ וְעַל כָּל יִשְׂרָאֵל עַמֶּךָ.
בָּרְכֵנוּ אָבִינוּ כֻּלָּנוּ כְּאֶחָד בְּאוֹר פָּנֶיךָ
כִּי בְאוֹר פָּנֶיךָ נָתַתָּ לָּנוּ יהוה אֱלֹהֵינוּ
תּוֹרַת חַיִּים וְאַהֲבַת חֶסֶד
וּצְדָקָה וּבְרָכָה וְרַחֲמִים וְחַיִּים וְשָׁלוֹם.
וְטוֹב יִהְיֶה בְּעֵינֶיךָ לְבָרְכֵנוּ
וּלְבָרֵךְ אֶת כָּל עַמְּךָ יִשְׂרָאֵל
בְּכָל עֵת וּבְכָל שָׁעָה בִּשְׁלוֹמֶךָ.

קהל ואחריו שליח הציבור:

בְּסֵפֶר חַיִּים, בְּרָכָה וְשָׁלוֹם, וּפַרְנָסָה טוֹבָה
וּגְזֵרוֹת טוֹבוֹת, יְשׁוּעוֹת וְנֶחָמוֹת
נִזָּכֵר וְנִכָּתֵב לְפָנֶיךָ
אֲנַחְנוּ וְכָל עַמְּךָ בֵּית יִשְׂרָאֵל
לְחַיִּים טוֹבִים וּלְשָׁלוֹם.

שליח הציבור ממשיך:

וְנֶאֱמַר
כִּי־בִי יִרְבּוּ יָמֶיךָ משלי ט
וְיוֹסִיפוּ לְךָ שְׁנוֹת חַיִּים:

לְחַיִּים טוֹבִים תִּכְתְּבֵנוּ
אֱלֹהִים חַיִּים, כָּתְבֵנוּ בְּסֵפֶר הַחַיִּים.

כַּכָּתוּב
וְאַתֶּם הַדְּבֵקִים בַּיהוה אֱלֹהֵיכֶם דברים ד
חַיִּים כֻּלְּכֶם הַיּוֹם:

פותחים את ארון הקודש.

נוהגים לומר כאן שבע שורות מהפיוט ׳הַיּוֹם תְּאַמְּצֵנוּ׳. הפיוט המלא בעמ׳ 497.
הקהל אומר את השורות אחת אחת, ושליח הציבור חוזר עליהן.
לאחר שליח הציבור הקהל עונה ׳אָמֵן׳ וממשיך בשורה הבאה.

סימן א״ב

הַיּוֹם תְּאַמְּצֵנוּ. אָמֵן

הַיּוֹם תְּבָרְכֵנוּ. אָמֵן

הַיּוֹם תְּגַדְּלֵנוּ. אָמֵן

הַיּוֹם תִּדְרְשֵׁנוּ לְטוֹבָה. אָמֵן

הַיּוֹם תִּשְׁמַע שַׁוְעָתֵנוּ. אָמֵן

הַיּוֹם תְּקַבֵּל בְּרַחֲמִים וּבְרָצוֹן אֶת תְּפִלָּתֵנוּ. אָמֵן

הַיּוֹם תִּתְמְכֵנוּ בִּימִין צִדְקֶךָ. אָמֵן

סוגרים את ארון הקודש.

שליח הציבור ממשיך:

כְּהַיּוֹם הַזֶּה תְּבִיאֵנוּ, שָׂשִׂים וּשְׂמֵחִים בְּבִנְיַן שָׁלֵם.

כַּכָּתוּב

וַהֲבִיאוֹתִים אֶל־הַר קָדְשִׁי וְשִׂמַּחְתִּים בְּבֵית תְּפִלָּתִי ישעיה נו
עוֹלֹתֵיהֶם וְזִבְחֵיהֶם לְרָצוֹן עַל־מִזְבְּחִי
כִּי בֵיתִי בֵּית־תְּפִלָּה יִקָּרֵא לְכָל־הָעַמִּים:

וְנֶאֱמַר

וַיְצַוֵּנוּ יהוה לַעֲשׂוֹת אֶת־כָּל־הַחֻקִּים הָאֵלֶּה דברים ו
לְיִרְאָה אֶת־יהוה אֱלֹהֵינוּ
לְטוֹב לָנוּ כָּל־הַיָּמִים לְחַיֹּתֵנוּ כְּהַיּוֹם הַזֶּה:

וְנֶאֱמַר

וּצְדָקָה תִּהְיֶה־לָּנוּ, כִּי־נִשְׁמֹר לַעֲשׂוֹת אֶת־כָּל־הַמִּצְוָה הַזֹּאת דברים ו
לִפְנֵי יהוה אֱלֹהֵינוּ, כַּאֲשֶׁר צִוָּנוּ:

וּצְדָקָה וּבְרָכָה וְרַחֲמִים וְחַיִּים וְשָׁלוֹם
יִהְיֶה לָנוּ וּלְכָל יִשְׂרָאֵל עַד הָעוֹלָם.

שליח הציבור מסיים:

בָּרוּךְ אַתָּה יהוה, הַמְבָרֵךְ אֶת עַמּוֹ יִשְׂרָאֵל בַּשָּׁלוֹם.

שליח הציבור מסיים בלחש:

תהלים יט **יִהְיוּ לְרָצוֹן אִמְרֵי פִי וְהֶגְיוֹן לִבִּי לְפָנֶיךָ, יהוה צוּרִי וְגֹאֲלִי:**

בסוף התפילה תוקעים בשופר להשלים למאה קולות.

בקהילות הספרדים נוהגים לתקוע עשרה קולות באמצע קדיש שלם, ומנהג זה התקבל ברוב בתי הכנסת המתפללים בנוסח ספרד.

יש התוקעים אחרי הקדיש, ובקהילות שבהן לא תקעו בתפילת לחש, תוקעים שלושים קולות בסוף הקדיש ועוד עשרה לפני ׳עָלֵינוּ׳.

קדיש שלם

ש״ץ: **יִתְגַּדַּל וְיִתְקַדַּשׁ שְׁמֵהּ רַבָּא** (קהל: אָמֵן)
בְּעָלְמָא דִּי בְרָא כִרְעוּתֵהּ
וְיַמְלִיךְ מַלְכוּתֵהּ וְיַצְמַח פֻּרְקָנֵהּ וִיקָרֵב מְשִׁיחֵהּ (קהל: אָמֵן)
בְּחַיֵּיכוֹן וּבְיוֹמֵיכוֹן וּבְחַיֵּי דְכָל בֵּית יִשְׂרָאֵל
בַּעֲגָלָא וּבִזְמַן קָרִיב, וְאִמְרוּ אָמֵן. (קהל: אָמֵן)

קהל וש״ץ: **יְהֵא שְׁמֵהּ רַבָּא מְבָרַךְ לְעָלַם וּלְעָלְמֵי עָלְמַיָּא.**

ש״ץ: **יִתְבָּרַךְ וְיִשְׁתַּבַּח וְיִתְפָּאַר וְיִתְרוֹמַם וְיִתְנַשֵּׂא**
וְיִתְהַדָּר וְיִתְעַלֶּה וְיִתְהַלָּל
שְׁמֵהּ דְּקֻדְשָׁא בְּרִיךְ הוּא (קהל: אָמֵן)
לְעֵלָּא לְעֵלָּא מִכָּל בִּרְכָתָא וְשִׁירָתָא, תֻּשְׁבְּחָתָא וְנֶחֱמָתָא
דַּאֲמִירָן בְּעָלְמָא, וְאִמְרוּ אָמֵן. (קהל: אָמֵן)

תוקעים (ובשבת אין תוקעים):

תקיעה	**שברים תרועה**	**תקיעה**
תקיעה	**שברים**	**תקיעה**
תקיעה	**תרועה**	**תקיעה גדולה**

תִּתְקַבַּל צְלוֹתְהוֹן וּבָעוּתְהוֹן דְּכָל בֵּית יִשְׂרָאֵל
קֳדָם אֲבוּהוֹן דִּי בִשְׁמַיָּא, וְאִמְרוּ אָמֵן. (קהל: אָמֵן)

יְהֵא שְׁלָמָא רַבָּא מִן שְׁמַיָּא
וְחַיִּים טוֹבִים עָלֵינוּ וְעַל כָּל יִשְׂרָאֵל, וְאִמְרוּ אָמֵן. (קהל: אָמֵן)

כורע ופוסע שלוש פסיעות לאחור. קד לשמאל, לימין ולפנים באמירת:

עֹשֶׂה הַשָּׁלוֹם בִּמְרוֹמָיו
הוּא יַעֲשֶׂה שָׁלוֹם
עָלֵינוּ וְעַל כָּל יִשְׂרָאֵל, וְאִמְרוּ אָמֵן. (קהל: אָמֵן)

יש התוקעים כאן את עשרת הקולות האחרונים. ובקהילות שבהן לא תקעו בתפילת לחש, תוקעים שלושים קולות, על פי הסדר המובא בעמ׳ 313–314.

קַוֵּה אֶל־יהוה, חֲזַק וְיַאֲמֵץ לִבֶּךָ, וְקַוֵּה אֶל־יהוה: תהלים כז
אֵין־קָדוֹשׁ כַּיהוה, כִּי־אֵין בִּלְתֶּךָ, וְאֵין צוּר כֵּאלֹהֵינוּ: שמואל א׳ ב
כִּי מִי אֱלוֹהַּ מִבַּלְעֲדֵי יהוה, וּמִי צוּר זוּלָתִי אֱלֹהֵינוּ: תהלים יח

פתיחה לסדר הקטורת מסדר רב עמרם גאון

אֵין כֵּאלֹהֵינוּ, אֵין כַּאדוֹנֵינוּ, אֵין כְּמַלְכֵּנוּ, אֵין כְּמוֹשִׁיעֵנוּ.
מִי כֵאלֹהֵינוּ, מִי כַאדוֹנֵינוּ, מִי כְמַלְכֵּנוּ, מִי כְמוֹשִׁיעֵנוּ.
נוֹדֶה לֵאלֹהֵינוּ, נוֹדֶה לַאדוֹנֵינוּ, נוֹדֶה לְמַלְכֵּנוּ, נוֹדֶה לְמוֹשִׁיעֵנוּ.
בָּרוּךְ אֱלֹהֵינוּ, בָּרוּךְ אֲדוֹנֵינוּ, בָּרוּךְ מַלְכֵּנוּ, בָּרוּךְ מוֹשִׁיעֵנוּ.
אַתָּה הוּא אֱלֹהֵינוּ, אַתָּה הוּא אֲדוֹנֵינוּ,
אַתָּה הוּא מַלְכֵּנוּ, אַתָּה הוּא מוֹשִׁיעֵנוּ.
אַתָּה הוּא שֶׁהִקְטִירוּ אֲבוֹתֵינוּ לְפָנֶיךָ אֶת קְטֹרֶת הַסַּמִּים.

פִּטּוּם הַקְּטֹרֶת. הַצֳּרִי, וְהַצִּפֹּרֶן, וְהַחֶלְבְּנָה, וְהַלְּבוֹנָה מִשְׁקַל שִׁבְעִים שִׁבְעִים מָנֶה, מֹר, וּקְצִיעָה, שִׁבֹּלֶת נֵרְדְּ, וְכַרְכֹּם מִשְׁקַל שִׁשָּׁה עָשָׂר שִׁשָּׁה עָשָׂר מָנֶה, הַקֹּשְׁטְ שְׁנֵים עָשָׂר, קִלּוּפָה שְׁלֹשָׁה, וְקִנָּמוֹן תִּשְׁעָה, בֹּרִית כריתות ו.

כַּרְשִׁינָה תִּשְׁעָה קַבִּין, יֵין קַפְרִיסִין סְאִין תְּלָת וְקַבִּין תְּלָתָא, וְאִם אֵין לוֹ יֵין קַפְרִיסִין, מֵבִיא חֲמַר חִוַּרְיָן עַתִּיק. מֶלַח סְדוֹמִית רֹבַע, מַעֲלֶה עָשָׁן כָּל שֶׁהוּא. רַבִּי נָתָן הַבַּבְלִי אוֹמֵר: אַף כִּפַּת הַיַּרְדֵּן כָּל שֶׁהוּא, וְאִם נָתַן בָּהּ דְּבַשׁ פְּסָלָהּ, וְאִם חִסַּר אֶחָד מִכָּל סַמָּנֶיהָ, חַיָּב מִיתָה.

רַבָּן שִׁמְעוֹן בֶּן גַּמְלִיאֵל אוֹמֵר: הַצֳּרִי אֵינוֹ אֶלָּא שְׂרָף הַנּוֹטֵף מֵעֲצֵי הַקְּטָף. בֹּרִית כַּרְשִׁינָה שֶׁשָּׁפִין בָּהּ אֶת הַצִּפֹּרֶן כְּדֵי שֶׁתְּהֵא נָאָה, יֵין קַפְרִיסִין שֶׁשּׁוֹרִין בּוֹ אֶת הַצִּפֹּרֶן כְּדֵי שֶׁתְּהֵא עַזָּה, וַהֲלֹא מֵי רַגְלַיִם יָפִין לָהּ, אֶלָּא שֶׁאֵין מַכְנִיסִין מֵי רַגְלַיִם בַּמִּקְדָּשׁ מִפְּנֵי הַכָּבוֹד.

משנה תמיד ז — הַשִּׁיר שֶׁהַלְוִיִּם הָיוּ אוֹמְרִים בְּבֵית הַמִּקְדָּשׁ:

תהלים כד — בַּיּוֹם הָרִאשׁוֹן הָיוּ אוֹמְרִים, לַיהוה הָאָרֶץ וּמְלוֹאָהּ, תֵּבֵל וְיֹשְׁבֵי בָהּ:

תהלים מח — בַּשֵּׁנִי הָיוּ אוֹמְרִים, גָּדוֹל יהוה וּמְהֻלָּל מְאֹד, בְּעִיר אֱלֹהֵינוּ הַר־קָדְשׁוֹ:

תהלים פב — בַּשְּׁלִישִׁי הָיוּ אוֹמְרִים, אֱלֹהִים נִצָּב בַּעֲדַת־אֵל, בְּקֶרֶב אֱלֹהִים יִשְׁפֹּט:

תהלים צד — בָּרְבִיעִי הָיוּ אוֹמְרִים, אֵל־נְקָמוֹת יהוה, אֵל נְקָמוֹת הוֹפִיעַ:

תהלים פא — בַּחֲמִישִׁי הָיוּ אוֹמְרִים, הַרְנִינוּ לֵאלֹהִים עוּזֵּנוּ, הָרִיעוּ לֵאלֹהֵי יַעֲקֹב:

תהלים צג — בַּשִּׁשִּׁי הָיוּ אוֹמְרִים, יהוה מָלָךְ גֵּאוּת לָבֵשׁ, לָבֵשׁ יהוה עֹז הִתְאַזָּר אַף־תִּכּוֹן תֵּבֵל בַּל־תִּמּוֹט:

תהלים צב — בַּשַּׁבָּת הָיוּ אוֹמְרִים, מִזְמוֹר שִׁיר לְיוֹם הַשַּׁבָּת:
מִזְמוֹר שִׁיר לֶעָתִיד לָבוֹא, לְיוֹם שֶׁכֻּלּוֹ שַׁבָּת וּמְנוּחָה לְחַיֵּי הָעוֹלָמִים.

מגילה כח: — תָּנָא דְבֵי אֵלִיָּהוּ: כָּל הַשּׁוֹנֶה הֲלָכוֹת בְּכָל יוֹם, מֻבְטָח לוֹ שֶׁהוּא בֶּן עוֹלָם
חבקוק ג — הַבָּא, שֶׁנֶּאֱמַר, הֲלִיכוֹת עוֹלָם לוֹ: אַל תִּקְרֵי הֲלִיכוֹת אֶלָּא הֲלָכוֹת.

ברכות סד. — אָמַר רַבִּי אֶלְעָזָר, אָמַר רַבִּי חֲנִינָא: תַּלְמִידֵי חֲכָמִים מַרְבִּים שָׁלוֹם בָּעוֹלָם,
ישעיה נד — שֶׁנֶּאֱמַר, וְכָל־בָּנַיִךְ לִמּוּדֵי יהוה, וְרַב שְׁלוֹם בָּנָיִךְ: אַל תִּקְרֵי בָּנָיִךְ, אֶלָּא
תהלים קיט תהלים קכב — בּוֹנָיִךְ. שָׁלוֹם רָב לְאֹהֲבֵי תוֹרָתֶךָ, וְאֵין־לָמוֹ מִכְשׁוֹל: יְהִי־שָׁלוֹם בְּחֵילֵךְ,
שַׁלְוָה בְּאַרְמְנוֹתָיִךְ: ‹ לְמַעַן אַחַי וְרֵעָי אֲדַבְּרָה־נָּא שָׁלוֹם בָּךְ: לְמַעַן
תהלים כט — בֵּית־יהוה אֱלֹהֵינוּ אֲבַקְשָׁה טוֹב לָךְ: יהוה עֹז לְעַמּוֹ יִתֵּן, יהוה יְבָרֵךְ אֶת־עַמּוֹ בַשָּׁלוֹם:

קדיש דרבנן

אבל: יִתְגַּדַּל וְיִתְקַדַּשׁ שְׁמֵהּ רַבָּא (קהל: אָמֵן)
בְּעָלְמָא דִּי בְרָא כִרְעוּתֵהּ
וְיַמְלִיךְ מַלְכוּתֵהּ וְיַצְמַח פֻּרְקָנֵהּ וִיקָרֵב מְשִׁיחֵהּ (קהל: אָמֵן)
בְּחַיֵּיכוֹן וּבְיוֹמֵיכוֹן וּבְחַיֵּי דְכָל בֵּית יִשְׂרָאֵל
בַּעֲגָלָא וּבִזְמַן קָרִיב, וְאִמְרוּ אָמֵן. (קהל: אָמֵן)

קהל ואבל: יְהֵא שְׁמֵהּ רַבָּא מְבָרַךְ לְעָלַם וּלְעָלְמֵי עָלְמַיָּא.

אבל: יִתְבָּרַךְ וְיִשְׁתַּבַּח וְיִתְפָּאַר וְיִתְרוֹמַם וְיִתְנַשֵּׂא
וְיִתְהַדָּר וְיִתְעַלֶּה וְיִתְהַלָּל שְׁמֵהּ דְּקֻדְשָׁא בְּרִיךְ הוּא (קהל: אָמֵן)
לְעֵלָּא לְעֵלָּא מִכָּל בִּרְכָתָא וְשִׁירָתָא, תֻּשְׁבְּחָתָא וְנֶחֱמָתָא
דַּאֲמִירָן בְּעָלְמָא, וְאִמְרוּ אָמֵן. (קהל: אָמֵן)

עַל יִשְׂרָאֵל וְעַל רַבָּנָן
וְעַל תַּלְמִידֵיהוֹן וְעַל כָּל תַּלְמִידֵי תַלְמִידֵיהוֹן
וְעַל כָּל מָאן דְּעָסְקִין בְּאוֹרַיְתָא
דִּי בְאַתְרָא קַדִּישָׁא הָדֵין וְדִי בְכָל אֲתַר וַאֲתַר
יְהֵא לְהוֹן וּלְכוֹן שְׁלָמָא רַבָּא
חִנָּא וְחִסְדָּא, וְרַחֲמֵי, וְחַיֵּי אֲרִיכֵי, וּמְזוֹנֵי רְוִיחֵי
וּפֻרְקָנָא מִן קֳדָם אֲבוּהוֹן
דִּי בִשְׁמַיָּא וְאַרְעָא, וְאִמְרוּ אָמֵן. (קהל: אָמֵן)

יְהֵא שְׁלָמָא רַבָּא מִן שְׁמַיָּא
וְחַיִּים טוֹבִים עָלֵינוּ וְעַל כָּל יִשְׂרָאֵל, וְאִמְרוּ אָמֵן. (קהל: אָמֵן)

כורע ופוסע שלוש פסיעות לאחור. קד לשמאל, לימין ולפנים באמירת:

עֹשֶׂה הַשָּׁלוֹם בִּמְרוֹמָיו
הוּא בְּרַחֲמָיו יַעֲשֶׂה שָׁלוֹם
עָלֵינוּ וְעַל כָּל יִשְׂרָאֵל, וְאִמְרוּ אָמֵן. (קהל: אָמֵן)

בקהילות שבהן לא תקעו בתפילת לחש, תוקעים כאן תשר״ת תש״ת תר״ת.

אומרים ׳עָלֵינוּ׳ בעמידה ומשתחווים במקום המסומן ב°.

עָלֵינוּ לְשַׁבֵּחַ לַאֲדוֹן הַכֹּל, לָתֵת גְּדֻלָּה לְיוֹצֵר בְּרֵאשִׁית
שֶׁלֹּא עָשָׂנוּ כְּגוֹיֵי הָאֲרָצוֹת, וְלֹא שָׂמָנוּ כְּמִשְׁפְּחוֹת הָאֲדָמָה
שֶׁלֹּא שָׂם חֶלְקֵנוּ כָּהֶם וְגוֹרָלֵנוּ כְּכָל הֲמוֹנָם.
שֶׁהֵם מִשְׁתַּחֲוִים לְהֶבֶל וָרִיק וּמִתְפַּלְלִים אֶל אֵל לֹא יוֹשִׁיעַ.
°וַאֲנַחְנוּ כּוֹרְעִים וּמִשְׁתַּחֲוִים וּמוֹדִים
לִפְנֵי מֶלֶךְ מַלְכֵי הַמְּלָכִים, הַקָּדוֹשׁ בָּרוּךְ הוּא
שֶׁהוּא נוֹטֶה שָׁמַיִם וְיוֹסֵד אָרֶץ, וּמוֹשַׁב יְקָרוֹ בַּשָּׁמַיִם מִמַּעַל
וּשְׁכִינַת עֻזּוֹ בְּגָבְהֵי מְרוֹמִים.
הוּא אֱלֹהֵינוּ, אֵין עוֹד.
אֱמֶת מַלְכֵּנוּ, אֶפֶס זוּלָתוֹ
דברים ד כַּכָּתוּב בְּתוֹרָתוֹ, וְיָדַעְתָּ הַיּוֹם וַהֲשֵׁבֹתָ אֶל־לְבָבֶךָ
כִּי יהוה הוּא הָאֱלֹהִים בַּשָּׁמַיִם מִמַּעַל וְעַל־הָאָרֶץ מִתָּחַת
אֵין עוֹד:

וְעַל כֵּן נְקַוֶּה לְּךָ יהוה אֱלֹהֵינוּ, לִרְאוֹת מְהֵרָה בְּתִפְאֶרֶת עֻזֶּךָ
לְהַעֲבִיר גִּלּוּלִים מִן הָאָרֶץ, וְהָאֱלִילִים כָּרוֹת יִכָּרֵתוּן
לְתַקֵּן עוֹלָם בְּמַלְכוּת שַׁדַּי.
וְכָל בְּנֵי בָשָׂר יִקְרְאוּ בִשְׁמֶךָ, לְהַפְנוֹת אֵלֶיךָ כָּל רִשְׁעֵי אָרֶץ.
יַכִּירוּ וְיֵדְעוּ כָּל יוֹשְׁבֵי תֵבֵל
כִּי לְךָ תִּכְרַע כָּל בֶּרֶךְ, תִּשָּׁבַע כָּל לָשׁוֹן.
לְפָנֶיךָ יהוה אֱלֹהֵינוּ יִכְרְעוּ וְיִפֹּלוּ, וְלִכְבוֹד שִׁמְךָ יְקָר יִתֵּנוּ
וִיקַבְּלוּ כֻלָּם אֶת עֹל מַלְכוּתֶךָ
וְתִמְלֹךְ עֲלֵיהֶם מְהֵרָה לְעוֹלָם וָעֶד.
כִּי הַמַּלְכוּת שֶׁלְּךָ הִיא וּלְעוֹלְמֵי עַד תִּמְלֹךְ בְּכָבוֹד
שמות טו כַּכָּתוּב בְּתוֹרָתֶךָ, יהוה יִמְלֹךְ לְעֹלָם וָעֶד:

◂ וְנֶאֱמַר, וְהָיָה יהוה לְמֶלֶךְ עַל־כָּל־הָאָרֶץ זכריה יד
בַּיּוֹם הַהוּא יִהְיֶה יהוה אֶחָד וּשְׁמוֹ אֶחָד:

יש מוסיפים:

אַל־תִּירָא מִפַּחַד פִּתְאֹם וּמִשֹּׁאַת רְשָׁעִים כִּי תָבֹא: משלי ג
עֻצוּ עֵצָה וְתֻפָר, דַּבְּרוּ דָבָר וְלֹא יָקוּם, כִּי עִמָּנוּ אֵל: ישעיה ח
וְעַד־זִקְנָה אֲנִי הוּא, וְעַד־שֵׂיבָה אֲנִי אֶסְבֹּל אֲנִי עָשִׂיתִי וַאֲנִי אֶשָּׂא וַאֲנִי אֶסְבֹּל וַאֲמַלֵּט: ישעיה מו

קדיש יתום

אבל: יִתְגַּדַּל וְיִתְקַדַּשׁ שְׁמֵהּ רַבָּא (קהל: אָמֵן)
בְּעָלְמָא דִּי בְרָא כִרְעוּתֵהּ
וְיַמְלִיךְ מַלְכוּתֵהּ וְיַצְמַח פֻּרְקָנֵהּ וִיקָרֵב מְשִׁיחֵהּ (קהל: אָמֵן)
בְּחַיֵּיכוֹן וּבְיוֹמֵיכוֹן וּבְחַיֵּי דְכָל בֵּית יִשְׂרָאֵל
בַּעֲגָלָא וּבִזְמַן קָרִיב, וְאִמְרוּ אָמֵן. (קהל: אָמֵן)

קהל ואבל: יְהֵא שְׁמֵהּ רַבָּא מְבָרַךְ לְעָלַם וּלְעָלְמֵי עָלְמַיָּא.

אבל: יִתְבָּרַךְ וְיִשְׁתַּבַּח וְיִתְפָּאַר וְיִתְרוֹמַם וְיִתְנַשֵּׂא
וְיִתְהַדָּר וְיִתְעַלֶּה וְיִתְהַלָּל
שְׁמֵהּ דְּקֻדְשָׁא בְּרִיךְ הוּא (קהל: אָמֵן)
לְעֵלָּא לְעֵלָּא מִכָּל בִּרְכָתָא
וְשִׁירָתָא, תֻּשְׁבְּחָתָא וְנֶחֱמָתָא
דַּאֲמִירָן בְּעָלְמָא, וְאִמְרוּ אָמֵן. (קהל: אָמֵן)

יְהֵא שְׁלָמָא רַבָּא מִן שְׁמַיָּא
וְחַיִּים טוֹבִים עָלֵינוּ וְעַל כָּל יִשְׂרָאֵל, וְאִמְרוּ אָמֵן. (קהל: אָמֵן)

כורע ופוסע שלוש פסיעות לאחור. קד לשמאל, לימין ולפנים באמירת:

עֹשֶׂה הַשָּׁלוֹם בִּמְרוֹמָיו
הוּא יַעֲשֶׂה שָׁלוֹם, עָלֵינוּ וְעַל כָּל יִשְׂרָאֵל, וְאִמְרוּ אָמֵן. (קהל: אָמֵן)

בבתי כנסת המתפללים בנוסח אשכנז,
אומרים כאן שיר של יום, קדיש יתום ולאחריו ׳לְדָוִד, יהוה אוֹרִי וְיִשְׁעִי׳ (עמ׳ 293-296).

שיר הכבוד

פיוט זה נכתב במקורו לליל יום הכיפורים (מהרי״ל).
היו שהסתייגו ממנו, מפני החשש שהדימויים שבו קרובים מדי להגשמה (מהרש״ל).
אך ברוב הקהילות נוהגים לאומרו בכל שבת ויום טוב בסוף התפילה (׳לבוש׳ קלג).

פותחים את ארון הקודש, והקהל עומד.

ש״ץ: **אַנְעִים זְמִירוֹת וְשִׁירִים אֶאֱרֹג, כִּי אֵלֶיךָ נַפְשִׁי תַעֲרֹג.**

קהל: נַפְשִׁי חִמְּדָה בְּצֵל יָדֶךָ, לָדַעַת כָּל רָז סוֹדֶךָ.

ש״ץ: **מִדֵּי דַבְּרִי בִּכְבוֹדֶךָ, הוֹמֶה לִבִּי אֶל דּוֹדֶיךָ.**

קהל: עַל כֵּן אֲדַבֵּר בְּךָ נִכְבָּדוֹת, וְשִׁמְךָ אֲכַבֵּד בְּשִׁירֵי יְדִידוֹת.

ש״ץ: **אֲסַפְּרָה כְבוֹדְךָ וְלֹא רְאִיתִיךָ, אֲדַמְּךָ אֲכַנְּךָ וְלֹא יְדַעְתִּיךָ.**

קהל: בְּיַד נְבִיאֶיךָ בְּסוֹד עֲבָדֶיךָ, דִּמִּיתָ הֲדַר כְּבוֹד הוֹדֶךָ.

ש״ץ: **גְּדֻלָּתְךָ וּגְבוּרָתֶךָ, כִּנּוּ לְתֹקֶף פְּעֻלָּתֶךָ.**

קהל: דִּמּוּ אוֹתְךָ וְלֹא כְּפִי יֶשְׁךָ, וַיְשַׁוּוּךָ לְפִי מַעֲשֶׂיךָ.

ש״ץ: **הִמְשִׁילוּךָ בְּרֹב חֶזְיוֹנוֹת, הִנְּךָ אֶחָד בְּכָל דִּמְיוֹנוֹת.**

קהל: וַיֶּחֱזוּ בְךָ זִקְנָה וּבַחֲרוּת, וּשְׂעַר רֹאשְׁךָ בְּשֵׂיבָה וְשַׁחֲרוּת.

ש״ץ: **זִקְנָה בְּיוֹם דִּין וּבַחֲרוּת בְּיוֹם קְרָב, כְּאִישׁ מִלְחָמוֹת יָדָיו לוֹ רָב.**

קהל: חָבַשׁ כּוֹבַע יְשׁוּעָה בְּרֹאשׁוֹ, הוֹשִׁיעָה לּוֹ יְמִינוֹ וּזְרוֹעַ קָדְשׁוֹ.

ש״ץ: **טַלְלֵי אוֹרוֹת רֹאשׁוֹ נִמְלָא, קְוֻצּוֹתָיו רְסִיסֵי לָיְלָה.**

קהל: יִתְפָּאֵר בִּי כִּי חָפֵץ בִּי, וְהוּא יִהְיֶה לִּי לַעֲטֶרֶת צְבִי.

ש״ץ: **כֶּתֶם טָהוֹר פָּז דְּמוּת רֹאשׁוֹ, וְחַק עַל מֵצַח כְּבוֹד שֵׁם קָדְשׁוֹ.**

קהל: לְחֵן וּלְכָבוֹד צְבִי תִפְאָרָה, אֻמָּתוֹ לוֹ עִטְּרָה עֲטָרָה.

ש״ץ: מַחְלְפוֹת רֹאשׁוֹ כְּבִימֵי בְחוּרוֹת, קְוֻצּוֹתָיו תַּלְתַּלִּים שְׁחוֹרוֹת.
קהל: נְוֵה הַצֶּדֶק צְבִי תִפְאַרְתּוֹ, יַעֲלֶה נָּא עַל רֹאשׁ שִׂמְחָתוֹ.

ש״ץ: סְגֻלָּתוֹ תְּהִי בְיָדוֹ עֲטֶרֶת, וּצְנִיף מְלוּכָה צְבִי תִפְאֶרֶת.
קהל: עֲמוּסִים נְשָׂאָם, עֲטֶרֶת עִנְּדָם, מֵאֲשֶׁר יָקְרוּ בְעֵינָיו כִּבְּדָם.

ש״ץ: פְּאֵרוֹ עָלַי וּפְאֵרִי עָלָיו, וְקָרוֹב אֵלַי בְּקָרְאִי אֵלָיו.
קהל: צַח וְאָדֹם לִלְבוּשׁוֹ אָדֹם, פּוּרָה בְדָרְכוֹ בְּבוֹאוֹ מֵאֱדוֹם.

ש״ץ: קֶשֶׁר תְּפִלִּין הֶרְאָה לֶעָנָו, תְּמוּנַת יהוה לְנֶגֶד עֵינָיו.
קהל: רוֹצֶה בְעַמּוֹ עֲנָוִים יְפָאֵר, יוֹשֵׁב תְּהִלּוֹת בָּם לְהִתְפָּאֵר.

ש״ץ: רֹאשׁ דְּבָרְךָ אֱמֶת קוֹרֵא מֵרֹאשׁ דּוֹר וָדוֹר, עַם דּוֹרֶשְׁךָ דְּרֹשׁ.
קהל: שִׁית הֲמוֹן שִׁירַי נָא עָלֶיךָ, וְרִנָּתִי תִּקְרַב אֵלֶיךָ.

ש״ץ: תְּהִלָּתִי תְּהִי לְרֹאשְׁךָ עֲטֶרֶת, וּתְפִלָּתִי תִּכּוֹן קְטֹרֶת.
קהל: תִּיקַר שִׁירַת רָשׁ בְּעֵינֶיךָ, כַּשִּׁיר יוּשַׁר עַל קָרְבָּנֶיךָ.

ש״ץ: בִּרְכָתִי תַעֲלֶה לְרֹאשׁ מַשְׁבִּיר, מְחוֹלֵל וּמוֹלִיד, צַדִּיק כַּבִּיר.
קהל: וּבְבִרְכָתִי תְנַעֲנַע לִי רֹאשׁ, וְאוֹתָהּ קַח לְךָ כִּבְשָׂמִים רֹאשׁ.

ש״ץ: יֶעֱרַב נָא שִׂיחִי עָלֶיךָ, כִּי נַפְשִׁי תַעֲרֹג אֵלֶיךָ.

סוגרים את ארון הקודש.

לְךָ יהוה הַגְּדֻלָּה וְהַגְּבוּרָה וְהַתִּפְאֶרֶת וְהַנֵּצַח וְהַהוֹד דברי הימים א׳ כט
כִּי־כֹל בַּשָּׁמַיִם וּבָאָרֶץ
לְךָ יהוה הַמַּמְלָכָה וְהַמִּתְנַשֵּׂא לְכֹל לְרֹאשׁ:
◄ מִי יְמַלֵּל גְּבוּרוֹת יהוה, יַשְׁמִיעַ כָּל־תְּהִלָּתוֹ: תהלים קו

קדיש יתום בעמ׳ 371

תפילת מנחה

מנחה לשני הימים

"וְעָרְבָה לַה' מִנְחַת יְהוּדָה וִירוּשָׁלָם כִּימֵי עוֹלָם וּכְשָׁנִים קַדְמֹנִיּוֹת" (מלאכי ג, ד).

ראוי לומר לפני תפילת מנחה את סדר הקרבנות בעמ' 92
(פרשת הכיור, פרשת התמיד וסדר הקטורת עד אחרי 'אָנָּא, בְּכֹחַ').

אַשְׁרֵי יוֹשְׁבֵי בֵיתֶךָ, עוֹד יְהַלְלוּךָ סֶּלָה: תהלים פד

אַשְׁרֵי הָעָם שֶׁכָּכָה לּוֹ, אַשְׁרֵי הָעָם שֶׁיהוה אֱלֹהָיו: תהלים קמד

תְּהִלָּה לְדָוִד תהלים קמה

אֲרוֹמִמְךָ אֱלוֹהַי הַמֶּלֶךְ, וַאֲבָרְכָה שִׁמְךָ לְעוֹלָם וָעֶד:
בְּכָל־יוֹם אֲבָרְכֶךָּ, וַאֲהַלְלָה שִׁמְךָ לְעוֹלָם וָעֶד:
גָּדוֹל יהוה וּמְהֻלָּל מְאֹד, וְלִגְדֻלָּתוֹ אֵין חֵקֶר:
דּוֹר לְדוֹר יְשַׁבַּח מַעֲשֶׂיךָ, וּגְבוּרֹתֶיךָ יַגִּידוּ:
הֲדַר כְּבוֹד הוֹדֶךָ, וְדִבְרֵי נִפְלְאֹתֶיךָ אָשִׂיחָה:
וֶעֱזוּז נוֹרְאֹתֶיךָ יֹאמֵרוּ, וּגְדוּלָּתְךָ אֲסַפְּרֶנָּה:
זֵכֶר רַב־טוּבְךָ יַבִּיעוּ, וְצִדְקָתְךָ יְרַנֵּנוּ:
חַנּוּן וְרַחוּם יהוה, אֶרֶךְ אַפַּיִם וּגְדָל־חָסֶד:
טוֹב־יהוה לַכֹּל, וְרַחֲמָיו עַל־כָּל־מַעֲשָׂיו:
יוֹדוּךָ יהוה כָּל־מַעֲשֶׂיךָ, וַחֲסִידֶיךָ יְבָרְכוּכָה:
כְּבוֹד מַלְכוּתְךָ יֹאמֵרוּ, וּגְבוּרָתְךָ יְדַבֵּרוּ:
לְהוֹדִיעַ לִבְנֵי הָאָדָם גְּבוּרֹתָיו, וּכְבוֹד הֲדַר מַלְכוּתוֹ:
מַלְכוּתְךָ מַלְכוּת כָּל־עֹלָמִים, וּמֶמְשַׁלְתְּךָ בְּכָל־דּוֹר וָדֹר:
סוֹמֵךְ יהוה לְכָל־הַנֹּפְלִים, וְזוֹקֵף לְכָל־הַכְּפוּפִים:
עֵינֵי־כֹל אֵלֶיךָ יְשַׂבֵּרוּ, וְאַתָּה נוֹתֵן־לָהֶם אֶת־אָכְלָם בְּעִתּוֹ:
פּוֹתֵחַ אֶת־יָדֶךָ, וּמַשְׂבִּיעַ לְכָל־חַי רָצוֹן:

צַדִּיק יהוה בְּכָל־דְּרָכָיו, וְחָסִיד בְּכָל־מַעֲשָׂיו:
קָרוֹב יהוה לְכָל־קֹרְאָיו, לְכֹל אֲשֶׁר יִקְרָאֻהוּ בֶאֱמֶת:
רְצוֹן־יְרֵאָיו יַעֲשֶׂה, וְאֶת־שַׁוְעָתָם יִשְׁמַע, וְיוֹשִׁיעֵם:
שׁוֹמֵר יהוה אֶת־כָּל־אֹהֲבָיו, וְאֵת כָּל־הָרְשָׁעִים יַשְׁמִיד:
◂ תְּהִלַּת יהוה יְדַבֶּר פִּי, וִיבָרֵךְ כָּל־בָּשָׂר שֵׁם קָדְשׁוֹ לְעוֹלָם וָעֶד:
תהלים קטו וַאֲנַחְנוּ נְבָרֵךְ יָהּ מֵעַתָּה וְעַד־עוֹלָם, הַלְלוּיָהּ:

ישעיה נט וּבָא לְצִיּוֹן גּוֹאֵל, וּלְשָׁבֵי פֶשַׁע בְּיַעֲקֹב, נְאֻם יהוה:
וַאֲנִי זֹאת בְּרִיתִי אוֹתָם, אָמַר יהוה
רוּחִי אֲשֶׁר עָלֶיךָ וּדְבָרַי אֲשֶׁר־שַׂמְתִּי בְּפִיךָ
לֹא־יָמוּשׁוּ מִפִּיךָ וּמִפִּי זַרְעֲךָ וּמִפִּי זֶרַע זַרְעֲךָ
אָמַר יהוה, מֵעַתָּה וְעַד־עוֹלָם:

תהלים כב ◂ וְאַתָּה קָדוֹשׁ יוֹשֵׁב תְּהִלּוֹת יִשְׂרָאֵל: וְקָרָא זֶה אֶל־זֶה וְאָמַר ◂ ישעיה ו
קָדוֹשׁ, קָדוֹשׁ, קָדוֹשׁ, יהוה צְבָאוֹת, מְלֹא כָל־הָאָרֶץ כְּבוֹדוֹ:
תרגום יונתן ישעיה ו וּמְקַבְּלִין דֵּין מִן דֵּין וְאָמְרִין, קַדִּישׁ בִּשְׁמֵי מְרוֹמָא עִלָּאָה בֵּית שְׁכִינְתֵהּ
קַדִּישׁ עַל אַרְעָא עוֹבַד גְּבוּרְתֵהּ, קַדִּישׁ לְעָלַם וּלְעָלְמֵי עָלְמַיָּא
יהוה צְבָאוֹת, מַלְיָא כָל אַרְעָא זִיו יְקָרֵהּ.

יחזקאל ג ◂ וַתִּשָּׂאֵנִי רוּחַ, וָאֶשְׁמַע אַחֲרַי קוֹל רַעַשׁ גָּדוֹל ◂
בָּרוּךְ כְּבוֹד־יהוה מִמְּקוֹמוֹ:
תרגום יונתן יחזקאל ג וּנְטָלַתְנִי רוּחָא, וּשְׁמָעִית בַּתְרַי קָל זִיעַ סַגִּיא, דִּמְשַׁבְּחִין וְאָמְרִין
בְּרִיךְ יְקָרָא דַיהוה מֵאֲתַר בֵּית שְׁכִינְתֵהּ.

שמות טו יהוה יִמְלֹךְ לְעֹלָם וָעֶד:
תרגום אונקלוס שמות טו יהוה מַלְכוּתֵהּ קָאֵם לְעָלַם וּלְעָלְמֵי עָלְמַיָּא.

יהוה אֱלֹהֵי אַבְרָהָם יִצְחָק וְיִשְׂרָאֵל אֲבֹתֵינוּ, שָׁמְרָה־זֹּאת לְעוֹלָם — דברי הימים א׳ כט
לְיֵצֶר מַחְשְׁבוֹת לְבַב עַמֶּךָ, וְהָכֵן לְבָבָם אֵלֶיךָ: וְהוּא רַחוּם יְכַפֵּר — תהלים עח
עָוֹן וְלֹא־יַשְׁחִית, וְהִרְבָּה לְהָשִׁיב אַפּוֹ, וְלֹא־יָעִיר כָּל־חֲמָתוֹ:
כִּי־אַתָּה אֲדֹנָי טוֹב וְסַלָּח, וְרַב־חֶסֶד לְכָל־קֹרְאֶיךָ: צִדְקָתְךָ — תהלים פו / תהלים קיט
צֶדֶק לְעוֹלָם וְתוֹרָתְךָ אֱמֶת: תִּתֵּן אֱמֶת לְיַעֲקֹב, חֶסֶד לְאַבְרָהָם, — מיכה ז
אֲשֶׁר־נִשְׁבַּעְתָּ לַאֲבֹתֵינוּ מִימֵי קֶדֶם: בָּרוּךְ אֲדֹנָי יוֹם יוֹם יַעֲמָס־ — תהלים סח
לָנוּ, הָאֵל יְשׁוּעָתֵנוּ סֶלָה: יהוה צְבָאוֹת עִמָּנוּ, מִשְׂגָּב לָנוּ אֱלֹהֵי — תהלים מו
יַעֲקֹב סֶלָה: יהוה צְבָאוֹת, אַשְׁרֵי אָדָם בֹּטֵחַ בָּךְ: יהוה הוֹשִׁיעָה, — תהלים כ / תהלים פד
הַמֶּלֶךְ יַעֲנֵנוּ בְיוֹם־קָרְאֵנוּ:

בָּרוּךְ הוּא אֱלֹהֵינוּ שֶׁבְּרָאָנוּ לִכְבוֹדוֹ, וְהִבְדִּילָנוּ מִן הַתּוֹעִים, וְנָתַן לָנוּ תּוֹרַת אֱמֶת, וְחַיֵּי עוֹלָם נָטַע בְּתוֹכֵנוּ. הוּא יִפְתַּח לִבֵּנוּ בְּתוֹרָתוֹ, וְיָשֵׂם בְּלִבֵּנוּ אַהֲבָתוֹ וְיִרְאָתוֹ וְלַעֲשׂוֹת רְצוֹנוֹ וּלְעָבְדוֹ בְּלֵבָב שָׁלֵם, לְמַעַן לֹא נִיגַע לָרִיק וְלֹא נֵלֵד לַבֶּהָלָה.

יְהִי רָצוֹן מִלְּפָנֶיךָ יהוה אֱלֹהֵינוּ וֵאלֹהֵי אֲבוֹתֵינוּ, שֶׁנִּשְׁמֹר חֻקֶּיךָ
בָּעוֹלָם הַזֶּה, וְנִזְכֶּה וְנִחְיֶה וְנִרְאֶה וְנִירַשׁ טוֹבָה וּבְרָכָה, לִשְׁנֵי
יְמוֹת הַמָּשִׁיחַ וּלְחַיֵּי הָעוֹלָם הַבָּא. לְמַעַן יְזַמֶּרְךָ כָבוֹד וְלֹא יִדֹּם, — תהלים ל
יהוה אֱלֹהַי, לְעוֹלָם אוֹדֶךָּ: בָּרוּךְ הַגֶּבֶר אֲשֶׁר יִבְטַח בַּיהוה, — ירמיה יז
וְהָיָה יהוה מִבְטַחוֹ: בִּטְחוּ בַיהוה עֲדֵי־עַד, כִּי בְּיָהּ יהוה צוּר — ישעיה כו
עוֹלָמִים: ◂ וְיִבְטְחוּ בְךָ יוֹדְעֵי שְׁמֶךָ, כִּי לֹא־עָזַבְתָּ דֹרְשֶׁיךָ, יהוה: — תהלים ט
יהוה חָפֵץ לְמַעַן צִדְקוֹ, יַגְדִּיל תּוֹרָה וְיַאְדִּיר: — ישעיה מב

ממשיכים בחצי קדיש (עמ׳ 385) ואחריו תפילת עמידה,
ואם חל בשבת ממשיכים בעמוד הבא.

חצי קדיש

ש״ץ: יִתְגַּדַּל וְיִתְקַדַּשׁ שְׁמֵהּ רַבָּא (קהל: אָמֵן)
בְּעָלְמָא דִּי בְרָא כִרְעוּתֵהּ
וְיַמְלִיךְ מַלְכוּתֵהּ וְיַצְמַח פֻּרְקָנֵהּ וִיקָרֵב מְשִׁיחֵהּ (קהל: אָמֵן)
בְּחַיֵּיכוֹן וּבְיוֹמֵיכוֹן וּבְחַיֵּי דְכָל בֵּית יִשְׂרָאֵל
בַּעֲגָלָא וּבִזְמַן קָרִיב, וְאִמְרוּ אָמֵן. (קהל: אָמֵן)

קהל וש״ץ: יְהֵא שְׁמֵהּ רַבָּא מְבָרַךְ לְעָלַם וּלְעָלְמֵי עָלְמַיָּא.

ש״ץ: יִתְבָּרַךְ וְיִשְׁתַּבַּח וְיִתְפָּאַר וְיִתְרוֹמַם וְיִתְנַשֵּׂא
וְיִתְהַדָּר וְיִתְעַלֶּה וְיִתְהַלָּל
שְׁמֵהּ דְּקֻדְשָׁא בְּרִיךְ הוּא (קהל: אָמֵן)
לְעֵלָּא לְעֵלָּא מִכָּל בִּרְכָתָא וְשִׁירָתָא, תֻּשְׁבְּחָתָא וְנֶחֱמָתָא
דַּאֲמִירָן בְּעָלְמָא, וְאִמְרוּ אָמֵן. (קהל: אָמֵן)

תהלים סט: וַאֲנִי תְפִלָּתִי־לְךָ יהוה, עֵת רָצוֹן, אֱלֹהִים בְּרָב־חַסְדֶּךָ
עֲנֵנִי בֶּאֱמֶת יִשְׁעֶךָ:

פותחים את ארון הקודש. הקהל עומד על רגליו.

במדבר י: וַיְהִי בִּנְסֹעַ הָאָרֹן וַיֹּאמֶר מֹשֶׁה
קוּמָה יהוה וְיָפֻצוּ אֹיְבֶיךָ וְיָנֻסוּ מְשַׂנְאֶיךָ מִפָּנֶיךָ:
ישעיה ב: כִּי מִצִּיּוֹן תֵּצֵא תוֹרָה וּדְבַר־יהוה מִירוּשָׁלָםִ:
בָּרוּךְ שֶׁנָּתַן תּוֹרָה לְעַמּוֹ יִשְׂרָאֵל בִּקְדֻשָּׁתוֹ.

זוהר ויקהל: בְּרִיךְ שְׁמֵהּ דְּמָרֵא עָלְמָא, בְּרִיךְ כִּתְרָךְ וְאַתְרָךְ. יְהֵא רְעוּתָךְ עִם עַמָּךְ יִשְׂרָאֵל
לְעָלַם, וּפֻרְקַן יְמִינָךְ אַחֲזִי לְעַמָּךְ בְּבֵית מַקְדְּשָׁךְ, וּלְאַמְטוּיֵי לָנָא מִטּוּב
נְהוֹרָךְ, וּלְקַבֵּל צְלוֹתָנָא בְּרַחֲמִין. יְהֵא רַעֲוָא קֳדָמָךְ דְּתוֹרִיךְ לָן חַיִּין בְּטִיבוּ,
וְלֶהֱוֵי אֲנָא פְקִידָא בְּגוֹ צַדִּיקַיָּא, לְמִרְחַם עָלַי וּלְמִנְטַר יָתִי וְיַת כָּל דִּי לִי וְדִי
לְעַמָּךְ יִשְׂרָאֵל. אַנְתְּ הוּא זָן לְכֹלָּא וּמְפַרְנֵס לְכֹלָּא, אַנְתְּ הוּא שַׁלִּיט עַל כֹּלָּא,

אַנְתְּ הוּא דְשַׁלִּיט עַל מַלְכַיָּא, וּמַלְכוּתָא דִּילָךְ הִיא. אֲנָא עַבְדָּא דְקֻדְשָׁא בְּרִיךְ הוּא, דְּסָגֵדְנָא קַמֵּהּ וּמִקַּמֵּי דִּיקַר אוֹרַיְתֵהּ בְּכָל עִדָּן וְעִדָּן. לָא עַל אֱנָשׁ רְחִיצְנָא וְלָא עַל בַּר אֱלָהִין סְמִיכְנָא, אֶלָּא בֶּאֱלָהָא דִשְׁמַיָּא, דְּהוּא אֱלָהָא קְשׁוֹט, וְאוֹרַיְתֵהּ קְשׁוֹט, וּנְבִיאוֹהִי קְשׁוֹט, וּמַסְגֵּא לְמֶעְבַּד טַבְוָן וּקְשׁוֹט. ◂ בֵּהּ אֲנָא רָחִיץ, וְלִשְׁמֵהּ קַדִּישָׁא יַקִּירָא אֲנָא אֵמַר תֻּשְׁבְּחָן. יְהֵא רַעֲוָא קֳדָמָךְ דְּתִפְתַּח לִבַּאי בְּאוֹרַיְתָא, וְתַשְׁלִים מִשְׁאֲלִין דְּלִבַּאי וְלִבָּא דְכָל עַמָּךְ יִשְׂרָאֵל לְטָב וּלְחַיִּין וְלִשְׁלָם.

שליח הציבור מקבל את ספר התורה בימינו, קד לעבר ארון הקודש, פונה לקהל ואומר:

גַּדְּלוּ לַיהוה אִתִּי וּנְרוֹמְמָה שְׁמוֹ יַחְדָּו: תהלים לד

סוגרים את ארון הקודש. שליח הציבור נושא את ספר התורה אל הבימה והקהל אומר:

לְךָ יהוה הַגְּדֻלָּה וְהַגְּבוּרָה וְהַתִּפְאֶרֶת וְהַנֵּצַח וְהַהוֹד, כִּי־כֹל בַּשָּׁמַיִם וּבָאָרֶץ: לְךָ יהוה הַמַּמְלָכָה וְהַמִּתְנַשֵּׂא לְכֹל לְרֹאשׁ: דברי הימים א׳ כט

רוֹמְמוּ יהוה אֱלֹהֵינוּ וְהִשְׁתַּחֲווּ לַהֲדֹם רַגְלָיו, קָדוֹשׁ הוּא: רוֹמְמוּ יהוה אֱלֹהֵינוּ וְהִשְׁתַּחֲווּ לְהַר קָדְשׁוֹ, כִּי־קָדוֹשׁ יהוה אֱלֹהֵינוּ: תהלים צט שם

אַב הָרַחֲמִים הוּא יְרַחֵם עַם עֲמוּסִים, וְיִזְכֹּר בְּרִית אֵיתָנִים, וְיַצִּיל נַפְשׁוֹתֵינוּ מִן הַשָּׁעוֹת הָרָעוֹת, וְיִגְעַר בְּיֵצֶר הָרָע מִן הַנְּשׂוּאִים, וְיָחֹן אוֹתָנוּ לִפְלֵיטַת עוֹלָמִים, וִימַלֵּא מִשְׁאֲלוֹתֵינוּ בְּמִדָּה טוֹבָה יְשׁוּעָה וְרַחֲמִים.

מניח את ספר התורה על הבימה, והגבאי מכריז:

וְתִגָּלֶה וְתֵרָאֶה מַלְכוּתוֹ עָלֵינוּ בִּזְמַן קָרוֹב, וְיָחֹן פְּלֵיטָתֵנוּ וּפְלֵיטַת עַמּוֹ בֵּית יִשְׂרָאֵל לְחֵן וּלְחֶסֶד וּלְרַחֲמִים וּלְרָצוֹן וְנֹאמַר אָמֵן. הַכֹּל הָבוּ גֹדֶל לֵאלֹהֵינוּ וּתְנוּ כָבוֹד לַתּוֹרָה. *כֹּהֵן קְרַב, יַעֲמֹד (פלוני בֶּן פלוני) הַכֹּהֵן.

*אם אין כוהן, הגבאי קורא ללוי או לישראל ואומר:

/אֵין כָּאן כֹּהֵן, יַעֲמֹד (פלוני בֶּן פלוני) בִּמְקוֹם כֹּהֵן./

בָּרוּךְ שֶׁנָּתַן תּוֹרָה לְעַמּוֹ יִשְׂרָאֵל בִּקְדֻשָּׁתוֹ.

הקהל ואחריו הגבאי:

וְאַתֶּם הַדְּבֵקִים בַּיהוה אֱלֹהֵיכֶם חַיִּים כֻּלְּכֶם הַיּוֹם: דברים ד

קודם הברכה על העולה לראות היכן קוראים ולנשק את ספר התורה.
בשעת הברכה אוחז בעמודי הספר.

עולה: **בָּרְכוּ אֶת יהוה הַמְבֹרָךְ.**

קהל: בָּרוּךְ יהוה הַמְבֹרָךְ לְעוֹלָם וָעֶד.

עולה: **בָּרוּךְ יהוה הַמְבֹרָךְ לְעוֹלָם וָעֶד.**
בָּרוּךְ אַתָּה יהוה, אֱלֹהֵינוּ מֶלֶךְ הָעוֹלָם אֲשֶׁר בָּחַר בָּנוּ מִכָּל הָעַמִּים וְנָתַן לָנוּ אֶת תּוֹרָתוֹ. בָּרוּךְ אַתָּה יהוה, נוֹתֵן הַתּוֹרָה.

לאחר הקריאה העולה מנשק את ספר התורה ומברך:

עולה: **בָּרוּךְ אַתָּה יהוה אֱלֹהֵינוּ מֶלֶךְ הָעוֹלָם אֲשֶׁר נָתַן לָנוּ תּוֹרַת אֱמֶת וְחַיֵּי עוֹלָם נָטַע בְּתוֹכֵנוּ. בָּרוּךְ אַתָּה יהוה, נוֹתֵן הַתּוֹרָה.**

קריאת התורה

דברים לב, א–יח

הַאֲזִינוּ הַשָּׁמַיִם וַאֲדַבֵּרָה וְתִשְׁמַע הָאָרֶץ אִמְרֵי־פִי:
יַעֲרֹף כַּמָּטָר לִקְחִי תִּזַּל כַּטַּל אִמְרָתִי
כִּשְׂעִירִם עֲלֵי־דֶשֶׁא וְכִרְבִיבִים עֲלֵי־עֵשֶׂב:
כִּי שֵׁם יְהוָה אֶקְרָא הָבוּ גֹדֶל לֵאלֹהֵינוּ:

לוי (ברוב הקהילות)
*הַצּוּר תָּמִים פָּעֳלוֹ כִּי כָל־דְּרָכָיו מִשְׁפָּט
אֵל אֱמוּנָה וְאֵין עָוֶל צַדִּיק וְיָשָׁר הוּא:
שִׁחֵת לוֹ לֹא בָּנָיו מוּמָם דּוֹר עִקֵּשׁ וּפְתַלְתֹּל:
הַ לַיהוָה תִּגְמְלוּ־זֹאת עַם נָבָל וְלֹא חָכָם
הֲלוֹא־הוּא אָבִיךָ קָּנֶךָ הוּא עָשְׂךָ וַיְכֹנְנֶךָ:

יש המתחילים כאן את הקריאה ללוי.

ישראל
*זְכֹר יְמוֹת עוֹלָם בִּינוּ שְׁנוֹת דֹּר־וָדֹר
שְׁאַל אָבִיךָ וְיַגֵּדְךָ זְקֵנֶיךָ וְיֹאמְרוּ לָךְ:
בְּהַנְחֵל עֶלְיוֹן גּוֹיִם בְּהַפְרִידוֹ בְּנֵי אָדָם
יַצֵּב גְּבֻלֹת עַמִּים לְמִסְפַּר בְּנֵי יִשְׂרָאֵל:
כִּי חֵלֶק יְהוָה עַמּוֹ יַעֲקֹב חֶבֶל נַחֲלָתוֹ:
יִמְצָאֵהוּ בְּאֶרֶץ מִדְבָּר וּבְתֹהוּ יְלֵל יְשִׁמֹן

יְסֹבְבֶנְהוּ יְבוֹנְנֵהוּ יִצְּרֶנְהוּ כְּאִישׁוֹן עֵינוֹ:
כְּנֶשֶׁר יָעִיר קִנּוֹ עַל־גּוֹזָלָיו יְרַחֵף
יִפְרֹשׂ כְּנָפָיו יִקָּחֵהוּ יִשָּׂאֵהוּ עַל־אֶבְרָתוֹ:
יהוה בָּדָד יַנְחֶנּוּ וְאֵין עִמּוֹ אֵל נֵכָר:

עד כאן קוראים ברוב הקהילות. יש המתחילים כאן את הקריאה לישראל
כדי לקרוא כסדר הנוכר בראש השנה לא ע״א (שו״ע תכת, ה).

*יַרְכִּבֵהוּ עַל־בָּמוֹתֵי אָרֶץ וַיֹּאכַל תְּנוּבֹת שָׂדָי — בָּמֳתֵי
וַיֵּנִקֵהוּ דְבַשׁ מִסֶּלַע וְשֶׁמֶן מֵחַלְמִישׁ צוּר:
חֶמְאַת בָּקָר וַחֲלֵב צֹאן עִם־חֵלֶב כָּרִים
וְאֵילִים בְּנֵי־בָשָׁן וְעַתּוּדִים עִם־חֵלֶב כִּלְיוֹת חִטָּה
וְדַם־עֵנָב תִּשְׁתֶּה־חָמֶר: וַיִּשְׁמַן יְשֻׁרוּן וַיִּבְעָט
שָׁמַנְתָּ עָבִיתָ כָּשִׂיתָ וַיִּטֹּשׁ אֱלוֹהַ עָשָׂהוּ
וַיְנַבֵּל צוּר יְשֻׁעָתוֹ: יַקְנִאֻהוּ בְּזָרִים
בְּתוֹעֵבֹת יַכְעִיסֻהוּ: יִזְבְּחוּ לַשֵּׁדִים לֹא אֱלֹהַ
אֱלֹהִים לֹא יְדָעוּם חֲדָשִׁים מִקָּרֹב בָּאוּ
לֹא שְׂעָרוּם אֲבֹתֵיכֶם: צוּר יְלָדְךָ תֶּשִׁי
וַתִּשְׁכַּח אֵל מְחֹלְלֶךָ:

הגבהה

כאשר מגביהים את ספר התורה, הקהל אומר:

וְזֹאת הַתּוֹרָה אֲשֶׁר־שָׂם מֹשֶׁה לִפְנֵי בְּנֵי יִשְׂרָאֵל: — דברים ד
עַל־פִּי יהוה בְּיַד מֹשֶׁה: — במדבר ט

יש מוסיפים: עֵץ־חַיִּים הִיא לַמַּחֲזִיקִים בָּהּ וְתֹמְכֶיהָ מְאֻשָּׁר: דְּרָכֶיהָ דַרְכֵי־נֹעַם — משלי ג
וְכָל־נְתִיבוֹתֶיהָ שָׁלוֹם: אֹרֶךְ יָמִים בִּימִינָהּ, בִּשְׂמֹאולָהּ עֹשֶׁר וְכָבוֹד:
יהוה חָפֵץ לְמַעַן צִדְקוֹ יַגְדִּיל תּוֹרָה וְיַאְדִּיר: — ישעיה מב

בזמן גלילת התורה אומרים:

הַלְלוּיָהּ, אוֹדֶה יהוה בְּכָל־לֵבָב, בְּסוֹד יְשָׁרִים וְעֵדָה: גְּדֹלִים מַעֲשֵׂי — תהלים קיא
יהוה, דְּרוּשִׁים לְכָל־חֶפְצֵיהֶם: הוֹד־וְהָדָר פָּעֳלוֹ, וְצִדְקָתוֹ עֹמֶדֶת

לָעַד: זֵכֶר עָשָׂה לְנִפְלְאוֹתָיו, חַנּוּן וְרַחוּם יהוה: טֶרֶף נָתַן לִירֵאָיו, יִזְכֹּר לְעוֹלָם בְּרִיתוֹ: כֹּחַ מַעֲשָׂיו הִגִּיד לְעַמּוֹ, לָתֵת לָהֶם נַחֲלַת גּוֹיִם: מַעֲשֵׂי יָדָיו אֱמֶת וּמִשְׁפָּט, נֶאֱמָנִים כָּל־פִּקּוּדָיו: סְמוּכִים לָעַד לְעוֹלָם, עֲשׂוּיִם בֶּאֱמֶת וְיָשָׁר: פְּדוּת שָׁלַח לְעַמּוֹ, צִוָּה־לְעוֹלָם בְּרִיתוֹ, קָדוֹשׁ וְנוֹרָא שְׁמוֹ: רֵאשִׁית חָכְמָה יִרְאַת יהוה, שֵׂכֶל טוֹב לְכָל־עֹשֵׂיהֶם, תְּהִלָּתוֹ עֹמֶדֶת לָעַד:

תהלים קיב הַלְלוּיָהּ, אַשְׁרֵי־אִישׁ יָרֵא אֶת־יהוה, בְּמִצְוֹתָיו חָפֵץ מְאֹד: גִּבּוֹר בָּאָרֶץ יִהְיֶה זַרְעוֹ, דּוֹר יְשָׁרִים יְבֹרָךְ: הוֹן־וָעֹשֶׁר בְּבֵיתוֹ, וְצִדְקָתוֹ עֹמֶדֶת לָעַד: זָרַח בַּחֹשֶׁךְ אוֹר לַיְשָׁרִים, חַנּוּן וְרַחוּם וְצַדִּיק: טוֹב־אִישׁ חוֹנֵן וּמַלְוֶה, יְכַלְכֵּל דְּבָרָיו בְּמִשְׁפָּט: כִּי־לְעוֹלָם לֹא־יִמּוֹט, לְזֵכֶר עוֹלָם יִהְיֶה צַדִּיק: מִשְּׁמוּעָה רָעָה לֹא יִירָא, נָכוֹן לִבּוֹ בָּטֻחַ בַּיהוה: סָמוּךְ לִבּוֹ לֹא יִירָא, עַד אֲשֶׁר־יִרְאֶה בְצָרָיו: פִּזַּר, נָתַן לָאֶבְיוֹנִים, צִדְקָתוֹ עֹמֶדֶת לָעַד, קַרְנוֹ תָּרוּם בְּכָבוֹד: רָשָׁע יִרְאֶה וְכָעָס, שִׁנָּיו יַחֲרֹק וְנָמָס, תַּאֲוַת רְשָׁעִים תֹּאבֵד:

פותחים את ארון הקודש. שליח הציבור לוקח את ספר התורה בימינו ואומר:

תהלים קמח יְהַלְלוּ אֶת־שֵׁם יהוה, כִּי־נִשְׂגָּב שְׁמוֹ, לְבַדּוֹ

הקהל אומר:

הוֹדוֹ עַל־אֶרֶץ וְשָׁמָיִם:\
וַיָּרֶם קֶרֶן לְעַמּוֹ תְּהִלָּה לְכָל־חֲסִידָיו\
לִבְנֵי יִשְׂרָאֵל עַם קְרֹבוֹ, הַלְלוּיָהּ:

כאשר מלווים את ספר התורה לארון הקודש, אומרים:

תהלים כד לְדָוִד מִזְמוֹר, לַיהוה הָאָרֶץ וּמְלוֹאָהּ, תֵּבֵל וְיֹשְׁבֵי בָהּ: כִּי־הוּא עַל־יַמִּים יְסָדָהּ, וְעַל־נְהָרוֹת יְכוֹנְנֶהָ: מִי־יַעֲלֶה בְהַר־יהוה, וּמִי־יָקוּם בִּמְקוֹם קָדְשׁוֹ: נְקִי כַפַּיִם וּבַר־לֵבָב, אֲשֶׁר לֹא־נָשָׂא לַשָּׁוְא נַפְשִׁי וְלֹא נִשְׁבַּע לְמִרְמָה: יִשָּׂא בְרָכָה מֵאֵת יהוה, וּצְדָקָה מֵאֱלֹהֵי יִשְׁעוֹ:

זֶה דּוֹר דֹּרְשָׁו, מְבַקְשֵׁי פָנֶיךָ, יַעֲקֹב, סֶלָה: שְׂאוּ שְׁעָרִים רָאשֵׁיכֶם, וְהִנָּשְׂאוּ פִּתְחֵי עוֹלָם, וְיָבוֹא מֶלֶךְ הַכָּבוֹד: מִי זֶה מֶלֶךְ הַכָּבוֹד, יהוה עִזּוּז וְגִבּוֹר, יהוה גִּבּוֹר מִלְחָמָה: שְׂאוּ שְׁעָרִים רָאשֵׁיכֶם, וּשְׂאוּ פִּתְחֵי עוֹלָם, וְיָבֹא מֶלֶךְ הַכָּבוֹד: מִי הוּא זֶה מֶלֶךְ הַכָּבוֹד, יהוה צְבָאוֹת הוּא מֶלֶךְ הַכָּבוֹד, סֶלָה:

מכניסים את ספר התורה לארון הקודש ואומרים:

במדבר י וּבְנֻחֹה יֹאמַר, שׁוּבָה יהוה רִבְבוֹת אַלְפֵי יִשְׂרָאֵל:
תהלים קלב קוּמָה יהוה לִמְנוּחָתֶךָ, אַתָּה וַאֲרוֹן עֻזֶּךָ:
כֹּהֲנֶיךָ יִלְבְּשׁוּ־צֶדֶק, וַחֲסִידֶיךָ יְרַנֵּנוּ:
בַּעֲבוּר דָּוִד עַבְדֶּךָ אַל־תָּשֵׁב פְּנֵי מְשִׁיחֶךָ:
משלי ד כִּי לֶקַח טוֹב נָתַתִּי לָכֶם, תּוֹרָתִי אַל־תַּעֲזֹבוּ:
משלי ג עֵץ־חַיִּים הִיא לַמַּחֲזִיקִים בָּהּ, וְתֹמְכֶיהָ מְאֻשָּׁר:
דְּרָכֶיהָ דַרְכֵי־נֹעַם וְכָל־נְתִיבֹתֶיהָ שָׁלוֹם:
איכה ה ◄ הֲשִׁיבֵנוּ יהוה אֵלֶיךָ וְנָשׁוּבָה, חַדֵּשׁ יָמֵינוּ כְּקֶדֶם:

סוגרים את ארון הקודש.

חצי קדיש

ש״ץ: יִתְגַּדַּל וְיִתְקַדַּשׁ שְׁמֵהּ רַבָּא (קהל: אָמֵן)
בְּעָלְמָא דִּי בְרָא כִרְעוּתֵהּ
וְיַמְלִיךְ מַלְכוּתֵהּ וְיַצְמַח פֻּרְקָנֵהּ וִיקָרֵב מְשִׁיחֵהּ (קהל: אָמֵן)
בְּחַיֵּיכוֹן וּבְיוֹמֵיכוֹן וּבְחַיֵּי דְכָל בֵּית יִשְׂרָאֵל
בַּעֲגָלָא וּבִזְמַן קָרִיב, וְאִמְרוּ אָמֵן. (קהל: אָמֵן)

קהל וש״ץ: יְהֵא שְׁמֵהּ רַבָּא מְבָרַךְ לְעָלַם וּלְעָלְמֵי עָלְמַיָּא.

ש״ץ: יִתְבָּרַךְ וְיִשְׁתַּבַּח וְיִתְפָּאַר וְיִתְרוֹמַם וְיִתְנַשֵּׂא
וְיִתְהַדָּר וְיִתְעַלֶּה וְיִתְהַלָּל שְׁמֵהּ דְּקֻדְשָׁא בְּרִיךְ הוּא (קהל: אָמֵן)
לְעֵלָּא לְעֵלָּא מִכָּל בִּרְכָתָא וְשִׁירָתָא, תֻּשְׁבְּחָתָא וְנֶחֱמָתָא
דַּאֲמִירָן בְּעָלְמָא, וְאִמְרוּ אָמֵן. (קהל: אָמֵן)

עמידה

״המתפלל צריך שיכוין בלבו פירוש המלות שמוציא בשפתיו; ויחשוב כאלו שכינה כנגדו ויסיר כל המחשבות הטורדות אותו עד שתשאר מחשבתו וכוונתו זכה בתפלתו״ (שו״ע צח, א).

פוסע שלוש פסיעות לפנים כמי שנכנס לפני המלך.
עומד ומתפלל בלחש מכאן ועד ׳וּכְשָׁנִים קַדְמֹנִיּוֹת׳ בעמ׳ 394.

כורע במקומות המסומנים ב״, קד לפנים במילה הבאה וזוקף בשם.

דברים לב כִּי שֵׁם יהוה אֶקְרָא, הָבוּ גֹדֶל לֵאלֹהֵינוּ:
תהלים נא אֲדֹנָי, שְׂפָתַי תִּפְתָּח, וּפִי יַגִּיד תְּהִלָּתֶךָ:

אבות

ּ׳בָּרוּךְ אַתָּה יהוה, אֱלֹהֵינוּ וֵאלֹהֵי אֲבוֹתֵינוּ
אֱלֹהֵי אַבְרָהָם, אֱלֹהֵי יִצְחָק, וֵאלֹהֵי יַעֲקֹב
הָאֵל הַגָּדוֹל הַגִּבּוֹר וְהַנּוֹרָא, אֵל עֶלְיוֹן
גּוֹמֵל חֲסָדִים טוֹבִים, קוֹנֵה הַכֹּל
וְזוֹכֵר חַסְדֵי אָבוֹת
וּמֵבִיא גוֹאֵל לִבְנֵי בְנֵיהֶם לְמַעַן שְׁמוֹ בְּאַהֲבָה.

בחזרת הש״ץ יש נוהגים שהקהל אומר בקול ושליח הציבור חוזר אחריו:

זָכְרֵנוּ לְחַיִּים, מֶלֶךְ חָפֵץ בַּחַיִּים
וְכָתְבֵנוּ בְּסֵפֶר הַחַיִּים, לְמַעַנְךָ אֱלֹהִים חַיִּים.

מֶלֶךְ עוֹזֵר וּמוֹשִׁיעַ וּמָגֵן.
׳בָּרוּךְ אַתָּה יהוה, מָגֵן אַבְרָהָם.

גבורות

אַתָּה גִּבּוֹר לְעוֹלָם, אֲדֹנָי
מְחַיֵּה מֵתִים אַתָּה, רַב לְהוֹשִׁיעַ
בארץ ישראל: מוֹרִיד הַטָּל
מְכַלְכֵּל חַיִּים בְּחֶסֶד, מְחַיֵּה מֵתִים בְּרַחֲמִים רַבִּים
סוֹמֵךְ נוֹפְלִים, וְרוֹפֵא חוֹלִים, וּמַתִּיר אֲסוּרִים
וּמְקַיֵּם אֱמוּנָתוֹ לִישֵׁנֵי עָפָר.

מִי כָמְוֹךָ, בַּעַל גְּבוּרוֹת, וּמִי דּוֹמֶה לָּךְ
מֶלֶךְ, מֵמִית וּמְחַיֶּה וּמַצְמְיחַ יְשׁוּעָה.

בחזרת הש״ץ יש נוהגים שהקהל אומר בקול ושליח הציבור חוזר אחריו:

מִי כָמְוֹךָ אַב הָרַחֲמָן, זוֹכֵר יְצוּרָיו לְחַיִּים בְּרַחֲמִים.

וְנֶאֱמָן אַתָּה לְהַחֲיוֹת מֵתִים.
בָּרוּךְ אַתָּה יהוה, מְחַיֵּה הַמֵּתִים.

אם שכח לומר ׳מִי כָמְוֹךָ אַב הָרַחֲמָן׳, אינו חוזר.

בתפילת לחש ממשיך ׳אַתָּה קָדוֹשׁ׳ בעמוד הבא.

קדושה

בחזרת שליח הציבור הקהל עומד ואומר קדושה.
במקומות המסומנים ב־˙, המתפלל מתרומם על קצות אצבעותיו.

קהל ואחריו שליח הציבור:

נַקְדִּישְׁךָ וְנַעֲרִיצְךָ כְּנְעַם שִׂיחַ סוֹד שַׂרְפֵי קֹדֶשׁ, הַמְשַׁלְּשִׁים לְךָ קְדֻשָּׁה
כַּכָּתוּב עַל יַד נְבִיאֶךָ, וְקָרָא זֶה אֶל־זֶה וְאָמַר ישעיה ו

קהל ואחריו שליח הציבור:

˙קָדוֹשׁ, ˙קָדוֹשׁ, ˙קָדוֹשׁ, יהוה צְבָאוֹת, מְלֹא כָל־הָאָרֶץ כְּבוֹדוֹ:
לְעֻמָּתָם מְשַׁבְּחִים וְאוֹמְרִים

קהל ואחריו שליח הציבור:

˙בָּרוּךְ כְּבוֹד־יהוה מִמְּקוֹמוֹ: יחזקאל ג
וּבְדִבְרֵי קָדְשְׁךָ כָּתוּב לֵאמֹר

קהל ואחריו שליח הציבור:

˙יִמְלֹךְ יהוה לְעוֹלָם, אֱלֹהַיִךְ צִיּוֹן לְדֹר וָדֹר, הַלְלוּיָהּ: תהלים קמו

שליח הציבור ממשיך ׳אַתָּה קָדוֹשׁ׳ (בעמוד הבא).

בבתי כנסת המתפללים בנוסח אשכנז, שליח הציבור אומר:

לְדוֹר וָדוֹר נַגִּיד גָּדְלֶךָ, וּלְנֵצַח נְצָחִים קְדֻשָּׁתְךָ נַקְדִּישׁ
וְשִׁבְחֲךָ אֱלֹהֵינוּ מִפִּינוּ לֹא יָמוּשׁ לְעוֹלָם וָעֶד
כִּי אֵל מֶלֶךְ גָּדוֹל וְקָדוֹשׁ אָתָּה.

וממשיך ׳וּבְכֵן תֵּן פַּחְדְּךָ׳ (בעמוד הבא).

קדושת השם

אַתָּה קָדוֹשׁ וְשִׁמְךָ קָדוֹשׁ
וּקְדוֹשִׁים בְּכָל יוֹם יְהַלְלוּךָ סֶּלָה
כִּי אֵל מֶלֶךְ גָּדוֹל וְקָדוֹשׁ אָתָּה.

לְדוֹר וָדוֹר הַמְלִיכוּ לָאֵל
כִּי הוּא לְבַדּוֹ מָרוֹם וְקָדוֹשׁ.

וּבְכֵן יִתְקַדַּשׁ שִׁמְךָ יהוה אֱלֹהֵינוּ עַל יִשְׂרָאֵל עַמֶּךָ
וְעַל יְרוּשָׁלַיִם עִירֶךָ, וְעַל צִיּוֹן מִשְׁכַּן כְּבוֹדֶךָ
וְעַל מַלְכוּת בֵּית דָּוִד מְשִׁיחֶךָ, וְעַל מְכוֹנְךָ וְהֵיכָלֶךָ.

וּבְכֵן תֵּן פַּחְדְּךָ יהוה אֱלֹהֵינוּ עַל כָּל מַעֲשֶׂיךָ
וְאֵימָתְךָ עַל כָּל מַה שֶּׁבָּרָאתָ
וְיִירָאוּךָ כָּל הַמַּעֲשִׂים, וְיִשְׁתַּחֲווּ לְפָנֶיךָ כָּל הַבְּרוּאִים
וְיֵעָשׂוּ כֻלָּם אֲגֻדָּה אַחַת לַעֲשׂוֹת רְצוֹנְךָ בְּלֵבָב שָׁלֵם
כְּמוֹ שֶׁיָּדַעְנוּ יהוה אֱלֹהֵינוּ שֶׁהַשָּׁלְטָן לְפָנֶיךָ
עֹז בְּיָדְךָ וּגְבוּרָה בִּימִינֶךָ
וְשִׁמְךָ נוֹרָא עַל כָּל מַה שֶּׁבָּרָאתָ.

וּבְכֵן תֵּן כָּבוֹד יהוה לְעַמֶּךָ
תְּהִלָּה לִירֵאֶיךָ וְתִקְוָה טוֹבָה לְדוֹרְשֶׁיךָ
וּפִתְחוֹן פֶּה לַמְיַחֲלִים לָךְ
שִׂמְחָה לְאַרְצֶךָ, וְשָׂשׂוֹן לְעִירֶךָ
וּצְמִיחַת קֶרֶן לְדָוִד עַבְדֶּךָ
וַעֲרִיכַת נֵר לְבֶן יִשַׁי מְשִׁיחֶךָ בִּמְהֵרָה בְיָמֵינוּ.

וּבְכֵן צַדִּיקִים יִרְאוּ וְיִשְׂמָחוּ, וִישָׁרִים יַעֲלֹזוּ
וַחֲסִידִים בְּרִנָּה יָגִילוּ, וְעוֹלָתָה תִּקְפָּץ פִּיהָ
וְכָל הָרִשְׁעָה כֻּלָּהּ כְּעָשָׁן תִּכְלֶה
כִּי תַעֲבִיר מֶמְשֶׁלֶת זָדוֹן מִן הָאָרֶץ.

וְתִמְלֹךְ אַתָּה הוּא יהוה אֱלֹהֵינוּ
מְהֵרָה לְבַדֶּךָ עַל כָּל מַעֲשֶׂיךָ
בְּהַר צִיּוֹן מִשְׁכַּן כְּבוֹדֶךָ
וּבִירוּשָׁלַיִם עִיר קָדְשֶׁךָ
כַּכָּתוּב בְּדִבְרֵי קָדְשֶׁךָ
יִמְלֹךְ יהוה לְעוֹלָם, אֱלֹהַיִךְ צִיּוֹן לְדֹר וָדֹר, הַלְלוּיָהּ: תהלים קמו

קָדוֹשׁ אַתָּה וְנוֹרָא שְׁמֶךָ, וְאֵין אֱלוֹהַּ מִבַּלְעָדֶיךָ
כַּכָּתוּב, וַיִּגְבַּהּ יהוה צְבָאוֹת בַּמִּשְׁפָּט ישעיה ה
וְהָאֵל הַקָּדוֹשׁ נִקְדַּשׁ בִּצְדָקָה:
בָּרוּךְ אַתָּה יהוה, הַמֶּלֶךְ הַקָּדוֹשׁ.

אם שכח לומר את הפיסקאות המתחילות ׳לְדוֹר וָדוֹר׳, אינו חוזר,
אך אם חתם ׳הָאֵל הַקָּדוֹשׁ׳ כברוב ימות השנה, חוזר לראש.

קדושת היום
אַתָּה בְחַרְתָּנוּ מִכָּל הָעַמִּים
אָהַבְתָּ אוֹתָנוּ וְרָצִיתָ בָּנוּ
וְרוֹמַמְתָּנוּ מִכָּל הַלְּשׁוֹנוֹת
וְקִדַּשְׁתָּנוּ בְּמִצְוֹתֶיךָ
וְקֵרַבְתָּנוּ מַלְכֵּנוּ לַעֲבוֹדָתֶךָ
וְשִׁמְךָ הַגָּדוֹל וְהַקָּדוֹשׁ עָלֵינוּ קָרָאתָ.

בשבת מוסיפים את המילים שבסוגריים.

וַתִּתֶּן לָנוּ יהוה אֱלֹהֵינוּ בְּאַהֲבָה
אֶת יוֹם (הַשַּׁבָּת הַזֶּה וְאֶת יוֹם) הַזִּכָּרוֹן הַזֶּה
יוֹם (זִכְרוֹן) תְּרוּעָה
(בְּאַהֲבָה) מִקְרָא קֹדֶשׁ, זֵכֶר לִיצִיאַת מִצְרָיִם.

אֱלֹהֵינוּ וֵאלֹהֵי אֲבוֹתֵינוּ
יַעֲלֶה וְיָבוֹא וְיַגִּיעַ, וְיֵרָאֶה וְיֵרָצֶה וְיִשָּׁמַע
וְיִפָּקֵד וְיִזָּכֵר זִכְרוֹנֵנוּ וּפִקְדוֹנֵנוּ, וְזִכְרוֹן אֲבוֹתֵינוּ
וְזִכְרוֹן מָשִׁיחַ בֶּן דָּוִד עַבְדֶּךָ
וְזִכְרוֹן יְרוּשָׁלַיִם עִיר קָדְשֶׁךָ
וְזִכְרוֹן כָּל עַמְּךָ בֵּית יִשְׂרָאֵל, לְפָנֶיךָ
לִפְלֵיטָה, לְטוֹבָה, לְחֵן וּלְחֶסֶד וּלְרַחֲמִים, לְחַיִּים וּלְשָׁלוֹם
בְּיוֹם הַזִּכָּרוֹן הַזֶּה.
זָכְרֵנוּ יהוה אֱלֹהֵינוּ בּוֹ לְטוֹבָה, וּפָקְדֵנוּ בוֹ לִבְרָכָה
וְהוֹשִׁיעֵנוּ בוֹ לְחַיִּים טוֹבִים.
וּבִדְבַר יְשׁוּעָה וְרַחֲמִים חוּס וְחָנֵּנוּ
וְרַחֵם עָלֵינוּ וְהוֹשִׁיעֵנוּ
כִּי אֵלֶיךָ עֵינֵינוּ
כִּי אֵל מֶלֶךְ חַנּוּן וְרַחוּם אָתָּה.

אֱלֹהֵינוּ וֵאלֹהֵי אֲבוֹתֵינוּ
מְלֹךְ עַל כָּל הָעוֹלָם כֻּלּוֹ בִּכְבוֹדֶךָ
וְהִנָּשֵׂא עַל כָּל הָאָרֶץ בִּיקָרֶךָ
וְהוֹפַע בַּהֲדַר גְּאוֹן עֻזֶּךָ עַל כָּל יוֹשְׁבֵי תֵבֵל אַרְצֶךָ.

וְיֵדַע כָּל פָּעוּל כִּי אַתָּה פְעַלְתּוֹ
וְיָבִין כָּל יָצוּר כִּי אַתָּה יְצַרְתּוֹ
וְיֹאמַר כֹּל אֲשֶׁר נְשָׁמָה בְּאַפּוֹ
יהוה אֱלֹהֵי יִשְׂרָאֵל מֶלֶךְ וּמַלְכוּתוֹ בַּכֹּל מָשָׁלָה.

בשבת מוסיפים את המילים שבסוגריים.

(אֱלֹהֵינוּ וֵאלֹהֵי אֲבוֹתֵינוּ, רְצֵה נָא בִמְנוּחָתֵנוּ)
קַדְּשֵׁנוּ בְּמִצְוֹתֶיךָ וְתֵן חֶלְקֵנוּ בְּתוֹרָתֶךָ
שַׂבְּעֵנוּ מִטּוּבֶךָ, וְשַׂמַּח נַפְשֵׁנוּ בִּישׁוּעָתֶךָ
(וְהַנְחִילֵנוּ יהוה אֱלֹהֵינוּ בְּאַהֲבָה וּבְרָצוֹן שַׁבַּת קָדְשֶׁךָ
וְיָנוּחוּ בָם כָּל יִשְׂרָאֵל מְקַדְּשֵׁי שְׁמֶךָ)
וְטַהֵר לִבֵּנוּ לְעָבְדְּךָ בֶּאֱמֶת
כִּי אַתָּה אֱלֹהִים אֱמֶת
וּדְבָרְךָ אֱמֶת וְקַיָּם לָעַד.
בָּרוּךְ אַתָּה יהוה, מֶלֶךְ עַל כָּל הָאָרֶץ
מְקַדֵּשׁ (הַשַּׁבָּת וְ) יִשְׂרָאֵל וְיוֹם הַזִּכָּרוֹן.

עבודה

רְצֵה יהוה אֱלֹהֵינוּ בְּעַמְּךָ יִשְׂרָאֵל וְלִתְפִלָּתָם שְׁעֵה
וְהָשֵׁב אֶת הָעֲבוֹדָה לִדְבִיר בֵּיתֶךָ
וְאִשֵּׁי יִשְׂרָאֵל וּתְפִלָּתָם
מְהֵרָה בְּאַהֲבָה תְקַבֵּל בְּרָצוֹן
וּתְהִי לְרָצוֹן תָּמִיד עֲבוֹדַת יִשְׂרָאֵל עַמֶּךָ.
וְתֶחֱזֶינָה עֵינֵינוּ בְּשׁוּבְךָ לְצִיּוֹן בְּרַחֲמִים.
בָּרוּךְ אַתָּה יהוה, הַמַּחֲזִיר שְׁכִינָתוֹ לְצִיּוֹן.

הודאה

כורע ב׳מוֹדִים׳ ואינו זוקף עד אמירת השם.

מוֹדִים אֲנַחְנוּ לָךְ
שָׁאַתָּה הוּא יהוה אֱלֹהֵינוּ
וֵאלֹהֵי אֲבוֹתֵינוּ לְעוֹלָם וָעֶד.
צוּר חַיֵּינוּ, מָגֵן יִשְׁעֵנוּ
אַתָּה הוּא לְדוֹר וָדוֹר.
נוֹדֶה לְּךָ וּנְסַפֵּר תְּהִלָּתֶךָ
עַל חַיֵּינוּ הַמְּסוּרִים בְּיָדֶךָ
וְעַל נִשְׁמוֹתֵינוּ הַפְּקוּדוֹת לָךְ
וְעַל נִסֶּיךָ שֶׁבְּכָל יוֹם עִמָּנוּ
וְעַל נִפְלְאוֹתֶיךָ וְטוֹבוֹתֶיךָ
שֶׁבְּכָל עֵת, עֶרֶב וָבֹקֶר וְצָהֳרָיִם.
הַטּוֹב, כִּי לֹא כָלוּ רַחֲמֶיךָ
וְהַמְרַחֵם, כִּי לֹא תַמּוּ חֲסָדֶיךָ
כִּי מֵעוֹלָם קִוִּינוּ לָךְ.

כששליח הציבור אומר ׳מוֹדִים׳, הקהל אומר בלחש:

מוֹדִים אֲנַחְנוּ לָךְ
שָׁאַתָּה הוּא יהוה אֱלֹהֵינוּ
וֵאלֹהֵי אֲבוֹתֵינוּ
אֱלֹהֵי כָל בָּשָׂר
יוֹצְרֵנוּ, יוֹצֵר בְּרֵאשִׁית.
בְּרָכוֹת וְהוֹדָאוֹת
לְשִׁמְךָ הַגָּדוֹל וְהַקָּדוֹשׁ
עַל שֶׁהֶחֱיִיתָנוּ וְקִיַּמְתָּנוּ.
כֵּן תְּחַיֵּנוּ וּתְקַיְּמֵנוּ
וְתֶאֱסֹף גָּלֻיּוֹתֵינוּ
לְחַצְרוֹת קָדְשֶׁךָ
לִשְׁמֹר חֻקֶּיךָ וְלַעֲשׂוֹת רְצוֹנֶךָ
וּלְעָבְדְּךָ בְּלֵבָב שָׁלֵם
עַל שֶׁאֲנוּ מוֹדִים לָךְ
בָּרוּךְ אֵל הַהוֹדָאוֹת.

וְעַל כֻּלָּם יִתְבָּרַךְ וְיִתְרוֹמַם וְיִתְנַשֵּׂא שִׁמְךָ מַלְכֵּנוּ
תָּמִיד לְעוֹלָם וָעֶד.

בחזרת הש״ץ הקהל אומר ושליח הציבור חוזר אחריו:

וּכְתֹב לְחַיִּים טוֹבִים כָּל בְּנֵי בְרִיתֶךָ.

וְכֹל הַחַיִּים יוֹדְוּךָ סֶּלָה
וִיהַלְלוּ וִיבָרְכוּ אֶת שִׁמְךָ הַגָּדוֹל בֶּאֱמֶת לְעוֹלָם כִּי טוֹב
הָאֵל יְשׁוּעָתֵנוּ וְעֶזְרָתֵנוּ סֶלָה, הָאֵל הַטּוֹב.
בָּרוּךְ אַתָּה יהוה, הַטּוֹב שִׁמְךָ וּלְךָ נָאֶה לְהוֹדוֹת.

אם שכח לומר ׳וּכְתֹב לְחַיִּים טוֹבִים׳, אינו חוזר.

שלום

שִׂים שָׁלוֹם טוֹבָה וּבְרָכָה, חַיִּים חֵן וָחֶסֶד וְרַחֲמִים
עָלֵינוּ וְעַל כָּל יִשְׂרָאֵל עַמֶּךָ.
בָּרְכֵנוּ אָבִינוּ כֻּלָּנוּ כְּאֶחָד בְּאוֹר פָּנֶיךָ
כִּי בְאוֹר פָּנֶיךָ נָתַתָּ לָּנוּ יהוה אֱלֹהֵינוּ
תּוֹרַת חַיִּים וְאַהֲבַת חֶסֶד
וּצְדָקָה וּבְרָכָה וְרַחֲמִים וְחַיִּים וְשָׁלוֹם.
וְטוֹב יִהְיֶה בְעֵינֶיךָ לְבָרְכֵנוּ, וּלְבָרֵךְ אֶת כָּל עַמְּךָ יִשְׂרָאֵל
בְּכָל עֵת וּבְכָל שָׁעָה בִּשְׁלוֹמֶךָ.

בחזרת הש״ץ הקהל אומר ושליח הציבור חוזר אחריו:

בְּסֵפֶר חַיִּים, בְּרָכָה וְשָׁלוֹם, וּפַרְנָסָה טוֹבָה
וּגְזֵרוֹת טוֹבוֹת, יְשׁוּעוֹת וְנֶחָמוֹת
נִזָּכֵר וְנִכָּתֵב לְפָנֶיךָ אֲנַחְנוּ וְכָל עַמְּךָ בֵּית יִשְׂרָאֵל
לְחַיִּים טוֹבִים וּלְשָׁלוֹם.

בָּרוּךְ אַתָּה יהוה, הַמְבָרֵךְ אֶת עַמּוֹ יִשְׂרָאֵל בַּשָּׁלוֹם.

אם שכח לומר ׳בְּסֵפֶר חַיִּים׳, אינו חוזר.

שליח הציבור מסיים באמירת הפסוק הבא בלחש,
ויש הנוהגים לאומרו גם בסוף תפילת לחש של יחיד.

יִהְיוּ לְרָצוֹן אִמְרֵי פִי וְהֶגְיוֹן לִבִּי לְפָנֶיךָ, יהוה צוּרִי וְגֹאֲלִי: תהלים יט

אֱלֹהַי ברכות יז.
נְצֹר לְשׁוֹנִי מֵרָע וּשְׂפָתַי מִדַּבֵּר מִרְמָה
וְלִמְקַלְלַי נַפְשִׁי תִדֹּם, וְנַפְשִׁי כֶּעָפָר לַכֹּל תִּהְיֶה.
פְּתַח לִבִּי בְּתוֹרָתֶךָ, וְאַחֲרֵי מִצְוֹתֶיךָ תִּרְדֹּף נַפְשִׁי.
וְכָל הַקָּמִים וְהַחוֹשְׁבִים עָלַי רָעָה
מְהֵרָה הָפֵר עֲצָתָם וְקַלְקֵל מַחֲשַׁבְתָּם.

יש המוסיפים:

יְהִי רָצוֹן מִלְּפָנֶיךָ
יהוה אֱלֹהַי וֵאלֹהֵי אֲבוֹתַי
שֶׁלֹּא תַעֲלֶה קִנְאַת אָדָם עָלַי, וְלֹא קִנְאָתִי עַל אֲחֵרִים
וְשֶׁלֹּא אֶכְעֹס הַיּוֹם, וְשֶׁלֹּא אַכְעִיסֶךָ
וְתַצִּילֵנִי מִיֵּצֶר הָרָע, וְתֵן בְּלִבִּי הַכְנָעָה וַעֲנָוָה.
מַלְכֵּנוּ וֵאלֹהֵינוּ, יַחֵד שִׁמְךָ בְּעוֹלָמֶךָ
בְּנֵה עִירְךָ, יַסֵּד בֵּיתְךָ וְשַׁכְלֵל הֵיכָלֶךָ
וְקַבֵּץ קִבּוּץ גָּלֻיּוֹת, וּפְדֵה צֹאנְךָ וְשַׂמַּח עֲדָתֶךָ.

עֲשֵׂה לְמַעַן שְׁמֶךָ, עֲשֵׂה לְמַעַן יְמִינֶךָ
עֲשֵׂה לְמַעַן תּוֹרָתֶךָ, עֲשֵׂה לְמַעַן קְדֻשָּׁתֶךָ.
תהלים ס לְמַעַן יֵחָלְצוּן יְדִידֶיךָ, הוֹשִׁיעָה יְמִינְךָ וַעֲנֵנִי:
תהלים יט יִהְיוּ לְרָצוֹן אִמְרֵי פִי וְהֶגְיוֹן לִבִּי לְפָנֶיךָ, יהוה צוּרִי וְגֹאֲלִי:

כורע ופוסע שלוש פסיעות לאחור. קד לשמאל, לימין ולפנים באמירת:

עֹשֶׂה הַשָּׁלוֹם בִּמְרוֹמָיו
הוּא יַעֲשֶׂה שָׁלוֹם, עָלֵינוּ וְעַל כָּל יִשְׂרָאֵל, וְאִמְרוּ אָמֵן.

יְהִי רָצוֹן מִלְּפָנֶיךָ יהוה אֱלֹהֵינוּ וֵאלֹהֵי אֲבוֹתֵינוּ
שֶׁיִּבָּנֶה בֵּית הַמִּקְדָּשׁ בִּמְהֵרָה בְיָמֵינוּ, וְתֵן חֶלְקֵנוּ בְּתוֹרָתֶךָ
וְשָׁם נַעֲבָדְךָ בְּיִרְאָה כִּימֵי עוֹלָם וּכְשָׁנִים קַדְמֹנִיּוֹת.
מלאכי ג וְעָרְבָה לַיהוה מִנְחַת יְהוּדָה וִירוּשָׁלָםִ כִּימֵי עוֹלָם וּכְשָׁנִים קַדְמֹנִיּוֹת:

שליח הציבור חוזר על העמידה בקול רם (עמ׳ 386).

ביום שישי ובשבת אין אומרים ׳אָבִינוּ מַלְכֵּנוּ׳
וממשיכים בקדיש שלם בעמ׳ 397. ויש הנוהגים שלא לומר ׳אָבִינוּ מַלְכֵּנוּ׳
גם כאשר מתפללים מנחה מיד לאחר תפילת מוסף.

יש שאינם אומרים את השורה הראשונה ׳אָבִינוּ מַלְכֵּנוּ חָטָאנוּ לְפָנֶיךָ׳.

פותחים את ארון הקודש.

אָבִינוּ מַלְכֵּנוּ, חָטָאנוּ לְפָנֶיךָ.
אָבִינוּ מַלְכֵּנוּ, אֵין לָנוּ מֶלֶךְ אֶלָּא אָתָּה.
אָבִינוּ מַלְכֵּנוּ, עֲשֵׂה עִמָּנוּ לְמַעַן שְׁמֶךָ.
אָבִינוּ מַלְכֵּנוּ, חַדֵּשׁ עָלֵינוּ שָׁנָה טוֹבָה.
אָבִינוּ מַלְכֵּנוּ, בַּטֵּל מֵעָלֵינוּ כָּל גְּזֵרוֹת קָשׁוֹת.
אָבִינוּ מַלְכֵּנוּ, בַּטֵּל מַחְשְׁבוֹת שׂוֹנְאֵינוּ.
אָבִינוּ מַלְכֵּנוּ, הָפֵר עֲצַת אוֹיְבֵינוּ.
אָבִינוּ מַלְכֵּנוּ, כַּלֵּה כָּל צַר וּמַשְׂטִין מֵעָלֵינוּ.
אָבִינוּ מַלְכֵּנוּ, סְתֹם פִּיּוֹת מַשְׂטִינֵנוּ וּמְקַטְרְגֵנוּ.
אָבִינוּ מַלְכֵּנוּ, כַּלֵּה דֶּבֶר וְחֶרֶב וְרָעָב וּשְׁבִי וּמַשְׁחִית וְעָוֹן וּשְׁמַד מִבְּנֵי בְרִיתֶךָ.
אָבִינוּ מַלְכֵּנוּ, מְנַע מַגֵּפָה מִנַּחֲלָתֶךָ.
אָבִינוּ מַלְכֵּנוּ, סְלַח וּמְחַל לְכָל עֲוֹנוֹתֵינוּ.
אָבִינוּ מַלְכֵּנוּ, מְחֵה וְהַעֲבֵר פְּשָׁעֵינוּ וְחַטֹּאתֵינוּ מִנֶּגֶד עֵינֶיךָ.
אָבִינוּ מַלְכֵּנוּ, מְחֹק בְּרַחֲמֶיךָ הָרַבִּים כָּל שִׁטְרֵי חוֹבוֹתֵינוּ.

מכאן עד ׳סְלִיחָה וּמְחִילָה׳ שליח הציבור אומר כל משפט בקול רם, והקהל אחריו:

אָבִינוּ מַלְכֵּנוּ, הַחֲזִירֵנוּ בִּתְשׁוּבָה שְׁלֵמָה לְפָנֶיךָ.
אָבִינוּ מַלְכֵּנוּ, שְׁלַח רְפוּאָה שְׁלֵמָה לְחוֹלֵי עַמֶּךָ.
אָבִינוּ מַלְכֵּנוּ, קְרַע רֹעַ גְּזַר דִּינֵנוּ.
אָבִינוּ מַלְכֵּנוּ, זָכְרֵנוּ בְּזִכָּרוֹן טוֹב לְפָנֶיךָ.
אָבִינוּ מַלְכֵּנוּ, כָּתְבֵנוּ בְּסֵפֶר חַיִּים טוֹבִים.
אָבִינוּ מַלְכֵּנוּ, כָּתְבֵנוּ בְּסֵפֶר גְּאֻלָּה וִישׁוּעָה.
אָבִינוּ מַלְכֵּנוּ, כָּתְבֵנוּ בְּסֵפֶר פַּרְנָסָה וְכַלְכָּלָה.

אָבִינוּ מַלְכֵּנוּ, כָּתְבֵנוּ בְּסֵפֶר זְכֻיּוֹת.

אָבִינוּ מַלְכֵּנוּ, כָּתְבֵנוּ בְּסֵפֶר סְלִיחָה וּמְחִילָה. עד כאן בקול.

אָבִינוּ מַלְכֵּנוּ, הַצְמַח לָנוּ יְשׁוּעָה בְּקָרוֹב.

אָבִינוּ מַלְכֵּנוּ, הָרֵם קֶרֶן יִשְׂרָאֵל עַמֶּךָ.

אָבִינוּ מַלְכֵּנוּ, הָרֵם קֶרֶן מְשִׁיחֶךָ.

אָבִינוּ מַלְכֵּנוּ, מַלֵּא יָדֵינוּ מִבִּרְכוֹתֶיךָ.

אָבִינוּ מַלְכֵּנוּ, מַלֵּא אֲסָמֵינוּ שָׂבָע.

אָבִינוּ מַלְכֵּנוּ, שְׁמַע קוֹלֵנוּ, חוּס וְרַחֵם עָלֵינוּ.

אָבִינוּ מַלְכֵּנוּ, קַבֵּל בְּרַחֲמִים וּבְרָצוֹן אֶת תְּפִלָּתֵנוּ.

אָבִינוּ מַלְכֵּנוּ, פְּתַח שַׁעֲרֵי שָׁמַיִם לִתְפִלָּתֵנוּ.

אָבִינוּ מַלְכֵּנוּ, זְכֹר כִּי עָפָר אֲנָחְנוּ.

אָבִינוּ מַלְכֵּנוּ, נָא אַל תְּשִׁיבֵנוּ רֵיקָם מִלְּפָנֶיךָ.

אָבִינוּ מַלְכֵּנוּ, תְּהֵא הַשָּׁעָה הַזֹּאת שְׁעַת רַחֲמִים וְעֵת רָצוֹן מִלְּפָנֶיךָ.

אָבִינוּ מַלְכֵּנוּ, חֲמֹל עָלֵינוּ וְעַל עוֹלָלֵינוּ וְטַפֵּנוּ.

אָבִינוּ מַלְכֵּנוּ, עֲשֵׂה לְמַעַן הֲרוּגִים עַל שֵׁם קָדְשֶׁךָ.

אָבִינוּ מַלְכֵּנוּ, עֲשֵׂה לְמַעַן טְבוּחִים עַל יִחוּדֶךָ.

אָבִינוּ מַלְכֵּנוּ, עֲשֵׂה לְמַעַן בָּאֵי בָאֵשׁ וּבַמַּיִם עַל קִדּוּשׁ שְׁמֶךָ.

אָבִינוּ מַלְכֵּנוּ, נְקֹם לְעֵינֵינוּ נִקְמַת דַּם עֲבָדֶיךָ הַשָּׁפוּךְ.

אָבִינוּ מַלְכֵּנוּ, עֲשֵׂה לְמַעַנְךָ אִם לֹא לְמַעֲנֵנוּ.

אָבִינוּ מַלְכֵּנוּ, עֲשֵׂה לְמַעַנְךָ וְהוֹשִׁיעֵנוּ.

אָבִינוּ מַלְכֵּנוּ, עֲשֵׂה לְמַעַן רַחֲמֶיךָ הָרַבִּים.

אָבִינוּ מַלְכֵּנוּ, עֲשֵׂה לְמַעַן שִׁמְךָ הַגָּדוֹל הַגִּבּוֹר וְהַנּוֹרָא שֶׁנִּקְרָא עָלֵינוּ.

אָבִינוּ מַלְכֵּנוּ, חָנֵּנוּ וַעֲנֵנוּ, כִּי אֵין בָּנוּ מַעֲשִׂים
עֲשֵׂה עִמָּנוּ צְדָקָה וָחֶסֶד וְהוֹשִׁיעֵנוּ.

סוגרים את ארון הקודש.

קדיש שלם

ש״ץ: יִתְגַּדַּל וְיִתְקַדַּשׁ שְׁמֵהּ רַבָּא (קהל: אָמֵן)
בְּעָלְמָא דִּי בְרָא כִרְעוּתֵהּ
וְיַמְלִיךְ מַלְכוּתֵהּ וְיַצְמַח פֻּרְקָנֵהּ וִיקָרֵב מְשִׁיחֵהּ (קהל: אָמֵן)
בְּחַיֵּיכוֹן וּבְיוֹמֵיכוֹן וּבְחַיֵּי דְכָל בֵּית יִשְׂרָאֵל
בַּעֲגָלָא וּבִזְמַן קָרִיב, וְאִמְרוּ אָמֵן. (קהל: אָמֵן)

קהל וש״ץ: יְהֵא שְׁמֵהּ רַבָּא מְבָרַךְ לְעָלַם וּלְעָלְמֵי עָלְמַיָּא.

יִתְבָּרַךְ וְיִשְׁתַּבַּח וְיִתְפָּאַר וְיִתְרוֹמַם וְיִתְנַשֵּׂא
וְיִתְהַדָּר וְיִתְעַלֶּה וְיִתְהַלָּל
שְׁמֵהּ דְּקֻדְשָׁא בְּרִיךְ הוּא (קהל: אָמֵן)
לְעֵלָּא לְעֵלָּא מִכָּל בִּרְכָתָא וְשִׁירָתָא, תֻּשְׁבְּחָתָא וְנֶחֱמָתָא
דַּאֲמִירָן בְּעָלְמָא, וְאִמְרוּ אָמֵן. (קהל: אָמֵן)

תִּתְקַבַּל צְלוֹתְהוֹן וּבָעוּתְהוֹן דְּכָל בֵּית יִשְׂרָאֵל
קֳדָם אֲבוּהוֹן דִּי בִשְׁמַיָּא, וְאִמְרוּ אָמֵן. (קהל: אָמֵן)

יְהֵא שְׁלָמָא רַבָּא מִן שְׁמַיָּא
וְחַיִּים טוֹבִים עָלֵינוּ וְעַל כָּל יִשְׂרָאֵל, וְאִמְרוּ אָמֵן. (קהל: אָמֵן)

כורע ופוסע שלוש פסיעות לאחור. קד לשמאל, לימין ולפנים באמירת:

עֹשֶׂה הַשָּׁלוֹם בִּמְרוֹמָיו
הוּא יַעֲשֶׂה שָׁלוֹם
עָלֵינוּ וְעַל כָּל יִשְׂרָאֵל, וְאִמְרוּ אָמֵן. (קהל: אָמֵן)

אומרים 'עָלֵינוּ' בעמידה ומשתחווים במקום המסומן ב'.

עָלֵינוּ לְשַׁבֵּחַ לַאֲדוֹן הַכֹּל, לָתֵת גְּדֻלָּה לְיוֹצֵר בְּרֵאשִׁית
שֶׁלֹּא עָשָׂנוּ כְּגוֹיֵי הָאֲרָצוֹת, וְלֹא שָׂמָנוּ כְּמִשְׁפְּחוֹת הָאֲדָמָה
שֶׁלֹּא שָׂם חֶלְקֵנוּ כָּהֶם וְגוֹרָלֵנוּ כְּכָל הֲמוֹנָם.
שֶׁהֵם מִשְׁתַּחֲוִים לְהֶבֶל וָרִיק וּמִתְפַּלְלִים אֶל אֵל לֹא יוֹשִׁיעַ.
'וַאֲנַחְנוּ כּוֹרְעִים וּמִשְׁתַּחֲוִים וּמוֹדִים
לִפְנֵי מֶלֶךְ מַלְכֵי הַמְּלָכִים, הַקָּדוֹשׁ בָּרוּךְ הוּא
שֶׁהוּא נוֹטֶה שָׁמַיִם וְיוֹסֵד אָרֶץ, וּמוֹשַׁב יְקָרוֹ בַּשָּׁמַיִם מִמַּעַל
וּשְׁכִינַת עֻזּוֹ בְּגָבְהֵי מְרוֹמִים.
הוּא אֱלֹהֵינוּ, אֵין עוֹד.
אֱמֶת מַלְכֵּנוּ, אֶפֶס זוּלָתוֹ
כַּכָּתוּב בְּתוֹרָתוֹ, וְיָדַעְתָּ הַיּוֹם וַהֲשֵׁבֹתָ אֶל־לְבָבֶךָ דברים ד
כִּי יהוה הוּא הָאֱלֹהִים בַּשָּׁמַיִם מִמַּעַל וְעַל־הָאָרֶץ מִתָּחַת
אֵין עוֹד:

וְעַל כֵּן נְקַוֶּה לְּךָ יהוה אֱלֹהֵינוּ, לִרְאוֹת מְהֵרָה בְּתִפְאֶרֶת עֻזֶּךָ
לְהַעֲבִיר גִּלּוּלִים מִן הָאָרֶץ, וְהָאֱלִילִים כָּרוֹת יִכָּרֵתוּן
לְתַקֵּן עוֹלָם בְּמַלְכוּת שַׁדַּי.
וְכָל בְּנֵי בָשָׂר יִקְרְאוּ בִשְׁמֶךָ, לְהַפְנוֹת אֵלֶיךָ כָּל רִשְׁעֵי אָרֶץ.
יַכִּירוּ וְיֵדְעוּ כָּל יוֹשְׁבֵי תֵבֵל
כִּי לְךָ תִּכְרַע כָּל בֶּרֶךְ, תִּשָּׁבַע כָּל לָשׁוֹן.
לְפָנֶיךָ יהוה אֱלֹהֵינוּ יִכְרְעוּ וְיִפֹּלוּ, וְלִכְבוֹד שִׁמְךָ יְקָר יִתֵּנוּ
וִיקַבְּלוּ כֻלָּם אֶת עֹל מַלְכוּתֶךָ
וְתִמְלֹךְ עֲלֵיהֶם מְהֵרָה לְעוֹלָם וָעֶד.
כִּי הַמַּלְכוּת שֶׁלְּךָ הִיא וּלְעוֹלְמֵי עַד תִּמְלֹךְ בְּכָבוֹד
כַּכָּתוּב בְּתוֹרָתֶךָ, יהוה יִמְלֹךְ לְעֹלָם וָעֶד: שמות טו

◂ וְנֶאֱמַר, וְהָיָה יהוה לְמֶלֶךְ עַל־כָּל־הָאָרֶץ זכריה יד
בַּיּוֹם הַהוּא יִהְיֶה יהוה אֶחָד וּשְׁמוֹ אֶחָד:

יש מוסיפים:

אַל־תִּירָא מִפַּחַד פִּתְאֹם וּמִשֹּׁאַת רְשָׁעִים כִּי תָבֹא: משלי ג
עֻצוּ עֵצָה וְתֻפָר, דַּבְּרוּ דָבָר וְלֹא יָקוּם, כִּי עִמָּנוּ אֵל: ישעיה ח
וְעַד־זִקְנָה אֲנִי הוּא, וְעַד־שֵׂיבָה אֲנִי אֶסְבֹּל ישעיה מו
אֲנִי עָשִׂיתִי וַאֲנִי אֶשָּׂא וַאֲנִי אֶסְבֹּל וַאֲמַלֵּט:

קדיש יתום

אבל: יִתְגַּדַּל וְיִתְקַדַּשׁ שְׁמֵהּ רַבָּא (קהל: אָמֵן)
בְּעָלְמָא דִּי בְרָא כִרְעוּתֵהּ
וְיַמְלִיךְ מַלְכוּתֵהּ וְיַצְמַח פֻּרְקָנֵהּ וִיקָרֵב מְשִׁיחֵהּ (קהל: אָמֵן)
בְּחַיֵּיכוֹן וּבְיוֹמֵיכוֹן וּבְחַיֵּי דְכָל בֵּית יִשְׂרָאֵל
בַּעֲגָלָא וּבִזְמַן קָרִיב, וְאִמְרוּ אָמֵן. (קהל: אָמֵן)

קהל ואבל: יְהֵא שְׁמֵהּ רַבָּא מְבָרַךְ לְעָלַם וּלְעָלְמֵי עָלְמַיָּא.

אבל: יִתְבָּרַךְ וְיִשְׁתַּבַּח וְיִתְפָּאַר וְיִתְרוֹמַם וְיִתְנַשֵּׂא
וְיִתְהַדָּר וְיִתְעַלֶּה וְיִתְהַלָּל
שְׁמֵהּ דְּקֻדְשָׁא בְּרִיךְ הוּא (קהל: אָמֵן)
לְעֵלָּא לְעֵלָּא מִכָּל בִּרְכָתָא וְשִׁירָתָא, תֻּשְׁבְּחָתָא וְנֶחֱמָתָא
דַּאֲמִירָן בְּעָלְמָא, וְאִמְרוּ אָמֵן. (קהל: אָמֵן)

יְהֵא שְׁלָמָא רַבָּא מִן שְׁמַיָּא
וְחַיִּים טוֹבִים עָלֵינוּ וְעַל כָּל יִשְׂרָאֵל, וְאִמְרוּ אָמֵן. (קהל: אָמֵן)

כורע ופוסע שלוש פסיעות לאחור. קד לשמאל, לימין ולפנים באמירת:

עֹשֶׂה הַשָּׁלוֹם בִּמְרוֹמָיו
הוּא יַעֲשֶׂה שָׁלוֹם, עָלֵינוּ וְעַל כָּל יִשְׂרָאֵל, וְאִמְרוּ אָמֵן. (קהל: אָמֵן)

יש האומרים ׳לְדָוִד, ה׳ אוֹרִי וְיִשְׁעִי׳ בערבית ולא במנחה, כנוסח אשכנז.

תהלים כז
לְדָוִד, יהוה אוֹרִי וְיִשְׁעִי, מִמִּי אִירָא, יהוה מָעוֹז־חַיַּי, מִמִּי אֶפְחָד:
בִּקְרֹב עָלַי מְרֵעִים לֶאֱכֹל אֶת־בְּשָׂרִי, צָרַי וְאֹיְבַי לִי, הֵמָּה כָשְׁלוּ
וְנָפָלוּ: אִם־תַּחֲנֶה עָלַי מַחֲנֶה, לֹא־יִירָא לִבִּי, אִם־תָּקוּם עָלַי מִלְחָמָה,
בְּזֹאת אֲנִי בוֹטֵחַ: אַחַת שָׁאַלְתִּי מֵאֵת־יהוה, אוֹתָהּ אֲבַקֵּשׁ, שִׁבְתִּי
בְּבֵית־יהוה כָּל־יְמֵי חַיַּי, לַחֲזוֹת בְּנֹעַם־יהוה, וּלְבַקֵּר בְּהֵיכָלוֹ: כִּי
יִצְפְּנֵנִי בְּסֻכֹּה בְּיוֹם רָעָה, יַסְתִּרֵנִי בְּסֵתֶר אָהֳלוֹ, בְּצוּר יְרוֹמְמֵנִי:
וְעַתָּה יָרוּם רֹאשִׁי עַל אֹיְבַי סְבִיבוֹתַי, וְאֶזְבְּחָה בְאָהֳלוֹ זִבְחֵי תְרוּעָה,
אָשִׁירָה וַאֲזַמְּרָה לַיהוה: שְׁמַע־יהוה קוֹלִי אֶקְרָא, וְחָנֵּנִי וַעֲנֵנִי:
לְךָ אָמַר לִבִּי בַּקְּשׁוּ פָנָי, אֶת־פָּנֶיךָ יהוה אֲבַקֵּשׁ: אַל־תַּסְתֵּר פָּנֶיךָ
מִמֶּנִּי, אַל תַּט־בְּאַף עַבְדֶּךָ, עֶזְרָתִי הָיִיתָ, אַל־תִּטְּשֵׁנִי וְאַל־תַּעַזְבֵנִי,
אֱלֹהֵי יִשְׁעִי: כִּי־אָבִי וְאִמִּי עֲזָבוּנִי, וַיהוה יַאַסְפֵנִי: הוֹרֵנִי יהוה דַּרְכֶּךָ,
וּנְחֵנִי בְּאֹרַח מִישׁוֹר, לְמַעַן שׁוֹרְרָי: אַל־תִּתְּנֵנִי בְּנֶפֶשׁ צָרָי, כִּי קָמוּ־
בִי עֵדֵי־שֶׁקֶר, וִיפֵחַ חָמָס: ◂ לוּלֵא הֶאֱמַנְתִּי לִרְאוֹת בְּטוּב־יהוה
בְּאֶרֶץ חַיִּים: קַוֵּה אֶל־יהוה, חֲזַק וְיַאֲמֵץ לִבֶּךָ, וְקַוֵּה אֶל־יהוה:

קדיש יתום בעמוד הקודם.

תשליך

ביום א׳ של ראש השנה (ואם חל בשבת, ביום ב׳)
נוהגים לצאת אל הנהר, אל הים או אל בור מים ולומר ׳מי אל כָּמוֹךָ׳.

שלוש פעמים: מִי־אֵל כָּמוֹךָ מיכה ז
נֹשֵׂא עָוֹן וְעֹבֵר עַל־פֶּשַׁע לִשְׁאֵרִית נַחֲלָתוֹ
לֹא־הֶחֱזִיק לָעַד אַפּוֹ
כִּי־חָפֵץ חֶסֶד הוּא:
יָשׁוּב יְרַחֲמֵנוּ, יִכְבֹּשׁ עֲוֹנֹתֵינוּ
וְתַשְׁלִיךְ בִּמְצֻלוֹת יָם כָּל־חַטֹּאתָם:
תִּתֵּן אֱמֶת לְיַעֲקֹב, חֶסֶד לְאַבְרָהָם
אֲשֶׁר־נִשְׁבַּעְתָּ לַאֲבֹתֵינוּ מִימֵי קֶדֶם:

מִן־הַמֵּצַר קָרָאתִי יָּהּ, עָנָנִי בַמֶּרְחָב יָהּ: תהלים קיח
יהוה לִי לֹא אִירָא, מַה־יַּעֲשֶׂה לִי אָדָם:
יהוה לִי בְּעֹזְרָי, וַאֲנִי אֶרְאֶה בְשֹׂנְאָי:
טוֹב לַחֲסוֹת בַּיהוה, מִבְּטֹחַ בָּאָדָם:
טוֹב לַחֲסוֹת בַּיהוה, מִבְּטֹחַ בִּנְדִיבִים:

יש נוהגים להוסיף:

רַנְּנוּ צַדִּיקִים בַּיהוה, לַיְשָׁרִים נָאוָה תְהִלָּה: הוֹדוּ לַיהוה בְּכִנּוֹר, בְּנֵבֶל עָשׂוֹר תהלים לג
זַמְּרוּ־לוֹ: שִׁירוּ־לוֹ שִׁיר חָדָשׁ, הֵיטִיבוּ נַגֵּן בִּתְרוּעָה: כִּי־יָשָׁר דְּבַר־יהוה, וְכָל־
מַעֲשֵׂהוּ בֶּאֱמוּנָה: אֹהֵב צְדָקָה וּמִשְׁפָּט, חֶסֶד יהוה מָלְאָה הָאָרֶץ: בִּדְבַר יהוה
שָׁמַיִם נַעֲשׂוּ, וּבְרוּחַ פִּיו כָּל־צְבָאָם: כֹּנֵס כַּנֵּד מֵי הַיָּם, נֹתֵן בְּאֹצָרוֹת תְּהוֹמוֹת:
יִירְאוּ מֵיהוה כָּל־הָאָרֶץ, מִמֶּנּוּ יָגוּרוּ כָּל־יֹשְׁבֵי תֵבֵל: כִּי הוּא אָמַר וַיֶּהִי, הוּא־
צִוָּה וַיַּעֲמֹד: יהוה הֵפִיר עֲצַת־גּוֹיִם, הֵנִיא מַחְשְׁבוֹת עַמִּים: עֲצַת יהוה לְעוֹלָם
תַּעֲמֹד, מַחְשְׁבוֹת לִבּוֹ לְדֹר וָדֹר: אַשְׁרֵי הַגּוֹי אֲשֶׁר־יהוה אֱלֹהָיו, הָעָם בָּחַר
לְנַחֲלָה לוֹ: מִשָּׁמַיִם הִבִּיט יהוה, רָאָה אֶת־כָּל־בְּנֵי הָאָדָם: מִמְּכוֹן־שִׁבְתּוֹ

הִשְׁגִּיחַ, אֶל כָּל־יֹשְׁבֵי הָאָרֶץ: הַיֹּצֵר יַחַד לִבָּם, הַמֵּבִין אֶל־כָּל־מַעֲשֵׂיהֶם: אֵין־הַמֶּלֶךְ נוֹשָׁע בְּרָב־חָיִל, גִּבּוֹר לֹא־יִנָּצֵל בְּרָב־כֹּחַ: שֶׁקֶר הַסּוּס לִתְשׁוּעָה, וּבְרֹב חֵילוֹ לֹא יְמַלֵּט: הִנֵּה עֵין יהוה אֶל־יְרֵאָיו, לַמְיַחֲלִים לְחַסְדּוֹ: לְהַצִּיל מִמָּוֶת נַפְשָׁם, וּלְחַיּוֹתָם בָּרָעָב: נַפְשֵׁנוּ חִכְּתָה לַיהוה, עֶזְרֵנוּ וּמָגִנֵּנוּ הוּא: כִּי־בוֹ יִשְׂמַח לִבֵּנוּ, כִּי בְשֵׁם קָדְשׁוֹ בָטָחְנוּ: יְהִי־חַסְדְּךָ יהוה עָלֵינוּ, כַּאֲשֶׁר יִחַלְנוּ לָךְ:

יש הממשיכים בתיבות 'לֹא־יֵרָעוּ' בעמ' 405.

תהלים כד
לְדָוִד מִזְמוֹר, לַיהוה הָאָרֶץ וּמְלוֹאָהּ, תֵּבֵל וְיֹשְׁבֵי בָהּ: כִּי־הוּא עַל־יַמִּים יְסָדָהּ, וְעַל־נְהָרוֹת יְכוֹנְנֶהָ: מִי־יַעֲלֶה בְהַר־יהוה, וּמִי־יָקוּם בִּמְקוֹם קָדְשׁוֹ: נְקִי כַפַּיִם וּבַר־לֵבָב, אֲשֶׁר לֹא־נָשָׂא לַשָּׁוְא נַפְשִׁי, וְלֹא נִשְׁבַּע לְמִרְמָה: יִשָּׂא בְרָכָה מֵאֵת יהוה, וּצְדָקָה מֵאֱלֹהֵי יִשְׁעוֹ: זֶה דּוֹר דֹּרְשָׁו, מְבַקְשֵׁי פָנֶיךָ יַעֲקֹב סֶלָה: שְׂאוּ שְׁעָרִים רָאשֵׁיכֶם, וְהִנָּשְׂאוּ פִּתְחֵי עוֹלָם, וְיָבוֹא מֶלֶךְ הַכָּבוֹד: מִי זֶה מֶלֶךְ הַכָּבוֹד, יהוה עִזּוּז וְגִבּוֹר, יהוה גִּבּוֹר מִלְחָמָה: שְׂאוּ שְׁעָרִים רָאשֵׁיכֶם, וּשְׂאוּ פִּתְחֵי עוֹלָם, וְיָבֹא מֶלֶךְ הַכָּבוֹד: מִי הוּא זֶה מֶלֶךְ הַכָּבוֹד, יהוה צְבָאוֹת הוּא מֶלֶךְ הַכָּבוֹד סֶלָה:

רִבּוֹנוֹ שֶׁל עוֹלָם, בְּהַעֲלוֹתֵנוּ עַל לְבָבֵנוּ רֹב קִצּוּרֵנוּ בַּעֲבוֹדָתֶךָ וּבְעֵסֶק תּוֹרָתְךָ הַקְּדוֹשָׁה וְקִיּוּם מִצְוֹתֶיךָ, כָּל עַצְמוֹתֵינוּ יֹאחֲזֵמוֹ רָעַד, וְנָמֵס לִבֵּנוּ וְהָיָה לְמָיִם. מַה נַּעֲנֶה וּמַה נֹּאמַר, כִּי הַצַּר הַצּוֹרֵר בְּחֶבְרַת הַחֹמֶר הֶעָכוּר הָיָה בְּעוֹכְרֵנוּ, גַּם אָסוּר נִלְוָה עִמָּם, אֲסוּרִים וּלְטוּשִׁים בְּגָלֻיּוֹת קָשִׁים, גָּלוּת הַנֶּפֶשׁ וְהַגּוּף. הָאָמְנָם גָּלוּי וְיָדוּעַ לְפָנֶיךָ שֶׁרְצוֹנֵנוּ לַעֲשׂוֹת רְצוֹנֶךָ וְלִשְׁקֹד עַל דַּלְתוֹתֶיךָ, כִּי טוֹב יוֹם בַּחֲצֵרֶיךָ מֵאֶלֶף בָּחַרְנוּ, וִירֵאִים וַחֲרֵדִים אֲנַחְנוּ מֵאֵימַת דִּינְךָ הַקָּדוֹשׁ. עַל כֵּן בָּאנוּ אֵלֶיךָ בִּכְפִיפַת רֹאשׁ וּנְמִיכַת קוֹמָה וַחֲלִישַׁת חַיִל לְהַזְכִּיר וּלְעוֹרֵר רַחֲמֶיךָ.

וִיהִי רָצוֹן מִלְּפָנֶיךָ יהוה אֱלֹהַי וֵאלֹהֵי אֲבוֹתַי, אֵל עֶלְיוֹן מֻכְתָּר בִּתְלֵיסַר מְכִילִין דְּרַחֲמֵי, שֶׁתְּהֵא שָׁעָה זוֹ עֵת רָצוֹן לְפָנֶיךָ, וְתִהְיֶה עוֹלָה לְפָנֶיךָ קְרִיאַת שְׁלֹשׁ עֶשְׂרֵה מִדּוֹת שֶׁל רַחֲמִים שֶׁבַּפְּסוּקִים מִי אֵל כָּמוֹךָ, הַמְכֻוָּנִים אֶל שְׁלֹשׁ עֶשְׂרֵה מִדּוֹת אֵל רַחוּם וְחַנּוּן וגו׳, אֲשֶׁר קָרֵינוּ לְפָנֶיךָ, כְּאִלּוּ הִשַּׂגְנוּ כָּל הַסּוֹדוֹת וְצֵרוּפֵי שֵׁמוֹת הַיּוֹצְאִים מֵהֶם וְזִוּוּגֵי מִדּוֹתֵיהֶם, אֲשֶׁר אֶחָד בְּאֶחָד יִגַּשׁוּ לְהַמְתִּיק הַדִּינִים תַּקִּיפִים, וְתַשְׁלִיךְ בִּמְצוּלוֹת יָם כָּל חַטֹּאתֵינוּ. וְאַתָּה בְּטוּבְךָ תְּעוֹרֵר רַחֲמֶיךָ, וְנִהְיֶה נְקִיִּים מִכָּל טֻמְאָה וְחֶלְאָה וְזֻהֲמָא, וְיַעֲלוּ כָּל

נִיצוֹצֵי הַקְּדֻשָּׁה אֲשֶׁר נִתְפַּזְּרוּ, וְיִתְבָּרְרוּ וְיִתְלַבְּנוּ בְּמִדַּת טוּבָךְ, אַתָּה אֵל יְשׁוּעָתֵנוּ נֹצֵר חֶסֶד לָאֲלָפִים, וּבְרֹב רַחֲמֶיךָ תִּתֵּן לָנוּ חַיִּים אֲרוּכִים, חַיִּים שֶׁל שָׁלוֹם, חַיִּים שֶׁל טוֹבָה, חַיִּים שֶׁל בְּרָכָה, חַיִּים שֶׁל פַּרְנָסָה טוֹבָה, חַיִּים שֶׁל חִלּוּץ עֲצָמוֹת, חַיִּים שֶׁיֵּשׁ בָּהֶם יִרְאַת שָׁמַיִם וְיִרְאַת חֵטְא, חַיִּים שֶׁאֵין בָּהֶם בּוּשָׁה וּכְלִמָּה, חַיִּים שֶׁל עֹשֶׁר וְכָבוֹד לַעֲבוֹדָתֶךָ, חַיִּים שֶׁתְּהֵא בָנוּ אַהֲבַת תּוֹרָה וְיִרְאַת שָׁמַיִם, חַיִּים שֶׁתְּמַלֵּא כָּל מִשְׁאֲלוֹת לִבֵּנוּ לְטוֹבָה, וְזָכְרֵנוּ לְחַיִּים מֶלֶךְ חָפֵץ בַּחַיִּים, וְכָתְבֵנוּ בְּסֵפֶר הַחַיִּים לְמַעַנְךָ אֱלֹהִים חַיִּים, וּקְרַע רֹעַ גְּזַר דִּינֵנוּ, וְיִקָּרְאוּ לְפָנֶיךָ זָכִיּוֹתֵינוּ.

אֵל מָלֵא רַחֲמִים, יֶהֱמוּ נָא רַחֲמֶיךָ לְקַבֵּל בְּרָצוֹן הַכְנָעָתֵנוּ וְהַרְהוּרֵי תְשׁוּבָה הַמִּתְנוֹצְצִים בָּנוּ, בְּשַׁגָּם לִבֵּנוּ אָטוּם סָתוּם וְחָתוּם, לֹא אִתָּנוּ יוֹדֵעַ זוֹ הִיא בִּיאָה זוֹ הִיא שִׁיבָה, מָה אָנוּ וּמָה בָּאנוּ לְתַקֵּן. רַב לְהוֹשִׁיעַ, הָאֵר עֵינֵינוּ כַּאֲשֶׁר בְּגֹדֶל רַחֲמֶיךָ הִבְטַחְתָּנוּ: פִּתְחוּ לִי פֶּתַח כְּחֻדּוֹ שֶׁל מַחַט, וַאֲנִי אֶפְתַּח לָכֶם פֶּתַח כְּפִתְחוֹ שֶׁל אוּלָם, וּרְאֵה כִּי אָזְלַת יָד, וְאֶפֶס עָצוּר וְעָזוּב, וְאֵין חוֹנֵן וְאֵין מְרַחֵם זוּלָתֶךָ, כִּי חֲנוּנֶיךָ הֵם חֲנוּנִים וּמְרֻחָמֶיךָ הֵם מְרֻחָמִים, כְּדִכְתִיב:
וְחַנֹּתִי אֶת־אֲשֶׁר אָחֹן, וְרִחַמְתִּי אֶת־אֲשֶׁר אֲרַחֵם: וּבְכֵן, לֵב טָהוֹר בְּרָא לָנוּ שמות לג
אֱלֹהִים, וְרוּחַ נָכוֹן חַדֵּשׁ בְּקִרְבֵּנוּ, וְרִשְׁפֵּי הִתְעוֹרְרוּת לִבֵּנוּ בְּאַהֲבָתֶךָ וּבְתוֹרָתֶךָ
יַתְמִידוּ וְיִתְרַבּוּ בְּלִי הֶפְסֵק. עָזְרֵנוּ אֱלֹהֵי יִשְׁעֵנוּ עַל־דְּבַר כְּבוֹד־שְׁמֶךָ: תָּחֵל תהלים עט
שָׁנָה וּבִרְכוֹתֶיהָ, וּתְזַכֵּנוּ שֶׁיְּהֵא לִבֵּנוּ נָכוֹן וּמָסוּר בְּיָדֶיךָ, וְלֹא נִכְעַס וְלֹא נַכְעִיסֶךָ, וְתַסְפִּיק בְּיָדֵינוּ לְהִתְרַחֵק מִכָּל הַמִּדּוֹת הָרָעוֹת וְהָאֲסוּרוֹת, וּבִפְרָט זַכֵּנוּ לְהִתְרַחֵק מֵהַגַּאֲוָה וְהַכַּעַס וְהַהַקְפָּדָה וְכָל גֹּבַהּ לֵב, וְנִהְיֶה מְיֻשָּׁבִים בְּדַעְתֵּנוּ וְנַכִּיר מִעוּט עֶרְכֵּנוּ, וְנַפְשֵׁנוּ כֶּעָפָר לַכֹּל תִּהְיֶה, וְלֹא נִתְכַּעֵס וְלֹא נַקְפִּיד, וְנִהְיֶה אוֹהֲבֵי שָׁלוֹם וּמַרְבִּים שָׁלוֹם, וּבְצֵל כְּנָפֶיךָ נֶחֱסֶה. וּתְזַכֵּנוּ לְהִתְרַחֵק מִלֵּיצָנוּת וְשֶׁקֶר וַחֲנֻפָּה וְלָשׁוֹן הָרָע וְדִבּוּר חֹל בְּשַׁבָּת וְכָל דִּבּוּר אָסוּר, וִיהִי רֹב דִּבּוּרֵנוּ בַּתּוֹרָה וּבְסֵדֶר וְאֹפֶן עֲבוֹדָתֶךָ עֲבוֹדַת הַקֹּדֶשׁ. וּתְאַזְּרֵנוּ חַיִל לִשְׁמֹר לְפִינוּ מֵחֵטְא בִּלְשׁוֹנֵנוּ.

אַב הָרַחֲמָן, תֵּן בָּנוּ כֹּחַ וּבְרִיאוּת, וְזַכֵּנוּ לְהִתְרַחֵק מִתַּאֲוֹת תַּעֲנוּגֵי וְהַבְלֵי הָעוֹלָם הַזֶּה, וְנֹאכַל לָשֹׂבַע נַפְשֵׁנוּ, וְכֵן בְּכָל צְרָכֵינוּ יִהְיוּ כָּל מַעֲשֵׂינוּ לְשֵׁם שָׁמַיִם. וּתְזַכֵּנוּ לִהְיוֹת שְׂמֵחִים בְּעֵסֶק תּוֹרָתֶךָ וּבְמִצְוֹתֶיךָ, וְלִהְיוֹת בִּטְחוֹנֵנוּ בְּךָ תָּדִיר, וְיִהְיֶה לָנוּ לֵב שָׂמֵחַ לַעֲבוֹדָתֶךָ.

אָנָּא מֶלֶךְ רַחוּם וְחַנּוּן, הַנְּשָׁמָה לָךְ וְהַגּוּף פָּעֳלָךְ, חוּסָה עַל עֲמָלָךְ. וּבְכֵן יֶהֱמוּ
נָא רַחֲמֶיךָ עָלֵינוּ, וּתְזַכֵּנוּ לְהַשְׁלִים תִּקּוּן נר״ן בְּגִלְגּוּל זֶה וְלֹא נֹאבַד חַס וְשָׁלוֹם,
וְתַשְׁפִּיעַ שֶׁפַע קֹדֶשׁ עַל נר״ן לְהַתְמִיד בַּעֲבוֹדָתֶךָ וְלַעֲשׂוֹת רְצוֹנֵנוּ כִּרְצוֹנְךָ
כָּל יְמֵי חַיֵּינוּ, אֲנַחְנוּ וְזַרְעֵנוּ וְזֶרַע זַרְעֵנוּ, וּתְזַכֵּנוּ לַעֲסֹק בְּתוֹרָתְךָ הַקְּדוֹשָׁה
לִשְׁמָהּ וּלְכַוֵּן לַאֲמִתָּהּ שֶׁל תּוֹרָה, וְתַצִּיל מִלִּבֵּנוּ טָעֻיּוֹת בַּהֲלָכָה וּבְהוֹרָאָה, וְאַל
תַּצֵּל מִפִּינוּ דְּבַר אֱמֶת לְעוֹלָם. וְנִהְיֶה אֲנַחְנוּ וְצֶאֱצָאֵינוּ וְצֶאֱצָאֵי צֶאֱצָאֵינוּ
כֻּלָּנוּ יוֹדְעֵי שְׁמֶךָ, וְלוֹמְדֵי תוֹרָתֶךָ לִשְׁמָהּ וּמְקַיְּמֵי מִצְוֹתֶיךָ. וְלֹא יִמָּצֵא בָּנוּ
וְלֹא בְּזַרְעֵנוּ וְלֹא בְּזֶרַע זַרְעֵנוּ שׁוּם פְּגָם וְשׁוּם פְּסוּל. וְלֹא יִתְחַלֵּל שִׁמְךָ עַל
יָדֵינוּ חַס וְשָׁלוֹם.

וּרְאֵה כִּי עַמְּךָ הַגּוֹי הַגָּדוֹל הַזֶּה, זֶרַע אוֹהֲבֶיךָ אַבְרָהָם יִצְחָק וְיִשְׂרָאֵל, עֲבָדֶיךָ
בְּנֵי בְחוּנֶיךָ, וּבְגָלוּתָם וְדַלּוּתָם וְשִׁפְלוּתָם וְלַחֲצָם וְדָחְקָם זֶה כַּמָּה מֵאוֹת שָׁנִים
קוֹרְאִים בְּשִׁמְךָ וּמַאֲמִינִים בְּךָ וּבְתוֹרָתֶךָ, וְכַמָּה אֲלָפִים וּרְבָבוֹת מָסְרוּ עַצְמָן
לַהֲרִיגָה וְלִשְׂרֵפָה עַל קְדֻשַּׁת שְׁמֶךָ. נָא גִּבּוֹר דּוֹרְשֵׁי יִחוּדְךָ כְּבָבַת שָׁמְרֵם.
וְתִתְמַלֵּא רַחֲמִים עַל כָּל אַחֵינוּ בֵּית יִשְׂרָאֵל הַנְּפוּצִים בְּאַרְבַּע כַּנְפוֹת הָאָרֶץ,
וּבִפְרָט עַל יוֹשְׁבֵי אֶרֶץ יִשְׂרָאֵל, וְעַל יוֹשְׁבֵי הָעִיר הַזֹּאת וְעַל כָּל הַקָּהָל הַקָּדוֹשׁ
הַזֶּה, וּתְרַחֵם עָלֵינוּ וַעֲלֵיהֶם, וְתַצִּילֵנוּ מֵרָעָה וּמֵרָעָב וּמִשְּׁבִי וּבִזָּה וּמִכָּל חֵטְא,
וְתִשְׁלַח רְפוּאָה שְׁלֵמָה לְכָל חוֹלֵי עַמְּךָ יִשְׂרָאֵל, אֵל נָא רְפָא נָא לָהֶם וּתְקַיֵּם
בְּכָל אֶחָד מֵהֶם מִקְרָא שֶׁכָּתוּב: יהוה יִסְעָדֶנּוּ עַל־עֶרֶשׂ דְּוָי, כָּל־מִשְׁכָּבוֹ תהלים מא
הָפַכְתָּ בְחָלְיוֹ: וְהַבְּרִיאִים מֵעַמְּךָ יִשְׂרָאֵל תַּתְמִיד בְּרִיאוּתָם, שֶׁלֹּא יֶחֱלוּ
חַס וְשָׁלוֹם. וְתַצִּילֵנוּ וְתַצִּיל לְכָל יִשְׂרָאֵל מִכָּל נֶזֶק וּמִכָּל צַר וּמַשְׂטִין וּמְקַטְרֵג
וּמֵרוּחַ רָעָה וּמִדִּקְדּוּקֵי עֲנִיּוּת, וּמִכָּל מִינֵי פֻּרְעָנִיּוֹת הַמִּתְרַגְּשׁוֹת בָּעוֹלָם.
וְתִפְקֹד בְּזֶרַע שֶׁל קַיָּמָא זֶרַע קֹדֶשׁ לְכָל חֲשׂוּכֵי בָנִים, וְהַיּוֹשְׁבוֹת עַל הַמַּשְׁבֵּר
תּוֹצִיא אוֹתָן מֵאֲפֵלָה לְאוֹרָה, וְיֵצֵא הַוָּלָד בְּשָׁעָה טוֹבָה וְלֹא יֶאֱרַע שׁוּם
צַעַר וְשׁוּם נֶזֶק לֹא לְיוֹלְדוֹת וְלֹא לְיַלְדֵיהֶן, וְאַל יִמְשֹׁל אַסְכָּרָה וְשֵׁדִין
וְרוּחִין וְלִילִין לְכָל יַלְדֵי עַמְּךָ בֵּית יִשְׂרָאֵל, וּתְגַדְּלֵם לְתוֹרָתֶךָ וּלְמִצְוֹתֶיךָ
בְּחַיֵּי אֲבִיהֶם וְאִמָּם.

וּבְנֵי יִשְׂרָאֵל עַמְּךָ יוֹרְדֵי הַיָּם, פְּצֵם וְהַצִּילֵם מִמַּיִם רַבִּים, מִיַּד בְּנֵי נֵכָר, הַצִּילֵם
מִטִּיט וְאַל יִטְבָּעוּ, יִנָּצְלוּ מִשּׂנְאֵיהֶם וּמִמַּעֲמַקֵּי מָיִם. וּבְנֵי יִשְׂרָאֵל הַהוֹלְכִים

בַּיַּבָּשָׁה, הַדְרִיכֵם בְּדֶרֶךְ יְשָׁרָה לָלֶכֶת אֶל עִיר מוֹשָׁב, וְתַצִּילֵם מִכַּף כָּל אוֹיֵב
וְאוֹרֵב בַּדָּרֶךְ. וְכָל הָאֲסוּרִים בַּכֶּלֶא מֵעַמְּךָ יִשְׂרָאֵל, הַתֵּר מַאֲסְרֵיהֶם וְתוֹצִיאֵם
לִרְוָחָה, וְהָשֵׁב לְיִרְאָתְךָ כָּל הָאֲנוּסִים בְּיַד גֵּאִים, וְתָחֹן זְכוּת אָבוֹת לְהוֹצִיא
לָאוֹר מִשְׁפָּטֵנוּ, כָּתְבֵנוּ בְּסֵפֶר חַיִּים לְמַעַנְךָ אֱלֹהִים חַיִּים, וְהָאֵר פָּנֶיךָ עַל־ דניאל ט
מִקְדָּשְׁךָ הַשָּׁמֵם לְמַעַן אֲדֹנָי:

אֱלֹהֵינוּ וֵאלֹהֵי אֲבוֹתֵינוּ מֶלֶךְ רַחֲמָן רַחֵם עָלֵינוּ, טוֹב וּמֵטִיב הִדָּרֶשׁ לָנוּ, שׁוּבָה
אֵלֵינוּ בַּהֲמוֹן רַחֲמֶיךָ, בִּגְלַל אָבוֹת שֶׁעָשׂוּ רְצוֹנֶךָ. בְּנֵה בֵיתְךָ כְּבַתְּחִלָּה, וְכוֹנֵן
מִקְדָּשְׁךָ עַל מְכוֹנוֹ, וְהַרְאֵנוּ בְּבִנְיָנוֹ וְשַׂמְּחֵנוּ בְּתִקּוּנוֹ, וְהָשֵׁב כֹּהֲנִים לַעֲבוֹדָתָם,
וּלְוִיִּם לְשִׁירָם וּלְזִמְרָם, וְהָשֵׁב יִשְׂרָאֵל לִנְוֵיהֶם.

וּמָלְאָה הָאָרֶץ דֵּעָה אֶת יהוה, לְיִרְאָה וּלְאַהֲבָה אֶת שִׁמְךָ הַגָּדוֹל וְהַנּוֹרָא,
אָמֵן כֵּן יְהִי רָצוֹן.

כָּל־כְּלִי יוּצַר עָלַיִךְ לֹא יִצְלָח, וְכָל־לָשׁוֹן תָּקוּם־אִתָּךְ לַמִּשְׁפָּט תַּרְשִׁיעִי זֹאת ישעיה נד
נַחֲלַת עַבְדֵי יהוה וְצִדְקָתָם מֵאִתִּי נְאֻם־יהוה:

לֹא־יָרֵעוּ וְלֹא־יַשְׁחִיתוּ בְּכָל־הַר קָדְשִׁי תהלים יא
כִּי־מָלְאָה הָאָרֶץ דֵּעָה אֶת־יהוה, כַּמַּיִם לַיָּם מְכַסִּים:

יְהִי רָצוֹן מִלְּפָנֶיךָ, עַל יְדֵי הֶאָרַת תִּקּוּנִים, עַתִּיקָא קַדִּישָׁא דְעַתִּיקִין בִּזְעֵר
שֶׁבְּאַרִיךְ, יִכְבְּשׁוּ רַחֲמֶיךָ אֶת כַּעַסְךָ, וְיִגֹּלּוּ רַחֲמֶיךָ עַל מִדּוֹתֶיךָ, וְתִתְנַהֵג עִמָּנוּ
בְּמִדַּת הָרַחֲמִים, וְתִתֶּן לָנוּ חַיִּים אֲרוּכִים וְטוֹבִים בְּעִסְקֵי תוֹרָתֶךָ, וּלְקַיֵּם
מִצְוֹתֶיךָ וְלַעֲשׂוֹת רְצוֹנֶךָ, אָמֵן כֵּן יְהִי רָצוֹן.

שִׁיר הַמַּעֲלוֹת, מִמַּעֲמַקִּים קְרָאתִיךָ יהוה: אֲדֹנָי שִׁמְעָה בְקוֹלִי, תִּהְיֶינָה תהלים קל
אָזְנֶיךָ קַשֻּׁבוֹת לְקוֹל תַּחֲנוּנָי: אִם־עֲוֹנוֹת תִּשְׁמָר־יָהּ, אֲדֹנָי מִי יַעֲמֹד: כִּי־עִמְּךָ
הַסְּלִיחָה, לְמַעַן תִּוָּרֵא: קִוִּיתִי יהוה קִוְּתָה נַפְשִׁי, וְלִדְבָרוֹ הוֹחָלְתִּי: נַפְשִׁי
לַאדֹנָי, מִשֹּׁמְרִים לַבֹּקֶר, שֹׁמְרִים לַבֹּקֶר: יַחֵל יִשְׂרָאֵל אֶל־יהוה, כִּי־עִם־יהוה
הַחֶסֶד, וְהַרְבֵּה עִמּוֹ פְדוּת: וְהוּא יִפְדֶּה אֶת־יִשְׂרָאֵל, מִכֹּל עֲוֹנוֹתָיו:

אומרים את הפסוק הבא שבע פעמים:

לְעוֹלָם יהוה דְּבָרְךָ נִצָּב בַּשָּׁמָיִם: תהלים קיט

ערבית למוצאי ראש השנה

ערבית למוצאי ראש השנה

״וַיִּירְאוּ יֹשְׁבֵי קְצָוֹת מֵאוֹתֹתֶיךָ, מוֹצָאֵי־בֹקֶר וָעֶרֶב תַּרְנִין״ (תהלים סה, ט).

יש נוהגים לומר מזמור קלד ופסוקים אחריו כדי להגיע לקריאת שמע מתוך דברי תורה (פסקי ריא״ז ריש ברכות). בקהילות רבות מדלגים על ׳שִׁיר הַמַּעֲלוֹת׳ (וכן בכל מוצאי שבת או יום טוב), ומתחילים ׳וְהוּא רַחוּם׳ בעמוד הבא (ליקוטי מהרי״ח).

שִׁיר הַמַּעֲלוֹת, הִנֵּה בָּרְכוּ אֶת־יהוה כָּל־עַבְדֵי יהוה, הָעֹמְדִים בְּבֵית־יהוה תהלים קלד
בַּלֵּילוֹת: שְׂאוּ־יְדֵכֶם קֹדֶשׁ, וּבָרְכוּ אֶת־יהוה: יְבָרֶכְךָ יהוה מִצִּיּוֹן, עֹשֵׂה שָׁמַיִם
וָאָרֶץ:

אומרים כל פסוק שלוש פעמים:

יהוה צְבָאוֹת עִמָּנוּ, מִשְׂגָּב לָנוּ אֱלֹהֵי יַעֲקֹב סֶלָה: תהלים מו

יהוה צְבָאוֹת, אַשְׁרֵי אָדָם בֹּטֵחַ בָּךְ: תהלים פד

יהוה הוֹשִׁיעָה, הַמֶּלֶךְ יַעֲנֵנוּ בְיוֹם־קָרְאֵנוּ: תהלים כ

הוֹשִׁיעָה אֶת־עַמֶּךָ וּבָרֵךְ אֶת־נַחֲלָתֶךָ, וּרְעֵם וְנַשְּׂאֵם עַד־הָעוֹלָם: מִי יִתֵּן מִצִּיּוֹן תהלים כח תהלים יד
יְשׁוּעַת יִשְׂרָאֵל, בְּשׁוּב יהוה שְׁבוּת עַמּוֹ, יָגֵל יַעֲקֹב, יִשְׂמַח יִשְׂרָאֵל: בְּשָׁלוֹם תהלים ד
יַחְדָּו אֶשְׁכְּבָה וְאִישָׁן, כִּי־אַתָּה יהוה לְבָדָד, לָבֶטַח תּוֹשִׁיבֵנִי: יוֹמָם יְצַוֶּה יהוה תהלים מב
חַסְדּוֹ, וּבַלַּיְלָה שִׁירֹה עִמִּי, תְּפִלָּה לְאֵל חַיָּי: וּתְשׁוּעַת צַדִּיקִים מֵיהוה, מָעוּזָּם תהלים לז
בְּעֵת צָרָה: וַיַּעְזְרֵם יהוה וַיְפַלְּטֵם, יְפַלְּטֵם מֵרְשָׁעִים וְיוֹשִׁיעֵם כִּי־חָסוּ בוֹ:

האר״י הנהיג לומר חצי קדיש לפני תפילת ערבית. יש שכתבו לומר אותו אחרי ׳וְהוּא רַחוּם׳ (סידור בעל התניא, ׳אשל אברהם׳), ובסידורים של תלמידי האר״י הוא מובא לפני ׳וְהוּא רַחוּם׳.

חצי קדיש

ש״ץ: **יִתְגַּדַּל וְיִתְקַדַּשׁ שְׁמֵהּ רַבָּא** (קהל: אָמֵן)
בְּעָלְמָא דִּי בְרָא כִרְעוּתֵהּ
וְיַמְלִיךְ מַלְכוּתֵהּ וְיַצְמַח פֻּרְקָנֵהּ וִיקָרֵב מְשִׁיחֵהּ (קהל: אָמֵן)
בְּחַיֵּיכוֹן וּבְיוֹמֵיכוֹן וּבְחַיֵּי דְכָל בֵּית יִשְׂרָאֵל
בַּעֲגָלָא וּבִזְמַן קָרִיב, וְאִמְרוּ אָמֵן. (קהל: אָמֵן)

קהל וש״ץ: **יְהֵא שְׁמֵהּ רַבָּא מְבָרַךְ לְעָלַם וּלְעָלְמֵי עָלְמַיָּא.**

ש״ץ: **יִתְבָּרַךְ וְיִשְׁתַּבַּח וְיִתְפָּאַר וְיִתְרוֹמַם וְיִתְנַשֵּׂא**
וְיִתְהַדָּר וְיִתְעַלֶּה וְיִתְהַלָּל, שְׁמֵהּ דְּקֻדְשָׁא בְּרִיךְ הוּא (קהל: אָמֵן)
לְעֵלָּא לְעֵלָּא מִכָּל בִּרְכָתָא וְשִׁירָתָא, תֻּשְׁבְּחָתָא וְנֶחֱמָתָא
דַּאֲמִירָן בְּעָלְמָא, וְאִמְרוּ אָמֵן. (קהל: אָמֵן)

שליח הציבור אומר:

תהלים עח וְהוּא רַחוּם, יְכַפֵּר עָוֹן וְלֹא־יַשְׁחִית
וְהִרְבָּה לְהָשִׁיב אַפּוֹ, וְלֹא־יָעִיר כָּל־חֲמָתוֹ:

תהלים כ יהוה הוֹשִֽׁיעָה, הַמֶּֽלֶךְ יַעֲנֵֽנוּ בְיוֹם־קָרְאֵֽנוּ:

קריאת שמע וברכותיה

שליח הציבור כורע בתיבת 'בָּרְכוּ' וזוקף בשם.
הקהל כורע בתיבת 'בָּרוּךְ' וזוקף בשם. ושליח הציבור כורע שוב כאשר הוא חוזר אחריהם.

ש״ץ: בָּרְכוּ
אֶת יהוה הַמְבֹרָךְ.

קהל: בָּרוּךְ יהוה הַמְבֹרָךְ לְעוֹלָם וָעֶד.

ש״ץ: בָּרוּךְ יהוה הַמְבֹרָךְ לְעוֹלָם וָעֶד.

בָּרוּךְ אַתָּה יהוה אֱלֹהֵֽינוּ מֶֽלֶךְ הָעוֹלָם
אֲשֶׁר בִּדְבָרוֹ מַעֲרִיב עֲרָבִים, בְּחָכְמָה פּוֹתֵֽחַ שְׁעָרִים
וּבִתְבוּנָה מְשַׁנֶּה עִתִּים וּמַחֲלִיף אֶת הַזְּמַנִּים
וּמְסַדֵּר אֶת הַכּוֹכָבִים בְּמִשְׁמְרוֹתֵיהֶם בָּרָקִֽיעַ כִּרְצוֹנוֹ.
בּוֹרֵא יוֹם וָלָֽיְלָה, גּוֹלֵל אוֹר מִפְּנֵי חֹֽשֶׁךְ וְחֹֽשֶׁךְ מִפְּנֵי אוֹר
◂ וּמַעֲבִיר יוֹם וּמֵבִיא לָֽיְלָה
וּמַבְדִּיל בֵּין יוֹם וּבֵין לָֽיְלָה
יהוה צְבָאוֹת שְׁמוֹ.
אֵל חַי וְקַיָּם תָּמִיד, יִמְלֹךְ עָלֵֽינוּ לְעוֹלָם וָעֶד.
בָּרוּךְ אַתָּה יהוה, הַמַּעֲרִיב עֲרָבִים.

אַהֲבַת עוֹלָם בֵּית יִשְׂרָאֵל עַמְּךָ אָהָבְתָּ
תּוֹרָה וּמִצְוֹת, חֻקִּים וּמִשְׁפָּטִים, אוֹתָנוּ לִמַּדְתָּ
עַל כֵּן יהוה אֱלֹהֵינוּ
בְּשָׁכְבֵנוּ וּבְקוּמֵנוּ נָשִׂיחַ בְּחֻקֶּיךָ
וְנִשְׂמַח בְּדִבְרֵי תַלְמוּד תּוֹרָתֶךָ וּבְמִצְוֹתֶיךָ לְעוֹלָם וָעֶד
◄ כִּי הֵם חַיֵּינוּ וְאֹרֶךְ יָמֵינוּ
וּבָהֶם נֶהְגֶּה יוֹמָם וָלָיְלָה.
וְאַהֲבָתְךָ אַל תָּסִיר מִמֶּנּוּ לְעוֹלָמִים.
בָּרוּךְ אַתָּה יהוה, אוֹהֵב עַמּוֹ יִשְׂרָאֵל.

"יקרא קריאת שמע בכוונה – באימה, ביראה, ברתת וזיע" (שו"ע סא, א).

המתפלל ביחידות אומר:

אֵל מֶלֶךְ נֶאֱמָן

מכסה את עיניו בידו ואומר בכוונה ובקול רם:

דברים ו
שְׁמַע יִשְׂרָאֵל, יהוה אֱלֹהֵינוּ, יהוה ׀ אֶחָד:

בלחש: בָּרוּךְ שֵׁם כְּבוֹד מַלְכוּתוֹ לְעוֹלָם וָעֶד.

דברים ו
וְאָהַבְתָּ אֵת יהוה אֱלֹהֶיךָ, בְּכָל־לְבָבְךָ וּבְכָל־נַפְשְׁךָ וּבְכָל־
מְאֹדֶךָ: וְהָיוּ הַדְּבָרִים הָאֵלֶּה, אֲשֶׁר אָנֹכִי מְצַוְּךָ הַיּוֹם, עַל־לְבָבֶךָ:
וְשִׁנַּנְתָּם לְבָנֶיךָ וְדִבַּרְתָּ בָּם, בְּשִׁבְתְּךָ בְּבֵיתֶךָ וּבְלֶכְתְּךָ בַדֶּרֶךְ,
וּבְשָׁכְבְּךָ וּבְקוּמֶךָ: וּקְשַׁרְתָּם לְאוֹת עַל־יָדֶךָ, וְהָיוּ לְטֹטָפֹת בֵּין
עֵינֶיךָ: וּכְתַבְתָּם עַל־מְזֻזוֹת בֵּיתֶךָ וּבִשְׁעָרֶיךָ:

דברים יא
וְהָיָה אִם־שָׁמֹעַ תִּשְׁמְעוּ אֶל־מִצְוֹתַי אֲשֶׁר אָנֹכִי מְצַוֶּה אֶתְכֶם
הַיּוֹם, לְאַהֲבָה אֶת־יהוה אֱלֹהֵיכֶם וּלְעָבְדוֹ, בְּכָל־לְבַבְכֶם וּבְכָל־

נַפְשְׁכֶם: וְנָתַתִּי מְטַר־אַרְצְכֶם בְּעִתּוֹ, יוֹרֶה וּמַלְקוֹשׁ, וְאָסַפְתָּ
דְגָנֶךָ וְתִירֹשְׁךָ וְיִצְהָרֶךָ: וְנָתַתִּי עֵשֶׂב בְּשָׂדְךָ לִבְהֶמְתֶּךָ, וְאָכַלְתָּ
וְשָׂבָעְתָּ: הִשָּׁמְרוּ לָכֶם פֶּן־יִפְתֶּה לְבַבְכֶם, וְסַרְתֶּם וַעֲבַדְתֶּם
אֱלֹהִים אֲחֵרִים וְהִשְׁתַּחֲוִיתֶם לָהֶם: וְחָרָה אַף־יהוה בָּכֶם, וְעָצַר
אֶת־הַשָּׁמַיִם וְלֹא־יִהְיֶה מָטָר, וְהָאֲדָמָה לֹא תִתֵּן אֶת־יְבוּלָהּ,
וַאֲבַדְתֶּם מְהֵרָה מֵעַל הָאָרֶץ הַטֹּבָה אֲשֶׁר יהוה נֹתֵן לָכֶם:
וְשַׂמְתֶּם אֶת־דְּבָרַי אֵלֶּה עַל־לְבַבְכֶם וְעַל־נַפְשְׁכֶם, וּקְשַׁרְתֶּם
אֹתָם לְאוֹת עַל־יֶדְכֶם, וְהָיוּ לְטוֹטָפֹת בֵּין עֵינֵיכֶם: וְלִמַּדְתֶּם
אֹתָם אֶת־בְּנֵיכֶם לְדַבֵּר בָּם, בְּשִׁבְתְּךָ בְּבֵיתֶךָ וּבְלֶכְתְּךָ בַדֶּרֶךְ,
וּבְשָׁכְבְּךָ וּבְקוּמֶךָ: וּכְתַבְתָּם עַל־מְזוּזוֹת בֵּיתֶךָ וּבִשְׁעָרֶיךָ: לְמַעַן
יִרְבּוּ יְמֵיכֶם וִימֵי בְנֵיכֶם עַל הָאֲדָמָה אֲשֶׁר נִשְׁבַּע יהוה לַאֲבֹתֵיכֶם
לָתֵת לָהֶם, כִּימֵי הַשָּׁמַיִם עַל־הָאָרֶץ:

במדבר טו
וַיֹּאמֶר יהוה אֶל־מֹשֶׁה לֵּאמֹר: דַּבֵּר אֶל־בְּנֵי יִשְׂרָאֵל וְאָמַרְתָּ
אֲלֵהֶם, וְעָשׂוּ לָהֶם צִיצִת עַל־כַּנְפֵי בִגְדֵיהֶם לְדֹרֹתָם, וְנָתְנוּ
עַל־צִיצִת הַכָּנָף פְּתִיל תְּכֵלֶת: וְהָיָה לָכֶם לְצִיצִת, וּרְאִיתֶם אֹתוֹ
וּזְכַרְתֶּם אֶת־כָּל־מִצְוֹת יהוה וַעֲשִׂיתֶם אֹתָם, וְלֹא תָתוּרוּ אַחֲרֵי
לְבַבְכֶם וְאַחֲרֵי עֵינֵיכֶם, אֲשֶׁר־אַתֶּם זֹנִים אַחֲרֵיהֶם: לְמַעַן תִּזְכְּרוּ
וַעֲשִׂיתֶם אֶת־כָּל־מִצְוֹתָי, וִהְיִיתֶם קְדֹשִׁים לֵאלֹהֵיכֶם: אֲנִי יהוה
אֱלֹהֵיכֶם, אֲשֶׁר הוֹצֵאתִי אֶתְכֶם מֵאֶרֶץ מִצְרַיִם, לִהְיוֹת לָכֶם
לֵאלֹהִים, אֲנִי יהוה אֱלֹהֵיכֶם:

אֱמֶת

שליח הציבור חוזר ואומר:

◄ יהוה אֱלֹהֵיכֶם אֱמֶת

וֶאֱמוּנָה כָּל זֹאת וְקַיָּם עָלֵינוּ
כִּי הוּא יהוה אֱלֹהֵינוּ וְאֵין זוּלָתוֹ, וַאֲנַחְנוּ יִשְׂרָאֵל עַמּוֹ.
הַפּוֹדֵנוּ מִיַּד מְלָכִים
מַלְכֵּנוּ הַגּוֹאֲלֵנוּ מִכַּף כָּל הֶעָרִיצִים.
הָאֵל הַנִּפְרָע לָנוּ מִצָּרֵינוּ
הַמְשַׁלֵּם גְּמוּל לְכָל אוֹיְבֵי נַפְשֵׁנוּ.
הָעוֹשֶׂה גְדוֹלוֹת עַד אֵין חֵקֶר
נִסִּים וְנִפְלָאוֹת עַד אֵין מִסְפָּר.
הַשָּׂם נַפְשֵׁנוּ בַּחַיִּים, וְלֹא־נָתַן לַמּוֹט רַגְלֵנוּ: תהלים סו
הַמַּדְרִיכֵנוּ עַל בָּמוֹת אוֹיְבֵינוּ
וַיָּרֶם קַרְנֵנוּ עַל כָּל שׂוֹנְאֵינוּ.
הָעוֹשֶׂה לָּנוּ נִסִּים וּנְקָמָה בְּפַרְעֹה
אוֹתוֹת וּמוֹפְתִים בְּאַדְמַת בְּנֵי חָם.
הַמַּכֶּה בְעֶבְרָתוֹ כָּל בְּכוֹרֵי מִצְרָיִם
וַיּוֹצֵא אֶת עַמּוֹ יִשְׂרָאֵל מִתּוֹכָם לְחֵרוּת עוֹלָם.
הַמַּעֲבִיר בָּנָיו בֵּין גִּזְרֵי יַם סוּף
אֶת רוֹדְפֵיהֶם וְאֶת שׂוֹנְאֵיהֶם בִּתְהוֹמוֹת טִבַּע
וְרָאוּ בָנָיו גְּבוּרָתוֹ, שִׁבְּחוּ וְהוֹדוּ לִשְׁמוֹ
◂ וּמַלְכוּתוֹ בְּרָצוֹן קִבְּלוּ עֲלֵיהֶם.
מֹשֶׁה וּבְנֵי יִשְׂרָאֵל, לְךָ עָנוּ שִׁירָה בְּשִׂמְחָה רַבָּה
וְאָמְרוּ כֻלָּם
מִי־כָמֹכָה בָּאֵלִם יהוה שמות טו
מִי כָּמֹכָה נֶאְדָּר בַּקֹּדֶשׁ
נוֹרָא תְהִלֹּת עֹשֵׂה פֶלֶא:

◂ מַלְכוּתְךָ רָאוּ בָנֶיךָ, בּוֹקֵעַ יָם לִפְנֵי מֹשֶׁה
זֶה אֵלִי עָנוּ, וְאָמְרוּ
שמות טו יהוה יִמְלֹךְ לְעֹלָם וָעֶד:
◂ וְנֶאֱמַר
ירמיה לא כִּי־פָדָה יהוה אֶת־יַעֲקֹב, וּגְאָלוֹ מִיַּד חָזָק מִמֶּנּוּ:
בָּרוּךְ אַתָּה יהוה, גָּאַל יִשְׂרָאֵל.

הַשְׁכִּיבֵנוּ יהוה אֱלֹהֵינוּ לְשָׁלוֹם
וְהַעֲמִידֵנוּ מַלְכֵּנוּ לְחַיִּים טוֹבִים וּלְשָׁלוֹם
וּפְרֹשׂ עָלֵינוּ סֻכַּת שְׁלוֹמֶךָ, וְתַקְּנֵנוּ בְּעֵצָה טוֹבָה מִלְּפָנֶיךָ
וְהוֹשִׁיעֵנוּ מְהֵרָה לְמַעַן שְׁמֶךָ.
וְהָגֵן בַּעֲדֵנוּ
וְהָסֵר מֵעָלֵינוּ אוֹיֵב, דֶּבֶר וְחֶרֶב וְרָעָב וְיָגוֹן
וְהָסֵר שָׂטָן מִלְּפָנֵינוּ וּמֵאַחֲרֵינוּ, וּבְצֵל כְּנָפֶיךָ תַּסְתִּירֵנוּ.
כִּי אֵל שׁוֹמְרֵנוּ וּמַצִּילֵנוּ אָתָּה
כִּי אֵל מֶלֶךְ חַנּוּן וְרַחוּם אָתָּה.
◂ וּשְׁמֹר צֵאתֵנוּ וּבוֹאֵנוּ לְחַיִּים וּלְשָׁלוֹם מֵעַתָּה וְעַד עוֹלָם.
בָּרוּךְ אַתָּה יהוה, שׁוֹמֵר עַמּוֹ יִשְׂרָאֵל לָעַד.

ברוב הקהילות ממשיכים את התפילה בחצי קדיש בעמ׳ 416.
בחו״ל יש הנוהגים להוסיף:

תהלים פט בָּרוּךְ יהוה לְעוֹלָם, אָמֵן וְאָמֵן:
תהלים קלה בָּרוּךְ יהוה מִצִּיּוֹן, שֹׁכֵן יְרוּשָׁלָםִ, הַלְלוּיָהּ:
תהלים עב בָּרוּךְ יהוה אֱלֹהִים אֱלֹהֵי יִשְׂרָאֵל, עֹשֵׂה נִפְלָאוֹת לְבַדּוֹ:
וּבָרוּךְ שֵׁם כְּבוֹדוֹ לְעוֹלָם
וְיִמָּלֵא כְבוֹדוֹ אֶת־כָּל־הָאָרֶץ, אָמֵן וְאָמֵן:
תהלים קד יְהִי כְבוֹד יהוה לְעוֹלָם, יִשְׂמַח יהוה בְּמַעֲשָׂיו:
תהלים קיג יְהִי שֵׁם יהוה מְבֹרָךְ מֵעַתָּה וְעַד־עוֹלָם:

כִּי לֹא־יִטֹּשׁ יהוה אֶת־עַמּוֹ בַּעֲבוּר שְׁמוֹ הַגָּדוֹל שמואל א׳ יב
כִּי הוֹאִיל יהוה לַעֲשׂוֹת אֶתְכֶם לוֹ לְעָם:
וַיַּרְא כָּל־הָעָם וַיִּפְּלוּ עַל־פְּנֵיהֶם מלכים א׳ יח
וַיֹּאמְרוּ, יהוה הוּא הָאֱלֹהִים, יהוה הוּא הָאֱלֹהִים:
וְהָיָה יהוה לְמֶלֶךְ עַל־כָּל־הָאָרֶץ זכריה יד
בַּיּוֹם הַהוּא יִהְיֶה יהוה אֶחָד וּשְׁמוֹ אֶחָד:
יְהִי־חַסְדְּךָ יהוה עָלֵינוּ, כַּאֲשֶׁר יִחַלְנוּ לָךְ: תהלים לג
הוֹשִׁיעֵנוּ יהוה אֱלֹהֵינוּ, וְקַבְּצֵנוּ מִן־הַגּוֹיִם תהלים קו
לְהוֹדוֹת לְשֵׁם קָדְשֶׁךָ, לְהִשְׁתַּבֵּחַ בִּתְהִלָּתֶךָ:
כָּל־גּוֹיִם אֲשֶׁר עָשִׂיתָ, יָבוֹאוּ וְיִשְׁתַּחֲווּ לְפָנֶיךָ, אֲדֹנָי תהלים פו
וִיכַבְּדוּ לִשְׁמֶךָ:
כִּי־גָדוֹל אַתָּה וְעֹשֵׂה נִפְלָאוֹת, אַתָּה אֱלֹהִים לְבַדֶּךָ:
וַאֲנַחְנוּ עַמְּךָ וְצֹאן מַרְעִיתֶךָ, נוֹדֶה לְּךָ לְעוֹלָם תהלים עט
לְדוֹר וָדֹר נְסַפֵּר תְּהִלָּתֶךָ:

בָּרוּךְ יהוה בַּיּוֹם, בָּרוּךְ יהוה בַּלָּיְלָה
בָּרוּךְ יהוה בְּשָׁכְבֵנוּ, בָּרוּךְ יהוה בְּקוּמֵנוּ.
כִּי בְיָדְךָ נַפְשׁוֹת הַחַיִּים וְהַמֵּתִים.
אֲשֶׁר בְּיָדוֹ נֶפֶשׁ כָּל־חָי, וְרוּחַ כָּל־בְּשַׂר־אִישׁ: איוב יב
בְּיָדְךָ אַפְקִיד רוּחִי, פָּדִיתָה אוֹתִי יהוה אֵל אֱמֶת: תהלים לא
אֱלֹהֵינוּ שֶׁבַּשָּׁמַיִם, יַחֵד שִׁמְךָ וְקַיֵּם מַלְכוּתְךָ תָּמִיד
וּמְלֹךְ עָלֵינוּ לְעוֹלָם וָעֶד.

יִרְאוּ עֵינֵינוּ וְיִשְׂמַח לִבֵּנוּ, וְתָגֵל נַפְשֵׁנוּ בִּישׁוּעָתְךָ בֶּאֱמֶת
בֶּאֱמֹר לְצִיּוֹן מָלַךְ אֱלֹהָיִךְ: ישעיה נב
יהוה מֶלֶךְ, יהוה מָלָךְ, יהוה יִמְלֹךְ לְעֹלָם וָעֶד.
◂ כִּי הַמַּלְכוּת שֶׁלְּךָ הִיא, וּלְעוֹלְמֵי עַד תִּמְלֹךְ בְּכָבוֹד
כִּי אֵין לָנוּ מֶלֶךְ אֶלָּא אָתָּה.
בָּרוּךְ אַתָּה יהוה, הַמֶּלֶךְ בִּכְבוֹדוֹ תָּמִיד, יִמְלֹךְ עָלֵינוּ לְעוֹלָם וָעֶד
וְעַל כָּל מַעֲשָׂיו.

חצי קדיש

ש״ץ: יִתְגַּדַּל וְיִתְקַדַּשׁ שְׁמֵהּ רַבָּא (קהל: אָמֵן)
בְּעָלְמָא דִּי בְרָא כִרְעוּתֵהּ
וְיַמְלִיךְ מַלְכוּתֵהּ
וְיַצְמַח פֻּרְקָנֵהּ וִיקָרֵב מְשִׁיחֵהּ (קהל: אָמֵן)
בְּחַיֵּיכוֹן וּבְיוֹמֵיכוֹן וּבְחַיֵּי דְכָל בֵּית יִשְׂרָאֵל
בַּעֲגָלָא וּבִזְמַן קָרִיב, וְאִמְרוּ אָמֵן. (קהל: אָמֵן)

קהל וש״ץ: יְהֵא שְׁמֵהּ רַבָּא מְבָרַךְ לְעָלַם וּלְעָלְמֵי עָלְמַיָּא.

ש״ץ: יִתְבָּרַךְ וְיִשְׁתַּבַּח וְיִתְפָּאַר וְיִתְרוֹמַם וְיִתְנַשֵּׂא
וְיִתְהַדָּר וְיִתְעַלֶּה וְיִתְהַלָּל
שְׁמֵהּ דְּקֻדְשָׁא בְּרִיךְ הוּא (קהל: אָמֵן)
לְעֵלָּא לְעֵלָּא מִכָּל בִּרְכָתָא וְשִׁירָתָא, תֻּשְׁבְּחָתָא וְנֶחֱמָתָא
דַּאֲמִירָן בְּעָלְמָא, וְאִמְרוּ אָמֵן. (קהל: אָמֵן)

עמידה

״המתפלל צריך שיכוין בלבו פירוש המלות שמוציא בשפתיו; ויחשוב כאלו שכינה כנגדו ויסיר כל המחשבות הטורדות אותו עד שתשאר מחשבתו וכוונתו זכה בתפלתו״ (שו״ע צח, א).

פוסע שלוש פסיעות לפנים כמי שנכנס לפני המלך.
עומד ומתפלל בלחש מכאן ועד ׳וּכְשָׁנִים קַדְמֹנִיּוֹת׳ בעמ׳ 424.

כורע במקומות המסומנים ב°, קד לפנים במילה הבאה וזוקף בשם.

תהלים נא: אֲדֹנָי, שְׂפָתַי תִּפְתָּח, וּפִי יַגִּיד תְּהִלָּתֶךָ:

אבות

°בָּרוּךְ אַתָּה יהוה, אֱלֹהֵינוּ וֵאלֹהֵי אֲבוֹתֵינוּ
אֱלֹהֵי אַבְרָהָם, אֱלֹהֵי יִצְחָק, וֵאלֹהֵי יַעֲקֹב
הָאֵל הַגָּדוֹל הַגִּבּוֹר וְהַנּוֹרָא, אֵל עֶלְיוֹן
גּוֹמֵל חֲסָדִים טוֹבִים, קוֹנֵה הַכֹּל
וְזוֹכֵר חַסְדֵי אָבוֹת
וּמֵבִיא גוֹאֵל לִבְנֵי בְנֵיהֶם לְמַעַן שְׁמוֹ בְּאַהֲבָה.

זׇכְרֵנוּ לְחַיִּים, מֶלֶךְ חָפֵץ בַּחַיִּים
וְכׇתְבֵנוּ בְּסֵפֶר הַחַיִּים, לְמַעַנְךָ אֱלֹהִים חַיִּים.
מֶלֶךְ עוֹזֵר וּמוֹשִׁיעַ וּמָגֵן.
ˈבָּרוּךְ אַתָּה יהוה, מָגֵן אַבְרָהָם.

אם שכח לומר ׳זׇכְרֵנוּ לְחַיִּים׳, אינו חוזר.

גבורות

אַתָּה גִּבּוֹר לְעוֹלָם, אֲדֹנָי
מְחַיֵּה מֵתִים אַתָּה, רַב לְהוֹשִׁיעַ

בארץ ישראל: מוֹרִיד הַטָּל

מְכַלְכֵּל חַיִּים בְּחֶסֶד, מְחַיֵּה מֵתִים בְּרַחֲמִים רַבִּים
סוֹמֵךְ נוֹפְלִים, וְרוֹפֵא חוֹלִים, וּמַתִּיר אֲסוּרִים
וּמְקַיֵּם אֱמוּנָתוֹ לִישֵׁנֵי עָפָר.
מִי כָמְוֹךָ, בַּעַל גְּבוּרוֹת, וּמִי דּוֹמֶה לָּךְ
מֶלֶךְ, מֵמִית וּמְחַיֶּה וּמַצְמִיחַ יְשׁוּעָה.

מִי כָמְוֹךָ אַב הָרַחֲמָן, זוֹכֵר יְצוּרָיו לְחַיִּים בְּרַחֲמִים.
וְנֶאֱמָן אַתָּה לְהַחֲיוֹת מֵתִים.
בָּרוּךְ אַתָּה יהוה, מְחַיֵּה הַמֵּתִים.

אם שכח לומר ׳מִי כָמְוֹךָ אַב הָרַחֲמָן׳, אינו חוזר.

קדושת השם

אַתָּה קָדוֹשׁ וְשִׁמְךָ קָדוֹשׁ
וּקְדוֹשִׁים בְּכׇל יוֹם יְהַלְלְוּךָ סֶּלָה
כִּי אֵל מֶלֶךְ גָּדוֹל וְקָדוֹשׁ אָתָּה.
בָּרוּךְ אַתָּה יהוה, הַמֶּלֶךְ הַקָּדוֹשׁ.

אם חתם ׳הָאֵל הַקָּדוֹשׁ׳ כברוב ימות השנה, חוזר לראש.

דעת

אַתָּה חוֹנֵן לְאָדָם דַּעַת, וּמְלַמֵּד לֶאֱנוֹשׁ בִּינָה.
אַתָּה חוֹנַנְתָּנוּ לְמַדַּע תּוֹרָתֶךָ, וַתְּלַמְּדֵנוּ לַעֲשׂוֹת חֻקֵּי רְצוֹנֶךָ
וַתַּבְדֵּל יהוה אֱלֹהֵינוּ בֵּין קֹדֶשׁ לְחֹל, בֵּין אוֹר לְחֹשֶׁךְ
בֵּין יִשְׂרָאֵל לָעַמִּים, בֵּין יוֹם הַשְּׁבִיעִי לְשֵׁשֶׁת יְמֵי הַמַּעֲשֶׂה.
אָבִינוּ מַלְכֵּנוּ, הָחֵל עָלֵינוּ הַיָּמִים הַבָּאִים לִקְרָאתֵנוּ לְשָׁלוֹם
חֲשׂוּכִים מִכָּל חֵטְא וּמְנֻקִּים מִכָּל עָוֹן וּמְדֻבָּקִים בְּיִרְאָתֶךָ.
וְחָנֵּנוּ מֵאִתְּךָ חָכְמָה בִּינָה וָדָעַת.
בָּרוּךְ אַתָּה יהוה, חוֹנֵן הַדָּעַת.

תשובה

הֲשִׁיבֵנוּ אָבִינוּ לְתוֹרָתֶךָ, וְקָרְבֵנוּ מַלְכֵּנוּ לַעֲבוֹדָתֶךָ
וְהַחֲזִירֵנוּ בִּתְשׁוּבָה שְׁלֵמָה לְפָנֶיךָ.
בָּרוּךְ אַתָּה יהוה, הָרוֹצֶה בִּתְשׁוּבָה.

סליחה

נוהגים להכות כנגד הלב במקומות המסומנים ב°.

סְלַח לָנוּ אָבִינוּ כִּי °חָטָאנוּ
מְחַל לָנוּ מַלְכֵּנוּ כִּי °פָשָׁעְנוּ
כִּי אֵל טוֹב וְסַלָּח אָתָּה.
בָּרוּךְ אַתָּה יהוה, חַנּוּן הַמַּרְבֶּה לִסְלֹחַ.

גאולה

רְאֵה נָא בְעָנְיֵנוּ, וְרִיבָה רִיבֵנוּ
וּגְאָלֵנוּ גְּאֻלָּה שְׁלֵמָה מְהֵרָה לְמַעַן שְׁמֶךָ
כִּי אֵל גּוֹאֵל חָזָק אָתָּה.
בָּרוּךְ אַתָּה יהוה, גּוֹאֵל יִשְׂרָאֵל.

רפואה

רְפָאֵנוּ יהוה וְנֵרָפֵא, הוֹשִׁיעֵנוּ וְנִוָּשֵׁעָה
כִּי תְהִלָּתֵנוּ אָתָּה
וְהַעֲלֵה אֲרוּכָה וּמַרְפֵּא לְכָל תַּחֲלוּאֵינוּ וּלְכָל מַכְאוֹבֵינוּ
רְפוּאָה שְׁלֵמָה לְכָל מַכּוֹתֵינוּ

המתפלל על חולה מוסיף:

יְהִי רָצוֹן מִלְּפָנֶיךָ יהוה אֱלֹהַי וֵאלֹהֵי אֲבוֹתַי, שֶׁתִּשְׁלַח מְהֵרָה רְפוּאָה שְׁלֵמָה מִן הַשָּׁמַיִם, רְפוּאַת הַנֶּפֶשׁ וּרְפוּאַת הַגּוּף, לַחוֹלֶה/לַחוֹלָה פלוני/ת בֶּן/בַּת פלונית בְּתוֹךְ שְׁאָר חוֹלֵי יִשְׂרָאֵל.

כִּי אֵל מֶלֶךְ רוֹפֵא נֶאֱמָן וְרַחֲמָן אָתָּה.
בָּרוּךְ אַתָּה יהוה, רוֹפֵא חוֹלֵי עַמּוֹ יִשְׂרָאֵל.

ברכת השנים

בָּרֵךְ עָלֵינוּ יהוה אֱלֹהֵינוּ אֶת הַשָּׁנָה הַזֹּאת
וְאֶת כָּל מִינֵי תְבוּאָתָהּ, לְטוֹבָה
וְתֵן בְּרָכָה עַל פְּנֵי הָאֲדָמָה
וְשַׂבְּעֵנוּ מִטּוּבָהּ
וּבָרֵךְ שְׁנָתֵנוּ כַּשָּׁנִים הַטּוֹבוֹת לִבְרָכָה
כִּי אֵל טוֹב וּמֵטִיב אַתָּה, וּמְבָרֵךְ הַשָּׁנִים.
בָּרוּךְ אַתָּה יהוה, מְבָרֵךְ הַשָּׁנִים.

קיבוץ גלויות

תְּקַע בְּשׁוֹפָר גָּדוֹל לְחֵרוּתֵנוּ
וְשָׂא נֵס לְקַבֵּץ גָּלֻיּוֹתֵינוּ
וְקַבְּצֵנוּ יַחַד מְהֵרָה מֵאַרְבַּע כַּנְפוֹת הָאָרֶץ לְאַרְצֵנוּ.
בָּרוּךְ אַתָּה יהוה, מְקַבֵּץ נִדְחֵי עַמּוֹ יִשְׂרָאֵל.

השבת המשפט

הָשִׁיבָה שׁוֹפְטֵינוּ כְּבָרִאשׁוֹנָה, וְיוֹעֲצֵינוּ כְּבַתְּחִלָּה
וְהָסֵר מִמֶּנּוּ יָגוֹן וַאֲנָחָה
וּמְלֹךְ עָלֵינוּ מְהֵרָה אַתָּה יהוה לְבַדְּךָ
בְּחֶסֶד וּבְרַחֲמִים
בְּצֶדֶק וּבְמִשְׁפָּט.
בָּרוּךְ אַתָּה יהוה, הַמֶּלֶךְ הַמִּשְׁפָּט.

אם חתם ׳מֶלֶךְ אוֹהֵב צְדָקָה וּמִשְׁפָּט׳ כברוב ימות השנה, אינו חוזר.

ברכת המינים

וְלַמַּלְשִׁינִים אַל תְּהִי תִקְוָה, וְכָל הַמִּינִים כְּרֶגַע יֹאבֵדוּ
וְכָל אוֹיְבֵי עַמְּךָ מְהֵרָה יִכָּרֵתוּ
וְהַזֵּדִים מְהֵרָה תְעַקֵּר וּתְשַׁבֵּר וּתְמַגֵּר
וּתְכַלֵּם וְתַשְׁפִּילֵם וְתַכְנִיעֵם בִּמְהֵרָה בְיָמֵינוּ.
בָּרוּךְ אַתָּה יהוה, שׁוֹבֵר אוֹיְבִים וּמַכְנִיעַ זֵדִים.

על הצדיקים

עַל הַצַּדִּיקִים וְעַל הַחֲסִידִים
וְעַל זִקְנֵי שְׁאֵרִית עַמְּךָ בֵּית יִשְׂרָאֵל
וְעַל פְּלֵיטַת בֵּית סוֹפְרֵיהֶם
וְעַל גֵּרֵי הַצֶּדֶק, וְעָלֵינוּ
יֶהֱמוּ נָא רַחֲמֶיךָ, יהוה אֱלֹהֵינוּ
וְתֵן שָׂכָר טוֹב לְכָל הַבּוֹטְחִים בְּשִׁמְךָ בֶּאֱמֶת
וְשִׂים חֶלְקֵנוּ עִמָּהֶם
וּלְעוֹלָם לֹא נֵבוֹשׁ, כִּי בְךָ בָטָחְנוּ
וְעַל חַסְדְּךָ הַגָּדוֹל בֶּאֱמֶת נִשְׁעָנְנוּ.
בָּרוּךְ אַתָּה יהוה, מִשְׁעָן וּמִבְטָח לַצַּדִּיקִים.

בניין ירושלים

וְלִירוּשָׁלַיִם עִירְךָ בְּרַחֲמִים תָּשׁוּב, וְתִשְׁכֹּן בְּתוֹכָהּ כַּאֲשֶׁר דִּבַּרְתָּ

וּבְנֵה אוֹתָהּ בְּקָרוֹב בְּיָמֵינוּ בִּנְיַן עוֹלָם

וְכִסֵּא דָוִד עַבְדְּךָ מְהֵרָה לְתוֹכָהּ תָּכִין.

בָּרוּךְ אַתָּה יהוה, בּוֹנֵה יְרוּשָׁלָיִם.

מלכות בית דוד

אֶת צֶמַח דָּוִד עַבְדְּךָ מְהֵרָה תַצְמִיחַ, וְקַרְנוֹ תָּרוּם בִּישׁוּעָתֶךָ

כִּי לִישׁוּעָתְךָ קִוִּינוּ כָּל הַיּוֹם.

בָּרוּךְ אַתָּה יהוה, מַצְמִיחַ קֶרֶן יְשׁוּעָה.

שומע תפילה

אָב הָרַחֲמָן

שְׁמַע קוֹלֵנוּ יהוה אֱלֹהֵינוּ

חוּס וְרַחֵם עָלֵינוּ, וְקַבֵּל בְּרַחֲמִים וּבְרָצוֹן אֶת תְּפִלָּתֵנוּ

כִּי אֵל שׁוֹמֵעַ תְּפִלּוֹת וְתַחֲנוּנִים אָתָּה

וּמִלְּפָנֶיךָ מַלְכֵּנוּ רֵיקָם אַל תְּשִׁיבֵנוּ

חָנֵּנוּ וַעֲנֵנוּ וּשְׁמַע תְּפִלָּתֵנוּ, כִּי אַתָּה שׁוֹמֵעַ תְּפִלַּת כָּל פֶּה.

בָּרוּךְ אַתָּה יהוה, שׁוֹמֵעַ תְּפִלָּה.

עבודה

רְצֵה יהוה אֱלֹהֵינוּ בְּעַמְּךָ יִשְׂרָאֵל, וְלִתְפִלָּתָם שְׁעֵה

וְהָשֵׁב אֶת הָעֲבוֹדָה לִדְבִיר בֵּיתֶךָ

וְאִשֵּׁי יִשְׂרָאֵל וּתְפִלָּתָם, מְהֵרָה בְּאַהֲבָה תְקַבֵּל בְּרָצוֹן

וּתְהִי לְרָצוֹן תָּמִיד עֲבוֹדַת יִשְׂרָאֵל עַמֶּךָ.

וְתֶחֱזֶינָה עֵינֵינוּ בְּשׁוּבְךָ לְצִיּוֹן בְּרַחֲמִים.

בָּרוּךְ אַתָּה יהוה, הַמַּחֲזִיר שְׁכִינָתוֹ לְצִיּוֹן.

הודאה

כורע ב׳מוֹדִים׳ ואינו זוקף עד אמירת השם (סידור השל״ה).

מוֹדִים אֲנַחְנוּ לָךְ
שָׁאַתָּה הוּא יהוה אֱלֹהֵינוּ וֵאלֹהֵי אֲבוֹתֵינוּ לְעוֹלָם וָעֶד.
צוּר חַיֵּינוּ, מָגֵן יִשְׁעֵנוּ אַתָּה הוּא לְדוֹר וָדוֹר.
נוֹדֶה לְּךָ וּנְסַפֵּר תְּהִלָּתֶךָ, עַל חַיֵּינוּ הַמְּסוּרִים בְּיָדֶךָ
וְעַל נִשְׁמוֹתֵינוּ הַפְּקוּדוֹת לָךְ, וְעַל נִסֶּיךָ שֶׁבְּכָל יוֹם עִמָּנוּ
וְעַל נִפְלְאוֹתֶיךָ וְטוֹבוֹתֶיךָ, שֶׁבְּכָל עֵת, עֶרֶב וָבֹקֶר וְצָהֳרָיִם.
הַטּוֹב, כִּי לֹא כָלוּ רַחֲמֶיךָ
וְהַמְרַחֵם, כִּי לֹא תַמּוּ חֲסָדֶיךָ
כִּי מֵעוֹלָם קִוִּינוּ לָךְ.
וְעַל כֻּלָּם יִתְבָּרַךְ וְיִתְרוֹמַם וְיִתְנַשֵּׂא שִׁמְךָ מַלְכֵּנוּ
תָּמִיד לְעוֹלָם וָעֶד.

וּכְתֹב לְחַיִּים טוֹבִים כָּל בְּנֵי בְרִיתֶךָ.

וְכֹל הַחַיִּים יוֹדְוּךָ סֶּלָה
וִיהַלְלוּ וִיבָרְכוּ אֶת שִׁמְךָ הַגָּדוֹל בֶּאֱמֶת לְעוֹלָם כִּי טוֹב
הָאֵל יְשׁוּעָתֵנוּ וְעֶזְרָתֵנוּ סֶלָה, הָאֵל הַטּוֹב.
בָּרוּךְ אַתָּה יהוה, הַטּוֹב שִׁמְךָ וּלְךָ נָאֶה לְהוֹדוֹת.

אם שכח לומר ׳וּכְתֹב לְחַיִּים טוֹבִים׳, אינו חוזר.

שלום

יש אומרים ׳שִׂים שָׁלוֹם׳ (עמ׳ 393).

שָׁלוֹם רָב עַל יִשְׂרָאֵל עַמְּךָ תָּשִׂים לְעוֹלָם
כִּי אַתָּה הוּא מֶלֶךְ אָדוֹן לְכָל הַשָּׁלוֹם.
וְטוֹב יִהְיֶה בְּעֵינֶיךָ לְבָרְכֵנוּ, וּלְבָרֵךְ אֶת כָּל עַמְּךָ יִשְׂרָאֵל
בְּכָל עֵת וּבְכָל שָׁעָה בִּשְׁלוֹמֶךָ.

בְּסֵפֶר חַיִּים, בְּרָכָה וְשָׁלוֹם, וּפַרְנָסָה טוֹבָה
וּגְזֵרוֹת טוֹבוֹת, יְשׁוּעוֹת וְנֶחָמוֹת
נִזָּכֵר וְנִכָּתֵב לְפָנֶיךָ אֲנַחְנוּ וְכָל עַמְּךָ בֵּית יִשְׂרָאֵל
לְחַיִּים טוֹבִים וּלְשָׁלוֹם.
בָּרוּךְ אַתָּה יהוה, הַמְבָרֵךְ אֶת עַמּוֹ יִשְׂרָאֵל בַּשָּׁלוֹם.

אם שכח לומר ׳בְּסֵפֶר חַיִּים׳, אינו חוזר.

יש מוסיפים

יִהְיוּ לְרָצוֹן אִמְרֵי פִי וְהֶגְיוֹן לִבִּי לְפָנֶיךָ, יהוה צוּרִי וְגוֹאֲלִי: תהלים יט

אֱלֹהַי ברכות יז.
נְצֹר לְשׁוֹנִי מֵרָע וּשְׂפָתַי מִדַּבֵּר מִרְמָה
וְלִמְקַלְלַי נַפְשִׁי תִדֹּם, וְנַפְשִׁי כֶּעָפָר לַכֹּל תִּהְיֶה.
פְּתַח לִבִּי בְּתוֹרָתֶךָ וְאַחֲרֵי מִצְוֹתֶיךָ תִּרְדֹּף נַפְשִׁי.
וְכָל הַקָּמִים וְהַחוֹשְׁבִים עָלַי רָעָה
מְהֵרָה הָפֵר עֲצָתָם וְקַלְקֵל מַחֲשַׁבְתָּם.

יש המוסיפים תחינה זו (קיצור של״ה, ׳אור הישר׳):

יְהִי רָצוֹן מִלְּפָנֶיךָ, יהוה אֱלֹהַי וֵאלֹהֵי אֲבוֹתַי
שֶׁלֹּא תַעֲלֶה קִנְאַת אָדָם עָלַי, וְלֹא קִנְאָתִי עַל אֲחֵרִים
וְשֶׁלֹּא אֶכְעֹס הַיּוֹם, וְשֶׁלֹּא אַכְעִיסֶךָ
וְתַצִּילֵנִי מִיֵּצֶר הָרָע, וְתֵן בְּלִבִּי הַכְנָעָה וַעֲנָוָה.
מַלְכֵּנוּ וֵאלֹהֵינוּ, יַחֵד שִׁמְךָ בְּעוֹלָמֶךָ
בְּנֵה עִירְךָ, יַסֵּד בֵּיתְךָ וְשַׁכְלֵל הֵיכָלֶךָ
וְקַבֵּץ קִבּוּץ גָּלֻיּוֹת, וּפְדֵה צֹאנְךָ וְשַׂמַּח עֲדָתֶךָ.

עֲשֵׂה לְמַעַן שְׁמֶךָ, עֲשֵׂה לְמַעַן יְמִינֶךָ
עֲשֵׂה לְמַעַן תּוֹרָתֶךָ, עֲשֵׂה לְמַעַן קְדֻשָּׁתֶךָ.
לְמַעַן יֵחָלְצוּן יְדִידֶיךָ, הוֹשִׁיעָה יְמִינְךָ וַעֲנֵנִי: תהלים ס
יִהְיוּ לְרָצוֹן אִמְרֵי פִי וְהֶגְיוֹן לִבִּי לְפָנֶיךָ, יהוה צוּרִי וְגוֹאֲלִי: תהלים יט

כורע ופוסע שלוש פסיעות לאחור. קד לשמאל, לימין ולפנים באמירת:

עֹשֶׂה הַשָּׁלוֹם בִּמְרוֹמָיו
הוּא יַעֲשֶׂה שָׁלוֹם, עָלֵינוּ וְעַל כָּל יִשְׂרָאֵל, וְאִמְרוּ אָמֵן.

יְהִי רָצוֹן מִלְּפָנֶיךָ יהוה אֱלֹהֵינוּ וֵאלֹהֵי אֲבוֹתֵינוּ
שֶׁיִּבָּנֶה בֵּית הַמִּקְדָּשׁ בִּמְהֵרָה בְיָמֵינוּ, וְתֵן חֶלְקֵנוּ בְּתוֹרָתֶךָ
וְשָׁם נַעֲבָדְךָ בְּיִרְאָה כִּימֵי עוֹלָם וּכְשָׁנִים קַדְמֹנִיּוֹת.
וְעָרְבָה לַיהוה מִנְחַת יְהוּדָה וִירוּשָׁלָםִ כִּימֵי עוֹלָם וּכְשָׁנִים קַדְמֹנִיּוֹת: מלאכי ג

קדיש שלם

ש״ץ: **יִתְגַּדַּל וְיִתְקַדַּשׁ שְׁמֵהּ רַבָּא** (קהל: אָמֵן)
בְּעָלְמָא דִּי בְרָא כִרְעוּתֵהּ
וְיַמְלִיךְ מַלְכוּתֵהּ וְיַצְמַח פֻּרְקָנֵהּ וִיקָרֵב מְשִׁיחֵהּ (קהל: אָמֵן)
בְּחַיֵּיכוֹן וּבְיוֹמֵיכוֹן וּבְחַיֵּי דְכָל בֵּית יִשְׂרָאֵל
בַּעֲגָלָא וּבִזְמַן קָרִיב, וְאִמְרוּ אָמֵן. (קהל: אָמֵן)

קהל וש״ץ: **יְהֵא שְׁמֵהּ רַבָּא מְבָרַךְ לְעָלַם וּלְעָלְמֵי עָלְמַיָּא.**

ש״ץ: **יִתְבָּרַךְ וְיִשְׁתַּבַּח וְיִתְפָּאַר וְיִתְרוֹמַם וְיִתְנַשֵּׂא**
וְיִתְהַדָּר וְיִתְעַלֶּה וְיִתְהַלָּל שְׁמֵהּ דְּקֻדְשָׁא בְּרִיךְ הוּא (קהל: אָמֵן)
לְעֵלָּא לְעֵלָּא מִכָּל בִּרְכָתָא וְשִׁירָתָא, תֻּשְׁבְּחָתָא וְנֶחֱמָתָא
דַּאֲמִירָן בְּעָלְמָא, וְאִמְרוּ אָמֵן. (קהל: אָמֵן)

תִּתְקַבַּל צְלוֹתְהוֹן וּבָעוּתְהוֹן דְּכָל בֵּית יִשְׂרָאֵל
קֳדָם אֲבוּהוֹן דִּי בִשְׁמַיָּא, וְאִמְרוּ אָמֵן. (קהל: אָמֵן)

יְהֵא שְׁלָמָא רַבָּא מִן שְׁמַיָּא
וְחַיִּים טוֹבִים עָלֵינוּ וְעַל כָּל יִשְׂרָאֵל, וְאִמְרוּ אָמֵן. (קהל: אָמֵן)

כורע ופוסע שלוש פסיעות לאחור. קד לשמאל, לימין ולפנים באמירת:

עֹשֶׂה הַשָּׁלוֹם בִּמְרוֹמָיו
הוּא יַעֲשֶׂה שָׁלוֹם, עָלֵינוּ וְעַל כָּל יִשְׂרָאֵל, וְאִמְרוּ אָמֵן. (קהל: אָמֵן)

בבתי כנסת המתפללים בנוסח אשכנז,
אין אומרים 'שִׁיר לַמַּעֲלוֹת' ולא את הקדיש שאחריו.

תהלים קכא
שִׁיר לַמַּעֲלוֹת, אֶשָּׂא עֵינַי אֶל־הֶהָרִים, מֵאַיִן יָבֹא עֶזְרִי: עֶזְרִי מֵעִם יהוה, עֹשֵׂה שָׁמַיִם וָאָרֶץ: אַל־יִתֵּן לַמּוֹט רַגְלֶךָ, אַל־יָנוּם שֹׁמְרֶךָ: הִנֵּה לֹא־יָנוּם וְלֹא יִישָׁן שׁוֹמֵר יִשְׂרָאֵל: יהוה שֹׁמְרֶךָ, יהוה צִלְּךָ עַל־יַד יְמִינֶךָ: יוֹמָם הַשֶּׁמֶשׁ לֹא־יַכֶּכָּה, וְיָרֵחַ בַּלָּיְלָה: יהוה יִשְׁמָרְךָ מִכָּל־רָע, יִשְׁמֹר אֶת־נַפְשֶׁךָ: יהוה יִשְׁמָר־צֵאתְךָ וּבוֹאֶךָ, מֵעַתָּה וְעַד־עוֹלָם:

קדיש יתום

אבל: יִתְגַּדַּל וְיִתְקַדַּשׁ שְׁמֵהּ רַבָּא (קהל: אָמֵן)
בְּעָלְמָא דִּי בְרָא כִרְעוּתֵהּ
וְיַמְלִיךְ מַלְכוּתֵהּ וְיַצְמַח פֻּרְקָנֵהּ וִיקָרֵב מְשִׁיחֵהּ (קהל: אָמֵן)
בְּחַיֵּיכוֹן וּבְיוֹמֵיכוֹן וּבְחַיֵּי דְכָל בֵּית יִשְׂרָאֵל
בַּעֲגָלָא וּבִזְמַן קָרִיב, וְאִמְרוּ אָמֵן. (קהל: אָמֵן)

קהל ואבל: יְהֵא שְׁמֵהּ רַבָּא מְבָרַךְ לְעָלַם וּלְעָלְמֵי עָלְמַיָּא.

אבל: יִתְבָּרַךְ וְיִשְׁתַּבַּח וְיִתְפָּאַר וְיִתְרוֹמַם וְיִתְנַשֵּׂא
וְיִתְהַדָּר וְיִתְעַלֶּה וְיִתְהַלָּל
שְׁמֵהּ דְּקֻדְשָׁא בְּרִיךְ הוּא (קהל: אָמֵן)
לְעֵלָּא לְעֵלָּא מִכָּל בִּרְכָתָא
וְשִׁירָתָא, תֻּשְׁבְּחָתָא וְנֶחֱמָתָא
דַּאֲמִירָן בְּעָלְמָא, וְאִמְרוּ אָמֵן. (קהל: אָמֵן)

יְהֵא שְׁלָמָא רַבָּא מִן שְׁמַיָּא
וְחַיִּים טוֹבִים עָלֵינוּ וְעַל כָּל יִשְׂרָאֵל, וְאִמְרוּ אָמֵן. (קהל: אָמֵן)

כורע ופוסע שלוש פסיעות לאחור, קד לשמאל, לימין ולפנים באמירת:
עֹשֶׂה הַשָּׁלוֹם בִּמְרוֹמָיו
הוּא יַעֲשֶׂה שָׁלוֹם עָלֵינוּ וְעַל כָּל יִשְׂרָאֵל, וְאִמְרוּ אָמֵן. (קהל: אָמֵן)

האומר קדיש, מוסיף (׳ברכי יוסף׳ בשם האר״י):

בָּרְכוּ אֶת יהוה הַמְבֹרָךְ.

הקהל עונה: בָּרוּךְ יהוה הַמְבֹרָךְ לְעוֹלָם וָעֶד.

והאומר קדיש חוזר: בָּרוּךְ יהוה הַמְבֹרָךְ לְעוֹלָם וָעֶד.

אומרים ׳עָלֵינוּ׳ בעמידה (טור, קלג) ומשתחווים במקום המסומן ב°.

עָלֵינוּ לְשַׁבֵּחַ לַאֲדוֹן הַכֹּל, לָתֵת גְּדֻלָּה לְיוֹצֵר בְּרֵאשִׁית\
שֶׁלֹּא עָשָׂנוּ כְּגוֹיֵי הָאֲרָצוֹת, וְלֹא שָׂמָנוּ כְּמִשְׁפְּחוֹת הָאֲדָמָה\
שֶׁלֹּא שָׂם חֶלְקֵנוּ כָּהֶם וְגוֹרָלֵנוּ כְּכָל הֲמוֹנָם.\
שֶׁהֵם מִשְׁתַּחֲוִים לְהֶבֶל וָרִיק וּמִתְפַּלְלִים אֶל אֵל לֹא יוֹשִׁיעַ.\
°וַאֲנַחְנוּ כּוֹרְעִים וּמִשְׁתַּחֲוִים וּמוֹדִים\
לִפְנֵי מֶלֶךְ מַלְכֵי הַמְּלָכִים, הַקָּדוֹשׁ בָּרוּךְ הוּא\
שֶׁהוּא נוֹטֶה שָׁמַיִם וְיוֹסֵד אָרֶץ\
וּמוֹשַׁב יְקָרוֹ בַּשָּׁמַיִם מִמַּעַל, וּשְׁכִינַת עֻזּוֹ בְּגָבְהֵי מְרוֹמִים.\
הוּא אֱלֹהֵינוּ, אֵין עוֹד.\
אֱמֶת מַלְכֵּנוּ, אֶפֶס זוּלָתוֹ\
כַּכָּתוּב בְּתוֹרָתוֹ, וְיָדַעְתָּ הַיּוֹם וַהֲשֵׁבֹתָ אֶל־לְבָבֶךָ דברים ד\
כִּי יהוה הוּא הָאֱלֹהִים בַּשָּׁמַיִם מִמַּעַל וְעַל־הָאָרֶץ מִתָּחַת, אֵין עוֹד:

וְעַל כֵּן נְקַוֶּה לְּךָ יהוה אֱלֹהֵינוּ, לִרְאוֹת מְהֵרָה בְּתִפְאֶרֶת עֻזֶּךָ\
לְהַעֲבִיר גִּלּוּלִים מִן הָאָרֶץ, וְהָאֱלִילִים כָּרוֹת יִכָּרֵתוּן\
לְתַקֵּן עוֹלָם בְּמַלְכוּת שַׁדַּי.\
וְכָל בְּנֵי בָשָׂר יִקְרְאוּ בִשְׁמֶךָ, לְהַפְנוֹת אֵלֶיךָ כָּל רִשְׁעֵי אָרֶץ.\
יַכִּירוּ וְיֵדְעוּ כָּל יוֹשְׁבֵי תֵבֵל כִּי לְךָ תִּכְרַע כָּל בֶּרֶךְ, תִּשָּׁבַע כָּל לָשׁוֹן.\
לְפָנֶיךָ יהוה אֱלֹהֵינוּ יִכְרְעוּ וְיִפֹּלוּ, וְלִכְבוֹד שִׁמְךָ יְקָר יִתֵּנוּ\
וִיקַבְּלוּ כֻלָּם אֶת עֹל מַלְכוּתֶךָ\
וְתִמְלֹךְ עֲלֵיהֶם מְהֵרָה לְעוֹלָם וָעֶד.

כִּי הַמַּלְכוּת שֶׁלְּךָ הִיא וּלְעוֹלְמֵי עַד תִּמְלֹךְ בְּכָבוֹד
כַּכָּתוּב בְּתוֹרָתֶךָ, יהוה יִמְלֹךְ לְעֹלָם וָעֶד: שמות טו
◂ וְנֶאֱמַר, וְהָיָה יהוה לְמֶלֶךְ עַל־כָּל־הָאָרֶץ זכריה יד
בַּיּוֹם הַהוּא יִהְיֶה יהוה אֶחָד וּשְׁמוֹ אֶחָד:

יש מוסיפים:

אַל־תִּירָא מִפַּחַד פִּתְאֹם וּמִשֹּׁאַת רְשָׁעִים כִּי תָבֹא: משלי ג
עֻצוּ עֵצָה וְתֻפָר, דַּבְּרוּ דָבָר וְלֹא יָקוּם, כִּי עִמָּנוּ אֵל: ישעיה ח
וְעַד־זִקְנָה אֲנִי הוּא, וְעַד־שֵׂיבָה אֲנִי אֶסְבֹּל ישעיה מו
אֲנִי עָשִׂיתִי וַאֲנִי אֶשָּׂא וַאֲנִי אֶסְבֹּל וַאֲמַלֵּט:

קדיש יתום (עמ׳ 425)

יש בתי כנסת שבהם שליח הציבור מבדיל.
מי שעומד להבדיל בביתו, מוטב שיתכוון שלא לצאת ידי חובתו.

בבתי כנסת המתפללים בנוסח אשכנז, נוהגים להוסיף כאן את המזמור
׳לְדָוִד, ה׳ אוֹרִי וְיִשְׁעִי׳ (עמ׳ 400) ולומר אחריו קדיש יתום.

סדר הבדלה

המבדיל לוקח כוס יין בידו ומברך ׳בּוֹרֵא פְּרִי הַגָּפֶן׳.

המבדיל לאחרים, מוסיף:

סַבְרִי מָרָנָן

בָּרוּךְ אַתָּה יהוה אֱלֹהֵינוּ מֶלֶךְ הָעוֹלָם, בּוֹרֵא פְּרִי הַגָּפֶן.

בָּרוּךְ אַתָּה יהוה אֱלֹהֵינוּ מֶלֶךְ הָעוֹלָם
הַמַּבְדִּיל בֵּין קֹדֶשׁ לְחֹל
בֵּין אוֹר לְחֹשֶׁךְ
בֵּין יִשְׂרָאֵל לָעַמִּים
בֵּין יוֹם הַשְּׁבִיעִי לְשֵׁשֶׁת יְמֵי הַמַּעֲשֶׂה.
בָּרוּךְ אַתָּה יהוה, הַמַּבְדִּיל בֵּין קֹדֶשׁ לְחֹל.

סדר ברית מילה

כשמביאים את הילד, הקהל עומד על רגליו ואומר (ספר המנהיג):

בָּרוּךְ הַבָּא.

פסוק זה נדרש בזוהר (לך לך, צו ע״ב) על הבחירה בישראל הבאה לידי ביטוי בברית המילה.

המוהל: **אַשְׁרֵי תִּבְחַר וּתְקָרֵב, יִשְׁכֹּן חֲצֵרֶיךָ** תהלים סה

הקהל: **נִשְׂבְּעָה בְּטוּב בֵּיתֶךָ, קְדֹשׁ הֵיכָלֶךָ:**

האב לוקח את בנו ואומר בלחש:

אִם־אֶשְׁכָּחֵךְ יְרוּשָׁלָםִ, תִּשְׁכַּח יְמִינִי: תהלים קלז
תִּדְבַּק לְשׁוֹנִי לְחִכִּי אִם־לֹא אֶזְכְּרֵכִי
אִם־לֹא אַעֲלֶה אֶת־יְרוּשָׁלַםִ
עַל רֹאשׁ שִׂמְחָתִי:

מנהג ארץ ישראל הוא שהאב אומר את הפסוקים הבאים בקול רם, והקהל אחריו:

שְׁמַע יִשְׂרָאֵל, יהוה אֱלֹהֵינוּ, יהוה אֶחָד: דברים ו

פעמיים: **יהוה מֶלֶךְ, יהוה מָלָךְ, יהוה יִמְלֹךְ לְעוֹלָם וָעֶד.**

פעמיים: **אָנָּא יהוה הוֹשִׁיעָה נָּא** תהלים קיח

פעמיים: **אָנָּא יהוה הַצְלִיחָה נָא:**

לאחר שאליהו הנביא קינא לקיום ברית המילה,
שנאמר ״קַנֹּא קִנֵּאתִי לַה׳ אֱלֹהֵי צְבָאוֹת, כִּי־עָזְבוּ בְרִיתְךָ בְּנֵי יִשְׂרָאֵל״ (מל״א יט, יד),
הקב״ה ציווה עליו שיהא נוכח בכל טקס מילה (שיבולי הלקט).

מניחים את הילד על כיסא אליהו, והמוהל אומר:

זֶה הַכִּסֵּא שֶׁל אֵלִיָּהוּ הַנָּבִיא זָכוּר לַטּוֹב.

המוהל: לִישׁוּעָתְךָ קִוִּיתִי יהוה: בראשית מט

שִׂבַּרְתִּי לִישׁוּעָתְךָ יהוה, וּמִצְוֹתֶיךָ עָשִׂיתִי: תהלים קיט

אֵלִיָּהוּ מַלְאַךְ הַבְּרִית

הִנֵּה שֶׁלְּךָ לְפָנֶיךָ, עֲמֹד עַל יְמִינִי וְסָמְכֵנִי.

שִׂבַּרְתִּי לִישׁוּעָתְךָ יהוה: תהלים קיט

שָׂשׂ אָנֹכִי עַל־אִמְרָתֶךָ, כְּמוֹצֵא שָׁלָל רָב:

שָׁלוֹם רָב לְאֹהֲבֵי תוֹרָתֶךָ, וְאֵין־לָמוֹ מִכְשׁוֹל:

אַשְׁרֵי תִּבְחַר וּתְקָרֵב, יִשְׁכֹּן חֲצֵרֶיךָ תהלים סה

הקהל: נִשְׂבְּעָה בְּטוּב בֵּיתֶךָ, קְדֹשׁ הֵיכָלֶךָ:

הסנדק מקבל את הילד על ברכיו, והמוהל מברך:

בָּרוּךְ אַתָּה יהוה אֱלֹהֵינוּ מֶלֶךְ הָעוֹלָם

אֲשֶׁר קִדְּשָׁנוּ בְּמִצְוֹתָיו וְצִוָּנוּ עַל הַמִּילָה.

ומיד אבי הבן מברך:

בָּרוּךְ אַתָּה יהוה אֱלֹהֵינוּ מֶלֶךְ הָעוֹלָם

אֲשֶׁר קִדְּשָׁנוּ בְּמִצְוֹתָיו

וְצִוָּנוּ לְהַכְנִיסוֹ בִּבְרִיתוֹ שֶׁל אַבְרָהָם אָבִינוּ.

בארץ ישראל נוהגים שהאב מברך 'שֶׁהֶחֱיָנוּ' (רמב"ם):

בָּרוּךְ אַתָּה יהוה אֱלֹהֵינוּ מֶלֶךְ הָעוֹלָם

שֶׁהֶחֱיָנוּ וְקִיְּמָנוּ וְהִגִּיעָנוּ לַזְּמַן הַזֶּה.

הקהל עונה:

אָמֵן. כְּשֵׁם שֶׁנִּכְנַס לַבְּרִית

כֵּן יִכָּנֵס לְתוֹרָה וּלְחֻפָּה וּלְמַעֲשִׂים טוֹבִים.

אחר המילה מברכים (שבת קלז ע״ב):

בָּרוּךְ אַתָּה יהוה אֱלֹהֵינוּ מֶלֶךְ הָעוֹלָם, בּוֹרֵא פְּרִי הַגָּפֶן.

בָּרוּךְ אַתָּה יהוה אֱלֹהֵינוּ מֶלֶךְ הָעוֹלָם, אֲשֶׁר קִדֵּשׁ יְדִיד מִבֶּטֶן, וְחֹק בִּשְׁאֵרוֹ שָׂם, וְצֶאֱצָאָיו חָתַם בְּאוֹת בְּרִית קֹדֶשׁ. עַל כֵּן בִּשְׂכַר זֹאת, אֵל חַי חֶלְקֵנוּ צוּרֵנוּ צַוֵּה לְהַצִּיל יְדִידוּת שְׁאֵרֵנוּ מִשַּׁחַת, לְמַעַן בְּרִיתוֹ אֲשֶׁר שָׂם בִּבְשָׂרֵנוּ. בָּרוּךְ אַתָּה יהוה, כּוֹרֵת הַבְּרִית.

המברך אומר:

אֱלֹהֵינוּ וֵאלֹהֵי אֲבוֹתֵינוּ, קַיֵּם אֶת הַיֶּלֶד הַזֶּה לְאָבִיו וּלְאִמּוֹ, וְיִקָּרֵא שְׁמוֹ בְּיִשְׂרָאֵל (פלוני בֶּן פלוני). **יִשְׂמַח הָאָב בְּיוֹצֵא חֲלָצָיו**
וְתָגֵל אִמּוֹ בִּפְרִי בִטְנָהּ, כַּכָּתוּב: יִשְׂמַח־אָבִיךָ וְאִמֶּךָ, וְתָגֵל משלי כג
יוֹלַדְתֶּךָ: וְנֶאֱמַר: וָאֶעֱבֹר עָלַיִךְ וָאֶרְאֵךְ מִתְבּוֹסֶסֶת בְּדָמָיִךְ, יחזקאל טז
וָאֹמַר לָךְ בְּדָמַיִךְ חֲיִי, וָאֹמַר לָךְ בְּדָמַיִךְ חֲיִי: וְנֶאֱמַר: זָכַר לְעוֹלָם תהלים קה
בְּרִיתוֹ, דָּבָר צִוָּה לְאֶלֶף דּוֹר: אֲשֶׁר כָּרַת אֶת־אַבְרָהָם, וּשְׁבוּעָתוֹ לְיִשְׂחָק: וַיַּעֲמִידֶהָ לְיַעֲקֹב לְחֹק, לְיִשְׂרָאֵל בְּרִית עוֹלָם: וְנֶאֱמַר:
וַיָּמָל אַבְרָהָם אֶת־יִצְחָק בְּנוֹ בֶּן־שְׁמֹנַת יָמִים, כַּאֲשֶׁר צִוָּה אֹתוֹ בראשית כא
אֱלֹהִים: הוֹדוּ לַיהוה כִּי־טוֹב, כִּי לְעוֹלָם חַסְדּוֹ: תהלים קיח

הקהל עונה:

הוֹדוּ לַיהוה כִּי־טוֹב, כִּי לְעוֹלָם חַסְדּוֹ:

המברך ממשיך:

(פלוני בֶּן פלוני) **זֶה הַקָּטָן גָּדוֹל יִהְיֶה, כְּשֵׁם שֶׁנִּכְנַס לַבְּרִית כֵּן יִכָּנֵס לְתוֹרָה וּלְחֻפָּה וּלְמַעֲשִׂים טוֹבִים. אָמֵן.**

נותנים מעט מהיין לתינוק, לסנדק ולאם.

אומרים ׳עָלֵינוּ׳ (עמ׳ 426) ואחר כך קדיש יתום.
ממשיכים בסדר תקיעת השופר, ביום א׳ של ראש השנה בעמוד 191 וביום ב׳ בעמוד 311.

פיוטים נוספים

פיוטים נוספים לשחרית

יוצר ליום א׳ של ראש השנה

פותחים את ארון הקודש.

הבית ׳מֶלֶךְ בַּעֲשָׂרָה לְבוּשִׁים׳ נכתב במקורו להיות פזמון אחרי כל שלוש שורות, אך מימות הראשונים נהגו לאומרו רק בפעם הראשונה, ובסוף הפיוט נהגו לומר את הבית ׳מֶלֶךְ אֱלֹהֵי עוֹלָם׳.

הכול:

סימן א״ב

מֶלֶךְ אָזוּר גְּבוּרָה / גָּדוֹל שִׁמְךָ בִּגְבוּרָה / לְךָ זְרוֹעַ עִם־גְּבוּרָה: תהלים פט

מֶלֶךְ בִּגְדֵי נָקָם / לָבַשׁ בְּיוֹם נָקָם / לְצָרָיו יָשִׁיב אֶל חֵיקָם.

מֶלֶךְ גֵּאוּת לָבֵשׁ / יַמִּים מְיַבֵּשׁ / וְגַאֲוַת אֲפִיקִים מְכַבֵּשׁ.

שליח הציבור:

מֶלֶךְ בַּעֲשָׂרָה לְבוּשִׁים / הִתְאַזָּר בִּקְדוֹשִׁים

אֵל נַעֲרָץ בְּסוֹד־קְדֹשִׁים: / קָדוֹשׁ. תהלים פט

הכול:

מֶלֶךְ דָּר בִּנְהוֹרָא / עוֹטֶה אוֹרָה / מִשְׁפָּטֵנוּ יוֹצִיא לָאוֹרָה.

מֶלֶךְ הִתְאַזָּר עוֹז / יְמִינוֹ תָּעֹז / וֶאֱנוֹשׁ אַל יָעֹז.

מֶלֶךְ וַיִּלְבַּשׁ צְדָקָה / וְנִקְדַּשׁ בִּצְדָקָה / לְךָ יהוה הַצְּדָקָה: דניאל ט

ישעיה סג
ישעיה נט
מֶלֶךְ זֶה הָדוּר בִּלְבוּשׁוֹ: / וְכוֹבַע יְשׁוּעָה בְּרֹאשׁוֹ: /

אֱלֹהִים יָשַׁב עַל־כִּסֵּא קָדְשׁוֹ: תהלים מז

מֶלֶךְ חֲמוּץ בְּגָדִים / בְּדָרְכוֹ בּוֹגְדִים / יִבְצֹר רוּחַ נְגִידִים: תהלים עו

מֶלֶךְ טַלִּיתוֹ כַּשֶּׁלֶג מְצֻחְצָח / צַח וּבְצַחְצָחוֹת יְצַחְצַח /

מְצַחְצְחִים פְּעָלָם לָנֶצַח.

מֶלֶךְ יָעַט קִנְאָה / קַנֹּא קִנֵּא, גָּאֹה גָּאָה / כְּאִישׁ מִלְחָמוֹת יָעִיר קִנְאָה: ישעיה מב

מֶלֶךְ כָּל אַפְסֵי אָרֶץ / יִשְׁתַּחֲווּ לְמֶלֶךְ עַל כָּל הָאָרֶץ /

כִּי־בָא לִשְׁפּוֹט אֶת־הָאָרֶץ: דברי הימים א׳ טז

מֶלֶךְ לְיוֹם קוּמוֹ לָעַד / כָּל יְצוּר לְפָנָיו יִרְעַד / רָם וְנִשָּׂא, שֹׁכֵן עַד: ישעיה נז

תהלים מו מֶלֶךְ מֹשֵׁל עוֹלָם בִּגְבוּרָתוֹ / יִרְעֲשׁוּ־הָרִים בְּגַאֲוָתוֹ: /
וּכְאֵילִים יִרְקְדוּ מִגַּעֲרָתוֹ.
מֶלֶךְ נוֹרָא לְמַלְכֵי אָרֶץ / חוּל תָּחוּל הָאָרֶץ /
מִיֹּשֵׁב הַכְּרוּבִים תָּנוּט הָאָרֶץ.
ישעיה מ מֶלֶךְ שְׂאֵתוֹ מִי יַעֲצָר כֹּחַ / וְהוּא נוֹשֵׂא כֹּל בְּכֹחַ / נֹתֵן לַיָּעֵף כֹּחַ:

מֶלֶךְ עָמְדוֹ לָדִין / בְּיוֹם הַדִּין / שׁוֹפֵט גֵּאִים בַּדִּין.
מֶלֶךְ פִּלֵּשׁ סוֹד הַמַּעֲמִיקִים / לַסְתִּיר עֵצָה בְּמַעֲמַקִּים /
יַחְשֹׂף וִיגַלֶּה עֲמֻקִּים.
מֶלֶךְ צִוָּה מִכָּל רוּחַ / עָרִיצֵי גַּסֵּי הָרוּחַ / לְאַפְּפָם בְּשֶׁטֶף רוּחַ.

מֶלֶךְ קִהֵל מַלְכֵי אֲדָמָה / בְּסַעֲרוֹ מַשָּׂא דוּמָה / יִפְקֹד עַל צְבָא רוּמָה.
מֶלֶךְ רָם וְגָבֹהַּ בַּמִּשְׁפָּט / וְעֹז מֶלֶךְ אָהֵב מִשְׁפָּט /
מְכוֹן כִּסְאוֹ צֶדֶק וּמִשְׁפָּט.
מֶלֶךְ שׁוֹפֵט צֶדֶק / לְפָנָיו יְהַלֵּךְ צֶדֶק / לְהָלִיץ בְּעַד רוֹדְפֵי צֶדֶק.

תהלים קג מֶלֶךְ תַּקִּיף בְּמֶמְשָׁלָה / כִּסְאוֹ תָּלָה לְמַעְלָה / וּמַלְכוּתוֹ בַּכֹּל מָשָׁלָה:
מֶלֶךְ תַּחַת חֶלֶד מֵהַבִּיטוֹ / מַרְעִיד יְסוֹד בְּהַבִּיטוֹ / בַּכֹּל מְשׁוֹטֵט מַבָּטוֹ.
מֶלֶךְ תָּר בְּכָל פֹּעַל / בַּכֹּל מַה יִּפְעַל / בְּמַטָּה וּבְמָעַל.

שליח הציבור:

מֶלֶךְ אֱלֹהֵי עוֹלָם / הַמְלִיכוּהוּ עַם עוֹלָם
יהוה יִמְלֹךְ לְעֹלָם / קָדוֹשׁ.

ביום חול ממשיכים ׳הַמֵּאִיר לָאָרֶץ׳ בעמ׳ 127,
ובשבת ממשיכים ׳הַכֹּל יוֹדוּךָ׳ בעמ׳ 128.

יוצר ליום ב׳ של ראש השנה

פותחים את ארון הקודש.

סימן א״ב

הכול:

מֶלֶךְ אָמוֹן מֵאָמְרְךָ מֵרָחוֹק מֻצָּב / שִׁמְךָ יִתְפָּאֵר בַּעֲדָתְךָ תִּתְיַצָּב
לְעוֹלָם יהוה דְּבָרְךָ נִצָּב: תהלים קיט

מֶלֶךְ בְּכַלּוֹתְךָ הַיּוֹם מַעַשׂ אֻמָּנוּתֶךָ / מִדִּין הַצָּלַת מְרֻקָּם בִּתְמוּנָתֶךָ
לְדֹר וָדֹר אֱמוּנָתֶךָ: תהלים קיט

מֶלֶךְ גְּזֵרַת כְּמוֹ כֵן לְצֶאֱצָאָיו פִּדְיוֹם / עֲבוּר לְהִמָּלֵט מִשְּׁאֵתְךָ אָיֹם
לְמִשְׁפָּטֶיךָ עָמְדוּ הַיּוֹם: תהלים קיט

שליח הציבור:

שׁוֹמְרֵי מִצְוֹת, עֵדֶיךָ וַעֲבָדֶיךָ / נִטְלָם וְנִשָּׂאֵם לְהַרְבּוֹת כְּבוֹדֶךָ
כִּי הַכֹּל עֲבָדֶיךָ: / קָדוֹשׁ. תהלים קיט

הכול:

זְכֹר דּוֹרְשֶׁיךָ, לִתְחִי לְעוֹדְדֵם / וְהָרֵם קַרְנָם בְּרַחֲמֶיךָ לְהַקְדֵּם
זְכֹר עֲדָתְךָ קָנִיתָ קֶּדֶם: תהלים עד

זְכֹר הַמְּשׁוּכָה אַחֲרֶיךָ בְּאַהַב לְחַלּוֹתֶךָ / נִסְמֶכֶת בְּשַׁעֲשׁוּעַ דָּת גְּחַלְתֶּךָ
גָּאַלְתָּ שֵׁבֶט נַחֲלָתֶךָ: תהלים עד

זְכֹר וּמַהֵר יוֹם יִשְׁעֲךָ לְקָרְבוֹ / בִּדְבִירְךָ לְהִשְׁתַּחֲוֹת וּבְמִשְׁכְּנוֹתֶיךָ לָבֹא
הַר־צִיּוֹן זֶה שָׁכַנְתָּ בּוֹ: תהלים עד

שליח הציבור:

בְּרַחֲמִים יַקֵּר צְעִירֵי הַצֹּאן / חָקֵם הַטְּרִיפֵם, פְּנִימִי וְחִיצוֹן
וַאֲנִי תְפִלָּתִי־לְךָ יהוה, עֵת רָצוֹן: / קָדוֹשׁ. תהלים סט

הכול:

שׁוֹפָר זְמַנּוֹ בָּא תְּקוֹעַ בְּעִנְיָנָיו / בְּקֶרֶן אַיִל לְהִזָּכֵר בְּחוּנָיו
אַחַר נֶאֱחַז בַּסְּבַךְ בְּקַרְנָיו: בראשית כב

שׁוֹפָר חָרַד הַמַּחֲנֶה מֵרָחוֹק לַעֲמֹד / רַחוּם זָכְרֵהוּ וּלְצַדְּקֵהוּ תַּחְמֹד
הַשֹּׁפָר הוֹלֵךְ וְחָזֵק מְאֹד: שמות יט

שׁוֹפָר טִכַּסְתָּ בַּכֶּסֶה לְמִי מָנָה עֲפָר / יְשׁוּבוּן מֵאָוֶן, בְּכִפּוּר לְהִתְכַּפָּר
תהלים פא תִּקְעוּ בַחֹדֶשׁ שׁוֹפָר:

שליח הציבור:

אֵל חָנַן נַחֲלָתוֹ בְּנֹעַם לְהַשְׁפַּר / יְדָעָם קְרֹא קָרְבְּנוֹתָיו בְּמִסְפָּר
תהלים סט וְתִיטַב לַיהוה מִשּׁוֹר פָּר: / קָדוֹשׁ.

הכול:

מֶלֶךְ יִשְׁפֹּט עַמִּים בְּמֵישָׁרִים לְנַשְּׂאוֹ / צוֹפֶה לְדַקְדֵּק בְּדִינָם בְּהִתְנַשְּׂאוֹ
תהלים ט כּוֹנֵן לַמִּשְׁפָּט כִּסְאוֹ:

מֶלֶךְ כַּבִּיר, נִקְדָּשׁ בִּצְדָקָה לְבַדּוֹ / חַי יִגְבַּהּ בַּמִּשְׁפָּט בְּהִתְכַּבְּדוֹ
מלכים א׳ ח לַעֲשׂוֹת מִשְׁפַּט עַבְדּוֹ:

מֶלֶךְ לְרֹגֶז רַחֵם יִזְכֹּר כְּנָאֳמוֹ / קָרוֹב לְהַצְדִּיק עַם הַמְיַחֲדִים שְׁמוֹ
מלכים א׳ ח עַמּוֹ יִשְׂרָאֵל דְּבַר־יוֹם בְּיוֹמוֹ:

שליח הציבור:

יֵרָאֶה פָעָלְךָ וַהֲדָרְךָ לִתְמִימִים / חַיּוֹת בְּצִלְּךָ לְאֹרֶךְ יָמִים
תהלים קמה מַלְכוּתְךָ מַלְכוּת כָּל־עֹלָמִים: / קָדוֹשׁ.

הכול:

זְכֹר מְקַוֶּיךָ, נַחַת שֻׁלְחָנְךָ לַעֲרֹכָה / אֹדֶר תְּהִלָּתְךָ בְּפִימוֹ לְהִתְבָּרְכָה
משלי י זֵכֶר צַדִּיק לִבְרָכָה:

זְכֹר נְדִיבֵי עַמִּים אֲבוֹת הָעוֹלָם / חֲשֹׂךְ עֲבָדֶיךָ מִזָּדוֹן וְנֶעְלָם
תהלים קג וְחֶסֶד יהוה מֵעוֹלָם וְעַד־עוֹלָם:

זְכֹר סֻכַּת שָׁלֵם הַיּוֹשֶׁבֶת בְּדוּדָה / חוּשָׁה לַהֲכִין אֹתָהּ וּלְסַעֲדָהּ
תהלים מח יִשְׂמַח הַר־צִיּוֹן תָּגֵלְנָה בְּנוֹת יְהוּדָה:

שליח הציבור:

תהלים כז לְחַיֵּי עוֹלָם יִכָּתְבוּ אֱמוּנֶיךָ / יִזְכּוּ לַחֲזוֹת בְּנֹעַם יהוה
מלאכי ג זִכָּרוֹן לְפָנָיו לְיִרְאֵי יהוה: / קָדוֹשׁ.

הכול:

שׁוֹפָר עֶבְרַת קוֹלוֹ נִשְׁמַע בְּאִשּׁוּר / לְהֵעָטוֹת שִׂמְחַת עוֹלָם בְּקִשּׁוּר
ישעיה כז וּבָאוּ הָאֹבְדִים בְּאֶרֶץ אַשּׁוּר:

שׁוֹפָר פּוֹצֵץ קוֹלוֹ בְּעֶבְרֵי נַהֲרַיִם / חֵרוּת לְהַשְׁמִיעַ יְהוּדָה וְאֶפְרַיִם
וְהַנִּדָּחִים בְּאֶרֶץ מִצְרָיִם: ישעיה כז
שׁוֹפָר צָרְפַת וּסְפָרַד יִצְרַח לְהִתְקַדֵּשׁ / נְפוּצִים בְּאַרְבַּע נֵצַח יְחַדֵּשׁ
וְהִשְׁתַּחֲווּ לַיהוה בְּהַר הַקֹּדֶשׁ: ישעיה כז

שליח הציבור:

אִמְרֵי נִחוּמֶיךָ יְשַׁעַשְׁעוּנוּ בְּכִפְלַיִם / סֶלָה לְעָבְדְּךָ בְּכָל גְּבוּלַיִם
בְּהַר הַקֹּדֶשׁ בִּירוּשָׁלָיִם: / קָדוֹשׁ. ישעיה כז

הכול:

מֶלֶךְ קָדוֹשׁ שֹׁכֵן שְׁמֵי עֶרֶץ / נַחֵץ מְבַשֵּׂר עֲלוֹת הַפֹּרֶץ
יהוה מָלָךְ תָּגֵל הָאָרֶץ: תהלים צז
מֶלֶךְ רָם וְנִשָּׂא הַיּוֹדֵעַ וָעֵד / בְּנֵה קִרְיָתְךָ כִּי בָא מוֹעֵד
יהוה יִמְלֹךְ לְעֹלָם וָעֶד: שמות טו
מֶלֶךְ שִׁלְטוֹנְךָ לָעַד בְּכֹל מָשְׁלָם / יַשֵּׁר לִירֵאֶיךָ דֶּרֶךְ לְהוֹעִילָם
יִמְלֹךְ יהוה לְעוֹלָם: תהלים קמו

שליח הציבור:

תְּנַהֲגֵנוּ בְּאַרְצוֹת הַחַיִּים לְהִתְהַלְּכָה / בְּאוֹר יהוה לְכוּ וְנֵלְכָה
וְהָיְתָה לַיהוה הַמְּלוּכָה: / קָדוֹשׁ. עובדיה א

ממשיכים ׳הַמֵּאִיר לָאָרֶץ׳ בעמ׳ 127.

אופן ליום א׳ וב׳ של ראש השנה

הפיוט השני בברכות קריאת שמע (ולמנהג קהילות אשכנז, האחרון שאומרים בראש השנה) מכונה ׳אופן׳, כיוון שהוא מחליף את שורת המעבר ׳וְהָאוֹפַנִּים וְחַיּוֹת הַקֹּדֶשׁ׳ שבין שני פסוקי הקדושה.

סימן א״ב

הכול:

כְּבוֹדוֹ אִהֵל כְּהַיּוֹם בְּרַחֲמִים מֶלֶךְ.
בּוֹחֵן כָּל עֶשְׁתּוֹנוֹת צָעִיר וָרַב מֶלֶךְ.
גֵּאוּת וָעֹז הִתְאַזָּר מֶלֶךְ.
דּוֹק וָחֶלֶד יֶחֶרְדוּן מֵאֵימַת מֶלֶךְ.
הַיּוֹצֵר יַחַד לִבָּם יָחוֹן מֶלֶךְ.
וּמֵבִין אֶל כָּל מַעֲשֵׂיהֶם יַצְדִּיק מֶלֶךְ.
זִכָּרוֹן הוּא יוֹם תְּרוּעַת מֶלֶךְ.

שליח הציבור:

חֹק לְיִשְׂרָאֵל הוּא לְזַכּוֹתָם מֶלֶךְ.
טֶרֶף נָתַן לִירֵאָיו מַמְלִיךְ כָּל מֶלֶךְ.
יִזְכֹּר לְעוֹלָם בְּרִיתוֹ בְּזִכְרוֹן טוֹב מֶלֶךְ.

הכול:

כָּלָה אַל תַּעַשׂ לִשְׁאֵרִית בְּנֵי מֶלֶךְ.
לָכֵן אָתָנוּ לָךְ מַלְכֵּנוּ מֶלֶךְ.
מֵאֶתְמוֹל קִדַּמְנוּךָ לְחַלּוֹתְךָ מֶלֶךְ.

שליח הציבור:

נָא נְצֹר חֶסֶד לְנִינֵי שֶׁלְּחוּ לוֹ שְׁלֹשֶׁת אֵילֵי מֶלֶךְ.
סְכוּת בָּאֵי בְתַחַן לְמַר בָּכוּ אֶרְאֶלֵּי מֶלֶךְ.
עֲנוּתָם בַּל תֶּבֶז לָלֶן בְּמָקוֹם עָלוּ וְיָרְדוּ בוֹ מַלְאֲכֵי מֶלֶךְ.

הכול:

פְּדֵם הַיּוֹם מִדִּין גָּמוּר מִלְּחַיְּבָם מֶלֶךְ.

שליח הציבור:

צַדְּקֵם בְּרַחֲמִים לְפָקְדָם לְטוֹבָה מֶלֶךְ.

בחול: קְשֹׁב קוֹל תְּקִיעָה מְתוֹקְעֵי לְךָ הַיּוֹם מֶלֶךְ.

בשבת: קְשֹׁב זִכְרוֹן תְּקִיעָה מְזוֹכְרֵי לְךָ הַיּוֹם מֶלֶךְ.

רַחֲמִים תְּעוֹרֵר לִמְחַכֶּיךָ מֶלֶךְ.

הכול:

שְׁעֵה שַׁוְעַת עַם מְשַׁחֲרֶיךָ מֶלֶךְ.

תֵּפֶן בְּתוֹמְכֵי בָרוּךְ, וּנְבָרֶכְךָ אֱלֹהִים חַיִּים וָמֶלֶךְ.

כאשר אומרים ׳אופן׳, מחליפים את חרוז המעבר ׳וְהָאוֹפַנִּים וְחַיּוֹת הַקֹּדֶשׁ׳ בחרוז ׳וְהַחַיּוֹת יְשׁוֹרֵרוּ׳ בעמ׳ 132.

פיוטים לחזרת הש"ץ ליום א' של ראש השנה (או ליום ב', אם חל ביום ראשון)

בדורות האחרונים פשט המנהג שלא לומר את שלושת הפיוטים הבאים, אלא רק את שורות הפזמון. אם יום א' של ראש השנה חל בשבת, אומרים את הפיוטים 'אִם אֲשֶׁר בְּצֶדֶק נִתְיַשְּׁנָה' (בעמוד הבא), 'שְׁמוֹ מְפָאֲרִים' ואחריו 'אֶדֶר וָהוֹד' ליום ב' (עמ' 444, פרט לבית 'עֲמוּסֶיךָ תּוֹקְעִים') ו'אֶתֵּן לְפֹעֲלִי צֶדֶק' (עמ' 448).

שליח הציבור ואחריו הקהל:

תָּעִיר וְתָרִיעַ, לְהַכְרִית כָּל מֵרִיעַ
וְתִקְדַּשׁ בְּיוֹדְעֵי לְהָרִיעַ. קָדוֹשׁ.

סימן אלעזר בירבי קיליר

הכול:

אַדֶּרֶת מַמְלָכָה / עַל מָה הֻשְׁלָכָה / וְעוֹד לֹא מָלְכָה
לְבֵל הִמְלִיכָה / וְאַחֲרָיו הָלְכָה / שֶׁלֹּא כַהֲלָכָה
עָלֶיהָ הֻמְלְכָה / גְּבֶרֶת מַמְלָכָה / עַד תּוֹפִיעַ מְלוּכָה.

זְבוּלִי חָרְבָה / מִתְמִימֵי פָּרְכָה / וְנִתַּן לָהּ אַרְכָה
רְחָבָה וַאֲרֻכָּה / וְקֶשֶׁת דָּרְכָה / וְעַל הֶאֱרִיכָה
בְּעִתָּהּ בְּרַכָּה / וְהִנֵּה דְרוּכָה / וְעַד עַתָּה מוֹלְכָה.

יְסוֹדוֹת עֲרֵמָה / עֵרָה וְהֶחֱרִימָה / וְעַד יְסוֹד עָרְמָה
רֹאשׁ הֵרִימָה / וְסוֹד הֶעֱרִימָה / וְיָדָהּ רָמָה
בָּעֲרָה מֵעָרְמָה / וְעַד שַׁחַק רוֹמָה / וְתֶאְפַּד מְלוּכָה.

יְרִיעוֹתַי גֻּדְּדָה / אָהֳלִי שֻׁדְּדָה / וְחָרְשָׁה וְשִׁדְּדָה
קְצִינוּת רָפְדָה / וּמַלְכוּת אָפְדָה / וְזֹאת הִקְפִּידָה
יְזָמָה וּמָרְדָה / עָבַד לְזָר חָרְדָה / וְחִלְּלָה מְלוּכָה.

לְחָצָה בְּנֵי מֶלֶךְ / וּפָצָה לְעֵין מֶלֶךְ / מִי לִי בְּדוֹק מֶלֶךְ
יְהָרָה בְּכֵס מֶלֶךְ / זוּלָתִי אֵין מֶלֶךְ / אֲנִי וְאַפְסִי מֶלֶךְ
◂ רָם עַל כָּל מֶלֶךְ / תַּגְעִילֶנָּה מִמֶּלֶךְ / וּלְךָ תָּשִׁיב מְלוּכָה.

שליח הציבור ואחריו הקהל:

תָּעִיר וְתָרִיעַ, לְהַכְרִית כָּל מֵרִיעַ
וְתִקְדַּשׁ בְּיוֹדְעֵי לְהָרִיעַ. קָדוֹשׁ.

אם יום ב' של ראש השנה חל ביום ראשון, ממשיכים 'מֶלֶךְ מְמַלֵּט מֵרָעָה' בעמ' 442.

שליח הציבור:

וּבְכֵן, וַיהוה פָּקַד אֶת שָׂרָה כַּאֲשֶׁר אָמָר בראשית כא

קהל ואחריו שליח הציבור:

צֶאֱצָאֶיהָ כֵּן פְּקֹד לְטוֹב הַיּוֹם. קָדוֹשׁ.

הכול: סימן א״ב

אֵם אֲשֶׁר בְּצֶדֶק נִתְיַשְּׁנָה / בְּמוֹ נִתְיָאֲשָׁה בְּתֶכֶל דִּשְׁנָה
גּוֹחָה, פְּקֻדָּה, בְּרֹאשׁ הַשָּׁנָה.

דִּבְּבָה, הַיּוֹם אֲנִי נְדוֹנָה / הִנְנִי עֲגוּמָה כִּבְלוֹת עֶדְנָה
וַתְּחִתֵּם בְּצֶדֶק לְבַל הֱיוֹת עֲגוּנָה.

זֹאת כְּהִתְבַּשְּׂרָה הַשְּׁקֻדָּה / חִלּוֹת פְּנֵי צַח שָׁקְדָה
טֶרֶם קָרְאָה מִיָּד נִפְקָדָה.

יִצְחַק כָּל שֹׁמֵעַ זֹאת, שְׂמֵחָה / כִּי גַלְמוּדָה לְלֹא עֵת צָמֵחָה
לָהּ הַכֹּל שָׁמְעוּ, אֵם הַבָּנִים שְׂמֵחָה: תהלים קיג

מָצְאָה הַשְׁקֵט אַחֲרֵי בְלוֹתָהּ / נִתְחַדְּשָׁה כַּנֶּשֶׁר בְּנוֹתָהּ
שָׂשׂוּ שָׂרוֹת לְלַוּוֹתָהּ.

עָלְזוּ וְשִׂישׂוּ עֲבוּרָהּ נִקְרָא / פִּצְחוּ עֲדִיָּה, רָנִּי עֲקָרָה: ישעיה נד
צָמְקוּ שְׁדֵיהֶן וְעוֹד בָּם יָקְרָה.

קֶשֶׁת רוּחַ אֲשֶׁר הָעֲקָרָה / רְפָאָה לְקֵץ תִּשְׁעִים, כְּנִתְבַּקְּרָה
שִׁלְּחָה פֹּארוֹת וְלֹא שִׁקְּרָה.

שליח הציבור:

תְּפֶן בַּנְּצָרִים אֲשֶׁר חוֹלְלוּ כְּהַיּוֹם / וְשָׁלֹשׁ עֲקָרוֹת שֶׁהִפְקְדוּ בְּזֶה יוֹם
תַּצְדִּיק בְּצִדְקָתָם מְיַחֲלֶיךָ, אָיֹם.

הקהל חוזר ומסיים:

צֶאֱצָאֶיהָ כֵּן פְּקֹד לְטוֹב הַיּוֹם.
קָדוֹשׁ.

בשבת ממשיכים ׳שְׁמוֹ מְפָאֲרִים׳ בעמ׳ 444.

שליח הציבור ואחריו הקהל:

מֶלֶךְ מְמַלֵּט מֵרָעָה, לְיוֹדְעֵי תְרוּעָה.
הָאֵל קָדוֹשׁ.

שליח הציבור ואחריו הקהל:

מֶלֶךְ זְכֹר אֲחוּז קֶרֶן, לְתוֹקְעֵי לְךָ הַיּוֹם בְּקֶרֶן.
נוֹרָא וְקָדוֹשׁ.

הכול:

סימן א״ב כפול (לעתים משולש)

אַאְפִּיד נֵזֶר אָיֹם / בְּשִׁלּוּשׁ קְדֻשָּׁה בַּיּוֹם.
גִּבּוֹרֵי כֹחַ גְּדֻלָּה / דַּהֲרוּהוּ בְּבֵית דְּגִילָה.
הוֹגֵי הֶגֶה הֲמֻלָּה / וַתְּקוּהוּ בְּהַלֵּל וּמִלָּה.
זוֹכֵר לָעַד זְכִיּוֹת / חַדְּשׁוּהוּ זֶמֶר חַיּוֹת.
טוֹב עוֹמֵס טֹרַח / יַחֲדְוּהוּ בְּחִדּוּשׁ יָרֵחַ.
כּוֹבֵשׁ כָּל כְּעָסִים / לְבַל אַף לְהָשִׂים.
מְשָׁרְתֵי בְּחִיל מוֹרָא / נְכֻחָם הַלְלוּ נוֹרָא.
שַׂרְפֵי סְבִיב סְעָרָה / עֱנוּ לְמַעֲבִיר עֶבְרָה.
פְּלִיאִים פִּצְחוּ פֶה / צַלְצְלוּ הַכֹּל צוֹפֶה.
קְהִלּוֹת עַם קְדוֹשִׁים / רוֹמְמוּהוּ רִבְבוֹת רוֹעֲשִׁים.
שֵׁמַע קוֹל שׁוֹפָר / תַּאֲזִין, וְאַשְׁמָה תוּפָר.

שליח הציבור:

תְּשַׁלֵּשׁ שׁוֹפָרוֹת בְּהַר הַקֹּדֶשׁ
וַאֲשַׁלֵּשׁ קְדֻשָּׁה בַּקֹּדֶשׁ.

הקהל חוזר ומסיים:

מֶלֶךְ זְכֹר אֲחוּז קֶרֶן
לְתוֹקְעֵי לְךָ הַיּוֹם בְּקֶרֶן.
נוֹרָא וְקָדוֹשׁ.

ביום א׳ של ראש השנה ממשיכים ׳אַדִּירֵי אֲיֻמָּה׳ בעמ׳ 157.

אם יום ב׳ של ראש השנה חל ביום ראשון, מוסיפים:

בית זה מתוך הפיוט ׳אֶדֶר וְהוֹד׳ (עמ׳ 445) מה׳קרובה׳ ליום ב׳ של ראש השנה עוסק בתקיעת שופר. לכן כאשר ראש השנה חל בשבת, ומחליפים את הפיוטים של תפילת שחרית, אין אומרים בית זה, ומוסיפים אותו ביום ב׳ לפני ׳אָדוֹן, אִם מַעֲשִׂים אֵין בָּנוּ׳ (עמ׳ 449).

ש״ץ: עֲמוּסֶיךָ תּוֹקְעִים וּמְרִיעִים בַּשּׁוֹפָר
אִמְרָתְךָ לְקַיֵּם כַּחֹק הַמְּסֻפָּר
קהל: תִּקְעוּ בַחֹדֶשׁ שׁוֹפָר: תהלים פא

ש״ץ: פִּשְׁעָם הַעֲבֵר וַעֲוֹנָם יְכֻפָּר
מַעֲנָם יֶעֱרַב כְּהַקְרָבַת כְּבָשִׂים וָפָר
קהל: בַּחֲצֹצְרוֹת וְקוֹל שׁוֹפָר: תהלים צח

ש״ץ: צִמְחֵיהֶם יִרְבּוּ כַּחוֹל אֵין מִסְפָּר
צְבָרֵיהֶם יְעוֹרְרוּ וְיַעֲלוּ מֵעָפָר
קהל: כִּנְשֹׂא־נֵס הָרִים תִּרְאוּ, וְכִתְקֹעַ שׁוֹפָר: ישעיה יח

שליח הציבור ואחריו הקהל:

שֶׁבַח מִגְדַּל עֹז, שֵׁם הַגָּדוֹל
נֶצַח בְּתִתּוֹ לְמַלְכּוֹ עֹז וּמִגְדּוֹל
בַּיּוֹם הַהוּא יִתָּקַע בְּשׁוֹפָר גָּדוֹל: ישעיה כז
קָדוֹשׁ.

ממשיכים ׳אָדוֹן, אִם מַעֲשִׂים אֵין בָּנוּ׳ בעמ׳ 449.

פיוטים לחזרת הש״ץ ליום ב׳ של ראש השנה (או ליום א׳, אם חל בשבת)

בדורות האחרונים פשט המנהג שלא לומר את שלושת הפיוטים הבאים, אלא רק את שורות הפזמון. בקהילות שבהן אומרים את ה׳קרובה׳ במלואה, נוהגים לומר לפני כל פיוט את כל שורות הפזמון: שליח הציבור ואחריו הקהל. אם יום א׳ של ראש השנה חל בשבת, אומרים את שני הפיוטים הבאים אחרי ׳אֵם אֲשֶׁר בְּצֶדֶק׳ (עמ׳ 441).

שליח הציבור אומר את שבעת החרוזים הבאים, והקהל חוזר אחריו אחרי כל אחד מהם:

סימן שמעון (6)

שְׁמוֹ מְפָאֲרִים עֲדַת חֶבְלוֹ
וְנַעֲרָץ בְּאֶרְאֶלֵּי קֹדֶשׁ הִלּוּלוֹ
וּבְהֵיכָלוֹ כָּבוֹד אוֹמֵר כֻּלּוֹ / קָדוֹשׁ.

שׁוֹמְרֵי מִצְוֹתָיו עוֹד יָשׁוּבוּן לְבִצָּרוֹן
נִדְבָּרִים יְרֵאָיו בְּהַכְשֵׁר וְיִתָּרוֹן
וַיַּקְשֵׁב יהוה וַיִּשְׁמָע, וַיִּכָּתֵב סֵפֶר זִכָּרוֹן: / קָדוֹשׁ. מלאכי ג

שַׁפְּרוּ מַעֲשֵׂיכֶם, וּבְרִית לֹא תוּפַר
נַאֲקַתְכֶם יַאֲזִין, שְׁחָקִים שִׁפַּר
וְתִיטַב לַיהוה מִשּׁוֹר פָּר: / קָדוֹשׁ. תהלים סט

שִׁבְטֵי מִקְרָאֲךָ עֲלֵה וְהַמְשֵׁל
נְטִישׁוֹת צָרִים בַּהֲתִיזְךָ לְנַשֵּׁל
כִּי לַיהוה הַמְּלוּכָה, וּמֹשֵׁל: / קָדוֹשׁ. תהלים כב

שְׁבוּתֵנוּ מִמֶּרְחָק, עֲלוֹת לְהַר קָדְשׁוֹ
וּנְפָאֲרֵנוּ תָּמִיד בִּדְבִיר מִקְדָּשׁוֹ
כִּי־זָכַר אֶת־דְּבַר קָדְשׁוֹ: / קָדוֹשׁ. תהלים קה

בשבת אין אומרים חרוז זה, וממשיכים ׳כָּל־יֹשְׁבֵי תֵבֵל׳ בעמוד הבא.

שֶׁבַח מִגְדַּל עֹז, שֵׁם הַגָּדוֹל
נֶצַח בְּתִתּוֹ לְמַלְכּוֹ עֹז וּמִגְדּוֹל
בַּיּוֹם הַהוּא יִתָּקַע בְּשׁוֹפָר גָּדוֹל: / קָדוֹשׁ. ישעיה כז

כָּל־יֹשְׁבֵי תֵבֵל וְשֹׁכְנֵי אָרֶץ: ישעיה יח
יֹאמְרוּ תָמִיד, הִגְדִּיל יהוה לַעֲשׂוֹת בָּאָרֶץ
וְהָיָה יהוה לְמֶלֶךְ עַל־כָּל־הָאָרֶץ: / קָדוֹשׁ. זכריה יד

סימן א״ב בתים בני ג׳ טורים

ש״ץ: אֶדֶר וָהוֹד אֶתֵּן בִּצְבִיוֹן / שֶׁוַע אֶעֱרֹךְ בְּנִיב וְהִגָּיוֹן
קהל: אֶקְרָא לֵאלֹהִים עֶלְיוֹן: תהלים נז

ש״ץ: בַּיּוֹם הַנִּבְחָר מִשְּׁמֵי עֶרֶץ / מֵישָׁרִים לִשְׁפֹּט, קְדֻשָּׁתוֹ לְהַעֲרֵץ
קהל: יהוה מָלָךְ תָּגֵל הָאָרֶץ: תהלים צז

ש״ץ: גַּאֲוָתוֹ גָּדְלָה עוֹלָם מֵהָכִיל / עֱזוּזוֹ לְסַפֵּר כֹּחַ מִי יָכִיל
קהל: מֶלֶךְ כָּל־הָאָרֶץ אֱלֹהִים, זַמְּרוּ מַשְׂכִּיל: תהלים מז

שליח הציבור ואחריו הקהל:

שְׁמוֹ מְפָאֲרִים עֲדַת חֲבָלוֹ
וְנַעֲרָץ בְּאֶרְאֶלֵּי קֹדֶשׁ הִלּוּלוֹ
וּבְהֵיכָלוֹ כָּבוֹד אֹמֵר כֻּלּוֹ / קָדוֹשׁ.

ש״ץ: דֵּעַ יָשִׂימוּ כָּל בְּרִיּוֹתָיו / וְיֵדְעוּ כִּי גָדְלוּ גְבוּרוֹתָיו
קהל: זֵכֶר עָשָׂה לְנִפְלְאֹתָיו: תהלים קיא

ש״ץ: הִצִּיב וְיָרָה אֶבֶן פִּנָּתוֹ / נַחֲלִיאֵל עָבוּר לְשַׁעֲשֵׁעַ בְּאֻמָּתוֹ
קהל: זָכַר לְעוֹלָם בְּרִיתוֹ: תהלים קה

ש״ץ: וְרָשַׁם בְּחֹק דַּת הֶגְיוֹנִי / בְּכָל שָׁנָה וְשָׁנָה לִזְכֹּר זִכְרוֹנִי
קהל: לְזִכָּרוֹן בְּהֵיכַל יהוה: זכריה ו

שליח הציבור ואחריו הקהל:

שׁוֹמְרֵי מִצְוֹתָיו עוֹד יָשׁוּבוּן לְבִצָּרוֹן
נִדְבָּרִים יִרְאָיו בְּהֶכְשֵׁר וְיִתְרוֹן
וַיַּקְשֵׁב יהוה וַיִּשְׁמָע, וַיִּכָּתֵב סֵפֶר זִכָּרוֹן: / קָדוֹשׁ. מלאכי ג

ש״ץ: זֶבַח קֹדֶשׁ כְּהָכְשַׁר אָז בְּעֵינָיו / רֶגֶל תְּמוּרָתוֹ אַיִל לְהַקְרִיב לְפָנָיו
בראשית כב קהל: אַחַר נֶאֱחַז בַּסְּבַךְ בְּקַרְנָיו:

ש״ץ: חִכֵּם חֲנִיכָיו לִתְקֹעַ בְּזֶה חֹדֶשׁ / יוֹם זֶה אִם יִקָּרֶה בְּשַׁבַּת קֹדֶשׁ
ויקרא כג קהל: זִכְרוֹן תְּרוּעָה מִקְרָא־קֹדֶשׁ:

ש״ץ: טִבְעוֹ אִם בְּחוֹל יְבוֹאֲכֶם / צִוּוּ לִתְקֹעַ בְּכָל גְּבוּלְכֶם
במדבר כט קהל: יוֹם תְּרוּעָה יִהְיֶה לָכֶם:

שליח הציבור ואחריו הקהל:

שַׁפְּרוּ מַעֲשֵׂיכֶם, וּבְרִית לֹא תוּפַר
נַאֲקַתְכֶם יַאֲזִין, שְׁחָקִים שַׁפַּר
תהלים סט וְתִיטַב לַיהוה מִשּׁוֹר פָּר: / קָדוֹשׁ.

ש״ץ: יָרוּם צוּר יִשְׁעִי בְּפִי כָּל אֻמִּים / חֲשֹׂף זְרוֹעֲךָ לְהוֹשִׁיעַ מִמִּתְקוֹמְמִים
תהלים קמה קהל: מַלְכוּתְךָ מַלְכוּת כָּל־עֹלָמִים:

ש״ץ: כְּהִגָּלוֹתְךָ לְעֵין כֹּל שִׁכְנְךָ לְהִוָּעֵד / קְהִלּוֹת וּרְבָבוֹת בְּפִימוֹ לְהָעֵד
שמות טו קהל: יהוה יִמְלֹךְ לְעֹלָם וָעֶד:

ש״ץ: לְךָ יָאֲתָה כָּבוֹד וָעֹז הַגּוֹיִים / חֶלֶד וְשׁוֹכְנֶיהָ וְכָל הָאִיִּים
ירמיה י קהל: מִי לֹא יִרָאֲךָ מֶלֶךְ הַגּוֹיִם:

שליח הציבור ואחריו הקהל:

שִׁבְטֵי מְקָרְאֶךָ עֲלֵה וְהַמְשֵׁל
נְטִישׁוֹת צָרִים בְּהִתּוֹךְ לְנַשֵּׁל
תהלים כב כִּי לַיהוה הַמְּלוּכָה, וּמֹשֵׁל: / קָדוֹשׁ.

ש״ץ: מוֹטֹת צָרִים שַׁבֵּר וְהַכְחִידֵם / זְרוּיֶיךָ קַבֵּץ וְחִנָּם תִּפְדֵּם
תהלים עד קהל: זְכֹר עֲדָתְךָ קָנִיתָ קֶּדֶם:

ש״ץ: נְדִיבֵי עַמִּים יְנֻחֲמוּ בְּכִפְלַיִם / קָמֵיהֶם עַל פְּנֵימוֹ גַּלֵּה שׁוּלַיִם
תהלים קלז קהל: זְכֹר יהוה לִבְנֵי אֱדוֹם אֵת יוֹם יְרוּשָׁלָםִ:

ש״ץ: סְלוֹל מְסִלָּתֵנוּ יַשֵּׁר לִצְעֹד / וּבֵן יַקִּירְךָ קַרְסֹל לֹא יִמְעַד
ירמיה לא קהל: כְּנַמְתָּ, זָכֹר אֶזְכְּרֶנּוּ עוֹד:

שליח הציבור ואחריו הקהל:

שְׁבוּתֵנוּ מִמֶּרְחָק, עֲלוֹת לְהַר קָדְשׁוֹ
וּנְפָאֲרֵנוּ תָּמִיד בִּדְבִיר מִקְדָּשׁוֹ
כִּי־זָכַר אֶת־דְּבַר קָדְשׁוֹ: / קָדוֹשׁ. תהלים קה

בשבת מדלגים על בית זה,
וממשיכים 'קִרְיַת מָשׂוֹשׂ, הֵיכָל וְאוּלָם'.

ש״ץ: עֲמוּסֶיךָ תּוֹקְעִים וּמְרִיעִים בַּשּׁוֹפָר / אִמְרָתְךָ לְקַיֵּם כַּחֹק הַמְּסֻפָּר
קהל: תִּקְעוּ בַחֹדֶשׁ שׁוֹפָר: תהלים פא

ש״ץ: פִּשְׁעָם הַעֲבֵר וַעֲוֹנָם יְכֻפַּר / מַעֲנָם יֶעֱרַב כְּהַקְרָבַת כְּבָשִׂים וָפָר
קהל: בַּחֲצֹצְרוֹת וְקוֹל שׁוֹפָר: תהלים צח

ש״ץ: צִמְחֵיהֶם יִרְבּוּ כַּחוֹל אֵין מִסְפָּר / צִבְרֵיהֶם יְעוֹרְרוּ וְיַעֲלוּ מֵעָפָר
קהל: כִּנְשֹׂא־נֵס הָרִים תִּרְאוּ, וְכִתְקֹעַ שׁוֹפָר: ישעיה יח

שליח הציבור ואחריו הקהל:

שֶׁבַח מִגְדַּל עֹז, שֵׁם הַגָּדוֹל
נֶצַח בְּתִתּוֹ לְמַלְכּוֹ עֹז וּמִגְדּוֹל
בַּיּוֹם הַהוּא יִתָּקַע בְּשׁוֹפָר גָּדוֹל: קָדוֹשׁ. ישעיה כז

ש״ץ: קִרְיַת מָשׂוֹשׂ, הֵיכָל וְאוּלָם
מִזְבֵּחַ יָשִׁיב, וּכְלֵי שָׁרֵת כֻּלָּם קהל: יהוה יִמְלֹךְ לְעֹלָם: שמות טו

ש״ץ: שָׁמַיִם וָאָרֶץ יְרַנְּנוּ לִשְׁמוֹ
יְעָרוֹת יִמְחֲאוּ כַף לְהַנְעִימוֹ קהל: כִּי־פָקַד יהוה אֶת־עַמּוֹ: רות א

ש״ץ: תֹּקֶף אֶרְאֶלִּים וְכוֹכְבֵי צֶפֶר
תְּהִלּוֹת יִתְּנוּ שֶׁבַח לְהַשְׁפֵּר קהל: הַלְלוּהוּ בְּתֵקַע שׁוֹפָר: תהלים קנ

שליח הציבור ואחריו הקהל:

כָּל־יֹשְׁבֵי תֵבֵל וְשֹׁכְנֵי אָרֶץ: ישעיה יח
יֹאמְרוּ תָמִיד, הִגְדִּיל יהוה לַעֲשׂוֹת בָּאָרֶץ
וְהָיָה יהוה לְמֶלֶךְ עַל־כָּל־הָאָרֶץ: / קָדוֹשׁ. זכריה יד

שליח הציבור ואחריו הקהל:

יִשְׁפֹּט תֵּבֵל בְּצֶדֶק
וּלְאֻמִּים בְּמֵישָׁרִים
הָאֵל קָדוֹשׁ.

שליח הציבור ואחריו הקהל:

וְהוּא בְאֶחָד וּמִי יְשִׁיבֶנּוּ איוב כג
וְנַפְשׁוֹ אִוְּתָה וַיָּעַשׂ:
נוֹרָא וְקָדוֹשׁ.

הכול:

סימן א״ב שמעון בר יצחק חזק

אֶתֵּן לְפֹעֲלִי צֶדֶק / בַּיּוֹם הַנִּבְחָר מַעַשׂ לְהִבָּדֵק.
גַּאֲוָתוֹ מְאֹד גָּדְלָה / דֶּרֶךְ עַנְוָתוֹ לְפִי הַגְּדֻלָּה.
הוּא אֲדוֹן הָעוֹלָם / וּמִי־הִקְשָׁה אֵלָיו, וַיִּשְׁלָם: איוב ט
זוֹכֵר הוֹלֵךְ בַּתֹּם / חוֹנֵן וְעוֹשֶׂה דִּין יָתוֹם.
טָהוֹר מָרוֹם וְנִשָּׂא / יָפֶה בְעִתּוֹ הַכֹּל עָשָׂה.
כַּבִּיר לֹא יִמְאַס / לְנִבְזֶה בְעֵינָיו, נִמְאָס.
מְפֹאָר רֹכֵב עֲרָבוֹת / נֹגַהּ נֶגְדּוֹ, וְאֵשׁ לֶהָבוֹת.
סוֹעֵף בַּחֲרָבוֹת שְׁנוּנוֹת / עֲבוּר יְתוֹמִים וְאַלְמָנוֹת.
פֹּעַל אָדָם יְשַׁלֵּם / צָר פֶּה וּמֵשִׂים אִלֵּם.
קֹנֵה הַכֹּל בְּרַחֲמִים / רָם וּמַשְׁפִּיל רָמִים.
שׁוֹפֵט יְצוּרָיו בַּחֲנִינָה / תְּמִים פֹּעַל, אֵל אֱמוּנָה.
שֹׁפְטֵי אֶרֶץ כַּתֹּהוּ / מִפַּחְדּוֹ יִבָּהֲלוּ וְיִתְמָהוּ. ישעיה מ
עוֹשֶׂה מִשְׁפַּט עַמּוֹ / וּתְחִלָּה מְקַדְּמָם מִפְּנֵי זַעְמוֹ.
נְדִיבִים בְּדִקְדּוּקָם יָחִילוּ / בַּאֲשֶׁר מִשְׁפָּטוֹ פָּעֲלוּ.
רוֹאֶה כָּל תַּעֲלוּמוֹת / יוֹשֵׁב בְּגָבְהֵי מְרוֹמוֹת.
צוֹפֶה כָּל נוֹלָדוֹת / חוֹפֵשׂ כָּל הָעֲתִידוֹת.
קֹרֵא הַדּוֹרוֹת מֵרֹאשׁ / חִקְרֵי לֵב לָתוּר וְלִדְרֹשׁ. ישעיה מא
◂ זוֹכֵר בְּרִית רִאשׁוֹנִים / קַיֵּם שְׁבוּעָה לָאַחֲרוֹנִים.

הקיקלר׳ השלישי שאומרים ביום ב׳ של ראש השנה,
הוא תמיד ״שַׁבְתִּי וְרָאֹה תַּחַת־הַשֶּׁמֶשׁ״ (למטה).

שליח הציבור ואחריו הקהל:

אָדוֹן, אִם מַעֲשִׂים אֵין בָּנוּ / שִׁמְךָ הַגָּדוֹל יַעֲמָד לָנוּ
וְאַל תָּבוֹא בְמִשְׁפָּט עִמָּנוּ / קָדוֹשׁ.

שליח הציבור ואחריו הקהל:

הֵן לֹא יַאֲמִין בִּקְדֹשָׁיו / וּתְהִלָּה יָשִׂים בְּאֵלֵי תַרְשִׁישָׁיו
וְאֵיךְ יִצְדְּקוּ קְרוּצֵי גוּשָׁיו / קָדוֹשׁ.

כמו בפיוט הקודם גם בפיוט זה במקור הקהל אמר אחרי כל בית
אחד משני הפזמונים לסירוגין. אך במרוצת הדורות פשט המנהג לאומרו הכול יחד.

הכול:

סימן א״ב שמעון בר יצחק (כפול) הקטן חזק

שַׁבְתִּי וְרָאֹה תַחַת־הַשֶּׁמֶשׁ: / אֵין טוֹב לֶאֱנוֹשׁ מֵהִתְחַמֵּשׁ קהלת ט
בְּיִרְאַת מָעֻזּוֹ לְהִתְחַזֵּק, וְלֹא לְהָמֵשׁ.

שׁוּרַת הַדִּין רָאֲתָה עֵינִי / נָבִין תְּחִלָּה מֵאָדָם הַקַּדְמוֹנִי
בְּצֶלֶם אֱלֹהִים נִבְרָא, בְּעֵדֶן גַּנִּי.

מֵעֵת הֵפֵר פִּי מַמְלֶכֶת / בִּיקָר לֹא לָן, וְנִגְרַשׁ בְּשַׁלֶּכֶת
וְאֵת לַהַט הַחֶרֶב הַמִּתְהַפֶּכֶת: בראשית ג

אָדוֹן, אִם מַעֲשִׂים אֵין בָּנוּ / שִׁמְךָ הַגָּדוֹל יַעֲמָד לָנוּ
וְאַל תָּבוֹא בְמִשְׁפָּט עִמָּנוּ / קָדוֹשׁ.

מִדָּרַךְ בְּדֶרֶךְ טוֹבִים לְהוֹעִילוֹ / מִמִּזְרָח הָאִיר עֶלֶט מַאֲפִלוֹ
צֶדֶק יִקְרָאֵהוּ לְרַגְלוֹ: ישעיה מא

עַל נִסּוּתוֹ מִבְטִיחוֹ בִּבְחִינָה / וּפָץ לְהוֹדִיעוֹ אִם יְיַרְשֶׁנָּה
נִגְרְרוּ גְזָעָיו גֵּרוּת אַרְבַּע מֵאוֹת שָׁנָה.

עוּרוּ נְדִיבִים וְהִתְאוֹשְׁשׁוּ לְתַאֲוָה / בַּקְּשׁוּ צֶדֶק, בַּקְּשׁוּ עֲנָוָה: צפניה ב
אוּלַי יֵשׁ תִּקְוָה: איכה ג

הֵן לֹא יַאֲמִין בִּקְדֹשָׁיו / וּתְהִלָּה יָשִׂים בְּאֵלֵי תַרְשִׁישָׁיו
וְאֵיךְ יִצְדְּקוּ קְרוּצֵי גוּשָׁיו / קָדוֹשׁ.

וָתִיק הַנַּעֲלָה בְּאַחַד הֶהָרִים / לִשְׁמוֹנָה קִיֵּם בְּרִית בְּשָׂרִים
וְזָרַע וּמָצָא מֵאָה שְׁעָרִים.
וּלְשִׁשִּׁים נֶחֱנַט בְּמֵצִיק וּמְשַׁעֲשַׁע / וּלְשֵׂיבָה כָּהָה מְאוֹרוֹ לְהָשַׁע
עֲבוּר שְׂאֵתוֹ פְּנֵי הָרָשָׁע.
נָא שִׂימוּ עַל לֵב מוֹרָאוֹת / וְהָשִׁיבוּ יָד מֵעָוֶל לְהִמָּלֵט מִתְּלָאוֹת
עמוס ה אוּלַי יֶחֱנַן יהוה אֱלֹהֵי־צְבָאוֹת:

אָדוֹן, אִם מַעֲשִׂים אֵין בָּנוּ / שִׁמְךָ הַגָּדוֹל יַעֲמָד לָנוּ
וְאַל תָּבוֹא בְמִשְׁפָּט עִמָּנוּ / קָדוֹשׁ.

נְעִים אֲשֶׁר טֹבוּ אֹהָלָיו / וְתָאֳרוֹ חָקוּק בְּכֵס זְבוּלָיו
בראשית כח וְהִנֵּה יהוה נִצָּב עָלָיו:
בְּשׁוּבוֹ מִפַּדָּן וְנֶחֱלַץ מִתְּלָאָה / וְנִדְּרוֹ אֵחַר לָאֵל לוֹ נִרְאָה
נִכְשַׁל בְּדִינָה בַּת לֵאָה.
בִּינוּ יְצוּרִים לְרַחֲמָיו לִשְׁאַף / גּוּרוּ לָכֶם מִפְּנֵי סַעֲרַת חֲרוֹן אַף
צפניה ב אוּלַי תִּסָּתְרוּ בְּיוֹם אַף:

הֵן לֹא יַאֲמִין בִּקְדֹשָׁיו / וְתָהֳלָה יָשִׂים בְּאֵלֵי תַרְשִׁישָׁיו
וְאֵיךְ יִצְדְּקוּ קְרוּצֵי גוּשָׁיו / קָדוֹשׁ.

רֵעִים וְאַחִים, בְּנֵי הַיִּצְהָר / אֲשֶׁר אָצוּ בְּמִשְׁלַחְתָּם כִּצְבִי לְמַהֵר
וְהִגְבִּילוּ סְגֻלָּה בְּתַחְתִּית הָהָר.
רַבֵּי תוֹרָה כָּתְבוּ לָעָם / וְהוֹרוּם דַּרְכֵי יֹשֶׁר וּמִשְׁפְּטֵי נֹעַם
וּבְמֵי מְרִיבָה הָפְקְדוּ בְזָעַם.
יֵדְעוּ זֹאת כָּל יוֹשְׁבֵי אֲדָמָה / אִם כֵּן בְּתְמִימֵי חָכְמָה
מַה יַּעֲשׂוּ מְלֵאֵי מִרְמָה.

אָדוֹן, אִם מַעֲשִׂים אֵין בָּנוּ / שִׁמְךָ הַגָּדוֹל יַעֲמָד לָנוּ
וְאַל תָּבוֹא בְמִשְׁפָּט עִמָּנוּ / קָדוֹשׁ.

יְדִיד יהוה אֲשֶׁר מָלַךְ תְּחִלָּה / כְּבֶן שָׁנָה נָקִי מִכָּל עַוְלָה
וְלֹא נֶעֱצַל מִמִּלְחֶמֶת עֲבוּר הַצָּלָה.

צִוָּה עַל מְחִיַּת הַמְזַנֵּב / שָׁנָה מִפְקָד וְהוֹבִישׁ כְּגוֹנֵב
בְּחֶמְלוֹ מַעֲדַנּוֹת בִּכְשָׁפָיו מִתְגַּנֵּב.

צוּר נִחַם כִּי הִמְלִיכוֹ / וּבְיַד אֹיְבָיו הִפִּילוֹ לְדָעְכוֹ
וּמַה יַּעֲשׂוּ מְפִירֵי דִין כְּעֶרְכּוֹ.

הֵן לֹא יַאֲמִין בִּקְדֹשָׁיו / וְתָהֳלָה יָשִׂים בְּאֶלֵי תַרְשִׁישָׁיו
וְאֵיךְ יִצְדְּקוּ קְרוּצֵי גוּשָׁיו / קָדוֹשׁ.

חָסִיד הַמְנֻעִים זְמִירוֹת לְקוֹנוֹ / וְהוּכַן בְּחֶסֶד כִּסֵּא גְאוֹנוֹ
וְעָשָׂה מִשְׁפָּט וּצְדָקָה לַהֲמוֹנוֹ.

חָתַף לִבְרֹחַ מִפְּנֵי פְרִי בִטְנוֹ / וְהִקְדִּימוֹ רָכִיל, מְשַׁקֵּר עַל אֲדוֹנוֹ
וְחִלֵּק לוֹ שָׂדֶה בְּחֵלֶק לְשׁוֹנוֹ.

קוֹל הַחִלּוּק כְּהִסְכִּית מִמְּעוֹנוֹ / חִלֵּק מַלְכוּתוֹ בֵּין עַבְדּוֹ וּבֵין בְּנוֹ
וּמַה יַּעֲשֶׂה מְלַשְׁנִי כִּפְקֹד עָלָיו חֲרוֹנוֹ.

אָדוֹן, אִם מַעֲשִׂים אֵין בָּנוּ / שִׁמְךָ הַגָּדוֹל יַעֲמָד לָנוּ
וְאַל תָּבוֹא בְמִשְׁפָּט עִמָּנוּ / קָדוֹשׁ.

קְהִלּוֹת וּרְבָבוֹת וַאֲלָפִים / אֲשֶׁר לְפָנֵינוּ עָבְרוּ חֲלוּפִים
וְלֹא יָכְלוּ לְהִצְטַדֵּק הֱיוֹת חַפִּים.

הֵן שָׁמַיִם בְּעֵינָיו לֹא זַכּוּ / וְכָל לִגְיוֹנֵי שַׁחַק כְּפִשְׁתָּה דָעֲכוּ
וְנִתְעָב וְנֶאֱלָח מַה יִּזְכּוּ.

קוֹבֵץ מִרְמָה וּמִסְתַּתֵּר בְּעִנְיָנָיו / אִם יֹאמַר בְּלִבּוֹ מִי יְעִידֵנִי לְפָנָיו
קוֹרוֹתָיו וְרָהִיטָיו עֵצָיו וַאֲבָנָיו.

הֵן לֹא יַאֲמִין בִּקְדֹשָׁיו / וְתָהֳלָה יָשִׂים בְּאֶלֵי תַרְשִׁישָׁיו
וְאֵיךְ יִצְדְּקוּ קְרוּצֵי גוּשָׁיו / קָדוֹשׁ.

טְהוֹר עֵינַיִם בְּרַע מֵרְאוֹת / הַצֵּל חֲטָאֵינוּ בְּעִמְקֵי מַחֲבוֹאוֹת
וַעֲשֵׂה עִמָּנוּ לְטוֹבָה אוֹת.

נַחְנוּ אִם פָּשַׁעְנוּ מֵאַחֲרֶיךָ / הִזָּכֵר לַאֲבוֹת הָעוֹלָם בְּחִירֶיךָ
וְאַל תִּתְעַלַּם מִתַּחַן מְשַׁחֲרֶיךָ.

שליח הציבור:

חֵלֶף פָּרִים וּמִנְחָה הֲגוּנָה / זְכֹר הֶגְיוֹנֵנוּ וְתֵן לָנוּ חֲנִינָה
קַיְּמֵנוּ לְחַיִּים טוֹבִים בְּזֶה רֹאשׁ הַשָּׁנָה.

אָדוֹן, אִם מַעֲשִׂים אֵין בָּנוּ / שִׁמְךָ הַגָּדוֹל יַעֲמָד לָנוּ
וְאַל תָּבוֹא בְמִשְׁפָּט עִמָּנוּ / קָדוֹשׁ.

ממשיכים ׳וּבְכֵן, וַיְהִי בִישֻׁרוּן מֶלֶךְ׳ בעמ׳ 276.
הגרסה המלאה לפיוט ׳מֶלֶךְ עֶלְיוֹן׳ למטה.

וּבְכֵן, וַיְהִי בִישֻׁרוּן מֶלֶךְ

מֶלֶךְ עֶלְיוֹן

אַמִּיץ הַמְנֻשָּׂא / לְכֹל לְרֹאשׁ מִתְנַשֵּׂא
אוֹמֵר וְעוֹשֶׂה / מָעוֹז וּמַחְסֶה
נֹשֶׂא וְנוֹשֵׂא / מוֹשִׁיב מְלָכִים לַכִּסֵּא
לַעֲדֵי עַד יִמְלֹךְ.

מֶלֶךְ אֶבְיוֹן

בָּזוּי וּמְשֻׁסֶּה / פְּשָׁעָיו מְכַסֶּה
בָּהוּל וּמְתֻשֶּׁה / עָוֹן פּוֹשֶׂה
נִבְחָן בְּכָל מַעֲשֶׂה / וְאוֹצָרוֹ יְשֻׁסֶּה
וְאֵיךְ יִמְלֹךְ.

מֶלֶךְ עֶלְיוֹן

גִּבּוֹר בִּגְבוּרוֹת / קֹרֵא הַדֹּרוֹת
גּוֹלֶה נִסְתָּרוֹת / אִמְרוֹתָיו טְהוֹרוֹת
יוֹדֵעַ סְפֹרוֹת / לְתוֹצָאוֹת מַזָּרוֹת
לַעֲדֵי עַד יִמְלֹךְ.

מֶלֶךְ אֶבְיוֹן
דָּגוּר מֵעֲפָרוֹת / נִכְשָׁל בַּעֲבֵרוֹת
יוּבַל לִקְבָרוֹת / נִסְגָּר בְּמַסְגֵּרוֹת
נוֹפֵל בְּמַהֲמוֹרוֹת / וְגָזוּר בִּגְזֵרוֹת
וְאֵיךְ יִמְלֹךְ.

מֶלֶךְ עֶלְיוֹן
הַמְפֹאָר בְּפִי כֹל / וְהוּא כֹל יָכוֹל
הַמְרַחֵם אֶת הַכֹּל / וְנוֹתֵן מִחְיָה לַכֹּל
וְנֶעְלָם מֵעֵין כֹּל / וְעֵינָיו מְשׁוֹטְטוֹת בַּכֹּל
לַעֲדֵי עַד יִמְלֹךְ.

מֶלֶךְ אֶבְיוֹן
וְנִכְאָב בְּחָלְיוֹ / וְנִגְרָע תְּלָיו
וְנוֹסָף בִּכְיוֹ / וְיִגְוַע וְאִיּוֹ
וְלֹא דַיּוֹ / לַמִּשְׁפָּט יְבִיאוֹ
וְאֵיךְ יִמְלֹךְ.

מֶלֶךְ עֶלְיוֹן
זוֹכֵר נִשְׁכָּחוֹת / חוֹקֵר טֻחוֹת
עֵינָיו פְּקֻחוֹת / מַגִּיד שֵׂחוֹת
אֱלֹהֵי הָרוּחוֹת / אִמְרוֹתָיו נְכֹחוֹת
לַעֲדֵי עַד יִמְלֹךְ.

מֶלֶךְ אֶבְיוֹן
חוֹנֵף וְתוֹעֶה / אֱוִילִי רוֹעֶה
סוֹעֵר וְסוֹעֶה / לְטַרְפּוֹ גוֹעֶה
בִּסְגוֹר צוֹעֶה / כַּיּוֹלֵדָה יִפְעֶה
וְאֵיךְ יִמְלֹךְ.

מֶלֶךְ עֶלְיוֹן
טָהוֹר בִּזְבוּלָיו / אוֹת הוּא בְּאֶרְאֶלָּיו
אֵין עֲרֹךְ אֵלָיו / לִפְעֹל כְּמִפְעָלָיו
חוֹל שָׂם גְּבוּלָיו / כַּהֲמוֹת יָם לְגַלָּיו
לַעֲדֵי עַד יִמְלֹךְ.

מֶלֶךְ אֶבְיוֹן
יָהִיר בְּזָדוֹן / מְגָרֶה מָדוֹן
בְּחַיָּיו נִדּוֹן / בְּמוֹתוֹ לַאֲבַדּוֹן
רוּחוֹ יָדוֹן / וְיֵדַע שַׁדּוּן
וְאֵיךְ יִמְלֹךְ.

מֶלֶךְ עֶלְיוֹן
כּוֹנֵס מֵי הַיָּם / רֹגַע גַּלֵּי יָם
סוֹעֵר שְׁאוֹן דָּכְיָם / מְלֹא הָעוֹלָם דַּיָּם
מַשְׁבִּיחָם בְּעָיָם / וְשָׁבִים אָחוֹר וְאַיָּם
לַעֲדֵי עַד יִמְלֹךְ.

מֶלֶךְ אֶבְיוֹן
לִבּוֹ יִמַּס / זוֹעֵק חָמָס
חֶסֶד לַמָּס / עָל נֶעֱמָס
כְּטִיט נִרְמָס / וְכַדּוֹנַג נָמָס
וְאֵיךְ יִמְלֹךְ.

מֶלֶךְ עֶלְיוֹן
מוֹשֵׁל בִּגְבוּרָה / דַּרְכּוֹ סוּפָה וּסְעָרָה
עוֹטֶה אוֹרָה / לַיְלָה כַּיּוֹם לְהָאִירָה
עֲרָפֶל לוֹ סִתְרָה / וְעִמֵּהּ שְׁרֵא נְהוֹרָא
לַעֲדֵי עַד יִמְלֹךְ.

מֶלֶךְ אֶבְיוֹן
נְשׂוּי טוֹבָה / בְּעֶצֶב לְהַעֲצִיבָה
תַּחֲרוּת וְאֵיבָה / אֵלָיו קְרוֹבָה
בְּרֹב חוֹבָה / יִהְיֶה לְחָרְבָּה
וְאֵיךְ יִמְלֹךְ.

מֶלֶךְ עֶלְיוֹן
סִתְרוֹ עָבִים / סְבִיבָיו לְהָבִים
רְכוּבוֹ כְּרוּבִים / מְשָׁרְתָיו שְׁבִיבִים
מַזָּרוֹת וְכוֹכָבִים / הִלּוּלוֹ מַרְבִּים
לַעֲדֵי עַד יִמְלֹךְ.

מֶלֶךְ אֶבְיוֹן
עָלוּב וְשָׁפָל / בְּחֹשֶׁךְ מְאֻפָּל
עֲוֹנוֹ מְכֻפָּל / חֶטְאוֹ מְטֻפָּל
בִּגְלָלוֹ יֻשְׁפָּל / מִגָּבְהוֹ נָפָל
וְאֵיךְ יִמְלֹךְ.

מֶלֶךְ עֶלְיוֹן
פּוֹתֵחַ יָד וּמַשְׂבִּיעַ / צוֹרֵר מַיִם וּמַנְבִּיעַ
יַבֶּשֶׁת לְהַטְבִּיעַ / לְשַׁלִּישׁ וּלְרַבִּיעַ
יוֹם לְיוֹם יַבִּיעַ / שִׁבְחוֹ לְהַבִּיעַ
לַעֲדֵי עַד יִמְלֹךְ.

מֶלֶךְ אֶבְיוֹן
צָפוּי אֱלֵי חֶרֶב / בַּבֹּקֶר וּבָעֶרֶב
מִקֹּר וּמֵחֹרֶב / יְזֹרַב וְיִשְׁתָּרֵב
נִכְרַת מִקֶּרֶב / מָוֶת לוֹ מְאָרֵב
וְאֵיךְ יִמְלֹךְ.

מֶלֶךְ עֶלְיוֹן
קָדוֹשׁ וְנוֹרָא / בְּמוֹפֵת וּבְמוֹרָא
מְמַדֵּי אֶרֶץ קָרָא / וְאֶבֶן פִּנָּתָהּ יָרָה
וְכָל הַנִּבְרָא / לִכְבוֹדוֹ בָּרָא
לַעֲדֵי עַד יִמְלֹךְ.

מֶלֶךְ אֶבְיוֹן
רַחֲמָיו שְׁחוּתִים / מִדּוֹתָיו פְּחוּתִים
דְּרָכָיו תַּחְתּוֹתִים / פְּשָׁעָיו חֲרוּתִים
וְחַיָּתוֹ לַמְּמִיתִים / כְּבִקְרֵי רְפָתִים
וְאֵיךְ יִמְלֹךְ.

מֶלֶךְ עֶלְיוֹן
שׁוֹמֵעַ אֶל אֶבְיוֹנִים / וּמַאֲזִין חִנּוּנִים
מַאֲרִיךְ רְצוֹנִים / וּמְקַצֵּר חֲרוֹנִים
רִאשׁוֹן לָרִאשׁוֹנִים / וְאַחֲרוֹן לָאַחֲרוֹנִים
לַעֲדֵי עַד יִמְלֹךְ.

מֶלֶךְ אֶבְיוֹן
תּוֹחַלְתּוֹ נִכְזָבָה / תִּקְוָתוֹ נֶעֱלָבָה
גְּוִיָּתוֹ נִרְקָבָה / נִשְׁמָתוֹ נִכְאָבָה
נִשְׁבָּר וְנִשְׁבָּה / מִלַּהַט הַיּוֹם הַבָּא
וְאֵיךְ יִמְלֹךְ.

אֲבָל מֶלֶךְ עֶלְיוֹן
שׁוֹפֵט הָאֱמֶת / מַעֲבָדָיו אֱמֶת
עוֹשֶׂה חֶסֶד וֶאֱמֶת / וְרַב חֶסֶד וֶאֱמֶת
נְתִיבָתוֹ אֱמֶת / וְחוֹתָמוֹ אֱמֶת
לַעֲדֵי עַד יִמְלֹךְ.

ממשיכים ׳יהוה מֶלֶךְ׳ בעמ׳ 280.

סילוק לשחרית ליום א׳ של ראש השנה

ה׳סילוק׳ (ראה עמ׳ 225) הוא שיא ה׳קרובה׳ מבחינה ספרותית, אך דווקא משום כך, בהרבה קהילות אין אומרים אותו, שכן הוא מורכב וקשה במיוחד. כיום מקובל לומר רק את ה׳סילוקים׳ למוסף, ואף בו אומרים את ׳וּנְתַנֶּה תֹּקֶף׳ במקום ה׳סילוק׳ המקורי. בגלל מורכבותו, נהגו בקהילות שבהן אמרו אותו שהקהל אומר את רובו בלחש, ושליח הציבור אומר רק את הקטעים המסומנים.

הכול:

מֶלֶךְ בְּמִשְׁפָּט יַעֲמִיד אָרֶץ: / עֶלְיוֹן עַל־כָּל־הָאָרֶץ: משלי כט / תהלים צז

יַכִּירוּ וְיֵדְעוּ כָּל הָאָרֶץ / כָּל־יֹשְׁבֵי תֵבֵל וְשֹׁכְנֵי אָרֶץ: ישעיה יח

מִקְצֵה הָאָרֶץ וְעַד־קְצֵה הָאָרֶץ: / כִּי הוּא בּוֹרֵא קְצוֹת כָּל הָאָרֶץ דברים יג

עֹשֶׂה מִשְׁפָּט וּצְדָקָה בָּאָרֶץ: / בְּקוּמוֹ לַמִּשְׁפָּט יַשְׁקִיט הָאָרֶץ ירמיה ט

לְהוֹשִׁיעַ כָּל עַנְוֵי הָאָרֶץ / לַעֲשׂוֹת כַּתֹּהוּ שׁוֹפְטֵי הָאָרֶץ

לֶאֱחוֹז בְּאַרְבַּע כַּנְפוֹת הָאָרֶץ / לְנַעֵר כָּל רִשְׁעֵי אָרֶץ

וְקוֹל יַשְׁמִיעוּ בַּשָּׁמַיִם וּבָאָרֶץ / מָה־אַדִּיר שִׁמְךָ בְּכָל־הָאָרֶץ: תהלים ח

וּבְמָלְכוֹ עַל כָּל הָאָרֶץ / אָז יָרִיעוּ תַּחְתִּיּוֹת אָרֶץ

יִשְׂמְחוּ הַשָּׁמַיִם וְתָגֵל הָאָרֶץ: / וַאֲשֶׁר בַּשָּׁמַיִם מִמַּעַל לָאָרֶץ תהלים צו

וַאֲשֶׁר בַּמַּיִם מִתַּחַת לָאָרֶץ: / וְאָז יִפְצְחוּ רֶנֶן בָּאָרֶץ שמות כ

כְּבוֹדוֹ מְלֹא כָל הָאָרֶץ / יהוה מָלָךְ תָּגֵל הָאָרֶץ: תהלים צז

וּבְכֵן יְשַׁלֵּשׁ שׁוֹפָרוֹת אֶרֶץ / וְיַפְחִיד חוֹרֵי יוֹשְׁבֵי הָאָרֶץ

וְיַהֲפֹךְ כִּסֵּא מַמְלְכוֹת הָאָרֶץ / וְיֹאמַר כָּל אֲשֶׁר נְשָׁמָה בְּאַפּוֹ בָּאָרֶץ

שליח הציבור:

מָה־אַדִּיר שִׁמְךָ בְּכָל־הָאָרֶץ: / וִיכוֹנַן מְשׂוֹשׂ כָּל הָאָרֶץ תהלים ח

וִיעוֹרֵר כָּל יְשֵׁנֵי אֶרֶץ / וְיַעֲלוּ זְמִירוֹת מִכְּנַף הָאָרֶץ

שִׁירוּ לַיהוה כָּל־הָאָרֶץ: תהלים צו

הכול:

אֶרֶץ וְדָרֶיהָ יְצַפּוּ לַדִּין / וְיֵחַתּוּ וְיֶחֶרְדוּ מֵאֵימַת הַדִּין

כִּי גָדוֹל יוֹם הַדִּין / וּמִי יְכִילֶנּוּ, לְהִצְטַדֵּק בַּדִּין

וְכָל יוֹשְׁבֵי עַל מִדִּין / וְכָל יוֹדְעֵי דָת וָדִין

וְכָל שֶׁנַּעֲשָׂה בּוֹ דִין / אוּלַי יֵחָנֵן בִּשְׁעַת הַדִּין

כִּי אֵין רַחֲמִים בַּדִּין / וְלֹא יִשָּׂא פָנִים בַּדִּין

וְהוּא עֵד וּבַעַל דִּין / לָדַעַת בָּאָרֶץ מַעֲשֵׂהוּ בַּדִּין
וּבְיַד כָּל אָדָם יַחְתֹּם דִּין / וּלְפִי מִשְׁטָרוֹ יַעֲשֶׂה לוֹ דִין
וּכְפָעֳלוֹ יִפְעַל לוֹ דִּין / וּמַעֲשָׂיו יוֹכִיחוּ אוֹתוֹ בַּדִּין
וְאֶבֶן מִקִּיר תִּזְעַק בַּדִּין / וְכָפִיס מֵעֵץ יַעֲנֶנָּה בַּדִּין
הַכֹּל בֶּאֱמֶת וְהַכֹּל בַּדִּין / בְּמִדַּת רַחֲמִים וּבְמִדַּת הַדִּין
וְהַיּוֹם הוּכַן עַמִּים בּוֹ לָדִין / לַעֲשׂוֹת אוֹת לְיוֹם הַדִּין
וְכָל נְפָשׁוֹת בּוֹ יָדִין.

וְהוּא עָשׂוּי חֹק זִכָּרוֹן / לְיוֹם רִאשׁוֹן וּלְיוֹם אַחֲרוֹן
לְהִזָּכֵר בּוֹ יְשֵׁנֵי חֶבְרוֹן / בְּצִלָּם לְהֵחָבְאוֹת חֲבַצֶּלֶת הַשָּׁרוֹן
בָּם לְהַצְדִּיק שָׁבִים לְבִצָּרוֹן / תּוֹקְעֵי בַשּׁוֹפָר וְקוֹרְאֵי בְגָרוֹן
לִמְצֹא בְצִדְקָם מַעֲשֵׂה כִשְׁרוֹן / בָּם לְהִנָּצֵל מֵאַף וְחָרוֹן.

וּכְשָׁמַר אָב דֶּרֶךְ מִשְׁפָּט וּצְדָקָה / יַעֲשֶׂה לְנִינָיו מִשְׁפָּט וּצְדָקָה
וּכְיוֹנַת אֵלֶם זָרַע לִצְדָקָה / יִקְצְרוּ נִינָיו אֱמֶת וּצְדָקָה
וּכְנִתַּן לַתָּם בֶּאֱמֶת צְדָקָה / יִנָּתֵן לְנִינָיו אֱמֶת וּצְדָקָה
וְכִסֵּא כָבוֹד מְתֻקָּן בִּצְדָקָה / לְפָנָיו יַעֲמֹד מֵלִיץ וִילַמֵּד צְדָקָה
וְכַעֲלוֹת שׁוֹפָר מִדַּלְיֵ צְדָקָה / יְחֻנְּנוּ וְיַפְגִּיעוּ אֲבוֹת הַצְּדָקָה
וְיֹאמְרוּ לִפְנֵי אוֹהֵב צְדָקָה / חָלִילָה לְּךָ מְדַבֵּר בִּצְדָקָה
מֵעֲשׂוֹת מִשְׁפָּט בְּלֹא צְדָקָה / וּבִמְקוֹם מִשְׁפָּט אֵין צְדָקָה
וּבְאֵין מִשְׁפָּט יֵשׁ צְדָקָה / וְאַתָּה בְּמִשְׁפָּט תַּעֲשֶׂה צְדָקָה
לִשְׁפֹּט תֵּבֵל בְּמַעֲשֵׂה הַצְּדָקָה / וּמְכוֹן כִּסְאֲךָ מִשְׁפָּט וּצְדָקָה

שליח הציבור:

וּבְחַפֶּשְׂךָ מַעֲשִׂים מִבְּלִי צְדָקָה / הִזָּכֵר לְטוּב מְעַט בִּצְדָקָה
וּבְמַתְּנַת חִנָּם תַּעֲשֶׂה צְדָקָה / לִפְתֹּחַ לָמוֹ אוֹצְרוֹת הַצְּדָקָה.

הכול:

וְאִם יָצְאָה גְזֵרָה דְחוּקָה / לְחַבֵּל יוֹשְׁבֵי אַרְקָא
בְּבוּקָה וּמְבוּקָה וּמְבֻלָּקָה / הִסְתַּכֵּל בְּתַבְנִית אֲשֶׁר בְּכִסֵּא חֲקוּקָה
וּבַתֵּבָה אֲשֶׁר תַּחְתָּיו פְּקוּקָה / וְנַפְשׁוֹת צוּרִים בְּתוֹכָהּ נְקוּקָה
וּבָעֲטָרָה אֲשֶׁר בְּרֹאשְׁךָ זְקוּקָה / וּבְשֵׁם יִשְׂרָאֵל בְּכִנּוּי מְחֻזָּקָה

וּבִדְמוּת שְׁבָטִים מְעֻזָּקָה / וּבֵין כְּתֵפָיו שָׁכֵן בַּחֲזָקָה
בָּם אֶשָּׁעֵנָה, וּבָם אֶתְחַזָּקָה.

כִּי בְשִׁבְתּוֹ בַּכִּסֵּא לִשְׁפֹּטִי / יַעַמְדוּ כֻלָּם לִפְנֵי שׁוֹפְטִי
לְהִדָּמִים בַּשּׁוֹפָר בַּעַל מִשְׁפָּטִי / לְהָלִיץ בַּעֲדִי וּלְזַכּוֹת יִשְׁפְּטִי
וּבְמִשְׁפְּטֵי הַגּוֹיִם בְּלִי לְשָׁפְטִי / כִּי לָאוֹר יוֹצִיא מִשְׁפָּטִי
וְנֹגַהּ כָּאוֹר תִּהְיֶה בְּהִשָּׁפְטִי.

רֹאשׁוֹ כֶּתֶם פָּז לְצַדְּקִי / לְבוּשֵׁהּ כִּתְלַג חִוָּר לְנַקִּי
וּשְׂעַר רֵאשֵׁהּ כַּעֲמַר נָקִי / בְּנַקֵּה לֹא יְנַקֶּה לְנַקִּי
בְּאֹמֶר יְמַלֵּט אִי נָקִי / וְהוּא רוֹכֵב בָּעֲרָבוֹת מַבְהִיקִי
וְיוֹשֵׁב בְּחַדְרֵי תֵימָן כְּבָקִי / בִּגְבוּל בִּנְיָמִין בְּצֶלְצַח לְנַקִּי.

וְרַגְלֵי הַחַיּוֹת אֲשֶׁר בְּמִישׁוֹר עֲרָבוֹת / וְעַד לְמַעְלָה לְמַעְלָה רָבוֹת
וְסִלְסוּל לְבָרוּךְ מִמְּקוֹמוֹ מַרְבּוֹת / וּפוֹרְדוֹת וּמַשִּׁיקוֹת סְלִיחָה לְהַרְבּוֹת
לְהַצְדִּיק בְּמִשְׁפָּט אַלְפֵי רְבָבוֹת / כְּמַרְאֵה בָזָק רָצוֹת וְשָׁבוֹת
וּמַרְאוֹת תְּמוּנַת דִּמְיוֹן מִתְחַבְּאוֹת / וּמַטִּיפוֹת כְּנֹפֶת רִשְׁפֵּי שַׁלְהָבוֹת
לְהֵעָשׂוֹת נְהַר דִּינוּר אֵשׁ וְלֶהָבוֹת.

וְעַל רָאשֵׁיהֶם נָטוּי בְּמוֹרָא / דְּמוּת רָקִיעַ כְּקֶרַח הַנּוֹרָא
וּשְׁמֵי מְעוֹנָה מְקוֹם מַה נּוֹרָא / וְשָׁם אִתּוֹ שְׁרֵא נְהוֹרָא
וּמִמַּעַל לָרָקִיעַ כְּאֶבֶן יְקָרָה / כְּמַרְאֵה סַפִּיר כֵּס תִּפְאָרָה
וּבוֹ יוֹשֵׁב עוֹטֶה אוֹרָה / חוֹצֵב מִפִּיו תַּלְמוּד תּוֹרָה
וּמִשָּׁם שׁוֹמֵעַ שַׁוְעַת עֲתִירָה / וּמִימִינוֹ אֵשׁ דָּת כְּתוּרָה.

וְשָׁם בְּיָמִין יֵשׁ חַלּוֹנוֹת / בְּצַד רָאשֵׁי הַכְּרוּבִים בִּמְעוֹנוֹת
כִּי דֶרֶךְ אוֹתָן הַחַלּוֹנוֹת / יַאֲזִין תְּפִלּוֹת וְיַקְשִׁיב תְּחִנּוֹת
פְּעָמִים פְּתוּחוֹת וּפְעָמִים צְפוּנוֹת / בְּכֵן עִתִּים הֵם לְהִתְעַנּוֹת
בְּעֵת רָצוֹן לְהִפָּתֵחַ וּלְהֵעָנוֹת / וּכְשֶׁיַּחְפֹּץ רַחוּם לִשְׁעוֹת וְלַעֲנוֹת
יִגְזֹר וְיִפָּתְחוּ אוֹתָן הַחַלּוֹנוֹת.

וְיֵצְאוּ בָם אֶלֶף וּשְׁמוֹנֶה מֵאוֹת / הַמְּלִיצִים יֹשֶׁר מִשְׁפָּט לְנָאוֹת
וִיקַבְּלוּ תְּפִלּוֹת מִלְּבּוֹת בָּאוֹת / וְיִתְּנוּם בְּרֹאשׁ אֱלֹהֵי צְבָאוֹת

בְּכֶתֶר וָנֶזֶר בְּרֹאשׁוֹ לְהֵרָאוֹת / עֲשׂוֹת בָּמוֹ לְטוֹבָה אוֹת
בְּיוֹם תְּרוּעָה מוֹפֵת לְהַרְאוֹת.

שליח הציבור:

וְאָז אֵלִים יְשַׁלְּשׁוּ קְדֻשּׁוֹת / שְׁתַּיִם לְעֵם קָדוֹשׁ מִתְפָּרְשׁוֹת
וְאַחַת בְּרֹאשׁ קָדוֹשׁ מַקְדִּישׁוֹת / קָדוֹשׁ בְּכָל מִינֵי קְדֻשּׁוֹת
וּמִיָּדוֹ נָתַן שְׁתֵּי קְדֻשּׁוֹת / וְיִקְדַּשׁ בְּאַחַת בְּשִׁלּוּשׁ קְדֻשּׁוֹת
וְיֶעֱרַב לוֹ מִלְּמַטָּה שְׁלוֹשׁ תְּקִיעוֹת / כְּמוֹ מִלְּמַעְלָה שְׁלוֹשׁ קְדֻשּׁוֹת.

קהל ואחריו שליח הציבור:

נַקְדִּישָׁךְ וְנַעֲרִיצָךְ כְּנֹעַם שִׂיחַ סוֹד שַׂרְפֵי קֹדֶשׁ
הַמְשַׁלְּשִׁים לְךָ קְדֻשָּׁה
ישעיה ו כַּכָּתוּב עַל יַד נְבִיאֶךָ: וְקָרָא זֶה אֶל־זֶה וְאָמַר

קהל ואחריו שליח הציבור:

׳קָדוֹשׁ, ׳קָדוֹשׁ, ׳קָדוֹשׁ, יהוה צְבָאוֹת, מְלֹא כָל־הָאָרֶץ כְּבוֹדוֹ:

ממשיכים ׳אָז בְּקוֹל רַעַשׁ גָּדוֹל׳ בעמ׳ 159,
ובקהילות שבהן אומרים פיוטי קדושה, ממשיכים בעמ׳ 467.

סילוק לשחרית ליום ב׳ של ראש השנה

הכול:

אֲשֶׁר מִי יַעֲשֶׂה כְמַעֲשֶׂיךָ וְכִגְבוּרֹתֶיךָ / וּמִי יְהַדְהֵר אַחַר מִדּוֹתֶיךָ
וּמִי יְמַלֵּל קְצַת תִּפְאַרְתֶּךָ / וּמִי יַשְׁמִיעַ כָּל תְּהִלָּתֶךָ
וּמִי יַעֲרִיץ הוֹד קְדֻשָּׁתֶךָ / שָׁמַיִם וּשְׁמֵי הַשָּׁמַיִם לֹא יְכַלְכְּלוּ אֵימָתֶךָ
הָאָרֶץ וְעַמּוּדֶיהָ יִתְפַּלָּצוּן מִגַּעֲרָתֶךָ / אֵין כָּמוֹךָ וְאֵין כְּעֶרְכְּךָ וְאֵין בִּלְתֶּךָ
אַתָּה רִאשׁוֹן וְאַתָּה אַחֲרוֹן וְאֶפֶס זוּלָתֶךָ / אֵין קֵץ וְחֵקֶר וְסוֹף לִתְבוּנָתֶךָ
צָפוּן וְנֶעְלָם וְנִסְתָּר, גְּלוּיִם לְעֻמָּתֶךָ / לְךָ הַהוֹד וְהַתִּפְאֶרֶת וְהַנֵּצַח הֲדָרָתֶךָ
לְךָ הַגְּדֻלָּה וְהַגְּבוּרָה, וּכְיִרְאָתְךָ עֶבְרָתֶךָ
מֵאֵין כָּמוֹךָ יהוה גָּדוֹל אַתָּה וְגָדוֹל שִׁמְךָ בִּגְדֻלָּתֶךָ
לְךָ הַשָּׁמַיִם, וְכָל צְבָאָם נִבְרְאוּ לְשָׁרְתֶךָ
לְךָ הָאָרֶץ וּמְלוֹאָהּ, הֲדֹם מַרְגְּלוֹתֶיךָ
לְךָ הַיָּם וְהַיַּבָּשָׁה, וְהַכֹּל כּוֹנְנוּ אֶצְבְּעוֹתֶיךָ
לְךָ הַכֶּסֶף וְהַזָּהָב, וְכָל שְׂכִיּוֹת חֶמְדָּתֶךָ
לְךָ כָּל הַנְּפָשׁוֹת יַחַד מְפֻקָּדוֹת בְּאוֹצְרוֹתֶיךָ
לְךָ הַחָכְמָה וְהַתְּבוּנָה וְהַשֵּׂכֶל מִבִּינָתֶךָ
חֲכַם לֵבָב וְאַמִּיץ כֹּחַ, וְתִתְנַהֵג בַּחֲסִידוּתֶךָ / כִּי מִי בַשַּׁחַק יַעֲרָךְ לְךָ לְדַמּוֹתֶךָ
מִי כָמוֹךָ חֲסִין יָהּ, אוֹת בִּצְבָאוֹתֶיךָ
אֵל נַעֲרָץ בְּסוֹד קְדֹשִׁים רַבָּה, וְנוֹרָא עַל כָּל סְבִיבוֹתֶיךָ
חֹשֶׁךְ סִתְרְךָ, וַעֲרָפֶל סֻכָּתֶךָ / מִנֹּגַהּ נֶגְדְּךָ, בָּרָד וְאֵשׁ גַּחֲלָתֶךָ
הָאֵל הַנֶּאֱמָן, שֹׁמֵר הַבְּרִית וְהַחֶסֶד בְּמִשְׁמַרְתֶּךָ
לָתֵת לְאִישׁ כִּדְרָכָיו, בְּשַׁלֶּמְךָ מַשְׂכֻּרְתֶּךָ
הַצּוּר תָּמִים פָּעֳלוֹ, וְאֵין עָוֶל, אֱמֶת פְּעֻלָּתֶךָ
מִשְׁפָּטֶיךָ תְּהוֹם רַבָּה, וּכְהַרְרֵי אֵל צִדְקָתֶךָ
עוֹזֵר וְסוֹמֵךְ לְכָל מְהִירֵי מְלַאכְתֶּךָ / אֶת הַכֹּל עָשִׂיתָ יָפֶה בְעִתּוֹ בְּחָכְמָתֶךָ
בְּטֶרֶם הָרִים יֻלָּדוּ, וַתְּחוֹלֵל אַדְמָתֶךָ / בָּרָאתָ תְשׁוּבָה לְמַרְפֵּא אֲרוּכָתֶךָ
וְעַד לֹא מַכָּה, הִקְדַּמְתָּ תְעָלָתֶךָ / וְעַד לֹא מָזוֹר, הִגְהֵיתָ רְפוּאָתֶךָ
כִּי גָלוּי וְצָפוּי לִפְנֵי כֵס שְׁכִינָתֶךָ / כִּי אָדָם אֵין צַדִּיק בָּאָרֶץ, לְהִזָּהֵר מִגַּחֲלָתֶךָ

אֲשֶׁר יַעֲשֶׂה טּוֹב, וְלֹא יַעֲבֹר מִתּוֹרָתֶךָ / כִּי לֹא תַאֲמִין בַּעֲבָדֶיךָ וּבִמְשָׁרְתֶיךָ
וְתָהֳלָה תָּשִׂים בִּגְדוּדֵי מַחֲנוֹתֶיךָ / אַף שֹׁכְנֵי בָתֵּי חֹמֶר עֲפָרוֹתֶיךָ
הַגְּדֵלִים בְּעָוֹן, וְעוֹבְרִים עַל מִצְוֹתֶיךָ / וְתָשֵׂם בַּסַּד רַגְלָם, כִּי יָסוּרוּ מֵאָרְחוֹתֶיךָ
וּבְיַד כָּל אָדָם יַחְתֹּם בִּגְזֵרוֹתֶיךָ / וְתַגֵּד לָהֶם פִּשְׁעָם בְּתוֹכְחוֹתֶיךָ
וְהִתְוַדּוּ אֶת עֲוֹנָם, וְיַצְדִּיקוּ דִּין אֲמִתֶּךָ / וְלָכֵן הִקְדַּמְתָּ צֳרִי לִטְרִיָּתֶךָ
כִּי יָשׁוּבוּן מֵאָוֶן, וִיבַקְשׁוּ מְחִילָתֶךָ

וְאַתָּה קָרוֹב לְקוֹרְאֶיךָ, לְהָשִׁיב מֵהֶם חֲמָתֶךָ
וְיוֹם זֶה בָּחַרְתָּ, לֵישֵׁב בְּמִשְׁפָּט עַל בְּרִיּוֹתֶיךָ

וְכִבְנֵי מָרוֹן יַעַבְרוּן לְפָנֶיךָ בְּסִפְרָתֶךָ
וְכֻלָּם נִסְקָרִין בִּסְקִירַת צְפִיָּתֶךָ / וְתִרְאֶה יַחַד לִבָּם בִּרְאִיָּתֶךָ
וְתִגְזֹר עֲלֵיהֶם כָּל גְּזֵרוֹתֶיךָ / וְתִקְצֹב מְזוֹנוֹתֵיהֶם וּפַרְנָסָתָם בְּאִמְרָתֶךָ
וְעַמְּךָ בְּחִנּוּנָם מִתְוַעֲדִים לְחַלּוֹתֶךָ / וְתוֹקְעִים וּמְרִיעִים, כָּאָמוּר בְּתוֹרָתֶךָ
וּמְעַרְבְּבִים קַטֵּגוֹר, בִּלְתִּי לְהַשְׂטִינָם לִקְרָאתֶךָ
וְתִזְכֹּר לָמוֹ עֲקֵדַת יִצְחָק כִּשְׁבוּעָתֶךָ

שליח הציבור:

וְתַהֲפֹךְ מִדַּת הַדִּין לְרַחֲמִים, כִּי כֵן מִדָּתֶךָ / וּתְרַחֵם עֲלֵיהֶם בְּרֹב חֶמְלָתֶךָ
כִּי הֵם בָּנֶיךָ וְצֹאן מַרְעִיתֶךָ.

הכול:

וְהַיּוֹם יִפָּתְחוּ שְׁלֹשָׁה סְפָרִים מְנֻקָּדִים / שֶׁל צַדִּיקִים שׁוֹמְרֵי פִּקּוּדִים
שֶׁל בֵּינוֹנִים, וְשֶׁל זֵדִים / צַדִּיקִים נִכְתָּבִים לְחַיֵּי עַד שְׁקוּדִים
וּרְשָׁעִים נִכְתָּבִים לְתַבְעֵרַת יְקוֹדִים

וּבֵינוֹנִים עַד יוֹם כִּפּוּר תְּלוּיִים וְעוֹמְדִים
אִם יָשׁוּבוּ מִמַּעֲשֵׂיהֶם הָרָעִים, וְיִהְיוּ חֲרֵדִים

וְיִתַקְּנוּ מַעַלְלֵיהֶם וְיֵיטִיבוּ צְעָדִים
חֶלְקָם בַּחַיִּים יִזְכּוּ נֶחֱמָדִים / וְאִם לֹא זָכוּ, לְמִיתָה יִהְיוּ נֶאֱחָדִים
וּכְמוֹ כֵן יֵעָשֶׂה לְיוֹם הַדִּין / וְיָבֹאוּ מַעֲשֵׂיהֶם לְהָעִיד כְּעֵדִים
וּבְמֹאזְנַיִם יַעֲלוּ מִשְּׁנֵי צְדָדִים

אִם יַכְרִיעוּ טוֹבִים עַל הָרָעִים, לִהְיוֹת כְּבֵדִים
בְּעָלִים יִהְיוּ בְטוּחִים, וְלֹא פְחוּדִים / וְאִם מֶחֱצָה עַל מֶחֱצָה יְהוּ אֲגוּדִים

וְרַב חֶסֶד מַטֶּה כְּלַפֵּי חֲסָדִים / יָשׁוּב יְרַחֵם, יִכְבֹּשׁ עָוֹן מוֹרְדִים
וְיִשָּׂא עָוֹן, וְיַגְבִּיהַּ מְרָדִים / וְיַכְרִיעוּ נְעִימִים וַעֲנוּדִים
וְיַעֲבִיר רִאשׁוֹן רִאשׁוֹן אֲחָדִים / כִּי צַדִּיק יהוה בְּכָל דְּרָכָיו, וּמַעֲשָׂיו חֲסָדִים
רוֹצֶה בִתְשׁוּבָה מִכָּל עוֹלוֹת וּתְמִידִים
הַתְּשׁוּבָה וּמַעֲשֶׂה הַטּוֹב כִּתְרִיס בִּפְנֵי שׁוֹדְדִים.

אָנָּא אָדוֹן מָלֵא רַחֲמִים / בְּקוּמְךָ לַמִּשְׁפָּט עַל יְצוּרֵי עוֹלָמִים
רְגַז בַּל תָּעִיר עַל מְעוּטֵי עַמִּים / הַמְיַחֲדִים שִׁמְךָ לֵילוֹת וְיָמִים
וּלְנַצַּחֲךָ תָּמִיד מַעֲרִיבִים וּמַשְׁכִּימִים / וּכְאָב עַל בֵּן, יִכָּמְרוּ רַחֲמֶיךָ בְּנִחוּמִים
לְנַקּוֹתָם מִכֹּבֶד עָוֹן וַאֲשָׁמִים / וְהִזָּכֵר לִבְרִית שְׁלֹשֶׁת תְּמִימִים
וּלְאַב הָמוֹן, אֲשֶׁר הָיָה תָמִים / וְנִתְנַסָּה בַּעֲשָׂרָה נִסְיוֹנוֹת עֲצוּמִים
וְנִמְצָא שָׁלֵם בְּכָל פְּעָמִים.

הַנֵּס הָרִאשׁוֹן, בְּהִוָּלְדוֹ נִתְיָעֲצוּ הַחַרְטֻמִּים
וּבִקְשׁוּ לְהָרְגוֹ גְּדוֹלֵי הַמַּלְכוּת וְהַקּוֹסְמִים
וְנֶחְבָּא בָּאָרֶץ שְׁלֹשׁ עֶשְׂרֵה שָׁנָה שְׁלֵמִים
וְלֹא רָאָה שֶׁמֶשׁ וְיָרֵחַ וְכוֹכְבֵי מְרוֹמִים
וּלְאַחַר שְׁלֹשׁ עֶשְׂרֵה שָׁנָה יָצָא מְחֻכָּם בַּחֲכוּמִים
וּמָאַס אֱלִילִים וְשִׁקֵּץ צְלָמִים
וּבָטַח בְּיוֹצְרוֹ, וְנָפַל חֶבְלוֹ בַּנְּעִימִים.

הַשֵּׁנִי, הִשְׁלִיכוּהוּ לְכִבְשַׁן אֵשׁ פְּחָמִים
וּמֶלֶךְ הַכָּבוֹד פָּשַׁט יְמִינוֹ וְהִצִּילוֹ בְּרַחֲמִים
וְנָם, אֲנִי יהוה אֲשֶׁר הוֹצֵאתִיךָ מֵאוּר כַּשְׂדִּים, בִּנְאוּמִים.

הַשְּׁלִישִׁי, הֶגְלָהוּ מִמּוֹלַדְתּוֹ הֲגָלַת שְׁלוּמִים.

הָרְבִיעִי, הֵבִיא רָעָב בְּאוֹתָן הַיָּמִים
הוּא הָרָעָב הָרִאשׁוֹן אֲשֶׁר בָּא לְעוֹלָמִים
וְלֹא בְּכָל הָאֲרָצוֹת וּבְכָל הַתְּחוּמִים
כִּי אִם בְּאֶרֶץ כְּנַעַן, לְנַסּוֹתוֹ וּלְהוֹרִידוֹ לְאַדְמַת עֲנָמִים.

הַחֲמִישִׁי, נִלְקְחָה שָׂרָה לְמוֹשֵׁל עַמִּים
בְּלֵיל שִׁמֻּרִים, הַנִּשְׁמָר לִבְכוֹרֵי חָמִים
וַיְנַגַּע יהוה אֶת פַּרְעֹה נְגָעִים גְּדֹלִים וְאֵימִים
וַיָּגָר בְּאֶרֶץ פְּלִשְׁתִּים רַבִּים יָמִים
וְשָׁלַח מֶלֶךְ גְּרָר, וְלָקַח יְפַת פְּעָמִים / וְנַעֲשָׂה הוּא וְכָל בְּנֵי בֵיתוֹ טְמְטוּמִים
וַיֵּרֶד מִיכָאֵל הַמַּלְאָךְ לְהָרְגוֹ בִּזְעָמִים
וְזָעַק, הֲגוֹי גַּם צַדִּיק תַּהֲרֹג, וְתִשְׁפֹּךְ דָּמִים
וְאָמַר לוֹ, הָשֵׁב אֵשֶׁת הָאִישׁ, כִּי נָבִיא הוּא וְאָב לַחֲכָמִים
וְלָקַח צֹאן וּבָקָר וַעֲבָדִים וּשְׁפָחוֹת, וְהֵשִׁיב לוֹ תַּשְׁלוּמִים
וַיִּתְפַּלֵּל אַבְרָהָם אֶל הָאֱלֹהִים, וַיֵּעָתֶר לוֹ מִמְּרוֹמִים
וַיִּרְפָּא אֹתָם מֵעֲצִירַת רְחָמִים.

הַשִּׁשִּׁי, בְּבוֹא עָלָיו הַמְּלָכִים הַקְּדוּמִים / עִם כְּדָרְלָעֹמֶר מֶלֶךְ עֵילָמִים
וּבֶן אָחִיו הִתְחִילוּ תְּחִלָּה שׁוֹטְמִים
וּבִשְׁבִילוֹ לָקְחוּ אֶת כָּל רְכוּשׁ סְדוֹמִים
וַיָּבֹא הַפָּלִיט, וְהִגִּיד מֶה עָשׂוּ קָמִים / וַיָּרֶק אֶת חֲנִיכָיו יְלִידֵי בֵיתוֹ רְשׁוּמִים
הֵם עָנֵר, אֶשְׁכֹּל וּמַמְרֵא, וֶאֱלִיעֶזֶר מְסֻיָּמִים
וַיֵּחָלֵק עֲלֵיהֶם לַיְלָה, וַיַּכֵּם בְּמַהֲלֻמִּים
הוּא הַלַּיְלָה אֲשֶׁר הָיָה מִקְּדוּמִים
וַיָּשֶׁב אֵת כָּל הָרְכֻשׁ, בְּעֶזְרַת מַשְׁפִּיל רָמִים.

הַשְּׁבִיעִי, כְּשֶׁנִּדְבַּר עִמּוֹ בֵּין הַבְּתָרִים / וְהֶרְאָהוּ אַרְבַּע מַלְכֻיּוֹת כַּבִּירִים
שֶׁמּוֹשְׁלִים בִּזְמַנָּם, וְיֹאבְדוּ לְדוֹר דּוֹרִים
עֶגְלָה מְשֻׁלֶּשֶׁת, זוֹ מַלְכוּת אֲדוֹמִים אֲרוּרִים
אֲשֶׁר הִיא כְּעֶגְלָה דָשָׁה, וְכַחֲזִירֵי יְעָרִים
וְעֵז מְשֻׁלֶּשֶׁת אֵלּוּ יְוָנִים, שֶׁנִּמְשְׁלוּ לִצְפִירִים
וְאַיִל מְשֻׁלָּשׁ, זוֹ מַלְכוּת מָדַי וּפָרַס חֲבֵרִים
כְּעִנְיָן שֶׁנֶּאֱמַר, הָאַיִל אֲשֶׁר רָאִיתָ בְּבֵרוּרִים
וְתוֹר אֵלּוּ בְּנֵי יִשְׁמָעֵאל, שֶׁנִּמְשְׁלוּ לִשְׁוָרִים
וְגוֹזָל אֵלּוּ יִשְׂרָאֵל, שֶׁנִּמְשְׁלוּ לְיוֹנִים וְתֹרִים

כְּעִנְיַן שֶׁנֶּאֱמַר, יוֹנָתִי בְּחַגְוֵי הַסֶּלַע וּבַסְּתָרִים / וְלָקַח וּבִתְּרָם לִשְׁנֵי בְתָרִים
כְּדֵי לְהַתִּישׁ כֹּחָם, וְזִכְרָם לְהַחֲרִים
וַיֵּרֶד הָעַיִט לְאַבְּדָם, זֶה דָּוִד רֹאשׁ הַגִּבּוֹרִים
כְּצֵאת הַשֶּׁמֶשׁ הָיָה מֵנִיף עֲלֵיהֶם בְּסוֹדָרִים
שֶׁלֹּא יִמְשֹׁל בָּהֶם הָעַיִט עַד הָעֶרֶב, כְּסוֹד מוֹרִים
לְהוֹדִיעַ שֶׁאֵין מוֹשְׁלִים, אֶלָּא יוֹם אֶחָד מִיּוֹמוֹ שֶׁל יוֹצֵר הָרִים
חוּץ מִשְּׁתֵּי יָדוֹת שָׁעָה בְּשִׁעוּרִים
כְּשֶׁהַחַמָּה נוֹטָה לְמַעֲרָב, שְׁתֵּי יָדוֹת שָׁעָה מַכְהָה אוֹרִים
כֵּן עַד שֶׁלֹּא יָבֹא הָעֶרֶב יִצְמַח אוֹר לַיְשָׁרִים
וְהָיָה לְעֵת עֶרֶב יִהְיֶה אוֹר לַהֲדוּרִים.

הַשְּׁמִינִי, בְּהִמּוֹלוֹ עָרְלַת בְּשָׂרִים / בֶּעָשׂוֹר לַחֹדֶשׁ, בְּיוֹם הַכִּפּוּרִים
וּבְכָל שָׁנָה וְשָׁנָה נִרְאֵית דַּם מִילָתוֹ, כְּדַם פָּרִים וְאֵמוּרִים
וּמְכַפֵּר עֲוֹנוֹת עַמּוֹ, לְהַצְדִּיקָם כַּיְשָׁרִים.

הַתְּשִׁיעִי, בְּשַׁלְּחוֹ יִשְׁמָעֵאל וְאִמּוֹ לַמִּדְבָּרִים
מֵעַל יָחִיד, הַנַּעֲלֶה בְּאַחַד הֶהָרִים
מִזֶּה וְלַבָּא לְדוֹר דּוֹרִים.

הָעֲשִׂירִי הָיָה אַחַר הַדְּבָרִים הָאֵלֶּה בְּמִלָּה
וְנִסָּהוּ, קַח נָא אֶת בִּנְךָ, וְהַעֲלֵהוּ לִי לְעֹלָה
וֶהֱשִׁיבוֹ, לְאֵיזֶה בֵן, לְבֶן הָעָרְלָה אוֹ לְבֶן הַמִּילָה
אֶת יְחִידְךָ, אֲשֶׁר אָהַבְתָּ בְּחֶמְלָה / עַל הָהָר אֲשֶׁר עָלָיו שְׁכִינָה מְכֻלָּלָה
וְהִשְׁכִּים בַּבֹּקֶר וְלֹא נִתְעַצֵּל בְּעַצְלָה / וְחָבַשׁ הַחֲמוֹר בְּעַצְמוֹ, בְּגִילָה
הוּא הַחֲמוֹר אֲשֶׁר רָכַב עָלָיו דָּלָה דָּלָה
וְהוּא שֶׁעָתִיד עָנִי לִרְכֹּב עָלָיו בְּעֵת הַגְּאֻלָּה
וְהָלְכוּ לְדַרְכָּם בְּיֹשֶׁר מְסִלָּה
כְּשֶׁהִגִּיעוּ לְצוֹפִים, רָאוּ שַׁלְהֶבֶת תְּלוּלָה / וְהֵבִין, כִּי הוּא הָהָר לִתְהִלָּה
וּבְאֶצְבַּע הֶרְאָהוּ הַמִּזְבֵּחַ שֶׁל שׁוֹכֵן מַעְלָה / הוּא הַמִּזְבֵּחַ אֲשֶׁר הָיָה מִתְּחִלָּה
וְצִוָּה יָחִיד לִקְשֹׁר יָדָיו וְרַגְלָיו לְרַגְלָה / שֶׁלֹּא יִבְעַט, מִצְוַת כַּבֵּד לְחַלְּלָה

וַעֲקָדוֹ עַל הַמִּזְבֵּחַ כְּטְלֵה עָלָה / וְעָרַךְ הָאֵשׁ, וְהָעֵצִים הֶעֱלָה
וְלָקַח הַמַּאֲכֶלֶת לְשָׁחְטוֹ בְּחַלְחָלָה / וּכְכֹהֵן גָּדוֹל הִגִּישׁ מִנְחָה בְלוּלָה.

וְיוֹשֵׁב וְרוֹאֶה נוֹרָא עֲלִילָה / הָאָב מַעֲקִיד וְהַבֵּן נֶעֱקָד בְּחִילָה
הֵן אֶרְאֶלָּם צָעֲקוּ חֶצָה בִּילָלָה
וְהִשְׁמִיעַ, אַל תִּשְׁלַח יָדְךָ אֶל הַנַּעַר לַעֲשׂוֹתוֹ כָלָה
וְהָאַיִל אֲשֶׁר הָצְפַּן מִשֵּׁשֶׁת יְמֵי בְרֵאשִׁית לְעוֹלָה
נָתַן כָּפְרוֹ, וְהֶחֱשַׁב לוֹ לְשֵׁם וְלִתְהִלָּה
וְנִשְׁבַּע לְבָרְכוֹ בִּבְרָכָה מְעֻלָּה

שליח הציבור:

וְלִזְכֹּר עֲקֵדָתוֹ לְאֹם נִדְגָּלָה
לְמַלְּטָם מִכָּל עָוֹן וְעַוְלָה / וְלִקְנוֹתָם, לִהְיוֹת לוֹ לְעַם סְגֻלָּה
לִהְיוֹת יְשׁוּעָתֵנוּ וְעֶזְרָתֵנוּ, סֶלָה.

וְהַיּוֹם הַזֶּה, לְפָנֶיךָ יִפָּקֵד / כְּשֵׁר מִפְעָלוֹת עוֹקֵד וְנֶעֱקָד
וְישִׁיבַת הַתָּם, אָהֳלֶיךָ שָׁקֵד / זְכֹר אָדוֹן בְּרַחֲמִים לִפְקֹד
וְתַרְשִׁישֵׁי חַשְׁמַל, חֲשָׁשֵׁי יָקֵד / יִכְרְעוּ וְיִשְׁתַּחֲווּ לְפָנֶיךָ לִקֹּד.

וְזֶה אֶל זֶה יַעֲרִיצוּ / וְזֶה אֶל זֶה יַקְדִּישׁוּ
וְשִׁלּוּשׁ קְדֻשָּׁה לַקָּדוֹשׁ מַקְדִּישִׁים.

קהל ואחריו שליח הציבור:

נַקְדִּישְׁךָ וְנַעֲרִיצְךָ כְּנֹעַם שִׂיחַ סוֹד שַׂרְפֵי קֹדֶשׁ
הַמְשַׁלְּשִׁים לְךָ קְדֻשָּׁה
ישעיה ו כַּכָּתוּב עַל יַד נְבִיאֶךָ: וְקָרָא זֶה אֶל־זֶה וְאָמַר

קהל ואחריו שליח הציבור:

קָדוֹשׁ, קָדוֹשׁ, קָדוֹשׁ, יהוה צְבָאוֹת, מְלֹא כָל־הָאָרֶץ כְּבוֹדוֹ:

ממשיכים ׳אָז בְּקוֹל רַעַשׁ גָּדוֹל׳ בעמ׳ 283,
ובקהילות שבהן אומרים פיוטי קדושה, ממשיכים בעמוד הבא.

פיוטי קדושה לשחרית (בשני הימים)

פיוטים אלה נכתבו להחליף את פיסקאות המעבר הקצרות בין פסוקי הקדושה. יש קהילות שבהן אומרים אותם בסוף הקדושה, כדי שלא לוותר על אמירת הקדושה ופסקאות המעבר שבה. בקהילות אלה ממשיכים 'אָז בְּקוֹל רַעַשׁ גָּדוֹל' ובסוף הקדושה חוזרים לכאן.

אם אומרים פיוטים בתוך הקדושה, הקהל אומר בלחש:

אָז בְּקוֹל רַעַשׁ גָּדוֹל אַדִּיר וְחָזָק, מַשְׁמִיעִים קוֹל מִתְנַשְּׂאִים לְעֻמַּת שְׂרָפִים, לְעֻמָּתָם מְשַׁבְּחִים וְאוֹמְרִים

הקהל ממשיך:

סימן בנימין בר שמואל אמן (כפול)

וְחַיּוֹת בּוֹעֲרוֹת, מַרְאֵיהֶן כְּגַחֲלֵי אֵשׁ
בְּזֹחַל סוֹבְלוֹת כֵּס אֵשׁ אוֹכְלָה אֵשׁ.
נִסְתָּמוֹת גְּוִיּוֹתֵיהֶן בְּרִשְׁפֵּי לַבַּת אֵשׁ
נְאֻם הַדִּבּוּר, מִשְׁמַע הַנִּתָּן בָּאֵשׁ.
יִסְבְּלוּ סֵבֶל נוֹזְלִים עַל רָאשֵׁיהֶם אֵשׁ
יָעִיר לָז לָלָז, וְלֹא נִשְׁקַעַת הָאֵשׁ.
מְשַׁלְּחִים יָד שְׂרָפִים תַּחַת כַּנְפֵי אֵשׁ
מְשַׁלְּכִים בְּכַנְפֵיהֶם גַּחֲלֵי לַהֲבוֹת אֵשׁ.
נְפוּצוֹת לִמְקוֹם רְשָׁעִים, לְהַכְנִיעָם בָּאֵשׁ
נֶאֱלָחִים כְּמוֹ כַּדּוֹנַג מִפְּנֵי הָאֵשׁ.
בֵּית לְחַשְׁמַלָּה, מַרְאֶה כְּמַרְאִית אֵשׁ
בְּנֹגַהּ סָבִיב, כְּקֶשֶׁת בֶּעָנָן אֵשׁ.
רָצוֹא וָשׁוֹב הַחַיּוֹת דָּאוֹת בְּאַגַּפֵּי אֵשׁ
רוֹחֲשׁוֹת בָּרוּךְ כְּבוֹדוֹ, בְּלַהַק יְקוֹדֵי אֵשׁ.
שְׁעוּנוֹת בְּמַאֲמַצֵּי רָם שְׁכִינָתוֹ בָּאֵשׁ
שׁוֹאֲגוֹת כַּאֲרִי בְּלַהַב אֵשׁ.

מֵאֶחָד כֶּתֶר בְּפֶלֶל בֵּית יַעֲקֹב אֵשׁ
מַשְׁבִּיעוֹ שָׂרָף לוֹהֵט שְׁבִיב אֵשׁ.
וּמִזְדַּעְזְעִים חֲיָלֵי מָרוֹם, מְשַׁלְהֲבֵי אֵשׁ

וּמֵרַעַשׁ מִתְגַּלְגְּלִים גַּלְגַּלֵּי כֵּס אֵשׁ.
אַף רְקִיעִים, אֲחָזָתַם חֶרְדַּת אֵשׁ
אָז יְשַׁלְּשׁוּ בְּקֹדֶשׁ לַנִּשְׁפָּט בָּאֵשׁ.
לִשְׂמֹאל וּלְיָמִין שְׁנֵי שָׂרְפֵי אֵשׁ
לוֹאֲטִים הָרֶגֶל, מִלְּהַזְכִּיר עֵגֶל אֵשׁ.

אָנָּא עִזּוּז וְגִבּוֹר, נַעֲרָץ בְּכִתֵּי אֵשׁ
אֵלֶיךָ הָעַל שֶׁוַע לוֹקְחֵי דָּת אֵשׁ.
מִפְּעַל הַר מוֹר עָקוּד עֲלֵי עֵצִים וָאֵשׁ
מִצּוּקָה נִנְצַל, מִמְּדוּרַת עֵצִים וָאֵשׁ.

שליח הציבור:

נָא אִם חָטְאָה נִמְשָׁכָה וּבָעֲרָה כָּאֵשׁ
נִחוּמֶיךָ יִגָּלוּ בְּשִׁבְתְּךָ עַל כִּסֵּא אֵשׁ.
וְהַכִּסֵּא יַפְגִּיעַ לְרוֹכְבוֹ בְּמֶרְכֶּבֶת אֵשׁ
וְיֹשֶׁר יָלִיצוּ בַּעֲדֵנוּ חַיּוֹת אֵשׁ.

במקור שליח הציבור הוסיף רק 'לְעֻמָּתָם מְשַׁבְּחִים וְאוֹמְרִים'.
היום בקהילות שבהן אומרים פיוטים בתוך הקדושה, הוא חוזר ואומר 'אָז בְּקוֹל':

אָז בְּקוֹל רַעַשׁ גָּדוֹל אַדִּיר וְחָזָק, מַשְׁמִיעִים קוֹל
מִתְנַשְּׂאִים לְעֻמַּת שְׂרָפִים
לְעֻמָּתָם מְשַׁבְּחִים וְאוֹמְרִים

הקהל ממשיך:

יחזקאל ג בָּרוּךְ כְּבוֹד־יהוה מִמְּקוֹמוֹ:

אם אומרים פיוטים בתוך הקדושה, הקהל אומר בלחש:

מִמְּקוֹמְךָ מַלְכֵּנוּ תוֹפִיעַ וְתִמְלֹךְ עָלֵינוּ
כִּי מְחַכִּים אֲנַחְנוּ לָךְ.
מָתַי תִּמְלֹךְ בְּצִיּוֹן, בְּקָרוֹב בְּיָמֵינוּ לְעוֹלָם וָעֶד תִּשְׁכֹּן
תִּתְגַּדַּל וְתִתְקַדַּשׁ בְּתוֹךְ יְרוּשָׁלַיִם עִירְךָ, לְדוֹר וָדוֹר וּלְנֵצַח נְצָחִים.
וְעֵינֵינוּ תִרְאֶינָה מַלְכוּתֶךָ
כַּדָּבָר הָאָמוּר בְּשִׁירֵי עֻזֶּךָ עַל יְדֵי דָוִד מְשִׁיחַ צִדְקֶךָ.

סימן א״ב

הקהל ממשיך:

אֶחָד קָדוֹשׁ, אֵשׁ אוֹכְלָה אֵשׁ.
בּוֹעֲרוֹת טוֹעֲנוֹת כִּסְאָךְ, מַרְאֵיהֶן כְּגַחֲלֵי אֵשׁ.
גַּאֲוָתְךָ בְּמַחֲנֵה רַעַשׁ, וְאַחַר הָרַעַשׁ אֵשׁ.
דְּגְמַת שִׁכְנְךָ כְּעֵין הַחַשְׁמַל מִתּוֹךְ הָאֵשׁ.
הֲלֹא בְּהֵרָאוֹתְךָ נַחַת זְרוֹעֲךָ בָּאֵשׁ.
וְיֵחַתּוּ וְיִמַּסּוּ מְשַׂנְאֶיךָ כַּדּוֹנַג מִפְּנֵי הָאֵשׁ.
זָעוּ מִיּוֹם תָּקַע חֲרֵדֵי דְּבָרְךָ כָּאֵשׁ.
חָלִים וְרוֹעֲדִים מִדִּינְךָ, נִשְׁפָּט בָּאֵשׁ.
טַעֲמָם יִכּוֹן כִּקְטֹרֶת נְתוּנָה עַל אֵשׁ.
יֵחָשֵׁב שִׂיחַ מַעֲנָם כְּנִיחֹחַ מִן הָאֵשׁ.
כְּשֵׁר מַעַשׂ אֵיתָן מֻצָּל מֵאֵשׁ.
לְיוֹם צָרָה יַעֲמֹד לְבָאֵי בַמַּיִם וּבָאֵשׁ.
מַעֲרֶכֶת עָרַךְ, וּבְיָדוֹ מַאֲכֶלֶת וָאֵשׁ.
נִינָיו בָּהּ יִנָּצְלוּ מִמְּדוּרַת עֵצִים וָאֵשׁ.
סָעוּ אַחֲרֶיךָ בַּמִּדְבָּר בִּנְחִיַּת עַמּוּד אֵשׁ.
עַזָּה אַהֲבָתָם תִּזְכֹּר, רְשָׁפֶיהָ רִשְׁפֵּי אֵשׁ.
פְּלָאֶיךָ יָדַע תִּשְׁבִּי, וְיִחֲדָךְ בַּעֲנִיַּת אֵשׁ.
צוֹעֲקֶיךָ גַּם הַיּוֹם תַּעֲנֶה, הוֹגֵי דָּת אֵשׁ.
קַנֵּא לְעִירְךָ אֲשֶׁר הָיְתָה לִשְׂרֵפַת אֵשׁ.
רַצֵּף שִׁכְנְךָ בְּתוֹכָהּ, לְכָבוֹד סְבִיבָהּ חוֹמַת אֵשׁ.

שליח הציבור:

שְׁעֵה שַׁוְעַת עַמְּךָ, בֵּית יַעֲקֹב אֵשׁ.
שַׁכְלֵל הֵיכַל קָדְשְׁךָ וְאַל תִּתְיָאֵשׁ.
תְּמִימֶיךָ יַמְלִיכוּךָ כְּמַלְאֲכֵי רוּחַ מְשָׁרְתֵי אֵשׁ.

במקור שליח הציבור אמר כאן ׳וּבְדִבְרֵי קָדְשְׁךָ כָּתוּב לֵאמֹר׳.
היום בקהילות שבהן אומרים פיוטים בתוך הקדושה, הוא חוזר ואומר ׳מִמְּקוֹמְךָ׳:

מִמְּקוֹמְךָ מַלְכֵּנוּ תוֹפִיעַ וְתִמְלֹךְ עָלֵינוּ
כִּי מְחַכִּים אֲנַחְנוּ לָךְ.

מָתַי תִּמְלֹךְ בְּצִיּוֹן, בְּקָרוֹב בְּיָמֵינוּ לְעוֹלָם וָעֶד תִּשְׁכֹּן
תִּתְגַּדֵּל וְתִתְקַדֵּשׁ בְּתוֹךְ יְרוּשָׁלַיִם עִירְךָ, לְדוֹר וָדוֹר וּלְנֵצַח נְצָחִים.
וְעֵינֵינוּ תִרְאֶינָה מַלְכוּתֶךָ
כַּדָּבָר הָאָמוּר בְּשִׁירֵי עֻזֶּךָ עַל יְדֵי דָוִד מְשִׁיחַ צִדְקֶךָ.

וממשיכים ׳יִמְלֹךְ׳.

אם אומרים פיוטים לאחר הקדושה, שליח הציבור אומר:

(וּבְדִבְרֵי קָדְשְׁךָ כָּתוּב לֵאמֹר)

קהל ואחריו שליח הציבור:

יִמְלֹךְ יהוה לְעוֹלָם, אֱלֹהַיִךְ צִיּוֹן לְדֹר וָדֹר, הַלְלוּיָהּ: תהלים קמו

ממשיכים ׳אַתָּה קָדוֹשׁ׳ –
ביום א׳ של ראש השנה בעמ׳ 160 וביום ב׳ בעמ׳ 284.

פיוטים לתפילות מוסף

פזמון למוסף ליום א׳ של ראש השנה

במקור לאחר כל שורה אי־זוגית הקהל אמר את השורה
׳אֵל אֱמוּנָה, בְּעָרְכְּךָ דִּין׳, ולאחר כל שורה זוגית את השורה ׳אִם לֹא לְמַעֲנוֹ יַעַשׂ׳.
היום גם בקהילות שבהן אומרים את הפיוט במלואו, הקהל אומר
אותו יחד ושליח הציבור חוזר רק על השורה האחרונה.
הכול:

סימן אלעזר בירבי קליר (כפול ובסוף משולש)

אֹמֶץ אַדִּירֵי כָל חֵפֶץ / בְּהִתְבַּקְּרָם בְּדִין חִיְּבוּ לְנַפֵּץ
כְּלֹא נִמְצָא בָהֶם חֵפֶץ.
אָדָם יְצִיר עָפָר מֵאֲדָמָה / לְאֵילֵי מָרוֹם אוֹתוֹ דִמָּה
לֹא בָן וְלַהֶבֶל דָּמָה.
לַעֲבֹד וְלִשְׁמוֹר גַּן, הִפְרִישׁוֹ / וְעָבַר עַל צִוּוּיוֹ וַיְגָרְשׁוֹ
וְיוֹם זֶה לְיֹשֶׁר דְּרָשׁוֹ.

אֵל אֱמוּנָה, בְּעָרְכְּךָ דִּין / אִם תְּמַצֶּה עֹמֶק הַדִּין / מִי יִצְדַּק לְפָנֶיךָ בַּדִּין / קָדוֹשׁ.

לְעֵת הֵעִיר אֶזְרָח מִמַּאְפֵל / עוֹלָם הָיָה תֹהוּ וּמְאֻפָּל
עֶשְׂרִים דּוֹר בָּזוּי וְשָׁפָל.
עִקְּשִׁים לְמִישׁוֹר מַסְלוּל יִדַּע / וְעַל נְאֻמוֹ, בַּמָּה אֵדַע
נִדּוֹן בְּקַו, יָדֹעַ תֵּדַע.
עוֹבְרֵי בְּעֵמֶק הַבָּכָא לְהִבָּדֵק / אִם כְּפָעֳלָם בְּדָדָם בְּרִיב יְדֻקְדַּק
לִפְנֵי שׁוֹפֵט מִי יִצְטַדָּק.

אִם לֹא לְמַעֲנוֹ יַעַשׂ / וְיָסִיר חֲרוֹן אַף וָכַעַס / אֵין לְבַקֵּר וְלִמְצֹא מַעַשׂ / קָדוֹשׁ.

זָךְ הַמַּשְׁלִים בְּעֶקֶד נֶפֶשׁ / בְּזִקְנוֹ לֹא מָצָא נֹפֶשׁ
וַתִּכְהֶיןָ עֵינָיו בְּעֶשֶׁן טֹפֶשׁ.
זֵרְעוֹ רֶגֶל בְּאָהֳלֵי תוֹרָה / וְעַל אָמְרוֹ דְּרָכַי נִסְתְּרָה
נִכְסָה מֶנּוּ פּוֹרַת בִּסְתִירָה.
רָשָׁע אֲשֶׁר בְּמַחֲבֵא יְחַתֵּר / צֶדֶק לְפָנָיו יְהַלֵּךְ וִינַתֵּר
אוּלַי בְּיוֹם אַף יִסָּתֵר.

אֵל אֱמוּנָה, בְּעָרְכְּךָ דִּין / אִם תְּמַצֶּה עֹמֶק הַדִּין / מִי יִצְדַּק לְפָנֶיךָ בַּדִּין / קָדוֹשׁ.

רֵעִים שְׁנֵים עָשָׂר כְּהִבְדִּיק / בְּרִיב אוֹתָם לֹא הִצְדִּיק
עַל־מִכְרָם בַּכֶּסֶף צַדִּיק: עמוס ב
בְּנֵי בְלִי שֵׁם, בְּמָכְרָם עֲמוּסִים / בַּזּוֹנָה וּבַיַּיִן וּבְשֹׁד חֲמָסִים
אֵיךְ בַּדִּין יִהְיוּ נֶעֱמָסִים.
בְּהִתְיַצְּבוֹ לָרִיב, בְּעָמְדוֹ לָדִין / עַל זֹאת אוֹתָם יָדִין
לְמַעַן יֵדְעוּן שַׁדּוּן בַּדִּין.

אִם לֹא לְמַעֲנוֹ יַעַשׂ / וְיָסִיר חֲרוֹן אַף וָכַעַס / אֵין לְבַקֵּר וְלִמְצֹא מַעַשׂ / קָדוֹשׁ.

יֶרֶד אֲשֶׁר הוֹרִיד אֲמָרִים / וְהִדְרִיר בְּכוֹר שׁוֹר מֵחֲמוֹרִים
וְנֶעֱנַשׁ בְּשִׁמְעוּ־נָא הַמּוֹרִים: במדבר כ
יַעַן אֲשֶׁר נוֹקַשׁ בְּעֶשֶׂר / נֶחֶרְתוֹ בוֹ מִיתוֹת עֶשֶׂר
וּכְגָע גְּבוּל, כְּבַל בְּאֹסֶר.
רָאשֶׁיהָ אֲשֶׁר בְּשֹׁחַד יִשְׁפֹּטוּ / אֵיךְ בְּקַו צֶדֶק יִשָּׁפֵטוּ
כִּי אִם כְּמוֹ שָׁפָטוּ.

אֵל אֱמוּנָה, בְּעָרְכְּךָ דִין / אִם תְּמַצֶּה עֹמֶק הַדִּין / מִי יִצְדַּק לְפָנֶיךָ בַּדִּין / קָדוֹשׁ.

רוֹבִים עֲלֵי אֵשׁ זָרָה / פָּגְעָה בָם בְּאַף גְּזֵרָה
לְלַמֵּד בָּם פּוֹשְׁעֵי פְזוּרָה.
בַּעַר חָמַד מִן הַחֵרֶם / וְנִלְכַּד הוּא וְכָל אֲשֶׁר לוֹ בַּחֵרֶם
מִגָּדִישׁ וְעַד קָמָה וָכֶרֶם.
בוֹגֵד וְשׁוֹדֵד מַה מּוֹעִיל / וְהוֹן בְּעֶבְרָה לֹא יוֹעִיל
לְחַלּוֹת פְּנֵי מְלַמֵּד לְהוֹעִיל.

אִם לֹא לְמַעֲנוֹ יַעַשׂ / וְיָסִיר חֲרוֹן אַף וָכַעַס / אֵין לְבַקֵּר וְלִמְצֹא מַעַשׂ / קָדוֹשׁ.

יָד שָׁלַח אֶחָז בָּאָרוֹן / וְנַעֲשָׂה בוֹ מִשְׁפָּט וְחָרוֹן
מַה יַּעֲשׂוּ עוֹבְרֵי כִּבְנֵי מָרוֹן.
יוֹדֵעַ נַגֵּן כְּפֶץ בְּחָנְנִי / נִבְחַן וְנָם חִנָּם חָנֵּנִי
וְאַל תָּבֹא בְמִשְׁפָּט לְדַיְּנֵנִי.
קוֹרְאֵי בְגָרוֹן וְקוֹל שׁוֹפָר / אִם פִּשְׁעָם בַּדִּין יְסֻפָּר
בְּמַתְּנַת חִנָּם הַיּוֹם יְכֻפָּר.

אֵל אֱמוּנָה, בְּעָרְכְּךָ דִין / אִם תְּמַצֶּה עֹמֶק הַדִּין / מִי יִצְדַּק לְפָנֶיךָ בַּדִּין / קָדוֹשׁ.

קָצִין כְּגָאָה לְקַטֵּר לַשֵּׁם / נֶגַע בְּמִצְחוֹ זָרַח לְהַרְשֵׁם
וְנִשְׁפַּט בְּלֹא יָדַע וְאָשֵׁם.
לְעֵת תָּמוּט רֶגֶל זֵדִים / אֲשֶׁר בָּאוּ לְהֵיכָל מְזִידִים
יִשָּׁפְטוּ בְּמַכְנִיעַ עַם זֵדִים.
לְעֵת יְבַקְּרוּ פּוֹעֲלֵי שֶׁקֶר / לְהִשָּׁפֵט בְּוִכּוּחַ אַף וָחֵקֶר
יִסָּכֵר פִּי דוֹבְרֵי שָׁקֶר: תהלים סג

אִם לֹא לְמַעֲנוֹ יַעַשׂ / וְיָסִיר חֲרוֹן אַף וָכַעַס / אֵין לְבַקֵּר וְלִמְצֹא מַעַשׂ / קָדוֹשׁ.

יָשָׁר מִתְהַלֵּךְ לְפָנָיו בֶּאֱמֶת / אֵיךְ אַחֲרֵי הַדְּבָרִים וְהָאֱמֶת
חִשֵּׁב פָּעֳלוֹ אֱלֹהִים אֱמֶת.
יְדִיד אֲשֶׁר לְפָנָיו וְאַחֲרָיו / לֹא קָם כָּמוֹהוּ בִּבְחִירָיו
וְאַחֲרֵי כָל זֹאת דִּקְדֵּק אַחֲרָיו.
יָבִינוּ כָּל יְצוּרֵי אֶרֶץ / אִם כֵּן בִּמְצוּקֵי אֶרֶץ
מַה יַּעֲשׂוּ רִשְׁעֵי אָרֶץ.

אֵל אֱמוּנָה, בְּעָרְכְּךָ דִין / אִם תְּמַצֶּה עֹמֶק הַדִּין / מִי יִצְדַּק לְפָנֶיךָ בַּדִּין / קָדוֹשׁ.

רָאֹה יִרְאוּ יַעֲרֵי שִׂיחִים / אִם אֵשׁ אָחֲזָה בַּלַּחִים
אָז יָנוּעוּ יְבֵשִׁים כְּסוּחִים.
רָאָה כִּי אֵין אִישׁ / לְהַפְגִּיעַ בְּעַד בְּנֵי אִישׁ
וְאַתָּה אֵל וְלֹא אִישׁ.

שליח הציבור:

רָשׁוּם בִּכְתָב אֱמֶת אֲשַׁנְּנָה / מַעֲשֵׂה כָל יְמוֹת הַשָּׁנָה
לִרְצוֹתְךָ בְּשׁוֹפָר (בשבת: בְּזִכְרוֹן שׁוֹפָר) בְּזֶה רֹאשׁ הַשָּׁנָה.

אִם לֹא לְמַעֲנוֹ יַעַשׂ / וְיָסִיר חֲרוֹן אַף וָכַעַס / אֵין לְבַקֵּר וְלִמְצֹא מַעַשׂ / קָדוֹשׁ.

ממשיכים ׳וּבְכֵן, וַיְהִי בִישֻׁרוּן מֶלֶךְ׳ בעמ׳ 222.
הגרסה המלאה לפיוט ׳מֶלֶךְ עֶלְיוֹן׳ בעמוד הבא.

למוסף של א׳ של ראש השנה

זו הגרסה המלאה של הפיוט המובא בעמ׳ 224-222.

וּבְכֵן, וַיְהִי בִישְׁרוּן מֶלֶךְ

מֶלֶךְ עֶלְיוֹן
אֵל דָּר בַּמָּרוֹם / אַדִּיר בַּמָּרוֹם / אֹמֶץ יָדוֹ תָּרֹם
לַעֲדֵי עַד יִמְלֹךְ.

מֶלֶךְ אֶבְיוֹן
בָּלֶה וְיָרֵד שַׁחַת / בִּשְׁאוֹל וּבְתַחַת / בְּלֵאוּת בְּלִי נַחַת
עַד מָתַי יִמְלֹךְ.

מֶלֶךְ עֶלְיוֹן
גִּבּוֹר לְהָקִים / גּוֹזֵר וּמֵקִים / גּוֹלֶה עֲמֻקִּים
לַעֲדֵי עַד יִמְלֹךְ.

מֶלֶךְ אֶבְיוֹן
דָּוֶה כַּדֶּבֶר / דּוֹבֵר וְעוֹבֵר / דּוֹמֶה לְעִוֵּר
עַד מָתַי יִמְלֹךְ.

מֶלֶךְ עֶלְיוֹן
הַמְדַבֵּר בִּצְדָקָה / הַלּוֹבֵשׁ צְדָקָה / הַמַּאֲזִין צְעָקָה
לַעֲדֵי עַד יִמְלֹךְ.

מֶלֶךְ אֶבְיוֹן
וְחָפֵץ בְּרֶשַׁע / וְעוֹשֶׂה רֶשַׁע / וּמוּכָן לְפֶשַׁע
עַד מָתַי יִמְלֹךְ.

מֶלֶךְ עֶלְיוֹן
זוֹכֵר צוּרִים / זַכּוּת יְצוּרִים / זוֹעֵם צָרִים
לַעֲדֵי עַד יִמְלֹךְ.

מֶלֶךְ אֶבְיוֹן
חוֹשֵׁב וְשׁוֹכֵחַ / חָשׁ וּמִשְׁתַּכֵּחַ / חָב וּמִתְוַכֵּחַ
עַד מָתַי יִמְלֹךְ.

מֶלֶךְ עֶלְיוֹן
טוֹב שׁוֹכֵן עַד / טוּבוֹ לָעַד / טִפַּח שְׁמֵי עַד
לַעֲדֵי עַד יִמְלֹךְ.

מֶלֶךְ אֶבְיוֹן
יָמָיו טְפָחוֹת / יוֹמוֹ לְמַפָּחוֹת / יְחוּם טְפוּחוֹת
עַד מָתַי יִמְלֹךְ.

מֶלֶךְ עֶלְיוֹן
כַּשַּׂלְמָה עוֹטֶה אוֹר / כָּל מְאוֹרֵי אוֹר / כַּבִּיר וְנָאוֹר
לַעֲדֵי עַד יִמְלֹךְ.

מֶלֶךְ אֶבְיוֹן
לְצַלְמָוֶת יִשָּׁפֵל / לְרֶגֶב יְאֻפַּל / לְאִשְׁמַן יְקֻפַּל
עַד מָתַי יִמְלֹךְ.

מֶלֶךְ עֶלְיוֹן
מֶלֶךְ עוֹלָמִים / מְפַעֲנֵחַ נֶעֱלָמִים / מֵשִׂיחַ אִלְּמִים
לַעֲדֵי עַד יִמְלֹךְ.

מֶלֶךְ אֶבְיוֹן
נָע לִרְגָעִים / נֶחְפָּז מִפְּגָעִים / נִבְהָל בְּשִׁגּוּעִים
עַד מָתַי יִמְלֹךְ.

מֶלֶךְ עֶלְיוֹן
סוֹבֵל כֹּל / סָב וּמְבַלֶּה כֹל / סוֹקֵר בַּכֹּל
לַעֲדֵי עַד יִמְלֹךְ.

מֶלֶךְ אֶבְיוֹן
עוֹבֵר וּמִתְעַבֵּר / עַפְעַפָּיו מְעַוֵּר / עֲפָרוֹ צוֹבֵר
עַד מָתַי יִמְלֹךְ.

מֶלֶךְ עֶלְיוֹן
פְּאֵרוֹ עֹז / פֹּעַל יְמִינוֹ תָּעֹז / פּוֹדֶה וּמָעוֹז
לַעֲדֵי עַד יִמְלֹךְ.

מֶלֶךְ אֶבְיוֹן
צַחֲנָה תַבְאִישֶׁנּוּ / צוֹאָה תַלְבִּישֶׁנּוּ / צִיָּה תִירָשֶׁנּוּ
עַד מָתַי יִמְלֹךְ.

מֶלֶךְ עֶלְיוֹן
קְדוֹשָׁיו לַהַב / קוֹרֵא מֵי רַהַב / קָרוֹב לְקוֹרְאָיו בְּאַהַב
לַעֲדֵי עַד יִמְלֹךְ.

מֶלֶךְ אֶבְיוֹן
רִמָּה לוֹבֵשׁ / רָטֹב וְיָבֵשׁ / רָשׁוּף בְּמַיִם וּבְאֵשׁ
עַד מָתַי יִמְלֹךְ.

מֶלֶךְ עֶלְיוֹן
שֵׁנָה אֵין לְפָנָיו / שֶׁקֶט בִּפְנִינָיו / שֶׁבַח טוֹב בְּמַצְפּוּנָיו
לַעֲדֵי עַד יִמְלֹךְ.

מֶלֶךְ אֶבְיוֹן
תְּנוּמָה תְעוּפֶנּוּ / תַּרְדֵּמָה תְעוֹפְפֶנּוּ / תֹּהוּ יְשׁוּפֶנּוּ
עַד מָתַי יִמְלֹךְ.

אֲבָל מֶלֶךְ עֶלְיוֹן
תָּקְפּוֹ לָעַד / תִּפְאַרְתּוֹ עֲדֵי עַד / תְּהִלָּתוֹ עוֹמֶדֶת לָעַד
לַעֲדֵי עַד יִמְלֹךְ.

ממשיכים ׳וּבְכֵן לְךָ תַעֲלֶה קְדֻשָּׁה׳ בעמ׳ 225.

פיוטי קדושה למוסף (בשני הימים)

פיוטים אלה נכתבו כדי להחליף את פיסקאות המעבר הקצרות בין פסוקי הקדושה. יש קהילות שבהן אומרים אותם בסוף הקדושה, כדי שלא לוותר על אמירת הקדושה ופסקאות המעבר שבה (׳מעשה רב׳ רה). בקהילות אלה ממשיכים ׳כְּבוֹדוֹ מָלֵא עוֹלָם׳ ובסוף הקדושה חוזרים לכאן.

אם אומרים פיוטים בתוך הקדושה, הקהל אומר בלחש:

כְּבוֹדוֹ מָלֵא עוֹלָם, מְשָׁרְתָיו שׁוֹאֲלִים זֶה לָזֶה
אַיֵּה מְקוֹם כְּבוֹדוֹ לְהַעֲרִיצוֹ, לְעֻמָּתָם מְשַׁבְּחִים וְאוֹמְרִים

הקהל ממשיך:

סימן א״ב אלעזר

וְחַיּוֹת אֲשֶׁר הֵנָּה מְרֻבָּעוֹת כִּסֵּא
בְּמָאתַיִם וַחֲמִשִּׁים וָשֵׁשׁ מַכְנִיפוֹת כִּסֵּא
גּוֹעֲשׁוֹת בּוֹ בְּסוֹבְבָם פָּנִים בְּפָנִים לַכִּסֵּא
דְּמוּת רָקִיעַ בְּרֹאשָׁם נָטוּי לַכִּסֵּא
הוּא כְּעֵין הַקֶּרַח, וּבוֹ שְׁבִיב כִּסֵּא
וּמִמַּעַל לָרָקִיעַ כְּמַרְאֵה דְּמוּת כִּסֵּא
זָעוֹת בְּלִי לֵאוּת מְחִיל כִּסֵּא
חָשׁוֹת בְּרָצוֹא וָשׁוֹב מֵרְעִישׁוּת כִּסֵּא
טָסוֹת כַּבָּזָק, וְלֹא מְזִיזוֹת הוֹד כִּסֵּא
יוֹדְעוֹת כִּי כָל מָקוֹם לֹא יָכִיל מְקוֹם כִּסֵּא
כַּף רֶגֶל חֲמֵשׁ מֵאוֹת וַחֲמֵשׁ עֶשְׂרֵה, יְשָׁרָה לַכִּסֵּא
לְעֵת תַּרְשִׁישֶׁנָה לְפָאֵר, קוֹפְצוֹת מִתַּחַת לַכִּסֵּא
מִתְעַלְּפוֹת מִפַּחַד רָם יוֹשֵׁב עַל הַכִּסֵּא
נִרְאוֹת נוֹשְׂאוֹת, וְהֵם נְשׂוּאוֹת עִם כִּסֵּא
סְבֻלוֹת מִתַּחַת זְרוֹעוֹת עוֹלָם לַכִּסֵּא
עֲתִירַת זוֹ כְּתַעַל, תְּרַפֶּינָה כְּנַף כִּסֵּא
פְּשָׁעִים אִם עָצְמוּ, מַשִּׁיקוֹת כִּסֵּא
צוֹרֵר כִּי יַשְׂטִין, יְפַרְשֵׁז עֲנַן כִּסֵּא
קוֹל שׁוֹפָר לְעֵת יַעַל, מְאַחֵז פְּנֵי כִסֵּא
רַחֲמִים יָלִיץ בְּעַד רְשׁוּמִים בַּכִּסֵּא
שׁוֹפֵט אִם יִרְצֶה שֶׁבֶת בְּאוּלָם הַכִּסֵּא
תַּבְנִית תָּם יָפֶן, חֲקוּקָה בַּכִּסֵּא

אַרְבַּע חַיּוֹת נוֹשְׂאוֹת וּמִנַּשְּׂאוֹת עִם כִּסֵּא
לְבִלְתִּי לְנַבֵּל לְמַעֲנוֹ כִּסֵּא
עוֹד יִפְצֶה פֶּה וְיַפְגִּיעַ כִּסֵּא
זְכֹר לְיוֹשְׁבֵי נְטָעִים אֲשֶׁר עִמְּךָ בַּכִּסֵּא

שליח הציבור:

רַחֵם מְצוּקִים אֲשֶׁר עֲלֵיהֶם שַׁתָּ הֲדוֹם וְכִסֵּא
וְאָז יִתְרַעֵם הַגַּלְגַּל וְיִתְרַעַשׁ הַכִּסֵּא
וְאוֹפַן לְאוֹפַן, וְחַיָּה לְחַיָּה, וּכְרוּב לִכְרוּב לְעֻמַּת כִּסֵּא.

במקור שליח הציבור הוסיף רק ׳לְעֻמָּתָם מְשַׁבְּחִים וְאוֹמְרִים׳.
היום בקהילות שבהן אומרים פיוטים בתוך הקדושה, הוא חוזר ואומר ׳כְּבוֹדוֹ מָלֵא עוֹלָם׳:

כְּבוֹדוֹ מָלֵא עוֹלָם, מְשָׁרְתָיו שׁוֹאֲלִים זֶה לָזֶה
אַיֵּה מְקוֹם כְּבוֹדוֹ לְהַעֲרִיצוֹ, לְעֻמָּתָם מְשַׁבְּחִים וְאוֹמְרִים

קהל ואחריו שליח הציבור:

יחזקאל ג ׳בָּרוּךְ כְּבוֹד־יהוה מִמְּקוֹמוֹ:

אם אומרים פיוטים בתוך הקדושה, הקהל אומר בלחש:

מִמְּקוֹמוֹ הוּא יִפֶן בְּרַחֲמָיו לְעַמּוֹ, וְיָחֹן עַם הַמְיַחֲדִים שְׁמוֹ
עֶרֶב וָבֹקֶר בְּכָל יוֹם תָּמִיד, פַּעֲמַיִם בְּאַהֲבָה שְׁמַע אוֹמְרִים.

סימן תשר״ק אלעזר

הקהל ממשיך:

וְעַמְּךָ תְּלוּאִים בִּתְשׁוּבָה לְהִתְיַחֵד
שְׁנֵי לְבָבוֹת לְךָ כְּאֶחָד לְאֶחָד
רַחַץ בְּנִקְיוֹן כַּפַּיִם, נְשֹׂא לֵב אֶחָד
קוֹל שׁוֹפָר כָּפוּף, כְּפֹף לֵב אֶחָד
צִיּוּן שׁוֹפָר פָּשׁוּט, פְּשֹׁט לֵב אֶחָד
פּוּר יָמִים יוּצָרוּ בָם לָבוֹר אֶחָד
עוֹבְרִים בּוֹ לְהַקְבִּיל פְּנֵי יוֹצֵר אֶחָד

שליח הציבור:

סְמוּכִים בְּצִדְקַת אָב, הָיָה אֶחָד
נִשְׁעָנִים בְּסִבְךְ יָחִיד וּמְיֻחָד
מְבַטְּחִים בְּתֹם וּבְיֹשֶׁר אָב אֶחָד

הכול:

לְהִזָּכֵר לָמוֹ עֲנִיַּת קוֹל אֶחָד
כְּשִׁבְתּוֹ בַּכִּסֵּא, שְׁפֹט גּוֹי אֶחָד
יַעֲמִיד מֵלִיץ יָשָׁר, מִנִּי אֶלֶף אֶחָד
טוֹבוֹת לְהַגִּיד בַּשְּׁבִיעִי בְּאֶחָד
חָשׁוּב גֵּר וְאֶזְרָח לְמִשְׁפָּט אֶחָד
זַךְ וָרָע, מֵהַיּוֹם מוֹדַע דִּינָם לְאֶחָד
וַאֲשֶׁר מַעֲשָׂיו שְׁקוּלִים, עַד עָשׂוֹר יְאֻחַד
הוּא כְּחָפֵץ לְהַצְדִּיק, עֲשֶׂרֶת יְמֵי תְשׁוּבָה יִחַד
דֶּלֶת פְּתוּחָה לַשָּׁבִים, תֵּת צֳרִי לְכָל אֶחָד וְאֶחָד
גּוֹלֶה זְכוּת וָרֶשַׁע, לְהַגִּישׁ אַחַת בְּאֶחָת
בְּקוֹר חֶשְׁבּוֹן לִמְצֹא אַחַת לְאַחַת
אִם יַשְׁקִיט, וּמִי יַרְשִׁיעַ לַהֲשִׁיבֵנוּ, וְהוּא בְאֶחָד
אֱמֶת חוֹתָמוֹ, לְהוֹדִיעַ כִּי הוּא אֶחָד
לְעֵת תָּמוּט, וּכְכַל יַד עַם אֶחָד.

שליח הציבור:

עוֹד יִזָּכֵר לָמוֹ מִטַּת שְׁכֶם אֶחָד
זֹאת הַמִּתְמַדֶּת שְׁמַע פֶּה אֶחָד
רוֹגֶשֶׁת נֶשֶׁף וָשַׁחַר לְיַחֵד לְאֶחָד.

במקור שליח הציבור הוסיף רק ׳פַּעֲמַיִם בְּאַהֲבָה שְׁמַע אוֹמְרִים׳.
היום בקהילות שבהן אומרים פיוטים בתוך הקדושה, הוא חוזר ואומר ׳מִמְּקוֹמוֹ הוּא יִפֶן׳:

מִמְּקוֹמוֹ הוּא יִפֶן בְּרַחֲמָיו לְעַמּוֹ, וְיָחֹן עַם הַמְיַחֲדִים שְׁמוֹ
עֶרֶב וָבֹקֶר בְּכָל יוֹם תָּמִיד
פַּעֲמַיִם בְּאַהֲבָה שְׁמַע אוֹמְרִים

קהל ואחריו שליח הציבור:

שְׁמַע יִשְׂרָאֵל, יהוה אֱלֹהֵינוּ, יהוה אֶחָד: דברים ו

אם אומרים פיוטים בתוך הקדושה, הקהל אומר בלחש:

הוּא אֱלֹהֵינוּ, הוּא אָבִינוּ, הוּא מַלְכֵּנוּ, הוּא מוֹשִׁיעֵנוּ
וְהוּא יוֹשִׁיעֵנוּ וְיִגְאָלֵנוּ שֵׁנִית, וְיַשְׁמִיעֵנוּ בְּרַחֲמָיו לְעֵינֵי כָּל חַי לֵאמֹר

במדבר טו

הֵן גָּאַלְתִּי אֶתְכֶם אַחֲרִית כְּרֵאשִׁית, לִהְיוֹת לָכֶם לֵאלֹהִים אֲנִי יהוה אֱלֹהֵיכֶם:

כאן הקליר פונה ישירות אל הקב"ה ומבקש ממנו שישמע ויקבל את תפילות ישראל. הוא מפרט באריכות כיצד פרטי התפילה מכוונים כנגד איברי גוף האדם (על פי הפירוט במשנה, אהלות א, ח), בתפיסה שכל הפרטים האלה מכוונים במיוחד לכפר על האדם. עניין זה מבואר כבר בשורה הראשונה 'וְאַתָּה אֹזֶן קוֹל מְפָאֲרֶיךָ בְּכָל אֵבְרֵיהֶם', על פי תהלים לה, י: "כָּל עַצְמֹתַי תֹּאמַרְנָה, ה' מִי כָמוֹךָ".

הקהל ממשיך:

סימן א"ת ב"ש

וְאַתָּה אֹזֶן קוֹל מְפָאֲרֶיךָ בְּכָל אֵבְרֵיהֶם

תְּכֶן מִצְוֹת מַעֲשֵׂיהֶם בְּמָאתַיִם וְאַרְבָּעִים וּשְׁמֹנָה אֵבְרֵיהֶם
בְּזֶה חֹדֶשׁ, תְּקָע שְׁלֹשִׁים כְּמוֹ שְׁלֹשִׁים בְּכַף רַגְלֵיהֶם
שֵׁי מוּסְפֵי יוֹם עֲשָׂרָה כְּמוֹ עֲשָׂרָה בְּקַרְסֻלֵּיהֶם
גָּשִׁים פְּנֵי תֵיבָה שַׁחֲרִית שְׁתַּיִם כְּמוֹ שְׁתַּיִם בְּשׁוֹקֵיהֶם
רְשׁוּמִים קְרוֹת בּוֹ חֲמִשָּׁה כְּמוֹ חֲמִשָּׁה עַל בִּרְכֵּיהֶם
דְּרוּשִׁים תְּקַע בַּכֶּסֶא בְּאֶחָד כְּמוֹ אֶחָד בְּיַרְכוֹתֵיהֶם
קֶרֶן יִמְשְׁכוּ לְשַׁלֵּשׁ שְׁלֹשָׁה כְּמוֹ שְׁלֹשָׁה בְּקוֹטָלֵיהֶם
הֵן מוּסְפֵי חֹדֶשׁ עַשְׁתֵּי עֶשְׂרֵה כְּמוֹ עַשְׁתֵּי עֶשְׂרֵה צַלְעוֹתֵיהֶם
צָקוּן לַחֲשָׁם בְּרָכוֹת תֵּשַׁע כְּמוֹ תִּשְׁעָה שֶׁבִּזְרוֹעוֹתֵיהֶם
וּמַלְכִיּוֹת וְזִכְרוֹנוֹת וְשׁוֹפָרוֹת שְׁלֹשִׁים כְּמוֹ שְׁלֹשִׁים בְּפִסַּת יְדֵיהֶם
פִּלּוּל תְּמִידִים שְׁמוֹנֶה עֶשְׂרֵה כְּמוֹ שְׁמוֹנֶה עֶשְׂרֵה חֻלְיוֹת שִׁזְרוֹתֵיהֶם
זִבְחֵי תְמִידִים תְּקִיעוֹת תֵּשַׁע כְּמוֹ תִּשְׁעָה שֶׁבְּרָאשֵׁיהֶם
עֲתִירוֹת שְׁתַּיִם, שְׁחַח בָּם שְׁמוֹנָה כְּמוֹ שְׁמוֹנָה שֶׁבְּצַוָּארֵיהֶם
חֹק דָּתָם סְפָרִים חֲמִשָּׁה כְּמוֹ חֲמִשָּׁה שֶׁבְּנִקְבֵיהֶם
שָׁם הֲלִיכוֹת עוֹלָם שִׁשָּׁה כְּמוֹ שִׁשָּׁה בְּלִבְבֵיהֶם

טוּחוֹת וָכֶסֶל וְשֶׂכְוִי וְסַרְעַף, וּבֶטֶן וָקֶרֶב וְעֶשְׁתּוֹנוֹתֵיהֶם
נֶפֶשׁ, רוּחַ, נְשָׁמָה, יְחִידָה, חַיָּה, עוֹר וּבָשָׂר וְגִיד וְעַצְמוֹתֵיהֶם

שליח הציבור:

יִשְׂאוּ עַיִן וְיִכְרוּ אֹזֶן, וְיִפְצוּ פֶּה וְלָשׁוֹן וְנִיב שִׂפְתוֹתֵיהֶם
מִכַּף רֶגֶל וְעַד רֹאשׁ נִתְוַכְּחוּ פְּרַט מַעֲשֵׂיהֶם

כִּתְקַע שׁוֹפָר בְּקוֹל, יֵחָפְרוּ שׂוֹטְנֵיהֶם
לְהַצְדִּיקָם בְּיוֹם דִּין, שְׁמַע שֵׁנִית מֵאֱלֹהֵיהֶם

במקור שליח הציבור התחיל בתיבות ׳לִהְיוֹת לָכֶם לֵאלֹהִים׳.
היום בקהילות שבהן אומרים פיוטים בתוך הקדושה, הוא חוזר ואומר ׳הוּא אֱלֹהֵינוּ׳:

הוּא אֱלֹהֵינוּ, הוּא אָבִינוּ, הוּא מַלְכֵּנוּ, הוּא מוֹשִׁיעֵנוּ
וְהוּא יוֹשִׁיעֵנוּ וְיִגְאָלֵנוּ שֵׁנִית
וְיַשְׁמִיעֵנוּ בְּרַחֲמָיו לְעֵינֵי כָּל חַי לֵאמֹר
הֵן גָּאַלְתִּי אֶתְכֶם אַחֲרִית כְּרֵאשִׁית, לִהְיוֹת לָכֶם לֵאלֹהִים במדבר טו
אֲנִי יהוה אֱלֹהֵיכֶם:

אם אומרים פיוטים בתוך הקדושה, הקהל אומר בלחש:

אַדִּיר אַדִּירֵנוּ, יהוה אֲדֹנֵינוּ, מָה־אַדִּיר שִׁמְךָ בְּכָל־הָאָרֶץ: תהלים ח
וְהָיָה יהוה לְמֶלֶךְ עַל־כָּל־הָאָרֶץ זכריה יד
בַּיּוֹם הַהוּא יִהְיֶה יהוה אֶחָד וּשְׁמוֹ אֶחָד:

סימן ת״א ש״ב | הקהל ממשיך:

תְּהִלּוֹת כְּבוֹדְךָ | אָמְצְךָ מְלֹא כָל הָאָרֶץ
שִׁמְעֲךָ דִּין מִשָּׁמַיִם | בְּכֵן יָרְאָה וְשָׁקְטָה הָאָרֶץ
רַעַשׁ יוֹם מִשְׁפָּט | גַּעַשׁ תְּהוֹמוֹת הָאָרֶץ
קוֹל שׁוֹפָר חָזָק | דִּבֵּר וַיִּקְרָא אָרֶץ
צְבִי לַצַּדִּיק בְּזֶמֶר | הִשְׁמִיעָה כְּנַף הָאָרֶץ
פַּחַד וָפַחַת וָפָח | וּפַלָּצוּת יְבַעִיתוּ אָרֶץ
עֵת תָּקוּם לַמִּשְׁפָּט | זַעַם כָּל אַפְסֵי אָרֶץ
סֹלּוּ פַּנּוּ דֶרֶךְ, יְנוֹבְבוּ | חֲרֵדִים מֵחֶרְדַּת הָאָרֶץ.
נָאוֹר וְאַדִּיר | טַעַם תָּשִׁיב לָאָרֶץ
מַה תִּירְאִי אֲדָמָה | יָרִיעוּ תַּחְתִּיּוֹת אָרֶץ

שליח הציבור:

לְהִתְוַדַּע וּלְהִגָּלוֹת | כִּי הוּא מֶלֶךְ עַל כָּל הָאָרֶץ
כְּמוֹ פֵּאֲרוּהוּ מֵאָז בַּשַּׁחַק | יוֹרְשׁוּ בְחוּנָיו לְפָאֲרוֹ בָּאָרֶץ.

במקור שליח הציבור אמר כאן ׳וּבְדִבְרֵי קָדְשְׁךָ כָּתוּב לֵאמֹר׳.
היום בקהילות שבהן אומרים פיוטים בתוך הקדושה, הוא חוזר ואומר ׳אַדִּיר אַדִּירֵנוּ׳:

תהלים ח **אַדִּיר אַדִּירֵנוּ, יהוה אֲדֹנֵינוּ, מָה־אַדִּיר שִׁמְךָ בְּכָל־הָאָרֶץ:**

זכריה יד **וְהָיָה יהוה לְמֶלֶךְ עַל־כָּל־הָאָרֶץ**
בַּיּוֹם הַהוּא יִהְיֶה יהוה אֶחָד וּשְׁמוֹ אֶחָד:

שליח הציבור:

וּבְדִבְרֵי קָדְשְׁךָ כָּתוּב לֵאמֹר

קהל ואחריו שליח הציבור:

תהלים קמו **יִמְלֹךְ יהוה לְעוֹלָם, אֱלֹהַיִךְ צִיּוֹן לְדֹר וָדֹר, הַלְלוּיָהּ:**

ממשיכים ׳לְדוֹר וָדוֹר נַגִּיד גָּדְלֶךָ׳ –
ביום א׳ של ראש השנה בעמוד 228, וביום ב׳ בעמוד 341.

תקיעתא למלכיות ליום א׳ של ראש השנה (או ליום ב׳, אם חל ביום ראשון)

עיקר תפילות המוסף של ראש השנה הוא שלוש הברכות המרכזיות: מלכיות, זיכרונות ושופרות (ראש השנה טז ע״א; שם לד ע״ב). כבר מימות הקדמונים נהגו לעטר את שלוש הברכות האלה בפיוטים המכונים תקיעתות. ביום א׳ אומרים מערכת של שלושה פיוטים לר׳ אלעזר הקליר, וביום ב׳, את מערכת הפיוטים ליוסי בן יוסי. אם ראש השנה חל בשבת, מחליפים בין מערכות הפיוטים: את המערכת שחיבר יוסי בן יוסי אומרים ביום א׳, ואת של הקליר, ביום ב׳. היום ברוב הקהילות נוהגים להשמיט את התקיעתות.

סימן א״ב מרובע

הכול:

אֲנַסִּיכָה מַלְכִּי / לְפָנָיו בְּהִתְהַלְּכִי אָמְצוֹ בְּהַמְלִיכִי / יֶאְזֹר עֹז וְיִמְלֹךְ.
אֱלִיל בְּהַשְׁלִיכִי / לִפְנֵי בוֹא יוֹם מַלְכִּי אִישׁ מַלְאָכִי / יִשְׁלַח, וְאָז יִמְלֹךְ.

בְּבוֹאוֹ לַהֲלֹךְ / נִתַּשׁ חָנֵף מִמְּלֹךְ בֵּית גֵּאִים בְּלִי מְלֹךְ / יִסַּח, לְבַל יִמְלֹךְ.
בְּתוֹכִי יְהַלֵּךְ / בְּהוֹפִיעוֹ לִמְלֹךְ בְּמַלְכוּתוֹ אֲמַלֵּךְ / וְאָז יִמְלֹךְ.

גְּבֶרֶת מַמְלָכוֹת / בִּמְגֻּרוֹ מַמְלָכוֹת גּוֹיִם וּמַמְלָכוֹת / יָהֹם, וְהוּא יִמְלֹךְ.
גִּלָּיוֹן הֲלִיכוֹת / וְסֵפֶר תַּהֲלוּכוֹת גַּל הַיּוֹם לִזְכּוֹת / חוֹכָיו לִמְלֹךְ.

דּוֹרֶכֶת נְסִיכוֹת / בְּחִנּוּן קוֹל בָּכוֹת דִּבְּרָה, אֲנִי בְּמַלְכוּת / וּמִי יוּכַל לִמְלֹךְ.
דַּכְּאֵי רוּחַ נְמִיכוֹת / מְחַפְּשֵׂי בְיוֹם דִּין זְכוּת
דָּשָׁה בְּעַל מַלְכוּת / עַד צוּר יִמְלֹךְ.

הָלוֹךְ מַהֲלָךְ / חֲמֵשׁ מֵאוֹת הַלָּךְ הָדוּר עַד הַמֶּלֶךְ / בְּעֻזּוֹ לִמְלֹךְ.
הֶבֶל הַמַּמְלִךְ / עַל מָה מָלַךְ הֲלֹא בְמִי נִמְלָךְ / כִּי אָץ לִמְלֹךְ.

וּמִלִּפְנֵי מֶלֶךְ מֶלֶךְ / חַי מִלְּפָנִים מֶלֶךְ וְעַד תֵּבֵל כָּל מֶלֶךְ / הוּא לְבַד יִמְלֹךְ.
וּמַה יָּעֹז מֶלֶךְ / בְּעֹז מִשְׁפַּט מֶלֶךְ וְכַעֲבוֹר סוּפָה בְּהֵלֶךְ / יַחֲלֹף מִמְּלֹךְ.

זָךְ, דִּין בְּעָרְכוֹ / יֹאחֵז דַּרְכּוֹ זֵדִים בְּדָרְכּוֹ / נָקָם יָעַט, וְיִמְלֹךְ.
זַר זָד בְּשַׁלְכוֹ / יִתֵּן עֹז לְמַלְכּוֹ זַכִּים בְּהַמְלִיכוֹ / עַל כֹּל יִמְלֹךְ.

חַדְּשׁוּ מְלוּכָה / כְּדַת וְכַהֲלָכָה חֹטֶר מַמְלָכָה / בְּמִישׁוֹר יִמְלֹךְ.
חֹבֶשׁ אֲרוּכָה / לְאֹרֶךְ יוֹם מְבוּכָה חַתְלָה לְמַכָּה / יַעַל בְּעֵת יִמְלֹךְ.

טֹרַח מַלְכִיּוֹת / עוֹבְדֵי מַשְׂכִּיּוֹת טִמְּאוּ חֶמֶד שְׂכִיּוֹת / בְּגַאֲוָה לִמְלֹךְ.
טֹהַר זָכִיּוֹת / וְשַׁאַג קוֹל בְּכִיּוֹת טֶבַע צוּל דָּכִיּוֹת / יָפֵן, וּבָם יִמְלֹךְ.

יְהָב מַשְׁלִיכִים / עָלָיו בְּנֵי מְלָכִים יוֹם זֶה לוֹ מְחַכִּים / בֹּא יָבֹא לִמְלֹךְ.
יַעַבְרוּ, מִתְהַלְּכִים / לְפָנָיו כְּמַלְאָכִים יַחַד מַמְלִיכִים / יהוה יִמְלֹךְ.

כִּתִּים בְּכַתְּתוֹ / אִיִּים בְּהַכּוֹתוֹ כֵּס מַמְלַכְתּוֹ / יִכּוֹן וְיִמְלֹךְ.
כְּבוֹד מַלְכוּתוֹ / וְקִדּוּשׁ הֲלִיכָתוֹ כְּגָמְרוֹ מְלַאכְתּוֹ / לְעֵין כֹּל יִמְלֹךְ.

לְכָל גֹּבַהּ יַפִּיל / וְהַר וְגֶבַע יַשְׁפִּיל לְכָל אֹם יַאְפִּיל / וּכְאוֹר זְרוֹעַ יִמְלֹךְ.
לְרְאִי יַקְפִּיל / וַחֲדָשִׁים יַכְפִּיל לְיוֹם זֶה פּוּר הִפִּיל / מִצִּיּוֹן לִמְלֹךְ.

מָטוּ גוֹיִם / הָמוּ גֵאִים מָעֲדוּ מִתְגָּאִים / גֵּאֶה בְּבֹאוֹ לִמְלֹךְ.
מָלְכוּ דְגוּיִם / נָטְלוּ סְגוּיִם מֶלֶךְ הַגּוֹיִם / עֵת אָתָא לִמְלֹךְ.

נְדִיבֵי עַמִּים / יֵאָסְפוּ מֵעַמִּים נְשׂא מְעוּטֵי עַמִּים / אֶל מְקוֹמָם לִמְלֹךְ.
נִגּוּן נְעִימִים / לְמוּלָם מַנְעִימִים נְשָׂאָם מֵעֲמָמִים / עֲלֵיהֶם לִמְלֹךְ.

סִכּוּת אֱלִילִים / כִּיּוּן גִּלּוּלִים סָחֹב כְּמוֹ חֲלָלִים / יָשְׁלְכוּ בְּלִי לִמְלֹךְ.
סוֹד אֵל אֵלִים / הָבוּ בְּנֵי אֵלִים שְׂאוּ זִמְרָה וְהִלּוּלִים / לְאָדוֹן, כִּי יִמְלֹךְ.

עִזּוּז יָד בְּהַשִּׂיאוֹ / לְהָרִים נְשִׂיאוֹ עֲמוּסָיו בְּנַשְּׂאוֹ / יָעֹז וְיִמְלֹךְ.
עַל רוּם מַשָּׂאוֹ / יְדֵיהוּ בְּנָשְׂאוֹ עַל הוֹד כִּסְאוֹ / יֵשֵׁב וְיִמְלֹךְ.

פּוּר תִּפוֹרַר אֶרֶץ / בְּכִלָּיוֹן וְחֶרֶץ פַּח בְּיוֹשְׁבֵי הָאָרֶץ / יַרְגִּיז וְיִמְלֹךְ.
פַּחַד שׁוֹפָרוֹת עֶרֶץ / יְשַׁלֵּשׁ, וּבָם יָרֶץ פְּאֵר מִכְּנַף הָאָרֶץ / יַעֲלוּ, כִּי יִמְלֹךְ.

צְבִי מֵהֲדֹם יַעַל / וְאֶדֶר מִשַּׁעַל צַהַל מִשְּׁמֵי מַעַל / יְרַנְּנוּ, כִּי יִמְלֹךְ.
צְבָאוֹת כָּל פֹּעַל / לְצַלְעָם יַרְטִי תַעַל צְפִירַת פְּאֵר לְהַעַל / הֵן לְצֶדֶק יִמְלֹךְ.

קְצִינִים אֲשֶׁר מָלְכוּ / אַדֶּרֶת יַשְׁלִיכוּ קוֹל יִתְּנוּ, וְיַמְלִיכוּ /לַמֶּלֶךְ, כִּי יִמְלֹךְ.
קְרוּאִים יִמְלֹכוּ / וְאַחֲרָיו יַהֲלֹכוּ קוֹמְמִיּוּת יֵלֵכוּ / וּבְרֹאשָׁם יִמְלֹךְ.

רָז הַמְּכֻמָּן / לְיוֹם זֶה מְזֻמָּן רָשׁוּם לְמוֹעֵד וּזְמָן / וּבוֹ נוֹקֵם יִמְלֹךְ.
רוֹעֶה נֶאֱמָן / בְּבֹאוֹ מִתֵּימָן רוּחַ יַסְעִיר בְּתֵימָן / בְּגִלְעָד יִמְלֹךְ.

שִׁנְאַן עֲלִיּוֹת / וְסוֹד פְּלִיאִיּוֹת שִׁיר מִתְּלוּלִיּוֹת / יִפְצְחוּ, כִּי יִמְלֹךְ.
שְׁאִיּוֹת תַּחְתִּיּוֹת / וְהוֹד אוֹתִיּוֹת שְׁאוֹן הֲמוֹן בְּרִיּוֹת / יָרִיעוּ, כִּי יִמְלֹךְ.

תְּכַן כֵּס כַּשֶּׁמֶשׁ / שְׁמוֹ לִפְנֵי שֶׁמֶשׁ תָּאֳרוֹ כְּצֵאת הַשֶּׁמֶשׁ / בְּמָלְכוֹ יִמְלֹךְ.

שליח הציבור:

תּוֹמֵךְ מִמִּזְרַח שֶׁמֶשׁ / וְעַד מְבוֹאַת שֶׁמֶשׁ
תַּמָּה, בָּרָה כַּשֶּׁמֶשׁ / יְרוֹמֵם וְיִמְלֹךְ.

ממשיכים ׳וְעַל כֵּן נְקַוֶּה לְךָ׳ בעמ׳ 239, ואם אומרים פיוט זה ביום ראשון, ממשיכים בעמ׳ 351.

תקיעתא למלכיות ליום ב׳ של ראש השנה (או ליום א׳, אם חל בשבת)

הכול:

סימן א״ב כפול

אֲהַלְלָה אֱלֹהַי / אָשִׁירָה עֻזּוֹ / אֲסַפְּרָה כְבוֹדוֹ / אֲאַפְּדֶנּוּ מְלוּכָה.
אֲשַׂגֵּב לְפוֹעֵל / אֲשֶׁר שָׂח וּפָעַל / אֲנַוֵּהוּ כִּי לוֹ / יָאֲתָה מְלוּכָה.

בְּעֻזּוֹ נֶצַח אֲשַׁנֵּן / כִּי צְבָאוֹ אָנִי / וְלוֹ נָאֶה שִׂיחַ / גֹּדֶל הַמְּלוּכָה.
בִּקְהַל אֲבַשֵּׂר / בְּרֹב עָם אֲדַבֵּר / לְמִי שְׂאֵת וְיֶתֶר עֹז / וּלְמִי הַמְּלוּכָה.

גְּשׁוּ גוֹיִם / וּבוֹאוּ מַמְלָכוֹת / רְאוּ מַה נֶּהְדָּר / בְּמֵצַח הַמְּלוּכָה.
גַּדְּלוּהוּ אִתִּי / וּנְרוֹמְמֶנְהוּ יַחַד / וְאַל תִּתְגָּאוּ / בְּנֵזֶר הַמְּלוּכָה.

דְּרָכִים בָּעֵת / נַעֲשְׂתָה מְצוּלָה / הִתְבּוֹנְנוּ יַחַד / לְמִי נֶיְרְקָה הַמְּלוּכָה.
דָּרַךְ סוּס בַּיָּם / כְּנֶגֶד שֵׁשׁ מֵאוֹת רֶכֶב / וּמַה יּוֹעִיל גֶּבֶר / עֹז בִּמְלוּכָה.

הֶאֱזִינוּ רוֹזְנִים / אָז, וַיִּרְגָּזוּ / הִבִּיטוּ חִתַּת / וּמָאֲסוּ מְלוּכָה.
הִגִּידוּ כֹּחוֹ / לְאֻמִּים, וְדִבְּרוּ / לָזֶה יִכָּתֵב / שֵׁם הַמְּלוּכָה.

וְנִלְחַם רֵאשִׁית / גּוֹיִם, וְאָבַד / כִּי נִשְׁבַּע חַי / בְּכֵסֵּא מְלוּכָה.
וַיִּלְעַג בְּכָל דּוֹר / כִּי לֹא לָמַד / מִי נִלְחַם בַּיָּם / וְעָטָה מְלוּכָה.

זָד עַל אֲדוֹנָיו / עֶבֶד יוֹשֵׁב נֶגֶב / בְּזֹאת תִּרְגַּז אֶרֶץ / בְּשֵׂאת עֶבֶד מְלוּכָה.
זֶרַע בְּרוּכִים / הֶחֱרִימוּ אֲרוּרִים / כִּי נָתְנוּ קוֹל / לְאַדִּיר הַמְּלוּכָה.

חֶשְׁבּוֹן וּבָשָׁן / עוֹרְרוּ מִלְחָמָה / בְּלִי לָתֵת דֶּרֶךְ / לְצִבְאוֹת מְלוּכָה.
חֵילָם נִשְׁמַד / וְאַרְצָם חֻלְּקָה / וּמֵעַל זְרוֹעָם / נָפְלָה מְלוּכָה.

טָפְשׁוּ בְּנֵי כְנַעַן / כִּי נָכְרִים הֵם / בְּאַדְמַת בְּנֵי שֵׁם / זֶרַע הַמְּלוּכָה.
טְבָחָם בִּן נוּן / עַד פִּנָּה אָרֶץ / לִפְנֵי אֲרוֹן הַבְּרִית / אֲדוֹן הַמְּלוּכָה.

יוֹשְׁבֵי חֲרֹשֶׁת / אָז הִקְשָׁה לַחַץ / עֲזָרוּהוּ בְּלִי בֶצַע / אַפְסֵי מְלוּכָה.
יָהּ הִלְחִים בָּם / צָבָא בְּלִי בֶצַע / כֵּן יֹאבְדוּ שְׁאָר / וְלַיהוָה הַמְּלוּכָה.

כְּאֶרֶז בַּלְּבָנוֹן / אַשּׁוּר גָּדַל / וְחֵרֵף, אוֹרִיד / כַּבִּיר מְלוּכָה.
כְּלִיל אֵשׁ הֲמָמָם / בְּלֵיל שִׁמּוּרִים / וְאָז יֵדְעוּ כֹּל / כִּי לָאֵל הַמְּלוּכָה.

לָשַׁחַת כָּרַע בֵּל / כְּחָשְׁבוֹ עֲלוֹת לַשַּׁחַק / וְסָר מִנּוּ לְבַב אֱנוֹשׁ / וְיָרַד מִמְּלוּכָה.
לְכַנּוֹ הוּשַׁב / וְכֹחַ אֵל הִכִּיר / לְמֵרִים וּמַשְׁפִּיל / הִשְׁלִים מְלוּכָה.

מְגָרָה צֹאן לַטֶּבַח / וְנִתְכְּנוּ עֲלִילוֹת / בִּלְבוּשׁ צָעִיר / רוֹדֵם הַמְּלוּכָה.
מְכוּרֵי בְּלֹא הוֹן / פְּדוּיֵי בְּלֹא כֶסֶף / סִלּוּ לְמַטֵּה כְּמַיִם / לֵב הַמְּלוּכָה.

נִמְכְּרוּ יוֹנִים / לִבְנֵי יְוָנִים / וְרִחֲקוּם מֵעַל / גְּבוּל הַמְּלוּכָה.
נֵאֲרוּ בְּרִית וָדָת / וְהִמְרִידוּ עִם בְּאֵל / וּמִגְּרוּם בְּלֹא כֹחַ / מִכַּהֲנֵי מְלוּכָה.

שָׂעִיר הֶחֱנִיף / לְהוֹרֵהוּ בְּצֵידוֹ / וַיִּירַשׁ בְּקוֹל בֶּכִי / חֶרֶב וּמְלוּכָה.
שְׂגַב חֲלָק / הֱיוֹת גְּבִיר לְאֶחָיו / וְעוֹד תִּסֹּב / לִישֻׁרוּן הַמְּלוּכָה.

עֲשֵׂה לְךָ בְּצִיּוֹן / שֵׁם נוֹרָאוֹת / כְּאָז תַּצְלִיחֶנָּה / בְּכִסֵּא מְלוּכָה.
עוֹרֵר וְהָקֵץ / מְשׂוֹשׂ כָּל הָאָרֶץ / וְכוֹנֵן כִּסְאֲךָ / בְּקִרְיַת מְלוּכָה.

פְּנֵי מְאוֹר לְבָנָה / וְחַמָּה תַחְפִּיר / וְיֵבוֹשׁוּ עוֹבְדֵימוֹ / בִּשְׂאֵתְךָ מְלוּכָה.
פְּאֵר עִיר יְפִי / לְבָרָה כַּחַמָּה / וְגַלֵּה לְנֶגְדֵּנוּ / כְּבוֹד מְלוּכָה.

צִבְאוֹת גְּאוּלֵי צֹעַן / שׁוֹרְרוּ בְּלֵיל חָג / וְהוּא לַיְלָה נִשְׁמָר / לְסַחֵף מְלוּכָה.
צָעֲדוּ בְּמֵי שֹׁעַל / צָפוּ בְּרוּחַ שֵׂכֶל / אָנָה יִנָּטֵעוּ / וִיקַבְּלוּ מְלוּכָה.

קָמְטוּ שַׁעֲרֵי זְבוּל / בֵּית עוֹלָמִים / כִּי מְבִינֵימוֹ / שָׁבְתָה מְלוּכָה.
קָדוֹשׁ יָבוֹא בָם / לְעוֹלָמִים / וְאָז יִשְׂאוּ רֹאשׁ / בְּחַדְּשׁוֹ מְלוּכָה.

רָבְצָה עֲדִינָה / שָׁקְטָה מֵאַלְמוֹן / כִּי אָרַךְ לָהּ / קֵץ הַמְּלוּכָה.
רִיבוּ מוֹשִׁיעִים / שְׂאוּ אֶדֶר מֵאֱדוֹם / וְשִׁיתוּ עַל אָדוֹן / הוֹד הַמְּלוּכָה.

שָׁוְא שָׁנֵא אֵל / וְהוּא עַל לְשׁוֹנֵנוּ / בִּקֵּשׁ אֱמֶת וָאַיִן / וְרָחֲקָה מְלוּכָה.
שַׁדַּי הָסֵר / אָוֶן מִצְּבָאֶיךָ / וְיָרִיעוּ לְךָ / תְּרוּעַת מְלוּכָה.

תַּחְגֹּר גֵּאוּת / תִּתְאַזַּר עֹז / לְבַל יִשְׂתָּרֵר / זָר בִּמְלוּכָה.
תִּכּוֹן תֵּבֵל / כִּי יִנָּעֵר רָשָׁע / וְשָׂם צֶדֶק לְרַגְלָיו / וְיִצְנֹף מְלוּכָה.

תִּקֹּם גּוֹיִם / תּוֹכִיחַ לְאֻמִּים / תִּשְׁבֹּר מַטֵּה רֶשַׁע / מוֹשֵׁל הַמְּלוּכָה.

שליח הציבור:

תַּחֲלִיף אֱלִילִים / תִּשְׂגַּב לְבַדֶּךָ / תִּקָּרֵא נֶצַח / יָחִיד בִּמְלוּכָה.

ממשיכים ׳וְעַל כֵּן נְקַוֶּה לְךָ׳ בעמ׳ 351,
ואם אומרים פיוט זה בשבת, ממשיכים בעמ׳ 239.

תקיעתא לזיכרונות ליום א׳ של ראש השנה (או ליום ב׳, אם חל ביום ראשון)

הכול:

סימן תשר״ק מרובע

זְכֹר תְּחִלַּת כָּל מַעַשׂ / אֲשֶׁר בְּכָל שָׁנָה נַעַשׂ

תּוּחַלְתָּם לְמְאַס / יוֹצֵר בַּל יִזְכֹּר.

תּוֹכַחַת מַעַשׂ / אִם יְצָאָה בְּכַעַס   תּוֹמֵךְ לְמַעֲנוֹ יַעַשׂ / וִיצוּרִים יִזְכֹּר.

זְכֹר שֶׁמִּבְּרֵאשִׁית / תְּבוּאַת רֵאשִׁית   שֹׁרֶשׁ בִּכּוּר רֵאשִׁית / יֶרְא וְיִזְכֹּר.

שֶׁצֶף חֲרִישִׁית / אִם חָר לְהָשִׁית

שׁוּבָה אֲשֶׁר הֵשִׁית / לַשּׁוֹבָבִים יִזְכֹּר.

זְכֹר רֹאשׁ עֲפָרוֹת / וְתוֹלָדוֹת סְפוּרוֹת   רִשּׁוּם סְפוּרוֹת / לְמִסְפַּר חוֹל יִזְכֹּר.

רְבַע מִסְפָּרוֹת / מְחַנְנֵי לְכַפָּרוֹת   רֶגֶשׁ שׁוֹפָרוֹת / לְשַׁפְּרָם יִזְכֹּר.

זְכֹר קְרִיאַת סֵפֶר / אֲשֶׁר גָּלְמִי שִׁפֵּר   קָצַב לוֹ בַּסֵּפֶר / בְּכָל דּוֹר וָדוֹר לִזְכֹּר.

קֶצֶף אִם הֶחָרַט בַּסֵּפֶר / לְבִלְתִּי מְצֹא כֹפֶר

קִיּוּם זִכְרוֹן זֶה סֵפֶר / לְפָנָיו יִזְכֹּר.

זְכֹר צְפוּן מוֹרְדֵי אוֹר / תְּמִים דּוֹר כָּאוֹר   צִיָּה כְּחָר לָאוֹר / קַנּוּיָיו יִזְכֹּר.

צְפוּפִים פְּנֵי נָאוֹר / מִשְׁפָּטָם תֵּת לָאוֹר   צַחַן רַע שְׁאוֹר / בְּרִיב בַּל יִזְכֹּר.

זְכֹר פְּעֻלַּת אֶזְרָח / הֱעִירָתָהּ מִמִּזְרָח   פָּעֳלוֹ יִזְרָח / בְּקֶרֶב שָׁנִים יִזְכֹּר.

פַּח אִם הֻטְרַח / פְּרָחָיו לְמְרַח   פִּלּוּלוֹ יִצְרַח / בַּעֲדָם יִזְכֹּר.

זְכֹר עֲקֵדַת מוֹרִיָּה / כְּהִיַּת רְאִיָּה   עֲדֵי עֵרֹם וְעֶרְיָה / סִבּוּכוֹ יִזְכֹּר.

עֶצֶב טְרִיָּה / אִם כּוֹאֲבָה פּוֹרִיָּה   עֲתָרוֹ לִרְאִיָּה / וְלִזְכוּת יִזְכֹּר.

זְכֹר סֻלָּם חָלָם / וְעָלָיו מְחוֹלְלָם   שָׂרֵי אַרְבַּע וְעָלָם / בּוֹ כְּמֵאָז יִזְכֹּר.

שָׂרִיגָיו בְּמַעְלָם / וַיֹּאמַר לְגָעֳלָם   שִׂיחוֹ יוֹעִילָם / בְּרִית לִזְכֹּר.

זְכֹר נְקוּבֵי מַטּוֹת / שְׁבוּעוֹת מַטּוֹת   נְדִידוּת הַמִּטּוֹת / לְאַמְּצָם יִזְכֹּר.

נוֹשְׂאֵי עֹל מוֹטוֹת / אִם פָּץ לְהַמְטוֹת   נֶפֶץ חֲדַר הַמִּטּוֹת / לְכִפּוּר יִזְכֹּר.

זְכֹר מְצוּקִים / יְסוֹד מוּצָקִים   מִפְּעָלָם לְצוֹעֲקִים / בְּפוּט חָשׁ לִזְכֹּר.

מִפִּי יוֹנְקִים / אֲשֶׁר בַּסּוּף נוֹאֲקִים

מַאֲמַר בְּרִית וְחֻקִּים / דְּבַר קָדְשׁוֹ יִזְכֹּר.

זֵכֶר לִין כְּפָרִים / וְאִמְרֵי שְׁפָרִים לְמְשַׁלְּמֵי פָרִים / בְּשָׂפָה יִזְכֹּר.
לְעֵת בִּקּוּר סְפָרִים / סְתָרִים מְסַפְּרִים לְשָׁנֵי עֳפָרִים / לְצֶדֶק יִזְכֹּר.

זֵכֶר כְּבוֹד מִשְׁכָּן / מְקוֹם דּוֹד שָׁכַן כְּרוּבִים בּוֹ שִׁכֵּן / חֶסֶד נְעוּרִים יִזְכֹּר.
כִּיוֹר עִם כַּן / וְנֹעַם קוֹל דּוּכָן כַּבִּיר בְּיוֹם מוּכָן / לַנְּבוּנִים יִזְכֹּר.

זֵכֶר יְלִיד נוּן / וּמִשְׁפְּטֵי אוּרֵי אַפְנוּן יִזְכְּרוּ בְּרִנּוּן / פְּלָאִם לִזְכֹּר.
יָקֵשׁ בְּרַק הַשָּׁנוּן / אִם הֻשְׁלַךְ לְתַאֲנוּן יַקְשִׁיב תַּחֲנוּן / חֲנוּנָיו לִזְכֹּר.

זֵכֶר טַעַם שׁוֹפְטִים / וְאוֹת קְצִיר חִטִּים טֶפֶשׁ שׁוֹטִים / יְחַתֵּל מִלִּזְכֹּר.
טֹרַח אַרְבַּעַת שְׁפָטִים / אִם נֶעֶנְשׁוּ נִשְׁפָּטִים
טֶבַע מִשְׁפָּטִים / אֲשֶׁר שָׂם יִזְכֹּר.

זֵכֶר חֲצוֹת לַיְלָה / וְתוֹדוֹת מִשְׁפְּטֵי לַיְלָה חֹשֶׁךְ בְּאִישׁוֹן לַיְלָה / נִגּוּנוֹ יִזְכֹּר.
חֵקֶר מִפְקַד לַיְלָה / יֶגְיֵהּ בְּלַהַב לַיְלָה
חֹק הֶגֶה יוֹמָם וָלַיְלָה / לְגֵיהָם יִזְכֹּר.

זֵכֶר זֶה זְבוּל / אֲשֶׁר בְּבִצְעֵי חָבוּל זְדוֹנוֹת סָבוּל / עוֹד בַּל יִזְכֹּר.
זַעַם כַּמַּבּוּל / אִם יָצָא לַחְבּוּל זִכְרוֹן יֶרַח בּוּל / לְחֶמְלָה יִזְכֹּר.

זֵכֶר וְכַח כָּל פֹּעַל / בְּקַו וָפֶלֶס יַעַל וְאִם בְּמֶרֶד וְאִם בְּמַעַל / רַב חֶסֶד יִזְכֹּר.
וְאִם טוֹב וְאִם רַע / אֲשֶׁר בּוֹ יֶאֱרַע וְסִתּוֹ יִפָּרַע / בְּסַאסְאָה מִלִּזְכֹּר.

זֵכֶר הַחַיִּים / עַד כַּמָּה הֵם חַיִּים הֵן אִם לַמָּוֶת אִם לַחַיִּים / חַי חַי יִזְכֹּר.
הֲמוֹן שְׁאוֹן בְּרוּאִים / יַעַבְרוּ לְפָנָיו כִּמְרִיאִים
הֲלֹא כְּמוֹ רְאוּיִים/ לְכָל אֶחָד יִזְכֹּר.

זֵכֶר דַּלּוּת וָעֹשֶׁר / בַּצֹּרֶת וָחֹשֶׁר דֹּפִי וְגַם יֹשֶׁר / בַּדִּין הוּא יִזְכֹּר.
דְּבַר גָּלוּי וָסֵתֶר / בִּנְיָנוֹת וְסוֹתֵר דֵּי חָסֵר וְיָתֵר / לְקֶצֶב יִזְכֹּר.

זֵכֶר גְּנוּנִים לַיֵּשֵׁב / בַּמִּדְבָּר וְיוֹשֵׁב גֶּשֶׁם וָרוּחַ לְנַשֵּׁב / מֵהַיּוֹם יִזְכֹּר.
גָּרוֹן לְהַקְשֵׁב / מֵעַם שְׁמוֹ חוֹשֵׁב גָּלְיוֹת לְהָשֵׁב / בְּיוֹם תֶּקַע יִזְכֹּר.

זֵכֶר בֶּהָל וְחֵימָה / קְרָב וּמִלְחָמָה בִּקּוּעַ חוֹמָה / לְחוֹמַת יָם יִזְכֹּר.
בְּאָדָם וּבִבְהֵמָה / אִם הֻקְנַס מְהוּמָה בְּצוּר קוֹל הוֹמָה / לָאֲדָמָה יִזְכֹּר.

זְכֹר אֱמוּנָה וָשֶׁקֶר / אִזּוּן שִׂיחַ וָסֶקֶר אוֹת פְּקֻדַּת בֹּקֶר / לִרְגָעִים יִזְכֹּר.

שליח הציבור:

אִם לְזוּל אִם לְיֹקֶר / אִם לְטַעַת אִם לְעַקֵּר

אֱנוֹשׁ בְּדִקְדּוּק וָחֵקֶר / לַמִּשְׁפָּט יִזְכֹּר.

יש נוהגים להוסיף שורות אלה, שחוברו לזכר הנרצחים על קידוש השם:

זְכֹר בְּחוּנֵי שְׁמַד / טָבַח זֵד מְשֻׁמָּד / בְּיוֹם תַּעַן וּמַעֲמָד

זִכְרוֹנָם לְפָנֶיךָ יַעֲמַד לִזְכֹּר.

כְּמָלֵא גְּוִיּוֹת בְּנֵי נֵכָר / דָּמָם הֱיוֹת מֻנְכָּר / בְּהַבִּילוֹ בְּנֵי נֵכָר

דּוֹרֵשׁ דָּמִים אוֹתָם זָכָר וְיִזְכֹּר.

זְכֹר בָּאֵי בָאֵשׁ וּבַמַּיִם / נוֹשְׂאֵי לְךָ עַיִן לַשָּׁמַיִם / בְּיוֹם מִיּוֹמַיִם

זִכְרוֹן פְּגִיעַת פַּעֲמַיִם יִזְכֹּר.

בְּרַחֲמֵי מִדָּתֶךָ / תִּשְׁפֹּט יְחִידָתֶךָ / בִּרְצוֹן עֲבוֹדָתֶךָ

קִנְיַן עֵדָתֶךָ זָכוֹר תִּזְכֹּר.

ממשיכים ׳אַתָּה זוֹכֵר מַעֲשֵׂה עוֹלָם׳ בעמ׳ 242,
ואם אומרים פיוט זה ביום ראשון, ממשיכים בעמ׳ 354.

תקיעתא לזיכרונות ליום ב׳ של ראש השנה (או ליום א׳, אם חל בשבת)

סימן א״ב כפול

הכול:

אֶפְחַד בְּמַעֲשַׂי / אֶדְאַג בְּכָל עֵת / אִירָא מִיּוֹם דִּין / בְּבוֹאִי לְזִכָּרוֹן.
אֶדְרֹשׁ לְחַנּוּן / אֲחַלֶּה לְרַחוּם / אֲחַנֵּן לְחֹק לִי / יוֹם זִכָּרוֹן.
בְּבוֹאִי לַמִּשְׁפָּט / בְּמִי אֶשָּׁעֵן / וּמִי יְחַפֶּשׂ לִי / צֶדֶק לְזִכָּרוֹן.
בָּאָבוֹת בָּטַחְתִּי / וּפָעֳלָם אֲכַלְתִּי / וְהֵם הָיוּ לִי / קֶדֶם לְזִכָּרוֹן.
גְּבָרָה זְרוֹעִי / כְּשָׁח מְחֵנִי נָא / לְבַל יִמַּח מֶנִּי / שֵׁם וְזִכָּרוֹן.
גֶּבֶר אִם יַעֲמֹד / לְפָנָיו, הֲיוֹעִיל / בְּעֵת יְבַקֵּשׁ מֶנִּי / זְכוּת לְזִכָּרוֹן.
דַּצְתִּי בְּלוֹבֵשׁ אֵפוֹד / וְחֹשֶׁן הַמִּשְׁפָּט / אֲשֶׁר בָּם הוּחַק / שְׁמִי לְזִכָּרוֹן.
דִּלֵּג בְּמַחְתָּה / עַד יֵעָצַר נֶגֶף / בְּגֶשֶׁת זָר מְכַהֵן / יָקוּד לְזִכָּרוֹן.
הַבִּיטָה אֵל / בְּעָמְדִי לְפָנֶיךָ / אֵין בְּקִרְבִּי אֱנוֹשׁ / תָּוִי לְזִכָּרוֹן.
הֲיֵשׁ מִי יְפַלֵּל / וְיָשִׁיב חֵמָה / וְיוּחַק לְדוֹרוֹת / שְׁמוֹ לְזִכָּרוֹן.
וּמִי שׂוֹנֵא בֶצַע / יְדַבֵּר עֲנוּ בִי / וְיַעַן וְיֹאמַר עֵד / אָדוֹן לְזִכָּרוֹן.
וּבִטְלֵה חָלָב / יְכַפֵּר בַּעֲדֵנוּ / וּכְנֶגֶד שְׁנֵי עֳפָרִים / יַעַל לְזִכָּרוֹן.
זַעַף יָרֵא, וְיֹאמַר / תְּהִי יָדְךָ בִּי / אֲשֶׁר כְּלֵב אֱלֹהָיו / הוּא לְזִכָּרוֹן.
זָעַק, וְהֵשִׁיב / חֶרֶב אֶל נְדָנָהּ / וְהוּשַׁת לוֹ כַּשֶּׁמֶשׁ / כֵּס לְזִכָּרוֹן.
חִכִּיתִי בְּעֵת עֹצֶר / לְפוֹתֵחַ וּמַמְטִיר / כְּמֵשִׁיב רוּחַ לַיֶּלֶד / אָבוּד מִזִּכָּרוֹן.
חַי לִרְאוֹת בְּרִית / בְּדַבְּרוֹ קִנֵּאתִי / כִּי עֲזָבוּ עָם / בְּרִית וְזִכָּרוֹן.
טֶרֶם הָיָה לִי / מְכַפֵּר פָּנִים / מִנְחָה הוֹלֶכֶת / כְּשֹׁחַד לְזִכָּרוֹן.
טֶרֶף נֵרְדְּ וְסַמִּים / לְמֵסַב חֲדָרָיו / דָּם וְחֵלֶב לְנִיחוֹחַ / וְלֶחֶם לְזִכָּרוֹן.
יָצַגְתִּי וְהוּשַׁמְתִּי / עַל גֶּחָלַי רֵקָה / כִּי לֹא אַלְמָן / שַׁתִּי לְזִכָּרוֹן.
יָהּ אֶבְטַח בָּךְ / וְלֹא בִנְדִיבִים / כִּי הֵם בַּקֶּבֶר / וְלָנֶצַח שִׁמְךָ לְזִכָּרוֹן.
כָּל אֵלֶּה סְמָכוּנִי / וְרַחֲמֶיךָ בִקַּשְׁתִּי / לוּלֵי הֵם תַּמְתִּי / וְאֵינִי לְזִכָּרוֹן.
כִּי הֵם בִּזְרוֹעַ / עָדֶיךָ לֹא בָאוּ / רוֹמְמוֹתֶיךָ בְּפִיהֶם / שָׁמוּ לְזִכָּרוֹן.
לְיוֹם זֶה נִכְמַס / סֶכֶם חִשְׁבּוֹנוֹת / תְּחִלָּה לְיָמִים / וְרֹאשׁ לְזִכָּרוֹן.
לְהִקָּרֵא בוֹ / כְּתָב עֵט וְשָׁמִיר / גָּלוּי וּבָאֵר / וְיָדוּעַ לְזִכָּרוֹן.
מָוֶת וְחַיִּים / שָׁלוֹם וּמִלְחֶמֶת / צַחְצָחוֹת וָשֹׂבַע / בָּאוּ לְזִכָּרוֹן.
מַעַלְלֵי גֶבֶר / וּמִסְפַּר צְעָדָיו / נִשְׁכְּחוּ מֵאֱנוֹשׁ / וְלָאֵל לְזִכָּרוֹן.

נִסְתְּרָה דְּרָכִי / מִי יוּכַל שִׂיחַ / לַשָּׁוְא נִכְתַּב לִי / חֵטְא לְזִכָּרוֹן.
נֶגֶד פְּנֵי גֶבֶר / מַעֲשָׂיו יוֹכִיחוּ / וְיַעֲנֶה בּוֹ כַּחְשׁוֹ / עֵד לְזִכָּרוֹן.
שִׂיחוּ מְזִמּוֹת אֵל / יַחַד כָּל בְּנֵי אִישׁ / עוֹבְרֵי תַחַת שֵׁבֶט / כַּצֹּאן לְזִכָּרוֹן.
סוֹגֵר דֶּלֶת / בְּעַד תְּמִימִים בְּזַעַם / עַד בּוֹא קֵצָם / צֵאת לְזִכָּרוֹן.
עֲשֵׂה פֶלֶא לַחַיִּים / לְבַל יִהְיוּ כַּמֵּתִים / הֲיֵשׁ אֲמִתֶּךָ / בַּקֶּבֶר לְזִכָּרוֹן.
עוֹרְרַתְּ אָז בְּפֹעַל / עוֹרְרֵנוּ בְּלֹא פֹעַל / הֲלֹא לְנִפְלְאוֹתֶיךָ / תַּעַשׂ זִכָּרוֹן.
פְּנֵה אֱלֹהִים / בְּיוֹשְׁבֵי גַנִּים / מַקְשִׁיב לְנִדְבָּרֵימוֹ / בְּדַת לְזִכָּרוֹן.
פְּעָלָם לְפָנֶיךָ / וּשְׂכָרָם אִתָּךְ / אוֹכְלֵי לֶחֶם הָעֲצָבִים / בְּסֵפֶר לְזִכָּרוֹן.
צָצוּ שׁוּעָלִים / מְחַבְּלִים כְּרָמִים / לְהַכְרִית מִגֶּפֶן / שֹׁרֶשׁ וְזִכָּרוֹן.
צְרוּרִים בְּפֶרֶךְ / נָאֲקוּ וְנוֹשָׁעוּ / בְּכֹשֶׁר הַרְרֵי קֶדֶם / הוּחַק לְזִכָּרוֹן.
קֶדֶם בְּנִתָּהּ לַדּוֹרוֹת / נִמְתָּה אֵין בָּהֶם חֵפֶץ / חִלַּפְתָּם וְאִבַּדְתָּם / מִהְיוֹת לְזִכָּרוֹן.
קְחִתָּה דוֹר מֵאֶלֶף / אֱמַרְךָ הִנְחַלְתָּם / לְמַעֲנָם בְּכָל דּוֹר / חֻקַּת לְזִכָּרוֹן.
רָם חָשַׁק מְאֹד / בִּכְלַּת נְעוּרִים / הֲרוּגָה וַעֲנִיָּה / תִּתָּה לְזִכָּרוֹן.
רָצָה אַחֲרֶיךָ / בְּגֵיא צִיָּה וְצַלְמָוֶת / אַהֲבַת כְּלוּלוֹתֶיהָ / תַּעַשׂ לְזִכָּרוֹן.
שִׁחֲתוּ עַם / שְׂאֵת שִׁמְצָה בְּקָמֵיהֶם / שָׂם פֶּסֶל וְלֹא אֵל / שָׁתוּ לְזִכָּרוֹן.
שֻׁכְּלוּ כִּמְעַט רֶגַע / לוּלֵא קָם בַּפֶּרֶץ / מְעוֹרֵר שְׁבוּעָה / וּבְרִית לְזִכָּרוֹן.
תִּעַבְתָּ מֵאָז / עֲדַת כָּל לְאֻמִּים / חֲשַׁקְתָּנוּ מֵהֶם / עֵדוּת לְזִכָּרוֹן.
תְּמוּר כֶּסֶף נִמְאָס / דּוֹר נִשְׁכַּח קְחִתָּהּ / קָנֵנוּ שֵׁנִית / כִּי שְׁכַחְנוּ מִזִּכָּרוֹן.
תָּר אִישׁ תָּם / בְּמִי זַרְעוֹ יְכֻנֶּה / שִׁכֵּל יָדָיו / לְאוֹת וְזִכָּרוֹן.

שליח הציבור:

תְּרַפֵּק מְשׁוֹל אֶפְרַיִם / בְּשַׁעֲשׁוּעַ יֶלֶד / כְּיֶלֶד וּבֵן יַקִּיר / חֻקַּת לְזִכָּרוֹן.

ממשיכים ׳אַתָּה זוֹכֵר מַעֲשֵׂה עוֹלָם׳ בעמ׳ 354,
ואם אומרים פיוט זה בשבת, ממשיכים בעמ׳ 242.

תקיעתא לשופרות ליום א׳ של ראש השנה (או ליום ב׳, אם חל ביום ראשון)

הכול:

סימן תשר״ק מרובע

אֶשָּׂא דֵעִי בְּצֶדֶק / תֵּת לְפוֹעֲלִי צֶדֶק
אֶשְׁאֲלָה מִשְׁפְּטֵי צֶדֶק / קוֹל לְהָרִים כַּשּׁוֹפָר.
אֵין קוֹרֵא בְצֶדֶק / רוֹדֵף צֶדֶק צֶדֶק
אֶקְרָא שִׁמְעָה צֶדֶק / בְּקוֹל בָּלוּל בַּשּׁוֹפָר.

בֻּנְתִּי בְּמַדָּעִי / לְמֵרָחוֹק שְׂאֵת דֵּעִי   בִּטּוּי תְּרוּעָה בְּיַדְּעִי / בְּקוֹל מַתַּן שׁוֹפָר.
בּוֹ בַּהֲרִיעִי / אֲרַצֶּה לִי רוֹעִי   בְּאַמְּצוֹ זְרוֹעִי / בְּקוֹל כֹּחַ שׁוֹפָר.

גַּשְׁתִּי בְּיוֹם דִּין / לְהִתְוַכֵּחַ בַּדִּין   גּוֹלֶה עֹמֶק הַדִּין / בְּקוֹל קִפְאוֹן שׁוֹפָר.
גְּזֵרַת דָּת וָדִין / אִם חֻיַּבְתִּי בַּדִּין   גְּרוֹנִי יְעַכֵּב מוֹרַע דִּין / בְּקוֹל עִם שׁוֹפָר.

דְּרֹשׁ וְהַעַל רְטִיָּה / לִפְנֵי טְרִיָּה   דַּעַת לִטְרוּיָה / בְּקוֹל חֹבֶשׁ שׁוֹפָר.
דָּחוּי לִכְרוּיָה / בְּעַד נָכְרִיָּה   דְּרוֹר לְכָל בְּרִיָּה / בְּקוֹל עֲבָרַת שׁוֹפָר.

הֻכְשַׁל בְּנַאֲפוּף / בְּזָרַת גִּפּוּף   הֻצַּג בְּרִיב צָפוּף / בְּקוֹל חֶרְדַּת שׁוֹפָר.
הָעֳנַשׁ בְּאִפּוּף / וְשָׁב הֱיוֹת חָפוּף   הוֹעִילוּ לֵב כָּפוּף / בְּקוֹל כְּפִיפַת שׁוֹפָר.

וְאִם שׁוֹד יַעֲלְזוּ / וּבַדִּין יְלִיזוּ   וְצֶדֶק יָרוּץ לְאָחְזוּ / בְּקוֹל חִיל שׁוֹפָר.
וּכְמוֹ מַכְנִיס בְּזוֹ / וּמוֹצִיא בְּזוֹ   וְכֵן מֶנּוּ יְגִיזוּ / בְּקוֹל רוּחַ שׁוֹפָר.

זֶה מִכָּל קוֹלוֹת / אֲשֶׁר בְּמַקְהֵלוֹת   זִקֵּק לִקְהִלּוֹת / קוֹל תֵּקַע שׁוֹפָר.
זוֹמְמֵי עֲקַלְקַלּוֹת / מְחֻיְּבֵי סְקִילוֹת   זָעוּ בְּגִדּוּעַ מַקְלוֹת / בְּקוֹל שֵׁמַע שׁוֹפָר.

חַי מִכָּל שָׁנָה / יוֹם זֶה שִׁנָּה   חָקוּק לְשׁוֹשַׁנָּה / בְּקוֹל חֵרוּת שׁוֹפָר.
חִבָּתוֹ מִשְׁנָה / שְׁנִיָּה מֵרִאשׁוֹנָה   חֵטְא כָּל הַשָּׁנָה / דְּחוֹת בְּקוֹל שׁוֹפָר.

טֶבַע בְּרָכוֹת תֵּשַׁע / מוּל שׁוֹפָרוֹת תֵּשַׁע
טָהוֹר מֵהֶם יִשַּׁע / בְּקוֹל דָּת שׁוֹפָר.
טֶנֶף צְחוּנֵי רֶשַׁע / בְּשׁוֹבָם מִפֶּשַׁע   טְרִיָּתָם תְּשַׁעֲשַׁע / בְּקוֹל שֶׁוַע שׁוֹפָר.

יוֹטַב מִשּׁוֹר פָּר / וּמֵאַיִל הַמְשֻׁפָּר יוֹם הַמִּסְפָּר / לְקוֹל חִדּוּשׁ שׁוֹפָר.
יָקֶשׁ יוּפַר / וְסוֹטֵן יְחֻפַּר יֹשֶׁר לֵב יְשֻׁפַּר / בְּקוֹל שִׁפּוּר שׁוֹפָר.

כְּעֵת הֵם תּוֹקְעִים / גַּיְא מְבַקְּעִים כְּרָכִים מַשְׁקִיעִים / בְּקוֹל שְׁאוֹן שׁוֹפָר.
כָּל הֲמוֹן מְרֵעִים / בְּחִילוּ מִתְרוֹעֲעִים
כַּאֲשֶׁר הֵם מַתְרִיעִים / קוֹל יָרִיעַ כַּשּׁוֹפָר.

לְקוֹלוֹ כְּיִקָּשֵׁב / יְבַעַת כָּל מוֹשָׁב
לְאֻמִּים בְּסַעַר יִנָּשֵׁב / בְּקוֹל סַעֲרַת שׁוֹפָר.
לְיוֹדְעָיו יוֹשֵׁב / לְאוֹת טוֹב יִתְחַשֵּׁב לְעֵת יִתְיַשֵּׁב / בְּקוֹל טַעַם שׁוֹפָר.

מוֹאֲסָיו לְהַבְקִיעַ / בּוֹגְדָיו לְקַעְקֵעַ מוֹרְדָיו לְהַשְׁקִיעַ / בְּקוֹל חִזּוּק שׁוֹפָר.
מַאֲרִיךְ בְּהִתָּקַע / מְקַצֵּר בְּהִבָּקַע מֵרִיעַ וְתוֹקֵעַ / בְּקוֹל שִׁלּוּשׁ שׁוֹפָר.

נוֹתֵן אֵימוֹת / מַחְפִּיז אֻמּוֹת נוֹסוּ נוֹאֲמוֹת / מִקּוֹל בּוּךְ שׁוֹפָר.
נוֹתֵן חוֹמוֹת / מַשְׁבִּית מִלְחָמוֹת נוֹהֵם כַּהֲמוֹת / בְּקוֹל שַׁאַג שׁוֹפָר.

סוֹדוֹ כְּגִלָּה / בְּסִין לִסְגֻלָּה סִיּוּם מְגִלָּה / בְּקוֹל הִלּוּךְ שׁוֹפָר.
סוֹד יוֹם גְּאֻלָּה / בְּחָסְפּוֹ לַגְּדוּלָּה שָׂשׂוֹן וְגִילָה / בְּקוֹל יַשְׁמִיעַ שׁוֹפָר.

עָשׁוֹר דּוֹחֶה / עֹנֶג מַדְחֶה עֲבֵרוֹת מַמְחֶה / בְּקוֹל צֶרַח שׁוֹפָר.
עֲוֹנוֹת מוֹחֶה / עַבְדוּת מַנְחֶה עֲבוֹדוֹת מְאַחֶה / קוֹל חִצּוּר שׁוֹפָר.

פֶּגֶר וְהַסְּעִיר / מַמְלְכוּת שָׂעִיר פִּשְׁעָהּ תָּעִיר / בְּקוֹל קוֹלוֹת שׁוֹפָר.
פִּתְחֵי הָעִיר / תַּשְׁקִיעַ וְתַבְעִיר פַּחַד רַב וְצָעִיר / מִקּוֹל הֶמְיַת שׁוֹפָר.

צִיּוּן רֶמֶז אוֹת / שׁוֹפָרוֹת שְׁלֹשׁ מֵאוֹת
צְוָחָה בְּמִדְיָן דָּאוֹת / בְּקוֹל שִׁתּוּף שׁוֹפָר.
צִפְצְפוּ צְבָאוֹת / כְּשָׁרוּ פְּלָאוֹת צוּר כְּעָשׁ נִפְלָאוֹת / בְּקוֹל עֶרֶב שׁוֹפָר.

קוֹל חֲלוּשָׁה / בְּאַרְקָא חֲלָשָׁה קוֹלוֹת מַתַּן שְׁלֹשָׁה / קוֹלוֹת כְּנִתְּנוּ בַּשּׁוֹפָר.
קֶרֶן מְשֻׁלָּשָׁה / הַיּוֹם לְזֵכֶר אֲשַׁלְּשָׁה קְרָא עוֹד שְׁלֹשָׁה / בְּקוֹל עִתּוּד שׁוֹפָר.

רְחַשְׁתִּי לַעֲלִיּוֹת / וְעֵינַי תְּלוּיוֹת רְאוֹת כִּנּוּס גָּלִיּוֹת / בְּקוֹל גָּדֹל שׁוֹפָר.
רְבִיעִית חַיּוֹת / לִיקוֹד לִהְיוֹת רֶשֶׁף שַׁלְהֲבִיּוֹת / בְּקוֹל לַהַב שׁוֹפָר.

שֵׁנָה תְעוֹרֵר / לְשַׁלֵּם גְּמוּל לְצוֹרֵר שְׁאוֹנוֹ תְפוֹרֵר / בְּקוֹל גְּבוּרוֹת שׁוֹפָר.
שׁוֹשָׁן תַּדְרֵר / גְּאֻלָּה תְּבָרֵר שׁוֹכְנִים תְּזוֹרֵר / בְּקוֹל הֲעָרַת שׁוֹפָר.

תְּיַשֵּׁר מֵחֶרְמוֹן / לְרוֹעֶה אַדְמוֹן תַּשְׁלֵג בְּצַלְמוֹן / בְּקוֹל הֲמוֹן שׁוֹפָר.

שליח הציבור:

תִּצְעַד כְּבִישִׁימוֹן / בְּמַתַּן אָמוֹן תַּשְׁמִיעַ בְּאַרְמוֹן / קוֹל קוֹרֵא כַּשּׁוֹפָר.

ממשיכים ׳אַתָּה נִגְלֵיתָ׳ בעמ׳ 246,
ואם אומרים פיוט זה ביום ראשון, ממשיכים בעמ׳ 358.

תקיעתא לשופרות ליום ב׳ של ראש השנה (או ליום א׳, אם חל בשבת)

הכול:

סימן א״ב כפול

אָנוּסָה לְעֶזְרָה / אֶמְצָא נֶגְדִּי / אֵל קָרוֹב לִי / בְּעֵת קָרְאִי בְקוֹל.
אֲשֶׁר בַּעֲדַת אֵל / בְּקִרְבִּי נִצָּב / פֹּה בְּמִקְדָּשׁ מְעַט / אֲצַפְצֵף לוֹ בְּקוֹל.

בַּקְּרָנִי, דְּרָשֵׁנִי / שֶׂה פְזוּרָה אֲנִי / נִגְזַזְתִּי וְנֶאֱלַמְתִּי / בְּלִי לְהָרִים קוֹל.
בֶּאֱמֹר גּוֹזְזַי / נִדָּחָה הִיא / שׁוֹמְרָהּ וְצִלָּהּ / לֹא יִשְׁאַג בְּקוֹל.

גִּלְּתִי שִׂיחַ בְּחֻקָּיו / וְחִכִּי עָרֵב / כְּהִטָּה אֹזֶן, וְשָׁח / הַשְׁמִיעֵנִי קוֹל.
גָּז וּבָרַח מֶנִּי / כְּעֹפֶר עַל הָרֵי בָתֶר / בְּבַקְשׁוֹ דָת וָאוֹת /
בְּמִשְׁכְּנוֹתַי, וְאֵין קוֹל.

דִּלֵּג מִבֶּתֶר לְבֶתֶר / הֲשִׁיבֵהוּ אֵלַי / אוּלַי יִשָּׂא פָנֶיךָ / עֵקֶב שָׁמְעֲךָ בְּקוֹל.
דְּרוֹשׁ טוֹבָה לַמּוֹרָאָה / וּרְאֵה שֵׂה מוֹרִיָּה / אִלֵּם פִּיהוּ יְהִי צֶדֶק /
לְלֹא שָׁמְעָה בְּקוֹל.

הָסֵר מֵחָלָק / יָדַיִם שְׂעִירוֹת / הוֹגֶה בְּתַחֲנוּנִים / כִּי לְךָ הַקּוֹל.
הוֹשַׁע אֲשֶׁר / לֹא תִשָּׁכַח עֵדוּת / וּמִפִּי זַרְעוֹ / לֹא יָסוּף קוֹל.

וְחוֹזַי וּמְלִיצַי / הֵם בְּנֵי אִמִּי / אָז נִחֲרוּ בִי / לְמַעַן אֶשְׁמַע קוֹל.
וְעַל מִשְׁמַרְתָּם / יַעַמְדוּ וְיִזְעָקוּ / וְגַל לָהֶם סוֹד / וְהוּא יַעֲנֵם בְּקוֹל.

זֶה חָמַק מֶנִּי / אֲסוֹבֵב וַאֲבַקְשֶׁנּוּ / בְּכָל מָקוֹם הוּא / אָנָה אֶשָּׂא קוֹל.
זֶכֶר דּוֹדִי לְמַטָּה / אַדִּיר בַּמָּרוֹם / מְלֹא כָל הָאָרֶץ כְּבוֹדוֹ /
לְמַעְלָה קוֹרְאִים בְּקוֹל.

חֵילֵי מַיִם / אֲשֶׁר בָּם תִּכֵּן שְׁבִילוֹ / דִּבְּרוּ, תְּמוּנָה לֹא שָׁרְנוּ / זוּלָתִי קוֹל.
חִפַּשְׂתִּי יְשִׁימוֹן הַיֵּשׁ / וְאָמַר אָיִן / קֶדֶם תִּתּוֹ עֹז / בְּעֲנֵנִי קוֹל.

טָהוֹר דִּלֵּג / הָרִים, וְעָבַר / וּמִמְּעוֹן הַר מוֹר / אָז נָתַן קוֹל.
טִמֵּאתִי יְדִידוּת / שִׁכְנוֹ, וְעָלָה / לְיוֹם כֶּסֶא יָבוֹא / בְּאָזְנַי קוֹל.

יְקָרְתִּי בְּעֵינָיו / וְנִלְוָה לִי בַּשֶּׁבִי / עִמּוֹ אָנֹכִי / הִבְטִיחַנִי בְּקוֹל.
יָרַד לְשִׁנְעָר / וְשָׂם כֵּס בְּעֵילָם / הִשְׁמִיעַ כַּאֲרִי / וּכְנָחָשׁ קוֹל.

כָּלָה מֶנִּי דֹּב / כְּהִתְרַפָּה מִמְּלֶאכֶת / אֲשֶׁר חָק בַּמִּכְתָּב / וַיַּעֲבֵר קוֹל.
כָּבַשׁ לִי אַרְבָּעָה / רָאשֵׁי נָמֵר / וְגַם אֲנִי בְהוֹדָיוֹת סֶלָה / אַשְׁמִיעַ לוֹ קוֹל.

לְחַיַּת קָנֶה / אָז מָכַר אֶרֶץ / מִי לִי בַשָּׁמַיִם / אָז הֵרִימָה קוֹל.
לֵאלֹהֵי יִשְׁעִי / מִשִּׁנֵּי בַרְזֶל שַׁוְעָתִי / וּמֵרֶגֶל עַבְטִיט / הִצְרַחְתִּי בְּקוֹל.

מִדַּת קִצִּי / לֹא הוֹדִיעַנִי / מָתַי בְּאַרְצִי / תּוֹר יַשְׁמִיעַ קוֹל.
מִיּוֹדְעֵי סֵפֶר / חָתַם קִצִּי / לְבַל דַּעַת צוֹפַי / עֵת יִשְׂאוּ קוֹל.

נָא הַבֵּט וּרְאֵה / עָנְיִי וּמְרוּדִי / אֵין לִי מַכִּיר / לְמִי אֶשָּׂא קוֹל.
נֶצַח אֲקַוֶּה / כִּי לֹא יִפֹּל דָּבָר / מִמַּקְשִׁיבַי / דְּמָמָה וָקוֹל.

שׁוֹשׁ יָשִׂישׂ / לִבִּי בְקִרְבִּי / (בְּשָׁמְעִי) דּוֹדִי דוֹפֵק / עַל פְּתָחַי בְּקוֹל.
סֶלָה יְשִׂימֵנִי / כַּחוֹתָם עַל לֵב / כְּאָז תַּחַת הַתַּפּוּחַ / עוֹרַרְנִי בְּקוֹל.

עִלִּיתַנִי אֵל / עַל כָּל בָּנוֹת / כִּי בַעֲבוּרִי / בְּחוֹרֵב תַּתָּה קוֹל.
עַל כָּל אֱלֹהִים / מְאֹד נִתְעַלֵּיתָה / וְנֶצַח תִּתְעַלֶּה / בִּתְרוּעַת קוֹל.

פָּעָה מִמִּדְבָּר / צִפּוֹר מִמִּצְרַיִם / וְיוֹנָה הִשְׁמִיעָה / מֵאַשּׁוּר קוֹל.
פְּקֹד צִפּוֹר בַּיִת / דְּרֹשׁ יוֹנַת אֵלֶם / תְּקַע לָמוֹ בַּשּׁוֹפָר / וּשְׁרֹק לָמוֹ בְּקוֹל.

צוּר חֻקִּים מֶנִּי / בַּל יָעוּפוּ כַּנֶּשֶׁר / וּבַל יִכָּנְפוּ / מַשְׁמִיעֵי קוֹל.
צְרוּפָה אֶלְמַד / וְעֵינַי לְמוֹרַי / כְּאָז צִיר מְדַבֵּר / וְאֵל מְשִׁיבוֹ בְקוֹל.

קָרַב קֵץ / בָּא עֵת מִשְׁפָּט / קָם מֵלִיץ יֹשֶׁר / לְהִתְחַנֵּן בְּקוֹל.
קַדֵּשׁ חֹדֶשׁ / וְהוּכַן מוֹעֵד / אֶתְקַע בַּשּׁוֹפָר / וְיַעֲנֶה לִי בְקוֹל.

רֶגֶשׁ מִקֶּבֶר / צְוָחָה מִסֶּלַע / בְּתֵת יְבֵשֵׁי עֶצֶם / מֵעָפָר קוֹל.
רְאוּ נֵס בֶּהָרִים / וְקוֹל שׁוֹפָר בָּאָרֶץ / לְהַשְׁמִיעַ רֶנֶן / מִדְּמוּמֵי קוֹל.

שֶׁגֶג לֵב הוּתַל / עוֹד בַּל יַטֶּנּוּ / בְּלִי לְהַכְבִּיד אֹזֶן / מִשְּׁמֹעַ קוֹל.
שׁוֹבֵב לִי כְּקֶדֶם / דָּת מוֹרָשָׁה / אֲשֶׁר בָּהּ עִלַּפְתַּנִי / בְּלַפִּדִים וָקוֹל.

תְּבוּנָה הֵפִיק / אִישׁ נְבוֹן דָּבָר / וְחַק נֹעַם זְמִירוֹת / בִּנְעִימוֹת קוֹל.
תְּהִלָּה יִתְּנוּ / אָז לַכֹּל הִשְׁמִיעַ / לָאֵל מוֹשֵׁל בַּכֹּל / יַמְתִּיקוּ קוֹל.

תַּחַת בְּנֵי צִיּוֹן / בְּנֵי יָוָן שָׁחוּ / הִבְרַקְתָּ חִצִּים / וַתְּהֻמֵּם בְּקוֹל.

שליח הציבור:

תַּרְעֵם לְבוֹזְזַי / תִּתְקַע בַּשּׁוֹפָר / בְּסַעֲרוֹת תֵּימָן / אָז יֵלֵךְ קוֹל.

ממשיכים ׳אַתָּה נִגְלֵיתָ׳ בעמ׳ 358,
ואם אומרים פיוט זה בשבת, ממשיכים בעמ׳ 246.

למוסף בשני הימים

זו הגרסה המלאה של הפיוט המובא בעמ' 253 ובעמ' 365.

הַיּוֹם תְּאַמְּצֵנוּ. הַיּוֹם תְּבָרְכֵנוּ.
הַיּוֹם תְּגַדְּלֵנוּ. הַיּוֹם תִּדְרְשֵׁנוּ לְטוֹבָה.
הַיּוֹם תְּהַדְּרֵנוּ. הַיּוֹם תְּוַעֲדֵנוּ.
הַיּוֹם תִּזְכְּרֵנוּ בְּרַחֲמֶיךָ. הַיּוֹם תְּחַסְּנֵנוּ.
הַיּוֹם תְּטַהֲרֵנוּ מִכָּל חֵטְא. הַיּוֹם תְּיַשְּׁרֵנוּ לְפָנֶיךָ.
הַיּוֹם תְּכַבְּדֵנוּ. הַיּוֹם תְּלַבְּבֵנוּ.
הַיּוֹם תְּמַלְּטֵנוּ מִכָּל רָע. הַיּוֹם תְּנַקֵּנוּ מֵעָוֹן.
הַיּוֹם תִּסְמְכֵנוּ. הַיּוֹם תַּעֲנֵנוּ.
הַיּוֹם תִּפְקְדֵנוּ לְחַיִּים וְלִבְרָכָה. הַיּוֹם תְּצַדְּקֵנוּ.
הַיּוֹם תְּקוֹמְמֵנוּ. הַיּוֹם תְּרַחֲמֵנוּ.
הַיּוֹם תִּשְׁמַע שַׁוְעָתֵנוּ. הַיּוֹם תִּתְמְכֵנוּ.

שיר הייחוד

ליום ראשון

תהלים קד בראשית מח ש״ץ: אָשִׁירָה וַאֲזַמְּרָה לֵאלֹהַי בְּעוֹדִי: / הָאֱלֹהִים הָרֹעֶה אֹתִי מֵעוֹדִי:

איוב י קהל: עַד הַיּוֹם הַזֶּה הֶחֱזַקְתָּ בְּיָדִי / חַיִּים וָחֶסֶד עָשִׂיתָ עִמָּדִי:

ש״ץ: בָּרוּךְ יהוה וּבָרוּךְ שֵׁם כְּבוֹדוֹ / כִּי עַל עֲבָדוֹ הִפְלִיא חַסְדּוֹ.

קהל: אֱלֹהֵי מָרוֹם בַּמָּה אֲקַדֵּם / וּבַמָּה אִכַּף לֵאלֹהֵי קֶדֶם.

ש״ץ: אִלּוּ הָרִים הֵם לְמַעֲרָכָה / וְכָל עֲצֵי לְבָנוֹן, בְּכֹל עֲרוּכָה.

קהל: וְאִם כָּל בְּהֵמוֹת וְחַיּוֹת קְרוּצִים / נְתָחִים עֲרוּכִים עַל הָעֵצִים.

ישעיה יא ש״ץ: וְאַף זָוִיּוֹת מִזְבֵּחַ מְבוּסִים / דָּם, כַּמַּיִם לַיָּם מְכַסִּים:

מיכה ו קהל: וְכַחוֹל סֹלֶת דָּשֵׁן וְשָׁמֵן / בָּלוּל בְּרִבְבוֹת נַחֲלֵי שָׁמֶן:

ש״ץ: וּלְאַזְכָּרָה לְבוֹנָה וְסַמִּים / לִקְטֹרֶת וְכָל רָאשֵׁי בְשָׂמִים.

קהל: וְאִלּוּ נֵרוֹת עַל הַמְּנוֹרוֹת / יְהִיוּ מְאִירוֹת כִּשְׁנֵי הַמְּאוֹרוֹת.

ש״ץ: וּכְהַרְרֵי אֵל, לֶחֶם הַפָּנִים / עַל שֻׁלְחָנוֹת עֲרוּכִים בִּפְנִים.

קהל: וְיַיִן כְּמוֹ מְטַר הַשָּׁמַיִם / וְשֵׁכָר לְנֶסֶךְ כְּעֵינוֹת מָיִם.

ש״ץ: וְאִלּוּ כָּל בְּנֵי אָדָם כֹּהֲנִים / לְוִיִּם מְשׁוֹרְרִים כִּכְנַף רְנָנִים.

קהל: וְכָל עֲצֵי עֵדֶן, וְכָל עֲצֵי יְעָרִים / כִּנּוֹרוֹת וּנְבָלִים לַשָּׁרִים.

ש״ץ: וְכָל בְּנֵי אֱלֹהִים בְּקוֹל תְּרוּעָתָם / וְהַכּוֹכָבִים מִמְּסִלּוֹתָם.

קהל: וְכָל הַלְּבָנוֹן וְחַיָּה כֻּלָּהּ / אֵין דֵּי בָעֵר, וְאֵין דֵּי עוֹלָה.

ש״ץ: הֵן בְּכָל אֵלֶּה אֵין דֵּי לַעֲבֹד / וְאֵין דֵּי לְקַדֵּם אֵל הַכָּבוֹד.

קהל: כִּי נִכְבַּדְתָּ מְאֹד מַלְכֵּנוּ / וּבַמָּה נִכַּף לַאֲדוֹנֵנוּ.

ש״ץ: אָמְנָם לֹא יוּכְלוּ כַּבְּדֶךָ / כָּל חַי, אַף כִּי אֲנִי עַבְדֶּךָ.

קהל: וַאֲנִי נִבְזֶה וַחֲדַל אִישִׁים / נִמְאָס בְּעֵינַי וּשְׁפַל אֲנָשִׁים.

ש״ץ: וְאֵין לְעָבְדְּךָ כֹּל לְכַבְּדֶךָ / לְהָשִׁיב לְךָ גְּמוּל עַל חֲסָדֶיךָ.

קהל: כִּי הִרְבֵּיתָ טוֹבוֹת אֵלַי / כִּי הִגְדַּלְתָּ חַסְדְּךָ עָלַי.

ש״ץ: וְרֹב שִׁלּוּמִים, לְךָ חִיַּבְתִּי / כִּי עָשִׂיתָ טוֹבוֹת אִתִּי.

קהל: וְלֹא חִיַּבְתָּ לִי גְּמוּלֶיךָ / כָּל טוֹבָתִי בַּל עָלֶיךָ.

ש״ץ: עַל הַטּוֹבוֹת לֹא עֲבַדְתִּיךָ / אַחַת לְרִבּוֹא לֹא גְמַלְתִּיךָ.

קהל: אִם אָמַרְתִּי אֲסַפְּרָה נָּא, כְמוֹ / לֹא יָדַעְתִּי סְפֹרוֹת לָמוֹ.

ש״ץ: וּמָה אָשִׁיב לְךָ, וְהַכֹּל שֶׁלָּךְ / לְךָ שָׁמַיִם, אַף אֶרֶץ לָךְ.

קהל: יַמִּים וְכָל אֲשֶׁר בָּם, בְּיָדֶךָ / וְכֻלָּם יִשְׂבְּעוּן מִיָּדֶךָ.

ש״ץ: וַאֲנַחְנוּ עַמְּךָ וְצֹאנֶךָ / וַחֲפֵצִים לַעֲשׂוֹת רְצוֹנֶךָ.

קהל: וְאֵיךְ נַעֲבֹד וְאֵין לְאֵל יָדֵנוּ / וְלִשְׂרֵפַת אֵשׁ, בֵּית קָדְשֵׁנוּ.

ש״ץ: וְאֵיךְ נַעֲבֹד, וְאֵין זֶבַח וּמִנְחָה / כִּי לֹא בָאנוּ אֶל הַמְּנוּחָה.

קהל: וּמַיִם אַיִן לְהַעֲבִיר טֻמְאָה / וַאֲנַחְנוּ עַל אֲדָמָה טְמֵאָה.

ש״ץ: שָׂשׂ אָנֹכִי עַל אֲמָרֶיךָ / וַאֲנִי בָאתִי בִדְבָרֶיךָ.

קהל: כִּי כָתוּב, לֹא עַל זְבָחֶיךָ / וְעוֹלֹתֶיךָ אוֹכִיחֶךָ. תהלים נ

ש״ץ: עַל דְּבַר זֶבַח, וְעוֹלוֹתֵיכֶם / לֹא צִוִּיתִי אֶת אֲבוֹתֵיכֶם.

קהל: מָה שָׁאַלְתִּי וּמָה דָּרַשְׁתִּי / מִמְּךָ, כִּי אִם לְיִרְאָה אוֹתִי.

ש״ץ: לַעֲבוֹד בְּשִׂמְחָה וּבְלֵבָב טוֹב / הִנֵּה שְׁמֹעַ מִזֶּבַח טוֹב: שמואל א׳ טו

קהל: וְלֵב נִשְׁבָּר, מִמִּנְחָה טְהוֹרָה / זִבְחֵי אֱלֹהִים רוּחַ נִשְׁבָּרָה: תהלים נא

ש״ץ: זֶבַח וּמִנְחָה לֹא־חָפַצְתָּ: / חַטָּאת וְעוֹלָה לֹא שָׁאָלְתָּ. תהלים מ

קהל: מִזְבֵּחַ אֶבְנֶה בְּשִׁבְרוֹן לִבִּי / וַאֲשַׁבְּרָה אַף רוּחִי בְּקִרְבִּי.

ש״ץ: רוּם לֵב אַשְׁפִּיל, וְאֶת רוּם עֵינַי / וְאֶקְרַע לְבָבִי לְמַעַן אֲדֹנָי.

קהל: שִׁבְרֵי רוּחִי הֵם זְבָחֶיךָ / יַעֲלוּ לְרָצוֹן עַל מִזְבְּחֶךָ.

ש״ץ: וְאַשְׁמִיעַ בְּקוֹל הוֹדְיוֹתֶיךָ / וַאֲסַפְּרָה כָּל נִפְלְאוֹתֶיךָ.

קהל: אֲשֶׁר יָדְעָה נַפְשִׁי אַחְבִּירָה / אֲמַלֵּל גְּבוּרוֹת וַאֲדַבֵּרָה.

ש״ץ: וּמָה אֶעֱרֹךְ, וְלֹא יָדַעְתִּי מָה / הֲיָכֹל אוּכַל דַּבֵּר מְאוּמָה: במדבר כב

קהל: כִּי אֵין חֵקֶר לִגְדֻלָּתוֹ / וְגַם אֵין מִסְפָּר לִתְבוּנָתוֹ.

איוב לז ש״ץ: חֲכַם לֵבָב הוּא, מִי כָמוֹהוּ / שַׂגִּיא כֹחַ, לֹא מְצָאנֻהוּ.
תהלים פו קהל: עוֹשֶׂה גְדוֹלוֹת וְרַב נוֹרָאוֹת / גָּדוֹל אַתָּה וְעֹשֵׂה נִפְלָאוֹת:

ש״ץ: עַד אֵין מִסְפָּר וְעַד אֵין חֵקֶר / וְלֹא נוֹדַע כִּי לֹא יֵחָקֵר.
קהל: אֵיזוֹ עַיִן אֲשֶׁר תְּעִידֶךָ / וְאֵיזֶה פֶּה אֲשֶׁר יַגִּידֶךָ.

ש״ץ: חַי לֹא רָאֲךָ וְלֵב לֹא יְדָעֲךָ / וְאֵיזֶה שֶׁבַח אֲשֶׁר יַגִּיעֲךָ.
קהל: גַּם מְשָׁרְתֶיךָ לֹא רָאוּךָ / וְכָל חַכְמֵי לֵב לֹא מְצָאוּךָ.

ש״ץ: אַתָּה לְבַדְּךָ מַכִּיר שִׁבְחֲךָ / וְאֵין זוּלָתְךָ יוֹדֵעַ כֹּחֲךָ.
קהל: וְאֵין יוֹדֵעַ בִּלְעָדֶיךָ / שְׁבָחוֹת רְאוּיוֹת לִכְבוֹדֶךָ.

ש״ץ: עַל כֵּן תְּבֹרַךְ כָּרָאוּי לָךְ / כְּפִי קָדְשְׁךָ, כִּבוֹדְךָ וְגָדְלָךְ.
קהל: וּמִפִּי הַכֹּל, בְּכָל אֱיָלוּתָם / כְּפִי מַדָּע אֲשֶׁר אַתָּה חֲנַנְתָּם.

ש״ץ: יוֹדוּ פִלְאֲךָ הַשָּׁמַיִם / וִיאַדְּרוּךָ קוֹלוֹת מַיִם.
קהל: וְיָרִיעוּ לְךָ כָּל הָאָרֶץ / יוֹדוּךָ כָּל מַלְכֵי אָרֶץ.

ש״ץ: אַף יוֹדוּךָ כָּל הָעַמִּים / וִישַׁבְּחוּךָ כָּל הָאֻמִּים.
קהל: כָּל זֶרַע יַעֲקֹב עֲבָדֶיךָ / כִּי עֲלֵיהֶם גָּבְרוּ חֲסָדֶיךָ.

ש״ץ: אֶת שֵׁם יהוה יְהַלְלוּ כֻלָּם / אֵל אֱלֹהִים אֱמֶת, וּמֶלֶךְ עוֹלָם.
זכריה יד קהל: בָּרוּךְ אַתָּה יָחִיד וּמְיֻחָד / יהוה אֶחָד וּשְׁמוֹ אֶחָד:

ליום שני

ש״ץ: וַאֲנִי עַבְדְּךָ בֶּן אֲמָתֶךָ / אֲדַבֵּר, אֲמַלֵּל גְּבוּרוֹתֶיךָ.
קהל: דַּרְכֵי שִׁבְחֲךָ, קְצָתָם אֲסַפְּרָה / מַעֲשֶׂיךָ מַה נּוֹרָא, אוֹמְרָה.

ש״ץ: אֵין אֵלֶיךָ עֲרֹךְ בְּסֵפֶר / אַגִּידָה, עָצְמוּ מִסַּפֵּר.
קהל: חֵקֶר אֱלוֹהַּ לֹא יִמָּצֵא / וְתַכְלִית שַׁדַּי לֹא תִקָּצֶה.

ש״ץ: וְלִתְבוּנָתוֹ הֲלֹא אֵין חֵקֶר / וּמִסְפַּר שָׁנָיו לֹא יֵחָקֵר.
קהל: וְגַם אֵין מִסְפָּר לִגְדוּדֶיךָ / בְּצִבְאוֹתֶיךָ, אוֹת כְּבוֹדֶךָ.

ש״ץ: אֵיזוֹ עַיִן אֲשֶׁר תְּעִידֶךָ / וְחַי לֹא רָאָה פְּנֵי כְבוֹדֶךָ.
קהל: נָבוֹן וְחָכָם הֵן לֹא יָדַע / וְאֵיךְ אֶעֱרֹךְ, עַל אֲשֶׁר לֹא אֵדָע.

ש״ץ: וְאִם יֹאמַר אִישׁ, עַד תַּכְלִיתוֹ / אֶעֱרֹךְ אֵלָיו, וּבְמַתְכֻּנְתּוֹ.
קהל: אָבֹא וְאֶמְצָא תַּכְלִית שִׁבְחוֹ / לֹא־נֶאֶמְנָה אֶת־אֵל רוּחוֹ: תהלים עח

ש״ץ: יְבֻלַּע כִּי לֹא יָדַע עֶרְכּוֹ / אַחֲרִית פִּיהוּ רֵאשִׁית דַּרְכּוֹ.
קהל: וְעִמָּדִי לֹא כֵן אָנֹכִי / וּפִי לֹא אֶתֵּן לַחֲטֹא, וְחִכִּי.

ש״ץ: אֲסַפְּרָה לְאֶחָי קְצוֹת דַּרְכֵי אֵל / וּלְיִשְׂרָאֵל מַה־פָּעַל אֵל: במדבר כג
קהל: כַּכָּתוּב, אִמְרוּ לֵאלֹהִים / מַה־נּוֹרָא מַעֲשֶׂיךָ, אֱלֹהִים. תהלים סו

ש״ץ: וְאָמַרְתָּ, עַם־זוּ יָצַרְתִּי לִי: / יְסַפְּרוּ שְׁמִי וּתְהִלָּתִי. ישעיה מג
קהל: בְּמִצְרַיִם שַׂמְתִּי עֲלִילוֹתַי / לְמַעַן תְּסַפֵּר אֶת אוֹתוֹתַי.

ש״ץ: וַאֲנִי עַבְדְּךָ, עַל כֵּן אֲסַפֵּר / כַּאֲשֶׁר אֶדְרוֹשׁ מֵעַל סֵפֶר.
קהל: תְּהַלֵּל נַפְשִׁי כֹּחַ מַעֲשֶׂיךָ / וְכָל קְרָבַי אֶת שֵׁם קָדְשֶׁךָ.

ש״ץ: וַאֲבָרֲכָה בְּכָל עִנְיָנַי / וּבְכָל לִבִּי אוֹדֶה אֶת אֲדֹנָי.
קהל: גַּם בִּגְרוֹנִי רוֹמְמוֹתֶיךָ / וְאֶת פִּי אֲמַלֵּא תְהִלָּתֶךָ.

ש״ץ: כִּי פִי יַגִּיד תְּהִלָּתֶךָ / כָּל הַיּוֹם אֶת תִּפְאַרְתֶּךָ.
קהל: וְאָמְרָה נָּא עֱזוּז נוֹרְאוֹתֶיךָ / וְאָשִׂיחָה דִּבְרֵי נִפְלְאוֹתֶיךָ.

ש״ץ: וְאַזְכִּיר טוּבְךָ וְצִדְקוֹתֶיךָ / חֲסָדֶיךָ וּגְבוּרוֹתֶיךָ.
קהל: יָדַעְתִּי כִּי גָדוֹל אַתָּה / עַל כָּל אֱלֹהִים, מְאֹד גָּדַלְתָּ.

ש״ץ: כִּי כָל אֱלֹהֵי הָעַמִּים הֵם / אֱלִילִים אִלְּמִים, רוּחַ אֵין בָּהֶם.
קהל: הֵן לְעוֹבְדֵיהֶם גְּמוּל אֵין מְשִׁיבִים / וְלָמָּה לָהֶם, הֵמָּה מֵיטִיבִים.

ש״ץ: וּבְעֵת צָרָה אָז יִתְפַּלְּלוּ / וְלֹא יַעֲנוּם, כִּי לֹא יוֹעִילוּ.
קהל: דּוֹרְשִׁים בְּכָל לֵב לְרוּחַ אֵין בּוֹ / וְקָרוֹב יהוה אֶל עַם קְרוֹבוֹ.

ש״ץ: הַיּוֹצֵר כֹּל הוּא אֱלֹהֵינוּ / הוּא עָשָׂנוּ, וְלוֹ לְבַד אֲנָחְנוּ.
קהל: עַם מַרְעִיתוֹ וְצֹאן יָדוֹ / נְבָרֵךְ שְׁמוֹ כִּי לְעוֹלָם חַסְדּוֹ.

ש״ץ: בְּצַר לָנוּ מְאֹד נִמְצֵאתָ / כִּי דֹרְשֶׁיךָ לֹא עָזָבְתָּ.
דברי הימים א׳ כט קהל: וְתָמִיד בְּפִינוּ תְּהִלָּתֶךָ / וּמְהַלְלִים לְשֵׁם תִּפְאַרְתֶּךָ:

ש״ץ: עַד אַתָּה בְּךָ וּבִכְבוֹדֶךָ / וּמְשָׁרְתֶיךָ אַף עֲבָדֶיךָ.
קהל: אֲשֶׁר כְּבוֹדְךָ מְלֹא כָל הָאָרֶץ / וּכְבוֹדְךָ עַל כָּל הָאָרֶץ.

ש״ץ: וַאֲבוֹתֵינוּ בָּחֲרוּ אוֹתְךָ / לְבַדְּךָ לַעֲבֹד, וְאֵין לְזָר אִתָּךְ.
קהל: גַּם אֲנַחְנוּ אוֹתְךָ לְבַדֶּךָ / נַעֲבֹד, כְּבֵן אֶת אָב נְכַבְּדֶךָ.

ש״ץ: וְהִנֵּנוּ עַל יִחוּדֶךָ / יוֹמָם וָלַיְלָה עֵדֶיךָ.
קהל: בְּפִי כֻלָּנוּ וּבִלְבָבֵנוּ / שֶׁאַתָּה לְבַדְּךָ אֱלֹהֵינוּ.

ש״ץ: אֱלֹהֵינוּ עַל יִחוּדֶךָ / עֵדִים אֲנַחְנוּ וַעֲבָדֶיךָ.
קהל: אֵין תְּחִלָּה אֶל רֵאשִׁיתֶךָ / וְאֵין קֵץ וְתִכְלָה לְאַחֲרִיתֶךָ.

ש״ץ: רִאשׁוֹן וְאַחֲרוֹן מִבְּלִי רֵאשִׁית / וּמִבְּלִי אַחֲרִית, וְאֵין לֵב לְהָשִׁית.
קהל: אֵין קֵצֶה אֶל גִּבְהוּתֶךָ / וְאֵין סוֹף לְעֹמֶק מִדּוֹתֶיךָ.

ש״ץ: אֵין לְךָ סוֹבֵב וְאֵין לְךָ פֵּאָה / עַל כֵּן אוֹתְךָ, חַי לֹא רָאָה.
קהל: אֵין צַד וְצֵלָע יַצְלִיעוּךָ / וְרֹחַב וְאֹרֶךְ לֹא יִמְצְעוּךָ.

ש״ץ: אֵין פֵּאָה לִסְבִיבוֹתֶיךָ / וְאֵין תּוֹךְ מַבְדִּיל בֵּינוֹתֶיךָ.
קהל: אֵין חָכְמָה אֲשֶׁר תֵּדָעֶךָ / וְאֵין מַדָּע אֲשֶׁר יַגִּיעֶךָ.

ש״ץ: וְלֹא יַשִּׂיג אוֹתְךָ כָּל מַדָּע / וְאֵין שֵׂכֶל אֲשֶׁר יָבִין וְיֵדָע.
קהל: מִמְּךָ מְאוּמָה וְאֵיכָה אַתָּה / וְאֵיךְ בְּלִי מְאוּמָה כֹּל בָּרָאתָ.

ליום שלישי

ש״ץ: אָמְנָם יָדַעְתִּי, כִּי אַתָּה / אֱלֹהֵי יַעֲקֹב, כֹּל יָצַרְתָּ.
קהל: אַתָּה בוֹרֵא וְלֹא נִבְרֵאתָ / אַתָּה יוֹצֵר וְלֹא נוֹצַרְתָּ.

ש״ץ: אַתָּה מֵמִית, וְאֶת כֹּל תְּבַלֶּה / אַתָּה מוֹרִיד שְׁאוֹל וְאַף תַּעֲלֶה.
קהל: וְנֶאֱמָן לְהַחֲיוֹת מֵתִים אָתָּה / וְעַל יְדֵי נְבִיאֶךָ כֵּן הוֹדַעְתָּ.

ש״ץ: וְלֹא תְמוּת אֵל חַי, וְלֹא מֵתָה / מֵעוֹלָם וְעַד עוֹלָם אָתָּה.
קהל: מַשְׁבִּיר וּמוֹלִיד וְלֹא נוֹלַדְתָּ / מוֹחֵץ וְרוֹפֵא וְלֹא חָלִיתָ.

ש״ץ: מָוֶת וּמַדְוֶה אֵין לְפָנֶיךָ / תְּנוּמָה וְשֵׁנָה אֵין לְעֵינֶיךָ.
קהל: הֲלֹא מִקֶּדֶם, אֵל חַי אַתָּה / מֵאֲשֶׁר בְּךָ לֹא נִשְׁתַּנֵּית.

ש״ץ: וְעַד הָעוֹלָם לֹא תִשְׁתַּנֶּה / מֵאֱלָהוּתְךָ לֹא תִתְגַּנֶּה.
קהל: חָדָשׁ וְנוֹשָׁן לֹא נִמְצֵאתָ / חִדַּשְׁתָּ כֹּל וְלֹא חֻדַּשְׁתָּ.

ש״ץ: לֹא יָחוּלוּ זִקְנָה וּבַחֲרוּת / עָלֶיךָ, גַּם שֵׂיבָה וְשַׁחֲרוּת.
קהל: וְלֹא חָלוּ בְךָ שִׂמְחָה וְעֶצֶב / וְדִמְיוֹן נוֹצָר, וְכָל דְּבַר קֶצֶב.

ש״ץ: כִּי לֹא יְסוֹבֵב אוֹתְךָ גֶּשֶׁם / אַף לֹא תִדְמֶה אֶל כָּל נֶשֶׁם.
קהל: כָּל הַיְצוּרִים גְּבוּל סִבַּבְתָּם / אֶל רֵאשִׁיתָם וּלְאַחֲרִיתָם.

ש״ץ: כִּי הַבְּרוּאִים בִּגְבוּל שַׂמְתָּם / וְלִימֵי צְבָאָם, גְּבוּל הִקַּפְתָּם.
קהל: וּלְךָ אֵין גְּבוּל וּלְיָמֶיךָ / וְלִשְׁנוֹתֶיךָ וּלְעָצְמֶךָ.

ש״ץ: עַל כֵּן אֵינְךָ צָרִיךְ לַכֹּל / לְיָדְךָ וּלְחַסְדְּךָ צְרִיכִים הַכֹּל.
קהל: הַכֹּל צְרִיכִים לְצִדְקוֹתֶיךָ / וְאֵינְךָ צָרִיךְ לִבְרִיּוֹתֶיךָ.

ש״ץ: כִּי טֶרֶם כָּל יְצִיר הָיִיתָ / לְבַדְּךָ, מְאוּמָה לֹא נִצְרַכְתָּ.
קהל: רֵאשִׁית וְאַחֲרִית, בְּיָדְךָ עֲרוּכִים / אַתָּה בָם, וְהֵם בְּרוּחֲךָ שְׂרוּכִים.

ש״ץ: כֹּל אֲשֶׁר הָיָה בָּרִאשׁוֹנָה / וַאֲשֶׁר יִהְיֶה בָּאַחֲרוֹנָה.
קהל: כָּל הַיְצוּרִים וְכָל מַעֲשֵׂיהֶם / וְכָל דִּבְרֵיהֶם וּמַחְשְׁבוֹתֵיהֶם.

ש״ץ: מֵרֹאשׁ וְעַד סוֹף תֵּדַע כֻּלָּם / וְלֹא תִשְׁכַּח, כִּי אַתָּה אֶצְלָם.
קהל: אַתָּה בְרָאתָם וּלְבַדְּךָ עֲרַכְתָּם / לְבַדְּךָ תֵּדַע מְקוֹמָם וְדַרְכָּם.

ש״ץ: הֵן אֵין דָּבָר מִמְּךָ נֶעְלָם / כִּי לְפָנֶיךָ נְכוֹנִים כֻּלָּם.
קהל: אֵין חֹשֶׁךְ וְאֵין מָנוֹס וָסֵתֶר / לָנוּס שָׁמָּה וּלְהִסָּתֵר.

ש״ץ: אֵת אֲשֶׁר תְּבַקֵּשׁ אַתָּה מוֹצֵא /
בְּלִי נְטוֹת אֲלֵיהֶם בְּעֵת שֶׁתִּרְצֶה.
קהל: כִּי אֶת הַכֹּל כְּאַחַת תִּרְאֶה / לְבַדְּךָ תַעֲשֶׂה וְאֵינְךָ נִלְאֶה.

ש״ץ: כִּי עַל גּוֹי וְעַל אָדָם יָחַד / עַל כֹּל תְּדַבֵּר בְּרֶגַע אֶחָד.
קהל: תִּשְׁמַע בְּרֶגַע כָּל הַקּוֹלוֹת / זַעַק וְלַחַשׁ וְכָל הַתְּפִלּוֹת.

ש״ץ: אַף תָּבִין אֶל כָּל מַעֲשֵׂיהֶם / בְּרֶגַע תַּחְקֹר כָּל לְבָבֵיהֶם.
קהל: וְלֹא תַאֲרִיךְ עַל מַחְשְׁבוֹתֶיךָ / וְלֹא תִתְמַהְמַהּ עַל עֲצָתֶךָ.

ש״ץ: אֵצֶל עֲצָתְךָ גְּזֵרָתֶךָ / לְקֵץ וּלְמוֹעֵד קְרִיאָתֶךָ.
קהל: וְכֻלָּם בֶּאֱמֶת בְּתֹם וּבְיֹשֶׁר / מִבְּלִי עֹדֶף וּמִבְּלִי חֹסֶר.

ש״ץ: מִמְּךָ דָּבָר לֹא יֹאבֵד / וְדָבָר מִמְּךָ לֹא יִכְבָּד.
קהל: כֹּל אֲשֶׁר תַּחְפֹּץ תּוּכַל לַעֲשׂוֹת / וְאֵין מִי מוֹחֶה בְּיָדְךָ מֵעֲשׂוֹת.

ש״ץ: יְכֹלֶת יהוה בְּחֶפְצוֹ קְשׁוּרָה / וּבִרְצוֹת יהוה לֹא אַחֶרֶת.
קהל: אֵין דְּבַר סֵתֶר מִמְּךָ נִכְחָד / עֲתִידוֹת וְעוֹבְרוֹת לְךָ הֵם יָחַד.

ש״ץ: אֲשֶׁר מֵעוֹלָם וְעַד הָעוֹלָם / הֵם כֻּלָּם בְּךָ, וְאַתָּה בְּכֻלָּם.
קהל: חֲדָשׁוֹת תַּגִּיד וְסוֹד דְּרָכֶיךָ / אֶל עֲבָדֶיךָ וּמַלְאָכֶיךָ.

ש״ץ: וְאֵינְךָ צָרִיךְ לְהַשְׁמִיעֶךָ / דְּבַר סוֹד וָסֵתֶר לְהוֹדִיעֶךָ.
קהל: כִּי מִמְּךָ כָּל סוֹד יִגָּלֶה / בְּטֶרֶם עַל לֵב כָּל יְצִיר יַעֲלֶה.

ש״ץ: בְּלֵב כָּל נִבְרָא לֹא תִמָּצֵא / מִפִּינוּ עָתָק לֹא יֵצֵא.
קהל: בְּאֵין לוֹ קָצֶה וְלֹא יֵחָצֶה / לֵב לֹא יָתוּר וְאֵין פֶּה פּוֹצֶה.

ש״ץ: בְּאֵין לוֹ רוּחוֹת וְאֵין בּוֹ רְוָחוֹת / אֵין לוֹ שִׁיחוֹת, בּוֹ מוֹכִיחוֹת.
קהל: לְמֵרָחוֹק מִי יִשָּׂא דֵעוֹ / לְלֹא תְחִלָּה וְלֹא סוֹף לְהַגִּיעוֹ.

ש״ץ: אֲגוּדִים אֲחוּדִים תּוֹךְ וָסוֹף וָרֹאשׁ /
פֶּה וָלֵב אֶבְלֹם מִדְּרֹשׁ וּמֵחֲרֹשׁ.
קהל: גֹּבַהּ וְעֹמֶק נְעוּצִים כְּסוֹבֵב / חֲכַם לֵב וְנָבוֹן לֹא יְלֻבֵּב.

ש״ץ: סוֹבֵב הַכֹּל וּמָלֵא אֶת כֹּל / וּבִהְיוֹת הַכֹּל אַתָּה בַכֹּל.
קהל: אֵין עָלֶיךָ וְאֵין תַּחְתֶּיךָ / אֵין חוּץ וְאֵין בֵּינוֹתֶיךָ.

ש״ץ: אֵין מַרְאֶה וָגַב לְאַחוּדֶךָ / וְאֵין גּוּף לְעֹצֶם יִחוּדֶךָ.
קהל: וְאֵין בְּתוֹךְ מִמְּךָ נִבְדָּל / וְאֵין מָקוֹם דַּק, מִמְּךָ נֶחְדָּל.

ש״ץ: וְאֵינְךָ נֶאֱצָל מִכֹּל וְנִבְדָּל / וְאֵין מָקוֹם רֵיק מִמְּךָ וְנֶחְדָּל.
קהל: מִקְרֶה וְשִׁנּוּי אֵין בְּךָ נִמְצָא / וְלֹא זְמַן וְעֵרְעֵר, וְלֹא כָל שִׁמְצָה.

ש״ץ: כָּל זְמַן וְכָל עֵת אַתָּה מְכִינָם / אַתָּה עוֹרְכָם וְאַתָּה מְשַׁנָּם.
קהל: כָּל מַדָּע לֹא יַשִּׂיג אוֹתְךָ / אֵין שֵׂכֶל אֲשֶׁר יִמְצָא אוֹתְךָ.

ש״ץ: כְּמִדָּתְךָ כֵּן חָכְמָתֶךָ / כִּגְדֻלָּתְךָ תְּבוּנָתֶךָ.
קהל: חָכָם אַתָּה מֵאֵלֶיךָ / חַי מֵעַצְמְךָ, וְאֵין כְּגִילֶךָ.

ש״ץ: זוּלַת חָכְמָתְךָ אֵין חָכְמָה / בִּלְתִּי בִינָתְךָ אֵין מְזִמָּה.
קהל: חֲלַקְתָּ בְּלֵב חֲכָמִים שֵׂכֶל / וְרוּחֲךָ תְּמַלְּאֵם וְדַעְתָּם תַּשְׂכֵּל.

ש״ץ: מִבַּלְעֲדֵי כֹחֲךָ אֵין גְּבוּרָה / וּמִבַּלְעֲדֵי עֻזְּךָ אֵין עֶזְרָה.
קהל: אֵין נִכְבָּד כִּי אִם כִּבַּדְתּוֹ / וְאֵין גָּדוֹל כִּי אִם גִּדַּלְתּוֹ.

ש״ץ: כָּל יְקָר וְכָל טוּב מִיָּדֶךָ / לַאֲשֶׁר תַּחְפֹּץ לַעֲשׂוֹת חֲסָדֶיךָ.
קהל: אֵין חֵקֶר לִגְדֻלָּתֶךָ / וְאֵין מִסְפָּר לִתְבוּנָתֶךָ.

ש״ץ: אֵין עוֹד זוּלַת הֲוָיוֹתֶיךָ / חַי וְכֹל תּוּכַל, וְאֵין בִּלְתֶּךָ.
קהל: וְלִפְנֵי הַכֹּל כֹּל הָיִיתָ / וּבִהְיוֹת הַכֹּל, כֹּל מִלֵּאתָ.

ש״ץ: לֹא לְחָצוּךָ וְלֹא הֱטוּךָ / יְצוּרֶיךָ, אַף לֹא מִעֲטוּךָ.
קהל: בַּעֲשׂוֹתְךָ כֹּל לֹא נִבְדַּלְתָּ / מִתּוֹךְ מְלַאכְתְּךָ לֹא נֶחְדַּלְתָּ.

ש״ץ: בַּעֲשׂוֹתְךָ אֶת הַשָּׁמַיִם / וְאֶת הָאָרֶץ וְאֶת הַמָּיִם.
קהל: לֹא קֵרְבוּךָ וְלֹא רִחֲקוּךָ / כִּי כָל קִירוֹת לֹא יְחַלְּקוּךָ.

ש״ץ: זֶרֶם מַיִם לֹא יִשְׁטְפֶךָּ / וְרוּחַ כַּבִּיר לֹא יְהַדְּפֶךָּ.
קהל: אַף כָּל טִנֹּפֶת לֹא תְטַנְּפֶךָּ / אֵשׁ אֹכְלָה, אֵשׁ לֹא תִשְׂרְפֶךָּ.

ש״ץ: לַהֲוָיָתְךָ אֵין חִסָּרוֹן / וְלִיחוּדְךָ אֵין יִתָּרוֹן.
קהל: כְּמוֹ הָיִיתָ לְעוֹלָם תִּהְיֶה / חָסֵר וְעֹדֶף בְּךָ לֹא יִהְיֶה.

ש״ץ: וְשִׁמְךָ מְעִידְךָ כִּי הָיִיתָ / וְהֹוֶה וְתִהְיֶה וּבַכֹּל אָתָה.
קהל: הֹוֶה לְעוֹלָם וְכֵן נוֹדַעְתָּ / נְעִידְךָ וְכֵן בְּךָ הָעֵידוֹת.

ש״ץ: שָׁאַתָּה הוּא, וְהֹוֶה בַּכֹּל / שֶׁלְּךָ הַכֹּל וּמִמְּךָ הַכֹּל.
קהל: שְׁמוֹת יְקָרְךָ יַעֲנוּ וְיָעִידוּ / בִּתְקֹף יְקָרְךָ בְּךָ יַסְהִידוּ.

ליום רביעי

ש״ץ: אֲרוֹמֵם אֱלֹהֵי אָבִי, וְאֵלִי / אַנְוֵה אֱלֹהַי, צוּרִי וְגֹאֲלִי.
קהל: אֲיַחֵד אֱלֹהֵי הַשָּׁמַיִם / וְהָאָרֶץ, בְּכָל יוֹם פַּעֲמַיִם.

ש״ץ: אֵל חַי אֶחָד הוּא בְּרָאָנוּ / אֲבִיר יִשְׂרָאֵל אָב לְכֻלָּנוּ.
קהל: אֲדוֹנֵינוּ, אֲדוֹן כָּל הָאָרֶץ / אַדִּיר שִׁמְךָ בְּכָל־הָאָרֶץ: תהלים ח

ש״ץ: אֵין כָּאֵל אֵשׁ אֹכְלָה וְקַנָּא / לְעוֹלָם יהוה אֱמֶת, אֵל אֱמוּנָה.
קהל: אוֹרִי וְיִשְׁעִי, מָעוֹז חַיַּי / עָלָיו תְּלוּיִים כָּל מַאֲוַיַּי.

ש״ץ: אֱלֹהִים אֱמֶת הוּא, אֱלֹהִים חַיִּים / לֹא יָכִילוּ זַעְמוֹ גּוֹיִם.
קהל: אַדִּיר וְאַמִּיץ כֹּחַ וְרַב אוֹנִים / אֱלֹהֵי הָאֱלֹהִים וַאֲדֹנֵי הָאֲדֹנִים: דברים י

ש״ץ: אֱלוֹהַּ עוֹשִׂי, אִישִׁי וּבוֹעֲלִי / אַלּוּף נְעוּרַי, שׁוֹמְרִי וְצִלִּי.
קהל: בּוֹרֵא כֹל, וְיִשְׂרָאֵל גּוֹאֵל / בָּרוּךְ אֱלֹהִים אֱלֹהֵי יִשְׂרָאֵל: תהלים עב

ש״ץ: בּוֹרֵא רוּחַ, הָרִים יוֹצֵר / מִמְּךָ מְזִמָּה לֹא יִבָּצֵר.
קהל: גֵּאֶה, מֵשִׁיב גְּמוּל עַל גֵּאִים / עַל הָרָמִים וְעַל הַנִּשָּׂאִים.

ש״ץ: גִּבּוֹר בְּקוּמוֹ לַעֲרֹץ בְּעֶבְרָה / מֵהֲדַר גְּאוֹנוֹ, מִי לֹא יִירָא.
קהל: גָּבוֹהַּ, כָּל אֲשֶׁר תַּחְתָּיו נוֹשֵׂא / וּגְדָל כֹּחַ, גְּדוֹלוֹת עוֹשֶׂה.

ש״ץ: גָּדוֹל הוּא וּשְׁמוֹ בִּגְבוּרָה / אַרְיֵה שָׁאָג, מִי לֹא יִירָא: עמוס ג
קהל: דּוֹדִי, דָּגוּל הוּא מֵרְבָבָה / אֵל נַעֲרָץ בְּסוֹד־קְדֹשִׁים רַבָּה: שיר השירים ה תהלים פט

ש״ץ: דַּיָּן, יָתִיב כְּעַתִּיק יוֹמִין / וּצְבָאוֹ עַל שְׂמֹאל וְעַל יָמִין.
קהל: הֲדָרוֹ וְהוֹדוֹ עַל בְּנֵי עֲבָדָיו / הָדוּר, הָדָר הוּא לְכָל חֲסִידָיו.

ש״ץ: הוּא אֵל אֱלֹהֵי הָרוּחֹת לְכָל / בָּשָׂר, שׁוֹמֵעַ תְּפִלָּה מִכֹּל.
קהל: וַדַּאי, וָתִיק, יוֹדֵעַ וָעֵד / יהוה יִמְלֹךְ לְעֹלָם וָעֶד: שמות טו

ש״ץ: וַאֲשֶׁר חָרֶב גַּאֲוָתֵנוּ / עֶזְרֵנוּ וּמָגִנֵּנוּ.
קהל: זוֹכֵר לָעוֹלָם בְּרִית רִאשׁוֹנִים / כְּיוֹם אֶתְמוֹל לוֹ, אֶלֶף שָׁנִים.

ש״ץ: זֶה אֱלֹהֵינוּ וְלוֹ קִוִּינוּ / וְזִמְרָת יָהּ, הוּא יוֹשִׁיעֵנוּ.
קהל: חֵלֶק יַעֲקֹב, יוֹצֵר הַכֹּל / חַנּוּן יהוה וְחָסִיד בַּכֹּל.

ש״ץ: חֵי הָעוֹלָם יהוה חֶלְקִי / חֲכַם הָרָזִים יהוה חִזְקִי.
קהל: טוֹב וּמֵטִיב, הַמְלַמֵּד דֵּעָה / טְהוֹר עֵינַיִם מֵרְאוֹת בְּרָעָה.

ש״ץ: יָשָׁר יהוה וְיָשָׁר דְּבָרוֹ / יְדִידֵי יְדִידוּת, מִשְׁכְּנוֹת דְּבִירוֹ.
קהל: יוֹעֵץ וְגוֹזֵר, מִי יְפִירֶנָּה / וְיַחְתֹּף וְיִפְעַל, מִי יְשִׁיבֶנָּה.

ש״ץ: יָפֶה דוֹדִי, יָפְיוֹ וְטוּבוֹ / יִרְאוּ, וְיֶחֱזוּ צִיּוֹן בְּשׁוּבוֹ.
קהל: כַּגִּבּוֹר יֵצֵא כְּאִישׁ מִלְחָמוֹת / יָעִיר קִנְאָה לַעֲשׂוֹת נְקָמוֹת.

ש״ץ: כְּנֶשֶׁר, עַל כַּנְפֵי נְשָׁרִים / נָשָׂא עֲבָדָיו, וְיִשֵּׂא הַדּוֹרִים.
קהל: כְּדֹב שַׁכּוּל וּכְנָמֵר שַׁחַל / כְּרָקָב וּכְעָשׁ, וְרוּחוֹ כְּנַחַל.

ש״ץ: כְּדֹב שַׁכּוּל וּכְנָמֵר שׁוֹקֵד / דְּבָרוֹ לַעֲשׂוֹת כְּמַקֵּל שָׁקֵד.
קהל: כַּבִּיר כֹּחַ, לֵב כְּמוֹ שָׁחַל / כְּלָבִיא וְכַאֲרִי, וְרוּחוֹ כְּנַחַל.

ש״ץ: כְּאֶרֶז בָּחוּר בִּגְדֻלָּתוֹ / כִּבְרוֹשׁ רַעֲנָן עֲנְוְתָנוּתוֹ.
קהל: כְּתַפּוּחַ בְּרֵיחוֹ, עֹז אַהֲבָתוֹ / עַל עַם יִשְׂרָאֵל גַּאֲוָתוֹ.

ש״ץ: כְּתַפּוּחַ בַּעֲצֵי הַיַּעַר / כֵּן דּוֹדִי עִם יוֹשְׁבֵי שָׁעַר. שיר השירים ב
קהל: כַּבִּיר כֹּחַ, לְמַרְגִּיזֵי אֵל / נוֹקֵם, וְכַטַּל הוּא לְיִשְׂרָאֵל.

ש״ץ: כּוֹסִי, מְנָת חֶלְקִי וְגוֹרָלִי / אֲנִי לְדוֹדִי נַחֲלָה וְדוֹדִי לִי.
קהל: כְּבוֹדִי יהוה לֹא אֲמִירֶנּוּ / הֶאֱמַרְנוּהוּ וְהֶאֱמִירָנוּ.

ש״ץ: כְּאַרְיֵה יִשְׁאַג וְכַכְּפִיר יִנְהַם / אַל יְהִיֶה כְּגֵר, וּכְאִישׁ נִדְהָם.
קהל: כְּרוֹעֶה גִּבּוֹר, אֲשֶׁר לֹא יוּכַל / צֹאנוֹ לְהַצִּיל, וְהָיָה לְמַאֲכָל.

ש״ץ: כְּגִבּוֹר אֵין אֱיָל, וּכְאוֹרֵחַ / נָס וּבוֹרֵחַ, מַר צוֹרֵחַ.
קהל: כְּאַרְיֵה מַשְׁחִית וְכַכְּפִיר לְעֹזְבָיו / כְּרָקָב גַּם כְּעָשׁ לְאוֹיְבָיו.

ש״ץ: כַּבִּיר כֹּחַ כְּשָׁמִיר וָשַׁיִת / וְלֹא יַשְׁאִיר כְּנֹקֶף זַיִת.
קהל: כְּשָׁמִיר וָשַׁיִת, צָרִים יְמַגֵּן / כְּצִפֳּרִים עָפוֹת לְעִירוֹ יָגֵן.

ש״ץ: כְּגִשְׁמֵי נְדָבָה לָנוּ יָבֹא / כְּמַלְקוֹשׁ וְכַטַּל לַדְּבֵקִים בּוֹ.
קהל: כְּנֶשֶׁר יָרַחֵף עַל גּוֹזָלָיו / וּבְצֵל כְּנָפָיו יֶחֱסוּ מְיַחֲלָיו.

ש״ץ: כְּצִפֳּרִים, עַל עִירוֹ יָגֵן / וּבְצֵל כְּנָפָיו רְנָנוֹת נְנַגֵּן.
קהל: לְבַדּוֹ הוּא, וְנִפְלָאוֹת גְּדוֹלוֹת / עוֹשֶׂה אֵל נוֹרָא עֲלִילוֹת.

ש״ץ: לִצְבִי וְעֹפֶר דּוֹמֶה דוֹדִי / כִּי יְקַדְּמֵנִי אֱלֹהֵי חַסְדִּי.
קהל: לִפְנֵי עַמּוֹ יְיַשֵּׁר הַדּוּרִים / וַיִּנַּשְּׂאֵם עַל כַּנְפֵי נְשָׁרִים.

ש״ץ: לְעוֹלָם חֶלְקִי הוּא, וְצוּר לְבָבִי / כָּלָה שְׁאֵרִי לְךָ וּלְבָבִי.
קהל: לְבַדּוֹ יהוה הוּא, וְנִפְלָאוֹת / גְּדוֹלוֹת עוֹשֶׂה, וְרַב נוֹרָאוֹת.

ש״ץ: מָקוֹם וּמָעוֹן לְעוֹלָמֶךָ / וְאֵין יוֹדֵעַ אֶת מְקוֹמֶךָ.
קהל: מוֹרָאִי, אֵל רוֹעִי וְיוֹצְרִי / צוּר יְלָדַנִי, מְחוֹלְלִי וְצוּרִי.

ש״ץ: מָרוֹם וּמָעוֹז הוּא לִי, וּמַחְסִי / מִגְדַּל עֹז שֵׁם יהוה, מְנוּסִי.
קהל: מֶלֶךְ יַעֲקֹב, מִשְׂגָּב לָנוּ / הוּא מְחוֹקְקֵנוּ וּמוֹשִׁיעֵנוּ.

ש״ץ: מִגְדּוֹל יְשׁוּעוֹת, מִשְׁעָן יְהִי לִי / מִבְטָח, אֱלֹהִים יהוה חֵילִי.
קהל: מוֹשֵׁל עוֹלָם מַלְכוּתֶךָ / בְּכָל דּוֹר וָדֹר מֶמְשַׁלְתֶּךָ.

ש״ץ: מִי יִתֶּנְךָ כְּאָח לִי, לְצָרָה / הוֹשַׁע, כִּי יָדְךָ לֹא קָצְרָה.
קהל: מְקוֹר חַיִּים, מִקְוֵה יִשְׂרָאֵל / לֹא אֶעֱזֹב כִּי מָעֻזִּי אֵל.

ש״ץ: מָגֵן יִשְׁעִי, וְחֶרֶב גַּאֲוָה / לְשִׁמְךָ וּלְזִכְרְךָ נֶפֶשׁ תַּאֲוָה.
תהלים יח קהל: מָגֵן הוּא לְכֹל הַחוֹסִים בּוֹ: / אַשְׁרֵי אָדָם אֲשֶׁר עוֹז לוֹ בוֹ.

ש״ץ: נָדָר וְנָעִים, נָאוֹר וְנוֹרָא / נֶאְדָּר וְנֶאְזָר שְׁמוֹ בִּגְבוּרָה.
ישעיה ל קהל: נֶאֱמָן, נֵצַח יִשְׂרָאֵל וְגוֹאֲלוֹ / לֹא יְשַׁקֵּר, אַשְׁרֵי כָּל־חוֹכֵי לוֹ:

ש״ץ: נֵצַח יְשֻׁרוּן, הָאֵל הַנֶּאֱמָן / מֵאֱלֹהָיו יְהוּדָה לֹא אַלְמָן.
קהל: נִפְלָא עַל כָּל הַנִּפְלָאִים / וּמִתְנַשֵּׂא לְכָל הַנְּשָׂאִים.

ש״ץ: נִקְדָּשׁ וְנֶעֱרָץ, אֱלֹהֵי קְדוֹשִׁי / נָכוֹן וְנִשְׂגָּב, יהוה נִסִּי.

קהל: נוֹקֵם וְנוֹטֵר וּבַעַל חֵמָה / לְצָרָיו, לְאוֹיְבָיו אִישׁ מִלְחָמָה.

ש״ץ: נֵרִי יהוה, בְּהִלּוֹ נֵרוֹ / עֲלֵי רֹאשִׁי, וְנֵר לְרַגְלִי דְּבָרוֹ.

קהל: סוֹמֵךְ וְסוֹעֵד, יהוה סַלְעִי / סוֹבֵל וְסוֹלֵחַ וְנוֹשֵׂא פִשְׁעִי.

ש״ץ: סַהֲדִי יהוה, סַלְעִי וְסִתְרִי / סוֹלֵחַ וְסוֹבֵל, סַעֲדִי וְסִבְרִי.

קהל: סַלְעֵנוּ וּמְצוּדָתֵנוּ / עֶזְרָתֵנוּ וּמְפַלְטֵנוּ.

ש״ץ: עִזּוּז וְגִבּוֹר, עֻזִּי וְעֶזְרִי / עֶלְיוֹן, עֹז לִי, אַל יְהִי עָרִי.

קהל: עִיר וְקַדִּישׁ שָׁת סְבִיבָיו סֵתֶר / אָכֵן אַתָּה אֵל מִסְתַּתֵּר: ישעיה מה

ש״ץ: עֵד מְמַהֵר לְשַׁלֵּם גְּמוּל לְאוֹיְבָיו / שֹׁמֵר הַבְּרִית וְהַחֶסֶד לְאֹהֲבָיו.

קהל: פָּדָה אֶת אַבְרָהָם יְדִידוֹ / הוּא יִפְדֶּה יִשְׂרָאֵל עַבְדּוֹ.

ש״ץ: פַּחַד יִצְחָק יִתֵּן פַּחְדּוֹ / עַל צָרֵי בְּנֵי יַעֲקֹב עַבְדּוֹ.

קהל: פּוֹעֲלִי חוֹקֵר וְדוֹרֵשׁ וּבוֹדֵק / כָּל לְבָבוֹת, לוֹ אֶתֵּן צֶדֶק.

ש״ץ: צְרוֹר הַמֹּר, אֶשְׁכּוֹל הַכֹּפֶר / נוֹתֵן לְעַמּוֹ צָרָיו כֹּפֶר.

קהל: צַח וְאָדוֹם, דּוֹד בִּצְבָאָיו אוֹת / עַל כֵּן נִקְרָא יהוה צְבָאוֹת.

ש״ץ: צַדִּיק יהוה הַצּוּר תָּמִים / אֶבְטַח עֲדֵי עַד בְּצוּר עוֹלָמִים.

קהל: צְבָא הַשָּׁמַיִם מִשְׁתַּחֲוִים לוֹ / שְׂרָפִים עֹמְדִים מִמַּעַל לוֹ: ישעיה ו

ש״ץ: קָדוֹשׁ הוּא בְּכָל מִינֵי קְדֻשּׁוֹת / כִּתוֹת שָׁלֹשׁ, קָדוֹשׁ מְשַׁלְּשׁוֹת.

קהל: קַיָּם לְעָלְמִין אֱלָהָא חַיָּא / מָרֵא דִי אַרְעָא וְדִי שְׁמַיָּא.

ש״ץ: קוֹנִי מְרַחֵם, מְקַנֵּא לְשׂוֹנְאָיו / קֶרֶן יִשְׁעִי, קָרוֹב לְקוֹרְאָיו.

קהל: רָחוֹק מִכֹּל, וְאֶת כֹּל רוֹאֶה / כִּי רָם יהוה וְשָׁפָל יִרְאֶה.

ש״ץ: רוֹעִי יהוה, לֹא אֶחְסַר כֹּל / וְרַב כֹּחַ וְרַב חֶסֶד לַכֹּל.

קהל: רַחוּם יהוה, רוֹפֵא וּמְחַבֵּשׁ / לִשְׁבוּרֵי לֵב, וְעָוֹן כּוֹבֵשׁ.

ש״ץ: רֵעִי כֻּלּוֹ הוּא מַחֲמַדִּים / מִשְׁפָּטָיו אֱמֶת, מְתוּקִים וַחֲמוּדִים.

קהל: רִאשׁוֹן וְאַחֲרוֹן, מֵעוֹלָם וְעַד / עוֹלָם, אַתָּה אֵל שׁוֹכֵן עַד.

ש״ץ: שַׁלִּיט, מֶלֶךְ שְׁמַיָּא, בְּכָל דָּר וָדָר / לֵהּ אֲנָא מְשַׁבַּח, מְרוֹמֵם וּמְהַדֵּר.

תהלים פד קהל: שֶׁמֶשׁ וּמָגֵן יהוה אֱלֹהִים: / שׁוֹפֵט צֶדֶק וּמַשְׁפִּיל גְּבוֹהִים.

ש״ץ: שַׂגִּיא כֹחַ, לֹא מְצָאנֻהוּ / יַשְׂגִּיב בְּכֹחוֹ, וּמִי כָמְוֹהוּ.

קהל: שְׁלֹמֹה שְׁמוֹ, כִּי שֶׁלּוֹ שָׁלוֹם / כִּי יְדַבֵּר אֶל חֲסִידָיו שָׁלוֹם.

ש״ץ: שֵׁם יהוה אֶהְיֶה אֲשֶׁר אֶהְיֶה / כְּתוֹעֲפֹת רְאֵם לוֹ, כַּכְּפִיר וְכָאַרְיֵה.

קהל: שַׁדַּי מְאוֹרִי, מַלְכִּי וְאֵלִי / הַלְלוּיָהּ שְׁמוֹ נַפְשִׁי הַלְלִי.

ש״ץ: תִּתַּמָּם עִם יוֹשְׁבֵי נְטָעִים / הַשָּׂרִיגִים שְׁלֹשֶׁת הָרוֹעִים.

קהל: תִּתְחַסַּד, תִּתָּבַר עִמָּם / וְעִם עִקְּשִׁים תִּתַּפַּל לְהָמָם.

ש״ץ: תָּמִים דַּרְכְּךָ, תַּקִּיף מִכֹּל / תּוּכַל לְבַדְּךָ לַעֲשׂוֹת אֶת כֹּל.

קהל: תּוֹחַלְתִּי וְסִבְרִי וְתִקְוָתִי / תַּאֲוַת נַפְשִׁי וּתְשׁוּקָתִי.

ש״ץ: תְּהִלָּתִי וְתִפְאַרְתִּי וְעֻזִּי / מִמְּעֵי אִמִּי גוֹחִי וְגוֹזִי.

קהל: תְּמִים דֵּעִים, אֵל דֵּעוֹת אֶחָד / כָּל הַלְּבָבוֹת דּוֹרֵשׁ יָחַד.

ליום חמישי

ש״ץ: מִי כָמְוֹךָ, דֵּעָה מוֹרֶה / נִיב שְׂפָתַיִם אַתָּה בּוֹרֵא.

תהלים קב קהל: מַחְשְׁבֹתֶיךָ עָמְקוּ וָרָמוּ / וּשְׁנוֹתֶיךָ לֹא יִתָּמּוּ:

ש״ץ: לֹא לְמַדּוּךָ חָכְמָתֶךָ / וְלֹא הֱבִינוּךָ תְּבוּנָתֶךָ.

קהל: לֹא קִבַּלְתָּ מַלְכוּתֶךָ / וְלֹא יָרַשְׁתָּ מֶמְשַׁלְתֶּךָ.

ש״ץ: לְעוֹלָם יְהִי לְךָ לְבַדֶּךָ / וְלֹא לַאֲחֵרִים, כְּבוֹד הוֹדֶךָ.

קהל: וְלֹא תִתֵּן לֵאלֹהִים אֲחֵרִים / תְּהִלָּתְךָ, לַפְּסִילִים וְזָרִים.

ש״ץ: וְכָבוֹד וְגַם כָּל יְקָר מֵאִתָּךְ / וּכְבוֹדְךָ לֹא לְזָרִים אִתָּךְ.

קהל: אַתָּה תָּעִיד בְּיִחוּדֶךָ / וְתוֹרָתֶךָ וַעֲבָדֶיךָ.

ש״ץ: אֱלֹהֵינוּ, עַל יִחוּדֶךָ / אַתָּה עֵד אֱמֶת, וַאֲנַחְנוּ עֲבָדֶיךָ.
קהל: לְפָנֶיךָ, לֹא אֵל הִקְדִּימְךָ / וּבִמְלַאכְתְּךָ אֵין זָר עִמָּךְ.

ש״ץ: לֹא נוֹעַצְתָּ וְלֹא לָמַדְתָּ / בְּחַדֶּשְׁךָ בְּרִיּוֹת, כִּי נְבִינוֹת.
קהל: מִמַּעֲמַקֵּי מַחְשְׁבוֹתֶיךָ / וּמִלִּבְּךָ, כָּל פְּעֻלּוֹתֶיךָ.

ש״ץ: קְצוֹת דְּרָכֶיךָ הֲלֹא הִכַּרְנוּ / וּמִמַּעֲשֶׂיךָ הֵן יְדַעְנוּ.
קהל: שֶׁאַתָּה אֵל, כֹּל יָצַרְתָּ / לְבַדְּךָ, מְאוּמָה לֹא נִגְרַעְתָּ.

ש״ץ: לַעֲשׂוֹת מְלַאכְתֶּךָ, לֹא לְחַצְתָּ / וְגַם לְעֵזֶר לֹא נִצְרַכְתָּ.
קהל: כִּי הָיִיתָ לִפְנֵי הַכֹּל / וְאָז בְּאֵין כֹּל, לֹא נִצְרַכְתָּ כֹּל.

ש״ץ: כִּי מֵאַהֲבָתְךָ עֲבָדֶיךָ / כֹּל בָּרָאתָ לִכְבוֹדֶךָ.
קהל: וְלֹא נוֹדַע אֵל זוּלָתֶךָ / וְאֵין כָּמוֹךָ וְאֵין בִּלְתֶּךָ.

ש״ץ: וְלֹא נִשְׁמַע מִן אָז וָהָלְאָה / וְלֹא קָם וְלֹא נִהְיָה וְלֹא נִרְאָה.
קהל: וְגַם אַחֲרֶיךָ לֹא יִהְיֶה אֵל / רִאשׁוֹן וְאַחֲרוֹן, אֵל יִשְׂרָאֵל.

ש״ץ: בָּרוּךְ אַתָּה, יָחִיד וּמְיֻחָד / יהוה אֶחָד וּשְׁמוֹ אֶחָד: זכריה יד
קהל: אֲשֶׁר מִי יַעֲשֶׂה כִּמְלַאכְתֶּךָ / כְּמַעֲשֶׂיךָ וְכִגְבוּרוֹתֶךָ.

ש״ץ: אֵין יְצִיר זוּלַת יְצִירָתֶךָ / וְאֵין בְּרִיאָה כִּי אִם בְּרִיאָתֶךָ.
קהל: כָּל אֲשֶׁר תַּחְפֹּץ, תַּעֲשֶׂה בַכֹּל / כִּי אַתָּה נַעֲלֵיתָ עַל כֹּל.

ש״ץ: אֵין כָּמוֹךָ וְאֵין בִּלְתֶּךָ / כִּי אֵין אֱלֹהִים זוּלָתֶךָ.
קהל: אַתָּה הָאֵל עֹשֵׂה פֶלֶא: / וְדָבָר מִמְּךָ לֹא יִפָּלֵא. תהלים עז

ש״ץ: מִי כָּמוֹךָ נוֹרָא תְהִלּוֹת / אֱלֹהִים לְבַדְּךָ עוֹשֶׂה גְדוֹלוֹת.
קהל: אֵין אוֹתוֹת כְּמוֹ אוֹתוֹתֶיךָ / אַף אֵין מוֹפֵת כְּמוֹ מוֹפְתֶיךָ.

ש״ץ: אֵין תְּבוּנָה כִּתְבוּנָתֶךָ / אֵין גְּדֻלָּה כִּגְדֻלָּתֶךָ.
קהל: כִּי מְאֹד עָמְקוּ מַחְשְׁבוֹתֶיךָ / וְגָבְהוּ דַּרְכֵי אֳרָחוֹתֶיךָ.

ש״ץ: אֵין גַּאֲוָה כְּמוֹ גַאֲוָתֶךָ / אַף אֵין עֲנָוָה כְּעַנְוָתֶךָ.
קהל: אֵין קְדֻשָּׁה כִּקְדֻשָּׁתֶךָ / אֵין קְרֵבוּת כְּמוֹ קֵרְבוּתֶךָ.

ש״ץ: אֵין צְדָקָה כְּמוֹ צִדְקָתֶךָ / אֵין תְּשׁוּעָה כִּתְשׁוּעָתֶךָ.
קהל: אֵין זְרוֹעַ כִּזְרוֹעוֹתֶיךָ / אֵין קוֹל כְּרַעַם גְּבוּרוֹתֶיךָ.

ש״ץ: אֵין רַחֲמִים כְּרַחֲמָנוּתֶךָ / אֵין חֲנִינוּת כַּחֲנִינוּתֶךָ.
קהל: אֵין אֱלָהוּת כֵּאלָהוּתֶךָ / וְאֵין מַפְלִיא כְּשֵׁם תִּפְאַרְתֶּךָ.

ש״ץ: כִּי שְׁמוּתֶיךָ אֵלִים מְרוּצִים / בְּזָכְרְךָ לְחוּצִים, לְהַפְלִיא נְחוּצִים.
קהל: וְאַשָּׁף וְחַרְטֹם לֹא יְלַחֲצוּךָ / וְכָל שֵׁם וְלַהַט לֹא יְנַצְּחוּךָ.

ש״ץ: לֹא יְנַצְּחוּךָ כָּל הַחֲכָמִים / כָּל הַקּוֹסְמִים וְהַחַרְטֻמִּים.
קהל: אַתָּה מֵשִׁיב לְאָחוֹר חֲכָמִים / לֹא יוּכְלוּ לְךָ עֲרוּמִים וְקוֹסְמִים.

ש״ץ: לְהָשִׁיב לְאָחוֹר מְזִמּוֹתֶיךָ / לְהָפֵר עֲצַת סוֹד גְּזֵרָתֶךָ.
קהל: מֵרְצוֹנְךָ לֹא יַעֲבִירוּךָ / לֹא יְמַהֲרוּךָ וְלֹא יְאַחֲרוּךָ.

ש״ץ: עֲצָתְךָ תָּפֵר עֲצַת כָּל יוֹעֲצִים / וְעֻזְּךָ מַחֲלִישׁ לֵב אַמִּיצִים.
קהל: אַתָּה מְצַוֶּה, וּפַחְדְּךָ מַשְׁוֶה / וְאֵין עָלֶיךָ פָּקִיד וּמְצַוֶּה.

ש״ץ: אַתָּה מְקַוֶּה וְאֵינְךָ מְקַוֶּה / לְךָ כָּל מְקַוֶּה נֶפֶשׁ תִּרְוֶה.
קהל: וְכָל הַיְצוּרִים וְכָל עִנְיָנָם / וְכָל יְקָר אֲשֶׁר בְּךָ, אֵין דִּמְיוֹנָם.

ש״ץ: לֹא מַחְשְׁבוֹתָם מַחְשְׁבוֹתֶיךָ / כִּי אֵין בּוֹרֵא זוּלָתֶךָ.
קהל: לְאֵין דִּמְיוֹן, נִפְלָא אֱלֹהֵינוּ / לְאֵין חֵקֶר, נִשְׂגָּב אֲדוֹנֵנוּ.

ש״ץ: סָתוּר מִכָּל סָתוּר, וְעָמוּס / מִכָּל עָמוּס, וּמִכָּל כָּמוּס.
קהל: דַּק מִכָּל דַּק, וְצָפוּן מִכָּל / צָפוּן, וְיָכוֹל מִכָּל יָכוֹל.

ש״ץ: נִשְׂגָּב מִכָּל נִשְׂגָּב, וְנֶעְלָם / מִכָּל נֶעְלָם, וּשְׁמוֹ לְעוֹלָם.
קהל: גָּבוֹהַּ מִכָּל גָּבֹהַּ, וְעֶלְיוֹן / מִכָּל עֶלְיוֹן וּמִכָּל חֶבְיוֹן.

ש״ץ: חָבוּי וְעָמוֹק מִכָּל עָמוֹק / לֵב כָּל דַּעַת עָלָיו חָמוּק.
קהל: שֶׁאֵין שֵׂכֶל וּמַדָּע וְחָכְמָה / יְכוֹלִים לְהַשְׁווֹת לוֹ כָּל מְאוּמָה.

ש״ץ: לֹא מַשִּׂיגִים לוֹ אֵיךְ וְכַמָּה / לֹא מוֹצְאִים לוֹ דָּבָר דּוֹמֶה.
קהל: מִקְרֶה וְעַרְעֵר וְשִׁנּוּי וְטָפֵל / וְחֵבֶר וּמִסְמָךְ, אוֹר וְגַם אֹפֶל.

ש״ץ: וְלֹא מוֹצְאִים לוֹ מַרְאֶה וְצֶבַע / וְלֹא כָל טֶבַע אֲשֶׁר שֵׁשׁ וָשֶׁבַע.
קהל: לָכֵן נְבוּכוֹת כָּל כְּעֶשְׁתּוֹנוֹת / וְנִבְהָלוֹת כָּל הַחֶשְׁבּוֹנוֹת.

ש״ץ: וְכָל שַׂרְעַפִּים וְכָל הַרְהוֹרִים / נִלְאִים לָשׂוּם בּוֹ שִׁעוּרִים.
קהל: מִלְּשַׁעֲרֵהוּ וּמִלְּהַגְבִּילֵהוּ / מִלְּתָאֲרֵהוּ וּמִלְּפָרְסְמֵהוּ.

ש״ץ: בְּכָל שִׂכְלֵנוּ חִפַּשְׂנוּהוּ / בְּמַדָּעֵנוּ, לִמְצֹא מַה הוּא.
קהל: לֹא מְצָאנוּהוּ וְלֹא יְדַעְנוּהוּ / אַךְ מִמַּעֲשָׂיו הִכַּרְנוּהוּ.

ש״ץ: שֶׁהוּא לְבַדּוֹ יוֹצֵר אֶחָד / חַי וְכֹל יוּכַל וְחָכָם מְיֻחָד.
קהל: כִּי הוּא הָיָה לַכֹּל קֹדֶם / עַל כֵּן נִקְרָא אֱלֹהֵי קֶדֶם.

ש״ץ: בַּעֲשׂוֹתוֹ בְּלִי כֹל אֶת הַכֹּל / יָדַעְנוּ כִּי הוּא כֹּל יָכוֹל.
קהל: בַּאֲשֶׁר מַעֲשָׂיו, בְּחָכְמָה כֻּלָּם / יָדַעְנוּ כִּי בְּבִינָה פְּעָלָם.

ש״ץ: בְּכָל יוֹם וָיוֹם, בְּחַדְּשׁוֹ כֻלָּם / יָדַעְנוּ כִּי הוּא אֱלֹהֵי עוֹלָם.
קהל: בַּאֲשֶׁר הָיָה קֹדֶם לְכֻלָּם / יָדַעְנוּ כִּי הוּא חַי לְעוֹלָם.

ש״ץ: וְאֵין לְהַרְהֵר אַחַר יוֹצְרֵנוּ / בְּלִבֵּנוּ, וְלֹא בְסִפּוּרֵנוּ.
קהל: לְמַמָּשׁ וְגֹדֶשׁ לֹא נְשַׁעֲרֵהוּ / לְטָפֵל וְתֹאַר לֹא נְדַמֵּהוּ.

ש״ץ: וְלֹא נַחְשְׁבֵהוּ לְעִקָּר וְנִצָּב / וְלֹא לְמִין וְכָל אוֹן, וּלְכָל נִקְצָב.
קהל: כָּל הַנִּרְאִים וְהַנִּשְׂכָּלִים / וְהַמַּדָּעִים בְּעֶשֶׂר כְּלוּלִים.

ש״ץ: וְשֶׁבַע כַּמִּיּוֹת וְשֵׁשֶׁת נִדּוֹת / וְשָׁלֹשׁ גְּזֵרוֹת וְעִתּוֹת וּמִדּוֹת.
קהל: הֵן בְּבוֹרָא אֵין גַּם אֶחָד / כִּי הוּא בְרָאָם כֻּלָּם יַחַד.

ש״ץ: כֻּלָּם יִבְלוּ, אַף יַחֲלֹפוּ / הֵם יֹאבֵדוּ וְאַף יָסֻפוּ.
קהל: וְאַתָּה תַעֲמֹד וּתְבַלֶּה כֻלָּם / כִּי חַי וְקַיָּם אַתָּה לְעוֹלָם.

ליום ששי

ש״ץ: אַתָּה לְבַדְּךָ, יוֹצֵר כֹּל הוּא / וְלֹא יִדְמֶה מַעֲשֶׂה לְעוֹשֵׂהוּ.
קהל: כָּל הָאֲרָצוֹת לֹא יְכִילוּךָ / וְאַף שָׁמַיִם לֹא יְכַלְכְּלוּךָ.

ש״ץ: אָז יָחִילוּ מַיִם חַיִּים / מִפָּנֶיךָ אֱלֹהִים חַיִּים.
קהל: רָעֲשָׁה אֶרֶץ, וְנָסוּ מַיִם / וְנָטְפוּ מַיִם אַף שָׁמָיִם.

תהלים קלו ש״ץ: נוֹטֶה לְבַדְּךָ הַשָּׁמַיִם / רֹקַע הָאָרֶץ עַל־הַמָּיִם:
קהל: עָשִׂיתָ כָּל חֶפְצְךָ לְבַדְּךָ / וְלֹא נִצְרַכְתָּ עֵזֶר כְּנֶגְדְּךָ.

ש״ץ: סוֹעֵד, אֵין מִי יִסְעָדֶךָּ / הַכֹּל מִמְּךָ וּמִיָּדֶךָ.
קהל: כְּכֹחֲךָ אָז כֵּן עַתָּה, וְדַעְתְּךָ / וּלְעוֹלָם כָּל כְּבוֹדְךָ אִתָּךְ.

ש״ץ: וְלֹא יָעַפְתָּ וְלֹא יָגַעְתָּ / כִּי בִמְלַאכְתְּךָ לֹא עָמָלְתָּ.
קהל: כִּי בִדְבָרְךָ כָּל יְצוּרֶיךָ / וּמַעֲשֵׂה חֶפְצְךָ בְּמַאֲמָרֶיךָ.

ש״ץ: וְלֹא אִחַרְתּוֹ וְלֹא מִהַרְתּוֹ / הַכֹּל עֲשִׂיתוֹ יָפֶה בְעִתּוֹ.
קהל: מִבְּלִי מְאוּמָה כֹּל חִדַּשְׁתָּ / וְאֶת הַכֹּל בְּלִי כְלִי פָּעָלְתָּ.

ש״ץ: וְעַל לֹא יְסוֹד, הַכֹּל יָסַדְתָּ / בִּרְצוֹן רוּחֲךָ כֹּל תָּלִיתָ.
קהל: זְרוֹעוֹת עוֹלָם אֶת כֹּל נוֹשְׂאוֹת / מֵרֹאשׁ וְעַד סוֹף וְאֵינָם נִלְאוֹת.

ש״ץ: בְּעֵינֶיךָ לֹא דָבָר הִקְשָׁה / רְצוֹנְךָ כָּל דָּבָר, רוּחֲךָ עוֹשָׂה.
קהל: לִפְעֻלָּתְךָ לֹא דִמִּיתָ / אֶל כָּל תֹּאַר לֹא שִׁוִּיתָ.

ש״ץ: וְלֹא קָדְמָה לִמְלַאכְתְּךָ מְלָאכָה / חָכְמָתְךָ הִיא הַכֹּל עָרְכָה.
קהל: לִרְצוֹנְךָ לֹא קִדְּמוּ וְאֵחֲרוּ / וְעַל חֶפְצְךָ לֹא נוֹסְפוּ וְחָסֵרוּ.

ש״ץ: מִכָּל חֶפְצְךָ לֹא שָׁכַחְתָּ / וְדָבָר אֶחָד לֹא חִסַּרְתָּ.
קהל: לֹא הֶחְסַרְתָּ וְלֹא הֶעְדַּפְתָּ / וְדָבָר רֵיק בָּם לֹא פָעָלְתָּ.

ש״ץ: אַתָּה תְשַׁבְּחֵם וּמִי הִתְעִיבָם / וְשֶׁמֶץ דָּבָר לֹא נִמְצָא בָם.
קהל: הַחִלּוֹתָ בְּחָכְמָה, עֲשִׂיתָם / בִּתְבוּנָה, וּבְדַעַת כִּלִּיתָם.

ש״ץ: מֵרֵאשִׁית וְעַד אַחֲרִית עֲשׂוּיִים / בֶּאֱמֶת וּבְיֹשֶׁר, וְטוֹב רְאוּיִים.
קהל: הִקְדַּמְתָּ בְּמַעֲשֵׂי יָדֶיךָ / רֹב רַחֲמֶיךָ וַחֲסָדֶיךָ.

ש״ץ: כִּי רַחֲמֶיךָ וַחֲסָדֶיךָ / הֲלֹא מֵעוֹלָם עַל עֲבָדֶיךָ.
קהל: וְעַד לֹא כָל חַי הוּכַן לְכַלְכֵּל / לִפְנֵי אוֹכֵל תִּתֵּן אֹכֶל.

ש״ץ: וּמָזוֹן וּמָכוֹן תַּעֲשֶׂה בְּפִי כֹל / צָרְכֵי הַכֹּל, כַּאֲשֶׁר לַכֹּל.
קהל: שְׁלֹשֶׁת יָמִים הָרִאשׁוֹנִים / אָז הֲכִינוֹתָם לָאַחֲרוֹנִים.

ש״ץ: אָז עָטִיתָ אוֹר כַּשַּׂלְמָה / אֶדֶר מְאוֹרוֹת מִמּוּל שַׂלְמָה.
קהל: בְּטֶרֶם כָּל יְצוּר, מְאֹד גָּדַלְתָּ / וְאַחַר כֹּל, מְאֹד נִתְגַּדַּלְתָּ.

ש״ץ: אָז בְּאֵין לְבוּשׁ, הוֹד וְהָדָר לוֹבֵשׁ / עַד לֹא אָרַג, גֵּאוּת לָבֵשׁ.
קהל: אוֹר כַּשַּׂלְמָה וְכִמְעִיל עֹטֶה / שָׁמַיִם כִּירִיעָה נוֹטֶה.

ש״ץ: עָשִׂיתָ בָם לְאוֹרִים דְּרָכִים / וָרָצוֹא וָשׁוֹב בְּנַחַת מַהֲלָכִים.
קהל: הִבְדַּלְתָּ בֵּין מַיִם לְמָיִם / בִּמְתִיחַת רְקִיעַ הַשָּׁמָיִם.

ש״ץ: מְזוֹנוֹת מְעוֹנוֹת לְשֶׁרֶץ מַיִם / וְעוֹף יְעוֹפֵף עַל הַשָּׁמָיִם.
קהל: עֵשֶׂב וְחָצִיר לְבַשָּׂה אֲדָמָה / מַאֲכָל לְחַיָּה וּלְכָל בְּהֵמָה.

ש״ץ: בְּקֶרֶן שֶׁמֶן גַּן נָטַעְתָּ / אֶל הָאָדָם אֲשֶׁר עָשִׂיתָ.
קהל: עֵזֶר כְּנֶגְדּוֹ עָשִׂיתָ לוֹ / דֵּי מַחְסֹרוֹ אֲשֶׁר יֶחְסַר לוֹ.

ש״ץ: כָּל מַעֲשֶׂיךָ, בְּיָדוֹ תַּתָּה / וְתַחַת רַגְלָיו הַכֹּל שַׁתָּה.
קהל: לְהַעֲלוֹת מֵהֶם בָּקָר וָצֹאן / עַל מִזְבַּחֲךָ יַעֲלוּ לְרָצוֹן.

ש״ץ: עָשִׂיתָ לוֹ כְּתֹנֶת לְשָׁרֵת / לְהַדְרַת קֹדֶשׁ וּלְתִפְאָרֶת.
קהל: שַׂמְתָּ בְּקִרְבּוֹ חָכְמַת אֱלֹהִים / כִּי יְצַרְתּוֹ לְךָ בְּצֶלֶם אֱלֹהִים.

ש״ץ: לֹא מָנַעְתָּ עַל פְּנֵי אֲדָמָה / צָרְכֵי אָדָם, וְכֻלָּם בְּחָכְמָה.
קהל: מַעֲשֶׂיךָ מְאֹד רַבּוּ וְגָדְלוּ / וְשִׁמְךָ יהוה, כֻּלָּם יְהַלְלוּ.

ש״ץ: רַבּוּ וְגָדְלוּ מְאֹד מַעֲשֶׂיךָ / יוֹדוּךָ יהוה כָּל־מַעֲשֶׂיךָ: תהלים קמה
קהל: כֹּל פָּעַלְתָּ לְמַעֲנֶךָ / וְלִכְבוֹדְךָ כָּל קִנְיָנֶךָ.

לשבת

ש״ץ: אָז בַּיּוֹם הַשְּׁבִיעִי נַחְתָּ / יוֹם הַשַּׁבָּת, עַל כֵּן בֵּרַכְתָּ.

קהל: וְעַל כָּל פֹּעַל תְּהִלָּה עֲרוּכָה / חֲסִידֶיךָ בְּכָל עֵת יְבָרְכוּכָה.

ירמיה י ש״ץ: בָּרוּךְ יהוה יוֹצֵר כֹּלָם / אֱלֹהִים חַיִּים וּמֶלֶךְ עוֹלָם:

קהל: כִּי מֵעוֹלָם עַל עֲבָדֶיךָ / רֹב רַחֲמֶיךָ וַחֲסָדֶיךָ.

ש״ץ: וּבְמִצְרַיִם הַחִלּוֹתָ / לְהוֹדִיעַ, כִּי מְאֹד נַעֲלֵיתָ.

קהל: עַל כָּל אֱלֹהִים, בַּעֲשׂוֹת בָּהֶם / שְׁפָטִים גְּדֹלִים, וּבֵאלֹהֵיהֶם.

ש״ץ: בְּבָקְעֲךָ יַם סוּף, עַמְּךָ רָאוּ / הַיָּד הַגְּדוֹלָה, וַיִּירָאוּ.

קהל: נִהַגְתָּ עַמְּךָ, לַעֲשׂוֹת לְךָ / שֵׁם תִּפְאֶרֶת, לְהַרְאוֹת גָּדְלָךְ.

ש״ץ: וְדִבַּרְתָּ עִמָּם מִן הַשָּׁמַיִם / וְגַם הֶעָבִים נָטְפוּ מָיִם.

קהל: יְדַעְתָּ לֶכְתָּם הַמִּדְבָּר / בְּאֶרֶץ צִיָּה, אִישׁ לֹא עָבָר.

ש״ץ: תַּתָּה לְעַמְּךָ דְּגַן שָׁמַיִם / וְכֶעָפָר שְׁאֵר, וּמִצּוּר מָיִם.

קהל: תְּגָרֵשׁ גּוֹיִם רַבִּים, עַמִּים / יִירְשׁוּ אַרְצָם, וַעֲמַל לְאֻמִּים.

תהלים יב ש״ץ: בַּעֲבוּר יִשְׁמְרוּ חֻקִּים וְתוֹרוֹת / אִמְרוֹת יהוה אֲמָרוֹת טְהֹרוֹת:

קהל: וַיִּתְעַדְּנוּ בְּמִרְעֶה שָׁמֵן / וּמֵחַלָּמִישׁ צוּר פַּלְגֵי שָׁמֶן.

ש״ץ: בְּנוּחָם בָּנוּ עִיר קָדְשֶׁךָ / וַיְפָאֲרוּ בֵּית מִקְדָּשֶׁךָ.

תהלים קלב קהל: וַתֹּאמֶר, פֹּה אֵשֵׁב לְאֹרֶךְ / יָמִים, צֵידָהּ בָּרֵךְ אֲבָרֵךְ:

ש״ץ: כִּי שָׁם יִזְבְּחוּ זִבְחֵי צֶדֶק / אַף כֹּהֲנֶיךָ יִלְבְּשׁוּ צֶדֶק.

קהל: וּבֵית הַלֵּוִי נְעִימוֹת יְזַמְּרוּ / לְךָ יִתְרוֹעֲעוּ אַף יָשִׁירוּ.

ש״ץ: בֵּית יִשְׂרָאֵל וְיִרְאֵי יהוה / יְכַבְּדוּ וְיוֹדוּ שִׁמְךָ יהוה.

קהל: הֵטִיבוֹתָ מְאֹד לָרִאשׁוֹנִים / כֵּן תֵּיטִיב גַּם לָאַחֲרוֹנִים.

ש״ץ: יהוה תָּשִׂישׂ נָא עָלֵינוּ / כַּאֲשֶׁר שַׂשְׂתָּ עַל אֲבוֹתֵינוּ.

קהל: אוֹתָנוּ לְהַרְבּוֹת וּלְהֵיטִיב / וְנוֹדֶה לְּךָ לְעוֹלָם כִּי תֵיטִיב.

ש״ץ: יהוה תִּבְנֶה עִירְךָ מְהֵרָה / כִּי עָלֶיהָ שִׁמְךָ נִקְרָא.

קהל: וְקֶרֶן דָּוִד תַּצְמִיחַ בָּהּ / וְתִשְׁכֹּן לְעוֹלָם יהוה בְּקִרְבָּהּ.

ש״ץ: זִבְחֵי צֶדֶק שִׂמָה נִזְבָּחָה / וְכִימֵי קֶדֶם תֶּעֱרַב מִנְחָה.
קהל: וּבָרֵךְ עַמְּךָ בְּאוֹר פָּנֶיךָ / כִּי חֲפֵצִים לַעֲשׂוֹת רְצוֹנֶךָ.

ש״ץ: וּבִרְצוֹנְךָ תַּעֲשֶׂה חֶפְצֵנוּ / הַבֶּט־נָא עַמְּךָ כֻלָּנוּ: ישעיה סד
קהל: בְּחַרְתָּנוּ הֱיוֹת לְךָ לְעַם סְגֻלָּה / עַל־עַמְּךָ בִרְכָתֶךָ סֶּלָה: תהלים ג

ש״ץ: וְתָמִיד נְסַפֵּר תְּהִלָּתֶךָ / וּנְהַלֵּל לְשֵׁם תִּפְאַרְתֶּךָ.
קהל: וּמִבִּרְכָתְךָ עַמְּךָ יְבֹרַךְ / כִּי אֶת כֹּל אֲשֶׁר תְּבָרֵךְ מְבֹרָךְ.

ש״ץ: וַאֲנִי בְּעוֹדִי אֲהַלְלָה בוֹרְאִי / וַאֲבָרְכֵהוּ כָּל יְמֵי צְבָאִי.
קהל: יְהִי שֵׁם יהוה מְבֹרָךְ לְעוֹלָם / מִן־הָעוֹלָם וְעַד הָעוֹלָם: תהלים קו

כַּכָּתוּב
בָּרוּךְ יהוה אֱלֹהֵי יִשְׂרָאֵל מִן־הָעוֹלָם וְעַד־הָעֹלָם דברי הימים א׳ טז
וַיֹּאמְרוּ כָל־הָעָם אָמֵן, וְהַלֵּל לַיהוה:
עָנֵה דָנִיֵּאל וְאָמַר דניאל ב
לֶהֱוֵא שְׁמֵהּ דִּי־אֱלָהָא מְבָרַךְ מִן־עָלְמָא וְעַד־עָלְמָא
דִּי חָכְמְתָא וּגְבוּרְתָא דִּי־לֵהּ הִיא:
וְנֶאֱמַר
וַיֹּאמְרוּ הַלְוִיִּם נחמיה ט
יֵשׁוּעַ וְקַדְמִיאֵל בָּנִי חֲשַׁבְנְיָה שֵׁרֵבְיָה הוֹדִיָּה שְׁבַנְיָה פְתַחְיָה
קוּמוּ בָּרְכוּ אֶת־יהוה אֱלֹהֵיכֶם מִן־הָעוֹלָם עַד־הָעוֹלָם
וִיבָרְכוּ שֵׁם כְּבוֹדֶךָ, וּמְרוֹמַם עַל־כָּל־בְּרָכָה וּתְהִלָּה:
וְנֶאֱמַר
בָּרוּךְ יהוה אֱלֹהֵי יִשְׂרָאֵל מִן־הָעוֹלָם וְעַד הָעוֹלָם תהלים קו
וְאָמַר כָּל־הָעָם אָמֵן, הַלְלוּיָהּ:
וְנֶאֱמַר
וַיְבָרֶךְ דָּוִיד אֶת־יהוה לְעֵינֵי כָּל־הַקָּהָל דברי הימים א׳ כט
וַיֹּאמֶר דָּוִיד
בָּרוּךְ אַתָּה יהוה אֱלֹהֵי יִשְׂרָאֵל אָבִינוּ, מֵעוֹלָם וְעַד־עוֹלָם:

קדיש יתום (עמ׳ 425).

קורן ירושלים